«El libro de Grudem ... encaja perfectamente en la tradición reformada histórica en los principales tópicos de la teología, incluyendo la doctrina de las Escrituras, la doctrina de Dios y la doctrina de la salvación. ... Quizás la característica más fuerte de este libro es su accesibilidad. Grudem no diluye lo esencial de la teología. Pero al reducir al mínimo el uso de terminología técnica y al incluir himnos, preguntas e indicaciones en cuanto a aplicación, hace que la teología sistemática sea mucho más accesible y vigorizante para una amplia gama de lectores cristianos».

Vern S. Poythress, Seminario Teológico Westminster

«La iglesia entera está en deuda con Wayne Grudem por una refrescante presentación del cristianismo evangélico. ... Aun los que no comparten sus ... ideas sobre ciertos tópicos se verán enriquecidos por las claras declaraciones de teología evangélica básica y sus muy útiles referencias cruzadas con otras ideas teológicas fundamentales. De particular valor lo mucho que se fija en la aplicación de la doctrina a la vida y ministerio de cada uno y de la iglesia. Para Grudem, no se pueden separar los conceptos teológicos de la experiencia del corazón».

Allan Coppedge, Seminario Teológico Asbury

«La *Teología Sistemática* de Wayne Grudem es teología clásica para la iglesia de hoy. ... Más que la mayoría de las obras teológicas, Grudem se dirige a la doctrina de la vida, en pensamiento, práctica y adoración. Aunque no todos estarán de acuerdo con todas las conclusiones de Grudem, este ha regalado a la iglesia un tesoro de enseñanzas bíblicas y teológicas en una sólida y conservadora tradición evangélica».

Robert L. Saucy, Escuela de Teología Talbot

«La nueva obra del Dr. Grudem se caracteriza por su profundidad exegética, su claridad de expresión y su relevancia contemporánea. Merece amplia aceptación como texto de teología sistemática».

John Jefferson Davis, Seminario Teológico Gordon-Conwell

«La *Teología Sistemática* de Wayne Grudem se dirige a ser un clásico. Guía a sus lectores a través de las cuestiones más controversiales y difíciles de la teología con una claridad que no tiene igual. ... Esta obra es capaz de llevar a un principiante a un proceso de reflexión teológica madura a la vez que exhortar y deleitar al teólogo veterano. Nunca he disfrutado tanto una teología sistemática como esta».

Jack Deere, autor y conferencista

«Grudem edifica a una maravillosa teología evangélica personal sobre un profundo compromiso con la verdad y autoridad de las Escrituras que honra las mejores tradiciones de la ortodoxia protestante. ... Este libro ayudará a los evangélicos a captar la importancia de la doctrina a la vez que nos alienta hacia un muy necesitado consenso evangélico».

Gerry Breshears, Seminario Western, Portland, Oregón

«Escrito de forma clara, esta es una publicación teológica que es digna de estudio serio de parte de todos».

Baptist Standard

«Le enseñará, le exhortará, ampliará sus pensamientos y dará calor a su corazón. El teólogo, el pastor y el laico por igual se beneficiarán grandemente de esta muy bien elaborada obra. Brota del corazón y la mente de uno de los mejores siervos de la iglesia y uno de los más cuidadosos y capaces eruditos».

James A. Borland, Universidad Liberty

«De vez en cuando uno encuentra un libro en el cual algunas declaraciones son tan precisas que uno tiene deseos de decir: "Ojalá yo hubiera escrito eso". ¡La *Teología Sistemática* de Wayne Grudem es uno de esos libros! No está recargada de términos técnicos que lo vuelvan difícil de entender, aunque los términos técnicos ... los ha explicado para que el lector pueda conocerlos. Está muy bien organizado y presenta una posición bien evangélica. Donde los evangélicos no concuerdan, ofrece una justa evaluación de los diferentes puntos de vista. Tiene valiosos párrafos de aplicación, significativos pasajes bíblicos para aprender de memoria, y un apéndice con importantes credos y confesiones de fe».

Roger Nicole, Seminario Teológico Reformado, Orlando, Florida

UNA INTRODUCCIÓN A LA DOCTRINA BÍBLICA

TEOLOGÍA SISTEMÁTICA

WAYNE GRUDEM

 Vida®

La misión de Editorial Vida es ser la compañía líder en comunicación cristiana que satisfaga las necesida-des de las personas, con recursos cuyo contenido glorifique a Jesucristo y promueva principios bíblicos.

TEOLOGÍA SISTEMÁTICA
Edición en español publicada por
Editorial Vida – 2007
Miami, Florida

Edición Revisada – 2009

Originally published in the USA under the title:
    Systematic Theology
    © 1994 Wayne Grudem
Por Inter-Varsity Press, Gran Bretaña, y Zondervan, Grand Rapids, Michigan

Traducción: *Miguel Mesías, José Luis Martínez, Omar Díaz de Arce*
Edición: *Juan Rojas Mayo, Rojas & Rojas Editores, Inc.*
Diseño de cubierta: *Cristina Spee*
Diseño interior: *Rojas & Rojas Editores, Inc.*

ISBN 978-0-8297-4627-3

Categoría: Teología cristiana / General

Impreso en los Estados Unidos de América
Printed in The United States of America

09 10 11 12 13 ❖ 8 7 6 5 4 3

*Este libro está dedicado a ocho personas
que Dios en su soberanía trajo a mi vida:*

*Arden y Jean Grudem, mis padres,
quienes me enseñaron a creer en la Biblia,
confiar en Dios
y hablar y escribir con claridad;*

*A. Kenneth Ham, mi pastor bautista,
quien despertó en mí amor por la teología sistemática
enseñando una clase de doctrina cristiana
cuando yo tenía trece años,
y quien me enseñó a creer
cada palabra de las Escrituras;*

*Edmund Clowney, John Fame y Vern Poythress,
profesores del Seminario Westminster y amigos,
quienes influenciaron en mis conceptos teológicos
más que cualquier otra persona,
y quienes me enseñaron teología reformada en
humilde sumisión a cada palabra de la Biblia;*

*y Harald Bredesen y John Wimber,
pastores y amigos,
quienes, más que cualquier otra persona,
me enseñaron sobre el poder y la obra
del Espíritu Santo.*

Contenido

TERCERA PARTE:
LA DOCTRINA DEL HOMBRE

CUARTA PARTE:
LAS DOCTRINAS DE CRISTO Y DEL ESPÍRITU SANTO

QUINTA PARTE:
LA DOCTRINA DE LA APLICACIÓN DE LA REDENCIÓN

SEXTA PARTE:
LA DOCTRINA DE LA IGLESIA

SÉPTIMA PARTE:
LA DOCTRINA DEL FUTURO

APÉNDICES

Abreviaturas

BAGD	*A Greek-English Lexicon of the New Testament and Other Early Christian Literature.* Ed. Walter Bauer. Rev. y trans. Wm. Arndt, F. W. Gingrich, y F. Danker. University of Chicago Press, Chicago, 1979.
BDB	*A Hebrew and English Lexicon of the Old Testament,* F. Grown, S. R. Driver, and C. Briggs. Clarendon Press, Oxford, 1907; reimpreso, con correcciones, 1968.
BETS	*Bulletin of the Evangelical Theological Theology*
BibSac	*Bibliotheca Sacra*
cf.	compare
CRSQ	*Creation Research Society Quarterly*
CT	*Christianity Today*
CThRev	*Criswell Theological Review*
EBC	*Expositor's Bible Commentary,* Frank E. Gaebelein, ed. Zondervan, Grand Rapids: Zondervan, 1976.
ed.	editor, edición
EDT	*Evangelical Dictionary of Theology.* Walter Elwell, ed. Baker, Grand Rapids, 1984.
et al.	y otros
IBD	*The Illustrated Bible Dictionary.* Ed. J. D. Douglas, et al. 3 tomos. Inter-Varsity Press, Leicester, y Tyndale House, 1980.
ISBE	*International Standard Bible Encyclopedia.* Edición revisada. G. W. Bromiley, ed. Eerdmans, Grand Rapids, 1982.
JAMA	*Journal of the American Medical Association.*
JBL	Journal of Biblica Literature
JETS	*Journal of the Evangelical Theological Society*
JSOT	*Journal for the Study of the Old Testament*
KJV	Versión King James (Versión inglesa autorizada)
LSJ	*A Greek-English Lexico,* novena edición. Henry Liddell, Robert Scott, H. S. Jones, R. McKenzie. Clarendon Press, Oxford, 1940
LBLA	La Biblia de las Américas
LXX	Septuaginta
n.	nota
n.f.	no dice la fecha de publicación
n.l.	no dice el lugar de publicación
NASB	New American Standard Bible
NDT	*New Dictionary of Theology.* S. B. Ferguson, D. F. Wright, J. I. Packer, editores. InterVarsity Press, Downers Grove, Ill., 1988.
NIDCC	*New International Dictionary of the Christian Church.* Ed. J. D. Douglas et al. Zondervan, Grand Rapids, 1974.
NIDCC	*New International Dictionary of New Testament Theology.* 3 tomos. Colin Brown, gen. ed. Zondervan, Grand Rapids, 1975-78

NIGTC	*New International Greek Testament Commentaries*
NIV	New Internation Version
NVI	Nueva Versión Internacional
NTS	*New Testament Studies*
RVR 1960	Versión Reina Valera, revisión de 1960
ODCC	*Oxford Dictionary of the Christian Church*. Ed. F. L. Cross. Oxford University Press, Londres y Nueva York, 1977.
rev.	revisada
TB	*Tyndale Bulletin*
TDNT	*Theological Dictionary of the New Testament*, 10 tomos. G. Kittel y G. Friedrich, editores; trad. G. W. Bromiley. Eerdmans, Grand Rapids, 1964-76.
TNTC	Tyndale New Testament Commentaries
TOTC	Tyndale Old Testament Commentaries
trad.	traducido por
VP	Versión Popular (*Dios Habla Hoy*)
WBC	Word Biblical Commentary
WTJ	*Westminster Theological Joiurnal*

Prefacio

No he escrito este libro para otros profesores de teología (aunque espero que muchos de ellos lo lean). Lo he escrito para estudiantes; y no sólo para estudiantes, sino también para todo creyente que tiene hambre de saber las doctrinas centrales de la Biblia con mayor profundidad.

Por eso titulé el libro «Una introducción a la doctrina bíblica». He tratado de hacerlo comprensible incluso para creyentes que nunca antes han estudiado teología. He evitado usar términos técnicos sin primero explicarlos. La mayoría de los capítulos se pueden leer solos, de modo que cualquiera puede empezar en cualquier capítulo y comprenderlo sin tener que leer el material previo.

Los estudios introductorios no tienen que ser superficiales ni simplistas. Estoy convencido de que la mayoría de los creyentes pueden comprender las enseñanzas doctrinales de la Biblia a considerable profundidad, siempre y cuando se las presenten en forma clara y sin usar lenguaje altamente técnico. Por consiguiente, no he vacilado en hablar con algún detalle de disputas teológicas en donde me ha parecido necesario.

Sin embargo este libro, a pesar de su extensión, es con todo una *introducción* a la teología sistemática. Se han escrito libros enteros sobre los temas que se cubren en cada capítulo de este libro, y se han escrito artículos enteros sobre muchos de los versículos que se citan en este libro. Por consiguiente, cada capítulo puede abrirse a estudio adicional con mayor amplitud y mayor profundidad para los que se interesan. Las bibliografías al final de cada capítulo darán alguna ayuda en esa dirección, para los que entienden inglés.

Los siguientes seis rasgos distintivos de este libro brotan de mis convicciones en cuanto a lo que es la teología sistemática y cómo se debe enseñar:

1. Una base bíblica clara para las doctrinas. Debido a que estoy convencido que la teología debe basarse explícitamente en las enseñanzas de la Biblia, en cada capítulo he intentado señalar cuando la Biblia respalda las doctrinas que se están considerando. Es más, debido a que creo que las palabras de las Escrituras en sí mismas tienen mayor peso y autoridad que cualquier palabra humana, no menciono simplemente referencias bíblicas; frecuentemente he *citado* pasajes bíblicos extensos para que los lectores puedan examinar fácilmente por sí mismos la evidencia bíblica y de esa manera ser como los nobles bereanos, quienes «con toda avidez y todos los días examinaban las Escrituras para ver si era verdad lo que se les anunciaba» (Hch 17:11). Esta convicción en cuanto a la naturaleza singular de la Biblia como palabra de Dios también ha llevado a la inclusión de pasajes bíblicos para memorizar al final de cada capítulo.

2. Claridad en la explicación de las doctrinas. No creo que Dios quiso que el estudio de la teología resultara en confusión y frustración. El estudiante que sale de un curso de teología lleno sólo con incertidumbre doctrinal y mil preguntas sin contestación pienso que difícilmente «pueda exhortar a otros con la sana doctrina y refutar a los que se opongan» (Tit 1:9). Por consiguiente he tratado de indicar la posición doctrinal de este libro claramente y mostrar en qué lugar de la Biblia hallo evidencia convincente para estas posiciones. No espero que todo el que lea este libro concuerde conmigo en todo punto de doctrina; pero sí pienso que todo lector entenderá las posiciones que propongo y en qué lugar de la Biblia se puede hallar respaldo para esas posiciones.

Pienso que los lectores de este libro merecen que diga desde el principio cuáles son mis propias convicciones respecto a ciertos puntos que se debaten dentro del cristianismo evangélico. Sostengo una noción conservadora de la inerrancia bíblica, en acuerdo en gran medida con la «Declaración de Chicago» del Concilio Internacional sobre la Inerrancia Bíblica (capítulo 5 y apéndice 1, pp. 1203-6, y la posición tradicional reformada respecto a las cuestiones de la soberanía de Dios y responsabilidad del hombre (capítulo 16), el alcance de la expiación (capítulo 27), y el asunto de la predestinación (capítulo 32). En conformidad con el punto de vista reformado, sostengo que los que de veras han nacido de nuevo nunca perderán su salvación (capítulo 40). Con respecto a las relaciones entre hombre y mujer, abogo por una noción que no es ni tradicional ni feminista, sino «complementaria»; es decir, que Dios creó al hombre y a la mujer iguales en valor y personalidad, e iguales en llevar su imagen, pero que tanto la creación como la redención indican algunas funciones distintas para hombres y mujeres en el matrimonio (capítulo 22) y en la iglesia (capítulo 47). En cuanto al gobierno de la iglesia, abogo por una forma de gobierno congregacional modificada, con múltiples ancianos en cargos directivos (capítulo 47). Abogo por una noción bautística del bautismo, es decir, que los que dan una profesión creíble de fe personal en Cristo deben bautizarse (capítulo 49). Sostengo que «el bautismo en el Espíritu Santo» es una frase que se aplica mejor a la conversión, y a las experiencias subsiguientes es mejor llamarlas «llenura del Espíritu Santo» (capítulo 39); además, todos los dones del Espíritu Santo mencionados en el Nuevo Testamento son todavía válidos para hoy, pero que «apóstol» es un oficio, no un don, y que el oficio no existe hoy (capítulos 52 y 53). Creo que la Segunda Venida de Cristo puede ocurrir en cualquier día, que será premilenial —es decir, que marcará el principio de su reinado de mil años de paz perfecta en la tierra— pero que será después de la tribulación; es decir, que muchos cristianos pasarán por la gran tribulación (capítulos 54 y 55).

Esto no quiere decir que paso por alto otros puntos de vista. En donde hay diferencias doctrinales dentro del cristianismo evangélico he tratado de presentar con justicia otras posiciones, explicar por qué discrepo de ellas, y dar referencias de las mejores defensas disponibles para las posiciones opuestas. Por cierto, he hecho fácil que los estudiantes hallen una declaración evangélica conservadora para cada tema dentro de sus propias tradiciones teológicas, porque cada capítulo contiene un índice de los tratamientos del tema de ese capítulo en otros treinta y cuatro textos de teología clasificados por trasfondo denominacional. (Si no he logrado presentar acertadamente un punto de vista opuesto apreciaría una carta de cualquiera que sostenga ese punto de vista, e intentaré hacer correcciones si se publica una edición subsecuente de este libro).

3. Aplicación a la vida. No creo que Dios quiso que el estudio de teología fuera tedioso y aburrido. ¡La teología es el estudio de Dios y todas sus obras! ¡La teología tiene el propósito de que uno la *viva* y la *eleve en oración* y la *cante!* Todos los grandes escritos doctrinales de la Biblia (como la epístola de Pablo a los Romanos) están llenos de alabanzas a Dios y aplicación personal a la vida. Por esta razón he incorporado notas de aplicación de tiempo en tiempo en el texto, y añadido «Preguntas para aplicación personal» al fin de cada capítulo, todo relacionado con el tema de ese capítulo. La verdadera teología es «doctrina que es conforme a la piedad» (1 Ti 6:3, RVR 1960), y la teología, cuando se estudia apropiadamente, conducirá a crecimiento en nuestras vidas cristianas y a la adoración.

4. Enfoque en el mundo evangélico. No pienso que un verdadero sistema de teología se pueda construir desde lo que podríamos llamar la tradición teológica «liberal», es decir, de personas que niegan la absoluta veracidad de la Biblia, o que piensan que las palabras de la Biblia no son exactamente palabras de Dios (vea capítulo 4, sobre la autoridad de la Biblia). Por esta razón, los otros escritores con quienes dialogo en este libro están en su mayoría dentro de lo que hoy se llama la tradición «evangélica conservadora» más amplia; desde los grandes reformadores Juan Calvino y Martín Lutero, hasta los escritos de los eruditos evangélicos de hoy. Escribo como evangélico y para evangélicos. Esto no quiere decir que los que siguen la tradición liberal no tengan nada valioso que decir; sino que las diferencias con ellos casi siempre se reducen a diferencias en cuanto a la naturaleza de la Biblia y su autoridad. La cantidad de acuerdo doctrinal que se puede lograr con personas que tienen bases ampliamente divergentes de autoridad es muy limitada. Claro, los profesores pueden siempre asignar lecturas adicionales de teólogos liberales de interés actual, y estoy agradecido por mis amigos evangélicos que escriben críticas extensas de la teología liberal. Pero no pienso que todos están llamados a hacer eso, ni que un análisis extenso de nociones liberales sea la manera más útil de edificar un sistema positivo de teología basado en la total veracidad de toda la Biblia. De hecho, de alguna manera como el niño del cuento de Hans Christian Andersen que gritaba: «¡El emperador no lleva ropa!», pienso que alguien necesita decir que es dudoso que los teólogos liberales nos hayan dado alguna noción significativa de las enseñanzas doctrinales de la Biblia que no se halle ya en los escritores evangélicos.

No siempre se aprecia que el mundo de la erudición evangélica conservadora es tan rico y diverso que permite amplia oportunidad para la exploración de diferentes puntos de vista y nociones de la Biblia. Pienso que a la larga logramos mucho más profundidad de comprensión de la Biblia cuando podemos estudiarla en compañía de un gran número de eruditos que parten de la convicción de que la Biblia es completamente veraz y absolutamente autoritativa. Las referencias cruzadas a otras treinta y cuatro teologías sistemáticas evangélicas [en inglés] que he puesto al final de cada capítulo reflejan esta convicción. Aunque las he dividido en siete tradiciones teológicas amplias (anglicana/ episcopal, arminiana/wesleyana/metodista, bautista, dispensacional, luterana, reformada/presbiteriana, y renovada/carismática/pentecostal), todas ellas sostienen la inerrancia de la Biblia y pertenecen a lo que llamaríamos hoy una posición evangélica conservadora. (Además de estas treinta y cuatro obras evangélicas conservadoras, he añadido a cada capítulo una sección de referencias cruzadas con dos teologías Católicas romanas representativas, porque el catolicismo romano continúa ejerciendo una influencia significativa en todo el mundo.)

5. Esperanza de progreso en la unidad doctrinal en la iglesia. Creo que todavía hay mucha esperanza de que la iglesia logre una comprensión doctrinal más honda y más pura, y que supere viejas barreras, incluso las que han persistido por siglos. Jesús está obrando en perfeccionar su iglesia «para presentársela a sí mismo como una iglesia radiante, sin mancha ni arruga ni ninguna otra imperfección, sino santa e intachable» (Ef 5:27), y ha dado dones para equipar a la iglesia, y «de este modo, todos llegaremos a la unidad de la fe y del conocimiento del Hijo de Dios» (Ef 4:13). Aunque la historia pasada de la iglesia puede desalentarnos, estos pasajes bíblicos siguen siendo ciertos, y no debemos abandonar la esperanza de un acuerdo mayor. Es más, en este siglo ya hemos visto una comprensión mucho mayor y algún acuerdo doctrinal mayor entre los teólogos del pacto y dispensacionales, y entre carismáticos y no carismáticos; todavía más, pienso que la comprensión de la iglesia respecto a la inerrancia bíblica y los dones del Espíritu también ha aumentado significativamente en las últimas décadas. Creo que el debate presente sobre los apropiados papeles del hombre y la mujer en el matrimonio y en la iglesia a la larga resultará igualmente en una comprensión mucho mayor de la enseñanza bíblica, por dolorosa que la controversia pueda ser al presente. Por consiguiente, en este libro no he vacilado en levantar de nuevo algunas de las viejas diferencias (sobre el bautismo, la Cena del Señor, el gobierno de la iglesia, el milenio y la tribulación, y la predestinación, por ejemplo) con la esperanza de que, por lo menos en algunos casos, un vistazo fresco a la Biblia pueda provocar un nuevo examen de estas doctrinas y tal vez pueda impulsar algún movimiento no sólo hacia una mayor comprensión y tolerancia de otros puntos de vista, sino incluso a un consenso doctrinal mucho mayor en la iglesia.

6. Un sentido de la urgente necesidad de una mayor comprensión doctrinal en toda la iglesia. Estoy convencido de que hay una necesidad urgente en la iglesia cristiana hoy de una mayor comprensión de la doctrina cristiana, o teología sistemática. No sólo los pastores y maestros necesitan entender la teología a mayor profundidad, sino que *la iglesia entera* lo necesita también. Un día, por la gracia de Dios, quizá podamos tener iglesias llenas de creyentes que pueden debatir, aplicar, y *vivir* las enseñanzas doctrinales de la Biblia con tanta facilidad como hablan de los detalles de sus trabajos o pasatiempos o la suerte de su equipo favorito de deportes o programa de televisión. No es que los creyentes carezcan de *capacidad* para entender la doctrina; es simplemente que deben tener acceso a ella en una forma comprensible. Una vez que eso tiene lugar, pienso que muchos creyentes hallarán que comprender (y vivir) las doctrinas de la Biblia es una de sus mayores alegrías.

Muchas personas me han ayudado a escribir este libro. Primero debo mencionar a mis estudiantes, anteriores y actuales, tanto en Bethel College en *St.* Paul, Minnesota (1977-81), y luego en Trinity Evangelical Divinity School (1981-presente). Sus contribuciones inteligentes y penetrantes durante los diálogos en el salón de clases han influido en cada capítulo de este libro.

Dios me ha bendecido con la ayuda de varios mecanógrafos excelentes. El mecanografiado de los manuscritos la empezó Sherry Kull hace varios años. Luego Mary Morris, Ron Tilley, Kathryn Sheehan, Shelly Mills, Rebecca Heidenreich, Jenny Hart y Carol Pederson mecanografiaron varias porciones. Después, la mayor parte del manuscrito fue copiado con gran habilidad y cuidado por Tammy Thomas, que también ayudó en la edición. Andi Ledesma y Joyce Leong gustosamente ayudaron a fotocopiarlo muchas veces. Finalmente, Kim Pennington de forma fiel y precisa incluyó las muchas correcciones y cambios que surgieron durante el proceso editorial. Estoy agradecido a todos ellos por su ayuda.

John O. Stevenson hizo un excelente trabajo compilando las bibliografías, y Don Rothwell realizó una porción significativa de las referencias cruzadas con otros textos de teología. H. Scott Baldwin, Tom Provenzola, y Mark Rapinchuk fueron una gran ayuda en la lectura de pruebas e investigación en bibliotecas. Mark Rapinchuk compiló también los índices de autores y de referencias bíblicas. Beth Manley proveyó excelente ayuda en la lectura de pruebas. George Knight III, Robert Reymond, Harold Hoehner, Robert Saucy, Doug Moo, Tom Nettles, Tom McComiskey, Doug Halsne, Steve Nicholson, Doug Brandt, Steve Figard, Gregg Allison, Ellyn Clark, y Terry Mortenson proveyeron comentarios detallados sobre diferentes porciones. Raymond Dillard bondadosamente me proveyó el texto computarizado de la Confesión Westminster de Fe. Bruce Shauger resolvió mis problemas de computadora varias veces, y Tim McLaughlin reparó mi computadora en un momento crucial. Mi viejo amigo John Hughes varias veces me dio consejos valiosos sobre computadoras y publicación de manuscritos. Mis hijos también me ayudaron al acercarse las fechas de entrega: Elliot con la investigación en biblioteca, y Oliver y Alexander (y su amigo Matt Tooley) compilando y corrigiendo los índices.

Una persona ha tenido mayor influencia que cualquier otra en la forma final de este libro: David Kingdon, editor de libros teológicos de InterVarsity Press, Inglaterra, que me ha ayudado más allá de mis expectaciones en su trabajo como editor perspicaz, concienzudo y sabio. Ha examinado cada capítulo con gran cuidado, sugiriendo correcciones, adiciones y recortes, y dialogando con mis argumentos en extensos memorandos. Su amplio conocimiento de teología, estudios bíblicos y la historia de doctrina ha sido de inmenso valor para mí, y el libro es mucho mejor como resultado de su trabajo. Además, Frank Entwistle de InterVarsity Press y Stan Gundry, Jim Ruark, y Laura Weller de Zondervan me han mostrado gracia y paciencia en cuanto a los muchos detalles respecto a la publicación del libro.

No podría haber completado esta obra sin la generosa provisión de sabáticos de Trinity Evangelical Divinity School en el otoño de 1983, el otoño de 1985, el invierno de 1989 y el otoño de 1991, y estoy agradecido a la junta de directores de Trinity por concederme tiempo para escribir. También estoy agradecido por el respaldo de mis padres, Arden y Jean Grudem, que generosamente proveyeron ayuda financiera que me permitió escribir durante estas y otras ocasiones, y que también han sido un estímulo constante en todo este proyecto, tanto en sus oraciones como en su indeclinable convicción de que un libro como este, escrito en lenguaje no técnico para que miles de creyentes como ellos puedan entenderlo, sería valioso para la iglesia.

Pienso que casi toda persona que me conocía estaba orando por este proyecto en algún momento u otro; especialmente mis consejeros estudiantiles en varios años en Trinity, y muchos amigos en mi iglesia. Frecuentemente he estado consciente de la ayuda del Señor en respuesta a esas oraciones, dándome salud y fuerza, libertad sin interrupciones, y un deseo indeclinable de terminar el libro.

Sobre todo, estoy agradecido por el respaldo de mi esposa, Margaret, y mis hijos Elliot, Oliver y Alexander. Ellos han sido pacientes y me han dado su estímulo, han orado por mí y me han amado, y continúan siendo una gran fuente de alegría en mi vida, por lo cual agradezco a Dios.

Estoy seguro que este libro, como todos los libros meramente humanos, tiene errores y lagunas, y probablemente algún argumento defectuoso por igual. Si supiera dónde están, ¡trataría de corregirlos! Por consiguiente, estaré agradecido al lector interesado que me envíe sus sugerencias en cuanto a cambios o correcciones. No garantizo que podré contestar toda carta, pero sí daré consideración al material de toda carta y haré correcciones en lo que pueda.

«Den gracias al Señor, porque él es bueno; su gran amor perdura para siempre» (Sal 118:29).

«La gloria, Señor, no es para nosotros; no es para nosotros sino para tu nombre» (Sal 115:1).

Wayne Grudem
Trinity Evangelical Divinity School
2065 Half Day Road
Deerfield, Illinois 60015
EE. UU.

Capítulo 1

Introducción a la teología sistemática

¿Qué es teología sistemática? ¿Por qué los creyentes deben estudiarla? ¿Cómo debemos estudiarla?

EXPLICACIÓN Y BASE BÍBLICA

A. Definición de teología sistemática

¿Qué es teología sistemática? Se han dado muchas definiciones diferentes, pero para los propósitos de este libro se usará la siguiente definición: *Teología sistemática es cualquier estudio que responde a la pregunta «¿Qué nos enseña toda la Biblia hoy?» respecto a algún tema dado.*[1]

Esta definición indica que la teología sistemática incluye la recolección y comprensión de todos los pasajes relevantes de la Biblia sobre varios temas y luego un resumen claro de sus enseñanzas de modo que sepamos qué creer en cuanto a cada tema.

1. Relación con otras disciplinas. El énfasis de este libro no estará, por consiguiente, en la *teología histórica* (el estudio histórico de cómo los cristianos en diferentes períodos han entendido los varios temas teológicos) ni en la *teología filosófica* (el estudio de temas teológicos principalmente sin el uso de la Biblia, sino usando las herramientas y métodos del razonamiento filosófico y lo que se puede saber en cuanto a Dios al observar el universo) ni *apologética* (la provisión de una defensa de la veracidad de la fe cristiana con el propósito de convencer a los que no creen). Estos tres asuntos, aunque son temas dignos de que los creyentes los estudien, a veces se incluyen en una definición más amplia del término *teología sistemática*. De hecho, algo de consideración de asuntos históricos, filosóficos y apologéticos se halla en algunos puntos en todo este libro. Esto se debe a que el estudio histórico nos informa de las nociones adquiridas y las equivocaciones previamente cometidas por otros al entender la Biblia; el estudio filosófico nos ayuda a entender el bien y el mal mediante formas comunes en nuestra cultura y otras; y el estudio de la apologética nos ayuda a llegar al punto en que las enseñanzas de la Biblia afectan las objeciones que levantan los que no creen. Pero esos aspectos de estudio no son

---

[1]Esta definición de teología sistemática la tomo del profesor John Frame, ahora en el Westminster Seminary de Escondido, California, bajo quien tuve el privilegio de estudiar de 1971 a 1973 (en el Seminario Westminster, Filadelfia). Aunque es imposible reconocer mi deuda a él en todo punto, es apropiado expresar mi gratitud a él en este punto, y decir que probablemente él ha influido en mi pensamiento teológico más que cualquier otra persona, especialmente en los asuntos cruciales de la naturaleza de la teología sistemática y la doctrina de la palabra de Dios. Muchos de sus ex alumnos reconocerán ecos de sus enseñanzas en las páginas que siguen, especialmente en esos dos asuntos.

el enfoque de este volumen, que más bien interactúa directamente con el texto bíblico a fin de entender lo que la Biblia misma nos dice respecto a varios temas teológicos.

Si alguien prefiere usar el término *teología sistemática* en el sentido más amplio que acabo de mencionar en lugar del sentido estrecho que se ha definido arriba, no habrá mucha diferencia.[2] Los que usan una definición más estrecha concordarán en que estos otros aspectos de estudio definitivamente contribuyen de una manera positiva a nuestra comprensión de la teología sistemática, y los que usan una definición más amplia por cierto concordarán en que la teología histórica, la teología filosófica y la apologética se pueden distinguir del proceso de recoger y sintetizar todos los pasajes relevantes de la Biblia sobre varios temas. Además, aunque los estudios históricos y filosóficos en efecto contribuyen a nuestra comprensión de las cuestiones teológicas, sólo la Biblia tiene la autoridad final para definir qué debemos creer,[3] y es, por consiguiente, apropiado dedicar algún tiempo a enfocar el proceso de analizar la enseñanza de la Biblia misma.

La teología sistemática, según la hemos definido, también difiere de la *teología del Antiguo Testamento*, la *teología del Nuevo Testamento* y la *teología bíblica*. Estas tres disciplinas organizan sus temas históricamente y en el orden en que los temas están presentados en la Biblia. Por consiguiente, en la teología del Antiguo Testamento uno pudiera preguntar: «¿Qué enseña Deuteronomio sobre la oración?» o «¿Qué enseña Salmos en cuanto a la oración?» o «¿Qué enseña Isaías en cuanto a la oración?» o incluso, «¿Qué enseña todo el Antiguo Testamento en cuanto a la oración, y cómo se desarrolla esa enseñanza en la historia del Antiguo Testamento?» En la teología del Nuevo Testamento uno pudiera preguntar: «¿Qué enseña el Evangelio de Juan sobre la oración?» o «¿Qué enseña Pablo en cuanto a la oración?» o incluso «¿Qué enseña el Nuevo Testamento en cuanto a la oración y cuál es el desarrollo histórico de esa enseñanza conforme progresa a través del Nuevo Testamento?»

«Teología bíblica» tiene un significado técnico en los estudios teológicos. Es la categoría más amplia que contiene la teología del Antiguo Testamento y la teología del Nuevo Testamento, según las hemos definido arriba. La teología bíblica da atención especial a las enseñanzas de *autores individuales y secciones* de la Biblia, y el lugar de cada enseñanza en el *desarrollo histórico* de la Biblia.[4] Así que uno pudiera preguntar: «¿Cuál es el desarrollo histórico de la enseñanza en cuanto a la oración según se ve a través de la historia del Antiguo Testamento y después del Nuevo Testamento?» Por supuesto, esa pregunta es muy parecida a esta: «¿Qué nos

---

[2]Gordon Lewis y Bruce Demarest han acuñado una nueva frase: «teología integradora», para referirse a la teología sistemática en ese más amplio sentido; véase su excelente obra en tres volúmenes, *Integrative Theology* (Zondervan, Grand Rapids, 1987-94). En cada doctrina ellos analizan alternativas históricas y pasajes bíblicos pertinentes, dan un sumario coherente de la doctrina, responden a objeciones filosóficas y dan aplicación práctica.

[3]Charles Hodge dice: «The Scriptures contain all the Facts of Theology [Las Escrituras contienen todos los datos de la teología]» (subtítulo de sección en *Systematic Theology*, 1:15). Arguye que las ideas que se adquieren por intuición, observación o experiencia son válidas en teología sólo si cuentan con respaldo de la enseñanza de la Biblia.

[4]El término «teología bíblica» puede parecer natural y apropiado para el proceso que he llamado «teología sistemática». Sin embargo, su uso en estudios teológicos para referirse al rastreo de desarrollos históricos de doctrinas a través de la Biblia está demasiado bien establecido, así que empezar a usar ahora el término *teología bíblica* para referirse a lo que yo he llamado *teología sistemática* resultaría en confusión.

enseña la Biblia hoy en cuanto a la oración?» (Lo que sería *teología sistemática* según nuestra definición). Se hace entonces evidente que las líneas limítrofes entre estas varias disciplinas a menudo se superponen en los bordes, y partes de un estudio se combinan con el siguiente. Sin embargo hay con todo una diferencia, porque la teología bíblica rastrea el desarrollo histórico de una doctrina y la manera en que el lugar de uno en algún punto en ese desarrollo histórico afecta la comprensión y aplicación de uno en cuanto a esa doctrina en particular. La teología bíblica también enfoca la comprensión de cada doctrina que los autores bíblicos y sus oyentes o lectores originales tenían.

La teología sistemática, por otro lado, hace uso del material de la teología bíblica y a menudo edifica sobre los resultados de la teología bíblica. En algunos puntos, especialmente en donde se necesita gran cuidado y detalles en el desarrollo de una doctrina, la teología sistemática usará incluso un método teológico bíblico, analizando el desarrollo de cada doctrina mediante el desarrollo histórico de la Biblia. Pero el enfoque de la teología sistemática sigue siendo diferente: su enfoque es la recolección y luego un sumario de la enseñanza de todos los pasajes bíblicos un pasaje sobre un tema en particular. Así, la teología sistemática pregunta, por ejemplo: «¿Qué nos enseña hoy la Biblia entera en cuanto a la oración?» Procura resumir las enseñanzas de la Biblia en una declaración breve, comprensible y cuidadosamente formulada.

2. Aplicación a la vida. Además, la teología sistemática se concentra en hacer un resumen de cada doctrina como deberían entenderla los creyentes del día presente. Esto a veces incluirá el uso de términos e incluso conceptos que en sí mismos no fueron usados por ningún autor bíblico individual, pero que son el resultado apropiado de combinar las enseñanzas de dos o más autores bíblicos sobre un tema en particular. Los términos *Trinidad, encarnación* y *deidad de Cristo* por ejemplo, no se hallan en la Biblia, pero constituyen un resumen útil de conceptos bíblicos.

Definir la teología sistemática para incluir «lo que toda la Biblia *nos enseña* hoy» implica que la aplicación a la vida es una parte necesaria del correcto empeño de la teología sistemática. Por tanto, una doctrina bajo consideración se ve en términos de su valor práctico para vivir la vida cristiana. En ninguna parte de la Biblia hallamos doctrinas que se estudian por estudiarlas o aisladas de la vida. Los escritores bíblicos siempre aplicaban a la vida sus enseñanzas. Por consiguiente, cualquier cristiano que lee este libro debe hallar su vida cristiana enriquecida y profundizada durante este estudio; ciertamente, si el crecimiento espiritual personal no ocurre, el autor no ha escrito apropiadamente este libro, o el lector no lo ha estudiado correctamente.

3. Teología sistemática y teología desorganizada. Si usamos esta definición de teología sistemática, se verá que la mayoría de los creyentes en realidad hacen teología sistemática (o por lo menos declaraciones teológicas sistemáticas) muchas veces por semana. Por ejemplo: «La Biblia dice que todo el que cree en Cristo será salvo». «La Biblia dice que Jesucristo es el único camino a Dios». «La Biblia dice que Jesús viene otra vez». Todos estos son resúmenes de lo que la Biblia dice y, como tales, son afirmaciones teológicas sistemáticas. Es más, cada vez que el creyente dice algo en cuanto a lo que dice toda la Biblia, en un sentido está haciendo «teología sistemática, conforme a nuestra definición, al pensar en varios temas y responder a la pregunta: «¿Qué nos enseña toda la Biblia hoy?»[5]

¿Cómo difiere entonces este libro de la «teología sistemática» que la mayoría de los cristianos hacen? Primero, trata los temas bíblicos *de una manera cuidadosamente organizada* para garantizar que todos los temas importantes reciben consideración cabal. Tal organización también provee cierta verificación contra un análisis inexacto de temas individuales, porque quiere decir que todas las otras doctrinas que se tratan pueden ser comparadas con cada tema por uniformidad en metodología y ausencia de contradicciones en las relaciones entre las doctrinas. Esto también ayuda a asegurar una consideración balanceada de doctrinas complementarias: la deidad de Cristo y su humanidad se estudian juntas, por ejemplo, así como también la soberanía de Dios y la responsabilidad del hombre, de modo que no se deriven conclusiones erradas de un énfasis desequilibrado en solo un aspecto de la presentación bíblica completa.

De hecho, el adjetivo *sistemática* en teología sistemática se debe entender significando algo como «organizada cuidadosamente por temas», en el sentido de que se verá que los temas estudiados encajan siempre, e incluyen todos los principales temas doctrinales de la Biblia. Así que «sistemática» se debe tener como lo opuesto de «arreglada al azar» o «desorganizada». En la teología sistemática los temas se tratan de una manera ordenada o «sistemática».

Una segunda diferencia entre este libro y la manera en que la mayoría de los cristianos hacen teología sistemática es que trata los temas *con mucho mayor detalle* que lo que lo hacen la mayoría de los creyentes. Por ejemplo, el creyente promedio como resultado de la lectura regular de la Biblia puede hacer la siguiente afirmación teológica: «La Biblia dice que todo el que cree en Jesucristo será salvo». Ese es un sumario perfectamente cierto de una doctrina bíblica principal. Sin embargo, en este libro dedicamos varias páginas para elaborar más precisamente lo que quiere decir «creer en Jesucristo»,[6] y doce capítulos (capítulos 32-43) se dedicarán a explicar lo que quiere decir «ser salvo» en todas las muchas implicaciones de esa expresión.

Tercero, un estudio formal de la teología sistemática hará posible formular sumarios de las enseñanzas bíblicas con *mucha mayor exactitud* que a la que los creyentes normalmente llegarían sin tal estudio. En la teología sistemática, los sumarios de enseñanzas bíblicas se deben redactar precisamente para proteger contra malos entendidos y excluir enseñanzas falsas.

Cuarto, un buen análisis teológico debe hallar y tratar equitativamente *todos los pasajes bíblicos pertinentes* a cada tema en particular, y no solo algunos o unos pocos de los pasajes pertinentes. Esto a menudo quiere decir que debemos depender de

---

[5]Robert L. Reymond, «The Justification of Theology with a Special Application to Contemporary Christology», en Nigel M. Cameron, ed., *The Challenge of Evangelical Theology: Essays in Approach and Method* (Rutherford House, Edimburgo, 1987), pp. 82-104 cita varios ejemplos del Nuevo Testamento de esta clase de búsqueda por toda la Biblia para demostrar conclusiones doctrinales: Jesús en Lc 24:25-27 (y en otros lugares); Apolos en Hch 18:28; el concilio de Jerusalén en Hch 15; y Pablo en Hch 17:2-3; 20:27; y todo Ro. A esta lista se pudiera añadir Heb 1 (sobre la condición de Hijo divino que tiene Cristo, Heb 11 (sobre la naturaleza de la verdadera fe), y muchos otros pasajes de las Epístolas.

[6]Véase capítulo 35; pp. 744-757, sobre la fe que salva.

los resultados de cuidadosa exégesis (o interpretación) de la Biblia con la que concuerden en general los intérpretes evangélicos o, en donde haya diferencias significativas de interpretación, la teología sistemática incluirá exégesis detalladas en ciertos puntos.

Debido al crecido número de temas que se abordan en un estudio de teología sistemática, y debido al gran detalle con que se analizan esos temas, es inevitable que alguien que estudie un texto de teología sistemática o esté tomando un curso de teología sistemática por primera vez vea muchas de sus propias creencias personales cuestionadas o modificadas, refinadas o enriquecidas. Es de extrema importancia, por consiguiente, que toda persona que empieza tal curso resuelva firmemente en su mente abandonar como falsa cualquier idea que se halle que la enseñanza de la Biblia claramente contradice. Pero también es muy importante que toda persona resuelva no creer ninguna doctrina individual simplemente porque este libro de texto o algún otro libro de texto o maestro dice que es verdad, a menos que este libro o el instructor de un curso pueda convencer al estudiante partiendo del texto de la Biblia misma. Es sólo la Biblia, y no «la tradición evangélica conservadora» ni ninguna otra autoridad humana, la que debe funcionar como autoridad normativa para la definición de lo que debemos creer.

4. ¿Cuáles son doctrinas? En este libro la palabra *doctrina* se entenderá de la siguiente manera: *Una doctrina es lo que la Biblia entera nos enseña hoy en cuanto a un tema en particular.* Esta definición se relaciona directamente con nuestra definición anterior de teología sistemática, puesto que muestra que una «doctrina» es simplemente el resultado del proceso de hacer teología sistemática con respecto a un tema en particular. Entendidas de esta manera, las doctrinas pueden ser muy amplias o muy reducidas. Podemos hablar de «la doctrina de Dios» como una categoría doctrinal principal, incluyendo un sumario de todo lo que la Biblia nos enseña hoy en cuanto a Dios. Tal doctrina sería excepcionalmente grande. Por otro lado, podemos hablar más limitadamente de la doctrina de la eternidad de Dios, o de la doctrina de la Trinidad, o de la doctrina de la justicia de Dios.[7]

Este libro está dividido en siete secciones principales según las siete «doctrinas» o aspectos de estudios principales:

> Primera Parte: La doctrina de la palabra de Dios
>
> Segunda Parte: La doctrina de Dios
>
> Tercera Parte: La doctrina del hombre
>
> Cuarta Parte: Las doctrinas de Cristo y el Espíritu Santo
>
> Quinta Parte: La doctrina de la aplicación de la redención
>
> Sexta Parte: La doctrina de la iglesia
>
> Séptima Parte: La doctrina del futuro

---

[7]La palabra *dogma* es un sinónimo aproximado para *doctrina*, pero no la he usado en este libro. *Dogma* es un término que usan más a menudo los teólogos católicos romanos y luteranos, y el término frecuentemente se refiere a doctrinas que tienen el endoso oficial de la iglesia. *Teología dogmática* es lo mismo que *teología sistemática.*

Dentro de cada una de estas categorías doctrinales principales se han seleccionado muchas más enseñanzas específicas como apropiadas para incluirlas. Generalmente estas tienen por lo menos uno de los siguientes tres criterios: (1) son doctrinas que se enfatizan bastante en la Biblia; (2) son doctrinas que han sido las más significativas en toda la historia de la iglesia y han sido importantes para todos los cristianos de todos los tiempos; (3) son doctrinas que han llegado a ser importantes para los creyentes en la situación presente de la historia del cristianismo (aunque algunas de estas doctrinas tal vez no hayan sido de tan gran interés anteriormente en la historia de la iglesia). Algunos ejemplos de doctrinas en la tercera categoría son la doctrina de la inerrancia de la Biblia, la doctrina del bautismo en el Espíritu Santo, la doctrina de Satanás y los demonios con referencia particular a la guerra espiritual, la doctrina de los dones espirituales en la edad del Nuevo Testamento, y la doctrina de la creación del hombre como hombre y mujer en relación a la comprensión de las funciones apropiadas de hombres y mujeres hoy. Debido a su pertinencia a la situación contemporánea, doctrinas como estas han recibido más énfasis en el presente volumen que en la mayoría de los textos tradicionales de teología sistemática.

Finalmente, ¿cuál es la diferencia entre teología sistemática y *ética cristiana?* Aunque hay inevitablemente algún traslapo inevitable entre el estudio de la teología y el estudio de la ética, he tratado de mantener una distinción en énfasis. El énfasis de la teología sistemática recae en lo que Dios quiere que *creamos y sepamos,* en tanto que el énfasis de la ética cristiana es lo que Dios quiere que *hagamos* y cuáles *actitudes* quiere que tengamos. Tal distinción se refleja en la siguiente definición: *La ética cristiana es cualquier estudio que responde a la pregunta: «¿Qué nos exige Dios que hagamos y qué actitudes exige él que tengamos hoy?» con respecto a alguna situación dada.* La teología, pues, se enfoca en ideas en tanto que la ética enfoca las circunstancias de la vida. La teología nos dice cómo debemos pensar en tanto que la ética nos dice cómo debemos vivir. Un texto de ética, por ejemplo, considerará temas tales como el matrimonio y el divorcio, mentir y decir la verdad, robar y tener algo en propiedad, el aborto, control de nacimiento, homosexualidad, la función del gobierno civil, disciplina de los hijos, pena capital, guerra, cuidado de los pobres, discriminación racial, y temas por el estilo. Por supuesto que habrá alguna superposición: la teología debe aplicarse a la vida (por consiguiente a menudo es ética hasta cierto punto); y la ética se debe basar en ideas apropiadas de Dios y su mundo (por consiguiente es teológica hasta cierto punto).

Este libro hace énfasis en la teología sistemática, aunque no vacilará en aplicar la teología a la vida en donde tal aplicación vaya bien. Con todo, para un tratamiento exhaustivo de la ética cristiana, sería necesario otro texto similar a este en alcance.

B. Presuposiciones iniciales de este libro

Empezamos con dos presuposiciones o cosas que damos por sentado: (1) que la Biblia es verdad y que es, en efecto, nuestra sola norma absoluta de verdad; (2) que el Dios de que habla la Biblia existe, y que es quien la Biblia dice que es: el Creador del cielo y la tierra y todo lo que hay en ellos. Estas dos presuposiciones, por supuesto, siempre están abiertas para ajuste, modificación o confirmación más honda posteriormente, pero en este punto estas dos presuposiciones forman el punto desde el cual empezamos.

C. ¿Por qué deben los cristianos estudiar teología?

¿Por qué deben los cristianos estudiar teología sistemática? Es decir, ¿por qué debemos empeñarnos en el proceso de recoger y hacer un sumario de las enseñanzas de muchos pasajes individuales de la Biblia sobre temas en particular? ¿Por qué no es suficiente simplemente seguir leyendo la Biblia en forma regular todos los días de nuestras vidas?

1. La razón básica. Se han dado muchas respuestas a esta pregunta, pero demasiado a menudo se deja la impresión de que la teología sistemática de alguna manera puede «mejorar» lo que dice la Biblia al hacer un mejor trabajo en organizar sus enseñanzas y explicarlas más claramente de lo que la misma Biblia las explica. Así podemos empezar negando implícitamente la claridad de la Biblia (vea capítulo 6) o la suficiencia de la Biblia (vea capítulo 8).

Sin embargo, Jesús ordenó a sus discípulos y nos ordena ahora *enseñar* a los creyentes a que observen todo lo que él ordenó:

> Por tanto, vayan y hagan discípulos de todas las naciones, bautizándolos en el nombre del Padre y del Hijo y del Espíritu Santo, *enseñándoles* a obedecer todo lo que les he mandado a ustedes. Y les aseguro que estaré con ustedes siempre, hasta el fin del mundo (Mt 28:19-20).

Ahora, enseñar todo lo que Jesús ordenó, en un sentido limitado, es simplemente enseñar el contenido de la enseñanza oral de Jesús según se registra en las narrativas de los Evangelios. Sin embargo, en un sentido más amplio, «todo lo que Jesús ordenó» incluye la interpretación y aplicación de su vida y enseñanzas, porque en el libro de Hechos se implica que contiene una narración de lo que Jesús *continuó* haciendo y enseñando por medio de los apóstoles después de su resurrección (nótese que 1:1 habla de «todo lo que Jesús *comenzó* a hacer y enseñar»). «Todo lo que Jesús ordenó» también puede incluir las Epístolas, puesto que fueron escritas bajo la supervisión del Espíritu Santo y también se consideraron como un «mandamiento del Señor» (1 Co 14:37; véase también Jn 14:26; 16:13; 1 Ts 4:15; 2 P 3:2; y Ap 1:1-3). Así que en un sentido más amplio, «todo lo que Jesús ordenó» incluye todo el Nuevo Testamento.

Todavía más, cuando consideramos que los escritos del Nuevo Testamento endosaron la confianza absoluta que Jesús tenía en la autoridad y confiabilidad de las Escrituras del Antiguo Testamento como palabras de Dios (vea cap. 4), y cuando nos damos cuenta de que las Epístolas del Nuevo Testamento también endosaron esta perspectiva del Antiguo Testamento como palabras absolutamente autoritativas de Dios, se hace evidente que no podemos enseñar «todo lo que Jesús ordenó» sin incluir por igual todo el Antiguo Testamento (entendido apropiadamente en las varias maneras en que se aplica a la edad del nuevo pacto en la historia de la redención).

La tarea de cumplir la gran comisión incluye, por lo tanto, no sólo evangelización sino también *enseñanza*, y la tarea de enseñar todo lo que Jesús nos ordenó es, en un sentido amplio, la tarea de enseñar lo que la Biblia entera nos dice hoy. Para enseñarnos a nosotros mismos efectivamente, y enseñar a otros lo que la Biblia entera dice, es necesario *recoger* y *resumir* todos los pasajes bíblicos sobre un tema en particular.

Por ejemplo, si alguien me pregunta: «¿Qué enseña la Biblia en cuanto al retorno de Cristo?», yo podría decir: «Simplemente siga leyendo la Biblia y lo hallará». Pero si el que pregunta empieza a leer en Génesis 1:1 pasará largo tiempo antes de que halle la respuesta a su pregunta. Para entonces habrá muchas otras preguntas que necesitan respuesta, y su lista de preguntas sin respuestas empezará a verse muy larga en verdad. ¿Qué enseña la Biblia en cuanto a la obra del Espíritu Santo? ¿Qué enseña la Biblia en cuanto a la oración? ¿Qué enseña la Biblia en cuanto al pecado? Simplemente no hay tiempo en toda nuestra vida para leer la Biblia entera buscando una respuesta por nosotros mismos cada vez que surge un asunto doctrinal. Por consiguiente, para que aprendamos lo que la Biblia dice es muy útil tener el beneficio del trabajo de otros que han investigado todas las Escrituras y han hallado respuestas a estos varios temas.

Podemos enseñar más efectivamente a otros si podemos dirigirlos a los pasajes más pertinentes y sugerir un sumario apropiado de las enseñanzas de esos pasajes. Entonces el que nos pregunta puede inspeccionar esos pasajes rápidamente por sí mismo y aprender mucho más rápidamente cuál es la enseñanza bíblica sobre ese tema en particular. Así que la necesidad de la teología sistemática para enseñar lo que la Biblia dice surge primordialmente porque somos finitos en nuestra memoria y en la cantidad de tiempo que tenemos disponible.

La razón básica de estudiar la teología sistemática, entonces, es que nos permite enseñarnos a nosotros mismos y a otros lo que toda la Biblia dice, cumpliendo así la segunda parte de la gran comisión.

2. Los beneficios para nuestra vida. Aunque la razón básica de estudiar la teología sistemática es que es un medio de obediencia al mandamiento de nuestro Señor, hay también algunos beneficios adicionales que surgen de tal estudio.

Primero, estudiar la teología nos ayuda a *superar nuestras ideas erradas*. Si no hubiera pecado en nosotros, podríamos leer la Biblia de tapa a tapa y, aunque no aprenderíamos de inmediato todo lo que dice la Biblia, con mucha probabilidad aprenderíamos sólo cosas verdaderas en cuanto a Dios y su creación. Cada vez que la leamos aprenderemos más cosas ciertas y no nos rebelaríamos ni rehusaríamos aceptar algo que hallamos escrito allí. Pero con el pecado en nuestros corazones retenemos algo de rebelión contra Dios. En varios puntos hay, para todos nosotros, enseñanzas bíblicas que por una razón u otra no queremos aceptar. El estudio de teología sistemática nos ayuda a superar esas ideas rebeldes.

Por ejemplo, supóngase que hay alguien que no quiere creer que Jesús vuelve personalmente a la tierra. Podríamos mostrarle a esta persona un versículo o tal vez dos que hablan del retorno de Jesús a la tierra, pero la persona tal vez todavía halle una manera de evadir la fuerza de esos versículos o leer en ellos un significado diferente. Pero si recogemos veinticinco o treinta versículos que dicen que

Jesús vuelve a la tierra personalmente, y los anotamos en un papel, nuestro amigo que vaciló en creer en el retorno de Cristo con mayor probabilidad se persuadirá ante la amplitud y diversidad de la evidencia bíblica para esta doctrina. Por supuesto, todos tenemos cuestiones como esa, temas en que nuestro entendimiento de la enseñanza de la Biblia es inadecuado. En estos temas es útil que se nos confronte con *el peso total de la enseñanza de la Biblia* sobre ese tema, para que seamos más fácilmente persuadidos incluso contra nuestras inclinaciones erradas iniciales.

Segundo, estudiar teología sistemática nos ayuda a *poder tomar mejores decisiones más adelante* sobre nuevas cuestiones de doctrina que puedan surgir. No podemos saber cuáles nuevas controversias doctrinales surgirán en las iglesias en las cuales viviremos y ministraremos de aquí a diez, veinte o treinta años, si el Señor no regresa antes. Estas nuevas controversias doctrinales a veces incluirán asuntos que nadie ha enfrentado con mucha atención antes. Los cristianos preguntarán: «¿Qué dice la Biblia entera en cuanto a este tema?» (La naturaleza precisa de la inerrancia bíblica y el entendimiento apropiado de la enseñanza bíblica sobre los dones del Espíritu Santo son dos ejemplos de asuntos que han surgido en nuestro siglo con mucha mayor fuerza que nunca antes en la historia de la iglesia).

Cualesquiera que sean las nuevas controversias doctrinales en años futuros, los que han aprendido bien la teología sistemática serán mucho más capaces de responder a las otras preguntas que surjan. Esto se debe a que todo lo que la Biblia dice de alguna manera se relaciona a todo lo demás que la Biblia dice (porque todo encaja de una manera congruente, por lo menos dentro de la propia comprensión de Dios de la realidad, y en la naturaleza de Dios y la creación tal como son). Así que las nuevas preguntas tendrán que ver con mucho de lo que ya se ha aprendido de la Biblia. Mientras mejor se haya aprendido ese material anterior, más capaces seremos de lidiar con esas nuevas preguntas.

Este beneficio se extiende incluso más ampliamente. Enfrentamos problemas al aplicar la Biblia a la vida en muchos más contextos que debates doctrinales formales. ¿Qué enseña la Biblia en cuanto a las relaciones entre esposo y esposa? ¿Qué, en cuanto a la crianza de los hijos? ¿En cuanto a testificarle a algún compañero de trabajo? ¿Qué principios nos da la Biblia para estudiar psicología, economía o ciencias naturales? ¿Cómo nos guía en cuanto a gastar dinero, ahorrarlo o dar el diezmo? En todo asunto que busquemos influirán ciertos principios teológicos, y los que han aprendido bien las enseñanzas teológicas de la Biblia serán mucho más capaces de tomar decisiones que agradan a Dios.

Una analogía útil en este punto es la de un rompecabezas. Si el rompecabezas representa «lo que la Biblia entera nos enseña hoy acerca de todo», un curso de teología sistemática será como armar el borde y algunos sectores principales incluidos en el rompecabezas. Pero nunca podremos saber todo lo que la Biblia enseña acerca de todas las cosas, así que nuestro rompecabezas tendrá muchas brechas, muchas piezas que todavía faltan por colocar. Resolver un problema nuevo en la vida real es como completar otra sección del rompecabezas: mientras más piezas tiene uno en su lugar correcto al empezar, más fácil es colocar nuevas piezas en su sitio, y menos posibilidades tiene uno de cometer equivocaciones. En este libro el objetivo es permitir que los creyentes pongan en su «rompecabezas teológico» tantas piezas con tanta precisión como sea posible, y animar a los creyentes a seguir poniendo más y más piezas correctas por el resto de su vida. Las doctrinas cristianas que se estudian aquí actuarán como pautas para ayudarle a llenar todo otro sector, aspectos que pertenecen a todos los aspectos de verdad en todos los aspectos de la vida.

Tercero, estudiar teología sistemática *nos ayudará a crecer como creyentes.* Mientras más sabemos de Dios, de su Palabra, de sus relaciones con el mundo y la humanidad, más confiaremos en él, más plenamente le alabaremos, y con mayor presteza le obedeceremos. Estudiar apropiadamente la teología sistemática nos hace creyentes más maduros. Si no hace esto, no estamos estudiándola de la manera que Dios quiere.

Por cierto, la Biblia a menudo conecta la sana doctrina con la madurez en la vida cristiana: Pablo habla de *«la doctrina que se ciñe a la verdadera religión»* (1 Ti 6:3) y dice que su obra como apóstol es «para que, mediante la fe, los elegidos de Dios lleguen a conocer *la verdadera religión»* (Tit 1:1). En contraste, indica que toda clase de desobediencia e inmoralidad «está en contra de la sana doctrina» (1 Ti 1:10).

En conexión con esta idea es apropiado preguntar qué diferencia hay entre una «doctrina principal» y una «doctrina menor». Los cristianos a menudo dicen que quieren buscar acuerdo en la iglesia en cuanto a doctrinas principales pero dar campo para diferencias en doctrinas menores. He hallado útil la siguiente pauta:

> Una doctrina principal es la que tiene un impacto significativo en lo que pensamos de otras doctrinas, o que tiene un impacto significativo en cómo vivimos la vida cristiana. Una doctrina menor es la que tiene muy poco impacto en cómo pensamos en cuanto a otras doctrinas, y muy poco impacto en cómo vivimos la vida cristiana.

Según esta norma, doctrinas tales como la autoridad de la Biblia (capítulo 4), la Trinidad (capítulo 14), la deidad de Cristo (capítulo 26), la justificación por la fe (capítulo 36) y muchas otras se considerarían apropiadamente doctrinas principales. Los que no están de acuerdo con la comprensión evangélica histórica de algunas de estas doctrinas tendrán amplios puntos de diferencias con los creyentes evangélicos que afirman estas doctrinas. Por otro lado, me parece que las diferencias en cuanto a las formas de gobierno de la iglesia (capítulo 47) o algunos detalles en cuanto a la cena del Señor (capítulo 50) o las fechas de la gran tribulación (capítulo 55) tienen que ver con doctrinas menores. Los creyentes que difieren sobre estas cosas pueden estar de acuerdo en tal vez casi todo otro punto de la doctrina, pueden vivir vidas cristianas que no difieren de manera importante, y pueden tener genuina comunión unos con otros.

Por supuesto, tal vez hallemos doctrinas que caen en algún punto entre «principales» y «menores» de acuerdo a esta norma. Por ejemplo, los cristianos pueden diferir sobre el grado de significación que se debe asignar a la doctrina del bautismo (capítulo 49) o el milenio (capítulo 55) o el alcance de la expiación (capítulo 27). Eso es natural, porque muchas doctrinas tienen *alguna* influencia sobre otras doctrinas o sobre la vida, pero podemos diferir en cuanto a si pensamos que sea una influencia «significativa». Podemos incluso reconocer que habrá una gama de significación aquí, y simplemente decir que mientras más influencia tiene una doctrina sobre otras doctrinas y la vida, más «principal» llega a ser. Esta cantidad de influencia incluso puede variar de acuerdo a las circunstancias históricas y necesidades de la iglesia en un momento dado. En tales casos, los cristianos deben pedirle a Dios que les dé sabiduría madura y juicio sano al tratar de determinar hasta qué punto una doctrina se debe considerar «principal» en sus circunstancias particulares.

D. Una nota sobre dos objeciones al estudio de la teología sistemática

1. «Las conclusiones son "demasiado pulidas" para ser verdad». Algunos estudiosos miran con sospecha la teología sistemática cuando —o incluso porque— sus enseñanzas encajan unas con otras en una manera no contradictoria. Objetan que el resultado es «demasiado pulidas» y que los teólogos sistemáticos deben por consiguiente estar embutiendo las enseñanzas de la Biblia en un molde artificial y distorsionando el significado verdadero de las Escrituras a fin de lograr un conjunto ordenado de creencias.

A esta objeción se pueden dar dos respuestas: (1) Debemos primero preguntar a los que hacen tal objeción que nos digan qué puntos específicos de la Biblia han sido interpretados mal, y entonces debemos lidiar con la comprensión de esos pasajes. Tal vez se hayan cometido equivocaciones, y en ese caso debe haber correcciones.

Sin embargo, también es posible que el objetor no tenga pasajes específicos en mente, o ninguna interpretación claramente errónea que señalar en las obras de los teólogos evangélicos más responsables. Desde luego, exégesis incompetente se puede hallar en los escritos de eruditos menos competentes en *cualquier* campo de estudios bíblicos, no sólo en la teología sistemática, pero esos «malos ejemplos» constituyen una objeción no contra la erudición como un todo sino contra el erudito incompetente mismo.

Es muy importante que el objetor sea específico en este punto porque esta objeción a veces la hacen quienes, tal vez inconscientemente, han adoptado de nuestra cultura un concepto escéptico de la posibilidad de hallar conclusiones universalmente verdaderas en cuanto a algo, incluso en cuanto a Dios y su Palabra. Esta clase de escepticismo respecto a la verdad teológica es especialmente común en el mundo universitario moderno en donde «teología sistemática», si es que se estudia, se estudia sólo desde la perspectiva de la teología filosófica y teología histórica (incluyendo tal vez un estudio histórico de las varias ideas que creyeron los primeros cristianos que escribieron el Nuevo Testamento, y otros cristianos de ese tiempo y a través de la historia de la iglesia). En este tipo de clima intelectual el estudio de «teología sistemática» según se la define en este capítulo se consideraría imposible, porque se da por sentado que la Biblia es meramente la obra de muchos autores humanos que escribieron en diversas culturas y experiencias en el curso de más de mil años. Se pensaría que tratar de hallar «lo que toda la Biblia enseña» en cuanto a algún asunto sería tan inútil como tratar de hallar «lo que todos los filósofos enseñan» respecto a algún asunto, porque se pensaría que la respuesta en ambos casos no es una noción sino muchas nociones diversas y a menudo en conflicto. Este punto de vista escéptico lo deben rechazar los evangélicos que ven las Escrituras como producto de autoría humana y divina, y por consiguiente como una colección de escritos que enseñan verdades no contradictorias en cuanto a Dios y en cuanto al universo que él creó.

(2) Segundo, se debe contestar que en la propia mente de Dios, y en la naturaleza de la realidad en sí misma, los hechos e ideas *verdaderos* son todos congruentes entre sí. Por consiguiente, si hemos entendido acertadamente las enseñanzas de Dios en la Biblia debemos esperar que nuestras conclusiones «encajen unas con otras» y sean congruentes entre sí. La congruencia interna, entonces, es un argumento a favor, y no en contra, de cualquier resultado individual de la teología sistemática.

2. «La selección de temas dicta las conclusiones». Otra objeción general a la teología sistemática tiene que ver con la selección y arreglo de los temas, e incluso el hecho de que se haga tal estudio de la Biblia arreglado por temas, usando categorías a veces diferentes de las que se hallan en la misma Biblia. ¿Por qué se tratan *estos* temas teológicos en lugar de simplemente los demás que recalcan los autores bíblicos, y por qué los temas *se arreglan de esta manera* y no de otra? Tal vez, diría esta objeción, nuestras tradiciones y nuestras culturas han determinado los temas que tratamos y el arreglo de los temas, para que los resultados en este estudio teológico sistemático de la Biblia, aunque aceptable en nuestra propia tradición teológica, en realidad no sea fiel a la Biblia misma.

Una variante de esta objeción es la afirmación de que nuestro punto de partida a menudo determina nuestras conclusiones respecto a temas controversiales: si decidimos empezar con un énfasis en la autoría divina de la Biblia, por ejemplo, acabaremos creyendo en la inerrancia bíblica, pero si empezamos con un énfasis en la autoría humana de la Biblia, acabaremos creyendo que hay algunos errores en la Biblia. En forma similar, si empezamos con un énfasis en la soberanía de Dios, acabaremos siendo calvinistas, pero si empezamos con un énfasis en la capacidad del hombre para tomar decisiones libres, acabaremos siendo arminianos,[8] y así por el estilo. Esta objeción hace que parezca que las preguntas teológicas más importantes probablemente se pudieran decidir echando una moneda al aire para decidir en dónde empezar, puesto que se puede llegar a conclusiones *diferentes* e *igualmente válidas* desde diferentes puntos de partida.

Los que hacen tal objeción a menudo sugieren que la mejor manera de evitar este problema es no estudiar ni enseñar para nada teología sistemática, sino limitar nuestros estudios temáticos al campo de la teología bíblica, tratando sólo los temas y asuntos que los autores bíblicos mismos recalcan y describir el desarrollo histórico de estos temas bíblicos a través de la Biblia.

En respuesta a esta objeción, una gran parte de la consideración en este capítulo en cuanto a la necesidad de enseñar la Biblia será pertinente. Nuestra selección de temas no tiene que estar restringida a las principales preocupaciones de los autores bíblicos, porque nuestra meta es hallar lo que Dios requiere de nosotros en todos los aspectos de preocupación para nosotros hoy.

Por ejemplo, a ningún autor del Nuevo Testamento le interesó *sobremanera* explicar temas tales como el «bautismo en el Espíritu Santo», o las funciones de las

---

[8]Vea en el capítulo 16, pp. 328, 352-367, una consideración de los términos *calvinista* y *arminiano*.

mujeres en la iglesia, o la doctrina de la Trinidad, pero estos son asuntos válidos de interés para nosotros hoy, y debemos buscar todos los lugares en la Biblia que tienen pertinencia a esos temas (sea que esos términos específicos se mencionen o no, y sea que esos temas sean el foco primordial de cada pasaje que examinamos o no) para poder ser capaces de entender y explicar a otros «lo que toda la Biblia enseña» en cuanto a ellos.

La única alternativa —porque *en efecto* pensaremos *algo* sobre esos temas— es formar nuestras opiniones sin orden ni concierto partiendo de una impresión general de lo que pensamos que es la posición «bíblica» sobre cada tema, o tal vez apuntalar nuestras posiciones con análisis cuidadoso de uno o dos pasajes pertinentes, sin embargo sin ninguna garantía de que esos pasajes presenten una noción balanceada de «todo el propósito de Dios» (Hch 20:27) sobre el tema que se considera. En verdad este enfoque, demasiado común en círculos evangélicos hoy, podría, me parece, llamarse «teología asistemática» o incluso ¡«teología al azar y desordenada»! Tal alternativa es demasiado subjetiva y demasiado sujeta a presiones culturales. Tiende a la fragmentación doctrinal e incertidumbre doctrinal ampliamente extendida, y deja a la iglesia teológicamente inmadura, como «niños, zarandeados por las olas y llevados de aquí para allá por todo viento de enseñanza» (Ef 4:14).

Respecto a la objeción en cuanto a la selección y secuencia de los temas, nada hay que nos impida acudir a la Biblia para buscar respuestas a *cualquier* pregunta doctrinal, considerada en *cualquier secuencia*. La secuencia de temas en este libro es muy común y se ha adoptado porque es ordenada y se presta bien para el aprendizaje y la enseñanza. Pero los capítulos se pueden leer en cualquier secuencia que uno quiera, y las conclusiones no van a ser diferentes, ni tampoco lo persuasivo de los argumentos —si están derivados apropiadamente de la Biblia— se reducirá significativamente. De hecho, sospecho que la mayoría de los lectores de este libro no leerán de corrido del capítulo 1 al capítulo 57, sino que empezarán con los capítulos que más les interesan, y leerán los demás después. Eso en realidad no importa, porque he tratado de escribir los capítulos de modo que se puedan leer como unidades independientes, y he añadido referencias cruzadas a las secciones de otros capítulos en donde es pertinente. Sea que uno lea el capítulo sobre los nuevos cielos y la nueva tierra (capítulos 57) primero o último, o en algún punto entre uno y otro, los argumentos serán los mismos, los pasajes bíblicos citados para respaldo serán los mismos, y las conclusiones deben ser las mismas.

E. ¿Cómo deben los cristianos estudiar teología sistemática?

¿Cómo, entonces, debemos estudiar la teología sistemática? La Biblia provee algunas pautas que responden a esta pregunta.

1. Debemos estudiar la teología sistemática con oración. Si estudiar teología sistemática es sencillamente una cierta manera de estudiar la Biblia, los pasajes de la Biblia que hablan de la manera en que debemos estudiar la Palabra de Dios nos dan dirección para esta tarea. Tal como el salmista ora en Salmo 119:18: «Ábreme los ojos, para que contemple las maravillas de tu ley», nosotros debemos orar y buscar la ayuda de Dios para entender su Palabra. Pablo nos dice en 1 Corintios 2:14 que «El que no tiene el Espíritu no acepta lo que procede del Espíritu de Dios, pues para él es locura. No puede entenderlo, porque hay que discernirlo espiritualmente». Estudiar teología es por consiguiente una actividad espiritual en la que necesitamos la ayuda del Espíritu Santo.

Por inteligente que sea, si el estudiante no persiste en orar para que Dios le dé una mente que comprende, y un corazón creyente y humilde, y el estudiante no mantiene un andar personal con el Señor, las enseñanzas de la Biblia serán mal entendidas y no se creerá en ellas, resultará error doctrinal, y la mente y el corazón del estudiante no cambiará para bien sino para mal. Los estudiantes de teología sistemática deben resolver desde el principio mantener sus vidas libres de toda desobediencia a Dios o de cualquier pecado conocido que interrumpiría su relación con él. Deben resolver mantener con gran regularidad su vida devocional. Deben orar continuamente pidiendo sabiduría y comprensión de las Escrituras.

Puesto que es el Espíritu Santo el que nos da la capacidad de entender apropiadamente la Biblia, necesitamos darnos cuenta de que lo que hay que hacer, particularmente cuando no podemos entender algún pasaje o alguna doctrina de la Biblia, es orar pidiendo la ayuda de Dios. A menudo lo que necesitamos no es más información sino más perspectiva en cuanto a la información que ya tenemos disponible. Esa perspectiva la da solamente el Espíritu Santo (cf. 1 Co 2:14; Ef 1:17-19).

2. Debemos estudiar teología sistemática con humildad. Pedro nos dice: «Dios se opone a los orgullosos, pero da gracia a los humildes» (1 P 5:5). Los que estudian teología sistemática aprenderán muchas cosas en cuanto a las enseñanzas de la Biblia que tal vez no saben o no conocen bien otros creyentes en sus iglesias o parientes que tienen más años en el Señor que ellos. También pueden hallar que comprenden cosas en cuanto a la Biblia que algunos de los oficiales de su iglesia no entienden, e incluso que su pastor tal vez haya olvidado o nunca aprendió bien.

En todas estas situaciones sería muy fácil adoptar una actitud de orgullo o superioridad hacia otros que no han hecho tal estudio. Pero qué horrible sería si alguien usara este conocimiento de la Palabra de Dios simplemente para ganar discusiones o para denigrar a otro creyente en la conversación, o para hacer que otro creyente se sienta insignificante en la obra del Señor. El consejo de Santiago es bueno para nosotros en este punto: «Todos deben estar listos para escuchar, y ser lentos para hablar y para enojarse; pues la ira humana no produce la vida justa que Dios quiere» (Stg 1:19-20). Nos dice que lo que uno comprende de la Biblia debe ser impartido en humildad y amor:

> ¿Quién es sabio y entendido entre ustedes? Que lo demuestre con su buena conducta, mediante obras hechas con la humildad que le da su sabiduría. … En cambio, la sabiduría que desciende del cielo es ante todo pura, y además pacífica, bondadosa, dócil, llena de compasión y de buenos frutos, imparcial y sincera. En fin, el fruto de la justicia se siembra en paz para los que hacen la paz (Stg 3:13, 17-18).

La teología sistemática estudiada apropiadamente no conducirá a un conocimiento que «envanece » (1 Co 8:1), sino a humildad y amor por otros.

3. Debemos estudiar teología sistemática con razón. Hallamos en el Nuevo Testamento que Jesús y los autores del Nuevo Testamento a menudo citan un versículo de la Biblia y luego derivan de él conclusiones lógicas. *Razonan* partiendo del pasaje bíblico. Por consiguiente, no es errado usar el entendimiento humano, la lógica humana y la razón humana para derivar conclusiones de las afirmaciones de la Biblia. No obstante, cuando razonamos y derivamos de la Biblia lo que pensamos ser deducciones lógicas correctas, a veces cometemos errores. Las deducciones que derivamos de las afirmaciones de la Biblia no son iguales a las afirmaciones de la Biblia en sí mismas en certeza o autoridad, porque nuestra capacidad para razonar y derivar conclusiones no es la suprema norma de verdad; sólo la Biblia lo es.

¿Cuáles son, entonces, los límites en nuestro uso de nuestras capacidades de razonamiento para derivar deducciones de las afirmaciones de la Biblia? El hecho de que razonar y llegar a conclusiones que van más allá de las meras afirmaciones de la Biblia es apropiado e incluso necesario para estudiar la Biblia, y el hecho de que la Biblia en sí misma es la suprema norma de verdad, se combinan para indicarnos que *somos libres para usar nuestras capacidades de razonamiento para derivar deducciones de cualquier pasaje de la Biblia en tanto y en cuanto esas deducciones no contradigan la clara enseñanza de algún otro pasaje de la Biblia.*[9]

Este principio pone una salvaguarda en nuestro uso de lo que pensamos ser deducciones lógicas de la Biblia. Nuestras deducciones supuestamente lógicas pueden estar erradas, pero la Biblia en sí misma no puede estar errada. Por ejemplo, podemos leer la Biblia y hallar que a Dios Padre se le llama Dios (1 Co 1:3), que a Dios Hijo se le llama Dios (Jn 20:28; Tit 2:13) y que a Dios Espíritu Santo se le llama Dios (Hch 5:3-4). De esto podemos deducir que hay tres Dioses. Pero después hallamos que la Biblia explícitamente nos enseña que Dios es uno (Dt 6:4; Stg 2:19). Así que concluimos que lo que nosotros *pensamos* que era una deducción lógica válida en cuanto a tres Dioses estaba errada y que la Biblia enseña (a) que hay tres personas separadas (Padre, Hijo y Espíritu Santo), cada una de las cuales es plenamente Dios, y (b) que hay sólo un Dios.

No podemos entender exactamente cómo estas dos afirmaciones pueden ser verdad a la vez, así que constituyen una *paradoja* («afirmación que aunque parece contradictoria puede ser verdad»).[10] Podemos tolerar una paradoja (tal como «Dios es tres personas y sólo un Dios») porque tenemos la confianza de que en última instancia Dios sabe plenamente la verdad en cuanto a sí mismo y en cuanto a la

---

[9]Esta pauta también la adopto del profesor John Frame, del Westminster Seminary (vea p. 21).

[10]El *American Heritage Dictionary of the English Language*, ed. William Morris (Houghton-Mifflin, Boston, 1980), p. 950 (primera definición). Esencialmente el mismo significado lo adopta el *Oxford English Dictionary* (ed. 1913, 7:450), el *Concise Oxford Dictionary* (ed. 1981, p. 742), el *Random House Collage Dictionary* (ed. 1979, p. 964), y el *Chambers Twentieth Century Dictionary* (p. 780), aunque todos notan que *paradoja* también puede significar «contradicción» (aunque en forma menos común); compare la *Encyclopedia of Philosophy*, ed. Paul Edwards (Macmilland and the Free Press, New York, 1967), 5:45, y todo el artículo «Logical Paradoxes» («Paradojas lógicas») de John van Heijenoort en las pp. 45-51 del mismo volumen, que propone soluciones a muchas de las paradojas clásicas en la historia de la filosofía. (Si *paradoja* significa «contradicción», tales soluciones serían imposibles).

Cuando uso la palabra *paradoja* en el sentido primario que definen estos diccionarios hoy me doy cuenta de que difiero en alguna medida con el artículo *«Paradox»* («Paradoja») de K. S. Kantzer in *EDT*, ed. Walter Elwell, pp. 826-27 (que toma *paradoja* para significar esencialmente «contradicción»). Sin embargo, uso *paradoja* en el sentido ordinario del inglés y que es conocido en la filosofía. Me parece que no hay disponible ninguna otra palabra mejor que *paradoja* para referirse a lo que parece ser una contradicción y no lo es en realidad.

Hay, sin embargo, alguna falta de uniformidad en el uso del término *paradoja* y un término relacionado: *antinomia*,

naturaleza de la realidad, y que para él los diferentes elementos de una paradoja quedan plenamente reconciliados, aunque en este punto los pensamientos de Dios son más altos que los nuestros (Is 55:8-9). Pero una verdadera contradicción (como el que «Dios es tres personas y Dios no es tres personas») implicaría contradicción en la comprensión que Dios tiene de sí mismo y de la realidad, y esto no puede ser.

Cuando el salmista dice: «La suma de tus palabras es la verdad; tus rectos juicios permanecen para siempre» (Sal 119:160), implica que las palabras de Dios no sólo son verdad individualmente sino también cuando se ven juntas como un todo. Vistas colectivamente, su «suma» es también «verdad». En última instancia, no hay contradicción interna ni en la Biblia ni en los pensamientos de Dios.

4. Debemos estudiar teología sistemática con la ayuda de otros. Debemos estar agradecidos de que Dios ha puesto maestros en la iglesia («En la iglesia Dios ha puesto, en primer lugar, apóstoles; en segundo lugar, profetas; en tercer lugar, *maestros;...*» [1 Co 12:28]). Debemos permitir que los que tienen estos dones de enseñanza nos ayuden a entender las Escrituras. Esto significa que debemos usar teologías sistemáticas y otros libros que han escrito algunos de los maestros que Dios le ha dado a la iglesia en el curso de su historia. También significa que nuestro estudio de teología incluirá *hablar con otros cristianos* en cuanto a las cosas que estamos estudiando. Entre aquellos con quienes hablamos a menudo estarán algunos con dones de enseñanza que pueden explicar las enseñanzas bíblicas claramente y ayudarnos a entenderlas más fácilmente. De hecho, algunos de los aprendizajes más efectivos en los cursos de teología sistemática en universidades y seminarios a menudo ocurren fuera del salón de clases en conversaciones informales entre estudiantes que intentan entender por sí mismos las doctrinas bíblicas.

5. Debemos estudiar la teología sistemática recogiendo y comprendiendo todos los pasajes de la Biblia pertinentes a cualquier tema. Mencioné este punto en nuestra definición de teología sistemática al principio de este capítulo, pero aquí hay que describir el proceso en sí. ¿Cómo realizar uno un sumario doctrinal de lo que todos los pasajes de la Biblia enseñan sobre cierto tema? Para los temas que se cubren en este libro, muchos pensarán que estudiar los capítulos de este libro y leer los versículos bíblicos anotados en los capítulos basta. Pero algunos

---

en el debate evangélico contemporáneo. La palabra *antinomia* se ha usado a veces para aplicarla a lo que aquí llamo *paradoja*, es decir, «lo que parecen ser afirmaciones contradictorias que sin embargo ambas son verdad» (vea, por ejemplo, John Jefferson Davis, *Theology Primer* [Baker, Grand Rapids, 1981], p. 18). Tal sentido de *antinomia* ganó respaldo en un libro ampliamente leído *Evangelism and the Sovereignty of God*, por J. I Packer (Inter-Varsity Press, Londres, 1961). En las pp. 18-22 Packer define *antinomia* como «una apariencia de contradicción» (pero admite en la p. 18 que esta definición difiere del *Shorter Oxford Dictionary*). Mi problema en cuanto a usar *antinomia* en este sentido es que la palabra es tan poco conocida en el inglés ordinario que simplemente aumenta el caudal de términos técnicos de los cristianos tienen que aprender a fin de entender a los teólogos, y todavía más tal sentido no lo respalda ninguno de los diccionarios citados arriba, todos los cuales definen *antinomia* en el sentido «contradicción» (por ej., *Oxford English Dictionary*, 1:371). El problema no es serio, pero ayudaría a la comunicación si los evangélicos pudieran convenir en un sentido uniforme para estos términos.

Una paradoja por cierto es aceptable en la teología sistemática, y las paradojas son heschos inevitables siempre que tengamos una comprensión definitiva de algún tema teológico. Sin embargo, es importante reconocer que la teología cristiana nunca debe afirmar una «contradicción» (un conjunto de dos afirmaciones, una de las cuales niega a la otra). Una contradicción sería: «Dios es tres personas y Dios no es tres personas» (en donde el término *personas* tiene el mismo sentido en ambas mitades de la oración).

querrán estudiar más la Biblia sobre algún tema particular o estudiar algún nuevo tema no cubierto aquí. ¿Cómo puede un estudiante usar la Biblia para investigar lo que enseñan sobre algún tema nuevo, tal vez uno que no se ha discutido explícitamente en ninguno de sus textos de teología sistemática?

El proceso sería así: (1) Buscar todos los versículos relevantes. La mejor ayuda en este paso es una buena concordancia que le permita a uno buscar palabras clave y hallar los versículos en que se trata el tema. Por ejemplo, al estudiar lo que significa que el hombre fue creado a imagen y semejanza de Dios, uno necesita buscar todos los versículos en los cuales aparece «imagen», «semejanza» y «crear». (Las palabras «hombre» y «Dios» ocurren con demasiada frecuencia para que sean útiles para una búsqueda en la concordancia). Al estudiar la doctrina de la oración se podrían buscar muchas palabras (*oración, orar, interceder, petición, súplica, confesar, confesión, alabanza, dar gracias, acción de gracias,* et al.); y tal vez la lista de versículos sería demasiado larga para ser manejable, así que el estudiante tendría que revisar ligeramente la concordancia sin buscar los versículos, o la búsqueda se podría probablemente dividir en secciones, o limitarse de alguna otra manera. También se puede hallar versículos al pensar en la historia global de la Biblia y buscando las secciones donde pueda haber información sobre el tema a mano; por ejemplo, el que quiere estudiar sobre la oración tal vez querrá leer pasajes como la oración de Ana por un hijo (en 1 S 1), la oración de Salomón en la dedicación del templo (en 1 R 8), la oración de Jesús en el huerto del Getsemaní (en Mt 26 y paralelos), y así por el estilo. Luego, además del trabajo en la concordancia y de leer otros pasajes que uno pueda hallar sobre el tema, revisar las secciones relevantes en algunos libros de teología sistemática a menudo trae a la luz otros versículos que uno puedan haber pasado por alto, a veces porque en estos versículos no se usa ninguna de las palabras que se usaron para la búsqueda en la concordancia.[11]

(2) El segundo paso es leer, tomar notas y tratar de hacer un sumario de los puntos que hacen los versículos relevantes. A veces un tema se repetirá a menudo y el sumario de varios versículos será relativamente fácil de hacer. En otras ocasiones habrá versículos difíciles de entender, y el estudiante necesitará dedicar tiempo para estudiar un versículo a profundidad (simplemente leyendo el versículo en su contexto vez tras vez, o usando herramientas especializadas como comentarios y diccionarios) hasta que se logre una comprensión satisfactoria.

(3) Finalmente, las enseñanzas de los varios versículos se deben resumir en uno o más puntos que la Biblia afirma en cuanto a ese tema. El sumario no tiene que tener la forma exacta de la conclusión de otros sobre el tema, porque bien podemos ver en la Biblia cosas que otros no han visto, o tal vez organizamos el tema en forma diferente, o enfatizamos cosas diferentes.

Por otro lado, en este punto es también útil leer secciones relacionadas, si se puede hallar alguna, en varios libros de teología sistemática. Esto provee una verificación útil contra errores o detalles que se hayan pasado por alto, y a menudo

---

[11]He leído una cantidad de ensayos de estudiantes que dicen que el Evangelio de Juan no dice nada en cuanto a cómo los creyentes deben orar, por ejemplo, porque al examinar una concordancia hallaron que la palabra *oración*] no aparece en Juan, y la palabra *orar* sólo aparece cuatro veces en referencia a Jesús orando en Juan 14, 16:17. Pasaron por alto el hecho de que Juan contiene varios versículos importantes en donde se usa la palabra *pedir* en lugar de la palabra *orar* (Jn 14:13-14; 15:07, 16; et. al.).

hace que uno se percate de perspectivas y argumentos alternos que puedesn hacernos modificar o fortificar nuestra posición. Si el estudiante halla que otros han argumentado a favor de conclusiones fuertemente divergentes, entonces hay que indicar correctamente esas otras perspectivas y luego contestarlas. A veces otros libros de teología nos alertarán a consideraciones históricas o filosóficas que han surgido antes en la historia de la iglesia, y estas proveerán nociones adicionales o advertencias contra el error.

El proceso bosquejado arriba es posible para cualquier cristiano que puede leer su Biblia y puede buscar las palabras en una concordancia. Por supuesto, las personas serán cada vez más ágiles y más precisas en este proceso con el tiempo, la experiencia y la madurez cristiana, pero será una tremenda ayuda para la iglesia si los creyentes generalmente dedicaran mucho más tiempo a investigar los temas de la Biblia por sí mismos y derivar conclusiones según el proceso indicado arriba. El gozo de descubrir temas bíblicos será ricamente recompensador. Especialmente los pastores y los que dirigen estudios bíblicos hallarán frescor adicional en su comprensión de la Biblia y en su enseñanza.

6. Debemos estudiar teología sistemática con alegría y alabanza. El estudio de teología no es meramente un ejercicio teórico intelectual. Es un estudio del Dios viviente, y de las maravillas de sus obras en la creación y en la redención. ¡No podemos estudiar este tema desapasionadamente! Debemos amar todo lo que Dios es, todo lo que él dice, y todo lo que él hace. «Ama al Señor tu Dios con todo tu corazón» (Dt 6:5). Nuestra respuesta al estudio de la teología de la Biblia debe ser la del salmista que dijo: «¡Cuán preciosos, oh Dios, me son tus pensamientos!» (Sal 139:17). En el estudio de las enseñanzas de la Palabra de Dios no debe sorprendernos si a menudo hallamos nuestros corazones irrumpiendo espontáneamente en expresiones de alabanza y deleite como las del salmista:

> Los preceptos del Señor son rectos:
>> traen alegría al corazón (Sal 19:8).

> Me regocijo en el camino de tus estatutos
>> más que en todas las riquezas (Sal 119:14).

> ¡Cuán dulces son a mi paladar tus palabras!
>> ¡Son más dulces que la miel a mi boca! (Sal 119:103).

> Tus estatutos son mi herencia permanente;
>> son el regocijo de mi corazón (Sal 119:111).

> Yo me regocijo en tu promesa
>> como quien halla un gran botín (Sal 119:162).

A menudo en el estudio de teología la respuesta del cristiano será similar a la de Pablo al reflexionar sobre el prolongado argumento teológico que acababa de completar al final de Romanos 11:32. Irrumpe en alabanza gozosa por las riquezas de la doctrina que Dios le ha permitido expresar:

¡Qué profundas son las riquezas de la sabiduría y del conocimiento de Dios! ¡Qué indescifrables sus juicios e impenetrables sus caminos!

«¿Quién ha conocido la mente del Señor,
o quién ha sido su consejero?»
«¿Quién le ha dado primero a Dios,
para que luego Dios le pague?»

Porque todas las cosas proceden de él, y existen por él y para él. A él sea la gloria por siempre! Amén (Ro 11:33-36).

PREGUNTAS DE APLICACIÓN PERSONAL

Estas preguntas al final de cada capítulo enfocan la aplicación a la vida. Debido a que pienso que la doctrina se debe sentir a nivel emocional tanto como entenderse a nivel intelectual, en muchos capítulos he incluido algunas preguntas en cuanto a cómo el lector *se siente* respecto a un punto de doctrina. Pienso que estas preguntas demostrarán ser muy valiosas para los que dedican tiempo para reflexionar en ellas.

1. ¿De qué maneras (si acaso alguna) ha cambiado este capítulo su comprensión de lo que es teología sistemática? ¿Cuál era su actitud hacia el estudio de la teología sistemática antes de leer este capítulo? ¿Cuál es su actitud ahora?

2. ¿Qué es lo más probable que sucedería a una iglesia o denominación que abandonara el aprendizaje de teología sistemática por una generación o más? ¿Ha sido esto cierto de su iglesia?

3. ¿Hay alguna doctrina que se incluye en la tabla de contenido para la cual una comprensión más amplia le ayudaría a resolver una dificultad personal en su vida al momento presente? ¿Cuáles son los peligros espirituales y emocionales que usted personalmente debe tener presente al estudiar teología sistemática?

4. Ore pidiéndole a Dios que haga de este estudio de doctrinas cristianas básicas un tiempo de crecimiento espiritual y más íntima comunión con él, y un tiempo en el que usted entiende y aplica correctamente las enseñanzas de la Biblia.

TÉRMINOS ESPECIALES

apologética	contradicción
doctrina	doctrina menor
doctrina principal	ética cristiana
paradoja	presuposición
teología bíblica	teología del Nuevo Testamento
teología del Antiguo Testamento	teología dogmática
teología histórica	teología filosófica
teología sistemática	

BIBLIOGRAFÍA

En estas bibliografías por lo general he incluido sólo obras escritas desde lo que hoy se llamaría una posición evangélica conservadora. Esto se debe a que el propósito de esta sección es dar al estudiante acceso fácil a otros tratamientos de cada tema por parte de teólogos que tienen al igual que este libro las mismas convicciones generales en cuanto a la naturaleza de la Biblia, que toda ella es totalmente verdad y que es la única y absolutamente autoritativa Palabra de Dios para nosotros. Una vez que nos salimos de esa convicción, la variedad de posiciones teológicas se vuelve asombrosamente grande, y hay suficientes bibliografías en las obras más recientes que se citan abajo. (Sin embargo, también he incluido dos obras representativas Católicas romanas debido a la gran influencia de la iglesia católica romana en casi toda sociedad del mundo.)

Se agrupan a los escritores de acuerdo a categorías denominacionales amplias, y los escritores dentro de los grupos se colocan en orden cronológico. Por supuesto, las categorías que siguen no son rígidas, porque a menudo hay traslapos; muchos anglicanos y muchos bautistas son teológicamente «reformados», mientras otros en esos grupos son teológicamente «arminianos»; muchos dispensacionalistas también son bautistas, en tanto que otros son presbiterianos, y así por el estilo. Sin embargo las categorías son bastante representativas de las tradiciones teológicas distinguibles dentro del movimiento evangélico.

Las fechas que se indican son las de publicación de la edición final de la teología sistemática o escrito teológico principal de cada autor. En donde no se publicó sólo una obra teológica principal, las fechas representan los años durante los cuales el autor estaba activamente enseñando y escribiendo en cuanto a teología sistemática. Se puede hallar información bibliográfica completa en las pp. 1297-1306.

Secciones en Teologías Sistemáticas Evangélicas

1. Anglicana (episcopal)
1882–92	Litton, 1–8
1930	Thomas, xvii—xxviii, 146–52

2. Arminiana (wesleyana o metodista)
1875–76	Pope, 1:3–32, 42–46
1892–94	Miley, 1:2–54
1940	Wiley, 1:13–123
1960	Purkiser, 19–38
1983	Carter, 1:19–101
1987–90	Oden, 1:11–14, 375–406

3. Bautista
1767	Gill, 1:vii—xxx
1887	Boyce, 1–8
1907	Strong, 1–51
1917	Mullins, 1–136
1976–83	Henry, 1:13–411; 6:7–34
1983–85	Erickson, 9–149
1987–94	Lewis/Demarest, 1:13–123

4. Dispensacional

1947	Chafer, 1:3–17
1949	Thiessen, 1–20
1986	Ryrie, 9–22

5. Luterana

| 1917–24 | Pieper, 1:3–190 |
| 1934 | Mueller, 1–89 |

6. Reformada (o presbiteriana)[12]

1559	Calvin, 1:3–33, 35–43 (prefacios y 1.1–2)
1724–58	Edwards, 2:157–63
1861	Heppe, 1–11, 42–47
1871–73	Hodge, 1:1–150
1878	Dabney, 133–44
1887–1921	Warfield, SSW 2:207–320
1889	Shedd, 1:3–58; 3:1–26
1937–66	Murray, *CW* 1:3–8, 169–73; *CW* 4:1–21
1938	Berkhof, *Intro.* 15–128, 170–86
1962	Buswell, 1:13–26

7. Renovada (o carismática o pentecostal)

| 1988–92 | Williams, 1:11–28 |

Secciones en Teologías Sistemáticas Católicas Romanas Representativas

1. Católica Romana: tradicional

| 1955 | Ott, 1–10 |

2. Católica Romana: Post-Vaticano II

| 1980 | McBrien, 1:3–78, 183–200 |

Otras obras

Baker, D. L. «Biblical Theology». En *NDT* p. 671.

Berkhof, Louis. *Introduction to Systematic Theology.* Eerdmans, Grand Rapids, 1982, pp. 15–75 (publicado primero en 1932).

Bray, Gerald L., ed. *Contours of Christian Theology.* Intervarsity Press, Downers Grove, IL, 1993.

_____. «Systematic Theology, History of». En NDT pp. 671–72.

Cameron, Nigel M., ed. *The Challenge of Evangelical Theology: Essays in Approach and Method.* Rutherford House, Edinburgh, 1987.

Carson, D. A. «Unity and Diversity in the New Testament: The Possibility of Systematic Theology». En *Scripture and Truth.* Ed. por D. A. Carson y John Woodbridge. Zondervan, Grand Rapids, 1983, pp. 65–95.

---

[12]En la categoría reformada he incluido referencias cruzadas de once teologías sistemáticas (las mencionadas en este capítulo más Bavinck en algunos capítulos). Dos otras obras reformadas muy bien escritas son *Foundations of the Christian Faith* por James Montgomery Boice (InterVarsity Press, Downers Grove, Ill., 1986) y *Concise Theology* por J. I. Packer (Tyndale House, Wheaton, Ill., 1993), pero no indico referencias cruzadas a ellas al fin de cada capítulo porque son escritas para públicos más populares que las demás obras reformadas incluidas, y porque pienso que once teologías reformadas ya son suficientes para dar suficiente muestra del pensamiento reformado.

Davis, John Jefferson. *Foundations of Evangelical Theology.* Baker, Grand Rapids, 1984.

_____. *The Necessity of Systematic Theology.* Baker, Grand Rapids, 1980.

_____. *Theology Primer: Resources for the Theological Student.* Baker, Grand Rapids, 1981.

Demarest, Bruce. "Systematic Theology." En *EDT* pp. 1064–66.

Erickson, Millard. *Concise Dictionary of Christian Theology.* Baker, Grand Rapids, 1986.

Frame, John. *Van Til the Theologian.* Pilgrim, Phillipsburg, NJ, 1976.

Geehan, E.R., ed. *Jerusalem and Athens.* Craig Press, Nutley, NJ, 1971.

Grenz, Stanley J. *Revisioning Evangelical Theology: A Fresh Agenda for the 21st Century.* InterVarsity Press, Downers Grove, IL, 1993.

House, H. Wayne. *Charts of Christian Theology and Doctrine.* Zondervan, Grand Rapids, 1992.

Kuyper, Abraham. *Principles of Sacred Theology.* Trad. por J. H. DeVries. Eerdmans, Grand Rapids, 1968 (reimpresión; primero publicada como *Encyclopedia of Sacred Theology* en 1898).

Machen, J. Gresham. *Christianity and Liberalism.* Eerdmans, Grand Rapids, 1923. (Este libro de 180 páginas es, en mi opinión, uno de los estudios teológicos más significativos jamás escritos. Da un claro vistazo general de las principales doctrinas bíblicas y en cada punto muestra las diferencias vitales con la teología protestante liberal, diferencias que todavía nos confrontan hoy. Es lectura que exijo en todas mis clases de introducción a la teología).

Morrow, T. W. «Systematic Theology». En *NDT* p. 671.

Poythress, Vern. *Symphonic Theology: The Validity of Multiple Perspectives in Theology.* Zondervan, Grand Rapids, 1987.

Preus, Robert D. *The Theology of Post-Reformation Lutheranism: A Study of Theological Prolegomena.* 2 vols. Concordia, St. Louis, 1970.

Van Til, Cornelius. *In Defense of the Faith* vol. 5: *An Introduction to Systematic Theology.* n. p. Presbyterian and Reformed, 1976, pp. 1–61, 253–62.

_____. *The Defense of the Faith.* Filadelfia: Presbyterian and Reformed, 1955.

Vos, Geerhardus. «The Idea of Biblical Theology as a Science and as a Theological Discipline». En *Redemptive History and Biblical Interpretation* pp. 3–24. Ed. por Richard Gaffin. Presbyterian and Reformed, Phillipsburg, NJ, 1980 (article first published 1894).

Warfield, B. B. «The Indispensableness of Systematic Theology to the Preacher». En *Selected Shorter Writings of Benjamin B. Warfield* 2:280–88. Ed. by John E. Meeter. Presbyterian and Reformed, Nutley, NJ, 1973 (article first published 1897).

_____. «The Right of Systematic Theology». En *Selected Shorter Writings of Benjamin B. Warfield* 2:21–279. Ed. Por John E. Meeter. Presbyterian and Reformed, Nutley, NJ, 1973 (artículo publicado primero en 1896).

Wells, David. *No Place for Truth, or, Whatever Happened to Evangelical Theology?* Eerdmans, Grand Rapids, 1993.

Woodbridge, John D., and Thomas E. McComiskey, eds. *Doing Theology in Today's World: Essays in Honor of Kenneth S. Kantzer*. Zondervan, Grand Rapids, 1991.

PASAJE BÍBLICO PARA MEMORIZAR

Los estudiantes repetidamente han mencionado que una de las partes más valiosas de cualquiera de sus cursos en la universidad o seminario ha sido los pasajes bíblicos que se les exigió memorizar. «En mi corazón atesoro tus dichos para no pecar contra ti» (Sal 119:11). En cada capítulo, por consiguiente, he incluido un pasaje apropiado para memorizar de modo que los instructores puedan incorporar la memorización de la Biblia dentro de los requisitos del curso siempre que sea posible. (Los pasajes bíblicos para memorizar que se indican al final de cada capítulo se toman de la NVI. Los mismos pasajes tomados de la Reina Valera 1960 y la Biblia de las Américas se hallan en el apéndice 2).

Mateo 28:18-20: *Jesús se acercó entonces a ellos y les dijo: Se me ha dado toda autoridad en el cielo y en la tierra. Por tanto, vayan y hagan discípulos de todas las naciones, bautizándolos en el nombre del Padre y del Hijo y del Espíritu Santo, enseñándoles a obedecer todo lo que les he mandado a ustedes. Y les aseguro que estaré con ustedes siempre, hasta el fin del mundo.*

HIMNO

La buena teología sistemática nos lleva a alabar. Es correcto por tanto que al final de cada capítulo se incluya un himno relacionado con el tema del capítulo. En un aula, el himno debe cantarse al principio y al final de la clase. Por otro lado, el lector individual puede cantarlo en privado o simplemente meditar en silencio en las palabras.

A menos que se señale lo contrario, las palabras de estos himnos son ya de dominio público y no están sujetas a restricciones de derechos de autor. Desde luego, se pueden escribir para proyectarlas o fotocopiarlas.

¿Por qué he usado tantos himnos? Aunque me gustan muchos de los más recientes cánticos de adoración y alabanza que tanto se cantan hoy, cuando comencé a seleccionar himnos que correspondieran a las grandes doctrinas de la fe cristiana, me di cuenta que los grandes himnos de la iglesia de siempre tienen una riqueza y amplitud que todavía no tiene igual. No sé de muchos cánticos de adoración modernos que abarquen los temas de los capítulos de este libro de una manera amplia. Quizá lo que digo sirva de exhortación a los compositores modernos a estudiar estos capítulo y después escribir canciones que reflejen las enseñanzas de la Biblia en los respectivos temas.

Para este capítulo, sin embargo, no hallé himno antiguo ni moderno que diera gracias a Dios por el privilegio de estudiar teología sistemática a partir de las páginas de la Biblia. Por tanto, he seleccionado un himno de alabanza general, que es siempre apropiado.

«¡Oh, que tuviera lenguas mil!»

Este himno de Carlos Wesley (1707-88) empieza deseando tener «mil lenguas» para cantarle alabanzas a Dios. La segunda estrofa es una oración pidiendo que Dios le «ayude» a proclamar su alabanza por toda la tierra.

¡Oh, que tuviera lenguas mil
Del Redentor cantar
La gloria de mi Dios y Rey,
Los triunfos de su amor!

Bendito mi Señor y Dios,
Te quiero proclamar;
Decir al mundo en derredor
Tu nombre sin igual.

Dulce es tu nombre para mí,
Pues quita mi temor;
En él halla salud y paz
El pobre pecador.

Rompe cadenas del pecar;
Al preso librará;
Su sangre limpia al ser más vil,
¡Gloria a Dios, soy limpio ya!

AUTOR: CARLOS WESLEY, TRAD. ROBERTO H. DALKE
(TOMADO DE HIMNOS DE FE Y ALABANZA, #25)

Primera Parte

La doctrina de la Palabra de Dios

Capítulo 2

La Palabra de Dios
¿Cuáles son las diferentes formas de la Palabra de Dios?

EXPLICACIÓN Y BASE BÍBLICA

¿Qué se quiere decir con la frase «la Palabra de Dios»? En realidad, hay diferentes significados que esa frase toma en la Biblia. Es útil distinguir estos diferentes sentidos desde el principio de este estudio.

A. «El Verbo de Dios» como Persona: Jesucristo

A veces la Biblia se refiere al Hijo de Dios como «el Verbo de Dios». En Apocalipsis 19:13 Juan ve al Señor Jesús resucitado en el cielo y dice: «y su nombre es "el Verbo de Dios"». De modo similar, al principio del Evangelio de Juan leemos: «En el principio ya existía el Verbo, y el Verbo estaba con Dios, y el Verbo era Dios» (Jn 1:1). Es claro que Juan aquí está hablando del Hijo de Dios, porque en el versículo 14 dice: «Y el Verbo se hizo hombre y habitó entre nosotros. Y hemos contemplado su gloria, la gloria que corresponde al Hijo unigénito del Padre». Estos versículos (y tal vez 1 Jn 1:1) son los únicos casos en que la Biblia se refiere al Hijo de Dios como «el Verbo» o «el Verbo de Dios», así que este uso no es común. Pero sí indica que entre los miembros de la Trinidad es especialmente Dios Hijo quién en su persona tanto como en sus palabras tiene el papel de comunicarnos el carácter de Dios y expresarnos la voluntad de Dios.

B. «La Palabra de Dios» como discurso de Dios

1. Decretos de Dios. A veces las palabras de Dios toman forma de poderosos decretos que hacen que sucedan eventos o incluso hacen que las cosas lleguen a existir. «Y dijo Dios: "¡Que exista la luz!" Y la luz llegó a existir» (Gn 1:3). Dios incluso creó el mundo animal mediante su poderosa palabra: «Y dijo Dios: «¡Que produzca la tierra seres vivientes: animales domésticos, animales salvajes, y reptiles, según su especie!»» (Gn 1:24). Así, el salmista puede decir: «*Por la palabra del Señor* fueron creados los cielos, y por el soplo de su boca, las estrellas» (Sal 33:6).

A estas palabras poderosas y creativas de Dios a menudo se les llama los decretos de Dios. Un *decreto* de Dios es una palabra de Dios que hace que algo suceda. Estos decretos de Dios incluyen no sólo los eventos de la creación original sino también la existencia continuada de las cosas, porque Hebreos 1:3 nos dice que Cristo continuamente es «el que sostiene todas las cosas con su palabra poderosa».

2. Palabras de Dios de comunicación personal. A veces Dios se comunica con personas en la tierra hablándoles directamente. A estas se les puede llamar palabras de Dios de *comunicación personal*. Se hallan ejemplos en toda la Biblia. Al mismo principio de la creación Dios habla con Adán: «Y le dio este mandato: "Puedes comer de todos los árboles del jardín, pero del árbol del conocimiento del bien y del mal no deberás comer. El día que de él comas, ciertamente morirás"» (Gn 2:16-17). Después del pecado de Adán y Eva, Dios todavía viene y habla directa y personalmente con ellos en las palabras de la maldición (Gn 3:16-19). Otro ejemplo prominente de la comunicación directa personal de Dios con las personas en la tierra se halla en el otorgamiento de los Diez Mandamientos: «*Dios habló*, y dio a conocer todos estos mandamientos: «Yo soy el Señor tu Dios. Yo te saqué de Egipto, del país donde eras esclavo. No tengas otros dioses además de mí....» (Éx 20:1-3). En el Nuevo Testamento, en el bautismo de Jesús, Dios Padre habló con una voz del cielo, diciendo: «Éste es mi Hijo amado; estoy muy complacido con él» (Mt 3:17).

En estas y otras varias ocasiones en donde Dios pronunció palabras de comunicación personal a individuos fue claro para los que las oyeron que eran de veras palabras de Dios: estaban oyendo la misma voz de Dios, y por consiguiente estaban oyendo palabras que tenían autoridad divina absoluta y eran absolutamente dignas de confianza. No creer o desobedecer alguna de esas palabras habría sido no creer o desobedecer a Dios, y por consiguiente había sido pecado.

Aunque las palabras de Dios de comunicación personal siempre se ven en la Biblia como palabras reales de Dios, *también son palabras «humanas»* porque son pronunciadas en un lenguaje humano ordinario que es entendible de inmediato. El hecho de que estas palabras se digan en lenguaje humano no limita su carácter o autoridad divinos de ninguna manera; siguen siendo enteramente las palabras de Dios, dichas por la voz de Dios mismo.

Algunos teólogos han aducido que puesto que el lenguaje humano siempre es en cierto sentido «imperfecto», cualquier mensaje que Dios nos dirige en lenguaje humano también debe ser limitado en su autoridad o veracidad. Pero estos pasajes y muchos otros que registran casos de palabras de Dios de comunicación personal a individuos no dan indicación de ninguna limitación de autoridad o veracidad de las palabras de Dios porque fueran dichas en lenguaje humano. La verdad es muy al contrario, porque las palabras siempre ponen una obligación absoluta sobre los oyentes para creerlas y obedecerlas completamente. No creer o desobedecer alguna parte de ellas es no creer o desobedecer a Dios mismo.

3. Palabras de Dios como discurso pronunciadas por labios humanos. Frecuentemente en la Biblia Dios levanta profetas por medio de los cuales habla. De nuevo, es evidente que aunque son palabras humanas, dichas en lenguaje humano ordinario por seres humanos ordinarios, la autoridad y veracidad de estas palabras de ninguna manera queda disminuida; siguen siendo también palabras de Dios.

En Deuteronomio 18 Dios le dijo a Moisés:

Por eso levantaré entre sus hermanos un profeta como tú; *pondré mis palabras en su boca*, y él les dirá todo lo que yo le mande. Si alguien no presta oído a las palabras que el profeta proclame en mi nombre, yo mismo le pediré cuentas. Pero el profeta que se atreva a hablar en mi nombre y diga algo que yo no le haya mandado decir, morirá. La misma suerte correrá el profeta que hable en nombre de otros dioses (Dt. 18:18-20).

Dios hizo una afirmación similar a Jeremías: «*He puesto en tu boca mis palabras*» (Jer 1:9). Dios le dice a Jeremías: «Vas a decir todo lo que yo te ordene» (Jer 1:7; véase también Éx 4:12; Nm 22:38; 1 S 15:3, 18, 23; 1 R 20:36; 2 Cr 20:20; 25:15-16; Is 30:12-14; Jer 6:10-12; 36:29-31; et al.). A cualquiera que aducía hablar por el Señor pero no había recibido un mensaje de él se le castigaba severamente (Ez 13:1-7; Dt 18:20-22).

Así que las palabras de Dios habladas por labios humanos se consideraban tan autoritativas y tan verdad como las palabras de Dios de comunicación personal. No había disminución de autoridad de estas palabras cuando eran dichas mediante labios humanos. No creer o desobedecer alguna de ellas era no creer o desobedecer a Dios mismo.

4. Palabras de Dios en forma escrita (la Biblia). Además de las palabras de Dios de decreto, palabras de Dios de comunicación personal y palabras de Dios dichas por labios de seres humanos, también hallamos en las Escrituras varios casos en los que las palabras de Dios fueron puestas en *forma escrita.* El primer caso de esto se halla en la narración del otorgamiento de las dos tablas de piedra en las que estaban escritos los Diez Mandamientos: «Y cuando terminó de hablar con Moisés en el monte Sinaí, le dio las dos tablas de la ley, que eran dos lajas *escritas por el dedo mismo de Dios*» (Éx 31:18). «Tanto las tablas como *la escritura grabada en ellas eran obra de Dios*» (Éx 32:16; 34:1, 28).

Moisés escribió adicionalmente:

Moisés escribió esta ley y se la entregó a los sacerdotes levitas que transportaban el arca del pacto del Señor, y a todos los ancianos de Israel. Luego les ordenó: «Cada siete años, en el año de la cancelación de deudas, durante la fiesta de las Enramadas, cuando tú, Israel, te presentes ante el Señor tu Dios en el lugar que él habrá de elegir, leerás en voz alta esta ley en presencia de todo Israel. Reunirás a todos los hombres, mujeres y niños de tu pueblo, y a los extranjeros que vivan en tus ciudades, para que escuchen y aprendan a temer al Señor tu Dios, … (Dt 31:9-13).

Este libro que Moisés escribió fue luego depositado junto al arca del pacto: «Moisés terminó de *escribir en un libro todas las palabras de esta ley.* Luego dio esta orden a los levitas que transportaban el arca del pacto del Señor: "Tomen este libro de la ley, y pónganlo junto al arca del pacto del Señor su Dios. Allí permanecerá como testigo contra ustedes los israelitas"» (Dt 31:24-26).

Más adelante se hizo otras adiciones a este libro de las palabras de Dios. Josué «los registró en el libro de la ley de Dios» (Jos 24:26). Dios le ordenó a Isaías: «Anda, pues, delante de ellos, y *grábalo en una tablilla. Escríbelo en un rollo de cuero,* para que en los días venideros quede como un testimonio eterno» (Is 30:8). De nuevo, Dios le dijo a Jeremías: «*"Escribe en un libro* todas las palabras que te he dicho» (Jer 30:2; cf. Jer 36:2-4, 27-31; 51:60). En el Nuevo Testamento, Jesús les promete a sus discípulos que el Espíritu Santo les hará recordar las palabras que él, Jesús, había dicho (Jn 14:26; cf. 16:12-13). Pablo puede decir que las mismas palabras que escribe a los Corintios «es mandato del Señor» (1 Co 14:37; cf. 2 P 3:2).

Claramente se debe notar que estas palabras se consideran con todo ser palabras del mismo Dios, aunque son escritas en su mayoría por seres humanos y siempre en lenguaje humano. Con todo, son absolutamente autoritativas y absolutamente verdad; desobedecerlas o no creerlas es un pecado serio y acarrea castigo de Dios (1 Co 14:37; Jer 36:29-31).

Varios beneficios resultan de poner por escrito las palabras de Dios. Primero, hay una *preservación mucho más precisa* de las palabras de Dios para generaciones subsiguientes. Depender de la memoria y la repetición de la tradición oral es un método menos confiable de preservar las palabras a través de la historia que lo que es ponerlas por escrito (cf. Dt 31:12-13). Segundo, la *oportunidad de inspeccionar repetidamente* las palabras que constan por escrito permite estudio y debate cuidadoso, lo que conduce a una mejor comprensión y obediencia más completa. Tercero, las palabras de Dios por escrito *están accesibles a muchas más personas* que cuando se preservan meramente mediante la memoria y repetición oral. Puede inspeccionarlas en cualquier momento cualquier persona y no están limitadas en accesibilidad a los que las han memorizado y los que pueden estar presentes cuando se repiten oralmente. De este modo, la confiabilidad, permanencia y accesibilidad de la forma en que se preservan las palabras de Dios se mejoran grandemente cuando se ponen por escrito. Sin embargo, no hay ninguna indicación de que se disminuya su autoridad o veracidad.

C. El enfoque de nuestro estudio

De todas las formas de la palabra de Dios,[1] el enfoque de nuestro estudio en la teología sistemática es la Palabra de Dios en forma escrita, es decir, la Biblia. Esta es la forma de la Palabra de Dios que está disponible para estudio, para inspección pública, para examen repetido y como base de diálogo mutuo. Nos habla acerca del Verbo de Dios y nos lo señala como persona, es decir Jesucristo, a quien no tenemos al presente en forma corporal en la tierra. Por eso ya no podemos observar de primera mano e imitar su vida y enseñanzas.

Las otras formas de la palabra de Dios no son apropiadas como base primaria para el estudio de teología. Nosotros no oímos palabras de Dios de decreto, y por consiguiente no podemos estudiarlas directamente sino sólo mediante observación de sus efectos. Las palabras de Dios de comunicación personal son raras, incluso en la Biblia. Es más, incluso aunque oyéramos algunas palabras de comunicación

---

[1]Además de las formas de la palabra de Dios mencionadas arriba, Dios se comunica a las personas por diferentes tipos de «revelación general»; es decir, revelación que la da no sólo a ciertas personas sino a todas las personas en general. La revelación general incluye tanto la revelación de Dios que viene mediante la naturaleza (vea Sal 19:1-6; Hch 14:17) y la revelación de Dios que viene mediante el sentido interno de bien y mal en el corazón de la persona (Ro 2:15). Estas clases de revelaciones son en forma no verbal, y no de las he incluido en la lista de las varias formas de la palabra de Dios que se considera en este capítulo. (Vea en capítulo 7, pp. 125-128, más consideración de la revelación general).

personal de Dios nosotros mismos hoy, no tendríamos certeza de que nuestra comprensión de ellas, nuestra memoria de ellas, y nuestro subsiguiente informe de ellas fuera totalmente exacto. Tampoco podríamos fácilmente comunicar a otros la certeza de que la comunicación fue de Dios, incluso si lo era. Las palabras de Dios dichas por labios humanos cesaron de recibirse cuando el canon del Nuevo Testamento quedó completo.[2] Así que estas otras formas de las palabras de Dios son inadecuadas como base primaria para el estudio de teología.

Es más provechoso para nosotros estudiar las palabras de Dios como están escritas en la Biblia. Es la palabra de Dios escrita la que él nos ordena estudiar. Es «dichoso» el que «medita» en la ley de Dios «día y noche» (Sal 1:1-2). Las palabras de Dios también son aplicables a nosotros: «Recita siempre el libro de la ley y *medita en él de día y de noche;* cumple con cuidado todo lo que en él está escrito. Así prosperarás y tendrás éxito» (Jos 1:8). Es la palabra de Dios en forma de Escrituras que es «inspirada por Dios y útil para enseñar, para reprender, para corregir y para instruir en la justicia» (2 Ti 3:16).

PREGUNTAS PARA APLICACIÓN PERSONAL

1. ¿Piensa usted que prestaría más atención si Dios le hablara desde el cielo o por medio de la voz de un profeta vivo que si le hablara desde las palabras escritas de la Biblia? ¿Creería usted u obedecería tales palabras más prontamente que a la Biblia? ¿Piensa usted que su nivel presente de respuesta a las palabras escritas de la Biblia es apropiado? ¿Qué pasos positivos puede dar para hacer que su actitud hacia la Biblia sea más como la actitud que Dios quiere que usted tenga?

2. Cuando piensa en las muchas maneras en que Dios habla y la frecuencia con que Dios se comunica con sus criaturas por estos medios, ¿qué conclusiones puede derivar respecto a la naturaleza de Dios y las cosas que le deleitan?

TÉRMINOS ESPECIALES

decreto   comunicación personal
Palabra de Dios

BIBLIOGRAFÍA

(Para una explicación de esta bibliografía vea la nota sobre la bibliografía en el capítulo 1, p. 40. Datos bibliográficos completos se pueden encontrar en las páginas 1298-1307.) El tema de este capítulo no ha sido tratado explícitamente en muchas teologías sistemáticas, pero material similar a menudo se cubre en la sección sobre la autoridad de la Palabra de Dios; vea la bibliografía al final del capítulo 4 sobre ese tema.

---

[2]Vea capítulo 3, pp. 54-73, sobre el canon de la Biblia, y, para una consideración de la naturaleza de la profecía cristiana contemporánea, vea capítulo 53, pp. 1107-1120.

Secciones en Teologías Sistemáticas Evangélicas

1. Anglicana (episcopal)
   1882–92   Litton, 9–10
2. Arminiana (wesleyana o metodista)
   1940   Wiley, 1:124–65
3. Bautista
   1917   Mullins, 137–53
6. Reformada (o presbiteriana)
   1861   Heppe, 12–21
   1889   Shedd, 1:61–70

Secciones en Teologías Sistemáticas Católicas Romanas Representativas

Ningún tratamiento explícito

Otras obras

Kline, Meredith. *The Structure of Biblical Authority*. Eerdmans, Grand Rapids, 1972.

Kuyper, Abraham. *Principles of Sacred Theology*. Trad. por J. H. de Vries. Eerdmans, Grand Rapids, 1968, pp. 405–12 (originalmente publicada como *Encyclopedia of Sacred Theology* en 1898).

McDonald, H. D. *Theories of Revelation: An Historical Study*, 1860-1960. Baker, Grand Rapids, 1979.

_____. «Word, Word of God, Word of the Lord.» En *EDT* pp. 1185-88.

Packer, J. I. «Scripture». En *NDT* pp. 585-87.

Pinnock, C. H. «Revelation». En *NDT* pp. 585-87.

Vos, Geerhardus. *Biblical Theology: Old and New Testaments*. Eerdmans, Grand Rapids, 1948, pp. 28-55; 321-27.

PASAJE BÍBLICO PARA MEMORIZAR

Sal 1:1-2:   *Dichoso el hombre*
que no sigue el consejo de los malvados,
ni se detiene en la senda de los pecadores
ni cultiva la amistad de los blasfemos,
sino que en la ley del Señor se deleita,
y día y noche medita en ella.

HIMNO

«Dame de vida el pan»

Este himno es una oración que pide al Señor que nos dé, no el pan físico, sino la alimentación espiritual del «pan de vida», metáfora que se refiere a la Palabra de Dios escrita («tu Libro», v. 4) y a Cristo mismo, el «Verbo de Dios» (v. 1).

Dame, mi buen Señor, de vida el pan,
como lo hiciste un día junto al mar;
Mi alma te busca a ti, Verbo de Dios,
y en tu palabra espero oír tu voz.
«El pan de vida soy», dice el Señor;
Ven, alma hambrienta hoy al Salvador.
«Hambre jamás tendrá quien viene a mí;
sed nunca más tendrá quien cree en mí».

Bendice, oh Salvador, hoy tu verdad,
cuál bendijiste ayer el fresco pan;
En ella nos darás la libertad,
en el día encuentro gozo y solaz.

Con tu Espíritu toca mi ser,
y abre mis ojos tu verdad a ver.
Muestra tu voluntad; dame tu luz;
quiero en tu Libro verte a ti, Jesús.

AUTOR: ESTR. 1 Y 3 MARY A. LATHBURY, 1877,
TRAD. FEDERICO J. PAGURA. # 2 Y 4 A GROVES, 1913, ES. TRAD.,

TRAD. ESTR. # 1 Y 3 © EDICIONES LA AURORA.
USADO CON PERMISO (TOMADO DE CELEBREMOS SU GLORIA, #274)

Capítulo 3

El canon de las Escrituras
¿Qué pertenece a la Biblia y qué no pertenece a ella?

EXPLICACIÓN Y BASE BÍBLICA

El capítulo previo concluyó que es especialmente a las palabras escritas de Dios en la Biblia a las que dedicaremos nuestra atención. Antes de hacerlo, sin embargo, debemos saber cuáles escritos pertenecen a la Biblia y cuáles no. Esto se refiere al canon de la Biblia, que se puede definir como sigue: *El canon de la Biblia es la lista de todos los libros que pertenecen a la Biblia.*

No se debe subestimar la importancia de este asunto. Las palabras de las Escrituras son las palabras por las cuales nutrimos nuestra vida espiritual. Así que podemos reafirmar el comentario de Moisés al pueblo de Israel en referencia a las palabras de la ley de Dios: «Porque no son palabras vanas para ustedes, sino que *de ellas depende su vida;* por ellas vivirán mucho tiempo en el territorio que van a poseer al otro lado del Jordán» (Dt 32:47).

Añadir o sustraer de las palabras de Dios sería impedir que el pueblo de Dios le obedezca plenamente, porque los mandamientos que se sustrajeran no los conocería el pueblo, y las palabras que se añadieran tal vez exigirían del pueblo cosas adicionales que Dios no ha ordenado. Así Moisés lo advirtió al pueblo de Israel: «No *añadan ni quiten palabra alguna* a esto que yo les ordeno. Más bien, cumplan los mandamientos del Señor su Dios» (Dt 4:2).

La determinación precisa del alcance del canon de la Biblia es por consiguiente de suprema importancia. Para confiar y obedecer a Dios absolutamente debemos tener una colección de palabras de la que estemos seguros que son las propias palabras de Dios para nosotros. Si hubiera alguna sección de la Biblia respecto a la cual tendríamos duda de si son palabras de Dios o no, no consideraríamos que tienen autoridad divina absoluta y no confiaremos en ellas tanto como confiaremos en Dios mismo.

A. El canon del Antiguo Testamento

¿Donde empezó la idea de un canon, es decir, la idea de que el pueblo de Israel debía preservar una colección de las palabras escritas de Dios? La misma Biblia da testimonio del desarrollo histórico del canon. La colección más temprana de palabras de Dios escritas fueron los Diez Mandamientos. Los Diez Mandamientos, de este modo, forman el principio del canon bíblico. Dios mismo escribió en dos tablas de piedra las palabras que ordenó a su pueblo: «Y cuando terminó de hablar con Moisés en el monte Sinaí, le dio las dos tablas de la ley, que eran dos lajas *escritas por el dedo mismo de Dios*» (Éx 31:18). Después leemos: «Tanto las tablas como la escritura grabada en ellas eran obra de Dios» (Éx 32:16; cf. Dt 4:13; 10:4). Las tablas de la ley fueron depositadas en el arca del pacto (Dt 10:5) y constituían los términos del pacto entre Dios y el pueblo.[1]

Esta colección de palabras absolutamente autoritativas de Dios creció en tamaño en todo el tiempo de la historia de Israel. Moisés mismo escribió palabras adicionales que se debían depositar junto al arca del pacto (Dt 31:24-26). La referencia inmediata es evidentemente al libro de Deuteronomio, pero otras referencias a escritos de Moisés indican que los primeros cuatro libros del Antiguo Testamento también los escribió él (vea Éx 17:14; 24:4; 34:27; Nm 33:2; Dt 31:22). Después de la muerte de Moisés, Josué también añadió a la colección de palabras de Dios escritas: «...y los registró en el libro de la ley de Dios» (Jos 24:26). Esto es especialmente sorprendente a la luz del mandamiento de no añadir ni quitar de las palabras que Dios le dio al pueblo por medio de Moisés: «No añadan ni quiten palabra alguna a esto que yo les ordeno» (Dt. 4:2; cf. 12:32). Para desobedecer un mandamiento tan específico Josué debe haber estado convencido de que no estaba arrogándose el derecho de añadir a las palabras escritas de Dios, sino que Dios mismo le había autorizado tales escritos adicionales.

Más tarde otros en Israel, por lo general los que ejercían el oficio de profeta, escribieron palabras adicionales de Dios:

A continuación, Samuel le explicó al pueblo las leyes del reino y las escribió en un libro que depositó ante el Señor (1 S 10:25).

Todos los hechos del rey David, desde el primero hasta el último, ... están escritos en las crónicas del vidente Samuel, del profeta Natán y del vidente Gad. (1 Cr 29:29-30).

Los demás acontecimientos del reinado de Josafat, desde el primero hasta el último, están escritos en las crónicas de Jehú hijo de Jananí, que forman parte del libro de los reyes de Israel (2 Cr 20:34; cf. 1 R 16:7 en donde a Jehú, hijo de Hanani, se le llama profeta).

Los demás acontecimientos del reinado de Uzías, desde el primero hasta el último, los escribió el profeta Isaías hijo de Amoz (2 Cr 26:22).

Los demás acontecimientos del reinado de Ezequías, incluyendo sus hazañas, están escritos en la visión del profeta Isaías hijo de Amoz y en el libro de los reyes de Judá e Israel (2 Cr 32:32).

«Así dice el Señor, el Dios de Israel: "Escribe en un libro todas las palabras que te he dicho[2] (Jer 30:3).

El contenido del canon del Antiguo Testamento continuó creciendo hasta el tiempo del fin del proceso de escribir. Si fechamos a Hageo en 520 a.C., Zacarías en

---

[1] Vea Mederith Kilne, *The Structure of Biblical Authority* (Eerdmans, Grand Rapids, 1972), esp. pp. 48-53 y 113-130.

[2] Para ver otros pasajes que ilustran el crecimiento de la colección de las palabras de Dios escritas vea 2Cr 9:29; 12:15; 13:22; Is 30:8; Jer 29:1; 36:1-32; 45:1; 51:60; Ez 43:11; Dn 7:1; Hab 2:2. Las adiciones surgieron por lo general mediante la agencia de un profeta.

el 520-518 a.C. (tal vez con más material añadido después de 480 a.C.), y Malaquías alrededor de 435 a.C., tenemos una idea de las fechas aproximadas de los últimos profetas del Antiguo Testamento. Aproximadamente coinciden con este período los últimos libros de la historia del Antiguo Testamento: Esdras, Nehemías y Ester. Esdras fue a Jerusalén el 458 a.C., y Nehemías estuvo en Jerusalén de 445-423 a.C.[3] Ester fue escrito en algún momento después de la muerte de Jerjes I (= Asuero) en 465 a.C. y es probable una fecha durante el reinado de Artajerjes (464-423 a.C.). Así que aproximadamente después de 435 a.C. no hubo más adiciones al canon del Antiguo Testamento. La historia posterior del pueblo judío se anotó en otros escritos, tales como los libros de Macabeos, pero se pensó que esos escritos no ameritaban que se les incluyera con las colecciones de las palabras de Dios de años anteriores.

Cuando pasamos a la literatura judía fuera del Antiguo Testamento, vemos que la creencia de que las palabras debidamente autoritativas de Dios habían cesado queda atestiguada claramente en varios diferentes trozos de literatura judía extrabíblica. En 1 Macabeos (alrededor de 100 a.C.) el autor escribe del altar profanado: «Así pues, demolieron el altar y colocaron las piedras en la colina del templo, en lugar apropiado, hasta que viniera un profeta que les indicara lo que debían hacer con ellas» (1 Mac 4:45-46, VP). Al parecer sabían que nadie podía hablar con la autoridad de Dios como lo habían hecho los profetas del Antiguo Testamento. El recuerdo de un profeta autoritativo entre el pueblo era algo que pertenecía al pasado distante, porque el autor podía hablar de una gran aflicción «como no se había visto desde que desaparecieron los profetas» (1 Mac 9:27; cf. 14:41).

Josefo (nació c. 37 ó 38 d.C.) explicó: «Desde Artajerjes hasta nuestros propios tiempos se ha escrito una historia completa, pero no se la ha considerado digna de igual crédito como los registros anteriores, debido a la interrupción de la sucesión exacta de los profetas» *(Contra Apio* 1.41). Esta afirmación de parte del más grande historiador judío del primer siglo d.C. muestra que sabía de los escritos ahora considerados parte de la «apócrifa», pero que él (y muchos de sus contemporáneos) consideraban estos otros escritos «no … dignos de igual crédito» con lo que ahora conocemos como Escrituras del Antiguo Testamento. Según el punto de vista de Josefo, no había habido «palabra de Dios» añadidas a las Escrituras después de alrededor de 435 a.C.

La literatura rabínica refleja una convicción similar en su afirmación repetida de que el Espíritu Santo (en la función del Espíritu de inspirar la profecía) partió de Israel. «Después de que los últimos profetas Hageo, Zacarías y Malaquías murieron, el Espíritu Santo se separó de Israel, pero ellos todavía tenían a su disposición la *bat kol* (Talmud Babilónico Yomah 9b, repetido en Sota 48b, Sanedrín 11a y Midrash Rabbah on Cantar de Cantares 8.9.3).[4]

La comunidad del Qumram (secta judía que dejó los Rollos del Mar Muerto) también esperaba un profeta cuyas palabras tendrían autoridad para invalidar cualquier regulación existente (vea 1 QS 9.11), y otras afirmaciones similares se hallan

---

[3]Vea «Cronology of the Old Testament», en *IBD*, 1:277.

[4]Que «el Espíritu Santo» es primordialmente una referencia a la profecía divinamente autoritativa es muy claro por el hecho de que *bat kol* (una voz del cielo) se ve como sustituto del mismo, y por el mismo uso frecuente de «el Espíritu Santo» para referirse a la profecía en otras partes de la literatura rabínica.

en otras partes en la antigua literatura judía (vea 2 Baruc 85:3 y Oración de Azarías 15). Así que el pueblo judío no aceptó en general escritos posteriores a alrededor de 435 a.c. como que tuvieran igual autoridad con el resto de las Escrituras.

En el Nuevo Testamento no tenemos ningún registro de disputa entre Jesús y los judíos sobre la extensión del canon. Evidentemente había pleno acuerdo entre Jesús y sus discípulos, por un lado, y los dirigentes judíos y el pueblo judío, por otro, de que las adiciones al canon del Antiguo Testamento habían cesado después del tiempo de Esdras, Nehemías, Ester, Hageo, Zacarías y Malaquías. Este hecho queda confirmado por las citas del Antiguo Testamento que hacen Jesús y los autores del Nuevo Testamento. Según un conteo, Jesús y los autores del Nuevo Testamento citan varias partes de las Escrituras del Antiguo Testamento como divinamente autoritativas más de 295 veces,[5] pero ni una sola vez citan como divinamente autoritativa alguna afirmación de los libros apócrifos ni de ningún otro escrito.[6] La ausencia de tales referencias a otra literatura como divinamente autoritativa, y la extremadamente frecuente referencia a cientos de lugares del Antiguo Testamento como divinamente autoritativos, da fuerte confirmación al hecho de que los autores del Nuevo Testamento concordaban en que se tomaba el canon establecido del Antiguo Testamento, ni más ni menos, como las mismas palabras de Dios.

¿Qué diremos entonces en cuanto a la Apócrifa, la colección de libros incluida en el canon por la iglesia católica romana pero excluida del canon por el protestantismo?[7] Los judíos nunca aceptaron estos libros como Escrituras, pero en toda la historia temprana de la iglesia hubo una opinión dividida en cuanto a si deberían ser parte de las Escrituras o no. Ciertamente, la evidencia cristiana más temprana va decididamente en contra de considerar a la apócrifa como Escrituras, pero el uso de los apócrifos gradualmente aumentó en algunas partes de la iglesia hasta el tiempo de la Reforma.[8] El hecho de que Jerónimo incluyó estos libros en la Vulgata latina (terminada en el 404 d.C.) dio respaldo a su inclusión, aunque el mismo Jerónimo dijo que no eran «libros del canon» sino meramente «libros de la iglesia» que

---

[5]Vea Roger Nicole, «New Testament Use of the Old Testament», en *Revelation and the Bible,* ed. Carl F. H. Henry (Tyndale Press, Londres, 1959), pp. 137-141.

[6]Judas 14-15 en efecto cita 1 Enoc 60.8 y 1.9, y Pablo por lo menos dos veces cita autores griegos paganos (vea Hch 17:28; Tit 1:12), pero estas citas son más con propósitos de ilustración que de prueba. Nunca se presenta esas obras con una frase como «Dios dice», o «Las Escrituras dicen», o «Está escrito», frases que implican la atribución de autoridad divina a las palabras que se citan. (Se debe notar que ni 1 Enoc ni los autores que Pablo cita son parte de la apócrifa). El Nuevo Testamento no cita ningún libro de la Apócrifa.

[7]La apócrifa incluye los siguientes escritos: 1 y 2 Esdras, Tobías, Judit, adiciones a Ester, Sabiduría de Salomón, Eclesiático, Baruc (incluyendo la Epístola de Jeremías), El Cántico de los tres jóvenes santos, Susana, Bel y el dragón, la Oración de Manasés, y 1 y 2 Macabeos. Estos escritos no se hallan en la Biblia hebrea, pero se incluyeron en la Septuaginta (traducción del Antiguo Testamento al griego, que usaban muchos judíos que hablaban griego en el tiempo de Cristo. En inglés existe una buena traducción moderna, *The Oxford Annotated Apocrypha (RVS),* ed.. Bruce M. Metzger (Nueva York: Oxford University Press, 1965). Metzger incluye breves introducciones y útiles anotaciones a los libros.

La palabra griega *apócrifa* quiere decir «cosas ocultas», pero Metzger nota (p. ix) que los eruditos no están seguros de por qué esta palabra se aplicó a estos escritos.

[8]Una encuesta detallada de los diferentes puntos de vista de los cristianos respecto a la Apócrifa se halla en F. F. Bruce, *The Canon of Scripture* (InterVarsity Press, Downers Grove, Ill., 1988), pp. 68-97. Un estudio incluso más detallado se halla en Roger Beckwith, *The Old Testament Canon of the New Testament Church and Its Background in Early Judaism* (SPCK, Londres, 1985, y Eerdmans, Grand Rapids, 1986), pp. 338-433. El libro de Beckwith ya se ha establecido como la obra definitiva sobre el canon del Antiguo Testamento. A la conclusión de su estudio Beckwith dice: «La inclusión de varias apócrifa y pseudepígrafa en el canon de los primeros cristianos no se hizo de una

eran útiles y provechosos para los creyentes. El amplio uso de la Vulgata latina en siglos subsiguientes garantizó su continua disponibilidad, pero el hecho de que no tuvieron original hebreo que los respaldara, y su exclusión del canon judío, así como la falta de citas de ellos en el Nuevo Testamento, llevó a muchos a verlos con suspicacia o a rechazar su autoridad. Por ejemplo, la lista cristiana más antigua de libros del Antiguo Testamento que existe hoy es la compilada por Melitón, obispo de Sardis, quien escribió alrededor de 170 d.C.[9]

> Cuando vine al este y llegué al lugar en donde estas cosas se predicaban y hacían, y aprendí con precisión los libros del Antiguo Testamento, anoté los hechos y se los envíe. Estos son sus nombres: cinco libros de Moisés: Génesis, Éxodo, Números, Levítico, Deuteronomio, Josué hijo de Nun, Jueces, Rut, cuatro libros de reinos,[10] dos libros de Crónicas, los Salmos de David, los Proverbios de Salomón y su sabiduría,[11] Eclesiastés, el Cantar de los Cantares, Job, los profetas Isaías, Jeremías, los Doce en un solo libro, Daniel, Ezequiel, Esdras.[12]

Es digno de notarse aquí que Melitón no menciona ninguno de los libros apócrifos, pero sí incluye todos los libros de nuestros libros del Antiguo Testamento actual excepto Ester.[13] Eusebio también cita a Orígenes respaldando la mayoría de los libros de nuestro presente canon del Antiguo Testamento (incluyendo Ester), pero no presenta ningún libro de los apócrifos como canónico, y de los libros de los Macabeos explícitamente se dice que están «fuera de estos [libros canónicos]».[14] En forma similar, en el 367 d.C., cuando el gran líder de la iglesia Atanasio, obispo de Alejandría, escribió su Carta Pascual, hizo una lista de todos los libros de nuestro canon presente del Nuevo Testamento y de todos los libros de nuestro canon presente del Antiguo Testamento excepto Ester. También mencionó algunos libros de la apócrifa tales como la Sabiduría de Salomón, la Sabiduría de Sirac, Judit y Tobías, y dijo que estos «en verdad no estaban incluidos en el canon, pero los padres

---

manera en acuerdo o en el periodo más temprano, sino que ocurrió en el cristianismo gentil, después de que la iglesia rompió con la sinagoga, entre aquellos cuyo conocimiento del canon cristiano primitivo se estaba volviendo nebuloso». Luego concluye: «Sobre la cuestión de la canonicidad de la apócrifa y pseudepígrafe la evidencia verdaderamente cristiana primitiva es negativa» (pp. 436-437).

[9]De Eusebio, *Historia Eclesiástica* 4.26.14. Eusebio, quien escribió en 1325 d.C., fue el primer gran historiador de la iglesia. Esta cita es traducida de la traducción al inglés Kersopp Lake, *Eusebius: The Ecclesiastical History*, dos vols. (Heinamann, Londres; y Harvard, Cambridge, Ma., 1975), 1:393.

[10]Es decir, 1 Samuel, 2 Samuel, 1 Reyes y 2 Reyes.

[11]Esto no se refiere al libro apócrifo llamado Sabiduría de Salomón, sino que es simplemente una descripción más completa de Proverbios. Eusebio anota en 4.22.9 que los escritores antiguos comúnmente llamaban Sabiduría a Proverbios.

[12]Esdras incluía a Esdras y Nehemías, según la manera hebrea común de referirse a libros combinados.

[13]Por alguna razón había duda en cuanto a la canonicidad de este en algunas partes de la iglesia primitiva (en el Oriente pero no en Occidente), pero a la larga las dudas quedaron resueltas, y el uso cristiano a la larga se hizo uniforme con el concepto judío, que siempre había contado a Ester como parte del canon, aunque algunos rabinos se habían opuesto por sus propias razones. (DEA la explicación del concepto judío en Beckwith, *Canon*, pp. 288-297).

[14]Eusebio, *Ecclesiastical History* 6.15.2. Orígenes murió alrededor del 254 d.C. Orígenes menciona todos los libros del canon presente del Antiguo Testamento excepto los doce profetas menores (que se contarían como un solo libro), pero esto deja su lista de «veintidós libros» incompleta en veintiuno, así que evidentemente la cita de Eusebio es incompleta, por lo menos en la forma que la tenemos hoy.

Eusebio mismo en otras partes repite la afirmación del historiador judío Josefo de que las Escrituras contenían veintidós libros, pero nada desde tiempo de Artajerjes (3.10.1-5), y esto excluiría toda la apócrifa.

los señalaban para que los leyeran los que se unían recientemente a nosotros, y que desean instrucción en la palabra de santidad».[15] Sin embargo, otros dirigentes de la iglesia primitiva en efecto citaron varios de estos libros como Escrituras.[16]

Hay incongruencias doctrinales históricas en varios de estos libros. E. J. Young anota:

> No hay marcas en estos libros que atestigüen un origen divino. ... Judit y Tobías contienen errores históricos, cronológicos y geográficos. Estos libros justifican la falsedad y el engaño, y hacen que la salvación dependa de obras de mérito. ... Eclesiástico y Sabiduría de Salomón inculcan una moralidad basada en la conveniencia. Sabiduría enseña la creación del mundo con materia preexistente (Sab. 11.17). Eclesiástico enseña que dar limosnas hace expiación por el pecado (Eclesiástico 3.30). En Baruc se dice que Dios oye las oraciones de los muertos (Baruc 3.4), y en 1 Macabeos hay errores históricos y geográficos.[17]

No fue sino hasta 1546, en el concilio de Trento, que la Iglesia Católica Romana oficialmente declaró que los apócrifos eran parte del canon (con excepción de 1 y 2 Esdras, y la Oración de Manasés). Es significativo que el concilio de Trento fue la respuesta de la Iglesia Católica Romana a las enseñanzas de Martín Lutero y la Reforma Protestante que se extendía rápidamente, y los libros de la Apócrifa contenían respaldo para la enseñanza católica de las oraciones por los muertos y la justificación por fe más obras, y no por fe sola. Al ratificar a los apócrifos como dentro del canon, los católicos romanos podían sostener que la iglesia tiene la autoridad de declarar una obra literaria como «Escrituras», en tanto que los protestantes habían sostenido que la iglesia no puede hacer que algo se considere Escrituras, sino que sólo puede reconocer lo que Dios ya ha hecho que se escriba como sus propias palabras.[18] (Una analogía aquí sería decir que un investigador policial puede reconocer dinero falsificado como falsificado y puede reconocer el dinero genuino como genuino, pero no puede hacer que el dinero falsificado sea genuino, ni puede ninguna declaración de ningún número de policías hacer que el dinero falsificado sea algo que no es. Sólo la tesorería oficial de una nación puede hacer dinero que sea dinero de verdad; de manera similar, solo Dios puede hacer que las palabras sean palabras suyas y dignas de incluirse en las Escrituras).

Así que los escritos de los apócrifos no se deben considerar como parte de las Escrituras: (1) ninguno de ellos afirma tener la misma clase de autoridad que tenían los escritos del Antiguo Testamento; (2) los judíos, de quienes ellos se originaron, no los consideraban palabras de Dios; (3) ni Jesús ni los autores del Nuevo

---

[15]Atanasio, *Letter 39*, en *Nicene and Post Nicene Fathers*, 2º ser. ed., Philip SCAF y Henry Wace (Eerdmans, Grand Rapids, 1978), vol. 4: *Athanasius*, pp. 551-552.

[16]Vea Metzger, *Apocrypha*, pp. xii-xiii. Metzger nota que ninguno de los padres de la iglesia latina y griega inicial que citaron a los Apócrifos como Escrituras sabía hebreo. Beckwith, *Canon*, pp. 386-389, argumenta que la evidencia de escritores cristianos que citan a los apócrifos como Escrituras es considerablemente menos extensa y menos significativa de lo que los eruditos a menudo aducen que es.

[17]E. J. Young, «The Canon of the Old Testament», en *Revelation and the Bible*, pp. 167-168.

[18]Se debe notar que los católico romanos usan el término *deuterocanónicos* en lugar de *apócrifos* para referirse a estos libros. Entienden que esto quiere decir «añadidos posteriormente al canon (el prefijo *deutero* quiere decir «segundo»).

Testamento los consideraban Escrituras; y (4), contienen enseñanzas incongruentes con el resto de la Biblia. Debemos concluir que son solo palabras humanas, y no palabras inspiradas por Dios como las palabras de las Escrituras. Tienen valor para la investigación histórica y lingüística, y contienen una cantidad de relatos útiles en cuanto al valor y la fe de muchos judíos durante el período posterior a la conclusión del Antiguo Testamento, pero nunca han sido parte del canon del Antiguo Testamento, y no se les debe considerar parte de la Biblia. Por consiguiente, no tienen ninguna autoridad obligatoria para el pensamiento o vida de los cristianos hoy.

En conclusión, con respecto al canon del Antiguo Testamento, los cristianos de hoy no tienen por qué preocuparse que algo se haya dejado fuera, ni de que se haya incluido algo que no sea palabra de Dios.

B. El canon del Nuevo Testamento

El desarrollo del canon del Nuevo Testamento empieza con los escritos de los apóstoles. Hay que recordar que la escritura de las Escrituras primordialmente ocurre en conexión con los grandes actos de Dios en la historia de la redención. El Antiguo Testamento registra e interpreta para nosotros el llamamiento de Abraham y la vida de sus descendientes, el éxodo de Egipto y el peregrinaje por el desierto, el establecimiento del pueblo de Dios en la tierra de Canaán, el establecimiento de la monarquía, y la deportación y el regreso del cautiverio. Cada uno de estos grandes actos de Dios en la historia se interpreta para nosotros en las propias palabras de Dios en las Escrituras. El Antiguo Testamento cierra con la expectativa del Mesías que vendría (Mal 3:1-4; 4:1-6). La siguiente etapa en la historia de la redención es la venida del Mesías, y no es sorpresa que no hubieran Escrituras adicionales mientras no tuviera lugar el siguiente y más grandioso suceso en la historia de la redención.

Por eso el Nuevo Testamento consiste de los escritos de los apóstoles.[19] Es primordialmente a los apóstoles a quienes el Espíritu Santo les da la capacidad de recordar con precisión las palabras y obras de Jesucristo, e interpretarlas correctamente para las generaciones subsiguientes.

En Juan 14:26, Jesús les prometió a sus discípulos este poder (a los que se les llamó apóstoles después de la resurrección): «Pero el Consolador, el Espíritu Santo, a quien el Padre enviará en mi nombre, les enseñará todas las cosas y les hará recordar todo lo que les he dicho». De modo similar, Jesús prometió más revelación de verdad de parte del Espíritu Santo cuando les dijo a sus discípulos: «Pero cuando venga el Espíritu de la verdad, él los guiará a toda la verdad, porque no hablará por su propia cuenta sino que dirá sólo lo que oiga y les anunciará las cosas por venir. Él me glorificará porque tomará de lo mío y se lo dará a conocer a ustedes» (Jn 16:13-14). En estos versículos a los discípulos se les promete dones asombrosos que los capacitarán para escribir las Escrituras: el Espíritu Santo les enseñaría «toda

---

[19]Unos pocos libros del Nuevo Testamento (Marcos, Lucas, hechos, hebreo y Judas) no fueron escritos por apóstoles sino por otros íntimamente asociados con ellos, y evidentemente autorizado por ellos: véase la explicación que sigue, pp. 62-64.

la verdad», les haría recordar «todo» lo que Jesús había dicho y los guiaría a «toda la verdad».

Además, a los que tenían el oficio de apóstol en la iglesia primitiva se les ve afirmando que tenían una autoridad igual a la de los profetas del Antiguo Testamento, autoridad para hablar y escribir palabras que eran palabras del mismo Dios. Pedro anima a sus lectores a recordar «el mandamiento que dio nuestro Señor y Salvador por medio de los apóstoles» (2 P 3:2). Mentir a los apóstoles (Hch 5:2) equivale a mentir al Espíritu Santo (Hch 5:3) y mentir a Dios (Hch 5:4).

Esta afirmación de ser capaces de hablar palabras que eran palabras de Dios mismo es especialmente frecuente en los escritos del apóstol Pablo. Él afirma no sólo que el Espíritu Santo le ha revelado lo que «ningún ojo ha visto, ningún oído ha escuchado, ninguna mente humana ha concebido lo que Dios ha preparado para quienes lo aman» (1 Co 2:9), sino que también cuando declara esta revelación la habla «no con palabras enseñadas por sabiduría humana, sino enseñadas por el Espíritu, interpretando las cosas espirituales con palabras espirituales» (1 Co 2:13, traducción del autor).[20]

De modo similar, Pablo les dice a los corintios: «Si alguno se cree profeta o espiritual, reconozca que esto que les escribo es mandato del Señor» (1 Co 14:37). La palabra que se traduce «esto que» en este versículo es un pronombre relativo plural en griego (*ja*) que se podría traducir más literalmente «*las cosas* que les escribo». De este modo Pablo afirma que sus directivas a la iglesia de Corinto no son meramente de su propia cosecha sino un mandamiento del Señor. Más adelante, al defender su oficio apostólico Pablo dice que les dará a los corintios «una prueba de que Cristo habla por medio de mí» (2 Co 13:3). Otros versículos similares se podrían mencionar (por ejemplo, Ro 2:16; Gá 1:8–9; 1 Ts 2:13; 4:8, 15; 5:27; 2 Ts 3:6, 14).

Los apóstoles, entonces, tienen autoridad para escribir palabras que son palabras del mismo Dios, igual en estatus de verdad y autoridad a las palabras de las Escrituras del Antiguo Testamento. Hacen esto para escribir, interpretar y aplicar a la vida de los creyentes las grandes verdades en cuanto a la vida, muerte y resurrección de Cristo.

No debería sorprendernos, por consiguiente, hallar algunos de los escritos del Nuevo Testamento siendo colocados con las Escrituras del Antiguo Testamento como parte del canon de las Escrituras. De hecho, esto es lo que hallamos en por lo menos dos casos. En 2 Pedro 3:16, Pedro muestra no sólo que está consciente de la existencia de los escritos de Pablo, sino que también está claramente dispuesto a clasificar «todas sus cartas [de Pablo]» con «las demás Escrituras»; Pedro dice: «Tal como les escribió también nuestro querido hermano Pablo, con la sabiduría que Dios le dio. En todas sus cartas se refiere a estos mismos temas. Hay en ellas algunos puntos difíciles de entender, que los ignorantes e inconstantes tergiversan, *como lo hacen también con las demás Escrituras,* para su propia perdición» (2 P 3:15-16). La palabra que se traduce «Escrituras» aquí es *grafé*, palabra que ocurre cincuenta y una veces en el Nuevo Testamento y en cada una de esas ocasiones se refiere a las

---

[20]Esta es mi propia traducción de la última fase de 1Co 2:13; vea Grudem, «Scripture's Self-Attestation», en *Scripture and Truth,* ed. D. A. Carson y John Woodbridge (Zondervan, Grand Rapids, 1983), p. 365, n. 61. Pero esta traducción no es crucial para el punto principal; es decir, que Pablo habla palabras que el Espíritu Santo le ha enseñado, punto que lo afirma la primera parte del versículo, sin que importe cómo se traduzca la segunda parte.

Escrituras del Antiguo Testamento. Así que la palabra *Escrituras* era un término técnico para los autores del Nuevo Testamento, y la aplicaban sólo a los escritos que pensaban que eran palabras de Dios y por consiguiente parte del canon de las Escrituras. Pero en este versículo Pedro clasifica los escritos de Pablo como «las demás Escrituras» (refiriéndose a las Escrituras del Antiguo Testamento). Por consiguiente, Pedro consideraba los escritos de Pablo también como dignos del título de «Escrituras», y por consiguiente dignos de que se incluyeran en el canon.

Una segunda instancia se halla en 1 Timoteo 5:17-18. Pablo dice: «Los ancianos que dirigen bien los asuntos de la iglesia son dignos de doble honor, especialmente los que dedican sus esfuerzos a la predicación y a la enseñanza. *Pues la Escritura* dice: "No le pongas bozal al buey mientras esté trillando", y "El trabajador merece que se le pague su salario"». La primera cita de las «Escrituras» se halla en Deuteronomio 25:4, pero la segunda cita, «El trabajador merece que se le pague su salario» no se halla en ninguna parte del Antiguo Testamento. Aparece eso sí, no obstante, en Lucas 10:7 (con exactamente las mismas palabras en el texto griego). Así que aquí tenemos a Pablo aparentemente citando una porción del Evangelio de Lucas[21] y llamándola «Escritura», es decir, algo que se debe considerar como parte del canon.[22] En estos dos pasajes (2 P 3:16 y 1 Ti 5:17-18) vemos evidencia de que muy temprano en la historia de la iglesia se empezó a aceptar los escritos del Nuevo Testamento como parte del canon.

Debido a que los apóstoles, en virtud de su oficio apostólico, tuvieron autoridad para escribir palabras de las Escrituras, la iglesia primitiva aceptó como parte del canon de las Escrituras las auténticas enseñanzas escritas de los apóstoles. Si aceptamos los argumentos para las nociones tradicionales de autoría de los escritos del Nuevo Testamento,[23] tenemos la mayor parte del Nuevo Testamento en el canon debido a la autoría directa de los apóstoles. Esto incluiría Mateo, Juan, Romanos a Filemón (todas las Epístolas paulinas), Santiago;[24] 1 y 2 Pedro; 1, 2 y 3 Juan, y Apocalipsis.

Eso deja cinco libros: Marcos, Lucas, Hechos, Hebreos y Judas, que no fueron escritos por apóstoles. Los detalles del proceso histórico por el cual la iglesia primitiva llegó a contar estos libros como parte de las Escrituras son escasos, pero Marcos, Lucas y Hechos se reconocieron muy temprano, probablemente debido a la íntima asociación de Marcos con el apóstol Pedro, y de Lucas (el autor de Lucas y Hechos) con el apóstol Pablo. De modo similar, se aceptó Judas evidentemente en

---

[21]Alguien podría objetar que Pablo podría estar citando una tradición oral de las palabras de Jesús antes que del Evangelio de Lucas, pero es dudoso que Pablo llamara «Escrituras» a cualquier tradición oral, puesto que la palabra (gr., *grafé*, «escritos») en el uso del Nuevo Testamento siempre se aplica a textos escritos, y dada la íntima asociación de Pablo con Lucas hace muy posible que estuviera citando el Evangelio escrito por Lucas.

[22]Lucas mismo no fue apóstol, pero aquí se le concede a su Evangelio autoridad igual a la de los escritos apostólicos. Evidentemente esto se debió a su íntima asociación con los apóstoles, especialmente Pablo, y el endoso de su Evangelio de parte de un apóstol.

[23]Para una defensa de la noción tradicional de autoría de los escritos Nuevo Testamento, vea Donald Guthrie, *New Testament Introducton* (InterVarsity Press, Downers Grove, Ill., 1970).

[24]A Santiago se lo considera como apóstol en 1Co 15:7 y Gá 1:19. Él también cumple funciones apropiadas de un apóstol en Hch 12:17; 15:13; 21:18; Gá 2:9, 12; vea p. 908 más abajo.

virtud de la conexión del autor con Santiago (vea Jud 1) y el hecho de que era hermano de Jesús.[25]

La aceptación de Hebreos como canónico la promovieron muchos en la iglesia en base a que se daba por sentada su autoría paulina. Pero desde los primeros tiempos hubo otros que rechazaron la autoría paulina a favor de una u otra de varias sugerencias. Orígenes, que murió alrededor del 254 d.C., menciona varias teorías de autoría y concluye: «Pero, quién en realidad escribió la epístola, sólo Dios lo sabe».[26] Así que la aceptación de Hebreos como canónico no se debió enteramente a una creencia en la autoría paulina. Más bien, las cualidades intrínsecas del libro en sí mismo deben haber convencido finalmente a los primeros lectores, tal como continúan convenciendo a los creyentes hoy, de que quienquiera que haya sido su autor humano, su autor en definitiva solo pudo haber sido Dios mismo. La gloria majestuosa de Cristo brilla de las páginas de la Epístola a los Hebreos tan brillantemente que ningún creyente que la lee con seriedad jamás querrá cuestionar su lugar en el canon.

Esto nos lleva a la médula del asunto de canonicidad. Para que un libro pertenezca al canon, es absolutamente necesario que el libro tenga autoría divina. Si las palabras del libro son palabras de Dios (por medio de autores humanos), y si la iglesia primitiva, bajo la dirección de los apóstoles, preservó el libro como parte de las Escrituras, el libro pertenece al canon. Pero si las palabras del libro no son palabras de Dios, este no pertenece al canon. La cuestión de autoría por un apóstol es importante, porque fue primariamente a los apóstoles a quienes Dios les dio la capacidad de escribir palabras con absoluta autoridad divina. Si se puede demostrar que un escrito es de un apóstol, su autoridad divina absoluta queda establecida automáticamente.[27] Así que la iglesia primitiva automáticamente aceptó como parte del canon las enseñanzas escritas de los apóstoles que los apóstoles quisieron preservar como Escrituras.

Pero la existencia de algunos escritos del Nuevo Testamento que no fueron de autoría directa de los apóstoles muestra que hubo otros en la iglesia primitiva a quienes Dios también les dio la capacidad, por obra del Espíritu Santo, de escribir palabras que eran palabras de Dios, y por consiguiente con el propósito de que fueran parte del canon. En estos casos, la iglesia primitiva tuvo la tarea de reconocer cuáles escritos tenían las características de ser palabras de Dios (expresadas a través de autores humanos).

---

[25]La aceptación de Judas en el canon fue lenta, primordialmente debido a dudas respecto a su cita del libro lo canónico de Enoc.

[26]La afirmación de Orígenes está citada en Eusebio, *Ecclesiastical History*, 6.25.14.

[27]Por supuesto, esto no significa que todo lo que un apóstol escribió, incluyendo su lista de compras y recibos de transacciones de negocios, se consideraría Escrituras. Estamos hablando aquí de escritos hechos al actuar en su papel de apóstol y dando instrucciones apostólicas a las iglesias y a cristianos individuales (tales como a Timoteo y Filemón).

Es también un probable que los mismos apóstoles en vida dieron alguna dirección a las iglesias respecto a cuáles obras proponían que se preserva y se usen como Escrituras en las iglesias (vea Col 4:16; 2Ts 3:14; 2P 3:16). Evidentemente hubo algunos escritos que tuvieron autoridad divina absoluta pero que los apóstoles decidieron no preservar como «Escrituras» para las iglesias (tales como la «carta previa» a los Corintios; vea 1Co 5:9). Es más, los apóstoles dieron mucha enseñanza oral, que tenía autoridad divina (vea 2Ts 2:15) pero que no se escribió ni preservó como Escrituras. De este modo, además de la autoría apostólica, la preservación de parte de la iglesia bajo la dirección de los apóstoles fue necesaria para que una obra se incluya en el canon.

Para algunos de los libros (por lo menos Marcos, Lucas y Hechos, y tal vez Hebreos y Judas también), la iglesia tuvo, por lo menos en algunos aspectos, el testimonio personal de algunos de los apóstoles que todavía vivían que respaldaban la autoridad divina absoluta de estos libros. Por ejemplo, Pablo habría respaldado la autenticidad de Lucas y Hechos, y Pedro habría respaldado la autenticidad de Marcos como que contenía el evangelio que él mismo predicaba. En otros casos, y en algunas regiones geográficas, la iglesia simplemente tuvo que decidir si oía la voz de Dios mismo hablando en las palabras de esos escritos. En estos casos, las palabras de los libros habrían sido *autoatestiguadoras*; es decir, las palabras habrían dado testimonio de su propia autoría divina conforme los cristianos las leían. Esto parece haber sido el caso de Hebreos.

No debe ser sorpresa para nosotros que la iglesia primitiva pudiera reconocer Hebreos y otros escritos, no escritos por los apóstoles, como palabras de Dios. ¿Acaso Jesús no había dicho: «Mis ovejas oyen mi voz» (Jn 10:27)? Por consiguiente, No se debe pensar que es imposible o improbable que la iglesia primitiva pudiera haber usado una combinación de factores, incluyendo el endoso apostólico, congruencia con el resto de las Escrituras, y la percepción de que un escrito era «inspirado por Dios» de parte de una abrumadora mayoría de los creyentes, para decidir que un escrito era en efecto palabras de Dios (expresadas a través de un autor humano) y por consiguiente digno de que se incluya en el canon. Tampoco se debe tener como improbable que la iglesia pudiera haber usado este proceso a lo largo de un período de tiempo —conforme los escritos circulaban por varias partes de la iglesia primitiva— y finalmente llegara a una decisión completamente correcta, sin excluir ningún escrito que fue en efecto «inspirado por Dios» y sin incluir ninguno que no lo fue.[28]

En el 367 d.C. la trigésima novena carta pascual de Atanasio contenía una lista exacta de los veintisiete libros del Nuevo Testamento que tenemos hoy. Esta era la lista de libros aceptados por las iglesias en la parte oriental del mundo mediterráneo. Treinta años más tarde, en el 397 d.C., el concilio de Cartago, representando a las iglesias en la parte occidental del mundo mediterráneo, concordó con las iglesias orientales respecto a la misma lista. Estas son las listas finales más tempranas de nuestro canon del día presente.

¿Deberíamos esperar que se añada algún otro escrito al canon? La frase que abre Hebreos pone esta cuestión en la perspectiva histórica apropiada, la perspectiva de la historia de la redención: «Dios, que muchas veces y de varias maneras habló a nuestros antepasados en otras épocas por medio de los profetas, en estos días finales nos ha hablado por medio de su Hijo. A éste lo designó heredero de todo, y por medio de él hizo el universo» (Heb 1:1-2).

En contraste entre el hablar anterior «en otras épocas» por los profetas y el reciente hablar «en estos días finales» sugiere que el hablar de Dios a nosotros por su Hijo es la culminación de su hablar a la humanidad y es la revelación más grande y final a la humanidad en este período de la historia de la redención. La grandeza

---

[28]En este punto no estoy considerando el asunto de variantes textuales (es decir, las diferencias en palabras y frases individuales que se hallan entre las muchas copias antiguas de las Escrituras que todavía existen). Este asunto se trata en el capítulo 5, pp. 96-97.

excepcional de la revelación que viene por el Hijo excede con mucho cualquier revelación del antiguo pacto, y se recalca vez tras vez en los capítulos 1 y 2 de Hebreos. Estos hechos indican que hay una finalidad en la revelación de Dios en Cristo, y que una vez que esa revelación ha quedado completa, no se debe esperar más.

Pero, ¿dónde aprendemos en cuanto a esta revelación por medio de Cristo? Los escritos del Nuevo Testamento contienen la interpretación final, autoritativa y suficiente de la obra de Cristo en la redención. Los apóstoles y sus compañeros más íntimos informan las palabras y obras de Cristo y las interpretan con autoridad divina absoluta. Cuando terminaron sus escritos, nada más hay que añadir con la misma autoridad divina absoluta. Así que una vez que los escritos de los apóstoles del Nuevo Testamento y sus compañeros autorizados quedaron completos, tenemos en forma escrita el registro final de todo lo que Dios quiere que sepamos en cuanto a la vida, muerte y resurrección de Cristo, y su significado para la vida de los creyentes de todos los tiempos. Puesto que ésta es la más grande revelación de Dios para la humanidad, no se debe esperar más una vez que esto quedó completo. De esta manera, entonces, Hebreos 1:1-2 nos muestra por qué no se deben añadir más escritos a la Biblia después de los tiempos del Nuevo Testamento. El canon ya está cerrado.

Una consideración de tipo similar se puede derivar de Apocalipsis 22:18-19:

> A todo el que escuche las palabras del mensaje profético de este libro le advierto esto: Si alguno le añade algo, Dios le añadirá a él las plagas descritas en este libro. Y si alguno quita palabras de este libro de profecía, Dios le quitará su parte del árbol de la vida y de la ciudad santa, descritos en este libro.

La referencia primaria de estos versículos es claramente al mismo libro de Apocalipsis, porque Juan se refiere a su escrito como «palabras de este libro de profecía» en el versículo 7 y 10 de este capítulo (y al libro entero se le llama profecía en Ap 1:3). Es más, la referencia al «árbol de la vida y … la ciudad santa, descritos en este libro» indica que se refiere al mismo libro de Apocalipsis.

No es accidente, sin embargo, que esta afirmación venga al final del último capítulo de Apocalipsis, y que Apocalipsis sea el último libro en el Nuevo Testamento. De hecho, Apocalipsis tuvo que ser colocado en último lugar en el canon. El orden en que muchos libros se colocaron en el canon es de poca consecuencia. Pero así como Génesis se debe colocar primero (porque nos habla de la creación), así Apocalipsis se debe colocar último (porque su enfoque es decirnos el futuro y de la nueva creación divina). Los eventos descritos en Apocalipsis son históricamente subsiguientes a los eventos descritos en el resto del Nuevo Testamento y exige que Apocalipsis se coloque donde está. De este modo, no es inapropiado que entendamos esta excepcionalmente fuerte advertencia al final de Apocalipsis como aplicándose de una manera secundaria a todas las Escrituras. Colocada allí, donde debe estar colocada, la advertencia forma una conclusión apropiada a todo el canon de las Escrituras. Junto con Hebreos 1:1-2 y la perspectiva de la historia de la redención implícita en estos versículos, esta aplicación más amplia de

Apocalipsis 22:18-19 también nos sugiere que no debemos esperar más Escrituras que se añadan más allá de las que ya tenemos.

¿Cómo sabemos, entonces, que tenemos los libros que debemos tener en el canon de las Escrituras? La pregunta se puede contestar de dos maneras diferentes. Primero, si preguntamos en qué debemos basar nuestra confianza, la respuesta en última instancia debe ser que nuestra confianza se basa en la fidelidad de Dios. Sabemos que Dios ama a su pueblo, y es de suprema importancia que el pueblo de Dios tenga las propias palabras de Dios, porque son nuestra vida (Dt 32:47; Mt 4:4). Son más preciosas, y más importantes para nosotros que todo lo demás del mundo. También sabemos que Dios nuestro Padre tiene las riendas de la historia, y no es la clase de Padre que nos hará trampas o no nos será fiel, o que nos privará de algo que absolutamente necesitamos.

La severidad de los castigos que menciona Apocalipsis 22:18-19 que les vendrán a los que añadan o quiten de las palabras de Dios también confirma la importancia de que el pueblo de Dios tenga un canon correcto. No puede haber castigos más grandes que éstos, porque son castigos de castigo eterno. Esto muestra que Dios mismo asigna valor supremo a que tengamos una colección correcta de los escritos inspirados por Dios, ni más ni menos. A la luz de este hecho, ¿podría ser correcto que creamos que Dios nuestro Padre, que controla toda la historia, permitiría que toda su iglesia esté por casi 2000 años privada de algo que él mismo valora tan altamente y que es tan necesario para nuestras vidas espirituales?[29]

La preservación y compilación correcta del canon de las Escrituras en última instancia deben verla los creyentes, entonces, no como parte de la historia de la iglesia subsecuente a los grandes actos centrales de Dios de la redención de su pueblo, sino como una parte integral de la historia de la redención misma. Así como Dios obró en la creación, en el llamado del pueblo de Israel, en la vida, muerte y resurrección de Cristo, y en la obra inicial y escritos de los apóstoles, Dios obró en la preservación y compilación de los libros de las Escrituras para beneficio de su pueblo por toda la edad de la iglesia. En definitiva, entonces, basamos nuestra confianza en la corrección de nuestro canon presente en la fidelidad de Dios.

La pregunta de cómo sabemos que tenemos los libros que debemos tener puede, en segundo lugar, contestarse de una manera algo diferente. Podemos querer enfocarnos en el proceso por el cual nos hemos persuadido de que los libros que tenemos ahora en el canon son los precisos. En este proceso dos factores intervienen: la actividad del Espíritu Santo que nos convence al leer las Escrituras por nosotros mismos, y la información histórica que tenemos disponible para nuestra consideración.

Al leer la Biblia. el Espíritu Santo obra para convencernos de que los libros que tenemos en las Escrituras son todos de Dios y que son palabras suyas para

---

[29]Esto, por supuesto, no es afirmar la noción imposible de que Dios providencialmente preserva toda palabra en toda copia de todo texto, sin que importe lo descuidado que sea el copista, o que él debe proveerle milagrosamente a todo creyente una Biblia instantáneamente. No obstante, esta consideración del cuidado fiel de Dios a sus hijos debe por cierto hacernos ser agradecidos de que en la providencia de Dios no hay una variante textual significativamente atestiguada que cambiaría algún punto de doctrina o ética cristiana, y que así de fiel se ha trasmitido y preservado el texto. Sin embargo, debemos decir claramente que hay una cantidad de palabras diferentes en diferentes manuscritos antiguos de la Biblia que se han preservado hasta hoy. A estas se les llama «variantes textuales». La cuestión de las variantes textuales dentro de los manuscritos que sobreviven de los libros que pertenecen al canon se trata en el capítulo 5, pp. 96-97.

nosotros. Ha sido el testimonio de los cristianos por todas las edades que al leer los libros de la Biblia, las palabras de las Escrituras les hablan al corazón como ningún otro libro. Día tras día, año tras año, los creyentes hallan que las palabras de la Biblia son en verdad palabras de Dios que les hablan con una autoridad, poder y persuasión que ningún otro escrito posee. Verdaderamente la Palabra de Dios es «viva y poderosa, y más cortante que cualquier espada de dos filos. Penetra hasta lo más profundo del alma y del espíritu, hasta la médula de los huesos, y juzga los pensamientos y las intenciones del corazón» (Heb 4:12).

Sin embargo el proceso por el cual nos persuadimos de que el canon presente es correcto también recibe ayuda de la información histórica. Por supuesto, si la compilación del canon fue una parte de los actos centrales de Dios en la historia de la redención (como indicamos arriba), los cristianos de hoy no deben tener el atrevimiento de añadir o sustraer de los libros del canon. El proceso quedó completo hace mucho tiempo. No obstante, una investigación cabal de las circunstancias históricas que rodearon la compilación del canon es útil para confirmar nuestra convicción de que las decisiones tomadas por la iglesia primitiva fueron decisiones correctas. Algo de esta información histórica ya se ha mencionado en las páginas precedentes. Otra información, más detallada, está disponible para los que desean emprender investigaciones más especializadas.[30]

Sin embargo se debe mencionar otro hecho histórico adicional. Hoy no existe ningún candidato fuerte para añadirse al canon ni ninguna objeción fuerte contra algún libro que ya está en el canon. De los escritos que algunos de la iglesia primitiva quisieron incluir en el canon, es seguro decir que ninguno de los evangélicos del día presente lo querrían incluir. Algunos de los escritores más tempranos se distinguieron muy claramente de los apóstoles, y sus escritos de los escritos de los apóstoles. Ignacio, por ejemplo, alrededor del 110 d.C., dijo: «No les ordeno como les ordenó Pedro y Pablo; *ellos fueron apóstoles* y yo soy un convicto; ellos eran libres, y yo hasta ahora soy esclavo» (Ignacio, *A los romanos* 4.3; compare la actitud hacia los apóstoles en 1 Clemente 42.1, 2; 44:1-2 [95 d.C.]; Ignacio, *A los magnesianos* 7:1; 13:1-2; et al.).

Incluso los escritos que por un tiempo algunos pensaban que merecían que se los incluyera en el canon contienen enseñanza doctrinal contradictoria al resto de las Escrituras. «El Pastor» de Hermas, por ejemplo, enseña «la necesidad de la penitencia» y «la posibilidad de perdón de pecados por lo menos una vez después del bautismo. ... El autor parece identificar al Espíritu Santo con el Hijo de Dios antes de la encarnación, y sostener que la Trinidad surgió sólo después de que la humanidad de Cristo había sido llevada al cielo» (*Oxford Dictionary of the Christian Church, p. 641).*

---

[30]Una encuesta útil y reciente en este campo es David Dunbar, «The Biblical Canon», en *Hermeneutics, Authority and Canon,* ed. D. A. Carson y John Woodbridge (Zondervan, Grand Rapids, 1986), pp. 295-360. Además, tres libros recientes son de tan excelente calidad que definirán el debate sobre el canon por muchos años en el futuro: Roger Beckwith, *The Old Testament Canon of the New Testament Church and Its Background in Early Judaism* (Londres: SPCK, 1985, y Eerdmans, Grand Rapids, 1986); Bruce Metzger, *The Canon of the New Testament: Its Origin, Development, and Significance* (Clarendons, Oxford; Oxford University Press, Nueva York, 1987); y F. F. Bruce, *The Canon of Scripture* (InterVarsity Press, Downers Grove, Ill., 1988).

El *Evangelio de Tomás*, que algunos por un tiempo sostuvieron que pertenecía al canon, termina con la siguiente afirmación absurda (par. 114):

> Simón Pedro les dijo: «Dejen que María se vaya de nosotros, porque las mujeres no merecen vivir». Jesús dijo: «He aquí, yo la guiaré, para poder hacerla varón, para que ella también pueda llegar a ser un espíritu viviente, parecido a ustedes varones. Porque toda mujer que se hace a sí misma varón entrará en el reino de los cielos».[31]

Todos los otros documentos existentes que en la iglesia primitiva tuvieron alguna posibilidad de que se los incluyera en el canon son similares a éstos en que bien contienen renuncias explícitas de status canónico o incluyen alguna aberración doctrinal que claramente los hace indignos de que se los incluya en la Biblia.[32] Por otro lado, no hay ninguna objeción fuerte contra ningún libro que al presente consta en el canon. En el caso de varios libros del Nuevo Testamento que se demoraron en obtener la aprobación de la iglesia entera (libros tales como 2 Pedro o 2 y 3 Juan), mucha de la vacilación inicial en cuanto a incluirlos se puede atribuir al hecho de que al principio no circularon ampliamente, y que el conocimiento total del contenido de todos los escritos del Nuevo Testamento se esparció por la iglesia más bien lentamente. (La vacilación de Martín Lutero en cuanto a Santiago es muy entendible en vista de la controversia doctrinal en que estaba involucrado, pero tal vacilación no fue ciertamente necesaria. Lo que parece ser conflicto doctrinal con la enseñanza de Pablo se resuelve fácilmente una vez que se reconoce que Santiago está usando tres términos clave, *justificación, fe* y *obras* en sentidos diferentes a los que Pablo los usa).[33]

Hay, por consiguiente, confirmación histórica de la corrección del canon presente. Sin embargo se debe recordar en conexión con cualquier investigación histórica que el propósito de la iglesia primitiva no era otorgar autoridad divina o incluso autoridad eclesiástica a escritos meramente humanos, sino más bien

---

[31]Este documento no fue escrito por el apóstol Tomás. La opinión de los eruditos en la actualidad la atribuye a algún autor desconocido del segundo siglo d.C., que usó el nombre de Tomás.

[32]Es apropiado aquí decir una palabra en cuanto al escrito llamado la *Didaqué*. Aunque este documento no se lo consideró para incluirlo en el canon durante la historia inicial de la iglesia, muchos eruditos han pensado que es un documento muy temprano y algunos hoy lo citan como si fuera una autoridad respecto a la enseñanza de la iglesia primitiva al mismo nivel que los escritos del Nuevo Testamento. Se lo descubrió en 1875 en una biblioteca de Constantinopla, pero probablemente fecha del primero segundo siglo d.C. Sin embargo contradice o añade a los mandamientos del Nuevo Testamento en muchos puntos. Por ejemplo, a los cristianos se les dice que permitan que las limosnas suden en sus manos hasta que sepan a quién se las dan (1.6); se prohíbe el alimento ofrecido a los ídolos (6.3); a la gente se le exige que ayune antes del bautismo, y el bautismo se debe hacer en agua corriente (7.1-4); se exige el ayuno los miércoles y los viernes pero se lo prohíbe los lunes y los jueves (8.1); a los creyentes se les exige orar el Padre Nuestro tres veces al día (8.3); a los no bautizados se les excluye de la Cena del Señor y se dan oraciones no conocidas en el Nuevo Testamento como modelos para celebrar la Cena del señor (9.1-5); a los apóstoles se les prohíbe que se queden en una ciudad más de dos días (11.5; pero note que el apóstol Pablo se quedó año y medio en Corinto y tres años en Éfeso); a los profetas que hablan en el Espíritu no se les puede probar ni examinar (11.7, en contradicción a 1Co 14:29 y 1Ts 5:20-21), la salvación requiere perfección en el último tiempo (16.2). Tal documento, de autoría desconocida, por ningún lado es una guía confiable para las enseñanzas y práctica de la iglesia primitiva.

[33]Vea R. V. G. Tasker, *The General Epistle of James*, TNTC (Tyndale Press, Londres, 1956), pp. 67-71. Aunque Lutero colocó a Santiago cerca de fin de su traducción al alemán del Nuevo Testamento, no la excluye del canon, y citó más de la mitad de los versículos de Santiago como autoritativos en varias partes de sus escritos (vea Douglas Moo, *The Letters of James*, TNTC (Leicester y InterVarsity Press, Downers Grove, Ill., 1985), p. 18; vea también pp. 100-117 sobre la fe y obras en Santiago.

reconocer la característica de autoría divina de escritos que ya tenían tal calidad. Esto se debe a que el criterio supremo de la canonicidad es la autoría divina, no la aprobación humana o eclesiástica.

En este punto alguien pudiera hacer una pregunta hipotética en cuanto a qué haríamos si se descubriera, por ejemplo, alguna epístola de Pablo. ¿Se añadiría a las Escrituras? Esta es una pregunta difícil, porque intervienen dos consideraciones conflictivas. Por un lado, si una gran mayoría de los creyentes se convencieran de que en verdad fue una epístola paulina auténtica, escrita por Pablo en el curso de su oficio apostólico, la naturaleza de la autoridad apostólica de Pablo garantizaría que el escrito es palabra de Dios (tanto como las de Pablo), y que su enseñanza es congruente con el resto de las Escrituras. Pero el hecho de que no fue preservada como parte del canon indicaría que no estuvo entre los escritos que los apóstoles querían que la iglesia preservara como parte de las Escrituras. Es más, se debe decir de inmediato que tal pregunta hipotética es simplemente eso: hipotética. Es excepcionalmente difícil imaginar qué clase de información histórica se podría descubrir que pudiera demostrar convincentemente a la iglesia como un todo que una carta perdida por más de 1900 años fue de la autoría genuina de Pablo, y todavía más difícil entender cómo nuestro Dios soberano pudo haber cuidado fielmente a su pueblo por más de 1900 años y con todo permitir que estuvieran privados continuamente de algo que él propuso que tuvieran como parte de su revelación final de sí mismo en Jesucristo. Estas consideraciones hacen altamente improbable que un manuscrito así se descubra en algún momento en el futuro, y que una pregunta hipotética como esa en realidad no merece ninguna otra consideración seria.

En conclusión, ¿hay algún libro en nuestro canon actual que no debería estar allí? No. Podemos apoyar nuestra confianza respecto a este hecho en la fidelidad de Dios nuestro Padre, que no guiaría a todo su pueblo por casi 2000 años a tener como palabra suya algo que no lo es. Y hallamos nuestra confianza repetidamente confirmada tanto por la investigación histórica y por la obra del Espíritu Santo al capacitarnos para oír la voz de Dios de una manera única al leer de cada uno de los sesenta y seis libros en el canon presente de las Escrituras.

Pero, ¿hay algún libro que falta, libro que se debería haber incluido en las Escrituras pero que no se lo incluyó? La respuesta debe ser no. En toda la literatura conocida no hay ningún candidato que siquiera se acerque a las Escrituras cuando se da consideración a su congruencia doctrinal con el resto de las Escrituras y al tipo de autoridad que afirma tener (tanto como la manera en que esas afirmaciones de autoridad han sido recibidas por otros creyentes). De nuevo, la fidelidad de Dios a su pueblo nos convence de que nada falta en las Escrituras que Dios piense que necesitamos saber para obedecerle y confiar en él plenamente. El canon de las Escrituras hoy es exactamente lo que Dios quería que fuera, y se quedará de esa manera hasta que Cristo vuelva.

PREGUNTAS PARA APLICACIÓN PERSONAL

1. ¿Por qué es importante para su vida cristiana saber cuáles escritos son palabras de Dios y cuáles no lo son? ¿Cómo sería diferente su relación con Dios

si tuviera que buscar sus palabras esparcidas entre todos los escritos de los cristianos a través de toda la historia de la iglesia? ¿Cómo sería diferente su vida cristiana si las palabras de Dios estuvieran contenidas no sólo en la Biblia, sino también en las declaraciones oficiales de la iglesia a través de la historia?

2. ¿Ha tenido usted alguna duda o preguntas en cuanto a la canonicidad de algún libro de la Biblia? ¿Qué motivó esas preguntas? ¿Qué debe hacer uno para resolverlas?

3. Mormones, Testigos de Jehová y miembros de otras sectas han aducido revelaciones de Dios en el día presente que ellos consideran iguales a la Biblia en autoridad. ¿Qué razones puede dar usted para indicar la falsedad de esas afirmaciones? En la práctica, ¿tratan esas personas a la Biblia como con igual autoridad igual a la de esas otras «revelaciones»?

4. Si usted nunca ha leído alguna parte de los apócrifos del Antiguo Testamento, tal vez quiera leer algunas secciones.[34] ¿Piensa usted que puede confiar en esos escritos de la misma manera en que confía en la Biblia? Compare los efectos de estos escritos sobre usted y el efecto de la Biblia sobre usted. Tal vez usted quiera hacer una comparación similar con algunos escritos de una colección de libros llamados los apócrifos del Nuevo Testamento,[35] o tal vez del *Libro de Mormón* o el *Corán*. ¿Es el efecto espiritual de estos escritos sobre su vida positivo o negativo? ¿Cómo se compara eso con el efecto espiritual que la Biblia ejerce sobre su vida?

TÉRMINOS ESPECIALES

Apócrifa   canónico
apóstol   historia de la redención
autoatestiguador   inspirado por Dios
canon   pacto

BIBLIOGRAFÍA

(Para una explicación de esta bibliografía vea la nota sobre la bibliografía en el capítulo 1, p. 40. Datos bibliográficos completos se pueden encontrar en las páginas 1298-1307.)

En la sección de «Otras obras» de la bibliografía de este capítulo he incluido algunas obras escritas desde la perspectiva no evangélica debido a su importancia para investigar la información histórica relevante a la cuestión del canon.

---

[34]Una buena traducción reciente es *The Oxford Annotated Apocrypha* (RSV), ed. Bruce M. Metzger (Nueva York: Oxford University Press, 1965). Hay también una colección de escritos no bíblicos del tiempo del Nuevo Testamento llamada «New Testament apocrypha» (vea nota siguiente), pero esta es mucho menos leída comúnmente. Cuando se habla de «los apócrifos» sin ninguna otra especificación, se refieren sólo a los apócrifos del Antiguo Testamento.

[35]E. Hennecke, *New Testament Apocrypha,* ed. W. Schneemelcher; trad. al inglés ed. R. McL. Wilson (2 vols.: SCM Press, 1965). También se debe notar que otra literatura más ortodoxa de la iglesia primitiva se puede hallar convenientemente en una colección de escritos a la que se refiere como «Padres apostólicos». Una buena traducción al inglés se halla en Kirsopp Lake, trad., *The Apostolic Fathers,* Loeb Classical Library (2 vols.: Cambridge, Mass.: Harvard University Press, 1912, 1913), pero hay disponibles otras traducciones útiles.

Secciones enTeologías Sistemáticas Evangélicas

1. Anglicana (episcopal)
   - 1882–92   Litton, 10–18
   - 1930   Thomas, 101–15
2. Arminiana (wesleyana o metodista)
   - 1875–76   Pope, 1:193–230
   - 1940   Wiley, 1:185–214
   - 1983   Carter, 1:291–94
3. Bautista
   - 1907   Strong, 145–72; 236–40
   - 1976–83   Henry, 2:69–76; 4:405–75
   - 1987–94   Lewis/Demarest, 1:147–48
4. Dispensacional
   - 1947   Chafer, 1:95–102, 124–28
   - 1949   Thiessen, 50–61
   - 1986   Ryrie, 105–9
5. Luterana
   - 1917–24   Pieper, 1:330–48
6. Reformada (o presbiteriana)
   - 1861   Heppe, 12–21, 28–31
   - 1871–73   Hodge, 1:152–53
   - 1887–1921   Warfield, IAB 411–18
   - 1889   Shedd, 1:134–47
   - 1938   Berkhof, *Intro.* 116–43
   - 1962   Buswell, 1:193–98

Secciones en Teologías Sistemáticas Católicas Romanas Representativas

1. Católica Romana: Tradicional
   - 1955   Ott (ningún tratamiento explícito)
2. Católica Romana: Post-Vaticano II
   - 1980   McBrien, 1:50–62, 201–43; 2:817–42

Otras obras

Beckwith, R. T. «Canon of the Old Testament». En IBD 1:235–38.

Beckwith, Roger. *The Old Testament Canon of the New Testament Church and Its Background in Early Judaism*. Eerdmans, Grand Rapids, 1985.

Birdsall, J. N. «Apocrypha». En IBD 1:75–77.

_____. «Canon of the New Testament». En IBD 1:240–45.

Bruce, F. F. *The Canon of Scripture*. InterVarsity Press, Downers Grove, Ill, 1988.

Carson, D. A., and John D. Woodbridge, eds. *Hermeneutics, Authority, and Canon*. : Zondervan, Grand Rapids, 1986.

Dunbar, David G. «The Biblical Canon». En *Hermeneutics, Authority, and Canon*. Ed. by D. A. Carson and John Woodbridge. Zondervan, Grand Rapids, 1986.

Green, William Henry. *General Introduction to the Old Testament: The Canon.* Scribners, Nueva York, 1898.

Harris, R. Laird. «Chronicles and the Canon in New Testament Times». *JETS.* Vol. 33, no. 1 (March 1990): 75–84.

_____. *Inspiration and Canonicity of the Bible: An Historical and Exegetical Study.* Zondervan, Grand Rapids, 1989.

Kline, Meredith G. *The Structure of Biblical Authority.* Eerdmans, Grand Rapids, 1972.

Leiman, S. Z. *The Canonization of Hebrew Scripture: The Talmudic and Midrashic Evidence.* Hamden, Conn. Archon, 1976.

McRay, J. R. «Bible, Canon of». In *EDT* pp. 140–41.

Metzger, Bruce M. *The Canon of the New Testament: Its Origin, Development, and Significance.* Oxford: Clarendon; and Nueva York: Oxford University Press, 1987.

Packer, J. I. «Scripture». NDT 627–31.

Ridderbos, Herman N. *Redemptive History and the New Testament Scriptures.* Formerly, *The Authority of the New Testament Scriptures.* 2ª rev. ed. Trad. por H. D. Jongste. Rev. por Richard B. Gaffin, Jr. Presbyterian and Reformed, Phillipsburg, N.J. 1988.

Westcott, Brooke Foss. *The Bible in the Church: A Popular Account of the Collection and Reception of the Holy Scriptures in the Christian Churches.* Primera ed. con alteraciones. SCM, Macmillan, Londres, 1901.

Zahn, Theodor. *Geschichte des Neutestamentlichen Kanons.* 2 vols. Deichert, Erlangen, 1888–90. Reimpresión ed., Olms, Hildesheim and Nueva York, 1975.

PASAJE BÍBLICO PARA MEMORIZAR

Hebreos 1:1-2: *Dios, que muchas veces y de varias maneras habló a nuestros antepasados en otras épocas por medio de los profetas, en estos días finales nos ha hablado por medio de su Hijo. A éste lo designó heredero de todo, y por medio de él hizo el universo.*

HIMNO

«Oh Verbo encarnado»

Oh Verbo encarnado, oh celestial Verdad,
Sabiduría eterna, luz en la oscuridad,
Te loamos por tu Libro que luz eterna da;
cual lámpara divina su luz siempre guiará.

Oh Cristo, a tu iglesia legaste este don,
Que cual brillante faro provee dirección.
Es tu palabra caja de joyas sin igual;
pintura que retrata tu imagen celestial.

Delante de tu pueblo cual estandarte va;
Al mundo envuelto en tinieblas sus rayos puros da;

Es brújula, y carta que en tormentosa mar,
por todos los peligros a Cristo saben guiar.

Haz que tu iglesia sea lumbrera, oh Señor,
que brilla en las naciones con santo resplandor;
Enseña al peregrino a guiarse por tu luz,
Seguro, hasta verte en gloria, oh Jesús.

WILLIAM W. HOW, 867, EST. # 1, 3, TRAD. G. P. SIMMONS, # 2, 4 E. SYWULKA B.
TRAD. ESTR. # 1,3 © CÁNTICOS ESCOGIDOS, TRAD. ESTR. 2, 4 © 1992 CELEBREMOS /
LIBROS ALIANZA (TOMADO DE CELEBREMOS SU GLORIA, # 284)

Capítulo 4

Las cuatro características de las Escrituras: (1) Autoridad

¿Cómo sabemos que la Biblia es la Palabra de Dios?

En el capítulo previo nuestro objetivo fue determinar cuáles escritos pertenecen a la Biblia y cuáles no. Pero una vez que hemos determinado qué es la Biblia, nuestro siguiente paso es preguntar cómo es ella. ¿Qué nos enseña toda la Biblia respecto a sí misma?

Las principales enseñanzas de la Biblia en cuanto a sí misma se pueden clasificar en cuatro características (a veces llamadas atributos): (1) la autoridad de las Escrituras, (2) la claridad de las Escrituras, (3) la necesidad de las Escrituras y (4) la suficiencia de las Escrituras.

Con respecto a la primera característica, la mayoría de los cristianos estaría de acuerdo en que la Biblia es nuestra autoridad en algún sentido. Pero ¿en qué sentido afirma la Biblia ser nuestra autoridad? Y ¿cómo nos persuadimos de que las afirmaciones de la Biblia en cuanto a ser la Palabra de Dios son verdad? Estas son las preguntas que se consideran en este capítulo.

EXPLICACIÓN Y BASE BÍBLICA

La autoridad de las Escrituras quiere decir que todas las palabras de la Biblia son palabras de Dios de tal manera que no creer o desobedecer alguna palabra de las Escrituras es no creer o desobedecer a Dios.

Esta definición se puede ahora examinar en sus varias partes.

A. Todas las palabras de las Escrituras son palabras de Dios

1. Esto es lo que la Biblia afirma en cuanto a sí misma. Hay frecuentes afirmaciones en la Biblia de que todas las palabras de las Escrituras son palabras de Dios (como también que fueron escritas por hombres).[1] En el Antiguo Testamento esto se ve frecuentemente en la frase introductoria: «Así dice el Señor», que aparece cientos de veces. En el mundo del Antiguo Testamento esta frase se habría reconocido como idéntica en forma a la frase «Así dice el rey ...», que se usaba como prefacio en los edictos de un rey a sus súbditos, edicto que no se podía cuestionar o

---

[1]Por supuesto, no quiero decir que toda palabra de las Escrituras fue dicha audiblemente por Dios mismo, puesto que la Biblia registra las palabras de cientos de diferentes personas, tales como el rey David y Pedro, e incluso el mismo Satanás. Pero sí quiero decir que incluso las citas de otros son informes *de Dios* de lo que dijeron, y, correctamente interpretadas en sus contextos, vienen a nosotros con la autoridad de Dios.

poner en tela de duda sino que simplemente había que obedecer.[2] Así que cuando los profetas dicen: «Así dice el Señor», están afirmando ser mensajeros del Rey soberano de Israel, es decir, Dios mismo, y están afirmando que sus palabras son absolutamente palabras autoritativas de Dios. Cuando el profeta hablaba en el nombre de Dios de esta manera, toda palabra que decía tenía que ser de Dios, o sería un falso profeta (cf. Nm 22:38; Dt 18:18-20; Jer 1:9; 14:14; 23:16-22; 29:31-32; Ez 2:7; 13:1-16).

Es más, se dice que Dios a menudo hablaba «a través» del profeta (1 R 14:18; 16:12, 34; 2 R 9:36; 14:25; Jer 37:2; Zac 7:7, 12). Por tanto, lo que el profeta decía en el nombre de Dios, Dios lo decía (1 R 13:26 con v. 21; 1 R 21:19 con 2 R 9:25-26; Hag 1:12; cf. 1 S 15:3, 18). En estas y otras instancias en el Antiguo Testamento, a las palabras que los profetas dijeron uno puede igualmente referirse como palabras que Dios mismo dijo. Así que no creer o desobedecer algo que el profeta decía era no creer o desobedecer a Dios mismo (Dt 18:19; 1 S 10:8; 13:13-14; 15:3, 19, 23; 1 R 20:35, 36).

Estos versículos, por supuesto, no aducen que *todas* las palabras del Antiguo Testamento son palabras de Dios, porque estos versículos mismos se refieren sólo a secciones específicas de palabras dichas o escritas en el Antiguo Testamento. Pero la fuerza acumulativa de estos pasajes, incluyendo los cientos de pasajes que empiezan con «Así dice el Señor», es demostrar que dentro del Antiguo Testamento tenemos registros escritos de palabras que se dicen ser las propias palabras de Dios. Estas palabras al ser escritas constituyen grandes secciones del Antiguo Testamento.

En el Nuevo Testamento varios pasajes indican que se pensaba que todos los escritos del Antiguo Testamento eran palabras de Dios. 2 Timoteo 3:16 dice: «Toda la Escritura es inspirada por Dios y útil para enseñar, para reprender, para corregir y para instruir en la justicia»[3] Aquí «Escritura» (*grafé*) se debe referir a las palabras escritas del Antiguo Testamento, porque eso es a lo que la palabra *grafé* se refiere en cada una de sus cincuenta y una ocasiones en que aparece en el Nuevo Testamento.[4] Es más, las «Sagradas Escrituras» del Antiguo Testamento es a lo que Pablo[5] acaba de referirse en el versículo 15.

Pablo afirma aquí que todos los escritos del Antiguo Testamento son *teopneustós*, «inspirados por Dios». Puesto que son escritos de los que se dice que son «inspirados», esta inspiración se debe entender como una metáfora de pronunciar las palabras de las Escrituras. Este versículo, pues, indica en forma breve lo que es

---

[2]Vea Wayne Grudem, *The Gift of Prophecy in e Corinthians* (University Press of America, Lanham, Md., 1982), pp. 12-13; también Wayne Grudem, «Scripture's Self-Attestation», en *Scripture and Truth*, ed. D. A. Carson y J. Woodbridge, *pp. 21-22).*

[3]Algunos han sugerido una traducción alterna, es decir: «Toda la Escritura inspirada por Dios es también útil para enseñar . . .» Sin embargo, esta traducción es altamente improbable porque hace del *kai* («también») extremadamente incómodo en la oración griega. En el discurso coherente, uno debe decir que algo tiene una característica antes de decir que tiene «también» otra característica. El «también» debe indicar una adición a algo que ya se ha indicado previamente. Así, *teopneustos* («exhalada por Dios») y *ofelimós* («útil») se entienden mejor como adjetivos en predicado, y la mejor traducción es: «Toda la Escritura es inspirada por Dios y es útil para enseñar . . .».

[4]Por lo menos en dos casos, 1Ti 5:18 y 2P 3:16, *grafé* también incluye algunos de los escritos del Nuevo Testamento junto con los escritos del Antiguo Testamento a que se refiere (véase la explicación más abajo).

[5]Doy por sentado la autoría paulina de 1 y 2 Timoteo y Tito en todo este libro. Para ver argumentos recientes que defienden la autoría paulina vea George W. Knight III, *The Pastoral Epistles*, NIGTC (Eerdmans, Grand Rapids, y Carlisle: Paternoster, 1992), pp. 4-54.

evidente en muchos pasajes del Antiguo Testamento: se consideran los escritos del Antiguo Testamento como palabras de Dios en forma escrita. Para toda palabra del Antiguo Testamento, Dios es el que la habló (y todavía habla), aunque Dios usó agentes humanos para escribir estas palabras.[6]

Una indicación similar del carácter de todos los escritos del Antiguo Testamento como palabras de Dios se halla en 2 Pedro 1:21. Hablando de las profecías de las Escrituras (v. 20), lo que quiere decir por lo menos las Escrituras del Antiguo Testamento a las cuales Pedro anima a sus lectores a prestar atención cuidadosa (v. 19), Pedro dice que ninguna de estas profecías jamás «ha tenido su origen en la voluntad humana, sino que los profetas hablaron de parte de Dios, impulsados por el Espíritu Santo». No es la intención de Pedro negar completamente la voluntad o personalidad humanas en el hecho de escribir las Escrituras (dice que los hombres «hablaron»), sino más bien decir que la fuente suprema de toda profecía nunca fue decisión del hombre respecto a lo que quería escribir, sino más la acción del Espíritu Santo en la vida del profeta, puesta en práctica de maneras no especificadas aquí (o, para el caso, en ninguna parte de la Biblia). Esto indica una creencia de que todas las profecías del Antiguo Testamento (y, a la luz de los vv. 19-20, esto probablemente incluye todas las Escrituras del Antiguo Testamento) son dichas «por Dios»; es decir, son las palabras de Dios mismo.

Muchos otros pasajes del Nuevo Testamento hablan de manera similar en cuanto a secciones del Antiguo Testamento. En Mateo 1:22 se citan las palabras de Isaías 7:14 como: «*lo que el Señor había dicho* por medio del profeta». En Mateo 4:4 Jesús le dice al diablo: «"No sólo de pan vive el hombre, *sino de toda palabra que sale de la boca de Dios*"». En el contexto de las repetidas citas de Deuteronomio que Jesús utiliza para responder a toda tentación, las palabras que proceden «de la boca de Dios» son las Escrituras del Antiguo Testamento.

En Mateo 19:5 Jesús cita las palabras del autor de Génesis 2:24, no atribuidas a Dios en el relato de Génesis, como palabras que Dios «dijo». En Marcos 7:9-13 al mismo pasaje del Antiguo Testamento se le puede llamar intercambiablemente «el mandamiento de Dios», o lo que «Moisés dijo», o «la palabra de Dios». En Hechos 1:16 se dice que las palabras de los salmos 69 y 109 son palabras que «por boca de David, había *predicho el Espíritu Santo*». Así que se dice que las palabras de las Escrituras son palabras del Espíritu Santo. En Hechos 2:16-17, al citar «lo que anunció el profeta Joel» de Joel 2:28-32, Pedro inserta «dice Dios», atribuyendo de este modo a Dios las palabras escritas por Joel, y afirmando que Dios está diciéndolas al presente.

Se podría citar muchos otros pasajes (vea Lc 1:70; 24:25; Jn 5:45-47; Hch 3:18, 21; 4:25; 13:47; 28:25; Ro 1:2; 3:2; 9:17; 1 Co 9:8-10; Heb 1:1-2, 6-7), pero el patrón

---

[6]Teología sistemáticas más viejas usan las palabras *inspirada* e *inspiración* para hablar del hecho de que las palabras de las Escrituras fueron dichas por Dios. Esta terminología se basa especialmente en una antigua traducción de 2Ti 3: 2 16, que dice: «Toda la Escritura es inspirada por Dios» (RVR). Sin embargo, la palabra *inspiración* tiene un sentido tan débil en el uso ordinario hoy (todo poeta o compositor aduce estar «inspirado» para escribir, e incluso de los atletas se dice que rindieron un desempeño «inspirado») que no la he usado en este texto. He preferido la traducción de la NVI de 2 Timoteo 3:16: «Toda la Escritura es inspirada por Dios», y he usado otras expresiones para decir que las palabras de las Escrituras son las mismas palabras de Dios. La antigua frase «inspiración *plenaria*» quería decir que todas las palabras de las Escrituras son palabras de Dios (la palabra *plenaria* quiere decir «completa»), hecho que afirmo en este capítulo sin usar la frase.

de atribuir a Dios las palabras de las Escrituras del Antiguo Testamento debe ser muy claro. Es más, en varios lugares se dice que *todas* las palabras de los profetas o las palabras de las Escrituras del Antiguo Testamento son para que las creamos o que proceden de Dios (vea Lc 24:25, 27, 44; Hch 3:18; 24:14; Ro 15:4).

Pero si Pablo quería decir sólo los escritos del Antiguo Testamento cuando se refirió a «Escrituras» en 2 Timoteo 3:16, ¿cómo se puede aplicar eso a los escritos del Nuevo Testamento por igual? ¿Dice ese pasaje algo en cuanto al carácter de los escritos del Nuevo Testamento? Para responder esa pregunta debemos darnos cuenta de que la palabra griega *grafé* («Escrituras») era un término técnico para los escritos del Nuevo Testamento y tenía un significado muy especializado. Aunque se usa cincuenta y una veces en el Nuevo Testamento, cada una de esas instancias se refiere a escritos del Antiguo Testamento, no a ninguna otra palabra o escritos fuera del canon de las Escrituras. Por tanto, todo lo que pertenecía a la categoría de «Escrituras» tenía el carácter de ser «inspirado por Dios»; sus palabras eran palabras de Dios mismo.

Pero en dos lugares del Nuevo Testamento vemos también que se llama «Escrituras» al Nuevo Testamento a la par de los escritos del Antiguo Testamento. Como notamos en el capítulo 3, en 2 Pedro 3:16 Pedro muestra no sólo tener conocimiento de la existencia de Epístolas escritas por Pablo, sino también una clara disposición a clasificar «todas sus epístolas [de Pablo]» con «las otras Escrituras». Esta es una indicación de que muy temprano en la historia de la iglesia cristiana se consideraban todas las Epístolas de Pablo como palabras de Dios escritas en el mismo sentido que se consideraban los textos del Antiguo Testamento. En forma similar, en 1 Timoteo 5:18 Pablo cita las palabras de Jesús según se halla en Lucas 10:7 y las llama «Escrituras».[7]

Estos dos pasajes tomados juntos indican que durante el tiempo en que se estaban escribiendo los documentos del Nuevo Testamento se tenía conciencia de que se estaban haciendo *adiciones* a esta categoría especial de escritos llamados «Escrituras», que eran escritos que tenían el carácter de ser palabras de Dios mismo. Así que una vez que establecemos que un escrito del Nuevo Testamento pertenece a la categoría especial de «Escrituras», tenemos razón para aplicar también 2 Timoteo 3:16 a esos escritos, y decir que esos escritos también tienen la característica que Pablo atribuye a «todas las Escrituras»: es «inspirada por Dios», y todas sus palabras son palabras de Dios mismo.

¿Hay alguna evidencia adicional de que los escritores del Nuevo Testamento pensaban que sus propios escritos (no simplemente los del Antiguo Testamento) eran palabras de Dios? En algunos casos, los hay. En 1 Corintios 14:37 Pablo dice: «Si alguno se cree profeta o espiritual, reconozca que *esto que les escribo es mandato del Señor*». Pablo aquí ha instituido una serie de reglas para el culto en la iglesia de Corinto y ha afirmado que son «mandatos del Señor», porque la frase que se traduce «esto que les escribo» contiene un pronombre griego plural relativo (*já*) y se traduce más literalmente: «*las cosas* que les escribo son mandatos del Señor».

Una objeción en cuanto a ver las palabras de los escritores del Nuevo Testamento como palabras de Dios se toma a veces de 1 Corintios 7:12, en donde Pablo

---

[7]Vea capítulo 3, pp. 61-62 para una explicación de 2 P 3:16 y 1 Ti 5:17-18.

hace distinción entre sus palabras y las palabras del Señor: «A los demás les digo yo (no es mandamiento del Señor) ...». Sin embargo, una interpretación apropiada de este pasaje se obtiene de los versículos 25 y 40. En el versículo 25 Pablo dice que no tiene mandamiento del Señor respecto a los solteros sino que está dando su propia opinión. Esto debe querer indicar que él no tenía conocimiento *de nada que Jesús hubiera dicho sobre este tema* y probablemente también que no había recibido ninguna revelación subsecuente de Jesús al respecto. Esto es diferente de la situación del versículo 10, en donde simplemente podría repetir el contenido de la enseñanza terrenal de Jesús: «que la mujer no se separe de su esposo». Por tanto, el versículo 12 debe querer decir que Pablo *no tenía ningún registro de ninguna enseñanza terrenal de Jesús* sobre el tema del creyente casado con una esposa que no era creyente. Por consiguiente, Pablo da sus propias instrucciones: «A los demás *les digo yo (no es mandamiento del Señor):* Si algún hermano tiene una esposa que no es creyente, y ella consiente en vivir con él, que no se divorcie de ella» (1 Co 7:12).

Es impresionante, por consiguiente, que Pablo puede seguir en los versículos 12-15 a dar varias normas éticas específicas a los corintios. ¿Qué le dio el derecho de hacer tales mandamientos morales? Él dice que habla «como quien por la misericordia del Señor es digno de confianza» (1 Co 7:25). Parece implicar aquí que sus opiniones podían colocarse en el mismo nivel autoritativo de las palabras de Jesús. Por tanto, 1 Corintios 7:12, «a los demás les digo yo (no es mandamiento del Señor)», es una afirmación asombrosamente fuerte de la propia autoridad de Pablo; si él no tenía ninguna palabra de Jesús que se aplicara a alguna situación, usaba las propias, porque sus propias palabras ¡tenían igual autoridad que las palabras de Jesús!

Indicaciones de una noción similar respecto a los escritos del Nuevo Testamento se hallan en Juan 14:26 y 16:13, en donde Jesús prometió que el Espíritu Santo les haría recordar a los discípulos todo lo que él les había dicho y les guiaría a toda la verdad. Esto indica una obra especial de superintendencia del Espíritu Santo por la cual los discípulos podrían recordar y anotar sin error todo lo que Jesús les había dicho. Indicaciones similares se hallan también en 2 Pedro 3:2; 1 Corintios 2:13; 1 Tesalonicenses 4:15, y Apocalipsis 22:18-19.

2. Estamos convencidos de las afirmaciones de la Biblia de que es la Palabra de Dios al leer la Biblia. Una cosa es afirmar que la Biblia *afirma* ser la Palabra de Dios; es otra cosa estar convencido de que esas afirmaciones son ciertas. Nuestra convicción suprema de que las palabras de la Biblia son Palabra de Dios viene sólo cuando el Espíritu Santo habla *en* la Biblia y *mediante* las palabras de la Biblia a nuestros corazones y nos da una seguridad interna de que esas son palabras de nuestro Creador hablándonos. Poco después de que Pablo ha explicado que su discurso apostólico consiste de palabras enseñadas por el Espíritu Santo (1 Co 2:13), dice: «El que no tiene el Espíritu no acepta las cosas que proceden[8] del Espíritu de Dios, pues para él es locura. No puede entenderlo, porque hay que discernirlo

---

[8] He traducido el versículo «cosas del Espíritu de Dios» porque el texto griego tiene sólo el artículo plural definido neutro (*ta*) usado como sustantivo, y no se da ningún nombre específico. De este modo, la traducción de

espiritualmente» (1 Co 22:14). Sin la obra del Espíritu de Dios, una persona no recibirá verdades espirituales y en particular no recibirá ni aceptará la verdad de que las palabras de las Escrituras son en realidad palabras de Dios.

Pero en las personas en quienes el Espíritu de Dios está obrando hay un reconocimiento de que las palabras de la Biblia son palabras de Dios. Este proceso es estrechamente análogo a aquel por el cual los que creen en Jesús saben que sus palabras son verdad. Él dijo: «Mis ovejas oyen mi voz; yo las conozco y ellas me siguen» (Jn 10:27). Los que son ovejas de Cristo oyen la voz de su gran Pastor al leer las palabras de la Biblia, y se convencen de que estas palabras son en realidad palabras de su Señor.

Es importante recordar que esta convicción de que las palabras de la Biblia son palabras de Dios *no* resulta *aparte de* las palabras de la Biblia ni *en adición a* las palabras de la Biblia. No es como si el Espíritu Santo un día susurrara a nuestro oído: «¿Ves esa Biblia sobre tu escritorio? Quiero que sepas que las palabras de esa Biblia son palabras de Dios». Es más bien conforme los individuos leen la Biblia oyen la voz de su Creador hablándoles en las palabras de la Biblia y se dan cuenta de que el libro que están leyendo es diferente a cualquier otro, que es en verdad un libro palabras de Dios que hablan a su corazón.

3. Otra evidencia es útil pero no definitivamente convincente. La sección previa no tiene el propósito de negar la validez de otra clase de argumentos que se puedan usar para respaldar la afirmación de que la Biblia es la Palabra de Dios. Es útil que aprendamos que la Biblia es históricamente exacta, que es internamente congruente, que contiene profecías que se han cumplido cientos de años más tarde, que ha influido en el curso de la historia humana más que cualquier otro libro, que continuamente ha cambiado la vida de millones de individuos en toda su historia, que por ella las personas hallan la salvación, que tiene una belleza majestuosa y profundidad de enseñanza que ningún otro libro iguala, y que afirma cientos de veces que son palabras del mismo Dios. Todos estos argumentos, y otros, son útiles para nosotros y eliminan los obstáculos que pudieran interponerse para que creamos la Biblia. Pero todos estos argumentos, tomados individualmente o en conjunto, no pueden ser definitivamente convincentes. Como dice la Confesión Westminster de fe en 1643-46:

> El testimonio de la iglesia puede impulsarnos e inducirnos a una estimación más alta y reverente de las Sagradas Escrituras. Lo celestial del asunto, la eficacia de la doctrina, la majestad del estilo, el consentimiento de todas partes, el alcance del todo (que es, dar toda gloria a Dios), la plena revelación que hace del único camino de salvación para el hombre, las muchas otras excelencias incomparables, y la perfección entera consiguiente, son argumentos por los que en efecto da evidencia de ser la Palabra de Dios; sin embargo, nuestra persuasión completa y seguridad de la verdad infalible y consiguiente autoridad divina, brota de la obra interna del

---

RSV [en inglés] «los *dones* del Espíritu de Dios» es más restrictivo en materia de asunto que lo que las palabras reales justificarían, y por cierto que el contexto no lo exige.

Espíritu Santo que da testimonio a nuestros corazones por la palabra de Dios y con la palabra de Dios (cap. 1, para. 5).

4. Las palabras de la Biblia son autoatestiguadoras. Así que las palabras de la Biblia son «autoatestiguadoras». No se puede «probar» que son palabras de Dios apelando a una autoridad más alta. Porque si se apelara a una autoridad más alta (digamos, precisión histórica o congruencia lógica) para probar que la Biblia es la Palabra de Dios, la Biblia en sí misma no sería nuestra autoridad más alta o absoluta; estaría subordinada en autoridad a aquello a lo que apelamos para probar que es la Palabra de Dios. Si en última instancia apelamos a la razón humana, o a la lógica, o a la exactitud histórica, o a la verdad científica, como la autoridad por la cual se demuestra que la Biblia es la Palabra de Dios, damos por sentado que aquello a lo que apelamos es una autoridad más alta que la Palabra de Dios, y más verdadera y más confiable.

5. Objeción: Esto es un argumento circular. Alguien podría objetar que decir que la Biblia demuestra por sí misma que es la Palabra de Dios es usar un argumento circular: creemos que la Biblia es la Palabra de Dios porque ella misma afirma serlo; y creemos sus afirmaciones porque es la Palabra de Dios; y creemos que es la Palabra de Dios porque afirma serlo, y así por el estilo.

Hay que reconocer que este es una especie de argumento circular. Sin embargo, eso no invalida su uso, porque todos los argumentos a favor de una autoridad absoluta deben en última instancia apelar a esa autoridad como prueba; de otra manera su autoridad no sería absoluta ni sería la autoridad más alta. Este problema no es exclusivo del creyente que afirma la autoridad de la Biblia. Todos, bien sea implícita o explícitamente, usan algún tipo de argumento circular al defender su autoridad suprema en cuestiones de fe.

Aunque estos argumentos circulares no siempre se hacen explícitamente y a veces se ocultan detrás de prolongados debates, o simplemente se dan por sentado sin prueba, los argumentos a favor de una autoridad suprema en su forma más básica hacen una apelación circular semejante a la autoridad en sí misma, como muestran los siguientes ejemplos:

«Mi razón es mi suprema autoridad porque me parece razonable que sea así».

«La congruencia lógica es mi autoridad suprema porque es lógico que lo sea».

«Lo que descubren las experiencias sensoriales humanas son la autoridad suprema para descubrir lo que es real y lo que no lo es, porque nuestros sentidos humanos jamás han descubierto ninguna otra cosa; así que la experiencia sensorial humana me dice que mi principio es verdad».

«Sé que no puede haber una autoridad suprema porque no sé de ninguna autoridad suprema que lo sea».

En todos estos argumentos por una norma suprema de verdad, una autoridad absoluta para lo que se cree, interviene un elemento circular.[9]

¿Cómo escoge el creyente, o cualquier otra persona, entre las varias afirmaciones de autoridad absoluta? Al fin y al cabo la veracidad de la Biblia se recomienda a sí misma como mucho más persuasiva que otros libros religiosos (tales como el *Libro de Mormón* o el *Corán*), o que cualquier otra construcción intelectual de la mente humana (tal como la lógica, la razón humana, la experiencia sensorial, la metodología científica, etc.). Será más persuasiva porque en la experiencia real de la vida todos los otros candidatos a autoridad suprema parecen incongruentes o tienen limitaciones que los descalifican, en tanto que se ve que la Biblia está en pleno acuerdo con todo lo que sabemos respecto al mundo que nos rodea, nosotros mismos y Dios.

La Biblia sería persuasiva en esta manera: si pensamos como es debido en cuanto a la naturaleza de la realidad, nuestra percepción de ella y de nosotros mismos, y nuestra percepción de Dios. El problema es que debido al pecado, nuestra percepción y análisis de Dios y la creación es defectuosa. El pecado en última instancia es irracional, y el pecado nos hace pensar incorrectamente en cuanto a Dios y en cuanto a la creación. Por consiguiente, en un mundo libre de pecado la Biblia convencería a todos de que es la Palabra de Dios; pero debido a que el pecado distorsiona la percepción que las personas tienen de la realidad, no reconocen a la Biblia por lo que es en realidad. Por consiguiente, se requiere de la obra del Espíritu Santo, que este supere los efectos del pecado y nos permita persuadirnos de que la Biblia en verdad es la Palabra de Dios, y que lo que afirma respecto a sí misma es verdad.

Así que en otro sentido, el argumento en cuanto a la Biblia como Palabra de Dios y como nuestra autoridad suprema *no* es un argumento circular típico. El proceso de persuasión tal vez es mejor verlo como una espiral, en la cual el conocimiento creciente de la Biblia y una creciente comprensión correcta de Dios y la creación tienden a suplementarse una a otra de una manera armoniosa, y cada una tiende a confirmar la exactitud de la otra. Esto no es decir que nuestro conocimiento del mundo que nos rodea es una autoridad más alta que la Biblia, sino más bien que tal conocimiento, si es un conocimiento correcto, continúa dando una seguridad cada vez mayor y una convicción más profunda de que la Biblia es la única verdadera autoridad suprema, y que todas las demás afirmaciones que compiten por la autoridad suprema son falsas.

6. Esto no implica que el dictado de Dios haya sido el único medio de comunicación. Toda la parte previa de este capítulo ha sostenido que todas las palabras de la Biblia son palabras de Dios. En este punto es necesaria una palabra de precaución. El hecho de que todas las palabras de la Biblia sean palabras de Dios no debe llevarnos a pensar que Dios dictó a los autores humanos toda las palabras de las Escrituras.

---

[9]Este punto lo hace bien John M. Frame, «God and Biblical Language: Transcendente and Immanence», en *God's Inerrant Word*, ed. John Warwick Montgomery (Minneapolis: Bethany Fellowship, 1974), pp. 159-77. Vea también en J. P. Moreland, «The Rationality of Belief in Inerrancy», *TrinJ* 7:1 (1986), 75-86, una explicación útil de la manera de llegar a convicciones sobre asuntos de significación principal en nuestras vidas.

Cuando decimos que todas las palabras de la Biblia son palabras de Dios, estamos hablando del *resultado* del proceso de hacer que la Biblia llegue a existir. Levantar la cuestión del dictado es preguntar en cuanto al *proceso* que condujo a ese resultado, o a la manera en que Dios actuó a fin de asegurar el resultado que él se proponía.[10] Hay que recalcar que la Biblia no habla de sólo un tipo de proceso ni sólo de una manera por la que Dios comunicó a los autores bíblicos lo que quería que se dijera. Es más, hay indicación de *una amplia variedad de procesos* que Dios usó para producir el resultado deseado.

Unos pocos casos esporádicos de dictado se mencionan explícitamente en la Biblia. Cuando el apóstol Juan vio en una visión en la isla de Patmos al Señor resucitado, Jesús le dijo: «*Escribe* al ángel de la iglesia de Éfeso» (Ap 2:1); «*Escribe* al ángel de la iglesia de Esmirna» (Ap 2:8); «*Escribe* al ángel de la iglesia de Pérgamo» (Ap 2:12). Estos son ejemplos de dictado puro y directo. El Señor resucitado le dice a Juan que escriba, y Juan escribe las palabras que oyó de Jesús.

Algo afín a este proceso se ve probablemente en forma ocasional en los profetas del Antiguo Testamento. Leemos en Isaías: «Entonces la palabra del Señor vino a Isaías: «Ve y dile a Ezequías que así dice el Señor, Dios de su antepasado David: "He escuchado tu oración y he visto tus lágrimas; voy a darte quince años más de vida. Y a ti y a esta ciudad los libraré de caer en manos del rey de Asiria. Yo defenderé esta ciudad"» (Is 38:4-6). El cuadro que se nos da en este relato es que Isaías oyó (es difícil decir si fue con su oído físico o mediante una impresión muy contundente en su mente) las palabras que Dios quiso que le dijera a Ezequías; e Isaías, actuando como mensajero de Dios, tomó esas palabras y *las dijo* tal como se le instruyó.

Pero en muchas otras secciones de la Biblia tal dictado directo de Dios ciertamente no fue la manera en que las palabras de la Biblia llegaron a existir. El autor de Hebreos dice que Dios les habló a nuestros padres por los profetas «muchas veces y de varias maneras» (Heb 1:1). En el extremo opuesto del espectro del dictado tenemos, por ejemplo, la investigación histórica ordinaria de Lucas para escribir su Evangelio. Él dice:

> Muchos han intentado hacer un relato de las cosas que se han cumplido entre nosotros, tal y como nos las transmitieron los que desde el principio fueron testigos presenciales y servidores de la palabra. Por lo tanto, yo también, excelentísimo Teófilo, habiendo investigado todo esto con esmero desde su origen, he decidido escribírtelo ordenadamente... (Lc 1:1-3).

Claramente esto no es un proceso de dictado. Lucas usó procesos ordinarios de conversar con testigos oculares y reunir información histórica a fin de poder escribir un relato preciso de la vida y enseñanzas de Jesús. Hizo su investigación histórica a cabalidad, escuchando los informes de muchos testigos oculares y evaluando

---

[10]En algunas teologías sistemáticas a este proceso por el cual Dios usó autores humanos para escribir sus propias palabras se le llama «modo de inspiración». Yo no he usado esa terminología en este libro, puesto que no parece ser una frase fácilmente entendible hoy.

con todo cuidado la evidencia. El evangelio que escribió martilla lo que él pensó importante recalcar y refleja su estilo característico al escribir.

Entre estos dos extremos de dictado puro y sencillo por un lado, y la investigación histórica ordinaria por el otro, tenemos muchas indicaciones de varias maneras por las que Dios se comunicó con los autores humanos de la Biblia. En algunos casos la Biblia nos da indicios de estos varios procesos: habla de sueños, visiones, de oír la voz de Dios, de estar en el concilio del Señor; también habla de hombres que estuvieron con Jesús y observaron su vida y oyeron su enseñanza, hombres cuyo recuerdo de estas palabras y obras fue hecho acertado por completo por la obra del Espíritu Santo al recordarles todas estas cosas (Jn 14:26). Sin embargo, en muchos otros casos simplemente no se nos dice la manera que Dios usó para producir el resultado de que las palabras de la Biblia fueran sus propias palabras. Evidentemente se usaron muchos métodos diferentes, pero no es importante que descubramos precisamente cuáles fueron en cada caso.

En casos en que intervino la personalidad humana ordinaria y el estilo de redacción del autor en forma prominente, como parece ser el caso con la mayor parte de la Biblia, todo lo que podemos decir es que la providencial supervisión y dirección de Dios en la vida de cada autor fue tal que sus personalidades, su trasfondo y educación, su capacidad de evaluar los acontecimiento del mundo que los rodeaba, su acceso a información histórica, su juicio respecto a la exactitud de la información, y sus circunstancias individuales cuando escribieron,[11] fueron exactamente lo que Dios quería que fueran, de modo que cuando llegaron al momento preciso de poner la pluma sobre el papel, las palabras fueron plenamente sus palabras pero también plenamente las palabras que Dios quería que escribieran, palabras que Dios afirmaría que eran las suyas propias.

B. Por consiguiente, no creer o desobedecer alguna palabra de la Biblia es no creer o desobedecer a Dios

La sección precedente afirma que todas las palabras de la Biblia son palabras de Dios. Consecuentemente, no creer o desobedecer alguna palabra de la Biblia es no creer o desobedecer a Dios mismo. Así, Jesús puede reprender a sus discípulos por no creer las Escrituras del Antiguo Testamento (Lc 24:25). Los creyentes deben guardar y obedecer las palabras de los discípulos (Jn 15:20: «Si han obedecido mis enseñanzas, también obedecerán las de ustedes»). A los creyentes se les anima a recordar «el mandamiento que dio nuestro Señor y Salvador por medio de los apóstoles» (2 P 3:2). Desobedecer lo que Pablo escribe era acarrearse la disciplina eclesiástica, tal como la excomunión (2 Ts 3:14) y el castigo espiritual (2 Co 13:2-3), incluyendo castigo de Dios (este es el sentido evidente del verbo pasivo «será reconocido» en 1 Co 14:38). En contraste, Dios se deleita en todo el que «tiembla» a su palabra (Is 66:2).

En toda la historia de la iglesia, los grandes predicadores han sido los que han reconocido que no tienen autoridad en sí mismos y han visto su tarea como la de explicar las palabras de la Biblia y aplicarlas claramente a la vida de sus oyentes. Su

---

[11]Esto también incluiría incluso la influencia de un secretario (técnicamente llamado amanuense) en la redacción de un libro: vea el saludo de Tercio en Ro 16:22.

predicación ha derivado su poder no de la proclamación de sus propias experiencias cristianas ni de las experiencias de otros, ni tampoco de sus propias opiniones, ideas creativas o habilidad retórica, sino de las palabras poderosas de Dios.[12] Esencialmente se pararon en el púlpito, señalaron el texto bíblico, y en efecto le dijeron a la congregación: «Esto es lo que significa este versículo. ¿Ven ustedes también ese significado aquí? Entonces deben creerlo y obedecerlo de todo corazón, porque Dios mismo, su Creador y Señor, ¡se lo está diciendo hoy mismo!» Sólo las palabras escritas de la Biblia pueden dar esta clase de autoridad a la predicación.

C. La veracidad de las Escrituras

1. Dios no puede mentir ni hablar falsedades. La esencia de la autoridad de la Biblia es que puede obligarnos a creerla y a obedecerla y a hacer que tal creencia y obediencia sean equivalentes a creer y obedecer a Dios mismo. Debido a que esto es así, es necesario considerar la veracidad de la Biblia, puesto que creer todas las palabras de la Biblia implica confianza en la completa veracidad de las Escrituras en que creemos. Aunque se considerará este asunto más completamente cuando consideremos la inerrancia de la Biblia (vea capítulo 5), aquí daremos una breve consideración.

Puesto que los escritores bíblicos repetidamente afirman que las palabras de la Biblia, aunque humanas, son palabras de Dios, es apropiado buscar versículos bíblicos que hablen del *carácter de las palabras de Dios* y aplicarlos al carácter de las palabras de la Biblia. Específicamente, hay una serie de pasajes bíblicos que hablan de la veracidad de lo que Dios dice. Tito 1:2 habla de «Dios, que no miente», o (traducido más literalmente) «el Dios sin mentira». Debido a que Dios es un Dios que no puede decir «mentira», siempre se puede confiar en sus palabras. Puesto que todas las Escrituras son dichas por Dios, todas las Escrituras deben ser «sin mentira», tal como Dios mismo lo es; no puede haber falsedad en las Escrituras.[13]

Hebreos 6:8 menciona dos cosas inmutables (el juramento de Dios y su promesa) «en las cuales *es imposible que Dios mienta*». Aquí el autor no dice solo que Dios no miente, sino que no es posible que mienta. Aunque la referencia inmediata es sólo a juramento y promesas, si es imposible que Dios mienta en estos pronunciamientos, ciertamente es imposible que él mienta jamás (porque Jesús con rigor reprende a los que dicen la verdad sólo cuando están bajo juramento: Mt 5:33-37; 23:16-22). De modo similar, David dice de Dios: «¡Tú eres Dios, y *tus promesas son fieles!*» (2 S 7:28).

---

[12] No estoy negando que la buena capacidad para hablar o creatividad, o la narración de experiencias personales, tengan lugar en la predicación, porque la buena predicación incluirá todo esto (vea Pr 16:21, 23). Lo que estoy diciendo es que el poder de cambiar vidas debe venir de la palabra de Dios mismo, y eso será evidente a los oyentes cuando el predicador realmente lo cree.

[13] Algunos eruditos objetan que es «demasiado simplista» argumentar como sigue: «La Biblia es la palabra de Dios. Dios nunca miente. Por consiguiente la Biblia nunca miente». Sin embargo es precisamente esa clase de argumento lo que Pablo usa en Tito 1:2. Se refiere a la promesa de vida eterna hechas «antes de la creación» en las Escrituras y dice que las promesas fueron hechas por Dios «que nunca miente». De este modo apela a la veracidad de las propias palabras de Dios para probar la veracidad de las palabras de las Escrituras. Este argumento puede ser «simple», pero es bíblico, y es verdad. Por consiguiente no debemos titubear para aceptarlo y usarlo.

2. Por consiguiente, todas las palabras de la Biblia son completamente verdad y sin error en parte alguna. Puesto que las palabras de la Biblia son palabras de Dios, y puesto que Dios no puede mentir ni decir falsedades, es correcto concluir que no hay falsedad ni error en parte alguna de las Escrituras. Hallamos esto afirmado en varios lugares de la Biblia. «Las *palabras del Señor son puras,* plata refinada en un horno en el suelo, purificada siete veces» (Sal 12:6, traducción del autor). Aquí el salmista usa imágenes vivas para hablar de la pureza no diluida de las palabras de Dios; no hay imperfección en ellas. También en Proverbios 30:5 leemos: «*Toda palabra de Dios es digna de crédito;* Dios protege a los que en él buscan refugio». No es que algunas de las palabras de las Escrituras son verdad, sino que toda palabra es verdad. De hecho, la palabra de Dios está fija en el cielo por toda la eternidad: «Tu palabra, Señor, es eterna, y *está firme en los cielos*» (Sal 119:89). Jesús puede hablar de la naturaleza eterna de sus propias palabras: «El cielo y la tierra pasarán, pero mis palabras jamás pasarán» (Mt 24:35). Lo que Dios habla se coloca en marcado contraste con todo lo que dicen los humanos, porque «Dios no es un simple mortal para mentir y cambiar de parecer» (Nm 23:19). Estos versículos afirman explícitamente lo que estaba implícito en el requisito de que creamos todas las palabras de la Biblia, es decir, que no hay falsedad en ninguna de las afirmaciones de la Biblia.

3. Las palabras de Dios son la norma última de verdad. En Juan 17 Jesús ora al Padre: «Santifícalos en la verdad; tu palabra es la verdad» (Jn 17:17). Este versículo es interesante porque Jesús no usa los adjetivos *aletzinos* o *aletzes* («verdadero») que uno esperaría, para decir «tu palabra es verdadera»; sino que más bien usa un sustantivo: *aletzeia* («verdad») para decir que la palabra de Dios no es simplemente «verdadera» sino que es la verdad misma.

La diferencia es significativa, porque esta afirmación nos anima a pensar no solo que la Biblia es «verdadera» en el sentido de que se ajusta a alguna norma más alta de verdad, sino más bien a pensar que la Biblia en sí misma es la norma definitiva de la verdad. La Biblia es la Palabra de Dios, y la Palabra de Dios es la definición suprema de lo que es verdadero y lo que no es verdadero: la palabra de Dios en sí misma es *verdad*. Así que debemos pensar que la Biblia es la suprema norma de verdad, el punto de referencia por el cual se debe medir toda otra afirmación de veracidad. Las afirmaciones que se ajustan a las Escrituras son «verdaderas», en tanto que las que no se ajustan a la Biblia no son verdaderas.

¿Qué es, entonces, verdad? Verdad es lo que Dios dice, y tenemos lo que Dios dice (exacta pero no exhaustivamente) en la Biblia.

4. ¿Podría alguna vez algún nuevo hecho contradecir la Biblia? ¿Se descubrirá alguna vez algún nuevo hecho científico o histórico que contradiga a la Biblia? Aquí podemos decir con confianza que eso nunca sucederá; es más, es imposible. Si se descubriera algún supuesto «hecho» que se diga que contradice a la Biblia, entonces (si hemos entendido correctamente la Biblia) ese «hecho» debe ser falso, porque Dios, el autor de las Escrituras, conoce todos los hechos verdaderos (pasados, presentes y futuros). Ningún hecho aparecerá jamás que Dios no haya sabido desde antes de la creación y tomado en cuenta cuando hizo que se escribieran las Escrituras. Todo hecho verdadero es algo que Dios ha conocido ya desde la eternidad y algo que por consiguiente no puede contradecir lo que Dios dice en la Biblia.

No obstante, se debe recordar que el estudio científico o histórico (tanto como otras clases de estudios de la creación) puede llevarnos a volver a examinar la Biblia para ver si en realidad enseña lo que se pensaba que enseña. La Biblia por cierto no enseña que la tierra fue creada en el año 4004 a.C., como una vez se pensaba (porque las listas genealógicas de la Biblia tienen lagunas).[14] Sin embargo, fue en parte el estudio histórico, arqueológico, astronómico y geológico lo que hizo que los cristianos volvieran a examinar la Biblia para ver si en realidad enseñaba un origen tan reciente de la tierra. El análisis cuidadoso del texto bíblico mostró que en realidad no enseña eso.

De forma similar, la Biblia no enseña que el sol gira alrededor de la tierra, porque sólo usa descripciones de los fenómenos según los vemos a simple vista y no pretende describir el teje y maneje del universo desde algún punto arbitrario «fijo» en algún lugar del espacio. Sin embargo, antes de que el estudio de astronomía avanzara lo suficiente como para demostrar la rotación de la tierra sobre su eje, la gente *daba por sentado* que la Biblia enseñaba que el sol giraba alrededor de la tierra. Después, el estudio de la información científica motivó a un nuevo examen de los apropiados textos bíblicos. Así que siempre que nos veamos frente a algo que se diga que contradice a la Biblia, debemos no sólo examinar la información que se aduce que demuestra el hecho en cuestión, sino también debemos volver a examinar los textos bíblicos apropiados para ver si la Biblia de veras enseña lo que se creía que enseñaba.

Nunca debemos temer, sino más bien siempre recibir con beneplácito cualquier nuevo hecho que se pueda descubrir en cualquier ámbito legítimo de investigación o estudio humanos. Por ejemplo, los descubrimientos de los arqueólogos que trabajaban en Siria han sacado a la luz las tablas Ebla. Estos registros extensos escritos del período alrededor de 2000 a.C. a la larga arrojarán gran luz sobre nuestra comprensión del mundo de los patriarcas y los hechos conectados con la vida de Abraham, Isaac y Jacob. ¿Deben los cristianos albergar alguna aprehensión persistente de que la publicación de tal información demostrará que algún hecho de Génesis es incorrecto? ¡Ciertamente no! Debemos con anhelo esperar la publicación de toda esa información con la confianza absoluta de que si se entiende correctamente será congruente con la Biblia, y confirmará totalmente la exactitud de las Escrituras. Ningún hecho verdadero jamás contradecirá las palabras del Dios que lo sabe todo y nunca miente.

D. Las Escrituras son la autoridad definitiva

Es importante darse cuenta de que la forma final en que las Escrituras siguen siendo autoritativas es su forma *escrita*. Fueron las palabras de Dios *escritas* en las tablas de piedra que Moisés depositó en el arca del pacto. Más adelante Dios ordenó a Moisés y a los profetas después de este que escribieran sus palabras en un

---

[14]Vea en el capítulo 15, pp. 289-309 una explicación de la edad de la tierra, y pp. 290-91 una explicación de las brechas en las genealogías.

libro. Fue acerca de las Escrituras (*grafé*) que Pablo dijo que eran «inspirada por Dios» (2 Ti 3:16). De modo similar, los *escritos* de Pablo son «mandato del Señor» (1 Co 14:37) y se podían incluir en «las otras Escrituras» (2 P 3:16).

Esto es importante porque algunos a veces (intencionalmente o no) intentan sustituir alguna otra norma definida que no son las palabras de la Biblia. Por ejemplo, algunos a veces se refieren a «lo que Jesús realmente dijo» y aducen que cuando traducimos las palabras griegas de los Evangelios de nuevo al arameo que Jesús habló, podemos obtener una mejor comprensión de las palabras de Jesús que las que dan los escritores de los Evangelios. De hecho, a veces se dice que este trabajo de reconstruir las palabras de Jesús en arameo nos permite corregir las traducciones erróneas que hicieron los autores de los Evangelios.

En otros casos hay quienes han aducido saber «lo que Pablo realmente pensaba» aun cuando sea diferente del significado de las palabras que escribió; o han hablado de «lo que Pablo debía haber dicho si hubiera sido congruente con el resto de su teología». De modo similar, otros han hablado de «la situación de la iglesia a la cual Mateo escribió» y han intentado dar fuerza normativa bien sea a esa situación o a la solución que piensan que Mateo estaba intentando ofrecer en esa situación.

En todos estos casos debemos reconocer que preguntar respecto a las palabras o situaciones que están «en el trasfondo» del texto de las Escrituras puede a veces ser útil para comprender lo que ese texto significa. Sin embargo, nuestras reconstrucciones hipotéticas de todas esas palabras y situaciones nunca pueden reemplazar ni competir con la Biblia misma como autoridad final, ni debemos permitirles contradecir o poner en tela de duda la exactitud de alguna de las palabras de la Biblia. Debemos continuamente recordar que tenemos en la Biblia las mismas palabras de Dios, y no debemos tratar de «mejorarlas» de ninguna manera, porque eso no se puede hacer. Más bien, debemos procurar entenderlas y entonces confiar en ellas y obedecerlas de todo corazón.

PREGUNTAS PARA APLICACIÓN PERSONAL

1. Si usted quiere persuadir a alguien de que la Biblia es la Palabra de Dios, ¿qué querría usted que esa persona leyera más que cualquier otra pieza de literatura?

2. ¿Quién intentaría hacer que las personas quieran no creer algo de la Biblia, o desobedecer algo de la Biblia? ¿Hay algo en la Biblia que usted quiere no creer u obedecer? Si sus respuestas a alguna de las dos preguntas última son positivas, ¿cuál es el mejor método de lidiar y tratar con los deseos que usted tiene en todo eso?

3. ¿Sabe usted de algún hecho demostrado en toda la historia que ha mostrado que algo en la Biblia es falso? ¿Se puede decir eso respecto a otros escritos religiosos tales como el *Libro de Mormón* o el *Corán*? Si usted ha leído otros libros como éstos, ¿puede describir el efecto espiritual que ejercieron en usted? Compare eso con el efecto espiritual que surtió en usted la lectura de la Biblia. ¿Puede decir que al leer la Biblia usted oye la voz de su Creador hablándole de una manera que no es verdad en cuanto a ningún otro libro?

4. ¿Alguna vez se halla creyendo algo no porque tiene evidencia externa sino simplemente porque está escrito en la Biblia? ¿Es esa fe apropiada, según Hebreos 11:1? Si usted cree algo simplemente porque la Biblia lo dice, ¿qué piensa que Cristo le dirá respecto a este hábito cuando usted esté frente a su tribunal? ¿Piensa usted que confiar y obedecer todo lo que la Biblia afirma le llevará a pecar o le alejará de la bendición de Dios en su vida?

TÉRMINOS ESPECIALES

argumento circular
autoatestiguadora
autoridad absoluta
autoridad de la Biblia
Biblia

dictado
Escrituras
inspirada por Dios
inspiración
inspiración plenaria

BIBLIOGRAFÍA

(Para una explicación de esta bibliografía vea la nota sobre la bibliografía en el capítulo 1, p. 40. Datos bibliográficos completos se pueden encontrar en las páginas 1298-1307.)

Secciones en Teologías Sistemáticas Evangélicas

1. Anglicana (episcopal)
      1882-92   Litton, 18-40
      1930   Thomas, 115-20, 123-33, 141-45
2. Arminiana (wesleyana o metodista)
      1875-76   Pope, 1:92-99, 156-92
      1892-94   Miley, 2:481-89
      1940   Wiley, 1:166-84
      1960   Purkiser, 60-80
      1983   Carter, 1:287-330
3. Bautista
      1767   Gill, 1:15-37
      1907   Strong, 111-242
      1917   Mullins, 142-44, 150-53
      1976-83   Henry, 2:247-334; 3:28-47, 203-488; 4:7-271, 470-93
      1983-85   Erickson, 175-259
      1987-94   Lewis/Demarest, 1:93-171
4. Dispensacional
      1947   Chafer, 1:21-104, 120-23
      1949   Thiessen, 43-49, 62-74
      1986   Ryrie, 20-22, 63-76
5. Luterana
      1917-24   Pieper, 1:193-317, 349-59
      1934   Mueller, 90-136
6. Reformada (o presbiteriana)

1559	Calvino, 1:7-8, 74-93
1861	Heppe, 21-28
1871-73	Hodge, 1:153-82
1887-1921	Warfield, IAB 3-410, 419-42; SSW 2:537-638
1889	Shedd, 1:70-110; 3:27-88
1937-66	Murray, *CW* 3:256-62; *CW* 4:30-57
1938	Berkhof, *Intro.* 144-65, 182-86
1962	Buswell, 1:183-93, 198-213

7. Renovada (o carismática o pentecostal)

| 1988-92 | Williams, 1:22-25 |

Secciones en Teologías Sistemáticas Católicas Romanas Representativas

1. Católica Romana: tradicional

| 1955 | Ott (ningún tratamiento explícito) |

2. Católica Romana: Post Vaticano II

| 1980 | McBrien, 1:62–77, 201–44 |

Otras obras

Carson, D. A., y John Woodbridge, eds. *Hermeneutics, Authority, and Canon.* Zondervan, Grand Rapids, 1986.

_____. *Scripture and Truth.* Zondervan, Grand Rapids, 1983.

Geisler, Norman L., ed. *Inerrancy.* Zondervan, Grand Rapids, 1980.

Grudem, Wayne A. *The Gift of Prophecy in 1 Corinthians.* University Press of America, Washington, D.C. 1982, pp. 1–54.

Helm, Paul. *The Divine Revelation: The Basic Issues.* Crossway, Westchester, Ill., 1982.

Henry, Carl F.H. «Bible, Inspiration of». En *EDT* pp. 145–49.

Kuyper, Abraham. *Principles of Sacred Theology.* Trad. por J. H. de Vries. Repr. ed. Eerdmans, Grand Rapids, 1968, pp. 413–563 (publicado primero como *Encyclopedia of Sacred Theology* en 1898).

Montgomery, John W., ed. *God's Inerrant Word.* Bethany Fellowship, Minneapolis, 1974.

Nash, Ronald H. *The Word of God and the Mind of Man.* Zondervan, Grand Rapids, 1982.

Packer, J. I. *"Fundamentalism" and the Word of God.* Inter-Varsity Press, SCM, Londres, ,1958.

_____. «Infallibility and Inerrancy of the Bible». En *NDT* pp. 337–39.

_____. «Scripture». En NDT pp. 627–31.

Pinnock, Clark. *Biblical Revelation.* Moody, Chicago, 1971.

Radmacher, Earl D., y Robert D. Preus, eds. *Hermeneutics, Inerrancy, and the Bible.* Zondervan, Grand Rapids, 1984.

Van Til, Cornelius. *In Defense of the Faith vol. 1: The Doctrine of Scripture.* den Dulk Christian Foundation, Ripon, Calif., 1967.

_____. *In Defense of the Faith* vol. 5: *An Introduction to Systematic Theology.* Presbyterian and Reformed, Phillipsburg, N.J., 1976, pp. 110–58.

Warfield, B.B. *Limited Inspiration.* Presbyterian and Reformed, Filadelfia, 1962.

Wells, Paul. *James Barr and the Bible: Critique of a New Liberalism.* Presbyterian and Reformed, Phillipsburg, N. J., 1980.

Wenham, John W. *Christ and the Bible.* Tyndale Press, SCM, Londres, , 1972.

Woodbridge, John. *Biblical Authority: A Critique of the Rogers/McKim Proposal.* Zondervan, Grand Rapids, 1982.

Westminster Seminary Faculty. *The Infallible Word.* 3d ed. Presbyterian and Reformed, Filadelfia, 1967.

Young, Edward J. *Thy Word Is Truth.* Eerdmans, Grand Rapids, 1957.

Obras desde una perspectiva de inerrancia

Baillie, John. *The Idea of Revelation in Recent Thought.* Columbia University Press, Nueva York, 1956.

Barr, James. *Fundamentalism.* SCM, SCM, Londres, , 1977.

Beegle, Dewey M. *Scripture, Tradition, and Infallibility.* Eerdmans, Grand Rapids, 1973.

Berkouwer, G. C. *Holy Scripture.* Trad. por Jack B. Rogers. Eerdmans, Grand Rapids, 1975.

Burtchaell, James Tunstead. *Catholic Theories of Biblical Inspiration Since 1810: A Review and Critique.* University Press, Cambridge, 1969.

Davis, Stephen T. *The Debate About the Bible.* Westminster, Filadelfia, 1977.

McKim, Donald K., ed. *The Authoritative Word: Essays on the Nature of Scripture.* Eerdmans, Grand Rapids, 1983.

Pinnock, Clark. *The Scripture Principle.* Harper and Row, San Francisco, 1984.

Rogers, Jack, ed. *Biblical Authority.* Word, Waco, Tex., 1977.

Rogers, Jack, and Donald K. McKim. *The Authority and Interpretation of the Bible: An Historical Approach.* Harper and Row, San Francisco, 1979.

Vawter, Bruce. *Biblical Inspiration.* Westminster, Filadelfia:1972 (obra Católica Romana reciente).

PASAJE BÍBLICO PARA MEMORIZAR

2 Timoteo 3:16: *Toda la Escritura es inspirada por Dios y útil para enseñar, para reprender, para corregir y para instruir en la justicia.*

HIMNO

«Las promesas de Jesús»

Todas las promesas del Señor Jesús
Son apoyo poderoso de mi fe;
Mientras luche aquí buscando yo su luz,
Siempre en sus promesas confiaré.

Coro:
Grandes, fieles,
Las promesas que el Señor Jesús ha dado.
Grandes, fieles,
En ellas para siempre confiaré.

Todas sus promesas para el hombre fiel,
El Señor en sus bondades cumplirá,
Y confiado sé que, para siempre, en El
Paz eterna mi alma gozará.

Todas las promesas del Señor serán
Gozo y fuerza en nuestra vida terrenal;
Ellas en la dura lid nos sostendrán,
Y triunfar podremos sobre el mal.

AUTOR: R. KELSO CARTER 1886, TRAD. VICENTE MENDOZA
(TOMADO DEL HIMNARIO BAUTISTA, #331)

Capítulo 5

La inerrancia de las Escrituras
¿Hay algún error en la Biblia?

La mayoría de los libros de teología sistemática no han incluido un capítulo separado sobre la inerrancia de la Biblia. Por lo general se ha tratado el tema bajo el encabezamiento de autoridad de la Biblia, o no se ha considerado necesaria una explicación adicional. Sin embargo, la cuestión de la inerrancia es de tal pre o-cupación en el mundo evangélico de hoy que amerita un capítulo separado a continuación de nuestra consideración de la autoridad de la Palabra de Dios.

EXPLICACIÓN Y BASE BÍBLICA

A. Significado de la inerrancia

No vamos a repetir aquí los argumentos respecto a la autoridad de la Biblia que se dieron en el capítulo 4. Allí se indicó que todas las palabras de la Biblia son palabras de Dios, y por consiguiente no creer o desobedecer alguna palabra de la Biblia es no creer o desobedecer a Dios. Se explicó además que la Biblia claramente enseña que Dios no puede mentir ni hablar falsedades (2 S 7:28; Tit 1:2; Heb 6:18). Por consiguiente, se afirmó que todas las palabras de la Biblia son completamente verdaderas y sin error en ninguna parte (Nm 23:19; Sal 12:6; 119:89, 96; Pr 30:5; Mt 24:35). Las palabras de Dios son, de hecho, la suprema norma de verdad (Jn 17:17).

Especialmente relevante en este punto son los pasajes bíblicos que indican la total veracidad y confiabilidad de las palabras de Dios. «Las *palabras del Señor son puras* plata refinada en un horno en el suelo, purificada siete veces» (Sal 12:6, traducción del autor), indican la absoluta confiabilidad y pureza de la Biblia. De modo similar, *«Toda palabra de Dios es digna de crédito;* Dios protege a los que en él buscan refugio» (Pr 30:5), indican la veracidad de toda palabra que Dios ha dicho. Aunque el error o al menos falsedad parcial puede caracterizar el habla de todo ser humano, el habla de Dios se caracteriza por jamás ser falsa y jamás comete errores, ni siquiera cuando habla por medio de seres humanos pecadores: «Dios no es un simple mortal para mentir y cambiar de parecer» (Nm 23:19) fue dicho por el pecador Balaam específicamente en cuanto a las palabras proféticas que Dios había hablado mediante sus propios labios.

Con evidencia como esta ahora estamos en posición de definir la inerrancia bíblica: *La inerrancia de la Biblia significa que la Biblia en los manuscritos originales no afirma nada que sea contrario a la verdad.*

Esta definición enfoca la cuestión de la veracidad y falsedad del lenguaje de la Biblia. La definición en términos sencillos simplemente quiere decir que *la Biblia siempre dice la verdad* y que siempre dice la verdad *respecto a todo de lo que habla.* Esta definición no quiere decir que la Biblia nos dice todo lo que se pudiera saber en cuanto a cualquier tema, pero sí afirma que lo que dice en cuanto a cualquier tema es *verdad*.

Es importante darse cuenta desde el principio de esta consideración que el enfoque de esta controversia recae sobre la cuestión de veracidad al expresarse. Hay que reconocer que la veracidad absoluta en lo que se dice es congruente con otros tipos de afirmaciones, tales como los siguientes:

1. La Biblia puede ser inerrante y con todo hablar en el lenguaje ordinario del habla de todos los días. Esto es especialmente cierto en las descripciones «científicas» o «históricas» de hechos o acontecimientos. La Biblia puede hablar de que el sol se levanta y la lluvia cae porque desde la perspectiva del que habla eso es exactamente lo que sucede. Desde el punto de vista de un observador parado en el sol (si eso fuera posible) o de algún punto hipotético «fijo» en el espacio, la tierra gira y hace que el sol entre en el campo visual, y la lluvia no cae hacia abajo sino hacia arriba u horizontalmente, o en cualquier dirección necesaria para que la gravedad la atraiga hacia la superficie de la tierra. Pero tales explicaciones son irremediablemente pedantes y harían imposible la comunicación ordinaria. Desde el punto de vista del que habla, el sol *en efecto* se levanta y la lluvia *en efecto* cae, y estas son descripciones perfectamente verdaderas de los fenómenos naturales que observa el que habla.

Una consideración similar se aplica a números cuando se usan para medidas o conteo. Un reportero puede decir que unos 8.000 hombres murieron en cierta batalla sin querer implicar con eso que los contó uno por uno y que no eran 7.999 ni 8.001 soldados muertos. Si murieron en números redondos unos 8.000, por supuesto que sería falso decir que murieron 16.000, pero no sería falso en la mayoría de los contextos que un reportero diga que murieron 8.000 hombres cuando en realidad los que murieron fueron 7823 u 8242; los límites de veracidad dependerían del grado de precisión que implica el que habla y que sus oyentes originales esperan.

Esto es también cierto en cuanto a medidas. Si digo: «No vivo lejos de mi oficina», o «Vivo como a dos kilómetros de mi oficina», o «Vivo a un poco más de dos kilómetros de mi oficina», o «Vivo a 2,45 kilómetros de mi oficina», las cuatro afirmaciones son aproximaciones con cierto grado de precisión. Un mayor grado de precisión se podría obtener con instrumentos científicos más precisos, pero incluso eso sería aproximación a cierto grado de precisión. Así que las medidas también, a fin de que sean verdad, deben conformarse al grado de precisión que implica el que habla o que esperan los oyentes en el contexto original. No debería ser problema para nosotros, entonces, afirmar a la vez que la Biblia es absolutamente veraz en todo lo que dice y que usa lenguaje ordinario para describir fenómenos naturales o dar aproximaciones o números redondos cuando es apropiado en el contexto.

También debemos notar que el lenguaje puede hacer afirmaciones vagas o imprecisas sin ser falsedad. «Vivo a un poco más de dos kilómetros de mi oficina» es una afirmación vaga e imprecisa, pero también es inerrante; no hay nada de falsedad en ella. No afirma nada que sea contrario a los hechos. De modo similar, las afirmaciones bíblicas pueden ser imprecisas y sin embargo totalmente ciertas. La inerrancia tiene que ver con la *veracidad* no con el grado de precisión con que se informan los acontecimientos.

2. La Biblia puede ser inerrante y con todo incluir citas libres o aproximadas.
El método por el cual una persona cita las palabras de otro es un procedimiento que en gran parte varía de cultura a cultura. En las culturas contemporáneas estadounidense y británica estamos acostumbrados a citar las palabras exactas de otros cuando encerramos la afirmación entre comillas (a esto se llama cita directa). Pero cuando usamos citas indirectas (sin comillas) sólo esperamos un informe exacto de la sustancia de la afirmación. Considere esta oración: «Elliot dijo que vendría enseguida a casa para cenar». La oración no cita directamente a Elliot, pero es un informe aceptable y veraz de la afirmación real de Elliot a su padre: «Llegaré a casa para cenar en dos minutos», aunque la cita indirecta no incluyó ninguna de las palabras originales del que habla.

El griego escrito de tiempos del Nuevo Testamento no tenía comillas ni signos de puntuación equivalentes, y una cita correcta de otro necesitaba incluir sólo una idea correcta del *contenido* de lo que la persona dijo (más bien como nuestras citas indirectas); no se esperaba que se citara exactamente cada palabra. Entonces, la inerrancia es compatible con citas libres y aproximadas del Antiguo Testamento o de las palabras de Jesús, por ejemplo, en tanto y en cuanto el *contenido* no deje de expresar lo que se dijo originalmente. El escritor original ordinariamente no implicaba que estaba usando las palabras exactas del que citaba y sólo esas, ni tampoco los oyentes originales esperaban al pie de la letra que así fuera.

3. No es falta a la inerrancia tener en la Biblia construcciones gramaticales fuera de serie y nada comunes. Algunas expresiones de la Biblia son elegantes y excelentes en estilo. Otros escritos bíblicos contienen el lenguaje menos pulido del pueblo común. A veces esto incluye el no seguir las «reglas» comúnmente aceptadas de la gramatica (tales como el uso del verbo en plural en donde las reglas gramaticales exigirían un verbo en singular, o el uso de un adjetivo femenino en donde se esperaría un adjetivo masculino, o el deletreo de una palabra diferente al que se usa comúnmente, etc.). Estas afirmaciones de estilo o gramática irregular (que se hallan especialmente en el libro de Apocalipsis) no deben molestarnos, porque no afectan la veracidad de las afirmaciones bajo consideración; una afirmación puede no tener corrección gramatical y sin embargo ser enteramente veraz. Por ejemplo, un leñador analfabeto en algún área rural puede ser el hombre de mayor confianza en el condado aunque su gramática sea calamitosa, porque se ha ganado la reputación de nunca decir una mentira. De modo similar, hay unas cuantas afirmaciones en la Biblia (en los idiomas originales) que no son gramaticalmente correctas (según las normas corrientes de gramática apropiadas en ese tiempo) y sin embargo son inerrantes porque son completamente veraces. La cuestión es *la veracidad* de lo que se dice.

B. Algunos retos presentes a la inerrancia

En esta sección examinaremos las principales objeciones que comúnmente se presentan contra el concepto de la inerrancia.

1. La Biblia es sólo autoritativa en cuanto a «fe y práctica». Una de las objeciones más frecuentes la presentan los que dicen que el propósito de la Biblia es enseñarnos cuestiones que tienen que ver solamente con «fe y práctica»; es decir, en cuestiones que se relacionan directamente a nuestra fe religiosa o a nuestra conducta ética. Esta posición permitiría la posibilidad de afirmaciones falsas en la Biblia, por ejemplo, en *otros* aspectos tales como detalles históricos menores o información científica; esos aspectos, se dice, no tienen que ver con el propósito de la Biblia, que es instruirnos en lo que debemos creer y cómo debemos vivir.[1] Los que abogan por esta posición a menudo prefieren decir que la Biblia es *infalible* pero vacilan en usar la palabra *inerrante*.[2]

La respuesta a esta objeción se puede indicar como sigue: la Biblia repetidamente afirma que toda la Escritura es útil para nosotros (2 Ti 3:16) y que *toda* ella es «inspirada por Dios». Por consiguiente es completamente pura (Sal 12:6), perfecta (Sal 119: 96), y verdadera (Pr 30:5). La misma Biblia no hace ninguna restricción en cuanto a la clase de temas de los cuales habla con veracidad.

El Nuevo Testamento contiene afirmaciones adicionales de la confiabilidad de todas las partes de las Escrituras; en Hechos 24:14 Pablo dice que adora a Dios «de acuerdo *con todo lo que enseña la ley y creo* lo que está escrito en los profetas». En Lucas 24:25 Jesús dice que los discípulos son «torpes» porque son «tardos de corazón para creer todo lo que han dicho los profetas». En Romanos 15:4 Pablo dice que «*todo lo que* se escribió» en el Antiguo Testamento «se escribió para enseñarnos». Estos pasajes no dan indicación de que alguna parte de las Escrituras no sea confiable por completo. De modo similar, en 1 Corintios 10:11, Pablo puede referirse incluso a detalles históricos menores del Antiguo Testamento (sentarse para comer y beber, levantarse para bailar) y puede decir que lo uno y lo otro «*sucedió*» (por consiguiente implicando confiabilidad histórica) y «quedó escrito para advertencia nuestra».

Si empezamos a examinar la manera en que los autores del Nuevo Testamento confiaron en los detalles incluso más pequeños de la narrativa del Antiguo Testamento, no vemos ninguna intención de separar nuestros asuntos de «fe y práctica», ni de decir que esto de alguna manera es una categoría reconocible de afirmaciones, ni que implica que las afirmaciones que no estén en esa categoría no son confiables o no se debe pensar que son inerrantes. Más bien, parece que los autores del Nuevo Testamento están dispuestos a citar y afirmar como verdadero *todo detalle* del Antiguo Testamento.

---

[1]Una buena defensa de esta posición se puede hallar en una colección de ensayos editados por Jack Rogers, *Biblical Autority* (Waco, Tex.: Word, 1977); y, más extensamente, en Jack B. Rogers y Donald McKim, *The Authority and Interpretation of the Bible: An Historical Approach* (San Francisco: Harper and Row, 1979).

[2]Hasta alrededor de 1960 ó 1965 la palabra *infalible* se usaba intercambiablemente con la palabra *inerrable*. Pero en años recientes, por lo menos en los Estados Unidos, la palabra *infalible* se ha usado en el sentido más débil que significa que la Biblia no nos hará descarriar en asuntos de fe y práctica.

En la lista que sigue hay algunos ejemplos de estos detalles históricos citados por autores del Nuevo Testamento. Si todos estos son asuntos de «fe y práctica», entonces *todo* detalle histórico del Antiguo Testamento es asunto de «fe y práctica», y esta objeción deja de ser objeción a la inerrancia. Por otro lado, si se puede afirmar tantos detalles, entonces parece que todos los detalles históricos del Antiguo Testamento se pueden afirmar como verdaderos, y no debemos hablar de restringir la necesaria veracidad de las Escrituras a alguna categoría de «fe y práctica» que excluiría algunos detalles menores. No hay tipos de detalles que no se pudieran afirmar como verdaderos.

El Nuevo Testamento nos da la siguiente información: David comió del pan de la proposición (Mt 12:3-4), Jonás estuvo en un gran pez (Mt 12:40), los hombres de Nínive se arrepintieron (Mt 12:41), la reina del sur vino para oír a Salomón (Mt 12:42), Elías fue enviado a la viuda de Sarepta (Lc 4:25-26), el sirio Naamán fue limpiado de su lepra (Lc 4:27), el día en que Lot salió de Sodoma fuego y azufre llovió del cielo (Lc 19:29; cf. v. 32 con su referencia a la esposa de Lot que se convirtió en sal), Moisés levantó la serpiente en el desierto (Jn 3:14), Jacob le dio un terreno a José (Jn 4:5), muchos detalles que ocurrieron en la historia de Israel (Hch 13:17-23), Abraham creyó y recibió la promesa antes de ser circuncidado (Ro 4:10), Abraham tenía como cien años (Ro 4:19), Dios le dijo a Rebeca antes de que nacieran sus hijos que el mayor serviría al menor (Ro 9:10-12), Elías habló con Dios (Ro 11:2-4), el pueblo de Israel pasó por el mar, comió y bebió alimento y bebida espiritual, deseó el mal, se sentó a beber, se levantó a bailar, se entregó a la inmoralidad, se quejó y fueron destruidos (1 Co 10:11), Abraham le dio el diezmo de todo a Melquisedec (Heb 7:1-2), el tabernáculo del Antiguo Testamento tenía un diseño específico y detallado (Heb 9:1-5), Moisés roció al pueblo y los enseres del tabernáculo con agua y sangre, usando lana escarlata e hisopo (Heb 9:19-21), el mundo fue creado por la palabra de Dios (Heb 11:3),[3] muchos detalles de la vida de Abel, Enoc, Noé, Abraham, Moisés, Rahab y otros en realidad sucedieron (Heb 11, *pássim*), Esaú vendió su primogenitura por una sola comida y después quiso con lágrimas recuperarla (Heb 12:16-17), Rahab recibió a los espías y los envió por otro camino (Stg 2:25), ocho personas se salvaron en el arca (1 P 3:20; 2 P 2:5), Dios convirtió a Sodoma y Gomorra en cenizas pero salvó a Lot (2 P 2:6-7), el asna de Balaam habló (2 P 2:16).

Esta lista indica que los escritores del Nuevo Testamento estuvieron dispuestos a descansar en la veracidad de cualquier parte de las narraciones históricas del Antiguo Testamento. Ningún detalle fue demasiado insignificante para usarse para la instrucción de los cristianos del Nuevo Testamento. No hay indicación alguna de que pensaran en alguna categoría de afirmaciones bíblicas que no fueran confiables y fidedignas (tales como afirmaciones «históricas y científicas» a diferencia de pasajes doctrinales o morales). Parece claro que la Biblia misma no respalda ninguna restricción de algún tipo de temas de los cuales habla con absoluta

---

[3]Este no es un detalle menor, pero es útil como ejemplo de un hecho «científico» que se afirma en el Antiguo Testamento y uno respecto al cual el autor dice que tenemos conocimiento «por fe»; de este modo, aquí explícitamente se dice que la fe incluye confianza en la veracidad de un hecho científico e histórico registrado en el Antiguo Testamento.

autoridad y verdad; ciertamente, muchos pasajes de la Biblia en realidad anulan la validez de esta clase de restricción.

Una segunda respuesta a los que limitan la necesaria veracidad de la Biblia a asuntos de «fe y práctica» es notar que esta posición confunde el propósito *principal* de la Biblia con el propósito *total* de la Biblia. Decir que el propósito principal de la Biblia es enseñarnos asuntos de «fe y práctica» es hacer un sumario útil y correcto del propósito de Dios al darnos la Biblia. Pero un *sumario* incluye sólo el propósito más prominente de Dios al darnos las Escrituras. No es, sin embargo, legítimo usar este sumario para negar que es *parte* del propósito de la Biblia darnos detalles históricos menores o hablarnos acerca de algunos aspectos de astronomía o geografía, y cosas por el estilo. Un sumario no se puede usar apropiadamente para negar las cosas que está resumiendo. Usarlo de esta manera simplemente mostraría que el sumario no es lo suficiente detallado para especificar los asuntos en cuestión.

Es mejor decir que *todo el propósito* de la Biblia es decir todo lo que dice, sobre cualquier tema. Cada una de las palabras de Dios en la Biblia él la consideró importante para nosotros. Por eso Dios da severas advertencias a cualquiera que quita incluso una palabra de lo que él nos ha dicho (Dt 4:2; 12:32; Ap 22:18-19); no podemos ni añadir a las palabras de Dios ni quitarles nada, porque todas son parte de su propósito más amplio al hablarnos. Todo lo que se dice en la Biblia está allí porque Dios quiso que estuviera allí; ¡Dios no dice nada sin propósito! Así que la primera objeción a la inerrancia hace un uso errado de un sumario y por consiguiente incorrectamente intenta imponer límites artificiales a la clase de cosas respecto a las cuales Dios puede hablarnos.

2. El término inerrancia es un término pobre. Los que hacen esta segunda objeción dicen que el término *inerrancia* es demasiado preciso y en el uso ordinario denota una clase de precisión científica absoluta que no queremos afirmar en cuanto a la Biblia. Es más, los que hacen esta objeción notan que el término *inerrancia* no se usa en la Biblia misma. Por consiguiente, probablemente es un término inapropiado para que nosotros insistamos en él.

La respuesta a esta objeción se puede indicar como sigue: primero, los eruditos que han usado el término *inerrancia* lo han definido claramente por más de cien años, y siempre han dado campo a las «limitaciones» que se añaden al habla en lenguaje ordinario. No ha habido un representante responsable de la posición de la inerrancia que haya usado el término para denotar una clase de precisión científica absoluta. Por consiguiente, los que presentan esta objeción al término no están dando atención cuidadosa suficiente a la manera en que este se ha usado en el debate teológico por más de un siglo.

Segundo, se debe notar que a menudo usamos términos que no son bíblicos para resumir una enseñanza bíblica. La palabra *Trinidad* no aparece en la Biblia, ni tampoco la palabra *encarnación*. Sin embargo, estos términos son muy útiles porque nos permiten resumir en una palabra un concepto bíblico verdadero, y son por consiguiente útiles para permitirnos debatir más fácilmente una enseñanza bíblica.

También se debe notar que no se ha propuesto ninguna otra palabra que diga tan claramente lo que queremos afirmar cuando queremos hablar de la total veracidad en el lenguaje. La palabra *inerrancia* lo hace muy bien, y parece no haber razón para no continuar usándola con ese propósito.

Finalmente, en la iglesia hoy parece que no podemos sostener un debate sobre este tema sin usar este término. La gente puede objetar el uso de este término si lo desean, pero, les guste o no, este es un término en torno al cual el debate ha girado y casi ciertamente continuará así en las próximas décadas. Cuando el Concilio Internacional sobre la Inerrancia Bíblica (ICBI, por sus siglas en inglés) en 1977 empezó una campaña de diez años para promover y defender la idea de la inerrancia bíblica, se hizo inevitable que sería en torno a esta palabra que procedería el debate. La «Declaración de Chicago sobre la Inerrancia Bíblica», que se redactó y publicó en 1978 bajo auspicios del ICBI (vea apéndice 1), definió lo que la mayoría de los evangélicos quiere decir por inerrancia, tal vez no perfectamente, pero bastante bien, y objeciones ulteriores a un término para ampliamente usado y bien definido parece innecesaria e inútil para la iglesia.

3. No tenemos manuscritos inerrantes, por consiguiente, hablar de una Biblia inerrante confunde. Los que hacen esta objeción señalan el hecho de que la inerrancia siempre se ha atribuido a las primeras *copias originales de los documentos bíblicos*.[4] Sin embargo ninguno de estos sobrevivió; tenemos sólo copias de lo que Moisés, Pablo o Pedro escribieron. ¿De qué sirve, entonces, asignar tanta importancia a una doctrina que se aplica sólo a manuscritos que nadie tiene?

En respuesta a esta objeción se puede indicar primero que para más de 99 por ciento de las palabras de la Biblia, *sabemos* lo que decían los manuscritos originales. Incluso para muchos de los versículos en donde hay variantes textuales (es decir, diferentes palabras en diferentes copias antiguas del mismo versículo), la decisión correcta a menudo es muy clara, y hay realmente muy pocos lugares en donde la variante textual es difícil de evaluar y significativa para determinar el significado. En el pequeño porcentaje de casos en donde hay una incertidumbre significativa en cuanto a lo que decía el texto original, el sentido general de la oración por lo general es muy claro partiendo del contexto. (Uno no tiene que ser erudito en hebreo o griego para saber cuáles son esas variantes, porque todas las traducciones modernas las indican en las notas marginales con palabras tales como «Algunos manuscritos antiguos dicen … » u «Otras autoridades antiguas añaden …»).

Esto no es decir que el estudio de las variantes textuales no tenga importancia, pero sí es decir que el estudio de las variantes textuales no nos ha dejado en confusión respecto a lo que decían los manuscritos originales;[5] más bien nos ha llevado extremadamente cerca del contenido de esos manuscritos originales. En la práctica, entonces, los *textos presentes publicados con erudición* del Antiguo Testamento hebreo y Nuevo Testamento griego *son los mismos de los manuscritos originales*. Así

---

[4]En términos teológicos a estas copias originales se le llama lo «autógrafos», usando el prefijo *auto-*, que quiere decir «mismo», y la raíz *grafo*, que quiere decir «escrito», para referirse a una copia escrita por el autor mismo.

[5]Una excelente revisión del trabajo de estudiar las variantes textuales en los manuscritos existentes del Nuevo Testamento es Bruce M. Metzger, *The Text of the New Testament: Its Transmission, Corruption, and Restoration*, 2ª ed., (Oxford: Clarendon Press, 1968).

que cuando decimos que los manuscritos originales eran inerrantes, también estamos implicando que más de 99 por ciento de las palabras de nuestros manuscritos presentes también son inerrantes, porque son copias exactas de los originales. Todavía más, *sabemos* en dónde están las lecturas inciertas (porque donde no hay variantes textuales no tenemos razón para esperar una copia defectuosa del original).[6] Así que nuestros presentes manuscritos son prácticamente iguales que los manuscritos originales, y la doctrina de la inerrancia, por consiguiente, directamente tiene también que ver con nuestros manuscritos presentes.

Además, es extremadamente importante declarar la inerrancia de los documentos originales, porque las copias subsiguientes fueron hechas por hombres que no decían tener garantía de parte de Dios de que sus copias iban a ser perfectas. Pero es de los manuscritos originales de los que se afirma que son palabras de Dios. Por eso, si tenemos errores en las copias (como las tenemos), son *errores de hombres*. Pero si tenemos errores en *los manuscritos originales,* nos vemos obligados a decir no sólo que son errores de los hombres, sino que *Dios mismo* cometió un error y habló falsamente. Y eso no puede ser.

4. Los escritores bíblicos «acomodaron» su mensaje en detalles menores a ideas falsas corrientes en su día, y afirmaron o enseñaron esas ideas de modo incidental. Esta objeción a la inerrancia es ligeramente diferente de la que restringe la inerrancia de la Biblia a asuntos de fe y práctica, pero se relaciona con ella. Los que sostienen esta posición aducen que había sido muy difícil para los escritores bíblicos comunicarse con la gente de su tiempo si hubieran tratado de corregir toda información histórica y científica falsa en que creían sus contemporáneos. Los que sostienen esta posición no aducen que los lugares en que la Biblia ofrece información falsa son numerosos, ni siquiera que esos lugares sean puntos principales de alguna sección particular de la Biblia. Más bien dicen que cuando los escritores bíblicos intentan hacer una declaración importante, a veces presentan alguna falsedad incidental que la gente de ese tiempo creía.[7]

A esta objeción a la inerrancia se puede replicar, primero, que Dios es Señor del lenguaje humano y que puede usar lenguaje humano para expresarse perfectamente sin tener que presentar ideas falsas que pudieran haber sostenido las personas del tiempo en que se escribió la Biblia. Esta objeción a la inerrancia esencialmente niega el señorío efectivo de Dios sobre el lenguaje humano.

Segundo, debemos responder que tal «acomodo» de parte de Dios a nuestra comprensión implicaría que Dios hubiera actuado contrario a su carácter como un «Dios que no miente» (Nm 23:19; Tit 1:2; Heb 6:18). No es útil distraer la atención

---

[6]Por supuesto, existe la posibilidad teórica de que hubiera algún error de copia en la primera copia que se hizo de una de las Epístolas de Pablo, por ejemplo, y que este error se ha reproducido en todas copias restantes. Pero se debe pensar que esto es improbable porque (1) eso exigiría que se hizo sólo una copia del original, y que esa única copia fue la base de todas las copias existentes, y (2) nuestro argumento anterior en cuanto a la fidelidad de Dios para preservar el canon (vea capítulo 3, p. 65) parecería indicar que si tal error ocurrió en efecto, no sería alguno que materialmente afectaría nuestra comprensión de la Biblia. La existencia de tal error de copia no se puede ni probar ni desprobar, pero especulación adicional en cuanto a él aparte de evidencia contundente no parece ser útil.

[7]Una explicación de esta noción se puede hallar en Daniel P. Fuller, «Benjamin B. Warfield's View of Faith and History», *BETS* 11 (1968): 75-83.

de esta dificultad mediante énfasis repetido en la condescendencia de la gracia de Dios al hablar a nuestro nivel. Sí, Dios en efecto condesciende para hablar nuestro lenguaje, el lenguaje de los seres humanos. Pero ningún pasaje de la Biblia enseña que él «condesciende» al punto de actuar contrario a su carácter moral. Nunca se dice que él puede condescender tanto como para afirmar, aunque sea incidentalmente, algo que sea falso. Si Dios se «acomodara» de esta manera, dejaría de ser el «Dios que no miente». Dejaría de ser el Dios que la Biblia dice que es. Tal actividad de ninguna manera hablaría de la grandeza de Dios, porque Dios no manifestaría su grandeza actuando de una manera que contradice su carácter. Esta objeción, pues, en su raíz, entiende mal la pureza y unidad de Dios en lo que afectan todas sus obras y acciones.

Es más, tal proceso de acomodo, si en realidad hubiera ocurrido, hubiera creado un problema moral serio para nosotros. Debemos ser imitadores del carácter moral de Dios (Lv 11:44; Lc 6:36; Ef 5:1; 1 P 5:1, et. al.). Pablo dice que puesto que en nuestra naturaleza estamos llegando a ser más semejantes a Dios (Ef 4.24), «dejando la mentira» debemos hablar «con la verdad» unos con otros (v. 25). Debemos imitar la veracidad de Dios en lo que decimos. Sin embargo, si la teoría del acomodo es correcta, entonces Dios *intencionalmente* hizo afirmaciones incidentales de falsedad a fin de mejorar la comunicación. Por consiguiente, ¿no sería correcto que nosotros también intencionalmente hagamos afirmaciones incidentales de falsedad cada vez que eso mejorara la comunicación? Sin embargo eso equivaldría a decir que una falsedad menor dicha con un buen propósito (una «mentira blanca») no es mala. Tal posición, que contradicen los pasajes bíblicos citados arriba en cuanto a la total veracidad de Dios al hablar, y no puede considerarse válida.

5. La inerrancia pone demasiado énfasis en el aspecto divino de la Biblia y descuida el aspecto humano. Esta objeción más general la hacen los que aducen que los que abogan por la inerrancia recalcan tanto el aspecto divino de la Biblia que minimizan su aspecto humano.

Hemos convenido en que la Biblia tiene un aspecto tanto divino como humano, y que debemos dar atención adecuada a ambos. Sin embargo, los que hacen esta objeción casi invariablemente pasan a insistir en que los aspectos verdaderamente «humanos» de la Biblia *seguramente* implican la presencia de algunos errores en la Biblia. Podemos responder que aunque la Biblia es plenamente humana porque fue escrita por seres humanos usando su propio lenguaje, la actividad de Dios al supervisar la redacción de la Biblia y hacer que fuera también sus palabras quiere decir que es diferente de todos los demás libros humanos precisamente en este aspecto: no contiene error. Ese es exactamente lo que afirmó incluso el pecador, codicioso y desobediente Balaam en Números 23:19; cuando Dios habla por medio de seres humanos pecadores es diferente de cuando los hombres hablan porque «Dios no es un simple mortal para mentir y cambiar de parecer». Es más, no es cierto que toda las expresiones verbales y los escritos humanos contengan errores, porque todos los días hacemos docenas de declaraciones que son completamente verdad. Por ejemplo: «Me llamo Wayne Grudem». «Tengo tres hijos». «Desayuné esta mañana».

6. Hay algunos errores en la Biblia que son obvios. Esta objeción final de que hay errores en la Biblia que son obvios la afirman o implican la mayoría de los que niegan la inerrancia, y para muchos de ellos la convicción de que hay ciertos errores en las Escrituras es un factor principal para persuadirlos a cuestionar la doctrina de la inerrancia.

Para este caso la primera respuesta que debería hacerse a esta objeción es preguntar dónde están tales errores. ¿En cuál versículo o versículos aparecen estos errores? Es sorprendente la frecuencia que uno halla de que esta objeción la hacen quienes tienen escasa o ninguna idea de dónde están los errores específicos, pero que creen que hay errores porque les han dicho que los hay.

En otros casos, sin embargo, habrá quienes mencionan uno o más pasajes en donde, aducen, hay una afirmación falsa en la Biblia. En estos casos es importante que veamos el mismo texto bíblico, y lo examinemos con detenimiento. Si creemos que la Biblia en verdad es inerrante, debemos anhelar y por cierto no temer inspeccionar estos pasajes con detalles minuciosos. Es más, nuestra expectación será que esa inspección detenida mostrará que no hay ningún error después de todo. De nuevo, es sorprendente cómo resulta que una lectura cuidadosa simplemente del texto en cuestión sacará a la luz una o más posibles soluciones a la dificultad.

En unos pocos pasajes no será inmediatamente evidente la solución a la dificultad basándose en la lectura del texto en nuestro idioma. En ese punto es útil consultar algunos comentarios sobre el pasaje. Tanto Agustín (354-430 d.C.) y Juan Calvino (1509-64), junto con muchos otros comentaristas recientes, han dedicado tiempo a estudiar bien la mayoría de los supuestos «textos problema» y sugerir soluciones plausibles. Y algunos escritores han compilado la mayoría de los textos difíciles y han sugerido respuestas.[8]

Hay unos pocos pasajes en donde tener conocimiento del hebreo o el griego puede ser necesario para hallar una solución, y los que no tienen acceso de primera mano a estos idiomas pueden tener que buscar respuestas bien sea en algún comentario más técnico o preguntándole a alguien que tiene este entrenamiento. Por supuesto, nuestra comprensión de la Biblia nunca es perfecta, y esto quiere decir que puede haber casos en donde seremos incapaces de hallar una solución a un pasaje difícil al tiempo presente. Esto puede deberse a que al presente desconocemos la evidencia lingüística, histórica o contextual que necesitamos para entender correctamente el pasaje. Esto no debería ser problema para nosotros en un número pequeño de pasajes en tanto y en cuanto el patrón global de nuestra investigación de estos pasajes ha mostrado que, en verdad, no hay ningún error en donde se ha aducido que hay alguno.[9]

---

[8]El lector interesado puede consultar, por ejemplo, Gleason L. Archer, Encyclopedia of Bible Difficulties (Zondervan, Grand Rapids, 1982); William Arndt, Does the Bible Contradict Itself? (St. Louis: Concordia, 1955); idem., Bible Difficulties (St. Louis: Concordia, 1932); y John W. Haley, Alleged Discrepancies of the Bible (1874; reimpresión Grand Rapids: Baker, 1977). Casi todos los textos difíciles también reciben análisis útil en las amplias notas de The NIV Study Bible ed. Kenneth Barker et al. (Zondervan, Grand Rapids, 1985).

[9]J. P. Moreland, "The Rationality of Belief in Inerrancy," en TrinJ 7:1 (1986): 75–86, arguye convincentemente que los cristianos no deben abandonar la doctrina de la inerrabilidad simplemente debido a un pequeño número de «textos problema» para los cuales al presente no tienen solución clara.

Pero aunque debemos admitir que hay la *posibilidad* de que no podamos resolver un problema en particular, también se debe indicar que hay muchos eruditos bíblicos evangélicos hoy que dicen que al presente no tienen conocimiento de ningún texto con problema para el cual no haya una solución satisfactoria. Es posible, por supuesto, que se pueda llamar la atención a algunos de estos pasajes en el futuro, pero durante los pasados quince años o algo así de controversia sobre la inerrancia bíblica, ningún pasaje «no resuelto» ha sido llevado a su atención.[10]

Finalmente, una perspectiva histórica de este asunto es útil. En realidad no hay ningún problema «nuevo» en la Biblia. La Biblia en su totalidad tiene más de 1900 años, y los supuestos «textos problema» han estado allí todo el tiempo. Sin embargo, en toda la historia de la iglesia ha habido una firme creencia en la inerrancia de las Escrituras en el sentido que se define en este capítulo. Es más, por cientos de años eruditos bíblicos altamente competentes han leído y estudiado esos textos problema y con todo no han hallado dificultad en sostener la inerrancia. Esto debe darnos confianza de que hay disponibles soluciones a estos problemas y que la creencia en la inerrancia es enteramente congruente con toda una vida de atención detallada al texto de la Biblia.[11]

C. Problemas al negar la inerrancia

Los problemas que surgen al negar la inerrancia bíblica no son insignificantes, y entender la magnitud de estos problemas nos da estímulo adicional no sólo para declarar la inerrancia, sino también para declarar su importancia para la iglesia. A continuación se mencionan algunos de los problemas más serios.

1. Si negamos la inerrancia nos vemos frente a un serio problema moral: ¿podemos imitar a Dios e intencionalmente también mentir en asuntos menores?

Esto es similar a lo que dijimos en respuesta a la objeción #4, arriba; pero aquí se aplica no sólo a los que sostienen la objeción #4, sino también más ampliamente a todos los que niegan la inerrancia. Efesios 5:1 nos dice que seamos imitadores de Dios; pero una negación de la inerrancia que de todos modos afirma que las palabras de las Escrituras son palabras inspiradas por Dios necesariamente implica que Dios intencionalmente habló falsedades en algunas de las afirmaciones menos centrales de la Biblia. Y si está bien que Dios haga esto, ¿cómo puede estar mal que nosotros lo hagamos? Semejante línea de razonamiento, si la creyéramos, ejercería fuerte presión sobre nosotros para empezar a hablar falsedades en situaciones en que pareciera ayudarnos a expresarnos mejor, y cosas por el estilo. Esta posición sería una bajada resbalosa con resultados cada vez más negativos en nuestra vida.

---

[10]El presente escritor, por ejemplo, ha examinado durante veinte años docenas de estos «textos problema» que han sido traídos a su atención en el contexto del debate sobre la inerrabilidad. En cada uno de estos casos, al examinar de cerca el texto se ha hecho evidente una solución plausible.

[11]Sobre la historia de la inerrabilidad en la iglesia, vea los ensayos de Philip Hughes, Geoffrey W. Bromiley, W. Robert Godfrey, y John D. Woodbridge y Randall H. Balmer en Scripture and Truth. Vea también el estudio más detallado por. Woodbridge, *Biblical Authority: A Critique of the Rogers and McKim Proposal* (Zondervan, Grand Rapids, 1982).

2. Si se niega la inerrancia empezamos a preguntarnos si de veras podemos confiar en Dios en algo que diga. Una vez que nos convencemos de que Dios nos ha dicho falsedades en algunos asuntos menores de la Biblia, podemos concluir que Dios es *capaz* de decirnos falsedades. Esto tendrá un efecto perjudicial en nuestra disposición a creer en Dios y su Palabra y confiar en él completamente y obedecerle totalmente en el resto de la Biblia. Empezaremos a desobedecer inicialmente esas secciones de la Biblia que menos queremos obedecer, y a desconfiar inicialmente de las secciones en que menos nos inclinamos a confiar. Pero tal procedimiento con el tiempo aumentará, para gran perjuicio de nuestra vida espiritual. Por supuesto, tal declinación en confianza y obediencia a la Biblia tal vez no ocurra necesariamente en la vida de todo el que niega la inerrancia, pero este será por cierto el patrón general, y será el patrón que se exhibe en el curso de una generación a la que se enseña a negar la inerrancia.

3. Si no aceptamos la inerrancia, esencialmente convertimos a nuestra mente humana en una norma más alta de veracidad que la misma Palabra de Dios. Estaríamos usando nuestra mente para poner en tela de juicio algunas secciones de la Palabra de Dios y dictaminando que están erradas. Pero esto es en efecto decir que sabemos la verdad con más certeza y más precisión que la Palabra de Dios (o que Dios mismo), por lo menos en esos asuntos. Tal procedimiento, hacer nuestra mente una norma más alta que la verdad de la Palabra de Dios, es la raíz de todo pecado intelectual.[12]

4. Si negamos la inerrancia también debemos decir que la Biblia está errada no sólo en detalles menores sino también en algunas de sus doctrinas. Una negación de la inerrancia quiere decir que decimos que las enseñanzas de la Biblia en cuanto a la *naturaleza de la Biblia* y en cuanto a la *veracidad y confiabilidad de las palabras de Dios* también es falsa. Estos no son detalles menores sino preocupaciones doctrinales importantes en la Biblia.[13]

PREGUNTAS PARA APLICACIÓN PERSONAL

1. A su modo de pensar, ¿por qué el debate en cuanto a la inerrancia se ha convertido en una cuestión tan grande en este siglo? ¿Por qué personas en ambos lados del asunto piensan que es importante?

2. Si usted pensara que la Biblia enseña algunos errores pequeños, ¿cómo pensaría que eso afectaría la manera en que usted lee la Biblia? ¿Afectaría su cuidado en ser veraz en la conversación cotidiana?

---

[12]Vea en el capítulo 4, p. 83, una consideración de la Biblia como nuestra norma absoluta de verdad.

[13]Aunque las posiciones indeseables mencionadas arriba lógicamente se relacionan con una negación de la inerrabilidad, está en orden decir una palabra de precaución: No todos los que niegan la inerrabilidad adoptarán también las conclusiones indeseables que se acaban de mencionar. Algunos (probablemente en forma inconsistente) negarán la inerrabilidad pero no darán estos siguientes pasos lógicos. En los debates sobre la inerrabilidad, como en otros debates teológicos, es importante criticar a las personas en base a las nociones que en realidad sostienen, y distinguir esas nociones claramente de posiciones que pensamos que sostendrían si fueran consistentes con las nociones que expresan.

3. ¿Sabe usted de algún pasaje bíblico que parezca contener errores? ¿Cuáles son? ¿Ha tratado de resolver las dificultades en estos pasajes? Si no ha hallado una solución a algún pasaje, ¿qué otros pasos pudiera probar?

4. Conforme los creyentes avanzan por la vida aprendiendo a conocer mejor su Biblia y creciendo en madurez cristiana, ¿tienden a confiar en la Biblia más, o a confiar menos? A su modo de pensar, ¿creerá usted en el cielo que la Biblia es inerrante? Si es así, ¿lo creerá usted más firmemente o menos firmemente que lo cree ahora?

5. Si está convencido de que la Biblia enseña la doctrina de la inerrancia, ¿cómo se siente al respecto? ¿Se alegra de que tal enseñanza esté allí, o siente usted que es una carga tener que defenderla?

6. ¿Garantiza la creencia en la inerrancia que tengamos una doctrina sana y una vida cristiana sana? ¿Cómo pueden los Testigos de Jehová decir que la Biblia es inerrante y a la vez ellos mismos tener tantas enseñanzas falsas?

7. Si usted está de acuerdo con la inerrancia, ¿piensa que la inerrancia debería ser un requisito para membresía en la iglesia, para enseñar en una clase de Escuela Dominical, para ser nombrado para un cargo en la iglesia (tal como anciano o diácono), para ser ordenado como pastor y para enseñar en un seminario teológico? ¿Por qué sí o por qué no?

8. Cuando hay controversias doctrinales en la iglesia, ¿cuáles son los peligros personales que enfrentan quienes sostienen una posición más congruente con la Biblia? En particular, ¿cómo puede el orgullo en la doctrina correcta convertirse un problema? ¿Cuál es la solución? ¿Piensa usted que la inerrancia es una cuestión importante para el futuro de la iglesia? ¿Por qué sí y por qué no? A su modo de pensar, ¿cómo se resolverá?

TÉRMINOS ESPECIALES

autógrafo   inerrante
fe y práctica   infalible
ICBI   variante textual

BIBLIOGRAFÍA

(Para una explicación de esta bibliografía vea la nota sobre la bibliografía en el capítulo 1, p. 40. Datos bibliográficos completos se pueden encontrar en las páginas 1297-1306.)

Secciones en Teologías Sistemáticas Evangélicas

(En esta sección, al referirme a algunas obras significativas más viejas que no incluyen una consideración específica de la inerrancia, he mencionado más bien las páginas en que hablan de la autoridad bíblica en general. En esos casos las páginas aquí duplican las listas para el capítulo 4 sobre la autoridad de la Biblia).

1. Anglicana (episcopal)
   - 1882-92   Litton, 18-40
   - 1930   Thomas, 500-501
2. Arminiana (wesleyana o metodista)
   - 1875-76   Pope, 1:36-192
   - 1892-94   Miley, 2:41-49
   - 1940   Wiley, 1:166-84
   - 1960   Purkiser, 66-80
3. Bautista
   - 1767   Gill, 11-18
   - 1907   Strong, 222-42
   - 1917   Mullins, 142-44, 150-53
   - 1976-83   Henry, 3:248-487; 4:129-255, 353-404
   - 1983-85   Erickson, 221-40
   - 1987-94   Lewis/Demarest, 1:93-171
4. Dispensacional
   - 1947   Chafer, 1:63-88
   - 1949   Thiessen, 105-15
   - 1986   Ryrie, 77-104
5. Luterana
   - 1917-24   Pieper, 1:232-65, 338-49
   - 1934   Mueller, 101-37
6. Reformada (o presbiteriana)
   - 1559   Calvin, 1:74-92
   - 1871-73   Hodge, 1:163-82
   - 1878   Dabney, DET 1:282-313, 466-81
   - 1887-1921   Warfield, IAB pássim
   - 1889   Shedd, 1:93-110
   - 1937-66   Murray, *CW* 1:9-15; *CW* 4:22-29
   - 1938   Berkhof, *Intro* 144-65, 182-86
7. Renovada (o carismpatica o pentecostal)
   - 1988-92   Williams, 1:36-43

Secciones en Teologías Sistemáticas Católicas Romanas Representativas

1. Católica Romana: tradicional
   - 1955   Ott (ningún tratamiento específico)
2. Católica Romana: Post Vaticano II
   - 1980   McBrien, 1:64

Otras obras

(Vea también la bibliografía para el capítulo 4 «Autoridad», mucho de lo cual también es pertinente aquí, pero sólo parte de lo cual se ha mencionado de nuevo).

Archer, Gleason. *Encyclopedia of Bible Difficulties*. Zondervan, Grand Rapids, 1982.

Arndt, W. *Bible Difficulties*. Concordia, St. Louis,1932.

_____. *Does the Bible Contradict Itself?* Concordia, St. Louis, 1955.

Boice, James, ed. *The Foundation of Biblical Authority.* Zondervan, Grand Rapids, 1978.

Carson, D.A., y John Woodbridge, eds. *Hermeneutics, Authority, and Canon.* Zondervan, Grand Rapids, 1986.

_____. *Scripture and Truth.* Zondervan, Grand Rapids, 1983.

Feinberg, Paul. «Bible, Inerrancy and Infallibility of». In *EDT* pp. 141-45.

Geisler, Norman, ed. *Biblical Errancy: An Analysis of Its Philosophical Roots.* Zondervan, Grand Rapids, 1981.

_____. ed. *Inerrancy.* Zondervan, Grand Rapids, 1979 (ensayos de la Conferencia del ICBI de Chicago en octubre de 1978).

Haley, John W. *Alleged Discrepancies of the Bible.* Reimp. ed. Baker, Grand Rapids, 1977 (primero publicado en 1874).

Lindsell, Harold. *The Battle for the Bible.* Zondervan, Grand Rapids, 1976.

_____. *The Bible in the Balance.* Zondervan, Grand Rapids, 1979.

Montgomery, John W., ed. *God's Inerrant Word.* Bethany Fellowship, Minneapolis, 1974.

Packer, J. I. «Scripture». En *NDT* pp. 627-31.

_____. «Infallibility and Inerrancy of the Bible». En *NDT* 337-39.

Schaeffer, Francis. *No Final Conflict: The Bible Without Error in All That It Affirms.* Intervarsity Press, Downers Grove, Ill., 1975.

Warfield, B.B. *Limited Inspiration.* Presbyterian and Reformed, Filadelfia, 1962.

Woodbridge, John. *Biblical Authority: A Critique of the Rogers/McKim Proposal.* Zondervan, Grand Rapids, 1982.

Young, Edward J. *Thy Word Is Truth.* Eerdmans, Grand Rapids, 1957.

Obras desde una perspectiva de no inerrancia
(Vea también la bibliografía para el capítulo 4).

Barr, James. *Fundamentalism.* SCM, Londres, 1977.

Beegle, Dewey M. *Scripture, Tradition, and Infallibility.* Eerdmans, Grand Rapids, 1973.

Davis, Stephen T. *The Debate About the Bible.* Filadelfia: Westminster, 1977.

McKim, Donald K., ed. *The Authoritative Word: Essays on the Nature of Scripture.* Eerdmans, Grand Rapids, 1983.

Rogers, Jack, ed. *Biblical Authority.* Word, Waco, Tex., 1977.

Rogers, Jack B., and Donald K. McKim. *The Authority and Interpretation of the Bible: An Historical Approach.* Harper and Row, San Francisco, 1979.

PASAJE BÍBLICO PARA MEMORIZAR

Salmo 12:6: *Las palabras del Señor son puras, son como la plata refinada, siete veces purificada en el crisol.*

HIMNO

«La Ley del Señor Perfecta Es»

Esta moderna expresión del Salmo 19:7-11 expresa la perfección de la palabra de Dios en varias maneras diferentes y muestra varios aspectos de su aplicación a nuestras vidas.

> La ley de Dios perfecta es,
> Convierte al pecador;
> Su testimonio es tan fiel
> Que al simple iluminó.
>
> Los mandamientos del Señor
> Dan gozo al corazón;
> Tan puro su precepto es
> Que aclara la visión.
>
> Es limpio el temor de Dios,
> Que permanecerá;
> Los sabios juicios del Señor,
> Son justos, son verdad.
>
> Deseables más que el oro son,
> Sus juicios, mucho más;
> Aun más dulces que la miel
> Que fluye del panal.

SALTERIO ESCOCÉS, 1950, TRAD. N. MARTÍNEZ.
(TOMADO DEL HIMNARIO BAUTISTA, #147)

Capítulo 6

Las cuatro características de las Escrituras: (2) Claridad

¿Pueden sólo los eruditos entender correctamente la Biblia?

EXPLICACIÓN Y BASE BÍBLICA

Cualquiera que ha empezado a leer la Biblia en serio se dará cuenta de que algunas partes se pueden entender muy fácilmente en tanto que otras partes parecen un acertijo. A decir verdad, muy temprano en la historia de la iglesia Pedro les recordó a sus lectores que algunas partes de las Epístolas de Pablo eran difíciles de entender: «Tengan presente que la paciencia de nuestro Señor significa salvación, tal como les escribió también nuestro querido hermano Pablo, con la sabiduría que Dios le dio. En todas sus cartas se refiere a estos mismos temas. Hay en ellas algunos puntos *difíciles de entender,* que los ignorantes e inconstantes tergiversan, como lo hacen también con las demás Escrituras, para su propia perdición» (2 P 3:15-16). Debemos reconocer, por consiguiente, que no toda la Biblia es fácil de entender.

Pero sería un error pensar que la mayoría de la Biblia o que la Biblia en general es difícil de entender. De hecho, el Antiguo Testamento y el Nuevo Testamento frecuentemente afirman que la Biblia está escrita de tal manera que sus enseñanzas puede entenderlas cualquier creyente regular. Incluso en la afirmación de Pedro que acabamos de citar, el contexto es una apelación a las enseñanzas de la carta de Pablo, que los lectores de Pedro habían leído y entendido (2 P 3:15). Es más, Pedro asigna algo de la culpa moral a los que tergiversan estos pasajes «para su propia perdición». Tampoco dice que haya cosas imposibles de entender, sino sólo que son difíciles de entender.

A. La Biblia frecuentemente afirma su propia claridad

La claridad de la Biblia y la responsabilidad de los creyentes en general para leerla y entenderla se recalca a menudo. En un pasaje muy familiar Moisés le dice al pueblo de Israel:

> Grábate en el corazón estas palabras que hoy te mando. *Incúlcaselas continuamente a tus hijos. Háblales de ellas* cuando estés en tu casa y cuando vayas por el camino, cuando te acuestes y cuando te levantes (Dt 6:6-7).

Se esperaba que todo el pueblo de Israel fuera capaz de entender las palabras de la Biblia lo suficiente para poder «inculcárselas continuamente» a sus hijos. Esta enseñanza no consistía solo en la memorización sin entendimiento, porque el pueblo de Israel debía *hablar* de las palabras de la Biblia durante sus actividades de sentarse en la casa, caminar, irse a la cama o levantarse por la mañana. Dios espera que *todo* su pueblo sepa y pueda hablar de su Palabra, con la aplicación apropiada a la situación ordinarias de la vida. De modo similar, el Salmo 1 nos dice que el «hombre dichoso», a quien todos los justos de Israel debían emular, es el que medita en la ley de Dios «día y noche» (Sal 1:2). Esta meditación diaria da por sentado una capacidad para entender apropiadamente la Biblia los que la meditan.

El carácter de la Biblia se dice que es tal que incluso el «sencillo» puede entenderla apropiadamente y ser sabio por ella. «El mandato del Señor es digno de confianza: da sabiduría al sencillo» (Sal 19:7). Después leemos: «La exposición de tus palabras nos da luz, y da entendimiento al sencillo» (Sal 119:130). Aquí el «sencillo» (heb. *peti*) no es meramente el que carece de capacidad intelectual, sino el que carece de sano juicio, que es proclive a cometer errores, y que fácilmente puede dejarse desviar.[1] La Palabra de Dios es tan comprensible, tan clara, que incluso le da sabiduría a este tipo de personas. Esto debería ser un gran estímulo para todos los creyentes; ninguno debe pensar de sí mismo que es demasiado necio para leer la Biblia y entenderla lo suficiente para que ella le dé sabiduría.

Hay un énfasis similar en el Nuevo Testamento. Jesús mismo, en sus enseñanzas, sus conversaciones y sus debates nunca responde a pregunta alguna dando indicio de echarle la culpa a las Escrituras del Antiguo Testamento por no ser claras. Incluso al hablarles a personas del primer siglo que distaban como mil años de David, de Moisés como mil quinientos años, o de Abraham como dos mil años, Jesús da por sentado que tales personas pueden leer y entender correctamente las Escrituras del Antiguo Testamento.

En días cuando es común que algunos nos digan que es difícil interpretar correctamente la Biblia, haremos bien en recordar que ni una sola vez en los Evangelios oímos a Jesús diciendo: «Veo de dónde viene su problema; las Escrituras no son claras en cuanto a ese tema». Más bien, sea que estuviera hablando con eruditos o con personas comunes sin mayor educación, sus respuestas siempre dan por sentado que la culpa de entender mal alguna enseñanza de las Escrituras no se debe echar a las Escrituras mismas, sino a los que entendieron mal o no aceptaron lo que está escrito. Vez tras vez responde a preguntas con afirmaciones como «No han leído…» (Mt 12:3, 5; 19:14; 22:31), «No han leído en las Escrituras…» (Mt 21:41), o incluso: «Ustedes andan equivocados porque desconocen las Escrituras y el poder de Dios» (Mt 22:29; cf. Mt 9:13; 12:7; 15:3; 21:13; Jn 3:10; et. al.).

De modo similar, la mayoría de las Epístolas del Nuevo Testamento fueron escritas no a dirigentes de la iglesia sino a congregaciones enteras. Pablo escribe: «A la iglesia de Dios que está en Corinto» (1 Co 1:2), «A las iglesias de Galacia» (Gá 1:2), «A todos los santos en Cristo Jesús que están en Filipos, junto con los obispos y diáconos» (Flp 1:1), y así por el estilo. Pablo *da por sentado* que sus oyentes *entenderán* lo que les escribe, y los anima a que hagan circular sus cartas en otras iglesias: «Una vez que se les haya leído a ustedes esta carta, que se lea también en la iglesia de Laodicea, y ustedes lean la carta dirigida a esa iglesia» (Col 4:16; cf.

---

[1]Compare el uso de la misma palabra en Pr 1:4; 7:7; 9:6; 14:15, 18; 22:3; 27:12.

Jn 20:30-31; 2 Co 1:13; Ef 3:4; 1 Ti 4:13; Stg 1:1, 22-25; 1 P 1:1; 2:2; 2 P 1:19; 1 Jn 5:13).[2]

Se podría presentar 2 Pedro 1:20 en contra del concepto de la claridad de la Biblia que se explica en este capítulo. El versículo dice que «ninguna profecía de la Escritura surge de la interpretación particular de nadie», y alguien pudiera aducir que esto significa que los creyentes comunes no pueden interpretar correctamente las Escrituras por sí mismos. Es improbable, sin embargo, que esta implicación se pueda derivar de 2 Pedro 1:20, porque el versículo probablemente está hablando del *origen* y no de la interpretación de la Biblia. De esta manera la NVI lo traduce: «ninguna profecía de la Escritura *surge* de la interpretación particular de nadie».[3] Es más, incluso si se entendiera el versículo como hablando de la interpretación de la Biblia, estaría diciendo que la interpretación de la Biblia se debe hacer dentro de la comunión de creyentes y no meramente como actividad personal. Ni aun así implicaría que se necesitan intérpretes autoritativos para asegurar el verdadero significado de la Biblia, sino simplemente que la lectura y entendimiento de la Biblia no se debe realizar por entero en forma aislada de otros creyentes.

Para que no pensemos que comprender la Biblia de alguna manera era más fácil para los creyentes del primer siglo que para nosotros, es importante darnos cuenta de que en muchos casos las Epístolas del Nuevo Testamento fueron escritas a iglesias que tenían una proporción nutrida de creyentes gentiles. Eran creyentes relativamente nuevos que no tenían ningún trasfondo previo en ninguna clase de sociedad cristiana, y que tenían escaso o ningún entendimiento de la historia y cultura de Israel. No obstante, los autores del Nuevo Testamento no vacilan en esperar que estos creyentes gentiles puedan leer una traducción del Antiguo Testamento en su propio idioma y entenderlo apropiadamente (cf. Ro 4:1-25; 15:4; 1 Co 10:1-11; 2 Ti 3:16-17; et al.).

B. Las cualidades morales y espirituales necesarias para una comprensión correcta

Los escritores del Nuevo Testamento con frecuencia afirman que la capacidad de entender la Biblia correctamente es más capacidad moral y espiritual que intelectual: «El que no tiene el Espíritu no acepta lo que procede del Espíritu de Dios, pues para él es locura. No puede entenderlo, porque hay que discernirlo espiritualmente» (1 Co 2:14; cf. 1:18-3:4; 2 Co 3:14-16; 4:3-4, 6; Heb 5:14; Stg 1:5-6; 2 P 3:5; cf. Mr 4:11-12; Jn 7:17; 8:43). Así que aunque los autores del Nuevo Testamento afirman que la Biblia *en sí misma* está escrita con claridad, también afirman que no la podrán entender correctamente los que no están dispuestos a recibir sus enseñanzas. La Biblia la pueden entender todos los que no son creyentes

---

[2]Pablo les dice a los corintios: «No estamos escribiéndoles nada que no puedan leer ni entender», y luego añade «Espero que comprenderán del todo, así como ya nos han comprendido en parte». La adición a su primera afirmación no niega su afirmación de claridad de lo que les ha escrito, sino que anima a los corintios a ser diligentes para escuchar con todo cuidado las palabras de Pablo, a fin de que su comprensión parcial pueda ser ahondada y enriquecida. De hecho, la misma expresión de tal esperanza muestra que Pablo da por sentado que se puede entender sus escritos (*elpizo*, «espero», en el Nuevo Testamento expresa una expectación mucho más confiada de un evento futuro que la palabra en inglés *esperanza*).

[3]Esta interpretación la defiende bien Michael Green, *The Second Epistle of Peter and the Epistle of Jude* TNTC (Eerdmans, Grand Rapids, 1987), pp. 100-102.

que la lean con sinceridad en busca de salvación, y todos los creyentes que la lean buscando la ayuda de Dios para entenderla. Esto se debe a que en ambos casos el Espíritu Santo obra para superar los efectos del pecado, que de otra manera harían que la verdad pareciera tontería (1 Co 2:14; 1:18-25; Stg 1:5-6, 22-25).

C. Definición de la claridad de la Biblia

A fin de resumir este material bíblico podemos afirmar que la Biblia está escrita de tal manera que todas las cosas necesarias para nuestra salvación y para nuestra vida y crecimiento cristianos están expresadas muy claramente en la Biblia. Aunque los teólogos a veces han definido la claridad de la Biblia en forma más estrecha (diciendo, por ejemplo, sólo que la Biblia es clara en su enseñanza del camino de salvación), los muchos pasajes citados arriba se aplican a muchos aspectos diferentes de la enseñanza bíblica y no parecen respaldar ninguna de tales limitaciones en los aspectos respecto a los cuales se puede decir que la Biblia habla claramente. Parece ser más fiel a estos pasajes bíblicos definir la claridad[4] de la Biblia como sigue: *La claridad de la Biblia quiere decir que la Biblia está escrita de tal manera que sus enseñanzas pueden entenderlas todos los que la leen buscando la ayuda de Dios y estando dispuestos a seguirlas.* Una vez que hemos declarado esto, sin embargo, debemos también reconocer que muchos, incluso del pueblo de Dios, en efecto entienden mal la Biblia.

D. ¿Por qué algunos entienden mal la Biblia?

Durante la vida de Jesús, sus propios discípulos a veces no entendían el Antiguo Testamento y las propias enseñanzas de Jesús (vea Mt 15:16; Mr 4:10-13; 6:52; 8:14-21; 9:32; Lc 18:34; Jn 8:27; 10:6). Aunque a veces esto se debió al hecho de que ellos simplemente necesitaban esperar acontecimientos ulteriores en la historia de la redención, y especialmente en la vida de Cristo mismo (vea Jn 12:16; 13:7; cf. Jn 2:22), también hubo ocasiones cuando esto se debió a falta de fe y dureza de corazón (Lc 24:25). Todavía más, hubo ocasiones en la iglesia primitiva cuando los creyentes no entendieron ni estuvieron de acuerdo respecto a alguna enseñanza del Antiguo Testamento, o en cuanto a cartas escritas por los apóstoles; nótese el proceso de crecimiento en la comprensión respecto a la inclusión de los gentiles en la iglesia (que culminó en «mucho debate» [Hch 15:17] en el concilio de Jerusalén, según Hechos 15), o el malentendido de Pedro sobre este asunto en Gálatas 2:11-15, o los frecuentes asuntos doctrinales y éticos que tuvieron que ser corregidos por las Epístolas del Nuevo Testamento. De hecho, en toda la historia de la iglesia los desacuerdos doctrinales han sido muchos, y el progreso en resolver diferencias doctrinales a menudo ha sido lento.

A fin de ayudar a las personas a evitar cometer errores al interpretar la Biblia, muchos profesores bíblicos han desarrollado «principios de interpretación», o pautas para estimular el crecimiento en el arte de la interpretación apropiada. La palabra *hermenéutica* (de la palabra griega *jermeneúo*, «interpretar») es el término más

---

[4]El antiguo término para la claridad de la Biblia era *perspicuidad*, términos que simplemente quiere decir «claridad». Ese término en sí mismo no es muy claro para la gente de hoy, y no lo he usado en este libro.

técnico para este campo de estudio: *la hermenéutica es el estudio de los métodos correctos de interpretación* (especialmente interpretación de la Biblia).

Otro término técnico que a menudo se usa al considerar la interpretación bíblica es «exégesis», término que se refiere más a la práctica misma de interpretar la Biblia, no a las teorías y principios respecto a cómo se debe hacer: *exégesis es el proceso de interpretar un pasaje de la Biblia.* Consecuentemente, cuando uno estudia principios de interpretación, eso es *hermenéutica,* pero cuando uno aplica esos principios y empieza en realidad a explicar un pasaje bíblico, uno está haciendo «exégesis.

La existencia de muchos desacuerdos en cuanto al significado de la Biblia en toda la historia nos recuerda que la doctrina de la claridad de la Biblia no implica ni sugiere que todos los creyentes concordarán respecto a todas las enseñanzas de la Biblia. No obstante, sí nos dice algo muy importante: que el problema siempre está en nosotros, y no en la Biblia. La situación es, en verdad, similar a la de la autoridad de la Biblia. En tanto que afirmamos que las palabras de la Biblia tienen toda la autoridad de Dios mismo, también nos damos cuenta de que algunos no reconocen esa autoridad o no se someten a ella. Asimismo, afirmamos que todas las enseñanzas de la Biblia son claras y se pueden entender, pero también reconocemos que las personas a menudo (debido a sus propias limitaciones) entienden mal lo que está escrito claramente en la Biblia.

E. Estímulo práctico de esta doctrina

La doctrina de la claridad de la Biblia, por consiguiente, tiene una aplicación muy importante, y a la larga muy estimulante. Nos dice que en donde hay aspectos de desacuerdo doctrinal o ético (por ejemplo, sobre el bautismo, la predestinación o el gobierno de la iglesia), hay sólo dos causas posibles: (1) Por un lado, puede deberse a que estamos *buscando hacer afirmaciones en donde la Biblia misma guarda silencio.* En tales casos debemos estar más dispuestos a reconocer que Dios no nos ha dado la respuesta a nuestra búsqueda, y dar lugar a los diferentes puntos de vista dentro de la iglesia. (Este es a menudo el caso con cuestiones muy prácticas, como los métodos de evangelización o estilos de enseñanza bíblica o el apropiado tamaño de una iglesia.) (2) Por otro lado, es posible que hayamos *cometido errores en nuestra interpretación* de la Biblia. Esto puede haberse debido a que la información que usamos para decidir un asunto de interpretación fue inexacta o incompleta; o a que hay alguna deficiencia personal de nuestra parte, como por ejemplo orgullo personal, codicia, falta de fe, egoísmo e incluso el no dedicar suficiente tiempo a leer y estudiar la Biblia en oración.

Pero en ningún caso tenemos libertad para decir que la enseñanza de la Biblia sobre algún tema es confusa o que no se puede entender correctamente. En ningún caso debemos pensar que los desacuerdos persistentes sobre algún tema en toda la historia de la iglesia quieren decir que no podemos llegar a una conclusión correcta sobre ese tema por nosotros mismos. Más bien, si en nuestra vida surge una genuina inquietud respecto a algún tema, debemos sinceramente pedir la ayuda de Dios y entonces acudir a la Biblia e investigarla con toda nuestra capacidad, creyendo que Dios nos capacitará para entenderla correctamente.

Esta verdad debe dar gran estímulo a todos los creyentes a leer su Biblia diariamente y con gran anhelo. Nunca debemos dar por sentado, por ejemplo, que sólo los que saben griego o hebreo, o sólo los pastores o eruditos bíblicos, pueden entender correctamente la Biblia; recuerde que el Antiguo Testamento fue escrito en hebreo y que muchos de los creyentes para quienes se escribieron las cartas del Nuevo Testamento no tenían conocimiento del hebreo para nada; tuvieron que leer el Antiguo Testamento en una traducción al griego. Sin embargo los escritores del Nuevo Testamento dieron por sentado que estas personas podían leerlo y entenderlo correctamente aun sin tener conocimiento académico del idioma original. Los cristianos nunca deben dejar en las manos de los «expertos» académicos la tarea de interpretar la Biblia; deben seguir haciéndolo todos los días por sí mismos.[5]

Es más, aunque reconocemos que ha habido muchos desacuerdos doctrinales en la historia de la iglesia, no debemos olvidar que en toda la historia de la iglesia ha habido una sorprendente cantidad de acuerdo doctrinal respecto a la mayoría de las verdades centrales de la Biblia. En verdad, los que han tenido oportunidades para tener comunión con creyentes en otras partes del mundo han descubierto el asombroso hecho de que dondequiera que hallemos un grupo de creyentes con vitalidad, casi de inmediato se hace aparente una amplia cantidad de acuerdo sobre todas las doctrinas centrales de la fe cristiana. ¿Por qué es esto cierto, sin que importe cual sea la sociedad, cultura o afiliación denominacional? Es que todos han estado leyendo y creyendo la misma Biblia, y sus enseñanzas primarias han sido claras.

F. El papel de los eruditos

¿Tienen algún papel para los eruditos bíblicos o los que tienen conocimiento especializado del hebreo (para el Antiguo Testamento) y del griego (para el Nuevo Testamento)? Ciertamente, hay un papel para ellos por lo menos en cuatro cosas:

1. Pueden *enseñar* la Biblia con claridad y comunicar su contenido a otros, cumpliendo así el oficio de «maestro» mencionado en el Nuevo Testamento (1 Co 12:28; Ef 4:11).

2. Pueden *explorar* nuevas esferas de comprensión de las enseñanzas de la Biblia. Esta exploración muy rara vez (si acaso) incluye negación de las principales enseñanzas que la iglesia ha sostenido a través de los siglos, pero a menudo incluirá la aplicación de la Biblia a nuevos aspectos de la vida, el responder a preguntas difíciles que han levantado tanto creyentes como no creyentes en cada nuevo período de la historia, y la continua actividad de refinar y hacer más precisa la comprensión de la iglesia en cuanto a puntos detallados de interpretación de versículos individuales o asuntos de doctrina o ética. Aunque la Biblia puede no parecer muy grande en comparación a la vasta cantidad de literatura en el mundo, es un tesoro rico de sabiduría de Dios que supera en valor a todos los demás libros que jamás se han

---

[5]No es mi intención sugerir que la actividad de interpretar la Biblia se debe hacer en forma individualista: Dios a menudo usa los escritos de otros o el consejo personal de otros para capacitarnos para entender correctamente su palabra. El principal punto es que cualquiera que sea el medio, y primordialmente mediante la lectura de la Biblia por sí mismos, los creyentes deben esperar que Dios los capacitará para entender apropiadamente las enseñanzas de la Biblia.

escrito. El proceso de relacionar sus varias enseñanzas entre sí, sintetizarlas, y aplicarlas a cada nueva generación, es una tarea grandemente satisfactoria que jamás quedará completa en esta edad. Todo erudito que ama profundamente la palabra de Dios pronto se dará cuenta de que hay en la Biblia mucho más de lo que se puede aprender en toda una vida.

3. Pueden *defender* las enseñanzas de la Biblia contra ataques de parte de otros eruditos o de los que tienen educación técnica especializada. El papel de enseñar la Palabra de Dios a veces también incluye corregir falsas enseñanzas. Uno debe poder no sólo «exhortar a otros con la sana doctrina» sino también «refutar a los que se opongan» (Tit 1:9; cf. 2 Ti 2:25: «humildemente, debe corregir a los adversarios»; y Tit 2:7-8). A veces los que atacan las enseñanzas bíblicas tienen educación especializada y conocimiento técnico en cuestiones históricas, lingüísticas o filosóficas, y usan esa educación para lanzar ataques bastante sofisticados contra las enseñanzas de la Biblia. En tales casos, creyentes con destrezas especializadas similares pueden usar su educación para entender y responder a tales ataques. Tal capacitación también es muy útil para responder a las falsas enseñanzas de sectas y religiones falsas. Esto no es decir que los creyentes sin capacitación especializada no pueden responder a la enseñanza falsa (porque la mayoría de la falsa enseñanza la puede refutar claramente el creyente que ora y tiene un buen conocimiento de la Biblia en su idioma), sino más bien que los puntos técnicos en la argumentación los pueden contestar solamente los que tienen destreza en los aspectos técnicos que se traen a colación.

4. Pueden *suplementar* el estudio de la Biblia para beneficio de la iglesia. Los eruditos bíblicos a menudo tienen educación que los capacita para relacionar las enseñanzas de la Biblia con la rica historia de la iglesia, y hacer la interpretación de la Biblia más precisa y su significado más vívido con mayor conocimiento de los idiomas y culturas en que fue

Estas cuatro funciones benefician a la iglesia como un todo, y todos los creyentes deben estar agradecidos a los que las realizan. Sin embargo, estas funciones *no* incluyen el derecho de decidir por la iglesia como un todo cuál es la doctrina verdadera o falsa, o cuál es la conducta apropiada en una situación difícil. Si tal derecho fuera privilegio de los eruditos bíblicos con educación formal, estos se convertirían en una élite gobernante de la iglesia, y la función ordinaria del gobierno de la iglesia según se describe en el Nuevo Testamento cesaría. El proceso de toma de decisiones para la iglesia se debe dejar a los oficiales de la iglesia, sean eruditos o no (y, en la forma congregacional de gobierno eclesiástico, no sólo a los oficiales sino también a los miembros de la iglesia como un todo).[6]

PREGUNTAS PARA APLICACIÓN PERSONAL

1. Si la doctrina de la claridad de la Biblia es cierta, ¿por qué parece haber tanto desacuerdo entre creyentes en cuanto a enseñanzas de la Biblia? Observando la diversidad de interpretaciones de la Biblia, algunos concluyen: «La gente puede hacer que la Biblia diga lo que quieren que diga». ¿Cómo piensa usted que Jesús hubiera respondido a esta afirmación?

---

[6]Vea la explicación de las varias formas de gobierno eclesiástico en el capítulo 47, pp. 939-37.

2. ¿Qué le sucedería a la iglesia si la mayoría de los creyentes dejarán de leer la Biblia por sí mismos y sólo escucharan a sus maestros bíblicos o leyeran libros en cuanto a la Biblia? Si usted pensara que sólo los eruditos expertos pueden entender la Biblia apropiadamente, ¿qué sería de su lectura personal de la Biblia? ¿Le ha sucedido esto en alguna medida en su vida o en la vida de conocidos suyos?

3. ¿Piensa usted que hay interpretaciones correctas y erradas de la mayoría de los pasajes de la Biblia? Si usted pensara que la Biblia es generalmente confusa, ¿cómo cambiaría su respuesta? ¿Afectaría una convicción en cuanto a la claridad de la Biblia el cuidado que usted pone al estudiar un pasaje bíblico? ¿Afectaría eso la manera en que usted acude a la Biblia al tratar de obtener una respuesta bíblica a algún problema difícil doctrinal o moral?

4. Si incluso profesores de seminarios tienen desacuerdos en cuanto a ciertas enseñanzas bíblicas, ¿pueden otros creyentes tener alguna esperanza de arribar a alguna decisión correcta sobre esa enseñanza? (Explique su respuesta). ¿Piensa usted que personas comunes entre los judíos en el tiempo de Jesús tuvieron dificultades para decidir si creerle a Jesús o a los expertos eruditos que discrepaban con él? ¿Esperaba Jesús que ellos pudieran decidir?

5. ¿Cómo puede un pastor predicar sermones basados en la Biblia cada domingo sin dar la impresión de que sólo personas con educación de seminario (como él mismo) pueden interpretar correctamente la Biblia? ¿Piensa usted que sería bueno que alguna vez, en una controversia doctrinal o ética, un erudito bíblico hablara en una iglesia y basara sus principales argumentos en significados especiales de palabras griegas o hebreas que los mismos miembros de la iglesia no pueden evaluar ni llegar a conclusiones propias? ¿Hay alguna manera apropiada de que un erudito use tal conocimiento técnico en sus escritos o conferencias populares?

6. Algunos dirigentes de la iglesia en tiempo de Martín Lutero decían que querían mantener la Biblia en latín para evitar que el pueblo común la leyera y la interpretara mal. Evalúe este argumento. ¿Por qué piensa usted que Martín Lutero tenía tanto anhelo de traducir la Biblia al alemán? ¿Por qué, a su manera de ver, los dirigentes de la iglesia en siglos pasados habían perseguido e incluso matado a hombres: como Guillermo Tyndale en Inglaterra, que estaban traduciendo la Biblia al lenguaje del pueblo? ¿Por qué la tarea de traducir la Biblia a otros idiomas es tan importante como parte de la obra misionera?

7. ¿Significa la doctrina de la claridad de la Biblia que el Nuevo Testamento lo pueden entender plenamente personas que no tienen acceso al Antiguo Testamento?

TÉRMINOS ESPECIALES

claridad de la Biblia

exégesis

hermenéutica

perspicuidad

BIBLIOGRAFÍA

(Para una explicación de esta bibliografía vea la nota sobre la bibliografía en el capítulo 1, p. 40. Datos bibliográficos completos se pueden encontrar en las páginas 1298-1307.)

Secciones en Teologías Sistemáticas Evangélicas

1. Anglicana (episcopal)
   - 1882-92   Litton (ningún tratamiento explícito)
2. Arminiana (wesleyana o metodista)
   - 1875-76   Pope, 1:223-30
   - 1983   Carter, 2:747-67
3. Bautista
   - 1767   Gill, 30-32
   - 1976-83   Henry, 4:272-367
   - 1983-85   Erickson, 253-56
4. Dispensacional
   - 1947   Chafer, 1:105-19
   - 1986   Ryrie, 110-18
5. Luterana
   - 1917-24   Pieper, 1:319-30, 359-70
   - 1934   Mueller, 138-41
6. Refomada (o presbiteriana)
   - 1861   Heppe, 33-41
   - 1871-73   Hodge, 1:183-90
   - 1938   Berkhof, *Intro.* 167

Secciones en Teologías Sistemáticas Católicas Romanas Representativas

(ningún tratamiento específico)

Otras obras

En esta sección he incluido varias obras sobre el desarrollo de mayores destrezas en la interpretación bíblica, incluyendo tres obras útiles por autores no evangélicos (una de Barr y dos de Hirsch).

Barr, James. *The Semantics of Biblical Language*. SCM, Oxford University Press, Londres, 1961.

Berkhof, Louis. *Principles of Biblical Interpretation*. Baker, Grand Rapids, 1950.

Carson, D. A. *Exegetical Fallacies*. Baker, Grand Rapids, 1984.

Dockery, David S. *Biblical Interpretation Then and Now: Contemporary Hermeneutics in the Light of the Early Church*. Baker, Grand Rapids, 1992.

Fee, Gordon D., y Douglas Stuart. *How to Read the Bible for All Its Worth*. Zondervan, Grand Rapids, 1982.

Hirsch, E.D., Jr. *The Aims of Interpretation*. Chicago, University of Chicago Press, 1976.

_____. *Validity in Interpretation*. Yale University Press, New Haven y Londres, 1967.

Hubbard, Robert L., William W. Klein, y Craig L. Blomberg. *Introduction to Biblical Interpretation*. Word Books, Waco, Texas, 1993.

Inch, Morris A., y C. Hassell Bullock, eds. *The Literature and Meaning of Scripture*. Baker, Grand Rapids, 1981.

Kaiser, Walter C., Jr. *Toward an Exegetical Theology*. Baker, Grand Rapids, 1982.

Marshall, I. Howard, ed. *New Testament Interpretation: Essays on Principles and Methods*. Eerdmans, Grand Rapids, 1977.

McCown, Wayne, y James Earl Massey, eds. *Interpreting God's Word for Today: An Inquiry Into Hermeneutics From a Biblical Theological Perspective*. *Wesleyan Theological Perspectives vol. 2*. Warner Press, Anderson, Ind. 1982.

McKnight, Scot, ed. *Introducing New Testament Interpretation*. Baker, Grand Rapids, 1990.

_____. *Interpreting the Synoptic Gospels*. Baker, Grand Rapids, 1988.

Mickelsen, A. Berkeley. *Interpreting the Bible*. Eerdmans, Grand Rapids, 1963.

Osborne, Grant R. *The Hermeneutical Spiral: A Comprehensive Introduction to Biblical Interpretation*. Intervarsity Press, Downers Grove, Ill., , 1992.

Packer, J.I. «Infallible Scripture and the Role of Hermeneutics». En *Scripture and Truth*. Ed. por D. A. Carson y John Woodbridge. Zondervan, Grand Rapids, 1983, pp. 325-56.

_____. «Scripture». En *NDT* pp. 627-31.

Ramm, Bernard. *Protestant Biblical Interpretation*. 3ª ed. Baker, Grand Rapids, 1970.

Schultz, Samuel J., y Morris A. Inch, eds. *Interpreting the Word of God*. Festschrift in Honor of Steven Barabas. Moody, Chicago, 1976.

Silva, Moisés. *Biblical Words and Their Meanings*. Zondervan, Grand Rapids, 1983.

_____. *Has the Church Misread the Bible? The History of Interpretation in the Light of Contemporary Issues*. Zondervan, Grand Rapids, 1987.

Sire, James. *Scripture Twisting: Twenty Ways the Cults Misread the Bible*. InterVarsity Press, Downers Grove, Ill., 1980.

Sproul, R.C. *Knowing Scripture*. Intervarsity Press, Downers Grove, Ill., 1977.

Thiselton, Anthony C. *New Horizons in Hermeneutics: The Theory and Practice of Transforming Biblical Reading*. Zondervan, Grand Rapids, 1992.

_____. *The Two Horizons: New Testament Hermeneutics and Philosophical Description*. Eerdmans, Grand Rapids, 1980.

PASAJE BÍBLICO PARA MEMORIZAR

Deuteronomio 6:6-7: *Grábate en el corazón estas palabras que hoy te mando. Incúlcaselas continuamente a tus hijos. Háblales de ellas cuando estés en tu casa y cuando vayas por el camino, cuando te acuestes y cuando te levantes.*

HIMNO

«Los cielos anuncian tus obras»

Este himno, basado en el Salmo 19 nos recuerda, especialmente en la segunda y tercera estrofas, muchas de las cualidades excelentes de las Escrituras, y entre ellas el hecho en que fueron escritas con claridad: "El testimonio de Jehová es fiel, que hace sabio al sencillo."

Los cielos anuncian tus obras, Señor,
La gloria y potencia de su Creador;
El día y la noche levantan su voz,
Y en toda la tierra alaban a Dios.
Oh Dios, tu palabra es fiel y veraz;
A los que la guardan da gozo y paz.
Tus leyes perfectas y límpidas son;
Tu sabiduría dan al corazón.

Tus juicios excelsos son mucho mejor
Que oro o joyas de grande valor;
Aun miel que destila del rico panal
No tiene dulzura que sea igual.

Que cada palabra que expresa mi voz,
Las meditaciones de mi corazón,
A ti sean gratas, te imploró, Señor,
Mi Roca eterna y mi Redentor.

BASADO EN EL SALMO 19, ADAPT. ESTEBAN SYWULKA B.
(TOMADO DE CELEBREMOS SU GLORIA, # 271).

Capítulo 7

Las cuatro características de las Escrituras: (3) Necesidad

¿Para qué es necesaria la Biblia? ¿Cuánto pueden las personas saber de Dios sin la Biblia?

¿Necesitamos tener la Biblia, o tener alguien que nos diga lo que la Biblia dice, a fin de saber que Dios existe? ¿La necesitamos para saber que somos pecadores que necesitan salvación? ¿La necesitamos para saber cómo hallar la salvación? ¿La necesitamos para conocer la voluntad de Dios en cuanto a nuestra vida? Preguntas como estas son las que una investigación de la necesidad de la Biblia intenta contestar.

EXPLICACIÓN Y BASE BÍBLICA

La necesidad de la Biblia se puede definir como sigue: *Tener necesidad de la Biblia quiere decir que necesitamos la Biblia para conocer el evangelio, para mantener la vida espiritual y para conocer la voluntad de Dios, pero no la necesitamos para saber que Dios existe ni para saber algo en cuanto al carácter de Dios y sus leyes morales.*

Esa definición ahora se puede explicar en sus varias partes.[1]

A. La Biblia es necesaria para conocer el evangelio

En Romanos 10:13-17 Pablo dice:

Porque «todo el que invoque el nombre del Señor será salvo». Ahora bien, ¿cómo invocarán a aquel en quien no han creído? ¿Y *cómo creerán en aquel de quien no han oído?* ¿Y cómo oirán si no hay quien les predique? … Así que *la fe viene como resultado de oír el mensaje,* y el mensaje que se oye es la palabra de Cristo.

Esta afirmación sigue la siguiente línea de razonamiento: (1) Primero, da por sentado que uno debe invocar el nombre del Señor para ser salvo. (En el uso paulino generalmente y en este contexto específico [vea v. 9], «el Señor» se refiere al

---

[1]Como indican secciones subsiguientes, cuando esta definición dice que la Biblia es necesaria para ciertas cosas, no quiero implicar que en realidad sea necesario un ejemplar impreso de la Biblia para cada persona, porque algunos oyen la Biblia leída en voz alta u oyen a otros que les dicen algo del contenido de la Biblia. Pero incluso estas comunicaciones orales del contenido de la Biblia se basa en la existencia de ejemplares escritos de la Biblia a los cuales otros tienen acceso.

Señor Jesucristo). (2) Una persona sólo puede invocar el nombre de Cristo si cree en él (es decir, que él es un Salvador digno de invocar y que responderá a los que le invocan). (3) Nadie puede creer en Cristo a menos que haya oído de él. (4) Nadie puede oír de Cristo a menos que alguien le hable de Cristo (un «predicador»). (5) La conclusión es que la fe que salva viene por el oír (es decir, por oír el mensaje del evangelio), y este oír el mensaje del evangelio viene mediante la predicación de Cristo. La implicación parece ser que sin oír la predicación del evangelio de Cristo nadie puede ser salvo.[2]

Este pasaje es uno de los varios que muestran que la salvación eterna viene sólo mediante la creencia en Cristo y no hay otro camino. Hablando de Cristo, Juan 3:18 dice: «El que cree en él no es condenado, pero *el que no cree ya está condenado* por no haber creído en el nombre del Hijo unigénito de Dios». De manera similar, en Juan 14:6 Jesús dice: «Yo soy el camino, la verdad y la vida. Nadie llega al Padre sino por mí».

Pedro, cuando lo llevaron ante el sanedrín, dijo: «*En ningún otro hay salvación,* porque no hay bajo el cielo otro nombre dado a los hombres mediante el cual podamos ser salvos» (Hch 4:12). Por supuesto, la exclusividad de la salvación por Cristo se debe a que Jesús es el único que murió por nuestros pecados y el único que pudo haberlo hecho. Pablo dice: «Porque *hay un solo Dios y un solo mediador entre Dios y los hombres, Jesucristo hombre, quien dio su vida como rescate por todos*» (1 Ti 2:5-6). No hay otra manera de reconciliarnos con Dios que por medio de Cristo, porque no hay otra manera de lidiar con la culpa de nuestros pecados ante un Dios santo.[3]

Pero si las personas solo pueden salvarse por fe en Cristo, alguien pudiera preguntar cómo los creyentes bajo el antiguo pacto podían salvarse. La respuesta debe ser que los que se salvaron bajo el antiguo pacto también se salvaron mediante la fe en Cristo, aunque su fe fue una fe que miraba hacia adelante basada en la Palabra de Dios que prometía el advenimiento de un Mesías o un Redentor. Hablando de creyentes del Antiguo Testamento como Abel, Enoc, Noé, Abraham y Sara, el autor de Hebreos dice: «*Todos ellos vivieron por la fe,* y murieron sin haber recibido las cosas prometidas; más bien, *las reconocieron a lo lejos ...*» (Heb 11:13). El mismo capítulo pasa a decir que Moisés «consideró que el oprobio *por causa del Mesías* (o Cristo) era una mayor riqueza que los tesoros de Egipto, porque tenía la mirada puesta en la recompensa» (Heb 11:26). Y Jesús puede decir de Abraham: «Abraham, el padre de ustedes, se regocijó al pensar que vería mi día; *y lo vio* y se alegró» (Jn 8:56). Esto, de nuevo, evidentemente se refiere a la alegría de Abraham al mirar hacia adelante al día del Mesías prometido. De este modo, incluso los creyentes del Antiguo Testamento tuvieron fe salvadora en Cristo, a quien miraban

---

[2]Alguien podría objetar que el versículo que sigue, Ro 10:18, al citar Sal 19:4: «por toda la tierra resuena su eco, sus palabras llegan hasta los confines del mundo», implica que toda persona en todas partes ya ha oído el mensaje del evangelio el mensaje de Cristo. Pero en el contexto del Salmo 19 el versículo 4 sólo habla del hecho de que la creación natural, especialmente los cielos, proclaman la gloria de Dios y la grandeza de su actividad creadora. No hay pensamiento aquí de la proclamación de salvación por medio de Cristo. La idea de que toda persona en toda parte haya oído el evangelio de Cristo mediante la revelación natural sería contraria a las actividades misioneras de Pablo.

[3]Sobre la cuestión de si es justo que Dios condene a los que nunca han oído de Cristo, vea la explicación en el capítulo 19, pp. 402-3, y capítulo 32, pp. 682-83.

por delante, no con el conocimiento exacto de los detalles históricos de la vida de Cristo, sino con gran fe en la absoluta confiabilidad de la promesa de Dios.

La Biblia es necesaria para la salvación, entonces, en este sentido: uno debe o bien leer el mensaje del evangelio en la Biblia por uno mismo, u oírlo de otra persona. Incluso los creyentes que llegaron a la salvación en el antiguo pacto lo hicieron confiando en las palabras de Dios con que prometió un Salvador.

Es más, estas repetidas instancias de personas que confiaron en las *palabras* de la promesa de Dios, junto con los versículos mencionados arriba que afirman la necesidad de oír de Cristo y creer en él, parecen indicar que los pecadores necesitan más sobre qué apoyar su fe que simplemente una idea intuitiva de que Dios tal vez pudiera proveer un medio de salvación. Parece que el único cimiento suficiente firme para apoyar uno la fe es la *palabra* misma de Dios (sea hablaba o escrita). Esto, en los tiempos más antiguos vino en una forma muy breve, pero desde el mismo principio tenemos evidencia de *palabras* de Dios que prometían la salvación que vendría, palabras en las que confiaron los que Dios llamó a sí mismo.

Por ejemplo, incluso en la vida de Adán y Eva hay palabras de Dios que señalan hacia una salvación futura; en Génesis 3:15 la maldición a la serpiente incluye una promesa de que la simiente de la mujer (uno de sus descendientes) aplastaría la cabeza de la serpiente pero él mismo caería herido en el proceso, promesa que un día se cumplió en Cristo. El hecho de que los dos primeros hijos de Adán y Eva, Caín y Abel, ofrecieron sacrificios al Señor (Gn 4:3-4) indica que tenían conciencia de la necesidad de hacer algún tipo de pago por sus pecados y de la promesa de Dios de aceptar los sacrificios que ofrecieran de manera apropiada. Génesis 4:7: «Si hicieras lo bueno, podrías andar con la frente en alto» expresa de nuevo de manera breve palabras de Dios en que ofrecía algún tipo de salvación al que confiara en la promesa de Dios. Conforme progresaba la historia del Antiguo Testamento, las palabras de Dios que expresaban promesas se iban haciendo cada vez más específicas, y la fe del pueblo de Dios que miraba hacia delante se fue haciendo cada vez más definida. Sin embargo, siempre parece haber habido una fe apoyada específicamente en las *palabras* del mismo Dios.

Así que, aunque más adelante se argumentará que aparte de la Biblia las personas pueden saber que Dios *existe* y pueden saber algo de sus *leyes*, parece que no hay posibilidad de llegar a tener *una fe que salva* aparte del conocimiento específico de las palabras de la promesa de Dios.

B. La Biblia es necesaria para mantener la vida espiritual

Jesús dijo en Mateo 4:4 (citando Dt 8:3): «No sólo de pan vive el hombre, sino de toda palabra que sale de la boca de Dios». Aquí Jesús indica que nuestra vida espiritual se mantiene mediante la alimentación diaria con la Palabra de Dios, tal como nuestra vida física se mantiene por la nutrición diaria con alimento físico. Descuidar la lectura regular de la palabra de Dios es perjudicial para la salud del alma, así como descuidar el alimento físico es perjudicial para la salud de nuestro cuerpo.

De modo similar, Moisés le dice al pueblo de Israel la importancia de las palabras de Dios para la vida: «Porque no son palabras vanas para ustedes, sino que de ellas *depende su vida; por* ellas vivirán mucho tiempo en el territorio que van a poseer al otro lado del Jordán» (Dt 32:47); y Pedro anima a los creyentes a quienes les escribe diciéndoles: «Deseen con ansias la leche pura de la palabra, como niños recién nacidos. Así, por medio de ella, crecerán en su salvación» (1 P 2:2). La «leche pura de la palabra» en este contexto se debe referir a la Palabra de Dios de la cual Pedro ha estado hablando (vea 1 P 1:23-25). La Biblia, entonces, es necesaria para mantener la vida espiritual y para el crecimiento en la vida cristiana.

C. La Biblia es necesaria para el conocimiento certero de la voluntad de Dios

Más adelante se explicará que toda persona que jamás ha nacido tiene *algún* conocimiento de la voluntad de Dios mediante su conciencia. Pero este conocimiento a menudo es indistinto y no puede dar certeza. A decir verdad, si *no* hubiera palabra de Dios escrita, *no podríamos* tener certeza en cuanto a la voluntad de Dios por otros medios tales como la conciencia, el consejo de otros, el testimonio interno del Espíritu Santo, circunstancias cambiantes, y el uso de razonamiento santificado y sentido común. Todo esto puede darnos una aproximación a la voluntad de Dios en maneras más o menos confiables, pero de estos medios por sí solos no se puede lograr ninguna certeza en cuanto a la voluntad de Dios, por lo menos en un mundo caído en donde el pecado distorsiona nuestra percepción del bien y el mal, inserta razonamiento defectuoso en nuestro proceso de pensamiento, y nos hace suprimir de tiempo en tiempo el testimonio de nuestra conciencia (cf. Jer 17:9; Ro 2:14-15; 1 Co 8:10; Heb 5:14; 10:22; también 1 Ti 4:2; Tit 1:15).

En la Biblia, sin embargo, tenemos afirmaciones claras y definitivas en cuanto a la voluntad de Dios. Dios no nos ha revelado todas las cosas, pero sí nos ha revelado lo suficiente para que sepamos su voluntad: «Lo secreto le pertenece al Señor nuestro Dios, pero *lo revelado nos pertenece a nosotros y a nuestros hijos para siempre, para que obedezcamos todas las palabras de esta ley»* (Dt 29:29). Como fue en el tiempo de Moisés, así lo mismo con nosotros ahora: Dios nos ha revelado sus palabras para que podamos obedecer sus leyes y por consiguiente hacer su voluntad. Los que son «intachables» ante Dios son «los que andan conforme a la ley del Señor» (Sal 119:1). El hombre «dichoso» es el que no sigue la voluntad de los malos (Sal 1:1), sino que se deleita «en la ley del Señor», y medita en la ley de Dios «día y noche» (Sal 1:2). Amar a Dios (y por lo tanto actuar de una manera que le agrade a él) es «guardar sus mandamientos» (1 Jn 5:3). Para tener conocimiento cierto de la voluntad de Dios, entonces, debemos procurarlo mediante el estudio de la Biblia.

De hecho, en cierto sentido se puede afirmar que la Biblia es necesaria para conocimiento cierto de cualquier cosa. El filósofo pudiera argumentar como sigue: El hecho de que no lo sepamos todo requiere que no tengamos certeza en cuanto a todo lo que afirmamos saber. Esto es porque cualquier dato que nos es ahora desconocido pudiera aflorar y demostrar que lo que habíamos pensado que era verdad en realidad es falso. Por ejemplo, pensamos que sabemos nuestra fecha de nacimiento, nuestro nombre, nuestra edad, etcétera. Pero debemos reconocer que es posible que algún día pudiéramos hallar que nuestros padres nos dieron información falsa y nuestro conocimiento «cierto» es incorrecto. Respecto a los acontecimientos que personalmente hemos experimentado, todos nos damos cuenta cómo es posible que «recordemos» palabras o acontecimientos incorrectamente y que más tarde nos veamos corregidos por información más precisa. Podemos por lo general tener más certeza en cuanto a acontecimientos de nuestra experiencia presente, en tanto y en cuanto siga siendo presente (pero incluso eso, alguien pudiera aducir, pudiera ser un sueño, ¡y descubriremos eso sólo cuando nos despertemos!). En cualquier caso, es difícil responder a la pregunta del filósofo: Si no tenemos *todos* los datos sobre el universo, pasados, presentes y futuros, ¿cómo podemos vamos a tener la *certeza*de que tenemos la información correcta acerca de algún dato?

En última instancia hay sólo dos soluciones posibles a este problema: (1) debemos adquirir todos los datos del universo a fin de estar seguros de que ningún dato que se pudiera descubrir subsiguientemente demuestre que nuestras ideas presentes son falsas; o (2) alguien que *en efecto* tiene todos los datos del universo, y que nunca miente, pudiera ofrecernos algunos datos verdaderos para que podamos tener la seguridad que jamás serán contradichos.

Esta segunda solución es, en verdad, lo que tenemos en las palabras de Dios en la Biblia. Dios sabe todos los datos que siempre han existido y los que van a existir; y este Dios que es omnisciente (todo lo sabe) tiene conocimiento absoluto; no puede haber ningún dato que él no conozca ya; y por eso, nunca podrá haber nada que demuestre que algo que Dios piensa es falso. Es de esta infinita bodega de conocimientos ciertos de lo que Dios, que nunca miente, nos ha hablado en la Biblia, en la cual nos ha dicho muchas cosas verdaderas en cuanto a sí mismo, en cuanto a nosotros mismos y en cuanto al universo que él hizo. Jamás podrá aparecer ningún dato que contradiga la verdad que haya dicho este Ser omnisciente.

Por tanto, es apropiado que tengamos *más certeza* en cuanto a las verdades que leemos en la Biblia que en cuanto a cualquier otro conocimiento que tengamos. Si vamos a hablar de grados de certeza del conocimiento que tenemos, el conocimiento que obtenemos de la Biblia tendría el grado más alto de certeza; si la palabra «cierto» se puede aplicar a alguna clase de conocimiento humano, se puede aplicar a este conocimiento.[4]

---

[4]Esta afirmación da por sentado que nos hemos convencido de que la Biblia es en verdad las mismas palabras de Dios, y que hemos entendido correctamente por lo menos algunas porciones de la Biblia. Sin embargo, en este punto, la doctrina de la claridad de la Biblia que se consideró en el capítulo previos nos asegura que podemos entender correctamente las enseñanzas de la Biblia, y el testimonio abrumador de la Biblia de su propia autoría divina (que se consideran en los capítulos arriba respecto a las diferentes formas de la palabra de Dios y en cuanto a la autoridad de la Biblia), hecha persuasiva en nosotros por la obra del Espíritu Santo, nos convence de la autoría divina de la Biblia. En este sentido el argumento se convierte no tanto en circular como algo como una espiral en el que cada sección de la doctrina de la Biblia refuerza a la otra y ahonda nuestra persuasión de la veracidad de otras secciones de la doctrina de la Biblia. Por este proceso nuestra persuasión de que la Biblia es la palabra de Dios, que es verdad, que es clara, y que el conocimiento cierto que obtenemos de ella es cierto, se vuelve más y más fuerte mientras más estudiamos y reflexionamos en ella.

Podemos, por supuesto, hablar de grados de certeza que podríamos obtener respecto al hecho de que la Biblia es la palabra de Dios, y grados de certeza de que nuestra interpretación de alguna de sus enseñanzas de la Biblia es correcta. Luego, desde el punto de vista de la experiencia personal del individuo, podríamos decir que nuestra certeza de la corrección del conocimiento que tenemos de la Biblia crece en proporción a nuestra certeza en cuanto al carácter exhalado por Dios y claridad de la Biblia.

Sin embargo, desde el punto de vista teológico, si empezamos con un acuerdo de que la Biblia es exhalada por

Este concepto de la certeza del conocimiento que obtenemos de la Biblia entonces nos da una base razonable para afirmar la corrección de mucho del resto del conocimiento que tengamos. Leemos la Biblia y hallamos que su concepto del mundo que nos rodea, de la naturaleza humana y de nosotros mismos corresponde estrechamente con la información que hemos obtenido de nuestras propias experiencias sensoriales en el mundo que nos rodea. Así que nos sentimos animados a confiar en nuestras experiencias sensoriales del mundo que nos rodea; nuestras observaciones corresponden con la verdad absoluta de la Biblia; por consiguiente, nuestras observaciones también son ciertas y, en general, confiables. Tal confianza en la confiabilidad general de las observaciones hechas con nuestros ojos y oídos queda confirmada adicionalmente por el hecho de que es Dios quien hizo estas facultades y que en la Biblia frecuentemente nos anima a usarlas (compare también Pr 20:12: «Los oídos para oír y los ojos para ver: ¡hermosa pareja que el Señor ha creado!»).

De esta manera el creyente que toma la Biblia como Palabra de Dios escapa del escepticismo filosófico en cuanto a la posibilidad de obtener conocimiento cierto con nuestras mentes finitas. En este sentido, entonces, es correcto decir que para las personas que no son omniscientes, la Biblia es necesaria para tener conocimiento cierto de cualquier cosa.

Este hecho es importante para la explicación que sigue, en donde afirmamos que los que no creen *pueden* saber algo en cuanto a Dios partiendo de la revelación general que se ve en el mundo que los rodea. Aunque esto es verdad, debemos reconocer que en un mundo caído el conocimiento que se obtiene por observación del mundo siempre es imperfecto y siempre proclive a error o interpretación errada. Por consiguiente, el conocimiento de Dios y la creación que se obtiene de la Biblia se debe usar para interpretar correctamente la creación que nos rodea. Usando los términos teológicos que definiremos más abajo, podemos decir que necesitamos revelación especial para interpretar correctamente la revelación general.[5]

D. Pero la Biblia no es necesaria para saber que Dios existe

¿Qué de los que no leen la Biblia? ¿Pueden ellos obtener algún conocimiento de Dios? ¿Pueden saber algo en cuanto a las leyes de Dios? Sí; sin la Biblia algún conocimiento de Dios es posible, aun si no es conocimiento absolutamente cierto.

Los seres humanos pueden obtener cierto conocimiento *de que Dios existe* y cierto conocimiento de *algunos de sus atributos* simplemente observándose a sí mismos y el mundo que los rodea. David dice: «*Los cielos cuentan la gloria de Dios, el firmamento proclama la obra de sus manos*» (Sal 19:1). Mirar el firmamento es ver evidencia del poder infinito, sabiduría e incluso belleza de Dios; es observar un testigo majestuoso de la gloria de Dios. De manera similar, Bernabé y Pablo les hablaron a los habitantes griegos de Listra en cuanto al Dios viviente que hizo los cielos y la tierra: «En épocas pasadas él permitió que todas las naciones siguieran su

---

Dios y que en efecto entendemos sus enseñanzas (por lo menos sus enseñanzas principales) correctamente, entonces es apropiado decir que el conocimiento que obtenemos de la Biblia es más cierto que cualquier otro conocimiento que tengamos.

[5]Vea en las pp. 122–23 definiciones de la revelación general y revelación especial.

propio camino. Sin embargo, *no ha dejado de dar testimonio de sí mismo* haciendo el bien, dándoles lluvias del cielo y estaciones fructíferas, proporcionándoles comida y alegría de corazón» (Hch 14:16-17). Las lluvias y las estaciones fructíferas, la comida que produce la tierra, y la alegría de corazón de las personas dan todas testimonio del hecho de que su Creador es un Dios de misericordia, de amor e incluso de alegría. Estas evidencias de Dios están en toda la creación que nos rodea para que las vean los que están dispuestos a verlas.

Incluso aquellos que en su maldad suprimen la verdad no pueden evadir las evidencias de la existencia y naturaleza de Dios en el orden creado:

> Lo que se puede conocer acerca de Dios es evidente para ellos, pues él mismo se lo ha revelado. Porque desde la creación del mundo las cualidades invisibles de Dios, es decir, su eterno poder y su naturaleza divina, se perciben claramente a través de lo que él creó, de modo que nadie tiene excusa. A pesar de haber conocido a Dios, no lo glorificaron como a Dios ni le dieron gracias, sino que se extraviaron en sus inútiles razonamientos, y se les oscureció su insensato corazón (Ro 1:19-21).

Aquí Pablo dice no sólo que la creación da evidencia de la existencia y carácter de Dios, sino que también incluso los perversos reconocen esa evidencia. Lo que se puede saber de Dios «es evidente para ellos» y en verdad «a pesar de haber conocido a Dios» (evidentemente, sabían quién era Dios), «no lo glorificaron como a Dios ni le dieron gracias». Este pasaje nos permite decir que toda persona, incluso la más perversa, tiene algún conocimiento interno o percepción de que Dios existe y de que es un Creador poderoso. Este conocimiento se ve «a través de lo que él creó», frase que se refiere a toda la creación. Sin embargo es probable que al ver a los seres humanos creados a imagen de Dios —es decir, al verse a sí mismos y a otras personas— que incluso los perversos ven la grandiosa evidencia de la existencia y naturaleza de Dios.[6]

Así que, incluso sin la Biblia, toda las personas que han existido han tenido evidencia en la creación de que Dios existe, que es el Creador y ellas son sus criaturas, y también han tenido alguna evidencia del carácter de Dios. Como resultado, ellas mismos han sabido algo en cuanto a Dios partiendo de esta evidencia (aunque nunca se dice que este sea un conocimiento que pueda llevarlos a la salvación).

E. Es más, la Biblia no es necesaria para saber algo en cuanto al carácter de Dios y sus leyes morales

En Romanos 1 Pablo pasa a mostrar que incluso los que no creen que no tienen registro escrito de las leyes de Dios tienen en la conciencia algún entendimiento de las demandas morales de Dios. Hablando de una larga lista de pecados («envidia, homicidios, contiendas, engaños»), Pablo dice que los malos que las practican,

---

[6]El teólogo suizo Karl Barth (1886-1968) negaba que el hombre natural pueda saber algo de Dios mediante la revelación general que se halla en la naturaleza, pero insistía en que el conocimiento de Dios puede venir sólo mediante un conocimiento de la gracia de Dios en Cristo. Su rechazo radical de la revelación natural no ha ganado aceptación general; descansa en una noción improbable de Ro 1:21 se refiere a un conocimiento de Dios en teoría pero no de hecho.

«Saben bien que, según el justo decreto de Dios, quienes practican tales cosas merecen la muerte; sin embargo, no sólo siguen practicándolas sino que incluso aprueban a quienes las practican» (Ro 1:32). Los malos saben que su pecado es un mal, por lo menos en gran medida.

Pablo entonces habla de la actividad de la conciencia en los gentiles que no tienen la ley escrita:

> De hecho, cuando los gentiles, que no tienen la ley, cumplen por naturaleza lo que la ley exige, ellos son ley para sí mismos, aunque no tengan la ley. Éstos muestran *que llevan escrito en el corazón lo que la ley exige*, como lo atestigua su conciencia, pues sus propios pensamientos algunas veces los acusan y otras veces los excusan (Ro 2:14-15).

La conciencia de los que no creen les da testimonio de las normas morales de Dios, pero a veces esta evidencia de la ley de Dios en el corazón de los que no creen es distorsionada o se suprime.[7] Algunos de sus pensamientos los «acusan» y a veces sus pensamientos los «excusan», dice Pablo. El conocimiento de las leyes de Dios derivado de tales fuentes nunca es perfecto, pero es suficiente para dar conciencia de las demandas morales de Dios a toda la humanidad. (Es sobre esta base que Pablo afirma que todo ser humano es culpable ante Dios por el pecado, incluso los que no tienen las leyes de Dios escritas en la Biblia.)

El conocimiento de la existencia, carácter y ley moral de Dios, que viene por creación a toda la humanidad, a menudo se llama *«revelación general»* (porque viene a toda persona en general).[8] La revelación general viene al observar la naturaleza, al ver a Dios influyendo directamente en la historia, y mediante el sentido interno de la existencia de Dios y sus leyes que él ha colocado dentro de todo ser humano. La revelación general es distinta de la *«revelación especial»* que se refiere a las palabras de Dios dirigidas a personas específicas, tales como las palabras de la Biblia, las palabras de los profetas del Antiguo Testamento y los apóstoles del Nuevo Testamento, y las palabras de Dios dichas en discurso personal, tales como en el monte Sinaí o el bautismo de Jesús.[9]

La revelación especial incluye todas las palabras de la Biblia, pero no se limita a las palabras de la Biblia, porque también incluye, por ejemplo, muchas palabras de Jesús que no están registradas en la Biblia, y probablemente hubo muchas palabras

---

[7]La conciencia de los no creyentes es suprimida o se endurece en varios aspectos de moralidad, dependiendo de las influencias culturales y circunstancias personales. Una sociedad caníbal, por ejemplo, tendrá muchos miembros cuya conciencia está endurecida y es insensible respecto al mal del homicidio, en tanto que la sociedad estadounidense, por ejemplo, exhibe muy poca sensibilidad de conciencia respecto al mal de falsedad en el habla, o falta de respeto por la autoridad de los padres, o por la inmoralidad sexual. Es más, individuos que cometen repetidamente un cierto pecado a menudo hallan que los aguijonazos de la conciencia disminuyen con el tiempo; un ladrón puede sentirse muy culpable después de su primer o segundo robo, pero sentir escasa culpa después de haber robado veinte veces. El testimonio de la conciencia todavía está allí en cada caso, pero lo suprime la maldad repetida.

[8]Para una amplia consideración de la historia de la doctrina de la revelación general y su base en la Biblia, vea Bruce Demarest, General Revelation (Zondervan, Grand Rapids, 1982); vea también la excelente consideración de esta doctrina en Gordon R. Lewis y Bruce A. Demarest, Integrative Theology 1:59–91.

[9]Vea en el capítulo 2, pp. 48–50, una consideración de las palabras de Dios en habla personal, las palabras de Dios dichas por labios humanos, y las palabras de Dios en la Biblia, todo lo cual cae en la categoría de revelación especial.

dichas por los profetas del Antiguo Testamento y los apóstoles del Nuevo Testamento que tampoco están anotadas en la Biblia.

La verdad de que toda persona sabe algo de las leyes morales de Dios es una gran bendición para la sociedad, porque si no las supieran no habría ningún freno social para el mal que las personas harían y ningún freno de parte de su conciencia. Pero debido a que hay algún conocimiento común del bien y del mal, los creyentes a menudo pueden hallar mucho consenso con los que no son cristianos en cuestiones de ley civil, normas de la comunidad, ética comercial básica y actividad profesional, y patrones aceptables de conducta en la vida ordinaria. Es más, podemos apelar al sentido de bien dentro del corazón de las personas (Ro 2:14) al intentar lograr que se emitan mejores leyes o que se descarten leyes malas, o enderezar algunas de las injusticias en la sociedad que nos rodea. El conocimiento de la existencia y carácter de Dios también provee una base de información que permite que el evangelio tenga sentido en el corazón y la mente del que no es creyente; los que no creen saben que Dios existe y que han roto sus normas, así que las noticias de que Cristo murió para pagar por sus pecados deben ser verdaderamente *buenas noticias* para ellos.

Sin embargo, se debe martillar que la Biblia en ninguna parte indica que alguien pueda conocer el evangelio, o saber el camino de salvación, mediante la revelación general. Las personas pueden saber que Dios existe, que es su Creador, que le deben obediencia, y que han pecado contra él. La existencia de sistema de sacrificios en religiones primitivas en toda la historia atestigua el hecho de que las personas pueden saber estas cosas claramente aparte de la Biblia. Las repetidas «lluvias y temporadas fructíferas» mencionadas en Hechos 14:17 pueden incluso guiar a algunos a razonar que Dios no sólo es santo y justo sino también de un Dios amoroso y perdonador. Pero cómo la *santidad y la justicia* de Dios se puede jamás reconciliar con su *disposición para perdonar pecados* es un misterio que jamás ha sido resuelto por ninguna religión aparte de la Biblia. Tampoco la Biblia nos da ninguna esperanza de que de alguna manera se le pueda descubrir aparte de la revelación específica de Dios. Es la gran maravilla de nuestra redención que Dios mismo ha provisto el camino de salvación al enviar a su propio Hijo, que es a la vez Dios y hombre, para que sea nuestro representante y lleve la pena de nuestro pecado, combinando así la justicia y el amor de Dios en un acto infinitamente sabio y de gracia asombrosa. Este hecho, que parece tan común al oído cristiano, no debe perder su asombro para nosotros; jamás podría haberlo concebido el hombre aparte de la revelación especial y verbal de Dios.

Es más, incluso si alguno que sigue una religión primitiva pudiera pensar que Dios de alguna manera *debe haber* pagado él mismo la pena de nuestros pecados, tal pensamiento sería solamente una especulación extraordinaria. Jamás podría sostenerse con suficiente certeza como para que fuera base en la cual apoyar fe que salva, a menos que Dios mismo confirmara con sus propias palabras tal especulación, es decir, las palabras del evangelio proclamando bien que eso en verdad iba a suceder (si la revelación vino en el tiempo antes de Cristo) o que ya ha sucedido (si la revelación vino en tiempo después de Cristo). La Biblia nunca considera la especulación humana aparte de la Palabra de Dios como suficiente base en la cual *decir* que esa es fe que salva. La fe que salva, según la Biblia, siempre es la confianza en Dios que se apoya en la veracidad de las propias palabras de Dios.[10]

PREGUNTAS PARA APLICACIÓN PERSONAL

1. Cuando usted le está testificando a uno que no es creyente, ¿qué es lo que usted querría por sobre todo lo demás que esa persona lea? ¿Conoce usted a alguien que alguna vez llegó a ser creyente sin haber leído la Biblia o haber oído que alguien le decía lo que la Biblia dice? ¿Cuál es, entonces la tarea primordial del misionero evangelizador? ¿Cómo debe la necesidad de la Biblia afectar nuestra orientación misionera?

2. ¿Alimenta usted su alma con el alimento espiritual de la Palabra tan cuidadosa y diligentemente como alimenta su cuerpo con alimento físico? ¿Qué nos hace tan insensibles espiritualmente que sentimos el hambre física más intensamente que el hambre espiritual? ¿Cuál es el remedio?

3. Al buscar activamente la voluntad de Dios, ¿en dónde deberíamos pasar la mayor parte de nuestro tiempo y esfuerzo? En la práctica, ¿en dónde pasa usted la mayor parte de su tiempo y esfuerzo al buscar la voluntad de Dios? ¿Le parece alguna vez que los principios de Dios en la Biblia están en conflicto con lo que parece ser la dirección que recibimos de sentimientos, conciencia, consejo, circunstancias, razonamiento humano o la sociedad? ¿Cómo debemos tratar de resolver el conflicto?

4. ¿Es tarea inútil esforzarnos por legislación civil basada en normas que estén de acuerdo con los principios morales de Dios que señala la Biblia? ¿Por qué hay buena razón para esperar que a la larga podremos persuadir a una gran mayoría de nuestra sociedad que adopte leyes congruentes con las normas bíblicas? ¿Qué podría estorbar este esfuerzo?

TÉRMINOS ESPECIALES

necesidad de la Biblia   revelación general
revelación especial   revelación natural

BIBLIOGRAFÍA

(Para una explicación de esta bibliografía vea la nota sobre la bibliografía en el capítulo 1, p. 40. Datos bibliográficos completos se pueden encontrar en las páginas 1298-1307.)

Secciones en Teologías Sistemáticas Evangélicas

1. Anglicana (episcopal)
    1882-92   Litton (ningún tratamiento explícito)

---

[10]En el Nuevo Testamento también debemos notar que se dice que es específicamente la palabra de Dios que es el agente que Dios usa para dar vida espiritual al ser humano (Stg 1:18; 1P 1:23).

        1930   Thomas, 258-60
2. Arminiana (wesleyana o metodista)
        1983   Carter, 1:288-89
3. Bautista
        1767   Gill, 1:32-36
        1976-83 Henry, 1:17-29; 2:91-123; 4:494-522; 6:360-69
        1983-85 Erickson, 153-74
        1987-94 Lewis/Demarest, 1:59-92
4. Dispensacional
        1947   Chafer, 1:48-60
5. Luterana
        1934   Mueller, 90-98
6. Reformada (o presbiteriana)
        1559   Calvin, 1:69-74, 838-49 (1.6; 3.19.6-16)
        1724-58 Edwards, 2:479-85
        1861   Heppe, 31-33
        1871-73 Hodge, 1:18-60, 364-65
        1878   Dabney, 64-78
        1938   Berkhof, *Intro.*, 128-33; 165-66
7. Renovada (o carismática o pentecostal)
        1988-92 Williams, 33-36, 239-41

Secciones en Teologías Sistemáticas Católicas Romanas Representativas

1. Católica Romana: tradicional
        1955   Ott (ningún tratamiento explícito)
2. Católica Romana: Post Vaticano II
        1980   McBrien, 1:151-61; 245-81

Otras obras

Berkouwer, G.C. *General Revelation.* (No se da nombre de traductor) Eerdmans, Grand Rapids, 1955.

Demarest, Bruce A. *General Revelation.* Zondervan, Grand Rapids, 1982.

_____. «Revelation, General». En *EDT* pp. 944-45.

Henry, Carl F.H. «Revelation, Special». En *EDT* pp. 945-48.

Kuyper, Abraham. *Principles of Sacred Theology.* Trad. por J. H. de Vries. Eerdmans, Grand Rapids, 1968, pp. 341-405 (originalmente publicada como *Encyclopedia of Sacred Theology* en 1898).

Packer, J. I. «Scripture». En NDT pp. 627-31.

Van Til, Cornelius. *Common Grace and the Gospel.* Presbyterian and Reformed, Nutley, N.J. 1973.

_____. *In Defense of the Faith* vol. 1: *The Doctrine of Scripture.* den Dulk Christian Foundation, Ripon, Calif., 1967, pp. 1-15.

_____. *In Defense of the Faith* vol. 5: *An Introduction to Systematic Theology.* Presbyterian and Reformed, Phillipsburg, N.J. 1976, pp. 62-109.

PASAJE BÍBLICO PARA MEMORIZAR

Mateo 4:4: *Jesús le respondió: «Escrito está: "No sólo de pan vive el hombre, sino de toda palabra que sale de la boca de Dios"».*

HIMNO

«Buscad primero»

Buscad primero el reino de Dios
Y su perfecta justicia,
Y lo demás añadido será.
Aleluya, Aleluya.

No sólo de pan el hombre vivirá,
Sino de toda palabra
Que sale de la boca de Dios.
Aleluya, Aleluya.

Pedid, pedid, y se os dará;
Buscad y hallaréis
Llamad, llamad y la puerta se abrirá.
Aleluya, Aleluya.

AUTOR ANÓNIMO (TOMADO DEL HIMNARIO BAUTISTA, # 373)

Este canto moderno, en su segunda estrofa («No sólo de pan el hombre vivirá») es una cita de Mateo 4:4 y expresa la necesidad que tenemos de la Biblia para mantener nuestra vida espiritual: vivimos de toda palabra que sale de la boca de Dios. Las demás estrofas del canto no hablan directamente de la doctrina de la necesidad de la Biblia, pero sí contienen las palabras de la invitación del evangelio. Toda las estrofas son citas directas de la Biblia, y, como tales, serán alimento espiritual para nosotros al cantarlas y meditar en ellas.

Capítulo 8

Las cuatro características de las Escrituras: (4) Suficiencia

¿Es la Biblia suficiente para saber lo que Dios quiere que pensemos y hagamos?

EXPLICACIÓN Y BASE BÍBLICA

¿Debemos buscar otras palabras de Dios además de las que tenemos en la Biblia? La doctrina de la suficiencia de la Biblia considera este asunto.

A. Definición de la suficiencia de la Biblia

Podemos definir la suficiencia de la Biblia como sigue: *La suficiencia de la Biblia quiere decir que la Biblia contiene todas las palabras de Dios que él quería que su pueblo tuviera en cada etapa de la historia de la redención, y que ahora contiene todo lo que necesitamos que Dios nos diga para salvación, para confiar en él perfectamente y para obedecerle perfectamente.*

Esta definición hace énfasis en que es solo en la Biblia donde debemos buscar las palabras de Dios para nosotros. También nos recuerda que Dios considera que lo que nos ha dicho en la Biblia es suficiente para nosotros, y que debemos regocijarnos en la estupenda revelación que nos ha dado y estar contentos con ella.

Significativo respaldo bíblico y explicación de esta doctrina se halla en las palabras de Pablo a Timoteo: «Desde tu niñez conoces las Sagradas Escrituras, *que pueden darte la sabiduría necesaria para la salvación* mediante la fe en Cristo Jesús» (2 Ti 3:15). El contexto muestra que «las Sagradas Escrituras» aquí significan las palabras escritas de la Biblia (2 Ti 3:16). Esto es una indicación de que las palabras de Dios que tenemos en la Biblia son todas las palabras de Dios que necesitamos a fin de ser salvos; estas palabras pueden hacernos sabios «para la salvación». Esto lo confirman otros pasajes que hablan de las palabras de la Biblia como los medios que Dios usa para llevarnos a la salvación (Stg 1:18; 1 P 1:23).

Otros pasajes indican que la Biblia es suficiente para equiparnos para vivir la vida cristiana. Pablo de nuevo le escribe a Timoteo: «Toda la Escritura es inspirada por Dios y útil para enseñar, para reprender, para corregir y para instruir en la justicia, *a fin de que el siervo de Dios esté enteramente capacitado para toda buena obra*» (2 Ti 3:16-17).

Aquí Pablo indica que un propósito por el cual Dios hizo que se escribiera la Biblia fue capacitarnos para que podamos estar «enteramente capacitado para toda buena obra». Si hay alguna «buena obra» que Dios quiere que el creyente haga, este pasaje indica que Dios ha hecho provisión en su palabra para capacitar al creyente para eso. Así que no hay ninguna «buena obra» que Dios quiera que hagamos aparte de las que se enseñan en alguna parte en la Biblia; ella puede capacitarnos para *toda* buena obra.

Una enseñanza similar se halla en el Salmo 119: «Dichosos los que van por caminos *perfectos, los que andan conforme a la ley del Señor*» (v. 1). Este versículo muestra un equivalente entre ser «perfectos» y «andar conforme a la ley del Señor»; los que son perfectos son los que andan en la ley del Señor. Aquí de nuevo tenemos una indicación de que todo lo que Dios requiere de nosotros consta en su palabra escrita; simplemente hacer todo lo que la Biblia nos ordena es ser intachables a los ojos de Dios.

Para ser moralmente perfectos a los ojos de Dios, entonces, ¿qué debemos hacer además de lo que Dios nos ordena en la Biblia? ¡Nada! ¡Nada en absoluto! Si guardamos las palabras de la Biblia seremos «perfectos» y estaremos haciendo «toda buena obra» que Dios espera de nosotros.

B. Podemos buscar todo lo que Dios ha dicho sobre temas en particular, y podemos hallar respuestas a nuestras preguntas

Por supuesto, nos damos cuenta de que nunca obedeceremos perfectamente toda la Biblia en esta vida (vea Stg 3:2; 1 Jn 1:8-10; y el cap. 24, más adelante). Así que al principio pudiera parecer que no es muy significativo decir que todo lo que tenemos que hacer es lo que Dios nos ordena en la Biblia, puesto que nunca podremos obedecerla en su totalidad en esta vida. Pero la verdad de la suficiencia de la Biblia es de gran significación para nuestra vida cristiana, porque nos capacita para *enfocar* nuestra búsqueda de las palabras de Dios para nosotros sólo en la Biblia y nos ahorra la interminable tarea de buscarlas en todos los escritos de los cristianos en toda la historia, o en toda las enseñanzas de la iglesia, o en todos los sentimientos e impresiones subjetivas que vienen a nuestra mente día tras día,[1] a fin de hallar lo que Dios requiere de nosotros. En un sentido muy práctico quiere decir que podemos arribar a conclusiones claras sobre muchas enseñanzas de la Biblia. Por

---

[1]Esto no tiene la intención de implicar que las impresiones subjetivas de la voluntad de Dios son inútiles o que se deban ignorar. Eso sugeriría una noción casi deísta de que Dios (no) interviene en las vidas de sus hijos y una noción más bien mecánica o impersonal de su dirección. Dios puede usar, y en efecto usa, impresiones subjetivas de su voluntad para recordarnos y animarnos, y a menudo para impulsar nuestros pensamientos en la dirección apropiada en muchas decisiones rápidas que tomamos todo el día; y es la Biblia en sí misma la que nos dice en cuanto a estos factores subjetivos en la dirección (vea Hch 16:6-7; Ro 8:9, 14, 16; Gá 5:16-18, 25). Sin embargo estos versículos sobre la suficiencia de la Biblia nos enseñan que tales impresiones subjetivas pueden tan sólo *recordarnos* normas morales que ya están en la Biblia, o traer a la mente hechos que nosotros (por lo menos en teoría) podríamos haber sabido o sabíamos de otra manera; nunca pueden añadir a los mandamientos de la Biblia, o reemplazar la Biblia para definir cuál es la voluntad de Dios, o ser igual a la Biblia en autoridad en nuestras vidas.

Debido a que personas de toda clase de tradiciones cristianas han cometido serios errores cuando se han sentido confiados de que Dios les estaba «guiando los» a tomar una decisión en particular, es importante recordar que, excepto en donde un pasaje explícito de la Biblia se aplica directamente a una situación, nunca podemos tener el ciento por ciento de certeza en esta vida de que sabemos cuál es la voluntad de Dios en una situación. Podemos tener sólo grados variados de confianza en diferentes situaciones. Aunque nuestra capacidad para discernir la voluntad de Dios debe aumentar conforme crecemos en la madurez cristiana, inevitablemente cometeremos algunos errores. Respecto a esto he hallado útil una frase de Edmund Clowney: «El grado de certeza que tenemos respecto a la voluntad de Dios en una situación es directamente proporcional al grado de claridad que tenemos en cuanto a cómo la palabra de Dios se aplica a la situación» (de una conversación personal, noviembre 1992).

ejemplo, aunque requiere algo de trabajo, es posible hallar todos los pasajes bíblicos que son directamente pertinentes al tema del matrimonio y divorcio, o las responsabilidades de los padres para con los hijos, o las relaciones entre el creyente y el gobierno civil.

Esta doctrina significa, aún más, que es posible compilar todos los pasajes que se relacionan directamente con asuntos doctrinales como la expiación, o la persona de Cristo, o la obra del Espíritu Santo en la vida del creyente hoy. En estas y cientos de otras cuestiones morales y doctrinales, la enseñanza bíblica en cuanto a la suficiencia de la Biblia nos da confianza de que *podremos hallar* lo que Dios nos exige que pensemos y hagamos en estas cuestiones. En muchas de estas cuestiones podemos lograr confianza de que nosotros, junto con la vasta mayoría de la iglesia a través de la historia, hemos hallado y formulado correctamente lo que Dios quiere que pensemos o hagamos. Dicho en forma sencilla, la doctrina de la suficiencia de la Biblia nos dice que es posible estudiar teología sistemática y ética, y hallar respuestas a nuestras preguntas.

En este punto diferimos de los teólogos católicos romanos, que dirían que no hemos hallado todo lo que Dios nos dice en cuanto a un tema en particular mientras no hayamos escuchado la enseñanza oficial de la iglesia en toda su historia. Nosotros responderíamos que aunque la historia de la iglesia puede ayudarnos a *entender* lo que Dios nos dice en la Biblia, jamás en la historia de la iglesia Dios ha *añadido* a las enseñanzas o mandamientos de la Biblia; en ninguna parte en la historia de la iglesia fuera de la Biblia Dios ha *añadido* algo que nos exija que creamos o hagamos. La Biblia es suficiente para equiparnos para «toda buena obra», y andar en sus caminos es ser «perfectos» a los ojos de Dios.

En este punto también diferimos de los teólogos no evangélicos que no están convencidos de que la Biblia es la Palabra de Dios en un sentido único y absolutamente autoritativo, y que por consiguiente buscarían no sólo en la Biblia sino también en muchos otros de los primeros escritos cristianos en un esfuerzo por hallar no tanto *lo que Dios le dijo* a la humanidad sino más bien *lo que muchos cristianos iniciales experimentaron* en su relación con Dios. Ellos no esperarían llegar a una sola conclusión unificada en cuanto a lo que Dios quiere que pensemos o hagamos respecto a un asunto en particular, sino descubrir una variedad de opiniones y puntos de vista compilados alrededor de ideas principales unificadoras. Todos los puntos de vista sostenidos por los primeros cristianos en alguna de las primeras iglesias serían potencialmente puntos de vista válidos para que los cristianos los sostengan hoy también. A esto replicaríamos que nuestra búsqueda de respuestas a cuestiones teológicas y éticas no es una búsqueda para saber lo que varios creyentes han pensado en la historia de la iglesia, sino una búsqueda para hallar y entender lo que Dios mismo nos dice en sus propias palabras, que se hallan en la Biblia y sólo en la Biblia.

C. La cantidad de Escrituras dadas fue suficiente en cada etapa de la historia de la redención

La doctrina de la suficiencia de la Biblia no implica que *Dios* no pueda añadir otras palabras a las que ya le ha dicho a su pueblo. Más bien implica que *el hombre* no puede añadir por iniciativa propia otras palabras a las que Dios ya ha dicho. Todavía más, implica que de hecho *Dios no le ha dicho* a los seres humanos ninguna otra palabra que nos exija que creamos u obedezcamos aparte de las que ya tenemos ahora en la Biblia.

Este punto es importante, porque nos ayuda a entender cómo Dios pudo decirle a su pueblo que sus palabras para ellos eran suficientes en muchos puntos diferentes en la historia de la redención, y cómo él pudo no obstante añadir otras palabras más adelante. Por ejemplo, en Deuteronomio 29:29 Moisés dice: «Lo secreto le pertenece al Señor nuestro Dios, pero lo revelado nos pertenece a nosotros y a nuestros hijos para siempre, para que obedezcamos todas las palabras de esta ley».

Este versículo nos recuerda que Dios siempre ha tomado la iniciativa para revelarnos cosas. Él ha decidido qué revelar y qué no revelar. En cada etapa de la historia de la redención, lo que Dios había revelado era para su pueblo en ese tiempo, y ellos debían estudiar, creer y obedecer esas cosas. Con progreso ulterior en la historia de la redención, se añadieron más palabras de Dios que registraban e interpretaban esa historia (vea el capítulo 3 respecto al desarrollo del canon).

De este modo, al tiempo de la muerte de Moisés los primeros cinco libros de nuestro Antiguo Testamento fueron suficientes para el pueblo de Dios en ese tiempo. Pero Dios dirigió a autores posteriores para añadir más de modo que las Escrituras fueran suficientes para los creyentes en tiempos subsiguientes. Para los cristianos de hoy, las palabras de Dios que tenemos en el Antiguo y Nuevo Testamentos juntos son suficientes para nosotros durante la edad de la iglesia. Después de la muerte, resurrección y ascensión de Cristo, y la fundación de la iglesia primitiva según se registra en el Nuevo Testamento, y la compilación de los libros del canon del Nuevo Testamento, no ha tenido lugar ningún otro acto central redentor de Dios en la historia (actos que tienen pertinencia directa para todo el pueblo de Dios en el futuro), y por consiguiente no nos ha sido dada ninguna otra palabra de Dios para registrar esos actos e interpretárnoslos.

Esto quiere decir que podemos citar pasajes bíblicos de todo el canon para mostrar que el principio de la suficiencia de la revelación de Dios a su pueblo en cada momento en particular ha seguido siendo el mismo. En este sentido, estos versículos que hablan en cuanto a la suficiencia de la Biblia en periodos anteriores también se aplican directamente a nosotros, aunque el tamaño de la Biblia ahora es mayor que el tamaño de las Escrituras a que se referían en su escenario original. Los siguientes pasajes bíblicos, pues, se aplican a nosotros también en ese sentido:

No añadan ni quiten palabra alguna a esto que yo les ordeno. Más bien, cumplan los mandamientos del Señor su Dios (Dt 4:2).

Cuídate de poner en práctica todo lo que te ordeno, *sin añadir ni quitar nada* (Dt 12:32).

Toda palabra de Dios es digna de crédito; Dios protege a los que en él buscan refugio. *No añadas nada a sus palabras,* no sea que te reprenda y te exponga como a un mentiroso (Pr 30:5-6).

A todo el que escuche las palabras del mensaje profético de este libro le advierto esto: *Si alguno le añade algo,* Dios le añadirá a él las plagas descritas en este libro. Y si alguno quita palabras de este libro de profecía, Dios le quitará su parte del árbol de la vida y de la ciudad santa, descritos en este libro (Ap 22:18-19).[2]

D. Aplicaciones prácticas de la suficiencia de las Escrituras

La doctrina de la suficiencia de Escrituras tiene varias aplicaciones prácticas a nuestra vida cristiana. La siguiente lista tiene el propósito de ser útil pero no exhaustiva.

1. La suficiencia de la Biblia debe animarnos al tratar de descubrir lo que Dios quisiera que *pensemos* (en cuanto a algún asunto doctrinal en particular) o que *hagamos* (en una situación en particular). Debemos sentirnos animados porque *todo* lo que Dios quiere decirnos respecto a ese asunto se halla en la Biblia. Esto no quiere decir que la Biblia responda a todas las preguntas que podamos concebir, porque «Lo secreto le pertenece al Señor nuestro Dios» (Dt 29:29); pero sí significa que cuando nos vemos frente a un problema de importancia genuina en nuestra vida cristiana, podemos acercarnos a la Biblia con la confianza de que en ella Dios nos proveerá dirección en ese problema.

Habrá, por supuesto, ocasiones cuando la respuesta que hallamos es que la Biblia no dice nada directamente sobre nuestra pregunta. (Este sería el caso, por ejemplo, si tratamos de hallar en la Biblia cuál es el «orden del culto» que debemos seguir los domingos por la mañana, o si es mejor arrodillarse o tal vez ponerse de pie cuando oramos, o a qué hora debemos servirnos nuestras comidas durante el día, etc.). En esos casos, podemos concluir que Dios no nos exige que pensemos o que actuemos de cierta manera respecto a ese asunto (excepto, tal vez, en términos de principios más generales respecto a nuestras actitudes y metas). Pero en muchos otros casos hallaremos dirección directa y clara del Señor para capacitarnos para «toda buena obra» (2 Ti 3:17).

Conforme avanzamos en la vida, la práctica frecuente de buscar en la Biblia dirección resultará en una capacidad creciente de hallar respuestas precisas, formuladas cuidadosamente, a nuestros problemas y preguntas. El crecimiento a lo largo de la vida en la comprensión de la Biblia incluirá, pues, crecimiento en la habilidad de entender apropiadamente las enseñanzas de la Biblia y aplicarlas a cuestiones específicas.

2. La suficiencia de la Biblia nos recuerda que *no debemos añadirle nada a la Biblia* y que *no debemos darle a otro escrito igual valor que a la Biblia.* Casi toda religión falsa o secta viola este principio. Los mormones, por ejemplo, aducen creer en la Biblia, pero también conceden autoridad divina a *El Libro de Mormón.* Los que siguen la Ciencia Cristiana similarmente aducen creer en la Biblia, pero en la práctica consideran que el libro *Ciencia y salud con clave a la Biblia* por Mary Baker Eddy, está a la par de la Biblia y por encima de ella en autoridad. Puesto que estas afirmaciones

---

[2]La referencia primaria de este versículo es por supuesto al libro de Apocalipsis mismo, pero su colocación aquí al mismo final del único libro que podría venir como último en el canon del Nuevo Testamento difícilmente puede ser accidental. De este modo, una aplicación secundaria de este versículo al canon por entero no parece inapropiada (vea la explicación en el capítulo 3, pp. 64-65).

violan los mandamientos de Dios de no añadir a sus palabras, no debemos pensar que en estos escritos se pueda hallar alguna palabra adicional de Dios para nosotros. Incluso en iglesias cristianas a veces se comete un error similar cuando hay quienes van más allá de lo que la Biblia dice y afirman con gran confianza ideas nuevas en cuanto a Dios, o el cielo, basando su enseñanza no en la Biblia sino en su propia especulación o incluso en experiencias que aducen de haber muerto y haber regresado a la vida.

3. La suficiencia de la Biblia también nos dice que *Dios no nos exige que creamos nada en cuanto a sí mismo o su obra redentora que no se halla en la Biblia.* Entre los escritos de la época de la iglesia primitiva hay algunas colecciones de dichos que supuestamente dijo Jesús y que no fueron preservados en los Evangelios. Es probable que por lo menos algunos de estos «dichos de Jesús» que se halla en esos escritos sean en realidad registros precisos de cosas que Jesús en efecto dijo (aunque ahora para nosotros es imposible determinar con algún alto grado de probabilidad cuáles serían esos dichos). Pero en realidad no importa para nada en nuestra vida cristiana que jamás leamos alguno de esos dichos, porque Dios ha hecho que se anote en la Biblia todo lo que necesitamos saber de las palabras y obras de Jesús a fin de confiar en él y obedecerle perfectamente. Aunque estas colecciones de dichos tienen algún valor limitado en la investigación lingüística y tal vez para el estudio de la historia de la iglesia cristiana, no tienen ningún valor directo para nosotros para aprender lo que debemos creer en cuanto a la vida y enseñanzas de Cristo, o para formular nuestras convicciones doctrinales y éticas.

4. La suficiencia de la Biblia nos muestra que *no debemos colocar ninguna revelación moderna de Dios en nivel igual de autoridad al de la Biblia.* En varias ocasiones en toda la historia de la iglesia, y particularmente en el movimiento carismático moderno, ha habido quienes han aducido que Dios ha dado revelaciones por medio de ellos para beneficio de la iglesia. Sin embargo, como quiera que evaluemos tales afirmaciones,[3] debemos tener cuidado de nunca permitir (ni en teoría ni en la práctica) que se coloquen tales revelaciones a igual nivel que la Biblia.[4] Debemos insistir en que Dios no nos exige que creamos nada en cuanto a sí mismo o su obra en el mundo que esté contenido en esas revelaciones pero no en la Biblia; y debemos insistir que Dios no nos exige que creamos u obedezcamos ninguna directiva moral que nos venga mediante tales medios pero que la Biblia no confirma. La Biblia contiene todo lo que necesitamos que Dios nos diga para confiar en él y obedecerle perfectamente.[5]

También se debe notar en este punto que siempre que han surgido desafíos a la suficiencia de la Biblia en forma de otros documentos que se pretende colocar

---

[3]Vea capítulo 52, pp. 1039-42, sobre la posibilidad de algua clase de revelación de Dios continuando hoy cuando el canon ya está cerrado, y especialmente el capítulo 53, pp. 1049-61, sobre el don de profecía.

[4]De hecho, los portavoces más responsables del movimiento carismático moderno parecen concordar en general con esta precaución: vea Wayne Grudem, *The Gift of Prophecy in the New Testament and Today* (Kingsway, Eastbourne, England, y Crossway Westchester, Ilal, 1988), pp. 110-12; 245-50.

[5]No quiero implicar en este punto que estoy adoptando una noción «cesacionista» de los dones espirituales (es decir, la noción que sostiene que ciertos dones, tales como la profecía y hablar en lenguas, cesaron cuando los apóstoles murieron). Sólo quiero en este punto afirmar que hay un peligro al concederles, explícita o incluso implícitamente, a estos dones un status que efectivamente cuestiona la autoridad o la suficiencia de la Biblia en las vidas de los creyentes. Una explicación más detallada de estos dones se da en el capítulo 53, abajo, y en *The Gift of Prophecy in the New Testament and Today* (vea n. 4 arriba).

junto a la Biblia (sea de literatura cristiana extrabíblica del primer siglo o de las enseñanzas acumuladas de la Iglesia Católica Romana, o de libros de sectas como el *Libro de Mormón*), el resultado siempre ha sido (1) restarle énfasis a las enseñanzas de la Biblia misma y (2) empezar a enseñar algunas cosas que son contrarias a la Biblia. Este es un peligro respecto al cual la iglesia siempre debe estar consciente.

5. Con respecto a vivir la vida cristiana, la suficiencia de la Biblia nos recuerda que *nada es pecado si no está prohibido por la Biblia bien sea explícitamente o por implicación.* Andar en la ley de Dios es ser «perfecto» (Sal 111:1). Por consiguiente no debemos añadir prohibiciones a las que ya se indican en la Biblia. De tiempo en tiempo puede haber situaciones en las que podría estar mal, por ejemplo, que el creyente tome café o Coca-Cola, o que vaya al cine, o que coma carne ofrecida a los ídolos (vea 1 Co 8—10), pero a menos que se pueda mostrar alguna enseñanza específica o algún principio general de la Biblia que prohíba estas cosas (o cualquier otra actividad) para todos los creyentes, de todos los tiempos, debemos insistir que estas actividades no son pecado en sí mismas y que Dios no prohíbe esas cosas en toda situación para su pueblo.[6]

Este es también un principio importante porque siempre hay en los creyentes una tendencia a empezar a descuidar la búsqueda diaria regular en la Biblia de dirección y empezar a vivir según un conjunto de reglas escritas o tácitas (o tradiciones denominacionales) respecto a lo que uno hace o no hace en la vida cristiana.

Es más, siempre que añadimos algo a la lista de pecados que prohíbe la Biblia misma, se le hace daño a la iglesia y a la vida de los creyentes como individuos. El Espíritu Santo no dará poder para la obediencia a reglas que no tienen aprobación de Dios en la Biblia, ni tampoco los creyentes en general hallarán deleite en la obediencia a mandamientos que no están de acuerdo con las leyes de Dios escritas en sus corazones. En algunos casos los creyentes pueden repetida y fervientemente suplicarle a Dios «victoria» sobre supuestos pecados que en realidad no son pecados de ninguna manera, y sin embargo no se les dará ninguna «victoria», porque la actitud o acción en cuestión no es un pecado y no desagrada a Dios. Gran desaliento en la oración y frustración en la vida cristiana puede ser generalmente el resultado.

En otros casos lo que resulta es la desobediencia continuada o incluso creciente a estos nuevos «pecados», junto con un falso sentido de culpa y alejamiento de Dios. A menudo surge una creciente insistencia rígida y legalista a estas nuevas

---

[6]Por supuesto, sociedades humanas tales como naciones, iglesias, familias, etc., pueden formular reglas de conducta en cuanto sus propios asuntos (tales como «Los niños en esta familia no pueden ver televisión por la noche los días de clases»). En la Biblia no se puede hallar ninguna regla así, ni tampoco es probable que tal regla se pudiera demostrar por implicación partiendo de los principios bíblicos. Sin embargo Dios exige la obediencia a estas reglas porque la Biblia nos dice que debemos estar sujetos a las autoridades gobernantes (Ro 13:1-7; 1 P 2:13—3:6; et al.). Una negación de la suficiencia de la Biblia ocurrirá sólo si alguien intenta dar a la regla una aplicación generalizada fuera de la situación en la que debe funcionar apropiadamente («Ningún miembro de nuestra iglesia debe ver televisión por la noche en los días laborales» o «Ningún creyente debe ver televisión las noches de los días de trabajo»). En tales casos ya no sería una regla de conducta en una situación específica sino un mandamiento moral que evidentemente se pretende aplicar a todo creyente cualquiera que sea su situación. No estamos en libertad de añadir tales reglas a la Biblia o intentar imponerlas a todos los creyentes sobre los que tenemos influencia, ni tampoco la iglesia como un todo puede intentar hacer esto. (Aquí, de nuevo, la Iglesia Católica Romana diferiría y diría que Dios le da a la iglesia la autoridad para imponer reglas morales además de la Biblia, sobre todos los miembros de la iglesia).

reglas de parte de los que *en efecto* las siguen, y la comunión genuina entre los creyentes en la iglesia disminuye. A menudo la evangelización queda sofocada, porque la proclamación silenciosa del evangelio que resulta de la vida de los creyentes por lo menos *parecerá* (a los de afuera) que incluye el requisito adicional de que uno debe encajar en este patrón uniforme de vida a fin de llegar a ser miembro del cuerpo de Cristo.

Un claro ejemplo de tales adiciones a los mandamientos de la Biblia se halla en la oposición de la Iglesia Católica Romana a los métodos «artificiales» del control de nacimientos, oposición que no tiene ningún respaldo válido en la Biblia. El resultado ha sido una desobediencia ampliamente extendida, alejamiento y culpa falsa. Sin embargo es tal la propensión de la naturaleza humana a hacer tales reglas que probablemente se podría hallar otros ejemplos en tradiciones escritas o tácitas de casi cualquier denominación.

6. La suficiencia de la Biblia también nos dice que *Dios no nos exige nada que no esté ordenado en la Biblia explícitamente o por implicación.* Esto nos recuerda que el enfoque de nuestra búsqueda de la voluntad de Dios debe estar en la Biblia, antes que en buscar dirección mediante oración por circunstancias cambiadas o sentimientos alterados, o dirección directa del Espíritu Santo aparte de la Biblia. También quiere decir que si alguien *aduce* tener un mensaje de Dios diciéndonos lo que debemos hacer, nunca debemos dar por sentado que es pecado desobedecer tal mensaje a menos que pueda quedar confirmado por la aplicación de la misma Biblia a nuestra situación.

El descubrimiento de esta gran verdad podría dar tremenda alegría y paz a la vida de miles de creyentes que, gastando incontables horas procurando hallar la voluntad de Dios fuera de la Biblia, a menudo no tienen certeza de si la han hallado. Es más, muchos creyentes hoy tienen escasa confianza en su capacidad para descubrir la voluntad de Dios con algún grado de certeza. Así que hay escaso esfuerzo por hacer la voluntad de Dios (porque, ¿quién puede saberla?) y poco crecimiento en santidad delante de Dios.

Lo opuesto debería ser la verdad. Los creyentes que están convencidos de la suficiencia de la Biblia deberían empezar anhelantemente a buscar y hallar la voluntad de Dios en la Biblia. Deberían con anhelo y regularmente crecer en obediencia a Dios, y experimentar gran libertad y paz en la vida cristiana. Entonces podrían decir con el salmista:

> Por toda la eternidad
>   obedeceré fielmente tu ley.
>
> *Viviré con toda libertad,*
>   *porque he buscado tus preceptos. ...*
>
> *Los que aman tu ley disfrutan de gran bienestar,*
>   y nada los hace tropezar (Sal 119: 44-45, 165).

7. La suficiencia de la Biblia nos recuerda que en nuestra enseñanza doctrinal y ética debemos *hacer énfasis en lo que la Biblia hace énfasis y estar contentos con lo que Dios nos ha dicho en la Biblia.* Hay algunos temas respecto a los cuales Dios nos ha

dicho muy poco o nada en la Biblia. Debemos recordar que «lo secreto le pertenece al Señor nuestro Dios» (Dt 29:29) y que Dios nos ha revelado en la Biblia exactamente lo que consideró apropiado para nosotros. Debemos aceptar esto y no pensar que la Biblia es algo menos de lo que debería ser, ni empezar a desear que Dios nos hubiera dado mucha más información en cuanto a temas sobre los cuales hay muy pocas referencias bíblicas. Por supuesto, habrá algunas situaciones en las que nos vemos confrontados con un problema en particular que requiere gran atención, mucho más que el énfasis que recibe en la enseñanza de la Biblia. Pero esas situaciones deben ser relativamente infrecuentes y no deberían ser representativas del curso general de nuestras vidas o ministerios.

Es característica de muchas sectas martillar porciones o enseñanzas oscuras de la Biblia (uno piensa en el énfasis mormón en el bautismo por los muertos, tema que se menciona sólo en un versículo de la Biblia [1 Co 15:21], en una frase cuyo significado exacto ahora es evidentemente imposible de determinar con certeza). Pero un error similar lo cometió toda una generación de eruditos liberales del Nuevo Testamento en la primera parte del siglo pasado, que dedicaron la mayor parte de su vida académica a una búsqueda inútil de las fuentes «detrás» de nuestras narraciones presentes de los Evangelios o la búsqueda de los «auténticos» dichos de Jesús.

Desdichadamente, un patrón similar ha tenido lugar demasiado a menudo entre evangélicos dentro de varias denominaciones. Los asuntos doctrinales que han dividido a las denominaciones protestantes evangélicas entre sí casi uniformemente han sido asuntos sobre los cuales la Biblia pone relativamente poco énfasis, y asuntos en los cuales nuestras conclusiones se deben derivar de inferencia hábil mucho más que de afirmaciones bíblicas directas. Por ejemplo, ha habido o se han mantenido diferencias denominacionales respecto a la forma «apropiada» de gobierno de la iglesia, la exacta naturaleza de la presencia de Cristo en la Cena del Señor, la secuencia exacta de los eventos que rodearán el retorno de Cristo, el tipo de personas que se deben admitir en la cena del Señor, la manera en que Dios planeó que los méritos de la muerte de Cristo se apliquen a los creyentes y no a los que no creen, los candidatos apropiados para el bautismo, la correcta comprensión del «bautismo en el Espíritu Santo», etcétera.

No debemos decir que estos asuntos no tienen ninguna importancia, ni tampoco debemos decir que la Biblia no dé solución a ninguno de ellos (en verdad, con respecto a muchos de ellos se defenderá una solución específica en otros capítulos de este libro). Sin embargo, puesto que todos estos temas reciben *relativamente escaso énfasis directo en la Biblia* es irónico y trágico que dirigentes denominacionales a menudo dediquen gran parte de su vida a defender precisamente puntos doctrinales menores que hacen a sus denominaciones diferentes de otras. ¿Está realmente tal esfuerzo motivado por el deseo de lograr unidad de comprensión en la iglesia, o acaso pudiera brotar en alguna medida del orgullo humano, de un deseo de retener poder sobre otros, o de un intento de autojustificación, lo cual desagrada a Dios y a la larga no edifica para nada a la iglesia?

PREGUNTAS PARA APLICACIÓN PERSONAL

1. En el proceso de crecer en la vida cristiana y ahondar su relación con Dios, ¿aproximadamente cuanto énfasis ha puesto usted en la lectura de la Biblia misma y cuanto a leer otros libros cristianos? Al procurar saber la voluntad de Dios para su vida diaria, ¿cuál es el énfasis relativo que usted asigna a leer la Biblia misma o a leer otros libros cristianos? ¿Piensa usted que la doctrina de la suficiencia de la Biblia le hará poner más énfasis en leer la Biblia misma?

2. ¿Cuáles son algunos asuntos doctrinales o morales respecto a los cuales usted tiene preguntas? ¿Ha aumentado este capítulo su confianza en la capacidad de la Biblia para dar una respuesta clara a alguna de esas preguntas?

3. ¿Alguna vez ha querido que la Biblia dijera más de lo que dice respecto a algún tema? ¿O menos? ¿Qué piensa que motivó ese deseo? Después de leer este capítulo, ¿qué le diría usted a alguien que expresara tal deseo hoy? ¿Cómo se muestra la sabiduría de Dios en el hecho de que él escogió no hacer la Biblia ni mucho más larga ni mucho más corta de lo que es?

4. Si la Biblia contiene todo lo que necesitamos que Dios nos diga para obedecerle perfectamente, ¿cuál es el papel de lo siguiente para ayudarnos a hallar la voluntad de Dios por nosotros mismos: consejo de otros, sermones o clases bíblicas, nuestra conciencia, nuestros sentimientos, la dirección del Espíritu Santo al percibirle impulsando nuestros deseos internos e impresiones subjetivas, los cambios de circunstancias, el don de profecía (si usted piensa que puede existir hoy)?

5. A la luz de este capítulo, ¿cómo podría usted hallar la voluntad «perfecta» de Dios para su vida? ¿Es posible que podría haber más de una alternativa «perfecta» en muchas decisiones que tomamos? (Considere Sal 1:3 y 1 Co 7:39 al buscar la respuesta).

6. ¿Han habido ocasiones cuando usted ha entendido los principios de la Biblia lo suficiente respecto a una situación específica pero no ha sabido los hechos de la situación lo suficiente para saber cómo aplicar correctamente esos principios bíblicos? Al procurar saber la voluntad de Dios, ¿puede haber otras cosas que necesitamos saber excepto (a) la enseñanza de la Biblia y (3) los hechos de la situación en cuestión, junto con (c) habilidad para aplicar (a) a (b) correctamente? ¿Cuál es, entonces, el papel de la oración al buscar dirección? ¿Por qué cosas debemos orar?

TÉRMINOS ESPECIALES

perfecto
suficiencia de la Biblia

BIBLIOGRAFÍA

(Para una explicación de esta bibliografía vea la nota sobre la bibliografía en el capítulo 1, p. 40. Datos bibliográficos completos se pueden encontrar en las páginas 1298-1307.)

Secciones en Teologías Sistemáticas Evangélicas

1. Anglicana (episcopal)
   - 1930   Thomas, 120-23
2. Arminiana (wesleyana o metodista)
   - 1875-76   Pope, 1:206-9
   - 1983   Carter, 1:290-91
3. Bautista
   - 1767   Gill, 1:25-30
   - 1983-85   Erickson, 256-59
4. Dispensacional
   - 1947   Chafer, 1:60
5. Luterana
   - 1917-24   Pieper, 1:317-19
   - 1934   Mueller, 137-38
6. Reformada (o presbiteriana)
   - 1559   Calvin, 1:93-96 (1.9)
   - 1861   Heppe, 28-31
   - 1871-73   Hodge, 1:182-83
   - 1937-66   Murray, CELG *CW* 1:16-22; PC 11-26
   - 1938   Berkhof, *Intro*
7. Renovada (o carismática o pentecostal)
   - 1988-92   Williams, 1:43-44

Secciones en Teologías Sistemáticas Católicas Romanas Representativas

1. Católica Romana: tradicional
   - 1955   Ott (ningún tratamiento explícito)
2. Católica Romana: Post Vaticano II
   - 1980   McBrien, 1:62-77

Otras obras

Friesen, Garry, y J. Robin Maxson. *Decision Making and the Will of God.* Multnomah, Portland, Ore., 1981.

Packer, J. I. «Scripture». En *NDT* pp. 627-31.

Weeks, Noel. *The Sufficiency of Scripture.* Banner of Truth, Edimburgo y Carlisle, Pa. 1988.

PASAJE BÍBLICO PARA MEMORIZAR

Salmo 119:1: *Dichosos los que van por caminos perfectos, los que andan conforme a la ley del Señor.*

HIMNO

«¡Cuan firme cimiento!»

Pocos himnos, si acaso alguno, tratan específicamente de la suficiencia de la Biblia, tal vez porque los cristianos no se han dado cuenta del gran consuelo y paz que esta doctrina trae a la vida cristiana. Pero la primera estrofa del siguiente himno contiene una afirmación de esta doctrina. Empieza diciéndonos que Dios ha colocado en su palabra un firme cimiento para nuestra fe. Luego dice: «¿Qué más pudiera en su libro añadir . . .?» Las promesas ricas y plenas de Dios en toda la Biblia son suficientes para todas nuestras necesidades en toda circunstancia. ¡Esto debería ser causa de gran regocijo! Las siguientes estrofas contienen citas, paráfrasis, y alusiones a las promesas de Dios que están esparcidas por toda la Biblia, muchas de ellas en Isaías. Las estrofas 2 al 4 fueron compuestas como oraciones que son dichas de Dios para nosotros, y cuando las cantamos debemos pensar de nosotros cantando las palabras de las promesas de Dios a otros en la congregación para su consuelo y estímulo.

¡Cuán firme cimiento se ha dado a la fe
De Dios en su eterna palabra de amor!
¿Qué más él pudiera en su libro añadir,
Si todo a sus hijos lo ha dicho el Señor?
¿Si todo a sus hijos lo ha dicho el Señor?

No temas por nada, contigo yo soy;
Tu Dios yo soy solo, tu ayuda seré;
Tu fuerza y firmeza en mi diestra estarán
Y en ella sostén y poder te daré.
Y en ella sostén y poder te daré.

No habrán de anegarte las ondas del mar,
Si en aguas profundas te ordenó salir;

Pues siempre contigo en angustias seré,
Y todas tus penas podré bendecir.
Y todas tus penas podré bendecir.

La llama no puede dañarte jamás,
Si en medio del fuego te ordeno pasar;
El oro de tu alma más puro será,
Pues solo la escoria se habrá de quemar.
Pues solo la escoria se habrá de quemar.

Al alma que anhele la paz que hay en mí,
Jamás en sus luchas la habré de dejar;
Si todo el infierno la quiere perder,
¡Yo nunca, no, nunca, la puedo olvidar!
¡Yo nunca, no, nunca, la puedo olvidar!

AUTOR: JOHN RIPPON, TRAD. VICENTE MENDOZA.
(TOMADO DE EL NUEVO HIMNARIO POPULAR #319)

Segunda parte

La doctrina de Dios

Capítulo 9

La existencia de Dios

¿Cómo sabemos que Dios existe?

EXPLICACIÓN Y BASE BÍBLICA

¿Cómo sabemos que Dios existe? La respuesta se puede dar en dos partes: Primera, todo ser humano tiene un sentido interno de Dios. Segunda, creemos en la evidencia que se halla en la Biblia y en la naturaleza.

A. El sentido humano interno de Dios

Toda persona, en todas partes, tiene un sentido hondo e interno de que Dios existe, que es su criatura, y que él es su Creador. Pablo dice que incluso los gentiles que no creen han «conocido a Dios» pero no le honraron como Dios ni le dieron gracias (Ro 1:21). Dice que los perversos incrédulos «cambiaron la verdad de Dios por la mentira» (Ro 1:25), implicando que activamente o a propósito ellos han rechazado algo de la verdad en cuanto a lo que sabían respecto a la existencia y carácter de Dios. Pablo dice que «lo que se puede conocer acerca de Dios es evidente para ellos», y añade que esto que es así «pues él mismo se lo ha revelado» (Ro 1:19).

Sin embargo la Biblia también reconoce que algunos niegan este sentido interno de Dios e incluso niegan que Dios exista. *«El necio»* dice en su corazón: «No hay Dios» (Sal 14:1; 53:1). El malo primero «alaba al ambicioso y menosprecia al Señor» y luego en su orgullo repetidamente piensa que «no hay Dios» (Sal 10:3-4). Estos pasajes indican que el pecado lleva a las personas a pensar irracionalmente y negar la existencia de Dios, y que es el que piensa irracionalmente o que ha sido engañado el que dice: «No hay Dios».

Pablo también reconoce que el pecado hará que las personas *nieguen* su conocimiento de Dios; habla de los que «con su maldad *obstruyen la verdad»* (Ro 1:18) y dice que al hacer esto «nadie tiene excusa» por su negación de Dios (Ro 1:20). Una serie de verbos activos indica que esta es una supresión a propósito de la verdad (Ro 1:23, 25, 28, 32).[1]

En la vida del creyente esta consciencia interna de Dios se hace más fuerte y más distinta. Empezamos a conocer a Dios como nuestro Padre amante celestial

---

[1]Algunos niegan tener un sentido interno de Dios; pero su consciencia de Dios a menudo se hace evidente en momentos de crisis personal, cuando las convicciones profundamente asentadas en el corazón se muestran en palabras y obras externas. Hace varios años iba como pasajero en un coche con varios amigos, incluyendo una joven que en la conversación negaba firmemente tener alguna consciencia interna de la existencia de Dios. Poco después el coche patinó sobre el hielo y giró a alta velocidad hasta dar un círculo completo. Antes de que el coche se detuviera contra un banco grande de nieve (sin ningún daño serio) se podía oír a la misma mujer implorando distintivamente: «¡Señor Jesús, por favor ayudarnos!» Los demás nos quedamos viéndola asombrados cuando nos dimos cuenta de que las propias palabras de su boca habían denegado su agnosticismo.

(Ro 8:15), el Espíritu Santo da testimonio a nuestro espíritu de que somos hijos de Dios (Ro 8:16), y llegamos a conocer a Jesucristo que vive en nuestros corazones (Ef 3:17; Flp 3:8, 10; Col 1:27; Jn 14:23). La intensidad de esta consciencia en el creyente es tal que aunque no hayamos visto a nuestro Señor Jesucristo, en verdad le amamos (1 P 1:8).

B. Creencia en la evidencia de la Biblia y de la naturaleza

Además de la consciencia interna del ser humano en cuanto a Dios que da claro testimonio del hecho de que Dios existe, en la Biblia y en la naturaleza se ve clara evidencia de su existencia.

La evidencia de que Dios existe se halla, por supuesto, en toda la Biblia. Es más, la Biblia por todas partes da por sentado que Dios existe. El primer versículo de Génesis no presenta evidencia de la existencia de Dios sino que de inmediato empieza a decirnos lo que él ha hecho: «Dios, en el principio, creó los cielos y la tierra». Si estamos convencidos de que la Biblia es verdad, entonces sabemos por la Biblia no sólo que Dios existe sino también mucho en cuanto a su naturaleza y sus acciones.

El mundo también da evidencia abundante de la existencia de Dios. Pablo dice que la naturaleza eterna de Dios y su deidad «se perciben claramente a través de lo que él creó» (Ro 1:20). Esta amplia referencia a «lo que él creó» sugiere que en cierto sentido todo lo creado da evidencia del carácter de Dios. No obstante, es el hombre mismo, creado a imagen de Dios, lo que más abundantemente da testimonio de la existencia de Dios. Siempre que nos encontramos con otro ser humano, deberíamos (si nuestra mente está pensando correctamente) darnos cuenta de que una criatura tan increíblemente intrincada, hábil, comunicadora, viva, pudo haber sido creada sólo por un Creador infinito y todo sabio.

Además de la evidencia que se ve en la existencia de los seres humanos vivos, hay excelente evidencia adicional en la naturaleza. Bernabé y Pablo dicen que las «lluvias del cielo y estaciones fructíferas» tanto como la «comida y alegría de corazón» que todo ser humano experimenta y disfruta dan testimonio de Dios (Hch 14:17). David habla del testimonio de los cielos: «Los cielos cuentan la gloria de Dios, el firmamento proclama la obra de sus manos. Un día comparte al otro la noticia, una noche a la otra se lo hace saber» (Sal 19:1-2). Mirar al cielo de día o de noche es ver el sol, la luna y las estrellas, firmamento y nubes, todo continuamente declarando por su existencia, belleza y grandeza que un Creador poderoso y sabio los hizo y los sostiene en su orden.

Esta amplia variedad de testimonio de la existencia de Dios de varias partes del mundo creado nos sugiere que en cierto sentido *todo lo que existe* da evidencia de la existencia de Dios. Para los que tienen ojos para ver y evaluar la evidencia correctamente, toda hoja de todo árbol, toda brizna de hierba, toda estrella en el cielo y toda otra parte de la creación claman continuamente: «¡Dios me hizo! ¡Dios me hizo! ¡Dios me hizo!» Si nuestros corazones y mentes no estuvieran tan cegados por el pecado, sería imposible que viéramos detenidamente una hoja de algún árbol y dijéramos: «Nadie creó esto; apareció porque sí». La belleza de un copo de nieve, la majestuosa potencia de una tempestad, la habilidad de la abeja, el sabor refrescante del agua fría, las increíbles capacidades de la mano humana y miles otros aspectos de la creación no podían haber llegado a existir aparte de la actividad de un Creador todopoderoso y todo sabio.

Por eso, para los que evalúan correctamente la evidencia, *todo* en la Biblia y *todo* en la naturaleza prueban claramente que Dios existe y que es el Creador poderoso y sabio que la Biblia describe que es. Por consiguiente, cuando creemos que Dios existe basamos nuestra creencia *no* en una esperanza ciega aparte de alguna evidencia, sino en *una abrumadora cantidad de evidencias confiables de la Palabra de Dios y de las obras de Dios.* Es característica de la fe verdadera que es una confianza que se basa en evidencia confiable, y la fe en la existencia de Dios participa de esta característica.

Todavía más, todas estas evidencias se pueden ver como pruebas válidas de la existencia de Dios, aunque algunos las rechacen. Esto no quiere decir que la evidencia es inválida en sí misma, sino sólo que los que rechazan la evidencia están evaluándola erróneamente.

C. «Pruebas» tradicionales de la existencia de Dios

Las «pruebas» tradicionales de la existencia de Dios que han forjado filósofos cristianos (y algunos no cristianos) en varios puntos de la historia son esfuerzos por analizar la evidencia, especialmente la evidencia de la naturaleza, de maneras extremadamente cuidadosas y lógicamente precisas, a fin de persuadir a los seres humanos que no es racional rechazar la idea de la existencia de Dios. Si es cierto que el pecado hace que las personas piensen *irracionalmente,* estas pruebas son esfuerzos de hacer que las personas piensen *racionalmente* o correctamente en cuanto a la evidencia de la existencia de Dios, a pesar de las tendencias irracionales causadas por el pecado.

La mayoría de las pruebas tradicionales para la existencia de Dios se pueden clasificar en cuatro tipos principales de argumentos:

1. El *argumento cosmológico* considera el hecho de que todo lo conocido en el universo tiene una causa. Por consiguiente, razona, el universo mismo también debe tener una causa, y la causa de un universo tan grande sólo puede ser Dios.

2. El *argumento teleológico* es en realidad una subcategoría del argumento cosmológico. Enfoca la evidencia de armonía, orden y diseño en el universo, y argumenta que su diseño da evidencia de un propósito inteligente (la palabra griega *telos* quiere decir «fin», «meta» o «propósito»). Puesto que el universo parece estar diseñado con propósito, debe haber un Dios inteligente y con propósitos que lo creó para que funcione de esa manera.

3. El *argumento ontológico* empieza con la idea de Dios, que se define como «más grande de lo que se puede imaginar». Luego argumenta que la característica de existencia debe corresponder a tal ser, puesto que es más grande existir que no existir.[2]

4. El *argumento moral* empieza con el sentido del bien y del mal que tiene el ser humano, y la necesidad de que se haga justicia, y argumenta que debe haber un

---

[2]La raíz *ont-* en «ontológico» se deriva de una palabra griega que quiere decir «ser».

Dios que es fuente del concepto del bien y del mal y que algún día hará justicia a toda persona.

Debido a que todos estos argumentos se basan en hechos en cuanto a la creación que en verdad son ciertos, podemos decir que todas estas pruebas (cuando se elaboran cuidadosamente), son pruebas válidas en un sentido objetivo. Son válidas porque evalúan correctamente la evidencia y razonan correctamente para llegar a una conclusión verdadera; de hecho, el universo *en efecto* tiene a Dios como su causa, y *en efecto* muestra evidencia de diseño con propósito, y *en efecto* Dios existe como un ser más grande que nada que podamos imaginar, y Dios *en efecto* nos ha dado un sentido del bien y mal y un sentido de que habrá un día de juicio. Los *hechos reales* a que se refieren estas pruebas, por consiguiente, son *ciertos*, y en ese sentido las pruebas son válidas, aunque no todos quedan convencidos.

Pero, en otro sentido, si «válidas» quiere decir «capaces de obligar acuerdo incluso de parte de los que empiezan con presuposiciones falsas», entonces, por supuesto, ninguna de estas pruebas es válida porque ninguna de ellas puede *exigir acuerdo de todos los que las consideran*. Sin embargo, esto se debe a que muchos incrédulos empiezan con presuposiciones inválidas o no razonan correctamente a partir de la evidencia; no se debe a que las pruebas sean inválidas en sí mismas.

El valor de estas pruebas, entonces, reside principalmente en superar algunas de las objeciones intelectuales de los que no creen. No pueden llevar a los que no creen a una fe que salva, porque eso surge al creer el testimonio de la Biblia. Pero sí pueden ayudar a superar objeciones de parte de los que no creen, y, para los creyentes, pueden proveer evidencia intelectual adicional para algo de lo que ya están persuadidos debido a su propio sentido interno de Dios y por el testimonio de la Biblia.

D. Sólo Dios puede vencer nuestro pecado y capacitarnos para que estemos persuadidos de su existencia

Finalmente, se debe recordar que en este mundo pecador *Dios debe capacitarnos para persuadirnos* o de lo contrario no creeríamos en él. Leemos que «El dios de este mundo *ha cegado la mente de estos incrédulos,* para que no vean la luz del glorioso evangelio de Cristo, el cual es la imagen de Dios» (2 Co 4:4). Es más, Pablo dice que «ya que Dios, en su sabio designio, dispuso que el mundo no lo conociera mediante la sabiduría humana, tuvo a bien salvar, mediante la locura de la predicación, a los que creen» (1 Co 1:21). En este mundo pecador, la sabiduría humana es inadecuada para llegar a conocer a Dios; por eso la predicación de Pablo fue «con demostración del poder del Espíritu, para que la fe de ustedes no dependiera de la sabiduría humana sino del poder de Dios (1 Co 2:4-5). Dependemos de que Dios nos quite la ceguera y la irracionalidad causada por el pecado y nos capacite para evaluar correctamente la evidencia, creer lo que dice la Biblia y alcanzar la fe en Cristo que salva.

PREGUNTAS PARA APLICACIÓN PERSONAL

1. Cuando los serafines alrededor del trono de Dios claman: «Santo, santo, santo es el Señor Todopoderoso; toda la tierra está llena de su gloria» (Is

6:3), ¿piensa usted que están viendo la tierra desde una perspectiva algo diferente de la nuestra? ¿De qué maneras? ¿Cómo podemos empezar a ver el mundo más desde esta perspectiva?

2. ¿Cuándo es más fuerte su sentido interno de la existencia de Dios? ¿Cuándo es más débil? ¿Por qué? ¿En cuál de esas situaciones se halla usted en una condición más similar a la que tendrá en el cielo? ¿En cuál de estos tipos de situaciones son más confiables sus juicios?

3. Mírese las manos. ¿Es más compleja o menos compleja que un reloj? ¿Es lógico pensar que aparecieron por una simple combinación accidental de elementos?

4. ¿Creen la mayoría de las personas en la existencia de Dios? ¿Ha sido esto cierto a través de la historia? Si creen que Dios existe, ¿por qué no lo adoran como es debido?

5. ¿Por qué algunos niegan la existencia de Dios? ¿Sugiere Romanos 1:18 que a menudo hay un factor moral que influye su negativa intelectual de la existencia de Dios (cf. Sal 14:1-3)? ¿Cuál es el mejor método de hablar con alguien que niega la existencia de Dios?

TÉRMINOS ESPECIALES

argumento cosmológico   argumento teleológico
argumento moral   sentido interno de Dios
argumento ontológico

BIBLIOGRAFÍA

(Para una explicación de esta bibliografía vea la nota sobre la bibliografía en el capítulo 1, p. 40. Datos bibliográficos completos se pueden encontrar en las páginas 1298-1307.)

Secciones en Teologías Sistemáticas Evangélicas

1. Anglicana (episcopal)
   1882-92   Litton, 42-58
   1930   Thomas, 3-14
2. Arminiana (wesleyana o metodista)
   1875-76   Pope, 1:233-48
   1892-94   Miley, 1:57-136
   1940   Wiley, 1:217-40
   1960   Purkiser, 39-59
   1983   Carter, 1:107-11
   1983-   Cottrell, 1:419-42
   1987-90   Oden, 1:131-80
3. Bautista
   1767   Gill, 1:1-15
   1887   Boyce, 8-46
   1907   Strong, 52-110

1917	Mullins, 35-48
1983-85	Erickson, 156-74

4. Dispensacional

1947	Chafer, 1:129-78
1949	Thiessen, 21-42
1986	Ryrie, 25-34

5. Luterana

1917-24	Pieper, 1:371-74
1934	Mueller, 143-47

6. Reformada (o presbiteriana)

1559	Calvin, 1:43-69 (1.3-5)
1861	Heppe, 47-56
1871-73	Hodge, 1:191-334
1878	Dabney, 5-26
1887-1921	Warfield, *SSW* 1:34-40
1889	Shedd, 1:195-248
1909	Bavinck, *DG* 41-80
1938	Berkhof, 19-28
1962	Buswell, 1:72-161

Secciones en Teologías Sistemáticas Católicas Romanas Representativas

1. Católica Romana: tradicional

1955	Ott, 13-17

2. Católica Romana: Post Vaticano II

1980	McBrien (ningún tratamiento explícito)

Otras obras

Brown, Colin. *Philosophy and the Christian Faith*. Intervarsity Press, Downers Grove, Ill., , 1968.

Charnock, Stephen. *The Existence and Attributes of God*. Reimp. ed. Sovereign Grace Book Club, Evansville, Ind. n.f., pp. 11-67 (primero publicado en 1655-80).

Clark, Gordon H. *Religion, Reason, and Revelation*. Craig Press, Nutley, N. J. 1961.

France, R. T. *The Living God*. Intervarsity Press, Downers Grove, Ill., , 1970.

Geisler, Norman. *Christian Apologetics*. Baker, Grand Rapids, 1976.

_____, y Paul Feinberg. *Introduction to Philosophy: A Christian Perspective*. Baker, Grand Rapids, 1980.

Hackett, Stuart. *The Resurrection of Theism*. Moody, Chicago, 1957.

Hoover, A. J. «God, Arguments for the Existence of». En *EDT* pp. 447-51.

Jastrow, Robert. *God and the Astronomers*, Norton, Nueva York, 1992.

Lewis, Gordon R. *Testing Christianity's Truth Claims*. Moody, Chicago, 1976.

Mavrodes, George I. *Belief in God*. Random House, Nueva York, 1970.

McDowell, Josh. *Evidence That Demands a Verdict.* Here's Life, San Bernardino, Calif. 1972, 1979.

Packer, J. I. «God» En *NDT* pp. 274-77.

Sire, James. *The Universe Next Door: A Basic World View Catalog.* Intervarsity Press, Downers Grove, Ill., , 1976.

Van Til, Cornelius. *The Defense of the Faith.* Presbyterian and Reformed, Filadelfia, 1955.

Yandell, Keith. *Christianity and Philosophy. Studies in a Christian World View.* Eerdmans, Grand Rapids, Inter-Varsity Press, and Leicester, 1984.

PASAJE BÍBLICO PARA MEMORIZAR

Romanos 1:18-20: *Ciertamente, la ira de Dios viene revelándose desde el cielo contra toda impiedad e injusticia de los seres humanos, que con su maldad obstruyen la verdad. Me explico: lo que se puede conocer acerca de Dios es evidente para ellos, pues él mismo se lo ha revelado. Porque desde la creación del mundo las cualidades invisibles de Dios, es decir, su eterno poder y su naturaleza divina, se perciben claramente a través de lo que él creó, de modo que nadie tiene excusa.*

HIMNO

«Te exaltaré, mi Dios, mi Rey»

Te exaltaré, mi Dios, mi Rey,
Y bendeciré tu nombre
Eternamente y para siempre.
Cada día te bendeciré,
Y alabaré tu nombre
Eternamente y para siempre.
Grande es Jehová,
Y digno de suprema alabanza;
Y su grandeza es inescrutable.
Cada día te bendeciré.

AUTOR: CASIODORO CÁRDENAS (TOMADO DEL HIMNARIO BAUTISTA, # 512).

Capítulo 10

La cognoscibilidad de Dios
¿Podemos realmente conocer a Dios?
¿Cuánto de Dios podemos conocer?

EXPLICACIÓN Y BASE BÍBLICA

A. La necesidad de que Dios se revele a nosotros

Para poder conocer a Dios de alguna manera, es necesario que él se revele a nosotros. Incluso al hablar de la revelación de Dios que viene mediante la naturaleza, Pablo dice que lo que se puede conocer de Dios es claro para el ser humano «pues él mismo *se lo ha revelado*» (Ro 1:19). La creación natural revela a Dios porque él escogió revelarse de esta manera.

Respecto al conocimiento personal de Dios que viene en la salvación, esta idea es incluso más explícita. Jesús dice: «Nadie conoce al Hijo sino el Padre, y *nadie conoce al Padre sino el Hijo y aquel a quien el Hijo quiera revelarlo*» (Mt 11:27). Esta clase de conocimiento de Dios no se halla mediante esfuerzo o sabiduría humana y, «Dios, en su sabio designio, dispuso *que el mundo no lo conociera mediante la sabiduría humana*» (1 Co 1:21; cf. 1 Co 2:14; 2 Co 4:3-4; Jn 1:18).

La necesidad de que Dios se revele a sí mismo a nosotros se ve en el hecho de que los pecadores interpretan mal la revelación de Dios que se halla en la naturaleza. Los que «con su maldad obstruyen la verdad» son los que «se extraviaron en sus inútiles razonamientos, y se les oscureció su insensato corazón. ... Cambiaron la verdad de Dios por la mentira» (Ro 1:18, 21, 25). Por consiguiente, necesitamos la Biblia para poder interpretar correctamente la revelación natural. Cientos de religiones falsas en el mundo son evidencia de la manera en que los pecadores, sin la dirección de la Biblia, siempre entienden mal y distorsionan la revelación de Dios que se halla en la naturaleza. Pero sólo la Biblia nos dice *cómo entender el testimonio de Dios en la naturaleza*. Por consiguiente, dependemos de la comunicación activa de Dios a nosotros en la Biblia para un conocimiento verdadero de Dios.

B. Nunca podremos entender completamente a Dios

Debido a que Dios es infinito y nosotros somos finitos o limitados, nunca podremos entender completamente a Dios. En este sentido se dice que Dios es *incomprehensible* en donde el término *incomprehensible* se usa en el sentido más antiguo y menos común, «que no se puede entender *totalmente*». No es cierto decir que no se puede entender a Dios, pero sí es cierto decir que no se le puede entender plena o exhaustivamente.

El Salmo 145 dice: «Grande es el Señor, y digno de toda alabanza; *su grandeza es insondable*» (Sal 145:3). La grandeza de Dios está más allá de toda búsqueda o descubrimiento; es demasiado grande para que se pueda conocer por completo. Respecto al entendimiento de Dios, el Salmo 147 dice: «Excelso es nuestro Señor, y grande su poder; *su entendimiento es infinito*» (Sal 147:5). Nunca podremos medir o conocer por completo el entendimiento de Dios; es demasiado grande para que lo podamos igualar o comprender. De modo similar, al pensar en que Dios conoce todos sus caminos, David dice: «*Conocimiento tan maravilloso rebasa mi comprensión; tan sublime es que no puedo entenderlo*» (Sal 139:6; cf. v. 17).

Pablo implica esta incomprehensibilidad de Dios cuando dice que «el Espíritu lo examina todo, hasta las profundidades de Dios», y luego pasa a decir que «nadie conoció las cosas[1] de Dios, sino el Espíritu de Dios» (1 Co 2:10-12, RVR 1960). Al final de una larga consideración de la historia del gran plan de redención divina, Pablo irrumpe en alabanza: «¡Qué profundas son las riquezas de la sabiduría y del conocimiento de Dios! ¡Qué indescifrables sus juicios e impenetrables sus caminos!» (Ro 11:33).

Estos versículos nos permiten llevar nuestro entendimiento de la incomprehensibilidad de Dios un paso más adelante. No sólo es cierto de que nunca podremos entender plenamente a Dios; también es cierto que *nunca podremos entender completamente ni una sola cosa en cuanto a Dios*. Su grandeza (Sal 145:3), su entendimiento (Sal 147:5), su conocimiento (Sal 139:6), sus riquezas, sabiduría, juicios y caminos (Ro 11:33), *todo* está más allá de nuestra capacidad de entender completamente. Otros versículos también respaldan esta idea; Como son más altos los cielos que la tierra, así son los caminos de Dios más altos que nuestros caminos, y los pensamientos de Dios más que nuestros pensamientos (Is 55:9). Job dice que los grandes actos de Dios al crear y sustentar la tierra son «sólo una muestra de sus obras», y exclama: «¡un murmullo que logramos escuchar! ¿Quién podrá comprender su trueno poderoso?» (Job 26:14; cf. 11:7-9; 37:5).

Así que podemos saber *algo* del amor, poder, sabiduría, de Dios, y cosas por el estilo; pero nunca podemos conocer completa o *exhaustivamente* su amor. Nunca podremos conocer exhaustivamente su poder. Nunca podremos conocer exhaustivamente su sabiduría, y etcétera, etcétera. A fin de conocer exhaustivamente una sola cosa en cuanto a Dios tendríamos que conocerla como él mismo la conoce; es decir, tendríamos que conocerla en su relación a todo lo demás en cuanto a Dios y en su relación a todo lo demás en la creación ¡por toda la eternidad! Sólo podemos exclamar con David: «Conocimiento tan maravilloso rebasa mi comprensión; tan sublime es que no puedo entenderlo» (Sal 139:6).

Esta doctrina de la incomprehensibilidad de Dios tiene una aplicación mucho más positiva para la vida. Quiere decir que nunca podremos conocer «demasiado» de Dios, porque nunca se agotarán las cosas que hay que aprender de él, y de esta manera nunca nos cansaremos en deleitarnos en el descubrimiento de más y más de su excelencia y la grandeza de sus obras.

---

[1]Así, la RVR, muy literalmente al traducir la frase griega *ta tou Teou*. NVI y otras suplen la palabra *pensamiento*» *porque la expresión paralela en el v. 11, ta tou antropou («las cosas del hombre»), parecen exigir que suplamos la palabra pensamiento como necesaria en el contexto. Pero la mención de Pablo de «lo profundo de Dios» en el v. 10 sugiere que no se trata sólo de los pensamientos de Dios sino de todo el ser de Dios a que se refiere tanto en el v. 10 como en el v. 12.*

Incluso en la edad venidera, cuando estemos libres de la presencia del pecado, nunca podremos comprender completamente a Dios ni nada en cuanto a él. Esto se ve en el hecho de que los pasajes citados arriba atribuyen la incomprehensibilidad de Dios no a nuestro pecado sino a su infinita grandeza. Esto se debe a que nosotros somos finitos y Dios es infinito y por eso nunca podremos entenderle completamente.[2] Por toda la eternidad podremos seguir creciendo en nuestro conocimiento de Dios y deleitándonos más y más en él, diciendo con David conforme aprendemos más y más de los pensamientos de Dios: «¡Cuán preciosos, oh Dios, me son tus pensamientos! ¡Cuán inmensa es la suma de ellos! Si me propusiera contarlos, sumarían más que los granos de arena» (Sal 139:17-18).

Pero si esto es así en la eternidad futura, ciertamente debe ser así en esta vida. De hecho, Pablo nos dice que para llevar una vida «digna del Señor, agradándole en todo», debemos continuamente «crecer en el conocimiento de Dios» (Col 1:10). Debemos ir creciendo en nuestro conocimiento de Dios durante toda la vida.

Si alguna vez quisiéramos hacernos iguales a Dios en conocimiento, o si quisiéramos derivar satisfacción del pecado de orgullo intelectual, el hecho de que nunca dejaremos de crecer en el conocimiento de Dios nos sería desalentador; ¡nos sentiríamos molestos porque Dios es un tema de estudio que jamás dominaremos! Pero si más bien nos deleitamos en el hecho de que sólo Dios es Dios, y que siempre es infinitamente más grande que nosotros, que somos sus criaturas y le debemos adoración y alabanza, esta será una idea muy alentadora. Aunque pasemos tiempo en el estudio bíblico y comunión con Dios todos los días de nuestra vida, siempre habrá más que aprender de Dios y su relación con nosotros y el mundo, y de este modo siempre habrá más por lo que podemos estar agradecidos y por lo que podemos alabarle. Cuando nos damos cuenta de esto, la perspectiva de un hábito vitalicio de estudio bíblico regular, e incluso la perspectiva de toda una vida de estudio de teología (si es una teología que está firmemente cimentada en la Palabra de Dios), debería ser una perspectiva muy emocionante para nosotros. Estudiar y enseñar la Palabra de Dios de manera formal e informal siempre será un gran privilegio y alegría.

C. Sin embargo, Podemos Conocer a Dios Verdaderamente

Aunque no podemos conocer exhaustivamente a Dios, sí podemos conocer cosas *ciertas* de Dios. De hecho, *todo lo que la Biblia nos dice* de Dios es cierto. Es verdad decir que Dios es amor (1 Jn 4:8), que Dios es luz (1 Jn 1:5), que Dios es espíritu (Jn 4:24), que Dios es justo (Ro 3:26), etcétera. Decir esto no implica ni exige que lo sepamos acerca de Dios o de su amor, o de su justicia, o de algún otro atributo. Cuando yo digo que tengo tres hijos, esa afirmación es enteramente verdad, aunque no lo sé todo en cuanto a mis hijos; ni siquiera en cuanto a mí mismo. Es lo mismo en cuanto a nuestro conocimiento de Dios; tenemos conocimiento

---

[2]Esto no es contradicho por 1 Co 13:13: «Ahora conozco de manera imperfecta, pero entonces conoceré tal y como soy conocido». La frase «conocer completamente» es simplemente un esfuerzo de traducir la palabra *epiginosko* que sugiere un conocimiento más hondo y más preciso (o tal vez, en contraste con el conocimiento parcial presente, conocimiento libre de error o falsedad). Pablo nunca dijo algo como: «Entonces conoceré todo», lo cual habría sido muy fácil de decir en griego (*tote epignosomai ta panta*) si hubiera querido decirlo así.

verdadero de Dios en la Biblia, aunque no tenemos conocimiento exhaustivo. Podemos conocer algunos de los pensamientos de Dios, e incluso muchos de ellos, partiendo de la Biblia, y cuando los sabemos nosotros, como David, hallaremos que son «preciosos» (Sal 139:17).

Incluso más significativo, es a *Dios mismo* a quien conocemos, y no simplemente hechos en cuanto a él o lo que él hace. En nuestro ordinario uso del idioma hacemos una distinción entre *saber* de una persona, y conocer *a la persona.* Sería verdad si digo que sé muchas cosas en cuanto al presidente de los Estados Unidos de América, pero no sería cierto si digo que *lo* conozco. Decir que lo conozco implicaría que me he encontrado con él, y hablado con él, y que he cultivado por lo menos algún grado de relación personal con él.

Algunos dicen que no podemos conocer a Dios mismo, sino que sólo podemos conocer realidades en cuanto a él y saber lo que él hace. Otros han dicho que no podemos conocer a Dios como él es en sí mismo, pero que sólo podemos conocerle según se relaciona con nosotros (y hay cierta implicación de que estas dos cosas de alguna manera son diferentes). Pero la Biblia no habla de esa manera. Varios pasajes hablan de que *conocemos a Dios mismo.* Leemos las palabras de Dios en Jeremías:

> «Que no se gloríe el sabio de su sabiduría, ni el poderoso de su poder, ni el rico de su riqueza. Si alguien ha de gloriarse, que se gloríe de conocerme y de comprender que yo soy el Señor, que actúo en la tierra con amor, con derecho y justicia, pues es lo que a mí me agrada», afirma el Señor (Jer 9:23-24).

Aquí Dios dice que la fuente de nuestro gozo y sentido de importancia debe venir no de nuestras capacidades o posesiones, sino del hecho de que le conocemos. De modo similar, al orar a su Padre, Jesús pudo decir: «Y ésta es la vida eterna: *que te conozcan a ti,* el único Dios verdadero, y a Jesucristo, a quien tú has enviado» (Jn 17:3). La promesa del nuevo pacto es que todos conoceremos a Dios, «desde el más pequeño hasta el más grande» (Heb 8:11), y la Primera Epístola de Juan nos dice «que el Hijo de Dios ha venido y nos ha dado entendimiento *para que conozcamos al Dios verdadero»* (1 Jn 5:20; vea también Gá 4:9; Flp 3:10; 1 Jn 2:3; 4.8). Juan pudo decir: «Les he escrito a ustedes, queridos hijos, porque han conocido al Padre» (1 Jn 2:13).

El hecho de que en efecto conozcamos a Dios mismo se demuestra adicionalmente al darnos cuenta de que las riquezas de la vida cristiana incluyen una relación personal con Dios. Como implican estos pasajes, tenemos un privilegio mucho mayor que el simple conocimiento de datos en cuanto a Dios. Hablamos con Dios en la oración, y él nos habla mediante su palabra. Tenemos comunión con él en su presencia, entonamos sus alabanzas, y nos damos cuenta de que él mora personalmente entre nosotros y en nosotros para bendecirnos (Jn 14:23). En verdad, esta relación personal con Dios Padre, con Dios Hijo y con Dios Espíritu Santo se puede decir que es la más grande de todas las bendiciones de la vida cristiana.

PREGUNTAS PARA APLICACIÓN PERSONAL

1. A veces algunos dicen que el cielo parece aburrido. ¿De qué manera el hecho de que Dios es incomprensible y sin embargo conocible ayuda a responder a esa objeción?

2. ¿Cómo podemos estar seguros de que cuando lleguemos al cielo Dios no nos dirá que la mayoría de lo que hemos aprendido en cuanto a él estaba errado, y que tendremos que olvidarnos de lo que hemos aprendido y empezar a aprender cosas diferentes en cuanto a él?

3. ¿Quiere usted continuar conociendo a Dios más y más profundamente por toda la eternidad? ¿Por que sí o por qué no? ¿Le gustaría poder conocer exhaustivamente a Dios? ¿Por qué sí o por qué no?

4. A su modo de pensar, ¿por qué Dios decidió revelarse a sí mismo a nosotros? ¿Aprende usted más de Dios de su revelación en la naturaleza o de su revelación en la Biblia? A su modo de pensar ¿por qué es que los pensamientos de Dios son «preciosos» para nosotros (Sal 139:17)? ¿Llamaría usted su relación presente con Dios una relación personal? ¿De qué manera es similar a sus relaciones con otras personas, y de qué manera es diferente? ¿Qué mejoraría su relación con Dios?

TÉRMINOS ESPECIALES

cognoscible
incomprehensible

BIBLIOGRAFÍA

(Para una explicación de esta bibliografía vea la nota sobre la bibliografía en el capítulo 1, p. 40. Datos bibliográficos completos se pueden encontrar en las páginas 1298-1307.)

Secciones en Teologías Sistemáticas Evangélicas

1. Anglicana (episcopal)
   - 1882-92   Litton (ningún tratamiento explícito)
2. Arminiana (wesleyana o metodista)
   - 1875-76   Pope, 1:242-48
   - 1892-94   Miley, 1:137-58
   - 1983-   Cottrell, 1:1-47, 306-87
   - 1987-90   Oden, 1:317-74
3. Bautista
   - 1767   Gill, 2:352-64
   - 1887   Boyce, 8-54
   - 1917   Mullins, 35-48
   - 1976-83   Henry, 2:17-167, 247-334; 5:375-409
   - 1983-85   Erickson, 137-40, 177-81, 268-71

4. Dispensacional
   1947   Chafer, 1:179-86
   1986   Ryrie, 25-34
5. Luterana
   1917-24   Pieper, 1:375-81
6. Reformada (o presbiteriana)
   1559   Calvin, 1:33-43 (1.1-2)
   1871-73   Hodge, 1:191-202, 335-65
   1909   Bavinck, *DG* 13-110
   1938   Berkhof, 29-40
   1962   Buswell, 1:29-30
7. Renovada (o carismática o pentecostal)
   1988-92   Williams, 1:29-46

Secciones en Teologías Sistemáticas Católicas Romanas Representativas

1. Católica Romana: tradicional
   1955   Ott, 17-24
2. Católica Romana: Post Vaticano II
   1980   McBrien (ningún tratamiento explícito)

Otras obras

Bray, Gerald L. *The Doctrine of God.* Intervarsity Press, Downers Grove, Ill., , 1993.

Charnock, Stephen. *The Knowledge of God. The Complete Works of Stephen Charnock. Vol. 4.* Edinburgh: James Nichol, 1865. Reimp. ed. Banner of Truth, Edimburgo, 1985, esp. pp. 3-164.

Frame, John M. *The Doctrine of the Knowledge of God.* Presbyterian and Reformed, Phillipsburg, N. J., 1987.

France, R. T. *The Living God.* Intervarsity Press, Downers Grove, Ill., , 1970.

Packer, J. I. «God». En *NDT* pp. 274-77.

_____. *Knowing God.* Inter-Varsity Press, Londres,1973, pp. 13-37.

Piper, John. *Desiring God.* Multnomah, Portland, Ore., 1986.

Tozer, A. W. *The Knowledge of the Holy.* Harper and Row, Nueva York, 1961.

Van Til, Cornelius. *In Defense of the Faith vol. 5: An Introduction to Systematic Theology.* n.p. Presbyterian and Reformed, 1976, pp. 159-99.

PASAJE BÍBLICO PARA MEMORIZAR

(El versículo 3 de este pasaje nos dice que no se puede conocer a Dios completamente, pero el hecho de que David alaba a Dios y habla con él muestra también que en efecto sabe cosas ciertas en cuanto a Dios y tiene una relación personal con él).

Salmo 145:1-3:

> *Te exaltaré, mi Dios y rey;*
> > *por siempre bendeciré tu nombre.*
> *Todos los días te bendeciré;*
> > *por siempre alabaré tu nombre.*
> *Grande es el Señor, y digno de toda alabanza;*
> > *su grandeza es insondable.*

HIMNO

«Himno al Padre»

Cantadle a una voz, omnipotente Dios,
Su nombre es Elohim, y el trino Creador;
Jehová es el gran «YO SOY», y eterno es El Olam,
Postrados todos a sus pies, es nuestro Redentor.

Cantadle con amor, altísimo Señor,
Su nombre es Adonai, del mundo dueño y rey;
El Dios de bendición, nos cuida El Shaddai,
Oh, alabadle sin temor, ovejas de su grey.

Cantadle con fervor, supremo y fiel pastor,
Su nombre es El Elyon, el gran gobernador;
El sempiterno Ser, nos guía con amor,
Load a Jehová Jireh, de Sion sustentador.

Dar cánticos a Dios el Padre, en alta voz,
Y al Hijo el Salvador mil salmos entonad;
Con himnos ensalzad al Santo Espíritu;
Tres veces santo, el trino Dios, servidle con lealtad.

BASADA EN LOS NOMBRES BÍBLICO DE DIOS EN GÉNESIS, FELIPE BLYCKER
(TOMADO DE CELEBREMOS SU GLORIA, # 28)

Capítulo 11

El carácter de Dios: Atributos «incomunicables»

¿De qué manera es Dios diferente de nosotros?

EXPLICACIÓN Y BASE BÍBLICA

A. Introducción al estudio del carácter de Dios

1. Cómo clasificar los atributos de Dios. Cuando se trata de hablar del carácter de Dios nos damos cuenta de que no podemos decir de una sola vez todo lo que la Biblia nos enseña en cuanto al carácter de Dios. Necesitamos decidir de alguna manera cuál aspecto del carácter de Dios considerar primero, cuál aspecto considerar en segundo lugar, etcétera. En otras palabras, necesitamos alguna manera de catalogar los atributos de Dios. Este asunto no es tan trivial como pudiera parecer. Hay la posibilidad de que adoptemos un orden equivocado de atributos o que hagamos tanto énfasis en algunos que no presentemos los demás apropiadamente.

Se han usado varios métodos diferentes para clasificar los atributos de Dios. En este capítulo adoptaremos la clasificación que probablemente es la que más comúnmente se usa: los *atributos incomunicables* de Dios (es decir, los atributos de Dios que no comparte ni «comunica» a otros), y los *atributos comunicables* de Dios (los que Dios comparte o nos «comunica»).

Ejemplo de los atributos incomunicables de Dios serían su eternidad (Dios ha existido por toda la eternidad, pero nosotros no), inmutabilidad (Dios no cambia, pero nosotros sí), u omnipresencia (Dios está presente en todas partes, pero nosotros estamos presentes solo en un sitio a la vez). Ejemplos de los atributos comunicables serían el amor (Dios es amor, y nosotros también podemos amar), conocimiento (Dios tiene conocimiento, y nosotros igualmente podemos tener conocimiento), misericordia (Dios es misericordioso, y nosotros también podemos ser misericordiosos), o justicia (Dios es justo y nosotros, también, podemos ser justos). Esta clasificación de atributos de Dios en dos categorías principales es útil, y la mayoría de las personas tiene un sentido inicial de cuáles atributos específicos se deben llamar incomunicables y a cuáles se les deben llamar comunicables. Así que tiene sentido decir que el amor de Dios es comunicable pero su omnipresencia no.

Sin embargo, al reflexionar un poco más nos damos cuenta de que esta distinción, aunque útil, no es perfecta. Eso se debe a que no hay atributo de Dios que sea *completamente* comunicable, ¡y no hay atributo de Dios que sea *completamente* incomunicable! Eso será evidente si pensamos por un momento en algunas cosas que ya sabemos de Dios.

Por ejemplo, la *sabiduría* de Dios por lo general se diría que es un atributo comunicable, porque nosotros también podemos ser sabios. Pero nunca seremos infinitamente sabios como Dios lo es. Él nos da su sabiduría *hasta cierto punto*, pero nunca *por completo*. De modo similar, podemos tener una parte del *conocimiento* de Dios, sin embargo nunca lo tendremos por completo, porque los pensamientos de Dios son más altos que los nuestros, «más altos que los cielos sobre la tierra» (Is 55:9). Podemos imitar el amor de Dios y tener parte en ese atributo hasta cierto punto, pero nunca seremos infinitamente amorosos como Dios lo es. Lo mismo con todos los atributos que normalmente se llaman «atributos comunicables»; Dios en efecto nos participa algunos de ellos «hasta cierto grado» pero ninguno de esos atributos es completamente comunicable. Es mejor decir que esos atributos que llamamos «comunicables» son los que él «comparte más» con nosotros.

Los atributos que llamamos «incomunicables» se definen mejor diciendo que son atributos de Dios que *compartimos menos*. Ninguno de los atributos incomunicables de Dios carece por completo de alguna semejanza en el carácter del ser humano. Por ejemplo, Dios es inmutable, en tanto que nosotros cambiamos. Pero no cambiamos completamente, porque hay algunos aspectos de nuestro carácter que casi siempre permanecen sin cambio: nuestra identidad individual, muchos de nuestros rasgos de personalidad y algunos de nuestros propósitos de largo alcance permanecen sustancialmente sin cambio a través de muchos años (y permanecerán en su gran parte incambiables una vez que seamos libres del pecado y empecemos a vivir en la presencia de Dios para siempre).

Asimismo, Dios es eterno, y nosotros estamos sujetos a las limitaciones del tiempo. No obstante, vemos *algún* reflejo de la eternidad de Dios en el hecho de que viviremos con él para siempre y disfrutaremos de la vida eterna, así como también en el hecho de que tenemos la capacidad de recordar el pasado y tener una fuerte percepción del futuro (a diferencia de mucho de la creación divina; cf. Ec 3:11). Los atributos divinos de independencia y omnipresencia son tal vez los que son más difíciles de ver reflejados en nuestra naturaleza, pero incluso estos se pueden ver tenuemente reflejados en nosotros cuando nos comparamos con mucho del resto de la creación de Dios; conforme llegamos a la edad adulta, obtenemos cierto grado de independencia de otros para nuestra existencia; y, aunque no podemos estar en más de un lugar al mismo tiempo, tenemos la capacidad de actuar de maneras que tienen efecto en muchos lugares diferentes a la vez (esto, también, nos separa de la mayoría del resto de la creación).

Usaremos entonces las dos categorías de atributos «incomunicables» y «comunicables», dándonos cuenta a la vez de que no son clasificaciones enteramente precisas, y que en realidad hay muchos traslapos entre ellas.

2. Los nombres de Dios en la Biblia. En la Biblia el nombre de una persona es una descripción de su carácter. De igual manera, los nombres de Dios en la Biblia son varias descripciones de su carácter. En un sentido amplio, entonces, el «nombre» de Dios es igual a todo lo que la Biblia y la creación nos dice en cuanto a Dios.

Cuando decimos al orar: «santificado sea tu *nombre*» como parte del Padre Nuestro (Mt 6:9), estamos pidiendo en oración que las personas hablen de Dios de una manera que le honre y que reflejen correctamente su carácter. Este honrar el nombre de Dios se puede hacer con acciones tanto como con palabras, porque nuestras acciones reflejan el carácter del Creador a quien servimos (Mt 5:16). Honrar el nombre de Dios es por consiguiente honrarle a él. El mandamiento «No pronuncies el nombre del Señor tu Dios a la ligera» (Éx 20:7) es un mandamiento de que no deshonremos la reputación de Dios ni por palabras que hablen de él de una manera necia o equívoca, ni por acciones que no refleje su verdadero carácter.

La Biblia da muchos nombres individuales de Dios, todos los cuales reflejan algún aspecto verdadero de su carácter. Muchos de estos nombres se toman de la experiencia o emociones humanas a fin de describir partes del carácter de Dios, en tanto que muchos otros nombres se toman del resto de la creación natural. En cierto sentido, todas estas expresiones del carácter de Dios en términos de cosas que se hallan en el universo son «nombres» de Dios porque nos dicen algo verdadero en cuanto a él.

Herman Bavinck, en *The Doctrine of God*[1] da una lista larga de tales descripciones de Dios tomadas de la creación: a Dios se le compara con un león (Is 31:4), un águila (Dt 32:11), un cordero (Is 53:7), una gallina (Mt 23:37), el sol (Sal 84:11), el lucero de la mañana (Ap 22:16), la luz (Sal 27:1), una antorcha (Ap 21:23), un fuego (Heb 12:29), una fuente (Sal 36:9), una roca (Dt 32:4), un escondedero (Sal 119:114), una torre (Prov. 18:10), una polilla (Salmo 39:11), una sombra (Sal 91:1), un escudo (Sal 84:11), un templo (Ap 21:22), y así por el estilo.

Tomando de la experiencia humana, Bavinck halla una lista incluso más extensa, que se reproduce aquí sólo en parte: A Dios se le llama novio (Is 61:10), esposo (Is 54:5), padre (Dt 32:6), juez y rey (Is 33:22), guerrero (Éx. 15:3), arquitecto y constructor (Heb 11:10), pastor (Sal 23:1), médico (Éx 15:26), etcétera. Todavía más, se habla de Dios en términos de acciones humanas tales como conocer (Gn 18:21), recordar (Gn 8:1; Ex. 2:24), ver (Gn 1:10), oír (Éx 2:24), oler (Gn 8:21), gustar (Sal 11:5), sentarse (Sal 9:7), levantarse (Sal 68:1), andar (Lv 26:12), limpiar lágrimas (Is 25:8), etcétera. A Dios se atribuyen emociones humanas, tales como gozo (Is 62:5), aflicción (Sal 78:40; Is 63:10), enojo (Jer 7:18-19), amor (Jn 3:16), odio (Dt 16:22), ira (Sal 2:5), etcétera.

Aunque Dios no tiene un cuerpo físico,[2] la Biblia usa varias partes del cuerpo humano para describir metafóricamente las actividades de Dios. La Biblia puede hablar de la cara o semblante de Dios (Éx 33:20, 23; Is 63:9; Sal 16:11; Ap 22:4), ojos (Sal 11:4; Heb 4:13), párpados (Sal 11:4), orejas (Sal 55:1; Is 59:1), nariz (Dt 33:10), boca (Dt 8:3), labios (Job 11:5), lengua (Is 30:27), cuello (Jer 18:17), brazos (Éx 15:16), mano (Nm 11:23), dedo (Éx 8:19), corazón (Gn 6:6), pie (Is 66:1), etcétera. Incluso términos que describen características personales tales como bueno,

---

[1]Herman Bavinck, *The Doctrine of God* trad. y ed. por William Hendriksen (Eerdmans, Grand Rapids, 1951), pp. 86–89.

[2]Aunque Jesucristo tiene ahora un cuerpo físico como Dios-hombre, el Padre y el Espíritu Santo no, ni tampoco el Hijo antes de que fue concebido en el vientre de María. (En las «teofanías» del Antiguo Testamento, en las que Dios se apareció en forma humana, esos cuerpos humanos eran solamente apariencias temporales y no pertenecían a la persona de Dios).

misericordioso, lleno de gracia, justo, santo, recto, y muchos más, son términos cuyo significado nos es familiar mediante una experiencia de estas cualidades en otros seres humanos. E incluso esos términos que parecen menos relacionados a la creación, tal como eternidad o inmutabilidad, los entendemos no intuitivamente sino al negar conceptos que conocemos por experiencia (eternidad es no estar limitado por el tiempo e inmutabilidad es no cambiar).

El punto de compilar todos estos pasajes es mostrar, primero, que en uno u otro sentido *toda la creación nos revela algo de Dios* y que la creación más alta, especialmente el hombre que está hecho a imagen de Dios, le revela más completamente.

La segunda razón para mencionar esta larga lista es mostrar que todo lo que sabemos de Dios partiendo de la Biblia nos viene en términos que entendemos porque describen acontecimientos o cosas comunes a la experiencia humana. Usando un término más técnico, podemos decir que *todo lo que la Biblia dice de Dios usa lenguaje antropomórfico; es decir, lenguaje que habla de Dios en términos humanos.*[3] Ha habido quienes tienen problemas con el hecho de que hay lenguaje antropomórfico en la Biblia. Pero esto no debería ser problema para nosotros, porque para que Dios nos enseñe cosas que no conocemos por experiencia directa (tales como sus atributos), tiene que enseñarnos en términos que nosotros conocemos. Por eso todo lo que la Biblia dice en cuanto a Dios es «antropomórfico» en un sentido amplio (hablar de Dios en términos bien sea humanos o en términos de la creación que conocemos). Esto no quiere decir que la Biblia nos da ideas erradas o equívocas en cuanto a Dios, porque esta es la manera en que Dios ha escogido revelarse a nosotros, y revelarse verdadera y acertadamente. Con todo, debe advertirnos a no tomar ninguna de estas descripciones por sí sola y aislada de su contexto inmediato o del resto de lo que la Biblia dice en cuanto a Dios.[4] Si lo hiciéramos, corremos el riesgo de malentender o de tener un cuadro desequilibrado o inadecuado de quién es Dios. Cada descripción de uno de los atributos de Dios se debe entender a la luz de todo lo demás que la Biblia nos dice en cuanto a Dios. Si no recordamos esto, inevitablemente entenderemos erróneamente el carácter de Dios.

Por ejemplo, tenemos una *idea* del amor por la experiencia humana. Eso nos ayuda a entender lo que la Biblia quiere decir cuando dice que Dios es amor, pero nuestro entendimiento del significado de «amor» al aplicarlo a Dios no es idéntico a nuestra experiencia con el amor en las relaciones humanas. Así que debemos aprender de ver actuar Dios a través de la Biblia y de los demás atributos de Dios que se nos dan en la Biblia, así como de nuestras experiencias del amor de Dios en nuestra vida, para poder refinar nuestra idea del amor de Dios de una manera apropiada y evitar malentendidos. Así que el lenguaje antropomórfico en cuanto a Dios es *veraz* cuando aparece en la Biblia, pero se puede entender correctamente

---

[3]«Antropomórfico» viene de dos palabras griegas: *antropos* «hombre», y *morfé* «forma». Una descripción antropomórfica de Dios describe a Dios en formas humanas o términos humanos.

[4]Este error lo harían, por ejemplo, los que aducen que Dios tiene un cuerpo humano, porque la Biblia habla de ojos, oídos, boca, etc. Por el mismo razonamiento deberían decir también que Dios se parece a un león, un Cordero, un águila, fuego, roca, gallina, fuente, sol, escudo, sombra y un templo, ¡todo a la vez! El error es no reconocer que estas son metáforas que nos hablan del carácter de Dios, pero que Dios mismo es «espíritu» (Jn 4:24) y no tiene cuerpo material.

sólo al leer continuamente la Biblia toda nuestra vida a fin de poder entender este lenguaje en el contexto de toda la Biblia.

Hay una tercera razón para señalar la gran diversidad de descripciones de Dios tomadas de la experiencia humana y del mundo natural. Este lenguaje debe recordarnos que *Dios hizo el universo para que muestre la excelencia de su carácter*, para que muestre su gloria. Dios es digno de recibir gloria porque él creó todas las cosas (Ap 4:11); por consiguiente, todas las cosas deben honrarlo a él.

El Salmo 148 es un ejemplo de cómo la creación es convocada para alabar a Dios:

> Alábenlo, sol y luna,
> alábenlo, estrellas luminosas. ...
>
> Alaben al Señor desde la tierra
> los monstruos marinos y las profundidades del mar,
>
> el relámpago y el granizo, la nieve y la neblina,
> el viento tempestuoso que cumple su mandato,
>
> los montes y las colinas,
> los árboles frutales y todos los cedros, ...
>
> los reyes de la tierra y todas las naciones, ...
>
> Alaben el nombre del Señor,
> porque sólo su nombre es excelso;
> su esplendor está por encima de la tierra y de los cielos
> (Sal 148:3, 7-11, 13).

Conforme aprendemos en la Biblia en cuanto al carácter de Dios, eso debería abrir nuestros ojos y capacitarnos para interpretar correctamente la creación. Como resultado, podremos ver reflejos de la excelencia del carácter de Dios en todas partes de la creación: «toda la tierra está llena de su gloria» (Is 6:3).

Se debe recordar que aunque todo lo que la Biblia nos dice en cuanto a Dios es verdad, no es exhaustivo. La Biblia no nos lo dice todo en cuanto al carácter de Dios. Así que nunca conoceremos el *«nombre»* de Dios *total y completamente* en el sentido de que jamás entenderemos exhaustivamente el carácter de Dios. Nunca sabremos todo lo que se puede saber en cuanto a Dios. Por esta razón, los teólogos a veces han dicho: «Dios tiene muchos nombres, y sin embargo Dios no tiene nombre». Dios tiene muchos nombres porque conocemos muchas descripciones verdaderas de su carácter en la Biblia, pero Dios no tiene nombre porque nunca podremos describir o entender todo su carácter.

3. Definiciones balanceadas de los atributos incomunicables de Dios. Los atributos incomunicables de Dios son tal vez los que más fácilmente se malentienden, probablemente porque representan aspectos del carácter de Dios que son menos conocidos en nuestra experiencia. En este capítulo, por consiguiente, cada uno de los atributos incomunicables de Dios se define con una oración de dos partes. La primera parte define el atributo que se considera, y la segunda parte nos guarda contra entender mal el atributo indicando un aspecto balanceado u opuesto que se relaciona con ese atributo. Por ejemplo, la inmutabilidad de Dios se define como sigue: «Dios es inmutable en su ser, perfecciones, propósitos y promesas' *sin embargo* Dios actúa, y actúa en forma diferente en respuesta a situaciones diferentes». La segunda mitad de la oración nos guarda en contra de la idea de que inmutabilidad quiere decir total incapacidad de actuar. Algunos en efecto entienden la inmutabilidad de esta manera, pero tal comprensión no concuerda con lo que dice la Biblia de la inmutabilidad de Dios.

B. Los atributos incomunicables de Dios

1. Independencia. La independencia de Dios se define como sigue: *Dios no nos necesita a nosotros ni a nada del resto de la creación, sin embargo nosotros y el resto de la creación podemos glorificarle y proporcionarle gozo.* A este atributo de Dios a veces se le llama existencia propia o *aseidad* (de las palabras latinas *a se* que quieren decir «de sí mismo»).

La Biblia en varios lugares enseña que Dios no necesita de nada de la creación a fin de existir, ni para ninguna otra razón. Dios es absolutamente independiente y autosuficiente. Pablo les proclama a los hombres de Atenas: «El Dios que hizo el mundo y todo lo que hay en él es Señor del cielo y de la tierra. No vive en templos construidos por hombres, *ni se deja servir por manos humanas, como si necesitara de algo.* Por el contrario, él es quien da a todos la vida, el aliento y todas las cosas» (Hch 17:24-25). La implicación es que Dios no necesita nada de los seres humanos.

Dios le preguntó a Job: «¿Y quién tiene alguna cuenta que cobrarme? ¡*Mío es todo cuanto hay bajo los cielos!*» (Job 41:11). Nadie jamás ha contribuido para Dios algo que no haya recibido de Dios, quien creó todas las cosas. De modo similar, leemos la Palabra de Dios en el Salmo 50: «Míos son los animales del bosque, y mío también el ganado de los cerros. Conozco a las aves de las alturas; todas las bestias del campo son mías. Si yo tuviera hambre, no te lo diría, pues *mío es el mundo, y todo lo que contiene*» (Sal 50:10-12).

Algunos han pensado a veces que Dios creó a los seres humanos porque se sentía solo y necesitaba comunión con otras personas. Si esto fuera cierto, ciertamente significaría que Dios no es completamente independiente de la creación. Significaría que Dios *necesitaba* crear a los seres humanos a fin de sentirse completamente feliz o completamente satisfecho en su existencia personal.

Sin embargo, hay algunas indicaciones específicas en las palabras de Jesús que muestran que esta idea es inexacta. En Juan 17:5 Jesús ora: «Padre, glorifícame en tu presencia con *la gloria que tuve contigo antes de que el mundo existiera*». Aquí hay una indicación de que el Padre y el Hijo compartían la gloria antes de la creación. Luego, en Juan 17:24, Jesús le habla al Padre de «mi gloria, la gloria que *me has dado porque me amaste desde antes de la creación del mundo*». Hubo amor y comunicación entre el Padre y el Hijo antes de la creación.

Estos pasajes indican explícitamente lo que podemos aprender en otras partes de la doctrina de la Trinidad, es decir, que entre las personas de la Trinidad ha habido amor perfecto, comunión y comunicación por toda la eternidad. El hecho de que Dios es tres personas y sin embargo un solo Dios quiere decir que no había soledad o falta de comunión personal en Dios antes de la creación. De hecho, el amor y la comunión interpersonal, y el compartir la gloria, siempre ha sido y siempre será mucho más perfecto que cualquier comunión que nosotros como seres humanos finitos jamás tendremos con Dios. Y como el segundo versículo citado arriba habla de la gloria que el Padre le dio al Hijo, debemos también darnos cuenta de que hay un dar gloria de un miembro de la Trinidad al otro que sobrepasa con mucho cualquier otorgamiento de gloria que jamás ha podido darle a Dios toda la creación.

Respecto a la existencia de Dios, esta doctrina también nos recuerda que solo Dios existe en virtud de su propia naturaleza, y que nunca fue creado y nunca empezó a existir. Siempre fue. Esto se ve en el hecho de que todas las cosas que existen fueron hechas por él («porque tú creaste *todas las cosas;* por tu voluntad existen y fueron creadas» [Ap 4:11]; esto también lo afirma Jn 1:3; Ro 11:35-36; 1 Co 8:6). Moisés nos dice que Dios existió antes de que hubiera creación alguna: «Desde *antes* que nacieran los montes y que crearas la tierra y el mundo, desde los tiempos antiguos y hasta los tiempos postreros, *tú eres Dios»* (Sal 90:2). La independencia de Dios también se ve en la forma en que se designa a sí mismo en Éxodo 3:14: «YO SOY EL QUE SOY». Es posible traducir esta afirmación como «Yo seré el que seré», pero en ambos casos la implicación es que la existencia y carácter de Dios la determina él mismo por sí solo y no depende de nadie ni de ninguna otra cosa. Esto quiere decir que el ser de Dios siempre ha sido y siempre será exactamente lo que es. Dios no depende de ninguna parte de la creación para su existencia o naturaleza. Sin la creación, Dios seguiría siendo infinitamente amor, infinitamente justo, eterno, omnisciente, trinitario, etcétera.

La existencia de Dios es también algo totalmente singular. No es simplemente que Dios *no necesita* la creación para nada; Dios *no podría* necesitar la creación para nada. La diferencia entre la criatura y el Creador es una diferencia inmensamente vasta, porque Dios existe en un orden fundamentalmente diferente. No es simplemente que nosotros existimos y Dios siempre ha existido; es también que Dios *necesariamente* existe en una manera infinitamente mejor, más fuerte, más excelente. La diferencia entre el ser de Dios y el nuestro es más que la diferencia entre el sol y una vela, más que la diferencia entre el océano y una gota de agua, más que la diferencia entre el casquete polar ártico y un copo de nieve, más que la diferencia entre el universo y el cuarto en que estamos sentados; el ser de Dios es *cualitativamente diferente.* Ninguna limitación o imperfección de la creación se debe proyectar en nuestro concepto de Dios. Él es el Creador; todo lo demás es criatura. Todo lo demás puede desaparecer en un instante; él *necesariamente existe* para siempre.

La consideración en balance respecto a esta doctrina es el hecho de que *nosotros y el resto de la creación podemos glorificar a Dios y proporcionarle gozo.* Esto se debe indicar a fin de guardarnos contra cualquier idea de que la independencia de Dios nos deja a nosotros sin significado. Alguien pudiera preguntarse: si Dios no nos necesita para nada, ¿tenemos alguna importancia? ¿Hay alguna significación para nuestra existencia o para la existencia del resto de la creación? En respuesta se debe decir que somos en realidad muy significativos porque Dios nos ha creado y ha determinado que seamos *significativos para él.* Esta es la definición final de significación genuina.

Dios habla de sus hijos e hijas de todos los términos de la tierra como «todo el que sea llamado por mi nombre, al que yo he creado *para mi gloria,* al que yo hice y formé» (Is 43:7). Aunque Dios no tenía que creamos, decidió hacerlo por decisión totalmente libre. Decidió crearnos para que le glorifiquemos (cf. Ef 1:11-12; Ap 4:11).

También es cierto que podemos proporcionar verdadero gozo y deleite a Dios. Una de los cosas más asombrosas que dice la Biblia es que Dios se deleita en su pueblo y se regocija por ellos. Isaías profetiza respecto a la restauración del pueblo de Dios:

> ¡Serás en la mano del Señor como una corona esplendorosa,
>   como una diadema real en la palma de tu Dios!
> Ya no te llamarán «Abandonada»,
>   ni a tu tierra la llamarán «Desolada»,
> sino que serás llamada «Mi deleite»;
>   tu tierra se llamará «Mi esposa»;
> porque *el Señor se deleitará en ti,*
>   y tu tierra tendrá esposo.
> Como un joven que se casa con una doncella,
>   así el que te edifica se casará contigo;
> *como un novio que se regocija por su novia,*
>   *así tu Dios se regocijará por ti* (Is 62:3-5).

De modo similar, Sofonías profetiza que el Señor «se deleitará en ti con gozo, te renovará con su amor, *se alegrará por ti con cantos* como en los días de fiesta» (Sof 3:17-18). Dios no nos necesita para nada, sin embargo es un asombroso hecho de nuestra existencia que él escoja deleitarse en nosotros y permitimos darle gozo a su corazón. Esta es la base de la significación personal en la vida de todos los del pueblo de Dios; ser significante para Dios es ser significante en su sentido supremo. No se puede imaginar ninguna significación personal mayor.

2. Inmutabilidad. Podemos definir la inmutabilidad de Dios como sigue: *Dios es inalterable en su ser, perfecciones, propósitos y promesas, y sin embargo Dios en efecto actúa y siente emociones, y actúa y siente en forma diferente en respuesta a situaciones diferentes.*[5]

a. Evidencia en la Biblia: En el Salmo 102 hallamos un contraste entre las cosas que podemos pensar que son permanentes tales como la tierra y los cielos, por un lado, y Dios, por otro lado. El salmista dice:

> En el principio tú afirmaste la tierra,
>   y los cielos son la obra de tus manos.

---

[5]Las cuatros palabras clave (*ser, perfecciones, propósitos, promesas*) usadas como sumario de las maneras en que Dios es inmutable se toman de Louis Berkhof, *Systematic Theology* (Eerdmans, Grand Rapids, 1939, 1941), p. 58.

Ellos perecerán, pero tú permaneces.
Todos ellos se desgastarán como un vestido.
Y como ropa los cambiarás,
   y los dejarás de lado.
Pero *tú eres siempre el mismo,*
   y tus años no tienen fin (Sal 102:25-27).[6]

Dios existió antes de que fueran hechos los cielos y la tierra, y existirá después de que ellos hayan sido destruidos. Dios hace que el universo cambie, pero en contraste con este cambio, él es «el mismo».

Refiriéndose a sus propias cualidades de paciencia, magnanimidad y misericordia, Dios dice: «Yo, *el Señor, no cambio.* Por eso ustedes, descendientes de Jacob, no han sido exterminados» (Mal 3:6). Aquí Dios usa una afirmación general de su inmutabilidad para referirse a algunas maneras específicas en las que él no cambia.

Santiago les recuerda a sus lectores que toda buena dádiva viene en última instancia de Dios *«que no cambia como los astros ni se mueve como las sombras»* (Stg 1:17). Su argumento es que puesto que las buenas dádivas siempre vienen de Dios, podemos tener confianza de que sólo buenas dádivas vendrán de él en el futuro, porque su carácter nunca cambia en el más mínimo grado.

La definición dada arriba especifica que Dios es inmutable; no en toda manera que pudiéramos imaginar, sino sólo en las maneras en que la misma Biblia afirma. Los pasajes bíblicos ya citados se refieren bien sea al propio ser de Dios o a algún atributo de su carácter. De esto podemos concluir que Dios es inmutable, por lo menos respecto a su *«ser»,* y con respecto a sus *«perfecciones»* (es decir, sus atributos o varios aspectos de su carácter).

El gran teólogo holandés Herman Bavinck señala que el hecho de que Dios es inmutable en su ser es de extrema importancia para mantener la distinción entre Creador y criatura, y para nuestra adoración a Dios:

> La doctrina de la inmutabilidad de Dios es de la más alta importancia para la religión. El contraste entre ser y llegar a ser marca la diferencia entre Creador y criatura. Toda criatura está continuamente llegando a ser. Es cambiable, y constantemente se esfuerza, busca descanso y satisfacción, y halla descanso en Dios, sólo en Dios, porque sólo él es ser puro y no está en proceso. De aquí que en la Biblia a Dios a menudo se le llama la Roca. ...[7]

La definición que se indica arriba también afirma la invariabilidad o inmutabilidad de Dios respecto a sus *propósitos.* «Los planes del Señor quedan firmes para siempre; los designios de su mente son eternos» (Sal 33:11). Esta afirmación general del consejo de Dios la respaldan varios versículos específicos que hablan de los planes o propósitos individuales de Dios que él ha tenido por toda la eternidad

---

[6] Es significativo que es pasaje se cita en Heb 1:11-12 y se lo aplica a Jesucristo. Heb 13:8 también aplica a Cristo el atributo de inmutabilidad: «Jesucristo es el mismo ayer y hoy y por los siglos». Así, Dios Hijo participa plenamente de este atributo divino.

[7] Herman Bavinck, *The Doctrine of God* trad. y ed. por William Hendriksen (Banner of Truth, Edinburg, 1977, reimp. de 1951 ed.), p. 149.

(Mt 13:35; 25:34; Ef 1:4, 11; 3:9, 11; 2 Ti 2:19; 1 P 1:20; Ap 13:8). Una vez que Dios determina hacer algo, su propósito es inmutable y se realizará. Por cierto, Dios afirma por medio de Isaías que no hay ninguno como otro en este respecto:

> Yo soy Dios, y no hay nadie igual a mí.
> Yo anuncio el fin desde el principio;
> desde los tiempos antiguos, lo que está por venir.
> Yo digo: Mi propósito se cumplirá,
> y haré todo lo que deseo. ...
> Lo que he dicho, haré que se cumpla;
> *lo que he planeado, lo realizaré* (Is 46:9-11).

Es más, Dios es inmutable en sus *promesas*. Una vez que ha prometido algo, no es infiel a esa promesa: «Dios no es un simple mortal para mentir y cambiar de parecer. ¿Acaso no cumple lo que promete ni lleva a cabo lo que dice?» (Nm 23:19; cf. 1 S 15:29).

b. ¿Cambia Dios de parecer algunas veces? Sin embargo, cuando hablamos de que Dios es inmutable en sus propósitos, podemos preguntarnos en cuanto a los lugares en la Biblia donde Dios dice que juzgará a su pueblo y después debido a la oración o arrepentimiento del pueblo (o ambas cosas) Dios cedió y no les aplicó el castigo que había dicho que les aplicaría. Ejemplos de tal retiro del juicio amenazado incluye la victoriosa intervención de Moisés en oración para evitar la destrucción del pueblo de Israel (Éx 32:9-14), la añadidura de otros quince años a la vida de Ezequías (Is 38:1-6), y el no aplicar a Nínive el castigo prometido cuando el pueblo se arrepintió (Jon 3:4, 10). ¿No son estos casos en donde los propósitos de Dios en efecto cambian? También hay otros pasajes en donde se dice que Dios lamentó haber realizado alguna acción previa. Uno piensa que Dios lamentó haber hecho al hombre sobre la tierra (Gn 6:6), o que lamentó haber hecho rey a Saúl (1 S 15:10). ¿Acaso no cambiaron los propósitos de Dios en estos casos?

Todos estos casos se deben entender como verdaderas expresiones de la actitud o intención *presente* de Dios *con respecto a la situación según existe en ese momento.* Si la situación cambia, por supuesto, la actitud de Dios o expresión de intención también cambiará. Esto es simplemente decir que *Dios responde diferente a situaciones diferentes.* El ejemplo de la predicación de Jonás a Nínive es útil aquí. Dios ve la maldad de Nínive y envía a Jonás a que proclame: «¡Dentro de cuarenta días Nínive será destruida!» (Jon 3:4). La posibilidad de que Dios no mande el castigo si el pueblo se arrepiente no se menciona explícitamente en la proclamación de Jonás según se anota en la Biblia, pero por supuesto está *implícita* en esa advertencia; el *propósito* de proclamar una advertencia es producir arrepentimiento. Una vez que el pueblo se arrepintió, la situación fue diferente, y Dios respondió en forma diferente a esa situación cambiada: «*Al ver Dios lo que hicieron,* es decir, que se habían convertido de su mal camino, *cambió de parecer y no llevó a cabo la destrucción que les había anunciado*» (Jon 3:10).

Las situaciones de Ezequías y de la intercesión de Moisés son similares: Dios había dicho que enviaría castigo, y eso fue una declaración verdadera, *siempre y cuando la situación siguiera siendo la misma.* Pero luego la situación cambió; alguien empezó a orar fervientemente (Moisés en un caso, y Ezequías en el otro). Aquí la oración misma fue una parte de la nueva circunstancia y fue en efecto lo que cambió la situación. Dios respondió a esa situación cambiada respondiendo a la oración y no enviando el castigo.

En el caso de que Dios lamenta haber hecho al hombre, y haber hecho rey a Saúl, esto también se puede entender como *expresiones del desagrado de Dios en aquel momento* hacia el pecado del hombre. En ninguno de los dos casos el lenguaje es fuerte lo suficiente como para exigirnos pensar que si Dios pudiera empezar de nuevo y actuar en forma diferente, no crearía al hombre o no haría rey a Saúl. Más bien puede implicar que la acción previa de Dios condujo a acontecimientos que, a corto plazo, lo hicieron entristecer, pero que con todo a largo plazo, en última instancia lograrían sus buenos propósitos. Esto es algo análogo al padre humano que permite que su hijo siga un curso que él sabe que le traerá mucha tristeza, tanto al padre como al hijo, pero que lo permite porque sabe que mayor bien a largo plazo resultará de eso.

c. La cuestión de la impasibilidad de Dios. A veces en la consideración de los atributos de Dios los teólogos han hablado de otro atributo: la *impasibilidad* de Dios. Este atributo, de ser verdad, significaría que Dios no tiene pasiones o emociones, sino que es «impasible», y no está sujeto a pasiones. De hecho, el capítulo 2 de la Confesión Westminster de Fe dice que Dios es «sin ... pasiones». Esta afirmación va más allá de lo que hemos afirmado en nuestra definición anterior en cuanto a la inmutabilidad de Dios, y va *más allá* de afirmar que Dios no cambia en su ser, perfecciones, propósitos o promesas: también afirma que Dios ni siquiera siente emociones o «pasiones».

La prueba bíblica que da la Confesión Westminster es Hechos 14:15, que en la versión del Rey Jaime en inglés informa que Bernabé y Pablo rechazaron la adoración de los habitantes de Listra, protestando que no son dioses sino «hombres de *pasiones semejantes* a las de ustedes». La implicación de la traducción del rey Jaime en inglés pudiera ser que alguien que es verdaderamente Dios no tendría «pasiones semejantes» como los hombres, o bien pudiera simplemente mostrar que los apóstoles estaban respondiendo a la falsa noción de dioses sin pasiones que los hombres de Listra daban por sentado (vea vv. 10-11). Pero si se traduce apropiadamente, este versículo ciertamente no demuestra que Dios no tenga pasiones o emociones para nada, porque el término griego (*homoiopatzés*) puede simplemente significar tener circunstancias o experiencias similares, o ser de naturaleza similar al ningún otro.[8] Por supuesto, Dios no tiene pasiones o emociones *pecaminosas*. Pero la idea de que Dios no tenga *en lo absoluto* pasiones o emociones claramente está en conflicto con mucho del resto de la Biblia, y por esa razón no he afirmado la impasibilidad de Dios en este libro. Más bien, lo opuesto es la verdad, porque Dios, que es el origen de nuestras emociones y que creó nuestras emociones, por cierto sí siente emociones: Dios se alegra (Is 62:5); se entristece (Sal 78:40; Ef 4:30). Su enojo arde contra sus enemigos (Éx 32:10). Él se compadece de sus hijos (Sal 103:13), y ama con amor eterno (Is 54:8; Sal 103:17). Es un Dios cuyas pasiones debemos imitar

---

[8]Vea *BAGD*, p. 566.

por toda la eternidad porque nosotros, como nuestro Creador, detestamos el pecado y nos deleitamos en la justicia.

d. El desafío de la Teología del Proceso. Los que abogan por la *Teología del Proceso* han negado frecuentemente en años recientes la inmutabilidad de Dios. La Teología del Proceso es una posición teológica que dice que el proceso y el cambio son aspectos esenciales de la existencia genuina, y que por consiguiente Dios debe estar cambiando con el tiempo también, como todo lo demás que existe. De hecho, Charles Hartshorne, el padre de la Teología del Proceso, diría que Dios está continuamente añadiéndose las experiencias que suceden en todas partes del universo, y que por lo tanto Dios está continuamente cambiando.[9] El atractivo real de la Teología del Proceso viene del hecho de que todos tienen un anhelo profundo de significar algo, de sentirse significativos en el universo. A los teólogos del proceso les disgusta la doctrina de la inmutabilidad de Dios porque piensan que implica que nada que hagamos realmente afecta a Dios. Si Dios es realmente incambiable, dirían los teólogos del proceso, entonces nada que hagamos nosotros, a decir verdad, nada de lo que suceda en el universo, tiene algún efecto real en Dios, porque Dios no puede cambiar. Así que ¿qué diferencia hacemos? ¿Cómo podemos tener un efecto tan extraordinario? En respuesta a esta pregunta los teólogos del proceso rechazan la doctrina de la inmutabilidad de Dios y nos dicen que nuestras acciones son tan significativas ¡que ejercen influencia en el mismo ser de Dios! Conforme actuamos, y conforme el universo cambia, esas acciones *verdaderamente* afectan a Dios y el ser de Dios cambia; Dios *se convierte* en algo diferente de lo que era.[10]

Los proponentes de la Teología del Proceso a menudo erróneamente acusan a los creyentes evangélicos (o incluso a los escritores bíblicos) de creer en un Dios que no actúa en el mundo, o que no puede responder diferente a situaciones diferentes (errores que ya hemos considerado arriba). Con respecto a la idea de qué debemos influir en el mismo ser de Dios para ser significativos, debemos responder que esta es una *presuposición incorrecta* introducida en la consideración, y que no es congruemte con la Biblia. La Biblia es clara al afirmar que nuestra significación suprema no viene de poder cambiar el ser de Dios, sino del hecho de que Dios nos ha creado para su gloria y que *él* nos considera significativos.[11] Sólo Dios da la definición definitiva de lo que es significativo y de lo que no es significativo en el universo, y sí él nos cuenta como significativos, ¡entonces lo somos!

---

[9]Charles Hartshorne (nacido en 1897) enseñó en la University of Chicago, Emory University, y la University of Texas. Una introducción a la teología de proceso por dos de sus proponentes es *Process Theology: An Introductory Exposition* por John B. Cobb, Jr., y David R. Griffin (Philadelphia: Westminster, 1976). Análisis evangélicos detallados se pueden hallar en Carl F. H. Henry, «The Resurgence of Process Philosophy», en God, Revelation, and Authority 6:52-75, y Royce Gruenler, The Inexhaustible God: Biblical Faith and the Challenge of Process Theism (Grand Rapids: Baker, 1983).

Dos excelentes artículos recientes desde una perspectiva evangélicas han sido escritos por Bruce A. Ware: «An Exposition and Critique of the Process Doctrines of Divine Mutability and Immutability», WTJ 47 (1985): 175–96 (crítica de la teología de proceso), y «An Evangelical Reformulation of the Doctrine of the Immutability of God», JETS 29 (1986): 431-46 (nueva declaración positiva de una noción ortodoxa de la inmutabilidad de Dios).

[10]Vea la reveladora consideración de la idea de Hartshorne de que nosotros contribuimos valor a Dios que de otra manera él carecería: «Exposition and Critique», pp. 183-85.

[11]Vea cap. 21, pp. 440-42, sobre las razones para la creación del hombre.

El otro error fundamental de la Teología del Proceso es dar por sentado que Dios debe ser cambiable como el universo que creó. Esto es algo que la Biblia explícitamente niega: «En el principio, oh Señor, tú afirmaste la tierra, y los cielos son la obra de tus manos. Ellos perecerán, pero tú permaneces para siempre. Todos ellos se desgastarán como un vestido. ... *y cambiarán como ropa que se muda; pero tú eres siempre el mismo,* y tus años no tienen fin» (Heb 1:10-12, citando Sal 102:25-27).

e. Dios es a la vez infinito y personal. Nuestra consideración de la Teología del Proceso ilustra una diferencia común entre el cristianismo bíblico y todos los demás sistemas de teología. En la enseñanza de la Biblia, Dios es *infinito* y *personal*; es infinito en que no está sujeto a ninguna de las limitaciones de la humanidad ni de la creación en general. Es mucho más grande que todo lo que ha hecho, mucho más grande de todo lo demás que existe. Pero también es personal; interactúa con nosotros como persona, y podemos relacionarnos con él como personas. Podemos orar a él, adorarlo, obedecerlo y amarlo, y él puede hablarnos, regocijarse en nosotros y amarnos.

Aparte de la verdadera religión que se halla en la Biblia, ningún sistema de religión tiene un Dios que sea a la vez infinito y personal.[12] Por ejemplo, los dioses de la mitología antigua griega y romana eran *personales* (interactuaban frecuentemente con los seres humanos), pero no eran infinitos: tenían debilidades y frecuentes fracasos morales, e incluso rivalidades mezquinas. Por otro lado, el deísmo pinta a un Dios que es *infinito,* pero que está demasiado alejado del mundo para intervenir personalmente en él. De modo similar, el panteísmo sostiene que Dios es infinito (puesto que piensan que todo el universo es Dios), pero tal Dios ciertamente no puede ser personal ni relacionarse con nosotros como personas.

El error de la Teología del Proceso encaja en este patrón general. Sus proponentes están convencidos de que un Dios que es inmutable en su ser es tan diferente del resto de la creación —tan infinito, tan ilimitado por el cambio que caracteriza a toda nuestra existencia— que *no puede* también ser personal de una manera que nosotros podamos afectarlo de alguna forma. Así que, a fin de ganar a un Dios que es personal, piensan que tienen que abandonar a un Dios que es infinito por un Dios que continuamente está en proceso de cambio. Esta clase de razonamiento es típico de muchas (tal vez todas) de las objeciones a la clase de Dios que presenta la Biblia. Hay quienes dicen que si Dios es infinito, no puede ser personal, o dicen que si Dios es personal, no puede ser infinito. La Biblia enseña que Dios es a la vez infinito y personal. Debemos afirmar que Dios es infinito (o ilimitado) con respecto al cambio que ocurre en el universo (nada cambiará el ser, perfecciones, propósitos o promesas), que Dios es *también* personal, y que se relaciona con nosotros personalmente y nos considera valiosos.

f. La importancia de la inmutabilidad de Dios. Al principio puede parecernos que no tiene gran importancia que afirmemos la inmutabilidad de Dios. La idea es

---

[12]Técnicamente hablando debemos reconocer que el judaísmo, en tanto se basa en lo que llamamos el Antiguo Testamento, también tiene una noción de Dios que le muestra siendo a la vez infinito y personal, aunque el judaísmo nunca ha reconocido las indicaciones de la naturaleza trinitaria de Dios que están presentes incluso en el Antiguo Testamento (vea capítulo 14, pp. 226-30).

tan abstracta que tal vez no nos demos cuenta inmediatamente de su significación. Pero si nos detenemos por un momento para imaginarnos lo que sería si Dios *pudiera* cambiar, la importancia de esta doctrina se hace más clara. Por ejemplo, si Dios *pudiera* cambiar (en su ser, perfecciones, propósitos o promesas), entonces cualquier cambio sería para bien o para mal. Pero si Dios cambiara para bien, él no sería lo mejor que pudo haber sido cuando confiamos en él. Y ¿cómo podríamos estar seguros de que es lo mejor que pudiera ser ahora)? Pero si Dios pudiera cambiar para mal (en su propio *ser*), ¿qué clase de Dios podría volverse? ¿Podría volverse, por ejemplo, un poquito malo en vez de enteramente bueno? Y si pudiera convertirse en un poquito malo, entonces ¿cómo sabemos que no podría cambiar para convertirse inmensamente malo, o *enteramenmente* malo? Y no habría nada que podríamos hacer al respecto, porque él es mucho más poderoso que nosotros. Así que la idea de que Dios podría cambiar conduce a la horrible posibilidad de que a miles de años de aquí podríamos llegar a vivir para siempre en un universo dominado por un Dios totalmente malo y omnipotente. Es difícil imaginarse un pensamiento más aterrador. ¿Cómo podríamos incluso confiar en un Dios que pudiera cambiar? ¿Cómo podríamos entregarle nuestras vidas?

Es más, si Dios pudiera cambiar respecto a sus *propósitos,* sería posible que. aunque al escribir la Biblia prometió que Jesús volvería para gobernar sobre un nuevo cielo y nueva tierra, tal vez ya ha abandonado ese plan, y entonces nuestra esperanza en el retorno de Jesús es vana. O si Dios pudiera cambiar respecto a sus *promesas,* ¿cómo podríamos confiar en él completamente en cuanto a la vida eterna? ¿O en cualquier otra cosa que la Biblia dice? Tal vez cuando la Biblia fue escrita él prometió perdón de pecados y vida eterna para los que confían en Cristo, pero (si Dios puede cambiar) tal vez ya ha cambiado de parecer en esas promesas; ¿cómo podríamos estar seguros? O tal vez su omnipotencia va a cambiar algún día, así que aunque él quiera guardar sus promesas, no podría hacerlo.

Un poco de reflexión como esta muestra lo absolutamente importante que es la doctrina de la inmutabilidad de Dios. Si Dios no es inmutable, toda la base de nuestra fe empieza a desbaratarse, y nuestra comprensión del universo empieza a deshacerse. Esto se debe a que nuestra fe, esperanza y conocimiento dependen en última instancia de una *persona* que es *infinitamente digno de confianza;* porque él es *absoluta* y *eternamente* inmutable en su ser, perfecciones, propósitos y promesas.

3. Eternidad. La eternidad de Dios se puede definir como sigue: *Dios no tiene principio, fin, ni sucesión de momentos en su propio ser, y ve todo el tiempo con la misma lucidez, sin embargo Dios ve los hechos en el tiempo y actúa en el tiempo.*

A veces a esta doctrina se le llama la doctrina de la infinitud de Dios con respecto al tiempo. Ser «infinito» es ser ilimitado, y esta doctrina enseña que el tiempo no limita a Dios.

Esta doctrina también se relaciona con la inmutabilidad de Dios. Si es cierto que Dios no cambia, debemos decir que *el tiempo* no cambia a Dios; no altera su ser, perfecciones, propósitos o promesas. Pero eso quiere decir que el tiempo no altera el conocimiento de Dios, por ejemplo. Dios nunca aprende cosas nuevas ni se olvida de nada, porque eso significaría un cambio en su conocimiento perfecto.

Esto implica también que el paso del tiempo no aumenta ni disminuye el conocimiento de Dios; él sabe todas las cosas pasadas, presentes y futuras, y las sabe con igual lucidez.

a. Dios es eterno en su ser. El hecho de que Dios no tenga principio ni fin se ve en Salmo 90:2: «Desde antes que nacieran los montes y que crearas la tierra y el mundo, *desde los tiempos antiguos y hasta los tiempos postreros, tú eres Dios*» De modo similar, en Job 36:26, Eliú dice de Dios: «¡Incontable es el número de sus años!»

La eternidad de Dios también la sugieren pasajes que hablan del hecho de que Dios siempre es o siempre existe. «Yo soy el Alfa y la Omega, el que es y que era y que ha de venir, el Todopoderoso» (Ap 1:8; cf. 4:8).[13]

Esto también se indica en el intrépido uso de Jesús del verbo en tiempo presente que implica existencia presente continua cuando contestó a sus adversarios judíos: «Antes de que Abraham naciera, *¡yo soy!*» (Jn 8:58). Esta afirmación en sí misma es una afirmación explícita del nombre de Dios: «YO SOY EL QUE SOY», de Éxodo 3:14, nombre que también sugiere una existencia presente continua: Dios es el eterno «YO SOY», el que existe eternamente.

El hecho de que Dios nunca empezó a existir también se puede concluir del hecho de que Dios creó todas las cosas, y que él mismo es espíritu inmaterial. Antes de que Dios hiciera el universo no había materia, pero entonces él lo creó todo (Gn 1:1; Jn 1:3; 1 Co 8:6; Col 1:16; Heb 1:2). El estudio de física nos dice que la materia, y el tiempo y el espacio, deben ocurrir todos juntos; si no hay materia, no puede haber espacio ni tiempo tampoco. De este modo, antes de que Dios creara el universo, no había «tiempo», por lo menos no en el sentido de una sucesión de momentos uno tras otro. Por consiguiente, cuando Dios creó el universo, también creó el tiempo. Cuando Dios empezó a crear el universo, empezó el tiempo, y allí empezó a ser una sucesión de momentos y acontecimientos uno tras otro.[14] Pero antes de que hubiera un universo, y antes de que hubiera tiempo, Dios siempre existió, sin principio, y sin ser afectado por el tiempo. El tiempo, por consiguiente, no tiene existencia en sí mismo, sino que, como el resto de la creación, depende de que el eterno ser y poder de Dios lo mantenga existiendo.

Los anteriores pasajes de la Biblia y el hecho de que Dios siempre existió antes de que existiera el tiempo se combinan para indicarnos que el ser de Dios no tiene una sucesión de momentos ni progreso de un estado de existencia a otro. Para Dios toda su existencia siempre es de alguna manera «presente»,[15] aunque hay que reconocer que la idea nos es difícil de entender, porque es una clase de existencia diferente a la que nosotros experimentamos.

---

[13]Alfa y omega son la primera y última letras del alfabeto griego, así que cuando Dios dice que el el Alfa y la Omega implica que es antes de todo lo demás y es después de todo lo demás; es el principio de todo y siempre será el fin (o meta) de todo.

[14]A decir verdad, la alternativa para decir que el tiempo empezó cuando Dios creó el universo es decir que el tiempo nunca empezó, sino que *siempre* ha habido una sucesión de momentos uno tras otro, extendiéndose infinitamente hacia atrás en el pasado, sin nunca tener un punto de iniciación. Pero a muchos eso de tener tiempo sin un principio les parecerá absurdo y probablemente imposible. Bavinck dice: «El tiempo eterno en el sentido de tiempo sin principio es inconcebible» (*The Doctrine of God* p. 157).

[15]Como veremos más abajo, esto no quiere decir que todos los eventos de la historia le parecen a Dios como si fueran presente, porque Dios ve los eventos *en tiempo* y actúa *en el tiempo*.

b. Dios siempre lo ve todo con la misma lucidez. En cierto sentido es más fácil para nosotros entender que Dios siempre lo ve todo con la misma lucidez. Leemos en Salmo 90:4: «*Mil años,* para ti, son como el día de *ayer,* que ya pasó; son como *unas cuantas horas* de la noche». A veces es difícil para nosotros recordar acontecimientos que ocurrieron hace varias semanas, o hace varios meses, o hace varios años. Recordamos más vívidamente hechos más recientes, y la claridad de nuestra memoria se desvanece con el paso del tiempo. Incluso si fuera posible para nosotros vivir «mil años», recordaríamos muy pocos hechos de cien años antes, y la claridad de ese recuerdo sería muy difusa. Pero aquí la Biblia nos dice que Dios ve mil años «como ayer». Él puede recordar todos los hechos de hace mil años por lo menos tan claramente como nosotros recordamos los eventos de «ayer». Es más, para él mil años son «una de las vigilias de la noche» (RVR 1960), un período de tres o cuatro horas durante el cual el centinela hace guardia. Tal período corto de tiempo pasaría rápidamente y todos los acontecimientos se recordarían fácilmente. Sin embargo así es como mil años le parecen a Dios.

Cuando nos damos cuenta de que la frase «mil años» no implica que Dios se olvida después de mil cien o mil doscientos años, sino que más bien expresa el tiempo MáS largo que podamos imaginar se hace evidente que Dios ve *toda la historia pasada* con gran claridad y en forma vívida; todo el tiempo transcurrido desde la creación es para Dios como si acabara de suceder. Siempre permanecerá igual de claro en su conciencia a través de los millones de años de la eternidad futura.

En el Nuevo Testamento, Pedro nos dice que «para el Señor un día es como mil años, y mil años como un día» (2 P 3:8). La segunda mitad de esta afirmación ya se había hecho en el Salmo 90, pero la primera parte introduce una consideración adicional: «Un día es como mil años»; es decir, cualquier día desde la perspectiva de Dios parece durar «mil años»; es como si ese día jamás terminara, sino que siempre está sucediéndose. De nuevo, puesto que «mil años» en lenguaje figurado quiere decir «un tiempo tan largo como podamos imaginar», o «toda la historia», podemos decir que según este versículo cualquier día para Dios parece ser el presente en su conciencia para siempre.

Tomando juntas estas dos consideraciones podemos decir lo siguiente: en la perspectiva de Dios, cualquier período extremadamente largo de tiempo es como si acabara de suceder; y cualquier período muy corto de tiempo (tal como un día) le parece a Dios que dura para siempre; nunca cesa de ser el «presente» en su conciencia. Así que Dios ve y conoce todos los acontecimientos pasados, presentes y futuros con igual lucidez. Esto jamás debería hacernos pensar que Dios no ve los hechos *en el tiempo* y no actúa *en el tiempo* (véase abajo), sino precisamente lo opuesto: Dios es el Señor eterno y soberano sobre la historia, y la ve más claramente y actúa más decisivamente que nadie. Pero, una vez que hemos dicho eso, debemos con todo afirmar que estos versículos hablan de la relación de Dios con el tiempo de una manera que nosotros ni sabemos ni podemos experimentar. Dios experimenta el tiempo no simplemente como una persistencia paciente a través de eones de duración infinita, sino que tiene una experiencia del tiempo *cualitativamente diferente* a la nuestra. Esto encaja bien con la idea de que en su propio ser Dios es eterno; no experimenta una sucesión de momentos. Este ha sido el concepto dominante en la ortodoxia cristiana a través de la historia de la iglesia, aunque ha enfrentado retos frecuentes, e incluso hoy todavía muchos teólogos lo niegan.[16]

Podemos ilustrar la relación de Dios con el tiempo como en la figura 11.1. Este diagrama tiene el propósito de mostrar que Dios creó el tiempo y es Señor del tiempo. Por consiguiente puede ver todos los acontecimientos en el tiempo con igual vividez, y a la vez también ve los eventos en el tiempo y actúa en el tiempo.

El diagrama también se anticipa a la siguiente consideración, puesto que indica que Dios conoce los hechos del futuro, incluso el infinitamente largo futuro eterno. Con respecto al futuro, Dios frecuentemente afirma a través de los profetas del Antiguo Testamento que *sólo él es el que sabe y puede declarar acontecimientos futuros.* «¿Quién predijo esto hace tiempo, quién lo declaró desde tiempos antiguos? ¿Acaso no lo hice yo, el Señor? Fuera de mí no hay otro Dios; Dios justo y Salvador, no hay ningún otro fuera de mí» (Is 45:21). De modo similar, leemos:

«Yo soy Dios, y no hay ningún otro,
yo soy Dios, *y no hay nadie igual a mí.*
Yo anuncio el fin desde el principio;
desde los tiempos antiguos, lo que está por venir.
Yo digo: Mi propósito se cumplirá,
y haré todo lo que deseo». (Is 46:9-10)

Así que Dios de alguna manera está sobre el tiempo y puede verlo como presente en su conciencia. Aunque la analogía no es perfecta, podemos pensar del momento en que empezamos a leer una novela larga. Antes de devolverla al estante, podemos hojear rápidamente sus páginas una vez más, trayendo a la memoria los muchos acontecimientos ocurridos en esa novela. Por un breve momento las cosas que han ocurrido a través de un largo período de tiempo parecen estar «presentes» en nuestra mente. Tal vez esto es tenuemente análogo a la experiencia de Dios de ver toda la historia como el presente en su conciencia.

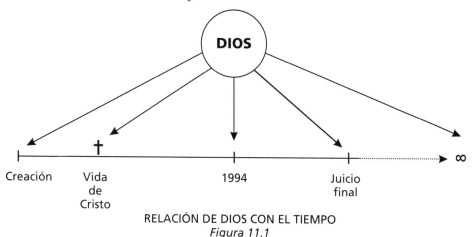

RELACIÓN DE DIOS CON EL TIEMPO
Figura 11.1

[16]Carl F. H. Henry argumenta a favor de la eternidad sin tiempo de Dios como posición histórica de la ortodoxia cristiana en *God, Revelation and Authority* (Word, Waco, Tex, 1982), 5:235–67, y da un análisis detallado de los retos presentes tanto de teólogos no evangélicos como evangélicos. Una defensa exhaustiva de la eternidad sin tiempo de Dios es Paul Helm, *Eternal God: A Study of God Without Time« (Clarendon, Oxford, 1988).*

c. Dios ve los acontecimientos en el tiempo y actúa en el tiempo. Sin embargo, una vez que se ha dicho todo esto es necesario guardarnos contra malentendidos completando la definición de la eternidad de Dios: *«Sin embargo Dios ve los acontecimientos en el tiempo y actúa en el tiempo»*, Pablo escribe: *«Pero cuando se cumplió el plazo, Dios envió a su Hijo,* nacido de una mujer, nacido bajo la ley, para rescatar a los que estaban bajo la ley»* (Gá 4:4-5). Dios observaba claramente y sabía exactamente la consecuencia de lo que estaba sucediendo en la creación conforme ocurrían los hechos en el tiempo. Podríamos decir que Dios observaba el progreso del tiempo conforme los varios acontecimientos se producían dentro de su creación. Entonces, en el momento preciso, «cuando se cumplió el plazo», Dios envió a su Hijo al mundo.

Es evidente en toda la Biblia que Dios actúa dentro del tiempo y actúa diferente en diferentes momentos en el tiempo. Por ejemplo, Pablo dijo a los hombres de Atenas: «Dios pasó por alto aquellos tiempos de tal ignorancia, pero *ahora* manda a todos, en todas partes, que se arrepientan. *Él ha fijado un día en que juzgará al mundo* con justicia, por medio del hombre que ha designado...» (Hch 17:30-31). Esta afirmación incluye una descripción de una manera previa en la que Dios actuó, una manera presente de actuar de Dios y una actividad futura que él realizará, y todo en el tiempo.

Ciertamente, el énfasis repetido en los profetas del Antiguo Testamento en la capacidad de Dios para predecir el futuro nos obliga a darnos cuenta de que Dios predice sus acciones en un punto en el tiempo y luego las realiza en un punto posterior en el tiempo; y en una escala mayor, la Biblia entera de Génesis a Apocalipsis es el propio historial de Dios de la manera en que ha actuado en el tiempo para dar redención a su pueblo.

Debemos, por consiguiente, afirmar que Dios no tiene sucesión de momentos en su propio ser, y ve toda la historia con igual vividez, y que ve en su creación el desarrollo de los acontecimientos a través del tiempo y actúa en forma diferente en puntos diferentes en el tiempo; en breve, él es el Señor que creó el tiempo y que lo gobierna y lo usa para sus propios propósitos. Dios puede actuar en el tiempo *porque* él es Señor del tiempo.[17] Lo usa para mostrar su gloria. De hecho, a menudo le place a Dios cumplir sus promesas y realizar sus obras de redención a través de

---

[17]A veces los teólogos han objetado que Dios no puede ser «eterno sin tiempo» en el sentido descrito arriba, porque el momento en que él crea algo, está actuando en el tiempo y por consiguiente él debe existir en el tiempo. (Vea, por ej., Stephen T. Davis, *Logic and the Nature of God* [Eerdmans, Grand Rapids, 1983], pp. 11–24). Pero esta objeción no distingue lo que Dios es en su propio ser (él existe sin principio, fin, ni sucesión de momentos) de lo que Dios hace fuera de sí mismo (él crea en el tiempo y actúa en el tiempo de otras maneras). Davis dice que no tenemos noción coherente de algún «causante en el que una causa eterna produzca un efecto temporal» (p. 21), sino que eso es simplemente admitir que *no entendemos* como un Dios eterno y sin tiempo pueda actuar en el tiempo; eso *no* prueba que Dios *no puede* ser sin tiempo y con todo actuar en el tiempo. Con certeza aquí, al hablar de la relación entre Dios y el tiempo, ¡sería necio decir que lo que no podemos entender debe ser imposible!

Davis también cae en otra forma del error de «si Dios es infinito no puede ser personal» mencionado arriba (vea p. 167). Dice: «Un ser sin tiempo no puede ser el Dios personal, cariñoso, y que interviene del que leemos en la Biblia» (p. 14). Pero para probar esto simplemente habla de las acciones de Dios en el tiempo, sin siquiera mostrar porque Dios no puede *a la vez* actuar en el tiempo (intervenir personalmente) y ser sin tiempo en su propio ser (ser infinito o ilimitado con respecto al tiempo). Finalmente, aunque menciona la posibilidad de que el tiempo fue creado pero que en algún momento dejará de existir (p. 23), no considera la alternativa que parece mucho más probable en vista de las promesas de la Biblia de vida eterna, es decir, que el tiempo fue una vez creado pero nunca dejará de existir en el futuro.

Los que, como Davis, niegan que Dios sea eterno sin tiempo, con todo dicen que Dios ha existido eternamente pero que siempre ha existido en el tiempo y siempre ha experimentado una sucesión de momentos. Pero esta posición levanta incluso más dificultades, porque exige que el tiempo nunca haya empezado, sino que lo alargan

un período de tiempo para que nosotros podamos más fácilmente ver y apreciar su gran sabiduría, su paciencia, su fidelidad, su señorío sobre todo lo que sucede, e incluso su inmutabilidad y eternidad.

d. Nosotros siempre existiremos en el tiempo. ¿Participaremos nosotros de la eternidad de Dios? Específicamente, ¿existirá todavía el tiempo en el cielo nuevo y la nueva tierra que vendrán? Algunos han pensado que no. De hecho, hay un himno conocido que en inglés dice: «Cuando suene la trompeta del Señor, y el tiempo ya no sea más ...»; y leemos en la Biblia: «La ciudad no necesita ni sol ni luna que la alumbren, porque la gloria de Dios la ilumina, y el Cordero es su lumbrera ... allí no habrá noche» (Ap 21:23, 25; cf. 22:5).

No obstante, no es correcto decir que el cielo será «sin tiempo», o sin la presencia del tiempo o el paso del tiempo. Más bien, por cuanto somos criaturas finitas necesariamente experimentaremos los acontecimientos uno tras otro. Incluso el pasaje que habla en cuanto a que no hay noche en el cielo también menciona el hecho de que los reyes de la tierra traerán a la ciudad celestial «todas las riquezas y el honor de las naciones» (Ap 21:26). Se nos dice respecto a la luz de la ciudad celestial que «las naciones caminarán a la luz de la ciudad» (Ap 21:24). Estas actividades de traer cosas a la ciudad celestial y andar en la luz de la ciudad celestial implican que los hechos ocurren uno tras otro. Algo está fuera de la ciudad celestial, y luego en un punto posterior en el tiempo es parte de la gloria y honor de las naciones que es traído a la ciudad celestial. Para arrojar la corona de uno ante el trono de Dios (Ap 4:10) es preciso que en un momento la persona tenga una corona y que en un momento posterior esa corona sea arrojada ante el trono. Cantar un canto nuevo de alabanza ante Dios en el cielo exige que una palabra se cante después de otra. Es más, del «árbol de la vida» en la ciudad celestial se dice que «produce doce cosechas al año, una por mes» (Ap 22:2), lo que implica el paso regular del tiempo y la sucesión de acontecimientos en el tiempo.[18]

Por consiguiente, en el cielo todavía habrá sucesión de momentos uno tras otro y cosas que se suceden una tras otra. Experimentaremos la vida eterna no como una duplicación exacta del atributo de Dios de eternidad, sino más bien como una duración de tiempo que nunca termina; nosotros, como pueblo de Dios experimentaremos plenitud de gozo en la presencia de Dios por toda la eternidad; no en el sentido de que ya no experimentaremos el tiempo, sino en el sentido de que nuestra vida con él durará para siempre: «Ya no habrá noche; no necesitarán luz de lámpara ni de sol, porque el Señor Dios los alumbrará. *Y reinarán por los siglos de los siglos»* (Ap 22:5).

---

infinitamente hacia el pasado. Sin embargo, eso no parece ser posible, porque si el pasado es infinitamente largo, nunca podríamos haber llegado a este momento. (Esta objeción es una forma de decir que un infinito real no puede existir, concepto filosófico que hábilmente explica William Lane Craig en *The Existence of God and the Beginning of the Universe* [San Bernardino, Calif.: Here's Life Publishers, 1979], pp. 35-53, y, con referencia completa a respuestas filosóficas a este argumento, J. P. Moreland, *Scaling the Secular City: A Defense of Christianity* [Grand Rapids: Baker, 1987], pp. 15-34.)

[18]Ap 10:6 en la NVI dice: «¡El tiempo ha terminado!», pero «demora» es una mejor traducción del término griego *kronos* en este contexto (como la LBLA). De hecho, el versículo que sigue da por sentado la continuación del tiempo, porque habla de sucesos que se cumplirán «En los días en que hable el séptimo ángel, cuando comience a tocar su trompeta» (Ap 10:7).

4. Omnipresencia. Así como Dios es ilimitado o infinito con respecto al tiempo, Dios es ilimitado con respecto al espacio. A esta característica de la naturaleza de Dios se le llama omnipresencia (el prefijo latino *omni* quiere decir «todo»). La omnipresencia de Dios se puede definir como sigue: *Dios no tiene tamaño ni dimensiones espaciales y está presente en todo punto en el espacio con todo su ser, y sin embargo Dios actúa en forma diferente en diferentes lugares.*

El hecho de que Dios es Señor del espacio y no puede estar limitado por el espacio es evidente primero del hecho que él lo creó, porque la creación del mundo material (Gn 1:1) implica también la creación del espacio. Moisés le recordó al pueblo el señorío de Dios sobre el espacio: «Al Señor tu Dios le pertenecen los cielos y lo más alto de los cielos, la tierra y todo lo que hay en ella» (Dt 10:14).

a. Dios está presente en todo lugar. Sin embargo hay pasajes específicos que hablan de la presencia de Dios en cada parte del espacio. Leemos en Jeremías lo siguiente: «¿Soy acaso Dios sólo de cerca? ¿No soy Dios también de lejos? —afirma el Señor—.¿Podrá el hombre hallar un escondite donde yo no pueda encontrarlo? —afirma el Señor—. *¿Acaso no soy yo el que llena los cielos y la tierra?* —afirma el Señor» (Jer 23:23-24). Aquí Dios está reprendiendo a los profetas que piensan que sus palabras o pensamientos están escondidos de Dios. Él está en todas partes y llena cielo y tierra.

David expresa hermosamente la omnipresencia de Dios:

> ¿A dónde podría alejarme de tu Espíritu?
>> ¿Adónde podría huir de tu presencia?
> Si subiera al cielo, allí estás tú;
>> si tendiera mi lecho en el fondo del abismo, también estás allí.
> Si me elevara sobre las alas del alba,
>> o me estableciera en los extremos del mar,
> aun allí tu mano me guiaría,
>> ¡me sostendría tu mano derecha! (Sal 139:7-10)

No hay lugar en el universo entero, en tierra o mar, en el cielo o en el infierno, adonde uno pueda huir de la presencia de Dios.

También debemos notar que no hay ninguna indicación de que simplemente una *parte* de Dios está en un lugar y otra parte de él en otro. Es *Dios mismo* que estaba presente dondequiera que David pudiera ir. No podemos decir que algo de Dios o simplemente una parte de Dios está presente, porque eso sería pensar de su ser en términos espaciales, como si estuviera limitado de alguna manera por el espacio. Parece más apropiado decir que Dios está presente *con todo su ser* en toda parte del espacio (cf. también Hch 17:28, donde Pablo reiteraba la corrección de las palabras: «"puesto que en él vivimos, nos movemos y existimos"», y Col 1:17, que dice de Cristo: «Por medio de él forman un todo coherente»).

b. Dios no tiene dimensiones espaciales. Aunque parece necesario que digamos que todo el ser de Dios está presente en toda parte del espacio, o en todo lugar del espacio, es también necesario decir que *a Dios ningún espacio lo puede contener* por grande que sea. Salomón dice en su oración a Dios: «Pero ¿será posible, Dios mío, que tú habites en la tierra? Si los cielos, por altos que sean, no pueden contenerte, ¡mucho menos este templo que he construido!» (1 R 8:27). Los cielos, por altos que sean, no pueden contener a Dios; en verdad, no puede contenerlo el espacio más grande imaginable (cf. Is 66:1-2; Hch 7:48). Aunque el pensamiento de que Dios está presente en toda parte y lugar con todo su ser debe animarnos grandemente en la oración sin que importe donde estemos, el hecho de que de ningún lugar se puede decir que contiene a Dios también debe desalentarnos en cuanto a pensar que hay algún lugar especial de adoración que le da a los seres humanos un acceso especial a Dios; a Dios no lo puede contener ningún lugar.

Debemos guardarnos en contra de pensar que Dios se extiende infinitamente lejos en toda dirección de manera que él mismo existe en una especie de espacio infinito e interminable. Tampoco debemos pensar que Dios es como un «espacio más grande» o un área más grande que rodea el espacio del universo que conocemos. Todas estas ideas equivalen a pensar en el ser de Dios en términos espaciales, como si fuera simplemente un ser extremadamente grande. Más bien, debemos tratar de evitar pensar en Dios en términos de tamaño o dimensiones espaciales. Dios es un ser que existe *sin* tamaño ni dimensiones espaciales. Es más, antes de que Dios creara el universo no había materia ni material, de modo que tampoco había espacio. Sin embargo, Dios existía ya. ¿Dónde estaba Dios? No estaba en un lugar que pudiéramos llamar un «donde», porque no había «donde» ni espacio. ¡Pero Dios ya era! Este hecho nos hace darnos cuenta de que Dios se relaciona al espacio de una manera muy diferente que nosotros o que alguna otra cosa creada. Dios existe como una especie de ser que es muy diferente y mucho más grande de lo que podemos imaginar.

También debemos tener cuidado de no pensar que Dios mismo es equivalente a alguna parte de la creación o la totalidad de ella. Un panteísta cree que todo es Dios, o que Dios está en todo lo que existe. La perspectiva bíblica es más bien que Dios está *presente* en toda parte de su creación, pero también es distinto de su creación. ¿Cómo puede ser esto? La analogía de una esponja llena de agua no es perfecta, pero es útil. El agua está presente en toda parte de la esponja, pero el agua sigue siendo agua y la esponja sigue siendo esponja. Ahora bien, esta analogía se desbarata en puntos muy pequeños dentro de la esponja, en donde se pudiera decir que todavía hay esponja en cierto punto pero no agua, o agua pero no esponja. Sin embargo esto se debe a que la analogía está tratando con dos materiales que tienen características y dimensiones espaciales, en tanto que Dios no tiene ni lo uno ni lo otro.

c. Dios puede estar presente para castigar, sustentar o bendecir. La idea de la omnipresencia de Dios ha sido problema para algunos que se preguntan cómo Dios puede estar presente, por ejemplo, en el infierno. Es más, ¿no es el infierno lo opuesto de la presencia de Dios, o la ausencia de Dios? Esta dificultad se puede resolver al darnos cuenta de que *Dios está presente en diferentes maneras en diferentes lugares* y que actúa en forma diferente en lugares diferentes de su creación. A veces

Dios está *presente para castigar.* Un aterrador pasaje de Amós pinta vívidamente esta presencia de Dios para castigo:

> Ni uno solo escapará,
>   ninguno saldrá con vida.
> Aunque se escondan en lo profundo del sepulcro,
>   de allí los sacará mi mano.
> Aunque suban hasta el cielo,
>   de allí los derribaré.
> Aunque se oculten en la cumbre del Carmelo,
>   allí los buscaré y los atraparé.
> Aunque de mí se escondan en el fondo del mar,
>   allí ordenaré a la serpiente que los muerda.
> Aunque vayan al destierro arriados por sus enemigos,
>   allí ordenaré que los mate la espada.
> Para mal, y no para bien, fijaré en ellos mis ojos. (Am 9:1-4)

En otras ocasiones Dios está presente no para castigar ni para bendecir, sino meramente *presente para sustentar* o para mantener el universo existiendo y funcionando de la manera que él quiso que funcionara. En este sentido la naturaleza divina de Cristo está presente en toda parte y lugar: «Él es anterior a todas las cosas, que por medio de él forman un todo coherente» (Col 1:17). El autor de Hebreos dice que Dios Hijo es (continuamente) «el que sostiene todas las cosas con su palabra poderosa» (Heb 1:3).[19]

Sin embargo, en otras ocasiones o en otros lugares Dios está *presente para bendecir.* David dice: «Me llenarás de alegría *en tu presencia,* y de dicha eterna a tu derecha» (Sal 16:11). Aquí David está hablando no de la presencia de Dios para castigar ni solo sustentar, sino de la presencia de Dios para bendecir.

A decir verdad, la mayoría de las veces que la Biblia habla de la presencia de Dios, se refiere a la presencia de Dios para bendecir. Por ejemplo, es de esta manera que debemos entender la presencia de Dios sobre el arca del pacto en el Antiguo Testamento. Leemos del «arca del pacto del Señor Todopoderoso, que *reina entre los querubines»* (1 S 4:4; cf. Éx 25:22), que es referencia al hecho de que Dios daba a conocer su presencia y actuaba de una manera especial para dar bendición y protección a su pueblo en el lugar que había designado como su trono, es decir, el lugar sobre las dos figuras de oro de seres celestiales («querubines») que estaban encima de la cubierta del arca del pacto. No es que Dios no estuviera presente en otras partes, sino que más bien allí daba a conocer de una manera especial su presencia y allí manifestaba de una manera especial su carácter y daba bendición a su pueblo.

En el nuevo pacto, no hay un lugar de la tierra que Dios haya escogido como su lugar particular de morada, porque podemos adorarle en todas partes (vea Jn 4:20).

---

[19]El participio presente *feron*, «llevar cargando», en Heb 1:3 implica que la actividad de Cristo de «llevar cargando todas las cosas» (es decir, manteniendo todas las cosas del universo existiendo y funcionando regularmente) es una actividad continuada, que nunca cesa.

Pero ahora y por toda la eternidad, Dios ha escogido el lugar que la Biblia llama «cielo» para que sea el enfoque de la manifestación de su carácter y la presencia de su bendición y gloria. Así que cuando la nueva Jerusalén desciende del cielo de Dios, Juan en su visión oye una voz fuerte del trono de Dios que dice: «¡Aquí, entre los seres humanos, está la morada de Dios! Él acampará en medio de ellos, y ellos serán su pueblo; Dios mismo estará con ellos» (Ap 21:3). Puede parecer desorientador decir que Dios está «más presente» en el cielo que en otras partes, pero también no sería desorientador decir que Dios está presente de una manera especial en el cielo, presente especialmente allí para bendecir y mostrar su gloria. Podemos también decir que Dios manifiesta su presencia más plenamente en el cielo que en otros lugares.

De esta manera se puede entender también la afirmación de Pablo en cuanto a Cristo: «Toda la plenitud de la divinidad habita en forma corporal en Cristo» (Col 2:9). En cierto sentido, por supuesto, podemos decir que todo el ser de Dios está presente en todo punto en el espacio y por consiguiente en todo punto en toda persona, y no sólo en Cristo. Pero hay dos dificultades al hablar de esta manera: (1) la Biblia nunca habla de una manera directa de la presencia de Dios en los que no creen, probablemente para evitar cualquier conexión entre Dios y la responsabilidad o culpa por las malas obras, y probablemente también para evitar cualquier sugerencia de la presencia de Dios para bendecir, puesto que es sólo una presencia para sustentar. (2) Todavía más, este sentido de «presencia para sustentar» no es el sentido que Pablo tiene en mente en Colosenses 2:9. De hecho, allí Pablo ni siquiera parece querer decir simplemente «presente para bendecir» en el mismo sentido en que Dios está presente para bendecir en la vida de todos los creyentes. Más bien, Pablo parece querer decir que en Cristo la propia naturaleza de Dios está presente para bendecir y para manifestar su carácter de la manera más plena y más completa posible.

Nuestra dificultad para comprender cómo expresar la manera en que Dios está presente en los que no creen, por ejemplo, nos lleva a darnos cuenta de que aunque la Biblia *puede* hablar de que Dios está presente en toda parte y lugar, cuando la Biblia dice que Dios está «presente» *por lo general* quiere decir «presente para bendecir». Es decir, aunque hay unas pocas referencias a la presencia de Dios para sustentar o presencia para castigar, la vasta mayoría de las referencias bíblicas a la presencia de Dios son simplemente maneras más breves de afirmar que él está *presente para bendecir*. Cuando nos familiarizamos más con esta forma de hablar, se hace más difícil hablar de la presencia de Dios de alguna otra manera. Y tal vez es incluso desorientador hacerlo, a menos que se pueda dar una clara explicación de lo que queremos decir.

Algunos ejemplos del significado bíblico usual de la expresión son los siguientes: 2 Corintios 3:17: «Donde está el Espíritu del Señor, allí hay libertad»; Romanos 8:9-10: «Según el Espíritu, si es que el Espíritu de Dios vive en ustedes. … si Cristo está en ustedes … el Espíritu que está en ustedes es vida»; Juan 14:23: «El que me ama, obedecerá mi palabra, y mi Padre lo amará, y haremos nuestra vivienda en él», y así por el estilo. Todos estos versículos hablan de la presencia de Dios y dan por sentado que entendemos que quieren decir la presencia de Dios *para bendecir*.

En una especie de expresión paralela, cuando la Biblia habla de que Dios está «lejos» por lo general quiere decir que «no está presente para bendecir». Por ejemplo, Isaías 59:2 dice: «Son las iniquidades de ustedes las que los separan de su Dios», y Proverbios 15:29 declara: «El Señor se mantiene lejos de los impíos, pero escucha las oraciones de los justos».

En resumen, Dios está presente en toda parte del espacio con todo su ser, sin embargo actúa en forma diferente en diferentes lugares. Es más, cuando la Biblia habla de la presencia de Dios, por lo general quiere decir su presencia para bendecir, y es simplemente normal que nuestra habla se ajuste a este uso bíblico.

Herman Bavinck, en *The Doctrine of God* cita un hermoso párrafo que ilustra la aplicación práctica de la doctrina de la omnipresencia de Dios:

> Cuando quieres hacer algo malo, te retiras del público a tu casa en donde ningún enemigo pueda verte; de los lugares de tu casa que son abiertos y visibles a los ojos de los hombres te retiras a tu cuarto; incluso en tu cuarto temes algún testigo de algún otro lugar, así que te retiras a tu corazón, y allí meditas: él está más adentro que tu corazón. Adondequiera, por consiguiente, que huyas, él está allí. De ti mismo, ¿adónde vas a huir? ¿No te seguirías tú mismo adondequiera que huyeras? Pero puesto que hay Uno más interior incluso que tú mismo, no hay lugar adonde puedas huir de un Dios colérico sino a un Dios reconciliador. No hay ningún lugar al cual puedas huir. ¿Huirás de él? Huye a él.[20]

5. Unidad. La unidad de Dios se puede definir como sigue: *Dios no está dividido en partes, y sin embargo vemos que en diferentes ocasiones se hace énfasis en diferentes atributos de Dios.* A este atributo de Dios también se le ha llamado *la simplicidad* de Dios, usando *simple* en el sentido menos común de «no complejo» o *no compuesto de partes». Pero siendo que la palabra simple hoy tiene el sentido más común de «fácil de entender» y «no inteligente o tonto», es más útil ahora hablar de la «unidad» de Dios en vez de su «simplicidad».*[21]

Cuando la Biblia habla de los atributos de Dios nunca destaca alguno de los atributos de Dios como más importantes que los demás. Se da por sentado que todo atributo es completamente una verdad en cuanto a Dios y es una verdad en cuanto a todo el carácter de Dios. Por ejemplo, Juan puede decir que «Dios es luz» (1 Jn 1:5) y luego, un poco más tarde, también decir que «Dios es amor» (1 Jn 4:8). No hay ninguna sugerencia de que una parte de Dios es luz y una parte de Dios es amor, ni de que Dios es parcialmente luz y parcialmente amor. Tampoco debemos pensar que Dios es más luz que amor ni más amor que luz. Más bien *Dios mismo* es luz, y *Dios mismo* también es amor.

20Herman Bavinck, The Doctrine of God p. 164. La cita se reproduce en el libro sin indicar la fuente.

21Los teólogos sistemáticos a menudo han distinguido otros aspectos de la unidad de Dios en este punto, es decir, la «unidad» que se halla en el hecho de que Dios es un Dios, y no muchos dioses. A este hecho se le ha llamado la «unidad de singularidad», en donde lo que yo llamo aquí la unidad de Dios ha sido entonces llamada la «unidad de simplicidad».

En tanto que concuerdo en que Dios es un Dios, puede ser confuso hablar de dos diferentes clases de unidad en Dios. Por consiguiente, no he usado el término «unidad de singularidad» o considerado el concepto aquí, sino que más bien he tratado la cuestión en el capítulo 14, sobre la Trinidad.

Lo mismo es cierto de toda otras descripciones del carácter de Dios, como la que tenemos en Éxodo 34:6-7:

Pasando delante de él, proclamó: —El Señor, el Señor, Dios clemente y compasivo, lento para la ira y grande en amor y fidelidad, que mantiene su amor hasta mil generaciones después, y que perdona la iniquidad, la rebelión y el pecado; pero que no deja sin castigo al culpable, sino que castiga la maldad de los padres en los hijos y en los nietos, hasta la tercera y la cuarta generación.

No querríamos decir que estos atributos son sólo características de alguna parte de Dios, sino más bien que son características de Dios mismo, y por consiguiente características de todo lo que es Dios.

Estas consideraciones indican que no debemos pensar que Dios es como una colección de atributos que se juntan, como en la figura 11:2.

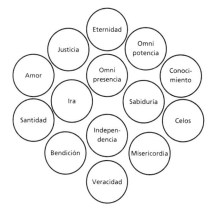

LA ESENCIA DE DIOS NO ES UNA COLECCIÓN DE ATRIBUTOS
Figura 11.2:

Tampoco debemos pensar que los atributos de Dios son algo externo al mismo ser de Dios, algo añadido a lo que Dios realmente es, como en la analogía de la figura 11.3.

Más bien, debemos recordar que *todo el ser* de Dios incluye todos sus atributos; él es *enteramente* amor, *enteramente* misericordioso, *enteramente* justo, etcétera. Todo atributo de Dios que hallamos en la Biblia es verdad de *todo* el ser de Dios, y por consiguiente podemos decir que *todo atributo de Dios también califica a todo los demás atributos.*

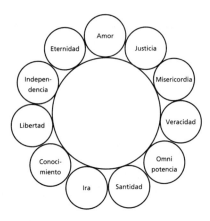

LOS ATRIBUTOS DE DIOS NO SON ADICIONES SU MISMO SER
Figura 11.3

La figura 11.4 puede ser útil para comprender esta doctrina de la unidad de Dios. En el diagrama, digamos que las líneas horizontales representan el atributo amor, y que las líneas verticales representan la justicia de Dios.

EL AMOR Y LA JUSTICIA DE DIOS
Figura 11.4

Todavía más, digamos que las diagonales que van de la izquierda arriba a la derecha abajo representan la santidad de Dios, y las diagonales que van de la derecha arriba a la izquierda abajo representan la sabiduría de Dios, como en la figura 11.5.

AMOR, JUSTICIA, SANTIDAD Y SABIDURÍA DE DIOS
Figura 11.5

Podríamos, por supuesto, seguir trazando diferentes clases de líneas para cada uno de los diferentes atributos de Dios; pero debe ser claro que cada atributo es simplemente una manera de describir un aspecto del carácter o ser total de Dios. Dios mismo es una *unidad*, una persona unificada y completamente integrada, que es infinitamente perfecta en *todos* estos atributos.

¿Por qué, entonces, la Biblia habla de estos diferentes atributos de Dios? Probablemente se debe a que no podemos captar todo el carácter de Dios a la vez, y necesitamos aprender al respecto desde diferentes perspectivas en un período de tiempo. Sin embargo estas perspectivas nunca deben ponerse en oposición una a otra, porque son simplemente diferentes maneras de mirar a la totalidad del carácter de Dios.

En términos de aplicación práctica, esto significa que nunca debemos pensar, por ejemplo, que Dios es un Dios de amor en un punto de la historia y un Dios justiciero y colérico en otro punto de la historia. Él es el mismo Dios siempre, y todo lo que dice o hace es plenamente consistente con todos sus atributos. No es correcto decir, como algunos han dicho, que Dios es un Dios justiciero en el Antiguo Testamento y un Dios de amor en el Nuevo Testamento. Dios es y siempre ha sido infinitamente justo e infinitamente amor por igual, y todo lo que hace en el Antiguo Testamento así como en el Nuevo Testamento es completamente coherente con ambos de esos atributos.

Es cierto que algunas acciones de Dios muestran algunos de esos atributos más prominentemente. La creación demuestra su poder y sabiduría, la expiación demuestra su amor y justicia, y el resplandor del cielo demuestra su gloria y belleza. Pero todos estos de una manera u otra *también* demuestran su conocimiento y santidad, misericordia y veracidad, paciencia y soberanía y todo lo demás. Sería difícil en verdad hallar algún atributo de Dios que no esté reflejado por lo menos en algún grado en alguno de sus actos de redención. Esto se debe al hecho mencionado arriba: Dios es una unidad y todo lo que hace es un acto de la persona total de Dios.

Todavía más, la doctrina de la unidad de Dios debe servirnos de advertencia para que no intentemos señalar algunos de los atributos de Dios como más importantes que todos los demás. En varias ocasiones algunos han intentado de ver la santidad de Dios, su amor, su existencia propia, su justicia o algún otro atributo como el atributo más importante de su ser. Pero tales intentos parecen concebir erróneamente a Dios como una combinación de varias partes, y que algunas partes son en cierto sentido más grandes o más influyentes que otras. Todavía más, es difícil entender exactamente qué pudiera significar «más importante». ¿Quiere decir que hay algunas acciones de Dios que no son plenamente congruemtes con alguno de sus otros atributos? ¿Hay algunos atributos que Dios de alguna manera deja a un lado a veces a fin de actuar de maneras ligeramente contrarias a esos atributos? Ciertamente no podemos sostener ninguno de estos puntos de vista, porque eso significaría que Dios no es coherente con su propio carácter, o que cambia y se convierte en algo diferente de lo que fue previamente. Más bien, cuando vemos todos los atributos solo como varios aspectos del carácter total de Dios, tal pregunta se vuelve innecesaria y descubrimos que no hay atributo que se pueda señalar como más importante. Es *Dios mismo en su ser total* lo que es supremamente importante, y es Dios mismo en todo su ser a quien debemos procurar, conocer y amar.

PREGUNTAS PARA APLICACIÓN PERSONAL

1. Al pensar en la independencia, inmutabilidad, eternidad, omnipresencia y unidad de Dios, ¿puede usted ver algún pálido reflejo de estos cinco atributos incomunicables en usted según lo creó Dios a usted para que fuera?

¿Qué significaría procurar llegar a ser más semejante a Dios en estos aspectos? ¿En qué punto sería errado incluso querer ser como Dios en cada uno de estos aspectos porque sería querer usurpar su exclusivo papel como Creador y Señor?

2. Usando cada uno de estos cinco atributos incomunicables, explique cómo seremos en el cielo más semejantes a Dios de lo que somos ahora, y también cómo por toda la eternidad seremos diferentes a Dios en cada uno de estos cincos aspectos.

3. Explique cómo le hace sentirse emocionalmente cada uno de los aspectos de la doctrina de la independencia de Dios. ¿Ejerce esta doctrina un efecto positivo o negativo en su vida espiritual? Explique por qué.

4. Explique cómo la doctrina de la inmutabilidad o invariabilidad de Dios le ayuda a contestar las siguientes preguntas: ¿Podremos hacer un buen trabajo en la crianza de nuestros hijos en un mundo tan malo como el que tenemos hoy? ¿Es posible tener la misma íntima comunión con Dios que tuvieron algunos en los tiempos bíblicos? ¿Qué podemos pensar o hacer para que las historias bíblicas sean más reales y menos alejadas de nuestra vida presente? ¿Piensa usted que Dios está menos dispuesto a contestar la oración hoy de lo que lo estaba en tiempos bíblicos?

5. Si usted peca contra Dios hoy, ¿cuándo empezaría eso a entristecer el corazón de Dios? ¿Cuándo dejaría de entristecer el corazón de Dios? ¿Le ayuda esta reflexión a entender por qué el carácter de Dios exige que castigue el pecado? ¿Por qué tuvo Dios que enviar a su Hijo para que sufriera el castigo del pecado en lugar de simplemente olvidarse del pecado y recibir con brazos abiertos a los pecadores en el cielo sin tener que aplicar a nadie el castigo por el pecado? ¿Piensa ahora Dios que sus pecados están perdonados o que no lo están?

6. Si usted entona alabanzas a Dios hoy, ¿cuándo dejaría el sonido de esa alabanza de estar presente en la conciencia de Dios y deleitar su corazón? ¿Tienen algún significado último los cantos de alabanza a Dios? ¿Qué en cuanto a confiar en él hora tras hora y obedecerle cada día?

7. ¿Es el control de su tiempo una lucha para usted en su vida? Conforme crecemos a la madurez en la vida cristiana y hacia conformarnos a la imagen de Cristo, ¿seremos más semejantes a Dios en nuestro dominio del tiempo? ¿De qué manera?

8. Explique cómo cada uno de los cinco atributos incomunicables de Dios que se consideran en este capítulo puede ayudarle en su vida de oración.

TÉRMINOS ESPECIALES

aseidad	infinito con respecto a tiempo
atributos comunicables	inmutabilidad
atributos incomunicables	invariabilidad
eternidad	nombres de Dios
existencia propia	omnipresencia

independencia	simplicidad
infinito	unidad
infinito con respecto a espacio	

BIBLIOGRAFÍA

(Para una explicación de esta bibliografía vea la nota sobre la bibliografía en el capítulo 1, p. 40. Datos bibliográficos completos se pueden encontrar en las páginas 1298-1307.)

Nota: En este capítulo sobre los atributos incomunicables de Dios se debe notar que algunas teologías sistemáticas clasifican y consideran los atributos de Dios en categorías diferentes a comunicables o incomunicables, así que no siempre es posible una referencia cruzada exacta a secciones paralelas. Una lista más completa de las secciones de textos de teología sistemática que consideran los atributos de Dios en general se hallará en la bibliografía al final del capítulo 13.

Secciones en Teologías Sistemáticas Evangélicas

1. Anglicana (episcopal)
    1882-92   Litton, 58-67
2. Arminiana (wesleyana o metodista)
    1847   Finney, 49-65
    1875-76   Pope, 1:248-55, 287-325
    1892-94   Miley, 1:159-80, 214-22
    1940   Wiley, 1:241-393
    1960   Purkiser, 127-44
3. Bautista
    1767   Gill, 25-31, 33-50, 119-22
    1887   Boyce, 1:125-35, 183-90
    1907   Strong, 243-303
    1917   Mullins, 214-50
    1983-85   Erickson, 1:263-78
    1987-94   Lewis/Demarest, 1:175-248
4. Dispensational
    1947   Chafer, 1:179-191, 212-24, 260-71
    1949   Thiessen, 118-28
5. Luterana
    1917-24   Pieper, 1:427-47
    1934   Mueller, 160-67
6. Reformada (o presbiteriana)
    1559   Calvin, 1:96-120
    1861   Heppe, 57-104
    1871-73   Hodge, 1:366-93
    1878   Dabney, *ST* 38-45, 144-54
    1887-1921   Warfield, SSW 1:69-87; *ST* 109-14
    1889   Shedd, 1:151-94, 334-92

1909   Bavinck, *DG* 113-72
1938   Berkhof, 47-63
1962   Buswell, 1:36-57

7. Renovada (o carismática o pentecostal)
1988-92   Williams, 55-59, 77-79

Secciones en Teologías Sistemáticas Católicas Romanas Representativas

1. Católica romana: tradicional
1955   Ott, 24-38
2. Católica romana: Post Vaticano II
1980   McBrien, 1:238-341

Otras obras

Bromiley, G. W. «God». En *ISBE* 2:493-503.

Charnock, Stephen. *The Existence and Attributes of God*. Reimp. ed. Sovereign Grace Book Club, Evansville, Ind., n.d., pp. 69-180 (primero publicada 1655-1680).

Diehl, D. W. «Process Theology». En *EDT* pp. 880-85.

Helm, Paul. *Eternal God: A Study of God Without Time*. Clarendon, Oxford, 1988.

Kaiser, Christopher B. *The Doctrine of God*. Good News, Westchester, Ill. 1982.

Lewis, Gordon R. «God, Attributes of». En *EDT* pp. 451-59.

McComiskey, Thomas E. «God, Names of». En *EDT* pp. 464-68.

Packer, J. I. *Knowing God*. SCM, Hodder and Stoughton, Londres,1973, pp. 67-79.

Saucy, R. H. «God, Doctrine of». En *EDT* pp. 459-64.

Tozer, A. W. *The Knowledge of the Holy*. Harper and Row, Nueva York, 1961.

PASAJE BÍBLICO PARA MEMORIZAR

Salmo 102:25-27:

En el principio tú afirmaste la tierra,
y los cielos son la obra de tus manos.
Ellos perecerán, pero tú permaneces.
Todos ellos se desgastarán como un vestido.
Y como ropa los cambiarás,
y los dejarás de lado.
Pero tú eres siempre el mismo,
y tus años no tienen fin.

HIMNO

«Himno al Padre»

Cantadle a una voz, omnipotente Dios,
Su nombre es Elohim, y el trino Creador;
Jehová es el gran «YO SOY», y eterno es El Olam,
Postrados todos a sus pies, es nuestro Redentor.

Cantadle con amor, altísimo Señor,
Su nombre es Adonai, del mundo dueño y rey;
El Dios de bendición, nos cuida El Shaddai,
Oh, alabadle sin temor, ovejas de su grey.

Cantadle con fervor, supremo y fiel pastor,
Su nombre es El Elyon, el gran gobernador;
El sempiterno Ser, nos guía con amor,
Load a Jehová Jireh, de Sion sustentador.

Dar cánticos a Dios el Padre, en alta voz,
Y al Hijo el Salvador mil salmos entonad;
Con himnos ensalzad al Santo Espíritu;
Tres veces santo, el trino Dios, servidle con lealtad.

BASADA EN LOS NOMBRES BÍBLICO DE DIOS EN GÉNESIS, FELIPE BLYCKER
(TOMADO DE CELEBREMOS SU GLORIA, # 28)

Capítulo 12

El carácter de Dios:
Atributos «comunicables»
(Primera Parte)

¿Cómo es Dios semejante a nosotros en su ser y
en sus atributos mentales y morales?

EXPLICACIÓN Y BASE BÍBLICA

En este capítulo consideraremos los atributos de Dios que son «comunicables», o de los que nosotros participamos más que de los mencionados en el capítulo previo. Hay que recordar que esta división en «incomunicables» y «comunicables» no es una división absoluta, y hay campo para diferencia de opinión respecto a cuáles atributos encajan en cual categoría.[1] La lista de atributos que se pone en la categoría de «comunicables» es común, pero entender la definición de cada atributo es más importante que poder catalogarlos exactamente de la manera que se presenta en este libro.

Es más, cualquier lista de los atributos de Dios se debe basar en alguna comprensión de cuán detalladamente quiere uno hacer distinciones entre los varios aspectos del carácter de Dios. ¿Son el amor y la bondad de Dios dos atributos o uno? ¿Qué en cuanto a conocimiento y sabiduría, o espiritualidad e invisibilidad? En este capítulo cada uno de estos atributos se trata separadamente, y el resultado es una lista más bien larga de varios atributos. Sin embargo, en varios casos no hará gran diferencia si alguien tratara estos pares como varios aspectos del mismo atributo. Si recordamos que es la persona total y completamente integrada de Dios de quien estamos hablando, será evidente que la división en varios atributos no es cuestión de gran significación doctrinal, sino que es algo que se debe basar en el juicio de uno respecto a la manera más eficaz de presentar el material bíblico.

Este capítulo divide los atributos «comunicables» de Dios en cinco categorías principales, y menciona cada atributo individual bajo cada categoría como sigue:

A. Atributos que describen el ser de Dios
   1. Espiritualidad
   2. Invisibilidad
B. Atributos mentales
   3. Conocimiento (u omnisciencia)
   4. Sabiduría
   5. Veracidad (y fidelidad)

---

[1]Vea la explicación de atributos comunicables e incomunicables en el capítulo 11, pp. 156-57.

C. Atributos morales
   6. Bondad
   7. Amor
   8. Misericordia (gracia, paciencia)
   9. Santidad
   10. Paz (u orden)
   11. Justicia (o rectitud)
   12. Celo
   13. Ira
D. Atributos de propósito
   14. Voluntad
   15. Libertad
   16. Omnipotencia (o poder y soberanía)
E. Atributos «sumarios»
   17. Perfección
   18. Bienaventuranza
   19. Belleza
   20. Gloria

Debido a que debemos imitar en la vida los atributos comunicables de Dios,[2] cada una de estas secciones incluirá una breve explicación de la manera en que debemos imitar el atributo en cuestión.

A. Atributos que describen el ser de Dios

1. Espiritualidad. Los seres humanos a menudo se han preguntado de qué está hecho Dios. ¿Está hecho de carne y sangre como nosotros? Ciertamente que no. ¿Cuál es, entonces, el material que forma su ser? ¿Está Dios hecho de alguna materia? ¿Acaso es Dios pura energía? ¿Acaso es en algún sentido puro pensamiento?

La respuesta de la Biblia es que Dios no es nada de esto. Más bien, leemos que «Dios es *espíritu*» (Jn 4:24). Esta afirmación la hizo Jesús en el contexto de un diálogo con la mujer junto al pozo de Samaria. La conversación giraba en cuanto al *lugar* donde la gente debía adorar a Dios, y Jesús le dijo que la verdadera adoración a Dios no exige que uno esté *presente* ni en Jerusalén ni en Samaria (Jn 4:21), porque la verdadera adoración no tiene que ver con un lugar físico sino con la condición espiritual interior de uno. Esto se debe a que «Dios es espíritu» y esto evidentemente significa que Dios no está limitado de ninguna manera a un lugar espacial.

De este modo, *no* debemos pensar que Dios tiene *tamaño* o *dimensiones* aunque sean infinitas (vea la explicación de la omnipresencia de Dios en el capítulo anterior). No debemos pensar que la existencia de Dios como espíritu significa que Dios es infinitamente grande, por ejemplo, porque no es *una parte* de Dios sino *el todo* de Dios lo que está en todo punto del espacio (vea Sal 139:7-10). Tampoco debemos pensar que la existencia de Dios como espíritu quiere decir que Dios es infinitamente pequeño, porque ningún lugar del universo puede rodearlo

---

[2]Note que Ef 5:1 nos dice: «imiten a Dios, como hijos muy amados». Vea también la explicación del hecho de que Dios nos creó para que reflejemos su carácter en nuestras vidas, en el capítulo 21, pp. 440-50.

ni contenerlo (vea 1 R 8:27). Así que no se puede pensar correctamente del ser de Dios en términos de espacio, como quiera que sea que entendamos su existencia como «espíritu».

También hallamos que Dios le prohíbe a su pueblo que piense que *su existencia misma* es similar a *alguna otra cosa* en la creación física. Leemos en los Diez Mandamientos:

> No te hagas ningún ídolo, *ni nada que guarde semejanza* con lo que hay arriba en el cielo, ni con lo que hay abajo en la tierra, ni con lo que hay en las aguas debajo de la tierra. No te inclines delante de ellos ni los adores. *Yo, el Señor tu Dios, soy un Dios celoso.* Cuando los padres son malvados y me odian, yo castigo a sus hijos hasta la tercera y cuarta generación. Por el contrario, cuando me aman y cumplen mis mandamientos, les muestro mi amor por mil generaciones (Éx 20:4-6).

El lenguaje de la creación en este mandamiento («arriba en el cielo o ... abajo en la tierra, o ... en las aguas debajo de la tierra») es un recordatorio de que el *ser* de Dios, su modo esencial de existencia, es diferente de todo lo que él ha creado. Concebir su ser en términos de alguna otra cosa en el universo creado es representarlo erróneamente, limitarlo, pensar que es menos de lo que realmente es. Hacer un ídolo (o «imagen tallada» o «esculpida») de Dios tal como un becerro de oro, por ejemplo, puede haber sido un esfuerzo de pintar a Dios como un Dios fuerte y lleno de vida (como un becerro), pero decir que Dios es como un becerro era una afirmación horriblemente falsa en cuanto al conocimiento, sabiduría, amor, misericordia, omnipresencia, eternidad, independencia, santidad, justicia, rectitud de Dios, y cosas por el estilo. En verdad, en tanto que podemos decir que Dios ha hecho toda la creación para que cada parte de ella refleje algo del mismo carácter de Dios, ahora debemos afirmar que pintar a Dios como si*existiera* en una forma o *modo de ser* que se parezca a alguna otra cosa en la creación es pensar de Dios de una manera horriblemente desorientadora y deshonrosa.

Por eso se menciona el celo de Dios como el porqué de la prohibición de hacer imágenes de él: «Yo, el Señor tu Dios, soy un Dios celoso» (Éx 20:5). Dios es celoso para proteger su honor. Anhelantemente busca que los seres humanos piensen que él es como es y lo adoren por toda su excelencia, y se enoja cuando se disminuye su gloria o se representa falsamente su carácter (cf. Dt 4:23-24, en donde el intenso celo de Dios por su honor de nuevo se da como el porqué de la prohibición de hacer imágenes de él).

Así que Dios no tiene un cuerpo físico, ni tampoco está hecho de materia como el resto de la creación. Todavía más, Dios no es meramente energía, pensamiento ni ningún otro elemento de la creación. Él no es como vapor, neblina, aire ni espacio, todos los cuales son cosas creadas; *el ser de Dios* no se parece a nada de esto. El ser de Dios ni siquiera es exactamente como nuestro espíritu, porque este es algo creado que evidentemente puede existir sólo en un lugar a la vez.

En lugar de todos estos conceptos acerca de Dios, debemos decir que Dios es *espíritu*. Signifique lo que signifique, es una clase de existencia diferente a todo lo demás de la creación. Es una clase de existencia muy superior a toda nuestra existencia material. Podemos decir que Dios es «puro ser» o «la plenitud o esencia de su ser». Además, esta clase de existencia no es menos real ni menos deseable que nuestra propia existencia. Más bien, es más real y más deseable que la existencia material e inmaterial de toda la creación. Antes de que hubiera alguna creación, Dios ya existía como espíritu. Su propio ser es tan real ¡que puede hacer que todo lo demás cobre existencia!

En este punto podemos definir la espiritualidad de Dios: *La espiritualidad de Dios quiere decir que Dios existe como un ser que no está hecho de materia alguna, no tiene ni partes ni dimensiones, nuestros sentidos corporales no lo pueden percibir, y es más excelente que cualquier otra clase de existencia.*

Podemos preguntar por qué el ser de Dios es así. ¿Por qué Dios es espíritu? Todo lo que podemos decir es que ¡esta es la manera mejor y más excelente forma de existencia! Es una existencia muy superior a todo lo que conocemos. Es fascinante meditar en este hecho.

Estas consideraciones nos hacen preguntarnos si la espiritualidad de Dios no debiera considerarse un atributo «incomunicable». Hacerlo así sería en verdad apropiado en ciertas maneras, puesto que el ser de Dios es tan diferente del nuestro. No obstante, permanece el hecho de que Dios nos ha dado un espíritu en el cual le adoramos (Jn 4:24; 1 Co 14:14; Flp. 3:3), en el cual nos unimos con el espíritu del Señor (1 Co 6:17), al cual el Espíritu Santo da testimonio de nuestra adopción en la familia de Dios (Ro 8:16), y en el cual pasamos a la presencia del Señor cuando morimos (Lc 23:46; Ec 12:7; Heb 12:23; cf. Flp 1:23–24). Por consiguiente, se ve que hay cierta comunicación de Dios con nosotros de naturaleza espiritual que es semejante a su propia naturaleza, aunque ciertamente no en todo respecto. Por esto parece apropiado pensar que la espiritualidad de Dios es un atributo comunicable.

2. Invisibilidad. Relativo a la espiritualidad de Dios es el hecho de que Dios es invisible; sin embargo podemos también hablar de las maneras visibles en que Dios se manifiesta. La invisibilidad de Dios se puede definir como sigue: *La invisibilidad de Dios quiere decir que nosotros jamás podremos ver la esencia total de Dios, todo su ser espiritual, y sin embargo Dios se nos muestra mediante cosas visibles y creadas.*

Muchos pasajes hablan del hecho de que no se puede ver a Dios. «A Dios nadie lo ha visto nunca» (Jn 1:18). Jesús dice: «Al Padre nadie lo ha visto, excepto el que viene de Dios; sólo él ha visto al Padre» (Jn 6:46). Pablo da las siguientes palabras de alabanza: «Al Rey eterno, inmortal, *invisible,* al único Dios, sea honor y gloria por los siglos de los siglos. Amén» (1 Ti 1:17). Dice de Dios que es el «único inmortal, que vive en luz inaccesible, *a quien nadie ha visto ni puede ver*» (1 Ti 6:16). Juan dice: «Nadie ha visto jamás a Dios» (1 Jn 4:12).

Debemos recordar que estos pasajes se escribieron después de ocasiones en la Biblia en que algunos vieron alguna manifestación visible de Dios. Por ejemplo, muy temprano en la Biblia leemos: «Y hablaba el Señor con Moisés cara a cara, como quien habla con un amigo» (Éx 33:11). Sin embargo Dios le dijo a Moisés: «Nadie puede verme y seguir con vida» (Éx 33:20). No obstante, Dios hizo que su gloria pasara frente a Moisés mientras escondía a Moisés en una grieta de la peña, y

Dios le permitió a Moisés que le viera la espalda después de haber pasado, pero dijo: «Mi rostro no lo verás» (Éx 33:21-23). Esta secuencia de versículos y otros parecidos del Antiguo Testamento indican que en cierto sentido no se podía ver a Dios, pero también hubo alguna forma o manifestación de Dios que por lo menos en parte era posible que el hombre viera.

Es correcto, por consiguiente, decir que aunque nosotros jamás podremos ver la *esencia total* de Dios, Dios nos mostrará algo de sí mismo mediante cosas visibles y creadas. Esto sucede de diferentes maneras.

Para *pensar* en Dios, es necesario concebirlo de alguna manera. Dios entiende esto y nos da cientos de analogías diferentes tomadas de nuestra vida humana y del mundo creado.[3] Esta gigantesca diversidad de analogías de todas partes de la creación nos recuerda que no debemos enfocarnos demasiado en alguna de esas analogías. Sin embargo, si no nos enfocamos exclusivamente en alguna de estas analogías, todas en conjuntos nos ayudan a ver a Dios de alguna manera en cierto sentido «visible» (cf. Gn 1:27; Sal 19:1; Ro 1:20).

El Antiguo Testamento también registra varias teofanías. Una *teofanía* es «una aparición de Dios». En estas teofanías Dios tomó varias formas visibles para mostrarse a algunos individuos. Dios se apareció a Abraham (Gn 18:1-33), Jacob (Gn 32:28-30), al pueblo de Israel (como columna de nube de día y de fuego de noche; Éx 13:21-22), a los ancianos de Israel (Éx 24:9-11), Manoa y su esposa (Jue 13:21-22), Isaías (Is 6:1) y a otros.

Una manifestación visible de Dios mucho más grande que estas teofanías del Antiguo Testamento fue en la persona de Jesucristo mismo. Él pudo decir: «El que me ha visto a mí, ha visto al Padre» (Jn 14:9). Y Juan contrasta el hecho de que nadie ha visto jamás a Dios con el hecho de que el unigénito Hijo de Dios nos lo ha dado a conocer: «A Dios nadie lo ha visto nunca; el Dios unigénito,[4] que está en el seno del Padre, él le ha dado a conocer» (Jn 1:18, traducción del autor). Es más, Jesús es «la imagen del Dios invisible» (Col 1:15), y es «el brillante resplandor de la gloria de Dios» y también «la exacta representación de su naturaleza» (Heb 1:3, traducción del autor). Así que en la persona de Jesús tenemos una manifestación visible única de Dios en el Nuevo Testamento que no estaba disponible para los creyentes que vieron teofanías en el Antiguo Testamento.

Pero ¿cómo veremos a Dios en el cielo? Nunca podremos ver o conocer todo de Dios, porque «su grandeza es insondable» (Sal 145:3; cf. Jn 6:46; 1 Ti 1:17; 6:16; 1 Jn 4:12, que se mencionó arriba). Y no podremos ver, por lo menos con nuestros ojos físicos, el ser espiritual de Dios. No obstante, la Biblia dice que veremos a Dios mismo. Jesús dijo: «Dichosos los de corazón limpio, porque ellos verán a Dios» (Mt 5:8). Podremos ver la naturaleza humana de Jesús, por supuesto (Ap 1:7); pero no es claro exactamente en que sentido podremos «ver» al Padre y al Espíritu Santo, o la naturaleza divina de Dios Hijo (cf. Ap 1:4; 4:2-3, 5; 5:6). Tal vez no sabremos la naturaleza de este «ver» sino cuando lleguemos al cielo.

Aunque lo que veamos no será una visión exhaustiva de Dios, será una visión completamente verdadera, clara y real de Dios. Veremos «cara a cara» (1 Co 13:12)

---

[3]Vea la consideración de los nombres de Dios tomados de la creación, en el capítulo 11, p. 158.

[4]Hay una variante textual en este punto, pero «el unigénito Dios» (*monogenés Teos* tiene más testigos que «el Hijo unigénito», y esta lectura no es foránea al contexto: vea Leon Morris, *The Gospel According to John* (Eerdmans, Grand Rapids, 1971), pp. 113–14.

y «lo veremos tal como él es» (1 Jn 3:2). La descripción más asombrosa de la comunión abierta e íntima con Dios que experimentaremos se ve en el hecho de que en la ciudad celestial «El trono de Dios y del Cordero estará en la ciudad. Sus siervos lo adorarán; *lo verán cara a cara,* y llevarán su nombre en la frente» (Ap 22:3-4).

Cuando nos damos cuenta de que Dios es la perfección de todo lo que anhelamos o deseamos, que él es la suma de todo lo hermoso o deseable, nos damos cuenta de que el más grande gozo de la vida venidera será que «le veremos cara a cara». A este ver a Dios «cara a cara» se le ha llamado *visión beatífica,* lo que quiere decir «visión que nos hace bienaventurados o felices» («beatífica» tiene dos palabras latinas, *beatus* «bienaventurado», y *facere* «hacer»). Mirar a Dios nos cambia y nos hace como él: «seremos semejantes a él, porque *lo veremos tal como él es*» (1 Jn 3:2; cf. 2 Co 3:18). Esta visión de Dios será la consumación de nuestro conocer a Dios y nos dará pleno deleite y gozo por toda la eternidad: «Me llenarás de alegría en tu presencia, y de dicha eterna a tu derecha» (Sal 16:11).

B. Atributos mentales

3. Conocimiento (u omnisciencia). El conocimiento de Dios se puede definir como sigue: *Dios se conoce plenamente a sí mismo y todas las cosas reales y posibles en un solo acto sencillo y eterno.*

Eliú dijo que Dios es *«conocimiento perfecto»* (Job 37:16), y Juan dice que Dios *«lo sabe todo»* (1 Jn 3:20). A la cualidad de saberlo todo se llama omnisciencia, y debido a que Dios lo sabe todo, se dice que es omnisciente (es decir: «lo sabe todo»).

La definición dada arriba explica la omnisciencia con más detalle. Dice primero que Dios se conoce completamente a sí mismo. Este es un hecho asombroso puesto que el propio ser de Dios es infinito e ilimitado. Por supuesto, sólo el que es infinito puede conocerse a sí mismo completamente en todo detalle. Este hecho lo implica Pablo cuando dice: «El Espíritu lo examina todo, hasta las profundidades de Dios. En efecto, ¿quién conoce los pensamientos del ser humano sino su propio espíritu que está en él? Asimismo, nadie conoce los pensamientos de Dios sino el Espíritu de Dios» (1 Co 2:10-11).

Esta idea también la sugieren la afirmación de Juan de que «Dios es luz y en él no hay ninguna oscuridad» (1 Jn 1:5). En este contexto «luz» parece sugerir pureza moral y pleno conocimiento o conciencia. Si «no hay ninguna oscuridad» en Dios, sino que él es enteramente «luz», entonces Dios en sí mismo es a la vez santo y también enteramente lleno de conocimiento propio.

La definición también dice que Dios sabe «todas las cosas *presentes*». Esto quiere decir todas las cosas que existen y todo lo que sucede. Esto se aplica a la creación, porque Dios es el único de quien se dice: «Ninguna cosa creada escapa a la vista de Dios. Todo está al descubierto, expuesto a los ojos de aquel a quien hemos de rendir cuentas» (Heb 4:13; cf. 2 Cr 16:9; Job 28:24; Mt 10:29-30). Dios conoce también el futuro, porque él es el que puede decir: «Yo soy Dios, y no hay ningún otro, yo soy Dios, y no hay nadie igual a mí. Yo anuncio el fin desde el principio; desde los tiempos antiguos, lo que está por venir» (Is 46:9-10; cf. 42:8-9 y frecuentes pasajes en los profetas del Antiguo Testamento). Él sabe los detalles más diminutos de cada uno de nosotros, porque Jesús nos dice: «su Padre sabe lo que ustedes necesitan antes de que se lo pidan» (Mt 6:8), y, «él les tiene contados a ustedes aun los cabellos de la cabeza» (Mt 10:30).

En el Salmo 139 David reflexiona sobre el asombroso detalle con que Dios conoce nuestras vidas. Él conoce nuestras acciones y pensamientos: «Señor, tú me examinas, tú me conoces. Sabes cuándo me siento y cuándo me levanto; aun a la distancia me lees el pensamiento» (Sal 139:1-2). Él sabe las palabras que hemos de hablar antes de que las digamos: «No me llega aún la palabra a la lengua cuando tú, Señor, ya la sabes toda» (Sal 139:4). Él conoce los días de nuestra vida incluso antes de que nazcamos: «Tus ojos vieron mi cuerpo en gestación: todo estaba ya escrito en tu libro; todos mis días se estaban diseñando, aunque no existía uno solo de ellos» (Sal 139:16).

La definición de conocimiento de Dios que se da arriba especifica que Dios sabe «todas las cosas *posibles*». Esto es porque hay algunas ocasiones en la Biblia en las que Dios da información sobre acontecimientos que pudieran suceder pero que en realidad no tuvieron lugar. Por ejemplo, cuando David huía de Saúl rescató a la ciudad de Queilá de los filisteos y se quedó por un tiempo allí. Decidió preguntarle a Dios si Saúl iría a Queilá para atacarlo y, si Saúl iba, si los hombres de Queilá lo entregarían en manos de Saúl. David dijo:

> ¿Es verdad que Saúl vendrá, según me han dicho? Yo te ruego, Señor, Dios de Israel, que me lo hagas saber.
> —Sí, vendrá —le respondió el Señor.
> David volvió a preguntarle:
> —¿Nos entregarán los habitantes de Queilá a mí y a mis hombres en manos de Saúl?
> Y el Señor le contestó:
> —Sí, los entregarán.

Entonces David y sus hombres, que eran como seiscientos, se fueron de Queilá y anduvieron de un lugar a otro. Cuando le contaron a Saúl que David se había ido de Queilá, decidió suspender la campaña (1 S 23:11-13).

De modo similar, Jesús pudo decir que Tiro y Sidón *se hubieran* arrepentido si los milagros que había estado haciendo los hubiera realizado allí: «¡Ay de ti, Corazín! ¡Ay de ti, Betsaida! Si se hubieran hecho en Tiro y en Sidón los milagros que se hicieron en medio de ustedes, ya hace tiempo que se habrían arrepentido con muchos lamentos» (Mt 11:21). De modo similar dijo: «Y tú, Capernaum, ¿acaso serás levantada hasta el cielo? No, sino que descenderás hasta el abismo. Si los milagros que se hicieron en ti se hubieran hecho en Sodoma, ésta habría permanecido hasta el día de hoy» (Mt 11:23; cf. 2 R 13:19, en donde Eliseo dice lo que habría sucedido si el rey Joás hubiera golpeado la tierra cinco o seis veces con las flechas).

El hecho de que Dios conoce todas las cosas posibles también se puede deducir del pleno conocimiento de Dios de sí mismo. Si Dios se conoce plenamente a sí mismo, también sabe todo lo que puede hacer, lo que incluye todas las cosas que son posibles. Este hecho es en verdad asombroso. Dios ha hecho un universo increíblemente complejo y variado. Pero hay miles sobre miles de otras variaciones o clases de cosas que Dios podría haber creado, pero que no creó. El conocimiento infinito de Dios incluye conocimiento detallado de lo que cada una de esas otras posibles creaciones pudiera haber sido ¡y lo que podría haber sucedido a cada una de ellas! «Conocimiento tan maravilloso rebasa mi comprensión; tan sublime es que no puedo entenderlo» (Sal 139:6). «Mis caminos y mis pensamientos son más altos que los de ustedes; ¡más altos que los cielos sobre la tierra!» (Is 55:9).

Nuestra definición del conocimiento de Dios afirma que Dios conoce todo en un «acto sencillo». Aquí de nuevo la palabra *sencillo* se usa en el sentido de «no dividido en partes». Esto quiere decir que Dios siempre está plenamente consciente de todo. Si él quisiera decirnos el número de granos de arena en la orilla del mar o el número de estrellas del cielo, no tendría que contarlas rápidamente como una especie de computadora gigantesca, y tampoco tendría que recordar su número porque fue algo en lo que no había pensado por un tiempo. Más bien, Él sabe todas las cosas al mismo tiempo. Todos estos hechos y todas las otras cosas que Él sabe siempre están presentes en su conciencia. Él no tiene que razonar y llegar a conclusiones ni meditar cuidadosamente antes de responder, porque sabe el fin desde el principio, y nunca aprendió ni ha olvidado nada (cf. Sal 90:4; 2 P 3:8; y los versículos citados arriba sobre el conocimiento perfecto de Dios). Todo ápice del conocimiento de Dios siempre está plenamente presente en su conciencia; nunca se opaca ni desvanece en su memoria inconsciente. Finalmente, la definición habla del conocimiento de Dios no sólo como un acto sencillo sino también como un «acto eterno». Esto quiere decir que el conocimiento de Dios nunca cambia o crece. Si él jamás hubiera tenido que aprender algo nuevo, no habría sido omnisciente de antemano. Así que desde toda la eternidad Dios ha sabido todas las cosas que sucederían y todas las cosas que él haría.

Alguien podría objetar que Dios promete olvidar nuestros pecados. Por ejemplo, Él dice que «no se acuerda más de tus pecados» (Is 43:25). Sin embargo, pasajes como este ciertamente se pueden entender como que quieren decir que Dios nunca más permitirá que el conocimiento de estos pecados jueguen alguna parte en la manera en que se relaciona con nosotros: Él los «olvidará» en su relación con nosotros. Otra objeción a la enseñanza bíblica en cuanto a la omnisciencia de Dios se ha derivado de Jeremías 7:31; 19:5; y 31:35, en donde Dios se refiere a las horribles prácticas de los padres que ofrecen a sus hijos en sacrificio al dios pagano Baal, y dice: «cosa que jamás ordené *ni me pasó siquiera por la mente*» (Jer 7:31). ¿Quiere decir esto que antes del tiempo de Jeremías Dios nunca había *pensado* en la posibilidad de que los padres sacrificarían a sus hijos? Claro que no, porque esa práctica había ocurrido un siglo antes en los reinados de Acaz (2 R 16:3) y Oseas (2 R 17:17), y Dios mismo había prohibido la práctica ochocientos años antes bajo Moisés (Lv 18:21). Los versículos de Jeremías probablemente se entienden mejor traduciendo muy literalmente: «Ni subió en mi corazón» (así dice Jer 7:31 en la RV-60 y la traducción literal de la LBLA al margen; la palabra hebrea es *leb*, que más frecuentemente se traduce «corazón»), dando el sentido de «yo no lo quise, ni lo deseé, ni pensé en eso de una manera positiva».[5]

---

[5]La misma frase («tener un pensamiento que entra al corazón») parece tener el sentido de «desear, querer, anhelar», en todas las cinco ocasiones que aparece en el Antiguo Testamento: Is 65:17; Jer 3:16 (en donde no puede

Otra dificultad que surge en conexión con esto es la cuestión de la relación entre el conocimiento de Dios de todo lo que sucederá en el futuro y la realidad y el grado de libertad que tenemos en nuestras acciones. Si Dios sabe todo lo que sucederá, ¿cómo pueden nuestras decisiones ser «libres»? De hecho, esta dificultad es tan importante que algunos teólogos han concluido que Dios no conoce todo el futuro. Han dicho que Dios no sabe cosas que no pueden (en opinión de ellos) ser conocidas, tales como los actos libres de personas que todavía no han tenido lugar (a veces la frase que se usa es «actos contingentes de agentes morales libres», en donde «contingentes» quiere decir «posibles pero no ciertos»). Pero tal posición es insatisfactoria porque esencialmente niega el conocimiento de Dios del futuro de la historia humana en algún punto en el tiempo y por lo tanto no concuerda con los pasajes mencionados arriba en cuanto al conocimiento de Dios del futuro y con docenas de otros pasajes proféticos del Antiguo Testamento en donde Dios predice el futuro con mucha antelación y con gran detalle.[6]

¿Cómo, entonces, resolvemos esta dificultad? Aunque esta cuestión se tratará con mucho más detalle en el capítulo 16 sobre la providencia de Dios, puede ser útil en este punto notar la sugerencia de Agustín, que dijo que Dios nos ha dado «autodeterminación razonable». Su declaración no incluye los términos *libre* o *libertad*, porque estos términos son excepcionales difíciles de definir de manera que satisfactoriamente tome en cuenta el conocimiento completo de Dios de acontecimientos futuros. Pero esta declaración sí afirma lo que es importante para nosotros y lo que percibimos ser cierto en nuestra experiencia, que nuestras decisiones son «razonables». Es decir, pensamos lo que hacemos, conscientemente decidimos lo que hacemos, y después seguimos el curso de acción que hemos escogido.

La declaración de Agustín también dice que tenemos «autodeterminación». Esto es simplemente que nuestras decisiones en realidad determinan lo que sucederá. No es que los acontecimientos tuvieran lugar *independientemente* de lo que decidamos o hagamos, sino más bien que tienen lugar *debido a* lo que en efecto decidimos y hacemos. Esta afirmación no intenta definir el sentido en el que somos «libres» o «no libres», pero ese no es el asunto realmente importante. Para nosotros, es importante que pensamos, escogemos y actuamos, y que estos pensamientos, decisiones y acciones son reales y en verdad tienen significación eterna. Si Dios conoce todos nuestros pensamientos, palabras y acciones mucho antes de que ocurran, debe haber algún sentido en el cual nuestras decisiones no son absolutamente libres. Pero es mejor dejar una definición ulterior de este asunto hasta que podamos tratarlo más completamente en el capítulo 16.

4. Sabiduría. *La sabiduría de Dios quiere decir que Dios siempre escoge las mejores metas y los mejores medios para alcanzar esas metas.* Esta definición va más allá de la idea de que Dios sabe todas las cosas y especifica que las decisiones de Dios sobre lo que él hará siempre son decisiones sabias; es decir, siempre producen los mejores

---

significar sencillamente «tener conocimiento factual de»); 7:31; 19:5; 32:35; así como en la frase griega equivalente *anebé epí ten kardían* en Hch 7:23.

[6]Vea consideración adicional de esta pregunta en capítulo 16; pp. 347-49.

resultados (desde la perspectiva suprema de Dios), y producirán esos resultados mediante los mejores medios posibles.

La Biblia afirma la sabiduría de Dios en general en varios lugares. Se le llama el «único sabio Dios» (Ro 16:27). Job dice que Dios «es sabio de corazón» (Job 9:4, RV-60), y «Con Dios están la sabiduría y el poder; suyos son el consejo y el entendimiento» (Job 12:13). La sabiduría de Dios se ve específicamente en la creación. El salmista exclama: «¡Oh Señor, cuán numerosas son tus obras! ¡Todas ellas las hiciste con sabiduría! ¡Rebosa la tierra con todas tus criaturas!» (Sal 104:24). Al crear Dios el universo, fue perfectamente adecuado para que le diera gloria, tanto en el proceso día tras día y en las metas para los cuales lo creó. Incluso ahora, aunque todavía vemos los efectos del pecado y la maldición sobre el mundo natural, deberíamos asombrarnos lo armoniosa e intrincada que es la creación divina.

La sabiduría de Dios también se ve en su gran plan de redención. Cristo es «sabiduría de Dios» para los llamados (1 Co 1:24, 30), aunque la palabra de la cruz es «locura» para los que la rechazan y se creen sabios en este mundo (1 Co 1:18-20). Sin embargo, incluso esto es una reflexión del sabio plan de Dios: «Ya que Dios, en su sabio designio, dispuso que el mundo no lo conociera mediante la sabiduría humana, tuvo a bien salvar, mediante la locura de la predicación, a los que creen. … Pero Dios escogió lo insensato del mundo para avergonzar a los sabios … a fin de que en su presencia nadie pueda jactarse» (1 Co 1:21, 27, 29).

Pablo sabe que lo que ahora pensamos que es el mensaje «sencillo» del evangelio, entendible incluso para los más pequeños, refleja un asombroso plan de Dios, que en su profunda sabiduría supera cualquier cosa que el hombre jamás podría haber imaginado. Al fin de once capítulos de reflexión sobre la sabiduría del plan divino de redención, Pablo irrumpe en alabanza espontánea: «¡Qué profundas son las riquezas de la sabiduría y del conocimiento de Dios! ¡Qué indescifrables sus juicios e impenetrables sus caminos!» (Ro 11:33).

Cuando Pablo predica el evangelio lo mismo a judíos que a gentiles y estos se convierten en uno en un solo cuerpo, el de Cristo (Ef 3:6), el increíble «misterio» que «desde los tiempos eternos se mantuvo oculto en Dios, creador de todas las cosas» (Ef 3:9) es claro para que todos lo vean, es decir, que en Cristo personas tan totalmente diversas llegan a unirse. Cuando grupos tan diferentes racial y culturalmente llegan a ser miembros de un solo cuerpo, el de Cristo, se cumple el propósito de Dios, de que «que *la sabiduría de Dios,* en toda su diversidad, se dé a conocer ahora, por medio de la iglesia, a los poderes y autoridades en las regiones celestiales» (Ef 3:10).

Hoy esto quiere decir que la sabiduría de Dios se muestra incluso a los ángeles y demonios («poderes y autoridades») cuando individuos de diferentes trasfondos raciales y culturales se unen en Cristo en la iglesia. Si la iglesia cristiana es fiel al sabio plan de Dios, siempre estará en el mismo frente para derribar barreras raciales y sociales en las sociedades en todo el mundo, y de este modo será una manifestación visible del asombrosamente sabio plan de Dios de producir unidad de nuestra gran diversidad y por ello hacer que toda la creación le honre.

La sabiduría de Dios también se muestra en nuestra vida como individuos. «Sabemos que Dios hace que todo contribuya para el bien de los que le aman, los que son llamados de acuerdo a su propósito» (Ro 8:28, traducción del autor). Aquí

Pablo afirma que Dios en efecto obra sabiamente en todo lo que sucede en nuestra vida, y que mediante todas estas cosas él nos hace avanzar hacia la meta de conformarnos a la imagen de Cristo (Ro 8:29). Debería ser nuestra gran confianza y fuente de paz día tras día saber que Dios hace que todo nos haga avanzar hacia la meta suprema que él tiene para nuestra vida, es decir, que podamos ser como Cristo y que por ello le demos gloria. Tal confianza capacitó a Pablo para que aceptara su «espina en el cuerpo» (2 Co 12:7) como algo que, aunque doloroso, Dios en su sabiduría había decidido no quitarle (2 Co 12:8-10).

Todos los días de nuestra vida podemos acallar nuestro desaliento con el consuelo que viene del conocimiento de la infinita sabiduría de Dios; si somos sus hijos, podemos saber que él está obrando sabiamente en nuestra vida, incluso hoy mismo, para llevarnos a una mayor conformidad a la imagen de Cristo.

La sabiduría de Dios es, por supuesto, en parte comunicable a nosotros. Con confianza podemos pedirle a Dios sabiduría cuando la necesitamos, porque él promete en su palabra: «Si a alguno de ustedes le falta sabiduría, pídasela a Dios, y él se la dará, pues Dios da a todos generosamente sin menospreciar a nadie» (Stg 1:5). Esta sabiduría, o capacidad para vivir una vida que agrada a Dios, viene primordialmente al leer y obedecer su palabra: «La ley del Señor es perfecta: infunde nuevo aliento. El mandato del Señor es digno de confianza: da sabiduría al sencillo» (Sal 19:7; cf. Dt 4:6-8).

«El principio de la sabiduría es el temor del Señor» (Sal 111:10; Pr 9:10; cf. Pr 1:7), porque si tememos deshonrar a Dios o desagradarle, si tememos su disciplina paternal, tendremos la motivación que nos hace querer seguir sus caminos y vivir de acuerdo a sus sabios mandamientos. Es más, la posesión de sabiduría de Dios no resultará en orgullo sino en humildad (Pr 11:2; Stg 3:13), no en arrogancia sino en un espíritu manso y pacífico (Stg 3:14-18). Él que es sabio según las normas de Dios continuamente andará en dependencia del Señor y con deseo de exaltarle.

Sin embargo, también debemos recordar que la sabiduría de Dios no es enteramente comunicable; nunca podremos participar por completo de la sabiduría de Dios (Ro 11:33). En términos prácticos, esto quiere decir que frecuentemente habrá ocasiones en la vida cuando no podremos entender por qué Dios permite que algo suceda. Entonces simplemente tenemos que confiar en él y seguir obedeciendo sus sabios mandamientos para nuestras vidas: «Así pues, los que sufren según la voluntad de Dios, entréguense a su fiel Creador y sigan practicando el bien» (1 P 4:19; cf. Dt 29:29; Pr 3:5-6). Dios que es infinitamente sabio y nosotros no, y le agrada cuando tenemos fe para confiar en su sabiduría aun cuando no entendamos lo que él está haciendo.

5. Veracidad (y fidelidad). *La veracidad de Dios quiere decir que él es el Dios verdadero, y que todo su conocimiento y palabras son a la vez verdad y la norma suprema de la verdad.*

A veces se ha usado el término *confiabilidad* o también *verdad* como sinónimo de la veracidad de Dios.

La primera parte de esta definición indica que el Dios revelado en la Biblia es el Dios verdadero y real, y que todos los demás que se llaman dioses son ídolos. «El Señor es el Dios verdadero, el Dios viviente, el Rey eterno. ... "Los dioses que no hicieron los cielos ni la tierra, desaparecerán de la tierra y de debajo del cielo"»

(Jer 10:10-11). Jesús le dijo a su Padre: «Y ésta es la vida eterna: que te conozcan a ti, *el único Dios verdadero*, y a Jesucristo, a quien tú has enviado» (Jn 17:3; cf. 1 Jn 5:20).

Podríamos preguntar qué significa ser el Dios verdadero a diferencia de otros seres que no son Dios. Debe querer decir que Dios en su propio ser o carácter es el único que plenamente se ajusta a la idea de lo que Dios tiene que ser; es decir, un ser que es infinitamente perfecto en poder, en sabiduría, en bondad, en señorío sobre el tiempo y el espacio, y cosas por el estilo. Pero podríamos preguntar también, ¿idea *de quien* es esta idea de Dios? ¿A qué idea de Dios debe uno ajustarse a fin de que sea el Dios verdadero?

En este punto el curso de nuestro pensamiento se vuelve en cierto sentido circular, porque no debemos decir que un ser debe ajustarse a *nuestro* concepto de lo que Dios debería ser a fin de que sea el Dios verdadero. ¡Nosotros no somos más que criaturas! ¡Nosotros no podemos definir cómo debe ser el verdadero Dios! Así que debemos decir que es *Dios mismo* quien tiene la única idea perfecta de cómo debe ser el verdadero Dios. Y él mismo es el verdadero Dios porque en su ser y carácter perfectamente se ajusta a su propio concepto de lo que debe ser el verdadero Dios. Además, él ha implantado en nuestras mentes un reflejo de su propia idea de lo que debe ser el verdadero Dios, y nos capacita para reconocerlo como Dios.

La definición dada arriba también afirma que todo el *conocimiento* de Dios es verdadero y es la norma final de la verdad. Job nos dice que Dios es «perfecto en conocimiento» (Job 37:16; vea también los versículos citados anteriormente bajo la explicación de la omnisciencia de Dios). Decir que Dios sabe todas las cosas y que su conocimiento es perfecto es decir que él nunca se equivoca en su percepción o comprensión del mundo; todo lo que él sabe y piensa es verdadero y es una percepción correcta de la naturaleza de la realidad. Es más, puesto que Dios sabe todas las cosas infinitamente bien, podemos decir que la norma del verdadero conocimiento es la conformidad al conocimiento de Dios. Si pensamos lo mismo que Dios piensa en cuanto a algo en el universo, estamos pensando lo que es cierto al respecto.

Nuestra definición también afirma que las palabras de Dios son a la vez *verdad* y la *norma suprema de la verdad*. Esto quiere decir que Dios es confiable y fiel en sus palabras. Con respecto a sus promesas Dios siempre hace lo que promete hacer, y podemos depender que nunca será infiel a sus promesas. Por tanto, «Dios es fiel» (Dt 32:4). De hecho, este aspecto específico de la veracidad de Dios a veces se considera un atributo distinto: *La fidelidad de Dios quiere decir que Dios siempre hará lo que ha dicho y cumplirá lo que ha prometido* (Nm 23:19; cf. 2 S 7:28; Sal 141:6, et al.). Se puede confiar en él, y él nunca será infiel a los que confían en lo que él ha dicho. Ciertamente, la esencia de la verdadera fe es tomarle la palabra a Dios y confiar en que hará lo que ha prometido.

Además del hecho de que Dios es fiel a sus promesas, también debemos afirmar que todas las *palabras* de Dios en cuanto a sí mismo y en cuanto a su creación corresponden completamente a la realidad. Es decir, Dios siempre dice la verdad cuando habla. Él es «el Dios que no miente» (Tit 1:2; traducción del autor), el Dios para quién es imposible mentir (Heb 6:18), el Dios cuyas palabras todas son perfectamente «puras» (Sal 12:6), el único de quien se puede decir: «Toda palabra de Dios es digna de crédito» (Pr 30:5). Las palabras de Dios no son simplemente verdad en el sentido de que se ajustan a alguna norma de veracidad fuera de Dios. Más bien, son la verdad misma; son la norma y definición final de la verdad. Por eso Jesús puede decirle al Padre: «Tu palabra es la *verdad*» (Jn 17:17). Lo que se dice de la veracidad del conocimiento de Dios también se puede decir de las palabras de Dios, porque se basan en su conocimiento perfecto y reflejan exactamente ese conocimiento perfecto; las palabras de Dios son «verdad» en el sentido de que son la norma final por la cual se debe juzgar la veracidad; cualquier cosa que se ajusta a las palabras de Dios también es verdad, y lo que no se ajusta a sus palabras no es verdad.

La veracidad de Dios también es comunicable porque nosotros podemos en parte imitarlo al procurar tener conocimiento verdadero en cuanto a Dios y en cuanto a su mundo. Es más, al empezar a pensar pensamientos verdaderos en cuanto a Dios y la creación, pensamientos que aprendemos en la Biblia y al permitir que la Biblia nos guíe en nuestra observación e interpretación del mundo natural, ¡empezamos a pensar pensamientos de Dios como él! Podemos exclamar con el salmista: «¡Cuán preciosos, oh Dios, me son tus pensamientos! ¡Cuán inmensa es la suma de ellos!» (Sal 139:17).

El darnos cuenta de esto debe animarnos en la búsqueda del conocimiento en todas las ramas de las ciencias naturales, sociales y las humanidades. Cualquiera que sea el campo de nuestra investigación, cuando descubrimos más verdad en cuanto a la naturaleza de la realidad descubrimos más de la verdad que Dios ya sabe. En este sentido podemos afirmar que «toda verdad es verdad de Dios»[7] y regocijarnos cada vez que el aprendizaje o descubrimiento de esta verdad se usa de maneras que agradan a Dios. Crecer en conocimiento es parte del proceso de llegar a ser más semejantes a Dios o de llegar a ser las criaturas que se ajustan más completamente a la imagen de Dios. Pablo nos dice que cuando nos vestimos de la «nueva naturaleza», esta «se va *renovando en conocimiento* a imagen de su Creador» (Col 3:10).

En una sociedad que es extremadamente descuidada respecto a la veracidad de las palabras habladas, nosotros como hijos de Dios debemos imitar a nuestro Creador y tener gran cuidado de que nuestras palabras sean siempre veraces. «*Dejen de mentirse unos a otros*, ahora que se han quitado el ropaje de la vieja naturaleza con sus vicios, y se han puesto el de la nueva naturaleza» (Col 3:9-10). En otro lugar Pablo amonesta: «Por lo tanto, dejando la mentira, hable cada uno a su prójimo *con la verdad*» (Ef 4:25). Pablo dice que en su propio ministerio procuraba practicar la absoluta verdad: «Más bien, hemos renunciado a todo lo vergonzoso que se hace a escondidas; no actuamos con engaño ni torcemos la palabra de Dios. Al contrario, mediante la clara exposición de la verdad, nos recomendamos a toda conciencia humana en la presencia de Dios» (2 Co 4:2). Dios se agrada cuando su pueblo aleja de sí «la perversidad» (Pr 4:24) y habla con palabras que son aceptables no sólo a la vista de la gente sino también a la vista del Señor mismo (Sal 19:14).

Todavía más, debemos imitar la veracidad de Dios en nuestra reacción a la verdad y a la falsedad. Como Dios, debemos *amar* la verdad y *aborrecer* la falsedad. El

---

[7]Vea *All Truth Is God's Truth* por Arthur Holmes (Eerdmans, Grand Rapids, 1977).

mandamiento de no dar falso testimonio contra nuestro prójimo (Éx 20:16), como los demás mandamientos, requiere no meramente conformidad externa sino también conformidad en actitud de corazón. El que agrada a Dios «de corazón dice la verdad» (Sal 15:2), y procura ser como el justo que «aborrece la mentira» (Pr 13:5). Dios ordena a su pueblo por medio de Zacarías: «No maquinen el mal contra su prójimo, ni sean dados al falso testimonio, porque yo aborrezco todo eso, afirma el Señor." » (Zac 8:17).

Estos mandamiento se nos dan porque Dios mismo ama la verdad y aborrece la falsedad: «El Señor aborrece a los de labios mentirosos, pero se complace en los que actúan con lealtad» (Pr 12:22; cf. Is 59:3-4). La falsedad y la mentira no proceden de Dios sino de Satanás, el cual se deleita en la falsedad: «Cuando miente, expresa su propia naturaleza, porque es un mentiroso. ¡Es el padre de la mentira!» (Jn 8:44). Es apropiado, entonces, que con «los cobardes, los incrédulos, los abominables, los asesinos, los que cometen inmoralidades sexuales, los que practican artes mágicas, [y] los idólatras» que se hallan en «el lago de fuego y azufre» lejos de la ciudad celestial, también se hallen «todos los *mentirosos*» (Ap 21:8).

Así que la Biblia nos enseña que mentir es malo no sólo debido al gran daño que produce (y a menudo mucho más daño viene debido a la mentira de lo que nos damos cuenta), sino también por una razón incluso más honda y más profunda: cuando mentimos deshonramos a Dios y rebajamos su gloria, porque nosotros, como creados a imagen de Dios y creados con el propósito de reflejar la gloria de Dios en nuestras vidas, estamos actuando de una manera que es contraria al carácter de Dios.

C. Atributos morales

6. Bondad. *La bondad de Dios quiere decir que Dios es la norma suprema del bien, y que todo lo que Dios es y hace es digno de aprobación.*

En esta definición hallamos una situación similar a la que enfrentamos al definir a Dios como el Dios verdadero. Aquí «bien» se puede entender que es «digno de aprobación», pero no hemos contestado a la pregunta: ¿aprobación de quién? En cierto sentido, podemos decir que cualquier cosa que es verdaderamente buena debe ser digna de nuestra aprobación. Pero al final nosotros no somos libres para decidir por nosotros mismos lo que es digno de aprobación y lo que no lo es. En última instancia, por consiguiente, el ser y las acciones de Dios son perfectamente dignos de su propia aprobación. Él es, por consiguiente, la norma suprema del bien. Jesús implica esto cuando dice: «Nadie es bueno sino solo Dios» (Lc 18:19). Los Salmos muchas veces afirman que «el Señor es bueno» (Sal 100:5) o exclaman: «Den gracias al Señor, porque él es bueno» (Sal 106:1; 107:1; et al.). David nos anima: «Prueben y vean que el Señor es bueno» (Sal 34:8).

Pero si Dios es bueno en sí mismo y por consiguiente es la suprema norma del bien, tenemos una definición del significado de «bueno» que nos ayudará grandemente en el estudio de ética y estética. ¿Qué es «bueno»? «Bueno» es lo que Dios aprueba. Entonces podemos preguntar: ¿Por qué es bueno lo que Dios aprueba? Debemos contestar: «Porque él lo aprueba». Esto quiere decir que no hay norma más alta de bondad que el propio carácter de Dios y su aprobación de lo que concuerda con ese carácter. Con todo, Dios nos ha dado algún reflejo de su sentido de bondad, de modo que cuando evaluamos las cosas de la manera que Dios nos creó para que las evaluáramos, también aprobamos lo que Dios aprueba y nos deleitamos en lo que él se deleita.

Nuestra definición también expresa que todo lo que Dios *hace* es digno de aprobación. Vemos evidencia de esto en el relato de la creación: «Dios miró todo lo que había hecho, y consideró que era *muy bueno*» (Gn 1:31). El salmista conecta la bondad de Dios con la bondad de lo que hace: «Tú eres bueno, y haces *el bien;* enséñame tus decretos» (Sal 119:68). El Salmo 104 es un ejemplo excelente de alabanza a Dios por su bondad en la creación, en tanto que muchos salmos, como el Salmo 106 y 107, alaban a Dios por su bondad en todas sus acciones hacia su pueblo. Pablo nos anima a descubrir en la práctica cómo la voluntad de Dios en cuanto a nosotros es «*buena, agradable y perfecta*» (Ro 12:2).

La Biblia también nos dice que Dios es la fuente de todo bien en el mundo. «Toda buena dádiva y todo don perfecto descienden de lo alto, donde está el Padre que creó las lumbreras celestes, y que no cambia como los astros ni se mueve como las sombras» (Stg 1:17; cf. Sal 145:9; Hch 14:17). Es más, Dios hace sólo cosas buenas por sus hijos. Leemos: «El Señor brinda generosamente su bondad a los que se conducen sin tacha» (Sal 84:11). En el mismo contexto en el que Pablo nos asegura que «Dios dispone todas las cosas para el bien de quienes lo aman» (Ro 8:28), también dice: «El que no escatimó ni a su propio Hijo, sino que lo entregó por todos nosotros, ¿cómo no habrá de darnos generosamente, junto con él, todas las cosas?» (Ro 8:32). Mucho más que un padre terrenal, nuestro Padre celestial «dará cosas buenas a los que le pidan» (Mt 7:11), e incluso su disciplina es una manifestación de su amor y es para nuestro bien (Heb 12:10). Este conocimiento de la gran bondad de Dios debería impulsarnos a dar «gracias a Dios en toda situación» (1 Ts 5:18).

En imitación de este atributo comunicable debemos nosotros mismos hacer lo bueno (es decir, debemos hacer lo que Dios aprueba) y con eso imitar la bondad de nuestro Padre celestial. Pablo escribe: «Por lo tanto, siempre que tengamos la oportunidad, hagamos bien a todos, y en especial a los de la familia de la fe» (Gá 6:10; cf. Lc 6:27, 33-35; 2 Ti 3:17). Es más, cuando nos damos cuenta de que Dios es la definición y fuente de todo lo bueno, nos daremos cuenta de que Dios mismo es el bien supremo que buscamos. Diremos con el salmista: «¿A quién tengo en el cielo sino a ti? Si estoy contigo, ya nada quiero en la tierra. Podrán desfallecer mi cuerpo y mi espíritu, pero Dios fortalece mi corazón; él es mi herencia eterna» (Sal 73:25-26; cf. 16:11; 42:1-2).

La bondad de Dios se relaciona estrechamente con varias otras características de su naturaleza, entre ellas amor, misericordia, paciencia y gracia. A veces estas se consideran atributos separados y se tratan individualmente. En otras ocasiones se consideran parte de la bondad de Dios y se tratan como varios aspectos de la bondad de Dios. En este capítulo trataremos el amor como un atributo separado puesto que es tan prominente en la Biblia. Las otras tres características (misericordia, paciencia y gracia), aunque también prominentes en la Biblia, las trataremos juntas como aspectos de la bondad de Dios hacia personas en situaciones específicas.

Así que la *misericordia* de Dios es *su bondad hacia los afligidos, su gracia es su bondad hacia los que merecen sólo castigo, y su paciencia es su bondad hacia los que continúan pecando en un período de tiempo* (vea más adelante, en la sección C.8, lo que decimos sobre la misericordia, paciencia y gracia).

7. Amor. *El amor de Dios quiere decir que eternamente Dios se da a otros.*

Esta definición entiende el amor como entrega de sí mismo para beneficio de otros. Este atributo de Dios muestra que es parte de su naturaleza dar de sí mismo a fin de dar bendición o bien a otros.

Juan nos dice que «Dios es amor» (1 Jn 4:8). Vemos evidencia de que este atributo de Dios estaba activo incluso antes de la creación, entre los miembros de la Trinidad. Jesús le habla a su Padre de «la gloria que me has dado porque me amaste desde antes de la creación del mundo» (Jn 17:24), indicando así que había amor y honra recíproca entre Padre e Hijo desde toda la eternidad. Eso continúa en el presente, porque leemos: «El Padre ama al Hijo, y ha puesto todo en sus manos» (Jn 3:35).

Este amor es también recíproco, porque Jesús dice: «el mundo tiene que saber que amo al Padre, y que hago exactamente lo que él me ha ordenado que haga» (Jn 14:31). El amor entre el Padre y el Hijo también presumiblemente caracteriza su relación con el Espíritu Santo, aunque no se menciona esto en forma explícita. Este amor eterno del Padre por el Hijo, del Hijo por el Padre y de ambos por el Espíritu Santo hace del cielo un mundo de amor y gozo porque cada persona de la Trinidad procura dar gozo y felicidad a las otras dos.

Esta entrega de sí misma que caracteriza a la Trinidad halla clara expresión en las relaciones de Dios con la humanidad, especialmente con los pecadores. «En esto consiste el amor: no en que nosotros hayamos amado a Dios, sino en que él nos amó a nosotros, y envió a su Hijo para que sea propiciación por nuestros pecados» (1 Jn 4:10, traducción del autor). Pablo escribe: «Dios demuestra su amor por nosotros en esto: en que cuando todavía éramos pecadores, Cristo murió por nosotros» (Ro 5:8). Juan también escribe: «Tanto amó Dios al mundo, que dio a su Hijo unigénito, para que todo el que cree en él no se pierda, sino que tenga vida eterna» (Jn 3:16). Pablo también habla de «el Hijo de Dios, quien me amó y dio su vida por mí» (Gá 2:20), con lo que muestra que se da cuenta de la aplicación personal directa del amor de Cristo a los pecadores como individuos. Debe ser motivo de gran gozo saber que es el propósito de Dios Padre, Hijo y Espíritu Santo darse a sí mismos a nosotros para darnos verdadero gozo y felicidad. Es la naturaleza de Dios actuar de esa manera hacia los que ha decidido amar, y continuará actuando de esa manera hacia nosotros por toda la eternidad.

Nosotros imitamos este atributo comunicable de Dios primero amando a Dios en reciprocidad, y segundo, al amar a otros imitando la manera en que Dios los ama. Todas nuestras obligaciones a Dios se pueden resumir en esto: «Ama al Señor tu Dios con todo tu corazón, con todo tu ser y con toda tu mente. ... Ama a tu prójimo como a ti mismo» (Mt 22:37-38). Si amamos a Dios obedeceremos sus mandamientos (1 Jn 5:3) y de esa manera haremos lo que le agrada. Amaremos a Dios, y no al mundo (1 Jn 2:15), y haremos esto porque él nos amó primero (1 Jn 4:19).

Uno de los más asombrosos hechos de toda la Biblia es que así como el amor de Dios incluye el darse a sí mismo para hacernos felices, nosotros podemos en reciprocidad darnos nosotros mismos y alegrar el corazón de Dios. Isaías le promete al pueblo de Dios: «Como un novio que se regocija por su novia, así *tu Dios se regocijará por ti*» (Is 62:5), y Sofonías le dice al pueblo de Dios: «el Señor tu Dios está en medio de ti ... Se deleitará en ti con gozo, te renovará con su amor, se alegrará por ti con cantos como en los días de fiesta» (Sof 3:17-18).

Nuestra imitación del amor de Dios también se ve en nuestro amor a otros. Juan lo dice explícitamente: «Queridos hermanos, ya que Dios nos ha amado así, también nosotros debemos amarnos los unos a los otros» (1 Jn 4:11). Es más, nuestro amor a otros dentro de la comunión de los creyentes es tan evidentemente una imitación de Cristo que por ella el mundo nos reconocerá como de Cristo: «De este modo todos sabrán que son mis discípulos, si se aman los unos a los otros» (Jn 13:35; cf. 15:13; Ro 13:10; 1 Co 13:4-7; Heb 10:24). Dios mismo nos da su amor para capacitarnos para que nos amemos unos a otros (Jn 17:26; Ro 5:5). Es más, nuestro amor por nuestros enemigos refleja de una manera especial el amor de Dios (Mt 35:46-48).

8. Misericordia , gracia, paciencia. La misericordia, paciencia y gracia de Dios se pueden ver como tres atributos separados, o como aspectos específicos de la bondad de Dios. Las definiciones que se dan aquí muestran estos atributos como ejemplos especiales de la bondad de Dios cuando los usa para beneficio de clases específicas de personas.

La *misericordia* de Dios es la bondad de Dios hacia los que estan afligidos y angustiados.

La *gracia* de Dios es la bondad de Dios hacia los que merecen sólo castigo.

La *paciencia* de Dios es la bondad de Dios al retener el castigo de los que pecan por un período de tiempo.

Estas tres características de la naturaleza de Dios a menudo se mencionan juntas, especialmente en el Antiguo Testamento. Cuando Dios le declara a Moisés su nombre, proclama: «El Señor, el Señor, Dios clemente y compasivo, lento para la ira y grande en amor y fidelidad» (Éx 34:6). David dice en el Salmo 103:8: «El Señor es clemente y compasivo, lento para la ira y grande en amor».

Debido a que estas características de Dios a menudo se mencionan juntas, puede parecer difícil distinguirlas. Sin embargo la característica de misericordia a menudo se recalca en donde las personas están afligidas y sufriendo. David dice, por ejemplo: «En grande angustia estoy; caigamos ahora en mano de Jehová, porque sus *misericordias* son muchas ...» (2 S 24:14, RVR 1960). Los dos ciegos que querían que Jesús viera su aflicción y los sanara clamaron: «¡Ten compasión de nosotros, Hijo de David!» (Mt 9:27). Cuando Pablo habla del hecho de que Dios nos consuela en la aflicción, llama a Dios «Padre *misericordioso* y Dios de toda consolación» (2 Co 1:3).[8] En tiempo de necesidad debemos acercarnos al trono de Dios para recibir misericordia y gracia (Heb 4:16; cf. 2:17; Stg 5:11). Debemos imitar la misericordia de

---

[8]Este versículo usa *oiktirmós* «compasión, misericordia» antes que *éleos* «misericordia», pero los términos están estrechamente relacionados en significado y ambos se refieren a compasión o bondad hacia los afligidos.

Dios en nuestra conducta hacia otros: «Dichosos los compasivos, porque serán tratados con compasión» (Mt 5:7; cf. 2 Co 1:3-4).

Con respecto al atributo de *gracia,* hallamos que la Biblia recalca que la gracia de Dios, o su favor hacia los que no merecen favor sino sólo castigo, nunca es una obligación sino que Dios siempre la da voluntariamente. Dios dice: «Tengo clemencia de quien quiero tenerla, y soy compasivo con quien quiero serlo» (Éx 33:19; citado en Ro 9:15). Sin embargo Dios regularmente obra con gracia hacia su pueblo: «Vuélvete a mí, y tenme *compasión como haces* siempre con los que aman tu nombre» (Sal 119:132). Es más, Pedro llama a Dios «el Dios de toda gracia» (1 P 5:10).

La gracia de Dios como bondad especialmente demostrada a los que no la merecen se ve frecuentemente en los escritos de Pablo. Pablo recalca que la salvación por gracia es lo opuesto a la salvación por esfuerzo humano, porque la gracia es algo que se da de gratis. «Todos han pecado y están privados de la gloria de Dios, pero por su gracia son justificados gratuitamente mediante la redención que Cristo Jesús efectuó» (Ro 3:23-24). La distinción entre gracia y salvación ganada por obras que merecen una recompensa también se ve en Romanos 11:6: «Y si es por gracia, ya no es por obras; porque en tal caso la gracia ya no sería gracia». La gracia, entonces, es el favor que Dios concede gratuitamente a los que no merecen ese favor.

Pablo también ve que si la gracia es inmerecida, hay sólo una actitud humana apropiada para recibir esa gracia; esto es, la fe: «Por eso la promesa viene por la fe, a fin de que por la gracia quede garantizada ...» (Ro 4:16). La fe es la única actitud humana que es opuesta a depender de uno mismo, porque incluye confianza o dependencia en otro. Por tanto, está desprovista de confianza propia o intentos de ganar justicia por esfuerzo humano. Si el favor de Dios va a venirnos sin nuestro propio mérito, debe venir cuando dependemos no de nuestro propio mérito sino de los méritos de otro, y allí es precisamente cuando tenemos fe.

En el Nuevo Testamento, y especialmente en Pablo, se puede ver, no sólo el perdón de pecados, sino también *toda la vida cristiana* como resultado de la continua concesión divina de su gracia. Pablo puede decir: «por la gracia de Dios soy lo que soy» (1 Co 15:10). Lucas habla de Antioquía como el lugar en donde a Pablo y Bernabé «los había encomendado a la gracia de Dios para la obra que ya habían realizado» (Hch 14:26), indicando que la iglesia allí, al enviar a Pablo y a Bernabé, comprendieron que el éxito de su ministerio dependía de la continua gracia de Dios. Todavía más, las bendiciones de «gracia» en los lectores de Pablo es la bendición apostólica más frecuente en sus cartas (vea, por ej., Ro 1:7; 16:20; 1 Co 1:3; 16:23; 2 Co 1:2; 13:14; Gá 1:3; 6:18).

De modo similar, la *paciencia* de Dios se menciona en algunos de los pasajes citados arriba en conexión con la misericordia de Dios. El Antiguo Testamento frecuentemente habla de Dios como «lento para la ira» (Éx. 34:6; Nm 14:18; Sal 86:15; 103:8; 145:8; Jon 4:2; Nah 1:3; et al.). En el Nuevo Testamento Pablo habla «de la bondad de Dios, de su tolerancia y de su paciencia» (Ro 2:4), y dice que Jesucristo mostró su «perfecta paciencia» hacia Pablo mismo como ejemplo para otros (1 Ti 1:16; cf. Ro 9:22; 1 P 3:20).

Nosotros también debemos imitar la paciencia de Dios y ser lentos para enojarnos (Stg 1:19), y ser pacientes en el sufrimiento como lo fue Cristo (1 P 2:20).

Debemos llevar la vida «con paciencia» (Ef 4:2), y en Gálatas 5:22 se incluye la «paciencia» en la lista de los frutos del Espíritu (vea también Ro 8:25; 1 Co 13:4; Col 1:11; 3:12; 2 Ti 3:10; 4:2; Stg 5:7-8; Ap 2:2-3; et al.). Como con la mayoría de los atributos de Dios que debemos imitar en la vida, la paciencia exige confianza momento tras momento en que Dios cumplirá sus promesas y propósitos en nuestras vidas en el tiempo que él ha escogido. Nuestra confianza que el Señor pronto cumplirá sus propósitos para nuestro bien y su gloria nos permitirá ser pacientes. Santiago hace esta conexión cuando dice: «Así también ustedes, manténganse firmes y aguarden con paciencia la venida del Señor, que ya se acerca» (Stg 5:8).

9. Santidad. *La santidad de Dios quiere decir que él está separado del pecado y dedicado a mantener en alto su honor.* Esta definición contiene tanto una cualidad relacional (separación) y una cualidad moral (la separación es del pecado o mal, y la devoción es al bien del honor o gloria de Dios). La idea de santidad que incluye la separación del mal y devoción a la gloria de Dios se halla en varios pasajes del Antiguo Testamento. La palabra *santo* se usa para describir ambas partes del tabernáculo, por ejemplo. El tabernáculo mismo era un lugar separado del mal y del pecado del mundo, y el primer aposento en él se llamaba «Lugar Santo». Estaba dedicado al servicio de Dios. Pero luego Dios ordenó que hubiera un velo que separara el Lugar Santo del Lugar Santísimo (Éx 26:33). El Lugar Santísimo, en donde se guardaba el arca del pacto, era el lugar más separado del pecado y del mal, y más plenamente dedicado al servicio de Dios.

El lugar en donde Dios mismo moraba era en sí mismo santo: «¿Quién puede subir al monte del Señor? ¿Quién puede estar en su lugar santo?» (Sal 24:3). El elemento de dedicación al servicio de Dios se ve en la santidad del sabbat: «El Señor bendijo y consagró el día de reposo» (o «lo santificó»; el verbo es una forma de *qadash* y quiere decir «santificar») (Éx. 20:11; cf. Gn 2:3). El sabbat fue santificado porque fue separado de las actividades ordinarias del mundo y dedicado al servicio de Dios. De la misma manera el tabernáculo y el altar, así como también Aarón y sus hijos, debían ser «santificados» (Éx 29:44), es decir, apartados de las tareas ordinarias y de la maldad y pecados del mundo y dedicados al servicio de Dios (cf. Éx 30:25-33).

Dios mismo es el Santísimo. Se le llama «el Santo de Israel» (Sal 71:22; 78:41; 89:18; Is 1:4; 5:19, 24; et al.). Los serafines alrededor del trono de Dios claman: «Santo, santo, santo es el Señor Todopoderoso; toda la tierra está llena de su gloria» (Is 6:3). «¡Santo es el Señor nuestro Dios!» exclama el salmista (Sal 99:9; cf. 99:3, 5; 22:3).

La santidad de Dios provee el patrón para que su pueblo imite. Él les ordena: «Sean santos, porque yo, el Señor su Dios, soy santo» (Lv 19:2; cf. 11:44–45; 20:26; 1 P 1:16). Cuando Dios sacó a su pueblo de Egipto, los atrajo a sí mismo y les ordenó que obedecieran su voz, les dijo: «Ustedes serán para mí un reino de sacerdotes y una nación santa» (Éx 19:4-6). En este caso el concepto de la separación del mal y del pecado (que aquí incluyó de una manera muy contundente la separación de la vida en Egipto) y el concepto de la devoción a Dios (al servirle y obedecer sus estatutos) se ven en el ejemplo de una «nación santa».

Los creyentes del nuevo pacto también deben buscar «la santidad, sin la cual nadie verá al Señor» (Heb 12:14) y saber que Dios nos aplica disciplina «a fin de que participemos de su santidad» (Heb 12:10). Pablo anima a los creyentes a separarse de la influencia dominante que produce la asociación estrecha con los que no creen (2 Co 6:14-18) y después los anima diciéndoles: «Purifiquémonos de todo lo que contamina el cuerpo y el espíritu, *para completar en el temor de Dios la obra de nuestra santificación*» (2 Co 7:1; cf. Ro 12:1). Dios quiere que la iglesia crezca hasta «llegar a ser un templo santo en el Señor» (Ef 2:21), y la obra presente de Cristo por la iglesia es «para hacerla santa. … para presentársela a sí mismo como una iglesia radiante, … santa e intachable» (Ef 5:26-27). ¡No sólo los individuos, sino también la iglesia misma debe crecer en santidad!

Zacarías profetiza el día cuando todo lo de la tierra será«consagrado al Señor.». Dice:

En aquel día los cascabeles de los caballos llevarán esta inscripción: consagrado al Señor. Las ollas de cocina del templo del Señor serán como los tazones sagrados que están frente al altar del sacrificio. Toda olla de Jerusalén y de Judá será consagrada al Señor Todopoderoso» (Zac 14:20-21).

Cuando llegue ese tiempo, todo en la tierra será separado del mal, purificado del pecado, y dedicado al servicio de Dios en verdadera pureza moral.

10. Paz (u orden). En 1 Corintios 14:33 Pablo dice: «Dios no es Dios de confusión, sino de *paz*». Aunque tradicionalmente no se ha clasificado la «paz» y el «orden» como atributos de Dios, aquí Pablo indica otra cualidad que pudiéramos pensar como atributo particular de Dios. Pablo dice que las acciones que se caracterizan por «paz» y no por «confusión» (griego *akatastasía* palabra que significa «desorden, confusión, intranquilidad». Dios mismo es «el Dios de paz» ((Ro 15:33; 16:20; Flp 4:9; 1 Ts 5:23; Heb 13:20; cf. Ef 2:14; 2 Ts 3:16). Pero los que andan en maldad no tienen paz: «No hay paz para el malvado», dice el Señor» (Is 48:22; 57:21; cf. 59:8).

Sin embargo, cuando Dios mira con compasión a la gente que ama, la ve como «afligida, atormentada (LXX, *akatástatos,* «en desorden, en confusión») y sin consuelo» (Is 54:11), y promete establecer sus cimientos con piedras preciosas (Is 54:11-12) y conducirlos en «paz» (Is 55:12). La proclamación del plan divino de redención contiene la promesa de paz para el pueblo de Dios (Sal 29:11; 85:8; 119:165; Pr 3:17; Is 9:6–7; 26:3; 57:19; Jn 14:27; Ro 8:6; 2 Ts 3:16; et al.). Es más, el tercer elemento que Pablo da en la lista como parte del fruto del Espíritu es «paz» (Gá 5:22).

La paz ciertamente no implica inactividad, porque fue en un tiempo de tan intenso crecimiento y actividad que Lucas pudo decir que «la iglesia disfrutaba de paz a la vez que se consolidaba en toda Judea, Galilea y Samaria, pues vivía en el temor del Señor. E iba creciendo» (Hch 9:31). Todavía más, aunque Dios es un Dios de paz también es el que «jamás duerme ni se adormece» (Sal 121:4). Es el Dios que está obrando continuamente (Jn 5:17); y aunque el cielo es un lugar de paz, es un lugar también de alabanza continua a Dios y de servicio a él.

Así que la paz de Dios se puede definir como sigue: *La paz de Dios quiere decir que en su ser y en sus acciones Dios está separado de toda confusión y desorden, y sin embargo está continuamente activo en innumerables acciones bien ordenadas, plenamente controladas y simultáneas.*

Esta definición indica que la paz de Dios no tiene que ver con inactividad, sino con actividad ordenada y controlada. Intervenir en actividad infinita de esta suerte, por supuesto, requiere la infinita sabiduría, conocimiento y poder de Dios.

Cuando entendemos de esta manera la paz de Dios, podemos ver una imitación de este atributo de Dios no sólo en «paz» como parte del fruto del Espíritu, según Gálatas 5:22-23, sino también en el último elemento mencionado en el fruto del Espíritu, es decir, «dominio propio» (Gá 5:23). Cuando nosotros, como pueblo de Dios, andamos en sus caminos, llegamos a conocer por experiencia mejor y más completamente que el reino de Dios en verdad es «justicia, *paz* y alegría en el Espíritu Santo» (Ro 14:17), y podemos decir del camino de sabiduría de Dios: «Sus caminos son placenteros y en sus senderos hay *paz*» (Pr 3:17).

11. Justicia (o rectitud). En español los términos *rectitud* y *justicia* son palabras diferentes, pero en el Antiguo Testamento hebreo y en el Nuevo Testamento griego hay sólo una palabra detrás de estos dos términos castellanos. (En el Antiguo Testamento los términos traducen primordialmente formas del grupo de palabras *tsedec*, y los del Nuevo Testamento del grupo de palabras *dikaíos*). Por consiguiente, estos dos términos se considerarán juntos al hablar de este atributo de Dios.

La justicia de Dios quiere decir que Dios siempre actúa de acuerdo con lo que es recto y él mismo es la norma final de lo que es recto.

Hablando de Dios, Moisés dice: «todos sus caminos son *justos*. Dios es fiel; no practica la injusticia. Él es *recto* y *justo*» (Dt 32:4). Abraham apela con éxito al propio carácter de justicia de Dios cuando dice: «Tú, que eres el Juez de toda la tierra, ¿no harás justicia?» (Gn 18:25). Dios también habla y ordena lo que es recto: «Los preceptos del Señor son *rectos*: traen alegría al corazón» (Sal 19:8). Y Dios dice de sí mismo: «Yo, el Señor, digo lo que es justo, y declaro lo que es *recto*» (Is 45:19). Debido a la justicia de Dios, es necesario que trate a las personas conforme a lo que se merecen. Así que es necesario que Dios castigue el pecado, porque el pecado no merece recompensa; es malo y merece castigo.

Cuando Dios no castiga el pecado, parece indicar que es injusto, a menos que se puedan ver otros medios de castigar el pecado. Por eso Pablo dice que cuando Dios envió a Cristo como sacrificio para llevar el castigo del pecado, lo hizo «para así demostrar su justicia. Anteriormente, en su paciencia, Dios había pasado por alto los pecados; pero en el tiempo presente ha ofrecido a Jesucristo para manifestar su justicia. De este modo Dios es justo y, a la vez, el que justifica a los que tienen fe en Jesús» (Ro 3:25-26). Cuando Cristo murió para pagar la pena de nuestros pecados mostró que Dios era realmente justo, porque en efecto aplicó castigo apropiado al pecado, aunque perdonó a su pueblo sus pecados.

Con respecto a la definición de justicia dada arriba, podemos preguntar: ¿qué es «justo»? En otras palabras, ¿qué *debe* suceder en y qué *debe* ser? Aquí debemos responder que *lo que se conforma al carácter moral de Dios es justo*. Pero ¿por qué es que todo lo que se conforma al carácter moral de Dios es justo? ¡Es justo porque se conforma a su carácter moral! Si Dios es la norma final de justicia, no puede haber norma fuera de Dios para medir la rectitud o la justicia. Él mismo es la norma final. (Esto es similar a la situación que encontramos respecto a la verdad y respecto a que Dios es la norma suprema de la verdad). Siempre que la Biblia enfrenta la pregunta de si Dios mismo es justo o no, la respuesta definitiva siempre es que las criaturas de Dios no tienen derecho de decir que Dios es injusto. La criatura no puede decir eso del Creador. Pablo responde a una pregunta muy difícil en cuanto a la justicia de Dios diciendo: «¿Quién eres tú para pedirle cuentas a Dios? ¿Acaso le dirá la olla de barro al que la modeló: *"¿Por qué me hiciste así?"* ¿No tiene derecho el alfarero de hacer del mismo barro unas vasijas para usos especiales y otras para fines ordinarios?» (Ro 9:20-21).

En respuesta a la pregunta de Job en cuanto a si Dios ha sido justo en sus tratos con él, Dios le responde: «¿Corregirá al Todopoderoso quien contra él contiende? … ¿Vas acaso a invalidar mi justicia? ¿Me harás quedar mal para que tú quedes bien?» (Job 40:2, 8). Así que Dios responde *no* en términos de una explicación que le permitiría a Job *entender* por qué las acciones de Dios fueron justas, ¡sino más bien en términos de una declaración de la majestad y poder de Dios! Dios no necesita explicarle a Job la justicia de sus acciones, porque Dios es el Creador y Job es la criatura. «¿Tienes acaso un brazo como el mío? ¿Puede tu voz tronar como la mía?» (Job 40:9). «¿Alguna vez en tu vida le has dado órdenes a la mañana, o le has hecho saber a la aurora su lugar …» (Job 38:12). «¿Puedes elevar tu voz hasta las nubes para que te cubran aguas torrenciales? ¿Eres tú quien señala el curso de los rayos? ¿Acaso te responden: "Estamos a tus órdenes"?» (Job 38:34-35). «¿Le has dado al caballo su fuerza?» (Job 39:19). «¿Es tu sabiduría la que hace que el halcón vuele y que hacia el sur extienda sus alas?» (Job 39:26). Job responde: «Qué puedo responderte, si soy tan indigno? ¡Me tapo la boca con la mano!» (Job 40:4).

No obstante, debe ser motivo de agradecimiento y gratitud darnos cuenta de que Dios posee tanto justicia como omnipotencia. Si fuera un Dios de perfecta justicia sin poder para poner en práctica esa justicia, no sería digno de adoración y no tendríamos ninguna garantía de que la justicia a la larga prevalecerá en el universo. Pero si fuera un Dios de poder ilimitado, y no hubiera justicia en su carácter, ¡qué inconcebiblemente horrible sería el universo! Habría injusticia en el centro de toda existencia y nada podría hacerse para cambiarlo. La existencia no tendría sentido, y nos veríamos lanzados a la más absoluta desesperanza. Por consiguiente, debemos continuamente agradecer y alabar a Dios por lo que él es, porque «*todos sus caminos son justos. Dios es fiel; no practica la injusticia. Él es recto y justo*» (Dt 32:4).

12. Celo. Aunque la palabra *celo* frecuentemente se usa en sentido negativo en castellano, también a veces tiene un sentido positivo. Por ejemplo, Pablo les dice a los corintios: «El celo que siento por ustedes proviene de Dios» (2 Co 11:2). Aquí el sentido es «fervientemente protector o vigilante». Tiene el significado de estar profundamente comprometido a procurar el honor o bienestar de alguien, sea de uno mismo o de otro.

La Biblia presenta a Dios como celoso de esta manera. Continua y fervientemente procura proteger su honor. Le ordena a su pueblo que no se postre ante ídolos ni les sirva: «Yo, el Señor tu Dios, soy un Dios celoso» (Éx 20:5). Dios desea que se tribute adoración solamente a él y no a dioses falsos. Por consiguiente, le ordena al pueblo de Israel que derribe los altares de los dioses paganos de la tierra de Canaán por la siguiente razón: «No adores a otros dioses, porque el Señor es muy celoso. Su nombre es Dios celoso» (Éx 34:14; cf. Dt 4:24; 5:9).

Así que el celo de Dios se puede definir como sigue: *El celo de Dios quiere decir que Dios continuamente procura proteger su honor.*

Hay a quienes a veces no les gusta pensar que el celo sea un atributo de Dios. Esto se debe a que el celo por nuestro propio honor como seres humanos casi siempre es errado. No debemos ser orgullosos, sino humildes. Sin embargo debemos darnos cuenta de que el orgullo es malo por una razón teológica: no merecemos el honor que le pertenece sólo a Dios (cf. 1 Co 4:7; Ap 4:11).

No es errado que Dios proteja su honor, sin embargo, porque él se lo merece por completo. Dios reconoce que sus acciones en la creación y redención son hechas para honor suyo. Hablando de su decisión de retener el castigo de su pueblo, Dios dice: «Y lo he hecho por mí, por mí mismo. ¿Cómo puedo permitir que se me profane? ¡No cederé mi gloria a ningún otro!» (Is 48:11). Es saludable espiritualmente para nosotros cuando aceptamos de una vez el hecho de que Dios merece recibir de su creación todo honor y gloria, y que es justo que él busque su propio honor. Sólo él es infinitamente digno de ser alabado. Darse cuenta de este hecho y deleitarse en eso es haber hallado el secreto de la verdadera adoración.

13. Ira. Tal vez le sorprenda hallar cuán frecuentemente la Biblia habla de la ira de Dios. Sin embargo, si Dios ama todo lo que es justo y bueno, y todo lo que se conforma a su carácter moral, no debería sorprendernos que deteste todo lo que vaya contra su carácter moral. La ira de Dios dirigida contra el pecado está, por consiguiente, estrechamente relacionada con la santidad y justicia de Dios. La ira de Dios se puede definir como sigue: *La ira de Dios quiere decir que él detesta intensamente todo pecado.*

En los pasajes narrativos de la Biblia se encuentra frecuentemente descripciones de la ira de Dios, especialmente cuando el pueblo de Dios peca grandemente contra él. Dios ve la idolatría del pueblo de Israel y le dice a Moisés: «Ya me he dado cuenta de que éste es un pueblo terco … Tú no te metas. Yo voy a descargar mi *ira* sobre ellos, y los voy a destruir» (Éx 32:9-10). Más adelante Moisés le dice al pueblo: «Recuerda esto, y nunca olvides cómo provocaste la *ira* del Señor tu Dios en el desierto. … A tal grado provocaste su *enojo* en Horeb, que estuvo a punto de destruirte» (Dt 9:7–8; cf. 29:23; 2 R 22:13).

La doctrina de la ira de Dios en la Biblia, sin embargo, no está limitada al Antiguo Testamento como algunos han imaginado equivocadamente. Leemos en Juan 3:36: «El que cree en el Hijo tiene vida eterna; pero el que rechaza al Hijo no sabrá lo que es esa vida, sino que permanecerá bajo el castigo de Dios». Pablo dice: «Ciertamente, *la ira de Dios* viene revelándose desde el cielo contra toda impiedad e injusticia de los seres humanos» (Ro 1:18; cf. 2:5, 8; 5:9; 9:22; Col 3:6; 1 Ts 1:10;

2:16; 5:9; Heb 3:11; Ap 6:16–17; 19:15). Muchos otros versículos del Nuevo Testamento también indican la ira de Dios contra el pecado.

Como con los demás atributos de Dios, éste es un atributo por el cual debemos agradecer y alabar a Dios. Tal vez no nos parezca de inmediato cómo se puede hacer esto, puesto que la ira parece ser un concepto tan negativo. Vista sola, despertaría sólo temor y pavor. Sin embargo es útil que preguntemos lo que sería Dios si fuera un Dios que no detesta el pecado. Sería un Dios que o bien se deleitaría en el pecado, o por lo menos no le molestaría. Tal Dios no sería digno de nuestra adoración, porque el pecado es aborrecible y *merece* que se le deteste. El pecado no debería ser. En verdad es una virtud detestar el mal y el pecado (cf. Heb 1:9; Zac 8:17; et al.), y nosotros correctamente imitamos este atributo de Dios cuando sentimos aborrecimiento contra la perversidad, la injusticia y el pecado.[9]

Todavía más, como creyentes no debemos temer la ira de Dios, porque aunque «como los demás, éramos por naturaleza objeto de la ira de Dios» (Ef 2:3), hemos confiado en Jesús, quien «nos libra del castigo venidero» (1 Ts 1:10; cf. Ro 5:10). Cuando meditamos en la ira de Dios, nos sobrecoge pensar que nuestro Señor Jesucristo llevó sobre sí la ira de Dios que merecía nuestro pecado, para que nosotros podamos ser salvos (Ro 3:25-26).[10]

Es más, al pensar en la ira de Dios también debemos tener presente su paciencia. En el Salmo 103 se mencionan juntas la paciencia y la ira: «El Señor es ... lento para la ira y grande en amor. No sostiene para siempre su querella ni guarda rencor eternamente» (Sal 103:8-9). De hecho, la demora de la ejecución de la ira de Dios sobre el mal es con el propósito de conducir a los seres humanos al arrepentimiento (véase Ro 2:4).

Así que cuando pensamos en la ira de Dios que vendrá, debemos simultáneamente estar agradecidos por su paciencia al esperar para ejecutar esa ira a fin de que más personas puedan salvarse: «El Señor no tarda en cumplir su promesa, según entienden algunos la tardanza. Más bien, él tiene paciencia con ustedes, porque no quiere que nadie perezca sino que todos se arrepientan. Pero el día del Señor vendrá como un ladrón. En aquel día los cielos desaparecerán con un estruendo espantoso, los elementos serán destruidos por el fuego, y la tierra, con todo lo que hay en ella, será quemada» (2 P 3:9-10). La ira de Dios debería motivarnos a la evangelización y debería hacernos estar agradecidos de que Dios finalmente castigará toda maldad y reinará sobre nuevos cielos y una nueva tierra en los cuales no habrá ninguna injusticia.

PREGUNTAS PARA APLICACIÓN PERSONAL

Espiritualidad

1. ¿Por qué a Dios le desagradan tanto los ídolos tallados, incluso los que tienen la intención de representarlo a él? ¿Cómo, entonces, debemos imaginarnos mentalmente a Dios o pensar de Dios cuando oramos?

---

[9]Es apropiado que respecto a esto consideremos «detestar el pecado pero amar al pecador», como lo dice un refrán popular.

[10]Vea en el capítulo 27, pp. 574-77 la explicación de cómo Cristo lleva la ira de Dios.

2. ¿Qué tiene nuestra cultura o nuestra manera de pensar hoy que nos hace pensar que el mundo físico es más real o más permanente que el mundo espiritual? ¿Qué podemos hacer para cambiar nuestra perspectiva intuitiva de la realidad del mundo espiritual?

Conocimiento

3. ¿Cuándo debemos tratar de esconder de Dios nuestros pensamientos y obras? ¿De qué modo es una bendición para su vida la respuesta a esta pregunta?

4. Respecto a las circunstancias de su vida, ¿cometerá Dios alguna vez un error, o se olvidará de planear de antemano, o no tomará en cuenta todas las contingencias que puedan suceder? ¿De qué modo es su respuesta a esta pregunta una bendición para su vida?

5. ¿Cuándo supo Dios que usted estaría en el lugar en que está ahora, leyendo esta oración, en este momento del día? ¿De qué modo es su respuesta a esta pregunta una bendición para su vida?

Sabiduría

6. ¿Realmente cree usted que Dios está obrando sabiamente hoy en su vida? ¿ Y en el mundo? Si usted halla difícil creer esto a veces, ¿qué podría hacer usted para cambiar de actitud?

Veracidad

7. ¿Por qué algunos de nuestra sociedad, a veces incluso creyentes, son tan descuidados respecto a decir siempre la verdad? ¿Por qué a menudo no nos damos cuenta de que el mayor daño de todo lo que resulta al mentir es el hecho de que se deshonra a Dios? ¿Necesita usted pedirle a Dios ayuda para reflejar mejor la veracidad de Dios al expresarse en cosas como las siguientes: prometer pagarle a alguien; decir que estará en algún lugar a cierta hora; exagerar las cosas para hacer el relato más emocionante; ocuparse de recordar y ser fiel a lo que ha dicho en un compromiso de negocios; informar lo que otros han dicho o lo que usted piensa que alguna otra persona está pensando; expresar equitativamente el punto de vista de su opositor en una discusión?

Bondad

8. Recordando que todo bien y todo don perfecto viene de Dios (Stg 1:17), vea cuántos buenos dones de Dios puede anotar en un papel en cinco minutos. Cuando haya terminado, pregúntese cuán a menudo tiene una actitud de agradecimiento a Dios por la mayoría de esos dones. A su modo de pensar ¿por qué tendemos a olvidarnos que estas bendiciones vienen de Dios? ¿Qué podemos hacer para recordarlo más frecuentemente?

Amor

9. ¿Es apropiado definir el amor como «darse uno mismo» con respecto a nuestras relaciones interpersonales? ¿De qué maneras podría usted imitar el amor de Dios hoy?

10. ¿Es posible decidirse uno a amar alguien y luego llevar a la práctica esa decisión, o acaso el amor entre seres humanos depende de sentimientos emocionales espontáneos?

Misericordia

11. Para reflejar la misericordia de Dios más completamente, ¿a quién de entre sus conocidos pudiera mostrarle usted atención especial durante la semana entrante?

Santidad

12. ¿Hay actividades o relaciones en su patrón presente de vida que están estorbando su crecimiento en santidad porque le dificultan separarse del pecado y honrar a Dios?

Paz

13. Al pensar en reflejar la paz de Dios en su vida, piense primero en su estado emocional, mental y espiritual. ¿Puede usted decir que en general usted tiene la paz de Dios en el sentido de que su vida interior está libre de confusión y desorden, y está frecuente y continuamente activa en acciones bien ordenadas y bien controladas para promover la gloria de Dios? Después pregúntese lo mismo respecto a lo que pudiéramos llamar las «circunstancias externas» de su vida, es decir, sus relaciones en familia, sus relaciones con sus vecinos, sus actividades en sus estudios o su trabajo, o sus relaciones en las actividades de la iglesia. ¿Qué del cuadro general de su vida, visto como un todo? ¿Refleja su vida la paz de Dios? ¿Qué podría hacer usted para reflejar más completamente la paz de Dios?

Justicia

14. ¿Desea algunas veces que las leyes de Dios fueran diferentes de lo que son? Si es así, ¿refleja tal deseo un desagrado de algún aspecto del carácter moral de Dios? ¿Qué pasajes de la Biblia podría usted leer para convencerse más plenamente de que el carácter de Dios y sus leyes son justas en todo esto?

Celo

15. ¿Refleja usted instintivamente el celo de Dios por su honor cuando oye que se deshonra al Señor en la conversación, o en la televisión, o en otro contexto? ¿Qué podríamos hacer para profundizar nuestro celo por el honor de Dios?

Ira

16. ¿Debería encantarnos el hecho de que Dios es un Dios de ira que aborrece el pecado? ¿De qué maneras está bien que imitemos su ira, y de qué maneras está mal que lo hagamos?

TÉRMINOS ESPECIALES

amor	espiritualidad	paciencia
atributos comunicables	fidelidad	paz
atributos de ser	gracia	rectitud
atributos mentales	impasible	sabiduría
atributos morales	invisibilidad	santidad
autodeterminación	ira	teofanía
razonable	justicia	un solo acto sencillo y
bien	misericordia	eterno
bueno	omnisciencia	veracidad
celo	orden	visión beatífica
conocimiento		

BIBLIOGRAFÍA

Puesto que los capítulos 12 y 13 se relacionan tan estrechamente en el asunto de materia, el material bibliográfico para ambos se encuentra al final del capítulo 13.

PASAJE BÍBLICO PARA MEMORIZAR

Éxodo 34:6-7: *Pasando delante de él, el [Señor] proclamó: —El Señor, el Señor, Dios clemente y compasivo, lento para la ira y grande en amor y fidelidad, que mantiene su amor hasta mil generaciones después, y que perdona la iniquidad, la rebelión y el pecado; pero que no deja sin castigo al culpable, sino que castiga la maldad de los padres en los hijos y en los nietos, hasta la tercera y la cuarta generación.*

Nota: la última sección de este pasaje habla de que Dios «castiga la maldad de los padres en los hijos y en los nietos». Algunos tal vez querrían dejar fuera esta parte al memorizar el pasaje, pero debemos recordar que esto, también, es parte de la Biblia, y se escribió para nuestra edificación. Esta afirmación muestra la naturaleza horrible del pecado en la manera en que tiene efectos mucho más allá del pecador individual, pues daña también a los que rodean al pecador y también a generaciones futuras. Vemos esto de maneras trágicas en la vida ordinaria, en donde los hijos de los alcohólicos a menudo se vuelven alcohólicos, y los hijos de padres abusivos a menudo llegan también a ser padres abusivos.

Los creyentes que han recibido el perdón de Cristo no deben pensar que esta frase se les aplica a ellos, sin embargo, porque están en la otra categoría de personas mencionadas justo antes de esta sección como «culpables»; ellos están entre los «miles» a quienes Dios continuamente muestra «misericordia», y continuamente está «perdonando la iniquidad, la rebelión y el pecado» (v. 7). Cuando alguien viene a Cristo, la cadena del pecado queda rota. Estas son palabras importantes de Pedro que hay que recordar: «Como bien saben, ustedes *fueron rescatados de la vida absurda que heredaron de sus antepasados.* El precio de su rescate no se pagó con cosas perecederas, como el oro o la plata, sino con la preciosa sangre de Cristo» (1 P 1:18-19).

HIMNO

«Al Rey adorad»

Casi todo el himnario se podría usar para cantar sobre un aspecto u otro del carácter de Dios. Literalmente cientos de himnos serían apropiados. Sin embargo este himno contiene una lista de muchos de los atributos de Dios y los combina de tal manera que el himno merece que se cante muchas veces. La primera estrofa habla de la grandeza, amor, y gloria de Dios; la segunda estrofa habla de su amor y su gracia; y así sucesivamente. El himno está escrito como estímulo de unos a otros para que los creyentes canten, exhortándose mutuamente a adorar al grandioso Señor. Sin embargo, en el proceso de tal exhortación el canto en sí mismo contiene mucha alabanza elevada.

> Al Rey adorad, grandioso Señor,
> Y con gratitud cantad de su amor.
> Anciano de días, nuestro Defensor
> De gloria vestido, te damos loor.
>
> Decid de su amor, su gracia cantad,
> Vestido de luz y de majestad,
> Su carro de fuego en las nubes mirad.
> Son negras sus huellas en la tempestad.
>
> ¿Quién puede tu providencia contar
> Pues tu aire me das para respirar?
> En valles y en montes alumbra tu luz,
> Y con gran dulzura me cuida Jesús.
>
> Muy frágiles son los hombres aquí,
> Mas por tu bondad confiamos en ti.
> Tu misericordia ¡cuan firme!, ¡cuan fiel!
> Creador nuestro, Amigo y Redentor es Él.

AUTOR: ROBERT GRANT, TRAD. S. L. HERNÁNDEZ
(COPIADO DE HIMNOS DE FE Y ALABANZA, #39)

Capítulo 13

El carácter de Dios:
Atributos «comunicables»
(Segunda Parte)

*¿En qué forma es Dios como nosotros en atributos de
voluntad y en atributos que resumen su excelencia?*

En el capítulo previo consideramos los atributos de Dios que describen su *ser* (espiritualidad, invisibilidad) sus atributos *mentales* (conocimiento, sabiduría y veracidad), y sus atributos *morales* (bondad, amor, misericordia, santidad, paz, justicia, celo e ira). En este examinaremos los atributos de Dios de *propósito*, atributos que tienen que ver con la toma y ejecución de decisiones (voluntad, libertad y omnipotencia) y sus atributos *sumarios* (perfección, bienaventuranza, belleza y gloria).

D. Atributos de propósito

En esta categoría de atributos consideraremos primero la voluntad de Dios en general, luego la libertad de la voluntad de Dios, y finalmente la omnipotencia (o poder infinito) de la voluntad de Dios.

14. Voluntad. *La voluntad de Dios es el atributo de Dios por el cual él aprueba y determina realizar toda acción necesaria para la existencia y actividad de sí mismo y toda la creación.*

Esta definición indica que la voluntad de Dios tiene que ver con decidir y aprobar las cosas que Dios es y hace. Tiene que ver con las decisiones de Dios de qué hacer y qué no hacer.

a. La voluntad de Dios en general. La Biblia frecuentemente habla de la voluntad de Dios como la razón definitiva y suprema de todo lo que sucede. Pablo se refiere a Dios como el que «hace todas las cosas *conforme al designio de su voluntad*» (Ef 1:11). La frase que se traduce «todas las cosas» (*ta panta*) Pablo la usa frecuentemente para referirse a todo lo que existe y todo lo que hay en la creación (vea, por ejemplo, Ef 1:10, 23; 3:9; 4:10; Col 1:16 [dos veces], 17; Ro 11:36; 1 Co 8:6 [dos veces]; 15:27–28 [dos veces]).[1] La palabra que se traduce «hace» (*energeo* «obrar, llevar a la práctica, realizar, producir») es un participio presente y sugiere actividad continua. La frase se podría traducir más explícitamente: «que continuamente hace que se realice todo en el universo conforme al consejo de su voluntad».

---

[1] La frase no siempre lleva ese significado (cf. Ro 11:32; 1Co 12:6; 2Co 12:19), pero en contexto en los que el alcance del pensamiento de Pablo es cósmico o universal por naturaleza (como en este pasaje), la frase no parece referirse muy claramente a todo en toda la creación.

Más específicamente, todo fue creado por la voluntad de Dios: «Tú creaste todas las cosas; *por tu voluntad existen y fueron creadas*» (Ap 4:11). Tanto el Antiguo como el Nuevo Testamentos hablan del gobierno humano como resultado de la voluntad de Dios: la voz del cielo le dice a Nabucodonosor que debe aprender «que el Altísimo es el soberano de todos los reinos del mundo, y que se los entrega a quien él quiere» (Dn 4:32), y Pablo dice que «no hay autoridad que Dios no haya dispuesto, así que las que existen fueron establecidas por él» (Ro 13:1).

La iglesia de Jerusalén creía que todos los acontecimientos conectados con la muerte de Cristo fueron conforme a la voluntad de Dios, porque en su oración dijeron: «En efecto, en esta ciudad se reunieron Herodes y Poncio Pilato, con los gentiles y con el pueblo de Israel, contra tu santo siervo Jesús, a quien ungiste para hacer *lo que de antemano tu poder y tu voluntad habían determinado que sucediera*» (Hch 4:27-28). La mención específica de varios partes involucradas en diferentes etapas de la crucifixión, juntos con la calidad indefinida del pronombre relativo plural «lo que» (griego *osa*, de *osos* «las cosas que») implican que no solo la muerte de Jesús sino todos los acontecimientos detallados en conexión con ella están incluidos en la siguiente declaración: la mano y la voluntad de Dios habían predestinado que sucedieran todas esas cosas.

A veces es la voluntad de Dios que los creyentes sufran, como se ve en 1 Pedro 3:17, por ejemplo: «*Si es la voluntad de Dios,* es preferible sufrir por hacer el bien que por hacer el mal». Luego, en el siguiente capítulo, Pedro dice: «Así pues, los que sufren *según la voluntad de Dios,* entréguense a su fiel Creador y sigan practicando el bien» (1 P 4:19). En este versículo la frase «según la voluntad de Dios» no puede referirse a la manera en que los creyentes soportan el sufrimiento, porque eso haría que el versículo esencialmente dijera: «Que los que sufren *mientras hacen el bien, hagan el bien* entréguense a su fiel Creador ...». Eso haría la frase «según la voluntad de Dios» redundante. Más bien, la frase «según la voluntad de Dios debe referirse al hecho de que los creyentes están sufriendo, de la misma manera que la «voluntad de Dios» se refería al sufrimiento en el capítulo previo (1 P 3:17).

Santiago nos anima a pensar que todos los acontecimientos de nuestras vidas están sujetos a la voluntad de Dios. A los que dicen: «Hoy o mañana iremos a tal o cual ciudad, pasaremos allí un año, haremos negocios y ganaremos dinero» Santiago les dice: «¡Ni siquiera saben qué sucederá mañana! ... Más bien, debieran decir: «*Si el Señor quiere,* viviremos y haremos esto o aquello» (Stg 4:13-15). Atribuir tantos acontecimientos, incluso acontecimientos malos, a la voluntad de Dios a menudo produce malos entendidos y dificultades para los cristianos. Algunas de las dificultades conectadas con este tema se considerarán aquí y otras en el capítulo 16, sobre la providencia de Dios.

b. Distinciones en los aspectos de la voluntad de Dios: (1) **Voluntad obligada y voluntad libre.** Algunas distinciones hechas en el pasado pueden ayudarnos a entender varios aspectos de la voluntad de Dios. Así como nosotros podemos decidir o escoger algo de buen grado o a regañadientes, con gusto o lamentando, en secreto o públicamente, Dios en la infinita grandeza de su personalidad puede querer diferentes cosas de diferentes maneras.

Una distinción útil que se aplica a los aspectos de la voluntad de Dios es la distinción entre la *voluntad necesaria* de Dios y la *voluntad libre* de Dios. La voluntad obligada de Dios incluye todo lo que él debe determinar conforme a su naturaleza. ¿Qué es lo que Dios determina obligatoriamente? Él se determina a sí mismo. Dios quiere eternamente ser, o desea ser, quien es y lo que es. Él dice: «YO SOY EL QUE SOY», o «YO SERÉ LO QUE SERÉ» (Éx 3:14). Dios *no puede* decidir ser diferente de lo que es ni dejar de existir.

La *voluntad libre* de Dios incluye todo lo que Dios determinó pero no tenía necesidad de determinar conforme a su naturaleza. Aquí debemos poner la decisión de Dios de crear el universo, y todas las decisiones relativas a los detalles de esa creación. Aquí debemos colocar también todos los actos redentores de Dios. No hay nada en la naturaleza de Dios que le exigiera crear el universo o redimir de la humanidad pecadora un pueblo para sí mismo (vea la lo que se dijo anteriormente respecto a la independencia de Dios). Sin embargo, Dios decidió crear y redimir, y estas fueron decisiones totalmente libres que tomó. Aunque entre los miembros de la Trinidad el amor, la comunión y gloria han existido de una medida infinita por toda la eternidad (vea Jn 17:5, 24), Dios decidió crear el universo y redimirnos para su gloria (cf. Is 43:7; 48:9-11; Ro 11:36; 1 Co 8:6; Ef. 1:12; Ap 4:11). Sería un error tratar de hallar en el mismo ser de Dios una causa que lo obligara a crear o redimir, porque eso sería negar la independencia total Dios. Sería decir que sin nosotros Dios no podría ser verdaderamente Dios. Las decisiones de Dios de crear y redimir fueron decisiones totalmente libres.

(2) Voluntad secreta y voluntad revelada. Otra distinción útil que se aplica a los diferentes aspectos de la voluntad de Dios es la distinción entre la *voluntad secreta* de Dios y su *voluntad revelada*. Incluso en nuestra propia experiencia sabemos que podemos querer algunas cosas en secreto y esperar antes de dar a conocer a otros que la deseamos. A veces les decimos a otros antes de que tenga lugar lo que hemos deseado, y en otras ocasiones no revelamos nuestra voluntad secreta sino hasta después de que lo que queríamos tuvo lugar.

Es cierto que una distinción entre diferentes aspectos de la voluntad de Dios es evidente en muchos pasajes bíblicos. Según Moisés: «*Lo secreto* le pertenece al Señor nuestro Dios, pero lo *revelado* nos pertenece a nosotros y a nuestros hijos para siempre, para que obedezcamos todas las palabras de esta ley» (Dt. 29:29). Lo que Dios ha revelado nos es dado con el propósito de que hagamos la voluntad de Dios, «para que *obedezcamos* todas las palabras de esta ley». Hubo muchos otros aspectos de su plan, sin embargo, que él no nos ha revelado; muchos detalles de eventos futuros, detalles específicos de adversidad o bendición en la vida, y cosas por el estilo. Respecto a estos asuntos, simplemente debemos confiar en él.

Debido a que la voluntad revelada de Dios por lo general contiene sus mandamientos o «preceptos» para nuestra conducta moral, a la voluntad revelada de Dios a veces se le llama la *voluntad de precepto* o voluntad de mandamiento de Dios. Esta voluntad revelada de Dios es la voluntad declarada de Dios respecto a *lo que nosotros debemos hacer* o lo que Dios *nos ordena* hacer.

Por otro lado, la voluntad secreta de Dios por lo general incluye sus decretos ocultos por los que él gobierna el universo y determina todo lo que sucederá. Ordinariamente no nos revela esos decretos (excepto en las profecías que han de cumplirse), así que estos decretos realmente son la voluntad «secreta» de Dios. Hallamos lo que Dios ha decretado cuando los acontecimientos tienen lugar en la realidad. Debido a que esta voluntad secreta de Dios tiene que ver con sus decretos de acontecimientos en el mundo, a este aspecto de la voluntad de Dios a veces se le llama *la voluntad de decreto* de Dios.[2]

Hay varias instancias en las que la Biblia menciona la voluntad revelada de Dios. En el Padre Nuestro la petición «*hágase tu voluntad* en la tierra como en el cielo» (Mt 6:10) es una oración en que se pide que los seres humanos obedezcan en la tierra la voluntad *revelada* de Dios, sus mandamientos, tal como se obedecen en el cielo (es decir, total y completamente). Esto no podría ser una oración pidiendo que se cumpla la voluntad secreta de Dios (es decir, sus decretos en cuanto a acontecimientos que ha planeado), porque lo que Dios ha decretado en su voluntad secreta de todos modos sucederá. Pedir que Dios haga suceder lo que ya ha decretado que suceda sería como orar: «Que lo que va a suceder suceda». Sería una oración verdaderamente hueca, porque en realidad no se estaría pidiendo nada. Es más, puesto que no sabemos la voluntad secreta de Dios respecto al futuro, quien eleve una oración pidiendo que se cumpla la voluntad secreta de Dios no sabría lo que está pidiendo. Sería una oración sin contenido comprensible y sin efecto. Más bien, la oración «*hágase tu voluntad*» se debe entender como una apelación a que se cumpla en la tierra la voluntad *revelada* de Dios.

Si se entiende de esta manera esta frase, eso provee un patrón para que oremos según los mandamientos de Dios en la Biblia. En este sentido, Jesús nos provee una guía para una amplitud de peticiones de oración supremamente amplia. Cristo nos anima aquí a orar que los seres humanos obedezcan las leyes de Dios, que sigan sus principios para la vida, que obedezcan sus mandamientos de arrepentirse del pecado y confiar en Cristo como Salvador. Orar estas cosas es orar que se haga la voluntad de Dios en la tierra como en el cielo.

Un poco más adelante Jesús dice: «No todo el que me dice: "Señor, Señor", entrará en el reino de los cielos, sino sólo el que hace la *voluntad* de mi Padre que está en el cielo» (Mt 7:21). De nuevo, la referencia no puede ser a la voluntad secreta de Dios ni a la voluntad de decreto (porque toda la humanidad sigue esto, aunque no lo sepa), sino la voluntad *revelada* de Dios, es decir, la ley moral de Dios que los seguidores de Cristo deben obedecer (cf. Mt 12:50; probablemente también 18:14). Cuando Pablo manda a los efesios que «entiendan *cuál es la voluntad del Señor*» (Ef 5:17; cf. Ro 2:18), de nuevo está hablando de la voluntad revelada de Dios. También Juan cuando dice: «Si pedimos *conforme a su voluntad,* él nos oye» (1 Jn 5:14).

Probablemente es mejor poner 1 Timoteo 2:4 y 2 Pedro 3:9 en esta categoría también. Pablo dice que Dios «*quiere* [o «desea, anhela», gr. *tzelo*] que todos sean salvos y lleguen a conocer la verdad» (1 Ti 2:4). Pedro dice que «el Señor no tarda en cumplir su promesa, según entienden algunos la tardanza. Más bien, él tiene paciencia con ustedes, porque no quiere que nadie perezca sino que todos se

---

[2]Vea la consideración de los decretos de Dios en el capítulo 16, pp. 346-47.

arrepientan» (2 P 3:9). En ninguno de estos versículos se puede entender la voluntad de Dios como su voluntad secreta, su decreto respecto a lo que con certeza va a suceder. Esto se debe a que el Nuevo Testamento dice claramente que habrá un juicio final y no todos serán salvos. Es mejor, por consiguiente, decir que estas son referencias a la *voluntad revelada* de Dios, sus mandamientos que la humanidad debe obedecer y su declaración a nosotros de lo que es agradable a su vista.

Por otro lado, muchos pasajes hablan de la voluntad secreta de Dios. Cuando Santiago nos dice que digamos: «*Si el Señor quiere,* viviremos y haremos esto o aquello» (Stg 4:15), no puede estar hablando de la voluntad revelada de Dios o su voluntad de precepto, porque respecto a muchas de nuestras acciones nosotros *sabemos* que están de acuerdo al mandamiento de Dios que hagamos una u otra actividad que hemos planeado. Más bien, confiar en la voluntad secreta de Dios vence el orgullo y expresa dependencia humilde en el control soberano de Dios sobre lo que nos sucede en la vida.

Otro ejemplo se halla en Génesis 50:20. José le dice a sus hermanos: «Es verdad que ustedes pensaron hacerme mal, pero Dios transformó ese mal en bien para lograr lo que hoy estamos viendo: salvar la vida de mucha gente». Aquí la voluntad *revelada* de Dios a los hermanos de José era que ellos debían amarlo y no privarle de los suyo ni venderlo como esclavo o planear asesinarlo. Pero la voluntad *secreta* de Dios fue que la desobediencia de los hermanos de José resultara en un mayor bien cuando José, habiendo sido vendido como esclavo y llevado a Egipto, adquirió autoridad sobre la tierra y pudo salvar a su familia.

Cuando Pablo les dice a los corintios: «*Si Dios quiere,* iré a visitarlos muy pronto» (1 Co 4:19), no está hablando de la voluntad revelada de Dios, porque Pablo ya había determinado, en obediencia a Dios y en cumplimiento de su oficio apostólico, ir a visitar a los corintios. Está hablando más bien de la voluntad secreta de Dios, su plan oculto para el futuro, que Pablo desconocía y que se conocería sólo cuando se sucediera (cf. Hch 21:14; Ro 1:10; 15:32; Ef 1:11; 1 P 3:17; 4:19).[3]

Se dice que tanto el revelar las buenas noticias del evangelio a algunos y ocultarlas de otros es conforme a la voluntad de Dios. Jesús dice: «Te alabo, Padre, Señor del cielo y de la tierra, porque habiendo escondido estas cosas de los sabios e instruidos, se las has revelado a los que son como niños. Sí, Padre, *porque esa fue tu buena voluntad*» (Mt 11:25-26). Esto de nuevo debe referirse a la voluntad secreta de Dios, porque su voluntad revelada es que todos alcancen la salvación. En efecto, apenas dos versículos más adelante, Jesús le ordena a todos: «Vengan a mí todos ustedes que están cansados y agobiados, y yo les daré descanso» (Mt 11:28). Tanto Pablo como Pedro nos dicen que Dios quiere que todos sean salvos (vea 1 Ti 2:4; 2 P 3:9). Así que el hecho de que algunos no son salvos y que para algunos el evangelio está oculto se debe entender se debe tomar como que está de acuerdo con la voluntad secreta de Dios, desconocida para nosotros e inapropiado que nosotros hurguemos en ella. De la misma manera, debemos entender la mención de la voluntad de Dios en Romanos 9:18 («Así que Dios tiene misericordia de quien él

---

[3]En Ef 1:9-10 Pablo dice que Dios «nos hizo conocer el misterio de su voluntad ... reunir en él todas las cosas». Aquí nos dice que parte de la voluntad secreta de Dios se convirtió en la voluntad revelada de Dios porque Dios la dio a conocer a los apóstoles y luego a la iglesia.

quiere tenerla, y endurece a quien él quiere endurecer») y Hechos 4:28 («para hacer lo que de antemano tu poder y tu voluntad habían determinado que sucediera») como referencias a la voluntad secreta de Dios.

Hay un peligro al decir que hay acontecimientos que se producen conforme a la voluntad de Dios, aunque vemos que la Biblia habla de ellos de esa manera. Un peligro es que podemos empezar a pensar que Dios se deleita en el mal, lo que no es cierto (vea Ez 33:11), aunque él puede usarlo para sus propósitos buenos (vea capítulo 16 para mayor consideración). Otro peligro es que podemos empezar a echarle a Dios la culpa del pecado, en lugar de a nosotros mismos, o pensar que no somos responsables de nuestras acciones de maldad. La Biblia, sin embargo, no vacila en unir afirmaciones de la voluntad soberana de Dios con afirmaciones de la culpabilidad del hombre que hace el mal. Pedro pudo decir en la misma oración que Jesús «fue entregado según el determinado propósito y el previo conocimiento de Dios, y también decir que *por medio de gente malvada, ustedes lo mataron, clavándolo en la cruz*» (Hch 2:23). La misma declaración afirma la oculta voluntad de decreto de Dios y la culpabilidad de la «gente malvada» al realizarla. Comoquiera que entendamos el teje y maneje secreto de la voluntad oculta de Dios, nunca debemos pensar que implica que somos libres de culpa en cuanto a maldad, ni que se le puede echar a Dios la culpa del pecado. La Biblia nunca habla de esa manera, y nosotros tampoco podemos hacer ni lo uno ni lo otro, aunque cómo puede ser así siga siendo un misterio para nosotros en esta edad.[4]

15. Libertad. *La libertad de Dios es el atributo de Dios que le permite hacer lo que quiere.* Esta definición implica que nada en toda la creación puede estorbar que Dios haga su voluntad. Este atributo de Dios está, por consiguiente, estrechamente relacionado con su voluntad y su poder. Sin embargo este aspecto de libertad enfoca el hecho de que a Dios no lo restringe nada externo a sí mismo y que es libre de hacer lo que quiera hacer. No hay ni persona ni fuerza que jamás pueda dictarle a Dios lo que debe hacer. Él no está bajo ninguna autoridad ni restricción externa.

La libertad de Dios se menciona en el Salmo 115, en donde su gran poder se contrasta con la debilidad de los ídolos: «Nuestro Dios está en los cielos y puede hacer lo que le parezca» (Sal 115:3). Los gobernantes humanos no pueden levantarse contra Dios y oponerse en efecto a su voluntad, porque «En las manos del Señor el corazón del rey es como un río: sigue el curso que el Señor le ha trazado» (Pr 21:1). De modo similar, Nabucodonosor aprende en su arrepentimiento que es verdad decir de Dios: «Dios hace lo que quiere con los poderes celestiales y con los pueblos de la tierra. No hay quien se oponga a su poder ni quien le pida cuentas de sus actos» (Dn 4:35).

Debido a que Dios es libre no debemos tratar de buscar alguna otra respuesta mejor a las acciones de Dios en la creación que el hecho de que él quiso hacer algo y que su voluntad tiene perfecta libertad (siempre y cuanto las acciones que realiza vayan de acuerdo con su carácter moral). A veces algunos tratan de descubrir por

---

[4]Vea capítulo 16, pp. 322-30, 343 para mayor consideración de la relación entre la voluntad de Dios y el mal. Vea también el excelente ensayo de John Piper, «Are There Two Wills in God? Divine Election and God's Desire for All to Be Saved», in *The Grace of God, the Bondage of the Will* vol. 2, ed. por Tom Schreiner y Bruce Ware (por publicarse: Baker, Grand Rapids, 1995).

qué Dios tiene que hacer una u otra cosas (tal como crear el mundo o salvarnos). Es mejor simplemente decir que fue la totalmente libre voluntad de Dios (obrando de una manera que está de acuerdo con su carácter) la razón final por la que escogió crear el mundo y salvar a los pecadores.

16. Omnipotencia (poder, soberanía). *La omnipotencia de Dios quiere decir que Dios puede hacer toda su santa voluntad.* La palabra *omnipotencia* se deriva de dos palabras latinas: *omni*, «todo» y *potens*, «poderoso», y quiere decir «todopoderoso». En tanto que la libertad de Dios se refiere al hecho de que no hay ninguna restricción externa a las decisiones de Dios, la omnipotencia de Dios se refiere al poder que tiene para hacer todo lo que decida hacer.

En la Biblia se menciona frecuentemente este poder. Dios es «El Señor, el fuerte y valiente, el Señor, el valiente guerrero» (Sal 24:8). La pregunta retórica «¿Acaso hay algo imposible para el Señor?» (Gn 18:14; Jer 32:27) ciertamente implica (en el contexto en que aparece) que nada es demasiado difícil para el Señor. Por cierto, Jeremías dice de Dios: «Para ti *no hay nada* imposible» (Jer 32:17).

Pablo dice que Dios «puede hacer muchísimo más que todo lo que podamos imaginarnos o pedir» (Ef 3:20), y que a Dios se le llama el «todopoderoso» (2 Co 6:18; Ap 1:8), término (gr. *pantokrátor])*, *que sugiere la posesión de todo poder y autoridad. Es más, el ángel Gabriel le dice a María que «para Dios no hay nada imposible» (Lc. 1:37), y Jesús dice: «para Dios todo es posible» (Mt 19:26).*

Estos pasajes indican que el poder de Dios es infinito, y que por consiguiente no está limitado a hacer sólo lo que ya ha hecho. Es más, Dios puede hacer mucho más de lo que hace. Por ejemplo, Juan el Bautista dice en Mateo 3:9: «Aun de estas piedras Dios es capaz de darle hijos a Abraham». Dios es el que «puede hacer lo que le parezca» (Sal 115:3); pudo haber destruido a Israel y haber levantado de Moisés una gran nación (cf. Éx 32:10), pero no lo hizo.

Sin embargo, hay algunas cosas que Dios no puede hacer. Dios no deseará ni hará nada contrario a su carácter. Por eso la definición de omnipotencia se indica en términos de la capacidad de Dios para hacer «toda su santa voluntad». No es absolutamente cualquier cosa lo que Dios sea capaz de hacer, sino todo lo que esté de acuerdo con su carácter. Por ejemplo, Dios no puede mentir. En Tito 1:2 se le llama (literalmente) «el Dios que no miente», o el «Dios que jamás miente». El autor de Hebreos dice que en el juramento y la promesa «es imposible que Dios mienta» (Heb 6:18, traducción del autor). 2 Timoteo 2:13 dice que Cristo «no puede negarse a sí mismo». Es más, Santiago dice: «Dios no puede ser tentado por el mal, ni tampoco tienta él a nadie» (Stg 1:13). Así que Dios no puede mentir, ni pecar, ni negarse a sí mismo, ni ser tentado por el mal. No puede dejar de existir ni dejar de ser Dios, ni actuar de alguna manera que no esté de acuerdo con alguno de sus atributos.

Esto quiere decir que no es enteramente exacto decir que Dios puede hacer cualquier cosa. Incluso los pasajes bíblicos citados arriba que usan frases similares a esta se deben entender en sus contextos, como que quieren decir que Dios puede hacer todo lo que quiera hacer o cualquier cosa que vaya de acuerdo con su carácter. Aunque el poder de Dios es infinito, su uso de ese poder queda determinado por sus otros atributos (tal como todos los atributos de Dios determinan todas sus acciones). Esto es, por consiguiente, otro ejemplo en donde habría un malentendido si se aísla un atributo del resto del carácter de Dios, o si se recalca de una manera desproporcionada.

Al ejercicio de Dios de poder sobre su creación también se le llama la *soberanía* de Dios. Dios es soberano en el ejercicio de su gobierno (como «soberano» o «rey») sobre su creación. Este tema se considerará con más detalle en el capítulo 16, sobre la providencia de Dios.

Al concluir nuestra consideración de los atributos de propósito de Dios, es apropiado darnos cuenta de que él nos ha hecho de tal manera que mostramos en nuestras vidas un pálido reflejo de cada uno de ellos. Dios nos ha hecho criaturas con *voluntad*. Optamos por alternativas y tomamos decisiones reales respecto a los acontecimientos de la vida. Aunque nuestra voluntad no es absolutamente libre de la manera en que la de Dios es, Dios con todo nos ha dado una *libertad relativa* dentro de nuestras esferas de actividad en el universo que él ha creado.

Es más, tenemos un sentido intuitivo que es nuestra capacidad de ejercer nuestra voluntad y tomar decisiones, y hacerlo de una manera relativamente libre, que es una de las marcas más significativas de la semejanza de Dios en nuestra existencia. Por supuesto, nuestro deseo de ejercer nuestra voluntad y nuestro deseo de ser libres de restricciones puede mostrarse de maneras pecaminosas. Los seres humanos pueden volverse arrogantes y pueden desear una clase de libertad que incluye rebelión contra la autoridad de Dios y una negativa a obedecer su voluntad. Con todo, cuando usamos nuestra voluntad y nuestra libertad para tomar decisiones que agradan a Dios, reflejamos su carácter y lo glorificamos. Cuando gobiernos perversos u otras circunstancias privan a los seres humanos de su capacidad para tomar decisiones libres, se suprime una parte significativa de su semejanza a Dios. No es sorprendente que pagarían casi cualquier precio para recuperar su libertad. El grito del revolucionario estadounidense Patrick Henry: «¡Denme libertad o denme muerte!» halla eco muy dentro de toda alma creada a imagen de Dios.

Por supuesto, no tenemos poder infinito ni omnipotencia, como tampoco tenemos libertad infinita ni ninguno de los otros atributos de Dios en un grado infinito. Pero aunque no tengamos omnipotencia, Dios nos ha dado *poder* para producir resultados, poder físico y otras clases de poderes: poder mental, poder espiritual, poder de persuasión, y poder en varias clases de estructuras de autoridad (familia, iglesia, gobierno civil y cosas por el estilo). En todos estos aspectos, el uso del poder de maneras que agradan a Dios y en consistencia con su voluntad de nuevo es algo que le da gloria porque refleja su propio carácter.

E. Atributos «sumarios»

17. Perfección. *La perfección de Dios quiere decir que Dios posee completamente todas las cualidades excelentes y no carece de ninguna parte de ninguna calidad que sea deseable para él.*

Es difícil decidir si esto se debería mencionar como un atributo separado o simplemente incluirlo en la descripción de otros atributos. Algunos pasajes dicen que Dios es «perfecto» o «completo». Jesús nos dice: «Por tanto, sean perfectos, *así como su Padre celestial es perfecto»* (Mt 5:48). David dice de Dios: «El camino de Dios es *perfecto»* (Sal 18:30; cf. Dt 32:4). Hay algún precedente bíblico, por consiguiente, para indicar explícitamente que a Dios no le falta nada en su excelencia; él posee por completo todos sus atributos y no le falta nada de ninguno de esos atributos. Es más, no hay ninguna calidad de excelencia que sería deseable que Dios tuviera y que no tenga; él es «completo» o «perfecto» en toda manera.

Este atributo es el primero de los que se clasifican como atributos «sumarios» porque no encajan bien con ninguna de las otras categorías que hemos mencionado. Aunque todos los atributos de Dios modifican a todos los demás en algún sentido, los que encajan en esta categoría parecen aplicarse más directamente a todos los atributos o describir algún aspecto de todos los atributos de modo que vale la pena declararlo explícitamente.

18. Bienaventuranza. Ser «bendito» [«bienaventurado», RVR 1960] es ser feliz en un sentido muy pleno y rico. A menudo la Biblia habla de la bendición de los que andan en los caminos de Dios. En 1 Timoteo Pablo llama a Dios «único y *bendito* Soberano» (1 Ti 6:15) y habla del «glorioso evangelio que el Dios *bendito* me ha confiado» (1 Ti 1:11). En ambos casos la palabra no es *eulogetós* (que a menudo se traduce «bendito»), sino *macarios* (que quiere decir «feliz»).

Entonces, la bendición o dicha de Dios se puede definir como sigue: *La bienaventuranza o dicha de Dios significa que Dios se deleita plenamente en sí mismo y en todo lo que refleja su carácter.* En esta definición la idea de la felicidad o bienaventuranza de Dios se conecta directamente a su propia persona como el foco de todo lo que es digno de gozo o deleite. Esta definición indica que Dios es perfectamente feliz, y que tiene plenitud del gozo en sí mismo.

La definición refleja el hecho de que Dios se complace en todo lo de la creación que refleja su excelencia. Cuando terminó su obra de creación miró a todo lo que había hecho y dijo que era «muy bueno» (Gn 1:31). Esto indica el deleite de Dios y su aprobación de su creación. Después, en Isaías leemos una promesa del gozo futuro de Dios sobre su pueblo: «Como un novio que se regocija por su novia, así tu Dios se regocijará por ti» (Is 62:5; cf. Pr 8:30-31; Sof 3:17).

Al principio puede parecer extraño, e incluso de alguna manera desencantador que cuando Dios se regocija en su creación, o incluso cuando se regocija en nosotros, en realidad es un reflejo de sus cualidades excelentes en las cuales está regocijándose. Pero cuando recordamos que la suma de todo lo que es deseable o excelente se halla en medida infinita en Dios mismo, nos damos cuenta de que no podía ser de otra manera; *Todo lo que sea* excelente en el universo, *todo lo que* es deseable, debe en última instancia proceder de él, porque él es el Creador de todo y es la fuente de todo bien. «*Toda* buena dádiva y *todo* don perfecto descienden de lo alto, donde está el Padre que creó las lumbreras celestes, y que no cambia como los astros ni se mueve como las sombras» (Stg 1:17).

Debemos, por consiguiente, decirnos a nosotros, como Pablo les dijo a los corintios: «¿Qué tienes que no hayas recibido? Y si lo recibiste, ¿por qué presumes como si no te lo hubieran dado?» (1 Co 4:7). «Porque todas las cosas proceden de él, y existen por él y para él. ¡A él sea la gloria por siempre! Amén» (Ro 11:36).

Nosotros imitamos la dicha o bienaventuranza de Dios cuando hallamos deleite y felicidad en todo lo que es agradable a Dios, tanto en esos aspectos de la vida que agradan a Dios como en las obras de otros. De hecho, cuando somos agradecidos y nos deleitamos en destrezas específicas, preferencias y otras características con las que Dios nos ha creado como individuos, también imitamos su atributo de bienaventuranza. Es más, imitamos la bienaventuranza o dicha de Dios al regocijarnos en la creación conforme refleja varios aspectos de su carácter excelente. Y hallamos nuestra mayor bienaventuranza, nuestra mayor felicidad, al deleitarnos en la fuente de toda buena cualidad: Dios mismo.

19. Belleza. *La belleza de Dios es ese atributo por el que él es la suma de todas las cualidades deseables.* Este atributo de Dios ha estado implícito en varios de los atributos precedentes, y se relaciona especialmente con la perfección de Dios. Sin embargo, la perfección de Dios se definió de tal manera que muestra que a él no le *falta* nada que sería deseable en él. Este atributo, belleza, se define de una manera positiva para mostrar que Dios en efecto posee toda cualidad deseable: «perfección» quiere decir que a Dios no le falta nada deseable; «belleza» quiere decir que Dios tiene todo lo deseable. Son dos maneras de expresar la misma verdad.

No obstante, hay valor en afirmar este aspecto positivo de que Dios posee todo lo que sea deseable. Nos recuerda que todos nuestros deseos buenos y justos, todos los deseos que deberían estar en nosotros o en cualquier otra criatura, hallan su satisfacción suprema en Dios y en nadie más.

David habla de la belleza del Señor en Salmo 27:4: «Una sola cosa le pido al Señor, y es lo único que persigo: habitar en la casa del Señor todos los días de mi vida, para contemplar *la hermosura del Señor* y recrearme en su templo». Una idea similar se expresa en otro salmo: «¿A quién tengo en el cielo sino a ti? Si estoy contigo, ya nada quiero en la tierra» (Salmo 73:25). En ambos casos, el salmista reconoce que su deseo de Dios, que es la suma de todo lo deseable, supera con mucho todos los demás deseos. Este deseo culmina en anhelo de estar cerca de Dios y disfrutar de su presencia para siempre. Así que la más grande bendición de la ciudad celestial será ésta: «Lo verán cara a cara» (Ap 22:4).

Anne R. Cousin ciertamente tuvo una correcta perspectiva apropiada, porque en la última estrofa de su himno «The Sands of Time Are Sinking» (Las arenas del tiempo se están hundiendo) ella escribió:

> Los ojos de la novia y no su vestido,
> Sino la cara de su amado novio.
> No contemplaré en la gloria,
> Sino la gracia de mi Rey;
> No en la corona que él da,
> Sino en su mano perforada;
> El Cordero es toda la gloria
> De la tierra de Emanuel.

Nosotros reflejamos la belleza de Dios en la vida cuando exhibimos conducta que le agrada. Por eso Pedro les dice a las esposas en las iglesias a las cuales les escribe que su «belleza» (es decir, su fuente de belleza) debería ser «la que procede de lo íntimo del corazón y consiste en un espíritu suave y apacible. Ésta sí que tiene mucho valor delante de Dios» (1 P 3:4). De modo similar, Pablo instruye a los criados que por su conducta «hagan honor a la enseñanza de Dios nuestro Salvador» (Tit 2:10).

La belleza en nuestras vidas es tan importante para Cristo que su propósito ahora es santificar a toda la iglesia «para presentársela a sí mismo como una iglesia radiante, sin mancha ni arruga ni ninguna otra imperfección, sino santa e intachable» (Ef 5:27). Así que individualmente y en conjunto reflejamos la belleza de Dios en toda manera en que exhibimos su carácter. Cuando reflejamos su carácter, él se deleita en nosotros y halla esto hermoso.

Pero también nos deleitamos en la excelencia de Dios al verla manifestada en la vida de nuestros hermanos y hermanas en el Señor. Por consiguiente, es correcto sentir gozo y deleite en la comunión de unos con otros, y este gozo se ahonda conforme aumenta nuestra conformidad a la vida de Cristo. Es correcto que anhelemos estar en comunión con el pueblo de Dios en el cual se manifiesta el carácter de Dios, porque cuando nos deleitamos en la santidad del pueblo de Dios, en última instancia nos deleitamos en Dios mismo al ver su carácter evidenciado en la vida de su pueblo.

20. Gloria. En cierto sentido la palabra *gloria* sencillamente significa «honor» o «reputación excelente». Este es el significado del término en Isaías 43:7, donde Dios habla de sus hijos «al que yo he creado para mi *gloria*», o Romanos 3:23, que dice que «todos han pecado y están privados de la *gloria* de Dios». También tiene ese significado en Juan 17:5, en donde Jesús habla al Padre de «la *gloria* que tuve contigo antes de que el mundo existiera», y en Hebreos 1:3, que dice que el Hijo «es el resplandor de la *gloria* de Dios». En este sentido, la gloria de Dios no es exactamente un atributo de su ser sino que más bien describe el honor superlativo que debe darle a Dios todo en el universo (incluyendo, en Heb 1:3 y Jn 17:5, el honor que comparten los miembros de la Trinidad). Pero no es ese el sentido de la palabra *gloria* que nos concierne en esta sección.

En otro sentido la «gloria» de Dios quiere decir la luz brillante que rodea la presencia de Dios. Puesto que Dios es espíritu, y no energía o materia, esta luz visible no es parte del ser de Dios sino algo que fue creado. Podemos definirla como sigue: *La gloria de Dios es el resplandor creado que rodea la revelación de Dios de sí mismo.*

Este «atributo» de Dios en realidad no es un atributo de Dios en el sentido que los demás lo fueron, porque aquí estamos hablando no del propio carácter de Dios sino de la luz *creada* o brillo que rodea a Dios al manifestarse a sí mismo en su creación. Así que la gloria de Dios en este sentido no es en realidad un atributo de Dios en sí mismo. No obstante, la gloria de Dios es algo que le pertenece sólo a él y es la apropiada expresión externa de su excelencia. Parece apropiado, por consiguiente, tratarla aquí inmediatamente después de los atributos de Dios.

La Biblia a menudo habla de la gloria de Dios. David pregunta: «¿Quién es este Rey de la gloria? Es el Señor Todopoderoso; ¡él es el Rey de la gloria!» (Sal 24:10). Leemos en Salmo 104:1-2: «Señor mi Dios, tú eres grandioso; te has revestido de gloria y majestad. Te cubres de luz como con un manto …» En el Antiguo Testamento frecuentemente se menciona esta gloria de Dios.

Se la menciona nuevamente en el Nuevo Testamento en conexión con la anunciación del nacimiento de Jesús a los pastores: «Sucedió que un ángel del Señor se les apareció. *La gloria del Señor los envolvió en su luz,* y se llenaron de temor» (Lc 2:9). La gloria de Dios también fue evidente en la transfiguración de Cristo (cf. Mt 17:2), y hallamos en la ciudad celestial venidera que «La ciudad no necesita ni sol ni luna que la alumbren, porque *la gloria de Dios la ilumina,* y el Cordero es su lumbrera» (Ap 21:23).

Es muy apropiado que la revelación de Dios de sí mismo vaya acompañada de tal esplendor y resplandor, porque esta gloria de Dios es la manifestación visible de la excelencia del carácter de Dios. La grandeza del ser de Dios, la perfección de todos sus atributos, es algo que nunca podremos captar plenamente, pero ante lo cual podemos sólo quedarnos pasmados de asombro y en adoración. De este modo, es apropiado en verdad que la manifestación visible de Dios sea tal que nosotros no podamos contemplarla por completo, y que sea tan brillante que recaba gran deleite y profundo asombro de nosotros cuando la contemplamos sólo en parte.

Es asombroso, pero Dios nos hizo para que reflejemos su gloria. Pablo nos dice que incluso ahora en la vida cristiana estamos siendo «transformados a su semejanza con más y más gloria por la acción del Señor, que es el Espíritu» (2 Co 3:18; cf. Mt 5:16; Flp 2:15). Aunque no nos hallamos ahora rodeados de una luz visible, hay un resplandor, un esplendor o una belleza en la forma de vivir del que ama profundamente a Dios, y esto a menudo es evidente a los que nos rodean. En la vida venidera, tal resplandor se intensificará, de modo que cuando reinemos con Cristo parece que también recibiremos una apariencia externa que será apropiada para ese reino y a nuestra situación como portadores de la imagen de Dios y siervos del Señor Jesucristo (cf. Pr 4:18; Dn 12:3; Mt 13:43; 1 Co 15:43).[5]

PREGUNTAS PARA APLICACIÓN PERSONAL

Voluntad, Libertad

1. Conforme los hijos crecen hacia la edad adulta, ¿cuáles son las maneras apropiadas e inapropiadas de que ellos muestren en sus vidas un ejercicio cada vez mayor de la voluntad y libertad individual del control paternal? ¿Se debe esperar esto como evidencia de nuestra creación a imagen de Dios?

Poder

2. Si el poder de Dios es la capacidad de hacer lo que quiere hacer, ¿es poder para nosotros la facultad de obedecer la voluntad de Dios y producir en el mundo resultados que le agradan? Mencione varias maneras en las cuales podemos aumentar tal poder en nuestras vidas.

---

[5]Vea la explicación de la glorificación, en el capítulo 42, pp. 828-39.

Perfección

3. ¿De qué manera el atributo de perfección de Dios nos recuerda que nunca podremos estar satisfechos con reflejar sólo algo del carácter de Dios en nuestras vidas? ¿Puede usted describir algunos aspectos de lo que sería «ser perfecto» como nuestro Padre celestial es perfecto, respecto a su propia vida?

Bienaventuranza

4. ¿Está usted feliz por la manera en que Dios lo creó, con los rasgos físicos, emocionales, mentales y relacionales que le dio? ¿Con el sexo que Dios le dio (masculino o femenino)? ¿Con los dones espirituales que le ha dado? ¿De qué maneras es correcto sentirnos felices o contentos con nuestras personalidades, características físicas, destrezas, posición, etc.? ¿De qué maneras sería errado complacernos o estar felices por esas cosas? ¿Seremos alguna vez completamente «benditos» o felices? ¿Cuándo tendrá lugar eso y por qué?

5. Piense en las cualidades que usted admira en otros, tanto creyentes como no creyentes. ¿Cuáles está bien admirar y cuáles no? ¿Cómo puede decidir? ¿Cómo podemos deleitarnos más frecuente y más completamente en Dios mismo?

Belleza

6. Si rehusamos aceptar la definición de belleza que da nuestra sociedad, e incluso las definiciones que nosotros mismos podamos haber elaborado previamente, y decidir que lo que es verdaderamente bello es el carácter de Dios mismo, ¿cómo sería diferente nuestro concepto de hermosura del que teníamos antes? ¿Podríamos con todo aplicar apropiadamente nuestra nueva idea de belleza a algunas de las cosas que previamente pensábamos que eran hermosas? ¿Por qué sí o por qué no?

7. ¿Puede entender por qué el deseo de David sobre todo lo demás en la vida era «habitar en la casa del Señor todos los días de mi vida, para contemplar la hermosura del Señor y recrearme en su templo» (Sal 27:4)?

Gloria

8. Cuando los pastores cerca de Belén experimentaron la gloria del Señor que brillaba a su alrededor, «se llenaron de temor» (Lc 2:9). Sin embargo, cuando lleguemos a vivir para siempre en la ciudad celestial continuamente estaremos rodeando por la luz de la gloria del Señor (Ap 21:23). ¿Sentiremos continuamente ese mismo temor que sintieron los pastores? ¿Por qué sí o por qué no? ¿Le gustaría a usted vivir en presencia de esta gloria? ¿Podemos experimentar algo de ella en esta vida?

TÉRMINOS ESPECIALES

atributos de propósito
atributos sumarios
autodeterminación razonable
belleza
bendición
gloria
libertad
omnipotencia

perfección
poder
soberanía
voluntad
voluntad libre
voluntad necesaria
voluntad revelada
voluntad secreta

BIBLIOGRAFÍA

(Para una explicación de esta bibliografía vea la nota sobre la bibliografía en el capítulo 1, p. 40. Datos bibliográficos completos se pueden encontrar en las páginas 1297-1306.)

Debido a que las teologías sistemáticas tienen diferentes maneras de clasificar los atributos de Dios, algunas de las secciones que se mencionan abajo consideran sólo los atributos comunicables de Dios, y algunas consideran todos los atributos de Dios.

Secciones en Teologías Sistemáticas Evangélicas

1. Anglicana (episcopal)
   - 1882–92 Litton, 58–74
   - 1930 Thomas, 14–20, 495–500
2. Arminiana (wesleyana o metodista)
   - 1847 Finney, 49–65, 135–80, 524–44
   - 1875–76 Pope, 1:248–55, 287–360
   - 1892–94 Miley, 1:159–222
   - 1940 Wiley, 1:241–393
   - 1960 Purkiser, 127–42
   - 1983 Carter, 1:111–27
   - 1983- Cottrell, 1:192–305, 388–468; 3:175–400, 461–528
   - 1987–90 Oden, 1:15–130
3. Bautista
   - 1767 Gill, 1:37–187, 359–65
   - 1887 Boyce, 54–115
   - 1907 Strong, 243–303
   - 1917 Mullins, 214–50
   - 1976–83 Henry, 2:151–246; 5:9–164, 214–375; 6:35–89, 251–417
   - 1983–85 Erickson, 263–320
   - 1987–94 Lewis/Demarest, 1:175–248
4. Dispensacional
   - 1947 Chafer, 1:179–224, 260–71
   - 1949 Thiessen, 75–88
   - 1986 Ryrie, 35–50

5. Luterana
   - 1917–24   Pieper, 1:405–66
   - 1934   Mueller, 160–75
6. Reformada (o presbiteriana)
   - 1559   Calvin, 1:96–120 (1.10–12)
   - 1861   Heppe, 57–104
   - 1871–73   Hodge, 1:366–441
   - 1878   Dabney, 38–54, 144–74
   - 1887–1921   Warfield, *BTS* 505–22; *SSW* 1:69–81; *ST* 109–14
   - 1889   Shedd, 1:151–94, 334–92; 3:89–248
   - 1909   Bavinck, *DG* 175–251 (esta es una consideración excepcionalmente valiosa de los atributos de Dios)
   - 1938   Berkhof, 41–81
   - 1962   Buswell, 1:29–71
7. Renovada (o carismática o pentecostal)
   - 1988–92   Williams, 1:47–82

Secciones en Teologías Sistemáticas Católicas Romanas Representativas

1. Católica Romana: tradicional
   - 1955   Ott, 24–49
2. Católica Romana: Post Vaticano II
   - 1980   McBrien, 1:283–342

Otras obras

Bray, Gerald L. *The Doctrine of God*. Intervarsity Press, Downers Grove, Ill., 1993.

Bromiley, G. W. «God». En *ISBE* 2:493–503.

Charnock, Stephen. *The Existence and Attributes of God*. Reimp. ed. Sovereign Grace Book Club, Evansville, Ind., pp. 181–802, n.d., (primero publicada en 1655–1680).

Kaiser, Christopher B. *The Doctrine of God*. Good News, Westchester, Ill., 1982.

Lewis, Gordon R. «God, Attributes of». En *EDT* pp. 451–59.

_____. «Impassibility of God». En *EDT* pp. 553–54.

Packer, J. I. «God». En *NDT* pp. 274–77.

_____. *Knowing God*. SCM, Inter-Varsity Press, Londres, 1973, pp. 80–254.

Piper, John. *Desiring God*. Multnomah, Portland, Ore., 1986.

_____. *The Pleasures of God*. Multnomah, Portland, Ore., 1991.

Saucy, R. L. «God, Doctrine of». In *EDT* pp. 459–64.

Tozer, A. W. *The Knowledge of the Holy*. Harper and Row, Nueva York, 1961.

Van Til, Cornelius. *In Defense of the Faith* vol. 5: *An Introduction to Systematic Theology*. Presbyterian and Reformed, Phillipsburg, N.J., 1976, pp. 200–252.

Wenham, John W. *The Goodness of God*. Inter-Varsity Press, Londres, 1974.

PASAJE BÍBLICO PARA MEMORIZAR

Salmo 73:25-26: *¿A quién tengo en el cielo sino a ti? Si estoy contigo, ya nada quiero en la tierra. Podrán desfallecer mi cuerpo y mi espíritu, pero Dios fortalece mi corazón; él es mi herencia eterna*

HIMNO

«Si dejas tú que Dios te guíe»

Este es indudablemente uno de los himnos más hermosos jamás compuestos que expresan confianza en Dios por su soberanía.

Si dejas tú que Dios te guíe,
       confiando solamente en él,
En tus angustias y conflictos
       tendrás su ayuda grande y fiel.
El inmutable amor de Dios
       roca firme es.

Espera en Dios pacientemente,
       con gozo en tu corazón;
Con gratitud acepta siempre
       del cielo toda bendición.
Dios quiere siempre lo mejor
       para los hijos de su amor.

En la oración fiel permanece;
       sé obediente a su ley;
Su protección Dios te ofrece,
       en sus promesas pon tu fe.
Jehová no olvida nunca al fiel,
       ni al justo que confía en él.

AUTOR: GEORGE NEUMARK, 1641, TRAD. ADOLFO ROBLETO
(TOMADO DE CELEBREMOS SU GLORIA, # 406)

Capítulo 14

Dios en tres personas: La Trinidad

¿Cómo puede Dios ser tres personas y sin embargo un solo Dios?

Los capítulos precedentes han considerado muchos atributos de Dios; pero si entendemos sólo esos atributos, no comprenderemos apropiadamente a Dios, porque no entenderíamos que Dios, en su mismo ser, siempre ha existido como más de una persona. De hecho, Dios existe como tres personas, y sin embargo es un solo Dios.

Es importante recordar la doctrina de la Trinidad en conexión con el estudio de los atributos de Dios. Cuando pensamos de Dios como eterno, omnipresente, omnipotente, etcétera, podemos tener la tendencia a pensar sólo en Dios Padre en conexión con esos atributos. Pero la enseñanza bíblica sobre la Trinidad nos dice que todos los atributos de Dios son verdad de las tres personas, porque cada una es plenamente Dios. Por tanto, Dios Hijo y Dios Espíritu Santo son también eternos, omnipresentes, omnipotentes, infinitamente sabios, infinitamente santos, infinitamente amor, omniscientes, y todo lo demás.

La doctrina de la Trinidad es una de las doctrinas más importantes de la fe cristiana. El estudio de las enseñanzas bíblicas sobre la Trinidad nos da una noción más profunda del asunto que es el centro de toda nuestra búsqueda de Dios: ¿cómo es Dios en sí mismo? Aquí aprendemos que en sí mismo, en su propio ser, Dios existe en las personas de Padre, Hijo y Espíritu Santo, y sin embargo es un solo Dios.

EXPLICACIÓN Y BASE BÍBLICA

Podemos definir la doctrina de la Trinidad como sigue: *Dios existe eternamente como tres personas: Padre, Hijo y Espíritu Santo, y cada persona es plenamente Dios, y hay sólo un Dios.*

A. La doctrina de la Trinidad se revela progresivamente en la Biblia

1. Revelación parcial en el Antiguo Testamento. La palabra *Trinidad* nunca se halla en la Biblia, aunque la idea que denota la palabra se enseña en muchos lugares. La palabra *Trinidad* quiere decir «tri-unidad» o «tres en uno». Se usa para resumir la enseñanza bíblica de que Dios es tres personas y sin embargo un solo Dios.

A veces algunos piensan que la doctrina de la Trinidad se halla sólo en el Nuevo Testamento, y no en el Antiguo. Si Dios ha existido eternamente como tres personas, sería sorprendente no hallar indicaciones de eso en el Antiguo Testamento.

Aunque la doctrina de la Trinidad no se halla explícitamente en el Antiguo Testamento, varios pasajes sugieren o incluso implican que Dios existe como más de una persona.

Por ejemplo, según Génesis 1:26, Dios dijo: «Hagamos al ser humano a nuestra imagen y semejanza». ¿Qué significa el verbo en plural («hagamos») y el pronombre plural («nuestra»)? Algunos han sugerido que son plurales de majestad, una forma de hablar que el rey solía usar para decir, por ejemplo: «Nos complace concederte tu petición».[1] Sin embargo, en el hebreo del Antiguo Testamento no hay otros ejemplos de que un monarca use verbos plurales o pronombres plurales para referirse a sí mismo con un «plural de majestad», así que esta opinión no tiene evidencia que la respalde.[2] Otra opinión es que Dios aquí está hablándole a los ángeles. Pero los ángeles no participaron en la creación del hombre, ni tampoco el hombre fue creado a imagen y semejanza de los ángeles, así que esta idea no es convincente. La mejor explicación es que ya en el primer capítulo de Génesis tenemos una indicación de una pluralidad de personas en Dios mismo.[3] No se nos dice cuántas personas, y no tenemos nada que se acerque a una doctrina completa de la Trinidad, pero se implica que interviene más de una persona. Lo mismo se puede decir de Génesis 3:22 («El ser humano ha llegado a ser como uno de *nosotros,* pues tiene conocimiento del bien y del mal»), Génesis 11:7 («Será mejor que *bajemos* a confundir su idioma, para que ya no se entiendan entre ellos mismos»), e Isaías 6:8 («¿A quién enviaré? ¿Quién irá por nosotros?»). (Note la combinación de singular y plural en la misma oración del último pasaje).

Es más, hay pasajes en donde a una persona se le llama «Dios» o «el Señor», y se distingue de otra persona de quien también se dice que es Dios. En Salmo 45:6-7 el salmista dice: «Tu trono, oh Dios, permanece para siempre; ... Tú amas la justicia y odias la maldad; por eso Dios te escogió a ti y no a tus compañeros, ¡tu Dios te ungió con perfume de alegría!» Aquí el Salmo va más allá de describir algo que pudiera ser cierto de un rey terrenal y llama al rey «Dios» (v. 6), cuyo trono durará «para siempre». Pero luego, hablando a la persona que llama «Dios», el autor dice que «por eso Dios te escogió a ti y no a tus compañeros» (v. 7). Así que a dos personas separadas se les llama «Dios» (heb. *Elojim*). En el Nuevo Testamento, el autor de Hebreos cita este pasaje y lo aplica a Cristo: «Tu trono, oh Dios, permanece por los siglos de los siglos» (Heb 1:8).[4]

---

[1] Tanto Alejandro Magno (en 152 a.C.) y el rey Demetrio (alrededor de 145 a.C.) se refieren a sí mismos de esta manera, por ejemplo, en el texto de Mac 10:19 y 11:31 en la Septuaginta, pero esto es griego, no hebreo, y fue escrito mucho después de Génesis 1.

[2] Vea E. Kautzsch, ed., Gesenius' Hebrew Grammar 2d ed. (Clarendon Press, Oxford, 1910), Sección 124g, n. 2, con referencia a la sugerencia del plural de majestad: «El plural que usa Dios en Génesis 1:26; 11:7, Isaías 6:8 se ha explicado incorrectamente de esta manera». Ellos entienden Gn 1:26 como «un plural de auto deliberación». Mi propia investigación extensa de interpretación judía subsecuente en el Talmud de Babilonia, los targúmenes y la midrash mostraron sólo que los intérpretes rabínicos posteriores no lograron llegar a algún acuerdo de ninguna interpretación satisfactoria de este pasaje, aunque las interpretaciones del «plural de majestad» y de «Dios hablándole a los ángeles» se sugirieron comúnmente.

[3] «El plural "nosotros" fue considerado por los padres y primeros teólogos casi unánimemente como indicativo de la Trinidad» [Keil and Delitzsch, Old Testament Commentaries (Associated Publishers and Authors, Grand Rapids, n.f.], 1:48, con objeciones a otras posiciones y una afirmación de que Gn 1:26 contiene «la verdad que yace en el cimiento de la noción trinitaria».

[4] La RSV (en inglés) traduce Sal 45:6: «Tu trono divino permanece para siempre y siempre», pero esta es una traducción altamente improbable porque exige que se entienda el sustantivo hebreo para «trono» en estado

De modo similar en el Salmo 110:1 David dice: «Así dijo el Señor a mi Señor: «Siéntate a mi derecha hasta que ponga a tus enemigos por estrado de tus pies». Jesús apropiadamente entiende que David se refiere a dos personas separadas como «Señor» (Mt 22:41-46), pero ¿quién es el «Señor» de David si no Dios mismo? ¿Y quién podría decirle a Dios: «Siéntate a mi derecha» excepto alguien que sea también completamente Dios? Desde la perspectiva del Nuevo Testamento podemos parafrasear este versículo: «Dios Padre le dijo a Dios Hijo: "Siéntate a mi derecha"». Pero incluso sin la enseñanza del Nuevo Testamento sobre la Trinidad, parece claro que David estaba consciente de una pluralidad de personas en un solo Dios. Jesús, por supuesto, entendía esto, pero cuando les pidió a los fariseos una explicación de este pasaje, «nadie pudo responderle ni una sola palabra, y desde ese día ninguno se atrevía a hacerle más preguntas» (Mt 22:46). A menos que estén dispuestos a reconocer una pluralidad de personas en un solo Dios, los intérpretes judíos de la Biblia hasta este día no tienen una explicación más satisfactoria del Salmo 110:1 (o de Gn 1:26, o de los demás pasajes que acabamos de considerar) que la que tuvieron en el día de Jesús.

Isaías 63:10 dice del pueblo de Dios que «se rebelaron y afligieron a su santo Espíritu», al parecer sugiriendo que el Espíritu Santo es otra persona distinta de Dios mismo (es «su santo Espíritu»), y que a este Espíritu santo lo «afligieron», lo que sugiere característica de capacidades emocionales de una persona distinta. (Is 61:1 también distingue «El Espíritu del Señor omnipotente» de «del Señor», aunque en ese versículo no se le atribuye ninguna cualidad personal al Espíritu del Señor).

Evidencia similar se halla en Malaquías, en donde el Señor dice: «El Señor Todopoderoso responde: «Yo estoy por enviar a mi mensajero para que prepare el camino delante de mí. De pronto vendrá a su templo el Señor a quien ustedes buscan; vendrá el mensajero del pacto, en quien ustedes se complacen» (Mal 3:1-2). Aquí, de nuevo, el que habla («el Señor Todopoderoso») se distingue a sí mismo del «Señor a quien ustedes buscan», lo que sugiere dos personas separadas, a ambas de las cuales se les llama «Señor».

En Oseas 1:7 el Señor está hablando, y dice de la casa de Judá: «la salvaré ... por medio del Señor su Dios», de nuevo sugiriendo que a más de una persona se le puede llamar «Señor» (heb. *Yahvé* y «Dios» (*Elojim*).

---

constructo, algo extremadamente inusual cuando un sustantivo tiene un sufijo pronominal, como lo tiene este. La traducción de la RSV se aceptaría sólo debido a una presuposición teológica (que el salmista del Antiguo Testamento no podía predecir un rey mesiánico plenamente divino), pero no en base al lenguaje o la gramática. La RVR, NVI y VP toman otdas el versículo en su sentido llano, directo, como también las traducciones antiguas en Heb 1:8. Derek Kidner, Psalms 1–72 TOTC (Inter-Varsity Press, Londres, 1973), p. 172, dice que este versículo es «un ejemplo del lenguaje del Antiguo Testamento desbordándose de sus orillas, para exigir más que un cumplimiento humano», y «esta paradoja es consistente con la encarnación, pero mistificante en todo otro contexto».

Aunque a algunos reyes antiguos, tales como los faraones egipcios, a veces se les trataba como «dioses», esto era parte de la falsedad conectada con la idolatría pagana, y no se debería confundir con Sal 45, que es parte de la Biblia y por consiguiente verdad.

La traducción sugerida de Heb 1:8 en el margen de la RSV (en inglés): «Dios es tu trono para siempre jamás», aunque posible gramaticalmente, es completamente inconsistente con el pensamiento tanto del Antiguo como del Nuevo Testamentos; el Dios poderoso que creó todo y gobierna supremo sobre el universo jamás sería meramente un «trono» para algún otro. El pensamiento en sí mismos es deshonroso para Dios, y por cierto ni siquiera se lo debería considerar como una traducción posiblemente apropiada.

Y en Isaías 48:16 el que habla (evidentemente el siervo del Señor) dice: «Y ahora el Señor omnipotente me ha enviado con su Espíritu».[5] Aquí el Espíritu del Señor, como el siervo del Señor, ha sido «enviado» por el Señor Dios en una misión en particular. El paralelo entre los dos objetos del envío («a mí» y «a su espíritu») encajaría con el concepto de ver a ambos como personas distintas; parece significar más que simplemente «el Señor me ha enviado a mí y a su poder».[6] De hecho, desde una perspectiva completa del Nuevo Testamento (que reconoce a Jesús el Mesías como el verdadero siervo del Señor que predicen las profecías de Isaías), Isaías 48:16 tiene implicaciones trinitarias: «Y ahora el Señor omnipotente me ha enviado con su Espíritu», si las dice Jesús el Hijo de Dios, se refiere a las tres personas de la Trinidad.

Todavía más, varios pasajes del Antiguo Testamento que hablan del «ángel del Señor» sugieren una pluralidad de personas en Dios. La palabra que se traduce «ángel» (heb. *malak*) significa simplemente «mensajero». Si el ángel del Señor es un «mensajero» del Señor, él es distinto del Señor mismo. Sin embargo en algún momento al ángel del Señor se le llama «Dios» o «el Señor» (vea Gn 16:13; Éx 3:2-6; 23:20-22 [note «mi nombre está en él» en v. 21, RVR 1960]; Nm 22:35 con 38; Jue 2:1–2; 6:11 con 14). En otros puntos en el Antiguo Testamento «el ángel del Señor» simplemente se refiere a un ángel creado, pero por lo menos en estos pasajes del ángel especial (o «mensajero») del Señor parece ser una persona distinta que es plenamente divina.

Uno de los pasajes más disputados del Antiguo Testamento que podría mostrar personalidad distinta para más de una persona es Proverbios 8:22-31. Aunque en la parte anterior del capítulo se podría entender solo como una personificación de la «sabiduría» para efecto literario, que muestra a la sabiduría llamando al sencillo e invitándole a aprender, vv. 21-31, uno podría argüir, dice cosas en cuanto a la «sabiduría» que parecen ir más allá de la mera personificación. Hablando del tiempo cuando Dios creó la tierra, la «sabiduría» dice: «Allí estaba yo, afirmando su obra. Día tras día me llenaba yo de alegría, siempre disfrutaba de estar en su presencia; me regocijaba en el mundo que él creó; ¡en el género humano me deleitaba!» (Pr 8:30-31). Su obrar como un «artesano» al lado de Dios en la creación sugiere la idea de una personalidad distinta, y las frases que siguen pudieran parecer incluso más convincentes, porque sólo una persona puede decir «Día tras día me llenaba yo de alegría», y puede regocijarse en el mundo y deleitarse en la humanidad .[7]

Pero si decidimos que «sabiduría» aquí se refiere al Hijo de Dios antes de que encarnara, hay una dificultad. Los versículos 22-25 (VP) parecen hablar de la creación de esta persona a la que se le llama «sabiduría»:

---

[5]La traducción de Is 48:16 en la RVR reproduce tanto el sentido literal de las palabras hebreas y el orden de palabras del texto hebreo.

[6]La traducción de la NVI, «con su Espíritu» no la exige el texto hebreo y tiende a oscurecer los pensamientos paralelos del Señor enviándome «a mí» y «a su Espíritu». La palabra *con* en la NVI es interpretación de los traductores de la conjunción hebrea *ve*, que más comúnmente significa «y». La palabra hebrea común para «con» (*im*) no aparece en este pasaje.

[7]En respuesta a estos argumentos uno pudiera argumentar que hay personificaciones similarmente detalladas de la sabiduría en Pr 8:1-12 y 9:1-6, y de la necedad en Pr 9:13-18, y ningún intérprete entiende que éstas sean personas reales. Por consiguiente, Pr 8:22-31 no representa a una persona real tampoco. Este argumento me parece convincente, pero he incluido el siguiente párrafo debido a que Pr 8:22-31 tiene una larga historia de intérpretes que piensan que se refiere a Dios Hijo.

> El Señor me creó al principio de su obra,
>> antes de que él comenzara a crearlo todo.
> Me formó en el principio del tiempo,
>> antes de que creara la tierra.
> Me engendró antes de que existieran los grandes mares,
>> antes de que brotaran los ríos y los manantiales.
> Antes de afirmar los cerros y los montes,
>> el Señor ya me había engendrado.

¿No indica esto que esta «sabiduría» fue creada?

En realidad, no. La palabra hebrea que comúnmente quiere decir «crear» (*bará*) no se usa en el versículo 22. La palabra que usa es *kaná*, que aparece ochenta y cuatro veces en el Antiguo Testamento y casi siempre significa «conseguir, adquirir». La LBLA es más clara aquí: «El Señor me poseyó al principio de su camino» (de modo similar RVR 1960). (Note este sentido de la palabra en Gn 39:1; Éx 21:2; Pr 4:5, 7; 23:23; Ec 2:7; Is 1:3 ["dueño"]). Este es un sentido legítimo y, si se entiende la sabiduría como una persona real, significaría sólo que Dios Padre empezó a dirigir y hacer uso de la poderosa obra creadora de Dios Hijo en el tiempo en que empezó la creación;[8] el Padre convocó al Hijo para que trabajara con él en la actividad de la creación. La expresión «me engendró» en los versículos 24 y 25 es un término diferente pero podría llevar un significado similar; el Padre empezó a dirigir y hacer uso de la obra poderosa creadora del Hijo en la creación del universo.

2. Revelación más completa de la Trinidad en el Nuevo Testamento. Cuando empieza el Nuevo Testamento, entramos en la historia de la venida del Hijo de Dios a la tierra. Era de esperarse que este gran suceso estuviera acompañado de enseñanza más explícita en cuanto a la naturaleza trinitaria de Dios, y eso es en efecto lo que hallamos. Antes de mirar esto en detalle, podemos simplemente mencionar varios pasajes en donde se mencionan juntas a las tres personas de la Trinidad.

Cuando Jesús se bautizó, «en ese momento se abrió el cielo, y él vio al Espíritu de Dios bajar como una paloma y posarse sobre él. Y una voz del cielo decía: "Éste es mi Hijo amado; estoy muy complacido con él"» (Mt 3:16-17). Aquí, en un mismo momento, tenemos a los tres miembros de la Trinidad desempeñando tres actividades distintas. Dios Padre habla desde el cielo; Dios Hijo está siendo bautizado y el Padre le habla desde el cielo; y Dios Espíritu Santo desciende del cielo para posarse y capacitar a Jesús para su ministerio.

Al final de su ministerio terrenal, Jesús dice a sus discípulos que «vayan y hagan discípulos de todas las naciones, bautizándolos en el nombre del Padre y del Hijo y del Espíritu Santo» (Mt 28:19). Los mismos nombres «Padre» e «Hijo», tomados de la familia, la más familiar de las instituciones humanas, indican muy fuertemente

---

[8]La confusión que rodea la traducción del versículo parece haber sido causada por la traducción inusual de la Septuaginta, que usó *ktizo* («crear») antes que la traducción usual *ktaomai*, «adquirir, tomar posesión de») para traducir el término hebreo en este versículo. *Kaná* aparece ochenta y cuatro veces en el Antiguo Testamento hebreo y se traduce más de veintisiete veces con *ktaomai* pero sólo tres veces por *ktizo* (Gn 14:19; Pr 8:22; Jer 39(32):15), todas las cuales son traducciones cuestionables. Las otras traducciones del Antiguo Testamento por Aquila, Símaco y Teodosio todas tienen *ktaomai* en Pr 8:22.

que el Padre y el Hijo son personas distintas. Cuando se pone al «Espíritu Santo» en la misma expresión y en el mismo nivel de las otras dos personas, es difícil evadir la conclusión de que al Espíritu Santo también se le ve como una persona de igual posición que el Padre y el Hijo.

Cuando nos damos cuenta de que los autores del Nuevo Testamento generalmente usan el nombre «Dios» (gr. *Teos*) para referirse a Dios Padre y el nombre «Señor» (gr. *kurios*), para referirse a Dios Hijo, es claro que hay otra expresión trinitaria en 1 Corintios 12:4-6: «Ahora bien, hay diversos dones, pero un mismo *Espíritu*. Hay diversas maneras de servir, pero un mismo *Señor*. Hay diversas funciones, pero es un mismo *Dios* el que hace todas las cosas en todos».

De modo similar, el último versículo de 2 Corintios es una expresión trinitaria: «Que la gracia del *Señor Jesucristo,* el amor de *Dios* y la comunión del *Espíritu Santo* sean con todos ustedes» (2 Co 13:14). Vemos a las tres personas mencionadas separadamente en Efesios 4:4-6 igualmente: «Hay un solo cuerpo y un solo *Espíritu,* así como también fueron llamados a una sola esperanza; un solo *Señor,* una sola fe, un solo bautismo; un solo *Dios y Padre* de todos, que está sobre todos y por medio de todos y en todos».

A todas las tres personas de la Trinidad se las mencionan juntas en la frase de apertura de 1 Pedro: «Según la previsión de Dios el Padre, mediante la obra santificadora del Espíritu, para obedecer a Jesucristo y ser redimidos por su sangre» (1 P 1:2). Y en Judas 20-21 leemos: «Ustedes, en cambio, queridos hermanos, manténganse en el amor de Dios, edificándose sobre la base de su santísima fe y orando en el Espíritu Santo, mientras esperan que nuestro Señor Jesucristo, en su misericordia, les conceda vida eterna».

Sin embargo, la traducción de la RVR 1960 de 1 Jn 5:7 no se debe usar en esta conexión. Dice: «Porque tres son los que dan testimonio en el cielo: el Padre, el Verbo y el Espíritu Santo; y estos tres son uno».

El problema con esta traducción es que se basa en un número muy pequeño de manuscritos griegos no confiables, el más antiguo de los cuales procede del siglo XIV d.C. Ninguna traducción moderna en inglés incluye esta traducción, y todas la omiten, como también la mayoría de los manuscritos griegos de las principales tradiciones del texto, incluyendo varios manuscritos muy confiables del IV y V siglo d.C., y también citas incluidas por los padres tales como Ireneo (ca. 202 d.C.), Clemente de Alejandría (ca. 212 d.C.), Tertuliano (murió después del 220 d.C.), y el gran defensor de la Trinidad, Atanasio (373 d.C.).

B. Tres declaraciones resumen la enseñanza bíblica

En un sentido la doctrina de la Trinidad es un misterio que jamás podremos entender por completo. Sin embargo, podemos entender algo de su verdad resumiendo las enseñanzas de la Biblia en tres afirmaciones:

1. Dios es tres personas
2. Cada persona es plenamente Dios
3. Hay sólo un Dios

La siguiente sección desarrollará en más detalle cada una de estas afirmaciones.

1. Dios es tres personas. El hecho de que Dios es tres personas quiere decir que el Padre no es el Hijo; son personas distintas. También quiere decir que el Padre no es el Espíritu Santo, sino que son personas distintas. Y quiere decir que el Hijo no es el Espíritu Santo. Estas distinciones se ven en varios de los pasajes citados en la sección anterior tanto como en muchos otros pasajes adicionales del Nuevo Testamento.

Juan 1:1-2 nos dice: «En el principio ya existía el Verbo, y el Verbo estaba con Dios, y el Verbo era Dios». El hecho de que el «Verbo» (que en los vv. 9-18 se ve que es Cristo) está «con» Dios muestra distinción entre él y Dios Padre. En Juan 17:24 Jesús habla a Dios Padre acerca de «mi gloria, la gloria que me has dado porque me amaste desde antes de la creación del mundo», mostrando de este modo distinción de personas que participan de la gloria, y en una relación de amor entre Padre e Hijo antes de que el mundo fuera creado.

Se nos dice que Jesús continúa como nuestro Sumo Sacerdote y Abogado ante Dios Padre: «Si alguno peca, tenemos ante el Padre a un intercesor, a Jesucristo, el Justo» (1 Jn 2:1). Cristo es el que «también puede salvar por completo a los que por medio de él se acercan a Dios, ya que vive siempre para interceder por ellos» (Heb 7:25). Sin embargo, a fin de interceder por nosotros ante Dios Padre, es necesario que Cristo sea una persona distinta del Padre.

Es más, el Padre no es el Espíritu Santo, y el Hijo no es el Espíritu Santo. Se les distingue en varios versículos. Jesús dijo: «Pero el Consolador, el Espíritu Santo, a quien el Padre enviará en mi nombre, les enseñará todas las cosas y les hará recordar todo lo que les he dicho» (Jn 14:26). El Espíritu Santo también ora o «intercede» por nosotros (Ro 8:27), lo que indica una distinción entre el Espíritu Santo y Dios Padre ante quien se hace la intercesión.

Finalmente, el hecho de que el Hijo no es el Espíritu Santo también se indica en los varios pasajes trinitarios mencionados antes, tales como la gran comisión (Mt 28:19), y en los pasajes que indican que Cristo volvió al cielo y luego envió al Espíritu Santo a la iglesia. Jesús dijo: «Les conviene que me vaya porque, si no lo hago, el Consolador no vendrá a ustedes; en cambio, si me voy, se lo enviaré a ustedes» (Jn 16:7).

Algunos han cuestionado si el Espíritu Santo en verdad es una persona distinta, antes que simplemente el «poder» o «fuerza» de Dios en acción en el mundo. Pero el Nuevo Testamento es muy claro y fuerte.[9] Primero están los varios versículos mencionados anteriormente, en donde se pone al Espíritu Santo en una relación de coordinación con el Padre y el Hijo (Mt 28:19; 1 Co 12:4–6; 2 Co 13:14; Ef. 4:4–6; 1 P 1:2); puesto que el Padre y el Hijo son personas, la expresión coordinada intima fuertemente que el Espíritu Santo también es una persona. Luego hay lugares donde el pronombre masculino *él* (gr. *ekeinos*) se le aplica al Espíritu Santo (Jn 14:26; 15:26; 16:13-14), lo que uno no esperaría de las reglas de la gramática griega, porque el sustantivo «*espíritu*» (gr. *pneuma*) es neutro, no masculino, y ordinariamente se le añadiría el pronombre neutro *ekeino*. Es más, el nombre *Consejero* o *Consolador* (gr. *parakletos*) es un término que comúnmente se usa para hablar de una persona

---

[9]La siguiente sección sobre la personalidad distinta del Espíritu Santo sigue de cerca el excelente material en Louis Berkhof, Systematic Theology p. 96.

que ayuda o da consuelo o consejo a otra persona o personas, pero se usa para referirse al Espíritu Santo en el Evangelio de Juan (14:16, 26; 15:26; 16:7).

También al Espíritu Santo se le adscriben otras actividades personales, tales como enseñar (Jn 14:26), dar testimonio (Jn 15:26; Ro 8:16), interceder u orar a favor de otros (Ro 8:26-27), escudriñar las profundidades de Dios (1 Co 2:10), conocer los pensamientos de Dios (1 Co 2:11), decidir repartir algunos dones a algunos y otros dones a otros (1 Co 12:11), prohibir o no permitir ciertas actividades (Hch 16:6-7), hablar (Hch 8:29; 13:2; y muchas veces en el Antiguo y Nuevo Testamentos), evaluar y aprobar un curso sabio de acción (Hch 15:28), y entristecerse por el pecado en la vida de los creyentes (Ef 4:30).

Finalmente, si se entiende que el Espíritu Santo es simplemente el poder de Dios, antes que una persona distinta, entonces toda una serie de pasajes no tendrían sentido, porque en ellos el Espíritu Santo y su poder o el poder de Dios se mencionan juntos. Por ejemplo, Lucas 4:14: «Jesús regresó a Galilea en el poder del Espíritu» estaría diciendo: «Jesús regresó a Galilea en el poder del poder». En Hechos 10:38: «Me refiero a Jesús de Nazaret: cómo lo ungió Dios con el Espíritu Santo y con poder», significaría: «Me refiero a Jesús de Nazaret: cómo lo ungió Dios con el poder de Dios y con poder» (vea también Ro 15:13; 1 Co 2:4).

Aunque tantos pasajes claramente distinguen al Espíritu Santo de los otros miembros de la Trinidad, un versículo difícil ha sido 2 Corintios 3:17: «Ahora bien, el Señor es el Espíritu; y donde está el Espíritu del Señor, allí hay libertad». Los intérpretes a menudo han dado por sentado que «el Señor» aquí significa Cristo, porque Pablo frecuentemente usa «el Señor» para referirse a Cristo. Pero probablemente ese no es el caso aquí, porque se pudiera elaborar un buen argumento partiendo de la gramática y del contexto para decir que este versículo se traduce mejor con el Espíritu Santo como sujeto: «Ahora bien, el Espíritu es el Señor ...».[10] En este caso, Pablo estaría diciendo que el Espíritu Santo es también «Yahvé» (o «Jehová»), el Señor del Antiguo Testamento (note el claro trasfondo del Antiguo Testamento en este contexto, empezando en el v. 7). Teológicamente esto sería muy aceptable, porque se podría decir con verdad que así como Dios Padre es «Señor» y Dios Hijo es «Señor» (en el pleno sentido del Antiguo Testamento de «Señor» como nombre de Dios), también el Espíritu Santo es aquel a quien se llama «Señor» en el Antiguo Testamento; y es el Espíritu Santo el que nos manifiesta especialmente la presencia del Señor en esta era del nuevo pacto.[11]

---

[10]Gramaticalmente tanto «el Espíritu» (*to pneuma*) y «el Señor» *)jo kurios*) están en caso nominativo, que es el caso que toman tanto el sujeto como el sustantivo predicado en una oración con el verbo «ser». El orden de las palabras no indica el sujeto en el griego como lo hace en inglés. El artículo definido (*jo*, «el») antes de «Señor» aquí probablemente en anafórico (es decir, se refiere hacia atrás a la mención previa del «Señor» en el v. 16 y dice que el Espíritu es «el Señor» que se acaba de mencionar en la oración previa). (Vea Murray Harris, «2 Corinthians», en *EBC* 10:338–39).

[11]Otra posible interpretación es decir que está hablando de la función de Cristo y la función del Espíritu Santo como tan estrechamente relacionadas en la edad del Nuevo Testamento que se puede hablar de ambas como de un solo propósito. El versículo entonces significaría algo como: «Al Señor Jesús se le ve y se le conoce en esta edad mediante la actividad del Espíritu Santo, porque la función del Espíritu Santo es glorificar a Cristo». Pero esta es una interpretación menos persuasiva, puesto que parece improbable que Pablo hablaría de una identidad de función de una manera tan oscura, o incluso que Pablo quisiera decir que la obra de Cristo y la obra del Espíritu son idénticas.

2. Cada persona es plenamente Dios. Además del hecho de que las tres personas son distintas, el testimonio abundante de la Biblia es que cada persona es también plenamente Dios.

Primero, *Dios Padre es claramente Dios.* Esto es evidente del primer versículo de la Biblia, en donde Dios creó los cielos y la tierra. Es evidente por todo el Antiguo y Nuevo Testamentos, en donde a Dios Padre claramente se le ve como Señor soberano sobre todo y en donde Jesús ora al Padre celestial.

Luego, *el Hijo es plenamente Dios.* Aunque este punto se desarrollará con mayor detalle en el capítulo 26, «La persona de Cristo», en este punto podemos brevemente notar varios pasajes explícitos. Juan 1:1-4 claramente afirma la plena deidad de Cristo:

> En el principio ya existía el Verbo,
> y el Verbo estaba con Dios,
> y el Verbo era Dios.
> Él estaba con Dios en el principio.
> Por medio de él todas las cosas fueron creadas;
> sin él, nada de lo creado llegó a existir.
> En él estaba la vida,
> y la vida era la luz de la humanidad.

Aquí a Cristo se le menciona como «el Verbo», y Juan dice tanto que él estaba «con Dios» y que él «era Dios». El texto griego hace eco de las palabras de apertura de Génesis 1:1: («En el principio ...») y nos recuerda que Juan está hablando de algo que fue cierto antes de que el mundo fuera hecho. Dios Hijo siempre fue plenamente Dios.

Los Testigos de Jehová han cuestionado la traducción «el Verbo era Dios», y lo traducen como «la Palabra era *un Dios*» implicando que el Verbo era simplemente un ser celestial pero no plenamente divino. Justifican su traducción señalando el hecho de que el artículo definido (gr. *jo*, «el») no aparece antes de la palabra griega *Teos* («Dios»). Dicen que, por consiguiente, *Teos* se debe traducir «un Dios». Sin embargo, ningún erudito griego reconocido ha seguido tal interpretación, porque es de conocimiento común que la oración sigue una regla general de la gramática griega, y la ausencia del artículo definido solo indica que «Dios» es el predicado antes que el sujeto de la oración.[12] (Una publicación reciente de los Testigos de Jeho-

---

[12]Esta regla (llamada «regla de Colwell») se considera tan temprano como el capítulo 6 de una gramática griega introductoria regular; Vea John Wenham, *The Elements of New Testament Greek* (Cambridge University Press, Cambridge, 1965), p. 35; también BDF 273. La regla es sencillamente que en dos oraciones con el verbo conjuntivo *ser* (tal como el gr. *jeimí*), un sustantivo definido predicado por lo general dejará fuera el artículo definido cuando precede al verbo, pero el sujeto de la oración, si es definido, retiene el artículo definido. Así que si Juan hubiera querido decir: «El Verbo era Dios», Juan 1:1 es exactamente como lo hubiera dicho. (Estudios gramaticales recientes han confirmado e incluso fortalecido la regla original de Colwell; vea Lane C. McGaughy, *Toward a Descriptive Analysis of EINAI as a Linking Verb in the New Testament* [SBLDS 6; SBL, Missoula, Mont., 1972], esp. pp. 49–53, 73–77; y la revisión importante de este libro por E. V. N. Goetchius en JBL 95 [1976]: 147–49.)

Por supuesto, si Juan hubiera querido decir: «el verbo era un dios» (con un predicado indefinido, «un dios»), lo hubiera escrito también de esta manera, puesto que no habría habido artículo definido para dejar fuera en primer

vá ahora reconocen la regla gramatical pertinente pero continúan afirmando de todas maneras su posición en cuanto a Juan 1:1).[13]

La irregularidd de la posición de los Testigos de Jehová se puede ver además en su traducción del resto del capítulo. Por varias otras razones gramaticales, la palabra *Teos* también carece de artículo definido en otros lugares de este capítulo, tales como el versículo 6 («Vino un hombre llamado Juan. Dios lo envió»), versículo 12 («les dio el derecho de ser hijos de Dios»), versículo 13 («sino que nacen de Dios»), y versículo 18 («A Dios nadie lo ha visto nunca»). Si los Testigos de Jehová fueran consistentes en su argumentación en cuanto a la ausencia del artículo definido, deberían haber traducido todos éstos casos con la frase «un dios», pero en cada uno de estos casos traducen «Dios».

Juan 20:28 en su contexto también es una fuerte prueba de la deidad de Cristo. Tomás había dudado de los informes de los otros discípulos de que habían visto a Jesús resucitado de los muertos, y dijo que no creería a menos que pudiera ver las huellas de los clavos en las manos de Jesús y poner su mano en su costado herido (Jn 20:25). Después Jesús se apareció a los discípulos cuando Tomás estaba con ellos. Le dijo a Tomás: «Pon tu dedo aquí y mira mis manos. Acerca tu mano y métela en mi costado. Y no seas incrédulo, sino hombre de fe» (Jn 20:27). En respuesta a esto, leemos que Tomás exclamó: «¡Señor mío y Dios mío!» (Jn 20:28). Aquí Tomás llamó a Jesús «Dios mío». La narración muestra que tanto Juan al escribir su Evangelio y Jesús mismo aprobó lo que Tomás había dicho y alentó a todos los que

---

lugar. Pero si ese fuera el caso, habría en el contexto algunos indicios de que Juan está usando la palabra *Teos* para hablar de un ser celestial que no era plenamente divino. Así que la pregunta surge: ¿De qué clase de Dios (o «dios») está hablando Juan en este contexto? ¿Está hablando del Dios uno y verdadero que creó los cielos y la tierra? En ese caso, *Teos* era definido y dejó fuera el artículo definido para mostrar que era el sustantivo predicado. ¿O acaso está Juan hablando de algún otro ser celestial («un dios») que no es el Dios uno y verdadero? En ese caso *Teos* fue indefinido y nunca tuvo el artículo definido en primer lugar.

El contexto decide este asunto claramente. De los otros usos de la palabra *Teos* para indicar «Dios» en los vv. 1, 2, 6, 12, 13, et al., y de las palabras de apertura que traen a colación Gn 1:1 («En el principio»), es claro que Juan está hablando del Dios uno y verdadero que creó los cielos y la tierra. Eso significa que *Teos* en el v. 2 se debe entender como refiriéndose al mismo Dios por igual.

[13]El argumento se halla en un ataque detallado, más bien extenso, contra la doctrina de la Trinidad: *Should You Believe in the Trinity?* (no se menciona el autor; Watchtower Bible and Tract Society, Brooklyn, N.Y., 1989). Este grupo evidentemente considera este folleto una declaración significativa de su posición, porque en la página 2 indica: «Primera edición en inglés: 5.000.0000 de ejemplares». El folleto primero presenta el argumento tradicional de que Juan 1:1 se debe traducir «un dios» debido a la ausencia del artículo definido (p. 27). Pero más adelante reconoce que la regla de Colwell es pertinente para Juan 1:1 (p. 28) y allí admite que el contexto, no la ausencia del artículo definido, determina si debemos traducir «El Verbo era Dios» (definido) o «el Verbo era un dios» (indefinido). Luego argumenta como sigue: «. . . cuando el contexto lo requiere, los traductores pueden insertar un artículo indefinido frente al sustantivo en este tipo de estructura de oración. ¿Requiere el contexto un artículo indefinido en Juan 1:1? Sí, porque el testimonio de la Biblia entera es que Jesús no es el Dios Todopoderoso» (p. 28).

Debemos notar cuidadosamente la debilidad de este argumento: admiten que el contexto es decisivo, pero luego no citan ni un ápice de evidencia del contexto de Juan 1:1. Más bien, simplemente aseveran de nuevo su conclusión en cuanto a «la Biblia entera». Si concuerdan que el contexto es decisivo, pero no pueden hallar nada en este contexto que respalde su punto de vista, simplemente han perdido el debate. Por consiguiente, habiendo reconocido la regla de Colwell, con todo se aferran a su punto de vista sobre Juan 1:1, sin ninguna evidencia que lo respalde. Aferrarse a un punto de vista sin evidencia que la respalde es simplemente irracional.

El folleto como un todo dará la apariencia de una obra escolástica para laicos, puesto que cita a docenas de teólogos y obras de referencia académica (siempre sin ninguna documentación adecuada). Sin embargo, muchas citas se toman fuera de contexto y se las hace decir algo que los autores jamás intentaron, y otras son de eruditos católicos o protestantes de teología liberal que igualmente cuestionan la doctrina de la Trinidad y la veracidad de la Biblia.

oyeron a Tomás a creer lo mismo que Tomás. Jesús de inmediato le responde a Tomás: «Porque me has visto, has creído ... dichosos los que no han visto y sin embargo creen» (Jn 20:29). En lo que a Juan atañe, este es el dramático punto cumbre del evangelio, porque inmediatamente le dice al lector, y en el mismo siguiente versículo, que esta es la razón por la que escribió:

> Jesús hizo muchas otras señales milagrosas en presencia de sus discípulos, las cuales no están registradas en este libro. Pero éstas se han escrito para que ustedes crean que Jesús es el Cristo, el Hijo de Dios, y para que al creer en su nombre tengan vida (Jn 20:30-31).

Jesús habla de los que no le verán y sin embargo creerán, y Juan de inmediato le dice a los lectores que ha incluido los acontecimientos escritos en su Evangelio para que ellos puedan creer también de esta manera, imitando a Tomás en su confesión de fe. En otras palabras, todo el evangelio fue escrito para persuadir a las personas a imitar a Tomás, que sinceramente llamó a Jesús: «Señor mío y Dios mío». Debido a que Juan presenta esto como el propósito de su evangelio, la oración cobra fuerza adicional.[14]

Otros pasajes que hablan de Jesús como plenamente divino incluyen Hebreos 1, en donde el autor dice que Cristo es la «fiel imagen» (v. 3, gr. *karákter*, «duplicado exacto») de la naturaleza o ser (gr. *jupostasis*) de Dios; lo que quiere decir que Dios Hijo duplica exactamente el ser o la naturaleza de Dios Padre en todo detalle; cualquier atributo o poder que Dios Padre tiene, Dios Hijo lo tiene por igual. El autor pasa a referirse al Hijo como «Dios» en el versículo 8 («Pero con respecto al Hijo dice: «Tu trono, oh Dios, permanece por los siglos de los siglos»), y le atribuye a Cristo la creación de los cielos cuando dice de él: «En el principio, oh Señor, tú afirmaste la tierra, y los cielos son la obra de tus manos» (Heb 1:10, citando Sal 102:25). Tito 2:13 se refiere a «nuestro gran *Dios* y Salvador Jesucristo», y 2 Pedro 1:1 habla de «la justicia de nuestro *Dios* y Salvador Jesucristo».[15] Romanos 9:5, hablando del

---

[14]El folleto de los Testigos de Jehová *Should You Believe in the Trinity?* ofrece dos explicaciones para Juan 20:28: (1) «Para Tomás Jesús era como «un dios», especialmente en la circunstancia milagrosa que motivó su exclamación» (p. 29). Pero esta explicación no convence, porque Tomás no dijo: «tú eres como un dios», sino más bien llamó a Jesús «Dios mío». El texto griego tiene el artículo definido (no se puede traducir «un dios») y es explícito: *jo Teos mou* no es «un Dios mío» si no «mi Dios».

(2) La segunda explicación que ofrecen es que «Tomás tal vez simplemente lanzó una exclamación emocional de asombro, dicha a Jesús pero dirigida a Dios» (ibid.). La segunda parte de esta oración: «dicha a Jesús pero dirigida a Dios», es simplemente incoherente; puede querer decir: «dicha a Jesús pero no dicha a Jesús», lo que no es solo contradictorio en sí mismo, sino también imposible; si Tomás estaba hablando con Jesús también estaba dirigiendo sus palabras a Jesús. La primera parte de esta oración, la afirmación de que Tomás en realidad no está llamando a Jesús «Dios», sino meramente lanzando una interjección o palabras involuntarias de exclamación, no tiene mérito, porque el versículo dice claramente que Tomás no está hablando al aire sino hablando directamente a Jesús: «Entonces Tomás respondió y *le* dijo: ¡Señor mío, y Dios mío!» (Jn 20:28, RVR). Inmediatamente tanto Jesús como Juan en su escrito elogian a Tomás, ciertamente no por lanzar una interjección sino por creer en Jesús como su Señor y Dios.

[15]Tanto Tito 2:13 y 2 Pedro 1:1 tienen notas al margen en la RSV en inglés, por las que a Jesús se hace referencia como siendo una persona diferente de «Dios», y por consiguiente no se le llama Dios: «el gran Dios y nuestro Salvador Jesucristo» (Tit 2:13, margen, RSV) y «nuestro Dios y el Salvador Jesucristo» (2P 1:1, margen, RSV). Estas traducciones alternas son posibles gramaticalmente pero improbables. Ambos versículos tienen la misma construcción en griego, en la cual un artículo definido gobierna dos sustantivos unidos por la palabra griega para *y* (*kai*). En todos los casos en donde se halla esta construcción se ve a los dos sustantivos como unificados de alguna

pueblo judío, dice: «De ellos son los patriarcas, y de ellos, según la naturaleza humana, nació Cristo, quien es Dios sobre todas las cosas. !¡Alabado sea por siempre! Amén».[16]

En el Antiguo Testamento, Isaías 9:6 predice:

Porque nos ha nacido un niño, se nos ha concedido un hijo;
la soberanía reposará sobre sus hombros, y se le darán estos nombres:
Consejero admirable, Dios fuerte.

Al aplicarse esta profecía a Cristo, se refiere a él como «Dios fuerte». Note la aplicación similar de los títulos «Señor» y «Dios» en la profecía de la venida del Mesías en Isaías 40:3: «Preparen en el desierto un camino para el Señor; enderecen en la estepa un sendero para nuestro Dios», citada por Juan el Bautista en preparación para la venida de Cristo en Mateo 3:3.

En el capítulo 26, abajo, se considerarán muchos otros pasajes, pero estos deberían ser suficientes para demostrar que el Nuevo Testamento claramente se refiere a Cristo como plenamente Dios. Como Pablo dice en Colosenses 2:9: «Toda la plenitud de la divinidad habita en forma corporal en Cristo».

Luego, *el Espíritu Santo también es plenamente Dios.* Una vez que entendemos que Dios Padre y Dios Hijo son plenamente Dios, las expresiones trinitarias en versículos como Mateo 28:19 («bautizándolos en el nombre del Padre y del Hijo y del Espíritu Santo») cobran significación para la doctrina del Espíritu Santo, porque muestran que al Espíritu Santo se le clasifica en un nivel igual con el Padre y el Hijo. Esto se puede ver si reconocemos lo inimaginable de que Jesús hubiera dicho algo como: «Bautícenlos en el nombre del Padre, y del Hijo y del arcángel Miguel»; esto le habría dado a un ser creado una posición enteramente inapropiada incluso para un arcángel. Los creyentes en todos los siglos pueden ser bautizados solamen-

---

manera, y a menudo son dos nombres separados para la misma persona o cosa. Especialmente significativo es 2Pedro 1:1, porque Pedro usa exactamente la misma construcción otras tres veces en el libro para hablar de «nuestro Señor y Salvador Jesucristo» (1P 1:11; 2:20; 3:18). En estos otros tres versículos las palabras en griego son exactamente las mismas en todo detalle que excepto la palabra *Señor (kurios)* se usa en lugar de la palabra *Dios (Teos).* Si en todas estas otras tres instancias se traducen: «nuestro *Señor* y Salvador Jesucristo, como lo son en todas las principales traducciones, su consistencia en la traducción parece exigir la traducción de 2 Pedro 1:1 como: «nuestro *Dios* y Salvador Jesucristo», de nuevo refiriéndose a Cristo como Dios. En Tito 2:13 Pablo está escribiendo acerca de la esperanza de la segunda venida de Cristo, que los escritores del Nuevo Testamento consistentemente hablan en términos que hacen énfasis en la manifestación de Jesucristo en su gloria, no en términos que recalcan la gloria del Padre.

[16]La lectura marginal de la NVI en inglés es similar a la lectura del principal texto de la RSV en inglés, que dice: «y de su raza, según la carne, es el Cristo. Dios que es sobre todas las cosas sea bendito para siempre. Amén» (Ro 9:5, RSV en inglés). Pero esta traducción es mucho menos probable en base gramatical o contextual, y se justifica primordialmente aduciendo que Pablo no se habría referido a Cristo como «Dios». La traducción de la NVI, que se refiere a Cristo como «Dios sobre todas las cosas», es preferible porque (1) el patrón normal de Pablo es declarar una palabra de bendición respecto a la persona de quien ha estado hablando, que en este caso es Cristo; (2) el participio griego *on*, «siendo», que hace que la frase literalmente diga: «quien, siendo Dios sobre todas las cosas escrito para siempre», sería redundante si Pablo estuviera empezando una nueva oración como lo tiene la RSV; (3) cuando Pablo en otros lugares empieza una nueva oración con una palabra de bendición a Dios, la palabra «bendito» viene primero en la oración griega (vea 2Co 1:3; Ef 1:3; cf. el patrón de Pedro en 1P 1:3), pero aquí la expresión no sigue ese patrón, lo que hace improbable la traducción de la RSV. Vea Donald Guthrie, *New Testament Theology* (Inter-Varsity Press, Leicester, 1981), pp. 339–40. Para un tratamiento definitivo de todos los textos del Nuevo Testamento que segrega Jesús como «Dios», vea Murray Harris, *Jesus as God* (Grand Rapids: Baker, 1992).

te en el nombre (y por consiguiente en una toma de carácter) de Dios mismo.[17] (Note también los otros pasajes trinitarios mencionados arriba: 1 Co 12:4–6; 2 Co 13:14; Ef 4:4–6; 1 P 1:2; Jud 20–21).

En Hechos 5:3-4 Pedro le pregunta a Ananías: «¿Cómo es posible que Satanás haya llenado tu corazón para que le mintieras al Espíritu Santo … ¡No has mentido a los hombres sino *a Dios!*». De acuerdo a las palabras de Pedro, mentirle al Espíritu Santo es mentirle a Dios. Pablo dice en 1 Corintios 3:16: «¿No saben que ustedes son templo de Dios y que el Espíritu de Dios habita en ustedes?» El templo de Dios es el lugar donde Dios mismo mora, lo que Pablo explica por el hecho de que «el Espíritu de Dios» mora allí, de este modo evidentemente igualando al Espíritu de Dios con Dios mismo.

David pregunta en Salmo 139:7-8: «¿Adónde podría alejarme de tu Espíritu? ¿Adónde podría huir de tu presencia? Si subiera al cielo, allí estás tú». Este pasaje atribuye al Espíritu Santo la característica divina de omnipresencia, algo que no se aplica a ninguna de las criaturas de Dios. Parece que David está igualando al Espíritu de Dios con la presencia de Dios. Huir del Espíritu de Dios es huir de su presencia, pero si no hay ningún lugar a donde David pueda huir del Espíritu de Dios, entonces él sabe que donde quiera que vaya también tendrá que decir: «Tú estás allí».

Pablo le atribuye al Espíritu Santo la característica divina de omnisciencia en 1 Corintios 2:10-11: «El Espíritu lo examina todo, hasta las profundidades de Dios. En efecto, ¿quién conoce los pensamientos del ser humano sino su propio espíritu que está en él? Así mismo, nadie conoce los pensamientos de Dios [gr. literalmente «las cosas de Dios»] sino el Espíritu de Dios».

Es más, la actividad de dar el nuevo nacimiento a toda persona que nace de nuevo es obra del Espíritu Santo. Jesús dijo: «Yo te aseguro que quien no nazca de agua y del Espíritu, no puede entrar en el reino de Dios. Lo que nace del cuerpo es cuerpo; lo que nace del Espíritu es espíritu. No te sorprendas de que te haya dicho: "Tienen que nacer de nuevo"» (Jn 3:5-7). Pero la obra de dar vida nueva espiritual a los seres humanos cuando se convierten es algo que sólo Dios puede hacer (cf. 1 Jn 3:9: «nacido de Dios»). Este pasaje, por consiguiente, da otra indicación de que el Espíritu Santo es plenamente Dios.

Hasta este punto tenemos dos conclusiones, y ambas se enseñan por profusamente toda la Biblia:

1. Dios es tres personas
2. Cada persona es plenamente Dios.

Si la Biblia enseñara sólo estos dos hechos, no habría problema lógico por ningún lado en hacerlos encajar uno con otro, porque la solución obvia sería que hay

---

[17]1Ti 5:21 no se debería ver cómo ejemplo contrario a esta afirmación, porque allí Pablo simplemente está advirtiendo a Timoteo en presencia de una hueste de testigo celestiales, tanto divinos como evangélicos, que él sabe que están observando la conducta de Timoteo. Esto es similar a la mención de Dios y Cristo y los ángeles del cielo y los «justos que han llegado a la perfección» en Heb 12:22-24, en donde se menciona una gran asamblea celestial. 1Ti 5:21 se debería ver, por consiguiente, como significativamente diferente de los pasajes trinitarios mencionados arriba, puesto que estos pasajes hablan de actividades únicamente divinas, tales como repartir dones a todo creyente (1Co 12:4-6) o tener el nombre en el cual todos los creyentes son bautizados (Mt 28:19).

tres dioses. El Padre es plenamente Dios, el Hijo es plenamente Dios, y el Espíritu Santo es plenamente Dios. Tendríamos un sistema en donde hay tres seres igualmente divinos. Tal sistema de creencias se llamaría politeísmo; o, más específicamente, «triteísmo», o la creencia en tres dioses. Pero eso dista mucho de lo que la Biblia enseña.

3. Hay sólo un Dios. La Biblia dice claramente que hay un Dios y sólo uno. Las tres personas diferentes de la Trinidad son una no sólo en propósito y en acuerdo en lo que piensan, sino que son una en esencia, una en su naturaleza esencial. En otras palabras, Dios es sólo un ser. No hay tres dioses. Hay sólo un Dios.

Uno de los pasajes más conocidos del Antiguo Testamento es Deuteronomio 6:4-5: «Escucha, Israel: El Señor nuestro Dios es *el único Señor*. Ama al Señor tu Dios con todo tu corazón y con toda tu alma y con todas tus fuerzas».

Cuando Moisés canta:

> ¿Quién, Señor, se te compara entre los dioses?
>   ¿Quién se te compara en grandeza y santidad?
>   Tú, hacedor de maravillas, nos impresionas con tus portentos
>   (Éx 15:11)

la respuesta obviamente es: «nadie». Dios es único, y no hay nadie como él y no puede haber nadie como él. De hecho, Salomón ora: «Así todos los pueblos de la tierra sabrán que el Señor es Dios, y que no hay otro» (1 R 8:60).

Cuando Dios habla, repetidamente dice sin dejar duda que él es el único Dios verdadero; la idea de que hay tres dioses para adorar antes que uno sería impensable a la luz de estas afirmaciones extremadamente fuertes. Sólo Dios es el único Dios verdadero y no hay nadie como él. Cuando habla, sólo él habla; no está hablando como un Dios de tres que deben ser adorados. Él dice:

> Yo soy el Señor, y no hay otro;
>   fuera de mí no hay ningún Dios.
>   Aunque tú no me conoces, te fortaleceré,
> para que sepan de oriente a occidente
>   que no hay ningún otro fuera de mí.
> Yo soy el Señor, y no hay ningún otro. (Is 45:5-6)

De modo similar, llama a todos en la tierra a que se vuelvan a él:

> Fuera de mí no hay otro Dios;
> Dios justo y Salvador,
>   no hay ningún otro fuera de mí.
> Vuelvan a mí y sean salvos,
>   todos los confines de la tierra,
>   porque yo soy Dios, y no hay ningún otro.
>   (Is 45:21-22; cf. 44:6-8).

El Nuevo Testamento también afirma que hay sólo un Dios. Pablo escribe: «Porque hay un solo Dios y un solo mediador entre Dios y los hombres, Jesucristo hombre» (1 Ti 2:5). Pablo afirma que «no hay más que un solo Dios» (Ro 3:30), y que «no hay más que un solo Dios» (1 Co 8:6).[18] Finalmente, Santiago reconoce que incluso los demonios reconocen que hay sólo un Dios, aunque su asentimiento intelectual al hecho no es suficiente para salvarlos: «¿Tú crees que hay un solo Dios? ¡Magnífico! También los demonios lo creen, y tiemblan» (Stg 2:19). Pero claramente Santiago afirma que uno «hace bien» en creer que «Dios es uno».

4. Todas las soluciones simplistas deben negar una hebra de la enseñanza bíblica. Ahora tenemos tres declaraciones, todas las cuales se enseñan en la Biblia.

1. Dios es tres personas
2. Cada persona es plenamente Dios.
3. Hay sólo un Dios.

En toda la historia de la iglesia ha habido esfuerzos por concebir una solución sencilla a la doctrina de la Trinidad negando una u otra de estas afirmaciones. Si alguien *niega la primera afirmación,* nos deja con el hecho de que cada una de las personas que se mencionan en la Biblia (Padre, Hijo y Espíritu Santo) es Dios, y que hay sólo un Dios. Pero si no tenemos que decir que son tres personas distintas, hay una solución fácil: son simplemente nombres diferentes de una persona que actúa diferente en diferentes ocasiones. A veces esta personas se llama a sí mismo Padre, a veces se llama Hijo, y a veces se llama Espíritu.[19] No tenemos dificultad en entender eso, porque en nuestra propia experiencia la misma persona puede actuar en un momento como abogado (por ejemplo), en otro momento como padre de sus propios hijos, y en otro momento como hijo respecto a sus padres; el mismo individuo es un abogado, padre e hijo. Pero tal solución negaría el hecho de que las tres personas son individuos distintos, que Dios Padre envía a Dios Hijo al mundo, y que el Hijo ora al Padre, y que el Espíritu Santo intercede por nosotros ante el Padre.

Otra solución sencilla se hallaría al *negar la segunda afirmación,* es decir, al negar que alguna de las personas que la Biblia menciona realmente es Dios plenamente. Si simplemente sostenemos que Dios es tres personas, y que hay sólo un Dios, tal vez podríamos vernos tentados a decir que alguna de las «personas» en este un Dios no es plenamente Dios, sino que es una parte subordinada o creada de Dios.

---

[18]1 Co 8:6 no niega que Dios Hijo y Dios Espíritu Santo sean también «Dios», sino que aquí Pablo dice que a Dios Padre se identifica como este «sólo un Dios». En otras partes, como hemos visto, puede hablar de Dios Hijo y Dios Espíritu Santo también como «Dios». Es más, en este mismo versículo, pasa hablar de «no hay más que un solo Señor, es decir, Jesucristo, por quien todo existe y por medio del cual vivimos». Aquí usa la palabra *Señor* en su sentido total del Antiguo Testamento de «Jehová» como nombre para Dios, y dice que esta es la persona por medio de quien todas las cosas fueron creadas, afirmando así la plena deidad de Cristo por igual, pero con un nombre diferente. De este modo, este versículo afirma tanto la unidad de Dios y la diversidad de las personas en Dios.

[19]El término técnico para este punto de vista es modalismo, que fue una herejía condenada en la iglesia antigua; vea la explicación más abajo.

Esta solución la tomarían, por ejemplo, los que niegan la plena deidad del Hijo (y del Espíritu Santo).[20] Pero, como vimos arriba, esta solución tendría que negar una categoría entera de la enseñanza bíblica.

Finalmente, como se anotó arriba, una solución sencilla surgiría al *negar que hay sólo un Dios*. Pero esto resultaría en una creencia en tres dioses, algo claramente contrario a la Biblia.

Aunque el tercer error no ha sido común, como veremos más abajo, cada uno de los primeros dos errores ha aparecido en un tiempo u otro en la historia de la iglesia y todavía persiste en algunos grupos de hoy.

5. Toda analogía tiene sus limitaciones. Si no podemos adoptar ninguna de estas soluciones sencillas, ¿cómo podríamos unir estas tres verdades de la Biblia y mantener la doctrina de la Trinidad? A veces algunos han usado varias analogías derivadas de la naturaleza o de la experiencia humana intentando explicar esta doctrina. Aunque estas analogías son útiles a un nivel elemental de entendimiento, todas resultan inadecuadas o equívocas bajo mayor reflexión. Decir, por ejemplo, que Dios es como un trébol, que tiene tres partes y sin embargo sigue siendo un trébol, falla porque cada hoja es sólo una parte del trébol, y no se puede decir de una hoja que sea todo el trébol. Pero en la Trinidad cada una de las personas no es simplemente una parte separada de Dios, sino que cada una es plenamente Dios. Es más, la hoja de un trébol es impersonal y no tiene personalidad distinta y compleja de la manera que la tiene cada persona de la Trinidad.

Otros han usado la analogía del árbol con tres partes: raíz, tronco y ramas, y todas constituyen un solo árbol. Pero surge un problema similar, porque estas son sólo partes de un árbol, y de ninguna de ellas se puede decir que sea todo el árbol. Es más, en esta analogía las partes tienen propiedades diferentes, a diferencia de las personas de la Trinidad, todas las cuales poseen todos los atributos de Dios en igual medida. Y la falta de personalidad en cada parte es igualmente una deficiencia.

La analogía de las tres formas del agua (vapor, agua y hielo) es también inadecuada porque (a) ninguna parte del agua jamás es las tres cosas a la vez,[21] (b) tienen diferentes propiedades o características, (c) la analogía no tiene algo que corresponda al hecho de que hay sólo un Dios (no hay tal cosa como «un agua» o «toda el agua en el universo»), y (d) falta el elemento de la personalidad inteligente.

Se han derivado otras analogías de la experiencia humana. Se pudiera decir que la Trinidad es como el hombre que a la vez que es agricultor, alcalde de la ciudad y anciano en la iglesia. Funciona en papeles diferentes en ocasiones diferentes, pero es un solo hombre. Sin embargo, esta analogía es muy deficiente porque hay sólo un individuo haciendo estas tres actividades en tiempos diferentes, y la analogía no puede explicar la interacción personal entre los miembros de la Trinidad. (De hecho, esta analogía simplemente enseña la herejía llamada modalismo, que se considera más abajo).

---

[20]El término técnico para este punto de vista es arrianismo, que fue otra herejía condenada en la iglesia antigua; vea la explicación más abajo.

[21]Hay una cierta condición atmosférica (que los químicos llaman «punto triple») en la cual el vapor, agua líquida, y el hielo pueden existir simultáneamente, pero incluso entonces la cantidad de agua que es vapor no es hielo o líquido, la cantidad de líquido no es vapor o hielo, etc.

Otra analogía tomada de la vida humana es la unión del intelecto, las emociones y la voluntad en un solo ser humano. Aunque estas son partes de la personalidad, sin embargo, ningún factor constituye la persona entera; y las partes no son idénticas en características sino que tienen capacidades diferentes.

Así que, ¿qué analogía debemos usar para enseñar la Trinidad? Aunque la Biblia usa muchas analogías de la naturaleza y la vida para enseñarnos varios aspectos del carácter de Dios (Dios es como una roca en su fidelidad, es como un pastor en su cuidado, etc.), es interesante que en ninguna parte la Biblia usa analogía alguna para enseñar la doctrina de la Trinidad. Lo más cercano que tenemos a una analogía se halla en los mismo títulos «Padre» e «Hijo»; títulos que claramente hablan de personas distintas y de la estrecha relación que existe entre ellos en una familia humana. Pero a nivel humano, por supuesto, tenemos dos seres humanos enteramente separados, y no un ser compuesto de tres personas distintas. Es mejor concluir que ninguna analogía expresa adecuadamente lo que es la Trinidad, y todas desorientan de maneras significativas.

6. Dios existe eterna y necesariamente como la Trinidad. Cuando fue creado el universo, Dios Padre habló las palabras creadoras poderosas que lo hicieron existir, Dios Hijo fue el agente divino que realizó estas palabras (Jn 1:3; 1 Co 8:6; Col 1:16; Heb 1:2), y Dios Espíritu Santo estaba activo «iba y venía sobre la superficie de las aguas» (Gn 1:2). Así que es como esperaríamos: si los tres miembros de la Trinidad son igual y plenamente divinos, los tres han existido por toda la eternidad, y Dios ha existido eternamente como Trinidad (cf. también Jn 17:5, 24). Es más, Dios no puede ser otro que el que es, porque es inmutable (vea capítulo 11 arriba). Por consiguiente, parece apropiado concluir que Dios necesariamente existe como Trinidad; no puede ser otra cosa que lo que él es.

C. Han surgido errores al negar alguna de estas tres afirmaciones que resumen la enseñanza bíblica

En la sección anterior vimos cómo la Biblia exige que expresemos las siguientes tres afirmaciones:

1. Dios es tres personas
2. Cada persona es plenamente Dios.
3. Hay sólo un Dios.

Antes de examinar más las diferencias entre Padre, Hijo y Espíritu Santo, y la manera en que se relacionan entre sí, es importante considerar algunos de los errores doctrinales en cuanto a la Trinidad que han surgido en la historia de la iglesia. En esta revisión histórica veremos algunos de los errores que debemos evadir en cualquier pensamiento ulterior en cuanto a esta doctrina. De hecho, los

principales errores trinitarios que han surgido, han resultado debido a una negación de una u otra de estas tres afirmaciones primordiales.[22]

**1. El modalismo aduce que hay sólo una persona que se nos presenta en tres
formas (o «modos») diferentes.** En varias ocasiones algunos han enseñado que
Dios no es en realidad tres personas distintas, sino una sola persona que se aparece
a los seres humanos en diferentes «modos» en ocasiones diferentes. Por ejemplo,
en el Antiguo Testamento Dios aparece como «Padre». En los Evangelios, esta
misma persona divina apareció como «el Hijo» como se ve en la vida humana y ministerio de Jesús. Después de Pentecostés, esta misma persona entonces se nos reveló como el «Espíritu» activo en la iglesia.

A esta enseñanza también se hace referencia con dos otros nombres. A veces se
le llama sabelianismo, por un maestro llamado Sabelio que vivió en Roma a principios del siglo III d.C. Otro nombre que se le da al modalismo es «monarquismo-
modalista», debido a que esta enseñanza no sólo dice que Dios se nos reveló en
«modos» diferentes sino también dice que hay sólo un supremo gobernador («monarca») en el universo y que es Dios mismo, que consiste de sólo una persona.

El modalismo obtiene su atractivo del deseo de recalcar claramente el hecho de
que sólo hay un Dios. Puede aducir respaldo no sólo de pasajes que hablan de un
solo Dios, sino también de pasajes como Jn 10:30 («El Padre y yo somos uno») y
Jn 14:9 («El que me ha visto a mí, ha visto al Padre»). Sin embargo, el último pasaje
puede simplemente significar que Jesús revela plenamente el carácter de Dios Padre, y el pasaje anterior (Jn 10:30), en un contexto en el que Jesús afirma que realizará todo lo que el Padre le ha dado que haga y salvará a todos los que el Padre le
ha dado, parece querer decir que Jesús y el Padre son uno en propósito (aunque
también pudiera implicar unidad de esencia).

La debilidad fatal del modalismo es el hecho de que debe negar las relaciones
personales dentro de la Trinidad que aparecen en tantos lugares de la Biblia (o
debe afirmar que estas fueron simplemente una ilusión, no algo real). Por tanto,
debe negar que hubo tres personas separadas en el bautismo de Jesús, donde el
Padre habla desde el cielo, y el Espíritu desciende sobre Jesús como una paloma.
Debe decir que todas esas instancias en donde Jesús ora al Padre son una ilusión o
una charada. La idea del Hijo o el Espíritu Santo intercediendo por nosotros ante
Dios Padre se pierde. Finalmente, el modalismo en última instancia pierde la esencia de la doctrina de la expiación; es decir, la idea de que Dios envió a su Hijo como
sacrificio sustitutivo, y que el Hijo llevó la ira de Dios en nuestro lugar, y que el
Padre, representando los intereses de la Trinidad, vio el sufrimiento de Cristo y
quedó satisfecho (Is 53:11).

Es más, el modalismo niega la independencia de Dios, porque si Dios es sólo
una persona, no tiene capacidad de amar o comunicarse sin otras personas en su
creación. Por consiguiente fue necesario que creara al mundo, y Dios ya no sería
independiente de la creación (vea capítulo 12 sobre la independencia de Dios).

---

[22]Una excelente explicación de la historia e implicaciones teológicas de las herejías trinitarias se consideran en
esta sección se halla en Harold O. J. Brown, *Heresies: The Image of Christ in the Mirror of Heresy and Orthodoxy from
the Apostles to the Present* (Doubleday, Garden City, N.Y., 1984), pp. 95–157.

Una presente denominación dentro del protestantismo (definida ampliamente), la Iglesia Pentecostal Unida, es modalista en su posición doctrinal.[23]

2. El arrianismo niega la plena deidad del Hijo y del Espíritu Santo

a. La controversia arriana. El término *arrianismo* se deriva de Arrio, obispo de Alejandría, cuyos puntos de vista fueron condenados en el Concilio de Nicea en el 325 d.C., y que murió en el 336 d.C. Arrio enseñaba que Dios Padre en cierto momento creó al Hijo, y que antes de ese tiempo el Hijo no existía, ni tampoco el Espíritu Santo, sino sólo el Padre. Por tanto, aunque el Hijo es un ser celestial que existía antes que el resto de la creación y que es mucho mayor que todo el resto de la creación, con todo no es igual al Padre en todos sus atributos; se puede incluso decir que es «como el Padre» o «similar al Padre» en su naturaleza, pero no se puede decir que sea «de la misma naturaleza» como el Padre.

Los arrianos dependen fuertemente en pasajes que llaman a Cristo el Hijo *«unigénito»* de Dios (Jn 1:14; 3:16, 18; 1 Jn 4:9). Si Cristo fue «engendrado» por Dios Padre, razonaban, eso debe querer decir que Dios Padre le dio la existencia (porque la palabra «engendrar» en la experiencia humana se refiere al papel del padre en la concepción del hijo). En Colosenses 1:15 hay respaldo adicional para el concepto arriano : «Él es la imagen del Dios invisible, *el primogénito de toda creación»*. ¿Acaso la expresión «primogénito» aquí no implica que el Hijo fue en un punto traído a existencia por el Padre?[24] Y si esto es verdad del Hijo, necesariamente debe ser cierto del Espíritu Santo también.

Pero estos pasajes no nos exigen creer la posición arriana. Colosenses 1:15, que llama a Cristo «el primogénito de toda creación», se entiende mejor si se dice que quiere decir que Cristo tiene los derechos o privilegios del «primogénito»; es decir, de acuerdo al uso y costumbre bíblicos, el derecho de liderazgo o autoridad en la

---

[23]Algunos de los dirigentes que formaron este grupo habían sido anteriormente obligados a salir de las Asambleas de Dios cuando las Asambleas decidieron insistir en una declaración trinitaria de fe para sus ministros en 1916. A la Iglesia Pentecostal Unida a veces se la identifica con el eslogan «Jesús solo», e insiste que las personas deben ser bautizadas en el nombre de Jesús, y no en el nombre del Padre, Hijo y Espíritu Santo. Debido a su negación de tres personas distintas en Dios, a la denominación no se le debería considerar evangélica, y es dudoso si se la debería considerar genuinamente cristiana en última instancia.

[24]Los arrianos también usaban Pr 8:22, y ganaron respaldo del hecho de que la Septuaginta equivocadamente tradujo: «El Señor me creó» (gr. *ktizo*, antes que «El Señor me adquirió o me poseyó » (gr. *ktaomai*. Vea la explicación de este versículo arriba, pp. 229-30.

Los Testigos de Jehová, que son arrianos del día moderno, también señalan a Ap 3:14, en donde Jesús se llama a sí mismo «el principio de la creación de Dios» (RVR), y lo toman como queriendo decir que «Jesús fue creado por Dios como el principio de las creaciones invisibles de Dios» (no se menciona autor, *Should You Believe in the Trinity?* [Watch Tower Bible and Tract Society, Brooklyn, N.Y., 1989], p. 14). Pero este versículo no quiere decir que Jesús fue el primer ser creado, porque la misma palabra para «principio» (gr. *arqué*) la usa Jesús cuando dice que él es «el Alfa y la Omega, el Primero y el Último, el *Principio* y el Fin» (Ap 22:13), y «principio» aquí es sinónimo de «Alfa» y «primero». Dios Padre similarmente dice que sí mismo: «Yo soy el Alfa y la Omega» (Ap 1:8). En ambos casos ser «el Alfa» o «el principio» quiere decir ser el que estaba allí antes de que alguna otra cosa existiera. La palabra no implica que el Hijo fue creado o que hubo un tiempo cuando empezó a ser, porque tanto que el Padre y el Hijo siempre han sido «el Alfa y la Omega» y «el principio y el fin», puesto que han existido eternamente. (El historiador judío Josefo usa la misma palabra para llamar a Dios el «principio (*arqué*) de «todas las cosas», pero ciertamente no piensa que Dios mismo fue creado: vea *Against Apion* 2.190.)

La NVI traduce este versículo diferentemente: «el soberano de la creación de Dios». Este es un sentido alterno aceptable para *arqué*; vea el mismo significado en Lc 12:11; Tit 3:1.

* Vea apéndice 6, pp. 1233-34.

familia de la generación de uno. (Note Heb 12:16 en donde se dice de Esaú que vendió su «primogenitura»; la palabra griega *prototokia* es cognada del término *prototokos* «primogénito» en Col 1:15). Así que, Colosenses 1:15 significa que Cristo tiene los privilegios de autoridad y gobierno, privilegios que le pertenecen como «primogénito», pero con respecto a toda la creación. La NIV en inglés traduce esto en forma útil: «el primogénito *sobre toda creación*».

En cuanto a los pasajes que dicen que Cristo fue el «Hijo unigénito» de Dios, la iglesia primitiva sintió tan fuertemente la fuerza de muchos otros pasajes que mostraban que Cristo era plena y completamente Dios, que concluyeron que, lo que sea que «unigénito» significara, no significaba «creado».* Por consiguiente el credo niceno en 325 afirmó que Cristo era «engendrado, no hecho»:

> Creemos en un Dios, Padre Todopoderoso, Hacedor de todas las cosas visibles e invisibles, y en un Señor Jesucristo, Hijo de Dios, engendrado del Padre, el unigénito; es decir, de la esencia del Padre, Dios de Dios, luz de luz, el mismo Dios del mismo Dios, engendrado, no hecho, pues es de una sustancia (*jomoousion*) con el Padre ...[25]

Esta misma frase la reafirmó el concilio de Constantinopla en 381. Además, la frase «antes de todos los siglos» se añadió después de «engendrado del Padre», para mostrar que ese «engendrado» fue eterno. Nunca empezó a suceder, sino que es algo que había sido eternamente verdad de las relaciones entre el Padre y el Hijo. Sin embargo, la naturaleza de ese «engendrado» nunca se ha definido muy claramente, aparte de decir que tiene que ver con las relaciones entre el Padre y el Hijo, y que en algún sentido el Padre ha tenido eternamente primacía en esa relación.

En repudio adicional a la enseñanza de Arrio, el credo niceno insistía que Cristo era «de la misma sustancia que el Padre». La disputa con Arrio tenía que ver con dos palabras que se hicieron famosas en la historia de la doctrina cristiana, *homoousios* («de la misma naturaleza») y *homoiousios* («de naturaleza similar»).[26] La diferencia depende del significado diferente de dos prefijos griegos: *homo-* que quiere decir «mismo», y *homoi-* que quiere decir «similar». Arrio se contentaba con decir que Cristo era un ser celestial sobrenatural y que fue creado por Dios antes de la creación del resto del universo, e incluso que era «similar» a Dios en su naturaleza. Por tanto, Arrio aceptaba la palabra *homoiousios*. Pero el concilio de Nicea en 325 y el concilio de Constantinopla en 381 se dieron cuenta de que esto no era suficiente, porque si Cristo no era exactamente de la misma naturaleza del Padre, no es plenamente Dios. Así que ambos concilios insistieron en que los creyentes ortodoxos confiesen que Jesús es *homoousios* de la *misma* naturaleza de Dios Padre. La diferencia entre la dos palabras era sólo una letra, la letra griega iota, y algunos han criticado a la iglesia por permitir que una disputa doctrinal sobre una sola letra consuma tanta atención durante la mayor parte del siglo IV d.C. Algunos se han

---

[25]Esta es la forma original del credo niceno, pero más tarde fue modificado en el concilio de Constantinopla en 381 y allí tomó la forma que las iglesias de hoy conocen comúnmente como el «credo niceno». Este texto se toma de Philip Schaff, *Creeds of Christendom* 3 vols. (Baker, Grand Rapids, 1983 reimpresión de la edición de 1931), 1:28–29.

[26]Traducciones más antiguas de *homousios* a veces usan el término «cosustancial», palabra castellana no común que simplemente significa «de la misma sustancia o naturaleza».

preguntado: «¿Podría algo ser más necio que discutir por una sola letra en una palabra?» Pero la diferencia entre la dos palabras era profunda, y la presencia o ausencia de la iota realmente marcaba la diferencia entre el cristianismo bíblico, con una doctrina verdadera de la Trinidad, y una herejía que no aceptaba la plena deidad de Cristo, y por consiguiente no era trinitaria y a la larga destructiva para toda la fe cristiana.

b. Subordinacionismo. Al afirmar que el Hijo era de la misma naturaleza que el Padre, la iglesia primitiva también excluyó una doctrina falsa relacionada, es decir, el subordinacionismo. En tanto que el arrianismo sostenía que el Hijo fue creado y no era divino, el subordinacionismo sostenía que el Hijo era eterno (no creado) y divino, pero con todo no igual al Padre en ser o atributos; el Hijo era inferior o «subordinado» en ser a Dios Padre.[27] El padre de la iglesia primitiva Orígenes (ca. 185—254 d.C.) abogaba una forma de subordinacionismo que sostenía que el Hijo era inferior al Padre en ser, y que el Hijo eternamente deriva su ser del Padre. Orígenes intentaba proteger la distinción de personas y escribía antes de que la doctrina de la Trinidad fuera claramente formulada en la iglesia. El resto de la iglesia no le siguió sino que en el concilio de Nicea claramente rechazó su enseñanza.

Aunque muchos de los dirigentes de la iglesia primitiva contribuyeron a la formulación gradual de una doctrina correcta de la Trinidad, el más influyente de todos fue Atanasio. Tenía sólo veintinueve años cuando llegó al concilio de Nicea en 325 d.C., todavía no como miembro oficial sino como secretario de Alejandro, obispo de Alejandría. Sin embargo, su mente aguda y capacidad de escribir le permitió tener una influencia importante en el resultado del concilio, y él mismo llegó a ser obispo de Alejandría en 328. Aunque en Nicea fueron condenados, los arrianos rehusaron dejar de enseñar sus puntos de vista y usaron su considerable poder político en toda la iglesia para prolongar la controversia por la mayor parte del resto del siglo IV. Atanasio llegó a ser el punto focal del ataque arriano, y dedicó toda su vida a escribir y enseñar en contra de la herejía arriana. «Lo persiguieron con cinco exilios que abarcaron diecisiete años de huir y esconderse», pero, por sus incansables esfuerzos, «casi por sí solo Atanasio salvó a la iglesia del intelectualismo pagano».[28] El «credo atanasiano» que lleva su nombre no se piensa hoy que proceda de Atanasio mismo, pero es una afirmación muy clara de la doctrina trinitaria que ganó uso creciente en la iglesia desde alrededor del 400 d.C. y en adelante y todavía se usa en las iglesias católica y protestante hoy. (Vea apéndice 1).

c. Adopcionismo. Antes de dejar la discusión del arrianismo, hay que mencionar una enseñanza falsa relacionada. El «adopcionismo» es el concepto de que Jesús vivió como un hombre ordinario hasta su bautismo, pero que Dios «adoptó» a Jesús como su «Hijo» y le confirió poderes sobrenaturales. Los adopcionistas no

---

[27]La herejía del subordinacionismo, que sostiene que el Hijo es inferior en ser al Padre, se debe distinguir claramente de la doctrina ortodoxa de que el Hijo es eternamente subordinado al Padre en papel o función; sin esta verdad perderíamos la doctrina de la Trinidad, porque no tendríamos ninguna distinción eterna personal entre el Padre y el Hijo, y no serían eternamente Padre e Hijo. (Véase sección D. abajo sobre la diferencia entre el Padre, el Hijo, y Espíritu Santo).

[28]S. J. Mikolaski, "Athanasius," *NIDCC* 81.

sostienen que Cristo existió antes de que naciera como hombre; por consiguiente, no piensan que Cristo fue eterno, ni piensan que es el ser exaltado y sobrenatural creado por Dios que sostienen los arrianos. Los adopcionistas piensan que incluso después de que Jesús fue «adoptado» por Dios como el «Hijo», no fue divino en su naturaleza, sino solamente un hombre exaltado a quien Dios llamó su «Hijo» en un sentido único.

El adopcionismo nunca logró la fuerza de un movimiento como el arrianismo, pero hubo algunos que sostuvieron ideas adopcionistas de tiempo en tiempo en la iglesia primitiva, aunque sus puntos de vista nunca se aceptaron como ortodoxos. Muchos en tiempos modernos que piensan que Jesús fue un gran hombre, alguien a quien Dios concedió poderes de manera especial, pero que no era realmente divino, caerían en la categoría de adopcionistas. La hemos colocado aquí en relación con el arrianismo porque esta noción también, niega la deidad del Hijo (y, de modo similar, la deidad del Espíritu Santo).

La controversia sobre el arrianismo llegó a su cierre en el concilio de Constantinopla en el 381 d.C. El concilio reafirmó las declaraciones nicenas y añadió una declaración de la deidad del Espíritu Santo, que había caído bajo ataque en el período desde Nicea. Después de la frase «y el Espíritu Santo», Constantinopla añadió: «el Señor y Dador de la vida; que procede del Padre, que con el Padre y Hijo juntos es adorado y glorificado; de quien hablaron los profetas». La versión del credo que incluye las adiciones de Constantinopla es lo que comúnmente se conoce hoy como el credo niceno (vea en la p. 1232 el texto del Credo Niceno).

d. La cláusula filioqué. En conexión con el credo niceno, hay que mencionar brevemente un desdichado capítulo en la historia de la iglesia, y se trata de la controversia sobre la inserción de la cláusula filioqué en el credo niceno, inserción que con el tiempo llevaría a la división entre el cristianismo occidental (católico romano) y el cristianismo oriental (que consiste hoy de las varias ramas del cristianismo ortodoxo oriental, tales como la iglesia griega ortodoxa, la iglesia rusa ortodoxa, etc.) en el 1054 d.C.

La palabra *filioqué* es un término latino que quiere decir «y del Hijo». No se incluyó en el credo niceno ni en la primera versión del 325 d.C. ni en la segunda versión del 381 d.C. Esas versiones simplemente decían que el Espíritu Santo «procede del Padre». Pero en el año 589 d.C., en un concilio regional de la iglesia en Toledo (en lo que ahora es España), se añadió la frase «y del Hijo», de modo que el credo entonces decía que el Espíritu Santo «procede del Padre *y del Hijo (filioqué)*». A la luz de Jn 15:26 y 16:7, en donde Jesús dijo que enviaría al Espíritu Santo al mundo, parecía que no podía haber objeción a tal afirmación si se refería que el Espíritu Santo procedía del Padre y del Hijo en un punto en el tiempo (particularmente en Pentecostés). Pero esta fue una declaración en cuanto a la naturaleza de la Trinidad, y se entendió que la frase hablaba de las relaciones *eternas* entre el Espíritu Santo y el Hijo, algo que la Biblia nunca considera explícitamente.[29] La forma del Credo

---

[29]La palabra *procede* no se entendía como refiriéndose a crear el Espíritu Santo, ni ninguna derivación de su ser del Padre y del Hijo, sino indicando la manera en que el Espíritu Santo se relaciona eternamente al Padre y al Hijo.

Niceno que tenía esta frase adicional gradualmente ganó en uso general y obtuvo endoso oficial en el 1017 d.c. La controversia entera se complicó por políticas eclesiásticas y luchas por el poder, y esto que parecía ser un punto doctrinal muy insignificante fue la principal cuestión doctrinal en la división entre el cristianismo oriental y occidental en el 1054 d.C. (La cuestión política subyacente, sin embargo, fue la relación de la iglesia oriental a la autoridad del papa). La controversia doctrinal y la división entre las dos ramas del cristianismo no se han resuelto hasta el día de hoy.

¿Hay alguna posición correcta en este asunto? El peso de la evidencia (por tenue que parezca) parece favorecer claramente a la iglesia occidental. A pesar del hecho de que Jn 15:26 dice que el Espíritu de verdad «procede del Padre», esto no niega que proceda también del Hijo (tal como Jn 14:26 dice que el Padre enviaría al Espíritu Santo, pero Jn 16:7 dice que el Hijo enviaría al Espíritu Santo). De hecho, en la misma oración en Jn 15:26 Jesús habla del Espíritu Santo como el que «yo les enviaré de parte del Padre». Y si el Hijo junto con el Padre envía al Espíritu Santo al mundo, por analogía parecería apropiado decir que esto refleja el orden eterno de sus relaciones. Esto no es algo en lo que podemos insistir claramente basados en un versículo específico, pero mucho de nuestra comprensión de las relaciones *eternas* entre el Padre, Hijo y Espíritu Santo vienen por analogía de lo que la Biblia nos dice en cuanto a la manera en que se relacionan a la creación *en tiempo*». Es más, la formulación oriental corre el peligro de sugerir una distancia innatural entre el Hijo y el Espíritu Santo, lo que conduce a la posibilidad de que incluso en la adoración personal un énfasis en una experiencia más mística, inspirada por el Espíritu, se pudiera buscar a costa del descuido de una adoración racionalmente entendible de Cristo como Señor. No obstante, la controversia fue en última instancia sobre un punto de doctrina tan oscuro (esencialmente, las relaciones entre el Hijo y el Espíritu antes de la creación) que ciertamente no merecía una división en la iglesia.

e. La importancia de la doctrina de la Trinidad. ¿Por qué la iglesia se preocupó tanto por la doctrina de la Trinidad? ¿Es realmente esencial sostener la plena deidad del Hijo y del Espíritu Santo? Sí, lo es; porque esta enseñanza tiene implicaciones para la médula misma de la fe cristiana. Primero, la expiación está en juego. Si Jesús es solo un ser creado, y no plenamente Dios, es difícil ver cómo él, una criatura, pudo aguantar la total ira de Dios contra todos nuestros pecados. ¿Podría alguna criatura, por grande que sea, de veras salvarnos? Segundo, la justificación por la fe sola queda amenazada si negamos la plena deidad del Hijo. (Esto se ve hoy en la enseñanza de los Testigos de Jehová, que no creen en la justificación por la fe sola). Si Jesús no es plenamente Dios, tendríamos razón para dudar si en realidad podemos confiar en que él nos salve completamente. ¿Podríamos realmente depender plenamente en alguna criatura en cuanto a nuestra salvación? Tercero, si Jesús no es un Dios infinito, ¿deberíamos orar a él o adorarle? ¿Quién sino un Dios infinito y omnisciente podría oír y responder a todas las oraciones de todo el pueblo de Dios? ¿Y quién sino Dios mismo es digno de adoración? En verdad, si Jesús no es más que una criatura, por grande que sea, sería idolatría adorarlo; y sin embargo el Nuevo Testamento nos ordena hacerlo (Flp 2:9-11; Ap 5:12-14). Cuarto, si alguien enseña que Cristo fue un ser creado pero con todo el que nos salva, esta enseñanza erróneamente empieza a atribuir crédito por la salvación a una criatura y no a Dios mismo. Pero esto exalta erróneamente a la criatura antes que al Creador, algo que la Biblia jamás nos permite hacer. Quinto, la independencia y naturaleza personal de Dios está en juego; si no hay Trinidad, no hubo relaciones interpersonales dentro del ser de Dios antes de la creación, y, sin relaciones personales, es difícil ver cómo Dios pudiera ser genuinamente personal sin la necesidad de una creación con la cual relacionarse. Sexto, la unidad del universo está en juego; si no hay una pluralidad perfecta y perfecta unidad en Dios mismo, no tenemos base para pensar que puede haber alguna unidad última entre los diversos elementos del universo. Claramente, en la doctrina de la Trinidad está en juego la esencia misma de la fe cristiana. Herman Bavinck dice que «Atanasio entendió mejor que cualquiera de sus contemporáneos que el cristianismo se levanta o cae con la confesión de la deidad de Cristo y la Trinidad».[30] Luego añade: «En la confesión de la Trinidad palpita el corazón de la religión cristiana; todo error resulta o se remonta a una reflexión más profunda, a una percepción equivocada de esta doctrina».[31]

3. El triteísmo niega que haya sólo un Dios. Una manera posible final de intentar una reconciliación fácil de la enseñanza bíblica en cuanto a la Trinidad sería negar que hay sólo un Dios. El resultado sería decir que Dios es tres personas y cada persona es plenamente Dios. Por consiguiente, hay tres dioses. Técnicamente este concepto se llamaría «triteísmo».

Pocos han sostenido este concepto en la historia de la iglesia. Tiene similitudes a muchas religiones paganas antiguas que sostenían una multiplicidad de dioses. Esta percepción resultaría en confusión en la mente de los creyentes. No habría adoración, ni lealtad, ni devoción absolutas a un solo Dios verdadero. Nos preguntaríamos a cuál Dios deberíamos darle nuestra lealtad máxima. Y, en un nivel más hondo, esta noción destruiría todo sentido de unidad última en el universo; incluso en el mismo ser de Dios habría pluralidad pero no unidad.

Aunque ningún grupo moderno aboga por el triteísmo, tal vez muchos evangélicos hoy sin intención tienden a una noción triteísta de la Trinidad, reconociendo la personalidad distinta del Padre, el Hijo y el Espíritu Santo, pero rara vez dándose cuenta de la unidad de Dios como un ser indiviso.

D. ¿Cuáles son las distinciones entre el Padre, el Hijo y el Espíritu Santo?

Después de haber hecho este estudio somero de los errores respecto a la Trinidad, ahora podemos pasar a preguntar si algo más se puede decir en cuanto a las distinciones entre el Padre, el Hijo y el Espíritu Santo. Si decimos que cada miembro de la Trinidad es plenamente Dios, y que cada persona participa plenamente de todos los atributos de Dios, ¿hay alguna diferencia entre las personas? No podemos decir, por ejemplo, que el Padre es más poderoso o más sabio que el Hijo, ni que el Padre y el Hijo son más sabios que el Espíritu Santo, ni que el Padre existía antes del Hijo o el Espíritu Santo, porque decir algo así sería negar la plena deidad

---

[30]Bavinck, The Doctrine of God p. 281.
[31]Ibid., p. 285.

de los tres miembros de la Trinidad. Pero, ¿cuáles son, entonces, las distinciones entre las personas?

1. Las personas de la Trinidad tienen funciones primarias diferentes al relacionarse con el mundo. Cuando la Biblia habla de la manera en que Dios se relaciona con el mundo, tanto en la creación como en la redención, se dice que las personas de la Trinidad tienen funciones diferentes o actividades primarias diferentes. A veces a esto se le ha llamado la «economía de la Trinidad», usando *economía* en el sentido antiguo que quiere decir «ordenamiento de actividades». (En este sentido, la gente solía hablar de la «economía de la familia» o «economía doméstica», refiriéndose no solo a los asuntos financieros de una familia, sino a todo el «ordenamiento de actividades» dentro de la familia). «Economía de la Trinidad» quiere decir las diferentes maneras en que las tres personas actúan al relacionarse con el mundo y (como veremos en la próxima sección) uno con el otro por toda la eternidad.

Vemos estas funciones diferentes en la obra de la creación. Dios Padre habló las palabras creativas para hacer que el universo existiera. Pero fue Dios Hijo, el Verbo eterno de Dios, el que realizó estos decretos creativos. «Por medio de él todas las cosas fueron creadas; sin él, nada de lo creado llegó a existir» (Jn 1:3). Es más, «por medio de él fueron creadas todas las cosas en el cielo y en la tierra, visibles e invisibles, sean tronos, poderes, principados o autoridades: todo ha sido creado por medio de él y para él» (Col 1:16; vea también Sal 33:6, 9; 1 Co 8:6; Heb 1:2). El Espíritu Santo estaba activo igualmente de una manera diferente, porque «iba y venía» sobre la faz de las aguas (Gn 1:2), aparentemente sosteniendo y manifestando la presencia inmediata de Dios en la creación (cf. Sal 33:6, en donde «soplo» tal vez se debería traducir «Espíritu»; vea también Sal 139:7).

En la obra de la redención también hay funciones distintas. Dios Padre planeó la redención y envió al Hijo al mundo (Jn 3:16; Gá 4:4; Ef 1:9-10). El Hijo obedeció al Padre y realizó la redención para nosotros (Jn 6:38; Heb 10:5-7; et al.). Dios el Padre no vino y murió por nuestros pecados, ni tampoco Dios el Espíritu Santo. Ese fue la obra particular del Hijo. Entonces, después que Jesús ascendió de nuevo al cielo, el Padre y el Hijo enviaron al Espíritu Santo para aplicarnos la redención. Jesús habla del «Espíritu Santo, a quien el Padre enviará en mi nombre» (Jn 14:26), pero también dice que él mismo enviará al Espíritu Santo, porque dice: «Si me voy, se lo enviaré a ustedes» (Jn 16:7), y habla de un tiempo «Cuando venga el Consolador, que yo les enviaré de parte del Padre, el Espíritu de verdad que procede del Padre» (Jn 15:26). Es especialmente el papel del Espíritu Santo darnos regeneración o vida nueva espiritual (Jn 3:5-8), santificarnos (Ro 8:13; 15:16; 1 P 1:2), y empoderarnos para el servicio (Hch 1:8; 1 Co 12:7-11). En general, la obra del Espíritu Santo parece ser llevar a su término la obra que ha sido planeada por Dios Padre y empezada por Dios Hijo (vea capítulo 30, sobre la obra del Espíritu Santo).

Así que podemos decir que el papel del Padre en la creación y redención ha sido planear, dirigir y enviar al Hijo y al Espíritu Santo. Esto no es sorpresa, porque muestra que el Padre y el Hijo se relacionan uno a otro como un padre e hijo se relacionan entre sí en una familia humana; el padre dirige y tiene autoridad sobre el hijo, y el hijo obedece y responde a las direcciones del padre. El Espíritu Santo es obediente a las directivas tanto del Padre como del Hijo.

De este modo, en tanto que las personas de la Trinidad son iguales en todos sus atributos, con todo difieren en sus relaciones a la creación. El Hijo y el Espíritu Santo son iguales en deidad a Dios Padre, pero son subordinados en sus funciones.

Es más, estas diferencias en función no son temporales sino que durarán para siempre; Pablo nos dice que incluso después del juicio final, cuando el «último enemigo», es decir, la muerte, sea destruido y cuando todas las cosas sean puestas bajo los pies de Cristo, «el Hijo mismo se someterá a aquel que le sometió todo, para que Dios sea todo en todos» (1 Co 15:28).

2. Las personas de la Trinidad existieron eternamente como Padre, Hijo y Espíritu Santo. Pero, ¿por qué las personas de la Trinidad toman estos papeles diferentes al relacionarse a la creación? ¿Fue esto accidental o arbitrario? ¿Podría Dios Padre haber venido en vez de Dios Hijo para morir por nuestros pecados? ¿Podría el Espíritu Santo haber enviado a Dios Padre para que muera por nuestros pecados, y luego enviar a Dios Hijo para que nos aplique la redención?

No, no parece que estas cosas pudieran haber sucedido, porque el papel de ordenar, dirigir y enviar es apropiado a la posición del Padre, por el cual se modela toda la paternidad humana (Ef 3:14-15). Y el papel de obedecer, e ir según el Padre envía, y revelarnos a Dios, es apropiado para el papel del Hijo, a quien también se le llama el Verbo de Dios (cf. Jn 1:1-5, 14, 18; 17:4; Flp 2:5-11). Estos papeles no se pudieran haber invertido, ni el Padre habría dejado de ser el Padre ni el Hijo habría dejado de ser Hijo. Por analogía de esa relación, podemos concluir que el papel del Espíritu Santo es también el que era apropiado a las relaciones que tenía con el Padre y el Hijo antes de que el mundo fuera creado.

Segundo, antes de que el Hijo viniera a la tierra, e incluso antes de que el mundo fuera creado, por toda la eternidad el Padre ha sido el Padre, el Hijo ha sido el Hijo, y el Espíritu Santo ha sido el Espíritu Santo. Estas relaciones son eternas, y no algo que ocurrió sólo en el tiempo. Podemos concluir esto, primero, de la inmutabilidad de Dios (vea el capítulo 11); si Dios existe como Padre, Hijo y Espíritu Santo, siempre ha existido como Padre, Hijo y Espíritu Santo. Podemos también concluir que las relaciones son eternas partiendo de otros versículos de la Biblia que hablan de las relaciones que los miembros de la Trinidad tenían entre sí antes de la creación del mundo. Por ejemplo, cuando la Biblia habla de la obra de Dios en la elección (vea el capítulo 32) antes de la creación del mundo, habla del Padre escogiéndonos «en» el Hijo: «Alabado sea Dios, Padre de nuestro Señor Jesucristo, ... *Dios nos escogió en él antes de la creación del mundo, para que seamos santos y sin mancha delante de él*» (Ef 1:3-4). El acto iniciador de escoger se atribuye a Dios Padre, que nos considera unidos a Cristo o «en Cristo» antes de que siquiera existiéramos. De modo similar, de Dios Padre se dice que «a los que Dios conoció de antemano, también los predestinó a ser transformados según la imagen de su Hijo» (Ro 8:29). También leemos del «preconocimiento de Dios Padre» a distinción de las funciones particulares de los otros dos miembros de la Trinidad (1 P 1:2, LBLA; cf. 1:20). [32] Incluso el hecho de que el

---

[32]Otro pasaje que pudiera sugerir tal distinción en función es Jn 17:5; cuando Jesús le pide al padre: «glorifícame en tu presencia con la gloria que tuve contigo antes de que el mundo existiera» (Jn 17:5), sugiere que es el

Padre «dio a su Hijo unigénito» (Jn 3:16) y «envió a su Hijo al mundo» (Jn 3:17) indican que hubo una relación entre Padre e Hijo antes de que Cristo viniera al mundo. El Hijo no llegó a ser el Hijo cuando el Padre lo envió al mundo. Más bien, el gran amor de Dios se muestra en el hecho de que uno que *siempre* fue el Padre dio al que *siempre* fue su Hijo unigénito: «Porque tanto amó Dios al mundo, que dio a su Hijo unigénito ...» (Jn 3:16). «Pero cuando se cumplió el plazo, Dios envió a su Hijo» (Gá 4:4).

Cuando la Biblia habla de la creación, de nuevo habla del Padre creando *por* el Hijo, lo que indica una relación anterior a cuando empezó la creación (vea Jn 1:3; 1 Co 8:6; Heb 1:12, también Pr 8:22-31). Pero en ninguna parte dice que el Hijo o el Espíritu Santo crearon a través del Padre. Estos pasajes de nuevo implican que hubo una relación del Padre (como originador) y del Hijo (como agente activo) antes de la creación, y que esta relación hizo apropiado que diferentes personas de la Trinidad cumplieran los papeles que cumplieron.

Por consiguiente, las diferentes funciones que vemos que realizan el Padre, el Hijo y el Espíritu Santo, son simplemente resultado de una relación eterna entre las tres personas que siempre ha existido y existirá por la eternidad. Dios siempre ha existido como tres personas distintas: Padre, Hijo y Espíritu Santo. Estas distinciones son esenciales en la misma naturaleza de Dios, y no podría ser de otra manera.

Finalmente, se pudiera decir que no hay diferencia en deidad, atributos o naturaleza esencial entre el Padre, Hijo y Espíritu Santo. Cada persona es plenamente Dios y tiene todos los atributos de Dios. *Las únicas distinciones entre los miembros de la Trinidad son la manera en que se relacionan unos con otros y con la creación.* En esas relaciones desempeñan papeles que son apropiados para cada persona.

Esta verdad en cuanto a la Trinidad a veces se ha resumido en la frase «igualdad ontológica pero subordinación económica», en donde la palabra *ontológica* quiere decir «ser».[33] Otra manera de expresar esto más simplemente sería decir «iguales en ser pero subordinados en función». Ambas partes de esta frase son necesarias para una doctrina verdadera de la Trinidad; si no tenemos igualdad ontológica, no todas las personas son plenamente Dios. Pero si no tenemos subordinación económica,[34] no hay diferencia inherente en la manera en que las tres personas se relacionan entre sí, y consecuentemente no tenemos las tres personas distintas existiendo como Padre, Hijo y Espíritu Santo por toda la eternidad. Por ejemplo, si el Hijo no es eternamente subordinado al Padre en función, el Padre no es eternamente «Padre» y el Hijo no es eternamente «Hijo». Esto querría decir que la Trinidad no ha existido eternamente.

Por esto la idea de igualdad eterna en ser pero subordinación en función ha sido esencial para la doctrina de la Trinidad en la iglesia desde que fuera aceptada en el credo niceno, donde dice que el Hijo fue «engendrado del Padre antes de los siglos» y que el Espíritu Santo «procede del Padre y del Hijo». Sorprendentemente,

---

derecho del Padre darle gloria a quien quiere darla y que esta gloria el Padre se la dio al Hijo debido a que el Padre amó al Hijo antes de la fundación del mundo.

[33]Vea la sección D.1, arriba, en donde se explicó *economía* para referirse a diferentes actividades o funciones.

[34]Hay que distinguir con todo cuidado la subordinación económica y el error del «subordinacionismo», que sostiene que el Hijo y el Espíritu Santo son inferiores en ser al Padre (véase sección C.2, arriba, p. 245).

algunos escritos evangélicos recientes han negado la subordinación eterna en función entre los miembros de la Trinidad,[35] pero ella ha sido claramente parte de la doctrina de la Trinidad en la iglesia (en sus expresiones católica romana, protestante y ortodoxa), por lo menos desde Nicea (325 d.C.). Por eso, Charles Hodge dice:

> La doctrina nicena incluye (1) el principio de la subordinación del Hijo al Padre, y del Espíritu al Padre y al Hijo. Pero esta subordinación no implica inferioridad. ... La subordinación que se propone es solamente en lo que concierne al modo de subsistencia y operación. ...

> Los credos no son nada más que un arreglo bien ordenado de las verdades de la Biblia que conciernen a la doctrina de la Trinidad. Defienden la personalidad distinta del Padre, Hijo y Espíritu ... y su perfecta igualdad consecuente; y la subordinación del Hijo al Padre, y del Espíritu al Padre y al Hijo, en cuanto a modo de subsistencia y operación. Estas son verdades bíblicas, a las cuales los credos en cuestión no añaden nada; *y es en este sentido que han sido aceptadas por la iglesia universal.*[36]

De modo similar, A. H. Strong dice:

> Padre, Hijo y Espíritu Santo, si bien iguales en esencia y dignidad, se distinguen uno y otro en orden de personalidad, oficio y operación. ...

> La subordinación de la *persona* del Hijo a la *persona* del Padre, o en otras palabras un orden de personalidad, oficio y operación que permite que el Padre sea oficialmente primero, el Hijo segundo y el Espíritu tercero, es perfectamente congruente con igualdad. La prioridad no necesariamente es superioridad. ... *Francamente reconocemos una subordinación eterna de Cristo al Padre,* pero mantenemos al mismo tiempo que esta subordinación es una subordinación de orden, oficio y operación, y no una subordinación de esencia.[37]

---

[35]Vea, por ejemplo, Richard y Catherine Kroeger, en el artículo «Subordinationism» en *EDT*. Ellos definen el subordinacionismo como «una doctrina que asigna una inferioridad de ser, estatus, *o función* al Hijo o al Espíritu Santo dentro de la Trinidad. Condenada por numerosos concilio de la iglesia, esta doctrina ha continuado en una forma u otra por toda la historia de la iglesia» (p. 1058, énfasis mío). Cuando los Kroegers hablan de «inferioridad de ... función» al parecer quieren decir que cualquier afirmación de subordinación eterna en función pertenece a la herejía del subordinacionismo. Pero si esto es lo que está diciendo, están condenando toda la cristología ortodoxa desde el credo niceno en adelante, y por consiguiente condenando una enseñanza que Charles Hodge dice que ha sido una enseñanza de «la iglesia universal».

De modo similar, Millard Erickson, en su *Christian Theology* (Baker, Grand Rapids, 1983–85), pp. 338 y 698, está dispuesto a afirmar sólo que Cristo tuvo una subordinación temporal en función por el período de su ministerio en la tierra, pero en ninguna parte afirma una subordinación eterna en función del Hijo al Padre o del Espíritu Santo al Padre y al Hijo. (De modo similar, su *Concise Dictionary of Christian Theology* p. 161.)

Robert Letham, en «The Man-Woman Debate: Theological Comment», *WTJ* 52:1 (primavera 1990), pp. 65–78, ve esta tendencia en escritos evangélicos recientes como resultado de una afirmación evangélica feminista de que un papel subordinado necesariamente implica importancia menor o personalidad menor. Por supuesto, si esto no es cierto entre los miembros de la Trinidad, entonces no es necesariamente cierto entre esposo y esposa tampoco.

[36]*Systematic Theology* (3 vols.; Eerdmans, Grand Rapids, 1970 [reimp.; primero publicada 1871–73]), 1:460–62 (cursivas mías).

[37]*Systematic Theology* (Judson, Valley Forge, Pa., 1907), p. 342 (terceras cursivas mías).

3. ¿Cuál es la relación entre las tres personas y el ser de Dios? Después de la explicación precedente, la pregunta que queda sin resolverse es: ¿cuál es la diferencia entre «persona» y «ser» en esta consideración? ¿Cómo podemos decir que Dios es un ser indiviso, y sin embargo en este ser hay tres personas?

Primero, es importante afirmar que cada persona es completa y plenamente Dios; es decir, que cada persona tiene la plenitud completa del ser de Dios en sí mismo. El Hijo no es parcialmente Dios, ni tampoco un tercio de Dios, sino que el Hijo es total y plenamente Dios, y lo mismo el Padre y el Espíritu Santo. Por tanto, no sería apropiado pensar en la Trinidad según la figura 14.1, en la que cada persona representa sólo un tercio del ser de Dios.

Más bien, debemos decir que la persona del Padre posee *todo el ser* de Dios en sí mismo. Asimismo, el Hijo posee *todo el ser* de Dios en sí mismo, y el Espíritu Santo posee *todo el ser* de Dios en sí mismo. Cuando hablamos de Padre, Hijo y Espíritu Santo juntos no estamos hablando de ningún ser mayor que cuando hablamos solo del Padre, solo del Hijo o solo del Espíritu Santo. El Padre es *todo* del ser de Dios. El hijo también es *todo* del ser de Dios; y el Espíritu Santo es *todo* del ser de Dios.

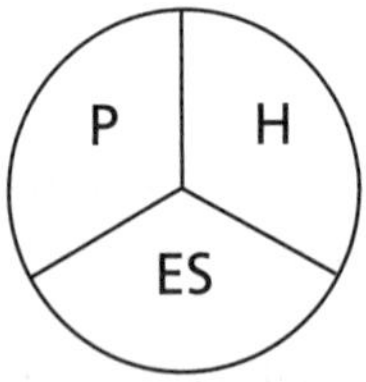

EL SER DE DIOS NO ESTÁ DIVIDIDO EN TRES PARTES IGUALES QUE CONSTITUYEN LOS TRES MIEMBROS DE LA TRINIDAD
Figura 14.1

Esto es lo que el credo atanasiano afirmó en las siguientes oraciones:

> Y la fe católica es esta: que adoramos a un Dios en Trinidad, y Trinidad en unidad; no confundiendo las personas, ni dividiendo la sustancia [esencia]. Porque hay una persona del Padre; otra del Hijo; y otra del Espíritu Santo. Pero la deidad del Padre, del Hijo y del Espíritu Santo es toda una; igual la gloria, coeterna la majestad. Tal como el Padre es, tal es el Hijo y tal el Espíritu Santo. ... Y así como estamos obligados por la verdad cristiana a reconocer a cada persona por sí misma como Dios y Señor, la religión católica nos prohíbe decir que hay tres Dioses, o tres Señores.

Pero si cada persona es plenamente Dios y tiene todo el ser de Dios, tampoco debemos pensar que las distinciones personales son atributos adicionales añadidos al ser de Dios, como el patrón de la figura 14.2.

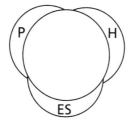

Las distinciones personales en la Trinidad no son
algo añadido al ser real de Dios
Figura 14.2

Más bien, cada persona de la Trinidad tiene todos los atributos de Dios, y ninguna persona tiene atributos que las otras no posean.

Por otro lado, debemos decir son realmente personas y que no son simplemente diferentes maneras de ver el ser de Dios. (Esto sería modalismo o sabelianismo, según se explicó arriba). Así que la figura 14.3 no sería apropiada.

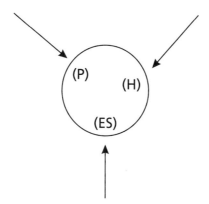

Las personas de la Trinidad no son simplemente tres maneras
diferentes de mirar al ser de Dios
Figura 14.3

Más bien, nuestro concepto de la Trinidad debe ser tal que la realidad de las tres personas se mantenga, y se vea a cada persona relacionada con las otras como un «yo» (una primera persona) y un «tú» (una segunda persona) y un «él» (una tercera persona).

La única manera que esto parece posible es decir que la distinción entre las personas no es una diferencia en «ser» sino una diferencia en «relaciones». Esto es algo muy distante de nuestra experiencia humana, en donde toda «persona» humana diferente es diferente también en ser. De alguna manera el ser de Dios es tanto mucho más grande que el nuestro que dentro de su ser indiviso puede haber un desdoblar de relaciones interpersonales, para que pueda haber tres personas distintas.

¿Cuáles son, entonces, las diferencias entre Padre, Hijo y Espíritu Santo? No hay ninguna diferencia en atributos. La única diferencia entre ellos es la manera en que se relacionan uno con otro y con la creación. La cualidad singular del Padre es la manera en que *se relaciona como Padre* con el Hijo y con el Espíritu Santo. La cualidad singular del Hijo es la manera en que este *se relaciona como Hijo;* y la cualidad singular del Espíritu Santo es la manera en que este *se relaciona como Espíritu.*[38]

Aunque los tres diagramas que acabamos de dar representan ideas erróneas que hay que evitar, el siguiente diagrama puede ser útil al pensar en la existencia de tres personas en un solo ser indiviso de Dios.

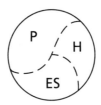

**Hay tres personas distintas, y el ser de cada persona
es igual a todo el ser de Dios**
Figura 14.4

En este diagrama, al Padre se le representa con la sección del círculo marcada con una P. Luego, en el resto del círculo, avanzando como las manecillas del reloj, al Hijo se le representa con la sección del círculo marcada con una H; y después, avanzando también como las manecillas del reloj, al Espíritu Santo se le representa con la sección del círculo marcada con ES. Así que hay tres personas distintas, pero cada persona es plena y totalmente Dios. Por supuesto, la representación es imperfecta, porque no puede representar la infinitud de Dios, ni su personalidad, ni, a decir verdad, ninguno de sus atributos. También hay que mirar el círculo en más de una manera a fin de entenderlo; se debe entender que las líneas punteadas indican relación personal y no una división en el ser de Dios. Por tanto, el círculo mismo representa el ser de Dios mientras que las líneas punteadas representan una forma de existencia personal pero no una diferencia de ser. El diagrama puede, con todo, ayudarnos a guardarnos contra algunos malos entendidos.

Nuestras personalidades humanas proveen otra analogía tenue que puede ayudar a pensar en cuanto a la Trinidad. Un hombre puede pensar en diferentes objetos fuera de sí mismo; cuando hace esto, él es el sujeto que piensa. También puede pensar en sí mismo, y entonces él es el objeto de quien se está pensando; así que es a la vez sujeto y objeto. Es más, puede reflexionar en sus ideas en cuanto a sí mismo como una tercera cosa, ni sujeto ni objeto, sino *pensamientos* que él tiene como sujeto en cuanto a sí mismo como objeto. Cuando esto sucede, el sujeto, el objeto y los pensamientos son tres cosas distintas. Sin embargo cada cosa de cierta manera incluye todo su ser; el hombre en su totalidad es el sujeto, y el hombre en su

---

[38]Algunas teología sistemáticas dan nombres a estas diferente relaciones: «paternidad» (o «generación») para el Padre, «filiación» para el Hijo, y «procesión» (o «inspiración») para el Espíritu Santo, pero los nombres no significa nada más que «relacionándose como Padre», y «relacionándose como Hijo», y «relacionándose como Espíritu». En un esfuerzo por evitar la proliferación de términos técnicos que no existen en el inglés contemporáneo, y cuyo significado difieren del sentido inglés ordinario, no he usado estos términos en este capítulo.

totalidad es el objeto, y los pensamientos (aunque en un sentido menor) son pensamientos la totalidad de sí mismo como persona.[39]

Pero si el desdoblamiento de la personalidad humana permite esta clase de complejidad, el desdoblamiento de la personalidad de Dios debe permitir mucha mayor complejidad que esto. Dentro del ser de Dios, el «desdoblamiento» de personalidades debe permitir la existencia de tres personas distintas, mientras cada persona sigue teniendo la totalidad de Dios en sí misma. La diferencia en personas debe ser de relación, no de ser, y sin embargo cada persona debe tener verdadera existencia. Esta forma tripersonal de ser está más allá de nuestra capacidad de entenderlo. *Es una clase de existencia muy diferente de cualquier cosa que hayamos experimentado* y muy diferente de todo lo demás en el universo.

Debido a que la existencia de tres personas en un solo Dios es algo que está más allá de nuestra comprensión, la teología cristiana ha llegado a usar la palabra *persona* para hablar de estas diferencias en relaciones, no debido a que entendamos completamente lo que se quiere decir con la palabra *persona* al referirse a la Trinidad, sino más bien para que podamos decir algo en lugar de no decir nada.

4. ¿Podemos entender la doctrina de la Trinidad? Debemos estar advertidos por los errores que se han cometido en el pasado. Todos son el resultado de intentos de simplificar la doctrina de la Trinidad y hacerla completamente comprensible, eliminando todo su misterio. Esto jamás se podrá lograr. Sin embargo, no es correcto decir que no podemos entender nada de la doctrina de la Trinidad. Ciertamente podemos entender y saber que Dios es tres personas, y que cada persona es plenamente Dios, y que hay sólo un Dios. Podemos saber estas cosas porque la Biblia las enseña. Es más, podemos saber algunas cosas en cuanto a la manera en que las personas se relacionan entre sí (vea la sección anterior). Pero lo que no podemos entender completamente es cómo encajan todas esas enseñanzas bíblicas distintas. Nos preguntamos cómo puede haber tres personas distintas, y cada persona tener todo el ser de Dios en sí misma, y sin embargo Dios es sólo un ser indiviso. Esto somos incapaces de entender. Es más, es saludable espiritualmente para nosotros reconocer abiertamente que el ser de Dios es mucho más de lo que jamás podremos comprender. Esto nos hace humildes ante Dios y nos lleva a adorarle sin reserva.

Pero también se debe decir que la Biblia no nos pide que creamos una contradicción. Una contradicción sería: «Hay un Dios y no hay un Dios», o «Dios es tres personas y Dios no es tres personas», o incluso (que sería similar a la afirmación previa) «Dios es tres personas y Dios es una persona». Pero decir que «Dios es tres personas y hay sólo un Dios» no es una contradicción. Es algo que no entendemos, y por consiguiente es un misterio o una paradoja, pero no debería ser problema para nosotros siempre que la Biblia enseñe claramente los diferentes aspectos del misterio, porque en tanto que nosotros somos criaturas finitas y no deidad omnisciente, siempre habrá (por toda la eternidad) cosas que no entenderemos completamente. Louis Berkhof sabiamente dice:

---

[39]Dijimos arriba que ninguna analogía enseña perfectamente la Trinidad, y esta tiene varias limitaciones por igual; este hombre sigue siendo una persona; no es tres personas. Sus «pensamientos» no son igual a todo de él como persona. Pero la analogía es útil para dar indicios de algo de la complejidad incluso de la personalidad humana y sugerir que la complejidad de la personalidad divina es algo mucho mayor que esto.

La Trinidad es un misterio ... el hombre no puede comprenderla ni hacerla inteligible. Es inteligible en algunas de sus relaciones y modos de manifestación, pero ininteligible en su naturaleza esencial. ... La dificultad real está en las relaciones en que las personas de la deidad tienen que ver con la esencia divina y una con otra; y esta es una dificultad que la iglesia no puede eliminar, sino sólo tratar de reducir a su proporción apropiada mediante una definición apropiada de términos. Jamás ha tratado de explicar el misterio de la Trinidad, sino solamente formular la doctrina de la Trinidad de tal manera que se eviten los errores que la ponen en peligro.[40]

Berkhof también dice: «Es especialmente cuando reflexionamos en las relaciones de las tres personas con la esencia divina que todas las analogías nos fallan, y llegamos a estar profundamente conscientes del hecho de que la Trinidad es un misterio mucho más allá de nuestra comprensión. Es la gloria incomprensible de la Deidad».[41]

E. Aplicación

Debido a que Dios en sí mismo tiene unidad y diversidad, no es sorprendente que la unidad y la diversidad también se reflejen en las relaciones humanas que él ha establecido. Vemos esto primero en el matrimonio. Cuando Dios creó al hombre a su imagen, no creó solo individuos aislados, sino que la Biblia nos dice que «Hombre y mujer los creó» (Gn 1:27). Y en la unidad del matrimonio (vea Gn 2:24) vemos, no una triunidad como Dios, pero por lo menos una asombrosa unidad de dos personas, personas que siguen siendo individuos distintos y sin embargo llegan a ser un cuerpo, mente y espíritu (cf. 1 Co 6:16-20; Ef 5:31). De hecho, en las relaciones entre el hombre y la mujer en el matrimonio también vemos un cuadro de las relaciones entre el Padre y el Hijo en la Trinidad. Pablo dice: «Ahora bien, quiero que entiendan que Cristo es cabeza de todo hombre, mientras que el hombre es cabeza de la mujer y Dios es cabeza de Cristo» (1 Co 11:3). Aquí, así como el Padre tiene autoridad sobre el Hijo en la Trinidad, el esposo tiene autoridad sobre la esposa en el matrimonio. El papel del esposo es paralelo al de Dios Padre. y el de la esposa es paralelo al de Dios Hijo. Es más, así como Padre e Hijo son iguales en deidad, importancia y personalidad, el esposo y la esposa son iguales en humanidad, importancia y personalidad. Y, aunque no se lo menciona explícitamente en la Biblia, el don de los hijos dentro del matrimonio, que resultan del padre y de la madre, y están sujetos a la autoridad del padre y de la madre, es análogo a las relaciones del Espíritu Santo al Padre y al Hijo en la Trinidad.

Pero la familia humana no es la única manera en que Dios ha ordenado que haya diversidad y unidad en el mundo que refleja algo de su propia excelencia. En la iglesia tenemos «muchos miembros» y sin embargo «un cuerpo» (1 Co 12:12). Pablo reflexiona en la gran diversidad entre los miembros del cuerpo humano (1 Co 12:14-26) y dice que la iglesia es de esta manera: tenemos muchos miembros diferentes en nuestras iglesias, con diferentes dones e intereses, y dependemos y nos ayudamos unos a otros, demostrando de esta manera gran diversidad y gran

---

[40]Berkhof, *Systematic Theology* p. 89.
[41]Ibid., p. 88.

unidad al mismo tiempo. Cuando vemos a personas diferentes haciendo muchas cosas diferentes en la vida de una iglesia. debemos agradecerle a Dios que esto nos permite glorificarle al reflejar algo de la unidad y diversidad de la Trinidad.

También debemos notar que el propósito de Dios en la historia del universo frecuentemente ha sido exhibir unidad en la diversidad, y de esta manera exhibir su gloria. Vemos esto no sólo en la diversidad de dones en la iglesia (1 Co 12:12-26), sino también en la unidad de judíos y gentiles, de modo que todas las razas, diversas como son, están unidas en Cristo (Ef 2:16; 3:8-10; vea también Ap 7:9). Pablo se asombra de que los planes de Dios para la historia de la redención hayan sido como una gran sinfonía de modo que su sabiduría está más allá de nuestra comprensión (Ro 11:33-36). Incluso en la misteriosa unidad entre Cristo y la iglesia, en la cual se nos llama la esposa de Cristo (Ef 5:31-31), vemos unidad más allá de lo que jamás podríamos haber imaginado, unidad con el mismo hijo de Dios. Sin embargo, en todo esto nunca perdemos nuestra identidad individual sino que seguimos siendo personas distintas siempre capaces de adorar y servir a Dios como individuos únicos.

A la larga el universo entero participará de esta unidad de propósito, con toda parte diversa contribuyendo a la adoración de Dios Padre, Hijo y Espíritu Santo, porque un día ante el nombre de Jesús se doblará toda rodilla en el cielo y en la tierra y debajo de la tierra, y toda lengua confiese que Jesucristo es el Señor, para gloria de Dios Padre (Flp 2:10-11).

En un nivel un poco más cotidiano, hay muchas actividades que podemos desempeñar como seres humanos (en la fuerza laboral, en organizaciones sociales, en presentaciones musicales, y en equipos atléticos, por ejemplo) en las cuales muchos individuos distintos contribuyen a una unidad de propósito o actividad. Al ver en estas actividades un reflejo de la sabiduría de Dios al permitirnos tanto unidad como diversidad, podemos ver un tenue reflejo de la gloria de Dios en su existencia trinitaria. Aunque nunca lograremos captar plenamente el misterio de la Trinidad, podemos adorar a Dios por lo que él es en nuestros cantos de alabanza, y en nuestras palabras y acciones que reflejan algo de su carácter excelente.

PREGUNTAS PARA APLICACIÓN PERSONAL

1. ¿Por qué Dios se agrada cuando las personas exhiben fidelidad, amor y armonía dentro de una familia? ¿Cuáles son algunas maneras en que los miembros de su familia reflejan la diversidad que se halla en los miembros de la Trinidad? ¿De qué forma su familia refleja la unidad que se halla entre los miembros de la Trinidad? ¿Cuáles son algunas maneras en que las relaciones en su familia pudieran reflejar más plenamente la unidad de la Trinidad? ¿Cómo pudiera la diversidad de las personas de la Trinidad animar los padres a permitir que sus hijos desarrollen diferentes intereses entre sí, y de los de los padres, sin pensar que la unidad de la familia sufrirá daño?

2. ¿Ha pensado usted alguna vez que si su iglesia permitiera que surgieran nuevas y diferentes clases de ministerios, que eso podría estorbar la unidad de la iglesia? ¿O ha pensado usted que animar a las personas a usar otros dones para el ministerio que los que se han usado en el pasado podría ser

divisivo en la iglesia? ¿Cómo podía el hecho de unidad y diversidad en la Trinidad ayudarle a enfocar esos asuntos?

3. ¿Piensa usted que la naturaleza trinitaria de Dios se refleja más plenamente en una iglesia en la que todos los miembros tienen el mismo trasfondo racial, o una en la que los miembros vienen de muchas razas diferentes (vea Ef 3:1-10)?

4. Además de nuestras relaciones dentro de nuestras familias, todos existimos en otras relaciones con la autoridad humana en el gobierno, en el trabajo, en sociedades voluntarias, en instituciones educativas y en el atletismo, por ejemplo. A veces tenemos autoridad sobre otros, y a veces estamos sujetos a la autoridad de otros. Sea en la familia o uno de estos otros aspectos, dé un ejemplo de una manera en la que su uso de autoridad o su respuesta a la autoridad pudiera ser más como el patrón de relaciones dentro de la Trinidad.

5. Si vemos la existencia trinitaria de Dios como la base fundamental de todas las combinaciones de unidad y diversidad en el universo,¿cuáles son otras partes de la creación que muestran unidad y diversidad (por ejemplo: la interdependencia de sistemas ambientales de la tierra, o la fascinante actividad de las abejas en una colmena, o el trabajo armonioso de las varias partes del cuerpo humano)? ¿Piensa usted que Dios nos ha hecho para que podamos deleitarnos espontáneamente en las demostraciones de unidad en la diversidad, tal como una composición musical que manifiesta gran unidad y a la vez gran diversidad de las varias partes al mismo tiempo, o en la diestra ejecución de alguna estrategia unida planeada por miembros de un equipo atlético?

6. En el ser de Dios tenemos una unidad infinita combinada con la preservación de personalidades distintas que pertenecen a los miembros de la Trinidad. ¿Cómo puede este hecho tranquilizarnos si alguna vez empezamos a temer que llegar a ser más unidos a Cristo al crecer en la vida cristiana (o llegar a ser más unidos unos a otros en la iglesia) pudiera tender a obliterar nuestras personalidades individuales? En el cielo, a su modo de pensar, ¿será usted exactamente igual a todos los demás, o tendrá una personalidad que será distinta y propia? ¿De qué modo las religiones orientales (tales como el budismo) difieren del cristianismo en este respecto?

TÉRMINOS ESPECIALES

adopcionismo	modalismo
arrianismo	monarquismo modalista
engendramiento eterno del Hijo	sabelianismo
filioqué	subordinación económica
generación eterna del Hijo	subordinacionismo
homoiousios	Trinidad
homoousios	triteísmo
igualdad ontológica	unigénito

BIBLIOGRAFÍA

(Para una explicación de esta bibliografía vea la nota sobre la bibliografía en el capítulo 1, p. 40. Datos bibliográficos completos se pueden encontrar en las páginas 1298-1307.)

Secciones en Teologías Sistemáticas Evangélicas

1. Anglicana (episcopal)
1882–92	Litton, 91–108
1930	Thomas, 20–31, 90–99

2. Arminiana (wesleyana o metodista)
1875–76	Pope, 1:253–87; 2:101–5
1892–94	Miley, 1:223–75
1940	Wiley, 1:394–439
1960	Purkiser, 143–44, 199–203
1983	Carter, 1:127–29, 375–414
1983-	Cottrell, 3:117–74
1987–90	Oden, 1:181–224

3. Bautista
1767	Gill, 1:187–245
1887	Boyce, 125–66
1907	Strong, 304–52
1917	Mullins, 203–13
1976–83	Henry, 5:165–213
1983–85	Erickson, 321–42
1987–94	Lewis/Demarest, 1:251–88

4. Dispensacional
1947	Chafer, 1:272–347; 5:7–38; 6:7–46
1949	Thiessen, 89–99
1986	Ryrie, 51–59

5. Luterana
1917–24	Pieper, 1:381–404
1934	Mueller, 147–60

6. Reformada (o presbiteriana)
1559	Calvin, 1:120–59 (1.13)
1861	Heppe, 105–32
1871–73	Hodge, 1:442–534
1878	Dabney, 174–211
1887–1921	Warfield, *BTS* 22–156; *SSW* 1:88–92; *BD* 133–74
1889	Shedd, 1:249–332
1937–66	Murray, *CW* 4:58–81
1938	Berkhof, 82–99
1962	Buswell, 1:103–29

7. Renovada (o carismática o pentecostal)
1988–92	Williams, 1:83–94

Secciones en Teologías Sistemáticas Católicas Romanas Representativas

1. Católica Romana: tradicional
   1955   Ott, 50–75
2. Católica Romana: Post Vaticano II
   1980   McBrien, 1:343–66

Otras obras

Augustine. *On the Trinity.* NPNF, First Series, 3:1–228. (Esta se considera el desarrollo más exhaustivo de la doctrina ortodoxa de la Trinidad en la historia de la iglesia).

Bavinck, Herman. *The Doctrine of God.* Trad. y ed. por William Hendriksen (Banner of Truth, Edinburgh and Carlisle, PA. 1977 [reimpresión de la edición de 1951]), pp. 255–334. (Esta es una de las consideraciones modernas más exhaustivas de la Trinidad).

Beisner, Calvin. *God in Three Persons.* Tyndale Press, Wheaton, Ill. 1984.

Bickersteth, Edward H. *The Trinity.* Kregel, Grand Rapids 1957 reimpresión.

Bloesch, Donald G. *The Battle for the Trinity: The Debate Over Inclusive God-Language.* Servant, Ann Arbor, Mich., 1985.

Bowman, Robert M., Jr. *Why You Should Believe in the Trinity: An Answer to Jehovah's Witnesses.* Baker, Grand Rapids, 1989.

Bray, G. L. «Trinity». En *NDT* pp. 691–94.

_____. «Tritheism». En *NDT* p. 694.

Brown, Harold O. J. *Heresies: The Image of Christ in the Mirror of Heresy and Orthodoxy From the Apostles to the Present.* Doubleday, Garden City, N.Y., 1984, pp. 95–157.

Davis, Stephen T. *Logic and the Nature of God.* Eerdmans, Grand Rapids, 1983, pp. 132–44.

Gruenler, Royce Gordon. *The Trinity in the Gospel of John.* Baker, Grand Rapids, 1986.

Harris, Murray. *Jesus as God.* Baker, Grand Rapids, 1992.

Kaiser, Christopher B. *The Doctrine of God: An Historical Survey.* Crossway, Westchester, Ill., 1982, pp. 23–71.

McGrath, Alister E. *Understanding the Trinity.* Zondervan, Grand Rapids, 1988.

Mikolaski, S. J. «The Triune God». En *Fundamentals of the Faith.* Ed. por C. F. H. Henry. Zondervan, Grand Rapids, 1969, pp. 59–76.

Packer, J. I. «God». NDT 274–77.

_____. *Knowing God.* Intervarsity Press, Downers Grove, Ill., 1973, pp. 57–63.

Wright, D. F. «Augustine». En *NDT* , pp. 58–61.

PASAJE BÍBLICO PARA MEMORIZAR

Mateo 3:16-17: *Tan pronto como Jesús fue bautizado, subió del agua. En ese momento se abrió el cielo, y él vio al Espíritu de Dios bajar como una paloma y posarse sobre él. Y una voz del cielo decía: «Éste es mi Hijo amado; estoy muy complacido con él».*

HIMNO

«Santo, Santo, Santo»

¡Santo! ¡Santo! ¡Santo! Señor omnipotente,
Siempre el labio mío loores te dará;
¡Santo! ¡Santo! ¡Santo! Te adoro reverente,
Dios en tres personas, bendita Trinidad.

¡Santo! ¡Santo! ¡Santo! en numeroso coro,
Santos escogidos te adoran sin cesar,
De alegría llenos, y sus coronas de oro
Rinden ante el trono y el cristalino mar.

¡Santo! ¡Santo! ¡Santo! La inmensa muchedumbre
De ángeles que cumplen tu santa voluntad
Ante ti se postra bañada de tu lumbre,
Ante ti que has sido, que eres y serás.

¡Santo! ¡Santo! ¡Santo! Por más que estés velado
E imposible sea tu gloria contemplar;
Santo Tu eres solo, y nada hay a tu lado
En poder perfecto, pureza y caridad.

¡Santo! ¡Santo! ¡Santo! la gloria de tu nombre,
Vemos en tus obras en cielo, tierra y mar.
¡Santo! ¡Santo! ¡Santo! te adora todo hombre,
Dios en tres personas, bendita Trinidad

AUTOR: REGINAL HEBER, TRAD. J. B. CABRERA
(TOMADO DEL HIMNARIO BAUTISTA, # 1

Capítulo 15

Creación
¿Por qué, cómo y cuándo creó Dios el universo?

EXPLICACIÓN Y BASE BÍBLICA[1]

¿Cómo creó Dios el mundo? ¿Creó él diferentes clases de plantas y animales directamente, o usó algún tipo de proceso evolutivo, dirigiendo el desarrollo de las cosas vivas de la más sencilla a las más complejas? Y ¿con qué rapidez produjo Dios la creación? ¿Quedó todo completo en seis días de veinticuatro horas, o usó miles o tal vez millones de años? ¿Qué edad tiene la tierra, y cuál es la edad de la raza humana?

Estas preguntas nos asaltan cuando hablamos de la doctrina de la creación. A diferencia de la mayoría del material anterior en este libro, este capítulo trata de varios asuntos sobre los cuales los creyentes evangélicos tienen puntos de vista diferentes, a veces sostenidos muy firmemente.

Este capítulo está organizado para avanzar de los aspectos de la creación que la Biblia enseña más claramente, y sobre los cuales casi todos los evangélicos concordarían (creación de la nada, creación especial de Adán y Eva, y la bondad del universo), a otros aspectos de la creación en torno a los cuales los evangélicos han tenido desacuerdos (si Dios usó o no un proceso de evolución para producir la mayoría de la creación, y la edad de la tierra y de la raza humana).

Podemos definir la doctrina de la creación como sigue: *Dios creó el universo entero de la nada, y el universo fue originalmente muy bueno, y Dios lo creó para su gloria.*

A. Dios creó el universo de la nada

1. Evidencia bíblica de la creación partiendo de la nada. La Biblia claramente nos requiere que creamos que Dios creó el universo de la nada. (A veces se usa la frase latina *ex-nihilo*, «de la nada»; entonces se dice que la Biblia enseña la creación *ex-nihilo*). Esto quiere decir que antes de que Dios empezara a crear el universo, nada existía excepto Dios mismo.[2]

Esta es la implicación de Génesis 1:1, que dice: «Dios, en el principio, creó los cielos y la tierra». La frase «los cielos y la tierra» incluye todo el universo. Salmo 33 también nos dice: «Por la palabra del SEÑOR fueron creados los cielos, y por el soplo

---

[1]Estoy agradecido por los muchos comentarios útiles sobre este capítulo que me hicieron mis amigos con conocimiento especializado de algunos aspectos del mismo, especialmente Steve Figard, Doug Brandt, y Terry Mortenson.

[2]Cuando decimos que el universo fue creado «de la nada», es importante guardarnos contra un posible malentendido. La palabra *nada* no implica algún tipo de existencia, como algunos filósofos aducen que quiere decir. Queremos decir más bien que cuando creó el universo Dios no usó ningún material previamente existente.

de su boca, las estrellas. ... porque él habló, y todo fue creado; dio una orden, y todo quedó firme» (Sal 33:6, 9). En el Nuevo Testamento hallamos una declaración universal al principio del Evangelio de Juan: «Por medio de él *todas las cosas* fueron creadas; sin él, nada de lo creado llegó a existir» (Jn 1:3). La frase «todas las cosas» es mejor tomarla para referirse al universo entero (cf. Hch 17:24; He 11:3). Pablo es muy explícito en Colosenses 1 cuando especifica todas las partes del universo, tanto visibles como invisibles: «Por medio de él fueron creadas *todas las cosas* en el cielo y en la tierra, *visibles e invisibles,* sean tronos, poderes, principados o autoridades: todo ha sido creado por medio de él y para él» (Col 1:16). El canto de los veinticuatro ancianos en el cielo de igual manera afirma esta verdad:

> «Digno eres, Señor y Dios nuestro,
> de recibir la gloria, la honra y el poder,
> porque tú creaste *todas las cosas;*
> por tu voluntad existen y fueron creadas» (Ap 4:11).

En la última frase se dice que la voluntad de Dios es la razón de que las cosas «existen» y «fueron creadas».

El que Dios creó los cielos, la tierra y todo lo que hay en ellos se afirma varias otras veces en el Nuevo Testamento. Por ejemplo, Hechos 4:24 llama a Dios el «Soberano Señor, creador *del cielo y de la tierra, del mar y de todo lo que hay en ellos*». Una de las primeras maneras de identificar a Dios es decir que él es el que creó todas las cosas. Bernabé y Pablo explican al público pagano en Listra que son mensajeros del «Dios viviente, que hizo el cielo, la tierra, el mar y todo lo que hay en ellos» (Hch 14:15). De modo similar, cuando Pablo les habla a los filósofos griegos paganos en Atenas, identifica al Dios verdadero como «el Dios que hizo el mundo y todo lo que hay en él» y dice que este Dios «es quien da a todos la vida, el aliento y todas las cosas» (Hch 17:24-25; cf. Is 45:18; Ap 10:6).

Hebreos 13:3 dice: «Por la fe entendemos que el universo fue preparado por la palabra de Dios, de modo que lo que se ve no fue hecho de cosas visibles» (LBLA). Esta traducción (así como la NIV en inglés) refleja más precisamente el texto griego.[3] Aunque este pasaje no enseña en sí mismo la doctrina de la creación de la nada, casi lo hace, puesto que dice que Dios no creó el universo de nada que fuera visible. La idea algo extraña de que el universo pueda haber sido creado de algo que era invisible probablemente no es lo que el autor tiene en mente. Está contradiciendo la idea de la creación a partir de materia que ya existía, y para ese propósito el versículo es muy claro.

Romanos 4:17 también implica que Dios creó de la nada, aunque no lo diga exactamente. El texto griego literalmente dice que Dios «llama las cosas que no son como si ya existieran». La traducción de la RSV en inglés, «llama a existencia a

---

[3]La traducción de la RSV en inglés («así que lo que se ve fue hecho de las cosas que no aparecen») al parecer afirma que Dios hizo el universo de algún tipo de materia invisible, pero el orden de las palabras en el texto griego *(me ek fainómenon)* muestra que la palabra «no» niega la frase «de las cosas que aparecen». La traducción de la RSV se lee como si la palabra «no» negara el participio «aparecen», pero necesitaría aparecer inmediatamente antes de eso a fin de hacerlo. Vea la explicación en Philip Hughes, *A Commentary on the Epistle to the Hebrews* (Eerdmans, Grand Rapids, 1977), pp. 443-52.

las cosas que no existen» (y de modo similar la NASB) es nada usual pero posible gramáticamente,[4] y hace una afirmación explícita de la creación de la nada. Sin embargo, aun si traducimos para que la palabra griega *jos* tome el sentido común de «como», el versículo dice que Dios «llama a las cosas que no existen como si existieran» (NASB, margen). Pero si Dios le habla o llama algo que no existe, y si en efecto existe, ¿qué es lo que se implica? Si él llama cosas que no existen como si existieran, debe querer decir que existirán pronto, irresistiblemente llamadas a existir.

Debido a que Dios creó el universo entero de la nada, no hay nada en el universo que sea eterno. Todo lo que vemos (montañas, océanos, estrellas, la tierra misma) llegó a existir cuando Dios lo creó. Hubo un tiempo cuando no existía:

> Desde antes que nacieran los montes
> y que crearas la tierra y el mundo,
> desde los tiempos antiguos y hasta los tiempos postreros,
> tú eres Dios (Sal 90:2).

Esto nos recuerda que Dios gobierna sobre todo el universo, y que a nada en la creación se debe adorar en lugar de Dios o además de él. Sin embargo, si fuéramos a negar la creación a partir de la nada tendríamos que decir que algo de la materia siempre ha existido y que es eterno como Dios. Esta idea pondría en tela de duda la independencia de Dios, su soberanía y el hecho de que sólo a él se le debe adoración; si había materia aparte de Dios, ¿qué derecho inherente tenía Dios de gobernarla y usarla para su gloria? Y ¿qué confianza podríamos tener de que todo aspecto del universo a la larga cumplirá los propósitos de Dios, si hubo alguna parte del mismo que él no creo?

El lado positivo del hecho de que Dios creó de la nada el universo es que el universo tiene significado y propósito. Dios, en su sabiduría, lo creó para algo. Debemos tratar de entender ese propósito y usar la creación de maneras que encajen en ese propósito, es decir, dar gloria a Dios.[5] Es más, siempre que la creación nos da gozo (cf. 1 Ti 6:17), debemos dar gracias a Dios que la hizo.

2. La creación del universo espiritual. Esta creación del universo entero incluye la creación del ámbito invisible espiritual de la existencia: Dios creó los ángeles y otras clases de seres celestiales al igual que los animales y el hombre. También creó los cielos como un lugar en donde su presencia es evidente en forma especial. La creación del ámbito espiritual se implica ciertamente en todos los versículos mencionados arriba que hablan de que Dios creó no sólo la tierra sino también «los cielos y todo lo que hay en ellos» (Ap 10:6; cf. Hch 4:24), sino también que se afirma explícitamente en varios otros versículos. La oración de Esdras lo dice muy claramente: «¡Sólo tú eres el SEÑOR! Tú has hecho los cielos, y los cielos de los cielos con todas sus estrellas. Tú le das vida a todo lo creado: la tierra y el mar con todo lo que hay en ellos. ¡Por eso te adoran los ejércitos del cielo!» (Neh 9:6). Los «ejércitos del cielo» en este versículo parece referirse a los ángeles y otras criaturas

---

[4]Vea C. E. B. Cranfield, *A Critical and Exegetical Commentary on the Epistle to the Romans* ICC, vol. 1 (T. & T. Clark, Edinburgh, 1975), p. 244: griego *jos*, como expresando consecuencia.

[5]Vea sección C más adelante(pp. 281-82) sobre el propósito de Dios para la creación.

celestiales, puesto que Esdras dice que participan en la actividad de adorar a Dios (el mismo término *ejércitos* se usa para hablar de los ángeles que adoran a Dios en Sal 103:21 y 148:2).[6]

En el Nuevo Testamento, Pablo especifica que en Cristo «fueron creadas todas las cosas en el cielo y en la tierra, visibles e invisibles, sean tronos, poderes, principados o autoridades: todo ha sido creado por medio de él y para él» (Col 1:16; cf. Sal 148:2-5). Aquí también se afirma explícitamente la creación de los seres celestiales invisibles.

3. La creación directa de Adán y Eva. La Biblia también enseña que Dios creó a Adán y a Eva de una manera especial y personal. «Y Dios el SEÑOR formó al hombre del polvo de la tierra, y sopló en su nariz hálito de vida, y el hombre se convirtió en un ser viviente» (Gn 2:7). Después de eso, Dios creó a Eva del cuerpo de Adán: «Entonces Dios el SEÑOR hizo que el hombre cayera en un sueño profundo y, mientras éste dormía, le sacó una costilla y le cerró la herida. De la costilla que le había quitado al hombre, Dios el SEÑOR hizo una mujer y se la presentó al hombre» (Gn 2:21-22). Evidentemente Dios le hizo saber algo de lo que había sucedido, porque Adán dijo:

> «Ésta sí es hueso de mis huesos
> y carne de mi carne.
> Se llamará "mujer"
> porque del hombre fue sacada» (Gn 2:23).

Como veremos más abajo, los cristianos difieren hasta qué punto los desarrollos evolutivos pueden haber ocurrido después de la creación, tal vez (de acuerdo a algunos) conduciendo al desarrollo de organismos cada vez más complejos. Aunque hay algunos cristianos que sinceramente sostienen diferencias con respecto a la cuestión de los reinos vegetal y animal, estos pasajes son tan explícitos que sería muy difícil que alguien sostenga la completa veracidad de la Biblia y todavía sostenga que los seres humanos son resultados de un largo proceso evolutivo. Esto se debe a que cuando la Biblia dice que el Señor «formó al hombre del polvo de la tierra» (Gn 2:7), no parece posible que se entienda que significa que lo hizo en un proceso que llevó millones de años y que empleó el desarrollo al azar de miles de organismos cada vez más complejos.[7] Aun más imposible de reconciliar con el concepto evolutivo es el hecho de que esta narración claramente muestra que Eva no tuvo una madre humana, sino que fue formada directamente de la costilla de Adán mientras este dormía (Gn 2:21). Pero en una concepción puramente evolutiva esto

---

[6]La palabra que se traduce «ejércitos» (heb. *tsabá*) a veces se usa para referirse a los planetas y estrellas (Dt 4:19; Is 34:4; 40:26), pero ninguno de los ejemplos citados en BDB, p. 839 (1.c) habla de las estrellas adorando a Dios, y la mayoría habla de los cuerpos celestiales como «los ejércitos de los cielos» que los paganos adoran erróneamente (Dt 17:3; 2 R 17:16; 21:3; Jer 8:2; et al.).

[7]A pesar de esta afirmación explícita en Gn 2:7 Derek Kidner (que sostiene una noción de la veracidad de la Biblia compatible con la que se aboga en este libro), en efecto aboga la posibilidad del desarrollo evolutivo de una larga línea de criaturas preadámicas en una de las cuales Dios finalmente «sopló vida humana» (*Genesis: An Introduction and Commentary* TOTC [InterVarsity Press, Londres y Chicago, 1967], p. 28); pero luego afirma una creación especial de Eva (p. 29).

no sería posible, porque entonces incluso el primer «ser humano» femenino hubiera descendido de alguna criatura casi humana que todavía era animal. El Nuevo Testamento reafirma la historicidad de esta creación especial de Eva a partir de Adán cuando Pablo dice: «De hecho, el hombre no procede de la mujer sino *la mujer del hombre;* ni tampoco fue creado el hombre a causa de la mujer, sino la mujer a causa del hombre» (1 Co 11:8-9).

La creación especial de Adán y Eva muestra que, aunque podamos ser como animales en muchos respectos en nuestro cuerpo físico, somos muy diferentes de los animales. Somos creados «a imagen de Dios», el pináculo de la creación divina, más como Dios que cualquier otra criatura, designados para gobernar sobre el resto de la creación. Incluso la brevedad del relato de la creación en Génesis pone un maravilloso énfasis en la importancia del hombre a distinción del resto del universo. Esto resiste las tendencias modernas a ver al hombre como insignificante ante la inmensidad del universo. Derek Kidner nota que la Biblia se levanta

> contra toda tendencia de vaciar de significado la historia humana ... de presentar los tremendos actos de la creación como un simple levantar el telón al drama que lentamente se desdobla a todo lo largo de la Biblia. El prólogo se acaba en una página; hay mil que siguen.

En contraste, Kidner anota que la explicación científica moderna del universo, por verdadera que pueda ser,

> nos abruma con estadísticas que reducen nuestra significación aparente a un punto que desaparece. No el prólogo, sino la historia humana misma, ahora es una sola página en mil, y el tomo terrestre se pierde entre millones sin catalogar.[8]

La Biblia nos da la perspectiva de la significación humana que Dios propuso que tengamos. (Esto se considerará en más detalle en el capítulo 21.)

4. La creación del tiempo. Otro de los aspectos de la creación divina es la creación del tiempo (la sucesión de un momento tras otro). Esta idea se consideró con respecto al atributo de Dios de eternidad en el capítulo 11,[9] y necesitamos solamente resumirlo aquí. Cuando hablamos de la existencia de Dios «antes» de la creación del mundo, no debemos pensar que Dios existía en una extensión infinita de tiempo. Más bien, la eternidad de Dios quiere decir que él tiene una existencia diferente, una existencia sin el paso del tiempo, una existencia que para nosotros es difícil incluso imaginarnos (vea Job 36:26; Sal 90:2, 4; Jn 8:58; 2 P 3:8; Ap 1:8). El hecho de que Dios creó el tiempo nos recuerda su señorío sobre el tiempo y nuestra obligación de usarlo para su gloria.

5. La obra del Hijo y del Espíritu Santo en la creación. Dios Padre fue el agente primario que inició el acto de la creación; pero el Hijo y el Espíritu Santo también

---

[8]Kidner, *Genesis* p. 57.
[9]Vea p. 173.

estuvieron activos. Al Hijo a menudo se le describe como la persona «por medio» de la cual la creación resultó. *«Por medio de él todas las cosas fueron creadas; sin él, nada de lo creado llegó a existir»* (Jn 1:3). Pablo dice que hay «un solo Señor, es decir, Jesucristo, *por* quien todo existe y *por medio* del cual vivimos» (1 Co 8:6), y «ha sido creado *por medio* de él y para él» (Col 1:16). Leemos también que es «por medio» del Hijo que Dios «hizo el universo» (He 1:2). Estos pasajes dan un cuadro coherente del Hijo como el agente activo que ejecuta los planes y direcciones del Padre.

El Espíritu Santo también estaba obrando en la creación. Generalmente se le muestra completando, llenando y dando vida a la creación de Dios. En Génesis 1:2, «el Espíritu de Dios iba y venía sobre la superficie de las aguas», lo que denota una función preservadora, sustentadora y gobernadora. Job dice: «El Espíritu de Dios me ha creado; me infunde vida el hálito del Todopoderoso» (Job 33:4). En varios pasajes del Antiguo Testamento es importante darse cuenta de que la misma palabra hebrea (*ruaj*) puede significar, en diferentes contextos, «espíritu», «aliento» o «viento». Pero en muchos casos no hay mucha diferencia en significado, porque incluso si uno decide traducir algunas frases como el «soplo de Dios» o incluso el «viento de Dios», todavía parecería ser una manera figurada de referirse a la actividad del Espíritu Santo en la creación. Así el salmista, hablando de la gran variedad de criaturas de la tierra y el mar dice: «Si envías tu Espíritu, son creados» (Sal 104:40; note también, respecto a la obra del Espíritu Santo, Job 26:13; Is 40:13; 1 Co 2:10). Sin embargo, el testimonio de la Biblia de la actividad específica del Espíritu Santo en la creación es escaso. La obra del Espíritu Santo se trae a mucha mayor prominencia en conexión con la inspiración de los autores de la Biblia y la aplicación de la obra redentora de Cristo al pueblo de Dios.[10]

B. La creación es algo muy aparte de Dios y sin embargo siempre depende de Dios

La enseñanza de la Biblia en cuanto a las relaciones entre Dios y la creación es única entre las religiones del mundo. La Biblia enseña que la creación es algo distinto de Dios. No es parte de la creación, porque él la hizo y la gobierna. El término que a menudo se usa para decir que Dios es mucho mayor que la creación es la palabra *trascendente*. Dicho simplemente, esto quiere decir que Dios está muy por «encima» de la creación en el sentido de que es mucho mayor que la creación y es independiente de ella.

Dios también está muy involucrado en la creación, porque esta continuamente depende de él para su existencia y funcionamiento. El término técnico usado al hablar de la intervención de Dios en la creación es la palabra *inmanente* que quiere decir «permanente en» la creación. El Dios de la Biblia no es una deidad abstracta alejada de la creación ni desinteresado en ella. La Biblia es la historia de la intervención de Dios en su creación, y particularmente en las personas en ella. Job afirma que incluso los animales y plantas dependen de Dios: «En sus manos está la vida de todo ser vivo, y el hálito que anima a todo ser humano» (Job 12:10). En el Nuevo

---

[10]Vea capítulo 30, pp. 666-86, sobre la obra del Espíritu Santo.

Testamento, Pablo afirma que Dios «es quien da a todos la vida, el aliento y todas las cosas» y que «en él vivimos, nos movemos y existimos» (Hch 17:25, 28). En verdad en Cristo «todo ha sido creado» (Col 1:17), y él continuamente «sostiene todas las cosas con su palabra poderosa» (Heb 1:3). La trascendencia e inmanencia de Dios se afirman juntas en un solo versículo cuando Pablo habla de «un solo Dios y Padre de todos, que está sobre todos y por medio de todos y en todos» (Ef 4:6).

El hecho de que la creación es una cosa y Dios es otra y sin embargo la creación siempre depende de Dios, que Dios está muy por encima de su creación y sin embargo siempre interviene en ella (en resumen, que Dios es a la vez trascendente e inmanente), se puede representar como en la figura 15.1.

Esto es claramente distinto del *materialismo*, que es la filosofía más común de los que no creen hoy, y que niega por completo la existencia de Dios. El materialismo diría que el universo material es todo lo que hay. Se podría representar como la figura 15.2.

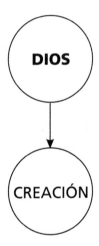

La creación es una cosa y Dios es otra, y sin embargo la creación siempre depende de Dios (Dios es a la vez trascendente e inmanente)
Figura 15.1

Los cristianos de hoy que enfocan casi todo su esfuerzo en la vida en ganar más dinero y adquirir más posesiones se convierten en materialistas «prácticos» en su actividad, puesto que sus vidas no serían muy diferentes si no creyeran en Dios para nada.

Materialismo
Figura 15.2

El relato bíblico de las relaciones de Dios con su creación es también diferente del panteísmo. La palabra griega *pan* quiere decir «todo», y *panteísmo* es la idea de que todo, todo el universo, es Dios o parte de Dios. Esto se podría representar como en la figura 15.3.

El panteísmo niega varios aspectos esenciales del carácter de Dios. Si todo el universo es Dios, Dios no tiene una personalidad distinta. Dios ya no es inmutable, porque conforme el universo cambia, Dios también cambia. Es más, Dios ya no es santo, porque el mal del universo también es parte de Dios. Otra dificultad es que a la larga la mayoría de los sistemas panteístas (como el budismo y muchas otras religiones orientales) acaban negando la importancia de la personalidad humana individual; puesto que todo es Dios, la meta del individuo debe ser amalgamarse con el universo y unirse cada vez más a él, y perder así su singularidad individual. Si Dios mismo no tiene una identidad personal aparte del universo, nosotros tampoco debemos procurar tener una. Por tanto, el panteísmo destruye no sólo la identidad personal de Dios, sino también, a la larga, la de los seres humanos.

Panteísmo
Figura 15.3

Cualquier filosofía que vea la creación como una «emanación» de Dios (es decir, algo que brota de Dios pero que todavía es parte de Dios y no distinta de él) sería similar al panteísmo en la mayoría o en todas las maneras en que niega los aspectos del carácter de Dios.

El relato bíblico también descarta el *dualismo*. Esta es la idea de que Dios y el universo material han existido eternamente lado a lado. Por tanto, hay dos fuerzas supremas en el universo: Dios y la materia. Esto se podría representar como en la figura 15.4.

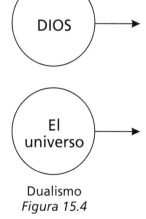

Dualismo
Figura 15.4

El problema con el dualismo es que indica un conflicto eterno entre Dios y los aspectos de maldad del universo material. ¿Triunfará a la larga Dios sobre el mal del universo? No podemos estar seguros, porque Dios y el mal al parecer siempre han existido lado a lado. Esta filosofía negaría el señorío supremo de Dios sobre la creación y también que la creación resultó debido a la voluntad de Dios, que se debe usar sólo para sus propósitos y que debe glorificarlo. Este punto de vista también negaría que todo el universo fue creado inherentemente bueno (Gn 1:31) y animaría a los seres humanos a ver la realidad material como algo malo en sí misma, en contraste con un relato bíblico genuino de una creación que Dios hizo para que fuera buena y que él gobierna para sus propósitos.

Un ejemplo reciente del dualismo en la cultura moderna es la serie de películas *La guerra de las galaxias*, que postula la existencia de una «Fuerza» universal que tiene un lado bueno y un lado malo. No hay concepto de un Dios santo y trascendente que lo gobierna todo y que ciertamente triunfará sobre todo. Cuando los que no creen hoy empiezan a darse cuenta del aspecto espiritual del universo, a menudo se vuelven dualistas, meramente reconociendo que hay aspectos buenos y malos en el mundo sobrenatural o espiritual. La mayor parte de la religión de la «Nueva Era» es dualista. Por supuesto, a Satanás le deleita que la gente piense que hay una fuerza de maldad en el universo que es tal vez igual a Dios mismo.

El concepto cristiano de la creación también es distinto del concepto del *deísmo*. El deísmo dice que Dios no está interviniendo directamente en la creación. Se pudiera representar como la figura 15.5.

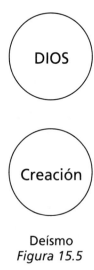

Deísmo
Figura 15.5

El deísmo por lo general sostiene que Dios creó el universo y es mucho mayor que el universo (Dios es «trascendente»). Algunos deístas también concuerdan con que Dios tiene normas morales y que al final pedirá cuenta a las personas responsables en el día del juicio. Pero niegan la participación presente de Dios en el mundo, con lo que no dejan lugar para su inmanencia en el orden creado. Más bien, ven a Dios como un relojero divino que le dio cuerda al «reloj» de la creación al principio y luego lo dejó para que funcione por cuenta propia.

Si bien el deísmo en efecto afirma de algunas maneras la trascendencia de Dios, niega casi toda la historia de la Biblia, que es la historia de la intervención activa de Dios en el mundo. Muchos cristianos «tibios» o nominales de hoy son, en efecto, deístas prácticos, puesto que viven vidas casi totalmente privadas de genuina oración, adoración, temor de Dios o confianza momento tras momento en que Dios atienda las necesidades que surgen.

C. Dios creó el universo para que muestre su gloria

Es claro que Dios creó a las personas para su propia gloria, porque habla de sus hijos e hijas como los «que yo he creado *para mi gloria,* al que yo hice y formé» (Is 43:7). Pero no sólo a los seres humanos creó Dios para este propósito. Toda la creación tiene el propósito de mostrar la gloria de Dios. Incluso la creación inanimada, las estrellas, el sol, la luna y el cielo, testifican de la grandeza de Dios: «Los cielos cuentan la gloria de Dios, el firmamento proclama la obra de sus manos. Un día comparte al otro la noticia, una noche a la otra se lo hace saber» (Sal 19:1-2). El canto de adoración celestial en Apocalipsis 4 conecta la creación de Dios de todas las cosas con el hecho de que él es digno de recibir de ella la gloria:

> «Digno eres, Señor y Dios nuestro,
>> de recibir la gloria, la honra y el poder,
> porque tú creaste todas las cosas;
>> por tu voluntad existen y fueron creadas» (Ap 4:11).

¿Qué muestra la creación en cuanto a Dios? Primariamente muestra su gran poder y sabiduría, muy por encima de todo lo que pudiera alguna criatura imaginar.[11] «Dios hizo la tierra con su poder, afirmó el mundo con su sabiduría, ¡extendió los cielos con su inteligencia!» (Jer 10:12). En contraste con los hombres ignorantes y los ídolos «que no valen nada» que hacen, Jeremías dice: «La heredad de Jacob no es como ellos, porque él es quien hace todas las cosas; su nombre es el SEÑOR Todopoderoso» (Jer 10:16). Un vistazo al sol o las estrellas nos convence del poder infinito de Dios. Incluso una breve inspección de cualquier hoja de un árbol, de la maravilla de la mano humana o de cualquier célula viva nos convence de la gran sabiduría de Dios. ¿Quién pudo hacer todo esto? ¿Quién pudo hacerlo de la nada? ¿Quién puede sostenerlo día tras día por años sin fin? Tal poder infinito, tal habilidad intrincada, está completamente más allá de nuestra comprensión. Cuando meditamos en eso, le damos la gloria a Dios.

Cuando afirmamos que Dios creó el universo para mostrar su gloria es importante que nos demos cuenta de que él no tenía necesidad de crearlo. No debemos pensar que Dios necesitaba más gloria de la que tenía dentro de la Trinidad por toda la eternidad, ni que de alguna manera estaba incompleto sin la gloria que recibiría del universo creado. Esto sería negar la independencia de Dios e implicar que Dios necesitaba del universo a fin de ser plenamente Dios.[12] Más bien debemos

---

[11]Vea en el capítulo 7, pp. 122-28, una explicación de la necesidad de la Biblia para interpretar correctamente la creación.

[12]Vea la consideración de la independencia de Dios en el capítulo 11, pp. 164-66.

afirmar que la creación del universo fue un *acto totalmente voluntario de Dios*. No fue un acto necesario sino algo que Dios quiso hacer. «Tú creaste todas las cosas; *por tu voluntad* existen y fueron creadas» (Ap 4:11). Dios quiso crear el universo para mostrar su excelencia. La creación muestra su gran sabiduría y poder, y en última instancia muestra igualmente sus demás atributos.[13] Parece, entonces, que Dios creó el universo para deleitarse en su creación, porque conforme la creación muestra los varios aspectos del carácter de Dios, él se deleita en ella.

Esto explica por qué nosotros mismos nos deleitamos tan espontáneamente en toda clase de actividades creativas. Las personas que tienen dones musicales o literarios disfrutan creando cosas y viendo, oyendo o ponderando su obra creativa. Dios nos ha hecho para que disfrutemos imitando, como criaturas, su actividad creadora. Y uno de los más asombrosos aspectos de los seres humanos —a diferencia del resto de la creación— es nuestra capacidad de crear nuevas cosas. Esto también explica por qué nos deleitamos en diferentes clases de actividades «creativas»: Muchos disfrutan al cocinar, decorar una casa, trabajar con madera u otros materiales, inventar cuestiones científicas o concebir nuevas soluciones a problemas en la producción industrial. Incluso los niños disfrutan al colorear cuadros, o construir casas de bloques. En todas estas actividades reflejamos en pequeña medida la actividad creadora de Dios, y debemos deleitarnos en eso y agradecerle a Dios por eso.

D. El universo que Dios creó fue «muy bueno»

Este punto sigue al anterior. Si Dios creó el universo para mostrar su gloria, es de esperar que el universo cumpla el propósito para el cual lo crearon. De hecho, cuando Dios terminó su obra de creación, se deleitó en ella. Al fin de cada etapa de la creación Dios vio que lo que había hecho era «bueno» (Gn 1:4, 10, 12, 18, 21, 25). Luego, al fin del sexto día de creación, «Dios miró todo lo que había hecho, y consideró que era muy bueno» (Gn 1:31). Dios se deleitó en la creación que había hecho, tal como se había propuesto hacerlo.

Aunque ahora hay pecado en el mundo, la creación material todavía es buena a los ojos de Dios, y nosotros también debemos verla igualmente como «buena». Este conocimiento nos libertará de un falso ascetismo que ve como malo el uso y disfrute de la creación material. Pablo dice que los que «prohíben el matrimonio y no permiten comer ciertos alimentos que Dios ha creado para [...] los creyentes, conocedores de la verdad» (1 Ti 4:1-3) están prestando atención a «doctrinas diabólicas». El apóstol toma una línea tan firme porque entiende que «todo lo que Dios ha creado es bueno, y nada es despreciable si se recibe con acción de gracias, porque la palabra de Dios y la oración lo santifican» (1 Ti 4:4-5). La mención de Pablo de «la palabra de Dios» que consagra o «santifica» los alimentos y otras cosas de que disfrutamos en la creación material es probablemente una referencia a la bendición que Dios pronunció en Génesis 1:31: «Era muy bueno».

Aunque el orden creado se puede usar de maneras pecadoras o egoístas, y puede alejar de Dios nuestros afectos, no debemos permitir que el peligro del abuso de la creación divina nos impida un uso positivo, agradecido y gozoso de ella para

---

[13]Vea la consideración en el capítulo 11, pp. 161-63, sobre las maneras en las que toda la creación revela varios aspectos del carácter de Dios.

nuestro disfrute y para el bien de su reino. Poco después de que Pablo ha advertido contra el deseo de enriquecerse y el «amor al dinero» (1 Ti 6:9-10), afirma que es Dios mismo el «que nos provee de todo en abundancia para que lo disfrutemos» (1 Ti 6:17). Este hecho les da a los creyentes garantía para estimular el apropiado desarrollo industrial y tecnológico (junto con el cuidado del ambiente), y usar con gozo y gratitud todos los productos de la tierra abundante que Dios ha creado, para nosotros mismos y también para aquellos con quienes tenemos que compartir generosamente nuestras posesiones (vea 1 Ti 6:18). Sin embargo, en todo esto debemos recordar que las posesiones materiales son solamente temporales, y no eternas. Debemos fijar nuestras esperanzas en Dios (vea Sal 62:10; 1 Ti 6:17) y en recibir un reino que no puede ser conmovido (Col 3:1-4; Heb 12:28; 1 P 1:4).

E. Relación entre la Biblia y los hallazgos de la ciencia moderna

En varias ocasiones en la historia, los cristianos han disentido en cuanto a los hallazgos aceptados de la ciencia contemporánea. En la vasta mayoría de los casos, la fe cristiana sincera y una fuerte confianza en la Biblia ha llevado a los científicos a descubrir nuevas cosas en cuanto al universo de Dios, y estos descubrimientos han cambiado la opinión científica para la historia subsiguiente. La vida de Isaac Newton, Galileo Galilei, Juan Kepler, Blas Pascal, Robert Boyle, Miguel Faraday, James Clerk Maxwell, y muchos otros son ejemplos de esto.[14]

Por otro lado, ha habido ocasiones cuando la opinión científica aceptada ha estado en conflicto con lo que la gente entiende que la Biblia dice. Por ejemplo, cuando el astrónomo italiano Galileo (1564-1642) empezó a enseñar que la tierra no era el centro del universo, sino que la tierra y otros planetas giraban alrededor del sol (siguiendo así las teorías del astrónomo polaco Copérnico [1472-1543]), fue criticado, y a la larga la Iglesia Católica Romana condenó sus escritos. Esto se debió a que muchos pensaban que la Biblia enseñaba que el sol giraba alrededor de la tierra. Por supuesto, la Biblia no enseña eso en ninguna parte, y fue la astronomía de Copérnico la que hizo que la gente mirara de nuevo a la Biblia para ver si de veras enseñaba lo que se pensaba que enseñaba. De hecho, las descripciones de que el sol se levanta y se pone (Ec 1:5; et al.) solo describen lo que parece desde la perspectiva del observador humano, y, desde esa perspectiva, su descripción es acertada. Pero no implica nada en cuanto al movimiento relativo de la tierra y del sol, y en ninguna parte la Biblia explica lo que hace que el sol «se ponga» desde el punto de vista del observador humano. La Biblia no dice nada absolutamente en cuanto a si la tierra o el sol, o algún otro cuerpo, es el «centro» del universo o del sistema solar; ese no es un asunto que la Biblia trata. Sin embargo, la lección de Galileo, que fue obligado a retractarse de sus enseñanzas y que vivió bajo arresto domiciliario por los pocos años que le restaron de vida, debe recordarnos que la observación cuidadosa del mundo natural puede hacer que volvamos a la Biblia, y estudiemos si las Escrituras en verdad enseñan lo que pensamos que enseñan. A veces, con un examen más cuidadoso del texto podemos hallar que nuestras interpretaciones previas eran incorrectas.

---

[14]Vea en August J. Kling, «Men of Science / Men of Faith», *HIS* mayo 1976, pp. 26-31, un breve sumario de la vida y obra de varios de estos científicos.

La investigación científica ha ayudado a los cristianos a reevaluar lo que generaciones anteriores pensaban en cuanto a la edad de la tierra, por ejemplo, y ningún erudito evangélico hoy sostendría que el mundo fue creado en 4004 a.C. Sin embargo hubo un tiempo cuando se creía ampliamente que en esa fecha tuvo lugar la creación, y eso se debió a los escritos del arzobispo irlandés James Ussher (1581-1656), uno de los grandes eruditos de su día, que cuidadosamente sumó las fechas de las genealogías de la Biblia para hallar cuándo fue creado Adán. Hoy se reconoce ampliamente que la Biblia no nos dice la fecha exacta de la creación de la tierra ni de la raza humana (vea más adelante).

Por otro lado, muchos en la comunidad cristiana han rehusado firmemente convenir con la opinión dominante de los científicos hoy respecto a la evolución. Respecto a este asunto, miles de creyentes han examinado la Biblia muchas veces con gran detalle, y muchos han concluido que la Biblia no guarda silencio respecto al proceso por el cual los organismos vivos llegaron a existir. Es más, la observación cuidadosa de los hechos del universo creado ha producido un desacuerdo amplio respecto a las teorías de la evolución (de científicos que son cristianos y también de un número de científicos que no son cristianos).[15] Así que en base tanto bíblica como científica, los cristianos han cuestionado las teorías de la evolución.

Debemos también recordar que la cuestión de la creación del universo es muy diferente de muchas otras cuestiones científicas, por cuanto la creación no es algo que se pueda repetir en un experimento en laboratorio, ni tampoco hubo un observador humano que la presenciara. Por consiguiente, los pronunciamientos de los científicos en cuanto a la creación y a la historia temprana de la tierra son, en el mejor de los casos, especulación educada. Si estamos convencidos, no obstante, que el único observador de estos eventos (Dios mismo) nos ha hablado al respecto en las palabras confiables de la Biblia, debemos prestar cuidadosa atención al relato bíblico.

En la sección que sigue hemos indicado algunos principios por los cuales se puede enfocar las relaciones entre la creación y los hallazgos de la ciencia moderna.

1. Cuando se entienden correctamente todos los datos, «ningún conflicto final» habrá entre la Biblia y la ciencia natural. La frase «ningún conflicto final» se toma del libro muy útil de Francis Schaeffer, *No Final Conflict*.[16] Respecto a las preguntas sobre la creación del universo, Schaeffer menciona varias cuestiones en donde, a su juicio, hay campo para desacuerdo entre cristianos que creen en la total veracidad de la Biblia:

1. Hay la posibilidad de que Dios creó un universo «adulto».

2. Hay una posibilidad de un intervalo entre Génesis 1:1 y 1:2, o entre 1:2 y 1:3.

---

[15]Para un análisis del cuerpo cada vez más creciente de evidencia científica contra la evolución, vea especialmente los libros de Michael Denton y Philip E. Jonson citados en la bibliografía de este capítulo y que se consideran en las pp. 290-95 más adelante.

[16]InterVarsity Press, Downers Grove, Ill., 1975.

3. Hay una posibilidad de un día largo en Génesis 1.

4. Hay una posibilidad de que el diluvio afectó la información geológica.

5. El uso de la palabra «especie» en Génesis 1 puede ser muy amplio.

6. Hay la posibilidad de muerte de animales antes de la caída.

7. En donde no se usa la palabra hebrea *bará* hay una posibilidad de secuencia de cosas previamente existentes.[17]

Schaeffer aclara que no está diciendo que una de estas posiciones sea la que él sostiene; sino que son teóricamente posibles. El punto principal de Schaeffer es que en nuestra comprensión del mundo natural y en nuestra comprensión de las Escrituras, nuestro conocimiento no es perfecto. Pero podemos abordar el estudio científico y el estudio de la Biblia con la confianza de que cuando se entienden correctamente todos los hechos, y cuando hemos entendido correctamente la Biblia, nuestros hallazgos nunca estarán en conflicto entre sí; no habrá «ningún conflicto final». Esto es porque Dios, que habla en la Biblia, sabe todo lo que sucedió, y no ha hablado de una manera que contradiga las verdades del universo.

Esta es una perspectiva muy útil con la cual el cristiano debe empezar cualquier estudio de la creación y la ciencia moderna. No debemos temer investigar científicamente los hechos del mundo creado, sino que debemos hacerlo con empeño y completa honestidad, en la confianza de que cuando se entiendan correctamente todos los datos, siempre resultarán congruentes con las inerrantes palabras de Dios en la Biblia. De modo similar, debemos abordar el estudio de la Biblia con empeño y en la confianza de que, cuando se entiende correctamente, la Biblia nunca contradice las verdades del mundo natural.[18]

Alguien pudiera objetar que todo este debate es inapropiado, porque la Biblia nos es dada para enseñar asuntos religiosos y éticos, y no tiene la intención de enseñar «ciencia». Sin embargo, como se anotó en el capítulo 5, la Biblia misma no pone tal restricción en cuanto a los temas respecto a los cuales puede hablar. Aunque la Biblia, por supuesto, no es un «libro de texto» de ciencia en el sentido formal, contiene muchas afirmaciones en cuanto al mundo natural: sus orígenes, sus propósitos, su destino final y muchas afirmaciones en cuanto a cómo funciona día tras día. Si tomamos en serio la idea de que es Dios mismo (tanto como los autores humanos) el que habla todas las palabras de la Biblia, debemos tomar estas afirmaciones en serio y creerlas también. Por cierto, la Biblia dice que nuestro entendimiento de algunos datos «científicos» ¡es cuestión de nuestra fe! Hebreos 11:3 nos dice: *«Por la fe* entendemos que el universo fue formado por la palabra de Dios, de modo que lo visible no provino de lo que se ve».

2. Algunas teorías de la creación parecen claramente inconsistentes con las enseñanzas de la Biblia. En esta sección examinaremos tres tipos de explicaciones del origen del universo que claramente parecen incongruentes con la Biblia.

---

[17]Ibid., pp. 25-33.

[18]Vea la consideración en el capítulo 4, pp. 83-84, sobre las relaciones entre la Biblia y la revelación natural.

a. Teorías seculares. Para hacerlo más completo, si bien brevemente, mencionaremos que cualquier teoría puramente secular del origen del universo sería inaceptable para los que creen en la Biblia. Una teoría «secular» es cualquier teoría del origen del universo que no atribuye a un Dios infinito y personal la creación del universo mediante diseño inteligente. Por tanto, la teoría de la «gran explosión» (en una forma secular en la que se excluye a Dios), o cualquier teoría que sostiene que la materia siempre ha existido, sería incongruente con la enseñanza de la Biblia de que Dios creó el universo de la nada, y que lo hizo para gloria suya. (Cuando se toma la evolución darwiniana en un sentido totalmente materialista, como a menudo se toma, pertenecería también a esta categoría).[19]

b. Evolución teísta. Desde la publicación del libro *El origen de las especies por medio de la selección natural* de Carlos Darwin (1859), algunos cristianos han propuesto que los organismos vivos surgieron por el proceso de evolución que Darwin propuso, pero que Dios guió ese proceso de modo que el resultado fue exactamente lo que quería que fuera. A este concepto se le llama *evolución teísta* porque aboga la creencia en Dios (es «teísta») y en la evolución también. Muchos que sostienen la evolución teísta propondrían que Dios intervino en el proceso en algunos puntos cruciales, por lo general (1) la creación de la materia al principio, (2) la creación de la forma más sencilla de vida, y (3) la creación del hombre. Pero, con la posible excepción de esos puntos de intervención, los evolucionistas teístas sostienen que la evolución procedió de las maneras que han descubierto ahora los científicos naturales, y que ese fue el proceso que Dios decidió usar para permitir que se desarrollaran todas las formas de la vida en la tierra. Creen que la mutación al azar de las cosas vivas condujo a la evolución de formas más altas de vida mediante el hecho de que las que tenían una «ventaja de adaptación» (una mutación que les permitió estar mejor aptas para sobrevivir en su ambiente) vivieron en tanto que otras no.

Los evolucionistas teístas están listos para cambiar sus puntos de vista en cuanto a la manera en que la evolución tuvo lugar, porque, según su perspectiva, la Biblia no especifica cómo sucedió. Depende de nosotros descubrir esto mediante investigación científica ordinaria. Argumentan que conforme aprendemos más y más en cuanto a la manera en que la evolución tuvo lugar, estamos aprendiendo más y más en cuanto a los procesos que Dios usó para producir el desarrollo de las formas de vida.

Las objeciones a la evolución teísta son las que siguen:

1. La clara enseñanza de la Biblia de que hay un propósito en la obra de Dios de la creación parece incompatible con el azar que exige la teoría evolucionista. Cuando la Biblia informa que Dios dijo: «¡Que produzca la tierra seres vivientes: animales domésticos, animales salvajes, y reptiles, según su especie!» (Gn 1:24), muestra a Dios haciendo las cosas intencionalmente y con un propósito para cada cosa que hace. Pero esto es lo opuesto de haber permitido mutaciones que tuvieran lugar enteramente *al azar* sin propósito para los millones de mutaciones que habrían tenido lugar, bajo la teoría evolucionista, antes de que pueda surgir una nueva especie.

---

[19]Vea en las pp. 289-98 más adelante, una consideración de la evolución darwiniana.

La diferencia fundamental entre el concepto bíblico de la creación y la evolución teísta es ésta: según los evolucionistas, la fuerza que impulsa los cambios y el desarrollo de nuevas especies es *el azar*. Sin la mutación al azar los organismos no tienen evolución en el sentido científico moderno. La mutación al azar es la fuerza que produce el desarrollo de las formas más sencillas de vida a las más complejas. Pero la fuerza impulsora en el desarrollo de nuevos organismos según la Biblia es el *diseño inteligente* de Dios. Dios creó «los grandes animales marinos, y todos los seres vivientes que se mueven y pululan en las aguas y todas las aves, según su especie» (Gn 1:21). «Dios hizo los animales domésticos, los animales salvajes, y todos los reptiles, según su especie. Y Dios consideró que esto era bueno» (Gn 1:25). Estas afirmaciones no parecen concordar con la idea de que Dios creó, dirigió u observó millones de mutaciones al azar, ninguna de las cuales era «muy buena» a la manera en que él quería, y ninguna de las cuales era la clase de plantas o animales que él quería tener sobre la tierra. En lugar del claro relato bíblico de la creación divina, la teoría teísta de la evolución tiene que entender que las cosas sucedieron más o menos así:

Y dijo Dios: «¡Que produzca la tierra seres vivientes según su especie!» Y después de trescientos ochenta y siete millones noventa y dos mil ochocientos setenta y un intentos, Dios finalmente logró un ratón que sirviera.

Esto parece ser una explicación extraña, pero es precisamente lo que el evolucionista teísta postularía en cuanto a cada uno de los cientos de miles de diferentes clases de plantas y animales de la tierra; todos se desarrollaron mediante un proceso de mutación al azar en un lapso de millones de años, y gradualmente fueron aumentando en complejidad conforme las mutaciones ocasionales resultaban ser ventajosas para la criatura.

Un evolucionista teísta tal vez diga que Dios intervino en el proceso y lo dirigió en muchos momentos en la dirección que quería que fuera. Pero una vez que se permite esto, hay propósito y diseño inteligente en el proceso; ya no tenemos evolución para nada, porque ya no hay mutación al azar (en los puntos de interacción divina). Ningún evolucionista secular aceptaría tal intervención de parte de un Creador inteligente y con propósito. Pero una vez que el cristiano acepta que hubo un activo propósito y diseño inteligente de parte de Dios, ya no hay ninguna necesidad de azar o desarrollo que surja por mutación al azar. Por tanto, muy bien pudiéramos decir que Dios creó en el momento cada una de las criaturas sin miles de intentos que fracasaron.

2. La Biblia presenta la palabra creadora de Dios produciendo respuesta inmediata. Cuando la Biblia habla de la palabra creativa de Dios recalca el poder de su palabra y su facultad de lograr su propósito.

> Por la palabra del SEÑOR fueron creados los cielos,
>   y por el soplo de su boca, las estrellas.
> … porque él habló, y todo fue creado;
>   dio una orden, y todo quedó firme (Sal 33:6, 9).

Esta clase de declaración parece incompatible con la idea de que Dios habló y después de millones de años y millones de mutaciones al azar en las cosas vivas su poder produjo el resultado que había pedido. Más bien, tan pronto como Dios dijo: «¡Que haya vegetación sobre la tierra!», la próxima oración nos dice: «Y así sucedió» (Gn 1:11).

3. Cuando la Biblia nos dice que Dios hizo que las plantas y los animales se reprodujeran «*según su especie*» (Gn 1:11, 24), sugiere que Dios creó muchos diferentes tipos de plantas y animales y que, aunque habría alguna diferencia entre ellas (¡note los muchos tamaños diferentes, razas y características personales entre los seres humanos!), habría límites estrechos en cuanto a la clase de cambio que podría resultar mediante mutaciones genéticas.[20]

4. El presente papel activo de Dios en crear o formar toda cosa viva que ahora llega a existir es difícil de reconciliar con la remota supervisión sin intervención que propone la evolución teísta. David puede confesar: «Tú creaste mis entrañas; me formaste en el vientre de mi madre» (Sal 139:13). Y Dios le dijo a Moisés: «¿Y quién le puso la boca al hombre? —le respondió el SEÑOR—. ¿Acaso no soy yo, el SEÑOR, quien lo hace sordo o mudo, quien le da la vista o se la quita?» (Éx 4:11). Dios hace que la hierba crezca (Sal 104:14; Mt 6:30) y da de comer a las aves (Mt 6:26) y a las demás criaturas del bosque (Sal 104:21, 27-30). Si Dios está tan ocupado en producir el crecimiento y desarrollo a cada paso de cada cosa viva incluso ahora, ¿es congruente con la Biblia decir que todas estas formas de vida son originalmente el resultado de un proceso evolucionista dirigido por mutación al azar antes que por creación de Dios directa y a propósito, y que sólo después de que fueron creadas empezó en su intervención activa para dirigirlas cada momento?

5. La creación especial de Adán, y luego Eva de él, es una razón fuerte para romper con la evolución teísta. Los evolucionistas teístas que aducen una creación especial de Adán y Eva debido a las afirmaciones de Génesis 1—2 realmente han roto con la teoría evolucionista en el punto que es de mayor preocupación para los seres humanos de todas maneras. Pero si, basados en la Biblia, insistimos en la intervención especial de Dios en el punto de la creación de Adán y Eva, ¿qué nos impide permitir que Dios interviniera, de una manera similar, en la creación de los organismos vivos?

Debemos darnos cuenta de que la creación especial de Adán y Eva, según se relata en la Biblia, los presenta muy diferentes de las criaturas casi animales, y apenas humanas, que los evolucionistas dicen que fueron los primeros seres humanos, criaturas que descendieron de antepasados que eran criaturas simiescas no humanas altamente desarrolladas. La Biblia presenta al primer hombre y a la primera

---

[20]No necesitamos insistir que la palabra hebrea *min* («especie») corresponde exactamente con la categoría biológica «especies», porque ese es simplemente un medio moderno de clasificar diferentes cosas vivas. Pero la palabra hebrea en efecto sí parece indicar una especificación estrecha de varios tipos de cosas vivas. Se usa, por ejemplo, para hablar de varios tipos muy específicos de animales que tienen crías y se distinguen de acuerdo a sus «especies». La Biblia habla del «milano según su especie», «todo cuervo según su especie», «el gavilán según su especie», «la garza según su especie», y de «la langosta según su especie» (Lv 11:14, 15, 16, 19, 22, RVR). Otros animales que existen de acuerdo a una «especie» individual son el grillo, el saltamontes, la comadreja, el águila, halcón, la gaviota, y la cigüeña (Lv 11:22, 29; Dt 14:13, 14, 15, 18). Estas son especies muy específicas de animales, y Dios los creó para que se reproduzcan sólo de acuerdo a su propia «especie». Parece que esto permitiría sólo diversificación dentro de cada uno de estos tipos de animales (halcones más grandes o más pequeños, halcones de diferente color o con diferentes formas de pico, etc.), pero ciertamente ningún cambio «macroevolucionario» en una especie de ave enteramente diferente. (Frair y Davis, *A Case for Creation* p. 129, piensan que «especie» puede corresponder a familia u orden hoy, o de otra manera a ningún equivalente preciso del siglo veinte).

mujer, Adán y Eva, con capacidades lingüísticas, morales y espirituales altamente desarrolladas desde el momento en que fueron creados. Podían conversar entre sí. Podían incluso hablar con Dios. Eran muy diferentes de los primeros humanos casi animales, descendientes de criaturas simiescas no humanas, de la teoría evolucionista.

Algunos pueden objetar que Génesis 1—2 no pretende presentar a Adán y Eva como individuos literales, pero (a) la narración histórica de Génesis continúa sin interrupción al material obviamente histórico en cuanto a Abraham (Gn 12), mostrando que el autor tenía la intención de que toda la sección fuera histórica,[21] y (b) en Romanos 5:12-21 y 1 Corintios 15:21-22, 45-49 Pablo afirma la existencia de «un hombre» Adán por medio de quien el pecado entró al mundo, y basa su disertación sobre la obra representativa de Cristo al ganar la salvación en el patrón histórico de Adán como representante también de la humanidad. Todavía más, el Nuevo Testamento en otras partes claramente presenta a Adán y Eva como figuras históricas (cf. Lc 3:38; Hch 17:26; 1 Co 11:8-9; 2 Co 11:3; 1 Ti 2:13-14). El Nuevo Testamento también da por sentado la historicidad de los hijos de Adán y Eva, Caín (Heb 11:4; 1 Jn 3:12; Jud 11) y Abel (Mt 23:35; Lc 11:51; He 11:4; 12:24).

6. Hay muchos problemas científicos con la teoría evolucionista (vea la siguiente sección). El número creciente de preguntas en cuanto a la validez de la teoría de la evolución que están levantando incluso personas que no son cristianas en varias disciplinas científicas indican que el que aduce verse obligado a creer en la evolución debido a que los «hechos científicos» no dejan otra opción simplemente no ha considerado toda la evidencia del otro lado. Los datos científicos no obligan a nadie a aceptar la evolución, y si el relato bíblico argumenta convincentemente contra ella también, no parece ser una teoría válida para que el cristiano la adopte.

Parece más apropiado concluir en las palabras del geólogo Davis A. Young: «La posición del evolucionismo teísta según lo expresan algunos de sus proponentes no es una posición coherentemente cristiana, porque se basa en parte en principios que son importados al cristianismo».[22] De acuerdo a Louis Berkhof, «la evolución teísta es hija de la vergüenza, que llama a Dios a intervalos periódicos para ayudar a la naturaleza en cuanto a los abismos que bostezan a sus pies. No es ni la doctrina bíblica de la creación, ni una coherente teoría de la evolución».[23]

c. Notas sobre la teoría darwiniana de la evolución. La palabra *evolución* se puede usar de diferentes maneras. A veces se usa para referirse a «microevolución», pequeños desarrollos dentro de una especie por los que vemos moscas o

---

[21]Note la frase «Estas son las generaciones» que introducen secciones sucesivas en la narración de Génesis en Gn 2:4 (cielos y tierra); 5:1 (Adán); 6:9 (Noé); 10:1 (los hijos de Noé); 11:10 (Sem); 11:27 (Taré, padre de Abraham); 25:12 (Ismael); 25:19 (Isaac); 36:1 (Esaú); y 37:2 (Jacob). La traducción de la frase puede diferir en varias versiones en español, pero la expresión hebrea es la misma y literalmente dice: «Estas son las generaciones de . . .». Por este recurso literario el autor ha introducido varias secciones de la narración histórica, ligándolas unas con otras en un todo unificado, e indicando que se debe entender como redacción de historia de la misma clase en toda su extensión. Si el autor quería que entendamos a Abraham, Isaac y Jacob como figuras históricas, entonces también quería que entendamos a Adán y Eva como figuras históricas.

[22]Davis A. Young, *Creation and the Flood: An Alternative to Flood Geology and Theistic Evolution* (Baker, Grand Rapids, 1977), p. 38. Young incluye una consideración de las nociones de Richard H. Bube, uno de los principales proponentes de la evolución teísta hoy (pp. 33-35).

[23]Berkhof, *Systematic Theology* pp. 139-40.

mosquitos que llegan a ser inmunes a los insecticidas, seres humanos que alcanzan más alta estatura, o diferentes colores o variedades de rosas que se desarrollan. Ejemplos innumerables de tal «microevolución» son evidentes hoy, y nadie niega que existan.[24] Pero ese no es el sentido en que la palabra *evolución* se usa por lo general al hablarse de las teorías de la creación y la evolución.

El término *evolución* se usa más comúnmente para referirse a la «macroevolución»; es decir, la «teoría general de la evolución» o teoría de que «la sustancia inerte dio lugar al primer material vivo, que subsecuentemente se reprodujo y diversificó para producir todos los organismos extinguidos o existentes».[25] En este capítulo, cuando usamos la palabra *evolución* la usamos para referirnos a la macroevolución o teoría general de la evolución.

(1) Retos presentes a la evolución.

Desde que Carlos Darwin publicó por primera vez su obra *El origen de las especies mediante la selección natural* en 1859, ha habido retos a esta teoría de parte de cristianos y no cristianos por igual. La presente teoría neodarwiniana todavía es fundamentalmente similar a la posición original de Darwin, pero con refinamientos o modificaciones debido a más de cien años de investigación. En la teoría evolucionista darwiniana moderna, la historia del desarrollo de la vida empezó cuando una mezcla de sustancias químicas presentes en la tierra produjeron espontáneamente una forma muy sencilla de vida, probablemente de una sola célula. Esta célula viva se reprodujo por sí sola, y con el tiempo hubo algunas mutaciones o diferencias en las nuevas células producidas. Estas mutaciones condujeron al desarrollo de formas de vida más complejas. Un ambiente hostil significaba que muchas de ellas perecerían, pero las más aptas para su medio ambiente sobrevivirían y se multiplicarían. De este modo la naturaleza ejerció un proceso de «selección natural» en el cual los diferentes organismos más aptos al medio ambiente sobrevivían. Más y más mutaciones a la larga desarrollaron más y más variedades de seres vivos, así que del organismo más sencillo se desarrollaron con el tiempo todas las formas de vida más complejas sobre la tierra mediante este proceso de mutación y selección natural.

La crítica más reciente, y tal vez la más devastadora, de la teoría darwiniana presente viene de Philip E. Johnson, profesor de leyes que se especializa en analizar la lógica de los argumentos. En su libro *Darwin on Trial*[26] cita extensamente de los teóricos revolucionarios presentes para demostrar que:

---

[24]Philip E. Johnson, *Darwin on Trial* (InterVarsity Press, Downers Grove, Ill., 1991), destaca que algunos estudios frecuentemente citados como evidencia de la evolución en realidad son diferencias temporales en la población sin ningún cambio genético. Por ejemplo, menciona la observación de Kettlewell de «melanismo industrial» en la polilla moteada, por el cual el color prevaleciente de la polilla cambió de blanco a negro, y después de nuevo a blanco cuando las hojas de los árboles tenían colores claros, y luego cubierta con hollín por la polución, y luego de nuevo a colores claros cuando la polución se acabó. Pero en cada etapa, tanto las polillas blancas como negras estaban presentes, aunque en diferentes proporciones (a las polillas que no copiaban el color de las hojas los depredadores las veían más fácilmente y se las comían). No ocurrió ningún cambio evolutivo, porque tanto las polillas blancas y negras seguían siendo polillas industriales, tales como los caballos blancos y negros siguen siendo caballos. En verdad, la polilla funcionaba para preservar su identidad genética en diferentes circunstancias, antes que evolucionar o llegar a extinguirse (vea pp. 26-28, 160-61).

[25]Wayne Frair y Percival Davis, *A Case for Creation* (CRS Books, Norcross, Ga., 1983), p. 25.

[26]InterVarsity Press, Downers Grove, Ill., 1991.

1. Después de más de cien años de cultivo experimental de varias clases de animales y plantas, la cantidad de variación que se ha podido producir (incluso con cultivo intencional y no al azar) es extremadamente limitada, debido a la limitada amplitud de variación genética en cada tipo de cosas vivas; los perros que se han criado selectivamente por generaciones siguen siendo perros, la mosca de las frutas sigue siendo mosca de la fruta, etc.; y cuando se les permite que vuelvan a su estado silvestre, «las razas más altamente especializadas perecen rápidamente y los sobrevivientes revierten al tipo salvaje original». Concluye que «la selección natural», que aducen los darwinistas para explicar la supervivencia de organismos nuevos, es en realidad una fuerza conservadora que trata de preservar la aptitud genética de una población, y no para cambiar sus características.[27]

2. En las discusiones evolucionistas presentes, popularmente se piensa que la «supervivencia del más apto» (o «selección natural») quiere decir que los animales cuyas características diferentes les dieron una ventaja colectiva sobrevivirán, y otros morirán. Pero en la práctica se puede aducir que casi cualquier característica es una ventaja o una desventaja.[28] Así que, ¿cómo saben los darwinistas qué características les han dado a ciertos animales una ventaja para la supervivencia? Observando qué clases sobreviven. Pero esto quiere decir que la selección natural a menudo en el fondo no es un nuevo concepto extraordinario de lo que sucede en la naturaleza, sino simplemente una tautología (una repetición sin sentido de la misma idea), puesto que todo se reduce a decir que los animales «más aptos» son los que tienen más descendencia. En este sentido, la selección natural quiere decir que los animales que tienen el mayor número de descendientes tienen el mayor número de descendientes.[29] Pero esto no prueba nada en cuanto a las supuestas mutaciones para producir descendencia diferente, más apta, en el curso de muchas generaciones.

3. Las vastas y complejas mutaciones requeridas para producir organismos complejos como el ojo o el ala de un ave (o cientos de otros órganos) no podían haber ocurrido en mutaciones diminutas acumuladas a lo largo de miles de generaciones, porque las partes individuales del órgano son inútiles (y no tienen ninguna «ventaja») a menos que el órgano entero esté funcionando. Pero la probabilidad matemática de que tales mutaciones al azar tengan lugar a la vez en una genera-

---

[27]Johnson, pp. 15-20 (cita de p. 18). Johnson nota que en unos pocos casos se han producido nuevas «especies», en el sentido de una parte de una población que es incapaz de entrecruzarse con otra parte; esto ha sucedido con las moscas de las frutas y con algunas plantas híbridas (p. 19). Pero aunque son incapaces de entrecruzarse como otras moscas de las frutas, las nuevas moscas de las frutas siguen siendo moscas de las frutas, y no alguna otra clase de criatura; la cantidad de variación de que la mosca de la fruta es capaz está inherentemente limitada por la amplitud de la variabilidad en su conjunto de genes.

[28]Johnson nota (pp. 29-30) que los darwinistas incluso han explicado las características obviamente desventajosas invocando pleiotropía, que es la idea de que varios cambios genéticos pueden ocurrir a la vez, así los negativos surgen junto con los positivos. Sobre esta base no se podría citar ninguna característica existente de ningún animal para desprobar la afirmación de que el más apto sobrevive, porque en realidad llegar a ser una afirmación de que los que han sobrevivido han sobrevivido. Pero, entonces, ¿cómo sabemos en realidad que la supervivencia del más apto ha sido el mecanismo que ha conducido a la diversidad presente de las formas de vida?

[29]Johnson no dice que todos los evolucionistas argumentan de esta manera, pero cita a varios que lo hacen así (pp. 20-23).

ción es efectivamente cero. Los darwinistas quedan diciendo que debe haber sucedido porque sucedió.[30]

Un divertido ejemplo de la necesidad de que todas las partes de un sistema orgánico complejo sean puestas en su lugar a la vez lo destacan Robert Kofahl y Kelly Segraves en su libro *The Creation Explanation: A Scientific Alternative to Evolution*.[31] Ellos describen al «abejorro bombardero», que repele a sus enemigos con una carga candente de sustancias químicas que dispara por dos tubos rotativos en su cola. Las sustancias químicas que dispara este abejorro explotan espontáneamente al mezclarse en un laboratorio, pero evidentemente el abejorro tiene una sustancia inhibidora que bloquea la reacción explosiva hasta que el abejorro dispara un chorro de líquido en sus «cámaras de combustión», en donde añade una enzima para catalizar la reacción. Tiene lugar una explosión y dispara el repelente químico a una temperatura de 100°C contra los enemigos del abejorro. Kofahl y Segraves con razón preguntan si alguna explicación evolutiva puede dar razón de este asombroso mecanismo:

> Note que una explicación evolucionista racional del desarrollo de esta criatura debe asignar algún tipo de ventaja adaptadora a cada una de los millones de hipotéticas etapas intermedias en el proceso de construcción. Pero ¿habrían conferido las etapas de un cuarto, una mitad o dos tercios de terminación, por ejemplo, alguna ventaja? Después de todo, un rifle es inútil si no están funcionando todas sus partes. ... Antes de que este mecanismo de defensa pudiera brindar alguna protección al abejorro, todas sus partes, junto con la propia mezcla explosiva de sustancias químicas, además de la conducta instintiva requerida para su uso, tendrían que haberse ensamblado en el insecto. Un conjunto de órganos parcialmente desarrollados habría sido inútil. Por consiguiente, de acuerdo a los principios de la teoría evolucionista, no habría presión selectiva para hacer que el sistema evolucionara hacia el sistema final completo. ... Si una teoría no logra explicar los datos en alguna ciencia, esa teoría tendría que ser revisada o reemplazada con una teoría que esté de acuerdo con los datos.[32]

En este caso, por supuesto, la pregunta divertida es: ¿Qué hubiera sucedido si la mezcla química explosiva se hubiera desarrollado en el abejorro sin el inhibidor químico?

4. El historial fósil fue el problema más grande de Darwin en 1859, y se ha convertido en un problema aun mayor desde entonces. En tiempos de Darwin había disponibles cientos de fósiles que hablaban de la existencia de muchas clases distintas de animales y plantas en el pasado distante. Pero Darwin no pudo hallar ningún fósil de «tipos intermedios» para llenar las brechas entre las distintas clases de animales; fósiles que muestren algunas características de un animal y unas cuantas características del siguiente tipo en desarrollo, por ejemplo. De hecho, muchos

---

[30]Johnson, pp. 32-44.
[31]Robert E. Kofahl y Kelly L. Segraves, *The Creation Explanation: A Scientific Alternative to Evolution* (Harold Shaw, Wheaton, Ill., 1975). Este libro es una colección fascinante de evidencia científica que favorece la creación mediante diseño inteligente.
[32]Kofahl y Segraves, *The Creation Explanation* pp. 2-3. Ellos dan muchos otros ejemplos similares.

fósiles antiguos son similares exactamente a los animales del día presente, lo que muestra que (de acuerdo a las presuposiciones cronológicas de su teoría) numerosos animales han persistido por millones de años esencialmente sin cambio. Darwin se dio cuenta de que la ausencia de «tipos de transición» en el historial fósil debilitaba su teoría, pero pensaba que se debía a que no se habían descubierto suficientes fósiles, y tenía la confianza de que descubrimientos ulteriores desenterrarían muchos tipos de animales en transición. Sin embargo, los ciento treinta años subsiguientes de intensa actividad arqueológica todavía no ha logrado producir ni un solo ejemplo convincente de un tipo de transición necesario.[33]

Johnson cita al notorio evolucionista Stephen Jay Gould de Harvard cuando dice que hay dos características del historial fósil que son incongruentes con la idea de cambio gradual a través de generaciones:

1. Estasis. La mayoría de las especies no exhiben ningún cambio direccional durante su existencia en la tierra. Aparecen en el historial fósil con casi la misma apariencia como cuando desaparecieron; el cambio morfológico por lo general es limitado y sin dirección.

2. Aparición súbita. En cualquier región una especie no surge gradualmente mediante la transformación continua de sus antepasados; aparece toda a la vez y «plenamente formada».[34]

Tan difícil es este problema para la evolución darwiniana que muchos científicos evolucionistas hoy proponen que la evolución se produjo en saltos súbitos a nuevas formas de vida; de modo que cada una de las treinta y dos órdenes conocidas de mamíferos, por ejemplo, aparecieron muy súbitamente en la historia de Europa.[35]

Pero ¿cómo pudieron tener lugar al mismo tiempo cientos o miles de cambios genéticos? No se ha dado ninguna explicación aparte de decir que debe haber sucedido, porque sucedió. (Un vistazo a las líneas punteadas en cualquier texto presente de biología, que muestran las supuestas transiciones de una clase de animal a otra, indican la naturaleza de las brechas todavía sin llenarse después de ciento treinta años de investigación). La importancia de este problema queda demostrado contundentemente en un libro reciente de un escritor que no es cristiano, Michael

---

[33]Johnson, pp. 73-85, considera los dos ejemplos que se han descubierto entre tal vez cien millones de fósiles, el arqueoptérix (un ave con algunas características que parece reptiles), y algunos ejemplos simioides que se piensan que son homínidos prehumanos. El arqueoptérix sigue siendo más un pájaro, y no un casi reptil, y los estudios de las características de los fósiles supuestamente prehumano incluyen grandes cantidades de especulación subjetiva, resultando en fuertes diferencias entre los expertos que los han examinado.

Una consideración útil de las brechas que persisten en el historial fósil se halla en Frair y Davis, *A Case for Creation*, pp. 55-56. Ellos notan que el continuo descubrimiento y clasificación de los fósiles desde el tiempo de Darwin ha resultado en el hecho de que «como un todo, las discontinuidades se han recalcado con el aumento de la recolección. Parece haber escasas dudas de que las brechas son reales, y parece ser cada vez menos probable que alguna vez se llenarán» (p. 57).

[34]Johnson, p. 50, al parecer cita un ensayo de Gould y Niles Eldredge, «Punctuated Equilibria, an Alternative to Phyletic Gradualism», impreso como apéndice al libro de Eldredge, *Time Frames* (Johnson, p. 167).

[35]A esta noción se le llama el «equilibrio puntuado», lo que quiere decir que el equilibrio ordinario del mundo natural fue interrumpido ocasionalmente (puntuado) por la súbita aparición de nuevas formas de vida.

Denton, *Evolution: A Theory in Crisis (Evolución: Una teoría en crisis).*[36] Denton mismo no propone ninguna explicación alterna para el surgimiento de la vida en su forma presente sobre la tierra, pero nota que desde el tiempo de Darwin

> de los dos axiomas fundamentales de la teoría macroevolucionista de Darwin —el concepto de la continuidad de la naturaleza, la idea de un continuo funcional de todas las formas de vida que liga todas las especies y que en última instancia se remonta a una célula primitiva, y la creencia de que todo el diseño de adaptación de la vida ha resultado de un proceso ciego al azar— ninguno ha sido validado ni siquiera por un solo descubrimiento empírico o avance científico desde 1859.[37]

5. Las estructuras moleculares de los organismos vivos en efecto muestran relaciones, pero los darwinistas simplemente dan por sentado que las relaciones implican antepasados comunes, afirmación que por cierto no ha sido demostrada. Es más, hay asombrosas diferencias moleculares entre las cosas vivas, y no se ha dado ninguna explicación satisfactoria de los orígenes de esas diferencias.[38]

Claro, a menudo se ha usado la similitud de diseño en un nivel (incluyendo niveles por encima del nivel molecular) como argumento a favor de la evolución. La presuposición de los evolucionistas es que la similitud de diseño entre dos especies implica que la especie «más baja» evolucionó a una especie «más alta», pero nunca se ha dado ninguna prueba de tal presuposición. Gleason Archer ilustra esto bien al suponer que uno visita un museo de ciencia e industria y halla una exhibición de cómo los seres humanos evolucionaron de criaturas simiescas anteriores a seres progresivamente más parecidos a humanos, y finalmente al hombre moderno. Pero con razón nota que

> una continuidad de diseño básico no provee evidencia por ningún lado de que una especie «más baja» progresó a la siguiente especie «más alta» por alguna suerte de dinámica interna, como lo exige la evolución. Porque si el visitante del museo fuera a alguna otra parte de ese museo de ciencia e industria, hallaría una serie completamente análoga de automóviles, comenzando desde 1900 y extendiéndose hasta la década presente. Etapa por etapa, fase por fase, podría trazar el desarrollo de Ford desde su primer prototipo Modelo T, al enorme y lujoso LTD de la década de 1970.[39]

Por supuesto, una explicación mucho mejor para las similitudes en los varios modelos de automóviles Ford es el hecho de que un diseñador inteligente (o un grupo de diseñadores) usaron estructuras similares en automóviles sucesivamente más complejos; si un mecanismo de dirección funciona bien en un modelo, no hay necesidad de inventar una clase diferente de mecanismo de dirección para otro

---

[36]Adler and Adler, Bethesda, Md., 1986.

[37]Denton, p. 345. Un análisis anterior de la evolución por parte de un respetado biólogo británico que es también evolucionista es G. A. Kerkut, *Implications of Evolution* (Pergamon, Nueva York, 1960). Este es un estudio muy técnico destacando las numerosas dificultades que persisten en la teoría de la evolución.

[38]Johnson, pp. 86-99.

[39]Gleason L. Archer, *Encyclopedia of Bible Difficulties* p. 57.

modelo. De la misma manera, similitudes en diseño entre todas las cosas vivas se pueden igualmente tomar como evidencia de la obra de un artesano maestro inteligente, el Creador mismo.

6. Probablemente la dificultad más grande para toda la teoría evolucionista es explicar cómo alguna vida pudo haber empezado alguna vez. La generación espontánea inclusive del organismo vivo más sencillo capaz de vida independiente (la célula bacterial procariótica) de materiales inorgánicos en la tierra no pudo haber sucedido por una mezcla al azar de sustancias químicas; requiere diseño inteligente y artesanía tan compleja que ningún laboratorio científico avanzado del mundo ha podido lograrlo. Johnson cita una metáfora ahora famosa: «Que un organismo vivo surgió al azar de un caldo prebiótico es tan probable como si un tornado que barre un lote de chatarra pudiera ensamblar un Boeing 747 de los materiales de ese lote». El ensamblaje por casualidad es simplemente una manera naturalista de decir "milagro"».[40]

A un nivel de sentido común, una ilustración sencilla mostrará esto. Si yo tomara mi reloj digital, se lo diera a alguien, y dijera que lo hallé cerca de una mina de hierro en el norte de Minnesota, y que estoy convencido de que el reloj se armó por sí solo simplemente mediante la operación de movimiento al azar y fuerzas ambientales (más alguna energía de unos pocos rayos, tal vez), rápidamente me descartarían como loco. Sin embargo cualquier célula viva de la hoja de un árbol, o cualquier célula humana del cuerpo humano, es miles de veces más compleja que mi reloj digital. Incluso después de cuatro mil millones de años la «probabilidad» de que incluso una sola célula viva surja espontáneamente es prácticamente cero.

De hecho, se han hecho algunos esfuerzos para calcular la probabilidad de que la vida surja espontáneamente de esta manera. Kofahl y Segraves dan un modelo estadístico en el cual empiezan con una presuposición muy generosa: que todo metro cuadrado de la superficie de la tierra estuvo de cierta manera cubierta con cuarenta kilos de moléculas de proteína que podían mezclarse libremente, y que todas fueron reemplazadas con proteína fresca cada año por mil millones de años. Luego calculan la probabilidad de que siquiera una sola molécula de enzima se desarrollara cada mil millones de años de historia de la tierra. La probabilidad es 1,2 veces 10-11, o una posibilidad en ochenta mil millones. Notan, sin embargo, que incluso con esas presuposiciones generosas y empezando con proteína fresca cada año por miles de millones de años, hallar una molécula de enzima —que prácticamente es una tarea imposible— no resolvería de ninguna manera el problema:

> La probabilidad de hallar dos de las moléculas activas sería alrededor de 10 elevado a la potencia 22, y la probabilidad de que serían idénticas sería de 1070. Y ¿podría la vida empezar simplemente con una sola molécula de enzima? Todavía más, ¿cuál es la posibilidad de que una molécula activa de enzima, una vez formada, pudiera hallar su camino a través de miles y millones de años a esa molécula de ARN o ADN formada al azar que contiene el código para esa secuencia particular de enzima de

---

[40]Johnson, p. 104, citando a Fred Hoyle. Es más, uno pudiera argüir que es más probable que el 747 pudiera ocurrir accidentalmente, porque los diseñadores humanos inteligentes han podido hacer un 747, pero no han podido hacer ni una sola célula viva.

aminoácidos de la molécula, para que se puedan producir nuevas copias de sí misma? Prácticamente cero.[41]

Kofahl y Segraves informan de un estudio que realizó un científico evolucionista. Este científico formula un modelo para calcular la probabilidad para la formación, no simplemente de una molécula de enzima, sino del organismo vivo probable más pequeño por el proceso al azar. Encuentra la probabilidad de una posibilidad en 10340.000.000; es decir, una probabilidad en 10 seguido de ¡340 millones de ceros! Pero Kofahl y Segraves notan: «Y sin embargo el Dr. Morowitz y sus colegas científicos evolucionistas ¡todavía creen que sucedió!»[42]

Si alguien me pidiera que confiara mi vida para volar en un avión, y luego me explicara que la compañía aérea ha realizado sus vuelos con seguridad una vez en cada 10340.000.000, o una vez en cada 80 mil millones de vuelos; ciertamente no me embarcaría, ni tampoco nadie que esté en sus cabales. Sin embargo es trágico que la opinión común, perpetuada en muchos libros de texto de ciencia actuales, de que la evolución es un «hecho» establecido ha continuado persuadiendo a muchos de que no deben considerar la total veracidad de la Biblia como un punto de vista intelectualmente aceptable por parte de individuos responsables y pensantes. El mito de que la «evolución ha refutado la Biblia» persiste y continúa impidiendo que muchos consideren el cristianismo como una opción válida.

Pero, ¿qué si algún día en realidad pudieran los científicos «crear» vida en el laboratorio? Aquí es importante entender qué significaría. Primero, no sería «creación» en el sentido puro de la palabra, puesto que todos los experimentos en el laboratorio empiezan con algún tipo de materia previamente existente. Eso no daría una explicación al origen de la materia en sí misma, ni tampoco sería la clase de creación que la Biblia dice que Dios hizo. Segundo, la mayoría de los esfuerzos contemporáneos para «crear vida» son en realidad simplemente pasos muy pequeños en el proceso gigantesco de pasar de materiales inertes a un organismo vivo independiente, aunque sea uno que consista de una sola célula. La construcción de una molécula de proteína o un aminoácido por ningún lado se acerca a la complejidad de una sola célula viva. Pero, más importante, ¿qué demostraría si la obra colectiva de miles de los científicos más inteligentes del mundo, con el equipo más costoso y más complejo de laboratorio disponible, trabajando en el curso de varias décadas, en realidad produjeran un organismo vivo? ¿«Probaría» eso que Dios no creó la vida? Muy al contrario: demostraría simplemente que la vida no resultó por casualidad sino que tuvo que ser creada por un diseñador inteligente. En teoría, por lo menos, no es imposible que los seres humanos, creados a imagen de Dios y usando la inteligencia que Dios les ha dado. puedan algún día crear un organismo vivo partiendo de sustancias inertes (aunque la complejidad de la tarea supera con mucho cualquier tecnología que exista hoy). Pero eso sólo mostraría que Dios nos

---

[41]Kofahl and Segraves, *The Creation Explanation* pp. 99-100.
[42]Ibid., p. 101, citando a Harold J. Morowitz, *Energy Flow in Biology* (Academic Press, Nueva York, 1968), p. 99. El estudio clásico de la improbabilidad matemática de la evolución es P. S. Moorehead y M. M. Kaplan, eds., *Mathematical Challenges to the Neo-Darwinian Interpretation of Evolution* (The Wistar Institute Symposium Monograph, Filadelfia, no. 5, 1967). Vea también el artículo «Heresy in the Halls of Biology: Mathematicians Question Darwinism», *Scientific Research* (noviembre 1987), pp. 59-66, e I. L. Cohen, *Darwin Was Wrong—A Study in Probabilities* (New Research Publications, Greenvale, N.Y., 1984).

hizo para que seamos «semejantes a Dios»; que en la investigación biológica como en muchos otros aspectos de la vida nosotros podemos, de una manera muy pequeña, imitar la actividad de Dios. Toda esa investigación científica en esa dirección realmente debería ser hecha con reverencia a Dios y con gratitud por la capacidad científica con que él nos ha dotado.

Muchos científicos no creyentes han sido influidos tanto por la fuerza acumulativa de las objeciones que se han presentado contra la evolución que han abogado abiertamente por posiciones novedosas para una u otra parte del desarrollo evolutivo propuesto de las cosas vivas. Francis Crick, que ganó el premio Nóbel por ayudar a descubrir la estructura de las moléculas del ADN, propuso en 1973 que la vida debe haber sido enviada aquí por una nave espacial de un planeta distante, teoría que Crick llama «panspermia dirigida».[43] Para el presente autor parece irónico que científicos brillantes puedan abogar por una teoría tan fantástica sin el menor ápice de evidencia a su favor, y que mientras tanto rechacen la explicación directa dada por el único libro de historia del mundo que jamás se ha demostrado que está equivocado, que ha cambiado la vida de millones de personas, que muchos de los eruditos más inteligentes de toda generación ha creído completamente, y que ha sido una fuerza mayor para el bien que cualquier otro libro en la historia del mundo. ¿Por qué personas que son inteligentes aceptan creencias que parecen tan irracionales? Es como si creyeran en cualquier cosa, siempre que no sea el Dios personal de la Biblia, que nos llama a dejar nuestro orgullo, a humillarnos delante de él, a pedir su perdón por haber desobedecido sus normas morales, y someternos a sus mandamientos morales por el resto de la vida. Rehusar hacer esto es irracional, pero, como veremos en el capítulo sobre el pecado, todo pecado es en última instancia irracional en su raíz.

Otros retos a la teoría de la evolución se han publicado en los últimos veinte o treinta años y sin duda otros más que aparecerán. Uno simplemente espera que no pasará mucho tiempo antes de que la comunidad científica públicamente reconozca la improbabilidad de la teoría evolucionista, y que los libros de texto escritos para estudiantes de secundaria y universidad abiertamente reconozcan que la evolución no es una explicación satisfactoria del origen de la vida en la tierra.

(2) Las influencias destructivas de la teoría evolucionista en el pensamiento moderno.

Es importante entender las influencias increíblemente destructivas que la teoría evolucionista ha ejercido en el pensamiento moderno. Si en verdad Dios no creó la vida, y si Dios no creó a los seres humanos en particular y estos no tienen que rendirle cuentas, pues simplemente son el resultado de acontecimientos al azar en el universo, ¿qué significado tiene la vida humana? Somos solo el producto de materia más tiempo más casualidad, y por tanto pensar que tenemos alguna importancia eterna, o en realidad alguna importancia frente a un universo inmenso, es simplemente engañarnos a nosotros mismos. La reflexión honesta en ese concepto debe conducir a las personas a un profundo sentido de desesperanza.

---

[43]*Time* septiembre 10, 1973, p. 53, resumiendo el artículo «Directed Panspermia», por F. H. C. Crick y L. E. Orgel en *Icarus* 19 (1973): 341-46.

Todavía más, si es posible explicar la vida mediante la teoría evolucionista y aparte de Dios, y si no hay un Dios que nos creó (o por lo menos si no podemos saber nada en cuanto a él con certeza), no hay Juez supremo que nos considere responsables moralmente. Por consiguiente, no hay ningún absoluto moral en la vida humana, y las ideas morales de los seres humanos son apenas preferencias subjetivas, buenas para ellos pero que tal vez no se puedan imponer a otros. De hecho, en tal caso lo único prohibido es decir que uno sabe que ciertas cosas son buenas y que ciertas cosas son malas.

Hay otra consecuencia ominosa de la teoría evolucionista. Si los procesos inevitables de selección natural continúan produciendo mejoras en las formas de vida en la tierra mediante la supervivencia del más apto, ¿por qué estorbar este proceso al cuidar a los débiles y menos capaces de defenderse a sí mismos? ¿No deberíamos más bien permitirles que mueran sin reproducirse para que podamos avanzar a una forma de humanidad nueva y más alta, incluso una «raza maestra»? De hecho, Marx, Nietzsche y Hitler justificaron la guerra sobre esta base.[44]

Es más, si los seres humanos continuamente están evolucionando para mejorar, la sabiduría de generaciones anteriores (y particularmente las creencias religiosas anteriores) no es probable que sean tan valiosas como el pensamiento moderno. Además, el efecto de la evolución darwiniana sobre las opiniones de las personas en cuanto a la confiabilidad de la Biblia ha sido muy negativo.

Las teorías sociológicas y psicológicas contemporáneas que ven a los seres humanos como simplemente formas más altas de animales son otro resultado del pensamiento evolucionista. Los extremos del movimiento moderno de «derechos de los animales» que se oponen a toda matanza de animales (para comida, para pieles o para investigación médica, por ejemplo,) también fluyen por naturaleza del pensamiento evolucionista.

d. La teoría de un «intervalo» entre Génesis 1:1 y 1:2. Algunos evangélicos han propuesto que hay un intervalo de millones de años entre Génesis 1:1 («Dios, en el principio, creó los cielos y la tierra») y Génesis 1:2 («La tierra era un caos total, las tinieblas cubrían el abismo»). Según esta teoría, Dios hizo una creación anterior, pero a la larga hubo una rebelión contra Dios (probablemente en conexión con la rebelión de Satanás), y Dios castigó a la tierra haciendo que «quedara sin orden y vacía» (traducción alterna, pero dudosa, propuesta para Gn 1:2).[45] Lo que se relata

---

[44]Vea *NIDCC* p. 283.

[45]Esta «teoría de la brecha» se da como una posible interpretación de Gn 1:1-2 en *The New Scofield Reference Bible* (Oxford University Press, Oxford, 1967), en las notas de Gn 1:2 e Is 45:18. Sigue siendo común en mucho de la enseñanza bíblica popular. Una defensa extensa de esta teoría se halla en Arthur C. Custance, *Without Form and Void: A Study of the Meaning of Genesis 1:2* (Doorway Papers, Brockville, Ontario, 1970). Una crítica extensa consta en Weston W. Fields, *Unformed and Unfilled* (Presbyterian and Reformed, Nutley, N.J., 1976). Una crítica sustancial de los argumentos léxicos y gramaticales usados en la teoría de la brecha también se halla en Oswald T. Allis, *God Spake by Moses* (Presbyterian and Reformed, Filadelfia, 1951), pp. 153-59.

Algunos lectores tal vez se pregunten por qué he clasificado esta noción junto con las nociones seculares y la evolución teísta como una teoría que parece «claramente inconsistente con las enseñanzas de la Biblia». Debo notar aquí que estoy haciendo esto sólo porque los argumentos para esta posición me parecen que se basan en interpretaciones del texto bíblico altamente improbables, y no quiero implicar que sean como muchos evolucionistas teístas que piensan que la Biblia no puede enseñarnos nada en cuando a ciencia. Por el contrario, los que abogan

en Génesis 1:3—2:3 es en realidad la *segunda* creación divina, en seis días literales de veinticuatro horas, que ocurrieron sólo recientemente (tal vez hace unos diez mil o veinte mil años). Los fósiles antiguos hallados en la tierra, muchos de los cuales se dice que tienen millones de años, resultaron de la *primera* creación (hace cuatro mil quinientos millones de años), que se menciona sólo en Génesis 1:1.

El argumento bíblico primordial para esta teoría es que las palabras «desordenada y vacía» (RVR 1960) y «tinieblas» en Génesis 1:2 muestran una tierra que ha sufrido los efectos del castigo de Dios. En otras partes del Antiguo Testamento, tinieblas frecuentemente denotan castigo de Dios, y las palabras hebreas *toju* («sin forma») y *boju* («vacía») en versículos tales como Isaías 34:11 y Jeremías 4:23 se refieren a lugares como los desiertos que han sufrido las consecuencias desoladoras del castigo de Dios.

Pero estos argumentos no parecen ser lo suficiente fuertes para persuadirnos de que Génesis 1:2 muestra una tierra desolada después de un castigo divino. Si Dios forma primero la tierra (v. 1) y después crea la luz (v. 3), entonces tendría que haber tinieblas sobre la tierra en el versículo 2; esto indica que la creación está en progreso, y no que algún mal esté presente. Además, en cada día hay una «noche», y hay «oscuridad» presente durante los seis días de la creación (vv. 5, 8, 13, 18-19, et al.), sin ninguna sugerencia de mal o de desaprobación divina (cf. Sal 104:20). En cuanto a la frase «desordenada y vacía» (RVR 1960), el sentido es simplemente que todavía no es apropiada para habitación; la obra preparatoria de Dios todavía no había sido hecha. Por supuesto, cuando Dios maldice un desierto, este se vuelve inapropiado para la vida, pero no debemos creer que la causa de esa ineptitud (la maldición de Dios sobre un desierto) sea la misma en este otro caso, la creación, en donde la causa de la ineptitud para ser habitable es simplemente que la obra de Dios todavía está en progreso; la preparación para el hombre todavía no está completa.[46] (No es apropiado leer las circunstancias que rodean una palabra en un lugar en el uso de esa palabra en otro lugar cuando el significado de la palabra y su uso en el segundo contexto no exige las mismas circunstancias).

Además del hecho de que Génesis 1:2 no respalda esta idea, hay otros argumentos que pesan fuertemente contra la teoría del intervalo:

1. No hay ningún versículo de la Biblia que hable explícitamente de una creación anterior. Así que esta teoría carece de aunque sea un solo versículo de la Biblia que le dé respaldo explícito.

2. En Génesis 1:31, cuando Dios terminó su obra de la creación, leemos: «Dios miró todo lo que había hecho, y consideró que era muy bueno». Pero según la

---

por la teoría de la brecha uniformemente han sido creyentes en la total veracidad de la Biblia sobre cualquier tema de los que habla.

[46]La segunda palabra *boju* «vacía» sólo ocurre otras dos veces en la Biblia (Is 34:11; Jer 4:23), ambas mostrando tierras desoladas que han sufrido el juicio de Dios. Pero la primera palabra, *toju*, que puede querer decir «sin forma, confusión, irrealidad, vacío» (*BDB* p. 1062), aparece otras diecinueve veces, a veces refiriéndose a un lugar desolado que resulta del juicio (Is 34:11 y Jer 4:23, ambas con *boju*), y a veces simplemente para referirse a un lugar vacío, sin implicar ningún sentido de mal o juicio (Job 26:6, de «espacio» sobre el cual Dios extiende el norte, paralelo a la «nada» sobre la cual él cuelga la tierra; también Dt 32:10; Job 12:24; Sal 107:40). El sentido de «inhabitable» es especialmente apropiado en Is 45:18, hablando de la creación divina de la tierra: «no la creó para dejarla vacía, sino que la formó para ser habitada». (El hecho de que Dios no creó la tierra para que sea «vacía» sino que «la formó para ser habitada» [Is 45:18] habla de la obra completada de Dios de la creación y no niega que fue «un caos total» en una etapa anterior de la creación).

teoría del intervalo, Dios estaría mirando a una tierra llena de los resultados de una rebelión, un conflicto y un terrible castigo. También estaría mirando a todos los seres demoníacos, los ejércitos de Satanás que se han revelado contra él, y diciendo que todo era «muy bueno». Es difícil creer que a pesar de que había tanto mal y tantas evidencias de rebelión y castigo en la tierra, Dios con todo dijera que esa creación era muy buena.

Todavía más, Génesis 2:1 dice, en lo que parece ser un resumen de todo lo que ha sucedido en Génesis 1: «Así quedaron terminados los cielos y la tierra, y todo lo que hay en ellos». Aquí no es simplemente la obra de Dios en la tierra, sino todo lo que hizo en los cielos, que se dice que ha quedado terminado en la narración de Génesis 1. Esto no da lugar a que grandes partes del cielo y de la tierra hayan estado terminadas mucho antes de los seis días de la creación.

3. En una descripción posterior de la obra de Dios en la creación que se halla en los diez mandamientos leemos: «*En seis días hizo el SEÑOR los cielos y la tierra, el mar y todo lo que hay en ellos*, y que descansó el séptimo día. Por eso el SEÑOR bendijo y consagró el día de reposo» (Éx 20:11). Aquí la creación del cielo y de la tierra, y la hechura de «todo lo que hay en ellos», se atribuye a la obra de Dios en los seis días de la creación. Sea que tomemos estos como días de veinticuatro horas o períodos más largos de tiempo, la hechura de todos los cielos y la tierra y *todo lo que hay en ellos* se incluye dentro de esos seis días. Pero los que proponen la teoría del intervalo dirían que hay muchas cosas en la tierra (como los restos fósiles de animales muertos y la tierra misma) y en los cielos (como las estrellas) que Dios no hizo en los seis días especificados en Éxodo 20:11, idea que parece exactamente contraria a lo que se afirma en el versículo.

Todavía más, aunque algunos pasajes de la Biblia en efecto hablan del castigo que impone Dios sobre los ángeles rebeldes o del castigo que impone a la tierra en varias ocasiones (vea Is 24:1; Jer 4:23-26; 2 P 2:4), ninguno de estos pasajes pone este castigo en un tiempo antes de la narración de la creación en Génesis 1:2-31.

4. Esta teoría debe dar por sentado que todos los fósiles de animales de hace millones de años que se parecen estrechamente a animales de la actualidad indican que la primera creación divina de los reinos animal y vegetal resultaron en fracaso. Estos animales y plantas no cumplieron el propósito original de Dios, así que Dios los destruyó, pero en la segunda creación hizo otros que eran exactamente iguales. Todavía más, puesto que Adán y Eva fueron el primer hombre y la primera mujer, esta teoría debe dar por sentado que hubo primero una creación de Dios que existió por millones de años pero a la que le faltaba la obra cumbre de Dios, es decir, el hombre. Pero el que Dios no hubiera logrados sus propósitos con los reinos vegetal y animal originales, y el que no hubiera coronado la creación con su criatura más alta, el hombre, no parece encajar en el cuadro bíblico de un Dios que siempre logra sus propósitos en todo lo que hace. Así que la teoría del intervalo no parece hoy una alternativa aceptable para los cristianos evangélicos.

3. La edad de la tierra: Algunas consideraciones preliminares. Hasta este punto las consideraciones en este capítulo han abogado por conclusiones que esperamos hallen amplio asentimiento entre los cristianos evangélicos. Pero ahora llegamos por fin a una pregunta desconcertante respecto a la cual los cristianos que creen en la Biblia han diferido por muchos años, a veces agudamente. La cuestión es simplemente esta: ¿Cuál es la edad de la tierra?

Es apropiado tratar esta pregunta después de todos los asuntos anteriores, porque en realidad es mucho menos importante que las doctrinas que se consideraron arriba. Estos asuntos anteriores pueden resumirse como sigue: (1) Dios creó de la nada el universo; (2) la creación es algo aparte de Dios, y sin embargo siempre depende de Dios; (3) Dios creó el universo para mostrar su gloria; (4) el universo que Dios creó fue muy bueno; (5) a la postre no habrá conflicto entre la Biblia y la ciencia; (6) las teorías seculares que niegan a Dios como Creador, incluyendo la evolución darwiniana, son claramente incompatibles con la creencia en la Biblia.

La cuestión de la edad de la tierra también es menos importante que los asuntos que se tratarán en capítulos subsiguientes, es decir (7) la creación del mundo angelical y (8) la creación del hombre a imagen de Dios (capítulos 19, 21 y 22). Es importante tener presente estas cosas, porque hay el peligro de que los cristianos pasen demasiado tiempo discutiendo sobre la edad de la tierra y descuidando el enfoque en aspectos mucho más importantes y mucho más claros de la enseñanza total de la Biblia sobre la creación.

Las dos opciones entre las cuales escoger al hablar de la edad de la tierra son el concepto de la «tierra vieja», que concuerda con el consenso de la ciencia moderna de que la tierra tiene 4.500.000.000 de años, y el concepto de la «tierra joven», que dice que la tierra tiene entre 10.000 y 20.000 años y que los cálculos científicos de fechado son incorrectos. La diferencia entre estas dos nociones es enorme: ¡4.499.980.000 de años!

Antes de considerar los argumentos específicos de ambas posiciones, examinaremos algunos asuntos preliminares respecto a las genealogías de la Biblia, cálculos presentes para la edad de la raza humana, ideas diferentes en cuanto a la fecha de los dinosaurios y la duración de los seis días de la creación en Génesis 1.

a. Hay lagunas en las genealogías de la Biblia. Cuando uno lee las listas de nombres en la Biblia junto con sus edades, pudiera parecer que uno puede sumar las edades de todas las personas en la historia de la redención desde Adán hasta Cristo, y arribar a una fecha aproximada de la creación de la tierra. Ciertamente eso daría una fecha muy reciente para la creación (tal como la fecha de 4004 a.C. que dio el arzobispo Ussher). Pero una inspección más cuidadosa de las listas paralelas de nombres en la Biblia mostrará que la Biblia misma indica el hecho de que las genealogías mencionan sólo los nombres que los escritores bíblicos pensaron importante anotar para sus propósitos. En verdad, algunas genealogías incluyen nombres que otras genealogías de la misma Biblia deja fuera.

Por ejemplo, Mateo 1:8-9 nos dice que Asa fue «padre de Josafat; Josafat, padre de Jorán; Jorán, padre de Uzías; Uzías, padre de Jotán; Jotán, padre de Acaz». Pero en 1 Crónicas 3:10-12 (que usa el nombre alterno de Ocozías en vez de Uzías), aprendemos que Mateo omitió tres generaciones: Joás, Amasías y Azarías. Así que estos pasajes se pueden comparar en la siguiente tabla:

Ejemplo de brechas en las genealogías

1 Crónicas 3:10-12	Mateo 1:8-9
Asa,	Asa
Josafat,	Josafat
Jorán,	Jorán
Ocozías,	Uzías
Joás	
Amasías	
Azarías	
Jotán,	Jotán
Acaz,	Acaz
Ezequías	Ezequías
(etc.)	(etc.)

Por consiguiente, cuando Mateo dice que Uzías fue «padre de Jotán», puede querer decir que fue padre de alguien que condujo a Jotam. Mateo ha seleccionado los nombres que quiere recalcar a propósito.[47] Un fenómeno similar es evidente en Mateo 1:20, en donde el ángel del Señor le habla a José y le dice: «José, hijo de David». Ahora bien, José no es directamente hijo de David (porque David vivió alrededor del año 1000 a.C.), sino que es descendiente de David, y por consiguiente se le llama su «hijo».

Otro ejemplo se halla en 1 Crónicas 26:24 en una lista de oficiales nombrados por el rey David cerca del fin de su vida. Leemos que «Sebuel, que era descendiente de Guersón hijo de Moisés, era el tesorero mayor» (1 Cr 26:24). Pero sabemos por Éxodo 2:22 que Guersón fue el hijo que le nació a Moisés antes del éxodo, en algún momento alrededor de 1480 a.C. (o, en una fecha posterior al éxodo, alrededor de 1330 a.C.). Pero estos oficiales mencionados en 1 Crónicas 26 los nombró David al tiempo en que hizo a Salomón rey sobre Israel, alrededor del 970 a.C. (vea 1 Cr 23:1). Eso quiere decir que en 1 Crónicas 26:24 se dice que Sebuel es «hijo de Guersón», que nació 510 (o por lo menos 360) años antes. Diez o más generaciones se han omitido en esta designación de «hijo de».[48]

Parece simplemente justo concluir que las genealogías de la Biblia tienen algunas lagunas, y que Dios simplemente hizo que se registraran los nombres que eran importantes en determinado caso. Cuántas lagunas hay y cuántas generaciones faltan en las narraciones de Génesis, no lo sabemos. La vida de Abraham se puede colocar aproximadamente en el 2000 a.C., porque los reyes y lugares mencionados en los relatos de la vida de Abraham (Gn 12ss) se pueden correlacionar con infor-

---

[47]Vea una consideración completa de las brechas en las genealogías en Francis Schaeffer, *No Final Conflict* pp. 37-43.

[48]La NVI traduce el versículo como «Sebuel, que era *descendiente* de Guersón», pero esto es simplemente una interpretación, porque el texto hebreo simplemente tiene la palabra *ben*, «hijo». No se debería objetar que Guersón pudo haber vivido más de 500 años, porque vidas tan largas no se hallan después del diluvio (note Gn 6:3); de hecho, a Abraham se le dio milagrosamente un hijo cuando tenía casi 100 años (cf. Ro 4:19; Heb 11:12); y Moisés, mucho antes de David o Salomón, contó la vida del hombre como de 70 u 80 años: «Algunos llegamos hasta los setenta años, quizás alcancemos hasta los ochenta, si las fuerzas nos acompañan» (Sal 90:10).

mación arqueológica que se puede fechar con bastante confiabilidad,[49] pero antes de Abraham hay mucha incertidumbre al fijar las fechas. En vista de la vida excepcionalmente larga que se informa que vivieron las personas antes del diluvio, no parecería irrazonable pensar que en la narración se han pasado por alto unos cuantos miles de años. Esto nos da alguna flexibilidad en nuestro pensamiento en cuanto a la fecha en que el primer hombre apareció en la tierra. (Parecería otra cosa muy distinta, no obstante, y completamente extraña al sentido de continuidad en la narración, pensar que se han omitido *millones* de años, pero que se recuerden y trasmitan los nombres y los detalles de la vida de personas clave en un período de tiempo tan largo.)

b. La edad de la raza humana. Aunque los cálculos científicos actuales dicen que el primer hombre apareció en la tierra hace como dos millones y medio de años, es importante reconocer qué clase de «hombre» se aduce que fue. La siguiente tabla es una guía a grosso modo de la opinión científica corriente:[50]

homos habilis («hombre hábil») herramientas de piedra,	2 a 3,5 millones de años a.C.
homo erectus variedad de herramientas de piedra, usó el fuego para 500.000 a.C., cazaba animales grandes,	1,5 millones de años a.C.
homo sapiens («hombre sabio» u «hombre pensante») sepultaba a sus muertos (ejemplo: hombre de neandertal),	40.000 a 150.000 a.C. (o tal vez 300.000 a.C.)
homo sapiens sapiens («hombre sabio, sabio»), (ejemplo: hombre de Cro-magnon) pinturas en cuevas, (ejemplo: hombre neolítico) criaba ganado, agricultura, metalurgia,	90.000 a.C. 18.000 a 35.000 a.C. 19.000 a.C.

Sea que los cristianos sostengan una noción de una tierra joven o una tierra vieja, todos concuerdan en que el hombre estaba ya en la tierra durante el tiempo de las pinturas en las cuevas por el hombre de Cro-Magnon, pinturas que se fechan alrededor del año 10.000 a.C. Hay alguna variación en la fecha del hombre de Cro-Magnon, sin embargo, puesto que el sitio de sepultura de Cro-Magnón en Siberia tiene aproximadamente entre 20.000 y 35.000 años a.C., de acuerdo a la evidencia geológica que se ha hallado allí, pero el método de fechado de carbono 14

---

[49]Vea «Chronology of the Old Testament» en *IBD* esp. pp. 268-70.
[50]Esta tabla se adapta de Frair y Davis, *A Case for Creation* pp. 122-26, y Karl W. Butzer, «Prehistoric People», en *World Book Encyclopedia* (World Book, Chicago, 1974), 15:666-74.

da una fecha de sólo 9.000 a.C. o sea hace 11.000 años.[51] Antes de las pinturas del hombre de Cro-magnon hay un desacuerdo. ¿Era el hombre neandertal realmente hombre, o simplemente una criatura parecida a hombre?[52] ¿Cuán humanas eran las criaturas anteriores humanoides? (Formas más altas de animales, tales como los chimpancés, pueden usar herramientas, y sepultar los muertos no es necesaria-mente un rasgo humano singular). Es más, los métodos de fechar usados para pe-ríodos anteriores son muy aproximados con resultados que a menudo están en conflicto.[53]

Así que, ¿hace cuánto tiempo apareció el primer hombre en la tierra? Cierta-mente allá por 10.000 a.C., si las pinturas de cuevas de Cro-magnon han sido fecha-das correctamente. Pero antes de eso es difícil decir.

c. ¿Murieron animales antes de la caída? Para los que abogan por una tierra jo-ven, no hay necesidad de preguntar si los animales murieron antes de la caída, por-que los animales y el hombre fueron creados en el sexto día, y puede haber habido sólo poco tiempo antes de que Adán y Eva pecaran. Esto pudiera haber introduci-do la muerte en el reino animal también, como parte de la maldición de la caída (Gn 3:17-19; Ro 8:20-23).

Pero para los que abogan por una tierra vieja, esta es una pregunta importante. Hay millones de fósiles al parecer antiguos en la tierra. ¿Pudieran haber venido de animales que vivieron y murieron por muchísimas edades antes de que Adán y Eva fueran creados? ¿Pudo Dios haber creado un reino animal que estaba sujeto a la muerte desde el momento de la creación? Esto es muy posible. Había sin duda muerte en el mundo vegetal, si Adán y Eva debían comer plantas; y si Dios había hecho una creación original en la cual los animales se reprodujeran y vivieran tam-bién para siempre, la tierra pronto habría estado superpoblada sin esperanza de ali-vio. La advertencia a Adán en Génesis 2:17 fue sólo que *él* moriría si comía del fruto prohibido, no que los animales también empezarían a morir. Cuando Pablo dice: «Por medio de un solo hombre el pecado entró en el mundo, y por medio del pecado entró la muerte» (Ro 5:12a), la frase que sigue dice claramente que está ha-blando de la muerte de los seres humanos, no de las plantas y los animales, porque de inmediato añade: «fue así como la muerte pasó a toda la humanidad, porque to-dos pecaron» (Ro 5:12b).

Partiendo de la información que tenemos en la Biblia, no podemos saber si Dios creó desde el principio a los animales sujetos al envejecimiento y a la muerte, pero sigue siendo una verdadera posibilidad.

d. ¿Qué de los dinosaurios? La opinión científica actual sostiene que los dinosau-rios se extinguieron hace alrededor de 65 millones de años, millones de años antes de que los seres humanos aparecieran en la tierra. Pero los que sostienen seis días

---

[51]Kofahl and Segraves, The Creation Explanation p. 207.

[52]Dos explicaciones útiles de los varios antepasados humanos propuestos se hallan en Frair y Davis, *A Case for Creation* pp. 122-26, y Davis A. Young, *Creation and the Flood* pp. 146-55. Frair y Davis piensan que el hombre nean-dertal fue «enteramente humano» aunque «racialmente distinto» (p. 125).

[53]Philip Johnson nota que una teoría reciente que ha recibido respaldo de varios biólogos moleculares es que todos los seres humanos descendieron de una «Eva mitocondrial» que vivió en África hace menos de 200.000 años (*Darwin on Trial*, pp. 83, 177-78).

de veinticuatro horas de creación y una tierra joven dirían que los dinosaurios estuvieron entre las criaturas que Dios creó el mismo día que creó al hombre (el sexto día). Dirían, por consiguiente, que los dinosaurios y los seres humanos vivieron en la tierra al mismo tiempo y que los dinosaurios subsecuentemente se extinguieron (tal vez en el diluvio). Los que abogan por una tierra joven, por supuesto, diferirían en cuanto a los métodos usados para dar fechas tan antiguas a los dinosaurios.

Entre los que sostienen el concepto de una tierra vieja, algunos tal vez querrán decir que los dinosaurios estuvieron entre las criaturas a las que Adán les puso nombre en Génesis 2:19-20, y que subsiguientemente perecieron (tal vez en el diluvio). Admitirían que los dinosaurios pueden haber existido antes, pero dirían que no se extinguieron sino después del tiempo de Adán y Eva. Otros dirían que el sexto día de la creación duró millones de años, y que los dinosaurios ya se habían extinguido cuando Adán fue creado y puso nombre a los animales. En este caso, Adán no les puso nombre a los dinosaurios (la Biblia no dice que lo haya hecho), sino que sólo puso nombre a todas las criaturas que vivían en el tiempo en que Dios le trajo a los animales para que les pusiera nombre (Gn 2:19-20). Por supuesto, esta noción requeriría que haya habido muerte en el mundo animal antes de que hubiera pecado (véase la sección previa).

e. ¿Son los seis días de la creación días de veinticuatro horas? Mucho de la disputa entre los que abogan por una «tierra joven» y «tierra vieja» cuelga en la interpretación de la duración de los «días» de Génesis 1. Los que sostienen la tierra vieja proponen que los seis «días» de Génesis 1 se refieren no a períodos de veinticuatro horas, sino más bien a largos períodos de tiempo, millones de años, durante los cuales Dios realizó las actividades creadoras descritas en Génesis 1. Esta propuesta ha llevado a un acalorado debate con otros evangélicos, que dista mucho de que se la resuelva decisivamente de una manera o de otra.

A favor de ver los seis días como períodos largos de tiempo está el hecho de que la palabra hebrea *yom*, «día», a veces se usa para referirse no a un día literal de veinticuatro horas, sino a un período más largo de tiempo. Vemos esto cuando se usa la palabra en Génesis 2:4, por ejemplo: «el día que Jehová Dios hizo la tierra y los cielos» (RVR 1960), frase que se refiere a la obra entera creativa de los seis días de la creación. Otros ejemplos de la palabra *día* significando un período de tiempo son Job 20:28 («el *día* de la ira de Dios»); Salmo 20:1 («Jehová te oiga en el *día* de conflicto», RVR 1960); Proverbios 11:4 («En el *día* de la ira de nada sirve ser rico»); 21:31 («Se alista al caballo para el *día* de la batalla»); 24:10 («Si en el *día* de la aflicción te desanimas, muy limitada es tu fortaleza»); 25:13 («en *día* de verano»); Eclesiastés 7:14 («En el *día* del bien goza del bien; y en el *día* de la adversidad considera. Dios hizo tanto lo uno como lo otro», RVR 1960); muchos pasajes que se refieren al «*día* del SEÑOR» (tales como Is 2:12; 13:6, 9; Jl 1:15; 2:1; Sof 1:14); una concordancia mostrará que este es un sentido frecuente de la palabra *día* en el Antiguo Testamento.

Un argumento adicional para un período largo de tiempo en estos «días» es el hecho de que el sexto día incluye tantos acontecimientos que debe haber durado más de veinticuatro horas. El sexto día de la creación (Gn 1:24-31) incluye la creación de los animales y la creación del hombre y la mujer («Hombre y mujer los creó», Gn 1:27). También fue en el sexto día que Dios bendijo a Adán y Eva y les dijo: «Sean fructíferos y multiplíquense; llenen la tierra y sométanla; dominen a los peces del mar y a las aves del cielo, y a todos los reptiles que se arrastran por el suelo» (Gn 1:28). Pero eso quiere decir que el sexto día incluyó la creación divina de Adán, Dios poniendo a Adán en el huerto del Edén para que lo labrara y lo cuidara y dándole a Adán instrucciones respecto al árbol del conocimiento del bien y del mal (Gn 2:15-17), el hecho de que Dios trajo a todos los animales al hombre para que les pusiera nombre (Gn 2:18-20), el no hallar ayuda idónea para Adán (Gn 2:20, y luego hacer que Adán cayera en un sueño profundo y crear a Eva de su costilla (Gn 2:21-25). La naturaleza finita del hombre y el increíblemente número crecido de animales que Dios creó parecería en sí mismo exigir que fuera necesario un período de tiempo mucho más largo que parte de un día para incluir tantos acontecimientos; por lo menos eso sería una comprensión «ordinaria» del pasaje para el lector original, una consideración que no es de escasa importancia en un debate que a menudo hace énfasis en lo que una lectura ordinaria del pasaje por parte de los lectores originales los llevaría a concluir.[54] Si se demuestra que el sexto día por consideraciones contextuales es considerablemente más largo que un día ordinario de veinticuatro horas, ¿no favorece el contexto en sí mismo el sentido de *días* como un «período de tiempo» de duración no especificada?

Relativo a esto hay otra consideración. El séptimo día, se debe notar, no se concluye con la frase «Y vino la noche, y llegó la mañana: ése fue el séptimo día». El texto simplemente dice que «Al llegar el séptimo día, Dios descansó porque había terminado la obra que había emprendido» y que «Dios bendijo el séptimo día, y lo santificó» (Gn 2:2-3). La posibilidad, si no la implicación, que sugiere esto es que el séptimo día todavía continúa. Nunca terminó sino que es también un «día» que en realidad es un período largo de tiempo (cf. Jn 5:17; Heb 4:4, 9-10).

Algunos han objetado que siempre que la palabra *día* se refiere a un período de tiempo diferente de un día de veinticuatro horas en el Antiguo Testamento, el contexto indica claramente que ese es el caso, pero que puesto que el contexto no dice esto claramente en Génesis 1, debemos dar por sentado que se está hablando de días normales. Pero a esto debemos responder que siempre que la palabra *día* quiere decir un día de veinticuatro horas, el contexto también lo dice con igual claridad. De otra manera, no podríamos saber que en ese contexto se quiere indicar un día de veinticuatro horas. Así que esta no es una objeción persuasiva. Simplemente afirma aquello con lo que todos concuerdan, es decir, que el contexto nos permite determinar en qué sentido se tomará una palabra cuando tiene varios significados posibles.

Otra objeción es que la Biblia podría haber usado otras palabras si lo que se quería indicar era un período más largo que un día de veinticuatro horas. Sin embargo, si (como es claramente el caso) los lectores originales sabían que la palabra *día* podía significar un largo período de tiempo, no habría necesidad de usar otra palabra,

---

[54]Los que abogan por un día de veinticuatro horas pueden dar escenarios por los cuales Adán sólo les puso nombre a tipos representativos de los animales, o les puso nombre rápidamente sin ninguna observación de sus actividades o capacidades, pero ambas sugerencias son interpretaciones mucho menos probables en vista de la importancia que se asigna en el Antiguo Testamento a la acción de poner nombre.

porque la palabra *yom* llevaba muy bien el significado que se quería indicar. Todavía más, es una palabra muy apropiada para usarse cuando se describe seis períodos sucesivos de trabajo más un período de descanso que fijaría el patrón para los siete días de la semana en que los seres humanos vivirían.

Esto nos lleva de regreso a la pregunta original, es decir, ¿qué significa la palabra *día* en el contexto de Génesis 1? El hecho de que la palabra debe referirse a períodos más largos de tiempo apenas unos pocos versículos más adelante en la misma narración (Gn 2:4) debería advertirnos en contra de hacer afirmaciones dogmáticas de que los lectores originales ciertamente habrían sabido que el autor estaba hablando de días de veinticuatro horas. De hecho, ambos sentidos eran comúnmente conocidos de los lectores originales de este relato.[55]

Es importante comprender que los que abogan los seis «días» de la creación eran largos períodos de tiempo no están diciendo que el contexto *requiera* que esto se debe entender como períodos de tiempo. Están simplemente diciendo que el contexto no nos especifica claramente el significado de *día*, y que si una información científica convincente en cuanto a la edad de la tierra, derivada de muchas disciplinas diferentes y dando respuestas similares, nos convence de que la tierra tiene miles de millones de años, entonces esta interpretación posible de *día* como un largo período de tiempo puede ser la mejor interpretación y se debe adoptar. En este sentido, la situación es parecida a la que enfrentaron los primeros que sostuvieron que la tierra giraba sobre su eje y daba vueltas alrededor del sol. Ellos no decían que los pasajes en cuanto a que el sol «se levanta» o «se pone» *nos exige*, en su contexto, creer en un sistema solar heliocéntrico (centrado en el sol), sino que una interpretación *posible* de los pasajes es que expresan el punto de vista del observador. La evidencia por observación tomada de la ciencia nos informa que esto es en efecto la manera correcta de interpretar esos pasajes.

Al otro lado de esta pregunta están los argumentos a favor de entender «día» como un día de veinticuatro horas en Génesis 1:

1. Es significativo que cada uno de los días de Génesis 1 termina con una expresión tal como: «Y vino la noche, y llegó la mañana: ése fue el primer día» (Gn 1:5). La frase «Y vino la noche, y llegó la mañana» se repite en los versículos 8, 13, 19, 23 y 31. Esto parece implicar la secuencia de acontecimientos que marcaban un día literal de veinticuatro horas y sugiere que los lectores deben entenderlo de esa manera.

Este es un argumento fuerte del contexto, y muchos lo han hallado persuasivo. Sin embargo, los que sostienen que estos «días» se refiere a un período largo de tiempo pudieran responder (a) que incluso una noche y una mañana no constituyen un día entero, sino solamente el fin de un día y el principio de otro, así que la expresión en sí misma puede ser simplemente parte de la manera del autor de decirnos que el fin del primer día creativo (es decir, un largo período de tiempo) tuvo lugar, y que el principio del siguiente «día» creativo había llegado;[56] y también (b) que los primeros tres «días» creativos no podrían haber sido marcados por noche y

---

[55]Estoy dando por sentado aquí que Moisés escribió tanto Génesis como Éxodo, y que los lectores originales fueron el pueblo de Israel en el desierto alrededor del 1440 a.C.

[56]Es más, la expresión «y hubo noche y hubo mañana» no se halla en ninguna otra parte del Antiguo Testamento hebreo, así que no se puede decir que sea una expresión común usada para designar un día normal.

mañana según los causa el brillo de sol sobre la tierra, porque el sol no fue creado sino hasta el cuarto día (Gn 1:14-19); por tanto, el mismo contexto muestra que «noche y mañana» en este capítulo no se refiere a la noche y la mañana ordinaria de los días como nosotros los conocemos ahora. Así que el argumento de «la noche y la mañana», aunque da algo de peso al concepto de las veinticuatro horas, no parece inclinar la balanza decisivamente a su favor.

2. El tercer día de la creación no puede ser muy largo, porque no hubo sol sino hasta el cuarto día, y las plantas no pueden vivir mucho tiempo sin luz. En respuesta a esto, se podría decir que la luz que Dios creó el primer día energizó a las plantas por millones de años. Pero eso supondría que Dios creó una luz que es casi exactamente como la luz del sol en brillo y poder, pero que con todo no es luz del sol, lo que es una sugerencia insólita.

3. Es difícil evadir la conclusión de que en los Diez Mandamientos la palabra *día* denota un día de veinticuatro horas:

> Acuérdate del sábado, para consagrarlo. Trabaja seis *días,* y haz en ellos todo lo que tengas que hacer, pero el día séptimo será un *día* de reposo para honrar al SEÑOR tu Dios. … Acuérdate de que en seis *días* hizo el SEÑOR los cielos y la tierra, el mar y todo lo que hay en ellos, y que descansó el séptimo día. Por eso el SEÑOR bendijo y consagró el día de reposo (Éx 20:8-11).

Ciertamente en ese pasaje el «día» sabbat es un día de veinticuatro horas. Y ¿no deberíamos decir que el versículo 11, que en la misma oración dice que el Señor hizo el cielo y la tierra en «seis días», usa «día» en el mismo sentido? Esto es, de nuevo, un argumento de peso, y en balance da persuasividad adicional a la posición de un día de veinticuatro horas. Pero, de nuevo, no es muy conclusivo en sí mismo, porque uno pudiera responder que los lectores estaban consciente (de una lectura cuidadosa de Génesis 1—2) que los días eran períodos de tiempo sin especificar, y que el mandamiento del sabbat meramente le decía al pueblo de Dios que, así como él siguió un patrón de seis más uno en la creación (seis períodos de trabajo seguidos de un período de descanso), ellos debían seguir un patrón de seis más uno en sus vidas (seis días de trabajo seguidos de un día de descanso; también seis años de trabajo seguidos de un año sabático de descanso, como en Éx 23:10-11). De hecho, en la misma oración de los Diez Mandamientos, «día» quiere decir «un período de tiempo»: «Honra a tu padre y a tu madre, para que tus días se alarguen en la tierra que Jehová tu Dios te da» (Éx 20:12, RVR 1960). Ciertamente aquí la promesa no es de días literales «alargados» (tales como días de veinticinco o veintiséis horas), sino más bien que el período de la vida de uno puede prolongarse sobre la tierra.[57]

4. Los que están a favor de que «día» se refiere a un día de veinticuatro horas también preguntan si en alguna otra parte de la Biblia hebrea la palabra «días» en plural, especialmente cuando se les agrega un número (tal como «seis días»),

---

[57]El texto hebreo no dice «que tus días puedan ser *muchos* (heb. *rab*)» que es una expresión hebrea común (Gn 21.34; 37:34; Éx 2:23; Nm 9:19, et al.), sino «que tus días *se alarguen*» (heb. *arak,* «sean largos», usado también como longitud física en 1R 8:8; Sal 129:3; Is 54:2 [«Alarga tus cuerdas»]; Ez 31:5).

alguna vez se refiere a algo que no sea un día de veinticuatro horas. Este argumento no es convincente, sin embargo, porque (a) un ejemplo plural de «días» para significar un período de tiempo se halla en Éxodo 20:12, que se consideró en el párrafo previo, y (b) si la palabra claramente toma el sentido de «período de tiempo» en singular (que lo toma, como todos admiten), entonces hablar de seis «períodos» tales de tiempo ciertamente tiene que haber sido comprensible para los lectores, aun si el Antiguo Testamento en ninguna otra parte tuviera ejemplos de tales significados. El hecho de que tal expresión no aparezca en otras partes quizá solo quiere decir que no hubo otra ocasión para usarla en otra parte.

5. Cuando Jesús dice: «Pero al principio de la creación Dios "los hizo hombre y mujer"» (Mr 10:6), implica que Adán y Eva no fueron creados miles de millones de años después del principio de la creación, sino en el principio de la creación. Este argumento tiene algo de fuerza, pero los que abogan por una tierra vieja pueden responder que Jesús simplemente está refiriéndose a la totalidad de Génesis 1—2 como el «principio de la creación», en contraste con el argumento de las leyes de Moisés en las que los fariseos dependían (v. 4).

He dado una respuesta a cada uno de los cinco argumentos a favor de un día de veinticuatro horas, pero estas respuestas tal vez no persuadan a sus proponentes. Estos responderían a la posición de «período de tiempo» como sigue: (1) Por supuesto, es verdad que *día* puede significar «período de tiempo» en muchos lugares del Antiguo Testamento, pero eso no demuestra que *día* deba tener ese significado en Génesis 1. (2) El sexto día de la creación no tiene necesariamente que haber durado más de veinticuatro horas, especialmente si Adán sólo le puso nombre a las principales clases representativas de aves y de «todos los animales del campo» (Gn 2:20). (3) Aunque no había sol que marcara los primeros tres días de la creación, la tierra ya giraba sobre su eje a una velocidad fija, y había la «luz» y las «tinieblas» que Dios creó en el primer día (Gn 1:3-4), y que él llamó a la luz «día» y a las tinieblas «noche» (Gn 3:5). Así que Dios de alguna manera produjo una alternación de días y noches desde el primer día de la creación, según Génesis 1:3-5.

¿Qué debemos concluir en cuanto a la duración de los días en Génesis 1? No parece ser fácil decidir con la información que tenemos ahora. No es cuestión de «creer en la Biblia» o «no creer en la Biblia», ni tampoco es cuestión de «ceder ante la ciencia moderna» o «rechazar las conclusiones claras de la ciencia moderna». Incluso los que creen en la completa veracidad de la Biblia (como el presente autor), y que retienen alguna duda en cuanto a períodos excepcionalmente largos de tiempo que los científicos proponen en cuanto a la edad de la tierra (tal como el presente autor), la cuestión no parece fácil de decidir. Al presente, considerando el poder de la palabra creativa de Dios y lo inmediato con que parece recabar respuesta, el hecho de que «la noche y la mañana» y la numeración de los días todavía sugieren días de veinticuatro horas, y el hecho de que Dios parece no haber tenido ningún propósito para demorar la creación del hombre por miles o incluso millones de años, me parecen ser consideraciones fuertes a favor de una posición de un día de veinticuatro horas. Pero incluso aquí hay buenos argumentos en el otro lado: al que vive para siempre, para quien «un día es como mil años, y mil años como un día» (2 P 3:8), que se deleita en llevar a la práctica gradualmente todos sus propósitos en el tiempo, tal vez quince mil millones de años fue simplemente la cantidad apropiada de tiempo que le llevó preparar el universo para la llegada del hombre, y cuatro mil quinientos millones de años para preparar la tierra. La evidencia de antigüedad increíble en el universo entonces serviría como un recordatorio vívido de una naturaleza incluso más asombrosa de la eternidad de Dios, así como el increíble tamaño del universo nos hace maravillarnos de la incluso mayor omnipresencia y omnipotencia de Dios.

Por consiguiente, con respecto a la duración de los días de Génesis 1, la posibilidad se debe dejar abierta de que Dios haya escogido no darnos suficiente información para arribar a una decisión clara sobre este asunto, y que la prueba real de fidelidad a él debe ser el grado en que podemos actuar en amor hacia los que con buena conciencia y con plena creencia en la Palabra de Dios sostienen una posición diferente en este asunto.

4. Tanto la teoría de una «tierra vieja» como de una «tierra joven» son opciones válidas para los cristianos de hoy que creen en la Biblia. Después de hablar de varias consideraciones preliminares respecto a la edad de la tierra, llegamos finalmente a los argumentos específicos de los conceptos de una tierra vieja y una tierra joven.

a. Teorías de una «tierra vieja» en cuanto a la creación. En esta primera categoría mencionaremos dos puntos de vista que sostienen los que creen en una tierra vieja con una edad de entre cuatro mil quinientos millones de años y un universo de alrededor de quince mil millones de años.

(1) Punto de vista de día-edad:
Muchos que creen que la tierra tiene muchos millones de años mantienen que los días de Génesis 1 son «edades» extremadamente largas de tiempo.[58] Los argumentos que ofrecimos arriba en cuanto a días largos en Génesis 1 se aplican aquí, y, como hemos explicado arriba, las palabras del texto hebreo en efecto permiten que los días sean períodos largos de tiempo. La ventaja evidente de esta noción es que, si los cálculos científicos actuales que dicen que la tierra tiene cuatro mil millones de años son correctos, eso explica cómo la Biblia concuerda con ese hecho. Entre los evangélicos que tienen el concepto de una tierra vieja, esta es una posición común. A veces a esta noción se le llama «concordista» porque procura buscar acuerdo o «concordia» entre la Biblia y las conclusiones científicas en cuanto a fechas.

Muchos se han visto atraídos a esta posición debido a la evidencia científica respecto a la edad de la tierra. Un estudio muy útil de lo que dicen los teólogos y científicos respecto a la edad de la tierra, desde la antigua Grecia al siglo veinte, se halla en un libro por un geólogo profesional que también es cristiano evangélico, Davis

---

[58]Una variación de esta noción sería decir que seis días fueron días de veinticuatro horas, pero que hubo millones de años entre cada día y el siguiente. Esto es ciertamente posible, pero la dificultad con esta noción es que parece importar «brechas» entre todos los días simplemente para dar cuenta de la cronología científica, sin ninguna clara evidencia en el texto que la respalde. Esta noción la defienden Robert C. Newman y Herman J. Eckelmann, Jr., *Genesis One and the Origin of the Earth* (InterVarsity Press, Downers Grove, Ill., 1977).

A. Young, *Christianity and the Age of the Earth*.[59] Young demuestra que en los siglos XIX y XX muchos geólogos cristianos, bajo el peso de lo que parecía evidencia abrumadora, han concluido que la tierra tiene como cuatro mil millones de años. Aunque algunos proponentes de una «tierra joven» (véase la explicación más abajo) han aducido que las técnicas radiométricas de fechado son inexactas debido a los cambios que ocurrieron en la tierra en tiempo del diluvio, Young nota que el fechado radiométrico de rocas de la luna y de los meteoritos que recientemente han caído a la tierra, que no pudieron haber sido afectados por el diluvio del tiempo de Noé, coinciden con muchas otras evidencias radiométricas de varios materiales de la tierra, y que los resultados de estas pruebas son «asombrosamente constantes en señalar alrededor de cuatro mil millones a cuatro mil setecientos mil millones de años».[60]

Algunos de los argumentos más poderosos de Young a favor de una tierra vieja, además del fechado radiométrico, incluye el tiempo requerido para que la magma líquida se enfriara (alrededor de un millón de años para una formación larga en California del Sur), el tiempo y la presión requeridas para la formación de muchas rocas metamórficas que contienen fósiles pequeños (algunos evidentemente pudieron formarse sólo por la presión de estar sepultados de veinte a cuarenta kilómetros bajo tierra y más tarde sacados a la superficie; pero ¿cuándo pudo haber sucedido esto si la tierra es joven?), el deslizamiento continental (campos de rocas que tienen fósiles cerca de las costas de África y Sudamérica al parecer estuvieron previamente unidas, y luego se separaron por el deslizamiento continental, algo que no pudo haber sucedido en veinte mil años al ritmo presente de dos centímetros por año),[61] y los arrecifes de coral (algunos de los cuales evidentemente habrían requerido cientos de miles de años de depósitos graduales para alcanzar su estado presente).[62] Varios otros argumentos, especialmente de la astronomía, los han resumido Robert C. Newman y Herman J. Eckelmann, Jr., en *Genesis One and the Origin of the Earth*.[63] Estos argumentos favorecen la idea de una tierra vieja, y la

---

[59]Zondervan, Grand Rapids, 1982, pp. 13-67.

[60]*Christianity and the Age of the Earth*, p. 63; vea también la explicación detallada en las pp. 93-116, y *Creation and the Flood*, pp. 185-93.

[61]Vea en *Creation and the Flood*, pp. 171-210, estos ejemplos. Un deslizamiento continental de 2 cm por año x 20.000 años = 40.000 cm, o 400 m. Esto difícilmente da razón para la distancia presente entre América del Sur y África.

[62]*Christianity and the Age of the Earth*, pp. 84-86. Los arrecifes de coral no se forman por la inmensa presión de un diluvio, sino por diminutas criaturas marinas (llamadas pólipos de coral) que se juntan una a otra y construyen coloridas formaciones calcáreas al sacar carbonato de calcio del agua del mar y depositarlo alrededor de la parte inferior que su cuerpo. Cuando mueren, sus «esqueletos» calcáreos quedan detrás y, en decenas de miles de años, se formaron gigantescos arrecifes coral. Esto puede suceder sólo en agua más caliente que 18° C, y en agua clara y de poca profundidad lo suficiente para que tenga lugar la fotosíntesis en las algas, que los pólipos de coral necesitan para producir sus esqueletos. (Vea Robert D. Barnes, «Coral», en *World Book Encyclopedia* [World Book, Chicago, 1983], 4:828.)

[63]Inter-Varsity Press, Downers Grove, Ill., 1977, pp. 15-34, 89-103. Ellos muestran que la duración del tiempo requerido para que la luz llegue a la tierra no es la única evidencia astronómica para un universo muy viejo; medidas de los movimientos de las estrellas muestran que el universo evidentemente ha estado expandiéndose por más de 15 mil millones de años; la radiación de trasfondo en el universo da una edad similar; y la clase de luz que viene de ciertas estrellas muestran que las estrellas tienen una edad consistente con este cálculo. Los proponentes de una tierra joven (véase más abajo) pueden decir que Dios creó los rayos de luz en su lugar de modo que Adán y Eva pudieran ver las estrellas, pero es mucho más difícil explicar por qué Dios tuvo que haber creado estas otras evidencias tan consistentes con un universo que tiene alrededor de 15 mil millones de años.

teoría de día-edad es una posición atractiva para los que abogan por una tierra vieja.

El concepto día-edad ciertamente es posible, pero tiene varias dificultades: (1) La secuencia de eventos en Génesis 1 no encaja exactamente con el concepto científico actual del desarrollo de la vida, que pone las criaturas marinas (día 5) antes de los árboles (día 3), e insectos y otros animales terrestres (día 6), así como los peces (día 5), antes de las aves (día 5).[64] (2) La más grande dificultad de esto es que pone el sol, la luna y las estrellas (día 4) millones de años *después* de la creación de plantas y árboles (día 3). Eso no tiene ningún sentido según la opinión científica corriente, que cree que las estrellas se formaron mucho antes de la tierra o de cualquier criatura viva sobre la tierra. Tampoco tiene sentido en términos de la manera en que la tierra opera ahora, porque las plantas no crecen sin luz del sol, y hay muchas plantas (día 3) que no polinizan sin aves o insectos voladores (día 5), y hay muchas aves (día 5) que viven de insectos que se arrastran (día 6). Es más, ¿cómo se mantuvieron las aguas de la tierra sin congelarse por millones de años sin el sol?

En respuesta, los que sostienen el concepto concordista dicen que el sol, la luna y las estrellas fueron creadas en el día 1 (la creación de la luz), antes del día 1, cuando «Dios, en el principio, creó los cielos y la tierra» (Gn 1:1), y que el sol, la luna y las estrellas fueron solamente *hechas visibles* o *reveladas* en el día 4 (Gn 1:14-19). Pero este argumento no es muy convincente, porque los otros cinco días de la creación no incluyen ninguna *revelación* de algo que fue creado previamente sino en realidad *la creación* de las cosas por primera vez. Es más, las afirmaciones en cuanto a la creación son similares a las de los demás días: «Y dijo Dios: "¡Que haya luces en el firmamento que separen el día de la noche; que sirvan como señales de las estaciones, de los días y de los años, y que brillen en el firmamento para iluminar la tierra!" Y sucedió así» (Gn 1:14-15). Esta es la forma del lenguaje que se usa en los versículos 3, 6, 11, 20 y 24 para crear las cosas, no para revelarlas. Todavía más, la creación (no la revelación) del sol, la luna y las estrellas se menciona explícitamente en una oración: «Dios hizo los dos grandes astros: el astro mayor para gobernar el día, y el menor para gobernar la noche. También hizo las estrellas» (Gn 1:16). Aquí la palabra «hizo» (heb. *asáh*) es la misma palabra que se usa cuando Dios *hizo* el firmamento, los animales de la tierra, y el hombre (Gn 1:7, 25, 26); y en ninguno de estos casos se usa para hablar de revelar algo hecho previamente. El hebreo *asáh* también es la palabra que se usa en el resumen del versículo 31: «Dios miró todo lo que había hecho, y consideró que era muy bueno». Este frecuente uso en todo Génesis 1 hace muy improbable que Génesis 1:16 se refiera solo a revelar el sol, la luna y las estrellas.

Pero una modificación del concepto día-edad en respuesta a estas objeciones parece posible. Los verbos en Génesis 1:16 se pueden tomar como perfectos, indicando algo que Dios había hecho antes: «Dios *había hecho* los dos grandes astros: el astro mayor para gobernar el día, y el menor para gobernar la noche. También *había hecho*[65] las estrellas». Gramaticalmente esto es posible (así es como la NIV

---

[64] Por supuesto, las hipótesis científicas actuales de estas secuencias pueden ser incorrectas.

[65] El segundo verbo es implicado por el marcador de objeto directo pero no está expresado en el texto hebreo; tomaría la misma forma del primer verbo en la oración.

traduce la misma forma verbal en 2:8 y 2:19, por ejemplo). Esto implicaría que Dios había hecho el sol, la luna y las estrellas anteriormente (en v. 1, la creación de los cielos y la tierra, o en el v. 3, la creación de la luz) pero sólo las colocó cerca de la tierra en el día 4 o permitió que se vieran desde la tierra en el día 4 (vv. 14-15, 17-18). Esto permite que la palabra *hizo* (*asáh*) quiera decir «creó» y así evite la dificultad mencionada arriba con la idea de que significa «reveló» en el versículo 16. Esta opción sigue siendo una posibilidad genuina en cuanto al concepto día-edad, y de hecho este concepto es el que parece más persuasivo para el presente autor, si se adopta la posición de una tierra vieja. Con respecto a la luz necesaria para las plantas y el calor necesario para las aguas, había luz disponible desde el día 1; incluso si no estamos seguros de si la luz era luz del sol y las estrellas o la luz de la gloria de Dios (que reemplazará al sol en la nueva Jerusalén, Ap 21:23).[66]

Otra respuesta del concepto de día-edad pudiera ser que el cuarto día no está exactamente en secuencia, aunque se da un bosquejo global de la obra progresiva de Dios. Sin embargo, una vez que empezamos a cambiar la secuencia de acontecimientos que es tan prominente en esta progresión de seis días creativos, es dudoso que necesitemos permitir que el texto nos diga algo aparte del simple hecho de que Dios creó las cosas; pero en ese caso, inquirir respecto a la edad de la tierra es innecesario. (En la siguiente sección se hablará más de la alteración de la secuencia de días).

(2) Concepto del marco literario:

Otra manera de interpretar los días de Génesis 1 ha logrado un buen número de seguidores entre los evangélicos. Como arguye que Génesis 1 no nos da ninguna información en cuanto a la edad de la tierra, sería compatible con los cálculos científicos presentes de una tierra muy vieja. Este concepto arguye que los seis días de Génesis 1 no tienen la intención de indicar una secuencia cronológica de eventos, sino que son más bien un «marco de trabajo» literario, que el autor usa para hablarnos de la actividad creadora de Dios. El esquema está construido hábilmente de modo que los tres días y los segundos tres días corresponden entre sí.[67]

Días de formar	**Días de llenar**
Día 1: Separación de la luz y la oscuridad	Día 4: Sol, luna y estrellas (lumbreras en el cielo)
Día 2: Separación del cielo y las aguas	Día 5: Peces y aves
Día 3: Separación de la tierra y los mares, plantas y árboles	Día 6: Animales y el hombre

---

[66]La cuestión de la polinización sin aves e insectos sigue siendo una dificultad para esta noción, aunque se debería notar que incluso hoy muchas plantas se auto polinizan o el viento las poliniza de forma cruzada, aunque no podemos estar seguros que la polinización por insectos voladores fue requerida antes de la caída y antes de que la creación quedara completa. De modo similar, la necesidad de que algunas aves vivan de insectos que se arrastran es una dificultad, pero posiblemente comían sólo plantas y semillas antes de la caída.

[67]La siguiente tabla es adaptada de *The NIV Study Bible* ed. Por Kenneth Barker et al. (Zondervan, Grand Rapids, 1985), p. 6 (nota a Gen. 1:11). Una poderosa defensa de la noción del «marco de trabajo» se halla en Henri Blocher, *In the Beginning: The Opening Chapters of Genesis*, trad. Por David G. Preston (Inter-Varsity Press, Leicester, 1984), pp. 49-59. Blocher menciona a varios otros eruditos evangélicos que sostienen esta posición, que él llama la «interpretación literaria»: N. H. Ridderbos, Bernard Ramm, Meredith G. Kline, D. F. Payne, y J. A. Thompson. A esta noción de «marco de trabajo» se la llama la noción del «día pictórico» en Millard Erickson, *Christian Theology*, p. 381.

De esta manera se ve una construcción paralela. En el día 1 Dios separa la luz y la oscuridad, en tanto que en el día 4 pone el sol, la luna y las estrellas en la luz y las tinieblas. En el día 2 separa las aguas y el cielo, en tanto que en el día 5 pone los peces en el agua y las aves en el cielo. En el día 3 separa la tierra seca y los mares y hace crecer las plantas, en tanto que en el día 6 pone a los animales y al hombre en la tierra seca y les da las plantas para comer.

Según el concepto del «marco de trabajo», Génesis 1 no se debería leer como si el autor quisiera informarnos de la secuencia de días, ni del orden en que fueron creadas las cosas, ni tampoco como que quiere decirnos el tiempo que tomó la creación. El arreglo de seis «días» es un recurso literario que el autor usa para enseñarnos que Dios lo creó todo. Los seis «días», que no son ni días de veinticuatro horas ni tampoco períodos largos de tiempo, nos dan seis «cuadros» diferentes de la creación, y nos dicen que Dios hizo todo lo que tenía que ver con la creación, que el pináculo de su actividad creadora fue el hombre, y que sobre toda la creación está Dios mismo, que descansó en el séptimo día y que llamó al hombre, por consiguiente, a adorarle en el día del sabbat.[68]

En las palabras de un reciente proponente de esta posición: «La cronología no tiene lugar aquí».[69] Los atractivos a favor de esta hipótesis son: (1) la límpida correspondencia entre los pares de días como se muestra en la tabla anterior, (2) el hecho de que evita todo conflicto con la ciencia moderna en cuanto a la edad de la tierra y la edad de las criaturas vivas (puesto que no se implica ninguna cronología), (3) la manera en que evita el conflicto de secuencia entre Génesis 1 y 2 en el cual el hombre (Gn 2:7) parece ser formado antes de las plantas (Gn 2:8) y los animales (Gn 2:19), secuencia diferente de Génesis 1, y (4) el hecho de que Génesis 2:5 muestra que los «días» de la creación no fueron días literales de veinticuatro horas, porque dice que no había plantas en la tierra porque todavía no había llovido, algo que no tendría sentido en una creación de seis días, puesto que las plantas ciertamente pueden sobrevivir tres o cuatro días sin lluvia.

Varios puntos se pueden indicar contra la teoría del marco de trabajo.

1. Primero, la correspondencia propuesta entre los días de la creación no es ni aproximadamente tan exacta como sus proponentes han supuesto. El sol, la luna y las estrellas creadas en el día 4, «Que haya luces en el firmamento» (Gn 1:14), son colocadas no en ningún espacio creado en el día 1 sino en el «firmamento» (heb. *raquía*) que fue creado en el día 2. Es más, la correspondencia en lenguaje es muy explícito. Este «firmamento» no se menciona para nada en el día 1 pero cinco veces en el día 2 (Gn 1:6-8) y tres veces en el día 4 (Gn 1:14-19). Por supuesto, el día 4 también tiene correspondencias con el día 1 (en términos de día y noche, luz y oscuridad), pero si decimos que los segundos tres días muestran la creación de cosas que llenan las formas o espacios creados en los primeros tres días, entonces el día 4 se superpone por lo menos tanto con el día 2 como con el día 1.

Además, el paralelo entre el día 2 y el día 5 no es exacto, porque en cierto sentido la preparación de un espacio para los peces y las aves del día 5 no aparece en el

---

[68]Esta noción de marco de trabajo también la defiende Ronald Youngblood, *How It All Began* (Regal, Ventura, Calif., 1980), pp. 25-33.

[69]Henri Blocher, *In the Beginning*, p. 52.

día 2 sino en el día 3. No fue sino hasta el día 3 que Dios reunió las aguas y las llamó «mares» (Gn 1:10), y en el día 5 les ordena a los peces «llenen las aguas de los *mares*» (Gn 1:22). De nuevo, en los versículos 26 y 28 a los peces se les llama «los peces del *mar*», con lo que se da un repetido énfasis a que la esfera en que los peces habitan fue formada específicamente en el día 3. Por tanto, los peces formados en el día 5 parecen pertenecer mucho más al lugar preparado para ellos en el día 3 que a las aguas ampliamente dispersas bajo el firmamento el día 2. Establecer un paralelo entre el día 2 y el día 5 enfrenta más dificultades en que nada es creado en el día 5 para que habite en las «aguas sobre el firmamento», y los seres voladores creados en este día (la palabra hebrea incluiría insectos voladores y aves) no solo vuelan en el firmamento creado en el día 2, sino que también viven y se multiplican en la «tierra» o «tierra seca» creada en el día 3. (Note el mandamiento de Dios en el día 5: «¡Qué las aves se multipliquen sobre la tierra! [Gn 1:22]). Finalmente, el paralelo entre el día 3 y el día 6 se pierde porque nada se crea en el día 6 que llene los mares que fueron reunidos en el día 3. Con todos estos puntos de correspondencia imprecisa y superposición entre lugares y cosas creados para llenarlos, el supuesto «marco de trabajo» literario, aunque tiene una apariencia inicial de pulcritud, resulta ser menos y menos convincente al examinar más de cerca el pasaje.

2. Puesto que todas las propuestas para comprender Génesis 1 intentan proveer explicaciones para datos científicos en cuanto a la edad de la tierra, este no es un argumento singular a favor de la teoría del marco de trabajo. Sin embargo, debemos reconocer que uno de los aspectos del atractivo de esta teoría es el hecho de que les quita a los evangélicos el peso de incluso tratar de reconciliar los hallazgos científicos y Génesis 1. Sin embargo, en las palabras de uno de los que proponen esta teoría, «Tan grande es la ventaja, y para algunos el alivio, que podría constituir una tentación». Sabiamente añade: «No debemos auspiciar la teoría en base a su conveniencia sino sólo si el texto nos lleva en esa dirección».[70]

3. Los que no han adoptado la teoría del marco del trabajo no ven conflicto en la secuencia entre Génesis 1 y 2, porque generalmente se entiende que Génesis 2 no implica ninguna descripción de secuencia en la creación original de animales o plantas, sino que sencillamente recapitula algunos de los detalles de Génesis 1 importantes para el relato específico de la creación de Adán y Eva en Génesis 2. La NIV, en inglés, evita la apariencia de conflicto al traducir: «Dios *había plantado* un jardín al oriente del Edén» (Gn 2:8) y «Ya el SEÑOR Dios *había formado* de la tierra toda ave del cielo y animal del campo» (Gn 2:19).

4. Génesis 2:5 en realidad no dice que no había plantas en la tierra porque la tierra estaba demasiado seca para sustentarlas. Si adoptamos ese razonamiento, tendríamos también que decir que no había plantas porque no existía el hombre para que la cultivara (Gn 2:5), porque ésta es la segunda mitad del comentario en cuanto a que no había caído lluvia sobre la tierra. Además, el resto de la oración dice que la tierra era lo opuesto a ser demasiado seca para sustentar las plantas: «salía de la tierra un manantial que regaba toda la superficie del suelo» (Gn 2:6). La afirmación de Génesis 2:5 se debe entender simplemente como una explicación del marco de tiempo general en el cual Dios creó al hombre. Génesis 2:4-6 pone el

---

[70]Ibid., p. 50.

escenario, y nos dice que «aún no había ningún arbusto del campo sobre la tierra, ni había brotado la hierba, porque Dios el SEÑOR todavía no había hecho llover sobre la tierra ni existía el hombre para que la cultivara. No obstante, salía de la tierra un manantial que regaba toda la superficie del suelo». La afirmación en cuanto a que no había lluvia y ningún hombre para que cultivara la tierra no era la *razón física* por la que la tierra no tenía plantas, sino sólo explica que la obra de creación divina todavía no estaba completa. Esta introducción nos lleva de regreso a los primeros seis días de la creación como un ambiente general —a los días «cuando Dios el SEÑOR hizo la tierra y los cielos» (Gn 2:4). Entonces, en ese escenario abruptamente se introduce el principal punto del capítulo 2: la creación del hombre. El texto hebreo no incluye la palabra «entonces» al principio del versículo 7, sino que simplemente empieza: «Y Dios el SEÑOR formó al hombre» (Gn 2.7).[71]

5. Finalmente, el argumento más fuerte en contra del concepto del marco del trabajo, y la razón por la que comparativamente pocos evangélicos lo han adoptado, es que la totalidad de Génesis 1 fuertemente sugiere no simplemente un marco de trabajo literario sino una secuencia cronológica de eventos. Cuando la narración procede de los aspectos menos complejos de la creación (luz y oscuridad, agua, firmamento y tierra seca) a los aspectos más complejos (peces y aves, animales y el hombre), progresivamente construimos una secuencia ordenada de acontecimientos que son completamente comprensibles cronológicamente. Cuando una secuencia de números (1-2-3-4-5-6) se asigna a un conjunto de días que corresponden exactamente a la semana ordinaria que experimentan los seres humanos (día 1, día 2, día 3, día 4, día 5, día 6, día 7, con descanso en el día 7), la implicación de secuencia cronológica en la narración es casi ineludible. La secuencia de días parece más claramente ser la intención que un marco de trabajo literario que en ninguna parte se hace explícito en el texto, y en el que simplemente muchos detalles no encajan. Como Derek Kidner observa:

> La marcha de días es un progreso demasiado majestuoso para no llevar ninguna implicación de secuencia ordenada; también parece demasiado sutil adoptar una noción del pasaje que no toma en cuenta una de las impresiones primarias que hace en el lector ordinario. Es un relato, no sólo una afirmación.[72]

6. Una secuencia de días también se implica en el mandamiento de Dios a los seres humanos para que imiten su patrón de trabajo más descanso: «Acuérdate del sábado, para consagrarlo. Trabaja seis días, y haz en ellos todo lo que tengas que hacer, pero el día séptimo será un día de reposo para honrar al SEÑOR tu Dios. ... Acuérdate de que en seis días hizo el SEÑOR los cielos y la tierra, el mar y todo lo que hay en ellos, y que descansó el séptimo día. Por eso el SEÑOR bendijo y consagró el día de reposo» (Éx 20:8-11). Pero si Dios no creó la tierra trabajando durante seis días y descansando en el séptimo, el mandamiento de imitarle sería desorientador y no tendría sentido.

---

[71]Para consideración ulterior sobre Gn 2:5 vea Meredith G. Kline, «Because It Had Not Rained», *WTJ* 20 (1957-58): 146-57; y, en respuesta, Derek Kidner, «Genesis 2:5, 6: Wet or Dry?» *TB* 17 (1966): 109-14.

[72]D. Kidner, *Genesis: An Introduction and Commentary*, TOTC (Chicago: InterVarsity Press, 1967), pp. 54-55.

En conclusión, si bien el concepto del «marco de trabajo» no niega la veracidad de la Biblia, adopta una interpretación de la Biblia que, bajo examen más cuidadoso, parece ser muy improbable.

b. Teorías de la «tierra joven» en cuanto a la creación. Otro grupo de intérpretes evangélicos rechazan los sistemas de fechado que al presente le dan a la tierra una edad de millones de años, y arguyen más bien que la tierra es relativamente joven, que tal vez tiene de 10.000 a 20.000 años. Los que proponen la tierra joven han producido una serie de argumentos científicos a favor de una reciente creación de la tierra.[73] Los que sostienen la idea de una tierra joven por lo general defienden una o más de las siguientes posiciones:

(1) Creación con una apariencia de vejez (creacionismo maduro).
Muchos que sostienen la idea de una tierra joven señalan que la creación original debe haber tenido una «apariencia de vejez» incluso desde el primer día. (Otra expresión que usan es «creacionismo maduro», puesto que afirma que Dios creó una creación madura). La apariencia de Adán y Eva como adultos plenamente crecidos es un ejemplo obvio. Parecían haber vivido tal vez veinte o veinticinco años, como si hubieran crecido desde la infancia como los seres humanos normalmente crecen, pero en verdad tenían menos de un día de edad. De modo similar, probablemente vieron las estrellas la primera noche en que vivieron, pero la luz de la mayoría de las estrellas hubiera llevado miles o incluso millones de años para llegar a la tierra. Esto sugiere que Dios creó las estrellas con rayos de luz ya en su lugar; y los árboles plenamente crecidos probablemente ya tenían sus anillos (Adán y Eva no habrían tenido que esperar años antes de que Dios les dijera de cuáles árboles del huerto podían comer y de cuáles no, ni habrían tenido que esperar semanas o meses antes de que las plantas comestibles crecieran lo suficiente para proveerles alimento). Siguiendo esta línea de razonamiento, ¿podríamos avanzar más y suponer que muchas formaciones geológicas, cuando fueron creadas originalmente, tenían una apariencia similar a formaciones que ahora tomarían miles o incluso millones de años para completarse por los presentes procesos «lentos»?

Esta sugerencia tiene al presente muchos que la sostienen, y, por lo menos inicialmente, parece ser una propuesta atractiva. Los que sostienen esta posición a menudo la combinan con ciertas objeciones a los procesos científicos de fechado actual. Cuestionan cómo podemos estar seguros de la confiabilidad del fechado radiométrico más allá de unos pocos miles de años, por ejemplo, y cómo los científicos pueden saber que el ritmo de decadencia de ciertos elementos ha sido

---

[73]Varios argumentos científicos que apuntan a una tierra joven (alrededor de 10.000 a 20.000 años) se presentan en Henry M. Morris, ed., *Scientific Creationism* (Creation-Life, San Diego, Calif., 1974), esp. pp. 131-69; también Kofahl y Segraves, *The Creation Explanation*, pp. 181-213.

Una respuesta a la mayoría de estos argumentos, desde una perspectiva de una «tierra vieja» la da Davis A. Young en *Christianity and the Age of the Earth*, pp. 71-131, y, específicamente en respuesta a la «geología del diluvio» en *Creation and the Flood*, pp. 171-213. Otro libro, *Science Held Hostage: What's Wrong With Creation Science and Evolutionism*, por Howard J. Van Till, Davis A. Young, y Clarence Menninga (Inter-Varsity Press, Downers Grove, Ill., 1988), levanta serias objeciones contra la evaluación y uso de materiales de investigación científica por parte de algunos prominentes proponentes de la tierra joven (vea pp. 45-125). Una respuesta preliminar de tierra joven a los argumentos de Young se halla en un folleto de treinta y cuatro páginas por Henry M. Morris y John D. Morris, *Science, Scripture, and the Young Earth* (Institute for Creation Research, El Cajon, Calif., 1989).

constante desde la creación. También sugieren que acontecimientos tales como la caída y la subsecuente maldición de la naturaleza (que alteró la productividad y balance ecológico de la tierra, que hizo que el hombre mismo empezara a envejecer y a decaer, Gn 3:17-19), o el diluvio en tiempo de Noé (Gn 6—9), pueden haber producido diferencias significativas en la cantidad de material radioactivo en las cosas vivas. Esto significaría que los cálculos de la edad de la tierra usando los métodos presentes no serían exactos.

Una objeción común a esta noción de «apariencia de edad» es que «hace a Dios un engañador evidente»,[74] algo que es contrario a su naturaleza. Pero ¿es Dios un «engañador» si crea a un hombre y una mujer maduros en un día y luego nos dice explícitamente que lo hizo así? ¿Qué si crea peces y animales maduros, y árboles plenamente crecidos, y nos dice que lo hizo así? ¿Qué si permite que Adán y Eva vean las estrellas —que él creó para que las personas pudieran verlas y darle gloria a él— en la primera noche en que ellos vivieron? Antes que manifestar engaño, parece que estas acciones apuntan a la infinita sabiduría y poder de Dios. Esto es particularmente así si Dios explícitamente nos dice que creó todo en «seis días». De acuerdo a esta posición, los engañados son los que rehúsan oír la propia explicación de Dios de cómo surgió la creación.

El problema verdadero con el concepto de apariencia de vejez es que hay algunas cosas en el universo que no se pueden explicar fácilmente. Todos concuerdan con que Adán y Eva fueron creados como adultos, no como niños recién nacidos, y por consiguiente tuvieron una apariencia de edad. La mayoría de los que sostienen días de veinticuatro horas en Génesis 1 también dirían que hubo una apariencia de edad en las plantas y árboles, y con todos los animales cuando fueron creados (¡la gallina fue antes del huevo!), y probablemente lo mismo sucedió con la luz de las estrellas. Pero la creación de fósiles presenta un problema verdadero, porque los cristianos responsables no querrán sugerir que Dios esparció fósiles por toda la tierra ¡para dar una apariencia adicional de vejez! Esto no sería crear algo «en proceso» o en un estado de madurez; sería crear los restos de un animal muerto, no tanto para que el animal pudiera servirle a Adán y Eva, sino simplemente para hacer que la gente pensara que la tierra era más vieja de lo que realmente era. Todavía más, uno tendría que decir que Dios creó todos estos animales muertos y los llamó «muy bueno».[75]

Si bien la creación de las estrellas con rayos de luz en su lugar y árboles ya desarrollados tendría el propósito de capacitar al ser humano para glorificar a Dios por la excelencia de su creación, depositar fósiles en la tierra solo podría ser para desorientar y engañar a los seres humanos en cuanto a la historia de los inicios del mundo. Más problemático es que Adán, las plantas, los animales y las estrellas hubieran parecido tener diferentes edades (porque fueron creados con funciones de madurez desarrolladas), en tanto que las investigaciones geológicas modernas dan

---

[74]Millard Erickson, *Christian Theology*, p. 382.

[75]Debemos notar que los que proponen la tierra vieja también tienen que tener a Dios hablando en Gn 1:31 y llamando a los fósiles viejos «muy bueno». Esto no es una objeción decisiva si la muerte de los animales antes de la caída no resultó del pecado, pero es una dificultad. Sólo los proponentes de la geología del diluvio (vea abajo) dirían que no existían fósiles en Gn 1:31, sino que el diluvio los depositó de repente en Gn 6—9. Esto, tal vez, es una consideración a favor de la posición de geología del diluvio.

aproximadamente el mismo cálculo de edad basados en fechados radiométricos, cálculos astronómicos, formaciones de roca, muestras de piedras de la luna y meteoritos, etc. ¿Por qué Dios iba a crear tantas diferentes indicaciones de una tierra que tiene cuatro mil quinientos millones de años de edad si no es cierto? ¿No sería mejor concluir que la tierra tiene cuatro mil quinientos millones de años de edad, y que Dios dejó muchas señales allí para mostrárnoslo en vez de implicar que nos engañó? Así que parece que las únicas explicaciones creíbles de las evidencias fósiles que los cristianos pueden adoptar son las siguientes: (a) los métodos de fechar actuales son incorrectos en proporciones colosales debido a suposiciones erradas o debido a cambios que se produjeron a consecuencia de la caída o del diluvio; o (b) los métodos de fechar actuales son aproximadamente correctos y la tierra tiene millones o miles de millones de años.

(2) Geología del diluvio:

Otra noción común entre los evangélicos es lo que se puede llamar «geología del diluvio». Este es el concepto de que las tremendas fuerzas naturales desatadas por el diluvio en el tiempo de Noé (Gn 6—9) significativamente alteraron la faz de la tierra, causando la creación de carbón y diamantes, por ejemplo, dentro del espacio de un año antes que en cientos de millones de años, debido a la presión extremadamente alta ejercida por el agua sobre la tierra. Esta noción también aduce que el diluvio depositó los fósiles en capas de sedimento increíblemente espesas por toda la tierra.[76] Al concepto de la geología del diluvio también se llama «neocatastrofismo» porque sus proponentes atribuyen la mayoría del presente estatus geológico de la tierra a la inmensa catástrofe del diluvio.

Los argumentos geológicos presentados por los que proponen esta noción son técnicos y difíciles de evaluar para quien no es especialista en esto. Personalmente, aunque pienso que el diluvio de Génesis 6—9 fue mundial, y que en efecto tuvo un impacto significativo sobre la faz de la tierra, y que todos los seres humanos y animales vivos fuera del arca perecieron en el diluvio, no estoy persuadido de que todas las formaciones geológicas de la tierra fueron causadas por el diluvio del tiempo de Noé antes que por millones de años de sedimentación, erupciones volcánicas, movimientos de glaciares, deslizamiento continental y cosas por el estilo. La controversia sobre la geología del diluvio es contundentemente diferente de todos los otros aspectos de disputa respecto a la creación, porque sus proponentes no han persuadido casi a ningún geólogo profesional, ni siquiera a los que son cristianos evangélicos que creen en la Biblia. En contraste, los libros que objetan la evolución que hemos mencionado arriba son un historial de ciento treinta años de objeciones convincentes a la evolución darwiniana que ha levantado un significante número de biólogos, bioquímicos, zoólogos, antropólogos y paleontólogos, tanto cristianos como no cristianos, debido a que la evolución tiene tantos

---

[76]Vea Henry M. Morris y John C. Whitcomb, *The Genesis Flood*, (Presbyterian and Reformed, Filadelfia, 1961); John C. Whitcomb, *The World That Perished* (Baker, Grand Rapids, 1988); Stephen A. Austin, *Catastrophes in Earth History* (Institute for Creation Research, El Cajon, Calif., 1984). Otros estudios de proponentes de la geología del diluvio se han publicado en el *CRSQ*, aunque en ningún caso todos los artículos de la revista proponen la perspectiva de la geología del diluvio, ni tampoco todos los miembros de la Creation Research Society sostienen la geología del diluvio.

problemas para explicar hechos evidentes partiendo de la observación del mundo creado. Si las formaciones geológicas presentes se pudieran explicar sólo como resultado de un diluvio universal, ¿no sería esto evidente incluso para los que no son cristianos que miran la evidencia? ¿No estarían los cientos de cristianos que son geólogos profesionales preparados para reconocer la evidencia si estuviera allí? Pudiera ser que los geólogos del diluvio tuvieran razón, pero si la tienen, esperaríamos ver más progreso en persuadir a algunos geólogos profesionales de que su caso es plausible.[77]

5. Conclusiones en cuanto a la edad de la tierra. ¿Cuál es entonces la edad de la tierra? ¿En dónde nos deja este debate? La argumentación de Young a favor de una tierra vieja basada en muchos tipos de datos científicos de diferentes disciplinas parecen (por lo menos para el presente escritor) ser muy fuertes. Esto es particularmente cierto en cuanto a los argumentos basados en rocas que contienen fósiles, arrecifes de coral, deslizamiento continental, y la similitud de resultados de diferentes clases de fechado radiométrico. Los argumentos de Newman y Eckelmann basados en la astronomía que indican un universo muy viejo añaden peso significativo. Es comprensible, por un lado, que Dios pueda haber creado un universo en el cual las estrellas parecían haber estado brillando quince mil millones de años, que Adán pareciera haber vivido veinticinco años, que algunos árboles parecieron tener cincuenta años, y algunos animales parecieron haber vivido uno o diez años. Pero, por otro lado, es difícil entender por qué Dios tuvo que haber creado docenas o tal vez cientos de diferentes clases de rocas similares en la tierra, todas las cuales en realidad solamente tenían un día de edad, pero que todas parecían tener exactamente cuatro mil quinientos millones de años de edad —exactamente la edad aparente que también le dio a la luna y a los meteoritos— cuando también tenían sólo un día de edad. Es difícil entender por qué la evidencia de los ciclos de la vida de las estrellas y la expansión del universo hacen pensar que el universo tiene quince mil millones de años si no los tiene. Es posible, pero parece improbable, creer que el único propósito de Dios al dar todas estas edades al parecer uniformes fuera desorientarnos y no tener un universo maduro y funcionando a plenitud. Así que me parece que los que proponen la tierra vieja tienen un mayor peso de evidencia científica a su lado, y parece que el peso de la evidencia científica aumenta cada año.

Por otro lado, las interpretaciones de Génesis 1 que presentan los que proponen la tierra vieja, aunque posibles, no parecen naturales al sentido del texto. La propia solución de Davis Young de «siete sucesivos días en sentido figurado de duración indeterminadas»[78] en realidad no resuelve el problema, porque está dispuesto a reorganizar las actividades creadoras de Dios alrededor de los varios días según sea necesario a fin de hacer que la secuencia sea científicamente posible. Por ejemplo, piensa que algunos árboles fueron creados antes del día 5:

---

[77]Los argumentos contra la geología del diluvio han sido promovidos por un evangélico que también es geólogo profesional; vea Davis A. Young, *Creation and the Flood: An Alternative to Flood Geology and Theistic Evolution and Christianity and the Age of the Earth.*

[78]*Creation and the Flood,* p. 89.

Podemos también sugerir que aunque las aves fueron creadas en el quinto día, las aves más primitivas u antepasados avícolas originales fueron formados milagrosamente un día antes del quinto. De aquí que la información de Génesis 1 en realidad permite alguna superposición de eventos de los días. Si existe esa superposición, todo lo que parece ser discrepancias entre Génesis 1 y la ciencia desaparecería (p. 131).

Pero este procedimiento nos permite decir que los acontecimientos de la creación tuvieron lugar casi en cualquier tiempo, sin que importe si la Biblia dice que ocurrieron entonces o no. Una vez que se adopta este procedimiento, al final podemos saber muy poco, si acaso, en cuanto a la secuencia de los acontecimientos de la creación partiendo de Génesis 1, porque cualquiera de los eventos relatados allí puede haber tenido precursores en períodos de tiempo anteriores. Esto difícilmente puede ser la impresión que se intentaba que los lectores originales obtuvieran del pasaje. (Mucho más probable, sin embargo, es el concepto modificado de día-edad presentada en las pp. 310-13).

6. La necesidad de mayor comprensión. Aunque nuestras conclusiones son tentativas, en este punto de nuestra comprensión, parece ser más fácilmente comprensible que la Biblia *sugiere* (pero no requiere) una noción de tierra joven, mientras que los hechos observables de la creación parecen cada vez más favorecer una noción de tierra vieja. Ambas nociones son posibles, pero ninguna es cierta. Y debemos decir muy claramente que la edad de la tierra es un asunto que la Biblia no enseña directamente, sino que es algo en lo cual pensamos solamente derivando de la Biblia inferencias de mayor o menor probabilidad. Dada esta situación, parecería mejor (1) reconocer que Dios tal vez no nos permita hallar una solución clara a esta cuestión antes de que Cristo vuelva, y (2) animar a los científicos y teólogos evangélicos que se hallan en ambos campos de la tierra joven o tierra vieja a que empiecen a trabajar juntos con mucho menos arrogancia, mucha más humildad y un sentido mucho mayor de cooperación en un propósito común.

Hay dificultades con los puntos de vista de la tierra joven o la tierra vieja, dificultades que los proponentes de cada noción a menudo parecen no poder ver en sus propias posiciones. Ciertamente se hará progreso si los científicos de la tierra vieja o tierra joven que son cristianos están más dispuestos a hablar unos con otros sin hostilidad, sin ataques *ad hominem,* o acusaciones altamente emocionales, por un lado, y sin un espíritu de condescendencia o arrogancia académica por el otro, porque estas actitudes no convienen al cuerpo de Cristo, ni son características del camino de sabiduría, que es «ante todo pura, y además pacífica, bondadosa, dócil, llena de compasión y de buenos frutos, imparcial y sincera», y pleno reconocimiento de que «el fruto de la justicia se siembra en paz para los que hacen la paz» (Stg 3:17-18).

En cuanto a evangelización y apologética hecha en publicaciones diseñadas para que se lean fuera del mundo evangélico, los proponentes de la tierra joven o tierra vieja podrían cooperar mucho más para amasar los argumentos extremadamente fuertes a favor de la creación mediante diseño inteligente, y dejar a un lado sus diferencias sobre la edad de la tierra. Demasiado a menudo los que proponen la tierra joven no han distinguido entre los argumentos científicos a favor de la creación por diseño y los argumentos científicos a favor de una tierra joven, y por consiguiente no han dejado que los que proponen una tierra vieja se les unan en la batalla por la mente de la comunidad científica que no es creyente. Es más, los proponentes de la tierra joven a veces no han reconocido que los argumentos científicos a favor de una tierra joven (que a ellos les parecen muy persuasivos) no son ni aproximadamente tan fuertes como los argumentos científicos abrumadores a favor de la creación mediante diseño inteligente. Como resultado los proponentes de una tierra joven demasiado a menudo han dado la impresión de que los únicos verdaderos «creacionistas» son los que creen no sólo en que Dios creó sino también en una tierra joven. El resultado ha sido una división desdichada y falta de comunidad entre científicos que son creyentes, para deleite de Satanás y tristeza del Espíritu Santo de Dios.

Finalmente, podemos ver esta controversia con algo de esperanza de que habrá progreso adicional en la comprensión científica de la edad de la tierra. Es probable que la investigación científica en los próximos diez o veinte años inclinará el peso de la evidencia decisivamente hacia una noción de tierra joven o una noción de tierra vieja, y que el peso de la opinión erudita cristiana (de eruditos bíblicos y científicos) empezará a inclinarse decisivamente en una dirección u otra. Esto no debe producir alarma a los que proponen una u otra posición, porque la veracidad de la Biblia no está amenazada (nuestras interpretaciones de Génesis 1 tienen tanta incertidumbre que cualquier posición es posible). Ambos lados necesitan crecer en el conocimiento de la verdad, incluso si eso quiere decir abandonar posiciones largamente sostenidas.

F. Aplicación

La doctrina de la creación tiene muchas aplicaciones para los cristianos de hoy. Nos hacen darnos cuenta de que el universo material es bueno en sí mismo, porque Dios lo creó bueno y quiere que lo usemos de maneras que le agraden. Por consiguiente, debemos procurar ser como los primeros cristianos, que «compartían la comida con alegría y generosidad» (Hch 2:46), siempre con acción de gracias a Dios y confianza en sus provisiones. Un aprecio saludable de la creación nos prevendrá de un falso ascetismo que niega la bondad de la creación y las bendiciones que nos vienen por medio de ella. También animará a algunos cristianos a hacer investigación científica y tecnológica de la bondad de la abundante creación divina, o a apoyar tal investigación.[79] La doctrina de la creación también nos permitirá reconocer más claramente que el estudio científico y tecnológico en sí mismo glorifica a Dios, porque nos permite descubrir lo increíblemente sabio, poderoso y hábil que Dios fue en su obra creadora. «Grandes son las obras del SEÑOR; estudiadas por los que en ellas se deleitan» (Sal 111:2).

La doctrina de la creación también nos recuerda que Dios es soberano sobre el universo que él creó. Él lo hizo, y él es el Señor de todo ello. Le debemos a él todo lo que somos y tenemos, y podemos tener plena confianza que en última instancia derrotará a todos sus enemigos y se manifestará como Rey Soberano para ser

---

[79]Frair y Davis, *A Case for Creation*, pp. 135-40, tienen muchos retos específicos prácticos para los científicos que creen en la creación para hacer tipos específicos de investigación grandemente necesitada.

adorado para siempre. Además, si nuestros corazones están como es debido, el increíble tamaño del universo y la asombrosa complejidad de todo lo creado nos impulsará continuamente a adorarle y alabarle por su grandeza.

Finalmente, como se indicó arriba, podemos de todo corazón disfrutar de actividades creativas (artísticas, musicales, atléticas, domésticas, literarias, etc.) con una actitud de agradecimiento porque nuestro Dios Creador nos permite imitarle en nuestra creatividad.

PREGUNTAS PARA APLICACIÓN PERSONAL

1. ¿Hay maneras en que usted podría ser más agradecido a Dios por la excelencia de su creación? Mire a su alrededor y dé algunos ejemplos de la bondad de la creación que Dios le ha permitido disfrutar. ¿Hay maneras en que usted podría ser un mejor mayordomo de las partes de la creación divina que él ha puesto a su cuidado?

2. ¿Podría la bondad de todo lo que Dios creó animarle a tratar de disfrutar de alimentos de diferentes clases de los que normalmente prefiere? ¿Se puede enseñar a los niños a agradecer a Dios por la variedad de cosas que Dios nos ha dado para comer? ¿Provee la doctrina de la creación una respuesta que podamos dar a algunos estrictos defensores de los derechos de los animales que dicen que no debemos comer filete, pollo ni otras carnes, ni llevar ropa hecha de pieles de animales, porque no somos más que otra forma de animales? (Vea Gn 3:21).

3. A fin de entender la desesperanza que sienten los que no son cristianos contemporáneos, simplemente trate de imaginarse por un momento que usted cree que no hay Dios, y que usted es simplemente producto de materia, más tiempo, más casualidad, resultado espontáneo de cambios al azar en organismos a través de millones de años. ¿Qué sentiría diferente en cuanto a usted mismo? ¿En cuanto a otras personas? ¿En cuanto al futuro? ¿En cuanto al bien y al mal?

4. ¿Por qué sentimos gozo cuando podemos «subyugar» incluso una parte de la tierra y hacerla útil para que nos sirva, sea cultivando legumbres, desarrollando una mejor clase de plástico o metal o usando lana para tejer una prenda de vestir? ¿Deberíamos sentir gozo por lograr estas y otras tareas? ¿Qué otra cosa debemos sentir al hacerlas?

5. Cuando usted piensa en la inmensidad de las estrellas, y que Dios las puso en su lugar para mostrarnos su poder y gloria, ¿cómo le hace eso sentirse en cuanto a su lugar en el universo? ¿Es esto diferente de la manera en que se siente el que no es creyente?

6. Antes de leer este capítulo, ¿qué pensaba usted en cuanto a la teoría de la evolución? ¿Cómo ha cambiado su opinión, si es que ha cambiado?

7. ¿Cuáles son algunas cosas que los cristianos pueden aprender en cuanto al debate teológico en general al observar la controversia presente sobre la edad de la tierra? ¿Qué importancia tiene esta controversia para su fe cristiana?

TÉRMINOS ESPECIALES

creación ex nihilo
creacionismo maduro
creacionismo progresivo
deísmo
dualismo
evolución teísta
geología del diluvio
hombre de Cro-magnon
homo sapiens

inmanente
macroevolución
materialismo
microevolución
neocatastrofismo
panteísmo
teoría concordista
teoría de día-edad
teoría del intervalo

teoría del día de
    veinticuatro horas
teoría del día pictórico
teoría del marco de
    trabajo literario
teoría del tiempo ideal
teoría de la «tierra joven»
teoría de la «tierra vieja»
trascendente

BIBLIOGRAFÍA

(Para una explicación de esta bibliografía vea la nota sobre la bibliografía en el capítulo 1, p. 40. Datos bibliográficos completos se pueden encontrar en las páginas 1298-1307.)

Secciones en Teologías Sistemáticas Evangélicas

1. Anglicana (episcopal)
   1882-92   Litton, 74-76
2. Arminiana (wesleyana o metodista)
   1875-76   Pope, 1:361-420
   1892-94   Miley, 1:276-310
   1940   Wiley, 1:440-72
   1960   Purkiser, 145-48, 149-63
   1983   Carter, 1:130-32, 145-94, 203-8
   1983-   Cottrell, 1:48-191
   1987-90   Oden, 1:225-69
3. Bautista
   1767   Gill, 1:366-75
   1887   Boyce, 166-73
   1907   Strong, 371-410
   1917   Mullins, 251-64
   1976-83   Henry, 6:108-96
   1983-85   Erickson, 365-86
   1987-94   Lewis/Demarest, 2:17-70
4. Dispensacional
   1947   Chafer, 7:99-101, 146
   1949   Thiessen, 111-18
   1986   Ryrie, 171-94
5. Luterana
   1917-24   Pieper, 1:467-82
   1934   Mueller, 179-88
6. Reformada (o presbiteriana)
   1559   Calvin, 1:159-83 (1.14)

1724-58	Edwards, 1:94-121
1861	Heppe, 190-200
1871-73	Hodge, 1:550-574; 2:3-41
1878	Dabney, 26-38, 247-63
1887-1921	Warfield, *SSW* 2:132-41
1889	Shedd, 1:463-526; 2a:3-94
1937-66	Murray, *CW 1:325-29; CW 2:3-13*
1938	Berkhof, 126-40, 150-64
1962	Buswell, 1:134-62, 321-43

7. Renovada (o carismática/pentecostal)
    1988-92   Williams, 1:95-116

Secciones en Teologías Sistemáticas Católicas Romanas Representativas

1. Católica Romana: tradicional
    1955   Ott, 79-86, 92-94, 100
2. Católica Romana: Post Vaticano II
    1980   McBrien, 1:224-28

Otras obras

Varios de estos títulos se han tomado de una bibliografía extensiva sobre la creación y evolución preparada por un biólogo profesional, el Dr. Wayne Frair del The King's College, Briarcliff Manor, Nueva York.

Anderson, J. Kerby, and Harold G. Coffin. *Fossils in Focus*. Zondervan, Grand Rapids, 1977.

Austin, Stephen A. *Catastrophes in Earth History*. Institute of Creation Research, El Cajón, Calif., 1984. (noción de tierra joven)

Barclay, D. R. «Creation». En *NDT,* pp. 177-79.

Blocher, Henri. *In the Beginning: The Opening Chapters of Genesis*. Trad. por David G. Preston. Inter-Varsity Press, Leicester, 1984.

Cameron, Nigel M. de S. *Evolution and the Authority of the Bible*. Paternoster, Exeter, 1983.

_____, ed. *In the Beginning.... A Symposium on the Bible and Creation*. The Biblical Creation Society, Glasgow, 1980.

Clotz, J. W. *Genes, Genesis and Evolution*. Concordia Publishing House, St. Louis, Mo., 1970.

_____. *Studies in Creation*. Concordia Publishing House, St. Louis, Mo., 1985.

Custance, Arthur C. *Evolution or Creation*. Zondervan, Grand Rapids, 1976.

_____. *Without Form and Void: A Study of the Meaning of Genesis 1:2*. Doorway Papers, Brockville, Ontario, 1970.

Davidheiser, Bolton. *Evolution and the Christian Faith*. Baker, Grand Rapids, 1969.

Denton, Michael. *Evolution: A Theory in Crisis*. Adler and Adler, Bethesda, Md., 1986.

De Young, Donald B. *Astronomy and the Bible: Questions and Answers*. Baker, Grand Rapids, 1989. (noción de tierra joven)

Fields, Weston W. *Unformed and Unfilled*. Presbyterian and Reformed, Nutley, N. J., 1976.

Frair, Wayne, y Percival Davis. *A Case for Creation*. CRS Books, Norcross, Ga., 1983.

Gange, Robert. *Origins and Destiny: A Scientist Examines God's Handiwork*. Word, Waco, Tex., 1986.

Geisler, Norman L. y J. Kerby Anderson. *Origin Science: A Proposal for the Creation-Evolution Controversy*. Prólogo de Walter L. Bradley. Baker, Grand Rapids, 1987.

Gentry, R. V. *Creation's Tiny Mystery*. Earth Science Associates, Knoxville, Tenn., 1986.

Gish, D. T. *Evolution: The Challenge of the Fossil Record*. Master Books, El Cajon, Calif., 1985. (noción de tierra joven)

Houston, James. *I Believe in the Creator*. Eerdmans, Grand Rapids, 1980.

Hummel, Charles E. *Creation or Evolution? Resolving the Crucial Issues*. Intervarsity Press, Downers Grove, Ill., 1989.

Johnson, Philp E. *Darwin on Trial*. Intervarsity Press, Downers Grove, Ill., 1991.

Kaiser, Christopher B. *Creation and the History of Science*. Eerdmans, Grand Rapids, 1991.

Kerkut, G. A. *Implications of Evolution*. Pergamon, Nueva York, 1960.

Kofahl, Robert E., and Kelly L. Segraves. *The Creation Explanation: A Scientific Alternative to Evolution*. Harold Shaw, Wheaton, Ill., 1975. (noción de tierra joven)

Lester, L. P., y R. G. Bohlin. *The Natural Limits to Biological Change*. Zondervan, Grand Rapids, 1984.

Maatman, Russell. *The Bible, Natural Science and Evolution*. Reformed Fellowship, Grand Rapids, 1970.

Morris, Henry M., ed. *Scientific Creationism*. San Diego, Calif. Creation-Life, 1974. (noción de tierra joven)

_____, y John C. Whitcomb. *The Genesis Flood*. Filadelfia: Presbyterian and Reformed, 1961. (noción de tierra joven)

_____, y John D. Morris. *Science, Scripture, and the Young Earth: An Answer to Current Arguments Against the Biblical Doctrine of Recent Creation*. Institute for Creation Research, El Cajón, Calif., 1989. (noción de tierra joven)

Newman, Robert C., y Herman J. Eckelmann. *Genesis One and the Origin of the Earth*. Intervarsity Press, Downers Grove, Ill., 1977. (argumenta en contra del concepto de tierra joven)

Pitman, M. *Adam and Evolution*. Baker, Grand Rapids, 1984.

Ramm, Bernard. *The Christian View of Science and Scripture*. Eerdmans, Grand Rapids, 1954.

Ross, Hugh. *Creation and Time: A Biblical and Scientific Perspective on the Creation-Date Controversy*. NavPress, Colorado Springs, 1994. (Científico bien articulado y altamente educado que argumenta en contra del concepto de tierra joven en base a evidencia científica reciente.)

Rusch, W. H., Sr. *The Argument—Creationism vs. Evolutionism*. CRS Books, Norcross, Ga., 1984.

Schaeffer, Francis. *No Final Conflict*. Intervarsity Press, Downers Grove, Ill., 1975.

Thaxton, C. B., W. L. Bradley, y R. L. Olsen. *The Mystery of Life's Origin: Reassessing Current Theories*. Nueva York: Philosophical Library, 1984.

Van Till, Howard J., Davis A. Young, y Clarence Menninga. *Science Held Hostage: What's Wrong With Creation Science and Evolutionism?* Intervarsity Press, Downers Grove, Ill., 1988. (argumenta en contra del concepto de tierra joven)

Whitcomb, John C. *The World That Perished*. Baker, Grand Rapids, 1988. (noción de tierra joven)

_____. *The Early Earth*. Edición revisada. Baker, Grand Rapids, 1986. (noción de tierra joven)

Wilder-Smith, A. E. *The Natural Sciences Know Nothing of Evolution*. Master Books, El Cajón, Calif., 1981.

Young, Davis A. *Christianity and the Age of the Earth*. Zondervan, Grand Rapids, 1982. (argumenta en contra del concepto de tierra joven)

_____. *Creation and the Flood: An Alternative to Flood Geology and Theistic Evolution*. Baker, Grand Rapids, 1977. (argumenta en contra del concepto de tierra joven)

Youngblood, Ronald. *How It All Began*. Ventura, Calif. Regal, 1980.

PASAJE BÍBLICO PARA MEMORIZAR

Nehemías 9:6: *Sólo tú eres el SEÑOR! Tú has hecho los cielos, y los cielos de los cielos con todas sus estrellas. Tú le das vida a todo lo creado: la tierra y el mar con todo lo que hay en ellos. ¡Por eso te adoran los ejércitos del cielo!*

HIMNO

«Hoy canto el gran poder de Dios»

Hoy canto el gran poder de Dios; Los montes él creó;
Habló a los mares con fuerte voz; Los cielos extendió.
Su mente sabia cantaré; Poder al sol le dio.
Las luces de la noche, sé; que él las decretó.

De Dios hoy canto la bondad Que bienes proveyó,
Para uso de la infinidad De todo lo que creo.
Sus maravillas por doquier ¡Cuán numerosas son!
Mis ojos bien las pueden ver En toda su creación.

Oh Dios, tu gloria, flores mil Demuestran por doquier;
Los vientos y el turbión hostil Declaran tu poder.
En la natura, buen Señor, la vida a todos das;
Doquier que miro alrededor Allí presente estás.

AUTOR: ISAAC WATTS, TRAD. GEORGE P. SIMMONDS
(TOMADO DEL HIMNARIO BAUTISTA, # 10)

Capítulo 16

La providencia de Dios
Si Dios controla todas las cosas, ¿cómo pueden nuestras acciones tener verdadero significado? ¿Cuáles son los decretos de Dios?

EXPLICACIÓN Y BASE BÍBLICA

Una vez que entendemos que Dios es el Creador todopoderoso (vea capítulo 15), parece razonable concluir que él también preserva y gobierna todo en el universo. Aunque el término *providencia* no se halla en la Biblia, tradicionalmente se ha usado para denotar las relaciones continuas entre Dios y su creación. Cuando aceptamos la doctrina bíblica de la providencia, evitamos cuatro errores comunes al pensar en las relaciones de Dios con su creación. La doctrina bíblica no es *deísmo* (que enseña que Dios creó el mundo y luego esencialmente lo abandonó), ni tampoco *panteísmo* (que enseña que la creación no tiene una existencia real y distinta en sí misma, sino que es nada más que una parte de Dios), sino *providencia,* que enseña que aunque Dios se relaciona activamente e interviene en la creación en cada momento, la creación es algo aparte de él. Todavía más, la doctrina bíblica no enseña que los acontecimientos de la creación los determina la *casualidad* (o el azar), ni tampoco los determina el *destino* impersonal (o determinismo), sino Dios, que es el personal y sin embargo infinitamente poderoso Creador y Señor.

Podemos definir la providencia de Dios como sigue: *Dios interviene continuamente en todas las cosas creadas de tal manera que él (1) las mantiene existiendo y conservando las propiedades con que las creó; (2) coopera con las cosas creadas en toda acción, y dirige las propiedades que las distinguen para hacerles que actúen como actúan; y (3) las dirige para que cumplan los propósitos que les asignó.*

Bajo la categoría general de providencia tenemos tres subtemas, de acuerdo a los tres elementos de la definición dada arriba: (1) preservación, (2) concurrencia y (3) gobierno.

Examinaremos cada una de estas en forma separada, y luego consideraremos diferentes criterios y objeciones a la doctrina de la providencia. Se debe notar que esta es una doctrina respecto a la cual ha habido desacuerdo sustancial entre los cristianos desde la historia temprana de la iglesia, particularmente respecto a la relación de Dios con las decisiones voluntarias de criaturas morales. En este capítulo presentaremos primero un sumario de la posición que se favorece en este libro de texto (que comúnmente se conoce como la posición «reformada» o «calvinista»),[1]

---

[1]Aunque los filósofos pueden usar el término *determinismo* (o *determinismo suave*) para catalogar la posición que abogo en este capítulo, yo no uso ese término porque es demasiado fácil malentendido en el inglés de todos los días: (1) sugiere un sistema en el que las decisiones humanas no son reales y no ejercen ninguna diferencia en el

A. Preservación

Dios hace que todas las cosas creadas sigan existiendo y manteniendo las propiedades con que las creó.

Hebreos 1:3 nos dice que Cristo es «el que sostiene todas las cosas con su palabra poderosa». La palabra griega que se traduce «sostiene» es *fero*, «llevar, cargar». Esto se usa comúnmente en el Nuevo Testamento para llevar algo de un lugar a otro, tal como llevar a un paralítico en una camilla hasta Jesús (Lc 5:18), llevar el vino al director de la fiesta (Jn 2:8), o traerle a Pablo un capote y libros (2 Ti 4:13). No significa simplemente «sostener», sino que tiene el sentido de control activo y determinado de lo que se está llevando de un lugar a otro. En Hebreos 1:3 el uso del participio presente indica que Jesús está *«continuamente* llevando todas las cosas» del universo por su palabra poderosa. Cristo interviene activamente en la obra de la providencia.

De modo similar, en Colosenses 1:17 Pablo dice de Cristo «todas las cosas en él subsisten» (RVR 1960). La frase «todas las cosas» se refiere a todo lo creado en el universo (vea v. 16), y el versículo afirma que Cristo mantiene existiendo toda las cosas; en él existen continuamente o «permanecen» (LBLA). Ambos versículos indican que si Cristo cesara su actividad continua de sustentar toda las cosas del universo, todo excepto el Dios trino instantáneamente dejaría de existir. Tal enseñanza la afirma también Pablo cuando dice que «en él vivimos, nos movemos y *existimos»* (Hch 17:28), y Esdras: «¡Sólo tú eres el SEÑOR! Tú has hecho los cielos, y los cielos de los cielos con todas sus estrellas. *Tú le das vida* a todo lo creado: la tierra y el mar con todo lo que hay en ellos. ¡Por eso te adoran los ejércitos del cielo!» (Neh 9:6). Pedro también dice que «los cielos y la tierra que existen ahora» son *«guardados* para el fuego en el día del juicio» (2 P 3:7, RVR 1960).

Un aspecto de la preservación providencial de Dios es el hecho de que él continúa dándonos aliento cada momento. Eliú en su sabiduría dice de Dios: «Si pensara en retirarnos su espíritu, en quitarnos su hálito de vida, todo el género humano perecería, ¡la humanidad entera volvería a ser polvo!» (Job 34:14-15; cf. Sal 104:29).

Dios, al preservar todas las cosas que ha hecho, también hace que mantengan las propiedades con que las creó. Dios preserva el agua de tal manera que continúa actuando como agua. Hace que la hierba siga actuando como hierba, con todas sus características distintivas. Hace que el papel en que está escrita esta oración siga actuando como papel de manera que no se disuelva espontáneamente en agua ni se aleje flotando, ¡ni se vuelva una cosa viva y empiece a crecer! Mientras alguna otra parte de la creación no actúe sobre él y cambie sus propiedades (por ejemplo, si el

---

resultado de los sucesos; y (2) sugiere un sistema en el cual la última causa de los sucesos es un universo mecanicista antes que un Dios sabio y personal. Es más, (3) con demasiada facilidad permite a los críticos agrupar la noción bíblica con los sistemas deterministas no cristianos y nublar las distinciones entre ellos.

La noción que abogo en este capítulo a veces se le llama «compatibilismo», porque sostiene que la soberanía divina absoluta es compatible con la significación humana y decisiones humanas reales. No tengo objeción a los matices de este término, pero he decidido no usarlo porque (1) quiero evitar la proliferación de términos técnicos en el estudio de la teología, y (2) parece preferible simplemente llamar mi posición una noción tradicional reformada de la providencia de Dios, y con ello colocarme yo mismo dentro de una tradición teológica ampliamente entendida representada por Juan Calvino y otros teólogos sistemáticos mencionados en la categoría de «reformada» al final de este capítulo.

fuego lo quema y se convierte en ceniza), este papel seguirá actuando como papel mientras Dios preserve la tierra y la creación que ha hecho.

No debemos pensar, sin embargo, que la preservación de Dios es una continua nueva creación; él no está continuamente creando nuevos átomos y moléculas para todas las cosas que existes. Más bien, él *preserva* lo que ya ha creado; él «sustenta todas las cosas» por su palabra de poder (Heb 1:3, traducción del autor). También debemos apreciar que las cosas creadas son *reales* y que sus características son *reales*. No es que simplemente me imagino que la piedra que tengo en la mano es dura; es dura. Si me golpeo la cabeza con ella, no simplemente me imagino que duele; ¡en efecto duele! Debido a que Dios mantiene esta piedra con las propiedades con que la creó, la piedra ha sido dura desde el día en que fue formada, y (a menos que alguna otra cosa en la creación interactúe con ella y la cambie) será dura hasta el día en que Dios destruya los cielos y la tierra (2 P 3:7, 10-12).

La providencia de Dios provee base para la ciencia; Dios ha hecho y continúa sosteniendo un universo que actúa de maneras predecibles. Si un experimento científico da un cierto resultado hoy, podemos tener confianza de que (si todos los factores son los mismos) dará el mismo resultado mañana y de aquí a cien años. La doctrina de la providencia también provee un cimiento para la tecnología; puedo confiar que la gasolina hará que mi automóvil funcione hoy tal como lo hizo funcionar ayer, no solo porque «siempre ha funcionado de esa manera», sino porque la providencia de Dios sustenta un universo en el que creó cosas que mantienen las propiedades con que las creó. El *resultado* puede ser similar en la vida del que no es creyente y en la vida del cristiano; ambos ponemos gasolina en nuestros automóviles y los conducimos. Pero el que no es creyente lo hará sin saber la verdadera razón de que funcione de la manera que funciona, y yo lo haré con el conocimiento de la verdadera razón (la providencia de Dios) y agradeceré a mi Creador por la maravillosa creación que hizo y preserva.

B. Concurrencia

Dios coopera con las cosas creadas en toda acción, dirigiendo sus propiedades distintivas para hacerlas que actúen como actúan.

Este segundo aspecto de la providencia, *concurrencia*, es una expansión de la idea contenida en el primer aspecto, *preservación*. Es más, algunos teólogos (como Juan Calvino) tratan el hecho de la concurrencia bajo la categoría de preservación, pero es útil tratarlo como una categoría distinta.

En Efesios 1:11 Pablo dice que Dios «hace todas las cosas conforme al designio de su voluntad». La palabra que se traduce «hace» (*energeo*) indica que Dios «obra» o «produce» *todas las cosas* conforme a su voluntad. Nada de lo que sucede en la creación cae fuera de su providencia. Por supuesto, este hecho está oculto a nuestros ojos a menos que lo leamos en la Biblia. Como la preservación, la obra de Dios en concurrencia no es claramente evidente partiendo de la observación del mundo natural que nos rodea.

Para dar prueba bíblica de la concurrencia empezaremos con la creación inanimada, luego pasaremos a los animales, y finalmente a diferentes clases de acontecimientos en la vida de los seres humanos.

1. Creación inanimada. Hay muchas cosas en la creación de las que pensamos que son simples ocurrencias «naturales». Sin embargo la Biblia dice que Dios las hace suceder. Leemos de «el relámpago y el granizo, la nieve y la neblina, el viento tempestuoso que cumple su mandato» (Sal 148:8). De modo similar,

> A la *nieve* le ordena: "¡Cae sobre la tierra!",
> y a la *lluvia*: "¡Muestra tu poder!" ...
> Por el aliento de Dios se forma el hielo
> y se congelan las masas de agua.
> Con agua de lluvia carga las nubes,
> y lanza sus *relámpagos* desde ellas;
> y éstas van de un lado a otro,
> por toda la faz de la tierra,
> dispuestas a cumplir sus mandatos.
> Por su bondad, hace que vengan las nubes,
> ya sea para castigar o para bendecir.
> (Job 37:6-13; cf. afirmaciones similares en 38:22-30).

De nuevo, el salmista declara que «El SEÑOR hace todo lo que quiere en los cielos y en la tierra, en los mares y en todos sus abismos» (Sal 135:6), y luego en la próxima oración ilustra a Dios haciendo su voluntad en el clima: «Levanta las nubes desde los confines de la tierra; envía relámpagos con la lluvia y saca de sus depósitos a los vientos» (Sal 135:7; cf. 104:4).

Dios también hace a la hierba crecer: *«Haces que crezca la hierba* para el ganado, y las plantas que la gente cultiva para sacar de la tierra su alimento» (Sal 104:14). Dios dirige las estrellas en los cielos, y le pregunta a Job: «¿Puedes hacer que las constelaciones salgan a tiempo? ¿Puedes guiar a la Osa Mayor y a la Menor?» (Job 38:32; el v. 31 se refiere a las constelaciones Pléyades y Orión). Es más, Dios continuamente dirige la llegada de la mañana (Job 38:12), hecho que Jesús afirmó cuando dijo que Dios *«hace que salga el sol* sobre malos y buenos, y *que llueva* sobre justos e injustos» (Mt 5:45).

2. Animales. La Biblia afirma que Dios alimenta a los animales salvajes del campo, porque «todos ellos esperan de ti que a su tiempo les des su alimento. Tú les das, y ellos recogen; abres la mano, y se colman de bienes. Si escondes tu rostro, se aterran; si les quitas el aliento, mueren y vuelven al polvo» (Sal 104:27-29; cf. Job 38:39-41). Jesús también afirmó esto cuando dijo: «Fíjense en las *aves* del cielo ... el Padre celestial *las alimenta*» (Mt 6:26). Dijo que ni un solo gorrión «caerá a tierra sin que lo permita el Padre» (Mt 10:29).

3. Acontecimientos que al parecer suceden «al azar» o «por casualidad». Desde la perspectiva humana, el echar suertes (o su equivalente moderno, lanzar los dados o echar una moneda al aire) es lo más típico de la casualidad en el universo. Pero la Biblia afirma que el resultado de tal cosa viene de Dios: «Las suertes se echan sobre la mesa, pero el veredicto proviene del SEÑOR» (Pr 16:33).[2]

---

[2]Es cierto que Ec 9:11 dice que «no es de los ligeros la carrera, ni de los valientes la batalla; y que tampoco de los sabios es el pan, ni de los entendidos las riquezas, ni de los hábiles el favor, sino que el tiempo y la *suerte* les llegan a

4. Acontecimientos plenamente causados por Dios y plenamente causados también por la criatura. A cualquiera de los eventos antedichos (lluvia y nieve, el crecimiento de la hierba, sol y estrellas, alimentación de los animales, y echar suertes) podríamos (por lo menos en teoría) darle una explicación «natural» completamente satisfactoria. Un experto en botánica puede detallar los factores que hacen que la hierba crezca, tales como el sol, humedad, temperatura, nutrientes en el suelo, etc. Sin embargo la Biblia dice que *Dios* hace que la hierba crezca. Un meteorólogo puede dar una explicación completa de los factores que causan la lluvia (humedad, temperatura, presión atmosférica, etc.), e incluso puede producir lluvia en un laboratorio climático. Sin embargo la Biblia dice que *Dios* hace que la lluvia caiga. Un físico con información correcta sobre la fuerza y dirección en que se lanzó un par de dados podría explicar por completo lo que hizo que los dados dieran el resultado que dieron; sin embargo la Biblia dice que *Dios* determina la decisión de la suerte que se echa.

Esto nos muestra que es incorrecto que razonemos que sí sabemos la causa «natural» de algo en este mundo, Dios no lo causó. Más bien, si llueve debemos agradecérselo a él. Si el sembrío crece debemos agradecerle a él. En todos estos hechos no es como si fueran causados parcialmente por Dios y parcialmente por factores en el mundo creado. Si ese fuera el caso, siempre estaríamos buscando algún rasgo pequeño de algo que sucedió que no podríamos explicar (digamos el 1% de la causa) para atribuirlo a Dios. Pero ciertamente este no es un concepto correcto. Más bien, estos pasajes afirman que Dios es quien produce tales acontecimientos. Sin embargo sabemos que (en otro sentido) son también enteramente causados por factores de la creación.

La doctrina de la concurrencia afirma que Dios *dirige*, y *obra mediante* las propiedades particulares de cada cosa creada, así que estas cosas en sí mismas producen los resultados que vemos. Entonces es posible afirmar que en un sentido los acontecimientos son plenamente (cien por ciento) producidos por Dios y también plenamente (cien por ciento) producidos por la criatura. Sin embargo, las causas divinas y de las criaturas obran de maneras diferentes. La causa divina de cada suceso actúa como una causa invisible que actúa y dirige detrás del escenario, y se podría llamar la «causa primaria» que planea e inicia todo lo que sucede. Pero lo creado produce acciones que concuerdan con las propiedades propias de lo creado, acciones que a menudo nosotros o los científicos profesionales que observan cuidadosamente los procesos podemos describir. Estos factores y propiedades de lo creado pueden, por consiguiente, llamarse causas «secundarias» de todo lo que sucede, aun cuando son las causas que son evidentes para nosotros al observar.

5. Los asuntos de las naciones. La Biblia también habla del control providencial de Dios de los asuntos humanos. Leemos que Dios «engrandece o destruye a las naciones; las hace prosperar o las dispersa» (Job 12:23). «Porque del SEÑOR es el reino; él gobierna sobre las naciones» (Sal 22:28). Él ha determinado el tiempo de

---

todos» (LBLA). Pero Michael Eaton correctamente observa: «En los labios del israelita "suerte" quiere decir lo inesperado, no lo que es al azar» (*Ecclesiastes*, TOTC [Inter-Varsity Press, Leicester y Downers Grove, Ill., 1983], p. 70). La palabra rara que la LBLA traduce aquí «suerte» (heb. *pega*) aparece sólo una vez más en la Biblia (1R 5:4[18], de un *suceso* malo).

existencia y el lugar de cada nación sobre la tierra, porque Pablo dice: «De un solo hombre hizo todas las naciones para que habitaran toda la tierra; y determinó los períodos de su historia y las fronteras de sus territorios» (Hch 17:26; cf. 14:16). Y cuando Nabucodonosor se arrepintió, aprendió a alabar a Dios:

> Su dominio es eterno;
> su reino permanece para siempre.
> Ninguno de los pueblos de la tierra
> merece ser tomado en cuenta.
> Dios hace lo que quiere
> con los poderes celestiales
> y con los pueblos de la tierra.
> No hay quien se oponga a su poder
> ni quien le pida cuentas de sus actos (Dn 4:34-35).

6. Todos los aspectos de la vida. Es asombroso ver el alcance al que la Biblia afirma que Dios hace que ocurran cosas en nuestra vida. Por ejemplo, nuestra dependencia en Dios para recibir alimento cada día la reiteramos cada vez que oramos: «Danos hoy nuestro pan cotidiano» (Mt 6:11), aunque trabajamos para ganarnos la comida y (hasta donde la mera observación humana puede discernir) la obtenemos enteramente mediante causas «naturales». De modo similar, Pablo, mirando con los ojos de la fe lo que sucede, afirma que a sus hijos «mi Dios les proveerá de todo lo que necesiten» (Fil 4:19), aunque Dios puede usar medios «ordinarios» (tales como otras personas) para hacerlo.

Dios planea nuestros días antes de que nazcamos, porque David afirma: «Tus ojos vieron mi cuerpo en gestación: todo estaba ya escrito en tu libro; todos mis días se estaban diseñando, aunque no existía uno solo de ellos» (Sal 139:16). Y Job dice que «Los días del hombre ya están determinados; tú has decretado los meses de su vida; le has puesto límites que no puede rebasar» (Job 14:5). Esto se puede ver en la vida de Pablo, que dice: «Dios me había apartado desde el vientre de mi madre» (Gá 1:15), y de Jeremías, a quien Dios le dijo: «Antes de formarte en el vientre, ya te había elegido; antes de que nacieras, ya te había apartado; te había nombrado profeta para las naciones» (Jer 1:5).

Todas nuestras acciones están bajo el cuidado providencial de Dios, porque «en él vivimos, nos *movemos*» (Hch 17:28). Los pasos que damos cada día los dirige el Señor. Jeremías confiesa: «Yo sé que el hombre no es dueño de su destino, que no le es dado al caminante dirigir sus propios pasos» (Jer 10:23). Leemos que «los pasos del hombre los dirige el SEÑOR» (Pr 16:9). De modo similar, Proverbios 16:1 afirma: «El hombre propone y Dios dispone».[3]

El éxito y el fracaso vienen de Dios, porque leemos: «La exaltación no viene del oriente, ni del occidente ni del sur, sino que es Dios el que juzga: a unos humilla y a

---

[3]David J.A. Clines, «Predestination in the Old Testament», en *Grace Unlimited,* ed.por by Clark H. Pinnock (Bethany House, Minneapolis, 1975), pp. 116-17, objeta que estos versículos simplemente afirman que «cuando se trata de conflicto entre Dios y el hombre, indudablemente no puede ser el hombre el que gane el día». Dice que estos versículos no describen la vida en general, sino que describen situaciones inusuales en donde Dios supera la voluntad del hombre a fin de producir sus propósitos especiales. Clines niega que los versículos quieran decir que Dios siempre actúa de esta manera, o que estos versículos representen el control de Dios de la conducta humana

otros exalta» (Sal 75:6-7). Por eso María puede decir: «De sus tronos derrocó a los poderosos, mientras que ha exaltado a los humildes» (Lc 1:52). El SEÑOR da hijos, porque «Los hijos son una herencia del SEÑOR, los frutos del vientre son una recompensa» (Sal 127:3).

Todos nuestros talentos y capacidades son del Señor, porque Pablo puede preguntarle a los corintios: «¿Qué tienes que no hayas recibido? Y si lo recibiste, ¿por qué presumes como si no te lo hubieran dado?» (1 Co 4:7). David sabía que eso era cierto respecto a su dotes militares, porque, aunque debe haberse entrenado muchas horas en el uso del arco y la flecha, pudo decir: «[Dios] adiestra mis manos para la batalla, y mis brazos para tensar arcos de bronce» (Sal 18:34).

Dios influye en las decisiones de los gobernantes, porque «en las manos del SEÑOR el corazón del rey es como un río: sigue el curso que el SEÑOR le ha trazado» (Pr 21:1). Una ilustración de esto fue cuando el Señor hizo que el rey de Persia ayudara a su pueblo, «y permitiera reconstruir el templo del Dios de Israel» (Esd 6:22), o cuando «en el primer año del reinado de Ciro, rey de Persia, el SEÑOR dispuso el corazón del rey» (Esd 1:1) para que ayudara al pueblo de Israel. Pero no es solo el corazón del rey el que Dios dispone, porque él mira «desde su trono a todos los habitantes de la tierra» y «él es quien formó el corazón de todos» (Sal 33:14-15). Cuando nos damos cuenta de que en la Biblia el corazón es donde residen nuestros pensamientos y deseos más íntimos, este es un pasaje significativo. Dios dirige de modo especial los deseos e inclinaciones de los creyentes, obrando en nosotros «tanto el *querer* como el hacer para que se cumpla su buena voluntad» (Flp 2:13).

Todos estos pasajes, que contienen afirmaciones generales en cuanto a la obra de Dios en la vida de toda persona y ejemplos específicos de la obra de Dios en la vida de individuos nos llevan a concluir que la obra providencial de Dios de concurrencia se extiende a todos los aspectos de nuestra vida. Nuestras palabras, nuestros pasos, nuestros movimientos, nuestros corazones y nuestras capacidades vienen del Señor.

Pero debemos guardarnos contra malos entendidos. Aquí también, como en la creación más baja, la dirección providencial de Dios como «causa primaria» invisible, detrás de bastidores, no nos debe llevar a negar la realidad de nuestras decisiones y acciones. Una y otra vez la Biblia afirma que *hacemos* que las cosas sucedan. Somos significativos y responsables. Nosotros *en efecto tomamos decisiones* y estas son decisiones reales que producen resultados reales. La Biblia repetidamente afirma también estas verdades. Tal como una piedra es *de veras dura* debido a que Dios la hizo con las propiedades de dureza, tal como el agua es *de verdad mojada* debido a que Dios la hizo con la propiedad de humedad, y así como las plantas están *de verdad vivas* porque Dios las hizo con la propiedad de la vida, nuestras decisiones son *decisiones de verdad* y surten efectos significativos, porque Dios nos ha hecho de una manera tan maravillosa que nos ha dotado con la propiedad de libre albedrío.

Una manera de abordar estos pasajes en cuanto a la concurrencia de Dios es decir que si de veras nosotros decidimos, nuestras decisiones *no pueden* originarse en

---

en general. Sin embargo, en estos pasajes no se ve tal restricción (vea Pr 16:1, 9). Los versículos no dicen que Dios dirija los pasos del hombre en instancias raras en las que Dios tiene que intervenir para cumplir sus propósitos; simplemente hacen afirmaciones en general en cuanto a la manera en que funciona el mundo; Dios dirige los pasos del hombre en general, no simplemente cuando hay conflicto entre Dios y el hombre.

Dios (vea más adelante una mayor explicación de este punto de vista). Pero el número de pasajes que afirman este control providencial de Dios es tan considerable, y las dificultades involucradas en darles alguna otra interpretación son tan formidables, que en efecto no me parece que pueda ser la mejor manera de abordarlos. Parece que es mejor afirmar que Dios hace que todas las cosas sucedan, pero que lo hace de tal manera que mantiene la facultad que tenemos de tomar decisiones *voluntarias, responsables,* que tienen *resultados reales y eternos* y de las cuales *se nos considera responsables.* La Biblia no nos explica exactamente cómo Dios combina su control providencial con nuestras decisiones voluntarias y significativas. Pero en lugar de negar una cosa o la otra (simplemente porque no podemos explicar cómo ambas pueden ser verdad), debemos aceptarlas las dos en un intento de ser fieles a la enseñanza de toda la Biblia.

La analogía de un autor que escribe una obra puede ayudarnos a captar cómo ambas cosas pueden ser verdad. En la obra *Macbet*, de Shakespeare, Macbet mata al rey Duncan. Ahora (si por un momento damos por sentado que esto es ficticio), se podría hacer la pregunta «¿Quién mató al rey Duncan?» En un nivel, la respuesta correcta es «Macbet». Dentro del contexto del drama él cometió el homicidio y con razón carga con la culpa. Pero en otro nivel, una respuesta correcta a la pregunta «¿Quién mató al rey Duncan?» sería «William Shakespeare»; él escribió la obra, creó a los personajes y escribió la parte en donde Macbet mata al rey Duncan.

No sería correcto decir que debido a que Macbet mató al rey Duncan, William Shakespeare no lo mató. Tampoco sería correcto decir que debido a que William Shakespeare mató al rey Duncan, Macbet no lo mató. Ambas cosas son verdad. A nivel de los personajes en la obra Macbet por completo (cien por ciento) causó la muerte del rey Duncan, pero a nivel del creador de la obra, William Shakespeare por completo (cien por ciento) causó la muerte del rey Duncan. De modo similar, podemos entender que Dios causa plenamente las cosas de cierta manera (como Creador), y nosotros plenamente causamos las cosas de otra manera (como criaturas).

Por supuesto, alguien podría objetar que la analogía en realidad no resuelve el problema porque los personajes del drama no son personajes de la vida real; son personajes sin libertad propia, ni capacidad de tomar decisiones genuinas, y cosas por el estilo. Pero en respuesta podemos destacar que Dios es infinitamente mucho más grande y más sabio que nosotros. En tanto que nosotros como criaturas finitas sólo podemos crear personajes ficticios en un drama, y no personajes de la vida real, Dios, nuestro Creador infinito, ha hecho un mundo real y en él nos ha creado como personas reales que toman decisiones por su cuenta. Decir que Dios *no podría* hacer un mundo en el cual él *nos hace tomar decisiones por nuestra cuenta* (como algunos argumentarían hoy; véase la consideración más abajo) es limitar el poder de Dios. También parece desmentir un amplio número de pasajes de la Biblia.[4]

---

[4]I. Howard Marshall, «Predestination in the New Testament», in *Grace Unlimited* por Clark H. Pinnock, pp. 132-33, 139, objeta en contra de la analogía de un autor y un drama porque los actores «están obligados a los personajes que se les ha asignado y a los fragmentos que han aprendido», así que aún si él dramaturgo «hace [es a los personajes] decir: "yo amo a mi creador", en su drama, este no es amor mutuo en el sentido real».

Pero Marshall limita su análisis a lo que es posible para los seres humanos actuando a nivel humano. No da

7. ¿Qué en cuanto al mal? Si Dios en efecto causa, mediante su actividad providencial, todo lo que sucede en el mundo, surge la pregunta: «¿Cuál es la relación entre Dios y el mal en el mundo?» ¿Causa Dios las acciones malas que cometen los seres humanos? Si es así, ¿no es Dios el responsable del pecado?

Al abordar este asunto, es mejor leer los pasajes bíblicos que tratan del asunto más directamente. Podemos empezar mirando varios pasajes que afirman que Dios, en efecto, hizo que ocurrieran cosas malas y se hicieran cosas malas. Pero debemos recordar que en todos estos pasajes es muy claro que la Biblia en ninguna parte muestra a Dios *haciendo directamente algo malo*, sino más bien haciendo que sucedieran cosas malas debido a las acciones voluntarias de criaturas morales. Es más, *la Biblia nunca le echa a Dios la culpa por el mal ni muestra a Dios complaciéndose en el mal*, y la Biblia nunca excusa el mal que hacen los seres humanos. Comoquiera que entendamos la relación entre Dios y el mal, *nunca* debemos llegar al punto de pensar que no somos responsables del mal que hacemos, o que Dios se complace en el mal, o que podemos echarle a él la culpa. Tal conclusión es claramente contraria a la Biblia.

Hay literalmente docenas de pasajes bíblicos que dicen que Dios (indirectamente) hizo que tuviera lugar algún tipo de mal. He citado una lista tan extensa (en los siguientes pocos párrafos) porque los cristianos a menudo no se dan cuenta de la extensión de esta clara enseñanza en la Biblia. Sin embargo, se debe recordar que en todos estos ejemplos no es Dios el que hace el mal, sino que lo hacen las personas o los demonios que deciden hacerlo.

Un ejemplo muy claro se halla en la historia de José. La Biblia dice que los hermanos de José sin razón alguna sentían celos de él (Gn 37:11), lo aborrecían (Gn 37:4, 5, 8), querían matarlo (Gn 37:20), e hicieron mal cuando lo echaron en la cisterna (Gn 37:24) y cuando lo vendieron como esclavo para que lo llevaran a Egipto (Gn 37:28). Sin embargo, más adelante José pudo decirles a sus hermanos: «*Fue Dios quien me mandó delante de ustedes* para salvar vidas» (Gn 45:5), y: «Ustedes pensaron hacerme mal, pero *Dios transformó ese mal en bien* para lograr lo que hoy estamos viendo: salvar la vida de mucha gente» (Gn 50:20).[5] Aquí tenemos una combinación de obras malas producidas por hombres pecadores a quienes con toda razón se les considera culpables de pecado, y también el control providencial de Dios que se impuso para que los propósitos del Señor se lograran. Ambas cosas se afirman claramente.

El relato del éxodo de Egipto repetidamente afirma que Dios endureció el corazón del faraón. Dios dice: «Yo, por mi parte, endureceré su corazón» (Éx 4:21), «Yo voy a endurecer el corazón del faraón» (Éx 7:3), «el SEÑOR endureció el corazón

---

consideración a la posibilidad (en verdad, ¡la realidad!) de que Dios puede hacer mucho más de lo que los seres humanos pueden hacer, y que puede maravillosamente crear seres humanos genuinos antes que meros personajes de una dramatización. Un mejor enfoque a la analogía de un autor y un drama sería si Marshall aplicaría a este asunto una afirmación muy útil que hizo en otra parte de su ensayo: «La dificultad básica es la de intentar explicar la naturaleza de *la relación entre un Dios infinito y criaturas finitas*. Nuestra tentación es pensar de la causalidad divina de manera muy similar a la causalidad humana, y esto produce dificultades tan pronto como tratamos de relacionar la causalidad divina y la libertad humana. Está más allá de nuestra capacidad explicar cómo Dios puede hacernos hacer ciertas cosas (o causar que el universo llegue a existir y se comporte como se comporta)» (pp. 137-38). Puedo concordar completamente con toda la afirmación de Marshall en ese punto, y hallo que es una manera muy útil de enfocar este problema.

[5]Sal 105:7 dice que Dios: «envió delante de ellos a un hombre: a José, vendido como esclavo».

del faraón» (Éx 9:12), «el Señor endureció el corazón del faraón» (Éx 10:20, repetido en 10:27 y también en 11:10), «Yo, por mi parte, endureceré el corazón del faraón» (Éx 14:4), y «El Señor endureció el corazón del faraón» (Éx 14:8). A veces se objeta que la Biblia también dice que el faraón endureció su propio corazón (Éx 8:15, 32; 9:34), y que la acción de Dios de endurecer el corazón del faraón fue solamente en respuesta a la rebelión inicial y dureza de corazón que el mismo faraón exhibió por voluntad propia. Pero también se debe notar que la promesa de Dios de endurecer el corazón del faraón (Éx 4:21; 7:3) se hizo mucho antes de que la Biblia nos diga que el faraón endureció su propio corazón (leemos de esto por primera vez en Éx 8:15). Es más, nuestro análisis de una concurrencia dado arriba, en el cual agentes tanto divino como humanos pueden causar el mismo evento, debe mostrarnos que ambos factores pueden ser verdad al mismo tiempo; aunque el faraón endurece su propio corazón, esto no es inconsistente con decir que Dios es el que hace que el faraón lo haga y por esto Dios está endureciendo el corazón del faraón. Finalmente, si alguien objetara que Dios solo está intensificando los deseos y decisiones malas que ya estaban en el corazón del faraón, eso todavía podría en teoría por lo menos cubrir todo el mal que hay en el mundo hoy, puesto que todo ser humano tiene deseos malos en su corazón y todo ser humano en realidad toma decisiones pecaminosas.

¿Cuál es el propósito de Dios en esto? Pablo reflexiona sobre Éxodo 9:16 y dice: «Porque la Escritura le dice al faraón: "Te he levantado precisamente para mostrar en ti mi poder, y para que mi nombre sea proclamado por toda la tierra"» (Ro 9:17). Entonces Pablo infiere una verdad general a partir de este ejemplo específico: «Así que Dios tiene misericordia de quien él quiere tenerla, y endurece a quien él quiere endurecer» (Ro 9:18). De hecho, Dios también endureció el corazón de los egipcios para que persiguieran a Israel hasta el Mar Rojo: «Yo voy a endurecer el corazón de los egipcios, para que los persigan. ¡Voy a cubrirme de gloria a costa del faraón y de su ejército, y de sus carros y jinetes!» (Éx 14:17). Este tema se repite en Salmo 105:25: «Cambió el corazón de ellos para que aborreciesen a su pueblo» (RVR 1960).

Más adelante en la narración del Antiguo Testamento se hallan ejemplos similares en cuanto a los cananeos que fueron destruidos en la conquista de Palestina que condujo Josué. Leemos: «El Señor endureció el corazón de los enemigos para que entablaran guerra con Israel. Así serían exterminados sin compasión alguna» (Jos 11:20; vea también Jue 3:12; 9:20). El empecinamiento de Sansón en casarse con una filistea que no era creyente «era de parte del Señor, que buscaba la ocasión de confrontar a los filisteos; porque en aquel tiempo los filisteos dominaban a Israel» (Jue 14:4). También leemos que los hijos de Elí, cuando los reprendieron por sus malas obras «no le hicieron caso a la advertencia de su padre, pues la voluntad del Señor era quitarles la vida» (1 S 2:25). Más tarde leemos que «el Señor le envió un espíritu maligno» a Saúl para que lo atormentara (1 S 16:14).

Cuando David pecó, el Señor le dijo por medio del profeta Natán: «"Yo haré que el desastre que mereces surja de tu propia familia, y ante tus propios ojos tomaré a tus mujeres y se las daré a otro, el cual se acostará con ellas en pleno día. Lo que tú hiciste a escondidas, yo lo haré a plena luz, a la vista de todo Israel"» (2 S 12:11-12; cumplido en 16:22). En castigo adicional por el pecado de David, «el

SEÑOR hirió al hijo que la esposa de Urías le había dado a David, de modo que el niño cayó gravemente enfermo», y a la larga murió (2 S 12:15-18). David tuvo presente el hecho de que Dios podría enviar mal contra él, porque más adelante, cuando Simei maldijo a David y le lanzó piedras a él y a sus criados (2 S 16:5-8), David no quiso vengarse de Simei sino que dijo a sus soldados: «Déjenlo que me maldiga, pues el SEÑOR se lo ha mandado» (2 S 16:11).

Más adelante todavía en la vida de David, el Señor «incitó»[6] a David para que censara al pueblo (2 S 24:1), pero después David reconoció esto como pecado, diciendo: «He cometido un pecado muy grande» (2 S 24:10), y Dios envió castigo sobre la tierra debido a este pecado (2 S 24:12-17). Sin embargo, también es claro que «una vez más, la ira del SEÑOR se encendió contra Israel» (2 S 24:1), así que la incitación de Dios a David a pecar fue un medio por el cual Dios envió castigo sobre el pueblo de Israel. Todavía más, los medios por los cuales Dios incitó a David se indican claramente en 1 Crónicas 21:1: «Satanás conspiró contra Israel e indujo a David a hacer un censo del pueblo». En este incidente la Biblia nos da una perspectiva asombrosa de tres influencias que contribuyeron de diferentes maneras a una sola acción: Dios, a fin de producir sus propósitos, obró por medio de Satanás para incitar a David a pecar, pero la Biblia considera a David responsable de ese pecado. De nuevo, después de que Salomón se alejó del Señor debido a sus esposas foráneas, «el SEÑOR hizo que Hadad el edomita, que pertenecía a la familia real de Edom, surgiera como adversario de Salomón» (1 R 11:14), y «Dios también incitó a Rezón hijo de Eliadá para que fuera adversario de Salomón» (1 R 11:23). Estos fueron reyes malos que Dios levantó.

En la historia de Job, aunque el SEÑOR le dio a Satanás permiso para dañar todas las posesiones y los hijos de Job, y aunque este daño llegó a través de acciones malas de los sabeos, los caldeos y una tormenta (Job 1:12, 15, 17, 19), Job mira más allá de esas causas secundarias y, con los ojos de la fe, ve que todo va de la mano de Dios: «El SEÑOR ha dado; el SEÑOR ha quitado. *¡Bendito sea el nombre del SEÑOR!»* (Job 1:21). Después de la declaración de Job, el autor del Antiguo Testamento añade la siguiente oración: «A pesar de todo esto, Job no pecó ni le echó la culpa a Dios» (Job 1:22). A Job acaban de decirle que unas bandas merodeadoras perversas habían destruido sus rebaños y ganado, y sin embargo con gran fe y paciencia en la adversidad dice: *«El SEÑOR* ha quitado». Aunque dice que el SEÑOR había hecho esto, sin embargo no le echa a Dios la culpa por el mal ni dice que Dios haya hecho mal; más bien dice: «¡Bendito sea el nombre del SEÑOR!» *Echarle la culpa* a Dios por el mal que había producido mediante agentes secundarios habría sido un pecado. Job no hace esto, la Biblia nunca lo hace, ni tampoco debemos hacerlo nosotros.

En otras partes del Antiguo Testamento leemos que el SEÑOR «ha puesto un espíritu mentiroso en la boca de todos esos profetas» de Acab (1 R 22:23) y envió a los perversos asirios como «vara de mi ira» para castigar a Israel (Is 10:5). También envió a los perversos babilonios, incluyendo a Nabucodonosor, contra Israel,

---

[6]La palabra hebrea que se usa en 2S 24:1 cuando dice que el Señor *incitó* a David contra Israel es *sut*, «incitar, seducir, instigar» (BDB, p. 694). Es la misma palabra que se usa en 2Cr 21:1 para decir que Satanás *incitó* a David a censar a Israel, en 1R 21:25 para decir que Jezabel *incitó* a Acab a hacer el mal, en Dt 13:6(7) para advertir en contra de que un ser querido *incite* a un pariente a servir secretamente a otros dioses, y en 2Cr 18:31 para decir que Dios hizo que el ejército sirio de apartara de Josafat.

diciendo: «Los traeré contra este país, contra sus habitantes» (Jer 25:9). Después Dios prometió que posteriormente castigaría a los babilonios también: «Yo castigaré por su iniquidad al rey de Babilonia y a aquella nación, país de los caldeos, y los convertiré en desolación perpetua» (Jer 25:12). Si hay un profeta engañador que da un mensaje falso, el SEÑOR dice: «Si un profeta es seducido y pronuncia un mensaje, será porque yo, el SEÑOR, lo he seducido. Así que levantaré mi mano contra él, y lo haré pedazos en presencia de mi pueblo» (Ez 14:9, en el contexto de castigar a Israel por su idolatría). Como culminación de una serie de preguntas retóricas a las cuales la respuesta implicada siempre es «no», Amós pregunta: «¿Se toca la trompeta en la ciudad sin que el pueblo se alarme? ¿Ocurrirá en la ciudad alguna desgracia que el SEÑOR no haya provocado?» (Am 3:6). Allí sigue una serie de desastres naturales en Amós 4:6-12, en donde el SEÑOR le recuerda a su pueblo que les envió hambre, sequía, plagas, langosta, pestilencia y muerte a los hombres y caballos, y «con todo, ustedes no se volvieron a mí» (Am 4:6, 8-11).

En muchos de los pasajes mencionados arriba, Dios trae mal y destrucción sobre el pueblo en castigo por sus pecados. Ellos habían sido desobedientes o se habían descarriado a la idolatría, y entonces el SEÑOR utiliza seres humanos perversos, fuerzas demoníacas o desastres «naturales» para castigarlos. (No siempre se dice que este es el caso —José y Job vienen a la mente— pero a menudo lo es). Tal vez esta idea de castigo del pecado puede ayudarnos a entender, por menos en parte, cómo Dios puede rectamente causar acontecimientos malos. Todos los seres humanos son pecadores, porque la Biblia nos dice que «todos han pecado y están privados de la gloria de Dios» (Ro 3:23). Ninguno de nosotros merece el favor o la misericordia de Dios, sino sólo condenación eterna. Por consiguiente, cuando Dios envía el mal sobre los seres humanos, sea para disciplinar a sus hijos o para conducir a los que no creen al arrepentimiento, o para enviar castigo de rechazo y destrucción sobre pecadores endurecidos, ninguno de nosotros puede acusar a Dios de haber hecho mal. Al final todo obrará, según los buenos propósitos de Dios, para gloria suya y el bien de su pueblo. Sin embargo, debemos darnos cuenta de que al castigar el mal en los que no están redimidos (como el faraón, los cananeos y los babilonios), Dios también se glorifica mediante la demostración de su justicia, santidad y poder (vea Éx 9:16; Ro 9:14-24).

Por intermedio del profeta Isaías, Dios dice: «Yo formo la luz y creo las tinieblas, traigo bienestar y *creo calamidad;*[7] Yo, el SEÑOR, hago todas estas cosas» (Is 45:7; la palabra hebrea que se traduce «crear» aquí es *bará*, que es la misma palabra

---

[7]Otras versiones traducen la palabra hebrea *ra*, «mal», como «calamidad» (NVI, LBLA), o «adversidad» (RVR), o «desgracia» (VP), y en verdad la palabra se puede usar para aplicarla a desastres naturales tales como implican estas palabras. Pero puede tener una aplicación más amplia que desastres naturales, porque la palabra es un vocablo extremadamente común que se usa para el mal en general. Se la usa del árbol del conocimiento del bien y del *mal* (Gn 2:9), o del *mal* entre los seres humanos que acarreó el juicio del diluvio (Gn 6:5), y del *mal* de los hombres de Sodoma (Gn 13:13). Se solía decir: «que se aparte del *mal* y haga el bien» (Sal 34:14), y hablar del mal de los que llaman bien al *mal* y al *mal* llaman bien (Is 5:20), y el pecado del aquellos cuyos «pies corren hacia el *mal*» (Is 59:7; vea también 47:10, 11; 56:2; 57:1; 59:15; 65:12; 66:4). En docenas de otras ocasiones por todo el Antiguo Testamento se refiere al mal moral o pecado. En contraste con la «paz» (heb. *shalom,*) en la misma frase en Is 45:7 se pudiera argüir que solamente la «calamidad» es lo que se tiene en mente, pero no es necesariamente así, porque el mal moral y la perversidad ciertamente son lo opuesto de lo completo de la «shalom» o paz de Dios. (En Am 3:6, *raah* es una palabra diferente pero relacionada, y tiene una amplitud similar de significado,) Pero Is 45:7 no dice que Dios *haga* el mal (vea consideración más adelante).

que se usa en Gn 1:1). En Lamentaciones 3:38 leemos: «¿No es acaso por mandato del Altísimo que acontece lo bueno y lo malo?»[8] Los israelitas, en tiempo de arrepentimiento de corazón, clamaron a Dios y dijeron: «¿Por qué, SEÑOR, nos desvías de tus caminos, y endureces nuestro corazón para que no te temamos?» (Is 63:17).[9]

La vida de Jonás es una ilustración notable de la concurrencia de Dios en la actividad humana. Los hombres a bordo del barco que se dirigía a Tarsis echaron a Jonás por la borda, porque la Biblia dice: «Así que *tomaron* a Jonás y lo lanzaron al agua, y la furia del mar se aplacó» (Jon 1:15). Sin embargo, apenas cinco versículos más adelante Jonás reconoce la dirección providencial de Dios en la acción de ellos, porque le dice a Dios: «A lo profundo me *arrojaste,* al corazón mismo de los mares» (Jn 2:3). La Biblia simultáneamente afirma que los hombres lanzaron a Jonás al mar y que Dios lo echó al mar. La dirección providencial de Dios no obligó a los marineros a hacer algo contra su voluntad, ni tampoco ellos estuvieron conscientes de alguna influencia divina sobre ellos; en verdad, ellos le pidieron perdón a Dios por haber lanzado a Jonás al mar (Jon 1:14). Lo que la Biblia nos revela, y lo que el mismo Jonás se dio cuenta, fue que Dios estaba realizando su plan mediante las decisiones voluntarias de seres humanos reales que eran moralmente responsables de sus acciones. En una manera que nosotros no entendemos ni se nos revela, Dios *los hizo* tomar la *decisión voluntaria* de hacer lo que hicieron.

La obra más perversa de toda la historia, la crucifixión de Cristo, Dios la ordenó; no simplemente el hecho de que ocurriría, sino también todas las acciones individuales conectadas con ella. La iglesia de Jerusalén reconoció esto, porque oraron:

> En efecto, en esta ciudad se reunieron Herodes y Poncio Pilato, con los gentiles y con el pueblo de Israel, contra tu santo siervo Jesús, a quien ungiste *para hacer lo que de antemano tu poder y tu voluntad habían determinado que sucediera* (Hch 4:27-28).

Dios había «predestinado» todas las acciones de todos los participantes en la crucifixión de Jesús. Sin embargo, los apóstoles claramente no le echan culpa moral a Dios, porque las acciones resultaron de las decisiones voluntarias de hombres pecadores. Pedro dice esto claramente en su sermón en Pentecostés: «Éste fue entregado según el determinado propósito y el previo conocimiento de Dios; y *por medio de gente malvada, ustedes lo mataron, clavándolo en la cruz»* (Hch 2:23). En la misma oración liga el plan de Dios y su preconocimiento con la culpa moral que atribuye a las acciones de «gente malvada». Dios no los obligó a ellos a actuar contra su voluntad; más bien, Dios realizó su plan *mediante los actos voluntarios de ellos* por los cuales ellos eran de todas maneras responsables.

En un ejemplo similar al del Antiguo Testamento en donde vemos a Dios enviando un espíritu mentiroso a la boca de los profetas de Acab, leemos de los que rehusaron amar la verdad: «Dios permite que, por el poder del engaño, crean en la mentira. Así serán condenados todos los que no creyeron en la verdad sino que se

---

[8]La palabra hebrea para «mal» aquí es *raah,* como en Am 3:6.

[9]Otra clase de mal es la limitación física. Con respecto a esto, el Señor dice a Moisés: «—¿Y quién le puso la boca al hombre? —le respondió el SEÑOR—. ¿Acaso no soy yo, el SEÑOR, quien lo hace sordo o mudo, quien le da la vista o se la quita?» (Éx 4:11).

deleitaron en el mal» (2 Ts 2:11-12). Y Pedro les dice a sus lectores que los que se les oponen y los persiguen, que rechazan a Cristo como el Mesías, «tropiezan al desobedecer la palabra, para lo cual estaban destinados» (1 P 2:8).[10]

8. Análisis de los versículos que relacionan a Dios y al mal. Después de ver tantos versículos que hablan del uso providencial de Dios de las acciones malas de los hombres y los demonios, ¿qué podemos decir a modo de análisis?

a. Dios usa todas las cosas para cumplir sus propósitos e incluso usa el mal para su gloria y nuestro bien. Así que, cuando el mal viene a nuestras vidas para atormentarnos, podemos obtener de la doctrina de la providencia una mayor seguridad de que «Dios dispone todas las cosas para el bien de quienes lo aman, los que han sido llamados de acuerdo con su propósito» (Ro 8:28). Esta clase de convicción le permitió a José decirles a sus hermanos: «Ustedes pensaron hacerme mal, pero *Dios transformó ese mal en bien*» (Gn 50:20).

También podemos darnos cuenta de que Dios es glorificado aun en el castigo del mal. La Biblia nos dice que «toda obra del SEÑOR tiene un propósito; ¡hasta el malvado fue hecho para el día del desastre!» (Pr 16:4).[11] De modo similar, el salmista afirma: «Ciertamente la ira del hombre te alabará» (Sal 76:10, RVR 1960). Y el ejemplo del faraón (Ro 9:14-24) es un ejemplo claro de la manera en que Dios usa el mal para su gloria y para el bien de su pueblo.

b. No obstante, Dios nunca hace mal, y nunca se le debe echar la culpa del mal. En una afirmación similar a las citadas arriba de Hch 2:23 y 4:27-28, Jesús también combina la predestinación de Dios de la crucifixión con la culpa moral de los que la realizaron: «A la verdad el Hijo del hombre se irá *según está decretado*, pero ¡ay de aquel que lo traiciona!» (Lc 22:22; cf. Mt 26:24; Mr 14:21). Y en una afirmación más general en cuanto al mal en el mundo, Jesús dice: «¡Ay del mundo por las cosas que hacen pecar a la gente! Inevitable es que sucedan, pero ¡ay del que hace pecar a los demás!» (Mt 18:7).

Santiago habla de modo similar al advertirnos que no le echemos la culpa a Dios por el mal que hacemos, y dice: «Que nadie, al ser tentado, diga: "Es Dios quien me tienta". Porque Dios no puede ser tentado por el mal, ni tampoco tienta él a nadie. Todo lo contrario, cada uno es tentado cuando sus propios malos deseos

---

[10]El «destinar» en este versículo es mejor tomarlo como refiriéndose tanto al tropezar como a la desobediencia. Es incorrecto decir que Dios sólo destinó el hecho de que los que desobedecen tropezarían, porque no es de un hecho sino de las personas («ellos») que se dice que están «destinados» en este caso. (Vea la consideración en Wayne Grudem, *The First Epistle of Peter*, TNTC [Inter-Varsity Press, Leicester, y Eerdmans, Grand Rapids, 1988], pp. 106-10).

[11]David J.A. Clines, «Predestination in the Old Testament», p. 116, retraduce esto: «El Señor ha hecho todo con su contraparte, ¡así el malvado tendrá su día de ruina». Hace esto a fin de evitar la conclusión de que el Señor ha hecho a algunos malvados para el día del mal. Pero esta traducción no es convincente. La palabra hebrea que se traduce «propósito» (heb. *maanéh*) aparece sólo ocho veces en el Antiguo Testamento, y por lo general se refiere a una «respuesta» a una pregunta o afirmación. Así que quiere indicar algo como «respuesta apropiada» o «propósito correspondiente». Pero la preposición hebrea *le* se traduce mucho más acertadamente «para» (no «con»), así que en cualquier caso la oración afirma que el Señor ha hecho todo para su propósito apropiado o la respuesta apropiada. Por consiguiente, sea que traduzcamos «propósito» o «contraparte», el versículo afirma que Dios ha hecho incluso al malvado «para [heb. *le*] el día del mal».

lo arrastran y seducen» (Stg 1:13-14). El versículo no dice que Dios jamás causa el mal; afirma que no debemos pensar que él es como un agente que nos está tentando o al que se debería pedir cuenta por la tentación. Nunca podemos echarle a Dios la culpa de la tentación, ni pensar que él aprueba que cedamos a ella. Debemos resistir al mal y siempre culparnos nosotros mismos u a otros que nos tientan, pero nunca debemos culpar a Dios. Incluso un versículo como Isaías 45:7, que habla de Dios «creando calamidad», no dice que Dios mismo *hace* el mal, sino que debemos entender que quiere decir que Dios ordenó que ese mal resultara de las decisiones voluntarias de sus criaturas.

Todos estos versículos indican claramente que las «causas secundarias» (seres humanos, ángeles y demonios) son *reales* y que los seres humanos en efecto causan el mal y son responsables por el mismo. Aunque Dios ordenó que tuviera lugar, tanto en términos generales como en detalles específicos, sin embargo, *Dios está lejos de hacer el mal* y el hecho de que él haga que tenga lugar mediante «causas secundarias» no impugna su santidad ni lo hace culpable. Juan Calvino sabiamente dice:

> Los ladrones, los homicidas y demás malhechores son instrumentos de la providencia de Dios, de los cuales se sirve el Señor para ejecutar los designios que en sí mismo determinó; pero niego que por ello puedan tener excusa alguna. ¿Por qué? Porque ¿cómo podrán mezclar a Dios en su propia maldad o encubrir su pecado con la justicia divina? Ninguna de estas cosas les es posible.[12]

Un poco más adelante, Calvino titula un capítulo: «Dios se sirve de los impíos y doblega su voluntad para que ejecuten sus designios, quedando sin embargo él limpio de toda mancha».[13]

Debemos notar que las alternativas a decir que Dios *usa el mal para sus propósitos* pero que él *nunca hace el mal* y que *no se le debe culpar* por el mal, no son deseables. Si dijéramos que Dios mismo hace el mal, tendríamos que concluir que no es un Dios bueno y justo, y por consiguiente no sería Dios en lo absoluto. Por otro lado, si mantenemos que Dios no usa el mal para cumplir sus propósitos, tendríamos que reconocer que hay en el universo un mal que Dios no propuso, que no está bajo su control, y que tal vez no cumplirá los propósitos de Dios. Esto nos haría muy difícil afirmar que «todas las cosas» contribuyen para el bien de los que aman a Dios y que son llamados conforme a su propósito (Ro 8:28). Si el mal surgió en el mundo a pesar de que Dios no se lo propuso ni quería que estuviera aquí, ¿qué garantía tenemos de que no habrá más y más males que él no propuso y que no quería? Y ¿qué garantía tenemos de que él podrá usarlo para sus propósitos, o incluso de que pueda triunfar sobre él? De seguro ésta es una posición alterna indeseable.

c. Dios correctamente culpa y juzga a las criaturas morales por el mal que hacen.
Muchos pasajes bíblicos afirman esto. Uno se halla en Isaías: «Ellos han *escogido* sus

---

[12]Juan Calvino, *Institutes of the Christian Religion*, Library of Christian Classics, ed. por John T. McNeill y trad. por F. L. Battles, 2 vols. (Westminster, Filadelfia: 1960), 1:217 (1.16.5). Hay traducción al español.

[13]Juan Calvino, *Institutes*, 1:228 (1.18.título).

propios caminos, y se *deleitan* en sus abominaciones. Pues yo también escogeré aflicciones para ellos y enviaré sobre ellos lo que tanto temen. Porque nadie respondió cuando llamé; cuando hablé, nadie escuchó. Más bien, hicieron lo malo ante mis ojos y optaron por lo que no me agrada» (Is 66:3-4). De modo similar leemos: «Dios hizo perfecto al género humano, pero éste se ha buscado demasiadas complicaciones» (Ec 7:29). *La culpa del mal siempre recae sobre la criatura responsable,* sea hombre o demonio, que la hace, y *la criatura que hace el mal siempre merece castigo.* La Biblia siempre afirma que Dios es justo para castigarnos por nuestros pecados. Si objetamos que él no debe hallarnos culpables porque no podemos resistir su voluntad, debemos meditar en la respuesta del mismo apóstol Pablo a esa cuestión: «Pero tú me dirás: "Entonces, ¿por qué todavía nos echa la culpa Dios? ¿Quién puede oponerse a su voluntad?" Respondo: "¿Quién eres tú para pedirle cuentas a Dios? ¿Acaso le dirá la olla de barro al que la modeló: '¿Por qué me hiciste así?'"» (Ro 9:19-20). En cada caso en que hacemos el mal, sabemos que *voluntariamente* escogimos hacerlo, y nos damos cuenta de que con justicia somos culpables del mismo.

d. El mal es real, no una ilusión, y nunca debemos hacer el mal, porque nos hará daño a nosotros y a otros. La Biblia siempre enseña que nunca tenemos el derecho de hacer el mal, y que debemos persistentemente oponernos al mal en nosotros y en el mundo. Debemos orar: «líbranos del mal» (Mt 6:13, RVR 1960), y si vemos a alguien alejándose de la verdad y haciendo el mal, debemos procurar hacerle volver. La Biblia dice: «Si alguno de ustedes se extravía de la verdad, y otro lo hace volver a ella, recuerden que quien hace volver a un pecador de su extravío, lo salvará de la muerte y cubrirá muchísimos pecados» (Stg 5:19-20). Ni siquiera debemos *desear* hacer el mal, porque albergar deseos de pecado en nuestra mente es permitirles «hacer guerra» contra nuestras almas (1 P 2:11) y por consiguiente hacernos daño espiritual. Si alguna vez nos sentimos tentados a decir: «¿Por qué no hacer el mal para que resulte un bien?», como algunos acusaban calumniosamente a Pablo de enseñar, debemos recordar lo que Pablo dice respecto a los que enseñan doctrina falsa: «¡Bien merecida se tienen la condenación!» (Ro 3:8).

Al pensar en que Dios usa el mal para cumplir sus propósitos, debemos recordar que hay cosas que es *correcto* que Dios haga, pero que es *incorrecto* que nosotros hagamos: Él exige que los demás lo adoren, y acepta la adoración de ellos. Busca gloria para sí mismo. Ejecuta el castigo final sobre los malhechores. Usa también el mal para producir propósitos buenos, pero no nos permite a nosotros hacer tal cosa. Calvino cita una afirmación de Agustín con aprobación: «Hay una gran diferencia entre lo que es apropiado que el hombre quiera y lo que es apropiado para Dios. ... Porque mediante las malas voluntades de hombres malvados Dios cumple lo que correctamente quiere».[14] Herman Bavinck usa la analogía de un padre que usa un cuchillo afilado pero no permite que su hijo lo use, para mostrar que Dios mismo usa el mal para producir propósitos buenos, pero que nunca permite a sus hijos hacer eso. Aunque debemos imitar el carácter moral de Dios de muchas maneras (cf. Ef 5:1), esta es una de las maneras en que no debemos imitarlo.

---

[14]Juan Calvino, *Institutes*, 1:234 (1.18.3).

e. A pesar de todas las afirmaciones antedichas, hemos llegado al punto en que confesamos que no comprendemos cómo es que Dios puede ordenar que hagamos obras malas y sin embargo considerarnos culpables por ellas y no culparse a sí mismo. Podemos afirmar que todas estas cosas son verdad, porque la Biblia las enseña. Pero la Biblia *no* nos dice exactamente *cómo* Dios lo hace y cómo puede ser que nos considere responsables por lo que él ordena que tenga lugar. Aquí la Biblia guarda silencio, y tenemos que concordar con Berkhof que en última instancia «el problema de la relación de Dios con el pecado sigue siendo un misterio».[15]

9. ¿Somos «libres»? ¿Tenemos «libre albedrío»? Si Dios ejerce control providencial sobre todo lo que pasa, ¿somos libres en algún sentido? La respuesta depende de lo que queramos decir con la palabra *libre*. En algunos sentidos de la palabra *libre* todos concordarían en que somos libres en nuestra voluntad y nuestras decisiones. Incluso teólogos prominentes de tradición reformada o calvinista concurren. Tanto Louis Berkhof en su *Systematic Theology* (pp. 103, 173) como Juan Calvino en sus *Institutos de la religión cristiana*[16] están dispuestos a hablar *en algún sentido* de actos y decisiones «libres» del hombre. Sin embargo, Calvino explica que el término está tan sujeto a malos entendidos que él mismo trata de evitar usarlo. Esto se debe a que el «libre albedrío no es suficiente para permitirle al hombre hacer buenas obras, a menos que la gracia lo ayude».[17] Por consiguiente, Calvino concluye:

> Según esto, se dice que el hombre tiene libre albedrío, no porque sea libre para elegir lo bueno y lo malo, sino porque el mal que hace lo hace voluntariamente y no por coacción. Esto es verdad; ¿pero para qué atribuir un título tan arrogante a algo tan intrascendente?

Calvino continúa explicando cómo esta expresión se malentiende fácilmente:

> Pero ¿cuántos hombres hay, pregunto, que al oír decir que al hombre se le atribuye libre albedrío no considera de inmediato que el hombre es señor de su entendimiento y de su voluntad, con potestad natural para inclinarse al bien o al mal? ... Si

---

[15]Louis Berkhof, *Systematic Theology*, p. 175.

[16]Institutes 1:296 (2.3.5), citando a san Bernardo con aprobación: «Entre todos los seres vivos sólo el hombre es libre. . . . porque lo que es voluntario también es libre». Más adelante, en el mismo pasaje cita de nuevo a san Bernardo con aprobación, en donde admite que la voluntad es esclava del pecado y por consiguiente peca por necesidad, pero entonces dice que «esta necesidad es como si fuera voluntaria. . . . Así el alma . . . es al mismo tiempo esclava y libre: esclava por necesidad; libre debido a la voluntad». Un poco más adelante Calvino mismo dice que «el hombre, en tanto que peca por necesidad, sin embargo peca no menos voluntariamente» (1:309 [2.4.1]). Calvino claramente dice que Adán, antes de que haya pecado en el mundo, «tenía libre albedrío, con el cual, si quería, podía alcanzar la vida eterna. . . . Pudo, pues, Adán, si quería, permanecer como había sido creado; y no cayó sino por su propia voluntad. . . . tuvo libre elección del bien y del mal» (1:195 [1.15.8]). Así Calvino puede usar la expresión *libre albedrío* como si quisiera decir «voluntariamente, dispuesto», y puede usarlo para Adán antes de la caída. Sin embargo, cuidadosamente evita aplicar la expresión *libre albedrío* a los seres humanos pecadores si por ella la gente quiere decir «capaz de hacer el bien por fuerza propia» (vea el texto arriba).

[17]*Institutes*, 1:262 (2.2.6).

alguno, entonces, puede usar esta expresión sin entenderla en un mal sentido, yo no me opongo a que lo haga. ... [18]

Por tanto, cuando preguntamos si tenemos «libre albedrío», es importante tener bien claro lo que se quiere decir con la frase. La Biblia en ninguna parte dice que somos «libres» en el sentido de estar fuera del control de Dios[19] o de ser capaces de tomar decisiones que no son causadas por nada. (Este es el sentido en el que muchos parecen dar por sentado que debemos ser libres; vea lo que decimos abajo.) Tampoco dice que somos «libres» en el sentido de que podemos hacer el bien por cuenta propia sin el poder de Dios. Pero, de todas manera somos libres en el sentido más grande que cualquier criatura de Dios pueda ser libre; tomamos decisiones *voluntarias*, decisiones que surten *efectos reales*.[20] No nos percatamos de ninguna restricción en nuestra voluntad de parte de Dios cuando tomamos decisiones.[21] Debemos insistir en que tenemos el poder de decidir *voluntariamente*; de otra manera caemos en el error del fatalismo o determinismo, y de ese modo concluimos que nuestras decisiones no importan, porque en realidad no podemos tomar decisiones propias. Por otro lado, la clase de libertad que exigen los que niegan el control providencial de Dios sobre todas las cosas, libertad para estar fuera de la actividad sustentadora y controladora de Dios, sería imposible si Jesucristo está en verdad «continuamente sustentado toda las cosas por su palabra de poder» (Heb 1:3, traducción del autor). Si esto es así, estar fuera de ese control providencial ¡sería no existir! Una «libertad» absoluta, totalmente libre del control de Dios, no es posible en un mundo sustentado y dirigido providencialmente por Dios mismo.

C. Gobierno

1. Evidencia bíblica. Hemos considerado los primeros dos aspectos de la providencia: (1) preservación, y (2) concurrencia. Este tercer aspecto de la providencia de Dios indica que *Dios tiene un propósito en todo lo que hace en el mundo y providencialmente gobierna o dirige todas las cosas a fin de que cumplan sus propósitos.* Leemos en Salmos: «su reinado domina sobre todos» (Sal 103:19). Es más, «Dios hace lo que quiere con los poderes celestiales y con los pueblos de la tierra. No hay quien se oponga a su poder ni quien le pida cuentas de sus actos» (Dn 4:35). Pablo afirma que «todas las cosas proceden de él, y existen por él y para él» (Ro 11:36), y que «"todo" ha quedado sometido a su dominio» (1 Co 15:27). Dios es el que «hace *todas las cosas* conforme al

---

[18]Ibid., 1:264, 266 (2.2.7-8).

[19]De hecho, nuestra capacidad de tomar decisiones voluntarias al fin y al cabo es simplemente un reflejo creado de la voluntad de Dios y su capacidad de tomar decisiones voluntarias. Sin embargo, si fuéramos *totalmente* libres en nuestras decisiones, seríamos iguales a Dios en nuestra voluntad, y esto es algo que jamás podemos esperar ni en esta vida ni en la venidera.

[20]Los teólogos arminianos disienten de este entendimiento de libre albedrío y abogan por una libertad que quiere decir que nuestras decisiones no son causadas por nada fuera de nosotros mismos (vea la consideración de la objeción de Jack Cottrell de que la libertad quiere decir más que decisiones voluntarias, en las pp. 353-64, más adelante).

[21]John Feinberg dice: «Si el acto está de acuerdo a los *deseos* del agente aunque el acto es determinado causalmente, es libre y el agente es moralmente responsable» («God Ordains All Things», en *Predestination and Free Will: Four Views of Divine Sovereignty and Human Freedom,* ed.por by David Basinger y Randall Basinger [Inter-Varsity Press, Downers Grove, Ill., 1986], p. 37).

designio de su voluntad» (Ef 1:11), de modo que al final «ante el nombre de Jesús se doble toda rodilla en el cielo y en la tierra y debajo de la tierra, y toda lengua confiese que Jesucristo es el Señor, para gloria de Dios Padre» (Fil 2:10-11). Es debido a que Pablo sabe que Dios es soberano sobre todo y logra sus propósitos en todo suceso que tiene lugar que puede declarar que «dispone todas las cosas para el bien de quienes lo aman, los que han sido llamados de acuerdo con su propósito» (Ro 8:28).

2. Distinciones respecto a la voluntad de Dios. Aunque *en Dios* su voluntad es unificada, y no dividida o contradictoria, no podemos ni empezar a entender las profundidades de la voluntad de Dios, y solo en una pequeña parte se nos revela. Por esta razón, como vimos en el capítulo 13,[22] dos aspectos de la voluntad de Dios se presentan ante nosotros. Por un lado, hay la *voluntad moral* de Dios (a veces llamada su voluntad «revelada»). Esto incluye las normas morales de la Biblia, como los Diez Mandamientos, o los mandamientos morales del Nuevo Testamento. Los mandamientos morales de Dios nos son dados como descripciones de cómo debemos *nosotros* conducirnos para actuar rectamente ante él. Por otro lado, otro aspecto de la voluntad de Dios es su *gobierno providencial* de todas las cosas (a veces llamada su «voluntad secreta»). Esto incluye todos los acontecimientos de la historia que Dios ha ordenado que tengan lugar, por ejemplo, el hecho de que Cristo fuera crucificado por «gente malvada» (Hch 2:23). También incluye todos los actos malos que fueron mencionados en la sección precedente.

Algunos han objetado esta distinción entre dos aspectos de la voluntad de Dios, aduciendo que quiere decir que hay una «autocontradicción» en Dios.[23] Sin embargo, incluso en el ámbito de la experiencia humana, sabemos que podemos desear y llevar a la práctica algo que es doloroso y que no deseamos (como castigar a un hijo desobediente o recibir una vacuna que temporalmente nos enferma) a fin de producir un resultado a largo alcance que deseamos más que evitar el dolor a corto plazo (producir la obediencia del hijo, por ejemplo, o prevenirnos para no contraer una enfermedad más seria). Dios es infinitamente más grande y sabio que nosotros. Ciertamente es posible para él querer que sus criaturas hagan algo que a corto plazo le desagrada a fin de a largo plazo recibir mayor gloria. Decir que esto es una «autocontradicción» en Dios es no entender las distinciones que se han hecho, así que esta explicación no es contradictoria.[24]

D. Los decretos de Dios

Los decretos de Dios son *los planes eternos de Dios por los cuales, antes de la creación del mundo, él determinó hacer que tuviera lugar todo lo que sucede.* Esta doctrina es

---

[22]Vea pp. 213-16 para consideración adicional de la voluntad secreta y revelada de Dios.

[23]Esta es la objeción de I. Howard Marshall, «Predestination in the New Testament», p. 173.

[24]Juan Calvino dice de los que objetan a los dos sentidos de la voluntad de Dios: «Déjenme decirles, pues, si Dios ejecuta sus juicios por su voluntad o no. . . . Cuando no entendamos como Dios puede querer que se haga lo que prohíbe, acordémonos de nuestra incapacidad mental». También cita con aprobación la afirmación de Agustín: «Hay una gran diferencia entre lo que es apropiado para que el hombre quiera y lo que es apropiado para Dios . . . porque mediante la voluntad mala de los hombres malvados Dios cumple lo que él justamente quiere» (Institutes 1:233-34 [1.18.3]).

similar a la doctrina de la providencia, pero aquí nos referimos a las decisiones de Dios *antes de que el mundo fuera creado* y no en sus acciones providenciales en el tiempo. Sus acciones providenciales son los resultados de los decretos eternos que hizo hace mucho tiempo. (Vea capítulo 2, p. 47, para ver «decretos» usado en un sentido algo diferente.)

David confiesa: «Todo estaba ya escrito en tu libro; todos mis días se estaban diseñando, aunque no existía uno solo de ellos» (Sal 139:16; cf. Job 14:5: los días, meses y límites del hombre los determina Dios). También hay un «determinado propósito y el previo conocimiento de Dios» (Hch 2:23) por el cual mataron a Jesús, y las acciones de los que lo condenaron y crucificaron estaban «predestinadas» por Dios (Hch 4:28). Nuestra salvación fue determinada hace mucho tiempo porque Dios «nos escogió en él [Cristo] antes de la creación del mundo, para que seamos santos y sin mancha delante de él» (Ef 1:4). Nuestras buenas obras como creyentes son las que «Dios dispuso de antemano a fin de que las pongamos en práctica» (Ef 2:10; cf. Jud 4).

Estos ejemplos tocan muchos aspectos diversos de la actividad humana. Parece apropiado concluir de estos ejemplos que todo lo que Dios hace lo ha planeado desde antes de la creación del mundo; es más, estas cosas han sido un *plan eterno* para él. El beneficio de un énfasis en los decretos de Dios es que nos ayuda a darnos cuenta de que Dios no traza planes repentinamente sobre la marcha. Él sabe el fin desde el principio, y realizará todos sus buenos propósitos. Esto debe aumentar grandemente nuestra confianza en él, especialmente en circunstancias difíciles.

E. La importancia de nuestras acciones humanas

A veces podemos olvidarnos de que Dios obra *mediante acciones humanas* en su gobierno providencial del mundo. Cuando lo olvidamos, empezamos a pensar que nuestras acciones y decisiones no hacen gran diferencia o no surten gran efecto en el curso de los acontecimientos. Para precavernos contra todo malentendido de la providencia de Dios debemos destacar los siguientes puntos de énfasis.

1. Nosotros somos con todo responsables de nuestras acciones. Dios nos hizo *responsables* por nuestras acciones, las que tienen *resultados reales y eternamente significativos*. En todos sus actos providenciales Dios preserva estas características de responsabilidad y significación.

Algunas analogías del mundo natural tal vez nos ayuden a entender esto. Dios ha creado una piedra con la característica de que sea *dura*, y lo es. Dios creó el agua con la característica de que sea *mojada*, y lo es. Dios creó las plantas y los animales con la característica de que estén *vivos*, y lo están. De modo similar, Dios nos ha creado con la característica de que seamos *responsables de nuestras acciones,* ¡y lo somos! Si hacemos el bien y obedecemos a Dios, él nos recompensará y las cosas marcharán bien para nosotros tanto en esta edad como en la eternidad. Si hacemos el mal y desobedecemos a Dios, él nos disciplinará y tal vez nos castigará, y las cosas marcharán mal para nosotros. El darnos cuenta de estos hechos nos ayudará a tener sabiduría pastoral al hablar con otros y al animarlos a que eviten la ociosidad y la desobediencia.

El hecho de que somos responsables de nuestras acciones quiere decir que nunca debemos pensar: «Dios me hizo malo, y por consiguiente yo no tengo la culpa de serlo». Significativamente, Adán empezó a dar excusas por el primer pecado en términos que sospechosamente suenan así: «La mujer que me diste por compañera me dio de ese fruto, y yo lo comí» (Gn 3:12). A diferencia de Adán, la Biblia *nunca* le echa a Dios la culpa del pecado. Si alguna vez nosotros empezamos a *pensar* que Dios tiene la culpa del pecado, estamos pensando *erróneamente* en cuanto a la providencia de Dios, porque es siempre la criatura, y no Dios, quien tiene la culpa. Claro, podemos objetar que no está bien que Dios nos considere culpables si es él, en efecto, quien ha ordenado todas las cosas que sucedieron, pero Pablo nos corrige: «Pero tú me dirás: "Entonces, ¿por qué todavía nos echa la culpa Dios? ¿Quién puede oponerse a su voluntad?" Respondo: ¿Quién eres tú para pedirle cuentas a Dios?» (Ro 9:19-20). Debemos darnos cuenta y resolver en nuestros corazones que está *bien* que Dios nos reprenda y nos discipline y castigue el mal. Y, cuando tenemos la responsabilidad de hacerlo, está bien que reprendamos y castiguemos el mal en nuestras familias, en la iglesia e incluso, de algunas maneras, en la sociedad que nos rodea. Nunca debemos decir de un mal que ha sucedido: «Dios lo quiso, por consiguiente está bien». Porque debemos reconocer que algunas cosas que la voluntad de decreto de Dios ha planeado no son buenas en sí mismas, y no deben recibir nuestra aprobación, así como tampoco reciben la aprobación de Dios.

2. Nuestras acciones tienen resultados reales y en efecto cambian el curso de los acontecimientos. En los ordinarios acontecimientos del mundo, si descuido atender mi salud y tengo malos hábitos de comer, o si abuso de mi cuerpo con licor o tabaco, probablemente moriré más pronto. Dios ha ordenado que nuestras *acciones* tengan efectos. Por supuesto, no sabemos lo que Dios ha planeado, ni siquiera por el resto de este día, para no decir nada de la próxima semana o del próximo año. Pero *sí* sabemos que si confiamos en Dios y le obedecemos, ¡descubriremos que él ha planeado *buenas cosas* que resulten gracias a esa obediencia! No podemos simplemente descartar a otros con quienes nos encontramos, porque Dios hace que muchos se crucen en nuestro camino y *nos da* la responsabilidad de actuar hacia ellos de maneras significativamente eternas, sea para bien o para mal.

Calvino sabiamente nota que para animarnos a usar precaución ordinaria en la vida y planear de antemano, «Dios se complace en ocultarnos todos los acontecimientos futuros, a fin de que los resistamos como dudosos, y no dejemos de oponernos a ellos con remedios listos, hasta que los superemos o estén más allá de toda preocupación. … la providencia de Dios no siempre nos sale al encuentro en su forma desnuda, sino que Dios en cierto sentido la viste con los medios que emplea».[25]

En contraste, si esperamos que algunos peligros o acontecimientos malos puedan presentarse en el futuro, y no usamos medios razonables para evitarlos, podemos en verdad descubrir ¡que nuestra falta de acción fue el medio que Dios usó para permitir que se presentaran!

---

[25]Juan Calvino, *Institutes*, 1:216 (1.17.4).

3. La oración es una clase específica de acción que tiene resultados definidos y que en efecto cambia el curso de los acontecimientos. Dios también ha ordenado que la oración sea un medio muy significativo de producir resultados en el mundo.[26] Cuando intercedemos fervientemente por una persona o circunstancia específica, a menudo hallaremos que Dios ha ordenado que nuestra oración sea un *medio* que él ha de usar para producir los cambios en el mundo. La Biblia nos recuerda esto cuando nos dice: «No tienen, porque no piden» (Stg 4:2). Jesús dice: «Hasta ahora no han pedido nada en mi nombre. Pidan y recibirán, para que su alegría sea completa» (Jn 16:24).

4. En conclusión, ¡debemos actuar! La doctrina de la providencia de ninguna manera nos anima a arrellanarnos con holgazanería para esperar el resultado de los acontecimientos. Por supuesto, Dios puede imprimir en nosotros la necesidad de esperar en él antes de actuar y de confiar en él antes que en nuestras propias capacidades, y eso por cierto no está mal. Pero simplemente decir que estamos confiando en Dios *en lugar de* actuar responsablemente es pura holgazanería y una distorsión de la doctrina de la providencia.

En términos prácticos, si uno de mis hijos tiene una tarea escolar que debe hacer para el día siguiente, tengo derecho a obligarlo a que termine esa tarea antes de que salga a jugar. Me doy cuenta de que su calificación está en las manos de Dios, y que Dios hace mucho que ha determinado cuál será esa calificación, pero yo no lo sé, ni tampoco mi hijo. Lo que sí sé es que si estudia y hace fielmente su tarea escolar, recibirá una buena nota. Si no, no la recibirá. Por eso Calvino puede decir:

> Ahora, pues, es muy claro cuál es nuestro deber: si el Señor nos ha confiado la protección de nuestra vida, nuestro deber es protegerla; si nos ofrece ayudas, que las usemos; si no nos advierte con antelación respecto a peligros, que no nos metamos temerariamente en ellos; si pone a nuestra disposición remedios, que no lo menospreciemos. Pero ningún peligro nos perjudicará, dirán, a menos que sea fatal, y en este caso está más allá de los remedios. Pero, ¿qué si los peligros no son fatales, porque el Señor te ha provisto de remedios para alejarlos y superarlos?[27]

Un buen ejemplo de actividad vigorosa combinada con confianza en Dios se halla en 2 Samuel 10:12, en donde Joab dice: «¡Ánimo! ¡Luchemos con valor por nuestro pueblo y por las ciudades de nuestro Dios!», pero luego añade inmediatamente en la misma oración, «Y que el SEÑOR haga lo que bien le parezca». Joab a la vez va a luchar y a confiar en que Dios hará lo que le parezca bueno.

Similares ejemplos hallamos en el Nuevo Testamento . Cuando Pablo estaba en Corinto, a fin de impedir que se desalentara por la oposición que había recibido de parte de los judíos, el Señor se le apareció una noche en visión y le dijo: «No tengas miedo; sigue hablando y no te calles, pues estoy contigo. Aunque te ataquen, no voy a dejar que nadie te haga daño, porque *tengo mucha gente en esta ciudad*» (Hch 18:9-10). Si Pablo hubiera sido un fatalista con un entendimiento inapropiado

---

[26]Vea el capítulo 18 para una consideración más amplia de la oración.
[27]Juan Calvino, *Institutes,* 1:216 (1.17.4).

de la providencia de Dios, habría escuchado las palabras de Dios: «Tengo mucha gente en esta ciudad», y concluido que Dios había determinado salvar a muchos de los Corintios, y que por consiguiente no importaba si Pablo se quedaba allí o no: ¡Dios ya había escogido que muchos serían salvos! Pablo habría pensado ¡que bien podía empacar sus maletas e irse! Pero no cometió esa equivocación. Más bien concluyó que si Dios había escogido a muchos, entonces probablemente sería *mediante* la predicación de Pablo del evangelio que esos muchos serían salvados. Por consiguiente Pablo tomó una decisión sabia: «*Así que Pablo se quedó allí un año y medio*, enseñando entre el pueblo la palabra de Dios» (Hch 18:11).

Pablo pone esta clase de acción responsable a la luz de la providencia de Dios en una sola oración en 2 Timoteo 2:10, en donde dice: «Todo lo soporto por el bien de los elegidos, para que también ellos alcancen la gloriosa y eterna salvación que tenemos en Cristo Jesús». No se agarra del hecho de que Dios había escogido a algunos para ser salvos para concluir que no debía hacer nada; más bien, concluyó que había *mucho* por hacer a fin de que los propósitos de Dios se realizaran por los *medios* que Dios también había establecido. En verdad, Pablo estaba dispuesto a soportarlo «todo», incluyendo toda suerte de adversidad y sufrimiento, para que los planes de Dios pudieran realizarse. Una creencia de corazón en la providencia de Dios no es un desaliento sino un estímulo a la acción.

Un ejemplo al respecto se halla en el relato del viaje de Pablo a Roma. Dios le había revelado claramente a Pablo que ninguno de los pasajeros del barco moriría debido a la larga tempestad que habían soportado. Por cierto, Pablo se levantó ante los pasajeros y la tripulación y les dijo que se animaran,

> porque ninguno de ustedes perderá la vida; sólo se perderá el barco. Anoche se me apareció un ángel del Dios a quien pertenezco y a quien sirvo, y me dijo: «No tengas miedo, Pablo. Tienes que comparecer ante el emperador; y Dios te ha concedido la vida de todos los que navegan contigo.» ¡Así que ánimo, señores! Confío en Dios que sucederá tal y como se me dijo. Sin embargo, tenemos que encallar en alguna isla (Hch 27:22-26).

Pero poco después de que Pablo dijo esto, notó que los marineros a bordo del barco estaban secretamente tratando de bajar al mar un barco salvavidas, «en un intento por escapar del barco» (Hch 27:30). Planeaban dejar a los otros desvalidos sin nadie que supiera cómo gobernar el barco. Cuando Pablo vio esto, no adoptó una actitud errónea y fatalista, pensando que Dios milagrosamente llevaría el barco a la orilla. Más bien, de inmediato fue al centurión que estaba a cargo de los marineros y «les advirtió al centurión y a los soldados: "Si ésos no se quedan en el barco, no podrán salvarse ustedes"» (Hch 27:31). Sabiamente Pablo sabía que la supervisión providencial de Dios e incluso su clara predicción de lo que sucedería con todo incluía el uso de *medios* humanos ordinarios para que resultara. Incluso tuvo la intrepidez de decir que esos medios eran *necesarios*: «Si esos no se quedan en el barco, *no podrán salvarse ustedes*» (Hch 27:31). Nosotros haremos bien en imitar su ejemplo de combinar una completa confianza en la providencia de Dios y darnos cuenta de que el uso de medios ordinarios es necesario para que las cosas resulten de la manera en que Dios ha planeado que resulten.

5. ¿Qué si no podemos entender plenamente esta doctrina? Todo creyente que medita en la providencia de Dios tarde o temprano llegará al punto en que tendrá que decir: «No puedo entender completamente esta doctrina». De algunas maneras eso se debe decir en cuanto a toda doctrina, puesto que nuestro entendimiento es finito, y Dios es infinito (vea el capítulo 1, pp. 34-35; cf. p. 153). Pero particularmente esto es así con la doctrina de la providencia; debemos creerla porque la Biblia la enseña aunque no entendamos plenamente cómo encaja con las otras enseñanzas de la Biblia. Calvino tiene un consejo sabio:

> Que aquellos a quienes esto les pareciere muy duro consideren un poco cuán tolerable son sus remilgos al rechazar lo que es evidente en claros testimonios de la Escritura porque supera su capacidad mental, y hallan mal que se hable y se publique aquello que Dios, si no supiese que es necesario conocerlo, nunca habría mandado que lo enseñasen sus profetas y apóstoles. Pues nuestro saber no debe consistir más que en recibir con mansedumbre y docilidad, y sin excepción alguna, todo cuanto se contiene en la Sagrada Escritura.[28]

F. Aplicación práctica adicional

Aunque ya hemos empezado a hablar de la aplicación práctica de esta doctrina, se deben hacer tres puntos adicionales.

1. No tener miedo, sino confiar en Dios. Jesús recalca el hecho de que nuestro Señor soberano nos cuida y se preocupa por nosotros que somos sus hijos. Él dice: «Fíjense en las aves del cielo: no siembran ni cosechan ni almacenan en graneros; sin embargo, el Padre celestial las alimenta. ¿No valen ustedes mucho más que ellas? … Así que no se preocupen diciendo: "¿Qué comeremos?" o "¿Qué beberemos?" o "¿Con qué nos vestiremos?"» (Mt 6:26, 31). Si Dios alimenta a las aves y viste la hierba del campo, él también nos cuidará a nosotros. De modo similar, Jesús dice: «¿No se venden dos gorriones por una monedita? Sin embargo, ni uno de ellos caerá a tierra sin que lo permita el Padre; … Así que no tengan miedo; ustedes valen más que muchos gorriones» (Mt 10:29-31).

David podía dormir en medio de sus enemigos, porque sabía que el control providencial de Dios le hacía «vivir confiado», y podía decir: «En paz me acuesto y me duermo» (Sal 4:8). Muchos de los salmos nos animan a confiar en Dios y a no temer, porque el SEÑOR guarda y protege a su pueblo (por ejemplo, Salmo 91: «El que habita al abrigo del Altísimo …»; o Salmo 121: «A las montañas levanto mis ojos …»). Debido a nuestra confianza en el cuidado providencial de Dios, no necesitamos temer ningún mal o daño, aunque nos venga; puede venir sólo por voluntad de Dios y en última instancia para nuestro bien. Por eso Pedro puede decir que «a pesar de que hasta ahora han tenido que sufrir diversas pruebas por un tiempo

---

[28]*Institutes*, 1:237 (1.18.4).

... la fe de ustedes, que vale mucho más que el oro, al ser acrisolada por las pruebas demostrará que es digna de aprobación, gloria y honor cuando Jesucristo se revele» (1 P 1:6-7). En todo esto no necesitamos afanarnos por el futuro sino confiar en el cuidado omnipotente de Dios.

2. Estar agradecidos por todas las cosas buenas que suceden. Si creemos genuinamente que todas las cosas buenas las causa Dios, nuestros corazones en verdad estarán llenos al decir: «Alaba, alma mía, al SEÑOR, y no olvides ninguno de sus beneficios» (Sal 103:2). Le agradecemos por nuestro alimento diario (cf. Mt 6:11; 1 Ti 4:4-5); en verdad, daremos «gracias a Dios en toda situación» (1 Ts 5:18).

3. No hay cosa tal como «suerte» o «casualidad». Todas las cosas suceden por la sabia providencia de Dios. Esto quiere decir que debemos adoptar una comprensión mucho más «personal» del universo y de los acontecimientos en él. El universo no está gobernado por un destino impersonal ni por la suerte, sino por un Dios personal. Nada sucede «porque sí»; debemos ver la mano de Dios en los acontecimientos durante todo el día, haciendo que todo resulte para bien de los que le aman.

Esta confianza en la sabia providencia de Dios ciertamente no es lo mismo que superstición, porque superstición es creer en un control impersonal o demoníaco de las circunstancias, o en el control de una deidad caprichosa preocupada por un rito sin significado en lugar de obediencia y fe. Un aprecio más profundo de la doctrina de la providencia no nos hará más supersticiosos; nos hará confiar en Dios más y obedecerle más completamente.

G. Otro punto de vista evangélico: La posición arminiana

Hay una posición alterna principal que sostienen muchos evangélicos, a la que por conveniencia hemos llamado punto de vista «arminiano».[29] Entre las denominaciones en el evangelicalismo contemporáneo, los metodistas y nazarenos tienden a ser completamente arminianos, en tanto que presbiterianos y cristianos reformados tienden a ser completamente reformados (por lo menos de acuerdo a su declaración de fe denominacional). Ambos puntos de vista se hallan entre bautistas, episcopales (aunque los treinta y nueve artículos tienen un énfasis claramente reformado), dispensacionalistas, iglesias evangélicas libres, luteranas (aunque Martín Lutero estuvo en el campo reformado en este asunto), las iglesias de Cristo,

---

[29]El termino *arminianismo* fue escogido recientemente en el título de una serie responsable de ensayos que representan esta posición. Vea Clark H. Pinnock, ed., *The Grace of God, The Will of Man: A Case for Arminianism* (Zondervan, Grand Rapids, 1989). En la siguiente sección cito extensamente de este libro y un libro anterior editado por Pinnock, *Grace Unlimited*. Estos dos libros son excelentes defensas recientes de la posición arminiana.

Jacobo Arminio (1560-1609) fue un teólogo holandés que difería con el calvinismo predominante de su día. Aunque los arminianos hoy no lo citan personalmente ni se refieren a él muy a menudo, su nombre se ha ligado a una variedad de posiciones que tienen en común el hecho de que difieren de la posición calvinista sobre la cuestión de libre albedrío del hombre, tanto con respecto a la providencia de Dios en general (el tema de este capítulo) y con respecto a la predestinación o elección en forma específica (el tema del capítulo 32).

Hay que distinguir el término *arminiano* del término *armenio* que se refiere a personas que viven o son descendientes de los pobladores de la antigua nación de Armenia en Asia occidental (ahora parte de Turquía, Irán y la CEI).

y la mayoría de los grupos carismáticos y pentecostales (aunque denominaciones pentecostales como las Asambleas de Dios han sido predominantemente arminianas).

Los que sostienen una posición arminiana mantienen que a fin de preservar la *verdadera libertad humana* y *las verdaderas decisiones humanas* que son necesarias para la personalidad humana genuina, Dios no puede causar o planear nuestras decisiones. Por consiguiente, concluyen que la intervención providencial de Dios en la historia o su control *no* debe incluir *todo detalle específico* de todo acontecimiento que sucede, sino que Dios simplemente *responde* a las decisiones y acciones humanas conforme tienen lugar y lo hace de una manera que a la postre sus propósitos se realizan en el mundo.

Los que sostienen esta posición afirman que los propósitos de Dios en el mundo son más generales y se pueden realizar mediante muchas clases diferentes de acontecimientos específicos. Así que el propósito o plan de Dios para el mundo «no es un plan que abarca todas las contingencias futura» sino «un programa dinámico para el mundo, el resultado del cual depende en parte del hombre».[30] Cottrell dice: «Dios no tiene un propósito específico e incondicional para cada discreta partícula, objeto, persona y evento dentro de la creación».[31] Los arminianos creen que Dios logra su meta global al responder y utilizar las decisiones libres de los seres humanos, sean lo que sean.[32] Pinnock dice que la «predestinación no se aplica a toda actividad individual, sino más bien que es el propósito comprensivo de Dios que es *el contexto estructural* en que se mueve la historia».[33]

Todavía más, los que abogan por la posición arminiana mantienen que la voluntad de Dios no puede incluir el mal. Pinnock dice: «La caída del hombre es una refutación elocuente de la teoría de que siempre se hace la voluntad de Dios».[34] Afirma que «no es cierto» que la voluntad de Dios «siempre se cumple en la perdición del perdido».[35] Y Howard Marshall muy claramente afirma: «No es cierto que todo lo que sucede es lo que Dios desea».[36] Estas afirmaciones indican claramente que las diferencias entre las posiciones reformada y arminiana no son solo diferencias en terminología; hay un verdadero desacuerdo en sustancia. Se presentan varios argumentos en defensa de la posición arminiana. He intentado resumirlos en los cuatro puntos principales que siguen.

---

[30]Clark Pinnock, «Responsible Freedom in the Flow of Biblical History», en *Grace Unlimited*, p. 18.

[31]Jack Cottrell, «The Nature of the Divine Sovereignty», en *The Grace of God, the Will of Man*, p. 107. El ensayo de Cottrell es, a mi juicio, el más comprensivo y persuasivo de muchos excelentes ensayos arminianos en este libro; el libro como un todo está hecho en forma responsable y es probablemente la mejor representación reciente del pensamiento arminiano. Cottrell no niega la omnisciencia divina respecto a acontecimientos futuros como lo hacen los ensayos de Clark Pinnock y Richard Rice en el mismo volumen, y esto lo pone más de cerca al arminianismo intuitivo que les parece apropiado a muchos laicos evangélicos hoy.

[32]I. Howard Marshall afirma esto en varios puntos en «Predestination in the New Testament», *Grace Unlimited*, pp. 127-43. Marshall usa la analogía de una banda de jazz en donde los músicos individuales pueden improvisar libremente, pero la meta y unidad global de la pieza musical se preserva sea como sea (p. 133). De este modo, «la Biblia tiene el cuadro de un Dios que decide medidas frescas en la historia e interactúa con la voluntad de los hombres junto con el cuadro de un Dios que planea las cosas en la eternidad del pasado, y ambos cuadros son igualmente válidos» (Marshall, p. 141).

[33]Pinnock, «Responsible Freedom», p. 102.

[34]Ibid., p. 102.

[35]Ibid., p. 106.

[36]Marshall, «Predestination in the New Testament», p. 139.

1. Los versículos citados como ejemplos del control providencial de Dios son excepciones y no describen la manera en que Dios obra ordinariamente en la actividad humana. Al examinar los pasajes del Antiguo Testamento que se refieren a la intervención providencial de Dios en el mundo, David J. A. Clines dice que las predicciones y afirmaciones de Dios en cuanto a sus propósitos se refieren a acontecimientos limitados o específicos:

> Casi todas las referencias específicas a los planes de Dios tienen a la vista un acontecimiento en particular o una serie limitada de acontecimientos, por ejemplo, «lo que tiene proyectado en contra del país de los babilonios» (Jer 50:45). Todavía más, no es cuestión de un *solo* plan divino; varios pasajes hablan de varias intenciones, y algunas referencias son en verdad a planes de Dios en plural. … [Los pasajes son] una aseveración de que dentro de la historia Dios está realizando sus propósitos.[37]

Jack Cottrell concuerda que en algunos casos Dios interviene en el mundo de una manera nada común, usando «manipulación sutil de tales leyes [naturales] y estados mentales». Pero llama a estos acontecimientos nada usuales «providencia especial», y dice: «Es natural que el Antiguo Testamento abunde en relatos de providencia especial. Pero no tenemos razón para dar por sentado que Dios estaba obrando en Australia y América del Sur de tales maneras al mismo tiempo».[38]

2. El concepto calvinista erróneamente culpa a Dios del pecado. Los que sostienen una posición arminiana preguntan: «¿Cómo puede Dios ser santo si decreta que pequemos?» Afirman que Dios no es el «autor del pecado», que «Dios no puede ser tentado por el mal, ni tampoco tienta él a nadie» (Stg 1:13), que «Dios es luz y en él no hay ninguna oscuridad» (1 Jn 1:5), y que «El SEÑOR es justo; … y en él no hay injusticia» (Sal 92:15).

El concepto de la providencia de Dios que se aboga arriba, dirían, nos hace títeres o robots que no pueden hacer nada aparte de lo que Dios nos hace hacer. Pero esto impone reproche moral en Dios, porque Marshall dice: «Yo soy responsable de lo que mi agente hace».[39] Pinnock afirma que «es blasfemo mantener, como lo hace esta teoría, que la rebelión del hombre contra Dios *en cierto sentido* es el producto de la voluntad soberana o causalidad primaria de Dios».[40]

3. Las decisiones que Dios nos hace tomar no pueden ser verdaderas decisiones. Cuando el calvinista afirma que Dios nos hace escoger voluntariamente las cosas, los que sostienen una posición arminiana responden que cualquier decisión que en última instancia es Dios quien la causa no puede ser una verdadera decisión, y que si es cierto que Dios nos hace tomar las decisiones que tomamos, no

---

[37]David J. A. Clines, «Predestination in the Old Testament», p. 122; vea también pp. 116-17. De modo similar, James D. Strauss, «God's Promise and Universal History», *Grace Unlimited*, p. 196, dice que el ejemplo de Jacob y Esaú que Pablo menciona en Ro 9:9-13 se refiere a los planes corporativos de Dios para los descendientes de Jacob y Esaú y no se deben tomar como una ilustración de cómo Dios obra en las vidas o corazones de los seres humanos en general.

[38]Jack Cottrell, «The Nature of the Divine Sovereignty», pp. 112-13.

[39]Marshall, «Predestination», p. 136.

[40]Pinnock, «Responsible Freedom», p. 102.

somos de verdad personas. Cottrell dice que el concepto calvinista de Dios como causa primaria y los hombres como causa secundaria en realidad se desbarata de modo que hay sólo una causa: Dios. Si un hombre usa una palanca para mover una roca, argumenta, «la palanca no es una causa segunda verdadera sino sólo un instrumento de la verdadera causa del movimiento. … A mi juicio el concepto de causa no tiene significación real cuando se usa en este sentido. En tal sistema el hombre contribuye sólo lo que ya ha sido predeterminado».[41]

Pinnock escribe:

La comunión personal de la clase que se concibe en el evangelio sólo existe cuando se consuma en una decisión libre. Si deseamos comprender la gracia de Dios como algo dirigido en forma personal a sus criaturas debemos captarla, como lo hace la Biblia, en términos dinámicos, no manipuladores ni coercitivos.[42]

También dice:

Si el mundo fuera una estructura completamente determinada en la cual ninguna decisión del hombre surte ningún efecto, la básica intuición del hombre de que es un *actor* y un *agente libre* no tendría sentido: no habría, entonces, razón para hacer planes o ejercer esfuerzos con el propósito de transformar el mundo. … La libertad humana es la condición previa para la responsabilidad moral e intelectual.[43]

¿Por qué, entonces, según el concepto arminiano, tuvo lugar la caída y el pecado? Pinnock responde que «ocurrieron porque Dios rehúsa mecanizar al hombre o imponer su voluntad sobre él».[44] Y Marshall dice, con respecto a la «posibilidad de que yo predetermine un curso de acción incluyéndome a mí mismo y otros sujetos», que «a nivel de agente libre es imposible».[45] Objeta que la analogía de Dios y el mundo como la de un autor y una obra dramática no es útil porque si preguntamos si los personajes son en verdad libres, «esta es una pregunta irreal».[46]

Sin embargo, se debe notar que los teólogos arminianos ciertamente están dispuestos a dar campo a cierta clase de influencia de Dios sobre los seres humanos. Marshall dice: «La oración también influencia a los hombres. … La voluntad de los hombres puede, entonces, verse afectada por la oración o de otra manera no oraríamos por ellos. *Creer en la oración es, por tanto, creer en algún tipo de limitación de la libertad humana, y en alguna clase de influencia incomprensible sobre la voluntad de los hombres»*.[47]

Para martillar su punto respecto a la libertad esencial de la voluntad humana, los proponentes de la posición arminiana llaman la atención a la frecuencia de la

---

[41]Jack Cottrell, «The Nature of the Divine Sovereignty», pp. 104-5.
[42]Pinnock, *Grace Unlimited,* p. 15.
[43]Pinnock, «Responsible Freedom», p. 95.
[44]Ibid., p. 108.
[45]Marshall, «Predestination», p. 132. De modo similar, él dice: «Cuando tratamos de pensar de una persona ordenando previamente el curso de una relación entre sí misma y otra . . . *este concepto es lógicamente auto-contradictorio» (p. 135).*
[46]Ibid., p. 133.
[47]Ibid., pp. 139-40 (énfasis en el texto original).

oferta gratuita del evangelio en el Nuevo Testamento. Dirán que estas invitaciones a los seres humanos para que se arrepientan y acepten a Cristo para salvarse, si son *bona fide* deben implicar la *capacidad* de responder a ellas. Así que todo ser humano sin excepción tiene la capacidad de aceptarla, no simplemente aquellos a quienes Dios soberanamente les ha dado esa capacidad de una manera especial.

En respaldo adicional a este punto, los arminianos toman 1 Corintios 10:13 como afirmando claramente que podemos no pecar. Pablo les dice a los Corintios: «Ustedes no han sufrido ninguna tentación que no sea común al género humano. Pero Dios es fiel, y no permitirá que ustedes sean tentados más allá de lo que puedan aguantar. Más bien, cuando llegue la tentación, él les dará también una salida a fin de que puedan resistir». Pero, se dice, esta afirmación sería falsa si Dios a veces ordena que pequemos, porque entonces *no podríamos* escapar de la tentación sin pecar.

4. El concepto arminiano fomenta la vida cristiana responsable, en tanto que el concepto calvinista estimula un fatalismo peligroso. Los cristianos que sostienen una posición arminiana argumentan que el punto de vista calvinista, cuando se entiende a cabalidad, destruye la motivación para mantener una conducta cristiana responsable. Randall Basinger dice que el concepto calvinista «establece lo que debe ser y descarta la consideración de cosas que podrían o deberían haber sido diferentes».[48] Basinger continúa diciendo que los cristianos

> que evocan un acto en base a la soberanía de Dios son culpables de un fatalismo arbitrario, insufrible y peligroso. … Contrario a esto, el arminiano cree que lo que en realidad ocurre en el mundo es, hasta cierta extensión, consecuente en la voluntad humana; se niega el control exhaustivo de Dios sobre el mundo. Esto quiere decir que pueden suceder cosas que Dios no desea o quiere; cosas no sólo que *pueden* ser diferente sino que a menudo *deberían* ser diferentes. Y de todo esto sigue nuestra responsabilidad de colaborar con Dios para producir un mejor mundo.[49]

Sin embargo, Basinger pasa a indicar un punto más. Los calvinistas, en la práctica, a menudo evitan tal fatalismo y «viven y hablan como arminianos».[50] Así que, por otro lado, el reto de Basinger es una advertencia contra los extremos prácticos a los cuales afirma que el calvinismo lógicamente empuja a los cristianos. Por otro lado, su objeción afirma que cuando los calvinistas viven de la manera que saben que deben vivir, en responsable obediencia a Dios, o bien no son congruentes con su concepto de la soberanía divina, o no permiten que su concepto del control soberano de Dios afecte sus vidas diarias.

[48]Randall G. Basinger, «Exhaustive Divine Sovereignty: A Practical Critique», en *The Grace of God, the Will of Man: A Case for Arminianism*, ed. Clark H. Pinnock, p. 94.

[49]Ibid., p. 196.

[50]Ibid., p. 204.

H. Respuesta a la posición arminiana

Muchos dentro del mundo evangélico hallarán convincentes estos cuatro argumentos arminianos. Opinan que estos argumentos representan lo que intuitivamente saben respecto a sí mismos, sus propias acciones y la manera que funciona el mundo, y estos argumentos explican mejor el repetido énfasis en la Biblia sobre nuestra responsabilidad y las consecuencias reales de nuestras decisiones. Sin embargo, hay algunas respuestas que se pueden dar a la posición arminiana.

1. ¿Son estos pasajes bíblicos ejemplos inusuales, o en efecto describen la manera en que Dios suele obrar? En respuesta a la objeción de que los ejemplos del control providencial de Dios sólo se refieren a acontecimientos limitados o específicos, se puede decir, primero, que los ejemplos son demasiado numerosos (vea pp. 330-41) que parecen ser diseñados para describirnos las maneras en que Dios siempre obra. Dios no solo hace que *algo* de la hierba crezca; él hace que toda la hierba crezca. Él no solo envía *algo* de lluvia; él envía toda la lluvia. Él no solo impide que *algunos* gorriones caigan a la tierra sin su voluntad; él guarda a todos los gorriones de caer a la tierra sin su voluntad. Él no sólo sabía toda palabra que iba a decir David antes que la dijera; él conoce las palabras que decimos antes de que las digamos. Él no solo escogió a Pablo y a los cristianos de las iglesias de Éfeso para que sean santos e intachables delante de él; él ha escogido a todos los cristianos para que sean santos e intachables delante de él. Por esto la afirmación de Cottrell de que Dios estaba obrando en forma diferente en Australia y en Sudamérica que en el Antiguo Testamento,[51] no es nada convincente; se nos dio la Biblia para enseñarnos los caminos de Dios, y cuando tenemos docenas de ejemplos por todo el Antiguo y Nuevo Testamentos en donde hay una enseñanza tan clara sobre esto, es apropiado que concluyamos que esta es la manera en que Dios *siempre* actúa con los seres humanos. En contraste, no parece haber nada en la Biblia que indique que algunas cosas están fuera del control providencial de Dios, o que estas maneras de actuar de Dios son inusuales o no representativas de las maneras en que actúa por lo general.

Es más, muchos de los versículos que hablan de la providencia de Dios son muy generales: Cristo «continuamente sustenta *todas las cosas* por la palabra de su poder» (Heb 1:3, traducción del autor), y «todas las cosas en él subsisten» (Col 1:17, RVR 1960). «En él vivimos, nos movemos y existimos» (Hch 17:28). Él «hace *todas las cosas* conforme al designio de su voluntad» (Ef 1:11).[52] Él nos provee nuestro

---

[51]Jack Cottrell, «The Nature of the Divine Sovereignty», p. 113.

[52]Jack Cottrell, «The Nature of the Divine Sovereignty», arguye que el contexto de Ef 1:11 muestra que no incluye todas las cosas del universo sino que está restringido a un enfoque específico: «Este enfoque es "el misterio de su voluntad" (1:9), que es unir a judíos y a gentiles en un cuerpo, la iglesia (3:6)». Así, dice, el versículo sólo «se refiere a "todas las cosas" requeridas para unir a judíos y a gentiles bajo una Cabeza en un cuerpo» (p. 116).

Pero este argumento no es convincente. Cottrell deben saltar a Ef 3:6 para hallar la restricción contextual que busca para «todas las cosas» en 1:1. Al hacer esto ignora el alcance claramente cósmico del contexto que se define en el versículo inmediatamente anterior, versículo que se halla en la misma oración en el texto griego: «para llevarlo a cabo cuando se cumpliera el tiempo: reunir en él *todas las cosas* [*ta panta*], *tanto las del cielo como las de la tierra*» (Ef 1:10). Todas las cosas en el cielo y en la tierra incluyen todo el universo. Ef 1:21-22 explica adicionalmente que Dios ha exaltado a Cristo «muy por encima de todo gobierno y autoridad, poder y dominio, . . . Dios sometió *todas las cosas* al dominio de Cristo, y lo dio como cabeza de *todo* a la iglesia». De nuevo, el alcance es universal. El

alimento (Mt 6:11), suple todas nuestras necesidades (Flp 4:19), dirige nuestros pasos (Pr 20:24) y obra en nosotros el querer y el hacer por su buena voluntad (Flp 2:13). Tales pasajes bíblicos tienen en vista más que ejemplos excepcionales de intervención nada usual de Dios en los asuntos de los seres humanos; describen la manera en que Dios siempre obra en el mundo.

2. ¿Hace la doctrina calvinista de la providencia de Dios responsable a Dios por el pecado? En contra del concepto calvinista de la providencia de Dios (que permite que él decrete permitir el pecado y el mal) los arminianos dirían que Dios no es responsable del pecado y el mal *porque él no los ordenó ni los causó de ninguna manera».* Esto es en verdad *una manera* de absolver a Dios de toda responsabilidad y culpa en cuanto al pecado, pero ¿es la manera bíblica?

El problema es si la posición arminiana puede de verdad explicar los muchos pasajes que claramente dicen que Dios ordena que algunos pequen o hagan el mal (vea Sección B.7, pp. 336-41). La muerte de Cristo es el principal ejemplo de esto, pero hay muchos otros en la Biblia (los hermanos de José, el faraón, los egipcios, los cananeos, los hijos de Elí, el censo de David y los babilonios, para mencionar unos pocos). Se podría decir que estos fueron eventos inusuales, excepciones a la manera ordinaria de actuar de Dios. Pero eso no resuelve el problema, porque, en el concepto arminiano, ¿cómo puede Dios ser santo si ordena aunque sea un solo acto de pecado?

La posición calvinista parece preferible; Dios mismo nunca peca pero siempre ejecuta su voluntad *mediante causas secundarias;* es decir, por medio de agentes personales morales que voluntariamente hacen lo que Dios ha ordenado. Estos agentes morales personales (tanto seres humanos como ángeles malos) cargan con la culpa del mal que hacen. En tanto que la posición arminiana objeta que, a nivel humano, las personas son también responsables por *lo que hacen que otros hagan,* podemos responder que la Biblia no está dispuesta a aplicar tal razonamiento a Dios. Más bien, la Biblia repetidas veces da ejemplos en donde Dios de una manera misteriosa y oculta de alguna manera ordena que las personas hagan el mal, pero siempre asigna la culpa de ese mal al ser humano individual que hace el mal y nunca a Dios mismo. La posición arminiana parece no haber logrado mostrar por qué Dios *no puede* obrar de esta manera en el mundo, preservando tanto su santidad como nuestra responsabilidad individual humana por el pecado.

3. ¿Pueden las decisiones que Dios ordena ser verdaderas decisiones? En respuesta a la afirmación de que las decisiones que Dios ordena no pueden ser verdaderas decisiones, se debe decir que esa es simplemente una deducción basada de nuevo en la experiencia e intuición humana, y no en pasajes específicos de la

---

«misterio» de la voluntad de Dios mencionado en Ef 1:9 no se limita a unir a judíos y a gentiles (como en 3:6) sino que lo define 1:10 como un plan de unir toda las cosas en Cristo. El término *misterio* (gr, *musterion*) en Pablo quiere decir algo previamente oculto pero que ahora ha sido dado a conocer por revelación, y se puede referir a cosas diferentes en diferentes contextos; en Ef 5:32 se refiere al matrimonio como símbolo de la unión entre Cristo y la iglesia; en 1Co 15:51 se refiere a la resurrección del cuerpo; etc.

Biblia.[53] Sin embargo, la Biblia no indica que podamos extrapolar de nuestra experiencia humana al abordar el tema del control providencial de Dios de sus criaturas, especialmente los seres humanos. Los arminianos no han podido decir dónde dice la Biblia que una decisión que Dios ordena no es una decisión verdadera[54] Cuando leemos pasajes que indican que Dios obra mediante nuestra voluntad, nuestro poder de escoger, y nuestra voluntad personal, ¿en base a qué podemos decir que una decisión que Dios produce mediante estos medios no es de veras una decisión? Parece ser mejor afirmar que Dios *dice* que nuestras decisiones son reales y concluir que por consiguiente *son reales*. La Biblia repetidamente afirma que nuestras decisiones son decisiones genuinas, y que tienen resultados *reales* y que eso resultados durarán por toda la eternidad. «Haz eso y vivirás» (Lc 10:28). «Tanto amó Dios al mundo, que dio a su Hijo unigénito, para que *todo el que cree en él* no se pierda, sino que tenga vida eterna» (Jn 3:16).

Esto nos lleva a concluir que Dios nos ha hecho de tal manera que (1) él ordena todo lo que hacemos, y (2) ejercemos nuestra voluntad y tomamos decisiones reales y voluntarias. Debido a que no podemos entender esto, ¿debemos rechazarlo? No podemos entender (en algún sentido definitivo) cómo una planta puede vivir, cómo el abejorro puede volar o cómo Dios puede ser omnipresente o eterno. ¿Debemos, por consiguiente, rechazar esas realidades? ¿No deberíamos, más bien, aceptarlas como verdaderas bien sea debido a que vemos que las plantas en verdad viven y los abejorros en verdad vuelan o porque la Biblia misma enseña que Dios es omnipresente y eterno?

Calvino varias veces hace una distinción entre «necesidad» y «compulsión» con respecto a nuestra voluntad; los que no creen necesariamente pecan, pero nada los obliga a pecar contra su voluntad.[55] En respuesta a la objeción de que un acto no puede ser voluntario si es un acto necesario, Calvino señala las buenas obras de Dios (que *necesariamente* hace el bien) y las obras malas del diablo (que *necesariamente* hace el mal):

> Si el hecho de que por necesidad tiene que hacer el bien no le impide a la libre voluntad de Dios hacer el bien; y si el Diablo, que no es capaz de hacer más que el mal,

---

[53]Este es el caso con la analogía de Cottrell del hombre que usa una palanca para mover una roca. Él dice que la palanca «no es una verdadera causa segunda, sino sólo un instrumento de la causa real» («The Nature of the Divine Sovereignty», p. 104). Pero aquí Cottrell comete un error común, dando por sentado que las analogías de la experiencia humana, antes que el testimonio de la Biblia misma, puede determinar lo que es una causa real y lo que no lo es. La analogía de un hombre usando una palanca para mover una roca no encaja, porque Dios es mucho más grande que cualquier hombre, y nosotros como personas reales somos mucho más grandes que cualquier palanca.

[54]La falta de respaldo bíblico para esta idea arminiana fundamental es evidente en la consideración que hace Jack Cottrell del libre albedrío. Después de explicar acertadamente que los calvinistas dicen que somos libres sólo en el sentido de tomar decisiones voluntarias, Cottrell dice: «A mi juicio, sin embargo, la mera capacidad de actuar de acuerdo a los deseos de uno no es suficiente criterio de libertad» («The Nature of the Divine Sovereignty», p. 103, énfasis mío). Luego no da ninguna evidencia de la Biblia para mostrar por qué es esta su opinión (pp. 103-4). Yo respondería que Cottrell simplemente ha importado a la consideración una *presuposición* no bíblica en cuanto a la naturaleza de la libertad humana y luego ha pronunciado al calvinismo como incapaz de satisfacer su criterio (no bíblico).

[55]Vea *Institutes*, 1:294-96 (2.3.5).

peca voluntariamente, ¿quién osará decir que el hombre no peca menos voluntariamente porque está sujeto a la necesidad de pecar?[56]

¿Quiénes somos nosotros para decir que las decisiones que de alguna manera
Dios causó *no pueden* ser verdaderas decisiones? ¿En base a qué podemos probar
eso? En la Biblia Dios nos dice que él ordena todo lo que sucede. También nos dice
que nuestras decisiones y acciones son significativas *a su vista* y que somos responsables *ante él* de nuestras acciones. Necesitamos simplemente creer estas cosas y
cobrar aliento en ellas. Después de todo, *sólo él* determina lo que es significativo, lo
que es real, y lo que es responsabilidad personal genuina en el universo.

Pero ¿tienen nuestras acciones algún efecto en Dios? En este punto los arminianos objetarán que si bien los calvinistas pueden *decir* que una decisión que Dios
causa es una decisión real, no es real en sentido definitivo, porque, según el concepto calvinista, nada de lo que Dios hace puede jamás ser una respuesta a lo que
nosotros hacemos. Jack Cottrell dice:

> El calvinismo es todavía una teología de determinismo en tanto y en cuanto declara
> que nada que Dios hace puede ser condicionado por el hombre ni puede ser una
> reacción a algo en el mundo. La idea de que un Dios soberano siempre debe *actuar* y
> nunca *reaccionar* es un punto en el cual casi todos los calvinistas parecen concordar.
> ... Los teólogos reformados concuerdan que el decreto eterno es incondicional y
> absoluto. ... «La teología del decreto decreta que «Dios no puede ser afectado por
> nada, ni responder a nada externo a él», dice Daane.[57]

Pero aquí Cottrell ha entendido mal la teología reformada por dos razones. Primero, él ha citado a James Daane, quién, aunque pertenece a la Iglesia Cristiana
Reformada, ha escrito como oponente, no defensor, de la teología reformada clásica, y su afirmación no representa una posición que los teólogos reformados endo-
sarían. Segundo, Cottrell ha confundido los decretos de Dios antes de la creación
con las acciones de Dios en el tiempo. Es cierto que los calvinistas dirían que los decretos eternos de Dios no fueron influidos por ninguna de nuestras acciones ni
pueden ser cambiados por nosotros, puesto que fueron hechos *antes de la creación*.[58]
Pero concluir de eso que los calvinistas piensan que Dios no reacciona *en el tiempo* a
nada que hacemos, o que no es influenciado por nada que hagamos, es sencillamente falso. Ningún teólogo calvinista que yo conozca jamás ha dicho que Dios
no sea influenciado por lo que hacemos o que no reacciona a lo que nosotros hacemos. Se aflige por nuestro pecado. Se deleita en nuestra alabanza. Responde a
nuestras oraciones. Decir que Dios no reacciona a nuestras acciones es negar toda
la historia de la Biblia de Génesis a Apocalipsis.

Un calvinista añadiría que Dios ha decretado eternamente que él va a responder-
nos como lo hace. Es más, ha decretado que actuará como nosotros y que responderá a nuestras acciones. Pero sus respuestas son con todo respuestas genuinas, sus

---

[56]Ibid., p. 295 (2.3.5).
[57]Jack Cottrell, «The Nature of the Divine Sovereignty», pp. 102-3. La cita al final es de James Daane, *The Freedom of God* (Eerdmans, Grand Rapids, 1973), p. 160.
[58]Vea antes, pp. 346-47, sobre los decretos de Dios.

respuestas a las oraciones son todavía respuestas genuinas a la oración, su deleite en nuestra alabanza es todavía deleite genuino. Cottrell podría, por supuesto, objetar que una respuesta que Dios ha planeado hace mucho tiempo no es una respuesta real, pero esto es muy diferente de decir que los calvinistas creen que Dios no responde a lo que nosotros hacemos. Todavía más, volvemos a la misma presuposición sin respaldo que subyace a esta objeción: ¿Sobre qué base bíblica puede Cottrell decir que una respuesta que Dios ha planeado hace mucho tiempo no es una respuesta real?[59]

Aquí es útil que nos demos cuenta de que no hay otra realidad en el universo excepto lo que Dios mismo ha hecho. ¿Es una tormenta que Dios causa una tempestad *real*? ¿Es un rey que Dios establece en un trono un *verdadero* rey? ¿Es una palabra que Dios me hace decir (Sal 139:4; Pr 16:1) una palabra *real*? ¡Por supuesto que son reales! ¡No *hay* otra realidad que la que Dios produce! Entonces ¿es una decisión humana que de alguna manera Dios hace que se tome una decisión *real*? Sí, lo es, de la misma manera que una tempestad o un rey son reales conforme a sus propias características y propiedades. La decisión que tomamos no es una decisión «forzada» o «involuntaria»; tomamos decisiones todo el tiempo, y no tenemos absolutamente la sensación de ser coaccionados u obligados a escoger una cosa en lugar de otra.

Ahora bien, algunos tal vez objeten que esta noción nos convierte en «títeres» o «robots». Pero no somos ni títeres ni robots sino *personas reales*. Los títeres y los robots no tienen el poder de tomar decisiones personales ni tampoco pensamiento individual. Nosotros, al contrario, pensamos, decidimos y escogemos. De nuevo, el arminiano erróneamente toma la información de nuestra situación como seres humanos y usa esa información para colocar limitaciones en lo que Dios *puede* o *no puede* hacer. Todas estas analogías de la experiencia humana no reconocen que Dios es mucho más grande que nuestras capacidades humanas limitadas. Es más, nosotros somos mucho más reales y complejos que cualquier robot o títere jamás lo será; somos personas en todo sentido de la palabra creadas por un Dios infinitamente poderoso e infinitamente sabio.

Mucha de nuestra dificultad para entender cómo Dios puede hacer que escojamos algo voluntariamente surge de la naturaleza finita de nuestra existencia como criaturas. En un mundo hipotético en donde todas las cosas vivas creadas por Dios fueran plantas enraizadas en el suelo, podríamos imaginarnos a una planta debatiendo con otra de que Dios *no podía* hacer criaturas vivas que puedan moverse por la tierra, porque ¿cómo podrían llevar consigo sus raíces? Y si las raíces no están en el suelo, ¿cómo podrían recibir su nutrición? Una planta «arminiana» incluso podría argumentar: «Para que Dios pudiera crear un mundo con cosas vivas, *tuvo que*

---

[59]No estoy seguro si Cottrell podría objetar que una respuesta planeada por Dios hace mucho tiempo no es una respuesta real, porque él mismo habla de que Dios tuvo conocimiento previo de nuestras acciones y entonces planeó cómo respondería a ellas. Él dice: «Incluso antes de la creación Dios sabía de antemano todo acto del libre albedrío. . . . Nada toma a Dios por sorpresa. . . . Dios sabía, incluso antes de la creación, cuándo y cómo tendría que intervenir en este mundo para realizar sus propósitos. . . . El conocimiento previo de Dios también le permite planear sus propias respuestas y usos de las decisiones humanas incluso antes de que sean hechas» («The Nature of the Divine Sovereignty», p. 112). Pero si Cottrell está dispuesto a decir que Dios planeó hace mucho tiempo cómo respondería a las decisiones humanas, es difícil ver cómo puede objetar a la posición calvinista de que Dios decretó hace mucho tiempo cómo respondería cuando oramos o actuamos.

crearlas con raíces y con las características de vivir toda su vida en un solo lugar. Decir que Dios *no pudo* crear cosas vivas que se muevan por la tierra no es un reto a la omnipotencia de Dios, porque eso es simplemente decir que no puede hacer cosas que lógicamente no se pueden hacer. Por consiguiente, es imposible que Dios hubiera creado un mundo en donde las cosas vivas también tuvieran la capacidad de moverse por la tierra». El problema con esta planta es que ha limitado el poder de Dios en virtud de su propia experiencia «como planta».

En un nivel más alto, podríamos imaginarnos una creación que tuviera plantas y animales pero no seres humanos. En esa creación, podemos imaginarnos un debate entre un perro «calvinista» y un perro «arminiano», en donde el perro «calvinista» argumentaría que *es* posible que Dios creara criaturas que no sólo pueden comunicarse una con otra mediante ladridos sino que también pueden imprimir sus ladridos en marcas sobre un papel y pueden enviarlas silenciosamente para que las entiendan otras criaturas a muchos días de distancia, criaturas que nunca han visto a la criatura que envía y que anotó sus ladridos en el papel. El perro «arminiano» respondería que Dios *no puede* hacer tal cosa, porque *esencial* a la idea de comunicación entre criaturas es *oír* y *ver* (¡y por lo general *olfatear!*) a la criatura de la cual se recibe la comunicación. Decir que puede haber comunicación sin jamás ver, oír u oler a la otra criatura ¡es una idea absurda! Está más allá del rango de acontecimientos posibles y es lógicamente inconcebible. Por consiguiente, es imposible pensar que Dios pudiera crear una criatura con tales capacidades de comunicación.

En ambos casos, la planta «arminiana» y el perro «arminiano» se equivocan, porque han limitado incorrectamente lo que Dios puede crear, deduciendo lo que es posible para Dios (en opinión de ellos) de su propia existencia finita en calidad de criaturas. Pero esto es muy similar al teólogo arminiano que afirma (en base a su propia percepción de la experiencia humana) que Dios *no puede* crear una criatura que toma decisiones voluntarias, significativas, y que esas decisiones son con todo ordenadas por Dios. De modo similar, el teólogo arminiano que argumenta que Dios *no puede* ordenar que el mal tenga lugar y no tener él mismo la culpa de ese mal está limitando a Dios basándose meramente en la observación de la experiencia humana finita.

4. ¿Estimula el concepto calvinista de la providencia un fatalismo peligroso o una tendencia a «vivir como arminianos»? El concepto de la providencia presentado arriba enfatiza la necesidad de una obediencia responsable, así que no es correcto decir que anima la clase de fatalismo que dice que lo que será, será. Los que acusan a los escritores reformados de creer esto no han entendido la doctrina reformada de la providencia.

Pero, ¿viven los calvinistas «como arminianos» de todas maneras? Tanto los calvinistas como los arminianos creen que nuestras acciones tienen de veras resultados y que son significativas eternamente. Ambos concuerdan en que somos responsables de nuestras acciones y que tomamos decisiones voluntarias. Ambos grupos concuerdan en que Dios responde a la oración, que proclamar el evangelio resulta en personas que se salvan, y que la obediencia a Dios resulta en bendiciones en la vida, en tanto que la desobediencia resulta en la falta de la bendición de Dios.

Pero las diferencias son muy significativas. Los calvinistas, cuando son fieles a su doctrina, vivirán con una confianza mucho más comprehensiva en Dios en toda circunstancia y con una libertad de afán por el futuro mucho mayor, porque están convencidos, no solamente que Dios de alguna manera hará que sus principales propósitos resulten bien al final, sino que *todas las cosas* obran para el bien de los que aman a Dios y que son llamados conforme a su propósito (Ro 8:28). También estarán agradecidos a Dios por *todos* los beneficios que nos llegan de cualquier parte, porque el que cree en la providencia tiene la certeza de que todas las cosas que suceden no ocurren por casualidad en el universo, ni por el «libre albedrío» de otro ser humano, sino que es en última instancia la bondad de Dios mismo. También tendrán mayor paciencia en la adversidad, sabiendo que esta no ha surgido debido a que Dios no pudo prevenirla, sino que ella, también, es parte del sabio plan de Dios. Así que la diferencia es inmensa. Calvino dice:

> Cuando consideramos este conocimiento, necesariamente se seguirá el agradecimiento de corazón en la prosperidad, y la paciencia en la adversidad, y además, una singular seguridad para el porvenir. … La mayor de las miserias es ignorar la providencia de Dios; y que, al contrario, la suma felicidad es conocerla.[60]

5. Objeciones adicionales a la posición arminiana. Además de responder a las cuatro afirmaciones arminianas específicas mencionadas arriba, hay que considerar algunas objeciones restantes.

a. Según el concepto arminiano, ¿cómo puede Dios saber el futuro? De acuerdo al concepto arminiano, nuestras decisiones humanas no las causa Dios. Son totalmente voluntarias. Pero la Biblia da muchos ejemplos de que Dios predice el futuro y de profecías que se cumplen exactamente. ¿Cómo puede Dios predecir el futuro de esta manera si no tiene certeza de lo que va a suceder?

En respuesta a esta pregunta los arminianos dan tres respuestas diferentes. Algunos dicen que Dios no puede saber los detalles del futuro; específicamente niegan que Dios pueda saber qué decisiones van a tomar los seres humanos en el futuro.[61] Esta me parece ser la posición arminiana más coherente, pero el resultado es que, en tanto que Dios puede ser capaz de hacer algunas predicciones bastante

---

[60]Calvino, *Institutes*, 1:219-25 (1.17.7, 11)

[61]Richard Rice, «Divine Foreknowledge and Free-Will Theism», en *The Grace of God, the Will of Man*, pp. 121-39, toma esta posición (vea esp. pp. 129, 134-37). Rice dice: «Dios sabe mucho de lo que va a suceder. . . . Todo lo que Dios no sabe es el contenido de las decisiones libres futuras, y esto se debe a que las decisiones todavía no están allí para conocerse sino cuando ocurran» (p. 134). A fin de tomar esta posición y mantener la omnisciencia de Dios, Rice redefine la omnisciencia: «Un ser omnisciente sabe todo lo que es lógicamente conocible» (p. 128), y luego define «lógicamente conocible» para excluir las decisiones humanas futuras. Sobre esta base Rice argumenta que Dios no sabe los resultados de las decisiones futuras libres de los seres humanos, puesto que no son lógicamente conocibles.

Clark Pinnock también explica cómo llegó a esta posición: «Supe el argumento calvinista de que él conocimiento previo exhaustivo equivalía a predestinación porque implica la fijación de toda las cosas desde "la eternidad el pasado", y no pude despojarlo de su fuerza lógica» («From Augustine to Arminius: A Pilgrimage in Theology», en *The Grace of God, the Will of Man*, p. 25). Él rechazó el conocimiento previo exhaustivo y decidió que *«Dios sabe todo*

acertadas basadas en el completo conocimiento del presente, no pueden ser predicciones certeras. En última instancia, también quiere decir que Dios ignora *todas las decisiones humanas futuras,* lo que quiere decir que ni siquiera sabe lo que la Bolsa de Valores hará mañana, o quién será elegido como el siguiente presidente de los Estados Unidos, o quién se va a convertir. Según esta opinión, ¿cuáles acontecimientos de la historia humana *podría* Dios saber con certidumbre de antemano? Ninguno. Esta es una revisión radical de la idea de omnisciencia y parece que la niegan claramente docenas de ejemplos de certeras profecía sobre el futuro en la Biblia, el cumplimiento de las cuales demuestra que Dios es el Dios verdadero y no los falsos dioses.[62]

Otros arminianos simplemente afirman que Dios *sabe* todo lo que sucederá, pero esto no significa que él ha *planeado* o *causado* lo que sucederá; solo quiere decir que él tiene la capacidad de ver el futuro. (La frase que a veces se usa para expresar esto es «Conocimiento previo no implica ordenación previa».) Esta es probablemente la posición arminiana más común, y la expresa hábilmente Jack Cottrell: «Afirmo que Dios tiene verdadero conocimiento previo de las decisiones futuras del libre albedrío dentro de sí mismo sin ser él el agente que las causa o las hace ciertas».[63]

El problema con esta posición es que, aun si Dios no planea o causa que las cosas sucedan, el hecho de que son conocidas previamente quiere decir que ellas *se realizarán con certeza.* Y esto quiere decir que nuestras decisiones son predeterminadas *por algo* (sea el destino o el mecanismo inevitable de causa y efecto del universo), y que con todo no somos libres en el sentido que el arminiano desea que seamos libres. Si nuestras decisiones futuras son conocidas, entonces son fijas. Y si son fijas, no son «libres» en el sentido arminiano (indeterminado o no causado).

Una tercera respuesta arminiana se llama «conocimiento medio». Los que adoptan esta noción dirían que las decisiones futuras de las personas no son determinadas por Dios, pero que Dios las conoce, porque sabe *todas las posibilidades futuras* y sabe cómo cada criatura libre responderá en algún conjunto de circunstancias que pudieran ocurrir.[64] William Craig dice:

> El conocimiento de Dios de la voluntad de una criatura libre es de tal cualidad superior que Dios sabe exactamente lo que la criatura libre haría si la colocara en cierto conjunto de circunstancias. … Como sabe lo que toda criatura libre haría en cualquier posible situación, Dios puede suscitar una situación y saber lo que la criatura

---

lo que se puede saber pero que las decisiones libres no serían algo que se puede conocer aun por Dios debido a que todavía no están fijas en la realidad. Las decisiones que todavía no se toman no existen en ninguna parte para ser conocidas ni siquiera por Dios. . . . Dios también avanza al futuro no plenamente conocido porque todavía no está fijo» (ibid., pp. 25-26, énfasis mío).

[62]Vea capítulo 11, pp. 175-76, también p. 195, sobre el conocimiento de Dios del futuro.

[63]Jack Cottrell, «The Nature of the Divine Sovereignty», p. 111.

[64]Vea William L. Craig, «Middle Knowledge, a Calvinist-Arminian Rapprochement?» en *The Grace of God, the Will of Man,* pp. 141-64. Vea también su libro *The Only Wise God: The Compatibility of Divine Foreknowledge and Human Freedom* (Baker, Grand Rapids, 1987).

libremente va a hacer. ... Así que sabe de antemano con certeza todo lo que sucede en el mundo.[65]

Pero el concepto de Craig no sostiene un punto de vista sobre la libertad en el sentido que los arminianos por general mantienen: que ninguna causa o conjunto de causas hacen que una persona escoja de la manera en que escoge. Según el concepto de Craig, las circunstancias que la rodean y la propia disposición de la persona *garantiza* que se tomará cierta decisión; de otra manera, Dios no podría saber lo que va a ser esa decisión desde su conocimiento exhaustivo de la persona y de las circunstancias. Pero si Dios sabe cuál va a ser la decisión, y si esa decisión está garantizada, entonces no podría ser de otra manera. Es más, si Dios ha creado tanto a la persona como a las circunstancias, en última instancia Dios ha determinado el resultado. Esto se parece bastante a la libertad en el sentido calvinista, pero ciertamente no es la clase de libertad que la mayoría de los arminianos aceptarían.

b. En una noción arminiana, ¿cómo puede existir el mal si Dios no lo quería?
Los arminianos dicen muy claramente que la entrada del mal en el mundo no fue de acuerdo a la voluntad de Dios. Pinnock dice: «La caída del hombre es una elocuente refutación de la teoría de que siempre se hace la voluntad de Dios».[66] Pero, ¿cómo puede existir el mal si Dios no quería que existiera? Decir que el mal sucede a pesar de que Dios no quiere que suceda parece negar la omnipotencia de Dios; él quería prevenir el mal, pero no pudo hacerlo. ¿Cómo podemos, entonces, creer que este Dios es omnipotente?

La respuesta arminiana común es decir que Dios fue *capaz* de prevenir el mal pero que decidió *permitir la posibilidad* del mal a fin de garantizar que los ángeles y los seres humanos tengan la libertad necesaria para decisiones significativas. En otras palabras, Dios *tuvo que* permitir la posibilidad de decisiones de pecado a fin de permitir decisiones humanas genuinas. Cottrell dice: «Esta libertad dada por Dios incluye la libertad humana para rebelarse y para pecar contra el mismo Creador. Al crear un mundo en el cual el pecado fue posible, Dios por consiguiente se obligó a *reaccionar* de ciertas maneras específicas si el pecado se convertía en realidad».[67]

Pero ésta tampoco es una respuesta satisfactoria, porque implica que Dios tendrá eternamente que permitir la posibilidad de decisiones de pecado en el cielo. En la posición arminiana, para que alguna de nuestras decisiones y acciones en el cielo sean genuinas y reales, *tienen que* incluir la posibilidad de decisiones de pecado. Pero esto implica que incluso en el cielo, por toda la eternidad, enfrentaremos la posibilidad real de escoger el mal; y por consiguiente la posibilidad de rebelarnos contra Dios y perder nuestra salvación, y ¡ser arrojados del cielo! Este es un pensamiento aterrador, pero parece una implicación necesaria de la posición arminiana.

Sin embargo, hay una implicación que todavía es mucho más inquietante: si hay que permitir decisiones *reales* para la posibilidad de escoger el mal, entonces

---

[65]Craig, «Middle Knowledge», pp. 150-51.
[66]Pinnock, «Responsible Freedom», p. 102.
[67]Cottrell, «The Nature of Divine Sovereignty», p. 109.

(1) las decisiones de Dios no son reales, puesto que él no puede escoger el mal, o (2) las decisiones de Dios son reales, y hay la genuina posibilidad de que Dios pudiera algún día escoger hacer el mal, tal vez un poquito o tal vez mucho. Si meditamos en la segunda implicación, eso se vuelve aterrador. Pero es contraria al abundante testimonio de la Biblia.[68] Por otro lado, la primera implicación es claramente falsa: Dios es la definición de lo que es real, y es claramente un error decir que sus decisiones no son reales. Ambas implicaciones, por consiguiente, proveen buena razón para rechazar la posición arminiana de que las decisiones reales deben permitir la posibilidad de escoger el mal. Pero esto nos pone de regreso en la pregunta anterior para la cual no parece haber una respuesta satisfactoria desde la posición arminiana: ¿cómo puede existir el mal si Dios no quería que existiera?

c. Desde la perspectiva arminiana, ¿cómo podemos saber que Dios triunfará sobre el mal? Si volvemos a la afirmación arminiana de que el mal *no* es de acuerdo a la voluntad de Dios, surge otro problema: si todo el mal que hay en el mundo ahora llegó al mundo incluso sin que Dios lo quisiera, ¿cómo podemos estar seguros de que Dios al final triunfará sobre el mal? Por supuesto, Dios *dice* en la Biblia que él triunfará sobre el mal. Pero si para empezar no pudo impedir que entrara en su universo, y si resultó así contra su voluntad, y si él es incapaz de predecir el resultado de acontecimientos futuros que incluyan decisiones libres de seres humanos, angélicos o demoníacos, ¿cómo, entonces, podemos estar seguros de que la declaración de Dios de que triunfará sobre el mal es verdadera en sí misma? Tal vez esto es solo una predicción optimista de algo que (según el punto de vista arminiano) Dios no puede saber. Muy distante de la «libertad increíble de preocupación en cuanto al futuro» que los calvinistas tienen debido a que saben que un Dios omnipotente «dispone todas las cosas para el bien» (Ro 8:28), la posición arminiana parece lógicamente empujarnos a una ansiedad hondamente arraigada en cuanto al resultado definitivo de la historia.

Estas dos últimas objeciones respecto al mal hacen que nos demos cuenta de que, aunque puede haber dificultades al pensar en el concepto reformado de que el mal lo ordenó Dios y está completamente bajo el control de Dios, hay dificultades mucho más serias con el punto de vista arminiano de que Dios no dispuso el mal e incluso no lo quería, y por consiguiente no hay certeza alguna de que está bajo el control de Dios.

d. La diferencia en respuestas sin contestar. Puesto que somos finitos en lo que entendemos, inevitablemente tendremos algunas respuestas sin contestar en cuanto a toda doctrina bíblica. Sin embargo, respecto a este asunto las cuestiones que calvinistas y arminianos deben dejar sin contestar son muy diferentes. Por un lado, los calvinistas deben decir que no saben la respuesta a las siguientes preguntas:

---

[68]Vea en el capítulo 12, pp. 203-4, 208-9, 210-11, el testimonio bíblico de la bondad, santidad y justicia de Dios, y el capítulo 11, pp. 163-68, sobre la inmutabilidad de Dios.

1. Exactamente cómo Dios puede ordenar que hagamos el mal voluntariamente, y sin embargo que no se le pueda echar a Dios la culpa del mal.

2. Exactamente cómo Dios puede hacer que escojamos algo voluntariamente.

En cuanto a ambas, los calvinistas dirían que la respuesta se debe hallar en la percepción de la grandeza infinita de Dios, y en el conocimiento del hecho de que él puede hacer mucho más de lo que jamás nosotros pudiéramos pensar posible. Así que el efecto de estas preguntas sin contestar es que aumenta nuestro aprecio de la grandeza de Dios.

Por otro lado, los arminianos deben dejar sin contestar preguntas respecto al conocimiento de Dios del futuro, por qué permite el mal cuando va contra su voluntad, y si él con certeza triunfará sobre el mal. El hecho de que no puedan ellos resolver estas preguntas tiende a disminuir la grandeza de Dios; su omnisciencia, su omnipotencia y la confiabilidad absoluta de sus promesas para el futuro. Y estas preguntas sin contestar tienden a exaltar la grandeza del hombre (su libertad para hacer lo que Dios no quiere) y el poder del mal (resulta y permanece en el universo aunque Dios no lo quiere). Es más, al negar que Dios puede hacer criaturas que tengan decisiones reales que de todas maneras sean causadas por él, la posición arminiana disminuye la sabiduría y las habilidades de Dios el Creador.

PREGUNTAS PARA APLICACIÓN PERSONAL

1. Al pensar en la doctrina de la providencia, ¿ha aumentado su confianza en Dios? ¿Cómo ha cambiado la manera en que usted piensa en cuanto al futuro? ¿Hay dificultades o adversidad en su vida en este momento? Dé un ejemplo de una dificultad específica que esté enfrentando ahora y explique cómo la doctrina de la providencia le ayudará en la manera en que piensa al respecto.

2. ¿Puede mencionar cinco cosas buenas que le han sucedido hasta aquí hoy? ¿Estuvo usted agradecido a Dios por ellas?

3. ¿Piensa usted a veces que la suerte o la casualidad son las causantes de los acontecimientos que suceden en su vida? Si alguna vez sintió de esa manera, ¿aumenta o reduce eso su ansiedad en cuanto al futuro? Ahora piense por un momento en algunos acontecimientos que usted tal vez atribuyó a la suerte en el pasado. Más bien, empiece a pensar que esos acontecimientos están bajo el control de su Padre celestial sabio y amante. ¿De qué manera le hace eso sentirse diferente en cuanto a los acontecimientos y en cuanto al futuro en general?

4. ¿Alguna vez cae usted en un patrón de acciones o rituales un poco «supersticiosos» que usted piensa que le darán buena suerte o impedirán la mala suerte (tales como no pasar debajo de una escalera, tener miedo cuando un gato negro se cruza en su camino, no pisar las grietas de la vereda, llevar cierto artículo «sólo por buena suerte», etc.)? ¿Piensa usted que esas acciones tienden a aumentar o reducir su confianza en Dios durante el día y su obediencia a él?

5. Explique cómo una comprensión apropiada de la doctrina de la providencia debe conducir al cristiano a una vida más activa de oración.

6. ¿Cuál ha sido el efecto global de este capítulo sobre la manera en que usted piensa y siente respecto a Dios y los acontecimientos de su vida?

TÉRMINOS ESPECIALES

arminiano

calvinistas

causa primaria

causa secundaria

concurrencia

conocimiento medio

decisiones libres

decisiones voluntarias

decretos de Dios

libre albedrío

preservación

providencia

reformada

BIBLIOGRAFÍA

(Para una explicación de esta bibliografía vea la nota sobre la bibliografía en el capítulo 1, p. 40. Datos bibliográficos completos se pueden encontrar en las páginas 1298-1307.)

Secciones en Teologías Sistemáticas Evangélicas

1. Anglicana (episcopal)
   - 1882-92   Litton, 76-90
   - 1930   Thomas, 176-83
2. Arminiana (wesleyana o metodista)
   - 1847   Finney, 515-44
   - 1875-76   Pope, 1:437-56; 2:363-67, 386-90
   - 1892-94   Miley, 1:211-349; 2:271-308
   - 1940   Wiley, 1:478-88
   - 1983   Carter, 1:122-24, 130-33, 222-23
   - 1983-   Cottrell, 2:9-228, 265-333, 379-418
   - 1987-90   Oden, 1:270-316
3. Bautista
   - 1767   Gill, 1:246-51, 397-434
   - 1887   Boyce, 115-25, 217-30
   - 1907   Strong, 353-70, 410-43
   - 1917   Mullins, 265-76
   - 1976-83   Henry, 5:307-33; 6:455-91
   - 1983-85   Erickson, 345-64, 387-432
   - 1987-94   Lewis/Demarest, 1:291-335; 2:71-122
4. Dispensacional
   - 1947   Chafer, 1:225-59
   - 1949   Thiessen, 100-110, 119-32
5. Luterana
   - 1917-24   Pieper, 1:483-97

        1934   Mueller, 176-78, 189-95, 236-41
6. Reformada (o presbiteriana)
        1559   Calvin, 1:197-237, 309-407 (1.16-18; 2.4-5)
        1724-58 Edwards, 1:3-93; 2:107-110, 525-43
        1861   Heppe, 133-89, 251-80
        1871-73 Hodge, 1:535-49, 575-616; 2:280-312
        1878   Dabney, 120-32, 221-23, 276-91
        1887-1921 Warfield, *SSW* 1:93-115; *SSW* 2:411-47
        1889   Shedd, 1:393-462, 527-33
        1937-66 Murray, *CW* 3:161-67, 185-89; *CW* 2:60-66
        1938   Berkhof, 100-108, 165-78
        1962   Buswell, 1:163-76
7. Renovada (o carismática o pentecostal)
        1988-92 Williams, 1:117-40, 215-19

Secciones en Teologías Sistemáticas Católicas Romanas Representativas

1. Católica Romana: tradicional
        1955   Ott, 87-91
2. Católica Romana: Post Vaticano II
        1980   McBrien (ninguna consideración explícita)

Otras obras

Basinger, David, y Randall Basinger, eds. *Predestination and Free Will: Four Views of Divine Sovereignty and Human Freedom.* Intervarsity Press, Downers Grove, Ill., 1986.

Berkouwer, G. C. *The Providence of God.* Trad. de Lewis B. Smedes. Eerdmans, Grand Rapids, 1952.

Cameron, N. M. de S. «Providence». En *NDT,* pp. 177-79.

Carson, D. A. *Divine Sovereignty and Human Responsibility: Biblical Perspectives in Tension.* New Foundations Theological Library. John Knox, Atlanta; y Marshall, Morgan and Scott, Londres, 1981.

————. *How Long, O Lord? Reflections on Suffering and Evil.* Baker, Grand Rapids, e Inter-Varsity Press, Leicester, 1990.

Craig, William Lane. *The Only Wise God: The Compatibility of Divine Foreknowledge and Human Freedom.* Baker, Grand Rapids, 1987.

Feinberg, John. *The Many Faces of Evil: Theological Systems and the Problem of Evil.* Zondervan, 1994.

Flavel, John. *The Mystery of Providence.* Edinburgh and Carlisle, Pa. Banner of Truth, 1976. Reimpresión de 1698 edición.

Helm, Paul. *The Providence of God.* Leicester and Intervarsity Press, Downers Grove, Ill., 1994.

Parker, T. H. L. «Providence of God». En *EDT,* pp. 890-91.

Pink, Arthur W. *The Sovereignty of God.* Baker, Grand Rapids, 1930.

Warfield, B. B. *Calvin and Calvinism*. Oxford University Press, Londres y Nueva York, 1931.

PASAJE BÍBLICO PARA MEMORIZAR

Romanos 8:28: *Ahora bien, sabemos que Dios dispone todas las cosas para el bien de quienes lo aman, los que han sido llamados de acuerdo con su propósito.*

HIMNO

«Canta, canta alma mía»

Canta, canta ,alma mía, a tu Rey y tu Señor;
Reconoce sus bondades; te bendice con favor.
Canta, canta, alma mía, canta de su gran amor.

Canta su misericordia, que a tus padres protegió;
En su amor te dio la vida, te cuidó y perdonó.
Canta, canta, alma mía, canta al Dios que te salvó.

Como Padre te conoce, sabe tu debilidad,
Con su brazo te conduce, te protege de maldad.
Canta, canta, alma mía, canta su fidelidad.

Ángeles y querubines, que su majestad cantáis,
Oh, estrellas, sol y luna, que los cielos domináis,
Todos juntos, alabemos, adorando a nuestro Dios.

AUTOR: HENRY F. LYTE, TRAD. R. E. RÍOS
(TOMADO DE CELEBREMOS SU GLORIA, #102)

Capítulo 17

Milagros
¿Qué son los milagros? ¿Pueden suceder hoy?

EXPLICACIÓN Y BASE BÍBLICA

Cualquier consideración del tema de los milagros se conecta estrechamente con la providencia de Dios, tema que fue tratado en el capítulo previo. Allí argumentamos que Dios ejerce un control extensivo, continuo y soberano sobre todos los aspectos de su creación. Este capítulo dará por sentado una comprensión de esa consideración de la providencia y se fundará sobre ella para abordar el asunto de los milagros.

A. Definición

Podemos definir un milagro como sigue: *Un milagro es una actividad de Dios de tipo menos común en el cual él despierta el asombro y sorpresa de las personas, y da testimonio de sí mismo.*[1] *Esta definición toma en cuenta lo que entendimos antes sobre la providencia de Dios mediante la cual Dios preserva, controla y gobierna todas las cosas. Si entendemos la providencia de esta manera, naturalmente evitaremos algunas explicaciones o definiciones comunes de milagros.*

Por ejemplo, una definición de milagro es «una intervención directa de Dios en el mundo». Pero esta definición da por sentado una noción deísta de las relaciones de Dios con el mundo, en el cual el mundo continúa por cuenta propia y Dios interviene en él sólo ocasionalmente. Este, por cierto, no es el punto de vista bíblico, de acuerdo al cual Dios hace que la lluvia caiga (Mt 5:45), hace que la hierba crezca (Sal 104:14) y continuamente sustenta toda las cosas con la palabra de su poder (Heb 1:3). Otra definición de milagro es «una actividad más directa de Dios en el mundo». Pero hablar de una obra «más directa» de Dios sugiere que su actividad providencial *ordinaria* de alguna manera no es «directa» y de nuevo da indicios de cierto alejamiento deísta de Dios de su mundo.

Otra definición es «Dios obrando en el mundo sin el uso de medios para producir los resultados que desea». Sin embargo hablar de que Dios obra «sin medios» nos deja con muy pocos, si acaso alguno, milagros en la Biblia, porque es difícil pensar en un milagro que se haya producido absolutamente sin ningún medio; en la curación de las personas, por ejemplo, algunas de las propiedades físicas del cuerpo del enfermo sin duda intervinieron como parte de la curación. Cuando Jesús multiplicó los panes y los pescados, por lo menos usó los cinco panes y dos

---

[1]He adaptado esta definición de conferencias no publicadas de John Frame, profesor de teología sistemática del Westminster Theological Seminary.

pescados originales que tenían. Cuando cambió el agua en vino, usó agua y la convirtió en vino. Esta definición, pues, parece inadecuada.[2]

Otra definición de milagro es «una excepción a una ley natural» o «Dios actuando en forma contraria a las leyes de la naturaleza». Pero la frase «leyes de la naturaleza» en el entendimiento popular implica que hay ciertas cualidades inherentes en las cosas que existen, «leyes de la naturaleza» que operan independientemente de Dios, y que Dios debe intervenir o «romper» estas leyes para que ocurra un milagro.[3] De nuevo, esta definición no toma debidamente en cuenta la enseñanza bíblica sobre la providencia.

Otra definición de milagro es «un hecho imposible de explicar por causas naturales». Esta definición es inadecuada porque (1) no incluye a Dios como el que produce el milagro; (2) da por sentado que Dios no usa algunas causas naturales cuando obra de una manera inusual o sorprendente, y por lo tanto da por sentado de nuevo que Dios sólo interviene ocasionalmente en el mundo; y (3) resultará en una minimización significativa de los milagros genuinos y un aumento del escepticismo, puesto que muchas veces cuando Dios obra en respuesta a la oración el resultado es asombroso para los que oraron pero no es absolutamente imposible de explicar mediante causas naturales, especialmente para el escéptico que simplemente rehúsa ver la mano de Dios en acción.

Por consiguiente, la definición original origina que se dio previamente, en la que un milagro es sencillamente una manera *menos común* de Dios obrar en el mundo, parece ser preferible y más de acuerdo con la doctrina bíblica de la providencia de Dios. Esta definición no dice que un milagro es una clase diferente de obra de parte de Dios, sino que es una manera menos común de Dios de obrar y que lo hace así para despertar la sorpresa, el asombro o la admiración de las personas de tal manera que Dios da testimonio de sí mismo.

La terminología bíblica con referencia a los milagros frecuentemente apunta a esta idea del poder de Dios en acción para despertar el asombro y admiración de los seres humanos. Se emplean primordialmente tres conjuntos de términos: (1) «señales» (heb. *ot;* gr. *semeion),* que significa algo que apunta a otra cosa o la indica, especialmente (con referencia a los milagros) la actividad y poder de Dios; (2) «maravillas» (heb. *mopet;* gr. *teras),* que es algo que hace que las personas se asombren o se aturdan;[4] y (3) «milagros» o «prodigios» (heb. *geburah;* gr. *dunamis,)* demostración de gran poder, especialmente (con referencia a los milagros) poder divino.[5] A menudo «señales milagrosas y prodigios» se usa como expresión regular para referirse a los milagros (Éx 7:3; Dt 6:22; Sal 135:9; Hch 4:30; 5:12; Ro 15:19; et al.), y a

---

[2]Sin embargo, si alguien definiera un milagro como «una obra de Dios aparte del uso *ordinarios* de medios, para despertar el asombro y sorpresa de las personas», esto sería similar en fuerza a la definición que propuse arriba y sería consistente con la enseñanza bíblica sobre la providencia de Dios (vea L. Berkhof, *Systematic Theology,* pp. 176-77).

[3]Si la frase «ley natural» la entienden los cristianos simplemente para referirse a los patrones previsibles de conducta que Dios da y mantiene en cada cosa creada, entonces esta definición es menos objetable porque conscientemente toma en cuenta la providencia de Dios. Pero la frase «ley natural» por lo general no se la entiende de esa manera en el inglés de hoy.

[4]El verbo *ztaumazo,* «admirarse, asombrarse», frecuentemente se usa en los Evangelios para describir la reacción de las personas a los milagros.

[5]Vea la extensiva consideración del vocabulario del Nuevo Testamento para milagros en W. Mundle, O. Hofius, y C. Brown, «Miracle, Wonder, Sign», *NIDNTT,* 2:620-35.

veces los tres términos se combinan: «milagros, señales y prodigios» (Hch 2:22) o «señales, prodigios y milagros» (2 Co 12:12; Heb 2:4).

Además de los significados de los términos que se usan para denotar milagros, otra razón que respalda esta definición es el hecho de que los milagros en la Biblia en efecto despiertan el asombro y admiración de las personas, e indican que el poder de Dios está actuando. La Biblia frecuentemente nos dice que Dios mismo es el que realiza «milagros» o «cosas maravillosas». Salmo 136:4 dice que Dios es el «único que hace grandes maravillas» (cf. Sal 72:18). El canto de Moisés declara:

> ¿Quién, SEÑOR, se te compara entre los dioses?
> ¿Quién se te compara en grandeza y santidad?
> Tú, hacedor de maravillas,
> nos impresionas con tus *portentos* (Éx 15:11).

Por tanto, las señales milagrosas que Moisés hizo cuando su vara se convirtió en una culebra y de nuevo en vara, o cuando su mano se volvió leprosa y después quedó limpia de nuevo (Éx 4:2-8), fueron dadas para que Moisés pudiera demostrar al pueblo de Israel que Dios le había enviado. De manera similar, las señales milagrosas que Dios hizo por mano de Moisés y Aarón mediante las plagas, muy superiores a los falsos milagros o señales de imitación hechas por los magos de la corte del faraón (Éx 7:12; 8:18-19; 9:11), mostraron que los del pueblo de Israel eran los que adoraban al único Dios verdadero. Cuando Elías se enfrentó a los sacerdotes de Baal en el monte Carmelo (1 R 18:17-40), el fuego del cielo demostró que el SEÑOR era el único Dios verdadero.

Si aceptamos la definición de que un milagro es «una actividad de Dios de clase menos común en la que él despierta el asombro y admiración de las personas y da testimonio de sí mismo», podemos preguntar qué clase de cosas se deben considerar milagros. Por supuesto, tenemos razón al considerar la encarnación de Jesús como Dios-hombre y la resurrección de Jesús de los muertos como el milagro más central y más importante de toda la historia. Los acontecimientos del éxodo como la división del Mar Rojo y la caída de Jericó fueron milagros impresionantes. Cuando Jesús sanó personas y limpió leprosos y echó fuera demonios, esos ciertamente fueron también milagros (vea Mt 11:4-5; Lc 4:36-41; Jn 2:23; 4:54; 6:2; 20:30-31).

Pero ¿podemos considerar las respuestas inusuales a la oración como milagros? Aparentemente sí, si son tan impresionantes que despiertan el asombro y admiración de las personas y hacen que reconozcan el poder de Dios en acción; la respuesta a la oración de Elías de que Dios enviara fuego del cielo fue un milagro (1 R 18:24, 36-38), así como la respuesta a sus oraciones de que el hijo muerto de la viuda volviera a la vida (1 R 17:21), o que la lluvia dejara de caer y después volviera a caer (1 R 17:1; 18:41-45 con Stg 5:17-18). En el Nuevo Testamento, la liberación de Pedro de la cárcel en respuesta a las oraciones de la iglesia fue ciertamente un milagro (Hch 12:5-17; note también la oración de Pablo por el padre de Publio en Hch 28:8). Pero debe haber habido muchos milagros no tan dramáticos como esos, porque Jesús sanó a muchos cientos de personas, *«todos* los que padecían de *diversas enfermedades»* (Lc 4:40). Pablo sanó a «los demás enfermos de la isla» (Hch 28:9).

Por otro lado, los cristianos ven respuestas a la oración todos los días, y no debemos diluir nuestra definición de milagro tanto que a toda respuesta a la oración se le llame milagro. Pero cuando una respuesta a la oración es tan asombrosa que los involucrados en ella quedan asombrados y reconocen el poder de Dios en acción de una manera inusual, entonces parece apropiado llamarlo un milagro.[6] Esto encaja bien con nuestra definición y parece respaldada por la evidencia bíblica de que a las obras de Dios que despertaron el asombro y admiración de las personas se les llamó milagros (gr. *dunamis.)*[7]

Pero sea que adoptemos una definición amplia o estrecha de milagro, todos, convendríamos en que si Dios realmente obra en respuesta a nuestras oraciones, sea de maneras comunes o no comunes, es importante que reconozcamos esto y le demos gracias, y que no lo pasemos por alto ni vayamos a extremos para concebir posibles «causas naturales» para explicar y descartar lo que Dios en efecto ha hecho en respuesta a la oración. Aunque debemos ser cuidadosos de no exagerar al informar los detalles de la respuestas a la oración, también debemos evitar el error opuesto de no glorificar y agradecer a Dios por lo que él ha hecho.

B. Los milagros como características de la edad del nuevo pacto

En el Nuevo Testamento, las señales milagrosas de Jesús atestiguaban que él había venido de Dios; Nicodemo reconoció: «Nadie podría hacer las señales que tú haces si Dios no estuviera con él» (Jn 3:2). El hecho de que Jesús cambió el agua en vino fue una «señal» que «reveló su gloria, y sus discípulos creyeron en él» (Jn 2:11). De acuerdo a Pedro, Jesús fue «un hombre acreditado por Dios ante ustedes con *milagros, señales y prodigios,* los cuales realizó Dios entre ustedes por medio de él» (Hch 2:22).

Luego, en la iglesia primitiva, los apóstoles y otros que predicaban el evangelio realizaron milagros que asombraron a las personas y dieron confirmación del evangelio que se estaba predicando (Hch 2:43; 3:6-10; 4:30; 8:6-8, 13; 9:40-42; et al.). Incluso en iglesias donde no había apóstoles presentes ocurrieron milagros. Por ejemplo, Pablo, al escribir a varias iglesias en la región de Galacia (vea Gá 1:1), da por sentado esto cuando pregunta: «Al darles Dios su Espíritu y hacer milagros entre ustedes, ¿lo hace por las obras que demanda la ley o por la fe con que han aceptado el mensaje?» (Gá 3:5). De modo similar, menciona en la iglesia de Corinto «los que hacen milagros» (1 Co 12:28) y menciona «poderes milagrosos» (1 Co 12:10) como un don distribuido por el Espíritu Santo. Estos dos versículos son especialmente significativos porque 1 Corintios 12:4-31 no está considerando una

---

[6]Otros tal vez preferirían restringir más su definición de milagros, reservado el término (por ejemplo) para acontecimientos que absolutamente no podrían haber sucedido mediante medios ordinarios y que son ampliamente atestiguados y documentados por varios observadores imparciales. En ese caso, verán muchos menos milagros, especialmente en una sociedad escéptica y anti sobrenatural. Pero tal definición tal vez no abarque toda las clases de cosas que Pablo tenía en mente cuando hablaba de milagros en las iglesias de Corinto (1 Co 12:10, 28-29) y de Galacia (Gá 3:5), y puede impedir que algunos reconozcan el don de milagros cuando es dado a los cristianos hoy. (Por supuesto, los cristianos que sostienen una definición tan restringida con todo de buen grado agradecerán a Dios por muchas respuestas a las oraciones que ellos no llamarían milagros.)

[7]Lo apropiado de tal definición no se pierde simplemente porque al mismo acontecimiento algunos lo llamen milagro, y otros digan que es un acontecimiento ordinario, porque la evaluación de las personas de un suceso variará dependiendo de su proximidad al suceso, las presuposiciones de su cosmovisión, y si son cristianos o no.

situación específica en Corinto sino la naturaleza de la iglesia en general como «cuerpo de Cristo» con muchos miembros y sin embargo un solo cuerpo.[8]

Es más, parece ser característica de la iglesia del Nuevo Testamento que se producían milagros.[9] En el Antiguo Testamento los milagros parecían ocurrir primordialmente en conexión con un líder prominente por un tiempo, tal como Moisés, Elías o Eliseo. En el Nuevo Testamento hay un súbito aumento sin precedentes en los milagros cuando Jesús empieza su ministerio (Lc 4:36-37, 40-41). Sin embargo, contrario al patrón del Antiguo Testamento, la autoridad para obrar milagros y echar fuera demonios no estuvo confinada sólo a Jesús mismo, ni tampoco terminaron los milagros cuando Jesús volvió al cielo. Incluso durante su ministerio, Jesús dio la autoridad para sanar los enfermos y echar fuera demonios no sólo a los doce, sino también a setenta de los discípulos (Lc 10:1, 9, 17-19; cf. Mt 10:8; Lc 9:49-50). Todavía más, los pasajes anotados arriba de 1 Corintios y Gálatas indican que la realización de milagros no estuvo confinada a los setenta discípulos, sino que fue característica de las iglesias de Galacia y de las iglesias del Nuevo Testamento en general. Esto sugiere que la realización de milagros es una característica de la iglesia del Nuevo Testamento y se puede ver como una indicación de la poderosa nueva obra del Espíritu Santo que empezó en Pentecostés y se puede esperar que continúe en toda la era de la iglesia.[10]

C. El propósito de los milagros

Uno de los propósitos de los milagros es ciertamente autenticar el mensaje del evangelio. Esto fue evidente en el ministerio de Jesús, cuando personas como Nicodemo reconocieron: «Sabemos que eres un maestro que ha venido de parte de Dios, porque nadie podría hacer las *señales* que tú haces si Dios no estuviera con él» (Jn 3:2). También fue evidente conforme los que oyeron a Jesús proclamaban el

---

[8]Note, por ejemplo, que Pablo dice que Dios ha dado en la iglesia, «en primer lugar, apóstoles . . .» (1Co 12:28). Pero no había apóstoles dados específicamente a la iglesia de Corinto. Por consiguiente, este pasaje debe estar hablando de la iglesia en general.

[9]B.B. Warfield, *Counterfeit Miracles* (Banner of Truth, Edinburgh, 1972; primero publicado en 1918), nota que en la iglesia de Corinto los que tomaban parte en el culto ordinario de adoración en la iglesia «pueden a menudo haber tenido un don milagroso para ejercer». Dice que «no hay razón para creer que la congregación infante en Corinto era singular en esto. El apóstol no escribe como si estuviera describiendo un estado maravilloso de asuntos peculiar a esa iglesia. . . . Los indicios del resto de sus cartas y en el Libro de Hechos nos requiere, en consecuencia, mirar a este hermoso cuadro de adoración cristiana como uno que sería verdad en la vida de cualquiera de las numerosas congregaciones que iniciaron los apóstoles a lo ancho y largo del mundo que visitaron y en donde predicaron . . . Tenemos justificación para considerar característica de las iglesias apostólicas que tales dones milagrosos debían exhibirse en ellas. La excepción sería, no una iglesia con tales dones, sino una iglesia sin ellos» (pp. 4-5).

[9]Warfield continúa: «Por todas partes la iglesia apostólica se caracterizó como siendo ella mismo un don de Dios, al exhibir la posesión del Espíritu en obras apropiadas del Espíritu: milagros de sanidad y milagros de poder, milagros de conocimiento sea en la forma de profecía o de discernimiento de espíritus, milagros del habla, sea el don de lenguas o el don de interpretación. La iglesia apostólica era característicamente una iglesia que obraba milagros» (*Counterfeit Miracles*, p. 5).

Aunque yo concordaría con el análisis de Warfield de la evidencia del Nuevo Testamento en este asunto, hay ciertamente campo para discrepar con su punto subsecuente, y la principal contención de su libro, de que la iglesia después de la edad de los apóstoles experimentó la cesación de dones milagrosos, y que hoy no se deben esperar tales dones, porque Dios los propuso sólo para confirmar el mensaje apostólico inicial durante el tiempo cuando los apóstoles todavía estaban vivos.

[10]Vea más consideración de este asunto en el capítulo 52, abajo, sobre los dones espirituales y la cuestión del tiempo de cesación de algunos dones.

evangelio, porque conforme predicaban, «Dios ratificó su testimonio acerca de ella con *señales, prodigios, diversos milagros* y dones distribuidos por el Espíritu Santo según su voluntad» (Heb 2:4). Si este propósito fue válido sólo cuando el evangelio se estaba predicando por primera vez (antes de que se escribiera el Nuevo Testamento), o si continúa vigente en toda la edad de la iglesia, depende de si pensamos que los milagros son confirmadores: ¿están confirmando sólo la absoluta veracidad de las palabras de la Biblia (como las mismas palabras de Dios), o los milagros tienen el propósito de confirmar la veracidad del evangelio en general, cada vez que se predica? En otras palabras, ¿confirman los milagros lo que dice la Biblia o el evangelio? Como veremos abajo, los milagros no estuvieron limitados a los que escribieron la Biblia o hablaron con absoluta autoridad apostólica.[11] Esto sugiere que se puede esperar que los milagros que ocurren para confirmación del evangelio continúen en toda la era de la iglesia.

Cuando ocurren los milagros, dan evidencia de que Dios verdaderamente está actuando y sirven entonces para el avance del evangelio; la samaritana proclamó en su ciudad: «Vengan a ver a un hombre que me ha dicho todo lo que he hecho» (Jn 4:29), y muchos de los samaritanos creyeron en Cristo. Esto fue frecuentemente cierto en el ministerio de Jesús, pero también fue cierto en la iglesia primitiva: cuando Felipe fue a una ciudad de Samaria,

> mucha gente se reunía y *todos prestaban atención a su mensaje.* De muchos endemoniados los espíritus malignos salían dando alaridos, y un gran número de paralíticos y cojos quedaban sanos. Y aquella ciudad se llenó de alegría (Hch 8:6-8).

Cuando el paralítico Eneas fue curado, «todos los que vivían en Lida y en Sarón lo vieron, y *se convirtieron al Señor»* (Hch 9:35). Cuando Tabita fue revivificada de los muertos, «la noticia se difundió por todo Jope, *y muchos creyeron en el Señor»* (Hch 9:42).[12]

En el nuevo testamento, un segundo propósito de los milagros es dar testimonio del hecho de que el reino de Dios ha venido y ha empezado a expandir sus

---

[11]Vea Sección D más adelante, pp. 377-85.

[12]Los versículos que se acaban de citar muestran el valor positivo de los milagros para llevar las personas a la fe. Algunos tal vez objeten que cuando decimos que los milagros tienen valor para dar testimonio del evangelio, esto quiere decir que pensamos que el mensaje del evangelio en sí mismo es débil e incapaz de llevar las personas a la fe (vea especialmente James M. Boice, «A Better Way: The Power of Word and Spirit», en Michael Scott Horton, ed., *Power Religion* [Moody, Chicago, 1992], pp. 119-36). Pero esta no es una objeción válida, porque Jesús y Pablo no razonaron de esa manera; ambos realizaron milagros en conjunción con su predicación del evangelio, y Jesús les ordenó a sus discípulos que hicieran lo mismo (Mt 10:7-8). Debemos recordar que es Dios mismo quien «dio testimonio» del evangelio «con señales, prodigios, diversos milagros y dones distribuidos por el Espíritu Santo según su voluntad» (Heb 2:4), y no podemos decir que él tiene una noción inapropiada del poder del mensaje del evangelio.

El Evangelio de Juan es especialmente instructivo para mostrar el valor de los milagros para animar las personas a creer en Cristo (vea Jn 2:11, 23; 3:2; 4:53-54; 6:2, 14; 7:31; 9:16; 11:48; 12:11; y, en resumen, 20:30-31). Este énfasis positivo en Juan se destaca en contraste con la opinión de D. A. Carson en «The Purpose of Signs and Wonders in the New Testament», en Horton, *Power Religion,* pp. 100-101, en donde admite pero minimiza el papel positivo de los milagros para llevar a las personas a la fe en el Evangelio de Juan. Sorprendentemente, no considera varios de los pasajes positivos en donde no existe tal evaluación negativa, tales como Jn 2:23-25; 4:48; y 20:29-31. No debemos pensar que cuando los milagros acompañan al evangelio, los que creen tendrán una fe inferior (como sugiere Carson, p. 101), porque eso nos llevaría a decir que los que creyeron a la predicación de Jesús, Pedro y Pablo tuvieron una fe inferior; ¡conclusión que difícilmente se promueve en el Nuevo Testamento!

resultados benéficos en la vida de las personas, porque los resultados de los milagros de Jesús muestran las características del reino de Dios. Jesús dijo: «Si expulso a los demonios por medio del Espíritu de Dios, eso significa que el reino de Dios ha llegado a ustedes» (Mt 12:28). Su triunfo sobre las fuerzas destructoras de Satanás mostraba cómo era el reino de Dios. De esta manera, todo milagro de sanidad o liberación de opresión demoníaca promovía el reino de Dios y ayudó a Jesús a cumplir su ministerio, porque él vino con el Espíritu del Señor sobre él «para anunciar buenas nuevas a los pobres. … a proclamar libertad a los cautivos y dar vista a los ciegos, a poner en libertad a los oprimidos» (Lc 4:18).

De modo similar, Jesús dio a sus discípulos «poder y autoridad para expulsar a todos los demonios y para sanar enfermedades. Entonces los envió a predicar el reino de Dios y a sanar a los enfermos» (Lc 9:1-2). Les ordenó: «Dondequiera que vayan, prediquen este mensaje: "El reino de los cielos está cerca". Sanen a los enfermos, resuciten a los muertos, limpien de su enfermedad a los que tienen lepra, expulsen a los demonios» (Mt 10:7-8; cf. Mt 4:23; 9:35; Hch 8:6-7, 13).

Un tercer propósito de los milagros es ayudar a los necesitados. Los dos ciegos cerca de Jericó clamaron: «¡Ten compasión de nosotros!», y Jesús «se compadeció» y los sanó (Mt 20:30, 34). Cuando Jesús vio una gran multitud, «tuvo compasión de ellos y sanó a los que estaban enfermos» (Mt 14:14; vea también Lc 7:13). Aquí los milagros dan evidencia de la compasión de Cristo hacia los necesitados.

Un cuarto propósito de los milagros, relacionado con el segundo, es eliminar obstáculos al ministerio de las personas. Tan pronto como Jesús hubo sanado a la suegra de Pedro, «ella se levantó y comenzó a servirle» (Mt 8:15). Cuando Dios tuvo misericordia de Epafrodito y le restauró la salud (sea por medios milagrosos o no, Pablo lo atribuye a la misericordia de Dios, en Flp 2:27), Epafrodito pudo entonces ministrar a Pablo y completar su función como mensajero volviendo a la iglesia de Filipos (Flp 2:25-30). Aunque el pasaje no dice explícitamente que Tabita (o Dorcas) volvió a emprender sus «buenas obras y en ayudar a los pobres» (Hch 9:36) después de que el Señor por medio de Pedro la resucitó (Hch 9:40-41), la mención de sus buenas obras y de los que daban testimonio del desprendimiento de ella por las necesidades de otros (Hch 9:39), sugiere que ella volvió a retomar un ministerio similar de misericordia cuando la resucitaron. Relacionado con esta categoría estaría el hecho de que Pablo esperaba que las personas fueran edificadas cuando los dones milagrosos se pusieran en práctica en la iglesia (1 Co 12:7; 14:4, 12, 26).

Finalmente, un quinto propósito de los milagros (y uno al cual todos los demás contribuyen) es dar gloria a Dios. Después de que Jesús sanó a un paralítico la multitud «se llenó de temor, y glorificó a Dios por haber dado tal autoridad a los mortales» (Mt 9:8). De modo similar, Jesús dijo que el ciego de nacimiento estaba ciego «para que la obra de Dios se hiciera evidente en su vida» (Jn 9:3).

D. ¿Estuvieron los milagros limitados a los apóstoles?

1. Una concentración inusual de milagros en el ministerio de los apóstoles. Algunos han aducido que los milagros estuvieron limitados a los apóstoles, o a los apóstoles y a los que estuvieron estrechamente conectados con ellos. Antes de considerar los argumentos, es importante notar que hay algunas indicaciones de que una impresionante concentración de milagros fue característica de los apóstoles como representantes especiales de Cristo. Por ejemplo, Dios se complació en permitir que por medio de Pedro y Pablo se produjeran milagros extraordinarios. En los días más tempranos de la iglesia,

> por medio de los apóstoles ocurrían muchas señales y prodigios entre el pueblo ... Y seguía aumentando el número de los que creían y aceptaban al Señor. Era tal la multitud de hombres y mujeres, que hasta sacaban a los enfermos a las plazas y los ponían en colchonetas y camillas para que, al pasar Pedro, por lo menos su sombra cayera sobre alguno de ellos. También de los pueblos vecinos a Jerusalén acudían multitudes que llevaban personas enfermas y atormentadas por espíritus malignos, y todas eran sanadas (Hch 5:12-16).

De modo similar, cuando Pablo estaba en Éfeso: «Dios hacía *milagros extraordinarios* por medio de Pablo, a tal grado que a los enfermos les llevaban pañuelos y delantales que habían tocado el cuerpo de Pablo, y quedaban sanos de sus enfermedades, y los espíritus malignos salían de ellos» (Hch 19:11-12).[13] Otro ejemplo se halla en la resurrección de Tabita; cuando esta murió, los discípulos de Jope enviaron a buscar a Pedro para que fuera a orar por ella para que la levantara de entre los muertos (Hch 9:36-42), al parecer porque pensaban que Dios había dado una concentración inusual de poder milagroso a Pedro (o a los apóstoles en general). Y el ministerio de Pablo generalmente se caracterizó por acontecimientos milagrosos, porque él resume su ministerio diciéndoles a los Romanos las cosas que Cristo había obrado por medio de él para ganar la obediencia de los gentiles «mediante poderosas *señales y milagros,* por el poder del Espíritu de Dios» (Ro 15:19).

No obstante, la concentración inusual de milagros en los ministerios de los apóstoles ¡no prueba que otros no realizaron *ningún* milagro! Como hemos visto claramente, «poderes milagrosos» (1 Co 12:10) y otros dones milagrosos (1 Co 12:4-11 menciona varios) fueron parte del funcionamiento ordinario de la iglesia en Corinto, y Pablo sabe que Dios «obra milagros» también en las iglesias de Galacia (Gá 3:5).

2. ¿Cuáles son las «marcas distintivas de un apóstol» en 2 Corintios 12:12? ¿Por qué, entonces, algunos aducen que los milagros fueron en forma singular las señales que distinguían a un apóstol? Se basan mayormente en 2 Corintios 12:12, en donde Pablo dice: «Entre vosotros se operaron *las señales de un verdadero apóstol,* con toda perseverancia, por medio de señales, prodigios, y milagros» (2 Co 12:12, LBLA).[14] Dicen que esto implica que otros que no eran los apóstoles (o sus compañeros íntimos) no tenían esa autoridad o no podían realizar estas señales

---

[13]En ningún caso se debe pensar de estos acontecimientos como algún tipo de «magia» que resultaba automáticamente debido a la sombra de Pedro o a los pañuelos que había tocado Pablo, sino más bien como una indicación del hecho de que el Espíritu Santo se agradó de dar un empoderamiento completo y asombroso al ministerio de estos hombres que en ocasión extendía su obra más allá de su presencia corporal individual incluso a las cosas que ellos habían tenido cerca o tocado.

[14]La palabra «verdadero» en realidad no está en el texto griego, que sencillamente dice: «las señales de un apóstol». La LBLA (que se cita aquí) y otras versiones en español han añadido «verdadero» para dar el sentido: Pablo está contrastando su ministerio con el de los falsos apóstoles.

milagrosas.[15] Además sostienen que los milagros cesaron cuando los apóstoles y sus asociados íntimos murieron. Por consiguiente, concluyen, que ya no se debe esperar más milagros hoy. (A los que sostienen esta posición a veces se les llama *«cesacionistas»*, puesto que sostienen la «cesación» de milagros temprano en la historia del cristianismo).

Al considerar este asunto se debe recordar que un pasaje clave usado para establecer este punto, en donde Pablo habla de «las señales de un verdadero apóstol» en 2 Corintios 12:12, *no* está intentando demostrar que él es un apóstol *a distinción de otros cristianos)* que no eran apóstoles. Más bien está tratando de probar que él es un verdadero representante de Cristo a distinción de otros que «se disfrazan de apóstoles» (2 Co 11:13), representantes falsos de Cristo, siervos de Satanás que se disfrazaban de «servidores de la justicia» (2 Co 11:14-15). En breve, el contraste no era entre apóstoles que realizaban milagros y creyentes ordinarios que no podían realizarlos, sino entre apóstoles cristianos genuinos por medio de los cuales el Espíritu Santo obraba e *impostores que no eran cristianos y se decían apóstoles* a través de los cuales el Espíritu Santo no obraba para nada. Por consiguiente, aun si entendemos que «las marcas distintivas de un apóstol» son los milagros, debemos reconocer que los que usan este pasaje para argumentar que hoy ya no se realizan milagros por medio de *cristianos* están tomando la frase «las marcas distintivas de un apóstol» fuera de su contexto y usándola de una manera que no era la intención de Pablo. Pablo está distinguiéndose de los que no son cristianos, en tanto que ellos usan el pasaje para distinguir a Pablo de otros cristianos.

Es más, un examen más cuidadoso de 2 Corintios 12:12 muestra que es muy dudoso que la frase «marcas distintivas de un apóstol» en este pasaje quiera decir señales milagrosas. En este mismo versículo Pablo hace una distinción entre las «marcas distintivas de un apóstol» y los milagros, a los cuales llama «señales, prodigios y milagros», notando que los milagros se hacían junto con las señales de un apóstol: «Con todo, *las señales de apóstol* han sido hechas entre vosotros en toda paciencia, *por señales, prodigios y milagros».*[16] La última frase: «por señales, prodigios y milagros», junta tres términos que denotan milagros, y por consiguiente se debe referir a milagros (note «señales y prodigios» en Hch 4:30; 5:12; 14:3; 15:12; Ro 15:19; He 2.4; et al.). Por consiguiente, la frase «marcas distintivas de un apóstol», se debe referir a algo diferente, algo que iba «acompañado por (hecho «por») señales y prodigios.

De hecho, aunque la palabra *señal* en el griego (*semeion*) a menudo se refería a milagros, tiene una variedad de significados mucho más amplia que simplemente *milagro: semeion* simplemente quiere decir «algo que indica o se refiere a algo diferente».[17] En 2 Corintios 12:12 las «señales» de un apóstol se entienden mejor como

---

[15]Vea Walter J. Chantry, *Signs of the Apostles*, 2ª ed. (Edinburgh: Banner of Truth, 1976), esp. pp. 17-21; B.B. Warfield, *Counterfeit Miracles;* Norman Geisler, *Signs and Wonders* (Tyndale House, Wheaton, 1988).

[16]La gramática del texto griego nos obliga a esta distinción, puesto que «las marcas distintivas está en caso nominativo, en tanto que «señales, prodigios y milagros está en caso dativo, y por consiguiente, no puede ser simplemente una reafirmación de «marcas de un apóstol» en aposición a ella; en el griego los sustantivos en aposición deben estar en el mismo caso. (La NVI ignora la gramática aquí y traduce las dos frases como si estuvieran en aposición: La RVR y LBLA son más precisas).

[17]Se ha llamado «señales» a muchas cosas no milagrosas. Por ejemplo, la escritura del puño y letra de Pablo es su «señal» (2Ts 3:17); la circuncisión es una «señal» de la justicia imputada a Abraham (Ro 4:11); el beso de Judas es una «señal» para los dirigentes judíos (Mt 26:48); el arco iris es una «señal» del pacto (Gn 9:12); comer el pan sin

todo lo que caracterizaba la misión apostólica de Pablo y que lo señalaban como un apóstol verdadero.[18] No necesitamos adivinar cuales eran estas señales, porque en otros lugares de 2 Corintios Pablo nos dice lo que lo caracterizaba como un apóstol verdadero:

1. Poder espiritual en el conflicto con el mal (10:3-4, 8-11; 13:2-4, 10).
2. Celoso interés por el bienestar de las iglesias (11:16).
3. Verdadero conocimiento de Jesús y su plan evangélico (11:6).
4. Sostenimiento propio (desprendimiento) (11:7-11).
5. No aprovecharse de las iglesias; y no maltratar físicamente a las personas (11:20-21).
6. Soportar sufrimiento y adversidad por Cristo (11:23-29).
7. Haber sido arrebatado al cielo (12:1-6).
8. Contentamiento y fe para soportar una espina en el cuerpo (12:7-9).
9. Obtener fuerza en la debilidad (12:10).

El primer asunto podría haber incluido milagros, pero ciertamente ese no es el enfoque primordial de su referencia a las «marcas distintivas de un verdadero apóstol».

Otra evidencia de que «las señales de un apóstol» en 2 Corintios 12:12 fueron todas estas cosas y no solo los milagros es el hecho de que Pablo dice: «Las señales de apóstol han sido hechas entre vosotros *en toda paciencia*» (RVR 1960). Ahora bien, tendría escaso sentido decir que los milagros se realizaron «en toda paciencia», porque muchos milagros sucedieron rápidamente, pero tendría mucho sentido decir que la paciencia de Pablo semejante a la de Cristo para soportar la adversidad por amor a los corintios se ejerció «en toda paciencia».

Debemos notar que en ninguna parte en esta lista Pablo afirma que los milagros demuestran su apostolado genuino. Es más, la mayoría de las cosas que menciona no lo distinguían de otros verdaderos cristianos. Pero estas cosas sí lo

---

levadura durante la Pascua cada año es una «señal» de la liberación del Señor (Éx 13:9); el cordón de grana de Rahab es una «señal» que los espías le dijeron que colgara en su ventana (1 Clem. 12:7).

[18]Entre los comentaristas modernos sobre 2 Corintios he hallado sólo tres que entienden las «señales de un verdadero apóstol» en 2Co 12:12 como siendo los milagros: Colin Kruse, *The Second Epistle of Paul to the Corinthians*, TNTC (Inter-Varsity Press, Leicester y Eerdmans, Grand Rapids, 1987), p. 209; Jean Hering, *The Second Epistle of Saint Paul to the Corinthians*, trad. A. W. Heathcote y P. J. Allcock (Epworth, Londres, 1967), pp. 95-96; y Murray Harris, «2 Corinthians», *EBC* 10:398, lo toman de esa manera, pero ninguno de ellos da ningún argumento para sostener este punto de vista, y Harris nota que una noción altera fueron las vidas cambiadas de los corintios y el carácter de Pablo semejante a Cristo.

La mayoría de comentaristas entiende las «señales de un verdadero apóstol» como teniendo un significado mucho más amplio, incluyendo las cualidades de la vida de Pablo y el carácter y resultados de su ministerio; vea Philip E. Hughes, *Paul's Second Epistle to the Corinthians*, NIC (Eerdmans, Grand Rapids, 1962), pp. 456-58 (siguiendo a Crisóstomo y a Calvino); Ralph P. Martin, *II Corinthians*, WBC (Word, Waco, Tex., 1986), pp. 434-38 (con consideración extensa); Alfred Plummer, *A Critical and Exegetical Commentary on the Second Epistle of St. Paul to the Corinthians*, ICC (T. & T. Clark, Edinburgh, 1915), p. 359; R. V. G. Tasker, *2 Corinthians*, TNTC (Tyndale Press, Londres, 1958), p. 180; Charles Hodge, *An Exposition of 1 and 2 Corinthians*, (Sovereign Grace, Wilmington, Del., 1972 [reimp.]), pp. 359-60; John Calvin, *The Second Epistle of Paul the Apostle to the Corinthians . . . .* trad. T. A. Smail, ed. por D. W. Torrance y T. F. Torrance (Oliver and Boyd, Edinburgh: y Eerdmans, Grand Rapids, 1964), pp. 163-64; vea también J. B. Lightfoot, *The Epistle of St. Paul to the Galatians* (Zondervan, Grand Rapids, 1957), p. 99. Algunos de estos comentaristas entienden las «señales de un verdadero apóstol» como acompañada por milagros o incluyéndolos, pero ninguno entiende la frase refiriéndose primordial o exclusivamente a milagros.

distinguen de los siervos de Satanás, apóstoles falsos que no tenían nada de cristianos. La vida de estos no se caracterizaba por la humildad sino por el orgullo; no por
el desprendimiento sino por el egoísmo; no por la generosidad sino por la codicia;
no por tratar de buscar el provecho de otros sino por aprovecharse de los demás,
no por poder espiritual en la debilidad física sino por la confianza en su fuerza natural; no por soportar sufrimiento y adversidad sino por procurar su propia comodidad y holganza.[19] Cuando Pablo actuaba de una manera cristiana entre ellos, sus
acciones eran «señales» de que su afirmación de ser apóstol era una afirmación verdadera; por tanto, estas cosas eran «señales de un apóstol verdadero». En este contexto, las «señales» que caracterizaban a un verdadero apóstol no tienen que ser las
señales que mostraban una diferencia absoluta entre él y los demás cristianos, sino
cosas que mostraban que su ministerio era genuino, no como los ministerios falsos. No les está diciendo a los corintios cómo distinguir entre un apóstol y otros
cristianos (hizo eso en 1 Co 9:1-2; 15:7-11; Gá 1:1, 11-24, mencionando haber visto
a Cristo resucitado y haber sido comisionado por Cristo como apóstol), sino que
les está diciendo cómo reconocer lo que era un ministerio genuino y aprobado por
Cristo.

¿Por qué entonces añade que todas estas señales de un verdadero apóstol se
realizaron entre los corintios con «señales, prodigios y milagros»? Simplemente
está añadiendo un factor adicional a todas las marcas anteriores de su apostolado
genuino. Los milagros, por supuesto, tuvieron una función significativa al confirmar la verdad del mensaje de Pablo, y Pablo aquí hace explícito lo que los corintios
podrían haber dado por sentado, o tal vez no, que estaba incluido en la frase «señales de un verdadero apóstol»; además de todas estas otras señales de un verdadero
apóstol, su ministerio hacía demostraciones milagrosas del poder de Dios por
igual.[20]

Hay, sin embargo, otra razón muy significativa por la que los milagros no de-
mostraban que alguien fuera apóstol. En el contexto mayor del Nuevo Testamento es claro que otros que no eran apóstoles también hicieron milagros, tales como
por ejemplo Esteban (Hch 6:8), Felipe (Hch 8:6-7), cristianos en varias iglesias de
Galacia (Gá 3:5), y los que tenían dones de «milagros» en el cuerpo de Cristo en general (1 Co 12:10, 28). Los milagros como tales no se pueden considerar señales ex-
clusivas de un apóstol. Es más a «los que hacen milagros» y a «los que sanan» en
realidad se les distingue de los «apóstoles» en 1 Corintios 12:28: «En la iglesia Dios
ha puesto, en primer lugar, *apóstoles;* en segundo lugar, profetas; en tercer lugar,
maestros; luego *los que hacen milagros;* después los que tienen dones para sanar
enfermos. ...».

---

[19]Algunos intérpretes han dado por sentado que los falsos apóstoles estaban obrando milagros y aduciendo revelaciones de Dios, así que Pablo tendría que haber aducido milagros y revelaciones más grandes. Pero nada en 2
Corintios dice que los falsos apóstoles aducían milagros o revelaciones.

[20]El siguiente versículo también da confirmación de esta interpretación: Pablo dice: «¿En qué fueron ustedes
inferiores a las demás iglesias? . . .» (2Co 12:13). El hecho de que a ellos no les faltaba nada en cuanto al cuidado y
atención de Pablo les demostraría que las «señales de un verdadero apóstol» fueron realizadas entre ellos solo si
estas «señales» incluían todo el ministerio de Pablo para ellos, pero no si las «señales de un verdadero apóstol»
eran simplemente milagros.

Evidencia similar se ve en Marcos 16:17-18; aunque hay serias dudas en cuanto a la autenticidad este pasaje como parte del Evangelio de Marcos,[21] el texto con todo es muy antiguo[22] y por lo menos da testimonio de una hebra de tradición dentro de la iglesia primitiva. Este texto informa que Jesús dijo:

> Estas señales acompañarán a los que crean: en mi nombre expulsarán demonios; hablarán en nuevas lenguas; tomarán en sus manos serpientes; y cuando beban algo venenoso, no les hará daño alguno; pondrán las manos sobre los enfermos, y éstos recobrarán la salud.

Aquí también se da por sentado que el poder de obrar milagros es posesión común de los cristianos. Los que escribieron y pasaron esta tradición temprana, tradición que pensaban que representaba la genuina enseñanza de Jesús, ciertamente no sabían nada de que los milagros estuvieran limitados a los apóstoles y sus asociados más íntimos.[23]

Al argumento de que muchos otros cristianos en el Nuevo Testamento hicieron milagros a veces se responde que sólo los apóstoles *y los que estuvieron íntimamente asociados con ellos*, o aquellos sobre quienes los apóstoles impusieron las manos, podían hacer milagros.[24] Sin embargo, esto en realidad prueba muy poco porque la historia del Nuevo Testamento es el relato de lo que fue hecho por medio de los apóstoles y los íntimamente asociados con ellos. Un argumento similar se podría hacer en cuanto a la evangelización o la fundación de iglesias: «En el Nuevo Testamento sólo los apóstoles o sus asociados íntimos fundaron iglesias; por consiguiente, nosotros no debemos fundar iglesias hoy»; o «En el Nuevo Testamento sólo los apóstoles o sus asociados íntimos realizaron la obra misionera en otros países, por consiguiente no debemos hacer obra misionera en otros países hoy». Estas analogías muestran lo inadecuado del argumento; el Nuevo Testamento primordialmente muestra cómo la iglesia *debe* procurar actuar, y no como *no debe* procurar actuar.

Pero si muchos otros cristianos en toda la iglesia del primer siglo hicieron milagros en el poder del Espíritu Santo, el poder de hacer milagros no puede ser una señal que hace distinción entre los apóstoles y los demás cristianos.

3. La definición restrictiva de milagros que da Norman Geisler. Un intento más reciente de negar que los milagros ocurren hoy lo ha hecho Norman Geisler.[25] Geisler tiene una definición de *milagro* mucho más restrictiva que la que se presenta en este capítulo, y usa esa definición para argumentar en contra de la posibilidad de milagros contemporáneos. Geisler dice que «los milagros (1) siempre tienen

---

[21]La evidencia de manuscritos y consideraciones de estilo sugieren que estos versículos no fueron parte original del Evangelio que Marcos escribió. (Vea la consideración de variantes textuales en las pp. 98-99.)

[22]Consta en varios manuscritos de Diatessaron de Taciano (170 d.C.) y lo citan Ireneo (m. 202 d.C.) y Tertuliano (m. 220 d.C.).

[23]Estoy agradecido al profesor Professor Harold Hoehner del Dallas Theological Seminary por sugerirme los argumentos que presento aquí respecto a 1 Co 12:28 y Mr 16:17-18 (aunque él tal vez discrepe con mi conclusión en esta sección).

[24]Así Chantry, *Signs*, pp. 19-21.

[25]Norman Geisler, *Signs and Wonders*. Su definición de milagros se halla en las pp. 28-32 y 149-55.

éxito, (2) son inmediatos, (3) no tienen recaídas, y (4) dan confirmación del mensajero de Dios» (pp. 28-30). Halla respaldo para esta tesis principalmente en el ministerio de Jesús, pero cuando pasa más allá de la vida de Jesús e intenta mostrar que otros que tuvieron el poder de obrar milagros nunca tuvieron éxito, su tesis es mucho menos convincente. Con respecto al muchacho endemoniado a quien los discípulos no pudieron librar del demonio (Mt 17:14-21), Geisler dice que fue que «los discípulos se olvidaron por el momento de ejercer fielmente el poder que Jesús ya les había dado» (p. 150). Pero éste argumento no persuade; Geisler dice que el poder de obrar milagros ya había tenido éxito, y cuando la Biblia habla de alguien que no tuvo éxito (y que contradice su tesis) simplemente dice que «se olvidaron». Jesús, sin embargo, da una razón diferente: «Porque ustedes tienen tan poca fe» (Mt 17:20). La fe menor que tenían resultó en menor poder para obrar milagros.

Con respecto al hecho de que Pablo no pudo curar a Epafrodito (Flp 2:27), Geisler se ve obligado a hacer la dudosa afirmación de que tal vez Pablo nunca intentó sanar a Epafrodito (aunque él había ido a verlo en la cárcel y se enfermó tan gravemente que casi se muere), o que «Pablo ya no tenía el don de sanidad en ese momento» (p. 150). Emplea la misma argumentación para explicar el hecho de que Pablo dejó a Trófimo enfermo en Mileto (2 Ti 4:20). En estas instancias Geisler va más allá de la usual afirmación cesacionista de que los milagros terminaron con la muerte de los apóstoles; y aduce que los milagros cesaron en la vida del más grande apóstol antes de su primer encarcelamiento de Roma. Esto es simplemente un argumento nada convincente respecto al apóstol cuyo ministerio repetidamente se caracterizó por«poderosas señales y milagros, por el poder del Espíritu de Dios» (Ro 15:19), y que pudo decir triunfalmente en su última epístola: «He peleado la buena batalla, he terminado la carrera, me he mantenido en la fe» (2 Ti 4:7).

La descripción que da Geisler de los milagros no encaja en el caso del ciego sobre el cual Jesús puso las manos, porque al principio del hombre no veía claramente, sino que dijo que veía a los hombres y que «parecen árboles que caminan». Después de que Jesús le puso las manos encima por segunda vez, el hombre «comenzó a ver todo con claridad» (Mr 8:24-25). Geisler responde que fue la intención de Jesús sanar en dos etapas, enseñar a los discípulos usando una lección objetiva en cuanto al crecimiento gradual en sus vidas espirituales (pp. 153-54). Aunque el pasaje no dice nada a este efecto, puede haber sido verdad, pero incluso así eso niega la tesis de Geisler, porque si fue la intención de Jesús sanar en dos etapas entonces, hoy podría ser su intención sanar a las personas en dos etapas; o en tres, cuatro o más etapas. Una vez que Geisler reconoce que puede haber sido la intención de Dios hacer milagros en etapas, a fin de lograr sus propósitos, toda su afirmación de que los milagros deben ser inmediatos y completos se pierde.[26]

En lugar de aceptar la definición de Geisler, parece ser mejor concluir que incluso los que tienen los dones de Dios con la capacidad de realizar milagros tal vez no puedan realizarlos cada vez que quieren, porque el Espíritu Santo continuamente está

---

[26]Geisler también tiene mucha dificultad para explicar Marcos 5:8 (en donde Jesús les ordenó a los demonios más de una vez que salgan) y Marcos 6:5 (en donde el pasaje dice que Jesús no pudo hacer ningún milagro en Nazaret debido a la incredulidad de los pobladores allí) (vea pp. 149, 152).

repartiéndolos a cada persona «según él lo determina» (1 Co 12:11; la palabra *repar-te* en griego es un participio presente indica una actividad continua del Espíritu Santo). Es más, parece no haber razón para excluir (como evidentemente Geisler quiere hacerlo) las respuestas inusuales o notorias a la oración de la categoría de «milagro», haciendo de este modo la definición extremadamente restrictiva. Si Dios responde a la oración persistente, por ejemplo, por una curación física para la cual no hay explicación médica conocida, y lo hace después de varios meses o años de oración, pero lo hace de tal manera que parece ser muy claro que es en respuesta a la oración para que las personas «queden asombradas y glorifiquen a Dios, no parece haber razón para negar que ha ocurrido un milagro solo porque las oraciones anteriores no fueron contestadas de inmediato. Por último, Geisler no reconoce que varios pasajes del Nuevo Testamento indican que los dones espirituales, sean milagrosos o no milagrosos por naturaleza, pueden variar en fuerza o grados de intensidad.[27]

4. Hebreos 2:3-4. Otro pasaje que a veces se usa para respaldar la idea de que los milagros estuvieron limitados a los apóstoles y a sus asociados íntimos es Hebreos 2:3-4. Allí el autor dice que la salvación «fue anunciada primeramente por el Señor, y los que la oyeron nos la confirmaron. A la vez, Dios ratificó su testimonio[28] acerca de ella con señales, prodigios, diversos milagros y dones distribuidos por el Espíritu Santo según su voluntad».

Puesto que aquí se dice que los milagros llegaron por medio de los que oyeron de primera mano al Señor («los que la oyeron»), se dice que no debemos esperar que sean realizados hoy por medio de otros que no fueron testigos oculares de la enseñanza y ministerio del Señor.[29]

Pero este argumento también intenta extraer del pasaje más de lo que está allí. Primero, la frase «los que la oyeron» (Heb 2:3) ciertamente no está limitada a los apóstoles, porque muchos otros oyeron también a Jesús. Pero, más importante, esta posición aduce algo que el texto no dice: el hecho de que (1) el mensaje del evangelio fue confirmado por milagros cuando lo predicaron los que oyeron a Jesús no dice nada de (2) si sería confirmado por milagros cuando lo predicaran otros que no oyeron a Jesús. Finalmente, este pasaje dice que el mensaje fue confirmado no sólo por «señales, prodigios, diversos milagros» sino también por «*dones distribuidos por el Espíritu Santo*». Si alguien aduce que este pasaje limita los milagros a los apóstoles y sus compañeros, también debe aducir que los dones del

---

[27]Vea la consideración en el capítulo 52, pp. 1078-80, más adelante.

[28]La traducción KJV en inglés traduce: «Dios también *les dio* testimonio, con señales y prodigios . . .» Esta traducción sugiere que los milagros dieron testimonio a los que oyeron a Jesús y predicaron al principio. Pero la palabra «a ellos» no aparece en el texto griego, y esta traducción no sigue ninguna de las versiones modernas.

[29]Así Chantry, *Signs of the Apostles*, pp. 18-19: «Los milagros del Nuevo Testamento se ven en la misma Biblia como el sello de Dios de aprobación sobre los apóstoles, que fue un registro inspirado de las cosas que ellos habían visto y oído mientras estuvieron con Jesús. El recuerdo de estas maravillas debería profundizar nuestro respeto por la autoridad de sus palabras e impulsarnos a darles atención más cuidadosa».

Espíritu Santo de igual manera estuvieron limitados a la iglesia del primer siglo. Pero pocos argumentarían que no hay dones del Espíritu hoy.[30]

5. Conclusión: ¿Estuvieron los milagros restringidos a los apóstoles? Si el ministerio en el poder y gloria del Espíritu Santo es característica de la edad del nuevo pacto (2 Co 3:1—4:18), nuestra expectativa debería ser precisamente lo opuesto: esperaríamos que la segunda, tercera y cuarta generación de cristianos que también conocen a Cristo y el poder de su resurrección (Flp 3:10), que están siendo continuamente llenos del Espíritu Santo (Ef 5:17), que participan en una guerra que no es de este mundo, sino que se realiza con armas que tienen poder divino para destruir fortalezas (2 Co 10:3-4), a los que no se les ha dado un espíritu de timidez sino «de poder, de amor y de dominio propio» (2 Ti 1:7), que son fuertes en el Señor y en el poder de su fuerza, y que se han puesto toda la armadura de Dios a fin de poder resistir contra principados y potestades, y huestes espirituales de maldad en regiones celestiales (Ef 6:10-12), *también* tendrán la capacidad de ministrar el evangelio no sólo en verdad y amor sino también acompañados de demostraciones milagrosas del poder de Dios. Es difícil ver, de las páginas del Nuevo Testamento, alguna razón por la que sólo la predicación de los apóstoles debe hacerse «no con palabras sabias y elocuentes sino *con demostración del poder del Espíritu, para que la fe de ustedes no dependiera de la sabiduría humana sino del poder de Dios*» (1 Co 2:4-5).

Aunque en efecto parece haber habido una concentración inusual de poder milagroso en el ministerio de los apóstoles, esto no es razón para pensar que habría pocos o ningún milagro después de la muerte de ellos. Más bien, los discípulos fueron los dirigentes en una iglesia del nuevo pacto cuya vida y mensaje se caracterizó por el poder del Espíritu Santo que obraba de maneras milagrosas. Es más, ellos fijaron un patrón que la iglesia en toda su historia haría bien en tratar de imitar en su propia vida, por cuanto Dios el Espíritu se complace en hacer milagros para la edificación de la iglesia.[31]

E. Milagros falsos

Los magos del faraón pudieron hacer algunos milagros falsos (Éx 7:11, 22; 8:7), aunque pronto tuvieron que reconocer que el poder de Dios era mayor (Éx 8:19). El mago Simón de la ciudad de Samaria asombraba a la gente con sus artes mágicas (Hch 8:9-11), aunque los milagros que hizo Felipe fueron mucho mayores (Hch 8:13). En Filipos Pablo halló a una esclava «que tenía un espíritu de adivinación. Con sus poderes ganaba mucho dinero para sus amos» (Hch 16:16), pero Pablo reprendió al espíritu y salió de ella (Hch 16:18). Es más, Pablo dice que cuando el

---

[30]Otro argumento que limita los milagros al primer siglo se basa en la afirmación de que algunos milagros, tales como el don de profecía, siempre da nueva revelación de calidad bíblica. Ese argumento se considera en detalle en los capítulos 52-53, más adelante pp. 1096-1100, 1107-20.

[31]Sin embargo, los cristianos deben usar mucha cautela y extremo cuidado para informar con precisión los milagros si ocurren. Mucho daño se puede hacer al evangelio si los cristianos exageran o distorsionan, aunque sea en pequeños detalles, los hechos de una situación en donde ha ocurrido un milagro. El poder del Espíritu Santo es grande lo suficiente para obrar como él quiera, y nunca debemos «embellecer» los hechos reales de la situación simplemente para hacer que suene incluso más emocionante de lo que en realidad fue. Dios hace exactamente lo que le complace hacer en cada situación.

hombre de pecado venga vendrá «con toda clase de milagros, señales y prodigios falsos. Con toda perversidad engañará a los que se pierden» (2 Ts 2:9-10), pero los que los sigan si son engañados lo hacen «por haberse negado a amar la verdad y así ser salvos» (2 Ts 2:10). Esto indica que los que van a hacer milagros falsos al fin de los tiempos por el poder de Satanás no dirán la verdad sino que predicarán un evangelio falso. Finalmente, Apocalipsis 13 indica que una segunda bestia surgirá «de la tierra», que tiene «toda la autoridad de la primera bestia» y hará «grandes señales milagrosas, incluso la de hacer caer fuego del cielo a la tierra, a la vista de todos. Con estas señales que se le permitió hacer en presencia de la primera bestia, engañó a los habitantes de la tierra» (Ap 13:11-14). Pero de nuevo, un falso evangelio acompaña estos milagros; este poder se ejerce en conexión con la primera bestia a la que «se le permitió hablar con arrogancia y proferir blasfemias ... Abrió la boca para blasfemar contra Dios, para maldecir su nombre y su morada y a los que viven en el cielo» (Ap 13:5-6).

Dos conclusiones son claras de este breve estudio de los milagros falsos en la Biblia: (1) *El poder de Dios es mayor que el poder de Satanás* para hacer señales milagrosas, y el pueblo de Dios triunfa en las confrontaciones de poder con los que obran el mal. En conexión con esto, Juan asegura a los creyentes que «el que está en ustedes es más poderoso que el que está en el mundo» (1 Jn 4:4).[32] (2) La identidad de los que obran milagros falsos *siempre se conoce porque niegan el evangelio. No hay ninguna indicación en ninguna parte de la Biblia de que los cristianos genuinos con el Espíritu Santo en ellos harán falsos milagros.* De hecho, en una ciudad llena de idolatría y adoración a demonios (vea 1 Co 10:20), Pablo pudo decir a los creyentes de Corinto, muchos de los cuales habían salido de esa clase de trasfondo pagano, que «nadie que esté hablando por el Espíritu de Dios puede maldecir a Jesús; ni nadie puede decir: "Jesús es el Señor" sino por el Espíritu Santo» (1 Co 12:3). Aquí les da la seguridad de que los que hacen una profesión genuina de fe en Jesús como Señor en efecto tienen en ellos el Espíritu Santo. Es significativo que de inmediato pasa a considerar los dones espirituales que posee «todo» verdadero creyente (1 Co 12:7).

Esto debe reasegurarnos de que si vemos milagros que realizan los que hacen una profesión genuina de fe (1 Co 12:3), que creen en la encarnación y deidad de Cristo (1 Jn 4:2), y que muestran en sus vidas el fruto del Espíritu Santo y dan fruto en su ministerio (Mt 7:20; cf. Jn 15:5; Gá 5:22-23), no debemos sospechar que son falsos milagros, sino que debemos agradecer a Dios porque el Espíritu Santo está actuando, incluso en los que tal vez no tienen exactamente las mismas convicciones que nosotros en todo punto de doctrina.[33] Ciertamente, si Dios esperara para

---

[32]Alguien pudiera objetar que la excepción a esto sería la visión del fin de los tiempos en Ap 13:7, en donde a la bestia «se le permitió hacer la guerra a los santos y vencerlos» (Ap 13:7). Pero incluso aquí no hay indicación de que los poderes milagrosos de la bestia sean más grandes que el poder del Espíritu Santo. Esto parece entenderse mejor no como confrontación de poder milagroso sino simplemente como una persecución de parte de una fuerza militar, porque leemos más adelante que «las almas de los que habían sido decapitados por causa del testimonio de Jesús y por la palabra de Dios. No habían adorado a la bestia ni a su imagen, ni se habían dejado poner su marca en la frente ni en la mano» (Ap 20:4).

[33]El hecho de que los que invocan el nombre de Cristo puedan profetizar y echar fuera demonios y hacer «muchos milagros» en su nombre (Mt 7:21-23) no contradice esto, porque éstos o no cristianos; Jesús les dice: «Jamás los conocí. ¡Aléjense de mí, hacedores de maldad!» (Mt 7:23). Aunque es posible que estos son falsos milagros

hacer milagros sólo por medio de los que fueran perfectos tanto en doctrina como en conducta de vida, no se realizaría ningún milagro hasta que Cristo vuelva.

F. ¿Deben los cristianos buscar milagros hoy?

Es una cosa decir que los milagros pueden ocurrir hoy. Es otra muy diferente pedir milagros a Dios. ¿Está bien, entonces, que los cristianos le pidan a Dios que haga milagros?

La respuesta depende del propósito con que se busca milagros. Ciertamente está mal buscar poder milagroso para promover el poder o la fama de uno, como lo buscó Simón el mago; Pedro le dijo: «No eres íntegro delante de Dios. Por eso, arrepiéntete de tu maldad y ruega al Señor. Tal vez te perdone el haber tenido esa mala intención» (Hch 8:21-22).

También está mal buscar milagros simplemente para diversión, como Herodes los buscó: «Al ver a Jesús, Herodes se puso muy contento; hacía tiempo que quería verlo por lo que oía acerca de él, y esperaba presenciar algún milagro que hiciera Jesús» (Lc 23:8). Pero Jesús ni siquiera respondió a las preguntas de Herodes.

También es malo que los incrédulos escépticos corran tras los milagros solo para hallar base para criticar a los que predican el evangelio:

> Los fariseos y los saduceos se acercaron a Jesús y, para ponerlo a prueba, le pidieron que les mostrara una señal del cielo. Él les contestó: ... Esta generación malvada y adúltera busca una señal milagrosa, pero no se le dará más señal que la de Jonás» (Mt 16:1-4).

Este regaño en contra de buscar señales se repite en otras partes en los Evangelios, pero es importante notar que los reproches contra los que buscan señales siempre se dirigen contra incrédulos hostiles van tras los milagro sólo para criticar a Jesús.[34] Jesús nunca reprende a nadie que viene en fe, o en necesidad, buscando cura, liberación o algún otro tipo de milagro, sea para sí mismo o para otros.

¿Qué diremos, entonces, en cuanto a 1 Corintios 1:22-24, donde Pablo dice: «Los *judíos piden señales milagrosas* y los gentiles buscan sabiduría, mientras que

---

obrados por el poder demónico, parece ser más probable que son operaciones de la gracia común (vea capítulo 31) que Dios obró por medio de no cristianos, similar a la eficacia del evangelio que Dios a veces permite cuando lo predican los que tienen motivos impuros y no conocen a Cristo de corazón (cf. Fl 1:15-18).

[34]El hecho de que Jesús sólo reprende a los no creyentes hostiles que buscan milagros sorprendentemente nunca lo menciona D. A. Carson, «The Purpose of Signs and Wonders in the New Testament», en M. Horton, ed., *Power Religion*, pp. 89-118, o James M. Boice, «A Better Way: The Power of Word and Spirit», en *Power Religion*, pp. 119-36. Ambos artículos usan la represión de Jesús como medio de desalentar a los creyentes en cuanto a buscar milagros hoy, pero para hacer esto deben aplicar la afirmación de Jesús de una manera que no justifica el contexto del Nuevo Testamento. (Vea esp. Boice, p. 126, que cita con aprobación una afirmación de John Woodhouse, «A desire for further signs and wonders is sinful and unbelieving».)

La afirmación explícita de la intención de «probarle» también se halla en Mc 8:11 y Lc 11:16, contextos paralelos en donde Jesús reprende a una generación perversa por buscar de él una señal. El único otro contexto en donde aparece una reprensión, Mt 12:38-42, no incluye una afirmación explícita de intención de probarle, pero Jesús claramente está respondiendo a los «escribas y fariseos» (v. 38), y el incidente viene después de Mt 12:14, en donde los fariseos «salieron y tramaban cómo matar a Jesús» y Mt 12:24, en donde los fariseos dicen: «Éste no expulsa a los demonios sino por medio de Beelzebú, príncipe de los demonios».

nosotros predicamos a Cristo crucificado. Este mensaje es motivo de tropiezo para los judíos, y es locura para los gentiles, pero para los que Dios ha llamado, lo mismo judíos que gentiles, Cristo es el poder de Dios y la sabiduría de Dios»? ¿Quiere decir Pablo que él no hizo milagros («señales») en Corinto, y tal vez tampoco en su obra evangelizadora en general?

Aquí Pablo no puede estar negando que realizó milagros en conexión con la proclamación del evangelio. De hecho, en Romanos 15:18-19, pasaje que escribió mientras estaba en Corinto dijo:

> No me atreveré a hablar de nada sino de lo que Cristo ha hecho por medio de mí para que los gentiles lleguen a obedecer a Dios. Lo ha hecho con palabras y obras, mediante poderosas señales y milagros, por el poder del Espíritu de Dios. Así que, habiendo comenzado en Jerusalén, he completado la proclamación del evangelio de Cristo por todas partes, hasta la región de Iliria.

Y 2 Corintios 12:12 afirma claramente que Pablo en efecto hizo «señales, prodigios y milagros» entre ellos.

Así que 1 Corintios 1:22-24 no puede querer decir que Pablo estaba negando la validez de la *sabiduría* ni la validez de las *señales,* porque por medio de Cristo él hizo señales y enseñó sabiduría. Más bien, aquí está diciendo que las señales y la sabiduría en sí mismas no salvan a nadie, pero el evangelio sí salva a las personas. Las señales y la sabiduría que judíos y griegos buscaban no eran las señales y sabiduría de Cristo, sino simplemente señales para entretener o atizar su hostilidad y escepticismo, y sabiduría que era sabiduría del mundo antes que sabiduría de Dios.

No hay nada inapropiado en buscar milagros con los propósitos apropiados para los cuales los da Dios: para confirmar la veracidad del mensaje del evangelio, para ayudar a los necesitados, para eliminar estorbos en los ministerios de las personas y para dar gloria a Dios (vea la Sección C). En los Evangelios muchos fueron a Jesús buscando milagros, y él lo sanó con estos propósitos. Es más, cuando envió a sus discípulos a predicar que el reino de los cielos se había acercado, les dijo: «Sanen a los enfermos, resuciten a los muertos, limpien de su enfermedad a los que tienen lepra, expulsen a los demonios» (Mt 10:7-8). ¿Cómo podían ellos hacer esto sin buscar a Dios para hacer milagros dondequiera que iban? El mandamiento de Jesús requería que procuraran que sucedieran milagros.

Después de Pentecostés, la iglesia primitiva oró por intrepidez para predicar el evangelio y pidió que Dios les concediera milagros que acompañaran a su predicación. Clamaron a Dios:

> Ahora, Señor, toma en cuenta sus amenazas y concede a tus siervos el proclamar tu palabra sin temor alguno. Por eso, *extiende tu mano para sanar y hacer señales y prodigios* mediante el nombre de tu santo siervo Jesús (Hch 4:29-30).

Lejos de enseñar que no debemos pedirle a Dios milagros, este ejemplo de la iglesia primitiva como que nos estimula a pedirlos. De modo similar, los discípulos de Lida enviaron a buscar a Pedro para que fuera a orar por Tabita después de que esta murió, con lo que buscaban una intervención milagrosa de Dios (Hch 9:38). Y

Santiago dirige a los ancianos de la iglesia a orar y buscar la curación de los enfermos (Stg 5:14). Por supuesto, no debemos dar por sentado que una respuesta obviamente milagrosa a la oración es mejor que la que resulta por medios ordinarios (tal como ayuda médica en una enfermedad), y también debemos darnos cuenta de que pedirle a Dios por una necesidad en particular no garantiza que la oración recibirá respuesta. Por otro lado, nuestra fe en que Dios obra de manera poderosa e incluso milagrosa puede ser demasiado pequeña. Debemos precavernos para no dejarnos infectar por una cosmovisión secular que da por sentado que Dios responde a la oración sólo muy rara vez, si acaso. Y por cierto no debemos avergonzarnos de hablar de los milagros si ocurren, ¡ni pensar que una respuesta a la oración que no es milagrosa es mejor! Los milagros son obra de Dios, y él los realiza para glorificarse y fortalecer nuestra fe. Cuando encontramos necesidades serias en la vida de las personas hoy, está bien que busquemos en Dios una respuesta, y cuando una intervención milagrosa parezca necesaria, debemos pedirle a Dios que si es su voluntad obre de esa manera.[35] Esto parece ser especialmente apropiado cuando nuestra motivación es una compasión como la de Cristo por los necesitados y un ardiente deseo de ver el avance del reino de Cristo y que su nombre sea glorificado.

PREGUNTAS PARA APLICACIÓN PERSONAL

1. Cuando usted abrazó la fe en Cristo, ¿ejercieron los relatos de milagros en la Biblia alguna influencia (negativa o positiva) en su creencia en el mensaje de la Biblia?

2. Antes de leer este capítulo, ¿había pensado usted de la iglesia de tiempos del Nuevo Testamento que era una iglesia con milagros frecuentes? ¿Ha pensado usted de la iglesia contemporánea que es una iglesia con milagros frecuentes? Después de leer este capítulo, ¿de qué manera ha cambiado su posición, si es que ha cambiado?

3. Si usted piensa que los milagros deben ser la característica de la iglesia hasta que Cristo vuelva, entonces ¿por qué no hemos visto muchos milagros en muchos puntos en la historia de la iglesia, y por qué no vemos muchos milagros en grandes secciones de la iglesia cristiana hoy?

4. Si usted sostiene una posición «cesacionista», ¿qué clases de respuestas poco comunes a la oración pensaría usted que todavía son posibles hoy? (Por ejemplo, oración por salud física, liberación de peligro, victoria sobre ataques demoníacos mediante la oración y represión verbal de un espíritu malo, o comprensión súbita e inusual de un pasaje de la Biblia, o de las circunstancias de la vida de alguien.) ¿Cómo haría distinción entre estas cosas

---

[35]John Walvoord, anteriormente presidente del Dallas Theological Seminary, entiende que el don de milagros es «el poder de realizar milagros a voluntad en el nombre de Cristo». Por consiguiente, sostiene que el don de milagros ha cesado. Pero con todo aduce que podemos orar por milagros hoy: «El cristiano todavía puede apelar a Dios para que haga maravillas, y Dios en efecto respecto de la oración. Dios todavía puede sanar e incluso revivificar a los muertos, si así lo desea, pero estos milagros son soberanos e individuales. . . . En tanto que, por consiguiente, el don de milagros no es parte del programa presente de Dios, hay que afirmar el poder de Dios para realizar milagros» (*The Holy Spirit* [Van Kampen, Wheaton, Ill., 1954], pp. 179-80).

que tal vez podría pensar hoy y los «milagros» según la definición que se da en este capítulo? (Tal vez usted quiera también argumentar por una definición diferente de «milagro».)

5. ¿Tienen los milagros que ser grandes y «destacados» (tal como resucitar a los muertos o sanar a un ciego de nacimiento) para lograr propósitos útiles en la iglesia hoy? ¿Qué clase de milagros «en pequeña escala» también pudieran alcanzar algunos de los propósitos de los milagros que se mencionan en este capítulo? ¿Ha sabido usted de alguna respuesta a la oración en su propia iglesia (o en su propia vida) que usted caracterizaría como «milagrosa» según la definición que da al principio de este capítulo?

6. ¿Le gustaría ver más poder milagroso del Espíritu Santo (o más respuestas inusuales a la oración) en su propia iglesia hoy, o no? Si ocurrieran más milagros, ¿cuáles pudieran ser los peligros? ¿Cuáles pudieran ser los beneficios?

TÉRMINOS ESPECIALES

cesacionista
ley natural
marcas de un verdadero apóstol
milagro

obra poderosa
prodigio
señal

BIBLIOGRAFÍA

(Para una explicación de esta bibliografía vea la nota sobre la bibliografía en el capítulo 1, p. 40. Datos bibliográficos completos se pueden encontrar en las páginas 1298-1307.)

Secciones en Teologías Sistemáticas Evangélicas

1. Anglicana (episcopal)
   1882-92   Litton (ninguna consideración explícita)
2. Arminiana (wesleyana o metodista)
   1875-76   Pope, 1:63-76
   1940   Wiley, 1:149, 150, 153, 154
   1983-   Cottrell, 2:229-604
3. Bautista
   1907   Strong, 117-33
   1917   Mullins, 172, 193
   1983-85   Erickson, 406-10
   1987-94   Lewis/Demarest, 1:100-109, 115-18
4. Dispensacional
   1947   Chafer, 7:239
   1949   Thiessen, 11-13
   1986   Ryrie, 350-51, 372-73
5. Luterana
   1917-24   Pieper, 1:459-60
   1934   Mueller, 174

6. Reformada (o presbiteriana)

1559	Calvin, 1:14-18, 85-88; 2:1453-1455, 1465-67 (*PA 3*; 1.8.5-8; 4.19.6, 18)
1861	Heppe, 263-65
1871-73	Hodge, 1:617-36
1887-1921	Warfield, *SSW* 2:167-206
1889	Shedd, 1:533-46
1937-66	Murray, *CW* 3:210-14
1938	Berkhof, 176-78
1962	Buswell, 1:176-83

7. Renovada (o carismática/pentecostal)

| 1988-92 | Williams, 1:141-68 |

Secciones en Teologías Sistemáticas Católicas Romanas Representativas

1. Católica Romana: tradicional

| 1955 | Ott (ninguna consideración explícita) |

2. Católica Romana: Post Vaticano II

| 1980 | McBrien, 1:325-28 |

Otras obras

Berkouwer, G. C. «Providence and Miracles». En *The Providence of God*. Trad. por Lewis B. Smedes. Eerdmans, Grand Rapids, 1952, pp. 188-231.

Boice, James Montgomery. «A Better Way: The Power of Word and Spirit». En *Power Religion: The Selling Out of the Evangelical Church?* Michael Scott Horton, ed. Chicago: Moody Press, 1992.

Bridge, Donald. *Signs and Wonders Today*. Inter-Varsity Press, Leicester, 1985.

Brown, Colin. «Miracle.» En *NDT*, pp. 433-34.

_____. *That You May Believe: Miracles and Faith—Then and Now*. Eerdmans, Grand Rapids, 1985.

Carson, D. A. «The Purpose of Signs and Wonders in the New Testament», En *Power Religion: The Selling Out of the Evangelical Church?* Michael Scott Horton, ed. Chicago: Moody Press, 1992.

Deere, Jack. *Surprised by the Power of the Spirit: A Former Dallas Seminary Professor Discovers That God Still Speaks and Heals Today*. Zondervan, Grand Rapids, 1993.

Geisler, Norman. *Signs and Wonders*. Wheaton: Tyndale, 1988.

_____. *Miracles and Modern Thought*. Con una respuesta por R. C. Sproul. Zondervan, Grand Rapids, y Dallas: Probe Ministries, 1982.

Greig, Gary S., y Kevin N. Springer, eds. *The Kingdom and the Power*. Ventura, Calif. Regal, 1993.

Gross, Edward N. Miracles, *Demons, and Spiritual Warfare: An Urgent Call for Discernment*. Baker, Grand Rapids, 1990.

Grudem, Wayne. *Power and Truth: A Response to the Critiques of Vineyard Teaching and Practice by D. A. Carson, James Montgomery Boice, and John H. Armstrong in Power Religion.* Anaheim, Calif. Association of Vineyard Churches, 1993.

_____. «Should Christians Expect Miracles Today? Objections and Answers From the Bible». En *The Kingdom and the Power.* Gary Greig y Kevin Springer, eds. Ventura, Calif. Regal, 1993, pp. 55-110.

Horton, Michael S., ed. *Power Religion: The Selling Out of the Evangelical Church?* Moody, Chicago, 1992.

Kirk, J. A. «Power». En *NDT*, pp. 524-25.

Lewis, C. S. *Miracles: A Preliminary Study.* Macmillan, Nueva York, 1947.

Moule, C. F. D., ed. *Miracles.* Mowbray, Londres, 1965.

Spiceland, J. D. «Miracles». En *EDT*, pp. 723-24.

Wenham, David, y Craig Blomberg, eds. *Miracles of Jesus.* Sheffield, England: JSOT, 1986.

Williams, Don. *Signs, Wonders, and the Kingdom of God: A Biblical Guide for the Skeptic.* Servant, Ann Arbor, Mich. 1989.

Wimber, John, con Kevin Springer. *Power Evangelism.* Edición revisada. Harper and Row, San Francisco, y Hodder and Stoughton, Londres, 1992.

PASAJE BÍBLICO PARA MEMORIZAR

Hebreos 2:3-4: *¿Cómo escaparemos nosotros si descuidamos una salvación tan grande? Esta salvación fue anunciada primeramente por el Señor, y los que la oyeron nos la confirmaron. A la vez, Dios ratificó su testimonio acerca de ella con señales, prodigios, diversos milagros y dones distribuidos por el Espíritu Santo según su voluntad.*

HIMNO

«Castillo fuerte es nuestro Dios»

Castillo fuerte es nuestro Dios, Defensa y buen escudo;
Con su poder nos librará en todo trance agudo.
Con furia y con afán acósanos Satán:
Por armas deja ver astucia y gran poder;
Cual él no hay en la tierra.

Nuestro valor es nada aquí, Con él todo es perdido;
Mas por nosotros luchará De Dios el Escogido.
Es nuestro Rey Jesús, El que venció en la cruz,
Señor y Salvador, Y siendo el solo Dios,
Él triunfa en la batalla.

Y si demonios mil están Prontos a devorarnos,
No temeremos, porque Dios Sabrá como ampararnos.
¡Que muestre su vigor Satán, y su furor!
Dañarnos no podrá, pues condenado es ya
Por la Palabra Santa.

Esa palabra del Señor, Que el mundo no apetece,
Por el Espíritu de Dios Muy firme permanece.
Nos pueden despojar De bienes, nombre, hogar,
El cuerpo destruir, Mas siempre ha de existir
De Dios el Reino eterno.

AUTOR: MARTÍN LUTERO, TRAD. J. B. CABRERA
(TOMADO DEL HIMNARIO BAUTISTA, # 26)

Capítulo 18

Oración

¿Por qué Dios quiere que oremos?
¿Cómo podemos orar eficazmente?

EXPLICACIÓN Y BASE BÍBLICA

El carácter de Dios y su relación con el mundo, según se ha discutido en capítulos previos, conduce naturalmente a una consideración de la doctrina de la oración. La oración se puede definir como sigue: *La oración es comunicación personal con Dios.*

Esta definición es muy amplia. Lo que podemos llamar «oración» incluye oraciones de petición por nosotros mismos y por otros (a veces llamadas oraciones de petición o intercesión), confesión de pecado, adoración, alabanza y acción de gracias, y también comunicaciones de Dios para indicarnos su respuesta.

A. ¿Por qué Dios quiere que oremos?

La oración no está hecha para que Dios pueda enterarse de lo que necesitamos, porque Jesús nos dice: «Su Padre sabe lo que ustedes necesitan antes de que se lo pidan» (Mt 6:8). Dios quiere que oremos porque la oración expresa nuestra confianza en Dios y es un medio por el cual nuestra confianza en él puede aumentar. De hecho, tal vez el énfasis primordial de la enseñanza de la Biblia sobre la oración es que debemos orar con fe, lo que quiere decir confianza o dependencia en Dios. Dios, como nuestro Creador, se deleita en que confiemos en él cómo sus criaturas, porque una actitud de dependencia es la más apropiada para las relaciones entre el Creador y la criatura. Orar en humilde dependencia también indica que estamos genuinamente convencidos de la sabiduría, amor, bondad y poder de Dios, y ciertamente de todos los atributos que forman su excelente carácter. Cuando oramos verdaderamente, como personas, en la totalidad de nuestro carácter, nos relacionamos a Dios como persona, en la totalidad de su carácter. Por tanto, todo lo que pensamos o sentimos en cuanto a Dios se vuelve expresión en nuestra oración. Es solo natural que Dios se deleite en tal actividad y ponga tanto énfasis en ella en su relación con nosotros.

Las primeras palabras del Padre Nuestro: «Padre nuestro que estás en el cielo» (Mt 6:9), reconocen nuestra dependencia en Dios como Padre amante y sabio, y también reconoce que él lo gobierna todo desde su trono celestial. La Biblia muchas veces enfatiza la necesidad que tenemos de confiar en Dios al orar. Por ejemplo, Jesús compara nuestra oración con un hijo que pide a su padre un pescado o un huevo (Lc 11:9-12) y luego concluye: «Pues si ustedes, aun siendo malos, saben dar cosas buenas a sus hijos, ¡cuánto más el Padre celestial dará el Espíritu Santo a quienes se lo pidan!» (Lc 11:13). Así como los hijos esperan que sus padres provean para ellos, Dios espera que miremos a él en oración. Puesto que Dios es nuestro Padre, debemos pedirle con fe. Jesús dice: «Si ustedes creen, recibirán todo lo que pidan en oración» (Mt 21:22; cf. Mr 11:24; Stg 1:6-8; 5:14-15).

Pero Dios no sólo quiere que confiemos en él. También quiere que le amemos y tengamos comunión con él. Esto, entonces, es una segunda razón por la que Dios quiere que oremos: la oración nos lleva a una comunión más honda con Dios, y a él le encanta y se deleita en nuestra comunión con él.

Una tercera razón por la que Dios quiere que oremos es que en la oración Dios nos permite, como criaturas, participar en actividades que son de importancia eterna. Cuando oramos, la obra del reino avanza. De esta manera, la oración nos da la oportunidad de intervenir de una manera significativa en la obra del reino, y así dar expresión a nuestra grandeza como criaturas hechas a imagen de Dios.

B. La eficacia de la oración

¿Cómo funciona la oración? ¿Acaso la oración no solamente nos hace bien sino que también afecta a Dios y al mundo?

1. La oración cambia la manera en que Dios actúa. Santiago nos dice: «No tienen, porque no piden» (Stg 4:2). Él implica que el no pedir nos priva de lo que Dios nos daría si lo hacemos. Oramos, y Dios responde. Jesús también dice: «Pidan, y se les dará; busquen, y encontrarán; llamen, y se les abrirá la puerta. Porque todo el que pide, recibe; el que busca, encuentra; y al que llama, se le abre» (Lc 11:9-10). Jesús hace una conexión clara entre buscar cosas de Dios y recibirlas. Cuando pedimos, Dios responde.

Vemos cómo esto sucede muchas veces en el Antiguo Testamento. El Señor le declara a Moisés que va a destruir al pueblo de Israel por su pecado (Éx 32:9-10): «Moisés intentó apaciguar al Señor su Dios, y le suplicó: "Señor, ... ¡Calma ya tu enojo! ¡Aplácate y no traigas sobre tu pueblo esa desgracia!"» (Éx 32:11-12). Después leemos: «Entonces el Señor se calmó y desistió de hacerle a su pueblo el daño que le había sentenciado» (Éx 32:14). Cuando Dios amenaza con castigar a su pueblo por su pecado declara: «Si mi pueblo, que lleva mi nombre, se humilla *y ora, y me busca* y abandona su mala conducta, *yo lo escucharé* desde el cielo, perdonaré su pecado y restauraré su tierra» (2 Cr 7:14). Cuando el pueblo de Dios ora (con humildad y arrepentimiento), *entonces* él oye y perdona. Las oraciones de su pueblo claramente afectan cómo actúa Dios. De modo similar, «si confesamos nuestros pecados, Dios, que es fiel y justo, nos los perdonará y nos limpiará de toda maldad» (1 Jn 1:9). Nosotros confesamos, y entonces él perdona.[1]

Si estuviéramos realmente convencidos de que la oración cambia la manera en que Dios actúa, y que Dios en efecto produce cambios asombrosos en el mundo en respuesta a la oración, como la Biblia repetidamente enseña que lo hace, oraríamos mucho más de lo que oramos. Si oramos poco es probablemente porque en realidad no creemos que la oración logre gran cosa.

---

[1]Otros ejemplos de Dios contestando la oración en la Biblia son muy numerosos para comentarlos (Gn 18:22-33; 32:26; Dn 10:12; Am 7:1-6; Hch 4:29-31; 10:31; 12:5-11; et al.).

2. La oración eficaz es posible gracias a nuestro Mediador, Jesucristo. Debido a que somos pecadores y Dios es santo, no tenemos derecho a entrar a su presencia. Necesitamos un mediador que intervenga entre nosotros y Dios, y que nos lleve a la presencia de Dios. La Biblia enseña claramente: «Porque hay un solo Dios y un solo mediador entre Dios y los hombres, Jesucristo hombre» (1 Ti 2:5).

Pero si Jesús es el único mediador entre Dios y el hombre, ¿oye Dios las oraciones de los que no confían en Jesús? La respuesta depende de lo que queremos decir por «oye». Puesto que Dios es omnisciente, él siempre «oye» en el sentido de que tiene conocimiento de las oraciones que hacen los inconversos que no acuden a él a través de Cristo. Dios puede incluso, de tiempo en tiempo, contestar sus oraciones debido a su misericordia y en un deseo de llevarlos a la salvación en Cristo. Sin embargo, en ninguna parte Dios ha prometido responder a las oraciones de los que no creen. Las únicas oraciones que ha prometido «oír» en el sentido de escuchar con un oído compasivo y responderlas cuando son hechas conforme a su voluntad, son las oraciones que los cristianos elevan a través del único mediador: Jesucristo (cf. Jn 14:6).

Entonces, ¿qué de los creyentes del Antiguo Testamento? ¿Cómo pudieron ellos acudir a Dios a través de Jesús el mediador? La respuesta es que la obra de Jesús como nuestro mediador estaba prefigurada en el sistema de sacrificios y ofrendas que los sacerdotes hacían en el templo (Heb 7:23-28; 8:1-6; 9:1-14; et al.). No había ningún mérito salvador inherente en ese sistema de sacrificios (Heb 10:1-4); sin embargo, mediante el sistema de sacrificios Dios aceptaba a los creyentes en base a la obra futura de Cristo que estaba prefigurada por ese sistema (Ro 3:23-26).

La actividad de Jesús como mediador se ve especialmente en su obra como sacerdote: él es nuestro «gran sumo sacerdote que ha atravesado los cielos», que «ha sido tentado en todo de la misma manera que nosotros, aunque sin pecado» (Heb 4:14-15).

Como receptores del nuevo pacto, no necesitamos quedarnos «fuera del templo», como todos los creyentes excepto los sacerdotes debían hacerlo bajo el viejo pacto. Tampoco tenemos que quedarnos fuera del «Lugar Santísimo» (Heb 9:3), el salón interior del templo en donde Dios mismo estaba en el trono sobre el arca del pacto y adonde solamente el sumo sacerdote podía entrar, y él solamente una vez al año. Pero ahora, desde que Cristo ha muerto como nuestro Sumo Sacerdote mediador (Heb 7:26-27), él ha adquirido para nosotros plena seguridad y acceso a la misma presencia de Dios. Por consiguiente «tenemos libertad para entrar *en los lugares santos* por la sangre de Jesús» (Heb 10:19, traducción literal del autor), es decir, en el Lugar Santo y en el Lugar Santísimo, ¡la misma presencia de Dios! Entramos «por el camino nuevo y vivo» (Heb 10:20) que Cristo abrió para nosotros. El autor de Hebreos concluye que puesto que estas cosas son verdad, «tenemos además un gran sacerdote al frente de la familia de Dios, acerquémonos, pues, a Dios con corazón sincero y con la plena seguridad que da la fe» (Heb 10:21-22). Así que la obra mediadora de Cristo nos da confianza para acercarnos a Dios en oración.

No venimos a la presencia de Dios simplemente como extraños, ni como visitantes, ni como laicos, sino como sacerdotes; como personas que pertenecen al templo y tienen derecho e incluso el deber de estar en los lugares más sagrados del templo. Usando imágenes de la ceremonia de ordenación de sacerdotes (vea Éx

29:4, 21), el autor de Hebreos presenta a todos los creyentes como ordenados para ser sacerdotes para Dios y por consiguiente capaces de entrar a su presencia, porque dice que nos acercamos «con corazón sincero y con la plena seguridad que da la fe, interiormente purificados de una conciencia culpable y exteriormente lavados con agua pura» (Heb 10:22; cf. 1 P 2:9). ¿Tiene sentido todo esto para el cristiano moderno? Nadie hoy va a Jerusalén para entrar en el templo y allí «acercarse» a Dios. Aunque fuéramos a Jerusalén, no hallaríamos ningún templo levantado, puesto que quedó destruido en el año 70 d.C. ¿Qué, entonces, quiere decir el autor de Hebreos cuando dice que entramos en el «Lugar Santísimo»? Está hablando de una realidad en el ámbito espiritual invisible: con Cristo como nuestro mediador, entramos no al templo terrenal de Jerusalén, sino al verdadero santuario, al «cielo mismo», adonde Cristo ha ido «para presentarse ahora ante Dios en favor nuestro» (Heb 9:24).

3. ¿Qué es orar «en el nombre de Jesús»? Jesús dice: «Cualquier cosa que ustedes pidan *en mi nombre,* yo la haré; así será glorificado el Padre en el Hijo. Lo que pidan en mi nombre, yo lo haré» (Jn 14:13-14). También dice que él escogió a sus discípulos, y que «el Padre les dará todo lo que le pidan *en mi nombre»* (Jn 15:16). De modo similar, dice: «Ciertamente les aseguro que mi Padre les dará todo lo que le pidan en mi nombre. Hasta ahora no han pedido nada *en mi nombre.* Pidan y recibirán, para que su alegría sea completa» (Jn 16:23-24; cf. Ef 5:20). Pero, ¿qué significa esto?

Claramente esto no significa simplemente añadir la frase «en el nombre de Jesús» después de cada oración, porque Jesús no dijo: «Si piden algo y añaden las palabras "en el nombre de Jesús" después de su oración, yo lo haré». Jesús no está hablando de añadir ciertas palabras como si fueran una especie de fórmula mágica que imprimiría poder a nuestras oraciones. En verdad, ninguna de las oraciones anotadas en la Biblia tiene la frase «en el nombre de Jesús» al final (vea Mt 6:9-13; Hch 1:24-25; 4:24-30;[2] 7:59; 9:13-14; 10:14; Ap 6:10; 22:20).

Acercarse en el nombre de alguien quiere decir que otra persona nos ha autorizado para acercarse en base a su autoridad, y no en la nuestra. Cuando Pedro le ordena al cojo: «En el nombre de Jesucristo de Nazaret, ¡levántate y anda!» (Hch 3:6), está hablando en la autoridad de Jesús, y no en la suya propia. Cuando el sanedrín les preguntó a los discípulos: «¿Con qué poder, o en nombre de quién, hicieron ustedes esto?» (Hch 4:7), están preguntándoles: «¿Por autoridad de quién hicieron esto?» Cuando Pablo reprendió a un espíritu inmundo «en el nombre de Jesucristo» (Hch 16:18), deja bien claro que está haciéndolo con la autoridad de Jesús, y no la suya propia. Cuando Pablo pronuncia juicio «en el nombre de nuestro Señor Jesús» (1 Co 5:4) sobre el miembro de la iglesia que es culpable de inmoralidad, está actuando con la autoridad del Señor Jesús. *Orar en el nombre de Jesús, por consiguiente, es la oración que se hace por autorización de Jesús.*

En un sentido más amplio el «nombre» de una persona en el mundo antiguo representaba a la persona misma y, por consiguiente, todo su carácter. Tener un

---

[2]En Hechos 4:30 la frase: «mediante el nombre de tu santo siervo Jesús», que aparece al final de la oración, modifica la cláusula principal inmediatamente precedente: «para sanar y hacer señales y prodigios». No es una afirmación general en cuanto a la manera en que se hace toda la oración.

«buen nombre» (Pr 22:1; Ec 7:1) era tener una buena reputación. Por tanto, el nombre de Jesús representa todo lo que él es, su carácter total. Esto quiere decir que orar «en el nombre de Jesús» no es sólo orar en su autoridad, sino *también orar de una manera que concuerda con su carácter,* que verdaderamente le representa y refleja su manera de vivir y su voluntad santa.[3] En este sentido, orar en el nombre de Jesús se acerca mucho a la idea de orar «conforme a su voluntad» (1 Jn 5:14-15).[4] ¿Quiere decir esto que no está bien añadir «en el nombre de Jesús» al final de nuestras oraciones? Ciertamente no está mal, siempre y cuando entendamos lo que eso quiere decir, y que no es imprescindible hacerlo. Puede haber algún peligro, sin embargo, si añadimos esta frase a toda oración pública o privada que hacemos, porque pronto para muchos se convertirá en una simple fórmula que adjuntan con escaso significado y que expresan sin pensarla. Puede incluso empezar a ser vista, por lo menos por creyentes más jóvenes, como una especie de fórmula mágica que hace más efectiva la oración. Para prevenir tales malos entendidos, probablemente, sería sabio no usar la fórmula frecuentemente y expresar el mismo pensamiento en otras palabras, o simplemente en la actitud global y enfoque que tenemos hacia la oración. Por ejemplo, las oraciones pudieran empezar: «Padre, venimos a ti en la autoridad de nuestro Señor Jesús, tu Hijo... », o, «Padre, no venimos en nuestros propios méritos sino en los méritos de Jesucristo, que nos ha invitado a venir ante ti ...», o: «Padre, te agradecemos por perdonarnos nuestros pecados y darnos acceso a tu trono por la obra de Jesucristo tu Hijo...». En otras ocasiones, incluso no se debe pensar que estos reconocimientos formales sean necesarios, en tanto y en cuanto nuestros corazones continuamente se den cuenta de que es nuestro Salvador el que nos permite orar al Padre. La oración genuina es conversación con una persona que conocemos bien y que nos conoce. Tal conversación genuina entre personas que se conocen nunca depende del uso de ciertas fórmulas o palabras, sino que es una cuestión de sinceridad en nuestra habla y en nuestro corazón, una cuestión de actitudes debidas, y una cuestión de condición de espíritu nuestro.

4. ¿Debemos orar a Jesús o al Espíritu Santo? Un estudio de las oraciones del Nuevo Testamento indican que por lo general se dirigen no a Dios Hijo ni al Espíritu Santo, sino a Dios Padre. Sin embargo un simple conteo de tales oraciones puede ser desorientador, porque la mayoría de las oraciones que se anotan en el Nuevo Testamento son las de Jesús mismo, que constantemente oraba a Dios Padre y, por supuesto, no se oraba a sí mismo como Dios Hijo. Además, en el Antiguo Testamento, la naturaleza trinitaria de Dios no estaba tan claramente revelada, y no es sorprendente que no hallemos mucha evidencia de oración dirigida directamente a Dios Hijo o a Dios Espíritu Santo antes el tiempo de Cristo.

---

[3] Es más, Pablo dice que no solamente nuestras oraciones sino todo lo que hacemos debemos hacerlo en el nombre de Jesús: «Y *todo lo que hagan, de palabra o de obra, háganlo en el nombre del Señor Jesús,* dando gracias a Dios el Padre por medio de él» (Col 3:17).

[4] Leon Morris dice de Juan 14:13: «Esto no quiere decir simplemente usar el nombre como fórmula. Quiere decir que la oración debe ser de acuerdo a todo lo que ese nombre representa. Es oración que procede de la fe en Cristo, oración da expresión a una unidad con todo lo que Cristo representa, oración que busca exaltar a Cristo mismo. Y el propósito de todo es la gloria de Dios» (*The Gospel According to John,* p. 646).

Aunque hay un patrón claro de oración dirigidas directamente a Dios Padre a través del Hijo (Mt 6:9; Jn 16:23; Ef 5:20), hay indicaciones de que la oración dirigida directamente a Jesús también es apropiada. El hecho de que fue Jesús mismo quien nombró a todos los apóstoles sugiere que la oración de Hechos 1:24 se dirige a él: «Señor, tú que conoces el corazón de todos, muéstranos a cuál de estos dos has elegido». Al morir Esteban ora: «Señor Jesús, recibe mi espíritu» (Hch 7:59). La conversación entre Ananías y «el Señor» en Hechos 9:10-16 es con Jesús, porque en el versículo 17 Ananías le dice a Saulo: «El Señor Jesús ... me ha enviado para que recobres la vista». La oración: «¡*Marana ta!*» (1 Co 16:22) se dirige a Jesús, así como también la oración de Apocalipsis 22:20: «¡Ven, Señor Jesús!». Y Pablo también oraba al «Señor» en 2 Corintios 12:8 respecto a su espina en el cuerpo.[5]

Todavía más, el hecho de que Jesús es «un sumo sacerdote fiel y misericordioso» (He 2:17) que puede «compadecerse de nuestras debilidades» (He 4:15) se ve como un estímulo para que nos acerquemos confiadamente «al trono de la gracia» en oración «para recibir misericordia y hallar la gracia que nos ayude en el momento que más la necesitemos» (He 4:16). Estos versículos deben alentarnos a acercarnos directamente a Jesús en oración, y esperar que él se compadezca de nuestra debilidad al orar.

Hay, por consiguiente, clara garantía bíblica suficiente para animarnos a orar no solamente a Dios Padre (que parece ser el patrón primordial, y ciertamente sigue el ejemplo que Jesús nos enseñó en el Padre Nuestro), sino también a orar directamente a Dios Hijo, nuestro Señor Jesucristo. Ambas cosas son correctas, y podemos orar bien sea al Padre o al Hijo.

Pero, ¿debemos orar al Espíritu Santo? Aunque en el Nuevo Testamento no se registra ninguna oración dirigida directamente al Espíritu Santo, no hay nada que prohíba tal oración, porque el Espíritu Santo, como el Padre y el Hijo, es plenamente Dios y es digno de oración, y es poderoso para responder nuestras oraciones. (Note también la invitación de Ezequiel al «aliento de vida» o «espíritu» en Ez 37:9.) Decir que no podemos orar al Espíritu Santo es decir que no podemos hablar con él ni relacionarnos personalmente con él, lo que no parece muy correcto. El Espíritu Santo también se relaciona con nosotros de una manera personal puesto que es un «Consolador» (Jn 14:16, 26), los creyentes «le conocen» (Jn 14:17), y él nos enseña (cf. Jn 14:26), nos da testimonio de que somos hijos de Dios (Ro 8:16), y nuestro pecado lo entristece (Ef 4:30). Es más, el Espíritu Santo ejerce voluntad personal en la distribución de los dones espirituales, porque él «continuamente distribuye individualmente a cada uno como él quiere» (1 Co 12:11, traducción del autor). Por consiguiente, no parece ser errado orar a veces al Espíritu Santo directamente, sobre todo cuando estamos pidiéndole que haga algo que se relaciona con sus esferas especiales de ministerio o responsabilidad.[6] De hecho, en toda la historia de la iglesia varios himnos bien conocidos han sido oraciones al Espíritu Santo. Pero éste no es el patrón del Nuevo Testamento, y no debe convertirse en el énfasis dominante en nuestra vida de oración.

---

[5]El nombre *Señor* (gr. *kurios*), se usa en Hechos y las Epístolas primordialmente para referirse al Señor Jesucristo.

[6]J. I. Packer dice: «¿Es apropiado orar al Espíritu? No hay ningún ejemplo de hacer esto en ninguna parte de la Biblia, pero puesto que el Espíritu es Dios, no puede ser errado invocar y dirigirse a él si hay buen razón para hacerlo» (*Keep in Step With the Spirit* [Revell, Old Tappan, N.J., 1984], p. 261).

5. El papel del Espíritu Santo en nuestra oración. En Romanos 8:26-27 Pablo dice:

> Así mismo, en nuestra debilidad el Espíritu acude a ayudarnos. No sabemos qué pedir, pero el Espíritu mismo intercede por nosotros con gemidos que no pueden expresarse con palabras. Y Dios, que examina los corazones, sabe cuál es la intención del Espíritu, porque el Espíritu intercede por los creyentes conforme a la voluntad de Dios.

Los intérpretes difieren en cuanto a si los «gemidos que no pueden expresarse con palabras» son gemidos que el Espíritu Santo mismo emite o son nuestros propios gemidos y suspiros en oración, que el Espíritu Santo convierte en oraciones eficaces delante de Dios. Parece ser más probable que los «gemidos» o «suspiros» sean nuestros propios gemidos. Cuando Pablo dice que «en nuestra debilidad el Espíritu acude a ayudarnos» (v. 26), la palabra que se traduce «ayudar» (gr. *sunantilambanomai*) es la misma palabra que se usa en Lucas 10:40, en donde Marta quiere que María vaya a *ayudarle*. La palabra no indica que el Espíritu Santo ora en lugar de nosotros, sino que el Espíritu Santo toma parte con nosotros y hace eficaces nuestras oraciones débiles.[7] Así, tales suspiros o gemidos en la oración se entiende mejor como los suspiros o gemidos que nosotros emitimos, expresando los deseos de nuestro corazón y espíritu, que entonces el Espíritu Santo los convierte en oración eficaz.[8]

Relativo a esto es la pregunta de lo que significa orar «en el Espíritu». Pablo dice: «Oren en el Espíritu en todo momento, con peticiones y ruegos» (Ef 6:18), y Judas habla de orar «en el Espíritu Santo» (Jud 20).[9] A fin de entender esta frase debemos darnos cuenta de que el Nuevo Testamento nos dice que muchas actividades se pueden hacer «en el Espíritu Santo». Es posible simplemente estar «en el Espíritu» como Juan lo estuvo en el día del Señor (Ap 1:10; cf. 4:2). Y es posible regocijarse en el Espíritu Santo (Lc 10:21), resolver o decidir algo en el Espíritu Santo (Hch 19:21), que la conciencia de uno dé testimonio en el Espíritu Santo (Ro 9:1), tener entrada a Dios en el Espíritu Santo (Ef 2:18), y amar en el Espíritu Santo (Col 1:8). Como explicaremos más completamente en el capítulo 30, más adelante (vea pp. 674-78, 680), estas expresiones parecen referirse a morar conscientemente en la presencia del mismo Espíritu Santo, una presencia que se caracteriza por cualidades semejantes a las de Dios de poder, amor, gozo, verdad, santidad, justicia y paz. Orar «en el Espíritu Santo», entonces, es orar en plena consciencia de la presencia de Dios a nuestro alrededor que nos santifica a nosotros y a nuestras oraciones.

---

[7]Otras razones por las que es mejor entender estos suspiros o gemidos como nuestros «gemidos» en la oración son (1) el v. 23 dice que «nosotros mismos . . . gemimos», usando un verbo *(stenázo)* que es cognado del sustantivo que se traduce «gemidos» *(stenagmos)* en el v. 26; (2) tales «gemidos», que parecen implicar un grado de aflicción o angustia, son apropiados para las criaturas (vv. 22, 23) pero no para el Creador; y (3) v. 26b, que menciona «gemidos que no pueden expresarse en palabra», explica la primera cláusula del v. 26, que dice que el Espíritu nos «ayuda», no que el Espíritu reemplace nuestras oraciones. La frase «que no pueden expresarse en palabras» no necesariamente quiere decir «silenciosa o sin ruido», sino más bien puede querer decir «que no es posible poner en palabras».

[8]Para una consideración adicional de Ro 8:26-27, vea capítulo 53, pp. 1138-40.

[9]Algunos han pensado que esto se refiere a hablar en lenguas, puesto que Pablo llama a hablar en lenguas orar «con el espíritu» (1 Co 14:15). Pero eso no es una comprensión correcta, puesto que en 1Co 14:15, «el espíritu» no se refiere al Espíritu Santo sino al propio espíritu humano de Pablo; note el contraste entre «mi espíritu» y «mi entendimiento» en él v. 14.

C. Algunas consideraciones importantes en la oración eficaz

La Biblia indica algunas consideraciones que hay que tomar en cuenta para ofrecer la clase de oración que Dios desea de nosotros.

1. Hay que orar conforme a la voluntad de Dios. Juan nos dice: «Ésta es la confianza que tenemos al acercarnos a Dios: que si pedimos conforme a su voluntad, él nos oye. Y si sabemos que Dios oye todas nuestras oraciones, podemos estar seguros de que ya tenemos lo que le hemos pedido» (1 Jn 5:14-15). Jesús nos enseña a orar: «Hágase tu voluntad» (Mt 6:10), y él mismo nos da un ejemplo, al orar en el jardín del Getsemaní: «Pero no sea lo que yo quiero, sino lo que quieres tú» (Mt 26:39).

Pero, ¿cómo sabemos cuál es la voluntad de Dios cuando oramos? Si el asunto por el que estamos orando se menciona en algún pasaje de la Biblia en el que Dios nos da un mandamiento o una declaración directa de su voluntad, la respuesta a esta pregunta es fácil: su voluntad es que obedezcamos su palabra y guardemos sus mandamientos. Debemos procurar obediencia perfecta a la voluntad moral de Dios en la tierra para que se haga la voluntad de Dios «en la tierra como en el cielo» (Mt 6:10). Por esto el conocimiento de la Biblia es una ayuda tremenda en la oración, pues nos capacita para seguir el patrón de los primeros cristianos que citaban la Biblia al orar (vea Hch 4:25-26). La lectura regular y memorización de la Biblia, cultivada a través de muchos años de vida cristiana, aumentará la profundidad, poder y sabiduría de nuestras oraciones. Jesús nos animó a tener sus palabras en nosotros cuando oramos, porque dice: «Si permanecen en mí *y mis palabras permanecen en ustedes,* pidan lo que quieran, y se les concederá» (Jn 15:7).

Esto quiere decir, por ejemplo, que si estamos buscando sabiduría para tomar una decisión importante, no tenemos que preguntarnos si es la voluntad de Dios que recibamos sabiduría para actuar como es debido. La Biblia ya ha resuelto ese asunto por nosotros, porque hay una promesa de la Biblia que se aplica:

> Si a alguno de ustedes le falta sabiduría, pídasela a Dios, y él se la dará, pues Dios da a todos generosamente sin menospreciar a nadie. Pero que pida con fe, sin dudar, porque quien duda es como las olas del mar, agitadas y llevadas de un lado a otro por el viento. Quien es así no piense que va a recibir cosa alguna del Señor; es indeciso e inconstante en todo lo que hace (Stg 1:5-8).

Debemos tener gran confianza de que Dios responderá nuestra oración si pedimos algo que está conforme a una promesa o mandato específicos de la Biblia como este. En tales casos, sabemos cuál es la voluntad de Dios, porque él nos la ha dicho, y solo tenemos que orar creyendo que él va a responder.

No obstante, hay muchas otras situaciones en la vida en donde no sabemos cuál es la voluntad de Dios. Tal vez no estemos seguros, porque ninguna promesa o mandato de la Biblia se aplica, si es la voluntad de Dios que obtengamos el trabajo que hemos solicitado, o que ganemos una competencia atlética en la que estamos participando (oración común entre los niños, especialmente), o que se nos elija para algún cargo en la iglesia, y cosas por el estilo. En todos estos casos debemos echar mano a todos los pasajes de la Biblia que comprendamos, tal vez para que nos den algunos principios generales dentro de los cuales podemos hacer nuestra oración. Pero más allá de esto a menudo debemos reconocer que simplemente no sabemos cuál es la voluntad de Dios. En tales casos, debemos pedirle una mayor comprensión y luego orar por lo que nos parezca mejor, e indicarle al Señor por qué, según lo que entendemos de la situación en ese momento, lo que estamos orando nos parece lo mejor. Pero siempre está bien añadir, bien sea explícitamente o por lo menos en actitud de corazón: «No obstante, si estoy equivocado al pedir esto, y si esto no te agrada, haz lo que a tu parecer sea mejor », o, más sencillamente: «Si es tu voluntad». A veces Dios nos concederá lo que hemos pedido. A veces nos dará una comprensión más honda o cambiará nuestro parecer de modo que seremos guiados a pedir algo diferente. A veces no nos concederá nuestra petición, y simplemente nos indicará que debemos someternos a su voluntad (vea 2 Co 12:9-10).

Algunos cristianos objetan que añadir la frase «si es tu voluntad» a nuestras oraciones «destruye nuestra fe». Lo que en realidad expresa es incertidumbre en cuanto a si lo que estamos pidiendo en oración es la voluntad de Dios o no. Es apropiado cuando de veras no sabemos cuál es la voluntad de Dios. Pero en otras ocasiones esto no sería apropiado. Pedir que Dios nos dé sabiduría para tomar una decisión y luego decir: «Si es tu voluntad darme sabiduría en esto» sería inapropiado, porque sería decir que no creemos lo que Dios quiso decir cuando dijo en Santiago 1:5-8 que pidamos con fe y que él concedería nuestra petición.[10]

Incluso cuando se aplica un mandamiento o promesa de la Biblia, puede haber matices de aplicación que al principio no entendemos plenamente. Por consiguiente, es importante que en nuestra oración que no sólo le hablemos a Dios sino también que le escuchemos. Debemos frecuentemente traer una petición a Dios y luego esperar en silencio ante él. En esos tiempos de espera en el Señor (Sal 27:14; 38:15; 130:5-6), Dios puede cambiar los deseos de nuestro corazón, darnos mayor comprensión de la situación que estamos orando, concedernos más comprensión de su palabra, traer a nuestra mente un pasaje de la Biblia que nos permita orar más eficazmente, impartirnos un sentido de seguridad de lo que es su voluntad, o aumentar grandemente nuestra fe para que podamos orar con mucha mayor confianza.

2. Cómo orar con fe. Jesús dice: «Por eso les digo: Crean que ya han recibido todo lo que estén pidiendo en oración, y lo obtendrán» (Mr 11:24). Algunas traducciones varían, pero el texto griego en efecto dice: «Crean que *lo han recibido*». Más adelante los escribas que copiaron los manuscritos griegos y algunos comentaristas posteriores lo han tomado como que quiere decir «crean que *lo recibirán*». Sin embargo, si aceptamos el texto como consta en los manuscritos más antiguos y mejores («crean que ya lo han recibido»), Jesús evidentemente está diciendo que cuando pedimos algo, la fe que producirá resultados es una seguridad resuelta de

---

[10]Añadir: «si es tu voluntad» a una oración es con todo muy diferente de no pedir para nada. Si mis hijos vienen y me preguntan si quiero llevarlos ra comprar helados, pero entonces (sintiéndose en un modo cooperativo) añaden: «pero sólo si piensas que está bien, papá», eso con todo sería muy distante de no pedírmelo. Si no me lo hubieran pedido, yo no hubiera considerado llevarlos a comprar helados. Una vez que lo piden, incluso con la calificación, a menudo decido llevarlos.

que cuando oramos por algo (o tal vez después de que hemos estado orando por un período de tiempo), Dios acuerda concedernos nuestra petición específica. En la comunión personal con Dios que tiene lugar en la oración genuina, esta clase de fe de nuestra parte puede resultar sólo *conforme Dios nos da cierto sentido de seguridad de que él ha acordado conceder nuestra petición*. Por supuesto, no podemos «desarrollar» esta clase de fe genuina mediante una oración frenética o un gran esfuerzo emocional para tratar de obligarnos a creer, ni podemos imponerla sobre nosotros mismos diciendo palabras que no pensamos que sean verdad. Esto es algo que sólo Dios puede darnos, y que nos dará o tal vez no nos dará cada vez que oramos. Esta fe confiada a menudo llega cuando le pedimos a Dios algo y luego calladamente esperamos delante de él una respuesta.

Es más, Hebreos 11:1 nos dice que «la fe es la *garantía* de lo que se espera, la certeza de lo que no se ve». La fe bíblica nunca es una ilusión vana ni una esperanza vaga que no tiene cimiento seguro sobre el cual apoyarse. Es más bien confianza en una persona, Dios mismo, basada en el hecho de que creemos en su palabra y creemos lo que él ha dicho. Esta confianza o dependencia en Dios, cuando tiene un elemento de seguridad o confianza, es fe bíblica genuina.

Varios otros pasajes nos animan a ejercer fe cuando oramos. «Si ustedes creen, recibirán todo lo que pidan en oración» (Mt 21:22). Santiago nos dice que debemos pedir «con fe, sin dudar» (Stg 1:6). La oración nunca es una ilusión vana, porque brota de la confianza en un Dios personal que quiere que le tomemos la palabra.

3. Obediencia. Puesto que la oración es una relación con Dios como persona, cualquier cosa en nuestras vidas que le desagrada será un estorbo en la oración. El salmista dice: «Si en mi corazón hubiera yo abrigado maldad, el Señor no me habría escuchado» (Sal 66:18). Aunque «el SEÑOR aborrece las ofrendas de los malvados», por contraste, «se complace en la oración de los justos» (Pr 15:8). También leemos que «el SEÑOR ... escucha las oraciones de los justos» (Pr 15:29). Pero Dios no se inclina a favor de los que rechazan sus leyes: «Dios aborrece hasta la oración del que se niega a obedecer la ley» (Pr 28:9).

El apóstol Pedro cita el Salmo 34 para afirmar que «los ojos del Señor están sobre los justos, y sus oídos, atentos a sus oraciones» (1 P 3:12). Puesto que el versículo anterior estimula la buena conducta en la vida diaria, al hablar y alejarse del mal, y hacer el bien, Pedro está diciendo que Dios de buen grado oye las oraciones de los que viven la vida en obediencia a él. De modo similar, Pedro advierte a los esposos a ser«comprensivos» con sus esposas, pues «así nada estorbará las oraciones de ustedes» (1 P 3:7). De manera similar, Juan nos recuerda la necesidad de una conciencia clara ante Dios cuando oramos, porque dice: «Si el corazón no nos condena, tenemos confianza delante de Dios, y recibimos todo lo que le pedimos porque obedecemos sus mandamientos y hacemos lo que le agrada» (1 Jn 3:21-22).

Ahora bien, no se debe malentender esta enseñanza. No necesitamos estar libres por completo del pecado antes de que podamos esperar que Dios conteste nuestras oraciones. Si Dios contestara solamente las oraciones de personas que no pecan, nadie en toda la Biblia, excepto Jesús, jamás hubiera recibido respuesta a sus oraciones. Cuando venimos ante Dios mediante su gracia, venimos limpios por la sangre de Cristo (Ro 3:25; 5:9; Ef 2:13; He 9:14; 1 P 1:2). Pero no debemos descuidar el énfasis bíblico en la santidad personal de la vida. La oración y una vida santa van juntas. Hay mucha gracia en la vida cristiana, pero el crecimiento en santidad personal es también una ruta a una bendición mucho mayor, y eso es verdad también con respecto a la oración. Los pasajes citados enseñan que, siendo iguales todas las demás cosas, una obediencia más exacta conducirá a una mayor eficacia en la oración (cf. Hebreos 12:14; Stg 4:3-4).

4. Confesión de pecados. Debido a que nuestra obediencia a Dios nunca es perfecta en esta vida, continuamente dependemos de que nos perdone nuestros pecados. La confesión de pecados es necesaria a fin de que Dios «nos perdone» en el sentido de restaurar su relación diaria con nosotros (vea Mt 6:12; 1 Jn 1:9). Es bueno al orar confesarle al Señor todo pecado conocido y pedirle su perdón. A veces cuando esperamos en él, él traerá a nuestra mente otros pecados que debemos confesar. Respecto a esos pecados que no recordamos o de los que no nos damos cuenta, es apropiado orar la oración general de David: «¡Perdóname aquellos de los que no estoy consciente!» (Sal 19:12).

A veces el confesar nuestros pecados a otros creyentes de confianza nos traerá seguridad de perdón y también estímulo para vencer el pecado. Santiago relaciona la confesión mutua con la oración, porque en un pasaje en que habla de la oración poderosa Santiago nos anima: «Por eso, *confiésense unos a otros sus pecados,* y oren unos por otros, para que sean sanados» (Stg 5:16).

5. Perdonar a otros. Jesús dice: «Si perdonan a otros sus ofensas, también los perdonará a ustedes su Padre celestial. Pero si no perdonan a otros sus ofensas, tampoco su Padre les perdonará a ustedes las suyas» (Mt 6:14-15). De modo similar, Jesús dice: «Y cuando estén orando, si tienen algo contra alguien, perdónenlo, para que también su Padre que está en el cielo les perdone a ustedes sus pecados» (Mr 11:25). Nuestro Señor no tiene en mente la experiencia inicial de perdón que conocemos cuando somos justificados por fe, porque eso no pertenecería a la oración que elevamos día tras día (vea Mt 6:12 con vv. 14-15). Más bien se refiere a la *relación con Dios día tras día* que necesitamos que sea restaurada cuando hemos pecado y lo hemos ofendido. De hecho, Jesús nos ordena integrar en nuestras soraciones una petición de que Dios nos perdone de la misma manera que nosotros hemos perdonado a otros que nos han hecho daño (en el mismo sentido de «relación personal» de «perdonar»; es decir, no guardar rencor ni sentir amargura contra otra persona ni albergar ningún deseo de hacerles daño): «Perdónanos nuestros pecados, *como también nosotros hemos perdonado a los que pecan contra nosotros*» (Mt 6:12, traducción del autor). Si hay alguien a quien no hemos perdonado cuando elevamos esta oración, estamos pidiéndole a Dios que no nos restaure a una buena relación con él cuando hemos pecado, que es lo que nosotros nos hemos rehusado a hacer con otros.

Puesto que la oración da por sentada una relación con Dios como persona, esto no es extraño. Si hemos pecado contra él y hemos entristecido al Espíritu Santo (cf. Ef 4:30), y el pecado no ha sido perdonado, nuestra relación con Dios se interrumpe (cf. Is 59:1-2). Mientras el pecado no sea perdonado y las relaciones restaurada, la oración será, por supuesto, difícil. Es más, si tenemos falta de perdón contra alguien, no estamos actuando de una manera que agrada a Dios o que nos beneficie. Por eso Dios declara (Mt 6:12, 14-15) que él se alejará de nosotros hasta que perdonemos a los demás.

6. Humildad. Santiago nos dice que «Dios se opone a los orgullosos, pero da gracia a los humildes» (Stg 4:6; también 1 P 5:5). Por consiguiente dice: «Humíllense delante del Señor, y él los exaltará» (Stg 4:10). La humildad es, por tanto, la actitud apropiada que hay que tener al orar a Dios, en tanto que el orgullo es totalmente inapropiado.

La parábola que relató Jesús en cuanto al fariseo y al recaudador de impuestos ilustra esto. Cuando el fariseo se levantó a orar, se jactaba: «Oh Dios, te doy gracias porque no soy como otros hombres —ladrones, malhechores, adúlteros— ni mucho menos como ese recaudador de impuestos. Ayuno dos veces a la semana y doy la décima parte de todo lo que recibo» (Lc 18:11-12). Al contrario, el humilde recaudador de impuestos «ni siquiera se atrevía a alzar la vista al cielo, sino que se golpeaba el pecho y decía: "¡Oh Dios, ten compasión de mí, que soy pecador!"» (Lc 18:13). Jesús dijo que éste «volvió a su casa justificado», y no el fariseo, «pues todo el que a sí mismo se enaltece será humillado, y el que se humilla será enaltecido» (Lc 18:14). Por eso Jesús condenó a los que «hacen largas plegarias para impresionar a los demás» (Lc 20:47) y a los hipócritas a los que «les encanta orar de pie en las sinagogas y en las esquinas de las plazas para que la gente los vea» (Mt 6:5).

Dios con todo derecho es celoso de su honor.[11] Por consiguiente, no se agrada en responder a las oraciones de los orgullosos que se irrogan honor para sí mismos antes de dárselo a él. La verdadera humildad ante Dios, que también se refleja en la genuina humildad ante otros, es necesaria para la oración eficaz.

7. Hay que perseverar en oración por un largo período de tiempo. Así como Moisés estuvo dos veces en el monte cuarenta días ante Dios por el pueblo de Israel (Dt 9:25-26; 10:10-11), y tal como Jacob le dijo a Dios: «¡No te soltaré hasta que me bendigas!» (Gn 32:26), vemos en la vida de Jesús un patrón de mucho tiempo dedicado a la oración. Cuando le seguían grandes multitudes, «él mismo a menudo se alejaba regiones desiertas y oraba» (Lc 5:16, traducción del autor).[12] En otra ocasión, «pasó *toda la noche* en oración a Dios» (Lc 6:12).

A veces, como en el caso de Moisés y Jacob, la oración por un largo período de tiempo debe ser oración por un asunto específico (cf. Lc 18:1-8). Cuando fervientemente estamos buscando de Dios una respuesta a una oración específica, podemos repetir la misma petición varias veces. Pablo le pidió al Señor «tres veces» (2 Co 12:8) que le quitara la espina que tenía en su carne. Jesús mismo, cuando estuvo en el jardín del Getsemaní, le pidió al Padre: «No me hagas beber este trago amargo, pero no sea lo que yo quiero, sino lo que quieres tú» (Mr 14:36). Luego, después de haber vuelto y hallado a sus discípulos durmiendo, Jesús oró de nuevo y elevó la misma petición con las mismas palabras: «Una vez más se retiró *e hizo la misma oración*» (Mr 14:39). Estas son instancias de repetición ferviente en la oración

---

[11]Vea la explicación del atributo divino de celo, p. 211-12, antes.
[12]El tiempo imperfecto perifrástico aquí (gr. *en hipocoron*), hace énfasis, aun más que lo haría el imperfecto simple, la naturaleza repetida o habitual de la actividad de retirarse al desierto (vea *BDF*, 353[1]).

por una necesidad que se siente hondamente. No son ejemplos de lo que Jesús prohíbe; la acumulación de «frases vacías» en la creencia errónea de que las «muchas palabras» lograrán que sean oídas (Mt 6:7).

Hay también un elemento de comunión continua con Dios al orar por un largo tiempo. Pablo nos llama a orar sin cesar (1 Ts 5:17), y anima a los Colosenses a hacer lo mismo: «Dedíquense a la oración: perseveren en ella con agradecimiento» (Col 4:2). Tal devoción continua a la oración incluso mientras estamos dedicados a los quehaceres diarios debe caracterizar la vida de todo creyente. Los apóstoles son un ejemplo aleccionador. Ellos se desembarazaron de otra responsabilidades a fin de dedicar tiempo a la oración: «Así nosotros *nos dedicaremos de lleno a la oración* y al ministerio de la palabra» (Hch 6:4).

8. Hay que orar fervientemente. Jesús mismo, que es nuestro modelo de oración, oraba fervientemente. «En los días de su vida mortal, Jesús ofreció oraciones y súplicas con fuerte clamor y lágrimas al que podía salvarlo de la muerte, y fue escuchado por su reverente sumisión» (He 5:7). En algunas de las oraciones de la Biblia casi podemos oír la gran intensidad con que los santos derramaban su corazón delante de Dios. Daniel clamaba: «¡Señor, escúchanos! ¡Señor, perdónanos! ¡Señor, atiéndenos y actúa! Dios mío, haz honor a tu nombre y no tardes más; ¡tu nombre se invoca sobre tu ciudad y sobre tu pueblo!» (Dn 9:19). Cuando Dios le mostró a Amós el castigo que iba a derramar sobre su pueblo, Amós suplicó: «¡SEÑOR mi Dios, te ruego que perdones a Jacob! ¿Cómo va a sobrevivir, si es tan pequeño?» (Am 7:2).

En las relaciones personales, si intentamos fingir intensidad emocional y ponernos una máscara de emoción que no concuerda con lo que de veras sentimos, los demás por lo general percibirán nuestra hipocresía al instante y eso los desilusionará. Cuánto mucho más es esto verdadero en cuanto a Dios, que conoce plenamente nuestros corazones. Por consiguiente, la intensidad y profundidad de la emoción en la oración nunca debe ser fingida; no podemos engañar a Dios. Sin embargo, si verdaderamente empezamos a ver las circunstancias como Dios las ve, y empezamos a ver las necesidades de un mundo que sufre y que se muere tal como realmente son, será natural orar con intensa participación emocional y esperar que Dios, como Padre misericordioso, responda a una oración sincera. Cuando una oración tan intensamente sentida halla expresión en reuniones de oración, los cristianos ciertamente deben aceptar y dar gracias por ella, porque a menudo indica una profunda obra del Espíritu Santo en el corazón de la persona que está orando.

9. Hay que esperar en el Señor. Después de clamar a Dios por ayuda en su aflicción David dice: «Pon tu esperanza en el SEÑOR; ten valor, cobra ánimo; ¡pon tu esperanza en el SEÑOR!» (Sal 27:14). De modo similar, dice: «Yo, SEÑOR, espero en ti; tú, Señor y Dios mío, serás quien responda» (Sal 38:15). El salmista de igual manera dice:

> Espero al SEÑOR, lo espero con toda el alma;
>   en su palabra he puesto mi esperanza.
> Espero al SEÑOR con toda el alma,
>   más que los centinelas la mañana.
> Como esperan los centinelas la mañana (Sal 130:5-6).

Una analogía de la experiencia humana puede ayudarnos a apreciar el beneficio de esperar ante el Señor una respuesta a la oración. Si deseamos invitar a alguien a casa para cenar, hay varias maneras en que podemos hacerlo. Primero, podemos extender una invitación vaga y general: «Me encantaría que vinieras a casa a cenar algún día de estos». Casi nadie vendría a cenar basándose solo en ese tipo de invitación. Esto es como la oración vaga y general: «Dios, bendice a todas mis tía y tíos, y a todos los misioneros. Amén». Segundo, podríamos hacer una invitación específica pero apresurada e impersonal: «Alfredo, ¿podrías venir a casa a cenar el viernes a la 6 de la tarde?»; pero tan pronto como las palabras salen de nuestra boca nos alejamos dejando a Alfredo con una expresión perpleja en su cara porque ni siquiera le dimos tiempo para que respondiera. Así son muchas de nuestras peticiones de oración. Le decimos palabras a Dios como si el mismo hecho de expresarlas, sin ninguna intervención del corazón en lo que decimos, recabara una respuesta de Dios. Pero esta clase de petición olvida que la oración es una relación entre dos personas: uno mismo y Dios.

Hay una tercera clase de invitación, que es de corazón, personal y específica. Después de esperar para cerciorarme de que cuento con toda la atención de Alfredo, puedo mirarle directamente a los ojos y decirle: «Alfredo, a Margarita y a mí nos encantaría que fueras a casa a cenar este viernes a la 6 de la tarde. ¿Podrías ir?»; y entonces, todavía mirándole directamente a los ojos, esperar en silencio y con paciencia hasta que él decida contestar. Él sabe por mi expresión de la cara, el tono de mi voz, el momento y la ocasión en que le hablé que estoy poniendo todo mi ser en la petición, y que me estoy relacionado con él como persona y como amigo. Esperar pacientemente una respuesta muestra mi anhelo, mi sentido de expectación, y mi respeto por él como persona. Esta tercera clase de petición es como la del cristiano ferviente que viene ante Dios, capta un sentido de estar en presencia de Dios, fervientemente le presenta una petición, y luego espera en silencio por algún sentido de seguridad de una respuesta de Dios.

Esto no quiere decir que todas nuestras peticiones deben ser de esta naturaleza, o incluso que las dos primeras clases de peticiones estén mal. En verdad, en algunos casos podemos orar rápidamente porque tenemos poco tiempo para hallar una respuesta (vea Neh 2:4). Y a veces en efecto oramos en forma general porque no tenemos información más específica en cuanto a una situación, o porque está muy distante de nosotros, o debido al corto tiempo disponible. Pero el material en la Biblia sobre la oración ferviente y en cuanto a esperar en el Señor, y el hecho de que la oración es una comunicación personal entre nosotros y Dios, en efecto indica que las oraciones tales como la tercera clase de petición son mucho más profundas y sin duda recabarán muchas más respuestas de Dios.

10. La oración en privado. Daniel subía a su dormitorio y allí se arrodillaba y se ponía «a orar y alabar a Dios, pues tenía por costumbre orar tres veces al día» (Dn 6:10).[13] Jesús con frecuencia se iba a lugares solitarios para estar a solas y orar (Lc 5:16; et al.). También nos enseña: «Pero tú, cuando te pongas a orar, entra en tu cuarto, cierra la puerta y ora a tu Padre, que está en lo secreto. Así tu Padre, que ve lo

---

[13]Aunque los enemigos de Daniel le vieron orando, fue sólo porque ellos «se habían puesto de acuerdo» y evidentemente estaban espiándole.

que se hace en secreto, te recompensará» (Mt 6:6). Esta afirmación está en el contexto de evitar el error de los hipócritas a quienes les encanta orar en las esquinas de las calles «para que la gente los vea» (Mt 6:5). Hay sabiduría en la amonestación de Jesús de orar en secreto, no sólo para que evitemos la hipocresía, sino también para que no nos distraiga la presencia de otros, y por ello modifiquemos nuestra oración para amoldarla a lo que pensamos que ellos esperan oír. Cuando estamos verdaderamente a solas con Dios, en lo privado de un cuarto en donde hemos «cerrado la puerta» (Mt 6:6), entonces podemos derramar ante él nuestros corazones.[14]

La necesidad de orar en privado también puede tener implicaciones para grupos pequeños o reuniones de oración en la iglesia; cuando los creyentes se reúnen para buscar fervientemente al Señor respecto a algún asunto específico, a menudo es útil si pueden estar en lo privado de un hogar donde se cierra la puerta y colectivamente pueden clamar a Dios. Al parecer esta era la manera en que los primeros cristianos oraban cuando estaban suplicando fervientemente a Dios por la liberación de Pedro que estaba en la cárcel (vea Hch 12:5, 12-16).

11. Oración con otros. Los creyentes hallan fortaleza al orar con otros. De hecho, Jesús nos enseña: «Además les digo que si dos de ustedes en la tierra se ponen de acuerdo sobre cualquier cosa que pidan, les será concedida por mi Padre que está en el cielo. Porque donde dos o tres se reúnen en mi nombre, allí estoy yo en medio de ellos» (Mt 18:19-20).[15]

Hay muchos otros ejemplos en la Biblia de creyentes que oraron juntos, y en donde una persona guió a toda la congregación en oración (note la oración de Salomón «en presencia de toda la asamblea de Israel» en la dedicación del templo en 1 R 8:22-53, o la oración de la iglesia primitiva en Jerusalén cuando «alzaron unánimes la voz en oración a Dios» en Hch 4:24). Incluso el Padre Nuestro lo pone en plural. No dice: «Dame hoy mi pan cotidiano»; sino «Da*nos* hoy *nuestro* pan cotidiano» y «Perdóna*nos nuestros* pecados», y «No *nos* guíes a la tentación sino líbra*nos* del mal» (Mt 6:11-13, traducción del autor). Orar con otros, entonces, es correcto y a menudo aumenta nuestra fe y la eficacia de nuestras oraciones.

12. El ayuno. En la Biblia a menudo se conecta la oración con el ayuno. A veces hay ocasiones de súplica intensa ante Dios, como cuando Nehemías, al oír de la ruina de Jerusalén, «por algunos días, *ayuné* y oré al Dios del cielo» (Neh 1:4), o cuando los judíos se enteraron del decreto de Asuero para matarlos, y «había gran duelo entre los judíos, con *ayuno*, llanto y lamentos» (Est 4:3), o cuando Daniel

---

[14]En este punto también podemos mencionar que Pablo habla un uso del don de hablar en lenguas durante la oración privada: «Porque si yo oro en lenguas, mi espíritu ora, pero mi entendimiento no se beneficia en nada. ¿Qué debo hacer entonces? Pues orar con el espíritu, pero también con el entendimiento; cantar con el espíritu, pero también con el entendimiento» (1 Co 14:14-15). Cuando Pablo dice «mi espíritu ora», no está refiriéndose al Espíritu Santo, sino a nuestro propio espíritu humano, porque el contraste que es con «mi entendimiento». Su propio espíritu está derramando nuestras peticiones ante Dios, y esas peticiones las entiende Dios y resultan en edificación personal: «El que habla en lenguas se edifica a sí mismo» (1 Co 14:4). Consideraremos este don más completamente en el capítulo 53, más adelante.

[15]Aunque los cuatro versículos previos (vv. 15-18) tienen que ver con la disciplina de la iglesia, la expresión «otra vez» al principio del v. 19 marca un ligero cambio en el tema, y no es apropiado tomar los vv. 19-20 como una afirmación más amplia en cuanto a la oración en general en el contexto de la iglesia.

buscó al SEÑOR: «Además de orar, *ayuné* y me vestí de luto y me senté sobre cenizas» (Dn 9:3). En otras ocasiones se conecta el ayuno con el arrepentimiento, porque Dios le dice al pueblo que ha pecado contra él: «Ahora bien —afirma el
SEÑOR—, vuélvanse a mí de todo corazón, con ayuno, llantos y lamentos» (Jl 2:12).

En el Nuevo Testamento, Ana «día y noche adoraba a Dios con *ayunos* y oraciones» (Lc 2:37) en el templo, y mientras en la iglesia de Antioquía *«ayunaban* y participaban en el culto al Señor» fue cuando el Espíritu Santo dijo: «Apártenme ahora a
Bernabé y a Saulo para el trabajo al que los he llamado» (Hch 13:2). La iglesia respondió con más ayuno y oración antes de enviar a Bernabé y a Saulo en su primer viaje
misionero: «Así que después de ayunar, orar e imponerles las manos, los despidieron» (Hch 13:3). Es más, el ayuno era una parte de rutina para buscar la dirección del
Señor con respecto a los oficiales de la iglesia, porque en el primer viaje misionero de
Pablo leemos que él y Bernabé, al viajar de nuevo por las iglesias que había fundado,
«en cada iglesia nombraron ancianos y, con oración y ayuno» (Hch 14:23).

Así que el ayuno apropiadamente acompañó a la oración en muchas circunstancias: en tiempo de intercesión intensa, arrepentimiento, adoración y búsqueda
de dirección. En cada una de estas situaciones surgen varios beneficios del ayuno,
todos los cuales afectan nuestra relación con Dios: (1) El ayuno aumenta nuestro
sentido de humildad y dependencia en el Señor (porque nuestra hambre y debilidad física continuamente nos recuerdan que no somos realmente fuertes en nosotros mismos sino que necesitamos del Señor). (2) El ayuno nos permite dedicar
más atención a la oración (porque no gastamos tiempo en comer), y (3) es un recordatorio continuo de que, así como sacrificamos alguna comodidad personal
para el Señor al no comer, debemos continuamente sacrificar todo nuestro ser a
él.[16] Es más, (4) el ayuno es un buen ejercicio en disciplina propia, porque al abste-
nemos de ingerir alimentos, que sería el deseo ordinario, nuestra capacidad de abs-
tenernos de pecar se fortalece, a lo cual de otra manera nos veríamos tentados a
ceder. Si nos entrenamos para aceptar el pequeño «sufrimiento» de ayunar voluntariamente, seremos más capaces de aceptar otros sufrimientos por amor de la justicia (cf. Heb 5:8; 1 P 4:1-2). (5) El ayuno también eleva nuestra actitud de alerta
espiritual y mental y un sentido de la presencia de Dios al enfocarnos menos en las
cosas materiales de este mundo (como la comida) y conforme las energías de nuestro cuerpo quedan libres de digerir y de procesar la comida. Esto nos capacita para
enfocar las realidades espirituales eternas que son mucho más importantes.[17] Finalmente, (6) ayunar expresa fervor y urgencia en nuestras oraciones; si persistimos
en ayunar, moriremos. Por consiguiente, de una manera simbólica, el ayuno le
dice a Dios que estamos preparados para poner nuestras vidas a fin de que la

---

[16]Razones similares (dedicar más tiempo a la oración y dejar a un lado algún placer personal) probablemente
explica el permiso de Pablo a los casados para dejar de lado las relaciones sexuales «de común acuerdo, y sólo por
un tiempo0, para dedicarse a la oración» (1Co 7:5).

[17]En Mr 9:29, cuando los discípulos le preguntaron por qué no pudieron expulsar a cierto demonio, Jesús repli-
có: «Esta clase de demonios sólo puede ser expulsada a fuerza de oración». Muchos de los manuscritos griegos
más antiguos y muy confiables, y varios manuscritos tempranos en otros lenguajes dicen: «con oración *y ayuno*».
En cualquier caso, no puede querer decir la oración que se dice en el momento en que está expulsando al demonio, porque Jesús simplemente echó fuera al demonio con una palabra y no se dedicó a un tiempo extenso de
oración. Más bien debe querer decir que los discípulos no habían pasado previamente suficiente tiempo en oración y que su fortaleza espiritual era débil. Por consiguiente, el «ayuno» que se menciona en muchos manuscritos
antiguos encaja en el patrón de una actividad que aumenta la fuerza y poder espiritual de uno.

situación cambie antes que continuar en ella. En este sentido, el ayuno es especialmente apropiado cuando el estado espiritual de una iglesia está por el suelo.

«Ahora bien —afirma el SEÑOR—,
vuélvanse a mí de todo corazón,
con ayuno, llantos y lamentos.
Rásguense el corazón y no las vestiduras.
(Jl 2:12-13a)

Aunque el Nuevo Testamento no exige específicamente que ayunemos, ni que fijemos tiempos especiales en que debemos ayunar, Jesús ciertamente da por sentado que ayunaremos, porque les dice a los discípulos: «*Cuando* ayunen» (Mt 6:16). Aun más, Jesús también dice: «Llegará el día en que se les quitará el novio; entonces sí ayunarán» (Mt 9:15). Él es el Novio, nosotros somos sus discípulos, y durante esta presente edad de la iglesia él ha sido «quitado» de nosotros hasta el día en que vuelva. La mayoría de los cristianos en Occidente no ayunan, pero, si estuviéramos dispuestos a ayunar más regularmente, incluso por una o dos comidas, nos sorprendería cuánto mucho más poder y fuerza espiritual tendríamos en nuestras vidas y en nuestras iglesias.

13. ¿Qué de la oración no contestada? Debemos empezar reconociendo que en tanto Dios es Dios y nosotros somos sus criaturas, debe haber algunas oraciones no contestadas. Esto se debe a que Dios mantiene oculto sus planes sabios para el futuro, y aunque la gente ora, muchos acontecimientos no se realizarán sino en el momento en que Dios haya decretado. Los judíos oraron por siglos porque viniera el Mesías, y con razón, pero no fue sino cuando «se cumplió el plazo» que «Dios envió a su Hijo» (Gá 4:4). Las almas de los mártires en el cielo, libres de pecado, claman que Dios juzgue la tierra (Ap 6:10), pero Dios no responde de inmediato; más bien les dice que descansen por un tiempo más (Ap 6:11). Es claro que puede haber largos períodos de demora durante los cuales las oraciones no reciben respuesta, porque los que oran no saben el tiempo sabio que Dios tiene determinado.

La oración también quedará sin respuesta porque no siempre sabemos cómo orar como debemos (Ro 8:26), no siempre oramos conforme a la voluntad de Dios (Stg 4:3), y no siempre pedimos con fe (Stg 1:6-8). Y a veces pensamos que cierta solución es mejor, pero Dios tiene un plan mejor, incluso realizar su propósito mediante el sufrimiento y la adversidad. Sin duda José oró fervientemente que lo rescataran de la cisterna o que no fuera llevado a Egipto como esclavo (Gn 37:23-36), pero muchos años más tarde halló cómo a pesar de aquellos acontecimientos, «Dios transformó ese mal en bien» (Gn 50:20).

Cuando tenemos una oración no contestada, nos unimos a Jesús, que oró: «Padre, si quieres, no me hagas beber este trago amargo; pero no se cumpla mi voluntad, sino la tuya» (Lc 22:42). Nos unimos también a Pablo, que por «tres veces» le pidió al Señor que le quitara su espina en el cuerpo, pero no fue así; más bien el Señor le dijo: «Te basta con mi gracia, pues mi poder se perfecciona en la debilidad» (2 Co 12:8-9). Nos unimos a David, que oró por la vida de su hijo, pero el niño murió, así que «luego se vistió y fue a la casa del SEÑOR para adorar» y dijo de su hijo: «Yo iré adonde él está, aunque él ya no volverá a mí» (2 S 12:20, 23). Nos unimos a los mártires de toda la historia que oraron pidiendo una liberación que no llegó, pero «no valoraron tanto su vida como para evitar la muerte» (Ap 12:11).

Cuando la oración sigue sin contestar debemos continuar confiando en Dios, quien «dispone todas las cosas para el bien de quienes lo aman» (Ro 8:28), y echar sobre él nuestros cuidados, sabiendo que él continuamente se preocupa por nosotros (1 P 5:7). Debemos seguir recordando que él da fuerza suficiente para cada día (Dt 33:25) y que ha prometido: «Nunca te dejaré; jamás te abandonaré» (Heb 13:5; cf. Ro 8:35-39).

También debemos perseverar en la oración. A veces una respuesta largamente esperada se recibe de repente, como cuando Ana, que después de muchos años tuvo un hijo (1 S 1:19-20), o como cuando Simeón vio llegar al templo al Mesías largamente esperado (Lc 2:25-35).

Pero a veces las oraciones quedan sin contestación en esta vida. A veces Dios responde esas oraciones después de que el creyente muere. En otras ocasiones no las contesta, pero incluso entonces la fe expresada en esas oraciones y las expresiones de sincero amor a Dios y a las personas que se han hecho ascenderán como incienso agradable ante el trono de Dios (Ap 5:8; 8:3-4) y resultará en «aprobación, gloria y honor cuando Jesucristo se revele» (1 P 1:7).

D. Alabanza y acción de gracias

La alabanza y acción de gracias a Dios, que se considerarán más completamente en el capítulo 51, son elementos esenciales de la oración. La oración modelo que Jesús nos dejó empieza con una alabanza: «Santificado sea tu nombre» (Mt 6:9). Y Pablo les dice a los filipenses: «En toda ocasión, con oración y ruego, presenten sus peticiones a Dios y *denle gracias*» (Flp 4:6), y a los colosenses: «Dedíquense a la oración: perseveren en ella *con agradecimiento*» (Col 4:2). La acción de gracias, como todo otro aspecto de la oración, no debe ser un repetir mecánico de un «gracias» a Dios, sino que deben ser palabras que reflejen el agradecimiento de nuestro corazón. Es más, nunca debemos pensar que expresar agradecimiento anticipado a Dios por la respuesta a algo que le pedimos puede de cierta manera obligar a Dios a que nos lo dé, porque eso cambia la oración de una petición genuina y sincera a una exigencia que da por sentado que podemos obligar a Dios a hacer lo que queremos que haga. Oración en ese espíritu niega la naturaleza esencial de la oración como dependencia en Dios.

Al contrario, el tipo de agradecimiento que apropiadamente acompañe a la oración debe expresar gratitud a Dios por todas las circunstancias, por todos las cosas de la vida que él permite que nos pasen. Cuando «en toda circunstancias» unimos expresiones de agradecimiento humilde, casi infantil, a nuestras oraciones (1 Ts 5:18), estas serán aceptables a Dios.

PREGUNTAS PARA APLICACIÓN PERSONAL

1. ¿Tiene a menudo dificultad con la oración? ¿Qué de este capítulo le ha sido útil respecto a esto?

2. ¿Cuándo ha tenido los tiempos de oración más eficaces de su vida? ¿Qué factores contribuyeron a hacer más efectivas esas ocasiones? ¿Qué otros

factores necesitan más atención en su vida de oración? ¿Qué puede hacer usted para fortalecer cada uno de esos aspectos?

3. ¿Cómo le ayuda y le estimula (si es así) el orar con otros creyentes?

4. ¿Ha tratado alguna vez de esperar en silencio ante el Señor después de hacer una petición ferviente en oración? Si es así, ¿cuál ha sido el resultado?

5. ¿Tiene usted un tiempo regular cada día para la lectura privada de la Biblia y la oración? ¿Hay ocasiones cuando se distrae fácilmente y se desvía a otras actividades? Si es así, ¿cómo pudiera superar esas distracciones?

6. ¿Disfruta usted al orar? ¿Por qué sí o por qué no?

TÉRMINOS ESPECIALES

fe   esperar en el Señor
«en el nombre de Jesús»   oración

BIBLIOGRAFÍA

(Para una explicación de esta bibliografía vea la nota sobre la bibliografía en el capítulo 1, p. 40. Datos bibliográficos completos se pueden encontrar en las páginas 1298-1307.)

Secciones en Teologías Sistemáticas Evangélicas

1. Anglicana (episcopal)
   1882-92   Litton, 431-32
2. Arminiana (wesleyana o metodista)
   1940   Wiley, 3:40-44, 153
   1960   Purkiser, 421-24
   1983-   Cottrell, 2:353-708
3. Bautista
   1907   Strong, 433-39
   1917   Mullins, 119, 192, 224, 274, 348
   1983-85   Erickson, 405-6
4. Dispensacional
   1947   Chafer, 5:220-31; 7:252-54
   1949   Thiessen, 298-301
   1986   Ryrie, 381-82
5. Luterana
   1917-24   Pieper, 3:215-19
   1934   Mueller, 428-34, 467-69
6. Reformada (o presbiteriana)
   1559   Calvin, 2:850-920 (3.20)
   1724-58   Edwards, 2:74-88, 113-18
   1871-73   Hodge, 3:692-709
   1878   Dabney, 713-25
   1937-66   Murray, *CW* 3:168-71

7. Renovada (o carismática/pentecostal)
   1988-92   Williams, 2:295-98, 3:95-98

Secciones en Teologías Sistemáticas Católicas Romanas Representativas

1. Católica Romana: tradicional
   1955   Ott, 91
2. Católica Romana: Post Vaticano II
   1980   McBrien, 1:331-32; 2:1057-99

Otras obras

Bennett, Arthur, ed. *The Valley of Vision: A Collection of Puritan Prayer and Devotions.* Banner of Truth, Edimburgo y Carlisle, Pa., 1975.

Bounds, E. M. *Power Through Prayer.* Baker, Grand Rapids, 1963.

Brother Lawrence. *The Practice of the Presence of God.* Revell, Nueva York, 1895. Hay traducción al español.

Carson, D. A., ed. *Teach Us To Pray: Prayer in the Bible and the World.* Baker, Grand Rapids, y Paternoster, Exeter, 1990.

Clowney, Edmund. *Christian Meditation.* Presbyterian and Reformed, Filadelfia, 1979.

_____. «Prayer, Theology of». En *NDT,* pp. 526-27.

Forsyth, P. T. *The Soul of Prayer.* Eerdmans, Grand Rapids, 1967 (reimp.).

Foster, Richard J. *Celebration of Discipline: The Path to Spiritual Growth.* Harper and Row, San Francisco, 1988.

Hallesby, O. *Prayer.* Trad. por Clarence J. Carlsen. Augsburg, Minneapolis, 1959 (reimp.).

Houston, James. *The Transforming Friendship.* Lion, Oxford and Batavia, Ill., 1989.

Hunter, W. Bingham. *The God Who Hears.* Intervarsity Press, Downers Grove, Ill., 1986.

Kelly, Thomas R. *A Testament of Devotion.* Harper, Nueva York, 1941.

Law, William. *A Serious Call to a Devout and Holy Life.* Westminster, Filadelfia, 1948 (reimp.).

M'Intyre, D. M. *The Hidden Life of Prayer.* Bethany Fellowship, Minneapolis Press, 1962 (reimp.). (El nombre del autor a veces se deletrea MacIntyre en otras ediciones de este libro).

Murray, Andrew. *The Ministry of Intercessory Prayer.* Bethany House, Minneapolis, 1981 (reimp.; originalmente publicado en 1897 como *The Ministry of Intercession*).

Ortlund, Raymond C., Jr. *A Passion for God: Prayers and Meditations on the Book of Romans.* Crossway, Wheaton, Ill. 1994.

Prince, Derek. *Shaping History Through Prayer and Fasting.* Fleming H. Revell, Old Tappan, N.J., 1973.

Smith, David R. *Fasting: A Neglected Discipline.* Christian Literature Crusade, Fort Washington, Pa., 1969.

Spear, Wayne. *The Theology of Prayer.* Baker, Grand Rapids, 1979.

Thomas à Kempis. *The Imitation of Christ*. Baker, Grand Rapids, 1973 (reimp.). Hay traducción al español.

Unknown Christian. *The Kneeling Christian*. Zondervan, Grand Rapids, 1945.

Wallis, Arthur. *God's Chosen Fast: A Spiritual and Practical Guide to Fasting*. Christian Literature Crusade, Fort Washington, Pa., 1987. Hay traducción al español.

White, John. *Daring to Draw Near*. Intervarsity Press, Downers Grove, Ill., 1977.

Willard, Dallas. *The Spirit of the Disciplines*. Harper and Row, San Francisco, 1988.

PASAJE BÍBLICO PARA MEMORIZAR

Hebreos 4:14-16: *Por lo tanto, ya que en Jesús, el Hijo de Dios, tenemos un gran sumo sacerdote que ha atravesado los cielos, aferrémonos a la fe que profesamos. Porque no tenemos un sumo sacerdote incapaz de compadecerse de nuestras debilidades, sino uno que ha sido tentado en todo de la misma manera que nosotros, aunque sin pecado. Así que acerquémonos confiadamente al trono de la gracia para recibir misericordia y hallar la gracia que nos ayude en el momento que más la necesitemos.*

HIMNO

«Seguridad»

1. Aun cuando cruja la tierra en temblores,
El gran amor de Dios firme está.
Su paz ofrece al que sufre dolores,
Pues su promesa él cumplirá.

2. Y si la paz se la mira turbada
Y grandes cambios infunden temor,
Dios siempre vése inmóvil, pues nada
Podrá a su pueblo causarle pavor.

3. Poder nos da en los graves peligros,
Su ayuda es fiel siempre que hay frustración;
El fuerte es para darnos alivio,
Y en las tormentas nos da protección.

4. Y tus mandatos, oh Dios, conocemos;
Ven, pues, ayúdanos con tu poder;
Y mientras vuelves, Señor, ya sabemos
Que en tu esperanza podemos crecer.

AUTOR: BASADO EN ISAÍAS 54:10, LETRA LINA SANDELL, TRAD. AL INGLÉS, E. LINCOLN PEARSON, ESTR. 1 Y 4, ALT.; BRYAN JEFFERY LEECH, ESTR. 2 Y 3; TRAD. AL ESPAÑOL, ADOLFO ROBLETO (TOMADO DEL HIMNARIO BAUTISTA, # 327).

Capítulo 19

Ángeles

¿Qué son los ángeles? ¿Por qué los creó Dios?

EXPLICACIÓN Y BASE BÍBLICA

A. ¿Qué son los ángeles?

Podemos definir a los ángeles de la manera siguiente: *Los ángeles son seres creados, espirituales, con juicio moral y alta inteligencia, pero sin cuerpos físicos.*

1. Seres espirituales creados. Los ángeles no han existido siempre; son parte del universo que Dios creó. En un pasaje que se refiere a los ángeles como el «ejército» de los cielos, Esdras dice: «Tú solo eres Jehová; tú hiciste los cielos, y los cielos de los cielos, *con todo su ejército,* ... y los ejércitos de los cielos te adoran» (Neh 9:6, RVR 1960; cf. Sal 148:2, 5). Pablo nos dice que Dios creó todas las cosas «visibles e invisibles» por medio de Cristo y para él, y luego específicamente incluye el mundo angélico con la frase «sean tronos, poderes, principados o autoridades» (Col 1:16).

El que los ángeles ejercen juicio moral se ve en el hecho de que algunos de ellos pecaron y cayeron de la posición que tenían (2 P 2:4; Jud 6; vea el capítulo 20). Su alta inteligencia se ve en toda la Biblia cuando hablan con personas (Mt 28:5; Hch 12:6-11; et al.) y cantan alabanzas a Dios (Ap 4:11; 5:11).

Puesto que los ángeles son «espíritus» (Heb 1:14) o criaturas espirituales, ordinariamente no tienen cuerpos físicos (Lc 24:39). Por consiguiente, por lo general no los podemos ver a menos que Dios nos dé una capacidad especial para verlos (Nm 22:31; 2 R 6:17; Lc 2:13). En sus actividades ordinarias de guardarnos y protegernos (Sal 34:7; 91:11; Heb 1:14), y unirse a nosotros para alabar a Dios (Heb 12:22), son invisibles. Sin embargo, de tiempo en tiempo los ángeles tomaron forma corporal para aparecerse a varios individuos en la Biblia (Mt 28:5; Heb 13:2).

2. Otros nombres que se dan a los ángeles. La Biblia a veces usa otros términos para referirse a los ángeles, tales como «hijos de Dios» (Job 1:6; 2:1), «santos» (Sal 89:5, 7), «espíritus» (Heb 1:14), «mensajeros» (Dn 4:13, 17, 23), «tronos», «dominios», «principados» y «autoridades» (Col 1:16).

3. Otras clases de seres celestiales. Hay otros tipos específicos de seres celestiales que se mencionan en la Biblia. Sea que pensemos que son tipos especiales de «ángeles» (en un sentido amplio del término), o que pensemos que son seres celestiales distintos de los ángeles, con todo son seres espirituales creados que sirven y adoran a Dios.

a. «Querubines»[1] A los querubines se les dio la tarea de guardar la entrada del huerto del Edén (Gn 3:24), y frecuentemente se dice que Dios mismo tiene su trono entre querubines, o que viaja montado en querubines (Sal 18:10; Ez 10:1-22). Sobre el arca del pacto en el Antiguo Testamento había dos figuras de oro de querubines con alas extendidas sobre el arca, y allí Dios prometió ir a morar entre su pueblo: «Yo me reuniré allí contigo en medio de los dos querubines que están sobre el arca del pacto. Desde la parte superior del propiciatorio te daré todas las instrucciones que habrás de comunicarles a los israelitas» (Éx 25:22; cf. vv. 18-21).

b. «Serafines»[2] Otro grupo de seres celestiales, los serafines, se mencionan sólo en Isaías 6:2-7, en donde continuamente adoran al SEÑOR y claman el uno al otro: «Santo, santo, santo es el SEÑOR Todopoderoso; toda la tierra está llena de su gloria» (Is 6:3).

c. Seres vivientes. Ezequiel y Apocalipsis mencionan a otra clase de seres celestiales conocidos como «seres vivientes» alrededor del trono de Dios (Ez 1:5-14; Ap 4:6-8).[3] Con su apariencia de león, buey, hombre y águila, son los representantes más poderosos de varias criaturas de Dios (bestias salvajes, animales domesticados, seres humanos y aves), y adoran continuamente a Dios: «Y día y noche repetían sin cesar: "Santo, santo, santo es el Señor Dios Todopoderoso, el que era y que es y que ha de venir"» (Ap 4:8).

4. Rangos y órdenes entre los ángeles. La Biblia indica que hay rangos y órdenes entre los ángeles. A un ángel, Miguel, se le llama «arcángel» en Judas 9, título que indica gobierno o autoridad sobre otros ángeles. Se le llama «uno de los príncipes de primer rango» en Daniel 10:13. Miguel parece ser un líder en el ejército angelical: «Se desató entonces una guerra en el cielo: Miguel y sus ángeles combatieron al dragón; éste y sus ángeles, a su vez, les hicieron frente, pero no pudieron vencer» (Ap 12:7-8). Y Pablo nos dice que el Señor volverá del cielo «con voz de arcángel» (1 Ts 4:16). Si esto se refiere a Miguel como el único arcángel, o si hay otros arcángeles, la Biblia no nos lo dice.

5. Nombres de ángeles específicos. Solo dos ángeles se mencionan específicamente en la Biblia.[4] A Miguel se le menciona en Judas 9 y Apocalipsis 12:7-8, así como también en Daniel 10:13, 21, en donde se le llama «Miguel, uno de los príncipes de primer rango» (v. 13). Al ángel Gabriel se le menciona en Daniel 8:16 y 9:21 como el mensajero que vino de Dios a hablar con Daniel. A Gabriel también se le identifica como el mensajero de Dios a Zacarías y a María en Lucas 1; el ángel le responde a Zacarías: «Yo soy Gabriel y estoy a las órdenes de Dios» (Lc 1:19).

---

[1]En hebreo la palabra *querub* es singular, en tanto que el plural es *querubim*.

[2]La palabra hebrea *seraf* es singular, en tanto que *serafim* es el plural.

[3]Las descripciones difieren en algo entre Ezequiel y Apocalipsis pero también tienen muchas similitudes. Es difícil decir si estos son grupos diferentes de criaturas o si los de Apocalipsis han sido transformados de la forma que tuvieron en la visión en Ezequiel.

[4]No he contado a Satanás aquí, que es un ángel caído y al que a veces también se le llama con otros nombres. (Vea capítulo 20, sobre Satanás y los demonios).

Después leemos: «A los seis meses, Dios envió al ángel Gabriel a Nazaret, pueblo de Galilea, a visitar a una joven virgen … La virgen se llamaba María» (Lc 1:26-27).

6. Sólo en un lugar a la vez. La Biblia frecuentemente presenta a los ángeles viajando de un lugar a otro, como en el versículo mencionado arriba en donde leemos que «Dios envió al ángel Gabriel a Nazaret, pueblo de Galilea» (Lc 1:26). Esto se dice explícitamente cuando un ángel se presentó ante Daniel y le dijo:

> Tu petición fue escuchada desde el primer día … En respuesta a ella estoy aquí. Durante veintiún días el príncipe de Persia se me opuso, así que acudió en mi ayuda Miguel, uno de los príncipes de primer rango. Y me quedé allí, con los reyes de Persia. Pero ahora he venido a explicarte lo que va a suceder con tu pueblo en el futuro, pues la visión tiene que ver con el porvenir (Dn 10:12-14).

La idea de que un ángel puede estar sólo en un lugar a la vez concuerda con el hecho de que los ángeles son seres creados. A diferencia de Dios, que es omnipresente, son criaturas finitas y por consiguiente limitados a estar en un solo lugar a la vez, como todo lo demás que Dios ha creado.[5]

7. ¿Cuántos ángeles hay? Aunque la Biblia no nos da una cifra del número de ángeles que Dios creó, es evidente que hay un gran número de ellos. Leemos que Dios en el monte Sinaí «Y vino de entre *diez millares de santos,* con la ley de fuego a su mano derecha» (Dt 33:2, RVR 1960). También leemos que «Los carros de guerra de Dios se cuentan por millares» (Sal 68:17). Cuando venimos a adorar entramos a la presencia de «millares y millares de ángeles, a una asamblea gozosa» (He 12:22).[6] Su número es incluso más impresionantemente recalcado en Apocalipsis 5:11, en donde Juan dice: «Luego miré, y oí la voz de muchos ángeles que estaban alrededor del trono, de los seres vivientes y de los ancianos. El número de ellos era millares de millares y millones de millones». Esta expresión indica un número asombrosamente grande (desde el punto de vista humano); una asamblea innumerable de seres angélicos que alababan a Dios.

8. ¿Tienen los seres humanos ángeles de la guarda individuales? La Biblia claramente nos dice que Dios envía ángeles para nuestra protección: «Él ordenará que sus ángeles te cuiden en todos tus caminos. Con sus propias manos te levantarán para que no tropieces con piedra alguna» (Sal 91:11-12). Pero algunos han ido más allá de esta idea de protección general y se preguntan si Dios designa un «ángel de la guarda» específico para cada individuo del mundo, o por lo menos para cada

---

[5]No obstante, parece que un número grande de ángeles puede estar en un solo lugar al mismo tiempo, por lo menos si el ejemplo de ángeles malos o demonios es una buena indicación de este hecho. Cuando Jesús le preguntó a las fuerzas demónicas que estaban en el endemoniado gadareno: «¿Cómo te llamas?» él dijo: «Legión», porque «habían entrado en él muchos demonios» (Lc 8:30). Aun si no entendemos esto queriendo decir literalmente una cantidad igual a una legión del ejército romano (3000 a 6000 hombres) e incluso si permitimos que puesto que Satanás es el padre de mentiras, los demonios en el hombre pudieran haber estado exagerado grandemente, Lucas con todo dice que «habían entrado en él muchos demonios».

[6]El término griego *myrias* («miríada») es una expresión que se refiere a «un número muy grande, no definido exactamente» (BAGD, p. 529).

creyente. Se ha hallado respaldo para esta idea en las palabras de Jesús en cuanto a los niños: «En el cielo los ángeles de ellos contemplan siempre el rostro de mi Padre celestial» (Mt 18:10). Sin embargo, nuestro Señor puede simplemente haber estado diciendo que los ángeles que han sido asignados a la tarea de proteger a los niños pequeños tienen acceso libre a la presencia de Dios. (Para usar una analogía atlética, los ángeles pueden estar jugando una defensa de «zona», en lugar de una defensa «de hombre a hombre»).[7] El que los discípulos, de Hechos 12:15 hayan creído que el «ángel» de Pedro pudiera haber estado tocando a la puerta, no necesariamente implica que creían en un ángel de la guarda individual. Pudiera ser que creían que un ángel estaba guardando o cuidando a Pedro en ese momento. Parece, por consiguiente, que no hay en el texto de la Biblia ningún respaldo convincente a la idea de que existen «ángeles de la guarda» individuales.

9. Los ángeles no se casan. Jesús enseñó que en la resurrección los seres humanos «no se casarán ni serán dadas en casamiento, sino que serán como los ángeles que están en el cielo» (Mt 22:30; Lc 20:34-36). Esto sugeriría que los ángeles no tienen el tipo de relaciones familiares que existen entre los seres humanos. Por lo demás, la Biblia guarda silencio en este punto, así que es sabio no intentar darse a la especulación.[8]

10. El poder de los ángeles. Evidentemente los ángeles tienen mucho poder. Se les llama «paladines que ejecutan su palabra» (Sal 103:20) y «poderes» (cf. Ef 1:21), y «dominios» y «autoridades» (Col 1:16). Los ángeles al parecer superan en fuerza y en poder a los seres humanos rebeldes (2 P 2:11; cf. Mt 28:2). Por lo menos por el

---

[7]Otra posibilidad es que «ángel» en Mt 18:10 y en Hch 12:15 (en donde los discípulos piensan que el «ángel» de Pedro está llamando a la puerta) quiere decir no un ser angélico sino el «espíritu» de la persona que ha muerto; para una defensa de esta opinión vea B. B. Warfield, «The Angels of Christ's "Little Ones,"» en *Selected Shorter Writings*, ed. John E. Meeter (Presbyterian and Reformed, Nutley, N.J., 1970), 1:253-66; también D. A. Carson, «Matthew», *EBC*, 8:400-401.

El problema con esta interpretación es que no se ha hallado ningún ejemplo claro en donde la palabra *ángel* (gr. *angelos*) quiera decir «espíritu de una persona que ha muerto». Warfield (pp. 265-66), seguido de Carson, cita dos supuestos ejemplos de literatura judía extrabíblica: 1 Enoc 51:4 y 2 Baruc 51:5, 12. Pero estos pasajes no son convincentes. 1 Enoc 51:4 simplemente dice: «Y las caras de [todos] los ángeles del cielo se iluminarán de gozo» (R. H. Charles, *The Apocrypha and Pseudepigrapha of the Old Testament*, 2 vols. [Clarendon Press, Oxford, 1913], 2:219), pero no dice que las personas se convertirán en ángeles. 2 Baruc 51:5 indica que los justos serán transformados «en el esplendor de ángeles» (Charles, 2:508), pero esto simplemente quiere decir que resplandecerán como los ángeles, no que se convertirán en ángeles.

En dos pasajes relacionados, 2 Baruc 51:12 afirma que los justos tendrán excelencia «superior a la de los ángeles», y 2 Baruc 51:10 dice que «serán hechos como ángeles» (Charles, 2:509), pero estos pasajes no dicen que las personas se convertirán en ángeles, tampoco. Es más, puesto que no hay ningún texto griego existente disponible para ninguno de estos tres pasajes (1 Enoc es un texto etíope con algunos fragmentos griegos y 2 Baruc es un texto siriaco), no son útiles para determinar el significado de la palabra griega *angelos*.

Warfield también cita a *Acts of Paul and Thecla*, ed. Tischendorf, p. 42, para. 5, ad finem, como diciendo: «Bienaventurados los que temen a Dios, porque ellos llegarán a ser ángeles de Dios», pero el texto data del siglo segundo d.C. (*ODCC*. p. 1049) y no es una fuente confiable de información respecto a lo que la iglesia primitiva creía o lo que enseña el Nuevo Testamento.

[8]Debemos notar que esta afirmación de Jesús surge en respuesta a la pregunta de los saduceos respecto a una mujer que se había casado siete veces, y que Jesús dijo que la pregunta de ellos mostraba una falta de conocimiento tanto de la Biblia como del «poder de Dios» (Mt 22:29). La respuesta de Jesús, por consiguiente, debería confortarnos y no inquietarnos; debemos contemplar al cielo, no con la tristeza por una expectativa de relaciones interpersonales disminuidas, sino con la alegría de la perspectiva de relaciones más ricas. (Vea en el capítulo 20, pp. 431-32 una consideración de «los hijos de Dios» mencionados en Gn 6:2, 4).

tiempo de su existencia terrenal, los seres humanos son hechos «un poco menor que los ángeles» (Heb 2:7). Aunque el poder de los ángeles es grande, ciertamente no es infinito, pero lo usan para batallar contra los poderes demoníacos del mal que están bajo el control de Satanás (Dn 10:13; Ap 12:7-8; 20:1-3) .[9] No obstante, cuando el Señor vuelva, seremos elevados a una posición más alta que la de los ángeles (1 Co 6:3; véase sección C.1).

11. ¿Quién es el ángel del SEÑOR? Varios pasajes de la Biblia, especialmente en el Antiguo Testamento, hablan del ángel del Señor de una manera que sugiere que era Dios mismo cuando tomó forma humana para aparecer brevemente a varias personas en el Antiguo Testamento.

Algunos pasajes se refieren a «*el* ángel del SEÑOR» (no «*un* ángel del SEÑOR») como si fuera el Señor mismo. Por ejemplo, «el ángel del SEÑOR» que halló a Agar en el desierto le prometió: «De tal manera multiplicaré tu descendencia, que no se podrá contar» (Gn 16:10), y entonces, «como *el SEÑOR le había hablado,* Agar le puso por nombre "El Dios que me ve"» (Gn 16:13). De modo similar, cuando Abraham está a punto de sacrificar a su hijo Isaac, «el ángel del SEÑOR le gritó desde el cielo» y le dijo: «Ahora sé que temes a Dios, porque ni siquiera te has negado a darme a tu único hijo» (Gn 22:12). Cuando «el ángel de Dios» se le apareció a Jacob en un sueño, le dijo: «Yo soy el Dios de Betel, donde ungiste una estela y me hiciste una promesa» (Gn 31:11, 13). De nuevo, cuando «el ángel del SEÑOR» se apareció a Moisés en una llama de fuego en medio de una zarza, le dijo: «*Yo soy el Dios de tu padre. Soy el Dios de Abraham, de Isaac y de Jacob*» (Éx 3:2, 6). Estas son claras instancias del ángel del SEÑOR o el ángel de Dios presentándose como Dios mismo, tal vez más específicamente como Dios Hijo que por breve tiempo toma un cuerpo humano a fin de aparecerse a seres humanos.

En otras ocasiones parece que se hace alguna distinción entre el ángel del Señor y Dios (vea 2 S 24:16; Sal 34:7; Zac 1:11-13), y pasajes que mencionan «*un* ángel del Señor» (por ej., Lc 1:11) por lo general están hablando de un ángel enviado de Dios.

B. ¿Cuándo fueron creados los ángeles?

Todos los ángeles deben haber sido creados antes del séptimo día de la creación, porque leemos: «Fueron, pues, acabados los cielos y la tierra, y todo el ejército de ellos» (Gn 2:1, RVR 1960, entendiendo «ejército» como las criaturas celestiales que habitan el universo de Dios). Incluso más explícito que esto es la afirmación: «Acuérdate de que en seis días hizo el SEÑOR los cielos y la tierra, el mar *y todo lo que hay en ellos,* y que descansó el séptimo día» (Éx 20:11). Por consiguiente, todos los ángeles fueron creados por lo menos en el sexto día de la creación.

Pero, ¿podemos ser algo más específicos? Puede haber un indicio en la creación de los seres angélicos en el primer día de la creación cuando leemos que «Dios, en el principio, creó los cielos y la tierra» (Gn 1:1), y luego inmediatamente leemos

---

[9]La Biblia no nos dice si los ángeles que pecaron perdieron algo de su poder cuando se rebelaron contra Dios y llegaron a ser demonios, o si su poder todavía sigue siendo el mismo como el que tenían cuando eran ángeles.

que «la *tierra* era un caos total» (Gn 1:2), pero sin mención de los cielos en el versículo 2. Esto puede sugerir que el estado inhabitable de la tierra se indica en contraste con los cielos en donde, tal vez, Dios ya había creado a los seres angélicos y les había asignado varias funciones y órdenes. Esta idea es hecha más plausible cuando leemos: «¿Sobre qué están puestos sus cimientos, o quién puso su piedra angular mientras cantaban a coro las estrellas matutinas y todos los ángeles gritaban de alegría?» (Job 38:6-7). Si los ángeles («los hijos de Dios», RVR 1960) gritaban de gozo cuando Dios estaba haciendo inhabitable la tierra, esto pudiera implicar que Dios creó los seres angélicos temprano el primer día.

Sin embargo, puesto que sólo tenemos indicios en la Biblia, debemos contentarnos con el hecho de que Dios no nos ha dado mucha información en cuanto al tiempo de la creación de los ángeles. Cualquier especulación adicional, aparte de clara información bíblica, parecería inútil. «Lo secreto le pertenece al SEÑOR nuestro Dios, pero lo revelado nos pertenece a nosotros y a nuestros hijos para siempre, para que obedezcamos todas las palabras de esta ley» (Dt 29:29).

Algún tiempo antes de que Satanás tentara a Eva en el jardín (Gn 3:1), numerosos ángeles pecaron y se rebelaron contra Dios (2 P 2:4; Jud 6). Este acontecimiento tuvo lugar evidentemente después del sexto día de la creación cuando «Dios miró todo lo que había hecho, y consideró que era muy bueno» (Gn 1:31), pero aparte de esto, la Biblia no nos da ninguna otra información.

C. El lugar de los ángeles en el propósito de Dios

1. Los ángeles muestran la grandeza del amor de Dios y su plan para nosotros.
Los seres humanos y los ángeles (usando el término ampliamente) son las únicas criaturas morales y altamente inteligentes que Dios ha hecho. Por consiguiente podemos entender mucho en cuanto al plan de Dios y su amor por nosotros cuando nos comparamos con los ángeles.

La primera distinción que hay que notar es que de los ángeles nunca se dice que fueron hechos «a imagen de Dios», en tanto que de los seres humanos varias veces se dice que son hechos a imagen de Dios (Gn 1:26-27; 9:6). Puesto que ser a imagen de Dios quiere decir ser como Dios,[10] parece justo concluir que somos más parecidos a Dios incluso que los ángeles.

Esto lo respalda el hecho de que Dios algún día nos dará autoridad sobre los ángeles, para juzgarlos: «¿No saben que aun a los ángeles los juzgaremos?» (1 Co 6:3). Aunque somos «un poco menor que los ángeles» (Heb 2:7), cuando nuestra salvación sea completa seremos exaltados por encima de los ángeles y gobernaremos sobre ellos. Es más, incluso ahora, los ángeles ya nos sirven: «¿No son todos los ángeles espíritus dedicados al servicio divino, enviados para ayudar a los que han de heredar la salvación?» (Heb 1:14).

La capacidad de los seres humanos de tener hijos como ellos mismos (Adán «tuvo un hijo a su imagen y semejanza», Gn 5:3) es otro elemento de nuestra superioridad a los ángeles, que al parecer no pueden tener hijos (cf. Mt 22:30; Lc 20:34-36).

---

[10]Vea capítulo 21, pp. 462-64.

También, la grandeza del amor de Dios por nosotros se ve demostrada en relación con los ángeles. Aunque muchos ángeles pecaron, ninguno fue salvo. Pedro nos dice que *«Dios no perdonó a los ángeles cuando pecaron,* sino que los arrojó al abismo, metiéndolos en tenebrosas cavernas y reservándolos para el juicio» (2 P 2:4). Judas dice que «a los ángeles que no mantuvieron su posición de autoridad, sino que abandonaron su propia morada, los tiene perpetuamente encarcelados en oscuridad para el juicio del gran Día» (Jud 6). Y en Hebreos leemos: «Ciertamente, no vino en auxilio de los ángeles sino de los descendientes de Abraham» (Heb 2:16).

Vemos, por consiguiente, que Dios creó dos grupos de criaturas inteligentes y morales. Entre los ángeles, muchos pecaron, pero Dios decidió no redimir a ninguno de ellos. Fue perfectamente justo que Dios lo hiciera, y ningún ángel jamás puede quejarse de que Dios lo trató injustamente.

Ahora, entre el otro grupo de criaturas morales, los seres humanos, también hallamos que un gran número (todos, por cierto) han pecado y se han alejado de Dios. Como con los ángeles que pecaron, Dios podía haber dejado que siguiéramos la senda hacia la condenación eterna que escogimos. Si Dios hubiera decidido no salvar a nadie de toda la raza humana, habría sido perfectamente justo que lo hiciera, y nadie podría quejarse de injusticia de parte de él.

Pero Dios decidió hacer mucho más que solo satisfacer las demandas de la justicia. Decidió salvar a algunos seres humanos pecadores. Si hubiera decidido salvar sólo a cinco seres humanos de toda la raza humana, eso habría sido mucho más que justicia; habría sido una gran demostración de misericordia y gracia. Si hubiera decidido salvar solamente a cien de toda la raza humana, hubiera sido una asombrosa demostración de misericordia y amor. Pero Dios, en verdad, ha escogido hacer mucho más que eso. Ha decidido redimir de la humanidad pecadora a una gran multitud, que nadie puede contar, «de toda raza, lengua, pueblo y nación» (Ap 5:9). Esto es misericordia y amor incalculables, mucho más allá de nuestra comprensión. Todo es favor inmerecido; todo es gracia. El asombroso contraste con la suerte de los ángeles recalca esta verdad en nosotros.

El hecho de que hemos sido salvados de una vida de rebelión contra Dios quiere decir que por toda la eternidad podremos entonar cantos que los ángeles jamás podrán cantar.

> Redimido; ¡me encanta proclamarlo!
> Redimido por la sangre del Cordero;
> Redimido por su misericordia infinita;
> Su hijo, para siempre, yo soy.

Este canto, y todos los grandes cantos que proclaman nuestra redención en Cristo, son nuestros solamente. Los ángeles que no cayeron nos ven entonar estos cantos y se regocijan (Lc 15:10), pero nunca podrán hacerlos suyos.

2. Los ángeles nos recuerdan que el mundo invisible es real. Tal como los saduceos del día de Jesús decían que «no hay resurrección, ni ángeles ni espíritus» (Hch 23:8), muchos en nuestros días niegan la realidad de cualquier cosa que no puedan ver. Pero la enseñanza bíblica de la existencia de los ángeles es un constante recordatorio para nosotros de que hay un mundo invisible que es muy real. Sólo cuando el Señor abrió los ojos del criado de Eliseo a la realidad del mundo invisible el sirviente pudo verla: «Vio que la colina estaba llena de caballos y de carros de fuego alrededor de Eliseo» (2 R 6:17; era un gran ejército de ángeles enviado a Dotán para proteger a Eliseo de los sirios). El salmista, también, muestra que está consciente de un mundo invisible cuando anima a los ángeles: «Alábenlo, todos sus ángeles, alábenlo, todos sus ejércitos» (Sal 148:2). El autor de Hebreos nos recuerda que cuando adoramos entramos a la Jerusalén celestial para reunirnos con «millares y millares de ángeles, a una asamblea gozosa» (Heb 12:22), a quienes no vemos, pero cuya presencia debería llenarnos de sobrecogimiento y gozo. El mundo incrédulo podrá decir que hablar de los ángeles es superstición, pero la Biblia lo hace para darnos percepción de las cosas como realmente son.

3. Los ángeles son ejemplo para nosotros. En su obediencia y en su adoración, los ángeles son ejemplos dignos de que los imitemos. Jesús nos enseña a orar: «Hágase tu voluntad en la tierra como en el cielo» (Mt 6:10). En el cielo los ángeles cumplen la voluntad de Dios inmediatamente, gozosamente y sin cuestionar. Debemos orar diariamente que nuestra obediencia y la obediencia de otros sean como la de los ángeles en el cielo. Ellos se deleitan en ser humildes siervos de Dios, y cada uno desempeña fiel y gozosamente las tareas asignadas, sean grandes o pequeñas. Nuestro deseo y oración debería ser que nosotros y todos los demás en la tierra hagamos lo mismo.

Los ángeles también sirven como ejemplos para nosotros en su adoración a Dios. Los serafines ante el trono de Dios ven a Dios en su santidad y continuamente exclaman: «Santo, santo, santo es el SEÑOR Todopoderoso; toda la tierra está llena de su gloria» (Is 6:3). Y Juan ve alrededor del trono de Dios un gran ejército de ángeles: «El número de ellos era millares de millares y millones de millones. Cantaban con todas sus fuerzas: «¡Digno es el Cordero, que ha sido sacrificado, de recibir el poder, la riqueza y la sabiduría, la fortaleza y la honra, la gloria y la alabanza!» (Ap 5:11-12). Así como los ángeles hallan sumo gozo en alabar a Dios continuamente, ¿no deberíamos nosotros también deleitarnos cada día en entonar a Dios alabanzas, y tenerlo como el uso más elevado y más digno de nuestro tiempo y nuestro mayor gozo?

4. Los ángeles realizan algunos de los planes de Dios. La Biblia ve a los ángeles como siervos de Dios que realizan algunos de sus planes en esta tierra. Traen mensajes de Dios a las personas (Lc 1:11-19; Hch 8:26; 10:3-8, 22; 27:23-24). Ejecutan algunos castigos que Dios impone, como traer una plaga sobre Israel (2 S 24:16-17), exterminar a los dirigentes del ejército asirio (2 Cr 32:21), matar al rey Herodes porque no dio gloria a Dios (Hch 12:23), o derramar las copas de la ira de Dios sobre la tierra (Ap 16:1). Cuando Cristo vuelva, los ángeles vendrán con él como un gran ejército que acompaña a su Rey y Señor (Mt 16:27; Lc 9:26; 2 Ts 1:7).

Los ángeles también patrullan la tierra como representantes de Dios (Zac 1:10-11) y libran guerra contra las fuerzas demoníacas (Dn 10:13; Ap 12:7-8). Juan, en su visión, vio a un ángel descender del cielo, y anota que el ángel «sujetó al dragón, a aquella serpiente antigua que es el diablo y Satanás, y lo encadenó por mil

años. Lo arrojó al abismo» (Ap 20:1-3). Cuando Cristo vuelva, un arcángel proclamará su venida (1 Ts 4:16; cf. Ap 18:1-2, 21; 19:17-18; et al.).

5. Los ángeles glorifican directamente a Dios. Los ángeles también tienen otra
función: sirven directamente a Dios glorificándolo. Por tanto, además de los seres
humanos, hay otras criaturas morales e inteligentes que glorifican a Dios en el
universo.

Los ángeles glorifican a Dios por lo que Dios es en sí mismo, por su excelencia.

> Alaben al SEÑOR, ustedes sus ángeles,
>   paladines que ejecutan su palabra
>   y obedecen su mandato (Sal 103:20; cf. 148:2).

Los serafines continuamente alaban a Dios por su santidad (Is 6:2-3), como
también los cuatro seres vivientes (Ap 4:8).

Los ángeles también glorifican a Dios por su gran plan de salvación conforme
se desenvuelve. Cuando Cristo nació en Belén, una multitud de ángeles alabó a
Dios y dijo: «Gloria a Dios en las alturas, y en la tierra paz a los que gozan de su
buena voluntad» (Lc 2:14; cf. Heb 1:6). Jesús nos dice: «Les digo que así mismo se
alegra Dios con sus ángeles por un pecador que se arrepiente» (Lc 15:10), lo que indica que los ángeles se regocijan cada vez que alguien se convierte de sus pecados y
confía en Cristo como Salvador.

Cuando Pablo proclama el evangelio para que las personas de diverso trasfondo racial, lo mismo judíos que griegos, sean llevadas a la iglesia, ve el sabio plan de
Dios para la iglesia exhibido ante los ángeles (y demonios), porque dice que fue llamado a predicar a los gentiles para «que la sabiduría de Dios, en toda su diversidad,
*se dé a conocer ahora, por medio de la iglesia, a los poderes y autoridades en las regiones ce-
lestiales*» (Ef 3:10). Y Pedro nos dice que «Aun los mismos ángeles anhelan contemplar» (1 P 1:12) las glorias del plan de salvación conforme se realiza en la vida de
creyentes individuales cada día.[11] Pablo también nota que Cristo fue «visto por los
ángeles» (1 Ti 3:16), lo que sugiriere que ellos glorifican a Dios por la vida de obediencia de Cristo. Es más, el hecho de que las mujeres debían vestirse de manera
que apropiadamente señale que son mujeres, «a causa de los ángeles» (1 Co 11:10),
cuando la iglesia se reunía para adorar, indica que los ángeles presencian la vida de
los cristianos y glorifican a Dios por nuestra adoración y obediencia. De hecho, Pablo le recuerda a Timoteo, cuando quiere enfatizar la seriedad de un mandamiento, que desempeñamos nuestras acciones en presencia de testigos angélicos: «Te
insto delante de Dios, de Cristo Jesús y *de los santos ángeles,* a que sigas estas instrucciones sin dejarte llevar de prejuicios ni favoritismos» (1 Ti 5:21; cf. 1 Co 4:9). Si Timoteo sigue las instrucciones de Pablo, los ángeles presenciarán su obediencia y
glorificarán a Dios; si deja de obedecer, los ángeles también lo verán y se entristecerán.

---

[11]El tiempo presente del verbo *epitzymousin* «anhelar», da el sentido de «estar anhelando continuamente, incluso en el tiempo presente» mirar estas cosas. Este anhelo incluye una curiosidad santa para presenciar y deleitarse
en las glorias del reino de Cristo conforme se realizan más plenamente en las vidas de los creyentes individuales
en toda la historia de la iglesia (vea la consideración en Wayne Grudem, *1 Peter,* p. 73).

D. Nuestra relación con los ángeles

1. Debemos estar concientes de los ángeles en nuestra vida diaria. La Biblia dice claramente que Dios quiere que estemos conscientes de la existencia de los ángeles y de la naturaleza de su actividad. No debemos, por consiguiente, dar por sentado que su enseñanza en cuanto a los ángeles no tiene nada que ver con nuestra vida. Más bien, hay varias maneras en que nuestra vida cristiana será enriquecida si nos percatamos de la existencia y ministerio de los ángeles en el mundo incluso hoy.

Cuando nos presentamos ante Dios en adoración, estamos uniéndonos no solamente con la gran compañía de creyentes que han muerto y han entrado a la presencia de Dios en el cielo, «a los espíritus de los justos que han llegado a la perfección», sino también a una gran multitud de ángeles, «a millares y millares de ángeles, a una asamblea gozosa» (Heb 12:22-23). Aunque ordinariamente no vemos ni oímos evidencia de esta adoración celestial, ciertamente enriquece nuestro sentido de reverencia y gozo en la presencia de Dios si apreciamos el hecho de que los ángeles se unen a nosotros en la adoración a Dios.

Es más, debemos darnos cuenta de que los ángeles están presenciando nuestra obediencia o desobediencia a Dios todo el día. Incluso si pensamos que hacemos nuestros pecados en secreto y no afligen a nadie más, debemos considerar aleccionador el pensamiento de que tal vez incluso cientos de ángeles presencian nuestra desobediencia y se afligen.[12] Por otro lado, cuando estamos desalentados y pensamos que nuestra obediencia fiel a Dios no la presencia nadie y no es estímulo para nadie, podemos consolarnos al darnos cuenta de que tal vez cientos de ángeles presencian nuestra lucha solitaria, y diariamente anhelan contemplar la manera en que la gran salvación de Cristo halla expresión en nuestra vida.

Como para hacer más vívida la realidad de la observación de los ángeles de nuestro servicio a Dios, el autor de Hebreos sugiere que los ángeles pueden a veces tomar forma humana, al parecer para hacer «visitas de inspección», algo así como el periodista que es crítico de restaurantes y de incógnito visita un nuevo restaurante. Leemos: «No se olviden de practicar la hospitalidad, pues gracias a ella algunos, sin saberlo, hospedaron ángeles» (Heb 13:2; cf. Gn 18:2-5; 19:1-3). Esto debería hacernos más deseosos de ayudar en sus necesidades a otros quienes no conocemos, siempre preguntándonos si algún día llegaremos al cielo y conoceremos al ángel a quien ayudamos cuando se apareció como un ser humano en dificultades aquí en la tierra.

Cuando somos librados repentinamente del peligro o la aflicción, podemos sospechar que Dios ha enviado ángeles para ayudarnos, y debemos estar agradecidos. Un ángel cerró la boca de los leones para que no le hicieran daño a Daniel (Dn 6:22), libró a los apóstoles de la cárcel (Hch 5:19-20), más adelante libró a Pedro de

---

[12]Esto no es negar que el disuasivo primordial contra pecar debe ser el temor de desagradar a Dios mismo; es simplemente decir que así como la presencia de otros seres humanos sirve como un disuasivo adicional, así también de conocimiento de la presencia de ángeles debe también servirnos como disuasivo.

la cárcel (Hch 12:7-11), y ministró a Jesús en el desierto en un tiempo de gran debilidad, inmediatamente después de que sus tentaciones terminaron (Mt 4:11).[13]

Cuando un carro hace un viraje repentino para no atropellarnos, cuando repentinamente hallamos pie y eso impide que nos arrastre un río rugiente, cuando caminamos sin sufrir daño por un vecindario peligroso, ¿no deberíamos sospechar que Dios ha enviado a sus ángeles para protegernos? ¿Acaso no promete la Biblia: «Él ordenará que sus ángeles te cuiden en todos tus caminos. Con sus propias manos te levantarán para que no tropieces con piedra alguna» (Sal 91:11-12)? ¿No deberíamos, por consiguiente, agradecer a Dios por enviar a los ángeles para protegernos en tales momentos? Parece correcto que lo hagamos.

2. Precauciones en cuanto a nuestra relación con los ángeles.

a. Cuidado con recibir falsa doctrina de ángeles. La Biblia nos advierte que pudiéramos recibir falsa doctrina de falsos ángeles. «Aun si alguno de nosotros o un ángel del cielo les predicara un evangelio distinto del que les hemos predicado, ¡que caiga bajo maldición!» (Gá 1:8). Pablo hace esta advertencia porque sabe que hay una posibilidad de engaño. Dice: «Satanás mismo se disfraza de ángel de luz» (2 Co 11:14). De modo similar, el profeta mentiroso que engañó al hombre de Dios en 1 Reyes 13 adujo: *«Un ángel, obedeciendo a la palabra del SEÑOR, me dijo: "Llévalo a tu casa para que coma pan y beba agua"»* (1 R 13:18). Sin embargo el texto de la Biblia inmediatamente añade en el mismo versículo: «Así lo engañó».

Todas estas son instancias de doctrina o instrucción *falsa* traída por ángeles. Es interesante que estos ejemplos muestran la clara posibilidad de engaño satánico para tentarnos a desobedecer las claras enseñanzas de la Biblia o los claros mandamientos de Dios (cf. 1 R 13:9). Estas advertencias deberían impedir que un creyente se deje engañar por las afirmaciones de los mormones, por ejemplo, de que un ángel (Moroni) le habló a José Smith y le reveló las bases de la religión mormona. Tal «revelación» es contraria a las enseñanzas de la Biblia en muchos puntos (con respecto a doctrinas tales como la Trinidad, la persona de Cristo, la justificación por la fe sola, y muchas otras), y los cristianos deberían estar advertidos y no aceptar tales afirmaciones.[14] El cierre del canon de la Biblia (vea capítulo 3) debería también advertirnos que no habrá revelación adicional de doctrina procedente de Dios, y cualquier afirmación de haber recibido revelación adicional de doctrina de ángeles se debe rechazar de inmediato como falsa.

b. No hay que adorar a los ángeles ni orarles ni buscarlos. «La adoración de ángeles» (Col 2:18) era una de las doctrinas falsas que se estaban enseñando en Colosas. Es más, en el libro de Apocalipsis un ángel le pide a Juan que no lo adore: «¡No, cuidado! Soy un siervo como tú y como tus hermanos que se mantienen fieles al testimonio de Jesús. ¡Adora sólo a Dios!» (Ap 19:10).

---

[13]Note también el informe en Lucas 22:43 de que cuando Jesús estaba orando en el huerto del Getsemaní, «se le apareció un ángel del cielo para fortalecerlo». Este texto tiene atestiguamiento antiguo sustancial.

[14]Por supuesto, hubo ocasiones en la Biblia cuando verdad doctrinal vino por medio de ángeles (Lc 1:13-20, 30-37; 2:10-14; Hch 1:11; Heb 2:2). Los pasajes de advertencia mencionados arriba prohíben recibir de ángeles doctrina contraria a la Biblia.

Tampoco debemos orar a los ángeles. Debemos orar sólo a Dios, quien es el único omnipotente y por consiguiente capaz de contestar la oración, y el único omnisciente por consiguiente capaz de oír las oraciones de todo su pueblo a la vez. En virtud de su omnipotencia y omnisciencia, Dios Hijo y Dios Espíritu Santo también son dignos de que se les ore, pero esto no es cierto de ningún otro ser. Pablo nos advierte en contra de pensar que pueda haber otro «mediador» entre nosotros y Dios, «porque hay un solo Dios y un solo mediador entre Dios y los hombres, Jesucristo hombre» (1 Ti 2:5). Si oráramos a los ángeles, eso implícitamente les atribuiría un estatus igual al de Dios, y no lo debemos hacer. No hay ningún ejemplo en la Biblia de alguien que ore a un ángel específico o pida ayuda a los ángeles.

Es más, la Biblia no nos autoriza a que busquemos que los ángeles se nos aparezcan. Estos se manifiestan sin que los busquemos. Buscar tales apariciones sería señal de curiosidad malsana o de un deseo de presenciar algo espectacular, en vez de señal de amor a Dios y devoción a él y su obra. Aunque los ángeles en efecto se aparecieron a personas en diferentes ocasiones en la Biblia, los individuos evidentemente nunca buscaron esas apariciones. Nuestro papel es más bien hablar al Señor, quien es el comandante de todas las fuerzas angélicas. Sin embargo, no parece ser errado pedir que Dios cumpla su promesa del Salmo 91:11 y envíe a sus ángeles para protegernos en tiempos de necesidad.

c. ¿Se aparecen los ángeles a personas hoy? En el período más temprano de la historia de la iglesia, los ángeles estaban activos. Un ángel le dijo a Felipe que fuera al sur, a un camino que iba de Jerusalén a Gaza (Hch 8:26), le instruyó a Cornelio que enviara un mensajero a pedirle a Pedro a que fuera desde Jope (Hch 10:3-6), instó a Pedro a levantarse y salir de la cárcel (Hch 12:6-11), y le prometió a Pablo que nadie del barco se perdería y que él mismo comparecería ante el césar (Hch 27:23-24). Es más, el autor de Hebreos anima a sus lectores, ninguno de los cuales eran apóstoles y ni siquiera primera generación de creyentes asociados con los apóstoles (vea Heb 2:3), que *ellos* debían continuar mostrando hospitalidad a extraños, al parecer con la expectación de que podrían en algún momento hospedar ángeles sin darse cuenta (Heb 13:2).

No parece haber, por consiguiente, razón contundente para descartar la posibilidad de apariciones angélicas hoy. Algunos disputarían esto en base a que la suficiencia de la Biblia (vea capítulo 8) y el cierre de su canon (vea capítulo 3) descartan la posibilidad de manifestaciones angélicas hoy.[15] Dirían que no debemos esperar que Dios se comunique con nosotros por medio de ángeles. Sin embargo, esta conclusión no convence. Aunque los ángeles no añadirían al contenido doctrinal o moral de la Biblia, Dios *podría* comunicarnos información por medio de ángeles como lo hace mediante la profecía[16] o mediante la comunicación ordinaria de parte de otras personas, o mediante nuestra observación del mundo. Si Dios puede enviar a otro ser humano para que nos advierta del peligro o nos anime cuando estamos desalentados, no parece haber razón inherente por la que él no podría ocasionalmente enviar a un ángel para que hiciera esto igualmente.

---

[15]Vea la consideración de la cesación de algunos dones espirituales, en el capítulo 52, más adelante.

[16]Vea capítulo 53, pp. 1107-20.

Sin embargo, debemos usar *extrema precaución* al recibir orientación de un ángel si tal acontecimiento inusual se presentara. (Tal vez valga la pena notar que muy pocas instancias de tales acontecimientos se registran hoy, y que muchos de estos incluyen la comunicación de doctrina contraria a la Biblia, indicando que en realidad son apariciones de demonios.) El hecho de que los demonios puedan presentarse como ángeles de luz (vea 2 Co 11:14) debe advertirnos de que la aparición de cualquier criatura que parezca un ángel no garantiza que ésta hable la verdad; la *Biblia* es nuestra guía, y ninguna criatura angélica puede dar enseñanza autorizada que sea contraria a la Biblia (vea Gá 1:8).

Una aparición de ángeles hoy sería inusual. Si alguna (aparentemente) tuviera lugar, debemos evaluarla con cuidado. Pero no hay razón convincente para decir que tal acontecimiento no puede suceder en lo absoluto, particularmente en un tiempo de extremo peligro o intenso conflicto con las fuerzas del mal.

PREGUNTAS PARA APLICACIÓN PERSONAL

1. ¿Cómo podría afectar este capítulo la manera en que usted piensa en cuanto a los ángeles de aquí en adelante? ¿Qué diferencia haría en su actitud en la adoración si pensara que está en presencia de ángeles cuando usted está cantando alabanzas a Dios?

2. ¿Piensa usted que hay ángeles que le están contemplando ahora mismo? ¿Qué actitud o actitudes piensa usted que tienen al observarlo? ¿Alguna vez ha experimentado un sentido sorprendentemente elevado de gozo después de orar con alguien que recibe a Cristo como Salvador personal? ¿Piensa usted que un aspecto que contribuye a ese gozo pueda ser que los ángeles también se regocijan con usted debido a que un pecador se ha arrepentido (Lc 15:10)?

3. ¿Alguna vez ha experimentado algún rescate milagroso de peligro físico o de otro tipo, y se ha preguntado si los ángeles intervinieron para ayudarle en ese momento?

4. ¿Cómo puede el ejemplo de ángeles que gozosa y fielmente desempeñan sus tareas asignadas, sean grandes o pequeñas, ser de ayuda para usted en las responsabilidades que enfrenta hoy, sea en su trabajo, en su casa o en la iglesia?

5. ¿Cómo piensa usted que se sentirá cuando Dios le pida que juzgue a los ángeles (1 Co 6:3)? Explique lo que ese hecho le dice en cuanto a la grandeza de su humanidad creada a imagen de Dios.

TÉRMINOS ESPECIALES

ángel	Miguel
Ángel del SEÑOR	principados y potestades
arcángel	querubín
hijos de Dios	serafín
mensajeros	seres vivientes

BIBLIOGRAFÍA

(Para una explicación de esta bibliografía vea la nota sobre la bibliografía en el capítulo 1, p. 40. Datos bibliográficos completos se pueden encontrar en las páginas 1298-1307.)

Secciones en Teologías Sistemáticas Evangélicas

1. Anglicana (episcopal)
   1882-92   Litton, 125-29
2. Arminiana (wesleyana o metodista)
   1892-94   Miley, 2:490-96
   1940   Wiley, 1:472-76
   1983   Carter, 2:1047-69
3. Bautista
   1767   Gill, 1:375-84, 434-35
   1887   Boyce, 174-81
   1907   Strong, 443-64
   1917   Mullins, 276-80
   1976-83   Henry, 6:229-50
   1983-85   Erickson, 433-51
4. Dispensacional
   1947   Chafer, 2:3-32
   1949   Thiessen, 133-50
   1986   Ryrie, 121-34
5. Luterana
   1917-24   Pieper, 1:498-508
   1934   Mueller, 196-202
6. Reformada (o presbiteriana)
   1559   Calvin, 1:163-72 (1.14.3-12)
   1724-58   Edwards, 2:604-7, 612-17
   1861   Heppe, 201-19
   1871-73   Hodge, 1:637-43
   1878   Dabney, 264-75
   1938   Berkhof, 141-48
   1962   Buswell, 1:130-34
7. Renovada (o carismática/pentecostal)
   1988-92   Williams, 1:169-96

Secciones en Teologías Sistemáticas Católicas Romanas Representativas

1. Católica Romana: tradicional
   1955   Ott, 114-21
2. Católica Romana: Post Vaticano II
   1980   McBrien (ninguna consideración explícita)

Otras obras

Bromiley, G. W. «Angel». En *EDT*, pp. 46-47.

Dickason, C. Fred. *Angels, Elect and Evil*. Moody, Chicago, 1975.

Graham, Billy. *Angels: God's Secret Agents*. Edición revisada y ampliada. Word, Waco, Tex., 1986. Hay traducción al español.

Joppie, A. S. *The Ministry of Angels*. Baker, Grand Rapids, 1953.

McComiskey, T. E. «Angel of the Lord». En *EDT*, pp. 47-48.

PASAJE BÍBLICO PARA MEMORIZAR

Apocalipsis 5:11-12: *Luego miré, y oí la voz de muchos ángeles que estaban alrededor del trono, de los seres vivientes y de los ancianos. El número de ellos era millares de millares y millones de millones. Cantaban con todas sus fuerzas: «¡Digno es el Cordero, que ha sido sacrificado de recibir el poder, la riqueza y la sabiduría, la fortaleza y la honra, la gloria y la alabanza!»*

HIMNO

«Ángeles de alta gloria»

1 Ángeles de alta gloria, Vuestras voces levantad;
Cristo ya nació; la historia Pronto a todos proclamad.
Adoremos, adoremos Al recién nacido Rey.

2 Los pastores vigilan do Sobre su ganado están;
Dios en Cristo ya habitando Con los hombres, miraran.
Adoremos, adoremos Al recién nacido Rey.
3 Sabios, las meditaciones todas pronto abandonad;
Al deseado de naciones en pesebre vil mirad.
Adoremos, adoremos al recién nacido Rey.

4 Los que a Cristo reverentes esperando verle están,
En su templo, de repente contemplarle allí podrán.
Adoremos, adoremos al recién nacido Rey.

AUTOR: JAMES MONTGOMERY, TRAD. GEORGE P. SIMMONDS
(TOMADO DEL HIMNARIO BAUTISTA, # 69

Capítulo 20

Satanás y los demonios
¿Qué debieran pensar hoy los cristianos de Satanás y de los demonios? Guerra espiritual

EXPLICACIÓN Y BASE BÍBLICA

El capítulo anterior lleva de forma natural a la consideración de Satanás y de los demonios, puesto que son ángeles caídos que una vez fueron ángeles buenos, pero que pecaron y perdieron su privilegio de servir a Dios. Como los ángeles, son también seres creados y espirituales, con discernimiento moral y gran inteligencia, pero sin cuerpo físico. Podemos definir a los demonios de la siguiente manera: Los demonios son ángeles malignos que pecaron contra Dios y que ahora continuamente hacen el mal en el mundo.

A. El origen de los demonios

Cuando Dios creó el mundo, «miró todo lo que había hecho, y consideró que era muy bueno» (Gn 1:31). Esto significa que aun el mundo angelical que Dios había creado no tenía ángeles malignos ni demonios en aquel momento. Pero ya en Génesis 3, encontramos que Satanás, en la forma de una serpiente, estaba tentando a Eva para que pecara (Gn 3:1-5). Por tanto, en algún momento entre los sucesos de Génesis 1:31 y Génesis 3:1, tuvo que haber una rebelión en el mundo angelical que llevó a muchos ángeles a ponerse en contra de Dios y convertirse en malignos.

El Nuevo Testamento habla de esto en dos lugares. Pedro nos dice que «Dios no perdonó a los ángeles cuando pecaron, sino que los arrojó al abismo, metiéndolos en tenebrosas cavernas y reservándolos para el juicio» (2 P 2:4).[1] Judas también nos dice que «los ángeles que no mantuvieron su posición de autoridad, sino que abandonaron su propia morada, los tiene perpetuamente encarcelados en oscuridad para el juicio del gran Día» (Jud 6). De nuevo, se hace hincapié en el hecho de que están alejados de la gloria de la presencia de Dios y que su actividad está restringida (metafóricamente, «perpetuamente encarcelados»), pero el texto no implica para nada que su influencia ha sido eliminada del mundo ni que algunos demonios están metidos en algún lugar de castigo apartados del mundo mientras

---

[1]Esto no quiere decir que estos ángeles impíos no ejerzan influencia al presente en el mundo, porque Pedro dice en el v. 9 que el Señor sabe cómo «reservar a los impíos para castigarlos en el día del juicio», refiriéndose aquí a seres humanos pecadores que seguían evidentemente teniendo influencia en el mundo y causándoles dificultades a los lectores de Pedro. El pasaje de 2 Pedro 2:4 simplemente significa que los ángeles impíos han sido alejados de la presencia de Dios y que están bajo alguna forma de restricción de influencia hasta el final del juicio, pero eso no les priva mientras tanto de seguir llevando a cabo sus actividades en el mundo.

que otros tienen la posibilidad de influenciarlo.[2] Más bien, tanto 2 Pedro como Judas nos dicen que algunos ángeles se rebelaron contra Dios y se convirtieron en oponentes hostiles a su Palabra. Parece que su pecado fue el del orgullo, el de negarse a aceptar el lugar asignado, porque ellos «no mantuvieron su posición de autoridad, sino que abandonaron su propia morada» (Jud 6).

Es también posible que haya una referencia a la Caída de Satanás, el príncipe de los demonios, en Isaías 14. Al tiempo que Isaías describe el juicio de Dios contra el rey de Babilonia (un rey humano y terrenal), llega entonces a una sección donde empieza a usar un lenguaje que parece demasiado fuerte para referirse solo a un rey humano:

> ¡Cómo has caído del cielo,
>   Lucero[3] de la mañana!
> Tú, que sometías a las naciones,
>   has caído por tierra.
> Decías en tu corazón:
>   *«Subiré hasta los cielos.*
> *¡Levantaré mi trono*
>   por encima de las estrellas de Dios!
> Gobernaré desde el extremo norte,
>   en el monte de los dioses.
> Subiré a la cresta de las más altas nubes,
>   seré semejante al Altísimo.»
> ¡Pero has sido arrojado al sepulcro,
>   a lo más profundo de la fosa! (Is 14:12-15)

Esta expresión de ascender a los cielos y establecer su trono en lo más alto y decir: «Seré semejante al Altísimo» sugiere fuertemente la rebelión de una criatura angelical de gran poder y dignidad. No era raro en la forma de hablar de los profetas hebreos pasar de descripciones de sucesos humanos a descripciones de sucesos celestiales que son paralelos a ellos y que los acontecimientos humanos los representan en forma limitada.[4] Si esto es así, se está describiendo el pecado de Satanás como de orgullo y de intentar ser igual a Dios en posición y autoridad.

Sin embargo, es improbable que Génesis 6:2-4 se refiera a la Caída de los demonios. En estos versículos se nos dice que «los hijos de Dios vieron que las hijas de los seres humanos eran hermosas. Entonces tomaron como mujeres a todas las que desearon... Al unirse los hijos de Dios con las hijas de los seres humanos y

---

[2]Segunda de Pedro 2:4 no dice que «Dios no perdonó a algunos de los ángeles cuando pecaron», o «Dios arrojó a algunos de ellos al abismo», sino que habla de ellos en general cuando pecaron, implicando a todos los que pecaron. Del mismo modo, Judas 6 habla de los «ángeles que no mantuvieron su posición», indicando a todos los que pecaron. Por tanto, estos versículos deben estar diciendo algo que es cierto de todos los demonios. Su residencia actual, su lugar de morada es el «infierno» o el «abismo», aunque ellos pueden desde allí recorrer el mundo para influenciar a las personas.

[3]La versiones hispanas de la Biblia emplean la expresión «lucero de la mañana». Solo *La Biblia al Día* usa el nombre «Lucifer, hijo de la aurora», que significa «portador de luz».

[4]Vea, por ejemplo, el Salmo 45 que pasa de una descripción de un rey terrenal a la descripción del Mesías divino.

tener hijos con ellas, nacieron gigantes, que fueron los famosos héroes de antaño. A partir de entonces hubo gigantes en la tierra». Aunque algunos han pensado que «hijos de Dios» en este pasaje se refiere a ángeles que pecaron al casarse con mujeres humanas, esa interpretación no es probable por las siguientes razones.[5]

Los ángeles no son seres materiales y según Jesús no se casan (Mt 22:30), realidades que ponen en duda la idea de que aquellos «hijos de Dios» fueran ángeles que tomaron esposas humanas. Además, nada en el contexto mismo de Génesis 6 indica que los «hijos de Dios» debiera entenderse como ángeles (esto hace a este pasaje diferente de Job 1—2, por ejemplo, donde el contexto del concilio celestial deja bien claro para el lector que se está refiriendo a ángeles). Es mucho más probable que la frase «hijos de Dios» aquí (como en Dt 14:1) se refiera a personas que pertenecían a Dios y, como Dios, caminaban en rectitud (note Gn 4:26 como una introducción a Génesis 5, que señala el comienzo del linaje de Set al mismo tiempo que dice que «desde entonces se comenzó a invocar el nombre del SEÑOR»). En realidad, se hace hincapié en la condición de hijo como siendo a la imagen y semejanza del padre en Génesis 5:3. Además, el texto sigue la pista a la línea de descendientes desde Dios por medio de Adán y Set a muchos «hijos» en todo el capítulo 5. El propósito amplio de la narración parece ser trazar el desarrollo paralelo de la línea piadosa de Set (al final la línea mesiánica) y de los impíos descendientes del resto de la humanidad. Por tanto, los «hijos de Dios» en Génesis 6:2 son hombres que son justos a causa de su imitación del carácter de su Padre celestial, y las «hijas de los hombres» son las esposas impías con las que ellos se casaron.

B. Satanás como cabeza de los demonios

«Satanás» es el nombre del que es cabeza de los demonios. Su nombre aparece mencionado en Job 1:6, donde se dice que «llegó el día en que los ángeles debían hacer acto de presencia ante el Señor, y con ellos se presentó también Satanás» (vea también Job 1:7—2:7). Aquí aparece él como el enemigo del Señor que planea severas tentaciones contra Job. Del mismo modo, cerca del fin de la vida de David se dice que «Satanás conspiró contra Israel e indujo a David a hacer un censo del pueblo» (1 Cr 21:1). Además, Zacarías vio una visión de «Josué, el sumo sacerdote, que estaba de pie ante el ángel del Señor, y a Satanás, que estaba a su mano derecha como parte acusadora» (Zac 3:1). El nombre «Satanás» es una palabra hebrea (satan) que significa «adversario».[6] El Nuevo Testamento también usa el nombre «Satanás», tomándolo sencillamente del Antiguo Testamento. Por eso Jesús en sus tentaciones en el desierto, habla directamente a Satanás diciéndole: «¡Vete, Satanás!» (Mt 4:10), o «Yo veía a Satanás caer del cielo como un rayo» (Lc 10:18).

La Biblia usa otros nombres para referirse también a Satanás. Se le conoce como «el diablo»[7] (solo en el Nuevo Testamento: Mt 4:1; 13:39; 25:41; Ap 12:9; 20:2; et al.), «la serpiente» (Gn 3:1, 14; 2 Co 11:3; Ap 12:9; 20:2, et al.), «Beelzebú»

---

[5]Para una argumentación más detallada vea, *The First Epistle of Peter*, de W. Grudem, pp. 211-213, que aparece resumido aquí. Los intérpretes judíos posteriores de estos versículos estaban divididos entre los que pensaban que los «hijos de Dios» eran ángeles y los que pensaban que eran seres humanos.

[6]BDB, p. 966.

[7]La palabra *diablo* nos viene del griego *diabolos*, que significa «calumniador».

(Mt 10:25; 12:24, 27; Lc 11:15), «el príncipe de este mundo» (Jn 12:31; 14:30; 16:11),[8] «príncipe de la potestad del aire» (Ef 2:2), o «el maligno» (Mt 13:19; 1 Jn 2:13). Cuando Jesús le dijo a Pedro: «¡Aléjate de mí Satanás! Quieres hacerme tropezar; no piensas en las cosas de Dios sino en las de los hombres» (Mt 16:23), Jesús reconoció que el intento de Pedro de evitarle el sufrimiento y la muerte en la cruz era en realidad un intento de evitar que obedeciera el plan del Padre. Jesús se dio cuenta que al final de cuentas la oposición no venía de parte de Pedro sino de Satanás mismo.

C. La actividad de Satanás y de los demonios

1. Satanás fue el originador del pecado. Satanás pecó antes que lo hicieran los seres humanos, como se evidencia por el hecho de que (en la forma de serpiente) tentó a Eva (Gn 3:1-6; 2 Co 11:3). El Nuevo Testamento también nos informa que Satanás «desde el principio [fue] un asesino» y «un mentiroso. ¡Es el padre de la mentira!» (Jn 8:44). También nos dice que «el diablo ha estado pecando desde el principio» (1 Jn 3:8). En estos dos textos la frase «desde el principio» no implica que Satanás fue maligno desde el momento en que Dios empezó a crear el mundo («desde el principio del mundo») ni desde el principio de su existencia («desde el comienzo de su vida»), sino que más bien «desde el principio» separa la historia del mundo (Génesis 3 y aun antes). La característica del diablo ha sido la de originar el pecado y tentar a otros a pecar.

2. Los demonios se oponen a la obra de Dios y tratan de destruirla. Así como Satanás tentó a Eva para que pecara contra Dios (Gn 3:1-6), también trató que Jesús pecara y que fracasara en su misión como Mesías (Mt 4:1-11). La táctica de Satanás y de sus demonios es usar mentiras (Jn 8:44), engaños (Ap 12:9), asesinato (Sal 106:37; Jn 8:44), y toda otra clase de actividad destructiva que lleve a las personas a alejarse de Dios y a destruirse a sí mismas.[9] Los demonios probarán con toda táctica para cegar a las personas a la verdad del evangelio (2 Co 4:4) y mantenerlos esclavos a cosas que les dificulta acercarse a Dios (Gá 4:8). También procurará emplear la tentación, la duda, la culpa, el temor, la confusión, la enfermedad, la envidia, el orgullo, la calumnia y cualquier otro medio posible para dificultar el testimonio y la utilidad de los cristianos.

3. Con todo, los demonios están limitados por el control de Dios y tienen poderes limitados. El estudio de Job deja bien en claro que Satanás solo podía hacer aquello que Dios le permitiera y nada más (Job 1:12; 2:6). Los demonios están «perpetuamente encarcelados» (Jud 6) y los cristianos pueden resistirlos con éxito por medio de la autoridad que Cristo les ha dado (Stg 4:7).

Además, el poder de los demonios es limitado. Después de rebelarse contra Dios ellos ya no tienen el poder que tenían cuando eran ángeles, porque el pecado

---

[8]Juan con frecuencia de refiere al «mundo» o a «este mundo» como el presente sistema malo mundial que se opone a Dios: Juan 7:7; 8:23; 12:31; 14:17, 30; 15:18, 19; 16:11: 17:14. Las Escrituras no enseñan que Satanás controle todo el mundo, pero sí que controla el sistema pecaminoso que se opone a Dios. Comparar con la frase de Pablo «el dios de este mundo» (2 Co 4:4).

[9]Cp. Juan 10:10: «El ladrón no viene nada más que a robar, matar y destruir».

es una influencia debilitante y destructiva. El poder de los demonios, aunque significativo, es, por tanto, probablemente menor que el de los ángeles.

En cuestiones de conocimiento, *no debemos pensar que los demonios pueden conocer el futuro ni que pueden leer nuestras mentes o conocer nuestros pensamientos*. En muchas partes del Antiguo Testamento, el Señor se manifiesta a sí mismo como el Dios verdadero para distinguirse de los dioses falsos (demoníacos) de las naciones mediante el hecho de que *solo él puede conocer el futuro*. «Recuerden las cosas pasadas, aquellas de antaño; yo soy Dios, y no hay ningún otro, yo soy Dios, y no hay nadie igual a mí. Yo anuncio el fin desde el principio; desde los tiempos antiguos, lo que está por venir» (Is 46:9-10).[10]

Ni siquiera los ángeles conocen el tiempo del regreso de Cristo (Mr 13:32), y no hay indicación en las Escrituras de que ellos o los demonios sepan algo acerca del futuro.

Con respecto al conocimiento de nuestros pensamientos, la Biblia nos dice que Jesús conocía los pensamientos de las personas (Mt 9:4; 12:25; Mr 2:8; Lc 6:8; 11:17) y que Dios conoce los pensamientos de las personas (Gn 6:5; Sal 139:2, 4, 23; Is 66:18), pero no hay ninguna indicación de que los ángeles o los demonios puedan saber nuestros pensamientos. De hecho, Daniel le dijo al rey Nabucodonosor que solo alguien que hablara en nombre del Dios del cielo podía decirle al rey lo que había soñado:

> A esto Daniel respondió: No hay ningún sabio ni hechicero, ni mago o adivino, que pueda explicarle a Su Majestad el misterio que le preocupa. Pero hay un Dios en el cielo que revela los misterios. Ese Dios le ha mostrado a usted lo que tendrá lugar en los días venideros. Éstos son el sueño y las visiones que pasaron por la mente de Su Majestad mientras dormía (Dn 2:27-28).[11]

Pero si los demonios no pueden leer la mente de las personas, ¿cómo podemos entender los informes contemporáneos de brujos, adivinos y otras personas evidentemente sujetas a influencias demoníacas que son capaces de decirles a las personas detalles exactos de sus vidas que pensaban que nadie conocía, tales como (por ejemplo) qué alimento tomaron para el desayuno, dónde escondían dinero en sus casas, etc.? Muchas de estas cosas se pueden explicar al darnos cuenta que los demonios pueden *observar* las cosas que suceden en este mundo y pueden probablemente sacar conclusiones de estas observaciones. Un demonio puede saber lo que yo tomé para desayunar, sencillamente porque me vio tomarlo. Puede saber lo que yo dije en una conversación telefónica privada porque

---

[10]Vea las reflexiones sobre el conocimiento de Dios del futuro en el capítulo 11, pp. 175-76, 195.

[11]Pablo también dice: «En efecto, ¿quién conoce los pensamientos del ser humano sino su propio espíritu que está en él?» (1 Co 2:11), sugiriendo que no hay ninguna otra criatura que pueda conocer los pensamientos de una persona (aunque hay que reconocer que la inclusión de las criaturas angélicas o demoníacas en la idea de Pablo no está tan explícita en este contexto como en Daniel 2). Vea también 1 Co 14:24-25, donde la revelación de los «secretos» del corazón de un visitante es evidencia clara de que Dios mismo está presente, actuando mediante el don de profecía. Esto es significativo en Corinto, que estaba lleno de la adoración a los demonios en los ídolos de los templos (1 Co 10:20), pues indica que los demonios no podían conocer los pensamientos íntimos del corazón de una persona. (Hechos 16:16 no afirma que la joven esclava con espíritu de adivinación hiciera predicciones confiables, sino que ella obtenía cierta información de parte de la observación que los demonios hacían de la vida de las personas.)

escuchó la conversación. Los creyentes no debieran dejarse descarriar si se encuentran con miembros del ocultismo o de las religiones falsas que parecen demostrar poseer esos conocimientos poco comunes de vez en cuando. Sin embargo, los resultados de la observación no demuestran que los demonios puedan leer nuestros pensamientos, y nada en la Biblia nos lleva a pensar que ellos tengan ese poder.

4. Ha habido diferentes etapas de actividad demoníaca en la historia de la redención.

a. En el Antiguo Testamento: Debido a que la palabra *demonio* no se usa con frecuencia en el Antiguo Testamento, puede de primera vista parecer que hay poca indicación de actividad demoníaca. Sin embargo, el pueblo de Israel pecó a menudo sirviendo a los dioses falsos, y cuando nos damos cuenta de que estos «dioses» falsos eran en realidad fuerzas demoníacas, vemos que sí hay bastante material en el Antiguo Testamento que se refiere a los demonios. La identificación de los dioses falsos como demonios se hace explícita, por ejemplo, cuando Moisés dice:

> Lo provocó a celos [a Dios] con dioses extraños
> 	y lo hizo enojar con sus ídolos detestables.
> *Ofreció sacrificios a los demonios,*
> 	que no son Dios; dioses que no había conocido (Dt 32:16-17).

Además, al reflexionar sobre la práctica horrible del sacrificio de niños, que los israelitas imitaron de las naciones paganas que los rodeaban, el salmista dice:

> Se mezclaron con los paganos
> 	y adoptaron sus costumbres.
> Rindieron culto a sus ídolos,
> 	y se les volvieron una trampa.
> Ofrecieron a sus hijos y a sus hijas
> 	como sacrificio a esos demonios (Sal 106:35-37).

Estas referencias demuestran que la adoración ofrecida a los ídolos en todas las naciones que rodeaban a Israel era en realidad adoración a Satanás y a sus demonios. Esta es la razón por la que Pablo puede decir de las religiones falsas del mundo mediterráneo del primer siglo: «No, sino que cuando ellos ofrecen sacrificios, *lo hacen para los demonios*, no para Dios» (1 Co 10:20). Parece entonces correcto concluir que todas las naciones alrededor de Israel que practicaban la adoración de ídolos estaban involucradas en la adoración de demonios. Las guerras que los israelitas pelearon en contra de las naciones paganas eran batallas contra naciones que estaban controladas por fuerzas demoníacas y por lo tanto «bajo el control del maligno» (cf. 1 Jn 5:19). Sus batallas eran tanto físicas como espirituales. El pueblo de Israel necesitaba depender del poder de Dios para que les ayudara en la esfera espiritual y en la física.

A la luz de esto, es significativo notar que no hay casos claros de expulsión de demonios en el Antiguo Testamento. La analogía más cercana es cuando David tocaba el arpa para el rey Saúl: «Cada vez que el espíritu de parte de Dios atormentaba a Saúl, David tomaba su arpa y tocaba. La música calmaba a Saúl y lo hacía sentirse mejor, y el espíritu maligno se apartaba de él» (1 S 16:23). Sin embargo, las Escrituras hablan de esto como un suceso que se repetía («cada vez»), lo que implicaba que el espíritu maligno regresaba cuando David se marchaba. Este no era un triunfo completo y eficaz sobre los espíritus malignos como los que encontramos en el Nuevo Testamento.

Consecuente con el propósito de Satanás de destruir todas las obras buenas de Dios, la adoración pagana de ídolos demoníacos se caracterizaba por prácticas tales como el sacrificio de niños (Sal 106:35-37), el producirse daños corporales uno mismo (1 R 18:28; cf. Dt 14:1), y la práctica de la prostitución como parte de la adoración pagana (Dt 23:17; 1 R 14:24; Os 4:14).[12] La adoración de los demonios llevaba generalmente a prácticas inmorales y autodestructivas.

b. Durante el ministerio de Jesús: Después de cientos de años de incapacidad para obtener un triunfo eficaz sobre las fuerzas demoníacas,[13] es comprensible que cuando Jesús llegó expulsando demonios con absoluta autoridad, las personas se quedaran asombradas: «Todos se quedaron tan asustados que se preguntaban unos a otros: "¿Qué es esto? ¡Una enseñanza nueva, pues lo hace con autoridad! Les da órdenes incluso a los espíritus malignos, y le obedecen"» (Mr 1:27). Un

---

[12]Aun hoy, una marca característica de muchas de las religiones no cristianas es que sus más devotos adherentes se involucran en rituales religiosos que destruyen uno o varios aspectos de la humanidad, tales como su salud física, su estabilidad mental o emocional, o su sexualidad humana como Dios quiso que funcionara. Tales cosas cumplen claramente las metas de Satanás de destruir todo lo que Dios ha creado bueno (cp. 1 Ti 4:1-3). Puesto que Satanás es «un mentiroso. ¡Es el padre de la mentira!» (Jn 8:44), la distorsión y la negación de la verdad está siempre presente en las religiones falsas, especialmente en donde hay una fuerte influencia demoníaca.

[13]Hubo exorcistas judíos en el período entre el Antiguo y el Nuevo Testamentos que intentaron lidiar con las fuerzas demoníacas, pero es dudoso que fueran muy eficaces: Hechos 19:13 menciona a algunos exorcistas itinerantes judíos que intentaban expulsar demonios en el nombre del Señor Jesús como una nueva fórmula mágica, aunque no eran cristianos y no tenían autoridad espiritual de parte de Jesús. Se encontraron con resultados desastrosos (vv. 15-16). También, cuando Jesús se enfrentó a los fariseos, Jesús dijo: «Ahora bien, si yo expulso a los demonios por medio de Belcebú, ¿los seguidores de ustedes por medio de quién los expulsan?» (Mt 12:27). Su declaración no significa que sus seguidores tuvieran éxito, sino simplemente que estaban tratando de expulsar demonios, con un éxito limitado. En realidad, el argumento de Jesús funciona muy bien si ellos estaban generalmente fracasando: «Si mi gran éxito en expulsar demonios es debido a Satanás, ¿entonces a qué se debe el éxito limitado de sus seguidores? Supuestamente a un poder menor del de Satanás, que evidentemente no es Dios». La sugerencia es que el poder limitado de los exorcistas judíos no era de Dios, sino de Satanás.

Josefo nos deja registrado un ejemplo aparentemente exitoso de exorcismo llevado a cabo por un judío llamado Eleazar que usaba un conjuro que se decía estaba derivado de Salomón (*Antigüedades* 8:45-48; cp. una historia rabínica en Números Rabbah 19:8; Tobías, el Testamento de Salomón). Resulta difícil saber exactamente cuán extendida estaba esta práctica y cuán exitosa era. Por un lado, Dios mismo podía haber concedido cierto grado de poder espiritual sobre los demonios al remanente fiel de creyentes judíos en todos los tiempos. Él ciertamente protegió en general al pueblo fiel de Israel de las fuerzas demoníacas de las naciones que los rodeaban. Por el otro lado, no es imposible que Satanás hubiera trabajado a través de judíos incrédulos, así como también por medio de otras culturas incrédulas, para dar cierta apariencia de poder limitado a los exorcistas, brujos, hechiceros, etc., pero siempre con la intención de llevar a las personas a una mayor esclavitud espiritual. Lo que es cierto es que Jesús vino con un poder espiritual muy superior sobre los demonios que lo que las personas habían visto antes, y ellos se quedaron maravillados. (Emil Schurer escribió un estudio amplio del exorcismo judío, *The History of the Jewish People in the Age of Jesus Christ*, rev, inglés ed., ed. G. Vernes et al. [3 vols. en 4; T. & T. Clark, Edimburgo, 1973-87], vol. 3.1, pp. 342-61, 376, 440.)

poder así sobre las fuerzas demoníacas nunca se había visto antes en la historia del mundo.

Jesús explicó que este poder sobre los demonios era una marca distintiva de su ministerio para inaugurar el reino de los cielos entre la humanidad en una manera nueva y poderosa:

> En cambio, si expulso a los demonios por medio del Espíritu de Dios, *eso significa que el reino de Dios ha llegado a ustedes*. ¿O cómo puede entrar alguien en la casa de un hombre fuerte y arrebatarle sus bienes, a menos que primero lo ate? Sólo entonces podrá robar su casa (Mt 12:28-29).

El «hombre fuerte» es Satanás, y Jesús lo había atado, probablemente en el tiempo de su triunfo sobre él en las tentaciones en el desierto (Mt 4:1-11). Durante su ministerio terrenal, Jesús había entrado en la «casa» (el mundo de los incrédulos que están bajo la esclavitud de Satanás) del hombre fuerte, y le estaba arrebatando sus bienes, esto es, liberando a las personas de la esclavitud satánica y llevándolos al gozo del reino de Dios. Era «por medio del Espíritu de Dios» que Jesús hacía esto; el nuevo poder del Espíritu de Dios que actuaba para triunfar sobre los demonios era la evidencia de que en el ministerio de Jesús el reino de Dios había llegado.

c. Durante la era del nuevo pacto: La autoridad sobre el poder demoníaco no estaba limitado solo a Jesús, porque este dio una autoridad similar a los primeros doce (Mt 10:8; Mr 3:15), y luego a los setenta discípulos. Después de un tiempo de ministerio, «cuando los setenta y dos regresaron, dijeron contentos: Señor hasta los demonios se nos someten en tu nombre» (Lc 10:17). Entonces Jesús respondió: «Yo veía a Satanás caer del cielo como un rayo» (Lc 10:18), indicando de nuevo un triunfo claro sobre el poder de Satanás (de nuevo, esto probablemente sucedió en el tiempo de la victoria de Jesús en las tentaciones en el desierto, pero las Escrituras no especifican explícitamente ese tiempo).[14] La autoridad sobre los espíritus inmundos más tarde se extendió más allá de los setenta discípulos a los miembros de la naciente iglesia que ministraban en el nombre de Jesús (Hch 8:7; 16:18; Stg 4:7; 1 P 5:8-9), un hecho que concuerda con la idea de que el ministerio en el nombre de Jesús en la era del nuevo pacto se caracterizaba por el triunfo sobre el poder del diablo (1 Jn 3:8).

c. Durante el milenio: Durante el milenio, el reinado futuro de mil años sobre la tierra que se menciona en Apocalipsis 20,[15] la actividad de Satanás y de los demonios estará aún más restringida. Usando un lenguaje que sugiere una limitación todavía mayor de la actividad de Satanás de la que vemos hoy, Juan describe su visión del comienzo del milenio de la siguiente manera:

> Vi además a un ángel que bajaba del cielo con la llave del abismo y una gran cadena en la mano. Sujetó al dragón, a aquella serpiente antigua que es el diablo y Satanás,

---

[14]Otra interpretación dice que Jesús vio en la misión de los setenta la caída de Satanás.
[15]Vea el capítulo 55 para el estudio sobre el milenio.

y lo encadenó por mil años. Lo arrojó al abismo, lo encerró y tapó la salida para que no enga-
ñara más a las naciones, hasta que se cumplieran los mil años. Después habrá de ser
soltado por algún tiempo (Ap 20:1-3).

Aquí aparece Satanás descrito como privado completamente de toda capacidad
para ejercer influencia en la tierra. Durante el milenio, sin embargo, habrá todavía
pecado en el corazón de los incrédulos, que seguirá aumentando hasta el final de
los mil años, cuando tendrá lugar una rebelión en gran escala contra Cristo, dirigida por Satanás, quien «será liberado de su prisión» (Ap 20:7) y acudirá a dirigir esa
rebelión (Ap 20:8-9). El hecho de que el pecado y la rebeldía persistan en el corazón
de las personas aparte de la actividad de Satanás, incluso durante el reino de mil
años de Cristo, muestra que no podemos echarles la culpa a Satanás y sus demonios por todo el pecado del mundo. Aun cuando Satanás carecerá de influencia en
el mundo, el pecado permanecerá y será un problema en el corazón de las
personas.

e. En el juicio final: Al final del milenio, cuando Satanás sea liberado de su prisión
y reúna a las naciones para la batalla, quedará definitivamente derrotado y «será
arrojado al lago de fuego y azufre... allí serán atormentados día y noche por los siglos de los siglos» (Ap 20:10). Entonces se completará el castigo de Satanás y de sus
demonios.

D. Nuestra relación con los demonios

1. ¿Están hoy los demonios activos en el mundo? Algunas personas, influencia-
das por la visión naturalista del mundo que solo acepta la realidad de lo que se puede ver, tocar u oír, niegan que los demonios existan hoy y mantienen que creer en
su realidad refleja una perspectiva obsoleta que se enseña en la Biblia y en otras
culturas antiguas. Por ejemplo, Rudolf Bultmann, el erudito alemán del Nuevo
Testamento, niega enfáticamente la existencia de un mundo sobrenatural de ángeles y demonios. Argumenta que estos eran «mitos» antiguos y que el mensaje del
Nuevo Testamento tenía que ser «demitologizado» mediante la eliminación de tales elementos mitológicos a fin de que el evangelio pudiera ser recibido por personas modernas y científicas. Otros han pensado que el equivalente contemporáneo
(inaceptable) a la actividad demoníaca mencionada en las Escrituras es la influencia poderosa y a veces maligna de organizaciones y «estructuras» en nuestra sociedad actual, gobiernos perversos y corporaciones poderosas que controlan a miles
de personas y que a veces se dice son «demoníacas», especialmente en los escritos
de teólogos más liberales.

Sin embargo, si las Escrituras nos proporcionan una información correcta del
mundo como realmente es, debemos tomar seriamente su descripción de la intensa participación demoníaca en la sociedad humana. El hecho de no percibir esa
participación con nuestros cinco sentidos nos está diciendo que tenemos algunas
deficiencias en nuestra capacidad para entender el mundo, no que los demonios no
existan. De hecho, no hay razón para pensar que haya hoy menos actividad demoníaca en el mundo que la que había en el tiempo del Nuevo Testamento. Nosotros

estamos en el mismo período de tiempo en el plan general de Dios para la historia (la era de la iglesia o la era del nuevo pacto), y el milenio tiene todavía que llegar cuando quedará eliminada la influencia de Satanás en la tierra. Buena parte de la sociedad occidental secularizada no está dispuesta a admitir la existencia de demonios —excepto quizá en sociedades «primitivas» — y relega toda conversación sobre la actividad de los demonios a la categoría de superstición. Pero la negativa de nuestra sociedad a reconocer hoy la presencia de la actividad demoníaca es, desde una perspectiva bíblica, debido sencillamente a la ceguedad de las personas a la verdadera naturaleza de la realidad.

¿Pero en qué clase de actividad se involucran los demonios hoy? ¿Hay algunas características distintivas que nos permitan a nosotros reconocer hoy la actividad demoníaca cuando tiene lugar?

2. No todo mal y pecado procede de Satanás y de los demonios, pero algo sí. Si pensamos en el hincapié general de las epístolas del Nuevo Testamento, nos damos cuenta del poco espacio que se dedica a hablar de la actividad demoníaca en la vida de los creyentes o de métodos para resistir u oponerse a tal actividad. Se hace hincapié en instar a los creyentes a no pecar, a vivir vidas de rectitud. Por ejemplo, en 1 Corintios, donde hay un problema de «disensiones», Pablo no le dice a la iglesia que reprenda a un espíritu de disensión, sino simplemente los anima a que vivan con «armonía» y a que se «mantengan unidos en un mismo pensamiento y en un mismo propósito» (1 Co 1:10). Cuando hay un problema de incesto, no les dice a los corintios que reprendan a un espíritu de incesto, sino que les dice que debieran estar indignados y que debieran ejercer la disciplina de la iglesia hasta que el culpable se arrepienta (1 Co 5:1-5). Cuando hay un problema sobre que los cristianos acuden a los tribunales para demandar a otros creyentes, Pablo no les manda que expulsen a un espíritu de litigación (o de egoísmo, o de pleitos), sino les dice sencillamente que solucionen esas situaciones dentro del seno de la iglesia y que estén dispuestos a olvidarse de sus propios intereses (1 Co 6:1-8). Cuando hay un desorden relacionado con la Cena del Señor, no les manda expulsar a un espíritu de desorden o de glotonería o de egoísmo, sino solo les dice que debieran «[esperarse] unos a otros» y que cada creyente «debe examinarse a sí mismo antes de comer el pan y beber la copa» (1 Co 11:33, 28). Podemos encontrar duplicados estos ejemplos muchas veces en las otras epístolas del Nuevo Testamento.

En cuanto a la predicación del evangelio a los inconversos, la pauta del Nuevo Testamento es la misma. Aunque ocasionalmente Jesús o Pablo expulsaron a un espíritu demoníaco que estaba obstaculizando seriamente la predicación del evangelio en un área determinada (vea Mr 5:1-20 [endemoniado gadareno]; Hch 16:16-18 [la joven adivinadora en Filipos]), ese no es el patrón de ministerio que vemos, sino que sencillamente se hace hincapié en la predicación del evangelio (Mt 9:35; Ro 1:18-19; 1 Co 1:7—2:5). Aun en los ejemplos arriba mencionados, se enfrentó la oposición en el proceso de la proclamación del evangelio. En marcado contraste con la práctica de los que hoy hacen hincapié en un «nivel estratégico de guerra espiritual», en ningún caso en el Nuevo Testamento se ve que alguien (1) *emplaza a un «espíritu territorial»* al entrar en una región a predicar el evangelio (en los dos ejemplos citados arriba, el demonio estaba en la persona y la persona influenciada por el demonio inició la confrontación), ni (2)*demanda información a los demonios sobre una jerarquía demoníaca local*, ni (3) *dice que debiéramos creer o enseñar información derivada de los demonios*, ni (4) enseña mediante la palabra o el ejemplo que ciertas «fortalezas demoníacas» sobre una ciudad debieran ser derribadas antes de que se pueda proclamar el evangelio con eficacia. Más bien, los cristianos predican el evangelio, ¡y este llega con poder para cambiar vidas! (Por supuesto, la oposición demoníaca puede surgir, o Dios mismo puede revelar la naturaleza de cierta oposición demoníaca, en cuyo caso los cristianos debieran orar y luchar en su contra, según 1 Co 12:10; 2 Co 10:3-6; Ef 6:12.)

Por tanto, aunque el Nuevo Testamento reconoce claramente la influencia de la actividad demoníaca en el mundo, e incluso, como veremos, sobre la vida de los creyentes, su enfoque primario en cuanto a la evangelización y el crecimiento cristiano está en las decisiones y acciones tomadas por las personas mismas (vea también Gá 5:16-26; Ef 4:1—6:9; Col 3:1—4:6; et al.). Del mismo modo, este debiera ser el enfoque primario de nuestros esfuerzos hoy cuando nos esforzamos por crecer en santidad y fe y vencer los deseos y acciones pecaminosos que permanecen en nuestra vida (cf. Ro 6:1-23) y vencer las tentaciones que vienen en contra nuestra de parte de un mundo incrédulo (1 Co 10:13).[16] Tenemos que aceptar nuestra propia responsabilidad de obedecer al Señor y no pasar la culpa de nuestros propios fallos a alguna fuerza demoníaca.

No obstante, un cierto número de pasajes muestra que los autores del Nuevo Testamento estaban claramente conscientes de la presencia de influencias demoníacas en el mundo y en la vida de los mismos cristianos. Al escribir a la iglesia en Corinto, que estaba llena de templos dedicados a la adoración de ídolos, Pablo dijo que cuando los paganos «ofrecen sacrificios, lo hacen para los demonios, no para Dios» (1 Co 10:20), situación que era cierta no solo de Corinto, sino de casi todas las otras ciudades en el antiguo mundo mediterráneo. Pablo también advirtió que en «los últimos tiempos, algunos abandonarán la fe para seguir a inspiraciones engañosas y doctrinas diabólicas» (1 Ti 4:1), y que esto llevaría a prohibiciones del matrimonio y evitar ciertos alimentos (v. 3), todo lo cual Dios lo ha creado «bueno» (v. 4). De manera que vemos que algunas doctrinas tienen origen demoníaco. En 2 Timoteo, Pablo da a entender que los que se oponen a la sana doctrina han sido atrapados por el diablo para que hagan su voluntad: «Un siervo del Señor no debe andar peleando; más bien, debe ser amable con todos, capaz de enseñar y no propenso a irritarse. Así, humildemente, debe corregir a los adversarios, con la esperanza de que Dios les conceda el arrepentimiento para conocer la verdad, de modo que se *despierten y escapen de la trampa en que el diablo los tiene cautivos, sumisos a su voluntad*» (2 Ti 2:24-26).

Jesús había afirmado del mismo modo que los judíos que se le oponían obstinadamente estaban siguiendo a su padre el diablo: «Ustedes son de su padre, el diablo, cuyos deseos quieren cumplir. Desde el principio éste ha sido un asesino, y no se mantiene en la verdad, porque no hay verdad en él. Cuando miente, expresa su propia naturaleza, porque es un mentiroso. ¡Es el padre de la mentira!» (Jn 8:44).

---

[16]Una manera común de resumir las tres fuentes del mal en nuestras vidas es «el mundo, la carne y el diablo» (y «carne» se refiere a nuestros propios deseos pecaminosos).

En la primera epístola de Juan se hace hincapié de una forma más explícita en que las acciones hostiles de los incrédulos tienen influencia demoníaca o a veces origen demoníaco. Él hace una declaración general de que «el que practica el pecado *es del diablo*» (1 Jn 3:8), y continúa diciendo: «Así distinguimos entre los hijos de Dios y los hijos del diablo: el que no practica la justicia no es hijo de Dios, ni tampoco lo es el que no ama a su hermano» (1 Jn 3:10). Juan caracteriza aquí a todos los que no son nacidos de Dios como hijos del diablo y sujetos a la influencia de sus deseos. Así sucedió con Caín, quien «*por ser del maligno*, asesinó a su hermano» Abel (1 Jn 3:12), aunque no se menciona para nada la influencia de Satanás en el texto de Génesis (Gn 4:1-16). Juan también dice: «Sabemos que somos hijos de Dios, *y que el mundo entero está bajo el control del maligno*» (1 Jn 5:19). Luego en Apocalipsis de Satanás se dice que «engaña al mundo entero» (Ap 12:9). Como indicamos arriba, a Satanás también se le llama el «príncipe de este mundo» (Jn 14:30), y «el dios de este mundo» (2 Co 4:4), y «el espíritu que ahora ejerce su poder en los que viven en la desobediencia» (Ef 2:2).

Cuando combinamos todas estas declaraciones y vemos que se dice que Satanás es el originador de mentiras, asesinatos, engaños, enseñanza falsa y el pecado en general, parece razonable concluir que el Nuevo Testamento quiere que entendamos que hay un cierto grado de influencia demoníaca en casi todas las maldades y pecados que vemos hoy. No todo el pecado está causado por Satanás o los demonios, tampoco la actividad demoníaca es la mayor influencia o causa de pecado, pero la actividad demoníaca es probablemente un factor en casi todo pecado y actividad destructiva que se opone a la obra de Dios en el mundo hoy.

En la vida de los cristianos, como indicamos arriba, el énfasis del Nuevo Testamento no está en la influencia de los demonios sino en el pecado que permanece en la vida del creyente. No obstante, debiéramos reconocer que pecar (aun para los cristianos) es dar un punto de apoyo de alguna clase a la influencia demoníaca en nuestra vida. Por esa razón Pablo podía decir: «Si se enojan, no pequen. No dejen que el sol se ponga estando aún enojados, *ni den cabida al diablo*» (Ef 4:26). El enojo injusto puede aparentemente dar oportunidad al diablo (o a los demonios) para ejercer alguna clase de influencia negativa en nuestra vida, quizá al atacarnos por medio de nuestras emociones o quizá al aumentar el enojo injusto que ya sentimos en contra de otros. Del mismo modo, Pablo menciona «la coraza de justicia» (Ef 6:14) como parte de la armadura que debemos usar para enfrentarnos a las «artimañas del diablo» y que «nuestra lucha no es contra seres humanos, sino contra poderes, contra autoridades, contra potestades que dominan este mundo de tinieblas, contra fuerzas espirituales malignas en las regiones celestiales» (Ef 6:11-12). Si tenemos en nuestra vida áreas de continuo pecado, entonces hay debilidades y agujeros en nuestra «coraza de justicia», y en esas áreas somos vulnerables a los ataques demoníacos. Por el contrario, Jesús estaba completamente libre del pecado, y podría decir de Satanás, «él no tiene ningún dominio sobre mí» (Jn 14:30). Podemos también notar la conexión entre no pecar y no ser tocado por el maligno en 1 Juan 5:18: «Sabemos que el que ha nacido de Dios no está en pecado[17]: Jesucristo que nació de Dios, lo protege, y el maligno no llega a tocarlo».

---

[17]El tiempo presente del verbo en griego nos da un sentido de «no continuar pecando».

Los pasajes precedentes sugieren, entonces, que donde hay una persistencia de pecado en la vida del cristiano en un área u otra, la responsabilidad primaria de ese pecado está en el cristiano individual y en sus decisiones de continuar con esa forma de vivir errónea (vea Ro 6, esp. 12-16; también Gá 5:16-26). Sin embargo, también podría posiblemente darse alguna forma de influencia demoníaca que contribuye e intensifica esa tendencia pecaminosa. En el caso de un cristiano que ha orado y luchado por años para dominar un mal temperamento, por ejemplo, pudiera ser que un espíritu de enojo sea un factor en su continúa tendencia a ese pecado. Un cristiano que ha luchado por cierto tiempo para vencer un sentido de depresión puede haber estado bajo el ataque de un espíritu de depresión y desaliento, y este puede ser un factor que está contribuyendo a su situación general.[18] Un creyente que ha estado luchando en otras cuestiones, tales como una falta de disposición a someterse a la autoridad legítima, falta de control en la comida, pereza, amargura, envidia, etc., quizá se pregunte si un ataque demoníaco o influencia podría estar contribuyendo a esa situación y obstaculizando su utilidad para el Señor.

3. ¿Puede un cristiano estar poseído por un demonio? La expresión poseído por un demonio (o posesión demoníaca) son términos poco afortunados que se han metido en la traducción de algunas versiones de la Biblia, pero que no aparecen realmente reflejados en el griego. El griego del Nuevo Testamento puede hablar de una persona que «tiene un demonio» (Mt 11:18; Lc 7:33; 8:27; Jn 7:20; 8:48, 49, 52; 10:20), o puede hablar de personas que sufren de influencias demoníacas (gr., *daimonizomai*)[19], pero nunca usa un lenguaje que sugiera que un demonio «posea» realmente a alguien.

El problema con los términos de posesión *demoníaca* o *endemoniado* es que dan el matiz de una influencia demoníaca tan fuerte que parece implicar que la persona que está bajo ataque demoníaco no tiene otra posibilidad sino sucumbir a ello. Sugieren que la persona está incapacitada de ejercer su voluntad y completamente dominada por el espíritu maligno, Si bien esto puede haber sido cierto en casos extremos como es el del endemoniado gadareno (vea Mr 5:1-20; note que después que Jesús expulsó al demonio de aquel hombre, él estaba «en su sano juicio», v. 15), no es cierto en muchos casos de ataque demoníaco o de conflicto con demonios en la vida de muchas personas.

Así, pues, qué podemos responder a la pregunta de «¿puede un cristiano estar poseído por un demonio?» La respuesta depende de lo que significa para nosotros «poseído». Dado que el término no refleja ninguna palabra que podamos

---

[18]No toda depresión es demoníaca en su origen. Algunas pueden estar causadas por factores químicos que responderán a tratamiento médico. En otras ocasiones se puede deber a pautas de comportamiento o relaciones interpersonales que no están funcionando conforme a las normas bíblicas. Pero no debiéramos eliminar la influencia demoníaca como un posible factor.

[19]Esta palabra *diamonizomai*, que puede traducirse como «bajo influencia demoníaca» o «estar endemoniado» aparece trece veces en el Nuevo Testamento, todas ellas en los evangelios: Mt 4:24; 8:16, 28, 33; 9:32; 12:22; 15:22 («sufre terriblemente por estar endemoniada»); Mr 1:32; 5:15, 16, 18; Lc 8:36; y Jn 10:21. Todos estos casos indican fuerte influencia demoníaca. A la luz de esto, es quizá mejor reserva la palabra *endemoniado* para casos más extremos o severos como en las situaciones que aparecen en los evangelios. Esta palabra sugiere una fuerte influencia o control demoníaco. Pero ha llegado a ser común en alguna literatura cristiana hablar de personas que están bajo alguna forma de ataque demoníaco decir que están «endemoniadas». Sería más sabio reservar esa palabra para casos de severa influencia demoníaca.

encontrar en el griego del Nuevo Testamento, las personas pueden entender que significa varias cosas sin tener la garantía de vincularlo a ningún versículo de las Escrituras, y resulta difícil decir que la definición de una persona es correcta y la otra es incorrecta. Mi propia preferencia, por las razones explicadas arriba, es la de no usar para nada la expresión *poseído por demonio* en ninguna clase de casos.

Pero si las personas explican claramente lo que quieren decir por «posesión demoníaca», se puede dar una respuesta dependiendo de la definición que ellos aportan. Si por «poseídos por un demonio» se refieren a que la voluntad de la persona está completamente dominada por un demonio, al punto de que carece de poder para escoger lo que es recto y obedecer a Dios, entonces la respuesta a si un cristiano podría estar poseído por un demonio es no, porque las Escrituras garantizan que el pecado no tendrá dominio sobre nosotros porque hemos resucitado con Cristo (Ro 6:14, vea también vv. 4, 11).

Por otro lado, la mayoría de los cristianos estarían de acuerdo en que puede haber diferentes grados de ataque o influencia demoníaca en la vida de los creyentes (vea Lc 4:2; 2 Co 12:7; Ef 6:12; Stg 4:7; 1 P 5:8). Un creyente puede caer bajo el ataque demoníaco de vez en cuando en un sentido más o menos fuerte.[20] (Note la «hija de Abraham, y a quien Satanás tenía atada durante dieciocho largos años... que por causa de un demonio llevaba dieciocho años enferma. Andaba encorvada y de ningún modo podía enderezarse» [Lc 13:16, 11].) Aunque los cristianos después de Pentecostés disfrutaban de todo el poder del Espíritu Santo que obraba dentro de ellos, que los capacitaba para triunfar sobre los ataques demoníacos,[21] ellos no siempre usaron este poder y ni siquiera sabían que les pertenecía. Así, pues, ¿cuán severa puede llegar a ser la influencia demoníaca en la vida de un cristiano en quien el Espíritu Santo mora después de Pentecostés?

Antes de responder a esta pregunta, debiéramos notar que es similar a la relacionada con el pecado: «¿Cuánto puede estar dominado un cristiano genuino por el pecado y de todos modos ser un cristiano nacido de nuevo?» Resulta difícil responder a esa pregunta en abstracto, porque nos damos cuenta que cuando los cristianos no están viviendo en la manera en que deben hacerlo, cuando no se están beneficiando del compañerismo regular con otros cristianos y del estudio y enseñanza regular de la Biblia, pueden caer en varios grados de pecado y todavía decirse que son cristianos nacidos de nuevo. Pero la situación es anormal; no es lo que la vida cristiana debiera ser y puede ser. Del mismo modo, si preguntamos cuánta influencia demoníaca puede haber en la vida de un cristiano genuino, resulta difícil dar una respuesta en abstracto. Estamos sencillamente preguntando cuán anormal puede llegar a ser una vida cristiana, especialmente si esa persona no conoce o no hace uso de las armas de guerra espiritual que están disponibles para el cristiano, si persiste en algunas clases de pecado que dan entrada a la actividad demoníaca, y está fuera del alcance de todo ministerio capacitado para ofrecer ayuda espiritual

---

[20]No parece que ayude mucho el intentar definir categorías o grados de influencia demoníaca, como a veces se ha hecho, con palabras tales como «deprimido«, «oprimido», «obsesionado», etc., porque las Escrituras no definen una lista de categorías como esas para que nosotros las usemos, y esas categorías solo tienden a hacer complicado lo que es una simple verdad: Que pueden haber varios grados de ataque o influencia demoníaca en la vida de una persona.

[21]Vea capítulo 30, p. 640, y capítulo 39, pp. 770-72, para un estudio del poder superior del Espíritu Santo obrando en la vida de los creyentes después de Pentecostés.

en contra de ataques espirituales. Parecería que en tales casos el grado de ataque o de influencia demoníaca en la vida de un cristiano podría ser bastante fuerte. No sería correcto decir que no podría darse esa influencia porque la persona es cristiana. Por tanto, cuando alguien pregunta, «¿Puede un cristiano estar poseído por un demonio?», pero en realidad lo que quiere decir es, «¿Puede un cristiano caer bajo un fuerte ataque o influencia demoníaca?», la respuesta debiera ser positiva, pero con la cautela de que la palabra *poseído* se está usando de una forma confusa. Puesto que la expresión *poseído por un demonio* se presta a equivocaciones si se usa en todos los casos, especialmente cuando se refiere a un cristiano, yo preferiría evitarla por completo. Me parece que es mejor reconocer sencillamente que puede haber varios grados de ataque o influencia demoníaca en las personas, o incluso en los cristianos, y dejarlo así. En cualquier caso, el remedio sería el mismo: reprender al demonio en el nombre del Señor Jesucristo y mandarle que salga (vea las reflexiones más adelante).

4. ¿Cómo se puede reconocer la influencia demoníaca? En casos de influencia demoníaca severa, como aparecen registrados en los evangelios, la persona afectada suele mostrar un comportamiento extraño y a menudo reacciona violentamente, es especial cuando se opone a la predicación del evangelio. Cuando Jesús llegó a la sinagoga en Capernaum, «de repente...un hombre que estaba poseído por un espíritu maligno gritó: ¿Por qué te entrometes, Jesús de Nazaret? ¿Has venido a destruirnos? Yo sé quién eres tú: ¡el Santo de Dios!» (Mr 1:23-24). El hombre se paró e interrumpió a Jesús gritando estas cosas (o, quizá más precisamente, el demonio dentro del hombre gritó).

Después que Jesús descendió del Monte de la Transfiguración, un hombre le llevó a su hijo y le dijo: «Maestro... te he traído a mi hijo, pues está poseído por un espíritu que le ha quitado el habla. Cada vez que se apodera de él, lo derriba. Echa espumarajos, cruje los dientes y se queda rígido». Entonces llevaron al muchacho a Jesús y «tan pronto como vio a Jesús, el espíritu sacudió de tal modo al muchacho que éste cayó al suelo y comenzó a revolcarse echando espumarajos. "¿Cuánto tiempo hace que le pasa esto?", le preguntó Jesús al padre. "Desde que era niño" contestó. "Muchas veces lo ha echado al fuego y al agua para matarlo. Si puedes hacer algo, ten compasión de nosotros y ayúdanos"» (Lc 9:17-19, 20, 22). Esas acciones violentas, especialmente las que tendían a la destrucción de la persona afectada, eran indicaciones claras de actividad demoníaca. Unas acciones similares las vemos en el caso del endemoniado gadareno:

> Tan pronto como desembarcó Jesús, un hombre poseído por un espíritu maligno le salió al encuentro de entre los sepulcros. Este hombre vivía en los sepulcros, y ya nadie podía sujetarlo, ni siquiera con cadenas. Muchas veces lo habían atado con cadenas y grilletes, pero él los destrozaba, y nadie tenía fuerza para dominarlo. Noche y día andaba por los sepulcros y por las colinas, gritando y golpeándose con piedras (Mr 5:2-5).

Cuando Jesús expulsó a los demonios con el fin de que no destruyeran al hombre en el que habían vivido, salieron y entraron en una manada de muchos cerdos y los destruyeron (Mr 5:13). La actividad satánica o demoníaca siempre tiende a la destrucción definitiva de partes de la creación de Dios y especialmente de seres humanos que están hechos a la imagen de Dios (cf. Sal 106:37, sobre sacrificio de niños).

En este sentido, es interesante notar que en un caso, cuando Jesús sanó a un epiléptico lo hizo expulsando al demonio (Mt 17:14-18), pero en otras partes a los epilépticos se les distingue de los que están bajo influencia demoníaca: «Y le llevaban todos los que padecían de diversas enfermedades, los que sufrían de dolores graves, los *endemoniados*, los *epilépticos* y los paralíticos, y él los sanaba» (Mt 4:24). Así sucedió también con otros casos de enfermedades físicas: En algunos casos, Jesús simplemente oraba por la persona o decía una palabra, y la persona quedaba sanada. En otros casos, había indicaciones o declaraciones implícitas de influencia demoníaca en la aflicción. Lucas nos cuenta de «una mujer que por causa de un demonio llevaba dieciocho años enferma» (Lucas 13:11) y Jesús la sanó y dijo explícitamente de ella que era una «hija de Abraham, y a quien Satanás tenía atada durante dieciocho largos años» (Lc 13:16). Al sanar a la suegra de Pedro, Jesús «reprendió a la fiebre, la cual se le quitó» (Lc 4:39), sugiriendo que allí había alguna influencia (probablemente demoníaca) capaz de recibir una represión de parte de Jesús.

En otros casos, las epístolas indican que la influencia demoníaca conduce abiertamente a declaraciones doctrinales falsas, tales como «maldecir a Jesús» (1 Co 12:3), o rehusar confesar que «Jesucristo ha venido en cuerpo humano» (1 Jn 4:2-3). En ambos casos, el contexto tiene que ver con probar a la persona que puede ser un «profeta falso» o que quiere usar los dones espirituales para hablar en la asamblea de la iglesia (1 Co 12) o profetizar específicamente (1 Jn 4:1-6). Estos pasajes no indican que tenemos que pensar que todas las doctrinas falsas son inspiradas por demonios, pero las declaraciones doctrinales abiertamente falsas de personas que profesan estar hablando por el poder del Espíritu Santo caerían ciertamente en esta categoría. Cuando en Corinto surgió una actividad de fuerte oposición a la autoridad apostólica de Pablo de parte de los que afirmaban ser apóstoles pero que no lo eran, Pablo los vio como siervos de Satanás disfrazados de servidores de la justicia (2 Co 11:13-15).

Además de estas evidentes indicaciones externas, la actividad demoníaca era algunas veces reconocidas mediante un sentido subjetivo de la presencia de una influencia espiritual maligna. En 1 Corintios 12:10, Pablo menciona la capacidad de «discernir espíritus» como uno de los dones espirituales. Parece que este don consistía en la habilidad de sentir o discernir la diferencia entre la obra del Espíritu Santo y la de los espíritus malignos en la vida de una persona.[22] El don incluiría aparentemente una conciencia de la influencia demoníaca que se percibiría en términos de hechos observables y objetivos, y también en términos de una inquietud emocional o espiritual o percepción de la presencia del mal.

¿Pero tenía que estar limitada esta capacidad de percibir la influencia demoníaca a los que tenían este don espiritual? Como con todos los dones espirituales,

---

[22]Para un análisis amplio del significado de la frase griega *diakriseis pneumaton*, «distinguir entre espíritus», en 1 Co 12:10, vea la obra de W. Grudem, «A response to Gerhard Dautzenberg on 1 Corintios 12:10», en *Biblische Zeitschrift*, NF, 22:2 (1978), pp. 253-70.

parece que había también un cierto grado de intensidad o fortaleza en el desarrollo de este don.[23] Así que algunos pueden tener este don desarrollado en alto grado y otros pueden encontrar que les funciona ocasionalmente. Además, en la vida de todos los creyentes, puede a veces haber algo análogo a este don, alguna clase de habilidad para sentir en el espíritu la presencia del Espíritu Santo o sentir de vez en cuando la presencia de influencias demoníacas en otras personas. De hecho, Pablo habla de una cierta clase de percepción espiritual *positiva* que los creyentes tienen cuando se encuentran con él y sus colaboradores: «Porque para Dios nosotros somos el aroma de Cristo entre los que se salvan y entre los que se pierden. Para éstos somos olor de muerte que los lleva a la muerte; para aquéllos, olor de vida que los lleva a la vida» (2 Co 2:15-16). Hoy, en el curso ordinario de la vida, algunos cristianos tendrán un sentido subjetivo de que alguien es un cristiano antes de que tengan la oportunidad de averiguar que es así en realidad. Y parece probable que una percepción espiritual opuesta pudiera también darse de vez en cuando, en la que el creyente siente la presencia de influencias demoníacas en la vida de una persona antes de que se produzcan indicaciones más objetivas de esa realidad.

Además, a veces una persona puede saber o sentir que está bajo ataque espiritual de parte de un poder demoníaco. Un pastor maduro o un amigo cristiano, al aconsejar a alguien sobre un problema difícil, puede encontrar sabio preguntar: «¿Cree usted que el ataque de una fuerza espiritual maligna puede ser un factor en esta situación?» La persona puede responder sencillamente, «No», pero en muchos casos la persona que está siendo aconsejada puede haber pensado en esa posibilidad o incluso puede haber estado claramente consciente de ello, pero temía decir algo sobre ello por temor de que pensaran que era una persona extraña. Esa persona se sentirá animada al ver que otro cristiano lo considere un posible factor.

En todos estos intentos de reconocer la influencia demoníaca, debemos recordar que ningún don espiritual funciona perfectamente en esta era, ni tampoco tenemos un conocimiento completo del corazón de las personas. «Todos fallamos mucho», reconoce Santiago (Stg 3:2). Hay muchos casos en los que estamos de alguna forma inseguros de si la persona es de verdad cristiana o no, o si los motivos de la persona son sinceros o no. Hay también ocasiones cuando no sabemos con claridad en qué dirección nos está guiando Dios, o podemos estar inseguros de si lo correcto es hablar o permanecer en silencio acerca de ciertos asuntos. Por eso tampoco es raro que haya cierto grado de inseguridad en nuestra percepción de la presencia de la influencia demoníaca. Sin embargo, esto no quiere decir que debemos ignorar la posibilidad de la influencia demoníaca, y al ir creciendo en madurez y sensibilidad espiritual, y al ir ganando experiencia en la ministración de las necesidades de otros, nuestra capacidad para reconocer la influencia demoníaca en varias situaciones sin duda irá creciendo.

5. Jesús da a todos los creyentes autoridad para reprender a los demonios y ordenarles que salgan. Cuando Jesús envió a los doce discípulos a que fueran delante de él predicando el reino de Dios, «les dio poder y autoridad para expulsar a todos los demonios» (Lc 9:1). Después que los setenta hubieron predicado el reino

---

[23]Vea capítulo 52, pp. 1078-80, sobre el hecho que los dones espirituales pueden variar en fortaleza.

de Dios en pueblo y aldeas, regresaron con gozo diciendo: «Señor, *hasta los demonios se nos someten en tu nombre*» (Lc 10:17), y Jesús les respondió: «Sí, les he dado autoridad a ustedes ... para vencer todo el poder del enemigo» (Lc 10:19). Cuando Felipe, el evangelista, marchó a Samaria para predicar el evangelio de Cristo, «de muchos endemoniados los espíritus malignos salían dando alaridos» (Hch 8:7), y Pablo empleó autoridad espiritual sobre los demonios para decirle a un espíritu de adivinación que estaba en una joven que adivinaba: «¡En el nombre de Jesucristo, te ordeno que salgas de ella!» (Hch 16:18).

Pablo estaba consciente de la autoridad espiritual que tenía, tanto en estos encuentros cara a cara como el que vemos en Hechos 16, como también en su vida de oración. Él dijo: «Aunque vivimos en el mundo, no libramos batallas como lo hace el mundo. Las armas con que luchamos no son del mundo, sino que tienen el poder divino para derribar fortalezas» (2 Co 10:3-4). Además, habló ampliamente de las luchas que tienen los cristianos «para hacer frente a las artimañas del diablo» en su descripción de los conflictos «contra fuerzas espirituales malignas en las regiones celestiales» (vea Ef 6:10-18). Santiago dice a todos sus lectores (en muchas iglesias): «resistan al diablo, y él huirá de ustedes» (Stg 4:7). Del mismo modo, Pedro dice a sus lectores en muchas iglesias de Asia Menor: «Su enemigo el diablo ronda como león rugiente, buscando a quién devorar. Resístanlo, manteniéndose firmes en la fe» (1 P 5:8-9).[24]

Algunos pueden objetar que Judas 9 enseña que los cristianos no debieran mandar ni reprender a los espíritus malignos. Dice: «Ni siquiera el arcángel Miguel, cuando argumentaba con el diablo disputándole el cuerpo de Moisés, se atrevió a pronunciar contra él un juicio de maldición, sino que dijo: "¡Que el Señor te reprenda!"»

Sin embargo, en el contexto Judas no está hablando acerca de cristianos en sus encuentros con fuerzas demoníacas, sino señalando el error de falsos maestros inmorales y rebeldes que «desprecian la autoridad» en general «y maldicen a los seres celestiales» (v. 8). Basados en su propia autoridad, dicen neciamente palabras blasfemas en contra de los seres celestiales, ya sean angélicos o demoníacos. La referencia a Miguel es solo para mostrar que la criatura angelical más superior, por poderosa que sea, no se atreve a ir más allá de los límites de la autoridad que Dios le ha dado. Los maestros falsos, sin embargo, se han pasado con mucho de sus límites, y muestran su necedad cuando «maldicen todo lo que no entienden» (v. 10). La lección de este versículo es sencilla: «¡No trate de ir más allá de la autoridad que Dios le ha dado!» Cuando vemos Judas 9 de esta manera, la única pregunta que surge de este versículo para el cristiano es: «¿Qué autoridad nos ha dado Dios sobre las fuerzas demoníacas?» Y el resto del Nuevo Testamento nos habla claramente sobre eso en varios lugares. No solo Jesús, y no solo sus doce discípulos, sino también los setenta discípulos, Pablo y Felipe (que no era un apóstol) recibieron esta autoridad sobre los demonios de parte del Señor Jesucristo (vea los versículos arriba). Judas 9, por tanto, no puede significar que sea erróneo que los seres humanos

---

[24]Por supuesto, nuestro mejor ejemplo para lidiar con los poderes demoníacos al hablar directamente con ellos y mandarles que salgan de la personas es el ejemplo del mismo Cristo, a quien encontramos en los evangelios haciéndolo con frecuencia, y mediante su ejemplo y palabra les enseñó a sus discípulos a que le imitaran.

reprendan o den órdenes a los demonios, ni que sea erróneo que cualquiera excepto los apóstoles lo haga. De hecho, tanto Pedro como Santiago animan a los cristianos a «resistir» al diablo, y Pablo anima a los creyentes en general a que se vistan con la armadura espiritual y se preparen para la guerra espiritual.

Antes de examinar en detalle cómo funciona en la práctica la autoridad espiritual, es importante que reconozcamos primero que la obra de Cristo en la cruz es la base suprema de nuestra autoridad sobre los demonios.[25] Aunque Cristo ganó una victoria sobre Satanás en el desierto, las epístolas del Nuevo Testamento apuntan a la cruz como el momento en el que Satanás quedó derrotado definitivamente. Jesús se vistió de carne y hueso para «anular, mediante la muerte, al que tiene el dominio de la muerte —es decir, al diablo» (He 2:14). En la cruz Dios «desarmó a los poderes y a las potestades, y por medio de Cristo los humilló en público al exhibirlos en su desfile triunfal» (Col 2:15). Por tanto, Satanás odia la cruz de Cristo, porque allí fue derrotado decisivamente para siempre. Debido a que la sangre de Cristo habla claramente de su muerte, leemos en Apocalipsis de los que vencen a Satanás mediante la sangre de Cristo durante su conflicto en este mundo: «Ellos lo han vencido por medio de la sangre del Cordero y por el mensaje del cual dieron testimonio» (Ap 12:11). Debido a la muerte de Cristo en la cruz, nuestros pecados están completamente perdonados, y Satanás ya no tiene ningún derecho de autoridad sobre nosotros.

Segundo, nuestra membresía como hijos en la familia de Dios es la posición espiritual firme desde la que participamos en la guerra espiritual. Pablo dice a todos los cristianos: «Todos ustedes son hijos de Dios mediante la fe en Cristo Jesús» (Gá 3:26). Cuando Satanás viene para atacarnos, está atacando a uno de los hijos de Dios, a un miembro de la familia de Dios: Esta verdad nos da autoridad para entrar en guerra con éxito en contra de él y derrotarlo.[26]

Si nosotros como creyentes encontramos que es apropiado decir una palabra de represión a un demonio, es importante que recordemos que no tenemos que temer a los demonios. Aunque Satanás y los demonios tienen mucho menos poder que el poder del Espíritu Santo que mora dentro de nosotros, una de las tácticas de Satanás es intentar meternos miedo. En vez de ceder a ese temor, los cristianos debieran recordarse a sí mismos las verdades de las Escrituras, las cuales nos dicen: «Ustedes, queridos hijos, son de Dios y han vencido a esos falsos profetas, *porque el que está en ustedes es más poderoso que el que está en el mundo*» (1 Jn 4:4), y «Dios no nos ha dado un espíritu de timidez, sino de poder, de amor y de dominio propio» (2 Ti 1:7). Lo que Pablo dice acerca de los filipenses sobre sus relaciones con los oponentes humanos se puede también aplicar cuando enfrentamos oposición demoníaca al evangelio, Pablo les dice que permanezcan firmes sin «temor alguno a sus adversarios, lo cual es para ellos señal de destrucción. Para ustedes, en cambio, es señal de salvación, y esto proviene de Dios» (Fil 1:28). Les dice también a los efesios que en su guerra espiritual deben usar el «escudo de la fe, con el cual pueden apagar todas las flechas encendidas del maligno» (Ef 6:16). Esto es muy importante, puesto

---

[25]En este párrafo y en el siguiente sobre la adopción estoy en deuda con el buen trabajo de Timothy M. Warner, *Spiritual Warfare* (Crossway, Wheaton, Ill., 1991), pp. 53-63.

[26]Vea capítulo 37, pp. 773-82, sobre la adopción.

que lo opuesto al temor es la fe en Dios. También les dice que sean valientes en su conflicto espiritual, de modo que, habiéndose puesto toda la armadura de Dios, «cuando llegue el día malo puedan resistir hasta el fin con firmeza» (Ef 6:13). En sus conflictos con fuerzas espirituales hostiles, los lectores de Pablo no tenían que huir en retirada o acobardados por el temor, sino que debían permanecer firmes con osadía, sabiendo que sus armas y su armadura «tienen el poder divino para derribar fortalezas» (2 Co 10:4; cf. 1 Jn 5:18).

Podemos preguntar, sin embargo, ¿por qué quiere Dios que los cristianos hablen directamente al demonio que está perturbando a alguien en vez de solo orar y pedirle a Dios que aleje a ese demonio de ellos? En cierto sentido, esto es similar a preguntarles por qué los cristianos tienen que hablar del evangelio a otras personas en vez de simplemente orar y pedirle a Dios que revele el evangelio directamente a esa persona. ¿O por qué tenemos nosotros que decirle palabras de ánimo a un cristiano que está desalentado en vez de solo orar y pedirle a Dios que anime directamente a esa persona? ¿Por qué tenemos que decirle una palabra de represión o de amable amonestación a un cristiano que está involucrado en alguna clase de pecado, en vez de solo pedirle a Dios en oración que intervenga para corregir el pecado en la vida de esa persona? La respuesta a todas estas preguntas es que en el mundo que Dios ha creado, nos ha dado un papel muy *activo* en llevar a cabo sus planes, especialmente sus planes para el avance del reino y la edificación de su iglesia. En todos estos casos, nuestra *participación directa y actividad* es importante además de nuestras oraciones. Y así parece ser también en todos nuestros tratos con las fuerzas demoníacas. A semejanza de un padre sabio que no arregla todas las diferencias que tengan sus hijos, sino que a veces los envía al campo de juego para que los arreglen por sí mismos, también nuestro Padre celestial nos anima a que entremos directamente en el conflicto con las fuerzas demoníacas en el nombre de Cristo y el poder del Espíritu Santo. De ese modo él nos capacita a que obtengamos el gozo de participar en un ministerio de significado eterno y el gozo de triunfar sobre el poder destructivo de Satanás y sus demonios en la vida de las personas. No es que Dios no pueda lidiar con los ataques demoníacos cada vez que nosotros oramos y le pedimos que lo haga, porque ciertamente podría hacerlo y sin duda algunas veces lo hace. Pero la pauta del Nuevo Testamento parece ser que Dios espera por lo común que los cristianos hablen por sí mismos directamente a los espíritus inmundos.

En la práctica, esta autoridad para reprender demonios puede resultar en darle brevemente una orden a un espíritu maligno que se vaya cuando sospechamos la presencia de una influencia demoníaca en nuestra vida personal o en la vida de los que nos rodean.[27] Tenemos que «resistir al diablo» (Stg 4:7), y él huirá de nosotros.[28] A veces una orden breve en el nombre de Jesús será suficiente. En otras ocasiones

---

[27]Debido a que las Escrituras no nos dan ninguna indicación de que los demonios pueden conocer nuestros pensamientos (vea antes, pp. 433-34), la orden debiera darse de una forma audible.

[28]Por ejemplo, si nosotros o uno de nuestros hijos se despierta con un sueño que asusta, además de orar a Jesús por consuelo y protección, podríamos también decir: «En el nombre de Jesús, ordeno a cualquier espíritu malo que está causando esta pesadilla, que se marche». A los niños se les puede enseñar a decir desde una edad temprana: «¡En el nombre de Jesús, vete!» a cualquier imagen de brujas, duendes, etc. Que puedan aparecer en sus sueños o imágenes mentales que los perturben de noche, y luego orar a Jesús pidiendo protección y sueños felices

será de ayuda citar las Escrituras en el proceso de mandar al espíritu maligno que salga de una situación. Pablo habla de la «espada del Espíritu, que es la palabra de Dios» (Ef 6:17).[29] Y Jesús, cuando fue tentado por Satanás en el desierto, citó repetidas veces las Escrituras en respuesta a las tentaciones de Satanás (Mt 4:1-11). Las Escrituras apropiadas pueden incluir declaraciones generales de triunfo de Jesús sobre Satanás (Mt 12:28-29; Lc 10:17-19; 2 Co 10:3-4; Col 2:15; He 2:14; Stg 4:7; 1 P 5:8-9; 1 Jn 3:8; 4:4; 5:18),[30] pero también versículos que hablan directamente a una tentación en particular o a una dificultad en ese momento.

En nuestra vida personal nos podemos encontrar con emociones pecaminosas que nos invaden fuertemente la mente y corazones (ya sean emociones de temores irracionales, enojo, odio, amargura, lujuria, codicia, etc.), además de orar y de pedirle a Jesús que nos ayude a vencerlas, sería también apropiado decir algo así: «¡Espíritu de temor, te mando en el nombre de Jesús que te marches ahora mismo y no regreses!» Aunque puede que estemos inseguros de si hay un factor demoníaco en esa situación particular, e incluso cuando la presencia de un demonio puede ser solo uno de los factores que contribuyen a esa situación, tales palabras de represión serán en ocasiones muy eficaces. Aunque no tenemos en el Nuevo Testamento un registro completo de la vida de oración del apóstol Pablo, este dice abiertamente que «nuestra lucha no es contra seres humanos... sino contra fuerzas espirituales malignas en las regiones celestiales» (Ef 6:12) y «no libramos batallas como lo hace el mundo» (2 Co 10:3). Es razonable pensar que su propia y amplia vida de oración incluía esta clase de represiones verbales de las fuerzas demoníacas como un aspecto de su guerra espiritual.

Además, nuestra lucha «contra fuerzas espirituales malignas» puede significar que en nuestro tiempo privado de oración intercesora por otros incluiremos un elemento de represión verbal dirigido a las fuerzas demoníacas que pueden ser un componente en las situaciones por las que estamos orando. (Esta clase de guerra espiritual no la haríamos en la presencia de la persona por la que estamos preocupados, quien en muchos casos estaría confundida o asustada innecesariamente.) Por ejemplo, los padres pueden incluir correctamente unas breves palabras de represión a un espíritu de rebelión en un hijo, o de pereza en otro, o de enojo en otro, además de orar que el Señor le dé la victoria en esas cosas, además de enseñar y disciplinar a sus hijos.[31]

---

acerca de Él. Esas acciones por los pequeños que confían en Jesús suele tener con frecuencia efectos notables, porque su fe en Jesús es muy sencilla y genuina (vea Mr 18:1-4).

[29]El término griego que traducimos aquí como «palabra» es *rhema*, que generalmente se refiere a una palabra dicha (ya sea por Dios u otros). Se usa a veces para hablar de las palabras de las Escrituras cuando son dichas por Dios o por otras personas que citan las Escrituras (Mt 4:4; Jn 15:7; 17:8; Ro 10:17; He 6:5; 1 P 1:25 (dos veces), y ese es el sentido con el que Pablo la usa en Efesios 6:17: Al hablar nosotros las palabras de las Escrituras, éstas van acompañadas de la obra del Espíritu Santo y tienen el poder de una espada espiritual.

[30]Sería bueno que los cristianos memorizaran estos versículos tal como aparecen mencionados en la lista con el fin de que puedan recitarlos de memoria cuando se vean involucrados en la guerra espiritual.

[31]Puesto que las Escrituras no nos dan indicación de que los demonios puedan leer nuestras mentes, tales represiones en contra de los demonios convendría probablemente que se digan en forma audible, aunque se haga suavemente. Por el contrario, Dios conoce nuestros pensamientos, y la oración a Él puede estar solo en nuestra mente, sin necesidad de decirla en voz alta.

6. El uso apropiado de la autoridad espiritual del cristiano en el ministerio a otras personas. Cuando pasamos de la consideración de guerra espiritual privada en nuestras propias vidas personales y quizá en la vida de miembros cercanos de la familia, nos movemos a la cuestión de ministerio personal directo hacia otros que están bajo ataque espiritual. Por ejemplo, podemos estar a veces involucrados en consejería u oración con otra persona cuando sospechamos que la actividad demoníaca es un factor en su caso. En estos casos, algunas otras consideraciones deben tenerse en mente.

Primera, es importante no asustar a las personas hablando con mucha palabrería sobre algo que puede ser familiar para nosotros, pero bastante extraño y algo atemorizante para otros. El Espíritu Santo es un Espíritu de bondad y paz (vea 1 Co 14:33). Por esta causa, es con frecuencia una muestra de consideración hacerle preguntas a la persona que tratamos de ayudar. Podemos preguntar: «¿Piensa usted que un espíritu maligno le puede estar atacando en esta situación?» o «¿Le molestaría si yo dijera una palabra de represión a un espíritu maligno que puede ser un factor en esto?» Es también importante asegurarle a la persona que si hay un factor demoníaco envuelto en el asunto, no debiera pensarse que eso es reflejo negativo de la condición espiritual de la persona, sino solo puede indicar que Satanás puede estar tratando de atacar a esa persona a fin de evitar que sirva con eficacia al Señor. Cada cristiano es un soldado del ejército espiritual del Señor y, por tanto, está sujeto a los ataques de las fuerzas del enemigo.

Si la persona da permiso para ello, una orden breve debiera darse en voz alta, diciéndole al espíritu maligno que se vaya.[32] Puesto que la persona bajo ataque tendrá a menudo un cierto sentido de una presencia demoníaca, sería apropiado, después de ordenar al espíritu maligno que se marche, preguntarle si sintió algo diferente cuando se pronunciaron aquellas palabras. Si de verdad había una influencia demoníaca en la situación, la persona puede experimentar de inmediato alivio o libertad, con frecuencia acompañado de gozo y paz.

Nada de esto tiene que ser un procedimiento cargado de dramatismo ni muy emocional. Algunas experiencias contemporáneas hablan de largas y tremendas batallas en las que el consejero cristiano discute con el demonio y le grita repetidas veces durante varias horas. Pero no hay ninguna indicación en el Nuevo Testamento de que los demonios sean sordos, ni tampoco hay ejemplos de períodos de largos conflictos para conseguir que el demonio salga de la persona. Jesús «con una sola palabra expulsó a los espíritus» (Mt 8:16), aun cuando en un caso (el del endemoniado gadareno) el espíritu maligno mostró al principio algo de resistencia (vea Mr 5:8; Lc 8:29). Jesús entonces le preguntó por su nombre y expulsó muchos demonios de una vez (Mr 5:9-13; Lc 8:30-33). El poder de expulsar a los demonios no viene de nuestra propia capacidad o de la fuerza de nuestra propia voz, sino del Espíritu Santo (Mt 12:28; Lc 11:20). De modo que un tono de voz tranquilo, seguro y autoritativo debiera ser suficiente.

---

[32]El verbo *exorcizar* significa «echar fuera (un espíritu maligno) mediante una fórmula mágica o palabras de orden». El «exorcismo» se define como la acción de expulsar de esta manera a los espíritus malos. Estas palabras no aparecen en la Biblia (aunque en Hechos 19:13 se menciona a unos exorcistas judíos). Debido a que estos términos se han usado en contextos tanto paganos como cristianos a lo largo de la historia, hay espacio para que los cristianos difieran sobre si es sabio usarlos hoy para referirse a prácticas cristianas.

Segundo, para evitar ser arrastrado a una larga conversación o batalla con el demonio mismo, el consejero cristiano debiera enfocarse no en el demonio sino en la persona que está ministrando y en las verdades de la Biblia que necesitan ser afirmadas y creídas. El «cinturón de la verdad» (Ef 6:14) es parte de la armadura que nos protege de Satanás, como lo es la «espada del Espíritu, que es la palabra de Dios» (Ef 6:17). Si la persona a la que estamos ministrando se enfoca en la verdad de las Escrituras y las cree, y renuncia al pecado y de esa manera se protege con la «coraza de justicia» (Ef 6:14), el espíritu maligno no tendría ninguna base ni apoyo en la vida de esa persona. Si el demonio rehúsa salir a pesar de la orden que se le ha dado en el nombre de Jesús, puede ser mejor esperar hasta otro momento después de más tiempo de oración y de preparación espiritual personal de la persona a la que se está ministrando y de la persona que está ministrando (Mt 17:19-20; Mr 9:29; vea las reflexiones más adelante).[33]

Tercero, es importante que los cristianos no se conviertan en personas excesivamente curiosas en estas cuestiones de conflictos demoníacos. Aunque es un ministerio en el que el Señor da a todos los cristianos autoridad para participar, las Escrituras, no obstante, nos dicen que seamos niños en cuanto a la malicia, pero adultos en nuestro modo de pensar» (1 Co 14:20). Es decir, que no quedemos excesivamente fascinados con asuntos de demonios ni intentemos convertirnos en «expertos» en alguna clase de demonio para satisfacer nuestra curiosidad.[34]

Cuarto, si la persona a la que estamos ministrando no es cristiana, es importante que la instemos a aceptar a Cristo como Salvador y Señor inmediatamente después de la expulsión del demonio. De otro modo su situación puede llegar a ser peor después.

> Cuando un espíritu maligno sale de una persona, va por lugares áridos, buscando descanso sin encontrarlo. Entonces dice: «Volveré a la casa de donde salí». Cuando llega, la encuentra desocupada, barrida y arreglada. Luego va y trae a otros siete espíritus más malvados que él, y entran a vivir allí. Así que el estado postrero de aquella persona resulta peor que el primero. Así le pasará también a esta generación malvada (Mt 12:43-45).

Quinto, la eficacia en casos difíciles de influencia demoníaca puede estar relacionada con nuestra propia condición espiritual. Cuando Jesús expulsó un demonio de un muchacho epiléptico, «y éste quedó sano desde aquel momento», los discípulos acudieron a Jesús para preguntarle en privado: «¿Por qué nosotros no pudimos expulsarlo?» (Mt 17:18-19). Jesús les respondió: «Porque ustedes tienen tan poca fe» (Mt 17:20). El Evangelio de Marcos nos informa que Jesús también les dijo a los discípulos: «Esta clase de demonios solo puede ser expulsada a fuerza de oración» (Mr 9:29). Los discípulos aparentemente estaban débiles en su fe en ese

---

[33]Con frecuencia resulta muy sabio, en los casos difíciles, tener la ayuda de alguien con más madurez y experiencia en esta área.

[34]Los cristianos no debieran, por tanto, estar preocupados con asuntos relacionados con el ocultismo o el movimiento de la Nueva Era. Debiéramos dedicarnos a pensar en cosas que son «respetables... en todo lo que sea excelente o merezca elogio» (Fil 4:8).

tiempo; no habían pasado mucho tiempo en oración en los últimos días y no estaban caminando plenamente en el poder del Espíritu Santo.[35]

Jesús advirtió claramente que no debiéramos regocijarnos demasiado ni enorgullecernos de nuestro poder sobre los demonios, sino que debiéramos regocijarnos en nuestra gran salvación. Debemos tener esto bien en cuenta para no volvernos orgullosos y que el Espíritu Santo retire su poder de nosotros. Cuando los setenta regresaron con gozo diciendo: «Señor, hasta los demonios se nos someten en tu nombre» (Lc 10:17), Jesús les respondió: «No se alegren de que puedan someter a los espíritus, sino alégrense de que sus nombres están escritos en el cielo» (Lc 10:20).[36]

7. Debemos esperar que el evangelio triunfe con poder sobre las obras del diablo. Cuando Jesús apareció en Galilea predicando el evangelio, «de muchas personas salían demonios» (Lc 4:41). Cuando Felipe fue a Samaria a predicar el evangelio, «de muchos endemoniados los espíritus malignos salían dando alaridos» (Hch 8:7). Jesús comisionó a Pablo para que predicara entre los gentiles «para que les abras los ojos y se conviertan de las tinieblas a la luz, y del poder de Satanás a Dios, a fin de que, por la fe en mí, reciban el perdón de los pecados y la herencia entre los santificados» (Hch 26:18). La proclamación que Pablo hizo del evangelio no fue «con palabras sabias y elocuentes, sino con demostración del poder del Espíritu, para que la fe de ustedes no dependiera de la sabiduría humana sino del poder de Dios» (1 Co 2:4-5; cf. 2 Co 10:3-4). Si de verdad creemos en el testimonio bíblico de la existencia y actividad de los demonios, y si de verdad creemos que «el Hijo de Dios fue enviado precisamente *para destruir las obras del diablo*» (1 Jn 3:8), parecería que es apropiado esperar que aun hoy cuando el evangelio es proclamado a los incrédulos, y cuando los creyentes oran aunque quizá no hayan estado conscientes de esta dimensión espiritual del conflicto, haya un reconocimiento genuino y con frecuencia inmediato del triunfo sobre los poderes del enemigo. Debiéramos esperar que esto suceda, pensar en ello como una parte normal de la obra de Cristo en la edificación de su reino, y regocijarnos en la victoria de Cristo sobre ello.

PREGUNTAS DE APLICACIÓN PERSONAL

1. Antes de leer este capítulo, ¿pensaba usted que la mayor parte de la actividad demoníaca estaba confinada al tiempo del Nuevo Testamento o a otras culturas más bien que en la nuestra? Después de leer este capítulo, ¿hay partes en su sociedad donde usted piensa que podría haber hoy alguna forma de influencia demoníaca? ¿Siente usted algún temor ante la posibilidad de

---

[35]Cuando Jesús dijo: «Esta clase de demonios solo puede ser expulsada a fuerza de oración» (Mr 9:29), no parece que quisiera decir que era necesario orar por un largo período de tiempo acerca de aquella situación específica antes de que se pudiera expulsar el demonio, porque Él mismo no oró para nada sino que dijo la palabra y expulsó al demonio de una vez. Más bien parece que estaba diciendo que una vida de oración continua y de permanecer en la voluntad de Dios resultará en una preparación espiritual y en una posesión de poder espiritual por medio de la unción del Espíritu Santo que será eficaz en un conflicto de fuertes ataques o influencia demoníaca.

[36]Jesús no quiere decir que sea malo regocijarse cuando el enemigo es expulsado y las personas quedan libres, porque esa es ciertamente una buena razón para regocijarse. Él más bien estaba haciendo un contraste relativo en términos absolutos al decirles a los discípulos que la grandeza de su salvación es en lo primero en que debieran regocijarse.

encontrarse con actividad demoníaca en su propia vida o en la vida de aquellos que le rodean? ¿Qué dice la Biblia que lidiará específicamente con ese sentimiento de temor? ¿Cree usted que el Señor quiere que usted sienta ese temor, si es que lo siente?

2. ¿Hay alguna área de pecado en su propia vida que podría dar pie a alguna actividad demoníaca? Si es así, ¿qué es lo que el Señor quiere que usted haga en relación con ese pecado?

3. ¿Ha habido casos en los que usted ha tenido victoria sobre las fuerzas demoníacas al hablarles en el nombre de Jesús? ¿De qué manera puede ayudarle el material de este capítulo a ser más eficaz en esta clase de conflicto espiritual? ¿Cuáles son los peligros de llegar a estar demasiado interesado o demasiado involucrado en esta clase de ministerio? ¿Cómo puede protegerse en contra del excesivo énfasis? ¿Cuál piensa usted que fue el procedimiento de Pablo cuando él iba de ciudad en ciudad predicando el evangelio donde nunca antes lo habían escuchado y donde había adoración de demonios? ¿Cómo podría la iglesia hoy beneficiarse del ejemplo de Pablo?

TÉRMINOS ESPECIALES

endemoniado   posesión demoníaca
demonios   distinguir o discernir entre espíritus
exorcismo   Satanás

BIBLIOGRAFÍA

(Para una explicación de esta bibliografía vea la nota sobre la bibliografía en el capítulo 1, p. 40. Datos bibliográficos completos se pueden encontrar en las páginas 1298-1307.)

En la sección de «Otras obras» de la bibliografía de este capítulo he incluido algunas obras escritas desde la perspectiva no evangélica debido a su importancia para investigar la información histórica relevante a la cuestión del canon.

Secciones en Teologías Sistemáticas Evangélicas

1. Anglicana (episcopal)
     1882–92   Litton, 129-36
2. Arminiana (wesleyana o metodista)
     1892-94   Miley, 1:539-40; 2:497-504
     1940   Wiley, 1:476-77
     1983   Carter, 2:1069-97
3. Bautista
     1767   Gill, 1:435-440
     1887   Boyce, 181-89
     1907   Strong, 450-64
     1917   Mullins, 279-80
     1976–83   Henry, 6:229-50
     1983-85   Erickson, 445-51
     1987–94   Lewis/Demarest, 2:257-63

4. Dispensacional
   - 1947   Chafer, 2:33-124
   - 1949   Thiessen, 133-50
   - 1986   Ryrie, 135-68
5. Luterana
   - 1917–24   Pieper, 1:504-14
   - 1934   Mueller, 202-4
6. Reformada (o presbiteriana)
   - 1559   Calvin, 1:172-79 (1.14.13-19)
   - 1724-58   Edwards, 2:607-12
   - 1861   Heppe, 201-19
   - 1871–73   Hodge, 1:643-48
   - 1938   Berkhof, 148-49

Secciones en Teologías Sistemáticas Católicas Romanas Representativas

1. Católica Romana: Tradicional
   - 1955   Ott, 119-24
2. Católica Romana: Post-Vaticano II
   - 1980   McBrien, 1:329; 2:1105, 1153-54

Otras obras

Anderson, Neil. *The Bondage Breaker*. Harvest House, Eugene, Or., 1990.

_____. *Victory Over the Darkness*.Regal, Ventura, Calif., 1990.

Dickason, C. Fred. *Angels, Elect and Evil*. Moody, Chicago, 1975.

_____. *Demon Possession and the Christian: A New Perspective*. Crossway, Westchester, Ill., 1991.

Green, Michael. *I Believe in Satan's Downfall*. Eerdmans, Grand Rapids, 1981.

Lewis, C. S. *The Screwtape Letters*. Macmillan, New York, 1961.

MacMillan, John A. *The Authority of the Believer: A Compilation of "The Authority of the Believer" and "The Authority of the Intercessor"*. Christian Publications, Harrisburg, Pa., 1980.

McClelland, S. E., «Demon, Demon Possession». En *EDT*, pp. 306-8.

Mallone, George. *Arming for Spiritual Warfare*. InterVarsity Press, Downers Grove, Ill., 1991.

Penn-Lewis, Jessie, con Evans Roberts. *War on the Saints*. Edición completa. Thomas E. Lowe, New York, 1973.

Pentecost, Dwight. *The Adversary, the Devil*. Zondervan, Grand Rapids, 1969.

Twelftree, G. H., «Devil and Demons». En *NDT*, pp. 196-98.

Unger, M. F., «Satan», en *EDT*, pp. 972-73.

_____. *Demons in the World Today: A Study of Occultism in the Light of God's Word*. Tyndale, Wheaton, Ill., 1971

Warner, Timothy M. *Spiritual Warfare: Victory Over the Powers of This Dark World*. Crossway, Wheaton, Ill., 1991.

Wright, Nigel. *The Satan Syndrome: Putting the Power of Darkness In Its Place*. Zondervan, Grand Rapids, 1990.

PASAJE BÍBLICO PARA MEMORIZAR

Santiago 4:7-8: *Sométanse a Dios. Resistan al diablo, y él huirá de ustedes. Acérquense a Dios, y él se acercará a ustedes. ¡Pecadores, límpiense las manos! ¡Ustedes los inconstantes, purifiquen su corazón!*

HIMNO

«¡Ven Tú, Oh Rey Eterno!»

¡Ven Tú, Oh Rey eterno! La marcha suena ya,
Al campo de combate Tú nos conducirás;
Tras preparación santa nos fortalecerás,
Y con el Rey Eterno el himno vibrará.

¡Ven Tú, Oh Rey eterno! El mal a combatir;
la santidad fulgure, haznos tu paz lucir;
Pues no con las espadas, ni con el lado vil,
Mas con amor y gloria tu reino ha de venir.

¡Ven tú, oh Rey eterno! Marchemos sin temor,
La dicha cual la aurora refleja tu candor;
Tu cruz altiva siempre protege al vencedor,
Y tu corona santa le ceñirás, Señor.

AUTOR: (TOMADO DE HIMNOS DE LA VIDA CRISTIANA #191)

Tercera parte

La doctrina del hombre

Capítulo 21

La creación del hombre

¿Por qué nos creó Dios?
¿Cómo nos hizo a su propia semejanza?
¿Cómo podemos agradarle en nuestra vida diaria?

EXPLICACIÓN Y BASES BÍBLICAS

En los capítulos anteriores hemos considerado la naturaleza de Dios y su creación del universo, los seres espirituales que él creó, y sus relaciones con el mundo en términos de hacer milagros y responder a las oraciones. En esta sección, nos vamos a enfocar en el pináculo de la actividad creativa de Dios, su creación de los seres humanos, tanto varón como mujer, para que fueran más semejantes a él que ninguna otra criatura que él había creado. Consideraremos primero el propósito de Dios al crear al hombre y la naturaleza del hombre como Dios le creó para que fuera (capítulos 21-23). Entonces examinaremos la naturaleza del pecado y la desobediencia del hombre (capítulo 24). Por último, examinaremos la iniciación del plan de Dios para la salvación del hombre y reflexionaremos sobre las relaciones del hombre con Dios en los pactos que él ha establecido (capítulo 25).

A. El uso de la palabra *hombre* para referirnos a la raza humana

Antes de meternos a considerar el tema de este capítulo, es necesario que consideremos brevemente si es apropiado usar la palabra *hombre* para referirnos a toda la raza humana (como aparece en el título de este capítulo). Algunas personas hoy objetan el uso de la palabra «hombre» para referirnos a la raza humana en general (incluyendo tanto a los hombres como a las mujeres), porque se afirma que ese uso es insensible hacia las mujeres. Los que presentan estas objeciones preferirían que usáramos solo expresiones neutrales tales como «humanidad», «género humano», «seres humanos» o «personas» para referirnos a la raza humana.

Después de considerar esta sugerencia, decidí continuar con el empleo de la palabra «hombre» (así como también con varios otros de estos términos) para referirme a la raza humana en este libro porque ese uso tiene justificación divina en Génesis 5, y porque pienso que está en juego una cuestión teológica. En Génesis 5:1-2 leemos: «El día que creó Dios al hombre, a semejanza de Dios los hizo. Varón y hembra los creó; y los bendijo, y llamó el nombre de ellos Adán, el día en que fueron creados» (RVR 1960, cf. Gn 1:27). El término hebreo que traducimos «hombre» es *adam*, que es el mismo que se usa para hablar de Adán, y el mismo término que se emplea a veces para referirse al hombre a fin de distinguirlo de la mujer (Gn 2:22, 25; 3:12; Ec 7:28). Por tanto, la práctica de usar el mismo término para referirse (1) a los seres humanos varones y (2) a la raza humana en general es una práctica que se originó con Dios mismo, y eso no debiéramos encontrarlo inaceptable ni insensible.

Alguien podría objetar que esto es un elemento accidental de la lengua hebrea, pero ese argumento no es convincente porque Génesis 5:2 describe específicamente la actividad de Dios de elegir un nombre que se aplicaría a toda la raza como un todo.

Yo *no* estoy argumentando aquí que debemos siempre duplicar las formas bíblicas de hablar, *ni* que sea equivocado usar a veces términos de género neutro para referirnos a toda la raza humana (como acabo yo de hacer en esta frase), sino más bien que la actividad de Dios de *poner nombre* en Génesis 5:2 indica que el uso de «hombre» para referirse a toda la raza es una elección buena y apropiada, y que no hay razón para evitarlo.[1]

La cuestión teológica es si hay alguna sugerencia de liderazgo varonil o de cabeza de familia desde el comienzo de la creación. El hecho de que Dios no eligiera llamar a la raza humana «mujer», sino «hombre», probablemente tiene algún significado para la comprensión del plan original de Dios para el hombre y la mujer.[2] Por supuesto, la cuestión del nombre que usamos para referirnos a la raza no es el único factor en esa consideración, pero es un factor, y nuestro uso del lenguaje en este sentido tiene algún significado en la reflexión de hoy sobre los papeles del hombre y la mujer.[3]

B. ¿Por qué creó Dios al hombre?

1. Dios no necesitaba crear al hombre, pero nos creó para su propia gloria. En las reflexiones sobre la independencia de Dios en el capítulo 11 (vea pp. 160-63), notamos varios pasajes de las Escrituras que enseñan que Dios no nos necesita a nosotros ni al resto de la creación para nada, no obstante, nosotros y el resto de la creación le glorificamos y le producimos gozo. Puesto que había amor y comunión perfectos entre los miembros de la Trinidad por toda la eternidad (Jn 17:2, 24), Dios no nos creó porque se sintiera solo ni porque necesitara compañerismo con otras personas. Dios no nos necesitaba a nosotros por ninguna razón.

No obstante, *Dios nos creó para su propia gloria.* En nuestro tratamiento de su independencia notamos que Dios habla de sus hijos e hijas de todas partes de la tierra como aquellos que él ha creado *para su gloria* (Is 43:7; cf. Ef 1:11-12). Por tanto, estamos llamados a hacer todo lo que hagamos «para la gloria de Dios» (1 Co 10:31).

---

[1]Sin embargo, la cuestión de si usar «hombre» para referirse a una persona indefinidamente, como en «Si alguien quiere ser mi discípulo, que se niegue a sí mismo, lleve su cruz cada día y me siga» (Lc 9:23) es una situación diferente, porque el nombre de la raza humana no está presente. En estos casos, la consideración hacia las mujeres así como hacia los hombres, y las pautas de lenguaje de hoy, haría muy apropiado usar un lenguaje de género neutro, como lo han hecho siempre las versiones de la Biblia en español. El autor se está refiriendo aquí más bien a una situación que se da más en inglés que es español.

[2]Vea el capítulo 22, p. 475; también Raymond C. Ortlund, Jr, «Male-Female Equality and Mael Headship: Génesis 1—3», en *Recovering Biblical Manhood and Womanhood: A Response to Evangelical Feminism*, ed. John Piper and Wayne Grudem (Crossway, 1991, Wheaton, Ill, p. 98).

[3]Esto es probablemente también reconocido por muchos que presentan las mayores objeciones al uso del término «hombre» para referirse a la raza humana (es decir, feministas que se oponen a que el hombre sea la única cabeza en la familia).

Este hecho garantiza que nuestra vida es significativa. Cuando nos damos cuenta que Dios no necesitaba crearnos y que no nos necesita para nada, podíamos concluir que nuestras vidas no son importantes para nada. Pero las Escrituras nos dicen que fuimos creados para glorificar a Dios, lo que indica que somos importantes para Dios mismo. Esta es la definición suprema de la auténtica importancia o significado de nuestra vida: Si somos de verdad importantes para Dios por toda la eternidad, ¿qué mayor importancia o significado podríamos querer?

2. ¿Cuál es nuestro propósito en la vida? El hecho de que Dios nos creó para su gloria determina la respuesta correcta a la pregunta: «¿Cuál es nuestro propósito en la vida?» Nuestro propósito debe ser cumplir la razón por la que Dios no creó: Glorificarle a él. Cuando hablamos con respecto a Dios mismo, ese es un buen resumen de nuestro propósito. Pero cuando pensamos en nuestros propios intereses, nos encontramos con el feliz descubrimiento de que estamos para gozar a Dios y deleitarnos en él y en nuestra relación con él. Jesús dice: «Yo he venido para que tengan vida, y la tengan en abundancia» (Jn 10:10). David le dice a Dios: «Me *llenarás* de alegría en tu presencia, y de dicha eterna a tu derecha» (Sal 16:11). Él anhela morar en la casa del Señor para siempre, «para contemplar la hermosura del Señor» (Sal 27:4). Y Asaf exclamó:

> ¿A quién tengo en el cielo sino a ti?
>   Si estoy contigo ya nada quiero en la tierra.
> Podrán desfallecer mi cuerpo y mi espíritu,
>   pero Dios fortalece mi corazón;
>   él es mi herencia eterna (Sal 73:25-26).

La plenitud del gozo se encuentra en el conocimiento de Dios y en deleitarse en la excelencia de su carácter. Estar en su presencia, gozar de su compañerismo, es una bendición más grande que cualquier cosa que podamos imaginar.

> ¡Cuán hermosas son tus moradas,
>   Señor Todopoderoso!
> Anhelo con el alma
>   los atrios del Señor…
> Con el corazón, con todo el cuerpo,
>   Canto alegre al Dios de la vida…
> Más vale pasar un día en tus atrios
>   que mil fuera de ellos (Sal 84:1-2, 10).

Por tanto, la actitud normal del cristiano es regocijarse en el Señor y en las lecciones de la vida que él nos da (Ro 5:2-3; Fil 4:4; 1 Ts 5:16-18; Stg 1:2; 1 P 1:6, 8; et al.).[4]

Al glorificar a Dios y gozarnos en él, las Escrituras nos dicen que él se goza en nosotros. Leemos: «Como un novio que se regocija por su novia, así tu Dios se

---

[4]La primera pregunta en el Catecismo de Westminster es «¿Cuál es el fin principal y más elevado del hombre?» La respuesta es: «El fin principal y más elevado del hombre es glorificar a Dios, y gozarle a Él para siempre».

regocijará por ti» (Is 62:5). Y Sofonías profetiza que el Señor «se deleitará en ti con gozo, te renovará con su amor, se alegrará por ti con cantos como en los días de fiesta» (Sof 3:17-18).

Este concepto de la doctrina de la creación del hombre tiene resultados muy prácticos. Cuando nos damos cuenta de que Dios nos ha creado para glorificarle, y cuando empezamos a actuar en formas que cumplen ese propósito, empezamos a experimentar una intensidad de gozo en el Señor que nunca antes habíamos conocido. Cuando le añadimos el concepto de que Dios mismo se regocija en nuestro compañerismo con él, nuestra alegría se convierte en «un gozo indescriptible y glorioso» (1 P 1:8).[5]

Alguien podría objetar que es erróneo que Dios busque gloria para sí mismo en la creación del hombre. Ciertamente es erróneo para los seres humanos buscar gloria para sí mismos, como vemos en el ejemplo impresionante de la muerte del rey Herodes Agripa I. Cuando este orgullosamente aceptó el clamor de la multitud: «¡Voz de un dios, no de hombre!» (Hch 12:22), «al instante un ángel del Señor lo hirió, porque no le había dado la gloria a Dios; y Herodes murió comido de gusanos» (Hch 12:23). Herodes murió porque le robó a Dios la gloria que solo él se merecía y Herodes no.

Pero cuando Dios toma la gloria para sí, ¿a quién se la está quitando? ¿Hay alguien que la merezca más de lo que se la merece él? ¡Ciertamente no! Él es el creador, él hizo todas las cosas, y se *merece* toda la gloria. Él es *digno* de recibir gloria. El *hombre* no debe buscar gloria para sí mismo, pero en este caso lo que está mal para el hombre está bien para Dios, porque él es el Creador. Es *bueno*, no malo, que él sea glorificado. Es más, si no recibiera gloria de parte de todas las criaturas en el universo, ¡eso sería horriblemente malo! Los veinticuatro ancianos alrededor del trono de Dios cantan continuamente:

> *Digno* eres, Señor y Dios nuestro,
> *de recibir la gloria* , la honra y el poder,
> porque tú creaste todas las cosas;
> por tu voluntad existen y fueron creadas. (Ap 4:11)

Pablo exclama: «Porque todas las cosas proceden de él, y existen por él y para él. ¡A él sea la gloria por siempre! Amén» (Ro 11:36). Cuando empezamos a apreciar la naturaleza de Dios como el Creador infinitamente perfecto que es digno de toda alabanza, nuestros corazones no descansan hasta que le damos gloria con todo nuestro «corazón ... alma ... mente ... y fuerzas» (Mr 12:30).

C. El hombre creado a la imagen de Dios

1. El significado de «imagen de Dios». De todas las criaturas que Dios hizo, solo una, el hombre, se dice que fue creado «a imagen de Dios».[6] ¿Qué significa esto?

---

[5]Vea W. Grudem, *1 Peter*, p. 66.

[6]La frase latina *imago Dei* significa «imagen de Dios» y aparece a veces empleada en diálogos teológicos en lugar de la frase en español «imagen de Dios». No la he usado en ninguna parte de este libro.

Podemos usar la siguiente definición: *El hecho que el hombre está formado a la imagen de Dios quiere decir que el hombre es como Dios y representa a Dios.*

Cuando Dios dice: «Hagamos al hombre a nuestra imagen, conforme a nuestra semejanza» (Gn 1:26), el sentido es que Dios planeaba hacer una criatura similar a él. La palabra hebrea que se traduce «imagen» (*tselem*) y la palabra hebrea que se traduce «semejanza» (demut) se refieren a algo que es *similar*, pero no idéntico a aquello que representa o de lo que es una «imagen». La palabra *imagen* también se puede usar para denotar algo que representa otra cosa.[7]

Los teólogos han pasado mucho tiempo intentando especificar una característica del hombre, o unas pocas, en las que la imagen de Dios se ve principalmente.[8] Algunos han pensado que la imagen de Dios consiste en la capacidad intelectual del hombre, otros en su capacidad de tomar decisiones morales y su libre albedrío. Otros han pensando que la imagen de Dios se refiere a la pureza moral original del hombre, o a su creación como hombre y mujer (vea Gn 1:27), o a su dominio sobre la tierra.

En este estudio sería mejor que enfoquemos nuestra atención primariamente en los significados de las palabras «imagen» y «semejanza». Como ya hemos visto, estos términos tenían significados claros para los lectores originales. Cuando nos damos cuenta de que las palabras hebreas que se traducen «imagen» o «semejanza» simplemente le informaban a los lectores originales que el hombre era *como* Dios, y que en muchas maneras *representaba* a Dios, mucha de la controversia sobre el significado de «imagen de Dios» parece ser una búsqueda de un sentido demasiado estrecho o demasiado específico. Cuando las Escrituras nos dicen que Dios dijo: «Hagamos al hombre a nuestra imagen, conforme a nuestra semejanza» (Gn 1:26, RVR 1960), significaría sencillamente a los lectores originales: «Hagamos al hombre *como nosotros somos* y para que nos *represente*».

Debido a que «imagen» y «semejanza» tienen estos significados, las Escrituras no necesitaban decir algo como:

---

[7]La palabra *imagen* (*tselem*) significa un objeto similar a otro y que a menudo lo representa. Se usa la palabra para hablar de estatuas o réplicas de tumores o ratas (1 S 6:5, 11), de pinturas de soldados en la pared (Ez 23:14), y de ídolos paganos o de estatuas que representan deidades. (Nm 33:42; 2 R 11:18; Ez 7:20; 16:17; et al.).

La palabra *semejanza* (demut) también se refiere a un objeto similar a otro, pero tiende a usarse más frecuentemente en contexto donde se enfatiza más una idea de similitud que la idea de representación o sustitución (de un dios, por ejemplo). A los modelos o dibujos del altar que el rey Acaz vio en Damasco se le llama «semejanza» (2 R 16:10), así como a las figuras de bueyes debajo del altar de bronce (2 Cr 4:3-4), y las figuras de capitanes babilonios pintadas en la pared (Ez 23:15). En el Sal 58:4 (He v. 5) se dice que el veneno de los impíos es «semejante» al veneno de una serpiente, y aquí la idea es que son muy similares en sus características, pero no se piensa en una representación real o sustitución.

Toda esta evidencia indica que las palabras españolas *imagen* y *semejanza* son equivalentes muy exactos de los términos hebreos que traducen.

[8]Encontramos un resumen breve de varios puntos de vista en D. J. A. Clines, «The Image of God in Man», *TB* (1968), pp. 54-61. Millard Ericsson, *Christian Theology*, pp. 498-510, también nos ofrece un resumen útil de tres perspectivas principales de la imagen de Dios en el hombre que se han sostenido a lo largo de la historia de la iglesia: (1) la perspectiva substantiva, que identifica alguna cualidad particular del hombre (tales como la razón o la espiritualidad) como que es la imagen de Dios en el hombre (Lutero, Calvino, muchos de los primeros autores cristianos); (2) la perspectiva relacional, que sostiene que la imagen de Dios tiene que ver con nuestras relaciones interpersonales (Emil Brunner; también Kart Barth, quien vio la imagen de Dios específicamente en nuestra creación como hombre y mujer); y (3) la perspectiva funcional, que sostiene que la imagen de Dios tiene que ver con la función que llevamos a cabo, por lo general nuestro ejercicio de dominio sobre la creación (un punto de vista sociniano que también lo sostienen algunos escritores modernos como Norman Snaith y Leonard Verduin).

El hecho de que el hombre esté creado en la imagen de Dios quiere decir que el hombre es como Dios en las siguientes formas: Habilidad intelectual, pureza moral, naturaleza espiritual, dominio sobre la tierra, creatividad, habilidad para tomar decisiones éticas e inmortalidad [o alguna otra declaración similar].

Una explicación así es innecesaria, no solo porque los términos tenían unos significados claros, sino también porque una lista así no podría hacer justicia al tema: El texto solo necesita afirmar que el hombre es *como* Dios, y el resto de las Escrituras nos aportan más detalles para explicarlo. De hecho, al leer nosotros el resto de las Escrituras, comprendemos que el entendimiento completo de la semejanza del hombre con Dios requeriría una comprensión completa de *quién es Dios* en su ser y en sus acciones y una comprensión completa de *quién es el hombre* y de lo que hace. Cuanto más conocemos a Dios y al hombre tantas más similitudes reconoceremos, y tanto mejor entenderemos lo que las Escrituras quieren decir cuando afirmann que el hombre está hecho a la imagen de Dios. Esa expresión se refiere a toda forma en la que el hombre es como Dios.

Este concepto de lo que significa que el hombre está creado a la imagen de Dios queda reforzado por la similitud entre Génesis 1:26, donde Dios declara su intención de crear al hombre a su imagen y semejanza, y Génesis 5:3: «Cuando Adán llegó a la edad de ciento treinta años, tuvo un hijo a su imagen [*tselem*] y semejanza [*demut*], y lo llamó Set». Set no era idéntico a Adán, pero era como él en muchas formas, como un hijo es como su padre. El texto simplemente significa que Set era como Adán. No especifica una serie de formas en que Set era como Adán, y sería demasiado restrictivo para nosotros afirmar que una u otra característica determinaba la manera en que Set era la imagen y semejanza de Adán. ¿Eran sus ojos castaños? ¿O su pelo ensortijado? ¿Sería quizá su aspecto fornido y atlético, o su disposición seria, o su fuerte temperamento? Por supuesto, tales especulaciones serían de poca ayuda. Es evidente que *toda* manera en la cual Set era como Adán era una parte de su semejanza con Adán y por tanto sería a la «imagen» de Adán. Del mismo modo, *toda* forma en que el hombre es como Dios es parte del hecho de ser a la imagen y semejanza de Dios.

2. La Caída: La imagen de Dios queda distorsionada, pero no se ha perdido. Podemos preguntarnos si todavía podíamos pensar que el hombre pudo seguir siendo *como Dios* después de haber pecado. La pregunta se responde bastante pronto en Génesis cuando Dios le da a Noé la autoridad de establecer la pena de muerte por el delito de matar a otros seres humanos después del diluvio: Dios dijo: «Si alguien derrama la sangre de un ser humano, otro ser humano derramará la suya, porque el ser humano *ha sido creado a la imagen de Dios mismo*» (Gn 9:6). Aunque los hombres son pecaminosos, hay todavía suficiente semejanza a Dios en ellos para que matar a otra persona («derramar sangre» es la expresión en el Antiguo Testamento que quiere decir destruir la vida humana) sea atacar la parte de la creación de Dios que más se asemeja a Dios, e indica un intento o deseo (si fuéramos capaces de ello) de atacar a Dios mismo.[9] El hombre todavía es a la imagen de Dios. El Nuevo Testamento nos lo confirma cuando Santiago 3:9 dice que las personas en general, no solo los creyentes, están «creadas a imagen de Dios».

Sin embargo, puesto que el hombre ha pecado, no es ya tan completamente como Dios como lo fue antes. Su pureza moral se ha perdido y su carácter pecaminoso no refleja para nada la santidad de Dios. Su intelecto está corrompido por la falsedad y el mal entendimiento; su forma de hablar no glorifica siempre a Dios; y sus relaciones están con frecuencia gobernadas por el egoísmo más que por el amor, y así sucesivamente. Aunque el hombre todavía conserva la imagen de Dios, en cada aspecto de la vida *algunas* partes de esa imagen han quedado distorsionadas o perdidas. En resumen, «Dios hizo al hombre recto, pero ellos buscaron muchas perversiones» (Ec 7:29, RVR 1960). Después de la Caída, entonces, todavía conservamos la imagen de Dios —todavía somos como Dios y lo representamos— pero la imagen de Dios en nosotros está distorsionada; ya no somos tan completamente como Dios como lo fuimos antes de que entrara el pecado.

Por tanto, es importante que entendamos el sentido pleno de imagen de Dios no solo partiendo de nuestra observación de los seres humanos como existen hoy, sino también desde las indicaciones bíblicas de la naturaleza de Adán y Eva cuando Dios los creó y cuando todo lo que había hecho «era muy bueno» (Gn 1:31). La verdadera naturaleza del hombre en la imagen de Dios también la pudimos ver en la vida terrenal de Cristo. La medida plena de la excelencia de nuestra humanidad no la veremos de nuevo en la vida en la tierra hasta que Cristo vuelva y hayamos obtenido todos los beneficios de la salvación que él ganó para nosotros.

3. La redención en Cristo: Una recuperación progresiva de más de la imagen de Dios. Sin embargo, es alentador volvernos al Nuevo Testamento y ver que nuestra redención en Cristo significa que podemos, incluso en esta vida, crecer progresivamente a una cada vez mayor semejanza a Dios. Por ejemplo, Pablo dice que como cristianos tenemos una «nueva naturaleza, que se va renovando en conocimiento a imagen de su Creador» (Col 3:10). A medida que obtenemos un conocimiento verdadero de Dios, de su Palabra y de su mundo, empezamos a pensar más y más los pensamientos que Dios mismo piensa. En esta manera nos vamos «renovando en conocimiento» y nos hacemos más a la semejanza de Dios en nuestro pensamiento. Esta es una descripción de un curso ordinario de la vida cristiana. De manera que Pablo también pudo decir: «Todos nosotros ... reflejamos como en un espejo la gloria del Señor, somos transformados a su semejanza [lit. «imagen», gr. *eikon*]» (2 Co 3:18).[10] A lo largo de esta vida, a medida que crecemos en madurez cristiana crecemos en una mayor semejanza con Dios. Más particularmente, crecemos en la semejanza a Cristo en nuestra vida y en nuestro carácter. De hecho, la meta para la cual Dios nos ha redimido es que podamos ser «transformados según la imagen de su Hijo» (Ro 8:29) y ser exactamente como Cristo en nuestro carácter.

---

[9]Para un análisis detallado de este pasaje, vea John Murray, *Principles of Conduct* (Eerdmans, Grand Rapids, 1957), pp. 109-13.

[10]En este versículo Pablo dice específicamente que somos seres transformados a la imagen de Cristo, pero luego cuatro versículos más tarde dice Cristo es la imagen de Dios (2 Co 4:4, ambos versículos usan *eikon*).

4. Al regreso de Cristo: Completa restauración de la imagen de Dios. La promesa asombrosa del Nuevo Testamento es que así como hemos sido semejantes a Adán (sujetos a la muerte y el pecado), seremos también semejantes a Cristo (moralmente puros, nunca más sujetos a la muerte): «Y así como hemos llevado la imagen de aquel hombre terrenal, llevaremos también la imagen del celestial» (1 Co 15:49).[11] La medida plena de nuestra creación a la imagen de Dios no se ve en la vida de Adán que pecó, ni tampoco en nuestra vida ahora, porque somos imperfectos. Pero el Nuevo Testamento hace hincapié en que el propósito de Dios al crear al hombre a su imagen quedó realizado completamente en la persona de Cristo Jesús. Él mismo «es la imagen de Dios» (2 Co 4:4); «él es la imagen del Dios invisible» (Col 1:15). En Jesús vemos la semejanza a Dios como era la intención que fuera, y debiera regocijarnos en el hecho de que Dios nos haya predestinado para «*ser transformados según la imagen de su Hijo*» (Ro 8:29; cf. 1 Co 15:49): «Sabemos, sin embargo, que cuando Cristo venga *seremos semejantes a él*» (1 Jn 3:2).

5. Aspectos específicos de nuestra semejanza con Dios. Aunque hemos razonado arriba que sería difícil definir todas las maneras en las cuales somos como Dios, podemos, no obstante, mencionar varios aspectos de nuestra existencia que muestran que somos más como Dios que todo el resto de la creación.[12]

a. Aspectos morales: (1) Somos criaturas que somos moralmente responsables ante Dios por nuestras acciones. Correspondiente con esa responsabilidad, tenemos (2) un sentido interno de lo que es bueno y es malo que nos distingue de los animales (que tienen muy poco, si es que alguno, de sentido innato de moralidad o justicia, sino que simplemente responden al temor del castigo o a la esperanza de la recompensa). Cuando actuamos conforme a las normas de Dios, nuestra semejanza a Dios se refleja en (3) un comportamiento que es santo y justo delante de él, pero, por contraste, nuestra *des*emejanza con Dios se refleja siempre que pecamos.

b. Aspectos espirituales: (4) Tenemos no solo cuerpos físicos, sino también espíritus inmateriales, y podemos, por tanto, actuar en formas que son significativas en la esfera inmaterial, espiritual, de la existencia. Esto significa que tenemos (5) una vida espiritual que nos capacita para relacionarnos con Dios como personas, orar y alabarle, y oírle hablarnos sus palabras.[13] Ningún animal puede jamás pasar una hora en oración de intercesión por la salvación de un familiar o amigo.

---

[11]La palabra griega del Nuevo Testamento para «imagen» (*eikon*) tiene un significado similar a la que se usa en el Antiguo Testamento (vea arriba). Indica que algo es similar o muy parecido a lo que representa. Un uso interesante es una referencia a una imagen de César en una moneda romana. Jesús preguntó a los fariseos: «¿De quién son esta imagen (gr. *eikon* «imagen») y esta inscripción?» Ellos contestaron: «Del César». (Mt 22:20-21). Esa imagen se asemejaba al César y le representaba. (La palabra griega *homoioma*, «semejanza», no se usa en el Nuevo Testamento para referirse al hombre a la semejanza de Dios.)

[12]Sin embargo, los ángeles también comparten un grado significativo de la semejanza con Dios en varios de estos aspectos.

[13]Aunque esto no es un aspecto separado de nuestra semejanza con Dios, el hecho de que nosotros hemos sido redimidos por Cristo nos separa en una forma absoluta de toda otra criatura que Dios ha creado. Esta es una consecuencia de estar hechos a la imagen de Dios y del amor de Dios por nosotros, más bien que ser una parte de lo que significa de estar en su imagen.

Relacionado con esta vida espiritual está el hecho de que tenemos (6) inmortalidad; no cesaremos de existir sino que viviremos para siempre

c. Aspectos mentales: (7) Tenemos una capacidad para razonar y pensar lógicamente y aprender que nos separa del mundo animal. Los animales a veces muestran un comportamiento notable para resolver laberintos o problemas en el mundo físico, pero ellos ciertamente no se involucran en razonamientos abstractos. No hay tal cosa como una «historia de la filosofía canina», por ejemplo, ni tampoco ningún animal desde la creación se ha desarrollado para nada en la comprensión de problemas éticos o el uso de conceptos filosóficos, etc. Ningún grupo de chimpancés se sentará jamás alrededor de una mesa para argumentar acerca de la doctrina de la Trinidad o los méritos relativos del calvinismo o del arminianismo. De hecho, aun en el desarrollo de las habilidades físicas o técnicas somos muy diferentes de los animales: Los castores todavía edifican la misma clase de represas que han estado edificando por miles de generaciones, los pájaros todavía construyen la misma clase de nidos, y las abejas todavía forman la misma clase de colmenas. Pero nosotros seguimos desarrollando mayor habilidad y complejidad en la tecnología, en la agricultura, en la ciencia y en casi cada campo de empeño.

(8) Nuestro uso de lenguaje abstracto y complejo nos separa de los animales. Yo le podía decir a mi hijo, cuando tenía cuatro años, que fuera a buscar un destornillador grande y rojo a mi banco de trabajo en el sótano. Aun cuando él nunca lo hubiera visto, podía cumplir fácilmente con la tarea porque conocía el significado de «ir», «buscar», «destornillador», «grande», «rojo», «banco de trabajo» y «sótano». Él podía haber hecho lo mismo si le pedía un martillo pequeño y marrón o un recipiente negro al lado del banco de trabajo u otra docena de cosas que quizá nunca había visto antes, pero que podía visualizarla cuando se la describía mediante unas pocas palabras. Ningún chimpancé ha sido capaz de hacer eso en toda la historia: realizar una tarea que no había aprendido mediante repetición y recompensa, sino mediante el uso sencillo de unas pocas palabras para referirse a un artículo que él nunca antes había oído ni visto. No obstante, un niño de cuatro años puede hacer esto con regularidad y no pensamos que sea algo extraordinario. La mayoría de los niños de ocho años pueden escribir una carta inteligible a sus abuelos describiendo un viaje al parque zoológico o pueden trasladarse a un país extranjero y aprender otra de las muchas lenguas en el mundo, y pensamos que es algo muy normal. Pero ningún animal escribirá jamás una carta así a sus abuelos ni recitará un verbo en francés en tiempo presente, pasado y futuro, ni leerá un cuento de detectives entendiéndole, ni entender el significado de un solo versículo de la Biblia. Los niños humanos hacen todas estas cosas con normalidad y de manera rutinaria, y al hacerlo muestran que están viviendo en un nivel tan superior al de todo el reino animal que nos preguntamos cómo a alguien se le ocurre pensar que nosotros somos solo otra clase de animales.

(9) Otra diferencia mental entre los humanos y los animales es que tenemos cierta conciencia del futuro distante, aun el sentido interno de que viviremos más allá del tiempo de nuestra muerte física, un sentido que lleva a las personas a

desear intentar estar a bien con Dios antes de morir (Dios «ha puesto eternidad en el corazón de ellos», Ec 3:11).

(10) Nuestra semejanza con Dios la vemos también en nuestra creatividad humana en cuestiones como el arte, la música y la literatura, y en la capacidad de invención en las ciencias y la tecnología. No debiéramos pensar que esa capacidad está restringida a músicos o artistas mundialmente famosos, sino que se refleja también de una forma encantadora en las escenificaciones realizadas por los niños, en la habilidad reflejada en la cocina o decoración de los hogares, o en los jardines, o en la inventiva de alguien que arregla algo que no estaba funcionando correctamente.

Los aspectos ya mencionados de la semejanza con Dios han mostrado formas en las que nos diferenciamos *absolutamente* de los animales, no solo en grado. Pero hay otras áreas en las que somos diferentes de los animales en un grado significativo, y que también muestran nuestra semejanza a Dios.

(11) En la cuestión de las emociones, nuestra semejanza con Dios presenta también una gran diferencia en el grado y complejidad de las emociones. Por supuesto, los animales también exhiben algunas emociones (todo el que ha poseído un perro puede recordar, por ejemplo, expresiones evidentes de gozo, tristeza, temor al castigo cuando hizo algo mal, enojo cuando otro animal invadía su territorio, contentamiento y afecto). Pero en la complejidad de emociones que nosotros experimentamos, una vez más somos muy diferentes del resto de la creación. Después de ver un partido de baloncesto de mi hijo, me puedo sentir simultáneamente triste porque su equipo perdió, contento porque él jugó muy bien, orgulloso porque se comportó como un buen deportista, agradecido porque Dios me había dado un hijo y por el gozo de verle crecer, gozoso por el canto de alabanza que había estado sonando en mi mente durante toda la tarde, y preocupado porque íbamos a llegar tarde a la cena. Es muy dudoso que un animal experimente nada que se acerque a esta complejidad de sentimientos y emociones.

d. Aspectos relacionales: Además de nuestra capacidad única de relacionarnos con Dios (estudiado arriba), hay otros aspectos relacionales de estar creados a la imagen de Dios. (12) Aunque no hay duda de que los animales tienen cierto sentido de comunidad entre ellos, la profundidad de la armonía interpersonal experimentada en el matrimonio humano, en la familia humana cuando funciona conforme a los principios de Dios, y en la iglesia cuando una comunidad de creyentes está caminando en comunión con el Señor y unos con otros, es mucho más grande que la armonía interpersonal experimentada por cualquier especie animal. En nuestras relaciones familiares y en la iglesia, somos incluso superiores a los ángeles, quienes no se casan ni tienen hijos ni viven en la compañía de hijos e hijas redimidos por Dios.

(13) En el matrimonio mismo reflejamos la naturaleza de Dios en el hecho de que como hombres y mujeres tenemos igualdad en importancia, pero papeles diferentes desde el tiempo en que Dios nos creó (vea las reflexiones en el capítulo 22).

(14) El hombre es como Dios también en sus relaciones con el resto de la creación. Específicamente, el hombre ha recibido el derecho de dominio sobre la

creación, y cuando Cristo regrese se le dará también la autoridad de sentarse a juzgar a los ángeles (1 Co 6:3; Gn 1:26, 28; Sal 8:6-8).

c. Aspectos físicos: ¿Hay algún sentido en el cual nuestros cuerpos humanos son también parte de lo que significa estar hecho a la imagen de Dios? Ciertamente no debiéramos pensar que nuestros cuerpos físicos implican que Dios mismo tiene un cuerpo, porque «Dios es espíritu» (Jn 4:24), y es pecado pensar en él o representarlo en una manera que implicaría que él tiene un cuerpo material o físico (vea Éx 20:4; Sal 115:3-8; Ro 1:23).[14] Pero aunque nuestros cuerpos físicos no debieran tomarse en ninguna forma para implicar que Dios tiene un cuerpo físico, ¿hay todavía algunas formas en que nuestros cuerpos reflejan algo del propio carácter de Dios y por tanto constituyen parte de lo que significa estar creado a la imagen de Dios? Eso es cierto en algunas cosas. Por ejemplo, nuestros cuerpos físicos nos proporcionan la posibilidad de ver con nuestros ojos. Esta es una cualidad que nos dio el Señor porque Dios mismo ve, y ve mucho más de lo que nosotros jamás veremos, aunque él no lo hace con ojos físicos como los nuestros. Nuestros oídos nos dan la capacidad de oír, y esta es una capacidad semejante a la de Dios, aunque Dios no tiene oídos físicos. Nuestras bocas nos proporcionan la capacidad de hablar, lo que refleja el hecho de que Dios es un Dios que habla. Nuestros sentidos de gusto, tacto y olfato nos dan la capacidad de entender y disfrutar la creación de Dios, lo que refleja el hecho que Dios mismo entiende y disfruta su creación, aunque en una forma muy superior a la que nosotros lo hacemos.

Es importante que reconozcamos que es el *hombre* el que está creado a la imagen de Dios, no solo su espíritu y su mente. Ciertamente nuestros cuerpos físicos son una parte muy importante de nuestra existencia y, cuando sean transformados al regreso de Cristo, seguirán siendo una parte de nuestra existencia por toda la eternidad (vea 1 Co 15:43-45; 51-55). Nuestros cuerpos, por tanto, han sido creados por Dios como instrumentos apropiados para representar en una forma física nuestra naturaleza humana, la cual fue hecha para ser como la propia naturaleza de Dios. De hecho, casi todo lo que hacemos —nuestros pensamientos, nuestros juicios morales, nuestras oraciones y alabanzas, nuestras demostraciones de amor y de preocupación por los demás— lo llevamos a cabo usando los cuerpos físicos que Dios nos ha dado. Por tanto, si somos cuidadosos en señalar que *no* estamos diciendo que Dios tenga un cuerpo físico, podemos decir que (15) nuestros cuerpos físicos reflejan también en varias maneras algo del carácter de Dios. Además, muchos de nuestros movimientos físicos y demostraciones de las habilidades que nos dio el Señor tienen lugar por medio del uso de nuestros cuerpos. Y ciertamente (16) la capacidad física que Dios nos dio de engendrar y criar hijos que son como nosotros (vea Gn 5:3) es un reflejo de la facultad de Dios de crear seres humanos que son como él.

Especialmente en estos últimos aspectos, estas diferencias entre los seres humanos y el resto de la creación no son *diferencias absolutas*, pero son con frecuencia diferencias importantes en sumo grado. Ya hemos mencionado que hay alguna clase de emoción que los animales experimentan. Hay cierta experiencia de

---

[14]Vea también el estudio sobre la espiritualidad de Dios en el capítulo 12, pp. 191-93.

autoridad en las relaciones donde las comunidades de animales tienen líderes cuya autoridad la aceptan los demás del grupo. Además, hay *cierta* similitud aun en esas diferencias cuando pensamos de forma más absoluta: Los animales son capaces de razonar hasta cierto punto y pueden comunicarse unos con otros en varias formas que en un sentido primitivo podemos llamar «lenguaje». Esto no debiera sorprendernos: Si Dios creó toda la creación con el fin de que reflejara su carácter en varias formas, esto es lo que debiéramos esperar. De hecho, los animales más complejos y altamente desarrollados son más *como* Dios que las formas animales inferiores. Por tanto, no debiéramos decir que *solo* el hombre refleja alguna semejanza con Dios, porque de alguna forma u otra toda la creación refleja alguna semejanza con Dios.[15] Pero es todavía importante reconocer que *solo el hombre*, en toda la creación, es tan semejante a Dios que se puede decir que fue creado «a la imagen de Dios». Esta afirmación bíblica, junto con los mandamientos bíblicos de que tenemos que imitar a Dios en nuestra vida (Ef 5:1; 1 P 1:16), y los hechos observables que podemos reconocer al mirarnos a nosotros mismos y al resto de la creación, indican que somos *mucho más como Dios* que todo el resto de la creación. En algunos respectos las diferencias son absolutas, y en otros son relativas, pero en todos los casos son significativas.

Por último, nuestra apreciación de las maneras en que somos semejantes a Dios puede aumentar al comprender que, a diferencia del resto de la creación, tenemos la capacidad de crecer para llegar a ser *más como Dios* a lo largo de nuestra vida. Nuestro sentido moral puede desarrollarse mucho más por medio del estudio de las Escrituras y la oración. Nuestro comportamiento moral puede reflejar más y más la santidad de Dios (2 Co 7:1; 1 P 1:16; et al.). Nuestra vida espiritual puede enriquecerse y profundizarse. Nuestro uso de la razón y del lenguaje puede llegar a ser más exacto y verdadero y que honre más a Dios. Nuestro sentido del futuro se puede intensificar al ir creciendo en nuestra esperanza de vivir con Dios para siempre. Nuestra futura existencia puede enriquecerse al ir acumulando tesoros en el cielo y buscar aumentar nuestro galardón celestial (vea Mt 6:19-21; 1 Co 3:10-15; 2 Co 5:10). Nuestra habilidad para dominar sobre la creación puede ampliarse mediante el uso fiel de los dones que Dios nos ha dado; nuestra fidelidad a los propósitos que nos señaló Dios al crearnos como hombres y mujeres pueden aumentarse al seguir nosotros los principios bíblicos en nuestras familias; nuestra creatividad puede ser empleada en formas que agraden cada vez más a Dios; nuestras emociones pueden conformarse más y más a las pautas de las Escrituras de manera que lleguemos a ser como David, un hombre «conforme a su corazón» (1 S 13:14). Nuestra armonía interpersonal en nuestras familias y en la iglesia puede reflejar más y más la unidad que existe entre las personas en la Trinidad. Al procurar nosotros conscientemente crecer en una semejanza cada vez mayor con Dios en todas estas áreas, también demostramos una habilidad que también nos separa por sí misma de el resto de la creación.

---

[15]Vea en el capítulo 11, pp.160-63, el estudio de los nombres de Dios y la manera en que la naturaleza de Dios se refleja en toda la creación.

6. Nuestra gran dignidad como portadores de la imagen de Dios. Sería muy bueno que reflexionáramos con más frecuencia en nuestra semejanza a Dios. Probablemente nos asombrará darnos cuenta que cuando el Creador del universo quería crear algo «a su semejanza», algo *más como él* que el resto de toda la creación, nos creó a nosotros. El darnos cuenta de esto nos da un profundo sentido de dignidad y de importancia al reflexionar en la excelencia de todo el resto de la creación: el universo estrellado, la tierra abundante, el mundo de las plantas y de los animales y el reino angelical son extraordinarias, aun magníficas. Pero somos más como nuestro Creador que cualquiera de esas cosas. Somos la culminación de esa obra de Dios infinitamente sabia y bella que es la creación. Aunque el pecado ha dañado bastante esa semejanza, reflejamos ahora mucho de ella y lo reflejaremos más aún al crecer en la semejanza a Cristo.

Con todo, debemos recordar que aunque somos seres caídos, el hombre tiene la *posición* de estar creado a la imagen de Dios (vea análisis de Gn 9:6 arriba). Cada ser humano, por estropeada que esté la imagen de Dios en él por causa del pecado, de la enfermedad, la debilidad, la edad o cualquier otra circunstancia, todavía tiene la *posición* de estar creado a la imagen de Dios y, por tanto, debe ser tratado con la dignidad y el respeto que se debe a los portadores de la imagen de Dios. Esto tiene profundas implicaciones para nuestra conducta hacia otras personas. Esto significa que los individuos de todas las razas merecen igualdad de dignidad y derechos. Quiere decir que los ancianos, los enfermos graves, los retrasados mentales, los niños aun no nacidos, merecen completo honor y protección como seres humanos. Si alguna vez negamos nuestra posición única en la creación como portadores de la imagen de Dios, muy pronto empezaremos a menospreciar el valor de la vida humana, tenderemos a ver a los humanos solo como una forma superior de los animales, y empezaremos a tratarnos unos a otros como tales. Perderemos mucho de nuestro sentido de significado en la vida.

PREGUNTAS DE APLICACIÓN PERSONAL

1. Según las Escrituras, ¿cuál debe ser el propósito principal de nuestra vida? Si usted piensa en los compromisos y metas principales de su vida en el tiempo presente (con respecto a las amistades, el matrimonio, la educación, el trabajo, el uso del dinero, las relaciones de iglesia, etc.), ¿está usted actuando como si sus metas fueran las que especifican las Escrituras? ¿O tiene usted algunas otras metas que ha seguido (quizá sin haberlo decidido conscientemente)? Al pensar en el modelo de su diario funcionamiento, ¿cree usted que Dios se agrada y se regocija en ello?

2. ¿Cómo le hace sentirse el pensar que usted, como un ser humano, es más semejante a Dios que cualquier otra criatura en el universo? ¿Cómo ese conocimiento le lleva a querer actuar?

3. ¿Piensa usted que hay criaturas en alguna parte del universo que son más inteligentes o más como Dios? ¿Qué es lo que nos indica el hecho de que Jesús se hiciera hombre en vez de otra criatura en cuanto a la importancia de los seres humanos ante los ojos de Dios?

4. ¿Piensa usted que Dios nos ha creado a fin de que seamos más felices o menos felices al crecer y hacernos más semejantes a él? Al examinar la lista de formas en que podemos ser más semejantes a Dios, ¿puede usted mencionar una o dos áreas en las que el crecimiento a la semejanza de Dios le ha proporcionado un gozo creciente en su vida? ¿En qué le gustaría progresar más en semejanza a Dios?

5. ¿Son solo los cristianos o son todas las personas las que están creadas a la imagen de Dios? ¿Cómo le hace sentirse eso en cuanto a sus relaciones con los que no son cristianos?

6. ¿Piensa usted que nuestro concepto de la imagen de Dios podría llevarnos a cambiar la manera en que pensamos y actuamos en cuanto a las personas de otras razas, los ancianos, los débiles o la gente menos atractiva del mundo?

TÉRMINOS ESPECIALES

imagen de Dios
imago Dei
semejanza

BIBLIOGRAFÍA

(Para una explicación de esta bibliografía vea la nota sobre la bibliografía en el capítulo 1, p. 40. Datos bibliográficos completos se pueden encontrar en las páginas 1298-1307.)

Secciones en Teologías Sistemáticas Evangélicas

1. Anglicana (episcopal)
      1882–92   Litton, 109-22
2. Arminiana (wesleyana o metodista)
      1875–76   Pope, 1:430-36
      1892-94   Miley, 1:355-422, 406-8
      1940   Wiley, 2:7-50
      1960   Purkiser, 204-22
      1983   Carter, 1:195-236
3. Bautista
      1767   Gill, 1:440-51
      1887   Boyce, 189-94, 213-17
      1907   Strong, 465-83, 514-32
      1917   Mullins, 255-62
      1976–83   Henry, 2124-43; 4:494-521
      1983   Erickson, 455-518, 541-58
      1987–94   Lewis/Demarest, 2:123-82
4. Dispensacional
      1947   Chafer, 2:125-43, 161-73
      1949   Thiessen, 151-57
      1986   Ryrie, 189-94

5. Luterana
    1917–24   Pieper, 1:515-27
    1934   Mueller, 205-9
6. Reformada (o presbiteriana)
    1861   Heppe, 12–21, 28–31
    1559   Calvin, 1:183-96 (1.15)
    1861   Heppe, 4:197-228, 220-50
    1871–73   Hodge, 2:92-116
    1878   Dabney, 293-94
    1887–1921   Warfield, IAB 411–18
    1889   Shedd, 2a:3-115; 3:249-377
    1937-66   Murray, CW, 2:14-22, 34-46
    1938   Berkhof, 181-90, 290-10
    1962   Buswell, 1:231-61
7. Renovada (o carismática/pentecostal)
    1988-92   Williams, 1:197-220

Secciones en Teologías Sistemáticas Católicas Romanas Representativas

1. Católica Romana: Tradicional
    1955   Ott, 94, 101-6
2. Católica Romana: Post-Vaticano II
    1980   McBrien, 1:101-78

Otras obras

Barclay, D. R. «Creation». En *NDT*, pp. 177-79.

Berkouwer, G. C. *Man: The Image of God*. Eerdmans, Grand Rapids, 1962.

Boston, Thomas. *Human Nature in Its Fourfold State*. Banner of Truth, Londres, 1964 (primero publicado en 1720).

Ferguson, S. B. «Image of God». En *EDT*, pp. 328-29

Henry, C. F. H. «Imagen de Dios». En *EDT*, pp. 545-48

Hoekema, Anthony A. *Created in God's Image*. Eerdmans, Grand Rapids, y Paternoster, Exeter, pp. 1-111.

Hughes, Philip Edgcumbe. *The True Image: The Origin and Destiny of Man in Christ*. Eerdmans, Grand Rapids, e Inter-Varsity Press, Leicester, 1989, pp. 1-70.

Kline, Meredith G. *Images of the Spirit*. Baker, Grand Rapids, 1980.

Laidlaw, John. *The Bible Doctrine of Man*. T. & T. Clark,, Edimburgo, 1905.

Machen, J. Gresham. *The Christian View of Man*. Banner of Truth, 1965 (reimpresión de la edición de 1937).

McDonald, H. D. «Man, Doctrine of». En *EDT*, pp. 676-80.

_____. *The Christian View of Man*. Crossway, Westchester, Ill, 1981

Robinson, H.W., *The Christian Doctrine of Man*, 3ª edición. T. & T. Clark, Edimburgo, 1926.

PASAJE BÍBLICO PARA MEMORIZAR

Génesis 1:26-27: *y dijo: «Hagamos al ser humano a nuestra imagen y semejanza. Que tenga dominio sobre los peces del mar, y sobre las aves del cielo; sobre los animales domésticos, sobre los animales salvajes, y sobre todos los reptiles que se arrastran por el suelo». Y Dios creó al ser humano a su imagen; lo creó a imagen de Dios. Hombre y mujer los creó.*

HIMNO

«¡Oh amor que excede a todos!»

¡Oh amor que excede a todos,
    Don del Padre celestial,
Pon corona a tus mercedes
    Y entre nos ven a morar!
Eres tú, Jesús bendito,
    Todo amor y compasión;
Baja al corazón que sufre,
    Tráenos tu salvación.

¡Ven, amor, a cada vida,
    Mueve toda inclinación;
Guárdanos del mal deseo
    Y de andar en tentación!
Tú el Alfa y Omega,
    Sé de todo nuestro ser;
Que tu gracia nos proteja
    y sostenga nuestra fe.

¡Oh amor, no te separes
    de la iglesia terrenal;
Únela estrechamente
    con el lazo fraternal!
Perfecciona cada miembro,
    Ilumina nuestro andar,
Y que el alma se complazca
    En tu nombre proclamar.

AUTOR: CARLOS WESLEY, TRAD. J. R. DE BALLOCH.
(TOMADO DEL HIMNARIO BAUTISTA, # 338)

Capítulo 22

El hombre como varón y hembra

¿Por qué creó Dios dos sexos? ¿Pueden los hombres y las mujeres ser iguales y a la vez, tener papeles diferentes?

EXPLICACIÓN Y BASES BÍBLICAS

Notamos en el capítulo anterior que un aspecto de la creación del hombre a la imagen de Dios es su creación como varón y hembra: «Y creó Dios al hombre a su imagen, a imagen de Dios lo creó; *varón y hembra los creó*» (Gn 1:27, RVR 1960). Encontramos la misma relación entre la creación a la imagen de Dios y la creación como varón y hembra en Génesis 5:1-2: «El día que creó Dios al hombre, a semejanza de Dios lo hizo. *Varón y hembra los creó*; y los bendijo y los llamó el nombre de ellos Adán, el día en que fueron creados (RVR 1960)».[1] Aunque la creación del hombre como varón y hembra no es la única forma en que somos a la imagen de Dios, es un aspecto bastante significativo de nuestra creación a la imagen de Dios que las Escrituras mencionan en el mismo versículo en el que se describe la creación inicial del hombre. Podemos resumir las formas en que nuestra creación como varón y hembra representan algo de nuestra creación a la imagen de Dios de la siguiente manera:

La creación del hombre como varón y hembra muestra la imagen de Dios en (1) la armonía de las relaciones interpersonales, (2) la igualdad en personalidad e importancia, y (3) la diferencia en papel y autoridad.[2]

A. Relaciones personales

Dios no creó a los seres humanos para que fueran personas aisladas, sino que al crearnos a su imagen, nos hizo de tal forma que podemos obtener unidad interpersonal de varias clases en todas las formas de la sociedad humana. La unidad interpersonal puede ser especialmente profunda en la familia humana y también en la familia espiritual, la iglesia. Entre los hombres y las mujeres, la unidad interpersonal llega a su expresión más plena en esta era durante el matrimonio, donde el esposo y la esposa llegan a ser, en un sentido, dos personas en una: «Por tanto, dejará el hombre a su padre y a su madre, y se unirá a su mujer, y serán una sola carne» (Gn 2:24, RVR 1960). Esta unidad no es solo una unidad física; es también una

---

[1]Sobre la cuestión de usar o no la palabra *hombre* para referirnos a los seres humanos en general (tanto varones como hembras), vea el capítulo 21, pp. 459-60.

[2]Para un estudio más amplio de las implicaciones teológicas de la diferenciación de varón-hembra en Génesis 1—3, vea la obra de Raymond C. Ortlund, hijo, «Male-Female Equality and Male Headship: Génesis 1—3», en *Recovering Biblical Manhood and Womanhood: A Response to Evangelical Feminism*, ed. por John Piper y Wayne Grudem, p. 98. He dependido del análisis del doctor Ortlund en varios puntos de este capítulo.

unidad espiritual y emocional de profundas dimensiones. Un hombre y una mujer cuando se unen en matrimonio son personas que «Dios ha unido» (Mt 19:6). La unión sexual con otra persona que no es su propio esposa o esposo es un pecado especialmente ofensivo para el propio cuerpo de uno (1 Co 6:16, 18-20), y, dentro del matrimonio, esposos y esposas ya no tienen dominio exclusivo sobre sus propios cuerpos, sino que lo comparten con sus cónyuges. (1 Co 7:3-5). El «esposo debe amar a su esposa como a su propio cuerpo» (Ef 5:28). La unión entre esposos no es temporal sino para toda la vida (Mal 2:14-16; Ro 7:2), y no es algo trivial sino una relación profunda creada por Dios a fin de representar las relaciones entre Cristo y su iglesia (Ef 5:23-32).

El hecho de que Dios creó dos personas distintas como varón y hembra, más bien que solo un hombre, es parte del hecho de que somos imagen de Dios porque puede ser visto como un reflejo hasta cierto punto de la pluralidad de personas dentro de la Trinidad. En el versículo anterior al que habla de nuestra creación como varón y hembra, vemos la primera indicación explícita de una pluralidad de personas dentro de Dios: «*Hagamos* al hombre a *nuestra* imagen, conforme a nuestra semejanza, y señoree...» (Gn 1:26, RVR 1960). Hay aquí algo de similitud: Así como había compañerismo y comunicación, y participación en la gloria, entre los miembros de la Trinidad antes de que el mundo fuera hecho (vea Jn 17:5, 24, y el capítulo 14 sobre la Trinidad), Dios también hizo a Adán y Eva en tal forma que ellos compartieran amor y comunicación, y se dieran honor mutuo en sus relaciones interpersonales. Por supuesto, tal reflejo de la Trinidad llegaría a expresarse de distintas maneras dentro de la sociedad humana, pero existiría ciertamente desde el principio en esa íntima unidad interpersonal del matrimonio.

Alguien podría objetar que tal representación de la pluralidad de personas en Dios no es en realidad completa, porque Dios es tres personas en una, mientras que Dios creó a Adán y Eva como solo dos personas en una. Si Dios tenía la intención de que nosotros reflejáramos la pluralidad de personas en la Trinidad, ¿por qué no creó tres personas en vez de dos que pudieran reflejar la unidad interpersonal entre los miembros de la Trinidad? Primero, debemos concordar en que este hecho muestra que la analogía entre el matrimonio y la Trinidad no es exacta. Segundo, aunque no podemos estar seguros de por qué Dios no hizo algo cuando las Escrituras no dicen explícitamente esas razones, podemos sugerir dos posibles razones: (1) El hecho que Dios es tres en uno mientras que Adán y Eva eran dos en uno puede ser un recordatorio de que la propia excelencia de Dios es mucho mayor que la nuestra, que él posee una pluralidad y una unidad muy superiores a las que nosotros, como criaturas, podemos poseer. (2) Aunque la unidad no es exactamente la misma, la unidad en una familia entre marido, mujer e hijos refleja hasta cierto grado la unidad interpersonal y, a la vez, la diversidad de personas entre los miembros de la Trinidad.

Puede surgir una segunda objeción del hecho de que Jesús mismo fue soltero, que Pablo era soltero en el tiempo cuando era apóstol (y quizá antes), y que Pablo en 1 Corintios 7:1, 7-9 parece decir que es mejor para los cristianos no casarse. Si el matrimonio es una parte tan importante de nuestra reflexión de la imagen de Dios, ¿por qué Jesús y Pablo no se casaron, y por qué Pablo anima a otros a que no lo hagan?

Para Jesús, la situación es única, porque él es tanto Dios como hombre, y Señor soberano de toda la creación. Más bien que unirse en matrimonio con un solo ser humano, él ha tomado a toda la iglesia como su esposa (vea Ef 5:23-32) y goza con cada miembro de su iglesia una unidad espiritual y emocional que durará por toda la eternidad.

La situación con Pablo y su consejo a los cristianos corintios es de alguna forma diferente. Pablo no está diciendo que sea malo casarse (vea 1 Co 7:28, 36), sino que visualiza el matrimonio como algo que es bueno, correcto y un privilegio al que se puede renunciar por amor del reino de Dios: «Pienso que, a causa de la crisis actual, es bueno que cada persona se quede como está... Lo que quiero decir, hermanos, es que nos queda poco tiempo... porque este mundo, en su forma actual, está por desaparecer» (1 Co 7:26, 29, 31). De esta forma Pablo renuncia a la manera en la que él podía reflejar la semejanza con Dios y para dedicarse a avanzar los propósitos de Dios para el mundo (es decir, en su obra para la iglesia). Por ejemplo, pensaba que su evangelización y discipulado era como dar a luz «hijos» espirituales y nutrirlos en el Señor (vea 1 Co 4:14, donde llama a los corintios «hijos míos amados»; también Gá 4:19; 1 Ti 1:2; Tit 1:4). Además, toda la obra de edificar la iglesia era un proceso para llevar a miles de personas a glorificar a Dios reflejando el carácter divino en sus vidas de una forma más completa. Por otra parte, debemos darnos cuenta de que el matrimonio no es la única forma en que se puede reflejar la unidad y diversidad de la Trinidad en nuestra vida. Se refleja también en la unión de los creyentes en la comunión de la iglesia, y en el genuino compañerismo de iglesia en el que las personas solteras (como Pablo y Jesús) y los que están casados pueden tener relaciones interpersonales que reflejen la naturaleza de la Trinidad. Por tanto, edificar la iglesia e incrementar su unidad y pureza también promueve el reflejo del carácter de Dios en el mundo.

B. Igualdad en personalidad e importancia

Así como los miembros de la Trinidad son iguales en su importancia y en su existencia plena como miembros distintivos (vea el capítulo 14), también a los hombres y a las mujeres Dios los creó para ser iguales en importancia y personalidad. Cuando Dios creó al hombre, «varón y hembra los creó» en su imagen (Gn 1:27; 5:1-2). Los hombres y las mujeres fueron creados *como iguales a la imagen de Dios*, y ambos reflejan el carácter de Dios en la vida. Esto significa que debiéramos ver aspectos del carácter de Dios reflejado en la vida de cada uno de los dos. Si vivimos en una sociedad compuesta solo por hombres cristianos o una sociedad compuesta solo de mujeres cristianas, no obtendríamos un cuadro completo del carácter de Dios como cuando vemos hombres y mujeres cristianos juntos en sus diferencias complementarias y reflejando la belleza del carácter de Dios.

Pero si somos iguales en cuanto a la imagen de Dios, ciertamente los hombres y las mujeres son *igualmente importantes* e *igualmente valiosos* para Dios. Tenemos un valor igual ante él por toda la eternidad. El hecho de que las Escrituras dicen que lo mismo los hombres que las mujeres están creados «a la imagen de Dios» debiera excluir todo sentimiento de orgullo o inferioridad y cualquier idea de que nuestro sexo es «mejor» o «peor» que el otro. En particular, en contraste con muchas culturas y religiones no cristianas, nadie debiera sentirse desilusionado o inferior porque es mujer.[3] Si Dios piensa que somos de igual valor, eso arregla el asunto, porque la evaluación de Dios es el verdadero estándar de valor personal por toda la eternidad.

Cuando Pablo dice en 1 Corintios 11:7 que «el hombre no debe cubrirse la cabeza, ya que es imagen y gloria de Dios, mientras que la mujer es gloria del hombre», no está negando que la mujer fue creada a la imagen de Dios. Solo está diciendo que hay diferencias entre los hombres y las mujeres que debieran reflejarse en la manera en que se visten y actúan en las reuniones de la congregación. Una de esas diferencias es que el hombre en relación con la mujer tiene un papel particular en representar a Dios o en mostrar cómo es Dios, y la mujer en esa relación muestra la excelencia del hombre del cual fue ella formada. Pero en ambos casos Pablo continúa enfatizando su interdependencia (vea vv. 11-12).

Nuestra igualdad como personas delante de Dios, que refleja la igualdad de las personas de la Trinidad, debiera llevar de forma natural a los hombres y mujeres a honrarse el uno al otro. Proverbios 31 presenta un cuadro bello del honor que se da a una mujer piadosa:

> Mujer ejemplar, ¿dónde se hallará?
>   ¡Es más valiosa que las piedras preciosas!
> Sus hijos se levantan y la felicitan;
>   también su esposo la alaba.
> Muchas mujeres han realizado proezas,
>   pero tú las superas a todas.
> Engañoso es el encanto y pasajera la belleza;
>   la mujer que teme al Señor es digna de alabanza.
>   (Pr 31:10, 28-30).

Del mismo modo, Pedro les dice a los esposos que cada uno debe tratar a su esposa con respeto (1 P 3:7), y Pablo recalca: «En el Señor, ni la mujer existe aparte del hombre ni el hombre aparte de la mujer. Porque así como la mujer procede del hombre, también el hombre nace de la mujer; pero todo proviene de Dios» (1 Co 11:11, 12). Los hombres y las mujeres son igualmente importantes; ambos dependen el uno del otro; ambos son dignos de honor.

La igualdad en personalidad con la que los hombres y las mujeres fueron creados la vemos enfatizada en una forma nueva en la iglesia del nuevo pacto. En Pentecostés vemos el cumplimiento de la profecía de Joel en la que Dios promete:

> Derramaré mi Espíritu sobre todo el género humano.
> Los *hijos* y las *hijas* de ustedes profetizarán,

---

[3]En la pasada década las agencias de noticias nos han informado de prácticas comunes en China donde los padres de una niña recién nacida la dejaban con frecuencia que muriera con el fin de poder intentar de nuevo tener un hijo bajo las normas estrictas de China de «una pareja, un hijo». En contraste con la perspectiva bíblica de igualdad en importancia para hombres y mujeres, esa práctica no solo resulta en la pérdida de vidas humanas inocentes, sino también le dice muy fuerte a cada mujer en esa sociedad que ella es menos valiosa que el hombre. (En otras sociedades en las que los padres piensan en secreto que es mejor tener un hijo que una hija están mostrando también que no han entendido bien la enseñanza bíblica del hecho de que las mujeres y los hombres son completamente iguales en valor a los ojos de Dios.)

> ...En esos días derramaré mi Espíritu
> aun sobre mis *siervos* y mis siervas, y profetizarán.
> (Hch 2:17-18; citando a Joel 2:28-29).

El Espíritu Santo se derrama sobre la iglesia con un nuevo poder, y los hombres y las mujeres reciben dones para ministrar en formas extraordinarias. Los dones espirituales son distribuidos a todos los hombres y mujeres, comenzando en Pentecostés y continuando a lo largo de la historia de la iglesia. Pablo considera a cada cristiano un miembro valioso del cuerpo de Cristo, porque «a cada uno se le da una manifestación especial del Espíritu para el bien de los demás» (1 Co 12:7). Después de mencionar varios dones, dice: «Todo esto lo hace un mismo y único Espíritu, quien reparte *a cada uno* según él lo determina» (1 Co 12:11). Pedro también, al escribir a muchas iglesias esparcidas por toda Asia Menor, dice: «*Cada uno* ponga al servicio de los demás el don que haya recibido, administrando fielmente la gracia de Dios en sus diversas formas» (1 P 4:10). Estos textos no enseñan que todos los creyentes tengan los mismos dones, pero sí dicen que los hombres y las mujeres tendrán dones valiosos para el ministerio de la iglesia, y que debiéramos esperar que estos dones sean distribuidos amplia y liberalmente a hombres y mujeres.

Parece, por tanto, que no tiene sentido preguntar: «¿Quiénes oran con más eficacia, los hombres o las mujeres?» o «¿Quién puede cantar mejor las alabanzas a Dios, los hombres o las mujeres?» o «¿Quién tiene mayor sensibilidad espiritual y profundidad de relación con Dios?» No podemos responder a ninguna de estas preguntas. Los hombres y las mujeres son iguales en su capacidad para recibir en el nuevo pacto el poder del Espíritu Santo. A lo largo de la historia de la iglesia ha habido tanto grandes hombres como mujeres. Ambos han sido grandes guerreros de oración, y han prevalecido sobre los poderes y reinos terrenales y fortalezas espirituales mediante la autoridad del Señor Jesucristo.[4]

La igualdad ante Dios se recalca aún más en la iglesia del nuevo pacto en la ceremonia del bautismo. En Pentecostés, los hombres y las mujeres que creyeron fueron bautizados: «Los que recibieron su mensaje fueron bautizados, y aquel día se unieron a la iglesia unas tres mil personas» (Hch 2:41). Esto es significativo porque en el antiguo pacto, la señal de membresía del pueblo de Dios era la circuncisión, que la recibían solo los hombres. La nueva señal de membresía del pueblo de Dios, la señal del bautismo, que se da tanto a los hombres como a las mujeres, es una evidencia adicional de que ambos debieran ser vistos como miembros plenos e iguales del pueblo de Dios.

Pablo también hace hincapié en la igualdad en posición entre los hijos de Dios en Gálatas: «Todos los que han sido bautizados en Cristo se han revestido de Cristo. Ya no hay judío ni griego, esclavo ni libre, *hombre ni mujer*, sino que todos ustedes son uno solo en Cristo Jesús» (Gá 3:27-28). Pablo está aquí subrayando el

---

[4]Quizá la respuesta a la pregunta, «¿Quién ora mejor?» o «¿Quién puede alabar a Dios mejor?» debiera ser: «Los dos juntos». Aunque hay mucho valor en que los hombres se reúnan para orar juntos o que las mujeres se junten para orar, no hay nada más rico y más completo que todo el compañerismo del pueblo de Dios, tanto de hombres y mujeres, e incluso sus hijos que son suficientemente mayores para entender y participar, reunidos juntos para orar en la presencia de Dios. «Cuando llegó el día de Pentecostés, *estaban todos juntos en el mismo lugar*» (Hch 2:1). «Cuando lo oyeron, *alzaron unánimes la voz* en oración a Dios» (Hch 4:24). Pedro «fue a casa de María, la madre de Juan, apodado Marcos, donde muchas personas estaban reunidas orando» (Hch 12:12).

hecho de que ninguna clase de personas, tales como el pueblo judío que procedía de Abraham por descendencia física, o los hombres libres que disponían de un poder legal y económico superior, podía reclamar una posición especial o privilegio en la iglesia. Los esclavos no debieran pensar que son inferiores a los hombres y mujeres libres, ni los hombres libres debieran pensar que son superiores a los esclavos. Los judíos no debieran pensar que eran superiores a los griegos, ni los griegos pensar que eran inferiores a los judíos. Del mismo modo, Pablo quiere asegurarse de que los hombres no adoptaran las mismas actitudes de las culturas que los rodeaban, o incluso algunas de las actitudes del judaísmo del primer siglo, o pensar que ellos tenían mayor importancia que las mujeres o que eran de valor superior para Dios. Tampoco debieran las mujeres pensar que eran inferiores o menos importantes en la iglesia. Los hombres y las mujeres, los judíos y los griegos, los esclavos y los libres son iguales en importancia y valor para Dios e iguales en membresía en el cuerpo de Cristo, la iglesia, por toda la eternidad.

En términos prácticos, nunca pensemos que hay ciudadanos de segunda clase en la iglesia. Lo mismo si es hombre o mujer, empresario o empleado, judío o gentil, negro o blanco, rico o pobre, sano o enfermo, débil o fuerte, atractivo o no atractivo, extremadamente inteligente o lento para aprender, todos son igualmente valiosos para Dios y debiéramos ser también igualmente valiosos unos para otros. Esta igualdad es un elemento asombroso y maravilloso de la fe cristiana y pone al cristianismo en un nivel diferente al de todas las otras religiones, sociedades y culturas. La verdadera dignidad de la condición del hombre y la mujer puede alcanzar plena realización solo en obediencia a la sabiduría redentora de Dios que encontramos en las Escrituras.

C. Las diferencias en funciones

1. Las relaciones entre la Trinidad y el varón como cabeza en el matrimonio. Entre los miembros de la Trinidad ha habido una igualdad en importancia, personalidad y deidad a lo largo de la eternidad. Pero también ha habido diferencias en las funciones de los miembros de la Trinidad.[5] Dios el Padre ha sido siempre el Padre y se ha relacionado con el Hijo como un Padre se relaciona con su Hijo. Aunque los tres miembros de la Trinidad son iguales en poder y en todos los otros atributos, el Padre tiene una autoridad mayor. Él tiene una función de liderazgo entre todos los miembros de la Trinidad que el Hijo y el Espíritu Santo no tienen. En la creación, el Padre habla e inicia, pero la obra de la creación se lleva a cabo por medio del Hijo y sostenida por medio de la presencia continua del Espíritu Santo (Gn 1:1-2; Jn 1:1-3; 1 Co 8:6; Heb 1:2). En la redención, el Padre envía al Hijo al mundo, y el Hijo viene y es obediente al Padre y muere para pagar por nuestros pecados (Lc 22:42; Fil 2:6-8). Después que el Hijo ha ascendido al cielo, el Espíritu Santo viene para equipar y capacitar a la iglesia (Jn 16:7; Hch 1:8; 2:1-36). El Padre no viene a morir por nuestros pecados, ni tampoco el Espíritu Santo. El Padre no fue derramado sobre la iglesia en Pentecostés en el poder del nuevo pacto, ni tampoco fue el Hijo. Cada miembro de la Trinidad tiene papeles o funciones distintivas. Las diferencias en funciones y autoridad entre los miembros de la Trinidad son por

---

[5]Vea el capítulo 14, pp. 257-62, sobre las diferentes funciones entre los miembros de la Trinidad.

tanto completamente coherentes con la igualdad de importancia, personalidad y deidad.

Si los seres humanos son reflejos del carácter de Dios, es lógico esperar diferencias similares en las funciones entre los seres humanos, incluso en relación con la más básica de todas las diferencias entre los seres humanos, la diferencia entre el hombre y la mujer. Y esto es ciertamente lo que encontramos en el texto bíblico.

Pablo plantea este paralelismo explícito cuando dice: «Ahora bien, quiero que entiendan que Cristo es cabeza de todo hombre, mientras que *el hombre es cabeza de la mujer y Dios es cabeza de Cristo*» (1 Co 11:3). Aquí vemos una distinción en autoridad que pudiera representarse en la figura 22.1.

Así como Dios el Padre tiene autoridad sobre el Hijo, aunque los dos son iguales en deidad, lo mismo sucede en el matrimonio: el esposo tiene autoridad sobre la esposa, aunque ambos son iguales en personalidad.[6] En este caso, la función del hombre es como la de Dios el Padre, y el papel de la mujer es paralelo al de Dios el Hijo. Ambos son iguales en importancia, pero tienen diferentes funciones. En el contexto de 1 Corintios 11:2-16, Pablo ve esto como una base para decirles a los corintios que lleven la clase de vestimenta que es apropiada para los hombres y las mujeres de aquel tiempo, a fin de que las distinciones entre los hombres y las mujeres puedan ser evidentes exteriormente en la asamblea cristiana.[7]

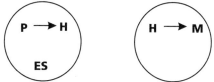

LA IGUALDAD Y LAS DIFERENCIAS EN LA TRINIDAD SE REFLEJAN EN LA IGUALDAD Y LAS DIFERENCIAS EN EL MATRIMONIO
Figura 22.1

---

[6]Algunos han sugerido que la palabra «cabeza» en 1 Corintios 11:3 significa «fuente» y no tienen nada que ver con autoridad en el matrimonio. Por ejemplo, cuando Pablo se refiere al uso de la palabra «cabeza» para decir que «Cristo es la cabeza de todo hombre, mientras que el hombre es cabeza de la mujer y Dios es cabeza de Cristo» (1 Co 11:3), Gordon Fee dice que «la comprensión de Pablo de la metáfora, por tanto, y casi ciertamente la única que los corintios entenderían, es "cabeza" como "fuente" especialmente como "fuente de vida"» (*The First Epistle to the Corinthians*, NIC [Eerdmans, Grand Rapids, 1987], p. 503).

Asimismo, la declaración: «Men, Women and Biblical Equality», publicada como un anuncio en *CT*, 9 abril 1990, pp. 36-37, dice: «La función del esposo como "cabeza" hay que entenderla como un amor y servicio que se da a sí mismo dentro de esta relación de mutua sumisión (Ef 5:21-33; Col 3:19; 1 P 3:7)» (p. 1, para. 11). De modo que ellos entienden «cabeza» como queriendo decir «fuente» (de amor y servicio), no como «autoridad sobre».

Para una respuesta a esta interpretación y un análisis de las razones por qué la palabra «cabeza» aquí debe significar «autoridad sobre» no «fuente», vea W. Grudem, «Does Kephale ("Head") means "Source" o "Authority over" in Greek Literature? A Survey of 2,336 Examples», *TrinJ* 6, n.s. (Spring 1985), pp. 38-59, y W. Grudem, «The Meaning of *Kephale* ("Head"): A Response to Recent Studies», *TrinJ* 11, n.s. (Spring 1990), pp. 3-72, reimpreso en *Recovering Biblical Manhood and Womanhood: A response to Evangelical Feminism*, pp. 425-68). Vea también Joseph Fitzmyer «Another Look at *Kephale* in 1 Co 11:3», *NTS* 35 (1989), pp. 503-11. Aun en los pocos ejemplos que algunos han afirmado que «cabeza» podría significar «fuente» cuando se aplica a una persona, la persona es *siempre* alguien en autoridad. Nunca se han encontrado ejemplos contrarios a esto en la antigua literatura griega.

[7]El hecho de que cubrirse la cabeza era una forma de vestir que distinguía a los mujeres de los hombres en el primer siglo en Corinto significa que Pablo indicó a las mujeres que llevaran la cabeza cubierta en el templo. Pero esto no significa que la mujer debiera cubrirse la cabeza en lugares y culturas que no era una señal distintiva de ser mujer. La aplicación contemporánea sería que las mujeres debieran vestirse de forma que se vea que son mujeres y los hombres que se note que son hombres, en la manera apropiada en que esas formas se expresan en cada sociedad. ¡Pablo no está a favor de ropas unisexual! Para más información, vea Thomas R. Schreiner, «Head Coverings, Prophecies and the Trinity: 1 Corinthians 11:2-16», en *Recovering Biblical Manhood and Womanhood*, pp. 124-39.

2. Indicaciones de la distinción de funciones antes de la Caída. ¿Pero eran estas distinciones entre los papeles del varón y la hembra parte de la creación original de Dios, o vinieron después como parte del castigo de la Caída? Cuando Dios le dijo a Eva: «Desearás a tu marido, y él te dominará» (Gn 3:16), ¿fue ese el momento cuando Eva empezó a estar sujeta a la autoridad de Adán?

La idea de que las diferencias en autoridad aparecieron solo después de que el pecado entrara en el mundo ha sido promovida por varios escritores tales como Aida B. Spencer[8] y Gilbert Bilezikian.[9] Bilezikian dice: «Debido a que es un resultado de la Caída, el dominio de Adán sobre Eva se ve como satánico, no menos que la muerte misma».[10]

Sin embargo, si examinamos el texto de la narrativa de la creación en Génesis, vemos varias indicaciones de *diferencias de papeles* entre Adán y Eva *aun desde antes de que el pecado entrara en el mundo.*

a. Adán fue creado primero, después Eva: El hecho de que Dios creó primero a Adán, y después de un cierto tiempo creó a Eva (Gn 2:7, 18-23), sugiere que Dios veía a Adán con una función de liderazgo en la familia. No se menciona para nada un procedimiento así en dos etapas para ninguno de los animales que Dios creó, pero aquí parece tener un propósito especial. La creación de Adán primero es coherente con el patrón del Antiguo Testamento de la «primogenitura», la idea de que el que nació primero en cada generación en la familia humana tiene el liderazgo en la familia para esa generación. El derecho de la primogenitura se da por entendido a lo largo del texto del Antiguo Testamento, aun en momentos cuando debido a los propósitos especiales de Dios se vende el derecho a la primogenitura o se transfiere a una persona más joven (Gn 25:27-34; 35:23; 38:27-30; 49:3-4; Dt 21:15-17; 1 Cr 5:1-2). El «derecho de primogenitura» le pertenece al hijo que ha nacido primero y le corresponde a menos que aparezcan circunstancias especiales que cambien ese hecho.[11] El hecho de que estamos en lo correcto al ver un propósito en que Dios formara primera a Adán, y que ese propósito refleja una distinción permanente en las funciones que Dios ha dado a los hombres y las mujeres, queda apoyado por 1 Timoteo 2:13, donde Pablo usa el hecho de que «primero fue formado Adán, y Eva después» como una razón para restringir algunas funciones distintivas de gobierno y enseñanza en la iglesia para los hombres

b. Eva fue hecha como ayuda idónea para Adán: Las Escrituras especifican que Dios hizo a Eva para Adán, no a Adán para Eva. Dios dijo: «No es bueno que el hombre esté solo. *Voy a hacerle una ayuda adecuada*» (Gn 2:18). Pablo ve en esto suficiente importancia para basar un requisito de que hubiera diferencias entre

---

[8]*Beyond de Curse,* 2ª ed. (Thomas Nelson, Nashville, 1985), pp. 20-42.

[9]*Beyond Sex Roles* (Baker, Grand Rapids, 1985), pp. 21-58.

[10]Ibíd, p. 58.

[11]Algunos objetan que esto no sería apropiado en la narrativa de Génesis, porque los animales fueron creados antes que Adán, y esto daría a los animales autoridad para dominar sobre los humanos (así piensa Bilezikian, *Beyond Sex Roles,* p. 257, n. 13). Pero esta objeción olvida que el principio de la primogenitura solo tiene lugar entre los seres humanos y es, de hecho, limitado a los de una misma familia. (Bilezikian plantea otras objeciones [pp. 255-57], pero no toma en cuenta el apoyo que el Nuevo Testamento da a este entendimiento de Génesis 2 en 1 Timoteo 2:13).

hombres y mujeres en la adoración. Dice: «Ni tampoco fue creado el hombre a causa de la mujer, *sino la mujer a causa del hombre*» (1 Co 11:9). Esto no debiera tomarse como que implica menor importancia, pero sí indica que había una diferencia de funciones desde el principio.

Recientemente algunos escritores han negado que la formación de Eva como una ayuda idónea para Adán indique alguna diferencia en función o autoridad, porque la palabra ayuda (hebreo, *ezer*) se usa a menudo en el Antiguo Testamento acerca de alguien que es mayor o más poderoso que la persona que está siendo ayudada.[12] De hecho, la palabra *ayuda* se usa en el Antiguo Testamento para referirse a Dios mismo que ayuda a su pueblo. Pero la realidad es que cuando alguien «ayuda» a otro, ya sea en el Antiguo Testamento hebreo o en nuestro uso moderno de la palabra *ayuda*, en la tarea específica que se está haciendo la persona que ayuda está ocupando una posición subordinada o inferior en relación con la persona que recibe la ayuda. Esto es cierto cuando yo «ayudo» a un muchacho de mi barrio a arreglar su bicicleta. Es su responsabilidad y su tarea, yo solo estoy echando una mano según se necesita; no es mi responsabilidad. David Clines concluye que este es el caso a lo largo de todo el Antiguo Testamento hebreo.

Mi conclusión es que, a la vista de todas las veces que aparece en la Biblia hebrea, aunque los superiores pueden ayudar a los inferiores, los fuertes a los débiles, los dioses pueden ayudar a los humanos, en el acto de ayudar ellos están siendo «inferiores». Es decir, se están sometiendo a sí mismos a una posición inferior, subordinada. Su ayuda puede ser necesaria o crucial, pero están ayudando en una tarea que es la responsabilidad de otra persona. Ellos mismos no están en realidad haciendo la tarea, ni siquiera en cooperación, porque hay un lenguaje diferente para eso. Ser de ayuda no es la forma hebrea de ser iguales.[13]

Otra objeción es que el término hebreo que traducimos «adecuada» (idónea) en Génesis 2:18 implica que Eva era más bien superior a Adán, porque el término en realidad significa «delante de»[14] Raymond C. Ortlund señala correctamente que el término hebreo no puede significar «superior a» o en el Salmo 119:168 tendríamos al salmista diciéndole a Dios: «Todos mis caminos son *superiores* a los tuyos». Cuando en realidad está diciendo «Tú conoces mis caminos o conducta».[15]

c. Adán le puso el nombre a Eva: El hecho que Adán le pusiera nombres a todos los animales (Gn 2:19-20) indica la autoridad de Adán sobre el reino animal, porque en el pensamiento del Antiguo Testamento el derecho de ponerle nombre a alguien implica autoridad sobre esa persona (esto lo vemos cuando Dios les dio nombres a Abraham y Sara, y cuando los padres les ponen el nombre a sus hijos). Dado que un nombre hebreo designaba el carácter o función de alguien, Adán estaba especificando las características o funciones de los animales que él nombraba.

[12]Vea Aida B. Spencer, *Beyond the Curse*, pp. 23-39.

[13]David J. A. Clines, «What Does Eve Do to Help? And Other Irredeemably Androcentric Orientations in Genesis 1—3», trabajo escrito leído en la reunion annual de la Society of Biblical Literature, el 7 diciembre 1987, en Boston Massachusetts.

[14]También Aida Spencer, *Beyond the Curse*, pp. 23-26. Ella dice: «El texto hebreo indica incluso que la mujer está "delante del" hombre o "sobre" él» (p. 26).

[15]Ortlund, «Male-Female Equality», pp. 103-4; cf. BDB, p. 617, 2ª.

Por tanto, cuando Adán le llamó Eva a la mujer, diciendo: «Se llamará "mujer" porque del hombre fue sacada» (Gn 2:23), indicaba también la función de liderazgo que él tenía.[16] Esto es cierto antes de la Caída, donde Adán le pone a su esposa el nombre de «mujer», y es cierto después de la Caída, cuando «el hombre llamó Eva a su mujer, porque ella sería la madre de todo ser viviente» (Gn 3:20).[17] Algunos han objetado que Adán en realidad no llamó Eva a la mujer antes de la Caída.[18] Pero ciertamente llamar «mujer» a su esposa (Gn 2:23), del mismo modo que llamó a todas las demás criaturas por su nombre (Gn 2:19-20), es darle a ella un nombre. El hecho que las madres a veces les ponen nombres a sus hijos en el Antiguo Testamento no contradice la idea de que el dar nombre representaba autoridad, puesto que tanto las madres como los padres tienen autoridad sobre sus hijos.

d. Dios nombró a la raza humana «hombre», no «mujer»: El hecho que Dios le puso a la raza humana el nombre de «hombre», en vez de «mujer» o algún término de género neutro lo explicamos en el capítulo 21.[19] Génesis 5:2 especifica que eso sucedió en el «día en que creó Dios al hombre... varón y hembra los creó ... y llamó el nombre de ellos Adán [hombre]». Nombrar a toda la raza humana con el término que también se refiere en particular a Adán, u hombre en vez de mujer, sugiere que la función de liderazgo le corresponde al hombre. Esto es similar a la costumbre de la mujer de tomar el apellido del esposo cuando ella se casa, como se hace en Estados Unidos: Significa que él es el cabeza de familia.

e. La serpiente se acercó primero a Eva: Satanás, después de haber pecado, intentaba distorsionar y socavar todo lo que Dios había planeado y creado como bueno. Es probable que Satanás (en la forma de una serpiente), al acercarse a Eva primero, estaba intentando instituir un cambio en los papeles al intentar que Eva asumiera el liderazgo en la desobediencia a Dios (Gn 3:1). Esto contrasta fuertemente con la manera en que Dios se acercó a ellos, porque cuando él les habló, le habló a Adán primero (Gn 2:15-17; 3:9). Pablo parece tener en mente esta alteración en el papel de liderazgo cuando dice: «No fue Adán el engañado, sino la mujer; y ella, una vez engañada, incurrió en pecado» (1 Ti 2:14). Esto al menos sugiere que Satanás, al ir primero a la mujer, estaba tratando de socavar el modelo de liderazgo del hombre que Dios había establecido en el matrimonio.

f. Dios le habló a Adán primero después de la Caída: Del mismo modo que Dios le habló a Adán mismo aun antes de que Eva fuera creada (Gn 2:15-17), después de la Caída, aunque fue Eva la que pecó primero, *Dios se acercó primero a Adán y le llamó* para que explicara sus acciones: «Pero Dios el Señor llamó al hombre y le dijo "¿Dónde estás?"» (Gn 3:9). Dios pensó que era a Adán, el líder de su familia, al que tenía que llamar primero para que rindiera cuentas por lo que había sucedido en la

---

[16]Vea la reflexión en Ortlund, «Male-Female Equality», pp. 102-3.

[17]Gerhard von Rad dice: «Recordémonos a nosotros mismos una vez más que el dar nombres en el Antiguo Oriente era sobre todo un ejercicio de soberanía, o de ordenar» (*Genesis: A Commentary*, ed. rev. Westminster, Filadelfia, 1972, p. 83).

[18]Vea Bilezikian, *Beyond Sex Roles*, pp. 260-61.

[19]Vea pp. 459-60.

familia. Es significativo que aunque esto es después de que el pecado tuviera lugar, es antes de que Dios le dijera a Eva: «Y él te dominará», según Génesis 3:16, donde algunos escritores dicen que empezó la función del hombre como cabeza.

g. Adán, no Eva, representaba a la raza humana: Aunque Eva pecó primero (Gn 3:6), somos contados como pecadores por causa del pecado de Adán, no del pecado de Eva. El Nuevo Testamento nos dice: «*En Adán todos* mueren» (1 Co 15:22; cf. v. 49), y «por la transgresión de *un solo hombre* murieron todos» (Ro 5:15; cf. vv. 12-21). Esto indica que Dios le había dado a Adán la tarea de ser cabeza o líder en relación con la raza humana, un papel que no le dio a Eva.

h. La maldición causó una distorsión de las funciones anteriores, no el comienzo de nuevos papeles: En los castigos que Dios dio a Adán y Eva, él no dio nuevos papeles o funciones, sino que simplemente el pecado dio lugar al dolor y la distorsión en las funciones que ya tenían. Es decir, Adán tendría la responsabilidad primaria de labrar la tierra y cultivar las cosechas, pero la tierra le daría «cardos y espinos» y con el sudor de su frente comería pan (Gn 3:18, 19). Asimismo, Eva tendría todavía la responsabilidad de concebir hijos, pero sería un proceso doloroso: «Multiplicaré tus dolores en el parto, y darás a luz tus hijos con dolor» (Gn 3:16). Como resultado del pecado aparece también el conflicto y el dolor en las relaciones entre Adán y Eva que antes había sido armoniosa. Dios dijo a Eva: «*Desearás* a tu marido, y él te dominará» (Gn 3:16). Susan Foh ha argumentado muy bien que esta palabra «desearás» (hebreo, *teshuqah*) significa «desear para conquistar», y que indica que Eva tenía el deseo ilegítimo de usurpar la autoridad de su esposo.[20] Si esta explicación de la palabra «desearás» es correcta, como parece serlo, estaría entonces indicando que Dios estaba introduciendo *conflicto* en las relaciones entre Adán y Eva y el deseo de parte de Eva de rebelarse contra la autoridad de Adán.

En lo concerniente a Adán, Dios le dijo a Eva: «Él te dominará» (Gn 3:16). Aquí la palabra «dominará» (hebreo, *mashal*) es un término fuerte que se usa generalmente para hablar del gobierno monárquico, no de la autoridad dentro de la familia.[21] La palabra no implica ciertamente ninguna «participación» en el gobierno de los gobernados, sino más bien contiene los matices del uso de la autoridad

[20]Vea Susan T. Foh, «What is the Woman's Desire?» en *WTJ*, vol. 37 (1975), pp. 376-83. Foh indica que esta misma palabra hebrea aparece en una declaración bastante paralela unos pocos versículos después, cuando Dios le dice a Caín: «El pecado está a la puerta; con todo esto, a ti será su deseo, y tú te enseñorearás de él» (n. 4:7, RVR 1960). El paralelismo en el texto hebreo entre estos dos versículos es bastante notable: seis palabras (contando conjunciones y preposiciones) son exactamente las mismas, y en el mismo orden. Otros cuatro nombres y pronombres están en la misma posición y tienen la misma función en la frase, pero difieren solo porque las partes involucradas son diferentes. Pero en esa frase el «deseo» que el pecado tiene por Caín es sin duda un *deseo por vencerlo y conquistarlo*, como es evidente por la imagen del animal que acecha a la puerta esperando que salga. El único otro ejemplo de esta palabra hebrea lo encontramos en Cantar de los Cantares 7:10, donde su significado no es claro, pero donde el sentido de «deseo de tener dominio sobre» es posible (note la progresión en el Cantares 2:16; 6:3; 7:10). No he podido encontrar ningún otro caso de esa palabra en la literatura hebrea antigua, aunque Foh sí señala hacia ciertos paralelismos en lenguajes semíticos relacionados para apoyar su argumento. (Es improbable que la palabra signifique «deseo sexual», porque eso no empezó con la caída, y no sería parte de la maldición de Dios.)

[21]Vea Dt 15:6, «Dominarás a muchas naciones, pero ninguna te dominará a ti»; Pr 22:7, «Los ricos son los amos de los pobres; los deudores son esclavos de sus acreedores»; Jue 14:4; 15:11 (de los filisteos dominando a Israel); también Gn 37:8; Pr 12:24; et al.

dictatorial, absoluta e indiferente, más bien que un gobierno considerado y cuidadoso. Sugiere dureza más que amabilidad. El sentido aquí es que Adán usaría mal su autoridad al *gobernar con severidad* sobre su esposa, creando así dolor y conflicto en una relación que antes había sido armoniosa. No es que Adán no tuviera autoridad antes de la Caída, sino que la usó mal después de la Caída.

De manera que en ambos casos, la maldición trajo una distorsión del liderazgo humilde y considerado de Adán y de la sumisión inteligente y de buena voluntad de parte de Eva a ese liderazgo que existió antes de la Caída.

i. La redención en Cristo reafirma el orden de la creación: Si es correcto el argumento anterior acerca de la distorsión de las funciones que apareció con la Caída, lo que esperaríamos encontrar en el Nuevo Testamento es la anulación de los aspectos dolorosos de las relaciones que resultaron del pecado y de la maldición. Esperaríamos que la redención en Cristo animara a las esposas a no rebelarse contra la autoridad de los esposos y animaría a los esposos a no usar su autoridad de manera impropia. En realidad eso es lo que encontramos: «Esposas, *sométanse a sus esposos*, como conviene en el Señor. Esposos, *amen a sus esposas* y no sean duros con ellas» (Col 3:18-19; cf. Ef 5:22-33; Tit 2:5; 1 P 3:1-7). Si hubiera sido una pauta pecaminosa el que las esposas se sometieran a sus esposos, Pedro y Pablo no hubieran mandado que esto se mantuviera en el matrimonio cristiano. Ellos no dicen, por ejemplo: «Procura que los cardos y espinos crezcan en tu huerto», o «Haz el dar a luz lo más doloroso que puedas», o «Manténganse alienado de Dios, aléjense de la comunión con él». La redención de Cristo tiene el propósito de *eliminar* los resultados del pecado y de la Caída en todos los sentidos: «El Hijo de Dios fue enviado precisamente para destruir las obras del diablo» (1 Jn 3:8). *Los mandamientos del Nuevo Testamento relacionados con el matrimonio no perpetúan ningún elemento de la maldición ni ninguna pauta de comportamiento pecaminoso*; más bien reafirman el orden y la distinción de los papeles que existieron desde el principio de la buena creación de Dios.

En términos de aplicación práctica, al ir creciendo en madurez en Cristo, creceremos en el deleite y en el regocijo de las diferencias sabiamente ordenadas y establecidas por Dios para las funciones dentro de la familia humana, Cuando entendemos esta enseñanza bíblica, los hombres y las mujeres debieran ser capaces de decir en sus corazones: «Esto es lo que Dios ha planeado y es bello y correcto, y me regocijo en la manera en que me ha creado y el singular papel que me ha dado». Hay belleza, dignidad y rectitud eternas en esta diferenciación de papeles tanto dentro de la trinidad como dentro de la familia humana. Sin ningún sentido de «mejor» o «peor», y sin sentido de «más importante» o «menos importante», los hombres y las mujeres debieran ser capaces de regocijarse plenamente en la manera en que Dios los creó.

3. Efesios 5:21-23 y la pregunta de la sumisión mutua. En Efesios 5 leemos:

> Esposas, sométanse a sus propios esposos como al Señor. Porque el esposo es cabeza de la esposa, así como Cristo es cabeza y salvador de la iglesia, la cual es su

cuerpo. Así como la iglesia se somete a Cristo, también las esposas deben someterse a sus esposos en todo (Ef 5:22-24).

Aunque en la superficie esto parecería confirmar lo que hemos estado argumentando arriba sobre el orden de la creación para el matrimonio, en años recientes ha habido algo de debate sobre el significado del verbo «someterse» (griego, *hypotassio*) en este pasaje. Algunas personas han entendido que significa «ser atentos y considerados; actuar con amor [uno con el otro]». Si se entiende en este sentido, entonces el texto no está enseñando que la esposa tenga una responsabilidad única en someterse a la autoridad de su esposo, porque tanto el marido como la mujer necesitan ser considerados y amorosos el uno con el otro, y porque conforme a esta interpretación la sumisión a una autoridad no aparece en este pasaje.[22]

Sin embargo, este no es un significado legítimo del término *jupotásso*, el cual siempre implica una relación de *sumisión a una autoridad*. Se usa en otras partes del Nuevo Testamento para hablar de la sujeción de Jesús a la autoridad de sus padres (Lc 2:51); de los demonios que se someten a los discípulos (Lc 10:17, claramente el significado de «actuar en amor, ser considerados» no encaja aquí); de los ciudadanos que se sujetan a las autoridades gobernantes (Ro 13:1, 5; Tit 3:1; 1 P 2:13); del universo sujeto a Cristo (1 Co 15:27; Ef 1:22); de los poderes espirituales invisibles que se sujetan a Cristo (1 P 3:22); de Cristo que se sujeta a Dios el Padre (1 Co 15:28); de los miembros de la iglesia que se someten a los líderes de la iglesia (1 Co 16:15-16 [vea 1 Clem. 42:4]; 1 P 5:5); de las esposas que se sujetan a sus esposos (Col 3:18; Tit 2:5; 1 P 3:5; cf. Ef 5:22, 24); de la iglesia que se sujeta a Cristo (Ef 5:24); de los siervos que se someten a sus amos (Tit 2:9; 1 P 2:18); de los cristianos que se sujetan a Dios (Heb 12:9; Stg 4:7). *Ninguna de estas relaciones se revierte*; es decir, nunca se les dice a los esposos que se sujeten (*jupotásso*) a sus esposas, ni los gobernantes a los ciudadanos, ni los amos a los siervos, ni los discípulos a los demonios, etc. De hecho, el término se usa fuera del Nuevo Testamento para describir la sumisión y obediencia de los soldados en un ejército a los que son de rango superior.[23]

El argumento primario que se ha usado a favor de tomar el «sométanse» en el sentido de «sea considerado con» es el uso que tiene *jupotásso* en Efesios 5:21. Allí Pablo les dice a los cristianos: «Sométanse unos a otros, por reverencia a Cristo». Varios escritores han argumentado que esto quiere decir que cada cristiano debiera someterse a los otros cristianos, y que los esposos debieran someterse *el uno al otro*. La frase «mutua sumisión» se ha usado con frecuencia para describir esta clase de relación, y ha sido entendida para implicar que no hay una clase excepcional de sumisión que la mujer le deba a su marido.

Sin embargo, el siguiente contexto define lo que Pablo quiere decir por «sométanse *unos a otros*» en Efesios 5:21: Quiere decir *«sométanse a los que en la iglesia que están en posición de autoridad sobre ustedes»*. Esto queda explicado por lo que sigue: Las esposas tienen que sujetarse a sus esposos (Ef 5:22-24), pero nunca se les dice a los esposos que se sujeten a sus esposas. De hecho, Pablo les dice a las esposas que

---

[22]Vea, por ejemplo, Bilezikian, *Beyond Sex Roles*, p. 154.
[23]Vea Josefo, *Guerras* 2.566, 578; 5.309; cp. el adverbio en 1 Clemente 37:2; también *LSJ*, p. 1897, la cual define *hypotasso* (pasivo) como significando «ser obediente».

se sujeten a «*sus propios* esposos» (Ef 5:22),[24] ¡no a todos en la iglesia ni a todos los esposos! Los hijos tienen que sujetarse a sus padres («obedezcan», Ef 6:1-3), pero no se dice que los padres se sujeten u obedezcan a sus hijos. Los siervos tienen que sujetarse («obedecer») a sus amos, pero no los amos a los siervos.[25] Por tanto, el concepto de la mutua sumisión (en el sentido de que «todos debieran someterse a todos») no es lo que se afirma en Efesios 5:21.[26] Del mismo modo, en Colosenses 3:18-19 Pablo dice: «Esposas, sométanse a sus esposos, como conviene en el Señor. Esposos, amen a sus esposas y no sean duros con ellas» (vea también Tito 2:4-5; 1 Pedro 3:1-7).

D. Una nota sobre aplicación al matrimonio

Si nuestro análisis es correcto, hay algunas aplicaciones prácticas, particularmente dentro del matrimonio, y también en cuanto a las relaciones entre hombres y mujeres en general.

Cuando los esposos empiezan a actuar en una forma egoísta, dura, dominante, e incluso abusiva, debieran darse cuenta que eso es el resultado del pecado, un resultado de la Caída, y que es destructivo y contrario a los propósitos de Dios. Actuar de esa manera causará aun más destrucción en sus vidas, especialmente en sus matrimonios. Los esposos deben cumplir con el mandamiento del Nuevo Testamento de amar a sus esposas, honrarlas, ser considerados con ellas y ponerlas las primeras en sus intereses.

Asimismo, cuando las esposas se muestran rebeldes y resentidas por la posición de liderazgo de sus esposos en la familia, o cuando compiten con ellos por el liderazgo en la familia, debieran darse cuenta que eso es el resultado del pecado, una consecuencia de la Caída. No debieran actuar de esa manera, porque el hacerlo así traerá también consecuencias destructivas para sus matrimonios. Una esposa que desea actuar en concordancia con el propósito de Dios debiera más bien ser sumisa a su esposo y estar de acuerdo en que él es el líder de su hogar y regocijarse en ello.[27]

---

[24]Traducción literal del autor del griego *idios*, «a su propio marido».

[25]El malentendido en cuanto a este versículo ha surgido por medio de la suposición de que la expresión «unos a otros» (*allelous*) debe ser completamente recíproco (es decir, «de todos a todos»). No obstante, hay muchos casos en los que no tiene ese sentido, sino que más bien significa «algunos a otros», por ejemplo en Ap 6:4, «y hacer que sus habitantes se mataran *unos a otros*» que significa «algunos matarán a otros»; en Gá 6:2, «ayúdense *unos a otros* a llevar sus cargas» que no significa que «todos debieran intercambiar sus cargas unos con otros» sino «algunos que son más capaces debieran llevar las cargas de otros que son menos capaces»; 1 Co 11:33, «cuando se reúnan para comer, espérense *unos a otros*» que significa que «los que ya están listos esperen a los que todavía no lo están»; etc. (cp. Lc 2:15; 21:1; 24:32). Del mismo modo, tanto el contexto siguiente como el significado de *hypotasso* requieren que en Efesios 5:21 signifique: «Los que están bajo autoridad debieran someterse a otros entre ustedes que tienen autoridad sobre ello» (En cuanto a la objeción de que la sumisión en el matrimonio es como la sumisión a la esclavitud, están ambos equivocados, vea capítulo 47, p. 992.)

[26]Por supuesto, todos los cristianos debieran amarse unos a otros y ser considerados unos con otros. Si eso es lo que se quiere decir por «mutua sumisión» entonces no debiera haber objeción a ello, aunque esa idea no se enseña en Efesios 5:21, sino en otras partes de las Escrituras, usando otras palabras diferentes a *hypotasso*. Pero generalmente la frase «mutua sumisión» se usa con un sentido diferente a ese, un sentido que destruye la singular autoridad del esposo en el matrimonio.

[27]Vea las consideraciones sobre lo que significa sumisión y lo que quiere decir, en la obra de W. Grudem, «Wives Like Sarah, and the Husbands Who Honor Them: 1 Peter 3:1-7», en *Recovering Biblical Manhood and Womanhood: A Response to Evangelical Feminism*, pp. 194-205.

Una vez que hemos dicho eso, debemos darnos cuenta de que hay otras dos, casi opuestas, distorsiones del modelo bíblico que pueden ocurrir. Si la tiranía de parte del esposo y la usurpación de autoridad por la esposa son *errores de agresividad*, hay otros dos errores, *errores de pasividad* o pereza. Para un esposo, el otro extremo de ser un «tirano» dominante es ser completamente pasivo y no tomar la iniciativa en la familia, que en términos castizos es ser un «pelele». En esta distorsión de modelo bíblico, el esposo llega a ser tan «considerado» con la esposa que le permite que tome todas las decisiones e incluso está de acuerdo cuando ella le insta a que haga lo que es malo (note este comportamiento en Adán, Acab y Salomón entre otros). Con frecuencia un esposo así se muestra progresivamente ausente (ya sea física o emocionalmente) del hogar y ocupa su tiempo casi exclusivamente en otras preocupaciones.

El error correspondiente de parte de la esposa, lo opuesto a intentar dominar o usurpar la autoridad del esposo, es convertirse en una persona completamente pasiva, sin contribuir para nada al proceso de toma de decisiones en la familia, y carecer de disposición para decir palabras de corrección a su esposo, aun cuando esté equivocado. La sumisión a la autoridad no significa ser enteramente pasivo y estar de acuerdo con todo lo que la persona en autoridad dice o propone. Esa no es por supuesto la manera en que nos sometemos a la autoridad de un empresario o funcionarios del gobierno (podemos ciertamente diferir de nuestro gobierno y todavía estar sometidos a él), o a la autoridad de los oficiales de una iglesia (podemos ser sumisos a ellos aunque estemos en desacuerdo con algunas de sus decisiones). Una esposa puede ciertamente estar sujeta a la autoridad de su esposo y todavía participar completamente en el proceso de toma de decisiones de la familia.

Los esposos, por tanto, debieran practicar un liderazgo amoroso, considerado y atento en sus familias. Las esposas debieran tratar de tener una sumisión activa, inteligente y gozosa a la autoridad de sus esposos. Al evitar ambas clases de errores y seguir el modelo bíblico, los esposos y las esposas descubrirán lo que de verdad significa ser hombre y ser mujer en su noble dignidad y su gozosa complementariedad, como Dios lo creó para que fueran, y de esa manera reflejar completamente la imagen de Dios en sus vidas.

PREGUNTAS DE APLICACIÓN PERSONAL

1. Si se le pidiera que fuera sincero en cuanto a sus sentimientos, ¿piensa usted que es mejor ser hombre o ser mujer? ¿Se siente feliz con el sexo que Dios le ha dado o preferiría más ser del sexo opuesto? ¿Cómo piensa que Dios quiere que usted se sienta acerca de esa cuestión?

2. ¿Puede decir con sinceridad que piensa que los miembros del sexo opuesto son igualmente valiosos a los ojos de Dios?

3. Antes de leer este capítulo, ¿había pensando que las relaciones en la familia reflejaban algo de las relaciones entre los miembros de la Trinidad? ¿Cree usted que esa es una forma útil de ver la familia? ¿Cómo le hace eso sentirse acerca de sus propias relaciones? ¿Hay maneras en las que podría reflejar de forma más completa el carácter de Dios en su familia?

4. ¿Cómo se compara la enseñanza en este capítulo sobre las diferencias en los papeles de hombres y mujeres con algunas de las actitudes que se ven en la sociedad de hoy? Si hay diferencia entre mucho de lo que la sociedad enseña y lo que las Escrituras enseñan, ¿piensa usted que habrá momentos cuando resultará difícil seguir las Escrituras? ¿Qué podría hacer su iglesia para ayudarle en esas situaciones?

5. Aparte de las cuestiones de matrimonios o de relaciones románticas, ¿piensa usted que Dios quiere que disfrutemos de momentos de compañerismo con grupos mixtos de otros hombres y mujeres cristianos? ¿Por qué cree usted que Dios puso en nuestro corazón el deseo de disfrutar de ese compañerismo? ¿Refleja eso algo de la pluralidad de personas en la Trinidad, junto con la unidad de Dios? ¿Le ayuda esto a entender cuán importante es que las personas solteras sean incluidas en las actividades de la iglesia? ¿Piensa usted que en el pasado algunos grupos religiosos han tendido a descuidar la importancia de esto o incluso prohibir equivocadamente esos grupos mixtos entre los cristianos? Sin embargo, ¿cuáles son los peligros de los que debiéramos protegernos en esas situaciones?

6. Si usted es un esposo, ¿se siente contento con el papel que Dios le ha dado en su matrimonio? Si usted es una esposa, ¿se siente contenta con la función que Dios le ha dado en su matrimonio?

TÉRMINOS ESPECIALES

diferencia en funciones	primogenitura
igualdad en personalidad	sumisión mutua

BIBLIOGRAFÍA

(Para una explicación de esta bibliografía vea la nota sobre la bibliografía en el capítulo 1, p. 40. Datos bibliográficos completos se pueden encontrar en las páginas 1298-1307.)

Secciones en Teologías Sistemáticas Evangélicas

1. Anglicana (episcopal)
   - 1882–92   Litton, 10–18
   - 1930   Thomas, 101–15
2. Arminiana (wesleyana o metodista)
   - 1875–76   Pope, 1:193–230
   - 1940   Wiley, 1:185–214
   - 1983   Carter, 1:291–94
3. Bautista
   - 1907   Strong, 145–72; 236–40
   - 1976–83   Henry, 2:69–76; 4:405–75
   - 1987–94   Lewis/Demarest, 1:147–48
4. Dispensacional
   - 1947   Chafer, 1:95–102, 124–28
   - 1949   Thiessen, 50–61

1986	Ryrie, 105–9

5. Luterana
| 1917–24 | Pieper, 1:330–48 |

6. Reformada (o presbiteriana)
1861	Heppe, 12–21, 28–31
1871–73	Hodge, 1:152–53
1887–1921	Warfield, IAB 411–18
1889	Shedd, 1:134–47
1938	Berkhof, *Intro.* 116–43
1962	Buswell, 1:193–98

Secciones en Teologías Sistemáticas Católicas Romanas Representativas

1. Católica Romana: Tradicional
   | 1955 | Ott (ningún tratamiento explícito) |

2. Católica Romana: Post-Vaticano II
   | 1980 | McBrien, 1:50–62, 201–43; 2:817–42 |

Otras obras

(Las obras marcadas * están de acuerdo en general con los puntos de vistas presentados en este capítulo, mientras que las marcadas ** no lo están.)

Bacchiocchi, Samuele. *Women in the Church. Biblical Perspectives, Berrien Springs, MI, 1987.**

Bilezikian, Gilbert. *Beyond Sex Roles: What the Bible Says about a Woman's Place in Church and Family.* 2ª ed. Baker, Grand Rapids, 1985.****

Clark, Stephen B. *Man and Woman in Christ: An Examination of the Roles of Men and Women in Light of Scripture and the Social Sciences.* Servant, Ann Arbor, 1980.**

Clouse, Bonnidell, and Robert G. Clouse. eds. *Women in Ministry: Four Views.*, 1989

Colwell, J. E. «Anthropology». En *NDT*, pp. 28-30.

Conn, H. M. «Feminist Theology». En *NDT*, pp. 255-58

Cottrell, Jack. *Feminism and the Bible: An Introduction to Feminism for Christians.* College Press, Joplin, Mo., 1992.**

Evans, Mary J. *Women in the Bible: An Overview of All the Crucial Passages on Women's Roles.* InvertVarsity Press, 1983.****

Foh, Susa. Women and the Word of God: A Response to Biblical Feminism. Presbyterians and Reformed, Phillipsburg, N.J., 1980.

Gundry, Patricia. *Heirs Together.* Zondervan, Grand Rapids, 1980.****

_____. *Women Be Free! The Clear Message of Scripture.* Zondervan, Grand Rapids, 1988.****

House, H. Wayne. *The Role of Women in Ministry Today.* Thomas Nelson, Nashville, 1990.**

Hurley, James. *Man and Women in Biblical Perspective.* Intervarsity Press, Leicester, y Zondervan, Grand Rapids, 1981.*

Jepsen, Dee. *Women: Beyond Equal Rights.* Waco, TX, 1984.*

Jewett, Paul K. *Man as Males and Female.* Eerdmans, 1975.**

Kassian, Mary A. *Women, Creation and the Fall.* Crossway, Westchester, Il., 1990.*

_____. *The Feminist Gospel: The Movement to Unite Feminism With the Church.* Crossway, Wheaton, IL, 1992.*

Knight, George W., III. *The Role Relationship of Man and Women: New Testament Teaching.* Moody, Chicago, 1985. *

Mickelsen, Alvera, ed. *Women, Authority, and the Bible.* InterVarsity Press, Downers Grove, Ill., 1986. **

Neuer, Werner. *Man and Woman in Christian Perspective.* Trad. por Gordon Wenham. Crossway, Westchester, IL, 1991. *

Piper, John. *What's the Difference? Manhood and Womanhood Defined According to the Bible.* Crossway, Westchester, IL, 1990. *

_____, y Wayne Grudem, eds. *Recovering Biblical Manhood and Womanhood: A Response to Evangelical Feminism.* Crossway, Westchester, IL, 1991. *

Spencer, Aida Besancon. *Beyond the Curse: Women Called to Ministry.* Hendrickson, Peabody, Mass., 1985. **

Tucker, Ruth A., y Walter Liefeld. *Daughters of the Church: Women in Ministry from New Testament Times to the Present.* Zondervan, Grand Rapids, 1987. **

Van Leeuwen, Mary Stewart. *Gender and Grace: Love, Work and Parenting in a Changing World.* InterVarsity Press, Leicester and Downers Grove, IL, 1990.**

PASAJE BÍBLICO PARA MEMORIZAR

Colosenses 3:18–19: *Esposas, sométanse a sus esposos, como conviene en el Señor. Esposos, amen a sus esposas y no sean duros con ellas.*

HIMNO

«La familia cristiana»

Dios ordenó la familia, bendijo a los padres e hijos,
y en su omnisciencia divina les dio leyes para guiarlos.

Coro:
Sujetaos unos a otros en fraterno amor,
mutuamente sirviendo en el temor del Señor.

A vuestros propios esposos, casadas, estad, pues sujetas,
como si fuese a Cristo, sumisas y muy respetuosas.

Amad a vuestras esposas, maridos, amad sin medida,
cual Cristo amó a la Iglesia, por ella entregando su vida.

Obedeced a los padres, hijitos, pues eso es justo;
mandato es con promesa, hacedlo al Padre con gusto.

Padres, criad a los hijos con calma y sin provocarlos,
en disciplina cristiana, confiando que Dios va a cuidarlos.

AUTOR: FELIPE BLYCKER J.
(TOMADO DE CELEBREMOS SU GLORIA # 596)

Capítulo 23

La naturaleza esencial del hombre
¿Qué quieren decir las Escrituras con «alma» y «espíritu»?
¿Son la misma cosa?

EXPLICACIÓN Y BASES BÍBLICAS

A. Introducción: Tricotomía, dicotomía y monismo

¿Cuántas partes hay en el hombre? Todos estamos de acuerdo en que tenemos cuerpos físicos. La mayoría de las personas (cristianos y no cristianos) sienten que también tienen una parte inmaterial, un «alma» que vivirá después de que sus cuerpos mueran.

Pero ahí termina el acuerdo. Algunas personas creen que además de «cuerpo» y «alma» tenemos una tercera parte, un «espíritu», que es lo que más directamente se relaciona con Dios. El concepto de que el hombre está formado de tres partes (cuerpo, alma y espíritu) se llama *tricotomía*.[1] Aunque este ha sido un punto de vista común en la enseñanza bíblica evangélica popular, pocos son los eruditos que la defienden hoy. Según muchos tricotomistas, el *alma* del hombre incluye su intelecto, sus emociones y su voluntad. Sostienen que todas las personas tienen un alma, y que los diferentes elementos del alma bien pueden servir a Dios o estar entregados al pecado. Argumentan que el *espíritu* del hombre es una facultad más elevada en el ser humano que revive cuando una persona se hace cristiana (vea Ro 8:10, RVR 1960: «Pero si Cristo está en vosotros, el cuerpo en verdad está muerto a causa del pecado, mas *el espíritu vive* a causa de la justicia»). Entonces el espíritu de una persona sería aquella parte del ser que adora y ora a Dios más directamente (vea Jn 4:24; Fil 3:3).

Otros han dicho que «espíritu» no es otra parte del hombre, sino un sinónimo de «alma», y que ambos términos son intercambiables en las Escrituras para hablar acerca de la parte inmaterial del ser humano, la parte que vive después que nuestros cuerpos mueran. El punto de vista de que el hombre esta formado de *dos partes* (cuerpo y alma/espíritu) se llama *dicotomía*. Los que sostienen este punto de vista están a menudo de acuerdo que las Escrituras usan la palabra *espíritu* (heb., rúakj, y gr. pneúma) con más frecuencia para referirse a nuestra relación con Dios, pero ese uso (dicen ellos) no es uniforme, y que la palabra alma se emplea también en todas las formas que se puede usar espíritu.

Fuera del ámbito del pensamiento evangélico encontramos otro punto de vista, la idea de que el hombre no puede existir aparte del cuerpo físico y, por tanto,

---

[1]Para una defensa de la tricotomía, vea Franz Delitzsch, *A System of Biblical Psychology*, traduc. R. E. Wallis, 2ª ed. (Baker, Grand Rapids, 1966).

no puede haber una existencia separada para un «alma» después que el cuerpo muere (aunque esta perspectiva da espacio para la resurrección de toda la persona en algún momento en el futuro). Esta perspectiva de que el hombre es solo un elemento, y que su cuerpo es la persona, se llama monismo.[2] Según el monismo, los términos bíblicos de alma y espíritu son solo otras expresiones para la «persona» misma o para la «vida» de la persona. Este punto de vista no ha sido generalmente adoptado por los teólogos evangélicos porque muchos textos bíblicos parecen afirmar claramente que nuestras almas y espíritus siguen viviendo después de que nuestros cuerpos mueren (vea Gn 35:18; Sal 31:5; Lc 23:43, 46; Hch 7:59; Fil 1:23-24; 2 Co 5:8; He 12:23; Ap 6:9; 20:4; y capítulo 42, sobre el estado intermedio, más adelante en el libro).

Pero las otras dos perspectivas se continúan sosteniendo en el mundo cristiano hoy. Aunque dicotomía ha sido afirmada más comúnmente a lo largo de la historia de la iglesia y es mucho más común entre los eruditos evangélicos de hoy, tricotomía tiene también muchos defensores.[3]

En este capítulo abogaremos por el punto de vista de la dicotomía que ve al hombre formado de dos partes, cuerpo y alma (o espíritu), pero también examinaremos los argumentos para la tricotomía.

B. La información bíblica

Antes de preguntarnos si las Escrituras ven a «alma» y «espíritu» como partes distintivas del ser humano, debemos dejar bien en claro desde el principio que el énfasis de la Biblia está en la unidad general del hombre como creado por Dios. Cuando Dios formó al hombre «sopló en su nariz hálito de vida, y el hombre se convirtió en un ser viviente» (Gn 2:7). Aquí encontramos a Adán como una persona unificada con cuerpo y alma viviendo y actuando juntos. Este estado original armonioso y unificado del hombre volverá a ocurrir cuando Cristo regrese y estemos completamente redimidos en nuestros cuerpos así como en nuestras almas para vivir con él para siempre (vea 1 Co 15:51-54). Además, tenemos que crecer en santidad y amor para Dios en cada aspecto de nuestra vida, en nuestros cuerpos así como en nuestro espíritu y almas (cf. 1 Co 7:34). Tenemos que «[purificarnos] de todo lo que contamina el cuerpo y el espíritu, para completar en el temor de Dios la obra de nuestra santificación» (2 Co 7:1).

Pero una vez que hemos hecho hincapié en el hecho de que Dios nos creó para tener una unidad de cuerpo y alma, y que cada acción que llevamos a cabo en esta vida es una acción de toda nuestra persona, involucrando hasta cierto punto tanto al cuerpo como al alma, podemos continuar señalando que las Escrituras enseñan claramente que hay una parte inmaterial de la naturaleza del hombre. Y que podemos investigar cómo es esa parte.

1. Las Escrituras usan «alma» y «espíritu» de forma intercambiable. Cuando examinamos el uso de las palabras que traducimos como «alma» (heb. *nefésh* y gr.

---

[2]Para más información, vea Millard Ericson, *Christian Theology*, pp. 524-27, y sus notas en cuanto la perspectiva de J. A. T. Robinson.

[3]Vea Louis Berkhof, *Systematic Theology*, pp. 191-92, para un estudio de los puntos de vista sostenidos en la historia de la iglesia.

psique) y «espíritu» (heb. *rúakj* y gr. *pneúma*),[4] parece que son empleadas de forma intercambiable. Por ejemplo, en Juan 12:27 (RVR 1960), Jesús dice: «Ahora está turbada mi *alma*», mientras que en un contexto muy similar en el siguiente capítulo Juan dice que Jesús «se conmovió en *espíritu*» (Jn 13:21, RVR 1960). Del mismo modo, leemos las palabras de María en Lucas 1:46-47: «Mi alma glorifica al Señor, y mi *espíritu* se regocija en Dios mi Salvador». Este parece ser un ejemplo evidente del paralelismo hebreo, recurso poético mediante el cual se repite la misma idea usando palabras diferentes, pero sinónimas. Este uso de términos intercambiables también explica por qué personas que han muerto y han ido al cielo o al infierno pueden ser llamados «espíritus» (Heb. 12:23, «los *espíritus* de los justos que han llegado a la perfección»; también en 1 P 3:19, «*espíritus* encarcelados») o «almas» (Ap 6:9, «las almas de los que habían sufrido el martirio por causa de la palabra de Dios y por mantenerse fieles en su testimonio»; 20:4, «las almas de los que habían sido decapitados por causa del testimonio de Jesús y por la palabra de Dios»).

2. En la muerte, las Escrituras dicen o que el «alma» sale o el «espíritu» sale.
Cuando Raquel murió, las Escrituras dicen: «Y aconteció que al salírsele el *alma* (pues murió)» (Gn 35:18, RVR 1960). Elías oró pidiendo: «Te ruego que hagas volver el *alma* de este niño a él» (1 R 17:21, RVR 1960), e Isaías predice que el Siervo del Señor «[derramaría] su alma [heb. *nefésh*] hasta la muerte» (Is 53:12, BAS). En el Nuevo Testamento Dios dice al rico necio: «Esta noche vienen a pedirte tu alma [gr. *psique*]» (Lc 12:20, RVR 1960). Por otro lado, a veces a la muerte se le ve como un regreso del espíritu a Dios. Por eso David puede orar diciendo, con palabras que más tarde Jesús citó en la cruz, «en tus manos encomiendo mi espíritu» (Sal 31:5; cf. Lc 23:46). En la muerte, «el *espíritu* volverá a Dios» (Ec 12:7).[5] En el Nuevo Testamento, cuando Jesús murió, «inclinó la cabeza y entregó el espíritu» (Jn 19:30), y del mismo modo Esteban antes de morir: «Señor Jesús —decía—, recibe mi espíritu» (Hch 7:59).

En respuesta a estos pasajes, un defensor de la tricotomía podría argumentar que ellos están hablando acerca de cosas diferentes, porque cuando una persona muere tanto su alma como su espíritu van al cielo. Pero debiera notarse que las Escrituras no dicen en ninguna parte que el «alma y el espíritu» de la persona salieron o fueron al cielo o fueron entregados a Dios. Si alma y espíritu fueran cosas apartes y diferentes, esperaríamos que se dijera así en alguna parte. No obstante,

---

[4]Es importante tener en mente a los largo de este capítulo que varias traducciones recientes de la Biblia (especialmente la NVI) no son coherentes en la traducción de los términos hebreo y griego indicados arriba para «alma» y «espíritu», sino que a veces usan para sustituirlos otros términos como «vida», «mente», «corazón» o «persona». La RVR-1960 tiende a ser más literal en la traducción de estas palabras en la mayoría de los casos.

En ciertos contextos estos términos pueden, por supuesto, referirse a la vida de la persona o al todo de la persona, pero también se emplean muchas veces para referirse a una parte distintiva de la naturaleza de una persona (vea BDB, pp. 659-61, 924-25; y BAGD, pp. 674-75, 893-94, para muchos ejemplos).

[5]George Ladd, *A Theology of the New Testament* (Eerdmans, Grand Rapids, 1974), dice que en el Antiguo Testamento ni al alma ni al espíritu se les «concibe como una parte del hombre capaz de sobrevivir la muerte de *basar* [carne]» (p. 459). Esta declaración no es exacta a la luz de los versículos del Antiguo Testamento que hemos citado en este párrafo. El análisis de Ladd en esta sección depende mucho del trabajo de W. D. Stacey, *The Pauline View of Man* (MacMillan, Londres, 1956), a quien Ladd cita catorce veces en las páginas 458-59. Con todo, Stacey mismo piensa que la muerte significa extinción para los seres humanos (Ladd, p. 463). Ladd también indica que Rudolf Bultmann niega enérgicamente que el hombre tenga un alma invisible o espíritu, pero el mismo Ladd rechaza el punto de vista de Bultmann cuando trata la información bíblica (vea p. 460, n. 17, y p. 464).

no lo encontramos. Los autores bíblicos no parecen preocuparse de si es el alma o el espíritu lo que sale al morir uno, porque parece que ambas palabras se refieren a lo mismo.

Debiéramos también notar que estos versículos del Antiguo Testamento citados arriba indican que no es correcto, como algunos han afirmado, decir que el Antiguo Testamento hace tanto hincapié en la unidad del hombre que no tiene concepción de la existencia del alma aparte del cuerpo. Ciertamente varios pasajes del Antiguo Testamento implican que los autores reconocen que la persona continúa existiendo después de que su cuerpo muere.

3. Se dice que el hombre es bien «cuerpo y alma» o «cuerpo y espíritu». Jesús nos dice que no tengamos temor de «los que matan el cuerpo, pero no pueden matar el alma. Teman más bien al que puede destruir alma y cuerpo en el infierno» (Mt 10:28). Aquí la palabra «alma» se debe referir claramente a la parte de la persona que existe después de la muerte. No puede significar «persona» o «vida», porque no tendría sentido hablar de los que «matan el cuerpo, pero no pueden matar la persona», o «matar el cuerpo pero no matar la vida», al menos haya algún aspecto de la persona que sigue viviendo después de que el cuerpo ha muerto. Además, cuando Jesús habla de «alma y cuerpo» parece que está hablando claramente la persona total aunque no menciona el «espíritu» como un componente separado. La palabra «alma» parece denotar la parte del hombre que no es física.

Por otro lado, a veces se dice que el hombre es «cuerpo y espíritu». Pablo quiere que la iglesia en Corinto entregue a Satanás un hermano extraviado para «destrucción de su naturaleza pecaminosa a fin de que su espíritu sea salvo en el día del Señor» (1 Co 5:5). No es que Pablo se hubiera olvidado de la salvación del alma de aquel hombre; solo está usando la palabra «espíritu» para referirse al todo de la existencia inmaterial de la persona. Asimismo, Santiago dice: «El cuerpo sin el espíritu está muerto» (Stg 2:26), pero no dice nada acerca de un alma separada. Además, cuando Pablo habla de crecer en santidad personal, aprueba a la mujer que se afana por «consagrarse al Señor tanto en cuerpo como en espíritu» (1 Co 7:34), y sugiere que esto abarca toda la vida de la persona. Habla aún de forma más explícita en 2 Corintios 7:1, donde dice: «purifiquémonos de todo lo que contamina el cuerpo y el espíritu, para completar en el temor de Dios la obra de nuestra santificación».[6] Purificarnos de la contaminación del «alma» o del «espíritu» abarca toda la parte inmaterial de nuestra existencia (vea también Ro 8:10; 1 Co 5:3; Col 2:5).

4. El «alma» puede pecar o el «espíritu» puede pecar. Todos los que defienden la tricotomía estarán generalmente de acuerdo en que el «alma» puede pecar puesto que piensan que el alma incluye el intelecto, las emociones y la voluntad. (Veremos el hecho que nuestras almas pueden pecar implícito en versículos tales como 1 P 1:22; Ap 18:14.)

---

[6]Este versículo quizá queda mejor traducido cuando se dice «haciendo que la santidad sea perfecta a los ojos de Dios», puesto que el participio presente *epitelountes* sugiere acción simultánea con el verbo principal «purifiquémonos o limpiémonos», y entonces el versículo nos da la idea de que la manera en que hacemos que la santidad sea perfecta es mediante la santificación de toda contaminación del cuerpo y del espíritu (gramaticalmente eso sería un participio de modo).

Los defensores de la tricotomía generalmente piensan que el «espíritu» es más puro que el «alma», y que cuando está renovado, está libre de pecado y es sensible al estímulo del Espíritu Santo. Esta idea (que a veces aparece en la predicación y en escritos cristianos populares no está de verdad apoyada por el texto bíblico. Cuando Pablo anima a los corintios a purificarse «de todo lo que contamina el cuerpo y el *espíritu*» (2 Co 7:1), implica claramente que puede haber contaminación (o pecado) en nuestro espíritu. Asimismo, habla de la mujer soltera que está preocupada «por consagrarse al Señor tanto en cuerpo como en *espíritu*» (1 Co 7:34). Otros versículos hablan de una forma parecida. Por ejemplo, en Deuteronomio 2:30 se dice que el Señor había endurecido el espíritu del rey de Sijón de Hesbón. El Salmo 78 habla del rebelde pueblo de Israel «cuyo *espíritu* no se mantuvo fiel a Dios» (Sal 78:8). «Antes del quebrantamiento es la soberbia, y antes de la caída la altivez de *espíritu*» (Pr 16:18, RVR 1960), y es posible que el pecador sea «altivo de espíritu» (Ec 7:8, RVR 1960). Isaías habla de «los de espíritu extraviado» Is 29:24). De Nabucodonosor se dice que «su espíritu se endureció en su orgullo, fue depuesto del trono de su reino» (Dn 5:20). El hecho de que «todos los caminos del hombre son limpios en su propia opinión, pero Jehová pesa los espíritus» (Pr 16:2) implica que es posible que nuestro espíritu esté equivocado a los ojos de Dios. Otros versículos implican la posibilidad de que tengamos pecado en el espíritu (vea Sal 32:2; 51:10). Por último, el hecho de que las Escrituras aprueben al «que se enseñorea de su *espíritu*» (Pr 16:32) implica que nuestro espíritu no es solo la parte espiritualmente pura de nuestra vida que debemos seguir en todo momento, sino que pueden tener también deseos o inclinaciones pecaminosos.

5. Todo lo que se dice que el alma hace, también se dice que lo hace el espíritu, y todo lo que se dice que el espíritu hace también lo hace el alma. Los que defienden la tricotomía se enfrentan a un problema difícil al tratar de definir claramente cuál es la diferencia entre el alma y el espíritu (desde su perspectiva). Si las Escrituras dieran apoyo claro a la idea de que nuestro espíritu es la parte de nosotros que se relaciona directamente con Dios en la adoración y en la oración, mientras que nuestra alma incluye nuestro intelecto (pensamiento), nuestras emociones (sentimientos) y nuestra voluntad (decisiones), la tricotomía tendría un argumento fuerte. Sin embargo, las Escrituras no parecen permitir que se haga ese tipo de distinción.

Por otro lado, las actividades de pensar, sentir y decidir cosas no se dice que sean decisiones del alma. Nuestro espíritu también puede experimentar emociones, por ejemplo, cuando «Pablo los esperaba en Atenas, su espíritu se enardecía viendo...» (Hch 17:16), o cuando Jesús «se conmovió en espíritu» (Jn 13:21). Es también posible tener un «espíritu triste», que es lo opuesto de un «corazón alegre» (Pr 17:22).

Además, las funciones de conocer, percibir, pensar son también realizadas por nuestros espíritus. Por ejemplo, Marcos habla de Jesús diciendo «En ese mismo instante supo [gr. *epiginosko*] Jesús en su espíritu» (Mr 2:8). Cuando el Espíritu Santo «le asegura a nuestro espíritu que somos hijos de Dios» (Ro 8:16), nuestro espíritu recibe y entiende ese testimonio, que es ciertamente una función de conocer algo. De hecho, nuestro espíritu parece conocer nuestros pensamientos con bastante profundidad, porque Pablo pregunta: «En efecto, ¿quién conoce los pensamientos del ser humano sino su propio espíritu que está en él?» (1 Co 2:11). (Cf. Is 29:24, al decir que los de «espíritu extraviado recibirán entendimiento».)

Lo que estos versículos nos están diciendo no es que sea el espíritu el que siente y piensa las cosas en vez del alma, sino más bien que el «alma» y el «espíritu» son términos que se usan para hablar en general de la parte inmaterial de la persona, y que es difícil notar alguna distinción real en el uso de esos términos.

De hecho, no debiéramos caer en el error de pensar que ciertas actividades (como pensar, sentir o decidir) las realizan solo una parte de nosotros. Más bien, esas actividades las lleva a cabo la persona total. Cuando pensamos o sentimos cosas, no hay duda de que también nuestro cuerpo físico participa en todo. Siempre que pensamos empleamos el cerebro físico que Dios nos ha dado. Del mismo modo, nuestro cerebro y nuestro sistema nervioso participan cuando sentimos emociones, y a veces esas emociones están involucradas en sensaciones físicas en otras partes del cuerpo. Esto es solo para recalcar lo que dijimos al comienzo de nuestras reflexiones, que el enfoque general de las Escrituras se centra primariamente en el hombre como una unidad, el cuerpo físico y la parte que no es física en nosotros funcionan como una unidad.

Por otro lado, la afirmación de los defensores de la tricotomía de que nuestro espíritu es ese elemento de nosotros que más se relaciona con Dios en la adoración y la oración no parece estar apoyado en las Escrituras. Con frecuencia leemos acerca del *alma* que adora a Dios y se relaciona con él en otras clases de actividades. «A ti, Señor, elevo mi *alma*» (Sal 25:1). «Sólo en Dios halla descanso mi *alma*» (Sal 62:1). «Alaba, *alma* mía, al Señor; alabe todo mi ser su santo nombre» (Sal 103:1). «Alaba, alma mía, al Señor» (Sal 146:1). «Mi alma glorifica al Señor, y mi espíritu se regocija en Dios mi Salvador» (Lc 1:46).

Estos pasajes indican que el alma puede adorar a Dios, alabarle y darle gracias. El alma puede orar a Dios, como Ana implica cuando dice: «He derramado mi alma delante de Jehová» (1 S 1:15, RVR 1960). De hecho, el gran mandamiento dice: «Ama al Señor tu Dios con todo tu corazón y con toda tu alma y con todas tus fuerzas» (Dt 6:5; cf. Mr 12:30). El alma puede anhelar a Dios y tener sed de él (Sal 42:1, 2, RVR 1960), y puede «esperar en Dios» (Sal 42:5, RVR 1960). El alma puede regocijarse y deleitarse en Dios, porque David dijo: «Mi alma se alegrará en Jehová; se regocijará en su salvación» (Sal 35:9; cf. Is 61:10, RVR 1960). El salmista dice: «Quebrantada está mi alma de desear tus juicios en todo tiempo» (Sal 119:20, RVR 1960), y «Mi alma ha guardado tus testimonios, y los he amado en gran manera» (Sal 119:167, RVR 1960). Parece que no hay nada en la vida o en las relaciones con Dios sobre lo cual las Escrituras digan que el espíritu está activo en vez del alma. Ambos términos se usan para hablar de todos los aspectos de nuestra relación con Dios.

Sin embargo, sería erróneo, a la luz de estos pasajes, sugerir que solo el alma (o el espíritu) adora a Dios, porque nuestros cuerpos participan en la adoración también. Somos una unidad de cuerpo y alma / espíritu. Nuestro cerebro físico piensa en Dios cuando le adoramos y cuando le amamos con toda nuestra «mente» (Mr 12:30). David, que anhelaba estar en la presencia de Dios, puede decir: «Mi alma tiene sed de ti, mi carne te anhela, en tierra seca y árida donde no hay agua» (Sal 63:1, RVR 1960). De nuevo leemos: «Mi corazón y mi carne cantan al Dios vivo» (Sal 84:2). Es evidente que cuando oramos en voz alta o cantamos alabanzas a Dios, los labios y las cuerdas vocales participan, y a veces en la adoración y la oración se utilizan las palmas de las manos (Sal 47:1), o elevamos las manos a Dios (Sal 28:2; 63:4; 134:2; 143:6; 1 Ti 2:8). Además, tocar instrumentos musicales para alabar a Dios es un acto en que participa el cuerpo físico así como los materiales físicos de que están hechos los instrumentos (vea Sal 150:3-5). Le adoramos con todo nuestro ser.

En conclusión, las Escrituras no parecen apoyar ninguna distinción entre alma y espíritu. Parece que no hay una respuesta satisfactoria para las preguntas que puede plantear un defensor de la tricotomía: «¿Qué puede el espíritu hacer que no pueda hacer el alma? ¿Qué puede hacer el alma que el espíritu no pueda hacer?»

C. Argumentos a favor de la tricotomía

Los que adoptan la posición de la tricotomía han apelado a algunos pasajes bíblicos para apoyarla. A continuación aparecen mencionados algunos de los que usan con más frecuencia.

1. 1 Tesalonicenses 5:23. «Que Dios mismo, el Dios de paz, los santifique por completo, y conserve todo su ser —*espíritu, alma y cuerpo*— irreprochable para la venida de nuestro Señor Jesucristo» (1 Ts 5:23). ¿No habla este versículo claramente de las tres partes del hombre?

2. Hebreos 4:12. «Ciertamente, la palabra de Dios es viva y poderosa, y más cortante que cualquier espada de dos filos. Penetra hasta lo *más profundo del alma y del espíritu*, hasta la médula de los huesos, y juzga los pensamientos y las intenciones del corazón» (He 4:12). Si la espada de las Escrituras divide el alma y el espíritu, ¿ no son estas entonces dos partes diferentes del hombre?

3. 1 Corintios 2:14—3:4. Este pasaje habla de dos clases diferentes de personas, los que son "carnales" (gr. *sárkinos*, 1 Co 3:1); los que no son espirituales (gr. *psujikós*, lit. «inmaduros», 1 Co 2:14), y los que son «espirituales» (gr. *pneumatikós*, 1 Co 2:15). ¿No sugieren estas dos categorías que hay diferentes clases de personas: los no cristianos que son «carnales», los cristianos «no espirituales» que siguen los deseos del alma y los cristianos más maduros que siguen los deseos del espíritu. ¿No sugerirá esto que el alma y el espíritu son elementos diferentes de nuestra naturaleza?

4. 1 Corintios 14:14. Cuando Pablo dice: «Si yo oro en lenguas, mi espíritu ora, pero mi entendimiento no se beneficia en nada» (1 Co 14:14), ¿no está implicando que la mente hace algo diferente del espíritu, y no apoya esto el argumento de los defensores de la tricotomía de que la mente y los pensamientos hay que asociarlos con el alma y no con el espíritu?

5. El argumento de la experiencia personal. Muchos defensores de la tricotomía dicen que tienen una percepción espiritual, una conciencia espiritual de la presencia de Dios que los afecta en una forma que saben que es diferente de sus procesos ordinarios de pensamiento y diferente de sus experiencias emocionales. Preguntan: «Si no tengo un espíritu que es algo aparte de mis pensamientos y emociones, ¿qué es eso que siento que es diferente de mis pensamientos y emociones, que solo puedo describirlo como adorar a Dios en mi espíritu y sentir su presencia en mi espíritu? ¿No hay algo en mí que es más que mi intelecto y mis emociones y mi voluntad, y no debo decir que es mi espíritu?»

6. Nuestro espíritu es lo que nos diferencia de los animales. Algunos seguidores de la tricotomía argumentan que tanto los humanos como los animales tienen almas, pero mantienen que es la presencia del espíritu lo que nos distingue de los animales.

7. El espíritu es lo que cobra vida en la regeneración. Los que abogan por la tricotomía también argumentan que cuando nos hacemos cristianos nuestro espíritu es vivificado: «Si Cristo está en vosotros, el cuerpo en verdad está muerto a causa del pecado, mas el espíritu vive a causa de la justicia» (Ro 8:10, RVR 1960).

Ahora podemos repasar las siete razones acabadas de mencionar:

D. Respuestas a los argumentos a favor de la tricotomía

1. 1 Tesalonicenses 5:23. La frase «espíritu, alma y cuerpo» no es de por sí concluyente. Pablo podía estar solo acumulando sinónimos para recalcar algo, como se hace a veces en otras partes de las Escrituras. Por ejemplo, Jesús dice: «Amarás al Señor tu Dios con todo tu *corazón*, y con toda tu *alma*, y con toda tu *mente*» (Mt 22:37). ¿Quiere decir esto que el alma es algo aparte de la mente y del corazón?[7] El problema se complica aún más en Marcos 12:30: «Y amarás al Señor tu Dios con todo tu corazón, y con toda tu alma, y con toda tu mente y con todas tus fuerzas». Si seguimos con el principio de que esas listas de términos nos hablan de partes diferentes del hombre, deberíamos añadir espíritu a esta lista (y quizá cuerpo también). ¡Tendríamos cinco o seis partes del hombre! Pero esa es ciertamente una conclusión falsa. Es mucho mejor entender que Jesús está acumulando términos sinónimos por énfasis para demostrar que debemos amar a Dios con todo nuestro ser.

Del mismo modo, en 1 Tesalonicenses 5:23 Pablo no está diciendo que alma y espíritu sean entidades diferentes, sino que, sea como sea que llamemos a nuestra parte inmaterial, desea que Dios siga santificándonos por completo para el día de Cristo.

---

[7] El «corazón» en las Escrituras es una expresión que habla de los más profundos pensamientos y sentimientos de la persona (vea Gn 6:5, 6; Lv 19:17; Sal 14:1; 15:2; 37:4; 119:10; Pr 3:5; Hch 2:37; Ro 2:5; 10:9; 1 Co 4:5; 14:25; He 4:12; 1 P 3:4; Ap 2:23; et al.).

2. Hebreos 4:12. Este versículo, que habla acerca de que la Palabra de Dios «penetra hasta partir el alma y el espíritu, las coyunturas y los tuétanos (RVR 1960» creo que se entiende mejor en una forma similar a 1 Tesalonicenses 5:23. El autor no está diciendo que la Palabra de Dios pueda partir el alma y el espíritu, sino que está usando una serie de términos (alma, espíritu, coyunturas, tuétanos, pensamientos, intenciones del corazón) para hablar de las partes internas más profundas de nuestro ser que no pueden esconderse del poder penetrante de la Palabra de Dios. Si nosotros deseamos llamarle a esto nuestra «alma», las Escrituras penetran allí y descubren nuestras intenciones más íntimas. Si deseamos llamar «espíritu» a esta parte no física más profunda de nuestro ser, entonces las Escrituras penetran allí y conocen nuestros más secretos pensamientos e intenciones. O si preferimos decir metafóricamente que lo más íntimo de nosotros está escondido en nuestras coyunturas y tuétanos, podemos decir que las Escrituras son como una espada capaz de penetrar hasta lo más adentro de nuestros huesos.[8] En todos estos casos la Palabra de Dios es tan poderosa que puede sacar a la luz toda desobediencia o falta de sumisión a Dios. En cualquier caso, el autor no está pensando que el alma y el espíritu son dos cosas diferentes; son solo términos adicionales que hablan de lo más íntimo de nuestro ser.

3. 1 Corintios 2:14—3:4. Pablo ciertamente distingue a una persona que es «natural» (*psujikós*, «inmadura») de otra que es «espiritual» (*pneumatikós*, «espiritual») en 1 Corintios 2:14—3:4). Pero en este contexto «espiritual» parece referirse a alguien «bajo la influencia del Espíritu Santo», puesto que todo el pasaje está hablando de la obra del Espíritu Santo que revela la verdad a los creyentes. En este contexto, «espiritual» podría casi ser traducido «Espiritual». Pero el pasaje no da a entender que los cristianos tengan un espíritu mientras que los que no son cristianos no lo tienen, ni que el espíritu de un cristiano está vivo, mientras que el espíritu de los que no son cristianos no lo está. Pablo no está hablando para nada de partes diferentes del hombre, sino de someternos a la influencia del Espíritu Santo.

4. Primera Corintios 14:14. Cuando Pablo dice «mi *espíritu* ora, pero mi entendimiento no se beneficia en nada», está refiriéndose a que no entiende el contenido de lo que está orando. Sí está implicando que hay un componente de su ser que no es físico, un «espíritu» dentro de él que puede hablar con Dios. Pero nada en este versículo sugiere que él considera que su espíritu es algo aparte de su alma. Esa interpretación incorrecta es solo el resultado de suponer que la «mente» es parte del alma, una afirmación de los defensores de la tricotomía que, como hemos indicado arriba, es muy difícil de apoyar con las Escrituras. Pablo probablemente podría haber dicho del mismo modo: «Mi alma ora, pero mi mente no se beneficia».[9] Lo

---

[8]Note que nosotros no dividimos coyunturas de tuétanos, porque las coyunturas son lugares donde se unen los huesos, no dónde se juntan coyunturas y tuétanos.

[9]Sin embargo, es mucho más característico de la terminología de Pablo usar la palabra «espíritu» para hablar de nuestra relación con Dios en la adoración y la oración. Pablo no usa la palabra «alma» (gr. *psique*) con mucha frecuencia (14 veces comparado con las 114 veces que aparece en el Nuevo Testamento como un todo), y cuando lo hace, se refiere con frecuencia solo a la «vida» de la persona, o como un sinónimo para una persona misma, como en Ro 9:3; 13:1; 16:4; Fil 2:30. El uso de la palabra «alma» para referirse a la parte no física del hombre es más característico de los evangelios, y de muchos pasajes del Antiguo Testamento.

que se quiere decir es que hay un elemento inmaterial de nuestra existencia que puede a veces funcionar sin que estemos conscientes de cómo está funcionando.

5. El argumento de la experiencia personal. Los cristianos tienen una «percepción espiritual», una conciencia interna de la presencia de Dios en la experiencia de la adoración y la oración. En este profundo nivel interno a veces nos podemos sentir espiritualmente angustiados o deprimidos, o quizá percibir la presencia de fuerzas demoníacas hostiles. Con frecuencia esta percepción es distinta de nuestro proceso de pensamiento racional y consciente. Pablo se dio cuenta que a veces su espíritu oraba, pero su mente no entendía (1 Co 14:14). ¿Pero ocurre esa percepción espiritual interna en algo que no es lo que la Biblia llama «alma»? Si nosotros usáramos el vocabulario de María, nos sentiríamos felices diciendo: «Mi alma glorifica al Señor» (Lc 1:46). David diría: «Alaba, alma mía, al Señor» (Sal 103:1). Jesús nos diría que amemos a Dios con toda el alma (Mr 12:30). El apóstol Pablo usa la palabra *espíritu*, pero es simplemente una diferencia en terminología y no se refiere a una parte diferente del hombre. Hay un «espíritu» dentro de nosotros que puede percibir cosas en la esfera espiritual (note Ro 8:16; también Hch 17:16), pero podríamos muy bien llamarlo «alma» y estar refiriéndonos a la misma cosa, porque las Escrituras emplean ambos términos.

6. ¿Qué nos hace diferentes de los animales? Es cierto que contamos con capacidades espirituales que nos hacen diferentes de los animales:[10] Tenemos la capacidad de relacionarnos con Dios mediante la adoración y la oración, y disfrutamos de vida espiritual en comunión con Dios quien es Espíritu. Pero no debiéramos dar por sentado que tenemos un elemento diferente llamado «espíritu» que nos permite hacer esto, porque con la mente podemos amar a Dios, leer y entender sus palabras, y creer que su Palabra es verdad. Con el alma podemos adorar a Dios y regocijarnos en él (vea más atrás). Nuestros cuerpos también resucitarán y vivirán con Dios para siempre. Por tanto, no tenemos que decir que tenemos otra parte que es diferente del alma y el cuerpo y que nos hace diferentes de los animales, porque el alma y el cuerpo (incluyendo la mente) se relacionan con Dios en formas que los animales no pueden. Más bien, lo que nos hace diferentes de los animales son las facultades espirituales que Dios ha dado al cuerpo y al alma (o espíritu).

La cuestión de si un animal tiene «alma» depende de cómo definamos el alma. Si definimos que el «alma» es el «intelecto, las emociones y la voluntad», tenemos que concluir que al menos los animales superiores tienen alma. Pero si definimos el «alma», como lo hemos hecho en este capítulo, como el elemento inmaterial de nuestra naturaleza que se relaciona con Dios (Sal 103:1; Lc 1:46; et al.) y vive para siempre (Ap 6:9), los animales no tienen alma. El hecho de que la palabra hebrea *nefésh*, «alma», se usa a veces en relación con los animales (Gn 1:21; 9:4) muestra que la palabra puede a veces significar solo «vida», pero no quiere decir que los animales tengan la misma clase de alma que el hombre.[11]

---

[10]Vea el capítulo 21, pp. 445-49, sobre las numerosas diferencias entre los seres humanos y los animales.

[11]De hecho, un pasaje incluso especula acerca del «[espíritu] de los animales» en contraste con el «espíritu del hombre» (Ec 3:21), pero en el contexto (vv. 18-22) se está expresando una perspectiva mundana y cínica que

7. ¿Se vivifica nuestro espíritu en la regeneración? El espíritu humano no es algo que está muerto en el inconverso y se vivifica cuando alguien confía en Cristo. La Biblia dice que los incrédulos tienen un espíritu que obviamente está vivo, pero que vive en un estado de rebelión contra Dios, como Sehón, rey de Hesbón (Dt 2:30: «Dios había endurecido su espíritu» RVR 1960), Nabucodonosor (Dn 2:20: «Su espíritu se endureció en su orgullo» RVR 1960) o el pueblo infiel de Israel (Sal 78:8: «Ni fue fiel para con Dios su espíritu»). Cuando Pablo dice que «el espíritu vive a causa de la justicia» (Ro 8:10, RVR 1960), aparentemente quiere decir «vivo para Dios», pero eso no implica que nuestro espíritu estuviera completamente «muerto» antes, sino que no tenían comunión con Dios y estaban muertos en ese sentido.[12] De la misma forma, todos nosotros como personas estábamos «muertos» en «transgresiones y pecados» (Ef 2:1), pero fuimos vivificados para Dios, y ahora debemos considerarnos «muertos al pecado, pero vivos para Dios» (Ro 6:11). No es que solo una parte de nosotros (llamada espíritu) ha sido vivificada, sino que nuestro ser como un todo es una «nueva creación» en Cristo (2 Co 5:17).

8. Conclusión. Aunque los argumentos a favor de la tricotomía tienen cierta fuerza, ninguno ofrece una evidencia concluyente que pueda superar el amplio testimonio de las Escrituras que muestra que los términos *alma* y *espíritu* son con frecuencia intercambiables y en muchos casos sinónimos.

Podemos también notar la observación que hace Louis Berkhof sobre el origen de la tricotomía:

> La concepción tripartita del hombre se originó con la filosofía griega, que concebía las relaciones entre el cuerpo y el espíritu del hombre en base a la analogía de las relaciones existentes entre el universo material y Dios. Se pensaba que, así como estos últimos solo podían entrar en comunión entre sí por medio de una tercera sustancia o de un ser intermediario, los primeros solo podían entrar en una relación vital entre sí por medio de un tercer elemento o intermediario, esto es, el alma.[13]

Algunos defensores de la tricotomía tienen todavía hoy la tendencia de adoptar un error relacionado con esto que se encontraba también en la filosofía griega: el concepto de que el mundo material, incluyendo nuestros cuerpos, son esencialmente malos y algo de lo que hay que escapar. El peligro está en decir que la esfera del «espíritu» es lo único que es de verdad importante, con una depreciación resultante del valor de nuestros cuerpos físicos creados por Dios y que «era muy bueno» (Gn 1:31), y que es, por tanto, algo que podemos presentar a Dios en sacrificio y servicio para él (Ro 12:1).

---

muestra la vanidad de la vida y argumenta que el hombre solo es una bestia (v. 18). En el contexto general del libro no está claro si esto es algo que el autor está animando que los lectores crean.

12Otra interpretación común de Romanos 8:10 es que Pablo no se está hablando para nada de nuestros espíritus humanos, sino que *pneuma* aquí se refiere al Espíritu Santo, como en los versículos 9 y 11, de modo que la frase quiere decir que «el Espíritu es vida [para ustedes] a causa de la justicia» (vea la traducción de la NVI): vea Douglas Moo, *Romans 1*—, *Wycliffe Exegetical Commentary* (Moody, Chicago, 1991), p. 525; John Murray, *The Epistle to the Romans*, NIC, 2 vols. (Eerdmans, Grand Rapids, 1959, 1965), 1:289-91.

13Berkhof, *Systematic Theology*, p. 191.

La tricotomía puede también tener una tendencia anti-intelectual. Si pensamos que el espíritu es el elemento nuestro que se relaciona más directamente con Dios, y si pensamos que el espíritu es algo distinto de nuestro intelecto, emociones y voluntad, podemos caer fácilmente en una clase anti-intelectual de cristianismo que piensa que el trabajo académico diligente es de cierta manera menos «espiritual», una perspectiva que contradice el mandamiento de Jesús de amar a Dios con toda nuestra «mente» (Mr 12:30) y el deseo de Pablo de que llevemos «cautivo todo pensamiento para que se someta a Cristo» (2 Co 10:5). Semejante separación de la esfera del «espíritu» de la esfera del intelecto puede llevar fácilmente al descuido de la sana doctrina o de la necesidad de la enseñanza intensiva y el conocimiento de la Palabra de Dios, en contradicción con la meta de Pablo de que él ministraría al pueblo de Dios para profundizar su «fe» y su «conocimiento de la verdad que es según la piedad» (Tit 1:1, RVR 1960; cf. v. 9). Del mismo modo, si pensamos que nuestro espíritu es una parte diferente de nosotros relacionada más directamente con Dios, podemos fácilmente empezar a descuidar el papel del estudio de la Biblia y la sabiduría madura para la toma de decisiones, y llevar a la excesiva dependencia del discernimiento «espiritual» en la esfera de la dirección, un énfasis que ha llevado, a lo largo de la historia de la iglesia, a muchos cristianos fanáticos a la enseñanza falsa y a prácticas incorrectas. Por último, la tricotomía puede llevarnos sutilmente a pensar que nuestras emociones no son importantes o no son de verdad espirituales, puesto que se piensa que son una parte del alma, no del espíritu.

Por otro lado, si apoyamos el punto de vista de la dicotomía que defiende una unidad general del hombre, resultará mucho más fácil evitar el error de menospreciar el valor de nuestro intelecto, nuestras emociones y el cuerpo físico. No pensaremos que nuestros cuerpos son algo inherentemente malo o de poca importancia. Tal perspectiva de la dicotomía dentro de la unidad nos ayudará también a recordar que, en esta vida, hay una interacción continua entre cuerpo y espíritu, y que se afectan el uno al otro: «Gran remedio es el corazón alegre, pero el ánimo decaído seca los huesos» (Pr 17:22).[14]

Además, hacer hincapié de forma saludable en la dicotomía dentro de una unidad general nos recuerda que el crecimiento cristiano debe incluir a todos los aspectos de nuestra vida. Estamos llamados a purificarnos «de todo lo que contamina el cuerpo y el espíritu, para completar en el temor de Dios la obra de nuestra santificación» (2 Co 7:1). Debemos crecer en el «conocimiento de Dios» (Col 1:10), y nuestras emociones y deseos deben conformarse cada vez más a los deseos del Espíritu (Gá 5:17), lo que trae consigo un aumento creciente en emociones piadosas como la paz, el gozo, el amor,[15] etc. (Gá 5:22).

---

[14]Aunque muchos pasajes de las Escrituras nos recuerdan que nuestros cuerpos y espíritus interactúan el uno con el otro y se afectan el uno al otro, las Escrituras no nos dicen mucho cómo lo hacen. Berkhof sabiamente dice: «El cuerpo y el alma son sustancias distintas que interactúan, aunque su manera de hacerlo escapa al escrutinio humano y permanece como un misterio para nosotros» (*Systematic Theology*, p. 195).

[15]Algunas personas objetarán diciendo que el amor no es simplemente una emoción, porque la vemos en acción y con frecuencia podemos llevar a cabo acciones amorosas a favor de otros aunque no sintamos amor hacia ellos. Yo estoy de acuerdo con esto, pero hay ciertamente un componente emocional en el amor —podemos sentir amor hacia otros— y perderíamos mucho de la riqueza de nuestra relación con Dios y con otros si tratáramos de negar esto.

E. Las escrituras hablan de una parte inmaterial del hombre que puede existir sin el cuerpo

Un cierto número de filósofos que no son cristianos han combatido vigorosamente la idea de que el hombre tenga una parte inmaterial llamada alma o espíritu.[16] Quizá en parte como respuesta a esa crítica, a algunos teólogos evangélicos se les ha visto titubear en la afirmación de la dicotomía en la existencia humana.[17] En su lugar han afirmado repetidas veces que la Biblia contempla al hombre como una unidad, un hecho que es cierto, pero que no debiera usarse para negar que las Escrituras también ven la naturaleza unificada del hombre compuesta de dos elementos diferentes. Por supuesto, algunos filósofos que asumen que no hay esfera espiritual más allá del alcance de la percepción de nuestros sentidos —y que partiendo de esa suposición argumentan que no hay Dios, cielo, ángeles ni demonios porque no los perciben nuestros sentidos— usan argumentos similares para negar la existencia de un alma dentro de los seres humanos. La percepción de que tenemos un espíritu o alma pertenece a la esfera de lo espiritual e invisible, y es, aun en los cristianos, generalmente solo una percepción débil y subjetiva. Por tanto, nuestro conocimiento de la existencia del alma humana debemos basarlo primariamente en las Escrituras, en las cuales Dios claramente testifica de la existencia de esta parte inmaterial de nuestro ser. El hecho de que esta verdad acerca de nuestra existencia no pueda conocerse con claridad aparte del testimonio de las Escrituras no debiera hacer que nos privemos de afirmarla.

Las Escrituras son muy claras en cuanto a que tenemos un alma que nos es lo mismo que nuestro cuerpo físico, y que no solo puede funcionar un tanto independientemente de nuestro proceso de pensamiento ordinario (1 Co 14:14; Ro 8:16), sino que también, cuando morimos, puede continuar actuando conscientemente y relacionándose con Dios aparte de nuestro cuerpo físico. Jesús le dijo al malhechor moribundo: «Te aseguro que hoy estarás conmigo en el paraíso» (Lc 23:43), aun cuando, en ambos casos, sus cuerpos muy pronto iban a estar muertos. Cuando Esteban estaba muriendo, sabía que pasaría inmediatamente a la presencia del Señor, porque oró diciendo: «Señor Jesús, recibe mi *espíritu*» (Hch 7:59). Pablo no le temía a la muerte, porque dice: «[Mi] deseo [es] partir y estar con Cristo, lo cual es muchísimo mejor» (Fil 1:23). Lo compara con permanecer en esta vida, lo que llama «quedar en la carne» (Fil 1:24, RVR 1960). En realidad, está diciendo, «preferiríamos *ausentarnos de este cuerpo* y vivir junto al Señor» (2 Co 5:8), lo que indicaba su confianza de que cuando muriera físicamente, su espíritu iría a la presencia del Señor y allí disfrutaría enseguida de la comunión con el Señor. El libro de Apocalipsis nos recuerda que «las almas de los que habían sufrido el martirio por causa de la palabra de Dios y por mantenerse fieles en su testimonio» (Ap 6:9) están en el cielo y pueden clamar a Dios que haga justicia en la tierra (Ap 6:10; cf. también 20:4).

Por tanto, aunque tenemos que estar de acuerdo que, en esta vida, las Escrituras nos contemplan como una unidad en la que el cuerpo y el espíritu actúan juntos como una persona, habrá un tiempo entre nuestra muerte y el día del regreso

---

[16]Vea las reflexiones de Millard Ericsson en *Christian Theology*, pp. 530-36, con notas de alguna literatura
[17]Vea, por ejemplo, G.C. Berkouwer, *Man , the Image of God*, pp. 194-233.

de Cristo cuando nuestro espíritu existirá temporalmente aparte de nuestro cuerpo físico.[18]

F. ¿De dónde procede el alma?

¿Cuál es el origen de las almas de cada uno de nosotros? Dos perspectivas han sido comunes en la historia de la iglesia.

El *creacionismo* es el punto de vista de que Dios crea un alma para cada persona y la envía al cuerpo de esa persona en algún momento entre la concepción y el nacimiento. El *traducianismo* (o generacionismo), por su parte, sostiene que el alma y el cuerpo de un niño llegan como herencia de los padres en el momento de la concepción. Ambas perspectivas han tenido numerosos defensores en la historia de la iglesia, y el creacionismo ha terminado siendo la perspectiva prevaleciente en la Iglesia Católica Romana. Lutero se mostró a favor del traducianismo, mientras que Calvino abogó por el creacionismo. Por otro lado, ha habido algunos teólogos calvinistas posteriores, tales como Jonathan Edwards y A. H. Strong que favorecieron el traducianismo (como lo hacen hoy la mayoría de los luteranos). El creacionismo ha tenido también muchos defensores entre los evangélicos de hoy.[19]

Está también el punto de vista bastante popular de la preexistencia, esto es, que las almas de las personas existen en el cielo desde mucho antes de que sus cuerpos sean concebidos en el vientre de sus madres, y que entonces Dios envía el alma a la tierra para que se una con el cuerpo del bebé al ir creciendo éste en el vientre. Pero este punto de vista no lo defienden los teólogos católicos y los protestantes tampoco y está peligrosamente relacionado con las ideas de la reencarnación que encontramos en las religiones orientales. Además, no hay apoyo para este punto de vista en las Escrituras. Antes que fuéramos concebidos en el vientre de nuestras madres, no existíamos. No éramos nada. Por supuesto, Dios podía contemplar el futuro y sabía que existiríamos, pero eso está muy lejos de decir que existíamos en tiempos remotos. Una idea así tendería a hacernos ver esta vida presente como algo de transición o poco importante y nos llevaría a pensar que la vida en este cuerpo es menos deseable, y que tener hijos y criarlos es menos importante.

Podemos decir a favor del traducianismo que Dios creó al hombre a su propia imagen (Gn 1:27), y que esto incluye una semejanza a Dios en su maravillosa facultad de «crear» otros seres humanos como nosotros mismos. Por tanto, así como el resto del mundo de los animales y las plantas tienen descendientes «según su especie» (Gn 1:24), también Adán y Eva fueron capaces de tener hijos que fueran como ellos mismos, con una naturaleza espiritual y un cuerpo físico. Entonces implica que el espíritu o el alma de los hijos de Adán y Eva se derivaban de Adán y Eva mismos. Además, las Escrituras pueden a veces decir que los descendientes estaban de alguna forma presentes en el cuerpo de alguien de la anterior generación, como cuando el autor de Hebreos dice que cuando Melquisedec se encontró con Abraham ya «Leví estaba presente en su antepasado Abraham cuando Melquisedec le salió al encuentro» (He 7:10). Por último, el traducianismo podría explicar

---

[18]Vea más sobre el estudio del «estado intermedio» entre la muerte y el regreso de Cristo en el capítulo 41, pp. 858-66.

[19]Vea, por ejemplo, Berkhof, *Systematic Theology*, pp. 196-201.

cómo puede pasar el pecado de los padres a los hijos sin hacer a Dios directamente responsable por la creación de un alma que es pecaminosa o que tiene una disposición tendiente a pecar.

Sin embargo, los argumentos bíblicos a favor del creacionismo parecen abordar más directamente al asunto y le dan un apoyo bastante fuerte a esta idea. Primero, el Salmo 127 dice: «Los hijos son una herencia del Señor, los frutos del vientre son una recompensa» (Sal 127:3). Esto indica que no solo el alma, sino toda la persona del hijo, incluyendo su cuerpo, es un don de Dios. Desde este punto de vista, parece extraño pensar que a la madre y al padre pueda atribuírseles algún aspecto de la existencia del hijo. ¿No fue al Señor a quien David dice: «tu creaste mis entrañas; me formaste en el vientre de mi madre» (Sal 139:13)? Isaías dice que Dios «da aliento al pueblo que mora sobre ella, y espíritu a los que por ella andan» (Is 42:5, RVR 1960).[20] Zacarías se refiere a Dios como el que «forma el espíritu del hombre dentro de él» (Zac 12:1, RVR 1960). El autor de Hebreos habla de Dios como el «Padre de los espíritus» (He 12:9). Al leer estos versículos resulta difícil escapar a la conclusión que Dios es quien crea nuestro espíritu o alma.

Pero debemos ser cuidadosos al sacar conclusiones basadas en esta información. Nuestras reflexiones sobre la doctrina de la providencia en el capítulo 16 demostraron que Dios generalmente actúa por medio de causas secundarias. Dios con frecuencia consigue los resultados que busca por medio de las acciones de los seres humanos. Esto es ciertamente así en la concepción y crianza de los hijos. Aun si decimos que Dios no crea almas individuales para los seres humanos antes de que estos nazcan, y que él es el que permite que los niños sean concebidos y nazcan, debemos también reconocer que sin la unión física del hombre y de la mujer en la concepción de un hijo, ¡no nace ningún niño! De manera que no debemos caer en el error de decir que el padre y la madre no tienen nada que ver en la creación de un hijo. Aun si decimos que Dios es el «Padre de los espíritus» y el Creador de toda alma humana, así como es el Creador y Hacedor de cada uno de nosotros, todavía tenemos que afirmar que Dios lleva a cabo su actividad creadora por medio del proceso maravilloso de la procreación humana. Si Dios involucra al padre y a la madre humanos hasta cierto grado en el proceso de la creación del alma así como del cuerpo, nos es imposible decirlo. Es algo que sucede en el ámbito invisible del espíritu, sobre el cual no tenemos información aparte de las Escrituras. Y en este punto las Escrituras no nos dan suficiente información para poder determinarlo.

Sin embargo, debemos decir que los argumentos mencionados arriba a favor del traducionismo no son muy convincentes. El hecho de que Adán y Eva tuvieron hijos a su propia imagen (vea Gn 5:3) podría sugerir que los hijos de alguna manera heredan un alma de sus padres, pero también podría indicar que Dios le da un alma individualmente creada al hijo y que esa alma es coherente con los rasgos hereditarios y características de personalidad que Dios le permite a ese hijo tener por descender de esos padres. La idea de que Leví estaba todavía en el cuerpo de Abraham (He 7:10) la entendemos mejor en un sentido representativo o figurado, no en un sentido literal. Además, no está hablando solo acerca del alma de Leví en

---

[20]La NVI traduce «vida» en vez de «espíritu», pero la palabra es *ruach*, la palabra hebrea común para «espíritu».

este caso, sino de Leví mismo, como una persona total, incluyendo su cuerpo y alma, aunque el cuerpo de Leví no estaba ciertamente presente en un sentido físico en ningún sentido significativo en el cuerpo de Abraham, porque no había ninguna combinación de genes distintiva en ese momento que dijera que eran las de Leví y no la de otra persona. Por último, puesto que Dios hace que sucedan los acontecimientos en el mundo físico que son coherentes con las decisiones voluntarias de los seres humanos, no parece que haya ninguna verdadera dificultad teológica en decir que Dios da a cada hijo un alma humana que tiene tendencias a pecar que son similares a las tendencias que encontramos en los padres. De hecho, leemos en los Diez Mandamientos que Dios visita «la maldad de los padres sobre los hijos hasta la tercera y cuarta generación de los que me aborrecen» (Éx 20:5, RVR 1960), y, muy aparte de la cuestión del alma humana, sabemos por la experiencia humana que los hijos en realidad tienden a imitar los rasgos de personalidad tanto buenos como malos de la vida de los padres, no solo como un resultado de la imitación sino también debido a la disposición hereditaria. Porque el hecho de que Dios da a cada niño un alma humana que está en armonía con la imitación de los padres que vemos en la vida de los hijos sería una indicación de que Dios, al crear un alma humana, actúa coherentemente con la manera en que actúa en relación con la raza humana en otros asuntos también.

En conclusión, parece que es difícil de evitar el testimonio de las Escrituras de que en efecto Dios activamente crea cada alma humana del mismo modo que está activo en todos lo que sucede en la creación. Pero no encontramos explicado en las Escrituras hasta qué grado permite él el uso de causas intermedias o secundarias (esto es, la herencia de los padres). Por tanto, no parece que sea provechoso el dedicar más tiempo a especular sobre esa cuestión

PREGUNTAS DE APLICACIÓN PERSONAL

1. En su propia experiencia cristiana, ¿está consciente de que usted es algo más que un cuerpo físico, de que tiene una parte inmaterial que podría muy bien ser llamada alma o espíritu? ¿En qué momentos está usted especialmente consciente de la existencia de su espíritu? ¿Puede usted describir cómo es eso de que el Espíritu Santo da testimonio a su espíritu de que usted es un hijo de Dios (Ro 8:16), o tener en su espíritu conciencia de la presencia de Dios (Jn 4:23; Fil 3:3), o estar angustiado en su espíritu (Jn 12:27; 13:21; Hch 17:16; 2 Co 2:13), o tener uno su espíritu adorando a Dios (Lc 1:47; Sal 103:1), o amar a Dios con toda el alma (Mr 12:30)? Por otra parte, ¿hay momentos cuando se siente espiritualmente apagado o insensible? ¿Piensa usted que un aspecto del crecimiento cristiano podría incluir una creciente sensibilidad al estado de su alma o espíritu?

2. Antes de leer este capítulo, ¿se inclinaba usted por la dicotomía o la tricotomía? ¿Cuál es su punto de vista? Si usted ha cambiado al punto de vista de la dicotomía después de leer este capítulo, ¿cree usted que tendrá un aprecio más elevado por las actividades de su cuerpo, su mente y sus emociones? Si se inclina por la tricotomía, ¿cómo puede protegerse en contra de algunos de los peligros mencionados en este capítulo?

3. Cuando uno está orando o cantando alabanzas a Dios, ¿basta con cantar o decir palabras, sin estar consciente de lo que está diciendo? ¿Es suficiente estar consciente de lo que uno está diciendo sin de verdad sentirlo? Si usted de verdad está diciendo las palabras con todo su ser, ¿qué aspectos de su persona participan en una oración y adoración genuinas? ¿Cree usted que a veces tiende a descuidar uno u otro aspecto?

4. Puesto que las Escrituras nos animan a crecer en santidad en nuestro cuerpo así como en nuestro espíritu (2 Co 7:1), ¿qué significaría específicamente para usted ser obediente a ese mandamiento?

TÉRMINOS ESPECIALES

alma
creacionismo
dicotomía
espíritu

monismo
traducianismo
tricotomía

BIBLIOGRAFÍA

(Para una explicación de esta bibliografía vea la nota sobre la bibliografía en el capítulo 1, p. 40. Datos bibliográficos completos se pueden encontrar en las páginas 1297-1306.)

Secciones en Teologías Sistemáticas Evangélicas

1. Anglicana (episcopal)
    1882–92   Litton, 113–16, 122–25
2. Arminiana (wesleyana o metodista)
    1875–76   Pope, 1:435–36
    1892–94   Miley, 1:397–403
    1940   Wiley, 2:15–19
    1960   Purkiser, 215–20
3. Bautista
    1887   Boyce, 194–212
    1907   Strong, 483–513
    1917   Mullins, 256–57, 262–64
    1983–85   Erickson, 519–40
4. Dispensacional
    1947   Chafer, 2:144–99
    1949   Thiessen, 158–67
    1986   Ryrie, 193–200
5. Luterana
    1917–24   Pieper, 1:94, 476–77
    1934   Mueller, 58, 184
6. Reformada (o presbiteriana)
    1871–73   Hodge, 2:42–77, 78–91
    1878   Dabney, 317–21

1937–66	Murray, CW 2:23–33
1938	Berkhof, 191–201
1962	Buswell, 1:237–52

7. Renovada (o carismática o pentecostal)
1988–92	Williams, 1:208–14

Secciones en Teologías Sistemáticas Católico Romanas Representativas

1. Católico Romana: tradicional
1955	Ott, 96–101

2. Católico Romana: Post Vaticano II
1980	McBrien (ninguna consideración explícita)

Otras obras

Nota: Varios de los libros en la lista de la bibliografía del capítulo 21, sobre la creación del hombre a imagen de Dios, también tienen secciones sobre la naturaleza esencial del hombre y el origen del alma.

Colwell, J. E. «Anthropology». En *NDT* pp. 28–30.

Cooper, John W. *Body, Soul, and Life Everlasting: Biblical Anthropology and the Monism-Dualism Debate*. Eerdmans, Grand Rapids, 1989.

Delitzsch, F. *A System of Biblical Psychology*. Trad. por R. E. Wallis. 2ª ed. . Baker, Grand Rapids, 1966.

Gundry, Robert H. *Soma in Biblical Theology With Emphasis on Pauline Anthropology*. Zondervan, Grand Rapids, 1987.

Heard, J. B. *The Tripartite Nature of Man*. 5th ed. T. & T, Edinburgh. Clark, 1882.

Hoekema, Anthony A. «The Whole Person». En *Created in God's Image*. *Eerdmans, Grand Rapids, y Paternoster, Exeter, 1986, pp. 203–26*.

Ladd, George Eldon. «The Pauline Psychology». En *A Theology of the New Testament*. Eerdmans, Grand Rapids, 1974, pp. 457–78.

Laidlaw, John. *The Bible Doctrine of Man*. 2ª ed. . T. & T, Edinburgh. Clark, 1905.

McDonald, H. D. «Man, Doctrine of». En *EDT* pp. 676–80.

PASAJE BÍBLICO PARA MEMORIZAR

Corintios 7:1: *Como tenemos estas promesas, queridos hermanos, purifiquémonos de todo lo que contamina el cuerpo y el espíritu, para completar en el temor de Dios la obra de nuestra santificación.*

Himno

«Quiero gozar de su presencia»

De Jesús en la presencia mi alma ansiosa quiere estar,
Quiere oír su voz hermosa, y su gloria contemplar;
En mis luchas y conflictos contra el fiero tentador,
La victoria me asegura mi glorioso Salvador,
mi glorioso Salvador.

Cuando mi alma está sedienta en mi carrera terrenal,
Bebo el agua cristalina del perenne manantial;
Con mi Salvador disfruto de tan dulce comunión,
Que transporta el alma al cielo, y conforta el corazón,
y conforta el corazón.

Si tan sólo le refiero mi quebranto y mi dolor,
Con ternura los mitiga con su bálsamo de amor;
Mis necesidades suple, nada aquí me faltará,
Ni la vida ni la muerte del Señor me apartará,
del Señor me apartará.

¿Quieres tú también gozar de la presencia del Señor,
Puedes encontrar asilo de sus alas al calor;
En tu vida la hermosura de su gloria brillará,
Y su celestial imagen en tu rostro se verá,
en tu rostro se verá.

AUTOR: ELLEN LASHMI GOREH, TRAD., S. D. ATHANS
(TOMADO DE JOYAS FAVORITAS 1 # 53)

Capítulo 24

El pecado

¿Qué es el pecado? ¿De dónde viene?
¿Heredamos la naturaleza pecaminosa de Adán?
¿Heredamos la culpa de Adán?

EXPLICACIÓN Y BASES BÍBLICAS

A. La definición de pecado

La historia de la raza humana aparece en las Escrituras primariamente como la historia del hombre en un estado de pecado y rebelión contra Dios y del plan de redención de Dios para llevar al hombre de regreso a la comunión con él. Por tanto, es apropiado considerar ahora la naturaleza del pecado que separa al hombre de Dios.

Podemos definir el pecado de la siguiente manera: *El pecado es no conformarnos a la ley moral de Dios en acciones, actitudes o naturaleza*. Lo definimos aquí en relación con Dios y su ley moral. El pecado incluye no solo las *acciones* individuales tales como robar o mentir o matar, sino también las *actitudes* que son contrarias a las actitudes que Dios requiere de nosotros. Esto lo vemos ya en los Diez Mandamientos, los cuales no solo prohíben acciones pecaminosas sino también actitudes erróneas: «No codicies la casa de tu prójimo: No codicies su esposa, ni su esclavo, ni su esclava, ni su buey, ni su burro, ni nada que le pertenezca» (Éx 20:17). Aquí Dios especifica que el deseo de robar o de cometer adulterio es también pecado ante sus ojos. El Sermón del Monte también prohíbe actitudes pecaminosas tales como el enojo (Mt 5:22) y la lujuria (Mt 5:28). Pablo menciona actitudes tales como los celos, el enojo, el egoísmo (Gá 5:20) como cosas que son las obras de la carne opuestas a los deseos del Espíritu (Gá 5:20). Por tanto, una vida que agrada a Dios tiene pureza moral no solo en las acciones, sino también en los deseos del corazón. De hecho, el más grande de los mandamientos requiere que tenga el corazón lleno de una actitud de amor a Dios: «Ama al Señor tu Dios con todo tu corazón, con toda tu alma, con toda tu mente y con todas tus fuerzas» (Mr 12:30).

La definición de pecado que hemos dado arriba especifica que el pecado es no conformarnos con la ley moral de Dios no solo en *acción* y *actitud*, sino también en nuestra *naturaleza moral*. Nuestra misma naturaleza, el carácter interno que es la esencia de quienes somos como personas, también puede ser pecaminosa. Antes de que Cristo nos redimiera, no solo cometíamos acciones pecaminosas y teníamos actitudes pecaminosas, sino que éramos pecadores por naturaleza. Por eso Pablo puede decir que «cuando *todavía éramos pecadores*, Cristo murió por nosotros» (Ro 5:8), o que anteriormente, «como los demás, éramos por naturaleza objetos de la ira de Dios» (Ef 2:3). Aun cuando está durmiendo, un inconverso, aunque no esté cometiendo acciones pecaminosas ni cultivando activamente actitudes pecaminosas, es un «pecador» a los ojos de Dios; todavía tiene una naturaleza de pecado que no se conforma a la ley moral de Dios.

Se han sugerido otras definiciones del carácter esencial del pecado. Probablemente la definición más común es decir que la esencia del pecado es egoísmo.[1] Sin embargo, esa definición es insatisfactoria porque (1) las Escrituras mismas no definen el pecado de esa manera, (2) mucho del interés propio es bueno y está aprobado por las Escrituras, como cuando Jesús manda que «acumulen para sí tesoros en el cielo" (Mt 6:20), o cuando buscamos crecer en santificación y madurez cristiana (1 Ts 4:3), o aun cuando nos acercamos a Dios por medio de Cristo Jesús para nuestra salvación. Dios sin duda apela a nuestro interés propio de personas pecaminosas cuando dice: «¡Conviértete, pueblo de Israel; conviértete de tu conducta perversa! ¿Por qué habrás de morir?» (Ez 33:11). Definir el carácter esencial del pecado como egoísmo llevaría a muchas personas a pensar que deben abandonar todo de beneficio personal, lo que es por supuesto contrario a las Escrituras.[2] (3) Mucho pecado no es egoísmo en el sentido ordinario del término, pues las personas pueden mostrar una dedicación *desinteresada* a la religión falsa o a la educación secular o humanista o a metas políticas que son contrarias a las Escrituras, sin embargo esto no sería «egoísmo» en el sentido ordinario de la palabra. Además, el odio a Dios, la idolatría y la incredulidad no son por lo general frutos del egoísmo, pero son pecados graves. (4) Una definición así podría sugerir que hay algo equivocado o pecaminoso incluso en Dios, puesto que la meta más elevada de Dios en la búsqueda de su propia gloria (Is 42:8; 43:7, 21; Ef 1:12).[3] Pero esa conclusión es claramente errónea.

Es mucho mejor definir el pecado en la manera en que las Escrituras lo hacen, en relación con la ley moral de Dios y su carácter moral. Juan nos dice que «todo el que comete pecado quebranta la ley; de hecho, el pecado es transgresión de la ley» (1 Jn 3:4). Cuando Pablo busca demostrar la pecaminosidad universal de la humanidad, apela a la ley de Dios, ya sea la ley escrita que fue dada a los judíos (Ro 2:17-29) o la ley no escrita que funciona en la conciencia de los gentiles quienes, mediante su

---

[1]Vea, por ejemplo, A. H. Strong, *Systematic Theology*, pp. 567-73. Sin embargo, Strong define el egoísmo es una manera muy específica que es diferente del sentido ordinario del término cuando se usa para hablar solo de interés propio o de interés propio a expensas de otra persona. Strong considera el egoísmo como «la elección del yo como el fin supremo lo cual constituye la antítesis del amor supremo a Dios» (p. 567) y como «la elección positiva y fundamental de preferir el yo en vez de a Dios, como el objeto de afecto y del fin supremo del ser» (p. 572). Al definir el egoísmo en relación con Dios, y específicamente como lo opuesto a amar a Dios, y como lo opuesto al «amor de aquello que es lo más característico y fundamental en Dios, es decir, su santidad» (p. 567), Strong ha hecho en realidad el «egoísmo» aproximadamente equivalente a nuestra definición (la falta de conformidad con la ley moral de Dios), especialmente en el área de la actitud (lo cual, él explica, resulta en acción). Cuando Strong define el «egoísmo» de esta forma tan poco usual, su definición no es en realidad incoherente con las Escrituras, porque él está diciendo que el pecado es lo opuesto al gran mandamiento de amar a Dios con todo tu corazón. El problema con esta definición, sin embargo, es que usa la palabra *egoísmo* en una manera que no es entendida comúnmente, y, por tanto, su definición de pecado queda con frecuencia abierta a ser malentendida. Nuestro análisis en esta sección no es objetar al pecado como egoísmo en el sentido poco usual que le da Strong, sino más bien en la manera en que el término egoísmo es generalmente entendido.

[2]Por supuesto, el egoísmo que busca nuestro propio bien a expensas de otros es erróneo, y eso es lo que las Escrituras quieren decir cuando nos dicen: «No hagan nada por egoísmo o vanidad; más bien, con humildad consideren a los demás como superiores a ustedes mismos» (Fil 2:3). Con todo, la distinción entre egoísmo en el sentido equivocado y el amor propio bíblicamente iluminado no está claro en la mente de muchas personas.

[3]Vea las reflexiones sobre el celo de Dios, p. 205.

comportamiento, «muestran que llevan escrito en su corazón lo que la ley exige, como lo atestigua su conciencia» (Ro 2:15). En cada caso su pecaminosidad queda demostrada por su falta de conformidad con la ley moral de Dios.

Por último, debiéramos notar que esta definición hace hincapié en la seriedad del pecado. Nos damos cuenta por experiencia que el pecado es perjudicial para nuestra vida, que nos trae dolor y consecuencias destructivas para nosotros y para todos los que son afectados por él. Pero definir el pecado como la falta de conformidad con la ley moral de Dios, es decir que el pecado es algo más que doloroso y destructivo, que es también *malo* en el sentido más profundo de la palabra. En un universo creado por Dios, *no se debe aprobar el pecado*. El pecado está en directa oposición a todo lo que es bueno en el carácter de Dios, y así como Dios necesaria y eternamente se deleita en sí mismo y en todo lo que él es, también necesaria y eternamente aborrece el pecado. Es, en esencia, la contradicción de la excelencia de su carácter moral. Contradice su santidad, y tiene que aborrecerlo.

B. El origen del pecado

¿De dónde viene el pecado? ¿Cómo entró en el universo? Primero, debemos afirmar claramente que Dios no pecó, y que no se le puede echar la culpa del pecado. Fue el hombre quien pecó, y fueron los ángeles los que pecaron, y en ambos casos lo hicieron adrede y voluntariamente. Culpar a Dios por el pecado sería blasfemar en contra del carácter de Dios. «Sus obras son perfectas, y todos sus caminos son justos» (Dt 32:4). Abraham pregunta con verdad y fuerza en sus palabras: «El Juez de toda la tierra, ¿no hará justicia?» (Gn 18:25). Y Eliú dice correctamente: «¡Es inconcebible que Dios haga lo malo, que el Todopoderoso cometa injusticia!» (Job 34:10). De hecho, es incluso imposible que Dios desee hacer el mal, «porque Dios no puede ser tentado por el mal, ni tampoco tienta él a nadie» (Stg 1:13).

Pero, por otro lado, nos debemos guardar del error opuesto: sería erróneo que dijéramos que hay un poder malo que existe eternamente en el universo similar o igual al poder de Dios. Decir eso sería afirmar lo que es conocido como el «dualismo» en el universo, es decir, la existencia de dos poderes igualmente supremos, uno bueno y el otro malo.[4] Tampoco debemos pensar que el pecado sorprendió a Dios ni que es un reto ni que supera su omnipotencia o su control providencial sobre el universo. Por tanto, aunque nunca debemos decir que Dios mismo pecó ni que él es el culpable del pecado, debemos también afirmar que el Dios «que hace todas las cosas conforme al designio de su voluntad» (Ef 1:11), el Dios que «hace lo que quiere con los poderes celestiales y con los pueblos de la tierra [y] no hay quien se oponga a su poder ni quien le pida cuentas de sus actos» (Dn 4:35), estableció que el pecado entrara en el mundo, aunque no se deleita en ello y aunque estableció que entrara por medio de las decisiones voluntarias de criaturas morales.[5]

---

[4]Vea las reflexiones sobre el dualismo en el capítulo 15, pp. 268-70.

[5]Vea el capítulo 16, pp. 322-30, para una consideración más completa de la providencia de Dios en relación con el mal. «Tú no eres un Dios que se complazca en lo malo» (Sal 5:4), sino que «aborrece a los que aman la violencia» (Sal 11:5), de manera que Dios ciertamente no se complace en el pecado; no obstante, para sus propios propósitos, y en una manera que todavía permanece en gran medida como un misterio para nosotros, Dios estableció que el pecado entrara en el mundo.

Aun antes de la desobediencia de Adán y Eva, el pecado ya estaba presente en el mundo angelical con la Caída de Satanás y los demonios.[6] Pero con respecto a la raza humana, el primer pecado fue el de Adán y Eva en el huerto del Edén (Gn 3:1-19). El que ellos comieran del fruto del árbol del conocimiento del bien y del mal es en muchos sentidos típico del pecado en general. Primero, el pecado ataca la base del conocimiento, porque da una respuesta diferente a la pregunta, «¿Qué es verdad». Mientras que Dios había dicho que Adán y Eva morirían si comían del fruto del árbol (Gn 2:17), la serpiente dijo: «¡No es cierto, no van a morir!» (Gn 3:4). Eva decidió dudar de la veracidad de la palabra de Dios y llevó a cabo un experimento para comprobar si Dios les había dicho la verdad.

Segundo, el pecado ataca la base de las normas morales porque da una respuesta diferente a la pregunta «¿Qué es lo bueno?» Dios había dicho que era moralmente correcto para Adán y Eva no comer del fruto de aquel árbol (Gn 2:17). Pero la serpiente sugirió que estaría bien el comer, y que al hacerlo Adán y Eva llegarían «a ser como Dios» (Gn 3:5). Eva confió en su propia evaluación de lo que era recto y de lo que sería bueno para ella, en vez de permitir que la palabra de Dios definiera lo que era bueno o malo. «Vio que el fruto del árbol era bueno para comer, y que tenía buen aspecto y era deseable para adquirir sabiduría, así que tomó de su fruto y comió» (Gn 3:6).

Tercero, su pecado dio una respuesta diferente a la pregunta «¿Quién soy yo?» La respuesta correcta era que Adán y Eva eran criaturas de Dios, dependientes de él y subordinadas a él como Creador y Señor. Pero Eva, y luego Adán, sucumbieron a la tentación de ser «como Dios» (Gn 3:5), con lo que intentaron ponerse en el lugar de Dios.

Es importante insistir en la veracidad histórica del relato de la Caída de Adán y Eva. Así como la narración de la creación de Adán y Eva está ligada al resto de la narrativa histórica del libro del Génesis,[7] también este relato de la Caída del hombre, que sigue a la narración de la creación del hombre, el autor lo presenta en una forma sencilla e histórica. Además, los autores del Nuevo Testamento se basan en estos relatos para afirmar que «por medio de un solo hombre el pecado entró en el mundo» (Ro 5:12) e insisten en que «el juicio que lleva a la condenación fue el resultado de un solo pecado» (Ro 5:16) y que «la serpiente con su astucia engañó a Eva» (2 Co 11:3; cf. 1 Ti 2:14). La serpiente, sin duda alguna, era una serpiente física auténtica, pero que hablaba porque Satanás con su poder lo hacía por medio de ella (cf. Gn 3:15 con Ro 16:20; también Nm 22:28-30; Ap 12:9; 20:2).

Por último, debiéramos notar que todo pecado es en última instancia irracional. No tenía sentido que Satanás se rebelara contra Dios con la expectativa de poder exaltarse por encima de Dios. Como tampoco tuvo sentido que Adán y Eva pensaran que podía haber alguna ganancia en desobedecer las palabras de su Creador. Estas fueron decisiones necias. La persistencia de Satanás de seguir rebelándose en contra de Dios es todavía una decisión insensata, como lo es la decisión de los seres humanos de continuar en un estado de rebelión contra Dios. No es una

---

[6]Vea las consideraciones sobre el pecado de los ángeles en el capítulo 20, pp. 412-14.

[7]Vea también el capítulo 15, pp. 278-79, sobre la necesidad de insistir en la historicidad de Adán y Eva como personas específicas.

decisión sabia, pero «dice el necio en su corazón: "No hay Dios"» (Sal 14:1). Es el «necio» en el libro de Proverbios el que temerariamente se mete en toda clase de pecados (vea Pr 10:23; 12:15; 14:7, 16; 15:5; 18:2; et al.). Aunque las personas a veces se convencen a sí mismas de que tienen buenas razones para pecar, cuando se examine a la fría luz de la verdad en el día del juicio, se verá en cada caso que el pecado en última instancia no tiene sentido.

C. La doctrina del pecado heredado[8]

¿Cómo nos afecta el pecado de Adán? Las Escrituras nos enseñan que heredamos el pecado de Adán en dos formas.

1. Heredamos la culpa: Somos declarados culpables a causa del pecado de Adán. Pablo explica los efectos del pecado de Adán de la siguiente manera: «Por medio de un solo hombre el pecado entró en el mundo, y por medio del pecado entró la muerte; fue así como la muerte pasó a toda la humanidad, porque todos pecaron» (Ro 5:12). El contexto nos dice que Pablo no está hablando de los pecados que las personas cometen cada día, porque todo el párrafo (Ro 5:12-21) está haciendo una comparación entre Adán y Cristo. Nos está diciendo que por medio del pecado de Adán la muerte se extendió a todos los hombres pues todos pecaron.[9]

La idea de que «todos pecaron» significa que Dios piensa de nosotros como que todos pecamos cuando Adán desobedeció, queda aun más recalcado en los dos siguientes versículos, donde Pablo dice:

> Antes de promulgarse la ley, ya existía el pecado en el mundo. Es cierto que el pecado no se toma en cuenta cuando no hay ley; sin embargo, desde Adán hasta Moisés la muerte reinó, incluso sobre los que no pecaron quebrantando un mandato, como lo hizo Adán, quien es figura de aquel que había de venir. (Ro 5:13-14)

Pablo nos está diciendo aquí que desde el tiempo de Adán al tiempo de Moisés, las personas no tenían la ley escrita de Dios. Sus pecados no fueron «tomados en cuenta» (como infracciones de la ley), pero no obstante murieron. El hecho de que murieron es una buena prueba de que Dios los consideró culpables en base del pecado de Adán.

---

[8]Estoy usando la frase «pecado heredado» más bien que la designación más común de «pecado original» porque la frase «pecado original» parece que se malentiende con facilidad en su referencia al primer pecado de Adán, más bien que a nuestro pecado como un resultado de la caída de Adán (tradicionalmente el significado técnico). La frase «pecado heredado» se entiende mucho mejor y está menos sujeta a malentendidos. Algunos pueden objetar que, hablando técnicamente, no «heredamos» culpa ya que Dios nos ha imputado directamente y no nos ha llegado por medio de la herencia de nuestros padres como sucede con la tendencia a las acciones pecaminosas (llamadas tradicionalmente «contaminación original», y que aquí las llamamos «corrupción heredada»). Pero el hecho de que nuestra culpa legal la heredamos directamente de Adán y no por medio de una línea de antepasados no hace que sea menos heredada. La culpa es nuestra porque perteneció a nuestro primer padre, Adán, y la heredamos de él.

[9]El aoristo de indicativo del verbo *hemarton* en las narrativas históricas indica una acción pasada completada. Pablo está diciendo aquí que algo sucedió y que fue completado en el pasado, esto es, «porque todos pecaron». Pero no era cierto que todos los hombres hubieran cometido acciones pecaminosas en el tiempo en que Pablo estaba escribiendo, pero algunos incluso ni siquiera habían nacido, y muchos otros habían muerto en la infancia antes de cometer ningún acto consciente de pecado. De modo que lo que Pablo está diciendo es que cuando Adán pecó, Dios consideró cierto que todos los hombres pecaron en Adán.

La idea de que Dios nos consideró culpables debido al pecado de Adán se sigue reafirmando aun más en Romanos 5:18-19:

Así como una sola transgresión causó la condenación de todos, también un solo acto de justicia produjo la justificación que da vida a todos. Porque así como por *la desobediencia de uno solo muchos fueron constituidos pecadores*, también por la obediencia de uno solo muchos serán constituidos justos.

Pablo está diciendo aquí explícitamente que por medio de la transgresión de un solo hombre «muchos fueron constituidos [gr. *kadsísthmi*, que es también un aoristo de indicativo que habla de una acción pasada completada] pecadores». Cuando Adán pecó, Dios consideró pecadores a todos los descendientes de Adán. Aunque nosotros todavía no existíamos, Dios, mirando al futuro y sabiendo que existiríamos, empezó a considerarnos culpables como Adán. Esto es también coherente con la declaración de Pablo de que «cuando todavía éramos pecadores, Cristo murió por nosotros» (Ro 5:8). Por supuesto, algunos de nosotros ni siquiera existíamos cuando Cristo murió; pero, no obstante, Dios nos consideró pecadores que necesitábamos salvación.

La conclusión que podemos sacar de estos versículos es que todos los miembros de la raza humana estaban representados por Adán en el momento de su prueba en el huerto del Edén. Como nuestro representante, Adán pecó, y Dios nos consideró a nosotros culpables como también a Adán. (Un término técnico que se usa a veces en este contexto es *imputar*, que significa «atribuir a otro una culpa, delito o acción reprobable».) Dios consideró que la culpa de Adán nos correspondía a nosotros, y puesto que Dios es el Juez supremo de todas las cosas en el universo, y dado que sus pensamientos son siempre correctos, la culpa es nuestra también. Dios correctamente nos imputó la culpa de Adán.

A veces a la doctrina del pecado que heredamos de Adán se le llama doctrina del «pecado original». Como expliqué anteriormente,[10] no estoy usando esa expresión. Si se usa esa expresión, debiera recordarse que el pecado del que se habla no se refiere al primer pecado de Adán, sino a la culpa y tendencia a pecar con las que nacemos. Es «original» en el sentido de que procede de Adán, y es también original en que lo tenemos desde el comienzo de nuestra existencia como personas, pero es con todo del pecado nuestro, no del pecado de Adán, de lo que se habla. Paralela a la frase «pecado original» está la frase «culpa original». Esto es ese aspecto de la herencia de pecado de Adán de la que hemos estado hablando arriba, el concepto de que heredamos la culpa de Adán.

Cuando nos enfrentamos por primera vez a la idea de que se nos considera culpables por causa del pecado de Adán, nuestra tendencia es a protestar porque nos parece injusto. En realidad no decidimos pecar, ¿no es cierto? ¿Cómo entonces se nos puede considerar culpables? ¿Es justo que Dios así actúe?

Podemos decir tres cosas para responder a esto: (1) Todo el que protesta diciendo que esto es injusto olvida que él también ha cometido voluntariamente muchos auténticos pecados por los cuales Dios también lo considera culpable. Estos

---

[10]Vea la nota 8.

constituirán la base primaria sobre la que se nos juzgará en el día final, porque Dios «pagará a cada uno según lo que *merezcan sus obras*» (Ro 2:6), y «el que hace el mal *pagará por su propia maldad*» (Col 3:25). (2) Además, algunos han argumentado, «si hubiéramos estado en el lugar de Adán, también habríamos pecado como él lo hizo, y nuestra subsiguiente rebelión contra Dios lo demuestra». Pienso que esto es probablemente cierto, pero no parece ser un argumento concluyente, porque supone demasiado acerca de lo que podía haber sucedido o no sucedido. Esa incertidumbre puede que no ayude mucho a aliviar el sentido de que hay injusticia de algunos.

(3) La respuesta más persuasiva a esta objeción es señalar que si pensamos que es injusto estar representados por Adán, debiéramos también pensar que es injusto estar representados por Cristo y que Dios anote a nuestro favor su justicia. Porque el procedimiento que Dios usó fue el mismo, y eso es exactamente lo que Pablo está diciendo en Romanos 5:12-21: «Porque así como por *la desobediencia de uno solo muchos fueron constituidos pecadores*, también por la obediencia de uno solo muchos serán constituidos justos» (Ro 5:19). Adán nuestro primer representante, pecó, y Dios nos consideró a nosotros culpables. Pero Cristo, el representante de todos los que creen en él, obedeció a Dios perfectamente, y Dios nos considera justos. Esta es sencillamente la manera en que Dios estableció que funcionara la raza humana. Dios considera a la raza humana como un todo orgánico, representada por Adán como su cabeza. Y Dios también tiene a la nueva raza de cristianos, a los que son redimidos por Dios, como un todo orgánico, una unidad representada por Cristo como cabeza de su pueblo.

Sin embargo, no todos los teólogos evangélicos están de acuerdo en que se nos considera culpables a causa del pecado de Adán. Algunos, especialmente los teólogos arminianos, piensan que esto sería injusto de parte de Dios y no creen que Pablo lo esté enseñando en Romanos 5.[11] No obstante, evangélicos de todas las denominaciones sí están de acuerdo en que recibimos una disposición pecaminosa o una tendencia al pecado como una herencia de Adán, tema que vamos a considerar a continuación.

2. Corrupción heredada: Tenemos una naturaleza pecaminosa a causa del pecado de Adán. Además de la culpa legal que Dios nos imputa por causa del pecado de Adán, también heredamos una naturaleza pecaminosa debido al pecado de Adán. Esta naturaleza pecaminosa heredada es llamada a veces el «pecado original» y a veces se la llama con más precisión «contaminación original». Yo he usado en su lugar la expresión «corrupción heredada» porque parece expresar más claramente la idea específica que tenemos entre manos.

David dice: «Yo sé que soy malo de nacimiento; pecador me *concibió* mi madre» (Sal 51:5). Algunos han pensado equivocadamente que lo que tenemos aquí es el pecado de la madre de David, pero eso es incorrecto, porque nada en el contexto tiene que ver con la madre de David. David está confesando su propio pecado personal a lo largo de toda esta sección. Dice:

---

[11]Vea, por ejemplo, un estudio completo en H. Orton Wiley, *Christian Theology*, 3 vols. (Beacon Hill Press, Kansas City, Mo, 1941-49), 3:109-40.

> Ten compasión de *mí*, oh Dios,
> ...borra *mis* transgresiones.
> Lávame de toda *mi* maldad
> y límpiame de *mi* pecado.
> Yo reconozco *mis* transgresiones;
> Contra ti *he* pecado... (Sal 51:1-4)

David está tan abrumado por sus sentimientos de culpabilidad que cuando examina su vida se da cuenta de que ha sido pecador desde el principio. En todo lo que recuerda de sí mismo, siempre ha tenido una naturaleza pecaminosa. De cuando nació, dice: «Yo sé que soy malo de nacimiento». Además, aun antes de haber nacido tenía una disposición al pecado y afirma que en el momento de la concepción tenía una naturaleza de pecador por que «pecador me *concibió* mi madre» (Sal 51:5). Esta es una declaración bien fuerte de la tendencia al pecado heredada que está en nuestra vida desde el principio. Una idea similar aparece en el Salmo 58:3: «Los malvados se pervierten desde que nacen, desde el vientre materno se desvían los mentirosos».

Por tanto, nuestra naturaleza incluye una disposición al pecado por lo que Pablo puede afirmar que antes que fuéramos cristianos, «como los demás, éramos por naturaleza objeto de la ira de Dios» (Ef 2:3). Todos los que han criado hijos pueden dar testimonio experimental de que todos nacemos con esa tendencia a pecar. A los niños no hay que enseñarlos a hacer lo malo; lo descubren por sí mismos. Lo que nosotros tenemos que hacer como padres es enseñarlos a hacer lo bueno, criarlos «según la disciplina e instrucción del Señor» (Ef 6:4).

Esta tendencia al pecado heredada no quiere decir que los seres humanos son todo lo malvados que podían ser. Las sujeciones de la ley civil, las expectativas de la familia y de la sociedad, y la convicción de la conciencia humana (Ro 2:14-15) nos proveen de restricciones a las influencias de las tendencias pecaminosas del corazón. Por tanto, por la «gracia común» de Dios (esto es, el favor inmerecido que él da a todos los seres humanos), las personas han podido hacer mucho bien en cuanto a la educación, el desarrollo de la civilización, el progreso científico y tecnológico, el desarrollo de la belleza y las habilidades en las artes, el desarrollo de leyes justas y actos generales de benevolencia y bondad humanas hacia los demás.[12] De hecho, cuanta más influencia cristiana haya en una sociedad en general, más claramente se verá también la influencia de la «gracia común» en la vida de los incrédulos. Pero a pesar de la capacidad de hacer el bien en muchos sentidos de la palabra, nuestra corrupción heredada, nuestra tendencia a pecar, que recibimos de Adán, significa que en lo que a Dios le concierne no podemos hacer nada que le agrade. Esto lo podemos ver en dos formas:

a. En nuestras naturalezas carecemos totalmente de bien espiritual ante Dios:
No es cuestión de que algunas partes de nosotros sean pecaminosas y otras puras. Más bien, cada parte de nuestro ser está afectado por el pecado: nuestros intelectos,

---

[12]Vea capítulo 31, pp. 657-58, sobre la gracia común.

emociones, deseos, corazones (el centro de nuestros deseos y de toma de decisiones), nuestras metas y motivos e incluso nuestros cuerpos físicos. Pablo dice: «Yo sé que en mí, es decir, en mi naturaleza pecaminosa, nada bueno habita» (Ro 7:18), y, «para los corruptos e incrédulos no hay nada puro. Al contrario, tienen corrompidas la mente y la conciencia» (Tit 1:15). Además, Jeremías nos dice: «Nada hay tan engañoso como el corazón. No tiene remedio. ¿Quién puede comprenderlo?» (Jer 17:9). En estos pasajes las Escrituras no están negando que los incrédulos puedan hacer bien a la sociedad en *algunos sentidos*; pero sí están negando que puedan hacer algún bien *espiritual* o ser buenos *en términos de relación con Dios*. Aparte de la obra de Cristo en nuestra vida, somos como los demás incrédulos que «a causa de la ignorancia que los domina y por la dureza de su corazón, éstos tienen oscurecido el entendimiento y están alejados de la vida que proviene de Dios» (Ef 4:18).[13]

b. En nuestras acciones estamos totalmente incapacitados de hacer el bien delante de Dios: Esta idea está relacionada con la anterior. No solo somos pecadores que carecemos de todo bien espiritual en nosotros, sino que también carecemos de la capacidad de agradar a Dios y la posibilidad de acercarnos a Dios por nosotros mismos. Pablo dice que «los que viven según la naturaleza pecaminosa *no pueden agradar a Dios*» (Ro 8:8). Además, en términos de llevar fruto para el reino de Dios y hacer lo que le agrada a él, Jesús dice: «Separados de mí no pueden ustedes hacer nada» (Jn 15:5). De hecho, los incrédulos no agradan a Dios, si no por otra razón, simplemente porque sus acciones no se deben a que tengan fe en Dios ni a que lo amen, y «sin fe es imposible agradar a Dios» (He 11:6). Refiriéndose a cuando los lectores de Pablo eran incrédulos, Pablo les dice: «En otro tiempo ustedes estaban muertos en sus transgresiones y pecados, en los cuales andaban» (Ef 2:1-2). Los incrédulos están en un estado de esclavitud y sometimiento al pecado, porque «todo el que peca es esclavo del pecado» (Jn 8:34). Aunque desde un punto de vista humano las personas pueden ser capaces de hacer mucho bien, Isaías afirma que «todos nuestros actos de justicia son como trapos de inmundicia» (Is 64:6; cf. Ro 3:9-20). Los incrédulos no pueden entender las cosas de Dios correctamente, porque «el hombre natural no percibe las cosas que son del Espíritu de Dios, porque para él son locura, y no las puede entender, porque se han de discernir espiritualmente» 1 Co 2:14, RVR 1960). Tampoco podemos acudir a Dios por nuestros propios recursos, porque Jesús dijo: «Nadie puede venir a mí si no lo atrae el Padre que me envió» (Jn 6:44).

Pero si tenemos una incapacidad total de hacer el bien espiritual a los ojos de Dios, ¿tenemos todavía libertad de elegir? Por supuesto, todos los que se encuentran fuera de Cristo todavía pueden tomar decisiones voluntarias, es decir, ellos deciden lo que quieren hacer, y lo hacen. En este sentido todavía hay cierta clase de «libertad» en las decisiones que las personas toman.[14] No obstante, debido a su incapacidad para hacer el bien y escapar de su rebelión fundamental contra Dios y de su

---

[13]Esta falta total de bien espiritual e incapacidad para hacer el bien delante de Dios ha sido llamada tradicionalmente «depravación total», pero no usaré esa frase aquí porque se malentiende con facilidad. Da la impresión de que los incrédulos no pueden hacer ninguna clase de bien en *ningún sentido*, un significado que no está implícito en el término o en la doctrina.

[14]Vea el análisis sobre la cuestión del libre albedrío en el capítulo 16, pp. 330-31.

preferencia fundamental por el pecado, los incrédulos no tienen libertad en el sentido más importante de la libertad: la libertad de hacer el bien y lo que agrada a Dios.

La aplicación para nuestra vida es bastante evidente. Si Dios le da a alguien el deseo de arrepentirse y confiar en Cristo, esa persona no debe demorarse y endurecer su corazón (cf. He 3:7-8; 12:17). Esta capacidad de arrepentirse y desear confiar en Dios no es nuestra de forma natural, sino que nos viene por el estímulo del Espíritu Santo, y no durará para siempre. «Si ustedes oyen hoy su voz, no endurezcan el corazón» (He 3:15).

D. Pecados en la vida

1. Todos somos pecadores ante Dios. Las Escrituras dan testimonio en muchos lugares de la pecaminosidad universal de la humanidad. «Todos se han descarriado, a una se han corrompido. No hay nadie que haga lo bueno; ¡no hay uno solo!» (Sal 14:3). David dice: «Ante ti nadie puede alegar inocencia» (Sal 143:2). Y Salomón dice: «Ya que no hay ser humano que no peque» (1 R 8:46; cf. Pr 20:9).

En el Nuevo Testamento, Pablo desarrolla un amplio razonamiento en Romanos 1:18—3:20 mostrando que todas las personas, tanto judíos como griegos, son culpables delante de Dios. Dice: «Ya hemos demostrado que tanto los judíos como los gentiles están bajo el pecado. Así está escrito: "No hay un solo justo, ni siquiera uno"» (Ro 3:9-10). Pablo está seguro de que «todos han pecado y están privados de la gloria de Dios» (Ro 3:23). Santiago, el hermano del Señor, confiesa: «Todos fallamos mucho» (Stg 3:2), y si él, un líder y apóstol[15] en la naciente iglesia, podía confesar que había tenido muchos fallos, nosotros también deberíamos estar dispuestos a reconocerlo. Juan, el discípulo amado, quien estuvo siempre muy cerca de Jesús, dijo:

Si afirmamos que no tenemos pecado, nos engañamos a nosotros mismos y no tenemos la verdad. Si confesamos nuestros pecados, Dios, que es fiel y justo, nos los perdonará y nos limpiará de toda maldad. Si afirmamos que no hemos pecado, lo hacemos pasar por mentiroso y su palabra no habita en nosotros. (1 Jn 1:8-10)[16]

---

[15]Vea la nota en el capítulo 3, p. 62, sobre si Santiago el hermano del Señor era un apóstol.

[16]Algunas explicaciones populares de este pasaje niegan que el v. 8 se aplique a todos los cristianos. Esta posición la toman a fin de decir que algunos cristianos pueden llegar a estar perfectamente libres del pecado en esta vida, si llegan al estado de perfecta santificación. Según este punto de vista, el v. 8 («Si afirmamos que no tenemos pecado, nos engañamos a nosotros mismos y no tenemos la verdad») se aplica a los cristianos antes de que llegue a la etapa de perfección sin pecado. La frase siguiente que habla de nuestra confesión a Dios y que Él nos limpia de «toda maldad» incluye el proceso de lidiar con el pecado pasado y recibir el perdón. Entonces la última parte (v. 10) ya no incluye a los que han alcanzado el estado de perfección sin pecado, ya no necesitan decir que han pecado en el presente en sus vidas, sino solo admitir que habían pecado en el pasado. Para ellos es cierto «Si afirmamos que no hemos pecado, lo hacemos pasar por mentiroso» (1 Jn 1:10).

Pero esta explicación no es persuasiva, porque Juan escribe la primera frase en el tiempo presente, y es algo que es cierto de todos los cristianos en todos los tiempos. Juan no escribe: «Si decimos mientras éramos cristianos inmaduros que no tenemos pecado, nos engañamos a nosotros mismos». Tampoco dice (como este punto de vista sostiene): «Si nosotros decimos, antes de haber alcanzado el estado de perfección sin pecado, que no tenemos pecado, nos engañamos a nosotros mismos». Más bien, al final de su vida, al escribir una carta general a todos los cristianos, incluyendo a los que habían crecido en madurez en Cristo por décadas, Juan dice en términos que no dejan duda algo que él cree que es cierto de todos los cristianos a quienes escribe: «Si afirmamos que no tenemos pecado, nos engañamos a nosotros mismos y no tenemos la verdad». Esta es una declaración clara que se aplica a todos los cristianos mientras están en esta vida. Si decimos que no se aplica «nos engañamos a nosotros mismos».

2. ¿Nos limita nuestra habilidad en nuestra responsabilidad? Pelagio, un popular maestro cristiano que ministró en Roma en los años 383-410 d.C. y posteriormente (hasta el 424 d.C.) en Palestina, enseñó que Dios solo le hace responsable al hombre de lo que es *capaz* de hacer. Puesto que Dios nos advierte que hagamos el bien, debemos tener la capacidad el hacer el bien que Dios manda. La posición pelagiana rechaza la doctrina del «pecado heredado» (o «pecado original») y mantiene que el pecado consiste solo de acciones pecaminosas separadas.[17]

Sin embargo, la idea de que solo somos responsables ante Dios de lo que tenemos la capacidad de hacer es contraria al testimonio de las Escrituras, que afirman que estábamos *muertos* en las transgresiones y pecados en que andábamos (Ef 2:1), y en consecuencia no podemos hacer ningún bien espiritual, y todos somos culpables ante Dios. Además, si nuestra responsabilidad ante Dios estuviera limitada a nuestra capacidad, los pecadores extremadamente endurecidos, que están muy esclavizados en el pecado, podrían ser menos culpables ante Dios que los cristianos maduros que se esfuerzan a diario por obedecerle. Y Satanás mismo, que eternamente solo puede hacer el mal, no tendría culpa en lo absoluto, lo que es sin duda una conclusión incorrecta.

La verdadera medida de nuestra responsabilidad y culpa no es nuestra capacidad de obedecer a Dios, sino más bien la absoluta perfección de la ley moral y la santidad de Dios (que se refleja en esa ley). «Por tanto, sean perfectos, así como su Padre celestial es perfecto» (Mt 5:48).

3. ¿Son los infantes culpables antes de haber cometido pecados auténticos?

Algunos sostienen que las Escrituras enseñan una «edad de responsabilidad» antes de la cual los niños pequeños no son considerados responsables del pecado y no son tenidos como culpables ante Dios.[18] Sin embargo, los pasajes mostrados arriba en la Sección C acerca del «pecado heredado» indican que aun antes del nacimiento los niños tienen culpa delante de Dios y una naturaleza pecaminosa que no solo les da una tendencia al pecado, sino que también hace que Dios los vea como «pecadores». «Yo sé que soy malo de nacimiento; pecador me concibió mi madre» (Sal 51:5). Los pasajes que hablan del juicio final en términos de auténticas acciones pecaminosas que han sido hechas (p. ej. Ro 2:6-11) no dicen nada acerca de las bases del juicio cuando no ha habido acciones individuales buenas o malas, como cuando los niños mueren siendo bebés. En tales casos debemos aceptar las Escrituras que dicen que tenemos una naturaleza pecaminosa desde antes del nacimiento. Además, tenemos que reconocer que la naturaleza pecaminosa del niño se manifiesta muy temprano, ciertamente dentro de los dos primeros años de la vida del niño, como puede afirmarlo todo el que ha tenido hijos. (David dice en otro lugar: «Los malvados se pervierten desde que *nacen*, desde el *vientre materno* se desvían los mentirosos» (Sal 58:3.)

---

[17]El pelagianismo estuvo más fundamentalmente preocupado con la cuestión de la salvación, sosteniendo que el hombre puede dar por sí mismo el primero y los más importantes pasos hacia la salvación, aparte de la gracia de Dios. El pelagianismo fue condenado como herejía en el Concilio de Cartago el 1 de mayo de 418 d.C.

[18]Esta es la posición de Millard Ericson, por ejemplo, en *Christian Theology*, p. 639. Él usa el término la «edad de la responsabilidad».

Entonces ¿qué decimos acerca de los infantes que mueren antes de que alcancen para entender y creer en el evangelio? ¿Pueden ellos ser salvos?

Aquí tenemos que decir que si tales infantes son salvos, no pueden serlo sobre la base de sus propios méritos, ni sobre la base de su propia justicia o inocencia, sino que debe ser por completo sobre la base de la obra redentora de Cristo y la obra de regeneración del Espíritu Santo dentro de ellos. «Hay un solo Dios y un solo mediador entre Dios y los hombres, Jesucristo hombre» (1 Ti 2:5). «De veras te aseguro que quien no nazca de nuevo no puede ver el reino de Dios» (Jn 3:3).

Es ciertamente posible que Dios regenere (es decir, que le dé vida espiritual nueva) a un infante aun antes de que nazca. Esto sucedió con Juan el Bautista, porque el ángel Gabriel, antes de que Juan naciera, dijo: «Será lleno del Espíritu Santo aun *desde* su nacimiento» (Lc 1:15). Bien podemos decir que Juan el Bautista «nació de nuevo» antes de haber nacido. Tenemos un ejemplo parecido en el Salmo 22:10, donde David dice: «Desde el vientre de mi madre mi Dios eres tú». Es evidente, por tanto, que Dios puede salvar a los infantes en forma no comunes, aparte de su posibilidad de oír y entender el evangelio, produciendo su regeneración muy temprano, a veces antes de su nacimiento. Esta regeneración es probablemente seguida de una vez de una conciencia incipiente e intuitiva de Dios y una confianza en él a una edad muy temprana, pero esto es algo que de veras no podemos entender.[19]

Debemos, sin embargo, afirmar muy claramente que esta no es la manera habitual en que Dios salva a las personas. La salvación generalmente sucede cuando alguien escucha y entiende el evangelio y pone entonces su confianza en Cristo. Pero en situaciones fuera de lo común como la de Juan el Bautista, Dios dio salvación antes de este entendimiento. Y esto nos lleva a la conclusión de que es ciertamente posible que Dios puede hacerlo también cuando sabe que el infante morirá sin haber escuchado el evangelio.

¿Cuántos infantes salva Dios de esta manera? Las Escrituras no nos lo dicen, de modo que no podemos saberlo. Cuando las Escrituras guardan silencio, no es sabio que hagamos declaraciones definitivas. Sin embargo, debiéramos reconocer que es la pauta frecuente de Dios a lo largo de las Escrituras salvar a los hijos de los que creen en él (vea Gn 7:1; cf. He 11:7; Jos 2:18; Sal 103:17; Jn 4:53; Hch 2:39; 11:14; 16:31; 18:8; 1 Co 1:16; 7:14; Tit 1:6; cf. Mt 18:10, 14). Estos pasajes no dicen que Dios automáticamente salva a los hijos de los creyentes (porque todos sabemos de hijos de padres piadosos que crecieron y rechazaron al Señor, y las Escrituras nos dan ejemplos como los de Esaú y Absalón), pero sí indican que las pautas comunes de Dios, la manera «normal» o esperada en la cual él actúa, es atraer hacia sí a los hijos de los creyentes. En cuanto a los hijos de los creyentes que mueren de niños, no tenemos razón para pensar que no suceda así.

Aquí es particularmente relevante el caso del primer hijo que Betsabé le dio al rey David. Cuando el bebé murió, David dijo: «*Yo voy a él*, más él no volverá a mí» (2 S 12:23). David, quien a lo largo de su vida tuvo una gran confianza de que viviría para siempre en la presencia del Señor (vea el Sal 23:6 y muchos de los salmos

---

[19]Sin embargo, todos sabemos que los infantes casi desde el momento de su nacimiento muestran una confianza intuitiva en sus madres y una conciencia de sí mismos como personas distintas de las de sus madres. Por eso no debiéramos insistir en que es imposible que ellos tengan también una conciencia intuitiva de Dios, y si Dios se lo da, una capacidad intuitiva de también confiar en él.

de David), tenía también confianza de que vería de nuevo a su hijo cuando muriera. Esto solo puede implicar que estaría para siempre con su hijo en la presencia del Señor.[20] Este pasaje, junto con los otros mencionados arriba, debiera generar una seguridad similar en todos los creyentes que han perdido hijos en su infancia, de que un día los verán de nuevo en la gloria del reino celestial.

En cuanto a los hijos de los que no son creyentes que mueren en una edad temprana, las Escrituras no dicen nada. Debemos dejar ese asunto completamente en las manos de Dios y confiar en que él será justo y misericordioso. Si son salvos, no será sobre la base de ningún mérito propio ni de ninguna inocencia que podamos suponer que tenían. Si son salvos, lo serán sobre la base de la obra redentora de Cristo; y su regeneración, como la de Juan el bautista antes de nacer, será solo por la misericordia y gracia de Dios. La salvación es siempre por su misericordia, no por nuestros méritos (vea Ro 9:14-18). Las Escrituras no nos permiten decir más que eso.

4. ¿Hay grados de pecados? ¿Hay algunos pecados que sean peores que otros? Podemos responder a la pregunta con un sí o un no, dependiendo del sentido con que se hace.

a. Culpa legal: En términos de nuestra situación legal delante de Dios, cualquier pecado, aun el que puede parecernos muy pequeño, nos hace legalmente culpables ante Dios y, por tanto, digno de eterno castigo. Adán y Eva lo aprendieron en el huerto del Edén, donde Dios les dijo que su acto de desobediencia resultaría en pena de muerte (Gn 2:17). Y Pablo afirma que «el juicio que lleva a la condenación fue el resultado de un solo pecado» (Ro 5:16). Este solo pecado hizo que Adán y Eva fueran pecadores delante de Dios, imposibilitados de estar en su santa presencia.

Esta verdad permanece válida a lo largo de la historia de la raza humana. Pablo (citando Dt 27:26) afirma: «Maldito sea quien no practique fielmente todo lo que está escrito en el libro de la ley» (Gá 3:10). Y Santiago declara:

> El que cumple con toda la ley pero falla en un solo punto ya es culpable de haberla quebrantado toda. Pues el que dijo: «No cometerás adulterio», también dijo: «No mates». Si no cometes adulterio, pero matas, ya has violado la ley. (Stg 2:10-11)[21]

---

[20]Alguien podría objetar que David está solo diciendo que él iría al estado de la muerte como su hijo lo había hecho. Pero esta interpretación no encaja con el lenguaje del versículo, pues David no está diciendo: «Iré a dónde él está», sino más bien «Yo voy a él» (RVR 1960). Este es el lenguaje de la reunión personal e indica la expectativa de David de que un día él vería y estaría con su hijo.

[21]Podemos entender este principio más claramente cuando nos damos cuenta que las varias leyes morales de Dios son simplemente aspectos diferentes de su carácter moral perfecto, al cual él espera que nos conformemos. Violar cualquier parte de ello es hacernos diferente de él. Por ejemplo, si yo voy a robar, no solo quebrantaría su mandamiento sobre el robo (Mandamiento 8), sino que también deshonraría su nombre (Mandamiento 3; vea Pr 30:9), deshonrar a mis padres y su buen nombre (Mandamiento 5), codiciar algo que no me pertenece (Mandamiento 10), pondría las posesiones materiales por encima de Dios mismo (Mandamiento 1; vea Ef 5:5), y llevaría a cabo una acción que dañaría a otro ser humano y perjudicaría su vida (Mandamiento 6; cp. Mt 5:22). Con un poco de reflexión, podemos ver cómo casi todo pecado viola algunos de los principios expresados en los Diez Mandamientos. Esto es solo una reflexión del hecho de que las leyes de Dios están unificadas como un todo y reflejan la pureza moral y perfección de Dios mismo en la unidad e integridad de su persona.

Por tanto, en términos de culpa legal, todos los pecados son igualmente malos porque nos hacen legalmente culpables delante de Dios y nos constituyen en pecadores.

b. Resultados en la vida y en las relaciones con Dios: Por otro lado, algunos pecados son peores que otros en que tienen consecuencias más perjudiciales en nuestra vida y en la vida de otros, y, en términos de nuestra relación personal con Dios como Padre, provocan más su desagrado y causan una ruptura más seria de nuestra comunión con él.

Las Escrituras a veces hablan de grados de gravedad del pecado. Cuando Jesús compareció ante Poncio Pilato, él dijo: «El que me puso en tus manos es culpable de un *pecado más grande*» (Jn 19:11). Aparentemente se está refiriendo a Judas, quien había conocido a Jesús de forma íntima durante tres años y, no obstante, le traicionó y le llevó a la muerte. Aunque Pilato tenía autoridad sobre Jesús en base de su posición como gobernador y fue un gran error permitir que un inocente fuera condenado a muerte, el pecado de Judas era «más grande» quizá debido a que tenía mucho más conocimiento y malicia relacionada con ello.

Cuando Dios le mostró a Ezequiel las visiones de los pecados en el templo de Jerusalén, primero le mostró ciertas cosas, y entonces dijo: «Realmente no has visto nada todavía; *peores abominaciones verás*» (Ez 8:6). Luego le mostró los pecados secretos de algunos de los ancianos de Israel y dijo: «Ya los verás cometer *mayores atrocidades*» (Ez 8:13). «Hijo de hombre, ¿ves esto? Pues aún las verás cometer mayores atrocidades» (Ez 8:15). Por último, le mostró a Ezequiel veinticinco hombres en el templo, que le daban la espalda a Dios y adoraban al sol. Aquí tenemos claramente diferentes grados de pecado que van aumentando en gravedad y aborrecimiento ante Dios.

En el Sermón del Monte, cuando Jesús dice: «Todo el que infrinja uno solo de estos mandamientos, *por pequeño que sea*, y enseñe a otros a hacer lo mismo, será considerado el más pequeño en el reino de los cielos» (Mt 5:19), está implicando que hay mandamientos menores y mayores. Asimismo, aunque él está de acuerdo en que es apropiado dar el diezmo incluso sobre las especias que las personas usan en el hogar, Cristo tiene palabras muy fuertes para los fariseos por descuidar «*asuntos más importantes de la ley*, tales como la justicia, la misericordia y la fidelidad» (Mt 23:23). En ambos casos Jesús distingue entre los mandamientos más importantes y menos importantes, dando a entender de ese modo que algunos pecados son peores que otros según la evaluación que Dios hace de ellos.

En general, podemos decir que algunos pecados son de peores consecuencias que otros si son causa de mayor deshonra para Dios y si nos causan más daño a nosotros, a otros o la iglesia. Además, estos pecados cometidos deliberada, repetida y conscientemente, con un corazón encallecido, desagradan mucho más a Dios que los que se hacen por ignorancia y no se repiten, o con una mezcla de motivos puros e impuros y van seguidos de remordimiento y arrepentimiento. Por eso las leyes que Dios le dio a Moisés en Levítico tenían en cuenta las situaciones de pecados cometidos «inadvertidamente» (Lv 4:2, 13, 22). El pecado sin mala intención es todavía pecado: «Si alguien peca inadvertidamente e incurre en algo que los mandamientos de Dios prohíben, es culpable y sufrirá las consecuencias de su pecado» (Lv 5:17). No obstante, los castigos requeridos y el grado de desagrado de Dios que resulta de esos pecados son menos que para los casos de pecados intencionales.

Por otro lado, los pecados que son cometidos con arrogancia y con menosprecio por los mandamientos de Dios, eran vistos con mucha seriedad: «Pero el que peque deliberadamente, sea nativo o extranjero, ofende al Señor. Tal persona será eliminada de la comunidad » (Nm 15:30; cf. vv. 27-29).

Podemos ver fácilmente cómo algunos pecados tienen consecuencias mucho peores para nosotros mismos, para otros y para nuestra relación con Dios. Si yo codiciara el auto de mi vecino, eso sería pecado delante de Dios; pero si mi codicia me lleva a robar el auto, eso sería un pecado más grave. Si durante el proceso del robo peleo con mi vecino y le hiero o imprudentemente daño a otra persona al salir corriendo con el auto, eso sería aun un pecado más grave todavía.

Del mismo modo, si un nuevo cristiano, que antes había tenido la tendencia a perder el dominio propio y meterse en peleas, empieza a dar testimonio de Cristo a sus amigos incrédulos, y un día lo provocan y pierde el dominio propia y golpea a alguien, eso es sin duda un pecado a los ojos de Dios. Pero si un pastor maduro u otro líder cristiano prominente pierden su dominio propio en público y llegan a golpear a alguien, eso sería un pecado más grave a los ojos de Dios, debido al daño que eso causa a la reputación del evangelio y porque los que están en posiciones de liderazgo están sujetos a mayor responsabilidad ante Dios: «[Los] maestros, pues, como saben, seremos juzgados con más severidad» (Stg 3:1; cf. Lc 12:48). Nuestra conclusión, entonces, que en términos de *resultados* y en *términos del desagrado de Dios*, algunos pecados son sin duda más graves que otros.

Sin embargo, la distinción entre grados de seriedad del pecado no implica que respaldemos la enseñanza católica romana de poner los pecados en dos categorías: «veniales» y «mortales».[22] En la enseñanza católica romana, un pecado venial puede ser perdonado, pero con frecuencia después de haber pagado con castigos en esta vida o en el purgatorio (después de la muerte y antes de entrar en el cielo). Un pecado mortal es un pecado que causa la muerte espiritual y no puede ser perdonado; excluye a las personas del reino de Dios.

Según las Escrituras, sin embargo, todos los pecados son «mortales» en el sentido de que aun el más pequeño de los pecados nos hace legalmente culpables delante de Dios y dignos de castigo eterno. No obstante, los pecados más graves quedan perdonados para los que acuden a Cristo buscando salvación (note en 1 Corintios 6:9-11 la combinación de una lista de pecados que excluyen del reino de Dios y la

---

[22]La distinción entre mortal y venial parece estar apoyada por 1 Juan 5:16-17: «Si alguno ve a su hermano cometer un *pecado que no lleva a la muerte*, ore por él y Dios le dará vida. Me refiero a quien comete un pecado que no lleva a la muerte. Hay un pecado que sí lleva a la muerte, y en ese caso no digo que se ore por él. Toda maldad es pecado, pero hay pecado que no lleva a la muerte». La frase griega que se traduce aquí por «no lleva a la muerte» (o «no es mortal») (gr. *pros thanaton*). A la luz de la preocupación de Juan en esta epístola de combatir la herejía que no reconocía a Jesús como que había venido en la carne (vea 1 Jn 4:2-3), es probable que el pecado que «lleva a la muerte» o «mortal» es la grave herejía de negar a Cristo y el fracaso subsiguiente de obtener la salvación por medio de Cristo. En este caso, Juan estaba simplemente diciendo que no debiéramos orar que Dios perdone el pecado de rechazar a Cristo y de enseñar doctrinas sumamente heréticas acerca de Él. Pero el hecho de que Juan diga que hay un pecado que «lleva a la muerte» (rechazar a Cristo) no justifica el establecer toda una categoría de pecados que no pueden ser personados.

afirmación de que los corintios que habían cometido esos pecados habían sido salvados por Cristo). En ese sentido, todos los pecados son «veniales».[23]. La separación católica romana de los pecados en las categorías de «mortales» y «veniales», según la cual se llama a algunos pecados (tales como el suicidio) «mortales», mientras que a otros (tales como la deshonestidad, el enojo o la lujuria) «veniales», pueden llevar fácilmente a la negligencia con respecto a algunos pecados que de verdad dificultan más la santificación y la eficacia en la obra del Señor, o, con respecto a otros pecados, al temor excesivo, a la desesperación y a la incapacidad de tener la seguridad del perdón. Debiéramos darnos cuenta que la misma acción (tal como perder el control o golpear a alguien en el ejemplo anterior) puede ser más o menos serio, dependiendo de la persona y las circunstancias. Es mucho mejor que nos limitemos a reconocer que los pecados pueden variar en términos de sus resultados y en términos del grado en que trastornan nuestra relación con Dios y caen en su desagrado, y dejarlo así. De ese modo no vamos más allá de la enseñanza general de las Escrituras en esta materia.

La distinción que las Escrituras hacen en grados de pecados tiene un valor positivo. Primero, nos ayuda a saber dónde debemos poner el mayor esfuerzo en nuestro intento de crecer en santidad. Segundo, nos ayuda a decidir cuándo debiéramos pasar por alto una falta menor en un amigo o familiar y cuando es apropiado hablar con un individuo acerca de un pecado evidente (vea Stg 5:19-20). Tercero, nos ayuda a decidir cuándo es apropiada la disciplina en la iglesia, y nos provee de una respuesta a la objeción que a veces surge en contra de ejercer la disciplina en la iglesia, cuando se dice que «todos somos culpables de haber pecado y que no tenemos ningún derecho a meternos en la vida privada de otra persona». Aunque todos somos ciertamente culpables de haber pecado, no obstante, hay ciertos pecados que dañan tan evidentemente a la iglesia y a las relaciones dentro de la iglesia que hay que lidiar con ellos directamente. Cuarto, esta distinción puede ayudarnos a entender que hay cierta base para las leyes de los gobiernos civiles y para los castigos que prohíben ciertas clases de conductas y delitos (como el asesinado o el robo), pero no otras clase de faltas (como el enojo, la envidia, la codicia o el uso egoísta de las posesiones). No es inconsecuente decir que ciertas clases de maldades requieren el castigo civil, pero no todas las clases de maldades lo requieren.

5. ¿Qué sucede cuando un cristiano peca?

a. Nuestra situación legal ante Dios no cambia: Aunque este tema lo podemos tratar más tarde en relación con la adopción o la santificación dentro de la vida cristiana, es apropiado que lo consideremos ahora también.

Cuando un cristiano peca, su posición legal delante de Dios no cambia. Todavía está perdonado porque «ya no hay ninguna condenación para los que están unidos a Cristo Jesús» (Ro 8:1). La salvación no está basada en nuestros méritos sino en el don gratuito de Dios (Ro 6:23), y la muerte de Cristo ciertamente pagó por todos nuestros pecados: pasados, presentes y futuros. «Cristo murió por nuestros

---

[23]Sobre el «pecado imperdonable», que es la excepción en esta declaración, vea las pp. 507-9, abajo.

pecados» (1 Co 15:3), sin ninguna distinción. En términos teológicos, seguimos conservando nuestra «justificación».[24]

Además, seguimos siendo hijos de Dios y todavía tenemos membresía en la familia de Dios. En la misma epístola en las que Juan dice: «Si afirmamos que no tenemos pecado, nos engañamos a nosotros mismos» (1 Jn 1:8), se les recuerda también a los lectores: «Queridos hermanos, ahora somos hijos de Dios» (1 Jn 3:2). El hecho de que tengamos pecado que permanece en nuestra vida no significa que hayamos perdido nuestra posición como hijos de Dios. En términos teológicos, seguimos conservando nuestra «adopción».[25]

b. Nuestro compañerismo con Dios queda perturbado y nuestra vida cristiana dañada. Cuando pecamos, Dios no deja de amarnos, pero está disgustado con nosotros. (Aun entre los seres humanos, es posible amar a alguien y al mismo tiempo estar disgustado con esa persona, como bien lo sabe cualquier padre, una esposa o esposo.) Pablo nos dice que es posible para los cristianos «[agraviar] al Espíritu Santo de Dios» (Ef 4:30); cuando pecamos, lo entristecemos y queda disgustado con nosotros. El autor de Hebreos nos recuerda que el «Señor disciplina a los que ama, y azota a todo el que recibe como hijo» (He 12:6, citando Pr 3:11-12), y que «el Padre de los espíritus... [nos disciplina]... para nuestro bien, a fin de que participemos de su santidad» (He 12:9-10). Cuando desobedecemos, Dios el Padre se entristece, de la misma forma que lo hace un padre terrenal ante la desobediencia de sus hijos, y nos disciplina. Un tema similar lo encontramos en Apocalipsis 3, donde el Cristo resucitado habla desde el cielo a la iglesia en Laodicea diciendo: «Yo *reprendo* y *disciplino* a todos los que *amo*. Por tanto, sé fervoroso y arrepiéntete» (Ap 3:19). Aquí vemos de nuevo que el amor y la represión del pecado están relacionados en la misma declaración. Esa es la manera en que el Nuevo Testamento da testimonio del desagrado de los tres miembros de la Trinidad cuando los cristianos pecan. (Vea también Is 59:1-2; 1 Jn 3:21.)

La Confesión de Fe de Westminster dice sabiamente en cuanto a los cristianos:

> Aunque nunca pueden caer del estado de justificación, pueden, por sus pecados, caer bajo el *desagrado paternal* de Dios, y no tener restaurada la luz y el gozo de su presencia mientras no se humillen, confiesen sus pecados, pidan perdón y renueven su fe y arrepentimiento. (cap. 11, sec. 5)

Hebreos 12, junto con muchos ejemplos históricos en las Escrituras, muestran que el desagrado paterno de Dios lleva con frecuencia a la disciplina en nuestra vida cristianas: «Dios lo hace [nos disciplina] para nuestro propio bien, a fin de que participemos de su santidad» (He 12:10). En cuanto a la necesidad de una confesión regular y confesión de pecados, Jesús nos recuerda que debemos orar cada día: «Perdónanos nuestras deudas, como también nosotros hemos perdonado a nuestros deudores» (Mt 6:12, cf. 1 Jn 1:9).

---

[24]Vea capítulo 36, pp. 722-35, sobre la justificación.
[25]Vea el capítulo 37, pp. 736-45, sobre la adopción.

Cuando pecamos como cristianos, no es solo nuestra relación personal con Dios la que queda perturbada. Nuestra vida y fecundidad en el ministerio quedan también dañadas. Jesús nos advierte: «Así como ninguna rama puede dar fruto por sí misma, sino que tiene que permanecer en la vid, así tampoco ustedes pueden dar fruto si no permanecen en mí» (Jn 15:4). Cuando nos apartamos de la comunión con Cristo a causa del pecado en nuestra vida, disminuimos el grado en el que permanecemos en Cristo.

Los escritores del Nuevo Testamento hablan con frecuencia de las consecuencias destructivas del pecado en la vida de los creyentes. De hecho, muchas secciones de las epístolas contienen represiones y animan a los cristianos para que se alejen de los pecados que están cometiendo. Pablo dice que cuando los cristianos ceden al pecado se van haciendo progresivamente «esclavos» del pecado (Ro 6:16), mientras que Dios quiere que los cristianos crezcan continuamente en el camino de la justicia en la vida. Si nuestra meta es crecer en plenitud de vida espiritual hasta el día que muramos y pasemos a la presencia de Dios en el cielo, pecar es ir en la dirección contraria y alejarnos de la semejanza a Dios, es ir en la dirección que «lleva a la muerte» (Ro 6:16) y a la separación eterna de Dios, dirección de la cual fuimos rescatados cuando nos hicimos cristianos.[26]

Pedro dice que los deseos pecaminosos que permanecen en nuestros corazones «*batallan* contra el alma» (1 P 2:11, RVR 1960). El vocabulario militar traduce correctamente la expresión de Pedro y expresa la imagen de que los deseos carnales dentro de nosotros son como soldados en una batalla y su meta es nuestro bienestar espiritual. Entregarnos a esos deseos carnales, cobijarlos y acariciarlos en el corazón, es como dar alimento, hospedaje y bienvenida a las tropas enemigas. Si cedemos a los deseos que «batallan» contra el alma, sentiremos inevitablemente la pérdida de fuerza espiritual, disminución de poder espiritual y pérdida de eficacia en la obra del reino de Dios.

Además, cuando pecamos como cristianos sufrimos una pérdida de recompensa celestial. Una persona que no ha edificado en la obra de la iglesia con oro, plata o piedras preciosas, sino con «madera, heno y paja» (1 Co 3:12) verá su obra «consumida por las llamas» en el día del juicio y «sufrirá pérdida. Será salvo, pero como quien pasa por el fuego» (1 Co 3:15). Pablo se da cuenta de que «es necesario que todos comparezcamos ante el tribunal de Cristo, para que cada uno reciba lo que le corresponda, según lo bueno o malo que haya hecho mientras vivió en el cuerpo» (2 Co 5:10). Pablo implica que hay grados de recompensas en el cielo,[27] y que el pecado tiene consecuencias negativas en términos de pérdida de recompensa celestial.

c. El peligro de «evangélicos no convertidos»: Si bien el cristiano genuino que peca no pierde su justificación ni su adopción delante de Dios (vea más atrás), es necesario advertir claramente que la simple asociación con una iglesia evangélica y la conformidad externa a las pautas «cristianas» de comportamiento aceptadas no

---

[26]Pablo no está diciendo en Romanos 6:16 que los verdaderos cristianos pueden alguna vez retroceder hasta el punto de caer en condenación eterna, pero sí parece estar diciendo que cuando cedemos al pecado vamos (en un sentido espiritual y moral) en esa dirección.

[27]Vea capítulo 56, pp. 1144-45, sobre los grados de recompensa en el cielo.

garantizan la salvación. Particularmente en sociedades y culturas donde es fácil (o incluso esperado) que las personas profesen ser cristianas, hay una auténtica posibilidad de que algunos que se hacen miembros de la iglesia no hayan de verdad nacido de nuevo. Si esas personas entonces se muestran cada vez más desobedientes a Cristo en su manera de vivir, no debieran ser arrullados y adormecidos con seguridades de que todavía tienen justificación y adopción en la familia de Dios. Un estilo de vida de continua desobediencia a Dios emparejado con falta de elementos del fruto del Espíritu tales como el amor, el gozo, la paz y otros (vea Gá 5:22-23) es una seria indicación de que probablemente esa persona no es de verdad cristiana en su interior, de que no ha habido una auténtica fe de corazón desde el principio y nada de obra de regeneración del Espíritu Santo. Jesús advierte que a algunos que han profetizado, expulsaron demonios e hicieron milagros en su nombre les dirá: «Jamás los conocí. ¡Aléjense de mí, hacedores de maldad!» (Mt 7:23). Y Juan nos dice que «El que afirma: "Lo conozco", pero no obedece sus mandamientos es un mentiroso y no tiene la verdad» (1 Jn 2:4; Juan está hablando aquí de una forma de vivir persistente). Un estilo de vida de años de creciente desobediencia a Cristo debiera tomarse como evidencia para dudar de que esa persona sea de verdad cristiana.

6. ¿Qué es el pecado imperdonable? Varios pasajes de las Escrituras hablan de un pecado que no será perdonado. Jesús dice:

> Por eso les digo que a todos se les podrá perdonar todo pecado y toda blasfemia, pero la blasfemia contra el Espíritu no se le perdonará a nadie. A cualquiera que pronuncie alguna palabra contra el Hijo del hombre se le perdonará, pero el que hable contra el Espíritu Santo no tendrá perdón ni en este mundo ni en el venidero. (Mt 12:31-32)

Encontramos una declaración similar en Marcos 3:29-30, donde Jesús dice: «Excepto a quien blasfeme contra el Espíritu Santo. Éste no tendrá perdón jamás; es culpable de un pecado eterno» (Mr 3:29; cf. Lc 12:10. Asimismo, Hebreos 6 dice:

> Es imposible que renueven su arrepentimiento aquellos que han sido una vez iluminados, que han saboreado el don celestial, que han tenido parte en el Espíritu Santo y que han experimentado la buena palabra de Dios y los poderes del mundo venidero, y después de todo esto se han apartado. Es imposible, porque así vuelven a crucificar, para su propio mal, al Hijo de Dios, y lo exponen a la vergüenza pública. (He 6:4-6; cf. 10:26-27; también las reflexiones sobre el «pecado que lleva a la muerte» en 1 Jn 5:16-17)

Estos pasajes podrían estar hablando acerca del mismo pecado o de diferentes pecados; habrá que tomar una decisión solo después de examinar los pasajes en sus contextos.

Existen varias interpretaciones sobre cómo entender este pecado.[28]

---

[28]Vea Berkhof, *Systematic Theology*, pp. 252-53, para representantes de cada posición.

1. Algunos han pensado que este era un pecado que solo se podía cometer mientras Cristo estaba en la tierra. Pero la declaración de Jesús de que «a todos se les podrá perdonar todo pecado y toda blasfemia» (Mt 12:31) es tan general que parece injustificado decir que se refiere solo a algo que podría suceder durante su vida, y los textos en cuestión no especifican semejante restricción. Además, Hebreos 6:4-6 está hablando de la apostasía que había tenido lugar unos años después de que Cristo regresara al cielo.

2. Algunos han sostenido que este es un pecado de incredulidad que continúa hasta la muerte; por tanto, todo el que muere en incredulidad (o al menos todo el que ha escuchado de Cristo y muere en incredulidad) ha cometido este pecado. Es cierto, por supuesto, que los que persisten en incredulidad hasta la muerte no serán perdonados, pero la cuestión es si ese hecho es lo que se está considerando en estos versículos. Al leer con detenimiento estos versículos, la explicación no parece encajar con el lenguaje de los textos citados, porque estos no hablan de incredulidad en general, sino específicamente de alguien que «[habla] contra el Espíritu Santo» (Mt 12:32), que «blasfeme contra el Espíritu Santo» (Mr 3:29) o «se han apartado» (He 6:6). Estos pasajes se refieren a un pecado específico: rechazar deliberadamente la obra del Espíritu santo y hablar mal en contra suya, o el rechazo intencionado de la verdad de Cristo y exponer a Cristo a la vergüenza pública (He 6:6). Además, la idea de que este pecado es la incredulidad que persiste hasta la muerte no encaja bien con el contexto de una reprensión a los fariseos por lo que estaban diciendo según Mateo y Marcos (vea más adelante la consideración del contexto).

3. Otros sostienen que este pecado es una seria apostasía de verdaderos creyentes, y que solo aquellos que son de verdad nacidos de nuevo pueden cometer este pecado. Basan su interpretación en lo que entienden de la naturaleza de la «apostasía» que se menciona en hebreos 6:4-6 (que es rechazo de Cristo por parte de un auténtico cristiano y la consecuente pérdida de la salvación). Pero este no parece ser el mejor entendimiento de Hebreos 6:4-6.[29] Además, aunque esta interpretación se podría quizá sostener con respecto a Hebreos 6, no explica la blasfemia contra el Espíritu Santo en los pasajes de los evangelios, en los que Jesús está respondiendo a la insensible negación de los fariseos de la obra del Espíritu Santo por medio de él.

4. Una cuarta posibilidad es que este pecado consiste en el rechazo intencional, muy malicioso y difamador de la obra del Espíritu Santo de testimonio acerca de Cristo, y atribuir su trabajo a Satanás. Un examen más detenido de la declaración de Jesús en Mateo y Marcos muestra que Jesús estaba hablando en respuesta a la acusación de los fariseos de que «éste no expulsa a los demonios sino por medio de Belcebú, príncipe de los demonios» (Mt 12:24). Los fariseos habían visto las obras de Cristo repetidas veces. El Señor acababa de sanar a un hombre endemoniado que estaba ciego y mudo (Mt 12:22). Las personas estaban maravilladas y un gran número de ellas seguían a Jesús, y los mismos fariseos habían visto muchas veces claras demostraciones del poder asombroso del Espíritu Santo obrando por medio de Jesús para traer vida y salud a muchas personas. Pero los fariseos, a pesar de estas claras demostraciones de la obra del Espíritu delante de sus ojos, deliberadamente

---

[29]Vea el amplio estudio de Hebreos 6:4-6 en el capítulo 40, pp. 796-801.

rechazaron la autoridad de Jesús y sus enseñanzas y las atribuyeron al diablo. Jesús les dijo entonces claramente que «toda ciudad o familia dividida contra sí misma no se mantendrá en pie. Si Satanás expulsa a Satanás, está dividido contra sí mismo. ¿Cómo puede, entonces, mantenerse en pie su reino?» (Mt 12:25-26). De modo que era irracional y tonto que los fariseos atribuyeran los exorcismos de Jesús al poder de Satanás. Eso era una clásica mentira maliciosa y deliberada.

Después de decir: «Si expulso a los demonios por *medio del Espíritu de Dios*, eso significa que el reino de Dios ha llegado a ustedes» (Mt 12:28), Jesús declara su advertencia: «El que no está de mi parte, está contra mí; y el que conmigo no recoge, esparce» (Mt 12:30). Advierte que no hay neutralidad, y ciertamente los que, como los fariseos se oponen a su mensaje están en contra de él. Inmediatamente agrega: «Por eso les digo que a todos se les podrá perdonar todo pecado y toda blasfemia, pero la blasfemia contra el Espíritu no se perdonará a nadie» (Mt 12:31). La difamación deliberada y maliciosa de la obra del Espíritu Santo por medio de Jesús, que los fariseos atribuían a Satanás, no sería perdonada.

El contexto indica que Jesús estaba hablando de un pecado que no es simplemente incredulidad o rechazo de Cristo, sino uno que incluye: (1) Un conocimiento claro de quién es Cristo y del poder del Espíritu Santo que obra por medio de él; (2) un rechazo deliberado de los hechos acerca de Cristo que sus oponentes sabían que eran ciertos; y (3) atribuir maliciosamente la obra del Espíritu Santo en Cristo al poder de Satanás. En un caso así, la dureza del corazón sería tan grande que los recursos ordinarios para llevar a un pecador al arrepentimiento habrían sido ya rechazados. La persuasión de la verdad no funcionaría, porque estas personas ya habían conocido la verdad y la habían rechazado deliberadamente. Las demostraciones del poder del Espíritu Santo para sanar y dar vida no funcionarían, porque las habían visto y las habían rechazado. En esta situación no es que el pecado fuera en sí tan horrible que no pudiera ser cubierto por la obra redentora de Cristo, sino más bien que el pecador había endurecido de tal manera su corazón que ya estaba más allá de los medios ordinarios de Dios de ofrecer perdón por medio del arrepentimiento y la confianza en Cristo en cuanto a la salvación. Este pecado es imperdonable porque aísla al pecador del arrepentimiento y de la fe salvadora por medio de creer en la verdad.

Berkhof sabiamente define este pecado de la siguiente manera:

> Este pecado consiste en el rechazo consciente, malicioso, deliberado y difamador en contra de la evidencia y convicción del testimonio del Espíritu Santo respecto de la gracia de Dios en Cristo, atribuyéndolo por odio y enemistad al Príncipe de la Tinieblas… al cometer ese pecado el hombre atribuye deliberada, maliciosa e intencionalmente lo que es claramente reconocido como la obra de Dios a la influencia y poder de Satanás.[30]

Berkhof explica que el pecado en sí consiste «no en dudar de la verdad, no en negarla pecaminosamente, sino a una contradicción de la verdad que se opone a la

---

[30]Vea Berkholf, *Systematic Theology*, p. 253.

convicción de la mente, a la iluminación de la conciencia e incluso al veredicto del corazón.[31]

El hecho de que el pecado imperdonable implica un endurecimiento tan grande del corazón y falta de arrepentimiento indica que los que temen haberlo cometido, pero guardan tristeza en su corazón por haber pecado y desean buscar a Dios, no caen ciertamente en la categoría de los que son culpables de haberlo cometido. Berkhof dice que «podemos estar razonablemente seguros que los que temen haberlo cometido y se preocupan por ello, y buscan las oraciones de otros, no lo han cometido».[32]

Este concepto del pecado imperdonable encaja también bien con Hebreos 6:4-6. Allí las personas que cometen el pecado de apostasía han tenido toda clase de conocimiento y convicción de la verdad. Han sido «iluminadas» y han «saboreado el don celestial»; han participado de alguna manera en la obra del Espíritu Santo y han «experimentado la buena palabra de Dios y los poderes del mundo venidero», sin embargo deliberadamente se alejan de Cristo y «lo exponen a la vergüenza pública» (He 6:6). También se han situado más allá del alcance de los medios ordinarios de Dios para llevar a las personas al arrepentimiento. Son conocedoras de la verdad y están convencidas de ella, pero la rechazan deliberadamente.

Primera de Juan 5:16-17, sin embargo, parece caer en otra categoría. Ese pasaje no habla de un pecado que jamás pueda recibir perdón, sino de un pecado, que si se persiste en él, lleva a la muerte. Este pecado parece involucrar la enseñanza de graves errores doctrinales acerca de Cristo. En el contexto de orar en fe según la voluntad de Dios (1 Jn 5:14-15) Juan solo está diciendo que él no dice que podemos orar en fe para que Dios perdone ese pecado a menos que la persona se arrepienta, pero no está prohibiendo que oremos que los maestros heréticos se vuelvan de su herejía, se arrepientan y de ese modo encuentren el perdón. Muchas personas que enseñan errores doctrinales serios no han ido tan lejos como para haber cometido el pecado imperdonable y llegar al punto de la imposibilidad de arrepentimiento y de la fe a causa de su propia dureza de corazón.

E. El castigo del pecado

Aunque el castigo de Dios por el pecado sirve como *disuasivo* en cuanto a seguir pecando y como una *advertencia* para los que lo observan, esa no es la razón primaria por la que Dios castiga el pecado. La razón primaria es que la *justicia de Dios lo demanda*, a fin de que él sea glorificado en el universo que ha creado. Él es el Señor que actúa en la tierra «con amor, con derecho y justicia, pues es lo que a mí me agrada» (Jer 9:24).

Pablo dice de Cristo Jesús que «Dios lo ofreció como un sacrificio de expiación que se recibe por la fe en su sangre» (Ro 3:25). Pablo entonces explica por qué Dios ofreció a Jesús como «expiación» (esto es, un sacrificio que lleva sobre sí la ira de Dios en contra del pecado y de ese modo Dios transformar la ira en favor): «Para así demostrar su justicia». Anteriormente, en su paciencia, Dios había pasado por alto los pecados» (Ro 3:25). Pablo se da cuenta de que si Cristo no hubiera venido a

---

[31]Ibíd.
[32]Ibíd., p. 254

pagar el castigo por los pecados, Dios no podría mostrar que era justo. Porque si él hubiera pasado por alto los pecados en el pasado y no los hubiera castigado, las personas podrían con razón acusar a Dios de injusticia, en base de la suposición de que un Dios que no castiga el pecado no puede ser un Dios justo. Por tanto, cuando Dios envió a Cristo a morir y pagar el castigo de nuestros pecados, mostró cómo podía ser todavía justo: había acumulado el castigo de los pecados anteriores (los de los santos del Antiguo Testamento) y entonces, en perfecta justicia, cargó ese castigo sobre Jesús en la cruz. La propiciación del Calvario demostraba de ese modo claramente que Dios es perfectamente justo: «De ese modo Dios es justo y, a la vez, el que justifica a los que tienen fe en Jesús» (Ro 3:26).

Por tanto, en la cruz tenemos una clara demostración de por qué Dios castiga el pecado: Si no castigara el pecado no sería un Dios justo, y no habría una situación de justicia suprema en el universo. Pero cuando castiga el pecado, Dios demuestra que es un juez justo sobre todos, y que se hace justicia en su universo.

PREGUNTAS DE APLICACIÓN PERSONAL

1. ¿Ha despertado la lectura de este capítulo una creciente conciencia del pecado que permanece en su vida? ¿Puede usted mencionar alguna forma específica en que esto es cierto? ¿Incrementó este capítulo en usted algún sentido de lo odioso que es el pecado? ¿Por qué no siente más a menudo un sentido más profundo de aborrecimiento del pecado? ¿Cuál cree usted que será el efecto general de este capítulo en sus relaciones con Dios?

2. ¿Resultaría para usted al final más consolador pensar que el pecado entró en el mundo porque Dios estableció que entrara mediante agentes secundarios, o porque él no pudo prevenirlo, aunque era algo en contra de su voluntad? ¿Cómo se sentiría usted acerca del universo y su lugar en él si usted pensara que el mal siempre ha existido y que existe una situación de «dualismo» en el universo?

3. ¿Puede usted mencionar algunos paralelismos entre la tentación que enfrentó Eva y las tentaciones que usted enfrenta en su vida cristiana?

4. ¿Siente usted que sea injusto que lo consideren a usted culpable del pecado de Adán (si está de acuerdo que Romanos 5:12-21 lo enseña)? ¿Cómo puede usted lidiar con este sentido de injusticia para evitar que se convierta en un obstáculo en sus relaciones con Dios? A un nivel de convicción profunda, ¿piensa usted de verdad que, antes de ser cristiano, estaba totalmente incapacitado de hacer ningún bien espiritual delante de Dios? Del mismo modo, ¿está profundamente convencido que esto es cierto de todos los creyentes, o piensa usted que esto es solo una doctrina que puede ser cierta o no, o al menos una doctrina que usted no encuentra muy convincente al examinar la vida de los incrédulos que conoce?

5. ¿Qué clase de libertad de elección tienen los incrédulos que usted conoce? Aparte de la obra del Espíritu Santo, ¿está usted convencido de que ellos no cambiarían su rebelión fundamental contra Dios?

6. ¿Cómo le puede ayudar en su vida cristiana la enseñanza bíblica de grados en la gravedad del pecado en este momento? ¿Ha experimentado usted un sentido del «desagrado paternal» de Dios cuando ha pecado? ¿Cuál es su respuesta a ese sentido?

7. ¿Piensa usted que los cristianos de hoy han perdido bastante de vista lo aborrecible que es el pecado? ¿Lo han perdido también los incrédulos? ¿Piensa usted que los cristianos hemos perdido de vista la persistente presencia del pecado en los incrédulos, de la verdad de que el mayor problema de la raza humana, y de todas las sociedades y civilizaciones, no es la falta de educación, la falta de comunicación ni la falta de bienestar material, sino el pecado en contra de Dios?

TÉRMINOS ESPECIALES

adjudicar	dualismo	pecado imperdonable
contaminación original	edad de responsabilidad	pecado mortal
corrupción heredada	imputar	pecado original
culpa heredada	incapacidad total	pecado venial
culpa original	pecado	Pelagio
depravación total	pecado heredado	propiciación

BIBLIOGRAFÍA

(Para una explicación de esta bibliografía vea la nota sobre la bibliografía en el capítulo 1, p. 40. Datos bibliográficos completos se pueden encontrar en las páginas 1298-1307.)

Secciones en Teologías Sistemáticas Evangélicas

1. Anglicana (episcopal)
   - 1882–92   Litton, 136–77
   - 1930   Thomas, 155–75, 210–14, 234–35, 501–6
2. Arminiana (wesleyana o metodista)
   - 1847   Finney, 180–214, 228–58
   - 1875–76   Pope, 2:1–86
   - 1892–94   Miley, 1:423–533; 2:505–24
   - 1940   Wiley, 2:51–140
   - 1960   Purkiser, 223–42
   - 1983   Carter, 1:27–86
3. Bautista
   - 1767   Gill, 1:451–90
   - 1887   Boyce, 230–47
   - 1907   Strong, 533–664
   - 1917   Mullins, 281–302
   - 1976–83   Henry, 6:229–50, 269–304
   - 1983–85   Erickson, 561–658
   - 1987–94   Lewis/Demarest, 2:183–245

4. Dispensacional
   - 1947 Chafer, 2:200–373
   - 1949 Thiessen, 188–98
   - 1986 Ryrie, 201–34
5. Luterana
   - 1917–24 Pieper, 1:527–77
   - 1934 Mueller, 210–41
6. Reformada (o presbiteriana)
   - 1559 Calvin, 1:239–309 (2. 1–3)
   - 1724–58 Edwards, 1:143–233
   - 1861 Heppe, 301–70
   - 1871–73 Hodge, 2:122–279
   - 1878 Dabney, 36–51
   - 1887–1921 Warfield, *BTS* 262–69
   - 1889 Shedd, 2a:115–257
   - 1937–66 Murray, *CW* 2:67–89; *IAS* 5–95
   - 1938 Berkhof, 219–61
   - 1962 Buswell, 1:255–307
7. Renovada (o carismática o pentecostal)
   - 1988–92 Williams, 1:221–74

Secciones en Teologías Sistemáticas Católicas Romanas Representativas

1. Católico Romana: tradicional
   - 1955 Ott, 106–14
2. Católico Romana: Post Vaticano II
   - 1980 McBrien, 1:123, 162–68; 2:953–60

Otras obras

Berkouwer, G. C. *Sin*. Trad. por Philip C. Holtrop. Eerdmans, Grand Rapids, 1971.

Bloesch, D. G. «Sin». En *EDT* pp. 1012–16.

Carson, D. A. *How Long, O Lord? Reflections on Suffering and Evil*. Baker, Grand Rapids, 1990.

Colwell, J. E. «Anthropology». En *NDT* pp. 28–30.

_____. «Fall». En *NDT* pp. 249–51.

_____. «Sin». En *NDT* pp. 641–43.

Demarest, B. A. «Fall of Man». En *NDT* pp. 403–5.

Feinberg, J. S. *The Many Faces of Evil: Theological Systems and the Problem of Evil*. Zondervan, Grand Rapids, 1994.

_____. *Theologies and Evil*. University Press of America, Washington, D. C., 1979.

Geisler, Norman. *The Roots of Evil*. Zondervan, Grand Rapids, 1978.

Hoekema, Anthony A. *Created in God's Image*. Eerdmans, Grand Rapids, y Paternoster, Exeter, 1986, pp. 112–86.

Hughes, Philip Edgcumbe. *The True Image: The Origin and Destiny of Man in Christ.* Eerdmans, Grand Rapids, e Inter-Varsity Press, Leicester, 1989, pp. 71–210.

Johnson, R. K. «Imputation». En *EDT* pp. 554–55.

Lewis, C. S. *The Problem of Pain.* Macmillan, New York, 1962.

Murray, John. *The Imputation of Adam's Sin.* Eerdmans, Grand Rapids, 1959.

Peterson, Michael L. *Evil and the Christian God.* Baker, Grand Rapids, 1982.

Pink, Arthur Walkington. *Gleanings From the Scriptures: Man's Total Depravity.* Moody, Chicago, 1970.

Plantinga, Alvin. *God, Freedom and Evil.* Harper and Row, New York, 1974.

Ramm, Bernard. *Offense to Reason: The Theology of Sin.* Harper y Row, San Francisco, 1985.

Ryrie, C. C. «Depravity, Total». En *EDT* pp. 312–13.

Thomas, R. L. «Sin, Conviction of». En *EDT* p. 1016.

Wenham, J. W. *The Enigma of Evil.* Anteriormente publicada como *The Goodness of God.* Zondervan, Grand Rapids, 1985.

PASAJE BÍBLICO PARA MEMORIZAR

Salmo 51:1–4:

> Ten compasión de mí, oh Dios, conforme a tu gran amor;
> conforme a tu inmensa bondad, borra mis transgresiones.
> Lávame de toda mi maldad
> y límpiame de mi pecado.
> Yo reconozco mis transgresiones;
> siempre tengo presente mi pecado.
> Contra ti he pecado, sólo contra ti,
> y he hecho lo que es malo ante tus ojos;
> por eso, tu sentencia es justa,
> y tu juicio, irreprochable.

HIMNO

«Más Blanco que la Nieve»

Yo quiero ser limpio, bendito Jesús;
Deseo por siempre andar en tu luz;
Tan sólo en tu sangre limpieza tendré,
Lavado y más blanco que nieve seré.

Coro:
Más blanco que la nieve seré;
Lavado en tu sangre y limpio por fe.

Que en mi alma no pueda lo impuro quedar,
Mis manchas, tu sangre las puede quitar.
Los ídolos todos los desecharé,
Lavado y más blanco que nieve seré.

Tú, Cristo, me ayudas mi ofrenda a dar
Con fe y humildad en tu santo altar.
Te entrego mi vida y así por la fe
Lavado y más blanco que nieve seré.

Por esta pureza doy gracias a ti,
Pues santificado por tu gracia fui;
Limpieza tu sangre me trajo, yo sé;
Lavado y más blanco que nieve seré.

AUTOR: JAMES NICHOLSON, TRAD. H. W. CRAGIN
(TOMADO DE HIMNARIO BAUTISTA #335)

Capítulo 25

Los pactos entre Dios y el hombre
*¿Qué principios determinan la manera en que
Dios se relaciona con nosotros?*

EXPLICACIÓN Y BASES BÍBLICAS

¿Cómo se relaciona Dios con el hombre? Desde la creación del mundo, las relaciones de Dios con el hombre ha estado definida por requerimientos y promesas específicas. Dios le dice a las personas cómo quiere que actúen y también les hace promesas sobre cómo va a actuar él con ellos en diferentes circunstancias. La Biblia contiene varios resúmenes de las disposiciones que definen las diferentes relaciones entre Dios y el hombre que tienen lugar en las Escrituras, y con frecuencia llama «pactos» a estos resúmenes. Con respecto a los pactos entre Dios y el hombre que encontramos en las Escrituras, podemos ofrecer la siguiente definición: *Un pacto es un acuerdo legal, inalterable y divinamente impuesto entre Dios y el hombre que estipula las condiciones de sus relaciones.*

Aunque esta definición incluye la palabra *acuerdo* a fin de mostrar que hay dos partes, Dios y el hombre, que deben entrar en las estipulaciones de esas relaciones, la frase «divinamente impuesto» aparece también para mostrar que el hombre nunca puede negociar con Dios o cambiar los términos del pacto. Él solo puede aceptar las obligaciones del pacto o rechazarlas. Probablemente por esta razón los traductores griegos del Antiguo Testamento (de la traducción conocida como la Septuaginta), y, siguiéndolos a ellos, los autores del Nuevo Testamento, no usaron la palabra griega común que denotaba contratos o acuerdos en los que ambas partes eran iguales (*syntheke*), sino que más bien eligieron una palabra menos común, *diadsékh*, que hace hincapié en que las provisiones del pacto fueron establecidas solo por una de las partes. (De hecho, la palabra *diadsékh* se usaba con frecuencia para referirse a «testamento» o «última voluntad» que una persona dejaba para indicar la distribución de sus bienes después de su muerte.)

La definición también incluye la palabra «inalterable». Podía ser sustituido o remplazado por otro pacto diferente, pero no podía alterarse una vez establecido. Aunque ha habido muchos detalles adicionales especificados en los pactos que Dios hizo con el hombre a lo largo de la historia de las Escrituras, el elemento esencial en todos ellos es la promesa: «Yo seré su Dios, y ellos serán mi pueblo» (Jer 31:33; 2 Co 6:16; et al.).

Puesto que las relaciones de pacto entre Dios y el hombre ocurre en varias formas a lo largo de las Escrituras desde Génesis a Apocalipsis, un tratamiento de este tema puede aparecer en diferentes momentos en el estudio de la teología sistemática. Lo he intercalado aquí al final del tratamiento del hombre como ser *creado* (a la imagen de Dios) y del hombre como *caído* en el pecado, pero antes del estudio de la persona y de la obra de Cristo.

A. El pacto de obras

Algunos han cuestionado si es apropiado hablar del pacto de obras que Dios tenía con Adán y Eva en el huerto del Edén. En realidad la palabra pacto no aparece en las narrativas de Génesis. Sin embargo, las partes esenciales del pacto están presentes: Una definición clara de las partes involucradas, una serie de disposiciones legalmente vinculantes que estipulan las condiciones de las relaciones, la promesa de bendiciones por la obediencia y la condición para obtener esas bendiciones. Además, Oseas 6:7, al referirse a los pecados de Israel, dice: «Son *como Adán*: han quebrantado *el pacto*»[1] Este pasaje ve a Adán viviendo en una relación de pacto que había quebrantado en el huerto del Edén. Además, en Romanos 5:12-21 Pablo ve a Adán y a Cristo como cabezas de las personas que representan, algo que es completamente coherente con la idea de que Adán era parte de un pacto antes de la Caída.

En el huerto del Edén, parece que está bastante claro que había una serie de estipulaciones que vinculaban legalmente y definían las relaciones entre Dios y el hombre. Las dos partes aparecen con claridad cuando Dios habla con Adán y le da mandamientos. Los requerimientos de sus relaciones aparecen bien definidos con los mandamientos que Dios les da a Adán y Eva (Gn 1:28-30; cf. 2:15) y en el mandamiento directo a Adán: «Puedes comer de todos los árboles del jardín, pero del árbol del conocimiento del bien y del mal no deberás comer. El día que de él comas, ciertamente morirás» (Gn 2:16-17).

En esta declaración a Adán acerca del árbol del conocimiento del bien y del mal hay una promesa de castigo de la desobediencia: la muerte, que debemos entender de una forma amplia en el sentido de muerte física, espiritual y muerte eterna y separación de Dios.[2] En esta promesa de castigo por la desobediencia hay implícita una promesa de bendición por la obediencia. Esta bendición consistiría en no recibir la muerte, y la implicación es que la bendición sería lo opuesto a la «muerte». Involucraría vida física sin fin y vida espiritual en términos de una relación con Dios que continuaría para siempre. La presencia del «árbol de la vida… en medio del jardín» (Gn 2:9) también era una promesa de vida eterna con Dios si Adán y Eva satisfacían las condiciones de aquel pacto de relación mediante una completa

---

[1]Algunas versiones en inglés traducen «Pero en Adán quebrantaron el pacto», pero la nota al margen admite que eso es una enmienda basada en conjeturas y que el texto hebreo en realidad dice «como Adán» (he. *ke'adan*). La preposición hebrea *ke* significa «como», no «en». La palabra que traducimos como «Adán» (he. *adam*) también se puede traducir como «hombre», pero la declaración entonces no tendría mucho sentido, pues no hay ni un sola transgresión bien conocida de un pacto por *hombre* al que podamos referirnos. Además, no ayudaría mucho comparar a los israelitas con lo que ellos ya son (esto es, hombres) y que «como hombres» quebrantaron el pacto. Una frase así casi implicaría que los israelitas no eran hombres, sino otra clase de criaturas. Por estas razones, se prefiere la traducción «como Adán». (Una expresión hebrea idéntica se puede traducir «como Adán» en Job 31:33, como se indica al pie de la NVI.)

[2]El castigo de muerte empezó a cumplirse en el día que Adán y Eva pecaron, pero fue cumpliéndose lentamente a lo largo del tiempo, a medida que sus cuerpos envejecían y al final morían. La promesa de la muerte espiritual empezó a cumplirse inmediatamente, puesto que quedaron apartados del compañerismo con Dios. La muerte de condenación eterna era lo que les correspondía, pero las indicaciones de redención en el texto (vea Gn. 3:15, 21) sugieren que este castigo fue al final cancelado mediante la redención que Cristo compró.

obediencia a Dios hasta que este decidiera que el tiempo de prueba había terminado. Después de la Caída, Dios echó a Adán y Eva del huerto, en parte para que no «extienda su mano y también tome del fruto del árbol de la vida, y lo coma y viva para siempre» (Gn 3:22).

Otra evidencia de que las relaciones de pacto con Dios incluía una promesa de vida eterna si Adán y Eva hubieran obedecido perfectamente es el hecho de que aun en el Nuevo Testamento Pablo habla como si la perfecta obediencia, si fuera posible, conduciría a la vida. Habla de que «el mismo mandamiento que debía haberme dado vida me llevó a la muerte» (Ro 7:10, literalmente, «mandamiento que era para vida») y. con el fin de demostrar que la ley no se basa en la fe, cita Lv 18:5 que dice lo siguiente acerca de las estipulaciones de la ley: «Quien practique estas cosas vivirá por ellas» (Gá 3:12; cf. Ro 10:5).

Otros pactos en las Escrituras tienen generalmente una «señal» asociada con ellos (como la circuncisión, el bautismo y la Cena del Señor). Ninguna «señal» para el pacto de obras se designa claramente en Génesis como tal , pero si tuviéramos que mencionar una, sería probablemente el árbol de la vida en el medio del huerto. Si participaban de ese árbol, Adán y Eva habrían participado de la promesa de vida eterna que Dios daría. El fruto en sí no tenía propiedades mágicas, pero sería una señal mediante la cual Dios garantizaba externamente la realidad interna que ocurriría.

¿Por qué es importante decir que las relaciones entre Dios y el hombre en el huerto eran relaciones de pacto? El hacerlo así nos recuerda el hecho que estas relaciones, incluyendo los mandamientos de obediencia y promesas de bendición por la obediencia, no era algo que sucedía automáticamente en las relaciones entre el Creador y la criatura.. Por ejemplo, Dios no hizo ninguna clase de pacto con los animales que creó.[3] Tampoco la naturaleza del hombre tal como Dios la creó demandaba que él tuviera algún tipo de compañerismo con el hombre ni que Dios hiciera alguna promesa que tuviera que ver con sus relaciones con el hombre o que le diera al hombre alguna dirección clara en lo concerniente a lo que él haría. Todo esto era una expresión del amor paternal de Dios por el hombre y la mujer que él había creado. Además, cuando especificamos estas relaciones como «pacto», podemos ver el claro paralelismo entre esta y las siguientes relaciones de pacto que Dios tuvo con su pueblo. Si todos los elementos de un pacto están presentes (estipulaciones claras de las partes involucradas, declaración de las condiciones del pacto y promesa de bendiciones o castigo por la desobediencia), no parece que haya razón por la que no debamos referirnos a estas como un pacto, porque eso era lo que en verdad eran.

Aunque el pacto que había antes de la Caída ha sido expresado mediante varios términos (tales como el pacto adánico o el pacto de la naturaleza), la designación más útil parece ser la de «pacto de obras», puesto que la participación en las bendiciones del pacto dependía claramente de la obediencia u «obras» de parte de Adán y Eva.

---

[3]Sin embargo, los animales fueron incluidos con los seres humanos en el pacto que Dios le comunicó a Noé, prometiendo que nunca más destruiría la tierra con otro diluvio (Gn 9:8-17).

Como en todos los pactos que Dios hace con el hombre, no hay aquí negociaciones sobre las disposiciones. Dios impone soberanamente el pacto sobre Adán y Eva, y ellos no tienen ninguna posibilidad de cambiar los detalles. Lo único que pueden hacer es aceptarlo o rechazarlo.

¿Está todavía en vigor el pacto de obras? En varios sentidos importantes lo está. En primer lugar, Pablo implica que la obediencia perfecta a las leyes de Dios, si fuera posible, llevaría a la vida (vea Ro 7:10; 10:5; Gá 3:12). Debiéramos también notar que el castigo en este pacto todavía está en vigor, «porque la paga del pecado es muerte» (Ro 6:23). Esto implica que el pacto de obras todavía está en vigor para todo ser humano aparte de Cristo, aunque ningún ser humano pecador puede cumplir con sus estipulaciones y conseguir sus bendiciones. Por último debiéramos notar que Cristo obedeció perfectamente el pacto de obras por nosotros porque él no cometió ningún pecado (1 P 2:22), sino que obedeció a Dios en todo a nuestro favor (Ro 5:18-19).

Por otro lado, en varios sentidos, el pacto de obras no permanece en vigor: (1) Ya no tenemos que lidiar con el mandamiento específico de no comer del árbol del conocimiento del bien y del mal. (2) Dado que todos tenemos una naturaleza pecaminosa (tanto los cristianos como los que no son cristianos), no estamos en condiciones de cumplir con las disposiciones del pacto de obras por nosotros mismos y recibir sus beneficios, pues al aplicarse directamente a las personas solo recibimos castigos. (3) Para los cristianos, Cristo ha cumplido satisfactoriamente las estipulaciones de este pacto de una vez y para siempre, y nosotros obtenemos sus beneficios no mediante una obediencia real de nuestra parte, sino confiando en los méritos de la obra de Cristo. En realidad, para los cristianos hoy pensar que estamos obligados a tratar de ganar el favor de Dios mediante la obediencia sería apartarse de la esperanza de la salvación. «Todos los que viven por las obras que demanda la ley, están bajo maldición… es evidente que por la ley nadie es justificado delante de Dios» (Gá 3:10-11). Los cristianos han quedado liberados del pacto de las obras por razón de la obra de Cristo y han sido incluidos en el nuevo pacto, el pacto de la gracia (vea abajo).

B. El pacto de redención

Los teólogos hablan de otra clase de pacto, un pacto que no es entre Dios y el hombre, sino entre los miembros de la Trinidad. Es el pacto que llaman el «pacto de redención». Este es un acuerdo entre el Padre, el Hijo y el Espíritu Santo, mediante el cual el Hijo está de acuerdo en hacerse hombre, ser nuestro representante, obedecer las demandas del pacto de obras en nuestro nombre y pagar el castigo del pecado que nosotros merecíamos. ¿Enseñan las Escrituras su existencia? Sí, porque habla de un plan y propósito específico de Dios en el que estuvieron de acuerdo el Padre, el Hijo y el Espíritu Santo a fin de ganar nuestra redención.

En cuanto al Padre, este «pacto de redención» incluía un acuerdo de dar al Hijo un pueblo que él redimiría para ser suyos (Jn 17:2, 6), enviar al Hijo para que fuera su representante (Jn 3:16; Ro 5:18-19), preparar un cuerpo para que el Hijo morara en él como hombre (Col 2:9; He 10:5), aceptarle como representante del pueblo que habría redimido (He 9:24), y darle a él toda autoridad en el cielo y en la tierra

(Mt 28:18), incluyendo la autoridad de derramar el poder del Espíritu Santo y aplicar la redención a su pueblo (Hch 1:4; 2:23).

De parte del Hijo, estuvo de acuerdo en que vendría a este mundo como hombre y viviría como hombre bajo la ley mosaica (Gá 4:4; He 2:14-18), y que se sometería en perfecta obediencia a todos los mandamientos del Padre (He 10:7-9), se humillaría a sí mismo y se haría obediente hasta la muerte en la cruz (Fil 2:8). El Hijo también estuvo de acuerdo en formar a un pueblo para sí mismo a fin de que ninguno de los que el Padre le iba a dar se perdiera (Jn 17:12).

El papel del Espíritu Santo en el pacto de redención a veces se pasa por alto en las reflexiones sobre el tema, pero sin duda era único y esencial. Estuvo de acuerdo en hacer la voluntad del Padre y llenar y facultar a Cristo para que llevara a cabo su ministerio en la tierra (Mt 3:16; Lc 4:1, 14, 18; Jn 3:34), y aplicar los beneficios de la obra redentora de Cristo a los creyentes después de que Cristo regresara al cielo (Jn 14:16-17, 26; Hch 1:8; 2:17-18, 33).

Refiriéndonos al acuerdo entre los miembros de la Trinidad como un «pacto», nos recuerda que fue algo emprendido voluntariamente por Dios, no algo en lo que tuviera que meterse por razón de su naturaleza. Sin embargo, este pacto es también diferente de los pactos entre Dios y el hombre porque las partes que participan lo hacen como iguales, mientras que en los pactos con el hombre, Dios es el Creador soberano que impone las estipulaciones del pacto por decreto propio. Por otro lado, es como los pactos que Dios hizo con el hombre en que contiene los elementos (especificando las partes, condiciones, y bendiciones prometidas) que conforman un pacto.

C. El pacto de gracia

1. Elementos esenciales. Cuando el hombre no obtuvo la bendición ofrecida en el pacto de obras, se hizo necesario que Dios estableciera otro medio, uno mediante el cual el hombre pudiera ser salvado. El resto de las Escrituras después del relato de la Caída en Génesis 3 es la narración de la acción de Dios en la historia para llevar a cabo el maravilloso plan de redención a fin de que las personas pecadoras pudieran entrar en compañerismo con él. Una vez más, Dios claramente define las disposiciones del pacto que especificarían las relaciones entre él y los que serían redimidos. En estas especificaciones encontramos algunas variaciones en detalle a lo largo del Antiguo y Nuevo Testamentos, pero los elementos esenciales de un pacto están todos allí, y la naturaleza de esos elementos esenciales permanece igual a lo largo del Antiguo y del Nuevo Testamentos.

Las *partes* en este pacto de gracia son Dios y el pueblo que él redimiría. Pero en este caso Cristo cumple con un papel especial como «mediador» (He 8:6; 9:15; 12:24) en el cual cumple por nosotros las condiciones del pacto y de ese modo nos reconcilia con Dios. (No había mediador entre Dios y el hombre en el pacto de obras.)

La condición (o requerimiento) de la participación en el pacto es tener *fe* en la obra de redención de Cristo (Ro 1:17; et al.). Este requerimiento de fe en la obra redentora del Mesías era también la condición para obtener las bendiciones del pacto del Antiguo Testamento, como Pablo lo demuestra claramente por medio de los ejemplos de Abraham y David (Ro 4:1-15). Ellos, como otros creyentes del Antiguo Testamento, alcanzaron salvación mirando hacia el futuro a la obra del Mesías que iba a venir y depositando su fe en él.[4]

Pero si bien la condición para *empezar* en el pacto de gracia es solo y siempre la fe en la obra de Cristo, la condición para *continuar* en el pacto se entiende que es la obediencia a los mandamientos de Dios. Aunque esta obediencia no sirve en el Antiguo Testamento ni en el Nuevo Testamento para ganar méritos con Dios, si nuestra fe en Cristo es genuina, producirá obediencia (vea Stg 2:17), y la obediencia a Cristo en el Nuevo Testamento se considera una evidencia necesaria de que somos verdaderos creyentes y miembros del nuevo pacto (vea 1 Jn 2:4-6).

La *promesa* de bendiciones en el pacto era una promesa de vida eterna con Dios. Esa promesa aparece repetida con frecuencia a lo largo del Antiguo y del Nuevo Testamentos. Dios prometió que él sería su Dios y ellos serían su pueblo. «Estableceré mi pacto contigo y con tu descendencia, como pacto perpetuo, por todas las generaciones. *Yo seré tu Dios*, y el Dios de tus descendientes» (Gn 17:7). «Yo seré su Dios, y ellos serán mi pueblo» (Jer 31:33). «Ellos serán mi pueblo, y yo seré su Dios... Haré con ellos un pacto eterno» (Jer 32:38-40; cf. Ez 34:30-31; 36:28; 37:26-27). Ese tema aparece también en el Nuevo Testamento: *«Yo seré su Dios, y ellos serán mi pueblo»* (2 Co 6:16; cf. un tema similar en los vv. 17-18; también 1 P 2:9-10). Al hablar del nuevo pacto, el autor de Hebreos cita Jeremías 31: «Yo seré su Dios, y ellos serán mi pueblo» (He 8:10). Esta bendición encuentra su cumplimiento en la iglesia, que es el pueblo de Dios, pero encuentra su mejor cumplimiento en el nuevo cielo y la nueva tierra, como lo ve Juan en su visión de la era venidera: «Oí una potente voz que provenía del trono y decía: "¡Aquí, entre los seres humanos, está la morada de Dios! Él acampará en medio de ellos, y *ellos serán su pueblo; Dios mismo estará con ellos y será su Dios»* (Ap 21:3)

La *señal* de este pacto (el símbolo físico exterior de inclusión en el pacto) varía entre el Antiguo Testamento y el Nuevo Testamento. En el Antiguo Testamento la señal exterior de comienzo de las relaciones de pacto era la circuncisión. La señal de continuación en las relaciones de pacto era la continua observancia de todas las fiestas y leyes ceremoniales que Dios le dio al pueblo en varios momentos de su historia. En el nuevo pacto la señal de comienzo de las relaciones de pacto es el bautismo, mientras que la señal de la continuación de las relaciones es la participación en la Cena del Señor.

A este pacto se le conoce como «pacto de gracia» porque está completamente basado en la «gracia» de Dios o el favor inmerecido hacia aquellos a quienes redime.

2. Varias formas del pacto. Aunque los elementos esenciales del pacto de gracia son los mismos a lo largo de la historia del pueblo de Dios, las disposiciones específicas del pacto varían de vez en cuando. En el tiempo de Adán y Eva, había solo una insinuación escueta de la posibilidad de tener relaciones con Dios que encontramos en la promesa acerca de la simiente de la mujer en Génesis 3:15 y en la

---

[4]Vea capítulo 7, pp. 120-21, para un estudio del hecho que los creyentes del Antiguo Testamento fueron salvados solo por su fe y confianza en el Mesías que iba a venir.

anterior y amorosa provisión de Dios de ropas para Adán y Eva (Gn 3:21). El pacto que Dios hizo con Noé después del diluvio (Gn 9:8-17) no era un pacto que prometiera todas las bendiciones de la vida eterna y la comunión con Dios, sino solo uno en el que Dios prometía a toda la humanidad y al reino animal que la tierra no volvería a ser destruida por un diluvio. En este sentido el pacto con Noé, aunque ciertamente depende de la gracia de Dios o del favor inmerecido, parece ser bastante diferente en cuanto a las partes involucradas (Dios y toda la humanidad, no solo los redimidos), la condición mencionada (no se requiere ni fe ni obediencia de parte del hombre), y la bendición que se promete (que la tierra no sería destruida de nuevo por el diluvio es sin duda una promesa diferente de la de vida eterna). La señal del pacto (el arco iris) es también diferente en que no requiere una participación activa o voluntaria de parte del hombre.

Pero empezando con el pacto con Abraham (Gn 15:1-21; 17:1-27), los elementos esenciales del pacto de gracia están todos presentes. En realidad, Pablo puede decir que «la Escritura…anunció de antemano el evangelio a Abraham» (Gá 3:8). Además, Lucas nos dice que Zacarías, el padre de Juan el Bautista, profetizó que la llegada de Juan el Bautista, para preparar el camino del Cristo era el comienzo de la actividad de Dios para cumplir las antiguas promesas a Abraham («para mostrar misericordia a nuestros padres al *acordarse de su santo pacto.* Así lo juró a Abraham nuestro padre», Lc 1:72-73). De modo que las promesas del pacto con Abraham permanecían en vigor aun cuando habían quedado cumplidas en Cristo (vea Ro 4:1-25; Gá.3:6-18, 29; He 2:16; 6:13-20).[5]

¿Qué es entonces el «antiguo pacto» en contraste con el «nuevo pacto» en Cristo? *No es el todo del Antiguo Testamento,* porque el pacto con Abraham y David nunca son llamados «antiguos» en el Nuevo Testamento. Más bien, *solo al pacto bajo Moisés,* el pacto que se hizo en el Monte Sinaí (Éx 19—24) se le llama el «antiguo pacto» (2 Co 3:14; cf. He 8:6, 13), que iba a ser sustituido por el «nuevo pacto» en Cristo (Lc 22:20; 1 Co 11:25; 2 Co 3:6; He 8:8, 13; 9:15; 12:24). El pacto mosaico era la aplicación[6] de detalladas leyes escritas puestas en vigor por un tiempo para restringir los pecados de las personas y para ser una guía que nos llevara a Cristo. Pablo dice: «Entonces, ¿cuál era el propósito de la ley? Fue añadida por causa de las transgresiones hasta que viniera la descendencia a la cual se hizo la promesa» (Gá 3:19), «así que la ley vino a ser nuestro guía encargado de conducirnos a Cristo» (Gá 3:24).

No debiéramos suponer que no hubo gracia para las personas desde Moisés hasta Cristo, porque la promesa de salvación por la fe que Dios había hecho a Abraham permanecía en vigor:

---

[5]Las promesas del pacto con Abraham fueron renovadas y Dios dio aun más seguridades cuando habló con David (vea esp. 2 S. 7:5-16; cf. Jer 33:19-22), y le hizo la promesa de que un rey del linaje de David reinaría sobre el pueblo de Dios para siempre. Para un estudio excelente de la continuidad de las promesas de Dios en los pactos de Dios con Abraham y David, y en el nuevo pacto, vea la obra de Thomas E. McComiskey, *The Covenants of Promise: A Theology of the Old Testaments Covenants* (Baker, Grand Rapids, 1985), esp. pp. 59-93.

[6]Para un estudio excelente de la diferencia entre el amplio pacto de la promesa y los varios «pactos administrativos» que Dios usó en diferentes momentos, vea McComiskey, *Covenants of Promise,* esp. pp. 139-77 y 193-211.

Ahora bien, las promesas se le hicieron a Abraham y a su descendencia... *La ley*, que vino cuatrocientos treinta años después, *no anula el pacto que Dios había ratificado previamente*; de haber sido así, quedaría sin efecto la promesa. Si la herencia se basa en la ley, ya no se basa en la promesa; pero Dios se la concedió gratuitamente a Abraham mediante una promesa (Gá 3:16-18).

Además, aunque el sistema de sacrificios del pacto mosaico no quitaba en realidad el pecado (He 10:1-4), sí prefiguraba que Cristo, el perfecto sumo sacerdote que era también el sacrificio perfecto, cargaría con nuestros pecados (He 9:11-28). Sin embargo, el pacto mosaico por sí mismo, con todas sus leyes detalladas, no podía salvar a las personas. No es que las leyes fueran en sí malas, porque las había dado un Dios santo, pero carecían de poder para dar a las personas una vida nueva, y las personas no podían obedecerlas perfectamente: «¿Estará la ley en contra de las promesas de Dios? ¡De ninguna manera! Si se hubiera promulgado una ley capaz de dar vida, entonces sí que la justicia se basaría en la ley» (Gá 3:21). Pablo se da cuenta de que el Espíritu Santo que actúa dentro de nosotros puede capacitarnos para obedecer a Dios en una manera que la ley mosaica nunca podría, porque él dice que Dios «nos ha capacitado para ser servidores de un nuevo pacto, no el de la letra sino el del Espíritu; porque la letra mata, pero el Espíritu da vida» (2 Co 3:6).

El nuevo pacto en Cristo es, entonces, mucho mejor porque cumple las promesas hechas en Jeremías 31:31-34, como aparece citado en Hebreos 8:

Pero el servicio sacerdotal que Jesús ha recibido es superior al de ellos, así como el pacto del cual es mediador es superior al antiguo, puesto que se basa en mejores promesas. Efectivamente, si ese primer pacto hubiera sido perfecto, no habría lugar para un segundo pacto.

Pero Dios, reprochándoles sus defectos, dijo:

«Llegará el tiempo —dice el Señor—, en que haré un nuevo pacto con la casa de Israel y con la casa de Judá.
No será como el pacto que hice con sus antepasados el día en que los tomé de la mano para sacarlos de Egipto, porque ellos no permanecieron fieles a mi pacto, y yo los abandoné, dice el Señor.
Por tanto, este es el pacto que después de aquellos días estableceré con la casa de Israel, dice el Señor:
Pondré mis leyes en su mente y las escribiré en su corazón.
Yo seré su Dios, y ellos serán mi pueblo.
Ya nadie enseñará a su prójimo, ni nadie enseñará a su hermano ni le dirá: "¡Conoce al Señor!"
Porque todos, desde el más pequeño hasta el más grande, me conocerán. Yo les perdonaré sus iniquidades, y nunca más me acordaré de sus pecados.»

Al llamar «nuevo» a ese pacto, ha declarado obsoleto al anterior; y lo que se vuelve obsoleto y envejece ya está por desaparecer (He 8:6-13).

En este nuevo pacto hay bendiciones muy superiores, porque Jesús el Mesías ha venido; ha vivido, ha muerto y ha resucitado entre nosotros, y ha expiado de una vez y para siempre todo nuestros pecados (He 9:24-28); nos ha revelado a Dios de una manera más completa (Jn 1:14; He 1:1-3); ha derramado el Espíritu Santo sobre su pueblo con el poder del nuevo pacto (Hch 1:8; 1 Co 12:13; 2 Co 3:4-18); ha escrito sus leyes en nuestros corazones (He 8:10). Este nuevo pacto es el «pacto eterno» (He 13:20) en Cristo, por medio del cual tendremos comunión eterna con Dios, y él será nuestro Dios, y nosotros seremos su pueblo.

PREGUNTAS DE APLICACIÓN PERSONAL

1. Antes de leer este capítulo, ¿había pensado usted en sus relaciones con Dios en términos de un «pacto»? ¿Le da un grado mayor de certidumbre o un sentido de seguridad en sus relaciones con Dios el saber que él gobierna las relaciones mediante una serie de promesas que nunca cambiarán?

2. Si usted fuera a pensar en las relaciones personales entre Dios y usted en términos de un pacto, en el que usted y Dios son las únicas partes involucradas, ¿cuáles serían entonces las condiciones de este pacto entre Dios y usted? ¿Está usted ahora cumpliendo esas condiciones? ¿Qué papel tiene Cristo en esas relaciones de pacto entre usted y Dios? ¿Cuáles son las bendiciones que Dios promete si usted cumple con esas condiciones? ¿Cuáles son las señales de la participación en este pacto? ¿Le lleva este entendimiento del pacto a aumentar su aprecio por el bautismo y la Cena del Señor?

TÉRMINOS ESPECIALES

antiguo pacto	pacto de gracia
nuevo pacto	pacto de obras
pacto	pacto de redención

BIBLIOGRAFÍA

(Para una explicación de esta bibliografía vea la nota sobre la bibliografía en el capítulo 1, p. 40. Datos bibliográficos completos se pueden encontrar en las páginas 1298-1307.)

Secciones en Teologías Sistemáticas Evangélicas

1. Anglicana (episcopal)
    1882–92   Litton (ninguna consideración explícita)
    1930   Thomas, 134–41
2. Arminiana (wesleyana o metodista)
    1983   Carter, 1:476–83
3. Bautista
    1767   Gill, 1:300–359, 491–530
    1887   Boyce, 247–58
4. Dispensacional
    1947   Chafer, 7:96–99

       1949   Thiessen, 199–205
       1986   Ryrie, 453–60
5. Luterana
       1934   Mueller (ninguna consideración explícita)
6. Reformada (o presbiteriana)
       1861   Heppe, 281–319, 371–409
    1871–73   Hodge, 2:117–22, 354–77
       1878   Dabney, 292–305, 429–63
       1889   Shedd, 2a:148–67
    1937–66   Murray, CW 2:47–59, 123–31
       1938   Berkhof, 211–18, 262–301
       1962   Buswell, 1:307–20
7. Renovada (o carismática o pentecostal)
    1988–92   Williams, 1:275–304

Secciones en Teologías Sistemáticas Católico Romanas Representativas

1. Católico Romana: tradicional
       1955   Ott (ninguna consideración explícita)
2. Católico Romana: Post Vaticano II
       1980   McBrien (ninguna consideración explícita)

Otras obras

Archer, G. L. «Covenant». En *EDT* pp. 276–78.

Collins, G. N. M. «Federal Theology». En *EDT* pp. 413–14.

Dumbrell, W. J. *Covenant and Creation*. Thomas Nelson, Nashville, 1984.

Fuller, Daniel P. *Gospel and Law: Contrast or Continuum? The Hermeneutics of Dispensationalism and Covenant Theology*. Eerdmans, Grand Rapids, 1980.

Jocz, Jakob. *The Covenant: A Theology of Human Destiny*. Eerdmans, Grand Rapids, 1968.

Kaiser, Walter C., Jr. *Toward An Old Testament Theology*. Zondervan, Grand Rapids, 1978.

Martens, Elmer. *God's Design: A Focus on Old Testament Theology*. Baker, Grand Rapids, 1981.

McComiskey, Thomas E. *The Covenants of Promise: A Theology of the Old Testament Covenants*. Baker, Grand Rapids, 1985.

Murray, John. *Covenant of Grace*. Tyndale, London, 1954.

Osterhaven, M. E. «Covenant Theology». En *EDT* pp. 279–80.

Pentecost, J. Dwight. *Thy Kingdom Come*. Scripture Press, Wheaton, Ill., 1990.

Peters, G. N. H. *The Theocratic Kingdom*. 3 vols. Funk and Wagnalls, New York, 1952 (primera publicación en 1884).

Rayburn, R. S. «Covenant, The New». En *EDT* pp. 278–79.

Robertson, O. Palmer. *The Christ of the Covenants*. Baker, Grand Rapids, 1980.

Ryrie, C. C. *Dispensationalism Today*. Moody, Chicago, 1965.

VanGemeren, Willem. *The Progress of Redemption.* Zondervan, Grand Rapids, 1988.

PASAJE BÍBLICO PARA MEMORIZAR

Hebreos 8:10: *Éste es el pacto que después de aquel tiempo haré con la casa de Israel —dice el Señor—: Pondré mis leyes en su mente y las escribiré en su corazón. Yo seré su Dios, y ellos serán mi pueblo.*

HIMNO

«Cuando andemos con Dios»

Este himno nos recuerda que el disfrutar de las bendiciones de Dios depende de que continuamente reunamos las condiciones de fe y obediencia según se estipula en el Nuevo Testamento, que es el registro escrito de las provisiones del nuevo pacto que Dios ha hecho con nosotros.

Cuando andemos con Dios, escuchando su voz,
    Nuestra senda florida será;
Si acatamos su ley Él será nuestro Rey,
    Y con Él reinaremos allá.

Obedecer, cumple a nuestro deber;
    Si queréis ser felices, debéis obedecer.

Cuando Cristo murió nuestro llanto enjugó,
    Proclamarle debemos doquier;
Gozarás del amor de tu Rey y Señor,
    Si obediente le entregas tu ser.

No podremos probar sus delicias sin par,
    Si seguimos mundano el placer;
Obtendremos su amor y el divino favor,
    Si sus leyes queremos hacer.

AUTOR: JAMES H. SAMMIS; TRAD. PEDRO GRADO,
(TOMADO DE HIMNOS DE FE Y ALABANZA, # 216)

Cuarta parte

Las doctrinas de Cristo y del Espíritu Santo

Capítulo 26

La persona de Cristo

¿Cómo es que Jesús es completamente Dios y completamente hombre y, no obstante, es una sola persona?

EXPLICACIÓN Y BASES BÍBLICAS

Podemos resumir la enseñanza bíblica sobre la persona de Cristo de la siguiente manera: Jesucristo era completamente Dios y completamente hombre en una sola persona, y lo será para siempre.

El material bíblico que apoya esa definición es amplio. Estudiaremos primero la humanidad de Cristo, y luego su deidad, y entonces intentaremos mostrar cómo la deidad y la humanidad de Jesús están unidas en la persona de Cristo.

A. La humanidad de Cristo

1. El nacimiento virginal. Cuando hablamos de la humanidad de Cristo es apropiado empezar hablando del nacimiento virginal de Cristo. Las Escrituras claramente afirman que Jesús fue concebido en el vientre de su madre María mediante la acción milagrosa del Espíritu Santo y sin padre humano.

«El nacimiento de Jesús, el Cristo, fue así: Su madre, María, estaba comprometida para casarse con José, *pero antes de unirse a él*, resultó que estaba encinta por obra del Espíritu Santo» (Mt 1:18). Poco después de eso un ángel del Señor le dijo a José que estaba desposado con María: «José, hijo de David, no temas recibir a María por esposa, *porque ella ha concebido por obra del Espíritu Santo*» (Mt 1:20). Luego leemos que José «hizo lo que el ángel del Señor le había mandado y recibió a María por esposa. Pero no tuvo relaciones conyugales con ella hasta que dio a luz un hijo, a quien le puso por nombre Jesús» (Mt 1:24-25).

Esos mismos hechos los encontramos confirmados en el Evangelio de Lucas, donde leemos acerca de la aparición del ángel Gabriel a María. Después de que el ángel le anunciara que daría a luz un hijo, María dijo: «¿Cómo podrá suceder esto, puesto que soy virgen?» A lo que el ángel respondió:

> «El Espíritu Santo vendrá sobre ti,
> y el poder del Altísimo te cubrirá con su sombra
> *Así que [el niño que va a nacer se llamará santo]*
> Hijo de Dios» (Lc 1:35).

La importancia doctrinal del nacimiento virginal la podemos ver al menos en tres cosas:

1. Muestra que la salvación debe venir en última instancia de parte del Señor. Como Dios había prometido que la «simiente» de la mujer (Gn 3:15) destruiría al

final a la serpiente, hizo que esto sucediera mediante su poder, no por medio del esfuerzo humano. El nacimiento virginal de Cristo es un recordatorio inconfundible de que la salvación nunca llega mediante el esfuerzo humano, sino que es obra de Dios mismo. Nuestra salvación solo se produce a través de la obra sobrenatural de Dios, y eso se hizo evidente al principio de la vida de Jesús cuando «Dios envió a su Hijo, nacido de una mujer, nacido bajo la ley, para rescatar a los que estaban bajo la ley, a fin de que fuéramos adoptados como hijos» (Gá 4:4-5).

2. El nacimiento virginal hizo posible que se pudiera unir en una sola persona la deidad en su plenitud y la humanidad en su plenitud. Este fue el medio que Dios usó para enviar a su Hijo (Jn 3:16; Gá 4:4) al mundo como hombre. Si pensamos por un momento en otras posibles formas en las que Cristo hubiera podido venir a la tierra, ninguna de ellas habría unido tan claramente a la humanidad y a la deidad en una persona. Para Dios probablemente hubiera sido posible crear a Jesús como un completo ser humano en el cielo y enviarlo a la tierra sin la intervención de un padre humano. Pero entonces hubiera sido muy difícil para nosotros poder ver que Jesús era completamente humano como nosotros, ni hubiera sido parte de la raza humana que descendía físicamente de Adán. Por otro lado, probablemente a Dios le hubiera sido posible hacer que Jesús viniera a este mundo por medio de dos padres humanos, padre y madre, y con naturaleza divina unida milagrosamente a su naturaleza humana en algún momento oportuno de su vida. Pero entonces hubiera sido bastante difícil para nosotros comprender como Jesús podía ser completamente Dios, puesto que su origen era como el nuestro en todos los sentidos. Pensar en estas otras dos posibilidades nos ayuda a entender cómo Dios, en su sabiduría, ordenó una combinación de influencias humanas y divinas en el nacimiento de Cristo, de manera que toda su humanidad fuera evidente para nosotros en razón del hecho de su nacimiento humano normal de una madre humana, y su plena deidad fuera evidente en el hecho de la concepción en el vientre de María mediante la obra poderosa del Espíritu Santo.[1]

3. El nacimiento virginal hizo también posible que Jesús fuera completamente humano pero sin la herencia de pecado. Como dijimos en el capítulo 24, todos los seres humanos hemos heredado la culpa legal y la naturaleza moral corrompida de nuestro primer padre, Adán (lo que a veces se le llama «pecado heredado» o «pecado original»). Pero el hecho de que Jesús no tuviera un padre humano significa que la línea de descendencia de Adán quedó parcialmente interrumpida. Jesús no descendía de Adán exactamente en la misma manera que los demás seres humanos han descendido de Adán. Y esto nos ayuda a comprender por qué la culpa legal y la corrupción moral que cargan los demás seres humanos no la encontramos en Cristo.

Esta idea parece estar indicada en la declaración del ángel Gabriel a María, cuando dice:

---

[1]Esto no quiere decir que hubiera sido imposible para Dios hacer que Jesús viniera al mundo en otra manera diferente, sino tan solo decir que Dios, en su sabiduría, decidió que este era la mejor forma de hacer que sucediera, y parte de ello es evidente en el hecho de que el nacimiento virginal nos ayuda a comprender cómo Jesús podía ser completamente Dios y completamente humano. Las Escrituras no nos dicen si hubiera sido «posible» traer a Cristo al mundo en algún sentido absoluto de «posible».

«El Espíritu Santo vendrá sobre ti,
    y el poder del Altísimo te cubrirá con su sombra
Así que [el niño que va a nacer se llamará santo]
    Hijo de Dios» (Lc 1:35).

Debido a que el Espíritu Santo causó la concepción de Jesús en el vientre de María, el niño sería llamado «*santo*».[2] Esa conclusión no debe interpretarse como que quiere decir que la transmisión del pecado viene solo por medio del padre, porque las Escrituras no hacen una aseveración así en ninguna parte. Baste decir que *en este caso* la línea ininterrumpida de la descendencia de Adán quedó interrumpida, y Jesús fue concebido por el poder del Espíritu Santo. Lucas 1:35 conecta esta concepción por el Espíritu Santo con la santidad o pureza moral de Cristo, y la reflexión en ese hecho nos permite entender que gracias a la ausencia de un padre humano, Jesús no era completamente un descendiente de Adán, y que esa interrupción de la línea de descendencia fue el método que Dios usó para hacer que Jesús fuera completamente humano sin que heredara el pecado de Adán.

¿Pero por qué Jesús no heredó una naturaleza pecaminosa de parte de María? La Iglesia Católica Romana responde a esa pregunta diciendo que María misma estaba libre del pecado, pero las Escrituras no enseñan eso, y de todas maneras eso no resuelve el problema (¿acaso no heredó María el pecado de su madre?).[3] Una solución mejor es decir que la obra del Espíritu Santo en María debe haber prevenido

---

[2]He insertado aquí una traducción de la versión inglesa *RSV*, que pienso que es correcta. La frase griega es *dio kai to gennomenon hagion klethesetai, huios theou*. La decisión de cuál es la traducción correcta depende de si tomamos *gennomenon* como el sujeto significando «el niño que nacerá» o pensamos que el sujeto es *to hagion*, «el santo niño», con el participio *gennomenon* funcionando como un adjetivo, dando el sentido que tiene en las versiones hispanas.

Recientemente, una investigación léxica amplia parece indicar que la expresión *to gennomenon* era una expresión bastante común que se solía entender como «el niño que nacerá». Ejemplos de este uso se puede ver en Plotino, *Nead*, 3.6.20; Platón, *Menexenus*, 237E; *Laws*, 6,775C; Filón, *Sobre la creación*, 100; *Sobre el cambio de nombres*, 267; Plutarco, *Moralia*, «Consejos para los Novios», 140F; «Sobre el afecto a los hijos» 495E. Se podrían encontrar probablemente más ejemplos con una investigación de computadora más completa, pero estos parecen suficientes para demostrar que la simple posibilidad gramatical de traducir Lucas 1:35 en la manera que lo hacen las versiones castellanas no es un argumento fuerte a favor de sus traducciones, porque los lectores de habla griega del primer siglo hubieran entendido generalmente las palabras *to gennomenon* como una unidad que significa «el niño que nacerá». Debido a este hecho, la traducción que propongo representa el sentido que hubieran entendido los lectores del primer siglo: «Así que el niño que nacerá será llamado santo». (Descubrí estos ejemplos de *to gennomenon* al investigar la información en el Thesaurus Linguae Graecae basado en la computadora Ibycus en el Trinity Evangelical Divinity School.)

[3]La Iglesia Católica Romana enseña la doctrina de la *inmaculada concepción*. Esta doctrina no se refiere a la concepción de Jesús en el vientre de María, sino a la concepción de *María* en el vientre de su madre, y enseña que María estaba libre de la herencia del pecado. El 8 de diciembre de 1854, el Papa Pío IX proclamó: «La Santísima Virgen María fue, desde el primer momento de su concepción... en vista de los méritos de Cristo Jesús... preservada libre de la mancha del pecado original» (Ludwig Ott, *Fundamentals of Catholic Dogma*, trad. Patrick Lynch [Tan, Rockfort, 1960], p. 190). (La Iglesia Católica también enseña que «como consecuencia de un privilegio especial de gracia de Dios, María estaba libre de pecado personal durante toda su vida», p. 203.)

En respuesta, debemos decir que el Nuevo Testamento honra mucho a María como una persona a quien Dios le «ha concedido su favor» (Lc 1:30), y que es «bendita entre las mujeres» (Lc 1:42), pero en ninguna parte indica la Biblia que María estaba libre del pecado heredado. La expresión «¡Te saludo, tú que has recibido el favor de Dios. El Señor está contigo» (Lc 1:28) simplemente significa que María había encontrado gran bendición de parte de Dios; la misma palabra que traducimos como «favor» o «favorecida» en Lucas 1:28 (gr. *charitoo*) se usa para todos los cristianos en Efesios 1:6: «para alabanza de su gloriosa gracia, que *nos concedió* en su Amado». En realidad, Ott dice: «La doctrina de la Inmaculada Concepción de María no está explícitamente revelada en las Escrituras» (p. 200, aunque él piensa que está implícita en Gn 3:15 y Lc 1:28, 41.)

no solo la transmisión del pecado de José (porque Jesús no tuvo padre humano), sino también, en una forma milagrosa, la transmisión del pecado de María: «El Espíritu Santo vendrá sobre ti... Así que al santo niño que va a nacer lo llamarán Hijo de Dios» (Lc1:35).

Ha sido común, al menos en generaciones anteriores, para los que no aceptan la completa veracidad de las Escrituras negar la doctrina del nacimiento virginal de Cristo. Pero si nuestras creencias van a ser gobernadas por las declaraciones de las Escrituras, no negaremos ciertamente esta enseñanza. Ya sea que podamos o no discernir algunos aspectos de importancia doctrinal de esta enseñanza, debiéramos creerla primero que nada porque las Escrituras la afirman. Por supuesto, un milagro así no es demasiado difícil para el Dios que creó el universo y todo lo que hay en él, todo el que afirme que un nacimiento virginal es «imposible» está confesando su propia incredulidad en el Dios de la Biblia. No obstante, además del hecho de que las Escrituras enseñan el nacimiento virginal, podemos ver que es doctrinalmente importante, y si vamos a entender la enseñanza bíblica sobre la persona de Cristo correctamente, es importante que empecemos con una afirmación de esta doctrina.

2. Debilidades y limitaciones humanas

a. Jesús tuvo un cuerpo humano: El hecho de que Jesús tuviera un cuerpo humano como nosotros lo podemos ver en muchos pasajes de las Escrituras. Nació de la misma manera que nacen todos los demás seres humanos (Lc 2:7). Creció como niño hasta llegar a la edad adulta como todos los niños lo hacen. «El niño crecía y se fortalecía; progresaba en sabiduría, y la gracia de Dios lo acompañaba» (Lc 2:40). Además, Lucas nos dice que «Jesús siguió creciendo en sabiduría y estatura, y cada vez más gozaba del favor de Dios y de toda la gente» (Lc 2:52).

Jesús se cansaba como todos nosotros, porque leemos que «Jesús, fatigado del camino, se sentó junto al pozo» (Jn 4:6) en Samaria. Sintió sed, porque cuando estaba en la cruz dijo: «*Tengo sed*» (Jn 19:28). Después de haber ayunado durante cuarenta días en el desierto, leemos que «*tuvo hambre*» (Mt 4:2). A veces se sintió físicamente débil, porque durante el tiempo de sus tentaciones en el desierto ayunó por cuarenta días (hasta el punto cuando la fortaleza física de las personas se agota por completo y puede suceder un daño irreparable si continúa el ayuno). En ese tiempo «unos ángeles acudieron a servirle» (Mt 4:11), y aparentemente cuidaron de él y le proveyeron de sustento hasta que recuperó sus energías para salir del desierto. Cuando Jesús estaba de camino al Gólgota para ser crucificado, los soldados obligaron a Simón de Cirene a que llevara la cruz (Lc 23:26), muy probablemente debido a que Jesús se encontraba tan debilitado después de los latigazos que le habían dado que ya no contaba con fuerzas para llevarla él mismo. La culminación de las limitaciones de Jesús en términos de su cuerpo físico la vemos cuando murió en la cruz (Lc 23:46). Su cuerpo humano cesó de tener vida y cesaron sus funciones, lo mismo que en nuestros cuerpos cuando morimos.

Jesús también resucitó de entre los muertos en un cuerpo físico, humano, aunque uno que era perfecto y ya no estaba sujeto a las limitaciones de la debilidad, la enfermedad o la muerte. Les demostró repetidas veces a sus discípulos que tenía un cuerpo físico auténtico: él dijo: «Miren mis manos y mis pies. ¡Soy yo mismo! Tóquenme y vean; *un espíritu no tiene carne ni huesos*, como ven que los tengo yo» (Lc 24:39). Les mostró y les enseñó que tenía «carne y huesos» y que no era solo un «espíritu» sin cuerpo. Otra evidencia de esto lo vemos en que ellos «le dieron un pedazo de pescado asado, así que lo tomó y se lo comió delante de ellos» (Lc 24:42; cf. v. 30; Jn 20:17, 20, 27; 21:9, 13).

En este mismo cuerpo humano (aunque era un cuerpo resucitado que ya era perfecto), Jesús también ascendió al cielo. Dijo antes de dejarlos: «Ahora dejo de nuevo el mundo y vuelvo al Padre» (Jn 16:28; cf. 17:11). La manera en que Jesús ascendió al cielo fue calculada para demostrar la continuidad entre su existencia en un cuerpo físico aquí en la tierra y la continuidad de su existencia en ese cuerpo en el cielo. Unos pocos versículos más tarde que cuando Jesús les dijo: «Un espíritu no tiene carne ni huesos, como ven que los tengo yo» (Lc 24:39), leemos en el Evangelio de Lucas que Jesús «los llevó hasta Betania; allí alzó las manos y los bendijo. Sucedió que, mientras los bendecía, se alejó de ellos y fue llevado al cielo» (Lc 24:50-51). Asimismo, leemos en Hechos: «Mientras ellos lo miraban, fue llevado a las alturas hasta que una nube lo ocultó de su vista» (Hch 1:9).

Todos estos versículos tomados juntos muestran que, en lo concerniente al cuerpo humano de Jesús, era como el nuestro en todos los sentidos antes de la resurrección, y después de su resurrección era todavía un cuerpo humano con «carne y huesos», pero hecho perfecto, la clase de cuerpo que nosotros tendremos cuando Cristo regrese y nos resucite también de entre los muertos.[4] Jesús sigue existiendo en ese cuerpo en el cielo, como la ascensión tiene el propósito de enseñarnos.

b. Jesús tuvo una mente humana: El hecho de que Jesús «*siguió creciendo en sabiduría*» (Lc 2:52) nos dice que pasó por un proceso de aprendizaje como lo hacen todos los niños. Aprendió a comer, a hablar, a leer y escribir, y cómo ser obediente a sus padres (vea He 5:8). Este proceso de aprendizaje común a todos fue parte de la auténtica humanidad de Cristo.

También podemos ver que Jesús tuvo una mente como la nuestra cuando habla del día en que regresará a la tierra: «Pero en cuanto al día y la hora, nadie lo sabe, ni siquiera los ángeles en el cielo, ni el Hijo, sino solo el Padre» (Mr 13:32).[5]

c. Jesús tuvo un alma humana y emociones humanas: Vemos varias indicaciones de que Jesús tuvo alma humana (o espíritu). Poco antes de su crucifixión, Jesús dijo: «Ahora todo mi ser está *angustiado*» (Jn 12:27). Juan nos dice un poco después: «Dicho esto, Jesús se *angustió* profundamente» (Jn 13:21). En ambos versículos la palabra *angustiar* representa al término griego *tarasso*, una palabra que se usa con frecuencia para referirse a personas con ansiedad o sorprendidos repentinamente por un peligro.[6]

---

[4]Vea capítulo 28, pp. 639-44, y el capítulo 42, pp. 873-78, sobre la naturaleza del cuerpo resucitado.

[5]Vea adelante una consideración más completa de este versículo, pp. 560-63.

[6]La palabra *tarasso*, «angustiado», se usaba, por ejemplo, para hablar del hecho de que Herodes se «turbó» cuando se enteró de que los magos habían acudido a Jerusalén buscando al nuevo rey de los judíos (Mt 2:3); los discípulos se «aterraron» cuando vieron a Jesús caminando sobre las aguas del lago y pensaron que era un

Además, antes de la crucifixión de Jesús, al darse cuenta del sufrimiento que iba a enfrentar, dijo: «Es tal la angustia que me invade, que me siento morir» (Mt 26:38). Tan grande era la tristeza que sentía que parecía como que, si hubiera llegado a ser más fuerte, hubiera acabado con su vida.

Jesús experimentó una gama completa de emociones. Se «asombró» de la fe del centurión (Mt 8:10). Lloró con tristeza por causa de la muerte de Lázaro (Jn 11:35). Y oró con un corazón lleno de emoción, porque en «los días de su vida mortal, Jesús ofreció oraciones y súplicas *con fuerte clamor y lágrimas* al que podía salvarlo de la muerte, y fue escuchado por su reverente sumisión» (He 5:7).

Además, el autor de Hebreos nos dice: «Aunque era Hijo, mediante el sufrimiento *aprendió a obedecer*; y consumada su perfección, llegó a ser autor de salvación eterna para todos los que le obedecen» (He 5:8-9). Con todo, si Jesús nunca pecó, ¿cómo podía él «aprender obediencia»? Al parecer, al tiempo que Jesús crecía en madurez, como todos los demás niños humanos, fue capaz de desarrollar su responsabilidad moral. Cuanto mayor se hacía tantas más demandas podían sus padres exigirles en términos de obediencia, y más difíciles serían las tareas que su Padre celestial podía asignarles para llevarlas a cabo según las fuerzas de su naturaleza humana. Con cada tarea que aumentaba en dificultad, incluso cuando involucraba algún sufrimiento (como He 5:8 especifica), la habilidad moral de Jesús, su capacidad de obedecer bajo circunstancias cada vez más difíciles se incrementaba. Podemos decir que su «fibra moral» se fortalecía mediante ejercicio cada vez más difíciles. No obstante, en todo este proceso nunca pecó.

La ausencia completa de pecado en la vida de Jesús es muy notable a causa de las severas tentaciones que enfrentó, no solo en el desierto, sino a lo largo de su vida. El autor de Hebreos afirma que Jesús fue «*tentado en todo* de la misma manera que nosotros, aunque sin pecado» (He 4:15). El hecho de que enfrentara tentaciones significa que tenía una naturaleza humana auténtica que podía ser tentada, porque las Escrituras claramente dicen que «Dios no puede ser tentado por el mal» (Stg 1:13).

d. Las personas cercanas a Jesús le vieron solo como un hombre: Mateo nos informa de un incidente asombroso en medio del ministerio de Jesús. Aunque Jesús había recorrido toda Galilea «enseñando en las sinagogas, anunciando las buenas nuevas del reino y sanando toda enfermedad y dolencia entre la gente», de manera que le «seguían grandes multitudes» (Mt 4:23-25), cuando llegó a Nazaret, el pueblo donde se había criado, sus vecinos que le había conocido por tantos años no le recibieron:

> Cuando Jesús terminó de contar estas parábolas, se fue de allí. Al llegar a su tierra, comenzó a enseñar a la gente en la sinagoga, los que se preguntaban maravillados: «*¿De dónde sacó éste tal sabiduría y tales poderes milagrosos?* ¿No es acaso el hijo del carpintero? ¿No se llama su madre María; y no son sus hermanos Jacobo, José, Simón y

---

fantasma (Mt 14:26); Zacarías se «asustó» cuando de repente vio a un ángel aparecer en el templo en Jerusalén (Lc 1:12); y los discípulos se «asustaron» cuando Jesús apareció repentinamente entre ellos después de la resurrección (Lc 24:38). Pero la palabra aparece también en Juan 14:1, 27, cuando Jesús dice: «No se *angustien*. Confíen en Dios...». Cuando Jesús estaba angustiado en su espíritu, no pensemos, por tanto, que era una falta de fe o que estaba afectado por algún pecado, era definitivamente una fuerte emoción humana que suele aparecer en momentos de gran peligro.

Judas? ¿No están con nosotros todas sus hermanas? ¿Así que de dónde sacó todas estas cosas? *Y se escandalizaban a causa de él.* Y por la incredulidad de ellos, no hizo allí muchos milagros (Mt 13:53-58).

Este pasaje nos indica que las personas que le conocieron mejor, los vecinos con los que había vivido y trabajado durante treinta años, solo le vieron como un hombre común y corriente, un buen hombre, sin duda, justo, amable y sincero, pero ciertamente no un profeta de Dios que pudiera hacer milagros, y desde luego no Dios mismo en la carne. Aunque en las secciones siguientes veremos cómo Jesús era completamente divino en todos los sentidos —que era verdaderamente Dios y hombre en una persona— debemos con todo reconocer toda la fuerza de un pasaje como este. Durante los primeros treinta años de su vida Jesús vivió una vida humana que era tan común y corriente que las personas de Nazaret que le conocían mejor se quedaron asombradas de que él pudiera enseñar con autoridad y obrar milagros. Ellos le conocían. Era uno de ellos. Era el «hijo del carpintero» (Mt 13:55), y él mismo era «el carpintero» (Mt 6:3), tan común y normal que se preguntaban: «¿Así que de dónde sacó todas estas cosas?» (Mt 13:56). Y Juan nos dice que «*ni siquiera sus hermanos creían en él» (Jn 7:5).*

¿Fue Jesús completamente humano? Era tan humano que los que vivieron y trabajaron con él durante treinta años, y aun sus hermanos que crecieron juntos bajo el mismo techo, no lo vieron más que como un buen ser humano. Aparentemente no tenían ni idea de que Dios se hubiera encarnado y viviera entre ellos.

3. Sin pecado. Aunque el Nuevo Testamente afirma con absoluta claridad que Jesús era completamente humano como nosotros lo somos, también afirma que Jesús era diferente en un aspecto importante: Era sin pecado, y nunca cometió ningún pecado durante su vida humana. Algunos han objetado diciendo que si Jesús no pecó, entonces no era *verdaderamente* humano, porque todos los seres humanos pecan. Pero los que hacen esta objeción no se dan cuenta que los seres humanos se encuentran ahora en una situación *anormal.* Dios no nos creó pecaminosos, sino santos y justos. Adán y Eva antes de que pecaran en el huerto del Edén eran *verdaderamente* humanos, y nosotros ahora, aunque humanos, no estamos a la altura de la manera de ser que Dios desea para nosotros cuando quede restaurada por completo nuestra humanidad sin pecado.

La impecabilidad de Jesús se enseña con frecuencia en el Nuevo Testamento. Vemos sugerencias de ello temprano en su vida cuando «progresaba en sabiduría, y la gracia de Dios lo acompañaba» (Lc 2:40). Luego vemos que Satanás no tuvo éxito en su intento de tentar a Jesús, y que después de cuarenta días no logró persuadirle a que pecara. «Así que el diablo, habiendo agotado todo recurso de tentación, lo dejó hasta otra oportunidad» Lc 4:13). Tampoco vemos en los evangelios sinópticos (Mateo, Marcos y Lucas) ninguna evidencia de falta o error de parte de Jesús. A los judíos que se le oponían, Jesús les preguntó: «¿Quién de ustedes me puede probar que soy culpable de pecado?» (Jn 8:46) y nadie le respondió.

Las declaraciones acerca de la impecabilidad de Jesús son más explícitas en el Evangelio de Juan. Jesús hizo la asombrosa declaración: «Yo soy la luz del mundo» (Jn 8:12). Si entendemos que la luz representa veracidad y pureza moral, Jesús está aquí afirmando que él es la fuente de la verdad y de la pureza moral y la santidad en el mundo, lo cual es una afirmación sorprendente, algo que solo podía decir alguien que estuviera libre de pecado. Además, en cuanto a la obediencia a su Padre en el cielo, dijo: «Siempre hago lo que le agrada» (Jn 8:29; el tiempo presente nos da el sentido de una actividad continua: «*Estoy haciendo siempre* lo que le agrada»). Al final de su vida, Jesús podía decir: «Así como yo he obedecido los mandamientos de mi Padre y permanezco en su amor» (Jn 15:10). Es significativo que cuando Jesús estaba siendo sometido a juicio ante Pilato, a pesar de las acusaciones de los judíos, Pilato solo pudio llegar a la conclusión: «Yo no encuentro que éste sea culpable de nada» (Jn 18:38).

En el libro de Hechos a Jesús le llaman varias veces: «Santo y Justo», o se refieren a él con expresiones similares (vea Hch 2:27; 3:14; 4:30; 7:52; 13:35). Cuando Pablo habla de que Jesús vino a vivir como hombre es muy cuidadoso en no decir que Jesús vino en «carne de pecado», sino más bien dice que «Dios enviando a su Hijo *en semejanza* de carne de pecado» (Ro 8:3, RVR 1960). Y se refiere a Jesús como el «que no cometió alguno, por nosotros Dios lo trató como pecador» (2 Co 5:21).

El autor de Hebreos afirma que Jesús fue tentado, pero a la vez insiste en que no pecó: «Sino uno que ha sido tentado en todo de la misma manera que nosotros, *aunque sin pecado*» (He 4:15). Él es un sumo sacerdote que es «santo, irreprochable, puro, apartado de los pecadores y exaltado sobre los cielos» (He 7:26). Pedro habla de Jesús como «un cordero sin mancha y sin defecto» (1 P 1:19), usando las imágenes del Antiguo Testamento para afirmar que está libre de todo defecto moral. Pedro declara directamente: «*No cometió ningún pecado*, ni hubo engaño en su boca» (1 P 2:22). Cuando Jesús murió, era «el justo por los injustos, a fin de llevarlos a ustedes a Dios» (1 P 3:18). Y Juan, en su primera epístola, llama a Jesús «Jesucristo, el Justo» (1 Jn 2:1) y dice: «y él no tiene pecado» (1 Jn 3:15). Es difícil de negar, entonces, que la impecabilidad de Cristo se enseña claramente en las secciones más importantes del Nuevo Testamento. Él era verdaderamente hombre, pero sin pecado.

En relación con la impecabilidad de Jesús, debiéramos notar en más detalles la naturaleza de las tentaciones en el desierto (Mt 4:1-11; Mr 1:12-13; Lc 4:1-13). En esencia estas tentaciones fue un intento de persuadir a Jesús de que escapara del camino duro de obediencia y sufrimiento que estaba preparado para él como el Mesías. Jesús fue «llevado por el Espíritu al desierto. Allí estuvo cuarenta días y fue tentado por el diablo» (Lc 4:1-2). En muchos sentidos esta tentación fue semejante a la prueba que enfrentaron Adán y Eva en el huerto del Edén, pero fue mucho más difícil. Adán y Eva tenían comunión con Dios y uno con el otro y abundancia de toda clase de alimento, y solo se les dijo que no comieran de un árbol. Por el contrario, Jesús no tenía compañerismo humano con nadie y nada para comer, y después de haber ayunado durante cuarenta días estaba al borde del agotamiento físico. En ambos casos la clase de obediencia que se requería no era la obediencia a un principio moral eterno enraizado en el carácter de Dios, sino una prueba de pura y simple obediencia a un mandato específico de Dios. Con Adán y Eva, a quienes Dios les había dicho que no comieran del árbol del conocimiento del bien y del mal, la cuestión era si ellos obedecerían porque Dios les había dicho que lo hicieran. En el caso de Jesús, «llevado por el Espíritu» al desierto por cuarenta días, este al parecer se dio cuenta de que era la voluntad del Padre que no comiera durante esos días, sino que permaneciera allí hasta que el Padre, por medio de la dirección del Espíritu Santo, le dijera que la tentación había terminado y que podía marcharse de allí.

Podemos entender, entonces, la fuerza de la tentación: «Si eres el Hijo de Dios, dile a esta piedra que se convierta en pan» (Lc 4:3). Por supuesto, Jesús era el Hijo de Dios, y desde luego tenía poder para convertir la piedra en pan instantáneamente. Muy pronto transformaría el agua en vino y multiplicaría los panes y los peces. La tentación estaba intensificada por el hecho de que parecía que, si no comía pronto, corría el riesgo de perder la vida. Con todo, él había venido a obedecer a Dios de manera perfecta en nuestro lugar, y hacerlo *como hombre*. Esto significa que tenía que obedecer basado solo en sus propias fuerzas humanas. Si hubiera invocado sus poderes divinos para hacer que la tentación le resultara más fácil, no habría obedecido a Dios completamente como *un hombre*. La tentación consistía en «manipular» un poco los requerimientos y hacer que la obediencia resultara de cierta forma más fácil. Pero Jesús, a diferencia de Adán y Eva, rehusó comer cuando parecía que era bueno y necesario para él, prefiriendo más bien obedecer el mandamiento de su Padre celestial.

La tentación de inclinarse y adorar a Satanás por un momento y recibir autoridad sobre «todos los reinos del mundo» (Lc 4:5) fue la tentación de recibir poder no por medio del camino de la obediencia de toda una vida a su Padre celestial, sino mediante el sometimiento erróneo al príncipe de las tinieblas. Jesús de nuevo rechazó esta senda aparentemente fácil y eligió el camino de la obediencia que lo llevó a la cruz.

Del mismo modo, la tentación de arrojarse desde lo alto del pináculo del templo (Lc 4:9-11) fue la tentación de «forzar» a Dios a realizar un milagro y rescatarlo en una forma espectacular, y de ese modo atraer a una multitud de seguidores sin tener que seguir el difícil camino que tenía por delante, que incluía tres años de ministrar a las personas en sus necesidades, enseñar con autoridad y ser un ejemplo de absoluta santidad en su vida en medio de una dura oposición. Pero Jesús de nuevo se resistió al «camino fácil» para el cumplimiento de sus metas como Mesías (de nuevo, un camino que en realidad no le hubiera llevado a cumplir con esas metas en ningún sentido).

Estas tentaciones fueron en verdad la culminación de un proceso moral de toda una vida de fortalecimiento y maduración que tuvo lugar durante toda la niñez y temprana adultez de Jesús, al ir «creciendo en sabiduría y estatura, y cada vez gozaba más del favor de Dios» (Lc 2:52) y «mediante el sufrimiento *aprendió a obedecer*» (He 5:8). En esas tentaciones en el desierto y en las varias tentaciones que tuvo que enfrentar a lo largo de los treinta y tres años de su vida, Cristo obedeció a Dios en nuestro lugar y como representante nuestro, y triunfó allí donde Adán había fallado, donde el pueblo de Israel en el desierto había fallado, y donde nosotros hemos fallado (vea Ro 5:18-19).

Con todo lo difícil que pueda ser para nosotros comprenderlo, las Escrituras afirman que en estas tentaciones Jesús aumentó su capacidad para entender y ayudarnos en nuestras tentaciones. «*Por haber sufrido él mismo la tentación*, puede socorrer a los que son tentados» (He 2:18). El autor sigue relacionando la capacidad de

Jesús para condolerse de nuestras debilidades por el hecho de que fue tentado como nosotros lo somos:

> Porque no tenemos un sumo sacerdote incapaz de compadecerse de nuestras debilidades, sino uno que ha sido tentado en todo de la misma manera que nosotros, aunque sin pecado. Así que acerquémonos confiadamente al trono de la gracia para recibir misericordia y hallar la gracia que nos ayude en el momento que más la necesitemos (He 4:15-16).

Esto tiene una aplicación práctica para todos nosotros: En cada situación en la que luchamos con la tentación, debiéramos reflexionar en la vida de Cristo y preguntarnos si no son situaciones similares a las que él enfrentó. En general, después de reflexionar un poco, seremos capaces de pensar en algunos momentos de la vida de Cristo en las que enfrentó tentaciones que, aunque no fueron iguales en cada detalle, fueron semejantes a las situaciones que nosotros enfrentamos a diario.[7]

4. ¿Podía Jesús haber pecado? A veces surge la pregunta: «¿Era posible que Jesús pecara?» Algunos argumentan a favor de la *impecabilidad* de Cristo en el que la palabra impecable significa que «no puede pecar».[8] Otros objetan que si Jesús no podía pecar, sus tentaciones no podían ser reales, ¿porque cómo puede ser real una tentación si la persona que está siendo tentada no tiene la posibilidad de caer en pecado?

A fin de responder a esta pregunta, debemos distinguir lo que las Escrituras afirman claramente, por un lado, y, por el otro, lo que está más en la naturaleza de la posible inferencia de nuestra parte. (1) Las Escrituras claramente afirman que Cristo nunca pecó (vea arriba). No debiera haber ninguna duda en cuanto a este hecho en nuestras mentes. (2) También afirman claramente que Jesús fue tentado, y que fueron tentaciones auténticas (Lc 4:2). Si creemos las Escrituras, debemos insistir entonces en que Cristo «ha sido tentado *en todo de la misma manera que nosotros*, aunque sin pecado» (He 4:15). Si nuestra especulación sobre la cuestión de si Cristo podía haber pecado nos lleva alguna vez a decir que él no fue verdaderamente tentado, hemos llegado entonces a una conclusión errónea, una que contradice las claras declaraciones de las Escrituras.

(3) Debemos también afirmar con las Escrituras que «Dios no puede ser tentado por el mal» (Stg 1:13). Pero aquí la pregunta se hace más difícil: Si Jesús era completamente Dios como también completamente hombre (y argumentaremos más

---

[7]Particularmente en relación con la vida familiar, nos ayuda el recordar que José no aparece mencionado en ninguna parte en los evangelios después del incidente en el templo cuando Jesús tenía doce años. Es especialmente interesante notar que José no aparece en los versículos que hablan de la madre y otros miembros de la familia, mencionando incluso los nombres de los hermanos y hermanas (vea Mt 13:55-56; Mr 6:3; cp. Mt 12:48). Parecería muy extraño, por ejemplo, que la «madre de Jesús» se encontrara en la boda en Caná de Galilea (Jn 2:1) pero no su padre, si es que todavía vivía (cp. Jn 2:12). Esto parece indicar que en algún momento después que Jesús cumplió los doce años José falleció, y que durante unos años Jesús creció en un hogar donde la madre actuaba como cabeza de familia. Esto no está diciendo que al ir creciendo Jesús asumió cada vez más la responsabilidad de líder de la familia, ganándose la vida como «carpintero» (Mr 6:3) y cuidando también sin duda de sus hermanos más jóvenes. Por tanto, aunque Jesús nunca se casó, Él tuvo, sin duda alguna, una rica variedad de experiencias familiares en situaciones y conflictos similares a los que experimentan las familias hoy.

[8]La palabra latina *peccare* significa «pecar».

adelante que las Escrituras enseñan eso en forma clara y repetida), ¿no debemos afirmar también que (en algún sentido) Jesús no podía «ser tentado por el mal»?

Hasta aquí es donde podemos llegar en términos de afirmaciones claras y explícitas de las Escrituras. Pero aquí nos enfrentamos con un dilema similar a algunos otros dilemas doctrinales en los que las Escrituras parecen estar enseñando cosas que son, si no directamente contradictorias, o al menos muy difíciles de combinar en nuestro entendimiento. Por ejemplo, con respecto a la doctrina de la Trinidad, afirmamos que Dios existe en tres personas, y que cada una es completamente Dios, y que hay un solo Dios. Aunque esas declaraciones no son contradictorias, son, no obstante, difíciles de entender en relación una con otra, y aunque podemos hacer cierto progreso en la comprensión de cómo encajan unas con otras, al menos en esta vida tenemos que admitir que no puede haber una comprensión final por parte nuestra. Aquí la situación es de alguna manera similar. No tenemos una contradicción real. Las Escrituras no nos dicen que «Jesús fue tentado» y que «Jesús no fue tentado» (una contradicción si «Jesús» y «tentado» se usan exactamente en la misma forma en ambas frases). La Biblia nos dice que «Jesús fue tentado» y que «Jesús era completamente hombre» y que «Jesús era completamente Dios» y «Dios no puede ser tentado». Esta combinación de enseñanzas de parte de las Escrituras deja abierta la posibilidad de que a medida que entendemos la manera en que las naturalezas humana y divina de Jesús funcionaban juntas, podemos comprender más la manera en la que él podía ser tentado en un sentido y en otro, no obstante, no podía ser tentado. (Esta posibilidad la examinaremos después más a fondo.)

En este momento, entonces, vamos más allá de las afirmaciones claras de las Escrituras e intentamos sugerir una solución al problema de si Cristo podía haber pecado. Pero es importante reconocer que la siguiente solución está más en la naturaleza del recurso sugerido de combinar varias enseñanzas bíblicas y no está directamente apoyado por declaraciones explícitas de las Escrituras. Con esto en mente, es apropiado para nosotros decir:[9] (1) Si la naturaleza humana de Jesús hubiera existido por sí misma, independiente de su naturaleza divina, habría sido una naturaleza humana semejante a la que Dios dio a Adán y a Eva. Estaría libre de pecado, pero, no obstante, *con posibilidad de pecar.* Por tanto, si la naturaleza humana de Jesús hubiera existido por sí misma, estaba la posibilidad abstracta o teórica de que Jesús podía haber pecado, como la naturaleza humana de Adán y Eva tenían la posibilidad de pecar. (2) Pero la naturaleza humana de Jesús nunca existió aparte de la unión con su naturaleza divina. Desde el momento de su concepción, existió como verdaderamente Dios y también como verdaderamente hombre. Su naturaleza humana y su naturaleza divina existieron unidas en una persona. (3) Aunque hubo algunas cosas (tales como sentir hambre, sed o debilidad) que Jesús experimentó solo en su naturaleza humana y no las experimentó en su naturaleza divina (vea más adelante), no obstante, un acto de pecar hubiera sido una acción moral que habría involucrado al parecer toda la persona de Cristo. Por tanto, si él hubiera pecado, hubiera involucrado su naturaleza humana y su naturaleza divina. (4) Pero

---

[9]En este estudio estoy siguiendo en buena medida las conclusiones de Geerhardus Vos, *Biblical Theology* (Eerdmans, Grand Rapids, 1948), pp. 339-42.

si Jesús como una persona hubiera pecado, involucrando sus naturalezas humana y divina en el pecado, Dios mismo habría pecado, y él hubiera dejado de ser Dios. No obstante, eso es claramente imposible a causa de la infinita santidad de la naturaleza de Dios. (5) Por tanto, si estamos preguntando si era *de veras* posible que Jesús hubiera pecado, parece que debemos concluir que no era posible. La unión de sus naturalezas humana y divina en una persona lo evitaba.

Pero queda todavía por responder la pregunta: «¿Cómo entonces podían ser válidas las tentaciones de Jesús?» El ejemplo de la tentación de cambiar las piedras en pan nos ayuda en este sentido. Jesús tenía la capacidad, en virtud de su naturaleza divina, de realizar este milagro, pero si lo hubiera hecho, ya no habría estado obedeciendo solo en base de la fortaleza de su naturaleza humana, hubiera fallado en la prueba en la que Adán también falló, y no habría ganado la salvación para nosotros. Por tanto, rehusó apoyarse en su naturaleza divina para hacer que la obediencia le resultara más fácil. Del mismo modo, parece apropiado concluir que Jesús enfrentó cada tentación, no en base a su poder divino, sino solo en la fortaleza de su naturaleza humana (aunque, por supuesto, no estaba «solo» porque Jesús, al ejercer la clase de fe que los humanos debieran ejercer, estaba dependiendo perfectamente de Dios el Padre y del Espíritu Santo en todo momento). La fortaleza moral de su naturaleza divina estaba allí como una especie de «respaldo» que le hubiera servido para no pecar (y por tanto, podemos decir que era imposible que él pecara), pero él no confió en la fortaleza de su naturaleza divina para hacer que le resultara más fácil enfrentar las tentaciones, y su negación a convertir las piedras en pan al comienzo de su ministerio es una clara indicación de ello.

¿Fueron entonces genuinas las tentaciones? Muchos teólogos han señalado que solo aquel que resiste con éxito una tentación hasta el final siente de forma más plena toda la fuerza de esa tentación. Así como un campeón de levantamiento de pesas que levanta y sostiene con éxito por encima de su cabeza las pesas más pesadas en el campeonato siente toda la fuerza de ello más completamente que el que lo ha intentado pero las deja caer, todo cristiano que ha enfrentado con éxito la tentación hasta el final sabe que es mucho más difícil que caer en ella de una vez. Así sucedió con Jesús: Cada tentación que enfrentó, lo hizo hasta el final, y triunfó sobre ella. Las tentaciones fueron reales, aunque no se rindió a ellas. En realidad, fueron mucho más reales *porque* no se rindió a ellas.

¿Qué decimos entonces acerca del hecho de que «Dios no puede ser tentado por el mal» (Stg 1:13)? Parece ser que esta es una de las varias cosas que debemos afirmar que son ciertas de la naturaleza divina de Jesús, pero no de su naturaleza humana. Su naturaleza divina no podía ser tentada por el mal, pero sí su naturaleza humana y sin duda fue tentada. Las Escrituras no nos explican con claridad cómo estaban unidas estas dos naturalezas en una persona al enfrentarse a la tentación. Pero esta distinción entre lo que es verdad de una naturaleza y lo que es verdad de otra naturaleza es un ejemplo de varias declaraciones similares que las Escrituras nos requieren hacer (vea más adelante más sobre esta distinción, cuando examinemos cómo Jesús podía ser Dios y hombre en una persona).

5. ¿Por qué era necesaria la completa humanidad de Jesús? Cuando Juan escribió su primera epístola, circulaba una enseñanza herética entre las iglesias que decía que Jesús no era hombre. Esta herejía llegó a ser conocida como *docetismo.*[10] Tan seria fue su negación de la verdad acerca de Cristo, que Juan pudo decir que era una doctrina del anticristo: «En esto pueden discernir quién tiene el Espíritu de Dios: todo profeta que reconoce que Jesucristo ha venido en cuerpo humano, es de Dios; todo profeta que no reconoce a Jesús, no es de Dios sino del anticristo» (1 Jn 4:2-3). El apóstol Juan entendió que negar la verdadera humanidad de Jesús era negar algo que era esencial en el cristianismo, de modo que todo aquel que negara que Jesús había venido en la carne no procedía de Dios.

Al mirar a lo largo del Nuevo Testamento, vemos varias razones de por qué Jesús tenía que ser completamente humano si es que iba a ser el Mesías y ganar nuestra salvación. Podemos mencionar aquí siete de estas razones.

a. Para obediencia representativa. Como ya notamos en el capítulo sobre los pactos entre Dios y el hombre,[11] Jesús era nuestro representante y obedeció por nosotros allí donde Adán había fallado y desobedecido. Lo vemos en el paralelismo entre la tentación de Jesús (Lc 4:1-13) y el tiempo de la prueba de Adán y Eva en el huerto del Edén (Gn 2:15—3:7). Aparece también claramente reflejado en las reflexiones de Pablo sobre el paralelismo entre Adán y Cristo, y en la desobediencia de Adán y obediencia de Cristo:

> Por tanto, así como una sola transgresión causó la condenación de todos, también *un solo acto de justicia* produjo la justificación que da vida a todos. Porque así como por la desobediencia de uno solo muchos fueron constituidos pecadores, también *por la obediencia de uno solo* muchos serán constituidos justos (Ro 5:18-19).

Por esto Pablo puede llamar a Cristo el «último Adán» (1 Co 15:45) y puede llamar a Adán el «primer hombre» y a Cristo el «segundo hombre» (1 Co 15:47). Jesús tenía que ser un hombre a fin de ser nuestro representante y obedecer en nuestro lugar.

b. Ser un sacrificio vicario: Si Jesús no hubiera sido un hombre, no hubiera podido morir en nuestro lugar y pagar el castigo que justamente nos correspondía. El autor de Hebreos nos dice que «ciertamente, no vino en auxilio de los ángeles sino de los descendientes de Abraham. Por eso era preciso que en *todo se asemejara* a sus hermanos, para ser un sumo sacerdote fiel y misericordioso al servicio de Dios, a fin de expiar los pecados del pueblo» (He 2:16-17; cf. v. 14). Jesús tenía que ser un hombre, no un ángel, porque Dios estaba preocupado con la salvación de los hombres, no de los ángeles. Pero para hacer eso «era preciso que en *todo se asemejara* a

---

[10]La palabra *docetismo* viene del verbo griego *dokeo* que significa «parecer». Cualquier posición teológica que dice que Jesús no era realmente un hombre, sino solo parecía ser un hombre, era considerada una posición «docética». Detrás del docetismo está la suposición de que la creación material es inherentemente mala, y por tanto, el Hijo de Dios no podía haber estado unido a una verdadera naturaleza humana. Ningún líder prominente de la iglesia defendió jamás el docetismo, pero fue una herejía preocupante que tuvo varios defensores en los primeros cuatro siglos de la iglesia. Los evangélicos modernos que descuidan enseñar la plena humanidad de Cristo pueden apoyar involuntariamente tendencias docéticas en sus oyentes.

[11]Vea capítulo 25, p. 540; también capítulo 27, pp. 597-98.

sus hermanos», con el fin de que expiara nuestros pecados, el sacrificio que es una sustitución aceptable de nosotros. Aunque esta idea la consideraremos de forma más completa en el capítulo 27, sobre la expiación, es importante que aquí nos demos cuenta de que a menos que Cristo fuera completamente humano, no podía haber muerto para pagar el castigo por los pecados del hombre. No hubiera podido ser un sacrificio que nos sustituyera a nosotros.

c. Para ser el único mediador entre Dios y los hombres: Debido a que estábamos alejados de Dios por el pecado, necesitábamos a alguien que viniera a ponerse entre Dios y nosotros y nos llevara de vuelta a él. Necesitábamos un mediador que pudiera representarnos ante Dios y que pudiera representar a Dios ante nosotros. Hay solo una persona que haya cumplido alguna vez con esa función: «Porque hay un solo Dios y *un solo mediador* entre Dios y los hombres, Jesucristo hombre» (1 Ti 2:5). A fin de cumplir con esta función de mediador, Jesús tenía que ser completamente hombre y a la vez completamente Dios.

d. Para cumplir el propósito original de Dios de que el hombre gobernara la creación: Cómo vimos en el propósito de Dios al crear al hombre,[12] Dios puso a la humanidad sobre la tierra para dominarla y gobernarla como representante suyo. Pero el hombre no cumplió con este propósito, sino que en vez de eso cayó en el pecado. El autor de Hebreos se da cuenta de que la intención de Dios era poner todas las cosas bajo la sujeción del hombre, pero reconoce: «Dios puso bajo él todas las cosas… es cierto que todavía no vemos que todo le esté sujeto» (He 2:8). Entonces cuando Jesús vino como hombre, fue capaz de obedecer a Dios y de ese modo adquirió el derecho de sojuzgar la creación *como un hombre*, y de esa manera cumplir con el propósito original de Dios al poner al hombre sobre la tierra. Hebreos reconoce esto cuando ahora dice: «Vemos a Jesús» en un lugar de autoridad sobre el universo, «coronado de honra y gloria» (He 2:9; cf. la misma frase en el v. 7). Jesús de hecho había recibido «toda autoridad en el cielo y en la tierra» (Mt 28:18), y Dios «sometió todas las cosas al dominio de Cristo» (Ef 1:22). Y ciertamente nosotros un día reinaremos con él sobre el trono (Ap 3:21) y experimentaremos, en sujeción a Cristo nuestro Señor, el cumplimiento del propósito de Dios de reinar sobre la tierra (cf. Lc 19:17, 19; 1 Co 6:3). Jesús tenía que ser un hombre a fin de cumplir el propósito original de Dios de que el hombre reinara sobre su creación.

e. Para ser nuestro ejemplo y modelo en la vida: Juan nos dice: «El que permanece en él, *debe vivir como él vivió*» (1 Jn 2:6), y nos recuerda que «cuando Cristo venga seremos semejantes a él» y esta esperanza de conformarnos al carácter de Cristo en el futuro nos da ahora una pureza moral creciente en nuestra vida (1 Jn 3:2-3). Pablo nos dice que «somos transformados a su semejanza» (2 Co 3:18), y de esa forma vamos progresando hacia la meta para la cual Dios nos salvó, de que seamos «transformados según la imagen de su Hijo» (Ro 8:29). Pedro nos dice que tenemos que considerar el ejemplo de Cristo especialmente en el sufrimiento: «Cristo sufrió por ustedes, *dándoles ejemplo* para que sigan sus pasos» (1 P 2:21). A lo largo

---

[12]Vea capítulo 15, pp. 281-83, y capítulo 21, pp. 460-61.

de nuestra vida cristiana, tenemos que correr la carrera que tenemos propuesta delante de nosotros, puesta «la mirada en Jesús, el iniciador y perfeccionador de nuestra fe» (He 12:2). Si llegamos a desalentarnos por causa de la hostilidad y oposición de los pecadores, tenemos que considerar «a aquel que perseveró frente a tanta oposición por parte de los pecadores» (He 12:3). Jesús es también nuestro ejemplo en la muerte. La meta de Pablo es «llegar a ser semejante a él en su muerte» (Fil 3:10; cf. Hch 7:60; 1 P 3:17-18 con 4:1). Nuestra meta debiera ser la de ser semejantes a Cristo todos los días de nuestra vida, hasta el momento de la muerte, y morir con obediencia inquebrantable a Dios, con fuerte confianza en él y con amor y perdón por otros. Jesús tenía que hacerse hombre como nosotros a fin de vivir como nuestro ejemplo y modelo de vida.

f. Para ser el modelo de nuestros cuerpos redimidos: Pablo nos dice que cuando Jesús resucitó de entre los muertos lo hizo con un cuerpo nuevo que «resucitará en incorrupción… en gloria… un cuerpo espiritual» (1 Co 15:42-44). Este nuevo cuerpo de resurrección que Jesús tenía cuando se levantó de la tumba es el modelo que muestra cómo serán nuestros cuerpos cuando resuciten de entre los muertos, porque Cristo es «las primicias» (1 Co 15:23). Esta es una metáfora tomada de la agricultura que asemeja a Cristo a las primeras muestras de la cosecha, que indican que los otros frutos de la cosecha serán semejantes. Nosotros tenemos ahora un cuerpo físico como el de Adán, pero tendremos uno como el de Cristo: «Y así como hemos llevado la imagen de aquel hombre terrenal, llevaremos también la imagen del celestial» (1 Co 15:49). Jesús tenía que resucitar como hombre a fin de ser el «primogénito de la resurrección» (Col 1:18), el modelo de los cuerpos que tendríamos después.

g. Para compadecerse como sumo sacerdote: El autor de Hebreos nos recuerda que «por haber sufrido él mismo la tentación, puede socorrer a los que son tentados» (He 2:18; cf. 4:15-16). Si Jesús no hubiera sido un hombre, no habría sido capaz de conocer *por experiencia* todo lo que nosotros pasamos en nuestras tentaciones y luchas en esta vida. Pero debido a que él ha vivido como hombre, está en condiciones de compadecerse completamente de nuestras experiencias.[13]

6. Jesús será un hombre para siempre. Jesús no dejó a un lado su naturaleza humana después de su muerte y resurrección, porque apareció a sus discípulos como

---

[13]Este es un concepto difícil para que nosotros lo entendamos, porque no queremos decir que Jesús adquirió un conocimiento o información adicional al hacerse hombre, pues ciertamente como Dios omnisciente sabía todo lo que había que saber acerca de la experiencia del sufrimiento humano. Pero el libro de Hebreos dice: «*Por haber sufrido él mismo la tentación, puede socorrer a los que son tentados*» (He 2:18), y debemos insistir en que esa declaración es correcta, pues hay una relación entre el sufrimiento de Jesús y su capacidad para simpatizar con nosotros y ayudarnos en la tentación. Al parecer el autor está hablando de un conocimiento adicional objetivo o intelectual, sino de la habilidad para recordar una experiencia personal por la que él mismo había pasado, una capacidad que no la tendría si no hubiera tenido esa experiencia personal. Podemos ver un cierto paralelismo de esto en el hecho de un hombre que es un médico, y que incluso ha escrito libros de texto sobre obstetricia, podía conocer mucha más *información* acerca de los niños que muchos de sus pacientes. Pero debido a que es un hombre, él nunca va a tener la experiencia real de engendrar un niño en su vientre. Una mujer que tiene un hijo (o para dar un ejemplo aun más cercano, una mujer médica que escribe libros sobre medicina y mujeres y, además, ella misma tiene un hijo) puede simpatizar mucho más con toda otra mujer que está teniendo hijos.

un hombre después de la resurrección, incluso con las cicatrices de los clavos en las manos (Jn 20:25-27). Él tenía «carne y huesos» (Lc 24:39) y tomó alimentos (Lc 24:41-42). Más tarde, mientras hablaba con sus discípulos, fue llevado al cielo, todavía en su cuerpo resucitado, y dos ángeles prometieron que regresaría de la misma manera: «Este mismo Jesús, que ha sido llevado de entre ustedes al cielo, vendrá otra vez de la misma manera que lo han visto irse» (Hch 1:11). Tiempo después, Esteban miró al cielo y vio a Jesús, «al Hijo del Hombre de pie a la derecha de Dios» (Hch 7:56). Jesús también se le apareció a Saulo en el camino a Damasco y dijo: «Yo soy Jesús, a quien tú persigues» (Hch 9:5), una aparición que Saulo (Pablo) más tarde equiparó a las apariciones de la resurrección a otros (1 Co 9:1; 15:8). En las visiones de Juan en Apocalipsis, Jesús todavía aparece como «semejante al Hijo del Hombre» (Ap 1:13), aunque está revestido de gran gloria y poder, y su aparición hace que Juan caiga a sus pies lleno de admiración (Ap 1:13-17). Él promete que un día beberá de nuevo del fruto de la vid con sus discípulos en el reino de su Padre (Mt 26:29) y nos invita a una gran fiesta de bodas en el cielo (Ap 19:9). Además, Jesús continuará ejerciendo para siempre sus oficios de profeta, sacerdote y rey, todos ellos llevados a cabo en virtud del hecho de que él es tanto Dios como hombre para siempre.[14]

Todos estos textos indican que Jesús no se hizo hombre *temporalmente*, sino que su naturaleza divina quedó *permanentemente* unida a su naturaleza humana, y que vive para siempre no solo como el eterno Hijo de Dios, la segunda persona de la Trinidad, sino también como Jesús, el hombre que nació de María, y como Cristo, el Mesías y Salvador de las personas. Jesús permanecerá completamente Dios y hombre, en una sola persona, para siempre.

B. La deidad de Cristo

Para completar la enseñanza bíblica acerca de Cristo Jesús, debemos afirmar no solo que era completamente humano, sino que también era completamente divino. Aunque la palabra no aparece explícitamente en las Escrituras, la iglesia ha usado el término *encarnación* para referirse al hecho que Jesús es Dios en carne humana. La *encarnación* fue la acción de Dios el Hijo por medio de la cual tomó naturaleza humana.[15] La prueba bíblica de la deidad de Cristo es muy amplia en el Nuevo Testamento. La examinaremos bajo varias categorías.[16]

1. Afirmaciones bíblicas directas. En esta sección examinaremos declaraciones directas de las Escrituras de que Jesús es Dios o que él es divino.[17]

---

[14]Vea capítulo 29, pp. 656-65, sobre los oficios de Cristo.

[15]La palabra latina *incarnare* significa «hacer carne» y está derivada del prefijo *in* (que tiene un sentido causativo, «causar que algo sea algo» y el término *caro, carnis*, «carne».

[16]En la siguiente sección no he distinguido entre las afirmaciones de deidad hechas por Jesús mismo y las afirmaciones hechas por otros acerca de Él. Si bien esa distinción nos ayuda para seguir los desarrollos de las personas sobre el entendimiento de Cristo, para nuestros propósitos presentes ambas clases de declaraciones las encontramos en nuestras Escrituras canónicas del Nuevo Testamento y son recursos válidos para la formación de la doctrina cristiana.

[17]Un estudio excelente de la evidencia en el Nuevo Testamento sobre la deidad de Cristo, sacado especialmente de los títulos de Cristo en el Nuevo Testamento, lo encontramos en *New Testament Theology*, de Donald Guthrie, (InterVarsity Press, Leicester and Downers Grove, Ill., 1981), pp. 235-365.

a. Se usa la palabra Dios (Teos) para referirse a Cristo: Aunque la palabra «Dios» está generalmente reservada en el Nuevo Testamento para Dios el Padre, encontramos varios pasajes donde se usa para referirse a Cristo Jesús. En todos estos pasajes se emplea la palabra «Dios» en el sentido fuerte para referirse al que es el Creador del cielo y de la tierra, el que reina sobre todas las cosas. Estos pasajes incluyen a Juan 1:1; 1:18 (en los manuscritos mejores y más antiguos); 20:28; Romanos 9:5; Tito 2:13; Hebreos 1:8 (citando Sal 45:6); y 2 Pedro 1:1.[18] Como estos pasajes los hemos estudiado en algún detalle en el capítulo sobre la Trinidad,[19] aquí no repetiremos ese estudio. Es suficiente notar que hay al menos siete de estos pasajes claros en el Nuevo Testamento que se refieren explícitamente a Jesús como Dios.

Un ejemplo del Antiguo Testamento del nombre *Dios* aplicado a Cristo lo vemos en el conocido pasaje mesiánico de Isaías 9:6: «Nos ha nacido un niño, se nos ha concedido un hijo; la soberanía reposará sobre sus hombros, y se le darán estos nombres: Consejero admirable, *Dios fuerte*…».

b. Se usa la palabra *Señor* (*Kyrios*) para referirse a Cristo: En ocasiones la palabra Señor (gr. *kyrios*) se empleaba simplemente como una forma cortés de tratar a un superior, parecido a nuestra palabra *señor* (vea Mt 13:27; 21:30; 27:63; Jn 4:11). Otras veces puede solo significar «amo» de un siervo o esclavo (Mt 6:24; 21:40). No obstante, se usa esa misma palabra en la Septuaginta (la traducción griega del Antiguo Testamento que era de uso común en el tiempo de Cristo) como traducción del hebreo *yhwh*, «Yahweh», o (como ha sido frecuentemente traducido) «el Señor» o «Jehová». La palabra *kyrios* se usa 6.814 veces para traducir el nombre del Señor en el griego del Antiguo Testamento. Por tanto, cualquier lector de habla griega del tiempo del Nuevo Testamento que tuviera algún conocimiento del Antiguo Testamento en griego hubiera reconocido que, en contextos donde era apropiado, la palabra «Señor» era el nombre de aquel ser reconocido como el Creador y Sustentador del cielo y de la tierra, el Dios omnipotente

Hay muchos casos en el Nuevo Testamento donde se usa «Señor» para referirse a Cristo en los que solo se puede entender con su fuerte sentido del Antiguo Testamento, «el Señor» que es Jehová o Dios mismo. Este uso de la palabra «Señor» es bastante sorprendente en las palabras del ángel a los pastores en Belén: «Hoy les ha nacido en la ciudad de David un Salvador, que es Cristo *el Señor*» (Lc 2:11). Aunque estas palabras nos suenan familiares por nuestra lectura frecuente de la historia de la Navidad, debiéramos darnos cuenta de cuán sorprendentes les sonaría a los judíos del primer siglo escuchar que alguien nacido como un bebé fuera el «Cristo» (o «Mesías»),[20] y, además, que aquel que era el Mesías era también «el Señor», es decir, el mismísimo Señor Dios. La fuerza asombrosa de la declaración del ángel, que

---

[18]Tito 1:3, en relación con el hecho de que el v. 4 llama a Cristo Jesús «nuestro Salvador» y con el hecho de que fue Cristo Jesús quien comisionó a Pablo para que predicara el evangelio, podría ser también considerado como otro ejemplo del uso de la palabra *Dios* para referirse e Cristo.

[19]Vea capítulo 14, pp. 242-45, para un estudio de los pasajes que se refieren a Jesús como «Dios». Ve también la obra de Murray J. Harris, *Jesus as God* (Baker, Grand Rapids, 1992), para el tratamiento exegético más amplio que jamás se ha publicado sobre los pasajes del Nuevo testamento que se refieren a Jesús como «Dios».

[20]La palabra *Cristo* es la traducción griega de la palabra hebrea *Mesías*.

los pastores apenas podían creer, fue que dijera, esencialmente: «Hoy en Belén ha nacido un niño que es vuestro Salvador y vuestro Mesías, y que es Dios mismo». No en balde «cuantos lo oyeron se asombraron de lo que los pastores decían» (Lc 2:18).

Cuando María fue a visitar a Elisabet varios meses antes de que Jesús naciera, Elisabet dijo: «Pero, ¿cómo es esto, que la madre de *mi Señor* venga a verme» (Lc 1:43). Debido a que Jesús todavía ni siquiera había nacido, Elisabet no podía usar la palabra «Señor» para querer decir algo semejante a un «amo». Más bien lo estaba usando en el sentido fuerte del Antiguo Testamento, dando un sentido asombroso a la expresión: «Pero, ¿cómo es esto, que la madre del Señor Dios mismo venga a verme». Aunque esta es una declaración muy fuerte, resulta difícil entender la palabra «Señor» en este contexto en un sentido más débil.

Vemos otro ejemplo cuando Mateo dice que Juan el Bautista es uno que clama en el desierto diciendo: «Preparen el camino para *el Señor*, háganle sendas derechas» (Mt 3:3). Al decir esto Juan está citando Isaías 40:3, que nos habla de Dios mismo que viene a estar entre su pueblo. Pero el contexto aplica este pasaje al papel de Juan de preparar el camino para el Jesús que llegaba. La implicación es que cuando Jesús llega, *el Señor mismo* llega.

Jesús también se identifica a sí mismo como el Señor soberano del Antiguo Testamento cuando les pregunta a los fariseos acerca del Salmo 110:1: «Dijo el Señor a *mi Señor*: Siéntate a mi derecha, hasta que ponga a tus enemigos debajo de mis pies» (Mt 22:44). La fuerza de esta declaración está en «Dios el Padre le dice a Dios el Hijo [El Señor de David]: Siéntate a mi mano derecha...». Los fariseos saben que él está hablando acerca de sí mismo e identificándose como alguien digno de llevar el título de *kyrios*, «Señor», del Antiguo Testamento.

Ese uso aparece con frecuencia en las epístolas, donde «el Señor» es un nombre común para referirse a Cristo. Pablo dice: «No hay más que un solo Dios, el Padre, de quien todo procede y para el cual vivimos; y no hay más que un *solo Señor*, es decir, Jesucristo, por quien todo existe y por medio del cual vivimos (1 Co 8:6; cf. 12:3, y muchos otros pasajes en esta epístola paulina).

Un pasaje especialmente claro lo encontramos en Hebreos 1, donde el autor cita el Salmo 102, el cual habla de la obra del Señor en la creación y lo aplica a Cristo:

> Tú, oh Señor, en el principio pusiste los cimientos de la tierra, y el cielo es obra de tus manos. Ellos perecerán, pero tú permaneces para siempre. Se desgastarán como un vestido, los doblarás como un manto, y cambiarán como ropa que se muda; pero tú eres siempre el mismo, y tus años nunca se acabarán (He 1:10-12).

Aquí se habla explícitamente de Cristo como el eterno Señor del cielo y de la tierra que creó todas las cosas y permanecerá siempre el mismo. Un uso tan fuerte del término «Señor» para referirse a Cristo culmina en Apocalipsis 19:16, donde vemos a Cristo que regesa como un rey conquistador, y «en su manto y sobre el muslo lleva escrito este nombre: *Rey de reyes y Señor de señores*».

c. Otras declaraciones fuertes de deidad: Además de los usos de la palabra *Dios* y *Señor* para referirse a Cristo, contamos con otros pasajes que afirman firmemente la deidad de Cristo. Cuando Jesús dijo a sus oponentes judíos que Abraham había visto su día (el de Cristo), ellos se le enfrentaron: «Ni a los cincuenta años llegas, ¿y has visto a Abraham?» (Jn 8:57). Aquí una respuesta suficiente para probar la eternidad de Jesús hubiera sido: «Antes que Abraham fuera, yo era». En vez de eso, él hace una afirmación mucho más asombrosa: «Ciertamente les aseguro que, antes que Abraham naciera, ¡yo soy!» (Jn 8:58). Jesús combina dos afirmaciones cuya secuencia no parece tener sentido: «Antes de que sucediera algo en el pasado [Abraham naciera], algo en el presente sucedió [yo soy]». Los líderes judíos reconocieron de inmediato que él no estaba hablando en acertijos o cosas sin sentido. Cuando él dijo «Yo soy» estaba repitiendo las mismas palabras que Dios usó para identificarse a sí mismo ante Moisés como «*Yo soy* el que soy» (Éx 3:14). Jesús estaba tomando para sí el título de «Yo soy», mediante el cual Dios declaró que era un Ser de existencia eterna, el Dios que es la fuente de su propia existencia y que siempre ha sido y siempre será. Cuando los judíos oyeron esta declaración solemne y enfática, supieron que él estaba afirmando ser Dios. «Entonces los judíos tomaron piedras para arrojárselas, pero Jesús se escondió y salió inadvertido del templo» (Jn 8:59).[21]

Otra afirmación fuerte sobre la deidad es la declaración de Jesús al final del Apocalipsis: «Yo soy el Alfa y la Omega, el Primero y el Último, el Principio y el Fin» (Ap 22:13). Cuando eso se combina con la declaración de Dios el Padre en Apocalipsis 1:8, «Yo soy el Alfa y la Omega», constituye también una declaración fuerte que iguala su deidad con la de Dios el Padre. Jesús es soberano sobre toda la historia y toda la creación, él es el principio y el fin.

En Juan 1:1, Juan no solo llama a Jesús «Dios», sino que también se refiere a él como «el Verbo» (gr. *logos*, la Palabra). Los lectores de Juan reconocerían en este término *logos* una referencia doble a la poderosa y creativa Palabra de Dios en el Antiguo Testamento mediante la cual los cielos y la tierra fueron creados (Sal 33:6) y al principio organizador y unificador del universo, aquello que, en el pensamiento griego, lo mantiene todo unido y le permite tener sentido.[22] Juan está identificando a Jesús con ambas ideas y está diciendo que él no solo es la poderosa palabra creadora de Dios y la fuerza organizadora y unificadora en el universo, sino que también se hizo hombre: «Y el Verbo se hizo hombre y habitó entre nosotros. Y hemos contemplado su gloria, la gloria que corresponde al Hijo unigénito del Padre lleno de gracia y de verdad» (Jn 1:14). Aquí encontramos otra declaración fuerte de deidad conectada con una declaración explícita de que Jesús también se hizo hombre y habitó entre nosotros como hombre.

Otras evidencias de las afirmaciones de la deidad las podemos encontrar en el hecho de que Jesús se llamó a sí mismo «*el Hijo del Hombre*». Este título aparece ochenta y cuatro veces en los cuatro evangelios, pero solo lo usa Jesús y solo para

---

[21]Los otros «Yo soy» del Evangelio de Juan, donde Jesús afirma ser el pan de vida (6:35), la luz del mundo (8:12), la puerta de las ovejas (10:7), el buen pastor (10:11), la resurrección y la vida (11:25), el camino, la verdad y la vida (14:6), y la vida verdadera (15:1), contribuyen también al cuadro general que pinta Juan de la deidad de Cristo. Vea Donald Guthrie, *New Testament Theology*, pp. 330-32.

[22]Vea Donald Guthrie, *New Testament Theology*, esp. p. 326

hablar de sí mismo (note, p. ej. Mt 16:13 con Lc 9:18). En el resto del Nuevo Testamento la frase «*el* Hijo del Hombre» (con el artículo definido «el») se usa solo una vez, en Hechos 7:56, donde Esteban se refiere a Cristo como el Hijo del Hombre. Este término único tiene su trasfondo en la visión de Daniel 7 donde Daniel vio a uno semejante a un «Hijo de Hombre» que se «acercó al venerable Anciano» y le fue dado «autoridad, poder y majestad. *¡Todos los pueblos, naciones y lenguas lo adoraron!* ¡Su dominio es un dominio eterno, que no pasará, y su reino jamás será destruido! (Dn 7:13-14). Es asombroso que este «hijo de hombre» vino con «las nubes del cielo» (Dn 7:13). Este pasaje habla claramente de alguien de origen celestial y que se le dio autoridad eterna sobre todo el mundo. A los sumos sacerdotes no les pasó desapercibido este pasaje cuando Jesús dijo: «De ahora en adelante verán ustedes al Hijo del hombre *sentado a la derecha del Todopoderoso, y bajando en las nubes del cielo*» (Mt 26:64). La referencia a Daniel 7:13-14 era inequívoca, y el sumo sacerdote y los miembros del concilio sabían que Jesús estaba afirmando ser el soberano eterno del mundo de origen celestial de la visión de Daniel. Inmediatamente dijeron: «¡Ha blasfemado… Merece la muerte» (Mt 26:65-66). Aquí Jesús por fin hace explícito que las fuertes afirmaciones de ser el soberano eterno del mundo que antes insinuaba en su uso frecuente del título «el Hijo del Hombre» se aplican a él.

Aunque el título «Hijo de Dios» puede ser usado a veces para referirse a Israel (Mt 2:15), o al hombre como creado por Dios (Lc 2:38), o generalmente al hombre redimido (Ro 8:14, 19, 23), hay, sin embargo, casos en los que la expresión «Hijo de Dios» se refiere a Jesús como el Hijo eterno y celestial que es igual a Dios mismo (vea Mt 11:25-30; 17:5; 1 Co 15:28; He 1:1-3, 5, 8). Esto es especialmente cierto en el Evangelio de Juan donde vemos a Jesús como el Hijo único del Padre (Jn 1:14, 18, 34, 49) que revela por completo al Padre (Jn 8:19; 14:9). Como Hijo es tan grande que podemos confiar en él para vida eterna (algo que no se podía decir de los seres creados: Jn 3:16, 36; 20:31). Él es también el que tiene toda autoridad de parte del Padre para dar vida, determinar juicio eterno y reinar sobre todo (Jn 3:36; 5:20, 25; 10:17; 16:15). Como Hijo fue enviado por el Padre y, por tanto, existía desde antes de la creación del mundo (Jn 3:17; 5:23; 10:36).

Los primeros tres versículos de Hebreos hacen hincapié en decir que el Hijo es a quien Dios «designó heredero de todo, y por medio de él hizo el universo» (He 1:2). Este Hijo, dice el escritor, «es el resplandor de la gloria de Dios, la fiel imagen [lit. es el "duplicado exacto", gr. *carakter*] de lo que él es, y el que sostiene todas las cosas con su palabra poderosa» (He 1:3). Jesús es la duplicación exacta de la «naturaleza» (o ser, gr. *hypostasis*) de Dios, haciendo que sea exactamente igual a Dios en cada atributo. Además, él sostiene continuamente el universo mediante «su palabra poderosa», algo que solo Dios podía hacer.

Estos pasajes se combinan para indicar que el título «Hijo de Dios», *cuando se aplica a Cristo*, afirma fuertemente su deidad como el Hijo eterno en la Trinidad, alguien que es igual a Dios en todos sus atributos.

2. Evidencias de que Jesús poseía atributos de deidad. Además de las afirmaciones específicas de la deidad de Jesús que vemos en los muchos pasajes citados arriba, vemos muchos ejemplos de acciones en la vida de Jesús que apuntan hacia su carácter divino.

Jesús demostró su *omnipotencia* cuando calmó la tormenta en el lago con su palabra (Mt 8:26-27), multiplicó los panes y los peces (Mt 14:19) y cambió el agua en vino (Jn 2:1-11). Algunos pueden objetar que estos milagros solo muestran el poder del Espíritu Santo obrando por medio de Jesús, así como el Espíritu Santo podía obrar a través de otros seres humanos y, por tanto, estos no demuestran la deidad del mismo Jesús. Pero las explicaciones contextuales de estos sucesos con frecuencia no señalan hacia lo que demuestran acerca del poder del Espíritu Santo sino a lo que demuestran acerca de Jesús mismo. Por ejemplo, después que Jesús convirtió el agua en vino, Juan nos dice: «Ésta, la primera de sus señales, la hizo Jesús en Caná de Galilea. *Así reveló su gloria*, y sus discípulos creyeron en él» (Jn 2:11). No fue la gloria del Espíritu Santo la que se manifestó, sino la gloria de Cristo mismo, al actuar su poder divino para transformar el agua en vino. Del mismo modo, después de que Jesús calmó la tormenta en el lago de Galilea, los discípulos no dijeron: «Cuán grande es el poder del Espíritu Santo que obra por medio de este profeta», sino que dijeron: «¿Qué clase de hombre es éste, que hasta los vientos y las olas *le obedecen*» (Mt 8:27). Los vientos y las olas se sometieron a la autoridad de Jesús, y esto solo podía ser la autoridad de Dios que domina los mares y tiene poder para calmar las olas (cf. Sal 65:7; 89:9; 107:29).[23]

Jesús hablaba de su eternidad cuando dijo: «Antes de que Abraham naciera, ¡yo soy!» (Jn 8:58, vea reflexiones arriba), o, «Yo soy el Alfa y la Omega» (Ap 22:13).

La *omnisciencia* de Jesús quedó demostrada en su conocimiento de los pensamientos de las personas (Mr 2:8) y al ver a Natanael desde lejos debajo de la higuera (Jn 1:48), y al conocer «desde el principio quiénes eran los que no creían y quién era el que iba a traicionarlo» (Jn 6:64). Por supuesto, la revelación de sucesos o hechos individuales y específicos es algo que Dios podía dar a todo el que tuviera el don de profecía en el Antiguo o Nuevo Testamentos. Pero el conocimiento de Jesús era mucho más amplio que aquellos. Que él conociera «desde el principio quiénes eran los que no creían» implica que conocía la fe o la incredulidad que había en los corazones de todos los hombres. De hecho, Juan nos dice explícitamente: *Los conocía a todos.* No necesitaba que nadie le informara nada acerca de los demás, pues él conocía el interior del ser humano» (Jn 2:25). Los discípulos pudieron decir más tarde de él: «Ya podemos ver que *sabes todas las cosas*» (Jn 16:30). Estas declaraciones dicen mucho más de lo que se podía decir de cualquier gran profeta del Antiguo Testamento o apóstol del Nuevo Testamento, porque implican omnisciencia de parte de Jesús.[24]

Por último, después de su resurrección, cuando Jesús le preguntó a Pedro si le amaba, Pedro respondió: «Señor, *tú lo sabes todo*; tú sabes que te quiero» (Jn 21:17). Pedro está diciendo aquí mucho más que solo que Jesús conocía su corazón y sabía que le amaba. Está más bien haciendo una declaración general («Tú lo sabes

---

[23]Reconozco que otros pasajes atribuyen al Espíritu Santo algunos de los milagros de Jesús, vea Mt 12:28; Lc 4:14, 18, 40.

[24]Vea más adelante, pp. 587-90, sobre Marcos 13:22, y la pregunta de cómo la omnisciencia puede ser coherente con el aprendizaje continúo de Cristo como hombre.

todo»). Pedro está seguro que Jesús sabe lo que hay en el corazón de cada persona y, por tanto, está seguro que conoce su corazón.

El atributo divino de la *omnipresencia* no se afirma directamente en cuanto a Jesús durante su ministerio terrenal. Sin embargo, al mirar hacia el futuro en que la iglesia estaría establecida, Jesús pudo decir: «Donde dos o tres se reúnen en mi nombre, *allí estoy yo* en medio de ellos» (Mt 18:20). Además, antes de dejar la tierra, les dijo a sus discípulos: «Les aseguro que estaré con ustedes siempre, hasta el fin del mundo» (Mt 28:20).[25]

Podemos ver que Jesús poseía *soberanía* divina, una clase de autoridad que solo Dios posee, en el hecho de que podía perdonar pecados (Mr, 2:5-7). A diferencia de los profetas del Antiguo Testamento que declaraban: «Así dice Jehová», él podía comenzar sus declaraciones con la expresión: «Pero *yo les digo*» (Mt 5:22, 28, 32, 34, 39, 44), una afirmación asombrosa de su propia autoridad. Jesús podía hablar con la autoridad de Dios mismo porque él mismo era Dios en su plenitud. El Padre había «entregado todas las cosas» en sus manos y tenía la autoridad de dar a conocer al Padre a quien él quisiera (Mt 11:25-27). Tal es su autoridad que el estado eterno futuro de cada uno en el universo depende de si la persona cree en él o lo rechaza (Jn 3:36).

Jesús también poseía el atributo divino de la *inmortalidad*, la imposibilidad de morir. Vemos esto indicado cerca del comienzo del Evangelio de Juan, cuando Jesús les dice a los judíos: «Destruyan este templo, *y lo levantaré de nuevo en tres días*» (Jn 2:19). Juan explica que no estaba hablando del templo en Jerusalén hecho de piedras, «pero el templo al que se refería era su propio cuerpo. Así, pues, cuando se levantó de entre los muertos, sus discípulos se acordaron de lo que había dicho, y creyeron en la Escritura y en las palabras de Jesús» (Jn 2:21-22). Debemos insistir, por supuesto, en que Jesús de verdad murió; este pasaje habla de cuando Jesús «se levantó de entre los muertos». Pero es también significativo que Jesús predijo que tendría un papel activo en su propia resurrección: «Lo levantaré de nuevo». Aunque otros pasajes de las Escrituras nos dicen que el Padre estuvo activo en resucitar a Cristo de entre los muertos, aquí él dice que él mismo estará activo en su resurrección.

Jesús afirmó el poder de poner su vida y tomarla de nuevo en otro pasaje del Evangelio de Juan: «Por eso me ama el Padre: porque entrego mi vida para volver a recibirla. Nadie me la arrebata, sino que yo la entrego por mi propia voluntad. Tengo autoridad para entregarla, y tengo también autoridad para volver a recibirla. Éste es el mandamiento que recibí de mi Padre» (Jn 10:17-18). Jesús habla aquí de un poder que ningún otro ser humano había tenido: el poder de entregar su vida y el poder de recuperarla de nuevo. Una vez más, esta es una indicación de que Jesús poseía el atributo divino de la inmortalidad. Asimismo, el autor de Hebreos dice que Jesús es otro sacerdote «que ha llegado a serlo no conforme a un requisito legal respecto a linaje humano, sino conforme al poder de una vida indestructible» (He 7:16). (El hecho que la inmortalidad es una característica única de Dios lo vemos en 1 Ti 6:16, donde se habla de Dios como del «único inmortal».)

---

[25]No estamos tratando de implicar que estos versículos muestran que la naturaleza humana de Jesús era omnipresente. La naturaleza humana de Jesús, incluyendo su cuerpo físico, nunca estuvo en más de un lugar a la vez. Es probablemente mejor entender estos versículos como refiriéndose a la naturaleza divina de Jesús (vea más adelante, pp. 582-87, para un análisis de la distinción entre las dos naturalezas de Cristo). Vea también Mateo 8:13.

Otra evidencia clara de la deidad de Cristo es el hecho de que él es reconocido *digno de ser adorado*, algo que no corresponde a ninguna criatura, incluyendo a los ángeles (vea Ap 19:10), sino solo a Dios. No obstante, las Escrituras dicen de Cristo que «Dios lo exaltó hasta lo sumo y le otorgó el nombre que está sobre todo nombre, para que ante el nombre de Jesús se doble toda rodilla en el cielo y en la tierra y debajo de la tierra, y toda lengua confiese que Jesucristo es el Señor, para gloria de Dios Padre» (Fil 2:9-11). Asimismo, Dios manda a los ángeles que adoren a Cristo, porque leemos que «al introducir su Primogénito en el mundo, Dios dice: "Que lo adoren todos los ángeles de Dios"» (He 1:6).

A Juan se le permite un vislumbre de la adoración que tiene lugar en el cielo, porque él ve a miles y miles de ángeles y criaturas angelicales alrededor del trono de Dios que dicen: «¡Digno es el Cordero, que ha sido sacrificado, de recibir el poder, la riqueza y la sabiduría, la fortaleza y la honra, la gloria y la alabanza!» (Ap 5:12). Y luego dice: «Y oí a cuanta criatura hay en el cielo, y en la tierra, y debajo de la tierra y en el mar, a todos en la creación, que cantaban: "¡Al que está sentado en el trono y al Cordero, sean la alabanza y la honra, la gloria y el poder, por los siglos de los siglos!"» (Ap 5:13). Cristo aparece aquí como «el Cordero, que ha sido sacrificado» y le es otorgada la adoración universal que solo le corresponde a Dios el Padre, lo que demuestra su igualdad en deidad.[26]

3. ¿Se despojó Cristo de algunos de sus atributos divinos mientras estaba en la tierra? (La teoría kenótica). Pablo escribe a los filipenses:

> La actitud de ustedes debe ser como la de Cristo Jesús, quien, siendo por naturaleza Dios, no consideró el ser igual a Dios como algo a qué aferrarse. Por el contrario, se rebajó voluntariamente, tomando la naturaleza de siervo y haciéndose semejante a los seres humanos (Fil 2:5-7).

Comenzando con este texto. varios teólogos en Alemania (1860-1880) y en Inglaterra (1890 a 1910) abogaron por una perspectiva de la encarnación que no había sido apoyada antes en la historia de la iglesia. Esta nueva perspectiva fue conocida como la «teoría kenótica», y la posición general que representaba fue llamada la «teología kenótica». La *teoría de la kenosis* sostiene que Cristo se despojó de algunos de sus atributos divinos mientras que estaba en la tierra como hombre. (La palabra kenosis proviene del verbo griego *kenoo*, que generalmente significa «vaciarse», y se traduce en Filipenses 2:7 como «se despojó a sí mismo o se rebajó voluntariamente».) Según esta teoría, Cristo «se despojó» de algunos de sus atributos divinos, tales como la omnisciencia, la omnipresencia y la omnipotencia, mientras que estuvo en la tierra como hombre. Esto se veía como una limitación voluntaria de parte de Cristo, que él llevó a cabo con el fin de cumplir con su obra de redención.[27]

¿Pero enseña de verdad Filipenses 2:7 que Cristo se despojó de algunos de sus atributos divinos? ¿Lo confirma el resto del Nuevo Testamento? La evidencia de las Escrituras apunta a una respuesta negativa a ambas preguntas. Debemos

---

[26]Vea también Mt 28:17 donde Jesús acepta ser adorado por sus discípulos después de la resurrección.

[27]Encontramos un estudio general muy claro de la historia de la teología kenótica en el artículo «Kenosis, a Kenotic Theology» por S. M. Smith, en EDT, pp. 600-602. Sorprende (por el volumen en el cual aparece este ensayo) que Smith termina apoyando la teología kenótica como una forma válida de fe bíblica ortodoxa (p. 602).

primero darnos cuenta que ningún maestro reconocido en los primeros 1800 años de la historia de la iglesia, incluyendo aquellos que hablaban el griego como lengua materna, pensó que el «despojarse a sí mismo» de Filipenses 2:7 significaba que el Hijo de Dios renunció a algunos de sus atributos divinos. Segundo, debemos reconocer que el texto no dice que Cristo «se despojó de algunos poderes» o que «se vació de algunos atributos divinos» o nada semejante a eso. Tercero, el texto *nos* describe lo que Cristo hizo en este «despojarse». No lo hizo vaciándose a sí mismo de algunos de sus atributos, sino más bien «tomando la naturaleza de siervo», es decir, viniendo a vivir como un hombre, y «al manifestarse como hombre, se humilló a sí mismo y se hizo obediente hasta la muerte, ¡y muerte de cruz!» (Fil 2:8). De manera que el contexto mismo interpreta este «despojarse» como equivalente a «humillarse a sí mismo» y tomar una posición inferior. Por esa razón la NVI, en vez de traducir la frase «se *despojó* a sí mismo», lo hace diciendo: «Se *rebajó* voluntariamente». El despojamiento incluye cambio de papel y posición, no de atributos esenciales ni de naturaleza.

Una cuarta razón para esta interpretación la vemos en el propósito de Pablo en este contexto. Su propósito ha sido el de persuadir a los filipenses de que «no hagan nada por egoísmo o vanidad; más bien, con humildad consideren a los demás como superiores a ustedes mismos» (Fil 2:3), y continúa diciéndoles: «Cada uno debe velar no solo por sus propios intereses sino también por los intereses de los demás» (Fil 2:4). Para persuadirles a que fueran humildes y pusieran los intereses de otros por delante, les recuerda el ejemplo de Cristo: «La actitud de ustedes debe ser como la de Cristo Jesús, quien, siendo por naturaleza Dios, no consideró el ser igual a Dios como algo a qué aferrarse. Por el contrario, se rebajó voluntariamente, tomando la naturaleza de siervo...» (Fil 2:5-7).

Al presentar a Cristo como un ejemplo, Pablo quiere que los filipenses lo imiten. Pero, por supuesto, no está pidiendo a los cristianos filipenses que se «despojaran» o «dejaran a un lado» sus atributos o habilidades esenciales. No les está pidiendo que «renunciaran» a su inteligencia, fortaleza o capacidad y se convirtieran en una versión disminuida de lo que eran. Más bien, les está pidiendo que pongan el interés de otro por encima del suyo: «Cada uno debe velar no solo por sus propios intereses sino también por los intereses de los demás» (Fil 2:4). Y debido a que esa es su meta, encaja bien con el contexto entender que está usando a Cristo como el ejemplo supremo de uno que hizo exactamente eso: Puso por delante los intereses de otros y estuvo dispuesto a despojarse de algunos de sus privilegios y posición que le pertenecían como Dios.

Por tanto, la mejor manera de entender este pasaje es que habla de que Jesús renunció a la posición y el privilegio que tenía en el cielo: él «no consideró el ser igual a Dios como algo a qué aferrarse» (o «aferrase a ello para beneficio propio»), sino que «se despojó a sí mismo» o «se rebajó voluntariamente» por amor de nosotros, y vino a vivir como hombre. Jesús habla en otra parte acerca de la «gloria que tuve contigo antes que el mundo existiera» (Jn 17:5), una gloria que había dejado y que volvería a recibir cuando regresara al cielo. Y Pablo podía decir de Cristo «que aunque era rico, por causa de ustedes se hizo pobre» (2 Co 8:9), hablando de nuevo del privilegio y honor que merecía, pero que dejó temporalmente por nosotros.

La quinta y última explicación de por qué la perspectiva «kenótica» de Filipenses 2:7 debe ser rechazada está en el contexto amplio de la enseñanza del Nuevo Testamento y de la enseñanza doctrinal de toda la Biblia. Si fuera cierto que un suceso tan trascendental como ese ocurrió, que el eterno Hijo de Dios cesó por un tiempo de tener todos los atributos de Dios —que cesó por un tiempo de ser omnisciente, omnipotente y omnipresente, por ejemplo— esperaríamos que algo tan increíble como eso se enseñaría clara y repetidamente en el Nuevo Testamento, y no solo en una interpretación muy dudosa de una sola palabra en una epístola. Pero nosotros encontramos lo opuesto a eso: No encontramos en ninguna parte declarado que el Hijo de Dios cesara de tener todos los atributos de Dios que él poseía desde la eternidad. En realidad, si la teoría kenótica fuera cierta (y esta es nuestra objeción fundamental a ella), ya no podríamos afirmar que Jesús era completamente Dios mientras estaba aquí en la tierra.[28] La teoría kenótica niega en última instancia la plena deidad de Cristo Jesús y hace de él algo menos que un Dios completo. S. M. Smith admite: «Todas las formas de la ortodoxia clásica rechaza ya sea explícitamente o en principio la teología kenótica».[29]

Es importante que nos demos cuenta de que lo que tenía más fuerza para persuadir a las personas a aceptar la teoría kenótica no era que hubieran descubierto una mejor explicación de Filipenses 2:7 o de ningún otro pasaje del Nuevo Testamento, sino más bien la creciente incomodidad que las personas sentían con las formulaciones de la doctrina del Cristo histórico de la ortodoxia clásica. Era sobre todo que les parecía demasiado increíble a la mente moderna racional y «científica» creer que Cristo Jesús pudiera ser verdaderamente humano y al mismo tiempo completa y absolutamente Dios.[30] La teoría kenótica empezó a sonar cada vez más como una manera aceptable de decir (de alguna forma) que Jesús era Dios, pero una clase de Dios que durante un tiempo había renunciado a algunas de sus

---

[28]A veces la palabra *kenosis* se usa en un sentido débil que no se aplica a la teoría kenótica en un sentido pleno, sino simplemente para referirse a un entendimiento más ortodoxo de Filipenses 2:7, en el que solo significa que Jesús renunció a su gloria y privilegios durante el tiempo que estuvo en la tierra. (Esta es esencialmente la perspectiva que nosotros hemos abogado en este texto.) Pero no parece para nada sabio usar el término «kenosis» para referirse a tal entendimiento tradicional de Filipenses 2:7, porque con demasiada facilidad se confunde con la doctrina completa de la kenosis que en esencia niega la plena deidad de Cristo. Tomar un término que formalmente se aplica a una enseñanza doctrinal falsa y usarlo entonces para una sólida posición bíblica es muy confuso para muchas personas.

[29]S. M. Smith, «Kenosis, A Kenotic Theology», p. 601.

[30]Smith señala que una de las influencias primarias que llevó a algunos a adoptar la teología kenótica fue el crecimiento de la moderna sicología en el siglo XIX. «Nuestro siglo está aprendiendo a pensar en términos de categorías de sicología. Ser consciente era una categoría central. Si en nuestro «centro» está nuestro ser consciente, y si Jesús era a la vez Dios omnisciente y hombre limitado, entonces él tiene dos centros y, por tanto, no era fundamentalmente uno como nosotros. La cristología se estaba haciendo inconcebible para algunos» (Ibíd., pp. 600-601). En otras palabras, la presión del estudio sicológico moderno estaba haciendo que la creencia en la combinación de la plena deidad y plena humanidad en la persona de Cristo resultara difícil de explicar o incluso intelectualmente embarazosa: ¿Cómo podía ser alguien tan diferente de nosotros y ser todavía un verdadero hombre?

Con todo, podemos responder que la sicología moderna está inherentemente limitada en que el objeto de su estudio es solo los seres humanos. Ningún sicólogo moderno ha estudiado nunca a alguien que estuviera completamente libre del pecado (como Cristo lo estaba) y que era completamente Dios y completamente hombre (como Cristo era). Si nosotros limitamos nuestro entendimiento a lo que la moderna sicología nos dice que es «posible» o concebible», entonces no tendríamos un Cristo sin pecado ni a un Cristo divino. En esto como en otros muchos puntos de doctrina, nuestro entendimiento de lo que es «posible» debe estar determinado no por los modernos estudios empíricos de un mundo finito y caído, sino por la enseñanza de las Escrituras en sí.

cualidades divinas, aquellas que resultaba más difíciles de aceptar para las personas en el mundo moderno.

4. Conclusión: Cristo es completamente divino. El Nuevo Testamento, en cientos de versículos explícitos llama a Jesús «Dios» y «Señor» y emplea un buen número de otros títulos de la deidad para referirse a él; y en muchos pasajes que le atribuyen acciones o palabras que solo podían ser ciertas de Dios, afirman una y otra vez la plena y absoluta deidad de Cristo Jesús. «A Dios le agradó habitar en él *con toda su plenitud*» (Col 1:19), y «Toda la plenitud de la divinidad habita en forma corporal en Cristo» (Col 2:9). En una sección anterior argumentamos que Jesús es verdadera y completamente humano. Ahora concluimos que él es verdadera y completamente Dios también. Lleva correctamente el nombre de «Emanuel» que significa «Dios con nosotros» (Mt 1:23).

5. ¿Es hoy «inteligible» la doctrina de la encarnación? A lo largo de la historia ha habido objeciones a la enseñanza del Nuevo Testamento sobre la plena deidad de Cristo. Merece la pena que mencionemos aquí un ataque reciente a esta doctrina porque ha creado una gran controversia, dado que los contribuyentes a ese libro eran todos líderes reconocidos de la iglesia en Inglaterra. El libro lleva por título *The Myth of God Incarnate*, editado por John Hick (Londres: SCM, 1977). El título expresa la tesis del libro: La idea de que Jesús fuera «Dios encarnado» o «Dios hecho carne» es un «mito». Es, quizá, una historia útil para la fe de generaciones anteriores, pero no algo en lo que hoy podamos creer.

El argumento del libro empieza con algunas suposiciones fundamentales: (1) La Biblia no tiene una autoridad divina absoluta para nosotros hoy (p. i), y (2) El cristianismo, como la vida y el pensamiento humano, está evolucionando y cambiando a lo largo del tiempo (p. ii). Las afirmaciones básicas del libro aparecen presentadas en los dos primeros capítulos. En el capítulo 1, Maurice Wiles argumenta que es posible tener cristianismo sin la doctrina de la encarnación. La iglesia ya ha dejado antes otras doctrinas, tales como la «presencia real» de Cristo en la Cena del Señor, la infabilidad de las Escrituras y el nacimiento virginal; por tanto, es posible abandonar la doctrina tradicional de la encarnación y todavía seguir conservando la fe cristiana (pp. 2-3). Además, la doctrina de la encarnación no se presenta directamente en las Escrituras, sino que se originó en situaciones en las que la creencia en lo sobrenatural era creíble; no obstante, nunca ha sido una doctrina coherente e inteligible a lo largo de la historia de la iglesia (pp. 3-5).

En cuanto a la enseñanza del Nuevo Testamento, Francis Young, en el capítulo 2, argumenta que el Nuevo Testamento contiene los escritos de muchos diversos testigos que cuentan lo que entendían de Cristo, pero que no se puede obtener una perspectiva única y unificada de Cristo basada en todo el Nuevo Testamento; la visión de la naciente iglesia acerca de Cristo se fue desarrollando en varias direcciones a lo largo del tiempo. Young concluye que la situación es similar hoy. Dentro de la iglesia cristiana muchas diversas *respuestas personales* a la historia de Cristo son también aceptables para nosotros, y eso incluiría ciertamente la respuesta que ve a

Cristo como un hombre en quien Dios estaba obrando en una forma única, pero no que fuera en absoluto un hombre que fuera también completamente Dios.[31]

Desde el punto de vista de la teología evangélica, es importante notar que este rechazo franco de la deidad de Cristo solo podría defenderse sobre la suposición previa de que el Nuevo Testamento no hay que aceptarlo como una autoridad divina absoluta y veraz en cada aspecto. La cuestión de la autoridad es, en muchos casos, la gran línea divisoria en las conclusiones sobre la persona de Cristo. Segundo, mucha de la crítica de la doctrina de la encarnación se enfoca en la afirmación que no era «coherente» ni «inteligible». No obstante, en su raíz esto es simplemente una indicación de que los autores no están dispuestos a aceptar nada que no parezca encajar con su cosmovisión «científica» en la que el universo natural es un sistema cerrado que no está abierto a intrusiones divinas como los milagros y la encarnación. La afirmación de que «Jesús era completamente Dios y completamente hombre en una sola persona», aunque no es una contradicción, es una paradoja que no puede ser completamente comprendida en esta era y quizá no por toda la eternidad, pero eso no nos da a nosotros el derecho de catalogarla como «incoherente» o «ininteligible». La doctrina de la encarnación como ha sido entendida por la iglesia a lo largo de la historia ha sido en verdad coherente e inteligible, aunque nadie mantiene que nos ha provisto con una explicación exhaustiva de cómo Jesús es a la vez completamente Dios y completamente hombre. Nuestra propia respuesta no es rechazar la enseñanza clara y central de las Escrituras acerca de la encarnación, sino simplemente reconocer que permanecerá una paradoja, que eso es todo lo que Dios ha elegido darnos a conocer acerca de ello, y eso es verdad. Si estamos dispuestos a someternos a Dios y a sus palabras en las Escrituras, entonces debemos creerlo.

6. ¿Por qué es necesaria la deidad de Jesús? En la sección anterior mencionamos varias razones por las que era necesario que Jesús fuera completamente hombre a fin de ganar nuestra redención. Aquí es apropiado que reconozcamos que es de vital importancia que insistamos también en la plena deidad de Cristo, no solo porque las Escrituras la enseñan con claridad, sino también porque (1) solo el infinito Dios podía llevar sobre sí todo el castigo de todos los pecados de todos los que creerían en él. Cualquier otra criatura finita no hubiera podido cargar con ese castigo; (2) la salvación viene del Señor (Jon 2:9) y todo el mensaje de las Escrituras está designado para mostrar que ningún ser humano, ninguna criatura, hubiera podido jamás salvar al hombre, solo Dios podía; y (3) solo alguien que era verdadera y completamente Dios podía ser el mediador entre Dios y el hombre (1 Ti 2:5), para llevarnos de vuelta a Dios y para darnos a conocer a Dios de la forma más completa (Jn 14:9).

De modo que, si Jesús no es completamente Dios, no tenemos salvación y al final tampoco cristianismo. No es accidente que a lo largo de la historia estos grupos que han abandonado la creencia en la plena deidad de Cristo no han permanecido por mucho tiempo dentro de la fe cristiana, sino que pronto se han descarriado

---

[31]El libro fue rápidamente respondido por una serie de ensayos, *The Truth of God Incarnate*, ed, Michael Green (Sevenoaks, Kent, U.K.: Hoder and Stoighton, and Eerdmans, Grand Rapids, 1977). Más tarde los autores de *The Myth of God Incarnate* y varios de sus críticos publicaron los resultados de una reunión de tres días en un tercer libro: Michael Golder, ed., *Incarnation and Myth: The Debate Continued* (SCM, Londres, 1979).

hacia la clase de religión representada por el unitarismo en los Estados Unidos y en otras partes. «Todo el que niega al Hijo no tiene al Padre; el que reconoce al Hijo tiene también al Padre» (1 Jn 2:23). «Todo el que se descarría y no permanece en la enseñanza de Cristo, no tiene a Dios, el que permanece en la enseñanza sí tiene al Padre y al Hijo» (2 Jn 9).

C. La encarnación: Deidad y humanidad en la persona de Cristo

La enseñanza bíblica acerca de la plena deidad y plena humanidad de Cristo es tan amplia que ambas han sido creídas desde los primeros tiempos en la historia de la iglesia. Pero el concepto preciso de cómo la plena deidad y plena humanidad pueden estar combinadas juntas en una persona se fue formulando gradualmente en la iglesia y no se llegó a su forma final hasta la definición del Concilio de Calcedonia en el 451 d.C. Antes de ese momento, se propusieron varias perspectivas inadecuadas de la persona de Cristo y fueron rechazadas. Una de ellas, el arrianismo, que sostenía que Jesús no era completamente divino, ya la discutimos en el capítulo sobre la Trinidad.[32] Pero debemos mencionar aquí otras tres perspectivas que al final fueron rechazadas como heréticas.

1. Tres perspectivas inadecuadas de la persona de Cristo

a. El apolinarismo: Apolinar, que fue obispo de Laodicea en el 361 d.C., enseñó que la persona de Cristo tenía un cuerpo humano, pero no una mente ni un espíritu humano, y que la mente y el espíritu de Cristo procedían de la naturaleza divina del Hijo de Dios. Esta perspectiva la podemos representar mediante la figura 26.1.

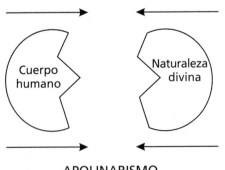

APOLINARISMO
Figura 26.1

Pero el punto de vista de Apolinar fue rechazado por los líderes de la iglesia de aquel tiempo, quienes se dieron cuenta que no solo nuestro cuerpo humano necesitaba salvación y estar representado por Cristo en su obra redentora, sino también nuestra mente y espíritu (o almas) humanos. Cristo tenía que ser completa y verdaderamente hombre si es que iba a salvarnos (He 2:17). El apolinarismo fue rechazado por varios concilios de la iglesia, desde el Concilio de Alejandría en el 362 d.C. hasta el Concilio de Constantinopla en el 381 d.C.

---

[32]Vea el estudio sobre el arrianismo en el capítulo 14, pp. 242-57.

b. Nestorianismo: El nestorianismo es la doctrina de que había dos personas separadas en Cristo, una persona humana y otra divina, una enseñanza que es distinta del punto de vista bíblico que ve a Jesús como una persona. El nestorianismo lo podemos diagramar como en la figura 26.2.

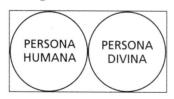

NESTORIANISMO
Figura 26.2

Nestorio fue un predicador popular en Antioquía, y desde el año 428 d.C. fue obispo de Constantinopla. Aunque Nestorio mismo nunca enseñó la perspectiva herética que lleva su nombre (la idea de que Cristo tenía dos personas en un cuerpo, más bien que una persona), por medio de una combinación de conflictos personales y de una buena medida de política eclesiástica, fue depuesto de su posición de obispo y sus enseñanzas fueron condenadas.[33]

Es importante comprender por qué la iglesia no podía aceptar el concepto de que en Cristo había dos personas distintas. En ninguna parte de las Escrituras tenemos ninguna indicación de que la naturaleza humana de Cristo, por ejemplo, es una persona independiente, con la capacidad de decidir algo contrario a la naturaleza divina de Cristo. En ninguna parte tenemos una indicación de que las naturalezas humana y divina estuvieran discutiendo o luchando dentro de Cristo, ni nada parecido. Más bien, tenemos una imagen coherente de una sola persona actuando en unidad y como un todo. Jesús siempre usa el «yo», nunca el «nosotros»,[34] aunque puede referirse a sí mismo y al Padre juntos como «nosotros» (Jn 14:23). La Biblia siempre habla de Jesús como «él», no como «ellos». Y, aunque podemos a veces distinguir acciones de su naturaleza divina y acciones de su naturaleza humana registradas en las Escrituras, la Biblia misma nunca dice que la «naturaleza humana de Jesús hizo esto» o «la naturaleza divina de Jesús hizo aquello», como si fueran dos personas separadas, sino que siempre habla de lo que la *persona* de Cristo hizo. Por tanto, la iglesia continuó insistiendo en que Jesús era una persona, aunque poseía tanto la naturaleza humana como la divina.

c. Monofisismo (Eutiquismo): Se llama *monofisismo* a una tercera perspectiva inadecuada que ve a Cristo como teniendo una sola naturaleza (gr. *monos* «una» y

---

[33]Harold O. J. Brown dice: «La persona encarnada según Nestorio era una sola persona, no dos como pensaron sus críticos, pero él no pudo convencer a los demás que era así. En consecuencia él ha quedado en la historia como uno de los grandes herejes aunque lo que él creía fue reafirmado en Calcedonia» (*Heretics*, p. 176). Es muy útil el estudio amplio de Brown del nestorianismo y otros temas relacionados en la pp. 172-84.

[34]Hay un uso poco común en Juan 3:11, donde Jesús de repente cambia al plural: «Te digo con seguridad y verdad que hablamos de lo que sabemos y damos testimonio de lo que hemos visto personalmente». Puede que Jesús se estuviera refiriendo a sí mismo y a algunos discípulos con Él que no se mencionan, en contraste con el «sabemos» de los líderes judíos a los que alude Nicodemo cuando él empieza la conversación: «Rabí —le dijo—, sabemos que eres un maestro que ha venido de parte de Dios» (Jn 3:2). O puede que Jesús estuviera hablando de sí mismo junto con el testimonio del Espíritu Santo, cuya obra es el tema de la conversación (vv. 5-9). En cualquier caso, Jesús no se está refiriendo a sí mismo como «sabemos», puesto que empieza hablando en primera persona. Vea el estudio de Leon Morris en *The Gospel According to John*, pp. 221-22.

phycis «naturaleza»). El principal defensor de este punto de vista en la iglesia primitiva fue Eutiques (c. 378-454 d.C.), que era el líder de un monasterio en Constantinopla. Eutiques enseñó un error opuesto al nestorianismo, porque negó que la naturaleza humana y la divina permanecieran completamente humana y completamente divina. Sostuvo más bien que la naturaleza humana de Cristo fue tomada y absorbida por su naturaleza divina, de modo que ambas naturalezas cambiaron de alguna forma y surgió una tercera clase de naturaleza.[35] Podemos ver una analogía de lo que Eutiques decía en el ejemplo de si echamos una gota de tinta en un vaso de agua: La mezcla resultante ya no es tinta pura ni agua pura, sino una tercera clase de sustancia, una mezcla de las dos en que la tinta y el agua cambian. Del mismo modo, Eutiques enseñó que Jesús era una mezcla de elementos divinos y humanos en los que ambos estaban de alguna manera modificados para formar una nueva naturaleza. Esto lo podemos representar mediante la figura 26.3.

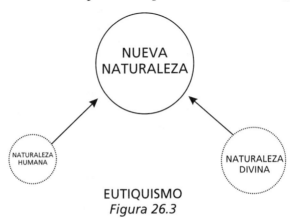

EUTIQUISMO
Figura 26.3

El monofisismo también causó comprensiblemente gran preocupación en la iglesia, porque, según esta doctrina, Cristo no era verdaderamente Dios ni tampoco verdaderamente hombre. Y si eso era así, no podía representarnos de verdad a nosotros como hombre ni tampoco podía ser de verdad Dios y capaz de ganar nuestra salvación.

2. La solución a la controversia: La definición del Concilio de Calcedonia en el 451 d.C. Con el fin de intentar resolver el problema surgido a causa de estas controversias sobre la persona de Cristo, se convocó un concilio de la iglesia en Calcedonia cerca de Constantinopla (la moderna Estambul), desde el 8 de octubre al 1 de noviembre del 451 d.C. La declaración resultante, conocida como la Definición de Calcedonia, protegía en contra del apolinarismo, el nestorianismo y el eutiquismo. Ha sido reconocida por la rama católica, protestante y ortodoxa del cristianismo

---

[35]Una variante del Eutiquismo sostiene que la naturaleza humana quedó simplemente perdida en la divina, de manera que la naturaleza única resultante fue solo la naturaleza divina.

como la definición formal y ortodoxa de la enseñanza bíblica sobre la persona de Cristo desde esa fecha.[36]

Esta declaración no es larga, y podemos citarla aquí completa:[37]

> Nosotros, entonces, fieles a los santos padres y todos de mutuo acuerdo, enseñamos a los hombres a confesar al único y mismo Hijo, a nuestro Señor Jesucristo, que es perfecto en divinidad y también perfecto en humanidad; verdaderamente Dios y verdaderamente hombre, con un alma racional y cuerpo; *consustancial con el Padre conforme a la divinidad, y consustancial con nosotros conforme a la humanidad*; semejante en todas las cosas a nosotros, pero sin pecado; engendrado desde antes de la creación por el Padre conforme a la divinidad, y en los últimos días, para nosotros y para nuestra salvación, nació de la Virgen María, la Madre de Dios, según la humanidad; el único y el mismo Cristo, Hijo, Señor, Unigénito, para ser reconocido en *dos naturalezas, inconfundibles, inalterables indivisibles, inseparables*; la distinción de naturalezas no desaparecen en absoluto por la unión, sino que quedan preservadas las propiedades de ambas naturalezas, y concurren juntas en *una Persona* y una Sustancia, no separadas ni divididas en dos personas, sino uno y el mismo Hijo, el Unigénito, Dios, el Verbo, el Señor Jesucristo, como lo habían declarado los profetas acerca de él desde el principio, y el mismo Señor Jesucristo nos ha enseñado, y como nos lo ha pasado a nosotros el Credo de los santos padres.

En contra de la opinión de Apolinar de que Cristo no tenía una mente humana o alma, tenemos la declaración de que es «verdaderamente hombre, con un alma racional y cuerpo; consustancial con el Padre conforme a la divinidad, y consustancial con nosotros conforme a la humanidad; semejante en todas las cosas a nosotros». (La palabra consustancial significa que «tiene la misma naturaleza o sustancia».)

En oposición al nestorianismo que decía que en Cristo había dos personas unidas en un cuerpo, tenemos las palabras «indivisibles, inseparables … y concurren juntas en *una Persona* y una Sustancia, no separadas ni divididas en dos personas».

En contra del monofisismo que decía que Cristo tenía solo una naturaleza, y que su naturaleza humana había quedado perdida en la unión con la naturaleza divina, tenemos las palabras: «para ser reconocido en *dos naturalezas, inconfundibles, inalterables* …; la distinción de naturalezas no desaparecen en absoluto por la unión, sino que quedan preservadas». Las naturalezas humana y divina no quedaron confundidas ni cambiadas cuando Cristo se hizo hombre, sino que la naturaleza humana permanece como auténtica naturaleza humana, y la naturaleza divina permanece como auténtica naturaleza divina.

La figura 26.4 nos puede ayudar a mostrar esto, en contraste con los diagramas anteriores. Indica que el eterno Hijo de Dios tomó una verdadera naturaleza human, y que las naturalezas divina y humana de Cristo permanecen distintas y

---

[36]Sin embargo, debiéramos indicar que tres grupos localizados de las antiguas iglesias rechazaron la definición de Calcedonia y todavía siguen apoyando el monofisismo hasta esta fecha: La Iglesia Ortodoxa Etíope, la Iglesia Ortodoxa Copta (en Egipto) y la Iglesia Jacobita Siria. Vea H. D. McDonald, «Monophysitism», en NDT, pp. 442-43.

[37]Traducción inglesa tomada de Philip Schaff, *Creeds of Christendom*, 2:62-63.

retienen sus propiedades, y no obstante, están unidas eterna e inseparablemente en una misma persona.

Algunos han dicho que la Definición de Calcedonia en realidad no define para nosotros en una forma positiva lo que la persona de Cristo *es* realmente, sino que solo nos dice las varias cosas que *no es*. En este sentido varios han dicho que no es una definición muy útil. Pero esa acusación es desorientadora e inadecuada. La definición en realidad ayudó mucho a entender la enseñanza bíblica en forma correcta. Enseñó que Cristo definitivamente tiene dos naturalezas, una humana y otra divina. Enseñó que su naturaleza divina es exactamente igual a la del Padre («*consustancial con el Padre conforme a la divinidad*»). Y sostiene que la naturaleza humana es exactamente como la nuestra, pero sin pecado («*consustancial con nosotros conforme a la humanidad*; semejante en todas las cosas a nosotros, pero sin pecado»). Además, afirma que en la persona de Cristo la naturaleza humana retiene sus características distintivas y que la naturaleza divina conserva sus características distintivas. («la distinción de naturalezas no desaparecen en absoluto por la unión, sino que quedan *preservadas las propiedades de ambas naturalezas*»). Por último, afirma que, ya sea que lo podamos entender o no, estas dos naturalezas están unidas en la persona de Cristo.

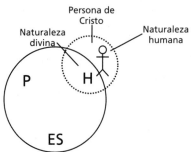

CRISTOLOGÍA DE CALCEDONIA
Figura 26.4

Cuando la definición de Calcedonia dice que las dos naturalezas de Cristo concurren «en una Persona y una Sustancia», la palabra griega que se traduce «sustancia» es la palabra *hypostasis*, «ser». De aquí que la unión de las naturalezas humana y divina de Cristo en una persona es algunas veces llamada unión hipostática. Esta frase significa la unión de las naturalezas humana y divina de Cristo en un ser.

3. Combinación de textos bíblicos específicos sobre la deidad y humanidad de Cristo. Cuando examinamos el Nuevo Testamento, como hicimos arriba en las secciones sobre la humanidad y deidad de Jesús, hay varios pasajes que parecen difíciles de integrar. (¿Cómo podía Cristo ser omnipotente y a la vez débil? ¿Cómo podía dejar el mundo y estar a la vez presente en todas partes? ¿Cómo podía él aprender cosas y a la vez ser omnisciente?) Cuando la iglesia luchaba por entender estas enseñanzas, llegó por fin la Definición de Calcedonia, que habla de dos naturalezas distintas en Cristo que retienen sus propiedades y, no obstante, permanecen juntas en una persona. Esta distinción, la cual nos ayuda en nuestra comprensión de los pasajes bíblicos mencionados antes, también parece que estos pasajes la demandan.

a. Una naturaleza hace algunas cosas que la otra naturaleza no hace: Los teólogos evangélicos de pasadas generaciones no han dudado en distinguir entre las cosas que hace la naturaleza humana de Cristo pero no su naturaleza divina, o por su naturaleza divina pero no por su naturaleza humana. Parece ser que tenemos que hacer esto si estamos dispuestos a aceptar la declaración de Calcedonia acerca de que «quedan *preservadas las propiedades de ambas naturalezas»*. *Pero pocos teólogos recientes han estado dispuestos a hacer esas distinciones, quizá debido a una vacilación en afirmar algo que no se puede entender.*

Cuando hablamos de la naturaleza humana de Jesús, podemos decir que él ascendió al cielo y que ya no está en el mundo (Jn 16:28; 17:11; Hch 1:9-11).[38] Pero con respecto a su naturaleza divina, podemos decir que Jesús está presente en todas partes: «Donde dos o tres se reúnen en mi nombre, allí estoy yo en medio de ellos» (Mt 18:20); «Estaré con ustedes siempre, hasta el fin del mundo» (Mt 28:20); «El que me ama, obedecerá mi palabra, y mi Padre lo amará, y haremos nuestra vivienda con él» (Jn 14:23). De manera que podemos decir que ambas cosas son ciertas acerca de la *persona* de Cristo: él ha regresado al cielo y está también presente con nosotros.

Del mismo modo, podemos decir que Jesús tenía cerca de treinta años (c. 3:23), si estamos hablando de su naturaleza humana, pero podemos decir que existía eternamente (Jn 1:1-2; 8:58) si estamos hablando de su naturaleza divina.

En su naturaleza humana, Jesús era débil y se cansaba (Mt 4:2; 8:24; Mr 15:21; Jn 4:6), pero en su naturaleza divina él era omnipotente (Mt 8:26-27; Col 1:17; He 1:3). Es especialmente asombrosa la escena en el lago de Galilea donde Jesús se encontraba durmiendo sobre la dura madera de la barca, supuestamente porque estaba cansado (Mt 8:24). Pero pudo despertarse del sueño y calmar el viento y las olas con una palabra (Mt 8:26-27). ¡Cansado y, no obstante, omnipotente! Vemos aquí que la naturaleza humana débil de Jesús ocultaba completamente su omnipotencia hasta que su omnipotencia se manifestaba con una palabra soberana de parte del Señor del cielo y de la tierra.

Si alguien pregunta si Jesús, cuando se encontraba durmiendo en la barca, estaba también «[sosteniendo] todas las cosas con su palabra poderosa» (He 1:3), y si todas las cosas en el universo estaban subsistiendo por medio de él en ese tiempo (vea Col 1:17), la respuesta debe ser sí, porque esas actividades han sido siempre y siempre serán la responsabilidad de la segunda persona de la Trinidad, el eterno Hijo de Dios. Los que piensan que la doctrina de la encarnación es «inconcebible» han preguntado algunas veces si Jesús, cuando era un bebé en el establo en Belén, estaba también «sosteniendo el universo». La respuesta a esta pregunta debe ser también sí: Jesús en ese momento no estaba siendo potencialmente Dios ni

---

[38]Los teólogo luteranos, siguiendo a Martín Lucero, ha afirmado en ocasiones que la naturaleza humana de Jesús, aun su cuerpo humano, está presente en todas partes o «ubicuo» (omnipresente). Pero esta posición no ha sido adoptada por ningún otro segmento de la iglesia cristiana, y parece ser que ha sido una posición que Martín Lutero tomó principalmente como un intento para justificar su interpretación de que el cuerpo de Cristo está en realidad presente en la Cena del Señor (no en los elementos mismos, sino con ellos).

alguien en quien Dios actuaba de forma única, sino que *era verdadera y completamente Dios*, con todos los atributos de Dios. Él era «un Salvador, que es Cristo *el Señor*» (Lc 2:11). Los que rechazan esto como imposible es porque tienen una definición diferente de lo que es «posible» de la que tiene Dios, según se revela en las Escrituras.[39] Decir que nosotros no podemos entender esto es una actitud humilde apropiada. Pero decir que no es posible me parece que es más bien arrogancia intelectual.

En una manera similar, podemos entender que en su naturaleza humana, Jesús murió (Lc 23:46; 1 Co 15:3). Pero con respecto a su naturaleza divina, no murió, sino que fue capaz de levantarse a sí mismo de entre los muertos (Jn 2:19; 10:17-18; He 7:16). No obstante, aquí debemos expresar una palabra de cautela: Es cierto que cuando Jesús murió, su cuerpo físico murió y su alma humana (o espíritu) quedó separada de su cuerpo y pasó a la presencia de Dios el Padre en el cielo (Lc 23:43, 46). De esta manera él experimentó una muerte que es como la que experimentamos los creyentes si morimos antes del regreso de Cristo. Y no es correcto decir que la naturaleza divina de Jesús murió, o podía morir, si «morir» significa el cese de la actividad, el cese de la conciencia de sí mismo o una disminución de poder. Sin embargo, en virtud de la unión con la naturaleza humana de Jesús, su divina naturaleza de alguna manera saboreó algo de lo que es pasar por la muerte. La *persona* de Cristo experimentó la muerte. Además, parece difícil de entender cómo la naturaleza humana de Jesús sola podía soportar la ira de Dios en contra de los pecados de millones de personas. Parece que la naturaleza divina de Jesús tenía que participar de alguna manera en cargar con la ira de Dios en contra del pecado que nos correspondía a nosotros (aunque las Escrituras no afirman esto explícitamente en ninguna parte). Por tanto, aunque la naturaleza divina de Jesús no murió en realidad, Jesús pasó por la experiencia de la muerte como una persona completa, y sus naturalezas humana y divina de alguna manera compartieron esa experiencia. Más allá de eso, las Escrituras no nos permiten decir más.

La distinción entre las naturalezas humana y divina de Jesús también nos ayuda a entender las tentaciones de Jesús. Con respecto a su naturaleza humana, ciertamente fue tentado en todas las maneras en que nosotros lo somos, pero sin pecar (He 4:15). No obstante, con respecto a su naturaleza divina, no fue tentado, porque Dios no puede ser tentado por el mal (Stg 1:13).

---

[39]A. N. S. Lane niega explícitamente la perspectiva de Calcedonia de Cristo sobre la base de que no es posible: «Omnisciencia e ignorancia, omnipotencia e impotencia no pueden coexistir. Las primeras inundan las segundas» («Christology Beyond Chalcedon» en *Christ the Lord: Studies in Christology Presented to Donald Guthrie*, editado por Harold H. Rowden [InterVarsity Press, Leicester and Downers Grove, Ill., 1982], p. 270). Él dice que Cristo «negó explícitamente su omnisciencia (Mt 24:36 = Mr 13:32), pero incluso las palabras claras de Cristo no han sido suficientes para contrarrestar el tirón del docetismo... La afirmación de la omnisciencia del Jesús histórico no tiene base bíblica y en verdad va en contra de la enseñanza clara de los evangelios... Tiene serias implicaciones teológicas que han socavado su verdadera humanidad como se enseña en las Escrituras» (p. 271).

Pero (vea pp. 587-90) Mt 24:36 y Mr 13:32 los podemos entender perfectamente como refiriéndose al conocimiento de Jesús en su naturaleza humana. Y cuando Lane dice que la omnisciencia y la ignorancia «no pueden coexistir» él está simplemente lanzando una parte de una paradoja bíblica contra la otra parte y entonces afirmando que una parte es imposible. ¿En base de qué estamos justificados para decir que una naturaleza omnisciente divina y una naturaleza humana con conocimiento limitado «no pueden coexistir»? O que una naturaleza divina omnipotente y una naturaleza humana débil «no pueden coexistir» en la misma persona, en otras palabras negar que Jesús podía ser *completamente* Dios y *completamente* hombre al mismo tiempo. De este modo, ellos están negando la esencia de la encarnación.

En este momento parece necesario decir que Jesús tenía dos voluntades distintas, una voluntad humana y otra divina, y que las voluntades pertenecen a las dos naturalezas distintas de Cristo, no a la persona. De hecho, había una posición, llamada la perspectiva *monotelita*, que sostiene que Jesús tenía solo «una voluntad», pero ese era ciertamente el punto de vista de una minoría en la iglesia, y fue rechazado como herético por el Concilio de Constantinopla en el 681 d.C. Desde entonces la perspectiva de que Cristo tenía dos voluntades (una humana y otra divina) ha sido generalmente, aunque no universalmente, sostenida por la iglesia. De hecho, Charles Hodge dice:

> La decisión en contra de Nestorio, en la que fue reafirmada la unidad de la persona de Cristo; en contra de Eutiques, reafirmando la distinción de naturalezas, y en contra de los monotelitas, declarando que la posesión de una naturaleza humana involucra la necesidad de la posesión de una voluntad humana, ha sido recibida como la fe verdadera de la iglesia universal, la griega, la latina y la protestante.[40]

Hodge explica que la iglesia pensó que «negarle a Cristo una voluntad humana era negar que tuviera una naturaleza humana, o que fuera verdaderamente humano. Además, eso excluye la posibilidad de que hubiera sido tentado y, por tanto, contradice las Escrituras, y le separa tanto de su pueblo que él no podría compadecerse de ellos en sus tentaciones».[41] Además, Hodge nota que junto con las ideas de que Cristo tenía dos voluntades está la idea relacionada de que tenía dos centros de conciencia o inteligencia: «Así como hay dos naturalezas distintas, humana y divina, hay necesidad de dos inteligencias y dos voluntades, la que es falible y finita, y la que es incambiable e infinita».[42]

Esta distinción de dos voluntades o dos centros de conciencia nos ayuda a comprender cómo Jesús podía aprender cosas y al mismo tiempo conocer todas las cosas. Por un lado, con respecto a su naturaleza humana, él tenía un conocimiento limitado (Mr 13:32; Lc 2:52). Por otro lado, era evidente que Jesús conocía todas las cosas (Jn 2:25; 16:30; 21:17). Ahora bien, esto es solo comprensible si Jesús aprendió cosas y tenía conocimiento limitado con respecto a su naturaleza humana, pero estaba siempre consciente con respecto a su naturaleza divina y, por tanto, era capaz de «recordar» cualquier información que fuera necesaria para su ministerio. De esta manera podemos entender la declaración de Jesús en cuanto al tiempo de su regreso: «Pero en cuanto al día y la hora, nadie lo sabe, ni siquiera los ángeles en el cielo, sino sólo el Padre» (Mr 13:32). Esta ignorancia del tiempo de su regreso era solo cierto de la naturaleza y conciencia humanas de Jesús, porque en su naturaleza divina él era sin duda omnisciente y sabía con exactitud cuándo regresaría a la tierra.[43]

---

[40]Charles Hodge, *Systematic Theology*, 2:405.

[41]Ibíd., pp. 404-5.

[42]Ibíd., p. 405.

[43]Al comentar sobre Marcos 13:32, Juan Calvino, H. B. Swete, un comentarista anglicano (*The Gospel According to St. Mark* [MacMillan, Londres, 1913], p. 316), y R. C. H. Lenski, un comentarista luterano (*The Interpretation of St, Mark's Gospel* [Augsburg, Minneapolis, 1961 (reimpresión)]., p. 590), todos atribuyen esta ignorancia de Jesús solo a su naturaleza humana, no a su naturaleza divina.

En cuanto a esto alguien podía objetar que si decimos que Jesús tenía dos centros de conciencia de sí mismo y dos voluntades, eso *requiere* decir que era dos personas distintas, y es caer en el error de los nestorianos. Pero en respuesta, debemos afirmar simplemente que dos voluntades y dos centros de conciencia de sí mismo *no* requieren que Jesús sea dos personas distintas. Es solo una afirmación sin prueba decir eso. Si alguien responde que *no comprende* cómo Jesús podía tener dos centros de conciencia de sí mismo y a la vez ser una sola persona, eso es comprensible. Pero no entender algo no significa que es imposible, sino que nuestro entendimiento es limitado. La gran mayoría de la iglesia a lo largo de su historia ha dicho que Jesús tuvo dos voluntades y dos centros de conciencia, pero que con todo era una sola persona. Una formulación así no es imposible, sino sencillamente un misterio que no podemos comprender por completo. Adoptar cualquier otra solución crearía problemas mucho más grandes: requeriría tener que abandonar o bien la plena deidad o la plena humanidad de Cristo, y eso no lo podemos hacer.[44]

b. Lo que haga cualquiera de sus naturalezas, la persona de Cristo lo hace: En la sección anterior mencionamos una serie de cosas que fueron hechas por una naturaleza y no por la otra en la persona de Cristo. Ahora debemos afirmar que todo lo que es verdad de la naturaleza humana o divina es verdad de la persona de Cristo. De modo que Jesús puede decir: «Antes de que Abraham naciera, ¡yo soy!» (Jn 8:58). Él no dice: «Antes de que Abraham naciera, mi divina naturaleza existía», porque él es libre para hablar acerca de cualquier cosa realizada solo por su naturaleza divina o solo por su naturaleza humana como algo que *él* hizo.

En la esfera humana, esto es también cierto de nuestra conversación. Si yo escribo una carta, aunque mis pies no tienen nada que ver con la escritura de la carta por los dedos de mis manos, yo no digo a la gente: «Mis dedos de las manos escribieron la carta y mis pies no tienen nada que ver con ello» (aunque eso sea cierto). Sino más bien digo: «*Yo* escribí la carta». Eso es verdad porque todo lo que hace una parte de mi ser lo hago yo.

De modo que «*Cristo* murió por nuestros pecados» (1 Co 15:3). Aunque solo su cuerpo humano cesó de existir y de funcionar, *Cristo* como persona fue el que murió por nuestros pecados. Esto es una forma de afirmar que cualquier cosa que se pueda decir de una naturaleza o de la otra se dice de la persona de Cristo.

Por tanto, es correcto que Jesús dijera: «Ahora dejo de nuevo el mundo y vuelvo al Padre» (Jn 16:28), o «Ya no voy a estar por más tiempo en el mundo»

---

[44]En cuanto a esto nos puede ser de alguna ayuda una analogía de la experiencia humana. Todo el que ha corrido en una carrera sabe que cerca del final de la competición hay dentro del corredor deseos conflictivos. Por un lado, los pulmones, piernas y brazos del corredor están gritando: «¡Para! ¡Para!». Hay un deseo claro de parar a causa del dolor físico. Por el otro lado, algo en la mente del corredor está diciendo: «¡Sigue! ¡Sigue! ¡Quiero ganar!» Todos hemos conocido situaciones simulares de deseos conflictivos dentro de nosotros. Ahora bien, si nosotros, siendo seres humanos normales, podemos tener deseos diferentes o distintos dentro de nosotros y, no obstante, ser una sola persona, ¿cuánto más posible es para aquel que era tanto hombre como Dios al mismo tiempo? Si nosotros decimos que no comprendemos cómo eso puede ser, simplemente reconocemos nuestra ignorancia de la situación, porque ninguno de nosotros ha experimentado jamás lo que es ser a la vez Dios y hombre al mismo tiempo, ni siquiera llegaremos a tener una experiencia como esa. No debiéramos decir que es imposible, sino que, si estamos convencidos de que el texto del Nuevo Testamento nos lleva a esa conclusión, debiéramos aceptarla y estar de acuerdo con ella.

(Jn 17:11), pero al mismo tiempo decir: «Estaré con ustedes siempre» (Mt 28:20). Todo lo que hace una naturaleza o la otra lo hace la *persona* de Cristo.

c. Títulos que nos recuerdan que una naturaleza la puede usar la persona aun cuando la acción fue hecha por la otra naturaleza: Los autores del Nuevo Testamento a veces usan títulos que nos recuerdan de la naturaleza humana o de la naturaleza divina a fin de referirse a la persona de Cristo, aun cuando la acción mencionada no pudo haber sido hecha por la naturaleza que podríamos pensar basados en el título. Por ejemplo, Pablo dice que si los gobernantes de este mundo hubieran entendido la sabiduría de Dios «no habrían crucificado al *Señor de la gloria*» (1 Co 2:8). Cuando vemos la frase «al Señor de la gloria» nos viene a la mente especialmente la naturaleza divina de Cristo. Pero Pablo usa este título (probablemente con la intención de mostrar la horrible maldad de la crucifixión) para decir que Jesús fue «crucificado». Aunque su naturaleza divina no fue crucificada, era cierto de Jesús que como *persona* había sido crucificado, y Pablo se refiere a eso aun cuando emplea el título «Señor de la gloria».

Del mismo modo, cuando Elisabet llama a María «la madre de *mi Señor*» (Lc 1:43), el nombre «mi Señor» es un título que nos recuerda la naturaleza divina de Cristo. Aunque María, por supuesto, no es la madre de la naturaleza divina de Jesús, la cual siempre había existido. María es solo la madre de la naturaleza humana de Cristo. No obstante, Elisabet puede llamarla «la madre de mi Señor» porque está usando el título «Señor» para referirse a la persona de Cristo. Una expresión similar aparece en Lucas 2:11: «Hoy os *ha nacido* en la ciudad de David un Salvador, que es Cristo *el Señor*».

De esta manera podemos entender Marcos 13:32, donde Jesús dice que nadie conoce el tiempo de su regreso, «ni siquiera los ángeles en el cielo, *ni el Hijo*, sino sólo el Padre». Aunque las palabras «el Hijo» nos hablan específicamente de la condición eterna de Hijo de Jesús con el Padre, no se usa aquí para referirse específicamente a su naturaleza divina, sino para hablar en general de él como una persona, y afirmar algo que es un hecho cierto solo de su naturaleza humana.[45] Y es cierto que en un sentido importante (esto es, en su naturaleza humana) Jesús no conocía el tiempo cuando él regresaría.

d. Breve frase de resumen: En ocasiones se ha usado la siguiente frase en el estudio de la teología sistemática para resumir la doctrina de la encarnación: «Siguió siendo lo que él era, se convirtió en lo que no era». En otras palabras, si bien Jesús «siguió siendo» lo que era (es decir, completamente divino), también se hizo lo que previamente no había sido (es decir, completamente humano). Jesús no renunció a nada de su deidad cuando se hizo hombre, pero sí tomó sobre sí la humanidad que antes no había tenido.

e. «Comunicación» de atributos: Una vez que hemos decidido que Jesús era completamente hombre y completamente Dios, y que su naturaleza humana

---

[45]Un uso similar lo encontramos en Juan 3:13 y Hechos 20:28 (en este último versículo algunos manuscritos dicen: «con su propia sangre»).

permaneció *plenamente* humana y que su naturaleza divina permaneció *plenamente* divina, todavía podemos preguntar si hubo algunas cualidades o capacidades que fueron dadas (o «comunicadas») de una naturaleza a la otra. Parece que sí las hubo.

(1) De la naturaleza divina a la naturaleza humana

Aunque la naturaleza humana de Jesús no cambió en su carácter esencial, debido a que estaba unida con la naturaleza divina en la persona de Cristo, la naturaleza humana de Jesús ganó (a) la dignidad de ser adorado y (b) la incapacidad de pecar, las cuales no pertenecen en ningún sentido a los seres humanos.[46]

(2) De la naturaleza humana a la naturaleza divina

La naturaleza humana de Jesús le dio a él (a) la capacidad de experimentar el sufrimiento y la muerte; (b) la capacidad de entender por experiencia lo que nosotros estamos experimentando; y (c) la capacidad de ser nuestro sacrificio sustitutivo, lo que solo Jesús como Dios podía haber hecho.

f. Conclusión: Al final de este largo estudio, puede resultar fácil para nosotros perder de vista lo que de verdad se enseña en la Biblia. Es con mucho el milagro más asombroso de toda la Biblia, mucho más asombroso que la resurrección e incluso que la creación del universo. El hecho de que el eterno, omnipotente e infinito Hijo de Dios pudiera hacerse hombre y unirse a la naturaleza humana para siempre, de tal manera que el Dios infinito se hiciera una persona con el hombre finito, permanecerá por toda la eternidad como el más profundo de los milagros y el más profundo de los misterios del universo.

PREGUNTAS DE APLICACIÓN PERSONAL

1. Después de leer este capítulo, ¿hay maneras específicas en las que usted piensa que Jesús es más semejante a usted de lo que pensaba antes? ¿Cuáles son? ¿En que forma una comprensión más clara de la humanidad de Jesús le ayuda a usted a enfrentar las tentaciones? ¿Cómo puede ayudarle a orar? ¿Cuáles son las circunstancias más difíciles en su vida ahora? ¿Puede usted pensar en algunas circunstancias similares que Jesús pudo haber enfrentado? ¿Le anima eso a orar con más confianza a Jesús? ¿Se puede usted imaginar lo que hubiera sido si usted hubiera estado presente cuando Jesús dijo: «Antes de que Abraham naciera, ¡yo soy!» ¿Qué hubiera pensado usted? Con franqueza, ¿cuál habría sido su respuesta? Trate ahora de imaginarse que usted está en los momentos cuando Jesús dice otros «Yo soy» que registra el Evangelio de Juan.[47]

2. Después de leer este capítulo, ¿hay alguna cosa que usted entiende más completamente acerca de la deidad de Jesús? ¿Puede usted describir (y quizá identificarse con ello) lo que los discípulos deben haber sentido al crecer en su comprensión de lo que Jesús era? ¿Cree usted que Jesús es la persona a la

---

[46]Vea más atrás, p. 585, nota 38, sobre el punto de vista luterano de que la ubicuidad fue también comunicada de la divina naturaleza a la humana.

[47]Vea la lista de los otras declaraciones de «Yo soy» en la p. 571, nota 21, más atrás.

que usted podría confiarle su vida por toda la eternidad? ¿Se sentiría feliz de unirse con los otros miles que adoran alrededor de su trono en el cielo? ¿Se deleita usted ahora en la adoración?

TÉRMINOS ESPECIALES

apolinarismo

arrianismo

comunicación de atributos

Definición de Calcedonia

Dios

docetismo

encarnación

eutiquismo

Hijo de Dios

Hijo del Hombre

impecabilidad

Logo

monofisismo

nacimiento virginal

nestorianismo

perspectiva monotelita

Señor

teoría de la kenosis

unión hipostática

BIBLIOGRAFÍA

(Para una explicación de esta bibliografía vea la nota sobre la bibliografía en el capítulo 1, p. 40. Datos bibliográficos completos se pueden encontrar en las páginas 1297-1306.)

Secciones en Teologías Sistemáticas Evangélicas

1. Anglicana (episcopal)

    1882–92   Litton, 178–218

    1930   Thomas, 32–49, 223–28

2. Arminiana (wesleyana o metodista)

    1875–76   Pope, 2:106–51, 188–96, 254–62

    1892–94   Miley, 2:4–62

    1940   Wiley, 2:143–86

    1960   Purkiser, 164–82

    1983   Carter, 1:331–74

    1987–90   Oden, 2:1–314, 527–42

3. Bautista

    1767   Gill, 1:537–69

    1887   Boyce, 258–91

    1907   Strong, 669–700

    1917   Mullins, 154–202

    1976–83   Henry, 3:9–215

    1983–85   Erickson, 661–758

    1987–94   Lewis/Demarest, 2:251–370

4. Dispensacional

    1947   Chafer, 1:318–96; 5:3–176

    1949   Thiessen, 206–28

    1986   Ryrie, 235–53, 260–66

5. Luterana
    1917–24   Pieper, 2:55–279
      1934   Mueller, 255–86
6. Reformada (o presbiteriana)
      1559   Calvin, 1:423–94 (2. 9–14)
    1724–58   Edwards, 2:499–510, 949–55
      1861   Heppe, 410–47
    1871–73   Hodge, 1:483–521; 2:378–454
      1878   Dabney, 464–99
  1887–1921   Warfield, BTS 157–237; SSW 1:139–66; BD 71–100, 175–212; PWC 4–319; LG 1–304; CC 3–389, 447–58
      1889   Shedd, 2a:261–349; 3:378–400
    1937–66   Murray, CW 1:29–35, 340–43; CW 2:132–41; CW 4:58–91
      1938   Berkhof, 305–30
      1962   Buswell, 2:17–32, 40–70
7. Renovada (o carismática o pentecostal)
    1988–92   Williams, 1:305–52

Secciones en Teologías Sistemáticas Católicas Romanas Representativas

1. Católica Romana: tradicional
      1955   Ott, 125–75
2. Católica Romana: Post Vaticano II
      1980   McBrien, 1:267–546

Otras obras

Anselmo. «The Incarnation of the Word». En *Anselm of Canterbury*. Vol. 3. Edwin Mellen, Toronto, 1976.

_____. *Why God Became Man: and The Virgin Conception and Original Sin.* Trad. por Joseph M. Colleran. Magi, Albany, N. Y., 1969.

Athanasius. *On the Incarnation.* Traducida por una religión de C. S. M. V. Macmillan, New York, 1946.

Berkouwer, G. C. *The Person of Christ.* Trad. por John Vriend. Eerdmans, Grand Rapids, 1954.

Bray, G. L. *Creeds, Councils and Christ.* Inter-Varsity Press, Leicester, 1984.

_____. «Christology». En *NDT* pp. 137–40.

Brown, Harold O. J. *Heresies: The Image of Christ in the Mirror of Heresy and Orthodoxy From the Apostles to the Present.* Doubleday, Garden City, N. Y., 1984.

Bruce, F. F. *Jesus: Lord and Savior.* The Jesus Library, ed. por Michael Green. InterVarsity Press, Downers Grove, Ill., 1986.

Erickson, Millard. *The Word Became Flesh: A Contemporary Incarnational Christology.* Baker, Grand Rapids, 1991.

Guthrie, Donald. *Jesus the Messiah.* Zondervan, Grand Rapids, 1972.

_____. *New Testament Theology*. InterVarsity Press, Leicester y Downers Grove, Ill., 1981, pp. 219–365.

Harris, Murray J. Jesus As God. Baker, Grand Rapids, 1992.

Hughes, Philip Edgcumbe. *The True Image: The Origin and Destiny of Man in Christ*. Eerdmans, Grand Rapids, e Inter-Varsity Press, Leicester, 1989, pp. 211–414.

Longenecker, Richard. *The Christology of Early Jewish Christianity*. SCM, London, 1970.

Marshall, I. Howard. *I Believe in the Historical Jesus*. Eerdmans, Grand Rapids, 1977.

McGrath, Alister E. *Understanding Jesus: Who He Is and Why He Matters*. Zondervan, Grand Rapids, 1987.

Moule, C. F. D. *The Origin of Christology*. Cambridge University Press, Cambridge, 1977.

Payne, Philip B. «Jesus' Implicit Claim to Deity in His Parables». *TrinJ* vol. 2, n. s., no. 1 (Spring 1981), pp. 3–23.

Reymond, Robert L. *Jesus, Divine Messiah*. Presbyterian and Reformed, Phillipsburg, N. J., 1990.

Runia, Klaas. *The Present-Day Christological Debate*. Inter-Varsity Press, Leicester, 1984.

Sproul, R. C. *The Glory of Christ*. Tyndale, Wheaton, Ill., 1990.

Stein, R. H. «Jesus Christ». En *EDT* pp. 582–85.

Wallace, R. S. «Christology». En *EDT* pp. 221–27.

Walvoord, John F. *Jesus Christ Our Lord*. Moody, Chicago, 1969.

Wells, David F. *The Person of Christ: A Biblical and Historical Analysis of the Incarnation*. Crossway, Westchester, Ill., 1984.

PASAJE BÍBLICO PARA MEMORIZAR

Juan 1:14: *Y el Verbo se hizo hombre y habitó entre nosotros. Y hemos contemplado su gloria, la gloria que corresponde al Hijo unigénito del Padre, lleno de gracia y de verdad.*

HIMNO

«Glorioso Cristo»

Glorioso Cristo, Rey de lo creado,
Hombre y Dios, te doy loor;
Quiero amarte, mi dulce amigo,
corona mía y Salvador.

Bello es el campo, más aún los bosques
en la estación primaveral;
Cristo es más bello, Cristo es más puro
que al alma triste gozo da.

Bella es la luna, el sol más bello,

y las estrellas, sin igual;
pero el Cristo es quien más brilla
en todo el Reino celestial.
Bellas las flores, bello es el hombre
en su lozana juventud;
mas su belleza pronto perece,
sólo es eterna en Jesús.

De tierra y cielo, toda la hermosura
se muestra en Cristo, mi Señor;
nadie merece cual Jesucristo
nuestra alabanza y nuestro amor.

DE MÜNSTER GESANBUC, 1677, TRAD. FEDERICO J. PAGURA
(TOMADO DE CELEBREMOS SU GLORIA, # 244).

Capítulo 27

La expiación

¿Era necesario que Cristo muriera? ¿Ganó toda la vida terrenal de Cristo algún beneficio redentor para nosotros? La causa y naturaleza de la expiación. ¿Descendió Cristo al infierno?

EXPLICACIÓN Y BASES BÍBLICAS

Podemos definir la expiación de la siguiente manera: *La expiación es la obra que Cristo hizo en su vida y muerte para ganar nuestra salvación.* Esta definición indica que estamos usando la palabra expiación en un sentido más amplio del que se usa en ocasiones. A veces se usa para referirse solo a la muerte de Cristo en la cruz y al pago que hizo por nuestros pecados. Pero, como veremos abajo, puesto que los beneficios de la salvación también vienen de la vida de Cristo, tenemos que incluir eso también en nuestra definición.[1]

A. La causa de la expiación

¿Cuál fue la causa última que llevó a Cristo a venir a la tierra y morir por nuestros pecados? Para encontrar la respuesta debemos remontarnos hasta algo que hay en el carácter de Dios mismo. Y aquí las Escrituras apuntan a dos cosas: El *amor* y la *justicia* de Dios.

El amor de Dios como una causa para la expiación la vemos en el pasaje más conocido de la Biblia: «Porque *tanto amó Dios al mundo*, que dio a su Hijo unigénito, para que todo el que cree en él no se pierda, sino que tenga vida eterna» (Jn 3:16). Pero la justicia de Dios también requería que encontrara una forma de que se pagara el castigo que nosotros debíamos por nuestros pecados (porque no podía aceptarnos para tener comunión con él si no se pagaba ese castigo). Pablo explica que esta era la razón por la que Dios envió a Cristo para ser nuestra «propiciación» (Ro 3:25; esto es, un sacrificio que carga con la ira de Dios a fin de que Dios sea «propicio» o esté favorablemente dispuesto hacia nosotros): «Dios lo ofreció como un sacrificio de expiación… para así *demostrar su justicia*. Anteriormente, en su paciencia, Dios había pasado por alto los pecados; pero en el tiempo presente ha ofrecido a Jesucristo *para manifestar su justicia*» (Ro 3:25). Pablo está aquí diciendo que Dios había estado perdonando pecados en el Antiguo Testamento pero no se había pagado el castigo, hecho que haría a las personas pensar si Dios era de verdad

---

[1]Por supuesto, hay también beneficios de salvación que nos vienen de la resurrección y ascensión de Cristo, de su constante obra sacerdotal de intercesión por nosotros, y de su segunda venida. Estos los estudiaremos como temas separados en los subsiguientes capítulos de este libro. Por amor de la claridad, he incluido aquí bajo el título lo la «expiación» solo las cosas que Cristo hizo por nuestra salvación durante su vida terrenal y su muerte.

justo y preguntarse cómo podía perdonar pecados sin castigarlo. Ningún Dios que de verdad fuera justo podía hacer eso, ¿no es cierto? Con todo, cuando Dios envió a Cristo para morir y pagar el castigo por nuestros pecados, lo hizo «para manifestar su justicia. De este modo Dios es justo y, a la vez, el que justifica a los que tienen fe en Jesús» (Ro 3:26).

Por consiguiente, el amor y la justicia de Dios fueron la suprema causa de la expiación. Sin embargo, de nada sirve andar preguntando cuál es más importante, porque sin el amor, Dios nunca hubiera dado ningún paso para redimirnos, pero sin la justicia de Dios, el requerimiento específico de que Cristo ganara nuestra salvación al morir por nuestros pecados no se habría satisfecho. El amor y la justicia de Dios eran igualmente importantes.

B. La necesidad de la expiación

¿Había alguna otra manera de que Dios salvara a los seres humanos sin tener que enviar a su Hijo a morir en nuestro lugar?

Antes de responder a esa pregunta, es importante que nos demos cuenta de que no era necesario en absoluto que Dios salvara a los seres humanos. Cuando vemos que «Dios no perdonó a los ángeles cuando pecaron, sino que los arrojó al abismo, metiéndolos en tenebrosas cavernas y reservándolos para el juicio» (2 P 2:4), nos damos cuenta que Dios podía haber elegido con perfecta justicia habernos dejado en nuestros pecados en espera del juicio: podía haber decidido no salvar a nadie, como hizo con los ángeles que pecaron. Así que, en este sentido, la expiación no era una absoluta necesidad.

Pero una vez que Dios, en su amor, decidió salvar a los seres humanos, varios pasajes en las Escrituras indican que no había otra manera en que Dios podía llevarlo a cabo sino por medio de la muerte de su Hijo. Por tanto, la expiación no era una absoluta necesidad, pero, como una «consecuencia» de la decisión de Dios de salvar a los seres humanos, la expiación era una absoluta necesidad. A este concepto es a lo que a veces se le llama «consecuencia de absoluta necesidad» de la expiación.

En el huerto de Getsemaní Jesús oró: «Padre mío, *si es posible*, no me hagas beber este trago amargo. Pero no sea lo que yo quiero, sino lo que quieres tú» (Mt 26:39). Podemos estar seguros de que Jesús siempre oró conforme a la voluntad del Padre, y que siempre lo hizo con plenitud de fe. Parece que esta oración, que Mateo tuvo tanto interés en dárnosla a conocer, muestra que a Jesús *no le era posible* evitar la muerte en la cruz que muy pronto tendría que enfrentar (la «copa» del sufrimiento que él había dicho que le correspondía). Si iba a llevar a cabo la tarea para la que el Padre le había enviado, y si Dios iba a redimir a las personas, era necesario que Jesús muriera en la cruz.

Jesús dijo algo similar después de su resurrección, cuando conversaba con dos discípulos en el camino a Emaús. Ellos estaban diciendo que Jesús había muerto, pero la respuesta de este fue: «¡Qué torpes son ustedes, y qué tardos de corazón para creer todo lo que han dicho los profetas! ¿Acaso no tenía que sufrir el Cristo estas cosas antes de entrar en su gloria?» (Lc 24:25-26). Jesús comprendió que el plan de Dios para la redención (que él explicó a los discípulos basado en muchos pasajes del Antiguo Testamento, Lc 24:27) requería que fuera necesario que el Mesías muriera por los pecados de las personas.

Como vimos arriba, Pablo en Romanos 3 también muestra que si Dios iba a ser justo, y con todo salvar a las personas, tenía que enviar a Cristo para que pagara el castigo de los pecados: «Pero en el tiempo presente ha ofrecido a Jesucristo para manifestar su justicia. De este modo Dios es justo y, a la vez, el que justifica a los que tienen fe en Jesús» (Ro 3:26). La epístola a los Hebreos hace hincapié en que Cristo tenía que sufrir por nuestros pecados: «Por eso *era preciso* que en todo se asemejara a sus hermanos, para ser un sumo sacerdote fiel y misericordioso al servicio de Dios, a fin de expiar [lit. hacer propiciación] los pecados del pueblo» (He 2:17). El autor de Hebreos también argumenta que puesto que «es imposible que la sangre de los toros y de los machos cabríos quite los pecados» (He 10:4), era necesario un mejor sacrificio (He 9:23). Sólo la sangre de Cristo, esto es, su muerte, podría borrar de verdad los pecados (He 9:25-26). No había otra forma de que Dios nos salvara que mediante la muerte de Cristo en nuestro lugar.

C. La naturaleza de la expiación

En esta sección consideraremos dos aspectos de la obra de Cristo: (1) La obediencia de Cristo por nosotros, mediante la cual él obedeció los requerimientos de la ley en nuestro lugar y fue perfectamente obediente a la voluntad del Padre como nuestro representante, y (2) los sufrimientos de Cristo por nosotros, mediante los cuales cargó con el castigo que nos correspondía por nuestros pecados y como consecuencia murió por nuestros pecados.

Es importante que nos demos cuenta de que en ambas de estas categorías el énfasis primario y la influencia primaria de la obra de redención de Cristo no está en nosotros, sino en Dios el Padre. Jesús obedeció al Padre en nuestro lugar y cumplió perfectamente con las demandas de la ley. Y sufrió en nuestro lugar, y cargó sobre sí el castigo que Dios el Padre nos hubiera impuesto. En ambos casos, la expiación la vemos como objetiva; es decir, algo que tenía una influencia primaria directamente sobre Dios. Solo secundariamente tiene implicaciones para nosotros, y esto es solo a causa de que había sucedido algo definido en las relaciones entre Dios el Padre y Dios el Hijo que aseguraba nuestra salvación

1. La obediencia de Cristo por nosotros (llamada a veces «obediencia activa»).

Si Cristo solo hubiera obtenido el perdón de pecados para nosotros, no hubiéramos merecido el cielo. Nuestra culpa habría quedado eliminada, pero nosotros solo estaríamos en la posición de Adán y Eva antes de que estos hicieran algo bueno o malo o antes de que hubieran pasado victoriosamente un tiempo de prueba. A fin de quedar establecidos en justicia para siempre y para que tuvieran comunión con Dios asegurada para siempre, Adán y Eva tenían que obedecer a Dios perfectamente durante un tiempo. Entonces Dios habría visto su obediencia fiel con placer y deleite, y ellos habrían vivido con él en comunión eterna.[2]

---

[2] Vea el estudio sobre el pacto de obras en el capítulo 25, pp. 516-18.

Por esta razón, Cristo tenía que vivir una vida de perfecta obediencia a Dios a fin de ganar la justicia para nosotros. Tenía que obedecer la ley durante toda su vida en nombre nuestro a fin de que los méritos positivos de su perfecta obediencia fuera contada a nuestro favor. Esto se le llama a veces «obediencia activa» de Cristo, mientras que a su sufrimiento y muerte por nuestros pecados se le llama «obediencia pasiva».[3] Pablo nos dice que su meta es poder ser encontrado en Cristo no teniendo su *propia justicia* que procede de la ley *sino la que se obtiene mediante la fe en Cristo*, la justicia que procede de Dios, basada en la fe» (Fil 3:9). Pablo sabe que lo que necesita no es solo neutralidad moral de parte de Cristo (es decir, una hoja limpia con los pecados perdonados), sino una justicia moral positiva. Y sabe que eso no puede proceder de él sino que tiene que llegarle por medio de la fe en Cristo. Asimismo, Pablo dice que Cristo ha sido hecho «nuestra *justificación, santificación y redención*» (1 Co 1:30). Y muy explícitamente dice: «Porque así como por la desobediencia de uno solo muchos fueron constituidos pecadores, también por la obediencia de uno solo muchos fueron *constituidos justos*» (Ro 5:19).

Algunos teólogos no han enseñado que Cristo necesitaba conseguir una historia de perfecta obediencia a favor nuestro. Se han limitado a enfatizar que Cristo murió y de esa manera pagó por nuestros pecados.[4] Pero esa posición no explica adecuadamente por qué Cristo hizo más que solo morir: también se convirtió en nuestra «justicia» delante de Dios. Jesús le dijo a Juan el bautista antes de que le bautizara: «Porque así conviene que *cumplamos toda justicia*» (Mt 3:15, RVR 1960).

Se puede argumentar que Cristo tenía que vivir una vida de perfecta justicia por interés propio, no por nosotros, antes de que pudiera convertirse en un sacrificio impecable por nosotros. Pero Jesús no tenía necesidad de vivir una vida de perfecta obediencia por interés propio, pues había vivido en amor y compañerismo con el Padre por toda la eternidad y por su propio carácter era eternamente digno del placer y la delicia del Padre. Más bien tenía que «[cumplir] toda justicia» por nosotros; es decir, por amor de las personas que estaba representando como cabeza. A menos que hiciera eso por nosotros, no tendríamos historia de obediencia mediante la cual mereceríamos el favor de Dios y la vida eterna con él. Además, si Jesús hubiera necesitado solo ser sin pecado y no también una vida de perfecta obediencia, podía haber muerto por nosotros cuando era niño en vez de hacerlo cuando tenía treinta y tres años.

Por aplicación práctica, debiéramos preguntarnos en qué historial de obediencia de toda la vida nos apoyaríamos más bien para alcanzar nuestra posición delante de Dios, ¿el de Cristo o el nuestro? Con la vida de Cristo en mente, debiéramos

---

[3]Algunos han objetado que esta terminología de «activa» y «pasiva» no es enteramente satisfactoria, porque aun en cuanto a pagar por nuestros pecados Cristo en un sentido estuvo aceptando activamente el sufrimiento que el Padre le daba y estuvo también activo en poner su propia vida (Jn 10:18). Además, ambos aspectos de la obediencia de Cristo continuaron durante toda su vida: Su obediencia activa incluía obediencia fiel desde su nacimiento hasta su muerte; y su sufrimiento a nuestro favor, que encontró su clímax en la crucifixión, continuó durante toda su vida (vea el estudio abajo). Sin embargo, la distinción entre la obediencia activa y la pasiva es útil porque nos ayuda a apreciar dos aspectos de la obra de Cristo a nuestro favor. (Vea el estudio de John Murray, *Redemption Accomplished and Applied* [Eerdmans, Grand Rapids, 1955], pp. 20-24.) R. L. Reymond prefiere el término *preceptiva* (para activa) y penal (para pasiva). En su artículo «Obedience of Christ», EDT, p. 785.

[4]Por ejemplo, no pude encontrar ningún estudio de la obediencia activa de Cristo en los siete volúmenes de la *Systematic Theology*, de Lewis Sperry Chafer (Dallas Seminary Press, Dallas, 1947-48) o en la obra *Christian Theology*, de Millard Ericsson, pp. 761-800.

preguntarnos, ¿qué es suficientemente bueno para merecer la aprobación de Dios? ¿Estamos dispuestos a confiar en su historial de obediencia en cuanto a nuestro destino eterno?

2. Los sufrimientos de Cristo por nosotros (llamados a veces «obediencia pasiva»). Además de obedecer la ley perfectamente durante toda su vida a favor nuestro, Cristo también experimentó los sufrimientos necesarios para pagar el castigo de nuestros pecados.

a. Sufrió durante toda su vida: En un sentido amplio el castigo que Cristo sufrió para pagar por nuestros pecados fue sufrimiento tanto en su cuerpo como en su alma durante toda su vida. Aunque los sufrimientos de Cristo culminaron con su muerte en la cruz (vea abajo), toda su vida en un mundo caído involucró sufrimiento. Por ejemplo, Jesús soportó un tremendo sufrimiento durante sus tentaciones en el desierto (Mt 4:1-11), cuando soportó durante cuarenta días los ataques de Satanás.[5] También sufrió al crecer en madurez: «Aunque era Hijo, mediante el sufrimiento aprendió a obedecer» (He 5:8). Conoció el sufrimiento en la intensa oposición que enfrentó de parte de los líderes judíos a lo largo de gran parte de su ministerio terrenal (vea He 12:3-4). Podemos suponer también que experimentó sufrimiento y tristeza ante la muerte de su padre terrenal,[6] y desde luego también lo experimentó por causa de la muerte de su íntimo amigo Lázaro (Jn 11:35). Al predecir la venida del Mesías, Isaías dijo que sería un «varón de dolores, hecho para el sufrimiento» (Is 53:3).

b. El dolor de la cruz: Los sufrimientos de Jesús se intensificaron al irse acercando a la cruz. Les contó a sus discípulos algo de la agonía que estaba experimentando cuando les dijo: «Es tal la angustia que me invade, que me siento morir» (Mt 26:38). Fue en la cruz donde los sufrimientos de Jesús alcanzaron su clímax, porque fue allí donde cargó con el castigo que correspondía a nuestros pecados y murió en nuestro lugar. Las Escrituras nos enseñan que hubo cuatro aspectos diferentes del dolor que Jesús experimentó:

(1) Dolor físico y muerte

No tenemos necesidad de aseverar que Jesús sufrió más dolor físico que cualquier ser humano haya jamás sufrido, porque la Biblia en ninguna parte hace esa afirmación. Pero con todo no debemos olvidar que la muerte por crucifixión era una de las formas más horribles de ejecución inventadas por el hombre.

Muchos lectores de los evangelios en el mundo antiguo habrían sido testigos de alguna crucifixión y eso crearía alguna imagen mental vívida y dolorosa al leer las palabras «Y lo crucificaron» (Mt 15:24). Un condenado a muerte que moría

---

[5]En Marcos 1:13 el participio presente *peirazomenos*, «fue tentado», modifica el imperfecto del verbo principal en la cláusula (*en*, fue), indicando que Jesús fue continuamente tentado a lo largo de los cuarenta días en el desierto.

[6]Aunque las Escrituras no dicen explícitamente que José murió durante el tiempo de la vida de Jesús, no volvemos a saber nada de él después del cumplimiento de los doce años de Jesús. Vea estas reflexiones en el capítulo 26, p. 537, n. 7.

crucificado se veía esencialmente forzado a infligirse él mismo una muerte lenta por asfixia. Cuando los brazos del condenado eran extendidos y sujetados mediante los clavos a la cruz, tenía que sostener la mayor parte del peso de su cuerpo con los brazos. En esa posición, la cavidad torácica tenía dificultades para respirar y obtener aire renovado. Pero cuando la necesidad de aire de la víctima se hacía insoportable, tenía que hacer lo posible por levantarse empujando con sus pies, dando así un apoyo más natural a su cuerpo y aliviando los brazos del peso del cuerpo, y de esa forma podía respirar un poco mejor. Al esforzarse por levantar el cuerpo apoyándose en los pies el crucificado podía aliviar la asfixia, pero resultaba en extremo doloroso para él porque implicaba poner toda la presión de sostener el cuerpo sobre los clavos que le sujetaban los pies, y doblar los codos y empujar hacia arriba sobre los clavos que le sujetaban las muñecas.[7] La espalda del crucificado, que había sido flagelada repetidas veces mediante los latigazos propinados, se rozaría contra la madera de la cruz con cada movimiento. Por eso Séneca (del primer siglo d.C.) habló de los crucificados como personas que «aspiraban el aire vital en medio de intensa agonía» (Epístola 101, a Lucio, sección 14).

Un médico que escribió en el *Journal of the American Medical Association* en 1986 explicó el dolor que solía experimentar la persona condenada a muerte por crucifixión:

> Un proceso de respiración adecuado requiere levantar el cuerpo empujando con los pies y flexionando los codos... Sin embargo, este movimiento ponía todo el peso del cuerpo sobre los tarsos y producía un punzante dolor. Además, la flexión de los codos causaba rotación de las muñecas alrededor de los clavos de hierro y causaba fiero dolor por los nervios dañados... Calambres musculares y parestesia en los brazos extendidos y levantados se agregaba a la incomodidad. Como resultado, cada esfuerzo por respirar resultaba agonizante y agotador y llevaba al final a la asfixia.[8]

En algunos casos, los hombres crucificados sobrevivían varios días, casi asfixiados pero sin morir. Esa era la razón por la que los encargados de la ejecución quebraban a veces las piernas del crucificado, con el fin de que la muerte sobreviniera rápidamente, como vemos en Juan 19:31-33:

> Era el día de la preparación para la Pascua. Los judíos no querían que los cuerpos permanecieran en la cruz en sábado, por ser éste un día muy solemne. Así que le pidieron a Pilato ordenar que les quebraran las piernas a los crucificados y bajaran sus cuerpos. Fueron entonces los soldados y le quebraron las piernas al primer hombre que había sido crucificado con Jesús, y luego al otro. Pero cuando se acercaron a Jesús y vieron que ya estaba muerto, no le quebraron las piernas.

---

[7]La palabra que generalmente se traduce por «mano» (*cheir*: Lc. 24:39-40; Jn. 20:20) puede en ocasiones referirse al brazo (BAGD, p. 880; LSJ, p. 1983, 2). Un clavo a través de las manos no habría sido capaz de sostener el peso del cuerpo, porque las manos se habrían desgarrado.

[8]William Edwards, MD, et al., *JAMA* vol. 255, no. 11 (21 marzo 1986), p. 1461.

(2) El dolor de cargar con el pecado

Más horrible que el dolor del sufrimiento físico que Jesús soportó fue el dolor psicológico de estar cargando con la culpa de nuestros pecados. En nuestra experiencia como cristianos sabemos algo de la angustia que sentimos cuando hemos pecado. El peso de la culpa es tremendo sobre nuestros corazones, y hay un sentido amargo de separación de todo lo que es recto en el universo, una conciencia de algo que en un sentido muy profundo no debiera ser. De hecho, cuanto más crecemos en santidad como hijos de Dios, tanto más sentimos esta instintiva repugnancia en contra del mal.

Ahora bien, Jesús era perfectamente santo. Aborrecía el pecado con todo su ser. El concepto del mal, del pecado, lo contradecía todo en su carácter. Mucho más de lo que nosotros lo hacemos, Jesús se rebelaba instintivamente contra el mal. Con todo, en obediencia al Padre, y por amor a nosotros, Jesús tomó sobre sí todos los pecados de todos los que un día serían salvos. Cargar sobre sí todo el mal en contra del cual su alma se rebelaba creaba una repugnancia profunda en el centro de su ser. Todo lo que aborrecía más profundamente estaba siendo derramado sobre él.

La Escrituras dicen con frecuencia que Cristo cargó con nuestros pecados: «El Señor hizo recaer sobre él la iniquidad de todos nosotros» (Is 53:6), y *cargó con el pecado* de muchos (Is 53:12). Juan el Bautista señaló a Jesús como «el Cordero de Dios, que quita el pecado del mundo» (Jn 1:29). Pablo declara que Dios «lo trató como pecador» (2 Co 5:21) y que Cristo se hizo «maldición por nosotros» (Gá 3:13). El autor de Hebreos dice que Cristo «fue ofrecido en sacrificio una sola vez para quitar los pecados de muchos» (He 9:28). Y Pedro dice: «él mismo, en su cuerpo, *llevó al madero nuestros pecados*» (1 P 2:24).[9]

El pasaje de 2 Corintios citado arriba, junto con los versículos de Isaías, indican que fue Dios el Padre quien cargó nuestros pecados sobre Cristo. ¿Cómo era posible? En la misma manera que los pecados de Adán fueron imputados a nosotros,[10] Dios *imputó* nuestros pecados a Cristo; es decir, *los declaró pertenecientes a Cristo*, y, puesto que Dios es el juez supremo y definidor de lo que de verdad es en el universo, cuando Dios pensó que nuestros pecados le pertenecían a Cristo, de verdad le pertenecían a Cristo. Esto no quiere decir que Dios concluyó que Cristo de veras hubiera cometido aquellos pecados, ni que Cristo mismo tuviera de verdad una naturaleza pecadora, sino más bien quiere decir que Dios declaró que la culpa de nuestros pecados (esto es, la responsabilidad de pagar el castigo) era de Cristo y no de nosotros.

Algunos han objetado que no era justo que Dios hiciera esto de transferir la culpa del pecado de nosotros a una persona inocente, a Cristo. Pero debemos recordar que Cristo tomó voluntariamente sobre sí la culpa de nuestros pecados, de modo que esta objeción pierde mucha de su fuerza. Además, Dios mismo (Padre,

---

[9]Vea Grudem, *1 Peter*, pp. 133-34, para una respuesta detallada a la opinión de Deissmann de que 1 Peter 2:24 significa que Cristo «llevó nuestros pecados a la cruz», pero que Él mismo no cargó con la culpa por nuestros pecados en la cruz. Influenciado por Deissmann BAGD, p. 63, 3, niega sorprendentemente que el verbo *anaphero*, que se usa en 1 Pedro 2:24 pueda significar «llevar», pero Polibio 1.36.3 y Tucídides 3.88.3 proveen ejemplos extra bíblicos de lo que significa, y desde luego tiene ese sentido en la versión Septuaginta de Isaías 53:4, 11, 12, y en las citas de Isaías en Hebreos 9:28; cf. LSJ, p. 125,3.

[10]Vea capítulo 24, pp. 494-96, para un estudio de la imputación del pecado de Adán a nosotros.

Hijo y Espíritu Santo) son la norma suprema de lo que es justo y correcto en el universo, y él decretó que la expiación tendría lugar de esta manera, y que eso en realidad satisfacía sus demandas de rectitud y justicia.

(3) Abandono

El dolor físico de la crucifixión y el dolor de cargar sobre sí el mal absoluto de nuestros pecados se agravó por el hecho de que Jesús enfrentó este dolor solo. En el huerto de Getsemaní, cuando llevó consigo a Pedro, Juan y Santiago, les expresó algo de la agonía que sentía: «Es tal la angustia que me invade que me siento morir... Quédense aquí y vigilen» (Mr 14:34). Esta es la clase de confidencia que uno expresa a un amigo íntimo, e implica un ruego de apoyo en horas de gran prueba. Sin embargo, tan pronto como arrestaron a Jesús «todos los discípulos lo abandonaron y huyeron» (Mt 26:56).

Aquí también tenemos una cierta analogía de nuestra experiencia, porque no podemos vivir largo tiempo sin probar el dolor interno del rechazo, ya sea el rechazo de un amigo cercano, de un padre o hijo, o de un esposo o esposa. Con todo, en esos casos hay al menos la sensación de que podíamos haber hecho algo de manera diferente, de que al menos en cierta parte nosotros somos culpables. Esa no era la situación con Jesús y sus discípulos, porque «habiendo amado a los suyos que estaba en el mundo, los amó hasta el fin» (Jn 13:1). Él no había hecho otra cosa que amarlos; pero ellos lo abandonaron.

Pero mucho peor que la deserción de sus más íntimos amigos humanos fue el hecho de que Jesús se vio privado de la cercanía con el Padre que había sido su más profundo gozo durante toda su vida terrenal. Cuando Jesús exclamó: «Elí, Elí, ¿lama sabactani? (que significa: «Dios mío, Dios mío, ¿por qué me has desamparado?"» (Mt 27:46), él mostró que estaba separado por completo del dulce compañerismo con su Padre celestial que había sido la fuente constante de su fortaleza interna y el elemento de su mayor gozo en una vida llena de dolor. Al cargar Jesús con nuestros pecados en la cruz, se vio abandonado por su Padre celestial porque «son tan puros tus ojos que no pueden ver el mal» (Hab 1:13). Jesús se enfrentó solo al peso de la culpa de millones de pecados.

(4) Cargar con la ira de Dios

Sin embargo, más difícil que estos aspectos previos del dolor de Jesús fue el dolor de cargar sobre sí la ira de Dios. Al llevar Jesús solo la culpa de nuestros pecados, Dios el Padre, el Creador todopoderoso, el Señor del universo, derramó sobre Jesús la furia de su ira: Jesús se convirtió en el objeto del intenso odio por el pecado y de la venganza en contra del pecado que Dios había acumulado pacientemente desde el comienzo del mundo.

Romanos 3:25 nos dice que Dios ofreció a Cristo como «propiciación» («sacrificio expiatorio»), palabra que significa «sacrificio que carga con la ira de Dios hasta el final y que al hacerse cambia en favor la ira de Dios contra nosotros». Pablo nos dice que «Dios lo ofreció como un sacrificio de expiación que se recibe por la fe en su sangre, para así demostrar su justicia. Anteriormente, en su paciencia, Dios había pasado por alto los pecados; pero en el tiempo presente ha ofrecido a Jesucristo para manifestar su justicia. De este modo Dios es justo y, a la vez, el que justifica a los que tienen fe en Jesús» (Ro 3:25-26). Dios no solo había perdonado el pecado y olvidado el castigo en generaciones pasadas. Había perdonado los pecados y había acumulado ira en contra de esos pecados. Pero en la cruz la furia de toda esa ira acumulada en contra del pecado se desató contra el propio Hijo de Dios.

Muchos teólogos fuera del mundo evangélico han objetado fuertemente la idea de que Jesús sufrió la ira de Dios en contra del pecado.[11] Su suposición básica es que puesto que Dios es un Dios de amor, sería inconsecuente con su carácter descargar su ira contra seres humanos que él ha creado y de quienes es un Padre amoroso. Pero los eruditos evangélicos han argumentado convincentemente que la idea de la ira de Dios está bien enraizada en el Antiguo y Nuevo Testamentos: «Todo el argumento de la parte primera de Romanos tiene que ver con los hombres, gentiles y judíos, que son pecadores, y que han caído bajo la ira y la condenación de Dios».[12]

Otros tres pasajes clave en el Nuevo Testamento se refieren a la muerte de Jesús como una «propiciación»: Hebreos 2:17; 1 Juan 2:2 y 4:10. Los términos griegos (el verbo *hilaskomai*, «hacer una propiciación» y el nombre *hilasmos*, «un sacrificio de propiciación») que se usa en estos pasajes denotan «un sacrificio que aleja la ira de Dios, y de esa forma hace que Dios sea propicio (o favorable) hacia nosotros».[13] Este es el significado coherente de estas palabras fuera de la Biblia donde fueron bien entendidas en referencia a las religiones paganas griegas. Estos versículos sencillamente significan que Jesús cargó con la ira de Dios contra el pecado.

Es importante insistir en este hecho, porque es céntrico en la doctrina de la expiación. Quiere decir que hay un requerimiento eterno e inalterable de la santidad y justicia de Dios de que hay que pagar por el pecado. Además, antes de que la expiación pudiera tener efecto sobre nuestra conciencia subjetiva, primero tenía que afectar a Dios y sus relaciones con los pecadores que planeaba redimir. Aparte de esta verdad central, la muerte de Cristo no puede entenderse adecuadamente (vea más adelante el estudio de otras perspectivas sobre la expiación).

Aunque debemos ser cautelosos al sugerir analogías de las experiencias por la que Cristo pasó (porque su experiencia fue y siempre será sin precedente o comparación), sin embargo, toda nuestra comprensión del sufrimiento de Jesús viene en algún sentido por vía de experiencias análogas en la vida, porque esa es la forma en que Dios nos enseña en las Escrituras.[14] Una vez más nuestra experiencia humana nos provee de cierta débil analogía que nos ayuda a entender lo que significa cargar con la ira de Dios. Quizá como niños nos hemos enfrentado a la ira de un padre humano cuando hemos hecho algo malo, o quizá como adultos hemos conocido el

---

[11]Vea el detallado argumento lingüístico de C. H. Dodd, *The Bible and the Greeks* (Hodder and Stoughton, Londres, 1935), pp. 82-95. Dodd argumenta que la idea de la propiciación era común en las religiones paganas, pero extraña al pensamiento de los escritores del Antiguo y Nuevo Testamentos.

[12]Loen Morris, «Propitiation», *EDT*, p. 888 (incluye una breve bibliografía. El propio trabajo de Morris ha representado la mejor erudición bíblica sobre esta cuestión. Vea su obra *The Apostolic Preaching of the Cross*, 3ª edición (Tyndale Press, Londres, 1965), pp. 144-213. Vea también el estudio de la ira de Dios en el capítulo 12, pp. 205-7.

[13]Bajo la influencia de los eruditos que niegan que la idea de la propiciación aparezca en el Nuevo testamento, la versión inglesa conocida como RSV traduce *hilasmos* como «expiación», una palabra que significa «una acción que limpia del pecado», pero no incluye el concepto de aplacar la ira de Dios.

[14]Vea en el capítulo 11, pp. 157-60, el estudio del lenguaje antropomórfico en las Escrituras para hablar acerca de Dios

enojo de un jefe por un error que hemos cometido. Por dentro nos sentimos aplastados, perturbados por la fuerza de la otra personalidad, llenos de insatisfacción en lo más profundo de nuestro ser, y temblamos. Nos cuesta imaginarnos la desintegración personal que nos amenazaría si esa tormenta de ira no viniera de un ser humano finito sino del Dios todopoderoso. Si incluso la sola presencia de Dios, cuando no manifiesta ira, causa temor en las personas (cf. He 12:21, 28-29), cuán terrible debe ser enfrentarse a la ira de Dios (He 10:31).

Con esto en mente, estamos ahora en mejor posición de entender el clamor de desolación de Jesús: «Dios mío, Dios mío, ¿por qué me has desamparado?» (Mt 27:46b). La pregunta no significa: «¿Por qué me has dejado para siempre?» porque Jesús sabía que iba a dejar el mundo y regresar al Padre (Jn 14:28; 16:10, 17). Sabía que resucitaría (Jn 2:19; Lc 18:33; Mr 9:31; et al.). «Por el gozo que le esperaba, soportó la cruz, menospreciando la vergüenza que ella significaba, y ahora está sentado a la derecha del trono de Dios» (He 12:2). Jesús sabía que todavía podía invocar a Dios y llamarle «mi Dios». Este grito de desolación no es un grito de desesperación total. Además, «¿por qué me has desamparado?» no implica que Jesús se esté preguntando por qué estaba muriendo. Él había dicho: «Ni aun el Hijo del Hombre vino para que le sirvan, sino para servir y para dar su vida en rescate por muchos» (Mr 10:45). Jesús sabía que estaba muriendo por nuestros pecados.

El clamor de Jesús es una cita del Salmo 22:1, salmo en el cual el salmista pregunta por qué Dios no acude en su ayuda, por qué Dios se demora en rescatarle:

> Dios mío, Dios mío, ¿por qué me has abandonado?
> Lejos estás para salvarme, lejos de mis palabras de lamento.
> Dios mío, clamo de día y no me respondes;
> clamo de noche y no hallo reposo. (Sal 22:1-2)

No obstante, Dios al final rescató al salmista, y su clamor de desolación cambió a un himno de alabanza (vv. 22-31), Jesús, que conocía las palabras de las Escrituras como propias, conocía bien el contexto del Salmo 22. Al citar este salmo, está citando un clamor de desolación que tiene también implícito en su contexto una fe inquebrantable en Dios de que al final le liberará. Sin embargo, permanece como un auténtico clamor de angustia porque el sufrimiento se estaba extendiendo mucho y no parecía estar cercana la liberación.

En este contexto de la cita entendemos mucho mejor la pregunta «¿Por qué me has desamparado?» como queriendo decir «¿Por qué me has dejado por tanto tiempo?». Este es el sentido que tiene en el Salmo 22. Jesús, en su naturaleza humana, sabía que tenía que cargar con nuestros pecados, sufrir y morir. Pero, en su conocimiento humano, probablemente no sabía cuánto tiempo llevaría este sufrimiento. Con todo, llevar sobre sí la culpa de millones de pecados, aunque fuera solo por un momento, causaría gran angustia en el alma. Enfrentarse a la profunda y terrible ira de un Dios infinito, aun por un instante, causaría el más profundo temor. Pero el sufrimiento de Jesús no terminaría en un minuto, ni dos, ni diez. ¿Cuándo terminaría? ¿Podía haber aun más peso del pecado, más ira de Dios? Las horas fueron pasando, el peso oscuro del pecado y la profunda ira de Dios cayeron sobre Jesús en oleadas sobre oleadas. Jesús al final grito: «¿Por qué me has desamparado?» ¿Por qué tiene que durar tanto este sufrimiento? Dios mío, Dios mío, ¿no puedes hacer que esto acabe ya?

Entonces al fin Jesús supo que su sufrimiento estaba a punto de completarse. Sabía que había cargado conscientemente con toda la ira del Padre en contra de nuestros pecados, porque el enojo de Dios se había aplacado y aquel terrible peso del pecado se había aliviado. Sabía que todo lo que faltaba era entregar su espíritu en las manos del Padre y morir. Con un grito de victoria, exclamó: «Todo se ha cumplido» (Jn 19:30). Entonces exclamó con fuerza: «¡Padre, en tus manos encomiendo mi espíritu!» (Lc 23:46). Y entonces entregó voluntariamente la vida que nadie podía arrebatarle (Jn 10:17-18), y murió. Como Isaías había predicho, «derramó su vida hasta la muerte, y fue contado entre los transgresores» (Is 53:12). Dios el Padre vio el «fruto de la aflicción de su alma» y quedó satisfecho (Is 53:11, RVR 1960).

c. Un entendimiento más completo de la muerte de Cristo

1) El castigo lo impuso Dios el Padre

Si preguntamos, «¿Quién demandó que Cristo pagara el castigo de nuestros pecados?» la respuesta que las Escrituras nos dan es que el castigo fue impuesto por Dios el Padre al representar él los intereses de la Trinidad en la redención. Era la justicia de Dios la que exigía que se pagara por el pecado, y, entre los miembros de la Trinidad, era la función del Padre requerir ese pago. Dios el Hijo voluntariamente tomó sobre sí la tarea de cargar con el castigo del pecado. Al referirse a Dios el Padre, Pablo dice: «Al que no cometió pecado alguno [Cristo], por nosotros Dios lo trató como pecador, para que en él recibiéramos la justicia de Dios» (2 Co 5:21). Isaías dice: «El Señor hizo recaer sobre él la iniquidad de todos nosotros» (Is 53:6). Continúa describiendo los sufrimientos de Cristo: «El Señor quiso quebrantarlo y hacerlo sufrir, y cómo él ofreció su vida en expiación» (Is 53:10).

Aquí vemos algo del asombroso amor de Dios el Padre y de Dios el Hijo en la redención. Jesús no solo sabía que sufriría el dolor increíble de la cruz, sino que Dios sabía que tendría que imponer ese dolor sobre su propio y amado Hijo. «Dios muestra su amor por nosotros en esto: en que cuando todavía éramos pecadores, Cristo murió por nosotros» (Ro 5:8).

(2) No sufrimiento eterno sino pago completo

Si tuviéramos que pagar el castigo de nuestros pecados, tendríamos que sufrir en una eterna separación de Dios.[15] Sin embargo, Jesús no sufrió eternamente. Hay dos razones para esta diferencia: (a) Si sufriéramos por nuestros pecados, nunca podríamos alcanzar una situación correcta con Dios. No habría esperanza porque no habría forma de vivir de nuevo y obtener perfecta justicia ante Dios, y tampoco habría manera de corregir nuestra naturaleza pecaminosa y hacerla recta delante de Dios. Además, continuaríamos existiendo como pecadores que no sufrirían con corazones puros de justicia delante de Dios, sino que sufriríamos con resentimiento y amargura en contra de Dios, y de esa manera agravando nuestro pecado.

---

[15]Vea el capítulo 56, pp. 1148-53, sobre el castigo eterno.

(b) Jesús pudo cargar con la ira de Dios en contra de nuestro pecado y hacerlo hasta el final. Ningún ser humano hubiera podido hacer esto jamás, pero en virtud de la unión de las naturalezas divina y humana en sí mismo, Jesús pudo sufrir la ira de Dios en contra del pecado y hacerlo hasta su fin. Isaías predijo: «Verá el fruto de la aflicción de su alma, y *quedará satisfecho*» (Is 53:11,RVR 1960). Cuando Jesús supo que había pagado todo el castigo de nuestros pecados, dijo: «Todo se ha cumplido» (Jn 19:30). Si Cristo no hubiera pagado todo el castigo, todavía habría condenación para nosotros. Pero puesto que ha pagado completamente el castigo que merecíamos, las Escrituras dicen que ya «no hay ninguna condenación para los que están unidos a Cristo Jesús» (Ro 8:1).

Nos ayudará en este momento el darnos cuenta de que nada en el carácter eterno de Dios y nada en las leyes que Dios ha dado a la humanidad requería que hubiera que sufrir eternamente el castigo de los pecados del hombre. De hecho, si hubiera sufrimiento eterno, el castigo no estaría pagado por completo, y el que hace el mal continuaría siendo un pecador por naturaleza. Pero cuando los sufrimientos de Cristo al fin llegaron a su final en la cruz, demostró que había llevado sobre sí la plena medida de la ira de Dios en contra del pecado y que no quedaba más castigo que hubiera que pagar. También mostraba que él mismo era justo delante de Dios. En este sentido el hecho de que Cristo sufriera por un tiempo limitado en vez de eternamente muestra que su sufrimiento fue un pago suficiente por el pecado. El autor de Hebreos repite el tema una y otra vez para recalcar que la obra redentora de Cristo estaba por completo terminada:

> Ni entró en el cielo para ofrecerse vez tras vez, como entra el sumo sacerdote en el Lugar Santísimo cada año con sangre ajena. Si así fuera, Cristo habría tenido que sufrir muchas veces desde la creación del mundo. Al contrario, ahora, al final de los tiempos, se ha presentado una sola vez y para siempre a fin de acabar con el pecado mediante el sacrificio de sí mismo. Y así como está establecido que los seres humanos mueran una sola vez, y después venga el juicio, también Cristo fue ofrecido en sacrificio una sola vez *para quitar los pecados de muchos*; y aparecerá por segunda vez, ya no para cargar con pecado alguno, sino para traer salvación a quienes lo esperan. (He 9:25-28)

Este énfasis del Nuevo Testamento en el carácter final y completo de la muerte sacrificial de Cristo contrasta con la enseñanza de la Iglesia Católica Romana de que en la misa hay una repetición del sacrificio de Cristo.[16] A causa de esta enseñanza oficial de la Iglesia Católica Romana, muchos protestantes desde el tiempo de la Reforma, y todavía hoy, están convencidos de que no pueden participar en buena conciencia en la misa de la Iglesia Católica Romana, porque eso podría verse como

---

[16]Ludwig Ott, *Fundamentals of Catholic Dogma*, p. 408, dice: «En el sacrificio de la Misa y en el sacrificio de la cruz, el don del sacrificio y el Sacerdote sacrificante primario son idénticos; solo son diferentes la naturaleza y el modo de la ofrenda... según el punto de vista tomista, en cada *Misa Cristo está en realidad realizando una actividad de sacrificio inmediato*, lo cual, sin embargo, no debe concebirse como una totalidad de muchos actos sucesivos, sino como un solo acto de sacrificio ininterrumpido del Cristo transfigurado. El propósito del sacrificio es el mismo en el sacrificio de la Misa como en el sacrificio de la cruz; en primer lugar la glorificación de Dios, y en segundo lugar la expiación, la acción de gracias y la apelación.

una aprobación de la idea católica de que el sacrificio de Cristo se repite cada vez que se celebra la misa.

El énfasis del Nuevo Testamento en el carácter final y completo del sacrificio y de la muerte de Cristo tiene muchas implicaciones prácticas, porque nos asegura que no hay más castigo por el pecado que haya quedado por pagar. El castigo fue pagado completamente por Cristo, y nosotros no debiéramos vivir en ningún temor de condenación o castigo.

(3) El significado de la sangre de Cristo

El Nuevo Testamento relaciona con frecuencia la sangre de Cristo con nuestra redención. Por ejemplo, Pedro dice: «Como bien saben, ustedes fueron rescatados de la vida absurda que heredaron de sus antepasados. El precio de su rescate no se pagó con cosas perecederas, como el oro o la plata, sino con la preciosa sangre de Cristo, como de un cordero sin mancha y sin defecto» (1 P 1:18-19).

La sangre de Cristo es la clara evidencia externa de que derramó su sangre cuando murió en sacrificio para pagar nuestra redención: «la sangre de Cristo» significa su muerte en sus aspectos salvadores.[17] Aunque nosotros podemos pensar que la sangre de Cristo (como evidencia de que dio su vida) tendría referencia exclusiva a la eliminación de nuestra culpa judicial ante Dios —porque esa es su referencia primaria— los autores del Nuevo Testamento también le atribuyen otros varios efectos. Nuestras conciencias son purificadas mediante la sangre de Cristo (He 9:14), tenemos acceso libre a Dios en adoración y oración (He 10:19), somos purificados progresivamente del pecado que queda (1 Jn 1:7; cf. Ap 1:5b), podemos conquistar al acusador de los hermanos (Ap 12:10-11), y somos rescatados de una manera pecaminosa de vivir (1 P 1:18-19).[18]

Las Escrituras hablan tanto acerca de la sangre de Cristo porque su derramamiento fue una clara evidencia de que su vida fue entregada en una ejecución judicial (es decir, fue condenado a muerte y murió pagando el castigo impuesto tanto por un juez humano como por Dios mismo en el cielo). El énfasis de las Escrituras en la sangre de Cristo lo vemos también en la relación clara entre la muerte de Cristo y los muchos sacrificios en el Antiguo Testamento que involucran el derramamiento de la sangre viva del animal sacrificado. Todos estos sacrificios señalaban hacia el futuro y prefiguraban la muerte de Cristo.

(4) la muerte de Cristo como «sustitución penal»

La perspectiva de la muerte de Cristo que presentamos aquí ha sido con frecuencia llamada teoría de la *«sustitución penal»*. La muerte de Cristo fue «penal» en que él cargó con un castigo cuando murió. Su muerte fue también una «sustitución» en el sentido de que él tomó nuestro lugar cuando murió. Esta ha sido la comprensión ortodoxa de la expiación sostenida por los teólogos evangélicos, en contraste con otras perspectivas que intentan explicar la expiación aparte de la idea de la ira de Dios o pago por el castigo del pecado (vea más adelante).

---

[17]Así también Leon Morris, *The Apostolic Preaching of the Cross*, pp. 112-26.
[18]Este párrafo ha sido tomado de la obra de Wayne Grudem, *The First Epistle of Peter*, p. 84.

Esta perspectiva de la expiación es a veces llamada la teoría de la *expiación vicaria*. Un «vicario» es alguien que representa a otro o que está en lugar de otro. La muerte de Cristo fue, por tanto, «vicaria» porque él ocupó nuestro lugar y nos representó. Como nuestro representante, sufrió el castigo que nosotros merecíamos.

d. Los términos del Nuevo Testamento describen aspectos diferentes de la expiación:

La obra expiatoria de Cristo es un acontecimiento complejo que tiene varios efectos sobre nosotros. Se puede ver, por tanto, desde varios aspectos diferentes. El Nuevo Testamento usa diferentes palabras para describirlos; nosotros examinaremos cuatro de los términos más importantes.

Estos cuatro términos muestran cómo la muerte de Cristo satisfizo las cuatro necesidades que nosotros tenemos como pecadores:

1. Nosotros merecemos *morir* como castigo por el pecado.
2. Nosotros merecemos *sufrir la ira de Dios* en contra del pecado.
3. Estamos *separados* de Dios por causa de nuestros pecados.
4. Estamos *esclavizados al pecado* y al reino de Satanás.

Estas cuatro necesidades quedan satisfechas mediante la muerte de Cristo de la siguiente manera:

(1) Sacrificio

Cristo murió en sacrificio por nosotros para pagar la pena de muerte que nosotros merecíamos por nuestros pecados. «Al final de los tiempos, se ha presentado una sola vez y para siempre a fin de acabar con el pecado mediante el sacrificio de sí mismo» (He 9:26).

(2) Propiciación

Para alejarnos de la ira de Dios que merecíamos, Cristo murió en propiciación por nuestros pecados. «En esto consiste el amor: no en que nosotros hayamos a Dios, sino en que él nos amó y envió a su Hijo para que fuera ofrecido como sacrificio por el perdón de nuestros pecados» (1 Jn 4:10).

(3) Reconciliación

Para vencer nuestra separación de Dios, necesitábamos a alguien que nos proveyera de reconciliación y de ese modo llevarnos de vuelta a la comunión con Dios. Pablo dice que «En Cristo, Dios estaba reconciliando al mundo consigo mismo, no tomándole en cuenta sus pecados» (2 Co 5:18-19).

(4) Redención

Debido a que como pecadores estamos esclavizados al pecado y a Satanás, necesitamos a alguien que nos provea de redención y de ese modo nos «redima» de esa esclavitud. Cuando hablamos de redención, la idea de «rescate» viene a la mente. Un rescate es el precio que se paga para redimir a alguien de la esclavitud o cautividad. Jesús dijo de sí mismo: «El Hijo del hombre [no] vino para que le sirvan, sino para servir y para *dar su vida en rescate por muchos*» (Mr 10:45). Si preguntamos a quién se le pagó el rescate, nos damos cuenta que la analogía humana del pago del rescate no encaja muy bien con la expiación de Cristo en cada detalle. Aunque nosotros estábamos sometidos a esclavitud del pecado y de Satanás, no se pagó ningún «rescate» ni al «pecado» ni a Satanás, porque ellos no tenían poder para demandar ese pago, ni tampoco Satanás, cuya santidad quedó manchada por el pecado y tenía que pagar un castigo por ello. Como vimos antes, el castigo del pecado lo pagó Cristo y lo recibió y aceptó Dios el Padre. Pero titubeamos al hablar de pagar un «rescate» a Dios el Padre, porque no era él el que nos tenía esclavizados, sino Satanás y nuestros propios pecados. Por tanto, en este sentido la idea de un pago de rescate no la podemos usar en cada detalle. Es suficiente que notemos que se pagó un precio (la muerte de Cristo) y que el resultado fue que nosotros fuimos «redimidos» de la esclavitud.

Fuimos redimidos de la esclavitud a Satanás porque «el mundo entero está bajo el control del maligno» (1 Jn 5:19), y cuando Cristo vino murió para «librar a todos los que por temor a la muerte estaban sometidos a esclavitud durante toda la vida» (He 2:15). De hecho, Dios el Padre «nos libró del dominio de la oscuridad y nos trasladó al reino de su amado Hijo» (Col 1:13).

En cuanto a la liberación de la esclavitud del pecado, Pablo dice: «También ustedes considérense muertos al pecado, pero vivos para Dios en Cristo Jesús. … Así el pecado no tendrá dominio sobre ustedes, porque ya no están bajo la ley sino bajo la gracia» (Ro 6:11, 14). Hemos sido liberados de la esclavitud de la culpa del pecado y de la esclavitud de su poder dominante en nuestra vida.

e. Otras maneras de ver la expiación: En contraste con el punto de vista de la sustitución penal, se han presentado otras formas de entenderlo a lo largo de la historia de la iglesia.

(1) La teoría del pago de rescate a Satanás

Este punto de vista lo sostuvo Orígenes (185-254 d.C.), teólogo de Alejandría y más tarde de Cesarea, y después de él por algunos otros en la historia temprana de la iglesia. Según esta perspectiva, el rescate que Cristo pagó para redimirnos lo pagó a Satanás, en cuyo reino estaban todas las personas por razón del pecado.

Esta teoría no tiene una confirmación directa en las Escrituras y ha tenido pocos que la apoyaran en la historia de la iglesia. Piensa equivocadamente que Satanás, en vez de Dios, es el que requiere que se haga el pago por el pecado y al hacerlo pasa por alto completamente las demandas de la justicia de Dios con respecto al pecado. Concede a Satanás mucho más poder del que realmente tiene, es decir, poder para exigirle a Dios todo lo que quiera, olvidando que Satanás ha sido arrojado del cielo y no tiene derecho a demandar nada de Dios. En ninguna parte de las Escrituras se dice que nosotros como pecadores le debamos algo a Satanás, sino que repetidas veces dice que Dios requiere que nosotros paguemos por nuestros pecados. Este punto de vista tampoco toma en cuenta los textos que hablan de la muerte de Cristo como una propiciación que se ofreció a Dios el Padre, ni el hecho de que Dios el Padre representó a la Trinidad en la aceptación del pago por los pecados que hizo Cristo (vea las reflexiones arriba).

(2) La teoría de la influencia moral

El primero que la propuso fue un teólogo francés llamado Pedro Abelardo (1079-1142). La influencia moral de la expiación sostiene que Dios no demandó ningún pago como castigo por el pecado, sino que la muerte de Cristo fue simplemente la manera en la que Dios mostró cuánto amaba él a los seres humanos al identificarse con sus sufrimientos, incluso hasta el punto de la muerte. La muerte de Cristo, por tanto, se convierte en un gran ejemplo de enseñanza que muestra el amor de Dios por nosotros y provoca en nosotros una respuesta de gratitud, de manera que al amarle a él encontramos el perdón.

La gran dificultad con este punto de vista es que es contrario a muchos pasajes de las Escrituras que dicen que Cristo murió por el pecado, cargó con nuestros pecados, o murió en propiciación por nuestros pecados. Además, le priva a la expiación de su carácter objetivo, porque sostiene que la expiación no tiene efecto en Dios mismo. Por último, no tiene manera de lidiar con nuestra culpa, pues si Cristo no murió por nuestros pecados, no tenemos ninguna razón para confiar en él en cuanto al perdón de los pecados.

(3) La teoría del ejemplo

La teoría del ejemplo de la expiación era enseñada por los socinianos, los seguidores de Fausto Socino (1539-1604), un teólogo italiano que se estableció en Polonia en 1578 y atrajo a muchos seguidores.[19] La teoría del ejemplo, como la teoría de la influencia moral, también niega que la justicia de Dios requiera pago por el pecado; dice que la muerte de Cristo simplemente nos provee de un ejemplo de cómo nosotros debiéramos confiar y obedecer a Dios perfectamente, aun si esa confianza y obediencia nos lleva a una muerte horrible. Si bien la teoría de la influencia moral dice que la muerte de Cristo nos enseña cuánto nos ama Dios, la teoría del ejemplo nos dice que la muerte de Cristo nos enseña cómo debiéramos vivir. Apoyo para esta opinión lo podemos encontrar en 1 Pedro 2:21: «Para esto fueron llamados, porque Cristo sufrió por ustedes, dándoles ejemplo para que sigan sus pasos».

Si bien es cierto que Cristo es un ejemplo para nosotros incluso en su muerte, la cuestión es si este hecho es la explicación completa de la expiación. La teoría del ejemplo no explica muchos de los pasajes que se enfocan en la muerte de Cristo como un pago por el pecado, en el hecho de que Cristo cargó con nuestros pecados, y el hecho de que fue la propiciación por nuestros pecados. Solo estas consideraciones debieran bastar para decirnos que debemos rechazar esta teoría. Además, esta perspectiva termina argumentando que el hombre puede salvarse a sí mismo siguiendo el ejemplo de Cristo y confiando y obedeciendo a Dios como Cristo lo hizo. De ese modo no muestra cómo puede quitarse la culpa de nuestro pecado,

---

[19]Los socinianos fueron antitrinitarios puesto que negaban la deidad de Cristo. Su pensamiento llevó al moderno unitarismo.

porque no afirma que Cristo pagara el castigo por nuestros pecados ni hace alguna provisión para nuestra culpa cuando murió.

(4) La teoría gubernamental

La teoría gubernamental de la expiación fue primeramente enseñada por el teólogo y jurista holandés Hugo Grocio (1583-1645). Su teoría sostiene que Dios no tenía que requerir pago por el pecado, sino que, puesto que él era el Dios omnipotente, podía dejar a un lado ese requerimiento y sencillamente perdonar los pecados sin necesidad de pagar un castigo. Entonces ¿cuál es el propósito de la muerte de Cristo? Era la demostración de Dios del hecho de que se habían quebrantado estas leyes, de que él es el legislador moral y gobernador del universo, y que alguna clase de castigo habrá de requerirse cada vez que se quebrantan sus leyes. Por tanto Cristo no pagó exactamente por los pecados de nadie, sino que simplemente sufrió para mostrar que cuando las leyes de Dios se quebrantan hay que pagar slgún castigo.

El problema con este punto de vista es que no explica adecuadamente todas las Escrituras que hablan de que Cristo llevó nuestros pecados en la cruz, de Dios que echa sobre Cristo las iniquidades de todos nosotros, de Cristo que muere específicamente por nuestros pecados y de Cristo como la propiciación por nuestros pecados. Además, deja a un lado el carácter objetivo de la expiación al hacer de su propósito no la satisfacción de la justicia de Dios sino solo servir de influencia para que nos demos cuenta que debemos observar las leyes de Dios. Esta perspectiva también implica que no podemos confiar en la obra consumada de Cristo en cuanto al perdón de los pecados, porque él en realidad no ha pagado por nuestros pecados. Además, hace de la obtención del perdón para nosotros algo que sucedió en la propia mente de Dios aparte de la muerte de Cristo en la cruz: él ya había decidido perdonarnos sin requerirnos ningún pago de parte nuestra y luego castigó a Cristo solo para demostrar que él era todavía el gobernante moral del universo. Pero eso significa que Cristo (en esta opinión) no ganó en realidad el perdón ni la salvación para nosotros, y de ese modo el valor de su obra redentora queda muy minimizado. Por último, esta teoría no da adecuada razón de la inmutabilidad de Dios y de la infinita pureza de su justicia. Decir que Dios puede perdonar los pecados sin requerir ningún castigo (a pesar del hecho de que a lo largo de las Escrituras el pecado siempre requiere el pago de un castigo) es subestimar seriamente el carácter absoluto de la justicia de Dios.

f. ¿Descendió Cristo al infierno?:[20] Se ha argumentado algunas veces que Cristo

descendió al infierno después de morir. La frase «descendió a los infiernos» no aparece en la Biblia. Pero el Credo de los Apóstoles tan ampliamente usado dice: «Fue crucificado, muerto y sepultado. Descendió a los infiernos. Al tercer día resucitó de entre los muertos». ¿Quiere eso decir que Cristo soportó más sufrimiento después de su muerte en la cruz? Como veremos más abajo, el examen de la evidencia bíblica indica que eso no sucedió. Pero antes de ver los textos bíblicos relevantes,

---

[20]La siguiente sección está tomada de la obra de Wayne Grudem, «He Did Not Descend Into Hell: A Plea for Following Scriptura Instead of the Apostles' Creed», *JETS* vol. 34, no. 1 (marzo de 1991), pp. 103-13.

LA FORMACIÓN GRADUAL DEL CREDO DE LOS APÓSTOLES

Texto final del Credo en Occidente —	CREDO (Creo):			
	Art. III			
	Qui Conceptus est	de Spirita Sancto	Natus	Ex Maria Virgine
Pirminio, 750 d.C.	*Que fue concebido*	*del Espíritu Santo*	*Nació*	*de la Virgen María*
I. San Ireneo, 200 d.C.	τόν σαρκωθέντα ὑπὲρ τῆς ἡμετέρας σωτηίας (ἄνθρωπος ἐγένετο)			τὴν ἐκ παρθένου γέννησιν (ex Virgine)
II. Tertuliano, 220 d.C.	(missum a Patre in Virginem)	(EX SPIRITU Patris Dei et virtute)	NATUM (carnem factum et ex ea natum)	EX VIRGINE MARIA
III. San Cipriano, 250 d.C.				
IV. Novaciano, 260 d.C.				
V. Marcelo, 341, d.C.		ἐκ πνεύματος ἁγίου	γέννηθέντα	καί Μαρίας τῆς παρθένου
VI. Rufino, 390 d.C. Aquileja	QUI	de Spiritu SANCTO	natus est	ex Maria Virgine
VII. Rufino, Roma, 390 d.C.	qui	de Spiritu Sancto	natus est	ex Maria Virgine
VIII. San Agustín, 400 d.C.	qui	de Spiritu Sancto también [per Sp. Sanct.]	natus est	ex Maria Virgine *también* [et]
IX. San Nicetas, 450 d.C.	qui	ex Spiritu Sancto	natus est	et Virgine Maria
X. Eusebio Gallus, 550 d.C. ¿?	qui CONCEPTUS EST	de Spiritu Sancto	natus est	ex Maria Virgine
XI. Sacramentarium Gallicanum, 650 d.C.	qui conceptus est	de Spiritu Sancto	natus est	ex Maria Virgine

LA FORMACIÓN GRADUAL DEL CREDO DE LOS APÓSTOLES

		Art. IV		
Passum	Sub Pontio Pilato	Crucifixus	Mortuus	et Sepultus
Padeció	*bajo Poncio Pilato*	*fue crucificado*	*muerto*	*y sepultado*
καί τὸ παθος	(SUB PONTIO PILATO)			
CRUCIFIXUM (passum)	sub Pontio Pilato		(MORTUUM)	(ET SEPULTUM secundum Scripturas)
	τὸν ἐπὶ ποντίου πιλατου	σταυρωθέντα		
	sub Pontio Pilate	crucifixus		et sepultus
	sub Pontio Pilato	crucifixus		et sepultus
passus	sub Pontio Pilate	crucifixus		et sepultus
passus	sub Pontio Pilato			
			mortuus	et sepultus
passus	sub Pontio Pilato	crucifixus	mortuus	et sepultus

LA FORMACIÓN GRADUAL DEL CREDO DE LOS APÓSTOLES

Art. V				Art. VI	
Descendit ad Inferna *Descendió a los infiernos*	Tertia die *Al tercer día*	Resurrexit *resucitó*	A mortuis *de entre los muertos*	Ascendit ad coelos *Subió a los cielos*	Sedet ad desteram *Y está sentado a la diestra*
		καὶ τὴν ἔγερσιν (et resurgens)	εκ νεκρῶν	εἰς τοὺς οὐρανοὺς ἀνάληφιν (et in claritate receptus)	
	TERTIA DIE	resuscitatum (a Patre) (reurrexisse)	E MORTUIS	receptum in coelis (in coelos resumptum) (in coelos ereptum)	SEDENTEM nunc AD DEXTERAM
	καὶ τῇ τρίτῃ ἡμέρᾳ	ἀνασπάντα	ἐκ τῶν νεκρῶν	ἀναβάντα εἰς τοὺς οὐρανούς	καὶ καθημένον ἐν δεξίᾳ
DESCENDIT in INFERNA	tertia die	RESURREXIT	A mortuis	ASCENDIT in COELOS	SEDET ad dexteram
	tertia die	resurrexit	a mortuis	ascendit in coelos	SEDET ad dexteram
	tertio die	resurrexit	a mortuis	ascendit in coelos	sedet ad dexteram
	tertio die	resurrexit	vivus a mortuis	ascendit in coelos	sedet ad dexteram
	tertia die	resurrexit	a mortuis	ascendit AD coelos	sedet ad dexteram
Descendit AD Inferna	tertia die	resurrexit	a mortuis	ascendit ad coelos	sedet ad dexteram

es apropiado que examinemos la frase «descendió a los infiernos» del Credo de los Apóstoles.

(1) El origen de la frase «descendió a los infiernos»

Hay un trasfondo oscuro detrás de la historia de la frase misma. Su origen, donde se pueda encontrar, está lejos de ser muy digno. El gran historiador de la iglesia Philip Schaff ha resumido el desarrollo del Credo de los Apóstoles en un cuadro amplio que aparece reproducido en las páginas 612-614.[21]

Este cuadro muestra que, al contrario del Credo Niceno y de la Definición de Calcedonia, el Credo de los Apóstoles no fue escrito ni aprobado por ningún concilio de la iglesia en una fecha específica. Más bien, fue tomando forma gradualmente desde alrededor del 200 hasta el 750 d.C.

Es sorprendente que la frase «descendió a los infiernos» no se encuentre en ninguna de las versiones tempranas del Credo (en las versiones usadas en Roma, en el resto de Italia y en África) hasta que apareció en una de las dos versiones de Rufino en el 390 d.C. Luego, no fue incluida de nuevo en ninguna versión del Credo hasta el año 650 d.C. Además, Rufino, la única persona que lo incluyó antes del 650 d.C., no pensaba que significaba que Cristo descendió al infierno, sino que entendió que la frase decía que Cristo fue «enterrado».[22] En otras palabras, para él quería decir que Cristo «descendió a la tumba», (El término griego es *hades*, que puede significar «tumba», no *gehena*, «infierno, lugar de castigo».) Debemos también notar que la frase solo aparece en una de las dos versiones del Credo que tenemos de Rufino. No aparece en la forma romana del Credo que él preservó.

Esto significa, por tanto, que hasta el 650 d.C. ninguna versión del Credo incluía esta frase con la intención de decir que Cristo «descendió al infierno» (la única versión que incluye la frase antes del 650 d.C. le da un sentido diferente). A estas alturas uno se pregunta si el término *apostólico* puede aplicarse en algún sentido a esta frase, o si tiene de verdad derecho a un lugar en un credo cuyo título afirma haberse originado con los primeros apóstoles de Cristo.

Este estudio del desarrollo histórico de la frase también plantea la posibilidad de que cuando la frase empezó a ser usada más comúnmente, puede haber estado en otras versiones (ahora perdidas) que no tenían la expresión «y sepultado». Si eso es así, probablemente habrá significado para otros lo que quiso decir para Rufino: «descendió a la tumba». Pero más tarde cuando la frase se fue incorporando en otras versiones diferentes del Credo que ya tenían la frase «y sepultado», había que dar a esto alguna otra explicación. Esta inserción equivocada de la frase después de

---

[21]Este cuadro lo hemos tomado de *The Creeds of Christendom*, 2:52-55.

[22]Vea Schaff, *Creeds*, 1,21, n. 6; vea también 46, n.2. Schaff nota que la frase fue encontrada algo más temprano (alrededor del 360 d.C.), pero entonces no estaba en ningún credo ortodoxo o en ninguna versión del Credo de los Apóstoles, pero sí en algunos credos de los arrianos, personas que negaban la plena deidad de Cristo, sosteniendo que el Hijo fue creado por el Padre (vea Schaff, *Creeds*, 2.46, n. 2). (Schaff no da la documentación para esta referencia al credo arriano.)

Debiéramos también decir que Schaff, a lo largo de su *Creeds of Christendom*, tiene varios comentarios editoriales defendiendo un descenso real de Cristo al infierno después de su muerte. Por eso, por ejemplo, él dice que «Rufino mismo, sin embargo, lo entendió mal al hacer que significara lo mismo que enterrado» (1.21, n. 6), por lo que supone que entender la frase como diciendo «descendió a la tumba» es mal entenderlo (vea también 2.46, n. 2; 3:321, n. 1).

las palabras «y sepultado» —introducida aparentemente por alguien alrededor del 650 d.C.— llevó a toda clase de intentos de explicar «descendió a los infiernos» en alguna manera que no contradijera el resto de las Escrituras.

Algunos la han tomado como que significa que Cristo sufrió los dolores del infierno mientras estaba en la cruz. Calvino, por ejemplo, dice que «Cristo descendió al infierno» se refiere al hecho de que no solo murió de una muerte corporal sino que «era oportuno para él que al mismo tiempo pasara por la severidad de la venganza de Dios, para aplacar su ira y satisfacer su justo juicio».[23]

Asimismo, el Catecismo de Heidelberg, pregunta 44, dice:

> ¿Por qué se agrega: Descendió a los infiernos?
> Respuesta: Para que en mis grandes tentaciones pueda estar seguro de que Cristo, mi Señor, mediante el terror, dolor y angustia inexpresable que sufrió en su alma en la cruz y antes, me ha redimido de la angustia y el tormento del infierno.[24]

Pero ¿es esta una respuesta satisfactoria de la frase «descendió a los infiernos»? Si bien es cierto que Cristo sufrió el derramamiento de la ira de Dios en la cruz, esta explicación no encaja realmente en la frase del Credo de los Apóstoles, porque «descendió» difícilmente representa esta idea, y la colocación de la frase después de «fue crucificado, muerto y sepultado» hace que esta sea una interpretación artificial y poco convincente.

Otras han entendido que quiere decir que continuó en el «estado de muerte» hasta la resurrección. En el Catecismo Ampliado de Westminster, la pregunta 50, dice:

> La humillación de Cristo después de la muerte consistió en su enterramiento, y continuó en el estado de la muerte, y bajo el poder de la muerte hasta el tercer día; lo que ha sido expresado de otra manera mediante las palabras «descendió a los infiernos».

Aunque es verdad que Cristo continuó en estado de muerte hasta el tercer día, una vez más es una explicación extraña y poco persuasiva de «descendió a los infiernos», porque la colocación de la frase nos daría el extraño sentido de «fue crucificado, muerto y sepultado; él descendió para estar muerto». Esta interpretación no explica lo que las palabras significan en esta secuencia, sino más bien es un intento poco convincente de extraer un sentido teológicamente aceptable de ellas.

Además, la palabra «infierno» no tiene el sentido de simplemente «estar muerto» (aunque la palabra griega *hades* puede significar eso), de modo que esto termina siendo una explicación doblemente artificial.

Por último, algunos han argumentando que la frase significa lo que parece querer decir a simple lectura: Que Cristo descendió a los infiernos después de su muerte en la cruz. Es fácil de entender que el Credo de los Apóstoles quiera decir eso (en

---

[23]Juan Calvino, *Institución de la Religión Cristiana*, 1.515 (2.16.10).
[24]Schaff, *Creeds*, 3.321.

verdad, ese es el sentido natural), pero entonces surge otra pregunta: ¿Pueden apoyar las Escrituras esa idea?

(2) Posible apoyo bíblico para un descenso al infierno

El apoyo para la idea de que Cristo descendió a los infiernos ha sido encontrado primariamente en cinco pasajes: Hechos 2:27; Romanos 10:6-7; Efesios 4:8-9; 1 Pedro 3:18-20 y 1 Pedro 4:6. (Se ha apelado también a varios otros pasajes, pero son menos convincentes.)[25] Al examinarlos más de cerca, ¿establecen con claridad esta enseñanza algunos de estos pasajes?

(a) Hechos 2:27. Esto es parte del sermón de Pedro en el día de Pentecostés, donde está citando el Salmo 16:10, que dice: «Porque *no dejarás mi alma en el Hades* [infierno], ni permitirás que tu santo vea la corrupción» (RVR 1960).

¿Significa esto que Cristo entró en el infierno después de morir? No necesariamente, porque estos versículos pueden tener sin duda otro sentido. La palabra «sepulcro» aquí es traducción de un término griego del Nuevo Testamento (*hades*) y un término hebreo del Antiguo Testamento (*seol*) que se mantiene por lo general como seol) que pueden significar simplemente «tumba» o «muerte» (el estado de estar muerto). Por esa razón la NVI lo traduce: «Porque no dejarás que mi vida termine en el *sepulcro*, ni permitirás que el fin de tu santo sea la corrupción» (Hch 2:27). Este sentido es preferible porque el contexto hace hincapié en que el cuerpo de Cristo salió de la tumba, a diferencia del de David, que permaneció en el sepulcro. El razonamiento es: «Mi cuerpo también vivirá en esperanza» (v. 26) «porque no dejarás que mi vida termine en el sepulcro» (v. 27). Pedro está usando el salmo de David para mostrar que el cuerpo de Cristo no se descompuso, a diferencia del de David, «que murió y fue sepultado, y cuyo sepulcro está entre nosotros hasta el día de hoy» (v. 29). Por tanto, este pasaje acerca de la resurrección de Cristo de la tumba no apoya convincentemente la idea de que Jesús descendió al infierno.

(b) Romanos 10:6-7. Estos versículos contienen dos preguntas retóricas, que son citas del Antiguo Testamento (de Dt 30:13): «No digas en tu corazón: "¿Quién subirá al cielo?" (es decir, para hacer bajar a Cristo), o "¿Quién bajará al abismo?" (es decir, para hacer subir a Cristo de entre los muertos)». Pero es improbable que este pasaje enseñe que Cristo descendió al infierno. La intención de este pasaje es que Pablo les está diciendo a los lectores que no hagan estas preguntas, porque Cristo no está lejos —él está cerca— y la fe en él está tan cerca como confesarle con nuestra boca y creer en nuestro corazón (v. 9). Estas preguntas prohibidas son cuestiones de incredulidad, no afirmaciones de lo que las Escrituras enseñan. Sin embargo, algunos pueden objetar que Pablo podría haber anticipado que sus lectores harían tales preguntas a menos que fuera ampliamente conocido que Cristo en verdad bajó «al abismo». No obstante, aun si esto fuera cierto, las Escrituras no estarían diciendo o implicando que Cristo fue al «infierno» (en el sentido de un lugar de castigo para los muertos, expresado generalmente por el griego *gehena*), sino más bien que fue «al abismo» (gr. *abyssos*, un término que se usa con

---

[25]Por ejemplo, Mt 12:40, que dice que Cristo estaría tres días y tres noches «en las entrañas de la tierra», se refiere simplemente al hecho de que estuvo en el sepulcro entre su muerte y resurrección (cf., en la Septuaginta, Sal. 45[46]:2 con Jonás 2:3).

frecuencia en la Septuaginta para referirse a la profundidad del océano [Gn 1:2; 7:11; 8:2; Dt 8:7; Sal 106(107): 26], pero también puede referirse aparentemente al lugar de los muertos [Sal 70(71):20].[26]

Pablo está usando aquí la palabra «abismo» en contraste con «cielo» para referirse a un lugar que es inaccesible a los seres humanos. El contraste no es: «¿Quién irá a encontrar a Cristo en un lugar de gran bendición (el cielo) o en un lugar de gran castigo (infierno)?» sino más bien, «¿Quién ira a encontrar a Cristo en un lugar que es inaccesiblemente alto (cielo) o en un lugar que es inaccesiblemente bajo (el abismo, o lugar de los muertos)?» No se puede encontrar en este pasaje una afirmación o negación de que Cristo «descendió al infierno».

(c) *Efesios 4:8-9.* Pablo escribe aquí: «Por lo cual dice: Subiendo a lo alto, llevó cautiva la cautividad, y dio dones a los hombres. Y eso de que subió, ¿qué es, sino que también había descendido primero a las partes más bajas de la tierra?» (RVR 1960)

¿Significa esto que Cristo «descendió» al infierno? Para empezar, no está claro lo que quiere decir con «descendió primero a las partes más bajas de la tierra» (RVR 1960), pero otra traducción parece darnos el mejor sentido: «¿Qué quiere decir eso de que "ascendió", sino que también descendió a las *partes bajas, o sea, a la tierra*?» (NVI). Aquí la NVI toma «descendió» para referirse a la venida de Cristo a la tierra como un niño (la encarnación). Las cuatro últimas palabras son una interpretación aceptable del texto griego, tomando la frase «las partes bajas» como refiriéndose a la tierra misma (la forma gramatical del griego se conoce como un genitivo de oposición). Nosotros solemos hacer lo mismo en nuestra forma de hablar moderna, por ejemplo, en la frase «la ciudad de Chicago», nos referimos «a la ciudad que es Chicago».

La traducción de la NVI es preferible en este contexto porque Pablo está diciendo que el Cristo que subió al cielo (la ascensión) es el mismo que antes vino del cielo (v. 10). Ese «descender» del cielo ocurrió, por supuesto, cuando Cristo vino para nacer como hombre. De modo que el versículo habla de la encarnación, no de descender al infierno.[27]

(d) *1 Pedro 3:18-20.* Para muchas personas este es el pasaje más desconcertante en todo este asunto. Pedro nos dice que Cristo «sufrió la muerte en su cuerpo, pero el Espíritu hizo que volviera a la vida. *Por medio del Espíritu fue y predicó a los espíritus encarcelados*, que en los tiempos antiguos, en los días de Noé, desobedecieron, cuando Dios esperaba con paciencia mientras se construía el arca. En ella sólo pocas personas, ocho en total, se salvaron mediante el agua».

---

[26]Primera Clemente 28:3 usa *abismo* en vez del *hades* de la Septuaginta para traducir el Salmo 139:8: «Si tendiera mi lecho en el fondo del abismo (seol), también estás allí». En el Nuevo Testamento, el término se usa solo en Lc. 8:31; Ro. 10:7 y siete veces en Apocalipsis (allí se refiere al «abismo» (Ap. 20:3). Por tanto, aunque el término puede referirse a la morada de los demonios condenados (como en Apocalipsis), ese no es el sentido común que tiene en la Septuaginta o el sentido necesario en su uso del Nuevo Testamento. La fuerza primaria del término es un lugar que es profundo, incomprensible para los seres humanos, que es normalmente imposible que ellos lo alcancen. (C. E. B. Cranfield, *A Critical and Exegetical Commentary on the Epistle to the Romans*, 2.525, nota que *abismo* es la traducción común en la Septuaginta del hebreo *tehom*, y que *tehom* se usa en la Mishnah [Pesahim 7:7; Nazir 9:2] para referirse a una tumba que no era conocida.)

[27]Refiriéndose a Ef. 4:9, H. Bietenhard dice: «En la exposición moderna la referencia a este pasaje como *descensus ad inferos* ("descendió al infierno" en el Credo de los Apóstoles) es sin excepción casi siempre rechazado» (*NIDNTT*, 2:210).

¿Quiere decir esto que Cristo predicó en el infierno?

Algunos han entendido que la frase «fue y predicó a los espíritus encarcelados» quiere decir que Cristo fue al infierno y predicó a los espíritus que se encontraban allí, ya fuera mediante la predicación del evangelio para ofrecerles una segunda oportunidad de arrepentirse o proclamando que él había triunfado sobre ellos y que estaban eternamente condenados.

Pero estas interpretaciones no explican adecuadamente el pasaje en sí o su posición en este contexto. Pedro no dice que Cristo predicó a los espíritus en general, sino solo a los que «en los tiempos antiguos, en los días de Noé, desobedecieron … mientras se construía el arca». Esa limitada audiencia —los que desobedecieron durante la construcción del arca— sería un grupo extraño para que Cristo fuera al infierno a predicarles. Si Cristo proclamó su triunfo, ¿por qué solo a esos pecadores y no a todos? Y si él les estaba ofreciendo una segunda oportunidad de salvación, ¿por qué solo a ellos y no a todos? Para hacer las cosas más difíciles para este punto de vista está el hecho que las Escrituras en ninguna parte indican que hay una oportunidad de arrepentimiento después de la muerte (Lc 16:26; He 10:26-27).

Además, el contexto de 1 Pedro 3 hace improbable el «predicar en el infierno». Pedro está animando a sus lectores a dar un testimonio valiente a los incrédulos hostiles que los rodean. Él acaba de decirles: «Estén siempre preparados para responder a todo el que les pida razón de la esperanza» (1 P 3:15). Este motivo evangelizador perdería su urgencia si Pedro estuviera enseñando que hay una segunda oportunidad después de la muerte. Y eso no encajaría para nada con una «predicación» de condenación.

¿Quiere decir esto que Cristo predicó a los ángeles caídos?

A fin de dar una mejor explicación a estas dificultades, varios comentaristas han propuesto tomar lo de «los espíritus encarcelados» como espíritus demoníacos, los espíritus de los ángeles caídos, decir que Cristo proclamó condenación a aquellos demonios. Esto (se afirma) consolaría a los lectores de Pedro al mostrarles que las fuerzas demoníacas que ellos enfrentaban serían derrotadas por Cristo.

Sin embargo, los lectores de Pedro tendrían que pasar por un proceso de razonamiento increíblemente complicado para sacar esta conclusión cuando Pedro no lo está enseñando explícitamente. Tendrían que razonar desde (1) algunos demonios que pecaron hace mucho tiempo estaban condenados, hasta (2) otros demonios están ahora incitando a sus perseguidores humanos, (3) estos demonios serán un día probablemente condenados, (4) por tanto, sus perseguidores serán condenados del mismo modo. Por último los lectores de Pedro llegarían a lo que Pedro quería decirles: (5) Por tanto, no tengan miedo de sus perseguidores.

Los que sostienen la interpretación de que «predicó a los ángeles caídos» deben suponer que los lectores de Pedro «leerían entre líneas» y llegarían a esta conclusión (puntos 2-5) partiendo de la simple declaración de que Cristo «predicó a los espíritus encarcelados, que en los tiempos antiguos, en los días de Noé, desobedecieron» (1 P 3:19-20) ¿Pero no parece demasiado exagerado decir que Pedro sabía que sus lectores interpretarían todo eso en el texto?

Además, Pedro en este contexto está haciendo hincapié en «personas hostiles», no en demonios (1 P 3:14, 16). ¿Y de dónde sacarían los lectores de Pedro la idea que los ángeles pecaron «mientras se construía el arca»? No encontramos nada de eso en el relato de Génesis sobre la construcción del arca. Y (a pesar de lo que algunos han afirmado), si examinamos todas las tradiciones de interpretaciones judías del relato del diluvio, no encontramos ninguna mención de ángeles que pecaran «mientras se construía el arca».[28] Por tanto, decir que Pedro está aquí hablando de la proclamación de castigo que hizo Cristo a los ángeles caídos no es tampoco en realidad persuasivo.

¿No se refiere a la proclamación de Cristo de liberación para los santos del Antiguo Testamento?

Otra explicación es que Cristo, después de su muerte, fue y proclamó liberación a los creyentes del Antiguo Testamento que no habían podido entrar en el cielo hasta que se completara la obra redentora de Cristo.

Pero de nuevo podemos cuestionar si eso da adecuada razón de lo que dice el texto en realidad. No dice que Cristo fuera a predicar a los que eran creyentes o fieles a Dios, sino a los que «en los tiempos antiguos, en los días de Noé, *desobedecieron*», el énfasis está en la desobediencia. Además, Pedro no especifica creyentes del Antiguo Testamente en general, sino solo a los que desobedecieron «en los días de Noé ... mientras se construía el arca» (1 P 3:20).

Por último, las Escrituras no dan una evidencia clara que nos haga pensar que se estuviera reteniendo el pleno acceso a las bendiciones de estar en la presencia de Dios para los creyentes del Antiguo Testamento cuando ellos murieron, cuando en realidad varios pasajes sugieren que los creyentes que murieron antes de la muerte de Cristo sí que entraron a la presencia de Dios cuando sus pecados fueron perdonados al confiar en el Mesías que había de venir (Gn 5:24; 2 S 12:23; Sal 16:11; 17:15; 23:6; Ec. 12:7; Mt 22:31-32; Lc 16:22; Ro 4:1-8; He 11:5).

Una explicación más satisfactoria.

La explicación más satisfactoria de 1 Pedro 3:19-20 parece ser la que propuso (pero que en realidad no la defendió) hace mucho tiempo San Agustín: El pasaje no se refiere a algo que Cristo hizo entre su muerte y resurrección, sino a lo que él hizo «en la esfera espiritual de la existencia» (o «por medio del Espíritu») *en los días de Noé*. Cuando Noé estaba construyendo el arca, Cristo «en espíritu» estaba predicando por medio de Noé a los incrédulos hostiles que le rodeaban.[29]

Esta interpretación recibe apoyo de otras dos declaraciones de Pedro. En 1 Pedro 1:11, él dice que «el Espíritu de Cristo» estaba hablando en los profetas del Antiguo Testamento. Esto sugiere que Pedro bien pudiera haber pensado que «el Espíritu de Cristo» estaba también hablando por medio de Noé. Entonces en 2 Pedro 2:5, él llama a Noé un «predicador de la justicia», usando el nombre (*keryx*) que viene de la misma raíz que el verbo «predicar» (*ekeryxen*) en 1 Pedro 3:19. De forma que parece probable que cuando Cristo predicó «a los espíritus encarcelados» lo hizo por medio de Noé en los días antes del diluvio.

---

[28]Para un estudio amplio de las interpretaciones judías del pecado de «los hijos de Dios» en Gé. 6:2, 4, y la identidad de los que pecaron mientras se construía el arca, vea «Christ Preaching Through Noah: 1 Peter 3:19-20 in the Light of Dominant Themes in Jewis Literature», en la obra *The First Epistle of Peter*, pp. 203-39, de Wayne Grudem (Este apéndice tiene un estudio amplio de 1 Pedro 3:19-20, que ha resumido brevemente aquí.)

[29]Esta sección en un breve resumen del estudio más amplio de este pasaje en la obra *The First Epistle of Peter*, pp. 203-39, de Wayne Grudem, pp. 157-62 y 203-39.

Las personas a las que Cristo predicó por medio de Noé eran los incrédulos en la tierra en el tiempo de Noé, pero Pedro los llama «espíritus encarcelados» porque ellos se encuentran ahora en la prisión del infierno, aunque no eran solo «espíritus» sino personas sobre la tierra cuando se estaba llevando a cabo la predicación. (Otras versiones dicen: Cristo predicó «a los espíritus que están ahora en prisión».) Nosotros podemos hablar en nuestras lenguas modernas de la misma manera: «Conocí al Presidente Clinton cuando era un estudiante universitario» es una declaración apropiada, aunque él no era presidente cuando estaba en la universidad. La frase significa: «Conocí al hombre que luego fue el Presidente Clinton cuando él era todavía un estudiante en la universidad». De modo que Cristo «fue y predicó a los espíritus encarcelados» significa que «Cristo predicó a las personas que ahora son espíritus encarcelados cuando todavía eran personas que vivían en la tierra».[30]

Esta interpretación es muy apropiada en el contexto amplio de 1 Pedro 3:13-22. El paralelismo entre la situación de Noé y la situación de los lectores de Pedro es clara en varios puntos:

Noe	Lectores de Pedro
Minoría de justos	Minoría de justos
Rodeados de incrédulos hostiles	Rodeados de incrédulos hostiles
El juicio de Dios se acercaba	El juicio de Dios puede venir pronto (1 Pedro 4:5, 7; 2 Pedro 3:10).
Noé dio testimonio con valentía (con el poder de Cristo)a	Ellos debieran dar testimonio con valor mediante el poder de Cristo (1 Pedro 3:14, 16-17; 3:15; 4:11)
Noé al final se salvó	Ellos al final se salvarán (1 Pedro 3:13-14; 4:13; 5:10)

Esta comprensión del texto parece ser con mucho la solución más probable a un pasaje desconcertante. Con todo, esto significa que nuestro cuarto posible apoyo a un descenso de Cristo al infierno resulta también negativo, pues el texto habla más bien de algo que Cristo hizo en la tierra en el tiempo de Noé.

(e) 1 Pedro 4:6. El quinto y último pasaje dice: «Por esto también ha sido predicado el evangelio a los muertos, para que sean juzgados en carne según los hombres, pero vivan en espíritu según Dios» (RVR 1960).

¿Quiere decir este versículo que Cristo fue al infierno y predicó el evangelio a los que habían muerto? Si así fuera, sería el único pasaje en la Biblia que enseña que hay «una segunda oportunidad» para la salvación después de la muerte y eso sería una contradicción de pasajes como Lucas 16:19-31 y Hebreos 9:27, que parecen negar claramente esa posibilidad. Además, el pasaje no dice explícitamente que Cristo predicara a las personas después de que estas habían muerto, y pudiera más bien decir que el evangelio fue predicado (este versículo ni siquiera dice que Cristo predicó) a personas que ahora están muertas, sino que les fue predicado mientras que ellas estaban vivas en la tierra.

---

[30]Mi estudiante Tet-Lim Yee me indicó que prestara atención a otra expresión muy similar en otra parte de las Escrituras: Noemí habla amablemente a Rut y Orfa sobre cómo ellas mostraron amor «con los que murieron» (Rt. 1:8), refiriéndose a sus esposos mientras éstos estaban todavía vivos.

Esta es una explicación común, y parece que encaja mucho mejor con este versículo. Encuentra apoyo en la segunda palabra de este versículo, «esto», que se refiere al juicio final que se menciona al final del versículo 5. Pedro está diciendo que a causa del juicio final el evangelio había sido predicado a los muertos.

Esto consolaría a los lectores en cuanto a sus amigos cristianos que ya habían muerto. Ellos podían estar preguntándose: «¿Les benefició a ellos el evangelio, puesto que no los salvó de la muerte?» Pedro responde que el evangelio fue predicado a los que habían muerto no para salvarlos de la muerte física (sino «para que sean juzgados en carne según los hombres») pero para salvarlos del juicio final (para que «vivan en espíritu según Dios»). Por tanto, el hecho de que hubieran muerto no indicaba que el evangelio no había alcanzado su propósito, porque ellos vivirían para siempre en el reino espiritual.

Entonces, «los muertos» son personas que habían muerto y que estaban ya muertas, aunque estaban vivas y sobre la tierra cuando se les predicó el evangelio. (La NVI traduce: «Por esto también se les predicó el evangelio *aun a los muertos*). Esto evita los problemas doctrinales de una «segunda oportunidad» de salvación después de la muerte y encaja bien con las palabras y el contexto del versículo.

Concluimos, por tanto, que este último pasaje, cuando lo vemos en su contexto, no nos provee de apoyo convincente a la doctrina del descenso de Cristo al infierno.

Después de esto, las personas en ambos lados del debate sobre la cuestión de si Cristo en realidad descendió al infierno debieran estar al menos de acuerdo en la idea de que «descendió a los infiernos» no se enseña clara ni explícitamente en ningún pasaje de las Escrituras. Y que muchas personas (incluido este autor) concluirán que esta idea no se enseña para nada en las Escrituras. Pero si pensamos que algún pasaje enseña positivamente esta idea, debemos preguntarnos si es contraria a algún pasaje en las Escrituras.

(3) La oposición bíblica a «descendió a los infiernos»

Además de que hay muy poco o ningún apoyo bíblico a la idea de que Cristo descendió al infierno, hay algunos textos del Nuevo Testamento que argumentan en contra de la posibilidad de que Cristo fuera al infierno después de su muerte.

Las palabras de Cristo al ladrón en la cruz, «Te aseguro que hoy estarás conmigo en el paraíso» (Lc 23:43), implican que después que Jesús murió su alma (o su espíritu) fue inmediatamente a la presencia del Padre en el cielo, aunque su cuerpo permaneció en la tierra y fue enterrado. Algunos niegan esto argumentando que «paraíso» es un lugar distinto del cielo, pero en otros dos lugares del Nuevo Testamento donde se usa esta palabra significa «cielo»: En 2 Corintios 12:4 es el lugar a donde Pablo fue llevado en su visión del cielo, y en Apocalipsis 2:7 es el lugar donde encontramos el árbol de la vida, que es claramente el cielo en Apocalipsis 22:2 y 14.[31]

---

[31]Encontramos más apoyo para esta idea en el hecho de que aunque la palabra *paradeisos*, «paraíso», podía simplemente significar «jardín agradable» (usada especialmente en la Septuaginta para el huerto del Edén), se emplea con frecuencia para significar «cielo» o «un lugar de bendición en la presencia de Dios». Vea Is. 51:3; Ez. 28:13; 31:8-9; T. Levi 18:10; 1 Enoc 20:7; 32:3; Sib. Or. 3:48. Este fue cada vez más el sentido del término en la literatura

Además, el grito de Jesús, «Todo se ha cumplido» (Jn 19:30), sugiere fuertemente que los sufrimientos de Cristo habían llegado a su fin en ese momento y también su alienación del Padre a causa de llevar nuestro pecado. Esto implica que él no descendería al infierno, sino que iría directamente a la presencia del Padre.

Por último, el grito de «¡Padre, en tus manos encomiendo mi espíritu!» (Lc 23:46) también sugiere que Cristo esperaba (correctamente) el fin inmediato de su sufrimiento y alejamiento, y el recibimiento de su espíritu en el cielo por Dios el Padre (notemos el grito similar de Esteban en Hechos 7:59).

Estos textos indican, entonces, que Cristo experimentó en su muerte las mismas cosas que los creyentes experimentan en este tiempo cuando mueren: Su cuerpo muerto permaneció en la tierra y fue enterrado (como el nuestro lo será), pero su espíritu (o alma) pasó inmediatamente a la presencia de Dios en el cielo (como el nuestro lo hará). Así, pues, en el primer domingo de Resurrección, el espíritu de Cristo se volvió a juntar con su cuerpo y se levantó de la tumba, de la misma manera que los cristianos que han muerto se volverán a unir con sus cuerpos (cuando Cristo regrese) y se levantarán a nueva vida en sus cuerpos perfectos de resurrección.[32]

Este hecho contiene aliento pastoral para nosotros: No tenemos por qué temer a la muerte, no solo porque la vida eterna está al otro lado, sino también porque conocemos que nuestro Salvador mismo ha pasado exactamente por las mismas experiencias que nosotros pasaremos. Él ha preparado el camino, incluso lo ha santificado, y nosotros le seguiremos con confianza en cada paso a lo largo de ese camino. Este es un consuelo muy superior en cuanto a la muerte que el que jamás podría recibir por cualquier idea de que descendió al infierno.

(4) Conclusión en cuanto al Credo de los Apóstoles y la cuestión del posible descenso de Cristo al infierno

¿Merece la frase «descendió a los infiernos» ser retenida en el Credo de los Apóstoles junto con las grandes doctrinas de la fe en las que todos podemos estar de acuerdo? Parece que el único argumento a su favor es que ha estado muchos siglos entre nosotros. Pero un error antiguo sigue siendo un error, y todo el tiempo que ha estado con nosotros ha sido motivo de confusión y desacuerdo.

Por otro lado, hay varias razones convincentes en contra de conservar esa frase. No tiene una clara garantía de parte de las Escrituras y ciertamente parece estar contradiciendo algunos pasajes de las Escrituras. No hay ninguna razón para decir que es «apostólico» o que tuviera apoyo (en el sentido de «descender a los infiernos») durante los seis primeros siglos de la vida de la iglesia. No estaba en las primeras versiones del Credo y fue luego incluido en una versión posterior debido a un aparente malentendido acerca de su significado. A diferencia de todas las demás

---

judía intertestamentaria (vea para otras varias referencias Joachim Jeremias, *paradeisos*, TDNT5 [1967], pp. 765-73, esp. 767, nn 16-23.

[32]Juan 20:17 («Suéltame, porque todavía no he vuelto al Padre») se entiende mejor como queriendo decir que en su nuevo estado resucitado, con un cuerpo de resurrección, todavía no había ascendido al cielo; por tanto, María no debería tratar de sujetar el cuerpo de Jesús. El tiempo perfecto de *anabebeka*, «he subido (o vuelto)», da ese sentido, «Todavía no he subido y permanecí en el lugar a donde ascendí» o «Todavía no estoy es el estado de subir» (la última frase es de D. A. Carson, *The Gospel According to John* [Leicester: InterVarsity Press, y Eerdmans, Grand Rapids, 1991], p. 644).

afirmaciones en el Credo, no representa una doctrina principal en la que todos los cristianos están de acuerdo, sino que es una declaración acerca de la cual la mayoría de los cristianos están en desacuerdo.[33] En el mejor de los casos es confusa y en la mayoría de los casos engañosa para los cristianos modernos. Mi opinión es que ganaríamos mucho y no perderíamos nada si la eliminamos del Credo de una vez y para siempre.

En cuanto a la cuestión doctrinal de si Cristo descendió al infierno después de su muerte, la respuesta en base a varios pasajes de las Escrituras parece ser claramente que no.

D. La amplitud de la expiación

Una de las diferencias entre los teólogos reformados y otros teólogos católicos y protestantes ha sido la cuestión de la amplitud de la expiación. Podemos plantear la situación de esta manera: Cuando Cristo murió en la cruz, ¿pagó él por los pecados de toda la raza humana o solo por los pecados de los que él sabía que al final serían salvos?

Los que no son reformados argumentan que la oferta del evangelio se hace repetidas veces a todas las personas, y que para que esta oferta sea genuina, el pago de los pecados debe estar ya hecho y debe estar disponible para todas las personas. También dicen que si las personas por cuyos pecados Cristo pagó están limitadas, también la oferta del evangelio lo está, y la oferta del evangelio no puede hacerse extensiva a toda la humanidad sin excepción.

Por otro lado, los cristianos reformados argumentan que si la muerte de Cristo pagó por los pecados de todas las personas que han vivido, no hay castigo pendiente para que nadie lo pague, y a eso necesariamente le sigue que todas las personas serán salvas, sin ninguna excepción. Porque Dios no puede condenar al castigo eterno a nadie cuyos pecados han sido ya pagados, porque eso demandaría un pago doble y sería, por tanto, injusto. En respuesta a la objeción de que eso compromete la oferta gratuita del evangelio a toda persona, los cristianos reformados responden que nosotros no sabemos quiénes son los que van a confiar en Cristo, porque solo Dios lo sabe. En nuestra opinión, la oferta gratuita del evangelio hay que hacerla a todos sin excepción. También sabemos que todo el que se arrepiente y cree en Cristo será salvo, de modo que llamamos a todos al arrepentimiento (cf. Hch 17:30). El hecho de que Dios conociera quiénes serían salvos, y que él aceptó la muerte de Cristo como pago por sus pecados solamente, no impide la oferta gratuita del evangelio, porque quiénes van a responder a él es algo que permanece oculto en los consejos de Dios. El que nosotros no sepamos quiénes van a responder no es una razón para no ofrecer el evangelio a todos del mismo modo que no saber la cuantía de la cosecha no le impide al agricultor sembrar la semilla en los campos.

Por último, los cristianos reformados argumentan que los propósitos de Dios en la redención constituyen un acuerdo en el seno de la Trinidad y son ciertamente

---

[33]Randall E. Otto adopta una recomendación similar: «Incluir un artículo tan misterioso en el Credo, el cual se supone es un resumen de los principios básicos y vitales de la fe, parece muy poco sabio» («*Descendit in Inferna*: A Reformed Review of a Doctrinal Conundrum», *WTJ* 52 [1990], p. 150).

llevados a cabo. Aquellos a quienes Dios planeaba salvar son los mismos por los que Cristo vino a morir, y las mismas personas a las que el Espíritu Santo ciertamente aplica los beneficios de la obra redentora de Cristo, incluso despertando su fe (Jn 1:12; Fil 1:29; cf. Ef 2:2) y a quienes llama para que confíen en él. Lo que Dios el Padre propuso, Dios el Hijo y el Espíritu Santo estuvieron de acuerdo y sin duda alguna lo llevaron a cabo.

1. Pasajes de las Escrituras que se usan para apoyar la posición reformada. Varios pasajes de las Escrituras hablan del hecho de que Cristo murió por los suyos. «El buen pastor da su vida *por las ovejas*» (Jn 10:11). «Doy mi vida por las ovejas» (Jn 10:15). Pablo habla de la «iglesia de Dios, que él adquirió con su propia sangre» (Hch 20:28). También dice: «El que no escatimó ni a su propio Hijo, sino que lo entregó por todos nosotros, ¿cómo no habrá de darnos generosamente, junto con él, todas las cosas?» (Ro 8:32). Este pasaje indica una relación entre el propósito de Dios de entregar a su Hijo «por todos nosotros» y darnos «todas las cosas» que también pertenecen a la salvación. En la frase siguiente Pablo limita claramente la aplicación de esto a los que serán salvos porque él dice: «¿Quién acusará a los que Dios ha escogido?» (Ro 8:33) y en el versículo siguiente menciona la muerte de Cristo como una razón por la que nadie acusará a los escogidos (8:34). En otro pasaje, Pablo dice: «Esposos, amen a sus esposas, así como Cristo amó a la iglesia y se entregó *por ella*» (Ef 5:25).

Además, Cristo durante su ministerio terrenal estuvo consciente del grupo de personas que el Padre le había dado: «Todos los que el Padre me da vendrán a mí; y al que a mí viene, no lo rechazo … Y ésta es la voluntad del que me envió: que yo no pierda nada de lo que él me ha dado, sino que lo resucite en el día final» (Jn 6:37-39). También dice: «Ruego por ellos. No ruego por el mundo, sino por los que me has dado, porque son tuyos» (Jn 17:9). Luego sigue hablando partiendo de esta referencia específica a sus discípulos, y dice: «No ruego sólo por éstos. Ruego también por los que han de creer en mí por el mensaje de ellos» (Jn 17:20).

Por último, algunos pasajes hablan de la transacción definida entre el Padre y el Hijo cuando Cristo murió, una transacción que tiene referencia específica a los que creerían. Por ejemplo, Pablo dice: «Dios demuestra su amor por nosotros en esto: en que cuando todavía éramos pecadores, Cristo *murió por nosotros*» (Ro 5:8). Luego añade: «Porque si, cuando éramos enemigos de Dios, *fuimos reconciliados con él mediante la muerte de su Hijo*, ¡con cuánta más razón, habiendo sido reconciliados, seremos salvados por su vida!» (Ro 5:10). Esta reconciliación con Dios ocurrió con respecto a las personas específicas que serían salvadas, y sucedió «cuando todavía éramos pecadores». Asimismo, Pablo dice: «Al que no cometió pecado alguno, por nosotros Dios lo trató como pecador, para que en él recibiéramos la justicia de Dios» (2 Co 5:21; cf. Gá 1:4; Ef 1:7). Y «Cristo nos rescató de la maldición de la ley al hacerse maldición por *nosotros*» (Gá 3:13).

Encontramos aún más apoyo para el punto de vista reformado en la consideración de que todas las bendiciones de la salvación, incluyendo la fe, el arrepentimiento y todas las obras del Espíritu Santo al aplicar la redención, fueron también aseguradas específicamente para su pueblo por la obra redentora de Cristo. Aquellos para quienes él ganó el perdón, también obtuvo para ellos estos otros beneficios (cf. Ef 1:3-4; 2:8; Fil 1:29).[34]

A lo que yo llamo la «perspectiva reformada» en esta sección se conoce en general como «expiación limitada».[35] Sin embargo, la mayoría de los teólogos que sostienen esta posición hoy no prefieren la expresión «expiación limitada» porque se expone a que fácilmente se malentienda, como si esta perspectiva sostuviera que de alguna manera la obra expiatoria de Cristo fuera deficiente en algún sentido. El término que generalmente se prefiere es *redención particular*, puesto que este punto de vista sostiene que Cristo murió por personas en particular (específicamente, aquellos que serían salvos y a quienes él vino a redimir), que él preconoció a cada una de ellas individualmente (cf. Ef 1:3-5) y las tenía individualmente en mente en su obra expiatoria.[36]

La opinión opuesta, que la muerte de Cristo pagó por los pecados de todas las personas que han vivido, se conoce como «redención general» o «expiación ilimitada».

2. Pasajes de las Escrituras que suelen apoyar el punto de vista no reformado (Redención general o expiación ilimitada). Un cierto número de pasajes de las Escrituras indican que en cierto sentido Cristo murió por todo el mundo. Juan el Bautista dijo: «¡Aquí tienen al Cordero de Dios, que quita el pecado *del mundo!*» (Jn 1:29). Y Juan 3:16 nos dice: «Tanto amó Dios al mundo, que dio a su Hijo unigénito, para que todo el que cree en él no se pierda, sino que tenga vida eterna». Jesús dijo: «Este pan es mi carne, que daré para que el *mundo* viva» (Jn 6:51). Pablo dice que «en Cristo, Dios estaba reconciliando al mundo consigo mismo» (2 Co 5:19). Leemos que Cristo es «el sacrificio [lit. «propiciación» por el perdón de nuestros pecados, y no solo por los nuestros sino por los de *todo el mundo*» (1 Jn 2:2). Pablo escribe que «dio su vida como rescate *por todos*» (1 Ti 2:6). Y el autor de Hebreos dice

---

[34]No conozco a ningún arminiano que sostenga lo que he llamado «la posición reformada», el punto de vista que es que es conocido comúnmente como la «redención particular» o la «expiación limitada». Pero no parece lógicamente imposible que alguien sostenga una posición arminiana (que Dios conocía de antemano quiénes creerían y los predestinó en base de este conocimiento anticipado) junto con la creencia de que la muerte de Cristo en realidad pagó por el castigo de los pecados de aquellos que Él sabía que creerían y no por los otros. Eso es como decir que, mientras la «expiación limitada» es necesariamente parte de una posición reformada debido a que se infiere lógicamente de la soberanía general de Dios en toda la obra de la redención, uno podría (en teoría al menos) aferrarse a la «expiación limitada» y no adoptar la posición reformada en otros puntos relacionados con la soberanía de Dios en la vida en general o en la salvación en particular.

[35]Esta es la «L» en las siglas «TULIP», la cual representa los llamados «cinco puntos del calvinismo», las cinco posiciones doctrinales que distinguen a los teólogos calvinistas o reformados de otros muchos protestantes. Los cinco puntos representados por esa palabra: Depravación total, elección incondicional, expiación limitada, gracia irresistible y perseverancia de los santos. (Este libro defiende estos cinco puntos doctrinales, pero intenta en cada caso señalar los argumentos a favor de una posición opuesta y proveer de una bibliografía apropiada que representa ambos puntos de vista; para los puntos individuales vea los siguientes capítulos: 24 [T], 32 [U], 27 [L], 34 [I], y 40 [P].)

[36]Los cristianos reformados argumentan que es la otra posición la que realmente limita el poder de la expiación porque en ese punto de vista la expiación no garantiza en realidad la salvación del pueblo de Dios, sino que solo hace que la salvación sea posible para todas las personas. En otras palabras, si la expiación no está limitada con respecto al número de personas a las que se aplica, entonces debe estar limitado con respecto a lo que en realidad lleva a cabo.

que Jesús fue hecho por un tiempo menor que los ángeles para que «por la gracia de Dios, la muerte que sufrió resultara en beneficio de todos» (He 2:9).

Otros pasajes parecen decir que Cristo murió por los que no se salvarían. Pablo dice: «No destruyas, por causa de la comida, al hermano *por quien Cristo murió*» (Ro 14:15). En un contexto similar les dice a los corintios que no coman en público en los templos de los ídolos porque eso podría animar a los que son débiles en su fe a violar sus conciencias y comer carne ofrecida a los ídolos. Luego dice: «Entonces ese hermano débil, *por quien Cristo murió*, se perderá a causa de tu conocimiento» (1 Co 8:11). Pedro escribe lo siguiente acerca de los falsos maestros: «En el pueblo judío hubo falsos profetas, y también entre ustedes habrá falsos maestros que encubiertamente introducirán herejías destructivas, *al extremo de negar al mismo Señor que los rescató*. Esto les traerá una pronta destrucción» (2 P 2:1; cf. He 10:29).

3. Algunos puntos de acuerdo y algunas conclusiones acerca de los textos en disputa. Nos será de ayuda el mencionar primero los puntos en los que ambas partes coinciden:

1. No todos serán salvos.

2. Se puede hacer una oferta gratuita del evangelio a toda persona que ha nacido. Es absolutamente cierto «que todo el que» quiera pueda acudir a Cristo para salvación y el que vaya a él no será rechazado. Esta oferta gratuita del evangelio se extiende en buena fe a todas las personas.

3. Todos están de acuerdo en que la muerte de Cristo en sí misma, debido a que él es el Hijo infinito de Dios, tiene mérito infinito y es suficiente para pagar el castigo de los pecados de muchos o pocos según el Padre y el Hijo decreten. La cuestión no es acerca de los méritos intrínsecos de los sufrimientos y muerte de Cristo, sino acerca del número de personas para quienes el Padre y el Hijo pensaron que la muerte de Cristo es pago suficiente cuando Cristo murió.

Más allá de estos puntos de acuerdo, sin embargo, permanece una diferencia en cuanto a la siguiente pregunta: «Cuando Cristo murió, ¿pagó el castigo solo por los pecados de los que creerían en él, o por los pecados de cada persona que ha vivido?» Sobre esta cuestión parece que los que sostienen la redención particular tienen de su parte argumentos más fuertes. Primero, un punto importante que no es generalmente respondido por los que defienden el punto de la vista de la redención general es que las personas que son eternamente condenadas al infierno sufren el castigo de todos sus pecados y, por tanto, su castigo no podía haberlo sufrido Cristo totalmente. Los que sostienen la perspectiva de la redención general a veces responden que las personas sufren en el infierno debido a su pecado de rechazar a Cristo, aun cuando todos sus otros pecados fueron ya pagados. Pero esa es una posición no muy satisfactoria, porque (1) algunos nunca han rechazado a Cristo porque nunca oyeron de él, y (2) el énfasis de las Escrituras cuando hablan del castigo eterno no es el hecho de que las personas sufren porque han rechazado a Cristo, sino que sufren por los pecados que cometieron en esta vida (vea Ro 5:6-8, 13-16, et al.). Este punto significativo parece inclinar el argumento decididamente a favor de la posición de la redención particular.

Otro punto significativo a favor de la redención particular es el hecho que Cristo ganó completamente nuestra salvación pagando el castigo por todos nuestros pecados. No nos redimió potencialmente, sino que nos redimió realmente como individuos a los que él amaba. Un tercer punto importante a favor de la redención particular es que hay unidad eterna en los consejos y planes de Dios y en la obra del Padre, el Hijo y el Espíritu Santo para llevar a cabo sus planes (vea Ro 8:28-30).

En cuanto a los pasajes de las Escrituras que se usan para apoyar la redención general, podemos decir lo siguiente: Varios pasajes que hablan acerca de «el mundo» simplemente significan que los pecadores serán salvados, sin implicar que cada individuo en particular en el mundo será salvo. De forma que el hecho de que Cristo sea el Cordero de Dios que quita el pecado del mundo (Jn 1:29) no quiere decir (en la interpretación de nadie) que Cristo quita los pecados de cada una de las personas en el mundo, porque ambas partes están de acuerdo en que no todos serán salvos. Del mismo modo, el hecho de que Dios estaba en Cristo reconciliando al mundo consigo mismo (2 Co 5:19) no quiere decir que cada una de las personas en el mundo quedara reconciliada con Dios, sino que los pecadores en general fueron reconciliados con Dios. Otra forma de poner estos pasajes sería decir que Jesús era el Cordero de Dios que quita el pecado de los pecadores, o que Dios estaba en Cristo reconciliando a los pecadores consigo mismo. Esto no significa que todos los pecadores serán salvos o reconciliados, sino simplemente que estos grupos en general, pero no necesariamente cada uno de los individuos en ellos, eran objetos de la obra redentora de Dios. Significa esencialmente que «Dios amó tanto a los pecadores que dio a su Hijo unigénito...» sin implicar que cada pecador en todo el mundo será salvo.

Los pasajes que hablan de que Cristo murió «por» todo el mundo se entienden mejor al referirlos a la oferta gratuita del evangelio que se extiende a todas las personas. Cuando Jesús dice: «Este pan es mi carne, que daré *para que el mundo viva*» (Jn 6:51), lo encontramos en el contexto de estar él hablando acerca de sí mismo como el pan que descendió del cielo, el cual se ofrece a todas las personas que puedan estar dispuestas a recibirlos. Antes en esta misma conversación Jesús dijo que «el pan de Dios es el que baja del cielo y da vida al mundo» (Jn 6:33). Esto lo podemos entender en el sentido de traer vida redentora al mundo, pero sin querer decir que cada persona en el mundo tendrá vida redimida. Jesús entonces habla de sí mismo como invitando a otros a que acudan a él y coman del pan de vida: «El que a mí viene nunca pasará hambre, y el que en mí cree nunca más volverá a tener sed... Pero éste es el pan que baja del cielo; el que come de él, no muere. Yo soy el pan vivo que bajó del cielo. Si alguno come este pan, vivirá para siempre. Este pan es mi carne, que daré para que el mundo viva» (Jn 6:35, 50-51), Jesús da su carne para traer vida al mundo y para ofrecer vida al mundo, pero decir que Jesús vino para ofrecer vida eterna al mundo (un punto en el que ambas partes están de acuerdo) no es decir que él pagó el castigo de los pecados de todas las personas que alguna vez hayan vivido o vivirán, porque ese es otro asunto.

Cuando Juan dice que Cristo «es el sacrificio [lit. la «propiciación» o «expiación»] por el perdón de nuestros pecados, y no solo por los nuestros sino por los de todo el mundo» (1 Jn 2:2), puede estar solo diciendo que Cristo es el sacrificio expiatorio que el evangelio *pone ahora a disposición* por los pecados de todos en el mundo. La preposición «por» (gr. *peri* y el genitivo) es ambiguo con respecto al sentido específico en el cual Cristo es la propiciación «por» los pecados del mundo. *Peri* simplemente significa «en cuanto» o «con respecto», pero no es suficientemente específico para definir con exactitud en qué forma Cristo es el sacrificio con respecto a los pecados del mundo. Sería completamente coherente con el lenguaje del versículo pensar que Juan está solo diciendo que Cristo es el sacrificio expiatorio que está disponible para pagar por los pecados de cualquiera en el mundo.[37] Del mismo modo, cuando Pablo dice que Cristo «dio su vida como rescate *por todos*» (1 Ti 2:6), tenemos que entenderlo como que se refiere a un rescate disponible para todas las personas, sin excepción.[38]

Cuando el autor de Hebreos dice que Cristo fue hecho por un tiempo menor que los ángeles para que «por la gracia de Dios, la muerte que él sufrió result[e] en beneficio de todos» (He 2:9), se refiere más bien a cada uno de los que son de Cristo, a todo aquel que es redimido. No dice para «todos en todo el mundo» ni nada parecido, y en el contexto inmediato el autor está hablando sin duda de los que son redimidos (vea «a fin de llevar a muchos hijos a la gloria» [v. 10]; «los que son santificados» [v. 11]; «con los hijos que Dios me ha dado» [v. 13]. La palabra griega *pas*, traducida aquí «todos», se usa también en un sentido similar para hablar de «todo el pueblo de Dios» en hebreos 8:11, «porque *todos*... me conocerán», y en Hebreos 12:8, «Si a ustedes se les deja sin la disciplina que *todos* reciben, entonces son bastardos, y no hijos legítimos». En ambos casos el «todos» no está explícitamente restringido por una frase específica como «todo el pueblo de Dios», pero ese es claramente el sentido en el contexto general. Por supuesto, en otros contextos la misma palabra «todos» puede significar «todas las personas sin excepción», pero esto hay que determinarlo en razón del contexto individual en cada caso.

Cuando Pablo habla en Romanos 14:15 y 1 Corintios 8:11 acerca de la posibilidad de destruir a alguien por el cual Cristo murió, parece que es mejor también aquí tomar la palabra «por» en el sentido de que Cristo murió para «*hacer que la salvación estuviera disponible para*» estas personas o «llevar la oferta gratuita del evangelio a estas personas» que están asociadas con el compañerismo de la iglesia. No parece tener en mente la cuestión específica de la decisión en el seno de la Trinidad en cuanto a los pecados de aquellos que el Padre consideró pagados por la muerte de Cristo. Más bien, él está hablando de aquellos a los que les ha sido ofrecido el evangelio. En otro pasaje, cuando Pablo habla del «hermano débil, por quien Cristo murió» en 1 Corintios 8:11, no necesariamente se está refiriendo a la

---

[37]Comparar un sentido similar para la frase «por los pecados» (gr. *peri harmartion*) en Hebreos 10:26 donde el autor dice que si alguien continúa pecando deliberadamente después de recibir el conocimiento de la verdad, «ya no hay sacrificio por los pecados». Esto no quiere decir que ya no existe el sacrificio de Cristo, sino que ya no está disponible para aquella persona que intencionalmente lo menospreció y se puso a sí mismo más allá de la esfera de la posibilidad de arrepentimiento. Aquí «ya no hay sacrificio por los pecados» significa «un sacrificio disponible para presentarlo como pago por los pecados». En la misma forma que 1 Juan 2:2 puede significar: «es el sacrificio *disponible* para el perdón de nuestros pecados, y no solo por los nuestros sino por los de todo el mundo [esp. Con referencia a los gentiles como también a los judíos]».

[38]Cuando Pablo dice que «es el Salvador de todos, especialmente de los que creen» (1 Ti. 4:10), se está refiriendo a Dios el Padre, no a Cristo, y probablemente usa la palabra «Salvador» en el sentido de «uno que preserva la vida de las personas y las rescata del peligro», más bien que en el sentido de «uno que perdona sus pecados», porque Pablo sin duda no está diciendo que cada persona individual será salvada. Sin embargo, otro posible significado es que Dios «es el Salvador de toda clase de personas, es decir, de los que creen» (para una defensa de esta posición vea George W. Knight III, *The Pastoral Epistles*, pp. 203-4).

condición espiritual interna del corazón de una persona, sino que probablemente está hablando de lo que a menudo se conoce como el «juicio del amor» mediante el cual correctamente podemos referirnos a las personas que participan en la comunión de la iglesia como hermanos y hermanas.[39]

Cuando Pedro habla de los falsos maestros que introducen herejías destructivas, «al extremo de negar al mismo Señor que los rescató» (2 P 2:1), no está claro si la palabra «Señor" (gr. *despotes*) se refiere a Cristo (como en Judas 4) o a Dios el Padre (como en Lc 2:29; Hch 4:24; Ap 6:10). En cualquier caso, la alusión del Antiguo Testamento es probablemente a Deuteronomio 32:6, donde Moisés dice a los rebeldes israelitas que se alejaban de Dios: «¿No es él tu Padre *que te ha comprado*?» (traducción del autor).[40] Pedro está sacando una analogía entre los falsos profetas del pasado que surgieron entre los judíos y los falsos maestros dentro de la iglesia sobre los cuales escribe: «En el pueblo judío hubo falsos profetas, y también entre ustedes habrá falsos maestros que encubiertamente introducirán herejías destructivas, al extremo de negar al mismo Señor que los rescató. Esto les traerá una pronta destrucción» (2 P 2:1). En línea con esta clara referencia a los falsos profetas del Antiguo Testamento, Pedro también alude a los judíos rebeldes que se alejaron de Dios quien los «compró» de Egipto en el éxodo. Desde el tiempo del éxodo en adelante, cualquier persona judía se hubiera considerado «comprada» por Dios en el éxodo y, por tanto, esa persona era posesión de Dios. En este sentido, los falsos maestros que surgían entre el pueblo de Dios estaban negando a Dios el Padre, a quien ellos por derecho pertenecían.[41] De modo que el texto no significa que Cristo había redimido a aquellos falsos profetas, sino que eran judíos rebeldes (o personas que asistían a la iglesia con la misma actitud de los judíos rebeldes) que eran por derecho propiedad de Dios porque habían sido sacados de la tierra de Egipto (o sus antepasados los habían sido), pero que eran desagradecidos con él. La obra específica de redención de Cristo en la cruz no aparece en este versículo.[42]

Con relación a los versículos que hablan de la muerte de Cristo por sus ovejas, su iglesia o su pueblo, los cristianos que no son reformados puede responder que esos pasajes no niegan que él murió para pagar el castigo de otros también. En respuesta les diremos que si bien es cierto que no niegan explícitamente que Cristo

---

[39]Otra posible interpretación de estos dos pasajes es que «perderse» significa ruina del ministerio o del crecimiento cristiano de alguien que, no obstante, permanece un creyente, pero cuyos principios quedarán comprometidos. Ese sentido encajaría ciertamente en el contexto de ambos casos, pero un argumento en contra es que la palabra griega *apollymi* «perderse», que se usa en ambos casos, parece una palabra fuerte que sería apropiada si esa fuera la intención de Pablo. Esa misma palabra la encontrarás a menudo para destrucción eterna (vea Jn. 3:16; Ro. 2:12; 1 Co. 1:18; 15:18; 2 Co. 2:15; 4:3; 2 P. 3:9). Sin embargo, el contexto de 1 Co. 8:11 puede indicar un sentido diferente que en estos otros pasajes, porque este versículo no habla acerca de que Dios «destruya» a alguien, sino de otro ser humano que está haciendo algo que hace que otro se «pierda», lo que sugiere que aquí este término no tiene un sentido más débil.

[40]Aunque la Septuaginta no emplea el término *agorazo* que Pedro usa, sino el de *kataomai*, las palabras son sinónimas en muchos casos, y en ambos casos significan «comprar, adquirir»; el término hebreo en Dt. 32:6 es *qanah*, que con frecuencia significa «comprar, adquirir» en el Antiguo Testamento.

[41]Estes es el punto de vista de John Gill, *The Cause of God and Truth* (Baker, Grand Rapids, 1980; repr. De 1885 ed.; publicado primero en 1735), p. 61. Gill estudia otras posibles interpretaciones del pasaje, pero esta parece ser más persuasiva. Debiéramos darnos cuenta que en ambas epístolas, Pedro con mucha frecuenta describe a las iglesias a las que escribe en términos de las ricas imágenes del pueblo de Dios ene l Antiguo Testamento. Vea *The First Epistle of Peter*, por W. Grudem, p. 113.

[42]La palabra griega *despotes*, «Señor» se usa en otras partes de Dios en el contexto que enfatizan su papel como Creador y Gobernante del mundo (Hch. 4:24; Ap. 6:10).

murió por otros también, su frecuente referencia a su muerte por los suyos al menos sugeriría fuertemente que esta es una inferencia correcta. Aun si no dan a entender absolutamente esa particularización de la redención, estos versículos al menos parecen interpretarse de una forma más natural de esta manera.

En conclusión, me parece que la posición reformada de una «redención particular» es más coherente con la enseñanza general de las Escrituras. Pero como hemos dicho eso, debemos plantear algunas cautelas necesarias.

4. Puntos de clarificación y cautela en cuanto a esta doctrina. Es importante plantear algunos puntos de clarificación y también algunas cuestiones en las que podemos objetar con toda razón la manera en que algunos defensores de la redención particular han expresado sus argumentos. Es también importante preguntar cuáles son las implicaciones pastorales de esta enseñanza.

1. Parece que es un error plantear la pregunta como Berkhof lo hace[43] y enfocarse en el propósito del Padre y del Hijo, más que en lo que en realidad sucedió en la expiación. Si restringimos el estudio al propósito de la expiación, esta es solo otra forma de una amplia controversia entre calvinistas y arminianos sobre si el propósito de Dios es (a) salvar a todas las personas, un propósito que queda frustrado por la tendencia del hombre a la rebelión —posición arminiana— o si el propósito de Dios es (b) salvar a los que él ha escogido, que es la posición calvinista. Esta cuestión no será decidida en el punto estrecho de la cuestión de la extensión de la expiación, porque los textos bíblicos específicos sobre ese punto son pocos y difícilmente se puede decir que sean conclusivos para ninguna de las partes. Las decisiones de uno sobre estos pasajes tenderán a estar determinadas por la perspectiva que uno tenga de la cuestión más amplia de qué es lo que las Escrituras enseñan como un todo acerca de la naturaleza de la expiación y acerca de los asuntos más amplios de la providencia divina, de la soberanía de Dios y la doctrina de la elección. Sean cuales sean las decisiones que tomemos sobre esos temas amplios se aplicarán específicamente a este punto, y las personas llegarán a sus conclusiones como corresponda.

Por tanto, más bien que enfocarse en el propósito de la expiación, hay que plantear la pregunta correctamente sobre la expiación en sí: ¿Pagó Cristo por los pecados de todos los incrédulos que serán eternamente condenados y pagó por sus pecados total y completamente en la cruz? Parece que tenemos que responder no a esa pregunta.

2. Las declaraciones «Cristo murió solo por los suyos» y «Cristo murió por todas las personas» son ambas correctas en algunos sentidos, y con mucha frecuencia los argumentos sobre este asunto han sido confusos a causa de los varios sentidos que se le pueden dar a la palabra «por» en estas dos declaraciones.

La declaración «Cristo murió solo por los suyos» se puede entender como que quiere decir que «Cristo murió para pagar solo el castigo de los pecados de los suyos». En ese sentido es cierto. Pero cuando los cristianos no reformados escuchan la declaración «Cristo murió solo por los suyos», lo que con frecuencia entienden

---

[43]Berkhof dice: «La cuestión tiene que ver con la intención de la expiación. La decisión del Padre de enviar a Cristo, y la venida de Cristo al mundo, para hacer la expiación por el pecado, ¿lo hizo con la intención y propósito de salvar solo a los elegidos o a todos los hombres? Esa es la cuestión, y esa sola es la cuestión» (*Systematic Theology*, p. 394).

es que «Cristo murió a fin de poder hacer el evangelio disponible solo para unos pocos escogidos» y se sienten turbados sobre lo que ellos ven como una verdadera amenaza a la oferta gratuita del evangelio a todas las personas. Los cristianos reformados que sostienen la redención particular debieran reconocer la posibilidad del mal entendimiento que surge con la declaración «Cristo murió solo por los suyos» y, por amor a la verdad y por interés pastoral en afirmar la oferta gratuita del evangelio y evitar los malos entendidos en el cuerpo de Cristo, debieran ser más precisos en decir exactamente lo que quieren decir. La declaración «Cristo murió solo por los suyos», si bien es cierta en el sentido explicado arriba, raramente se entiende de esa forma cuando las personas que no conocen bien la doctrina reformada la oyen y, por tanto, es mucho mejor no usar para nada esa declaración ambigua.

Por otro lado, la declaración «Cristo murió por todas las personas» es correcta si significa que «Cristo murió para hacer que la salvación estuviera disponible para todos» o si significa, «Cristo murió para llevar la oferta gratuita del evangelio a todas las personas». En realidad, esta es la clase de lenguaje que las Escrituras usan en pasajes como Juan 6:51; 1 Timoteo 2:6 y 1 Juan 2:2.[44] Parece que solo son pequeñeces lo que crea controversias y disputas inútiles cuando los cristianos reformados insisten en ser tan puristas en su hablar que objetan cada vez que alguien dice que «Cristo murió por todos». Hay sin duda formas aceptables de entender esa declaración que son coherentes con la forma de hablar de los mismos autores de las Escrituras.

Asimismo, no pienso que debiéramos correr a criticar al evangelista que dice a sus oyentes incrédulos: «Cristo murió por sus pecados», si queda claro en el contexto que es necesario confiar en Cristo antes de recibir los beneficios que el evangelio ofrece. En ese sentido la declaración sencillamente se entiende que quiere decir: «Cristo murió para ofrecerles perdón por sus pecados» o «Cristo murió para hacer que estuviera disponible para ustedes el perdón de sus pecados». Lo importante aquí es que los pecadores se den cuenta que la salvación está disponible para todos y que el pago por los pecados está disponible para todos.

En cuanto a esto algunos teólogos reformados objetarán y nos advertirán que si decimos a los incrédulos que «Cristo murió por sus pecados», los incrédulos sacarán la conclusión: «Por tanto, soy salvo no importa lo que yo haga». Pero esto en realidad no parece ser un problema, porque siempre que un evangélico (reformado o no reformado) habla del evangelio a los incrédulos, deja bien en claro que la muerte de Cristo no tiene beneficios para la persona a menos que esa persona crea en Cristo. Por tanto, el problema parece ser más bien algo que los cristianos reformados *piensan* que los incrédulos debieran creer (si fueran coherentes en razonar en cuanto al consejo secreto de Dios y las relaciones entre el Padre y el Hijo en los consejos de la Trinidad en cuanto al sacrificio propiciatorio de Cristo en la cruz). Pero los incrédulos no razonan de esa manera. Saben que deben ejercer fe en Cristo antes de experimentar los beneficios de su obra salvadora. Además, es mucho más probable que las personas entiendan la declaración «Cristo murió por sus pecados» en el sentido doctrinal correcto de que «Cristo murió a fin de ofrecerle a

---

[44]Berkhof dice que 1 Ti. 2:6 se refiere a la «voluntad revelada de Dios de que tanto los judíos como los gentiles serán salvados» (Ibíd., p. 396).

usted el perdón por sus pecados», más bien que en el sentido doctrinal incorrecto de «Cristo murió y ya pagó completamente el castigo por todos sus pecados».[45]

3. En términos de los efectos pastorales prácticos de nuestras palabras, los que sostienen la redención particular y los que defienden la redención general están de acuerdo en varios puntos clave:

a. Ambos quieren sinceramente evitar dar la impresión de que las personas se salvarán ya sea que crean en Cristo o no. Los cristianos no reformados a veces acusan a los reformados de decir que los elegidos serán salvos respondan o no al evangelio, pero esto es claramente una impresión equivocada de la posición reformada. Por otro lado, los creyentes reformados piensan que los que sostienen la redención general están en peligro de implicar que todos serán salvos ya sea que crean en Cristo o no. Pero esa no es en realidad la posición que sostienen los creyentes no reformados, y es siempre peligroso criticar a las personas por una posición que ellos no dicen que defienden, solo porque usted diga que ellos debieran defender esa posición si fueran coherentes con sus otros puntos de vista.

b. Ambas partes quiere evitar implicar que puede haber algunas personas que vayan a Cristo buscando salvación pero que sean rechazadas porque él no murió por ellas. Nadie quiere decir ni implicar a un incrédulo: «Cristo puede haber muerto por sus pecados (y quizá no)». Ambas partes quieren afirmar claramente que todos los que acuden a Cristo en busca de salvación serán salvos. «Al que a mí viene, no le rechazo» (Jn 6:37).

c. Ambas partes quieren evitar implicar que Dios es hipócrita o insincero cuando hace la oferta gratuita del evangelio. Es una oferta genuina, y es siempre cierto que todos los que desean acudir a Cristo buscando salvación y los que de hecho acuden a él serán salvos.

d. Por último, podemos preguntar por qué le damos tanta importancia a este asunto. Aunque los cristianos reformados han hecho algunas veces la creencia en la redención particular la prueba de la ortodoxia doctrinal, sería saludable darnos cuenta que las Escrituras mismas nunca la señalan como una doctrina de importancia mayor, ni tampoco hacen de ella el sujeto de una discusión teológica explícita. Nuestro conocimiento del asunto viene solo de referencias incidentales a ella en pasajes que abordan otros asuntos doctrinales o prácticos. De hecho, esta es en realidad una cuestión que sondea dentro del consejo íntimo de la Trinidad y lo hace en cuestiones sobre las que tenemos poco testimonio bíblico directo, lo cual debería llevarnos a ser cautelosos. Una perspectiva pastoral equilibrada parece que sería decir que esta enseñanza de la redención particular *nos parece* que es verdad, que da una coherencia lógica a nuestro sistema teológico, y que puede ser de ayuda al asegurarles a las personas el amor de Cristo hacia ellos individualmente y de la obra de redención completamente acabada para ellos. Pero eso es también un tema que nos lleva inevitablemente a alguna confusión, a algunos malos entendidos, y con frecuencia a una actitud equivocada, argumentativa y divisiva entre el pueblo de Dios, todo lo cual tiene repercusiones pastorales negativas. Quizá es por

---

[45]No estoy aquí argumentando que debiéramos ser descuidados en nuestro lenguaje; lo que estoy diciendo es que no debiéramos apresurarnos a criticar cuando otros cristianos sin mucha reflexión usan un lenguaje ambiguo sin la intención de contradecir ninguna enseñanza de las Escrituras.

eso por lo que apóstoles como Pedro, Juan y Pablo, en su sabiduría, no hicieron para nada hincapiés en esta cuestión. Y quizá nosotros haríamos muy bien en meditar en su ejemplo.

PREGUNTAS DE APLICACIÓN PERSONAL

1. ¿En qué formas le ha ayudado este capítulo a apreciar más la muerte de Cristo de lo que antes la había apreciado? ¿Le ha dado más o menos confianza en el hecho de que sus pecados han sido de verdad pagados por Cristo?

2. Si la causa suprema de la expiación la encontramos en el amor y la justicia de Dios, ¿había algo en usted que requería que Dios le amara y diera pasos para salvarle (cuando él le miró y pensó en usted como un pecador en rebelión contra él)? ¿La respuesta a esta pregunta le ayuda a apreciar el carácter del amor de Dios hacia usted como una persona que no merece para nada ese amor? ¿Cómo darse cuenta de esta realidad le hace sentirse en sus relaciones con Dios?

3. ¿Cree usted que los sufrimientos de Cristo fueron suficientes para pagar por sus pecados? ¿Cree usted que él es un Salvador suficiente, digno de confianza? Cuando él le invita diciendo: «Vengan a mí... y yo les daré descanso» (Mt 11:28), ¿confía usted en él? ¿Confiará ahora y siempre en él con todo su corazón para una salvación completa?

4. Si Cristo cargó con toda la culpa de nuestros pecados, con toda la ira de Dios en contra del pecado, y todo el castigo de la muerte que merecíamos, ¿volverá Dios alguna vez a descargar su ira en contra suya como creyente (vea Ro 8:31-39)? ¿Puede alguna de las dificultades o sufrimientos que experimenta en la vida deberse a la ira de Dios en contra suya. Si no, ¿por qué los cristianos experimentan dificultades y sufrimientos en esta vida (vea Ro 8:28; He 12:3-11)?

5. ¿Cree usted que la vida de Cristo era suficientemente buena para merecer la aprobación de Dios? ¿Está usted dispuesto a confiar en él para su destino eterno? ¿Es Cristo Jesús un Salvador suficientemente confiable y seguro para que usted confíe en él? ¿En quién confiaría más para establecer su posición delante de Dios: en usted mismo o en Cristo?

6. Si Cristo de verdad le ha redimido de la esclavitud del pecado y del reino de Satanás, ¿hay facetas de su vida en las que usted podría hacer que esto fuera mucho más cierto? ¿Podría este convencimiento darle a usted más ánimo en su vida cristiana?

7. ¿Piensa usted que es justo que Cristo sea su sustituto y pague por su castigo? Cuando usted piensa que él es su sustituto y murió por usted, ¿qué emociones y actitudes despierta eso en su corazón?

TÉRMINOS ESPECIALES

adjudicación
expiación
expiación ilimitada
expiación limitada
expiación vicaria
imputado
necesidad absoluta consecuente
obediencia activa
obediencia pasiva
propiciación
reconciliación

redención
redención general
redención particular
sacrificio
sangre de Cristo
sustitución penal
teoría de la influencia moral
teoría del ejemplo
teoría del rescate a Satanás
teoría gubernamental

BIBLIOGRAFÍA

(Para una explicación de esta bibliografía vea la nota sobre la bibliografía en el capítulo 1, p. 40. Datos bibliográficos completos se pueden encontrar en las páginas 1297-1306.)

Secciones en Teologías Sistemáticas Evangélicas

1. Anglicana (episcopal)
   1882–92   Litton, 221–36
   1930   Thomas, 49–72, 414–26
2. Arminiana (wesleyana o metodista)
   1847   Finney, 258–82
   1875–76   Pope, 2:141–88, 263–316
   1892–94   Miley, 2:65–240
   1940   Wiley, 2:217–300
   1960   Purkiser, 243–68
   1983   Carter, 1:483–505
   1983-   Cottrell, 3:401–60
   1987–90   Oden, 2:317–450
3. Bautista
   1767   Gill, 1:562–83; 2:1–68
   1887   Boyce, 295–341
   1907   Strong, 701–6, 713–75
   1917   Mullins, 304–37
   1983–85   Erickson, 761–841
   1987–94   Lewis/Demarest, 2:371–436
4. Dispensacional
   1947   Chafer, 3:35–164, 183–205; 5:177–230
   1949   Thiessen, 229–42

        1986   Ryrie, 275–309, 318–23
5. Luterana
        1917–24   Pieper, 2:280–330, 342–82
        1934   Mueller, 287–95, 305–13
6. Reformada (o presbiteriana)
        1559   Calvin, 1:503–34 (2. 16–17)
        1724–58   Edwards, 1:574–80; 2:766–78
        1861   Heppe, 448–87, 488–94
        1871–73   Hodge, 2:480–591, 610–25
        1878   Dabney, 485–553
        1887–1921   Warfield, SSW 1:167–77; SSW 2:308–20; BD 327–438;
                    PWC 325–530; CC 393–444
        1889   Shedd, 2b:353–489; 3:401–70
        1937–66   Murray, CW 1:36–39, 59–85; 2:142–57; RAA 9–57
        1938   Berkhof, 331–43, 361–99
        1962   Buswell, 2:70–133
7. Renovada (o carismática o pentecostal)
        1988–92   Williams, 1:353–80

Secciones en Teologías Sistemáticas Católicas Romanas Representativas

1. Católica Romana: tradicional
        1955   Ott, 175–79, 182–92, 211–19
2. Católica Romana: Post Vaticano II
        1980   McBrien, 1:417–23; 2:865–901

Otras obras

Bauckham, Richard J. «Descent into Hell». En *NDT* pp. 194–95.

Berkouwer, G. C. *The Work of Christ*. Trad. por Cornelius Lambregtse. Eerdmans, Grand Rapids, 1965.

Brown, John. *The Sufferings and Glories of the Messiah*. Sovereign Grace Publishers, Evanston, Ind., 1959 (reimpresión de la edición de 1852).

Campbell, John McLeod. *The Nature of the Atonement*. 6ª ed. Macmillan, London and New York, 1886 (publicada primero en 1856).

Elwell, Walter. «Atonement, Extent of the». En *EDT* pp. 98–100.

Green, Michael. *The Empty Cross of Jesus*. The Jesus Library, ed. por Michael Green. InterVarsity Press, Downers Grove, Ill., 1984.

Grensted, L. W. *A Short History of the Doctrine of the Atonement*. University Press, Manchester, y Longmans, London, 1962.

Hodge, Archibald A. *The Atonement*. T. Nelson, London, 1868.

McDonald, H. D. *The Atonement of the Death of Christ*. Baker, Grand Rapids, 1985.

McGrath, Alister E. *Luther's Theology of the Cross: Martin Luther's Theological Breakthrough.* Basil Blackwell, Oxford, 1985.

_____. *The Mystery of the Cross.* Zondervan, Grand Rapids, 1988.

_____. *What Was God Doing on the Cross* Zondervan, Grand Rapids, 1993.

Martin, Hugh. *The Atonement: In Its Relations to the Covenant, the Priesthood, the Intercession of Our Lord.* Smith and English, Philadelphia, 1871.

Morey, Robert A. *Studies in the Atonement.* Southbridge, Crowne, Mass., 1989.

Morris, Leon. *The Apostolic Preaching of the Cross.* 3d ed. Eerdmans, Grand Rapids, 1965.

_____. «Atonement». En *EDT* p. 97.

_____. *The Atonement: Its Meaning and Significance.* InterVarsity Press, Leicester and Downers Grove, Ill, 1983.

_____. «Atonement, Theories of the». En *EDT* pp. 100–102.

_____. *The Cross in the New Testament.* Eerdmans, Grand Rapids, 1965.

_____. *The Cross of Jesus.* Eerdmans, Grand Rapids, y Paternoster, Exeter, 1988.

Murray, John. *Redemption Accomplished and Applied.* Eerdmans, Grand Rapids, 1955, pp. 9–78.

Owen, John. *The Death of Death in the Death of Christ.* Banner of Truth, Carlisle, Pa., 1959 (incluye una redacción de introducción excelente por J. I. Packer).

Smeaton, George. *The Doctrine of the Atonement as Taught by Christ Himself.* Zondervan, Grand Rapids, 1953 (reimpresión de la edición del 1871).

Smeaton, George. *The Apostles' Doctrine of the Atonement.* Zondervan, Grand Rapids, 1957 (reimpresión de la edición del 1870).

Stott, John R. W. *The Cross of Christ.* InterVarsity Press, Leicester and Downers Grove, Ill., 1986.

Turretin, Francis. *The Atonement of Christ.* Trad. por James R. Willson. Baker, Grand Rapids, 1978 (reimpresión de la edición de 1859; publicada primero en latín en 1674).

Wallace, Ronald S. *The Atoning Death of Christ.* Crossway, Westchester, Ill., 1981.

PASAJE BÍBLICO PARA MEMORIZAR

Romanos 3:23–26: *Pues todos han pecado y están privados de la gloria de Dios, pero por su gracia son justificados gratuitamente mediante la redención que Cristo Jesús efectuó. Dios lo ofreció como un sacrificio de expiación que se recibe por la fe en su sangre, para así demostrar su justicia. Anteriormente, en su paciencia, Dios había pasado por alto los pecados; pero en el tiempo presente ha ofrecido a Jesucristo para manifestar su justicia. De este modo Dios es justo y, a la vez, el que justifica a los que tienen fe en Jesús.*

HIMNO

«La cruz excelsa al contemplar»

La cruz excelsa al contemplar
Do Cristo allí por mí murió,
De todo cuanto estimo aquí,
Lo mas precioso es su amor.

¿En que me gloriaré, Señor,
Si no en tu sacrosanta cruz?
Las cosas que me encantan mas,
Ofrezco a Ti, Señor Jesús.

De su cabeza, manos, pies,
Preciosa sangre allí corrió;
Corona vil de espinas fue
La que Jesús por mi llevó.

El mundo entero no será
Dádiva digna de ofrecer.
Amor tan grande y sin igual
En cambio exige todo el ser.

AUTOR: ISAAC WATTS, TRAD. W. T. MILLHAM
(TOMADO DE EL NUEVO HIMNARIO POPULAR, # 214)

Capítulo 28

Resurrección y ascensión

¿Cómo era el cuerpo resucitado de Cristo?
¿En qué es eso significativo para nosotros?
¿Qué le sucedió a Cristo cuando ascendió al cielo?
¿Qué se quiere decir con estados de Cristo Jesús

EXPLICACIÓN Y BASES BÍBLICAS

A. La resurrección

1. La evidencia del Nuevo Testamento. Los evangelios contienen un testimonio abundante sobre la resurrección de Cristo (vea Mt 28:1-20; Mr 16:1-8; Lc 24:1-53; Juan 20:1—21:25). Además de estas narraciones detalladas en los cuatro evangelios, el libro de Hechos es la historia de la proclamación de la resurrección de Cristo por parte de los apóstoles y su oración continua a Cristo y confianza en él como alguien que está vivo y reina en el cielo. Las epístolas dependen por completo de la suposición de que Jesús es un Salvador vivo y reinante que está ahora exaltado como Cabeza de la iglesia, y que merece que se confíe en él y se le alabe y le adore y quien un día regresará en poder y gran gloria para reinar como Rey sobre la tierra. El libro de Apocalipsis muestra repetidas veces al Cristo resucitado que reina en el cielo y predice su regreso para conquistar a sus enemigos y reinar en gloria. De modo que todo el Nuevo Testamento da testimonio de la resurrección de Cristo.[1]

2. La naturaleza de la resurrección de Cristo. La resurrección de Cristo no fue simplemente salir de entre los muertos, como otros, como Lázaro (Jn 11:1-44), lo habían experimentado antes, porque entonces Jesús hubiera estado sujeto a la debilidad y al proceso de envejecimiento y al final habría muerto como sucede con todos los demás seres humanos. Más bien, cuando se levantó de entre los muertos

---

[1]Los argumentos históricos a favor de la resurrección de Cristo son sustanciales y han convencido a muchos escépticos que empezaron a examinar las evidencias con el propósito de desacreditar la resurrección. La experiencia mejor conocida de alguien que pasa del escepticismo a la fe es Frank Morison, *Who Moved the Stone?* (Faber and Faber, Londres, 1930; reimpreso en Zondervan, Grand Rapids, 1958). Un folleto ampliamente usado y que resumen los argumentos es J. N. D. Anderson, *The Evidence for the Resurrection* (InterVarsity Press, Londres y Downers Grove, Ill, , 1966). (Tanto Morrison como Anderson eran abogados.) Una presentación más reciente y detallada la encontramos en William Lane Craig, *The Son Rises: The Historical Evidence for the Resurrection of Jesus* (Moody, Chicago, 1981); Gary Habermas y Anthony Flew, *Did Jesus Rise From the Dead? The Resurrection Debate*, ed. Ferry L. Miethe (Harper and Row, Nueva York, 1987); Gary Habermans, «Resurrection of Christ», en EDT, pp. 938-41. Encontramos una amplia compilación de argumentos y citas de eruditos reconocidos en la obra de Josh McDowell, *Evidencias que demandan un veredicto*.

fue «primicias»[2] (1 Co 15:20, 23) de una nueva clase de vida humana, una vida en la que su cuerpo era perfecto, y ya no estaba sujeto a la debilidad, el envejecimiento y la muerte, sino capacitado para vivir eternamente.

Es verdad que dos de los discípulos de Jesús no le reconocieron cuando él se puso a caminar con ellos en el camino a Emaús (Lc 24:13-32), pero Lucas dice específicamente que esto fue debido a que «sus ojos estaban velados» (Lc 24:16), y más tarde «se les abrieron los ojos y lo reconocieron» (Lc 24:31). María Magdalena no lo reconoció de primer momento (Jn 20:14-16), pero quizá era todavía muy oscuro y al principio no estaba mirándolo. Había llegado la primera vez «cuando todavía estaba oscuro» (Jn 20:1), y «se volvió» para hablar con Jesús una vez que lo hubo reconocido (Jn 20:16).

En las otras ocasiones parece que los discípulos reconocieron a Jesús con bastante rapidez (Mt 28:9, 17; Jn 20:19-20, 26-28; 21:7, 12). Cuando Jesús se apareció a los once discípulos en Jerusalén, estos inicialmente se asombraron y se sobresaltaron (Lc 24:33, 37), pero cuando vieron las manos y los pies de Jesús y le vieron comer un pedazo de pescado, se convencieron de que había resucitado. Estos ejemplos indican que había un grado considerable de continuidad entre la apariencia física de Jesús antes de su muerte y después de la resurrección. No obstante, a Jesús no se le veía exactamente como él había sido antes de morir, porque además del asombro inicial de los discípulos ante lo que ellos aparentemente no pensaron que podía ocurrir, había probablemente suficiente diferencia en su apariencia física para que Jesús no fuera reconocido de forma inmediata. Quizá la diferencia en apariencia fuera solo la diferencia entre un hombre que había vivido una vida de sufrimiento, dificultades y dolor, y la de alguien cuyo cuerpo había sido restaurado a la plena apariencia juvenil de la salud perfecta. Aunque el cuerpo de Jesús era todavía un cuerpo físico, era un cuerpo resucitado y transformado, que nunca más estaría sujeto al sufrimiento, a la debilidad ni a la muerte, revestido de «inmortalidad» (1 Co 15:53). Pablo dice que el cuerpo es resucitado en «incorrupción ... en gloria ... en poder ... un cuerpo espiritual» (1 Co 15:42-44).[3]

El hecho de que Jesús tuviera un cuerpo físico que se podía tocar y ver funcionar después de la resurrección lo vemos en que los discípulos «le abrazaron los pies» (Mt 28:9), en que se apareció a los discípulos en el camino a Emaús como cualquier otro viajero que iba de camino (Lc 24:15-18, 28-29), en que tomó pan y lo partió (Lc 24:30), en que comió un pedazo de pescado asado para demostrar que

---

[2]Vea el estudio de la palabra «primicias» en la p. 646 abajo.

[3]Por «cuerpo espiritual» Pablo no está refiriéndose a algo «inmaterial», sino más bien «apropiado y capacitado para responder a la dirección del Espíritu». En las epístolas paulinas, la palabra «espiritual» (gr. *pneumatikos*) rara vez significa «no físico», sino más bien «consistente con el carácter y la actividad del Espíritu Santo» (vea, p. ej. Ro. 1:11; 7:14; 1 Co. 2:13, 15; 3:1; 14:37; Gá, 6:1 [«ustedes que son espirituales»; (Ef. 5:19). Algunas traducciones de la Biblia dicen: «se siembra un cuerpo *físico*, resucitará cuerpo *espiritual*» y esto se presta a equivocaciones, porque Pablo no usó la palabra que tenía a mano si hubiera querido hablar de un cuerpo físico (gr. *somátikos*), sino que usó la palabra *psychikos*, que significa, en este contexto, «natural», es decir, un cuerpo que está viviendo su propia vida y según sus fuerzas y en las características del presente siglo, pero que no está completamente sometido ni vive en conformidad con el carácter y la voluntad del Espíritu Santo. Por tanto, una paráfrasis más clara sería: «Se siembra un cuerpo *natural* sujeto a las características y deseos de este siglo, gobernado por su propia voluntad pecaminosa, pero resucita un cuerpo *espiritual*, sujeto completamente a la voluntad de Espíritu Santo y que responde a la dirección del Espíritu». Un cuerpo así no es para nada «no físico», sino que es un cuerpo físico resucitado con el grado de perfección que era la intención original de Dios.

tenía un cuerpo físico y no era simplemente un espíritu, en que María pensó que él era el hombre que cuidaba el huerto (Jn 20:15), en que «les mostró las manos y el costado» (Jn 20:20), en que invitó a Tomás a que tocara sus manos y su costado (Jn 20:27), en que preparó el desayuno para sus discípulos (Jn 21:12-13), y en que explícitamente les dijo: «Miren mis manos y mis pies. ¡Soy yo mismo! Tóquenme y vean; *un espíritu no tiene carne ni huesos, como ven que los tengo yo*» (Lc 24:39). Pedro dijo que los discípulos «comimos y bebimos con él después de su resurrección» (Hch 10:41).

Es cierto que según parece Jesús podía aparecer y desaparecer de la vista de forma repentina (Lc 24:31, 36; Jn 20:19, 26). Pero debiéramos ser cuidadosos y no sacar demasiadas conclusiones de este hecho, porque no todos los pasajes afirman que Jesús podía aparecer o desaparecer repentinamente; algunos solo dicen que Jesús llegó y estuvo entre los discípulos. Cuando Jesús de repente desapareció de la vista de los discípulos en Emaús, este puede haber sido un suceso milagroso especial, tal como ocurrió cuando «el Espíritu del Señor se llevó de repente a Felipe y «el eunuco no volvió a verlo» (Hch 8:39). Tampoco debiéramos sacar demasiadas conclusiones del hecho de que Jesús llegó y estuvo entre los discípulos en dos ocasiones cuando las puertas estaban «cerradas»[4] (Jn 20:19, 26), porque ningún texto dice que Jesús pasó a través de las paredes ni nada parecido. En realidad, en otra ocasión en el Nuevo Testamento cuando alguien necesitó pasar a través de una puerta cerrada, la puerta milagrosamente se abrió (vea Hch 12:10).[5]

Murray Harris ha propuesto recientemente otra posible interpretación de los versículos citados arriba, especialmente los versículos que hablan de que Jesús apareció y desapareció en diferentes momentos. Dice que estos versículos muestran que mientras Jesús podía a veces materializarse en un cuerpo físico, su existencia acostumbrada era en una forma inmaterial o no corporal de su «cuerpo espiritual». Además, cuando él ascendió al cielo después de cuarenta días, dejó permanentemente toda materialización en un cuerpo físico. Harry dice:

> La resurrección de Jesús no consistió en su transformación en un cuerpo inmaterial sino en la adquisición de un «cuerpo espiritual» el cual podía materializarse o desmaterializarse a voluntad. Cuando, en ocasiones, Jesús escogió aparecer a varias personas en forma material, aquel era en realidad el «cuerpo espiritual» de Jesús como cuando no era visible o tangible. ... Después de cuarenta días, cuando terminaron sus apariciones en la tierra, Jesús asumió la forma única de ser visible para los habitantes del cielo, pero teniendo un cuerpo no corporal. ... En su estado de

---

[4]El participio perfecto griego *kekleismenon* puede significar que las puertas estaban «cerradas» o que ellos estaban «encerrados».

[5]No deseo argumentar que es imposible que el cuerpo de resurrección de Jesús pasara de alguna manera por la puerta o por la pared para entrar en el cuarto, solo digo que ningún versículo en la Biblia dice eso. Es posible, pero esa posibilidad no merece el estado de una conclusión firme que ya ha llegado a ser parte de alguna predicación popular y mucha erudición evangélica, es solo una posible inferencia de estos versículos, entre varias. Leon Morris dice: «Algunos sugieren que Jesús pasó a través de la puerta cerrada, o que la puerta de abrió por sí misma o algo parecido. Pero las Escrituras no dicen nada sobre la forma en que Jesús entró en el cuarto y nosotros haríamos bien en no intentar dar tampoco una definición» (*The Gospel According to John*, p. 844). El problema con una afirmación sobre que Jesús pasó a través de las paredes es que puede llevar a las personas a pensar del cuerpo resucitado de Jesús como algo inmaterial y eso es contrario a las afirmaciones explícitas del material que tenemos en los textos del Nuevo Testamento.

resucitado transcendía las leyes normales de la existencia física. Ya no estaba sujeto a limitaciones materiales ni espaciales.[6]

Es importante darse cuenta que Harris afirma definidamente la resurrección física y corporal de Jesús de entre los muertos.[7] Dice que el mismo cuerpo que murió también resucitó, pero fue transformado en un «cuerpo espiritual» con nuevas propiedades.[8]

En respuesta, aunque no considero que esto sea una cuestión doctrinal de mayor importancia (puesto que es solo un asunto acerca de la naturaleza del cuerpo resucitado, sobre lo cual sabemos muy poco en el tiempo presente),[9] pienso, no obstante, que el Nuevo Testamento nos provee de una evidencia persuasiva que nos llevaría a diferir del punto de vista de Harris. Este está de acuerdo en que en varias ocasiones Jesús tenía un cuerpo físico que podía tomar alimento y ser tocado y que tenía carne y huesos. Está incluso de acuerdo en que en la ascensión de Jesús al cielo, «fue un Jesús de "carne y huesos" (Lc 24:39) el que fue llevado arriba delante de los ojos de sus discípulos».[10] La única cuestión es si el cuerpo de Jesús existió en otros momentos en una forma inmaterial, no corporal, como Harris afirma. Para responder a eso, tenemos que preguntar si los textos del Nuevo Testamento acerca de las apariciones y desapariciones de Jesús requieren esa conclusión. No parece que sea así.

Lucas 24:31, que dice que después de que Jesús tomó pan, lo partió y se lo dio a sus dos discípulos, «pero él *desapareció*», no requiere eso. La expresión griega que se usa aquí y que se traduce «desaparecer» (*afantos egeneto*) no la encontramos en ninguna otra parte del Nuevo Testamento, pero cuando se halla en Diodoro Siculo (un historiador que escribió entre los años 60-30 a.C.) se emplea una vez de un hombre llamado Amfiaraus quien, con su carro, cayó en un abismo y «desapareció de la vista», y esa misma expresión se usa en otro lugar para hablar acerca de Atlas que fue arrastrado por los vientos de la cima de un monte y «desapareció».[11] En ninguno de los casos la expresión significa que la persona se hizo inmaterial o aun invisible, sino solo que fue trasladada a un lugar oculto de la vista de los demás.[12] Así que en Lucas 24:31 todo lo que podemos concluir es que los discípulos no

---

[6]Murray Harris, *From Grave to Glory: Resurrection in the New Testament* (Zondervan, Grand Rapids, 1990), pp. 142-43.

[7]Vea Harris, Ibíd, pp. 351 y 353 (donde él de forma inequívoca» afirma «la resurrección literal y física de Jesús de los muertos») y p. 365 («Soy feliz en afirmar que nuestro Señor se levantó de la tumba en el cuerpo físico real que Él poseyó antes de su muerte»).

[8]Él no entiende que «espiritual» signifique «no físico», sino más bien «animado y guiado por el espíritu» (o posiblemente «Espíritu»), p. 195.

[9]Vea el amplio informe acerca del punto de vista de Harris y los que lo han criticado (a veces no lo han tergiversado) en *CT*, 1 abril 1993, pp.l 62-63. Norman Geisler y otros han acusando a Harris de enseñar graves herejías, pero en este artículo, J. I. Packer dice que «tanto Harris como Geisler parecer ser ortodoxos, y los dos lo son igualmente» (pp. 64-65). Un informe de parte de otros tres teólogos evangélicos. Millard Ericsson, Bruce Demarest y Roger Nicole, dice que los puntos de vista de Harris son «algo novedosos» pero que son compatibles con la posición doctrinal [del Trinity Evangelical Divinity School, donde Harris enseña, y] del amplio movimiento evangélico» (p. 63).

[10]Harris, *From Grave to Glory*, p. 422.

[11]Diod. Sic. 4.65.9 (de Amphiaraus) y 3.60.3 (de Atlas).

[12]Otra ocasión en que aparece la palabra *aphantos* y tiene un sentido similar: Plutarco (50-120 d.C.) informa que hay un «centro» de la tierra o del océano que «es conocido de los dioses, pero que está oculto (*aphantos*) de los mortales» (Moralia 409F). El sentido no es «inmaterial» sino «oculto» de la vista, no visible.

siguieron viendo a Jesús; quizá el Espíritu del Señor se lo llevó (como con Felipe en Hechos 8:39), o quizá quedó oculto de nuevo de su vista (como con Moisés y Elías en el monte de la transfiguración, Mt 17:8, o como con el ejército celestial alrededor de Eliseo, 2 R 6:17, o [aparentemente] como con los discípulos que pasaron por delante de los guardias de la prisión en Hechos 5:19-23; 12:6, 10). En ningún caso necesitamos sacar la conclusión que el cuerpo físico de Jesús se hizo no físico, como tampoco necesitamos sacar la conclusión que los cuerpos de los discípulos se hicieron inmateriales cuando pasaron por delante de los guardas (Hch 5:23; 12:10) y escaparon de la cárcel. Del mismo modo, Lucas 24:31 no dice que sucediera alguna transformación en el cuerpo de Jesús; simplemente dice que los discípulos no siguieron viéndolo.[13]

En cuanto a la afirmación de que Jesús atravesó sustancias materiales, eso no está sustanciado en el Nuevo Testamento. Como expliqué anteriormente, el hecho de que Jesús apareciera en un cuarto cuando las puertas estaban cerradas (Jn 20:19, 26), puede significar o no que él atravesó la puerta o la pared. Es especialmente relevante aquí la primera liberación de los apóstoles de la cárcel. Ellos no pasaron a través de las puertas, sino que «en la noche un ángel del Señor abrió las puertas y los sacó» (Hch 5:19); no obstante, a la mañana siguiente los carceleros informaron: «Encontramos la cárcel cerrada, con todas las medidas de seguridad, y a los guardias firmes a las puertas; pero cuando abrimos, no encontramos a nadie adentro» (Hch 5:23). El ángel había abierto las puertas, los apóstoles habían salido por ellas, y luego el ángel volvió a cerrar las puertas con llave. Del mismo modo, cuando Pedro fue rescatado de la cárcel, no se desmaterializó a fin de quitarse las cadenas que lo sujetaban, sino que «las cadenas cayeron de las manos de Pedro» (Hch 12:7).[14] Asimismo, es sin duda posible que la puerta se abriera milagrosamente para Jesús o incluso que él entrara al cuarto con los discípulos y quedara temporalmente oculto a sus ojos.

En relación con la naturaleza del cuerpo resucitado de Jesús, mucho más decisivo que los textos acerca de las apariciones y desapariciones son los textos que muestran que Jesús claramente tenía un cuerpo físico con «carne y huesos» (Lc 24:39), con el cual podía comer y beber, partir el pan, preparar el desayuno, y ser tocado. A diferencia de los textos sobre las apariciones y desapariciones de

---

[13]Comparar Lucas 24:16, donde se dice que Jesús se acercó a sus discípulos en el camino a Emaús, pero que «no le reconocieron, pues sus ojos estaban velados». Si Dios pudo hacer que los ojos de los discípulos estuvieran parcialmente ciegos de modo que pudieron ver a Jesús, pero no reconocerlo, entonces no hay duda que unos pocos minutos más tarde el podía hacer que sus ojos estuvieran más ciegos para que pudieran verle para nada. Las posibilidades son complejas y nuestro conocimiento demasiado limitado para insistir en que estos textos requieren que Jesús se hiciera no físico.

[14]Harris dice que Jesús pasó por medio de una tumba sellada, según Mt. 28:2, 6, pero esos versículo pueden también querer decir fácilmente que la piedra fue retirada antes, y que entonces Jesús salió (cf. Lc. 24:2). Asimismo, Juan 20:4-7 solo dice que las vendas y el sudario que habían envuelto el cuerpo de Jesús estaban allí donde antes habían dejado su cuerpo, pero eso no requiere que el cuerpo de Jesús pasara a través de las vendas y el sudario. Puede significar sencillamente que Jesús (o un ángel) había retirado esas prendas y las había dejado cuidadosamente enrolladas. Hechos 10:40 dice que Jesús se hizo manifiesto o visible a testigos escogidos (es decir, ellos lo vieron), pero una vez más, no dice nada acerca de materializarse o ser inmaterial. En todos estos versículos, Aarhus parece estar sacando una gran conclusión de muy poca información.

Por último, aun si Jesús pasó a través de la puerta o de la pared (como muchos cristianos han concluido), esto no requiere que nosotros digamos que su cuerpo en forma acostumbrada era inmaterial, pero que puede ser bien explicado como un milagro especial o como una propiedad de los cuerpos resucitados que nosotros no comprendemos ahora, pero eso no requiere que sean no físicos o inmateriales.

Jesús, estos no ofrecen la posibilidad de una explicación alternativa que niegue el cuerpo físico de Jesús, Harris mismo concuerda en que en estos textos Jesús tenía un cuerpo con carne y huesos. Pero, ¿qué intentaban enseñar a los discípulos estas apariciones físicas si el cuerpo resucitado de Jesús no era definitivamente un cuerpo físico? Si Jesús se levantó de entre los muertos en el mismo cuerpo físico con el que había muerto, y si apareció repetidas veces a los discípulos en ese cuerpo físico, comiendo y bebiendo con ellos (Hch 10:41) durante cuarenta días, y si ascendió al cielo en ese mismo cuerpo físico (Hch 1:9), y si el ángel inmediatamente dijo a los discípulos: «Este mismo Jesús, que ha sido llevado de entre ustedes al cielo, vendrá otra vez de la misma manera que lo han visto irse» (Hch 1:11), entonces Jesús les estaba enseñando con claridad que su cuerpo resucitado era un *cuerpo físico*. Si la «forma habitual» de su cuerpo resucitado no era física, en estas repetidas apariciones físicas Jesús habría estado engañando a los discípulos (y a todos los subsiguientes lectores del Nuevo Testamento) y llevándoles a pensar a ellos (y a todos los subsiguientes lectores del Nuevo Testamento) que su cuerpo resucitado permanecía físico cuando no era así. Si era un cuerpo que habitualmente no era físico y se iba a quedar de esa forma para siempre en la ascensión, hubiera sido muy engañoso que Jesús dijera: «Miren mis manos y mis pies. ¡Soy yo mismo! Tóquenme y vean; un espíritu no tiene carne ni huesos, como ven que los tengo yo» (Lc 24:39). Él no dijo: «...carne y huesos, como ven que tengo temporalmente» Hubiera sido un gran error enseñar a los discípulos que tenía un cuerpo físico cuando en su forma habitual de existencia no lo tenía.

Si Jesús hubiera querido enseñarles que él podía materializarse y desmaterializarse a voluntad (como Harris sugiere), podía haberlo hecho fácilmente delante de sus ojos, de manera que ellos pudieran dejar constancia clara de este suceso. O podía haber pasado fácilmente a través de una pared mientras ellos observaban, en vez de aparecer de repente entre ellos. En resumen, si Jesús y los autores del Nuevo Testamento hubieran querido enseñarnos que el cuerpo de resurrección no era físico habitual y esencialmente, podían haberlo hecho, pero en vez de eso nos dejaron muchas claras indicaciones de que era físico y material habitualmente, a pesar de que era un cuerpo perfeccionado, libre para siempre de la debilidad, la enfermedad y la muerte.

Por último, hay una consideración doctrinal más amplia. La resurrección física de Jesús, y su posesión eterna de un cuerpo de resurrección físico, nos aporta una clara afirmación de la bondad de la creación material que Dios hizo originalmente: «Dios miró todo lo que había hecho, y consideró *que era muy bueno*» (Gn 1:31). Nosotros, como hombres y mujeres resucitados, viviremos para siempre en «un cielo nuevo y una tierra nueva, en los que habite la justicia» (2 P 3:13). Viviremos en una tierra renovada que «ha de ser liberada de la corrupción que la esclaviza» (Ro 8:21) y se transformará como en un nuevo huerto del Edén. Habrá una nueva Jerusalén y las personas «llevarán a ella todas las riquezas y el honor de las naciones» (Ap 21:26), y allí habrá un «río de agua de vida, claro como el cristal, que salía del trono de Dios y del Cordero, y corría por el centro de la calle principal de la ciudad. A cada lado del río estaba el árbol de la vida, que produce doce cosechas al año, una por mes; y las hojas del árbol son para la salud de las naciones» (Ap 22:1-2). En este universo material y físico, renovado, parece que tendremos que vivir como seres humanos con cuerpos físicos apropiados para la vida de la creación física renovada por Dios. Específicamente, el cuerpo físico de resurrección de Jesús afirma la bondad de la creación original del hombre por Dios no como un espíritu como los ángeles, sino como una criatura con cuerpo físico que era «muy bueno». No debemos caer en el error de pensar que la existencia inmaterial es de alguna manera una forma de existencia mejor para las criaturas.[15] Cuando Dios nos creó como la cúspide de su creación, nos dio cuerpos físicos. Jesús se levantó de entre los muertos en un cuerpo físico perfeccionado, y ahora reina en el cielo, y regresará para llevarnos a nosotros con él para siempre.

3. El Padre y el Hijo participaron en la resurrección. Algunos textos afirman específicamente que el Padre levantó a Cristo de entre los muertos (Hch 2:24; Ro 6:4; 1 Co 6:14; Gá 1:1; Ef 1:20), pero otros textos presentan a Jesús participando en su propia resurrección. Jesús dice: «Por eso me ama el Padre: porque entrego mi vida para volver a recibirla. Nadie me la arrebata, sino que yo la entrego por mi propia voluntad. Tengo autoridad para entregarla, y tengo también autoridad para volver a recibirla. Éste es el mandamiento que recibí de mi Padre» (Jn 10:17-18); cf. 2:19-21). Quizá la mejor conclusión es que tanto el Padre como el Hijo participaron en la resurrección.[16] En verdad, Jesús dice: «Yo soy la resurrección y la vida» (Jn 11:25; cf. He 7:16).[17]

4. El significado doctrinal de la resurrección

a. La resurrección de Cristo asegura nuestra regeneración: Pedro dice que «por su gran misericordia, nos ha hecho nacer de nuevo mediante la resurrección de Jesucristo, para que tengamos una esperanza viva» (1 P 1:3). Aquí se relaciona explícitamente la resurrección de Jesús con nuestra regeneración o nuevo nacimiento. Cuando Jesús se levantó de entre los muertos tenía una nueva calidad de vida, una «vida de resurrección» en un cuerpo y espíritu humanos que eran perfectamente apropiados para obediencia y compañerismo con Dios para siempre. En su resurrección, Jesús ganó para nosotros una vida nueva como la suya. No recibimos todo lo de esa nueva «vida de resurrección» cuando nos hacemos cristianos, porque nuestros cuerpos permanecen como eran, sujetos todavía a la debilidad, el envejecimiento y la muerte. Pero en nuestro espíritu somos vivificados con el nuevo poder de la resurrección.[18] De manera que es por medio de su resurrección que Jesús ganó para nosotros la nueva clase de vida que recibimos cuando «nacemos de nuevo». Esta es la razón por la que Pablo puede decir que Dios «nos dio vida con Cristo, aun cuando estábamos muertos en pecados. ¡Por gracia ustedes han sido

---

[15]El profesor Harris quiere también evitar este error, porque dice: «No puede haber dualismo entre el espíritu y la materia. Ningún escritor del Nuevo Testamento concibe la salvación del alma o espíritu con el mundo material visible abandonado en el olvido» (p. 251). No obstante, estoy preocupado que su posición puede llevar a otros a menospreciar el valor de la creación material y la bondad de nuestros cuerpos físicos como creación de Dios.

[16]Vea en el capítulo 26, pp. 574-75, las reflexiones sobre la participación del Padre y del Hijo en la resurrección.

[17]Debido a que las obras de Dios son generalmente las obras de toda la Trinidad, es probablemente correcto decir que el Espíritu Santo estuvo también involucrado en la resurrección de Jesús, pero ningún texto de las Escrituras lo afirma de forma explícita (pero vea Ro. 8:11).

[18]Vea capítulo 34, pp. 733-43, para un estudio de la regeneración.

salvados! Y en unión con Cristo Jesús, Dios *nos resucitó*» (Ef 2:5-6; cf. Col 3:1). Cuando Dios resucitó a Cristo de entre los muertos, nos consideró en cierta forma resucitados «con Cristo» y, por tanto, merecedores de los méritos de la resurrección de Cristo. Pablo dice que su meta en la vida es «conocer a Cristo, experimentar el poder que se manifestó en su resurrección... » (Fil 3:10). Pablo sabía que aun en esta vida la resurrección de Cristo le daba un poder nuevo para el ministerio cristiano y la obediencia a Dios.

Pablo relaciona la resurrección de Cristo con el poder espiritual que obra dentro de nosotros cuando les dice a los creyentes efesios que está orando por ellos para que lleguen a conocer «cuán incomparable es la grandeza de su poder a favor de los que creemos. Ese poder es la fuerza grandiosa y eficaz que Dios ejerció en Cristo cuando lo resucitó de entre los muertos y lo sentó a su derecha en las regiones celestiales» (Ef 1:19-20). Pablo está diciendo aquí que el poder mediante el cual Dios levantó a Cristo de entre los muertos es el mismo poder que está obrando dentro de nosotros. Pablo además nos ve como resucitados en Cristo cuando dice: «Por tanto, mediante el bautismo fuimos sepultados con él en su muerte, a fin de que, así como Cristo resucitó por el poder del Padre, también nosotros llevemos una vida nueva. ... De la misma manera, también ustedes considérense muertos al pecado, pero vivos para Dios en Cristo Jesús» (Ro 6:4, 11). Este nuevo poder de la resurrección en nosotros incluye el *poder de ser más que vencedores sobre el pecado que aun permanece en nosotros*. «Así el pecado no tendrá dominio sobre ustedes» (Ro 6:14; cf. 1 Co 15:17), aunque nunca seremos perfectos en esta vida. Este poder de la resurrección incluye también el *poder para ministrar en la obra del reino*. Fue después de su resurrección que Jesús prometió a sus discípulos: «Cuando venga el Espíritu Santo sobre ustedes, recibirán poder y serán mis testigos tanto en Jerusalén como en toda Judea y Samaria, y hasta los confines de la tierra» (Hch 1:8). Este poder nuevo e intensificado para proclamar el evangelio, realizar milagros y triunfar sobre la oposición del enemigo fue dado a los discípulos después de la resurrección de Cristo y era parte del nuevo poder de resurrección que caracterizaba su vida cristiana.

b. La resurrección de Cristo asegura nuestra justificación. Solo en un pasaje relaciona Pablo explícitamente la resurrección de Cristo con nuestra justificación (o la declaración de que ya no somos culpables sino justos delante de Dios).[19] Pablo dice que Jesús «fue entregado a la muerte por nuestros pecados, y *resucitó para nuestra justificación*» (Ro 4:25). Cuando Cristo resucitó, esa fue la declaración de Dios de aprobación de la obra de redención de Cristo. Porque Cristo «se humilló a sí mismo y se hizo obediente hasta la muerte, ¡y muerte de cruz!« (Fil 2:8) y «por eso Dios lo exaltó hasta lo sumo» (Fil 2:9). Al resucitar a Cristo, Dios el Padre estaba en efecto diciendo que aprobaba la obra de Cristo de sufrimiento y de muerte por nuestros pecados, de que su tarea estaba consumada, y que ya no había ninguna necesidad de que Cristo permaneciera muerto. Ya no quedaba penalidad que pagar por el pecado, ya no había que cargar más con la ira de Dios, ya no había más culpa ni deuda que pagar: todo había quedado completamente pagado, y no

---

[19]Vea capítulo 36, pp. 758-73, sobre la justificación.

quedaba ninguna culpa. Dios estaba diciendo mediante la resurrección: «Apruebo lo que se ha hecho, y tú eres bien recibido en mi presencia».

Esto explica cómo Pablo puede decir que Cristo «resucitó para nuestra justificación» (Ro 4:25). Si Dios «en unión con Cristo Jesús ... nos resucitó» (Ef 2:6), entonces, en virtud de nuestra unión con Cristo, la declaración de aprobación divina de Cristo es también su declaración de que nos aprueba a nosotros. Cuando el Padre en esencia dijo a Cristo: «Todo el castigo por los pecados ya está pagado y ya no eres culpable sino justo a mis ojos», estaba haciendo una declaración que aplicaría también a nosotros cuando confiáramos en Cristo para salvación. De esta manera la resurrección de Cristo aporta una prueba final de que él había ganado nuestra justificación.

c. La resurrección de Cristo asegura que nosotros también recibiremos cuerpos perfectos de resurrección: El Nuevo Testamento relaciona varias veces el cuerpo de resurrección de Jesús con nuestra resurrección corporal final. «Con su poder Dios resucitó al Señor, y nos resucitará también a nosotros» (1 Co 6:14). Asimismo, «aquel que resucitó al Señor Jesús nos resucitará también a nosotros con él y nos llevará junto con ustedes a su presencia» (2 Co 4:14). Pero la reflexión más amplia sobre las relaciones entre la resurrección de Cristo y la nuestra la encontramos en 1 Corintios 15:12-58. Pablo nos dice allí que Cristo «ha sido levantado de entre los muertos, como primicias de los que murieron» (1 Co 15:20). Al llamar a Cristo las «primicias» (gr. *aparche*), el apóstol usa una metáfora de la agricultura para indicar que seremos como Cristo. Así como las «primicias» o los primeros frutos de la cosecha madura muestran que el resto de la misma será igual, Cristo como las «primicias» muestra cómo serán nuestros cuerpos de resurrección cuando, en la última «cosecha» de Dios, nos levante de entre los muertos y nos lleve a su presencia.[20]

Después de la resurrección de Jesús, él todavía tenía en sus manos y pies las señales de los clavos y la herida de la lanza en el costado (Jn 20:27. Las personas algunas veces se preguntan si eso indica que las cicatrices de heridas graves que hemos recibido en esta vida permanecerán en nuestros cuerpos resucitados. La respuesta es que probablemente no tendremos ninguna cicatriz de las heridas o golpes que hayamos recibido en esta vida, sino que nuestros cuerpos serán perfectos, «incorruptibles» y resucitados «en gloria». Las cicatrices de la crucifixión de Cristo son únicas porque son un recuerdo eterno de sus sufrimientos y muerte por nosotros.[21] El hecho que él retuviera esas cicatrices no significa necesariamente que nosotros retendremos las nuestras. Por el contrario, todos seremos sanados, y seremos perfectos y completos.

5. El significado ético de la resurrección. Pablo ve también que la resurrección tiene aplicación a nuestra obediencia a Dios en esta vida. Después de una larga

---

[20]Vea capítulos 42, pp. 873-78, para un estudio más detallado de la naturaleza de nuestros cuerpos resucitados.

[21]En realidad, las evidencias de los muchos golpes y latigazos que le dieron a Jesús y la consecuente desfiguración sufrida antes de su crucifixión estaban todas probablemente sanadas, y solas las señales en sus manos, pies, y costado permanecían como testimonio de su muerte por nosotros. Jesús fue resucitado «en gloria» (cf. 1 Co 15:43), no es una desfiguración horrible cuando apenas acababa de regresar a la vida.

reflexión sobre la resurrección, Pablo concluye animando a sus lectores: «*Por lo tanto*, mis queridos hermanos, manténganse firmes e inconmovibles, progresando siempre en la obra del Señor, conscientes de que su trabajo en el Señor no es en vano» (1 Co 15:58). Es porque Cristo resucitó de entre los muertos, y que nosotros también seremos resucitados, que nos sentimos animados a continuar firmes en la obra del Señor. Eso es debido a que todo lo que hacemos para llevar a las personas al reino de Dios y edificarlas terminará teniendo significado y valor eterno, porque todos seremos resucitados en el día cuando Cristo regrese, y viviremos para siempre con él.

Segundo, Pablo nos anima a que cuando pensemos en la resurrección nos enfoquemos en la futura recompensa celestial, nuestra meta. Él ve la resurrección como un tiempo cuando todas nuestras luchas en la vida serán recompensadas. Pero si Cristo no ha resucitado y si no hay resurrección, vuestra fe «es ilusoria y todavía están en sus pecados. En este caso, también están perdidos los que murieron en Cristo. Si la esperanza que tenemos en Cristo fuera sólo para esta vida, seríamos los más desdichados de todos los mortales» (1 Co 15:17-19; cf. v. 32). Pero debido a que Cristo ha resucitado, y nosotros hemos sido resucitados con él, podemos esperar una recompensa celestial y fijar nuestra mente en los asuntos del cielo:

> Ya que han resucitado con Cristo, *busquen las cosas de arriba*, donde está Cristo sentado a la derecha de Dios. Concentren su atención en las cosas de arriba, no en las de la tierra, pues ustedes han muerto y su vida está escondida con Cristo en Dios. Cuando Cristo, que es la vida de ustedes, se manifieste, entonces también ustedes serán manifestados con él en gloria. (Col 3:1-4).

Una tercera aplicación ética de la resurrección es la obligación de dejar de ceder al pecado en nuestra vida. Cuando Pablo dice «también ustedes considérense muertos al pecado, pero vivos para Dios en Cristo Jesús» por virtud de la resurrección de Cristo y del poder de su resurrección dentro de ustedes (Ro 6:11), sigue inmediatamente para decir: «Por lo tanto, *no permitan ustedes que el pecado reine* en su cuerpo mortal... No ofrezcan los miembros de su cuerpo al pecado» (Ro 6:12-13). Pablo usa el hecho de que contamos con este nuevo poder de la resurrección para contrarrestar el dominio del pecado en nuestra vida como una razón para exhortarnos a no pecar.

B. La ascensión al cielo

1. Cristo ascendió a un lugar. Después de su resurrección, Jesús continuó en la tierra durante cuarenta días (Hch 1:3), y luego se encaminó con sus discípulos a Betania, a las afueras de Jerusalén, y «allí alzó las manos y los bendijo. Sucedió que, mientras los bendecía, se alejó de ellos y fue llevado al cielo» (Lc 24:50-51).

Lucas también nos deja constancia de esta experiencia en la sección introductoria de Hechos:

> Habiendo dicho esto, mientras ellos lo miraban, fue llevado a las alturas hasta que una nube lo ocultó de su vista. Ellos se quedaron mirando fijamente al cielo

mientras él se alejaba. De repente, se les acercaron dos hombres vestidos de blanco, que les dijeron: «Galileos, ¿qué hacen aquí mirando al cielo? Este mismo Jesús, que ha sido llevado de entre ustedes al cielo, vendrá otra vez de la misma manera que lo han visto irse». (Hch 1:9-11)

Estas narraciones describen un suceso que tienen la clara intención de mostrar a los discípulos que Jesús fue a un lugar. Él no desapareció repentinamente de entre ellos, y nunca más lo volvieron a ver, sino que ascendió gradualmente mientras ellos estaban mirando, y entonces una nube (al parecer la nube de la gloria de Dios) lo ocultó de su vista. Pero los ángeles inmediatamente dijeron que él volvería en la misma manera en que había ido al cielo. El hecho de que Jesús tuviera un cuerpo de resurrección que estaba sujeto a las limitaciones espaciales (podía estar solo en un lugar a la vez) significa que Jesús fue *a alguna parte* cuando ascendió al cielo.

Es sorprendente que incluso algunos teólogos evangélicos titubeen en afirmar que el cielo es un lugar o que Jesús ascendió a un lugar definido en alguna parte en el universo de espacio-tiempo. Hay que reconocer que no podemos ver ahora dónde está Jesús, pero eso no es porque él pasara a algún «estado de ser» etéreo que no tiene localización para nada en el universo de espacio-tiempo, sino más bien debido a que nuestros ojos no son capaces de ver el mundo espiritual invisible que existe a todo nuestro alrededor. Hay ángeles a nuestro alrededor, pero nosotros no podemos verlos debido a que nuestros ojos no tienen esa capacidad. Eliseo estaba rodeado de un ejército de ángeles y carros de fuego para su protección de los sirios en Dotán, pero el siervo de Eliseo no pudo ver los ángeles hasta que Dios le abrió los ojos a fin de que pudiera ver las cosas que existían en aquella dimensión espiritual (2 R 6:17). Asimismo, cuando Esteban estaba muriendo, Dios le dio la habilidad especial de ver el mundo que está ahora oculto de nuestros ojos, y a Jesús que estaba a la diestra de Dios; y él «fijó la mirada en el cielo y vio la gloria de Dios, y a Jesús de pie a la derecha de Dios. ¡Veo el cielo abierto —exclamó—, y al Hijo del hombre de pie a la derecha de Dios!» (Hch 7:55-56). Y el mismo Cristo dijo: «En el hogar de mi Padre hay muchas viviendas; si no fuera así, ya se lo habría dicho a ustedes. Voy a prepararles un lugar. Y si me voy y se lo preparo, vendré para llevármelos conmigo. Así ustedes estarán donde yo esté» (Jn 14:2-3).

Por supuesto, no podemos decir ahora con exactitud dónde está el cielo. Las Escrituras a veces hablan de personas que ascienden al cielo (como Jesús lo hizo, y Elías), o que descienden del cielo (como los ángeles en el sueño de Jacob, Gn 28:12), de manera que tenemos justificación para pensar que cielo es un lugar en alguna parte «arriba» de la tierra. Sabemos que la tierra es redonda y gira sobre sí misma, de modo que no sabemos con precisión dónde está el cielo, las Escrituras no nos lo dicen. Pero como se hace hincapié repetidas veces en el hecho de que Jesús fue a alguna parte (como lo hizo Elías, 2 R 2:11, y en que la nueva Jerusalén descenderá del cielo de Dios (Ap 21:2), todo parece indicar que hay una localización clara del cielo en el universo de espacio-tiempo. Los que no creen en las Escrituras pueden burlarse de esa idea y se preguntan cómo puede ser eso, como le sucedió al primer cosmonauta ruso cuando regresó de su viaje por el espacio y declaró que no había visto a Dios ni el cielo en ninguna parte, pero eso simplemente hablaba de la ceguedad de sus ojos hacia el mundo espiritual invisible; no indica que el cielo no exista en un cierto lugar. De hecho, la ascensión de Jesús al cielo tiene el propósito de enseñarnos que el cielo existe en alguna parte en el universo de espacio-tiempo. (Vea el capítulo 57 para un estudio más completo de la naturaleza del cielo.)

2. Cristo recibió como Dios-hombre una gloria y honra que no había tenido antes. Cuando Jesús ascendió al cielo recibió gloria, honor y autoridad que nunca había tenido antes como alguien que era tanto Dios como hombre. Antes de morir, Jesús oró diciendo: «Y ahora, Padre, glorifícame en tu presencia con la gloria que tuve contigo antes de que el mundo existiera» (Jn 17:5).[22] En su sermón de Pentecostés, Pedro dijo que Jesús fue «exaltado por el poder de Dios» (Hch 2:33), y Pablo declaró que «Dios lo exaltó hasta lo sumo» (Fil 2:9), y que fue «recibido en la gloria» (1 Ti 3:16; cf. He 1:4). Cristo está ahora en el cielo y los coros angelicales le alaban: «Cantaban con todas sus fuerzas: "¡Digno es el Cordero, que ha sido sacrificado, de recibir el poder, la riqueza y la sabiduría, la fortaleza y la honra, la gloria y la alabanza!"» (Ap 5:12).[23]

3. Cristo está sentado a la mano derecha de Dios. Un aspecto específico de la ascensión de Cristo al cielo y de recibir honra fue el hecho que *se sentó* a la mano derecha de Dios. Esto es lo que a veces se llamaba en el inglés antiguo su sesión a la diestra de Dios.[24]

El Antiguo Testamento predijo que el Mesías se sentaría a la mano derecha de Dios: «Así dijo el Señor a mi Señor: "Siéntate a mi derecha hasta que ponga a tus enemigos por estrado de tus pies"» (Sal 110:1). Cuando Cristo marchó de regreso al cielo recibió el cumplimiento de la promesa: «Después de llevar a cabo la purificación de los pecados, *se sentó* a la derecha de la Majestad en las alturas» (He 1:3). Este recibimiento en la presencia de Dios y el sentarse a la diestra de Dios es una dramática indicación de que Cristo había completado la obra de la redención. Así como un ser humano se sienta a la terminación de una gran tarea para disfrutar de la satisfacción de haberla llevado a cabo, Jesús se sentó a la mano derecha de Dios, demostrando visiblemente que había consumado su obra de redención.

Además de mostrar la consumación de la obra de redención de Cristo, el acto de sentarse a la diestra de Dios es una indicación de que recibió autoridad sobre todo el universo. Pablo dice que Dios «lo resucitó de entre los muertos y lo sentó a su derecha en las regiones celestiales, muy por encima de todo gobierno y autoridad, poder y dominio, y de cualquier otro nombre que se invoque, no sólo en este mundo sino también en el venidero» (Ef 1:20-21). Del mismo modo, Pedro dice que Jesús «subió al cielo y tomó su lugar a la derecha de Dios ...[y que] los ángeles, las autoridades y los poderes [le están sometidos]» (1 P 3:22). Pablo también alude

---

[22]Este versículo muestra que la gloria que Jesús recibió le había pertenecido antes como el eterno Hijo de Dios, pero que no le había pertenecido antes de su forma encarnada como Dios-hombre.

[23]Algunos teólogo luteranos han dicho también que cuando Jesús ascendió al cielo, su naturaleza humana se hizo ubicua (presente en todas partes). Vea las consideraciones al respecto en el capítulo 26, p. 585, n. 38.

[24]La palabra *session* significaba en el inglés antiguo «el acto de sentarse», pero ya no tiene ese sentido en el inglés común de hoy.

al Salmo 110:1 cuando dice: «Porque es necesario que Cristo reine hasta poner a todos sus enemigos debajo de sus pies» (1 Co 15:25).

Un aspecto adicional de la autoridad que Cristo recibió del Padre cuando se sentó a su mano derecha fue la autoridad de derramar el Espíritu Santo sobre la iglesia. Pedro dice en el día de Pentecostés: «Exaltado por el poder de Dios, y habiendo *recibido del Padre el Espíritu Santo prometido*, ha derramado esto que ustedes ahora ven y oyen» (Hch 2:33).

El hecho de que Jesús está ahora sentado a la mano derecha de Dios en el cielo no quiere decir que está perpetuamente fijo en esa posición y que está inactivo. También le vemos «de pie a la derecha de Dios» (Hch 7:56) y caminando entre los siete candelabros de oro en el cielo (Ap 2:1). Del mismo modo que un rey humano se sienta en el trono real en su ascensión al trono, pero luego participa en otras muchas actividades a lo largo del día, también el que Cristo esté sentado a la diestra de Dios es una evidencia clara de la consumación de su obra redentora, pero también sin duda alguna participa en otras actividades en el cielo.

4. La ascensión de Cristo tiene importancia doctrinal para nuestra vida. Así como la resurrección tiene profundas implicaciones para nuestra vida, la ascensión de Cristo también tiene importantes implicaciones para nosotros. Primera, puesto que estamos unidos con Cristo en cada aspecto de su obra redentora,[25] la ida de Cristo al cielo anuncia nuestra futura ascensión al cielo con él. «Luego los que estemos vivos, los que hayamos quedado, seremos arrebatados junto con ellos en las nubes para encontrarnos con el Señor en el aire. Y así estaremos con el Señor para siempre» (1 Ts 4:17). El autor de Hebreos quiere que corramos la carrera de la vida con el conocimiento de que vamos siguiendo las pisadas de Jesús y al final llegaremos a las bendiciones de la vida en el cielo que él está ahora disfrutando: «Por tanto, también nosotros, que estamos rodeados de una multitud tan grande de testigos, despojémonos del lastre que nos estorba, en especial del pecado que nos asedia, y corramos con perseverancia la carrera que tenemos por delante. Fijemos la mirada en Jesús, el iniciador y perfeccionador de nuestra fe, quien por el gozo que le esperaba, soportó la cruz, menospreciando la vergüenza que ella significaba, y ahora está sentado a la derecha del trono de Dios» (He 12:1-2). Y Jesús mismo dice que un día nos llevará a donde él está (Jn 14:3).

Segundo, la ascensión de Jesús nos da seguridad de que nuestro hogar definitivo estará en el cielo con él. «En el hogar de mi Padre hay muchas viviendas; si no fuera así, ya se lo habría dicho a ustedes. Voy a prepararles *un* lugar. Y si me voy y se lo preparo, vendré para llevármelos conmigo. Así ustedes estarán donde yo esté» (Jn 14:2-3). Jesús era un hombre como nosotros en todo sentido, pero sin pecado, y él ha ido por delante de nosotros para que al final podamos seguirle allí y vivir con él para siempre. El hecho de que Jesús ya ha ascendido al cielo y ha alcanzado la meta que tenía propuesta nos da a nosotros una gran seguridad de que al final nosotros también iremos allí.

Tercera, debido a nuestra unión con Cristo en su ascensión, nosotros somos también capaces de compartir ahora (en parte) la autoridad de Cristo sobre el

---

[25]Vea el estudio sobre la unión con Cristo en el capítulo 43, pp. 882-97.

universo, y más tarde lo compartiremos de forma más completa. Esto es lo que Pablo indica cuando dice: «Y en unión con Cristo Jesús, Dios nos resucitó y nos hizo *sentar con él en las regiones celestiales*» (Ef 2:6). No estamos, por supuesto, físicamente presentes en el cielo, porque todavía permanecemos en la tierra en el presente. Pero si la presencia de Cristo a la diestra de Dios se refiere a haber recibido autoridad, entonces el hecho de que Dios nos haya hecho sentarnos con Cristo significa que participamos en alguna medida en la autoridad que Cristo tiene, autoridad para luchar «contra potestades que dominan este mundo de tinieblas, contra fuerzas espirituales malignas en las regiones celestiales» (Ef 6:12; cf. vv. 10-18) y luchar con armas que «tienen el poder divino para derribar fortalezas» (2 Co 10:4). Esta participación en la autoridad de Cristo sobre el universo será nuestra más plenamente en la era venidera: «¿No saben que aun a los ángeles los juzgaremos?» (1 Co 6:3). Además, participaremos en la autoridad de Cristo sobre la creación de Dios (He 2:5-8).[26] Jesús promete: «Al que salga vencedor y cumpla mi voluntad hasta el fin, le daré autoridad sobre las naciones —así como yo la he recibido de mi Padre— y él las gobernará con puño de hierro; las hará pedazos como a vasijas de barro» (Ap 2:26-27). También promete: «Al que salga vencedor le daré el derecho de sentarse conmigo en mi trono, como también yo vencí y me senté con mi Padre en su trono» (Ap 3:21). Estas son promesas asombrosas de nuestra futura participación en sentarnos con Cristo a la mano derecha de Dios, promesas que no entenderemos completamente hasta el siglo venidero.

C. Estados de Cristo Jesús

Al hablar de la vida, muerte y resurrección de Cristo, los teólogos han hablado a veces acerca de los «estados de Cristo Jesús». Mediante esta expresión se refieren a las diferentes relaciones que Jesús tuvo con la ley de Dios para la humanidad, a la posesión de autoridad y a recibir honra y gloria para sí. Generalmente se distinguen dos estados: La humillación y la exaltación. De forma que la doctrina del «estado doble de Cristo» es la enseñanza de que Cristo experimentó primero un estado de humillación y después un estado de exaltación.

Dentro de la humillación de Cristo están incluidos su encarnación, sufrimiento, muerte y sepultura. A veces se incluye un quinto aspecto, el descenso al infierno, pero como explicamos anteriormente, la posición que hemos tomado en este libro es que las Escrituras no apoyan ese concepto .

En la exaltación de Cristo, hay también cuatro aspectos: Su resurrección, ascensión al cielo, el sentarse a la diestra de Dios y su regreso en gloria y poder. Muchas obras de teología sistemática usan el estado de humillación y el estado de exaltación como categorías amplias para organizar su estudio de la obra de Cristo Jesús.[27]

---

[26]Vea el estudio de He. 2:5-8 en el capítulo 26, p. 566; vea también pp. 282-83.

[27]Aunque este es un método útil de organización, no lo he usado en este libro. Sin embargo, todos los tópicos incluidos en el estudio de estos dos estados han sido cubiertos en este y otros capítulos de este libro Para un estudio más detallado, vea W. Grudem, «Estados de Cristo Jesús», *EDT*, pp. 1052-54.

PREGUNTAS DE APLICACIÓN PERSONAL

1. Al leer este capítulo, ¿qué aspectos de la enseñanza de la Biblia acerca de un cuerpo de resurrección fueron nuevos para usted? ¿Puede usted pensar en algunas características del cuerpo de resurrección que usted también espera y desea? ¿Cómo le hace sentirse el pensamiento de tener un cuerpo así?

2. ¿Qué cosas le gustaría hacer ahora pero se encuentra incapacitado para hacerlas por causa de debilidades o limitaciones en su propio cuerpo físico? ¿Piensa usted que estas actividades serían apropiadas para su vida en el cielo? ¿Podrá entonces hacerlas allá?

3. Cuando usted nació de nuevo, recibió nueva vida espiritual. Si piensa que esta nueva vida espiritual es parte del poder de la resurrección de Cristo que obra dentro de usted, ¿cómo le da esto ánimo para vivir la vida cristiana y ministrar a las personas en sus necesidades?

4. La Biblia dice que estamos sentados con Cristo en los lugares celestiales (Ef 2:6). Al meditar en este hecho, ¿cómo afectará su vida de oración y su participación en la guerra espiritual en contra de fuerzas demoníacas?

5. Cuando piensa que Cristo ahora está en el cielo, ¿le ayuda esto a enfocar más su atención en las cosas que tienen significado eterno? ¿Aumenta esto su seguridad de que un día usted estará con él en el cielo? ¿Cómo se siente acerca de la posibilidad de reinar con Cristo sobre las naciones y sobre los ángeles?

TÉRMINOS ESPECIALES

ascensión	incorruptible
cuerpo espiritual	resucitado en gloria
estados de Cristo Jesús	resucitado en poder
exaltación de Cristo	resurrección
humillación de Cristo	sentado a la diestra de Dios

BIBLIOGRAFÍA

(Para una explicación de esta bibliografía vea la nota sobre la bibliografía en el capítulo 1, p. 40. Datos bibliográficos completos se pueden encontrar en las páginas 1297-1306.)

Secciones en Teologías Sistemáticas Evangélicas

1. Anglicana (episcopal)
   - 1882–92   Litton, 195–96
   - 1930   Thomas, 73–87
2. Arminiana (wesleyana o metodista)
   - 1875–76   Pope, 3:401–6
   - 1987–90   Oden, 451–526
3. Bautista
   - 1767   Gill, 1:583–602

1907	Strong, 706–10, 1015–23
1917	Mullins, 44–46, 158–64, 472–78
1983–85	Erickson, 769–79
1987–94	Lewis / Demarest, 2:437–96

4. Dispensacional

1947	Chafer, 5:231–79
1949	Thiessen, 243–50
1986	Ryrie, 267–74

5. Luterana

| 1917–24 | Pieper, 2:324–30 |
| 1934 | Mueller, 295–300 |

6. Reformada (o presbiteriana)

1861	Heppe, 488–509
1871–73	Hodge, 2:626–38
1887–1921	Warfield, *SSW* 1:178–202; *PWC* 535–48
1937–66	Murray, *CW* 1:40–43; *CW* 4:82–91
1938	Berkhof, 344–55
1962	Buswell, 2:32–40

7. Renovada (o carismática o pentecostal)

| 1988–92 | Williams, 1:381–413 |

Secciones en Teologías Sistemáticas Católicas Romanas Representativas

1. Católica Romana: tradicional

| 1955 | Ott, 192–96 |

2. Católica Romana: Post Vaticano II

| 1980 | McBrien, 1:405–17 |

Otras obras

Bray, G. L. «Ascension and Heavenly Session of Christ». En *NDT* pp. 46–47.

Craig, William Lane. *The Son Rises: The Historical Evidence for the Resurrection of Jesus*. Moody, Chicago, 1981.

Fuller, Daniel P. *Easter Faith and History*. Eerdmans, Grand Rapids, 1965.

Gaffin, Richard B., Jr. *Resurrection and Redemption: A Study in Paul's Soteriology*. Anteriormente, *The Centrality of the Resurrection: A Study in Paul's Soteriology*. Presbyterian and Reformed, Phillipsburg, N. J., 1978.

Habermas, G. R. «Resurrection of Christ». En *EDT* pp. 938–41.

_____, y Anthony Flew. *Did Jesus Rise From the Dead? The Resurrection Debate*. Editada por Terry L. Miethe. Harper and Row, New York, 1987.

Harris, Murray J. *From Grave to Glory: Resurrection in the New Testament, Including a Response to Norman L. Geisler*. Zondervan, Grand Rapids, 1990.

_____. «Resurrection, General». En *NDT* pp. 581–82.

Ladd, George E. *I Believe in the Resurrection of Jesus*. Eerdmans, Grand Rapids, 1975.

Macleod, D. «Resurrection of Christ». En *NDT* pp. 582–85.

Morison, Frank. *Who Moved the Stone?* Faber and Faber, London, 1930; reimpresión, Zondervan, Grand Rapids, 1958.

O'Donovan, Oliver. *Resurrection and Moral Order.* Inter-Varsity Press, Leicester, 1986.

Ross, A. «Ascension of Christ». En *EDT* pp. 86–87.

Swete, Henry Barclay. *The Ascended Christ: A Study in the Earliest Christian Teaching.* Macmillan, London, 1910.

Tenney, Merrill C. *The Reality of the Resurrection.* Harper and Row, New York, 1963.

Toon, Peter. *The Ascension of Our Lord.* Thomas Nelson, Nashville, 1984.

Wenham, John. *The Easter Enigma.* Paternoster, London, 1984.

PASAJE BÍBLICO PARA MEMORIZAR

1 Corintios 15:20–23: *Lo cierto es que Cristo ha sido levantado de entre los muertos, como primicias de los que murieron. De hecho, ya que la muerte vino por medio de un hombre, también por medio de un hombre viene la resurrección de los muertos. Pues así como en Adán todos mueren, también en Cristo todos volverán a vivir, pero cada uno en su debido orden: Cristo, las primicias; después, cuando él venga, los que le pertenecen.*

HIMNO

«El Señor resucitó»

El Señor resucitó, ¡Aleluya!
Muerte y tumba él venció; ¡Aleluya!
Con su fuerza y su virtud ¡Aleluya!
Cautivó la esclavitud. ¡Aleluya!

El que al polvo se humilló ¡Aleluya!
Vencedor se levantó; ¡Aleluya!
Cante hoy la cristiandad ¡Aleluya !
Su gloriosa majestad. ¡Aleluya!

Cristo en la cruz sufrió, ¡Aleluya!
Y en desolación se vio, ¡Aleluya!
Hoy en gloria celestial ¡Aleluya!
Reina vivo e inmortal. ¡Aleluya!

Cristo nuestro Salvador, ¡Aleluya!
De la muerte vencedor, ¡Aleluya!
Pronto vamos sin cesar ¡Aleluya!
Tus loores a cantar. ¡Aleluya!

AUTOR: CARLOS WESLEY, TRAD. J. B. CABRERA
(TOMADO DE CELEBREMOS SU GLORIA, # 215)

Capítulo 29

Los oficios de Cristo
¿Cómo es Cristo profeta, sacerdote y rey?

EXPLICACIÓN Y BASES BÍBLICAS

Había tres oficios principales en el pueblo de Israel en el Antiguo Testamento: El de *profeta* (como Natán, 2 S 7:2); el de sacerdote (como Abiatar, 1 S 30:7), y el de rey (como el rey David, 2 S 5:3). Estos tres oficios eran distintos. El profeta comunicaba el mensaje del Dios al pueblo; el sacerdote ofrecía los sacrificios, las oraciones y alabanzas a Dios en nombre del pueblo; el rey gobernaba al pueblo como representante de Dios. Estos tres oficios anticipaban la obra de Cristo en maneras diferentes. Por tanto, ahora podemos examinar de nuevo la obra de Cristo pensando en el significado de estos tres oficios o categorías.[1] Cristo cumplió estos tres oficios en las siguientes formas: Como *profeta* nos revela a Dios y da a conocer las palabras de Dios; como *sacerdote* ofrece un sacrificio a Dios a nuestro favor y él mismo es el sacrificio; y como *rey* él gobierna sobre la iglesia y también sobre el universo. Vayamos ahora al estudio de cada uno de ellos en detalle.

A. Cristo como profeta

Los profetas del Antiguo Testamento le comunicaban al pueblo las palabras de Dios. Moisés fue el primer gran profeta, y escribió los primeros cinco libros de la Biblia, el Pentateuco. Después de Moisés hubo una sucesión de otros profetas que hablaron y escribieron las palabras de Dios.[2] Pero Moisés predijo que en el futuro vendría otro profeta como él.

> El Señor tu Dios levantará de entre tus hermanos *un profeta como yo.* A él sí lo escucharás. Eso fue lo que le pediste al Señor tu Dios. ... Y me dijo el Señor: ... «Levantaré entre sus hermanos un profeta como tú; pondré mis palabras en su boca, y él les dirá todo lo que yo le mande». (Dt 18:15-18)

Sin embargo, cuando estudiamos los evangelios vemos que a Jesús no se le ve *primariamente* como profeta ni como *el* profeta como Moisés, aunque hay referencias ocasionales a este efecto. Con frecuencia los que llaman a Jesús un «profeta» conocen muy poco acerca de él. Por ejemplo, varias opiniones estaban circulando

---

[1]Juan Calvino (1509-64) fue el primero de los grandes teólogos en aplicar estas tres categorías al trabajo de Cristo (vea su *Institución de la religión cristiana*, libro 2, capítulo 15). Estas categorías han sido adoptadas por los subsiguientes teólogos como una forma útil de entender los varios aspectos de la obra de Cristo.

[2]Vea el estudio de los escritos de los libros del canon del Antiguo Testamento en el capítulo 3, pp. 54-60.

acerca de Jesús: «Unos dicen que es Juan el Bautista, otros que Elías, y otros que Jeremías o *uno de los profetas*» (Mt 16:14; cf. Lc 9:8). Cuando Jesús resucitó al hijo de la viuda de Naín, las personas estaban atemorizadas y dijeron: «Ha surgido entre nosotros un gran *profeta*» (Lc 7:16). Cuando Jesús le habló a la mujer samaritana junto al pozo algo acerca de su vida pasada, la mujer inmediatamente respondió: «Señor, me doy cuenta de que tú eres *profeta*» (Jn 4:19). Pero en ese momento ella no conocía mucho acerca de él. La reacción del hombre que había nacido ciego cuando lo sanó en el templo fue similar: «Yo digo que es profeta» (Jn 9:17; notemos que su creencia en Jesús como Mesías y divino no viene hasta los versículos 37-38, después de la subsiguiente conversación con Jesús).[3] Por tanto, «profeta» no es una designación primaria de Jesús ni una que se use con frecuencia acerca de él.

De todos modos, había la expectativa de que *el* profeta semejante a Moisés vendría (Dt 18:15, 18). Por ejemplo, después que Jesús multiplicó los panes y los peces, algunas personas exclamaron: «En verdad éste es el profeta, el que ha de venir al mundo» (Juan 6:14; cf. 7:40). Pedro también identificó a Cristo como el profeta que Moisés predijo (vea Hechos 3:22-24, citando Dt 18:15). Así que Jesús es el profeta que Moisés predijo.

Sin embargo, es significativo que en las epístolas nunca se habla de Jesús como profeta ni como *el* profeta. Esto es especialmente significativo en los primeros capítulos de Hebreos, porque allí había una oportunidad clara de identificar a Jesús como profeta si el autor hubiera querido hacerlo. Empieza diciendo: «Dios, que muchas veces y de varias maneras habló a nuestros antepasados en otras épocas por medio de los profetas, en estos días finales nos ha hablado *por medio de su Hijo*. A éste lo designó heredero de todo, y por medio de él hizo el universo» (He 1:1-2). Entonces después de hablar de la grandeza del Hijo en los capítulos 1—2, el autor no concluye esta sección diciendo: «Por tanto, consideren a Jesús, el más grande de los profetas», o algo parecido a eso, sino que más bien dice: «Por lo tanto, hermanos, ustedes que han sido santificados y que tienen parte en el mismo llamamiento celestial, consideren a Jesús, *apóstol* y sumo sacerdote de la fe que profesamos» (He 3:1).

¿Por qué evitan las epístolas del Nuevo Testamento el llamar a Jesús profeta? Al parecer porque, aunque Jesús es el profeta que Moisés anticipó, es mucho más grande que cualquiera de los otros profetas del Antiguo Testamento, en dos maneras:

1. Él es aquel *acerca de quien* se hablaba en las profecías del Antiguo Testamento. Cuando Jesús habló con los dos discípulos en el camino a Emaús, él los llevó por todo el Antiguo Testamento, y les mostró que las profecías apuntaban hacia él: «Entonces, comenzando por Moisés y *por todos los profetas*, les explicó lo que se refería a él en todas las Escrituras» (Lc 24:27). Les dijo a estos discípulos: «¡Qué torpes son ustedes, y qué tardos de corazón para creer *todo lo que han dicho* los profetas!, y les señaló: «¿Acaso no tenía que sufrir el Cristo estas cosas antes de entrar en su gloria?» (Lc 24:25-26; cf. 1 P 1:11, donde se dice que los profetas del Antiguo Testamento testificaron «de antemano acerca de los sufrimientos de Cristo y de la gloria que vendría

---

[3]En Lucas 24:19 los dos viajeros que iban por el camino de Emaús también hablaron de Jesús como «profeta», poniéndole de ese modo en la categoría general de líderes religiosos enviados por Dios, quizá lo hicieron para ayudar al extraño a quien suponían poco conocedor de los sucesos que rodearon la vida de Jesús.

después de éstos»). Así que los profetas del Antiguo Testamento apuntaban *al futuro* hacia Cristo en lo que escribieron, y los apóstoles del Nuevo Testamento miraban hacia *atrás* a Cristo e interpretaban su vida para beneficio de la iglesia.

2. Jesús no fue simplemente un mensajero de revelación de Dios (como lo fueron todos los otros profetas), sino que él mismo era la *fuente* de la revelación de Dios. Más bien que decir como solían hacer todos los profetas del Antiguo Testamento «Así dice el Señor», Jesús podía empezar su enseñanza con autoridad divina con la asombrosa declaración: «Pero yo les *digo*...» (Mt 5:22; et al.). La palabra del Señor *venía* a los profetas del Antiguo Testamento, pero Jesús habló en base a su propia autoridad como el Verbo eterno de Dios (Jn 1:1) que nos revelaba perfectamente al Padre (Jn 14:9; He 1:1-2).

En el sentido más amplio de *profeta*, refiriéndonos solo a alguien que nos revela a Dios y nos habla las palabras de Dios, Cristo, por supuesto, es verdadera y completamente un profeta. De hecho, él es aquel a quien los profetas del Antiguo Testamento prefiguraban en sus discursos y en sus acciones.

B. Cristo como sacerdote

En el Antiguo Testamento, los sacerdotes eran nombrados por Dios para ofrecer sacrificios. También ofrecían oraciones y alabanzas a Dios en nombre del pueblo. Mediante su ministerio «santificaban» al pueblo o le hacían aceptable para acercarse a la presencia de Dios, si bien es cierto que de una forma limitada en el período del Antiguo Testamento. En el Nuevo Testamento Jesús se convirtió en nuestro sumo sacerdote. Este tema lo encontramos ampliamente desarrollado en la carta a los Hebreos, donde encontramos a Jesús funcionando como sacerdote en dos maneras.

1. Jesús ofreció un sacrificio perfecto por el pecado. El sacrificio que Jesús ofreció por los pecados no fue la sangre de los animales como los toros o machos cabríos: «Ya que es imposible que la sangre de los toros y de los machos cabríos quite los pecados» (He 10:4). En su lugar, Jesús se ofreció a sí mismo en sacrificio: «Si así fuera, Cristo habría tenido que sufrir muchas veces desde la creación del mundo. Al contrario, ahora, al final de los tiempos, se ha presentado una sola vez y para siempre a fin de acabar con el pecado *mediante el sacrificio de sí mismo*» (He 9:26). Fue un sacrificio completo y definitivo, que nunca habrá que repetirse, tema en el que con frecuencia se hace hincapié en el libro de Hebreos (vea 7:27; 9:12, 24-28; 10:1-2, 10, 12, 14; 13:12). Por tanto, Jesús cumplió todas las expectativas que fueron prefiguradas, no solo por los sacrificios del Antiguo Testamento, sino también por medio de la vida y acciones de los sacerdotes que los ofrecían: él fue a la vez el sacrificio y el sacerdote que ofrecía el sacrificio. Jesús es ahora el «gran sumo sacerdote que ha atravesado los cielos» (He 4:14) y el que se ha presentado «ante Dios en favor nuestro» (He 9:24), puesto que él ha ofrecido un sacrificio que acaba para siempre con la necesidad de otros sacrificios.

2. Jesús continuamente nos lleva cerca de Dios. Los sacerdotes del Antiguo Testamento no solo ofrecían sacrificios, sino que también en una forma representativa entraban a la presencia de Dios en fechas determinadas a favor del pueblo. Pero

Jesús hace mucho más que eso. Como nuestro perfecto sumo sacerdote, nos *lleva* continuamente a la presencia de Dios de forma que ya no tenemos necesidad de un templo como el de Jerusalén, ni de un sacerdocio especial que esté entre Dios y nosotros. Y Jesús no entra a la parte interior (el lugar santísimo) de un templo terrenal en Jerusalén, sino que ha ido a lo que es equivalente al lugar santísimo en el cielo, a la misma presencia de Dios en el cielo (He 9:24). Por tanto, tenemos la esperanza que le seguiremos allí: «Tenemos como firme y segura ancla del alma una esperanza que penetra hasta detrás de la cortina del santuario, hasta donde Jesús, el precursor, entró por nosotros, llegando a ser sumo sacerdote para siempre» (He 6:19-20). Esto quiere decir que tenemos un privilegio mucho más grande que el que tuvieron los creyentes que vivieron en los tiempos del templo del Antiguo Testamento. Ellos ni siquiera podían entrar al primer cuarto en el templo, el lugar santo, porque solo los sacerdotes podían entrar allí. Y solo el sumo sacerdote podía entrar al cuarto más interior del templo, es decir, al lugar santísimo, y solo podía hacerlo una vez al año (He 9:1-7). Cuando Jesús ofreció un sacrificio perfecto por los pecados, la cortina o velo del templo que cerraba el lugar santísimo se rasgó de arriba abajo (Lc 23:45), indicando de esa forma simbólica en la tierra que el camino de acceso a Dios en el cielo había quedado abierto mediante la muerte de Jesús el Cristo. Por tanto, el autor de Hebreos puede exhortar de esta manera tan asombrosa a todos los creyentes:

> Así que, hermanos, mediante la sangre de Jesús, tenemos plena libertad para *entrar en el Lugar Santísimo*, por el camino nuevo y vivo que él nos ha abierto a través de la cortina, es decir, a través de su cuerpo; y tenemos además un gran sacerdote al frente de la familia de Dios. *Acerquémonos, pues, a Dios con corazón sincero y con la plena seguridad que da la fe.* (He 10:19-22)

Jesús abrió para nosotros el camino de acceso a Dios de manera que podamos continuamente acercarnos a la misma presencia de Dios sin temor, con «plena libertad» y con la «plena seguridad que da la fe».

3. Como sumo sacerdote, Jesús ora continuamente por nosotros. Otra de las funciones sacerdotales en el Antiguo Testamento era la de orar a favor del pueblo. El autor de Hebreos nos dice que Jesús también cumple con esta función: «Por esto también puede salvar por completo a los que por medio de él se acercan a Dios, ya que vive siempre *para interceder por ellos*» (He 7:25). Pablo afirma lo mismo cuando dice que Cristo Jesús «está a la derecha de Dios e *intercede por nosotros*» (Ro 8:34).

Algunos han argumentado que esta actividad de intercesión como sumo sacerdote es solo el acto de permanecer en la presencia del Padre como un recordatorio continuo de que él ya ha pagado el castigo por todos nuestros pecados. Según este punto de vista, Jesús no hace en realidad oraciones específicas a Dios el Padre sobre necesidades individuales en nuestra vida, y que «intercede» solo en el sentido de permanecer en la presencia de Dios como nuestro sumo sacerdote que nos representa.

Sin embargo, este punto de vista no parece coincidir con el vocabulario que se usa en Romanos 8:34 y Hebreos 7:25. En ambos casos, la palabra intercede traduce el término griego *entygcano*. La palabra no parece indicar simplemente «estar ante alguien representando a otra persona», sino que tiene claramente el sentido de hacer peticiones o solicitudes específicas delante de alguien. Por ejemplo, Festo usa la palabra para decirle a Agripa: «Aquí tienen a este hombre. Todo el pueblo judío me ha *presentado una demanda* contra él» (Hch 25:24). Pablo también la usa en cuanto a Elías cuando «*acusó* a Israel delante de Dios» (Ro 11:2). En ambos casos las peticiones son muy específicas, no solo representaciones generales.[4]

Podemos concluir, entonces, que tanto Pablo como el autor de Hebreos están diciendo que Jesús vive continuamente en la presencia de Dios para hacer peticiones específicas y para llevar a Dios peticiones específicas a nuestro favor. Esta es una función de Jesús, como Dios-hombre, para la que está singularmente calificado. Aunque Dios se cuida de todas nuestras necesidades en respuesta a su observación directa (Mt 6:8), no obstante, a Dios le ha placido en sus relaciones con la raza humana, actuar más bien en respuesta a la oración, porque, al parecer, él es glorificado mediante la fe que se muestra por medio de la oración. Son especialmente agradables para él las oraciones de hombres y mujeres creados a su imagen y semejanza. En Cristo, a un hombre verdadero y perfecto, que ora por nosotros y de ese modo Dios es glorificado continuamente mediante la oración. Así nuestra condición humana se eleva a una posición exaltada: «Hay un solo Dios y un solo mediador entre Dios y los hombres, Jesucristo *hombre*» (1 T. 2:5).

Pero solo en su naturaleza humana Jesús no podía ser, por supuesto, un sumo sacerdote así para todo su pueblo en todo el mundo. Él no podía oír las oraciones de personas que estaban lejos, no podía escuchar las oraciones que eran solo dichas en la mente de las personas. Él no podía oír todas las peticiones simultáneamente (porque en el mundo en cualquier momento determinado hay millones de personas que están orando a Jesús). Por tanto, a fin de ser el sumo sacerdote perfecto que intercede por nosotros, él tiene que ser Dios además de hombre. Él tiene que ser uno que en su naturaleza divina puede conocer todas las cosas y llevarlas a la vez a la presencia del Padre. Con todo, debido a que se hizo hombre y continúa siendo un hombre, tiene el derecho de representarnos ante Dios y puede expresar su petición desde la perspectiva del sumo sacerdote compasivo que conoce por experiencia lo que nosotros estamos pasando.

Por tanto, Jesús es la única persona en todo el universo que puede por toda la eternidad ser un sumo sacerdote celestial que es verdaderamente Dios y verdaderamente hombre, exaltado para siempre sobre los cielos.

El pensamiento de que Jesús está continuamente orando a nuestro favor debe darnos gran aliento. Él siempre ora por nosotros conforme a la voluntad del Padre, de manera que podamos saber que sus peticiones son concedidas. Berkhof dice:

---

[4]La literatura fuera del Nuevo Testamento provee de otros ejemplos del uso de *entygchano* que significa «presentar peticiones o solicitudes». Vea, p. ej., Sab. 8:21 («Recurrí al señor y le pedí, y dije con todo mi corazón» (Biblia Jerusalén); 1 Mac. 8:32; 3 Mac. 6:37 («Ellos le pidieron al rey que los enviara de regreso a su hogar»); 1 Cle. 56:1; Eps. de Policarpo a los Filipenses 4:3; Josefo, *Antigüedades* 12:18; 16:170 (los judíos de Cirene le hicieron una petición a Marco Agripa en relación con personas en su tierra que falsamente estaban recogiendo impuestos). Se pueden encontrar también otros ejemplos (cf. también Ro 8:27, y usando una palabra relacionada, v. 26).

Es un pensamiento consolador saber que Cristo está orando por nosotros, incluso cuando somos negligentes en nuestra vida de oración; que está presentando al Padre aquellas necesidades espirituales que no estaban presentes en nuestra mente y que a menudo olvidamos incluir en nuestras oraciones; y que ora por nuestra protección en contra de peligros de los que no estamos conscientes, y en contra de enemigos que nos amenazan, aun cuando nosotros no nos demos cuenta. Está orando que nuestra fe no cese y que salgamos al final vencedores.[5]

C. Cristo como rey

En el Antiguo Testamento el rey tenía la autoridad de gobernar sobre la nación de Israel. En el Nuevo Testamento, Jesús nació para ser rey de los judíos (Mt 2:2), pero rehusó los intentos de las personas para hacerle rey terrenal con poder terrenal militar y político (Jn6:15). Jesús respondió a Pilato: «Mi reino no es de este mundo. Si lo fuera, mis propios guardias pelearían para impedir que los judíos me arrestaran. Pero mi reino no es de este mundo» (Jn 18:36). Sin embargo, Jesús tiene un reino cuya llegada él anunció en su predicación (Mt 4:17, 23; 12:28, et al). Él es en realidad el verdadero rey del nuevo pueblo de Dios. Por eso no quiso reprender a sus discípulos cuando le aclamaban en su entrada triunfal a Jerusalén: «¡Bendito el *Rey* que viene en el nombre del Señor!» (Lc 19:38; cf. vv. 39-40; también Mt 21:5; Jn 1:49; Hch 17:7).

Después de su resurrección, Jesús recibió del Padre mucha más autoridad sobre la iglesia y el universo. Dios lo resucitó de entre los muertos y «lo sentó a su derecha en las regiones celestiales, *muy por encima de todo gobierno y autoridad, poder y dominio,* y de cualquier otro nombre que se invoque, no sólo en este mundo sino también en el venidero. Dios sometió todas las cosas al dominio de Cristo, y lo dio como cabeza de todo a la iglesia» (Ef 1:20-22; Mt 28:18; 1 Co 15:25). Esa autoridad sobre la iglesia y sobre el universo quedará completamente reconocida por las personas cuando Jesús regrese a la tierra en poder y gran gloria para reinar (Mt 26:64; 2 Ts 1:7-10; Ap 19:11-16). En aquel día será reconocido como «*Rey de reyes* y Señor de señores» (Ap 19:16) y toda rodilla se doblará ante él (Fil 2:10).

D. Nuestros papeles como profetas, sacerdotes y reyes

Si miramos retrospectivamente a la situación de Adán antes de la Caída ,y más adelante a nuestro estatus futuro con Cristo en el cielo por toda la eternidad, podemos ver que estos papeles de profeta, sacerdote y rey tenían paralelismos en la experiencia que Dios pensó originalmente para el hombre, y se volverán a cumplir en nuestra vida en el cielo.

En el huerto del Edén, Adán era un «profeta» en el sentido de que tenía verdadero conocimiento de Dios y que siempre habló verazmente acerca de Dios y de su creación. Era un «sacerdote» en que era capaz de ofrecer libre y abiertamente oraciones y alabanzas a Dios. No había necesidad de sacrificios por el pago de los pecados, pero en otro sentido de sacrificio el trabajo de Adán y Eva hubiera sido una ofrenda a Dios de gratitud y acción de gracias, y hubiera sido un «sacrificio» de

---

[5]Berkhof, *Systematic Theology*, p. 403.

otra clase (cf. He 13:15). Adán y Eva serían también «reyes» en el sentido de tener dominio y autoridad sobre la creación (Gn 1:26-28).

Después de que el pecado entrara en el mundo, los seres humanos caídos ya no funcionaron más como profetas, porque creyeron informaciones falsas acerca de Dios y hablaron falsamente acerca de él y de otros. Ya no tenían acceso sacerdotal a Dios porque el pecado los alejó de su presencia. En vez de tener dominio sobre la creación como reyes, quedaron sujetos a la dureza de la creación y tiranizados por las inundaciones, las sequías y las tierras improductivas, así como por la crueldad de los tiranos humanos. La nobleza del hombre con la que Dios le había creado —para ser profeta, sacerdote y rey— se perdió por causa del pecado.

Hubo una recuperación parcial de la pureza de estas tres posiciones en el establecimiento de los tres oficios de profeta, sacerdote y rey en el reino de Israel. De vez en cuando hombres piadosos ocuparon estas posiciones. Pero también aparecieron falsos profetas, sacerdotes deshonestos y reyes déspotas, y la pureza y santidad original que Dios deseaba para el cumplimiento de estas funciones nunca fue completa.

Cuando Cristo vino, vimos por primera vez el cumplimiento de estas tres funciones, dado que él fue el profeta perfecto que declaró plenamente las palabras de Dios, el sacerdote perfecto que ofreció el sacrificio supremo por el pecado y que llevó a su pueblo más cerca de Dios, y el verdadero y legítimo rey del universo que reinará para siempre con un cetro de justicia sobre nuevos cielos y nueva tierra.

Pero maravillosamente nosotros como cristianos empezamos a imitar a Cristo en cada uno de estos papeles, aunque en una forma subordinada. Tenemos una función «profética» al proclamar el evangelio al mundo llevando a las personas la Palabra salvadora de Dios. De hecho, cada vez que hablamos verazmente acerca de Dios a los creyentes o a los incrédulos estamos cumpliendo una función «profética» (usando la palabra *profética* en un sentido muy amplio).

Somos también sacerdotes, porque Pedro nos llamó «real sacerdocio» (1 P 2:9). Nos invita a que seamos edificados en un templo espiritual para llegar «a ser un sacerdocio santo, para ofrecer sacrificios espirituales que Dios acepta por medio de Jesucristo» (1 P 2:5). El autor de Hebreos también nos ve como sacerdotes capacitados para entrar al lugar santísimo (He 10:19, 22) y ofrecer «continuamente a Dios, por medio de Jesucristo, un sacrificio de alabanza, es decir, el fruto de los labios que confiesan su nombre» (He 13:15). También nos dice que nuestras buenas obras son sacrificios agradables a Dios: «No se olviden de hacer el bien y de compartir con otros lo que tienen, porque ésos son los *sacrificios que agradan a Dios*» (He 13:16). Pablo también tenía en mente un ministerio sacerdotal cuando escribe: «Hermanos, tomando en cuenta la misericordia de Dios, les ruego que cada uno de ustedes, en adoración espiritual, ofrezca su cuerpo *como sacrificio vivo*, santo y agradable a Dios» (Ro 12:1).

Nosotros también compartimos en parte en el reinado de Cristo, puesto que hemos sido resucitados para sentarnos con él en los lugares celestiales (Ef 2:6), y por tanto participando en cierto grado de su autoridad sobre las fuerzas espirituales malignas que pueden dirigirse contra nosotros (Ef 6:10-18; Stg 4:7; 1 P 5:9; 1 Jn 4:4). Dios incluso ha puesto en nuestras manos autoridad sobre varias áreas en este mundo o en la iglesia, dándonos algo de autoridad sobre mucho y algo de autoridad sobre poco. Pero cuando el Señor regrese los que sean fieles sobre lo poco les será dada autoridad sobre mucho (Mt 25:14-30).

Cuando Cristo regrese y reine sobre los nuevos cielos y nueva tierra, seremos una vez más verdaderos «profetas» porque nuestro conocimiento será perfecto y conoceremos como somos conocidos (1 Co 13:12). Hablaremos entonces solo la verdad acerca de Dios y acerca de este mundo, y se cumplirá en nosotros el propósito profético original que Dios tenía con Adán. Seremos sacerdotes para siempre, porque le adoraremos eternamente y ofreceremos oraciones a Dios al contemplar su rostro y morar en su presencia (Ap 22:3-4). Continuamente nos ofreceremos a nosotros mismos y todo lo que somos y tenemos como sacrificios a nuestro Rey que todo lo merece.

Nosotros también, en sujeción a Dios, participaremos en el gobierno del universo, porque reinaremos con él «por los siglos de los siglos» (Ap 22:5). Jesús dice: «Al que salga vencedor le daré el derecho de *sentarse conmigo en mi trono*, como también yo vencí y me senté con mi Padre en su trono» (Ap 3:21). De hecho, Pablo les dice a los corintios: «¿Acaso no saben que *los creyentes juzgarán al mundo?... ¿No saben que* aun a los ángeles los juzgaremos?» (1 Co 6:2-3). Por tanto, por toda la eternidad, funcionaremos para siempre como profetas, sacerdotes y reyes subordinados, siempre sujetos al Señor Jesucristo, el profeta, sacerdote y rey supremo.

PREGUNTAS DE APLICACIÓN PERSONAL

1. ¿Puede usted ver algunas formas en las que entender el papel de Cristo como profeta, sacerdote y rey le ayudará a entender mejor las funciones de los profetas, sacerdotes y reyes del Antiguo Testamento? Lea la descripción del reino de Salomón en 1 Reyes 4:20-34 y 1 Reyes 10:14-29. ¿Ve usted en el reino de Salomón alguna prefigura de los tres oficios de Cristo? ¿Ve alguna prefigura del reino eterno de Cristo? ¿Piensa usted que tiene ahora privilegios mayores o menores como miembro de la iglesia en esta era del nuevo pacto?

2. ¿Puede usted ver algún cumplimiento del papel de profeta en su vida ahora? ¿O del papel del sacerdote? ¿O del papel de rey? ¿Cómo se podrían desarrollar cada una de estas funciones en su propia vida?

TÉRMINOS ESPECIALES

intercesión	rey
profeta	sacerdote

BIBLIOGRAFÍA

(Para una explicación de esta bibliografía vea la nota sobre la bibliografía en el capítulo 1, p. 40. Datos bibliográficos completos se pueden encontrar en las páginas 1297-1306.)

Secciones en Teologías Sistemáticas Evangélicas

1. Anglicana (episcopal)

```
            1882–92    Litton, 219–38
2. Arminiana (wesleyana o metodista)
            1875–76    Pope, 2:197–262
               1940    Wiley, 2:187–216
               1983    Carter, 1:363–64
3. Bautista
               1767    Gill, 1:602–44
               1887    Boyce, 291–95
               1907    Strong, 710–76
               1917    Mullins, 303–4
            1983–85    Erickson, 762–63
4. Dispensacional
               1947    Chafer, 3:17–30
               1986    Ryrie, 254–59
5. Luterana
            1917–24    Pieper, 2:330–96
               1934    Mueller, 301–18
6. Reformada (o presbiteriana)
               1559    Calvin, 1:494–503 (2.15)
            1871–73    Hodge, 2:455–90, 592–609
               1878    Dabney, 475–77, 483–87
            1937–66    Murray, CW 1:44–58
               1938    Berkhof, 356–66, 406–12
```

Secciones en Teologías Sistemáticas Católicas Romanas Representativas

```
1. Católica Romana: tradicional
               1955    Ott, 179–91
2. Católica Romana: Post Vaticano II
               1980    McBrien (ninguna consideración explícita)
```

Otras obras

Baker, J. P. «Offices of Christ». En *NDT* pp. 476–77.

Clowney, Edmund P. *The Unfolding Mystery: Discovering Christ in the Old Testament.* Presbyterian and Reformed, Phillipsburg, New Jersey, 1988.

Letham, Robert. *The Work of Christ.* InterVarsity Press, Downers Grove, Ill., 1993.

Reymond, R. L. «Offices of Christ». En *EDT* p. 793.

PASAJE BÍBLICO PARA MEMORIZAR

1 Pedro 2:9–10: *Pero ustedes son linaje escogido, real sacerdocio, nación santa, pueblo que pertenece a Dios, para que proclamen las obras maravillosas de aquel que los llamó de las tinieblas a su luz admirable. Ustedes antes ni siquiera eran pueblo, pero ahora son pueblo de Dios; antes no habían recibido misericordia, pero ahora ya la han recibido.*

HIMNO

«A Cristo Coronad»

Este poderoso himno nos anima a regocijarnos por el señorío presente y futuro de Cristo.

A Cristo coronad, divino Salvador;
sentado en alta majestad es digno de loor;
Al Rey de gloria y paz loores tributad,
Y bendecid al Inmortal por toda eternidad.
A Cristo coronad, Señor de nuestro amor;
al Rey triunfante celebrad, glorioso vencedor;
potente Rey de paz, el triunfo consumó,
Y por su muerte de dolor su grande amor mostró.

A Cristo coronad, Señor de vida y luz;
Con alabanzas proclamad los triunfos de la cruz;
A él sólo adorad, Señor de salvación;
Loor eterno tributad de todo corazón.

AUTOR: ESTR. # 1 Y 2 MATTHEW BRIDGES, ESTR. # 3 GODFREY THRING,
TRAD. E. A. STRANGE (TOMADO DE CELEBREMOS SU GLORIA, # 235)

Capítulo 30

La obra del Espíritu Santo
¿Cuáles son las actividades características del Espíritu Santo a lo largo de la historia de la Biblia?

EXPLICACIÓN Y BASES BÍBLICAS

En los capítulos anteriores hemos examinado con cierta amplitud la persona y la obra de Dios el Padre, y, en los últimos, la persona y la obra de Dios el Hijo, Cristo Jesús. Hemos examinado también la evidencia bíblica de la deidad y la personalidad distintiva del Espíritu Santo (en relación con la doctrina de la Trinidad). Es apropiado ahora que nos enfoquemos en este capítulo en la obra característica del Espíritu Santo. Entre las diferentes actividades de los miembros de la Trinidad, ¿qué actividades se dice que son especialmente obra de Dios el Espíritu Santo?

Debiéramos darnos cuenta desde el principio que otros capítulos en este libro tratan más o menos directamente con algunos aspectos de la obra del Espíritu Santo. Los capítulos sobre el bautismo y la llenura del Espíritu (39) y los dones del Espíritu (52-53) tienen que ver casi por completo con actividades específicas del Espíritu Santo. Además, los capítulos sobre la autoridad de las Escrituras (4), la oración (18), el llamamiento del evangelio (33), la regeneración (34), la santificación (38), la perseverancia (40), la glorificación (42), la disciplina de la iglesia (46), los medios de gracia dentro de la iglesia (48), y la adoración (51) tratan con varios aspectos de la obra del Espíritu Santo en el mundo, y especialmente en la vida de los creyentes. Sin embargo, en este capítulo intentaremos obtener una perspectiva general de la enseñanza de todas las Escrituras sobre la obra del Espíritu Santo con el fin de entender de manera más completa qué clase de actividades han sido especialmente delegadas al Espíritu Santo por Dios el Padre y Dios el Hijo.

Podemos definir la obra del Espíritu Santo de la forma siguiente: *La tarea del Espíritu Santo es la de manifestar la presencia activa de Dios en el mundo, y especialmente en la iglesia.* Esta definición indica que el Espíritu Santo es el miembro de la Trinidad que las Escrituras representan con más frecuencia como estar *presente* para hacer la obra de Dios en el mundo. Aunque esto es cierto hasta cierto punto a lo largo de las Escrituras, es particularmente cierto en lo referente al nuevo pacto. En el Antiguo Testamento, la presencia de Dios se manifestó muchas veces en la gloria de Dios y en las teofanías, y en los evangelios Jesús mismo manifestó la presencia de Dios entre los hombres. Pero después de la ascensión de Jesús a los cielos, y continuando a lo largo de toda la era de la iglesia, el Espíritu Santo es ahora la manifestación *primaria* de la presencia de la Trinidad entre nosotros. Él es el que está prominentemente *presente* entre nosotros ahora.[1]

---

[1]En este estudio, cuando uso la palabra «presente» me refiero a «presente para bendecir», como estudiamos en la sección de la omnipotencia de Dios en el capítulo 11. Por supuesto, dado que Él es Dios, el *ser* del Espíritu Santo

Desde el mismo principio de la creación tenemos una indicación de que la obra del Espíritu Santo es la de completar y sostener lo que el Padre ha planeado y lo que Dios el Hijos ha empezado, porque en Génesis 1:2: «el Espíritu de Dios iba y venía sobre la superficie de las aguas». Y en Pentecostés, con el comienzo de la nueva creación en Cristo, es el Espíritu Santo el que viene a la iglesia con gran poder (Hch 1:8; 2:4, 17-18). Debido a que el Espíritu Santo es la persona de la Trinidad mediante la cual Dios manifiesta particularmente su presencia en la era del nuevo pacto, es apropiado que Pablo llamara al Espíritu Santo «las primicias» (Ro 8:23) y la «garantía» (o «anticipo», 2 Co 1:22; 5:5) de la plena manifestación de la presencia de Dios que nosotros conoceremos en el nuevo cielo y nueva tierra (cf. Ap 21:3-4).

Incluso en el Antiguo Testamento, se predijo que la presencia del Espíritu Santo traería bendiciones abundantes de parte de Dios. Isaías predijo un tiempo cuando el Espíritu traería un gran avivamiento.

La fortaleza será abandonada, y desamparada la ciudad populosa ... *hasta que desde lo alto el Espíritu sea derramado sobre nosotros.* Entonces el desierto se volverá un campo fértil, y el campo fértil se convertirá en bosque. La justicia morará en el desierto, y en el campo fértil habitará la rectitud. El producto de la justicia será la paz; tranquilidad y seguridad perpetuas serán su fruto. Mi pueblo habitará en un lugar de paz, en moradas seguras, en serenos lugares de reposo. (Is 32:14-18)

Del mismo modo, Dios le profetizó a Jacob por medio de Isaías: «Regaré con agua la tierra sedienta, y con arroyos el suelo seco; *derramaré mi Espíritu sobre tu descendencia,* y mi bendición sobre tus vástagos» (Isaías 44:3).

Por otro lado, la salida del Espíritu Santo eliminaba las bendiciones de Dios en el pueblo: «Pero ellos se rebelaron y *afligieron a su santo Espíritu.* Por eso se convirtió en su enemigo, y luchó él mismo contra ellos» (Is 63:10). No obstante, varias profecías del Antiguo Testamento predijeron un tiempo cuando el Espíritu Santo vendría en una plenitud mayor, un tiempo cuando Dios haría un nuevo pacto con su pueblo (Ez 36:26-27; 37:14; 39:29; Jl 2:28-29).

¿En qué formas específicas nos trae el Espíritu Santo las bendiciones de Dios? Podemos distinguir cuatro aspectos de la obra del Espíritu Santo que nos traen evidencias de la presencia y de la obra de Dios: (1) el Espíritu Santo *habilita*; (2) el Espíritu Santo *purifica*; (3) el Espíritu Santo *revela*; (4); el Espíritu Santo *unifica*. Examinaremos a continuación cada una de estas cuatro actividades. Por último, debemos reconocer que estas actividades del Espíritu Santo no deben ser dadas por descontadas, y no suceden así automáticamente entre el pueblo de Dios. Más bien, el Espíritu Santo refleja el agrado o desagrado de Dios con la fe y la obediencia —o la incredulidad y la desobediencia— del pueblo de Dios. A causa de esto, necesitamos conocer un quinto aspecto de la actividad del Espíritu Santo: (5) el Espíritu Santo nos da una *evidencia más fuerte o más débil* de la presencia y bendición de Dios, según nuestra respuesta a él.

---

está siempre presente en todas partes (Él es omnipresente), pero no siempre muestra su presencia en actividades que traen bendición (vea capítulo 11, pp. 173-77).

A. El Espíritu Santo habilita

1. Da vida. En la esfera de la naturaleza es la tarea del Espíritu Santo dar vida a todas las criaturas que se mueven, ya sea sobre la tierra o en el cielo o en el mar, porque «si envías tu Espíritu, son creados» (Sal 104:30). A la inversa, «si pensara en retirarnos su espíritu, en quitarnos su hálito de vida, todo el género humano perecería, ¡la humanidad entera volvería a ser polvo!» (Job 34:14-15). Aquí vemos el papel del Espíritu Santo en dar y sostener la vida humana y animal.

Paralelo a esto está el papel del Espíritu Santo de darnos nueva vida en la regeneración.[2] Jesús le dijo a Nicodemo: «Lo que nace del cuerpo es cuerpo; *lo que nace del Espíritu es espíritu*. No te sorprendas de que te haya dicho: "Tienen que nacer de nuevo"» (Jn 3:6-7; cf. vv. 5, 8; 6:63; 2 Co 3:6). También dijo: «El Espíritu da vida; la carne no vale para nada» (Jn 6:63; cf. 2 Co 6:3; Hch 10:44-47; Tit 3:5).[3] Consecuente con esta función del Espíritu Santo de dar vida está el hecho que fue el Espíritu Santo quien concibió a Jesús en el vientre de María su madre (Mt 1:18, 20; Lc 1:35). Y en el día cuando Cristo regrese, este mismo Espíritu es el que completará su tarea de dar vida dando vida nueva resucitada a nuestros cuerpos mortales: «Y si el Espíritu de aquel que levantó a Jesús de entre los muertos vive en ustedes, el mismo que levantó a Cristo de entre los muertos también dará vida a sus cuerpos mortales *por medio de su Espíritu*, que vive en ustedes» (Ro 8:11).

2. Nos da el poder para servir

a. Antiguo Testamento: En el Antiguo Testamento, el Espíritu Santo habilitó con frecuencia a las personas para un servicio especial. Le dio a Josué dones de liderazgo y sabiduría (Nm 27:18; Dt 34:9), y habilitó a los jueces para que liberaran a Israel de sus opresores (note cómo «el Espíritu del Señor vino sobre» Otoniel en Jueces 3:10, Gedeón en 6:34, Jefté en 11:29 y Sansón en 13:25; 14:6, 19; 15:14). El Espíritu Santo vino sobre Saúl con poder y lo habilitó para la guerra contra los enemigos de Israel (1 S 11:6), y cuando David fue ungido como rey, «el Espíritu del Señor vino con poder sobre David, y desde ese día estuvo con él.» (1 S 16:13), habilitando a David para que cumpliera con la tarea de reinar para la cual Dios le había llamado.[4] En una forma ligeramente diferente de capacitación, el Espíritu Santo dotó a Bezalel de habili-

---

[2]Vea el estudio sobre la regeneración en el capítulo 34, pp. 733-43. Además, como argumentamos en el capítulo 39, la frase «el bautismo del Espíritu Santo» se usa en el Nuevo Testamento (por ejemplo, en 1 Co 12:13) para hablar de la obra del Espíritu Santo en el momento en que nos hacemos cristianos (aunque muchos evangélicos hoy, especialmente en los grupos carismáticos y pentecostales, entenderían «bautismo del Espíritu Santo» para referirse a algo que el Espíritu hace después de la conversión).

[3]Relacionado con la obra de dar vida del Espíritu Santo está el hecho de que Él también sella su obra en nosotros a fin de guardar a los verdaderos creyentes de apartarse de Dios y perder su salvación (Ef 1:13).

[4]Al parecer fue en este sentido de capacitación para ser rey que David pidió que Dios no le quitara su Espíritu Santo: «No me alejes de tu presencia *ni me quites tu santo Espíritu*» (Sal 51:11). Del mismo modo que el Espíritu en su papel de ungir a Saúl como rey se había alejado de él al mismo tiempo que vino sobre David (cp. 1 S 16:13 con 14), de manera que David, después de su pecado con Betsabé (vea el título del Salmo 51), oró pidiendo que el Espíritu no le fuera quitado como a Saúl.

dades artísticas para la construcción del tabernáculo y su mobiliario (Éx 31:3; 35:31), y también le dio la capacidad de enseñar estas habilidades a otros (Éx 35:34).[5]

El Espíritu Santo también protegía al pueblo de Dios y le capacitaba para vencer a sus enemigos. Por ejemplo, Dios puso su Espíritu en medio de ellos durante el tiempo del Éxodo (Is 63:11-12) y más tarde, después del regreso del cautiverio, puso su Espíritu en medio de ellos para protegerlos y librarlos del temor (Hag 2:5). Cuando Saúl intentaba capturar a David por la fuerza, el Espíritu Santo vino sobre los mensajeros de Saúl (1 S 19:20) y al final también sobre el mismo Saúl (v. 23) haciendo que ellos cayeran involuntariamente al suelo y profetizaran durante horas, frustrando de esa manera el propósito de Saúl y humillándole en respuesta a su maliciosa exhibición de fuerza en contra de David y Samuel. De una manera similar, mientras Ezequiel estaba profetizando juicio mediante el poder del Espíritu Santo en contra de algunos líderes de Israel (Ez 11:5), uno de los líderes llamado Pelatías cayó muerto (Ez 11:13). En esta manera el Espíritu Santo hizo descender castigo sobre él de manera inmediata.

Por último, el Antiguo Testamento predijo un tiempo cuando el Espíritu Santo ungiría a un Siervo-Mesías con gran plenitud y poder:

> *El Espíritu del Señor reposará sobre él*: espíritu de sabiduría y de entendimiento, espíritu de consejo y de poder, espíritu de conocimiento y de temor del Señor. Él se deleitará en el temor del Señor. (Is 11:2-3)

Isaías profetizó que Dios diría de su Siervo que venía: «Sobre él he puesto mi Espíritu» (Is 42:1), y él mismo diría: «El Espíritu del Señor omnipotente está sobre mí, por cuanto me ha ungido» (Is 61:1; cf. Lc 4:18).

Antes de dejar estas reflexiones sobre la habilitación del Espíritu Santo en el Antiguo Testamento, debiéramos notar que a veces se dice que en el Antiguo Testamento no había una obra del Espíritu Santo *dentro* del pueblo. Esta idea se ha inferido sobre todo de las palabras de Jesús a sus discípulos en Juan 14:17: «Vive con ustedes y estará en ustedes». Pero no debiéramos concluir basados en este versículos que no había una obra del Espíritu Santo dentro del pueblo antes de Pentecostés. Aunque el Antiguo Testamento no habla con frecuencia de las personas que tenían el Espíritu Santo en ellas o que estaban llenas del Espíritu Santo, hay unos pocos ejemplos. Se dice que Josué tenía el Espíritu Santo dentro de él (Nm 27:18; Dt 34:9), como también Ezequiel (Ez 2:2; 3:24), Daniel (Dn 4:8-9, 18; 5:11), y Miqueas (Mi 3:8).[6] Esto significa que cuando Jesús le dice a sus discípulos que «ustedes sí lo conocen, porque vive con ustedes y estará en ustedes» (Jn 14:17), no quiere decir que había una diferencia absoluta entre la obra del Espíritu Santo en el antiguo pacto y el nuevo pacto. Tampoco puede significar Juan 7:39 («Hasta ese momento el Espíritu no había sido dado, porque Jesús no había sido glorificado todavía») que *no* había actividad del Espíritu Santo en la vida de las personas antes de

---

[5] El Espíritu Santo también habilitó a los profetas del Antiguo Testamento dándoles las revelaciones que tenían que comunicar, pero he incluido esa función en la sección C más abajo («El Espíritu Santo revela»).

[6] Antes de Pentecostés en el Nuevo Testamento también encontramos que se dice que Juan el Bautista (Lc 1:15), Elisabet (Lc 1:41) y Zacarías (Lc 1:67) estarían llenos con el Espíritu Santo.

Pentecostés. Estos dos pasajes deben ser formas diferentes de decir que la obra más poderosa y completa del Espíritu Santo que es la característica de la vida después de Pentecostés todavía no había comenzado en la vida de los discípulos. El Espíritu Santo todavía no había venido para morar dentro de ellos en la manera en que Dios había prometido que enviaría a su Espíritu para que estuviera con los creyentes cuando llegara la era del nuevo pacto (vea Ez 36:26, 27; 37:14), ni el Espíritu Santo se había derramado en la gran abundancia y plenitud que caracterizaría la nueva era del pacto (Jl 2:28-29). En este sentido poderoso del nuevo pacto, el Espíritu Santo no estaba todavía obrando dentro de los discípulos.[7]

b. El Nuevo Testamento: La obra habilitadora del Espíritu Santo en el Nuevo Testamento la vemos por primera vez y de una forma más plena en el ungimiento y habilitación de Jesús como el Mesías. El Espíritu Santo descendió sobre Jesús en su bautismo (Mt 3:16; Mr 1:11; Lc 3:22). Juan el Bautista dijo: «Vi al Espíritu descender del cielo como una paloma y permanecer sobre él» (Jn 1:32). Por tanto, Jesús fue al desierto para enfrentar las tentaciones «lleno del Espíritu» (Lc 4:1), y después de las tentaciones, al comienzo de su ministerio: «Jesús regresó a Galilea en el poder del Espíritu» (Lc 4:14). Cuando se levantó para predicar en la sinagoga de Nazaret, declaró que se había cumplido en él la profecía de Isaías: «El Espíritu del Señor está sobre mí, porque me ha ungido para anunciar buenas nuevas a los pobres. Me ha enviado para proclamar libertad a los presos y dar vista a los ciegos, para poner en libertad a los oprimidos, para proclamar el año del favor del Señor» (Lc 4:18-19). El poder del Espíritu Santo se pudo ver en la vida de Jesús en los milagros que empezó a hacer, como el expulsar demonios con solo una palabra y la curación de todos los que acudían a él (Lc 4:36, 40-41). El Espíritu Santo estaba complacido de morar en Jesús y de habilitarle, porque se deleitaba en la absoluta pureza moral de la vida de Jesús. En el contexto de hablar acerca de su propio ministerio, y de las bendiciones del Padre en ese ministerio, Jesús dice: «Dios mismo le da su Espíritu sin restricción. El Padre ama al Hijo, y ha puesto todo en sus manos» (Jn 3:34-35). Jesús tenía la unción del Espíritu Santo sin medida, y esta unción permaneció sobre él (Jn 1:32; cf. Hch 10:38).

El Espíritu Santo también habilitó a los discípulos de Jesús para varias clases de ministerio, Jesús les había prometido: «*Cuando venga el Espíritu Santo sobre ustedes, recibirán poder* y serán mis testigos tanto en Jerusalén como en toda Judea y Samaria, y hasta los confines de la tierra» (Hch 1:8).[8] Hay varios ejemplos específicos de

---

[7]Vea el capítulo 39, pp. 801-828, para un estudio completo de las diferencias entre la obra del Espíritu Santo en el antiguo pacto y en el nuevo pacto.

[8]La palabra que se traduce aquí como «poder» (*dynamis*) aparece otras nueve veces en Hechos. En un caso (4:3), no está claro si este «poder» se refiere a la predicación con poder que convence a los oyentes o a las señales milagrosas que acompañaban a la predicación. Pero en los otros ocho ejemplos (2:22; 3:12; 4:7; 6:8; 8:10 [en este versículo se refiere al poder de hechicero pagano obrador de milagros], 13; 10:38; 19:11) se refieren al *poder para obrar milagros*. El significado del término *dynamis* se confirma aun más por su uso frecuente en el Evangelio de Lucas para hablar del poder de hacer milagros. Por tanto, cuando Jesús prometió a los discípulos en Hechos 1:8 que ellos recibirían «poder» cuando el Espíritu Santo viniera sobre ellos, parece probable que ellos le entenderían al menos el poder del Espíritu Santo para obrar milagros que probarían la veracidad del evangelio. Debido a que el contexto inmediato de la frase habla acerca de ser testigos de Jesús, puede que ellos también entendieran que quería decir que recibirían el poder del Espíritu Santo para obrar por medio de su predicación y llevar a las personas a la convicción de sus pecados y a despertar la fe en los corazones de las personas. Este poder de la predicación fue

la habilitación de los primeros cristianos por parte del Espíritu Santo para hacer milagros al tiempo que proclamaban el evangelio (note Esteban en Hch 6:5, 8; y Pablo en Ro 15:19; 1 Co 2:4). Pero el Espíritu Santo también dio gran poder para la predicación a la naciente iglesia de tal manera que los discípulos llenos con el poder del Espíritu proclamaban la Palabra con valor y gran poder (Hch 4:8, 31; 6:10; 1 Ts 1:5; 1 P 1:12). En general, podemos decir que el Espíritu Santo habla por medio del mensaje del evangelio al proclamarse eficazmente al corazón de las personas. El Nuevo Testamento termina con una invitación de parte del Espíritu y de la iglesia, quienes juntos invitan a las personas a la salvación: «El Espíritu y la novia dicen: "¡Ven!"; y el que escuche diga: "¡Ven!"» (Ap 22:17). De hecho, no solo en la predicación del mensaje del evangelio, sino también en la lectura y enseñanza de las Escrituras, el Espíritu Santo continúa hablando al corazón de las personas cada día (vea He 3:7 y 10:15, donde el autor cita un pasaje del Antiguo Testamento y dice que el Espíritu Santo está ahora hablando ese mensaje a sus lectores).

Otro aspecto de la habilitación de los cristianos para el servicio es la actividad del Espíritu Santo al dar dones espirituales para equipar a los cristianos para el ministerio. Después de mencionar una variedad de dones espirituales, el apóstol Pablo dice: «*Todo esto lo hace un mismo y único Espíritu*, quien reparte a cada uno según él lo determina» (1 Co 12:11). Puesto que el Espíritu Santo es el que muestra o manifiesta la presencia de Dios en el mundo, Pablo puede llamar a los dones espirituales «manifestación especial» del Espíritu Santo (1 Co 12:7).[9] Cuando los dones espirituales están activos, esa es otra indicación de la presencia de Dios el Espíritu Santo en la iglesia.[10]

En la vida de oración de cada creyente encontramos que el Espíritu Santo nos habilita para la oración y la hace eficaz. «No sabemos qué pedir, pero el Espíritu mismo intercede por nosotros con gemidos que no pueden expresarse con palabras» (Ro 8:26).[11] Y Pablo dice que «por medio de él tenemos acceso al Padre por un mismo Espíritu» (Ef 2:18). Una clase específica de oración que el Nuevo Testamento dice que el Espíritu posibilita que se haga es orar en lenguas (1 Co 12:10-11; 14:2, 14-17).[12]

Otro aspecto de la obra del Espíritu Santo en habilitar a los cristianos para el servicio es el de capacitarlos para vencer la oposición espiritual a la predicación del evangelio y a la obra de Dios en la vida de las personas. Este poder en la guerra espiritual lo vemos primero en acción en la vida de Jesús, quien dijo: «En cambio, si expulso a los demonios *por medio del Espíritu de Dios*, eso significa que el reino de Dios ha llegado a ustedes» (Mt 12:28). Cuando Pablo llegó a Chipre se encontró con la oposición de Elimas el hechicero, pero Pablo, «lleno del Espíritu Santo,

---

evidente en los sucesos subsecuentes, como cuando los oyentes de Pedro «se sintieron profundamente conmovidos» (Hch. 2:37), o cuando «muchos de los que oyeron el mensaje creyeron, y el número de éstos llegaba a unos cinco mil» (Hch. 4:4).

[9]La palabra griega que traducimos como «manifestación» es *phanerosis*, que significa algo que se revela, algo que se hace públicamente evidente o claro. El adjetivo relacionado *phaneros* significa «visible, claro, que se puede ver, abierto, evidente, conocido» (BAGD, p. 852).

[10]El Espíritu Santo también nos habilita para obedecer a Dios durante la vida cristiana (vea el estudio abajo sobre la obra de purificación del Espíritu Santo).

[11]Vea el análisis de Ro. 8:26 en el capítulo 18, pp. 400-01, y capítulo 53, pp. 1138-40.

[12]Vea el estudio sobre hablar en lenguas en el capítulo 53, pp. 1128-29.

clavó los ojos en Elimas y le dijo: "¡Hijo del diablo y enemigo de toda justicia, lleno de todo tipo de engaño y de fraude! ¿Nunca dejarás de torcer los caminos rectos del Señor? Ahora la mano del Señor está contra ti; vas a quedarte ciego y por algún tiempo no podrás ver la luz del sol." Al instante cayeron sobre él sombra y oscuridad, y comenzó a buscar a tientas quien lo llevara de la mano» (Hch 13:9-11). El don de «discernir espíritus» (1 Co 12:10), que el Espíritu Santo concede, es también una herramienta en la guerra en contra de las fuerzas de las tinieblas, como lo es la Palabra de Dios, que funciona como «la espada del Espíritu» (Ef 6:17) en el conflicto espiritual.

B. El Espíritu Santo purifica

Puesto que este miembro de la Trinidad es conocido como el Espíritu *Santo*, no nos sorprende encontrar que una de sus actividades principales es limpiarnos del pecado y «santificarnos» o hacernos más santos en nuestra conducta. Aun en la vida de los incrédulos hay cierta influencia restrictiva del Espíritu Santo al convencer él al mundo de pecado (Jn, 16:8-11; Hch 7:51). Pero cuando las personas se hacen cristianas, el Espíritu Santo hace una obra de limpieza inicial en ellos, propiciando un rompimiento decisivo con las pautas de pecado que tenían antes.[13] Pablo dice de los corintios: «Pero ya han sido lavados, ya han sido santificados, ya han sido justificados en el nombre del Señor Jesucristo y por el Espíritu de nuestro Dios» (1 Co 6:11; vea también Tit 3:5). Esta obra de limpieza y purificación del Espíritu Santo es lo que al parecer está simbolizada por la metáfora del fuego cuando Juan el Bautista dice que Jesús bautizará a los creyentes «con el Espíritu Santo y con fuego» (Mt 3:11; Lc 3:16).

Después de ese rompimiento inicial con el pecado que el Espíritu produce en nuestra vida en la conversión, también produce en nosotros un crecimiento en la santidad de la vida. Hace que brote dentro de nosotros el *«fruto del Espíritu»* («amor, alegría, paz, paciencia, amabilidad, bondad, fidelidad, humildad y dominio propio», Gá 5:22-23), cualidades que reflejan el carácter de Dios. A medida que continuamente «somos transformados a su semejanza con más y más gloria» debiéramos recordar que esto sucede «por la acción del Señor, que es el Espíritu» (2 Co 3:18). La santificación viene por el poder del Espíritu Santo (2 Ts 2:13; 1 P 1:2; cf. Ro 8:4, 15-16), porque si *«por medio del Espíritu»* podemos dar «muerte a los malos hábitos del cuerpo, vivirán» y creceremos en santidad personal (Ro 8:13; vea 7:6; Fil 1:19).[14]

Algunas personas hablan hoy de la obra de purificación (o curación) del Espíritu Santo que tiene lugar cuando son «derribados en el Espíritu», experiencia mediante la cual caen de repente al suelo en un estado medio inconsciente y permanecen así durante unos minutos u horas. Aunque la frase «derribados en el Espíritu» no se encuentra en las Escrituras, sí hay ocasiones en que las personas caen al suelo, o

---

[13]Vea el estudio sobre esto en el escrito de John Murray, «Definitive Sanctification», en *Collected Writings of John Murray* (Edinburg and Carlisle, Pa: Banner of Truth, 1977), pp. 277-84.

[14]Vea capítulo 38, pp. 783-801, para un estudio más completo sobre la santificación.

caen en un trance, en la presencia de Dios.[15] Las experiencias contemporáneas debieran ser evaluadas conforme a los resultados perdurables («frutos») que producen en la vida de las personas (vea Mt 7:15-20; 1 Co 14:12, 26c).

C. El Espíritu Santo revela

1. Revelación a los profetas y apóstoles. En el capítulo 4 estudiamos en gran detalle la obra del Espíritu Santo en la revelación de las palabras de Dios a los profetas del Antiguo Testamento y a los apóstoles del Nuevo Testamento, de tal manera que en muchos casos esas palabras pudieron ser expresadas mediante las Escrituras (vea, por ejemplo, Nm 24:2; Ez 11:5; Zac 7:12, et al.). Todas las Escrituras del Antiguo Testamento llegaron a formarse porque «los profetas hablaron de parte de Dios, impulsados por el Espíritu Santo» (2 P 1:21). Varios otros pasajes mencionan esta obra del Espíritu Santo en los profetas del Antiguo Testamento (vea Mt 22:43; Hch 1:16; 4:25; 28:25; 1 P 1:11). Los apóstoles del Nuevo Testamento y otros que escribieron las palabras de las Escrituras del Nuevo Testamento fueron también guiados «a toda la verdad» por el Espíritu Santo (Jn 16:13), quien también les habló a los apóstoles lo que él escuchó de parte del Padre y del Hijo, y les anunció las «cosas por venir» (Jn 16:13; cf. Ef 3:5). Otros también, como Elisabet (Lc 1:41), Zacarías (Lc 1:67) y Simeón (Lc 2:25), inspirados por el Espíritu Santo dijeron o cantaron palabras que llegaron a ser parte de las Escrituras

2. Da evidencia de la presencia de Dios. Algunas veces se ha dicho que la obra del Espíritu Santo no tiene el propósito de llamar la atención hacia sí mismo sino dar gloria a Jesús y a Dios el Padre. Pero esto parece ser una falsa dicotomía que no está apoyada por las Escrituras. Por supuesto, el Espíritu Santo glorifica a Jesús (Jn 16:14) y da testimonio de él (Jn 15:26; Hch 5:32; 1 Co 12:3; 1 Jn 4:2). ¡Pero eso no quiere decir que no dé a conocer sus propias acciones y palabras! La Biblia tiene cientos de versículos que *hablan acerca de la obra del Espíritu Santo*, que dan a conocer su trabajo, y la Biblia misma es el producto de la obra e inspiración del Espíritu Santo.

Además, *el Espíritu santo con frecuencia se da a conocer mediante fenómenos que indican su actividad*, tanto en los períodos del Antiguo como del Nuevo Testamentos. Esto quedó evidenciado cuando el Espíritu Santo cayó sobre los setenta ancianos que estaban con Moisés y estos se pusieron a profetizar (Nm 11:25-26), y cuando el Espíritu Santo venía sobre los jueces y los capacitaba para hacer grandes y poderosas obras (Jue 14:6, 19; 15:14, et al.). En estos casos las personas pudieron ver los efectos de la venida del Espíritu sobre aquellos siervos del Señor. Esto lo vemos cuando el Espíritu cayó con poder sobre Saúl y este se puso a profetizar con un grupo de profetas (1 S 10:6, 10), y sucedió también con frecuencia cuando capacitaba a los profetas del Antiguo Testamento para profetizar públicamente.

El Espíritu Santo también hizo que su presencia fuera evidente y visible cuando descendió como una paloma sobre Jesús (Jn 1:32), o vino como el sonido de un

---

[15]Vea Gn 15:12; Éx 40:35; 1 S 19:24; 1 R 8:11; Ez 1:28; 3:23; Dn 8:27; Jn 18:6; Hch 9:4; 10:10; Ap 1:17; 4:10 (compare los encuentros angelicales en Dn 8:17-18; 10:7-17).

viento recio y con lenguas de fuego visibles sobre los discípulos en Pentecostés (Hch 2:2-3). Además, cuando las personas recibían el Espíritu Santo y empezaban a hablar en lenguas o alababan a Dios de una forma notable y espontánea (vea Hch 2:4; 10:44-46; 19:6), el Espíritu Santo hizo que su presencia fuera también conocida. Y Jesús prometió que el Espíritu Santo dentro de nosotros sería tan poderoso que sería como un río de agua viva que brotaría de lo más profundo de nuestro ser (vea Jn 7:39), símil que sugiere que las personas serían conscientes de una presencia que de alguna forma sería perceptible.

En la vida de creyentes individuales, el Espíritu Santo no oculta por completo su obra, sino que hace que su presencia se note de varias formas. Él da testimonio a nuestro espíritu de que somos hijos de Dios (Ro 8:16), y clama «¡Abba! ¡Padre!» (Gá 4:6). Él nos provee de una garantía o anticipo de nuestra futura comunión con él en el cielo (2 Co 1:22; 5:5), y nos revela sus deseos de forma que podamos ser dirigidos por esos deseos y seguirlos (Ro 8:4-16; Gá 5:16-25). Él da dones que manifiestan su presencia (1 Co 12:7-11). Y de vez en cuando realiza señales milagrosas y maravillas que son un fuerte testimonio de la presencia de Dios en la predicación del evangelio (He 2:4; cf. 1 Co 2:4; Ro 15:19).

Parece, por tanto, más exacto decir que aunque el Espíritu Santo glorifica a Jesús, también con frecuencia llama la atención sobre su obra y da *evidencias reconocibles que hacen que su presencia sea conocida*. En verdad, parece que uno de sus propósitos principales en la era del nuevo pacto es *manifestar la presencia de Dios*, es dar indicaciones que hacen que la presencia de Dios sea reconocida. Y cuando el Espíritu Santo obra en varias formas que pueden ser percibidas por los creyentes y por incrédulos, esto estimula la fe de las personas de que Dios está cerca y que está trabajando para llevar a cabo sus propósitos en la iglesia y para derramar bendiciones sobre su pueblo.

3. Guía y dirige al pueblo de Dios. Las Escrituras nos dan muchos ejemplos de la dirección directa que el Espíritu Santo dio a muchas personas. De hecho, en el Antiguo Testamento, Dios dice que era un pecado que su pueblo entrara en alianzas con otros cuando se trataba de «alianzas contrarias a mi Espíritu» (Is 30:1). Al parecer el pueblo había tomado decisiones basados en su propia sabiduría y sentido común en vez de buscar la dirección del Espíritu de Dios antes de entrar en tales alianzas. En el Nuevo Testamento, el Espíritu Santo encaminó a Jesús al desierto para ser tentado (Mt 4:1; Lc 4:1). Tan fuerte fue aquella dirección del Espíritu Santo que Marcos dice que «en seguida el Espíritu lo impulsó a ir al desierto» (Mr 1:12).[16]

En otros contextos el Espíritu Santo dio palabras directas de instrucciones para guiar al siervo de Dios, como cuando le dijo a Felipe: «Acércate y júntate a ese carro» (Hch 8:29), o cuando le dijo a Pedro que fuera con tres hombres que habían ido a buscarlo de parte de la familia de Cornelio (Hch 10:19-20; 11:12), o dirigiendo a los cristianos de Antioquía: «Mientras ayunaban y participaban en el culto al

---

[16]El verbo que traducimos como «impulsó» es un término fuerte, *ekballo*, que significa literalmente «empujarlo».

Señor, el Espíritu Santo dijo: "Apártenme ahora a Bernabé y a Saulo para el trabajo al que los he llamado"» (Hch 13:2).

También en la categoría de «dirección», pero de una forma mucho más directa y convincente, contamos con varios ejemplos donde el Espíritu Santo transportó realmente a la persona de un lugar a otro. Esto sucedió con Felipe: «Cuando subieron del agua, el Espíritu del Señor se llevó de repente a Felipe. … Felipe, apareció en Azoto» (Hch 8:39-40). ¡La dirección del Espíritu en este caso no podía ser más clara! Pero cosas similares solían ocurrirles a algunos profetas del Antiguo Testamento, porque los que conocieron a Elías parece que esperaban que el Espíritu de Dios lo arrebatara y transportara a otra parte (1 R 18:12; 2 R 2:16: «Quizá el Espíritu del Señor lo tomó y lo arrojó en algún monte o en algún valle»). Ezequiel dice que el Espíritu lo «elevó» y lo llevó a varios lugares (Ez 11:1; 37:1; 43:5, RVR 1960), experiencia tuvo Juan como parte de las visiones registradas en Apocalipsis (Ap 17:3; 21:10).[17]

Pero en la gran mayoría de los casos la dirección del Espíritu Santo no es tan dramática como estas. Las Escrituras más bien hablan del Espíritu Santo que da una dirección diaria, de ser «guiados por el Espíritu de Dios» (Ro 8:14; Gá 5:16). Es posible entender estos versículos en el sentido de que Pablo se está refiriendo solo a la obediencia a los mandamientos morales de las Escrituras, pero esta interpretación parece bastante improbable, especialmente en base a que todo el contexto está tratando con emociones y deseos que nosotros percibimos en una forma más subjetiva, y porque Pablo aquí está contrastando ser guiado por el Espíritu con seguir los deseos de la carne o de la naturaleza pecaminosa:

> Así que les digo: *Vivan por el Espíritu*, y no seguirán los deseos de la naturaleza pecaminosa. Porque ésta desea lo que es contrario al Espíritu, y *el Espíritu desea* lo que es contrario a ella. … Las obras de la naturaleza pecaminosa se conocen bien: inmoralidad sexual, impureza y libertinaje; idolatría y brujería; odio, discordia, celos, arrebatos de ira, rivalidades, disensiones, sectarismos y envidia; borracheras, orgías, y otras cosas parecidas. … En cambio, el fruto del Espíritu es amor, alegría, paz, paciencia, amabilidad, bondad, fidelidad, humildad y dominio propio. … Si el Espíritu nos da vida, andemos guiados por el Espíritu. No dejemos que la vanidad nos lleve a irritarnos y a envidiarnos unos a otros. (Gá 5:16-26)

El contraste entre «los deseos de la carne» y los «deseos del Espíritu» implica que nuestra vida debiera responder momento a momento a los deseos del Espíritu Santo, no a los deseos de la carne. Ahora bien, puede ser que una buena parte de responder a esos deseos sea el proceso intelectual de comprender lo que son el amor, el gozo y la paz (y así sucesivamente), y actuar en una forma amorosa, gozosa o pacífica. Pero esto difícilmente puede constituir el todo de esa dirección del Espíritu porque estas emociones no son solo cosas en las que pensamos, sino también cosas que sentimos en un nivel profundo. En realidad, la palabra que traducimos «deseos» (gr. epitymia) se refiere a fuertes deseos humanos, no solo a decisiones intelectuales. Pablo está diciendo que tenemos que seguir esos deseos a

---

[17]Es posible que Ezequiel y Juan estén hablando de ser transportados en una visión (como en Ez. 8:3 y 11:24), más bien que un viaje físico literal. Pablo permite ambas posibilidades en 2 Co. 12:2-3.

medida que el Espíritu los va produciendo en nosotros. Además, la idea de ser «guiados» por el Espíritu Santo (Gá 5:18) implica una participación activa *personal* por parte del Espíritu Santo para guiarnos. Eso es algo más que nuestra reflexión en normas bíblicas comunes, e incluye una participación del Espíritu Santo en relacionarse con nosotros como personas y guiarnos y dirigirnos.

Hay ejemplos específicos del Espíritu guiando directamente a personas en el libro de Hechos. Después de la decisión del Concilio de Jerusalén, los líderes escribieron una carta a las iglesias: «Nos *pareció bien al Espíritu Santo* y a nosotros no imponerles a ustedes ninguna carga aparte de los siguientes requisitos» (Hch 15:28). Este versículo sugiere que el concilio debió haber tenido un sentido de lo que le agradaba al Espíritu en esas cuestiones: Ellos supieron lo que le *pareció bien al Espíritu Santo*. En el segundo viaje misionero de Pablo, Lucas escribe «que el Espíritu Santo les había impedido que predicaran la palabra en la provincia de Asia» y que luego «cuando llegaron cerca de Misia, intentaron pasar a Bitinia, pero el Espíritu de Jesús no se lo permitió» (Hch 16:6-7). Por supuesto, ningún principio escrito de las Escrituras del Antiguo Testamento les hubiera llevado a ellos a concluir que ellos no podían predicar en Asia o Bitinia. El Espíritu Santo debió más bien haberles comunicado directamente lo que deseaba de una forma específica, ya fuera mediante palabras audibles o en la mente, o por medio de impresiones subjetivas fuertes de una falta de presencia del Espíritu Santo o de sus bendiciones al intentar ellos viajar a aquellas diferentes regiones. Más tarde, cuando Pablo se encontraba de camino hacia Jerusalén, dijo: «Y ahora tengan en cuenta que voy a Jerusalén *obligado por el Espíritu*, sin saber lo que allí me espera. Lo único que sé es que en todas las ciudades el Espíritu Santo me asegura que me esperan prisiones y sufrimientos» (Hch 20:22-23). Pablo no cree que pueda tener otra opción, porque fue tan clara para él la manifestación de la presencia del Espíritu y lo que este quería de él que el apóstol podía decir que fue «obligado» por el Espíritu.[18]

En otros casos el Espíritu Santo los dirigió a colocar personas en varios ministerios de la iglesia. Por ejemplo, el Espíritu dijo a la iglesia en Antioquía: «Mientras ayunaban y participaban en el culto al Señor, el Espíritu Santo dijo: "Apártenme ahora a Bernabé y a Saulo para el trabajo al que los he llamado» (Hch 13:2). Y Pablo pudo decir que el Espíritu Santo había llamado a los ancianos de la iglesia de Éfeso a sus posiciones de liderazgo porque dijo: «Tengan cuidado de sí mismos y de todo el rebaño sobre el cual el Espíritu Santo los ha puesto como obispos para pastorear la iglesia de Dios, que él adquirió con su propia sangre» (Hch 20:28). Por último, el Espíritu Santo dirige a veces por medio de dones espirituales como el de profecía (1 Co 14:29-33).[19]

---

[18]La palabra que la NVI traduce como «obligado» y la RVR 1960 como «ligado» es un participio pasivo perfecto de *deo*, y significa un suceso contemplado antes (quizá una fuerte convicción de parte del Espíritu que decidió a Pablo a emprender este viaje a Jerusalén sin demora), pero un suceso que tiene también resultados continuos en el presente, de modo que Pablo permanece «obligado» cuando hablaba (el suceso todavía le influenciaba a Pablo con tanta fuerza que no tenía otra opción sino continuar adelante hacia Jerusalén).

[19]Sin embargo, es siempre peligroso seguir solo profecías espontáneas para nuestra dirección en esta era de la iglesia, puesto que no debemos pensar que cualquier profecía es infalible o 100 por ciento exacta hoy. Los errores pueden aparecer especialmente en el área de la dirección personal. Pero todo eso no nos permite decir que no puede haber dirección que venga por profecía. Vea el estudio sobre la dirección subjetiva en general y el don de profecía en particular en el capítulo 8, p. 131, y capítulo 53, pp. 1107-20.

4. Provee de una atmósfera piadosa cuando manifiesta su presencia. Debido a que el Espíritu Santo es completamente Dios, y participa de todos los atributos de Dios, su influencia traerá una atmósfera propia del carácter de Dios a la circunstancia en la que él está activo. Como él es el Espíritu *Santo* producirá en ocasiones convicción de pecado, de justicia y de juicio (Jn 16:8-11). Como Dios es amor, el Espíritu derrama el amor de Dios en nuestros corazones (Ro 5:5; 15:30; Col 1:8) y con frecuencia la presencia claramente manifiesta del Espíritu Santo va a crear una atmósfera de amor. A causa de que Dios no es «un Dios de desorden sino de paz» (1 Co 14:33), el Espíritu Santo trae una atmósfera de paz en medio de las circunstancias: «Porque el reino de Dios no es cuestión de comidas o bebidas sino de justicia, paz y alegría en el Espíritu Santo» (Ro 14:17; cf. Gá 5:22). Este último versículo también nos enseña que el Espíritu Santo imparte una atmósfera de gozo (vea también Hch 13:52; 1 Ts 1:6). Aunque esta lista no es exhaustiva, Pablo resume muchas de estas cualidades propias de Dios que el Espíritu produce cuando enumera los varios elementos del fruto del Espíritu en Gálatas 5:22-23.

Otros elementos de esta atmósfera que el Espíritu Santo puede impartir son la verdad (Jn 14:17; 15:26; 16:13; 1 Jn 5:7), sabiduría (Dt 34:9; Is 11:2), consuelo (Hch 9:31), libertad (2 Co 3:17), justicia (Ro 14:17), esperanza (Ro 15:13; cf. Gá 5:5), conciencia de ser hijos de Dios, de adopción (Ro 8:15-16; Gá 4:5-6), e incluso gloria (2 Co 3:8). El Espíritu Santo también trae unidad (Ef 4:3), y poder (Hch 10:38; 1 Co 2:4; 2 Ti 1:7; cf. Hch 1:8). Todos estos elementos de la actividad del Espíritu Santo indican los varios aspectos de una atmósfera en la que hace que su presencia —y de ese modo su carácter— la perciban las personas.

5. Nos da seguridad. El Espíritu Santo «le asegura a nuestro espíritu que somos hijos de Dios» (Ro 8:16), y nos da evidencias de la obra de Dios dentro de nosotros: «¿Cómo sabemos que él permanece en nosotros? *Por el Espíritu que nos dio*» (1 Jn 3:24). «¿Cómo sabemos que permanecemos en él, y que él permanece en nosotros? *Porque nos ha dado de su Espíritu*» (1 Jn 4:13). El Espíritu Santo no solo nos da testimonio de que somos hijos de Dios, sino que también da testimonio de que Dios permanece en nosotros y nosotros en él. Una vez más, en esto participa algo más que nuestro intelecto: el Espíritu obra para darnos seguridad en el nivel subjetivo de la percepción espiritual y emocional.

6. Nos enseña e ilumina. Otro aspecto de la obra reveladora del Espíritu Santo es enseñar ciertas cosas al pueblo de Dios e iluminarlo para que pueda entender ciertas cosas. Jesús prometió especialmente a los discípulos esta función de enseñanza cuando les dijo que el Espíritu Santo «les *enseñará* todas las cosas y les hará recordar todo lo que les he dicho» (Jn 14:26), y dijo: «él los guiará a toda la verdad» (Jn 16:13). Además, prometió que cuando ellos fueran llevados a juicio después de la persecución, el Espíritu les enseñaría qué decir en esos momentos (Lc 12:12; cf. Mt 10:20; Mr 13:11). En otros momentos el Espíritu Santo reveló información específica a las personas, como por ejemplo, le reveló a Simeón que no moriría hasta que viera al Mesías (Lc 2:26), o le reveló a Ágabo que sucedería una hambruna (Hch 11:28) o que Pablo sería encarcelado en Jerusalén (Hch 21:11). En otros casos el Espíritu Santo reveló que Pablo sufriría en Jerusalén (Hch 20:23; 21:4) y le dijo expresamente a Pablo qué cosas sucederían en los últimos tiempos (1 Ti 4:1), y le reveló las cosas que Dios ha preparado para aquellos que le aman (1 Co 2:9).

La obra de iluminación del Espíritu Santo la vemos en el hecho de que nos capacita para entender: «Nosotros no hemos recibido el espíritu del mundo sino el Espíritu que procede de Dios, *para que entendamos* lo que por su gracia él nos ha concedido» (1 Co 2:12). Por tanto, «El que no tiene el Espíritu no acepta lo que procede del Espíritu de Dios. ... En cambio, el que es espiritual lo juzga todo» (1 Co 2:14-15). Debiéramos orar pidiendo que el Espíritu Santo nos dé su iluminación y de esa manera nos ayudara a entender correctamente cuando estudiamos las Escrituras o cuando consideramos las situaciones de nuestra vida. Aunque él no mencionó al Espíritu Santo específicamente, el salmista oró pidiendo esa iluminación cuando le pidió a Dios: «Ábreme los ojos, para que contemple las maravillas de tu ley» (Sal 119:18). Del mismo modo, Pablo oró pidiendo por los cristianos en Éfeso y sus alrededores:

> Pido que el Dios de nuestro Señor Jesucristo, el Padre glorioso, les dé el Espíritu de sabiduría y de revelación, para que lo conozcan mejor. Pido también que les sean iluminados los ojos del corazón para que sepan a qué esperanza él los ha llamado, cuál es la riqueza de su gloriosa herencia entre los santos, y cuán incomparable es la grandeza de su poder a favor de los que creemos. Ese poder es la fuerza grandiosa y eficaz. (Ef 1:17-19)

D. El Espíritu Santo unifica

Cuando el Espíritu Santo fue derramado sobre la iglesia en Pentecostés, Pedro proclamó que se estaba cumpliendo la profecía de Joel 2:28-32:

> En realidad lo que pasa es lo que anunció el profeta Joel:
>
> Sucederá que en los últimos días, dice Dios,
> derramaré mi Espíritu sobre todo el género humano.
> Profetizarán sus hijos y sus hijas,
> los jóvenes tendrán visiones
> y los ancianos tendrán sueños.
> En esos días derramaré mi espíritu sobre mis siervos
> y mis siervas, y profetizarán (Hechos 2:16-18).

Se hace hincapié en la venida del Espíritu Santo sobre la comunidad de los creyentes, no solo sobre líderes como Moisés y Josué, sino sobre los hijos y las hijas, los ancianos y los jóvenes, los siervos y las siervas, todos recibirían el derramamiento del Espíritu Santo en este tiempo.[20]

---

[20]Esto fue también un cumplimiento del deseo de Moisés de que el Señor derramara su Espíritu sobre todo su pueblo (Nm. 11:29), y de la visión del valle de los huesos secos reavivados por el Espíritu en Ez. 37. Vea también Donald Guthrie, *New Testament Theology*, pp. 512-13, 540, 562.

En el acontecimiento de Pentecostés, el Espíritu Santo creó una nueva comunidad que era la iglesia. La comunidad estaba marcada por una unidad sin precedentes, como Lucas nos lo recuerda:

Todos los creyentes estaban juntos y tenían todo en común: vendían sus propiedades y posesiones, y compartían sus bienes entre sí según la necesidad de cada uno. No dejaban de reunirse en el templo ni un solo día. De casa en casa partían el pan y compartían la comida con alegría y generosidad, alabando a Dios y disfrutando de la estimación general del pueblo. Y cada día el Señor añadía al grupo los que iban siendo salvos. (Hch 2:44-47)

Pablo bendice a la iglesia de Corinto con una bendición que busca la comunión unificadora del Espíritu para todos ellos cuando dice: «Que la gracia del Señor Jesucristo, el amor de Dios y la comunión del Espíritu Santo[21] sean con todos ustedes» (2 Co 13:14). Es significativo que en este versículo trinitario él no atribuye especialmente la profundización del compañerismo entre los creyentes al Padre o al Hijo, sino al Espíritu Santo, una declaración coherente con la obra general unificadora del Espíritu en la iglesia.

Esta función unificadora es también evidente cuando Pablo les dice a los filipenses: «Por tanto, si sienten algún estímulo en su unión con Cristo, algún consuelo en su amor, algún *compañerismo en el Espíritu*, algún afecto entrañable, llénenme de alegría teniendo un mismo parecer, un mismo amor, unidos en alma y pensamiento» (Fil 2:1-2).[22] De una manera similar, cuando él enfatiza la nueva unidad entre judíos y gentiles en la iglesia, dice que «por medio de él tenemos acceso al Padre por un mismo Espíritu» (Ef 2:18), y dice que en el Señor somos «edificados juntamente para ser morada de Dios por su Espíritu» (Ef 2:22). Cuando quiere recordarles la unidad que debieran tener como cristianos les exhorta a «mantener la unidad del Espíritu mediante el vínculo de la paz» (Ef 4:3).

Las reflexiones de Pablo sobre los dones espirituales repiten también este tema de la obra unificadora del Espíritu Santo. Allí donde nosotros podríamos pensar en personas que tienen diferentes dones que quizá no se entiende bien unas con otras, la conclusión de Pablo es la opuesta: «El ojo no puede decirle a la mano: "No te necesito." Ni puede la cabeza decirle a los pies: "No los necesito"» (1 Co 12:21). Pablo nos dice que estos dones diferentes los da «un mismo y único Espíritu, quien reparte a cada uno según él lo determina» (1 Co 12:11), de modo que en la iglesia «a cada uno se le da una manifestación especial del Espíritu para el bien de los demás» (1 Co 12:7). De hecho, «todos fuimos bautizados por un solo Espíritu para constituir un solo cuerpo —ya seamos judíos o gentiles, esclavos o libres—, y a todos se nos dio a beber de un mismo Espíritu» (1 Co 12:13).[23]

La idea de que el Espíritu Santo unifica la iglesia es también evidente en el hecho de que las «rivalidades, disensiones, sectarismos» (Gá 5:20) son deseos de la carne opuestos a ser guiados por «el Espíritu» (Gá 5:18; cf. v. 25). El Espíritu Santo

---

[21]La palabra *koinonia*, «compañerismo», también podría significar «participación en el Espíritu», pero eso tendría poco sentido para Pablo desear que ellos tuvieran algo que ya poseían como creyentes (participar en el Espíritu Santo). Es mejor traducir este versículo como «compañerismo del Espíritu Santo», enfatizando de ese modo una bendición del parte del Espíritu Santo que Pablo deseaba que aumentara en la iglesia corintia.

[22]La palabra griega *koinonia* está aquí mejor traducida como «compañerismo» porque el propósito de Pablo en Fil. 2:1-11 es estimular la unidad en la iglesia filipense. (Vea también la nota anterior a esta).

[23]Vea el amplio estudio de este versículo en el capítulo 39, pp. 804-07.

es el que produce amor en los corazones (Ro 5:5; Gá 5:22; Col 1:8), y ese amor «es el vínculo perfecto» (Col 3:14). Por tanto, cuando el Espíritu Santo está trabajando fuertemente en una iglesia para manifestar la presencia de Dios, una evidencia será la bella armonía de la comunidad de la iglesia y el amor desbordante entre ellos.

E. El Espíritu Santo da una evidencia más fuerte o más débil de la presencia y bendición de Dios según le respondamos

Muchos ejemplos del Antiguo y Nuevo Testamentos indican que el Espíritu Santo otorgará o retendrá bendiciones según vea si la situación que contempla le agrada o no. Es digno de notar que Jesús estaba completamente limpio de pecado y el Espíritu Santo permaneció sobre él» (Jn 1:32) y le fue dado sin restricción (Jn 3:34). En el Antiguo Testamento el Espíritu Santo vino con poder sobre Sansón varias veces (Jue 13:25; 14:6, 19; 15:14), pero al final lo dejó cuando este persistió en el pecado (Jue 16:20). De igual manera, cuando Saúl persistió en la desobediencia el Espíritu Santo se apartó de él (1 S 16:14). Y cuando el pueblo de Israel se rebeló contra Dios y entristeció al Espíritu Santo, éste se volvió contra ellos (Is 63:10).

También en el Nuevo Testamento el Espíritu Santo puede entristecerse y dejar de derramar bendiciones. Esteban reprendió a los líderes judíos, diciendo: «¡Siempre resisten al Espíritu Santo!» (Hch 7:51). Pablo advierte a la iglesia efesia: «*No agravien al Espíritu Santo* de Dios, con el cual fueron sellados para el día de la redención» (Ef 4:30), y exhorta a la iglesia tesalonicense: «No apaguen el Espíritu» (1 Ts 5:19; cf. la metáfora de demorarse en abrir la puerta y de esa manera desilusionar a su amante en el Cantar de los Cantares 5:3, 6). En ese mismo sentido, Pablo advierte seriamente a los cristianos que no contaminen sus cuerpos juntándose con las prostitutas porque el Espíritu Santo mora dentro de sus cuerpos: «¿Acaso no saben que su cuerpo es templo del Espíritu Santo, quien está en ustedes y al que han recibido de parte de Dios? Ustedes no son sus propios dueños; fueron comprados por un precio. Por tanto, honren con su cuerpo a Dios» (1 Co 6:19-20).

Aun más serio que entristecer o apagar al Espíritu Santo es esa forma de desobediencia profunda y endurecida que lleva a un juicio severo. Cuando Pedro reprendió a Ananías: «¿Cómo es posible que Satanás haya llenado tu corazón para que le mintieras al Espíritu Santo y te quedaras con parte del dinero que recibiste por el terreno?» (Hch 5:3), Ananías cayó muerto. Del mismo modo, cuando Pedro le habló a Safira, la esposa de Ananías: «¿Por qué se pusieron de acuerdo para poner a prueba al Espíritu del Señor? ¡Mira! Los que sepultaron a tu esposo acaban de regresar y ahora te llevarán a ti» (Hch 5:9), ella también cayó muerta inmediatamente. El libro de Hebreos advierte a los que están en peligro de dejar la fe: «¿Cuánto mayor castigo piensan ustedes que merece el que ha pisoteado al Hijo de Dios, que ha profanado la sangre del pacto por la cual había sido santificado, *y que ha insultado al Espíritu de la gracia*? (He 10:29). Para esa persona «sólo queda una terrible expectativa de juicio, el fuego ardiente que ha de devorar a los enemigos de Dios» (He 10:27).[24]

---

[24]Este pasaje lo podríamos poner también en la siguiente categoría, que estudiamos en el siguiente párrafo.

Por último, queda aún otro nivel en el que se puede ofender al Espíritu Santo. Esta clase de ofensa es aun más seria que la de entristecerlo o endurecerse en la desobediencia y es causa de disciplina y castigo. Es posible ofender de tal forma al Espíritu que su obra de convicción ya no dé resultado en la vida de la persona.

> Todo pecado y toda blasfemia, pero la *blasfemia contra el Espíritu* no se le perdonará a nadie. A cualquiera que pronuncie alguna palabra contra el Hijo del hombre se le perdonará, pero el que hable contra el Espíritu Santo no tendrá perdón ni en este mundo ni en el venidero. (Mt 12:31-32; cf. Mr 3:29; Lc 12:10)

Estas declaraciones surgen en un contexto en el que los fariseos voluntaria y maliciosamente atribuyen a Satanás la acción poderosa del Espíritu Santo que era tan evidente en el ministerio de Jesús. Puesto que el Espíritu Santo manifiesta tan claramente la presencia de Dios, aquellos que voluntaria y maliciosamente hablaban en contra de él y atribuían su actividad al poder de Satanás habían cometido, dijo Jesús, «un pecado eterno» (Mr 3:29).[25]

Todos estos pasajes indican que debemos ser muy cuidadosos en no entristecer u ofender al Espíritu Santo. Él no va a forzar su presencia en nosotros en contra de nuestra voluntad (vea 1 Co 14:32), pero si le resistimos, le apagamos o nos oponemos a él, se apartará de nosotros y retirará mucha de la bendición de Dios en nuestra vida.

Por otro lado, el Espíritu estará presente en la vida de los cristianos que se esfuerzan por agradarle y traerá grandes bendiciones. El Espíritu Santo se derramó plenamente en Pentecostés (vea Hch 2:17-18) y ahora mora dentro de todos los verdaderos creyentes, haciendo que sean templos del Dios vivo (1 Co 3:16; 6:19-20). Podemos experimentar una comunión y compañerismo íntimo con el Espíritu Santo en nuestra vida (2 Co 3:14; Fil 2:1). Él nos confía dones (1 Co 12:11), la verdad (2 Ti 1:14) y ministerios (Hch 20:28). En realidad, tan plena y abundante será su presencia que Jesús podía prometer que rebosaría de nuestro ser interior como «ríos de agua viva» (Jn 7:38-39). Pedro promete que su presencia descansará especialmente sobre los que sufren por amor de Cristo: «Dichosos ustedes si los insultan por causa del nombre de Cristo, porque el glorioso Espíritu de Dios reposa sobre ustedes» (1 P 4:14)

Por tanto, es importante que todo nuestro ministerio se ejerza en el Espíritu Santo, es decir, que vivamos conscientemente en la atmósfera piadosa creada por el Espíritu Santo, una atmósfera de poder, amor, gozo, verdad, santidad, justicia y paz. Pero mayor que estas características de la atmósfera creada por el Espíritu Santo es el sentido de la presencia del Espíritu mismo. *Estar en el Espíritu Santo es estar realmente en la atmósfera de la presencia manifiesta de Dios* Esto es por lo que las personas en el Nuevo Testamento caminaban en la fortaleza del Espíritu Santo (Hch 9:31), y por qué es posible estar «en el Espíritu» como Juan lo estaba en el día del Señor (Ap 1:10; cf. 4:2).

Es sorprendente cuántas actividades en particular se dice en el Nuevo Testamento que eran hechas «en» el Espíritu: Es posible *regocijarse* en el Espíritu Santo

---

[25]Vea el capítulo 24, pp. 531-34, para un estudio completo del pecado imperdonable.

(Lc 10:21), *resolver* o decidir algo en el Espíritu Santo (Hch 19:21), que nuestra *conciencia* nos confirme algo en el Espíritu (Ro 9:1), tener *acceso* a Dios en el Espíritu Santo (Ef 2:18), *orar* en el Espíritu santo (Ef 6:18; Jud 20), y *amar* en el Espíritu Santo (Col 1:8). A la luz de estos versículos, podríamos preguntarnos, ¿en cuántas de estas actividades durante cada día estamos conscientes de la presencia y bendiciones del Espíritu Santo?

Es también posible estar lleno del Espíritu Santo (Ef 5:18; cf. Lc 1:15, 41, 67; 4:1; Hch 2:4; 4:8; 6:3,5; 7:55; 9:17; 11:24; 13:9). Estar lleno con el Espíritu Santo es estar lleno de la presencia inmediata de Dios mismo, y eso, por tanto, resultará en sentir lo que Dios siente, desear lo que Dios desea, hacer lo que Dios quiere, hablar con poder de Dios, orar y ministrar en el poder de Dios, y conocer con el conocimiento que Dios mismo da.[26] En las ocasiones cuando la iglesia experimenta avivamiento el Espíritu Santo produce estos resultados en la vida de las personas en formas especialmente poderosas.

Por tanto, es importante en nuestra vida cristiana que dependamos del poder del Espíritu Santo, reconociendo que todo trabajo significativo es llevado a cabo no «por la fuerza ni por ningún poder, sino por mi Espíritu dice el Señor Todopoderoso» (Zac 4:6). Pablo hace gran hincapié en decirles a los gálatas que recibieron al Espíritu Santo por la fe al comienzo de su vida cristiana (Gá 3:2) y este continuaría obrando en sus vidas conforme a su fe después de su conversión: «Después de haber comenzado con el Espíritu, ¿pretenden ahora perfeccionarse con esfuerzos humanos? ... Al darles Dios su Espíritu y hacer milagros entre ustedes, ¿lo hace por las obras que demanda la ley o por la fe con que han aceptado el mensaje?» (Gá 3:3, 5).

Por consiguiente, tenemos que andar conforme a la dirección del Espíritu Santo (Ro 8:12-16; Gá 5:16-26) y fijar la mente en las cosas que son del Espíritu (Ro 8:4-6). Todo lo que hagamos en nuestro ministerio, cualquiera que este sea, debemos hacerlo en el poder del Espíritu Santo.

PREGUNTAS DE APLICACIÓN PERSONAL

1. En el pasado, ¿ha sido difícil para usted pensar del Espíritu Santo como una persona más bien que como una presencia o fuerza? ¿Qué partes (si alguna) en este capítulo le han ayudado a pensar mejor del Espíritu Santo como una persona? ¿Cree usted que tiene conciencia de sus relaciones con el Espíritu Santo como persona que es distinta de Dios el Padre y de Dios el Hijo? ¿Qué podría ayudarle a usted a estar más consciente de las distinciones entre los miembros de la Trinidad en sus relaciones con usted?

2. ¿Percibe usted alguna diferencia en la manera en que el Padre, el Hijo y el Espíritu santo se relacionan con usted en su vida cristiana? Si es así, ¿puede usted explicar cuál es la diferencia y cómo está consciente de ella?

3. ¿Ha estado usted alguna vez especialmente consciente de la habilitación del Espíritu Santo en alguna circunstancia específica de su ministerio? (Esto pudo haber sido mientras evangelizaba, aconsejaba, enseñaba o predicaba, oraba, adoraba o en alguna otra circunstancia en su ministerio.) ¿Cómo

---

[26]Vea el capítulo 39, pp. 821-24, para un estudio más amplio sobre ser llenado con el Espíritu Santo.

percibió la presencia del Espíritu Santo en ese tiempo, o qué es lo que lo hizo consciente de su presencia?

4. En su experiencia, ¿en qué formas llega a usted la dirección del Espíritu Santo? ¿Es principalmente (o exclusivamente) por medio de las Escrituras? Si es así, ¿hay veces cuando ciertos pasajes de las Escrituras parecen que cobran vida y le hablan con gran relevancia y vitalidad en ese momento? ¿Cómo sabe usted cuando eso está sucediendo? Si la dirección del Espíritu Santo ha venido a usted en otras formas además de hablarle por medio de las palabras de las Escrituras, ¿cuáles han sido esas otras formas?

5. ¿Percibe de vez en cuando la complacencia o desagrado del Espíritu Santo sobre algún curso de acción que usted haya tomado? ¿Hay algo en su vida ahora mismo que está entristeciendo al Espíritu Santo? ¿Qué se propone hacer acerca de ello?

6. ¿Le dejó el Espíritu inmediatamente a Sansón cuando este empezó a pecar (vea Jue 13:25; 14:6, 19; 15:14)? ¿Por qué sí o por qué no? ¿Es la presencia de poder espiritual en el ministerio de alguien una garantía de que el Espíritu Santo está complacido con la vida de esa persona?

TÉRMINOS ESPECIALES

blasfemia contra el Espíritu Santo
Espíritu Santo
en el Espíritu Santo

llenos con el Espíritu Santo
manifestación de la presencia activa de
   Dios

BIBLIOGRAFÍA

(Para una explicación de esta bibliografía vea la nota sobre la bibliografía en el capítulo 1, p. 40. Datos bibliográficos completos se pueden encontrar en las páginas 1297-1306.)

Secciones en Teologías Sistemáticas Evangélicas

1. Anglicana (episcopal)
       1882–92   Litton, 242–47
          1930   Thomas, 90–99
2. Arminiana (wesleyana o metodista)
       1875–76   Pope, 2:321–36
          1940   Wiley, 2:303–33
          1960   Purkiser, 183–203
          1983   Carter, 1:415–72
3. Bautista
          1917   Mullins, 359–65
       1976–83   Henry, 4:476–93; 6:370–401
       1983–85   Erickson, 845–83

4. Dispensacional
    1947   Chafer, 1:397–414; 6:26–298
    1949   Thiessen, 251–56
    1986   Ryrie, 341–90
5. Luterana
    1917–24 Pieper (ninguna consideración extensiva, pero ver el extenso índice de entradas: 4:391–99)
    1934   Mueller, 443
6. Reformada (o presbiteriana)
    1559   Calvin, 2:537–42 (3. 1)
    1887–1921 Warfield, *SSW* 1:203–22; *BD* 101–32
    1937–66 Murray, *CW* 1:138–42, 186–92; *CW* 3:210–14
    1938   Berkhof, 423–31
7. Renovada (o carismática o pentecostal)
    1988–92 Williams, 2:137–207, 237–70

Secciones en Teologías Sistemáticas Católicas Romanas Representativas

1. Católica Romana: tradicional
    1955   Ott (ninguna consideración explícita)
2. Católica Romana: Post Vaticano II
    1980   McBrien (ninguna consideración explícita)

Otras obras

Bruner, Frederick Dale. *A Theology of the Holy Spirit*. Eerdmans, Grand Rapids, 1970.

Carson, D. A. *Showing the Spirit: A Theological Exposition of 1 Corinthians 12–14*. Baker, Grand Rapids, 1987.

Carter, Charles. *The Person and Ministry of the Holy Spirit*. Baker, Grand Rapids, 1974.

Caulley, T. S. «Holy Spirit». En *EDT*, pp. 521–27.

Gaffin, Richard B., Jr. «The Holy Spirit». *WTJ* 43:1 (otoño de 1980), pp. 58–78.

Green, Michael. *I Believe in the Holy Spirit*. Eerdmans, Grand Rapids, 1975.

Hawthorne, Gerald. *The Presence and the Power: The Significance of the Holy Spirit in the Life and Ministry of Jesus*. Word, Dallas, 1991.

Hoekema, Anthony A. «The Role of the Holy Spirit». En *Saved By Grace*. Eerdmans, Grand Rapids, y Paternoster, Exeter, 1989, pp. 28–53.

Horton, S. M. *What the Bible Says About the Holy Spirit*. Gospel Publishing House, Springfield, Mo., 1976.

Ladd, George E. *The Presence of the Future: The Eschatology of Biblical Realism*. Eerdmans, Grand Rapids, 1974.

Moule, C. F. D. *The Holy Spirit*. Eerdmans, Grand Rapids, 1978.

Pache, Rene. *The Person and Work of the Holy Spirit*. Moody, Chicago, 1954.

Packer, J. I. «Holy Spirit». En *NDT* pp. 316–19.

————. *Keep in Step with the Spirit*. Revell, Old Tappan, N. J., 1984.

Palmer, Edwin H. *The Person and Ministry of the Holy Spirit*. Baker, Grand Rapids, 1958.

Ryrie, C. C. *The Holy Spirit*. Moody, Chicago, 1965.

Smeaton, G. *The Doctrine of the Holy Spirit*. 2ª ed. T. and T. Clark, Edinburgh, 1889.

Sproul, R. C. *The Mystery of the Holy Spirit*. Tyndale, Wheaton, Ill., 1990.

Stott, John R. W. *Baptism and Fullness: The Work of the Holy Spirit Today*. Inter-Varsity Press, Downers Grove, Ill., 1964.

Swete, Henry B. *The Holy Spirit in the New Testament*. 2ª ed. . Macmillan, London, 1910.

White, John. *When the Spirit Comes with Power*. InterVarsity Press, Downers Grove, Ill., 1988.

Wood, Leon J. *The Holy Spirit in the Old Testament*. Zondervan, Grand Rapids, 1976.

PASAJE BÍBLICO PARA MEMORIZAR

Romanos 8:12–14: *Por tanto, hermanos, tenemos una obligación, pero no es la de vivir conforme a la naturaleza pecaminosa. Porque si ustedes viven conforme a ella, morirán; pero si por medio del Espíritu dan muerte a los malos hábitos del cuerpo, vivirán. Porque todos los que son guiados por el Espíritu de Dios son hijos de Dios.*

HIMNO

«Santo Espíritu, desciende»

Santo Espíritu, desciende
A mi pobre corazón,
Llénalo de tu presencia,
Y haz en mí tu habitación.

Coro:
¡Llena hoy, llena hoy,
Llena hoy mi corazón!
Santo Espíritu, desciende,
Y haz en mí tu habitación.

De tu gracia puedes darme
Inundando el corazón,
Ven, que mucho necesito,
Dame hoy tu bendición.

Débil soy, oh sí, muy débil,
Y a tus pies postrado estoy,
Esperando que tu gracia
con poder me llene hoy.

Santo Espíritu, tú eres,
Ese prometido don;
Mucho anhelo recibirte,
Dame hoy tu santa unción.

Ven, bautízame ahora,
Obediente espero aquí;
Ven a ser mi eterno guía,
Haz tu voluntad en mí.

AUTOR: E. H. STOKES, TRAD. VICENTE MENDOZA
(TOMADO DE HIMNOS DE FE Y ALABANZA, #263)

Quinta parte

La doctrina de la aplicación de la redención

Capítulo 31

Gracia común

¿Cuáles son las bendiciones no merecidas que Dios da a todas las personas, creyentes e incrédulos?

EXPLICACIÓN Y BASES BÍBLICAS

A. Introducción y definición

Cuando Adán y Eva pecaron, se hicieron dignos de castigo eterno y de separación de Dios (Gn 2:17). De la misma manera, cuando los seres humanos pecan hoy se hacen merecedores de la ira de Dios y del castigo eterno: «La paga del pecado es muerte» (Ro 6:23). Esto quiere decir que una vez que las personas pecan, la justicia de Dios requiere solo una cosa: Que queden eternamente separados de Dios, alejados de la posibilidad de experimentar sus cosas buenas y que vivan para siempre en el infierno, recibiendo solo la ira divina para siempre. De hecho, esto es lo que les sucedió a los ángeles que pecaron, y nos podría haber sucedido a nosotros también: «*Dios no perdonó a los ángeles cuando pecaron*, sino que los arrojó al abismo, metiéndolos en tenebrosas cavernas y reservándolos para el juicio» (2 P 2:4).

Pero en realidad Adán y Eva no murieron de inmediato (aunque la sentencia de muerte *empezó* a cumplirse en sus vidas a partir del día que pecaron). La plena ejecución de la sentencia de muerte quedó demorada por muchos años. Además, millones de sus descendientes aun hasta el día de hoy no mueren y van al infierno tan pronto como pecan, sino que continúan viviendo por muchos años, disfrutando de innumerables bendiciones en este mundo. ¿Cómo puede ser esto? *¿Cómo puede continuar Dios dando bendiciones a pecadores que merecen la muerte*, no solo a aquellos que al final serán salvos, sino también a millones que nunca lo serán, cuyos pecados nunca serán perdonados?

La respuesta a estas preguntas es que Dios otorga *gracia común*. Podemos definir la gracia común de la siguiente manera: *La gracia común es la gracia de Dios mediante la cual él da a las personas innumerables bendiciones que no son parte de la salvación*. Se le llama *común* porque es común a todas las personas y no está restringido a los creyentes ni a los elegidos.

Para distinguirla de la gracia común, la gracia de Dios que trae salvación a las personas la identificamos con frecuencia como «gracia salvadora». Por supuesto, cuando hablamos de «gracia común» y «gracia salvadora» no estamos indicando que haya dos clases de gracia en Dios, sino es solo la gracia de Dios que se manifiesta a sí misma en el mundo en dos formas diferentes. La gracia común es diferente de la gracia salvadora en sus *resultados* (no produce salvación), en sus receptores (la reciben por igual los creyentes y los incrédulos), y en su fuente (no fluye directamente de la obra expiatoria de Cristo, puesto que la muerte de Cristo no gana ninguna medida de perdón para los incrédulos y, por tanto, tampoco hace que tengan mérito las bendiciones de la gracia común para ellos). Sin embargo, sobre este último punto debiéramos decir que la gracia común fluye *indirectamente* de la obra redentora de Cristo, debido al hecho de que Dios no juzgó al mundo de una vez cuando entró el pecado debido primaria y quizá exclusivamente a que planeaba salvar al final a algunos pecadores a través de la muerte de su Hijo.[1]

B. Ejemplos de gracia común

Si miramos al mundo a nuestro alrededor y lo contrastamos con el fuego del infierno que el mundo se merece, podemos ver inmediatamente la evidencia abundante de la gracia común de Dios en miles de ejemplos de la vida diaria. Podemos distinguir varias categorías específicas en las que vemos esa gracia común.

1. En la esfera física. Los incrédulos continúan viviendo en este mundo únicamente a causa de la gracia común de Dios. Cada vez que las personas respiran es por la gracia de Dios, porque la paga del pecado es muerte, no vida. Además, la tierra no solo produce cardos y espinos (Gn 3:18) ni permanece como un desierto calcinado, sino que por la gracia de Dios produce alimentos y materiales para hacer vestidos y albergues, con frecuencia con gran abundancia y diversidad. Jesús dijo: «Amen a sus enemigos y oren por quienes los persiguen, para que sean hijos de su Padre que está en el cielo. Él *hace que salga el sol sobre malos y buenos, y que llueva sobre justos e injustos*» (Mt 5:44-45). Aquí Jesús está apelando a la abundante gracia común de Dios como un estímulo para que sus discípulos también concedan amor y oraciones por bendiciones para los incrédulos (cf. Lc 6:35-36). Del mismo modo, Pablo les dice a las personas en Listra: «En épocas pasadas él permitió que todas las naciones siguieran su propio camino. Sin embargo, no ha dejado de dar testimonio de sí mismo haciendo el bien, *dándoles lluvias del cielo y estaciones fructíferas, proporcionándoles comida y alegría de corazón*» (Hch 14:16-17).

El Antiguo Testamento también habla de la gracia común de Dios que viene sobre los incrédulos así como también sobre los creyentes. Un ejemplo específico es Potifar, el capitán egipcio de la guardia del faraón que compró a José como esclavo: «*El Señor bendijo la casa del egipcio Potifar* a partir del momento en que puso a José a cargo de su casa y de todos sus bienes. La bendición del Señor se extendió sobre todo lo que tenía el egipcio, tanto en la casa como en el campo» (Gn 39:5). David habla de una forma mucho más general acerca de todas las criaturas que Dios ha hecho: «El Señor es bueno con todos; él se compadece de toda su creación... Los ojos de todos se posan en ti, y a su tiempo les das su alimento. Abres la mano y sacias con tus favores a todo ser viviente» (Sal 145:9, 15-16).

---

[1]Debiéramos notar que he puesto este capítulo sobre la gracia común en la parte 5 de este libro, «La doctrina de la aplicación de la redención», no porque la gracia común fluya directamente de la obra redentora de Cristo (no lo hace), sino porque tiene un papel en la preparación y en asistir a la obra de Dios de la aplicación de la redención a los creyentes.

Estos versículos son otro recordatorio de que el bien que encontramos en toda la creación es a causa de la bondad y de la compasión de Dios.

Vemos incluso evidencias de la gracia común de Dios en la belleza del mundo natural. A pesar de que la naturaleza misma está sometida a la «esclavitud de corrupción» y «fue sujetada a vanidad» (Ro 8:21, 20) debido a la maldición de la Caída (Gn 3:17-19), todavía queda mucha belleza en el mundo natural. La belleza multicolor de las flores, de los campos y de los bosques, de los ríos, lagos, montañas y mares, todavía nos recuerdan como un testimonio diario de la continua gracia común de Dios. Los incrédulos no merecen disfrutar de nada de esta belleza, pero por la gracia de Dios pueden disfrutar mucho de ella a lo largo de toda su vida.

2. En la esfera intelectual. Satanás es «el padre de la mentira» (Jn 8:44), porque él está completamente entregado a la maldad y a la irracionalidad y comprometido con la falsedad que acompaña al mal radical. Pero los seres humanos en el mundo de hoy, incluso los incrédulos, no están totalmente entregados a la mentira, la irracionalidad y la ignorancia. Todas las personas pueden tener alguna percepción de la verdad; y en verdad algunos tienen gran inteligencia y entendimiento. Esto también debe verse como un resultado de la gracia de Dios. Juan se refiere a Jesús y dice «Esa luz verdadera, la *que alumbra a todo ser humano*, venía a este mundo» (Jn 1:9), porque en su papel como creador y sustentador del universo (no particularmente en su papel como redentor) el Hijo de Dios permite que la iluminación y el entendimiento vengan a todas las personas en el mundo.[2]

La gracia común de Dios en la esfera intelectual la vemos en el hecho de que todas las personas tienen un cierto conocimiento de Dios: «A pesar de haber conocido a Dios, no lo glorificaron como a Dios ni le dieron gracias» (Ro 1:21). Esto quiere decir que hay un sentido de la existencia de Dios y con frecuencia hambre por conocer a Dios que él permite que permanezca en el corazón de las personas, aun cuando eso con frecuencia resulta en muchas religiones de creación humana. Por tanto, Pablo, aun cuando estaba hablando a personas que sostenían ideas religiosas falsas, podía encontrar un punto de contacto en cuanto al conocimiento de la existencia de Dios, como cuando lo hizo al dirigir la palabra a los filósofos atenienses: «¡Ciudadanos atenienses! Observo que ustedes son sumamente religiosos en todo lo que hacen. ... Pues bien, eso que ustedes adoran como algo desconocido es lo que yo les anuncio» (Hch 17:22-23).

---

[2]Puesto que el contexto de Juan 1 es el de hablar acerca de la venida de Cristo al mundo, es mejor tomar la frase «venía a este mundo» como modificadora de la luz verdadera, Cristo, más bien que «todo ser humano», aunque ambas son gramaticalmente posibles. En cualquier caso, el versículo todavía dice que Cristo alumbra a todo hombre. Aunque algunos han argumentado que este alumbramiento es solo el brillo de la luz de la presencia encarnada de Cristo en el mundo (como dice D.A. Carson, *The Gospel According to John*, pp. 123-24), es más probable que esta iluminación es la luz de la revelación general que todas las personas reciben, la habilidad para observar y entender muchos hechos verdaderos acerca de Dios y del universo (así piensa Leon Morris, *The Gospel According to John*, pp. 94-95). Esto es porque (1) cuando Juan especifica que Cristo «alumbra a todo ser humano» está sugiriendo que esta iluminación tiene lugar para cada individuo, lo que sería cierto de un conocimiento general, pero no del conocimiento de Cristo. (2) Este sentido permite que la palabra «alumbrar» hable de un *alumbramiento real*, no simplemente de un alumbramiento potencial de Cristo. (3) Este sentido señala en contraste irónico de los vv. 9-10 de que aunque Cristo da conocimiento a todos los hombres, y aunque ha creado a todos los hombres, pero no obstante no le conocen ni le reciben.

La gracia común de Dios en la esfera intelectual resulta también en la capacidad de percibir la verdad y distinguirla del error, y experimentar crecimiento en un conocimiento que puede ser usado en la investigación del universo y en la tarea de sojuzgar la tierra. Esto significa que toda la ciencia y tecnología que desarrollan todos los que no son cristianos es un resultado de la gracia común, lo que les permite hacer descubrimientos e invenciones increíbles para desarrollar los recursos de la tierra en muchos bienes materiales, para producir y distribuir esos recursos y tener habilidad en su trabajo productivo. En un sentido práctico esto significa que cada vez que entramos en un supermercado o manejamos un automóvil, o entramos en una casa debiéramos recordar que estamos experimentando los resultados de la abundante gracia común de Dios derramada para el enriquecimiento de la humanidad.

3. La esfera moral. También mediante la gracia común, Dios refrena a las personas para que no sean todo lo malas que podían ser. Una vez más la esfera demoníaca, dedicada totalmente a la maldad y a la destrucción, nos provee de un contraste claro con la sociedad humana en la que el mal está claramente restringido. Si las personas persisten en entregarse al mal y siguen continuamente pecando a lo largo del tiempo, Dios al final dejará que se hundan cada vez más en el pecado (cf. Sal 81:12; Ro 1:24, 26, 28), pero en el caso de la mayoría de los seres humanos no caen en esas profundidades a las que el pecado las llevaría si se lo permitieran, porque Dios interviene y pone limitaciones en su conducta. Una de las restricciones más eficaces es la fuerza de la conciencia. Pablo dice: «De hecho, cuando los gentiles, que no tienen la ley, cumplen por naturaleza lo que la ley exige, ellos son ley para sí mismos, aunque no tengan la ley. *Éstos muestran que llevan escrito en el corazón lo que la ley exige, como lo atestigua su conciencia*, pues sus propios pensamientos algunas veces los acusan y otras veces los excusan» (Ro 2:14-15).

Ese sentido interno de lo que es bueno y malo que Dios da a todas las personas significa que ellos frecuentemente van a aprobar las normas morales que reflejan muchos de los principios morales de las Escrituras. Pablo dice que aun aquellos que se han entregado al pecado «saben bien que, según el justo decreto de Dios, quienes practican tales cosas merecen la muerte» (Ro 1:32). Y en otros muchos casos este sentido interno de la conciencia lleva a las personas a establecer leyes y costumbres en la sociedad que son, en términos de comportamiento externo que ellos aprueban o prohíben, bastante semejantes a las leyes morales de las Escrituras: Las personas a menudo establecen leyes o tienen costumbres que respetan la santidad del matrimonio y de la familia, protegen la vida humana, y prohíben el robo y la falsedad al hablar.[3] A causa de esto, las personas con frecuencia viven en formas que están directa y exteriormente en conformidad con los principios morales de las Escrituras. Aunque su comportamiento moral no puede ganar méritos con Dios (puesto que las Escrituras dicen claramente «que por la ley nadie es justificado delante de Dios», Gá 3:11, y «todos se han descarriado, a una se han

---

[3]Por supuesto, el funcionamiento de la conciencia nunca es perfecto en las personas pecadoras en esta vida (como Pablo nos indica en Ro. 2:15), de modo que las sociedades van a variar en el grado en el que ellos aprueban diferentes aspectos de las leyes morales de Dios. No obstante, encontramos una importante semejanza en las leyes y costumbre de cada sociedad con las leyes morales de las Escrituras.

corrompido. No hay nadie que haga lo bueno; ¡no hay uno solo!» Ro 3:12), no obstante, en algún sentido, menos el de ganar méritos o la aprobación eterna de Dios, los incrédulos hacen «el bien». Jesús nos lo indica cuando dice: «¿Y qué mérito tienen ustedes al hacer bien a quienes les hacen bien? *Aun los pecadores actúan así*» (Lc 6:33; cf. 2 R 12:2 y 2 Cr 24:2, donde se dice que Joás hizo cosas buenas durante su gobierno como rey, con 2 Cr 24:17-25, donde se dice que hizo tales cosas malas que daba la apariencia de no tener fe salvadora en su vida). Por supuesto, en regiones donde el evangelio ha tenido gran influencia y la iglesia es fuerte, habrá una influencia moral más fuerte que en lugares donde el evangelio nunca ha llegado, o donde hay poca influencia restrictiva (por ejemplo, en sociedades caníbales, o incluso en sociedades modernas occidentales donde la creencia en el evangelio y los principios morales absolutos han sido abandonados por la cultura dominante).

Dios también demuestra su gracia común dando *advertencias del juicio final en el funcionamiento del mundo natural*. Dios ha ordenado de tal manera el mundo que vivir conforme a sus principios morales muy a menudo trae recompensas en la esfera natural, y violar las normas morales de Dios con frecuencia trae destrucción para las personas, lo que indica en ambos casos la dirección última del juicio final. La honradez, la diligencia en el trabajo, mostrar amor y bondad hacia otros, la fidelidad en el matrimonio y la familia traerá (excepto en las sociedades más corrompidas) traerá muchas más recompensas materiales y emocionales en esta vida que la deshonestidad, la pereza, la crueldad, la infidelidad marital, y otras conductas erróneas como la embriaguez, el abuso de drogas, el robo y cosas semejantes. Estas consecuencias normales del pecado o de la rectitud debieran servirnos de advertencia del juicio que viene, y, en este sentido, son también ejemplos de la gracia común de Dios.

4. La esfera de la creatividad. Dios ha permitido una buena medida de habilidad en esferas artísticas y musicales, así como también en otros campos en las que se pueden expresar la creatividad y la destreza, tales como el atletismo, el arte culinario, la escritura y cosas similares. Además, Dios no da la capacidad de apreciar la belleza en muchas esferas de la vida. En esto como también en el campo físico e intelectual, las bendiciones de la gracia común son a veces derramadas sobre los incrédulos con más abundancia aun que sobre los creyentes. Pero en todos los casos es un resultado de la gracia de Dios.

5. La esfera de las relaciones sociales. La gracia de Dios es también evidente en la existencia de varias organizaciones y estructuras de la sociedad humana. Lo vemos primeramente en la familia humana, evidenciado en el hecho de que Adán y Eva permanecieron como marido y mujer después de la Caída y entonces tuvieron hijos, tanto hijos como hijas (Gn 5:4). Los hijos de Adán y Eva también se casaron y formaron sus propias familias (Gn 4:17, 19, 26). La familia humana persiste hoy, no simplemente como una institución para los creyentes, sino para todas las personas.

El gobierno humano es también un resultado de la gracia común. Fue instituido en principio por Dios después del diluvio (vea Gn 9:6), y en Romanos 13:1 se dice claramente que fue dado por Dios: «No hay autoridad que Dios no haya dispuesto, así que las que existen fueron establecidas por él». Es evidente que el gobierno es un don de Dios para la humanidad en general, porque Pablo dice que el gobernante «está al servicio de Dios para tu bien» y que «si haces lo malo debes temer, entonces debes tener miedo ... pues está al servicio de Dios para impartir justicia y castigar al malhechor (Ro 13:4). Uno de los recursos primarios que Dios usa para restringir el mal en el mundo es el gobierno humano. Las leyes humanas, la fuerza de la policía y el sistema judicial proveen de elementos disuasorios poderosos para las acciones malas, y estos son necesarios, porque hay mucho mal en el mundo que es irracional y que solo puede contenerse mediante la fuerza, porque no se logra detener mediante la razón y la educación. Por supuesto, la pecaminosidad del hombre también puede afectar a los gobernantes mismos, de forma que llegan a corromperse y estimular en realidad el mal en vez de alentar el bien. Esto es solo para decir que el gobierno humano, como todas las otras bendiciones de la gracia común que Dios da, se pueden usar lo mismo para propósitos buenos o malos.

Otras organizaciones en la sociedad humana incluyen las instituciones educativas, las empresas y corporaciones, las asociaciones voluntarias (tales como las dedicadas a la beneficencia o grupos de servicios públicos), e innumerables ejemplos de fraternidades humanas comunes. Todas estas funcionan con el propósito de producir bienestar a los seres humanos, y todas son expresiones de la gracia común de Dios.

6. La esfera religiosa. Aun en la esfera de la religión humana, la gracia común de Dios trae algunas bendiciones a las personas incrédulas. Jesús dijo: «Amen a sus enemigos y *oren por quienes los persiguen*» (Mt 5:44), y puesto que no hay limitación en el contexto de orar por su salvación, y puesto que el mandamiento de orar por los que nos persiguen va unido al mandamiento de amarlos, parece razonable concluir que Dios tiene la intención de responder a las oraciones que hacemos aun por los que nos persiguen en relación a muchas cuestiones de la vida. De hecho, Pablo manda específicamente que oremos por «los gobernantes y por todas las autoridades» (1 Ti 2:1-2). Cuando procuramos el bien de los incrédulos eso es coherente con la práctica de Dios de hacer «que salga el sol sobre malos y buenos y que llueva sobre justos e injustos» (Mt 5:45) y es también coherente con la práctica de Jesús durante su ministerio terrenal cuando sanaba a todas las personas que acudían a él (Lc 4:40). No hay ninguna indicación de que requiriera de ellos que creyeran en él o que estuvieran de acuerdo en que era el Mesías antes de concederles salud física.

¿Responde Dios a las oraciones de los incrédulos? Aunque Dios no ha prometido responder a las oraciones de los incrédulos como lo ha hecho en cuanto a las oraciones de los que acuden en el nombre de Jesús, y aunque no tiene obligación de responder a las oraciones de los incrédulos, Dios puede en razón de su gracia común escuchar y conceder las peticiones de los incrédulos, demostrando de ese modo su misericordia y su bondad en otra manera (cf. Sal 145:9, 15; Mt 7:22; Lc 6:35-36). Este es al parecer el sentido de 1 Timoteo 4:10, que dice que «el Dios viviente, [es] el Salvador de todos, especialmente de los que creen». Aquí «Salvador» no puede ser restringido a significar «aquel que perdona pecados y da vida eterna», porque esas cosas no las reciben los que no creen; «Salvador» debe tener aquí un sentido más general, es decir, «aquel que nos rescata de la aflicción, aquel que libera». En situaciones de dificultad o aflicción, Dios con frecuencia escucha las oraciones de los incrédulos y en su compasión los libera de la dificultad. Además, aun los incrédulos tienen con frecuencia cierto sentido de gratitud hacia Dios por los bienes de la creación, por la liberación del peligro y por las bendiciones de la familia, el hogar, las amistades y el país. Además, los incrédulos que llegan a estar en estrecho contacto con la iglesia y quizá se asocian con ella por un tiempo pueden tener algunas experiencias religiosas que parecen estar muy cerca de las experiencias de los que son salvos (vea He 6:4-6; Mt 7:22-23).[4]

Por último, incluso la proclamación del evangelio a aquellos que al final no lo aceptan es una prueba evidente de la misericordia y de la gracia de Dios, que da testimonio claro del hecho de que Dios no se complace en la muerte o condenación de ninguna de sus criaturas (cf. Ez 33:11; 1 Ti 2:4).

7. La gracia común y la gracia especial se influencian la una a la otra. La gracia común, por supuesto, influencia y enriquece a la iglesia, puesto que aparte de la gracia común de Dios dada a los albañiles, carpinteros y otros artesanos no habría templos; aparte de la gracia común dada a los impresores y encuadernadores (e incluso a los que trabajan en las empresas que fabrican el papel y los leñadores que cortan los árboles en el bosque para hacer el papel), no tendríamos Biblias. La iglesia se beneficia de la gracia común de muchas maneras en las actividades diarias.

Por otro lado, la gracia especial que Dios da a los que son salvos trae más bendiciones de gracia común a los incrédulos que viven en la esfera de influencia de la iglesia. Los incrédulos se benefician de los ejemplos de vida cristiana que ven en la sociedad, desde las oraciones y acciones de misericordia que los cristianos hacen por la comunidad, desde el conocimiento de las enseñanzas de las Escrituras y su sabiduría en las que ellos encuentran beneficios morales e intelectuales, y por la influencia de las leyes, costumbres y creencias de una sociedad que vienen por medio de las actividades sociales y políticas de los cristianos. Históricamente la presencia poderosa de aquellos cuyas vidas fueron cambiadas por el evangelio ha sido con frecuencia lo que ha resultado en la liberación de los esclavos (en las colonias británicas y en los Estados Unidos), los derechos de las mujeres, la extensión de la educación pública, el progreso científico y tecnológico, el aumento de la productividad en la economía, el alto valor que tiene el trabajo, el ahorro y la honradez, y otras cosas así.

8. La gracia común no salva a las personas. A pesar de todo esto, debemos entender que la gracia común es diferente de la gracia salvadora. La gracia común no cambia el corazón humano ni lleva a las personas al arrepentimiento genuino y a la fe, y, por tanto, no puede salvar a las personas (aunque en la esfera intelectual y moral puede proporcionar algo de preparación para hacer que las personas estén más dispuestas a aceptar el evangelio). La gracia común restringe el pecado, pero

---

[4]Vea el amplio estudio de He. 6:4-6 en el capítulo 40, pp. 837-42.

no cambia la disposición fundamental de nadie hacia el pecado, ni en ninguna medida significativa purifica la naturaleza humana caída.[5]

Debemos reconocer también que las acciones de los incrédulos llevadas a cabo en virtud de la gracia común no tienen en sí mismas ningún mérito para conseguir la aprobación o favor de Dios. Estas acciones no son fruto de la fe («Y todo lo que no proviene de fe, es pecado», Ro 14:23, RVR 1960), ni tampoco están motivadas por el amor a Dios (Mt 22:37), sino más bien por el amor a sí mismo en alguna forma u otra. Por tanto, aunque podemos tener la inclinación a decir que las obras de los incrédulos que se conforman externamente a las leyes de Dios son «buenas» en algún sentido, ellos, no obstante, no son buenos en términos de tener méritos para ganar la aprobación divina o hacer que Dios esté obligado hacia el pecador en algún sentido.

Por último, debiéramos reconocer que los incrédulos reciben con frecuencia más gracia común que los creyentes, pues pudieran ser más hábiles, más diligentes, más inteligentes, más creativos o tener más de los beneficios materiales que esta vida puede proporcionar. Esto no indica en lo absoluto que Dios los favorece más ni que van a ganar alguna participación en la salvación eterna, sino solo que Dios distribuye las bendiciones de la gracia común en varias maneras, y concede a menudo bendiciones muy importantes a los incrédulos. En todo esto, ellos debieran, por supuesto, reconocer la bondad de Dios (Hch 14:17), y debieran reconocer que la voluntad revelada de Dios es que la «bondad» de Dios los lleve al arrepentimiento (Ro 2:4).

C. El porqué de la gracia común

¿Por qué confiere Dios gracia común a pecadores que no se lo merecen y que nunca buscarán la salvación? Podemos sugerir al menos cuatro razones.

1. Para redimir a los que serán salvos. Pedro dice que el día del juicio y la ejecución final del castigo se está demorando porque todavía quedan personas que se salvarán: «El Señor no tarda en cumplir su promesa, según entienden algunos la tardanza. Más bien, él tiene paciencia con ustedes, *porque no quiere que nadie perezca sino que todos se arrepientan*. Pero el día del Señor vendrá como un ladrón» (2 P 3:9-10). En realidad, esta razón es cierta desde el comienzo de la historia humana, porque si Dios quería rescatar a alguna gente de entre toda la humanidad pecadora, no podía destruir a todos los pecadores inmediatamente (porque entonces no hubiera quedado raza humana). Decidió por tanto permitir que vivieran por un

---

[5]El punto de vista de la gracia común presentado en el capítulo es coherente con la perspectiva reformada y calvinista del libro como un todo, una perspectiva que ha sido argumentada más específicamente durante el estudio de la soberanía de Dios (capítulo 13, pp. 218-25), la providencia de Dios (capítulo 16, el pecado (capítulo 24), y la elección, el llamamiento del evangelio y la regeneración (capítulos 32-34). Debiéramos notar, sin embargo, que el entendimiento arminiano de la gracia común es diferente en cuanto a este punto; debiéramos decir que la gracia común da a cada persona la *capacidad* de volverse a Dios en fe y arrepentimiento, y de hecho *influencia* al pecador para hacerlo a menos que él o ella se resistan específicamente a hacerlo. Por tanto, desde el entendimiento arminiano, la gracia común tiene una función que se relaciona más claramente con la gracia salvadora; en realidad, la gracia común es simplemente una expresión temprana de la totalidad de la gracia salvadora. Esta posición (que la capacidad de arrepentirse y creer se da a todas las personas) se considera en el capítulo 32 sobre la elección y en los capítulos 33 y 34 sobre el llamamiento de evangelio y la regeneración.

tiempo los humanos pecadores y que tuvieran hijos, para permitir que las subsiguientes generaciones vivieran y pudieran escuchar el evangelio y arrepentirse.

2. Para demostrar la bondad y la misericordia de Dios. La bondad y la misericordia de Dios no solo se ven en la salvación de los creyentes, sino también en las bendiciones que él da a los pecadores que no se las merecen. Cuando Dios «es bondadoso con los ingratos y malvados» (Lc 6:35), su bondad se revela en el universo, para su gloria. David dice: «El Señor es bueno con todos; él se compadece de toda su creación» (Sal 145:9). En el relato de la conversación de Jesús con el joven rico, leemos: «Jesús lo miró con *amor*» (Mr 10:21), a pesar de que el hombre era un incrédulo y en un momento le daría la espalda a causa de sus grandes posesiones. Berkhof dice que «Dios derrama innumerables bendiciones sobre todos los hombres y también indica claramente que son expresiones de la disposición favorable de Dios, que, sin embargo, no llega a la volición positiva de personar sus pecados, levantar su sentencia y concederles salvación».[6]

No es injusto que Dios demore la ejecución del castigo sobre el pecado y derrame bendiciones temporales sobre los seres humanos, porque no olvida el castigo, sino que solo lo aplace. Al demorar el castigo, Dios muestra claramente que no se complace en ejecutar el castigo definitivo, sino que más bien se deleita en la salvación de hombres y mujeres. «Tan cierto como que yo vivo, afirma el Señor omnipotente, [es] que no me alegro con la muerte del malvado, sino con que se convierta de su mala conducta y viva» (Ez 33:11); «pues él quiere que todos sean salvos y lleguen a conocer la verdad» (1 Ti 2:4). En todo esto la demora del castigo nos da una clara evidencia de la misericordia, el amor y la bondad de Dios.

3. Para demostrar la justicia de Dios. Cuando Dios invita repetidas veces a los pecadores a que acudan con fe y cuando estos rechazan continuamente su invitación, se ve más claramente la justicia de Dios al condenarlos. Pablo advierte a los que persisten en la incredulidad que lo que están haciendo es acumulando ira en contra de ellos: «Por tu obstinación y por tu corazón empedernido sigues acumulando castigo contra ti mismo para el día de la ira, cuando Dios revelará su justo juicio» (Ro 2:5). En el día del juicio todo el mundo callará y quedará convicto delante de Dios (Ro 3:19) y nadie tendrá derecho a objetar que Dios ha sido injusto.

4. Para demostrar la gloria de Dios. Por último, la gloria de Dios aparece en muchas maneras por medio de las actividades de los seres humanos en todas las esferas en las que la gracia común se manifiesta. Al desarrollar y ejercer dominio sobre la tierra, los hombres y las mujeres demuestran y reflejan la sabiduría de su Creador, demuestran cualidades semejantes a las de Dios y virtud y autoridad moral sobre el universo, y cosas por el estilo. Aunque todas estas actividades están empañadas por motivos pecaminosos, reflejan, no obstante, la excelencia de nuestro Creador y, por tanto, glorifican a Dios, no de una manera completa y perfecta, pero sí en forma significativa.

---

[6]Berkhof, *Systematic Theology*, p. 445.

D. Nuestra respuesta a la doctrina de la gracia común

Al pensar en las varias clases de bondad que vemos en la vida de los incrédulos a causa de la abundante gracia común de Dios, debiéramos tener en mente tres cosas:

1. La gracia común no significa que los que las reciben se salvarán. Ni siquiera excepcionalmente grandes cantidades de gracia común implica que los que la reciben se salvarán. Aun las personas más inteligentes, más acaudaladas e influyentes del mundo necesitan el evangelio de Jesucristo o se condenarán por toda la eternidad. Aun los vecinos más amables y decentes necesitan el evangelio de Cristo Jesús o se condenarán por toda la eternidad. Puede parecernos mirándolos desde fuera que no tienen necesidades, pero las Escrituras nos dicen que los incrédulos son «enemigos de Dios» (Ro 5:10; cf. Col 1:21; Stg 4:4) y están en «contra» de Cristo (Mt 12:30). «Se comportan como enemigos de la cruz de Cristo», «solo piensan en lo terrenal» (Fil 3:18-19) y son «por naturaleza objetos de la ira de Dios» (Ef 2:3).

2. Debemos ser cuidadosos en no rechazar como totalmente malas las cosas que los incrédulos hacen. Mediante la gracia común, los incrédulos *hacen algún bien*, y debiéramos ver la mano de Dios en ello y estar agradecidos por la gracia común al verla funcionar en cada amistad, en cada amabilidad, en cada forma de proporcionar bendiciones a otros. Todo esto —aunque el incrédulo no lo sabe— viene en última instancia de parte de Dios y él merece la honra y la gloria por ello.

3. La doctrina de la gracia común debiera estimularnos a ser mucho más agradecidos a Dios. Cuando vamos caminando por una calle y vemos casas, jardines y familias que viven con seguridad, o cuando negociamos en el mercado y vemos los resultados abundantes del progreso tecnológico, o cuando caminamos por los bosques y las praderas y contemplamos la belleza de la naturaleza, o cuando vivimos protegidos por el gobierno,[7] o cuando somos educados con los amplios conocimientos humanos, debiéramos darnos cuenta no solo de que Dios en su soberanía es en última instancia el que concede todas estas bendiciones, sino también que Dios las concede a pecadores que no las merecen *en lo absoluto*. Estas bendiciones que vemos en el mundo no son solo la evidencia del poder y la sabiduría de Dios, sino también una manifestación continua de su *gracia* abundante. Darnos cuenta de esta realidad debiera llenar de gratitud nuestros corazones hacia Dios en cada actividad de la vida.

PREGUNTAS DE APLICACIÓN PERSONAL

1. Antes de leer este capítulo, ¿tenía usted un punto de vista diferente sobre sí los incrédulos se merecen los beneficios comunes del mundo que los rodea? ¿En qué sentido ha cambiado su perspectiva, si es que lo ha hecho?

2. ¿Conoce usted ejemplos en los que Dios ha respondido a las oraciones de los incrédulos que estaban en dificultades, o a sus oraciones por las necesidades

---

[7]Pablo nos dice explícitamente que elevemos a Dios «acciones de gracias... por los gobernantes y por todas la autoridades» (1 Ti. 2:1-12).

de un amigo incrédulo? ¿Ha provisto eso de una oportunidad para hablar del evangelio? ¿Llegó el incrédulo al final a una experiencia de salvación en Cristo? ¿Cree usted que Dios usa a menudo las bendiciones de la gracia común como un medio para preparar a las personas para recibir el evangelio?

3. ¿En qué formas esta doctrina cambiará su manera de relacionarse con sus vecinos o amigos incrédulos? ¿Le hará eso más agradecido por el bien que ve en sus vidas? ¿Cree usted que eso afectará sus relaciones con esas personas en un sentido general?

4. Al mirar usted a su alrededor en el lugar donde está en este momento, ¿puede mencionar al menos veinte diferentes ejemplos de gracia común que puede ver? ¿Cómo lo hace sentirse eso?

5. ¿Ha cambiado este capítulo la manera en que ve las actividades creativas como la música, el arte, la arquitectura o la poesía o (algo que es muy similar) la creatividad expresada en las actividades atléticas?

6. Si usted es amable con un incrédulo y este nunca llega a aceptar a Cristo, ¿ha hecho eso algún bien a los ojos de Dios (vea Mt 5:44-45; Lc 6:32-36)? ¿Qué bien ha hecho? ¿Por qué piensa usted que Dios es bueno con aquellos que nunca se salvarán, y en qué sentido sirve eso a sus propósitos en el universo? ¿Piensa usted que tenemos una obligación de hacer mejores esfuerzos para hacer el bien a los creyentes que a los incrédulos? ¿Puede usted mencionar algunos pasajes de las Escrituras que ayudan a responder esta pregunta?

TÉRMINOS ESPECIALES

gracia común
gracia especial

BIBLIOGRAFÍA

(Para una explicación de esta bibliografía vea la nota sobre la bibliografía en el capítulo 1, p. 40. Datos bibliográficos completos se pueden encontrar en las páginas 1297-1306.). Nota: Este tema por lo general no se lo trata en una sección separada en las teologías sistemáticas, pero ver las siguientes secciones en las obras siguientes:

Secciones en Teologías Sistemáticas Evangélicas

1. Anglicana (episcopal)
  1930   Thomas, 210–14
5. Luterana
  1934   Mueller, 242–54
6. Reformada (o presbiteriana)
  1871–73   Hodge, 2:654–74
  1937–66   Murray, CW 2:93–119
  1938   Berkhof, 432–46

Secciones en Teologías Sistemáticas Católicas Romanas Representativas

1. Católica Romana: tradicional
   1955   Ott, 238–42

Otras obras

Hoekema, Anthony A. «The Restraint of Sin». En *Created In God's Image.* Eerdmans, Grand Rapids, y Paternoster, Exeter, 1986, pp. 187–202.

Hughes, P. E. «Grace». En *EDT* pp. 479–82.

Kearsley, R. «Grace». En *NDT* pp. 280–81.

Van Til, Cornelius. *Common Grace and the Gospel.* Presbyterian and Reformed, Nutley, N. J., 1972.

Van Til, Cornelius. In Defense of the Faith vol. 5: *An Introduction to Systematic Theology.* n. l. : Presbyterian and Reformed Publishing Co., 1976, pp. 75–99, 253–62.

PASAJE BÍBLICO PARA MEMORIZAR

Lucas 6:35–36: *Ustedes, por el contrario, amen a sus enemigos, háganles bien y denles prestado sin esperar nada a cambio. Así tendrán una gran recompensa y serán hijos del Altísimo, porque él es bondadoso con los ingratos y malvados. Sean compasivos, así como su Padre es compasivo.*

HIMNO

«Cantad alegres, cantad a Dios»

Cantad alegres, cantad a Dios,
habitantes de toda la tierra.
Servid a Dios con alegría;
Servir a Dios con regocijo.

Reconoced que Jehová es Dios,
Él nos hizo y no nosotros mismos;
Pueblo suyo, suyos somos
y ovejas de su prado.

Entrad por sus puertas con acción de gracias,
por sus atrios con cantos de alabanza;
Alabadle con canciones,
bendecid su santo nombre.

Porque Jehová, Jehová es bueno,
para siempre su misericordia,
Y su verdad permanece
por todas las generaciones.

AUTOR: BASADO EN EL SALMO 100
(TOMADO DE CELEBREMOS SU GLORIA, # 634)

Capítulo 32

Elección y reprobación
¿Cuándo y por qué Dios nos ha elegido?
¿Son algunos no elegidos?

En capítulos anteriores hablamos de la realidad de que todos hemos pecado y merecemos el castigo eterno de parte de Dios, y del hecho de que Cristo murió y *ganó* nuestra salvación. Pero ahora en esta unidad (capítulos 32-43) vamos a examinar la manera en que Dios *aplica* esa salvación a nuestra vida. Empezamos en este capítulo con la obra de Dios en la elección, es decir, su decisión de elegirnos para ser salvos desde antes de la fundación del mundo. Esta acción de elegir no es, por supuesto (hablando estrictamente) parte de la *aplicación* de la salvación a nosotros, puesto que sucedió antes de que Cristo ganara nuestra salvación cuando murió en la cruz. Pero tratamos la elección en este momento porque es cronológicamente el *comienzo* de los tratos de Dios con nosotros en una forma bondadosa. Por tanto, es correcto pensar en ello como el primer paso en el proceso de recibir la salvación de Dios individualmente.[1]

Otros pasos en la obra de Dios de aplicar la salvación a nuestra vida incluye el oír el llamamiento del evangelio, el ser regenerados por el Espíritu Santo, nuestra respuesta en fe y arrepentimiento, el perdón de Dios de nuestros pecados y que él nos haga miembros de su familia, como también el concedernos crecimiento en la vida cristiana y mantenernos fieles a él a lo largo de toda la vida. Al final de nuestra vida morimos y vamos a su presencia, y luego, cuando Cristo regrese, recibiremos cuerpos de resurrección, y así se completará el proceso de adquirir la salvación.

Varios teólogos han dado nombres específicos a varios de estos eventos, y los han mencionado en un orden específico en el cual creen que han ocurrido en nuestra vida. Esa lista de los sucesos en la cual Dios nos aplica la salvación es conocida como el *orden de la salvación*, y nos referimos a ella en ocasiones mediante la frase latina, *ordo salutis*, que significa «orden de la salvación». Antes de empezar a examinar estos elementos en la aplicación de la salvación en nuestra vida, podemos mencionar aquí una lista completa de los elementos que trataremos en los siguientes capítulos:

---

[1]Este capítulo se podría haber puesto en alguna otra parte en la secuencia de los temas tratados. Lo podía haber puesto inmediatamente después del capítulo 16, sobre la providencia de Dios, puesto que la elección es otro aspecto más del control providencial de Dios de este mundo. O podía haberlo puesto en el capítulo 25, como parte del tratamiento del pacto de gracia entre Dios y el hombre. O podía haberlo puesto en el capítulo 40, como parte del estudio de la perseverancia, especialmente relacionado con la cuestión de la seguridad de la salvación, puesto que la decisión de Dios de elegirnos para ser salvos nos da gran seguridad de que Él cumplirá sus propósitos. Pero he preferido ponerlo aquí al principio de los capítulos que estudian el trato de Dios con nosotros en gracia. (Note la organización similar de los temas por Pablo en Romanos 8:29-30.)

«El orden de la salvación»

1. Elección (Dios escoge a personas para que sean salvas)
2. El llamamiento del evangelio (proclamación del mensaje del evangelio)
3. Regeneración (nacer de nuevo)
4. Conversión (fe y arrepentimiento)
5. Justificación (posición legal correcta)
6. Adopción (llegar a ser miembros de la familia de Dios)
7. Santificación (conducta correcta en la vida)
8. Perseverancia (permanecer como cristianos)
9. Muerte (ir a vivir con el Señor)
10. Glorificación (recibir un cuerpo resucitado)

Debemos notar aquí que los pasos 2—6 y parte del 7 están todos incluidos en el proceso de «llegar a ser cristiano». Los números 7 y 8 tienen lugar en esta vida, el número 9 sucede al final de esta vida, y el número 10 ocurre cuando Cristo regrese.[2]

Empezamos nuestro estudio del orden de la salvación con el primer elemento: La elección. En relación con esto examinaremos al final de este capítulo la cuestión de la «reprobación», la decisión de Dios de pasar por alto a los que no serán salvos, y castigarlos por sus pecados. Como explicaré más abajo, la elección y la condenación son diferentes en varios aspectos importantes, y es importante distinguirlos a fin de que no pensemos de manera equivocada acerca de Dios o lo que hace.

El término *predestinación* aparece también con frecuencia en este estudio. En este libro de texto, y en la teología reformada en general, *predestinación* es un término amplio e incluye los dos aspectos de la elección (de los creyentes) y la reprobación (de los incrédulos). Sin embargo, el término *doble predestinación* no ayuda mucho porque da la impresión que la elección y la reprobación Dios las realiza en la misma forma y que no hay diferencias esenciales entre ellas, lo que absolutamente no es cierto. Por tanto, los teólogos reformados no usan generalmente la expresión *doble predestinación*, aunque se usa a veces para referirse a la enseñanza reformada aquellos que la critican. No usaremos, pues, en este libro la expresión *doble predestinación* para referirnos a la elección y la condenación, puesto que oscurece las distinciones entre ellas y no aporta una indicación exacta de lo que en realidad se está enseñando.

EXPLICACIÓN Y BASES BÍBLICAS

Podemos definir la elección de la siguiente manera: *La elección es un acto de Dios antes de la creación mediante el cual él elige a algunas personas para ser salvas, no en base de méritos previsibles en ellos, sino porque ese es su soberano deseo.*

---

[2]Para un estudio del orden de los sucesos en esta lista, vea John Murray, *Redemption Accomplished and Applied* (Grand Rapids: Eerdmans, 1955), pp. 79-87. Encontramos un nuevo abordamiento a una síntesis de los temas paulinos en el orden de la salvación en Vern Poythress, «Using Multiple Thematic Centers in Theological Synthesis: Holiness as a Test Case in Developing a Pauline Theology» (un manuscrito no publicado disponible en Campus Bookstore, Westminster Theological Seminary, P. Bo. Box 27009, Philadelphia, PA, 19118).

Ha habido mucha controversia en la iglesia y mucho malentendido acerca de esta doctrina. Muchas de las cuestiones controversiales relacionadas con la voluntad y la responsabilidad del hombre y en lo concerniente a la justicia de Dios con respecto a las decisiones humanas ya las hemos considerado con cierta amplitud en relación con la providencia de Dios (capítulo 16). Nos enfocaremos ahora aquí solo en aquellas cuestiones adicionales que se aplican específicamente al asunto de la elección.

Nuestro plan en este capítulo será antes que nada citar una serie de pasajes del Nuevo Testamento que tienen que ver con la elección. Luego intentaremos entender el propósito de Dios que los autores del Nuevo Testamento ven en la doctrina de la elección. Por último, intentaremos clarificar lo que entendemos de esta doctrina y responder a algunas objeciones, y también considerar la doctrina de la reprobación.

A ¿Enseña el Nuevo Testamento la predestinación?

Varios pasajes en el Nuevo Testamento parecen afirmar con bastante claridad que Dios ordenó de antemano los que serían salvos. Por ejemplo, cuando Pablo y Bernabé empezaron a predicar a los gentiles en Antioquía de Pisidia, Lucas escribe: «Al oír esto, los gentiles se alegraron y celebraron la palabra del Señor; *y creyeron todos los que estaban destinados a la vida eterna*» (Hch 13:48). Es significativo que Lucas menciona el hecho de la elección casi de pasada. Es como si eso fuera algo muy normal cuando se predicaba el evangelio. ¿Cuántos creyeron? «Todos los que estaban destinados a la vida eterna».

En Romanos 8:28-30, leemos:

> Sabemos que Dios dispone todas las cosas para el bien de quienes lo aman, *los que han sido llamados de acuerdo con su propósito. Porque a los que Dios conoció de antemano, también los predestinó a ser transformados según la imagen de su Hijo*, para que él sea el primogénito entre muchos hermanos. *A los que predestinó, también los llamó; a los que llamó, también los justificó; y a los que justificó, también los glorificó.*[3]

En el siguiente capítulo, cuando Pablo habla acerca de que Dios eligió a Jacob en vez de Esaú, dice que no fue por alguna cosa que Jacob hubiera hecho y Esaú no, sino solo para que pudiera continuar el propósito de la elección divina.

> Antes de que los mellizos nacieran, o hicieran algo bueno o malo, y *para confirmar el propósito de la elección divina*, no en base a las obras sino al llamado de Dios, se le dijo a ella: «El mayor servirá al menor.» Y así está escrito: «Amé a Jacob, pero aborrecí a Esaú.» (Ro 9:11-13)

---

[3]Clark Pinnock dice que este texto no habla de predestinación para salvación, sino más bien de un cierto privilegio, el de ser conformado a la imagen de Cristo Jesús. «No hay predestinación para la salvación o condenación en la Biblia. Hay solo una predestinación para los que ya son hijos de Dios con respecto a ciertos privilegios que tienen por delante» (p. 18). Pero esa opinión no hace justicia con Ro. 8:29-30, porque los que se dice que están predestinados en este versículo no son todavía hijos de Dios, porque Pablo está aquí hablando de la predestinación antes del llamamiento o justificación. Además, el privilegio de ser conformados a la imagen de Cristo no es solo para algunos cristianos, sino para todos.

En cuanto al hecho de que algunos del pueblo de Israel fueron salvos, pero otros no, Pablo dice: «¿Qué concluiremos? Pues que Israel no consiguió lo que tanto deseaba, *pero sí lo consiguieron los elegidos*. Los demás fueron endurecidos» (Ro 11:7). Pablo indica aquí de nuevo que había dos grupos distintos dentro del pueblo de Israel. Los «elegidos» obtenían la salvación que habían buscado, mientras que los no elegidos habían sido «endurecidos».

Pablo habla explícitamente sobre la elección divina de creyentes desde antes de la creación del mundo al comienzo de Efesios.

«Dios nos escogió en él antes de la creación del mundo, para que seamos santos y sin mancha delante de él. En amor nos predestinó para ser adoptados como hijos suyos por medio de Jesucristo, según el buen propósito de su voluntad, para alabanza de su gloriosa gracia, que nos concedió en su Amado» (Ef 1:4-6)

Pablo está escribiendo aquí a creyentes y dice específicamente que Dios «nos escogió» en Cristo, refiriéndose a los creyentes en general. En una forma similar, varios versículos más tarde, dice: «*A fin de que* nosotros, que ya hemos puesto nuestra esperanza en Cristo, seamos para alabanza de su gloria» (Ef 1:12).

Al escribir a los tesalonicenses, dice: «Hermanos amados de Dios, sabemos que él *los ha escogido*, porque nuestro evangelio les llegó no sólo con palabras sino también con poder, es decir, con el Espíritu Santo y con profunda convicción» (1 Ts 1:4-5). Pablo está diciendo que el hecho de que los tesalonicenses *creyeran* al evangelio cuando él se lo predicó («porque nuestro evangelio les llegó no sólo con palabras sino también con poder, es decir, con el Espíritu Santo y con profunda convicción») *es la razón por la que él conoce que ellos fueron escogidos*. Cuando abrazaron la fe Pablo concluyó que Dios los había escogido hacía mucho según y, por tanto, ellos habían creído cuando él les predicó. Más tarde escribe a esa misma iglesia: «Nosotros, en cambio, siempre debemos dar gracias a Dios por ustedes, hermanos amados por el Señor, *porque desde el principio Dios los escogió para ser salvos*, mediante la obra santificadora del Espíritu y la fe que tienen en la verdad» (2 Ts 2:13).

Aunque el siguiente versículo no menciona específicamente la elección de seres humanos, es interesante notar también en este punto lo que Pablo dice acerca de los ángeles. Cuando él da un mandamiento solemne a Timoteo, escribe: «Te encarezco delante de Dios y del Señor Jesucristo, *y de sus ángeles escogidos*, que guardes estas cosas sin prejuicios, no haciendo nada con parcialidad» (1 Ti 5:21, RVR 1960). Pablo está consciente de que hay ángeles buenos que son testigos de su mandamiento y también de la respuesta de Timoteo, y está tan seguro que es un acto de elección de Dios que ha afectado a cada uno de esos ángeles buenos que puede llamarlos «*ángeles escogidos*».

Cuando el apóstol habla acerca de la razón por la que Dios nos ha salvado y nos ha llamado, niega explícitamente que sea debido a nuestras obras, sino que señala más bien al propósito mismo de Dios y a su gracia inmerecida en la eternidad pasada. Dice: «Dios nos salvó y nos llamó a una vida santa, no por nuestras propias obras, *sino por su propia determinación y gracia. Nos concedió este favor en Cristo Jesús antes del comienzo del tiempo*» (2 Ti 1:9).

Cuando Pedro escribe una epístola a cientos de creyentes en muchas iglesias en Asia Menor, les dice: «Pedro, apóstol de Jesucristo, a los elegidos, extranjeros dispersos por el Ponto, Galacia, Capadocia, Asia y Bitinia» (1 P 1:1). Más tarde dice que ellos «son linaje escogido» (1 P 2:9).

En la visión de Juan en Apocalipsis, los que no se rinden a la persecución y empiezan a adorar a la bestia son personas cuyos nombres están escritos en el libro de la vida desde el comienzo de la creación del mundo: «Se le concedió hacer guerra contra los santos y vencerlos; y se le dio autoridad sobre toda tribu, pueblo, lengua y nación. Y la adorarán todos los que moran en la tierra, cuyos nombres no han sido escritos, desde la fundación del mundo, en el libro de la vida del Cordero que fue inmolado» (Ap 13:7-8, LBLA).[4] En una forma similar, leemos acerca de la bestia en el fondo del abismo en Apocalipsis 17: «La bestia que has visto es la que antes era pero ya no es, y está a punto de subir del abismo, pero va rumbo a la destrucción. Los habitantes de la tierra, *cuyos nombres, desde la creación del mundo, no han sido escritos en el libro de la vida*, se asombrarán al ver a la bestia, porque antes era pero ya no es, y sin embargo reaparecerá» (Ap 17:8).

B. ¿Cómo presenta el Nuevo Testamento la enseñanza de la elección?

Después de leer esta lista de versículos sobre la elección, es importante que veamos esta doctrina en la manera en que el mismo Nuevo Testamento la ve.

1. Como un consuelo. Los autores del Nuevo Testamento presentan a menudo la doctrina de la elección como un consuelo para los creyentes. Cuando Pablo asegura a los creyentes en Roma que «Dios dispone todas las cosas para el bien de quienes lo aman, los que han sido llamados de acuerdo con su propósito» (Ro 8:28), menciona la obra de Dios de la predestinación como algo por lo que podemos estar seguros de esta verdad. Lo explica en el siguiente versículo: «Porque a los que Dios conoció de antemano, también los predestinó a ser transformados según la imagen de su Hijo. A los que predestinó, también los llamó; a los que llamó, también los justificó; y a los que justificó, también los glorificó» (Ro 8:29-30).Lo que Pablo está diciendo es que Dios siempre ha actuado para el bien de aquellos que ha llamado. Si Pablo extiende su mirada al pasado distante de antes de la creación del mundo, ve que Dios conoció de antemano y predestinó a sus hijos para que fueran transformados conforme a la imagen de su Hijo.[5] Si mira hacia el pasado reciente encuentra que Dios llamó y justificó a sus hijos que había predestinado. Y si

---

[4]Gramaticalmente la frase «desde la creación del mundo» puede modificar tanto a «cuyos nombres no han sido escritos» o «Cordero que fue sacrificado». Pero la expresión paralela en Ap. 17:8, «cuyos nombres, *desde la creación del mundo*, no han sido escritos en el libro de la vida». Parece decisiva, y allí solo es posible un sentido (el paralelismo entre las palabras en el texto griego es asombroso, puesto que los dos versículos comparten las mismas once palabras acerca de las personas cuyos nombres están escritos en el libro de la vida). Además, la traducción de la RVR-60 y otras no tiene mucho sentido aquí cuando habla del «Cordero que fue inmolado desde el principio del mundo», una declaración que sencillamente no es correcta en ningún sentido literal, pues en ninguna parte las Escrituras hablan de que Cristo fue inmolado desde el principio de la creación, porque Cristo no fue inmolado hasta que no murió en la cruz. Por tanto la lectura de este versículo debe ser interpretado como queriendo decir algo como: «Dios planeó desde el comienzo de la creación que Cristo fuera inmolado", pero eso no es lo que el texto traducido dice en ninguna de las versiones.

[5]Vea el estudio más adelante (pp. 709-10) sobre el significado de «conocimiento anticipado» aquí.

entonces mira hacia el futuro a cuando Cristo regrese, ve que Dios ha determinado dar a los que creen en Cristo cuerpos perfectos y glorificados. Desde la eternidad a la eternidad Dios ha actuado teniendo en mente el bien de sus hijos. Pero si Dios ha actuado *siempre* pensando en nuestro bien, Pablo razona, ¿no obrará también en *nuestras presentes circunstancias* para que redunden en nuestro bien? En este sentido se ve la predestinación como un consuelo para los creyentes en los sucesos diarios de la vida.

2. Como motivo para alabar a Dios. Pablo dice: «Nos predestinó para ser adoptados como hijos suyos por medio de Jesucristo, según el buen propósito de su voluntad, *para alabanza de su gloriosa gracia*, que nos concedió en su Amado» (Ef 1:5-6). Del mismo modo, dice: «A fin de que nosotros, que ya hemos puesto nuestra esperanza en Cristo, *seamos para alabanza de su gloria*» (Ef 1:12).

Pablo les dice a los cristianos de Tesalónica: «Siempre damos gracias a Dios por todos ustedes cuando los mencionamos en nuestras oraciones. ... Hermanos amados de Dios, *sabemos que él los ha escogido*» (1 Ts 1:2, 4). Pablo da gracias a Dios por los cristianos tesalonicenses porque sabe que Dios es en última instancia el que da la salvación y los ha escogido para que sean salvos. Esto queda aún más claro en 2 Tesalonicenses 2:13: «Nosotros, en cambio, *siempre debemos dar gracias a Dios por ustedes*, hermanos amados por el Señor, porque desde el principio *Dios los escogió para ser salvos*». Pablo se sentía obligado a dar gracias a Dios por los cristianos en Tesalónica porque sabía que en definitiva la salvación de estos se debía a que Dios los había escogido. Por tanto, era apropiado que Pablo diera gracias a Dios por ellos en vez de alabarlos a ellos por la propia fe salvadora que tenían.

Entendida de esta manera, la doctrina de la elección hace que aumente nuestra alabanza a Dios por nuestra salvación y disminuya de veras cualquier orgullo que podamos sentir si pensamos que nuestra salvación se debe a algo bueno que hay en nosotros o a algo que se nos debe reconocer.

3. Como un estímulo para la evangelización: Pablo dice: «Todo lo soporto por el bien de los elegidos, para que también ellos alcancen la gloriosa y eterna salvación que tenemos en Cristo Jesús» (2 Ti 2:10). Sabe que Dios ha elegido a algunas personas para que sean salvas, y ve esto como un estímulo para predicar el evangelio, incluso si eso significa soportar grandes sufrimientos. La elección es la garantía de Pablo de que habrá éxito en la evangelización, porque sabe que algunas de las personas con las que habla serán elegidas, y creerán en el evangelio y serán salvas. Es como si alguien nos invitara a ir de pesca con él y nos dijera: «Le garantizo que pescará algunos peces, pues estos están hambrientos y esperando».

C. Malentendidos en cuanto a la doctrina de la elección

1. La elección no es fatalista ni mecánica. A veces los que objetan la doctrina de la elección dicen que es «fatalismo» o que presenta un «sistema mecanicista» del universo. Tenemos aquí dos objeciones que son de alguna forma diferentes. «Fatalismo» es un sistema en el que las elecciones y decisiones humanas no sirven prácticamente para nada. En el fatalismo, no importa lo que nosotros hagamos, las cosas van a terminar sucediendo como han sido previamente ordenadas. Por tanto, es inútil intentar influenciar el resultado de los acontecimientos de nuestra vida haciendo algunos esfuerzos o haciendo elecciones significativas, porque no van a servir para nada a fin de cuentas. Por supuesto, en un sistema fatalista auténtico, que nuestra humanidad quede destruida no significa en realidad nada, y queda eliminada la motivación para la responsabilidad moral.

En un sistema mecanicista la imagen es la de un universo impersonal en el que todas las cosas que suceden han sido determinadas inflexiblemente hace mucho tiempo por una fuerza impersonal, y el universo funciona en una forma mecánica de manera que los seres humanos son más máquinas o robots que persona genuinas. Aquí también la personalidad humana genuina quedaría reducida al nivel de una máquina que solo funciona de acuerdo a planes predeterminados y en respuesta a causa e influencias predeterminadas.

Contrario a la imagen mecanicista, el Nuevo Testamento presenta todo el proceso de nuestra salvación como algo que nos trae un Dios *personal* en relación con criaturas *personales*. Dios «nos escogió en él antes de la fundación del mundo, para que fuésemos santos y sin mancha delante de él, en amor habiéndonos predestinado para ser adoptados hijos suyos por medio de Jesucristo, según el puro afecto de su voluntad» (Ef 1:4-5, RVR 1960). El acto de elección de Dios no fue impersonal ni mecánico, sino que estuvo impregnado de amor personal hacia aquellos a quienes escogió. Además, el cuidado personal de Dios por sus criaturas, aun incluso por las que se rebelan en contra suya, lo vemos claramente en la petición de Dios por medio de Ezequiel: «Diles: Tan cierto como que yo vivo afirma el Señor omnipotente, *que no me alegro con la muerte del malvado, sino con que se convierta de su mala conducta y viva*. ¡Conviértete, pueblo de Israel; conviértete de tu conducta perversa! ¿Por qué habrás de morir?» (Ez 33:11).

Cuando habla acerca de nuestra respuesta a la oferta del evangelio, la Biblia siempre nos ve no como criaturas mecánicas o robots, sino como *personas genuinas*, criaturas personales que toman decisiones por voluntad propia para aceptar o rechazar el evangelio.[6] Jesús invita a cada uno: «*Vengan a mí todos* ustedes que están cansados y agobiados, y yo les daré descanso» (Mt 11:28). Y leemos la invitación al final de Apocalipsis: «El Espíritu y la novia dicen: "¡Ven!"; y el que escuche diga: "¡Ven!" El que tenga sed, venga; y *el que quiera, tome gratuitamente del agua de la vida*» (Ap 22:17). Esta invitación y muchas otras como esta son dirigidas a personas auténticas que son capaces de oír la invitación y responder a ella mediante una decisión voluntaria. En cuanto a aquellos que no aceptarán a Jesús, él enfatiza claramente el endurecimiento de su corazón y su rechazo obstinado de no acudir a él: «Sin embargo, ustedes *no quieren venir* a mí para tener esa vida» (Jn 5:40). Y Jesús exclama con dolor y tristeza en cuanto a la ciudad que lo había rechazado: «¡Jerusalén, Jerusalén, que matas a los profetas y apedreas a los que se te envían! ¡Cuántas veces quise reunir a tus hijos, como reúne la gallina a sus pollitos debajo de sus alas, *pero no quisiste*!» (Mt 23:37).

---

[6]Vea el capítulo 16, pp. 333-35, 348, 355-62, para una estudio más amplio de cómo podemos ser personas genuinas y hacer elecciones reales cuando Dios ha ordenado de antemano lo que nosotros hacemos.

En contraste con la acusación de fatalismo, vemos también un cuadro muy diferente en el Nuevo Testamento. No solo que hacemos elecciones por propia voluntad como *personas que somos*, sino que también esas elecciones son *auténticas elecciones* porque afectan el curso de los acontecimientos en el mundo. Afectan nuestras vidas y también la vida y destino de otros. De modo que «*el que cree en él no es condenado*, pero el que *no cree ya está condenado* por no haber creído en el nombre del Hijo unigénito de Dios» (Jn 3:18). La decisión que hacemos de creer o no creer en Cristo tiene consecuencias eternas en nuestra vida, y las Escrituras están muy dispuestas a hablar acerca de nuestra decisión de creer o no creer como el factor que determina nuestro destino eterno.

La implicación de todo esto es que debemos ciertamente predicar el evangelio, y el destino eterno de las personas depende de si nosotros lo proclamamos o no. Por tanto, cuando el Señor le habló a Pablo una noche y le dijo en una visión: «No tengas miedo; sigue hablando y no te calles, pues estoy contigo. Aunque te ataquen, no voy a dejar que nadie te haga daño, *porque tengo mucha gente en esta ciudad*» (Hch 18:9-10), el apóstol no sacó la conclusión de que esa «mucha gente» que pertenecía a Dios se salvaría independientemente de si él se quedaba allí o no. Más bien «*se quedó allí un año y medio*, enseñando entre el pueblo la palabra de Dios» (Hch 18:11), esta fue la estadía más larga de Pablo en una ciudad, excepto en Éfeso durante sus tres viajes misioneros. Cuando Pablo escuchó que Dios tenía mucho pueblo escogido en Corinto, él se quedó más tiempo y se dedicó a predicar a fin de que aquellas personas elegidas pudieran ser salvas. Pablo nos dice con mucha claridad que a menos que los creyentes proclamen las buenas noticias del evangelio otros no se salvarán:

> Ahora bien, ¿cómo invocarán a aquel en quien no han creído? ¿Y cómo creerán en aquel de quien no han oído? ¿Y cómo oirán si no hay quien les predique? … Así que la fe viene como resultado de oír el mensaje, y el mensaje que se oye es la palabra de Cristo. (Ro 10:14, 17)

¿Sabía Pablo antes de ir a una ciudad a quiénes había elegido Dios para salvación y a quiénes no? No, no lo sabía. Eso es algo que Dios nunca nos lo muestra por adelantado. Pero una vez que las personas aceptan a Cristo por la fe, podemos estar seguros de que Dios los había escogido con antelación para la salvación. Esa es exactamente la conclusión de Pablo en cuanto a los tesalonicenses: dice que sabía que Dios los había elegido a ellos porque cuando les predicó, el evangelio les llegó con poder y gran convicción: «Hermanos amados de Dios, sabemos que él los ha escogido, *porque nuestro evangelio les llegó no sólo con palabras sino también con poder, es decir, con el Espíritu Santo y con profunda convicción*» (1 Ts 1:4-5). Lejos de decir que no importaba lo que él hiciera, y que los elegidos de Dios serían salvos ya fuera que él predicara o no, Pablo soportó una vida llena de dificultades a fin de llevar el evangelio a aquellos que Dios había escogido. Al final de una vida llena de sufrimiento, dijo: «Así que *todo lo soporto por el bien de los elegidos, para que también ellos alcancen la gloriosa y eterna salvación* que tenemos en Cristo Jesús» (2 Ti 2:10).

2. La elección no está basada en el conocimiento anticipado de Dios de nuestra fe.
Con bastante frecuencia las personas están de acuerdo en que Dios predestina a algunos para que sean salvos, pero luego dicen que Dios hace esto mirando al futuro
y viendo quién creerá en Cristo y quién no. Si él ve que una persona llegará a la experiencia de la fe salvadora, la predestinará para que sea salva, *basado en el conocimiento anticipado que tiene de la fe de esa persona.* Pero si ve que una persona no
llegará a la fe salvadora, no la predestina para que sea salva. De esa manera, se
piensa, la razón definitiva por la que algunos se salvan y otros no, está *dentro de las
personas mismas,* no con Dios. Todo lo que Dios hace en su trabajo de predestinación es confirmar la decisión que él sabe las personas van a hacer por sí mismas. El
versículo que comúnmente se usa para apoyar este punto de vista es Romanos
8:29: «A los que Dios conoció de antemano, también los predestinó a ser transformados según la imagen de su Hijo».[7]

a. Conocimiento anticipado de personas, no de hechos: Pero este versículo difícilmente lo podemos usar para demostrar que Dios basó su predestinación en el conocimiento anticipado del *hecho de que una persona creería.* Mas bien habla de
personas que Dios conoció de antemano («a los que Dios conoció de antemano»),
no que él conoció algunas *cosas acerca de ellas,* como el hecho de que creerían. De lo
que se habla aquí es de un conocimiento personal, relacional: Dios, mirando al futuro, vio a ciertas personas en una relación salvadora con él, y en ese sentido él los
«conoció de antemano» desde hacía mucho tiempo. Ese es el sentido en el cual Pablo puede hablar de que Dios «conoce» a alguien, por ejemplo, en 1 Corintios 8:3:
«Pero el que ama a Dios *es conocido por él».* De igual manera, dice: «Pero ahora que
conocen a Dios, o más bien que *Dios los conoce a ustedes»* (Gá 4:9). Cuando en las
Escrituras se dice que las personas *conocen* a Dios, o que Dios los *conoce* a ellos, se
está refiriendo a un conocimiento personal que implica una relación salvadora.
Por tanto, en Romanos 8:29, «a los que Dios *conoció de antemano»,* se entiende mejor en el sentido de que «desde hacía tiempo los *veía en una relación salvadora con él».*
El texto no dice nada acerca de que Dios conociera de antemano ni que previera
que ciertas personas creerían, ni tampoco se menciona esa idea en ningún otro
texto de las Escrituras.[8]

A veces las personas dicen que Dios elige *grupos* de personas para la salvación,
pero no a individuos. En algunos puntos de vista arminianos, Dios eligió a la iglesia
como un grupo, mientras que el teólogo suizo Karl Barth (1886-1968) dijo que
Dios eligió a Cristo, y a todas las personas en Cristo. Pero Romanos 8:29 habla de
ciertas personas que Dios conoció de antemano («a los que Dios conoció de antemano»), no a grupos indefinidos. Y en Efesios Pablo habla de ciertas personas que
Dios eligió, y entre ellas él mismo: «Dios nos escogió en él antes de la creación del

---

[7]Jack W. Cottrell argumenta la idea de que la predestinación está basada en el conocimiento anticipado de
Dios de los que creerían en «Condicional Elección» en *Grace Unlimited,* pp. 51-73. Cottrell dice: «Por medio de su
conocimientos anticipado Dios ve a los que creerán en Cristo Jesús como Salvador y Señor, y se unirán a Él en el
bautismo cristiano; entonces aun desde antes de la creación del mundo Él predestina a esos creyentes para participar en la gloria del Cristo resucitado» (p. 62).

[8]Romanos 11:2 habla también del conocimiento anticipado que Dios tiene de las *personas,* no de hechos acerca
de personas o del hecho de que ellos creerían: «Dios no rechazó a su pueblo, *al que de antemano conoció».*

mundo» (Ef 1:4). Hablar de que Dios elige a un grupo sin personas no es una elección bíblica. Pero hablar de que Dios elige a un grupo de personas significa que él elige a determinados individuos que constituyen ese grupo.[9]

b. Las Escrituras nunca hablan de nuestra fe como la razón de la elección divina: Además, cuando miramos más allá de estos pasajes específicos que hablan del conocimiento anticipado y examinamos versículos que hablan de la *razón* por la que Dios nos escoge, encontramos que las Escrituras nunca hablan de nuestra fe ni del hecho de que llegaríamos a creer en Cristo como la razón por la que Dios nos escoge. En realidad, Pablo parece excluir explícitamente la consideración de lo que las personas harían en la vida de su comprensión de la elección que Dios hizo de Jacob en vez de Esaú, a este respecto dice: «Sin embargo, antes de que los mellizos nacieran, o hicieran algo bueno o malo, y *para confirmar el propósito de la elección divina,* no en base a las obras sino al llamado de Dios, se le dijo a ella: "El mayor servirá al menor." Y así está escrito: "Amé a Jacob, pero aborrecí a Esaú"» (Ro 9:11-13). Nada que Jacob o Esaú hicieran en la vida influenció la decisión de Dios; fue todo a fin de que pudiera continuar su propósito de la elección.

Cuando habla acerca de los judíos que habían llegado a la fe en Cristo, Pablo dice: «Así también hay en la actualidad un remanente escogido por gracia. Y si es por gracia, ya no es por obras; porque en tal caso la gracia ya no sería gracia» (Ro 11:5-6). Aquí de nuevo Pablo enfatiza la gracia de Dios y la ausencia completa del mérito humano en el proceso de la elección. Alguien podría objetar que la fe no se ve como «obras» en las Escrituras y, por tanto, debiera ser excluida de la cita arriba («ya no es por obras»). Basados en esta objeción, Pablo podría en realidad querer decir: «Pero si es por gracia, no es en base de obras, sino sobre la base de si alguien creería». Sin embargo, esto es improbable en este contexto. Pablo no está contrastando la fe humana y las obras humanas; está contrastando la elección soberana de Dios de las personas con *cualquier* actividad humana, y señala que la soberanía divina será en última instancia la base para la elección de Dios de que los judíos acudan a Cristo.

Del mismo modo, cuando Pablo habla acerca de la elección en Efesios, no se menciona para nada ningún conocimiento de antemano del hecho de que nosotros creeríamos, ni que hubiera algo digno o meritorio en nosotros (tal como una tendencia a creer) que fuera la razón por la que Dios nos haya elegido. Más bien, Pablo dice: «Nos predestinó para ser adoptados como hijos suyos por medio de Jesucristo, *según el buen propósito de su voluntad,* para alabanza de *su gloriosa gracia, que nos concedió* en su Amado» (Ef 1:5-6). Si la gracia de Dios es la razón de la elección, y no ninguna disposición humana a creer o decisión de creer, una vez más encaja más con Pablo no mencionar nada de la fe humana, sino solo mencionar la actividad de predestinación de Dios, su propósito y su voluntad, y la gracia que otorga libre y gratuitamente.

---

[9]En respuesta a la opinión de Barth de que todos son elegidos en Cristo, vea el estudio abajo sobre la condenación (el hecho de que algunos no son escogidos), y el capítulo 7, pp. 119-21, y capítulo 56, pp. 1212-16, sobre el hecho de que los que no crean en Cristo no serán salvos.

En 2 Timoteo Pablo dice de nuevo que «Dios nos salvó y nos llamó a una vida santa, no por nuestras propias obras, *sino por su propia determinación y gracia*. Nos concedió este favor en Cristo Jesús antes del comienzo del tiempo» (2 Ti 1:9). Una vez más se ve el propósito soberano de Dios como la razón primordial de nuestra salvación, y Pablo relaciona esto con el hecho de que Dios nos da su gracia en Cristo Jesús desde antes del comienzo del tiempo, lo que es otra forma de expresar la verdad de que Dios concede su favor de escoger sin ninguna referencia a ningún mérito o valor previsto en nosotros.

c. La elección basada en algo bueno en nosotros (nuestra fe) sería el comienzo de la salvación por méritos. Otra clase de objeción que puede plantearse en contra de la idea de que Dios nos escoge porque él sabía de antemano que creeríamos en Cristo. Si el factor determinante *y decisivo* en si seremos salvos o no es nuestra decisión de aceptar a Cristo, estaremos más inclinados a pensar que merecemos algo de crédito por el hecho de que fuimos salvos. A diferencia de otras personas que continuaron rechazando a Cristo, fuimos suficientemente sabios en nuestro juicio o suficientemente buenos en nuestras tendencias morales o suficientemente perspicaces en nuestras capacidades espirituales para decidirnos a creer en Cristo. Pero una vez que empezamos a pensar de esa manera disminuimos seriamente la gloria que merece Dios por nuestra salvación. Nos sentimos incómodos hablando como Pablo que dice que Dios «nos predestinó… *según el buen propósito de su voluntad, para alabanza de su gloriosa gracia*» (Ef 1:5-6), y empezamos a pensar que «Dios nos predestinó… porque sabía que nosotros tendríamos suficientes buenas tendencias hacia la bondad y la fe dentro de nosotros que llegaríamos a creer». Cuando pensamos de esa manera no empezamos a sonar muy diferente de cuando el Nuevo Testamento habla de elección o predestinación. Por el contrario, si la elección está solo basada en la complacencia de Dios y en su decisión soberana de amar a pesar de la falta de bondad o mérito, tenemos sin duda un sentido de aprecio hacia una salvación que no la merecemos en absoluto y estaremos dispuestos para siempre a alabarle por «su gloriosa gracia» (Ef 1:6).

En última instancia, la diferencia entre estas dos perspectivas de la elección la podemos ver en la manera en que responden a una sencilla pregunta. Dado el hecho de que a la postre algunas personas elegirán aceptar a Cristo y otras personas no lo harán, la pregunta es «¿qué hace a las personas diferir?» Es decir, ¿qué es lo que al *final* marca la diferencia entre los que creen y los que no creen? Si nuestra respuesta es que está en definitiva basada en algo que Dios hace (esto es, su decisión soberana de los que serán salvos), vemos que la salvación en su nivel más fundamental está basada *solo en la gracia*. Por otro lado, si respondemos que la diferencia determinante entre los que son salvos y los que no la establece algo *en el hombre* (una tendencia o disposición a creer o no creer), la salvación depende en última instancia de una combinación de la gracia y de la habilidad humana.[10]

---

[10]El hecho de que la posición arminiana hace que en última instancia sea algo del hombre el factor determinante en si las personas se salvan o no lo vemos claramente en la declaración de I. Howard Marshall: «El efecto del llamamiento de Dios es colocar al hombre en una posición donde él puede decir "sí o "no" (lo cual no podía hacer antes de que Dios le llamara; hasta ese momento estaba en una actitud continua de "no") ("Predestination in the

d. La predestinación basada en el conocimiento anticipado no le da a las personas decisión libre. La idea de que la predestinación de Dios de que algunos crean está basada en el conocimiento anticipado que tiene de su fe se enfrenta todavía a otro problema: si lo analizamos, este sistema resulta en que tampoco le da al hombre verdadera libertad. Porque si Dios puede mirar al futuro y ver que la persona A *llegará* a la fe en Cristo, y que la persona B *no llegará* a la fe en Cristo, entonces esos hechos están ya *fijados*, ya están *determinados*. Si damos por sentado que el conocimiento de Dios del futuro es *cierto* (que debe serlo), entonces es absolutamente seguro que la persona A va a creer y la persona B no va a creer. No hay forma de que sus vidas sean diferentes de eso. Por tanto, es correcto decir que el destino de estas está *determinado*, porque no puede ser de otra forma. ¿Pero *qué* es lo que determina ese destino? Si está determinado por Dios mismo, ya no tenemos la elección basada en última instancia en el conocimiento anticipado de la fe, sino más bien en la voluntad soberana de Dios. Pero si ese destino no lo determina Dios, ¿quién o que los determina? Sin duda ningún cristiano va a decir que hay otro ser poderoso, aparte de Dios, que pueda controlar el destino de las personas. Por tanto, parece que la otra única posible solución es que está determinado por alguna fuerza impersonal, alguna clase de suerte o hado, que funciona en el universo, y que hace que las cosas resulten como las vemos. ¿Pero qué ganamos con eso? Hemos entonces sacrificado la elección por amor de un Dios personal por cierto determinismo de una fuerza impersonal y Dios no recibe reconocimiento por nuestra salvación.

e. Conclusión: La elección es incondicional: Parece mejor, por las cuatro razones anteriores, rechazar la idea de que la elección está basada en el conocimiento anticipado de Dios de nuestra fe. En su lugar concluimos que la elección se debe simplemente a una determinación soberana de Dios: «nos predestinó para ser adoptados como hijos suyos» (Ef 1:5). Dios nos eligió simplemente porque decidió derramar su amor sobre nosotros. No fue porque viera de antemano alguna fe o mérito en nosotros.

Este concepto de la elección ha sido llamado tradicionalmente «elección incondicional».[11] Es «incondicional» porque no está *condicionada* por nada que Dios vea en nosotros que nos haga dignos de su elección.[12]

New Testament", en Grace Unlimited, p. 140). En esta declaración de Marshall vemos que la determinación final de si las personas son salvas o no está en si ellos dice sí o no al llamamiento de Dios y, por tanto, la salvación depende en última instancia de algo que hay en el hombre, una habilidad o tendencia dentro de él que le persuade a decir sí en vez de no.

[11]La elección incondicional es la "U" en las siglas TULIP, que representan «los cinco puntos del calvinismo». Las otras letras representan *Total Depravity* (vea capítulo 24, pp. 520-21), *Limited atonement* (vea capítulo 27, pp. 624-34), *Irresistible grace* (vea capítulo 34, p. 734), y *Perseverance of the saints* (vea capítulo 40, pp. 828-44). Vea también p. 626, n. 35.

[12]En cuanto a la doctrina de la elección ha habido una controversia en los círculos reformados (los que sostienen la elección como la presentamos aquí) entre dos posiciones conocidas como *supralapsarianism* e *infralapsarianism*. La diferencia tiene que ver con lo que ocurrió en la mente de Dios antes de la creación del mundo. No tiene que ver con algo que sucedió en el tiempo, sino con el orden *lógico* de los pensamientos de Dios. La cuestión es si, en orden lógico, (a) Dios decidió primero que salvaría a *algunas personas* y segundo que Él *permitiría el pecado* en el mundo de manera que pudiera salvar a las personas del pecado (la posición supralapsarian), o si sucedió de la otra manera, de modo que (b) Dios primero decidió *permitir* que el pecado entrara en el mundo y segundo decidió que *salvaría a algunas personas* del pecado (la posición infralapsarian). La palabra *supralapsarian* significa «antes de la caída» y la palabra *infralapsarian* significa «después de la caída». La polémica es compleja y muy especulativa

D. Objeciones a la doctrina de la elección

Debemos decir que la doctrina de la elección como la presentamos aquí no está bajo ningún concepto aceptada universalmente en la iglesia cristiana, ni dentro del catolicismo ni del protestantismo. Hay una larga historia de aceptación de la doctrina como aparece aquí presentada, pero muchos otros también la han rechazado. Entre los actuales evangélicos, los que pertenecen a la mayoría de los círculos reformados o calvinistas (denominaciones presbiterianas conservadoras, por ejemplo) aceptarán esta perspectiva, como también muchos luteranos y anglicanos (episcopales) y un buen número de bautistas y creyentes de iglesias independientes. Por otro lado, será rechazada completamente por casi todos los metodistas, así como otros muchos bautistas, anglicanos e iglesias independientes.[13] Si bien algunas de las objeciones a la elección son formas más específicas de objeción a la doctrina de la providencia presentada en el capítulo 16, y que ya han sido respondidas allí más en detalle, unas pocas objeciones debemos mencionar aquí.

1. La elección significa que no tenemos una opción para escoger si aceptamos a Cristo o no. Según esta objeción, la doctrina de la elección niega todas las invitaciones del evangelio que apelan a la voluntad del hombre y piden a las personas tomar decisiones en cuanto a responder a la invitación de Cristo o no. En respuesta a esto, debemos afirmar que la doctrina de la elección puede muy bien acomodarse a la idea de que tenemos la posibilidad de escoger y tomar decisiones en cuanto a aceptar o rechazar a Cristo. Nuestras decisiones son voluntarias porque son lo que queremos hacer y lo que decidimos hacer.[14] Esto no quiere decir que nuestras decisiones son totalmente libres, porque (como expliqué en el capítulo 16, sobre la providencia), Dios puede trabajar soberanamente a través de nuestros deseos de

---

porque hay muy poca información bíblica directa que nos ayude en esto. Se han aportado buenos argumentos a favor de ambas posiciones, y hay probablemente algo de verdad en cada parte. Pero en el último análisis parece más sabio que las Escrituras no nos den suficiente información para sondear en este sistema, y, además, no parece que sea muy edificante hacerlo.

De hecho he decidido mencionar la polémica en este libro de texto en este punto solo porque las palabras «supralapsarian» y «infralapsarian» se usan a veces en los círculos teológicos como símbolos de las discusiones teológicas más abstractas y oscuras, y a mí me parece apropiado informar solo a los lectores de la naturaleza de esta polémica y del significado de estos términos. Para los que estén interesados, encontrarán un estudio más amplio en la obra de Berkhof, *Systematic Theology*, pp. 118-25.

[13]Para un estudio amplio de las objeciones sobre la elección, el lector puede referirse a dos recientes colecciones de ensayos sobre lo que es conocido como la perspectiva «arminiana», una perspectiva que rechaza la interpretación de la elección que defendemos en este libro, vea Clark H. Pinnock, ed. *Grace Unlimited* (Mnneapolis: Bethany Fellowship, 1975), y Clark H. Pinnock, ed. *The Grace of God, the Will of Man: A Case for Arminianism*. En respuesta a estos dos libros. Tom Schreiner y Bruce Ware han editado una cantidad sustancial de ensayos de eruditos reformados, con el título propuesto de *The Grace of God, the Bondage of the Will: A Case for Calvinism* (que fue publicado por Baker Book House, Grand Rapids, en 1995).

[14]Grant R. Osborne, señala varias veces en «Exegetical Notes on Calvinist Texts» en *Grace Unlimited*, pp. 167-89, la evidencia de la voluntad humana o de la elección humana involucrada en el contexto inmediato de los textos que hablan acerca de la elección o predestinación. Un ejemplo representativo lo tenemos en la p. 175, donde Osborne analiza Hechos 13:48: «y creyeron todos los que estaban destinados a la vida eterna». Osborne responde: «Si bien estamos de acuerdo en que la dirección divina básica es la elección, esto no niega la presencia de la voluntad humana, como vemos en el contexto» (p. 175). Una respuesta así parece dar por supuesto que el punto de vista reformado niega la voluntad o decisión humana. Pero debemos responder que la posición reformada como se argumenta tradicionalmente permite ciertamente la voluntad humana o libre albedrío en las decisiones que se toman, y decimos simplemente que Dios es tan sabio que Él *ordena* que nosotros respondamos voluntariamente. Osborne no se identifica directamente con esta posición.

garantizar que nuestras decisiones terminan resultando lo que él ha ordenado, pero esto todavía puede entenderse como una verdadera elección porque Dios nos ha creado y ha ordenado que esa elección sea real. En resumen, podemos decir que Dios hace que nosotros elijamos a Cristo voluntariamente. La suposición equivocada subyacente en esta objeción es que una decisión debe ser absolutamente libre (esto es, en ningún sentido causada por Dios) a fin de que sea una elección humana genuina.

2. Basados en esta definición de la elección, nuestras opciones no son reales. Continuando con el estudio del párrafo anterior, alguien podría objetar que si una decisión esta causada por Dios, puede parecernos a nosotros que es algo voluntario y que queremos hacer, pero no es una elección genuina o real, porque no es absolutamente libre. De nuevo debemos responder negando la suposición de que una decisión debe ser absolutamente libre a fin de que sea genuina o válida. Si Dios nos hace a nosotros en una cierta manera y nos dice que nuestras decisiones voluntarias son reales y genuinas, entonces debemos estar de acuerdo en que lo son. Dios es la definición de lo que es real y genuino en el universo. Por el contrario, podríamos preguntar dónde dicen las Escrituras que nuestras decisiones tienen que ser libres de la influencia o control de Dios a fin de que sean reales o genuinas. No parece que las Escrituras hablen alguna vez de ello.

3. La doctrina de la elección nos convierte en marionetas o robots, no en personas verdaderas. Según esta objeción, Si Dios de verdad causa todo lo que nosotros elegimos en relación con la salvación, no somos personas auténticas. De nuevo debemos responder que Dios nos ha creado y debemos dejar que sea él el que defina lo que es de verdad ser persona. La analogía de una «marioneta» o «robot» nos reduce a la categoría infrahumana de cosas creadas por el hombre. Pero los seres humanos genuinos son muy superiores a las marionetas o robots, porque tenemos una voluntad genuina y tomamos decisiones voluntarias basadas en nuestras propias preferencias y deseos. De hecho, esta habilidad de tomar decisiones voluntarias es una de las cosas que nos distinguen de muchos de los seres inferiores de la creación. Somos personas verdaderas creadas a la imagen de Dios, y Dios nos ha permitido hacer elecciones genuinas que tienen efectos reales en nuestra vida.

4. La doctrina de la elección significa que los incrédulos nunca tuvieron la oportunidad de creer. Esta objeción a la elección dice que si Dios había decretado desde la eternidad que algunas personas no creerían, no hay para ellos una posibilidad verdadera de creer, y todo el sistema funciona injustamente. Podemos dar dos respuestas a esta objeción. Primera, debemos notar que la Biblia no nos permite decir que los incrédulos no tengan la posibilidad de creer. Cuando las personas rechazan a Jesús, él siempre puso la responsabilidad en la propia decisión de ellos de hacerlo, no en algún decreto de Dios el Padre. «¿Por qué no entienden mi modo de hablar? Porque no pueden aceptar mi palabra. Ustedes son de su padre, el diablo, cuyos deseos *quieren* cumplir» (Jn 8:43-44). Y a Jerusalén le dice: «¡Cuántas veces quise reunir a tus hijos, como reúne la gallina a sus pollitos debajo de sus alas, *pero* no quisiste!» (Mt 23:37). Les dijo a los judíos que le rechazaron: «Ustedes no quieren venir a mí para tener esa vida» (Jn 5:40). Romanos 1 deja bien en claro que todas las personas se enfrentan a una revelación de parte de Dios con tanta claridad «de modo que nadie tiene excusa» (Ro 1:20). Esta es la pauta coherente de las Escrituras: Las personas que permanecen en la incredulidad lo hacen porque no están dispuestas a acudir a Dios, y la culpa de esa incredulidad siempre la tienen los incrédulos mismos, nunca Dios.

En un segundo nivel, la respuesta a esta pregunta debe ser sencillamente la de Pablo a una objeción similar: «Respondo: ¿Quién eres tú para pedirle cuentas a Dios? ¿Acaso le dirá la olla de barro al que la modeló: *"¿Por qué me hiciste así?"*» (Ro 9:20).

5. La elección es injusta. En ocasiones las personas consideran la doctrina de la elección como injusta, puesto que enseña que Dios elige a algunos para ser salvos y pasa por alto a otros, a quienes decide no salvar. ¿Cómo puede ser eso justo?

A esto podemos darle dos respuestas. Primera, debemos recordar que *sería perfectamente justo que Dios no salvara a nadie*, de la misma manera que hizo con los ángeles: «Dios no perdonó a los ángeles cuando pecaron, sino que los arrojó al abismo, metiéndolos en tenebrosas cavernas y reservándolos para el juicio» (2 P 2:4).[15] Lo que sería perfectamente justo para Dios sería hacer con los seres humanos lo que hizo con los ángeles, esto es, no salvar a ninguno de los que pecaron y se rebelaron en contra de él. Pero decidir salvar *a algunos de ellos*, es una demostración de gracia que va más allá de los requerimientos de la equidad y de la justicia.

Pero en un nivel más profundo esta objeción diría que no es justo que Dios creara a algunas personas que sabía que pecarían y serían eternamente condenadas, y a quienes él no redimiría. Pablo plantea esta objeción en Romanos 9. Después de decir que «Dios tiene misericordia de quien él quiere tenerla, y endurece a quien él quiere endurecer» (Ro 9:18),[16] el apóstol entonces plantea esta precisa objeción: «Pero tú me dirás: "Entonces, ¿por qué todavía nos echa la culpa Dios? ¿Quién puede oponerse a su voluntad?» (Ro 9:19). Aquí encontramos la esencia de la «injusticia» de esta objeción en contra de la doctrina de la elección. Si el destino último de cada persona lo determina Dios, no la persona misma (esto es, aun cuando las personas toman decisiones que determinan si serán salvas o no, si Dios está en realidad detrás de esas decisiones haciendo que de alguna manera ocurran), ¿cómo puede ser eso justo?

---

[15]Vea el capítulo 19, p. 421, para un estudio del hecho de que sería justo para Dios no salvar a ninguno.

[16]Jack Cottrell da una interpretación arminiana de este versículo. Él argumenta que Romanos 9:18, «Dios tiene misericordia de quien él quiere tenerla, y endurece a quien él quiere endurecer», no se refiere a la elección de Dios de personas para salvación, sino a la elección de Dios de personas para ciertas clases de servicios: «Él elige a quien quiere para servir, no para salvación» («The Nature of Divine Sovereignty», en *The Grace of God, the Will of Man*», p. 114). Sin embargo, esta no es una interpretación convincente, porque todo el contexto se refiere claramente a la salvación. Pablo dice: «Me invade una gran tristeza y me embarga un continuo dolor. Desearía yo mismo ser maldecido y separado de Cristo por el bien de mis hermanos, los de mi propia raza,» (Ro. 9:2-3), no porque los judíos no estuvieran elegidos para alguna clase de servicio, sino porque no eran salvos. En el versículo 8 no habla de los que fueron escogidos para algún servicio y de los que no fueron escogidos, sino de los que son «hijos de Dios» y de los que no lo son. Y en el versículo 22 habla de los que pierden una oportunidad para servir, sino de los «que eran objeto de su castigo y *estaban destinados a la destrucción*». De salvación es de lo que se habla en todo este contexto.

La respuesta de Pablo no es una que apela a nuestro orgullo, ni tampoco intenta darnos una explicación filosófica de por qué es esto justo. Pablo simplemente invoca los derechos de Dios como el Creador omnipotente:

> ¿Quién eres tú para pedirle cuentas a Dios? ¿Acaso le dirá la olla de barro al que la modeló: "¿Por qué me hiciste así?"¿No tiene derecho el alfarero de hacer del mismo barro unas vasijas para usos especiales y otras para fines ordinarios? ¿Y qué si Dios, queriendo mostrar su ira y dar a conocer su poder, soportó con mucha paciencia a los que eran objeto de su castigo y estaban destinados a la destrucción? ¿Qué si lo hizo para dar a conocer sus gloriosas riquezas a los que eran objeto de su misericordia, y a quienes de antemano preparó para esa gloria? Ésos somos nosotros, a quienes Dios llamó no sólo de entre los judíos sino también de entre los gentiles. (Ro 9:20-24)[17]

Lo que Pablo dice es que hay un punto más allá del cual no le podemos responder a Dios ni cuestionar su justicia. Él ha hecho lo que ha hecho conforme a su voluntad soberana. Él es el Creador; nosotros somos sus criaturas, y no tenemos a fin de cuentas ninguna base para acusarle de imparcialidad o injusticia.[18] Cuando leemos estas palabras de Pablo nos enfrentamos a la decisión de si aceptamos o no lo que Dios dice aquí, y lo que él hace, solo en base a que él es Dios y nosotros no lo somos. Es una cuestión que va profundamente al concepto que tenemos de nosotros mismos como criaturas y de nuestra relación con Dios como Creador.

Esta objeción de injusticia toma una forma ligeramente diferente cuando las personas dicen que *es injusto que Dios salve a algunas personas y no salve a otras*. Esta objeción está basada en una idea de justicia entre los seres humanos que nosotros sentimos intuitivamente. Nosotros reconocemos en los asuntos humanos que es correcto tratar a personas iguales en una forma igual. Por tanto, nos parece intuitivamente apropiado decir que si Dios va a salvar a *algunos* pecadores debiera hacerlo con *todos* los pecadores. Pero en respuesta a esta objeción debemos decir que no tenemos ningún derecho de imponer sobre Dios nuestro sentido intuitivo de lo que es apropiado entre los seres humanos. Siempre que las Escrituras empiezan a considerar esta cuestión vuelven a la soberanía de Dios como Creador y dicen que él tiene el derecho de hacer lo que place con su creación (vea Ro 9:19-20, citado

---

[17]James D. Strauss, «God's Promise and Universal History: The Theology of Romans 9», en *Grace Unlimited*, argumenta que en Romanos 9 «a los que eran objeto de su castigo y *estaban destinados a la destrucción*» debiera leerse como «se hicieron a sí mismos para la ira» (p. 200). Pero él no da ningún ejemplo de un auténtico uso reflexivo del verbo *katartizo*, que sería necesario aquí. BAGD, pp. 417-18, note que el pasivo se puede usar en la forma intransitiva (como aquí traducimos «destinados a la destrucción», pero no dan ejemplos de este verbo en voz activa o media que se use sin un complemento directo. La sugerencia de Strauss, «se hicieron a sí mismos para la ira», no encajaría realmente en la imagen de un alfarero creando vasijas de varias clases, porque las vasijas no se hacen a sí mismas, sino que son creación del alfarero.

Otra objeción planteada por Strauss es que la imagen del alfarero y el barro en Romanos 9:20-23 se deriva de pasajes del Antiguo Testamento que enfatizan el llamamiento de Dios a las personas para que elijan libremente el arrepentimiento y la fe. Él dice que eso niega la idea de la predestinación soberana de parte de Dios (p. 199). Pero en este caso Strauss malentiende sencillamente la posición reformada, que nunca niega la responsabilidad humana o la disposición humana para tomar decisiones.

[18]Para más estudio del tema, vea John Piper, *The Justification of God: An Exegetical and Theological Study of Romans 9:1-23* (Baker, Grand Rapids, 1983).

arriba).[19] Si en definitiva Dios decide crear algunas criaturas para que sean salvas y otras para que no lo sean, esa fue su decisión soberana, y no tenemos ninguna base moral ni bíblica sobre la que podamos insistir que no sea justo.

6. La Biblia dice que Dios quiere que todos sean salvos. Otra objeción a la doctrina de la elección es que contradice ciertos pasajes de las Escrituras que dicen que Dios quiere que todos se salven. Pablo escribe acerca de Dios nuestro Salvador que *«quiere que todos sean salvos y lleguen a conocer la verdad»* (1 Ti 2:4). Y Pedro dice: «El Señor no tarda en cumplir su promesa, según entienden algunos la tardanza. Más bien, él tiene paciencia con ustedes, porque *no quiere que nadie perezca* sino que todos se arrepientan» (2 P 3:9). ¿No contradicen estos pasajes la idea de que Dios ha escogido solo a ciertas personas para ser salvas?

Una solución común a esta cuestión (desde la perspectiva reformada que defendemos en este libro) es decir que estos versículos hablan de la *voluntad revelada* de Dios (que nos dice lo que debemos hacer), no de su voluntad oculta (su plan eterno para lo que ocurrirá).[20] Estos versículos solo nos están diciendo que Dios invita y manda a cada persona que se arrepienta y acuda a Cristo para obtener salvación, pero no dicen nada acerca de los decretos secretos de Dios sobre quiénes serán salvos.

El teólogo arminiano Clark Pinnock no acepta la idea de que Dios tenga una voluntad secreta y otra revelada, y dice que es «una idea excesivamente paradójica la de dos voluntades divinas en cuanto a la salvación».[21] Pero Pinnock nunca en realidad responde a la pregunta de por qué no son todos salvos (desde una perspectiva arminiana). En definitiva los arminianos *también* deben decir que Dios *quiere* algo con más fuerza que la salvación de todas las personas, *porque en realidad no todos son salvos*. La afirmación arminiana de que no todos son salvos porque Dios quiere preservar el libre albedrío humano *más de lo que* quiere que todos se salven. ¿Pero no es esto también hacer una distinción en dos aspectos de la voluntad de Dios? Por un lado Dios quiere que todos sean salvos (1 Ti 2:5-6; 2 P 3:9). Pero por el otro lado quiere preservar el total libre albedrío del hombre. De hecho, él quiere lo segundo *más que* lo primero. Pero esto significa que los arminianos también deben decir que 1 Timoteo 2:5-6 y 2 Pedro 3:9 no dice que Dios quiere la salvación de todos en una forma absoluta o incondicional: también tienen que decir que estos versículos solo se refieren a un tipo o a un aspecto de la voluntad de Dios.

Aquí podemos ver con claridad la diferencia entre la concepción reformada y arminiana de la voluntad de Dios. Tanto calvinistas como arminianos concuerdan en que los mandamientos de Dios en las Escrituras revelan lo que Dios quiere que hagamos, y ambos están de acuerdo en que los mandamientos en las Escrituras

---

[19]I. Howard Marshall, «Predestination in the New Testament», (en *Grace Unlimited*, p. 136), dice específicamente: «No puedo ver cómo se puede salvar arbitrariamente a un pecador culpable y no a otro». Pero ese parece ser precisamente la enseñanza de Pablo en Ro. 9:18-20: Dios salva a algunos y decide no salvar a otros, y nosotros no tenemos derecho, como criaturas, a decir que eso es injusto.

[20]Para un estudio de las diferencias entre la voluntad revelada de Dios y su voluntad secreta, vea capítulo 13, pp. 220-21; también el capítulo 16, pp. 341-44. Vea también John Piper, «Are There Two Wills in God? Divine Election and God's Desire for All to Be Saved», en *The Grace of God, the Bondage of the Will*, ed. Tom Schreiner y Bruce Ware.

[21]Clark Pinnock, «Introduction», en *Grace Unlimited*, p. 13.

nos invitan a que nos arrepintamos y confiemos en Cristo en cuanto a la salvación. Por tanto, en un sentido ambos están de acuerdo en que Dios quiere que seamos salvos. Esa es la voluntad que él nos revela explícitamente en la invitación del evangelio.

Pero ambas partes deben también decir que hay algo más que Dios considera más importante que salvar a todos. Los teólogos reformados dicen que Dios considera *su gloria* más importante que salvarnos a todos, y que (según Ro 9) la gloria de Dios es también promovida por el hecho de que algunos no son salvos. Los teólogos arminianos también dicen que hay algo que es más importante para Dios que la salvación de todas las personas: la preservación del *libre albedrío del hombre*. De modo que en el sistema reformado el valor supremo de Dios es su gloria, y en el sistema arminiano el valor supremo de Dios es el libre albedrío del hombre. Estas son dos concepciones distintivamente diferentes de la naturaleza de Dios, y parece ser que la posición reformada tiene un apoyo bíblico mucho más explícito que el que tiene la posición arminiana en este asunto.[22]

E. La doctrina de la reprobación

Cuando entendemos la elección como la decisión soberana de Dios de que algunas personas sean salvas, hay necesariamente otro aspecto de esa decisión: la decisión soberana de Dios de pasar por alto a otros y no salvarlos. Esta decisión de Dios en la eternidad pasada es lo que llamamos reprobación. *La reprobación es la decisión soberana de Dios desde antes de la creación de pasar por alto a algunas personas, decidiendo con tristeza no salvarlos, y castigarlos por sus pecados, y de esa manera manifestar su justicia.*

En muchos sentidos la doctrina de la condenación es la más difícil de todas las enseñanzas de las Escrituras para pensar en ella y aceptarla, porque tiene que ver con consecuencias tan horribles y eternas para los seres humanos creados a la imagen de Dios. El amor que Dios nos da por nuestros semejantes y el amor que él nos manda tener hacia nuestro prójimo nos lleva al rechazo de esta doctrina, y está bien que sintamos de esa forma al pensar en ella.[23] Es algo en lo que no quisiéramos creer, y no creeríamos, a menos que las Escrituras lo enseñen claramente.

Pero ¿hay pasajes de las Escrituras que hablan de una decisión de Dios como esa? Ciertamente hay algunos. Judas habla de algunas personas «que *desde hace mucho tiempo han estado señalados para condenación*. Son impíos que cambian en libertinaje la gracia de nuestro Dios y niegan a Jesucristo, nuestro único Soberano y Señor» (Jud 4).

---

[22]Vea el capítulo 15, pp. 281-83, y capítulo 21, pp. 460-61, sobre el hecho de que Dios nos creó y a todo el universo para su propia gloria. Un arminiano puede objetar a que pongamos la diferencia de esta manera, y puede decir que Dios es más glorificado cuando nosotros le elegimos a Él como fruto de nuestro libre albedrío, pero esa es simplemente un suposición dudosa basada en la intuición o la analogía humana, pero que no tiene apoyo específico de parte de las Escrituras. Además, para ser coherentes parece que los arminianos debieran tener en cuenta a los millones que no eligen a Dios, y tendrían que decir que Dios es también más glorificado por las decisiones libres de millones que se deciden libremente en contra de Dios, o si no, ¿por qué les permite Dios persistir en esa decisión libre de rebelión?

[23]Juan Calvino mismo dice de la condenación: «Confieso que el decreto es desde luego espantoso». *Institución de la religión cristiana*, 2.23.7 (2:955); pero debiera notarse que su palabra latina *horribilis* no significa «odioso», sino más bien «aterrador».

Además, Pablo, en el pasaje arriba referido, habla de la misma manera del faraón y de otros:

> Porque la Escritura le dice al faraón: «Te levanté precisamente para mostrar en ti mi poder, y para que mi nombre sea proclamado por toda la tierra.» Así que Dios tiene misericordia de quien él quiere tenerla, y endurece a quien él quiere endurecer. ... ¿Y qué si Dios, queriendo mostrar su ira y dar a conocer su poder, soportó con mucha paciencia a los que eran objeto de su castigo y estaban destinados a la destrucción? (Ro 9:17-22).

En cuanto a los resultados del hecho de que Dios no va a escoger a todos para salvación, Pablo dice: «Israel no consiguió lo que tanto deseaba, pero sí lo consiguieron los elegidos. Los demás fueron endurecidos» (Ro 11:7). Y Pedro dice de los que rechazan el evangelio: «Tropiezan al desobedecer la palabra, para lo cual estaban destinados» (1 P 2:8).[24]

A pesar del hecho de que no nos gusta esta doctrina, debemos ser cuidadosos en cuanto a nuestra actitud hacia Dios y hacia estos pasajes de las Escrituras. Nunca debemos empezar a desear que la Biblia se hubiera escrito de otra manera, o que no contuviera esos versículos. Además, si estamos convencidos de que estos versículos enseñan condenación, estamos obligados a creerlos y a aceptar que es justo de parte de Dios, aunque nos hace temblar de horror pensar en ello. En este contexto puede sorprendernos ver que Jesús da gracias a Dios por ocultar el conocimiento de la salvación de algunos y por revelarlo a otros. Jesús declaró: «Te alabo, Padre, Señor del cielo y de la tierra, porque habiendo escondido estas cosas de los sabios e instruidos, se las has revelado a los que son como niños. Sí, Padre, porque esa fue tu buena voluntad» (Mt 11:25-26).

Además, debemos reconocer que de alguna manera, en la sabiduría de Dios, el hecho de la condenación y la eterna condenación de algunos mostrarán la justicia de Dios y también redundará en gloria suya. Pablo dice: «¿Y qué si Dios, queriendo mostrar su ira y dar a conocer su poder, soportó con mucha paciencia a los que eran objeto de su castigo y estaban destinados a la destrucción?» (Ro 9:22). Pablo también nota que el hecho de tal castigo de los «destinados a la destrucción» sirve para mostrar la grandeza de la misericordia de Dios hacia nosotros: Dios hace esto «para dar a conocer sus gloriosas riquezas a los que eran objeto de su misericordia, y a quienes de antemano preparó para esa gloria?» (Ro 9:23).

También debemos recordar que *hay diferencias importantes entre la elección y la condenación tal como aparecen en la Biblia*. La elección para salvación se ve como una causa para regocijarse y alabar a Dios, quien es digno de alabanza y de recibir todo el crédito por nuestra salvación (vea Ef 1:3-6; 1 P 1:1-3). A Dios se le ve escogiéndonos activamente para salvación, y haciéndolo con amor y deleite. Pero la reprobación se ve como algo que le causa tristeza a Dios, no deleite (vea Ez 33:11), y la causa de la reprobación se atribuye siempre a las personas o ángeles que se

---

[24]Vea el estudio de este versículo en la obra de Wayne Grudem, *1 Peter*, pp. 107-10. Este versículo no dice solo que Dios destinó el *hecho* de que aquellos que desobedecen tropezarán, sino que habla más bien de Dios destinando a ciertas *personas* a desobedecer y tropezar: «para lo cual estaban destinados». (El verbo griego *etethesan*, «estaban destinados» requiere un sujeto plural.)

rebelan, nunca sobre Dios (vea Jn 3:18-19; 5:40). De modo que en la presentación que las Escrituras hacen Dios es el origen de la elección, pero el hombre es la causa de la reprobación. Otra diferencia importante es que la base para la elección es la gracia de Dios, mientras que la base de la reprobación es la justicia de Dios. Por consiguiente, la «doble predestinación» no es una frase útil o exacta, porque no tiene en cuenta estas diferencias entre la elección y la reprobación.

La tristeza de Dios por la muerte de los pecadores («no me alegro con la muerte del malvado, sino con que se convierta de su mala conducta y viva», Ez 33:11) nos ayuda a entender cuán apropiado era que Pablo mismo sintiera gran tristeza cuando pensaba en la suerte de los judíos incrédulos que habían rechazado a Cristo. Pablo dice:

> Digo la verdad en Cristo; no miento. Mi conciencia me lo confirma en el Espíritu Santo. *Me invade una gran tristeza y me embarga un continuo dolor.* Desearía yo mismo ser maldecido y separado de Cristo por el bien de mis hermanos, los de mi propia raza, el pueblo de Israel... (Ro 9:1-4)

Nosotros también debemos sentir esta gran tristeza cuando pensamos en la suerte de los incrédulos.

Pero se podría objetar en este momento que si Dios siente genuinamente tristeza por el castigo de los malvados, ¿por qué lo permite e incluso decreta que eso suceda? La respuesta debe ser que Dios sabe que esto al final resultará en una mayor gloria para él. Mostrará su poder, su ira, su justicia y misericordia en una manera que de otra forma no podría ser demostrado. Ciertamente en nuestra experiencia humana es posible hacer algo que nos causa mucha tristeza, pero que sabemos que a la larga causará un mayor bien. Por tanto, después de esta apagada analogía humana, podemos quizá entender que Dios puede decretar algo que le causa tristeza pero que a la postre resultará para gloria suya.

F. Aplicación práctica de la doctrina de la elección

En términos de nuestra relación con Dios, la doctrina de la elección tiene aplicaciones prácticas importantes. Cuando pensamos en la doctrina bíblica sobre la elección y la reprobación, es apropiado que lo apliquemos a nuestra vida individualmente. Es correcto que cada cristiano se pregunte: «¿Por qué soy cristiano? ¿Por qué en definitiva Dios habrá decidido salvarme?»

La doctrina de la elección nos dice que soy cristiano porque Dios en la eternidad pasada decidió derramar su amor sobre mí. ¿Pero por qué decidió hacerlo? No por algo bueno que hubiera en mí, sino simplemente porque quiso amarme a mí. No hay ninguna otra razón para ello.

Pensar de esa manera nos ayuda a ser humildes delante de Dios. Nos permite darnos cuenta que no tenemos ningún derecho a la gracia divina. Nuestra salvación se debe solo y totalmente a la gracia de Dios. Nuestra única y apropiada respuesta es darle a él eterna alabanza.

PREGUNTAS DE APLICACIÓN PERSONAL

1. ¿Piensa que Dios le eligió a usted individualmente para ser salvo desde antes de la creación del mundo? ¿Piensa que lo hizo basado en el hecho de que él sabía que usted iba a creer en Cristo, o fue una «elección incondicional», no basada en nada que él viera de antemano que le hiciera a usted digno de su amor? No importa cómo responda a la anterior pregunta, explique cómo le hace sentirse su respuesta cuando piensa de sí mismo en relación con Dios.

2. ¿Le da la doctrina de la elección consuelo o seguridad acerca del futuro?

3. Después de leer este capítulo, ¿siente usted sinceramente que le gustaría darle gracias a Dios o alabarle por haberle elegido para ser salvo? ¿Siente usted algún tipo de injusticia en que Dios no decidió salvar a todos?

4. Si usted está de acuerdo con la doctrina de la elección tal como aparece en este capítulo, ¿le disminuye eso su sentido de persona individual o le hace sentirse de alguna manera como un robot o una marioneta en las manos de Dios? ¿Cree que debiera hacerle sentir de esa manera?

5. ¿Qué efecto piensa usted que va a tener este capítulo en su motivación para la evangelización? ¿Es este un efecto positivo o negativo? ¿Puede usted pensar en formas en las que la doctrina de la elección puede ser un estímulo positivo para la evangelización (vea 1 Ts 1:4-5; 2 Ti 2:10)?

6. Ya sea que usted adopte una perspectiva reformada o arminiana de la doctrina de la elección, ¿puede usted pensar en algunos beneficios positivos en la vida cristiana que aquellos que sostienen la posición *opuesta* a la suya parecen experimentar y usted no? Aunque usted no esté de acuerdo con la otra posición, ¿puede mencionar algunas cosas útiles o verdades prácticas acerca de la vida cristiana que usted podría aprender de esa posición? ¿Hay algo que los calvinistas y los arminianos podrían hacer para generar un mayor entendimiento y menos división sobre esta cuestión?

TÉRMINOS ESPECIALES

condenación   elección
Conocimiento previo   predestinación
determinismo   reprobación

BIBLIOGRAFÍA

(Para una explicación de esta bibliografía vea la nota sobre la bibliografía en el capítulo 1, p. 40. Datos bibliográficos completos se pueden encontrar en las páginas 1297-1306.)

Secciones en Teologías Sistemáticas Evangélicas

1. Anglicana (episcopal)
        1930   Thomas, 236–57
     1882–92   Litton, 351–63
2. Arminiana (wesleyana o metodista)

1847	Finney, 481–515
1875–76	Pope, 2:363–67
1892–94	Miley, 2:254–308
1940	Wiley, 2:335–57
1983-	Cottrell, 2:331–502

3. Bautista

1767	Gill, 1:251–88, 300–306
1887	Boyce, 341–67
1907	Strong, 779–90
1917	Mullins, 338–358
1976–83	Henry, 6:76–107
1983–85	Erickson, 907–28

4. Dispensacional

1947	Chafer, 3:165–82
1949	Thiessen, 257–63
1986	Ryrie, 310–18

5. Luterana

1917–24	Pieper, 3:473–506
1934	Mueller, 585–612

6. Reformada (o presbiteriana)

1559	Calvin, 2:920–86 (3. 21–24)
1861	Heppe, 150–89
1871–73	Hodge, 2:313–53
1878	Dabney, 223–46
1887–1921	Warfield, BTS 270–333; SSW 1:103–11, 285–98; BD 3–70; PS 13–112
1937–66	Murray, CW 1:119–23; CW 2:123–31; RAA 79–87
1938	Berkhof, 109–25
1962	Buswell, 2:133–56

7. Renovada (o carismática o pentecostal)

1988–92	Williams, 2:13–22

Secciones en Teologías Sistemáticas Católicas Romanas Representativas

1. Católica Romana: tradicional

1955	Ott, 242–46

2. Católica Romana: Post Vaticano II

1980	McBrien (ninguna consideración explícita)

Otras obras

Basinger, David, y Randall Basinger, eds. *Predestination and Free Will.* InterVarsity Press, Downers Grove, Ill., 1985.

Berkouwer, G. C. *Divine Election.* Trad. por Hugo Bekker. Eerdmans, Grand Rapids, 1960.

Carson, D. A. *Divine Sovereignty and Human Responsibility: Biblical Perspectives in Tension.* John Knox Press, Atlanta, 1981.

Coppedge, Allan. *John Wesley in Theological Debate.* Wesley Heritage Press, Wilmore, Ky., 1987.

Feinberg, John S. «God Ordains All Things. » En *Predestination and Free Will: Four Views of Divine Sovereignty and Human Freedom.* David Basinger y Randall Basinger, eds. InterVarsity Press, Downers Grove, Ill., 1986.

Godfrey, William R. «Predestination». En *NDT* pp. 528–30.

Klein, William W. *The New Chosen People: A Corporate View of Election.* Zondervan, Grand Rapids, 1990.

Klooster, F. H. «Elect, Election. » En *EDT* pp. 348–49.

Nettles, Thomas. *By His Grace and for His Glory: A Historical, Theological and Practical Study of the Doctrines of Grace in Baptist Life.* Baker Book House, Grand Rapids, 1986.

Packer, J. I. «Election. » En *IBD* Vol. 1, pp. 435–38.

Pinnock, Clark H., ed. *Grace Unlimited.* Bethany, Minneapolis, 1975.

_____. *The Grace of God, the Will of Man: A Case for Arminianism.* Zondervan, Grand Rapids, 1989.

Piper, John. *The Justification of God: An Exegetical and Theological Study of Romans 9:1–23.* Baker, Grand Rapids, 1983.

Poythress, Vern. «Using Multiple Thematic Centers in Theological Synthesis: Holiness as a Test Case in Developing a Pauline Theology». Manuscrito no publicado disponible en Campus Bookstore, Westminster Theological Seminary, P. O. Box 27009, Philadelphia, PA, 19118. (Estudio sobre temas paulinos usados para describir la aplicación de la redención).

Reid, W. S. «Reprobation». En *EDT* p. 937.

Schreiner, Thomas, y Bruce Ware, editores. *The Grace of God, the Bondage of the Will: A Case for Calvinism* (título sugerido). 2 vols. Aparecerá: Baker, Grand Rapids: proyectado para 1995.

Shank, R. *Elect in the Son: A Study of the Doctrine of Election.* Westcott, Springfield, Mo., 1970.

Sproul, R. C. *Chosen by God.* Tyndale, Wheaton, Ill., 1986.

Steele, David N. and Curtis C. Thomas. *The Five Points of Calvinism—Defined, Defended, Documented.* International Library of Philosophy and Theology: Biblical and Theological Studies, ed. J. Marcellus Kik. Presbyterian and Reformed, Phillipsburg, N. J., 1963.

Storms, C. Samuel. *Chosen for Life: An Introductory Guide to the Doctrine of Divine Election.* Baker, Grand Rapids, 1987.

Warfield, B. B. *The Plan of Salvation.* Eerdmans, Grand Rapids, 1942.

_____. «Predestination». En *Biblical and Theological Studies.* Presbyterian and Reformed, Philadelphia, 1952.

PASAJE BÍBLICO PARA MEMORIZAR

Efesios 1:3–6: *Alabado sea Dios, Padre de nuestro Señor Jesucristo, que nos ha bendecido en las regiones celestiales con toda bendición espiritual en Cristo. Dios nos escogió en él antes de la creación del mundo, para que seamos santos y sin mancha delante de él. En amor nos predestinó para ser adoptados como hijos suyos por medio de Jesucristo, según el buen propósito de su voluntad, para alabanza de su gloriosa gracia, que nos concedió en su Amado.*

HIMNO

«Escogido fui de Dios»

Este himno recalca especialmente el hecho de que nuestra elección no se basa en algo bueno que tengamos nosotros mismos, sino en la pura gracia de Dios.

Escogido fui de Dios en el Amado.
En lugares celestiales su bendición me dio.
Antes de la creación el plan fue hecho,
por su santa voluntad.

Coro:
Escondido en Cristo estoy, nadie me apartará.
Y las fuerzas de este mundo no me podrán dañar.
Vivo y ando en esta vida con seguridad,
porque me escogió mi Dios.

Tengo un sello que el Espíritu me ha dado.
Cuando mi confianza puse sólo en mi Salvador.
Prenda que el Señor me dio de vida eterna,
Escogido fui de Dios.

Me escogió para alabanza de su gloria,
Y sentóme en las alturas con Cristo mi Señor.
Grande fue la admiración al ver su gracia,
cuando me escogió mi Dios.

AUTOR: VÍCTOR GARRIDO (TOMADO DE HIMNOS DE FE Y ALABANZA #242)

Capítulo 33

El llamamiento del evangelio y el llamamiento eficaz

¿Cuál es el mensaje del evangelio?
¿Cómo llega a ser eficaz?

EXPLICACIÓN Y BASES BÍBLICAS

Cuando Pablo habla acerca de la manera en que Dios trae la salvación a nuestra vida, dice: «A los que *predestinó*, también los *llamó*; a los que llamó, también los *justificó*; y a los que justificó, también los *glorificó*» (Ro 8:30). Aquí Pablo nos indica un orden definido en el cual nos vienen las bendiciones de la salvación. Aunque hace mucho tiempo, antes de la creación del mundo, Dios nos «predestinó» para ser sus hijos y para ser transformados conforme a la imagen de su Hijo, Pablo señala el hecho que en el momento de la realización de su propósito en nuestra vida Dios nos «llamó» (aquí en este contexto, es Dios el Padre el que está claramente a la vista). Luego Pablo inmediatamente menciona la justificación y la glorificación, mostrando que estas vienen después del llamamiento. Pablo nos dice que hay un orden definido en el propósito salvador de Dios (aunque no se menciona aquí cada aspecto de nuestra salvación). De modo que empezaremos nuestro estudio de las diferentes partes de nuestra experiencia de la salvación con el tema del llamamiento.

A. UN LLAMAMIENTO EFICAZ

Cuando Pablo dice: «A los que predestinó, también *los* llamó; a *los* que llamó, también los justificó» (Ro 8:30), está indicando que ese llamamiento es un acto de Dios. Es específicamente un acto de Dios el Padre, porque él es el que predestina a las personas para «ser transformados según la imagen de su Hijo» (Ro 8:29). Otros versículos describen de forma más completa lo que es este llamamiento. Cuando Dios llama a las personas en esta forma poderosa, las llama «de las tinieblas a luz admirable» (1 P 2:9); los llama a «tener comunión con su Hijo Jesucristo» (1 Co 1:9; cf. Hch 2:39) y a «su reino y a su gloria» (1 Ts 2:12; cf. 1 P 5:10; 2 P 1:3). Las personas que Dios ha llamado son «llamados a ser de Jesucristo» (Ro 1:6, RVR 1960). Han sido «llamados a ser santos» (Ro 1:7; 1 Co 1:2), y han entrado en un reino de paz (1 Co 7:15; Col 3:15), libertad (Gá 5:13), esperanza (Ef 1:18; 4:4), santidad (1 Ts 4:7), sufrimiento paciente (1 P 2:20-21; 3:9), y vida eterna (1 T. 6:12).

Estos versículos indican que este no es un simple llamamiento humano desprovisto de poder. Este llamamiento es más bien una especie de «convocatoria» de parte del Rey del universo y tiene tanto poder que puede obtener la respuesta que está pidiendo en el corazón de las personas. Es un acto de Dios que *garantiza* una respuesta, porque Pablo especifica en Romanos 8:30 que los que fueron «llamados» fueron también «justificados».[1] Este llamamiento tiene la capacidad de sacarnos del reino de las tinieblas y llevarnos al reino de Dios de forma que podamos estar unidos en completa comunión con él: «Fiel es Dios, quien los ha llamado a tener comunión con su Hijo Jesucristo, nuestro Señor» (1 Co 1:9).[2]

Nos referimos con frecuencia a este acto poderoso de Dios como *llamamiento eficaz*, para distinguirlo de la invitación general del evangelio que es para todas las personas y que algunas personas rechazan. Con esto no queremos decir que la proclamación humana del evangelio no participa. De hecho, el llamamiento eficaz de Dios viene *por medio* de la predicación humana del evangelio, porque Pablo dice: «Para esto Dios los llamó *por nuestro evangelio*, a fin de que tengan parte en la gloria de nuestro Señor Jesucristo» (2 Ts 2:14). Por supuesto, hay muchos que oyen el llamamiento general del mensaje del evangelio y no responden. Pero en muchos casos el llamamiento del evangelio se hace tan eficazmente mediante la obra del Espíritu Santo en el corazón de las personas que estas responden, y podemos decir que han recibido un «llamamiento eficaz».[3]

Podemos definir el llamamiento eficaz de la siguiente manera: *El llamamiento eficaz es un acto de Dios el Padre, por medio de la proclamación humana del evangelio, en el que convoca a las personas a que acudan a él de manera tal que responden en fe salvadora.*

Es importante que no demos la impresión de que las personas serán salvas por el poder de este llamamiento *aparte* de una respuesta voluntaria de ellas al evangelio (vea el capítulo 35 sobre la fe personal y el arrepentimiento que son necesarios para la conversión). Aunque es cierto que el llamamiento eficaz despierta y genera una respuesta en nosotros, debemos insistir siempre en que esta respuesta tiene que ser una respuesta voluntaria, espontánea, en la que la persona individualmente pone su confianza en Cristo.

Por eso es tan importante la oración para una evangelización eficaz. A menos que Dios obre en el corazón de las personas para hacer eficaz la proclamación del evangelio, no habrá una respuesta salvadora genuina. Jesús dijo: «Nadie puede venir a mí si no lo atrae el Padre que me envió, y yo lo resucitaré en el día final» (Jn 6:44).

Un ejemplo del llamamiento del evangelio eficaz lo vemos en la primera visita de Pablo a Filipos. Mientras Lidia escuchaba el mensaje del evangelio «el Señor *le abrió el corazón* para que respondiera al mensaje de Pablo» (Hch 16:14).

A diferencia del llamamiento eficaz, que es por completo un acto de Dios, podemos hablar en general del *llamamiento del evangelio* el cual viene por medio de la comunicación humana. Este llamamiento del evangelio se ofrece a todas las personas, incluso a aquellos que no lo aceptan. A veces nos referimos a este llamamiento del evangelio como el *llamamiento externo* o el llamamiento general. Por el

---

[1] Vea el estudio sobre la justificación en el capítulo 36.

[2] 1 Tesalonicenses 2:12 habla de Dios nos «llama a su reino y a su gloria», pero el sentido sería aun más cercano al pasaje paralelo de 1 Co 1:9 si adoptamos la bien probada variante textual *kalesantos* (un participio aoristo) y traducido como «que los ha llamado a ustedes a sy reino y gloria».

[3] El término más antiguo usado para «llamamiento eficaz» era el de «effectual calling», pero el término *effectual* no es de uso común en el inglés de hoy.

contrario, el llamamiento eficaz de Dios que es el que en realidad genera una respuesta espontánea en la persona que lo oye se le llama a veces *llamamiento interno*. El llamamiento del evangelio es general y externo y con frecuencia lo rechazan, mientras que el llamamiento eficaz es particular, interno y *siempre* es eficaz. Sin embargo, esto no disminuye la importancia del llamamiento del evangelio, porque es el medio que Dios ha establecido a través del cual vendrá el llamamiento eficaz. Sin el llamamiento del evangelio, nadie podría responder y ser salvo. «¿Cómo invocarán a aquel en quien no han creído? ¿Y cómo creerán en aquel de quien no han oído? ¿Y cómo oirán si no hay quien les predique?» (Ro 10:14). Por tanto, es importante que entendamos exactamente lo que es el llamamiento del evangelio.

B. Los elementos del llamamiento del Evangelio

En la predicación humana del evangelio deben aparecer tres elementos importantes:

1. Una explicación de los hechos concernientes a la salvación. Todo el que acude a Cristo para obtener salvación debe tener al menos un entendimiento básico de quién es Cristo y de cómo satisface nuestras necesidades de Salvación. Por tanto, una explicación de los hechos concernientes a la salvación debe incluir al menos lo siguiente:

1. Todas los seres humanos son pecadores (Ro 3:23).
2. La paga por el pecado es la muerte (Ro 6:23).
3. Jesucristo murió para pagar el castigo por nuestros pecados (Ro 5:8)

Pero entender estos hechos e incluso estar de acuerdo en que son ciertos no es suficiente para que la persona sea salva. Debe haber una invitación para una respuesta de parte del individuo a fin de que se arrepienta de sus pecados y confíe personalmente en Cristo.

2. Una invitación para responder a Cristo de forma personal en arrepentimiento y fe. Cuando el Nuevo Testamento habla de personas que alcanzan la salvación lo hace en términos de una respuesta personal a una invitación de Cristo mismo. Esta invitación está bellamente expresada, por ejemplo, en las palabras de Jesús:

> *Vengan a mí* todos ustedes que están cansados y agobiados, y yo les daré descanso. Carguen con mi yugo y aprendan de mí, pues yo soy apacible y humilde de corazón, y encontrarán descanso para su alma. Porque mi yugo es suave y mi carga es liviana (Mt 11:28-30).

Es importante dejar bien en claro que estas no son solo palabras pronunciadas hace mucho tiempo por un líder religioso del pasado. Se debe animar a cada oyente que no es cristiano que escucha estas palabras a tomar esas palabras como palabras de Cristo Jesús que él está pronunciando *en ese mismo momento*, y que lo está haciendo individualmente. Cristo Jesús es un Salvador que está ahora vivo en el cielo, y cada persona que no es cristiana debiera pensar que Jesús le está hablando, y diciéndole: «Vengan a mí todos ustedes… y yo les daré descanso» (Mt 11:28).

Esta es una invitación *personal* genuina que busca una respuesta personal de cada uno que la escucha.

Juan también habla acerca de la necesidad de una respuesta personal cuando dice: «Vino a lo que era suyo, pero los suyos no lo recibieron. *Mas a cuantos lo recibieron*, a los que creen en su nombre, les dio el derecho de ser hijos de Dios» (Jn 1:11-12). Al enfatizar la necesidad de «recibir» a Cristo, Juan también apunta a la necesidad de una respuesta individual. A los que se encuentran dentro de una iglesia tibia que no se dan cuenta de su ceguera espiritual el Señor Jesús vuelve a extender su invitación que requiere una respuesta personal: «Mira que estoy a la puerta y llamo. Si alguno oye mi voz y abre la puerta, entraré, y cenaré con él, y él conmigo» (Ap 3:20).

Por último, solo a cinco versículos de donde termina toda la Biblia, hay otra invitación de parte del Espíritu Santo y de la iglesia a acudir a Cristo: «El Espíritu y la novia dicen: "¡Ven!"; y el que escuche diga: "¡Ven!" El que tenga sed, venga; y el que quiera, tome gratuitamente del agua de la vida» (Ap 22:17).

¿Pero qué es lo que está involucrado en la respuesta de acudir a Cristo? Aunque eso lo explicaremos de forma más completa en el capítulo 35, es suficiente que notemos aquí que si nosotros vamos a Cristo y confiamos en él para salvarnos de nuestros pecados, no podemos seguir aferrándonos al pecado, sino que debemos estar dispuestos a renunciar al pecado en sincero arrepentimiento. En algunos casos en las Escrituras se menciona juntos el arrepentimiento y la fe cuando se están refiriendo a la conversión inicial de un individuo. (Pablo dijo que él dedicaba su tiempo a «A judíos y a griego les he instando a *convertirse* a Dios y a *creer* en nuestro Señor Jesucristo» Hch 20:21). Pero en otras ocasiones solo se habla de arrepentimiento de pecados y se da por supuesta la fe salvadora como el factor acompañante («en su nombre se predicarán el arrepentimiento y el perdón de pecados a todas las naciones» [Lc 24:47; cf. Hch 2:37-38; 3:19; 5:31; 17:30; Ro 2:4; 2 Co 7:10; et al.]). Por tanto, toda proclamación genuina del evangelio debe incluir una invitación a tomar la decisión consciente de renunciar a los pecados personales y acudir a Cristo con fe en busca de perdón por los pecados. Si se descuida cualquiera de ellas —la necesidad de arrepentirse de los pecados o la necesidad de confiar en Cristo en cuanto al perdón—, no hay una verdadera y completa proclamación del evangelio.[4]

¿Pero qué es lo que se les promete a los que acuden a Cristo? Este es el tercer elemento del llamamiento del evangelio.

3. Una promesa de perdón y de vida eterna. Aunque las palabras de invitación personal que pronunció Cristo contienen una promesa de descanso y de poder para llegar a ser hijos de Dios, y de participación en el agua de la vida, es bueno hacer bien claro lo que Jesús promete a los que acuden a él en arrepentimiento y fe. Lo primero que encontramos prometido en el mensaje del evangelio es la promesa de perdón de pecados y de vida eterna con Dios: «Porque tanto amó Dios al

---

[4]Vea el capítulo 35, pp. 748-53, para un estudio más completo de la necesidad de tener tanto un arrepentimiento genuino como una fe genuina, y un estudio de la cuestión de si alguien puede ser salvo si «acepta a Jesús como Salvador, pero no como Señor?».

mundo, que dio a su Hijo unigénito, para que todo el que cree en él *no se pierda, sino que tenga vida eterna*» (Jn 3:16). Y en la predicación que Pedro hace del evangelio, dice: «Por tanto, *para que sean borrados sus pecados*, arrepiéntanse y vuélvanse a Dios» (Hch 3:19; cf. 2:38).

Junto con la promesa del perdón y de la vida eterna está la seguridad de que Cristo aceptará a todos los que acuden a él en arrepentimiento y fe sinceras buscando salvación: «Al que a mí viene, no lo rechazo» (Jn 6:37).

C. La importancia del llamamiento del evangelio

La doctrina del llamamiento del evangelio es importante porque si no hubiera ese llamamiento del evangelio nadie podría ser salvo: «¿Y cómo creerán en aquel de quien no han oído?» (Ro 10:14).

El llamamiento del evangelio es importante también porque por medio de él Dios se dirige a nosotros en la plenitud de nuestra humanidad. Él no nos salva «automáticamente» sin buscar una respuesta de todo nuestro ser. Más bien, dirige el llamamiento del evangelio a nuestro intelecto, nuestras emociones y nuestra voluntad. Habla a nuestro intelecto explicando los hechos de la salvación en su Palabra. Habla a nuestras emociones dirigiéndonos una sentida invitación personal para que respondamos. Habla a nuestra voluntad pidiéndonos que oigamos su invitación y respondamos voluntaria y espontáneamente en arrepentimiento y fe, a que nos decidamos a volvernos de nuestros pecados y recibir a Cristo como Salvador y descansar nuestros corazones en él para salvación.

PREGUNTAS DE APLICACIÓN PERSONAL

1. ¿Puede usted recordar la primera vez que oyó el evangelio y respondió a él? ¿Puede describir lo que sintió en el corazón? ¿Piensa usted que el Espíritu Santo estaba obrando para hacer eficaz el llamamiento del evangelio en su vida? ¿Lo resistió en esa ocasión?

2. En su explicación a las personas del llamamiento del evangelio, ¿han estado ausentes algunos elementos? Si es así, ¿en qué ayudarán el que usted añada esos elementos a su explicación del evangelio? ¿Piensa usted que esos elementos son importantes para añadirlos? ¿Qué es lo que más necesita para hacer que su proclamación del evangelio sea más eficaz?

3. Antes de leer este capítulo, ¿se imaginaba a Jesús en el cielo pronunciando personalmente las palabras de invitación del evangelio a las personas incluso hoy? Si los que no son cristianos empezaran a pensar que es Jesús el que les está hablando de esta manera, ¿cómo piensa usted que afectaría eso su respuesta al evangelio?

4. ¿Entiende usted estos elementos del evangelio con suficiente claridad para presentarlos a otros? ¿Podría usted abrir la Biblia y encontrar con facilidad cuatro o cinco versículos apropiados que explicarían el llamamiento del evangelio claramente a las personas? (Memorizar los elementos del llamamiento del evangelio y estos versículos que lo explican debiera ser una de las primeras disciplinas en la vida de cada cristiano.)

TÉRMINOS ESPECIALES

llamamiento eficaz	llamamiento interno
llamamiento externo	llamamiento del evangelio

BIBLIOGRAFÍA

(Para una explicación de esta bibliografía vea la nota sobre la bibliografía en el capítulo 1, p. 40. Datos bibliográficos completos se pueden encontrar en las páginas 1297-1306.)

Secciones en Teologías Sistemáticas Evangélicas

1. Anglicana (episcopal)
   1882–92   Litton, 239–55
2. Arminiana (wesleyana o metodista)
   1875–76   Pope, 336–57
   1940   Wiley, 2:334–57
   1960   Purkiser, 269–78
3. Bautista
   1767   Gill, 1:530–37; 2:121–31
   1887   Boyce, 367–73
   1907   Strong, 790–93
   1917   Mullins, 365–68
   1983–85   Erickson, 929–33
4. Dispensacional
   1947   Chafer, 3:210–24, 371–93
   1949   Thiessen, 257–63
   1986   Ryrie, 324–25, 335–39
5. Luterana
   1917–24   Pieper, 2:423–26, 502; 3:220–52
   1934   Mueller, 364–65, 470–85
6. Reformada (o presbiteriana)
   1559   Calvin, 1:537–42 (3. 1)
   1861   Heppe, 510–42
   1871–73   Hodge, 2:639–732
   1878   Dabney, 553–79
   1937–66   Murray, CW 1:124–34, 143–65; CW 2:161–66;
               CW 4:113–32; RAA 88–94
   1938   Berkhof, 454–64
   1962   Buswell, 2:157–68
7. Renovada (o carismática o pentecostal)
   1988–92   Williams, 2:13–33

Secciones en Teologías Sistemáticas Católicas Romanas Representativas

1. Católica Romana: tradicional
   1955   Ott (ninguna consideración explícita)
2. Católica Romana: Post Vaticano II
   1980   McBrien (ninguna consideración explicita)

Otras obras

Aldrich, Joseph C. *Life-Style Evangelism: Crossing Traditional Boundaries to Reach the Unbelieving World.* Multnomah, Portland, 1981.

Alleine, Joseph. *Sure Guide to Heaven.* Banner of Truth, Carlisle, Pa., 1978. Publicado primero en 1672 como *An Alarm to the Unconverted.*

Baxter, Richard. *A Call to the Unconverted to Turn and Live.* Reimpresión: Zondervan, Grand Rapids, 1953.

Coleman, Robert E. *The Master Plan of Evangelism.* Revell, Old Tappan, N. J., 1963.

Hoekema, Anthony A. *Saved by Grace.* Eerdmans, Grand Rapids, y Paternoster, Exeter, 1989, pp. 68–92.

Kevan, Ernest F. *Salvation.* Presbyterian and Reformed, Phillipsburg, N. J., 1973.

Little, Paul. *How to Give Away Your Faith.* Revisado por Marie Little. InterVarsity Press, Downers Grove, Ill., 1988.

Kennedy, D. James. *Evangelism Explosion.* 3d ed. Tyndale, Wheaton, Ill., 1983.

MacArthur, John F., Jr. *The Gospel According to Jesus.* Zondervan, Grand Rapids, 1988.

Murray, John. «Effectual Calling». En *Redemption Accomplished and Applied.* Eerdmans, Grand Rapids, 1955, pp. 88–94.

Packer, J. I. «Call, Calling». En *EDT* p. 184.

_____. *Evangelism and the Sovereignty of God.* InterVarsity Press, Downers Grove, Ill., 1961.

Wells, David F. *God the Evangelist: How the Holy Spirit Works to Bring Men and Women to Faith.* Eerdmans, Grand Rapids, 1987.

PASAJE BÍBLICO PARA MEMORIZAR

Mateo 11:28–30: «*Vengan a mí todos ustedes que están cansados y agobiados, y yo les daré descanso. Carguen con mi yugo y aprendan de mí, pues yo soy apacible y humilde de corazón, y encontrarán descanso para su alma. Porque mi yugo es suave y mi carga es liviana*».

HIMNO

«Oí la voz del Salvador»

Oí la voz del Salvador decir con tierno amor:
«Oh ven a mí, descansarás, cargado pecador».
Tal como fui, a mi Jesús cansado yo acudí,
y luego dulce alivio y paz por fe de Él recibí.

Oí la voz del Salvador decir: «Venid, bebed;
Yo soy la fuente de salud que apaga toda sed».
Con fe de Dios, del vivo Dios, busqué a mi Emmanuel,
Lo hallé, mi sed Él apagó, y ahora vivo en Él.

Oí su dulce voz decir: «Del mundo soy la luz;
miradme a Mí y salvos sed; por ti morí en la cruz».
Mirando a Cristo, luego en Él mi norte y sol hallé;
Y en esa luz de vida yo por siempre viviré.

AUTOR: HORACIO BONAR, TRAD. DESCONOCIDO
(TOMADO DE HIMNOS DE LA VIDA CRISTIANA # 103)

Capítulo 34

La regeneración
¿Qué significa nacer de nuevo?

EXPLICACIÓN Y BASES BÍBLICAS

Podemos definir la regeneración de la siguiente manera: *La regeneración es el acto secreto de Dios mediante el cual nos imparte una vida espiritual nueva.* Esto es lo que también se conoce como «nacer de nuevo» (usando el lenguaje de Juan 3:3-8).

A. La regeneración es obra de Dios de principio a fin

En algunos de los elementos de la aplicación de la redención que estudiaremos en los capítulos subsiguientes, tenemos una parte activa (esto es cierto, por ejemplo, de la conversión, la santificación y la perseverancia). Pero en la obra de la regeneración no tenemos una participación activa. Es por completo la obra de Dios. Vemos esto, por ejemplo, cuando Juan habla acerca de aquellos a quienes Dios les dio la potestad de ser hechos hijos de Dios: «Éstos no nacen de la sangre, ni por deseos naturales, ni por voluntad humana, sino que nacen de Dios» (Jn 1:13). Juan especifica aquí que los hijos de Dios son aquellos que «nacen de Dios» y nuestra «voluntad humana» no tiene parte ni arte en esta clase de nacimiento.

El hecho de que seamos pasivos en la regeneración es también evidente cuando las Escrituras se refieren a ello con expresiones como «nos hizo nacer» o «nacer de nuevo» (cf. Stg 1:18; 1 P 1:3; Jn 3:3-8). Nosotros no escogimos que nos hicieran vivir físicamente y no escogimos nacer: es algo que nos sucedió. Del mismo modo, estas analogías en las Escrituras sugieren que somos enteramente pasivos en la regeneración.

La soberanía de Dios obrando en la regeneración estaba también predicha en la profecía de Ezequiel. Dios nos prometió por medio del profeta que habría un tiempo en el futuro en el que daría nueva vida espiritual a su pueblo:

> Les daré *un nuevo corazón*, y les infundiré *un espíritu nuevo*; les quitaré ese corazón de piedra que ahora tienen, y les pondré un corazón de carne. Infundiré mi Espíritu en ustedes, y haré que sigan mis preceptos y obedezcan mis leyes. (Ez 36:26-27)

¿Qué miembro de la Trinidad está encargado de producir la regeneración? Cuando Jesús habla de «nacer del Espíritu» (Jn 3:8), está indicando que es especialmente Dios el Espíritu Santo el que produce la regeneración. Pero otros versículos también indican la participación de Dios el Padre en la regeneración. Pablo especifica que es Dios quien «nos dio vida con Cristo» (Ef 2:5; cf. Col 2:13). Y Santiago dice que es el «Padre de las luces» el que nos hace nacer: «Por su propia voluntad

nos hizo nacer mediante la palabra de verdad, para que fuéramos como los primeros y mejores frutos de su creación» (Stg 1:17-18).[1] Por último, Pedro dice que Dios
«por su gran misericordia, nos ha hecho *nacer de nuevo* mediante la resurrección de
Jesucristo» (1 P 1:3). Podemos concluir que tanto Dios el Padre como el Espíritu
Santo producen la regeneración.

¿Cuál es la relación entre el llamamiento eficaz[2] y la regeneración? Como veremos más tarde en este capítulo, las Escrituras indican que la regeneración debe venir antes de que podamos responder al llamamiento eficaz con fe salvadora. Por
tanto, podemos decir que la regeneración viene antes del *resultado* de un llamamiento eficaz (nuestra fe). Pero es más difícil especificar las relaciones exactas en el
tiempo entre la regeneración y la proclamación humana del evangelio por medio
de la cual Dios lleva a cabo su llamamiento eficaz. Al menos dos pasajes sugieren
que Dios nos regenera al mismo tiempo que nos habla en el llamamiento eficaz.
Pedro dice: «Pues ustedes han nacido de nuevo, no de simiente perecedera, sino de
simiente imperecedera, *mediante la palabra de Dios que vive y permanece*... Y esta es la
palabra del evangelio que se les ha anunciado a ustedes» (1 P 1:23, 25). Y Santiago
dice: «Por su propia voluntad nos hizo nacer mediante la palabra de verdad, para
que fuéramos como los primeros y mejores frutos de su creación» (Stg 1:18). Al
tiempo que el evangelio llega a nosotros, Dios nos habla por medio de este para
convocarnos a su presencia (llamamiento eficaz) y darnos una nueva vida espiritual (regeneración) de manera que estemos capacitados para responder en fe. El
llamamiento eficaz es la acción del Padre *hablándonos con poder*, y la regeneración
es la obra de Dios el Padre y Dios el Espíritu Santo *obrando poderosamente* en nosotros, para darnos vida nueva. Estas dos cosas debieron haber sucedido simultáneamente cuando Pedro estaba predicando el evangelio en el hogar de Cornelio,
porque mientras que él estaba predicando «el Espíritu Santo descendió sobre todos
los que escuchaban el mensaje» (Hch 10:44).

En ocasiones la expresión *gracia irresistible*[3] se usa en relación con esto. Se refiere al hecho de que Dios llama eficazmente a las personas y les da también la regeneración, y ambas acciones garantizan que nosotros responderemos en fe
salvadora. Sin embargo, la expresión *gracia irresistible* está sujeta a ser mal entendida, puesto que *parece* implicar que las personas no toman una decisión voluntaria y
espontánea al responder al evangelio, lo cual es una idea y un entendimiento equivocados de la expresión *gracia irresistible*. Esa expresión nos preserva, sin embargo,
algo valioso, porque indica que la obra de Dios penetra en nuestros corazones para

---

[1] Cuando Santiago dice «nos hizo nacer» está usando un lenguaje que se aplica en general al nacimiento físico (nos hacen nacer sacándonos del vientre de la madre y trayéndonos al mundo) y se aplica también al nacimiento espiritual.

[2] Vea capítulo 33, pp. 725-27, sobre el llamamiento eficaz.

[3] Esta es la «I» (Irresistible grace) en las siglas TULIP, que representan «los cinco puntos del calvinismo». Las otras letras representan Total Depravity (vea capítulo 24, pp. 520-21), Unconditional election (vea capítulo 32, pp. 709-13), Limited atonement (vea capítulo 27, pp. 623-34), y Perseverance of the saints (vea capítulo 40, pp. 828-32). Vea también p. 626, n. 35.

producir una respuesta que es absolutamente cierta… aunque respondemos voluntariamente.[4]

B. La exacta naturaleza de la regeneración es un misterio para nosotros

Lo que sucede exactamente en la regeneración es algo misterioso para nosotros. Sabemos que de alguna manera a nosotros, que estábamos espiritualmente muertos (Ef 2:1), Dios nos hizo renacer y en un sentido muy real hemos «nacido de nuevo» (Jn 3:3, 7; Ef 2:5; Col 2:13). Pero no entendemos cómo sucede esto ni qué hace Dios exactamente para darnos esta nueva vida espiritual. Jesús dice: «El viento sopla por donde quiere, y lo oyes silbar, aunque ignoras de dónde viene y a dónde va. Lo mismo pasa con todo el que nace del Espíritu» (Jn 3:8).

Las Escrituras ven la regeneración como algo que nos afecta en todo nuestro ser. Por supuesto, «el espíritu vive» para Dios después de la regeneración (Ro 8:10), pero eso es sencillamente porque nosotros como *personas completas* quedamos afectados por la regeneración. No es que solo nuestro espíritu estuviera antes muerto, sino que nosotros estábamos muertos para Dios en nuestros delitos y pecados (vea Ef 2:1). Y no es correcto decir que lo único que sucede en la regeneración es que nuestro espíritu vuelve a vivir (como algunos enseñan),[5] porque *cada parte de nosotros* queda afectada por la regeneración: «Por lo tanto, si alguno está en Cristo, *es una nueva creación*. ¡Lo viejo ha pasado, ha llegado ya lo nuevo!» (2 Co 5:17).

Debido a que la regeneración es una obra de Dios dentro de nosotros en la cual nos da vida nueva, es correcto concluir que es un *suceso instantáneo*. Ocurre solo una vez. En un momento estamos espiritualmente muertos, y al momento siguiente tenemos nueva vida espiritual en Dios. No obstante, no sabemos siempre con exactitud cuándo ocurre este cambio instantáneo. Especialmente los niños que crecen en un hogar cristiano, o las personas que asisten a los cultos de una iglesia o a un grupo de estudio bíblico durante un tiempo y van creciendo gradualmente en su comprensión del evangelio, puede que no haya una situación de crisis dramática con un cambio radical de comportamiento que convierte a un «pecador endurecido» en un «cristiano santo», pero, no obstante, en algún momento tiene lugar ese cambio instantáneo, cuando Dios por medio del Espíritu Santo, en una manera invisible, despierta la vida espiritual dentro de nosotros. El cambio se *hará evidente* a lo largo del tiempo en las formas de comportamiento y deseos que ahora son gratos a Dios.

---

[4]Algunas personas objetarán aquí que Dios no puede *garantizar* una respuesta que es todavía voluntaria y espontánea por parte nuestra. Pero esta objeción está insertando dentro del estudio una definición de «voluntaria» y «espontánea» que no están apoyadas por las Escrituras; vea el estudio en el capítulo 16, pp. 333-36, 334, 354-62, sobre la providencia de Dios en relación con nuestra decisión voluntaria.

[5]Esta forma de ver la regeneración depende en general de que veamos al hombre como una tricotomía o que consiste de tres partes (cuerpo, alma y espíritu), una posición que estudiamos arriba en el capítulo 23 (pp. 494-507). Pero si rechazamos la tricotomía y vemos el «alma» y el «espíritu» como sinónimos en la Biblia cuando habla de la parte inmaterial de nuestra naturaleza, entonces esa explicación no es persuasiva. Aun los que aceptar la tricotomía, las Escrituras que hablan de nosotros como una nueva creación y dicen que «nacimos de nuevo» (no solo nuestro espíritu), esa debiera ser una buena razón para ver en la regeneración algo más que solo hacer que renazca nuestro espíritu.

En otros casos (en realidad, probablemente en la mayoría de ellos cuando los adultos se hacen cristianos) la regeneración tiene lugar en un momento claramente reconocible en el que la persona se da cuenta de que antes se encontraba separada de Dios y espiritualmente muerta, pero que inmediatamente después tenía clara conciencia de una nueva vida espiritual dentro de ella. Los resultados pueden verse de una vez: Una auténtica confianza en Cristo en cuanto a su salvación, una seguridad del perdón de sus pecados, un deseo de leer la Biblia y de orar (y un sentido de que estas son actividades espirituales significativas), se deleita en la adoración, siente el deseo de la comunión cristiana, un deseo sincero de ser obediente a la Palabra de Dios según la encuentra en las Escrituras, y un deseo de hablarles a otros acerca de Cristo. Las personas pueden decir algo así: «No sé exactamente qué ha ocurrido, pero antes de este momento yo no confiaba en Cristo en cuanto a mi salvación. Todavía cuestionaba las cosas y tenía preguntas en mi mente. Pero después de ese momento me di cuenta de que confiaba en Cristo y que él era mi Señor. Algo ha sucedido en mi corazón».[6] No obstante, aun en estos casos no estamos del todo seguros de lo que exactamente ha ocurrido. Es como Jesús dijo acerca del viento: escuchamos su sonido y vemos los resultados, pero en realidad no podemos ver el viento en sí. Así sucede con la obra del Espíritu Santo en nuestro corazón.

C. En este sentido de «regeneración», ésta tiene lugar antes de la fe salvadora

Usando los versículos que hemos citado arriba, hemos definido la regeneración como el acto de Dios que despierta vida espiritual dentro de nosotros, y nos lleva de la *muerte* espiritual a la *vida* espiritual. En base de esta definición es natural entender que la regeneración viene antes de la fe salvadora. Es en realidad esta obra de Dios la que nos *capacita* para responder a Dios en fe. Sin embargo, cuando decimos que viene «antes» que la fe salvadora, es importante recordar que generalmente vienen tan cerca una de la otra que por lo común las vemos como que están sucediendo al mismo tiempo. En el momento que Dios nos dirige su llamamiento eficaz del evangelio, nos regenera y nosotros respondemos en fe y arrepentimiento a ese llamamiento. De manera que *desde nuestra perspectiva* resulta difícil decir que haya alguna diferencia en cuanto al tiempo, especialmente porque la regeneración es una obra espiritual que nosotros no podemos percibir con nuestros ojos y tampoco entender con nuestras mentes.

Con todo, hay varios pasajes que nos dicen que esta obra de Dios secreta y oculta en nuestro espíritu viene en realidad antes de que nosotros respondamos a Dios en fe salvadora (aunque con frecuencia puede venir solo unos segundos después de que nosotros respondemos). Cuando hablaba acerca de la regeneración con Nicodemo, Jesús dijo: «Quien no nazca de agua y del Espíritu, *no puede entrar en el reino de Dios*» (Jn 3:5). Ahora bien, nosotros entramos en el reino de Dios cuando nos hacemos cristianos en la conversión. Pero Jesús dice que tenemos que «nacer del

---

[6]C. S. Lewis cuenta la experiencia de su propia conversión: «Sé muy bien cuándo, pero apenas cómo, tuvo lugar el último paso. Iba manejando hacia Whipsnade una mañana soleada. Cuando me puse en marcha yo no creía que Jesucristo era el Hijo de Dios, y cuando llegamos al Zoológico yo lo creía. No obstante, no me había pasado el camino pensando. Tampoco en gran emoción» (*Surprised by Joy* [Nueva York: Harcourt, Brace and World, 1955], p. 237).

Espíritu» antes de que podamos hacer eso.[7] Nuestra incapacidad para acudir a Cristo por nosotros mismos, sin la obra inicial de Dios dentro de nosotros, queda también enfatizada cuando Jesús dice: «Nadie puede venir a mí si no lo atrae el Padre que me envió» (Jn 6:44), y «Por eso les dije que nadie puede venir a mí, a menos que se lo haya concedido el Padre» (Jn 6:65). Esta acción interna de regeneración queda bellamente descrita cuando Lucas dice de Lidia: «Mientras escuchaba, *el Señor le abrió el corazón* para que respondiera al mensaje de Pablo« (Hch 16:14). Primero el Señor abrió su corazón, luego ella estuvo en condiciones de prestar atención a la predicación de Pablo y responder en fe.

Por el contrario, Pablo nos dice: «El que no tiene el Espíritu no acepta lo que procede del Espíritu de Dios, pues para él es locura. No puede entenderlo, porque hay que discernirlo espiritualmente» (1 Co 2:14). También dice acerca de las personas alejadas de Cristo: «No hay nadie que entienda, nadie que busque a Dios» (Ro 3:11).

La solución para esta muerte espiritual e incapacidad para responder solo viene cuando Dios nos da la nueva vida interior: «Pero Dios, que es rico en misericordia, por su gran amor por nosotros, nos dio vida con Cristo, *aun cuando estábamos muertos en pecados*» (Ef 2:4-5). Pablo también dice: «Antes de recibir esa circuncisión, *ustedes estaban muertos en sus pecados. Sin embargo, Dios nos dio vida en unión con Cristo, al perdonarnos todos los pecados*» (Col 2:13).[8]

---

[7]Cuando Jesús habla aquí acerca de «nacer de agua», la interpretación más probable es que se está refiriendo a la *purificación espiritual del pecado*, que Ezequiel profetizó cuando dijo: «Los rociaré con agua pura, y quedarán purificados. Los limpiaré de todas sus impurezas e idolatrías. Les daré un nuevo corazón, y les infundiré un espíritu nuevo; les quitaré ese corazón de piedra que ahora tienen, y les pondré un corazón de carne» (Ez 36:25-26). Aquí el agua simboliza limpieza espiritual del pecado, así como el nuevo corazón y espíritu hablan de la nueva vida espiritual que Dios nos dará. Ezequiel está profetizando que Dios nos dará una purificación interna de la contaminación del pecado en el corazón al mismo tiempo que despierta la nueva vida espiritual dentro de las personas. El hecho de que estas dos ideas están relacionadas tan estrechamente en esta bien conocida profecía de Ezequiel, y el hecho de que Jesús da por supuesto que Nicodemo debe entender esta verdad («Eres tú maestro de Israel, ¿y no entiendes estas cosas?» [Jn 3:10]), junto con el hecho de que a lo largo de la conversación Jesús está hablando intensamente acerca de preocupaciones espirituales, todo sugiere que esta es probablemente la comprensión correcta de este pasaje. Otra sugerencia ha sido que «nacer de agua» se refiere al nacimiento físico y al «agua» (o líquido amniótico) que lo acompaña, pero es difícil pensar que a Jesús le fuera necesario especificar que uno tiene que haber nacido de esa manera cuando él está hablando de nacimiento espiritual, y es cuestionable que los judíos del primer siglo hubieran entendido la frase de esa manera. Otra interpretación es que Jesús se está refiriendo aquí al agua del bautismo, pero el bautismo no aparece aquí para nada o ninguna otra ceremonia similar (y hubiera sido un poco anacrónico que Jesús hablara del bautismo cristiano en este momento, puesto que eso no empezó hasta Pentecostés); además, esto hubiera significado hacer que Jesús hablara del acto físico del bautismo como necesario para la salvación, algo que estaría contradiciendo el énfasis del Nuevo Testamento de la salvación solo por fe como necesario para la salvación, y algo que, si fuera cierto, esperaríamos encontrarlo enseñado de una forma más explícita en otros pasajes del Nuevo Testamento que tratan claramente con el bautismo (vea capítulo 49 sobre el bautismo).

[8]Algunas versiones de la Biblia traducen Col 2:13 con una cláusula de relativo: «Y ustedes, que *estaban muertos en pecados* y en la circuncisión de la carne, Dios les dio vida en unión con Cristo», pero el texto griego no tiene pronombre de relativo (*hous*), que Pablo podía haber usado con facilidad, sino que tiene una frase de participio con el presente de participio *ontas*, «ser», dando un matiz de actividad continua que ocurre en el *mismo tiempo* que la acción del verbo principal («dar vida») tiene lugar. De modo que la NVI expresa el sentido apropiado: En el tiempo cuando do estábamos en un estado continuo de muerte en nuestros pecados, Dios no dio vida. No importa si traducimos el participio como causativo, o expresando una circunstancia que acompaña, o con cualquier otro sentido posible de participio, el matiz temporal del tiempo simultáneo con el verbo principal estaría también presente. No obstante, al traducirlo la NVI como un participio temporal explícito («estaban muertos en sus pecados») parece que ofrece la mejor traducción del sentido de ese versículo.

La idea de que la regeneración viene antes de la fe salvadora no es algo que los evangélicos de hoy siempre entienden. A veces las personas llegan incluso a decir algo como: «Si usted cree en Cristo como su Salvador, entonces (después que usted cree) nace de nuevo». Pero las Escrituras mismas nunca dicen eso. Las Escrituras ven el nuevo nacimiento como algo que Dios hace dentro de nosotros con el fin de capacitarnos para creer.

La razón por la que los evangélicos piensan con frecuencia que la regeneración viene después de la fe salvadora es que *ven los resultados* (amor por Dios y por su Palabra, y apartarse del pecado) *después* que las personas llegan a la fe, y piensan que la regeneración debe, por tanto, venir después de la fe salvadora. No obstante, aquí debemos decidir en base de lo que las Escrituras nos dicen, porque la regeneración misma no es algo que nosotros veamos o sepamos de ella directamente: «El viento sopla por donde quiere, y lo oyes silbar, aunque ignoras de dónde viene y a dónde va. Lo mismo pasa con todo el que nace del Espíritu» (Jn 3:8).

Debido a que los cristianos tienden con frecuencia a enfocarse en *los resultados* de la regeneración, más bien que en la misma acción espiritual oculta de Dios, algunas declaraciones de fe evangélicas han contenido redacciones que sugieren que la regeneración viene después de la fe salvadora. Por ejemplo, la declaración de fe de la Iglesia Evangélica Libre de los Estados Unidos (la cual ha sido adoptada por algunas otras organizaciones evangélicas) dice:

> Creemos que la iglesia verdadera está compuesta de todas aquellas personas que *por medio de la fe salvadora en Cristo Jesús* han sido *regenerados por el Espíritu Santo* y están unidos juntos en el cuerpo de Cristo del cual él es la Cabeza (párrafo 8).

Aquí la palabra «regeneración» se refiere aparentemente a la *evidencia externa de la regeneración* que se ve en una vida cambiada, evidencia que ciertamente viene después de la fe salvadora. De manera que «nacer de nuevo» no se ve en términos de la recepción inicial de una vida nueva, sino en términos del *cambio total de la vida* que resulta de ello. Si el término «regeneración se entiende de esa forma, sería cierto que la regeneración viene después de la fe salvadora.

Sin embargo, si es que vamos a usar un lenguaje que se conforme al máximo con la redacción real de las Escrituras, sería mejor limitar el sentido de la palabra «regeneración» a la obra *inicial* e instantánea de Dios en la que él nos imparte la vida espiritual. Entonces podemos enfatizar que nosotros no vemos la regeneración en sí, sino solo los resultados de ella en nuestra vida, y que la fe en Cristo para la salvación es el primer resultado que vemos. De hecho, nunca podemos saber que hemos sido regenerados hasta que vamos en fe a Cristo, porque esa es una evidencia exterior de esa obra interior y oculta de Dios en nosotros. Una vez que acudimos a Cristo con fe salvadora, sabemos que hemos nacido de nuevo.

Con propósito de aplicación, debiéramos comprender que la explicación del mensaje del evangelio en las Escrituras no toma la forma de un mandamiento: «Nace de nuevo y serás salvo», sino más bien, «cree en el Señor Jesucristo y serás salvo».[9] Esto es el modelo coherente en la predicación del evangelio que encontramos en el libro de Hechos, y también en la descripción del evangelio que aparece en las epístolas.

D. La regeneración genuina debe traer resultados en la vida

En una sección anterior vimos un bello ejemplo del primer resultado de la regeneración en la vida de una persona cuando Pablo le comunicó el mensaje del evangelio a Lidia y, «mientras escuchaba, el Señor le abrió el corazón para que respondiera al mensaje de Pablo» (Hch 16:14; cf. Jn 6:44, 65; 1 P 1:3). Del mismo modo, Juan dice: «Todo el que cree que Jesús es el Cristo, *ha nacido de Dios*» (1 Jn 5:1).[10] Pero hay también otros resultados de la regeneración, muchos de los cuales aparecen especificados en la primera epístola de Juan. Por ejemplo, Juan dice: «Ninguno que haya nacido de Dios practica el pecado, porque la semilla de Dios permanece en él; *no puede practicar el pecado*, porque ha nacido de Dios» (1 Jn 3:9). Juan nos está explicando aquí que una persona que ha nacido de nuevo tiene una «semilla» espiritual (ese poder que genera vida y la hace crecer) dentro de ella, y que eso lleva a la persona a vivir una vida libre de continuar pecando. Eso no significa, por supuesto, que el creyente va a tener una vida perfecta, sino solo que su estilo de vida no va a ser el de estar viviendo continuamente en el pecado. Cuando se les pregunta a las personas que caractericen la vida de una persona regenerada, el adjetivo que viene a la mente no debiera ser el de «pecador», sino más bien el de «obediente a Cristo» u «obediente a las Escrituras». Debiéramos notar que Juan dice esto es cierto de todo el que es nacido de nuevo: «*Ninguno* que haya nacido de Dios practica el pecado». Otra manera de verlo es diciendo que «todo el que practica la justicia ha nacido de él» (1 Jn 2:29).

Un amor genuino como el de Cristo dará un resultado específico en la vida: «El amor viene de Dios, y todo el que ama ha nacido de él y lo conoce» (1 Jn 4:7). Otro efecto del nuevo nacimiento es que el creyente vence al mundo: «En esto consiste el amor a Dios: en que obedezcamos sus mandamientos. Y éstos no son difíciles de cumplir, porque todo el que ha nacido de Dios vence al mundo» (1 Jn 5:3-4). Juan nos explica aquí que la regeneración nos da la capacidad de vencer las presiones y tentaciones del mundo que de otra manera nos van a impedir obedecer los mandamientos de Dios y seguir sus pisadas. Juan dice que podemos vencer estas presiones y que los mandamientos de Dios no «son difíciles de cumplir», sino que, él implica, será más bien una experiencia gozosa. Sigue explicando que el proceso mediante el cual obtenemos la victoria sobre el mundo en continuar en la fe: «Ésta es la victoria que vence al mundo: nuestra fe» (1 Jn 5:4).

---

[9]Es cierto que Jesús le dijo a Timoteo que necesitaba nacer de nuevo (Jn 3:7: «No te sorprendas de que te haya dicho: "Tienes que nacer de nuevo"»), pero esto no es un mandamiento para que Nicodemo haga algo que nadie puede hacer (esto es, darse a sí mismo nueva vida espiritual). Es una oración de indicativo, no de imperativo. Es la declaración de un hecho designado para indicarle a Nicodemo que tiene una necesidad espiritual y que carece de la capacidad por sí mismo para entrar en el reino de Dios. Un poco después, cuando Jesús empieza a hablar de la respuesta que se esperaba de Nicodemo, Él habla acerca de la respuesta personal de fe que es lo que se necesita: «Así también tiene que ser levantado el Hijo de Dios, para que todo el que crea en él tenga vida eterna» (Jn 3:14-15).

[10]El participio perfecto que se traduce aquí como «ha nacido» podría ser traducido de forma más explícita como «ha nacido y continúa en la nueva vida que es el resultado de ese suceso».

Por último, Juan nos indica que otro resultado de la regeneración es que *nos protege de Satanás* mismo: «Sabemos que el que ha nacido de Dios no está en pecado: Jesucristo, que nació de Dios, lo protege, y *el maligno no llega a tocarlo*» (1 Jn 5:18). Aunque pueden venir ataques de Satanás, Juan les asegura a sus lectores que «el que está en ustedes es más poderoso que el que está en el mundo» (1 Jn 4:4), que el poder superior del Espíritu Santo dentro de nosotros nos mantendrá a salvo del daño espiritual que el maligno se proponga hacernos.

Debemos darnos cuenta que Juan enfatiza que estos son resultados *necesarios* en la vida de quienes han nacido de nuevo. Si hay una regeneración genuina en la vida de una persona creyente, creerá que Jesús es el Cristo y se *abstendrá* de una vida de continuación en el pecado, y amará a su hermano, *vencerá* las tentaciones del mundo y será *conservado* a salvo de daño espiritual definitivo del maligno. Estos pasajes muestran que es imposible que una persona sea regenerada y no esté verdaderamente convertida.[11]

Otros resultados de la regeneración los encontramos mencionados cuando Pablo habla del «*fruto del Espíritu*», que es el resultado que viene a la vida cuando el poder del Espíritu Santo está presente y obrando dentro de cada creyente. «El fruto del Espíritu es amor, alegría, paz, paciencia, amabilidad, bondad, fidelidad, humildad y dominio propio» (Gá 5:22-23). Si hay una verdadera regeneración, estos elementos del fruto del Espíritu serán cada vez más evidentes en la vida de la persona. Por el contrario, los que son incrédulos, incluyendo a los que dicen ser creyentes, pero no lo son, carecerán claramente de estos rasgos de carácter en sus vidas. Jesús les dijo a sus discípulos:

> Cuídense de los falsos profetas. Vienen a ustedes disfrazados de ovejas, pero por dentro son lobos feroces. Por sus frutos los conocerán. ¿Acaso se recogen uvas de los espinos, o higos de los cardos? Del mismo modo, todo árbol bueno da fruto bueno, pero el árbol malo da fruto malo. Un árbol bueno no puede dar fruto malo, y un árbol malo no puede dar fruto bueno. Todo árbol que no da buen fruto se corta y se arroja al fuego. Así que por sus frutos los conocerán. (Mt 7:15-20)

Ni Jesús ni Pablo ni Juan señalan que la actividad de la iglesia o los milagros sean evidencias de regeneración. Más bien señalan a los rasgos de carácter en la vida. De hecho, inmediatamente después de los versículos citados arriba Jesús advierte que en el día del juicio muchos le dirán: «Señor, Señor, ¿no profetizamos en tu nombre, y en tu nombre expulsamos demonios e hicimos muchos milagros?» Entonces les diría claramente: «*Jamás los conocí*. ¡Aléjense de mí, hacedores de maldad!» (Mt 7:22-23). La profecía, el exorcismo, muchos milagros y señales extraordinarias en el nombre de Jesús (para no mencionar otras muchas clases de intensa actividad de iglesia en el poder y habilidad de la carne a lo largo quizá de varias décadas de vida personal) no proporcionan evidencia convincente de que una persona haya de veras nacido de nuevo. Al parecer todo esto se puede producir en el

---

[11]Puesto que indicamos arriba que una persona es primero regenerada, y luego a continuación viene a la fe salvadora, habrá un tiempo breve en el cual alguien es regenerado y los resultados (fe, amor, etc.) no se ven todavía. Pero Juan está diciendo que los resultados seguirán; son inevitables una vez que la persona ha nacido de nuevo.

hombre natural mediante sus propias fuerzas, o incluso con la ayuda del maligno. Pero el amor genuino por Dios y por su pueblo, la obediencia sincera a sus mandamientos, y los rasgos de carácter semejantes a los de Cristo que Pablo llama el fruto del Espíritu, demostrado coherentemente a lo largo de la vida de la persona, no pueden producirlos Satanás ni ningún hombre o mujer natural por sus propias fuerzas. Eso solo viene mediante la obra del Espíritu Santo dentro de la persona y la nueva vida que le da.

PREGUNTAS DE APLICACIÓN PERSONAL

1. ¿Ha nacido usted de nuevo? ¿Hay evidencias del nuevo nacimiento en su vida? ¿Recuerda usted un momento específico cuando la regeneración ocurrió en su vida? ¿Puede usted describir cómo supo usted que algo había ocurrido?

2. Si usted (o el amigo que le acompaña) no está seguro de haber nacido de nuevo, ¿qué es lo que la Biblia le anima a hacer a fin de obtener una mayor seguridad (o verdaderamente nacer de nuevo por primera vez)? (Nota: Encontrará un estudio más completo sobre el arrepentimiento y la fe salvadora en el capítulo siguiente.)

3. ¿Había pensando usted antes que la regeneración antecede a la fe salvadora? ¿Está convencido ahora de ello o hay todavía algunas preguntas en su mente?

4. ¿Qué piensa usted acerca del hecho que su regeneración fue totalmente la obra de Dios, y que usted no contribuyó para nada a que sucediera? ¿Cómo le hace eso sentirse en cuanto a usted mismo? ¿Cómo le hace sentirse en cuanto a Dios? Por analogía, ¿cómo se siente acerca del hecho de que cuando usted nació usted no tuvo ni parte ni arte en la decisión?

5. ¿Hay facetas de su vida donde los resultados de la regeneración no se ven con claridad? ¿Piensa usted que es posible que un creyente sea regenerado y luego se estanque espiritualmente de forma que muestra muy poco crecimiento? ¿Qué circunstancias puede vivir una persona que le llevarían al estancamiento y falta de crecimiento (si eso es posible) aun incluso si la persona de verdad nació de nuevo? ¿Hasta qué punto la clase de iglesia a la que asiste, la enseñanza que recibe, el compañerismo cristiano que tiene, y la regularidad de su propia vida de lectura de la Biblia y oración afectan la vida y el crecimiento del creyente?

6. Si la regeneración es por completo la obra de Dios y el ser humano no puede hacer nada para que se produzca, ¿de qué sirve la predicación del evangelio? ¿Es de alguna manera absurdo o aun cruel predicar el evangelio y pedir a una persona que responda cuando sabemos que no puede responder porque está espiritualmente muerta? ¿Cómo resuelve usted esta cuestión?

TÉRMINOS ESPECIALES

gracia irresistible   nacido del Espíritu
nacido de nuevo   regeneración
nacido del agua

BIBLIOGRAFÍA

(Para una explicación de esta bibliografía vea la nota sobre la bibliografía en el capítulo
1, p. 40. Datos bibliográficos completos se pueden encontrar en las páginas 1297-1306.)

Secciones en Teologías Sistemáticas Evangélicas

1. Anglicana (episcopal)
    1882–92   Litton, 320–28
2. Arminiana (wesleyana o metodista)
    1847   Finney, 282–364
    1892–94   Miley, 2:327–36
    1960   Purkiser, 292–97
3. Bautista
    1767   Gill, 2:107–21
    1887   Boyce, 373–82
    1907   Strong, 809–29
    1917   Mullins, 385–89
    1983–85   Erickson, 932–33, 942–46
4. Dispensacional
    1947   Chafer, 6:104–21
    1949   Thiessen, 271–76
    1986   Ryrie, 325–26
5. Luterana
    1917–24   Pieper, 2:498–501
    1934   Mueller, 363–64
6. Reformada (o presbiteriana)
    1559   Calvin, 1:592–621 (3. 3)
    1724–58   Edwards, 543–65, 849–55
    1861   Heppe, 518–27
    1871–73   Hodge, 2:682–732; 3:3–40
    1878   Dabney, 579–99
    1887–1921 Warfield, *BTS* 351–74; *SSW* 2:321–24
    1889   Shedd, 2b, 490–528
    1937–66   Murray, *CW* 2:167–201; *RAA* 95–105
    1938   Berkhof, 465–79
    1962   Buswell, 2:168–75
7. Renovada (o carismática o pentecostal)
    1988–92   Williams, 2:35–59

Secciones en Teologías Sistemáticas Católicas Romanas Representativas

1. Católica Romana: tradicional
   1955   Ott, 219–49
2. Católica Romana: Post Vaticano II
   1980   McBrien, 2:991–1005

Otras obras

Hoekema, Anthony A. «Regeneration». In *Saved by Grace.* Eerdmans, Grand Rapids, y Paternoster, Exeter, 1989, pp. 93–112.

Kevan, E. F. *Salvation.* Presbyterian and Reformed, Phillipsburg, N. J., 1973.

Packer, J. I. «Regeneration». En *EDT* pp. 924–26.

Toon, Peter. *Born Again: A Biblical and Theological Study of Regeneration.* Baker, Grand Rapids, 1987.

PASAJE BÍBLICO PARA MEMORIZAR

Juan 3:5–8: *Yo te aseguro que quien no nazca de agua y del Espíritu, no puede entrar en el reino de Dios —respondió Jesús—. Lo que nace del cuerpo es cuerpo; lo que nace del Espíritu es espíritu. No te sorprendas de que te haya dicho: «Tienen que nacer de nuevo.» El viento sopla por donde quiere, y lo oyes silbar, aunque ignoras de dónde viene y a dónde va. Lo mismo pasa con todo el que nace del Espíritu.*

HIMNO

«Lejos de mi Padre Dios»

Este himno expresa hermosamente gracias a Dios por el hecho de que, aunque nosotros no lo sabíamos, él nos buscó, obró en nuestros corazones de una manera misteriosa, y nos capacitó para creer, antes de que llegáramos a confiar en él.

1. Lejos de mi padre Dios por Jesús fui hallado,
   Por su gracia y por su amor fui por él salvado.

   Es Jesús, el Señor, mi esperanza eterna;
   Él me amó y me salvó en su gracia tierna.

2. En Jesús mi Salvador pongo mi confianza;
   Toda mi necesidad suple en abundancia.

3. Cerca de mi buen Pastor vivo cada día;
   Toda gracia en su Señor halla el alma mía.

AUTOR: FANNY J. CROSBY, TRAD. TOMÁS GARCÍA
(TOMADO DE HIMNARIO BAUTISTA #356)

Capítulo 35

La conversión
(Fe y arrepentimiento)

¿Qué es el verdadero arrepentimiento?
¿Qué es fe salvadora?¿Pueden las personas aceptar
a Jesús como Salvador y no como Señor?

EXPLICACIÓN Y BASES BÍBLICAS

Los últimos dos capítulos han explicado cómo Dios mismo (por medio de la predicación de la Palabra) nos extiende el llamamiento del evangelio, y mediante la obra del Espíritu Santo nos regenera impartiendo nueva vida espiritual dentro de nosotros. En este capítulo vamos a examinar nuestra respuesta al llamamiento del evangelio. Podemos definir la conversión de la siguiente manera: *La conversión es nuestra respuesta voluntaria al llamamiento del evangelio, mediante la cual nos arrepentimos sinceramente de nuestros pecados y ponemos nuestra confianza en Cristo para salvación.*

La palabra *conversión* significa «volverse», y aquí denota volverse espiritualmente, volverse *del* pecado *a* Cristo. Podemos examinar cada uno de estos elementos de la conversión, y en cierto sentido no importa cuál de ellos estudiamos primero, porque ninguno de ellos puede suceder sin el otro, y tienen que suceder juntos cuando tiene lugar la verdadera conversión. Conforme al propósito de este capítulo, examinaremos primero la fe y luego el arrepentimiento.

A. La fe salvadora verdadera incluye conocimiento, aprobación y confianza personal

1. El conocimiento solo no es suficiente. La fe salvadora personal, en la forma en que las Escrituras lo entienden, involucra más que el simple conocimiento. Por supuesto, *es necesario que tengamos cierto conocimiento de quién es Cristo y de lo que él ha hecho*, porque «¿cómo creerán en aquel de quien no han oído?» (Ro 10:14). Pero el conocimiento acerca de los *hechos* de la vida, muerte y resurrección de Cristo por nosotros no es suficiente, porque las personas pueden conocer los hechos, pero rebelarse en contra de ellos o no gustarles. Por ejemplo, Pablo nos dice que muchas personas conocen las leyes de Dios, pero no las quieren: «Saben bien que, según el justo decreto de Dios, quienes practican tales cosas merecen la muerte; sin embargo, no sólo siguen practicándolas sino que incluso aprueban a quienes las practican» (Ro 1:32). Incluso los demonios saben quién es Dios y conocen los hechos acerca de la vida de Jesús y de su obra salvadora, porque Santiago dice: «¿Tú crees que hay un solo Dios? ¡Magnífico! También los demonios lo creen y tiemblan»

(Stg 2:19). Pero ciertamente ese conocimiento no quiere decir que los demonios se vayan a salvar.

2. El conocimiento y la aprobación no son suficientes. Además, conocer simplemente los hechos y *aprobarlos* o estar de *acuerdo* en que son verdaderos no es suficiente. Nicodemo sabía que Jesús había venido de Dios, porque él dijo: «Rabí, sabemos que eres un maestro que ha venido de parte de Dios, porque nadie podría hacer las señales que tú haces si Dios no estuviera con él» (Jn 3:2). Nicodemo había evaluado la situación, incluyendo las enseñanzas de Jesús y sus extraordinarios milagros, y había sacado una conclusión correcta de esos hechos: Jesús era un maestro que había venido de Dios. Pero eso solo no significaba que Nicodemo tuviera una fe salvadora, porque todavía tenía que poner su confianza en Cristo como salvador; todavía tenía que «creer en él». El rey Agripa nos es otro ejemplo de conocimiento y aprobación sin tener fe salvadora. Pablo se dio cuenta de que Agripa conocía y que al parecer veía con aprobación las Escrituras judías (lo que hoy conocemos como el Antiguo Testamento). Cuando Pablo estaba compareciendo en juicio delante de él, le dijo a Agripa: «Rey Agripa, ¿cree usted en los profetas? ¡A mí me consta que sí!» (Hch 26:27). Pero no tenía fe salvadora, porque le respondió a Pablo: «Un poco más y me convences a hacerme cristiano» (Hch 26:28).

3. Yo debo decidir y depender de Jesús para salvarme personalmente. Además del conocimiento de los hechos del evangelio y de la aprobación de esos hechos, a fin de ser salvo, yo debo decidir depender de Jesús para salvarme. Al hacerlo paso de ser un observador interesado de los hechos de la salvación y de las enseñanzas de la Biblia a ser alguien que entra en una nueva relación con Cristo Jesús como una persona viviente. Podemos, por tanto, definir, la gracia salvadora de la siguiente manera: *La fe salvadora es confianza en Cristo Jesús como una persona viviente para el perdón de los pecados y la vida eterna con Dios.*

Esta definición hace hincapié en que la fe salvadora no es solo una creencia en ciertos datos, *sino la confianza personal en Jesús* como salvador. Como explicaremos en los capítulos siguientes, la salvación es mucho más que solo el perdón de los pecados y la vida eterna, pero cuando alguien inicialmente acude a Cristo rara vez se da cuenta de la amplitud de las bendiciones de salvación que vienen. Además, podríamos resumir correctamente las dos preocupaciones principales de la persona que confía en Cristo como el «perdón de los pecados» y la «vida eterna con Dios». Por supuesto, la vida eterna con Dios incluye asuntos como la declaración de justicia delante de Dios (parte de la justificación, como se explica en el capítulo siguiente), la adopción, la santificación y la glorificación, pero estas cosas pueden ser entendidas en detalle más tarde. Lo que más le preocupa a un incrédulo que acude a Cristo es el hecho de que el pecado le ha separado de la comunión con Dios para la que fuimos creados. El incrédulo acude a Cristo buscando que el pecado y la culpa sean eliminados y entre en una relación genuina con Dios que perdure para siempre.

La definición recalca la *confianza personal* en Cristo, no solo creer los hechos acerca de Cristo. Debido a que la fe salvadora en las Escrituras involucra esta confianza personal, la palabra «confianza» es un término mejor para usarlo en la cultura contemporánea que la palabra «fe» o «creencia». La razón es que nosotros podemos «creer» que algo es verdad sin que haya un compromiso personal o dependencia involucrado en ello. Yo puedo *creer* que Canberra es la capital de Australia, o que 7 multiplicado por 6 da 42, pero sin que haya un compromiso personal o dependencia de nadie por el solo hecho de creerlo. La palabra *fe*, por otro lado, se usa en ocasiones hoy para referirse a un compromiso casi irracional a algo a pesar de la fuerte evidencia que existe en contra, una clase de decisión irracional a creer algo que estamos bastante seguros que *no* es verdad. (Si su equipo de fútbol favorito sigue perdiendo partidos, alguien puede intentar animarlo a usted a «tener fe» a pesar de que todos los hechos apuntan en la dirección opuesta). En estos dos sentidos populares, las palabras «creer» y «fe» tienen un sentido contrario al sentido bíblico.[1]

La palabra *confianza* está más cerca del concepto bíblico, puesto que estamos familiarizados con confiar en personas cada día. Mientras más llegamos a conocer a una persona, y más vemos en esa persona un estilo de vida que justifica confianza, más nos sentimos animados a poner nuestra confianza en que esa persona cumplirá lo que promete, o actuará en formas en las que podamos confiar. El sentido pleno de la confianza personal lo encontramos en varios pasajes de las Escrituras en los cuales la fe salvadora inicial se expresa en términos muy personales, usando con frecuencia analogías sacadas de las relaciones personales. Juan dice: «Mas a cuantos lo *recibieron*, a los que creen en su nombre, les dio el derecho de ser hijos de Dios» (Jn 1:12). Juan habla de recibir a Cristo de la misma manera que recibimos a un invitado en nuestro hogar.

Juan 3:16 dice: «… para que todo el que *cree en él* no se pierda, sino que tenga vida eterna». Juan usa aquí una frase sorprendente cuando no simplemente dice: «todo el que le cree» (esto es, creer que lo que dice es verdad y es digno de confianza), sino que más bien dice, «todo el que cree en él». La frase griega *pisteuo eis auton* podría traducirse como «creer dentro de él» con el sentido de confianza que va dentro y descansa en Jesús como persona. Leon Morris puede decir: «La fe, para Juan, es una actividad que saca a los hombres de sí mismos y hace de ellos uno con Cristo». Entiende la frase griega *pisteuo eis* como una indicación significativa de que la fe del Nuevo Testamento no es solo un asentimiento intelectual sino que incluye un «elemento moral de confianza personal».[2] Una expresión así era rara o quizá inexistente en el mundo secular griego fuera del Nuevo Testamento, pero era muy apropiada para expresar la confianza personal en Cristo que está involucrada en la fe salvadora.

---

[1]Por supuesto, las palabras *creencia, creer* y *fe* aparecen con frecuencia en la Biblia, y no debemos abandonar por completo su uso en un sentido bíblico apropiado solo porque nuestra cultura les da a veces un sentido incorrecto. Lo que quiero decir es solo que cuando le expliquemos el evangelio a un incrédulo, la palabra *confiar* parece que transmite hoy mejor el sentido bíblico.

[2]Leon Morris, *The Gospel According to John*, p. 336, con referencia al amplio estudio de C. H. Dodd, *The Interpretation of the Fourth Gospel* (Cambridge: Cambridge University Press, 1953), pp. 179-86, y note que Dodd no encuentra paralelismo en el griego secular para usar *pisteuo* seguido de la preposición *eis*, para referirse a confiar en una persona. La expresión es más bien la traducción literal de la expresión «creer en» del hebreo del Antiguo Testamento.

Jesús habla de «ir a él» en varios lugares. Él dice: «Todos los que el Padre me da *vendrán a mí*; y al que a mí viene, no le rechazo» (Jn 6:37). También dice: «¡Si alguno tiene sed, que *venga a mí* y beba! » (Jn 7:37). De un modo semejante, dice: «*Vengan a mí* todos ustedes que están cansados y agobiados, y yo les daré descanso. Carguen con mi yugo y aprendan de mí, pues yo soy apacible y humilde de corazón, y encontrarán descanso para su alma. Porque mi yugo es suave y mi carga es liviana» (Mt 11:28-30). En estos pasajes tenemos la idea de ir a Cristo en busca de aceptación, agua de vida para beber, y descanso e instrucción. Todo esto nos facilita una imagen intensamente personal de lo que encierra la fe salvadora. El autor de Hebreos nos pide que recordemos que Jesús está vivo en el cielo y listo para recibirnos: «Por eso también puede salvar por completo a los que por medio de él se acercan a Dios, *ya que vive siempre* para interceder por ellos» (He 7:25). Jesús aparece aquí (como muchas veces en el Nuevo Testamento) como alguien que está ahora vivo en el cielo, siempre capaz de ayudar a los que acuden a él.

El teólogo reformado J. I. Packer cita los siguientes párrafos del escritor puritano británico John Owen que describen la invitación de Cristo a que respondamos en fe personal.

> Esto es algo de la palabra que él os habla a vosotros: ¿Por qué morir? ¿Por qué perecer? ¿Por qué no tienes compasión de tu propia alma? ¿Podrá tu corazón aguantar, o podrán tus manos ser fuertes, en el día de la ira que se acerca?
>
> ...Ven a mí y sé salvo; ven a mí y te aliviaré de todos tus pecados, tristezas, temores, cargas y daré descanso a tu alma. Ven, te suplico, deja toda la indecisión, toda la demora; no lo dejes más para otro día; la eternidad está a tu puerta. No me odies hasta el punto de que quieras perecer antes que aceptar mi liberación.
>
> Estas cosas y otras semejantes son las que el Señor Jesucristo declara continuamente, proclama, ruega e insta a las almas de los pecadores. ... Lo hace mediante la predicación de la Palabra, como si estuviera presente contigo, como si estuviera entre nosotros, y habla personalmente a cada uno. ... Él ha nombrado a los ministros del evangelio para que aparezcan delante de ti y se relacionen contigo en su nombre, y te extiendan la invitación que ellos dan en su nombre. (2 Co 5:19-20)[3]

Con este concepto de la fe verdadera del Nuevo Testamento en mente, podemos ahora apreciar que cuando una persona acude a Cristo confiando en él, los tres elementos deben estar presentes. Debe haber algo de conocimiento básico o *entendimiento* de las verdades del evangelio. Debe haber también *aprobación* de esas verdades, o estar de acuerdo con ellas. Ese acuerdo incluye la convicción de que lo que dice el evangelio es verdadero, especialmente el hecho de que soy un pecador en necesidad de salvación y que Cristo es el único que ha pagado el castigo por mi pecado y me ofrece salvación. También incluye la conciencia de que necesito confiar en Cristo para la salvación y que él es el único camino a Dios y el único medio provisto para mi salvación. Esta aprobación de las verdades del evangelio involucrará también el deseo de ser salvo por medio de Cristo. Pero todo esto todavía no llega a la fe salvadora. Eso viene solo cuando uno toma la decisión por voluntad

---

[3]J. I. Packer, *Evangelism and the Sovereignty of God*, p. 104.

propia de depender de Cristo y poner su *confianza* en él como Salvador. Esta decisión personal de poner la confianza en Cristo es algo que uno hace con el corazón, la facultad central de todo el ser que hace los compromisos de uno como persona.

4. La fe debiera aumentar a medida que aumenta nuestro conocimiento. Contrario al actual concepto secular de la «fe», la fe verdadera del Nuevo Testamento no es algo que se hace más fuerte mediante la ignorancia ni por creer en contra de la evidencia. Más bien, la fe salvadora es coherente con el conocimiento y con el verdadero entendimiento de los hechos. Pablo dice: «Así que la fe viene como resultado de oír el mensaje, y el mensaje que se oye es la palabra de Cristo» (Ro 10:17). Cuando las personas cuentan con verdadera información acerca de Cristo, están en mejores condiciones de poner su confianza en él. Además, cuanto más sabemos acerca de él y acerca del carácter de Dios que encontramos revelado en Cristo, tanto más somos capaces de poner nuestra confianza en él. De modo que la fe no se debilita con el conocimiento, sino que debe aumentar con el verdadero conocimiento.

En el caso de la fe salvadora en Cristo, nuestro conocimiento de él viene por creer en un testimonio confiable sobre él. Aquí, el testimonio confiable que creemos son las palabras de las Escrituras. Puesto que están formadas con las mismas palabras de Dios, son completamente confiables, y obtenemos un verdadero conocimiento de Cristo por medio de ellas. Por esto es por lo que «la fe viene como resultado de oír el mensaje, y el mensaje que se oye es la palabra de Cristo» (Ro 10:17). En nuestra vida diaria llegamos a creer muchas cosas cuando oímos el testimonio de una persona confiable o digna de confianza. Esta clase de decisión está aun más justificada aquí, cuando las palabras de Dios nos dan ese testimonio y nosotros lo creemos.

B. La fe y el arrepentimiento deben aparecer juntos

Podemos definir el arrepentimiento de la siguiente manera: *El arrepentimiento es una tristeza sentida de corazón por causa del pecado, una renuncia al pecado, y un propósito sincero de olvidarlo y caminar en obediencia a Cristo.*

Esta definición indica que el arrepentimiento es algo que sucede en un momento específico en el tiempo, y no es equivalente a una demostración de cambio en el estilo de vida de la persona, El arrepentimiento, lo mismo que la fe, es un *entendimiento* intelectual (que el pecado es malo), una *aprobación* emocional de las enseñanzas de las Escrituras en cuanto al pecado (una tristeza por el pecado y un aborrecimiento del pecado), y una *decisión personal* de alejarse de él (una renuncia al pecado y la decisión de que se olvidará de ello y que en su lugar llevará una vida de obediencia a Cristo). No podemos decir que uno tiene que vivir ese cambio de vida por un tiempo antes de que el arrepentimiento pueda ser genuino porque de lo contrario el arrepentimiento se convertiría en una clase de obediencia que podríamos cultivar para merecer la salvación por nosotros mismos. Por supuesto, el arrepentimiento genuino resultará en una vida cambiada. Una persona de verdad arrepentida empezará de una vez a vivir una vida cambiada, y nosotros podemos llamar ese cambio de vida el fruto del arrepentimiento. Pero no debiéramos nunca tratar de requerir que haya un período de tiempo en el cual una persona vive una vida cambiada antes de que podamos asegurarle el perdón. El arrepentimiento es algo que ocurre en el corazón e involucra a toda la persona en una decisión de alejarse del pecado.

Es importante darse cuenta que la simple tristeza por nuestras acciones, o aun el remordimiento profundo por nuestras acciones, no constituye un arrepentimiento genuino a menos que vaya acompañado por una decisión sincera de olvidarse del pecado que se ha estado cometiendo contra Dios. Pablo nos dice: «A judíos y a griegos les he instado a convertirse *a Dios* y a creer en nuestro Señor Jesús» (Hch 20:21). Dice que se regocijaba por la experiencia de los corintios « no porque se hayan entristecido sino porque su tristeza los llevó al arrepentimiento. *…La tristeza que proviene de Dios produce el arrepentimiento que lleva a la salvación, de la cual no hay que arrepentirse, mientras que la tristeza del mundo produce la muerte*» (2 Co 7:9-10). Una tristeza mundana puede involucrar gran dolor por las acciones cometidas y probablemente también temor por el castigo, pero no una renuncia genuina por el pecado ni un propósito firme de olvidarse de él en la vida. Hebreos 12:17 dice que Esaú lloró a consecuencia de sus acciones, pero no se arrepintió de verdad de lo hecho. Además, como indica 2 Corintios 7:9-10, aun la tristeza verdadera es solo un factor que lleva al arrepentimiento genuino, pero esa tristeza no es en sí misma una decisión sincera del corazón en la presencia de Dios que habla de un arrepentimiento genuino.

Las Escrituras ponen el arrepentimiento y la fe juntos como aspectos diferentes del acto de acudir a Cristo en busca de salvación. No es que una persona primero se vuelve del pecado y a continuación confía en Cristo, ni que primero confía en Cristo y luego se aleja del pecado, sino que ambas cosas suceden al mismo tiempo. Cuando acudimos a Cristo *en busca* de salvación de nuestros pecados, simultáneamente nos estamos alejando de esos pecados de los cuales le estamos pidiendo a Cristo que nos salve. Si no es así, el acudir a Cristo en busca de salvación de nuestros pecados es improbable que seamos sinceros al acudir a él o confiar en él.

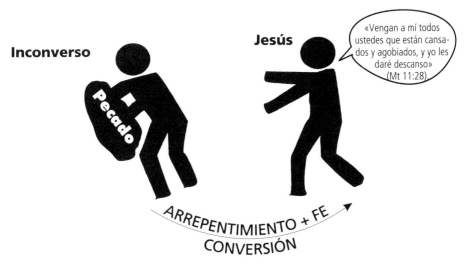

LA CONVERSIÓN ES UNA ACCIÓN ÚNICA DE VOLVERSE DEL PECADO EN ARREPENTIMIENTO Y ACUDIR A CRISTO EN FE
Cuadro 35.1

El hecho de que el arrepentimiento y la fe son dos lados diferentes de la misma moneda, o dos aspectos diferentes del mismo suceso de la conversión, lo podemos ver con claridad en el cuadro 35.1.

En este diagrama, la persona que genuinamente acude a Cristo en busca de salvación debe al mismo tiempo soltarse del pecado al cual ha estado aferrándose y alejarse de ese pecado a fin de acercarse a Cristo. De modo que ni el arrepentimiento ni la fe vienen primero; tienen que aparecer juntos. John Murray habla de la «fe penitente» y del «arrepentimiento creyente».[4]

Por tanto, es claramente contrario a la evidencia del Nuevo Testamento hablar acerca de la posibilidad de tener verdadera fe salvadora sin haber tenido ningún arrepentimiento del pecado. Es también contrario al Nuevo Testamento hablar de la posibilidad de que alguien acepte a Cristo «como Salvador», pero no «como Señor», si eso simplemente significa depender de él para salvación pero no proponerse alejarse del pecado y ser obediente a Cristo a partir de ese momento.

Algunas voces prominentes dentro del cristianismo evangélico difieren de este punto de vista, y argumentan que una presentación del evangelio que requiere el *arrepentimiento* y fe es en realidad una predicación de salvación por obras. Argumentan que la perspectiva que defendemos en este capítulo, que el arrepentimiento y la fe deben ir juntas, es un evangelio falso de «salvación de señorío». Dice que la fe salvadora solo demanda confiar en Cristo como Salvador, y que someterse a él como Señor es un paso opcional que se da después pero que no es necesario para la salvación. Para muchos que enseñan este punto de vista, la fe salvadora solo requiere estar intelectualmente de acuerdo con las verdades del evangelio.[5]

---

[4]John Murray, *Redemption Accomplished and Applied*, p. 113.

[5]Lewis Sperry Chafer es aparentemente la fuente de esta perspectiva del evangelio, especialmente en su *Systematic Theology*, vol. 3, donde dice: «El Nuevo Testamento no impone el arrepentimiento sobre las personas no salvas como una condición para la salvación» (p. 376). Chafer reconoce que hay muchos versículos que invitan a las personas al arrepentimiento, pero él simplemente define el arrepentimiento como un «cambio de mente» que no incluye tristeza por el pecado o alejarse del pecado (pp. 372-375). De modo que él puede decir: «El arrepentimiento, que es un cambio de mente, está incluido en el creer» (p. 375). Argumenta que «la demanda añadida de que la persona no salva debe dedicarse a sí misma a hacer la voluntad de Dios en su vida diaria, así como creer en Cristo» es una intromisión confusa en la doctrina de que la salvación depende de creer» (p. 384). Chafer provee una base para la perspectiva de que la persona primero debe aceptar a Cristo como Salvador, y más tarde como Señor, cuando dice que el predicador tiene la obligación de «predicar el señorío de Cristo a los cristianos exclusivamente, y la salvación en Cristo a los que no son salvos» (p. 387). El defensor contemporáneo más conocido de esta perspectiva ha sido Zabe C. Hodges, profesor en el Seminario Teológico de Dallas. Vea su libro *The Gospel Under Siege* (Dallas: Rendención Viva, 1981).

Pero no todos en el Seminario Teológico de Dallas o dentro de la teología dispensacionalista sostienen este punto de vista. Surgió una controversia dentro del movimiento evangélico en los Estados Unidos cuando John MacArthur, que él mismo es un dispensacionalista, publicó su libro *El evangelio según Jesucristo* (El Paso: CBP, 1991). Este excelente libro (que incluye comentarios entusiastas de parte de J. I. Packer y James Montgomery Boice) criticaba fuertemente los puntos de vista de escritores como Chafer y Hodges sobre la evangelización y la naturaleza de la fe salvadora. MacArthur argumenta muy convincentemente que, basado en muchos pasajes del Nuevo Testamento, uno no puede aceptar de verdad a Cristo como Salvador sin aceptarle también como Señor o, en otras palabras, no puede haber verdadera fe salvadora si no hay también genuino arrepentimiento. Dice también que cualquier otra interpretación presenta un evangelio muy barato que les ofrece a personas no convertidas una falsa seguridad, diciéndoles que están salvos porque están de acuerdo con los hechos del evangelio o hacen una oración, pero no se han arrepentido de verdad y hay cambio real en su vida. MacArthur argumenta que ese tipo de evangelización tan poco bíblico nunca ha sido la enseñanza de la iglesia a lo largo de la historia, y que ese evangelio tan debilitado que se escucha tanto hoy ha resultado en toda una generación de cristianos que dicen que creen pero que sus vidas no se diferencian de la cultura que los rodea y que no están salvados para nada. Hodges respondió rápidamente a MacArthur con otro libro, *Absolutely Free! A Biblical Reply to Lordship Salvation* (Dallas: Redención Viva, y Grand Rapids: Zondervan, 1989).

Cuando Jesús dice a los pecadores: «Vengan a mí todos ustedes que están cansados y agobiados, y yo les daré descanso», inmediatamente agrega: «Carguen con mi yugo y aprendan de mí» (Mt 11:28-29). Acudir a él incluye tomar su yugo sobre nosotros, someternos a su dirección, aprender de él y serle obediente. Si no estamos dispuestos a hacer ese tipo de compromiso, no hemos puesto de verdad nuestra confianza en él.

Cuando las Escrituras hablan de confiar en Dios o en Cristo, frecuentemente relacionan esa confianza con el arrepentimiento genuino. Por ejemplo, Isaías da un testimonio elocuente que es típico del mensaje de muchos de los profetas del Antiguo Testamento:

> Busquen al Señor mientras se deje encontrar,
>   llámenlo mientras esté cercano.
> *Que abandone el malvado su camino,*
>   y el perverso sus pensamientos.
> *Que se vuelva al Señor,* a nuestro Dios,
>   que es generoso para perdonar,
>   y de él recibirá misericordia. (Is 55:6-7)

Aquí encontramos mencionados tanto el arrepentimiento del pecado como el volverse a Dios para recibir perdón. En el Nuevo Testamento, Pablo resume así su ministerio de proclamación del evangelio: «A judíos y a griegos les he instado a *convertirse* a Dios y a *creer* en nuestro Señor Jesús» (Hch 20:21). El autor de Hebreos incluye como los dos primeros elementos en una lista de doctrina básica «el arrepentimiento de las obras que conducen a la muerte, la fe en Dios» (He 6:1).

Por supuesto, a veces se menciona solo la fe como lo que es necesario para ir a Cristo en busca de salvación (vea Jn 3:16; Hch 16:31; Ro 10:9; Ef 2:8-9, et al.). Estos son pasajes conocidos y hacemos hincapié en ellos a menudo cuando explicamos el evangelio a otras personas. Pero de lo que no nos damos cuenta con frecuencia es del hecho de que hay otros muchos pasajes donde se menciona *solo el arrepentimiento*, porque se da por supuesto que el verdadero arrepentimiento involucra también la fe para el perdón de los pecados. Los autores del Nuevo Testamento entendieron tan bien que el arrepentimiento y la fe genuinos tienen que ir juntos que a menudo mencionan solo el arrepentimiento sabiendo que la fe va también

---

Como he argumentado en este capítulo, para mí es evidente que MacArthur está en lo correcto al mantener que la verdadera fe salvadora en términos del Nuevo Testamento es mucho más que un simple asentimiento intelectual a los hechos; debe incluir acudir sinceramente a Cristo en dependencia personal de Él para la salvación, combinado con un sincero arrepentimiento del pecado. Crea confusión llamar a esta enseñanza «Lordship salvation» (salvación señorío) como si fuera una nueva doctrina, o como si hubiera alguna forma de salvación. MacArthur está enseñando lo que ha sido la posición histórica del cristianismo ortodoxo en este asunto, como lo demuestra en un apéndice a su libro (pp. 221-27). Esta posición no es salvación por obras, sino sencillamente declara el evangelio de la gracia gratuita, y de la salvación por gracia por medio de la fe en toda su plenitud bíblica. El cambio de vida que resultará de una conversión genuina no nos salva, pero ciertamente será el resultado si nuestra fe es genuina, «así también por sí sola, si no tiene obras, es muerta» (Stg. 2:17).

Los Sandemanians fueron un pequeño grupo de iglesias evangélicas que enseñaron una interpretación similar a la Zane Hodges en Inglaterra y Estados Unidos desde 1725 hasta que desaparecieron alrededor del 1900; vea R. E. D. Clarl, «Sandemanians», en *NIDCC*, p. 877.

incluida, porque apartarse *del* pecado en una forma genuina es imposible sin volverse genuinamente *a* Dios. Por tanto, poco antes de que Jesús ascendiera al cielo, les dijo a sus discípulos: «Esto es lo que está escrito: que el Cristo padecerá y resucitará al tercer día, y en su nombre se predicarán el *arrepentimiento* y el perdón de pecados a todas las naciones» (Lc 24:46-47). La fe salvadora está implícita en «el perdón de pecados», aunque no aparece mencionada explícitamente.

La predicación que encontramos recogida en el libro de Hechos muestra esta misma pauta. Después del sermón de Pedro en Pentecostés, los oyentes preguntaron «a Pedro y a los otros apóstoles: "Hermanos, ¿qué debemos hacer?" [A lo que Pedro respondió:] *"Arrepiéntanse* y bautícese cada uno de ustedes en el nombre de Jesucristo para perdón de sus pecados"» (Hch 2:37-38).[6] En su segundo sermón Pedro habló a sus oyentes de una forma similar: «Para que sean borrados sus pecados, *arrepiéntanse* y vuélvanse a Dios, a fin de que vengan tiempos de descanso de parte del Señor» (Hch 3:19). Más tarde cuando los apóstoles estaban siendo enjuiciados delante del Sanedrín, Pedro habló de Cristo, diciendo: «Por su poder, Dios lo exaltó como Príncipe y Salvador, para que diera a Israel *arrepentimiento* y perdón de pecados» (Hch 5:31). Y cuando Pablo estaba predicando en el Areópago de Atenas a una asamblea de filósofos griegos, les dijo: «Dios pasó por alto aquellos tiempos de tal ignorancia, *pero ahora manda a todos, en todas partes, que se arrepientan*» (Hch 17:30). También dice en sus epístolas: «¿No ves que desprecias las riquezas de la bondad de Dios, de su tolerancia y de su paciencia, al no reconocer que su bondad quiere llevarte al *arrepentimiento*?» (Ro 2:4), y habla del «arrepentimiento que lleva a la salvación» (2 Co 7:10).

Vemos también que cuando Jesús se entrevista con hombres y mujeres les requiere que se vuelvan de sus pecados antes de seguirle a él. Ya sea que hable con un hombre joven y rico y le pida que deje sus posesiones (Lc 18:18-30), o que entre a la casa de Zaqueo y le hable de la salvación que había llegado a su casa en aquel día porque Zaqueo había tomado la decisión de dar la mitad de sus bienes a los pobres y devolver todo lo que había robado (Lc 19:1-10), o hable con la mujer en el pozo de Jacob y pidiéndole que llamara a su esposo (Jn 4:16), o con Nicodemo y le reprendiera por su incredulidad rabínica y orgullo en su propio conocimiento (Jn 3:1-21), Jesús siempre pone el dedo en la cuestión de pecado que es más notorio en la vida de esa persona. De hecho, podemos preguntar si alguien en los evangelios llegó alguna vez a la fe sincera en Cristo sin arrepentirse de sus pecados.

Cuando nos damos cuenta de que la fe salvadora genuina debe ir acompañada del sincero arrepentimiento del pecado, eso nos ayuda a comprender por qué algunos predicadores del evangelio tienen hoy resultados tan inadecuados. Si no se menciona la necesidad de arrepentirse de los pecados, en ocasiones el mensaje del evangelio se reduce a «cree en Cristo Jesús y serás salvo» sin ninguna mención del arrepentimiento para nada.[7] Pero esta versión aguada del evangelio no demanda un compromiso firme y sincero con Cristo; y un compromiso con Cristo, si es

---

[6]Vea el capítulo 49, pp. 1025-27, 1033-34, sobre la cuestión de si el bautismo es necesario para la salvación.

[7]Es cierto que Pablo le dice al carcelero filipense en Hechos 16:31: «Cree en el Señor Jesús; así tú y tu familia serán salvos». Sin embargo, aun esa frase incluye un reconocimiento de que Jesús es «Señor» y, además, la frase siguiente deja bien en claro que Pablo le dijo mucho más a aquel hombre de esta frase breve, porque leemos: «Luego les expusieron la palabra de Dios a él y a todos los demás que estaban en su casa» (Hch 16:32).

genuino, debe incluir la decisión a renunciar al pecado. Predicar la necesidad de fe sin arrepentimiento es predicar solo la mitad del evangelio. Puede resultar en que muchas personas queden confundidas y engañadas, pensando que han escuchado el evangelio cristiano y lo han probado, pero no ha sucedido nada. Puede que incluso digan algo como: «He aceptado a Cristo como Salvador muchas veces, pero no me ha servido de nada». Sin embargo, nunca recibieron de verdad a Cristo como su Salvador, porque él viene a nosotros en majestad y nos invita a que le recibamos tal como él es, el que merece ser, y demanda que le reconozcamos también como el Señor absoluto de nuestra vida.

Por último, ¿qué diremos acerca de la práctica común de pedir a las personas que *oren* para recibir a Cristo como su Salvador personal y Señor? Dado que la fe en Cristo de una persona debe incluir una auténtica decisión de la voluntad, es con frecuencia de mucha ayuda *expresar* esa decisión en voz alta, y eso puede tomar de manera muy natural la forma de una oración a Cristo mediante la cual le hablamos de nuestro pesar por el pecado, nuestro propósito de renunciar al pecado y nuestra decisión firme de poner nuestra confianza en él. Una oración de esa clase expresada en voz alta no tiene poder para salvarnos en sí misma, pero la actitud del corazón que representa constituye una verdadera conversión, y la decisión de expresar esa oración puede con frecuencia ser el momento en que la persona llega a la experiencia de la fe en Cristo.

C. Tanto la fe como el arrepentimiento continúan a lo largo de la vida

Aunque hemos estado considerando la fe inicial y el arrepentimiento como dos de los aspectos de la conversión que aparecen al principio de la vida cristiana, es importante darnos cuenta que la fe y el arrepentimiento no están limitados al comienzo de la vida cristiana. Son más bien actitudes del corazón que continúan a lo largo de nuestra vida como cristianos. Jesús les dijo a sus discípulos que oraran a diario diciendo: «Perdónanos nuestras deudas, como también nosotros hemos perdonado a nuestros deudores» (Mt 6:12), una oración que, si es sincera, implicará tristeza diaria por el pecado y genuino arrepentimiento. Y el Cristo resucitado le dice a la iglesia en Laodicea: «Yo reprendo y disciplino a todos los que amo. Por lo tanto, sé fervoroso y *arrepiéntete*» (Ap 3:19; cf. 2 Co 7:10).

En relación con la fe, Pablo nos dice: «Ahora, pues, permanecen estas tres virtudes: la fe, la esperanza y el amor. Pero la más excelente de ellas es el amor» (1 Co 13:13). Sin duda se está refiriendo a que estas tres permanecen a lo largo de esta vida, y probablemente también quiere decir que continúan por toda la eternidad. Si fe es confiar en Dios para todas nuestras necesidades, esta actitud nunca cesará, ni siquiera en la vida venidera. Pero de todos modos, se indica claramente que la fe continúa a lo largo de esta vida. Pablo también dice: «Lo que ahora vivo en el cuerpo, *lo vivo por la fe en el Hijo de Dios*, quien me amó y dio su vida por mí» (Gá 2:20).

Por tanto, aunque es cierto que la fe salvadora *inicial* y el arrepentimiento *inicial* ocurren una sola vez en nuestra vida, y que cuando tienen lugar constituyen la conversión verdadera, las actitudes del corazón de arrepentimiento y fe solo comienza en la conversión. Estas mismas actitudes deben continuar a lo largo del curso de nuestra vida cristiana. Cada día debiera haber un arrepentimiento sincero de todos los pecados que hemos cometido, y la fe en Cristo de que él suplirá nuestras necesidades y nos fortalecerá para vivir la vida cristiana.

PREGUNTAS DE APLICACIÓN PERSONAL

1. ¿Ha llegado usted a confiar personalmente en Cristo, o está usted todavía en el paso del conocimiento intelectual y de la aprobación emocional de la realidad de la salvación sin haber puesto personalmente su confianza en Cristo? ¿Si usted todavía no ha puesto su confianza en Cristo, ¿qué es lo que piensa que le está haciendo vacilar?

2. ¿Le ayudó este capítulo a pensar en la fe en Cristo en unos términos más personales? Si es así, ¿cómo podría incrementar su nivel de fe? ¿Piensa usted que es más fácil para los niños que para los adultos confiar en Jesús que confiar en una *persona* de carne y hueso que está viva hoy? ¿Por qué sí o por qué no? ¿Qué le dice esto acerca de la manera en que los padres cristianos debieran enseñar a sus hijos acerca de Jesús?

3. Si su conocimiento acerca de Dios ha aumentado por medio de la lectura de este libro, ¿ha aumentado también su fe junto con ese conocimiento? ¿Por qué sí o por qué no? Si su fe no ha aumentado junto con su conocimiento, ¿qué puede hacer para estimular su fe a que crezca más de lo que lo ha hecho?

4. En términos de relaciones humanas, ¿confía usted en una persona más cuando usted no conoce a esa persona muy bien o después de haberla llegado a conocer bastante bien (suponiendo que esa persona es digna de confianza)? ¿Qué le dice a usted ese hecho acerca de cómo su confianza en Dios podría aumentar? ¿Qué cosas podría usted hacer durante el día para llegar a conocer a Dios mejor, y llegar a conocer a Jesús y al Espíritu Santo?

5. ¿Sintió usted una tristeza sincera por sus pecados cuando acudió a Cristo por primera vez? ¿Puede usted describir cómo se sintió? ¿Le llevó eso a un propósito auténtico de renunciar al pecado? ¿Cuánto tiempo pasó antes de darse cuenta de que había habido un cambio en su estilo de vida?

6. ¿Se ha arrepentido verdaderamente alguna vez del pecado, o piensa usted que le han enseñado un evangelio aguado que no incluye el arrepentimiento? ¿Piensa que es posible confiar en Cristo en cuanto al perdón de sus pecados sin haberse arrepentido genuinamente de ellos? ¿Piensa que el arrepentimiento genuino involucra por lo general solo un sentimiento sincero de pesar por el pecado en general, o involucra un pesar genuino por pecados específicos, y apartarse de esos pecados?

7. ¿Permanecen la fe y el arrepentimiento como una parte continua de su vida cristiana, o se han debilitado esas actitudes en su vida? ¿Cuál ha sido el resultado en su vida cristiana?

TÉRMINOS ESPECIALES

arrepentimiento
confianza
fe

BIBLIOGRAFÍA

(Para una explicación de esta bibliografía vea la nota sobre la bibliografía en el capítulo 1, p. 40. Datos bibliográficos completos se pueden encontrar en las páginas 1297-1306.)

Secciones en Teologías Sistemáticas Evangélicas

1. Anglicana (episcopal)
   1882–92   Litton, 288–300
2. Arminiana (wesleyana o metodista)
   1847   Finney, 364–82
   1875–76   Pope, 2:367–85
   1940   Wiley, 2:357–78
   1983   Carter, 1:496–99
3. Bautista
   1767   Gill, 2:131–41
   1887   Boyce, 373–94
   1907   Strong, 829–49
   1917   Mullins, 368–85
   1983–85   Erickson, 933–42
4. Dispensacional
   1947   Chafer, 3:371–93
   1949   Thiessen, 264–70
   1986   Ryrie, 324–27
5. Luterana
   1917–24   Pieper, 2:422–503
   1934   Mueller, 319–66
6. Reformada (o presbiteriana)
   1559   Calvin, 1:340–67, 423–28 (2. 6–7, 9; 3. 2–5), 542–684
   1724–58   Edwards, 2:578–96
   1861   Heppe, 526–42
   1871–73   Hodge, 3:41–113
   1878   Dabney, 600–612, 651–60
   1887–1921   Warfield, *BTS* 375–403; *SSW* 1:267–82; *SSW* 2:655–59; *BD* 467–510
   1889   Shedd, 2b:529–37
   1937–66   Murray, *CW* 2:235–74; *RAA* 106–16
   1938   Berkhof, 480–509
   1962   Buswell, 2:175–86
7. Renovada (o carismática o pentecostal)
   1988–92   Williams, 2:28–31

Secciones en Teologías Sistemáticas Católicas Romanas Representativas

1. Católica Romana: tradicional
   1955   Ott, 252–54
2. Católica Romana: Post Vaticano II
   1980   McBrien, 1:31–46

Otras obras

Berkouwer, G. C. *Faith and Justification*. Trad. por Lewis B. Smedes. Eerdmans, Grand Rapids, 1954.

Boice, James Montgomery. Christ's Call to Discipleship. Moody, Chicago, 1986.

Chantry, Walter. *Today's Gospel: Authentic or Synthetic?* Banner of Truth, Carlisle, Pa., 1970.

Hodges, Zane C. *Absolutely Free! A Biblical Reply to Lordship Salvation*. Redención Viva, Dallas, y Zondervan, Grand Rapids, 1989.

_____. *The Gospel Under Siege: A Study on Faith and Works*. Redención Viva, Dallas, 1981.

Hoekema, Anthony A. *Saved by Grace*. Eerdmans, Grand Rapids, y Paternoster, Exeter, 1989, pp. 113–51.

Kromminga, C. G. «Repentance». En *EDT* pp. 936–37.

MacArthur, John F., Jr. *The Gospel According to Jesus*. Zondervan, Grand Rapids, 1988.

Machen, J. Gresham. *What Is Faith?* Eerdmans, Grand Rapids, 1925.

Morris, Leon. «Faith». En *IBD*. Vol. 1, pp. 496–98.

Murray, John. «Faith and Repentance». En *Redemption Accomplished and Applied*. Eerdmans, Grand Rapids, 1955, pp. 106–16.

_____. «Repentance». En *The New Bible Dictionary*. Ed. por J. D. Douglas. Tyndale Press, London, y Eerdmans, Grand Rapids, 1962, pp. 1083–84.

Packer, J. I. «Evangelicals and the Way of Salvation: New Challenges to the Gospel—Universalism and Justification by Faith». En *Evangelical Affirmations*. Ed. por Kenneth S. Kantzer y Carl F. H. Henry. Zondervan, Grand Rapids, 1990, pp. 107–36.

_____. *Evangelism and the Sovereignty of God*. Inter-Varsity Press, London, 1961.

_____. «Faith». En *EDT* pp. 399–402.

Ryrie, Charles C. *So Great Salvation: What It Means to Believe in Jesus Christ*. Scripture Press, Wheaton, Ill., 1989.

Watson, Thomas. *The Doctrine of Repentance*. Banner of Truth, Carlisle, Pa., 1987.

PASAJE BÍBLICO PARA MEMORIZAR

Juan 3:16: *Porque tanto amó Dios al mundo, que dio a su Hijo unigénito, para que todo el que cree en él no se pierda, sino que tenga vida eterna.*

HIMNO

«Tal Como Soy»

Tal como soy, de pecador,
Sin más confianza que tu amor,
Ya que me llamas, acudí;
Cordero de Dios, heme aquí.

Tal como soy, buscando paz
En mi desgracia y mal tenaz,
Conflicto grande siento en mí;
Cordero de Dios, heme aquí.

Tal como soy, me acogerás;
Perdón, alivio me darás;
Pues tu promesa ya creí;
Cordero de Dios, heme aquí.

Tal como soy, tu compasión
Vencido ha toda oposición,
Ya pertenezco sólo a ti;
Cordero de Dios, heme aquí.

AUTORA: CHARLOTTE ELLIOT, TRAD. T. M. WESTRUP
(TOMADO DE HIMNOS DE FE Y ALABANZA, # 344)

Capítulo 36

La justificación (La situación legal correcta delante de Dios)

¿Cómo y cuándo obtenemos una situación legal correcta delante de Dios?

EXPLICACIÓN Y BASES BÍBLICAS

En los capítulos anteriores hablamos del llamamiento del evangelio (mediante el cual Dios nos llama a confiar en Cristo para salvación), la regeneración (mediante la cual Dios nos imparte nueva vida espiritual), y la conversión (mediante la cual nosotros respondemos al evangelio con arrepentimiento de pecado y fe en Cristo para salvación). Pero, *¿qué de la culpa de nuestro pecado?* El evangelio nos invita a confiar en Cristo en cuanto al perdón de nuestros pecados. La regeneración hace posible que respondamos a esa invitación. En la conversión respondimos, confiando en Cristo para el perdón de los pecados. El siguiente paso ahora en el proceso de aplicación de la redención es que Dios debe responder a nuestra fe y hacer lo que prometió, esto es, declarar que nuestros pecados quedan perdonados. Esta debe ser una *declaración legal* concerniente a nuestra relación con las leyes de Dios, estableciendo que estamos completamente perdonados y que ya no estamos sujetos a ningún castigo.

Una comprensión correcta de la justificación es absolutamente esencial para toda la fe cristiana. Una vez que Martín Lutero se dio cuenta cabal de la verdad de la justificación solo por la fe, se convirtió en cristiano y se sintió rebosar con el gozo recién encontrado del evangelio. El asunto primario de la reforma protestante fue la controversia con la Iglesia Católica Romana sobre la justificación. Si vamos a salvaguardar la verdad del evangelio para futuras generaciones, debemos entender la verdad de la justificación. Incluso hoy, un entendimiento correcto de la justificación es la línea que divide el evangelio bíblico de la salvación de solo por la fe y todos los evangelios falsos de salvación basados en las buenas obras.

Cuando Pablo nos da una perspectiva general del proceso mediante el cual Dios nos aplica la salvación, menciona explícitamente la justificación: «A los que predestinó, también los llamó; a los que llamó, también los justificó; y a los que justificó, también glorificó» (Ro 8:30). Como explicamos en el capítulo anterior, la palabra *llamó* aquí se refiere al llamamiento eficaz del evangelio, que incluye la regeneración y produce de nuestra parte la respuesta de arrepentimiento y fe (o conversión). Después del llamamiento eficaz y de la respuesta que inicia de nuestra parte, el paso siguiente en la aplicación de la redención es la «justificación». Pablo menciona aquí que esto es algo que Dios mismo hace: «A los que llamó, *a éstos también justificó*».

Además, Pablo enseña con bastante claridad que esta justificación viene *después* de nuestra fe y es *la respuesta de Dios a nuestra fe*. Él dice que Dios es «el que justifica a los que tienen *fe en Jesús*» (Ro 3:26), y que «todos somos justificados *por fe*, y no por las obras que la ley exige» (Ro 3:28). Él dice: «Justificados *mediante la fe*, tenemos paz con Dios por medio de nuestro Señor Jesucristo» (Ro 5:1). Además, «nadie es justificado por las obras que demanda la ley, sino *por la fe* en Jesucristo» (Gá 2:16).

¿Qué es, pues, la justificación? La podemos definir de la manera siguiente: *La justificación es un acto legal instantáneo de parte de Dios mediante el cual él (1) declara que nuestros pecados están perdonados y que la justicia de Cristo nos pertenece, y (2) nos declara justos ante sus ojos.*

Al explicar los elementos de esta definición, consideraremos primero la segunda parte de la misma, el aspecto de la justificación mediante el cual Dios «nos declara justos ante sus ojos». Tratamos estos elementos en orden inverso porque el énfasis del Nuevo Testamento en el uso de la palabra justificación y los términos relacionados está en la segunda parte de la definición: la declaración legal de Dios. Pero también hay pasajes que muestran que esta declaración está basada en el hecho de que Dios primero declara la justicia que nos pertenece. De modo que ambos aspectos deben ser considerados, aun cuando los términos del Nuevo Testamento que denotan justificación se enfocan en la declaración legal de Dios

A. La justificación incluye una declaración legal de parte de Dios

El uso de la palabra *justificar* en la Biblia indica que la justificación es una declaración legal de Dios. El verbo *justificar* en el Nuevo Testamento (gr. *dikaioo*) tiene una gama de significados, pero el sentido más común es el de «declarar justo». Por ejemplo, leemos: «Y todo el pueblo y los publicanos, cuando lo oyeron, *justificaron* a Dios, bautizándose con el bautismo de Juan» (Lc 7:29, RVR 1960). Por supuesto, el pueblo y los recaudadores de impuestos no *hicieron* a Dios justo: sería imposible que alguno de nosotros pudiera hacerlo. Más bien ellos *declararon* que Dios era justo. Este es también el sentido del término en pasajes donde el Nuevo Testamento habla acerca de que nosotros hemos sido declarados justos por Dios (Ro 3:20, 26, 28; 5:1; 8:30; 10:4; Gá 2:16; 3:24). Este sentido es particularmente evidente, por ejemplo, en Romanos 4:5: «Mas al que no obra, sino cree en aquel que *justifica al impío*, su fe le es contada por justicia (RVR 1960)». Pablo no puede estar diciendo que Dios «hace que los impíos sean justos» (al cambiarlos en su interior y hacerlos moralmente perfectos), porque entonces ellos tendrían méritos u obras propias de las que depender. Más bien, él quiere decir que Dios declara que los impíos son justos ante sus ojos, no en base de sus buenas obras, sino en respuesta a su fe.

La idea de que la justificación es una declaración legal es también bastante evidente cuando se contrasta la justificación con la condenación. Pablo dice: «¿Quién acusará a los que Dios ha escogido? Dios es el que *justifica*. ¿Quién es el que condenará?» (Ro 8:33-34). «Condenar» a alguien es declarar que esa persona es culpable. Lo opuesto a la condenación es la justificación, que, en este contexto, debe significar «declarar que alguien no es culpable». Esto es también evidente en el hecho de que el acto de Dios de justificar se da al responder Pablo a la posibilidad de que alguien presente acusaciones o cargos en contra del pueblo de Dios. Una declaración así de culpabilidad no puede sostenerse ante la realidad de la declaración de Dios de justicia.

Algunos ejemplos en el Antiguo Testamento de la palabra justificar (gr. *dikaoo* en la Septuaginta, cuando se traduce *tsadak*, «justificar») da apoyo a este entendimiento. Por ejemplo, leemos de jueces que deciden un caso «absolviendo [justificando] al inocente y condenando al culpable» (Dt 25:1). De manera que en este caso «justificar» debe significar «declarar que es justo o no culpable», del mismo modo que «condenar» significar «declarar culpable». No tendría sentido decir que «justificar» aquí significa «hacer que alguien sea interiormente bueno», porque los jueces no hacen, ni pueden hacerlo, que alguien sea bueno dentro de su ser. Como tampoco la acción del juez de condenar al impío hace que esa persona sea mala en su interior; simplemente está declarando que esa persona es culpable con respecto a un delito en particular que ha sido presentado ante el tribunal (cf. Éx 23:7; 1 R 8:32; 2 Co 6:23). Del mismo modo, Job rehúsa decir que sus amigos que le consolaban tuvieran razón en lo que le decían: «Jamás podré admitir que ustedes tengan razón» (Job 27:5, usando los mismos términos en hebreo y griego que se traduce «justificar»). La misma idea la encontramos en Proverbios: « Absolver al culpable y condenar al inocente son dos cosas que el Señor aborrece» (Pr 17:15). Aquí la idea de la declaración legal es especialmente fuerte. Desde luego no sería una abominación para el Señor si «justificar» significara «*hacer* a alguien bueno o justo en su ser interior». En ese caso, «justificar al impío» sería algo muy bueno a los ojos del Señor. Pero si «justificar» significara «declarar justo», está perfectamente claro por qué el que «justifica al impío» es una abominación para el Señor. Del mismo modo, Isaías condena «a los que *justifican* al impío mediante cohecho» (Is 5:23); de nuevo, «justificar» significar «declarar que es justo» (usado aquí en el contexto de una declaración legal).

Pablo usa con frecuencia la palabra en este sentido de «*declarar* ser justo» o «*declarar* no ser culpable» cuando habla de que Dios nos justifica, su declaración de que nosotros, aunque pecadores convictos, somos, no obstante, justos ante sus ojos. Es importante enfatizar que esta declaración legal no cambia por sí misma para nada nuestra naturaleza o carácter interior. En este sentido de «justificar», Dios hace una declaración legal acerca de nosotros. Esta es la razón por la que los teólogos han dicho también que la justificación es *forense*, y esta palabra denota lo que «tiene que ver con procedimientos legales».

John Murray hace una distinción importante entre regeneración y justificación:

> La regeneración es algo que Dios hace en nosotros; la justificación es un juicio de Dios con respecto a nosotros. Esa diferencia es semejante a la diferencia entre lo que hace un cirujano y lo que hace un juez. Cuando el cirujano nos extirpa un cáncer interno hace algo dentro de nosotros. Eso no es lo que hace el juez: el juez da un veredicto en cuanto a nuestra posición judicial. Si somos inocentes, así lo declara.

La pureza del evangelio está ligada al reconocimiento de esta diferencia. Si se confunde la justificación con la regeneración o santificación, queda abierta la puerta para la perversión del evangelio en su esencia. La justificación es todavía el artículo sobre el cual se mantiene o cae la iglesia.[1]

B. Dios declara que somos justos ante sus ojos

En la declaración legal de Dios de la justificación, declara específicamente que somos justos *ante sus ojos*. Esta declaración abarca dos aspectos. Primero, significa que declara que no tenemos que pagar un castigo por el pecado, incluyendo los pecados pasados, presentes y futuros. Después de una larga reflexión sobre la justificación solo por la fe (Ro 4:1—5:21), y una reflexión parentética sobre la permanencia del pecado en la vida cristiana, Pablo regresa a su argumento principal en el libro de Romanos y dice lo que es cierto de los que han sido justificados por la fe: «Por lo tanto, *ya no hay ninguna condenación* para los que están unidos a Cristo Jesús» (Ro 8:1). En este sentido los que están justificados ya no tienen ningún castigo que pagar por el pecado. Esto quiere decir que no estamos sujetos a ninguna acusación de culpabilidad o condenación: «¿Quién acusará a los que Dios ha escogido? Dios es el que *justifica*. ¿Quién condenará?» (Ro 8:33-34).

La idea de un perdón completo de los pecados es prominente cuando Pablo habla de la justificación solo por la fe en Romanos 4. Cita a David cuando pronuncia una bendición sobre «aquel a quien Dios le atribuye justicia sin la mediación de las obras». Después recuerda cuando David dice: «¡Dichosos aquellos a quienes se les perdonan las transgresiones y se les cubren los pecados! ¡Dichoso aquel cuyo pecado el Señor no tomará en cuenta!» (Ro 4:6-8). Tal justificación, por tanto, incluye claramente el perdón de los pecados. David habla de la misma forma en el Salmo 103:12: «Tan lejos de nosotros echó nuestras transgresiones como lejos del oriente está el occidente» (cf. v. 3).

Pero si Dios solo declarara que estamos *perdonados de nuestros pecados*, no resolvería nuestros problemas del todo, porque eso solo nos haría moralmente neutros delante de Dios. Estaríamos en el estado en que Adán se encontraba antes de que hubiera hecho algo bueno o malo ante los ojos de Dios: no era culpable ante Dios, pero tampoco tenía un historial de justicia ante Dios. Este primer aspecto de la justificación, en el cual Dios declara que nuestros pecados están perdonados, lo podemos representar mediante la figura 36.1, en la que los signos de menos representan pecados en nuestra cuenta que han sido completamente perdonados en la justificación.

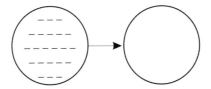

EL PERDÓN DE PECADOS ES UNA PARTE DE LA JUSTIFICACIÓN
Figura 36.1

---

[1] John Murray, *Redemption Accomplished and Applied*, p. 121.

Sin embargo, ese movimiento no es suficiente para que obtengamos el favor de Dios. Debemos movernos más bien desde un punto de neutralidad moral a otro punto en el que tengamos una justicia positiva delante de Dios, la justicia de una vida de perfecta obediencia a él. Nuestra necesidad la podemos representar, por tanto, como en la figura 36.2, en la que el signo de más indica un registro de justicia delante de Dios.

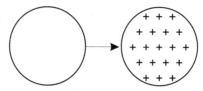

**LA ADJUDICACIÓN DE LA JUSTICIA DE CRISTO A NUESTRO FAVOR
ES LA OTRA PARTE DE LA JUSTIFICACIÓN**
Figura 36.2

Por tanto, el segundo aspecto de la justificación es que Dios debe declarar que no somos solo *neutrales* ante sus ojos, sino que somos *justos* ante sus ojos. De hecho, él debe declarar que tenemos los méritos de la perfecta justicia ante él. El Antiguo Testamento a veces presenta a Dios como dando esa justicia a su pueblo aun cuando este no la ha ganado por sí mismo: «Me deleito mucho en el Señor; me regocijo en mi Dios. Porque él me vistió con ropas de salvación y *me cubrió con el manto de la justicia*» (Is 61:10). Pero Pablo habla más específicamente acerca de esto en el Nuevo Testamento. Como solución para nuestra necesidad de justicia, el apóstol nos dice que «ahora, sin la mediación de la ley, se ha manifestado la justicia de Dios, de la que dan testimonio la ley y los profetas. *Esta justicia de Dios llega, mediante la fe en Jesucristo*, a todos los que creen» (Ro 3:21-22). Él dice: «Creyó Abraham a Dios, y esto se le tomó en cuenta como justicia» (Ro 4:3, citando Gn 15:6). Esto sucedió gracias a la obediencia de Cristo, porque Pablo dice al final de esta amplia reflexión sobre la justificación por la fe que «por la obediencia de uno solo muchos serán *constituidos justos*» (Ro 5:19). Entonces, el segundo aspecto de la declaración de Dios en la justificación es que tenemos los méritos de la perfecta justicia delante de él.

Pero surge la pregunta: ¿Cómo puede Dios declarar que no tenemos castigo que pagar por el pecado, y que tenemos los méritos de la perfecta justicia, si en realidad somos pecadores culpables? ¿Cómo puede Dios declarar que no somos culpables sino justos cuando en realidad somos injustos? Estas preguntas nos llevan al siguiente punto.

C. Dios puede declarar que somos justos porque nos atribuye la justicia de Cristo

Cuando decimos que Dios nos atribuye la justicia de Cristo queremos decir que Dios ve la justicia de Cristo como nuestra, o considera que nos pertenece a nosotros. Él lo acredita en nuestra cuenta. Leemos: «Creyó Abraham a Dios, y esto se le tomó en cuenta como justicia» (Ro 4:3, citando Gn 15:6). Pablo explica: «Al que no trabaja, sino que cree en el que justifica al malvado, *se le toma en cuenta la fe como justicia*. David dice lo mismo cuando habla de la dicha de aquel a quien Dios le *atribuye justicia* sin la mediación de las obras» (Ro 4:5-6). De esta manera la justicia de Cristo viene a ser nuestra. Pablo dice que nosotros somos «los que reciben en abundancia la gracia y el don de la justicia» (Ro 5:17).

Esta es la tercera vez al estudiar las doctrinas de las escrituras que nos hemos encontrado con la idea de *atribuir* culpa o justicia a alguien. Primero, cuando Adán pecó, su culpa nos fue imputada a nosotros; Dios el Padre lo vio como que nos pertenecía y, por tanto, lo hizo.[2] Segundo, cuando Cristo sufrió y murió por nuestros pecados, nuestro pecado le fue *imputado* a Cristo; Dios lo vio como que le pertenecía, y Jesús pagó el castigo correspondiente.[3] Ahora vemos en la doctrina de la justificación algo similar por tercera vez. La justicia de Cristo es *adjudicada* a nosotros, y, por tanto, Dios *considera* que nos pertenece. No es nuestra propia justicia sino la justicia de Cristo la que nos acreditan. Por eso Pablo puede decir que Dios hizo que Cristo fuera hecho «nuestra sabiduría, es decir, nuestra *justificación*, santificación y redención» (1 Co 1:30). Y Pablo dice que su meta es ser encontrado en Cristo, pues no quiere su «propia justicia que procede de la ley, sino la que se obtiene mediante la fe en Cristo, *la justicia que procede de Dios*, basada en la fe» (Fil 3:9). El apóstol sabe que la justicia que tiene delante de Dios no está basada en algo que él haya hecho; es la justicia de Dios que nos viene por la fe en Cristo Jesús (cf. Ro 3:21-22).[4]

Es fundamental para la esencia del evangelio insistir en que Dios nos declara justos no en base a nuestra condición real de justicia o santidad, sino más bien sobre la base de la justicia perfecta de Cristo, que según él nos pertenece. Esta fue la esencia de la diferencia entre el protestantismo y el catolicismo romano en el tiempo de la Reforma. El protestantismo desde el tiempo de Martín Lucero ha insistido en que la justificación *no* nos cambia interiormente y no es una declaración basada en ninguna manera en bondad alguna que tengamos en nosotros. Si la justificación nos cambiara en nuestro ser interno y entonces nos declarara justos basado en cuán buenos éramos, (1) nunca podríamos ser declarados perfectamente justos en esta vida, porque el pecado permanece siempre en nuestra vida, y (2) no habría provisión para el perdón de los pecados pasados (que cometimos antes de haber sido cambiados interiormente), y, por tanto, nunca podríamos tener seguridad de estar en una situación correcta con Dios. Perderíamos la seguridad que Pablo tiene cuando dice: «*Ya que hemos sido justificados mediante la fe*, tenemos paz con Dios por

---

[2]Vea el capítulo 24, pp. 517-19, sobre la idea del pecado de Adán que es imputado a nosotros.

[3]Vea el capítulo 27, pp. 601-02, sobre el hecho de que nuestra culpa le fue imputada a Cristo. Pablo dice: «Al que no cometió pecado alguno, por nosotros Dios lo trató como pecador, para que en él recibiéramos la justicia de Dios» (2 Co 5:21).

[4]A veces oímos la explicación popular de que justificado significa «como si yo nunca hubiera pecado». Esa definición es un hábil juego de palabras y contiene un elemento de verdad (porque la persona justificada, como la persona que nunca ha pecado, no tiene castigo que pagar por el pecado). Pero la definición es engañosa en otras dos formas porque (1) no menciona nada acerca del hecho de que la justicia de Cristo es imputada a mi favor cuando soy justificado; para hacer esto tendría que decir también «así como he vivido una vida de perfecta obediencia». (2) Pero lo que es más importante, no puede representar adecuadamente el hecho de que *nunca* estaré en un estado de «así como nunca he pecado», porque yo *estaré* siempre consciente del hecho de que *he* pecado y que no soy una persona inocente sino una persona culpable que ha sido perdonada. Esto es muy diferente de «así como yo nunca había pecado». Además, es diferente de «así como yo había vivido una vida de perfecta justicia», porque siempre conoceré que *no he* vivido una vida de perfecta justicia, sino que he recibido la justicia de Cristo como un don de la gracia de Dios.

medio de nuestro Señor Jesucristo» (Ro 5:1).[5] Si pensamos que la justificación está basada en lo que somos interiormente, nunca tendríamos la confianza de decir con Pablo: «Ya no hay ninguna condenación para los que están unidos a Cristo Jesús» (Ro 8:1). No tendríamos seguridad de perdón con Dios, ni confianza de poder acercarnos a él «con corazón sincero y con la plena seguridad que da la fe» (He 10:22). No podríamos hablar de la abundante «gracia y el don de la justicia» (Ro 5:17), o decir que «la dádiva de Dios es vida eterna en Cristo Jesús, nuestro Señor» (Ro 6:23).

La interpretación tradicional católica romana de la justificación es muy diferente. La Iglesia Católica Romana entiende la justificación como algo que nos cambia en nuestro interior y nos hace más santos por dentro. «Según la enseñanza del Concilio de Trento, la justificación es "santificación y renovación del hombre interior"».[6] Con el fin de que la justificación empiece, uno debe empezar siendo bautizado y luego (como un adulto) continuar teniendo fe: «La causa instrumental ... de la primera justificación es el sacramento del bautismo».[7] Pero «la justificación del adulto no es posible sin fe... En cuanto a lo que tiene que ver con el contenido de la fe que justifica, la llamada fe fiduciaria no es suficiente. Lo que se demanda es una fe dogmática o teológica (fe confesional) que consiste de la aceptación firme de las verdades divinas de la revelación».[8] De manera que el bautismo es el medio a través del cual se obtiene primero la justificación, y entonces la fe es necesaria si el adulto va a recibir la justificación o continuar en el estado de justificación. Ott explica que «la llamada fe fiduciaria» no es suficiente, lo que quiere decir que la fe que simplemente confía en Cristo para el perdón de los pecados no es suficiente. Debe ser una fe que acepta el contenido de la enseñanza de la Iglesia Católica, «una fe dogmática o teológica».

Podemos decir que según el concepto católico la justificación no está basada en la justicia *adjudicada* sino en la justicia *infundida*, esto es, la justicia que Dios en realidad *pone en nosotros* y que nos cambia en nuestro ser interior y en términos de nuestro carácter moral real. Entonces nos da varias medidas de justificación conforme a la medida de la justicia que él ha infundido o puesto en nosotros.

El resultado de esta interpretación católica romana de la justificación es que las personas no pueden estar seguras de si están en un «estado de gracia» donde experimentan la completa aceptación y favor de Dios. La Iglesia Católica enseña que las personas no pueden estar seguras de que están en un «estado de gracia» a menos que reciban a este efecto una revelación especial de parte de Dios. El Concilio de Trento declaró:

---

[5]El participio pasivo aoristo *dikaothentes* puesto delante del verbo principal transmite el sentido de un suceso completado antes del tiempo presente del verbo principal, «tenemos paz», dando el sentido de que «puesto que *hemos sido justificados por la fe*, tenemos paz».

[6]Ludwig Ott, *Fundamentals of Catholic Dogma*, p. 257, también citado con permiso en la p. 250. Debemos indicar que Ott representa un catolicismo más tradicional, anterior al Concilio Vaticano II, y que muchos católicos romanos contemporáneos han buscado un entendimiento de la justificación que está más cerca de la perspectiva protestante.

[7]Ibíd., p. 251.

[8]Ibíd., pp. 252-53.

Si uno considera su propia debilidad y su disposición defectuosa, bien puede que esté temeroso o ansioso en cuanto a su estado de gracia, pues nadie conoce con seguridad de fe, que no permite error, que haya alcanzado la gracia de Dios.

Ott comenta en cuanto a esta declaración:

Esta incertidumbre del estado de gracia se debe a esto, que sin una revelación especial nadie puede con certeza de fe saber si ha cumplido o no todas las condiciones que son necesarias para alcanzar la justificación. La imposibilidad de la certidumbre de fe, sin embargo, no excluye bajo ningún concepto una elevada certidumbre moral respaldada por el testimonio de la conciencia.[9]

Además, puesto que la Iglesia Católica Romana ve la justificación como incluyendo algo que Dios hace dentro de nosotros, le sigue que las personas pueden experimentar varios grados de justificación. Leemos: «El grado de gracia justificadora no es idéntico en todos los justos» y «la gracia puede aumentarse mediante las buenas obras».[10] Ott explica cómo este punto de vista católico difiere del de los reformadores protestantes: «Como los reformadores consideraron erróneamente la justificación como solo la adjudicación externa de la justicia de Cristo, se vieron también obligados a sostener que la justificación es idéntica en todos los hombres. El Concilio de Trento, sin embargo, declaró que la medida de la gracia de la justificación recibida varía en la persona que es justificada, conforme a la medida de la libre distribución de Dios y de la disposición y de la cooperación del recipiente mismo».[11]

Por último, la consecuencia lógica de esta perspectiva de la justificación es que nuestra vida eterna con Dios no está basada solo en la gracia de Dios, sino también parcialmente en nuestros propios méritos: «Para el justificado la vida eterna es tanto un don de gracia prometido por Dios como una recompensa por sus propias buenas obras y méritos… Las obras beneficiosas son, al mismo tiempo, dones de Dios y acciones meritorias del hombre».[12]

Para apoyar esta perspectiva de la justificación con las Escrituras, Ott combina repetidas veces pasajes del Nuevo Testamento que hablan no solo de la justificación, sino también de otros muchos aspectos de la vida cristiana, como la regeneración (que Dios obra en nosotros), la santificación (que es un proceso en la vida cristiana y que, por supuesto, varía de un individuo a otro), la posesión y uso de varios dones espirituales en la vida cristiana (lo cual difiere de individuo a individuo) y la recompensa eterna (que también varía según cada individuo). Clasificar todos estos pasajes bajo la categoría de «justificación» solo hace borroso el asunto y al final hace el perdón de los pecados y nuestra posición legal delante de Dios un asunto de mérito propio, no de un regalo de Dios. Por tanto, este emborronamiento de distinciones al final destruye lo central del evangelio.

---

[9]Ibíd., pp. 261-62.
[10]Ibíd., p. 262.
[11]Ibíd., p. 262.
[12]Ibíd., p. 264.

Esto es lo que Martín Lutero vio con tanta claridad y es lo que dio una motivación tan grande a la Reforma. Cuando las buenas noticias del evangelio se convirtieron de verdad en buenas noticias de salvación gratuita y total en Cristo Jesús, se extendió como un incendio imparable por todo el mundo civilizado. Pero esto fue solo una recuperación del evangelio original, el cual declara: «La paga del pecado es muerte, mientras que *la dádiva de Dios* es vida eterna en Cristo Jesús, nuestro Señor» (Ro 6:23), e insiste: «*Ya no hay ninguna condenación* para los que están unidos a Cristo Jesús» (Ro 8:1).

D. La justificación nos viene únicamente por la gracia de Dios, no en base de mérito alguno que tengamos

Después de que Pablo explica en Romanos 1:18—3:20 que nadie podrá jamás hacerse justo ante los ojos de Dios («Nadie será justificado en presencia de Dios por hacer las obras que exige la ley», Ro 3:20), el apóstol continúa explicando que «todos han pecado y están privados de la gloria de Dios, pero por su gracia son justificados gratuitamente mediante la redención que Cristo Jesús efectuó» (Ro 3:23-24). La «gracia» de Dios significa «favor inmerecido». Como definitivamente no podemos ganar el favor de Dios, la única manera en que podemos ser declarados justos es que Dios gratuitamente nos provea de la salvación por gracia, totalmente aparte de nuestras obras. Pablo explica: «Porque por gracia ustedes han sido salvados mediante la fe; esto no procede de ustedes, sino que es el regalo de Dios, no por obras, para que nadie se jacte» (Ef 2:8-9, cf. Tit 3:7). La gracia aparece claramente contrastada con las obras o méritos como la razón por la que Dios está dispuesto a justificarnos. Dios no tenía ninguna obligación de imputar nuestro pecado a Cristo ni de adjudicarnos a nosotros la justicia de Cristo; fue solo por su gracia inmerecida que lo hizo.

A diferencia de la enseñanza de la Iglesia Católica Romana de que somos justificados por la gracia de Dios *además de algunos méritos propios nuestros* al hacernos idóneos de recibir la gracia de la justificación y crecer nosotros en este estado de gracia por medio de nuestras buenas obras, Lutero y los otros reformadores insistieron en que la justificación viene *solo* por gracia, no por la gracia y algunos otros méritos de nuestra parte.

E. Dios nos justifica por medio de nuestra fe en Cristo

Cuando empezamos este capítulo notamos que la justificación viene después de la fe salvadora. Pablo deja en claro esta secuencia cuando dice: «Nosotros hemos puesto nuestra fe en Cristo Jesús, *para ser justificados por la fe* en él y no por las obras de la ley; porque por éstas nadie será justificado» (Gá 2:16). Pablo nos indica aquí que la fe viene primero y que es con el propósito de ser justificado. También dice que a Cristo se le «recibe por la fe» y que Dios es «el que justifica a los que tienen fe en Jesús» (Ro 3:25, 26). Todo el capítulo 4 de Romanos es una defensa del hecho de que somos justificados por la fe, no por obras, del mismo modo que lo fueron Abraham y David. Pablo dice que somos «justificados mediante la fe» (Ro 5:1).

Las Escrituras nunca dicen que somos justificados por la bondad inherente de nuestra fe, como si nuestra fe tuviera méritos delante de Dios. Nunca nos permiten pensar que nuestra fe nos ganará por sí misma el favor de Dios. Más bien, las Escrituras dicen que somos justificados «por medio de la fe», entendiéndose fe como el instrumento por medio del cual nos es dada la justificación, pero no es para nada una actividad que nos gane méritos o el favor de Dios, sino que somos justificados solo por los méritos de la obra de Cristo (Ro 5:17-19).[13]

Pero podemos preguntarnos por qué escoge Dios la *fe* para que sea la actitud de corazón mediante la cual obtenemos la justificación. ¿Por qué Dios no ha decidido dar la justificación a todos los que muestran amor? ¿O que muestran gozo? ¿O contentamiento? ¿O humildad? ¿O sabiduría? ¿Por qué Dios escogió la *fe* como el medio de recibir la justificación?

Es al parecer porque la *fe* es la actitud del corazón que es exactamente lo opuesto a depender de nosotros mismos. Cuando vamos a Cristo en fe estamos diciendo esencialmente: «¡Me rindo! Ya no voy a depender de mí mismo ni de mis buenas obras. Sé que no voy a poder arreglar las cosas con Dios por mí mismo. Por tanto, Señor Jesús, confío en ti y dependo por completo de ti para que me des una posición de justo delante de Dios». De esta manera, la fe es exactamente lo opuesto de confiar en nosotros mismos, y, por tanto, es la actitud que lleva a la salvación porque no depende para nada de los méritos propios sino de la dádiva de la gracia de Dios. Pablo lo explica bien cuando dice: «Por eso la promesa *viene por la fe, a fin de que por la gracia quede garantizada* a toda la descendencia de Abraham» (Ro 4:16). Por eso todos los reformadores desde Martín Lutero en adelante fueron tan firmes en su insistencia de que la justificación no viene por medio de la fe más algunos méritos o buenas obras de nuestra parte, sino *solo por la fe*. «Porque por gracia ustedes han sido salvados mediante la fe; esto[14] no procede de ustedes, sino que es el regalo de Dios, no por obras, para que nadie se jacte» (Ef 2:8-9). Pablo dice repetidas veces que «nadie será justificado en presencia de Dios por hacer las obras que exige la ley» (Ro 3:20); la misma idea la encontramos repetida en Gálatas 2:16; 3:11; 5:4.

¿Pero encaja esto bien con la epístola de Santiago? ¿Qué puede querer decir Santiago cuando dice: «Vosotros veis, pues, que el hombre es *justificado por las obras*, y no solamente por la fe» (Stg 2:24, RVR 1960). Debemos darnos cuenta que Santiago está usando aquí la palabra *justificar* en un sentido diferente del que Pablo la usa. En el comienzo de este capítulo notamos que la palabra *justificar* tiene varios

---

[13]Un ejemplo de la vida ordinaria lo podemos ver cuando se recibe un cheque de salario por trabajo que se le ha hecho a un empleador. El «medio» o «instrumento» que uso para conseguir este cheque de pago es la acción de extender mi mano y recoger el sobre del buzón de correos, y luego abrirlo y sacar el cheque. Pero mi empleador no me paga por hacer ninguna de estas acciones. El cheque es todo completo por trabajo que hice antes de eso. En realidad recoger el cheque no me llevó a ganar ni un centavo del dinero recibido, fue solo el *instrumento o medio* que usé para tomar posesión de mi dinero. Del mismo modo, la fe es el *instrumento* que usamos para recibir la justificación de parte de Dios, pero no gana en sí misma ningún mérito para con Dios. (La analogía es útil aunque no es perfecta, porque yo había trabajado previamente para ganar el dinero, mientras que la justificación está basada en la obra de Cristo. La analogía sería más útil si yo hubiera trabajado y entonces hubiera muerto, y mi esposa entonces hubiera recogido el cheque del buzón de correos.)

[14]La palabra que traducimos «esto» es el pronombre neutro *touto*, que se refiere no a la «fe» o a la «gracia» específicamente en la cláusula anterior (porque ambas son nombres femeninos en el griego, y hubiera requerido pronombres femeninos), sino que toda la idea queda expresada en la frase precedente, la idea de que usted ha sido salvado por gracia por medio de la fe.

significados, y que uno de ellos es «declarar que alguien es justo», pero también debiéramos notar que la palabra griega *dikaioo* también puede significar «demostrar
o mostrar ser justo». Por ejemplo, Jesús dijo de los fariseos: «Vosotros sois los que
os *justificáis* a vosotros mismos delante de los hombres; mas Dios conoce vuestros
corazones» (Lc 16:15, RVR 1960). Lo que se quiere decir aquí no es que los fariseos
iban por ahí haciendo declaraciones de que ellos «no eran culpables» delante de
Dios, sino más bien que ellos estaban siempre intentando *mostrar a otros* que eran
justos por sus obras externas. Jesús sabía que la verdad era otra: «Mas Dios conoce
vuestros corazones» (Lc 16:15). Del mismo modo, el abogado que quiso probar a
Jesús preguntándole quién heredaría la vida eterna, respondió bien a la primera
pregunta de Jesús; pero cuando el Señor le dijo: «Haz eso y vivirás», no se sintió satisfecho. Lucas nos dice: «*Pero él quería justificarse*, así que le preguntó a Jesús: ¿Y
quién es mi prójimo?» (Lc 10:28-29). Él no estaba deseando dar una declaración legal acerca de sí mismo de que no era culpable ante los ojos de Dios; sino que más
bien estaba deseando mostrar que «él era justo» delante de los demás que estaban
escuchando. Otros ejemplos de la palabra *justificar* significando «mostrar que se es
justo» los podemos encontrar en Mateo 11:19; Lc 7:35; Romanos 3:4.

Nuestra interpretación de Santiago 2 depende no solo del hecho de que «mostrar ser justo» es un sentido aceptable de la palabra *justificado*, sino también de que
este sentido encaja bien en el contexto de Santiago 2. Cuando Santiago dice: «¿No
fue justificado por las obras Abraham nuestro padre, cuando ofreció a su hijo Isaac
sobre el altar?» (v. 21, RVR 1960) se está refiriendo a algo que ocurrió después en la
vida de Abraham, la historia del sacrificio de Isaac, que sucedió en Génesis 22. Esto
fue mucho después del tiempo registrado en Génesis 15:6 donde Abraham creyó a
Dios «y le fue contado por justicia». No obstante, este incidente temprano al comienzo de las relaciones de pacto de Abraham con Dios es la que Pablo cita y se refiere a ella repetidas veces en Romanos 4. Pablo está hablando del tiempo cuando
Dios justificó a Abraham de una vez y para siempre, considerándole justo como resultado de su fe en Dios. Pero Santiago está hablando acerca de algo que vino mucho más tarde, después de que Abraham esperó muchos años el nacimiento de
Isaac, y aun después de que Isaac hubiera crecido lo suficiente para cargar con leña
para el sacrificio hasta lo alto de la montaña. En ese momento Abraham «mostró
que era justo» por sus obras, y en ese sentido Santiago dice que Abraham «fue
justificado por las obras ... cuando ofreció a su hijo Isaac sobre el altar» (Stg 2:21).[15]

Lo que más le interesa a Santiago en esta sección también encaja con este entendimiento. Santiago está interesado en mostrar que solo estar de acuerdo intelectualmente con el evangelio es una «fe» que en realidad no lo es. Está interesado
en argumentar en contra de los que dicen que tienen fe, pero no muestran cambios
en sus vidas. Dice: «Muéstrame tu fe sin las obras, y yo te mostraré la fe por mis
obras» (Stg 2:18). «Porque como el cuerpo sin el espíritu está muerto, así también
la fe sin obras está muerta» (Stg 2:26). Santiago está diciendo sencillamente aquí
que la «fe» que no tiene resultados u «obras» no es una fe verdadera para nada: es

---

[15]Santiago cita el texto, «Le creyó Abraham a Dios, y esto se le tomó en cuenta como justicia» en el v. 23, pero
dice que «se cumplió la Escritura» cuando Abraham ofreció a su hijo, queriendo decir al parecer que la anterior
declaración de justicia fue realizada y sus resultados se pudieron ver como verdaderos en la vida de Abraham
cuando ofreció a Isaac sobre el altar.

una fe «muerta». Él no está negando la enseñanza clara de Pablo que la justificación (en el sentido de la declaración de una situación legal correcta ante Dios) es solo por fe aparte de las obras de la ley; él está sencillamente afirmando una verdad diferente: que la «justificación» en el sentido de una muestra exterior de que uno es justo solo ocurre cuando se ven sus evidencias en la vida de la persona. Para parafrasear, Santiago está diciendo que una *«persona muestra que es justa* con sus obras, y no solo por su fe». Esto es algo con lo que sin duda Pablo estaba de acuerdo (2 Co 13:5; Gá 5:19-24).

Las implicaciones prácticas de la doctrina de la justificación solo por la fe son muy importantes. Primera, esta doctrina nos permite ofrecer genuina *esperanza* a los incrédulos que saben que nunca podrán hacerse a sí mismos justos ante los ojos de Dios. Si la salvación es regalo que se recibe solo por medio de la fe, cualquiera que oye el evangelio puede tener la esperanza de que la vida eterna se ofrece gratis y puede obtenerse.

Segunda, esta doctrina nos da confianza en que Dios nunca nos va a hacer pagar por los pecados que han sido perdonados en base de los méritos de Cristo. Por supuesto, podemos continuar sufriendo las *consecuencias* ordinarias del pecado (como un alcohólico que deja de tomar puede todavía tener debilidad física por el resto de su vida, y un ladrón que es justificado puede que todavía tenga que ir a la cárcel para pagar por su delito). Además, Dios puede *disciplinarnos* si seguimos actuando en caminos que son de desobediencia para él (vea He 12:5-11), y lo hace por amor y para nuestro bien. Pero Dios no puede, ni nunca lo hará, *vengarse* de nosotros por pecados pasados ni *hacernos pagar el castigo* que corresponde por ellos ni *castigarnos por causa de su ira* y *con el propósito de dañarnos*. «Por tanto, ya no hay ninguna condenación para los que están unidos a Cristo Jesús» (Ro 8:1). Este hecho debiera proporcionarnos un gran sentido de gozo y confianza delante de Dios porque el nos ha aceptado y estamos en su presencia como «no culpable» y «justos» para siempre.

PREGUNTAS DE APLICACIÓN PERSONAL

1. ¿Está seguro de que Dios lo ha declarado a usted «no culpable» para siempre ante sus ojos? ¿Sabe usted lo que ha ocurrido en su propia vida? ¿Hizo usted o pensó algo que resultó en que Dios lo justificara? ¿Hizo usted algo para merecer la justificación? Si usted no está seguro de que Dios lo ha justificado completamente y para siempre, ¿hay algo que necesita usted hacer antes de que eso suceda? ¿Qué le persuadirá a usted de que Dios ciertamente le ha justificado?

2. Si usted estuviera en el día del juicio en la presencia de Dios, ¿pensaría usted que es suficiente con solo tener todos sus pecados perdonados, o sentiría usted la necesidad de tener la justicia de Cristo adjudicada a su favor?

3. ¿Piensa usted que la diferencia entre el concepto católico romano y el protestante de la justificación es importante? Describa cómo se sentiría usted acerca de sus relaciones con Dios si sostuviera la perspectiva católico romana sobre la justificación. ¿Cree que los católicos modernos que usted conoce

sostienen esa perspectiva tradicional de la justificación o tienen otra opinión?

4. ¿Se ha preguntado usted alguna vez si Dios continúa castigándole de vez en cuando por los pecados que cometió en el pasado, incluso hace mucho tiempo? ¿En qué forma la doctrina de la justificación le ayuda a lidiar con estos sentimientos?

TÉRMINOS ESPECIALES

forense   justicia infundida
imputada   justificación

BIBLIOGRAFÍA

(Para una explicación de esta bibliografía vea la nota sobre la bibliografía en el capítulo 1, p. 40. Datos bibliográficos completos se pueden encontrar en las páginas 1297-1306.)

Secciones en Teologías Sistemáticas Evangélicas

1. Anglicana (episcopal)
   1882–92   Litton, 265–320
   1930   Thomas, 184–98, 210–20
2. Arminiana (wesleyana o metodista)
   1847   Finney, 382–402
   1875–76   Pope, 2:358–62, 402–51
   1892–94   Miley, 2:309–26
   1940   Wiley, 2:379–401
   1960   Purkiser, 287–92
3. Bautista
   1767   Gill, 1:291–300; 2:68–93
   1887   Boyce, 394–404
   1907   Strong, 846–68
   1917   Mullins, 389–401
   1983–85   Erickson, 954–61
4. Dispensacional
   1947   Chafer, 3:238–46
   1949   Thiessen, 271–76
   1986   Ryrie, 298–300
5. Luterana
   1917–24   Pieper, 2:3–54, 503–57
   1934   Mueller, 242–54, 367–83
6. Reformada (o presbiteriana)
   1559   Calvin, I, 725–833 (3. 11–18)
   1861   Heppe, 543–64
   1871–73   Hodge, 3:114–212
   1878   Dabney, 618–50
   1887–1921   Warfield, BTS 262–68

    1889   Shedd, 2b:538–52
    1937–66   Murray, CW 2:202–22; RAA 117–31
    1938   Berkhof, 510–26
    1962   Buswell, 2:187–96
7. Renovada (o carismática o pentecostal)
    1988–92   Williams, 2:61–82

Secciones en Teologías Sistemáticas Católias Romanas Representativas

1. Católica Romana: tradicional
    1955   Ott, 250–69

Otras obras

Berkouwer, G. C. *Faith and Justification*. Trad. por Lewis B. Smedes. Eerdmans, Grand Rapids, 1954.

Carson, D. A., ed. *Right With God: Justification in the Bible and the World*. Baker, Grand Rapids, 1992.

Hoekema, Anthony A. «Justification». En *Saved by Grace*. Eerdmans, Grand Rapids, y Paternoster, Exeter, 1989, pp. 152–91.

McGrath, Alister E. *Iustitia Dei: A History of the Christian Doctrine of Justification*. 2 vols. Cambridge University Press, Cambridge, 1986.

_____. *Justification by Faith: An Introduction*. Zondervan, Grand Rapids, 1988.

Morris, Leon. *The Apostolic Preaching of the Cross*. 3ª ed. Eerdmans, Grand Rapids, 1965, pp. 251–98.

Murray, John. «Justification». En *Redemption Accomplished and Applied*. Eerdmans Grand Rapids, 1955, pp. 117–31.

Packer, J. I. et al. *Here We Stand: Justification by Faith Today*. Hodder and Stoughton, London, 1986.

_____. «Justification». En *EDT* pp. 593–97.

Pink, A. W. *The Doctrines of Election and Justification*. Baker, Grand Rapids, 1974.

Wright, N. T. «Justification». En *NDT* pp. 359–61.

Ziesler, J. A. *The Meaning of Righteous in Paul*. Cambridge University, Cambridge, 1972.

PASAJE BÍBLICO PARA MEMORIZAR

Romanos 3:27–28: *¿Dónde, pues, está la jactancia? Queda excluida. ¿Por cuál principio? ¿Por el de la observancia de la ley? No, sino por el de la fe. Porque sostenemos que todos somos justificados por la fe, y no por las obras que la ley exige.*

HIMNO

«Comprado con sangre por Cristo»

Comprado con sangre por Cristo,
con gozo al cielo yo voy;
librado por gracia infinita,
ya sé que su hijo yo soy.

Coro:
Lo sé, lo sé, comprado con sangre yo soy;
Lo sé, lo sé, con Cristo al cielo yo voy.

Soy libre de pena y culpa;
su gozo él me hace sentir;
Él llena de gracia mi alma;
con él es tan dulce vivir.

En Cristo yo siempre medito,
y nunca le puedo olvidar;
Callar sus favores no quiero;
voy siempre a Jesús alabar.

Yo sé que me espera corona,
la cual a los fieles dará
Jesús Salvador en el cielo;
mi alma con él estará.

AUTOR: FANNY J. CROSBY, TRAD. J. R. RÍOS Y W. C. BRAND
(TOMADO DE CELEBREMOS SU GLORIA, # 339).

Capítulo 37

La adopción
(La membresía en la familia de Dios)

¿Cuáles son los beneficios de ser un miembro de la familia de Dios?

EXPLICACIÓN Y BASES BÍBLICAS

En la regeneración Dios nos da vida espiritual nueva en nuestro ser interior. En la justificación Dios nos da una posición legal correcta delante de él. Pero en la adopción él nos hace miembros de su familia. Por tanto, la enseñanza bíblica sobre la adopción se enfoca mucho más sobre las relaciones personales que la salvación nos da con Dios y con sus hijos.

A. Evidencias bíblicas de la adopción

Podemos definir la adopción como sigue: *La adopción es una acción de Dios mediante la cual él nos hace miembros de su familia.*

Juan menciona la adopción al comienzo de su evangelio, donde dice: «Mas a cuantos lo recibieron, a los que creen en su nombre, les dio el derecho de *ser hijos de Dios*» (Jn 1:12). En consecuencia, los que no creen en Cristo no son hijos de Dios o adoptados en su familia, sino que son «hijos de ira» (Ef 2:3, RVR 1960) e «hijos de desobediencia» (Ef 2:2; 5:6, RVR 1960). Aunque los judíos que rechazaron a Cristo trataban de afirmar que Dios era su Padre (Jn 8:41), Jesús les dijo: «Si Dios fuera su Padre —les contestó Jesús—, ustedes me amarían... Ustedes son de su padre, el diablo, cuyos deseos quieren cumplir» (Jn 8:42-44).

Las epístolas del Nuevo Testamento también dan testimonio repetidas veces del hecho que nosotros somos hijos de Dios en un sentido especial, miembros de su familia. Pablo dice:

> Porque todos los que son guiados por el Espíritu de Dios son *hijos de Dios*. Y ustedes no recibieron un espíritu que de nuevo los esclavice al miedo, sino *el Espíritu que los adopta* como hijos y les permite clamar: *"¡Abba! ¡Padre!"* El Espíritu mismo le asegura a nuestro espíritu que somos *hijos de Dios*. Y si somos hijos, somos herederos; herederos de Dios y coherederos con Cristo, pues si ahora sufrimos con él, también tendremos parte con él en su gloria. (Ro 8:14-17)

Pero si somos hijos de Dios, ¿estamos entonces relacionados unos con otros como miembros de su familia? Sin duda que sí. De hecho, esta adopción en el seno de la familia de Dios nos hace a todos participantes de *una familia* incluso con los judíos creyentes del Antiguo Testamento, porque Pablo nos dice que nosotros somos también hijos de Abraham: «Tampoco por ser descendientes de Abraham son todos hijos suyos. Al contrario: "Tu descendencia se establecerá por medio de

Isaac." En otras palabras, los hijos de Dios no son los descendientes naturales; más bien, se considera descendencia de Abraham a los hijos de la promesa» (Ro 9:7-8). Él lo explica más en Gálatas: «Ustedes, hermanos, al igual que Isaac, son hijos por la promesa... Así que, hermanos, no somos hijos de la esclava sino de la libre» (Gá 4:28, 31; cf. 1 P 3:6, donde Pedro ve a las mujeres creyentes como hijas de Sara en el nuevo pacto).

Pablo explica que esta situación de adopción como hijos de Dios no fue realizada por completo en el antiguo pacto. Dice que «antes de venir esta fe, la ley nos tenía presos..., Así que la ley vino a ser nuestro guía encargado de conducirnos a Cristo, para que fuéramos justificados por la fe. Pero ahora que ha llegado la fe, ya no estamos sujetos al guía. Todos ustedes *son hijos de Dios mediante la fe en Cristo Jesús»* (Gá 3:23-26). Esto no quiere decir que el Antiguo Testamento omitiera por completo el hablar de Dios como nuestro Padre, porque Dios se llamó a sí mismo el Padre de los hijos de Israel y los llamó a ellos hijos en varias ocasiones (Sal 103:13; Is 43:6-7; Mal 1:6; 2:10). Pero aunque había una conciencia de Dios como Padre del pueblo de Israel, los beneficios y privilegios plenos de la membresía en la familia de Dios, y la completa realización de esa membresía, no tuvo lugar hasta que Cristo vino y el Espíritu del Hijo de Dios se derramó en nuestros corazones, y dio testimonio con nuestro espíritu de que somos hijos de Dios.

¿Qué evidencias vemos en nuestra vida de que somos hijos de Dios? Pablo ve clara evidencia de ello en el hecho de que el Espíritu Santo da testimonio en nuestros corazones de que somos hijos de Dios: «Pero cuando se cumplió el plazo, Dios envió a su Hijo, nacido de una mujer, nacido bajo la ley, para rescatar a los que estaban bajo la ley, a fin de que fuéramos *adoptados como hijos. Ustedes ya son hijos. Dios ha enviado a nuestros corazones el Espíritu de su Hijo, que clama: "¡Abba! ¡Padre!" Así que ya no eres esclavo *sino hijo; y como eres hijo, Dios te ha hecho también heredero»* (Gá 4:4-7).

La primera epístola de Juan también hace mucho hincapié en nuestra condición de hijos de Dios: «¡Fíjense qué gran amor nos ha dado el Padre, que se nos llame *hijos de Dios!* ¡Y lo somos!.... Queridos hermanos, ahora somos hijos de Dios» (1 Jn 3:1-2; Juan llama con frecuencia a sus lectores «hijos» o «hijitos»).[1]

Aunque Jesús habla de nosotros como «mis hermanos» (He 2:12) y él es, por tanto, en un sentido nuestro hermano mayor en la familia de Dios (cf. He 2:1-14), y se puede ser reconocido como «el primogénito entre muchos hermanos», él es, no obstante, cuidadoso en hacer una distinción clara entre la manera en la que Dios es nuestro Padre celestial y la manera en la que él se relaciona con Dios el Padre. Él le dijo a María Magdalena: «Vuelvo a *mi Padre, que es Padre de ustedes*; a mi Dios, que es Dios de ustedes» (Jn 20:17), haciendo de ese modo una distinción clara entre el sentido mucho mayor y eterno en el que Dios es su Padre, y el sentido en el que Dios es nuestro Padre.

Aunque el Nuevo Testamento dice que nosotros somos *ahora* hijos de Dios (1 Jn 3:2), debiéramos también notar que hay otro sentido en el cual nuestra adopción es todavía futura porque no vamos a recibir todos los beneficios y privilegios

---

[1]Hay otros varios pasajes que hablan acerca de nuestra posición como hijos de Dios o de nuestra membresía en su familia (vea Mt 5:48; 7:11; 2 Co 6:18; Ef 5:1; Fil 2:15; He. 2:13-14; 12:5-11; 1 P 1:14; 1 Jn 3:10).

de la adopción hasta que Cristo regrese y tengamos cuerpos resucitados. Pablo habla de ese sentido completo y futuro de la adopción cuando dice: «Y no sólo ella [la creación], sino también nosotros mismos, que tenemos las primicias del Espíritu, gemimos interiormente, mientras aguardamos nuestra adopción como hijos, es decir, *la redención de nuestro cuerpo*» (Ro 8:23). Pablo ve aquí el recibimiento de los nuevos cuerpos de resurrección como el cumplimiento de nuestros privilegios de la adopción, hasta el punto de que se refiere a ello como «aguardamos nuestra adopción como hijos».

B. La adopción sigue a la conversión y es un resultado de la fe salvadora

Podríamos pensar inicialmente que llegamos a ser hijos de Dios por la regeneración, puesto que la imagen de «nacer de nuevo» en la regeneración nos lleva a pensar de hijos que nacen en el seno de una familia humana. Pero el Nuevo Testamento nunca conecta la *adopción* con la regeneración. En realidad, la idea de la adopción es lo opuesto a la idea de nacer en una familia.

Más bien, el Nuevo Testamento relaciona la adopción con la fe salvadora, y dice que en respuesta a poner nuestra confianza en Cristo, Dios nos ha adoptado en su familia. Pablo dice: «Todos ustedes son *hijos de Dios mediante la fe* en Cristo Jesús» (Gá 3:23-26). Y Juan escribe: «Mas a cuantos lo recibieron, a los que *creen en su nombre*, les dio el derecho de ser hijos de Dios» (Jn 1:12).[2] Estos dos versículos dejan bien en claro que la adopción sigue a la conversión y que es la respuesta de Dios a nuestra fe.

Se puede presentar una objeción que surge de la declaración de Pablo: «*Ustedes ya son hijos.* Dios ha enviado a nuestros corazones el Espíritu de su Hijo, que clama: "¡Abba! ¡Padre!» (Gá 4:6). Alguien podría entender este versículo como queriendo decir que Dios primero nos adopta como hijos y después nos da el Espíritu Santo para producir la regeneración en nuestros corazones. Pero unos pocos versículos antes Pablo había dicho que llegamos a ser «hijos de Dios mediante la fe en Cristo Jesús» (Gá 3:26). Por tanto, la declaración de Pablo en Gálatas 4:6 se entiende mejor no como una referencia a dar el Espíritu Santo en la regeneración, sino más bien como una actividad adicional del Espíritu Santo en la cual él empieza a dar testimonio con nuestro espíritu y a asegurarnos que somos miembros de la familia de Dios. Esta obra del Espíritu Santo nos da *seguridad* de nuestra adopción, y es en este sentido que Pablo dice que, después de ser nosotros hijos, Dios hace que su Espíritu Santo dentro de nosotros nos lleve a exclamar: «¡Abba! ¡Padre!» (cf. Ro 8:15-16).

C. La adopción y la justificación son dos cosas distintas

Aunque la adopción es un privilegio que nos viene en el momento en que nos hacemos cristianos (Jn 1:12; Gá 3:26; 1 Jn 3:1-2), no obstante, es un privilegio que es distinto de la justificación y distinto de la regeneración. En la regeneración somos

---

[2] Es cierto que en Juan 1:13 él especifica que estas personas habían nacido «de Dios», pero eso solo da una información adicional acerca de ellos (es decir, que ellos habían sido regenerados por Dios). Eso no niega el hecho de que aquellos que «creen en su nombre» Cristo les dio el derecho de ser «hijos de Dios».

vivificados espiritualmente, capaces de relacionarnos con Dios mediante la oración y la adoración y capaces de oír su Palabra con corazones receptivos. Pero es posible que Dios pudiera tener criaturas que están vivas y, no obstante, no ser miembros de su familia y que no participan en los privilegios especiales de los miembros de la familia; por ejemplo, los ángeles al parecer caen dentro de esta categoría.[3] Por tanto, habría sido posible para Dios decidir darnos la regeneración sin los grandes privilegios de la adopción en su familia.

Además, Dios podía habernos dado la justificación sin los privilegios de la adopción en su familia, porque él podía haber perdonado nuestros pecados y darnos una posición legal correcta delante de él sin habernos hecho sus hijos. Es importante que nos demos cuenta de esto porque nos ayuda a reconocer cuán grandes son nuestros privilegios en la adopción. La regeneración tiene que ver con nuestra vida espiritual interior. La justificación tiene que ver con nuestra posición delante de la ley de Dios. Pero la adopción tiene que ver con nuestra *relación* con Dios como nuestro Padre, y en la adopción recibimos muchas de las grandes bendiciones que conoceremos por toda la eternidad. Cuando empezamos a darnos cuenta de la excelencia de estas bendiciones, y cuando apreciamos que Dios no tiene ninguna obligación de dárnoslas, entonces seremos capaces de exclamar con el apóstol Juan: «¡Fíjense *qué gran amor* nos ha dado el Padre, que se nos llame hijos de Dios!» (1 Jn 3:1).

D. Los privilegios de la adopción

Los beneficios o privilegios que acompañan a la adopción los podemos ver, primero, en la manera en que Dios se relaciona con nosotros, y entonces también en la forma en que nosotros nos relacionamos unos con otros como hermanos en la familia de Dios.

Uno de los más grandes privilegios de nuestra adopción es ser capaces de hablar con Dios y *relacionarnos con él* como un *Padre* bueno y amoroso. Se nos invita a orar diciendo: «Padre nuestro que estás en los cielos» (Mt 6:9), y tenemos que darnos cuenta que «ya no eres esclavo sino hijo» (Gá 4:7). Por tanto, no tenemos ahora que relacionarnos con Dios como un esclavo se relacionaba con su amo, sino como un hijo se relaciona con su Padre. En realidad, Dios nos da *un testimonio interno del Espíritu Santo* que nos lleva instintivamente a llamarle a Dios Padre. «Y ustedes no recibieron un espíritu que de nuevo los esclavice al miedo, sino el Espíritu que los adopta como hijos y les permite clamar: "¡Abba! ¡Padre!" El Espíritu mismo le asegura a nuestro espíritu que somos hijos de Dios» (Ro 8:15-16). Esta relación con Dios como nuestro Padre es el fundamento de otras muchas bendiciones de la vida cristiana, y se convierte en la forma primaria en la que nos relacionamos

---

[3]Aunque los ángeles buenos y malos son llamados «hijos de Dios» (Job 1:6) en un lugar de las Escrituras, esto es al parecer una referencia a la condición de hijos que viene por el hecho de que Dios los creó. No parece indicar que los ángeles generalmente (en especial los ángeles malos) participen en ninguno de los privilegios que nosotros recibimos como hijos de Dios. De hecho, He. 2:14-16 establece una clara distinción entre nuestra posición como hijos de Dios y la posición de los ángeles. Además, en ninguna parte se habla de los ángeles como miembros de la familia de Dios o se dice que tengan los privilegios familiares que nos corresponden a nosotros como hijos de Dios. (No es probable que Gn 6:2-4 se refiera a los ángeles. Vea Wayne Grudem, *The First Epistle of Peter*, pp. 211-15).

con Dios. Es cierto que Dios es nuestro Creador, nuestro Juez, nuestro Señor, nuestro Maestro, nuestro Proveedor, Sustentador y Protector, y el que con su cuidado providencial sostiene nuestra existencia. Pero el papel que es más íntimo, y que transmite los más altos privilegios del compañerismo con Dios por toda la eternidad, es su papel como nuestro buen Padre celestial.

El hecho que Dios se relaciona con nosotros como Padre nos demuestra claramente que él *nos ama* (1 Jn 3:1), que él *nos comprende* («Tan compasivo es el Señor con los que le temen como lo es un padre con sus hijos. Él conoce nuestra condición; sabe que somos de barro» [Sal 103:13-14]), y que él *cuida de nuestras necesidades* («Porque los paganos andan tras todas estas cosas, y el Padre celestial sabe que ustedes las necesitan», Mt 6:32). Además, en su papel como nuestro Padre, Dios *nos da muchos dones*: «Pues si ustedes, aun siendo malos, saben dar cosas buenas a sus hijos, ¡cuánto más su Padre que está en el cielo dará cosas buenas a los que le pidan!» (Mt 7:11). *Nos da* especialmente el don *del Espíritu Santo* para consolarnos y para capacitarnos para el ministerio y para vivir la vida cristiana (Lc 11:13).[4] De hecho, no son solo los dones que Dios nos da en esta vida, sino que también nos da una gran *herencia en los cielos*, porque nos hemos convertido en coherederos con Cristo. Pablo dice: «Así que ya no eres esclavo sino hijo; y como eres hijo, Dios te ha hecho también heredero» (Gá 4:7); somos en realidad «herederos de Dios y coherederos con Cristo» (Ro 8:17). Como sus herederos tenemos derecho a «una herencia indestructible, incontaminada e inmarchitable. Tal herencia está reservada en el cielo para ustedes» (1 P 1:4). Todos los grandes privilegios y bendiciones del cielo están preparados para nosotros y puestos a nuestra disposición porque somos hijos del Rey, miembros de la familia real, príncipes y princesas que reinarán con Cristo sobre los nuevos cielos y nueva tierra (Ap 2:26-27; 3:21). Como un anticipo de este gran privilegio, los ángeles son incluso enviados ahora para ministrarnos y servirnos (He 1:14).

Es en este contexto de las relaciones con Dios como nuestro Padre celestial que entendemos la oración que Jesús les dijo a sus discípulos que hicieran a diario: «Padre nuestro que estás en el cielo… *Perdónanos nuestras deudas*, como también nosotros hemos perdonado a nuestros deudores» (Mt 6:9-12). En esta oración diaria pidiendo el perdón de nuestros pecados no es una oración para que Dios nos dé la justificación una y otra vez a lo largo de nuestra vida, porque la justificación es un suceso que tiene lugar de una vez, y que ocurre inmediatamente después de que nosotros hemos puesto nuestra confianza en Cristo con fe salvadora. Más bien, la oración diaria de perdón de pecados es una oración en que pedimos que las relaciones paternales de Dios con nosotros, que se han visto interrumpidas por algún pecado, sean restauradas, y que él se relacione una vez más con nosotros como un Padre que se deleita en los hijos que ama. La oración de «perdónanos nuestras deudas» es, por tanto, una oración en la que no nos relacionamos con Dios como el juez eterno del universo, sino con Dios nuestro Padre. En una oración en la que

---

[4]En este versículo Jesús dice: «Pues si ustedes, aun siendo malos, saben dar cosas buenas a sus hijos, ¡cuánto más el Padre celestial dará el Espíritu Santo a quienes se lo pidan!» Aquí parece que Él no se está refiriendo al Espíritu Santo morando dentro de nosotros como cuando viene en la regeneración, sino al don de habilitarnos para el ministerio, a los dones que usamos para el ministerio o para la vida cristiana.

buscamos restaurar nuestra comunión con nuestro Padre que había quedado interrumpido por causa del pecado (vea 1 Jn 1:9; 3:19-22).

Otro beneficio de la adopción es también el privilegio de ser *dirigido por el Espíritu Santo*. Pablo indica que este es un beneficio moral pues de ese modo el Espíritu Santo pone en nosotros el deseo de obedecer a Dios y vivir conforme a su voluntad. Él dice: «Porque todos los que son *guiados por el Espíritu de Dios* son *hijos de Dios*» (Ro 8:14), y nos da esto como una *razón* por la que los cristianos debieran dar «muerte a los malos hábitos del cuerpo» por medio de la obra del Espíritu Santo obrando dentro de ellos (v. 13; note el «porque» al comienzo del v. 14). Él ve al Espíritu Santo como dirigiendo y guiando a los hijos de Dios en los caminos de la obediencia a Dios

Otro privilegio de la adopción en el seno de la familia de Dios, aunque nosotros no siempre lo reconocemos como un privilegio, es el hecho que Dios *nos disciplina* como sus hijos. «Y ya han olvidado por completo las palabras de aliento que como a hijos se les dirige: "Hijo mío, no tomes a la ligera la disciplina del Señor ni te desanimes cuando te reprenda, porque el Señor disciplina a los que ama, y azota a todo el que recibe como hijo» (He 12:5-6, citando Pr 3:11-12). El autor de Hebreos explica: «Dios los está tratando como a hijos. ¿Qué hijo hay a quien el padre no disciplina?… pero Dios lo hace para nuestro bien, a fin de que participemos de su santidad» (He 12:7, 10). Así como los hijos terrenales crecen en obediencia y rectitud cuando son disciplinados debidamente por sus padres terrenales, nosotros también crecemos en justicia y santidad cuando somos disciplinados por nuestro Padre celestial.

Relacionado con la disciplina paternal de Dios está el hecho que, como hijos de Dios y coherederos con Cristo, tenemos *el privilegio de participar tanto en sus sufrimientos como en su subsiguiente gloria*. Como nos dice Lucas: «¿Acaso no tenía que sufrir el Cristo estas cosas antes de entrar en su gloria?» (Lc 24:26), así también Dios nos concede el privilegio de caminar por la misma senda que Cristo anduvo, soportando el sufrimiento en esta vida a fin de que podamos recibir gran gloria en la vida venidera: «Y si somos hijos, somos herederos; herederos de Dios y coherederos con Cristo, *pues si ahora sufrimos con él, también tendremos parte con él en su gloria*» (Ro 8:17).

Además de estos grandes privilegios que tienen que ver con nuestra relación con Dios y nuestra comunión con él, tenemos también privilegios de adopción que afectan la manera en que nos relacionamos unos con otros y afectan nuestra propia conducta personal. Porque somos hijos de Dios, nuestra relación unos con otros es mucho más profunda y más íntima que las relaciones que tienen los ángeles, por ejemplo, porque todos nosotros somos *miembros de una familia*. El Nuevo Testamento se refiere muchas veces a los cristianos como «hermanos» y «hermanas» en Cristo (Ro 1:13; 8:12; 1 Co 1:10; 6:8; Stg 1:2; Mt 12:50; Ro 16:1; 1 Co 7:15; Flm. 1:2; Stg 2:15). Además de esto, en los muchos versículos en los que se habla de toda la iglesia como «hermanos» no debieran entenderse como refiriéndose solo a los hombres en la congregación, sino que son referencias generales a toda la iglesia, y, excepto donde el contexto indica explícitamente otra cosa, debieran tomarse como queriendo decir «hermanos y hermanas en el Señor». La designación «hermanos» es tan común en las epístolas que es la forma predominante en la que los autores del Nuevo Testamento se refieren a los otros cristianos a los que están escribiendo. Eso indica la fuerte conciencia que tenían de la naturaleza de la iglesia como la familia de Dios. De hecho, Pablo le dice a Timoteo que se relacione con la iglesia en Éfeso, y con los individuos dentro de la iglesia, como si se relacionara con los miembros de una familia amplia. «No reprendas con dureza al anciano, sino aconséjalo como si fuera tu *padre*. Trata a los jóvenes como a *hermanos*; a las ancianas, como a *madres*; a las jóvenes, como a *hermanas*, con toda pureza» (1 Ti 5:1-2).[5]

Este concepto de la iglesia como la familia de Dios debiera darnos una nueva perspectiva sobre el trabajo de la iglesia; es un «trabajo de familia», y los varios miembros de la familia nunca debieran competir unos con otros u obstaculizarse unos a otros en sus esfuerzos, sino que debieran alentarse unos a otros y estar agradecidos por cualquier bien o progreso que tenga cualquier miembro de la familia, porque todos contribuyen al bien de la familia y a la honra de Dios nuestro Padre. De hecho, así como los miembros de una familia terrenal tienen a menudo momentos de gozo y compañerismo cuando trabajan juntos en algún proyecto, del mismo modo nuestros momentos de trabajar juntos en la edificación de la iglesia debieran ser oportunidades de gran gozo y compañerismo unos con otros. Además, así como los miembros de una familia terrenal honran a sus padres y cumplen el propósito de una familia, sobre todo cuando dan la bienvenida a nuevos hermanos o hermanas recientemente adoptados en el seno de esa familia, nosotros también debiéramos dar la bienvenida a los nuevos miembros de la familia de Cristo con gozo y amor.

Otro aspecto de nuestra membresía en la familia de Dios es que nosotros, como hijos de Dios, debemos *imitar a nuestro Padre* que está en el cielo en toda nuestra conducta. Pablo dice: «Por tanto, imiten a Dios, como hijos muy amados» (Ef 5:1). Pedro se hace eco de este mismo tema cuando dice: «Como hijos obedientes, no se amolden a los malos deseos que tenían antes, cuando vivían en la ignorancia. Más bien, sean ustedes santos en todo lo que hagan, como también es santo quien los llamó; pues está escrito: "Sean santos, porque yo soy santo"» (1 P 1:14-16). Tanto Pedro como Pablo se dan cuenta de que es natural para los hijos el imitar a sus padres terrenales. Ellos apelan a este sentido natural que tienen los hijos con el fin de recordarnos que debemos imitar a nuestro Padre celestial, y en verdad esto debiera ser algo que nosotros quisiéramos hacer y deleitarnos en ello. Si Dios nuestro Padre en el cielo es santo, nosotros debiéramos ser santos como hijos obedientes.

Cuando caminamos por sendas de conducta recta *honramos a nuestro Padre celestial* y le glorificamos. Cuando actuamos en formas que son gratas a Dios, debemos hacer con el fin de que otros «puedan ver las buenas obras de ustedes y alaben al Padre que está en el cielo» (Mt 5:16). Pablo anima a los filipenses a mantener una conducta pura delante de los incrédulos «para que sean intachables y puros, *hijos de Dios* sin culpa en medio de una generación torcida y depravada. En ella ustedes brillan como estrellas en el firmamento» (Fil 2:15). En verdad, un modelo coherente de conducta moral es también una evidencia de que somos de verdad hijos de Dios. Juan dice: «Así distinguimos entre los hijos de Dios y los hijos del diablo: el

---

[5]Un análisis amplio de la enseñanza del Nuevo Testamento sobre la iglesia como una familia lo llevó a cabo Vern S. Poythress, en «The Church as a Family: Why Male Leadership in the Family Requieres Male Leadership in the Church as Well», en W. Grudem y J. Piper, eds. *Recovering Biblical Manhood and Womanhood*, pp. 233-47.

que no practica la justicia no es hijo de Dios; ni tampoco lo es el que no ama a su hermano» (1 Jn 3:10).

PREGUNTAS DE APLICACIÓN PERSONAL

1. Vuelva a revisar la lista de privilegios que vienen con nuestra adopción como hijos de Dios. ¿Había usted pensado en ellos como algo que es automáticamente suyo por haber nacido de nuevo? ¿Puede usted describir cómo sería nuestra vida eterna si hubiéramos tenido la regeneración y la justificación y los otros privilegios que vienen con la salvación, pero no adopción en la familia de Dios? Ahora, ¿cómo se siente acerca del hecho de que Dios le ha adoptado en su familia cuando lo compara con la manera en que se sentía antes de leer este capítulo?

2. Sus relaciones con su propia familia humana, ¿se ha hecho mejor o más difícil desde que usted se hizo cristiano? Si sus relaciones con su familia humana se ha hecho más difícil, ¿en qué forma lo que se dice en Marcos 10:29-20 se ha hecho realidad en su vida como cristiano?

3. Algunas personas que han tenido padres terrenales poco amorosos o crueles han encontrado que su trasfondo les crea dificultades en su pensamiento acerca de Dios y para relacionarse con él como un Padre celestial. ¿Cómo pueden Hebreos 12:10, Mateo 7:11 y Lucas 11:13, que contrastan padres terrenales pecadores con nuestro perfecto Padre celestial, serle de ayuda en esta situación? ¿Podría 1 Pedro 1:18 serle de ayuda también en esta situación? ¿Cómo puede una persona que ha tenido una relación difícil con un padre terrenal obtener una mejor visión y aprecio de quién es Dios y de la clase de Padre que él es? ¿Piensa usted que algunas de las personas que se hicieron cristianas en el primer siglo tuvieron padres crueles o poco amorosos o quizá eran huérfanas de padre? ¿Qué enseñanza del Antiguo Testamento les hubiera ayudado en esa situación? ¿Piensa usted que personas que han tenido padres terrenales malos tienen un cierto sentido dado por Dios de cómo debiera ser un buen padre?

4. Piense en las personas que son miembros de su iglesia. ¿Le ha ayudado este capítulo a pensar en ellos más como sus hermanos y hermanas (o si ellos son mayores en edad, como si fueran «padres» o «madres» suyos)? ¿Cómo piensa usted que un aprecio mayor de esta idea de la iglesia como una familia ayudaría a su iglesia? ¿Cómo podría usted animar un mayor aprecio por esta idea?

5. ¿Tiene su iglesia algún sentido de competición con otras iglesias que podría ser superado mediante un mayor aprecio de la doctrina de la adopción?

6. En la familia humana, cuando uno de los hijos comete un delito y es castigado públicamente por ello, toda la familia sufre la vergüenza. Por otro lado, cuando un miembro de la familia es honrado por un logro sobresaliente toda la familia se siente orgullosa y se regocija. ¿Cómo le hace sentirse esta analogía de sucesos en la familia humana acerca de su nivel de santidad en su vida personal, y la manera en que eso se refleja en los otros miembros de su familia espiritual? ¿Cómo le hace sentirse la necesidad de la santidad

personal entre los hermanos en la iglesia? ¿Tiene usted un fuerte deseo interno de imitar a su Padre celestial en su conducta (Ef 5:1; 1 P 1:14-16)?

7. ¿Siente usted la obra del Espíritu Santo dentro de usted dando testimonio a su espíritu de que usted es un hijo de Dios (Ro 8:15-16; Gá 4:6)? ¿Puede usted describir cómo es ese sentido?

8. ¿Siente usted alguna discriminación en contra de cristianos de otras razas o de otra posición social o económica? ¿Puede usted entender cómo la doctrina de la adopción debiera eliminar esas distinciones en la iglesia (vea Gá 3:26-28)? ¿Puede usted también ver cómo la doctrina de la adopción significa que ninguna mujer u hombre debiera pensar del otro sexo como más o menos importante en la iglesia (vea Gá 3:28)?

TÉRMINOS ESPECIALES

adopción

BIBLIOGRAFÍA

(Para una explicación de esta bibliografía vea la nota sobre la bibliografía en el capítulo 1, p. 40. Datos bibliográficos completos se pueden encontrar en las páginas 1297-1306.)

Nota: Muchas teologías sistemáticas no tratan a la adopción como un tema separado, pero incluyen una consideración de los privilegios de la adopción en una consideración de la justificación y sus resultados.)

Secciones en Teologías Sistemáticas Evangélicas

1. Anglicana (episcopal)
    1882–92   Litton (ninguna consideración explícita)
2. Arminiana (wesleyana o metodista)
    1875–76   Pope, 3:1–27
    1892–94   Miley, 2:337–38
    1940   Wiley, 2:402–39
    1960   Purkiser, 297–98
3. Bautista
    1767   Gill, 1:288–91; 2:93–107
    1887   Boyce, 404–9
    1917   Mullins, 401–9
    1983–85   Erickson, 961–66
4. Dispensacional
    1947   Chafer, 3:241–43
    1949   Thiessen, 278–82
    1986   Ryrie, 301–2, 306–7
5. Luterana
    1917–24   Pieper, 2:408–9
6. Reformada (o presbiteriana)
    1937–66   Murray, *CW* 2:223–34; *RAA* 132–40
    1962   Buswell, 2:212–13

Secciones en Teologías Sistemáticas Católicas Romanas Representativas

1. Católica Romana: tradicional
   - 1955   Ott (ninguna consideración explícita)
2. Católica Romana: Post Vaticano II
   - 1980   McBrien (ninguna consideración explícita)

Otras obras

Davids, P. H. «Adoption». En *EDT* p. 13.

Murray, John. «Adoption». En *Redemption Accomplished and Applied*. Eerdmans, Grand Rapids, 1955, pp. 132–40.

PASAJE BÍBLICO PARA MEMORIZAR

Romanos 8:14–17: *Porque todos los que son guiados por el Espíritu de Dios son hijos de Dios. Y ustedes no recibieron un espíritu que de nuevo los esclavice al miedo, sino el Espíritu que los adopta como hijos y les permite clamar: «¡Abba! ¡Padre!» El Espíritu mismo le asegura a nuestro espíritu que somos hijos de Dios. Y si somos hijos, somos herederos; herederos de Dios y coherederos con Cristo, pues si ahora sufrimos con él, también tendremos parte con él en su gloria.*

HIMNO

«Hijos del Padre celestial»

Nuestro Padre celestial
A sus hijos los protege;
Ni los pájaros ni estrellas,
Han tenido tal albergue.

Dios los cuida y alimenta,
Y cual plantas que florecen,
Él los guarda presuroso,
Y en sus brazos los recoge.

Dios su gracia les otorga;
Sus tristezas él conoce;
No se olvidará de ellos,
Ni en la vida ni en la muerte.

Y aunque pasen muchos siglos,
Dios a ellos no abandona;
Su propósito es amar;
Los preservará en la gloria.

AUTORA: CAROLINE V. SANDELL-BERG, TRAD. AL INGLÉS, ERNST B. OLSON, TRAD. AL ESPAÑOL: SALOMÓN MUSSIETT C. (TOMADO DE HIMNARIO BAUTISTA, #233)

Capítulo 38

La santificación (El crecimiento en la semejanza de Cristo)

¿Cómo crece usted en madurez cristiana?
¿Cuáles son las bendiciones del crecimiento cristiano?

EXPLICACIÓN Y BASES BÍBLICAS

En los capítulos anteriores hemos examinado las varias acciones de Dios que tienen lugar al comienzo de nuestra vida cristianas: El llamamiento del evangelio (que Dios nos hace a nosotros), la regeneración (mediante la cual Dios nos imparte nueva vida), la justificación (mediante la cual Dios no da una posición legal correcta delante de él), y la adopción (mediante la cual Dios nos hace miembros de su familia). También hemos estudiado la conversión (en que nos arrepentimos de nuestros pecados y confiamos en Cristo para salvación). Todos estos acontecimientos tienen lugar al comienzo de nuestra vida cristianas.[1]

Pero ahora llegamos a una parte de la aplicación de la redención que es una obra *progresiva* que continúa a lo largo de nuestra vida en la tierra. Es también una obra en la que *Dios y el hombre cooperan,* cada uno en un papel diferente. Esta parte de la aplicación de la redención la conocemos como la santificación: *La santificación es una obra progresiva de Dios y del hombre que nos lleva a estar cada vez más libres del pecado y que seamos más semejantes a Cristo en nuestra vida real.*

A. Diferencias entre la justificación y la santificación

El cuadro siguiente explica varias de las diferencias entre la justificación y la santificación:

Justificación	Santificación
Posición legal	Condición interna
Una vez para siempre	Continúa durante toda la vida
Es por completo obra de Dios	Nosotros cooperamos
Perfecta en esta vida	No es perfecta en esta vida
Igual para todos los cristianos	Más en unos que en otros

---

[1]Aunque la fe salvadora inicial mediante la cual somos justificados ocurre de una vez en el momento de la conversión, la fe y el arrepentimiento continúan todavía a lo largo de nuestras vidas (vea cap. 35, pp. 753-54). Del mismo modo, aunque la regeneración, la justificación y la adopción son sucesos instantáneos que tienen lugar una vez al comienzo de la vida cristiana, los resultados de todo ello continúan a lo largo de la vida: Continuamos teniendo la vida espiritual que recibimos en la regeneración, la posición legal que recibimos en la justificación, y la membresía en la familia de Dios que recibimos en la adopción.

Como indica este cuadro, la santificación es algo que continúa a lo largo de toda nuestra vida como cristianos. El curso ordinario de una vida cristiana involucrará el crecimiento continuo en santificación, y es algo en lo que el Nuevo Testamento nos anima a que le prestemos atención y nos esforcemos en conseguirlo.

B. Tres etapas de la santificación

1. La santificación tiene un comienzo definido en la regeneración. Un cambio moral definido tiene lugar en nuestra vida en el momento de la regeneración, porque Pablo habla acerca de: «Nos salvó mediante el lavamiento de la regeneración y de la renovación por el Espíritu Santo» (Tit 3:5). Una vez que hemos nacido de nuevo no podemos continuar pecando como un hábito o estilo de vida (1 Jn 3:9), porque el poder de la nueva vida espiritual dentro de nosotros nos guarda de ceder a la vida de pecado.

El cambio moral inicial es la primera etapa en la santificación. En este sentido hay un cierto traslapo entre la regeneración y la santificación, porque este cambio moral es en realidad una parte de la regeneración. Pero cuando lo vemos desde el punto de vista del cambio moral dentro de nosotros, lo podemos ver también como la primera etapa de la santificación. Pablo mira retrospectivamente a un suceso completado cuando dice a los corintios: «Pero ya han sido lavados, *ya han sido santificados,* ya han sido justificados en el nombre del Señor Jesucristo y por el Espíritu de nuestro Dios» (1 Co 6:11). Del mismo modo, en Hechos 20:32 Pablo se puede referir a los cristianos como los que tienen «herencia entre todos los santificados».[2]

Este paso inicial en la santificación involucra un rompimiento definido con el poder dominante y amor al pecado, de manera que el creyente ya no está más controlado o dominado por el pecado y ya no le gusta pecar. Pablo dice: «De la misma manera, también ustedes *considérense muertos al pecado,* pero vivos para Dios en Cristo Jesús... Así *el pecado no tendrá dominio sobre ustedes*, porque ya no están bajo la ley sino bajo la gracia» (Ro 6:11, 14). Pablo dice que los cristianos han sido «liberados del pecado» (Ro 6:18). En este contexto, estar muerto al pecado o ser liberado del pecado involucra el poder para vencer acciones o pautas de comportamiento pecaminoso en nuestra vida. Pablo les dice a los romanos: «No permitan ustedes que el pecado reine en su cuerpo mortal, ni obedezcan a sus malos deseos. No ofrezcan los miembros de su cuerpo al pecado como instrumentos de injusticia, ofrézcanse más bien a Dios» (Ro 6:12-13). Estar muerto al poder dominante del pecado significa que nosotros como cristianos, en virtud del poder del Espíritu Santo y la vida de resurrección de Cristo obrando dentro de nosotros, tenemos el poder de vencer la tentación y la seducción del pecado. El pecado ya no será nuestro amo como lo era antes de hacernos cristianos.

En términos prácticos, esto significa que debemos afirmar dos cosas como ciertas. Por un lado, nunca seremos capaces de decir: «Estoy completamente libre del pecado», porque nuestra santificación nunca estará del todo completada (vea

---

[2]La expresión griega es *tois hegiasmenois*, que es un participio pasivo perfecto sustantivado que expresa tanto una actividad pasada completada (ellos fueron santificados) y un resultado continuado (ellos continúan la experiencia de la influencia santificadora de la acción pasada).

abajo). Pero por otro lado, un cristiano nunca debiera decir (por ejemplo) «Este pecado me ha derrotado, me rindo. He tenido un mal temperamento por treinta y siete años y lo tendré hasta el día que me muera, y las personas me van a tener que aguantar tal como soy». Decir eso es reconocer que el pecado te ha dominado. Es permitir que el pecado reine en nuestros cuerpos. Es admitir la derrota. Es negar la verdad de las Escrituras, que nos dicen: «De la misma manera, también ustedes considérense muertos al pecado, pero vivos para Dios en Cristo Jesús» (Ro 6:11). Es negar la verdad de las Escrituras que nos dicen que «el pecado no tendrá dominio sobre ustedes» (Ro 6:14).

El rompimiento inicial con el pecado, involucra una reorientación de nuestros deseos de manera que ya no tenemos una inclinación dominante hacia el pecado en nuestra vida. Pablo sabe que sus lectores fueron antiguos esclavos del pecado (como lo son todos los incrédulos), pero dice que ellos ya no son esclavos. «Pero gracias a Dios que, aunque antes eran esclavos del pecado, ya se han sometido de corazón a la enseñanza que les fue transmitida. En efecto, habiendo sido liberados del pecado, ahora son ustedes esclavos de la justicia» (Ro 6:17-18). Este cambio en los deseos e inclinación de la persona ocurre al comienzo de la santificación.[3]

2. La santificación va aumentando a lo largo de la vida. Aunque el Nuevo Testamento habla de un comienzo definido de la santificación, también lo ve como un proceso que continúa a lo largo de nuestra vida cristiana. En general este es el sentido primario en el que se usa hoy santificación en la teología sistemática y en la conversación cristiana.[4] Aunque Pablo dice a sus lectores que han sido liberados del pecado (Ro 6:18), y que están «muertos al pecado, pero vivos para Dios en Cristo Jesús» (Ro 6:11), él, no obstante, reconoce que el pecado permanece en sus vidas, de modo que los insta a que no permitan que reine en ellos y cedan al pecado (Ro 6:12-13). Su tarea, por tanto, como cristianos es crecer más y más en la

---

[3]A algunos les gustaría añadir a esta sección uno o más pasajes de Hebreos que hablan acerca de nuestra santificación como habiendo quedado completada en el pasado. Por ejemplo, el autor dice que por la voluntad de Dios «somos santificados mediante el sacrificio del cuerpo de Jesucristo, ofrecido una vez y para siempre» (He. 10:10). La expresión griega es un participio pasivo perfecto perifrástico, *hegiasmenoi esmen*, el cual habla de una situación presente continua que resulta de una acción pasada completada: «Estamos continuamente en un estado de "estar siendo santificados" (y continuamos sintiendo los resultados del acto previo de la santificación)».

Pero en hebreo el término *santificar* (gr. *hagiazo*) está más relacionado con el trasfondo del Antiguo Testamento de la pureza ceremonial o santidad como algo necesario para entrar a la presencia de Dios y, por tanto, «santificado» en hebreo significa «hecho santo y justo a los ojos de Dios y, por tanto, en condiciones de acercarse a Dios en la adoración». Como tal, «santificado» en hebreo es aproximadamente equivalente a «justificado» en el vocabulario de Pablo. Este sentido de «santificado» lo podemos ver en He. 9:13; 10:10; 13:12. Estos pasajes hablan de una clase de purificación ceremonial que permite el acceso a Dios, y como tal, la «santificación» aquí se aplica al comienzo de la vida cristiana. Sin embargo, el enfoque está más en el acceso a Dios en la adoración, mientras que el énfasis paulino está en la justificación del castigo del pecado que era debido bajo la ley de Dios.

[4]Hay un uso diferente de la palabra *santificado* en la tradición Wesleyana dentro del protestantismo. En estos círculos la experiencia de santificación se ve en ocasiones como un suceso único subsiguiente a la conversión en la que el cristiano obtiene un alto nivel de santidad, un nivel a veces conocido como «completa santificación» o «perfección impecable». Dentro de esta tradición, la santificación es vista como una experiencia que uno busca en la vida cristiana y que en ocasiones en capaz de obtener. (Vea las teologías sistemáticas mencionadas bajo la categoría de «Arminiana» en la bibliografía al final de este capítulo.) Por tanto, mientras la mayoría de los protestantes dirían: «Estoy siendo santificado», algunos dentro de la tradición Wesleyana dirían: «*He sido* santificado» refiriéndose no al rompimiento inicial con el pecado que viene con la conversión, sino a una subsiguiente experiencia en la que ellos empiezan a conocer la libertad del pecado consciente en sus vidas. Las dificultades con esta posición aparecen bosquejadas en la sección 4 abajo, «La santificación nunca queda completada en esta vida».

santificación, de la misma manera que antes habían crecido cada vez más en el pecado. «Hablo en términos humanos, por las limitaciones de su naturaleza humana. Antes ofrecían ustedes los miembros de su cuerpo para servir a la impureza, que lleva más y más a la maldad; ofrézcanlos ahora para servir a la justicia que lleva a la santidad» (Ro 6:19; las expresiones «antes» y «ahora» [gr. *hosper... houtos*] indican que Pablo quiere que ellos hagan eso de la misma manera: si «antes» se entregaban cada vez más al pecado, «ahora» ofrézcanse cada vez más a la justicia por la santificación).

Pablo dice que a lo largo de la vida cristiana «todos nosotros... somos transformados a su semejanza con más y más gloria por la acción del Señor» (2 Co 3:18). Nos vamos haciendo cada vez más como Cristo al ir avanzando en la vida cristiana. Por tanto, él dice: «Hermanos, no pienso que yo mismo lo haya logrado ya. Más bien, una cosa hago: olvidando lo que queda atrás y esforzándome por alcanzar lo que está delante, *sigo avanzando* hacia la meta para ganar el premio que Dios ofrece mediante su llamamiento celestial en Cristo Jesús» (Fil 3:13-14). Con esto el apóstol no está diciendo que ya sea perfecto, sino que sigue adelante para alcanzar aquellos propósitos para los cuales Cristo le había salvado (vv. 9-12).

Pablo les dice a los colosenses: «Dejen de mentirse unos a otros, ahora que se han quitado el ropaje de la vieja naturaleza con sus vicios, y se han puesto el de la nueva naturaleza, que *se va renovando* en conocimiento a imagen de su Creador» (Col 3:10), mostrando de esa manera que la santificación involucra una creciente semejanza a Dios en nuestros pensamientos así como en nuestras palabras y acciones. El autor de Hebreos dice a sus lectores: «despojémonos del lastre que nos estorba, en especial del pecado que nos asedia» (He 12:1), y «*busquen ... la santidad*, sin la cual nadie verá al Señor» (He 12:14). Santiago anima a sus lectores: «No se contenten sólo con escuchar la palabra, pues así se engañan ustedes mismos. Llévenla a la práctica» (Stg 1:22), y Pedro les dice a sus lectores: «Más bien, sean ustedes santos en todo lo que hagan, como también es santo quien los llamó» (1 P 1:15).

No es necesario acumular muchas más citas, porque mucho del Nuevo Testamento está compuesto de instrucciones a los creyentes en varias iglesias sobre cómo debieran crecer en la semejanza a Cristo. Todas las exhortaciones morales y los mandamientos en las epístolas del Nuevo Testamento se aplican aquí, porque todas ellas exhortan a los creyentes a cultivar un aspecto u otro de una mayor santificación en sus vidas. La expectativa de todos los autores del Nuevo Testamento es que nuestra santificación aumente a lo largo de nuestra vida cristiana.

3. La santificación se completará en la muerte (para nuestras almas) y cuando el Señor regrese (para nuestros cuerpos). Debido a que el pecado todavía permanece en nuestros corazones aunque nos hayamos hecho cristianos (Ro 6:12-13; 1 Jn 1:8), nuestra santificación nunca se completará en esta vida (vea abajo). Pero una vez que morimos y vamos a estar con el Señor, entonces nuestra santificación se completará en un sentido, porque nuestras almas quedarán liberadas del pecado y serán perfectas. El autor de Hebreos dice que cuando entramos a la presencia del Señor para adorar llegamos como «los espíritus de los justos que *han llegado a la perfección*» (He 12:23). Esto es apropiado porque es una anticipación del hecho de que «nunca entrará en ella nada impuro», se refiere a entrar a la presencia de Dios en la ciudad celestial (Ap 21:27).

Sin embargo, cuando apreciamos que la santificación involucra a toda la persona, incluyendo nuestros cuerpos (vea 2 Co 7:1; 1 Ts 5:23), entonces nos damos cuenta que la santificación no estará del todo completada hasta que el Señor regrese y recibamos cuerpos nuevos resucitados. Esperamos la venida de nuestro Señor Jesucristo desde el cielo y «él transformará nuestro cuerpo miserable para que sea como su cuerpo glorioso» (Fil 3:21). Es «cuando él venga» (1 Co 15:23) que recibiremos un cuerpo de resurrección y entonces «llevaremos también la imagen del [hombre] celestial» (1 Co 15:49).[5]

Podemos diagramar el proceso de la santificación como aparece en la figura 38.1, mostrando que somos esclavos del pecado antes de la conversión, (1) que hay un comienzo definido de la santificación en el momento de la conversión, (2) que la santificación debiera incrementarse a lo largo de la vida cristiana, y (3) que la santificación se perfecciona en la muerte. (Por amor de la simplicidad omitimos de este cuadro la finalización de la santificación cuando recibimos nuestros cuerpos resucitados.)

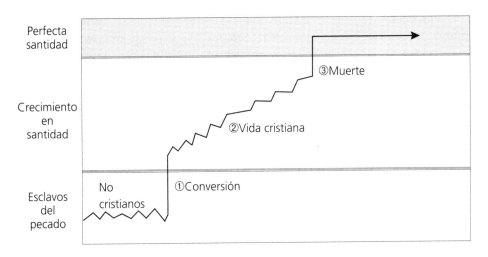

EL PROCESO DE LA SANTIFICACIÓN
Cuadro 38.1

He mostrado en el cuadro el progreso de la santificación como una línea irregular, indicando que el crecimiento en la santificación no es siempre una línea recta y ascendente en esta vida, sino que el progreso de la santificación sucede en algunos momentos, mientras que en otras ocasiones nos damos cuenta de que estamos teniendo algo de retroceso. En un caso extremo, un creyente que hace poco uso de los medios de santificación, y más bien tiene mala enseñanza, no anda con cristianos y le presta poca atención a la Palabra de Dios y a la oración, puede pasar muchos años y tener muy poco progreso en su proceso de santificación, pero esto no

---

[5]Vea el capítulo 42 sobre la glorificación (esto es, recibir un cuerpo de resurrección cuando Cristo regrese).

es ciertamente lo normal ni lo que se espera en la vida cristiana. Es en realidad muy anormal.

4. La santificación nunca se completa en esta vida. Ha habido algunos en la historia de la iglesia que han tomado mandamientos tales como Mateo 5:48 («Por tanto, *sean perfectos,* así como su Padre celestial es perfecto») o 2 Corintios 7:1 («purifiquémonos de todo lo que contamina el cuerpo y el espíritu, para *completar* en el temor de Dios *la obra de nuestra santificación*») y han razonado que puesto que Dios nos da estos mandamientos, él también debe darnos la capacidad para obedecerlos perfectamente. Por tanto, han concluido, es posible para nosotros obtener un estado de perfección impecable en esta vida. Además, apuntan a la oración de Pablo por los tesalonicenses: «Que Dios mismo, el Dios de paz, los santifique por completo» (1 Ts 5:23), e infieren que bien puede ser que la oración de Pablo se cumpliera en algunos de los cristianos tesalonicenses. De hecho, Juan incluso dice: «Todo el que practica el pecado, no lo ha visto ni lo ha conocido» (1 Jn 3:6). ¿Están hablando estos versículos de la posibilidad de una perfección impecable en la vida de algunos cristianos? Es este estudio, usaré la palabra *perfeccionismo* para referirme a este punto de vista de que la perfección impecable es posible en esta vida.

Si examinamos con detenimiento estos pasajes veremos que no apoyan la posición perfeccionista. Primero, sencillamente no se enseña en las Escrituras que cuando Dios da un mandamiento, él también nos da la capacidad para obedecerlo en cada caso.[6] Dios manda a todas las personas en todo lugar que obedezcan todas sus leyes morales y los tiene como culpables de no obedecerlos, aun cuando las personas no redimidas son pecadores y, como tales, están muertas en sus delitos y pecados, y eso les incapacita para obedecer los mandamientos de Dios. Cuando Jesús nos manda que seamos perfectos como nuestro Padre celestial es perfecto (Mt 5:48), nos está sencillamente diciendo que la pureza moral absoluta de Dios es la meta hacia la cual debemos apuntar y la norma por la cual Dios nos va a pedir cuentas. El hecho de que nosotros no seamos capaces de estar a la altura de ese ideal no significa que va a ser rebajado; más bien, quiere decir que necesitamos la gracia y el perdón de Dios para vencer lo que queda del pecado en nosotros. Del mismo modo, cuando Pablo manda a los corintios que completen la obra de la santificación en el temor del Señor (2 Co 7:1), o pide en oración que Dios santifique plenamente a los tesalonicenses (1 Ts 5:23), está apuntando a la meta que él quiere que ellos alcancen. No está diciendo que algunos lo van a conseguir, sino que ese es el ideal moral al que Dios quiere que todos los creyentes aspiren.

La declaración de Juan: «Todo aquel que permanece en él, no peca» (1 Jn 3:6, RVR 1960) no está enseñando que algunos de nosotros vamos a alcanzar la perfección, porque el tiempo presente de los verbos en griego se traducen mejor como indicando una acción continuada o actividad habitual: «Todo el que permanece en él, *no practica el pecado.* Todo el que *practica el pecado,* no lo ha visto ni lo ha conocido» (1 Jn 3:6, NVI). Esta declaración es similar a la que hace Juan unos pocos versículos después: «Ninguno que haya nacido de Dios practica el pecado, porque la

---

[6]Vea el capítulo 24, p. 523, para un estudio del hecho que los mandamientos de Dios en las Escrituras no siempre implican que nosotros tengamos la capacidad de obedecerlos.

semilla de Dios permanece en él; no puede practicar el pecado, porque ha nacido de Dios» (1 Jn 3:9). Si vamos a tomar estos versículos para probar una perfección impecable, tendrían que probarla para todos los cristianos, porque están hablando de lo que es cierto de todos los que son nacidos de Dios, y todo el que ha visto a Cristo y le ha conocido.[7]

Por tanto, no parece haber ningún versículo en las Escrituras que sea convincente en la enseñanza de que es posible para algún ser humano estar completamente libre de pecado en esta vida. Por otro lado, hay pasajes tanto en el Antiguo como en el Nuevo Testamentos que enseñan claramente que no podemos ser moralmente perfectos en esta vida. En la oración de Salomón durante la dedicación del templo, él dice: «Ya que *no hay ser humano que no peque*, si tu pueblo peca contra ti...» (1 R 8:46). Del mismo modo, leemos una pregunta retórica con una respuesta negativa implícita en Proverbios 20:9: «¿Quién puede afirmar: "Tengo puro el corazón; estoy limpio de pecado"?» Y leemos también una declaración explícita en Eclesiastés 7:20: «*No hay en la tierra nadie tan justo que haga el bien y nunca peque*».

En el Nuevo Testamento, encontramos a Jesús mandando a sus discípulos que oren así: «Danos hoy nuestro pan cotidiano. *Perdónanos nuestras deudas*, como también nosotros hemos perdonado a nuestros deudores» (Mt 6:11-12). Así como la oración pidiendo nuestro pan cotidiano nos provee de un modelo de oración que debiéramos repetir cada día, así también la petición por el perdón de pecados está incluida en el tipo de oración que deberíamos hacer cada día de nuestra vida como creyentes.

Como indicamos arriba, cuando Pablo habla del nuevo poder sobre el pecado que recibe el cristiano, no está diciendo que no habrá nada de pecado en la vida del cristiano, sino solo que el creyente ya no dejará que «reine» en su cuerpo ni «ofrece» sus miembros al pecado (Ro 6:12-13). No está diciendo que no pecarán, sino que el pecado no «tendrá dominio» sobre ellos (Ro 6:14). El mismo hecho de dar estas instrucciones muestra que se daba cuenta que el pecado continuaría en la vida de los creyentes a lo largo de sus vidas sobre la tierra. Aun Santiago el hermano del Señor podía decir: «*Todos fallamos mucho*» (Stg 3:2), y si Santiago mismo puede decir eso, entonces nosotros también debiéramos estar dispuestos a decirlo. Por último, en la misma carta en la que Juan declara tantas veces que un hijo de Dios no continuará en una pauta de comportamiento pecaminoso, él también dice con claridad: «Si afirmamos que no tenemos pecado, nos engañamos a nosotros mismos y no tenemos la verdad» (1 Jn 1:8). Aquí Juan está excluyendo explícitamente la posibilidad de estar libre por completo del pecado en nuestra vida. De hecho, dice que cualquiera que afirme estar libre de pecado se está sencillamente engañando a sí mismo, y la verdad no está en él.[8]

Pero una vez que hemos concluido que la santificación nunca se completará en esta vida, debemos ejercer sabiduría y cautela pastoral en la manera en que usamos esta verdad. Algunos pueden tomar este hecho y usarlo como una excusa para no esforzarse por la santidad o el crecimiento en santificación, lo cual es todo lo contrario a docenas de otros mandamientos en el Nuevo Testamento. Otros

---

[7]Primera de Juan 5:18 hay que entenderlo en una forma parecida.

[8]Vea el capítulo 24, p. 523, n. 16, para una reflexión del punto de vista de que 1 Jn 1:8 no se aplica necesariamente a todos los cristianos.

pueden pensar acerca del hecho de que no podemos ser perfectos en esta vida y perder la esperanza de progresar en la vida cristiana, una actitud que es también contraria a la enseñanza clara de Romanos 6 y otros pasajes acerca del poder de la resurrección de Cristo para capacitarnos para vencer el pecado. Por tanto, aunque la santificación nunca se completará en esta vida, debemos también recalcar que no debemos nunca de parar en incrementarla en nuestra vida.

Además, a medida que los cristianos crecen en madurez, las clases de pecados que permanecen en sus vidas a menudo no son tanto pecados de palabras y acciones que son exteriormente visibles a otros, sino los pecados internos de actitudes y motivos del corazón, deseos tales como el orgullo y el egoísmo, falta de valor o de fe, falta de celo y de amar a Dios con todo nuestro corazón y a nuestro prójimo como a nosotros mismos, y no confiar completamente en Dios en cuanto a todo lo que él ha prometido para cada circunstancia. ¡Esos pecados auténticos! Muestran cuán cortos nos quedamos de la perfección moral de Cristo.

Sin embargo, reconocer la naturaleza de estos pecados que persistirán aun en los cristianos más maduros también ayuda a guardarnos en contra de malos entendidos cuando decimos que nadie se verá libre del pecado en esta vida. Es ciertamente posible que muchos cristianos se encuentren libres en muchos momentos a lo largo del día de actos conscientes de desobediencia a Dios en sus palabras y acciones. De hecho, si los líderes cristianos van a ser un «*ejemplo a seguir* en la manera de hablar, en la conducta, y el amor, fe y pureza» (1 Ti 4:12), entonces será con frecuencia cierto que sus vidas estarán libres de palabras y acciones que otras considerarán como censurables. Pero eso está lejos de haber obtenido libertad total del pecado en nuestros motivos, pensamientos e intenciones del corazón.

John Murray nota que cuando el profeta Isaías estaba en la presencia de Dios su reacción fue: «Entonces grité: "¡Ay de mí, que estoy perdido! Soy un hombre de labios impuros y vivo en medio de un pueblo de labios blasfemos, ¡y no obstante mis ojos han visto al Rey, al Señor Todopoderoso!» (Is 6:5). Y cuando Job, cuya rectitud fue al principio elogiada en la historia de su vida, cuando se presentó ante el Dios todopoderoso, solo pudo decir: «De oídas había oído hablar de ti, pero ahora te veo con mis propios ojos. Por tanto, me retracto de lo que he dicho, y me arrepiento en polvo y ceniza» (Job 42:5-6). Murray concluye partiendo de estos ejemplos y el de otros muchos santos a lo largo de la historia de la iglesia:

> En verdad, cuanto más santificado está un creyente, más conformado estará a la imagen de su Salvador, tanto más debe estar en contra de toda falta de conformidad con la santidad divina. Cuanto más profunda sea su percepción de la majestad de Dios, tanto más intenso será su amor por Dios, tanto más persistente su anhelo por alcanzar el premio de su alto llamamiento de Dios en Cristo Jesús, tanto más consciente será de la gravedad del pecado que permanece en él y tanto mayor será su aborrecimiento del mismo… ¿No fue este el efecto de todos los siervos de Dios al estar cada vez más cerca de la revelación de la santidad de Dios?[9]

---

[9]John Murray, *Redemption Accomplished and Applied*, p. 145.

C. Dios y el hombre cooperan en la santificación

Algunos (tales como John Murray)[10] objetan a decir que Dios y el hombre «cooperan» en la santificación, porque ellos quieren insistir en que esa es la obra primaria de Dios y que nuestra parte en la santificación es solo secundaria (vea Fil 2:12-13). Sin embargo, si nosotros explicamos con claridad la naturaleza del papel de Dios y nuestro papel en la santificación, no es inapropiado decir que Dios y el hombre cooperan en la santificación. Dios obra en nuestra santificación y nosotros también, y trabajamos por el mismo propósito. No estamos diciendo que tenemos participaciones iguales en la santificación o que ambos trabajamos de la misma forma, sino solo decimos que cooperamos con Dios en formas que son apropiadas a nuestra condición de criaturas de Dios, Y el hecho de que las Escrituras enfatizan el papel que nosotros tenemos en la santificación (con todos los mandamientos morales del Nuevo Testamento), hace que sea apropiado enseñar que Dios nos llama a cooperar con él en esta actividad.[11]

1. La parte de Dios en la santificación. Puesto que la santificación es sobre todo obra de Dios, es apropiado que Pablo orara diciendo: «Que Dios mismo, el Dios de paz, los santifique por completo» (1 Ts 5:23). Una de las funciones específicas de Dios el Padre en la santificación es su proceso de disciplinar a sus hijos (vea He 2:5-11). Pablo les dice a los filipenses: «Pues *Dios es quien produce en ustedes* tanto el querer como el hacer para que se cumpla su buena voluntad» (Fil 2:13), indicando así algo de la manera en que Dios los santificaba, haciendo que desearan tanto su voluntad como dándoles el poder para cumplirla. El autor de Hebreos nos habla de los papeles del Padre y del Hijo en la bendición familiar: «El Dios que da la paz… Que él los capacite en todo lo bueno para hacer su voluntad. Y que, por medio de Jesucristo, Dios cumpla en nosotros lo que le agrada. A él sea la gloria por los siglos de los siglos. Amén» (He 13:20-21).

El papel de Dios el Hijo, Cristo Jesús, en la santificación es, primero, que él *ganó* nuestra santificación. Por tanto, Pablo podía decir que Dios hizo a Cristo «nuestra sabiduría —es decir, nuestra justificación, santificación y redención» (1 Co 1:30). Además, en el proceso de la santificación Jesús es también nuestro *ejemplo*, porque debemos correr la carrera de la vida «[fijando] la mirada en Jesús, el iniciador y perfeccionador de nuestra fe» (He 12:2). Pedro les dice a sus lectores: «Cristo sufrió por ustedes, dándoles ejemplo para que sigan sus pasos» (1 P 2:21). Y Juan dice: «El que afirma que permanece en él, debe vivir como él vivió» (1 Jn 2:6).

Pero es Dios el Espíritu Santo quien trabaja específicamente dentro de nosotros para cambiarnos y santificarnos, dándonos una mayor santidad de vida. Pedro habla de la «obra santificadora del Espíritu» (1 P 1:2), y Pablo habla también de la

---

[10]Ibíd., pp. 148-149.

[11]Por el otro lado, si deseamos decir que la santificación es por completo obra de Dios, y que nosotros usamos los medios de la santificación a fin de contribuir a ella (o una expresión similar), el significado es el mismo. Estoy solo preocupado con que si decimos que la santificación es por completo obra de Dios, podemos ser mal entendidos y estimular un papel pasivo excesivo de parte de los cristianos, que pueden ser llevados a pensar que ellos no tienen nada que hacer en el proceso de santificación en sus vidas.

«obra santificadora del Espíritu» (2 Ts 2:13). Es el Espíritu Santo el que produce en nosotros «el fruto del Espíritu» (Gá 5:22-23), esos rasgos característicos que son parte de una mayor santificación diaria. Si nosotros crecemos en la santificación «andamos en el Espíritu» y somos «guiados por el Espíritu» (Gá 5:16-18; cf. Ro 8:14), es decir, que somos cada vez más sensibles a los deseos y estímulos del Espíritu Santo en nuestra vida y carácter. El Espíritu Santo es el espíritu de santidad, y genera santidad dentro de nosotros.[12]

2. Nuestra parte en la santificación. La parte que nosotros cumplimos en la santificación es tanto *pasiva* en la que dependemos de Dios para que nos santifique, como *activa* en el cual nos esforzamos por obedecer a Dios y dar los pasos necesarios que van a incrementar nuestra santificación. Vamos a considerar ahora ambos aspectos de nuestro papel en la santificación.

Primero, lo que podemos llamar el papel «pasivo» que nosotros tenemos en la santificación lo vemos en los textos que nos animan a confiar en Dios y a orar pidiéndole que nos santifique. Pablo les dice a sus lectores: «*Ofrézcanse más bien a Dios* como quienes han vuelto de la muerte a la vida» (Ro 6:13; cf. v. 19), y dice a cada cristiano en Roma: «Ofrezca su cuerpo como sacrificio vivo, santo y agradable a Dios» (Ro 12:1). Pablo se da cuenta que dependemos de la obra del Espíritu Santo para crecer en santificación, porque él dice: «Si *por medio del Espíritu* dan muerte a los malos hábitos del cuerpo, vivirán» (Ro 8:13).

Lamentablemente, este papel «pasivo» en la santificación, esta idea de ofrecernos a Dios y confiar en él para que produzca en nosotros «tanto el querer como el hacer para que se cumpla su buena voluntad» (Fil 2:13) se enfatiza tanto hoy que es lo único que las personas oyen acerca del camino de la santificación. A veces la frase popular de «déjalo y déjale a Dios» se presenta como un resumen de cómo vivir la vida cristiana. Pero esa es una distorsión trágica de la doctrina de la santificación, porque solo habla de la mitad de la parte que nosotros debemos realizar y, por sí misma, llevará a los cristianos a ser perezosos y descuidar el papel activo que las Escrituras nos mandan que tengamos en nuestra propia santificación.

El apóstol Pablo nos indica en Romanos 8:13 el papel activo que debemos tener, cuando dice: «Si por medio del Espíritu *dan* muerte a los malos hábitos del cuerpo, vivirán». Pablo reconoce aquí que es por «medio del Espíritu» que somos capaces de hacerlo. ¡Pero también nos dice que nosotros debemos hacerlo! ¡No le manda al Espíritu Santo que dé muerte a los malos hábitos del cuerpo, sino al cristiano! Del mismo modo, Pablo les dice a los filipenses: «Así que, mis queridos hermanos, como han obedecido siempre —no sólo en mi presencia sino mucho más ahora en mi ausencia— lleven a cabo su salvación con temor y temblor, pues Dios es quien produce en ustedes tanto el querer como el hacer para que se cumpla su buena voluntad» (Fil 2:12-13). Pablo les exhorta a obedecer aun más que cuando él estaba presente con ellos. Les dice que la obediencia es la manera mediante la cual ellos «[llevan] a cabo su salvación» queriendo decir que deben continuar con la rea-

---

[12]Vea el capítulo 30, pp. 674-76, para un estudio más amplio de la obra del Espíritu Santo en la santificación.

lización de los beneficios de la salvación en su vida cristiana.[13] Los filipenses tenían que procurar ese crecimiento en la santificación, y hacerlo con solemnidad y reverencia («con temor y temblor»), porque lo están haciendo en la misma presencia de Dios. Pero hay más: La razón por la que ellos deben trabajar y esperar que su trabajo dé resultado es porque «Dios es quien produce en ustedes...», la obra anterior y fundamental de Dios en la santificación significa que su propio trabajo queda fortalecido por Dios; por tanto, merecerá la pena y dará resultados positivos.

Hay muchos aspectos de este papel activo que nosotros tenemos que jugar en la santificación. Debemos «[buscar] ... la santidad, sin la cual nadie verá al Señor» (He 12:14). Tenemos que apartarnos «de la inmoralidad sexual» porque «la voluntad de Dios es que sean santificados» (1 Ts 4:3). Juan dice que los que tienen la esperanza de ser semejantes a Cristo cuando él aparezca trabajarán activamente en la purificación de su vida: «Todo el que tiene esta esperanza en Cristo, se purifica a sí mismo, así como él es puro» (1 Jn 3:3). Pablo les dice a los corintios que «huyan de la inmoralidad sexual» (1 Co 6:18), y no se unan «en yugo con los infieles» (2 Co 6:14, RVR 1960). Luego les dice: «purifiquémonos de todo lo que contamina el cuerpo y el espíritu, para completar en el temor de Dios la obra de nuestra santificación» (2 Co 7:1). Esta clase de lucha por la obediencia y por la santidad puede involucrar gran esfuerzo de nuestra parte, porque Pedro les dice a sus lectores que se «esfuercen» por crecer en las características que son conforme a la piedad (2 P 1:5). Muchos pasajes específicos del Nuevo Testamento nos animan a que prestemos detallada atención a los varios aspectos de la santidad y de la piedad en la vida (vea Ro 12:1—13:14; Ef 4:17—6:20; Fil 4:4-9; Col 3:5—4:6; 1 P 2:11—5:11; et al.). Debemos edificar continuamente pautas y hábitos de santidad, porque una medida de madurez es que los cristianos maduros «tienen la capacidad de distinguir entre lo bueno y lo malo, pues han ejercitado su facultad de percepción espiritual» (He 5:14).

El Nuevo Testamento no sugiere ningún atajo mediante el cual podamos crecer en santificación, sino solo nos anima repetidas veces a darnos a nosotros mismos a los medios antiguos y reconocidos de la lectura de la Biblia y la meditación (Sal 1:2; Mt 4:4; Jn 17:17), la oración (Ef 6:18; Fil 4:6), la adoración (Ef 5:18-20), al testimonio (Mt 28:19-20), al compañerismo cristiano (He 10:24-25), a la autodisciplina y al dominio propio (Gá 5:23; Tit 1:8).

Es importante que continuemos creciendo tanto en la confianza pasiva en Dios para nuestra santificación y en nuestro esfuerzo activo por la santidad y una mayor obediencia en nuestra vida. Si descuidamos el esfuerzo activo para obedecer a Dios, nos hacemos cristianos pasivos y perezosos. Si descuidamos el papel pasivo de confiar en Dios y entregarnos a él, nos hacemos orgullosos y excesivamente confiados en nosotros mismos. En cualquier caso, nuestra santificación será deficiente. Debemos mantener la fe y la diligencia en obedecer al mismo tiempo. El

---

[13]Este versículo no usa la palabra «salvación» para referirse a la justificación inicial, sino al proceso continuado de experimentar cada vez más las bendiciones de la salvación; aquí «salvación» es aproximadamente equivalente a «santificación».

antiguo himno dice: «*Obedecer, y confiar* en Jesús, es la regla marcada para andar en la luz».[14]

Debemos añadir un punto más a nuestro estudio de nuestro papel en la santificación: La santificación es por lo general un proceso corporativo en el Nuevo Testamento. Es algo que sucede en comunidad. Se nos exhorta: «*Preocupémonos* los unos por los otros, a fin *de estimularnos al amor y a las buenas obras*. No dejemos de congregarnos, como acostumbran hacerlo algunos, sino animémonos unos a otros, y con mayor razón ahora que vemos que aquel día se acerca» (He 10:24-25). Los cristianos juntos «son como piedras vivas, con las cuales se está edificando una casa espiritual. De este modo llegan a ser un sacerdocio santo» (1 P 2:5); juntos son una «nación santa» (1 P 2:9), juntos se les insta a «anímense y edifíquense unos a otros, tal como lo vienen haciendo» (1 Ts 5:11). Pablo ruega a los hermanos en Éfeso que «vivan de una manera digna del llamamiento que han recibido» (Ef 4:1) y que vivan de esa manera en comunidad: «siempre humildes y amables, pacientes, tolerantes unos con otros en amor. Esfuércense por mantener la unidad del Espíritu mediante el vínculo de la paz» (Ef 4:2-3). Cuando eso ocurre, el cuerpo de Cristo funciona como un todo unido, cada parte trabajando debidamente, de modo que la santificación corporativa sucede al tiempo que «todo el cuerpo crece y se edifica en amor» (Ef 4:16; cf. 1 Co 12:12-26; Gál. 6:1-2). Es significativo que el fruto del Espíritu incluye muchas cosas que sirven para edificar la comunidad («amor, alegría, paz, paciencia, amabilidad, bondad, fidelidad, humildad y dominio propio», Gá 5:22-23), mientras que las «obras de la naturaleza pecaminosa» destruyen la comunidad («inmoralidad sexual, impureza y libertinaje; idolatría y brujería; odio, discordia, celos, arrebatos de ira, rivalidades, disensiones, sectarismos y envidia; borracheras, orgías, y otras cosas parecidas», Gá 5:19-21).

D. La santificación afecta a toda la persona

Vemos que la santificación afecta nuestro *intelecto* e inteligencia cuando Pablo dice que debemos vestirnos de la nueva naturaleza «que se va renovando en *conocimiento* a imagen de su Creador» (Col 3:10). Él ora pidiendo que los filipenses puedan ver que su amor «abunde cada vez más en conocimiento y en buen juicio« (Fil 1:9). E insta a los cristianos de Roma a que «sean transformados mediante la renovación de su mente» (Ro 12:2). Aunque nuestro conocimiento de Dios es más que conocimiento intelectual, hay ciertamente una componente intelectual en ello, y Pablo dice que este conocimiento de Dios debiera aumentar a lo largo de nuestra vida «para que vivan de manera digna del Señor, agradándole en todo» (Col 1:10). La santificación de nuestros intelectos involucrará crecimiento en sabiduría y conocimiento al ir progresivamente «[llevando] cautivo todo pensamiento para que se someta a Cristo» (2 Co 10:5) y encontrar que nuestros pensamientos son cada vez los pensamientos que Dios mismo nos imparte por medio de su Palabra.

---

[14]Al comparar nuestra vida a un árbol con dos grandes raíces, John Livingstone dijo: Satanás ataca ya sea a la raíz de la fe o a la raíz de la diligencia» (citado en la obra *The Hidden Life of Prayer*, de D. M. M'Intyre [Minneapolis: Bethany Fellowship, 1969], p. 39).

Además, el crecimiento en santificación afectará nuestras *emociones*. Veremos en forma creciente en nuestra vida emociones tales como el «amor, gozo, paz paciencia» (Gá 5:22). Nos veremos cada vez más capacitados para obedecer el mandamiento de Pedro de apartarnos de los «deseos pecaminosos que combaten contra la vida» (1 P 2:11). Encontraremos cada vez más que «no [amamos] el mundo ni nada de lo que hay en él» (1 Jn 2:15), sino que nosotros, como nuestro Salvador, nos gozamos en la voluntad de Dios. En una medida cada vez más creciente nos «[someteremos] de corazón» (Ro 6:17), y abandonaremos las emociones negativas de la «amargura, ira y enojo, gritos y calumnias, y toda forma de malicia» (Ef 4:31).

Además, la santificación afectará nuestra *voluntad*, la facultad de la toma de decisiones, porque Dios está obrando en nosotros, «pues Dios es quien produce en ustedes tanto el *querer* como el hacer para que se cumpla su buena voluntad» (Fil 2:13). Al ir creciendo en santificación, nuestra voluntad se conformará cada vez más a la voluntad de nuestro buen Padre celestial.

La santificación afectará también a nuestro *espíritu*, la parte no física de nuestros seres. Nosotros debemos «[purificarnos] de todo lo que contamina el cuerpo y el *espíritu*, para completar en el temor de Dios la obra de nuestra santificación» (2 Co 7:1), y Pablo nos dice que la preocupación por «las cosas del Señor» lleva a «consagrarse al Señor tanto en cuerpo como en *espíritu*» (1 Co 7:34).[15]

Por último, la santificación afecta a nuestros *cuerpos físicos*. Pablo dice: «Que Dios mismo, el Dios de paz, los santifique por completo, y conserve todo su ser —espíritu, alma *y cuerpo*— irreprochable para la venida de nuestro Señor Jesucristo» (1 Ts 5:23). Además, Pablo les anima a los corintios a purificarse «de todo lo que contamina el *cuerpo* y el espíritu, para completar en el temor de Dios la obra de nuestra santificación» (2 Co 7:1; cf. 1 Co 7:34). A ir quedando más santificados en nuestros cuerpos, éstos son cada vez siervos más útiles de Dios, más receptivos a la voluntad de Dios y a los deseos del Espíritu Santo (cf. 1 Co 9:27).[16] No permitiremos que el pecado reine en nuestros cuerpos (Ro 6:12) ni tampoco que participen en ninguna forma de inmoralidad (1 Co 6:13), sino que trataremos a nuestros cuerpos con cuidado y reconoceremos que son medios a través de los cuales el Espíritu Santo trabaja en nuestra vida. Por tanto, no serán abusados o maltratados negligentemente, sino que procuraremos que sean útiles y sensibles a la voluntad de Dios: «¿Acaso no saben que su cuerpo es templo del Espíritu Santo, quien está en ustedes y al que han recibido de parte de Dios? Ustedes no son sus propios dueños; fueron comprados por un precio. Por tanto, honren con su cuerpo a Dios» (1 Co 6:19-20).

---

[15]Vea el capítulo 23, pp. 495-500, para un estudio del hecho que «alma» y «cuerpo» se usan aproximadamente como sinónimos en la Biblia.

[16]Por supuesto, la debilidad física es inevitable con la ancianidad, y a veces viene antes a causa de enfermedades, pero esto puede ser coherente con el crecimiento en la santificación a medida que el poder de Dios «se perfecciona en la debilidad» (2 Co 12:9). Pablo nos enseña esto claramente cuando dice: «Tenemos este tesoro en vasijas de barro para que se vea que tan sublime poder viene de Dios y no de nosotros» (2 Co 4:7), y, «por tanto, no nos desanimemos, al contrario, aunque por fuera nos vamos desgastando, por dentro nos vamos renovando día tras día» (2 Co 4:16).

E. Motivos para obedecer a Dios en la vida cristiana

Los cristianos a veces no reconocen la amplia variedad de motivos para obedecer a Dios que encontramos en el Nuevo Testamento. (1) Es verdad que el deseo de agradar a Dios y expresar nuestro amor por él es un motivo muy importante para obedecerle. Jesús dijo: «Si ustedes me aman, obedecerán mis mandamientos» (Jn 14:15), y «¿Quién es el que me ama? El que hace suyos mis mandamientos y los obedece» (Jn 14:21; cf. 1 Jn 5:3). Pero también se nos dan otros muchos motivos: (2) la necesidad de mantener una limpia conciencia delante de Dios (Ro 13:5; 1 Ti 1:5; 19:2; 2 Ti 1:3; 1 P 3:16); (3) el deseo de ser vasos «para los usos más nobles» y tener una eficacia creciente para la obra del reino de Dios (2 Ti 2:20-21); (4) el deseo de ver que los incrédulos acuden a Cristo por medio del testimonio de nuestra vida (1 P 3:1-2, 15-16); (5) el deseo de recibir bendiciones presentes de Dios en nuestra vida y ministerio (1 P 3:9-12); (6) el deseo de evitar el desagrado o disciplina de Dios en nuestra vida (que a a veces se llama «el temor de Dios») (Hch 5:11; 9:31; 2 Co 5:11; 7:1; Ef 4:30; Fil 2:12; 1 Ti 5:20; He, 12:3-11; 1 P 1:17; 2:17; cf. el estado de los incrédulos en Ro 3:18); (7) el deseo de buscar una recompensa celestial superior (Mt 6:19-21; Lc 19:17-19; 1 Co 3:12-15; 2 Co 5:9-10);[17] (8) el deseo de caminar de una forma más íntima con Dios (Mt 5:8; Jn 14:21; 1 Jn 1:6; 3:21-22; y en el Antiguo Testamento (Sal 66:18; Is 59:2); (9) el deseo que los ángeles glorifiquen a Dios por nuestra obediencia (1 Ti 5:21; 1 P 1:12); (10) el deseo de paz (Fil 4:9) y gozo (He 12:1-2) en nuestra vida; y (11) el deseo de hacer lo que Dios nos manda, simplemente porque sus mandamientos son rectos, y nosotros nos deleitamos en hacer lo que es correcto (Fil 4:8; cf. Sal 40:8)

F. La belleza y el gozo de la santificación

No sería correcto terminar este estudio sin notar que la santificación nos trae a gran gozo. Cuanto más crecemos a la semejanza de Cristo, tanto más experimentaremos personalmente el «gozo» y la «paz» que son parte del fruto del Espíritu Santo (Gá 5:22), y tanto más nos acercaremos a la clase de vida que tendremos en el cielo. Pablo dice que a medida que crecemos en la obediencia a Dios, cosechamos «la santidad que conduce a la vida eterna» (Ro 6:22). Él se da cuenta que esta es la fuente del verdadero gozo. «Porque el reino de Dios no es cuestión de comidas o bebidas sino de justicia, paz y alegría en el Espíritu Santo» (Ro 14:17). Al ir creciendo en santidad vamos creciendo en conformidad a la imagen de Cristo, y cada vez se va viendo más de su carácter en nuestra vida. Esta es la meta de la perfecta santificación que esperamos y anhelamos, y que será nuestra cuando Cristo regrese. «Todo el que tiene esta esperanza en Cristo, se purifica a sí mismo, así como él es puro» (1 Jn 3:3).

PREGUNTAS DE APLICACIÓN PERSONAL

1. ¿Puede usted recordar en su propia experiencia el momento definido en que comenzó la santificación cuando se hizo cristiano? ¿Sintió usted un

---

[17]Vea el capítulo 56, pp. 1205-08, para un estudio de los grados de recompensa en el cielo.

rompimiento claro con el poder dominante y el amor al pecado en su vida? ¿Cree usted realmente que aun ahora está muerto al poder y al amor del pecado en su vida? ¿Puede esta verdad de la vida cristiana ser de ayuda en áreas específicas de su vida donde todavía necesita crecer en santificación?

2. Al mirar retrospectivamente a los últimos años de su vida cristiana, ¿puede usted ver una pauta definida de crecimiento en santificación? ¿En qué cosas se deleitaba y que ya no son de interés para usted? ¿Cuáles son algunas cosas en las que no tenía interés y ahora tienen gran interés para usted?

3. Al ir creciendo en mayor madurez y santidad en la vida cristiana, ¿se ha hecho usted más consciente del peso del pecado que permanece en su corazón? Si no, ¿por qué no ha sido así? ¿Piensa usted que sería de ayuda si tuviera una mayor conciencia del pecado que permanece en su propia vida? Si lo tuviera, ¿cuál sería la diferencia en su propia vida?

4. ¿Cómo quedaría afectada su vida si pensara más acerca del hecho de que el Espíritu Santo está continuamente trabajando en usted para incrementar su santificación? Al vivir la vida cristiana, ¿ha mantenido usted un equilibrio entre su papel pasivo y su papel activo en la santificación, o ha tendido a enfatizar un aspecto sobre el otro? ¿Por qué? ¿Qué podría hacer para corregir este desequilibrio, si lo hubiera en su vida?

5. ¿Había usted pensado previamente que la santificación afecta a su intelecto y a la manera en que piensa? ¿Qué áreas de su intelecto necesitan todavía un poco de crecimiento en santificación? Con relación a sus emociones, ¿en qué áreas sabe que Dios necesita seguir trabajando en usted para producir mayor santificación? ¿Hay áreas o aspectos de la santificación que necesita usted mejorar con respecto a su cuerpo físico en obediencia a los propósitos de Dios?

6. ¿Hay áreas en las que ha luchado por años para crecer en santificación, pero no ha visto progreso en su vida? ¿Le ha ayudado este capítulo para recuperar la esperanza para progresar en esas áreas? (Para los cristianos que tienen un gran desaliento por su falta de progreso en la santificación, es muy importante hablar personalmente con un pastor o cristiano maduro acerca de esa situación, en vez de dejarlo seguir por más tiempo.)

7. En general ¿ha sido este capítulo de ánimo o desánimo para usted en la vida cristiana?

TÉRMINOS ESPECIALES

perfeccionismo
perfección impecable
santificación

BIBLIOGRAFÍA

(Para una explicación de esta bibliografía vea la nota sobre la bibliografía en el capítulo 1, p. 40. Datos bibliográficos completos se pueden encontrar en las páginas 1297-1306.)

Secciones en Teologías Sistemáticas Evangélicas

1. Anglicana (episcopal)
   - 1882–92   Litton, 330–45
   - 1930   Thomas, 199–209, 223–35
2. Arminiana (wesleyana o metodista)
   - 1847   Finney, 423–81
   - 1875–76   Pope, 3:27–100
   - 1892–94   Miley, 2:355–84
   - 1940   Wiley, 2:440–517; 3:7–102
   - 1960   Purkiser, 305–92, 428–41
   - 1983   Carter, 1:521–69
3. Bautista
   - 1767   Gill, 2:93–107, 141–51, 364–557
   - 1887   Boyce, 409–25
   - 1907   Strong, 869–81
   - 1917   Mullins, 417–32
   - 1983–85   Erickson, 967–84
4. Dispensacional
   - 1947   Chafer, 3:355–63; 6:162–298
   - 1949   Thiessen, 283–89
   - 1986   Ryrie, 300–306
5. Luterana
   - 1917–24   Pieper, 3:3–86
   - 1934   Mueller, 384–435
6. Reformada (o presbiteriana)
   - 1559   Calvin, 1:684–725, 833–49 (3. 6–10, 19)
   - 1724–58   Edwards, 2:173–85
   - 1861   Heppe, 565–80
   - 1871–73   Hodge, 3:213–465
   - 1878   Dabney, 674–87
   - 1887–1921   Warfield, *SSW* 2:325–28; *Perf.*, 3–464
   - 1889   Shedd, 2b:553–60
   - 1937–66   Murray, *CW* 2:277–317; *RAA* 141–51
   - 1938   Berkhof, 527–44
   - 1962   Buswell, 2:196–215
7. Renovada (o carismática o pentecostal)
   - 1988–92   Williams, 2:83–117, 411–45

Secciones en Teologías Sistemáticas Católicas Romanas Representativas

1. Católico Romana: tradicional
   - 1955   Ott, 254–69
2. Católico Romana: Post Vaticano II
   - 1980   McBrien, 2:903–1099

Otras obras

Alexander, Donald L., ed. *Christian Spirituality: Five Views of Sanctification.* InterVarsity Press, Downers Grove, Ill., 1988.

Berkouwer, G. C. *Faith and Sanctification.* Trad. por John Vriend. Eerdmans, Grand Rapids, 1952.

Bockmuehl, Klaus. «Sanctification». En *NDT* pp. 613–16.

Chafer, Lewis Sperry. *He That Is Spiritual.* Rev. ed. Zondervan, Grand Rapids, 1967.

Coppedge, Allan. *The Biblical Principles of Discipleship.* Francis Asbury Press, Grand Rapids, 1989.

Downs, Perry G. *Teaching for Spiritual Growth: An Introduction to Christian Education.* Zondervan, Grand Rapids, 1994.

Hoekema, Anthony A. «Sanctification». En *Saved by Grace.* Eerdmans, Grand Rapids, y Paternoster, Exeter, 1989, pp. 192–233.

Murray, John. «Sanctification». En *Redemption Accomplished and Applied.* Eerdmans, Grand Rapids, 1955, pp. 141–50.

Packer, J. I. *Keep in Step With the Spirit.* Revell, Old Tappan, N. J., 1984.

Prior, K. *The Way of Holiness.* InterVarsity Press, Downers Grove, Ill., 1967.

Ryle, J. C. *Holiness: Its Nature, Hindrances, Difficulties and Roots.* Revell, Westwood, N. J., n. f.

White, R. E. O. «Sanctification». En *EDT* pp. 969–71.

Willard, Dallas. *The Spirit of the Disciplines: Understanding How God Changes Lives.* Harper and Row, San Francisco, 1988.

Ziesler, J. A. *The Meaning of Righteousness in Paul.* Cambridge University Press, Cambridge, 1972.

PASAJE BÍBLICO PARA MEMORIZAR

Romanos 6:11–14: *De la misma manera, también ustedes considérense muertos al pecado, pero vivos para Dios en Cristo Jesús. Por lo tanto, no permitan ustedes que el pecado reine en su cuerpo mortal, ni obedezcan a sus malos deseos. No ofrezcan los miembros de su cuerpo al pecado como instrumentos de injusticia; al contrario, ofrézcanse más bien a Dios como quienes han vuelto de la muerte a la vida, presentando los miembros de su cuerpo como instrumentos de justicia. Así el pecado no tendrá dominio sobre ustedes, porque ya no están bajo la ley sino bajo la gracia.*

HIMNO

«Sed puros y santos»

Sed puros y santos, mirad al Señor,
Permaneced fieles siempre en oración;
Leed la Palabra del buen Salvador,
Socorred al débil, mostrad compasión.

Sed puros y santos, Dios nos juzgará,
Orad en secreto, respuesta vendrá;
Su Espíritu Santo revela a Jesús,
Y su semejanza en nos él pondrá.

Sed puros y santos, Cristo nos guiará;
Seguid su camino, en Él confiad;
En paz o en pena la calma dará,
Quien nos ha salvado de nuestra maldad.

AUTOR: WILLIAM D. LONGSTAFF, ES TRAD.
(TOMADO DE HIMNOS DE LA VIDA CRISTIANA # 129)

Capítulo 39

El bautismo y la llenura del Espíritu

¿Debiéramos buscar el «bautismo en el Espíritu Santo» después de la conversión? ¿Qué significa ser llenos con el Espíritu Santo?

Los libros de teología sistemática no han incluido tradicionalmente un capítulo sobre el bautismo en el Espíritu Santo o ser lleno con el Espíritu Santo como parte del estudio del «orden de la salvación», el estudio de los varios pasos en que se aplican los beneficios de la salvación a nuestra vida.[1] Pero desde la aparición del pentecostalismo que empezó en 1901, la ampliamente extendida influencia del movimiento carismático en las décadas de 1960 y 1970, y el notable crecimiento de las iglesias pentecostales y carismáticas[2] en todo el mundo desde los años de 1970 hasta el presente, la cuestión del «bautismo en el Espíritu Santo» distinto de la regeneración ha llegado a tener una creciente prominencia. He puesto este capítulo en

---

[1]Vea el capítulo 32, p. 702, para una lista de elementos en el orden de la salvación.

[2]Estoy usando los términos *pentecostal* y *carismático* en la siguiente forma: *Pentecostal* se refiere a cualquier denominación o grupo que tiene su origen histórico en el avivamiento pentecostal que empezó en los Estados Unidos en 1901 y que sostiene la posición doctrinal de que (a) el bautismo en el Espíritu Santo es un suceso común subsiguiente a la conversión, y (b) que el bautismo en el Espíritu Santo se manifiesta mediante la señal de hablar en lenguas, y (c) que todos los dones espirituales que se mencionan en el Nuevo Testamento hay que buscarlos y usarlos hoy. Los grupos pentecostales tienen generalmente su propia estructura denominacional, la más prominente de las cuales en las Asambleas de Dios.

Los *carismáticos* se refiere a todo grupo o personas que tienen su origen histórico en el movimiento de renovación carismático de las décadas de 1960 y 1970, que buscan practicar todos los dones espirituales mencionados en el Nuevo Testamento (incluyendo profecía, sanidades, milagros, lenguas, interpretación y discernimiento de espíritus), y permiten diferentes puntos de vista sobre si el bautismo en el Espíritu Santo es subsiguiente a la conversión o si el hablar en lenguas es una señal del bautismo en el Espíritu Santo. Los carismáticos se refrenan de formar su propia denominación, pero se ven a sí mismos como una fuerza de renovación dentro de las iglesias protestantes y católicas existentes. No hay al presente una denominación carismática representativa en los Estados Unidos, pero el más destacado portavoz carismático es probablemente Pat Robertson de la cadena de televisión Christian Broadcasting Network, con su programa de televisión «The 700 Club» y la Regent University (anteriormente CBN University).

En los años de 1980 apareció otro movimiento de renovación, llamado la «tercera ola» por el profesor de misiones C. Peter Wagner del Seminario Fuller (se refería a la reovación pentecostal como la primera ola de renovación del Espíritu Santo en la iglesia moderna, y al movimiento carismático como la segunda ola.) La «tercera ola» anima la capacitación de los creyentes en el uso de los dones espirituales del Nuevo Testamento hoy, y dice que la proclamación del evangelio debiera ir en general acompañada de «señales, maravillas y prodigios», según el modelo del Nuevo Testamento. Ellos enseñan, sin embargo, que el bautismo en el Espíritu Santo sucede a todos los creyentes en el momento de la conversión, y que las subsiguientes experiencias es mejor llamarlas ser «llenos» con el Espíritu Santo. El representante más prominente de la «tercera ola» es John Wimber, pastor principal de la Vineyard Christian Fellowship en Anaheim, California, y líder de la Asociación de Vineyard Churches. Los dos libros principales de Wimber son *Power Evangelism* (San Fancisco: Harper & Row, 1986, edi. Rev. 1992) y *Power Healing* (San Francisco: Harper & Row, 1987), ambos escritos junto con Kevin Springer, estos dos libros son ampliamente reconocidos como representativos de los énfasis distintivos de la «tercera ola».

La obra de referencia más completa de estos movimientos en el presente es Stanley M. Burgess y Gary B. McGee, editores, *Dictionary of Pentecostal and Charismatic Movements* (Grand Rapids: Michigan, 1988).

este lugar en nuestro estudio de la aplicación de la redención por dos razones: (1) Un entendimiento correcto de esta cuestión debe dar por sentado un entendimiento de la regeneración, la adopción y la santificación, todo lo cual lo estudiamos en los capítulos anteriores. (2) Todos los capítulos anteriores sobre la aplicación de la redención han considerado sucesos que ocurren (o en el caso de la santificación, que empieza) en el momento en el que una persona se hace cristiana. Pero esta cuestión tiene que ver con un suceso que tiene lugar en el momento de la conversión (según un punto de vista) o en algún momento después de la conversión (según otro punto de vista). Además, las personas en ambos lados del debate están de acuerdo que alguna forma de segunda experiencia les ha ocurrido a muchos creyentes después de la conversión y, por tanto, una cuestión muy importante es cómo entender esta experiencia a la luz de las Escrituras y qué categoría bíblicas se aplican debidamente aquí

EXPLICACIÓN Y BASES BÍBLICAS

A. El entendimiento pentecostal tradicional

El tema de este capítulo ha llegado a ser muy importante hoy porque muchos cristianos dicen que han experimentado un «bautismo en el Espíritu Santo» que vino después que ellos se hicieran cristianos y ha traído gran bendición en sus vidas. Afirman que la oración y el estudio de la Biblia se han hecho mucho más significativos y eficaces, que han descubierto un nuevo gozo en la adoración, y a menudo dicen que han recibido nuevos dones espirituales (especialmente, y con más frecuencia, el don de hablar en lenguas).

Esta posición carismática o pentecostal tradicional está apoyada por las Escrituras en la siguiente manera:

(1) Los discípulos de Jesús eran creyentes nacidos de nuevo antes del día de Pentecostés, quizá durante la vida y ministerio de Jesús, pero sin duda lo eran para el tiempo cuando Jesús, después de su resurrección: «Sopló sobre ellos y les dijo: "Reciban el Espíritu Santo"» (Jn 20:22).

(2) Jesús, no obstante, les mandó a sus discípulos: «No se alejen de Jerusalén, sino esperen la promesa del Padre, de la cual les he hablado» (Hch 1:4), y les dijo: «dentro de pocos días ustedes serán *bautizados con el Espíritu Santo*» (Hch 1:5). Luego les dijo: «Pero cuando venga el Espíritu Santo sobre ustedes, recibirán poder» (Hch 1:8). Los discípulos entonces obedecieron el mandamiento de Jesús y esperaron en Jerusalén a que viniera sobre ellos el Espíritu Santo a fin de recibir el poder anunciado para el testimonio y el ministerio.

(3) Cuando los discípulos llevaban esperando diez días, llegó el día de Pentecostés, y lenguas de fuego se posaron sobre sus cabezas, «Todos fueron llenos del Espíritu Santo y comenzaron a hablar en diferentes lenguas, según el Espíritu les concedía expresarse» (Hch 2:4). Esto muestra claramente que ellos recibieron un bautismo en (o con)[3] en el Espíritu Santo. Aunque los discípulos habían nacido de

---

[3]No importa mucho si se traduce la frase griega *en pneumati* como «en el Espíritu» o «con el Espíritu» porque ambas son traducciones aceptables, y las personas en todos los lados de este asunto parecen usar ambas expresiones como intercambiables. Yo he usado generalmente «en el Espíritu Santo» a lo largo de este capítulo, pero la

nuevo mucho antes del día de Pentecostés, en Pentecostés ellos fueron «bautizados con el Espíritu Santo» (Hch 1:5 y 11:17 se refieren a esto de esa manera) que fue subsiguiente a la conversión y que resultó en una gran demostración de poder así como el hablar en lenguas.[4]

(4) Los cristianos hoy, como los apóstoles, debieran preguntarle a Jesús por el «bautismo en el Espíritu Santo» y que eso siguiera el mismo modelo que en la vida de los discípulos.[5] Si recibimos este bautismo en el Espíritu Santo, resultará en un mayor poder para el ministerio en nuestra vida, así como sucedió en la vida de los discípulos, y resultará también con frecuencia (o siempre, según algunos maestros) en hablar en lenguas.

(5) Apoyo para este modelo —en el que las personas nacen de nuevo primero y más tarde son bautizados en el Espíritu Santo— lo encontramos en otras varias ocasiones en el libro de Hechos. Lo vemos, por ejemplo, en Hechos 8, donde encontramos a las personas de Samaria que se hicieron cristianos «cuando creyeron a Felipe que les anunciaba las buenas nuevas del reino de Dios y el nombre de Jesucristo» (Hch 8:12), pero recibieron el Espíritu Santo más tarde cuando los apóstoles Pedro y Juan llegaron desde Jerusalén y oraron por ellos (Hch 8:14-17).[6]

Otro ejemplo lo encontramos en Hechos 19, cuando Pablo llegó a Éfeso y «allí encontró a algunos discípulos» (Hch 19:1). Pero «cuando Pablo les impuso las manos, el Espíritu Santo vino sobre ellos, y empezaron a hablar en lenguas y a profetizar» (Hch 19:6).

Todos estos ejemplos (Hechos 2, 8, a veces el 10 y 19)[7] son citados por los pentecostales con el fin de mostrar que el «bautismo en el Espíritu Santo» subsiguiente a la conversión era un suceso muy común entre los cristianos del Nuevo Testamento. Por tanto, ellos razonan, era común para los cristianos en Hechos tener esta segunda experiencia en algún momento después de la conversión ¿no debiera esto ser también común para nosotros hoy?

Podemos analizar el asunto del bautismo en el Espíritu Santo planteando tres preguntas: (1) ¿Qué significa la frase «bautismo en el Espíritu Santo» en el Nuevo

---

NVI que es la que se usa en esta obra en español generalmente prefiere: «con el Espíritu Santo». No hago ninguna distinción entre estas dos frases en el estudio de este capítulo. (Vea abajo, pp. 805-06, para un estudio de las afirmaciones frecuentes de los pentecostales de que el bautismo *por* el Espíritu [como en 1 Co 12:13] es un suceso diferente que el bautismo *en* [o con] el Espíritu Santo.)

[4]La mayoría de los estudios pentecostales sobre el bautismo en el Espíritu Santo incluyen el punto de vista de que hablar en lenguas es una «señal» de que el creyente ha sido bautizado con el Espíritu Santo, y que esa señal les será dada a todos los que han sido bautizados con el Espíritu Santo, aunque no todos tendrán más tarde el don de hablar en lenguas como una don continuo en sus vidas.

[5]Yo escuché esa enseñanza sobre el bautismo en el Espíritu Santo cuando estaba en mi primer año de estudios en la universidad en 1967, y más tarde oré en privado, como me instruyeron, para arrepentirse de todos mis pecados conocidos y una vez más entregar todas las áreas de vida a Dios, luego pedirle a Jesús que me bautizara con el Espíritu Santo. Aunque mi entendimiento de aquella experiencia ha cambiado desde entonces, de modo que ahora lo explico de otra manera (vea abajo), el resultado en mi vida fue sin duda muy positivo y perdurable, incluyendo un amor más profundo por Cristo y una eficacia mucho mayor en mi ministerio personal.

[6]Otro ejemplo citado a veces es el de Cornelio en Hechos 10. Era un hombre devoto y sincero que oraba a Dios constantemente (Hch 10:2), pero cuando Pedro llegó y le predicó a él y a su familia, Pedro y los que le acompañados se «quedaron asombrados de que el don del Espíritu Santo se hubiera derramado también sobre los gentiles, pues los oían hablar en lenguas y alabar a Dios» (Hch 10:45-46).

[7]El caso de Pablo en Hechos 19:17 se menciona a veces también, pero no es tan claro, puesto que su persecución violenta de la iglesia antes de ese tiempo indica que él no había nacido de nuevo antes de la experiencia del camino de Damasco. Pero algunos han visto una pauta similar en la distinción entre su conversión en el camino a Damasco y su recibimiento del Espíritu Santo por medio de Ananías tres días más tarde.

Testamento? (2) ¿Cómo debemos entender la «segunda experiencia» que les viene a los cristianos nacidos de nuevo en el libro de Hechos? (3) ¿Hay otras expresiones bíblicas, tales como «llenos del Espíritu Santo», que son más apropiadas para describir la capacitación con el Espíritu Santo que viene después de la conversión?

B. ¿Qué significa la frase «bautismo en el Espíritu Santo» en el Nuevo Testamento?

Hay solo siete pasajes en el Nuevo Testamento en los que leemos que alguien fue bautizado en el Espíritu Santo. (Las versiones citadas aquí usan la palabra *con* en vez de *en*.)[8] Los siete pasajes son los siguientes:

En los primeros cuatro versículos, Juan el Bautista aparece hablando de Jesús y predice que él bautizará a las personas «con el Espíritu Santo»:

Mateo 3:11: «Yo los bautizo a ustedes con agua para que se arrepientan. Pero el que viene después de mí es más poderoso que yo, y ni siquiera merezco llevarle las sandalias. Él los bautizará con el Espíritu Santo y con fuego».

Marcos 1:8: «Yo los he bautizado a ustedes con agua, pero él los *bautizará con el Espíritu Santo*».

Lucas 3:16: «Yo los bautizo a ustedes con agua —les respondió Juan a todos—. Pero está por llegar uno más poderoso que yo, a quien ni siquiera merezco desatarle la correa de sus sandalias. Él los *bautizará con el Espíritu Santo* y con fuego».

Juan 1:33: «Yo mismo no lo conocía, pero el que me envió a bautizar con agua me dijo: Aquel sobre quien veas que el Espíritu desciende y permanece, es el que *bautiza con el Espíritu Santo*».

Es difícil sacar alguna conclusión de estos cuatro pasajes con respecto a lo que es de verdad el bautismo con el Espíritu Santo. Descubrimos que Jesús es el que llevará a cabo este bautismo y bautizará a sus seguidores. No se da más explicación acerca de este bautismo.

Los dos siguientes pasajes se refieren directamente a Pentecostés:

Hechos 1:5: [Aquí habla Jesús:] «Juan bautizó con agua, pero dentro de pocos días ustedes serán *bautizados con el Espíritu Santo*».

Hechos 11:16: [Aquí Pedro se refiere a las mismas palabras citadas en el versículo anterior.] «Entonces recordé lo que había dicho el Señor: "Juan bautizó con agua, pero ustedes serán *bautizados con el Espíritu Santo*"».

Estos dos pasajes nos muestran que sea lo que sea que entendamos por bautismo con el Espíritu Santo, sucedió sin duda en el día de Pentecostés como lo

---

[8]Vea la nota 3.

tenemos registrado en Hechos 2, cuando el Espíritu Santo descendió con gran poder sobre los discípulos y los que estaban con ellos, y ellos empezaron a hablar en otras lenguas y como tres mil personas se convirtieron (Hch 2:14).

Es importante que nos demos cuenta que seis de estos versículos usan casi las mismas expresiones en griego, las únicas diferencias son algunas variaciones en el orden de las palabras y el tiempo verbal para encajar con la oración gramatical, y uno de los ejemplos aparecen con la preposición sobreentendida más bien que expresada explícitamente.[9]

La otra referencia que nos queda del Nuevo Testamento está en las epístolas paulinas:

> 1 Corintios 12:13: «Todos fuimos *bautizados por un solo Espíritu* para constituir un solo cuerpo —ya seamos judíos o gentiles, esclavos o libres—, y a todos se nos dio a beber de un mismo Espíritu».

La cuestión ahora es si 1 Corintios 12:13 se está refiriendo a la misma actividad que los otros seis versículos. En algunas versiones de la Biblia (especialmente en inglés) parece que es diferente, Pero la RVR 1960 y la NVI tienen un mismo sentido y usan prácticamente las mismas palabras: «Todos fuimos bautizados *por un solo Espíritu* para constituir un solo cuerpo». Los que apoyan el punto de vista pentecostal del bautismo en el Espíritu Santo después de la conversión están muy dispuestos a ver este versículo como refiriéndose a otra cosa diferente del bautismo en el Espíritu Santo, y con frecuencia enfatizan las diferencias que aparecen en las traducciones en inglés. En todos los otros seis versículos Jesús es el que bautiza a las personas y el Espíritu Santo es el «elemento» (paralelo al agua en el bautismo físico) en el cual o con el cual Jesús nos bautiza. Pero aquí en 1 Corintios 12:13 (como lo explican los pentecostales) tenemos algo muy diferente, aquí la persona que bautiza no es Jesús, sino el Espíritu Santo. Por tanto, ellos dicen, 1 Corintios 12:13 no debiera tenerse en cuenta cuando preguntamos qué quiere decir el Nuevo Testamento con lo de «bautizados con el Espíritu Santo».

Este punto es muy importante para la posición pentecostal, porque, si admitimos que 1 Corintios 12:13 se refiere al bautismo *en* el Espíritu Santo, entonces es muy difícil mantener que es una experiencia que viene después de la conversión. En este versículo Pablo dice que este bautismo en/con/por el Espíritu Santo nos hace miembros del cuerpo de Cristo: «Todos fuimos bautizados *por* un solo Espíritu para constituir un solo cuerpo» (1 Co 12:13). Pero si esto es en realidad un «bautismo *en* el Espíritu Santo», lo mismo a que se estaba refiriendo en el suceso del que se habla en los otros seis versículos anteriores, entonces Pablo está diciendo que eso les ocurrió a todos los corintos *cuando ellos se hicieron miembros del cuerpo de Cristo; esto es, cuando se hicieron cristianos.* Porque fue aquel bautismo el que los llevó a ser miembros del cuerpo de Cristo, la iglesia. Esa conclusión sería muy difícil

---

[9]La expresión que se usa en todos estos seis pasajes es el verbo *baptizo* («bautizar») más la frase preposicional *en pneumati hagio* («en» [o con] el Espíritu Santo»), excepto Marcos que omite la preposición *en*. Aun así, no hay diferencia en el significado, porque el nombre dativo solo puede tomar el mismo sentido como la preposición *en* con el nombre dativo. Mateo y Lucas también añaden «y con fuego».

para la posición pentecostal que sostiene que el bautismo en el Espíritu Santo es algo que tiene lugar después de la conversión, no al mismo tiempo.

¿Es posible sostener el punto de vista pentecostal de que los otros seis versículos se refieren a un bautismo *por Jesús* mediante el cual él nos bautiza en (o con) el Espíritu Santo, pero que 1 Corintios 12:13 se refiere a algo diferente, a un bautismo *por el Espíritu Santo*? Aunque la distinción parece tener sentido en base de algunas traducciones en inglés, no puede en realidad sostenerse cuando examinamos el texto griego, porque allí la expresión es casi idéntica a las expresiones que hemos visto en los otros seis versículos. Pablo dice *en heni pneumati... ebaptishemen* («Todos fuimos bautizados por un solo Espíritu») Aparte de una pequeña diferencia (él se refiere a «un solo Espíritu» en vez de al «Espíritu Santo»),[10] todos los otros elementos son los mismos: el verbo es *baptizo*, y la frase preposicional contiene las mismas palabras (*en* y el nombre dativo *pneumati*). Si nosotros traducimos esta misma expresión griega «bautizados en el Espíritu Santo» (o «bautizados con el Espíritu Santo») en las otras seis ocasiones en el Nuevo Testamento donde las encontramos, entonces parece apropiado que las traduzcamos de la misma forma en esta séptima ocasión. Y sin importar cómo lo traducimos, resulta difícil negar que los lectores originales hubieran visto esta frase como refiriéndose a lo mismo que en otros seis versículos, porque para ellos las palabras eran las mismas.

¿Por qué entonces las traducciones inglesas modernas traducen en este versículo diciendo: «Todos fuimos bautizados por un solo Espíritu», apoyando al parecer de esa forma la interpretación pentecostal? Debiéramos notar primero que la NASB nos da «en» como una traducción al margen, y que la NVI nos da al margen tanto «con» y «en» como otras variantes posibles. La razón por la que estas traducciones han escogido la palabra «por» ha sido aparentemente por un deseo de evitar que apareciera dos veces bautismo en la misma frase. La frase ya dice que este bautismo fue «en un cuerpo», y quizá los traductores pensaron que parecía poco elegante decir: *«en un Espíritu fuimos todos bautizados en un cuerpo».* Pero esto no debiera ser visto como una gran dificultad, porque Pablo dice, refiriéndose a los israelitas: «y todos *en* Moisés fueron bautizados *en* la nube y *en* el mar» (1 Co 10:2), una expresión muy similar en la que la nube y el mar son los «elementos» que rodearon o abrumaron a los israelitas y *Moisés* significa la nueva vida de participación en el pacto mosaico y en el compañerismo con el pueblo de Dios (dirigido por Moisés) en el que los israelitas se encontraron metidos después de haber pasado por la nube y el mar. No es que hubiera dos lugares para el mismo bautismo, sino que uno era el elemento en el que fueron bautizados y el otro era el lugar en que se encontraron participando después del bautismo. Esto es muy similar a 1 Co 12:13: El Espíritu Santo fue el *elemento* en el cual fueron bautizados, y el cuerpo de Cristo, la iglesia, era el *lugar* en el que se encontraron participando después del bautismo.[11]

---

[10]En este contexto, en el cual él está hablando repetidas veces acerca del Espíritu Santo y de los dones espirituales, no puede haber duda de que se está refiriendo al Espíritu Santo.

[11]Además del hecho de que esta frase griega que encontramos en 1 Corintios 12:13 se traduce para referirse al bautismo por el Espíritu Santo en todas las otras seis ocasiones, hay un argumento gramatical que apoya la traducción «en un Espíritu fuimos todos bautizados en un cuerpo» en 1 Co 12:13: Si Pablo hubiera querido decir que fuimos bautizados *por* el Espíritu Santo, él hubiera usado una expresión diferente. Ser bautizado «por» alguien en el Nuevo Testamento se expresa siempre mediante la preposición *hypo* seguida por un nombre en genitivo. Esta

Nos parece, pues, apropiado concluir que 1 Corintios 12:13 también se refiere al bautismo «en» o «con» el Espíritu Santo, y se está refiriendo a los mismos que en los otros seis versículos mencionados.

Pero esto tiene una implicación importante para nosotros: Significa que, en lo que al apóstol Pablo se refiere, *el bautismo por el Espíritu Santo tiene lugar en la conversión.* Él dice que todos los corintios fueron bautizados «por un solo Espíritu» y que el resultado fue que se hicieron miembros del cuerpo de Cristo: «Todos fuimos bautizados por un solo Espíritu para constituir un solo cuerpo» (1 Co 12:13). «Bautismo por el Espíritu Santo», por tanto, debe referirse a la actividad del Espíritu Santo al comienzo de la vida cristiana que cuando él nos da nueva vida espiritual (en la regeneración) y nos limpia y nos lleva a apartarnos del poder y del amor al pecado (la etapa inicial de la santificación). En este sentido «bautismo por el Espíritu Santo» se refiere a todo lo que el Espíritu Santo hace al comienzo de nuestra vida cristiana. Pero esto quiere decir que no puede referirse a una experiencia después de la conversión, como los pentecostales suelen interpretarlo.[12]

Pero entonces, ¿cómo entendemos la referencia al bautismo en el Espíritu Santo en Hechos 1:5 y 11:16, que ambas se refieren al día de Pentecostés? ¿No fueron estas dos ocasiones donde los discípulos, habiendo sido previamente regenerados por el Espíritu Santo, experimentaron ahora una nueva habilitación de parte del Espíritu Santo que los capacitaba para ministrar eficazmente?

---

es la forma en que los escritores del Nuevo Testamento dicen que las personas fueron bautizadas por Juan el Bautista en el río Jordán (Mt 3:6; Mr 1:5; Lc 3:7), o que Jesús fue bautizado «por» Juan (Mt 3:13; Mr 1:9), o que los fariseos no se hicieron bautizar «por» Juan (Lc 7:30), o que Juan el Bautista le dijera a Jesús: «Yo soy el que necesita ser bautizado por ti» (Mt 3:14). Por tanto, si Pablo hubiera querido decir que los corintios todos habían sido bautizados *por* el Espíritu Santo él habría usado *hypo* y el genitivo, no *en* y el dativo. (Es común en el Nuevo Testamento que el agente que ejecuta la acción expresada por un verbo en pasivo se exprese usando *hypo* y el genitivo.) Encontramos más apoyo para este punto de vista de que 1 Co 12:13 significa «en (o con) un Espíritu» en M. J. Harris, «Prepositions and Theology in The Greek New Testament», en *NIDNTT*, vol, 3, p. 1210.

[12]Howard M. Ervin, *Conversion-Initiation and the Baptism in the Holy Spirit* (Peabody, Mss.: Hendrickson, 1984), pp. 98-102, admite que 1 Co 12:13, sin importar cómo se traduzca, se refiere al comienzo de la vida cristiana (él dice que es «iniciador», p. 101), pero entonces dice que la siguiente frase: «y a todos se nos dio a beber de un mismo espíritu» se refiere a la habilitación subsiguiente para el servicio. También dice que el uso que Pablo hace de la frase «bautizados por un solo Espíritu» es diferente del sentido que la frase tiene en otros seis casos en que aparece en el Nuevo Testamento. De ese modo reconoce la interpretación no pentecostal de 1 Co 12:13, pero todavía dice que Pablo usa la frase con un sentido diferente. No obstante, este argumento no parece persuasivo. Sería improbable que Lucas, que iba viajando como compañero de Pablo a lo largo de mucha de la actividad misionera, y que se encontraba probablemente en Roma con Pablo cuando él escribió el libro de Hechos (Hch 28:30-31), usaría la frase en un sentido diferente del de Pablo, o que Pablo usaría esta frase en un sentido diferente que el sentido que se usaban de forma tan predominante en Mateo, Marcos, Lucas y Juan.

Otro intento de evitar nuestra conclusión sobre 1 Co 12:13 la encontramos en John P. Baker, *Baptized in One Spirit* (Plainfield, N.J.: Logos Book, 1970), pp. 18-25, donde él argumenta que 1 Co 12:13 no significa que fuimos bautizados «en un solo cuerpo», sino que fuimos bautizados «para un solo cuerpo de Cristo» (p. 24). Pero el argumento de Baker no es convincente, porque la palabra «porque» al comienzo del versículo 13 (RVR-60) muestra que debe haber un argumento que apoya al versículo 12, donde Pablo dice que hay muchos miembros pero un solo cuerpo. Con todo, a fin de que el v. 13 muestre que todos los cristianos son parte de un cuerpo, es necesario que el v. 13 comunique por qué somos todos miembros de un cuerpo, y Pablo lo hace mostrando que todos somos bautizados en un cuerpo. El punto de vista de Baker de que esto solo ocurre con «algunos que ya son miembros del cuerpo de Cristo para capacitarlos para funcionar eficazmente» (p. 24), no es convincente a la luz de la declaración de Pablo de que «todos» los cristianos fueron bautizados en un solo cuerpo. Además, el bautismo *por el beneficio* de un cuerpo (que es esencialmente lo que Baker quiere decir) le da un sentido muy poco común a la preposición *eis*, si Pablo quisiera decir eso, habríamos esperado algo parecido a *heneka*, «por amor de», o *hiper* y el genitivo, significando «en nombre de o a favor de».

Es verdad que los discípulos habían «nacido de nuevo» mucho antes del día de Pentecostés, y en realidad probablemente mucho antes que Jesús soplara sobre ellos y recibieran el Espíritu Santo según Juan 20:22.[13] Jesús había dicho: «Nadie puede venir a mí si no lo atrae el Padre que me envió» (Jn 6:44), pero los discípulos habían ciertamente acudido a Cristo y le habían seguido (a pesar de que su comprensión de quién era él aumentó gradualmente a lo largo del tiempo). No hay duda de que cuando Pedro le dijo a Jesús: «Tú eres el Cristo, el Hijo del Dios viviente» (Mt 16:16), era evidente que había tenido lugar en su corazón alguna clase de obra de regeneración del Espíritu Santo. Jesús le respondió: «Eso no te lo reveló ningún mortal, sino mi Padre que está en el cielo» (Mt 16:17). Y Jesús le había dicho al Padre en relación con sus discípulos: «Les he entregado las palabras que me diste, y *ellos las aceptaron*; saben con certeza que salí de ti, y han creído que tú me enviaste… *los preservaba* … y *ninguno se perdió* sino aquel que nació para perderse, a fin de que se cumpliera la Escritura» (Jn 17:8, 12). Los discípulos eran en ocasiones «hombres de poca fe» (Mt 8:26), ¡pero tenían fe! No hay duda que ellos fueron regenerados mucho antes del día de Pentecostés.[14]

Pero debemos darnos cuenta que el día de Pentecostés es mucho más que un evento individual en la vida de los discípulos de Jesús y de los que estaban con ellos. El día de Pentecostés fue el punto de transición entre la obra y ministerio del Espíritu Santo en el antiguo pacto y su obra y ministerio en el nuevo pacto. Por supuesto, el Espíritu Santo estuvo activo a lo largo del Antiguo Testamento, moviéndose sobre la faz de las aguas en el primer día de la creación (Gn 1:2), capacitando a las personas para servir a Dios y para tareas de liderazgo y profecía (Éx 31:3; 35:31; Dt 34:9; Jue 14:6; 1 S 16:13; Sal 51:11, et. al.). Pero durante ese tiempo la obra del Espíritu Santo en la vida individual fue, en general, una obra de menos poder.

Hay varias indicaciones de una obra menos poderosa y menos extensa del Espíritu Santo en el antiguo pacto: El Espíritu Santo vino solo sobre unas pocas personas con poder significativo para el ministerio (por ejemplo, Nm 11:16-17), pero Moisés anhelaba el día cuando el Espíritu Santo sería derramado sobre todo el pueblo de Dios: «¿Estás celoso por mí? ¡Cómo quisiera que todo el pueblo del Señor profetizara, y que el Señor pusiera su Espíritu en todos ellos!» (Nm 11:29). La capacitación del Espíritu Santo para ministerios especiales se podía perder, como

---

[13]Cuando Jesús sopló sobre sus discípulos y les dijo: «reciban el Espíritu Santo» (Jn 20:20), es probable que fuera una acción profética de lo que les ocurriría más tarde en Pentecostés. En este mismo contexto —en realidad en el versículo inmediato anterior— Jesús les había dicho algo que no sucedería hasta Pentecostés: «Como el Padre me envió a mí, *así yo los envío a ustedes*» (Jn 20:21). Pero del mismo modo que él les dijo esto antes de haber ascendido al cielo, no los envió a predicar el evangelio por todo el mundo hasta que llegó el día de Pentecostés. De manera que sus palabras estaban anticipando lo que ocurriría en Pentecostés. Es mejor entender las palabras en la frase siguiente: «Reciban el Espíritu Santo» en la misma manera, que Él estaba anticipando algo que tendría lugar en el día de Pentecostés. En ese día ellos recibirían la plenitud del nuevo pacto y el poder del Espíritu Santo, una habilitación muy superior del Espíritu Santo que la que había jamás experimentado antes.

[14]No estoy diciendo que la experiencia de regeneración de los creyentes en el viejo pacto era exactamente la misma que la de los creyentes en el nuevo pacto. Si bien las consideraciones mencionadas en el siguiente estudio indican una obra menos poderosa del Espíritu Santo en el viejo pacto, definir la naturaleza de las diferencias resulta difícil, puesto que las Escrituras nos dan poca información explícita acerca de ello. Pero el hecho de que hubiera algo de fe salvadora en los creyentes del antiguo pacto nos lleva a pensar que tenía que haber alguna obra de regeneración del Espíritu Santo en ellos, capacitándolos para creer. (Vea el estudio de la regeneración en el capítulo 34.)

sucedió en la vida de Saúl (1 S 16:14), y como David temió que pudiera ocurrir en su propia vida (Sal 51:11). En términos de poder espiritual en la vida del pueblo de Dios, había poco poder sobre el dominio de Satanás, lo que resultó en muy poca evangelización eficaz de las naciones alrededor de Israel, y nada de capacidad para expulsar demonios.[15] La obra del Espíritu Santo en el antiguo pacto estuvo casi completamente confinada a Israel, pero en el nuevo pacto se crea una nueva «morada de Dios por su Espíritu» (Ef 2:22), que es la iglesia, que a judíos y gentiles en el cuerpo de Cristo.

Además, el pueblo de Dios en el Antiguo Testamento miraba al futuro a una era de «un nuevo pacto» cuando la obra del Espíritu Santo sería mucho más poderosa y mucho más extensa (Nm 11:29; Jer 31:31-33; Ez 36:26-27; Jl 2:28-29).[16]

Cuando se abre el Nuevo Testamento, vemos a Juan el Bautista como el último de los profetas del Antiguo Testamento. Jesús dijo: «Les aseguro que entre los mortales no se ha levantado nadie más grande que Juan el Bautista... Porque todos los profetas y la ley profetizaron hasta Juan. Y si quieren aceptar mi palabra, Juan es el Elías que había de venir» (Mt 11:11-14). Juan sabía que él bautizaba con agua, pero que Jesús bautizaría con el Espíritu Santo (Lc 3:16). Así, pues, Juan el bautista estaba viviendo todavía en una experiencia del «antiguo pacto» en cuanto a la obra del Espíritu Santo.

En la vida de Jesús, vemos por primera vez el poder del Espíritu Santo actuando en el nuevo pacto. El Espíritu Santo desciende sobre él en el bautismo (Lc 3:21-22), y después de sus tentaciones «regresó a Galilea *en el poder del Espíritu*» (Lc 4:14). Entonces empezamos a ver cómo será ese poder del Espíritu Santo en el nuevo pacto, porque Jesús arroja demonios de la vida de las personas mediante su palabra, sana a los enfermos que le llevan y enseña con una autoridad que las personas no había escuchado antes (vea Lc 4:16-44, et. al.).

Los discípulos, sin embargo, no recibieron la plenitud de ese poder del nuevo pacto para el ministerio hasta el día de Pentecostés, porque Jesús les dijo que esperaran en Jerusalén, y les promete: «Pero cuando venga el Espíritu Santo sobre ustedes, *recibirán poder*» (Hch 1:8). Esta también fue una transición en la vida de los discípulos (vea Jn 7:39; 14:17; 16:7; Hch 2:16). La promesa de Joel de que el Espíritu Santo vendría con plenitud en el nuevo pacto se cumplió (Hch 2:16) al regresar Jesús al cielo se dio la autoridad para el derramamiento del Espíritu santo en esta nueva plenitud y poder (Hch 2:33).

¿Cuál fue el resultado en la vida de los discípulos? Estos creyentes, que habían tenido una experiencia del Espíritu Santo en sus vidas menos poderosa en el antiguo pacto, recibieron en el día de Pentecostés una experiencia más poderosa del

---

[15]Lo más cercano que tenemos a la expulsión de demonios en el Antiguo Testamento es la situación en la que el espíritu maligno que atormentaba a Saúl se apartaba de él siempre que David tocaba el arpa (1 S. 16:23), pero esto es difícilmente equivalente a la expulsión eficaz y permanente de demonios que vemos en el Nuevo Testamento.

[16]Por supuesto, hubo ejemplos en el Antiguo Testamento de ciertos líderes que fueron muy dotados por Dios y habilitados por el Espíritu Santo, tales como Moisés, David y Daniel, muchos de los profetas que escribieron, e incluso Sansón, que recibieron poderes poco comunes del Espíritu Santo para ministerios específicos. Pero sus experiencias no fueron las típicas del vasto número de personas de Dios que fueron salvadas por fe al mirar hacia el futuro a la venida del Mesías prometido, pero que no tuvieron el derramamiento del Espíritu como lo experimentamos hoy en el poder del nuevo pacto.

nuevo pacto de la obra del Espíritu Santo en sus vidas.[17] Recibieron un poder mucho más grande (Hch 1:8), poder para vivir la vida cristiana y para llevar a cabo el ministerio cristiano.

La transición de la experiencia del antiguo pacto con el Espíritu Santo a la experiencia con el Espíritu Santo en el nuevo pacto la podemos ver en el cuadro 39.1.[18]

En este diagrama, la línea más fina en la parte inferior representa la obra menos poderosa del Espíritu Santo en la vida de los individuos durante el antiguo pacto. La línea más gruesa que empieza en Pentecostés muestra la obra más poderosa del Espíritu Santo en la vida de las personas después de ese tiempo. Las líneas que corresponden a «este siglo» y «el siglo venidero» se traslapan ahora porque los poderes del siglo venidero han empezado en este presente siglo malo, de forma que los cristianos viven durante una «superposición de siglos». Las líneas de puntos antes de Pentecostés indican que en la vida de Jesús la obra más poderosa del Espíritu Santo había ya empezado en una manera que anticipaba (y aun sobrepasaba) lo que vendría en Pentecostés.[19]

Este poder del nuevo pacto dio a los discípulos una mayor eficacia en sus testimonios y ministerios (Hch 1:8; Ef 4:8, 11-13), un poder muy superior para la victoria sobre la influencia del pecado en la vida de los creyentes (note el énfasis en el poder de la resurrección de Cristo en la obra dentro de nosotros en Romanos 6:11-14; 8:13-14; Gá 2:20; Fil 3:10), y poder para vencer a Satanás y las fuerzas demoníacas que atacarían a los cristianos (2 Co 10:3-4; Ef 1:19-21; 6:10-18; 1 Jn 4:4). Este poder del Espíritu Santo en el nuevo pacto resultó también en una distribución amplia y hasta esa fecha desconocida de los dones para el ministerio de todos los creyentes (Hch 2:16-18; 1 Co 12:7, 11; 1 P 4:10l cf. Nm 11:17, 24-29). Estos dones también tuvieron implicaciones corporativas, pues la intención no era que se usaran individualmente sino para la edificación del cuerpo de Cristo (1 Co 12:7; 14:12). También significaba que el evangelio ya no estaba limitado efectivamente a los judíos, sino que todas las razas y naciones escucharían el evangelio en poder y serían incorporados a la iglesia para la gloria de Dios (Ef 2:11—3:10).[20] El día de Pentecostés fue ciertamente un tiempo extraordinario de transición en toda la historia de la redención como se registra en las Escrituras. Fue un día notable en la historia del

---

[17]Ervin, *Conversion-Initiation*, pp. 14, 15-19, objeta diciendo que este nuevo pacto no empezó en Pentecostés sino antes en el tiempo de la muerte de Jesús, pero no capta lo que se dice. Nosotros no estamos argumentando que el nuevo pacto en sí mismo empezara en el día de Pentecostés, sino que la nueva experiencia del nuevo pacto con el Espíritu Santo sí empezó en Pentecostés, porque fue en ese momento que Jesús derramó el Espíritu Santo con la plenitud y poder del nuevo pacto (Hch 2:33; cf. 1:4-5).

Edwin también objeta que los discípulos en Pentecostés recibieran «poder para la misión» de parte del Espíritu Santo, para entrar en el nuevo pacto (pp. 17-18). Pero aquí Edwin ha planteado una falsa dicotomía: No es esto/o lo otro, sino ambos. En Pentecostés los discípulos entraron en una experiencia del nuevo pacto con el Espíritu Santo y (por supuesto) recibieron un nuevo poder para ministrar con esa experiencia del Espíritu Santo.

[18]He adaptado este diagrama de George Ladd, *A Theology of the New Testament* (Grand Rapids: Eerdmans, 1974), pp. 68-69.

[19]Debido a su asociación con Jesús, los discípulos también recibieron una anticipación del poder del Espíritu Santo para después de Pentecostés cuando ellos empezaron a sanar enfermos y echar demonios (cf. Lc 9:1; 10:1, 8, 17-10, y muchos otros versículos).

[20]Cuando el Espíritu Santo viene con poder generalmente viene sobre grupos más bien que sobre individuos aislados (vea Hch 2:4; 8:17; 10:44; 19:6; pero la conversión de Saulo es diferente, vea Hch 9:17-18). El resultado evidente del derramamiento del Espíritu Santo en esta manera, fue una nueva comunidad llena de amor unos por otros (vea Hch 2:41-47).

mundo, porque en ese día el Espíritu Santo empezó a funcionar entre el pueblo de Dios con el poder del nuevo pacto.

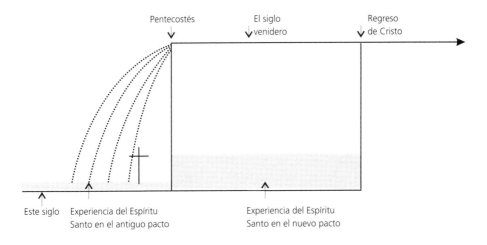

EN PENTECOSTÉS LOS CREYENTES EXPERIMENTARON UNA TRANSICIÓN DE LA EXPERIENCIA DEL ESPÍRITU SANTO EN EL ANTIGUO PACTO A UNA EXPERIENCIA DEL ESPÍRITU SANTO MÁS PODEROSA EN EL NUEVO PACTO.
Cuadro 39.1

Pero este hecho nos ayuda a entender lo que les ocurrió a los discípulos en Pentecostés. Ellos recibieron este extraordinario nuevo poder del Espíritu Santo *porque estaban viviendo en el tiempo de transición entre la obra del Espíritu Santo en el antiguo pacto y la obra del Espíritu Santo en el nuevo pacto*. Aunque fue una «segunda experiencia» del Espíritu Santo, que vino mucho después de su conversión, no hay que tomarlo como un modelo para nosotros, porque nosotros no estamos viviendo en un tiempo de transición en la obra del Espíritu Santo. En su caso, los creyentes con una habilitación del Espíritu Santo del antiguo pacto se convirtieron en creyentes con un nuevo poder del Espíritu Santo en el nuevo pacto. Pero nosotros hoy no empezamos a ser creyentes con una obra del Espíritu Santo más débil en nuestros corazones, correspondiente al antiguo pacto, y esperamos hasta algún momento más tarde a recibir la obra del Espíritu Santo en el nuevo pacto. Más bien, nosotros estamos en la misma posición como aquellos que se hicieron cristianos en la iglesia de Corinto: Cuando nos hacemos cristianos todos somos «*bautizados por un solo Espíritu* para constituir un solo cuerpo» (1 Co 12:13), como sucedió con los creyentes corintios, y como aconteció con todos los nuevos creyentes en las muchas iglesias que se formaron durante los viajes misioneros de Pablo.

En conclusión, los discípulos ciertamente experimentaron «un bautismo por el Espíritu Santo» después de la conversión en el día de Pentecostés, pero esto sucedió porque estaban viviendo en un momento único en la historia, y este suceso en sus vidas no es, por tanto, una pauta que nosotros tenemos que procurar e imitar.

¿Qué diremos acerca de la frase «bautismo por el Espíritu Santo»? Es una frase que los autores del Nuevo Testamento usaron acerca del poder que venía del Espíritu Santo en el nuevo pacto. Sucedió en Pentecostés para los discípulos, pero sucedió en la conversión para los corintios y para nosotros.[21]

No es una frase que usarían los autores del Nuevo Testamento para hablar de una experiencia posterior a la conversión de habilitación por el Espíritu Santo.

C. ¿Cómo debemos entender la «segunda experiencia» en Hechos?

Pero aun si nosotros hemos entendido correctamente la experiencia de los discípulos en Pentecostés como aparece registrada en Hechos 2, ¿no hay otros ejemplos de personas que han tenido una «segunda experiencia» del poder del Espíritu Santo después de la conversión, tales como los creyentes en Hechos 8 (en Samaria), Hechos 10 (la familia de Cornelio) y Hechos 19 (los discípulos efesios)?

Estos no son tampoco en realidad ejemplos convincentes para probar la doctrina pentecostal del bautismo por el Espíritu Santo. Primero, la expresión «bautismo por el Espíritu Santo» no se usa generalmente para referirse a ninguno de estos sucesos,[22] y eso debiera hacernos vacilar un poco para aplicar esa frase a ello. Pero lo que es más importante, un examen más detallado a cada caso nos muestra más claramente lo que estaba sucediendo en estos acontecimientos.

En Hechos 8:4-25 los samaritanos «creyeron a Felipe, que les anunciaba las buenas nuevas del reino de Dios y el nombre de Jesucristo» y «tanto hombres como mujeres se bautizaron» (Hch 8:12). Algunos han argumentado que esta no era genuina fe salvadora de parte de los samaritanos.[23] Sin embargo, no hay indicación en el texto de que Felipe tuviera una compresión deficiente del evangelio (él había sido un creyente prominente en la iglesia de Jerusalén) ni de que Felipe mismo pensara que su fe en Cristo fuera inadecuada, porque él permitió que se bautizaran (Hch 8:12).

Un mejor entendimiento de este suceso sería que Dios, en su providencia y soberanía, esperó a dar directamente la experiencia del poder del Espíritu Santo del nuevo pacto a los samaritanos por medio de las manos de los apóstoles (Hch 8:14-17)[24] a fin de que su poder fuera evidente para los más altos líderes de la iglesia

---

[21]Mi estudiante James Renehan ha argumentado (en un amplio trabajo escrito) que el bautismo en el Espíritu Santo, si bien tiene lugar al mismo tiempo que la conversión, debiera, no obstante, ser considerado un elemento distintivo en el «orden de la salvación» (la lista de cosas que nos ocurren en la experiencia de la salvación, vea el capítulo 32, p. 702). Él dice que el bautismo por el Espíritu no es exactamente lo mismo como con los otros elementos en el orden de la salvación (tales como la regeneración o la santificación), y puede ser también llamado «recibir el Espíritu Santo» (vea Hch 8:15-16; 19:2, 6; Ro 8:9, 11; Gá 3:2). Es evidente que la idea de Renihan no es la doctrina carismática de un bautismo en el Espíritu subsiguiente a la conversión (porque él dice que siempre acompaña a la conversión genuina y siempre ocurre al mismo tiempo que la conversión). La sugerencia es muy interesante y, aunque al presente, no la he adoptado en este capítulo, pienso que merece que se le preste más consideración. No sería incoherente con mi argumentación general en este capítulo.

[22]La única excepción es Hechos 11:15-17. Si bien este pasaje no pide explícitamente que descienda sobre la familia de Cornelio un «bautismo en el Espíritu Santo», cuando Pedro dice: «el Espíritu Santo descendió sobre ellos tal como al principio descendió sobre nosotros» (11:15) y luego recuerda las palabras de Jesús, está diciendo implícitamente con claridad que los miembros de la familia de Cornelio fueron bautizados por el Espíritu Santo cuando él les predicó el evangelio (vea Hch 10:44-48).

[23]Este es el argumento de James Dunn, *Baptism in the Holy Spirit* (Londres: SCM, 1970), pp. 55-72.

[24]En esta sección estoy siguiendo el estudio cuidadoso de John Stott, *Baptism and Fulness*, 2ª ed. (Leicester and Downers Grove, Ill.: InterVarsity Press), pp. 31-34.

en Jerusalén y los samaritanos no fueran considerados miembros de segunda clase, sino de pleno derecho de la iglesia. Esto era muy importante a causa de la animosidad histórica entre los judíos y los samaritanos («Porque judíos y samaritanos no se tratan entre sí», Jn 4:9), y porque Jesús había especificado que la extensión del evangelio a Samaria sería el siguiente gran paso después de que fuera predicado en Jerusalén y la región de Judea que rodeaba a Jerusalén: «Serán mis testigos tanto en Jerusalén como en toda Judea *y Samaria*, y hasta los confines de la tierra» (Hch 1:8). De modo que los sucesos en Hechos 8 fue una especie de «Pentecostés samaritano», un derramamiento especial del Espíritu Santo sobre las personas de Samaria, que eran una raza mezclada de descendientes judíos y gentiles, de manera que sería evidente para todos que el poder y las bendiciones plenas del Espíritu Santo en el nuevo pacto habían venido también a este grupo de personas, y que no estaban confinados solo para los judíos. Debido a que este es un suceso especial en la historia de la redención, al irse repitiendo el modelo de Hechos 1:8 en el libro de Hechos, no es un modelo para que se repita entre nosotros hoy. Es solo parte de la transición entre la experiencia del Espíritu Santo en el antiguo pacto y la nueva experiencia del Espíritu Santo en el nuevo pacto.

La situación en Hechos 10 es menos complicada, porque no está ni siquiera claro que Cornelio fuera un creyente genuino antes de que Pedro llegara y les predicara el evangelio a él y su familia. Es evidente que él no había confiado en Cristo para salvación. Él es más bien un gentil que fue uno de los primeros ejemplos de cómo el evangelio llegaría «hasta los confines de la tierra» (Hch 1:8).[25] Está claro que Cornelio no había creído antes en la muerte y resurrección de Cristo para su salvación y que más tarde tuviera una segunda experiencia después de su conversión.

En Hechos 19, nos encontramos una vez más con una situación de algunas personas que no habían oído en realidad acerca del evangelio de la salvación por medio de Cristo. Ellos habían sido bautizados con el bautismo de Juan el Bautista (Hch 19:3), así que probablemente eran personas que habían oído predicar a Juan el Bautista, o que habían hablado con algunos que habían escuchado predicar a Juan el Bautista, y habían sido bautizados con «el bautismo de Juan» (Hch 19:3) como una señal de que se habían arrepentido de sus pecados y estaban preparados para la venida del Mesías. Al parecer ellos no sabían nada de la muerte y resurrección de Cristo, porque ni siquiera habían oído hablar del Espíritu Santo (Hch 19:2), un hecho que cualquiera que hubiera estado presente en Pentecostés o hubiera escuchado el evangelio después de Pentecostés sabría. Es probable que ellos ni siquiera supieran que Jesús había venido, había ministrado y muerto en la cruz, porque Pablo tuvo que explicárselo: «El bautismo de Juan no era más que un bautismo de arrepentimiento. Él le decía al pueblo que creyera en el que venía después de él, *es decir, Jesús*» (Hch 19:4). Por tanto, estos «discípulos» en Éfeso no tenían conocimiento ni entendimiento del nuevo pacto o de la fe del nuevo pacto, y desde luego no tenían una experiencia del poder del Espíritu Santo en el nuevo pacto,

---

[25]Aun si nosotros le consideramos a él como teniendo una cierta clase de fe del antiguo pacto en el Mesías judío que iba a venir, esto solo mostraría que él es un ejemplo más de alguien que había tenido una experiencia primera del Espíritu Santo del antiguo pacto y que luego llegó a una experiencia del Espíritu Santo del nuevo pacto.

eran «discípulos» solo en el sentido de seguidores de Juan el Bautista que estaban todavía esperando al Mesías. Cuando oyeron acerca de él creyeron en él, y entonces recibieron el poder del Espíritu Santo que era apropiado para el evangelio del Señor Jesucristo resucitado.

Debido a esto, estos discípulos en Éfeso no son un modelo a seguir para nosotros hoy, porque nosotros no desarrollamos primero una fe en un Mesías que estamos esperando, y luego más tarde nos enteramos que ese Jesús ya ha venido, ha vivido, ha muerto y resucitado. Llegamos inmediatamente a un entendimiento del evangelio, y entramos inmediatamente en una experiencia del nuevo pacto en cuanto al poder del Espíritu Santo.[26]

Parece, por tanto, que no hay textos en el Nuevo Testamento que nos animen a buscar una segunda experiencia del «bautismo por el Espíritu Santo» que venga después de la conversión.

D. ¿Qué términos usaremos para referirnos a la habilitación por el Espíritu Santo que viene después de la conversión?

En las secciones anteriores hemos argumentado que «bautismo en el Espíritu Santo» no es la expresión que los autores del Nuevo Testamento usaron para hablar de la obra del Espíritu Santo después de la conversión, y que los ejemplos de «segundas experiencias» de recibir el Espíritu Santo en el libro de Hechos no son modelos para que nosotros los imitemos en nuestra vida cristiana. Pero la cuestión permanece: «¿Qué es lo que realmente está ocurriendo con millones de personas que afirman que han recibido el "bautismo en el Espíritu Santo" y que ha traído tanta bendición a sus vidas? ¿Podría ser que esto ha sido una obra genuina del Espíritu Santo pero que las categorías y ejemplos bíblicos para ilustrarlo han sido incorrectos? ¿Pudiera ser que hubiera otras expresiones y enseñanzas bíblicas que apuntan a esta clase de obra del Espíritu Santo después de la conversión y que nos ayudan a entenderlo de forma más exacta?» Yo pienso que las hay, pero antes de ponernos a examinarlas, es apropiado que comentemos sobre la importancia de tener un entendimiento correcto sobre este punto.

1. La iglesia queda dañada por la enseñanza de dos clases de cristianismo. En varios momentos de la historia de la iglesia los cristianos han intentado dividir a la iglesia en dos categorías de creyentes. Esto es lo que en efecto ha sucedido con la doctrina pentecostal del bautismo en el Espíritu Santo. Lo podemos representar mediante el cuadro 39.2, que muestra al mundo dividido entre cristianos y no cristianos, y entonces muestra a los cristianos divididos en dos categorías: Creyentes comunes y creyentes bautizados en el Espíritu.

---

[26]En cuando a Hechos 19:1-7, Ervin, *Conversion-Initiation*, pp. 55-59, objeta que estos discípulos fueron primero bautizados y entonces, cuando Pablo les impuso las manos, recibieron el poder del Espíritu Santo. Quizá tengamos que admitir que eso es cierto, pero los dos sucesos estuvieron tan cercanos el uno al otro en el tiempo que es difícil hacer una clara separación de ellos, y desde luego no encaja en el modelo común pentecostal de instrucción y oración, a veces de semanas o meses o años después de la conversión, buscando un subsiguiente bautismo en el Espíritu Santo. Si les hubiéramos preguntado a ellos más tarde si su bautismo en el Espíritu Santo fue «subsiguiente» a su conversión, ellos probablemente dirían que fue al mismo tiempo, así de estrechamente conectados estuvieron estos sucesos en la secuencia histórica real.

Pero esa división de los cristianos en dos categorías no es un entendimiento único que encontramos solo en la enseñanza pentecostal en el siglo XX. En realidad, mucho de la enseñanza pentecostal surgió de anteriores grupos de santidad que habían enseñado que los cristianos podrían ser o bien creyentes comunes o creyentes «santificados». Otros grupos han dividido a los creyentes usando otras categorías, tales como las de cristianos comunes y los que están «llenos del Espíritu», o cristianos comunes y los que son «discípulos», o cristianos «carnales» y «espirituales». De hecho, la Iglesia Católica Romana por siglos ha tenido no dos sino tres categorías: los creyentes comunes, los sacerdotes y los santos. Todas estas divisiones de diferentes categorías de cristianos las podemos ver en el cuadro 39.3.[27]

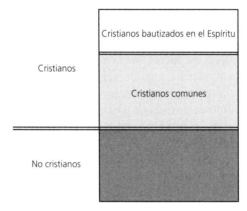

**CRISTIANOS DIVIDIDOS EN DOS CATEGORÍAS:
COMUNES Y BAUTIZADOS EN EL ESPÍRITU**
Cuadro 39.2

Cristianos	Cristianos llenos del Espíritu	Cristianos espirituales	Cristianos «santificados»	«Discípulos»	Santos
					Sacerdotes
	Cristianos comunes	Cristianos carnales	Cristianos comunes	Cristianos comunes	Cristianos comunes
No cristianos					

**OTRAS FORMAS EN QUE LAS PERSONAS HAN CLASIFICADO A LOS
CRISTIANOS, DIVIDIÉNDOLOS EN DOS (O TRES) CATEGORÍAS.**
Cuadro 39.3

---

[27]No he incluido en este diagrama otra división que aparece a veces reflejada, no en ninguna enseñanza oficial, sino en la actitud y la práctica, en círculos reformados: La división entre los cristianos comunes y los que son «verdaderamente reformados».

Aunque aquellos que enseñan la perspectiva clásica pentecostal del bautismo en el Espíritu Santo puede que nieguen que estén intentando dividir a los cristianos en dos categorías, esa división es implícita cada vez que ellos preguntan a alguien si ha sido bautizado en el Espíritu Santo o no. Ese tipo de preguntas sugieren fuertemente que hay dos grupos de cristianos, los que han experimentado el «bautismo en el Espíritu Santo» y los que no lo han experimentado.

¿Cuál es el problema con ver a los cristianos como existiendo en dos categorías como estas? El problema está en que contribuye a una mentalidad de iglesias de «nosotros-ellos», y lleva a los celos, el orgullo y la división. No importa cuán cuidadosos y considerados traten de ser estas personas que han recibido esta habilitación especial del Espíritu Santo para con aquellos que no lo han recibido, si ellos aman sinceramente a sus hermanos en Cristo, y si esta ha sido una experiencia de gran ayuda en sus propias vidas cristianas, no van a poder evitar dar la impresión de que les gustaría compartir esa experiencia con ellos. Aun si ellos no son orgullosos en sus corazones (y a mí me parece que la mayoría no lo son) con respecto a esa experiencia, esa convicción de que hay una segunda categoría de cristianos llevará inevitablemente a una impresión de superioridad espiritual. No obstante, habrá probablemente un sentido de envidia de parte de aquellos que no han tenido una experiencia así. En ese caso, se fomenta una visión de dos grupos dentro de la iglesia, y recibe algo de credibilidad la repetida acusación que se hace en contra del movimiento carismático de dividir. En realidad, las divisiones ocurren con frecuencia en las iglesias.

La objeción principal a esta posición es que el Nuevo Testamento mismo no enseña esos dos niveles o dos clases de cristianismo. En ninguna parte en las epístolas leemos de Pablo o Pedro diciendo a una iglesia que está teniendo problemas: «Todos ustedes necesitan ser bautizados en el Espíritu Santo». En ninguna parte le oímos al Señor Jesús resucitado decirles a las iglesias débiles y con dificultades en Apocalipsis 2—3: «Pedidme que os bautice con el Espíritu Santo». Resulta difícil evitar la conclusión de que dos clases o niveles de cristianos enseñada por todos estos grupos a lo largo de la historia no tenga ningún fundamento sólido en el mismo Nuevo Testamento.

2. Hay muchos grados de habilitación, comunión con Dios y madurez cristiana personal. ¿Hay un modelo mejor de entender los varios grados de madurez, poder y comunión con Dios que los cristianos experimentan? Si estamos dispuestos a eliminar las categorías que nos llevan a pensar que los cristianos están en un grupo u otro, un modelo mejor lo podemos ver representado en el cuadro 39.4.

Este cuadro muestra al mundo dividido en cristiano y no cristianos, pero entre los cristianos no hay categorías en las que podamos poner a los creyentes y dividirlos en grupos específicos. Más bien, hay cristianos en todos los puntos a lo largo de una escala de madurez cristiana creciente (santificación), una intimidad creciente de compañerismo en su caminar con Dios (un aspecto de la adopción), y una mayor experiencia del poder del Espíritu Santo obrando en sus vidas y ministerios.

La vida cristiana debiera ser una de *crecimiento en todas estas áreas* al ir progresando a lo largo de la vida. Para muchas personas ese crecimiento será gradual y progresivo, y se extenderá a lo largo de los años de sus vidas. Lo podemos representar mediante la flecha en el cuadro 39.5.[28]

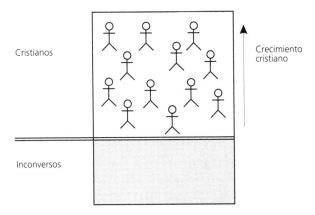

UNA IMAGEN MEJOR: LOS CRISTIANOS VAN EXPERIMENTANDO
UN GRADO VARIADO DE CRECIMIENTO, PERO NO
SE DEBEN DIVIDIR EN CATEGORÍAS DIFERENTES.
Cuadro 39.4

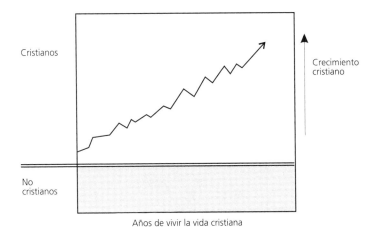

PARA LA MAYORÍA DE LOS CRISTIANOS EL CRECIMIENTO SERÁ GRADUAL
Y PROGRESIVO Y SE EXTENDERÁ A LO LARGO DE TODA SU VIDA
Cuadro 39.5

---

[28]Para ser más precisos necesitamos reconocer que podemos crecer en algunos aspectos de la vida cristiana y no crecer en otros, un solo cuadro es, por tanto, inadecuado para mostrar todo esto, Por ejemplo, los cristianos pueden crecer en poder, pero no en santidad (como sucedió con los creyentes en la iglesia de Corinto), o las personas pueden crecer en conocimiento pero no en poder, o en conocimiento pero no en santidad de vida (algo que trágicamente sucede a algunos —pero, por supuesto, no todos— estudiantes en los seminarios teológicos, y en algunos pastores que hacen excesivo hincapié en los logros académicos). O una persona puede crecer en comunión personal con Dios, pero no en el conocimiento de las Escrituras (lo cual ocurre cuando se pone mucho énfasis en un pietismo intenso). O alguien puede crecer en santidad de vida pero no en poder o en el uso de los dones espirituales. Como podemos ver son posibles toda clase de combinaciones, pero necesitaríamos varios cuadros para mostrarlo en una forma esquemática. Por amor de la simplicidad he representado solo el «crecimiento cristiano» en general en este cuadro.

a. ¿Cómo debiéramos entender la experiencia contemporánea? ¿Qué ha ocurrido entonces con las personas que dicen que han experimentado un «bautismo en el Espíritu Santo» que ha traído gran bendición para sus vidas? Debemos entender primero lo que comúnmente se enseña acerca de la necesidad de prepararse para el bautismo en el Espíritu. Con mucha frecuencia se les enseña a las personas que deben confesar todos sus pecados conocidos, arrepentirse de cualquier pecado que quede en sus vidas, confiar en Cristo para el perdón de esos pecados, dedicar al servicio del Señor cada área de sus vidas, rendirse completamente a él, y creer que Cristo va a darles poder en una forma nueva y capacitarlos con nuevos dones para el ministerio. Entonces después de esa preparación, se les anima a que le pidan a Jesús en oración que los bautice en el Espíritu Santo. ¿Pero qué es lo que hace esta preparación? ¡Eso es una receta garantizada de crecimiento importante en la vida cristiana! Una confesión así, arrepentimiento, renovación de compromiso, y esa fe y expectación cultivadas, si son sinceras, solo pueden traer resultados positivos en la vida del creyente. Si un cristiano es sincero en estos pasos de preparación para recibir el bautismo en el Espíritu Santo, habrá sin duda crecimiento en santificación y profundización en la comunión con Dios. Además de eso, podemos esperar que en muchas de esas ocasiones el Espíritu Santo va a conceder amorosamente la medida de plenitud y poder que ese cristiano sincero está buscando, incluso aunque su entendimiento y vocabulario teológicos sean imperfectos en el momento de pedirlo. Si esto sucede, ellos pueden experimentar también un crecimiento en el poder para el ministerio y en dones espirituales. Podríamos decir que una persona se ha movido del punto A al punto B en el cuadro 39.6 y ha dado un gran paso hacia adelante en su vida cristiana.

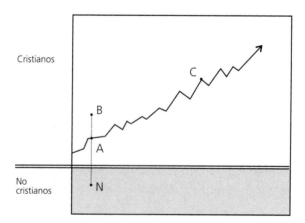

UNA SOLO EXPERIENCIA PUEDE RESULTAR EN UN LARGO PASO DE CRECIMIENTO EN LA VIDA CRISTIANA.
Cuadro 39.6

Por supuesto, la oración, el estudio bíblico y la adoración parecerán mucho más significativos. Habrá sin duda mucho más fruto en la evangelización y en otras formas de ministerio. Pero es importante reconocer que alguien que se ha movido del punto A al punto B en el cuadro se encuentra ahora en una categoría separada de cristianos, tales como un grupo de los que han sido «bautizados en el Espíritu Santo» y que son, por tanto, diferentes de los que no han tenido una experiencia así. Puede haber otro cristiano en la misma iglesia que nunca ha dado un paso tan grande de crecimiento, pero que, no obstante, ha mantenido un crecimiento estable durante los últimos cuarenta años de su vida cristiana y ha llevado al punto C en el cuadro que vimos arriba. Aunque esa persona nunca ha tenido una experiencia como la que los pentecostales llaman un «bautismo en el Espíritu Santo», él o ella está todavía más avanzado en el camino del crecimiento cristiano que el joven cristiano que ha sido recientemente «bautizado en el Espíritu Santo» (según la terminología pentecostal) y que se ha movido del punto A al punto B. Aunque el cristiano que se ha movido del punto A al punto B no está más adelantado en la vida cristiana que el otro creyente que se encuentra en el punto C, la persona que ha llegado hasta el punto B está sin duda mucho más adelantada *que lo que estaba antes*, y eso es ciertamente un resultado positivo en su vida. Así, pues, con este entendimiento de la vida cristiana, no tenemos divisiones de cristianos en dos categorías.

Antes de dejar este cuadro, debemos hacer una observación más. En muchos casos el movimiento carismático ha llevado la enseñanza sobre el bautismo del Espíritu Santo al seno de iglesias más liberales donde, por muchos años, no había habido una proclamación clara del evangelio de la salvación solo por la fe en Cristo, y en donde no se ha enseñado a las personas a creer completamente en la Biblia como la Palabra de Dios para nosotros. En tales casos, muchas de las personas en esas iglesias nunca han experimentado la fe salvadora, se encuentran en el punto N del cuadro más arriba, en realidad no son cristianos ni han nacido de nuevo.[29] Cuando un representante del movimiento carismático de renovación llega a esas iglesias y les dice que pueden experimentar una nueva vitalidad en sus vidas cristianas, y les dice que la preparación es arrepentirse de todos sus pecados conocidos, pedir a Cristo el perdón de esos pecados y confiar en él para que los perdone, y dedicar sus vidas por completo a Cristo como su Señor, ellos responden con entusiasmo. Después oran y le piden a Jesús que los bautice en el Espíritu Santo. El resultado real es que se mueven del punto N en el cuadro al punto A o quizá llegan hasta el punto B, debido a su sinceridad y a su profundo anhelo de estar más cerca de Dios. Si bien piensan que han sido bautizados por el Espíritu Santo como una segunda experiencia en su vida cristiana, lo que en realidad ha ocurrido es que ellos se han hecho cristianos por primera vez en sus vidas. (¡Han sido «bautizados por el Espíritu Santo» en el verdadero sentido del Nuevo Testamento!) Al día siguiente es casi imposible mantenerlos callados, porque están muy entusiasmados. De repente, leer la Biblia se ha convertido en algo significativo. De repente orar se ha hecho real. De repente conocen la experiencia de la presencia de Dios en sus vidas. De repente la adoración se ha convertido en una experiencia de profundo gozo, y con frecuencia han empezado a experimentar dones espirituales que no habían conocido antes. No en balde el movimiento de renovación carismático ha inyectado

---

[29]Sin embargo, en muchos casos, tanto en algunas iglesias protestantes como en parroquias católico-romanas, a las personas se les ha dicho que ellos recibieron a Cristo y se hicieron cristianos en el momento de su bautismo infantil.

tanto entusiasmo (y con frecuenta mucha controversia) a tantas parroquias católicas romanas y a muchas iglesias de las denominaciones evangélicas tradicionales. Aunque podemos discrepar con la manera en que esta enseñanza es en realidad presentada, nadie debería negar los buenos resultados que han venido a estas iglesias como consecuencia de ello.

b. ¿Qué términos debiéramos usar hoy? Ahora podemos entender por qué es tan importante nuestro uso de términos para describir esta experiencia y la categoría de entendimiento que ponemos en ello. Si usamos la terminología tradicional pentecostal de «bautismo del Espíritu Santo», entonces casi inevitablemente terminamos con un cristianismo de dos categorías, porque esto es visto como una experiencia común que *puede* y que en verdad *debiera* ocurrirles a los cristianos en algún momento de sus vidas y, una vez que ha sucedido, no necesita ser repetida. Se ve como una experiencia única de habilitación para el ministerio que es distinta de la experiencia de hacerse cristiano, y las personas o bien han tenido esa experiencia o no la han tenido. Especialmente cuando esa experiencia se describe en términos de lo que les ocurrió a los discípulos en Pentecostés en Hechos 2 (que fue claramente una experiencia de una sola vez para ellos), los samaritanos en Hechos 8, y a los discípulos efesios en Hechos 19, está claramente implícito que este es un suceso que ocurre una vez que habilita a los creyentes para el ministerio, pero que también los pone en una categoría separada o grupo del que eran antes de esa experiencia. El uso de la expresión «*el* bautismo en el Espíritu Santo» inevitablemente implica dos grupos de cristianos.

Pero si nosotros estamos en lo correcto en cuanto al entendimiento de la experiencia que han tenido millones de personas en la renovación carismática como un gran paso de crecimiento en sus vidas cristianas, entonces alguna otra expresión que la de «bautismo en el Espíritu Santo» parecería ser más apropiada. Pueden haber varias expresiones que podríamos usar, siempre y cuando que permitan la repetición, varios grados de intensidad, y de desarrollo más allá de esa experiencia, y con tal que no sugiera que todos los cristianos verdaderamente obedientes debieran tener la misma experiencia.[30] Nosotros ya hemos usado una expresión: «*un gran paso de crecimiento* en varios aspectos de la vida cristiana». Debido a que esta frase habla de «un gran paso de crecimiento» no puede ser malentendida como refiriéndose a una sola experiencia que pone a los cristianos en una nueva categoría. Y a causa de que se refiere a un gran paso de crecimiento, implica claramente que otros pueden experimentar ese crecimiento en pasos pequeños a lo largo de un período de tiempo más largo, pero que llegan a alcanzar el mismo punto en la vida cristiana.[31]

Otra expresión que puede ser útil es «una nueva *habilitación para el ministerio*». Es sin duda cierto que muchos que han recibido esa experiencia carismática encuentran nuevo poder para ministrar en sus vidas cristianas, incluyendo la habilidad para usar los dones espirituales que anteriormente no habían tenido. Sin

---

[30]Se podría usar el mismo criterio para encontrar términos que sustituyan a los puntos de vista de «dos categorías» mencionados arriba, o de lo contrario, explicar los términos que se usan para evitar malentendidos.

[31]Pablo nos dice que «[crezcamos] *hasta ser en todo* como aquel que es la cabeza, es decir Cristo» (Ef 4:15).

embargo, el problema con esta frase es que no dice nada acerca de la profundización de la comunión con Dios, de la mayor eficacia en la vida de oración y estudio de la Biblia, y de un nuevo gozo en la adoración que son también resultados en esta experiencia.

c. ¿Qué es «ser lleno con el Espíritu Santo»? Con todo, una expresión aun más comúnmente usada en el Nuevo Testamento es *«ser lleno con el Espíritu Santo»*. A causa de su uso frecuente en contextos que hablan de crecimiento y ministerio cristianos, *esta es la expresión que me parece mejor* para describir hoy la «segunda experiencia» (o tercera o cuarta experiencia, etc.). Pablo les dice a los efesios: «No se emborrachen con vino, que lleva al desenfreno. Al contrario, *sean llenos del Espíritu»* (Ef 5:18). Él usa un verbo en tiempo presente de modo imperativo que podría ser traducido más explícitamente: «estén continuamente siendo llenados con el Espíritu Santo», implicando de ese modo que es algo que debiera estar sucediendo continuamente en los cristianos. Esa plenitud del Espíritu Santo resultará en *una adoración y acción de gracias renovadas* (Ef 5:19-20), y en una renovación de las relaciones unos con otros, especialmente con aquellos que están en autoridad sobre nosotros o los que están bajo nuestra autoridad (Ef 5:21—6:9). Además, puesto que el Espíritu Santo es el Espíritu que nos santifica, esa llenura resultará con frecuencia en *una santificación creciente*. Todavía más, dado que el Espíritu Santo es el que nos habilita para el servicio cristiano y nos da los dones espirituales, esa plenitud resultará con frecuencia en *un poder creciente para el ministerio* y en una creciente eficacia y quizá diversidad en el uso de los *dones espirituales*.

En el libro de Hechos vemos repetidos ejemplos de ser llenos con el Espíritu Santo. En Hechos 2:4, los discípulos y los que estaban con ellos: «Todos *fueron llenos del Espíritu Santo»*. Más tarde, cuando Pedro estaba delante del Sanedrín, leemos: «Pedro, lleno del Espíritu Santo, les respondió…». Pero un poco después, cuando Pedro y el otro apóstol regresaron a la iglesia para contarles lo que había sucedido (Hch 4:23) se juntaron todos en oración, y *«después* de haber orado, tembló el lugar en que estaban reunidos; todos *fueron llenos del Espíritu Santo*, y proclamaban la palabra de Dios sin temor alguno» (Hch 4:31). Aunque Pedro había sido llenado con el Espíritu Santo en Pentecostés (Hch 2:4) y había sido llenado con el Espíritu Santo antes de hablar frente al Sanedrín (Hch 4:8), fue de nuevo lleno con el Espíritu Santo después de que orara el grupo de cristianos con el que estaba reunido.

Por tanto, es apropiado entender que ser llenos con el Espíritu Santo no como *un suceso singular* sino como *un suceso que puede ocurrir una y otra vez* en la vida de un cristiano. Puede involucrar una habilitación momentánea para un ministerio específico (tal como sucedió al parecer en Hechos 4:8; 7:55), pero también puede referirse a una característica a largo plazo de la vida de una persona (vea Hch 6:3; 11:24). En cualquier caso, ese ser llenos puede ocurrir muchas veces en la vida de la persona. Aunque Esteban, como uno de los primeros diáconos (o asistentes apostólicos), era un hombre «lleno del Espíritu y de sabiduría» (Hch 6:3, 5), cuando lo estaban apedreando él aparentemente fue de nuevo lleno del Espíritu Santo con gran poder (Hch 7:55).

Alguien podría objetar que una persona que ya ha sido «llena» con el Espíritu Santo no puede estar más llena, pues si un vaso está lleno de agua ya no puede recibir más agua. Pero un vaso de agua es una pobre analogía para nosotros como personas reales, porque Dios es capaz de hacernos crecer y nosotros somos capaces de contener mucho más de la plenitud y poder del Espíritu Santo. Quizá un globo es una mejor analogía, el cual puede estar «lleno» de aire a pesar de que tenga en realidad poco aire dentro. Cuando se le sopla más aire, el globo se extiende y en un sentido «está más lleno». Así sucede con nosotros: Podemos ser llenos con el Espíritu Santo y al mismo tiempo ser también capaces de recibir mucho más del Espíritu Santo. Juan 3:34 nos dice hablando de Cristo: «El enviado de Dios comunica el mensaje divino, pues Dios mismo le da su Espíritu sin restricción».

La división que viene como consecuencia de usar la expresión «*bautismo en el Espíritu Santo*» podría ser evitada fácilmente si usamos alguna de las otras expresiones posibles mencionadas en esta sección. Las personas podrían estar agradecidas por «una nueva plenitud del Espíritu Santo» o «una nueva habilitación para el ministerio» o «un paso significativo en el crecimiento en algún aspecto u otro de la vida cristiana. No habría separación entre «nosotros» y «ellos», porque reconoceríamos que todos somos parte de un solo cuerpo sin categorías separadas.[32] De hecho, muchos carismáticos e incluso algunos pentecostales tradicionales están usando hoy la expresión «bautismo en el Espíritu Santo» con mucha menos frecuencia, prefiriendo usar en su lugar expresiones como «ser llenos con el Espíritu Santo».[33]

Además, muchos creyentes que no han tenido una sola experiencia dramática (tal como la que los pentecostales han llamado un bautismo en el Espíritu Santo) han empezado, no obstante, a experimentar una nueva libertad y gozo en la adoración (a menudo con la llegada de la adoración moderna o de los cantos de alabanza en sus iglesias), y con el uso de una variedad más amplia de los dones espirituales para la eficacia y la edificación de ellos mismos y de sus iglesias (incluyendo dones tales como sanidad, profecía, milagros, discernimiento de espíritus, y la capacidad de ejercer autoridad sobre fuerzas demoníacas con oración y una palabra de reprensión dirigida directamente a los espíritus malignos). En ocasiones el don de hablar en lenguas y el don de interpretación también han sido usados, pero en otros casos no. Digo todo esto para hacer notar que las diferencias entre pentecostales y carismáticos por una parte, y los cristianos evangélicos más tradicionales, parece que van desapareciendo cada vez más, y hay cada vez menos diferencias entre ellos.

---

[32]Es mi opinión personal que muchas de la divisiones que han venido con la influencia del movimiento de renovación carismática en muchas iglesias no ha sucedido a causa de los dones espirituales, sino debido a un mal entendimiento de lo que está sucediendo y de las implicaciones de dos grupos de cristianos que viene con la expresión «bautismo en el Espíritu Santo».

[33]John Wimber, a quien no le gusta identificarse a sí mismo como pentecostal o carismático, dice con mucha sabiduría: «Ie descubierto que el argumento concerniente al bautismo en el Espíritu por lo general termina siendo una cuestión de etiquetas. Una buena medicina puede estar incorrectamente etiquetada, lo cual puede ser cierto en este caso. La experiencia pentecostal de Dios es mejor que la explicación que se da de ella» (John Wimber with Kevin Springer, *Power Evangelism*, p. 145). En años recientes me he dado cuenta en conversaciones con profesores de instituciones afiliadas con el movimiento carismático que hay una tendencia creciente a hablar más acerca de estar llenos con el Espíritu Santo que del bautismo en el Espíritu Santo para representar lo que está sucediendo a las personas dentro del movimiento carismático.

Alguien podría objetar que es específicamente esta experiencia de orar por un bautismo en el Espíritu Santo lo que ha llevado a las personas a un nuevo nivel de poder en el ministerio y a la eficacia en el uso de los dones espirituales. Puesto que esta experiencia ha sido de tanta ayuda en la vida de millones de creyentes, ¿debemos desecharla tan rápidamente? En respuesta, debemos decir si se cambiara la terminología «bautismo en el Espíritu» por algo más representativo de la enseñanza del Nuevo Testamento, no debería haber objeción en absoluto para que las personas vinieran a los templos, y animarlos a preparar sus corazones para la renovación espiritual mediante el arrepentimiento sincero y la renovación del compromiso con Cristo y para creer que el Espíritu Santo puede trabajar más poderosamente en sus vidas.[34] No hay nada malo en enseñar a las personas a orar y a procurar una mayor plenitud del Espíritu Santo, a esperar y a pedir al Señor por un derramamiento de más dones espirituales en sus vidas, para el beneficio del cuerpo de Cristo (vea 1 Co 12:31; 14:1, 12). En realidad, la mayoría de los cristianos evangélicos en cada denominación anhelan sinceramente disponer de más poder para el ministerio, mayor gozo en la adoración, y un compañerismo más íntimo y profundo con Dios. Muchos también apreciarían un mejor entendimiento de los dones espirituales, y ánimo para crecer en el uso de los mismos. Si los cristianos pentecostales y carismáticos estuvieran dispuestos a enseñar estas cosas sin el bagaje adicional de dos niveles de cristianismo que está implícito en la expresión «bautismo en el Espíritu Santo», podrían encontrar una nueva era de una eficacia muy creciente en llevar estas otras áreas de la vida cristiana a todos los evangélicos en general.

3. Ser llenos con el Espíritu Santo no resulta siempre en hablar en lenguas. Nos queda algo más que tenemos que hablar con respecto a la experiencia de ser llenos con el Espíritu Santo. Debido a que hubo varios casos en Hechos en los que las personas recibieron el poder del Espíritu Santo en el nuevo pacto y empezaron a hablar en lenguas al mismo tiempo (Hch 2:4; 10:46; 19:6; probablemente también implícito en 8:17-19 debido a su paralelismo con la experiencia de los discípulos en Hechos 2), la enseñanza pentecostal ha mantenido comúnmente que la señal externa del bautismo en el Espíritu Santo es hablar en lenguas (es decir, hablar en lenguas que no son entendidas por los demás y que la persona que las habla no las ha aprendido, ya sean lenguas humanas conocidas u otras clases de lenguas angélicas o celestiales o dadas milagrosamente).[35]

Pero es importante darse cuenta de que hay otros muchos casos en los que ser llenos con el Espíritu Santo *no resultó* en hablar en lenguas. Cuando Jesús fue lleno

---

[34]Mi estudiante Jack Mattern aunque él no es un carismático, me ha dicho que durante más de una década de trabajar con estudiantes universitarios, él ha encontrado un gran deseo entre los cristianos por saber cómo pueden ser llenos con el Espíritu Santo. Me dice correctamente que una enseñanza eficaz en esta área debe incluir la necesidad (1) de rendir nuestras vidas completamente a Dios (Ro 12:1; Gá 2:20), (2) depender completamente del poder de Dios para vivir la vida cristiana (Ro 8:13; Gá 2:20; 3:2-3), y (3) obedecer los mandamientos del Señor en nuestras vidas (1 Jn 2:6). Estos elementos son similares a los pasos de preparación mencionados arriba en la consideración de la enseñanza carismática común. En cualquier caso, a estos pasos se le puede añadir sin duda una oración de que el Espíritu Santo nos llene, conforme a la voluntad de Dios como se expresa en Ef 5:18. No debiera haber objeción a enseñar a los cristianos a orar a diario en conformidad con estos principios.

[35]Vea el capítulo 53, pp. 1125, para un estudio sobre hablar en lenguas.

con el Espíritu Santo en Lucas 4:1, el resultado fue fortaleza para vencer las tentaciones de Satanás en el desierto. Cuando las tentaciones terminaron, y Jesús «regresó a Galilea en el poder del Espíritu» (Lc 4:14), los resultados fueron curas milagrosas, expulsión de espíritus malignos y enseñanza con autoridad. Cuando Elisabet fue llena del Espíritu Santo, habló palabras de bendición para María (Lc 1:41-45). Cuando Zacarías fue lleno con el Espíritu Santo, profetizó (Lc 1:67-79). Otros resultados de estar lleno con el Espíritu Santo fue el de predicar el evangelio con poder (Hch 4:31), (quizá) sabiduría y madurez cristiana y buen testimonio (Hch 6:3), predicación poderosa cuando estaban acusados ante tribunales (Hch 4:8), una visión del cielo (Hch 7:55), y (aparentemente) fe y madurez de la vida (Hch 11:24). Varios de estos casos pueden también implicar la plenitud del Espíritu Santo para habilitar algunas formas de ministerio, especialmente en el contexto del libro de Hechos, donde la habilitación del Espíritu Santo aparece con frecuencia dando los resultados de milagros, predicación y obras de gran poder.[36]

Por tanto, si bien la experiencia de ser lleno con el Espíritu Santo puede resultar en recibir el don de hablar en lenguas, o en el uso de algún otro don que no se había experimentado anteriormente, también puede venir sin el don de hablar en lenguas. De hecho, muchos cristianos a lo largo de la historia han disfrutado de experiencias poderosas de ser llenos del Espíritu Santo que no han estado acompañadas con hablar en lenguas. Con relación a este don como con otros dones, nosotros debemos decir sencillamente que el Espíritu Santo «reparte a cada uno según él lo determina» (1 Co 12:11).

PREGUNTAS DE APLICACIÓN PERSONAL

1. Antes de leer este capítulo, ¿cuál era su entendimiento del «bautismo en el Espíritu Santo»? Si es que ahora ha cambiado su comprensión, ¿en qué sentido ha cambiado?

2. ¿Ha incluido su propia vida cristiana uno o más sucesos a los que pudiera llamar «un gran paso de crecimiento» en alguna área u otra de la vida cristiana? ¿O ha sido más bien una serie de pasos cortos pero continuados en la santificación, en la comunión con Dios, y en el uso de los dones espirituales para el ministerio?

3. ¿Ha conocido usted a personas que han afirmado haber recibido un «bautismo en el Espíritu Santo» después de la conversión? En su evaluación, ¿ha sido el resultado en sus vidas más bien positivo, o negativo, o ha sido más bien mixto? Si usted mismo ha tenido una experiencia como esa, ¿piensa que el concepto de que el «bautismo en el Espíritu Santo» es un suceso que ocurre una sola vez fue esencial para esa experiencia, o pudieran haber aparecido los mismos resultados en su vida cristiana si lo hubiera llamado «ser lleno con el Espíritu Santo«? ¿Piensa que sería apropiado para usted ahora

---

[36]Las Escrituras no especifican qué resultados tuvo en la vida de Juan el Bautista, quien estuvo «lleno del Espíritu Santo aun desde su nacimiento» (Lc 1:15), y que «la mano del Señor lo protegía» (Lc 1:66), y «el niño crecía y se fortalecía en espíritu» (Lc 1:80).

buscar una experiencia de ser lleno con el Espíritu Santo en su propia vida? ¿Cómo podría usted hacer que eso sucediera en su vida?

4. Todos nos damos cuenta de que es posible hacer mucho hincapié en algo bueno en la vida cristiana hasta el punto de que nuestra vida queda desequilibrada y no son tan eficaces en el ministerio como podrían ser. Si usted piensa en las varias formas en que podemos crecer en la vida cristiana (conocimiento de la Palabra de Dios y sana doctrina, oración, amor por Dios, amor por otros cristianos y por los que no son cristianos, confiar en Dios cada día, adoración, santidad en la vida, uso de los dones espirituales, poder eficaz del Espíritu Santo en nuestro testimonio y ministerio, compañerismo diario con Dios, etc.) ¿en qué áreas piensa usted que necesita pedirle a Dios más crecimiento en su propia vida? ¿Sería apropiado pedirle a él una nueva plenitud del Espíritu Santo que acompañe al crecimiento en esas áreas?

5. En relación con el tema del bautismo en el Espíritu Santo o ser llenos con el Espíritu Santo, ¿piensa usted que las iglesias evangélicas en general se han estado moviendo hacia más divisiones o más unidad en este asunto?

TÉRMINOS ESPECIALES

bautismo por el Espíritu Santo
bautismo en el Espíritu Santo
bautismo con el Espíritu Santo
dos clases de cristianismo
sed llenos con el Espíritu Santo

Pentecostés
experiencia del Espíritu Santo en el nuevo pacto
experiencia del Espíritu Santo en el antiguo pacto

BIBLIOGRAFÍA

(Para una explicación de esta bibliografía vea la nota sobre la bibliografía en el capítulo 1, p. 40. Datos bibliográficos completos se pueden encontrar en las páginas 1297-1306.)

Nota: Muy pocas teologías sistemáticas han incluido tratamiento explícito de este tema, ya que se ha convertido en un tema polémico en este siglo).

Secciones en Teologías Sistemáticas Evangélicas

2. Arminiana (wesleyana o metodista)
      1983   Carter, 1:435–47
3. Bautista
      1983–85   Erickson, 879–80
4. Dispensacional
      1947   Chafer, 6:138–61
      1986   Ryrie, 362–66
6. Reformada (o presbiteriana)
      1962   Buswell, 2:208–12
7. Renovada (o carismática o pentecostal)
      1988–92   Williams, 2:177–79, 181–207, 271–321

Secciones en Teologías Sistemáticas Católicas Romanas Representativas

(Ninguna consideración explícita)

Otras obras

Bennett, Dennis y Rita. *The Holy Spirit and You.* Logos, Plainfield, N. J., 1971.

Bruner, Frederick Dale. *A Theology of the Holy Spirit: The Pentecostal Experience and the New Testament Witness.* Eerdmans, Grand Rapids, 1970.

Dunn, James D. G. *Baptism in the Holy Spirit.* SCM, London, 1970.

Ervin, Howard M. *Conversion-Initiation and the Baptism in the Holy Spirit: A Critique of James D. G. Dunn, «Baptism in the Holy Spirit.»* Hendrickson, Peabody, Mass., 1984.

_____. *Spirit Baptism.* Hendriksen, Peabody, Mass., 1987.

Gaffin, Richard. *Perspectives on Pentecost.* Presbyterian and Reformed, Phillipsburg, N. J., 1979.

Green, Michael. *Baptism: Its Purpose, Practice and Power.* InterVarsity Press, Downers Grove, Ill., 1987, pp. 127–41.

_____. «The Spirit's Baptism». En *I Believe in the Holy Spirit.* Hodder and Stoughton, London, y Eerdmans, Grand Rapids, 1975, pp. 123–47.

Hoekema, Anthony A. *Holy Spirit Baptism.* Eerdmans, Grand Rapids, (1972).

Lloyd-Jones, Martyn. *Joy Unspeakable: Power and Renewal in the Holy Spirit.* Ed. por Christopher Catherwood. Shaw, Wheaton, Ill., 1984.

McGee, Gary B., ed. *Initial Evidence.* Hendrickson, Peabody, Mass., 1991.

Packer, J. I. «Baptism in the Spirit». En *NDT* pp. 73–74.

_____. *Keep in Step With the Spirit.* Revell, Old Tappan, N. J., y Leicester: Inter-Varsity Press, 1984.

Stott, John. *Baptism and Fulness.* InterVarsity Press, Leicester and Downers Grove, Ill., 1976.

Unger, Merrill F. *The Baptizing Work of the Holy Spirit.* Van Kampen Press, Wheaton, Ill., 1953.

White, R. E. O. «Baptism of the Spirit». En *EDT* pp. 121–22.

PASAJE BÍBLICO PARA MEMORIZAR

1 Corintios 12:12–13: *De hecho, aunque el cuerpo es uno solo, tiene muchos miembros, y todos los miembros, no obstante ser muchos, forman un solo cuerpo. Así sucede con Cristo. Todos fuimos bautizados por un solo Espíritu para constituir un solo cuerpo —ya seamos judíos o gentiles, esclavos o libres—, y a todos se nos dio a beber de un mismo Espíritu.*

HIMNO

«En mi alma mora, Santo Espíritu»

En mi alma mora, Santo Espíritu;
Del mundo aleja mi ambición banal;
Con tu poder mi vida inspira, Tú,
Y haz que yo te ame cuál te debo amar.

No anhelo ensueños, celestial visión,
Ni roto el velo de misterio ver;
Ni querubines, ni eternal mansión;
sólo que limpies, oh Señor, mi ser.

¿Debo yo amarte, mi buen Rey, mi Dios?
La mente, el alma, el corazón te di;
Haz que camine de tu cruz en pos;
Quiero seguir y elevarme a ti.

Haz que te sienta cuando cerca estás;
Por ti haz que luche con resolución;
Que no suspire, ni que dude más;
Y que en ti espere con resignación.

Cual los querubes yo te quiero amar;
Que llene sólo una pasión mi ser;
Pues en mi pecho se alzará un altar
Do viva el fuego de tu gran poder.

AUTOR: GEORGE CROLY, ES TRAD.
(COPIADO DE HIMNOS DE LA VIDA CRISTIANA, # 86)

Capítulo 40

La perseverancia de los santos (Cómo permanecer como creyente)

¿Pueden los verdaderos creyentes perder su salvación? ¿Cómo podemos saber si en realidad hemos nacido de nuevo?

EXPLICACIÓN Y BASE BÍBLICA

Nuestra consideración previa ha tratado de muchos aspectos de la salvación completa que Cristo ganó para nosotros y que el Espíritu Santo ahora nos aplica. Pero, ¿cómo sabemos que continuaremos siendo creyentes toda nuestra vida? ¿Hay algo que impedirá que caigamos alejándonos de Cristo, algo que garantice que continuaremos siendo creyentes hasta que muramos y que de hecho viviremos con Dios en el cielo para siempre? O, ¿pudiera ser que nos alejaremos de Cristo y perderemos las bendiciones de nuestra salvación? El tema de la perseverancia de los santos considera estas preguntas. *La perseverancia de los santos quiere decir que todos los que verdaderamente han nacido de nuevo serán guardados por el poder de Dios y perseverarán como creyentes hasta el fin de sus vidas, y que sólo los que perseveran hasta el fin han nacido verdaderamente de nuevo.*

Esta definición tiene dos partes. Indica primero que hay seguridad que se da a los que verdaderamente han nacido de nuevo, porque les recuerda que el poder de Dios los guardará como creyentes hasta que mueran, y que con certeza vivirán con Cristo en el cielo para siempre. Por otro lado, la segunda mitad de la definición indica claramente que continuar en la vida cristiana es una de las evidencias de que una persona verdaderamente ha nacido de nuevo. Es importante mantener presente también este aspecto de la doctrina, para que no se dé falsa seguridad a quienes para empezar nunca han sido creyentes.

Se debe notar que este asunto es uno en el que en los creyentes evangélicos por largo tiempo han tenido desacuerdo significativo. Muchos dentro de la tradición wesleyana y arminiana han sostenido que es posible que alguien que verdaderamente ha nacido de nuevo pierda su salvación, en tanto que los creyentes reformados han sostenido que eso no es posible para alguien que *verdaderamente* ha nacido de nuevo.[1] La mayoría de bautistas han seguido la tradición reformada en este punto; sin embargo, frecuentemente han usado el término *«seguridad eterna»* o *« seguridad eterna del creyente»* antes que el término *«perseverancia de los santos»*.

---

[1] La doctrina de la perseverancia de los santos se representa por una «P» en el acrónimo TULIP, que a menudo se usa en inglés para resumir los «cinco puntos del calvinismo». (Ver lista completa en p. 712, n. 11).

A. Todos los que en realidad han nacido de nuevo perseverarán hasta el fin

Hay muchos pasajes que enseñan que los que verdaderamente han nacido de nuevo, que son genuinamente creyentes, continuarán en la vida cristiana hasta la muerte y entonces irán a estar con Cristo en el cielo. Jesús dice:

> Porque he bajado del cielo no para hacer mi voluntad sino la del que me envió. Y ésta es la voluntad del que me envió: que yo no pierda nada de lo que él me ha dado, sino que lo resucite en el día final. Porque la voluntad de mi Padre es que *todo* el que reconozca al Hijo y *crea* en él, tenga vida eterna, y *yo lo resucitaré en el día final* (Jn 6:38-40).

Aquí Jesús dice que todo el que cree en él tendrá vida eterna. Dice que él resucitará a esa persona en el día final; que, en el contexto de creer en el Hijo y tener vida eterna, claramente quiere decir que Jesús resucitará a esa persona a vida eterna con él (no simplemente resucitarla para que sea juzgada y condenada). Parece difícil evitar la conclusión de que todo el que verdaderamente cree en Cristo seguirá siendo creyente hasta la misma resurrección en el día final a bendición de vida en la presencia de Dios.[2] Es más, este pasaje recalca que Jesús hace la voluntad del Padre, que él «*no pierda nada* de todo lo que él me ha dado» (Jn 6:39). De nuevo, los que el Padre le ha dado al Hijo no se perderán.

Otro pasaje que recalca esta verdad es Juan 10:27-29, en el que Jesús dice:

> Mis ovejas oyen mi voz; yo las conozco y ellas me siguen. Yo les doy vida eterna, y *nunca perecerán,* ni nadie podrá arrebatármelas de la mano. Mi Padre, que me las ha dado, es más grande que todos; y de la mano del Padre nadie las puede arrebatar.

Aquí Jesús dice que a todos los que le siguen, que son sus ovejas, les es dada vida eterna. Además dice que «nadie podrá arrebatármelas de la mano» (v. 28). Algunos han objetado a esto que aunque nadie más puede sacar de la mano de Cristo a los creyentes, nosotros mismos podemos salirnos de la mano de Cristo. Pero eso parece ser debate pedante en cuanto a palabras; ¿acaso «nadie» no incluye también a la persona que está en la mano de Cristo? Es más, sabemos que nuestros corazones distan mucho de ser confiables. Por consiguiente, si existiera la

---

[2] Grant R. Osborne, «Exegetical Notes on Calvinist Texts», en *Grace Unlimited,* pp. 170–71, no da una explicación alterna para la afirmación de Jesús: «y yo le resucitaré en el día final», cuando trata este pasaje. Pero sí dice en este contexto que el v. 35 recalca el hecho de que la vida eterna depende de que el individuo «venga y crea» en Cristo (p. 171) y que los verbos en tiempo presente que expresan «creer» en estos pasajes implican no meramente una decisión inicial de fe, sino más bien continuar en ese estado.

Lamento tener que diferir con mi amigo y colega en este asunto, pero hay algo que se debe decir en respuesta: en tanto que nadie negaría que es necesario que las personas crean en Cristo para la vida eterna, y en tanto que también es cierto que Jesús aquí habla no simplemente de la fe inicial que salva sino de una fe que continúa a través del tiempo, el versículo no llega al punto de especificar que «todo el que cree continuamente *hasta su muerte* tendrá vida eterna», sino más bien simplemente dice que «el que *al presente está en un estado de creer* en Cristo» tendrá vida eterna y Jesús le resucitará en el último día. El versículo habla de los que al presente están en un estado de creer en Cristo, y dice que todos ellos serán resucitados por Cristo en el último día. Ninguna objeción adicional a este versículo específico se da en el segundo ensayo de Osborne, «Soteriology in the Gospel of John», en *The Grace of God, the Will of Man,* p. 248.

posibilidad de que podríamos salirnos nosotros mismos de la mano de Cristo, el pasaje difícilmente daría la seguridad que Cristo quiso que diera.

Pero, más importante, la frase más fuerte de este pasaje es «*nunca perecerán*» (v. 28). La construcción en griego (*ou me* más el subjuntivo aoristo) es especialmente enfática y se puede traducir más explícitamente: «y con toda certeza jamás perecerán». Esto recalca que los que son «ovejas» de Jesús y le siguen, y a quienes él les ha dado vida eterna, nunca perderán su salvación ni serán separados de Cristo; «nunca perecerán».[3]

Hay varios otros pasajes que dicen que los que creen tienen «vida eterna». Un ejemplo es Juan 3:36: «El que cree en el Hijo tiene *vida eterna*» (cf. también Jn 5:24; 6:47; 10:28; 1 Jn 5:13). Ahora bien, si es verdaderamente vida eterna lo que tienen los creyentes, entonces es vida que dura para siempre con Dios. Es una dádiva de Dios que viene con la salvación (se le pone en contraste con la condenación y juicio eterno en Juan 3:16-17, 36; 10:28). Los arminianos han objetado que «vida eterna» simplemente es una calidad de vida, un tipo de vida en relación con Dios, que uno tiene por un tiempo y entonces la pierde. Pero esta objeción no parece ser convincente en vista al claro matiz de tiempo interminable incluido en el adjetivo *eterna* (gr. *aionios*, «eterno, sin fin»).[4] Ciertamente hay una calidad especial en esta vida, pero el énfasis en el adjetivo *eterna* está en el hecho de que es lo opuesto de muerte; es lo opuesto de juicio y separación de Dios; es vida que continúa para siempre en la presencia de Dios. Y el que cree en el Hijo tiene esta «vida *eterna*» (Jn 3:36).

Evidencia de los escritos de Pablo y las demás Epístolas del Nuevo Testamento también indican que los que verdaderamente han nacido de nuevo perseverarán hasta el fin. «Ya no hay ninguna condenación para los que están unidos a Cristo Jesús» (Ro 8:1); por consiguiente, sería injusto que Dios dé algún tipo de castigo eterno a los que son creyentes; ya no queda ninguna condenación para ellos, porque toda la pena de sus pecados ha quedado pagada.

Luego, en Romanos 8:30 Pablo recalca la clara conexión entre los propósitos eternos de Dios en la predestinación y su realización de esos propósitos en la vida, junto con su realización final de esos propósitos al «glorificar» o dar cuerpos finales de resurrección a los que él ha traído en unión con Cristo: « A los que predestinó, también los llamó; a los que llamó, también los justificó; y a los que justificó,

---

[3]La palabra griega que aquí se traduce «perecer» es *apolumi* que es el mismo término que Juan usa en Juan 3:16 para decir que «todo el que cree en él no se pierda, sino que tenga vida eterna». Grant Osborne, en «Exegetical Notes on Calvinist Texts», p. 172, dice que no se debe interpretar este versículo aparte de la enseñanza sobre la vid y las ramas en Juan 15:1-7, pero no da explicación alterna para la frase «nunca perecerán», ni da razón por la que debamos dejar de entender que significa que estas personas ciertamente tendrán vida con Dios para siempre en el cielo. En su artículo subsecuente, «Soteriology in the Gospel of John», Osborne de nuevo menciona Juan 10:28, pero no da explicación alterna para el mismo excepto que decir que este pasaje martilla la soberanía de Dios, pero otros pasajes de Juan recalcan esta respuesta de fe que obra junto con la soberanía de Dios. Estos artículos parecen no proveer razón para que no comprendamos estas palabras en un sentido ordinario, indicando que el que cree en Cristo con certeza nunca perecerá.

Por supuesto, los que creen en la doctrina de la perseverancia de los santos (como yo mismo) afirmarían que la manera en que Dios nos conserva seguros es haciéndonos continuar creyendo en Cristo (ver consideración abajo), así que decir que la Biblia también recalca la necesidad de continuar en la fe no es objetar a la doctrina de la perseverancia de los santos según la han expresado los teólogos reformados frecuentemente en la historia del cristianismo. En otras palabras, hay una manera de creer en ambos conjuntos de pasajes sin concluir que los que verdaderamente han nacido de nuevo pueden perder su salvación.

[4]*BAGD*, p. 28.

también los glorificó». Aquí Pablo ve el suceso futuro de la glorificación como certeza tal en el propósito firme de Dios que puede hablar del mismo como si ya estuviera realizado («los glorificó»). Esto es cierto de todos los que son llamados y justificados; es decir, todos los que verdaderamente han llegado a ser creyentes.

Más evidencia de que Dios guarda seguros por la eternidad a los que han nacido de nuevo es el «sello» que Dios nos pone. Este «sello» es el Espíritu Santo en nosotros, que también actúa como la «garantía» de Dios de que recibiremos la herencia que se nos ha prometido: «En él también ustedes, cuando oyeron el mensaje de la verdad, el evangelio que les trajo la salvación, y lo creyeron, fueron marcados con *el sello que es el Espíritu Santo prometido.* Éste *garantiza* nuestra herencia hasta que llegue la redención final del pueblo adquirido por Dios, para alabanza de su gloria» (Ef 1:13-14). La palabra griega que se traduce «arras, RVR» en este pasaje (*arrabon*) es un término legal y comercial que quiere decir «primer pago, depósito, cuota de entrada, promesa» y representa «un pago que obliga a la parte contratante a hacer pagos adicionales».[5] Cuando Dios puso en nosotros el Espíritu Santo, se comprometió a darnos todas las bendiciones adicionales de la vida eterna y una gran recompensa en el cielo con él. Por eso Pablo puede decir que el Espíritu Santo «*garantiza* nuestra herencia hasta que llegue la redención final del pueblo adquirido por Dios» (Ef 1:14). Todos los que tienen el Espíritu Santo en ellos, todos los que han nacido verdaderamente de nuevo, tienen la promesa inmutable de Dios y garantía de que la herencia de la vida eterna en el cielo con toda certeza será suya. La propia fidelidad de Dios está comprometida a hacerlo así.[6]

Otro ejemplo de seguridad de que los creyentes perseverarán hasta el fin se halla en la afirmación de Pablo a los Filipenses: «Estoy convencido de esto: el que comenzó tan buena obra en ustedes la irá perfeccionando hasta el día de Cristo Jesús» (Flp 1:6). Es cierto que la palabra «ustedes» aquí es plural (gr. *jumás*), y de este modo se refiere a los creyentes de la iglesia de Filipos en general, pero con todo les está hablando de los creyentes específicos a los que él les escribe, y dice que la buena obra de Dios que empezó en ellos continuará y quedará completa el día en que Cristo vuelva.[7] Pedro les dice a sus lectores que ellos son «a quienes *el poder de Dios*

---

[5]Ibid., p. 109.

[6]Osborne, «Exegetical Notes on Calvinist Texts», p. 181, responde a este versículo diciendo que Pablo también enseña la responsabilidad personal, puesto que «al cristiano se le advierte a no "entristecer" al Espíritu (cf. 1 Tes. 4:8)» y que «el peligro de la apostasía es real, y que él no se atreve a «entristecer» al Espíritu». Pero de nuevo, esta objeción no provee interpretación alterna al versículo que se considera, sino que simplemente se refiere a los demás versículos que enseñan la responsabilidad personal, hecho que un teólogo reformado también de buen grado afirmaría.

Los teólogos arminianos frecuentemente dan por sentado que si afirman la responsabilidad humana y la necesidad de continuar en la fe con ello han negado la idea de que la guarda soberana y protección de Dios es absolutamente certera y la vida eterna está garantizada. Pero a menudo hacen esto sin proveer ninguna otra interpretación convincente para los pasajes citados para demostrar la doctrina de la perseverancia de los santos, ni ninguna explicación que mostraría por qué no debemos tomar estas palabras como garantía absoluta de que los que han nacido de nuevo ciertamente perseverarán hasta el fin. Antes que dar por sentado que los pasajes sobre la responsabilidad humana niegan la idea de la protección soberana de Dios, parece ser mejor adoptar la posición reformada que dice que la protección soberana de Dios es consistente con la responsabilidad humana, porque obra mediante la responsabilidad humana y garantiza que respondemos al mantener la fe que es necesaria para perseverar.

[7]Osborne correctamente rechaza la idea de que esto se refiere sólo al hecho de que la iglesia continuará. Dice: «Pablo quiere decir que la promesa se extiende al individuo. Dios lo guardará con vista a la salvación final, pero esto no obvia la necesidad de perseverancia» («Exegetical Notes on Calvinist Texts», p. 182).

protege mediante la fe hasta que llegue la salvación que se ha de revelar en los últimos tiempos» (1 P 1:5). La palabra *guardados*, RVR (gr. *phroureo*), puede significar tanto «impedir que escapen» y «proteger de ataques», y tal vez ambas clases de guarda es lo que se quiere indicar aquí: Dios está preservando a los creyentes para que no escapen de su reino, y está protegiéndolos de ataques externos.

El participio presente que Pedro usa da el sentido de «ustedes son continuamente guardados».[8] Recalca que esto es por el poder de Dios. Sin embargo, el poder de Dios no obra aparte de la fe personal de los que son guardados, sino mediante su fe. («Fe», *pistis*) es regularmente una actividad personal del creyente individual en las epístolas de Pedro (ver 1 P 1:7, 9, 21; 5:9; 2 P 1:1, 5; y comúnmente en el Nuevo Testamento). Los ejemplos paralelos de Dios obrando «por» alguien o algo en los escritos de Pedro (1 P 1:3, 23; 2 P 1:4, y probablemente también 1 P 1:12; 2:14; 3:1) sugieren que la fe o confianza personal del creyente en Dios es el medio que Dios usa para guardar a su pueblo. Así podemos dar el sentido del versículo diciendo que «Dios continuamente está usando su poder para guardar a su pueblo mediante la fe de ellos», afirmación que parece implicar que el poder de Dios de hecho energiza y continuamente sustenta la fe individual y personal.[9]

Este guardar no es para una meta temporal sino para una salvación lista para ser revelada en el tiempo final. «Salvación» se usa aquí no para referirse a la justificación pasada o la santificación presente (hablando en categorías teológicas) sino de la plena posesión futura de todas las bendiciones de nuestra redención; en el cumplimiento final y completo de nuestra salvación (cf. Ro 13:11; 1 P 2:2). Aunque ya está preparada o «lista», Dios no la «revelará» a la humanidad en general sino hasta el «tiempo final», o sea el tiempo del juicio final.

Esta última frase hace difícil, si no imposible, ver algún fin a la actividad guardadora de Dios. Si la guarda de Dios tiene como propósito la preservación de los creyentes hasta que reciban su salvación plena y celestial, entonces es seguro concluir que Dios realizará ese propósito y que en efecto logrará esa salvación final. En última instancia el que ellos logren su salvación final depende del poder de Dios. Con todo, el poder de Dios continuamente obra «por» la fe de ellos. ¿Quieren ellos saber si Dios los está guardando? Si continúan confiando en Dios por medio de Cristo, Dios está obrando y guardándolos, y se le debe agradecer.

Este énfasis en la guarda de Dios en combinación con nuestra fe provee una transición natural a la segunda mitad de la doctrina de la perseverancia.

B. Sólo los que perseveran hasta el fin han nacido verdaderamente de nuevo

En tanto que las Escrituras repetidamente recalcan que los que verdaderamente han nacido de nuevo perseverarán hasta el fin y con certeza tendrán vida eterna en el cielo con Dios, hay otros pasajes que hablan de la necesidad de continuar en

---

[8]Los siguientes tres párrafos se toman de W. Grudem, *The First Epistle of Peter* (Inter-Varsity Press, Leicester, y Eerdmans, Grand Rapids, 1988), pp. 58–59.

[9]La traducción de J. N. D. Kelly, «como resultado de . . . fe» es expresión extremadamente improbable de la construcción muy común *dia* con el genitivo (los pocos ejemplos de esta construcción que significan «como resultado de» que se sugieren en *BAGD* p. 180, IV, son todos ambiguos, y el mismo Kelly no da ejemplos; ver J. N. D. Kelly, *A Commentary on the Epistles of Peter and Jude*, Black's New Testament Commentaries [Black, Londres, 1969], p. 52).

la fe toda la vida. Nos hacen darnos cuenta de que lo que Pedro dice en 1 Pedro 1:5 es cierto, es decir, que Dios no nos guarda *aparte de* nuestra fe, sino solamente obrando «mediante» nuestra fe de modo que nos permite continuar creyendo en él. De esta manera, los que continúan confiando en Cristo obtienen la seguridad de que Dios está obrando en ellos y guardándolos.

Un ejemplo de esta clase de pasajes es Juan 8:31-32: «Jesús se dirigió entonces a los judíos que habían creído en él, y les dijo: —*Si se mantienen fieles a mis enseñanzas,* serán realmente mis discípulos; y conocerán la verdad, y la verdad los hará libres». Jesús aquí está dando la advertencia de que una evidencia de la fe genuina es continuar en su palabra, es decir, continuar creyendo lo que él dice y viviendo una vida de obediencia a sus mandamientos. De modo similar, Jesús dice: «*El que se mantenga firme hasta el fin* será salvo» (Mt 10:22), como medio de advertir a la gente a no caer en tiempos de persecución.

Pablo les dice a los creyentes de Colosas que Cristo los ha reconciliado con Dios, «a fin de presentarlos santos, intachables e irreprochables delante de él, los ha reconciliado en el cuerpo mortal de Cristo mediante su muerte, *con tal de que se mantengan firmes en la fe,* bien cimentados y estables, sin abandonar la esperanza que ofrece el evangelio . . . que ustedes oyeron» (Col 1:22-23). Es simplemente natural que Pablo y los otros escritores del Nuevo Testamento hablen de esta manera, porque se dirigen a grupos de personas que profesan ser creyentes, sin poder saber el estado real del corazón de toda persona. Puede haber habido algunos en Colosas que se habían unido a compañerismo de la iglesia, e incluso tal vez habían profesado que tenían fe en Cristo, y habían sido bautizados en la membresía de la iglesia, que nunca habían tenido verdadera fe que salva. ¿Cómo puede Pablo distinguir a tales personas y a los verdaderos creyentes? ¿Cómo puede evitar darles falsa seguridad, seguridad de que serán salvados eternamente cuando en realidad no lo serán, a menos que vengan al verdadero arrepentimiento y fe? Pablo sabe que aquellos cuya fe no es real a la larga dejarán de participar en la comunión de la iglesia. Por consiguiente, les dice a sus lectores que en última instancia serán salvados, «*con tal de que se mantengan firmes en la fe,*» (Col 1:23). Los que continúan muestran por eso que son creyentes genuinos; pero los que no continúan en la fe mostrarán que nunca hubo en sus corazones fe genuina.

Un énfasis similar se ve en Hebreos 3:14: «Hemos llegado a tener parte con Cristo, *con tal que retengamos firme hasta el fin la confianza que tuvimos al principio*». Este versículo provee una perspectiva excelente de la doctrina de la perseverancia. ¿Cómo sabemos si «hemos llegado a tener parte con Cristo»? ¿Cómo sabemos si este ser unidos a Cristo ha sucedido en algún momento en el pasado?[10] Una manera en que sabemos que hemos venido a la fe genuina en Cristo es si continuamos en la fe hasta el fin de nuestras vidas.

La atención al contexto de Hebreos 3:14 nos impedirá usar este y otros pasajes similares de una manera pastoralmente inapropiada. Debemos recordar que hay otras evidencias en otras partes de la Biblia que les dan a los creyentes en seguridad

---

[10]El autor usa el verbo en presente perfecto *gegonamen* (de *ginomai*) «hemos llegado a ser» (en algún momento en el pasado, con resultados que continúa al presente).

de la salvación,[11], así que *no debemos pensar que la seguridad de que pertenecemos a Cristo es imposible hasta que muramos.* Sin embargo, continuar en la fe es uno de los medios de seguridad que menciona aquí el autor de Hebreos. Menciona esto para advertir a sus lectores que no se deben apartar de Cristo, porque escribe a una situación en donde es necesaria una advertencia así. El principio de esa sección, apenas dos versículos antes, dice: «Cuídense, hermanos, de que ninguno de ustedes tenga un corazón pecaminoso e incrédulo que los haga apartarse del Dios vivo» (Heb 3:12). En verdad, en todos los pasajes en donde se menciona el continuar creyendo en Cristo hasta el fin de nuestras vidas como una indicación de fe genuina, el propósito nunca es hacer que los que al presente confían en Cristo se preocupen que en algún momento en el futuro pueden apartarse (y nunca debemos usar estos pasajes de esa manera tampoco, porque eso sería dar una causa errada para preocupación de una manera que la Biblia no se propone). Más bien, el propósito siempre es *advertir a los que están pensando en apartarse o se han apartado* que si lo hacen, eso es una fuerte indicación de que nunca fueron salvos. Así, la necesidad para continuar en la fe debe simplemente usarse como una advertencia en contra de apartarse, advertencia de que los que se apartan dan evidencia de que su fe nunca fue real.

Juan claramente indica que los que se apartan del compañerismo de la iglesia y de la creencia en Cristo, por ello muestran para empezar que su fe no fue real, y que nunca fueron parte del verdadero cuerpo de Cristo. Hablando de los que han dejado el compañerismo de los creyentes, Juan dice: «Aunque salieron de entre nosotros, en realidad no eran de los nuestros; *si lo hubieran sido, se habrían quedado con nosotros.* Su salida sirvió para comprobar que ninguno de ellos era de los nuestros» (1 Jn 2:19). Juan dice que los que se han apartado muestran por sus acciones que «no eran de los nuestros»; que nunca nacieron verdaderamente de nuevo.

C. Los que finalmente se apartan pueden dar muchas señales externas de conversión

¿Es siempre claro cuáles personas en la iglesia tienen fe genuina que salva y cuáles tienen simplemente una persuasión intelectual de la verdad del evangelio pero no tienen fe genuina en sus corazones? No siempre es fácil decirlo, y la Biblia menciona en varios lugares que *no creyentes* en compañerismo con la iglesia visible pueden en efecto dar algunas señales externas o indicaciones que les hace parecerse o sonar como creyentes genuinos. Por ejemplo, Judas, que traicionó a Cristo, debe haber actuado casi exactamente como los demás discípulos durante los tres años que estuvo con Jesús. Tan convincente fue su conformidad al patrón de conducta de los demás discípulos, que al fin de los tres años del ministerio de Jesús, cuando él dijo que uno de ellos lo traicionaría, ellos no se volvieron y sospecharon de Judas, sino que más bien «uno por uno comenzaron a preguntarle: —¿Acaso seré yo, Señor?» (Mt 26:22; cf. Mr 14:19; Lc 22:23; Jn 13:22). Sin embargo, Jesús mismo sabía que no había fe genuina en el corazón de Judas, porque en cierto punto dijo: «¿No los he escogido yo a ustedes doce? . . . No obstante, uno de ustedes es un diablo»

---

[11]Ver la lista de evidencias de la salvación que se dan en la sección D, pp. 803, abajo.

(Jn 6:70). Juan escribió más adelante en su Evangelio que «Jesús conocía desde el principio quiénes eran los que no creían y quién era el que iba a traicionarlo» (Jn 6:64). Pero los discípulos mismos no lo sabían.

Pablo también habla de «que algunos *falsos hermanos* se habían infiltrado» (Gá 2:4), y dice que en sus viajes había estado en «peligros de parte de *falsos hermanos*» (2 Co 11:26). También dice que los siervos de Satanás «*se disfrecen* de servidores de la justicia» (2 Co 11:15). Esto no quiere decir que todos los no creyentes de la iglesia que no obstante dan algunas señales de verdadera conversión sean siervos de Satanás en secreto socavando la obra de la iglesia, porque algunos pueden estar en proceso de considerar las afirmaciones del evangelio y avanzar hacia la fe real, otros pueden haber oído sólo una explicación inadecuada del mensaje del evangelio, y otros pueden no haber llegado a estar bajo una convicción genuina del Espíritu Santo todavía. Pero las afirmaciones de Pablo sí quieren decir que algunos creyentes en la iglesia serán falsos hermanos y hermanas enviados a trastornar el compañerismo, en tanto que otros simplemente serán no creyentes que a la larga vendrán a la fe genuina que salva. En ambos casos, sin embargo, dan varias señales externas que les hace parecerse a creyentes genuinos.

Podemos ver esto también en la afirmación de Jesús en cuanto a lo que sucederá en el juicio final:

> No todo el que me dice: «Señor, Señor», entrará en el reino de los cielos, sino sólo el que hace la voluntad de mi Padre que está en el cielo. Muchos me dirán en aquel día: «Señor, Señor, ¿no profetizamos en tu nombre, y en tu nombre expulsamos demonios e hicimos muchos milagros?» Entonces les diré claramente: «*Jamás los conocí.* ¡Aléjense de mí, hacedores de maldad!» (Mt 7:21-23).

Aunque estas personas profetizaban y echaban fuera demonios y hacían «muchos milagros» en el nombre de Jesús, la capacidad para hacer tales obras no garantizaba que sean creyentes. Jesús dice: «Jamás los conocí». Él no dice: «Los conocí en un tiempo pero ya no los conozco», ni tampoco «los conocí en un tiempo pero ustedes se apartaron de mí», sino más bien, «*jamás* los conocí». Nunca fueron creyentes genuinos.

Una enseñanza similar se halla en la parábola del sembrador en Marcos 4. Jesús dice: «Otra parte cayó en terreno pedregoso, sin mucha tierra. Esa semilla brotó pronto porque la tierra no era profunda; pero cuando salió el sol, las plantas se marchitaron y, por no tener raíz, se secaron» (Mr 4:5-6). Jesús explica que la semilla sembrada en terreno pedregoso representa a los que «cuando oyen la palabra, en seguida la reciben con alegría, pero como no tienen raíz, duran poco tiempo. Cuando surgen problemas o persecución a causa de la palabra, en seguida se apartan de ella» (Mr 4:16-17). El hecho de que «no tienen raíz» indica que no hay fuente de vida en estas plantas; de modo similar, las personas representadas por ellas no tienen fe genuina en su interior. Tienen la apariencia de conversión y parecen haber llegado a ser creyentes porque recibieron la palabra «con alegría», pero cuando viene la dificultad no se les halla por ninguna parte; su aparente conversión no fue genuina y en sus corazones no hubo fe real que salva.

La importancia de continuar en la fe también se afirma en la parábola de Jesús como la vid, en la cual se muestra a los creyentes como ramas (Jn 15:1-7). Jesús dice:

> Yo soy la vid verdadera, y mi Padre es el labrador. Toda rama que en mí no da fruto, la corta; pero toda rama que da fruto la poda para que dé más fruto todavía. . . . El que no permanece en mí es desechado y se seca, como las ramas que se recogen, se arrojan al fuego y se queman (Jn 15:1-2, 6).

Los arminianos han aducido que las ramas que no llevan fruto siguen siendo ramas en la vid; Jesús se refiere a «toda rama que *en mí* no da fruto» (v. 2). Por consiguiente, las ramas que se recogen y echan en el fuego y se queman deben referirse a los verdaderos creyentes que una vez fueron parte de la vid pero que se apartaron y quedaron sujetos a juicio eterno. Pero esa no es una implicación necesaria de la enseñanza de Jesús en este punto. La ilustración de una vid que se usa en la parábola se limita a cuánto detalle puede enseñar. Es más, si Jesús hubiera querido enseñar que había creyentes falsos y verdaderos asociados con él, y si quería usar la analogía de una vid y ramas, entonces la única manera en que se hubiera referido a las personas que no tienen una vida genuina en sí mismas sería hablar de ramas que no dan fruto (de una manera similar a la analogía de las semillas que cayeron en terreno pedregoso y que «no tenían raíz» en Mr 4:17). Aquí, en Juan 15 las ramas que no dan fruto, aunque de alguna manera están conectadas a Jesús y dan una apariencia externa de ser ramas genuinas, con todo dan indicación de su verdadera situación por el hecho de que no dan fruto. Esto se indica de modo similar por el hecho de que la persona «no permanece» en Cristo (Jn 15:6) y que es arrojada como las ramas y se seca. Si tratamos de presionar la analogía incluso más, diciendo, por ejemplo, que todas las ramas de una vid realmente están vivas, o que para empezar no estarían allí, entonces simplemente estamos tratando de presionar la ilustración más allá de lo que puede enseñar; y en este caso no habría nada en la analogía que podría representar a los creyentes falsos en cualquier caso. El punto de la ilustración es simplemente que los que dan fruto dan por eso evidencia de que están permaneciendo en Cristo; los que no, no están permaneciendo en él.

Finalmente, hay dos pasajes en Hebreos que también afirman que los que finalmente se apartan pueden dar muchas señales externas de conversión y de muchas maneras pueden parecer creyentes. El primero de éstos, Hebreos 6:4-6, frecuentemente han usado los arminianos como prueba de que los creyentes pueden perder su salvación. Pero en una inspección más cuidadosa tal interpretación no es convincente. El autor escribe:

> Es imposible que renueven su arrepentimiento aquellos que han sido una vez iluminados, que han saboreado el don celestial, que han tenido parte en el Espíritu Santo y que han experimentado la buena palabra de Dios y los poderes del mundo venidero, y después de todo esto se han apartado. Es imposible, porque así vuelven a crucificar, para su propio mal, al Hijo de Dios, y lo exponen a la vergüenza pública (Heb 6:4-6).

El autor continúa con un ejemplo de la agricultura:

Cuando la tierra bebe la lluvia que con frecuencia cae sobre ella, y produce una buena cosecha para los que la cultivan, recibe bendición de Dios. En cambio, cuando produce espinos y cardos, no vale nada; está a punto de ser maldecida, y acabará por ser quemada (Heb 6:7-8).

En esta metáfora agrícola a los que reciben el juicio final se les compara a la tierra que no da plantas ni fruto útil, sino más bien espinos y cardos. Cuando recordamos las otras metáforas de la Biblia en donde el buen fruto es señal de verdadera vida espiritual y la falta de fruto es señal de los falsos creyentes (por ejemplo, Mt 3:8-10; 7:15-20; 12:33-35), ya tenemos una indicación de que el autor está hablando de personas cuya evidencia más fidedigna de su condición espiritual (el fruto que dan) es negativa, sugiriendo que el autor está hablando de personas que no son genuinamente creyentes.

Algunos han objetado que esta larga descripción de cosas que les han sucedido a estas personas que se apartan quiere decir que deben haber nacido de nuevo genuinamente. Pero esa no es una objeción convincente cuando miramos a los términos individuales que se usan. El autor dice que ellos «han sido una vez *iluminados*» (Heb 6:4). Pero esta iluminación simplemente quiere decir que llegaron a comprender las verdades del evangelio, y no que respondieron a estas verdades con genuina fe que salva.[12]

De modo similar, la expresión *una vez* que se usa para hablar de los que «han sido una vez iluminados» es el término griego *apax* que se usa, por ejemplo, en Filipenses 4:16 para mencionar el hecho de que los Filipenses le enviaron a Pablo ayuda «una y otra vez», y en Hebreos 9:7 de la entrada al Lugar Santísimo «*una vez* al año». Por consiguiente, esta expresión no necesariamente quiere decir que algo sucedió «una vez» y nunca se puede repetir, sino simplemente que sucedió una vez, sin especificar si se repetirá o no.[13]

El pasaje dice además que estas personas «han *saboreado* el don celestial» y que «han *experimentado* la buena palabra de Dios y los poderes del mundo venidero» (Heb 6:4-5). Inherente en la idea de saborear es el hecho de que probar es temporal y uno puede decidir aceptar o no lo que está probando. Por ejemplo, la misma palabra griega (*geuomai*) se usa en Mateo 27:34 para decir que los que crucificaron a Jesús «le dieron a Jesús vino mezclado con hiel; pero después de *probarlo,* se negó a beberlo». La palabra también se usa en un sentido figurado queriendo decir «llegar a conocer algo».[14] Si comprendemos esto en su sentido figurado, como se debe

---

[12]La palabra *iluminados* traduce el término griego *fotizo* que se refiere a aprendizaje en general, y no necesariamente a un aprendizaje que resulta en salvación; se usa en Juan 1:9 para el «alumbrar» que viene al mundo para todo ser humano, en 1 Co 4:5 de la iluminación que viene en el día del juicio final, y en Ef 1:18 de la iluminación que acompaña el crecimiento en la vida cristiana. La palabra no es un «término técnico» que quiere decir que las personas en cuestión fueron salvadas.

Después de concluir la siguiente explicación de Hebreos 6:4-6 escribí un estudio mucho más extenso, con análisis adicional, respaldando la información, y con interacción con otra literatura: ver Wayne Grudem, «Perseverance of the Saints: A Case Study From Heb. 6:4–6 and the Other Warning Passages of Hebrews», en *The Grace of God, the Bondage of the Will*, vol. 1, ed. Tom Schreiner y Bruce Ware (Baker, Grand Rapids, a publicarse en 1995).

[13]Esta no es la misma expresión como *efapax* que se usa más regularmente en el Nuevo Testamento para sucesos no repetibles (Ro 6:10; Heb 7:27; 9:12; 10:10).

[14]*BAGD* p. 157. Ellos mencionan otros ejemplos de *geuomai*, tales como Herodoto 6.5, en donde los pobladores de Mileto habían probado la libertad», pero que ciertamente no era posesión de ellos. También citan a Dio

entender aquí puesto que el pasaje no está hablando de probar comida literal, entonces quiere decir que estas personas habían llegado a comprender el don celestial (que probablemente quiere decir aquí que habían experimentado algo del poder del Espíritu Santo obrando) y a saber algo de la palabra de Dios y los poderes de la edad venidera. No necesariamente quiere decir que ellos tenían (o no tenían) fe genuina que salva, sino simplemente tal vez quiere decir que ellos habían llegado a comprenderla y habían tenido alguna experiencia de poder espiritual.[15]

El texto dice además que estas personas «han *tenido parte* en el Espíritu Santo» (He 6:4). La pregunta aquí es el significado exacto de la palabra *métokos* que aquí se traduce «tener parte». No siempre es claro para los lectores que hablan español que este término tiene una variedad de significados y que puede implicar participación muy íntima y apego, o simplemente puede implicar una asociación floja con la otra persona o personas mencionadas. Por ejemplo, el contexto muestra que en Hebreos 3:14 el llegar a «tener parte» con Cristo quiere decir tener una participación íntima con él en una relación que salva. Por otro lado, *métokos* puede también usarse en un sentido mucho más flojo, simplemente para referirse a conocidos o compañeros. Leemos que cuando los discípulos recogieron una gran cantidad de peces de modo que sus redes se rompían, «llamaron por señas a sus *compañeros* de la otra barca para que los ayudaran» (Lc 5:7). Aquí simplemente se refiere a los compañeros o socios de Pedro y de los demás discípulos en su trabajo de pesca.[16] Efesios 5:7 usa una palabra estrechamente relacionada (*summétokos*, compuesta de *métokos* y la preposición *sun* [«con»]) cuando Pablo les advierte a los creyentes en cuanto a actos de pecados de los no creyentes, y dice: «no se hagan cómplices de ellos» (Ef 5:7). Su preocupación no es que la naturaleza total de ellos será transformada por los no creyentes, sino simplemente que se los asociará con ellos y verán su propio testimonio en compromiso y sus propias vidas influidas en cierto grado por ellos.

Por analogía Hebreos 6:4-6 habla de algunos que habían estado «*asociados con*» el Espíritu Santo, y por consiguiente él había influido en sus vidas, pero eso no necesariamente implica que habían tenido en sus vidas una obra redentora del Espíritu Santo, o que habían sido regenerados. Por analogía similar con el ejemplo de los compañeros de pesca en Lucas 5:7, Pedro y los discípulos podían estar *asociados con*

Crisóstomo, 32.72, en dónde él habla de la gente de Alejandría en un tiempo cuando «probaron la guerra» en un encuentro con las tropas romanas que simplemente estaban hostigándolos, pero no realmente presentándoles una guerra genuina. Josefo, *The Jewish War* (*Guerras judías*) 2.158, habla de las nociones teológicas de los esenios «por las que irresistiblemente atraían a todos los que una vez habían *probado* su filosofía». Aquí, de nuevo, Josefo indica claramente que los que «una vez habían probado» todavía no se habían apropiado de la filosofía de los esenios, sino que simplemente se sentían fuertemente atraídos a ella. Por analogía, en Heb 6 los que han «probado» el don celestial y la palabra de Dios y los poderes de la edad venidera pueden sentirse fuertemente atraídos a estas cosas, o tal vez no, pero el mero probarlas no quiere decir que se han apropiado de ellas; muy por el contrario, si el autor puede decir que ellos han «probado» estas cosas, eso sugiere que no se han apropiado de lo que han probado.

[15]La palabra *probar* también se usó en Heb 2:9 para decir que Jesús «probó la muerte» indicando que llegó a conocerla por experiencia (pero «probar» es una palabra apropiada porque no se quedó muerto). Lo mismo podría ser cierto de los que han tenido alguna experiencia de los dones celestiales, como puede ser cierto incluso de los no creyentes (cf. Mt 7:22; 1 Co 7:14; 2 P 2:20–22). En Heb 6:4–5 la experiencia de estas personas en cuanto al poder del Espíritu Santo y de la palabra de Dios fue, por supuesto, una experiencia genuina (tal como Jesús murió genuinamente), pero eso en sí mismo no muestra que estas personas tuvieron una experiencia de regeneración.

[16]Heb 1:9 también usa la misma palabra para hablar de «compañeros».

ellos e incluso hasta cierto punto ser influidos por ellos, sin haber tenido un cambio exhaustivo de vida causado por esa asociación. La misma palabra *métokos* permite una amplitud de influencia desde la relativamente débil a la bastante fuerte, porque sólo quiere decir «uno que tiene parte, o participa con, o acompaña en alguna actividad». Esto fue evidentemente lo que les había sucedido a las personas de las que se habla en Hebreos 6, que habían estado asociadas con la iglesia, y como tal asociados con la obra del Espíritu Santo, y sin duda habían recibido algo de influencia de él de alguna manera en sus vidas.[17]

Finalmente, el texto dice que es imposible «que renueven su *arrepentimiento*» los que han experimentado estas cosas y han cometido apostasía. Algunos han aducido que si esto es un arrepentimiento al que necesitan ser restaurados de nuevo, entonces debe ser un arrepentimiento genuino. Pero este no es necesariamente el caso. Primero, debemos darnos cuenta de que «arrepentimiento» (gr., *metanoia*) no necesariamente se refiere al arrepentimiento interno de corazón para salvación. Por ejemplo, Hebreos 12:17 usa esta palabra para hablar del cambio de parecer que Esaú sintió respecto a la venta de su primogenitura, y se refiere a eso como «arrepentimiento» (*metanoia*). Esto no sería arrepentimiento para salvación, sino simplemente cambio de opinión y el deseo de deshacer la transacción respecto a su primogenitura. (Nótese también el ejemplo del arrepentimiento de Judas en Mt 27:3; aunque con una palabra griega diferente).

El verbo cognado «arrepentirse» (gr. *metanoeo*) a veces se usa para referirse no al arrepentimiento que salva, sino simplemente a lamentar ofensas individuales en Lucas 17:3-4: «Si tu hermano peca, repréndelo; y si se arrepiente, perdónalo. Aun si peca contra ti siete veces en un día, y siete veces regresa a decirte "Me arrepiento", perdónalo». Concluimos que «arrepentimiento» simplemente significa un pesar por las acciones que se han hecho o por los pecados que se han cometido. Si es un arrepentimiento genuino que salva o no lo es, un «arrepentimiento para salvación», tal

---

[17]Los otros usos de *métokos* en Hebreos (3:1 y 12:8) en efecto sugieren una asociación o participación estrecha, pero incluso 12:8, que habla de que las personas llegan a participar de la disciplina, por cierto permite el hecho de que algunos pueden recibir esa disciplina pero no ser transformados por ella. En cualquier caso, la evidencia no es fuerte lo suficiente como para hacernos pensar que el autor de Hebreos usó la palabra como «término técnico» que siempre se refería a una especie de participación salvadora (por cierto no en Heb 1:9 y 12:8), y nuestra comprensión del sentido de la palabra debe estar gobernado por un examen de la amplitud de significado que puede tomar en la literatura griega del Nuevo Testamento y en otra literatura que tiene un vocabulario similar a los escritores del Nuevo Testamento.

El uso en la Septuaginta también es instructivo respecto a esta palabra, puesto que en varias instancias se refiere sólo a compañerismo, a ninguna clase de experiencia regeneradora o que cambie la vida con Dios o con el Espíritu Santo. Por ejemplo, en 1 S 20:30, Samuel acusa a Jonatán de ser «muy amigo» de David. En Sal 119:63 el salmista dice que es «amigo» de todos los que temen a Dios. Ec 4:10 dice que dos son mejores que uno, porque si caen, el uno levantará a su «compañero» (RVR). Pr 28:24, en las traducciones de Aquila Símaco y Teodosio, usa esta palabra para decir que el hombre que rechaza a su padre o a su madre es «compañero» de los malos. Ejemplos de asociación de alguna manera más fuerte se ven en Est 8:13; Pr 29:10; Os 4:17; 3 Mac. 3:21.

La conclusión de este examen del término *métokos* es que, en tanto que se puede usar para asociación íntima con resultados salvadores en la vida de una persona, también se puede usar simplemente para asociación o participación con alguna otra persona. Por consiguiente, el término mismo no exige que las personas de Heb 6:4-6 hayan tenido participación con el Espíritu Santo o hayan sido regeneradas. Simplemente quiere decir que de alguna manera han tenido algo de asociación con el Espíritu Santo y recibido su influencia.

Los que profetizaban y echaban fuera demonios, y hacían muchas obras poderosas en el nombre de Jesús en Mt 7:22 son buenos ejemplos de personas que ciertamente tenían alguna participación en la obra del Espíritu Santo, o que habían «tenido parte» con el Espíritu Santo en este sentido, pero no habían sido salvadas: Jesús dice: «Nunca los conocí» (Mt 7:23).

vez no siempre sea evidente de inmediato. El autor de Hebreos no está preocupado por especificar si es un arrepentimiento genuino o no. Simplemente está diciendo que si alguien lamenta el pecado y llega a comprender el evangelio y experimenta estas diferentes bendiciones de la obra del Espíritu Santo (sin duda en compañerismo con la iglesia), y entonces se aparta, no será posible restaurar a tal persona de nuevo a un lugar de lamento por el pecado. Pero esto no necesariamente implica que su arrepentimiento fue un genuino arrepentimiento que salva.

En este punto podemos preguntar qué clase de personas se describen con todos estos términos. Sin duda son individuos que han estado afiliados íntimamente con el compañerismo de la iglesia. Han sentido cierto pesar por el pecado (arrepentimiento). Claramente han entendido el evangelio (han sido iluminados). Han llegado a apreciar el atractivo de la vida cristiana y el cambio que viene en la vida de las personas debido a que llegan a ser creyentes, y probablemente han tenido respuestas a las oraciones en su propia vida y sentido el poder del Espíritu Santo obrando, tal vez incluso han usado algunos dones espirituales a la manera de los no creyentes en Mateo 7:22 (ellos habían estado «asociados con» la obra del Espíritu Santo o habían llegado a «tener parte» con el Espíritu Santo y habían probado el don celestial y los poderes de la edad venidera). Habían estado expuestos a la verdadera predicación de la palabra y habían apreciado mucho de sus enseñanzas (habían probado la bondad de la palabra de Dios).

Pero a pesar de todo esto, si «cometen apostasía» y «así vuelven a crucificar, para su propio mal, al Hijo de Dios, y lo exponen a la vergüenza pública» (Heb 6:6), voluntariamente están rechazando todas estas bendiciones y volviéndose decididamente contra ellas. Tal vez todos nosotros hemos conocido en nuestras propias iglesias algunos que (algunos por profesión propia) por largo tiempo han estado afiliados con el compañerismo de la iglesia pero no son realmente creyentes nacidos de nuevo. Han pensado en el evangelio por años y han continuado resistiendo el llamado del Espíritu Santo en sus vidas, tal vez mediante una renuencia a entregarle a Jesús el señorío de sus vidas prefiriendo conservar aferradamente para sí mismos ese señorío.

Ahora el autor nos dice que *si estas personas voluntariamente se apartan de todas estas bendiciones temporales* entonces será imposible restaurarlas de nuevo a algún tipo de arrepentimiento o lamento por el pecado. Sus corazones se endurecerán y sus conciencias también. ¿Qué más se puede hacer para llevarlos a la salvación? Si les decimos que la Biblia es verdad dirán que la saben pero que han decidido rechazarla. Si les decimos que Dios responde a la oración y cambia las vidas responderán que saben eso también, pero no quieren saber nada al respecto. Si les decimos el Espíritu Santo es poderoso para obrar en la vida de las personas y el don de la vida eterna es bueno más allá de toda descripción, dirán que lo entienden, pero que no quieren tener nada que ver con eso. Su familiaridad repetida con las cosas de Dios y su experiencia con las muchas influencias del Espíritu Santo simplemente ha servido para endurecerlos contra la conversión.

Ahora bien, el autor de Hebreos sabe que hay algunos en la comunidad a la que escribe que están en peligro de apartarse de esta manera (ver Heb 2:3; 3:8, 12, 14–15; 4:1, 7, 11; 10:26, 29, 35–36, 38–39; 12:3, 15–17). Él quiere advertirles que, aunque han participado en la comunión de la iglesia y experimentado algunas de las bendiciones de Dios en sus vidas, sin embargo si se apartan después de todo eso, no hay salvación para ellos. Esto no implica que él piensa que los verdaderos creyentes pueden apartarse; Hebreos 3:14 implica precisamente lo opuesto. Pero quiere que ellos tengan la seguridad de la salvación mediante su continuación en la fe, y por ello implica que si ellos se apartan eso mostraría que nunca fueron gente de Cristo para empezar (ver Heb 3:6: «Y esa casa somos nosotros, *con tal que* mantengamos nuestra confianza y la esperanza que nos enorgullece»).

Por consiguiente, el autor quiere dar una severa advertencia a los que están en peligro de apartarse de su profesión cristiana. Quiere usar el lenguaje más fuerte posible para decir: «Hasta este punto puede llegar una persona experimentando *bendiciones temporales* y con todo no ser realmente salva». Les advierte que vigilen, porque depender de las bendiciones temporales y experiencias no basta. Para hacer esto habla, no de algún cambio verdadero de corazón o algún buen fruto producido, sino simplemente de las bendiciones temporales y experiencias que han venido a estas personas y les han dado alguna comprensión del cristianismo.

Por esto de inmediato pasa de esta descripción de los que cometen apostasía a una analogía adicional que muestra que estas personas que se apartan nunca han tenido ningún fruto genuino en sus vidas. Como ya se explicó arriba, los versículos 7-8 hablan de esas personas en términos de *«espinos y cardos»*, la clase de plantas que produce un terreno que no tiene vida digna en sí mismo aunque recibe repetidas bendiciones de Dios (en términos de la analogía, aun cuando la lluvia frecuentemente caiga sobre él). Debemos notar aquí que a las personas que cometen apostasía no se las compara con un campo que una vez daba buen fruto y ahora no, sino que son como *tierra que nunca dio buen fruto* sino solamente espinas y cardos. El terreno puede parecer bueno antes de que las plantas empiecen a brotar, pero el fruto da la evidencia genuina, y es malo.

Fuerte respaldo para esta interpretación de Hebreos 6:4-8 se halla en el versículo que sigue de inmediato. Aunque el autor ha estado hablando muy severamente en cuanto a la posibilidad de apartarse, entonces vuelve a hablar de la situación de la gran mayoría de los oyentes, que piensan que son creyentes genuinos. Dice: «*En cuanto a ustedes,* queridos hermanos, aunque nos expresamos así, *estamos seguros de que les espera lo mejor, es decir, lo que atañe a la salvación*» (Heb 6:9). Pero ¿mejor que qué? El plural «cosas mejores» (RVR) forma un contraste apropiado a las «buenas cosas» que se han mencionado en los versículos 4-6: el autor está convencido de que la mayoría de sus lectores han experimentado mejores cosas que simplemente las influencias parciales y temporales del Espíritu Santo y la iglesia que se mencionan los versículos 4-6.

De hecho, el autor habla de estas cosas diciendo (literalmente) que son "lo mejor, es decir, *lo que atañe a la salvación*» (gr. *kai ekomena soteriůs*).[18] Estas no son las bendiciones temporales que se mencionan en los versículos 4-6, sino que son

---

[18]*BAGD* p. 334, III, traduce el participio medio de *eko* como "sujetarse fuertemente a, aferrarse a», y menciona Heb 6:9 como el único ejemplo del Nuevo Testamento de esta forma usada «de pertenencia interna y asociación íntima» (cf. *LSJ*, p. 750, c: «sujetarse fuertemente a, aferrarse estrechamente»). Sin embargo, incluso si traducimos la voz media de la misma manera como la activa, la frase significaría: «cosas también teniendo salvación», y mi argumentación en esta sección no sería afectada.

cosas mejores, cosas que no tienen sólo influencia temporal, sino que también «atañen a la salvación». De esta manera la palabra griega *kai* («también») muestra que la salvación es algo que no forma parte de las cosas mencionadas en los versículos 4-6 arriba. Por consiguiente, esta palabra *kai*, que no se traduce explícitamente en la NVI (pero la RVR se acerca),[19] provee una clave esencial para comprender el pasaje. Si el autor hubiera querido decir que las personas mencionadas en los versículos 4-6 eran en verdad salvas, entonces es muy difícil entender por qué diría en el versículo 9 que está convencido de *cosas mejores* para ellos, cosas que pertenecen a la salvación, o que tienen la salvación además de las cosas mencionadas arriba. Por tanto, muestra que puede usar una breve frase para decir que las personas «tienen salvación» si quisiera decirlo (no necesita apilar más frases), y muestra, todavía más, que las personas de quienes hablan los versículos 4-6 no son salvas.[20]

¿Que es exactamente «lo mejor»? Además de la salvación mencionada en el versículo 9, hay cosas que dan evidencia real de la salvación: fruto genuino en sus vidas (v. 10), plena seguridad de esperanza (v. 11), y fe que salva, del tipo exhibido por los que heredan las promesas (v. 12). De esta manera les asegura a los que son creyentes genuinos, es decir, a los que muestran fruto en sus vidas y muestran amor por otros creyentes, que muestran esperanza y fe genuina que continúa en el tiempo presente, y que no están a punto de apartarse. Quiere tranquilizar a estos lectores (que son ciertamente la gran mayoría de aquellos a quienes escribe) mientras que a la vez da una fuerte advertencia a los que están entre ellos que puedan estar en peligro de apartarse.

Una enseñanza similar se halla en Hebreos 10:26-31. Aquí el autor dice: «Si después de recibir el conocimiento de la verdad pecamos obstinadamente, ya no hay sacrificio por los pecados» (v. 26). El que rechaza la salvación de Cristo y «ha profanado la sangre del pacto por la cual había sido santificado» (v. 29) merece castigo eterno. Esto es nuevamente una fuerte advertencia en contra de apartarse, pero no se debe tomar como prueba de que alguien que verdaderamente ha nacido de nuevo puede perder su salvación. Cuando el autor habla de la sangre del pacto «por la cual había sido santificado», la palabra *santificado* se usa simplemente para referirse a «la santificación externa, como los antiguos israelitas, por la conexión externa con el pueblo de Dios».[21] El pasaje no habla de alguien que es genuinamente

---

[19]La RVR traduce: «y que pertenecen a la salvación».

[20]Alguien pudiera objetar que la frase «lo mejor» no hace contraste con las bendiciones temporales de los vv. 4-6, sino con el juicio mencionado en el v. 8 que viene a los espinos y cardos que están a punto de ser «quemados». Pero es improbable que el autor se refiera a no estar bajo maldición simplemente como «lo mejor». El comparativo «mejor» (gr. *kreissoo*,) se usa trece veces en Hebreos, y regularmente contrasta algo mejor con algo bueno (mejor pacto, mejor sacrificio, etc.); y de modo similar aquí sugiere una comparación con cosas que ya son buenas (tales como las bendiciones de los vv. 4-6), mucho más que lo que sugiere un contraste con la suerte horrible del juicio eterno en el v. 8.

[21]A. H. Strong, *Systematic Theology*, p. 884. Strong menciona un uso paralelo apropiado del verbo «santificar» en 1 Co 7:14, que habla del esposo no creyente siendo «santificado» por la esposa creyente (1 Co 7:14, en donde se usa la misma palabra griega, *jagiazo*). A la santificación ceremonial externa también se hace referencia en Heb 9:13; cf. Mt 23:17, 19.

salvado, sino de alguien que ha recibido alguna influencia moral benéfica mediante el contacto con la iglesia.[22]

Hay otro pasaje en los escritos de Juan que se ha mencionado como que enseña la posibilidad de la pérdida de la salvación. En Apocalipsis 3:5 Jesús dice: «El que salga vencedor se vestirá de blanco. *Jamás borraré su nombre del libro de la vida*». Algunos han aducido que cuando Jesús dice esto implica que es posible que él borre del libro de la vida los nombres de algunos, personas que ya han tenido sus nombres escritos allí y por consiguiente fueron salvadas. Pero el hecho de que Jesús enfáticamente indique que él *no* hará algo ¡no se debe tomar como enseñanza de que él hará lo mismo en otros casos! La misma clase de construcción en el griego[23] se usa para dar una negativa enfática en Juan 10:28, en donde Jesús dice: «Yo les doy vida eterna, y *nunca perecerán*». Esto no quiere decir que hay algunas de las ovejas de Jesús que no oirán su voz y no le seguirán y que perecerán; simplemente afirma que sus ovejas ciertamente no perecerán. De modo similar, cuando Dios dice: «Nunca te dejaré; jamás te abandonaré» (Heb 13:5), no implica que él dejará o abandonará a otros; simplemente afirma enfáticamente que él no dejará ni abandonará los suyos. O, incluso en el paralelo cercano, en Mateo 12:32, Jesús dice: «El que hable contra el Espíritu Santo *no tendrá perdón* ni en este mundo *ni en el venidero*». Esto no implica que algunos pecados serán perdonados en la edad venidera (como los católicos romanos afirman en respaldo a su doctrina del purgatorio)[24]; que es simplemente un error en razonamiento; decir que algo no va a suceder en la vida venidera ¡no implica que puede suceder en la edad venidera! De la misma manera, Apocalipsis 3:5 es simplemente una fuerte afirmación de que los nombres de los que están vestidos de blancos y que han permanecido fieles a Cristo jamás serán borrados del libro de la vida.[25]

Finalmente, a veces se usa un pasaje del Antiguo Testamento para aducir que las personas pueden perder su salvación: la narración del Espíritu Santo saliendo del rey Saúl. Pero no se debe tomar a Saúl como ejemplo de alguien que pierde su salvación, porque cuando «El Espíritu del SEÑOR se apartó de Saúl» (1 S 16:14), fue inmediatamente después de que Samuel había ungido al rey David y «el Espíritu del SEÑOR vino con poder sobre David, y desde ese día estuvo con él» (1 S 16:13). A decir verdad, se informa la venida del Espíritu del Señor sobre David en la oración inmediatamente previa a aquella en la que leemos que el Espíritu salió de Saúl. Esta estrecha conexión quiere decir que la Biblia aquí no está hablando de una pérdida total de toda la obra del Espíritu Santo en la vida de Saúl, sino sim-

---

[22]Éx 24:7–8 habla de la sangre del pacto que apartó al pueblo como pueblo de Dios, aunque no todos habían verdaderamente nacido de nuevo. En el contexto de Heb 10 tal ilustración, tomada del proceso del Antiguo Testamento para purificar al pueblo de modo que puedan presentarse ante Dios para adorar, es trasfondo apropiado.

[23]La construcción usa *ou mē* más el aoristo subjuntivo para expresar negación enfática.

[24]Ver la explicación de la doctrina del purgatorio en el capítulo 41, pp. 859.

[25]Un libro diferente es lo que probablemente se tiente en mente en Éx 23:33, en donde Dios le dice a Moisés: «Sólo borraré de mi libro a quien haya pecado contra mí». Aquí no se menciona la idea del Nuevo Testamento del «libro de la vida». Más bien, la ilustración es de que Dios lleva un historial de los que al presente moran entre su pueblo, tanto como lo haría un rey terrenal. «Borrar» el nombre de alguien de tal libro implicaría que la persona ha muerto. Usando esta imagen Éx 32:33 se entiende mejor como queriendo decir que Dios le quitará la vida a todo el que peca contra él (ver v. 35). El destino eterno no está en consideración en este pasaje.

plemente del retiro de la función del Espíritu Santo de dar poder a Saúl como rey.[26] Pero eso no quiere decir que Saúl quedó condenado eternamente. Es simplemente muy difícil decir a partir de las páginas del Antiguo Testamento si Saúl, en toda su vida, fue (a) un hombre no regenerado que tuvo capacidades de liderazgo y que Dios usó como demostración del hecho de que alguien digno de ser rey a los ojos del mundo no era por eso apropiado para ser rey sobre el pueblo del Señor, o (b) un hombre regenerado con pésima comprensión y una vida que cada vez más se alejó del Señor.

D. ¿Qué puede dar al creyente seguridad genuina?

Si esto es cierto, como se explicó en la sección previa, de que de los que no son creyentes y que finalmente se apartan pueden dar muchas señales externas de conversión, entonces, ¿qué puede servir como evidencia de conversión genuina? ¿Qué puede darle seguridad real al creyente real? Podemos mencionar tres categorías de preguntas que una persona puede hacerse a sí misma.

1. ¿Tengo una confianza presente en Cristo para la salvación? Pablo les dice a los Colosenses que serán salvados en el último día, «con tal de que *se mantengan firmes en la fe,* bien cimentados y estables, sin abandonar la esperanza que ofrece el evangelio» (Col 1:23). El autor de Hebreos dice: «Hemos llegado a tener parte con Cristo, con tal que retengamos firme hasta el fin la confianza que tuvimos al principio» (Heb 3:14) y anima a sus lectores a ser imitadores de los que *«por su fe* y paciencia heredan las promesas» (Heb 6:12). Es más, el versículo más famoso de toda la Biblia usa el verbo en tiempo presente que se puede traducir: «todo el que continúa creyendo en él» puede tener vida eterna (ver Jn 3:16).

Por consiguiente, la persona debe preguntarse a sí misma: «¿Tengo hoy confianza en Cristo para perdonar mis pecados y llevarme sin culpa al cielo para siempre? ¿Tengo confianza en mi corazón de que él me ha salvado? Si yo muriera esta noche y compareciera ante el tribunal de Dios, y él me preguntara por qué tendría que permitirme entrar en el cielo, ¿empezaría yo a pensar en mis buenas obras y a depender de ellas, o sin ninguna vacilación diría que dependo de los méritos de Cristo y confío en que él es un Salvador suficiente?»

Este énfasis en la fe *presente* en Cristo está en contraste a la práctica de algunos «testimonios» de iglesia en donde algunos repiten vez tras vez detalles de una experiencia de conversión que puede haber ocurrido 20 o 30 años atrás. Si un testimonio de fe que salva es genuino, debe ser un testimonio de fe que está activa hoy mismo.

2. ¿Hay evidencia de una obra regeneradora del Espíritu Santo en mi corazón?
La evidencia de la obra del Espíritu Santo en nuestros corazones viene de muchas formas diferentes. Aunque no debemos poner confianza en la demostración de obras milagrosas (Mt 7:22), o largas horas y años de trabajo en alguna iglesia local

---

[26]Debemos dar una interpretación similar a la oración de David en Sal 51:11: «ni me quites tu santo Espíritu». David está orando que no se le quite la unción del Espíritu Santo para el trono, y que no se aparte de él la presencia y poder de Dios en su vida; no está orando en contra de una pérdida de la salvación eterna.

(lo que simplemente puede ser construir con «madera, heno y paja) [en términos de 1 Co 3:12] para promover el propio ego de uno o ganar poder sobre otros, o intentar ganar méritos ante Dios), hay muchas otras evidencias de una obra real del Espíritu Santo en el corazón de uno.

Primero, hay un testimonio subjetivo del Espíritu Santo en nuestros corazones dando testimonio de que somos hijos de Dios (Ro 8:15-16; 1 Jn 4:13). Este testimonio por lo general irá acompañado de un sentido de ser guiado por el Espíritu Santo en sendas de obediencia a la voluntad de Dios (Ro 8:14).

Si el Espíritu Santo genuinamente está obrando en nuestras vidas, él producirá los rasgos de carácter que Pablo llama «el fruto del Espíritu» (Gá 5:22). Él menciona varias actitudes y rasgos de carácter que produce el Espíritu Santo: «amor, alegría, paz, paciencia, amabilidad, bondad, fidelidad, humildad y dominio propio» (Gá 5:22-23). Por supuesto, la pregunta no es: «¿Ejemplifico yo perfectamente todas estas características en mi vida?» sino más bien: «¿Son todas estas cosas una característica general en mi vida? ¿Percibo estas actitudes en mi corazón? ¿Ven otros (especialmente los que me conocen más íntimamente) que mi vida exhibe estos rasgos? ¿He estado creciendo en ellos con el correr de los años?» No hay ninguna sugerencia en el Nuevo Testamento de que algún no creyente, una persona no regenerada, pueda convincentemente falsificar estos rasgos de carácter, especialmente ante los que conocen más íntimamente a la persona.

Relativo a esta clase de fruto hay otra clase de fruto: los resultados en la vida y ministerio de uno según éstos han influido en otros y en la iglesia. Hay algunos que profesan ser creyentes pero cuya influencia en otros es desalentarlos, derrumbarlos, lastimar su fe, y provocar controversias y divisiones. Los resultados de su vida y ministerio no es edificar a otros o edificar a la iglesia, sino destrozarlos. Por otro lado, hay los que parecen edificar a otros en toda conversación, toda oración y toda obra de ministerio al que aplican sus manos. Jesús dijo, respecto a los falsos profetas: «Por sus frutos los conocerán. . . . todo árbol bueno da fruto bueno, pero el árbol malo da fruto malo. . . . Así que por sus frutos los conocerán» (Mt 7:16-20).

Otra evidencia de la obra del Espíritu Santo es continuar creyendo y aceptando la enseñanza sana de la iglesia. Los que empiezan a negar doctrinas principales de la fe dan serias indicaciones negativas respecto a su salvación: «Todo el que niega al Hijo no tiene al Padre . . . Permanezca en ustedes lo que han oído desde el principio, y así ustedes permanecerán también en el Hijo y en el Padre» (1 Jn 2:23-24). Juan también dice: «Todo el que conoce a Dios nos escucha; pero el que no es de Dios no nos escucha» (1 Jn 4:6). Puesto que los escritos del Nuevo Testamento son el reemplazo actual para los apóstoles como Juan, podríamos también decir que cualquiera que conoce a Dios continuará leyendo y deleitándose en la palabra de Dios, y continuará creyendo en ella por completo. Los que no creen ni se deleitan en la palabra de Dios dan evidencia de que no son «de Dios».

Otra evidencia de la salvación genuina es una relación presente y continúa con Jesucristo. Jesús dice: «Permanezcan en mí» y «Si permanecen en mí y mis palabras permanecen en ustedes, pidan lo que quieran, y se les concederá» (Jn 15:4-7). Este permanecer en Cristo incluirá no solamente confianza día tras día en él en varias situaciones, sino también ciertamente comunión regular con él en oración y adoración.

Finalmente, un aspecto principal de evidencia de que somos creyentes genuinos se halla en una vida de obediencia a los mandamientos de Dios. Juan dice: «El que afirma: "Lo conozco", pero no obedece sus mandamientos, es un mentiroso y no tiene la verdad. En cambio, el amor de Dios se manifiesta plenamente en la vida del que obedece su palabra. De este modo sabemos que estamos unidos a él: el que afirma que permanece en él, debe vivir como él vivió» (1 Jn 2:4-6). No es necesario una vida perfecta, por supuesto. Juan más bien está diciendo que en general nuestras vidas deben ser de imitación de Cristo y semejanza a él en todo lo que decimos y hacemos. Si tenemos genuina fe que salva, habrá resultados claros en obediencia en nuestras vidas (ver también 1 Jn 3:9-10, 24; 5:18). Por eso Santiago puede decir: «Así también la fe por sí sola, si no tiene obras, está muerta», y «yo te mostraré la fe por mis obras» (Stg 2:17-18). Un aspecto importante de obediencia de Dios incluye amar a otros creyentes. «El que ama a su hermano permanece en la luz» (1 Jn 2:10). «Nosotros sabemos que hemos pasado de la muerte a la vida porque amamos a nuestros hermanos. El que no ama permanece en la muerte» (1 Jn 3:14, cf. 3:17; 4:7). Una evidencia de este amor es continuar en la comunión cristiana (1 Jn 2:19), y otra es dar al hermano necesitado (1 Jn 3:17; cf. Mt 25:35-46).

3. ¿Veo un patrón de crecimiento a largo plazo en mi vida cristiana? Los primeros dos aspectos de seguridad tienen que ver con la fe presente y evidencia presente del Espíritu Santo obrando en nuestras vidas. Pero Pedro da otra especie de prueba que podemos usar para preguntar si somos genuinamente creyentes. Nos dice que hay algunos rasgos de carácter que, si continuamos creciendo en ellos, garantizarán que «no caerán jamás» (2 P 1:10). Le dice a sus lectores que añadan a su fe «virtud . . . entendimiento . . . dominio propio . . . constancia . . . devoción a Dios . . . afecto fraternal . . . amor» (2 P 1:5-7). Luego añade que estas cosas deben pertenecer a sus lectores y continuamente «abundar» en sus vidas (2 P 1:8). Añade: «esfuércense más todavía por asegurarse del llamado de Dios, que fue quien los eligió» y dice entonces «*Si hacen estas cosas* (refiriéndose a los rasgos de carácter mencionados en los vv. 5-7) *no caerán jamás*» (2 P 1:10).

La manera en que confirmamos nuestro llamado y elección, entonces, es continuar creciendo en «estas cosas». Esto implica que nuestra seguridad de la salvación puede ser algo que crece con el tiempo en nuestras vidas. Cada año que añadimos a estos rasgos de carácter en nuestras vidas, obtenemos mayor y mayor seguridad de nuestra salvación. Así, aunque los creyentes jóvenes pueden tener una confianza bastante fuerte en su salvación, esa seguridad puede crecer a una certeza incluso más profunda con los años en que crecen hacia la madurez cristiana.[27] Si continúan añadiendo estas cosas confirmarán su llamado y elección y «no caerán jamás».

El resultado de estas tres preguntas que podemos hacernos nosotros mismos debe dar una certeza fuerte a los que son genuinamente creyentes. De esta manera, la doctrina de la perseverancia de los santos será una doctrina enormemente reconfortante. Nadie que tiene tal seguridad se preguntará: «¿Podré perseverar hasta el fin de mi vida y por consiguiente ser salvado?» Todo el que obtiene certeza

---

[27]Cf. 1Ti 3:13, que dice que los que «ejercen bien» como diáconos «adquieren mayor confianza para hablar de su fe en Cristo Jesús» (NVI).

mediante tal examen propio debe más bien pensar: «Verdaderamente he nacido de nuevo; por consiguiente, con certeza perseveraré hasta el fin, porque me guarda «el poder de Dios que obra mediante mi fe (1 P 1:5), y por consiguiente nunca me perderé. Jesús me resucitará en el día final y yo entraré en su reino para siempre» (Jn 6:40).

Por otro lado, esta doctrina de la perseverancia de los santos, si se la entiende correctamente, debe producir genuina ansiedad, e incluso temor, en el corazón de cualquiera que ha «retrocedido» o se ha descarriado de Cristo. Tales personas deben claramente oír la advertencia de que sólo los que perseveran hasta el fin han nacido verdaderamente de nuevo. Si se apartan de su profesión de fe en Cristo y de la vida de obediencia a él, tal vez no fueron realmente salvados; a decir verdad, la *evidencia* que están dando *es que no son salvos* y en realidad nunca fueron salvados. Una vez que dejan de confiar en Cristo y de obedecerle (estoy hablando en términos de evidencia externa) no tienen certeza genuina de la salvación, y deben considerarse no salvados, y acudir a Cristo en arrepentimiento y pedirle perdón de sus pecados.

En este punto, en términos de cuidado pastoral a los que se han apartado de su profesión cristiana, debemos darnos cuenta de que tanto *calvinistas como arminianos* (los que creen en la perseverancia de los santos y los que piensan que los creyentes pueden perder su salvación) *aconsejan al «descarriado» de la misma manera.* De acuerdo al arminiano la persona fue creyente en un tiempo pero ya no lo es. Según el calvinista, tal persona realmente para empezar nunca fue creyente, y no lo es al presente. Pero en ambos casos el consejo bíblico que se da es el mismo: «Parece que no eres creyente ahora; ¡debes arrepentirte de tu pecado y confiar en Cristo para tu salvación!» Aunque el calvinista y el arminiano diferirán en su interpretación de la historia previa, concordarán en lo que se debe hacer en el presente.[28]

Pero aquí vemos por qué la frase *seguridad eterna* puede ser muy equívoca. En algunas iglesias evangélicas, en lugar de enseñar la presentación completa y equilibrada de la doctrina de la perseverancia de los santos, los pastores a veces han enseñado una versión diluida, que en efecto les dice a las personas que todos los que una vez hicieron una profesión de fe y fueron bautizados están «eternamente seguros». El resultado es que algunos que no se han convertido genuinamente pueden «pasar al frente» al fin de un sermón de evangelización para profesar fe en Cristo, y pueden ser bautizados poco después, pero luego dejan el compañerismo de la iglesia y llevan una vida que no se diferencia en nada de la que vivían antes de obtener esta «seguridad eterna». De esta manera a la gente se le da una seguridad falsa y se les está engañando cruelmente para que piensen que están yendo al cielo, cuando en verdad no lo están.[29]

---

[28]Por supuesto, tanto el calvinista como el arminiano concederían la posibilidad de que el «descarriado» verdaderamente ha nacido de nuevo y simplemente ha caído en el pecado y la duda. Pero ambos concordarían en que es sabio pastoralmente dar por sentado que la persona no es creyente hasta que se pueda ver alguna evidencia de fe presente.

[29]Por supuesto, no todos los que usan la frase *seguridad eterna* cometen este tipo de equivocación, pero la frase ciertamente se abre a tal malentendido.

PREGUNTAS PARA APLICACIÓN PERSONAL

1. ¿Tiene usted la seguridad de que verdaderamente ha nacido de nuevo? ¿Qué evidencia ve usted en su propia vida que le da esa certeza? ¿Piensa usted que Dios quiere que los verdaderos creyentes vayan por esta vida preocupándose en cuanto a si realmente han nacido de nuevo, o que tengan una firme certeza de que son su pueblo? (Ver 1 Jn 5:13). ¿Ha visto usted un patrón de crecimiento en su vida cristiana con el paso del tiempo? ¿Está usted confiando en su propio poder para seguir creyendo en Cristo, o en el poder de Dios para que mantenga su fe viva y activa?

2. Si tiene dudas en cuanto a si verdaderamente ha nacido de nuevo, ¿qué hay en su vida que le da razón para esas dudas? ¿Qué es lo que la Biblia le anima a hacer para resolver esas dudas (ver 2 P 1:5-11; también Mt 11:28-30; Jn 6:37)? ¿Piensa usted que Jesús sabe hoy sus dudas y las entiende? A su modo de pensar, ¿que querría él que usted haga para obtener una mayor certeza de su salvación?

3. ¿Ha conocido usted personas, tal vez en su propia iglesia, cuyo «fruto» siempre es destructivo, divisivo o dañino para el ministerio de la iglesia y la fe de otros? ¿Tienen ellos mucha influencia, tal vez incluso en cargos de liderazgo en la iglesia? ¿Piensa usted que una evaluación del fruto de la vida e influencia de unos sobre otros debe ser una condición para el liderazgo en la iglesia? ¿Es posible que algunos profesen estar de acuerdo con toda doctrina cristiana verdadera y sin embargo no haber nacido de nuevo? ¿Cuáles son algunas evidencias más confiables de conversión genuina aparte de la adherencia intelectual a la sana doctrina?

TÉRMINOS ESPECIALES

perseverancia de los santos
seguridad de la salvación
seguridad eterna

BIBLIOGRAFÍA

(Para una explicación de esta bibliografía vea la nota sobre la bibliografía en el capítulo 1, p. 40. Datos bibliográficos completos se pueden encontrar en las páginas 1297-1306.)

Secciones en Teologías Sistemáticas Evangélicas

1. Anglicana (episcopal)
    1882–92   Litton, 345–51
2. Arminiana (wesleyana o metodista)
    1847   Finney, 544–619
    1875–76   Pope, 3:100–147
    1892–94   Miley, 2:268–70, 339–54
    1960   Purkiser, 298–304

3. Bautista

1767	Gill, 2:151–78
1887	Boyce, 425–37
1907	Strong, 881–86
1917	Mullins, 432–38
1983–85	Erickson, 985–97

4. Dispensacional

1947	Chafer, 3:267–355
1949	Thiessen, 290–95
1986	Ryrie, 328–34

5. Luterana

1917–24	Pieper, 3:89–100
1934	Mueller, 436–40

6. Reformada (o presbiteriana)

1559	Calvin, 2:968–76 (3.24.4–9)
1724–58	Edwards, 596–604
1861	Heppe, 581–89
1871–73	Hodge, 3:104–13
1878	Dabney, 687–713
1937–66	Murray, *RAA* 151–60
1938	Berkhof, 545–54

7. Renovada (carismática o pentecostal)

1988–92	Williams, 2:119–36

Secciones en Teologías Sistemáticas Católicas Romanas Representativas

(ninguna consideración específica).

Otras obras

Berkouwer, G. C. *Faith and Perseverance*. Trad. por Robert D. Knudsen. Eerdmans, Grand Rapids, 1958.

Carson, D. A. «Reflections on Christian Assurance». En *WTJ* 54 (1992), pp. 1–29.

Demarest, B. A. «Assurance». In EDT pp. 91–92.

Grudem, Wayne. «The Perseverance of the Saints: A Case Study From Heb. 6:4–6 and the Other Warning Passages of Hebrews». En *The Grace of God, the Bondage of the Will*. Vol. 1. Ed. Tom Schreiner y Bruce Ware. A publicarse, Baker, Grand Rapids, 1995.

Guthrie, William. *The Christian's Great Interest*. Banner of Truth, Londres, 1969. Ver esp. Parte I, *The Trial of a Saving Interest in Christ* que fue publicado primero como libro separado en 1658.

Hoekema, Anthony A. «The Perseverance of True Believers». En *Saved by Grace*. Eerdmans, Grand Rapids, y Paternoster, Exeter, 1989, pp. 234–56.

Kearsley, R. «Perseverance». En *NDT,* pp. 506–7.

Marshall, I. H. *Kept by the Power of God*. Bethany, Minneapolis, 1969.

McKnight, Scot. «The Warning Passages of Hebrews», *TrinJ* 13, n.l. (1992), pp. 21–59.

Murray, John. «Perseverance». En *Redemption Accomplished and Applied*. Eerdmans, Grand Rapids, 1955, pp. 151–60.

Shank, Robert. *Life in the Son*. 2ª ed. Bethany, Minneapolis, 1989.

White, R. E. O. «Perseverance». En *EDT*, pp. 844–45.

PASAJE BÍBLICO PARA MEMORIZAR

Juan 10:27-28: *Mis ovejas oyen mi voz; yo las conozco y ellas me siguen. Yo les doy vida eterna, y nunca perecerán, ni nadie podrá arrebatármelas de la mano.*

HIMNO

«Descanso en ti»

1. Descanso en ti, mi Defensor y Escudo,
   pues en la id, contigo a salvo estoy;
En tu poder a combatir acudo;
   descanso en ti, y en tu nombre voy.
En tu poder a combatir acudo;
   descanso en ti, y en tu nombre voy.

2. Oh Salvador, voy en tu santo nombre,
   tú nombre amado, digno de loor,
Justicia, paz y redención del hombre,
   Rey de la gloria y Príncipe de amor.
Justicia, paz y redención del hombre,
   Rey de la gloria y Príncipe de amor.

3. Por fe yo voy, sintiendo mi flaqueza,
   más en tu gracia apoyado estoy;
En tu poder está mi fortaleza
   descanso en ti, y en tu nombre voy.
En tu poder está mi fortaleza;
   descanso en ti, y en tu nombre voy.

4. Descansaré contigo al fin en gloria,
   entrando por portales de esplendor.
Tuya es la lucha, tuya la victoria,
   y la alabanza a ti será, Señor.
Tuya es la lucha, tuya la victoria,
   y la alabanza a ti será, Señor.

AUTOR: EDITH G. CHERRY, TRAD. ELELA Z. SHARPIN
(TOMADO DE CELEBREMOS SU GLORIA #377)

una cosecha de justicia y paz para quienes han sido entrenados por ella (Heb 12:6, 10-11).

No toda disciplina tiene el fin de corregirnos de pecados que hemos cometido; Dios también puede permitirla para fortalecernos a fin de que podamos lograr una mayor capacidad para confiar en él y resistir al pecado en la senda desafiante de la obediencia. Vemos esto claramente en la vida de Jesús, quien, aunque no tenía pecado, sin embargo «mediante el sufrimiento aprendió a obedecer» (Heb 5:8).[2] Él fue perfeccionado «mediante el sufrimiento» (Heb 2:10). Por consiguiente, debemos ver toda la adversidad y sufrimiento que nos viene en la vida como algo que Dios nos envía *para hacernos bien* fortaleciendo nuestra confianza en él y nuestra obediencia, y en última instancia para aumentar nuestra capacidad de glorificarle.

Consecuentemente, debemos ver el envejecimiento, la debilidad, y a veces la enfermedad que lleva a la muerte, como otra clase de disciplina que Dios nos permite atravesar a fin de que por este proceso nuestra santificación pueda ser aumentada y en última instancia completada cuando vayamos a estar en la presencia del Señor. El reto que Jesús le da a la iglesia de Esmirna podría en realidad ser dado a todo creyente: «*Sé fiel hasta la muerte,* y yo te daré la corona de la vida» (Ap 2:10). Pablo dice que la meta en su vida es llegar a ser como Cristo: «a fin de conocer a Cristo, experimentar el poder que se manifestó en su resurrección, participar en sus sufrimientos y *llegar a ser semejante a él en su muerte*» (Flp 3:10). Pablo pensaba en la manera en que Cristo murió, y fijó como meta ejemplificar la misma característica en su vida cuando le llegue el tiempo de morir; que en cualquier circunstancia en que se halle, él, como Cristo, continúe obedeciendo a Dios, confiando en Dios, perdonando a otros, y preocupándose por las necesidades de los que lo rodean, y de esta manera en toda forma dar gloria a Dios incluso en su muerte. Por consiguiente, al estar en la cárcel, sin saber si iba a morir allí o salir vivo, todavía podía decir: «Mi ardiente anhelo y esperanza es que en nada seré avergonzado, sino que con toda libertad, ya sea que yo viva *o muera,* ahora como siempre, *Cristo será exaltado* en mi cuerpo» (Flp 1:20).

La comprensión de que la muerte no es de ninguna manera castigo por el pecado, sino simplemente algo que Dios nos hace atravesar a fin de hacernos más semejantes a Cristo, debe ser un gran estímulo para nosotros. Debe quitarnos el temor de la muerte que acosa la mente de los no creyentes (cf. Heb 2:15). No obstante, aunque Dios nos hará bien mediante el proceso de la muerte, con todo debemos recordar que la muerte no es natural; no está bien; y en un mundo creado por Dios es algo que no debería ser. Es un enemigo, algo que Cristo finalmente destruirá (1 Co 15:26).

4. Nuestra experiencia de la muerte completa nuestra unión con Cristo. Otra razón por la que Dios nos permite experimentar la muerte, en lugar de llevarnos de inmediato al cielo cuando nos convertimos en creyentes, es que mediante la muerte imitamos a Cristo en lo que él hizo y por consiguiente experimentamos una unión más íntima con él. Pablo puede decir que somos coherederos con Cristo

---

[2]Para una consideración de cómo Jesús aprendió obediencia mediante lo que sufrió, ver capítulo 26, p. 534.

«si ahora *sufrimos con él*, también tendremos parte con él en su gloria» (Ro 8:17). Y Pedro les dice a sus lectores que no se sorprendan por la prueba de fuego que les ha venido, sino que los anima: «alégrense de *tener parte en los sufrimientos de Cristo*, para que también sea inmensa su alegría cuando se revele la gloria de Cristo» (1 P 4:13). Como notamos arriba, tal unión con Cristo en el sufrimiento incluye unión con él en la muerte también (ver Flp 3:10). Jesús es el «iniciador y perfeccionador de nuestra fe» (Heb 12:2), y debemos seguirle al correr la carrera de la vida. Pedro escribe: «Cristo sufrió por ustedes, dándoles ejemplo para que sigan sus pasos» (1 P 2:21).

5. Nuestra obediencia a Dios es más importante que preservar nuestras vidas. Si Dios usa la experiencia de la muerte para ahondar nuestra confianza en él y fortalecer nuestra obediencia a él, entonces es importante que recordemos que el objetivo del mundo de preservar la propia vida física de uno a todo costo no es el objetivo más alto para el creyente: la obediencia a Dios y fidelidad a él en toda circunstancia es mucho más importante. Por eso Pablo pudo decir: «Por el nombre del Señor Jesús estoy dispuesto no sólo a ser atado sino también a morir en Jerusalén» (Hch 21:13; cf. 25:11). Le dijo a los ancianos de Éfeso: «considero que mi vida carece de valor para mí mismo, con tal de que termine mi carrera y lleve a cabo el servicio que me ha encomendado el Señor Jesús, que es el de dar testimonio del evangelio de la gracia de Dios» (Hch 20:24).

Fue esta convicción de que la obediencia a Dios es mucho más importante que la preservación de la vida, lo que le dio a Pablo el valor para volver a la ciudad de Listra después de que acababa de ser apedreado y dejado por muerto (Hch 14:20), y luego volver allá otra vez poco después (Hch 14:21-22). Él soportó muchos sufrimientos y peligros (2 Co 11:23-27), a menudo arriesgando su vida, a fin de obedecer plenamente a Cristo. Por consiguiente pudo decir al fin de su vida, con una nota de gran triunfo: «El tiempo de mi partida ha llegado. *He peleado la buena batalla,* he terminado la carrera, me he mantenido en la fe» (2 Ti 4:6-7). La misma convicción fortaleció a los santos del Antiguo Testamento para aceptar el martirio antes que pecar: «Otros, en cambio, fueron muertos a golpes, pues para alcanzar una mejor resurrección no aceptaron que los pusieran en libertad» (literalmente: «para poder obtener una mejor resurrección», Heb 11:35). Esta convicción también le dio a Pedro y a los otros apóstoles valor, al enfrentar la amenaza de muerte, para decir: «¡Es necesario obedecer a Dios antes que a los hombres!» (Hch 5:29). Ciertamente este fue el punto del mandamiento de Jesús a la iglesia de Esmirna: «*Sé fiel hasta la muerte,* y yo te daré la corona de la vida» (Ap 2:10). También leemos que habrá regocijo en el cielo cuando los santos fieles han conquistado al diablo «por medio de la sangre del Cordero y por el mensaje del cual dieron testimonio; *no valoraron tanto su vida como para evitar la muerte*» (Ap 12:11).

La persuasión de que podemos honrar al Señor incluso en nuestra muerte, y que la fidelidad a él es mucho más importante que preservar nuestras vidas, ha dado valor y motivación a los mártires en toda la historia del cristianismo. Al verse frente a la alternativa de preservar sus propias vidas y pecar, o entregar su vida y ser fieles, escogieron entregar su vida: «no valoraron tanto su vida como para evitar la muerte» (Ap 12:11). Incluso en tiempo cuando hay poca persecución y poca probabilidad del martirio, sería bueno que fijemos esta verdad de nuestra mente de una vez por todas, porque si estamos dispuestos a entregar incluso nuestra vida por ser fieles a Dios, hallaremos mucho más fácil dar igualmente todo lo demás por amor a Cristo.

B. ¿Qué debemos pensar de nuestra muerte y la muerte de otros?

1. Nuestra propia muerte. El Nuevo Testamento nos anima a ver nuestra propia muerte no con temor sino con gozo ante la perspectiva de ir a estar con Cristo. Pablo dice: «Preferiríamos ausentarnos de este cuerpo y vivir junto al Señor» (2 Co 5:8). Cuando está en la cárcel, sin saber si va a ser ejecutado o puesto en libertad, puede decir:

> Porque para mí el vivir es Cristo y *el morir es ganancia*. Ahora bien, si seguir viviendo en este mundo representa para mí un trabajo fructífero, ¿qué escogeré? ¡No lo sé! Me siento presionado por dos posibilidades: *deseo partir y estar con Cristo, que es muchísimo mejor* (Flp 1:21-23).

También leemos la palabra de Juan en Apocalipsis: «Entonces oí una voz del cielo, que decía: «Escribe: Dichosos los que de ahora en adelante mueren en el Señor.»

«Sí —dice el Espíritu—, ellos descansarán de sus fatigosas tareas, pues sus obras los acompañan.» » (Ap 14:13).

Los creyentes no tienen necesidad de temer a la muerte, por consiguiente, porque la Biblia nos asegura que ni siquiera la «muerte . . . podrá apartarnos del amor que Dios nos ha manifestado en Cristo Jesús nuestro Señor» (Ro 8:38-39; cf. Sal 23:4). De hecho, Jesús murió para «librar a todos los que por temor a la muerte estaban sometidos a esclavitud durante toda la vida» (Heb 2:15).[3] Este versículo nos recuerda que un claro testimonio de nuestra falta de temor a la muerte proveerá un fuerte testimonio para los creyentes en una edad que trata de evadir hablar acerca de la muerte y no tiene respuesta para ella.

2. La muerte de amigos y parientes creyentes. En tanto que podemos mirar a nuestra propia muerte con la expectación gozosa de estar en la presencia de Cristo, nuestra actitud será algo diferente cuando enfrentamos la muerte de amigos y parientes creyentes. En estos casos experimentaremos genuina aflicción; pero mezclada con gozo de que han ido a estar con el Señor.

No es malo expresar real aflicción por la pérdida de comunión con seres queridos que han muerto, y tristeza también por el sufrimiento y adversidad que pueden haber atravesado antes de su muerte. A veces los creyentes piensan que es una demostración de falta de fe si se afligen profundamente por un hermano o

---

[3]Berkhof por cierto tiene razón al decir que la sepultura de Jesús «no meramente sirve para demostrar que Jesús estaba realmente muerto, sino también quita los terrores de la muerte para los redimidos y santifica para ellos la tumba» (*Systematic Theology*, p. 340).

hermana creyente que ha muerto. Pero la Biblia no respalda tal noción, porque cuando Esteban fue apedreado, leemos que: «Unos hombres piadosos sepultaron a Esteban *e hicieron gran duelo por él*» (Hch 8:2). Si en algún caso hubo certeza de que alguien fue a estar con el Señor, eso ocurrió en el caso de Esteban. Al morir dijo: «¡Veo el cielo abierto . . . y al Hijo del hombre de pie a la derecha de Dios!» (Hch 7:56). Luego, al morir, oró: «—Señor Jesús . . . recibe mi espíritu», y «¡Señor, no les tomes en cuenta este pecado!» (Hch 7:59-60). Y esto ocurrió en Jerusalén, con todos los apóstoles todavía presentes, esos apóstoles que habían visto a Jesús mismo después de que él había resucitado. No hubo falta de fe de parte de nadie porque Esteban estaba en el cielo experimentado gran gozo en la presencia del Señor. Sin embargo a pesar de esto, «Unos hombres piadosos sepultaron a Esteban *e hicieron gran duelo por él*» (Hch 8:02). Su aflicción mostró la genuina tristeza que sintieron por la pérdida de comunión con alguien que amaban, y no estaba mal expresar esta aflicción; estaba bien. Incluso Jesús, ante la tumba de Lázaro, «lloró» (Jn 11:35), experimentando tristeza por el hecho de que Lázaro había muerto, que sus hermanas y otros experimentaban tal aflicción, y también, sin duda, por el mismo hecho de que había muerte en el mundo, porque en última instancia no es natural y no debe estar en un mundo creado por Dios.

Los ancianos de Éfeso, a quienes Pablo había enseñado personalmente por tres años, más tarde «*lloraban* inconsolablemente mientras lo abrazaban y lo besaban. Lo que más los entristecía era su declaración de que ellos no volverían a verlo» (Hch 20:37-38). Y el mismo Pablo, en la misma carta en que expresó tal deseo de partir de esta vida para estar con Cristo, dijo que si Epafrodito hubiera muerto, eso habría sido para él «añadir tristeza a mi tristeza» (Flp 2:27). Es más, el rey David, el hombre conforme al corazón de Dios, el hombre que en sus salmos frecuentemente hablaba de vivir para siempre con Dios, tuvo gran aflicción cuando se enteró que Saúl y Jonatán había muerto (2 S 1:11-27).

No obstante, la tristeza que sentimos claramente está mezclada con esperanza y gozo. Pablo no les dice a los tesalonicenses que no deberían afligirse *para nada* respecto a sus seres queridos que han muerto, sino que les escribe: «para que no se entristezcan *como esos otros* que no tienen esperanza» (1 Ts 4:13); no deben afligirse de la misma manera, con la misma amarga desesperanza que embarga a los no creyentes. Pero por cierto deben afligirse. Les asegura que Cristo «murió por nosotros para que, en la vida o en la muerte, vivamos junto con él» (1 Ts 5:10), y por consiguiente les anima indicándoles que los que han muerto han ido a estar con el Señor. Por eso la Biblia puede decir: «Dichosos los que de ahora en adelante mueren en el Señor.» «Sí . . . ellos descansarán de sus fatigosas tareas, pues sus obras los acompañan.»» (Ap 14:13). Es más, la Biblia incluso nos dice: «Mucho valor tiene a los ojos del SEÑOR la muerte de sus fieles» (Sal 116:15).

Por consiguiente, aunque sentimos genuina tristeza cuando mueren amigos o parientes creyentes, también podemos decir con la Biblia: ««¿Dónde está, oh muerte, tu victoria? ¿Dónde está, oh muerte, tu aguijón? . . . ¡Pero gracias a Dios, que nos da la victoria por medio de nuestro Señor Jesucristo!» (1 Co 15:55-57). Aunque estamos de duelo, nuestra aflicción debe ir mezclada con adoración a Dios y agradecimiento por la vida del ser querido que ha muerto. La adoración es especialmente importante en este tiempo, como vemos en los ejemplos de David y de Job. Cuando murió el hijo de David, él dejó de orar por la salud del hijo, y adoró a Dios: «Entonces David se levantó del suelo y enseguida se bañó y se perfumó; luego se vistió y fue a la casa del SEÑOR *para adorar*» (2 S 12:20).

De modo similar, cuando Job oyó de la muerte de sus diez hijos,

Al llegar a este punto, Job se levantó, se rasgó las vestiduras, se rasuró la cabeza, y luego se dejó caer al suelo en actitud de *adoración*. Entonces dijo:

«Desnudo salí del vientre de mi madre,
y desnudo he de partir.
El SEÑOR ha dado; el SEÑOR ha quitado.
¡Bendito sea el nombre del SEÑOR!» (Job 1:20-21).

3. La muerte de los no creyentes. Cuando mueren los no creyentes, la tristeza que sentimos no va mezclada con el gozo de la seguridad de que han ido a estar con el Señor para siempre. Esta tristeza, especialmente respecto a los que han sido más íntimos, es muy honda y real. Pablo mismo, al pensar en cuanto a algunos de sus hermanos judíos que habían rechazado a Cristo dijo: «Digo la verdad en Cristo; no miento. Mi conciencia me lo confirma en el Espíritu Santo. *Me invade una gran tristeza y me embarga un continuo dolor.* Desearía yo mismo ser maldecido y separado de Cristo por el bien de mis hermanos, los de mi propia raza» (Ro 9:1-3).

Sin embargo también se debe decir que a menudo no tenemos la certeza absoluta de que la persona ha persistido en su negativa a confiar en Cristo hasta el mismo momento de la muerte. El conocimiento de la muerte inminente a menudo produce genuino examen del corazón de parte del moribundo, y a veces las palabras de la Biblia o palabras de testimonio cristiano que se han oído mucho tiempo atrás pueden venir a la memoria y la persona puede llegar a tener un arrepentimiento y fe genuinos. Por cierto, no tenemos ninguna certeza de que esto haya sucedido a menos que haya evidencia explícita de ello, pero también es bueno darnos cuenta de que en muchos casos sólo tenemos conocimiento probable pero no absoluto de que los que hemos conocido como no creyentes han persistido en su incredulidad hasta el mismo momento de la muerte. En algunos casos simplemente no lo sabemos.

No obstante, cuando ha muerto un no creyente sería errado darles a otros alguna indicación de que pensamos que la persona ha ido al cielo. Esto simplemente sería dar información errada y seguridad falsa, y restar la urgencia de la necesidad de que los que todavía viven confíen en Cristo. Es mucho mejor, según tengamos oportunidad, enfocar en el hecho de que la tristeza que sentimos por la pérdida de algún ser querido nos hace reflexionar en nuestra propia vida y destino por igual. Es más, las ocasiones cuando podemos hablar como amigos a los seres queridos de un no creyente que ha muerto son a menudo las ocasiones cuando el Señor abrirá oportunidades para hablar del evangelio a los que todavía están vivos.

Todavía más, a menudo es muy útil en tales circunstancias hablar con genuino agradecimiento por las buenas cualidades que hemos notado o el estímulo que recibimos del que ha muerto.[4] Un buen ejemplo de esto se ve en la reacción de David cuando murió el rey Saúl. Aunque Saúl se había convertido en un rey perverso y había perseguido a David y había tratado de matarlo muchas veces, una vez que Saúl murió, David habló libre y públicamente de las buenas cosas que Saúl había hecho:

> «¡Ay, Israel! Tu gloria yace herida
> en las alturas de los montes.
> ¡Cómo han caído los valientes!
> . . .»¡Saúl! ¡Jonatán! . . .
> Más veloces eran que las águilas,
> y más fuertes que los leones.
>
> »¡Ay, mujeres de Israel! Lloren por Saúl,
> que las vestía con lujosa seda carmesí
> y las adornaba con joyas de oro.
>
> »¡Cómo han caído los valientes en batalla! (2 S 1:19-25).[5]

C. ¿Qué sucede cuando las personas mueren?

1. Las almas de los creyentes van de inmediato a la presencia de Dios. La muerte es una cesación temporal de la vida corporal y la separación entre el alma y el cuerpo. Una vez que el creyente ha muerto, aunque su cuerpo físico queda en la tierra y es sepultado, en el momento de la muerte el alma (o espíritu) de ese creyente va de inmediato a la presencia de Dios con regocijo. Cuando Pablo piensa en la muerte dice: «Así que nos mantenemos confiados, y *preferiríamos ausentarnos de este cuerpo y vivir junto al Señor*» (2 Co 5:8). Estar separado del cuerpo es vivir junto al Señor. También dice que su deseo es «*partir y estar con Cristo*, que es muchísimo mejor» (Flp 1:23). Y Jesús le dijo al ladrón que moría en la cruz junto a él: «Te aseguro que *hoy* estarás conmigo en el paraíso» (Lc 23:43).[6] El autor de Hebreos dice que cuando los creyentes se reúnen para adorar no vienen solamente a la presencia de Dios en el cielo, sino también a la presencia de «los espíritus de los justos que han llegado a la perfección» (Heb 12:23).[7] Sin embargo, como veremos en más detalle en el próximo capítulo, Dios no dejará nuestros cuerpos muertos en la tierra

---

[4]Es correcto agradecer a Dios por los beneficios de la gracia común en la vida de los que no son creyentes; ver la consideración de la gracia común, en el capítulo 31.

[5]Incluso esto exige honradez y juicio maduro, sin embargo, porque si se nos llama a celebrar un culto funeral para alguien cuya vida ha sido ampliamente conocida como perversa y destructiva, no queremos dar a la gente la impresión de que lo que una persona hace en la vida no importa, o que ignoramos las cualidades notoriamente malas de tal persona, porque de hacerlo perderemos credibilidad ante los que nos oyen. Un ejemplo de la reacción inevitable de la gente ante la muerte de alguien claramente perverso, tal como Adolfo Hitler, nótese Pr 11.10: «cuando el malvado perece, hay gran regocijo».

[6]Paraíso es simplemente otro nombre para el cielo; ver capítulo 27, p. 593.

[7]Se debe decir, sin embargo, que el hecho de que vamos a estar con Cristo de inmediato cuando morimos no se debe tomar como estímulo para que alguien piense que está bien suicidarse. Dios dijo: «No mates» (Éx 20:13), y eso quiere decir que no debemos asesinarnos a nosotros mismos tanto como no debemos asesinar a otros.

Por otro lado, hay muchos creyentes fieles que en tiempo de guerra, o naufragios, u otra circunstancias

para siempre, porque cuando Cristo vuelva las almas de los creyentes serán reunidas con sus cuerpos, sus cuerpos serán resucitados de los muertos, y ellos vivirán con Cristo eternamente.

a. La Biblia no enseña la doctrina del purgatorio. El hecho de que las almas de los creyentes van de inmediato a la presencia de Dios quiere decir que *no hay cosa tal como el purgatorio.* En la enseñanza católica romana el purgatorio es el lugar a donde van las almas de los creyentes para ser purificadas más del pecado hasta que estén listas para ser admitidas en el cielo. Según esta noción, los sufrimientos del purgatorio los da Dios en sustitución al castigo por los pecados que los creyentes deberían haber recibido en la vida, pero no lo recibieron. Hablando del purgatorio, Ott dice:

> Sufragios operan de tal manera que el valor satisfactorio de las buenas obras es ofrecido a Dios en sustitución del castigo temporal por los pecados que las pobres almas todavía tienen que rendir. Opera por vía de remisión de los castigos temporales debidos a los pecados.[8]

Pero la Biblia no enseña esta doctrina, y es en verdad contraria a los versículos citados inmediatamente arriba. La Iglesia Católica Romana ha hallado respaldo para esta doctrina, no en las páginas de las Escrituras canónicas según se definen en el capítulo 3, arriba, y como los protestantes las han aceptado desde la Reforma, sino en los escritos de la Apócrifa,[9] particularmente en 2 Macabeos 12:42-45:

> [Judas Macabeo, dirigente de las fuerzas judías] recogió unas dos mil monedas de plata y las envió a Jerusalén, para que se ofreciera un sacrificio por el pecado. Hizo una acción noble y justa, con miras a la resurrección. Si él no hubiera creído en la resurrección de los soldados muertos, hubiera sido innecesario e inútil *orar por ellos.* Pero, como tenía en cuenta que a los que morían piadosamente los aguardaba una gran recompensa, su intención era santa y piadosa. Por esto *hizo ofrecer ese sacrificio por los muertos, para que Dios les perdonara su pecado* (VP).

Aquí es claro que se aprueba la oración por los muertos, y también ofrecer ofrendas a Dios para que libre a los muertos de sus pecados. Pero en respuesta se debe decir que esta literatura no es igual a las Escrituras en autoridad, y no se debe tomar como una fuente autoritativa de doctrina. Es más, contradice las claras afirmaciones en cuanto a partir y estar con Cristo que se citan arriba, y por consiguiente se oponen a la clara enseñanza de las Escrituras del Nuevo Testamento. Todavía

---

extremas, han puesto su vida por amor a otros, cumpliendo así la enseñanza de Jesús: «Nadie tiene amor más grande que el dar la vida por sus amigos» (Jn 15:13).

El principio mayor es que en tanto y en cuanto permanezcamos en esta vida debemos ser fieles a Cristo sirviéndole y en oración, porque él nos llama a «ser fieles hasta la muerte» (Ap 2:10). Y aunque Pablo, al pensar en sus propios deseos personales, quería ir para estar con Cristo, se daba cuenta de que por amor a los filipenses y a otros a quienes ministraba, quedar vivo sería «más necesario» por amor a ellos (Flp 1:24).

[8]Ludwig Ott, *Fundamentals of Catholic Dogma*, p. 322.

[9]Ver capítulo 3, pp. 57–59, para una consideración de las razones por las que no se deben aceptar los Apócrifos como parte de la Biblia.

más, cuando habla en cuanto a que Judas Macabeo ofreció «sacrificio [gr. *exilasmos*, "propiciación")] por los muertos» eso contradice la enseñanza explícita del Nuevo Testamento de que sólo Cristo hace expiación por nosotros. Finalmente, este pasaje en 2 Macabeos es difícil de encajar incluso en la enseñanza católico romana, porque enseña que se debe ofrecer oraciones y sacrificios por los soldados que han muerto en el pecado moral de la idolatría (que no se puede perdonar, según la enseñanza católico romana) con la posibilidad de que puedan ser librados de su sufrimiento.

La teología católica romana halla respaldo para la doctrina del purgatorio primordialmente en el pasaje de 2 Macabeos que se cita arriba, y en la enseñanza de la tradición de la iglesia.[10] Otros pasajes que cita Ott en respaldo a la doctrina del purgatorio son 2 Timoteo 1:18; Mateo 5:26; 1 Corintios 3:15; y Mateo 12:32. En 2 Timoteo 1:18 Pablo dice, respecto a Onesíforo: «Al contrario, cuando estuvo en Roma me buscó sin descanso hasta encontrarme. Que el Señor le conceda hallar misericordia divina en aquel día. Tú conoces muy bien los muchos servicios que me prestó en Éfeso» (2 Ti 1:17-18). La afirmación de los que hallan aquí respaldo para la doctrina del purgatorio es que «Onesíforo . . . evidentemente ya no estaba vivo para el tiempo de la segunda epístola a Timoteo».[11] Esto parece basarse en el hecho de que Pablo se refiere no al mismo Onesíforo sino «a la familia de Onesíforo» (2 Ti 1:16); sin embargo, esa frase no demuestra que Onesíforo haya muerto, sino sólo que Pablo le deseaba bendiciones no sólo para él sino a toda su familia. Esto no sería raro puesto que Onesíforo había servido en Éfeso en donde Pablo había trabajado por tres años (2 Ti 1:18; cf. 4:19). Edificar respaldo para el purgatorio en la idea de que Onesíforo ya había muerto es simplemente edificar en una presuposición que no se puede respaldar con evidencia clara. (No es raro que Pablo exprese un deseo de que algunos creyentes sean bendecidos en el día del juicio; ver 1 Ts 5:23).

En Mateo 12:32 Jesús dice: «El que hable contra el Espíritu Santo no tendrá perdón ni en este mundo ni en el venidero». Ott dice que esta oración «deja abierta la posibilidad de que los pecados son perdonados no sólo en este mundo sino también en el mundo venidero».[12] Sin embargo, esto es solo un error de razonamiento: decir que algo no sucederá en la era venidera ¡no implica que pueda suceder en la era venidera![13] Lo que se necesita para demostrar la doctrina del purgatorio no es una afirmación negativa como esta sino una afirmación positiva que diga que la gente sufre con el propósito de continuar la purificación después de que mueren. Pero las Escrituras en ninguna parte dicen esto.

En 1 Corintios 3:15 Pablo dice que en el día del juicio la obra que cada uno haya hecho será juzgada y probada por fuego, y luego dice: «*pero si su obra es consumida por las llamas,* él sufrirá pérdida. Será salvo, pero como quien pasa por el fuego». Pero esto no habla de que la *persona* será consumida o sufrirá castigo, sino

---

[10]Ott, *Fundamentals of Catholic Dogma*, pp. 321–22, 482–85.

[11]Ibid., p. 321.

[12]Ibid., p. 483.

[13]Este es un error similar al que cometen los que aducen que, puesto que Jesús dice que no borrará del libro de la vida el nombre de alguien (Ap 3:5), implica que puede borrar del libro de la vida los nombres de otros (ver capítulo 40, p. 843).

simplemente que *sus obras* son probadas por fuego; lo que es bueno será como oro, plata y piedras preciosas que duran para siempre (v. 12). Todavía más, el mismo Ott admite que esto es algo que no ocurre durante esta edad sino durante el día del «juicio general»,[14] y esto indica más que difícilmente se puede usar como argumento convincente para el purgatorio. Finalmente, en Mateo 5:26, después de advertir a sus oyentes que hagan amigos rápidamente con sus acusadores mientras están yendo al tribunal, para que el acusador no los entregue al juez, y el juez al guardia, y sean echados en la cárcel, Jesús entonces les dice: «no saldrás de allí hasta que pagues el último centavo». Ott entiende esto como una parábola que enseña «una condición limitada de tiempo de castigo en el otro mundo».[15] Pero con certeza no hay indicación en el contexto de que esto sea una parábola; Jesús está dando una enseñanza práctica en cuanto a la reconciliación de los conflictos humanos y el evitar situaciones que naturalmente lleven a la cólera y lesión personal (ver Mt 5:21-26). Otros pasajes de la Biblia que a veces se han mencionado en respaldo para la doctrina del purgatorio[16] simplemente no hablan directamente de la idea para nada, y se pueden entender fácilmente en términos de castigo y liberación de la angustia en esta vida, o de una vida de eterna bendición con Dios en el cielo en la vida venidera.

Un problema incluso más serio con esta doctrina es que enseña que debemos añadir algo a la obra redentora de Cristo, y que su obra redentora por nosotros no fue suficiente para pagar la pena por todos nuestros pecados. Pero esto es por cierto contrario a la enseñanza de las Escrituras.[17] Todavía más, en un sentido pastoral, la doctrina del purgatorio les roba a los creyentes el gran consuelo que debería ser suyo al saber que los que han muerto han ido de inmediato a la presencia del Señor, y saber que también ellos, cuando mueran, «partir[án] y estar[án] con Cristo, que es muchísimo mejor» (Flp 1:23).

b. La Biblia no enseña la doctrina del «sueño del alma». El hecho de que las almas de los creyentes van de inmediato a la presencia de Dios también quiere decir que *la doctrina del sueño del alma es incorrecta*. Esta doctrina enseña que cuando los creyentes mueren van a un estado de existencia inconsciente, y que lo próximo de lo que estarán conscientes será cuando Cristo vuelva y los resucite a la vida eterna. Esta doctrina ha sido enseñada ocasionalmente por diferentes individuos en la historia de la iglesia, incluyendo algunos anabaptistas en la Reforma, y algunos de los irvingitas en Inglaterra en el siglo diecinueve. De hecho, uno de los primeros escritos de Calvino fue un tratado contra esta doctrina, doctrina que nunca ha hallado amplia aceptación en la iglesia.

El respaldo para esta doctrina del sueño del alma generalmente se lo ha hallado en el hecho de que la Biblia varias veces habla del estado de la muerte como «sueño» o «dormir» (Mt 9:24; 27:52; Jn 11:11; Hch 7:60; 13:36; 1 Co 15:6, 18, 20, 51;

---

[14]Ott, *Fundamentals of Catholic Dogma*, pp. 483.

[15]Ibid. p. 484.

[16]Berkhof menciona que los católicos romanos a veces se han referido a Is 4:4; Mic 7:8; Zac 9:11; Mal 3:2-3; y 1Co 15:29.

[17]Ver capítulo 27, pp. 605-06, sobre el hecho de que la muerte de Cristo pagó por completo la pena de todos nuestros pecados.

1 Ts 4:13; 5:10). Todavía más, ciertos pasajes parecen enseñar que los muertos no tienen una existencia consciente (ver Sal 6:5; 115:17 [¡pero ver v. 18!]; Ec 9:10; Is 38:19). Pero cuando las Escrituras representan a la muerte como «sueño» simplemente es una expresión metafórica usada para indicar que la muerte es sólo temporal para los creyentes, tal como el sueño es temporal. Esto se ve claramente, por ejemplo, cuando Jesús les dice a sus discípulos en cuanto a la muerte de Lázaro. Dice: «—Nuestro amigo Lázaro duerme, pero voy a despertarlo» (Jn 11:11). Debemos notar que Jesús aquí no dice: «El alma de Lázaro está durmiendo», ni, de hecho, tampoco ningún pasaje de la Biblia dice que el alma de una persona está durmiendo o inconsciente (afirmación que sería necesaria para demostrar la doctrina del sueño del alma). Más bien Jesús simplemente dice que *Lázaro* está dormido. Luego Juan explica: «Jesús les hablaba de la muerte de Lázaro, pero sus discípulos pensaron que se refería al sueño natural. Por eso les dijo claramente: "Lázaro ha muerto"» (Jn 11:12-13). Los demás pasajes que hablan de personas durmiendo cuando han muerto de igual manera se pueden interpretar como simplemente una expresión metafórica para enseñar que la muerte es temporal.

En cuanto a los pasajes que indican que los muertos no alaban a Dios, o que hay una cesación de actividad consciente cuando la gente muere, todos éstos se deben entender desde la perspectiva de la vida en este mundo. Desde nuestra perspectiva parece que una vez que las personas mueren no participan más en estas actividades. Pero el Salmo 115 presenta a la perspectiva bíblica completa de este punto de vista. Dice: «Los muertos no alaban al SEÑOR, ninguno de los que bajan al silencio». Pero entonces continúa en el mismo versículo que sigue con un contraste indicando que los que creen en Dios bendecirán al SEÑOR para siempre: «*Somos nosotros los que alabamos al SEÑOR desde ahora y para siempre. ¡Aleluya! ¡Alabado sea el SEÑOR!*» (Sal 115:17-18).

Finalmente, los pasajes citados arriba que demuestran que las almas de los creyentes van de inmediato a la presencia de Dios y disfrutan de comunión con él allí (2 Co 5:8; Flp 1:23; Lc 23:43; y Heb 12:23) todos indican que para el creyente hay existencia consciente y comunión con Dios de inmediato después de la muerte. Jesús no dijo: «Hoy ya no estarás consciente de nada de lo que está sucediendo», sino: «Hoy *estarás conmigo en el paraíso*» (Lc 23:43). Por cierto el concepto del paraíso entendido en ese tiempo no era de existencia inconsciente sino de gran bendición y gozo en la presencia de Dios.[18] Pablo no dijo: «Mi deseo es partir y estar inconsciente por un largo período de tiempo», sino más bien: «Mi deseo es partir y *estar con Cristo*» (Flp 1:23); y por cierto sabía que Cristo no era un Salvador inconsciente y dormido, sino que estaba activamente vivo y reinando en el cielo. Estar con Cristo era disfrutar de las bendiciones de comunión en su presencia, y por eso partir y estar con él era «mucho mejor» (Flp 1:23). Por eso dice: «Preferiríamos ausentarnos de este cuerpo y vivir junto al Señor» (2 Co 5:8).

El hecho de que Hebreos 12:1 dice que «estamos rodeados de una multitud tan grande de testigos», justo después de un capítulo entero dedicado a la consideración de la fe de los santos del Antiguo Testamento que habían muerto (Heb 11), y

---

[18]Ver los otros usos de la palabra *paraíso* en 2 Co 12:3 y Ap 2:7, en donde la palabra claramente se refiere al mismo cielo en donde está Dios, y vive y reina; ver también la consideración de esta palabra en el capítulo 27, p. 622.

el hecho de que el autor nos anima a correr la carrera de la vida con perseverancia porque estamos rodeados por esta gran nube de testigos, ambas cosas sugieren que los que han muerto y han ido por delante tienen alguna conciencia de lo que está sucediendo en la tierra. La Biblia dice muy poco en cuanto a esto, probablemente porque no quiere que hablemos de los que han muerto o que les oremos, o que hagamos contacto con ellos de alguna manera (nótese el gran pecado de Saúl en esto en 1 S 28:7-25). Sin embargo, Hebreos 12:1-2 sí nos da este ligero indicio, probablemente como un estímulo para que continuemos siendo fieles a Dios como lo fueron los que han muerto e ido al cielo antes de nosotros. De modo similar, al fin de Hebreos 12 el autor nos dice que cuando adoramos entramos a la presencia de Dios en el cielo, y que no hemos venido a «los espíritus de los muertos que están durmiendo en un estado inconsciente», sino «a millares y millares de ángeles, a una asamblea gozosa, a la iglesia de los primogénitos inscritos en el cielo. Se han acercado a Dios, el juez de todos; a los espíritus de los justos que han llegado a la perfección; a Jesús, el mediador de un nuevo pacto» (Heb 12:22-24).[19]

Apocalipsis 6:9-11 y 7:9-10 también claramente muestran que las almas o espíritus de los que han muerto y han ido al cielo están morando y alabando, porque claman en alta voz: «¿Hasta cuándo, Soberano Señor, santo y veraz, seguirás sin juzgar a los habitantes de la tierra y sin vengar nuestra muerte?» (Ap 6:10), y se les ve «de pie delante del trono y del Cordero, vestidos de túnicas blancas y con ramas de palma en la mano. Gritaban a gran voz: «¡La salvación viene de nuestro Dios, que está sentado en el trono, y del Cordero!» (Ap 7:9-10). Todos estos pasajes niegan la doctrina del sueño del alma, porque indican claramente que las almas de los creyentes experimentan comunión consciente con Dios en el cielo de inmediato después de la muerte.

c. ¿Entraron de inmediato en la presencia de Dios los creyentes del Antiguo Testamento? Algunos han dicho que, aunque las almas de los creyentes *desde la resurrección de Cristo* van inmediatamente a la presencia de Dios en el cielo, las almas de los creyentes que murieron *antes de la resurrección de Cristo* no disfrutan de las bendiciones del cielo sino que fueron a un lugar de espera hasta que la obra redentora de Cristo quede completa. A veces a esto se le llama el *limbus patrum* o simplemente limbo.[20] Esta noción ha sido especialmente común en la teología católico romana, pero también la han sostenido algunos luteranos. Algo del respaldo para

---

[19]La frase «la comunión de los santos» en el Credo de los Apóstoles se refiere al hecho de que tenemos en cierto sentido una comunión o compañerismo con los que han muerto e ido por delante al cielo, idea que se afirma en He 12:23. Esto no implica que podemos estar conscientes de ellos, sino simplemente que cuando adoramos nos unimos en la adoración que ya tiene lugar en el cielo (ver capítulo 51, pp. 1061-62, sobre el hecho de que nuestra adoración también es adoración en el cielo).

[20]Hablando estrictamente, los teólogos católicos romanos han sostenido que hay dos limbos: un lugar a donde van los infantes no bautizados cuando mueren llamado *limbus infantum*, y un lugar a donde fueron los creyentes del Antiguo Testamento cuando murieron, llamado *limbus patrum*. La palabra latina *limbo* quiere decir «borde»; se pensaban que eran lugares en los bordes del infierno en donde la gente estaba excluida de la presencia de Dios pero tampoco experimentaba sufrimiento consciente. No hay ningún respaldo explícito en la Biblia para ninguna de esas doctrinas.

esta doctrina viene de una noción particular de la idea del descenso de Cristo al infierno, que ya consideramos en un capítulo anterior.[21]

No hay muchos pasajes bíblicos que hablen del estado de los creyentes del Antiguo Testamento después de que murieron, pero los que dan alguna indicación de su estado todos apuntan en dirección al gozo consciente de inmediato en la presencia de Dios, y no de un tiempo de espera lejos de la presencia de Dios. Enoc «como anduvo fielmente con Dios, un día desapareció porque *Dios se lo llevó*» (Gn 5:24; cf. Heb 11:5). Elías no fue llevado a algún lugar al borde del infierno, sino que «subió *al cielo* en medio de un torbellino» (2 R 2:11; cf. Mt 17:3, en donde aparecen Moisés y Elías hablando con Jesús). Y David tiene la confianza de que él «en la casa del SEÑOR habitaré para siempre» (Sal 23:6; cf. 16:10-11; 17:15; 115:18). Todavía más, cuando Jesús les responde a los saduceos les recuerda que Dios dijo: «"Yo soy el Dios de Abraham, de Isaac y de Jacob"», y luego dijo: «Él no es Dios de muertos, sino de vivos» (Mt 22:32), implicando de este modo que Abraham, Isaac y Jacob estaban vivos incluso en ese mismo momento, y que Dios era su Dios. Es más, en el relato del rico y Lázaro, Jesús no dice que Lázaro está inconsciente, sino que presenta a Abraham como diciendo de Lázaro: «ahora a él le toca recibir consuelo aquí» (Lc 16:25). Al mismo Abraham se le muestra cómo morando conscientemente en un lugar que es muy deseable, al que el rico deseaba ir, y ciertamente no en un lugar en la periferia del infierno. Es importante notar que puesto que esto es antes de la resurrección de Cristo, Lázaro estaba en la misma situación como los santos del Antiguo Testamento.

Por consiguiente, parece probable que los creyentes del Antiguo Testamento también entraron inmediatamente en el cielo y disfrutaron a su muerte de la comunión con Dios. Sin embargo, también puede ser cierto que bendiciones ricas adicionales y mucho más grande regocijo les vino cuando Cristo volvió al cielo en su ascensión. Pero eso no quiere decir que apenas en ese momento fueron transportados al cielo, o que esa fue la primera vez que disfrutaron de las bendiciones de la presencia de Dios.

d. ¿Debemos orar por los muertos? Finalmente, el hecho de que las almas de los creyentes van de inmediato a la presencia de Dios quiere decir que *no debemos orar por los muertos*. Aunque esta idea se enseña en 2 Macabeos 12:42-45 (ver arriba), no se enseña en ninguna parte de la Biblia misma. Es más, no hay indicación de que esta fuera la práctica de algún creyente en tiempos del Nuevo Testamento, ni debe haberlo sido. Una vez que los *creyentes* mueren entran a la presencia de Dios y están en un estado de perfecta felicidad con él. ¿Cuál sería el propósito de seguir orando por ellos? La recompensa final del cielo se basará en las obras hechas en esta vida, como las Escrituras repetidamente lo testifican (1 Co 3:12-15; 2 Co 5:10; et al.).[22] Además, las almas de los *no creyentes* que mueren van a un lugar de castigo y separación eterna de la presencia de Dios. De nada sirve orar por ellos tampoco, puesto que su destino final ha quedado determinado por su pecado y su rebelión contra Dios en esta vida. Orar por los muertos, por consiguiente, es simplemente

---

[21]Ver la consideración de la idea de que Cristo descendió al infierno al morir, en el capítulo 27, pp. 611-624.

[22]Ver capítulo 56, pp. 1206-08, sobre los grados de recompensas en el cielo.

orar por algo que Dios nos ha dicho que ya ha quedado decidido.[23] Todavía más, enseñar que debemos orar por los muertos, o que debemos animar a otros a que lo hagan, animaría una falsa esperanza de que los destinos de las personas pueden ser cambiados después de que mueren, algo que la Biblia en ninguna parte nos anima a pensar. Puede llevar a las personas a mucha ansiedad inútil y mucho tiempo esencialmente desperdiciado en oración que absolutamente no tiene ningún resultado, y que por consiguiente distrae la atención de las oraciones que se pueden elevar por sucesos de esta vida y que pudieran tener gran efecto para promover la obra del reino de Dios. Debemos invertir el tiempo para orar conforme a la voluntad de Dios.

2. Las almas de los no creyentes van de inmediato al castigo eterno. La Biblia nunca nos da lugar para pensar que las personas tendrán una segunda oportunidad para confiar en Cristo después de la muerte. Es más, la situación es muy al contrario. El relato de Jesús en cuanto al rico y Lázaro no da esperanza de que las personas puedan cruzar del infierno al cielo después de que han muerto; aunque el rico en el infierno clamó: «"Padre Abraham, ten compasión de mí y manda a Lázaro que moje la punta del dedo en agua y me refresque la lengua, porque estoy sufriendo mucho en este fuego." Pero Abraham le contestó: "Hijo, recuerda que durante tu vida te fue muy bien, mientras que a Lázaro le fue muy mal; pero ahora a él le toca recibir consuelo aquí, y a ti, sufrir terriblemente. Además de eso, hay un gran abismo entre nosotros y ustedes, de modo que los que quieren pasar de aquí para allá no pueden, *ni tampoco pueden los de allá para acá*"» (Lc 16:24-26).

El libro de Hebreos conecta la muerte con la consecuencia del juicio en secuencia estrecha: «así como está establecido que los seres humanos mueran una sola vez, y después venga el juicio . . .» (Heb 9:27). Todavía más, la Biblia nunca representa el juicio final como dependiendo de algo que se hace después de que muramos, sino solamente de lo que ha sucedido en esta vida (Mt 25:31-46; Ro 2:5-10; cf. 2 Co 5:10). Algunos han aducido una oportunidad para creer en el evangelio en base a la predicación de Cristo a los espíritus encarcelados según 1 Pedro 3:18-20 y la predicación del evangelio «aun a los muertos» en 1 Pedro 4:6, pero esas son interpretaciones inadecuadas de los versículos en cuestión, y, en una inspección más cuidadosa, no respaldan tal noción.[24]

Debemos también darnos cuenta de que la idea de que habrá una segunda oportunidad de recibir a Cristo después de la muerte se basa en la presuposición de que toda persona merece una oportunidad para recibir a Cristo y que el castigo eterno sólo viene a los que conscientemente deciden rechazarlo. Pero ciertamente esa idea no cuenta con respaldo de la Biblia; todos somos pecadores por naturaleza y decisión, y nadie en realidad merece nada de la gracia de Dios ni merece alguna

---

[23]Más indicación de que no es correcto orar por los muertos se ve en el hecho de que David oraba intensamente por su hijo pequeño antes de que el hijo muriera, pero después de que murió, David se levantó de la oración, y se bañó, se cambió de ropa, y « fue a la casa del SEÑOR para adorar . . . y comió» (2 S 12:20; cf. v. 23). David se dio cuenta de que una vez que el niño hubo muerto su tarea de orar por él se había terminado. Cuando hablo de «orar por los muertos» en esta sección, quiero decir orar que Dios cambie su estado o destino. Por supuesto que no hay nada de malo con agradecer a Dios por las vidas de las personas después de que han muerto.

[24]Ver la consideración de estos versículos en el capítulo 27, pp. 618-624; ver también W. Grudem, *The First Epistle of Peter*, pp. 155–62, 170–72, 203–39.

oportunidad de oír el evangelio de Cristo; esto viene sólo debido al favor inmerecido de Dios. La condenación viene no sólo debido a un rechazo voluntario de Cristo, sino también debido a los pecados que hemos cometido y la rebelión contra Dios que esos pecados representan (ver Jn 3:18).

La idea de que las personas tienen una segunda oportunidad de recibir a Cristo después de la muerte también destruiría la mayoría de la motivación para la evangelización y la actividad misionera hoy, y no es consistente con el intenso celo misionero que sintió la iglesia del Nuevo Testamento como un todo, y que fue especialmente ejemplificada en los viajes misioneros del apóstol Pablo.

El hecho de que hay castigo consciente para los no creyentes después de que mueren, y que este castigo dura para siempre, ciertamente es para nosotros una doctrina difícil de contemplar. Pero los pasajes que la enseñan parecen ser tan claros que parece que debemos afirmarla si afirmamos lo que la Biblia enseña. Jesús dice que en el día del juicio final les dirá a los que están a su mano izquierda: «Apártense de mí, malditos, *al fuego eterno* preparado para el diablo y sus ángeles», y dice que «Aquéllos irán al *castigo eterno,* y los justos a la vida eterna» (Mt 25:41, 46).[25]

Estos pasajes muestran que no podemos aceptar como fiel a la Biblia la final del *aniquilacionismo.* Esta es una doctrina que dice que los no creyentes, bien sea inmediatamente a la muerte, o si no después de sufrir por un período de tiempo, simplemente dejarán de existir; Dios los «aniquilará» y ya no existirán más. Aunque la idea inicialmente nos suena atractiva, y evade la dificultad emocional conectada con afirmar el castigo eterno consciente de los malos, tal idea no encuentra afirmación explícita en ningún pasaje de la Biblia, y parece que la contradicen muy claramente los pasajes que conectan la bendición eterna de los justos con el castigo eterno de los malos (Mt 25:46) y que hablan del castigo de los malos extendiéndose día y noche para siempre (Ap 14:11; 20:10).[26]

Aunque los no creyentes pasan a un estado de castigo eterno de inmediato a la muerte, sus cuerpos no serán resucitados sino hasta el día del juicio final. En ese día sus cuerpos serán resucitados y reunidos con sus almas, y ellos comparecerán ante el trono de Dios para que se pronuncie el juicio final sobre ellos en el cuerpo (ver Mt 25:31-46; Jn 5:28-29; Hch 24:15; y Ap 20:12, 15).[27]

PREGUNTAS PARA APLICACIÓN PERSONAL

1. ¿Ha pensado usted mucho en la posibilidad de su propia muerte? ¿Ha habido un elemento de temor conectado con esos pensamientos? ¿Qué, si acaso algo, teme en cuanto a la muerte? ¿Piensa usted que estos temores han surgido de la influencia del mundo que le rodea o de la Biblia? ¿Cómo le animarían las enseñanzas de la Biblia a hacerle frente a esos temores?

2. ¿Ha cambiado de alguna manera este capítulo sus sentimientos en cuanto a su propia muerte? ¿Puede usted sinceramente contemplarla ahora como algo que le llevará más cerca de Cristo y que aumentará su propia confianza

---

[25]Ver capítulo 56, pp. 1203-20, para una consideración del juicio final y la doctrina del infierno.
[26]Ver capítulo 56, pp. 1213–15, para una consideración más extensa del aniquilacionismo.
[27]Ver abajo, capítulo 56, pp. 1203–09.

en Dios y su fidelidad a él? ¿Cómo expresaría sus esperanzas respecto a su propia muerte?

3. ¿Piensa usted que tendría el valor para negarse a pecar aunque eso significara ser arrojado a los leones en un coliseo romano, o quemado en la estaca durante la Reforma, o echado en la cárcel por años en algún país extranjero hoy? ¿Piensa usted que los mártires cristianos en toda la historia habían pensado que tendrían suficiente valor cuando se vieran frente a la prueba? ¿Qué les sucedió que les equipó para este sufrimiento (lea 1 Co 10:13)? Si puede obtener una copia, tal vez quiera leer el relato del martirio de Policarpo, que es un penetrante testimonio de fe en Dios y de la fidelidad de Dios en el siglo II d.C.[28] ¿Ha resuelto usted en su propio corazón que la obediencia a Cristo es más importante que preservar su propia vida? ¿Qué le haría vacilar para creer esto o actuar según esta convicción?

4. Si ha sufrido la muerte de un creyente que era muy cercano a usted, ¿piensa usted que su reacción a esa muerte fue de tristeza mezclada con gozo? ¿Cómo ha influido este capítulo en la manera en que se siente en cuanto a esa situación, si acaso algo?

5. ¿Creía usted previamente en la doctrina del purgatorio? Si ya no cree en ella, ¿puede describir la manera en que la doctrina le hacía sentir, y lo que siente emocionalmente ahora en cuanto al hecho de esa doctrina no es verdad y que no hay un lugar llamado purgatorio?

6. Si la muerte misma se ve como parte del proceso de santificación, entonces ¿cómo debemos ver el proceso de envejecer y debilitación en este mundo? ¿Es ésta la manera en que el mundo ve el envejecimiento? ¿Qué piensa usted?

TÉRMINOS ESPECIALES

aniquilacionismo	muerte
comunión de los santos	purgatorio
limbo	sueño del alma
limbus patrum	

BIBLIOGRAFÍA

(Para una explicación de esta bibliografía vea la nota sobre la bibliografía en el capítulo 1, p. 40. Datos bibliográficos completos se pueden encontrar en las páginas 1297-1306.)

Secciones en Teologías Sistemáticas Evangélicas

1. Anglicana (episcopal)

---

[28]Una versión [en inglés] de *The Martyrdom of Polycarp* está disponible en *The Apostolic Fathers*, 2 vols., ed. Kirsopp Lake, Loeb Classical Library (Harvard University Press, Cambridge, Mass., 1913), pp. 307–45. También está disponible en *The Ante-Nicene Fathers*, ed. A. Roberts y J. Donaldson (10 vols.; Eerdmans, Grand Rapids, 1979 [reimpresión]).

      1882–92   Litton, 543–78
        1930   Thomas, 298–310, 508–21

2. Arminiana (wesleyana o metodista)
      1875–76   Pope, 3:371–86
      1892–94   Miley, 2:430–39
        1940   Wiley, 3:211–42
        1983   Carter, 2:1109–13

3. Bautista
        1767   Gill, 2:179–211
        1887   Boyce, 437–51
        1907   Strong, 982–1003
        1917   Mullins, 458–62
      1983–85   Erickson, 1167–84

4. Dispensacional
        1947   Chafer, 4:413–15
        1949   Thiessen, 333–36
        1986   Ryrie, 518–20

5. Luterana
      1917–24   Pieper, 3:507–15
        1934   Mueller, 613–19

6. Reformada (o presbiteriana)
      1724–58   Edwards, 2:26–36
      1871–73   Hodge, 3:713–70
        1878   Dabney, 817–29
        1889   Shedd, 2b:591–640
      1937–66   Murray, *CW* 2:401–3; *CW* 3:242–46
        1938   Berkhof, 668–94
        1962   Buswell, 2:304–23

7. Renovada (carismaáica o pentecostal)
      1988–92   Williams, 3:400–401, 450

Secciones en Teologías Sistemáticas Católicas Romanas Representativas

1. Católica Romana: tradicional
        1955   Ott, 445–50, 473–76, 482–85

2. Católica Romana: Post Vaticano II
        1980   McBrien, 2:1135–47

Otras obras

Beckwith, Roger T. «Purgatory». En *NDT*, pp. 549–50.

Cooper, John W. Body, *Soul and Life Everlasting: Biblical Anthropology and the Monism-Dualism Debate*. Eerdmans, Grand Rapids, 1989, pp. 81–103, 121–253.

Davids, P. H. «Death». En *EDT*, pp. 299–300.

Feinberg, John S. «1 Peter 3:18–20, Ancient Mythology, and the Intermediate State». *WTJ*. Vol. 48, no. 2 (otoño 1986), pp. 303–36.

Grudem, Wayne. «Christ Preaching Through Noah: 1 Peter 3:19–20 in the Light of Dominant Themes in Jewish Literature». En *The First Epistle of Peter*. Tyndale New Testament Commentaries. Inter-Varsity Press, Leicester, y Eerdmans, Grand Rapids, 1988, pp. 203–39.

Harris, Murray J. «Death». En *NDT*, p. 188.

_____. «Intermediate State». En *NDT*, pp. 339–40.

Hoekema, Anthony A. *The Bible and the Future*. Eerdmans, Grand Rapids, 1979, pp. 79–108.

Smith, S.M. «Intermediate State». En *EDT*, pp. 562–64.

PASAJE BÍBLICO PARA MEMORIZAR

Filipenses 1:20-24: *Mi ardiente anhelo y esperanza es que en nada seré avergonzado, sino que con toda libertad, ya sea que yo viva o muera, ahora como siempre, Cristo será exaltado en mi cuerpo. Porque para mí el vivir es Cristo y el morir es ganancia. Ahora bien, si seguir viviendo en este mundo representa para mí un trabajo fructífero, ¿qué escogeré? ¡No lo sé! Me siento presionado por dos posibilidades: deseo partir y estar con Cristo, que es muchísimo mejor, pero por el bien de ustedes es preferible que yo permanezca en este mundo.*

HIMNO

«Oh Cristo, yo te amo»

1. ¡Oh Cristo! Yo te amo, que mío eres sé;
Ya todo pecado por ti dejaré.
¡Oh Cristo precioso! por ti salvo soy;
Jesús, si te amaba yo te amo más hoy.

2. Me amaste primero y así te amo a ti,
Pues sobre el Calvario moriste por mí;
Por lo que sufriste mi vida te doy;
Jesús, si te amaba yo te amo más hoy.

3. Y mientras que viva yo en este vaivén,
En la hora final de la muerte también,
Yo te amaré siempre; cantándote estoy,
«Jesús, si te amaba yo te amo más hoy».

4. Al fin en tu gloria por gracia entraré
Y allí con los santos loor te daré;
Por siglos eternos a cantarte voy
«Jesús, si te amaba yo te amo más hoy».

AUTOR: WILLIAM RALF FEATHERSTON, TRAD. G. P. SIMMONDS
(TOMADO DE HIMNOS DE FE Y ALABANZA, #292)

Capítulo 42

Glorificación (Recepción de un cuerpo de resurrección)

¿Cuándo recibiremos cuerpos de resurrección? ¿Cómo serán?

EXPLICACIÓN Y BASE BÍBLICA

Cuando Cristo nos redimió, no redimió simplemente nuestros espíritus (o almas); nos redimió como personas completas, y esto incluye la redención de nuestros cuerpos. Por consiguiente, la aplicación de la obra redentora de Cristo a nosotros no estará completa sino cuando nuestros cuerpos estén libres por completo de los efectos de la caída y llevados a ese estado de perfección para el cual Dios los creó. De hecho, la redención de nuestros cuerpos ocurrirá sólo cuando Cristo vuelva y resucite nuestros cuerpos de los muertos. Pero al presente, Pablo dice que esperamos «*la redención de nuestro cuerpo*», y luego añade, «Porque en esa esperanza fuimos salvados» (Ro 8:23-24). La etapa de la aplicación de la redención cuando recibimos los cuerpos de resurrección se llama *glorificación*. Refiriéndose a ese día futuro Pablo dice que «tendremos parte con él en su *gloria*» (Ro 8:17). Todavía más, cuando Pablo traza los pasos en la aplicación de la redención, el último que menciona es la glorificación: «A los que predestinó, también los llamó; a los que llamó, también los justificó; y a los que justificó, también los *glorificó*» (Ro 8:30).

El día en que seamos glorificados será un día de gran victoria porque en ese día el último enemigo, la muerte, será destruido, tal como la Biblia lo predice: «Porque es necesario que Cristo reine hasta poner a todos sus enemigos debajo de sus pies. El último enemigo que será destruido es la muerte» (1 Co 15:25-26). En un contexto de una explicación de la resurrección de nuestros cuerpos cuando Cristo vuelva, Pablo dice: «Cuando lo corruptible se revista de lo incorruptible, y lo mortal, de inmortalidad, entonces se cumplirá lo que está escrito: «La muerte ha sido devorada por la victoria. ¿Dónde está, oh muerte, tu victoria? ¿Dónde está, oh muerte, tu aguijón?» (1 Co 15:54-55). Cuando nuestros cuerpos sean resucitados de los muertos experimentaremos victoria completa sobre la muerte que vino como resultado de la caída de Adán y Eva. Entonces nuestra redención será completa.

Podemos entonces definir *la glorificación* como sigue: *La glorificación es el paso final en la aplicación de la redención. Tendrá lugar cuando Cristo vuelva y resucite los cuerpos de todos los creyentes de todos los tiempos que han muerto, y los vuelva a unir con sus almas, y cambie los cuerpos de todos los creyentes que están vivos, por ello dándoles a todos los creyentes al mismo tiempo cuerpos perfectos de resurrección como el suyo propio.*

A. Evidencia del Nuevo Testamento para la Glorificación

El pasaje primario del Nuevo Testamento sobre la glorificación o resurrección del cuerpo es 1 Corintios 15:12-58. Pablo dice: «También en Cristo todos volverán a vivir, pero cada uno en su debido orden: Cristo, las primicias; después, *cuando él venga,* los que le pertenecen» (vv. 22-23).[1] Pablo considera la naturaleza del cuerpo de resurrección con algún detalle en los versículos 35-50, que examinaremos en la sección C más abajo. Luego concluye el pasaje diciendo que no todos los creyentes morirán, sino que cuando Cristo vuelva sus cuerpos serán cambiados instantáneamente en nuevos cuerpos de resurrección que nunca envejecerán, ni se debilitarán, ni pueden morir:

> Fíjense bien en el misterio que les voy a revelar: No todos moriremos, pero *todos seremos transformados,* en un instante, en un abrir y cerrar de ojos, al toque final de la trompeta. Pues sonará la trompeta y los muertos resucitarán con un cuerpo incorruptible, y nosotros seremos transformados (1 Co 15:51-52).

Pablo explica más en 1 Tesalonicenses que las almas de los que han muerto e ido a estar con Cristo volverán y serán reunidas con sus cuerpos en ese día, porque Cristo las traerá consigo: «¿Acaso no creemos que Jesús murió y resucitó? Así también Dios *resucitará con Jesús a los que han muerto en unión con él*» (1 Ts 4:4). Pero aquí Pablo afirma no sólo que Dios traerá con Cristo a los que han muerto; también afirma que «*los muertos en Cristo resucitarán primero*» (1 Ts 4:16). Así que estos creyentes que han muerto con Cristo también son resucitados para encontrarse con Cristo (Pablo dice en el v. 17: «seremos arrebatados junto con ellos en las nubes para encontrarnos con el Señor en el aire»). Esto sólo tiene sentido si son las *almas* de los creyentes que han ido a estar en la presencia de Cristo que vuelven con él, y son sus *cuerpos* los que son resucitados de los muertos para unirse con sus almas, y entonces ascienden para estar con Cristo.

Además de estos pasajes en 1 Corintios 15 y 1 Tesalonicenses 4, varios otros pasajes del Nuevo Testamento afirman la realidad de la doctrina de la glorificación. Jesús dice: «viene la hora en que todos los que están en los sepulcros oirán su voz, y saldrán de allí. Los que han hecho el bien *resucitarán para tener vida,* pero los que han practicado el mal resucitarán para ser juzgados» (Jn 5:28-29).[2] Jesús también dice: «Y ésta es la voluntad del que me envió: que yo no pierda nada de lo que él me

---

[1]Murray J. Harris argumenta por la posibilidad de una noción alterna, basada en su comprensión de 2Co 5:1-10: de que los creyentes reciben su cuerpo de resurrección de inmediato al morir. Ver Harris, *From Grave to Glory: Resurrection in the New Testament,* pp. 207–10. Pero esa noción es excepcionalmente difícil de reconciliar con 1Co 15 y 1Ts 4; ver la consideración en D. A. Carson, «Unity and Diversity in the New Testament: The Possibility of Systematic Theology», en *Scripture and Truth,* pp. 85–86.

[2]Algunos creyentes evangélicos sostienen que los creyentes y los no creyentes serán resucitados al mismo tiempo (esta es la posición que toman los amilenialistas). Otros (especialmente los premilenialistas) sostienen que la resurrección de los creyentes ocurre antes del milenio y la resurrección de los no creyentes para el juicio ocurre mil años después, después del milenio. Ver capítulo 55 para una explicación de los asuntos relacionados, y de este versículo en particular.

ha dado, sino que *lo resucite en el día final*. Porque la voluntad de mi Padre es que todo el que reconozca al Hijo y crea en él, tenga vida eterna, y *yo lo resucitaré en el día final*» (Jn 6:39-40; cf. vv. 44, 54).

Pablo dice: «el mismo que levantó a Cristo de entre los muertos también *dará vida a sus cuerpos mortales* por medio de su Espíritu, que vive en ustedes» (Ro 8:11; cf. 2 Co 5:1-7). Él se da cuenta de que los creyentes deben vivir con anhelante expectación del retorno de Cristo y del cambio en nuestros cuerpos para ser como el propio cuerpo perfecto de Jesús. Dice: «En cambio, nosotros somos ciudadanos del cielo, de donde anhelamos recibir al Salvador, el Señor Jesucristo. *Él transformará nuestro cuerpo miserable para que sea como su cuerpo glorioso,* mediante el poder con que somete a sí mismo todas las cosas» (Flp 3:20-21).

B. Respaldo del Antiguo Testamento para la glorificación

A veces algunos han aducido que el Antiguo Testamento tiene escasa evidencia, si acaso alguna, de esperanza en una resurrección futura del cuerpo, pero en realidad hay más evidencia en el Antiguo Testamento para esto que lo que incluso podamos darnos cuenta. Primero, incluso antes de que Jesús resucite de los muertos, el Nuevo Testamento indica que muchos judíos que vivían en el tiempo de Cristo tenían alguna esperanza de una resurrección corporal futura. Cuando Jesús vino a la casa de Lázaro después de que éste hubo muerto y le dice a Marta: «—Tu hermano resucitará», Marta responde: «—Yo sé que resucitará *en la resurrección, en el día final*» (Jn 11:23-24). Todavía más, cuando Pablo estaba sometido a juicio, le dice a Félix que tenía «en Dios la misma esperanza que estos hombres [los judíos que lo acusaban] profesan, de que *habrá una resurrección* de los justos y de los injustos» (Hch 24:15).

En cuanto a las creencias de los que vivieron en el tiempo del Antiguo Testamento Hebreos 11 nos dice que Abraham «esperaba la ciudad de cimientos sólidos, de la cual Dios es arquitecto y constructor» (Heb 11:10). También leemos que muchos de los santos del Antiguo Testamento «Todos ellos . . . murieron sin haber recibido las cosas prometidas; más bien, las reconocieron a lo lejos, y confesaron que eran extranjeros y peregrinos en la tierra. . . . [Antes bien, *anhelaban una patria mejor, es decir, la celestial.* Por lo tanto, Dios no se avergonzó de ser llamado su Dios, y les preparó una ciudad» (Heb 11:13-16). El autor incluso dice que «Consideraba Abraham que Dios tiene poder hasta para resucitar a los muertos» (Heb 11:19).

Cuando examinamos las enseñanzas reales del Antiguo Testamento mismo, hay indicaciones de que los autores del Antiguo Testamento tenían una fuerte expectación de la resurrección que vendría en el futuro. Job dice: «Yo sé que mi redentor vive, y que al final triunfará sobre la muerte. Y cuando mi piel haya sido destruida, todavía veré a Dios con mis propios ojos. Yo mismo espero verlo; espero ser yo quien lo vea, y no otro» (Job 19:25-26).[3]

---

[3]Varias palabras en este pasaje son difíciles de interpretar, y hay debate académico en cuanto a sí Job está esperando ver a Dios en esta vida (como lo hace en Job 42:5) o después de su muerte (nótese que Job espera que su Redentor se levantará sobre el polvo «al final», y espera ver a Dios «en mi carne» (RVR) pero esto será «cuando mi

Leemos en los Salmos: «Pero Dios me rescatará de las garras del sepulcro y con él me llevará» (Sal 49:15; cf. 73:24-25). Leemos en Proverbios: «No dejes de disciplinar al joven, . . . Dale unos buenos azotes, y así lo librarás del sepulcro» (Pr 23:13-14). Isaías dice: *«Pero tus muertos vivirán, sus cadáveres volverán a la vida»* (Is 26:19). Daniel tiene una profecía muy explícita de que *«del polvo de la tierra se levantarán las multitudes de los que duermen,* algunos de ellos para vivir por siempre, pero otros para quedar en la vergüenza y en la confusión perpetuas» (Dn 12:2). (Cf. también la visión de Ezequiel de los huesos secos en Ez 37:1-14).

Aunque los creyentes del Antiguo Testamento por cierto no tuvieron tanto detalle en cuanto a la naturaleza de la resurrección, o la manera en que tendría lugar mediante la resurrección del Mesías, y aunque no tenían una base tan clara para la confianza en la resurrección como nosotros tenemos en los acontecimientos reales de la resurrección corporal de Cristo, con todo había ciertamente, como hemos visto, una expectación de un futuro día de resurrección corporal. Los que por años habían meditado y creído en estas afirmaciones de la Biblia (tales como Marta en Jn 11:24) estaban preparados para recibir anhelantemente la enseñanza completa del Nuevo Testamento sobre la resurrección, porque simplemente proveía más detalle y más seguridad de lo que ya habían creído.

C. ¿Cómo serán nuestros cuerpos de resurrección?

Si Cristo va a resucitar de los muertos nuestros cuerpos cuando él vuelva, y si nuestros cuerpos serán como su cuerpo de resurrección (1 Co 15:20, 23, 49; Flp 3:21), entonces, ¿cómo será nuestro cuerpo cuando resucitemos?

Usando el ejemplo de sembrar una semilla en la tierra y después verla crecer en algo mucho más maravilloso, Pablo explica con más detalle cómo serán nuestros cuerpos de resurrección:

> Lo que se siembra en corrupción, resucita en *incorrupción;* lo que se siembra en oprobio, resucita *en gloria;* lo que se siembra en debilidad, resucita *en poder;* se siembra un cuerpo natural, resucita *un cuerpo espiritual.* . . . Y así como hemos llevado la imagen de aquel hombre terrenal, llevaremos también la imagen del celestial (1 Co 15:42-44, 49).

El hecho de que nuestros nuevos cuerpos serán «incorruptibles» quiere decir que no se gastarán, ni envejecerán, ni estarán sujetos a ningún tipo de enfermedad o dolencia. Serán completamente saludables y fuertes para siempre. Es más, puesto que el proceso gradual de envejecimiento es parte del proceso por el cual nuestros cuerpos ahora están sujetos a «corrupción», es apropiado pensar que nuestros cuerpos de resurrección no tendrán ninguna señal de envejecimiento, pero tendrán todas las características de un ser humano joven pero maduro para siempre.

---

piel haya sido destruida»). Para un resumen de las cuestiones exegéticas así una defensa persuasiva de la noción de que Job espera una resurrección física después de que muera, ver Francis L. Andersen, *Job,* TOTC (Inter-Varsity Press, Leicester, 1976), pp. 193–94. La noción de que este pasaje mira hacia adelante para ver a Dios en esta vida se basa principalmente en las convicciones de algunos estudiosos de que la idea de una resurrección corporal futura no se hallaba en el judaísmo sino mucho después de que Job fue escrito (pero ver Heb 11:10, 19, que comenta sobre la fe de Abraham en la resurrección).

No habrá evidencia de enfermedad o lesiones, porque todos seremos hechos perfectos.[4] Nuestros cuerpos de resurrección mostrarán el cumplimiento de la perfecta sabiduría de Dios al crearnos como seres humanos que son el pináculo de su creación y portadores apropiados de su imagen y semejanza. En estos cuerpos de resurrección claramente veremos la humanidad como Dios propuso que fuera.

Pablo también dice que nuestros cuerpos serán resucitados «en gloria». Cuando a este término se lo contrasta con «oprobio», como se hace aquí, hay una sugerencia de la belleza o atractivo de la apariencia que nuestros cuerpos tendrán. Ya no serán «oprobiosos» o sin atractivo, sino que se verán «gloriosos» en su belleza. Es más, debido a que la palabra «gloria» se usa tan frecuentemente en la Biblia para referirse al brillo y resplandor brillante que rodea la presencia de Dios mismo, este término sugiere que habrá también una especie de brillo o resplandor que rodeará nuestros cuerpos y que será evidencia externa apropiada de la posición de exaltación y gobierno sobre toda la creación que Dios nos ha dado. Esto también lo sugiere Mateo 13:43, en donde Jesús dice: «Entonces *los justos brillarán en el reino de su Padre como el sol*». De modo similar, leemos en la visión de Daniel: «*Los sabios resplandecerán con el brillo de la bóveda celeste;* los que instruyen a las multitudes en el camino de la justicia brillarán como las estrellas por toda la eternidad» (Dn 12:3, pasaje que habla de la resurrección final). Ahora bien, estas dos afirmaciones posiblemente se podían entender metafóricamente, y en ese caso no indicarían que un resplandor o brillo real rodean nuestros cuerpos de resurrección. Pero no hay razón en el contexto de ninguno de ellos que nos permita pensar como siendo metafóricos, y otras evidencias abogan porque no lo hagamos así. Los indicios de la edad venidera que se vieron en el resplandor de la gloria de Dios en el rostro de Moisés (Éx 34:35), y en una manera mucho mayor, la luz que brilló en la transfiguración de Jesús (Mt 17:2), junto con el hecho de que llevaremos la imagen de Cristo y seremos como él (1 Co 15:49), se combinan para sugerir que en verdad habrá un brillo o resplandor visible que nos rodeará cuando estemos en nuestros cuerpos de resurrección.[5]

Nuestros cuerpos también serán resucitados «en poder» (1 Co 15:43). Esto está en contraste a la «debilidad» que vemos ahora en nuestros cuerpos. Nuestros cuerpos de resurrección no sólo estarán libres de enfermedad y envejecimiento, sino que también les será dada plenitud de fuerza y poder; no poder infinito como el de Dios, por supuesto, y probablemente no lo que nosotros pensaríamos como poder «sobrehumano» en el sentido que poseen los «súper héroes» de los cuentos infantiles modernos, por ejemplo, pero con todo poder y fuerza humana plenos y completos, la fuerza que Dios quería que los seres humanos tuvieran en sus cuerpos cuando los creó. Por consiguiente, será fuerza suficiente para hacer todo lo que deseemos hacer en conformidad a la voluntad de Dios.

---

[4]El hecho de que las cicatrices de las huellas de los clavos de Jesús seguían en sus manos es un caso especial para recordarnos el precio que pagó por nuestra redención, y no se debe tomar como indicación de que algunas de nuestras cicatrices de lesiones físicas permanecerán: ver capítulo 28, p. 647.

[5]El cuerpo de Jesús no tuvo un brillo radiante que lo rodeaba inmediatamente después de su resurrección, sino cuando volvió al cielo y recibió de Dios Padre la gloria que le pertenecía por derecho, entonces «Su rostro era como el sol cuando brilla en todo su esplendor» (Ap 1:16). Jesús, en su transfiguración, les dio a sus discípulos solamente un breve vislumbre de la gloria que era suya por derecho y que sería de nuevo suya en el cielo.

Finalmente, Pablo dice que el cuerpo será resucitado como «cuerpo espiritual» (1 Co 15:44). En las epístolas paulinas la palabra «espiritual» (gr. *pneumatikos)* rara vez quiere decir «no físico» sino más bien «consistente con el carácter y actividad del Espíritu Santo (ver, por ejemplo, Ro 1:11; 7:14; 1 Co 2:13, 15; 3:1; 14:37; Gá 6:1 [«ustedes que son espirituales»]; Ef 5:19). La traducción de la VP: «Lo que se entierra es un cuerpo material; lo que resucita es un cuerpo espiritual», se presta a un mal entendido,[6] y una paráfrasis más clara sería: «Se siembra un cuerpo *natural* sujeto a las características y deseos de esta edad, y gobernado por su propia voluntad pecadora, pero es resucitado un cuerpo *espiritual*, completamente sujeto a la voluntad del Espíritu Santo y que responde a la dirección del Espíritu Santo]». Tal cuerpo no es «no físico», sino que es un cuerpo físico resucitado al grado de perfección que originalmente Dios propuso.

En conclusión, cuando Cristo vuelva nos dará nuevos cuerpos de resurrección que serán como su cuerpo de resurrección. «Cuando Cristo venga *seremos semejantes a él»* (1 Jn 3:2; esta afirmación es cierta no sólo en sentido ético sino también términos de nuestros cuerpos físicos; cf. 1 Co 15:49; también Ro 8:29).

A pesar de este fuerte énfasis del Nuevo Testamento en cuanto a la similitud entre nuestros cuerpos y el cuerpo de Jesús después de la resurrección, algunos han objetado que no tendremos cuerpos físicos porque Pablo dice: *«el cuerpo mortal no puede heredar el reino de Dios,* ni lo corruptible puede heredar lo incorruptible» (1 Co 15:50). Esta es la misma sección en la que él ha estado hablando de la resurrección de los muertos. Pero es con certeza un malentendido decir que este versículo implica que no tendremos cuerpos físicos. Cuando Pablo dice: «el cuerpo mortal no puede heredar el reino de Dios», lo que quiere decir por «el cuerpo mortal» es *nuestra naturaleza humana presente* particularmente nuestros cuerpos físicos, que ahora existen en semejanza a Adán después de la caída; es decir, sujetos a debilidad, decadencia y finalmente la muerte. Este es el punto que recalca en los cuatro versículos previos (1 Co 15:45-49), en los cuales él ha estado contrastando a Adán y Cristo. Él explica: «Como es aquel hombre terrenal, así son también los de la tierra» (es decir, nosotros mismos en esta edad presente, 1 Co 15:48). Luego explica: «Y así como hemos llevado la imagen de aquel hombre terrenal, llevaremos también la imagen del celestial» (1 Co 15:49). Por «cuerpo mortal» aquí Pablo quiere decir *«carne y sangre en el estado presente de existencia* con un cuerpo como el de Adán después de la caída, cuerpo que está sujeto a la decadencia y muerte». No quiere decir que existimos en un estado no físico, porque todo el cielo y la tierra serán hechos nuevos y renovados para que vivamos en ellos (Ro 8:18-25), y nosotros mismos «todos seremos transformados, en un instante, en un abrir y cerrar de ojos, al toque final de la trompeta» (1 Co 15:51-52). No dejaremos de existir en nuestros cuerpos físicos, sino que seremos transformados y tendremos un cuerpo imperecedero, «Porque lo corruptible tiene que revestirse de lo incorruptible, y lo mortal, de inmortalidad» (1 Co 15:53).

Todavía más, las repetidas instancias en que Jesús demostró a los discípulos que él tenía cuerpo físico que podía ser tocado, que tenía carne y huesos (Lc 24:39),

---

[6]Ver la consideración del uso de «físico» en 1Co 15:44 en el capítulo 28, p. 640, n. 3.

y que podía comer alimentos, muestran que el cuerpo de Jesús, que es nuestro modelo, era claramente un cuerpo físico que había sido hecho perfecto.[7]

¿Qué clase de continuidad habrá entre nuestros cuerpos presentes y nuestros futuros cuerpos de resurrección? ¿Se verán nuestros cuerpos exactamente los mismos y tendrán exactamente las mismas características, o serán de alguna manera diferentes, o serán diferentes casi por entero? Todavía más, ¿serán nuestros cuerpos de resurrección formados de las mismas moléculas en que consisten nuestros cuerpos terrenales, o serán una creación enteramente nueva de Dios, o serán una combinación de lo viejo y lo nuevo?

Varios pasajes indican que Pablo esperaba una considerable medida de continuidad entre nuestros presentes cuerpos terrenales y nuestros cuerpos futuros de resurrección. Pablo dijo: «El mismo que levantó a Cristo de entre los muertos también dará vida a *sus cuerpos mortales* por medio de su Espíritu, que vive en ustedes» (Ro 8:11). Dijo que Jesús «transformará *nuestro cuerpo miserable* para que sea como su cuerpo glorioso» (Flp 3:21). Y cuando Pablo habló de la naturaleza del cuerpo de resurrección dio un ejemplo de una semilla que se siembra en el suelo: «No plantas el cuerpo que luego ha de nacer sino que siembras una simple semilla de trigo o de otro grano. Pero Dios le da el cuerpo que quiso darle, y a cada clase de semilla le da un cuerpo propio» (1 Co 15:37-38). En este ejemplo, él echa mano del conocimiento humano común de que hay diferencias entre lo que se siembra y lo que brota (vv. 42:44), pero también hay continuidad; así como una semilla crece para ser una planta más grande, reteniendo la materia que había en ella pero tomando en sí misma otros materiales de la tierra por igual, así nosotros tendremos continuidad y diferencias también. En esta analogía podemos decir que *lo que sea que quede en la tumba de nuestros cuerpos físicos* Dios lo tomará y transformará y usará para hacer un nuevo cuerpo de resurrección. Pero los detalles de cómo esto sucederá siguen siendo oscuros para nosotros, puesto que la Biblia no los especifica; debemos afirmar esto porque la Biblia lo enseña, aunque no podamos explicar completamente cómo sucederá.[8]

Otra indicación de continuidad significativa entre nuestros cuerpos presentes y los cuerpos que tendremos se ve en el hecho de que los creyentes que permanecen vivos en el día en que Cristo retorne serán «transformados»; sin embargo, sus cuerpos no serán reemplazados: «No todos moriremos, pero todos seremos transformados, en un instante, en un abrir y cerrar de ojos, al toque final de la trompeta. Pues sonará la trompeta y los muertos resucitarán con un cuerpo incorruptible, y nosotros seremos transformados. Porque lo corruptible tiene que revestirse de lo incorruptible, y lo mortal, de inmortalidad» (1 Co 15:51-53).

También debemos notar claramente que el propio cuerpo de resurrección de Cristo, aunque difería de alguna manera del cuerpo que tuvo antes de morir, de modo que los discípulos de inmediato no lo reconocieran en toda situación, fue similar lo suficiente en su apariencia para que los discípulos supieran quién era más

---

[7]Ver capítulo 28, pp. 639-44, para una consideración de la naturaleza del cuerpo de resurrección de Cristo.

[8]Alguien pudiera objetar que algunos cuerpos se descomponen por completo, son absorbidos en plantas, y con el tiempo en otros cuerpos, así que no se puede hallar nada del primer cuerpo. Pero en respuesta simplemente debemos decir que Dios puede rastrear lo suficiente los elementos de cada cuerpo para formar una «semilla» de la cual formar un nuevo cuerpo (ver Gn 50:25; Job 19:26; Ez 37:1–14; He 11:22).

bien rápidamente. Hubo algunos casos cuando ellos no lo reconocieron de inmediato, pero esto en parte se puede explicar por el hecho de que durante su vida y ministerio terrenal sin duda él había envejecido considerablemente, puesto que fue «varón de dolores, hecho para el sufrimiento» (Is 53:3). Después de su resurrección, Jesús habría sido restaurado a la fuerza y juventud plena y perfecta en su apariencia. Así como a veces nosotros no reconocemos de inmediato a algún amigo que ha envejecido considerablemente desde la última vez que lo vimos, así los discípulos pueden haber tenido dificultad inicial para reconocer a Cristo debido a que lo opuesto de envejecimiento había ocurrido.[9] Por otro lado, continuidad significativa entre el cuerpo de Jesús antes y después de su resurrección se ve en el hecho de que incluso las huellas de los clavos en sus manos y sus pies, y la herida en su costado, permanecieron en su cuerpo de resurrección (Jn 20:20, 27).

Otro fragmento de evidencia que indica continuidad entre nuestro cuerpo terrenal y celestial, es el hecho de que al parecer las personas se reconocerán y conocerán unas a otras en el cielo. Jesús dijo que las personas vendrán del este y del oeste, y «participarán en el banquete con Abraham, Isaac y Jacob en el reino de los cielos» (Mt 8:11). Todavía más, a Elías, que había sido llevado al cielo en su cuerpo terrenal, de alguna manera los discípulos lo reconocieron en el monte de la transfiguración (Lc 9:30, 33); por supuesto, los discípulos no habían conocido ni a Elías ni a Moisés en la carne, pero de alguna manera estos hombres retuvieron sus identidades personales de tal manera que los discípulos creyeron que ellos estaban allí y que eran tan reales como Jesús lo era (ver Lc 9:33). Finalmente, Mateo nos dice que cuando Jesús murió, «Se abrieron los sepulcros, y muchos santos que habían muerto resucitaron. Salieron de los sepulcros y, después de la resurrección de Jesús, entraron en la ciudad santa y se aparecieron a muchos» (Mt 27:52-53). El hecho de que los cuerpos reales de estas personas fueron resucitados, y el hecho de que aparecieron a muchos en Jerusalén, indica de nuevo que hubo continuidad entre sus cuerpos muertos que estuvieron en las tumbas y los cuerpos que fueron resucitados. Puesto que salieron de las tumbas «después de la resurrección de Jesús» podemos dar por sentado de que también fueron santos que habían recibido cuerpos de resurrección como una especie de bocado de prueba de la glorificación del día final cuando Cristo vuelva.[10] El hecho de que estas personas «se aparecieron a muchos» sugiere que fueron reconocibles; que la gente supo quiénes eran. De nuevo, la evidencia es sugestiva antes que conclusiva, sin embargo apunta en dirección de la continuidad entre el cuerpo que existía antes de la resurrección y el que existió después de ella.

Hoy hay alguna vacilación de parte de muchos evangélicos para afirmar claramente que habrá una «resurrección del cuerpo», o por lo menos que el cuerpo que será resucitado será un cuerpo material, físico, que de alguna manera es continuidad del cuerpo que fue puesto en la tumba. En cierta medida esto se debe a un sentido de incapacidad para entender cómo Dios puede resucitar a los mismos cuerpos de la tumba, especialmente cuando algunos de esos cuerpos han estado

---

[9]Ver la consideración de por qué los discípulos no reconocieron a Jesús de inmediato después de su resurrección, en el capítulo 28, p. 640.

[10]Ver la explicación de este pasaje en D. A. Carson, *Matthew,* en EBC, 8:581–82.

muertos por muchos siglos. Sin embargo, algo de esta vacilación probablemente se debe al continuo escepticismo de los no creyentes que cuestionan la noción cristiana exactamente con los mismos problemas que se acaban de presentar; ¿no parece esto una posición fantástica e increíble? ¿Cómo puede Dios hacer que tenga lugar algo así?

En ambos casos, sea que la vacilación surja del cuestionamiento sincero del creyente, o del escepticismo hostil del no creyente, debemos darnos cuenta de que nuestra ineptitud para comprender o explicar algo nunca debe ser razón para rechazarlo si la Biblia lo enseña claramente. Los muchos pasajes citados arriba que indican que Dios resucitará *nuestros cuerpos mortales de la tumba* tal como él resucitó de la tumba al cuerpo de Jesús, indican muy concluyentemente que habrá una continuidad definitiva entre nuestros cuerpos presentes y los cuerpos que tendremos en la resurrección. Y si eso es lo que la Biblia enseña, entonces, aunque tal vez no entendamos exactamente *cómo* Dios hará que esto tenga lugar en cada caso, con todo debemos creerlo. El Dios que creó el universo y nos creó a cada uno de nosotros, y que soberanamente gobierna sobre todo fragmento de esta creación en todo momento, y que sustenta todas las cosas por la palabra de su poder, por cierto puede rastrear las partes de nuestros cuerpos físicos que él desea preservar y usarlas como «semilla» de la cual hará un nuevo cuerpo.

Es importante insistir en la resurrección de un cuerpo real, físico, no sólo por las razones indicadas arriba, sino también porque esto provee una clara afirmación de la bondad de la creación física que Dios creó. Viviremos en cuerpos que tendrán todas las cualidades excelentes que Dios nos creó para tener, y por consiguiente seremos para siempre prueba viva de la sabiduría de Dios al hacer la creación material que desde el principio fue «muy buena» (Gn 1:31). Viviremos como creyentes resucitados en esos nuevos cuerpos, y entonces seremos apropiados para habitar «un cielo nuevo y una tierra nueva, en los que habite la justicia» (2 P 3:13).

D. La creación entera será renovada por igual

Cuando Adán pecó, Dios maldijo la tierra debido a él (Gn 3:17-19), así que ella produjo espinas y cardos, y produciría alimento útil para el hombre sólo mediante el sudor y dolor. Pero Pablo dice que «la creación misma ha de ser liberada de la corrupción que la esclaviza, para así alcanzar la gloriosa libertad de los hijos de Dios» (Ro 8:21). Él explica que esto sucederá cuando recibamos nuestros cuerpos de resurrección; es más, dice que la creación de alguna manera anhela ese día: «La creación aguarda con ansiedad la revelación de los hijos de Dios, . . . Sabemos que toda la creación todavía gime a una, como si tuviera dolores de parto. Y no sólo ella, sino también nosotros mismos, que tenemos las primicias del Espíritu, gemimos interiormente, mientras aguardamos nuestra adopción como hijos, es decir, la redención de nuestro cuerpo» (Ro 8:19, 22-23). En esta creación renovada no habrá más cardos ni espinos, no más inundaciones ni sequías, no más desiertos o selvas inhabitables, no más terremotos o huracanes, no más serpientes venenosas, ni avispas que piquen, ni hongos que maten. Será una tierra productiva, una tierra que florecerá y producirá alimento abundantemente para nuestro disfrute (ver capítulo 57 para más explicación de la tierra renovada).

E. Los no creyentes muertos serán resucitados para el juicio en el día del juicio final

Aunque el énfasis de la Biblia recae en el hecho de que los creyentes experimentarán una resurrección corporal, hay algunos pasajes que indican que los *no creyentes* también serán resucitados de los muertos, y que ellos enfrentarán el juicio final en el momento en que son resucitados. Jesús claramente enseña que «los que han practicado el mal *resucitarán para ser juzgados*» (Jn 5:29); Pablo también dijo que él creía «que habrá una resurrección de los justos *y de los injustos*» (I Ich 24:15; cf. Mt 25:31-46; Dn 12:2). (Ver capítulo 56 para más explicación del juicio final de los no creyentes).

PREGUNTAS PARA APLICACIÓN PERSONAL

1. Pablo dice que la expectación de una resurrección corporal futura es la «esperanza» en la que fuimos salvados (Ro 8:24). ¿Es la esperanza de una resurrección futura en su cuerpo una de las cosas principales que usted espera en el futuro? Si no, ¿por qué no? ¿Qué podría aumentar su esperanza en la resurrección futura del cuerpo?

2. Tan fuerte era el anhelo de Pablo por el futuro día de la resurrección, y tan consciente estaba él de las adversidades que todavía sufriremos en esta vida, que él pudo decir: «Si la esperanza que tenemos en Cristo fuera sólo para esta vida, seríamos los más desdichados de todos los mortales» (1 Co 15:19), y, «Si los muertos no resucitan, "comamos y bebamos, que mañana moriremos"» (1 Co 15:32). ¿Tiene usted un gran anhelo de la resurrección futura que le da este tipo de sentimiento en su corazón por igual? Si no, ¿por qué no tiene la misma perspectiva de la resurrección del cuerpo como Pablo la tenía?

3. A su modo de pensar ¿qué podría ocurrir en su vida para darle un mayor anhelo de la resurrección de su cuerpo? Si tiene un abuelo o abuela, u otro amigo anciano o pariente, que ha muerto e ido a estar con Cristo, ¿cómo piensa que se verá esa persona en el día de la resurrección? ¿Puede imaginarse cómo será reunirse con esa persona de nuevo y volver a familiarizarse con ella? ¿Cómo será diferente su relación de lo que fue en esta vida?

TÉRMINOS ESPECIALES

cuerpo espiritual
glorificación

BIBLIOGRAFÍA

(Para una explicación de esta bibliografía vea la nota sobre la bibliografía en el capítulo 1, p. 40. Datos bibliográficos completos se pueden encontrar en las páginas 1297-1306.)

Secciones en Teologías Sistemáticas Evangélicas

1. Anglicana (episcopal)
   1882–92   Litton, 585–91
2. Arminiana (wesleyana o metodista)
   1875–76   Pope, 3:401–11
   1892–94   Miley, 2:448–58
   1940   Wiley, 3:320–38
   1960   Purkiser, 561–67
   1983   Carter, 2:1116–18
3. Bautista
   1767   Gill, 2:211–30
   1887   Boyce, 454–61
   1907   Strong, 1015–23
   1917   Mullins, 472–78
   1983–85   Erickson, 997–1002, 1194–1200
4. Dispensacional
   1947   Chafer, 3:366–69
   1949   Thiessen, 376–83
   1986   Ryrie, 517–18
5. Luterana
   1917–24   Pieper, 3:534–39
   1934   Mueller, 625–30
6. Reformada (o presbiteriana)
   1559   Calvin, 2:987–1008 (3.25)
   1861   Heppe, 695–712
   1871–73   Hodge, 3:771–89
   1878   Dabney, 829–41
   1889   Shedd, 2b:647–58
   1937–66   Murray, *CW* 2:403–13; *RAA* 174–81
   1938   Berkhof, 720–27
   1962   Buswell, 2:324–46
7. Renovada (o carismática o pentecostal)
   1988–92   Williams, 3:397–413

Secciones en teologías Sistemáticas Católicas Romanas Representativas

1. Católica Romana: tradicional
   1955   Ott, 488–92
2. Católica Romana: Post Vaticano II
   1980   McBrien, 2:1147–50

Otras obras

Gaffin, Richard B., Jr. *Resurrection and Redemption: A Study in Paul's Soteriology.* Formerly, *The Centrality of the Resurrection: A Study in Paul's Soteriology.* Presbyterian and Reformed, Phillipsburg, N.J., 1978.

Grider, J. K. «Glorification». En *EDT*, pp. 442–43.

Gundry, Robert H. *Soma in Biblical Theology*. Cambridge University Press, Cambridge, 1975.

Harris, Murray J. *From Grave to Glory: Resurrection in the New Testament, Including a Response to Norman L. Geisler*. Zondervan, Grand Rapids, 1990, pp. 185–287.

_____. *Raised Immortal: Resurrection and Immortality in the New Testament*. Eerdmans, Grand Rapids, 1983.

_____. «Resurrection, General». En *NDT*, pp. 581–82.

Hoekema, Anthony A. «The Resurrection of the Body». En *The Bible and the Future*. Eerdmans, Grand Rapids, 1979, pp. 239–52.

Murray, John. «Glorification». En *Redemption Accomplished and Applied*. Eerdmans, Grand Rapids, 1955, pp. 174–81.

Schep, J. A. *The Nature of the Resurrection Body*. Eerdmans, Grand Rapids. 1964.

White, R. E. O. «Resurrection of the Dead». En *EDT*, pp. 941–44.

PASAJE BÍBLICO PARA MEMORIZAR

1 Corintios 15:42-44: *Así sucederá también con la resurrección de los muertos. Lo que se siembra en corrupción, resucita en incorrupción; lo que se siembra en oprobio, resucita en gloria; lo que se siembra en debilidad, resucita en poder; se siembra un cuerpo natural, resucita un cuerpo espiritual. Si hay un cuerpo natural, también hay un cuerpo espiritual.*

HIMNO

«Por mil arpas»

1. Por mil arpas y mil voces
Se alcen notas de loor;
Cristo reina, el cielo goza,
Cristo reina, el Dios de amor.
Ved, su trono ocupa ya, solo el mundo regirá:
¡Aleluya! ¡Aleluya! ¡Aleluya! Amén.

2. Rey de gloria, reine siempre
Tu divina potestad;
Nadie arranque de tu mano
Los que son tu propiedad.
Dicha tiene aquel que está destinado a ver tu faz.
¡Aleluya! ¡Aleluya! ¡Aleluya! Amén.

3. Apresura tu venida
En las nubes, oh Señor;
Nuevos cielos, nueva tierra,
Danos, Cristo, por tu amor.
Aureas arpas de tu grey «Gloria», entonen a su Rey.
¡Aleluya! ¡Aleluya! ¡Aleluya! Amén.

TOMADO DE HIMNOS DE LA VIDA CRISTIANA, # 67

Capítulo 43

Unión con Cristo

¿Qué significa estar «en Cristo» o «unido a Cristo»?

EXPLICACIÓN Y BASE BÍBLICA[1]

Aunque ahora hemos completado nuestro estudio de los pasos en la aplicación de la redención, otro tema se menciona tan frecuentemente en la Biblia y tan ampliamente variado en su aplicación a nuestras vidas que merece una consideración separada aquí. Es el concepto de la unión con Cristo. Como veremos más abajo, *todo aspecto* de la relación de Dios a los creyentes de alguna manera está conectado a nuestra relación con Cristo. Desde los consejos de Dios en la eternidad pasada antes de que el mundo fuera creado, a nuestra comunión con Cristo en el cielo en la eternidad futura, e incluyendo todo nuestro aspecto de nuestra relación con Dios en esta vida, todo esto ha ocurrido en unión con Cristo. Así que en cierto sentido todo el estudio de la aplicación de la redención se podría incluir en este tema. Sin embargo, en este capítulo sencillamente podemos resumir las increíbles riquezas de la idea bíblica de la unión con Cristo. John Murray dice:

> La unión con Cristo tiene su fuente en la elección de Dios Padre antes de la fundación del mundo y tiene su cumplimiento en la glorificación de los hijos de Dios. La perspectiva del pueblo de Dios no es estrecha; es amplia y es larga. No está confinada al espacio y el tiempo; tiene la expansión de la eternidad. Su órbita tiene dos enfoques: uno el amor que elige de Dios Padre en los consejos de la eternidad; el otro la glorificación con Cristo en la manifestación de su gloria. El anterior no tiene principio, el segundo no tiene fin. . . . ¿Por qué el creyente da cabida al pensamiento del consejo determinado de Dios con tanto gozo? ¿Por qué puede tener paciencia en las perplejidades y adversidades del presente? ¿Por qué puede tener seguridad confiada con referencia al futuro y regocijarse en la esperanza de la gloria de Dios? Es porque no puede pensar en el pasado, presente o futuro aparte de la unión con Cristo.[2]

Podemos definir *unión con Cristo* como sigue: *Unión con Cristo es una frase que se usa para resumir varias relaciones diferentes entre los creyentes y Cristo, por las que los creyentes reciben todo beneficio de la salvación. Estas relaciones influyen el hecho de que estamos en Cristo, Cristo está en nosotros, somos como Cristo, y estamos con Cristo.*

Como nuestra definición indica, del material bíblico se pueden especificar cuatro aspectos diferentes de nuestra unión con Cristo. Veremos cada uno de estos cuatro por turno:

---

[1]El material para este capítulo es tomado de un ensayo escrito para Tyndale House Publishers (Wheaton, Ill.). Usado con permiso.

[2]John Murray, *Redemption Accomplished and Applied*, p. 164.

1. Estamos en Cristo.
2. Cristo está en nosotros.
3. Somos como Cristo.
4. Estamos con Cristo.[3]

A. Estamos en Cristo

La frase «en Cristo» no tiene un solo significado único, sino que se refiere a una variedad de relaciones, como se indica abajo.

1. En el plan eterno de Dios. Efesios 1:4 nos dice que: Dios *nos escogió en Cristo* «antes de la creación del mundo». Fue «en Cristo» que «fuimos predestinados . . . a fin de que nosotros . . . seamos para alabanza de su gloria» (vv. 1:11-12). Más tarde el «nos salvó y nos llamó por su propia determinación» y debido a la gracia que nos dio *«en Cristo Jesús antes del comienzo del tiempo»* (2 Ti 1:9).

Puesto que nosotros no existíamos antes de la fundación del mundo, estos versículos indican que Dios, mirando al futuro y sabiendo que existiríamos, nos consideró como que estábamos en una relación especial con Cristo. No nos escogió primero y luego decidió relacionarnos a Cristo. Más bien, al escogernos, al mismo tiempo nos consideró como pertenecientes a Cristo de una manera especial, como estando «en Cristo». Por consiguiente, pensó en nosotros a la larga teniendo el derecho de participar en las bendiciones de la obra de Cristo.

2. Durante la vida de Cristo en la tierra. En toda la vida de Cristo en la tierra, desde su nacimiento hasta su ascensión al cielo, para Dios nosotros estábamos «en Cristo». Es decir, lo que sea que Cristo hizo como nuestro representante, Dios lo contó como si fuera algo que nosotros hicimos, también. Por supuesto, los creyentes no estaban conscientemente presentes en Cristo, puesto que la mayoría de creyentes todavía no existían cuando Cristo estuvo en la tierra. Tampoco estuvieron los creyentes presentes en Cristo de alguna manera misteriosa, espiritual (como si, por ejemplo, las almas de miles de creyentes estuvieran de alguna manera presentes en el cuerpo de Cristo durante su vida terrenal). Más bien, los creyentes estuvieron presentes en Cristo *sólo en los pensamientos de Dios.* Dios *nos tomó* como si también hubiésemos pasado por todo lo que Cristo pasó, porque él fue nuestro representante.

Cuando Jesús obedeció perfectamente a Dios toda su vida, nos consideró como si también hubiéramos obedecido, también. «Por la obediencia de uno solo muchos serán constituidos justos» (Ro 5:19). Así que Cristo es nuestra fuente de justicia (1 Co 1:30; Flp 3:19).

Debido a que Dios nos consideró como estando «en» Cristo, también pudo considerar que nuestros pecados pertenecían a Cristo: «Al que no cometió pecado alguno, por nosotros Dios lo trató como pecador» (2 Co 5:21), y «el SEÑOR hizo recaer sobre él la iniquidad de todos nosotros» (Is 53:6). Estos fueron pecados que

---

[3]A la unión con Cristo a veces se le menciona como la «unión mística». Esto se debe a que no entendemos plenamente el teje y maneje de estas relaciones con Cristo, y porque sabemos de ellas sólo mediante la revelación de Dios en la Biblia.

todavía no habíamos cometido, pero Dios sabía de ellos de antemano, y los tomó como si Cristo lo hubiera cometido. Así, fue correcto que Cristo muriera por nuestros pecados. «Él mismo, en su cuerpo, llevó al madero nuestros pecados» (1 P 2:24; vea también Ro 4:25; 1 Co 15:3; Col 2:14; Heb 9:28).

Pero no fue simplemente nuestros pecados lo que Dios tomó como pertenecientes a Cristo, sino nosotros mismos. Cuando Cristo murió, Dios nos tomó como si hubiéramos muerto. Nuestro viejo yo fue *crucificado con él* (Ro 6:6). «He sido crucificado con Cristo» (Gá 2:20). «Uno murió por todos, y por consiguiente todos murieron» (2 Co 5:14; ver también Ro 6:4–5, 8; 7:4; Col 1:22; 2:12, 20; 3:3; 2 Ti 2:11).

De la misma manera, Dios pensó de nosotros como habiendo sido *sepultados* con Cristo, con Cristo, *resucitados* con él, y *llevados al cielo* con él en gloria. «Y *en unión con Cristo Jesús,* Dios *nos resucitó* y *nos hizo sentar con él* en las regiones celestiales» (Ef 2:6; ver también Ro 6:4-11; 1 Co 15:22; Col 2:12-13).

Cuando Cristo volvió al cielo, por consiguiente, ganó para nosotros todas las bendiciones de la salvación. Dios consideró esas bendiciones como legítimamente nuestras, como si nosotros mismos las hubiéramos ganado. De todos modos, están almacenadas para nosotros en el cielo —en la mente de Dios, en realidad, y en Cristo, nuestro representante—, esperando que nos las apliquen personalmente (1 P 1:3-5; Col 3:3-4; Ef 1:3).

3. Durante nuestras vidas ahora. Una vez que hemos nacido y existimos como personas reales en el mundo, nuestra unión con Cristo ya no puede ser algo simplemente en la mente de Dios. También debemos ser traídos a una relación real con Cristo mediante la cual los beneficios de la salvación los puede aplicar a nuestras vidas el Espíritu Santo. Las riquezas de nuestra vida presente en Cristo se pueden ver desde cuatro perspectivas ligeramente diferentes:

1. Hemos muerto y sido resucitados con Cristo.
2. Tenemos la vida en Cristo
3. Todas nuestras acciones pueden ser hechas en Cristo.
4. Todos los creyentes juntos son un cuerpo en Cristo.

a. Muerte y resurrección con Cristo: La muerte, sepultura y resurrección de Jesús ahora tienen efectos reales en nuestras vidas. «Ustedes la recibieron al *ser sepultados con él* en el bautismo. En él también *fueron resucitados* mediante la fe en el poder de Dios, quien lo resucitó de entre los muertos» (Col 2:12). Aquí las referencias de Pablo al bautismo y a la fe indican que nuestro morir y resucitar con Cristo tienen lugar en esta vida presente, en el momento en que nos convertimos en creyentes.

Pablo ve esta muerte y resurrección presente con Cristo como una manera de describir y explicar el cambio que el Espíritu Santo produce en nuestro carácter y personalidad cuando nos convertimos en creyentes. Es como si el Espíritu Santo reprodujera la muerte y resurrección de Jesús en nuestras vidas cuando creemos en Cristo. Llegamos a dejar de responder a las presiones, demandas y atracciones de nuestra manera previa y pecadora de vida, al punto que Pablo puede decir que estamos «muertos» a estas influencias, porque hemos muerto con Cristo (Ro 7:6; Gá 2:20; 5:24; 6:14; Col 2:20). Por otro lado, nos hallamos queriendo servir mucho más a Dios, y somos capaces de servirle con mayor poder y éxito, tanto que Pablo dice que estamos «vivos» para Dios, porque hemos sido resucitados con Cristo: «Por tanto, mediante el bautismo fuimos sepultados con él en su muerte, a fin de que, así como Cristo resucitó por el poder del Padre, también *nosotros llevemos una vida nueva»* (Ro 6:4). «De la misma manera, también ustedes considérense muertos al pecado, pero *vivos para Dios* en Cristo Jesús» (Ro 6:11; ver también 1 P 1:3; 2:24). Debido a que morimos y resucitamos con Cristo, tenemos poder para superar más y más el pecado personal (Ro 6:12-14, 19); hemos venido a la «vida» en Cristo (Col 2:10-13); es más, hemos llegado a ser una «nueva creación» en él (2 Co 5:17, con vv. 14-15), y debemos por consiguiente fijar nuestras mentes en las cosas de arriba, en donde está Cristo (Col 3:1-3).

b. Nueva vida en Cristo: Estos últimos versículos sugieren una segunda perspectiva de nuestro estar «en Cristo». Podemos pensar no sólo en términos de la obra pasada de Cristo de redención, sino también en términos de su vida presente en el cielo, y su continua posesión de todos los recursos espirituales que necesitamos para vivir la vida cristiana. Puesto que toda bendición espiritual fue ganada por él y le pertenece a él, el Nuevo Testamento puede decir que estas bendiciones están «en él». Así, están disponibles sólo para los que están «en Cristo», y si estamos en Cristo, estas bendiciones son nuestras.

Juan escribe: «Dios nos ha dado vida eterna, y esa vida está *en su Hijo»* (1 Jn 5:11), y Pablo habla de «la promesa de vida que tenemos *en Cristo Jesús»* (2 Ti 1:1). Leemos que «*en Cristo»* hay «la fe y el amor» (1 Ti 1:14; 2 Ti 1:13), «gracia» (2 Ti 2:1), «salvación» (2 Ti 2:10), «todos los tesoros de la sabiduría y del conocimiento» (Col 2:3) y las «gloriosas riquezas» de Dios (Flp 4:19). Pablo dice que se debe a la obra de Dios que los creyentes están «unidos a Cristo Jesús» (1 Co 1:30), y que «Dios, . . . nos ha bendecido en las regiones celestiales con toda bendición espiritual en Cristo» (Ef 1:3).

Es más, toda etapa de la aplicación de la redención se nos da porque estamos «en Cristo». Es «en Cristo» que somos *llamados* a salvación (1 Co 7:22), *regenerados* (Ef 1:3; 2:10), y *justificados* (Ro 8:1; 2 Co 5:21; Gá 2:17; Ef 1:7; Flp 3:9; Col 1:14). «En Cristo» *morimos* (1 Ts 4:16; Ap 14:13) y «en él» nuestros cuerpos *serán resucitados* de nuevo (1 Co 15:22). Estos pasajes sugieren que debido a que nuestras vidas están inseparablemente conectadas con Cristo mismo, el Espíritu Santo nos da todas las bendiciones que Cristo ha ganado.

c. Todas nuestras acciones pueden ser hechas en Cristo: Los cambios indicados en nuestras vidas individuales van acompañados por un cambio dramático en el ámbito en que vivimos. Llegar a ser creyente es entrar en lo nuevo de la era venidera, y experimentar hasta cierto grado los nuevos poderes del reino de Dios que afectan toda parte de nuestra vida. Estar «en Cristo» es estar en ese nuevo ámbito que Cristo controla.

Esto quiere decir que toda acción de nuestras vidas puede ser hecha «en Cristo», si se hace en el poder de su reino y de la manera que le rinda honor. Pablo *habla* la verdad «en Cristo» (Ro 9:1; 2 Co 2:17; 12:19), *se enorgullece* de su trabajo «en Cristo» (Ro 15:17; 1 Co 15:31), les recuerda a los corintios sus *caminos* «en Cristo» (1 Co 4:17), *espera* «en el Señor Jesús» enviar a Timoteo a Filipos (Flp 2:19), *se regocija* grandemente «en el Señor» (Flp 4:10), y «en el Señor» *ordena, ruega y exhorta* a otros creyentes (1 Ts 4:1; 2 Ts 3:12; Flm 8). Dice: «*Todo lo puedo* en Cristo que me fortalece» (Flp 4:13).

Pablo también escribe a los creyentes sobre sus acciones «en Cristo». Les recuerda a los Corintios «que su *trabajo* en el Señor no es en vano» (1 Co 15:58). Es «en el Señor» que los hijos deben *obedecer* a sus padres (Ef 6:1), las esposas deben *someterse* a sus esposos (Col 3:18), y los creyentes deben *fortalecerse* (Ef 6:10), *animarse* (Flp 2:1), *regocijarse* (Flp 3:1; 4:4), *ponerse de acuerdo* (Flp 4:2), *estar firmes* (Flp 4:1; 1 Ts 3:8), *vivir una vida santa* (2 Ti 3:12) y tener *buena conducta* (1 P 3:16). «En el Señor» ellos *trabajan arduamente* (Ro 16:12), *tienen confianza* (Flp 1:14) y *son aprobados* (Ro 16:10). La esperanza de Pablo para los creyentes es que ellos *vivan* en Cristo: «Por eso, de la manera que recibieron a Cristo Jesús como Señor, vivan ahora en él, arraigados y edificados en él» (Col 2:6-7). Entonces Pablo conseguirá el objetivo de su vida de «presentarlos a todos perfectos en él» (Col 1:28). Juan, de modo similar, anima a los creyentes a «*permanecer* en él» (1 Jn 2:28; 3:6, 24), haciendo eco de las palabras de Jesús: «El que permanece en mí, como yo en él, dará mucho fruto» (Jn 15:5).

d. Un cuerpo en Cristo: No estamos en Cristo simplemente como individuos aislados. Puesto que Cristo es la cabeza del cuerpo, que es la iglesia (Ef 5:23), todos los que están en unión con Cristo también se relacionan unos a otros en su cuerpo. Esta unión nos hace «un solo cuerpo en Cristo, y *cada miembro está unido a todos los demás*» (Ro 12:5; 1 Co 10:17; 12:12-27). Así, «Si uno de los miembros sufre, los demás comparten su sufrimiento; y si uno de ellos recibe honor, los demás se alegran con él» (1 Co 12:26). Los vínculos de comunión son tan fuertes que los creyentes pueden casarse sólo «en el Señor» (1 Co 7:39). En este cuerpo de Cristo desaparecen las viejas hostilidades, las divisiones pecaminosas entre personas se derriban, y los criterios del mundo de posición ya no se aplican, porque «Ya no hay judío ni griego, esclavo ni libre, hombre ni mujer, sino que todos ustedes son uno solo en Cristo Jesús» (Gá 3:28; cf. Ef 2:13-22).

Debido a que somos un cuerpo en Cristo, iglesias enteras pueden estar «en Cristo» (Gá 1:22; 1 Ts 2:14). Y la iglesia universal, la iglesia constituida de todos los verdaderos creyentes, está colectivamente unida a Cristo como un esposo está unido a su esposa (Ef 5:31-32; 1 Co 6:17). El propósito de Cristo es perfeccionar, limpiar y purificar a la iglesia, para que ella pueda reflejar más completamente lo que él es y por ello darle gloria (Ef 5:25-27).

Sin embargo, se usa otra metáfora en 1 Pedro 2:4-5, en donde se dice que los creyentes, al acercarse a Cristo, son como piedras vivas, edificados en una casa espiritual (ver también Ef 2:20-22). De este modo, están unificados y para siempre dependientes unos de otros, así como las piedras de un edificio están unidas unas a otras y dependen unas de otras.

Pero la analogía más audaz la usa Jesús, que ora por los creyentes «*para que todos sean uno*. Padre, así como tú estás en mí y yo en ti, permite que ellos también estén en nosotros» (Jn 17:21). Aquí Jesús ora que nuestra unidad será como la unidad perfecta entre el Padre y el hijo en la Trinidad. Esto es un recordatorio para nosotros de que nuestra unidad debe ser eterna y perfectamente armoniosa (como lo es la unidad de Dios).

Pero esta analogía con los miembros de la Trinidad es muy importante por otra razón: nos advierte que no pensemos que la unión con Cristo en algún momento se tragará nuestras personalidades individuales. Aunque Padre, Hijo y Espíritu Santo tienen unidad perfecta y eterna, sin embargo permanecen como personas distintas. De la misma manera, aunque un día alcanzaremos *unidad perfecta* con otros creyentes y con Cristo, sin embargo para siempre permaneceremos *personas distintas* por igual, con nuestros dones, capacidades, intereses, responsabilidades, círculos de relaciones personales, preferencias, y deseos individuales.

B. Cristo está en nosotros

Jesús habló de una segunda clase de relación cuando dijo: «El que permanece en mí, *como yo en él*, dará mucho fruto» (Jn 15:5). No es sólo verdad que estamos en Cristo; él también está en nosotros, dándonos poder para vivir la vida cristiana. «He sido crucificado con Cristo, y ya no vivo yo sino que *Cristo vive en mí*» (Gá 2:20). El factor que determina si alguien es creyente es si Cristo está en él (Ro 8:10; 2 Co 13:5; Ap 3:20). El plan sabio de Dios, escondido como misterio por generaciones, fue salvar a gentiles tanto como a judíos. Por consiguiente, Pablo puede decirles a sus lectores gentiles que el misterio de Dios es «Cristo en ustedes, la esperanza de gloria» (Col 1:27).

Es importante mantener, en base a estos versículos, que hay un morar real y personal de Cristo en nosotros, y que esto no quiere decir que meramente convenimos con Cristo o que sus ideas que están en nosotros. Más bien, *él está en nosotros* y permanece en nosotros por fe (Ef 3:17; 2 Co 13:5).[4] Soslayar esta verdad sería descuidar la gran fuente de fuerza espiritual que tenemos dentro de nosotros (1 Jn 4:4). Recordarla destruye nuestro orgullo, nos da un sentimiento constante de honda dependencia en Cristo, y nos da gran confianza, no en nosotros mismos, sino en Cristo obrando en nosotros (Gá 2:20; Ro 15:18; Flp 4:13).

Este morar de Cristo afecta nuestra respuesta a los necesitados. Lo que sea que hagamos para ayudar a un hermano o hermana en Cristo, lo hacemos a Cristo (Mt 25:40). Guardar los mandamientos de Jesús es una indicación de que él está en nosotros, y el Espíritu Santo también nos da testimonio de que Cristo está en nosotros (1 Jn 3:24).

---

[4]Ver capítulo 26, pp. 584-85, sobre la manera en que la naturaleza divina de Cristo es omnipresente, pero su naturaleza humana no lo es.

C. Somos como Cristo

Un tercer aspecto de unión con Cristo es nuestra *imitación de él*. «Imítenme a mí, como yo imito a Cristo», escribe Pablo (1 Co 11:1). Juan nos recuerda: «El que afirma que permanece en él, debe vivir como él vivió» (1 Jn 2:6). Así que la unión con Cristo implica que debemos imitar a Cristo. Nuestras vidas deben reflejar lo que fue su vida al punto de darle honor en todo lo que hacemos (Flp 1:20).

De este modo, el Nuevo Testamento muestra la vida cristiana como una de procurar imitar a Cristo en todas nuestras acciones. «Por tanto, acéptense mutuamente, *así como Cristo los aceptó a ustedes*» (Ro 15:7). «Esposos, amen a sus esposas, *así como Cristo amó a la iglesia*» (Ef 5:25). «*Así como el Señor los perdonó*, perdonen también ustedes» (Col 3:13). «Jesucristo entregó su vida por nosotros. Así también nosotros debemos entregar la vida por nuestros hermanos» (1 Jn 3:16). En todas nuestras vidas debemos correr la carrera que tenemos por delante, fijando «la mirada en Jesús, el iniciador y perfeccionador de nuestra fe» (Heb 12:2; ver también Ef 5:2; Flp 2:5-11; 1 Ts 1:6; 1 Jn 3:7; 4:17). En contraste, desobedecer a Cristo es exponerlo a la vergüenza pública (Heb 6:6).

Nuestra imitación de Cristo se evidencia especialmente en el sufrimiento. Los cristianos son llamados a enfrentar con paciencia el sufrimiento, «porque Cristo sufrió por ustedes, dándoles ejemplo para que *sigan sus pasos*» (1 P 2:21). La meta de Pablo es «participar en sus sufrimientos y llegar a ser *semejante a él en su muerte*» (Flp 3:10; ver también 2 Co 1:5; 4:8-11; Heb 12:3; 1 P 4:13).

Todavía más, nuestro sufrimiento se conecta con participar en la gloria de Cristo cuando él vuelva: «pues si ahora sufrimos con él, también tendremos parte con él en su gloria» (Ro 8:17). Esto probablemente se debe a que es mediante el sufrimiento y la dificultad que Dios nos hace más semejantes a Cristo y nos hace crecer a la madurez en Cristo. (Stg 1:2-4; Heb 5:8-9). También, puesto que Cristo obedeció perfectamente a su Padre aun frente a gran sufrimiento, lo mismo nuestra obediencia, confianza y paciencia en el sufrimiento muestra más completamente cómo es Cristo, y también le da más honor a él. Nos da gran consuelo saber que sólo estamos experimentando lo que él ya ha experimentado, y que por consiguiente comprende lo que estamos atravesando, y escucha con simpatía nuestras oraciones (Heb 2:18; 4:15-16; 12:11). Como resultado de una vida de obediencia podemos participar de la gloria de Cristo: «Al que salga vencedor le daré el derecho de sentarse conmigo en mi trono, como también yo vencí y me senté con mi Padre en su trono» (Ap 3:21).

No se debe pensar que nuestra imitación de Cristo es solo hacer mímica de las acciones de Jesús, sin embargo. El propósito más hondo es que al imitarle estamos llegando a ser más y más semejantes a él: *cuando actuamos como Cristo llegamos a ser como Cristo*. Crecemos en madurez en Cristo (Ef 4:13, 15) conforme «somos transformados a su semejanza con más y más gloria» (2 Co 3:18). El resultado final es que llegaremos a ser perfectamente como Cristo, porque Dios nos ha predestinado «a ser transformados según la imagen de su Hijo» (Ro 8:29; 1 Co 15:49), y «cuando Cristo venga *seremos semejantes a él*» (1 Jn 3:2). Cuando esto suceda, Cristo será plenamente glorificado en nosotros (2 Ts 1:10-12; Jn 17:10).

Sin embargo, en todo esto nunca perdemos nuestra personalidad individual. Llegamos a ser perfectamente *como* Cristo, pero *no nos convertimos en Cristo* ni somos absorbidos en Cristo, ni nos perdemos para siempre como individuos. Más bien, es como individuos reales que seremos conocidos como somos conocidos (1 Co 13:12); y somos nosotros los que le veremos tal como él es (1 Jn 3:2); somos nosotros los que le adoraremos, y veremos su cara, y tendremos su nombre en nuestras frentes, y reinaremos con él para siempre jamás (Ap 22:3-5).

Tal como el Padre, Hijo y Espíritu Santo son exactamente uno como otro en carácter (Jn 14:7, 9), y sin embargo siguen siendo personas distintas, así nosotros podemos llegar a ser más y más como Cristo y seguir siendo individuos distintos con diferentes dones y diferentes funciones (Ef 4:15-16; 1 Co 12:4-27). Es más, mientras más llegamos a ser como Cristo, más llegamos a ser verdaderamente nosotros mismos (Mt 10:39; Jn 10:3; Ap 2:17; Sal 37:4). Si nos olvidamos esto tendemos a descuidar la diversidad de dones de la iglesia, y a querer que todos sean exactamente como nosotros mismos. También tendemos a negar toda importancia última para nosotros mismos como individuos. Una perspectiva bíblica apropiada permitirá a todo creyente decir no solamente: «Nosotros los creyentes somos importantes para Cristo», sino también: «*Yo* soy importante para Cristo: él sabe mi nombre, él me llama por mi nombre, él me da un nuevo nombre que es sólo mío» (Jn 10:3; Ap 2:17).

D. Estamos con Cristo

1. Comunión personal con Cristo. Otro aspecto de la unión con Cristo tiene que ver con nuestra comunión personal con él. Hay escasa diferencia si decimos que estamos con Cristo o que Cristo está en nosotros, porque ambas frases representan la misma verdad. Cristo prometió: «donde dos o tres se reúnen en mi nombre, allí estoy yo en medio de ellos» (Mt 18:20), y: «estaré *con ustedes* siempre, hasta el fin del mundo» (Mt 28:20). De nuevo, puesto que el cuerpo humano de Jesús ascendió al cielo (Jn 16:7; 17:11; Hch 1:9-11), estos versículos deben hablar de su naturaleza divina estando presente con nosotros. Sin embargo es todavía una presencia muy personal, en la cual nosotros *obramos* junto con Cristo (2 Co 6:1), le *conocemos* (Flp 3:8, 10), él nos *consuela* (2 Ts 2:16-17), él nos *enseña* (Mt 11:29), y vivimos todas nuestras vidas *en su presencia* (2 Co 2:10; 1 Ti 5:21; 6:13-14; 2 Ti 4:1). Llegar a ser creyente es ser «llamado a *tener comunión* con su Hijo Jesucristo, nuestro Señor» (1 Co 1:9). Sin embargo esta comunión puede variar en intensidad, puesto que la bendición de Pablo a los creyentes: «El Señor sea con todos ustedes» (2 Ts 3:16; cf. 2 Ti 4:22) puede expresar solamente una esperanza para una comunión todavía más íntima con Cristo y una consciencia más honda de su presencia.

Todavía más, en cierto sentido todavía imperceptible para nosotros, cuando venimos a adorar ahora venimos al mismo cielo, «a millares y millares de ángeles, a una asamblea gozosa, a la iglesia de los primogénitos inscritos en el cielo. Se han acercado a Dios, el juez de todos; a los espíritus de los justos que han llegado a la perfección; *a Jesús,* el mediador de un nuevo pacto» (Heb 12:22-24). Esta participación en la adoración celestial es lo que el credo de los apóstoles llama la «comunión de los santos», y lo que el himno familiar llama «comunión mística y dulce con aquellos cuyo descanso se ha ganado».[5] Hebreos 12 no parece sugerir que nos percatamos conscientemente de estar en la presencia de la asamblea celestial, sino que puede indicar que los que ahora están en el cielo presencian nuestra adoración y se regocijan en ella, y ciertamente implica que podemos tener una consciencia gozosa de que nuestra alabanza está siendo oída en el templo de Dios en el cielo.

En todas nuestras oraciones ahora nos oye Jesús y tenemos comunión con él (1 Jn 1:03), nuestro gran sumo sacerdote, que ha entrado «en el cielo mismo, para presentarse ahora ante Dios en favor nuestro» (Heb 9:24; 4:16). Nuestra comunión con él será más grande todavía cuando muramos (2 Co 5:8; Flp 1:23; 1 Ts 5:10), e incluso mayor todavía cuando Cristo vuelva (1 Ts 4:17; 1 Jn 3:2). Nos da gran gozo saber que Cristo en realidad desea tenernos con él (Jn 17:24).

Nuestra comunión con Cristo también nos lleva a comunión unos con otros. Juan escribe: «Les anunciamos lo que hemos visto y oído, *para que también ustedes tengan comunión con nosotros.* Y nuestra comunión es con el Padre y con su Hijo Jesucristo» (1 Jn 1:3).

2. Unión con el Padre y con el Espíritu Santo. Este último versículo sugiere un aspecto final de la unión con Cristo. Debido a que estamos en unión con Cristo en estas varias relaciones, también somos llevados a unión con el Padre y con el Espíritu Santo. Estamos *en el Padre* (Jn 17:21; 1 Ts 1:1; 2 Ts 1:1; 1 Jn 2:24; 4:15-16; 5:20) y *en el Espíritu Santo* (Ro 8:9; 1 Co 3:16; 6:19; 2 Ti 1:14). *El Padre está en nosotros* (Jn 14:23) y *el Espíritu Santo está en nosotros* (Ro 8:9, 11). Somos *como el Padre* (Mt 5:44-45, 48; Ef 4:3; Col 3:10; 1 P 1:15-16) y *como el Espíritu Santo* (Ro 8:4-6; Gá 5:22-23; Jn 16:13). Tenemos comunión *con el Padre* (1 Jn 1:3; Mt 6:9; 2 Co 6:16-18) y *con el Espíritu Santo* (Ro 8:16; Hch 15:28; 2 Co 13:14; Ef 4:30).

Estas relaciones adicionales no se amalgaman en un éxtasis sin distinción y místico, sin embargo. Ahora y en la eternidad nos relacionamos al Padre en su papel distinto como nuestro Padre celestial, al Hijo en su papel distinto como nuestro Salvador y Señor, y al Espíritu Santo en su papel distinto como el Espíritu que nos fortalece y continuamente nos aplica todos los beneficios de nuestra salvación.

PREGUNTAS PARA APLICACIÓN PERSONAL

1. Antes de leer este capítulo, ¿había pensado usted de sí mismo como estando unido con Cristo desde el punto en que Dios lo escogió desde antes de la fundación del mundo al punto de ir a estar con él para siempre en el cielo? ¿Cómo cambia esta idea la forma en que usted piensa de sí mismo y de su propia vida? ¿Cómo afecta esto la manera en que usted piensa en las dificultades que tal vez pueda estar atravesando en este tiempo? ¿De qué maneras las ideas de haber muerto con Cristo y haber sido resucitado con él pueden ser un estímulo en sus esfuerzos presentes de vencer el pecado que permanece en su vida?

---

[5]Esta frase se toma de la letra en inglés del himno «El único fundamento de la iglesia», compuesto en 1866 por Samuel J. Stone

2. ¿Ha pensado usted previamente en hacer «en Cristo» las acciones que hace todos los días (ver Flp 4:13)? Si pensara en leer «en Cristo» lo que está leyendo este momento, ¿cómo cambiaría eso su actitud o perspectiva? ¿Qué diferencia habría al pensar en hacer su trabajo diario «en Cristo»? ¿Qué tal en cuanto a las conversaciones que sostiene con amigos o parientes? ¿O comer, o incluso dormir?

3. ¿Cómo puede la idea de unión con Cristo aumentar su amor y comunión con otros creyentes, tanto en su iglesia como los de otras iglesias?

4. ¿Se percata en su vida día tras día de que Cristo vive en usted (Gá 2:20)? ¿Qué cambiaría en su vida si tuviera una consciencia más fuerte de que Cristo vive en usted todo el día?

5. Por uno o dos días, trate de leer alguna sección de los Evangelios y pregúntese cómo podría imitar mejor a Cristo en su propia vida. ¿Qué efecto tendría en su vida la idea de seguir los pasos de Cristo (1 P 1:21) y de andar como él anduvo (1 Jn 2:6)?

6. ¿Puede usted mencionar algunos momentos en sus vidas cuando percibió una comunión personal íntima con Cristo? ¿Cómo han sido esas ocasiones? ¿Puede pensar en algo que le llevó a esa comunión íntima con Cristo? ¿Qué puede hacer para aumentar la intensidad de su comunión diaria con Cristo?

7. En su experiencia personal, ¿se relaciona en forma diferente con Dios Padre, con Jesucristo, y con el Espíritu Santo? ¿Puede describir esas diferencias, si acaso hay alguna?

TÉRMINOS ESPECIALES

comunión de los santos
«en Cristo»
morir con Cristo
ser resucitado con Cristo

un cuerpo en Cristo
unión con Cristo
unión mística

BIBLIOGRAFÍA

(Para una explicación de esta bibliografía vea la nota sobre la bibliografía en el capítulo 1, p. 40. Datos bibliográficos completos se pueden encontrar en las páginas 1297-1306.)

Nota: Este tema no ha recibido consideración explícita en muchas teologías sistemáticas, pero los temas mencionados en este capítulo han sido considerados de varias maneras bajo diferentes temas.

Secciones en Teologías Sistemáticas Evangélicas

1. Anglicana (episcopal)
    1882–92   Litton, 328–30
2. Arminiana (wesleyana o metodista)
            (ninguna consideración explítica)

3. Bautista
   1907   Strong, 795–809
   1917   Mullins, 409–16
   1983–85   Erickson, 948–54
4. Dispensacional
   1949   Thiessen, 278–82
5. Luterana
               (ninguna consideración explítica)
6. Reformada (o presbiteriana)
   1878   Dabney, 612–17
   1937–66   Murray, RAA 161–73
   1938   Berkhof, 447–53

Secciones en Teologías Sistemáticas Católicas Romanas Representativas

(ninguna consideración explítica)

Otras obras

Baker, J. P. «Union With Christ». En *NDT,* pp. 697–99.

Gordon, Adoniram Judson. *In Christ; or the Believer's Union with His Lord.* 1872; reimpresión, Baker, Grand Rapids, 1964. (primero publicada en 1872).

Murray, John. «Union with Christ». En *Redemption Accomplished and Applied.* Eerdmans, Grand Rapids, 1955, pp. 161–73.

Poythress, Vern. «Using Multiple Thematic Centers in Theological Synthesis: Holiness as a Test Case in Developing a Pauline Theology». Manuscrito no publicado disponible en Campus Bookstore, Westminster Theological Seminary, P.O. Box 27009, Philadelphia, PA 19118.

Smedes, Lewis B. *Union With Christ: A Biblical View of the New Life in Jesus Christ.* 2ª ed. Eerdmans, Grand Rapids, 1983.

Walvoord, J. F. «Identification With Christ». En *EDT,* p. 542.

PASAJE BÍBLICO PARA MEMORIZAR

Gálatas 2:20: *He sido crucificado con Cristo, y ya no vivo yo sino que Cristo vive en mí. Lo que ahora vivo en el cuerpo, lo vivo por la fe en el Hijo de Dios, quien me amó y dio su vida por mí.*

HIMNO

«Salvo en los tiernos brazos»

1. Salvo en los tiernos brazos de mi Jesús seré,
   Y en su amoroso pecho dulce reposaré.
   Este es sin duda el eco de celestial canción,
   Que de inefable gozo llena mi corazón.

2. Tiende Jesús los brazos, bríndame su amistad:
A su poder me acojo, no hay para mi ansiedad.
No temeré si ruge hórrida tentación,
Ni causará el pecado daño en mi corazón.

3. De sus amantes brazos, la gran solicitud,
Me libra de tristeza, me libra de inquietud.
Y si tal vez hay pruebas, fáciles pasarán;
Lágrimas si vertiere pronto se enjugarán.

4. Y cruzaré la noche lóbrega, sin temor,
Hasta que venga el día de perennal fulgor.
¡Cuán placentero entonces con Él será morar!
Y en la mansión de gloria siempre con Él reinar.

AUTOR: DESCONOCIDO (TOMADO DE HIMNOS DE FE Y ALABANZA, #213)

Sexta parte

La doctrina de la iglesia

Capítulo 44

La iglesia: su naturaleza, sus características y sus propósitos

¿Qué es necesario para que haya una iglesia?
¿Cómo podemos reconocer a una iglesia verdadera?
Los propósitos de la iglesia.

EXPLICACIÓN Y BASE BÍBLICA

A. La naturaleza de la iglesia

1. Definición: La iglesia es la comunidad de todos los verdaderos creyentes de todos los tiempos. Esta definición entiende a la iglesia constituida por todos los que son verdaderamente salvados. Pablo dice: «Cristo amó a *la iglesia* y se entregó por ella» (Ef 5:25). Aquí el término «la iglesia» se usa para aplicar a todos aquellos por quienes Cristo murió para redimirlos, todos los que son salvados por la muerte de Cristo. Pero eso debe incluir a todos los creyentes de todos los tiempos, tanto creyentes de la edad del Nuevo Testamento como creyentes de la edad del Antiguo Testamento por igual.[1] Tan grande es el plan de Dios para la iglesia que ha exaltado a Cristo a una posición de la mayor autoridad por amor a la iglesia: «Dios sometió todas las cosas al dominio de Cristo, y lo dio como cabeza de todo *a la iglesia*. Ésta, que es su cuerpo, es la plenitud de aquel que lo llena todo por completo» (Ef 1:22-23).

Jesucristo mismo edifica a la iglesia llamando a las personas a sí mismo. El prometió: «edificaré mi iglesia» (Mt 16:18). Y Lucas con todo cuidado nos dice que el crecimiento de la iglesia no vino sólo por esfuerzo humano, sino que *«el Señor añadía al grupo los que iban siendo salvos»* (Hch 2:27). Pero este proceso por el que Cristo edifica la iglesia es simplemente una continuación del patrón establecido por Dios en el Antiguo Testamento por el cual él llamó a las personas a sí mismo para que sean una asamblea que adora delante de él. Hay varias indicaciones *en el Antiguo Testamento* de que Dios pensaba de su pueblo como una «iglesia», un pueblo reunido con el propósito de adorar a Dios. Cuando Moisés le dice al pueblo que el Señor le dijo: *«Convoca al pueblo* para que se presente ante mí y oiga mis palabras, para que aprenda a temerme todo el tiempo que viva en la tierra . . .»* (Dt 4:10), la Septuaginta traduce la palabra para «convocar» (heb. *cajal*)

---

[1]Ver la sección 5 abajo para una consideración de la noción dispensacional de que se deben tomar la iglesia e Israel como grupos distintos. En este libro he tomado una posición no dispensacional sobre este asunto, aunque se debe señalar que muchos evangélicos que concuerdan con mucho del resto de este libro diferirán conmigo en este asunto en particular.

con el término griego *ekklesiazo*, «reunir una asamblea», verbo que es cognado del sustantivo del Nuevo Testamento *ekklesia*, «iglesia».[2]

No es sorprendente, entonces, que los autores del Nuevo Testamento puedan hablar del pueblo de Israel en el Antiguo Testamento como una «iglesia» *(ekklesia)*. Por ejemplo, Esteban habla del pueblo de Israel en el desierto como «la *iglesia (ek-klesia)* en el desierto (Hch 7:38, traducción del autor). Y el autor de Hebreos cita a Cristo como diciendo que él cantará alabanzas a Dios en medio de gran asamblea del pueblo de Dios en el cielo: «En medio de la iglesia *(ekklesía)* te entonaré alaban-zas» (Heb 2:12, traducción del autor, citando el Salmo 22:22).

Por consiguiente, el autor de Hebreos entiende que los creyentes del presente día que constituyen la iglesia en la tierra están rodeados de una gran «nube de testi-gos» (Heb 12:1) que se remonta a las más tempranas eras del Antiguo Testamento e incluye a Abel, Enoc, Noé, Abraham, Sara, Gedeón, Barac, Sansón, Jefté, David, Samuel y los profetas (Heb 11:4-32). Todos estos «testigos» rodean al pueblo de Dios del día presente, y parece sólo apropiado que se debe pensar que ellos, junto con el pueblo de Dios del Nuevo Testamento, son la gran «asamblea» espiritual o «iglesia» de Dios.[3] Es más, más adelante en el capítulo 12 el autor de Hebreos dice que cuando los creyentes del Nuevo Testamento adoramos, venimos a la presen-cia de «la *asamblea* (lit. «iglesia», gr., *ekklesía*) de los primogénitos inscritos en el cie-lo». Este énfasis no es sorprendente a la luz del hecho de que los autores del Nuevo Testamento ven a los creyentes judíos y creyentes gentiles por igual estando uni-dos en la iglesia. Juntos han sido hechos «uno» (Ef 2:14), son «un nuevo hombre» (v. 15) y «conciudadanos» (v. 19), y «miembros de la familia de Dios» (v. 19).

Por consiguiente, aunque hay ciertamente nuevos privilegios y nuevas bendi-ciones que se dan al pueblo de Dios en el Nuevo Testamento, tanto el uso del tér-mino «iglesia» en las Escrituras y el hecho de que en toda la Biblia Dios siempre ha llamado a su pueblo a reunirse para adorarle, indican que es apropiado pensar que

---

[2]De hecho, la palabra griega *ekklesia*, que es el término que se traduce «iglesia» en el Nuevo Testamento, es la palabra que la Septuaginta usa más frecuentemente para traducir el término del Antiguo Testamento *cajal*, pala-bra que se usa para hablar de la «congregación» o la «asamblea» del pueblo de Dios. *Ekklesia* traduce *cajal* como «asamblea» 69 veces en la Septuaginta. La siguiente traducción más frecuente es *sunagogué*, «sinagoga» o «reu-nión, lugar de reunión» (37 veces).

Chafer hace objeción a este análisis, porque dice que el uso de la Septuaginta de la palabra *ekklesia* no refleja el significado del Nuevo Testamento de la palabra «iglesia» sino que es un término común para «asamblea». Por consiguiente, no debemos llamar a la «asamblea» del teatro en Éfeso una iglesia (Hch 19:32) aun cuando la pala-bra *ekklesia* se usa aquí para referirse a ese grupo de gente. De modo similar, cuando Esteban se refiere a Israel en el desierto (Hch 7:38) como una *ekklesia* no implica que piensa de ese pueblo como una «iglesia» sino sólo como una asamblea de gente. Chafer ve este uso del término como diferente de su significado distintivo del Nuevo Tes-tamento para referirse a la iglesia *(Systematic Theology*, 4:39). Sin embargo, el extenso uso de la palabra *ekklesia* en la Septuaginta para referirse a las asambleas, no de chusmas paganas, sino específicamente del pueblo de Dios ciertamente se debe tomar en cuenta para comprender el significado de la palabra cuando la usan los autores del Nuevo Testamento. La Septuaginta era la Biblia que ellos usaban más comúnmente, y ellos con toda certeza usan la palabra *ekklesia* teniendo presente su contenido del Antiguo Testamento. Esto explicaría por qué Lucas puede tan fácilmente anotar que Esteban se refiere a «la iglesia» en el desierto con Moisés y sin embargo muchas veces en los capítulos contiguos en Hechos habla del crecimiento de la «iglesia» después de Pentecostés sin ninguna in-dicación de que se intente dar alguna diferencia en el significado. La iglesia del Nuevo Testamento es una asam-blea del pueblo de Dios que simplemente continúa en el patrón de las asambleas del pueblo de Dios que se halla en todo el Antiguo Testamento.

[3]La palabra griega *ekklesía* que se traduce «iglesia» en el Nuevo Testamento, simplemente significa «asamblea».

la iglesia la constituyen de todas las personas de Dios todo el tiempo, tanto creyentes del Antiguo Testamento como creyentes del Nuevo Testamento.[4]

2. La iglesia es invisible, y sin embargo visible. En su verdadera realidad espiritual como comunión de todos los creyentes genuinos, la iglesia es invisible. Esto se debe a que no podemos ver la condición espiritual del corazón de las personas. Podemos ver a los que asisten externamente al templo, y podemos ver evidencias externas de cambio espiritual interno, pero no podemos en realidad ver el corazón de las personas y su situación espiritual; sólo Dios puede ver eso. Por eso Pablo dice: «*El Señor conoce a los suyos*» (2 Ti 2:19). Incluso en nuestras propias iglesias y nuestros barrios, sólo Dios sabe con certeza y sin error quiénes son verdaderos creyentes. Hablando de la iglesia como invisible el autor de Hebreos habla de la «asamblea (literalmente, «iglesia») de los primogénitos inscritos en el cielo» (Heb 12:23), y dice que los creyentes del día presente se unen con esa asamblea en la adoración.

Podemos dar la siguiente definición: *La iglesia invisible es la iglesia como Dios la ve.*

Tanto Martín Lutero como Juan Calvino rápidamente afirmaron este aspecto invisible de la iglesia en contra de la enseñanza católico romana de que la iglesia es la única organización visible que había descendido de los apóstoles en una línea de sucesión ininterrumpida (mediante los obispos de la iglesia). La Iglesia Católica Romana había argumentado que sólo en la organización visible de la Iglesia Católica Romana se podía hallar a la sola iglesia verdadera, la única iglesia verdadera. Incluso hoy tal noción lo sostiene la Iglesia Católica Romana. En su «Pastoral Statement for Catholics on Biblical Fundamentalism» («Declaración pastoral para católicos sobre el fundamentalismo bíblico») emitido el 25 de marzo de 1987, la (United States) National Conference of Catholic Bishops Ad Hoc Committee on Biblical Fundamentalism (Comité ad-hoc de la Conferencia nacional [de los

---

[4]Para una consideración de la cuestión de si subsiste una distinción entre «la iglesia» e «Israel» como dos pueblos de Dios separados, ver la sección 5 más abajo.

Millard Erickson, *Christian Theology*, p. 1048, arguye que la iglesia no empieza sino hasta Pentecostés, porque Lucas no usa la palabra «iglesia» *(ekklesía)* en su Evangelio, pero la usa veinticuatro veces en Hechos. Si la iglesia existió antes de Pentecostés, razona él, ¿por qué Lucas no habla de ella antes de ese tiempo? Sin embargo, la razón por la que Lucas no usa la palabra «iglesia» para hablar del pueblo de Dios durante el ministerio terrenal de Jesús es probablemente porque no había ningún grupo claramente definido o visible al que se pudiera referir durante el ministerio terrenal de Jesús. La iglesia verdadera en efecto existía en el sentido de que consistía de todos los verdaderos creyentes de Israel durante ese tiempo, pero este era un remanente tan pequeño de judíos fieles (tales como José y María, Zacarías y Elisabet, Simeón, Ana y otros como ellos), que no era un grupo externamente evidente o bien definido para nada. Segmentos grandes de la población judía se habían descarriado de Dios y habían sustituido otra clase de actividades religiosas, tales como el legalismo (los fariseos), el «liberalismo» incrédulo (los saduceos), misticismo especulativo (los que escribieron o creían en la literatura apocalíptica y seguidores de las sectas tales como los de la comunidad del Qumram, materialismo grotesco (los cobradores de impuestos y otros para quienes la riqueza era un dios falso), o el activismo político o militar (los zelotes y otros que procuraban la salvación mediante medios políticos o militares). aunque sin duda había creyentes genuinos entre muchos o todos estos grupos, la nación como un todo no constituía una asamblea de pueblo que adoraba correctamente a Dios.

Es más, la idea de un pueblo de Dios recientemente «llamado fuera» como asamblea para seguir a Cristo primero llegó a su fruición en el día de Pentecostés. Por consiguiente, aunque la «iglesia» en el sentido del grupo de todos los que verdaderamente creyeron en Dios en efecto existía antes del día de Pentecostés, llegó a una expresión visible mucho más clara en el día de Pentecostés, y es natural que Lucas debía empezar a usar el nombre «la iglesia» en ese punto. Antes de ese punto el nombre «iglesia» no podía haberse referido a ninguna entidad claramente establecida aparte de la nación de Israel como un todo; después de Pentecostés, sin embargo, fácilmente se lo podía usar para referirse a los que voluntaria y visiblemente se identificaron con este nuevo pueblo de Dios.

También debemos notar que Jesús en efecto usó la palabra «iglesia» *(ekklesía)* dos veces en el Evangelio de Mateo (16:18 y 18:17).

Estados Unidos] de obispos católicos sobre el fundamentalismo bíblico) criticó al cristianismo evangélico (al que llamó «fundamentalismo bíblico») primordialmente porque sacaba a la gente de la sola iglesia verdadera:

> La característica básica del fundamentalismo bíblico es que elimina del cristianismo a la iglesia según el Señor Jesús la fundó. . . . No hay mención de la iglesia histórica, autoritativa en continuidad con Pedro y los otros apóstoles. . . Un estudio del Nuevo Testamento . . . demuestra la importancia de pertenecer a la iglesia que empezó Jesucristo. Cristo escogió a Pedro y a los otros apóstoles como cimientos de su iglesia. . . . A Pedro y a los demás apóstoles los han sucedido el obispo de Roma y los otros obispos, y . . . el rebaño de Cristo todavía tiene, bajo Cristo, un pastor universal.[5]

En respuesta a esa clase de enseñanza tanto Lutero como Calvino discrepan. Ellos dijeron que la Iglesia Católica Romana tiene la forma externa, la organización, pero es simplemente una concha. Calvino argumentó que así como Caifás (el sumo sacerdote en el tiempo de Cristo) era descendiente de Aarón pero no era un verdadero sacerdote, así los obispos católicos romanos habían «descendido» de los apóstoles en línea de sucesión pero que no eran verdaderos obispos de la iglesia de Cristo. Debido a que se habían apartado de la verdadera predicación del evangelio, su organización visible no era la verdadera iglesia. Calvino dijo: «Esta pretensión de sucesión es vana a menos que sus descendientes conserven segura y sin corrupción la verdad de Cristo que han recibido de las manos de sus padres, y permanezcan en ella. . . . !Ver qué valor tiene esta sucesión, a menos que también incluya una emulación verdadera e ininterrumpida de parte de los sucesores!»[6]

Por otro lado, la verdadera iglesia de Cristo ciertamente tiene un aspecto visible por igual. Podemos usar la siguiente definición: *La iglesia visible es la iglesia según los creyentes la ven en la tierra.* En este sentido la iglesia visible incluye a todos los que profesan fe en Cristo y dan evidencia de fe en sus vidas.[7]

En esta definición no decimos que la iglesia visible es la iglesia como cualquier persona del mundo (tal como un no creyente o alguien que sostiene enseñanzas heréticas) pudiera verla, sino que queremos hablar de la iglesia como la perciben los que son genuinamente creyentes y tienen una comprensión de la diferencia entre creyentes y no creyentes.

Cuando Pablo escribe sus epístolas escribe a la iglesia visible en cada comunidad: «A la *iglesia* de Dios que está en Corinto» (1 Co 1:2); «A la *iglesia* de los tesalonicenses» (1 Ts 1:1); «a . . . Filemón, . . . a la hermana Apia, a Arquipo . . . y a la *iglesia* que se reúne en tu casa» (Flm 1-2). Pablo ciertamente se daba cuenta de que había no creyentes en algunas de esas iglesias, algunos que habían hecho profesión de fe que no era genuina, que parecían ser creyentes pero que a la larga se apartarían.

---

[5]El texto completo de la declaración de los obispos se puede obtener en el National Catholic News Service, 1312 Massachusetts Avenue NW, Washington, D.C. 20005. El texto fue publicado en «Pastoral Statement for Catholics on Biblical Fundamentalism», en *Origins*, vol. 17:21 (5 de nov de 1987), pp. 376–77.

[6]Juan Calvino, *Institutes*, 4.2.2–3, pp. 1043, 1045.

[7]Tanto Calvino como Lutero añadirían el tercer requisito de que los que son considerados parte de la iglesia visible deben participar de los sacramentos del bautismo y la Cena del Señor. Otros tal vez considerarían esto como una subcategoría del requisito de que las personas den evidencia de fe en su vida.

Sin embargo, ni Pablo ni ningún otro podía decir con certeza quiénes eran esas personas. Pablo simplemente escribió a la iglesia entera que se reunía en un lugar dado. En este sentido, podemos decir hoy que la iglesia visible es el grupo de personas que se reúnen cada semana para adorar como iglesia y profesan fe en Cristo.

La iglesia visible por todo el mundo siempre incluirá algunos no creyentes, y las congregaciones individuales por lo general incluirán algunos no creyentes, porque nosotros no podemos ver los corazones como Dios los ve. Pablo habla de «Himeneo y Fileto, que se han desviado de la verdad» y que «así trastornan la fe de algunos» (2 Ti 2:17-18). Pero él tiene la confianza de que «El Señor conoce a los suyos» (2 Ti 2:19). Pablo dice con tristeza: «Demas, por amor a este mundo, me ha abandonado y se ha ido a Tesalónica» (2 Ti 4:10).

De modo similar, Pablo advierte a los ancianos de Éfeso que después de su partida «entrarán en medio de ustedes lobos feroces que procurarán acabar con el rebaño. Aun *de entre ustedes mismos* se levantarán algunos que enseñarán falsedades para arrastrar a los discípulos que los sigan» (Hch 20:29-30). Jesús mismo advirtió: «Cuídense de los falsos profetas. *Vienen a ustedes disfrazados de ovejas*, pero por dentro son lobos feroces» (Mt 7:15-16). Dándose cuenta de esta distinción entre la iglesia invisible y la iglesia visible Agustín dijo de la iglesia visible: «Muchas ovejas están fuera y muchos lobos están dentro».[8]

Cuando reconocemos que hay no creyentes en la iglesia visible, hay el peligro de que podemos llegar a ser demasiado suspicaces. Podemos empezar dudando de la salvación de muchos verdaderos creyentes y por ello produciendo gran confusión en la iglesia. Calvino advirtió contra este peligro diciendo que debemos hacer un «juicio misericordioso» por el que reconocemos como miembros de la iglesia a todos los que «por confesión de fe, por ejemplo de la vida, y al participar en los sacramentos, profesan al mismo Dios y a Cristo con nosotros».[9] No debemos tratar de excluir de la comunión de la iglesia a la gente mientras el pecado público no acarree disciplina sobre sí mismos. Por otro lado, por supuesto, la iglesia no debe tolerar en su membresía «a los no creyentes públicos» que por profesión o vida claramente se proclaman estar fuera de la verdadera iglesia.

3. La iglesia es local y universal. En el Nuevo Testamento se puede aplicar la palabra «iglesia» a un grupo de creyentes en cualquier nivel, yendo de un grupo muy pequeño que se reúne en una casa privada hasta el grupo de todos los creyentes en la iglesia universal. Una «iglesia de hogar» se llama una «iglesia» en Romanos 16:5 («Saluden igualmente *a la iglesia que se reúne en la casa de ellos*»), 1 Corintios 16:19 («Aquila y Priscila los saludan cordialmente en el Señor, como también *la iglesia que se reúne en la casa de ellos*»). A la iglesia de toda una ciudad también se la llama «una iglesia» (1 Co 1:2; 2 Co 1:1; y 1Ts 1:1). A la iglesia de una región se la menciona como una «iglesia» en Hechos 9:31: «*La iglesia disfrutaba de paz a la vez que se consolidaba*

8Citado en Juan Calvino, *Institutes*, 4.1.8 (p. 1022).
9Juan Calvino, *Institutes*, 4.1.8 (pp. 1022–23).

en toda Judea, Galilea y Samaria».[10] Finalmente, a la iglesia de todo el mundo se le puede mencionar como «la iglesia». Pablo dice: «Cristo amó a *la iglesia* y se entregó por ella» (Ef 5:25) y dice: *«En la iglesia* Dios ha puesto, en primer lugar, apóstoles; en segundo lugar, profetas; en tercer lugar, maestros» (1 Co 12:28). En este último versículo la mención de «apóstoles», que no fueron dados a alguna iglesia individual, garantiza que la referencia es a la iglesia universal.

Podemos concluir que a un grupo del pueblo de Dios considerado a cualquier nivel, desde local hasta universal, se le puede correctamente llamar «una iglesia». No debemos cometer el error de decir que sólo una iglesia que se reúne en casas expresa la verdadera naturaleza de la iglesia, o que sólo una iglesia considerada a nivel de ciudad se le puede apropiadamente llamar una iglesia, o que sólo la iglesia universal se le puede llamar apropiadamente por el nombre «iglesia». Más bien, a la comunidad del pueblo de Dios considerada a cualquier nivel se le puede apropiadamente llamar una iglesia.

4. Metáforas para la iglesia.[11] Para ayudarnos a entender la naturaleza de la iglesia, la Biblia usa una amplia variedad de metáforas e ilustraciones para describirnos lo que es la iglesia.[12] Hay varias imágenes de familia; por ejemplo, Pablo ve a la iglesia como una *familia* cuando le dice a Timoteo que actúe como si todos los miembros de la iglesia fueran miembros de una familia más amplia: «No reprendas con dureza al anciano, sino aconséjalo como si fuera tu padre. Trata a los jóvenes como a hermanos; a las ancianas, como a madres; a las jóvenes, como a hermanas, con toda pureza» (1 Ti 5:1-2). Dios es nuestro Padre celestial (Ef 3:14), y nosotros somos sus hijos e hijas, porque Dios nos dice: «Yo seré un padre para ustedes, y ustedes serán mis hijos y mis hijas, dice el Señor Todopoderoso» (2 Co 6:18). Por consiguiente somos hermanos y hermanas unos con otros en la familia de Dios (Mt 12:49-50; 1Jn 3:14-18). Una metáfora de familia algo diferente se ve cuando Pablo se refiere a la iglesia como la *esposa de Cristo.* Dice que la relación entre esposo y esposa: «yo me refiero a Cristo y a la iglesia» (Ef 5:32), y dice que él logró el compromiso entre Cristo y la iglesia de Corinto y que se parece a un compromiso entre una novia y su prometido: «los tengo prometidos a un solo esposo, que es Cristo, para presentárselos como una virgen pura» (2 Co 11:2); aquí Pablo está mirando hacia adelante al tiempo del retorno de Cristo como el tiempo cuando la iglesia será presentada a él como su esposa.

En otras metáforas la Biblia compara a la iglesia a *ramas de una vid* (Jn 15:5), *un olivo* (Ro 11:17-24), *un campo de cultivo* (1 Co 3:6-9), *un edificio* (1 Co 3:9), y *una cosecha* (Mt 13:1-30; Jn 4:35). A la iglesia también se la ve como *un nuevo templo* no

---

[10]Hay una variante textual entre los manuscritos griegos de Hechos 9:31, con algunos manuscritos diciendo «la iglesia» y otros diciendo «las iglesias». El singular «la iglesia» es mucho más preferible a la variante que tiene el plural. A la lectura del singular se le da una probabilidad «B» (la más cerca al más alto grado de probabilidad) en el texto de las Sociedades Bíblicas Unidas. El singular es representado por muchos textos tempranos y diversos en tanto que la lectura plural se halla en la tradición bizantina del texto pero no en textos antes del siglo quinto d.C. (A fin de que la gramática sea consistente, hay que cambiar seis palabras en el texto griego; por consiguiente la variante es una alteración intencional en una dirección o la otra.)

[11]Para más consideración de este tema ver Edmund P. Clowney, «Interpreting the Biblical Models of the Church», en *Biblical Interpretation and the Church,* ed. por D. A. Carson (Thomas Nelson, Nashville, 1985), pp. 64–109.

[12]La lista de metáforas que se da en esta sección no pretende ser exhaustiva.

construido con piedras literales sino construido con creyentes que son «piedras vivas» (1P 2:5) edificados sobre la «piedra angular» que es Cristo Jesús (1P 2:4-8). Sin embargo, la iglesia no sólo es un nuevo templo para adorar a Dios; también es *un nuevo grupo de sacerdotes*, un «sacerdocio santo» que puede «ofrecer sacrificios espirituales que Dios acepta» (1P 2:5). También se nos ve como *la casa de Dios*: «Y esa casa somos nosotros» (Heb 3:6), con Jesús mismo considerado como el «constructor» de la casa (Heb 3:3). A la iglesia también se la ve como *«columna y fundamento de la verdad»* (1 Ti 3:15).

Finalmente, otra metáfora familiar ve a la iglesia como *el cuerpo de Cristo* (1 Co 12:12-27). Debemos reconocer que Pablo de hecho usa dos diferentes metáforas del cuerpo humano cuando habla de la iglesia. En 1 Corintios 12 se toma a *todo el cuerpo* como metáfora para la iglesia, porque Pablo habla del «oído» y del «ojo» y del «sentido del olfato» (1 Co 12:16-17). En esta metáfora, no se ve a Cristo como la cabeza unida al cuerpo, porque los miembros individuales son ellos mismos partes individuales de la cabeza. Cristo en esta metáfora es el Señor que «está fuera» de ese cuerpo que representa la iglesia y es a quien la iglesia sirve y adora.

Pero en Efesios 1:22-23; 4:15-16, y en Colosenses 2:19, Pablo usa una metáfora diferente del cuerpo para referirse a la iglesia. En estos pasajes Pablo dice que Cristo es la cabeza y la iglesia que es como *el resto del cuerpo, a distinción de la cabeza:* «Más bien, al vivir la verdad con amor, creceremos hasta ser en todo como aquel que es la cabeza, es decir, Cristo. Por su acción todo el cuerpo crece y se edifica en amor, sostenido y ajustado por todos los ligamentos, según la actividad propia de cada miembro» (Ef 4:15-16).[13] No debemos confundir estas dos metáforas de 1 Corintios 12 y Efesios 4, sino mantenerlas distintas.

La amplia variedad de metáforas que se usa en el Nuevo Testamento para la iglesia debe recordarnos que no debemos concentrarnos exclusivamente en alguna de ellas. Por ejemplo, en tanto que es verdad que la iglesia es el cuerpo de Cristo, debemos recordar que esa es sólo una metáfora entre muchas. Si nos concentramos exclusivamente en esta metáfora con toda probabilidad nos olvidaremos de que Cristo es nuestro Señor que reina en el cielo tanto como el que mora entre nosotros. Por cierto que no debemos concordar con la noción católico romana de que la iglesia es la «encarnación continuada» del Hijo de Dios en la tierra hoy. La iglesia no es el Hijo de Dios en la carne, porque Cristo resucitó en cuerpo humano, ascendió en su cuerpo humano al cielo, y ahora reina como el Cristo encarnado en el cielo, que claramente es distinto de la iglesia aquí en la tierra.

Cada una de las metáforas que se usan para la iglesia puede ayudarnos a apreciar más de las riquezas del privilegio que Dios nos ha dado al incorporarnos en la iglesia. El hecho de que la iglesia es como una familia debería aumentar nuestro amor y compañerismo unos con otros. El pensamiento de que la iglesia es como la esposa de Cristo debería estimularnos a procurar conseguir una mayor pureza y santidad, y también mayor amor por Cristo y sumisión a él. La imagen de la iglesia como ramas en una vid debe hacernos descansar en él más completamente. La

---

[13]Esta segunda metáfora no es ni siquiera una metáfora completa o «propia», porque las partes corporales no crecen en la cabeza, sino que Pablo está mezclando la idea de Cristo como la cabeza (o autoridad), la idea de la iglesia como un cuerpo, y la idea de que crecemos a la madurez en Cristo, y las combina en una afirmación compleja.

idea de un campo de cultivo debería animarnos a continuar creciendo en la vida cristiana y obteniendo para nosotros y otros la nutrición espiritual apropiada para crecer. El cuadro de la iglesia como el nuevo templo de Dios debería aumentar nuestra consciencia de la misma presencia de Dios en medio nuestro cuando nos reunimos. El concepto de la iglesia como un sacerdocio debería ayudarnos a ver más claramente el deleite que Dios tiene en los sacrificios de alabanza y buenas obras que le ofrecemos (ver Heb 13:15-16). La metáfora de la iglesia como el cuerpo de Cristo debería aumentar nuestra interdependencia de unos a otros y nuestro aprecio de la diversidad de dones dentro del cuerpo. Muchas otras aplicaciones se pueden derivar de estas y otras metáforas para la iglesia que se mencionan en la Biblia.

5. La iglesia e Israel. Entre los protestantes evangélicos ha habido una diferencia de punto de vista sobre la cuestión de la relación entre Israel y la iglesia. La cuestión fue llevada a prominencia por los que sostienen un sistema de teología «dispensacional». La teología sistemática más extensa escrita por un dispensacionalista, *Systematic Theology*,[14] por Lewis Sperry Chafer, destaca muchas distinciones entre Israel y la iglesia, e incluso entre el Israel creyente del Antiguo Testamento y la iglesia en el Nuevo Testamento.[15] Chafer argumenta que Dios tiene dos planes distintos para los dos grupos distintos de personas que él ha redimido: los propósitos y promesas de Dios para *Israel* son para *bendiciones terrenales* y todavía están por cumplirse en esta tierra en algún momento en el futuro. Por otro lado, los propósitos y promesas de Dios para *la iglesia* son para *bendiciones celestiales* y esas promesas se cumplirán en el cielo. La distinción entre los dos grupos diferentes que Dios salva se verá especialmente en el milenio, según Chafer, porque en ese tiempo Israel reinará en la tierra como pueblo de Dios y disfrutará del cumplimiento de las promesas del Antiguo Testamento, pero la iglesia ya habrá sido llevada al cielo en el tiempo del retorno secreto de Cristo por sus santos («el rapto»). Según esta noción, la iglesia no empezó sino hasta Pentecostés (Hch 2), y no es correcto decir que los creyentes del Antiguo Testamento junto con los creyentes del Nuevo Testamento constituyen una iglesia.

En tanto que la posición de Chafer continúa ejerciendo influencia en algunos círculos dispensacionalistas, y ciertamente es predicación más popular, algunos de los dirigentes entre los dispensacionalistas más recientes no han seguido a Chafer en muchos de estos puntos. Varios teólogos dispensacionalistas del presente, tales como Robert Saucy, Craig Blaising y Darrell Bock, se refieren a sí mismos como

---

[14]Lewis Sperry Chafer, *Systematic Theology*. Aunque hay varias otras doctrinas distintivas que por lo general caracterizan a los dispensacionalistas, la distinción entre Israel y la iglesia como dos grupos en el plan global de Dios es probablemente la más importante. Otras doctrinas que sostienen los dispensacionalistas por lo general incluyen un rapto pretribulacionista de la iglesia al cielo (ver capítulo 54), un cumplimiento literal futuro de las profecías del Antiguo Testamento respecto a Israel, la división de la historia bíblica en siete períodos o «dispensaciones» de las maneras en que Dios se relaciona con su pueblo, y una comprensión de la era de la iglesia como un paréntesis en el plan de Dios para las edades, paréntesis instituido cuando los judíos en su mayor parte rechazaron a Jesús como su Mesías. Sin embargo, muchos dispensacionalistas de los días presentes calificarían o rechazarían varios de estos otros distintivos. En dispensacionalismo como un sistema empezó con los escritos de J. N. Darby (1800–1882) en Gran Bretaña, pero fue popularizado en los EE.UU. por la Biblia Scofield de Referencia.

[15]Chafer, *Systematic Theology*, 4:45–53.

«dispensacionalistas progresivos»,[16] y han logrado muchos seguidores. Ellos *no verían a la iglesia como un paréntesis* en el plan de Dios sino como el primer paso hacia el establecimiento del reino de Dios. En la noción dispensacionalista progresiva *Dios no tiene dos propósitos separados para Israel y la iglesia* sino un solo propósito: el establecimiento del reino de Dios, en el cual participan Israel y la iglesia. Los dispensacionalistas progresivos *no verían distinción entre Israel y la iglesia en el estado futuro eterno* porque todos serán parte de un solo pueblo de Dios. Es más, sostendrían que la iglesia reinará con Cristo en *cuerpos glorificados en la tierra durante el milenio* (ver la explicación del milenio en el capítulo 55).

Sin embargo, hay con todo una diferencia entre los dispensacionalistas progresivos y el resto del evangelicalismo en un punto: ellos dirían que *las profecías del Antiguo Testamento respecto a Israel todavía se cumplirán en el milenio por el pueblo judío étnico* que creerá en Cristo y vivirá en la tierra de Israel como «una nación modelo» para que todas las naciones vean y aprendan. Por consiguiente, no dirían que la iglesia es el «nuevo Israel» o que las profecías del Antiguo Testamento en cuanto a Israel se cumplirán en la iglesia, porque estas profecías todavía van a cumplirse en el Israel étnico.

La posición que se toma en este libro difiere en grado considerable de las nociones de Chafer respecto a este asunto, y también difiere en algo de los dispensacionalistas progresivos. Sin embargo, se debe decir aquí que las cuestiones en cuanto a la manera exacta en que las profecías bíblicas sobre el futuro se cumplirán son, en la naturaleza del caso, difíciles de decidir con certeza, y es sabio que nuestras conclusiones sean en cierto grado tentativas en estos asuntos. Con esto en mente, se puede decir lo siguiente.

Teólogos tanto protestantes como católico romanos fuera de la posición dispensacional han dicho que la iglesia incluye tanto a creyentes del Antiguo Testamento como creyentes del Nuevo Testamento en una sola iglesia o un cuerpo de Cristo. Incluso en la noción no dispensacional, una persona puede sostener que habrá una conversión futura en gran escala de los judíos (Ro 11:12, 15, 23-24, 25-26, 28-31),[17] y sin embargo que esta conversión resultará sólo en que los judíos llegarán a ser parte de la única verdadera iglesia de Dios; ellos serán «injertados en su propio olivo» (Ro 11:24, RVR).

Respecto a este asunto debemos notar los muchos versículos del Nuevo Testamento que entienden a la iglesia como el «nuevo Israel» o el nuevo «pueblo de Dios». El hecho de que «Cristo amó a *la iglesia* y se entregó por ella» (Ef 5:25) sugeriría esto. Es más, esta presente edad de la iglesia, que ha llevado la salvación a muchos millones de creyentes en la iglesia, no es una interrupción o un paréntesis en

---

[16]Ver Robert L. Saucy, *The Case for Progressive Dispensationalism* (Zondervan, Grand Rapids, 1993), y Darrell L. Bock y Craig A. Blaising, eds., *Progressive Dispensationalism* (Victor, Wheaton, 1993). Ver también John S. Feinberg, ed., *Continuity and Discontinuity: Perspectives on the Relationship Between the Old and New Testaments* (Crossway, Wheaton, 1988).

[17]Del capítulo 54, pp. 1169 y 1165, en donde afirmo la convicción de que Ro 9—11 enseña una conversión futura en gran escala de los judíos, aunque no soy dispensacionalista en el sentido comúnmente entendido del término no.

el plan de Dios,[18] sino una continuación de su plan expresado en todo el Antiguo Testamento de llamar a sí mismo a un pueblo. Pablo dice: «Lo exterior no hace a nadie judío, ni consiste la circuncisión en una señal en el cuerpo. El verdadero judío lo es interiormente; y la circuncisión es la del corazón, la que realiza el Espíritu, no el mandamiento escrito» (Ro 2:28-29). Pablo reconoce que aunque hay un sentido literal o natural en el que al pueblo que físicamente descendía de Abraham se les llama judíos, también hay un sentido más hondo y espiritual en el cual un «verdadero judío» es el que es internamente creyente y cuyo corazón ha sido limpiado por Dios.

Pablo dice que a Abraham no se le debe considerar el padre del pueblo judío sólo en un sentido físico. También es en un sentido más hondo y mucho más verdadero *«padre de todos los creyentes* no circuncidados, . . . y padre de la circuncisión, para los que no solamente son de la circuncisión, sino que también siguen las pisadas de la fe que tuvo nuestro padre Abraham» (Ro 4:11-12, RVR; cf. vv, 16, 18). Por consiguiente Pablo puede decir: «no todos los que descienden de Israel son Israel. Tampoco por ser descendientes de Abraham son todos hijos suyos. . . . los hijos de Dios no son los descendientes naturales; más bien, se considera descendencia de Abraham a los hijos de la promesa» (Ro 9:6-8). Pablo aquí implica que los verdaderos hijos de Abraham, los que son en el sentido más verdadero «Israel», no son la nación de Israel por descendencia física de Abraham sino los que han creído en Cristo. Los que verdaderamente creen en Cristo ahora son los que tienen el privilegio de que el Señor los llame «mi pueblo» (Ro 9:25, citando a Os 2:23); por consiguiente, la iglesia es ahora el pueblo escogido de Dios. Esto quiere decir que cuando los judíos conforme a la carne serán salvados en grandes números en algún tiempo en el futuro, no constituirán un pueblo separado de Dios o serán como un olivo separado, sino que serán «injertados *en su propio olivo»* (Ro 11:24, RVR). Otro pasaje que indica esto es Gálatas 3:29: «Y si ustedes pertenecen a Cristo, son la descendencia de Abraham y herederos según la promesa». De modo similar, Pablo dice que los creyentes son la «verdadera circuncisión» (Flp 3:3).

Lejos de pensar que la iglesia es como un grupo separado del pueblo judío, Pablo escribe a los creyentes gentiles de Éfeso diciéndoles que ellos estaban anteriormente «separados de Cristo, excluidos de la ciudadanía de Israel y ajenos a los pactos de la promesa» (Ef 2:12), pero que ahora « Dios los ha acercado mediante la sangre de Cristo» (Ef 2:13). Y cuando los gentiles fueron traídos a la iglesia, los judíos y los gentiles fueron unidos en un nuevo cuerpo. Pablo dice que Dios *«de los dos pueblos ha hecho uno solo,* derribando mediante su sacrificio el muro de enemistad que nos separaba, . . . para crear en sí mismo de los dos pueblos una nueva humanidad al hacer la paz, *para reconciliar con Dios a ambos en un solo cuerpo* mediante la cruz» (Ef 2:14-16). Por consiguiente, Pablo puede decir que los gentiles son *«conciudadanos de los santos* y miembros de la familia de Dios, edificados sobre el fundamento de los apóstoles y los profetas, siendo Cristo Jesús mismo la piedra angular» (Ef 2:19-20). Con su amplio conocimiento del trasfondo del Antiguo Testamento

---

[18]El término que usa Chafer es «una intercalación», queriendo decir una inserción de un período de tiempo en un horario de sucesos o calendario previamente planeado (p. 41). Aquí Chafer dice: «La edad presente de la iglesia es una intercalación en el calendario revelado o programa de Dios según ese programa lo previeron los profetas de la antigüedad».

para la iglesia del Nuevo Testamento, Pablo con todo puede decir que «los gentiles son, junto con Israel, beneficiarios de la misma herencia» (Ef 3:6). Todo el pasaje habla fuertemente de la unidad de creyentes judíos y gentiles en un cuerpo en Cristo y no da ninguna indicación de algún plan distintivo para que los judíos alguna vez sean salvados aparte de la inclusión en el cuerpo de Cristo, la iglesia. La iglesia incorpora en sí misma a todo el verdadero pueblo de Dios, y casi todos los títulos que se usan en el Antiguo Testamento para el pueblo de Dios en algún lugar u otro del Nuevo Testamento se aplican a la iglesia.

Hebreos 8 provee otro fuerte argumento para ver a la iglesia como la receptora, y el cumplimiento, de las promesas del Antiguo Testamento respecto a Israel. En el contexto de hablar sobre el nuevo pacto al que pertenecen los creyentes, el autor de Hebreos da una cita amplia de Jeremías 31:31-34, en la que dice: «Vienen días —dice el Señor—, *en que haré un nuevo pacto con la casa de Israel y con la casa de Judá. . . . Éste es el pacto que después de aquel tiempo haré con la casa de Israel —dice el Señor—: Pondré mis leyes en su mente y las escribiré en su corazón. Yo seré su Dios, y ellos serán mi pueblo»* (Heb 8:8-10). Aquí el autor cita la promesa de Dios de que hará un nuevo pacto con la casa de Israel y *con la casa de Judá* y dice que este nuevo pacto ahora ha sido hecho *con la iglesia.* Ese nuevo pacto es el pacto del cual los creyentes de la iglesia ahora son miembros. Parece difícil evitar la conclusión de que el autor ve a la iglesia como el verdadero Israel de Dios en el cual las promesas del Antiguo Testamento a Israel hallan su cumplimiento.

De modo similar, Santiago puede escribir una carta general a muchas de las primeras iglesias cristianas y dice que les escribe «a las doce tribus que se hallan dispersas por el mundo» (Stg 1:1). Esto indica que evidentemente está considerando a los creyentes del Nuevo Testamento como sucesores y cumplimiento de las doce tribus de Israel.

Pedro también habla de la misma manera. Desde el primer versículo en el que llama a sus lectores «los expatriados de la dispersión» (1P 1:1, RVR)[19] al penúltimo versículo en el que llama a la ciudad de Roma «Babilonia» (1P 5:13), Pedro frecuentemente habla de los creyentes del Nuevo Testamento en términos de las imágenes y promesas del Antiguo Testamento dadas a los judíos. Este tema surge a prominencia en 1 Pedro 2:4-10, en donde[20] Pedro dice que Dios ha concedido a la iglesia casi toda las bendiciones prometidas a Israel en el Antiguo Testamento. El lugar de morada de Dios ya no es el templo de Jerusalén, porque los creyentes son el nuevo «templo» de Dios (v. 5). El sacerdocio capaz de ofrecer sacrificios aceptables a Dios ya no desciende de Aarón, porque los cristianos son el verdadero «sacerdocio real» con acceso al trono de Dios (vv. 4-5, 9). Ya no se dice que el pueblo escogido de Dios son los que descienden físicamente de Abraham, porque los creyentes son ahora el verdadero «linaje escogido» (v. 9). Ya no se dice que la nación bendecida por Dios es la nación de Israel, porque los cristianos son ahora la verdadera «nación santa» de Dios (v. 9). Ya no se dice que el pueblo de Israel es el pueblo de Dios, porque los creyentes, tantos creyentes judíos como creyentes gentiles,

---

[19]La «dispersión» fue el término que se usó para referirse al pueblo judío esparcido de la tierra de Israel y que vivían por todo el mundo antiguo del Mediterráneo.

[20]El resto de este párrafo se toma en su mayor parte de Wayne Grudem, *The First Epistle of Peter*, p. 113.

son ahora el «pueblo de Dios» y los que han «recibido misericordia» (v. 10). Todavía más, Pablo toma esta cita de contextos del Antiguo Testamento que repetidamente advierten que Dios rechazará a su pueblo que persiste en rebelión contra él y que rechaza la «piedra angular» preciosa (v. 6) que él ha establecido. ¿Qué otra declaración se podría necesitar a fin de que digamos con certeza que la iglesia ahora ha llegado a ser el verdadero Israel de Dios y recibirá todas las bendiciones prometidas a Israel en el Antiguo Testamento?[21]

6. La iglesia y el reino de Dios. ¿Cuál es la relación entre la iglesia y el reino de Dios? Las diferencias las ha resumido bien George Ladd:

> El Reino es primordialmente el reino dinámico o gobierno majestuoso de Dios, y, derivadamente, la esfera en la que se experimenta ese gobierno. En el lenguaje bíblico, al reino no se lo identifica con sus súbditos. Ellos son el pueblo del gobierno de Dios que entran en él, viven bajo él, y son gobernados por él. La iglesia es la comunidad del reino pero nunca es el reino en sí mismo. Los discípulos de Jesús pertenecen al reino así como el reino les pertenece a ellos; pero ellos no son el reino. El reino es el gobierno de Dios; la iglesia es una sociedad de hombres.[22]

Ladd pasa a resumir cinco aspectos específicos de la relación entre el reino y la iglesia: (1) La iglesia no es el reino (porque Jesús y los creyentes iniciales predicaron que el reino de Dios se había acercado, no que la iglesia estaba cerca, y predicaron las buenas noticias del reino, no las buenas noticias de la iglesia: Hch 8:12; 19:8; 20:25; 28:23, 31). (2) El reino produce a la iglesia (porque conforme las personas entran al reino de Dios se unen a la comunión humana de la iglesia). (3) La iglesia testifica del reino (porque Jesús dijo: «este evangelio del reino se predicará en todo el mundo», Mt 24:14). (4) La iglesia es el instrumento del reino (porque el Espíritu Santo, manifestando el poder del reino, obra por medio de los discípulos para sanar los enfermos y echar fuera demonios, como lo hizo en el ministerio de Jesús; Mt 10:8; Lc 10:17). (5) La iglesia es el custodio del reino (porque a la iglesia se le ha dado las llaves del reino de los cielos; Mt 16:19).[23]

Por consiguiente, no debemos identificar al reino de Dios con la iglesia (como en la teología católico romana), ni tampoco el reino de Dios como enteramente futuro, algo distinto de la edad de la iglesia (como en la antigua teología dispensacional). Más bien, debemos reconocer que hay una conexión estrecha entre el reino de Dios y la iglesia. Conforme la iglesia proclama las buenas noticias del reino, la gente vendrá a la iglesia y empezará a experimentar las bendiciones del gobierno de Dios en sus vidas. El reino se manifiesta mediante la iglesia, y por ello el futuro del reino de Dios irrumpe en el presente («ya» está aquí: Mt 12:28; Ro 14:17; y «todavía no» está aquí completamente: Mt 25:24; 1 Co 6:9-10). Por consiguiente, los

---

[21]Un dispensacionalistas puede conceder este punto de que la iglesia ha sido la receptora de muchas aplicaciones de las profecías del Antiguo Testamento respecto a Israel, pero que el verdadero cumplimiento de estas promesas todavía vendrá en el futuro al Israel étnico. Pero con todos estos ejemplos evidentes del Nuevo Testamento de clara aplicación de estas promesas a la iglesia, parece no haber ninguna razón fuerte para negar que esto realmente es el único cumplimiento que Dios va a dar a estas promesas.

[22]George Eldon Ladd, *A Theology of the New Testament*, p. 111.

[23]Estos cinco puntos son resumen de Ladd, *Theology*, pp. 111–19.

que creen en Cristo empezarán a experimentar algo de cómo será el reino final de Dios: conocerán alguna medida de victoria sobre el pecado (Ro 6:14; 14:17), sobre la oposición demónica (Lc 10:17), y sobre la enfermedad (Lc 10:9). Vivirán en el poder del Espíritu Santo (Mt 12:28; Ro 8:4-17; 14:17), que es el poder dinámico del reino venidero. Con el tiempo Jesús volverá y su reino se extenderá sobre toda la creación (1 Co 15:24-28).

B. Las «marcas» de la iglesia (Características distintivas)

1. Hay iglesias verdaderas e iglesias falsas. ¿Que hace iglesia a una iglesia? ¿Qué es necesario para tener una iglesia? ¿Puede un grupo de personas que afirman ser creyentes llegar a ser tan distintos a lo que una iglesia debería ser que ya no se deberían llamar una iglesia?

En los primeros siglos de la iglesia cristiana hubo escasa controversia en cuanto a lo que era una verdadera iglesia. Había sólo una iglesia en todo el mundo, la iglesia «visible» por todo el mundo, y esa era, por supuesto, la verdadera iglesia. Esta iglesia tenía obispos y ministros locales y templos que todos podían ver. A cualquier hereje que se hallaba estando en serio error doctrinal simplemente se le excluía de la iglesia.

Pero en la Reforma surgió una cuestión crucial: ¿cómo podemos reconocer a una iglesia verdadera? ¿Es la Iglesia Católica Romana una iglesia verdadera o no? A fin de responder a esa cuestión la gente tuvo que decidir lo que eran las «marcas» de una verdadera iglesia, las características distintivas que nos llevan a reconocerla como una verdadera iglesia. La Biblia por cierto habla de iglesias falsas. Pablo dice de los templos paganos en Corinto: «cuando ellos ofrecen sacrificios, lo hacen para los demonios, no para Dios» (1 Co 10:20). Les dice a los corintios que «cuando eran paganos se dejaban arrastrar hacia los ídolos mudos» (1 Co 12:2). Estos templos paganos por cierto eran iglesias falsas o asambleas religiosas falsas. Es más, la Biblia habla de una asamblea religiosa que es realmente una «sinagoga de Satanás» (Ap 2:9; 3:9). Aquí el Señor Jesús resucitado parece referirse a asambleas de judíos que aducían ser judíos pero que no eran verdaderos judíos que tenían fc que salva. Su asamblea religiosa no era una asamblea del pueblo de Cristo sino de los que todavía pertenecían al reino de las tinieblas, el reino de Satanás. Esto podría ciertamente ser una falsa iglesia.

En gran medida hubo acuerdo entre Lutero y Calvino sobre la cuestión de lo que constituía una verdadera iglesia. La declaración luterana de fe, que se llama la Confesión de Ausburgo (1530), definió a la iglesia como «la congregación de los santos en los que se enseña correctamente el evangelio y se administra apropiadamente los sacramentos» (Artículo 7).[24] De modo similar, Juan Calvino dijo: «Dondequiera que vemos la palabra de Dios predicada en su pureza y oída, y los sacramentos administrados conforme a la institución de Cristo, allí, no se debe dudar, existe la iglesia de Dios».[25] Aunque Calvino habla de predicación pura de la palabra (en tanto que la confesión luterana habla de predicación correcta del evangelio) y aunque

---

[24]Calvino, *Institutes*. 4.1.9 (p. 1023).
[25]Cita de Philip Schaff, *The Creeds of Christendom*, pp. 11–12.

Calvino dijo que la palabra no sólo debe ser predicaba sino también oída (en tanto que la confesión de Ausburgo meramente menciona que tiene que ser enseñada correctamente), su entendimiento de las marcas distintivas de una verdadera iglesia son muy similares.[26] En contraste al concepto que tenían Lutero y Calvino respecto a las marcas de una iglesia, la posición católica romana ha sido que *la iglesia visible* que descendió de Pedro y los apóstoles *es la verdadera iglesia.*

Parece apropiado tomar la noción de Lutero y Calvino sobre las marcas de una verdadera iglesia como correctas todavía hoy. Ciertamente si no se predica la palabra de Dios, sino simplemente falsas doctrinas o doctrinas de los hombres, entonces no hay una verdadera iglesia. En algunos casos podemos tener dificultad para determinar simplemente cuánta doctrina errada se puede tolerar antes de que a una iglesia ya no se la pueda considerar una verdadera iglesia, pero hay muchos casos claros en donde podemos decir que una verdadera iglesia no existe. Por ejemplo, la Iglesia de Jesucristo de los Santos de los Últimos Días (la iglesia mormona) no sostiene ninguna de las doctrinas principales respecto a la salvación o la persona de Dios, o la persona y obra de Cristo. Es claramente una iglesia falsa. De modo similar, los Testigos de Jehová enseñan salvación por obras, y no por confiar sólo en Cristo. Esta es una desviación doctrinal fundamental porque si las personas creen en las enseñanzas de los Testigos de Jehová, simplemente no son salvados. Así que a los Testigos de Jehová también se les debe considerar una falsa iglesia. Cuando la predicación de una iglesia esconde de sus miembros el mensaje del evangelio de salvación por fe sola, de modo que el mensaje del evangelio no se proclama claramente, y no ha sido proclamado por algún tiempo, la reunión del grupo no es una iglesia.

La segunda marca de un iglesia, la correcta administración de los sacramentos (bautismo y la Cena del Señor) se indicó probablemente en oposición a la noción católico romana de que la gracia que salva viene mediante los sacramentos y por ello los sacramentos fueron hechos «obras» por los que ganamos méritos para la salvación. De esta manera, la Iglesia Católica Romana insistía en pago antes que en enseñar la fe como medio de obtener la salvación.

Pero existe otra razón para incluir los sacramentos como marca de la iglesia. Una vez que una organización empieza a practicar el bautismo y la Cena del Señor, es una organización que continúa y está *intentando funcionar como iglesia.* (En la sociedad estadounidense moderna, una organización que empieza a reunirse para adoración, oración y enseñanza bíblica los domingos por la mañana también claramente puede estar intentando funcionar como una iglesia).

El bautismo y la Cena del Señor también sirven como «controles de membresía» para la iglesia. El bautismo es el medio de admitir personas a la iglesia, y la Cena del Señor es el medio de permitir a las personas dar una señal de continuar en la membresía de la iglesia; la iglesia considera como salvados a los que reciben el bautismo y la Cena del Señor. Por consiguiente, estas actividades indican lo que

---

[26]Confesiones posteriores a veces añadieron una tercera marca de la iglesia (el ejercicio correcto de la disciplina eclesiástica), pero ni Lutero ni Calvino mismos mencionan esta marca.

una iglesia piensa en cuanto a la salvación, y apropiadamente se menciona como una marca de la iglesia hoy por igual. En contraste, los grupos que no administran el bautismo y la Cena del Señor indican que no están intentando funcionar como una iglesia. Alguien puede pararse en una esquina con un pequeño grupo y tener verdadera predicación y oír de la palabra, pero las personas allí no serían una iglesia. Incluso la reunión de estudio bíblico de barrio en un hogar puede tener verdadera enseñanza y oír de la palabra sin llegar a ser una iglesia. Pero si un grupo de estudio bíblico local empieza a bautizar a sus propios nuevos convertidos y regularmente participar en la Cena del Señor, estas cosas indicarían *una intención de funcionar como una iglesia* y sería difícil decir por qué no se la debería considerar una iglesia en sí mismo.[27]

2. Iglesias verdaderas y falsas hoy. En vista de la cuestión planteada durante la Reforma, ¿qué tal en cuanto a la Iglesia Católica Romana hoy? ¿Es una verdadera iglesia? Aquí parece que no podemos simplemente tomar una decisión respecto a la Iglesia Católica Romana como un todo, porque su diversidad es demasiado amplia. Preguntar si la Iglesia Católica Romana es una verdadera iglesia o una iglesia falsa hoy es de alguna manera similar a preguntar si las iglesias protestantes son verdaderas o falsas hoy; hay una gran variedad entre ellas. Algunas parroquias católica romana ciertamente carecen de ambas marcas: no hay predicación pura de la palabra de Dios y las personas de esa parroquia no saben ni han recibido el mensaje de salvación por la sola fe en Cristo. La participación en los sacramentos se ve como una «obra» que puede ganar mérito ante Dios. Tal grupo de personas no es una verdadera iglesia cristiana. Por otro lado, hay muchas parroquias católico romanas en varias partes del mundo hoy en donde el párroco local tiene un conocimiento genuino de salvación en Cristo y una relación personal vital con Cristo en oración y estudio bíblico. Sus homilías y enseñanza privada de la Biblia ponen mucho énfasis en la fe personal y en la necesidad de la lectura bíblica individual y oración. Sus enseñanzas sobre los sacramentos recalcan sus aspectos simbólicos y conmemorativos mucho más que hablar de ellos como actos que ameritan alguna infusión de gracia que salva de parte de Dios. En tal caso, aunque diríamos que todavía hay profundas diferencias con la enseñanza católico romana en algunas doctrinas,[28] con todo, parecería que tal iglesia tendría una aproximación lo suficientemente cercana a las dos características de la iglesia que sería difícil negar que sea en verdad una verdadera iglesia. Parecería ser una congregación genuina de creyentes en la cual se enseña el evangelio (aunque no puramente) y los sacramentos se administran más apropiada que erróneamente.

¿Hay iglesias falsas dentro del protestantismo? Si miramos de nuevo a las dos marcas distintivas de la iglesia, en el juicio de este escritor parece apropiado decir que muchas iglesias protestantes de teología liberal son hoy en efecto iglesias

---

[27]El Ejército de Salvación es un caso inusual porque no observa el bautismo o la Cena del Señor, sin embargo en toda otra manera parece ser una verdadera iglesia. En este caso la organización ha sustituido otros medios de indicar membresía y continua participación en la iglesia, y estos otros medios de indicar membresía proveen un sustituto para el bautismo y la Cena del Señor en términos de «controles de membresía».

[28]Las diferencias doctrinales significativas todavía incluirían asuntos tales como el sacrificio continuado de la misa, la autoridad del papa y los concilios de la iglesia, la veneración de la virgen María y su papel en la redención, la doctrina del purgatorio, y la extensión del canon bíblico.

falsas.[29] ¿Tiene el evangelio de justicia y obras y no creer en la Biblia que estas iglesias enseñan alguna probabilidad mayor de salvar a las personas que la enseñanza católico romana de tiempos de la Reforma? Y, ¿no es probable que su administración de los sacramentos sin enseñanza sólida a cualquiera que entra por sus puertas le dé tanta falsa seguridad a los pecadores no regenerados como el uso de los sacramentos por parte de la Iglesia Católica Romana en el tiempo de la Reforma? En donde haya una asamblea de personas que toman el nombre «cristianos» pero siempre enseñan a las personas que no pueden creer lo que dice la Biblia —en verdad una iglesia cuyo pastor o congregación rara vez lee la Biblia, ni ora de alguna manera significativa, y no cree o tal vez incluso ni siquiera entiende el evangelio de salvación por la sola fe en Cristo—, ¿cómo podemos decir que es una iglesia verdadera?[30]

C. Los propósitos de la iglesia

Podemos entender los propósitos de la iglesia en términos de ministerio a Dios, ministerio a los creyentes, el ministerio al mundo.

1. Ministerio a Dios: Adoración. En relación a Dios el propósito de la iglesia es adorarle. Pablo dice a la iglesia de Colosas: «Canten salmos, himnos y canciones espirituales a Dios, con gratitud de corazón» (Col 3:16). Dios nos ha destinado y señalado en Cristo para que «seamos para alabanza de su gloria» (Ef 1:12). La adoración en la iglesia no es meramente una preparación para algo más: es en sí misma cumplir el propósito principal de la iglesia con referencia a su Señor. Por eso Pablo puede seguir una exhortación de que debemos «aprovecha[r] al máximo cada momento oportuno» con un mandamiento de ser llenos del Espíritu y entonces decir: «Canten y alaben al Señor con el corazón» (Ef 5:16-19).

2. Ministerio a los creyentes: Nutrir. Según la Biblia la iglesia tiene una obligación de nutrir a los que ya son creyentes y edificarlos a la madurez en la fe. Pablo dijo que su propia meta no era simplemente llevar a las personas a la fe inicial que salva sino «presentar *perfecto en Cristo Jesús* a todo hombre» (Col 1:28, RVR). Le dijo a la iglesia de Éfeso que Dios dio a la iglesia personas dotadas «a fin de capacitar al pueblo de Dios para la obra de servicio, *para edificar el cuerpo de Cristo*. De este modo, todos llegaremos a la unidad de la fe y del conocimiento del Hijo de Dios, a una humanidad perfecta que se conforme a la plena estatura de Cristo» (Ef 4:12-13). Es claramente contrario al patrón del Nuevo Testamento pensar que nuestra única meta con las personas es llevarlas a la fe inicial que salva. Nuestra meta como iglesia debe ser presentar a Dios a todo creyente «perfecto en Cristo» (Col 1:28).

---

[29]Una conclusión similar la expresó J. Gresham Machen ya en 1923: «La Iglesia de Roma puede representar una perversión de la religión cristiana; pero el liberalismo naturalista no es cristianismo para nada» (*Christianity and Liberalism*, [Eerdmans, Grand Rapids, 1923], p. 52).

[30]En el próximo capítulo consideraremos la cuestión de la pureza de la iglesia. Aunque los creyentes no se deben asociar voluntariamente con una iglesia falsa, debemos reconocer que entre las verdaderas iglesias hay iglesias más puras y menos puras (ver consideración en el capítulo 45, abajo). También es importante notar aquí que algunas denominaciones protestantes de teología liberal pueden tener muchas iglesias falsas dentro de la denominación (iglesias en donde no se predica ni se oye el evangelio) y todavía tener algunas congregaciones locales que predican el evangelio clara y fielmente y son verdaderas iglesias.

3. Ministerio al mundo: Evangelización y misericordia. Jesús les dijo a sus discípulos: «hagan discípulos de todas las naciones» (Mt 28:19). Esta obra evangelizadora de declarar el evangelio es el ministerio primario de la iglesia hacia el mundo.[31] Sin embargo, acompañando a la obra de evangelización también está un ministerio de misericordia; misericordia que incluye atender en el nombre del Señor a los pobres y necesitados. Aunque el énfasis del Nuevo Testamento es dar ayuda material a los que son parte de la iglesia (Hch 11:29; 2 Co 8:4; 1Jn 3:17), con todo hay una afirmación de que es correcto ayudar a los no creyentes aunque ellos no respondan con gratitud o aceptación del mensaje del evangelio. Jesús nos dice:

> Ustedes, por el contrario, amen a sus enemigos, háganles bien y denles prestado sin esperar nada a cambio. Así tendrán una gran recompensa y serán hijos del Altísimo, porque *él es bondadoso con los ingratos y malvados.* Sean compasivos, así como su Padre es compasivo (Lc 6:35-36).

El punto de la explicación de Jesús es que debemos imitar a Dios al ser bondadosos por igual con los que son ingratos y egoístas. Es más, tenemos el ejemplo de Jesús que no intentó sanar sólo a los que lo aceptaron como Mesías. Más bien, cuando grandes multitudes vinieron a él, «él puso las manos *sobre cada uno de ellos* y los sanó» (Lc 4:40). Esto debería animarnos a realizar obras de bondad, y orar por sanidad y otras necesidades, en la vida de los que no son creyentes tanto como de los creyentes. Tales ministerios de misericordia al mundo también pueden incluir participación en actividades cívicas o intentar influir en las políticas del gobierno para hacerlas más consistentes con los principios morales bíblicos. En aspectos en que hay una injusticia sistemática manifestada en el tratamiento de los pobres o de minorías étnicas o religiosas, la iglesia también debería orar y, según se presente la oportunidad, hablar contra tal injusticia. Todos estos son maneras en las que la iglesia puede suplementar su ministerio evangelizador al mundo y en verdad adornar el evangelio que profesa. Pero tales ministerios de misericordia al mundo nunca deben llegar a ser sustituto de una evangelización genuina o de los otros aspectos de ministerio a Dios y a los creyentes mencionados arriba.

4. Cómo mantener en equilibrio estos propósitos. Una vez que hemos mencionado estos tres propósitos para la iglesia alguien puede preguntar: ¿cuál es el más importante? O tal vez algún otro pudiera preguntar: ¿podríamos descuidar alguno de estos tres como menos importante que los otros?

A eso debemos responder que el Señor ordena en la Biblia todos los tres propósitos de la iglesia; por consiguiente, los tres son importantes y no se puede descuidar ninguno. Es más, una iglesia fuerte tendrá ministerios efectivos en todos estos tres aspectos. Debemos evitar cualquier intento de reducir los propósitos de la iglesia a sólo uno de estos tres y decir que debería ser nuestro enfoque primario. En verdad, tales intentos de hacer primario uno de estos propósitos siempre resultarán en algún descuido de los otros dos. Una iglesia que hace énfasis sólo en la

---

[31]No es mi intención decir que la evangelización es más importante que la adoración o el ministerio al creyente, sino que es nuestro ministerio principal para con el mundo.

adoración acabará con enseñanza bíblica inadecuada de los creyentes y sus miembros permanecerán con superficialidad en su comprensión de las Escrituras e inmaduros en sus vidas cristianas. Si también empieza a descuidar la evangelización la iglesia dejará de crecer en su influencia a otros, se volverá egocéntrica y a la larga empezará a marchitarse.

Una iglesia que pone la edificación de los creyentes como el propósito que toma preferencia sobre los otros dos tenderá a producir creyentes que saben mucha doctrina bíblica pero que cuyas vidas espirituales son secas porque conocen muy poco del gozo de adorar a Dios o de hablarles a otros en cuanto a Cristo.

Pero una iglesia que pone en la evangelización tal prioridad que hace que los otros dos propósitos queden en el descuido también terminará con creyentes inmaduros que hacen énfasis en el crecimiento en números pero que tienen menos y menos genuino amor a Dios expresado en su adoración, y menos y menos madurez doctrinal y santidad personal en sus vidas. Una iglesia saludable debe recalcar continuamente los tres propósitos.

Sin embargo, *los individuos* son diferentes de la iglesia al poner una prioridad relativa en uno u otro de los propósitos de la iglesia. Debido a que somos como un cuerpo con diversos dones espirituales o capacidades, es correcto que pongamos más de nuestro énfasis en el cumplimiento del propósito de la iglesia que está más estrechamente relacionado a los dones e intereses que Dios nos ha dado. Ciertamente no hay obligación que todo creyente intente dar exactamente un tercio de su tiempo en la iglesia a la oración, otro tercio a cultivar otros creyentes, y un tercio a la evangelización y obras de misericordia . Alguien con el don de evangelización debería por supuesto pasar algún tiempo en adoración y cuidando a otros creyentes, pero puede acabar dedicando la vasta mayoría de su tiempo en obra evangelizadora. Alguien que es un dirigente talentoso de adoración puede acabar dedicando el 90 por ciento de su tiempo en la iglesia a la preparación y dirección de la adoración. Es solamente apropiada respuesta a la diversidad de dones que Dios nos ha dado.

PREGUNTAS PARA APLICACIÓN PERSONAL

1. Al pensar en la iglesia como la comunión invisible de todos los verdaderos creyentes todo el tiempo, ¿cómo afecta eso la manera en que usted piensa de sí mismo como creyente individual? En la comunidad en que vive, ¿hay mucha unidad visible entre creyentes genuinos (es decir, ¿hay mucha evidencia visible de la verdadera naturaleza de la iglesia invisible?)? ¿Dice algo el Nuevo Testamento respecto al tamaño ideal de una iglesia individual?

2. ¿Consideraría usted a la iglesia en que está ahora como una iglesia verdadera? ¿Alguna vez ha sido miembro de una iglesia que usted pensaría que es una iglesia falsa? ¿Piensa usted que se hace algún daño cuando los creyentes evangélicos continúan dando la impresión de que piensan que las iglesias protestantes de teología liberal son verdaderas iglesias cristianas? Visto desde la perspectiva del juicio final, ¿qué bien o qué daño puede surgir si no decimos que pensamos que las iglesias no creyentes son iglesias falsas?

3. ¿Le da alguna de las metáforas de la iglesia un nuevo aprecio por la iglesia a la que asiste al presente?

4. ¿A qué propósito de la iglesia piensa usted que puede contribuir más eficazmente? ¿Respecto a qué propósito ha puesto Dios en su corazón un fuerte deseo de contribuir?

TÉRMINOS ESPECIALES

cuerpo de Cristo	iglesia invisible
ekklesía	iglesia visible
iglesia	marcas de la iglesia

BIBLIOGRAFÍA

(Para una explicación de esta bibliografía vea la nota sobre la bibliografía en el capítulo 1, p. 40. Datos bibliográficos completos se pueden encontrar en las páginas 1297-1306.)

Secciones en Teologías Sistemáticas Evangélicas

1. Anglicana (episcopal)
   - 1882–92   Litton, 363–86
   - 1930   Thomas, 265–80
2. Arminiana (wesleyana o metodista)
   - 1875–76   Pope, 3:259–87
   - 1892–94   Miley, 2:385–94
   - 1940   Wiley, 3:103–17, 126–27
   - 1960   Purkiser, 393–408
   - 1983   Carter, 2:571–613
3. Bautista
   - 1767   Gill, 2:558–74
   - 1887   Boyce, 1:418–22
   - 1907   Strong, 887–94
   - 1976–83   Henry, 4:524–92
   - 1983–85   Erickson, 1025–68
4. Dispensacional
   - 1947   Chafer, 4:30–153
   - 1949   Thiessen, 305–13, 326–32
   - 1986   Ryrie, 391–404, 435–36
5. Luterana
   - 1917–24   Pieper, 3:397–425
   - 1934   Mueller, 541–56
6. Reformada (o presbiteriana)
   - 1559   Calvin, 2:1009–52 (4.1–2)
   - 1861   Heppe, 657–70
   - 1937–66   Murray, *CW*, 1:231–52; *CW*, 2:321–36

    1938   Berkhof, 555–78
    1962   Buswell, 2:216–26; 1:418–24
 7. Renovada (o carismática o pentecostal)
    1988–92   Williams, 3:15–157

Secciones en Teologías Sistemáticas Católico Romanas Representativas

 1. Católica Romana: tradicional
    1955   Ott, 270–324
 2. Católica Romana: Post Vaticano II
    1980   McBrien, 2:565–730

Otras obras

Banks, Robert J. *Paul's Idea of Community: The Early House Churches in Their Historical Setting.* Eerdmans, Grand Rapids, 1980.

Bannerman, James. *The Church of Christ.* Mack Publishing, Cherry Hill, N.J., 1972. (First published in 1869.)

Berkouwer, G. C. *The Church.* Trad. por James E. Davidson. Eerdmans, Grand Rapids, 1976.

Bock, Darrell L., y Craig A. Blaising, eds. *Progressive Dispensationalism.* Victor, Wheaton, 1993.

Carson, D. A., ed. *Biblical Interpretation and the Church: Text and Context.* Paternoster, Exeter. 1984.

_____. *The Church in the Bible and the World.* Baker, Grand Rapids, y Paternoster, Exeter, 1987.

Clowney, Edmund. «Church». En *NDT,* pp. 140–43.

_____. *The Doctrine of the Church.* Presbyterian and Reformed, Philadelphia, 1969.

Feinberg, John S., ed. *Continuity and Discontinuity: Perspectives on the Relationship Between the Old and New Testaments.* Crossway, Wheaton, 1988.

Gaffin, Richard B. «Kingdom of God». En *NDT,* pp. 367–69.

Ladd, George Eldon. «The Kingdom and the Church». En *A Theology of the New Testament.* Eerdmans, Grand Rapids, 1974, pp. 105–19.

Martin, Ralph P. *The Family and the Fellowship: New Testament Images of the Church.* Eerdmans, Grand Rapids, 1979.

Omanson, R. L. «Church, The». En *EDT,* pp. 231–33.

Poythress, Vern. *Understanding Dispensationalists.* Zondervan, Grand Rapids, 1987.

Saucy, Robert. *The Case for Progressive Dispensationalism.* Zondervan, Grand Rapids, 1993.

_____. *The Church in God's Program.* Moody, Chicago, 1972.

Snyder, Howard A. *The Community of the King.* InterVarsity Press, Downers Grove, Ill., 1977.

VanGemeren, Willem. *The Progress of Redemption.* Zondervan, Grand Rapids, 1988.

Watson, David C. *I Believe in the Church.* Eerdmans, Grand Rapids, 1979.

PASAJE BÍBLICO PARA MEMORIZAR

Efesios 4:11-13: *Él mismo constituyó a unos, apóstoles; a otros, profetas; a otros, evangelistas; y a otros, pastores y maestros, a fin de capacitar al pueblo de Dios para la obra de servicio, para edificar el cuerpo de Cristo. De este modo, todos llegaremos a la unidad de la fe y del conocimiento del Hijo de Dios, a una humanidad perfecta que se conforme a la plena estatura de Cristo.*

HIMNO

«Es Cristo de su Iglesia»

1. Es Cristo de su iglesia el fundamento fiel,
Por agua y la Palabra hechura es ella de Él;
Su esposa para hacerla del cielo descendió,
Él la compró con sangre cuando en la cruz murió.

2. De todo pueblo electa, perfecta es en unión;
Ella una fe confiesa, Cristo es su salvación;
Bendice un solo nombre, la Biblia es su sostén,
Con paso firme avanza con gracia y todo bien.

3. En medio de su lucha y gran tribulación
La paz eterna espera con santa expectación;
Pues Cristo desde el cielo un día llamará,
su Iglesia invicta, entonces, con Él descansará.

4. Con Dios, aquí en la tierra, mantiene comunión,
Y con los ya en el cielo forma una sola unión;
Oh, Dios, haz que en sus pasos podamos caminar,
Que al fin contigo, oh Cristo, podamos habitar.

AUTOR: SAMUEL J. STONE, TRAD. J. PABLO SIMÓN
(TOMADO DE EL NUEVO HIMNARIO POPULAR, #306)

Capítulo 45

La pureza y unidad de la iglesia

¿Qué hace a una iglesia más agradable a Dios, o menos?
¿Con qué clase de iglesias debemos cooperar o unirnos?

EXPLICACIÓN Y BASE BÍBLICA

A. Iglesias más puras y menos puras

En el capítulo previo vimos que hay «iglesias verdaderas» e «iglesias falsas». En este capítulo debemos hacer una distinción adicional: hay iglesias *más puras* y *menos puras.*

Este hecho es evidente de una breve comparación de las epístolas de Pablo. Cuando miramos a Filipenses o 1 Tesalonicenses hallamos evidencia del gran gozo de Pablo en estas iglesias y la ausencia relativa de serios problemas doctrinales o morales (ver Flp. 1:3–11; 4:10–16; 1 Ts 1:2–10; 3:6–10; 2 Ts 1:3–4; 2:13; cf. 2 Co 8:1–5). Por otro lado, había toda clase de serios problemas doctrinales o morales en las iglesias de Galacia (Gá 1:6–9; 3:1–5) y Corinto (1 Co 3:1–4; 4:18–21; 5:1–2, 6; 6:1–8; 11:17–22; 14:20–23; 15:12; 2 Co 1:23–2:11; 11:3–5, 12–15; 12:20–13:10). Se podrían dar otros ejemplos, pero debe ser claro que entre las verdaderas iglesias hay iglesias *menos puras* y *más puras.* Esto se puede representar como la figura 45.1.

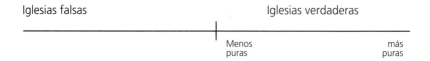

Iglesias falsas   Iglesias verdaderas

Menos puras   más puras

**ENTRE LAS VERDADERAS IGLESIAS HAY IGLESIAS
MENOS PURAS Y MÁS PURAS**
Figura 45.1

B. Definiciones de pureza y unidad

Podemos definir la pureza de la iglesia como sigue: *La pureza de la iglesia es su grado de libertad de doctrina y conducta errónea, y su grado de conformidad con la voluntad revelada de Dios para la iglesia.*

Como veremos en la consideración que sigue, es correcto orar y trabajar por una mayor pureza en la iglesia. Pero la pureza no puede ser nuestra única preocupación, porque de serlo los creyentes tendrán una tendencia a separarse en grupos diminutos de creyentes muy «puros» y tenderán a excluir a todo el que muestre la más ligera desviación en doctrina o conducta de vida. Por consiguiente, el Nuevo Testamento también habla frecuentemente de la necesidad de esforzarse por la *unidad* de la iglesia visible. Esto se puede definir de la siguiente manera: *La unidad de la iglesia es su grado de libertad de divisiones entre verdaderos creyentes.*

La definición especifica «creyentes verdaderos» porque, como vimos en el capítulo previo, hay los que son cristianos sólo de nombre, pero no tienen una genuina experiencia de regeneración por el Espíritu Santo. Con todo, muchos de estos toman el nombre de «cristianos» y muchas iglesias que están llenas con tales no creyentes todavía se llaman iglesias cristianas. No debemos esperar ni esforzarnos por la unidad organizacional o funcional que incluya a todas esas personas, y por consiguiente nunca habrá unidad con todas las iglesias que se llaman «cristianas». Pero, como veremos también en la consideración que sigue, el Nuevo Testamento por cierto nos anima a esforzarnos por la unidad de todos los creyentes verdaderos.

C. Señales de una iglesia más pura

Los factores que hacen «más pura» a una iglesia incluyen:

1. Doctrina bíblica (o predicación correcta de la palabra de Dios).
2. Uso apropiado de los sacramentos (u ordenanzas).
3. Uso apropiado de la disciplina eclesiástica.
4. Adoración genuina.
5. Oración eficaz.
6. Testimonio efectivo.
7. Comunión efectiva.
8. Gobierno bíblico de la iglesia.
9. Poder espiritual en el ministerio.
10. Santidad personal de vida entre los miembros.
11. Cuidado por los pobres.
12. Amor a Cristo.

Puede haber otras señales a más de estas, pero por lo menos estas se pueden mencionar como factores que aumentan la conformidad de una iglesia a los propósitos de Dios. Por supuesto, las iglesias pueden ser más puras en algunos aspectos y menos puras en otros; una iglesia puede tener excelente doctrina y predicación sólida, por ejemplo, y sin embargo ser un desalentador fracaso en el testimonio a otros o en adoración significativa. Una iglesia puede tener un testimonio dinámico y tiempo de adoración que honra grandemente a Dios, pero ser débil en comprensión doctrinal y enseñanza bíblica.

La mayoría de las iglesias tenderán a pensar que los aspectos en los que son fuertes son los aspectos más importantes, y los aspectos en que son débiles son los menos importantes. Pero el Nuevo Testamento nos anima a esforzarnos por la pureza de la iglesia en todos estos aspectos. La meta de Cristo para la iglesia es «*hacerla santa.* Él la purificó, lavándola con agua mediante la palabra, *para presentársela a sí mismo como una iglesia* radiante, sin mancha ni arruga ni ninguna otra imperfección, sino santa e intachable» (Ef 5:26-27). El ministerio de Pablo era «aconsejando y enseñando con toda sabiduría a todos los seres humanos, para presentarlos a todos perfectos en él» (Col 1:28). Es más, Pablo le dice su actitud que los ancianos deben «exhortar a otros con la sana doctrina y refutar a los que se opongan» (Tit 1:9), y dijo que a los falsos maestros «hay que taparles la boca» (Tit 1:11). Judas insta a los creyentes a «que sigan luchando vigorosamente por la fe encomendada una vez por todas a los santos» (Jud 3). El uso apropiado de los sacramentos se ordena en 1 Corintios 11:17-34, y el uso apropiado de la disciplina eclesiástica para proteger la pureza de la iglesia se exige en 1 Corintios 5:6-7, 12-13.

El Nuevo Testamento también menciona una serie de otros factores: debemos esforzarnos por la adoración espiritual (Ef 5:18–20; Col 3:16–17), testimonio eficaz (Mt 28:19–20; Jn 13:34–35; Hch 2:44–47; 1 Jn 4:7), gobierno apropiado de la iglesia (1 Ti 3:1–13), poder espiritual en el ministerio (Hch 1:8; Ro 1:16; 1 Co 4:20; 2 Co 10:3–4; Gá 3:3–5; 2 Ti 3:5; Stg 5:16), santidad personal (1 Ts 4:3; Heb 12:14), cuidado de los pobres (Hch 4:32–35; Ro 15:26; Gá. 2:10), y amor a Cristo (1 P 1:8; Ap 2:4). Es más, todos los creyentes deben «procur[ar] que éstos abunden *para la edificación de la iglesia*» (1 Co 14:12), exhortación que se aplica no sólo a un aumento en el número de miembros de la iglesia, sino también (y en verdad primordialmente) a la «edificación» o crecimiento de la iglesia hacia la madurez cristiana. La fuerza de todos esos pasajes es recordarnos que *debemos esforzarnos por la pureza de la iglesia visible.*

Por supuesto, a fin de trabajar por la pureza de la iglesia, especialmente de la iglesia local de la que somos parte, debemos reconocer que es un proceso, y que cualquier iglesia de la que seamos parte será de alguna manera impura en varios aspectos. No había iglesias perfectas en tiempos del Nuevo Testamento ni habrá iglesias perfectas hasta que Cristo vuelva.[1] Esto quiere decir que los creyentes no tienen obligación de buscar la *iglesia más pura* que puedan hallar y quedarse allí, y luego salir si una iglesia más pura se aparece. Más bien, deben hallar una *iglesia verdadera* en la que puedan tener un ministerio eficaz y en la que encuentren también crecimiento cristiano, y deben quedarse allí y ministrar, continuamente esforzándose por la pureza de esa iglesia. Dios a menudo bendecirá sus oraciones y testimonio fiel y la iglesia gradualmente crecerá en muchos aspectos de pureza.

Pero debemos darnos cuenta de que no todas las iglesias responderán bien a las influencias que les llevarían a una pureza mayor. A veces, a pesar de unos pocos creyentes fieles dentro de una iglesia, su dirección dominante la fijarán otros que están determinados a llevarla en otra dirección. A menos que Dios en su gracia intervenga para dar reforma, algunas de estas iglesias se volverán sectas, y otros simplemente morirán y cerrarán sus puertas. Pero, más comúnmente, estas iglesias simplemente se descarriarán al protestantismo de teología liberal.

Es útil en este punto recordar que el protestantismo clásico de teología liberal es humanístico, y sus enfoques son *primordialmente centrados en el hombre* antes que

---

[1]Esto lo reconoce la Confesión Westminster de Fe: «Las iglesias más puras bajo el cielo están sujetas a mezcla y error» (25.5).

centrados en Dios.[2] Cuando una iglesia empieza a descarriarse de la fidelidad a Cristo, esto será evidente no sólo en el cambio a doctrina impura (que a veces los miembros de la iglesia pueden ocultar mediante el uso del lenguaje evasivo) sino también en la vida diaria de la iglesia: sus actividades, su predicación, su asesoramiento, e incluso las conversaciones entre los miembros tenderán a ser más y más centradas en el hombre y menos y menos centradas en Dios. Esto tenderá a ser un énfasis repetido de las clases típicas de consejo de autoayuda que dan las revistas populares y los psicólogos seculares. Habrá una orientación horizontal en oposición a una orientación vertical o centrada en Dios; habrá menos y menos tiempos extendidos de oración, y menos y menos énfasis en la aplicación directa de la Biblia a situaciones diarias, pero más énfasis en simplemente ser una persona cariñosa y sensible, y en afirmar a otros y actuar con amor hacia ellos. La conversación y actividades de la iglesia tendrá muy poco contenido genuinamente espiritual; poco énfasis en la necesidad de oración diaria por preocupaciones individuales y por el perdón de los pecados, escaso énfasis en la lectura personal diaria de la Biblia, y escaso énfasis en una confianza en Cristo momento tras momento y conocer la realidad de su presencia en nuestras vidas. En donde hay amonestaciones a reforma moral, estas a menudo se verán como deficiencias humanas que las personas pueden corregir por disciplina y esfuerzo propios, y tal vez el estímulo de otros, pero estos aspectos morales de la vida no se verán primordialmente como pecado contra un Dios santo, pecado que se puede vencer efectivamente sólo por el poder del Espíritu Santo obrando desde adentro. Cuando tal énfasis humanístico se vuelve dominante en una iglesia, se ha alejado hacia el extremo «menos puro» de la escala en muchos de los aspectos mencionados arriba, y se mueve en dirección a convertirse en una iglesia falsa.

D. La enseñanza del Nuevo Testamento sobre la unidad de la iglesia

Hay un fuerte énfasis en el Nuevo Testamento en la unidad de la iglesia. La meta de Jesús es que «habrá *un solo rebaño y un solo pastor*» (Jn 10:16), y él ora que todos los futuros creyentes «que todos sean uno» (Jn 17:21). Esta unidad será un testimonio a los no creyentes, porque Jesús ora: «Permite que alcancen *la perfección en la unidad, y así el mundo reconozca que tú me enviaste* y que los has amado a ellos tal como me has amado a mí» (Jn 17:23).

Pablo le recuerda a los corintios que son «llamados a ser su santo pueblo, *junto con todos los que en todas partes invocan el nombre de nuestro Señor Jesucristo*, Señor de ellos y de nosotros» (1 Co 1:2). Luego Pablo escribe a Corinto: «Les suplico, hermanos, en el nombre de nuestro Señor Jesucristo, que *todos vivan en armonía* y que no haya divisiones entre ustedes, sino *que se mantengan unidos* en un mismo pensar y en un mismo propósito» (1 Co 1:10; cf. v. 13).

Les anima a los Filipenses: «llénenme de alegría teniendo un mismo parecer, un mismo amor, *unidos en alma y pensamiento*» (Flp 2:2). Les dice a los efesios que los creyentes deben «mantener *la unidad* del Espíritu mediante el vínculo de la paz» (Ef 4:3), y que el Señor da dones a la iglesia «a fin de capacitar al pueblo de Dios

---

[2]Ver el impresionante y preciso análisis por J. Gresham Machen, *Christianity and Liberalism* (reimp. ed., Eerdmans, Grand Rapids, 1968; primero publicada en 1923), esp. pp. 64–68.

para la obra de servicio, para edificar el cuerpo de Cristo. De este modo, *todos llega-remos a la unidad de la fe y del conocimiento del Hijo de Dios,* a una humanidad perfecta que se conforme a la plena estatura de Cristo» (Ef 4:12-13).

Pablo puede *ordenarle* a la iglesia a vivir en unidad porque ya hay una unidad espiritual *real* en Cristo que existe entre creyentes genuinos. Dice: «Hay un solo cuerpo y un solo Espíritu, así como también fueron llamados a una sola esperanza; un solo Señor, una sola fe, un solo bautismo; un solo Dios y Padre de todos, que está sobre todos y por medio de todos y en todos» (Ef 4:4-6), y aunque el cuerpo de Cristo consiste de muchos miembros, todos esos miembros son «*un cuerpo*» (1 Co 10:17; 12:12-26).

Debido a que son celosos para proteger esta unidad de la iglesia, los escritores del Nuevo Testamento dan fuertes advertencias contra los que causan divisiones:

> Les ruego, hermanos, que se cuiden de los que causan divisiones y dificultades, y van en contra de lo que a ustedes se les ha enseñado. Apártense de ellos. Tales individuos no sirven a Cristo nuestro Señor, sino a sus propios deseos. Con palabras suaves y lisonjeras engañan a los ingenuos (Ro 16:17-18).

Pablo se opuso a Pedro de frente porque él se separó de los creyentes gentiles y empezó a comer sólo con creyentes judíos (Gá 2:11-14). Los que promueven «discordia, . . . disensiones, sectarismos . . . no heredarán el reino de Dios.» (Gá 5:20-21). Y Judas advierte que los que «causan divisiones . . . se dejan llevar por sus propios instintos, pues no tienen el Espíritu» (Jud 19).

Consistente con este énfasis del Nuevo Testamento en la unidad de los creyentes es el hecho de que los mandamientos directos de *separarse* de otros siempre son mandamientos a separarse *de los no creyentes* y no de los creyentes con quienes uno está en desacuerdo. Cuando Pablo dice: «Salgan de en medio de ellos y apártense» (2 Co 6:17), es en respaldo a su mandamiento inicial de esa sección: «No formen yunta con los incrédulos» (2 Co 6:14). Y Pablo le dice a Timoteo: «¡Con esa gente ni te metas!» (2 Ti 3:5), refiriéndose no a creyentes, sino a los no creyentes, los que son «más amigos del placer que de Dios. Aparentarán ser piadosos, pero su conducta desmentirá el poder de la piedad» (2 Ti 3:4-5). Dice que estas personas son «personas de mente depravada, reprobadas en la fe» (2 Ti 3:8). Por supuesto, hay una clase de disciplina eclesiástica que exige separación de un individuo que está causando problemas dentro de la iglesia (Mt 18:17; 1 Co 5:11-13), y puede haber otras razones para que los creyentes concluyan que es precisa la separación,[3] pero es importante notar aquí, al hablar de la unidad de la iglesia, que no hay ningún mandamiento directo en el Nuevo Testamento a separarse de los creyentes con quienes uno tiene diferencias doctrinales (a menos que esas diferencias incluyan herejías tan serias que se niega la fe cristiana en sí misma).[4]

Estos pasajes sobre la unidad de la iglesia nos dicen que, además de esforzarnos por la pureza de la iglesia visible, *también debemos esforzarnos por la unidad de la*

---

[3]Ver la explicación de las razones de la separación en la sección F. abajo, pp. 925-28.

[4]2 Juan 10 prohíbe a los creyentes darle la bienvenida a los maestros heréticos itinerantes que no proclaman el evangelio verdadero; ver explicación abajo.

iglesia visible. Sin embargo, debemos darnos cuenta de que tal unidad no exige en realidad un solo gobierno mundial de la iglesia sobre todos los creyentes. Es más, la unidad de los creyentes a menudo se demuestra muy efectivamente mediante la cooperación voluntaria y afiliación entre grupos cristianos. Todavía más, diferentes tipos de ministerios y diferentes énfasis en el ministerio pueden resultar en organizaciones diferentes, todas bajo la cabeza universal de Cristo como Señor de la iglesia. Por consiguiente, la existencia de diferentes denominaciones, juntas misioneras, instituciones educativas cristianas, ministerios universitarios, y cosas por el estilo no necesariamente son una marca de desunión en la iglesia (aunque en algunos casos pudiera serlo), porque puede haber una gran cantidad de cooperación y demostraciones frecuentes de unidad entre cuerpos tan diversos como estos. (Pienso que el término moderno *organización paraeclesiástica* es desdichado, porque implica que estas organizaciones de alguna manera están «al lado» y por consiguiente «fuera de» la iglesia, en tanto que en realidad son simplemente partes diferentes de una sola iglesia universal). Todavía más, muchos creyentes aducen que *no debería haber* un gobierno mundial de la iglesia, porque el patrón del Nuevo Testamento del gobierno de la iglesia nunca muestra a los ancianos teniendo autoridad sobre algo más que sus propias publicaciones locales (ver capítulo 47 abajo). Es más, incluso en el Nuevo Testamento los apóstoles convinieron que Pablo debía recalcar la obra misionera a los gentiles en tanto que Pedro recalcaría la obra misionera a los judíos (Gá 2:7), y Pablo y Bernabé se fueron por caminos separados por un tiempo debido a un desacuerdo sobre si debían llevar a Marcos con ellos (Hch 15:39-40), aunque ciertamente tenían unidad en todo otro sentido.[5]

E. Breve historia de la separación organizacional en la iglesia

A veces hay razones por la que la unidad externa o visible de la iglesia no se puede mantener. Un breve estudio de la historia de la separación organizacional de la iglesia puede destacar algunas de estas razones,[6] y ayudar a explicar de dónde surgieron las divisiones denominacionales del día presente.

Durante los primeros mil años de la iglesia cristiana hubo en su mayoría unidad externa. Hubo algunas divisiones menores durante controversias con grupos como los montañistas (siglo segundo) y los donatistas (siglo cuarto), y hubo una separación menor de algunas iglesias monofisistas (siglos quinto y sexto), pero el sentimiento prevaleciente era de fuerte oposición a la división en el cuerpo de Cristo. Por ejemplo, Ireneo, obispo del segundo siglo, dijo de los que causan divisiones en la iglesia: «Ninguna reforma capaz de ser efectuada por ellos será de gran importancia lo suficiente para compensar el daño que surge de su cisma» (*Against Heresies,* 4.33.7).

---

[5]La Biblia deja entrever que Pablo tenía razón y Bernabé no en esta controversia, puesto que nos dice que Pablo y Silas dejaron Antioquía «Después de que los hermanos lo encomendaron a la gracia del Señor» (Hch 15:40), en tanto que no se dice nada similar respecto a Bernabé. Este incidente simplemente se anota en Hechos pero no es evidencia fuerte para la propiedad de la diversificación del ministerio, puesto que el informe de un «conflicto tan serio» (v. 39) entre Pablo y Bernabé indica que no debemos verlos como enteramente libres de falta.

[6]Desde este punto y hasta el fin del capítulo mucho del material se ha tomado del artículo «Separation, Ecclesiastical» por Wayne Grudem, preparado para *The Tyndale Encyclopedia of Christian Knowledge,* (Tyndale House, Wheaton, Ill., copyright 1971, pero nunca publicado). Usado con permiso.

La primera división seria de la iglesia surgió en el año 1054 d.C. cuando la iglesia oriental (ahora ortodoxa) se separó de la iglesia occidental (católico romana). La razón fue que el papa había cambiado un credo de la iglesia simplemente por autoridad propia,[7] y la iglesia oriental protestó porque no tenía derecho de hacerlo.

La Reforma en el siglo 16 entonces separó a la iglesia occidental en las ramas católico romana y protestante, sin embargo a menudo hubo una fuerte renuencia a causar división formal. Martín Lutero quería reformar la iglesia sin dividirla, pero fue excomulgado en 1521. La iglesia anglicana (episcopal) no se separó de Roma, sino que fue excomulgada en 1570; así que ella puede decir: «Sufrimos cisma, no lo causamos». Por otro lado, hubo muchos protestantes, especialmente entre los anabaptistas, que querían formar iglesias de creyentes solamente, y empezaron tan temprano como en 1525 a formar iglesias separadas en Suiza y luego en otras partes de Europa.

En los siglos que siguieron a la Reforma, el protestantismo se dividió en cientos de grupos más pequeños. Algunos dirigentes de los nuevos grupos lamentaron tales divisiones: Juan Wesley, aunque fue el fundador del metodismo, afirmó que vivió y murió como miembro de la iglesia anglicana. A menudo fue cuestiones de conciencia o de libertad religiosa lo que llevó a las divisiones, como con los puritanos y muchos grupos pietistas. Por otro lado, a veces diferencias de lenguaje entre grupos de inmigrantes en los Estados Unidos condujo a la fundación de iglesias separadas.

¿Han sido siempre apropiadas las razones para la separación en diferentes organizaciones y denominaciones? Aunque casi siempre han habido fuertes diferencias teológicas en las divisiones principales de la iglesia, me temo que demasiado a menudo, especialmente en la historia más reciente, los motivos reales para empezar o mantener separación han sido egoístas, y que Juan Calvino puede haber tenido razón al decir: «El orgullo y la auto glorificación es la causa y punto de arranque de todas las controversias, cuando cada persona, irrogándose más de lo que le corresponde por derecho, ansía sujetar a otros bajo su poder».[8] Todavía más, dice: «La ambición ha sido, y todavía lo es, la madre de todos errores, de todas las confusiones y de todas las sectas».[9]

A mediados del siglo veinte el movimiento ecuménico procuró una mayor unidad organizacional entre las denominaciones, pero sin ningún éxito que valga la pena notar. No recibió absolutamente ninguna aprobación de corazón o respaldo de los evangélicos. Por otro lado, desde la década de los sesenta, el crecimiento del movimiento carismático a través de todas las líneas denominacionales, el surgimiento de grupos de barrio para estudio bíblico y oración, y una (lamentable) consciencia doctrinal disminuida entre los laicos, ha producido un asombroso aumento en la unidad real de la comunión; aun entre protestantes y católico romanos, a nivel local.

Aunque los párrafos previos hablan de separación en el sentido de (1) la formación de *organizaciones separadas,* hay otras dos clases, más severas, de separación

---

[7]Ver la consideración de la cláusula *filioqué* en el capítulo 14, pp. 255-56.
[8]Comentario sobre 1Co 4:6.
[9]Comentario sobre Nm 12:1.

que se deben mencionar: (2) *«No cooperación»*: en este caso una iglesia u organización cristiana rehúsa cooperar en actividades conjuntas con otras iglesias (actividades tales como campañas de evangelización, o cultos conjuntos de adoración, o reconocimiento mutuo de la ordenación). (3) *«No compañerismo personal»*: esto incluye evitar estrictamente al extremo todo compañerismo personal con los miembros de otra iglesia, y prohíbe toda oración conjunta o estudio bíblico, y a veces incluso el contacto social ordinario, con miembros de otro grupo de otra iglesia. Consideraremos las razones posibles para estas clases de separación en la sección que sigue.

F. Razones de la separación

Al examinar los motivos que la gente ha tenido para la separación de la iglesia en toda la historia, y al comparar esos motivos con las exhortaciones del Nuevo Testamento de que procuremos tanto la unidad como la pureza de la iglesia visible, podemos hallar *razones tanto correctas como erradas para la separación*. Las razones erradas incluirían cosas tales como la ambición personal y el orgullo, o diferencias sobre doctrinas o prácticas menores (patrones doctrinales o de conducta que no afectarían ninguna otra doctrina y que no habrían tenido algún efecto significativo en la manera en que uno vive la vida cristiana).[10]

Por otro lado, hay algunas razones para la separación que podríamos considerar como correctas (o posiblemente correctas, dependiendo de las circunstancias específicas). En la mayoría de los casos estas razones brotarán de la necesidad de esforzarse por la pureza de la iglesia tanto como por su unidad. Estas razones para la separación se pueden considerar en tres categorías: (1) razones doctrinales, (2) razones de conciencia, y (3) consideraciones prácticas. En la sección que sigue menciono algunas situaciones en donde me parece que los creyentes *se verían precisados* a dejar una iglesia. Luego menciono algunas otras situaciones que me parecen menos claras, en los que algunos creyentes puede pensar que es *sabio* dejar la iglesia, y otras que yo pensaría que son *no sabias*. En estos casos menos claros generalmente no he derivado ninguna conclusión, sino que sencillamente menciono las clases de factores que los creyentes querrán considerar.

1. Razones doctrinales. La necesidad para separarse puede surgir cuando a la posición doctrinal de una iglesia se desvía de una manera seria de las normas bíblicas. Esta desviación puede ser en declaraciones oficiales o en creencia y práctica real, hasta donde se pueda determinar. Pero ¿cuándo una desviación doctrinal se vuelve tan seria que requiera separarse de una iglesia o formar una iglesia separada? Como hemos notado arriba, no hay mandamientos en el Nuevo Testamento para separarse de ninguna iglesia verdadera, en tanto y en cuanto ella siga siendo parte del cuerpo de Cristo. La respuesta de Pablo incluso para las personas en iglesias en error (incluso en iglesias como la de Corinto, que toleraba serio error doctrinal y moral, y por un tiempo toleró a algunos que rechazaban la autoridad apostólica de Pablo) no es decirles a los creyentes fieles que se separen de esas iglesias, sino que

---

[10]Ver capítulo 1, pp. 29-30, sobre las diferencias entre doctrinas principales y doctrinas menores.

amonesta a las iglesias, aboga por su arrepentimiento y ora por ellas. Por supuesto que hay mandatos para disciplinar a los que causan problemas dentro de la iglesia, a veces excluyéndolos de la comunión de la iglesia (1 Co 5:11-13; 2 Ts 3:14-15; Tit 3:10-11), pero no hay instrucciones de salir de la iglesia y causar división si esto no se puede hacer de inmediato (ver Ap 2:14-16, 20-25; cf. Lc 9:50; 11:23).

Segunda de Juan 10-11, que prohíbe recibir a los falsos maestros, da la declaración tal vez más fuerte de todo el Nuevo Testamento: «no lo reciban en casa ni le den la bienvenida, pues quien le da la bienvenida se hace cómplice de sus malas obras». Pero se debe notar que tal visitante está enseñando una herejía seria en cuanto a la persona de Cristo, que impide a las personas tener fe que salva. (Juan está hablando de cualquiera que «no permanece en la enseñanza de Cristo» y «no tiene a Dios» [v. 9]). Todavía más, este versículo se refiere a los maestros falsos, y no a todos los individuos que sostienen creencias falsas, porque habla de alguien que viene a uno y «no lleva esta enseñanza» (v. 10; cf. v. 7: «Es que han salido por el mundo muchos engañadores que no reconocen que Jesucristo ha venido en cuerpo humano. El que así actúa es el engañador y el anticristo»). Juan incluso usa la palabra *anticristo* para tales maestros. Finalmente, la bienvenida que Juan tiene en mente se refiere bien sea a una bienvenida oficial de la iglesia o una que daría la apariencia de endoso de esta doctrina, porque la prohibición habla de alguien que *«los visita y no lleva esta enseñanza»* (v. 10), lo que sugiere que la persona que se considera es un maestro viajero que viene no a un lugar individual sino que se dirige a la iglesia como un todo.[11]

En base al principio de separación de los no creyentes o de error fundamental que incluye la negación de la fe cristiana, parece que a los creyentes *se les requiere* en base doctrinal separarse de una iglesia y unirse o formar una nueva organización sólo cuando el error doctrinal es tan serio y tan extendido que la iglesia madre *se ha convertido en una iglesia falsa* que ya no es parte del cuerpo de Cristo. Esto sería una iglesia que ya no es una comunión de verdaderos creyentes, ya no es parte verdadera del cuerpo de Cristo, ya no es un lugar en donde los que creen sus enseñanzas hallarían la salvación.[12] En caso de dejar una falsa iglesia, los que se separan afirmarían que en verdad no han *dejado* la iglesia verdadera, sino que ellos *son* la iglesia verdadera, y que la organización madre se ha alejado debido a su error. De hecho, tanto Lutero y Calvino a la larga dijeron que la Iglesia Católica Romana no era una iglesia verdadera.

Sin embargo, incluso cuando la separación o retiro no es absolutamente requerido, muchos creyentes pueden hallar que es *sabio* o *conveniente* separarse antes de que la iglesia se haya convertido en una iglesia falsa, sino cuando ocurre seria desviación doctrinal. Por ejemplo, algunos aducirían que la desviación doctrinal se ha vuelto intolerable cuando algún dirigente de la iglesia puede promover nociones heréticas sobre doctrinas principales (tales como la Trinidad, la persona de Cristo, la expiación, la resurrección, etc.) sin que se lo sujete a disciplina eclesiástica o exclusión de la comunión de la iglesia. En otros casos muchos dirían que la

---

[11]Ver la consideración en John Stott, *The Epistles of John*, TNTC (Tyndale Press, Londres, 1964), pp. 212–15.

[12]Después de decir que «las iglesias puristas bajo el cielo están sujetas tanto a mezcla como error», la Confesión Westminster de fe añade: «y algunas se han degenerado tanto, como para llegar a ser no iglesias de Cristo, sino sinagogas de Satanás» (25.5).

separación debe ocurrir cuando la iglesia como un cuerpo públicamente aprueba algún error serio doctrinal o moral (tal como endosar un error doctrinal en un credo de la iglesia o declaración de fe). Sin embargo, otros creyentes no pensarían que la separación es sabia o conveniente en tales casos, sino que abogarían por obrar y esforzarse por el avivamiento y reforma dentro de la iglesia, y dar declaraciones públicas claras de desacuerdo con cualquier error doctrinal que ha sido tolerado. En tales casos, los que deciden quedarse y los que deciden que deben salir deben reconocer que Dios puede llamar a creyentes diferentes a diferentes papeles y ministerios, y por consiguiente a decisiones diferentes, y haríamos bien en dar considerable libertad a otros para que busquen la sabiduría de Dios en tal caso y la obedezcan en sus propias vidas de la mejor forma que la entiendan.

2. Cuestiones de conciencia. En el aspecto de la conciencia, si el creyente no tiene libertad para predicar o enseñar según le dicta su conciencia, informada por las Escrituras, se podría pensar que la separación fue necesaria o por lo menos sabia. Pero precaución y gran humildad están en orden aquí: el juicio individual puede ser distorsionado, especialmente si no lo informa el consenso de creyentes fieles en toda historia, y el consejo de creyentes al presente.

Todavía más, el mandamiento de 2 Corintios 6:14 de no formar yunta con los no creyentes podría también requerir que la persona se separe si la iglesia madre llega a estar tan dominada por los que no dan evidencia de fe que salva que tal «formar yunta» no se podría evitar. En este pasaje la prohibición en contra de «formar yunta» con no creyentes prohíbe, no la mera asociación o incluso aceptación de ayuda (cf. Lc 9:50, pero también 3 Jn 7), sino más bien *el severo control sobre las actividades de uno y la pérdida de libertad para actuar en obediencia a Dios* por estas restricciones es lo que se implica en la metáfora de «formar yunta». Algunos también podrían hallar necesario, o por lo menos sabio, dejar una iglesia en base a la conciencia si quedarse implicaría aprobación de alguna doctrina o práctica no bíblicas dentro de la iglesia, y por ello animaría a otros a seguir esa doctrina o práctica errada. Pero otros pensarían que es correcto quedarse en la iglesia y expresar su desaprobación de la doctrina defectuosa.

En otros casos, algunos han aducido que es preciso dejar una denominación cuando una autoridad gobernante más alta de esa denominación, que uno ha prometido obedecer, ordena una acción que es claramente pecado (es decir, una acción que es claramente contraria a la Biblia). En tal caso algunos dirían que salir de la dominación es la única manera de evitar bien sea hacer el acto de pecado que se ordena o el acto de pecado de desobediencia a los que están en autoridad. Pero esto no parece ser un requisito necesario, porque se podrían citar muchos pasajes bíblicos que muestran que la desobediencia a una autoridad más alta no es un error cuando lo que se ordena es pecar (ver Hch 5:29; Dn 3:18; 6:10), y que uno puede desobedecer pero continuar en la iglesia madre hasta que lo obliguen a salir.

3. Consideraciones prácticas. Los creyentes pueden decidir separarse de una iglesia madre si, después de considerarlo en oración les parece que quedarse en la iglesia madre probablemente resultará en más daño que bien. Esto podría ser debido a que la obra del Señor se frustraría y sería ineficaz debido a la oposición a ella desde dentro de la iglesia madre, o debido a que hallarían poca o ninguna comunión con otros en esa iglesia. Es más, algunos pueden llegar a la conclusión de que quedarse en la iglesia haría daño a la fe de otros creyentes o estorbaría a los no creyentes venir a la fe verdadera debido a su permanencia en la iglesia madre parecería implicar aprobación de la enseñanza falsa dentro de esa iglesia. De nuevo, los creyentes pueden hallarse en situaciones en las que han orado y se han esforzado por el cambio por algún tiempo, pero parece que no hay ninguna esperanza razonable de cambio en la iglesia madre, tal vez porque el grupo actual de liderazgo se resiste a la corrección de las Escrituras, está firmemente atrincherado, y se perpetúa a sí mismo. En todas estas situaciones se requerirá mucha oración y juicio maduro, porque retirarse de una iglesia, especialmente de parte de aquellos que han estado allí un largo tiempo o tienen funciones establecidas de liderazgo en la iglesia, es una acción seria.

4. ¿Hay ocasiones cuando se prohíbe la cooperación y comunión personal? Finalmente, ¿cuándo deben los creyentes dar pasos más fuertes que los mencionados arriba y participar en la clase de separación que anteriormente llamamos «no cooperación» o «no comunión personal»? Los pasajes bíblicos que hemos visto parecen exigir que los creyentes practiquen «no cooperación» en ciertas actividades con otro grupo sólo cuando el otro grupo es no creyente, y entonces, parece, sólo cuando el grupo no creyente participa del control de la actividad (esto se implica en la metáfora de estar «formando yuntas» en 2 Co 6:14). Por supuesto, tal vez se halle que no es sabio o conveniente en otros terrenos decidir no cooperar en una función en particular, pero no parece que se requiere la no cooperación excepto cuando el otro grupo es no creyente. Por cierto, *la oposición* a actividades tales como campañas de evangelización de parte de otros creyentes verdaderos la verían los autores del Nuevo Testamento como disensión y falta de demostrar la unidad del cuerpo de Cristo.[13]

La tercera clase y más extrema de separación, el evitar toda comunión personal con los miembros de otro grupo entero, nunca se ordena en el Nuevo Testamento. Tal medida extrema de «no comunión» sólo se implica en casos serios de disciplina eclesiástica de individuos, y no en caso de diferencias con iglesias enteras.

PREGUNTAS PARA APLICACIÓN PERSONAL

1. ¿En qué aspectos es su iglesia «más pura»? ¿En qué aspectos piensa usted que es «menos pura»?

2. En una escala de 1 a 10 (1 siendo menos pura; y 10 más pura), ¿en qué punto catalogaría usted a su iglesia en cada una de las categorías que marcan una iglesia más pura?

---

[13]Los autores del Nuevo Testamento probablemente también pensarían trágico que la mayoría de divisiones entre protestantes han resultado o se han mantenido hoy debido a diferencias sobre las doctrinas que reciben el menor énfasis y que menos claramente enseña el Nuevo Testamento, tales como la forma de gobierno de la iglesia, la naturaleza exacta de la presencia de Cristo en la Cena del Señor, los detalles de los tiempos del fin. (Muchos querrán añadir a esta lista: diferencias en cuanto a los candidatos apropiados para el bautismo).

3. ¿Qué piensa usted que debería estar haciendo a fin de procurar una mayor pureza en su propia iglesia? ¿Significa el hecho de que usted reconoce una necesidad específica en la iglesia que Dios lo está llamando a usted (en lugar de a algún otro) para atender esa necesidad?

4. ¿Conoce usted otras iglesias en su área que consideraría más puras que la suya? ¿Por qué razones pensaría usted que es correcto quedarse en su propia iglesia aunque tal vez no sea la iglesia más pura que conoce?

5. ¿Hay marcas de una iglesia más pura que los evangélicos en general de este siglo han dejado por negligencia de recalcar?

6. ¿Piensa usted que desde el primer siglo la iglesia cristiana continuamente ha aumentado en pureza con el tiempo? ¿Puede dar razones específicas en respaldo a su respuesta?

7. Durante su vida, ¿qué señales alentadoras ve de que la iglesia está aumentando en pureza? ¿Qué señales ve usted de que la iglesia está aumentando en unidad?

8. A su modo de pensar, ¿de qué maneras su propia iglesia local podría crecer en unidad entre sus miembros?

9. ¿De qué maneras podría su iglesia demostrar mayor unidad con otras verdaderas iglesias en la misma región geográfica? A su modo de pensar, ¿cuáles son las barreras a esa unidad (si acaso alguna)? ¿De qué manera se podría expresar esa unidad? ¿Cuáles podrían ser los beneficios de tales expresiones de unidad?

10. ¿Está usted en una iglesia en donde se ha preguntado si Dios a lo mejor quiere que salga y se vaya a otra iglesia? Después de leer este capítulo, ¿piensa usted que debería quedarse en su iglesia presente o dejarla? ¿Ha habido algún cambio significativo de mejora en su iglesia en los últimos diez años? Si usted supiera que la iglesia va a seguir sustancialmente igual por los próximos diez años, ¿decidiría quedarse o dejarla ahora?

11. ¿Cuáles son algunas maneras en que la unidad mundial de los verdaderos creyentes ya se expresa y demuestra? ¿Cómo se vería la iglesia de todo el mundo si hubiera una mayor demostración de unidad de la iglesia? ¿Cuál sería el resultado en el mundo como un todo?

12. Si una comunidad ya tiene varias iglesias activas y efectivamente evangélicas, ¿hay alguna justificación para que otra denominación evangélica intente iniciar su propia iglesia en esa comunidad?

13. ¿Piensa usted que estorba la evangelización y el testimonio a la sociedad en general cuando la cultura popular piensa de iglesias no creyentes o falsas y de iglesias creyentes por igual como «cristianas»? ¿Se puede hacer algo para cambiar esta impresión?

14. ¿Cuáles clases de unidad y cooperación se pueden apropiadamente demostrar con los creyentes dentro de la Iglesia Católica Romana hoy? ¿Cuáles son los límites para tal cooperación?

TÉRMINOS ESPECIALES

iglesia occidental   separación
iglesia oriental   unidad de la iglesia
pureza de la iglesia

BIBLIOGRAFÍA

(Para una explicación de esta bibliografía vea la nota sobre la bibliografía en el capítulo 1, p. 40. Datos bibliográficos completos se pueden encontrar en las páginas 1297-1306.)

Secciones en Teologías Sistemáticas Evangélicas

1. Anglicana (episcopal)
   1882–92 Litton, 380–86, 413–18
2. Arminiana (wesleyana o metodista)
   1875–76   Pope, 3:267–79
   1940   Wiley, 3:112–13
   1983   Carter, 2:594–95
3. Bautista
   1983–85   Erickson, 1129–46
4. Dispensacional
              (no se trata explícitamente)
5. Luterana
   1917–24   Pieper, 3:423–27
   1934   Mueller, 556–62
6. Reformada (o presbiteriana)
   1559   Calvin, 2:1011–53 (4.1–2)
   1861   Heppe, 670–72
   1887–1921 Warfield, SSW 1:299–307
   1937–66   Murray, CW 1:269–91; CW 2:321–36
   1962   Buswell, 1:421–24
7. Renovada (o carismática o pentecostal)
   1988–92   Williams, 3:25–35

Secciones en Teologías Sistemáticas Católicas Romanas Representativas

1. Católica Romana: tradicional
   1955   Ott, 290–309
2. Católica Romana: Post Vaticano II
   1980   McBrien, 2:854–58

Otras obras

Bromiley, G. W. «Unity». En *EDT*, pp. 1127–28.

Carson, Donald A. «Evangelicals, Ecumenism and the Church»«. En *Evangelical Affirmations*. Ed. Por Kenneth S. Kantzer y Carl F. H. Henry. Zondervan, Grand Rapids, 1990, pp. 347–85.

Puritan and Reformed Studies Conference. *Approaches to Reformation of the Church*. Revista *The Evangelical*, Londres, 1965. Contiene ensayos de D. W. Marshall, D. P. Kingdon, J. I. Packer, G. S. R. Cox, S. M. Houghton, y D. M. Lloyd-Jones.

PASAJE BÍBLICO PARA MEMORIZAR

Efesios 4:14-16: *Así ya no seremos niños, zarandeados por las olas y llevados de aquí para allá por todo viento de enseñanza y por la astucia y los artificios de quienes emplean artimañas engañosas. Más bien, al vivir la verdad con amor, creceremos hasta ser en todo como aquel que es la cabeza, es decir, Cristo. Por su acción todo el cuerpo crece y se edifica en amor, sostenido y ajustado por todos los ligamentos, según la actividad propia de cada miembro.*

HIMNO

«Sagrado es el amor»

Este himno habla de la unidad que une los corazones de los creyentes en amor. Habla de la comunión que ese amor produce. También el himno habla en su última estrofa de nuestra esperanza que un día nos unirá por la eternidad en el cielo.

1. Sagrado es el amor que nos ha unido aquí,
   A los que creemos del Señor la voz que llama así.

2. A nuestro Padre, Dios, rogamos con fervor,
   Alúmbrenos la misma luz, nos una el mismo amor.

3. Nos vamos a ausentar, más nuestra firme unión
   Jamás podráse quebrantar por la separación.

4. Un día en la eternidad nos hemos de reunir;
   Que Dios nos lo conceda, hará el férvido pedir.

AUTOR: JOHN FAWCETT, ES TRAD
(TOMADO DE HIMNOS DE FE Y ALABANZA #32)

Capítulo 46

El poder de la iglesia
¿Qué clase de autoridad tiene la iglesia?
¿Cómo debe funcionar la disciplina eclesiástica?

EXPLICACIÓN Y BASE BÍBLICA

Cuando miramos a los poderosos gobiernos del mundo y otras organizaciones de negocios o educativas que tienen gran influencia, y luego consideramos nuestras iglesias locales, o incluso nuestras sedes denominacionales, la iglesia puede parecernos débil e ineficaz. Todavía más, cuando reconocemos el rápido crecimiento del mal que se ve diariamente en nuestra sociedad, tal vez nos preguntemos si la iglesia tiene poder para hacer algún cambio.

Por otro lado, en algunos países la iglesia oficialmente reconocida tiene gran influencia en la conducción de asuntos nacionales. Esto fue ciertamente verdad de la influencia de la Iglesia Católica Romana en tiempos anteriores en algunos países del sur de Europa y de América Latina (y todavía lo es hasta cierto punto). Fue cierto de la iglesia de Inglaterra en siglos previos, y de la iglesia de Juan Calvino en Ginebra, Suiza, mientras él vivía, y de la iglesia fundada por los peregrinos en la colonia de la bahía de Massachusetts en 1620. Situaciones como éstas en donde la iglesia parece tener gran influencia nos hacen preguntar si la Biblia pone alguna limitación al poder de la iglesia.

Podemos definir el poder de la iglesia como sigue: *El poder de la iglesia es la autoridad que Dios le ha dado para desempeñar guerra espiritual, proclamar el evangelio y ejercer disciplina eclesiástica.*

Aunque estos tres aspectos se superponen y se los podría considerar en cualquier orden, puesto que la categoría de «guerra espiritual» es la categoría más amplia se la tratará primero. Esta perspectiva del poder de la iglesia también nos recuerda que el poder de la iglesia, a diferencia de la influencia que ejercen ejércitos y gobiernos humanos, afecta directamente al ámbito espiritual.

A. Guerra espiritual

Pablo les recuerda a los corintios: «Pues aunque vivimos en el mundo, no libramos batallas como lo hace el mundo. *Las armas con que luchamos no son del mundo, sino que tienen el poder divino para derribar fortalezas*» (2 Co 10:3-4). Estas armas, usadas contra las fuerzas demoníacas que estorban el esparcimiento del evangelio y el progreso de la iglesia, incluyen cosas tales como la oración, la adoración, la autoridad de reprender a las fuerzas demónicas, las palabras de la Biblia, la fe, y la conducta justa de parte de los miembros de la iglesia. (Pablo da en Ef 6:10-18 más detalles en cuanto a nuestro conflicto espiritual y la armadura que llevamos para el mismo).

Cuando consideramos este poder espiritual en un sentido amplio, ciertamente incluye el poder del evangelio para abrirse paso por el pecado y oposición endurecida, y despertar fe en los corazones de los no creyentes (ver Ro 10:17; Stg 1:18; 1 P 1:23). Pero este poder también incluye poder espiritual que dejará en efectivas la oposición demónica al evangelio. Vemos ejemplos de esto en Hch 13:8-11, en donde Pablo pronunció juicio sobre el mago Elimas, que se oponía a la predicación del evangelio, y en Hch 16:16-18, en donde Pablo reprendió a un espíritu demónico en la muchacha adivina que fastidiaba a Pablo mientras él predicaba el evangelio.[1] Tal poder espiritual para derrotar a la oposición del mal se vio frecuentemente en la iglesia primitiva, tal como al librar a Pedro de la cárcel (Hch 12:1-17), y tal vez en el juicio subsiguiente del rey Herodes Agripa (Hch 12:20-24).[2]

Sin embargo Pablo se da cuenta de que puede usar este poder espiritual no sólo contra los que están fuera de la iglesia que se oponen al evangelio, sino también contra los que están dentro de la iglesia y se oponen activamente a su ministerio apostólico. Dice en cuanto a algunos arrogantes buscapleitos de la iglesia: «Lo cierto es que, si Dios quiere, iré a visitarlos muy pronto, y ya veremos no sólo cómo hablan sino cuánto poder tienen esos presumidos. Porque el reino de Dios no es cuestión de palabras sino de poder» (1 Co 4:19-20). Tal poder no es cuestión de juego, porque fue el mismo poder del Espíritu Santo que dio muerte a Ananías y Safira (Hch 5:1-11) y dejó ciego a Elimas (Hch 13:8-11). Pablo no quería usar este poder en una capacidad de juicio, sino que estaba preparado para hacerlo si fuera necesario. Más tarde escribió de nuevo a los corintios que sus acciones cuando estuviera presente serían tan poderosas como sus cartas cuando estaba ausente (2 Co 10:8-11), y advirtió a los que se oponían a su autoridad y habían pecado públicamente y no se arrepentían: «Cuando vuelva a verlos, no seré indulgente con los que antes pecaron ni con ningún otro, ya que están exigiendo una prueba de que Cristo habla por medio de mí. . . . De igual manera, nosotros participamos de su debilidad, pero por el poder de Dios viviremos con Cristo para ustedes» (2 Co 13:2-4). Luego añade un recordatorio final de su renuencia a usar esta autoridad, diciéndoles que les escribe antes de ir «para que cuando vaya no tenga que ser severo en el uso de mi autoridad, la cual el Señor me ha dado para edificación y no para destrucción» (2 Co 13:10).

Ahora podemos preguntar si la iglesia hoy tiene el mismo grado de poder espiritual que tuvieron los apóstoles Pedro o Pablo. Ciertamente hay una distinción entre los apóstoles y otros creyentes iniciales incluso en el libro de Hechos (nótese que inmediatamente después de la muerte de Ananías y Safira «por medio de los

---

[1]Jesús a menudo reprendió a espíritus demónicos que creaban disturbios cuando él ministraba a las personas; ver Mr 1:23-26; 5:1-13; et. al.

[2]El texto no especifica que la muerte de Herodes estuvo de alguna manera conectada con la «oración constante y ferviente» (Hch 12:5) que la iglesia elevó por Pedro, pero el hecho de que la narración en cuanto a la muerte de Herodes viene de inmediato después del relato de que él mató a espada a Santiago, el hermano de Juan, y que él puso a Pedro en la cárcel ciertamente es un indicio del hecho de que Dios quería esto como juicio sobre uno de los enemigos primordiales de la iglesia, mostrando que ninguna oposición puede levantarse en contra del progreso del evangelio. Este entendimiento lo respalda el hecho de que la afirmación que sigue de inmediato a la narración de la muerte de Herodes es: «Pero la palabra de Dios seguía extendiéndose y difundiéndose» (Hch 12:24).

apóstoles ocurrían muchas señales y prodigios entre el pueblo», pero «nadie entre el pueblo se atrevía a juntarse con ellos, aunque los elogiaban», Hch 5:12-13). Es más, Pablo no instruyó a ningún dirigente de la iglesia de Corinto, y ni siquiera a Timoteo o a Tito, a ejercer ese poder espiritual en Corinto contra sus opositores. Habló de tal poder que el Señor «*me ha dado*» (2 Co 13:10), no del poder que el Señor le había dado a la iglesia o a los creyentes en general.

Por otro lado, Pablo en efecto dirige a la iglesia de Corinto a ejercer disciplina eclesiástica en un caso de incesto en la iglesia de Corinto, y a hacerlo «Cuando se reúnan en el nombre de nuestro Señor Jesús, y con su poder yo los acompañe en espíritu» (1 Co 5:4). Es más, las descripciones de la guerra espiritual en Efesios 6:10-18 y 2 Corintios 10:3-4 parecen aplicables a los creyentes en general, y pocos hoy negarían que la iglesia tiene autoridad para orar en contra y hablar con autoridad contra la oposición demónica a la obra del evangelio.[3] Así que parecería haber por lo menos algún grado significativo de poder espiritual contra la oposición del mal que Dios está dispuesto a conceder a la iglesia en toda edad (incluyendo la presente). Tal vez es imposible definir más específicamente el grado de poder espiritual que Dios le concederá a la iglesia en tiempos de conflictos contra el mal, pero no necesitamos saber los detalles de antemano; nuestro llamamiento es simplemente scr fieles a la Biblia en la oración y al ejercer la disciplina eclesiástica, y entonces dejar el resto en las manos de Dios, sabiendo que él concederá suficiente poder para realizar sus propósitos mediante la iglesia.

B. Las llaves del reino

La frase «las llaves del reino» aparece sólo una vez en la Biblia, en Mateo 16:19, en donde Jesús le habla a Pedro: «Te daré las llaves del reino de los cielos; todo lo que ates en la tierra quedará atado en el cielo, y todo lo que desates en la tierra quedará desatado en el cielo». ¿Cuál es el significado de estas «llaves del reino de los cielos»?[4]

En otras partes del Nuevo Testamento una llave siempre implica *autoridad para abrir una puerta y dar entrada a un lugar o ámbito*. Jesús dice: «¡Ay de ustedes, expertos en la ley!, porque se han adueñado de la llave del conocimiento. Ustedes mismos no han entrado, y a los que querían entrar les han cerrado el paso» (Lc 11:52). Es más, Jesús dice en Apocalipsis 1:18: «Tengo las llaves de la muerte y del infierno», implicando que él tiene la autoridad para conceder entrada y salida de esos ámbitos. (Cf. también Ap 3:7; 9:1; 20:1; y también la predicción mesiánica en Is 22:22).

Las «llaves del reino de los cielos» por consiguiente representa por lo menos autoridad para predicar el evangelio de Cristo (cf. Mt 16:16) y así abrir la puerta del reino de los cielos y permitir que la gente entre.

Pedro usó primero esta autoridad al predicar el evangelio en Pentecostés (Hch 2:14-42). Pero a los otros apóstoles también se les dio esta autoridad en un sentido primario (escribieron el evangelio en forma permanente en el Nuevo

---

[3]Ver capítulo 20, pp. 438-453, sobre el conflicto con las fuerzas demónicas en general, y p. 439 sobre el asunto de *guerra espiritual a nivel estratégico*».

[4]El resto de esta sección que considera las llaves del reino de los cielos es adaptado del artículo «Keys of the Kingdom», por Wayne Grudem, en *EDT*, pp. 604–5, y se usa aquí con permiso.

Testamento). Y todos los creyentes tienen esta «llave» en un sentido secundario, porque todos pueden proclamar el evangelio a otros, y por ello abrir el reino de los cielos a los que entrarán.

Pero ¿hay otra autoridad, además de ésta, que Jesús implica con la frase «las llaves del reino de los cielos»? Hay dos factores que sugieren que la autoridad de las llaves aquí también incluye *la autoridad de ejercer disciplina dentro de la iglesia:* (1) El plural «llaves» sugiere autoridad sobre más de una puerta. Así, se implica algo más que simplemente entrada al reino; también se sugiere alguna autoridad *dentro* del reino. (2) Jesús completa la promesa en cuanto a las llaves con la afirmación de «atar» y «desatar», que es un paralelo cercano a otro dicho suyo en Mateo 18, en el cual «atar» y «desatar» significa poner bajo disciplina eclesiástica y libertar de la disciplina eclesiástica:

> Si se niega a hacerles caso a ellos, díselo a la iglesia; y si incluso a la iglesia no le hace caso, trátalo como si fuera un incrédulo o un renegado. Les aseguro que todo lo que ustedes *aten* en la tierra quedará atado en el cielo, y todo lo que *desaten* en la tierra quedará desatado en el cielo (Mt 18:17-18).

Pero si «atar» y «desatar» claramente se refiere a la disciplina eclesiástica en Mateo 18, entonces parece probable que también debe referirse a la disciplina eclesiástica en Mateo 16, en donde las palabras de Jesús son muy similares.[5]

Este concepto de atar y desatar en términos de disciplina eclesiástica también encaja en el contexto de Mateo 16:19, porque, según esta comprensión, después de prometer edificar su iglesia (v. 18), Jesús promete dar no sólo la autoridad de abrir la puerta de la entrada al reino, sino también alguna autoridad administrativa para regular la conducta de las personas una vez que estén dentro.[6] Por consiguiente, parece que «las llaves del reino de los cielos» que Jesús le prometió a Pedro en Mateo 16:19 incluyen tanto (1) la capacidad de admitir personas al reino por la predicación del evangelio, y (2) autoridad para ejercer disciplina eclesiástica para los que en efecto entran.

En Mateo 16:16-19 Jesús no indica si la autoridad de las llaves será más adelante dada a otros además de Pedro. Pero ciertamente la autoridad de predicar el evangelio es dada a otros en un tiempo posterior, y en Mateo 18:18 Jesús no indica explícitamente que la autoridad de ejercer disciplina eclesiástica es dada a la iglesia en general cuando se reúne y corporativamente aplica tal disciplina («díselo a la iglesia», Mt 18:17). Así, ambos aspectos de la autoridad de las llaves, aunque primero

---

[5]La afirmación de Mt 16:19 usa pronombres en singular para «todo lo que» y «tú» (refiriéndose a Pedro), en tanto que Mt 18:18 usa plural (refiriéndose a los creyentes en general), pero las mismas palabras griegas se usan para «atar» (*deo*) y «desatar» (*luo*), y la construcción gramatical (futuro perfecto perifrástico) es la misma.

[6]Algunos han argumentado que atar y desatar no se refiere a acciones de disciplina eclesiástica, sino a una autoridad que hace varias reglas de conducta, porque en la literatura rabínica que viene de maestros judíos alrededor del tiempo de Jesús las palabras *atar* y *desatar* a veces se usan para prohibir y permitir varias clases de conducta. Esta interpretación no parece persuasiva, sin embargo, porque estas afirmaciones rabínicas son un paralelo mucho más distante que la declaración de Jesús mismo en Mt 18:18, en donde claramente se tiene en mente la disciplina eclesiástica. Todavía más, es difícil saber si alguno de los paraderos rabínicos es anterior al tiempo del Nuevo Testamento, o mostrar que tales palabras han funcionado como términos técnicos en el vocabulario ordinario de Jesús y sus oyentes; es más, Mt 18:18 muestra que no funcionaban como términos técnicos de esa manera, porque más bien se los usa para referirse a la disciplina eclesiástica en ese versículo.

se la da a Pedro, pronto se expandió para incluir la autoridad dada a la iglesia como un todo. Al predicar el evangelio y al ejercer la disciplina la iglesia ahora ejerce la autoridad de las llaves del reino.

¿Qué personas o acciones están sujetas a la clase de disciplina eclesiástica implicada por la autoridad de las llaves? Tanto en Mateo 16:19 y 18:18 el término «todo lo que» es neutro en griego, y parece indicar que Jesús está hablando no específicamente a *persona* («todo el que», para lo que ordinariamente se esperaría un plural masculino), sino más bien por lo general a *situaciones* y *relaciones* que surgen dentro de la iglesia. Esto no excluiría la autoridad de ejercer disciplina sobre individuos, pero la frase es más amplia que eso, e incluye acciones específicas que están sujetas también a la disciplina.

Sin embargo, la autoridad de las llaves con respecto a la disciplina eclesiástica no es completamente ilimitada. Será efectiva sólo contra el verdadero pecado (cf. Mt 18:15), pecado según lo define la palabra de Dios. La iglesia no tiene autoridad propia para legislar lo que es moralmente bueno o malo en un sentido absoluto, porque la autoridad para definir el bien y el mal le pertenece sólo a Dios (ver Ro 1:32; 2:16; 3:4-8; 9:20; Sal 119:89, 142, 160; Mt 5:18). La iglesia puede sólo declarar y enseñar lo que Dios ya ha ordenado en su palabra. Tampoco la autoridad de las llaves puede incluir autoridad para perdonar pecados en un sentido absoluto, porque la Biblia es clara que eso puede ser hecho sólo por Dios mismo (Is 43:25; 55:7; Mr 2:7, 10; Sal 103:3; 1 Jn 1:9).[7] Por consiguiente, la autoridad para aplicar la disciplina en la iglesia es una autoridad que se debe desempeñar de acuerdo a las normas de las Escrituras.

¿Es posible ser más específico en cuanto a la clase de autoridad espiritual que va incluida en el uso de las llaves del reino de los cielos? Tanto Mateo 16:19 como 18:18 usan una construcción verbal griega inusual (un futuro perfecto perifrástico). Lo traduce mejor la RVR: «Todo lo que atéis en la tierra, *será atado* en el cielo; y todo lo que desatéis en la tierra, *será desatado* en el cielo».[8] Varios otros ejemplos de esta construcción muestran que indica no simplemente una acción futura («será atado»), para lo cual un tiempo griego común estaba disponible (futuro pasivo), sino más bien *una acción que quedaría completa antes de algún punto en el futuro* con efectos que continuarían sintiéndose.[9] De este modo, Jesús está enseñando que la disciplina eclesiástica tendrá sanción celestial. Pero no es como si la iglesia deba esperar a que Dios endose sus acciones después de que la acción ha tenido lugar. Más bien, siempre que la iglesia *aplica la disciplina* puede tener la confianza de que Dios ya ha empezado el proceso espiritualmente. Siempre cuando la iglesia *libra de la disciplina* y perdona pecado, y restaura las relaciones personales, la iglesia puede tener la confianza de que Dios ya ha empezado la restauración espiritualmente (cf. Jn 20:23). De esta manera Jesús promete que la relación espiritual entre Dios y la persona sujeta a la disciplina será afectada de inmediato de maneras consistentes con la dirección de la acción disciplinaria de la iglesia. La disciplina eclesiástica

---

[7]En Jn 20:23, el perdón de pecados por parte de los discípulos se entiende mejor como libertad de la disciplina eclesiástica y la restauración de relaciones personales en un sentido similar a «desatar» de Mt 16:19 y 18:18.

[8]Ver la explicación gramatical en el comentario de D. A. Carson sobre mateo en *The Expositors' Bible Commentary*, pp. 370–72.

[9]Ver ejemplos en Lc 12:52; Gn 43:9; 44:32; Éx 12:6; *Sirac* 7:25; Hermas, *Similitudes* 5.4.2; *Letter of Aristeas* 40.

legítima, por consiguiente, incluye la certeza asombrosa de que ya ha empezado una disciplina celestial correspondiente.

Todavía más, esta enseñanza del poder de las llaves tiene una aplicación significativa a los creyentes individuales que empiezan a estar sujetos a la disciplina de una verdadera iglesia: los creyentes deben someterse a esta disciplina y no huir de ella, porque Dios mismo también los ha puesto bajo disciplina por ese pecado.

C. El poder de la iglesia y el poder del estado

Las secciones previas han considerado el poder espiritual y la guerra espiritual que debe ejercer la iglesia. Pero, ¿debe la iglesia usar alguna vez fuerza física (armas y ejércitos, por ejemplo) para realizar su misión? La frase que comúnmente se usa para referirse a la idea de guerra física o del mundo es «tomar la espada».

Hay varias indicaciones en la Biblia de que la iglesia nunca debe tomar la espada para realizar sus propósitos en edad del nuevo pacto. Este fue un error horroroso que se cometió en las Cruzadas, cuando ejércitos patrocinados por la iglesia marcharon por Europa y Asia intentando reclamar la tierra de Israel. En estos casos la iglesia estaba tratando de usar la fuerza física para lograr triunfos sobre territorios terrenales. Pero Jesús dijo: «Mi reino no es de este mundo . . . Si lo fuera, mis propios guardias pelearían» (Jn 18:36). La iglesia tiene el poder de las llaves, que es poder espiritual. Debe participar en las batallas espirituales usando armas espirituales, pero no debe usar el poder de la espada para realizar sus propósitos. «Las armas con que luchamos no son del mundo» (2 Co 10:4).

Por cierto que Dios en efecto le da *al gobierno civil* el derecho de llevar la espada, es decir, usar la fuerza para castigar el mal en el mundo (Ro 13:1-7). Pero no hay indicación de que el poder del gobierno se deba usar para obligar a alguna persona a adherirse al cristianismo.[10] Es más, hay varias indicaciones de que Jesús rehusó usar el poder de la fuerza física para obligar a las personas a aceptar el evangelio. Por ejemplo, cuando la ciudad de los samaritanos no quiso recibir a Jesús, Jacobo y Juan le preguntaron: «Señor, ¿quieres que hagamos caer fuego del cielo para que los destruya?» (Lc 9:54). Pero Jesús «los reprendió» (v. 55) incluso por hacer tal sugerencia. Jesús vino la primera vez para ofrecer el evangelio a todos los que lo recibirían, no para aplicar castigo a los que lo rechazaban. Por eso pudo decir: «Dios no envió a su Hijo al mundo para condenar al mundo, sino para salvarlo por medio de él» (Jn 3:17). Un día vendrá de nuevo en juicio, al fin de la edad de la iglesia, pero durante esta edad no es prerrogativa de la iglesia usar la fuerza física para aplicar castigo.

Jesús claramente hizo una distinción entre la autoridad concedida al gobierno y la autoridad que Dios ejerce en nuestra lealtad personal a él cuando dijo: «Entonces denle al césar lo que es del césar y a Dios lo que es de Dios» (Mt 22:21). Y aunque Jesús reconoció la autoridad del gobierno civil, rehusó usurpar para sí mismo esa autoridad, diciéndole a alguien: «Hombre, . . . ¿quién me nombró a mí

---

[10]Edmund Clowney correctamente observa: «No debemos suponer que Cristo les negó a los apóstoles el derecho de traer su reino con la espada, pero le concedió ese derecho a Pilato» («The Biblical Theology of the Church», en *The Church in the Bible and the World*, ed. por D. A. Carson [Paternoster, Exeter, y Baker, Grand Rapids, 1987], p. 33).

juez o árbitro entre ustedes?» con respecto a un asunto de una herencia familiar (Lc 12:13-14).

Otra razón por la que el gobierno no debe usar la fuerza para exigir adherencia al cristianismo es que en el nuevo pacto, la membresía en la iglesia y lealtad a Cristo deben ser voluntarias. No la puede obligar ni la familia ni el estado. Es más, la fe en Cristo, para que sea sostenida y practicada verdaderamente, no puede ser impuesta por la fuerza. Si es impuesta, cambiar su calidad esencial y ya no es un acto voluntario del individuo, y no puede ser fe verdadera.

De esto también se sigue que *el gobierno civil no debe imponer leyes que exijan o prohíban algún tipo de doctrina de la iglesia, o limitando la libertad de las personas para adorar como prefieran.* Por otro lado, la iglesia no gobierna ni debe gobernar sobre el estado, como si fuera algún tipo de autoridad más alta sobre el estado; porque no lo es. Más bien, la autoridad de la iglesia y la del estado pertenecen a esferas distintas (Mt 22:21; Jn 18:36; 2 Co 10:3-4), y cada uno debe respetar la autoridad que Dios le ha dado al otro en su propia esfera de operación.

Estas limitaciones de las actividades de la iglesia y del estado son diferentes de la práctica de la Iglesia Católica Romana durante mucho de la Edad Media, en donde a menudo la iglesia tenía más poder que el gobierno civil. Estos principios también difieren de la práctica de la iglesia de Inglaterra, que está sujeta a la autoridad de la reina y del parlamento en el nombramiento de obispos y cualquier cambio en normas doctrinales. El no respetar los distintos papeles de la iglesia y del estado se ve en muchas naciones católico romanas hoy, en donde la iglesia todavía tiene una fuerte influencia el gobierno, y en la membresía obligatoria en las iglesias protestantes auspiciadas por el estado en el norte de Europa después de la Reforma, situación que causó que muchos inmigrantes huyan a los Estados Unidos buscando libertad de religión.

Sin embargo, se debe decir que el grado de religión impuesta por el estado en países protestantes o católico romanos es leve comparado con la religión auspiciada por el estado e impuesta por el estado en las naciones musulmanas hoy, y en muchas naciones hindúes y budistas por igual. Es más, es difícil hallar genuina libertad de religión aparte de la fuerte influencia del cristianismo evangélico saludable en alguna nación alrededor del mundo (excepto en donde varias religiones son tan débiles o tan parejamente balanceadas que ninguna religión tiene poder político dominante). Siempre que los creyentes se involucran en el ámbito político, deben claramente afirmar la libertad de religión como póliza política que no es negociable, y deben estar dispuestos a defender por igual esa libertad para otras religiones aparte de la propia. La fe cristiana puede pararse en sus propios pies y competir muy bien en el mercado laboral de ideas en cualquier sociedad y en cualquier cultura, siempre y cuando tenga la libertad para hacerlo.

Finalmente, lo que se ha dicho arriba no se debe mal entender como prohibición en contra de los creyentes que intentan dar influencia moral positiva en el gobierno o intentan persuadir a los gobiernos a dictar leyes consistentes con las normas bíblicas de moralidad. Está bien que los creyentes intenten persuadir a los gobiernos a que dicten leyes que protejan a las familias y la propiedad privada, y la vida de los seres humanos; leyes que a la vez prohíban y castiguen el homicidio, el adulterio, el robo y la ruptura de contratos (cosas que violan los Diez

Mandamientos), así como también que prohíban la conducta homosexual, la borrachera, el abuso de drogas, aborto, y otras cosas que son incongruentes con las normas bíblicas de moralidad. Estas cosas son muy diferentes a exigir creencia en cierto tipo de doctrina de iglesia o convicción teológica, o de exigir que las personas asistan a cierto tipo de iglesias o cultos de adoración. Esto último es claramente actividades «religiosas» en el sentido estrecho en que pertenecen a nuestra relación con Dios y nuestras creencias en cuanto a él.[11] Los gobiernos también deben abstenerse de dictar leyes en cuanto a estas cosas.

D. Disciplina eclesiástica

Puesto que la disciplina eclesiástica es un aspecto del uso del poder de la iglesia, es apropiado aquí dar alguna consideración a los principios bíblicos pertinentes a la práctica de la disciplina eclesiástica.

1. Propósito de la disciplina eclesiástica.

a. Restauración y reconciliación del creyente que se ha descarriado: El pecado estorba la comunión entre creyentes y con Dios. A fin de que haya reconciliación, hay que lidiar con el pecado. Por consiguiente, el propósito primario de la disciplina eclesiástica es procurar el objetivo doble de *restauración* (del ofensor a la conducta apropiada) y *reconciliación* (entre creyentes, y con Dios).[12] Así como los padres sabios disciplinan a sus hijos (Pr 13:24: «amarlo [al hijo] es disciplinarlo»), y así como Dios nuestro Padre disciplina a los que ama (Heb 12:6; Ap 3:19), así la iglesia en su disciplina está actuando en amor para traer de regreso al hermano o hermana que se ha descarriado, restableciendo a la persona a la comunión correcta y rescatándola de los patrones destructivos de vida. En Mateo 18:15 la esperanza es que la disciplina se detendrá en el primer paso, cuando alguien va sólo: «Si te hace caso, has ganado a tu hermano». La frase «has ganado a tu hermano» implica que los que aplican la disciplina deben tener siempre en mente la meta de reconciliación personal entre creyentes. Pablo nos recuerda que debemos «restaurar» al hermano o hermana que peca «con una actitud humilde» (Gá 6:1), y Santiago nos anima a «hace[r] volver a un pecador de su extravío» (Stg 5:20).

---

[11]El hecho de que los creyentes deben tratar de influir en el gobierno para dictar leyes consistentes con las normas bíblicas se indica en pasajes tales como Mt 6:10; 14:4; Hch 24:25; y 1Ti 2:1-4. Podemos esperar que las normas morales de la Biblia también con el tiempo ganarán consentimiento general de la mayoría de personas en una sociedad dada, puesto que esas normas morales también han sido inscritas en sus corazones y por consiguiente tienen un testimonio en sus conciencias de que estas normas son correctas (ver Ro 2:14-15). Ese es también el caso de que Dios considera a todas las sociedades y culturas responsables en cuanto a obedecer sus normas morales, y a menudo en el antiguo testamento los profetas de Dios pronunciaron juicio no sólo sobre el pueblo de Israel sino también contra las sociedades paganas y morales, aunque ellas no tuvieran escrita las leyes de Dios (ver Dt 9:5; Is 13—23; Ez 25—32; Dn 4:27; Am 1—2; Abdías [que escribe a Edom]; Jonás [que profetizó a Nínive]; Nahum [que profetizó a Nínive]; Hab 2; Sof 2). Es más, es Dios quien envía a los gobiernos civiles «para castigar a los que hacen el mal y reconocer a los que hacen el bien» (1P 2:14).

[12]En su excelente libro sobre disciplina eclesiástica, *Church Discipline That Heals* (InterVarsity Press, Downers Grove, Ill., 1985; originalmente publicado como *Healing the Wounded)*, John White y Ken Blue nota que el hecho de no mantener la reconciliación como el objetivo primario de la disciplina eclesiástica ha llevado a muchos abusos del proceso en la historia de la iglesia (ver esp. pp. 45–56). Pero ellos mismos dicen que «la verdadera reconciliación nunca tiene lugar sin cambio en las partes involucradas» (p. 46). Por consiguiente, he combinado la reconciliación con la restauración en esta primera sección.

Es más, si los miembros de la iglesia participaran activamente en dar palabras privadas de amonestación gentil y en oración unos a otros cuando se ve la primera evidencia clara de conducta de pecado, muy poca disciplina eclesiástica formal habría que aplicar, porque el proceso empezaría y terminaría con una conversación entre dos personas y nunca llegaría a saberlo nadie más.

Incluso cuando se toma el paso final de «excomunión» (es decir, sacar a alguien del compañerismo o «comunión» de la iglesia), todavía es con la esperanza de que resulte el arrepentimiento. Pablo entregó a Himeneo y a Alejandro a Satanás *«para que aprendan a no blasfemar»* (1 Ti 1:20), y el hombre que vivía en incesto en Corinto fue entregado a Satanás «a fin de que su espíritu sea salvo en el día del Señor» (1 Co 5:5).[13]

Si los creyentes que deben dar pasos de disciplina eclesiástica continúan recordando este primer propósito: la reconciliación unos con otros y con Dios de los creyentes que se han descarriado, y la restauración de los patrones correctos de vida, entonces será mucho más fácil para las partes involucradas continuar actuando con genuino amor, y los sentimientos de ira o deseos de venganza de parte de los que han sido ofendidos, que a menudo yacen cerca de la superficie, se evitarán mucho más fácilmente.

b. Impedir que el pecado se extienda a otros: Aunque el objetivo primario de la disciplina eclesiástica es la restauración y reconciliación para el creyente que yerra, en esta edad presente la reconciliación y la restauración no siempre tendrán lugar. Pero sea que la restauración surja o no, a la iglesia se le dice que aplique la disciplina porque sirve por igual a otros dos propósitos.

Otro propósito es impedir que el pecado se extienda a otros. El autor de Hebreos les dice a los creyentes que se cuiden «de que ninguna raíz amarga brote y cause dificultades y corrompa a muchos» (Heb 12:15). Esto quiere decir que si algún conflicto entre personas no se resuelve rápidamente, los efectos se pueden esparcir a otros; a veces eso tristemente parece ser cierto en muchos casos de división de la iglesia. Pablo también dice: «un poco de levadura hace fermentar toda la masa» y les dice a los corintios que saquen de la iglesia al hombre que vive en incesto (1 Co 5:2, 6-7), para que el pecado no afecte a toda la iglesia. Si no se disciplina a ese hombre, los efectos del pecado se esparcirían a muchos otros que tal vez sepan del asunto y que verían que la iglesia presta poca atención al mismo. Esto haría que piensen que tal vez el pecado no era tan malo como pensaban, y otros tal vez se verían tentados a cometer un pecado similar o parecido. Es más, si no se aplica la disciplina contra una ofensa específica, entonces será mucho más difícil que la iglesia aplique disciplina en un tipo similar de pecado que cometa algún otro en el futuro.

Pablo también le dijo a Timoteo que debían reprender en presencia de todos a los ancianos que persistían en pecado, *«para que sirva de escarmiento»* (1 Ti 5:20); es decir, para que otros también se den cuenta de que no se tolerará el pecado sino

---

[13]La frase inusual «entregar a Satanás» en estos versículos parece querer decir «sacar fuera de la iglesia» puesto que es claramente lo que Pablo les dice a los corintios que hagan en 1Co 5:2, 7, 13. Sacar a alguien de la iglesia pone a esa persona de nuevo en el reino de esta edad de pecado, que está gobernada por Satanás.

que recibirá disciplina tanto de la iglesia como de Dios mismo. De hecho, Pablo reprendió a Pedro públicamente, para que otros no sigan el mal ejemplo de Pedro de separarse y comer sólo con los creyentes judíos (Gá 2:11).

c. Proteger la pureza de la iglesia y el honor de Cristo: Un tercer propósito de la disciplina eclesiástica es proteger la pureza de la iglesia de modo que no se deshonre a Cristo. Por supuesto, ningún creyente de esta edad tiene un corazón completamente puro, y todos tenemos pecado que queda en nuestras vidas. Pero cuando un miembro de la iglesia continúa pecando de manera que es externamente evidente a otros, especialmente a los no creyentes,[14] esto claramente es deshonor para Cristo. Es similar a la situación de los judíos que desobedecieron la ley de Dios y llevaron a los no creyentes a mofarse y blasfemar el nombre de Dios (Ro 2:24: «Por causa de ustedes se blasfema el nombre de Dios entre los gentiles»).

Por eso Pablo se asombra de que los Corintios no hayan disciplinado al hombre que continuaba en pecado voluntario que en la iglesia conocía públicamente (1 Co 5:1-2: «¡Y de esto se sienten orgullosos! ¿No debieran, más bien, haber lamentado lo sucedido . . .?»). También se preocupa grandemente saber que «un hermano demanda a otro, ¡y esto ante los incrédulos!» (1 Co 6:6). Antes que permitir tales faltas morales en el carácter de la iglesia, Pedro anima a los creyentes: «esfuércense para que Dios los halle sin mancha y sin defecto, y en paz con él» (2 P 3:14). Y nuestro Señor Jesús quiere presentarse a sí mismo una iglesia «radiante, sin mancha ni arruga ni ninguna otra imperfección, sino santa e intachable» (Ef 5:27), porque él es la cabeza de la iglesia, y el carácter de ella refleja la reputación de él. Incluso los ángeles y los demonios miran a la iglesia y contemplan la sabiduría de Dios expresada en ella (Ef 3:10); por consiguiente (Ef 4:1) Pablo anima a los creyentes a que se esfuercen «por mantener la unidad del Espíritu mediante el vínculo de la paz» (Ef 4:3).

Esto es asunto muy serio. Puesto que el Señor Jesús es celoso de su propio honor, si la iglesia no ejerce la disciplina apropiada, él lo hará por sí mismo, como lo hizo en Corinto, en donde la disciplina del Señor resultó en enfermedad y muerte (1 Co 11:27-34), y como advirtió que haría tanto a Pérgamo (Ap 2:14-15) y Tiatira (Ap 2:20). En estos dos últimos casos el Señor se desagradaba con toda la iglesia por tolerar desobediencia externa y no ejercer la disciplina: «Sin embargo, tengo en tu contra que *toleras a Jezabel, esa mujer* que dice ser profetisa. Con su enseñanza engaña a mis siervos, pues los induce a cometer inmoralidades sexuales y a comer alimentos sacrificados a los ídolos» (Ap 2:20; cf. vv 14-16).[15]

2. ¿Por cuáles pecados se debe ejercer disciplina eclesiástica? Por un lado, la enseñanza de Jesús en Mateo 18:15-20 nos dice que si una situación que incluye

---

[14]Pero también a los ángeles (ver Ef 3:10; 1 Ti 5:21).

[15]Los propósitos de la disciplina eclesiástica que se consideran arriba están resumidos bien en la Confesión Westminster de fe, capítulo 30, párrafo 3: «Las censuras de la iglesia son necesarias, para restaurar y recuperar a los hermanos que ofenden, para impedir que otros cometan ofensas similares, para purgar esa levadura que pudiera infectar a toda la masa, para vindicar el honor de Cristo, y la santa profesión del evangelio, y para prevenir la ira de Dios, que pudiera con justicia caer sobre la iglesia, si tolera que su pacto, y el sello del mismo, sea profanado por ofensores notorios y obstinados».

pecado personal contra alguien más no puede ser resuelta en una reunión privada o grupo pequeño, entonces hay que llevar el asunto a la iglesia:

> Si tu hermano peca contra ti, ve a solas con él y hazle ver su falta. Si te hace caso, has ganado a tu hermano. Pero si no, lleva contigo a uno o dos más, para que «todo asunto se resuelva mediante el testimonio de dos o tres testigos». Si se niega a hacerles caso a ellos, díselo a la iglesia; y si incluso a la iglesia no le hace caso, trátalo como si fuera un incrédulo o un renegado (Mt 18:15-17).

En este caso el asunto ha progresado de una situación privada e informal a un proceso público y mucho más formal de disciplina por parte de toda la iglesia.

Por otro lado, no parece haber ninguna limitación explícita especificada para la clase de pecados que deben quedar sujetos a la disciplina eclesiástica. Los ejemplos de pecados sujetos a disciplina eclesiástica en el Nuevo Testamento son extremadamente diversos: disensiones (Ro 16:17; Tit 3:10), incesto (1 Co 5:1), holgazanería y rehusar trabajar (2 Ts 3:6-10), desobedecer lo que Pablo escribe (2 Ts 3:14-15), blasfemia (1 Ti 1:20), y enseñar doctrina herética (2 Jn 10-11).

No obstante, un principio definitivo parece estar en función: todos los pecados que fueron disciplinados explícitamente en el Nuevo Testamento eran conocidos públicamente o pecados externamente evidentes,[16] y muchos de ellos habían continuado por un período de tiempo. El hecho de que los pecados eran conocidos públicamente quiere decir que se había traído reproche a la iglesia, se había deshonrado a Cristo, y había una posibilidad real de que otros se verían animados a seguir los patrones errados de vida que se estaban tolerando públicamente.

Sin embargo, siempre habrá la necesidad de juicio maduro para ejercer la disciplina eclesiástica, porque hay una falta de santificación completa en todas nuestras vidas. Es más, cuando nos percatamos de que alguien ya se ha dado cuenta del pecado y está luchando por vencerlo, una palabra de amonestación puede en efecto hacer más daño que bien. Debemos también recordar que en donde hay asuntos de conducta en los cuales los creyentes legítimamente discrepan, Pablo anima a que haya un grado más amplio de tolerancia (Ro 14:1-23).

3. ¿Cómo se debe aplicar la disciplina eclesiástica?

a. Se debe mantener el conocimiento del pecado dentro de grupo más pequeño posible: Esto parece ser el propósito de Mateo 18:15-17 detrás del progreso gradual de una reunión privada, a una reunión con dos o tres, y luego decirlo a toda la iglesia. Mientras menos personas sepan de algún pecado, mejor, porque el arrepentimiento es más fácil, menos personas pueden descarriarse, y menos daño se hace a la reputación de la persona, a la reputación de la iglesia, y la reputación de Cristo.[17]

---

[16]Una excepción fue el pecado secreto de Ananías y Safira en Hch 5:1-11. En esta situación el Espíritu Santo (vv. 3, 8) estuvo tan poderosamente presente que trajo una intrusión de juicio final, cuando los secretos de todos los corazones serán revelados, a la edad de la iglesia, y «un gran temor se apoderó de toda la iglesia» (v. 11).

[17]Sin embargo, ver sección c abajo sobre los requisitos para la revelación pública de los pecados serios de un dirigente de la iglesia.

b. Las medidas disciplinarias deben aumentar en fuerza hasta que haya una solución: De nuevo en Mateo 18 Jesús nos enseña que no podemos detenernos simplemente con una conversación privada si eso no produce resultados satisfactorios. Él requiere que la persona ofendida vaya primero sola, y luego lleve a uno o dos más (Mt 18:15-16). Es más, si un creyente piensa que ha ofendido a algún otro individuo (o incluso si la otra persona *piensa* que ha sido ofendida), Jesús requiere que la persona que ha hecho la ofensa (o se piensa que ha hecho la ofensa) vaya a la persona que se considera la víctima de la ofensa (Mt 5:23). Esto quiere decir que sea que hayamos ofendido u otros piensen que han sido ofendidos, *siempre es nuestra responsabilidad* tomar la iniciativa e ir a la otra persona. Jesús no nos permite esperar que la otra persona venga a nosotros.

Después de una reunión privada y una reunión de un grupo pequeño, Jesús no especifica que hay que consultar luego con los ancianos u oficiales de la iglesia como grupo, pero ciertamente este paso intermedio parece apropiado, porque Jesús puede simplemente estar resumiendo el proceso sin necesariamente mencionar todo paso posible en él. De hecho, hay varios ejemplos de amonestación de grupos pequeños en el Nuevo Testamento que dieron los ancianos u otros oficiales de la iglesia (ver 1 Ts 5:12; 2 Ti 4:2; Tit 1:13; 2:15; 3:10; Stg 5:19-20). Todavía más, el principio de mantener el conocimiento de pecado al grupo más pequeño posible ciertamente estimularía este paso intermedio por igual.

Finalmente, si la situación no se puede resolver Jesús dice: «díselo a la iglesia» (Mt 18:17). En este caso la iglesia se reuniría para oír los hechos del caso y llegar a una decisión. Puesto que Jesús permite la posibilidad de que la persona «incluso a la iglesia no le hace caso» (v. 17), la iglesia bien puede tener que reunirse una vez para decidir qué decirle al ofensor, y luego reunirse de nuevo para excluir a esa persona del compañerismo de la iglesia.[18]

Cuando Jesús da estas instrucciones en cuanto a la disciplina eclesiástica, le recuerda a la iglesia que su propia presencia y su propio poder están detrás de las decisiones que toma la iglesia: «Además les digo que si dos de ustedes en la tierra se ponen de acuerdo sobre cualquier cosa que pidan, les será concedida por mi Padre que está en el cielo. Porque donde dos o tres se reúnen en mi nombre, *allí estoy yo en medio de ellos*» (Mt 18:19-20). Jesús promete estar presente en las reuniones de la iglesia en general, pero específicamente aquí con respecto a la iglesia reunida para disciplinar a un miembro ofensor. Pablo de modo similar les dice a los corintios que disciplinen al miembro que ha errado *«cuando se reúnan en el nombre de nuestro Señor Jesús, y con su poder»* (1 Co 5:4). Esta no es una actividad que se deba tomar a la ligera, sino que se desempeña en presencia del Señor, el componente espiritual de la misma en realidad siento realizado por el mismo Señor.

Si esto se debe hacer alguna vez, toda la iglesia entonces sabrá que a la persona que ha errado ya no se le considera miembro de la iglesia, y a esa persona no se le permitirá tomar la comunión, puesto que participar en la Cena del Señor es una señal de participar en la unidad de la iglesia (1 Co 10:17: «Hay un solo pan del cual todos participamos; por eso, aunque somos muchos, *formamos un solo cuerpo*»).

---

[18]1 Co 5:4 también exige que la iglesia se reúna para este paso final en la disciplina eclesiástica.

Hay otros pasajes en el Nuevo Testamento que hablan de evitar tener compañerismo con el excomulgado. Pablo les dice a los corintios: «Pero en esta carta quiero aclararles que *no deben relacionarse* con nadie que, llamándose hermano, sea inmoral o avaro, idólatra, calumniador, borracho o estafador. Con tal persona ni siquiera deben juntarse para comer» (1 Co 5:11). Les dice a los tesalonicenses: «Hermanos, en el nombre del Señor Jesucristo les ordenamos que se aparten de todo hermano que esté viviendo como un vago y no según las enseñanzas recibidas de nosotros» (2 Ts 3:6). Todavía más, dice: «Si alguno no obedece las instrucciones que les damos en esta carta, denúncienlo públicamente y no se relacionen con él, para que se avergüence. Sin embargo, no lo tengan por enemigo, sino amonéstenlo como a hermano» (2 Ts 3:14-15). Segunda de Juan 10-11 también prohíbe darle la bienvenida en la casa al que promueve falsa enseñanza. Estas instrucciones evidentemente son para prevenir que la iglesia dé a otros la impresión de que aprueba la desobediencia de la persona que está errando.

c. Disciplina de los dirigentes de la iglesia: En un pasaje Pablo da directivas especiales respecto a la disciplina de los ancianos de la iglesia:

> No admitas ninguna acusación *contra un anciano,* a no ser que esté respaldada por dos o tres testigos. A los que pecan, *repréndelos en público para que sirva de escarmiento.* Te insto delante de Dios, de Cristo Jesús y de los santos ángeles, a que sigas estas instrucciones sin dejarte llevar de prejuicios ni favoritismos (1 Ti 5:19-21).

Pablo aquí da una advertencia especial para proteger a los ancianos de ataques individuales; la acción respecto a alguna ofensa en este caso debe exigir evidencia de dos o tres testigos. «A los que persisten en pecar»[19] los debe reprender *«en público».* Esto se debe a que el mal ejemplo de la conducta equivocada de parte de los ancianos muy probablemente tendrá un efecto negativo ampliamente extendido en otros que ven sus vidas. Entonces Pablo le recuerda a Timoteo que «no haga nada con parcialidad» en esta situación; advertencia muy útil, puesto que Timoteo probablemente era amigo íntimo de muchos de los ancianos de la iglesia de Éfeso.

El mandamiento de Pablo de reprender públicamente a un anciano que peca quiere decir que se debe dar a la iglesia alguna declaración de la naturaleza de la ofensa (*«repréndelos* en público», v. 20).[20] Por otro lado, no se debe revelar a la iglesia todo detalle del pecado. Una pauta útil es que a la iglesia se le debe decir lo suficiente de modo que (1) entiendan lo serio que fue la ofensa, (2) puedan comprender y respaldar el proceso de disciplina, y (3) que después no vayan a creer

---

[19]Este es evidentemente el sentido de *tous jarmartanontas* en 1Ti 5:20, puesto que el participio presente da el sentido de continuar en la acción por un período de tiempo.

[20]Cuando las iglesias tienen que disciplinar a un dirigente de la iglesia, un error fácil de cometer es no tomar en serio el mandamiento de Pablo, y por consiguiente no dar adecuada información a la iglesia sobre la naturaleza del pecado en cuestión. Si eso sucede, la congregación sólo oirá que se sacó de un cargo a algún dirigente debido a un pecado (o tal vez se menciona una categoría general de pecado). Pero esto no es realmente una reprensión pública efectiva. Debido a que es tan vaga, solamente resultará en confusión, especulación y chismes. Es más, pueden surgir divisiones serias en la iglesia debido a que en ausencia de información algunos pensarán que el proceso de disciplina fue demasiado riguroso y otros pensarán que fue demasiado lenitivo, y la iglesia no estará unida en respaldar el proceso.

que se le restó importancia o se tapó el pecado si más detalles se filtran más adelante.

Tal revelación pública de pecado de un dirigente será señal a la congregación de que los líderes de la iglesia no les esconderán tales asuntos en el futuro. Esto aumentará la confianza de la iglesia en la integridad de la junta directiva. También permitirá que el dirigente que peca empiece el proceso gradual de restablecer las relaciones y confianza con la congregación, porque no tendrá que lidiar con personas que tienen cien especulaciones diferentes en cuanto a lo que fue su pecado, sino con personas que saben cuál fue el pecado específico, y que pueden ver el genuino arrepentimiento y cambio respecto a ese aspecto de pecado en su vida.

¿Qué tal de los pecados serios de los que no son dirigentes de la iglesia? La Biblia no da ningún mandamiento de revelar públicamente los pecados de personas que son miembros regulares pero no dirigentes reconocidos de la iglesia. Al dirigente, sin embargo, se le trata en forma diferente porque su vida debe «ser intachable» (1 Ti 3:2), y su vida debe ser ejemplo para que otros creyentes imiten (ver 1 Ti 4:12).[21]

d. Otros aspectos de la disciplina eclesiástica: Una vez que haya tenido lugar la disciplina, tan pronto como haya arrepentimiento en cualquier etapa del proceso los creyentes que han sabido de la disciplina deben recibir de nuevo al arrepentido en la comunión de la iglesia. Pablo dice: «Más bien *debieran perdonarlo y consolarlo* para que no sea consumido por la excesiva tristeza. Por eso les ruego que reafirmen su amor hacia él» (2 Co 2:7-8; cf. 7:8-11). De nuevo, nuestro propósito en la disciplina eclesiástica nunca debe ser castigar por un deseo de venganza, sino siempre para restaurar y sanar.

La actitud con que se aplica la disciplina en toda etapa también es muy importante. Debe hacerse con gentileza y humildad, y con genuino aprecio por nuestra propia debilidad y con temor de que nosotros pudiéramos caer en pecados similares. «Hermanos, si alguien es sorprendido en pecado, ustedes que son espirituales deben restaurarlo con *una actitud humilde. Pero cuídese cada uno, porque también puede ser tentado*» (Gá 6:1).

No es sabio fijar algún calendario de antemano, diciéndole a la gente cuánto se espera que dure el proceso de disciplina. Esto se debe a que es imposible para nosotros predecir cuánto tiempo pasará hasta que el Espíritu Santo produzca arrepentimiento profundo y genuino y un cambio en la condición del corazón de la persona que le llevó al pecado para empezar.

Finalmente, debemos notar que inmediatamente después del pasaje sobre la disciplina eclesiástica en Mateo 18:15-20, Jesús enseña fuertemente la necesidad de perdón personal de todos los que pecan contra nosotros (Mt 18:21-35). Debemos perdonar «setenta veces siete» a los que nos hacen daño (v. 22), y Jesús nos dice que nuestro Padre celestial nos castigará severamente si no *perdonamos de corazón a nuestro hermano* (v. 35). Debemos ver el pasaje sobre la disciplina en la iglesia y este pasaje como complementarios, y no contradictorios. Como individuo siempre debemos perdonar de corazón y no guardar rencores. Sin embargo podemos ciertamente perdonar a alguien de corazón y con todo procurar la disciplina eclesiástica

---

[21]Entiendo «intachables» como queriendo decir que sus vidas son tales que no se puede presentar legítimamente contra ellos ninguna acusación de ofensa seria.

para el bien de la persona que comete el pecado, por el bien de la iglesia, por el honor de Cristo, y porque la palabra de Dios lo ordena.

PREGUNTAS PARA APLICACIÓN PERSONAL

1. ¿Ha pensado usted previamente de la iglesia más bien como débil o más bien como fuerte en su influencia en los asuntos del mundo? ¿Cómo ha cambiado su pensamiento como resultado de este capítulo? ¿Piensa usted que hay esperanza para transformar la sociedad aparte de la influencia redentora fuerte de la iglesia?

2. ¿Ha pensado usted previamente de sí mismo como teniendo alguna de las «llaves del reino de los cielos»? ¿Tiene en efecto usted alguna de esas llaves ahora? ¿Qué está haciendo con ellas?

3. ¿De qué maneras pudiera su iglesia ejercer más eficazmente su poder espiritual contra las fuerzas del enemigo? ¿De qué maneras pudiera usted mismo usar este poder más efectivamente?

4. ¿Cuál es el enemigo más fuerte a la proclamación efectiva del evangelio en su comunidad ahora? ¿Cómo se pudiera usar el poder de la iglesia contra ese enemigo?

5. Si usted acepta los principios de que la iglesia no debe gobernar al estado y el estado no debe gobernar sobre la iglesia o restringir su libertad, ¿se están poniendo en práctica estos principios efectivamente en su propia situación nacional o local? ¿Qué se pudiera hacer para aumentar la conformidad a estos principios? (¿Concuerda usted con estos principios?)

6. ¿Sabe usted de situaciones en donde una palabra gentil de amonestación ha resultado en un cambio positivo en su propia conducta o la conducta de otro creyente? ¿Sabe usted de situaciones en donde la disciplina eclesiástica ha ido un paso o dos más allá de esto y ha resultado en restauración de la persona que erró? Si usted sabe de situaciones en donde la práctica de la disciplina eclesiástica no ha dado buen resultado, ¿qué se pudiera haber hecho en forma diferente para que haya un mejor resultado?

7. Si una iglesia se niega totalmente por un número de años a aplicar la disciplina eclesiástica, aunque hay una necesidad evidente de ella, ¿cuáles pudieran ser los resultados dañinos en la iglesia? ¿Sabe usted de situaciones en donde han ocurrido esos resultados dañinos?

8. ¿Han habido ocasiones en las que usted hubiera deseado que alguien se hubiera acercado a usted más antes con una palabra de amonestación o consejo respecto a un aspecto de pecado que usted no se daba cuenta o que usted no sabía a ciencia cierta? Si es así, ¿por qué no sucedió eso?

9. ¿Hay ahora alguna relación en su vida en donde Mateo 5:23 y 18:15 combinados le dicen que tiene una obligación de ir a la otra persona y procurar arreglar la situación?

TÉRMINOS ESPECIALES

«atar y desatar»   poder de la iglesia
excomunión   tomar la espada
«llaves del reino»

BIBLIOGRAFÍA

(Para una explicación de esta bibliografía vea la nota sobre la bibliografía en el capítulo 1, p. 40. Datos bibliográficos completos se pueden encontrar en las páginas 1297-1306.)

Secciones en Teologías Sistemáticas Evangélicas

1. Anglicana (episcopal)
    1882–92   Litton, 402–13, 418–27
    1930   Thomas, 281–97, 434–46
2. Arminiana (wesleyana o metodista)
    1940   Wiley, 3:136–37
3. Bautista
    1767   Gill, 2:607–20
    1907   Strong, 924–26
4. Dispensacional
    1986   Ryrie, 433–35
5. Luterana
    1917–24   Pieper, 1:530–31; 3:178–83, 416–20
6. Reformada (o presbiteriana)
    1559   Calvin, 2:1149–1240 (4.8–12)
    1724–58   Edwards, 2:118–22
    1861   Heppe, 684–94
    1878   Dabney, 873–87
    1937–66   Murray, CW 1:253–59
    1938   Berkhof, 593–603
7. Renovada (o carismática o pentecostal)
    1988–92   Williams, 3:120–23, 265–85

Secciones en Teologías Sistemáticas Católicas Romanas Representativas

1. Católica Romana: tradicional
    1955   Ott, 417–25
2. Católica Romana: Post Vaticano II
    1980   McBrien, 2:817–48

Otras obras

Adams, Jay E. *Handbook of Church Discipline.* Ministry Resources Library, Grand Rapids, 1986.

Bauckham, Richard. *The Bible in Politics: How to Read the Bible Politically.* Westminster/John Knox, Louisville, 1989.

DeKoster, L. «Church Discipline». En *EDT,* p. 238.

Eidsmoe, John. *God and Caesar: Christian Faith and Political Action. Crossway,* Westchester, Ill., 1984.

Grudem, W. A. «Keys of the Kingdom». En *EDT,* pp. 604–6.

Laney, J. Carl. *A Guide to Church Discipline.* Bethany, Minneapolis, 1985.

Linder, R. D. «Church and State». En *EDT,* pp. 233–38.

Robertson, O. Palmer. «Reflections on New Testament Testimony Concerning Civil Disobedience». *JETS.* Vol. 33, No. 3 (sept., 1990), pp. 331–51.

Schaeffer, Francis. *A Christian Manifesto.* Crossway, Westchester, Ill., 1981.

Stott, John R. W. *The Preacher's Portrait: Some New Testament Word Studies.* Eerdmans, Grand Rapids, 1961.

White, John, y Ken Blue. *Church Discipline That Heals: Putting Costly Love into Action.* (Primero publicada como *Healing the Wounded*). InterVarsity Press, Downers Grove, Ill., 1985.

PASAJE BÍBLICO PARA MEMORIZAR

2 Corintios 10:3-4: *pues aunque vivimos en el mundo, no libramos batallas como lo hace el mundo. Las armas con que luchamos no son del mundo, sino que tienen el poder divino para derribar fortalezas.*

HIMNO

«Firmes y Adelante»

Este himno no habla de una guerra terrenal con espadas y escudos, sino de la guerra espiritual con oración y alabanza, y los enemigos no son no creyentes terrenales sino Satanás y sus ejércitos de demonios: «Nuestra es la victoria, dad a Dios loor; y óigalo el averno lleno de pavor».

El himno pinta a la iglesia moviéndose como un ejército mundial de Dios contra la fuerza de Satanás, y proclama igualmente la unidad de la iglesia: «Somos solo un cuerpo, y uno es el Señor, una la esperanza, y uno nuestro amor». Es un canto triunfante y gozoso de guerra espiritual por parte de una iglesia no dividida y que no será derrotada.

> 1. Firmes y adelante huestes de la fe,
>   sin temor alguno que Jesús nos ve.
> Jefe soberano, Cristo al frente va,
>   y la regia enseña tremolando está.

> Firmes y adelante, huestes de la fe,
> Sin temor alguno, que Jesús nos ve.

> 2. Al sagrado nombre de nuestro Adalid
>   tiembla el enemigo y huye de la lid.
> Nuestra es la victoria, dad a Dios loor;
>   y óigalo el averno lleno de pavor.

3. Muévese potente la Iglesia de Dios;
   de los ya gloriosos marchamos en pos.
Somos solo un cuerpo, y uno es el Señor,
   una la esperanza, y uno nuestro amor.

4. Tronos y coronas pueden perecer;
   de Jesús la Iglesia firme constante ha de ser.
Nada en contra suya prevalecerá,
   porque la promesa nunca faltará.

AUTOR: SABINE BARING-GOULD, TRAD. JUAN B. CABRERA
(TOMADO DE CELEBREMOS SU GLORIA, # 539)

Capítulo 47

El gobierno de la iglesia
¿Cómo se debe gobernar una iglesia? ¿Cómo se debe escoger a los oficiales de una iglesia? ¿Deben mujeres servir como pastoras?

EXPLICACIÓN Y BASE BÍBLICA

Las iglesias hoy tienen muchas formas diferentes de gobierno. La Iglesia Católica Romana tiene un gobierno mundial bajo la autoridad del papa. Las iglesias episcopales tienen obispos con autoridad regional, y arzobispos sobre ellos. Las iglesias presbiterianas conceden autoridad regional a presbiterios y autoridad nacional a asambleas generales. Por otro lado, las iglesias bautistas y muchas otras iglesias independientes no tienen ninguna autoridad formal gobernante más allá de la congregación local, y la afiliación con las denominaciones es voluntaria.

Dentro de las iglesias locales, los bautistas a veces tienen un solo pastor con una junta de diáconos, pero algunas tienen también juntas de ancianos. Los presbiterianos tienen una junta de ancianos y los episcopales tienen una Junta Parroquial. Otras iglesias simplemente tienen una junta de la iglesia.

¿Hay algún patrón del Nuevo Testamento para el gobierno de la iglesia? ¿Hay alguna forma de gobierno de la iglesia que se debe preferir sobre otra? Estas son las preguntas que se consideran en este capítulo.

Sin embargo, desde el comienzo se debe decir que la forma de gobierno de la iglesia no es una doctrina principal como la Trinidad, la deidad de Cristo, la expiación sustitucionaria, o la autoridad de la Biblia. Aunque pienso, después de examinar la evidencia del Nuevo Testamento, que una forma en particular de gobierno de la iglesia es preferible a las demás, con todo, cada forma tiene algunas debilidades tanto como puntos fuertes. La historia de la iglesia atestigua que varias formas diferentes de gobierno han funcionado bastante bien por varios siglos. Es más, en tanto que algunos aspectos de gobierno de la iglesia parecen ser razonablemente claros en el Nuevo Testamento, otros asuntos (tales como la manera en que se deben escoger los oficiales de la iglesia) son menos claros, principalmente debido a que la evidencia del Nuevo Testamento sobre ellos no es extensa, y por consiguiente nuestras inferencias de esta evidencia son menos certeras. Me parece, entonces, que debe haber campo para que los creyentes evangélicos difieran amigablemente sobre esta cuestión, con la esperanza de que en el futuro se pueda lograr mayor entendimiento. También parece que los creyentes individuales, en tanto que pueden tener una preferencia por un sistema u otro, y aunque puedan querer en momentos apropiados argumentar poderosamente por un sistema sobre otro, con todo deben estar dispuestos a vivir y ministrar dentro de cualquiera de los varios diferentes sistemas protestantes de gobierno de la iglesia en que puedan hallarse de tiempo en tiempo.

Pero no quiero decir que esto sea un asunto enteramente sin importancia. En este aspecto tanto como en otros, una iglesia puede ser más pura o menos pura. Si hay claros patrones del Nuevo Testamento respecto a algunos aspectos del gobierno de la iglesia, entonces habrá consecuencias negativas en nuestras iglesias si los descartamos, aunque no veamos todas las consecuencias al presente. Por consiguiente, los creyentes son ciertamente libres de hablar y escribir sobre el tema a fin de trabajar por una pureza creciente en la iglesia.

En este capítulo examinaremos primero la información del Nuevo Testamento respecto a los oficiales de la iglesia, especialmente *apóstol, anciano* y *diácono*. Luego preguntaremos cómo se deben escoger los oficiales de la iglesia. Después veremos dos asuntos controversiales: ¿cuál forma de gobierno de la iglesia, si acaso alguna, es la que más se acerca al patrón del Nuevo Testamento? Y, ¿pueden las mujeres servir como oficiales en la iglesia?

A. Oficiales de la iglesia

Para propósitos de este capítulo usaremos la siguiente definición: *Un oficial de la iglesia es alguien que ha sido reconocido públicamente como teniendo el derecho y responsabilidad de realizar ciertas funciones para beneficio de toda la iglesia.*

De acuerdo a esta definición, los ancianos y diáconos se considerarían oficiales de la iglesia, así como también el pastor (si ese es un oficio distinto). El tesorero de la iglesia y el moderador de la iglesia también serían oficiales (estos títulos pueden variar de iglesia a iglesia). A todas estas personas se las ha reconocido públicamente, por lo general en un culto en el cual se las «nombra» u «ordena» para ese cargo. Es más, *necesitan* reconocimiento público a fin de cumplir esas responsabilidades: por ejemplo, no sería apropiado que la gente se pregunte de semana a semana quién va a recibir la ofrenda y depositarla en el banco, o ¡que varias personas discutan que han sido dotados para asumir esa responsabilidad en una semana en particular! El funcionamiento ordenado de la iglesia exige que se reconozca que una persona tiene esa responsabilidad. De modo similar, al pastor que es responsable por dar la enseñanza bíblica cada domingo por la mañana se le debe reconocer como teniendo el derecho y responsabilidad de hacer eso (por lo menos, en la mayoría de formas de gobierno de la iglesia). Si no fuera ese el caso, entonces muchos pudieran preparar sermones y todos pudieran decir que tienen el derecho de predicarlo, o en algún domingo tal vez nadie lo prepare. De modo similar, a fin de que las personas sigan a los ancianos de la iglesia y miren a ellos esperando dirección, deben saber quiénes son los ancianos.

En contraste, muchos otros ejercen dones en la iglesia, pero no decimos que tienen un «oficio» debido a que no necesitan reconocimiento público para que funcionen sus dones. Los que tienen dones de «ayuda» (ver 1 Co 12:28), o que tienen un don de fe especialmente fuerte, o un don de «discernir espíritus» (1 Co 12:10), o un don de exhortar o de ofrendar (Ro 12:8) no necesitan reconocimiento público a fin de funcionar efectivamente en la iglesia.

En el material que sigue veremos que el Nuevo Testamento habla de un cargo de la iglesia que se limitó al tiempo cuando la iglesia primitiva fue fundada (el oficio de apóstol), y otros dos oficiales de la iglesia que continúan en toda la edad de la iglesia (los oficios de ancianos y diáconos).

1. Apóstol. Anteriormente en este libro vimos que los *apóstoles* del Nuevo Testamento tuvieron una clase única de autoridad en la iglesia primitiva: autoridad de hablar y escribir palabras que fueron «palabras de Dios» en un sentido absoluto. No creerlas o desobedecerlas era no creer o desobedecer a Dios. Los apóstoles, por consiguiente, tuvieron la autoridad para escribir palabras que llegaron a ser palabras de las Escrituras.[1] Este hecho en sí mismo debe sugerirnos que había algo singular en cuanto al oficio de apóstol, y que no deberíamos esperar que continúe hoy, porque nadie puede hoy añadir palabras a la Biblia y esperar que se las considere como las mismas palabras de Dios o como parte de las Escrituras.[2]

Además, la información del Nuevo Testamento sobre las calificaciones de un apóstol y la identidad de los apóstoles también nos lleva a concluir que el oficio fue único y limitado al primer siglo, y que no debemos esperar más apóstoles hoy.[3] Veremos esto al hacer las siguientes preguntas: ¿Cuáles fueron los requisitos para ser un apóstol? ¿Quiénes fueron los apóstoles? ¿Cuántos apóstoles hubo? ¿Hay apóstoles hoy?

Desde el principio se debe aclarar que las respuestas a estas preguntas dependen de lo que uno quiera decir por la palabra *apóstol*. Algunos usan hoy la palabra *apóstol* en un sentido muy amplio, para referirse a un iniciador eficaz de iglesias, o a un pionero misionero significativo («Guillermo Carey fue un apóstol a India», por ejemplo). Si usamos la palabra *apóstol* en este sentido amplio, todos estarían de acuerdo en que todavía hay apóstoles hoy; porque ciertamente hay misioneros e iniciadores de la iglesia eficaces hoy.

El Nuevo Testamento mismo tiene tres versículos en que usa la palabra *apóstol* (gr. *apóstolos*) en un sentido amplio, no para referirse a ningún cargo específico en la iglesia, sino simplemente para querer decir «mensajero». En Filipenses 2:25 Pablo llama a Epafrodito «vuestro *mensajero (apóstolos)*, y ministrador de mis necesidades » (RVR); en 2 Corintios 8:23 Pablo se refiere a los que le acompañaron para llevar la ofrenda a Jerusalén como «mensajeros [*apostoloi de apóstolos*] de las iglesias» (RVR); y en Juan 13:16 Jesús dice: «ningún mensajero [*apóstolos*] es más que el que lo envió».

Pero hay otro sentido para la palabra *apóstol*. Mucho más frecuentemente en el Nuevo Testamento la palabra se refiere a un oficio especial: «apóstol de Jesucristo». En este sentido estrecho del término no hay más apóstoles hoy, ni debemos esperar más. Esto se debe a lo que el Nuevo Testamento dice en cuanto a los requisitos para ser un apóstol y en cuanto a quiénes fueron los apóstoles.

a. Requisitos de un apóstol: Los dos requisitos para ser un apóstol fueron (1) haber visto a Jesús después de su resurrección con los propios ojos (así, ser un «testigo

---

[1]Ver capítulo 3, pp. 60–63, y capítulo 4, pp. 77–78, para una consideración de la autoridad de los apóstoles.

[2]Ver capítulo 3, pp. 63–68, para una consideración del cierre del canon del Nuevo Testamento.

[3]El material desde este punto y hasta la p. 957 se ha tomado de Wayne Grudem, *The Gift of Prophecy in the New Testament and Today* (Kingsway, Eastbourne, U.K., y Crossway, Westchester, Ill., 1988), pp. 269–76, y se usa con permiso.

ocular de la resurrección»), y (2) haber sido específicamente comisionado por Cristo como su apóstol.[4]

El hecho de que un apóstol tenía que haber visto con sus propios ojos al Señor resucitado se indica en Hechos 1:22, en donde Pedro dijo que la persona para reemplazar a Judas «sea hecho testigo con nosotros, de su resurrección» (RVR). Es más, fue «a los apóstoles que había escogido» que «después de padecer la muerte, se les presentó dándoles muchas pruebas convincentes de que estaba vivo. Durante cuarenta días se les apareció» (Hch 1:2-3; cf. 4:33).

Pablo da gran importancia al hecho de que él reunió estos requisitos aunque de una manera inusual (Cristo se le apareció en una visión en el camino a Damasco y lo nombró apóstol: Hch 9:5-6; 26:15-18). Cuando defiende su apostolado dice: «¿No soy apóstol? ¿No he visto a Jesús nuestro Señor?» (1 Co 9:1). Y al mencionar a las personas a quienes Cristo se apareció después de su resurrección, Pablo dice: «Luego *se apareció a Jacobo,* más tarde *a todos los apóstoles,* y por último, como a uno nacido fuera de tiempo, *se me apareció también a mí.* Admito que yo soy el más insignificante de los apóstoles y que ni siquiera merezco ser llamado apóstol» (1 Co 15:7-9).

Estos versículos se combinan para indicar que a menos que alguien haya visto con sus propios ojos a Jesús después de la resurrección, no podía ser apóstol.

El segundo requisito, nombramiento específico por Cristo como apóstol, también es evidente en varios versículos. Primero, aunque el término *apóstol* no es común en los Evangelios, a los doce discípulos se les llama «apóstoles» específicamente en el contexto en que Jesús los comisiona, «enviándolos» a predicar en su nombre:

Reunió a sus doce discípulos y les dio autoridad para expulsar a los espíritus malignos y sanar toda enfermedad y toda dolencia. Éstos son los nombres de los doce *apóstoles:* . . . Jesús *envió a estos doce* con las siguientes instrucciones: «. . . Dondequiera que vayan, prediquen este mensaje: «El reino de los cielos está cerca" (Mt 10:1-7).

De modo similar, Jesús comisiona a sus apóstoles en un sentido especial para que sean sus «testigos . . . hasta los confines de la tierra» (Hch 1:8). Y al escoger a otro apóstol para que reemplace a Judas, los once apóstoles no se irrogaron la responsabilidad sobre sí mismos, sino que oraron y pidieron que el Cristo ascendido haga el nombramiento:

«Señor, tú que conoces el corazón de todos, *muéstranos a cuál de estos dos has elegido* para que se haga cargo del servicio apostólico que Judas dejó . . . .» Luego echaron suertes y la elección recayó en Matías; así que él fue reconocido junto con los once apóstoles (Hch 1:24-26).

Pablo mismo insiste en que Cristo personalmente lo nombró como apóstol. Cuenta como, en el camino a Damasco, Jesús le dijo que lo estaba nombrando como apóstol a los gentiles: «Me he aparecido a ti con el fin de designarte siervo y

---

[4]Estas dos calificaciones se consideran en detalle en el ensayo clásico de J. B. Lightfoot, «The Name and Office of an Apostle», en su comentario, *The Epistle of St. Paul to the Galatians* (primero publicado en 1865; reimp. Zondervan, Grand Rapids, 1957), pp. 92–101; ver también K. H. Rengstorf, *«apóstolos», TDNT,* 1:398–447.

testigo . . . Te libraré de tu propio pueblo y de los gentiles. Te envío a éstos»
(Hch 26:16-17). Más adelante afirma que fue específicamente nombrado por
Cristo como apóstol (ver Ro 1:1; Gá 1:1; 1 Ti 1:12; 2:7; 2 Ti 1:11).

b. ¿Quiénes fueron apóstoles? El grupo inicial de apóstoles eran doce: los once
discípulos originales que quedaron después de que Judas murió, más Matías, que
reemplazó a Judas: «Luego echaron suertes y la elección recayó en Matías; así que
él fue reconocido junto con los once apóstoles» (Hch 1:26). Tan importante fue este grupo original de los apóstoles, los «miembros originales» del oficio de apóstol, que
leemos que sus nombres están inscritos en los cimientos de la ciudad celestial, la
nueva Jerusalén: «La muralla de la ciudad tenía doce cimientos, en los que estaban
los nombres de los doce apóstoles del Cordero» (Ap 21:14).

Podríamos al principio pensar que tal grupo nunca podría ampliarse, así que
nadie podría ser añadido. Pero entonces Pablo claramente afirma que él, también,
es un apóstol. Y Hechos 14:14 llama apóstoles tanto a Bernabé como a Pablo: «Al
enterarse de esto *los apóstoles Bernabé y Pablo* . . .». Así que con Pablo y Bernabé hay
catorce «apóstoles de Jesucristo».[5]

Luego a Jacobo, el hermano de Jesús (que no fue uno de los doce discípulos originales) parece que se le llama apóstol en Gálatas 1:19. Pablo relata que cuando fue
a Jerusalén, no vio «a ningún otro de los apóstoles, sino a Jacobo el hermano del Señor» (RVR).[6] Luego, en Gálatas 2:9 a Jacobo se le clasifica con Pedro y Juan como
«columnas» de la iglesia de Jerusalén. Y en Hechos 15:13-21 Jacobo, junto con Pedro, ejerce una función significativa de liderazgo en el Concilio de Jerusalén, función que sería apropiada para el oficio de apóstol. Es más, cuando Pablo menciona
la lista de las apariciones de Jesús resucitado una vez más de buen grado clasifica a
Jacobo con los apóstoles:

> Luego se apareció a *Jacobo,* más tarde *a todos los apóstoles,* y por último, como a uno
> nacido fuera de tiempo, se me apareció también a mí. Admito que yo soy el más in-
> significante de los apóstoles y que ni siquiera merezco ser llamado apóstol, porque
> perseguí a la iglesia de Dios. (1 Co 15:7-9).

---

[5]Si los escritos de los apóstoles fueron aceptados como Escrituras, alguien tal vez se pregunte por qué el documento extra bíblico llamado *La Epístola de Bernabé* no se incluye en las Escrituras. La respuesta es que la opinión
académica casi unánime ha concluido que no fue escrita por Bernabé, sino por algún creyente desconocido que
probablemente vivió en Alejandría entre el 70 y 100 d.C. La epístola afirma que mucho del Antiguo Testamento,
incluyendo los sacrificios de animales, mucho de la ley mosaica, y la construcción de un templo físico, fueron
equivocaciones contrarias a la voluntad de Dios (ver ODCC, p. 134). (El texto y traducción [al inglés] se hallan en
Kirsopp Lake, traductor, *The Apostolic Fathers* [Harvard University Press, Cambridge, Mass., y Heinemann, Londres, 1970], 1:335–409).

[6]No es absolutamente necesario traducir este versículo de esta manera, incluyendo Santiago entre los apóstoles. (La NVI dice: «No vi a ningún otro de los apóstoles; sólo vi a Jacobo, el hermano del Señor»). Sin embargo la
traducción «excepto a Jacobo el hermano del Señor» parece claramente preferible, porque (1) la frase griega que
es *ei me* que ordinariamente significa «excepto» (BAGD, p. 22, 8a), y en la gran mayoría de usos en el Nuevo Testamento designa algo que es parte del grupo previo pero que es «excepto» de él; y (2) en el contexto de Gá 1:18 tendría mucho más sentido que Pablo diga que cuando fue a Jerusalén vio a Pedro, y a ningún otro excepto a Jacobo;
o Pedro, y ninguno de los otros dirigentes de la iglesia excepto Jacobo, porque se quedó allí «quince días»
(Gá 1:18). Así que debe querer decir que vio a Pedro, y a ningún otro apóstol excepto a Jacobo. Pero esto clasifica a
Jacobo con los apóstoles. Ver la explicación en E. D. Burton, *The Epistle to the Galatians,* ICC (T. & T. Clark, Edinburgh, 1920), p. 60. (Burton dice, «*ei me*» aquí, como siempre delante de un sustantivo, «excepto» [ibid.]).

Finalmente, el hecho de que Jacobo, o Santiago, pudo escribir la Epístola del Nuevo Testamento que lleva su nombre también sería enteramente consistente con el hecho de que tenía la autoridad que le pertenecía al oficio del apóstol, la autoridad de escribir palabras que fueron palabras de Dios. Todas estas consideraciones se combinan para indicar que Jacobo, el hermano del Señor, también fue comisionado por Cristo como apóstol. Esto elevaría el número a quince «apóstoles de Jesucristo» (los doce, más Pablo, Bernabé y Jacobo.

¿Hubo más de estos quince? Posiblemente puede haber habido unos pocos más, aunque sabemos un poco, si acaso algo, de ellos, y no hay certeza de que hubo más. Otros, por supuesto, habían visto a Jesús después de su resurrección («Después se apareció a más de quinientos hermanos a la vez, la mayoría de los cuales vive todavía, aunque algunos han muerto», 1 Co 15:6). De este grupo grande es posible que Cristo nombró a algunos otros como apóstoles; pero también es muy posible que no lo hizo. La evidencia no es suficiente para decidir el asunto.

Romanos 16:7 dice: «Saluden a *Andrónico y a Junías,* mis parientes y compañeros de cárcel, *destacados entre los apóstoles* y convertidos a Cristo antes que yo». Debido a que hay varios problemas de traducción en este versículo, no se puede llegar a ninguna conclusión clara. «Destacados» también se puede traducir «hombres que (los apóstoles) destacaron». «Junías» (nombre de hombre) también se puede traducir «Junia» (nombre de mujer).[7] «Apóstoles» aquí tal vez no quiera decir el oficio de «apóstol de Jesucristo», sino que puede significar simplemente «mensajeros» (el sentido más amplio que la palabra toma en Flp 2:25; 2 Co 8:23; Jn 13:16). El versículo tiene muy poca información clara para permitirnos derivar una conclusión.

Se han sugerido a otros como apóstoles. A Silas (Silvano) y a veces Timoteo se mencionan debido a 1 Tesalonicenses 2:6: «Aunque *como apóstoles de Cristo hubiéramos* podido ser exigentes con ustedes». ¿Incluye Pablo a Silas y Timoteo aquí, puesto que la carta empieza: «Pablo, Silvano y Timoteo» (1 Ts 1:1)?

No es probable que Pablo incluya a Timoteo en esta afirmación, por dos razones. (1) Él dice apenas cuatro versículos antes: «Y saben también que, a pesar de las aflicciones e insultos que antes sufrimos en Filipos» (1 Ts 2:2), pero esto se refiere a los azotes y encarcelamiento que les sucedieron sólo a Pablo y a Silas, no a Timoteo (Hch 16:19). Así que el «nosotros» del versículo 6 no parece incluir a todos los hombres (Pablo, Silvano, Timoteo) mencionados en el primer versículo. La carta en general es de Pablo, Silas y Timoteo, pero Pablo sabe que sus lectores naturalmente entenderán los miembros apropiados de la afirmación «nosotros» cuando

---

[7]Para una consideración extensa de si traducir «Junías» o «Junia» aquí, ver John Piper y Wayne Grudem, eds., *Recovering Biblical Manhood and Womanhood* (Crossway, Wheaton, 1991), pp. 79–81, 214, 221–22. algunos han aducido que Junia era un nombre común de mujer en la Grecia antigua, pero esto es incorrecto, por lo menos en la literatura griega escrita: una búsqueda por computadora de 2899 autores griegos antiguos en más de trece siglos (siglo noveno a.C. a siglo quinto d.C.) arrojó sólo dos ejemplos de Junia como nombre de mujer, una en Plutarco (c. 50–c. 100 d.C.) y una en el padre de la iglesia Crisóstomo (347-407 d.C.), que se refiere a Junia como una mujer en un sermón sobre Ro 16:7. Tampoco es común como nombre de hombre, puesto que la búsqueda arrojó sólo un ejemplo de Junias como nombre de hombre, en Epifanio (315-403 d.C.), obispo de Salamina en Chipre, que se refiere a Junias en Ro 16:7 y dice que llegó a ser obispo de Apameya en Siria *(Index of Disciples,* 125.19–20); esta cita es la más significativa, puesto que Epifanio sabe más información sobre Junias). El texto latino del padre de la iglesia Orígenes (m. 252 d.C.) también se refiere a Junias en Ro 16:76 como hombre (J. P. Migne, *Patrologia Graeca,* vol. 14, col. 1289). Por consiguiente, la información disponible da algún respaldo a la noción de que Junías era hombre, pero la información es demasiado esporádica como para ser concluyente.

no quiere dar a entender que incluye a todos los tres de ellos en ciertas secciones de la carta. Él no especifica: «Es decir, Silas y yo, ya hemos sufrido y fuimos ultrajados vergonzosamente en Filipos, como ustedes saben», porque los tesalonicenses sabrían a quiénes se refiere con el «nosotros».

(2) Esto también se ve en 1 Tesalonicenses 3:1-2, cuando el «nosotros» ciertamente no puede incluir a Timoteo:

> Por tanto, cuando ya no pudimos soportarlo más, pensamos que era mejor quedarnos solos en Atenas. Así que les enviamos a Timoteo, hermano nuestro y colaborador de Dios en el evangelio de Cristo, con el fin de afianzarlos y animarlos en la fe (1 Ts 3:1-2).

En este caso, el «nosotros» se refiere bien sea a Pablo y Silas, o si no sólo a Pablo (ver Hch 17:14-15; 18:5). Al parecer Silas y Timoteo habían ido a reunirse con Pablo en Atenas «tan pronto como les fuera posible» (Hch 17:15); aunque Lucas no menciona su llegada a Atenas, y Pablo los había enviado de regreso a Tesalónica para ayudar a la iglesia allí. Luego él mismo fue a Corinto, y más tarde ellos se le reunieron allí (Hch 18:5).

Es más probable que *«pensamos que era mejor quedarnos solos en Atenas»* (1 Ts 3:1) se refiera sólo a Pablo, porque él toma el argumento de nuevo en el versículo 5 con el singular «yo» («Por eso, cuando ya no pude soportarlo más, mandé a Timoteo», 1 Ts 3:5), y porque el punto respecto a la soledad extrema en Atenas no tendría razón si Silas se hubiera quedado con él.[8] Es más, en el párrafo previo Pablo quiere decir «yo», porque dice: «Sí, deseábamos visitarlos —yo mismo, Pablo, más de una vez intenté ir—, pero Satanás nos lo impidió» (1 Ts 2:18). Al parecer está usando el «nosotros» más frecuentemente en esta epístola como una manera cortés de incluir en la carta a esa iglesia a Silas y a Timoteo, que habían pasado tanto tiempo en la iglesia de Tesalónica. Pero los Tesalonicenses habrían tenido escasa duda de quién realmente estaba a cargo de esta gran misión a los gentiles, y en cuya autoridad apostólica dependía la carta primordialmente (o exclusivamente).

Así que es simplemente posible que Silas mismo fue un apóstol, y que 1 Tesalonicenses 2:6 lo sugiera. Él fue un dirigente principal de la iglesia de Jerusalén (Hch 15:22), y bien pudo haber visto a Jesús después de su resurrección, y luego ser nombrado apóstol. Pero no podemos saberlo con certeza.

La situación con Timoteo es diferente, sin embargo. Así como él queda excluido del «nosotros» de 1 Tesalonicenses 2:2 (y 3: 1-2), parece que se le excluye del «nosotros» de 1 Tesalonicenses 2:6. Es más, como nativo de Listra (Hch 16:1-3) que había aprendido de Cristo de su abuela y madre (2 Ti 1:5), parece imposible que hubiera estado en Jerusalén antes de Pentecostés y hubiera allí visto al Señor resucitado y llegado a creer en él, y luego de repente ser nombrado como apóstol. Además, *el patrón de Pablo de escribir en sus cartas siempre guarda celosamente el título «apóstol» para sí mismo*, nunca permitiendo que se lo aplique a Timoteo o a algún

---

[8]Ver la consideración en Leon Morris, *The First and Second Epistles to the Thessalonians*, NIC (Eerdmans, Grand Rapids, 1959), pp. 98–99. Morris dice: « La práctica en esta epístola difiere en algo de las epístolas paulinas en general. El plural se usa casi en todas partes, en tanto que en la mayoría de las cartas Pablo prefiere el singular» (p. 98; cf. pp. 46–47). Morris toma los plurales aquí como que se refieren sólo a Pablo mismo.

otro de sus compañeros de viaje (notar 2 Co 1:1; Col 1:1: «*Pablo, apóstol de Cristo Jesús* . . . *y el hermano Timoteo*»; y luego Flp 1:1: «*Pablo y Timoteo, siervos* de Cristo Jesús»). Así que a Timoteo, por el papel importante que tuvo, no se le debe considerar correctamente como uno de los apóstoles.

Esto nos da un grupo limitado pero de alguna manera impreciso en número que tenía el oficio de «apóstoles de Jesucristo». Parece haber habido por lo menos quince, y tal vez dieciséis o incluso unos pocos más que no se mencionan en el Nuevo Testamento.

Sin embargo, parece bastante cierto que ninguno fue nombrado después de Pablo. Cuando Pablo menciona las apariciones del Cristo resucitado, recalca la manera inusual en que Cristo se le apareció a él, y conecta esto con la declaración de que fue la «última» de las apariciones, y que él mismo es en verdad « el más insignificante de los apóstoles y que ni siquiera merezco ser llamado apóstol».

> Y que se apareció a Cefas, y luego a los doce. Después se apareció a más de quinientos hermanos a la vez, la mayoría de los cuales vive todavía, aunque algunos han muerto. Luego se apareció a Jacobo, más tarde a todos los apóstoles, y *por último*, como a uno nacido fuera de tiempo, *se me apareció también a mí.*

Admito que yo soy el más insignificante de los apóstoles y que ni siquiera merezco ser llamado apóstol, porque perseguí a la iglesia de Dios (1 Co 15:5-9).

c. Sumario: La palabra *apóstol* se puede usar en un sentido amplio o estrecho. En un sentido amplio, simplemente quiere decir «mensajero» o «misionero pionero». Pero en un sentido estrecho, el sentido más común en el Nuevo Testamento, se refiere a un oficio específico: «apóstol de Jesucristo». Estos apóstoles tuvieron autoridad única para fundar y gobernar la iglesia primitiva, y pudieron hablar y escribir palabras de Dios. Muchas de sus palabras escritas llegaron a ser las Escrituras del Nuevo Testamento.

A fin de reunir los requisitos como apóstol, el individuo (1) tenía que haber visto con sus propios ojos a Cristo después de que Jesús resucitó de los muertos, y (2) tenía que haber sido específicamente nombrado por Cristo como apóstol. Hubo un número limitado de apóstoles, tal vez quince o dieciséis, o tal vez unos pocos más; el Nuevo Testamento no es explícito en cuanto al número. A los doce apóstoles originales (los once más Matías) se les unieron Bernabé y Pablo, muy probablemente Jacobo, tal vez Silas, e incluso tal vez Andrónico y Junias, y unos pocos más que no se nombran. Parece que no hubo apóstoles nombrados después de Pablo, y ciertamente, puesto que nadie hoy puede reunir el requisito de haber visto con sus propios ojos a Cristo resucitado, no hay apóstoles hoy.[9] En lugar de apóstoles vivos presentes en la iglesia para enseñar y gobernarla, tenemos más bien los escritos de los apóstoles en los libros del Nuevo Testamento. Esas Escrituras del Nuevo

---

[9]Alguien podría objetar que Cristo podría aparecerse a alguien hoy y nombrarlo apóstol. Pero la naturaleza fundamental del oficio de apóstol (Ef 2:20; Ap 21:14) y el hecho de que Pablo se ve a sí mismo como el último a quien Cristo se le apareció y lo nombró apóstol («y por último, como a uno nacido fuera de tiempo», 1Co 15:8), indica que esto no va a suceder. Es más, los propósitos de Dios en la historia de la redención parecen haber sido dados a los apóstoles sólo al principio de la edad de la iglesia (ver Ef 2:20).

Testamento cumplen para la iglesia hoy la enseñanza y funciones gobernantes absolutamente autoritativas que fueron cumplidas por los mismos apóstoles durante los años iniciales de la iglesia.

Aunque algunos pueden usar la palabra *apóstol* en los idiomas modernos para referirse a iniciadores de iglesias o evangelistas muy eficaces, parece inapropiado y nada provechoso hacerlo así, porque simplemente confunde a las personas que leen el Nuevo Testamento y ven la alta autoridad que se atribuye al oficio del «apóstol» allí. Vale la pena notar que ningún dirigente importante en la historia del cristianismo, ni Atanasio ni Agustín, ni Lutero ni Calvino, ni Wesley ni Whitefield, se aplicaron a sí mismos el título de «apóstol» o permitieron que se les llame apóstoles. Si alguien en tiempos modernos quiere tomar para sí mismo el título «apóstol», eso de inmediato levanta la suspicacia de que puede estar motivado por orgullo inapropiado y deseos de exaltación propia, junto con ambición excesiva y un deseo de tener mucha más autoridad en la iglesia que cualquier persona legítimamente debe tener.

2. Anciano (pastor, supervisor, obispo).

a. Ancianos plurales: El patrón en todas las iglesias del Nuevo Testamento: El siguiente oficio de la iglesia que se considera es el de «anciano». Aunque algunos han argumentado que en el Nuevo Testamento son evidentes diferentes formas del gobierno de la iglesia,[10] un estudio de los textos relevantes muestra que lo opuesto es verdad: hay en las iglesias del Nuevo Testamento un patrón bastante consistente de *ancianos plurales* como el grupo principal gobernante. Por ejemplo, en Hechos 14:23 leemos: « En cada iglesia nombraron *ancianos*[11] y, con oración y ayuno, los encomendaron al Señor, en quien habían creído». Esto es en el primer viaje misionero de Pablo, cuando él regresa por las ciudades de Listra, Iconio y Antioquía. Indica que el procedimiento normal de Pablo desde el tiempo de su primer viaje misionero fue establecer un grupo de ancianos en cada iglesia poco después de que la iglesia empezó. Sabemos que Pablo también estableció ancianos en la iglesia de Éfeso, porque leemos: « Desde Mileto, Pablo mandó llamar a *los ancianos* de la iglesia de Éfeso» (Hch 20:17). Es más, a los ayudantes apostólicos de Pablo al parecer se les instruyó que realicen un proceso similar, porque Pablo le escribe a Tito: «Te dejé en Creta para que pusieras en orden lo que quedaba por hacer y en

---

Otra objeción a la idea de que no hay apóstoles hoy, que surge especialmente de personas del movimiento carismático, es el argumento de que el «ministerio quíntuple» de Ef 4:11 debe continuar hoy, y que debemos tener (1) apóstoles, (2) profetas, (3) evangelistas, (4) pastores y (5) maestros, puesto que Pablo dice que Cristo «constituyó a unos, apóstoles; a otros, profetas; a otros, evangelistas; y a otros, pastores y maestros» (Ef 4:11).

Sin embargo, Ef 4:11 habla de un suceso de una vez por todas en el pasado (notar el aoristo *kai edoken*,«y él dio»), cuando Cristo ascendió al cielo (vv. 8-10) y luego en Pentecostés derramó los dones iniciales sobre la iglesia, dándole a la iglesia apóstoles, profetas, evangelistas, y pastores maestros (o pastores y maestros). Si Cristo más tarde dio o no dio más personas para cada uno de estos cargos *no se puede decidir partiendo de este versículo solo*, sino que se debe decidir basándose en otras enseñanzas del Nuevo Testamento sobre la naturaleza de estos oficios, y si se esperaban que continúen. De hecho, vemos que hubo muchos profetas, evangelistas, y pastores maestros establecidos por Cristo en todas las iglesias iniciales, pero que hubo solamente otro apóstol más dado después del tiempo inicial (Pablo, «el último de todos», en circunstancias inusuales en el camino a Damasco).

[10]Ver, por ejemplo, Millard Erickson, *Christian Theology*, p. 1084.

[11]La palabra que en el Nuevo Testamento se traduce «anciano» es la palabra griega *presbúteros* que también se usa en otros contextos para indicar simplemente una persona de mayor edad.

cada pueblo nombraras ancianos de la iglesia, de acuerdo con las instrucciones que te di» (Tit 1:5). Poco después de que se había establecido una iglesia, de nuevo vemos ancianos establecidos en oficio, en «todo pueblo» en el que había una iglesia. Y Pablo le recordó a Timoteo del tiempo «cuando los *ancianos* te impusieron las manos» (1 Ti 4:14).

Santiago escribe: «¿Está enfermo alguno de ustedes? Haga llamar a los *ancianos* de la iglesia para que oren por él y lo unjan con aceite en el nombre del Señor» (Stg 5:14). Esta es una afirmación significativa porque la Epístola de Santiago es una carta general escrita a muchas iglesias, a todos los creyentes esparcidos por todas partes, a quienes Santiago caracteriza como «las doce tribus que se hallan dispersas por el mundo» (Stg 1:1). Indica que Santiago esperaba que habría ancianos *en toda iglesia del Nuevo Testamento a la que fue su epístola general*; es decir, a *todas las iglesias en existencia en ese tiempo.*

Una conclusión similar se puede derivar de 1 Pedro. Pedro escribe: «A los *ancianos* que están entre ustedes, . . . les ruego esto: cuiden como pastores el rebaño de Dios que está a su cargo» (1 P 5:1-2). Primera de Pedro también es una epístola general, escrita a docenas de iglesias esparcidas por cuatro provincias romanas en Asia Menor (ver 1 P 1:1; Bitinia y Ponto constituían una sola provincia romana). Lejos de esperar diferentes clases de gobierno de iglesia cuando escribe (alrededor del 62 d.C., más de 30 años después de Pentecostés) Pedro da por sentado que *todas* estas iglesias, sean fundadas por Pablo o por otros, sean predominantemente gentiles o predominantemente judías, o incluso divididas en su constitución, tendrían ancianos dirigiéndolas. Es más, había ancianos en la iglesia de Jerusalén (Hch 11:30; 15:2), y, aunque no se usa la palabra *ancianos*, había una pluralidad de líderes en la congregación a la que se dirige la epístola a los Hebreos, porque el autor dice: «Obedezcan a sus dirigentes y sométanse a ellos, pues cuidan de ustedes como quienes tienen que rendir cuentas» (Heb 13:17).

Dos conclusiones significativas se pueden derivar de este estudio de la evidencia dada por el Nuevo Testamento. Primera, ningún pasaje sugiere que alguna iglesia, por pequeña que sea, tuvo un solo anciano. El patrón consistente del Nuevo Testamento es una pluralidad de ancianos «en toda iglesia» (Hch 14:23) y «en todo pueblo» (Tit 1:5).[12] Segunda, no vemos una diversidad de formas de gobierno en la iglesia del Nuevo Testamento, sino un patrón unificado y consistente en el que toda iglesia tenía ancianos gobernándola y cuidando de ella (Hch 20:28; Heb 13:17; 1 P 5:2-3).

b. Otros nombres para los ancianos: pastores, supervisores, obispos: En el Nuevo Testamento a los ancianos también se le llama «pastores», «obispos» o «supervisores».

---

[12]Algunos han sugerido que tal vez había un anciano en toda «iglesia de hogar» en una ciudad, y que todos esos ancianos de las diferentes iglesias de hogar juntos constituían los ancianos que Tito debía nombrar en cada ciudad. Si esto fue cierto, tal vez se podría dar algún respaldo a la idea de un pastor («anciano») sobre cada iglesia.

En respuesta a esta sugerencia debemos notar que esta es una teoría sin ninguna evidencia para respaldarla, porque ningún versículo del Nuevo Testamento sugiere la idea de que había sólo un anciano en cada «iglesia de hogar». En términos de evidencia de respaldo, esta sugerencia está en la misma categoría de la afirmación: «Tal vez todos los ancianos de Creta eran ciegos del ojo izquierdo». Por supuesto, los eruditos pueden decir «tal vez a cualquier suceso para el que no hay evidencia, pero tales declaraciones no deben llevar peso en nuestros esfuerzos por determinar qué patrón de gobierno de la iglesia existía en realidad en el primer siglo.

La palabra menos comúnmente usada (por lo menos en forma de sustantivo» es *pastor* (gr. *poimen*). Tal vez sea sorpresa para nosotros enterarnos de que esta palabra, que ha llegado a ser tan común en el inglés y español, sólo ocurre una vez en el Nuevo Testamento cuando se habla de un oficial de la iglesia. En Efesios 4:11 Pablo escribe: «Él mismo constituyó a unos, apóstoles; a otros, profetas; a otros, evangelistas; y a otros, pastores y maestros». El versículo probablemente se traduciría mejor como «pastores maestros» (un grupo) antes que «pastores y maestros» (sugiriendo dos grupos) debido a la construcción del griego (aunque no todos los expertos del Nuevo Testamento concuerdan con esa traducción).[13] La conexión con la enseñanza sugiere que estos pastores eran algunos (o tal vez todos) los ancianos que realizaban la tarea de enseñar, porque una calificación para el anciano es que debe ser «capaz de enseñar» (1 Ti 3:2).

Aunque el sustantivo *pastor* (*poimen*) no se usa para referirse a los oficiales de la iglesia en ninguna otra parte del Nuevo Testamento,[14] el verbo relativo que quiere decir «actuar como pastor» (gr. *poimano*) se aplica a los ancianos en el discurso de Pablo a los ancianos de Éfeso. Les dice: «para *pastorear* la iglesia de Dios» (Hch 20:28, literalmente traduciendo el verbo *poimaino*), y en la misma frase se refiere al pueblo de Dios como «todo el *rebaño*» usando otro sustantivo relacionado (gr. *poimnion*) que quiere decir «un rebaño de ovejas». Así que Pablo directamente encomienda a estos ancianos de Éfeso que actúen como «pastores».[15]

El mismo verbo se usa en 1 Pedro 5:2, en donde Pablo les dice a los ancianos que «*pastoreen* (*poimaino*) el rebaño de Dios que está a su cargo» (traducción del autor). Luego, dos versículos más adelante, a Jesús se le llama el pastor principal o «el Pastor supremo» (*arquipoimen*, 1 P 5:4), implicando muy claramente que Pedro también veía a los ancianos como pastores de la iglesia. Por consiguiente, aunque el sustantivo *pastor* se usa sólo una vez para referirse a los ancianos, el verbo relativo se usa dos veces en pasajes que explícitamente identifican la tarea de pastorear con el oficio de anciano.

Otro término que se usa para los ancianos en el Nuevo Testamento es la palabra griega *episkopos* que se traduce como «supervisor» u «obispo», dependiendo del pasaje individual en la traducción en el inglés.[16] Pero la palabra también parece muy claramente ser otro término para ancianos en el uso del Nuevo Testamento. Por ejemplo, cuando Pablo ha llamado a los *ancianos* de la iglesia de Éfeso (Hch 20:17), les dice: «Tengan cuidado de sí mismos y de todo el rebaño sobre el cual el Espíritu Santo los ha puesto como *obispos* (gr. *episkopos*)» (Hch 20:28). Pablo de buen grado se refiere a estos ancianos de Éfeso como «obispos».

En 1 Timoteo 3:1-2 Pablo escribe: «Si alguno desea ser *obispo*, a noble función aspira. Así que el obispo debe ser intachable, . . .». Debemos recordar que Pablo le está escribiendo a Timoteo, cuando Timoteo está en Éfeso (ver 1 Ti 1:3: «que

---

[13]La frase «a algunos pastores y maestros» tiene sólo un artículo definido frente a los dos nombres unidos por *kai* («y»), construcción que en el griego siempre indica que el escritor ve los dos sustantivos como unificados de alguna manera. Esta construcción a menudo se usa en donde los dos sustantivos se refieren a la misma persona o cosa, pero a veces se usa de dos diferentes personas o grupos vistos como una unidad. En cualquier caso, la frase liga a «pastores» y «maestros» más íntimamente que cualquier otro título.

[14]Sin embargo, se la usa varias veces para hablar del «pastor» que cuida sus ovejas.

[15]La palabra *pastor* del español se deriva de un término latino que quiere decir «uno que cuida ovejas».

[16]La NIV, en inglés, usa regularmente «supervisor» en lugar de «obispo» para traducir *episkopos*.

permanecieras en Éfeso») y ya sabemos por Hechos 20 que hay *ancianos* en Éfeso (Hch 20:17-38). Todavía más, en 1 Timoteo 5:17 vemos que los ancianos gobernaban la iglesia de Éfeso cuando Timoteo estaba allí, porque dice: «Los *ancianos que dirigen bien* los asuntos de la iglesia son dignos de doble honor». Ahora bien, los «obispos» en 1 Timoteo 3:2 *también* deben gobernar sobre la iglesia de Éfeso porque un requisito es que «Debe gobernar bien su casa . . . porque el que no sabe gobernar su propia familia, ¿cómo podrá cuidar de la iglesia de Dios?» (1 Ti 3:4-5). Así que aquí también parece que «obispo» es simplemente otro término para *anciano*, puesto que estos «obispos» cumplen la misma función como los ancianos muy claramente en otras partes en la epístola y en Hechos 20.

En Tito 1:5 Pablo le dice a Tito que «en cada pueblo nombraras ancianos» y le menciona algunos requisitos (v. 6). Luego en la frase que sigue (v. 7), explica el porqué de esos requisitos, y empieza diciendo: «El *obispo* tiene a su cargo la obra de Dios, y por lo tanto debe ser intachable». Aquí de nuevo usa la palabra «obispo» para referirse a los ancianos que Tito debe nombrar, dando otra indicación de que los términos *anciano* y *obispo* eran intercambiables.

Finalmente, en Filipenses 1:1 Pablo escribe: «a todos los santos en Cristo Jesús que están en Filipos, junto con los *obispos* y diáconos». Aquí parece apropiado pensar que «obispos» es otro término para «ancianos», porque ciertamente había ancianos en Filipos, puesto que era práctica de Pablo establecer ancianos en toda iglesia (ver Hch 14:23). Y si había ancianos gobernando en la iglesia de Filipos, es inconcebible que Pablo escribiera a la iglesia y destacara a los obispos y diáconos, pero no a los ancianos, si sus oficios fueran tan diferentes del de los ancianos. Por consiguiente, por «obispos y diáconos» Pablo debe haber querido decir lo mismo como «ancianos y diáconos».[17] Aunque en algunas partes del cristianismo del segundo siglo d.C. y para adelante, la palabra *obispo* se ha usado para referirse a un solo individuo con autoridad sobre varias iglesias, este fue un desarrollo posterior del término y no se halla en el mismo Nuevo Testamento.

c. Las funciones de los ancianos: Uno de los principales papeles de los ancianos en el Nuevo Testamento es gobernar a las iglesias del Nuevo Testamento. En 1 Timoteo 5:17 leemos: «Los ancianos que *dirigen* bien los asuntos de la iglesia son dignos de doble honor». Anteriormente en la misma epístola Pablo dice que el obispo (o anciano) «Debe gobernar bien su casa y hacer que sus hijos le obedezcan con el debido respeto; porque el que no sabe gobernar su propia familia, ¿cómo podrá cuidar de la iglesia de Dios?» (1 Ti 3:4-5).

Pedro también indica una función de gobierno para los ancianos cuando les exhorta:

> Cuiden como pastores el rebaño de Dios que está a su cargo, no por obligación ni por ambición de dinero, sino con afán de servir, como Dios quiere. No sean tiranos

---

[17]Incluso el erudito anglicano J. B. Lightfoot dice: «es un hecho ahora generalmente reconocido por los teólogos de todos los matices de opinión, que en el lenguaje del Nuevo Testamento al mismo oficio de la iglesia se llama indistintamente «obispo» (*epískopos*) y «anciano» o «presbítero» (*presbuteros*)» (*St. Paul's Epistle to the Philippians* [Zondervan, Grand Rapids, 1953; primero publicada 1868], p. 95; en pp. 95–99 Lightfoot considera la información que respalda esta conclusión).

con los que están a su cuidado, sino sean ejemplos para el rebaño. Así, cuando aparezca el Pastor supremo, ustedes recibirán la inmarcesible corona de gloria. Así mismo, jóvenes, sométanse a los ancianos (1 P 5:2-5).

El hecho de que deben actuar como pastores de rebaño de Dios, y el hecho de que no deben ser dominantes (es decir, no deben gobernar rigurosa u opresivamente) fuertemente sugiere que los pastores tienen funciones de gobierno en las iglesias a las cuales Pedro escribe. Esto concuerda con su recomendación de que especialmente los que son jóvenes deben «someterse a los ancianos» (v. 5).[18]

Aunque Hebreos 13:17 no menciona a los ancianos, ciertamente hay algunos oficiales de la iglesia con autoridad para gobernar a la iglesia, porque el autor dice: «*Obedezcan a sus dirigentes y sométanse a ellos,* pues cuidan de ustedes como quienes tienen que rendir cuentas». Puesto que el Nuevo Testamento no da indicación de algún otro oficial en la iglesia con este tipo de autoridad, es razonable concluir que la congregación debe someterse y obedecer a sus ancianos. (Esta conclusión también es consistente con la descripción de las responsabilidades que Pablo da a los ancianos de Éfeso en Hechos 20:28).

Además de la responsabilidad de gobernar, los ancianos también parecen haber tenido algunas *responsabilidades de enseñanza* en las iglesias del Nuevo Testamento. En Efesios 4:11 a los ancianos se les menciona como «pastores maestros» (o, como traducción alterna, pastores a los que se considera muy íntimamente unidos a maestros). Y en 1 Timoteo 3:2, el obispo (anciano) debe ser *«capaz de enseñar»*. Luego, en 1 Timoteo 5:17 Pablo dice: «Los ancianos que dirigen bien los asuntos de la iglesia son dignos de doble honor, especialmente los que dedican sus esfuerzos *a la predicación y a la enseñanza*». Aquí Pablo parece implicar que hay un grupo especial de ancianos que «dedican sus esfuerzos a la predicación y a la enseñanza». Esto quiere decir por lo menos que hay algunos entre los ancianos que dedican más tiempo a las actividades de predicar y enseñar, e inclusive puede tal vez querer decir que hay algunos que se «dedican» en el sentido de que se ganan la vida de esa predicación y enseñanza. Las mismas conclusiones se pueden derivar de Tito, en donde Pablo dice que el anciano «Debe apegarse a la palabra fiel, según la enseñanza que recibió, de modo que también *pueda exhortar* a otros con la sana doctrina y refutar a los que se opongan» (Tit 1:9).[19]

En las iglesias del Nuevo Testamento los ancianos, entonces, tienen la responsabilidad de gobernar y enseñar.

d. Requisitos de los ancianos: Cuando Pablo menciona los requisitos para los ancianos, es significativo que combina requisitos en cuanto a rasgos de carácter y

---

[18]Para una defensa de la noción de que en 1 P 5:5 se hace referencia a los oficiales de la iglesia y no sólo a personas de edad anciana, ver Wayne Grudem, *The First Epistle of Peter,* pp. 192–93.

[19]Pablo nunca dice que todos los ancianos deben ser capaces de enseñar en público o predicar sermones a la congregación, y sería razonable pensar que el que es «capaz de enseñar» pudiera ser alguien que puede explicar en privado la palabra de Dios. Así que tal vez no todos los ancianos son llamados a enseñar en público; tal vez no todos tienen dones para enseñar de esa manera específica. Lo que sí es claro aquí es que Pablo quiere garantizar que los ancianos tengan una comprensión madura y sólida de las Escrituras y puedan explicarla a otros.

actitudes del corazón con requisitos que no se pueden llenar en un tiempo breve sino que sólo serán evidentes en un período de varios años de vida cristiana fiel:

> Así que el obispo debe ser intachable, esposo de una sola mujer, moderado, sensato, respetable, hospitalario, capaz de enseñar; no debe ser borracho ni pendenciero, ni amigo del dinero, sino amable y apacible. Debe gobernar bien su casa y hacer que sus hijos le obedezcan con el debido respeto; porque el que no sabe gobernar su propia familia, ¿cómo podrá cuidar de la iglesia de Dios? No debe ser un recién convertido, no sea que se vuelva presuntuoso y caiga en la misma condenación en que cayó el diablo. Se requiere además que hablen bien de él los que no pertenecen a la iglesia, para que no caiga en descrédito y en la trampa del diablo (1 Ti 3:2-7).

De modo similar, pero requisitos con fraseología diferente se halla en Tito 1:6-9, en donde Pablo dice que Tito debe nombrar ancianos en toda ciudad:

> El anciano debe ser intachable, esposo de una sola mujer; sus hijos deben ser creyentes, libres de sospecha de libertinaje o de desobediencia. El obispo tiene a su cargo la obra de Dios, y por lo tanto debe ser intachable: no arrogante, ni iracundo, ni borracho, ni violento, ni codicioso de ganancias mal habidas. Al contrario, debe ser hospitalario, amigo del bien, sensato, justo, santo y disciplinado. Debe apegarse a la palabra fiel, según la enseñanza que recibió, de modo que también pueda exhortar a otros con la sana doctrina y refutar a los que se opongan (Tit 1:6-9).

Los que están escogiendo ancianos en las iglesias de hoy harían bien en examinar cuidadosamente a los candidatos a la luz de estos requisitos, y buscar estos rasgos de carácter y patrones de vida santa antes que logros en el mundo, fama o éxito. Especialmente en las iglesias en las sociedades industriales occidentales parece haber una tendencia a pensar que el éxito en el mundo de los negocios (o ley, o medicina, o gobierno) es una indicación de aptitud para el oficio de anciano, pero ésta no es la enseñanza del Nuevo Testamento. Nos recuerda que los ancianos deben ser «ejemplos del rebaño» en sus vidas diarias, y eso ciertamente incluye su propia relación personal con Dios en la lectura bíblica, oración y adoración. Tal como Pablo pudo decir: «*Imítenme a mí*, como yo imito a Cristo» (1 Co 11:1; cf. 2 Ti 3:10-11), y tal como pudo ordenarle a Timoteo a que «*los creyentes vean en ti un ejemplo a seguir* en la manera de hablar, en la conducta, y en amor, fe y pureza» (1 Ti 4:12), y así como pudo decirle a Tito: «Con tus buenas obras, dales tú mismo ejemplo en todo. Cuando enseñes, hazlo con integridad y seriedad, y con un mensaje sano e intachable» (Tit 2:7-8), así el patrón se debe continuar en la vida de todos los dirigentes de la iglesia hoy. No es opcional que sus vidas sean ejemplos para que otros sigan; es un requisito.

e. ¿Qué quiere decir «esposo de una sola mujer»? El requisito de «*esposo de una sola mujer*» (1 Ti 3:2; Tit 1:6) se ha entendido de diferentes maneras. Algunos han pensado que excluyen del oficio de anciano a los hombres que se han divorciado y han estado casados con alguna otra mujer, puesto que en ese caso habrían sido esposos de dos esposas. Pero esto no parece ser una comprensión correcta de estos versículos. Una mejor interpretación es que Pablo está prohibiendo que un polígamo (un hombre que *al presente* tiene más de un esposa) sea anciano. Varias razones respaldan esta noción: (1) todos los demás requisitos mencionados por Pablo se refieren a la *situación presente* del hombre y no a toda su vida pasada. Por ejemplo, 1 Timoteo 3:1-7 no quiere decir «uno que *nunca ha sido* violento», sino «uno que *ahora no es* violento, sino amable». No quiere decir «uno que *nunca ha sido* amante del dinero», sino «uno que *ahora no es* amante del dinero». No quiere decir «uno que toda su vida ha sido intachable», sino «uno que ahora es intachable». Si hiciéramos que estos requisitos se apliquen a toda la vida pasada de uno, entonces excluiría del cargo casi a todo el que llega a ser creyente como adulto, porque es dudoso que algún no creyente pudiera reunir estos requisitos.

(2) Pablo pudo haber dicho «habiendo estado casados sólo una vez» si hubiera querido decirlo, pero no lo dijo.[20] (3) No debemos impedir que los viudos que se han vuelto a casar sean ancianos, pero eso sería necesario si tomamos la frase como queriendo decir «habiendo estado casados sólo una vez». Los requisitos para el anciano se basan en el carácter moral y espiritual del hombre, y no hay nada en la Biblia que sugiera que el hombre que se ha vuelto a casar después de que su esposa ha muerto tenga requisitos morales o espirituales más bajos.[21] (4) La poligamia era posible en el primer siglo. Aunque no era común, se practicaba la poligamia, especialmente entre los judíos. El historiador judío Josefo dice: «Porque es una costumbre ancestral de nosotros tener varias esposas al mismo tiempo».[22] La legislación rabínica también regula las costumbres de herencia y otros aspectos de la poligamia.[23]

Por consiguiente, es mejor entender «esposo de una sola mujer» como que prohíbe al polígamo ocupar el cargo de anciano. Estos versículos no dicen nada en cuanto al divorcio y nuevo matrimonio con respecto a los requisitos para un cargo en la iglesia.

---

[20]La expresión griega para «habiendo estado casado sólo una vez» sería *jápax guegamemenos* usando la palabra «una sola vez» (*jápax*) más un participio perfecto, dando el sentido: «habiendo estado casado una sola vez y continuando en ese estado resultante de ese matrimonio». (Tal construcción se halla, por ejemplo, en Heb 10:2, y una construcción similar se halla en Heb 9:26. Expresiones relativas con verbos en aoristo se hallan en Heb 6:4; 9:28, y Jud 3).

Otra manera en que Pablo pudo haber expresado la idea de haber estado casado sólo una vez sería usando un participio perfecto de *ginomai* para decir: «habiendo sido esposo de una sola esposa» (*gegonos mias gunaikos aner*). Esto es, de hecho, la fuerza del requisito para las viudas en 1Ti 5:9: «que haya sido esposa de un solo marido» (RVR; la fuerza del participio perfecto *gegonuia* (de *ginomai*) sigue de la frase previa, y todos los requisitos para inscribir a las viudas en 1Ti 5:9-10 hablan de la historia pasada en sus vidas). Pero en 1Ti 3:2 y Tit 1:6 el sentido es diferente, porque se usan formas del tiempo presente de *eimi* («ser»): (literalmente): «Es necesario que el obispo sea intachable, esposo de una esposa».

[21]Algunos intérpretes de la iglesia primitiva en efecto trataron de excluir de los cargos de la iglesia a viudos que se habían vuelto a casar (ver, por ejemplo *Apostolic Constitutions* 2.2; 6.17 [siglos tercero o cuarto d.C.], y *Apostolic Canons* 17 [siglos cuarto o quinto d.C.], pero estas afirmaciones no reflejan una perspectiva bíblica sino un falso ascetismo que sostenía que el celibato en general era superior al matrimonio. (Estos textos se pueden hallar en la serie *Ante-Nicene Fathers*, 7:396, 457, y 501).

Sin embargo, Crisóstomo (m. 407 d.C.) entendió 1Ti 3:2 como prohibiendo la poligamia, y no un segundo matrimonio después de la muerte o divorcio (ver sus *Homilias* sobre 1Ti 3:2).

[22]Josefo, *Antiquities* 17.14; en 17.19 menciona a las nueve mujeres que estaban casadas con el rey Herodes al mismo tiempo.

[23]Ver Mishnah, *Yebamoth* 4:11; *Ketuboth* 10:1, 4, 5; *Sanhedrin* 2:4; *Kerithoth* 3:7; *Kiddushin* 2:7; *Bechoroth* 8:4. Otra evidencia de la poligamia judía se halla en Justino Mártir, *Dialogue with Trypho*, capítulo 134. La evidencia para la poligamia entre no judíos no es extensa pero se indica en Herodoto (m. 420 a.C.) 1.135; 4.155; 2 Mac. 4:30 (alrededor de 170 a.C.); Tertuliano, *Apology* 46.

f. La investidura pública de ancianos: En conexión con la consideración de ancianos Pablo dice: «No te apresures a imponerle las manos a nadie» (1 Ti 5:22). Aunque el contexto no especifica un proceso de selección de ancianos, el contexto inmediatamente precedente (1 Ti 5:17-21) trata por entero de los ancianos, y la imposición de manos sería una ceremonia apropiada para apartar a alguien para el oficio de anciano (nótese la imposición de manos para ordenar o establecer personas en ciertos oficios o tareas en Hch 6:6; 13:3; 1 Ti 4:14). Por consiguiente, el apartar ancianos parece ser la posibilidad más probable de la acción que Pablo tiene en mente. En este caso él estaría diciendo: «No te apresures a ordenar a algunos como ancianos». Esto sería consistente con un proceso por el que los diáconos también «primero sean puestos a prueba, y después, si no hay nada que reprocharles, que sirvan como diáconos» (1 Ti 3:10). Aunque Pablo en efecto ordenó ancianos bastante temprano después del establecimiento de cada iglesia (Hch 14:23), aquí advierte que tal nombramiento no debe ser precipitado, para que no se cometa una equivocación. Y en todo el proceso la iglesia debe ser cuidadosa para no juzgar como el mundo juzga, porque «el hombre mira lo que está delante de sus ojos, pero Jehová mira el corazón» (1 S 16:7, RVR; cf. 2 Co 5:16). Esta necesidad de evaluación de la condición espiritual también fue evidente cuando los apóstoles animaron a la iglesia de Jerusalén a seleccionar a «siete hombres de buena reputación, *llenos del Espíritu y de sabiduría,* para encargarles esta responsabilidad» (Hch 6:3). Entre los escogidos que estuvo «Esteban, hombre lleno de fe y del Espíritu Santo» (Hch 6:5).

Debemos también notar que el nombramiento de ancianos en las primeras iglesias de Pablo fue acompañado por «oración y ayuno», tal vez en conexión con el proceso de selección de ancianos. (Nótese el ejemplo de Jesús que «se fue Jesús a la montaña a orar, y pasó toda la noche en oración a Dios» antes de escoger a sus doce discípulos [Lc 6:12-13]).[24]

3. Diácono. La palabra *diácono* es traducción de la palabra griega *diákonos* que es la palabra ordinaria para «sirviente» cuando se usa en el contexto que no tiene que ver con oficiales de la iglesia.

A los diáconos se les menciona claramente en Filipenses 1:1: «A todos los santos en Cristo Jesús que están en Filipos, junto con los obispos y *diáconos*». Pero no se especifica su función, aparte de indicar que son diferentes de los obispos (ancianos). A los diáconos también se les menciona en 1 Timoteo 3:8-13 en un pasaje más extenso:

Los diáconos, igualmente, deben ser honorables, sinceros, no amigos del mucho vino ni codiciosos de las ganancias mal habidas. Deben guardar, con una conciencia limpia, las grandes verdades de la fe. Que primero sean puestos a prueba, y después, si no hay nada que reprocharles, que sirvan como diáconos.

---

[24]No hemos considerado el oficio que ocupó Timoteo y Tito bajo la categoría de apóstol ni bajo la categoría de anciano. Esto se debe a que Timoteo y Tito, junto con algunos de los otros colaboradores de Pablo, no son apóstoles, pero tampoco son ancianos o diáconos. Parecen caer en una categoría inusual que pudiéramos llamar «ayudantes apostólicos», porque tuvieron alguna autoridad delegada de los apóstoles para supervisar a las primeras iglesias mientras estaban siendo establecidas. Puesto que hoy no hay apóstoles vivos a los que personas como estas deberían rendir cuentas y de quienes derivarían su autoridad, no debemos esperar tener ningún ayudante apostólico como estos en la iglesia de hoy tampoco.

Así mismo, las esposas de los diáconos [o «mujeres»; el griego puede tomar cualquiera de estos significados] deben ser honorables, no calumniadoras sino moderadas y dignas de toda confianza.

El diácono debe ser esposo de una sola mujer y gobernar bien a sus hijos y su propia casa. Los que ejercen bien el diaconado se ganan un lugar de honor y adquieren mayor confianza para hablar de su fe en Cristo Jesús (1 Ti 3:8-13).

Aquí no se describe la función de los diáconos, pero los requisitos para los diáconos sugieren algunas funciones. Por ejemplo, parece que tuvieron alguna responsabilidad en hacerse cargo de las finanzas de la iglesia, puesto que tenían que ser personas «no codiciosas de las ganancias mal habidas» (v. 8). Tal vez tenían algunas responsabilidades administrativas en otras actividades de la iglesia también, porque debían «gobernar bien a sus hijos y su propia casa» (v. 12). También tal vez ministraban a las necesidades físicas de los que necesitaban ayuda en la iglesia o en la comunidad (ver la explicación de Hechos 6 abajo). Todavía más, en el versículo 11 se habla de sus esposas (como yo pienso que lo dice), entonces también sería probable que ellos participaran en la visitación de casa en casa y el asesoramiento, porque las esposas deben ser « no calumniadoras». No sería bueno para los diáconos si sus esposas (que sin duda también participaban en la oración y el asesoramiento junto con los diáconos) regaban asuntos confidenciales por toda la iglesia. Pero estas son sólo sugerencias de posibles aspectos de responsabilidad que sugiere este pasaje.

El sustantivo *diácono* no se usa en Hechos 6:1-6, sino un verbo relacionado (gr. *diaconeo*, «servir») se halla en el versículo 2: «No está bien que nosotros los apóstoles descuidemos el ministerio de la palabra de Dios para *servir* las mesas». Aquí los apóstoles que gobernaban la iglesia de Jerusalén hallaron necesario delegar a otros algunas responsabilidades administrativas. En este caso, las responsabilidades incluyeron la distribución de comida a las viudas necesitadas. Parece apropiado pensar de aquellos siete hombres eran «diáconos» aunque el sustantivo *diácono* tal vez no había llegado a aplicarse a ellos cuando empezaron esta responsabilidad, porque parece que se les asignan tareas que encajan bien con las responsabilidades de los diáconos que se sugieren en 1 Timoteo 3:8-12.

Hay otros pasajes en los que es difícil saber si el Nuevo Testamento está hablando del diácono como un oficial especial de la iglesia o simplemente está usando la palabra para referirse a un «sirviente» en un sentido general. Esta es la dificultad en Romanos 16:1, en donde a Febe se la llama «sirvienta» o una «diaconisa» o «diácono» (este tipo de sustantivo griego tiene la misma forma tanto en género masculino como femenino, así que simplemente es cuestión de cuál palabra en español es la más apropiada) de la iglesia en Cencrea. Debido al mismo requisito de Pablo de que el diácono debía ser «esposo de una mujer» (1 Ti 3:12), la traducción «sirviente» parece preferible en Romanos 16:1 (*diákonos* toma este sentido en Ro 13:4; 15:8; y 1 Co 3:5).[25] En general, los versículos sobre los diáconos muestran que ellos tenían cargos reconocidos para «servir» a la iglesia de varias maneras. Hechos 6:1-6 sugiere que tenían algunas responsabilidades administrativas, pero con todo estaban sujetos a la autoridad de los que tenían gobierno sobre toda la iglesia.

---

[25] Algunos han argumentado que 1 Ti 3:11 se refiere a diaconisas: «Así mismo, las esposas de los diáconos deben ser honorables, no calumniadoras sino moderadas y dignas de toda confianza». Sin embargo, si Timoteo y la

Es significativo que en ninguna parte del Nuevo Testamento los diáconos tienen autoridad de gobierno sobre la iglesia como los ancianos, ni tampoco se exige que los diáconos sean capaces de enseñar las Escrituras o doctrina sana.

4. ¿Otros oficios? En muchas iglesias de hoy hay otros oficiales, tales como tesorero, moderador (el responsable por presidir en las reuniones de negocios de la iglesia), o fideicomisarios (en algunas formas de gobierno de la iglesia éstas son personas que tienen responsabilidad legal por las propiedades de la iglesia). Todavía más, las iglesias que tienen más de un miembro de personal a sueldo pueden tener algunos miembros del personal (tal como el director de música, director de educación, obrero juvenil, etc.) a los que «públicamente se les reconoce como teniendo derecho y responsabilidad de realizar estas funciones en la iglesia», y que por esto encajan en nuestra definición de oficial de la iglesia, y que tal vez incluso reciban paga para realizar esas funciones como ocupación a tiempo completo, pero que tal vez no sean ancianos o diáconos en la iglesia.

Parece no haber razón alguna para decir que éstos no deberían ser también oficios en la iglesia, aunque todos ellos probablemente se podrían poner en la categoría bien sea de anciano o diácono (la mayoría de los mencionados arriba bien podrían ser diáconos con responsabilidades específicas, o el moderador también podría ser un anciano que simplemente modera las reuniones de negocios de la iglesia). Con todo, si estos y otros cargos similares parecen útiles para el funcionamiento de la iglesia, parece no haber razón por la que no se deba establecerlos. Sin embargo, si se los establece, sería necesario ver que no resten la importancia a los oficios específicamente mencionados en las Escrituras, y que no tengan ninguna autoridad que no esté sujeta a la autoridad gobernante de esos oficiales que claramente se mencionan en las Escrituras. Si los que tienen oficios no mencionados en las Escrituras adquieren influencia o autoridad significativa, entonces es mucho menos probable que la gente de la congregación o los que ostentan los cargos miren a las Escrituras y hallen descripciones detalladas de cómo deben actuar y cómo se les debe escoger. Esto tendería a disminuir la autoridad efectiva de las Escrituras para establecer normativas en la iglesia en cuestiones de liderazgo de la iglesia.

---

iglesia de Éfeso sabían que las mujeres podían ser diáconos, sería muy extraño que Pablo tenga que añadir un versículo separado que hable específicamente en cuanto a las diaconisas, y luego nada más específicamente acerca de ellas de lo que se habría requerido si el versículo no estuviera allí para nada. Todavía más, parece muy extraño que Pablo inserte sólo un versículo acerca de la diaconisa en medio de cinco versículos (tres precediendo y dos siguiendo) en cuanto a hombres que son diáconos. Por otro lado, un versículo que se refiere a las esposas de los diáconos en medio de una lista de requisitos para los diáconos sería muy apropiado: Pablo en otras partes incluye la conducta de la familia como un aspecto de requisito para el oficio de la iglesia (1Ti 3:2, 4-5). Es cierto que Pablo simplemente dice «la esposa» en lugar de «sus esposas», pero el griego frecuentemente omite adjetivos posesivos cuando la persona mencionada (hermano, hermana, padre, madre, etc.) tendría una relación obvia a la persona que se está considerando en el contexto inmediato.

Para las dos nociones de este versículo, y las dos nociones de si las mujeres deben ser diaconisas hoy, ver Thomas R. Schreiner, «The Valuable Ministries of Women in the Context of Male Leadership: A Survey of Old and New Testament Examples and Teaching», *Recovering Biblical Manhood and Womanhood,* ed. John Piper y Wayne Grudem (Crossway, Wheaton, Ill., 1991), pp. 213–14, 219–221, y p. 505, n. 13; y, en el mismo volumen, George W. Knight III, «The Family and the Church: How Should Biblical Manhood and Womanhood Work Out in Practice?», pp. 353–54.

B. ¿Cómo se debe escoger a los oficiales de la iglesia?

En la historia del cristianismo han habido dos tipos principales de procesos para la selección de oficiales de la iglesia: elección por una autoridad más alta, o selección hecha por la congregación local. En la Iglesia Católica Romana los oficiales son nombrados por una autoridad más alta: el papa nombra cardenales y obispos, y los obispos nombran párrocos. Esto es una «jerarquía» o sistema de gobierno por un sacerdocio[26] que es distinto a los laicos en la iglesia. Este sistema aduce una línea ininterrumpida de descendencia de Cristo y los apóstoles, y aduce que el presente sacerdocio son los representantes de Cristo en la iglesia. Aunque la iglesia de Inglaterra (iglesia episcopal en los Estados Unidos) no se somete al gobierno del papa ni tiene cardenales, tiene ciertas similitudes con el sistema jerárquico de la Iglesia Católica Romana, puesto que es gobernada por obispos y arzobispos, y del clero se piensa como sacerdotes. También afirma la sucesión de los apóstoles, y los sacerdotes y obispos son nombrados por una autoridad más alta fuera de la parroquia local.[27]

A distinción de este sistema de nombramiento por una autoridad más alta, en la mayoría de las demás iglesias protestantes los oficiales de la iglesia son seleccionados por la iglesia local, o por un grupo dentro de la iglesia local, aun cuando la forma de gobierno de la iglesia puede variar en otras maneras significativas (ver abajo). Puesto que este es un aspecto en el que no hay absolutamente ningún pasaje bíblico decisivo, debemos ser pacientes con algo de la diversidad entre evangélicos en este asunto. Sin embargo, hay varias razones por las que parece más apropiado que los oficiales de la iglesia (tales como anciano y diácono, y ciertamente incluyendo el «pastor») deben ser escogidos o por lo menos afirmados o reconocidos de alguna manera por toda la congregación:

(1) En el Nuevo Testamento hay varios ejemplos en los que los oficiales de la iglesia evidentemente fueron escogidos por toda la congregación. En Hechos 6:3 los apóstoles no escogieron ellos mismos a los siete primeros diáconos (si los vemos como diáconos), sino que le dijeron a toda la iglesia: «*escojan de entre ustedes* a siete hombres de buena reputación, llenos del Espíritu y de sabiduría, para encargarles esta responsabilidad». La selección inicial de estos hombres fue hecha por toda la congregación. Cuando se escogió al reemplazo de Judas para que fuera contado entre los apóstoles, *toda la congregación de 120 personas* (ver Hch 1:15) hizo la selección inicial de dos, de los cuales el mismo Señor indicó cuál se debía nombrar: «Así que *propusieron* a dos: a José, llamado Barsabás, apodado el Justo, y a Matías» (Hch 1:23). Al fin del concilio de Jerusalén la iglesia entera tuvo parte con los apóstoles y ancianos para escoger los representantes que llevarían las decisiones a las demás iglesias, porque la selección y el envío fue hecho por «los apóstoles y los ancianos, de común acuerdo *con toda la iglesia*» (Hch 15:22; cf. «de común acuerdo», v. 25). Todavía más, cuando algunas de las iglesias enviaron una ofrenda con Pablo para la iglesia de Jerusalén, las iglesias también enviaron a un representante

---

[26]La palabra *jerarquía* significa «gobierno por sacerdotes», y se deriva de las palabras griegas para «sacerdote» (*jiereus*) y «gobierno» (*arqué*).

[27]La iglesia metodista en los Estados Unidos de América también tiene nombramientos de clero local por obispos, y tiene algunas similitudes a la iglesia episcopal, de la cual salió.

para que acompañara a Pablo, uno que, conforme a Pablo, «*las iglesias* lo escogieron para que nos acompañe cuando llevemos la ofrenda» (2 Co 8:19).[28]

Se podría objetar que Pablo y Bernabé «*nombraron*» ancianos en cada iglesia (Hch 14:23), y Pablo también le dijo a Tito que «*nombrara* ancianos en cada ciudad*» (Tit 1:5). ¿No parece esto asemejarse más al sistema católico romano o anglicano que a un sistema de selección congregacional? Sin embargo, incluso esos versículos no necesitan implicar que los apóstoles solos hicieron la selección, pero ciertamente podrían incluir consulta congregacional e incluso consentimiento antes de que se haga un nombramiento oficial o investidura (como en el nombramicnto en Hch 6:3, 6). La palabra *nombrar* también puede significar «investir».[29]

(2) Otra razón para la participación congregacional en la selección de los oficiales de la iglesia es que en el Nuevo Testamento en general la autoridad gobernante final parece descansar no en algún grupo fuera de la iglesia, o algún grupo dentro de la iglesia, sino en la iglesia como un todo. El paso final en la disciplina eclesiástica antes de la excomunión es «*díselo a la iglesia*» (Mt 18:17). La excomunión, o el acto de excluir a alguien de la comunión de la iglesia, se hace cuando la *congregación entera* está «reunida» (1 Co 5:4), y por consiguiente evidentemente la hace la congregación entera. Otra consideración que es sugestiva, pero no concluyente, es el hecho de que las epístolas que son escritas a iglesias no son enviadas a ancianos ni a algún otro grupo de dirigentes dentro de las iglesias, sino que todas son escritas a iglesias enteras, y a la congregación entera se le anima a leer y se espera que preste atención a estas epístolas (Ro 1:7; 1 Co 1:2; 2 Co 1:1; cf. 2 Co 1:13; Col 4:16; 1 Ti 4:13). Esto quiere decir que los apóstoles se relacionan directamente con las congregaciones, y no con las congregaciones por medio de los oficiales.

Hay también algunas razones prácticas que se pueden mencionar:

(3) Si la congregación entera selecciona a los oficiales de la iglesia, hay más responsabilidad ante la congregación. Pablo da por sentado algún nivel de responsabilidad cuando provee el hecho de que «dos o tres testigos» puedan presentar una acusación de error en contra de un anciano (1 Ti 5:19). Esta responsabilidad provee una salvaguarda adicional contra las tentaciones a pecar y la excesiva codicia por poder.[30]

(4) Históricamente, la doctrina falsa a menudo parece ser adoptada primero por los teólogos de la iglesia, luego por los pastores, y por último por los laicos informados que están leyendo la Biblia diariamente y andando con el Señor. Por consiguiente, si los dirigentes empiezan a descarriarse en la doctrina o en la vida, y no hay elección por parte de la congregación, entonces la iglesia como un todo no tiene un medio práctico de sujetar las riendas de la situación y revertirla. Pero si los oficiales son elegidos por la iglesia, entonces hay un sistema de «verificación y ba-

---

[28]Por supuesto, este representante de las iglesias puede haber sido nombrado sólo por los oficiales dentro de la iglesia, pero no hay declaración en este sentido: Pablo simplemente dice que «las iglesias lo escogieron», y ciertamente no menciona ninguna autoridad más alta fuera de las iglesias.

[29]Ver BAGC, p. 881.

[30]Sin embargo, esta situación tiene también un potencial para abuso si unos pocos miembros influyentes ejercen influencia para impedir que el pastor lidie con asuntos de pecados en las propias vidas de ellos.

lance» por el que incluso la autoridad gobernante de la iglesia tiene alguna responsabilidad ante la iglesia como un todo.[31]

(5) El gobierno funciona mejor cuando tiene el consentimiento de los gobernados (cf. en el Antiguo Testamento: Éx 4:29–31; 1 S 7:5–6; 10:24; 2 S 2:4; 1 R 1:39–40; y nótese que el error de Roboam en 1 R 12:1, 15).

Estos factores se combinan para indicar que aunque las Escrituras no ordenan explícitamente un sistema específico para escoger oficiales de la iglesia, parecería más sabio tener un sistema por el que toda la iglesia tiene un papel significativo en la selección y reconocimiento de los oficiales de la iglesia; tal vez mediante un voto congregacional, o mediante algún otro proceso por el que se requiere el reconocimiento congregacional antes de que los oficiales de la iglesia puedan tomar posesión de su cargo.[32]

¿Se puede decir algo en cuanto a los procesos para seleccionar a los oficiales? Algunas verificaciones congregacionales adicionales contra el uso excesivo de autoridad se podrían incluir en el proceso de selección. Aquí hay campo para amplia variación, pero provisiones tales como la elección a términos limitados de oficio, una exigencia de un año obligatorio de descanso (excepto por los miembros del personal pastoral a tiempo completo que son ancianos) cada pocos años, y un requisito de nueva afirmación periódica de elección, y una provisión en el proceso de nominación por el que los mismos miembros de la congregación pueden hacer las nominaciones (incluso si la mayoría de nominaciones vienen de los mismos ancianos), todo esto proveería medidas adicionales de responsabilidad ante la congregación sin abdicar ningún aspecto esencial de la autoridad gobernante sobre la congregación una vez que se eligen los ancianos.

Estos factores también proveerían algunos argumentos en contra de un grupo de ancianos que se perpetúe a sí mismo que no está sujeto a elección o reconfirmación periódica de parte de la congregación, pero también se debe decir que no hay directivas específicas mencionadas en las Escrituras y que hay campo para variación en este punto.

C. Formas de gobierno de la iglesia

Al considerar las formas de gobierno de la iglesia hay alguna superposición con la sección previa en cuanto al método de escoger a los oficiales de la iglesia, porque la selección de los oficiales es un aspecto muy importante de autoridad en la iglesia. Diferentes filosofías de gobierno de la iglesia se reflejarán en diferentes métodos usados para seleccionar los oficiales de la iglesia, como se explica arriba.

---

[31]No estoy usando la frase «verificaciones y balances» para reflejar una preferencia por una forma estadounidense de gobierno civil en este punto, sino la intención de la frase es que se la entienda en un sentido amplio para significar salvaguardas que previenen que el poder se concentre excesivamente en las manos de algún individuo o grupo. (De hecho, el sistema de ancianos plurales que veo representado en el Nuevo Testamento es muy diferente de la concentración de poder que se halla en el cargo del presidente de los Estados Unidos de América).

[32]Cuando menciono un voto congregacional no pretendo sugerir la idea de una elección competitiva tal como la que se halla en la política secular. Puede simplemente significar un requisito de que la congregación vote para ratificar a los candidatos que han sido nominados por un grupo maduro dentro de la iglesia (tales como los ancianos presentes), o, por otro lado, puede incluir una elección a nivel de iglesia, o algún otro proceso que se pueda usar. La Biblia guarda silencio respecto al proceso en sí; por consiguiente, Dios ha decidido dejar el asunto a la sabiduría de cada congregación en su propio ambiente.

Esto es evidente en el hecho de que las formas de gobierno de la iglesia se pueden dividir en tres categorías amplias, que podemos denominar «episcopal», «presbiteriano», y «congregacional». Las formas *episcopales* tienen un gobierno por una categoría distinta de oficiales de la iglesia conocida como sacerdocio, y la autoridad final para la toma de decisiones se halla fuera de la iglesia local.[33] El sistema de la Iglesia Episcopal es el representativo primordial entre protestantes de esta forma de gobierno. Las formas *presbiterianas* tienen un gobierno por ancianos, algunos de los cuales tienen autoridad no sólo sobre su congregación local, sino también, mediante el presbiterio y la asamblea general, sobre todas las iglesias en una región y entonces en la denominación como un todo. En todas las formas *congregacionales* de gobierno de la iglesia la autoridad gobernante final descansa en la congregación local, aunque se conceden varios grados de gobierno propio mediante afiliación denominacional, y la forma real de gobierno de la iglesia local puede variar considerablemente. Examinaremos cada una de estas formas de gobierno en la consideración que sigue.

1. Episcopal.

En el sistema episcopal un arzobispo tiene autoridad sobre muchos obispos. Ellos a su vez tienen autoridad sobre una «diócesis», que simplemente quiere decir las iglesias bajo la jurisdicción de un obispo. El oficial a cargo de una parroquia local es un rector (o a veces llamado vicario, que es un «ayudante» o uno que sustituye al rector). Arzobispos, obispos y rectores son todos sacerdotes, puesto que todos han sido en algún momento ordenados al sacerdocio episcopal (pero en la práctica al rector más frecuentemente se le llama sacerdote).[34]

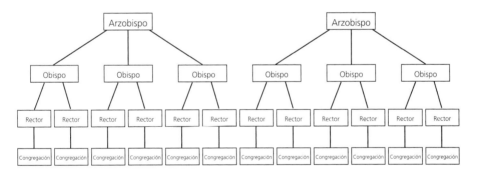

GOBIERNO EPISCOPAL
Figura 47.1

El argumento a favor del sistema episcopal no es que se halle en el Nuevo Testamento, sino que es un resultado natural del desarrollo de la iglesia que empezó en el Nuevo Testamento, y no está prohibido por el Nuevo Testamento. E. A. Litton

---

[33]La Iglesia Católica Romana también tiene un gobierno por un sacerdocio, y es por consiguiente «episcopal» en su forma de gobierno. A veces a la forma episcopal de gobierno se le llama un gobierno «jerárquico», especialmente cuando se refiere a la Iglesia Católica Romana.

[34]Sin embargo, los episcopales entienden la palabra en inglés sacerdote como equivalente al término *presbítero*, (término griego para «anciano»), en tanto que los católico romanos entienden la palabra *sacerdote* de forma diferente, relacionándola con el sacerdocio del Antiguo Testamento en su deber de ofrecer sacrificios y representar al pueblo ante Dios y a Dios ante el pueblo.

escribe: «Ningún orden de obispos diocesanos aparece en el Nuevo Testamento», pero de inmediato añade:

> La evidencia favorece la suposición de que el episcopado brotó de la misma iglesia, y por un proceso natural, y que fue sancionado por San Juan, el último sobreviviente de los apóstoles. El presbiterio, cuando se reunía para consulta, naturalmente elegiría a un presidente para mantener el orden; primero temporalmente, pero con el tiempo con autoridad permanente. . . . De este modo es probable que en un período temprano un episcopado informal hubiera brotado en cada iglesia. Conforme los apóstoles desaparecían uno por uno . . . el oficio asumiría importancia creciente y llegaría a quedar investido con mayores poderes.[35]

Todavía más, puesto que el oficio de obispo y la estructura de gobierno correspondiente que se halla en la iglesia episcopal es tanto histórico como benéfico, Litton argumenta que se debe preservar. Finalmente, el beneficio de descendencia directa de los apóstoles se considera como una razón fuerte en favor del sistema episcopal. Litton dice: «Los apóstoles son el primer eslabón en la cadena, y no hay razón por la que una sucesión, según se la considera como comisión externa, no deba proceder de edad en edad, el cuerpo existente de ministros entregando la autoridad oficial a sus sucesores, y estos últimos a su vez a los suyos».[36]

Pero hay argumentos que se pueden dar en el otro lado de esta cuestión. (1) Es significativo que el oficio de «obispo» no es un oficio distinto en el Nuevo Testamento, sino simplemente un sinónimo para el sustantivo «anciano», como el mismo Litton concuerda.[37] No hay un *solo* obispo en el Nuevo Testamento, sino obispos (o supervisores) siempre plural en número. Esto no se debería ver meramente como un dato incidental, porque incluso entre los apóstoles Jesús no dejó a nadie con autoridad superior sobre los demás, sino que dejó a un grupo de doce que eran iguales en autoridad gobernante (y a quienes otros fueron añadidos más tarde, tales como Pablo). Aunque algunos apóstoles, tales como Pedro, Jacobo y Pablo, tuvieron prominencia entre el grupo, ellos no tuvieron ninguna autoridad mayor que los demás, e incluso Pedro recibió un regaño de parte de Pablo en Antioquía (Gá 2:11).[38] Esto puede bien reflejar la sabiduría de Cristo en guardar en contra del abuso del poder que inevitablemente viene cuando algún ser humano tiene demasiado poder sin suficiente verificación y balance de parte de otros. Tal como Jesús dejó una pluralidad de apóstoles que tengan la autoridad (humana) última en la iglesia primitiva, así los apóstoles siempre nombraron una pluralidad de ancianos en cada iglesia, nunca dejando sólo a una persona con autoridad gobernante.

(2) La teoría de un grupo de obispos establecido para reemplazar a los apóstoles no se enseña en el Nuevo Testamento, ni hay una implicación de una necesidad de

---

[35]Edward Arthur Litton, *Introduction to Dogmatic Theology,* ed. Por Philip E. Hughes (James Clarke, Londres, 1960; primero publicado en 2 vols., 1882, 1892), p. 401.

[36]Ibid., p. 390.

[37]Ibid., p. 400.

[38]Los católico romanos arguyen que Pedro tuvo mayor autoridad que los demos apóstoles desde el principio, pero la evidencia del Nuevo Testamento no respalda esto. (Sobre el «poder de la llaves» en Mt 16:19, ver capítulo 46, pp. 934–37).

continuidad *física* de ordenación mediante la imposición de manos de parte de los que han sido ordenados en una cadena ininterrumpida de sucesión de los apóstoles. Por ejemplo, en Hechos 13:3 no fueron los apóstoles de Jerusalén los que ordenaron a Pablo y a Bernabé, sino las personas de la iglesia de Antioquía impusieron sus manos sobre ellos y los enviaron. De hecho, hay muy poca evidencia de que los apóstoles hayan tenido alguna preocupación por una línea de sucesión. Timoteo al parecer no solo fue ordenado por Pablo sino también por un «concilio de ancianos» (1 Ti 4:14), aunque este bien puede haber incluido a Pablo también (ver 2 Ti 1:6). Más importante todavía, el que ordena en última instancia es el mismo Señor (Hch 20:28; 1 Co 12:28; Ef 4:11), y no hay nada en la naturaleza de la «ordenación» (cuando se ve simplemente como reconocimiento público de un cargo) que exija que sea hecha *solo* por los previamente ordenados en descendencia *física)* de los apóstoles. Si Dios ha llamado a un anciano, hay que reconocerlo, y no se necesita levantar ninguna preocupación en cuanto a descendencia física. Además, si uno está convencido de que la iglesia local debe elegir ancianos (ver la explicación arriba), entonces parecería apropiado que la iglesia que eligió al anciano, y no algún obispo externo, debe ser el grupo que confiere el reconocimiento externo en la elección al investir a la persona en el cargo u ordenar al pastor.[39]

(3) En tanto que se puede argumentar que el desarrollo de un sistema episcopal como un solo obispo en autoridad sobre varias iglesias fue un desarrollo benéfico en la iglesia primitiva, uno también puede argumentar que fue una desviación de las normas del Nuevo Testamento y como resultado de la insatisfacción humana con el sistema de ancianos elegidos localmente que había sido establecido por los apóstoles y que al parecer funcionó muy bien desde el año 30 al 100 d.C. en toda la iglesia del Nuevo Testamento. Pero la evaluación de la información histórica por supuesto dependerá de la evaluación que uno haga de argumentos anteriores en pro y en contra de un sistema episcopal.

2. Presbiteriano. En este sistema cada iglesia local elige ancianos a una sesión (A en la figura 47.2 representa anciano, y las líneas punteadas indican que toda la congregación elige a los ancianos). El pastor de la iglesia será uno de los ancianos en la sesión, igual en autoridad a los demás ancianos. Esta sesión tiene autoridad gobernante sobre la iglesia local. Sin embargo, los miembros de la sesión (los ancianos) son también miembros de un presbiterio, que tiene autoridad sobre varias iglesias en una región. Este presbiterio consiste de algunos o todos los ancianos de las iglesias locales sobre las que tiene autoridad. Es más, algunos de los miembros del presbiterio son miembros de la «Asamblea General» que por lo general tiene autoridad sobre todas las iglesias presbiterianas en una nación o región.[40]

---

[39]Los episcopales, que favorecen el nombramiento de oficiales por un obispo, por supuesto no estarían de acuerdo con la premisa en esta última consideración.

[40]En la Iglesia Cristiana Reformada, la forma de gobierno es similar al sistema presbiteriano, pero los nombres de los cuerpos gobernantes son diferentes: a los ancianos de la iglesia local se le llama un *consistorio* (en lugar de una sesión), al cuerpo gobernante regional se le llama una *clase* (en lugar de presbiterio), y a la asamblea gobernante nacional se le llama un *sínodo* (en lugar de Asamblea General).

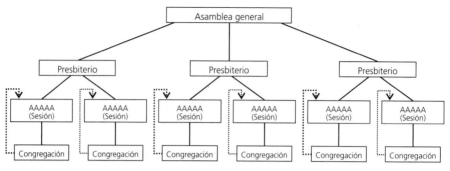

GOBIERNO PRESBITERIANO
Figura 47.2

Los argumentos a favor del sistema presbiteriano son: (1) que los que tienen sabiduría y dones para servir como ancianos deben ser llamados para usar su sabiduría para gobernar más que simplemente a una iglesia local, y (2) un gobierno nacional (o incluso mundial) de la iglesia muestra la unidad del cuerpo de Cristo. Todavía más (3) tal sistema puede prevenir que una congregación individual caiga en error doctrinal mucho más eficazmente que cualquier asociación voluntaria de iglesias.[41]

El sistema presbiteriano bosquejado arriba tiene muchos adherentes entre los creyentes evangélicos hoy, y ciertamente funciona efectivamente en muchos casos. Sin embargo, se pueden presentar algunas objeciones en contra de este sistema: (1) En ninguna parte de las Escrituras los *ancianos* tienen autoridad establecida regularmente sobre más que su propia iglesia local. El patrón es más bien que los ancianos son nombrados en las iglesias locales y tienen autoridad sobre iglesias locales. Contra esta afirmación a menudo se menciona el concilio de Jerusalén de Hechos 15, pero se debe notar que este concilio se reunió en Jerusalén debido a la presencia de los apóstoles. Evidentemente los apóstoles y los ancianos de Jerusalén, con los representantes de Antioquía (Hch 15:2), juntos buscaron la sabiduría de Dios en el asunto. Y parece haber habido alguna consulta con toda la iglesia por igual, porque leemos, al final del debate: «Entonces los apóstoles y los ancianos, de común acuerdo *con toda la iglesia,* decidieron escoger a algunos de ellos y enviarlos a Antioquía con Pablo y Bernabé» (Hch 15:22). (Si esta narrativa da respaldo al gobierno regional por los ancianos, por consiguiente ¡también da respaldo al gobierno regional de parte de congregaciones enteras!). Esta situación con los ancianos de Jerusalén no es un buen patrón para defender un sistema por el que los ancianos tienen autoridad sobre más que su iglesia local: la iglesia de Jerusalén no envió a todos los ancianos de Judea, Samaria y Galilea, ni llamó a una reunión del «presbiterio de Judea» o a una «asamblea general». Aunque los apóstoles de Jerusalén ciertamente tenían autoridad sobre todas las iglesias, no hay indicación de que los ancianos por sí mismos, incluso en la iglesia de Jerusalén, tuvieran tal autoridad. Y

---

[41]Una defensa más completa del sistema presbiteriano de gobierno de la iglesia se halla en Louis Berkhof, *Systematic Theology*, pp. 581–92.

ciertamente no hay ningún patrón en el Nuevo Testamento de que los ancianos ejercieran autoridad sobre alguna otra que su propia iglesia local.[42]

(2) Este sistema, en la práctica, resulta en mucho litigio formal, en donde las disputas doctrinales se entablan año tras año todo el recorrido hasta el nivel de asamblea general. Uno se pregunta si esto debería ser la característica de la iglesia de Cristo; tal vez sí, pero le parece a este autor que es un sistema que estimula tal litigio mucho más de lo necesario o que sea edificante para el cuerpo de Cristo.

(3) El poder efectivo en el gobierno de la iglesia parece, en la práctica, estar demasiado alejado del control final de los laicos de la iglesia. Aunque Berkhof, que defiende este sistema de gobierno, afirma muy claramente que «el poder de la iglesia reside *primariamente* en el cuerpo gobernante de la iglesia local»,[43] también admite que, «mientras más general sea la asamblea, más remota es de la gente».[44] Así, es muy difícil hacer que dé la vuelta el sistema si empieza a marchar erradamente puesto que los laicos que no son ancianos no tienen voto en la sesión, o presbiterio, o asamblea general, y la estructura gobernante de la iglesia está más alejada de ellos que en otras estructuras de gobierno de la iglesia.

(4) Aunque en algunos casos es cierto que una denominación doctrinalmente sólida con sistema presbiteriano del gobierno puede impedir que una iglesia local se descarríe en su doctrina, en la realidad la verdad ha sido muy frecuentemente lo opuesto: el liderazgo nacional de una denominación presbiteriana ha adoptado doctrina falsa y ha puesto gran presión sobre las iglesias locales para que se ajusten a ella.

(5) Aunque el sistema presbiteriano en efecto representa en cierta forma la unidad nacional o incluso mundial de la iglesia de Cristo, tal unidad puede ciertamente mostrarse de otras maneras que mediante este sistema de gobierno. Las iglesias con formas de gobierno más puramente congregacional en efecto tienen asociaciones voluntarias que manifiestan esta unidad. De hecho, estas asociaciones incluyen a *todas* las personas de las iglesias, y no simplemente a los ancianos o el clero, como en un sistema presbiteriano. La reunión nacional de una denominación bautista, por ejemplo, en donde un número grande de ministros y laicos (que no son necesariamente ancianos o diáconos, sino simplemente delegados de sus iglesias) se unen en comunión se podría ver como una mejor demostración de la unidad del cuerpo de Cristo que una asamblea general presbiteriana en donde sólo ancianos están presentes.

---

[42]Por otro lado, los que abogan el sistema presbiteriano podrían responder que en ninguna parte del Nuevo Testamento hallamos un ejemplo de una iglesia independiente; toda iglesia en el Nuevo Testamento está sujeta a la autoridad gobernante mundial de los apóstoles. Por supuesto, el que defiende a las iglesias independientes pudiera responder que no tenemos apóstoles hoy para que ejerzan tal autoridad. Sin embargo, si estamos mirando al Nuevo Testamento por un patrón, el hecho permanece de que no se halla allí iglesias independientes y esperaríamos que algo antes que nada reemplazaría al gobierno de los apóstoles. Esto me parece que indica que algún tipo de autoridad denominacional sobre las iglesias locales sigue siendo apropiado (aunque tomará formas diferentes en diferentes denominaciones).

[43]Berkhof, *Systematic Theology*, p. 584.

[44]Ibid., p. 591.

3. Congregacional

a. Un solo anciano (o un solo pastor): Ahora podemos mirar a cinco variedades de gobierno congregacional de la iglesia. La primera, que al presente es la más común entre las iglesias bautistas de los Estados Unidos de América, es la forma de gobierno de «un solo anciano». En esta clase de gobierno al pastor se le ve como el único anciano de la iglesia, y hay una junta de diáconos elegida que sirve bajo su autoridad y le da respaldo (D en la figura 47.3 quiere decir diácono).

GOBIERNO DE UN SOLO ANCIANO (UN SOLO PASTOR)
Figura 47.3

En este sistema la congregación elige al pastor y también elige a los diáconos. La cantidad de autoridad que el pastor tiene varía grandemente de iglesia a iglesia, y por lo general aumentará según el tiempo que el pastor permanezca en una iglesia. De la autoridad de la junta de diáconos a menudo se piensa como meramente autoridad de asesoría. En la manera en que este sistema funciona de ordinario, especialmente en iglesias pequeñas, muchas decisiones deben ser llevadas ante toda la congregación.

Los argumentos a favor de este sistema se presentan claramente en *Systematic Theology* de A. H. Strong, que es un texto usado ampliamente en círculos bautistas.[45] Strong da los siguientes argumentos:

(1) El Nuevo Testamento no exige una pluralidad de ancianos, pero el patrón de ancianos plurales visto en el Nuevo Testamento se debió sólo al tamaño de las iglesias en ese tiempo. Él dice:

> En ciertas iglesias del Nuevo Testamento parece haber habido una pluralidad de ancianos. . . . No hay, sin embargo, evidencia de que el número de ancianos sea uniforme, o que la pluralidad que frecuentemente existió se debió a alguna otra causa que el tamaño de las iglesias que los ancianos atendían. El ejemplo del Nuevo Testamento, en tanto que permite la multiplicación de pastores ayudantes según la necesidad, no exige una pluralidad de ancianos en todo caso.[46]

En esta cita Strong muestra que consideraría a los pastores adicionales empleados por una iglesia grande como ancianos por igual, así que este sistema se podría ampliar más allá de un solo pastor o anciano para incluir a dos o más ancianos o

---

[45]A. H. Strong, *Systematic Theology* (Judson Press, Valley Forge, Pa., 1907), pp. 914–17. Strong fue presidente del Rochester Theological Seminary de 1872 a 1912.

[46]Ibid., pp. 915–16.

pastores. Pero la distinción crucial es que *la autoridad gobernante del oficio de anciano la posee solo el pastor o pastores profesionales de la iglesia* y no participa de ella ningún laico de la iglesia. Debemos darnos cuenta de que en la práctica, la vasta mayoría de iglesias que siguen este patrón hoy son relativamente iglesias pequeñas con sólo un pastor; por consiguiente, en la realidad, esto por lo general llega a ser una forma de gobierno de un solo pastor.[47]

(2) Strong añade que «Jacobo fue el pastor o presidente de la iglesia de Jerusalén», y cita Hechos 12:17; 21:18; y Gálatas 2:12 para mostrar que este liderazgo de Jacobo fue un patrón que pudo entonces ser imitado por otras iglesias.

(3) Strong nota que algunos pasajes tienen «obispo» en singular pero «diáconos» en plural, sugiriendo algo similar a esta forma bautista común de gobierno. Una traducción literal del texto griego muestra un artículo definido singular que modifica a «obispo» en dos versículos: «*El obispo* por consiguiente debe ser irreprochable» (1 Ti 3:2, traducción literal) y que «*el obispo* debe ser intachable» (Tit 1:7, traducción literal), pero en contraste, leemos: «*los diáconos* de igual manera deben ser serios . . . (1 Ti 3:8).

(4) Finalmente, el «ángel de la iglesia» en Apocalipsis 2:1, 8, 12, 18; 3:1, 7, 14, según Strong, «se interpreta mejor como queriendo decir el pastor de la iglesia; y, si esto es correcto, es claro que cada iglesia tenía, no muchos pastores, sino uno».[48]

(5) Otro argumento, no dicho por Strong, se halla en literatura reciente sobre el crecimiento de la iglesia. El argumento es que las iglesias necesitan un solo pastor fuerte a fin de crecer rápidamente.[49]

De nuevo, se debe decir que la forma de gobierno de un solo anciano ha funcionado muy exitosamente en muchas iglesias evangélicas. Sin embargo, pueden haber objeciones al caso presentado por Strong y otros.

(1) Parece absurdo argumentar que el Nuevo Testamento se queda corto y no da un *mandato* claro de que todas las iglesias deben tener una pluralidad de ancianos cuando los pasajes sobre los requisitos de los ancianos en 1 Timoteo 3:1-7 y Tito 1:5-7 se usan como *requisitos* bíblicos para los oficios de la iglesia hoy. ¿Cómo pueden las iglesias decir que los *requisitos para ancianos* hallados en estos versículos son órdenes para nosotros hoy pero el *sistema de pluralidad de ancianos* hallado en los mismos versículos no es una orden, sino que fue exigencia sólo en ese tiempo y esa sociedad? Aunque se pudiera objetar que estos son mandatos escritos sólo a situaciones individuales en Éfeso y Creta, mucho del Nuevo Testamento consiste de mandatos apostólicos escritos a iglesias individuales sobre cómo deben

---

[47]Otro teólogo bautista, Millard Erickson, respalda la afirmación de Strong de que el Nuevo Testamento no exige pluralidad de ancianos en una iglesia. Dice que los ejemplos del Nuevo Testamento de ancianos son «pasajes descriptivos» que hablan de un orden de iglesia que ya existía, pero que «a las iglesias no se les ordena adoptar una forma en particular de orden en la iglesia» (*Christian Theology*, p. 1084). Todavía más, Erickson no ve un patrón de gobierno de la iglesia en el Nuevo Testamento, sino que dice: «Bien puede haber habido más bien amplias variedades de arreglos gubernamentales. Cada iglesia adoptó un patrón que encajó en su situación individual» (ibid.).

[48]Strong, *Systematic Theology*, p. 916.

[49]Ver, por ejemplo, C. Peter Wagner, *Leading Your Church to Growth* (Regal, Ventura, Calif., 1984). Él dice: «El argumento principal de este libro es que para que las iglesias maximicen su potencial de crecimiento necesitan pastores que sean líderes fuertes. . . . No se equivoque en cuanto a esto: es una regla» (p. 73). El libro está lleno de anécdotas y pronunciamientos de expertos de crecimiento de la iglesia diciéndole al lector que el liderazgo de un solo pastor fuerte es esencial para el crecimiento significativo de la iglesia.

conducirse. Sin embargo, no decimos por consiguiente que somos libres de deso-bedecer esas instrucciones en otras partes de la epístola. Es más, 1 Timoteo y Tito nos dan abundante material sobre la conducta de la iglesia local, material que to-das las iglesias creyentes procuran seguir.

Todavía más, parece nada sabio ignorar un claro patrón del Nuevo Testamen-to que existió en toda las iglesias de las cuales tenemos evidencia en el tiempo que fue escrito el Nuevo Testamento. Cuando el Nuevo Testamento nos muestra que a *ninguna* iglesia se menciona teniendo un solo anciano («En *cada* iglesia», Hch 14:23; «en todo pueblo», Tit 1:5; «Haga llamar a *los ancianos*», Stg 5:14; «A *los ancia-nos* que están entre ustedes, yo, que soy anciano como ellos»,1 P 5:1), parece nada persuasivo decir que las iglesias pequeñas deberían tener sólo un anciano. Aun cuando Pablo acababa de fundar iglesias en su primer viaje misionero, hubo *ancia-nos* nombrados «en cada iglesia» (Hch 14:23). Y «todo pueblo» en la isla de Creta debía tener ancianos, por grande o pequeña que sea la iglesia.

Además, hay incongruencia en el argumento de Strong cuando dice que las iglesias grandes eran las que tenían pluralidad de ancianos, porque entonces afir-ma que «el ángel de la iglesia de Éfeso» (Ap 2:1) era un solo pastor, conforme a este patrón bautista común. Sin embargo, la iglesia de Éfeso en ese tiempo era excep-cionalmente grande: Pablo, al fundar esa iglesia, había pasado tres años allí (Hch 20:31), tiempo en el cual *de modo que todos* los judíos y los griegos que vivían en la provincia de Asia *llegaron a escuchar la palabra del Señor»* (Hch 19:10). La población de Éfeso en ese tiempo era de más de 250.000.[50]

Podemos preguntar, ¿por qué deberíamos seguir a Strong y adoptar como nor-ma un patrón de gobierno de la iglesia que no se halla *en ninguna parte* del Nuevo Testamento, y rechazar un patrón que se halla *en todas partes* del Nuevo Testa-mento?

(2) Jacobo bien puede haber actuado como moderador u oficial que preside en la iglesia de Jerusalén, porque todas las iglesias tendrían algún tipo de dirigente de-signado como éste a fin de celebrar sus reuniones. Pero esto no implica que él fue el «pastor» de la iglesia de Jerusalén en un sentido de un «solo anciano». De hecho, Hechos 15:2 muestra que hubo *ancianos* (plural) en la iglesia de Jerusalén, y a Jaco-bo mismo probablemente se le contaba entre los apóstoles (ver Gá 1:19) antes que entre los ancianos.

(3) En 1 Timoteo 3:2 y Tito 1:7 el artículo griego definido que modifica a «obispo» simplemente muestra que Pablo está hablando de los requisitos generales según se aplican a cualquier ejemplo.[51] De hecho, en ambos casos que Strong cita sabemos que había *ancianos* (plural) en las iglesias mencionadas. 1 Timoteo 3:2 fue escrito a Timoteo en Éfeso, y Hechos 20:17 nos muestra que había «ancianos» en las iglesia de Éfeso. E incluso en 1 Timoteo Pablo escribe: «Los *ancianos* que dirigen bien los

---

[50]Robert H. Mounce, *The Book of Revelation*, NIC (Eerdmans, Grand Rapids, 1977), p. 85.

[51]En términos de gramática griega, el uso del artículo definido aquí se entiende mejor como un uso «genéri-co», que se define como uso del artículo «para seleccionar un individuo normal o representativo» (MHT 3, p. 180). El uso de Pablo del singular fue natural después de que había dicho: «si *alguno* desea ser obispo» (1Ti 3:1), o *«El an-ciano* debe ser intachable» (Tit 1:6).

La RSV en inglés da una traducción más apropiada para los que hablan inglés, reflejando este uso genérico, en es-tos dos versículos: *«un obispo».*

asuntos de la iglesia son dignos de doble honor, especialmente los que dedican sus esfuerzos a la predicación y a la enseñanza» (1 Ti 5:17). Respecto a Tito 1:7 solo necesitamos mirar el versículo 5, donde Pablo pide a Tito que en cada pueblo nombre *ancianos*.

(4) Los ángeles de las siete iglesias en Apocalipsis 2—3 son evidencia inusual y más bien débil por un solo anciano. «Escribe al ángel de la iglesia de Éfeso» (Ap 2:1) difícilmente puede querer decir que había solamente un anciano en esa iglesia, puesto que sabemos que había «ancianos» allí en esta iglesia muy grande (Hch 20:17). La palabra «ángel» que se usa al dirigirse a las siete iglesias en Apocalipsis 2—3 puede simplemente designar un mensajero especial de cada iglesia, tal vez incluso un mensajero humano que llevaría a cada iglesia lo que Juan escribió,[52] o bien puede representar «el espíritu prevaleciente de la iglesia» antes que el oficial gobernante de la congregación,[53] o incluso puede simplemente referirse a un ángel al que se le asignó cuidado especial sobre cada congregación. Incluso si representa un oficial que preside de algún tipo en cada congregación, a este «ángel» no se le presenta como alguien que tiene autoridad gobernante o alguna función equivalente al pastor de hoy, o ninguna función equivalente a la del «anciano» en las iglesias del Nuevo Testamento. Este pasaje no provee evidencia lo suficientemente fuerte como para desalojar la información clara en todo el Nuevo Testamento que muestra pluralidad de ancianos en toda iglesia, incluso en la iglesia de Éfeso.

Es interesante que todos los pasajes del Nuevo Testamento que cita Strong (Hch 15, Jerusalén; 1 Ti 3:2, Éfeso; Tit 1:7, Creta; Ap 2—3, las siete iglesias, incluyendo Éfeso) hablan de situaciones en las cuales el Nuevo Testamento mismo señala claramente una pluralidad de ancianos en autoridad en las iglesias mencionadas.

(5) El argumento de los estudios de crecimiento de la iglesia en realidad no demuestra que el gobierno dirigido por un solo pastor es necesario, por lo menos cuatro razones: (a) no debemos rechazar un patrón que respaldan las Escrituras y adoptar uno diferente simplemente porque la gente nos dice que un patrón diferente parece funcionar bien para producir iglesias grandes; nuestro papel aquí, como en todo en la vida, debe ser más bien obedecer las Escrituras lo más cercanamente que podamos y esperar que Dios dé las bendiciones apropiadas según desee. (b.) Hay muchas iglesias grandes con gobiernos de pluralidad de ancianos (tanto iglesias presbiterianas como iglesias independientes), así que el argumento de consideraciones prácticas no es concluyente. (c) C. Peter Wagner admite que dirigentes fuertes se pueden hallar en varias formas de gobierno de la iglesia,[54] y debemos concordar en que un sistema de pluralidad de ancianos en el cual todos tienen igual autoridad no evita que un anciano (tal como el pastor) funcione en una especie de «primero entre iguales» y tenga un papel significativo de liderazgo entre esos ancianos.

---

[52] La palabra *angelos* [«ángel»] en Ap 2:1 et. al. puede significar no solamente «ángel» sino también simplemente «mensajero».

[53] Así Robert Mounce, *The Book of Revelation*, p. 85.

[54] Wagner dice en un punto que un pastor puede ser un dirigente fuerte dentro de una variedad de tipos de gobierno de la iglesia. (*Leading Your Church to Growth*, pp. 94–95). Por consiguiente, no es apropiado tomar su estudio como argumento que respalda por sí solo la forma de gobierno con un solo anciano.

(6) Un problema común en el sistema de un «solo anciano» es o una concentración excesiva de poder en un solo individuo o demandas excesivas que se le imponen. En cualquier caso, las tentaciones a pecar son muy grandes, y un grado reducido de responsabilidad hace más probable ceder a la tentación. Como se mencionó arriba, nunca fue el patrón en el Nuevo Testamento, incluso con los apóstoles, concentrar el poder gobernante en manos de una sola persona.

Aquí se debe notar que la noción de «un solo anciano» de gobierno de la iglesia en realidad no tiene más respaldo del Nuevo Testamento que la noción de «un solo obispo» (episcopal). Ambas parecen ser intentos de justificar lo que ya ha sucedido en la historia de la iglesia, y no conclusiones que han brotado de un examen inductivo del mismo Nuevo Testamento.

(7) Finalmente se debe notar que en la práctica el sistema de «un solo anciano» puede cambiar y *funcionar* más como gobierno de una «pluralidad de ancianos», sólo que a los que funcionan como ancianos más bien se le llama «diáconos». Esto sucedería si los diáconos participan de la autoridad real gobernante con el pastor, y el pastor y los demás diáconos se ven a sí mismos como responsables a la junta diáconos como un todo. El sistema entonces empieza a parecerse como la figura 47.4.

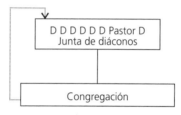

EL PASTOR Y LOS DIÁCONOS PUEDEN GOBERNAR JUNTOS Y ASÍ FUNCIONAR COMO UN GOBIERNO DE PLURALIDAD DE ANCIANOS
Figura 47.4

El problema con este arreglo es que no usa terminología bíblica para aplicarla a las funciones que las personas están desempeñando, porque los «diáconos» en el Nuevo Testamento nunca tuvieron autoridad de gobernar o enseñar en la iglesia. El resultado en tal situación es que las personas de la iglesia (tanto los diáconos como los demás miembros de la iglesia) no leerán ni aplicarán pasajes bíblicos sobre los ancianos a los que *en realidad están funcionando como ancianos* en su iglesia. Por consiguiente, estos pasajes pierden la pertinencia directa que deberían tener en la iglesia. En este caso, sin embargo, el problema se podría resolver cambiando el nombre de «diácono» a «anciano», y considerar al pastor como un anciano entre los demás.

b. Pluralidad local de ancianos: ¿Hay algún tipo de gobierno de la iglesia que preserva el patrón de pluralidad de ancianos que se halla en el Nuevo Testamento y que evita la expansión de la autoridad de los ancianos más allá de la congregación local? Aunque tal sistema no es distintivo de ninguna denominación hoy, se halla en muchas congregaciones individuales. Usando las conclusiones a que se han llegado hasta este punto sobre la información del Nuevo Testamento, sugiero la figura 47.5 como un patrón posible.

* Pastor

GOBIERNO DE PLURALIDAD LOCAL DE ANCIANOS
Figura 47.5

Dentro de tal sistema los ancianos gobiernan a la iglesia y tienen autoridad de gobernarla, autoridad que les ha conferido Cristo mismo, la cabeza de la iglesia, y el Espíritu Santo (Hch 20:28; Heb 13:17). En este sistema de gobierno siempre hay más de un anciano, hecho que distingue esta forma de gobierno del «sistema de un solo anciano» que se consideró arriba. En una congregación contemporánea, el «pastor» (o «pastor principal») será uno entre los ancianos en este sistema. No tiene autoridad sobre ellos, ni tampoco trabaja para ellos como empleado. Tiene un papel de alguna manera distinto en que él se dedica a tiempo completo al trabajo de «predicar y enseñar» (1 Ti 5:17), y deriva parte o todos sus ingresos de ese trabajo (1 Ti 5:18). También puede frecuentemente asumir un papel de liderazgo (tal como presidente) entre los ancianos, lo que encajaría con su papel de liderazgo entre la congregación, pero tal papel de liderazgo *entre los ancianos* no sería necesario para el sistema. Además, el pastor de ordinario tendrá autoridad considerable para tomar decisiones y proveer liderazgo en muchos aspectos de responsabilidad que le ha delegado la junta de ancianos como un todo. Tal sistema permitiría al pastor ejercer fuerte liderazgo en la iglesia y seguir teniendo autoridad gobernante a la par de los demás ancianos.

El punto fuerte de este sistema de gobierno se ve en el hecho de que el pastor no tiene autoridad propia sobre la congregación, sino que esa autoridad le pertenece colectivamente a todo el grupo de ancianos (lo que se podría llamar la junta de ancianos). Todavía más, el mismo pastor, como todo otro anciano, está sujeto a la autoridad de la junta de ancianos como un todo. Esto puede ser un gran beneficio para evitar que el pastor cometa equivocaciones, y para respaldarlo en la adversidad y protegerle de los ataques y oposición.[55]

En tal sistema, ¿hay limitaciones que se deben imponer a la autoridad de los ancianos? En la sección arriba sobre la manera de escoger oficiales de la iglesia se dieron varias razones para tener algunas «verificaciones y balances» que pondrían

---

[55]Si la iglesia tiene más de un pastor que recibe paga por su trabajo, a estos otros pastores asociados o ayudantes se les puede ver, o tal vez no, como ancianos (dependiendo de los requisitos que reúna cada miembro de personal y las normas de operación de la iglesia), pero en cualquier caso, sería consistente por entero con esta forma de gobierno que los pastores asociados rindan cuentas al pastor principal sólo en su trabajo cotidiano, y él responde ante a la junta de ancianos con respecto a su supervisión de la actividad de ellos.

restricciones a la autoridad de los oficiales de una iglesia.[56] Estos argumentos también son útiles aquí para indicar que, aunque los ancianos tengan sustancial autoridad gobernante sobre la iglesia, no debe ser autoridad ilimitada. Se pueden sugerir ejemplos de tales limitaciones, como: (1) pueden ser elegidos antes que perpetuarse; (2) pueden tener términos específicos de servicio con un año obligatorio de descanso de la junta (excepto el pastor, cuyas responsabilidades de liderazgo continuo requieren continua participación como anciano); (3) algunas decisiones más serias pueden precisar que se las lleve ante toda la iglesia para aprobación. Respecto a este tercer punto, la aprobación congregacional ya es un requisito bíblico para la disciplina eclesiástica, en Mateo 18:17 y para la excomunión en 1 Corintios 5:4. El principio de elección congregacional de los ancianos implicaría que la decisión de llamar a cualquier pastor debe haber sido aprobada por la congregación como un todo. Direcciones nuevas serias en el ministerio de cada iglesia, que exigirían respaldo congregacional en gran escala, se pueden también presentar a la iglesia como un todo para aprobación. Finalmente, parecería sabio exigir aprobación congregacional en decisiones financieras grandes tales como el presupuesto anual, la decisión de comprar propiedades, o la decisión de tomar prestado dinero para la iglesia (si acaso se debe hacer), simplemente porque a la iglesia como un todo se le pedirá que dé generosamente para pagar por todos estas compromisos.[57]

De hecho, las razones para poner algunas limitaciones a la autoridad de los oficiales de la iglesia pueden parecer tan fuertes que nos lleven a pensar que toda las decisiones y autoridad gobernante deben descansar en la congregación como un todo. (Algunas iglesias han adoptado un sistema de democracia casi pura para gobernar a la iglesia, por el que todo se debe presentar a la congregación entera para aprobación). Sin embargo, esta conclusión ignora la abundante evidencia del Nuevo Testamento en cuanto a la clara autoridad de gobernar que se da a los ancianos en las iglesias del Nuevo Testamento. Por consiguiente, en tanto que es importante tener *algunas limitaciones reconocidas* sobre la autoridad de los ancianos, y que la autoridad gobernante última descanse sobre la congregación como un todo, o es

---

[56]Los argumentos dados arriba (p. 968) para las restricciones sobre la autoridad de los oficiales de la iglesia se pueden resumir como sigue: (1) Los oficiales de la iglesia en el Nuevo Testamento evidentemente fueron elegidos por toda la congregación. (2) La autoridad gobernante final en las iglesias del Nuevo Testamento parece que descansaba en toda la iglesia. (3) Rendir cuentas a la congregación provee una salvaguarda contra las tentaciones a pecar. (4) Algún grado de control por la congregación entera provee una salvaguarda para evitar que el liderazgo caiga en el error doctrinal. (5) El gobierno funciona mejor con el consentimiento de los gobernados. Además de éstos, hay otra razón para restringir la autoridad de los oficiales de la iglesia: (6) La doctrina de la claridad de las Escrituras (ver capítulo 6), y la doctrina del sacerdocio de todos los creyentes (por la que el Nuevo Testamento afirma que todos los creyentes tienen acceso al trono de Dios en oración y todos participan como miembros en un «sacerdocio real» [1P 2:9; cf. Heb 10:19-25; 12:22-24]) se combinan para indicar que todos los creyentes tienen alguna capacidad para interpretar las Escrituras y alguna responsabilidad de buscar la sabiduría de Dios al aplicarla a las situaciones. Todos tienen acceso directamente a Dios a fin de procurar conocer su voluntad. El Nuevo Testamento no da lugar a ninguna clase especial de creyentes que tienen mayor acceso a Dios que otros. Por consiguiente, es correcto incluir a todos los creyentes en algunos de los procesos de toma de decisiones cruciales de la iglesia. «El éxito depende de los muchos consejeros» (Pr 11:14).

[57]Se debe notar que un sistema de gobierno de la iglesia como un grupo de ancianos que se perpetúa a sí mismo, en lugar de uno elegido por la congregación, sería muy similar en función a este sistema, pero no sería tan extensivo en las verificaciones y balances que se imponen sobre la autoridad de los ancianos. Tal iglesia todavía puede querer tener algún mecanismo por el que la congregación pueda sacar a los ancianos que se desvían de manera seria de la fidelidad a las Escrituras.

necesario, si vamos a ser fieles al patrón del Nuevo Testamento, investir a los mismos ancianos con un fuerte nivel de autoridad.[58]

He rotulado a este sistema como de «pluralidad *local* de ancianos» a fin de distinguirlo del sistema presbiteriano en donde los ancianos, cuando se reúnen a nivel de presbiterio o asamblea general, tienen autoridad sobre más que su propia congregación local. Pero en tal sistema de ancianos locales elegidos, ¿puede haber alguna asociación más amplia con iglesias más allá de la congregación local? Sí, por cierto. Si bien las iglesias con este sistema pueden escoger permanecer independientes por entero, la mayoría entrará en asociaciones voluntarias con otras iglesias de convicciones similares a fin de facilitar comunión, combinación de recursos para actividad misionera (y tal vez para otras cosas tales como campamentos cristianos, publicaciones, educación teológica, etc.). Sin embargo, la única autoridad que estas asociaciones mayores tendrían sobre la congregación local sería la autoridad de excluir a una iglesia individual de esa asociación, y no la autoridad de gobernar los asuntos de cada congregación.

c. Junta corporativa: Las tres formas restantes de gobierno congregacional de la iglesia no se usan comúnmente, pero a veces se hallan en iglesias evangélicas. El primero sigue el patrón del ejemplo de una corporación moderna, en donde la junta de directores contrata a un oficial ejecutivo que tiene la autoridad de manejar los asuntos como mejor le parezca. A esta forma de gobierno también se le podría llamar la estructura de «tú trabajas para nosotros». Se lo muestra en la figura 47.6.

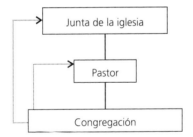

MODELO DE GOBIERNO DE LA IGLESIA DE JUNTA CORPORATIVA
Figura 47.6

---

[58]Cuando este tipo de sistema funciona en una iglesia grande, es importante que una mayoría de la junta de ancianos sean personas *que no son pastores asociados en la iglesia.* Esto se debe a que los pastores asociados están sujetos al pastor principal en todo su trabajo en la iglesia (por lo general él los emplea y despide, y fija su paga, y ellos le rinden cuentas a él). Por consiguiente, si una mayoría de los ancianos consiste de estos pastores asociados, las dinámicas interpersonales incluidas harán imposible que el pastor principal esté sujeto a la autoridad de los ancianos como un grupo, y el sistema funcionará de hecho como una forma (algo disfrazada) de gobierno de «un solo pastor», y no como un gobierno de pluralidad de ancianos.

Alguien podría objetar que en una iglesia grande sólo los miembros del personal pastoral a tiempo completo saben lo suficiente de la vida de la iglesia como para ser ancianos eficaces, pero ésta no es una objeción persuasiva: el gobierno por juntas que no están estrechamente involucradas en las actividades cotidianas de aquellos a quienes gobiernan funciona bien en muchos ámbitos de la actividad humana, tales como juntas universitarias o de seminario, juntas escolares locales, junta de directores de corporaciones, e incluso gobiernos estatales o nacionales. Todos estos cuerpos gobernantes dirigen pólizas y dan dirección a administradores a tiempo completo, y pueden obtener información detallada en cuanto a situaciones específicas cuando surge la necesidad. (Me doy cuenta de que todos estos sistemas *pueden* funcionar calamitosamente, pero mí punto es simplemente que pueden funcionar muy bien cuando en posiciones de liderazgo se pone a las personas apropiadas.)

A favor de esta estructura se pudiera argumentar que este sistema en efecto funciona bien en las empresas contemporáneas. Sin embargo, no hay ningún precedente ni respaldo del Nuevo Testamento para tal forma de gobierno de la iglesia. Es simplemente resultado de tratar de manejar la iglesia como una empresa moderna, y ve al pastor no como dirigente espiritual, sino meramente como un empleado pagado.

Otras objeciones a esta estructura son el hecho de que le priva al pastor de participar en la autoridad gobernante que debe tener a fin de desempeñar efectivamente sus responsabilidades como anciano. Todavía más, los miembros de la junta también son miembros de la congregación sobre quienes se supone que el pastor debe tener cierta autoridad, pero esa autoridad se ve seriamente comprometida si los dirigentes de la congregación son en realidad sus jefes.

d. Democracia pura: Esta noción, que lleva el gobierno congregacional de la iglesia a su extremo lógico, se puede representar como la figura 47.7.

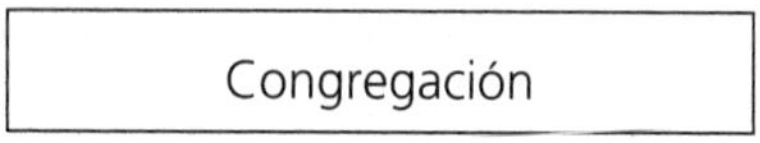

Congregación

GOBIERNO POR PURA DEMOCRACIA
Figura 47.7

En este sistema *todo* debe presentarse en la reunión congregacional. El resultado es que las decisiones a menudo se debaten interminablemente, y, conforme la iglesia crece, la toma de decisiones llega al punto de casi paralizarse. En tanto que esta estructura intenta hacer justicia a algunos de los pasajes citados arriba respecto a la necesidad de que la autoridad gobernante final descanse en la congregación como un todo, no es fiel al patrón del Nuevo Testamento de ancianos reconocidos y designados que tienen autoridad real para gobernar a la iglesia en la mayoría de las situaciones.

e. «No gobierno excepto el Espíritu Santo»: Algunas iglesias, particularmente iglesias muy nuevas con tendencias más místicas o extremadamente pietistas, funcionan con un gobierno que parece algo como la figura 47.8

CONGREGACIÓN

NO GOBIERNO EXCEPTO EL ESPÍRITU SANTO
Figura 47.8

En este caso, la iglesia negaría que se necesite alguna forma de gobierno, dependería de que todos los miembros de la congregación que sean sensibles a la dirección del Espíritu Santo en sus propias vidas, y las decisiones por lo general se tomarían por consenso. Esta forma de gobierno nunca dura mucho tiempo. No sólo que no es fiel al patrón del Nuevo Testamento de ancianos designados con autoridad para gobernar a la iglesia, sino que también está expuesta a mucho abuso, porque los sentimientos subjetivos antes que la sabiduría y la razón prevalecen en el proceso de toma de decisiones.

4. Conclusiones. Se debe aclarar, al concluir esta consideración del gobierno de la iglesia, que la forma de gobierno adoptada por una iglesia no es un punto principal de doctrina. Los creyentes han vivido confortablemente y han ministrado muy efectivamente con varias clases diferentes de sistemas, y hay muchos evangélicos dentro de cada uno de los sistemas mencionados. Es más, un número de tipos diferentes de sistemas de gobiernos de iglesia funcionan *bastante bien*. En donde hay puntos débiles que parecen ser inherentes en la estructura de gobierno, individuos dentro del sistema generalmente reconocen esos puntos débiles e intentan compensarlos de cualquier manera que el sistema les permita.

No obstante, una iglesia puede ser *más pura* o *menos pura* en este punto, como en cualquier otro aspecto. Conforme las Escrituras nos persuaden respecto a varios aspectos del gobierno de la iglesia, entonces debemos continuar orando y esforzándonos por una mayor pureza de la iglesia visible en este aspecto también.

D. ¿Deben las mujeres ser oficiales de la iglesia?

La mayoría de las teologías sistemáticas no ha incluido una sección sobre la cuestión de si las mujeres pueden ser oficiales de la iglesia, porque se ha dado por sentado en toda la historia del cristianismo, con muy pocas excepciones, que sólo los hombres pueden ser pastores o funcionar como ancianos dentro de la iglesia.[59] Pero en años recientes ha surgido una controversia seria dentro del mundo evangélico: ¿pueden las mujeres servir como pastoras tanto como los hombres? ¿Pueden ellas tener parte en todos los cargos de la iglesia? He tratado esta cuestión mucho más extensivamente en otras obras[60], pero un breve resumen de la cuestión se puede dar en este punto.

Debemos afirmar desde el principio que la narrativa de la creación en *Génesis 1:27 ve a hombres y mujeres como creados igualmente a imagen de Dios*. Por consiguiente, hombres y mujeres tienen igual valor ante Dios, y debemos verlos como teniendo valor absolutamente igual como personas, e igual valor para la iglesia. Es más, las Escrituras aseguran que hombres y mujeres tienen igual acceso a todas las bendiciones de la salvación (ver Hch 2:17-18; Gá 3:28).[61] Esto se afirma en forma

---

[59]Ver William Weinrich, «Women in the History of the Church: Learned and Holy, But Not Pastors,», en *Recovering Biblical Manhood and Womanhood: A Response to Evangelical Feminism*, ed. John Piper y Wayne Grudem (Crossway, Wheaton, Ill., 1991), pp. 263–79. Ver también Ruth A. Tucker y Walter L. Liefeld, *Daughters of the Church: Women and Ministry from New Testament Times to the Present* (Zondervan, Grand Rapids, 1987).

[60]Ver *Recovering Biblical Manhood and Womanhood*, ed. John Piper y Wayne Grudem. La posición que he tomado en los párrafos que siguen están de acuerdo con «Danvers Statement», emitida en 1988 por el Council on Biblical Manhood and Womanhood, 2825 Lexington Road, Box 926, Louisville, KY 40280, USA.

[61]Ver también Raymond C. Ortlund, Jr., «Male-Female Equality and Male Headship: Gen. 1–3», en *Recovering Biblical Manhood and Womanhood*, pp. 95–112.

impresionante en la alta dignidad y respeto que Jesús concedió en su ministerio terrenal a las mujeres.[62]

También debemos admitir que las iglesias evangélicas a menudo no han reconocido la plena igualdad de hombres y mujeres, y por consiguiente no han considerado a las mujeres iguales en valor a los hombres. El resultado ha sido que no se ha reconocido que Dios a menudo les da a las mujeres dones espirituales iguales o mayores que a los hombres, que no se ha animado a las mujeres a tener participación completa y libre en los varios ministerios de la iglesia, y que no se ha tomado plenamente en cuenta la sabiduría que Dios les ha dado a las mujeres respecto a importantes decisiones en la vida de la iglesia. Si la controversia presente sobre el papel de las mujeres en las iglesias puede resultar en la erradicación de algunos de estos abusos pasados, entonces la iglesia como un todo se beneficiará grandemente.

Sin embargo, la cuestión persiste: ¿deben las mujeres ser pastoras o ancianas en las iglesias? (O, ¿deben llenar funciones equivalentes a las de un anciano en las iglesias que tienen formas alternas de gobierno?) Mi propia conclusión sobre este asunto es que la Biblia no permite que las mujeres funcionen en el papel de pastoras o ancianas dentro de la iglesia. Esta ha sido también la conclusión de la vasta mayoría de iglesias en varias sociedades en toda la historia. Las razones que me parecen más persuasivas al responder a esta pregunta son las siguientes:

1. 1 Timoteo 2:11-14. El pasaje individual de la Biblia que trata más directamente de esta cuestión es 1 Timoteo 2:11-14:

> La mujer debe aprender con serenidad, con toda sumisión. *No permito que la mujer enseñe al hombre y ejerza autoridad sobre él;* debe mantenerse ecuánime. Porque primero fue formado Adán, y Eva después. Además, no fue Adán el engañado, sino la mujer; y ella, una vez engañada, incurrió en pecado.

Aquí Pablo está hablando de la iglesia cuando está reunida (ver vv. 8-9). En tal ambiente Pablo dice: «No permito que la mujer *enseñe al hombre y ejerza autoridad sobre él*» (v. 12). Éstas son las funciones que las realizan los ancianos de la iglesia, y especialmente los que conocemos como pastor en las situaciones de la iglesia contemporánea.[63] Son específicamente estas funciones particulares de los ancianos que Pablo prohíbe que las mujeres ejerzan en la iglesia.[64]

Varias objeciones se han presentado contra esta posición:[65]

(a) Se ha dicho que este pasaje se aplica sólo a una situación específica que Pablo está considerando, posiblemente una en donde las mujeres estaban enseñando

---

[62]Ver James A. Borland, «Women in the Life and Teachings of Jesus», en *Recovering Biblical Manhood and Womanhood,* pp. 113–23.

[63]Ver la explicación en las pp. 915–16 arriba respecto a las funciones de enseñar y gobernar que les corresponde a los ancianos en una iglesia.

[64]Para una consideración más extensa de este pasaje, ver Douglas Moo, «What Does It Mean Not to Teach or Have Authority Over Men?: 1 Tim. 2:11–15», en *Recovering Biblical Manhood and Womanhood,* pp. 179–93.

[65]Para afirmaciones más extensas de estas objeciones ver los libros marcados como «favorecen a las mujeres como pastoras» en la bibliografía al fin de esta capítulo, especialmente los libros de Mickelsen, Spencer, y Bilezikian.

doctrina herética dentro de la iglesia de Éfeso. Pero esta objeción no es persuasiva, puesto que no hay ninguna declaración clara en 1 Timoteo que diga que las mujeres en realidad estaban *enseñando* doctrinas falsas. (1 Ti 5:13 habla de mujeres que son chismosas, pero no menciona doctrina falsa). Todavía más, Pablo no les dice simplemente a las mujeres que están enseñando doctrina falsa que guarden silencio, sino que dice: «No permito que *la mujer* enseñe al hombre y ejerza autoridad sobre él». Finalmente, la *razón* que Pablo da para esta prohibición no es la propuesta en esta objeción, sino una muy diferente: la situación de Adán y Eva antes de la caída, y antes de que haya ningún pecado en el mundo (ver v. 13), y la manera en que una inversión en los papeles de hombre y mujer ocurrieron en el momento de la caída (ver v. 14). Estas razones no están limitadas a una situación en la iglesia de Éfeso, sino que tienen aplicación en general a los hombres y mujeres.

(b) Otra objeción dice que Pablo da esta prohibición porque las mujeres no tenían mayor educación en el primer siglo, y por consiguiente no estaban calificadas para papeles de enseñanzas o de gobierno en la iglesia. Pero Pablo no menciona la falta de educación como razón para decir que la mujer no puede «enseñar o . . . . tener autoridad sobre los hombres». Sino más bien señala en retrospectiva a la creación (vv. 13-14). Es precario basar un argumento en una razón que Pablo *no* da en lugar de la razón que *sí* da.

Además, esta objeción entiende mal los hechos reales de la iglesia antigua y del mundo antiguo. La educación formal en las Escrituras no fue requisito para el liderazgo de la iglesia y la iglesia del Nuevo Testamento, porque varios de los apóstoles no tuvieron educación bíblica formal (ver Hch 4:13). Por otro lado, la destreza de alfabetización básica y por consiguiente la capacidad de leer y estudiar las Escrituras estaban disponibles por igual a hombres y mujeres (notar Hch 18:26; Ro 16:1; 1 Ti 2:11; Tit 2:3-4). Hubo muchas mujeres bien educadas en el mundo antiguo, y particularmente en un centro cultural tal como Éfeso.[66]

Finalmente, los que presentan tal argumento a veces son incoherentes en que en otros lugares señalan a mujeres que tuvieron cargos de liderazgo en la iglesia antigua, tales como Priscila. Este punto es especialmente relevante en 1 Timoteo 2, porque Pablo está escribiendo a Éfeso (1 Ti 1:3), que fue donde residían Priscila y Aquila (ver Hch 18:18-19, 21). Fue en esta misma iglesia de Éfeso que Priscila supo las Escrituras lo suficiente como para ayudar a instruir a Apolos en el año 51 d.C. (Hch 18:26). Luego ella probablemente había aprendido de Pablo mismo por otros tres años mientras él se quedó en Éfeso enseñando «todo el propósito de Dios» (Hch 20:27; cf. v. 31; también 1 Co 16:19). Sin duda muchas otras mujeres de Éfeso habían seguido su ejemplo y también habían aprendido de Pablo. Aunque más tarde ellos fueron a Roma, hallamos Aquila y Priscila de nuevo en Éfeso al fin de la vida de Pablo (2 Ti 4:19), alrededor del año 67 d.C. Por consiguiente, es probable que estuvieron en Éfeso en el año 65 d.C., alrededor del tiempo cuando Pablo escribió 1 Timoteo (alrededor de *catorce años después de que Priscila había ayudado a instruir a Apolos*). Sin embargo, Pablo no permite ni siquiera a Priscila bien educada o a cualquier otra mujer bien educada de Éfeso que enseñe a los hombres en la

---

[66]Ver Piper y Grudem, *Recovering Biblical Manhood and Womanhood*, p. 82.

asamblea pública de la iglesia. La razón no fue falta de educación, sino el orden de la creación que Dios estableció entre hombres y mujeres.

2. 1 Corintios 14:33b-36. En una enseñanza similar Pablo dice:

> Como es costumbre en las congregaciones de los creyentes, guarden las mujeres silencio en la iglesia, pues no les está permitido hablar. Que estén sumisas, como lo establece la ley. Si quieren saber algo, que se lo pregunten en casa a sus esposos; porque no está bien visto que una mujer hable en la iglesia. ¿Acaso la palabra de Dios procedió de ustedes? ¿O son ustedes los únicos que la han recibido? (1 Co 14:33b-36).

En esta sección Pablo no puede estar prohibiendo toda habla pública de parte de las mujeres en la iglesia, porque en 1 Corintios 11:5 claramente les permite orar y profetizar en la iglesia. Por consiguiente, es mejor entender este pasaje como refiriéndose al discurso que está en la categoría que se considera en el contexto inmediato, es decir, la evaluación hablada y juzgar las profecías en la congregación (ver v. 29: «En cuanto a los profetas, que hablen dos o tres, y *que los demás examinen con cuidado lo dicho»).* En tanto que Pablo permite que las mujeres hablen y profeticen en la reunión de la iglesia, no les permite hablar en voz alta y dar evaluación o análisis de las profecías que se han dado, porque esto sería una función de gobernar con respecto a toda la iglesia.[67] Esta comprensión del pasaje depende de nuestra noción del don de profecía en la edad del Nuevo Testamento, es decir, que la profecía no incluye enseñanza bíblica autoritativa, ni decir palabras de Dios que son iguales a las Escrituras, sino más bien informar algo que Dios espontáneamente trae a la mente.[68] De esta manera, las enseñanzas de Pablo son muy consistentes en 1 Corintios 14 y 1 Timoteo 2: en ambos casos se preocupa por preservar el liderazgo de los varones para enseñar y gobernar en la iglesia.[69]

3. 1 Timoteo 3:1-7 y Tito 1:5-9. Tanto 1 Timoteo 3:1-7 como Tito 1:5-9 dan por sentado que los ancianos van a ser hombres. Un anciano (u obispo o presbítero)

---

[67]Para una consideración más completa de esta cuestión, ver D. A. Carson, «"Silent in the Churches": On the Role of Women in 1 Cor. 14:33b-36», en *Recovering Biblical Manhood and Womanhood*, pp. 140–153. Ver también Wayne Grudem, *The Gift of Prophecy in the New Testament and Today,* pp. 217–24; también Wayne Grudem, «—Yes, but Teaching—No: Paul's Consistent Advocacy of Women's Participation Without Governing Authority», *JETS* 30/1 (marzo 1987), pp. 11–23.

[68]Esta noción del don de profecía se explica más completamente en el capítulo 53, pp. 1107–20.

[69]Una objeción evangélica reciente a esta conclusión sobre 1Co 13:33-36 simplemente dice que estos versículos no fueron escritos por Pablo y no pertenecen en el texto de 1 Corintios, y por consiguiente no se los debe considerar como Escrituras autoritativas para nosotros hoy: ver Gordon Fee, *The First Epistle to the Corinthians,* pp. 699–708. El argumento básico de Fee es que es imposible reconciliar este pasaje con 1Co 11:5, en donde Pablo claramente permite que las mujeres hablen en la iglesia. (También da mucho peso al hecho de que los vv. 34-35 están movidos a fin de 1Co14 en algunos manuscritos antiguos). Pero Fee no da a consideración adecuada a la noción representada aquí, es decir, que Pablo simplemente está prohibiendo a las mujeres la tarea autoritativa de juzgar las profecías en la iglesia reunida. La posición de Fee es sorprendente a la luz del hecho de que ningún manuscrito antiguo de 1 Corintios omite estos versículos. (Los pocos manuscritos que ponen esta sección al fin del capítulo 14 son manuscritos mucho menos confiables que tienen también variaciones frecuentes en otras partes en 1 Corintios).

debe ser «esposo de una sola mujer» (1 Ti 3:2; también Tit 1:6), y «Debe gobernar bien su casa y hacer que sus hijos le obedezcan con el debido respeto» (1 Ti 3:4).

Algunos pueden objetar que estas fueron direcciones dadas sólo para la situación cultural en el mundo antiguo, en donde las mujeres no tenían mucha educación, pero la misma respuesta que se dio arriba respecto a 1 Timoteo 2 se aplicaría en este caso por igual.

4. La relación entre la familia y la iglesia. El Nuevo Testamento hace conexiones frecuentes entre la vida de la familia y la vida de la iglesia. Pablo dice: «Porque el que no sabe gobernar su propia familia, ¿cómo podrá cuidar de la iglesia de Dios?» (1 Ti 3:5). Le dice a Timoteo: «No reprendas con dureza al anciano, sino aconséjalo como si fuera tu *padre*. Trata a los jóvenes como a *hermanos;* a las ancianas, como a *madres;* a las jóvenes, como a *hermanas,* con toda pureza» (1 Ti 5:1-2). Se podrían citar varios otros pasajes, pero la relación estrecha entre la familia y la iglesia debe ser clara.

Debido a esta conexión es inevitable que los patrones de liderazgo de la familia reflejarán los patrones de liderazgo en la iglesia, y viceversa. Es muy apropiado que, conforme los hombres santos cumplen sus responsabilidades de liderazgo de la familia, deben también cumplir responsabilidades de liderazgo en la iglesia. A la inversa, si en la iglesia se establecen patrones de liderazgo femenil, inevitablemente eso pondrá presión hacia un mayor liderazgo femenil, y hacia la abdicación de liderazgo masculino, dentro de la familia.[70]

5. El ejemplo de los apóstoles. Si bien los apóstoles no son lo mismo que los ancianos en las iglesias locales, con todo es importante darnos cuenta de que Jesús estableció un patrón de liderazgo masculino en la iglesia cuando nombró a doce hombres como apóstoles. Simplemente no es verdad que las mujeres tienen igual acceso a todos los cargos en la iglesia, porque Jesús, la cabeza de la iglesia, es hombre. Los doce apóstoles que se sentarán en los doce tronos juzgando a las doce tribus de Israel (ver Mt 19:28), y cuyos nombres están inscritos para siempre en los cimientos de la ciudad celestial (Ap 21:14), son todos hombres. Por consiguiente, *no habrá modelaje eterno para papeles iguales para hombres y mujeres en todos los niveles de autoridad de la iglesia.* Más bien, hay un patrón de liderazgo masculino en los papeles más altos de gobierno de la iglesia, patrón que será evidente para todos los creyentes en toda la eternidad.

Una objeción que se presenta contra este argumento es la afirmación de que la cultura en ese tiempo no hubiera permitido que Jesús escoja a seis hombres y a seis mujeres como apóstoles, o seis parejas de esposo y esposa como apóstoles, y por esto no lo hizo así. Pero tal objeción impugna la integridad y el valor de Jesús. Jesús no tuvo ningún temor de romper las costumbres sociales cuando estaba en juego un principio moral: criticó públicamente a los fariseos, sanó en el sabat, limpió el templo, habló con una samaritana, comió con cobradores de impuestos y pecado-

---

[70]Para más consideración de este punto, ver Vern Poythress, «The Church as Family: Why Male Leadership in the Family Requires Male Leadership in the Church», en *Recovering Biblical Manhood and Womanhood,* pp. 233–47.

res, y comió con manos sin lavarse.[71] Si Jesús hubiera querido establecer un principio de igual acceso al liderazgo de la iglesia tanto por hombres como por mujeres, ciertamente lo habría hecho así al nombrar sus apóstoles, y podría haberlo hecho así, a pesar de la oposición cultural, si eso hubiera sido el patrón que quería establecer en su iglesia. Pero no lo hizo así.[72]

Otra objeción a este argumento dice que, si esto es verdad, entonces sólo los judíos pueden ser dirigentes en nuestras iglesias, puesto que todos los apóstoles también fueron judíos. Pero esta objeción no es persuasiva porque no reconoce que la iglesia fue enteramente judía en sus principios. Esto se debe a que fue el plan de Dios traer salvación por medio de los judíos, y esto llevó a doce apóstoles judíos. Sin embargo, dentro de las páginas del Nuevo Testamento, vemos que la iglesia pronto se amplió para incluir a los gentiles (Mt 28:19; Ef 2:16) y los gentiles pronto llegaron a ser ancianos y dirigentes en la iglesia del Nuevo Testamento. Un gentil (Lucas) escribió dos libros del Nuevo Testamento (Lucas y Hechos), y varios gentiles tales como Tito y Epafrodito fueron ayudantes apostólicos de Pablo y sus colaboradores. Es más, Dios progresivamente ha revelado desde el tiempo de Abraham (Gn 12:3; 17:5) que fue su plan a la larga incluir incontables gentiles entre su pueblo.

Así que el hecho de que los primeros apóstoles fueron judíos no es lo mismo que el hecho de que fueron varones. La iglesia empezó como enteramente judía, pero pronto llegó a ser judía y gentil por igual. Pero no toda la iglesia empezó siendo de varones, y sólo más tarde incluyó a las mujeres también. *Los seguidores de Cristo fueron varones y mujeres desde el principio* y tanto hombres como mujeres estuvieron presentes en los principios de la iglesia en Pentecostés. Así que esta objeción tampoco es persuasiva.

6. La historia de enseñanza y liderazgo de varones en toda la Biblia. A veces los que se oponen a la noción presentada han dicho que se basa sólo en un pasaje: 1 Timoteo 2. Varios de los argumentos anteriores han demostrado que este no es el caso, pero hay otro argumento adicional que se puede presentar: en toda la historia de toda la Biblia, desde el Génesis hasta Apocalipsis, hay un patrón consistente de liderato varonil entre el pueblo de Dios. Aunque hay ejemplos ocasionales de mujeres ocupando cargos de liderazgo en el gobierno tales como una reina (Atalía en efecto reinó como única monarca en 2 R 11:1-20, pero difícilmente sería un ejemplo a imitar) o juzgar (notar Débora en Jue 4—5), y aunque hubo ocasionalmente mujeres tales como Débora y Huldá que fueron profetizas (ver Jue 4—5; 2 R 22:14-20), debemos notar que estas son excepciones raras en circunstancias nada usuales. Ocurrieron en medio de un patrón abrumador de liderazgo varonil en la enseñanza y el gobierno, y, como tal, difícilmente podrían servir como patrón para

---

[71]Este argumento y el que sigue se toman de James Borland, «Women in the Life and Teachings of Jesus», en *Recovering Biblical Manhood and Womanhood*, pp. 120–22.

[72]Respecto a «Junia» o «Junias» en Ro 16:7, ver p. 955.

el oficio de la iglesia en el Nuevo Testamento.[73] Todavía más, *no hay ningún ejemplo en toda la Biblia de una mujer haciendo la clase de enseñanza bíblica congregacional que se espera del pastor o los ancianos en la iglesia del Nuevo Testamento.* En el Antiguo Testamento fueron los sacerdotes los que tenían responsabilidades de enseñanza para el pueblo, y el sacerdocio fue exclusivamente de varones; es más, incluso las profetizas Débora y Huldá profetizaron sólo privadamente, y no públicamente a una congregación del pueblo.[74]

7. La historia de la iglesia cristiana. Como se mencionó arriba, el patrón abrumador en toda la historia de la iglesia cristiana ha sido que el oficio de pastor o anciano (o su equivalente) ha estado reservado para los hombres. Aunque esto no demuestra concluyentemente que tal posición es correcta, debe darnos razón para reflexionar muy seriamente en la cuestión antes de apresurarnos y declarar que casi la iglesia entera en toda su historia ha estado errada en este asunto.[75]

8. Objeciones. Numerosas objeciones se han presentado contra la posición bosquejada aquí, y sólo unas pocas de ellas se pueden tratar en este punto.[76] Se objeta que *el ministerio deben determinarlo los dones, y no el género.* Pero en respuesta se debe decir que los dones espirituales tienen que usarse dentro de las pautas dadas en la Biblia. El Espíritu Santo que da poder a los dones espirituales también es el Espíritu Santo que inspiró a la Biblia, y él no quiere que usemos sus dones en desobediencia a sus palabras.

Otra objeción dice que *si Dios genuinamente ha llamado a una mujer a ser pastora, no se le debe impedir que actúe como tal.* La respuesta a esta objeción es similar a la dada arriba: el individuo que aduce haber recibido un llamado de Dios siempre debe ser probado sujetándolo a las palabras de Dios en las Escrituras. Si la Biblia enseña que Dios quiere que sólo los hombres lleven las responsabilidades primarias de enseñar y gobernar del pastorado, entonces por implicación la Biblia también enseña que Dios no llama a las mujeres a ser pastoras. Sin embargo, debemos añadir que a menudo lo que una mujer discierne como llamamiento divino al

---

[73]Para mayor explicación de estos ejemplos narrativos, ver Thomas R. Schreiner, «The Valuable Ministries of Women in the Context of Male Leadership: A Survey of Old and New Testament Examples and Teaching», en *Recovering Biblical Manhood and Womanhood.* pp. 209–24. Con respecto a Débora en particular, debemos darnos cuenta de que los sucesos históricos narrados en todo el libro de Jueces requieren gran cuidado en la interpretación antes de que podamos dar por sentado que se deban tomar como modelos para imitar. Y Débora fue diferente de otros profetas (varones) en que ella no profetizó en público, sino sólo en privado (Jue 4:5; Huldá hace lo mismo en 2R 22:14-20); ella le entregó su liderazgo a un hombre (Jue 4:6-7); y, aunque Dios en efecto dio bendición por medio de ella, es interesante que no hay ninguna afirmación explícita del hecho de que el Señor la llamó; lo que la hace diferente de otros jueces principales tales como Otoniel (3:9), Aod (3:15), Gedeón (6:14), Jefté (11:29) y Sansón (13:25; 14:6), de quienes explícitamente se afirma que Dios los llamó.

[73]Véase la nota anterior. En cuanto al hecho de que las mujeres podían profetizar en las congregaciones del Nuevo Testamento, véase la discusión bajo la sección 2 de este capítulo, p. 988.

[75]Ver nota al pie de página 59 arriba. Un número de libros recientes han destacado el descuido de las contribuciones que las mujeres han hecho a la iglesia en toda su historia: ver especialmente Ruth Tucker y Walter Liefeld, *Daughters of the Church,* libro que es un tesoro de información y provee extensa bibliografía adicional. Pero ninguno de estos estudios derriba la conclusión clara de que la gran mayoría de la iglesia en toda su historia no ha aceptado a mujeres como pastoras.

[76]Para consideración adicional ver *Recovering Biblical Manhood and Womanhood.* esp. pp. 60–92. Las afirmaciones de Fuller de las objeciones mencionadas aquí se pueden hallar en los libros marcados «Favorecen a mujeres como pastores» en la bibliografía al final de este capítulo, esp. los volúmenes de Mickelsen, Spencer, y Bilezikian.

pastorado puede ser en verdad un llamado al ministerio cristiano a tiempo completo, pero no a ser pastora o anciana en una iglesia. De hecho, existen muchas oportunidades para el ministerio ocupacional a tiempo completo dentro de la iglesia local y en otras partes, aparte de ser una pastora que enseña o una anciana; por ejemplo, posiciones ministeriales en la iglesia en asesoría, ministerios femeniles, educación cristiana, y ministerios a niños, así como también ministerio de música y adoración, ministerios universitarios, ministerios de evangelización, ministerios a los pobres, y responsabilidades administrativas no incluyen funcionar en el papel de anciana sobre toda la iglesia.[77] Esta lista se pudiera ampliar, pero el punto es que no debemos imponer restricciones en donde la Biblia misma no impone restricciones, sino que debemos permitir y animar la plena y libre participación de mujeres tanto como de hombres en todos estos otros aspectos.

Algunos objetan que *el énfasis del Nuevo Testamento es en liderazgo servidor* y por consiguiente no debemos preocuparnos tanto en cuanto a autoridad, puesto que es una preocupación más pagana que cristiana. Pero esta objeción hace una distinción falsa entre actitud de servicio y autoridad. Ciertamente Jesús mismo es el modelo de un líder servidor, pero Jesús también tenía autoridad; ¡gran autoridad! Él es el Señor de nuestras vidas y Señor de la iglesia. Por analogía, los ancianos deben seguir el ejemplo de Jesús de liderazgo servidor (ver 1 P 5:1-5) pero eso no quiere decir que deban descuidar el gobernar con autoridad cuando la Biblia misma les da esa responsabilidad (ver 1 Ti 5:17; Heb 13:17; 1 P 5:5).[78]

A veces algunos objetan que *tal como la iglesia finalmente se dio cuenta de que la esclavitud era un mal, así la iglesia hoy debe reconocer que el liderazgo de los varones está mal* y que es una tradición cultural obsoleta que se debe descartar. Pero esta objeción no se da cuenta de la diferencia entre la institución cultural temporal de la esclavitud, que es ciertamente Dios no estableció en la creación, y la existencia de una diferencia en los papeles del varón y la mujer en el matrimonio (y, por implicación, en las relaciones dentro de la iglesia) que Dios estableció en la creación. Las semillas de la destrucción de la esclavitud se sembraron en el Nuevo Testamento (ver Flm 16; Ef 6:9; Col 4:1; 1 Ti 6:1-2), pero en la Biblia no se siembra ninguna semilla para la destrucción del matrimonio, o para la destrucción de las diferencias entre hombres y mujeres según fueron creados. Es más, la objeción se puede invertir: es probable que un paralelo más estrecho a los defensores cristianos de la esclavitud en el siglo diecinueve se halle en los feministas evangélicos que hoy usan argumentos de la Biblia para justificar conformidad a algunas presiones extremadamente fuertes en la social contemporánea (a favor de la esclavitud entonces, y en cuanto a mujeres siendo pastoras hoy).

A veces se objeta que *Priscila y Aquila juntos hablaron con Apolos* y «le explicaron con mayor precisión el camino de Dios» (Hch 18:26). Esto es cierto, y es evidencia útil que muestra que el debate informal de las Escrituras por parte de hombres y mujeres juntos, en la cual hombres y mujeres juegan un papel significativo para ayudarse unos a otros a entender la Biblia, es aprobado por el Nuevo Testamento. De nuevo, un ejemplo como éste nos advierte a no prohibir la utilización de

---

[77]Para consideración adicional, ver *Recovering Biblical Manhood and Womanhood*, pp. 54–59.
[78]Ver también la consideración de la autoridad de los ancianos en las pp. 961–62, arriba.

actividades que la Biblia no prohíbe, sin embargo esto no voltea el principio de que el papel de gobernar y enseñar reconocido públicamente dentro de una iglesia está restringido a los hombres. Priscila no estaba haciendo nada contrario a esta restricción.

A veces se objeta que *es absurdo permitir que las mujeres voten en la iglesia que tienen gobierno congregacional, pero no que sirvan como ancianas.* Pero la autoridad de la iglesia como un todo no es lo mismo que la autoridad que se da a individuos específicos dentro de la iglesia. Cuando decimos que la congregación como un todo tiene autoridad, no quiere decir que cada hombre y cada mujer de la congregación tienen la autoridad de hablar o actuar por la congregación. Por consiguiente, el género, como parte de la persona de un individuo, no está significativamente a la vista en las decisiones corporativas de la congregación.

Otra manera de expresar esto es decir que la única pregunta que estamos haciendo en esta sección es si las mujeres pueden ser oficiales dentro de la iglesia, y específicamente si pueden ser ancianas dentro de la iglesia. En cualquier sistema congregacional en donde los ancianos son elegidos por la congregación, es evidente a todos en la iglesia que los ancianos tienen un tipo de autoridad delegada que los demás miembros de la congregación no tienen; aunque los otros miembros de la congregación hayan votado por estas personas para elegirlos. Es lo mismo en todos los sistemas de gobierno en donde los oficiales son elegidos: una vez que se elige al presidente de los Estados Unidos de América o al alcalde de una ciudad, esa persona tiene autoridad delegada sobre las personas que lo eligieron y es una autoridad que es mayor que la autoridad de cualquier individuo que votó.[79]

En este punto también es apropiado reconocer que Dios ha dado tanta perspectiva y sabiduría a las mujeres como a los hombres, y que cualquier dirigente de la iglesia que descuida echar mano de la sabiduría que las mujeres tienen está actuando neciamente. Por consiguiente, cualquier grupo de ancianos u otros dirigentes varones que toman decisiones que afectan a toda la iglesia deben tener frecuentemente procedimientos dentro de la iglesia por el que se pueden echar mano en la toma de decisiones de la sabiduría y perspectiva de otros miembros de la iglesia, especialmente de la sabiduría y perspectiva de las mujeres tanto como de los hombres.

9. ¿Qué tal en cuanto a otros oficios dentro de la iglesia? Toda la consideración arriba se ha concentrado en el asunto de si las mujeres deben funcionar como pastoras o ancianas dentro de la iglesia. Pero, ¿qué tal de otros oficios?

La enseñanza bíblica respecto al oficio de *diácono* es mucho menos extensa que respecto al oficio de anciano,[80] y lo que involucra el oficio del diácono varía considerablemente de iglesia a iglesia. Si los diáconos en realidad están funcionando como ancianos y tienen la más alta autoridad gobernante dentro de una iglesia local, entonces los argumentos presentados arriba en contra de que las mujeres sean

---

[79]Ver arriba, pp. 921–22, para ver argumentos a favor de la participación de toda la congregación en algo de la toma de decisiones en la iglesia, especialmente en la selección de oficiales de la iglesia.

[80]Ver arriba, pp. 965–67, sobre el oficio de diácono.

ancianas se aplicarían directamente a esta situación, y se seguiría que las Escrituras no permiten que las mujeres sean diaconisas en este sentido. Por otro lado, si los diáconos simplemente tienen responsabilidad administrativa delegada para ciertos aspectos del ministerio de la iglesia, entonces parece no haber buena razón para impedir que las mujeres funcionen como diaconisas. Respecto a la cuestión de las mujeres como diaconisas en 1 Timoteo 3:8-13, a este autor no le parece que este pasaje permite que las mujeres sean diaconisas *de la manera que se entiende a los diáconos en esa situación* pero hay una diferencia significativa en el punto de vista entre evangélicos en cuanto a entender este pasaje,[81] y para nosotros es mucho menos claro lo que los diáconos hicieron exactamente en ese tiempo que lo que es claro que los ancianos hicieron.[82]

Con respecto a los otros oficios, tales como tesorero, por ejemplo, u otros cargos ministeriales tales como ministro de jóvenes, o director de asesoramiento, o ministro de niños, y así por el estilo, la única pregunta que hay que hacer es si estos cargos incluyen las funciones de gobernar y enseñar que el Nuevo Testamento reserva para los ancianos. Si no, entonces *todos estos oficios deben estar abiertos para las mujeres tanto como para los hombres* porque debemos tener cuidado de no prohibir lo que el Nuevo Testamento no prohíbe.

PREGUNTAS PARA APLICACIÓN PERSONAL

1. Cualquiera que sea la estructura del tipo de gobierno de la iglesia en que se halle ahora, ¿hay maneras en que usted podría animar más y respaldar más a los dirigentes actuales en su iglesia?

2. Si al presente usted es un oficial en su iglesia, o si algún día le gustaría serlo, ¿es su patrón de vida tal que le gustaría que otros lo imiten en la iglesia? Si ha tenido parte en el proceso de seleccionar a los dirigentes de la iglesia, ¿ha tendido usted a hacer énfasis en los rasgos de carácter y requisitos espirituales que se mencionan en la Biblia, o ha hecho énfasis en otras calificaciones que el mundo buscaría al seleccionar sus dirigentes?

3. ¿Piensa usted que la estructura gobernante actual de su iglesia funciona bastante bien? ¿Cómo se podría mejorar, sin cambiar la filosofía básica del gobierno a la que la iglesia se ha comprometido? Sea que su iglesia tenga oficiales a los que se llama «ancianos», o no, ¿quiénes son los que desempeñan las funciones de ancianos en su iglesia? ¿Sabe usted si a su propio pastor le gustaría ver algunas modificaciones en el gobierno de su iglesia, de modo que le permita desempeñar más efectivamente su tarea?

4. Antes de leer este capítulo, ¿cuál era su noción sobre el asunto de las mujeres sirviendo como pastoras o ancianas que enseñan en una iglesia? ¿Cómo ha cambiado este capítulo su noción, si acaso? A su modo de pensar, ¿son las emociones de las personas a menudo muy fuertes respecto a este asunto?

---

[81]Ver información en nota al pie de página 25.

[82]Nótese que Hch 6:3 también requiere que se seleccione sólo a hombres (gr. *aner*) como los primeros diáconos (si entendemos que ese pasaje está hablando del oficio de diácono).

¿Podría usted explicar cómo se siente (emocionalmente) personalmente en cuanto a la enseñanza presentada en este capítulo? ¿Le parece correcto, o no?

TÉRMINOS ESPECIALES

anciano
ancianos locales
apóstol
asamblea general
clase
consistorio
diácono
diócesis
gobierno congregacional
gobierno episcopal

gobierno jerárquico
oficial
obispo
presbítero
rector
sacerdote
sesión
sínodo
supervisor
vicario

BIBLIOGRAFÍA

(Para una explicación de esta bibliografía vea la nota sobre la bibliografía en el capítulo 1, p. 40. Datos bibliográficos completos se pueden encontrar en las páginas 1297-1306.)

Secciones en Teologías Sistemáticas Evangélicas

1. Anglicana (episcopal)
   - 1882–92   Litton, 384–418
   - 1930   Thomas, 313–18, 429–33, 452–58
2. Arminiana (wesleyana o metodista)
   - 1875–76   Pope, 3:335–59
   - 1892–94   Miley, 2:415–19
   - 1940   Wiley, 3:117–37
   - 1983   Carter, 2:619–20
3. Bautista
   - 1767   Gill, 2:574–607
   - 1907   Strong, 894–929
   - 1983–85   Erickson, 1069–88
4. Dispensacional
   - 1947   Chafer, 4:150–53
   - 1949   Thiessen, 314–318
   - 1986   Ryrie, 403–20
5. Luterana
   - 1917–24   Pieper, 3:427–38, 439–72
   - 1934   Mueller, 563–84
6. Reformada (o presbiteriana)
   - 1559   Calvin, 2:1053–1228 (4.3–11)
   - 1861   Heppe, 672–84
   - 1937–66   Murray, *CW* 1:260–68; *CW* 2:336–65

```
1938      Berkhof, 579–92
1962      Buswell, 1:424–28
```
7. Renovada (o carismática o pentecostal)
```
1988–92   Williams, 3:177–220
```

Secciones en Teologías Sistemáticas Católicas Romanas Representativas

1. Católica Romana: tradicional
```
1955      Ott, 276–90, 450–60
```
2. Católica Romana: Post Vaticano II
```
1980      McBrien (ninguna consideración explícita)
```

Otras obras

Babbage, S. B. «Church Officers». En *EDT*, pp. 243–45. (Contiene una lista de varios títulos para oficiales de la iglesia que se usan en diferentes denominaciones hoy, con definiciones).

Bannerman, James. *The Church of Christ.* 2 vols. Banner of Truth, Londres, 1960. (Primero publicado en 1869.)

Baxter, Richard. *The Reformed Pastor.* Banner of Truth, Carlisle, Pa., 1979. [Reimpr.]

Bilezikian, Gilbert. *Beyond Sex Roles.* 2ª ed. Baker, Grand Rapids, 1985. (Favorece a mujeres como pastoras).

Burge, G. M. «Deacon, Deaconness». En *EDT*, pp. 295–96.

Carson, D. A. «Church, Authority in». En *EDT*, pp. 228–31.

Clark, Stephen B. *Man and Women in Christ.* Servant, Ann Arbor, Mich., 1980. (Se opone a mujeres como pastoras).

Clowney, Edmund. *Called to the Ministry.* InterVarsity Press, Chicago, 1964.

_____. «Presbyterianism». En *EDT*, pp. 530–31.

Evans, Mary J. *Women in the Bible.* Paternoster, Exeter, e InterVarsity Press, Downers Grove, 1983. (Favorece a mujeres como pastoras).

Foh, Susan. *Women and the Word of God: A Response to Biblical Feminism.* Presbyterian and Reformed, Philadelphia, 1980. (Se opone a mujeres como pastoras).

Fung, Ronald Y. K. «Ministry in the New Testament». En *The Church in the Bible and the World.* Ed. Por D. A. Carson. Paternoster, Exeter, y Baker, Grand Rapids, 1987.

Gundry, Patricia. *Neither Slave nor Free: Helping Women Answer the Call to Church Leadership.* Harper and Row, San Francisco, 1987. (Favorece a mujeres como pastoras).

_____. *Women Be Free! The Clear Message of Scripture.* Zondervan, Grand Rapids, 1988. (Favorece a mujeres como pastoras).

Hodge, Charles. *Discussions in Church Polity.* Charles Scribner's Sons, New York, 1878.

Hort, F. J. A. *The Christian Ecclesia.* Macmillan, Londres, 1898.

House, H. Wayne. *The Role of Women in Ministry Today.* Thomas Nelson, Nashville, 1990. (Se opone a mujeres como pastoras).

Hurley, James B. *Man and Woman in Biblical Perspective*. Inter-Varsity Press, Leicester, y Zondervan, Grand Rapids, 1981. (Se opone a mujeres como pastoras).

Kirby, G. W. «Congregationalism». En *EDT*, pp. 159–61.

Knight, George W., III. *The Role Relationship of Men and Women*. Ed rev. Moody, Chicago, 1985. (Se opone a mujeres como pastoras).

Kroeger, Richard y Catherine. *I Suffer Not a Woman*. Baker, Grand Rapids, 1992. (Favorece a mujeres como pastoras).

Macleod, D. «Church Government». En *EDT*, pp. 143–46.

Marshall, I. Howard. «Apostle». En *EDT*, p. 40.

Mickelsen, Alvera, ed. *Women, Authority, and the Bible*. InterVarsity Press, Downers Grove, Ill., 1986. (Colección de ensayos de varios autores, la mayoría de los cuales favorecen a mujeres como pastoras).

Morris, L. «Church Government». En *EDT*, pp. 238–41.

_____. *Ministers of God*. Inter-Varsity Press, Londres, 1964.

Piper, John, y Wayne Grudem, eds. *Recovering Biblical Manhood and Womanhood: A Response to Evangelical Feminism*. Wheaton, Ill.: Crossway, 1991. (Colección de veintiocho ensayos por veintidós autores; se oponen a mujeres como pastoras).

Richards, Lawrence O. *A Theology of Church Leadership*. Zondervan, Grand Rapids, 1980.

Saucy, Robert L. «Authority in the Church». En *Walvoord: A Tribute*. Ed. por Donald K. Campbell. Moody, Chicago, 1982. pp. 219–37. (Extenso argumento a favor del gobierno congregacional).

_____. *The Church in God's Program*. Moody, Chicago, 1972.

Spencer, Aida Besancon. *Beyond the Curse: Women Called to Ministry*. Thomas Nelson, Nashville, 1985. (Favorece a mujeres como pastoras).

Stott, John R. W. *The Preacher's Portrait*. Eerdmans, Grand Rapids, 1961.

Strauch, Alexander. *Biblical Eldership: An Urgent Call to Restore Biblical Church Leadership*. Lewis and Roth, Littleton, Col., 1986.

Tiller, J. «Ministry». En *EDT*, pp. 430–33.

Toon, Peter. «Bishop». En *EDT*, pp. 157–58.

Tucker, Ruth A., y Walter L. Liefeld. *Daughters of the Church: Women and Ministry from New Testament Times to the Present*. Zondervan, Grand Rapids, 1987. (Favorece a mujeres como pastoras).

Wallace, R. S. «Elder». En *EDT*, pp. 347–48.

PASAJE BÍBLICO PARA MEMORIZAR

1 Pedro 5:1-4: *A los ancianos que están entre ustedes, yo, que soy anciano como ellos, testigo de los sufrimientos de Cristo y partícipe con ellos de la gloria que se ha de revelar, les ruego esto: cuiden como pastores el rebaño de Dios que está a su cargo, no por obligación ni por ambición de dinero, sino con afán de servir, como Dios quiere. No sean tiranos con los que están a su cuidado, sino sean ejemplos para el rebaño. Así, cuando aparezca el Pastor supremo, ustedes recibirán la inmarcesible corona de gloria.*

HIMNO

«Tu pueblo jubiloso »

No hay muchos himnos, si acaso alguno, escritos en cuanto al gobierno de la iglesia. He incluido aquí un himno que alaba al Señor por las bendiciones de ser miembro del pueblo de Dios en general. El himno entero se puede ver cómo de agradecimiento a Dios por las bendiciones de morar (espiritualmente) dentro de las paredes de la iglesia de hoy.

1. Tu pueblo jubiloso se acerca a ti, Señor,
   Y con triunfantes voces hoy canta tu loor;
   Por todas tus bondades que das en plenitud,
   Tu pueblo humildemente te expresa gratitud.

2. Aunque el humano nunca te pueda aquí palpar,
   Empero con los tuyos has prometido estar;
   Los cielos que revelan, Rey nuestro y gran Creador,
   Sentimos su presencia en nuestro ser, Señor.

3. Oh Cristo, te adoramos, te damos nuestro amor,
   Oh, llena nuestras vidas de fuerza, fe y valor;
   Impártenos tu gracia, Rey célico, inmortal,
   Que siempre te rindamos adoración leal.

AUTOR DESCONOCIDO: (TOMADO DE HIMNOS DE LA VIDA CRISTIANA #224)

Capítulo 48

Medios de gracia en la iglesia

¿Cuáles son las diferentes actividades dentro de la vida de la iglesia que Dios usa para darnos bendición? ¿Qué nos perdemos si descuidamos nuestra participación en una iglesia local?

EXPLICACIÓN Y BASE BÍBLICA

A. ¿Cuántos medios de gracia hay disponibles para nosotros?

Todas las bendiciones que experimentamos en esta vida son en última instancia inmerecidas; todas son de *gracia*. De hecho, para Pedro, toda la vida cristiana se vive por gracia (1 P 5:12).

Pero, ¿hay algunos *medios* especiales que Dios usa para darnos gracia adicional? Específicamente, *dentro de la comunión de la iglesia* ¿hay ciertos medios —es decir, ciertas actividades, ceremonias o funciones— que Dios usa para darnos más gracia? Otra manera de formular esa pregunta es preguntar si hay ciertos *medios* por los cuales el Espíritu Santo obra para dar bendición a la vida del creyente. Por supuesto, la oración personal, la adoración, el estudio bíblico y la fe personal, son todos medios por los que Dios obra para darnos gracia como creyentes individuales. Pero en este capítulo estamos tratando de la doctrina de la iglesia, y estamos preguntando específicamente *dentro del compañerismo de la iglesia* cuáles medios de gracia son los que Dios usa para darnos bendición.

Podemos definir los medios de gracia como sigue: *Los medios de gracia son las actividades dentro de la comunión de la iglesia que Dios usa para dar más gracia a los creyentes.*

En la historia del debate de «medios de gracia dentro de la iglesia», algunos teólogos los han restringido a tres: la predicación de la Palabra de Dios, y los dos sacramentos (bautismo y la Cena del Señor).[1]

---

[1]Esta es la posición de Louis Berkhof, *Systematic Theology*, pp. 604–6. Él llama a estos tres medios «canales objetivos que Dios ha instituido en la iglesia» (pp. 604-5), pero el criterio significativo en el pensamiento de Berkhof parece ser el hecho de que estos tres son funciones especiales administradas por el clero ordenado: Berkhof llama a estos «los medios oficiales de la iglesia de Jesucristo» (p. 605), y más adelante dice: «Como medios oficiales de gracia colocados a disposición de la iglesia, tanto la palabra como los sacramentos pueden ser administrados sólo por oficiales de la iglesia calificados legítima y apropiadamente» (p. 610). De esta manera, claramente restringe los «medios de gracia» a los administrados por el clero ordenado.

Aunque los que siguen a Berkhof en este punto pudieran aducir que este procedimiento es sabio y sirve al interés de mantener buen orden en la iglesia, podemos preguntar si en verdad esta restricción lleva matices de «sacerdotalismo», la noción de la Iglesia Católica Romana (y, en menor grado, la iglesia anglicana) de que hay un «sacerdocio» especial de gente ordenada dentro de la iglesia que tiene una autoridad o capacidad especial para extender la gracia de Dios a las personas en la iglesia.

Pero, ¿es sabio hacer una lista tan corta de «medios de gracia»? Si deseamos compilar una lista y hablar de todo los medios de recepción la bendición del Espíritu Santo que viene a los creyentes específicamente mediante la comunión de la iglesia, entonces no parece ser sabio limitar los «medios de gracia» a las actividades cuya administración está restringida al clero ordenado u oficiales de la iglesia. Hay sabiduría, por ejemplo, en la noción de Charles Hodge de que la oración es un cuarto medio de gracia.[2]

Pero, ¿debemos limitar nuestra consideración de los medios de gracia sólo a estas cuatro actividades? Parecería más útil hacer una lista de las *muchas actividades variadas* dentro de la iglesia que Dios ha dado como maneras especiales de recibir su «gracia» día tras día y semana tras semana. La lista llegaría a ser bastante larga, y, dependiendo de cómo se la organizara, pudiera incluir un variado número de elementos. La siguiente lista tal vez no sea exhaustiva, pero sí incluye la mayoría de los medios de gracia a los que los creyentes tienen acceso dentro de la comunión de la iglesia:

1. Enseñanza de la palabra de Dios
2. Bautismo
3. Cena del Señor
4. Oración de unos por otros
5. Adoración
6. Disciplina eclesiástica
7. Ofrendar
8. Dones espirituales
9. Comunión o compañerismo
10. Evangelización
11. Ministerio personal a individuos

Todas estas cosas que están disponibles a los creyentes *dentro* de la iglesia. El Espíritu Santo obra mediante todas ellas para dar varias clases de bendiciones a los individuos. Por consiguiente, apartándome de las listas mucho más cortas que por lo general se dan en las teologías sistemáticas, he decidido llamar a todos estos «medios de gracia» dentro de la iglesia.

La Iglesia Católica Romana tradicionalmente ha creído que la «gracia» de Dios viene a las personas sólo mediante el ministerio oficial de la iglesia, particularmente por medio de los sacerdotes de la iglesia. Por consiguiente, cuando especifica los medios de gracia (que llama «sacramentos») que están disponibles a las personas dentro de la iglesia, tiene en vista actividades que son supervisadas o son realizadas sólo por los sacerdotes de la iglesia. En la enseñanza católico romana hay siete «sacramentos» y son los siguientes:

(Ver capítulo 49, p. 1017, para una explicación del uso de los dos términos *sacramentos* y *ordenanzas* para referirse al bautismo y a la Cena del Señor).

[2]Hodge, *Systematic Theology,* 3:692–709.

1. Bautismo
2. Confirmación
3. Eucaristía (la Cena del Señor según se la experimenta en la misa)
4. Penitencia
5. Extremaunción (popularmente conocida como los «últimos óleos», la unción con aceite que se administra a un moribundo)
6. Órdenes santas (ordenación al sacerdocio o diaconado)
7. Matrimonio

Hay no sólo una diferencia en las listas dadas por católico romanos y protestantes; también hay una diferencia en significado fundamental. Los católico romanos ven estos como «medios de salvación» que hacen a las personas más aptas para recibir justificación de Dios.[3] Pero en la noción protestante, los medios de gracia simplemente son medios de bendiciones adicionales dentro de la vida cristiana, y no añaden a nuestra aptitud de recibir justificación de Dios.[4] Los católico romanos enseñan que los medios de gracia imparten gracia sea que haya o no fe subjetiva de parte del ministro o del que los recibe,[5] en tanto que los protestantes sostienen que Dios imparte gracia sólo en donde hay fe de parte de las personas que administran o reciben estos medios. En tanto que la Iglesia Católica Romana restringe firmemente al clero la administración de los sacramentos, nuestra lista de medios de gracia incluye muchas actividades que las realizan otros creyentes.

B. Consideración de medios específicos

1. Enseñanza de la Palabra de Dios. Incluso antes de que las personas lleguen a ser creyentes, la Palabra de Dios al ser predicada y enseñada les provee la gracia de Dios en el sentido de que es el instrumento que Dios usa para impartirles vida espiritual y traerlos a la salvación. Pablo dice que el evangelio es «poder de Dios para la salvación» (Ro 1:16) y que la predicación de Cristo es «el poder de Dios y la sabiduría de Dios» (1 Co 1:24). Dios nos hace nacer de nuevo «mediante la palabra de verdad» (Stg 1:18), y Pedro dice: «Pues ustedes han nacido de nuevo, no de simiente perecedera, sino de simiente imperecedera, mediante la palabra de Dios que vive y permanece» (1 P 1:23). Es la palabra de Dios escrita, la Biblia, que «pueden darte la sabiduría necesaria para la salvación mediante la fe en Cristo Jesús» (2 Ti 3:15).[6]

Todavía más, una vez que llegamos a ser creyentes, Pablo nos recuerda que es la palabra de Dios que «tiene poder para edificarlos» (Hch 20:32). Es necesaria para la nutrición espiritual y para mantener la vida espiritual, porque no vivimos sólo de pan sino también de «toda palabra que sale de la boca de Dios» (Mt 4:4). Moisés habla de la necesidad absoluta de la palabra escrita de Dios cuando le dice al pueblo: «Porque no son palabras vanas para ustedes, sino que de ellas depende su vida;

---

[3]Ver capítulo 36, pp. 763–65, sobre la noción católico romana de la justificación.
[4]Sin embargo, la iglesia anglicana enseña que el bautismo es «generalmente necesario» para la salvación.
[5]Ver capítulo 49, p. 1023, sobre la noción Católica Romana de que los sacramentos obran *ex opere operato*.
[6]Ver capítulo 33 para una consideración más completa del llamado del evangelio.

por ellas vivirán mucho tiempo en el territorio que van a poseer al otro lado del Jordán» (Dt 32:47).

Es la palabra de Dios la que nos convence de pecado y nos convierte a la justicia, porque es útil «para enseñar, para reprender, para corregir y para instruir en la justicia» (2 Ti 3:16). Da dirección y guía como «lámpara» a nuestros pies y «luz» en nuestro camino (Sal 119:105). En medio de una cultura impía las Escrituras nos dan sabiduría y dirección como «una lámpara que brilla en un lugar oscuro» (2 P 1:19). Todavía más, es activa para dar sabiduría a todos, e incluso «da sabiduría al sencillo» (Sal 19:7). Da esperanza a los que les falta, porque Pablo dice que fue escrita «para enseñarnos, a fin de que, alentados por las Escrituras, perseveremos en mantener nuestra esperanza» (Ro 15:4).

La palabra de Dios no es débil ni impotente para lograr estos objetivos, porque nos habla con el poder de Dios y realiza los propósitos de Dios. El Señor dice:

> Así como la lluvia y la nieve descienden del cielo,
>   y no vuelven allá sin regar antes la tierra
> y hacerla fecundar y germinar
>   para que dé semilla al que siembra y pan al que come,
> así es también la palabra que sale de mi boca:
>   No volverá a mí vacía,
> sino que hará lo que yo deseo
>   y cumplirá con mis propósitos (Is 55:10-11).

La palabra de Dios no es débil sino que su poder divino la acompaña: «» (Jer 23:29). Es tan afilada y poderosa que es «¿No es acaso mi palabra *como fuego*, y como *martillo* que pulveriza la roca? —afirma el SEÑOR—» (Ef 6:17), y es tan eficaz al hablar a las necesidades de la gente que el autor de Hebreos dice: «Ciertamente, la palabra de Dios es viva y poderosa, y más cortante que cualquier espada de dos filos. Penetra hasta lo más profundo del alma y del espíritu, hasta la médula de los huesos, y juzga los pensamientos y las intenciones del corazón» (Heb 4:12).

Tan estrechamente está ligado el crecimiento y fortaleza de la iglesia al reinado de la palabra de Dios en las vidas de las personas que más de una vez el libro de los Hechos puede describir el crecimiento de la iglesia como el crecimiento de la palabra de Dios: «*Y la palabra de Dios se difundía*: el número de los discípulos aumentaba considerablemente en Jerusalén» (Hch 6:7); «Pero *la palabra de Dios seguía extendiéndose y difundiéndose*» (Hch 12:24); «*La palabra del Señor se difundía* por toda la región» (Hch 13:49).

Tan importante es la Biblia como el medio primario de gracia que Dios da a su pueblo que Charles Hodge nos recuerda que a través de la historia el cristianismo verdadero ha florecido «justo en proporción al grado en que se conoce la Biblia, y sus verdades se difunden entre el pueblo». Todavía más, él anota que no hay evidencia de salvación o santificación que se halle en donde no se conoce la Palabra de Dios. «Las naciones en donde la Biblia es desconocida están en tinieblas».[7]

[7]Hodge, *Systematic Theology*, 3:468–69.

Es apropiado que pongamos en la lista la enseñanza de la Palabra de Dios como el primero y más importante medio de gracia dentro de la iglesia. Pero debemos añadir que tal enseñanza incluye no sólo la enseñanza reconocida oficialmente por parte del clero ordenado en la iglesia, sino también toda la enseñanza que tiene lugar en estudios bíblicos, clases de Escuela Dominical, la lectura de libros cristianos bíblicos, e incluso el estudio bíblico personal.

2. Bautismo. Puesto que Jesús le ordenó a su iglesia que bautizara (Mt 28:19), esperaríamos que haya una medida de bendición conectada con el bautismo, porque toda obediencia a Dios de parte del creyente trae consigo el favor de Dios. Esta obediencia es específicamente un acto público de confesar a Jesús como Salvador, acto que en sí mismo trae gozo y bendición al creyente. Todavía más, es una señal de la muerte y resurrección del creyente con Cristo (ver Ro 6:2-5; Col 2:12), y parece apropiado que el Espíritu Santo obraría mediante tal señal para aumentar nuestra fe, para aumentar nuestra consciencia en la experiencia de la muerte al poder y amor al pecado en nuestras vidas, y aumentar nuestra experiencia del poder de la nueva vida de resurrección en Cristo que tenemos como creyentes. Puesto que el bautismo es un símbolo físico de la muerte y resurrección de Cristo y de nuestra participación en ellos, también debe dar seguridad adicional de unión con Cristo a todos los creyentes que están presentes. Finalmente, puesto que el bautismo en agua es un símbolo externo de un bautismo espiritual interno por el Espíritu Santo, podemos esperar que el Espíritu Santo ordinariamente obre junto con el bautismo, dándoles a los creyentes una consciencia aumentada de los beneficios del bautismo espiritual al que señala.

Cuando el bautismo acompaña muy de cerca de la profesión inicial de fe de alguien y es en verdad una forma externa que toma esa profesión de fe, hay ciertamente una conexión entre el bautismo y el recibimiento del don del Espíritu Santo, porque Pedro les dice a sus oyentes en Pentecostés: «—Arrepiéntase y bautícese cada uno de ustedes en el nombre de Jesucristo para perdón de sus pecados . . ., y recibirán el don del Espíritu Santo» (Hch 2:38). Es más, Pablo dice: «Ustedes la recibieron al ser sepultados con él en el bautismo. En él también fueron resucitados mediante la fe en el poder de Dios, quien lo resucitó de entre los muertos» (Col 2:12). La afirmación de que es *«mediante la fe* en el poder de Dios» que esto sucede nos recuerda que no hay propiedad mágica en el acto mismo del bautismo, que hace que tenga lugar un resultado espiritual, sin embargo el versículo también indica que cuando la fe acompaña al bautismo hay una obra espiritual genuina en la vida de la persona que es bautizada. Como podríamos esperar, a veces gran gozo espiritual sigue al bautismo; un gran gozo en el Señor y en la salvación que el bautismo tan vívidamente ilustra (ver Hch 8:39; 16:34).

Aunque debemos evitar la enseñanza católico romana de que se imparte gracia incluso *aparte de* la fe del bautizado, no debemos reaccionar tan fuertemente a este error como para decir que no hay beneficio espiritual para nada que resulta del bautismo, que el Espíritu Santo *no* obra mediante él y que es *meramente simbólico*. Es mejor decir que donde hay fe genuina de parte del bautizado, y donde la fe de la iglesia que contempla el bautismo es estimulada y alentada por esta ceremonia, entonces el Espíritu Santo ciertamente obra mediante el bautismo, y éste llega a ser un «medio de gracia» por el que el Espíritu Santo da bendición al bautizado y también a toda la iglesia. (El bautismo se considerará más completamente en el próximo capítulo).

3. La Cena del Señor. Además del bautismo, la otra ordenanza o ceremonia que Jesús le ordenó a la iglesia que realizara es la participación en la Cena del Señor. Aunque este tema se considerará más completamente en el capítulo 50, es apropiado notar aquí que la participación en la Cena del Señor también es muy claramente un medio de gracia que el Espíritu Santo usa para dar bendición a la iglesia. La Cena del Señor no es simplemente una comida ordinaria entre seres humanos; es comunión con Cristo, en su presencia y en su mesa.

De nuevo, debemos evitar la idea de que algún beneficio automático o mágico resulta de la participación en la Cena del Señor, sea que la persona participe en fe o no.[8] Pero cuando la persona participa en fe, renovando y fortaleciendo su propia confianza en Cristo para la salvación, y creyendo que el Espíritu Santo da bendición espiritual mediante tal participación, entonces ciertamente se puede esperar bendición adicional. Debemos tener mucho cuidado aquí, como con el bautismo, para evitar el error de reaccionar en demasía a la enseñanza católico romana y mantener que la Cena del Señor es *meramente simbólica* y no un medio de gracia. Pablo dice: «Esa copa de bendición por la cual damos gracias, ¿no significa que entramos en *comunión* (gr. *kiononía,* «participación», «comunión»,) con la sangre de Cristo? Ese pan que partimos, ¿no significa que *entramos en comunión (koinonía)* con el cuerpo de Cristo?» (1 Co 10:16). Debido a que hay tal participación en el cuerpo y la sangre de Cristo (al parecer queriendo decir una participación en los beneficios del cuerpo y la sangre de Cristo entregados por nosotros), la unidad de los creyentes se exhibe hermosamente en el momento de la Cena del Señor: «Hay un solo pan del cual todos participamos; por eso, aunque somos muchos, formamos un solo cuerpo» (1 Co 10:17). Y puesto que somos participantes en «la mesa del Señor» (1 Co 10:21), Pablo les advierte a los corintios que no pueden participar de la mesa del señor y también participar en la adoración a ídolos: «no pueden participar de la mesa del Señor y también de la mesa de los demonios» (1 Co 10:21). Hay una unión espiritual entre los creyentes y con el Señor que se fortalece y solidifica en la Cena del Señor, y esto no se debe tomar a la ligera.

Por eso los Corintios estaban experimentando juicio por su abuso de la Cena del Señor (1 Co 11:29-30: «Porque el que come y bebe sin discernir el cuerpo, come y bebe su propia condena. Por eso hay entre ustedes muchos débiles y enfermos, e incluso varios han muerto»). Pero si Pablo dice que habrá juicio por la participación *incorrecta* en la Cena del Señor, entonces ciertamente deberíamos esperar *bendición* por la participación correcta en la Cena del Señor. Cuando obedecemos el mandamiento de Jesús: «Tomen, coman» (Mt 26:26), y realizamos la actividad física de comer y beber en la mesa del Señor, nuestra acción física *ilustra* una nutrición espiritual correspondiente, nutrición de nuestras almas que tendrá lugar cuando

---

[8]Esta noción de que hay bendición que resulta automáticamente de la participación en la Cena del Señor es la doctrina católico romana de *ex opere operato* («por la obra realizada»), que se considera en el capítulo 50, pp. 1044-47; ver también p. 1023.

participamos en obediencia y fe. Jesús dice: «Porque mi carne es verdadera comida y mi sangre es verdadera bebida. El que come mi carne y bebe mi sangre, permanece en mí y yo en él» (Jn 6:55–56; cf. vv. 52–54, 57–58; también vv. 27, 33–35, 48–51).

Como con el bautismo, por consiguiente, debemos esperar que el Señor dé bendición espiritual conforme participamos en la Cena del Señor en fe y en obediencia a las direcciones establecidas en las Escrituras, y de esta manera es un «medio de gracia» que el Espíritu Santo usa para darnos bendición.

4. Oración. Ya hemos estudiado la oración en el capítulo 18, así que aquí solamente necesitamos anotar que la oración corporativa dentro de la iglesia cuando se reúne, y la oración por los miembros de la iglesia de unos por otros, son medios poderosos que el Espíritu Santo usa diariamente para dar bendición a los creyentes dentro de la iglesia. Ciertamente debemos *orar juntos* tanto como individualmente, siguiendo el ejemplo de la iglesia primitiva. Cuando ellos oyeron las amenazas de los dirigentes judíos, ellos «alzaron *unánimes* la voz en oración a Dios» (Hch 4:24-30), «Después de haber orado, tembló el lugar en que estaban reunidos; todos fueron llenos del Espíritu Santo, y proclamaban la palabra de Dios sin temor alguno» (Hch 4:31 cf. 2:42). Cuando Pedro fue encarcelado, «la iglesia oraba constante y fervientemente a Dios por él» (Hch 12:5).

Si la oración de la iglesia no es simplemente decir de labios para afuera palabras sin intención de corazón, sino que es expresión genuina de nuestros corazones y reflejo de fe sincera, entonces deberíamos esperar que el Espíritu Santo dé una mayor bendición mediante ella. Ciertamente cuando se hace la oración «en el Espíritu» (Ef 6:18; cf. Jud 20: «orando en el Espíritu Santo»), incluye comunión con el Espíritu Santo y por consiguiente un ministerio del Espíritu Santo a los que oran. El autor de Hebreos nos recuerda que al «acercarnos» a Dios en oración ante el trono de la gracia lo hacemos para «hallar la gracia que nos ayude en el momento que más la necesitemos» (Heb 4:16).

Mientras más aumenta la comunión genuina de una iglesia, más debería ser la oración continua de unos por otros dentro de la iglesia, y más bendición espiritual genuina del Espíritu Santo se puede esperar que fluya mediante la iglesia.

5. Adoración. La adoración genuina es adoración «en espíritu» (Jn 4:23-24; Flp 3:3), lo que probablemente quiere decir adoración que se hace en el ámbito espiritual de actividad (y no meramente la acción física externa de asistir a un culto de adoración o entonar cantos).[9] Cuando entramos en ese ámbito espiritual de actividad y ministramos al Señor en adoración, Dios también nos ministra. Así, por ejemplo, en la iglesia de Antioquía, fue «Mientras ayunaban y participaban en el culto al Señor» que «el Espíritu Santo dijo: "Apártenme ahora a Bernabé y a Saulo para el trabajo al que los he llamado"» (Hch 13:2). Esto es paralelo a la experiencia del pueblo de Israel en el Antiguo Testamento que conocía la presencia de Dios cuando participaban en adoración genuina:

---

[9]Ver la consideración de adoración «en espíritu» en el capítulo 51, p. 1065. (Todo el capítulo 51 trata de la adoración en general).

Los trompetistas y los cantores *alababan y daban gracias al SEÑOR* al son de trompetas, címbalos y otros instrumentos musicales. Y cuando tocaron y cantaron al unísono: «El SEÑOR es bueno; su gran amor perdura para siempre», una nube cubrió el templo del SEÑOR. Por causa de la nube, los sacerdotes no pudieron celebrar el culto, pues *la gloria del SEÑOR había llenado el templo* (2 Cr 5:13-14).

Cuando el pueblo de Dios adoraba, él venía en una forma muy visible para morar en medio de ellos. Similarmente, en el Nuevo Testamento, Santiago promete: «Acérquense a Dios, y *él se acercará a ustedes*» (Stg 4:8).

Es más, conforme el pueblo de Dios adoraba, él los libraba de sus enemigos (2 Cr 20:18-23), y en otras ocasiones les daba verdadera perspectiva espiritual de la naturaleza de los sucesos que los rodeaban (Sal 73:17: «hasta que entré en el santuario de Dios; allí comprendí cuál será el destino de los malvados»).

Si la adoración es genuinamente una experiencia de acercarse a Dios, venir a su presencia, y darle la alabanza que se merece, entonces ciertamente debemos contarla como el «medio de gracia» primario disponible para la iglesia. Mediante la adoración congregacional genuina Dios a menudo dará gran bendición, tanto individual como corporativamente, a su pueblo.

6. Disciplina eclesiástica. Debido a que la disciplina eclesiástica es un medio por el que se promueve la pureza de la iglesia y se estimula la santidad de la vida, ciertamente también deberíamos contarla como un «medio de gracia». Sin embargo, la bendición no se da automáticamente: cuando la iglesia disciplina, ningún bien espiritual resulta al ofensor a menos que el Espíritu Santo lo convenza de su pecado y produzca una «tristeza santa» que «produce el arrepentimiento que lleva a la salvación, de la cual no hay que arrepentirse» (2 Co 7:10), y ningún bien espiritual le viene a la iglesia a menos que el Espíritu Santo esté activo en las vidas de los demás miembros cuando ellos se dan cuenta del proceso. Por eso la iglesia debe ejercer la disciplina con el conocimiento de que se la hace en la presencia del Señor (1 Co 5:4; cf. 4:19-20), y con la certeza de que tiene sanción celestial conectada con ella (Mt 16:19; 18:18-20).[10]

Sería muy saludable para la iglesia empezar a pensar de la disciplina eclesiástica no como una carga onerosa que el Señor le ha impuesto, sino como un genuino «medio de gracia» por el que gran bendición puede venir hoy a la iglesia: al reconciliar a los creyentes unos con otros y con Dios, al restaurar al hermano o hermana descarriado para que ande en obediencia, al advertir a todos a estar firmes en temor (1 Ti 5:20), al aumentar la pureza moral en la iglesia, y al proteger y promover el honor de Cristo. Aunque la tristeza y el dolor a menudo van conectados con la disciplina eclesiástica, cuando se la hace apropiadamente, con fe en que el Señor está obrando mediante ella, de esa tristeza «no hay que arrepentirse» (2 Co 7:10). Cuando se la ejerce de esta manera, la disciplina eclesiástica debe ciertamente verse como un medio de gracia por el que el Espíritu Santo da bendición a su iglesia.[11]

---

[10]Ver consideración del «poder de las llaves» en el capítulo 46, pp. 934-37.
[11]Ver capítulo 46, pp. 939-46, para una consideración más completa de la disciplina eclesiástica.

7. Ofrendar. Dar u ofrendar ordinariamente se hace mediante la iglesia conforme ella recibe y distribuye ofrendas a los varios ministerios y necesidades que la iglesia atiende. De nuevo, no hay ninguna concesión automática o mecánica de beneficios a los que dan. El hechicero Simón recibió una fuerte represión por pensar que podía «comprar el don de Dios con dinero» (Hch 8:20). Pero si el ofrendar se hace con fe, debido a la dedicación a Cristo y amor a su pueblo, entonces ciertamente habrá bendición en eso. Es de lo más agradable a Dios cuando los donativos de dinero van acompañados de una intensificación de la consagración personal del dador a Dios, como fue el caso de los macedonios que *«se entregaron a sí mismos,* primeramente al Señor y después a nosotros, conforme a la voluntad de Dios» (2 Co 8:5), y entonces dieron para ayudar a los creyentes pobres de Jerusalén. Cuando la ofrenda se realiza alegremente, «no de mala gana ni por obligación», hay gran recompensa del favor del Señor con ella, «porque Dios ama al que da con alegría» (2 Co 9:7).

Pablo ve el ofrendar dinero a la obra del Señor como siembra espiritual que llevará a una cosecha: «El que siembra escasamente, escasamente cosechará, y el que siembra en abundancia, en abundancia cosechará» (2 Co 9:6). Pablo espera que conforme los corintios den correctamente Dios los bendecirá: «Y Dios puede hacer que *toda gracia abunde para ustedes,* de manera que siempre, en toda circunstancia, tengan todo lo necesario, y toda buena obra abunde en ustedes» (2 Co 9:8). Les dice: *«Ustedes serán enriquecidos en todo sentido para que en toda ocasión puedan ser generosos,* y para que por medio de nosotros la generosidad de ustedes resulte en acciones de gracias a Dios» (2 Co 9:11). Por consiguiente, la ofrenda bendice al que *la recibe* en que sus necesidades son suplidas y la fe y la acción de gracias por la provisión de Dios aumenta; bendice al *dador* porque «Dios ama al que da con alegría», y concederá una abundante cosecha espiritual, y dará bendiciones *a todos los que saben al respecto* porque produce una cosecha de «abundantes acciones de gracias a Dios» (2 Co 9:12). En lugar de ver la ofrenda como una obligación desagradable, haríamos bien en verla como un medio rico de gracia dentro de la iglesia, y esperar que mediante ella el Espíritu Santo dé bendición.

8. Dones espirituales. Pedro ve los dones espirituales como canales por los que la gracia de Dios viene a la iglesia, porque dice: «Cada uno ponga al servicio de los demás el don que haya recibido, *administrando fielmente la gracia de Dios en sus diversas formas»* (1 P 4:10). Cuando se usan los dones de unos a otros en la iglesia, la gracia de Dios es por ello dispensada a aquellos para quienes Dios lo propuso. Gran bendición vendrá a la iglesia mediante el uso apropiado de los dones espirituales, conforme la iglesia sigue el mandato de Pablo de usar los dones «procur[ando] que éstos abunden para la edificación de la iglesia» (1 Co 14:12; cf. Ef 4:11-16).

Si compiláramos una lista de todos los dones espirituales como medios separados de gracia, nuestra lista de los medios de gracia sería mucho más larga que once asuntos. Pero aunque se incluyera a todos ellos en esta sola categoría, debemos reconocer que los diferentes dones espirituales de la iglesia son todos medios por los que el Espíritu Santo da bendición por medio de creyentes individuales. Esto debería recordarnos el abundante favor que Dios nos ha dado como pecadores inmerecedores, y debe también hacer que nos demos cuenta de que muchos creyentes diferentes, con diferentes dones, pueden ser canales por los que la gracia de Dios nos viene. De hecho, en la exhortación de Pedro de usar dones espirituales como mayordomos de «la gracia de Dios en sus diversas formas» (1 P 4:10), la palabra que se traduce «diversas» (gr. *poikilos*) quiere decir «teniendo muchas facetas o aspectos, ricamente variada, teniendo gran diversidad». Es más, debemos recordar que estos dones se distribuyen no solamente a los clérigos o a un limitado número de creyentes, sino a todos los creyentes, que tienen al Espíritu Santo en ellos (1 Co 12:7, 11; 1 P 4:10).[12]

9. Compañerismo o comunión. No debemos descuidar el compañerismo cristiano ordinario como un valioso medio de gracia dentro de la iglesia. De la iglesia primitiva se dice que «se mantenían firmes en la enseñanza de los apóstoles, *en la comunión,* en el partimiento del pan y en la oración» (Hch 2:42). Y el autor de Hebreos le recuerda a los creyentes: «Preocupémonos los unos por los otros, a fin de estimularnos al amor y a las buenas obras. *No dejemos de congregarnos,* como acostumbran hacerlo algunos, sino animémonos unos a otros, y con mayor razón ahora que vemos que aquel día se acerca» (Heb 10:24-25). En la comunión de los creyentes la amistad ordinaria y el afecto de unos por otros crecerá, y el mandato de Jesús de que «nos amemos unos a otros» (Jn 15:12) se cumplirá. Es más, conforme los creyentes se cuidan unos a otros, se ayudarán «unos a otros a llevar sus cargas, y así cumplirán la ley de Cristo» (Gá 6:2).

Un énfasis en el compañerismo de creyentes unos con otros como medio de gracia también ayudará a superar un enfoque excesivo en el clero ordenado como dispensadores primario de la gracia dentro de la iglesia, y particularmente cuando la iglesia como un todo está reunida. También será saludable para los creyentes reconocer que una medida de la gracia de Dios se recibe cuando los creyentes conversan y comen juntos, y cuando tienen ocasiones de trabajar y jugar juntos, disfrutando del compañerismo de unos con otros. «No dejaban de reunirse en el templo ni un solo día. De casa en casa partían el pan y compartían la comida con alegría y generosidad, alabando a Dios y disfrutando de la estimación general del pueblo» (Hch 2:46-47).

10. Evangelización. En Hechos hay una frecuente conexión entre la proclamación del evangelio (incluso frente a la oposición) y estar lleno del Espíritu Santo (ver Hch 2:4 con vv. 14-36; 4:8, 31; 9:17 con v. 20; 13:9, 52). La evangelización es su medio de gracia, entonces, no sólo en el sentido de que ministra gracia que salva a los no salvos, sino también porque los evangelizados experimentan más de la presencia del Espíritu Santo y su bendición en sus propias vidas. A veces la evangelización la realizan sólo los individuos, pero otras veces es una actividad corporativa de la iglesia (como en las campañas de evangelización). E incluso la evangelización individual a menudo incluye a otros miembros de la iglesia que darán la bienvenida al visitante no creyente y atenderá a sus necesidades. Así que la evangelización es apropiadamente considerada un medio de gracia en la iglesia.

---

[12]Ver capítulos 52 y 53 para una consideración de los dones espirituales.

11. Ministerio personal a individuos. Justo con los diez previos «medios de gracia» dentro de la iglesia, es apropiado mencionar un medio más específico que el Espíritu Santo muy frecuentemente utiliza para dar bendición a creyentes individuales. Este medio de gracia opera cuando uno o más creyentes dentro de la iglesia dedican tiempo para ministrar, de varias maneras, a necesidades muy específicas de otro individuo en la iglesia.

A veces este ministerio toma la forma de *palabras de estímulo, exhortación o consejo sabio*. Se nos dice: «instrúyanse y aconséjense unos a otros con toda sabiduría» (Col 3:16), y hablar palabras que «sean de bendición para quienes escuchan» (Ef 4:29). Debemos intentar hacer volver «a un pecador de su extravío» (Stg 5:20) y «Preocupémonos los unos por los otros, a fin de estimularnos al amor y a las buenas obras» y «animémonos unos a otros» (Heb 10:24-25). En otras ocasiones el ministerio incluye *dar para ayudar a las necesidades materiales de un hermano o hermana*. Santiago reprende a los que meramente dicen: «Que les vaya bien; abríguense y coman hasta saciarse» pero «no les da lo necesario para el cuerpo» (Stg 2:16). Juan nos advierte: «Si alguien que posee bienes materiales ve que su hermano está pasando necesidad, y no tiene compasión de él, ¿cómo se puede decir que el amor de Dios habita en él?» (1 Jn 3:17). Por consiguiente, la iglesia primitiva daba de buen grado para las necesidades de los creyentes pobres, de modo que «no había ningún necesitado en la comunidad» (Hch 4:34). Pablo dijo que los dirigentes de la iglesia de Jerusalén «nos pidieron que nos acordáramos de los pobres, y eso es precisamente lo que he venido haciendo con esmero» (Gá 2:10).

Otra forma que este ministerio de interpersonal puede tomar es la «unción con aceite» en conjunción con la oración por un enfermo. Los discípulos de Jesús «sanaban a muchos enfermos, ungiéndolos con aceite» (Mr 6:13). De modo similar, Santiago dice que el enfermo «Haga llamar a los ancianos de la iglesia para que oren por él y lo unjan con aceite en el nombre del Señor» (Stg 5:14). En estos casos el aceite parece haber sido un símbolo físico del poder sanador del Espíritu Santo viniendo al enfermo.

Finalmente, otro medio de ejercer ministerio personal entre los individuos en el Nuevo Testamento es el uso del toque personal, particularmente la *imposición de manos* en conexión con la oración por alguien en necesidad. Un estudio del Nuevo Testamento puede sorprender a muchos creyentes modernos (como lo hizo al autor presente) cuando vean lo frecuente que la imposición de manos y otras clases de toque físico se ve como funcionando como «medios de gracia» en el ministerio de Jesús y de la iglesia primitiva.

Parece que la imposición de manos era con mucho el método más común que Jesús usó para orar por las personas. Cuando las multitudes le trajeron a algunos «que padecían de diversas enfermedades; él puso las manos sobre cada uno de ellos y los sanó» (Lc 4:40). Otros pasajes específicamente describen que Jesús puso las manos sobre las personas para sanarlas (Mt 8:3; Mr 1:41; 6:5; 8:23-25; Lc 5:13; 13:13). Pero más significativo que estos pasajes individuales es el hecho de que las personas que vinieron a Jesús buscando sanidad específicamente le pedían que pusiera las manos en los enfermos: «Pero ven y pon tu mano sobre ella, y vivirá» (Mt 9:18), o «*Ven y pon tus manos sobre ella* para que se sane y viva» (Mr 5:23; cf. 7:32).

El hecho de que las personas vinieron con esta petición sugiere que la imposición de manos se reconocía comúnmente como el método que Jesús por lo general usaría para sanar a las personas. En imitación al método de Jesús para sanar, cuando el padre de Publio estaba enfermo, «Pablo entró a verlo y, después de orar, *le impuso las manos* y lo sanó» (Hch 28:8).[13]

En otros casos las personas buscaron más bien en general tocar a Jesús, o le pidieron que los tocara a fin de ser sanados. «Algunas personas le llevaron un ciego a Jesús y le rogaron que *lo tocara*» (Mr 8:22). De modo similar, la gente «Le llevaban todos los enfermos, suplicándole que les permitiera tocar siquiera el borde de su manto, y quienes *lo tocaban* quedaban sanos» (Mt 14:35-36). Esto fue debido a que el poder del Espíritu Santo se expresaba mediante el toque físico de Jesús, y salía y sanaba a la gente. «Así que toda la gente procuraba tocarlo, porque de él salía poder que sanaba a todos» (Lc 6:19; cf. Mt 9:20–22, 25; 20:34; Mr 1:31; 5:41; 9:27; Lc 7:14; 8:54; 22:51).

Sin embargo, no fue simplemente para sanar que Jesús y la iglesia primitiva ponían las manos sobre las personas o las tocaba. Cuando los niños vinieron a Jesús, «después de abrazarlos, los bendecía poniendo las manos sobre ellos» (Mr 10:16; cf. Mt 19:13-15; Lc 18:15).

Cuando Jesús tocaba tan frecuentemente a las personas para sanar o bendecirlas, no es sorpresa que las personas mencionaran los milagros que hacían sus manos: «¿Cómo se explican estos milagros (gr. *dunamis*, «poder») que vienen de *sus manos*?» (Mr 6:2).[14] De modo similar, cuando Pablo y Bernabé estuvieron en su primer viaje misionero, el Señor «hablando con denuedo, confiados en el Señor, el cual daba testimonio a la palabra de su gracia, concediendo que se hiciesen por *las manos de ellos* señales y prodigios» (Hch 14:3, RVR).[15] De la misma manera, «hacía Dios milagros extraordinarios *por mano* de Pablo» (Hch 19:11, RVR).[16] Puesto que no había, como en los otros medios de gracia, poder automático o mágico inherente en las manos de los primeros creyentes, sino que sanidad y otras clases de bendiciones se producían sólo conforme Dios mismo se agradaba en obrar mediante la imposición de manos, no es sorprendente que la iglesia primitiva orara específicamente que el Señor extendiera *su mano* para sanar. Ellos oraron: «Ahora, Señor,

---

[13]Aunque es dudoso que el final más largo de Marcos sea parte de las Escrituras (ver capítulo 17, p. XX365), Mr 16:18 ciertamente representa por lo menos una corriente de la tradición inicial dentro de la iglesia por igual: dice que los que crean en Jesús «pondrán las manos sobre los enfermos, y éstos recobrarán la salud».

[14]Debido a que los Evangelios tan frecuentemente recalcan el hecho de que Jesús puso las manos sobre las personas o las tocó con sus manos, esta expresión no parece simplemente una metáfora que quiere decir: «¡Qué milagros son hechos por él!» sino que es mejor entenderla como una referencia a la manera específica en que las manos de Jesús eran el medio por el que frecuentemente él realizaba sus milagros. Desdichadamente, en este versículo y en varios otros que mencionan los milagros hechos por manos de las personas, la NVI ha decidido que una traducción literal no es importante y no menciona en español las manos. Por ejemplo, simplemente traduce Hch 14:3: «haciendo señales y prodigios por medio de ellos», pero el texto griego específicamente dice que los milagros eran hechos «mediante sus manos» (*dia ton queiron autou*). En la siguiente sección he destacado apenas algunos de los lugares en donde la NVI no traduce la palabra griega *queir*, («mano»), pero ella está presente en el texto griego en todos los versículos que menciono, y los lectores que no la hallen en sus traducciones de la NVI deben consultar otra traducción, tal como la RVR o la LBLA, que tiene una norma de traducción más literal.

[15]La NVI simplemente traduce: «haciendo señales y prodigios *por medio de ellos*» (ver previa nota al pie de página).

[16]La NVI simplemente dice: «Dios hacía milagros extraordinarios *por medio de Pablo*» (ver las dos notas previas).

toma en cuenta sus amenazas y concede a tus siervos el proclamar tu palabra sin temor alguno. Por eso, *extiende tu mano para sanar* y hacer señales y prodigios mediante el nombre de tu santo siervo Jesús» (Hch 4:29-30). Se dieron cuenta de que su acción de extender las manos para tocar a los enfermos no sería efectiva a menos que la propia mano poderosa de Dios obrara mediante las manos de ellos.

En otras ocasiones la imposición de manos se hizo con algún otro propósito. Evidentemente se la hizo en conexión con pedir que Dios dé poder o equipe a las personas para algún servicio o ministerio. Cuando se nombraron a los primeros diáconos la iglesia los trajo ante los apóstoles, «quienes oraron y *les impusieron las manos*» (Hch 6:6). De modo similar, cuando la iglesia de Antioquía despachó a Pablo y a Bernabé, «después de ayunar, orar *e imponerles las manos,* los despidieron» (Hch 13:3).

Cuando el evangelio llegaba a un nuevo grupo de personas, los que proclamaban el evangelio a veces imponían las manos a los nuevos creyentes a fin de que pudieran recibir el poder del nuevo pacto del Espíritu Santo. En Samaria, los apóstoles «les impusieron las manos, y ellos recibieron el Espíritu Santo» (Hch 8:17). Ananías le impuso las manos a Pablo a fin de que él recobrara la vista y fuera «lleno del Espíritu Santo» (Hch 9:17). Cuando Pablo «impuso las manos» a los discípulos de Éfeso que acababan de llegar a creer en Jesús, «el Espíritu Santo vino sobre ellos» (Hch 19:6).

En otros casos la imposición de manos resultó en la impartición de algún don espiritual. En el incidente que se acaba de mencionar, los discípulos de Éfeso también «empezaron a hablar en lenguas y a profetizar» (Hch 19:6) después de que Pablo les impuso las manos. Todavía más, él le recuerda a Timoteo: «Ejercita el don que recibiste mediante profecía, cuando los ancianos te impusieron las manos» (1 Ti 4:14). Pablo puede haberse estado refiriendo al mismo acontecimiento u otro diferente cuando más tarde dijo: «Por eso te recomiendo que avives la llama del don de Dios que recibiste *cuando te impuse las manos*» (2 Ti 1:6). (En 1 Ti 5:22, la afirmación: «No te apresures a imponerle las manos a nadie» se refiere a la ordenación de ancianos; vea el capítulo 47, p. 965).

Si la gente en la iglesia primitiva frecuentemente oraba por las necesidades de unos y otros, e imitaban el ejemplo de Jesús y sus discípulos al imponer las manos al orar por las personas pidiendo sanidad, pidiendo bendición, y para recibir el Espíritu Santo en el momento de la conversión, entonces esperaríamos que la instrucción dada a los nuevos creyentes habría incluido la enseñanza de que la oración por las necesidades de los individuos de ordinario iría acompañada por la imposición de una mano o manos sobre la persona por la que se ora. Si esto fuera así, entonces no sería sorpresa que «la imposición de manos» se clasificaría como una doctrina «fundamental», algo que pertenece al «cimiento» de la instrucción cristiana; que es en efecto lo que hallamos en Hebreos 6:1-2. Aunque algunos han entendido esto como refiriéndose más estrechamente a la imposición de manos que acompaña la investidura en algún cargo específico en la iglesia, este es nada más que un pequeño aspecto del patrón de situaciones en las cuales la imposición de manos se halla en el Nuevo Testamento. Parece ser mucho mejor entender esta frase de Hebreos 6:2 como refiriéndose a la instrucción elemental en cuanto a orar por otros en situaciones de necesidad de modo que los creyentes tiernos de inmediato puedan empezar a ministrar a otros también.

Parece apropiado, entonces, contar la imposición de manos como otra dimensión de la rica diversidad de los «medios de gracia» que Dios ha puesto dentro de la iglesia para dar bendición a su pueblo.

12. ¿Se debe practicar el lavamiento de pies como un medio de gracia dentro de la iglesia? De tiempo en tiempo algunos grupos cristianos han practicado una ceremonia de lavarse unos a otros los pies en una reunión pública de la iglesia. Han basado esta práctica en el mandamiento de Jesús: «Pues si yo, el Señor y el Maestro, les he lavado los pies, *también ustedes deben lavarse los pies los unos a los otros*» (Jn 13:14). Los que abogan por el lavamiento de pies lo consideran una ceremonia que Jesús ordenó, similar a las ceremonias del bautismo y la Cena del Señor.

Sin embargo, hay varias razones por las que no debemos pensar que en Juan 13:14 Jesús está estableciendo otra ceremonia para la iglesia además del bautismo y la Cena del Señor. (1) El bautismo y la Cena del Señor explícitamente simbolizan el más grande acontecimiento en la historia de la redención, la muerte de Cristo y su resurrección por nosotros, pero el lavamiento de pies no simboliza tal suceso histórico-redentor. (2) El bautismo y la Cena del Señor fueron claramente acciones *simbólicas*, pero cuando Jesús les lavó los pies a los discípulos fue claramente algo *funcional* y no meramente simbólico, en que suplía una necesidad humana ordinaria del día (pies sucios). (3) El bautismo y la Cena del Señor son símbolos apropiados del comienzo y continuación de la vida cristiana,[17] pero no hay un simbolismo así que se adose al lavamiento de pies. (4) Hacer del lavamiento de pies una ordenanza como el bautismo y la Cena del Señor lo reduce a un símbolo; y si es un símbolo, entonces las palabras de Jesús nos ordenan solamente realizar un símbolo, y la fuerza real del mandamiento de Jesús (actuar en humildad y amor) se pierde. (5) En tanto que las epístolas dan evidencia de que el bautismo y la Cena del Señor fueron ordenanzas que observaron continuamente las iglesias del Nuevo Testamento, no hay evidencia de que los apóstoles o la iglesia primitiva haya observado el lavamiento de pies como una ordenanza. (6) Hay una explicación sencilla y directa del mandamiento de Jesús: les dice a sus discípulos que asuman tareas humildes al servicio de unos a otros. Pero si eso es lo que significa el texto (la vasta mayoría de la iglesia cristiana en toda la historia lo ha entendido de esta manera), entonces no hay necesidad de buscar otro significado adicional (que Jesús también estaba instituyendo una nueva ceremonia). En contraste, los textos del Nuevo Testamento en cuanto al bautismo y la Cena del Señor no se pueden entender ordenando *alguna otra cosa* que una ceremonia. Por consiguiente, en tanto que los creyentes se benefician al meditar en la aplicación de la afirmación de Jesús en cuanto al lavamiento de pies a sus patrones presentes de vida, nadie debe pensar que Jesús está animándolos a practicar una ceremonia de lavamiento de pies.

---

[17]Ver capítulo 49, pp. 1020-21, sobre el simbolismo del bautismo, y el capítulo 50, pp. 1043-44, sobre el simbolismo de la Cena del Señor.

C. Conclusiones

Al final de esta consideración de los medios de gracia dentro de la iglesia debemos darnos cuenta, primero que nada, de que cuando todas estas cosas se realizan en fe y obediencia, debemos con anhelo esperar y buscar evidencia de que el Espíritu Santo en realidad estará ministrando a las personas al mismo tiempo que estas acciones se están haciendo. Como creyentes no debemos descuidar «reunirnos» (Heb 10:25), sino que debemos esperar con anhelo cualquier reunión de creyentes en la que tenga lugar alguno de estos medios, esperando que Dios dará bendición mediante cada uno de estos medios.

Por otro lado, debemos darnos cuenta de que todos estos medios de gracia ocurren dentro del compañerismo de la iglesia. Los que descuidan la comunión de la iglesia voluntariamente se privan de todos estos medios de gracia y por consiguiente se privan de la mayoría de medios ordinarios que el Espíritu Santo usa para dar bendición a su pueblo.

Estos medios de gracia deben darnos gran aprecio por el asombroso privilegio de ser miembro del cuerpo de Cristo, la iglesia.

PREGUNTAS PARA APLICACIÓN PERSONAL

1. Antes de leer este capítulo, ¿pensaba usted que habría alguna gran diferencia si el creyente continuaba siendo activo en el compañerismo de la iglesia o no? ¿Cómo ha cambiado este capítulo su perspectiva sobre este asunto, si acaso algo?

2. ¿Cuál de los medios de gracia mencionados en este capítulo ha sido para usted el más útil en su propia vida cristiana?

3. ¿Cuál de los medios de gracia mencionados en este capítulo piensa usted que apreciaba menos antes de leer el capítulo? ¿Cómo ha aumentado su aprecio de ese medio de gracia? ¿Cómo piensa usted que afectará eso sus acciones de aquí en adelante?

4. Al mirar a la lista de medios de gracia, ¿hay algunos aspectos en los que la gente en realidad no está experimentando «gracia» o bendición en su propia iglesia? ¿Qué se podría hacer para aumentar la eficacia de estos aspectos débiles como medios de gracia en la vida de su iglesia?

5. ¿Cuál de los medios de gracia en realidad son los menos útiles en su propia vida? ¿Hay algunos que se han vuelto más bien mecánicos, o que usted está realizando sólo como actividad externa o física, sin ninguna participación real de corazón? ¿Qué podría usted hacer para aumentar la eficacia de esos medios en su vida?

6. Al mirar la lista de los medios de gracia de nuevo, mencione uno o más en los cuales usted podría ayudar a la iglesia a ser más eficaz para dar bendición a su gente.

TÉRMINOS ESPECIALES

eucaristía
extremaunción
imposición de manos
medios de gracia
órdenes santas
sacramento

BIBLIOGRAFÍA

(Para una explicación de esta bibliografía vea la nota sobre la bibliografía en el capítulo 1, p. 40. Datos bibliográficos completos se pueden encontrar en las páginas 1297-1306.)

Secciones en Teologías Sistemáticas Evangélicas

1. Anglicana (episcopal)
   - 1882–92   Litton, 428–59
   - 1930   Thomas, 313–38, 343–70, 447–51
2. Arminiana (wesleyana o metodista)
   - 1875–76   Pope, 3:294–310, 335–59
   - 1892–94   Miley, 2:392–94
   - 1940   Wiley, 3:150–60
   - 1960   Purkiser, 409–27
   - 1983   Carter, 2:615
3. Bautista
   - 1767   Gill, 2:621, 660–82
   - 1983–85   Erickson, 1003–15
4. Dispensacional
   - 1949   Thiessen, 296–304
   - 1986   Ryrie, 421, 427
5. Luterana
   - 1917–24   Pieper, 3:104–215, 439–72
   - 1934   Mueller, 441–69
6. Reformada (o presbiteriana)
   - 1559   Calvin, 2:1276–1302, 1448–84 (4.14, 19)
   - 1861   Heppe, 590–610
   - 1871–73   Hodge, 3:466–526
   - 1878   Dabney, 726–57
   - 1889   Shedd, 2b:561–87
   - 1937–66   Murray, CW, 2:366–69
   - 1938   Berkhof, 604–21
   - 1962   Buswell, 2:226–41
7. Renovada (o carismática o pentecostal)
   - 1988–92   Williams, 2:287–94, 3:159–63

Secciones en Teologías Sistemáticas Católicas Romanas Representativas

1. Católica Romana: tradicional
   1955   Ott, 325–472
2. Católica Romana: Post Vaticano II
   1980   McBrien, 2:731–49, 775–816

Otras obras

Hughes, P.E. «Grace, Means of». En *EDT*, pp. 482–83.

Milne, Bruce. *We Belong Together: The Meaning of Fellowship*. InterVarsity Press, Downers Grove, Ill., 1978.

PASAJE BÍBLICO PARA MEMORIZAR

Hechos 2:41-42: *Así, pues, los que recibieron su mensaje fueron bautizados, y aquel día se unieron a la iglesia unas tres mil personas. Se mantenían firmes en la enseñanza de los apóstoles, en la comunión, en el partimiento del pan y en la oración.*

HIMNO

«Tu Reino amo, Oh Dios»

Este himno expresa gozo por el privilegio de estar en la iglesia. Es más, el autor exclama: «». Aquí está meditando en algunos de los medios de gracia dentro de la iglesia («Un gozo sin igual Me causa en ella estar»), particularmente la comunión o compañerismo que surge dentro de la iglesia, los votos a Dios que se hacen allí, y los himnos que se cantan en ella. Es más, en la última estrofa se refiere a la iglesia para decir que «victoriosa llegará hasta la eternidad». Cuando cantamos esto podemos pensar en todas las ricas bendiciones que el Espíritu Santo derrama sobre la iglesia mediante los muchos medios de gracia.

El autor de este himno en inglés, Timothy Dwight, fue presidente de la Universidad Yale de 1725 a 1817, período en el cualquier reformó la administración y el currículo, y triplicó la matrícula. También fue profesor de teología, y bajo su predicación empezó un avivamiento en 1802, en el cual una tercera parte de los universitarios se convirtieron a Cristo.

1. Tu reino amo, ¡oh Dios!
   Tu casa de oración,
   Y al pueblo que en Jesús halló
   Completa redención.

2. Tu iglesia, mi Señor,
   Su templo, su ritual,
   La iglesia que guiando estás
   Con mano paternal.

3. Por ella mi oración,
   Mis lágrimas, mi amor,

Solicitud, cuidado, afán,
    Por ella son, Señor.

4. Un gozo sin igual.
    Me causa en ella estar,
Y andando aquí, su comunión
    Anhelo disfrutar.

5. Yo sé que durará,
    oh Dios, cual tu verdad;
Y victoriosa llegará
    Hasta la eternidad.

AUTOR: TIMOTHY DWIGHT, TRAD. EPIGENIO VELASCO, ADAPT.
(TOMADO DE EL NUEVO HIMNARIO POPULAR #196)

Capítulo 49

Bautismo
¿Quiénes deben bautizarse? ¿Cómo se debe bautizar?
¿Qué significa?

EXPLICACIÓN Y BASE BÍBLICA

En este capítulo y el siguiente tratamos del bautismo y la Cena del Señor, dos ceremonias que Jesús ordenó que su iglesia realizara. Pero antes de empezar la consideración de estas ceremonias debemos notar que hay desacuerdo entre protestantes incluso sobre el término general que se les debe aplicar. Debido a que la Iglesia Católica Romana llama a estas dos ceremonias «sacramentos», y debido a que la Iglesia Católica Romana enseña que estos sacramentos *en sí mismos* en realidad *dan gracia* a la gente (sin requerir fe de las personas que participan en ella), algunos protestantes (especialmente bautistas) han rehusado referirse al bautismo y a la Cena del Señor como «sacramentos». Han preferido usar la palabra *ordenanzas* más bien. Se piensa que es un término apropiado porque el bautismo y la Cena del Señor fueron «ordenados» por Cristo.[1] Por otro lado, otros protestantes, tales como en las tradiciones anglicana, luterana y reformada, han estado dispuestos a usar la palabra «sacramentos» para referirse al bautismo y a la Cena del Señor, sin por ello endosar la posición católica romana.

No parece ser que haya algún punto significativo en juego en la cuestión de si llamar al bautismo y a la Cena del Señor «ordenanzas» o «sacramentos». Puesto que los protestantes que usan ambas palabras explican claramente lo que quieren decir por ellas, el argumento en realidad no es en cuanto a doctrina sino en cuanto al significado de la palabra en español. Si estamos dispuestos a explicar claramente lo que queremos decir, no parece que haya alguna diferencia si usamos la palabra *sacramentos* o no.[2] En este texto, al referirme al bautismo y a la Cena del Señor en la enseñanza protestante, usaré intercambiablemente tanto «ordenanzas» cómo «sacramentos», y los consideraré como sinónimos en significado.

Antes de empezar nuestra consideración del bautismo debemos reconocer que ha habido históricamente, y la hay hoy, una fuerte diferencia de punto de vista entre los cristianos evangélicos respecto a este tema. La posición que se aboga en este libro es que el bautismo no es una doctrina «principal» que debería ser base para

---

[1]A. H. Strong, *Systematic Theology*, dice: «Ninguna ordenanza es un sacramento en el sentido romanista de conferir gracia» (p. 930). También dice: «El romanista considera las ordenanzas como en realidad confiriendo gracia y produciendo santidad» (ibid.).

[2]El *American Heritage Dictionary* (Houghton Mifflen, Boston, 1981) en inglés, permite una variedad de significados, definiendo un sacramento como un rito considerando como «un testimonio de gracia interna o canal que media la gracia» (p. 1141). Incluso el bautista más acendrado no objetaría llamar al bautismo «un testimonio de gracia interna» en tanto que los católico romanos no objetarían llamar al bautismo «un canal de gracia mediada».

división entre cristianos genuinos,[3] pero es con todo asunto de importancia para la vida ordinaria de la iglesia, y es apropiado que le demos su plena consideración.

La posición que se aboga en este capítulo es «bautística; es decir, que el *bautismo es apropiadamente administrado sólo a los que dan una profesión creíble de fe en Jesucristo.* Durante la consideración intercalaremos particularmente consideración de la posición del paidobautismo «bautismo de infantes») según aboga Louis Berkhof en su *Systematic Theology* puesto que ésta es una representación cuidadosa y también responsable de la posición paidobautista, y es un texto de teología sistemática ampliamente usado.

A. Modo y significado del bautismo

La práctica del bautismo en el Nuevo Testamento se realizaba sólo de una manera: la persona que era bautizada era *sumergida* o puesta completamente bajo el agua y después sacada de nuevo. El bautismo *por inmersión* es por consiguiente el «modo» de bautismo o la manera en que el bautismo se realizaba en el Nuevo Testamento. Esto es evidente por las siguientes razones:

(1) La palabra griega *baptizo* quiere decir «hundir, sumergir, inmergir» algo en agua. Este es el significado comúnmente reconocido y regular del término en la literatura griega antigua tanto dentro como fuera de la Biblia.[4]

(2) El sentido de «inmergir» es apropiado y probablemente exigido para la palabra en varios pasajes del Nuevo Testamento. En Marcos 1:5, Juan bautizaba a la gente «en el río Jordán» (el texto griego tiene *en*, «en», y no «junto a» o «al lado de» o «cerca» al río)[5] Marcos también nos dice que cuando Jesús fue bautizado «En seguida, al *subir del agua*» (Mr 1:10). El texto griego especifica que salió «fuera del» (*ek*) el agua; y no que se alejó de ella (esto se expresaría por el gr. *apó*). El hecho de que Juan y Jesús descendieron al río y salieron del mismo fuertemente sugiere inmersión, puesto que el rociamiento o derramamiento del agua se podría haber hecho

---

[3]Ver capítulo 1, pp. 29-30, para una consideración de doctrinas principales y menores. No todos los creyentes concuerdan con mi punto de vista de que esta es una doctrina menor. Muchos creyentes en generaciones previas fueron perseguidos e inclusive matados debido a que diferían con la iglesia estatal oficial y su práctica de bautismo de infantes. Para ellos el asunto no era meramente una ceremonia: era el derecho a tener una iglesia de creyentes, una que automáticamente no incluyera a toda las personas nacidas en una región geográfica. Vista en esta luz, la controversia en cuanto al bautismo incluye una diferencia mayor en cuanto a la naturaleza de la iglesia: ¿Llega uno a ser parte de la iglesia por nacer en una familia creyente, o por profesión voluntaria de fe?

[4]Así *LSJ*, p. 305: «hundir»; pasivo, «ser ahogado». De modo similar, *BAGD*, p. 131: «hundir, inmergir», y medio, «hundirse uno mismo, bañarse (en la literatura no cristiana también "hundir, sumergir, empapar, abrumar")». También Albrecht Oepke, «bapto, baptizo, etc.», en *TDNT* 1:530: "inmergir . . . hundir el barco"; pasivo: «hundir . . . sufrir naufragio, ahogar (el sentido de "bañarse" o "lavarse" se halla sólo ocasionalmente en el helenismo . . . la idea de sumergirse o perecer es casi el uso general)» (ibid.). A. H. Strong, *Systematic Theology*, pp. 933–35 da mucha evidencia adicional a este respecto.

Berkhof, *Systematic Theology*, p. 630, objeta y da algunos ejemplos contrarios, pero su evidencia no es convincente porque indiscriminadamente mezcla ejemplos de *baptizo* con una palabra relacionada pero diferente, *bapto*. (Pasajes que hablan de «bañarse» o lavarse [en la Septuaginta, Judit 12:7, por ejemplo, y en el Nuevo Testamento, Mr 7:4] más probablemente incluyen cubrirse el cuerpo [o las manos, en Mr 7:4] completamente con agua). Si algún autor del Nuevo Testamento hubiera querido indicar que las personas eran rociadas con agua, tenía a su disposición una palabra griega perfectamente buena que quiere decir «rociar»: *rantizo* que se usa en este sentido en Heb 9:13, 19, 21; 10:22; ver *BAGD*, p. 734.

[5]Berkhof pregunta: ¿Fue Juan el Bautista capaz de la enorme tarea de sumergir a las multitudes que se agolpaban viviendo a él en el río Jordán . . .?» (p. 630). Ciertamente, en un período de varios días, habría sido capaz de sumergir muchos cientos de personas, pero también es posible que sus discípulos (Mt 9:14; el al.) le ayudaron con algunos de los bautismos.

mucho más fácilmente estando junto al río, particularmente debido a las multitudes de personas que venían para el bautismo. El Evangelio de Juan nos dice, además, que Juan el Bautista «también Juan estaba bautizando en Enón, cerca de Salín, porque allí había mucha agua» (Jn 3:23). De nuevo, no exigiría «mucha agua» para bautizar a la gente mediante rociamiento, pero sí se necesitaría mucha agua para bautizar por inmersión.

Cuando Felipe le habló del evangelio al eunuco etíope, «Mientras iban por el camino, llegaron a un lugar donde había agua, y dijo el eunuco: —Mire usted, aquí hay agua. ¿Qué impide que yo sea bautizado?» (Hch 8:36). Evidentemente ninguno de ellos pensó que rociar o derramar un poco de agua de un recipiente de agua para beber que se hubiera realizado en el carruaje era suficiente para constituir un bautismo. Más bien, esperaron hasta que hubo un cuerpo de agua cerca del camino. Entonces «mandó parar el carro, y ambos *bajaron al agua*, y Felipe lo bautizó. Cuando *subieron del agua*, el Espíritu del Señor se llevó de repente a Felipe. El eunuco no volvió a verlo, pero siguió alegre su camino» (Hch 8:38-39). Como en el caso de Jesús, éste bautismo tuvo lugar cuando Felipe y el eunuco bajaron a un cuerpo de agua, y después del bautismo subieron de ese cuerpo de agua. De nuevo, el bautismo por inmersión es la única explicación satisfactoria para esta narración.[6]

(3) El simbolismo de unión con Cristo en su muerte, sepultura y resurrección parece exigir el bautismo por inmersión. Pablo dice:

> ¿Acaso no saben ustedes que todos los que fuimos bautizados para unirnos con Cristo Jesús, en realidad fuimos bautizados para participar en su muerte? Por tanto, mediante el bautismo fuimos sepultados con él en su muerte, a fin de que, así como Cristo resucitó por el poder del Padre, también nosotros llevemos una vida nueva (Ro 6:3-4).

De modo similar, Pablo les dice a los Colosenses: «Ustedes la recibieron *al ser sepultados con él en el bautismo. En él también fueron resucitados* mediante la fe en el poder de Dios, quien lo resucitó de entre los muertos» (Col 2:12).

Ahora bien, esta verdad claramente queda simbolizada en el bautismo por inmersión. Cuando el candidato al bautismo es sumergido en el agua eso es un cuadro de descender a la tumba y ser sepultado. Salir del agua es entonces un cuadro de ser resucitado con Cristo para andar en vida nueva. El bautismo de este modo claramente ilustra la muerte a la vieja vida de uno y la resurrección a una nueva clase de vida en Cristo, pero el bautismo por rociamiento o derramamiento simplemente no tiene este simbolismo.[7]

A veces se objeta que lo esencial que se simboliza en el bautismo no es la muerte y la resurrección con Cristo sino purificación y limpiamiento de los pecados.

---

[6]Berkhof (pp. 630–631) objeta que en Hch 8:38 la palabra griega *eis* puede significar «a» y no necesariamente «dentro de». Es cierto que la palabra puede tener ambos significados, pero también debemos notar el v. 39 en donde «ek» ciertamente significa «fuera de», y no «lejos de», que se expresaría por *apó*. Y el hecho de bajar y subir (*katabaino*, y *anabaino*) no es bajarse del carruaje y volver a embarcarse en él, sino que específicamente se dice que bajaron al agua y subieron del agua.

[7]De hecho, las aguas del bautismo tienen un simbolismo incluso más rico que simplemente el simbolismo de la tumba. Las aguas también nos recuerdan las aguas del juicio de Dios que vino sobre los no creyentes en tiempo del diluvio (Gn 7:6-24), o el ahogamiento de los egipcios en el éxodo (Éx 14:26-29). De modo similar, cuando

Ciertamente es verdad que el bautismo es un símbolo evidente de lavamiento y limpieza, y que las aguas del bautismo en efecto simbolizan lavamiento y purificación de pecados tanto como la muerte y la resurrección con Cristo. Tito 3:5 habla del «lavamiento de la regeneración» y, aunque la palabra *bautismo* no se usa en este pasaje, es ciertamente verdad que hay un limpiamiento de los pecados que ocurre en el momento de la conversión. Ananías le dijo a Saulo: «Levántate, bautízate y *lávate de tus pecados,* invocando su nombre» (Hch 22:16).

Pero decir que el lavamiento de pecados es lo único (o incluso lo más esencial) que se ilustra en el bautismo no representa fielmente la enseñanza del Nuevo Testamento. Tanto el lavamiento como la muerte y la resurrección con Cristo están simbolizados en el bautismo, pero Romanos 6:1-11 y Colosenses 2:11-12 ponen un claro énfasis en morir y resucitar con Cristo. Incluso el lavamiento se simboliza mucho más efectivamente mediante la inmersión que por rociamiento o derramamiento, y la muerte y la resurrección con Cristo se simbolizan sólo por inmersión, y para nada mediante el rociamiento o derramamiento.

¿Cuál es, entonces, el significado positivo del bautismo? En toda la discusión en cuanto al modo del bautismo y las disputas sobre su significado, es fácil que los creyentes pierdan de vista el significado y belleza del bautismo, y que desdeñen las tremendas bendiciones que acompañan a esta ceremonia. Las asombrosas verdades de pasar por las aguas del juicio con seguridad, de morir y resucitar con Cristo, y de recibir el lavamiento de nuestros pecados, son verdades de proporción significativa y eterna, y debería ser una ocasión de dar gran gloria y alabanza a Dios. Si las iglesias enseñaran más claramente estas verdades, los bautismos serían ocasión de mucha mayor bendición en la iglesia.

B. Los candidatos al bautismo

El patrón revelado en varios lugares del Nuevo Testamento es que sólo los que dan una profesión creíble de fe deben ser bautizados. A esta noción a menudo se le

---

Jonás fue arrojado en el abismo (Jon 1:7-16), fue arrojado al lugar de la muerte debido al juicio de Dios sobre su desobediencia; aunque fue milagrosamente rescatado y así llegó a ser un símbolo de la resurrección. Por consiguiente, los que bajan a las aguas del bautismo realmente están bajando a las aguas del juicio y de la muerte; muerte que merecen de Dios por sus pecados. Cuando suben del agua del bautismo eso muestra que han atravesado con seguridad el juicio de Dios sólo debido a los méritos de Jesucristo, con quien se unen en su muerte y su resurrección. Por eso Pedro puede decir en 1P 3:21 que el bautismo «corresponde a» la salvación de Noé y su familia de las aguas del juicio en el diluvio.

Douglas Moo, en Romanos 1-8, *Wycliffe Exegetical Commentary* (Chicago: Moody Press, 1991), arguye que el bautismo en Ro 6 «funciona como una experiencia en taquigrafía de la experiencia de conversión como un todo... No es, entonces, que el bautismo sea un símbolo de morir y resucitar con Cristo» (p. 371). Dice que «no hay evidencia en Romanos 6, o en el NT, de que a los movimientos físicos en sí: inmersión, y emersión, incluidos en el bautismo se les haya asignado significación simbólica» (p. 379). En tanto que concuerdo con que el bautismo en Ro 6 funciona como una versión taquigráfica de la experiencia de la conversión como un todo, no me parece que podamos excluir el simbolismo de morir y resucitar con Cristo, por las siguientes razones: (1) Las acciones físicas de *bajar* al agua (en donde los seres humanos no pueden vivir por más de unos pocos minutos) y de *salir fuera* del agua son tan estrechamente paralelos de las acciones de bajar a la tumba y salir de la tumba que la conexión es evidente por la apariencia superficial de las acciones, y no sería necesaria ninguna explicación detallada. (2) El trasfondo del Antiguo Testamento de ser inmergido en las aguas del juicio de Dios confirma esto. (3) Cuando Pablo dice: «Ustedes la recibieron al ser sepultados con él en el bautismo. En él también fueron resucitados mediante la fe en el poder de Dios, quien lo resucitó de entre los muertos» (Col 2:12), es difícil imaginarse que alguno de los lectores de Pablo, incluso niños, se habían perdido el evidente paralelo entre las acciones del bautismo y morir y resucitar con Cristo. (Esto sería verdad incluso si, como Moo, tradujéramos Col 2:12 *«mediante* el bautismo»).

llama el «bautismo de creyentes», puesto que sostiene que sólo los que han creído en Cristo (o, más precisamente, los que han dado una evidencia razonable de creer en Cristo) deben ser bautizados. Esto se debe a que el bautismo, que es un *símbolo de empezar la vida cristiana* se debe administrar sólo a los que *en efecto* han empezado la vida cristiana.

1. El argumento de los pasajes narrativos del Nuevo Testamento sobre el bautismo. Los ejemplos de narraciones de los que fueron bautizados sugieren que el bautismo fue administrado sólo a los que dieron una profesión creíble de fe. Después del sermón de Pedro en Pentecostés leemos: «*los que recibieron su mensaje* fueron bautizados» (Hch 2:41). El texto especifica que el bautismo fue administrado a los que «recibieron su mensaje» y por consiguiente confiaron en Cristo para la salvación.[8] De modo similar, cuando Felipe predicó el evangelio en Samaria, leemos: «Pero *cuando creyeron a Felipe,* que les anunciaba las buenas nuevas del reino de Dios y el nombre de Jesucristo, tanto *hombres como mujeres se bautizaron*» (Hch 8:12). De igual manera, cuando Pedro predicó a los gentiles en la casa de Cornelio, permitió el bautismo para los que habían *oído* la palabra y *recibido el Espíritu Santo*; es decir, los que habían dado evidencia persuasiva de una obra interna de regeneración. Mientras Pedro predicaba: «el Espíritu Santo descendió sobre todos los que escuchaban el mensaje» y Pedro y sus compañeros «los oían hablar en lenguas y alabar a Dios» (Hch 10:44-46). La respuesta de Pedro fue que el bautismo es apropiado para los que habían recibido la obra regeneradora del Espíritu Santo: «—¿Acaso puede alguien negar el agua para que sean bautizados estos *que han recibido el Espíritu Santo* lo mismo que nosotros?» entonces Pedro «mandó que fueran bautizados en el nombre de Jesucristo» (Hch 10:47-48). El punto de estos tres pasajes es que el bautismo se administra apropiadamente sólo a los que han recibido el evangelio y confiado en Cristo para salvación. Hay otros textos que también indican esto: Hechos 16:14-15 (Lidia y su familia, después de que «el Señor le abrió el corazón» para que creyera»); Hechos 16:32-33 (la familia del carcelero de Filipos, después de que Pedro les predicó «la palabra de Dios a él y a todos los demás que estaban en su casa»); y 1 Corintios 1:16 (la familia de Estéfanas), pero estos pasajes se considerarán más completamente abajo cuando veamos la cuestión de «bautismo de familias».

2. El argumento del significado del bautismo. Además de estas indicaciones de las narrativas del Nuevo Testamento de que el bautismo siempre venía después de la fe que salva, hay una segunda consideración que aboga por el bautismo de creyentes: el símbolo externo de *empezar* la vida cristiana debe ser dado sólo a los que *muestran evidencia* de haber empezado la vida cristiana. Los autores del Nuevo Testamento escribieron como si claramente dieran por sentado que todos los que fueron bautizados también habían confiado personalmente en Cristo y

---

[8]Berkhof advierte en contra de dar demasiada importancia al silencio de las Escrituras respecto al bautismo de infantes. Comentando sobre el hecho de que en algunos casos fueron bautizadas familias enteras, dice: «Y si hubo infantes, es moralmente verdad que ellos fueron bautizados junto con sus padres» (p. 634). Pero esto *no* es lo que dice Hch 2:41: el pasaje especifica que «*los que recibieron su mensaje fueron bautizados*», y no los que no recibieron su palabra pero eran infantes que pertenecían a las familias de los que recibieron su mensaje.

experimentado la salvación. Por ejemplo, Pablo dice: «Todos ustedes . . . los que han sido bautizados en Cristo se han revestido de Cristo» (Gá 3:26-27). Pablo aquí da por sentado que el bautismo es una señal externa de regeneración interna. Esto simplemente no habría sido cierto de infantes; Pablo no podía haber dicho: «todos *los infantes* que han sido bautizados en Cristo se han revestido de Cristo», porque los infantes todavía no han llegado a la fe que salva ni han dado ninguna evidencia de regeneración.[9]

Pablo habla de la misma manera en Romanos 6:3-4: «¿Acaso no saben ustedes que *todos los que fuimos bautizados para unirnos con Cristo Jesús,* en realidad fuimos bautizados para participar en su muerte? Por tanto, mediante el bautismo fuimos sepultados con él en su muerte». ¿Podría Pablo haber dicho esto de los infantes?[10] ¿Podría haber dicho que «todos los infantes que han sido bautizados en Cristo Jesús fueron bautizados en su muerte» y «fueron sepultados por consiguiente con él por el bautismo en su muerte, para que así como Cristo fue resucitado de los muertos»? Pero si Pablo no pudo decir estas cosas en cuanto a los infantes, entonces los que abogan por el bautismo de niños deben decir que el bautismo significa algo diferente para los infantes que lo que Pablo quiere decir por «todos los que fuimos bautizados para unirnos con Cristo Jesús». Los que abogan por el bautismo de infantes en este punto recurren a lo que le parece al presente autor el lenguaje vago en cuanto a infantes siendo adoptados «en el pacto» o «en la comunidad del pacto», pero el Nuevo Testamento no habla de esa manera en cuanto al bautismo. Más bien, dice que todos los que han sido bautizados han sido sepultados con Cristo, han sido resucitados con él, y se han revestido de Cristo.

Un argumento similar se puede hacer de Colosenses 2:12: «Ustedes la recibieron al ser sepultados con él en el bautismo. En él también fueron resucitados mediante la fe en el poder de Dios, quien lo resucitó de entre los muertos». Pero no se podría decir de los infantes que fueron sepultados con Cristo, o que fueron resucitados con él mediante la fe, puesto que ellos no tienen edad suficiente para ejercer fe por sí mismos.

3. Alternativa #1: La noción católico romana. La Iglesia Católica Romana enseña que el bautismo se debe administrar a infantes.[11] Esto se debe a que la Iglesia Católica Romana cree que el bautismo es *necesario* para salvación, y que el acto de bautismo en sí mismo *produce regeneración.* Por consiguiente, en este punto de vista, el bautismo es un *medio* por el que la iglesia concede gracia que salva a la gente. Y si es esta clase de canal de gracia que salva se le debe dar a toda persona.

---

[9]Esto no es afirmar que ningún infante puede ser regenerado (ver arriba, capítulo 24, pp. 523-24), sino simplemente que Pablo no podía haber tenido base teológica para decir que *todos* los infantes que habían sido bautizados habían empezado la vida cristiana. Él está hablando en Gá 3:27 de «todos ustedes que fueron bautizados en Cristo».

[10]Ver sección 3 abajo para una respuesta a la noción católico romana de que el bautismo produce regeneración.

[11]El acto de bautizar a un infante, incluyendo el ponerle nombre al infante en ese momento, a veces se le llama «cristianizar», especialmente en las Iglesia Católica Romana y episcopal.

Ludwig Ott, en su *Fundamentals of Catholic Dogma*[12] da las siguientes explicaciones:

> El bautismo es ese sacramento en el que el hombre lavado con agua en el nombre de las tres Personas divinas renace espiritualmente (p. 350; Ott da Jn 3:5; Tit 3:5 y Ef 5:26 como respaldo de esta afirmación).

> El bautismo, provisto que las disposiciones apropiadas (fe y tristeza por el pecado) estén presentes, efectúa: a) la erradicación de pecados, tanto el pecado original y, en el caso de adultos, también pecados personales, mortales y veniales; b) santificación interna por la infusión de gracia santificadora (p. 354).

> Aun si se lo recibe indignamente, el bautismo válido imprime en el alma del que lo recibe una marca espiritual indeleble, el carácter bautismal. . . . La persona bautizada es incorporada, por el carácter bautismal, en el cuerpo místico de Cristo . . . Toda persona válidamente bautizada, incluso la bautizada fuera de la Iglesia Católica, llega a ser miembro de la Única Santa Iglesia Católica y Apostólica (p. 355).

Ott pasa a explicar que el bautismo es necesario para la salvación y lo deben realizar sólo los sacerdotes:

> El bautismo por agua . . . es, desde la promulgación del evangelio, necesario para todos los hombres sin excepción para salvación (p. 356).[13]

Ott explica que, mientras el bautismo de ordinario lo administra un sacerdote, en circunstancias inusuales (tales como cuando un niño está en peligro de morir a poco de haber nacido) puede realizarlo un diácono o un laico. Incluso el bautismo realizado por no creyentes se piensa válido, porque Ott dice:

> Así, aunque un pagano o un hereje puede bautizar, provisto que se adhiera a la forma de la iglesia y tiene intención de hacer lo que la iglesia hace (p. 358).

Aunque los infantes no pueden ejercer fe que salva por sí mismos, la Iglesia Católica Romana enseña que el bautismo de infantes es válido:

> La fe, puesto que no es la causa efectiva de justificación . . . no necesita estar presente. La fe que los infantes carecen es . . . reemplazada por la fe de la iglesia (p. 359).

Esencial para comprender la noción católica romana del bautismo es darse cuenta de que los católico romanos sostienen que los sacramentos funcionan aparte de la fe de los que participan en el sacramento. Si esto es así, entonces se sigue

---

[12]Trad. al inglés por Patrick Lynch, ed. Por James Bastible, 4ª ed. (Tan Books, Rockford, Ill., 1960).

[13]En casos extremos Ott y la enseñanza de la Iglesia Católica Romana permite el bautismo de deseo (para el que sinceramente anhela ser bautizado pero no puede serlo) o bautismo por sangre (en el martirio).

que el bautismo puede conferir gracia incluso a los infantes que no tienen la capacidad de ejercer fe. Varias afirmaciones en el libro de Ott indican esto claramente:

> La iglesia católica enseña que los sacramentos tienen una eficacia objetiva, es decir, una eficacia independiente de la disposición subjetiva del que los recibe o del ministro. . . . los sacramentos confieren gracia de inmediato, es decir, sin la mediación de la fe fiduciaria (pp. 328-29).

> Los sacramentos del nuevo pacto contienen la gracia que significan, y la conceden a los que no la impiden (p. 328).

> Los sacramentos operan *ex opere operato*. . . . Es decir, los sacramentos operan por el poder del rito sacramental completado (p. 329).[14]

> La fórmula «*ex opere operato*» afirma, negativamente, que la gracia sacramental no es conferida por razón de la actividad subjetiva del que la recibe, y positivamente, que la gracia sacramental es producida por la señal sacramental operada válidamente (p. 330).

Sin embargo, Ott cuidadosamente explica que la enseñanza católico romana no se debe interpretar «en el sentido de eficacia mecánica o mágica» (p. 330). Dice:

> Por el contrario, en el caso del adulto que recibe se exige expresamente fe. . . . no obstante la disposición subjetiva del que recibe no es la causa de la gracia; es meramente una precondición indispensable de comunicación de gracia. . . . La medida de la gracia efectuada *ex opere operato* incluso depende del grado de disposición subjetiva (p. 330).

Al dar respuesta a esta enseñanza católico romana debemos recordar que la Reforma giró alrededor de este asunto. La gran preocupación de Martín Lutero fue enseñar que la salvación depende sólo de la fe, y no de la fe *más obras*. Pero si el bautismo y participar de los demás sacramentos es *necesario para la salvación* porque son *necesarios* para recibir la gracia que salva, entonces la salvación realmente se basa en la fe más obras. En contraste a esto, el claro mensaje del Nuevo Testamento es la justificación por la fe *sola*. «Porque por gracia ustedes han sido salvados *mediante la fe;* esto no procede de ustedes, sino que es el regalo de Dios, *no por obras,* para que nadie se jacte» (Ef 2:8-9). Todavía más, «la *dádiva* de Dios es vida eterna en Cristo Jesús, nuestro Señor» (Ro 6:23).

El argumento de la Iglesia Católica Romana de que el bautismo es necesario para la salvación es muy similar al argumento de los opositores de Pablo en Galacia que decían que la circuncisión era necesaria para la salvación. La respuesta de Pablo es que los que exigen la circuncisión están predicando «un evangelio diferente» (Gá 1:6). Él dice que «Todos los que viven por las obras que demanda la ley están bajo maldición» (Gá 3:10), y habla muy severamente a los que intentan añadir

---

[14]La frase *ex opere operato* representa una parte esencial de la enseñanza católico romana sobre los sacramentos. Esta frase latina literalmente significa «por la obra realizada», y quiere decir que los sacramentos obran en virtud de la actividad real hecha, y que el poder de los sacramentos no depende de ninguna actitud subjetiva de fe de los que participan en ellos.

toda otra forma de obediencia como requisito para la justificación: «Aquellos de entre ustedes que tratan de ser justificados por la ley, han roto con Cristo; han caído de la gracia» (Gá 5:4). Por consiguiente, debemos concluir que ninguna *obra* es necesaria para la salvación; y por consiguiente, el *bautismo* no es necesario para la salvación.

Pero, ¿qué tal en cuanto a Juan 3:5: «—Yo te aseguro que quien no *nazca de agua y del Espíritu*, no puede entrar en el reino de Dios»? Aunque algunos han entendido esto como una referencia al bautismo, es mejor entenderlo contra el trasfondo de la promesa del nuevo pacto en Ezequiel 36:

> *Los rociaré con agua pura,* y quedarán purificados. Los limpiaré de todas sus impurezas e idolatrías. Les daré un nuevo corazón, y les infundiré un espíritu nuevo; les quitaré ese corazón de piedra que ahora tienen, y les pondré un corazón de carne. Infundiré mi Espíritu en ustedes, y haré que sigan mis preceptos y obedezcan mis leyes (Ez 36:25-27).

Ezequiel aquí habla de un lavamiento «espiritual» que vendrá en los días del nuevo pacto cuando Dios ponga su Espíritu en su pueblo. A la luz de esto, nacer del agua y del Espíritu es un lavamiento «espiritual» que ocurre cuando nacemos de nuevo, así como también recibimos un «nuevo corazón» espiritual, y no físico, en ese momento.

De modo similar, Tito 3:5 especifica no el bautismo en agua, sino «el lavamiento de la regeneración», explícitamente indicando que es una concesión *espiritual* de nueva vida. El bautismo en agua simplemente no es mencionado en este pasaje. Un lavamiento más bien espiritual antes que literal también se menciona en Efesios 5:26, en donde Pablo dice que Cristo se entregó a sí mismo por la iglesia « para hacerla santa. Él la purificó, lavándola con agua mediante la palabra». Es la palabra de Dios la que hace lavamiento que se menciona aquí, y no el agua física.

En cuanto a la noción católico romana de que el bautismo conlleva gracia aparte de la disposición subjetiva del que lo recibe o del ministro (posición que es consistente con el bautismo de infantes, que no ejercen fe por sí mismos), debemos reconocer que no existe ningún ejemplo del Nuevo Testamento para probar este punto de vista, ni tampoco hay testimonio del Nuevo Testamento que lo indique. Más bien, los relatos y narrativas de los que fueron bautizados indican que primero habían venido a la fe que salva (ver arriba). Y cuando hay afirmaciones doctrinales en cuanto al bautismo también indican la necesidad de la fe que salva. Cuando Pablo dice: «Ustedes la recibieron al ser sepultados con él en el bautismo. En él también fueron resucitados», de inmediato especifica «mediante la fe en el poder de Dios, quien lo resucitó de entre los muertos» (Col 2:12).

Finalmente, ¿qué tal en cuanto a 1 Pedro 3:21, en donde Pedro dice: «*el bautismo que ahora los salva también a ustedes*»? ¿No da esto claro respaldo a la noción católico romana de que el bautismo en sí mismo da la gracia que salva al que lo recibe?[15] No, porque cuando Pedro usa esta frase continúa en la misma oración para

---

[15]Los tres párrafos que siguen son adaptados de Wayne Grudem, *The First Epistle of Peter,* TNTC (IVP, Leicester, y Eerdmans, Grand Rapids, 1988), pp. 163–65, y se usan con permiso.

explicar exactamente lo que quiere decir por ella. Dice que el bautismo los salva *«no consiste en la limpieza del cuerpo »* (es decir, no como un acto externo, físico, que lava suciedad del cuerpo; ésa no es la parte que salva), *«sino en el compromiso de tener una buena conciencia delante de Dios»* (es decir, como una transacción interna, espiritual, entre Dios y el individuo, transacción simbolizada por la ceremonia externa del bautismo). Podemos parafrasear la afirmación de Pedro diciendo: «el bautismo ahora los salva; no la ceremonia física *externa* del bautismo sino la realidad espiritual *interna* que el bautismo representa». De esta manera, Pedro guarda en contra de toda noción de que el bautismo automáticamente atribuya poder salvador a la ceremonia física en sí misma.

La frase de Pedro, «el compromiso de tener una buena conciencia delante de Dios» es otra manera de decir «una petición de perdón de pecados y un nuevo corazón». Cuando Dios le da al pecador «una conciencia limpia», esa persona tiene la seguridad de que todo pecado ha sido perdonado y que está en correcta relación con Dios (Heb 9:14 y 10:22 habla de esta manera en cuanto a la limpieza de la conciencia de uno por Cristo). Ser bautizado apropiadamente es hacer tal «apelación» a Dios; o sea, decir, en efecto: «Dios mío, al entrar yo en este bautismo que limpia mi cuerpo por fuera estoy pidiendo que me limpies el corazón por dentro, que perdones mis pecados, y que me pongas en correcta relación delante de ti». Entendido de esta manera, el bautismo es un símbolo apropiado del principio de la vida cristiana.[16]

Así que 1 Pedro 3:21 ciertamente no enseña que el bautismo salva automáticamente a las personas o que confiere gracia *ex opere operato*. Ni siquiera enseña que el acto del bautismo en sí mismo tenga poder salvador, sino más bien que la salvación resulta mediante el ejercicio interno de la fe que el bautismo representa (cf. Col 2:12). De hecho, los protestantes que abogan por el bautismo de creyentes bien podrían ver en 1 Pedro 3:21 algún respaldo para su posición: el bautismo, se pudiera argumentar, es apropiadamente administrado a todo el que tiene la suficiente personalmente para ser «una aspiración a Dios por una clara conciencia».[17]

En conclusión, las enseñanzas católico romanas de que el bautismo es necesario para la salvación, de que el acto del bautismo en sí mismo confiere gracia que

---

[16]Algunos han argumentado que «compromiso» es mejor palabra que «aspiración» en este versículo. Así, la NVI traduce: «el compromiso de tener una buena conciencia delante de Dios». La información de otros ejemplos de la palabra es escasa respecto a ambos significados, y no se puede derivar ninguna conclusión de un examen de los otros usos de la palabra sola (ver consideración en W. Grudem, *1 Peter*, p. 164).

Pero mucho más significativo es el hecho de que la de traducción «compromiso» introduce un problema teológico. Si el bautismo es un «compromiso a Dios» para mantener una buena conciencia (o una promesa de vivir una vida obediente, que brota de una buena conciencia), entonces el énfasis ya no está en la dependencia de Dios para que dé salvación, sino más bien en la dependencia del propio esfuerzo de o firmeza de decisión de uno. Y puesto que esta frase en 1 Pedro 3:21 está tan claramente conectada con el principio de la vida cristiana e identificada como un rasgo del bautismo que «los salva», la traducción «compromiso» parece ser inconsistente con la enseñanza del Nuevo Testamento sobre la salvación por fe sola; sería el único lugar en donde se dice que una promesa de ser justo es lo mismo que «los salva». Y puesto que la información léxica no es conclusiva para ambos sentidos (en tanto que sugiere que ambos sentidos son al parecer posibles), es mejor adoptar la traducción de «aspiración» como un sentido mucho más de acuerdo con la enseñanza doctrinal del resto Nuevo Testamento.

[17]Col 2:12 se pudiera usar de la misma manera: Pablo dice que en el bautismo los creyentes fueron «resucitados con [Cristo] por fe en la obra de Dios, que le resucitó de los muertos». Esto presupone que los que fueron bautizados estaban ejerciendo fe cuando fueron bautizados; es decir, tenían edad suficiente como para creer.

salva, y que el bautismo es por consiguiente apropiadamente administrado a los infantes, no son persuasivas a la luz de las enseñanzas del Nuevo Testamento.

4. Alternativa #2: La noción paidobautista protestante. En contraste tanto a la posición bautista que se defiende en la primera parte de este capítulo, y a la noción católico romana que se acaba de considerar, otra noción importante es que el bautismo se administra apropiadamente a *todos los hijos de padres creyentes.* Esta es una perspectiva común en muchos grupos protestantes (especialmente iglesias luteranas, episcopales, metodistas, presbiterianas y reformadas). A esta noción a veces se le conoce como el argumento del pacto para el paidobautismo. Se le llama un argumento de «pacto» porque depende de considerar a los hijos nacidos a los creyentes como parte de la «comunidad del pacto» del pueblo de Dios. La palabra «paidobautismo» quiere decir la práctica de bautizar infantes (el prefijo *paidos,* quiere decir «niño» y se deriva de la palabra griega *pais,* «niño»).[18] Se considerará primordialmente los argumentos presentados por Louis Berkhof, que explica claramente y defiende bien la posición paidobautista.

El argumento de que los infantes de los creyentes deben ser bautizados depende primordialmente de los tres puntos siguientes:

a. A los infantes se les circuncidaba en el Antiguo Pacto: En el Antiguo Testamento la circuncisión era la *señal* externa de entrada en la comunidad del pacto o la comunidad del pueblo de Dios. La circuncisión se administraba a todo niño israelita (es decir, a los varones) a los ocho días de nacidos.

b. El bautismo es paralelo a la circuncisión: En el Nuevo Testamento la señal externa de entrada en la «comunidad del pacto» es el bautismo. Por consiguiente, el bautismo es la contraparte del Nuevo Testamento a la circuncisión. Se sigue que el bautismo se debe administrar a todos los infantes de padres creyentes. Negarles ese beneficio es privarles de un privilegio y beneficio que les corresponde por derecho: la *señal* de pertenecer a la comunidad del pueblo de Dios, la «comunidad del pacto». El paralelo entre la circuncisión y el bautismo se ve claramente en Colosenses 2:

> Además, en él *fueron circuncidados,* no por mano humana sino con la circuncisión que consiste en despojarse del cuerpo pecaminoso. Esta circuncisión la efectuó Cristo. Ustedes la recibieron al *ser sepultados con él en el bautismo.* En él también fueron resucitados mediante la fe en el poder de Dios, quien lo resucitó de entre los muertos (Col 2:11-12).

Aquí se dice que Pablo hace una conexión explícita entre la circuncisión y el bautismo.

---

[18]Los católico romano son paidobautistas, pero sus argumentos en respaldo son diferentes, como se explica arriba (ellos enseñan que el bautismo produce regeneración). En el material que sigue, compararé una defensa protestante del *paidobautismo* con una defensa protestante del *bautismo de creyentes.* Por consiguiente, usaré el término *paidobautista* para referirme a los paidobautistas protestantes que sostienen una posición paidobautista de pacto.

c. Bautismos de familias: Respaldo adicional para la práctica de bautizar infantes se halla en los «bautismos de familias» que se informan en Hechos y en las Epístolas, particularmente el bautismo de la familia de Lidia (Hch 16:15), la familia del carcelero de Filipos (Hch 16:33), y la familia de Estéfanas (1 Co 1:16). También se afirman que Hechos 2:39, que declara que las bendiciones prometidas del evangelio son para «para ustedes, para sus hijos», respalda esta práctica.

En respuesta a estos argumentos en favor del paidobautismo, se deben señalar los siguientes puntos:

(1) Es ciertamente verdad que el bautismo y la circuncisión son similares de muchas maneras, pero no debemos olvidar también que lo que simbolizan es diferente en algunas maneras importantes. El antiguo pacto tenía un *medio físico y externo de entrada* en la «comunidad del pacto». Uno llegaba a ser judío al nacer de padres judíos. Por consiguiente, todos los varones judíos eran circuncidados. La circuncisión no estaba restringida a las personas que tenían verdadera vida espiritual interna, sino más bien se la daba a «*todos los que vivían entre el pueblo de Israel*. Dios dijo:

> Todos los varones entre ustedes deberán ser circuncidados. . . . Todos los varones de cada generación deberán ser circuncidados a los ocho días de nacidos, tanto los niños nacidos en casa como los que hayan sido comprados por dinero a un extranjero y que, por lo tanto, no sean de la estirpe de ustedes. Todos sin excepción, tanto *el nacido en casa como el que haya sido comprado por dinero,* deberán ser circuncidados (Gn 17:10-13).

No fueron solamente los descendientes físicos del pueblo de Israel los circuncidados, sino también los *siervos* que ellos habían comprado y vivían entre ellos. La presencia o ausencia de vida espiritual interna no hacía ninguna diferencia para nada en el asunto de si uno era circuncidado. Así «ese mismo día Abraham tomó a su hijo Ismael, a los criados nacidos en su casa, a los que había comprado con su dinero y a todos los otros varones que había en su casa, y los circuncidó, tal como Dios se lo había mandado» (Gn 17:23; cf. Jos 5:4).

Debemos darnos cuenta de que la circuncisión se hizo a todo varón que vivía entre el pueblo de Israel aunque la *verdadera circuncisión* es algo interno y espiritual: «La circuncisión es la del corazón, la que realiza el Espíritu, no el mandamiento escrito» (Ro 2:29). Es más, Pablo en el Nuevo Testamento explícitamente indica que «no todos los que descienden de Israel son Israel» (Ro 9:6). Pero aunque hubo en el tiempo del Antiguo Testamento (y más completamente en tiempo del Nuevo Testamento) una conciencia de realidad espiritual interna que la incircuncisión tenía el propósito de representar, *no hubo esfuerzo alguno* de restringir la circuncisión sólo aquellos cuyo corazón *en realidad estaba circuncidado espiritualmente* y que tenían genuina fe que salva. Incluso entre los adultos varones la circuncisión se aplicaba a todos, y no solamente a los que daban evidencia de fe interna.

(2) Pero bajo el nuevo pacto la situación es muy diferente. El Nuevo Testamento no habla de una «comunidad del pacto» formada de creyentes y los hijos, parientes y sirvientes no creyentes que resulta que viven entre ellos. (A decir verdad, en

la consideración del bautismo, la frase «comunidad del pacto» según la usan los paidobautistas a menudo tiende a funcionar como un término amplio y vago que nubla las diferencias entre el Antiguo Testamento y el Nuevo Testamento en este asunto). En la iglesia del Nuevo Testamento la única cuestión que importa es si uno tiene fe que salva y ha sido espiritualmente incorporado en el cuerpo de Cristo, la verdadera iglesia. La única «comunidad de pacto» que se considera es *la iglesia* o sea la comunidad de los redimidos.

Pero, ¿cómo llega a ser uno miembro de la iglesia? El medio de entrada en la iglesia es *voluntario, espiritual e interno.* Uno llega a ser miembro de la verdadera iglesia al *nacer de nuevo* y tener *fe que salva,* no por el nacimiento físico. Esto resulta no por un acto externo, sino por la fe interna del corazón de uno. Es ciertamente verdad que el bautismo es la señal de entrada a la iglesia, pero esto quiere decir que se debe darlo solamente a los que *dan evidencia* de membresía en la iglesia, sólo los que profesan fe en Cristo.[19]

No debe sorprendernos que haya un cambio en la manera en que se entraba a la comunidad del pacto en el Antiguo Testamento (nacimiento físico) y la manera en que se entra a la iglesia en el Nuevo Testamento (nacimiento espiritual). Hay muchos cambios análogos entre el antiguo y el nuevo pacto en otros aspectos por igual. En tanto que los israelitas se alimentaban del maná físico en el desierto, los creyentes del Nuevo Testamento se alimentan de Jesucristo, el pan verdadero que ha venido del cielo (Jn 6:48-51). Los israelitas bebieron agua física que brotó de la roca en el desierto, pero los que creen en Cristo beben del agua viva de vida eterna que él da (Jn 4:10-14). El antiguo pacto tenía un templo físico al que Israel venía para adorar, pero en el nuevo pacto los creyentes son edificados para ser un templo espiritual (1 P 2:5). Los creyentes del antiguo pacto ofrecían sacrificios físicos de animales y cosechas en el altar, pero los creyentes del Nuevo Testamento ofrecen «sacrificios espirituales que Dios acepta por medio de Jesucristo» (1 P 2:5; cf. Heb 13:15-16). Los creyentes del antiguo pacto recibieron de Dios la tierra física de Israel que les había prometido, pero los creyentes del Nuevo Testamento reciben «una patria mejor, es decir, la celestial» (Heb 11:16). De la misma manera, en el antiguo pacto los que eran descendencia física de Abraham eran miembros del pueblo de Israel, pero en el Nuevo Testamento los que son la «simiente» espiritual o descendientes de Abraham por fe son miembros de la iglesia (Gá 3:29; cf. Ro 4:11-12).

En todos estos contrastes vemos la verdad de la distinción que Pablo recalca entre el antiguo pacto y el nuevo pacto. Los elementos y actividades físicas del viejo pacto eran «sólo una sombra de lo que había de venir», pero la verdadera realidad, la «sustancia», se halla en la relación del nuevo pacto que tenemos en Cristo (Col 2:17). Por consiguiente, es consistente con este cambio de sistemas que los niños (varones) automáticamente sean circuncidados en el antiguo pacto, puesto que su descendencia física y presencia física en la comunidad del pueblo judío

---

[19]En este punto el que promueve el paidobautismo tal vez pregunte si no deberíamos tener una idea de una «comunidad del pacto» en la iglesia del Nuevo Testamento que es más amplia que la iglesia e incluye a los niños no creyentes que pertenecen a familias de la iglesia. Pero el Nuevo Testamento no habla de tal comunidad, ni da indicación de que los hijos no creyentes de padres creyentes sean miembros del nuevo pacto. Y por cierto no habla del bautismo como una señal de entrada a tal grupo más amplio. El bautismo simboliza el nuevo nacimiento y entrada a la iglesia.

quería decir que eran miembros de esa comunidad en la que la fe no era un requisito de entrada. Pero en el nuevo pacto es apropiado que los infantes *no* sean bautizados, y que el bautismo sea dado sólo a los que dan evidencia de genuina fe que salva, porque la membresía en la iglesia se basa en la realidad espiritual interna, y no en descendencia física.

(3) Los ejemplos del bautismo de familias en el Nuevo Testamento en realidad no son decisivos en cuanto a una posición o la otra. Cuando miramos a los ejemplos reales más de cerca, vemos que varios de ellos hay indicaciones de fe que salva de parte de los bautizados. Por ejemplo, es cierto que la familia del carcelero de Filipos fue bautizada (Hch 16:33), pero también es cierto que Pablo y Silas «les expusieron la palabra de Dios a él y a todos los demás que estaban en su casa» (Hch 16:32). Si la palabra del Señor fue proclamada a todos en la casa, se da por sentado de que todos tenían edad suficiente para entender la palabra y creer en ella. Todavía más, después de que la familia fue bautizada, leemos que el carcelero de Filipos «se alegró mucho junto con toda su familia por haber creído en Dios» (Hch 16:34). Así que no tenemos sólo un bautismo de una familia sino también la recepción de parte de una familia de la palabra de Dios y a toda una familia que se regocija en la fe en Dios. Estos hechos sugieren muy fuertemente que toda la familia tuvo que venir individualmente a la fe en Cristo.

Con respecto al hecho de que Pablo bautizó «a la familia de Estéfanas» (1 Co 1:16), debemos también notar que Pablo dice al fin de Corintios que «los de la familia de Estéfanas fueron los primeros convertidos de Acaya, y que se han dedicado a servir a los creyentes. Les recomiendo, hermanos» (1 Co 16:15). Así que, no fueron solamente bautizados; también se convirtieron y habían trabajado sirviendo a otros creyentes. De nuevo, el ejemplo de *bautismo de familias* da indicación de *fe de familias*.

De hecho, hay otros casos en donde el bautismo no se menciona pero vemos testimonio explícito del hecho de que toda una familia había venido a la fe. Después de que Jesús sanó al hijo del oficial, leemos que el padre «creyó él *con toda su familia*» (Jn 4:53). De modo similar, cuando Pablo predicó en Corinto «Crispo, el jefe de la sinagoga, *creyó* en el Señor *con toda su familia*» (Hch 18:8).

Esto quiere decir que de todos los ejemplos de «bautismo de familias» en el nuevo testamento, el único que no da alguna indicación de fe de familia tan bien es Hechos 16:14-15, hablando de Lidia: «el Señor le abrió el corazón para que respondiera al mensaje de Pablo. Cuando fue bautizada con su familia». El texto simplemente no contiene ninguna información en cuanto a si hubo infantes en su casa o no. Es ambiguo, y ciertamente no evidencia de peso para el bautismo de infantes. Se debe considerar inconclusivo.

Con respecto a la afirmación de Pedro en Pentecostés de que «la promesa es para ustedes, para sus hijos», debemos notar que la oración sigue de esta manera: «En efecto, la promesa es para ustedes, para sus hijos y para todos los extranjeros, es decir, *para todos aquellos a quienes el Señor nuestro Dios quiera llamar*» (Hch 2:39). Todavía más, el mismo párrafo especifica no que creyentes y niños no creyentes fueron bautizados, sino que *«los que recibieron su mensaje* fueron bautizados, y aquel día se unieron a la iglesia unas tres mil personas» (Hch 2:41).

(4) Otro argumento en objeción a la posición paidobautista se puede hacer cuando hacemos la pregunta sencilla: «¿Qué *hace* el bautismo?» En otras palabras, podemos preguntar: «¿Qué logra en realidad el bautismo? ¿Qué beneficio produce?»

Los católicos romanos dan una clara respuesta a esta pregunta: el bautismo *produce* regeneración. Y los bautistas tienen también una respuesta clara: el bautismo *simboliza* el hecho de que la regeneración interna ya ha ocurrido. Pero los paidobautistas no pueden adoptar ninguna de estas respuestas. No quieren decir que el bautismo produce regeneración, ni tampoco pueden decir (con respecto a los niños) que simboliza una regeneración que ya ha ocurrido.[20] La única alternativa parece ser decir que simboliza una regeneración que ocurrirá en el futuro, cuando el infante tenga edad suficiente para llegar a la fe que salva. Pero incluso eso no es exacto, porque no es seguro que el infante será regenerado en el futuro; algunos infantes que son bautizados nunca llegan a tener fe que salva más adelante. Así que, la explicación paidobautista más acertada de lo que simboliza el bautismo es que simboliza *probable regeneración futura*.[21] No causa regeneración, ni simboliza regeneración real; por consiguiente se debe entender como simbolizando probable regeneración en algún momento en el futuro.

Pero en este punto parece evidente que la comprensión paidobautista del bautismo es muy diferente de la del Nuevo Testamento. El Nuevo Testamento nunca ve el bautismo como algo que simboliza una regeneración futura probable. Los autores del Nuevo Testamento no dicen: «¿Puede alguien impedir agua para bautizar a estos que probablemente algún día serán salvados?» (cf. Hch 10:47), o, «Todos ustedes que fueron bautizados en Cristo probablemente algún día serán puestos en Cristo» (cf. Gá 3:27), o «¿No saben que todos ustedes que han sido bautizados en Cristo Jesús probablemente algún día serán bautizados en su muerte?» (cf. Ro 6:3). Esta simplemente no es la manera en que el Nuevo Testamento habla del bautismo. El bautismo en el Nuevo Testamento es una señal de haber nacido de nuevo, de estar limpios del pecado, y del comienzo de la vida cristiana. Es apropiado reservar esta señal para los que dan evidencia de lo que es realidad en sus vidas.

Otra perspectiva del simbolismo del bautismo la da Michael Green.[22] Él dice:

El bautismo de infantes recalca la objetividad del evangelio. Señala al logro sólido de Cristo crucificado y resucitado, sea que respondamos o no a él. . . . No que ganemos nada de ello a menos que nos arrepintamos y creamos. Pero es la demostración firme de que nuestra salvación no depende de nuestra propia fe muy falible; depende de lo que Dios ha hecho por nosotros (p. 76).

---

[20]Sin embargo, algunos paidobautistas protestantes *darán por sentado* que la regeneración ya ha ocurrido (y la evidencia se verá más tarde). Otros, incluyendo muchos episcopales y luteranos, dirían que la regeneración tiene lugar en el momento del bautismo.

[21]Esto no es una cita de algún escritor paidobautista específico, sino mi propia conclusión de la lógica de la posición paidobautista, que parece requerir esta comprensión de lo que significa el paidobautismo respecto a la regeneración.

[22]Michael Green, *Baptism: Its Purpose, Practice, and Power* (Hodder and Stoughton, Londres, e InterVarsity Press, Downers Grove, Ill., 1987). Este libro contiene una afirmación excelente de una posición paidobautista, y también contiene mucho análisis útil de la enseñanza bíblica en cuanto al bautismo que ambos lados pudieran endosar.

Luego pasa a decir:

El bautismo de infantes recalca la iniciativa de Dios en la salvación. . . . ¿Debería apuntarse lo primariamente a la respuesta del hombre, o a la iniciativa de Dios? Ese es el meollo de la pregunta. . . . Para el bautista, el bautismo primariamente da testimonio de lo que *nosotros hacemos* en respuesta a la gracia de Dios. Para el paidobautista, primariamente da testimonio de lo que *Dios ha hecho* que lo hace posible (pp. 76-77, énfasis suyo).

Pero se pueden anotar varios puntos en respuesta a Green. (a) Su análisis en este punto deja a un lado el hecho de que el bautismo no *sólo* simboliza la muerte y resurrección de Cristo; como ya hemos visto en el análisis previo de los textos del Nuevo Testamento, sino que *también* simboliza la aplicación de la redención a nosotros, como resultado de nuestra respuesta de fe. El bautismo ilustra el hecho de que hemos sido unidos a Cristo en su muerte y resurrección, y el lavamiento con agua simboliza que hemos sido limpiados de nuestros pecados. Al decir que los paidobautistas recalcan la iniciativa de Dios y los bautistas recalcan la respuesta del hombre, Green le ha presentado al lector dos alternativas incorrectas entre las cuales escoger, porque el bautismo ilustra ambas cosas y más. El bautismo ilustra (i) la obra redentora de Cristo, (ii) mi respuesta en fe (cuando vengo a ser bautizado), y (iii) la aplicación de Dios de los beneficios de la redención a mi vida. El bautismo de creyentes ilustra todos esos tres aspectos (y no simplemente mi fe, como sugiere Green), pero según la noción de Green el paidobautismo ilustra sólo la primera. No es cuestión de cuál es «primaria»; es cuestión de cuál noción del bautismo incluye todo lo que el bautismo representa.

(b) Cuando Green dice que nuestra salvación no depende de nuestra fe sino de la obra de Dios, la expresión «depende de» se presta a varias interpretaciones. Si «depende de» quiere decir «aquello en que nos apoyamos», entonces por supuesto ambos lados concordarían en que descansamos en la obra de Cristo, y no en nuestra fe. Si «depende de» quiere decir que la fe no tiene ningún mérito en sí misma por la que podamos ganarnos el favor de Dios, entonces ambos lados concordarían. Pero si «depende de» quiere decir que no hay ninguna diferencia en cuanto a nuestra salvación si creemos o no, entonces ningún lado concordaría: el mismo Green dice en la oración previa que el bautismo no nos hace ningún bien a menos que nos arrepintamos y creamos. Por consiguiente, si el bautismo de alguna manera representa la aplicación de la redención a la vida de una persona, entonces no es suficiente practicar una forma de bautismo que ilustra *sólo* la muerte y resurrección de Cristo; también debemos ilustrar nuestra respuesta en fe y la subsiguiente aplicación de la redención a nosotros. En contraste, en la noción de Green, hay un peligro real de ilustrar una noción (con la que Green discreparía) de que Dios aplica la redención a las personas sea que crean o no.

(5) Finalmente, los que abogan por el bautismo de creyentes a menudo expresan preocupación en cuanto a las consecuencias prácticas del paidobautismo. Aducen que la práctica del paidobautismo en la vida real de la iglesia frecuentemente lleva las personas bautizadas en la infancia a dar por sentado de que han sido

regenerados, y por consiguiente no sienten la urgencia de su necesidad de venir a la fe personal en Cristo. En un período de años, la tendencia es probable que resulte en más y más miembros *no convertidos* en la «comunidad del pacto»; miembros que no son genuinamente miembros de la iglesia de Cristo. Por supuesto, esto no haría falsa a una iglesia paidobautista, pero sí la haría una iglesia menos pura, y una que frecuentemente luchará contra las tendencias hacia la doctrina liberal y otras clases de incredulidad que son introducidas por el sector no regenerado de la membresía.

C. El efecto del bautismo

Hemos argumentado arriba que el bautismo simboliza regeneración o renacimiento espiritual. Pero, ¿sólo simboliza? O, ¿hay alguna manera en que también es un «medio de gracia», es decir, un medio que el Espíritu Santo utiliza para dar bendición a la gente? Ya hemos considerado esta pregunta en el capítulo previo,[23] así que aquí sólo es necesario decir que cuando se realiza apropiadamente el bautismo entonces por supuesto también da algún beneficio espiritual a los creyentes. Hay la bendición del favor de Dios que viene con toda obediencia, así como también la alegría que viene por la profesión pública de la fe de uno, y la seguridad de tener un cuadro físico claro de morir y resucitar con Cristo y de lavamiento de pecados. Ciertamente el Señor nos dio el bautismo para fortalecer y promover nuestra fe; y así debería ser para todo el que es bautizado y para todo creyente que presencia un bautismo.

D. La necesidad del bautismo

En tanto que reconocemos que Jesús ordenó el bautismo (Mt 28:19), como también los apóstoles (Hch 2:38), no debemos decir que el bautismo sea *necesario* para salvación.[24] Esta cuestión se consideró en alguna extensión bajo la respuesta a la noción católico romana del bautismo. Decir que el bautismo o cualquier otra acción es *necesaria* para la salvación es decir que no somos justificados por fe sola, sino por la fe más una cierta «obra», la obra del bautismo. El apóstol Pablo se habría opuesto a la idea de que el bautismo es necesario para la salvación tan fuertemente como se opuso a la idea similar de que la circuncisión sea necesaria para la salvación (ver Gá 5:1-12).

Los que aducen que el bautismo es necesario para la salvación a menudo señalan Marcos 16:16: «*El que crea y sea bautizado será salvo,* pero el que no crea será condenado». Pero la respuesta muy evidente a esto es simplemente decir que el versículo no dice nada acerca de los que *creen* y *no son bautizados*. El versículo simplemente está hablando de casos generales sin hacer ninguna calificación pedante para el caso inusitado de alguien que cree y no es bautizado. Pero ciertamente ese

---

[23]Ver capítulo 48, pp. 1002-03.

[24]En este punto difiero no sólo con la enseñanza católico romana, sino también con la enseñanza de varias denominaciones protestantes que enseñan que, en algún sentido, el bautismo es necesario para la salvación. Aunque hay diferentes matices en su enseñanza, tal posición la sostienen muchas iglesias episcopales, muchas iglesia luteranas, y las iglesias de Cristo.

versículo no se debería forzar para hacer que diga algo de lo que no está hablando.[25]

Más al punto es la afirmación de Jesús al ladrón moribundo en la cruz: «—Te aseguro que hoy estarás conmigo en el paraíso» (Lc 23:43). El ladrón no pudo ser bautizado antes de morir en la cruz, pero fue ciertamente salvado ese día. Es más, la fuerza de este punto no se puede evadir argumentando que el ladrón fue salvado bajo el antiguo pacto (bajo el cual el bautismo no era necesario para salvación), porque el nuevo pacto tomó efecto en la muerte de Jesús (ver Heb 9:17), y Jesús murió *antes* de cualquiera de los dos ladrones que fueron crucificados con él (ver Jn 19:32-33).

Otra razón por la que el bautismo no es necesario para la salvación es que nuestra justificación de los pecados tiene lugar en el punto de la fe que salva, y no en el punto del bautismo del agua, que por lo general ocurre más tarde.[26] Pero si la persona ya está justificada y tiene sus pecados perdonados eternamente en el punto de la fe que salva, entonces el bautismo no es necesario para el perdón de los pecados, ni para la concesión de nueva vida espiritual.[27]

El bautismo, entonces, no es necesario para la salvación; pero sí es necesario para nuestra obediencia a Cristo, porque él ordenó el bautismo a todos los que creen en él.

E. La edad para el bautismo

Los que están convencidos por los argumentos para el bautismo de creyentes deben entonces empezar a preguntar: «¿qué edad deben tener los niños antes de ser bautizados?»

La respuesta más directa es que deben tener edad suficiente para dar una profesión *creíble* de fe. Es imposible fijar una edad precisa que se aplicará a todo niño, pero cuando los padres ven evidencia convincente de genuina vida espiritual, y también algún grado de comprensión respecto a lo que significa confiar en Cristo, entonces el bautismo es apropiado. Por supuesto, esto requerirá cuidadosa administración de parte de la iglesia, así como también una buena explicación de parte de los padres en sus hogares. La edad exacta para el bautismo variará de niño a niño, y a veces de iglesia a iglesia también.[28]

---

[25]Todavía más, es dudoso si se debería utilizar este versículo para respaldar una posición teológica, puesto que hay muchos manuscritos antiguos que no tienen este versículo (o Mr 16:9-20), y parece ser más probable que este versículo no estuvo en el Evangelio que Marcos escribió originalmente. (Ver consideración de Mr 16:9-20 en el capítulo 17, p. 382.)

[26]Ver la consideración de la justificación en el capítulo 36, pp. 758-72.

[27]Ver capítulo 34, pp. 733-43, para una consideración de la regeneración.

[28]Yo participé en el bautismo de mis propios tres hijos cuando ellos tenían entre seis y diez años y mostraron un grado apropiado de comprensión del evangelio, junto con genuina evidencia de fe en Cristo. En todos los tres casos, pienso que podrían haber sido bautizados antes, pero lo demoramos en diferencia al patrón ordinario seguido por las iglesias a las que asistíamos, en que por lo general no se bautizaba a los niños menores de siete años. (Entre los bautistas del Reino Unido se acostumbra esperar hasta que los niños tengan algunos más años que esto, sin embargo).

F. Preguntas que quedan

1. ¿Necesitan las iglesias dividirse por el bautismo? A pesar de muchos años de división sobre la cuestión entre protestantes, ¿hay alguna manera en que los creyentes que difieren sobre el bautismo pueden demostrar una mayor unidad de comunión? Y, ¿hay alguna manera en que se pueda hacer progreso en acercar más a la iglesia a la unidad respecto a este asunto?

Una manera de progresar pudiera ser que los paidobautistas y los que abogan por el bautismo de creyentes llegaran a una admisión común de que el bautismo no es una doctrina principal de la fe, y que estuvieran dispuestos a vivir con el punto de vista del otro en este asunto y a no permitir que las diferencias en cuanto al bautismo sean una causa de división dentro del cuerpo de Cristo.[29] Específicamente, esto querría decir permitir que se enseñen y practiquen diferentes puntos de vista sobre el bautismo de ambos lados del asunto.

Sin duda esto sería difícil tanto para denominaciones bautistas como para denominaciones paidobautistas, porque tienen largas tradiciones de discutir uno u otro lado del asunto. Ciertamente los creyentes tienen el derecho de tomar sus propias decisiones respecto al bautismo, pero no parece apropiado que las divisiones denominacionales dependan o refuercen estas diferencias, ni parece correcto que las iglesias exijan una noción u otra sobre el bautismo para los que desean ser ordenados o funcionar como maestros dentro de la iglesia.[30] Específicamente, esto significaría que las iglesias bautistas tendrían que estar dispuestas a permitir en su membresía a los que han sido bautizados como infantes y aquellos cuya convicción de conciencia, después de consideración cuidadosa, es que su bautismo como infantes fue válido y no se debería repetir. Por supuesto, las iglesias bautistas podrían ser libres de enseñar e intentar persuadir a cualquier posible miembro de su iglesia que deben bautizarse como creyentes, pero si algunos, después de cuidadosa consideración, no están persuadidos, no parece apropiado hacer de esto una barrera a la membresía. ¿Qué bien se logra con tal barrera? Y ciertamente mucho daño se puede hacer al no demostrar la unidad de la iglesia o al prohibir plena

---

[29]Me doy cuenta de que algunos lectores objetarán a esta frase y dirán que el bautismo es muy importante debido a lo que representan las posiciones divergentes: nociones divergentes de la naturaleza de la iglesia. Muchos bautistas aducirían que la práctica del bautismo de infantes es inherentemente inconsistente con la idea de una iglesia formada sólo de creyentes, y muchos paidobautistas aducían que no practicar el bautismo de infantes es inherentemente inconsistente con la idea de una comunidad de pacto que incluye a los niños de los creyentes.

Yo animaría a los que razonan de esta manera a que consideren cuánto tienen en común con los creyentes evangélicos en el otro lado del asunto; no necesariamente con los que están lejos de ellos en otros asuntos también, sino especialmente con aquellos que están en el otro lado y que concuerda con ellos en la mayoría de aspectos de la vida cristiana. Muchos bautistas en efecto animan y demuestran un valor dado a sus hijos dentro de sus iglesias, y muchos paidobautistas en efecto oran por la salvación de sus hijos bautizados con el mismo fervor con que los padres bautistas oran por la salvación de sus hijos no bautizados. Respecto a la membresía de la iglesia, los paidobautistas evangélicos en efecto requieren una profesión creíble de fe antes de que sus hijos puedan llegar a ser miembros completos de la iglesia (su término es «miembros comunicantes»; es decir, los que reciben la Comunión). También requieren una profesión creíble de fe antes de que a un adulto se le permita unirse a la iglesia.

Cuando estos procedimientos están funcionando bien, tanto bautistas como paidobautistas usan procedimientos muy similares al procurar tener una membresía de iglesia consistente sólo de creyentes, y unos y otros aman y enseñan y oran por sus hijos como los miembros más preciosos de la familia más grande de la iglesia que esperan que un día lleguen a ser verdaderos miembros del cuerpo de Cristo.

[30]En los Estados Unidos de América, la denominación de la Iglesia Evangélica Libre ha funcionado bastante bien por muchas décadas mientras permite tanto a paidobautistas y los que abogan por el bautismo de creyentes sean miembros de sus iglesias y que sean ordenados pastores en sus iglesias.

participación en la iglesia a aquellos que el Señor en efecto ha traído a esa comunión.

Por otro lado, los que creen en el paidobautismo tendrían que convenir en no poner indebida presión sobre los padres que no desean bautizar a sus infantes y no considerar a estos padres de alguna manera desobedientes al Señor. Tendría que haber una disposición a tener alguna clase de breve ceremonia de dedicación del hijo al Señor poco después de que nace, en lugar de una ceremonia de bautismo, si los padres lo desean así. Por supuesto, ambos lados tendrían que convenir en no hacer la noción del bautismo de uno criterio para algún cargo en la iglesia o para la ordenación.[31]

Si se hicieran tales concesiones en la práctica real de parte de ambos lados sobre este asunto, la cuestión bien pudiera en efecto disminuir el nivel de controversia dentro de una generación, y el bautismo pudiera a la larga dejar de ser un punto de división entre los creyentes.

2. ¿Quién puede bautizar? Finalmente, podemos preguntar: «¿Quién puede realizar la ceremonia del bautismo? ¿Puede sólo el clero ordenado realizar esta ceremonia?»

Debemos reconocer aquí que la Biblia simplemente no especifica ninguna restricción sobre quién puede realizar la ceremonia del bautismo. Las iglesias que tienen un sacerdocio especial mediante el cual ciertas acciones (y bendiciones) vienen (tales como los católicos romanos, y hasta cierto punto los anglicanos) van a querer insistir en que sólo el clero propiamente ordenado debe bautizar en circunstancias ordinarias (aunque se podría hacer excepciones en circunstancias inusitadas). Pero si creemos verdaderamente en el sacerdocio de todos los creyentes (ver 1 P 2:4-10), entonces parece que no hay necesidad *en principio* de restringir el derecho de realizar el bautismo solamente al clero ordenado.

Sin embargo, surge otra consideración: puesto que el bautismo es la señal de entrada en el cuerpo de Cristo, la iglesia (cf. 1 Co 12:13 sobre el bautismo espiritual interno), parece apropiado que se haga *dentro de la comunión de la iglesia* siempre que sea posible, de modo que la iglesia como un todo pueda regocijarse con el que es bautizado y así la fe de todos los creyentes de esa iglesia pueda ser edificada.[32] Es más, puesto que el bautismo es una señal de empezar la vida cristiana y por consiguiente empezar vida en la verdadera iglesia por igual, es apropiado que la iglesia local esté reunida para dar testimonio de este hecho y dar la bienvenida visible al bautizado. También, a fin del que es bautizado tenga una comprensión correcta de lo que en realidad está sucediendo, es apropiado que la iglesia salvaguarde la práctica del bautismo e impida su abuso. Finalmente, si el bautismo es una señal de entrar en la comunión de la iglesia visible, entonces parece apropiado que algún representante o representantes oficialmente designados de la iglesia sean

---

[31]Nótese que mis primeros pasos propuestos hacia menos división sobre esta asunto no incluye pedir a los individuos de uno u otro lado que actúen de una manera que violaría sus propias convicciones personales: no estoy sugiriendo que los que sostienen una noción bautista personalmente empiecen a bautizar infantes cuando los padres lo requieren, ni los que sostienen una noción paidobautistas personalmente empiecen a bautizar sólo a los que hacen una profesión de fe y piden bautismo, aun cuando hayan sido bautizados como infantes.

[32]El hecho de que el bautismo es una señal externa de entrada en la iglesia, el cuerpo de Cristo, también haría apropiado exigir el bautismo antes de que se cuente a alguien como miembro de una iglesia local.

seleccionados para administrarlo. Por estas razones, es por lo general el clero ordenado el que bautiza, pero no parece haber razón por la que la iglesia de tiempo en tiempo, y cuando lo considere apropiado, no pueda llamar a algún otro oficial de la iglesia o creyentes maduros para bautizar a nuevos creyentes. Por ejemplo, alguien que es eficaz en la evangelización en la iglesia local puede ser la persona apropiadamente designada para bautizar a los que han venido a Cristo mediante la práctica del ministerio de evangelización de esa persona. (Nótese en Hch 8:12 que Felipe predicó el evangelio en Samaria y luego al parecer bautizó a los que vinieron a la fe en Cristo).

PREGUNTAS PARA APLICACIÓN PERSONAL

1. ¿Ha sido usted bautizado? ¿Cuándo lo fue? Si fue bautizado como creyente, ¿cuál fue el efecto del bautismo en su vida cristiana (si acaso alguno)? Si fue bautizado cuando niño, ¿qué efecto surtió el efecto del conocimiento de su bautismo en su propia manera de pensar cuando a la larga se enteró de que había sido bautizado cuando niño?

2. ¿Cuáles aspectos del significado del bautismo ha llegado a apreciar más como resultado de este capítulo (si acaso alguno)? ¿Cuáles aspectos del significado del bautismo le gustaría ver que se enseñe más claramente en su iglesia?

3. Cuando tienen lugar bautismos en su iglesia, ¿son tiempos de regocijo y alabanza Dios? A su modo de pensar ¿qué es lo que está sucediendo en la persona que está siendo bautizada en ese momento (si acaso algo)? ¿Qué es lo que piensa que debería estar sucediendo?

4. ¿Ha modificado usted su propia noción sobre la cuestión del bautismo de infantes a diferencia del bautismo de creyentes como resultado de leer este capítulo? ¿De qué manera?

5. ¿Cuales sugerencias prácticas puede hacer usted para ayudar a superar las diferencias entre creyentes sobre el asunto del bautismo?

6. ¿Cómo puede el bautismo ser una ayuda efectiva para la evangelización en su iglesia? ¿Lo ha visto usted funcionando de esta manera?

TÉRMINOS ESPECIALES

bautismo de creyentes	inmersión
comunidad del pacto	paidobautismo
ex opere operato	profesión creíble de fe

BIBLIOGRAFÍA

(Para una explicación de esta bibliografía vea la nota sobre la bibliografía en el capítulo 1, p. 40. Datos bibliográficos completos se pueden encontrar en las páginas 1297-1306.)

Secciones en Teologías Sistemáticas Evangélicas

1. Anglicana (episcopal)
   - 1882–92   Litton, 459–74
   - 1930   Thomas, 371–87, 521–22
2. Arminiana (wesleyana o metodista)
   - 1875–76   Pope, 3:310–24
   - 1892–94   Miley, 2:395–410
   - 1940   Wiley, 3:161–89
   - 1960   Purkiser, 409–11
   - 1983   Carter, 2:616
3. Bautista
   - 1767   Gill, 4:621–47
   - 1907   Strong, 931–59
   - 1983–85   Erickson, 1089–1106
4. Dispensacional
   - 1947   Chafer, 7:32–43
   - 1949   Thiessen, 319–22
   - 1986   Ryrie, 421–25
5. Luterana
   - 1917–24   Pieper, 7:253–89
   - 1934   Mueller, 486–505
6. Reformada (o presbiteriana)
   - 1559   Calvin, 2:1303–58 (4.15–16)
   - 1861   Heppe, 611–26
   - 1871–73   Hodge, 3:526–611
   - 1878   Dabney, 758–99
   - 1887–1921   Warfield, SWW 1:325–31
   - 1889   Shedd, 2b:574–87
   - 1937–66   Murray, *CW* 2:370–75
   - 1938   Berkhof, 622–43
   - 1962   Buswell, 2:241–66
7. Renovada (o carismática o pentecostal)
   - 1988–92=   Williams, 2:278–87, 3:136–39, 221–41

Secciones en Teologías Sistemáticas Católicas Romanas Representativas

1. Católica Romana: tradicional
   - 1955   Ott, 350–61
2. Católica Romana: Post Vaticano II
   - 1980   McBrien, 1:248–52; 2:349–54

Otras obras

Beasley-Murray, G. R. *Baptism in the New Testament*. Eerdmans, Grand Rapids, 1962.

————, y R. F. G. Burnish. «Baptism». En *EDT,* pp. 69–73.

Berkouwer, G. C. *The Sacraments.* Trad. por Hugo Bekker. Eerdmans, Grand Rapids, 1969.

Bridge, Donald, y David Phypers. *The Water That Divides.* InterVarsity Press, Downers Grove, Ill., 1977.

Bromiley, G. W. «Baptism». En *EDT*, pp. 112–14.

_____. *The Baptism of Infants.* Vine Books,Londres, 1955.

_____. *Children of Promise.* Eerdmans, Grand Rapids, 1979.

Brown, R. «Baptist Theology». En *EDT*, pp. 75–76.

Cottrell, Jack. *Baptism: A Biblical Study.* College Press, Joplin, Mo., 1989. (Escrito desde una perspectiva de las Iglesias de Cristo, entiende el bautismo como necesario para la salvación).

Green, Michael. *Baptism: Its Purpose, Practice, and Power.* Hodder and Stoughton, Londres, e InterVarsity Press, Downers Grove, Ill., 1987.

Jewett, Paul K. *Infant Baptism and the Covenant of Grace.* Eerdmans, Grand Rapids, 1978.

Kingdon, David. *Children of Abraham: A Reformed Baptist View of Baptism, the Covenant, and Children.* Carey Publications, Haywards Heath, England, 1973.

Marcel, Pierre Ch. *The Biblical Doctrine of Infant Baptism.* Trad. por Philip E. Hughes, J. Clarke, Londres, 1953.

Murray, John. *Christian Baptism.* Presbyterian and Reformed, Philadelphia, 1970.

Watson, T. E. *Baptism Not for Infants.* Henry E. Walter, Worthing, England, 1962.

PASAJE BÍBLICO PARA MEMORIZAR

Romanos 6:3-4: *¿Acaso no saben ustedes que todos los que fuimos bautizados para unirnos con Cristo Jesús, en realidad fuimos bautizados para participar en su muerte? Por tanto, mediante el bautismo fuimos sepultados con él en su muerte, a fin de que, así como Cristo resucitó por el poder del Padre, también nosotros llevemos una vida nueva.*

HIMNO

«La tumba le encerró»

Hay pocos himnos familiares compuestos específicamente para usarse en un culto bautismal. Sería útil para la iglesia que se compusieran más.

Este himno es apropiado para el tema del bautismo, porque habla triunfalmente de la resurrección de Cristo. Cuando lo cantamos debemos darnos cuenta de que Jesús no sólo triunfó sobre la muerte y la tumba para sí mismo, sino también para todos nosotros que creemos en él. Este hecho se simboliza divinamente en la ceremonia del bautismo.

> 1. La tumba le encerró, Cristo, mi Cristo;
> El alba allí esperó Cristo el Señor.

> Coro
> Cristo la tumba venció
> Y con gran poder resucitó;

De sepulcro y muerte Cristo es vencedor,
Vive para siempre nuestro Salvador.
¡Gloria a Dios, gloria a Dios,
El Señor resucitó!

2. De de guardas escapó, Cristo, mi Cristo;
El sello destruyó Cristo el Señor.

3. La muerte dominó Cristo, mi Cristo;
Y su poder venció Cristo el Señor.

AUTOR: ROBERT LOREY, 1874, TRAD. G. P. SIMMONDS
(TOMADO DE HIMNOS DE FE Y ALABANZA, #137)

Capítulo 50

La Cena del Señor
¿Cuál es el significado de la Cena del Señor?
¿Cómo debe ser observada?

EXPLICACIÓN Y BASES BÍBLICAS

El Señor Jesús instituyó dos ordenanzas (o sacramentos) que debían ser observadas por la iglesia. El capítulo anterior discutió el *bautismo*, una ordenanza que solo se observa una vez por cada persona, como una señal del comienzo de su vida cristiana. Este capítulo discute *la Cena del Señor*, una ordenanza que se debe observar repetidamente a lo largo de nuestra vida cristiana, como una señal de permanente compañerismo con Cristo.

A. Trasfondo de la historia de la redención

Jesús instituyó la Cena del Señor de la siguiente manera:

Mientras comían, Jesús tomó el pan y lo bendijo. Luego lo partió y se lo dio a sus discípulos, diciéndoles:
—Beban de ella todos ustedes. Esto es mi sangre del pacto, que es derramada por muchos para el perdón de pecados. Les digo que no beberé de este fruto de la vid desde ahora en adelante, hasta el día en que beba con ustedes el vino nuevo en el reino de mi Padre. (Mateo 26:26-29)

Pablo añade las siguientes frases de la tradición que él recibió (1 Corintios 11:23):

Esta copa es el nuevo pacto en mi sangre; hagan esto, cada vez que beban de ella, en memoria de mí. (1 Corintios 11:25)

¿Hay antecedentes de esta ceremonia en el Antiguo Testamento? Parece que sí los hay, porque también hubo ejemplos de comer y beber en la presencia de Dios en el Antiguo Testamento. Por ejemplo, cuando el pueblo de Dios estaba acampado ante el Monte Sinaí, justo después que Dios había dado los Diez Mandamientos, Dios llamó a los líderes de Israel a subir a la montaña a reunirse con él:

Moisés y Aarón, Nadab y Abiú, y los setenta ancianos de Israel subieron y vieron al Dios de Israel...vieron a Dios, y siguieron con vida Lit. *comieron y bebieron.* (Éxodo 24:9-11)

Por otra parte, cada año el pueblo de Israel debía diezmar (dar una décima parte de) todas sus cosechas. Entonces la ley de Moisés especificaba:

> *En la presencia del SEÑOR tu Dios comerás la décima parte de tu trigo, tu vino y tu aceite, y de los primogénitos de tus manadas y rebaños; lo harás en el lugar donde él decida habitar. Así aprenderás a temer siempre al SEÑOR tu Dios... y allí, en presencia del SEÑOR tu Dios, tú y tu familia comerán y se regocijarán.* (Deuteronomio 14:23, 26)

Pero aún antes que eso, Dios había puesto a Adán y Eva en el Huerto del Edén y les había dado toda su abundancia para comer (excepto del fruto del árbol del conocimiento del bien y el mal). Puesto que no había pecado en esa situación, y puesto que Dios los había creado para tener compañerismo con él y glorificarlo, cada comida que Adán y Eva ingirieran habría sido una comida de celebración en la presencia del Señor.

Cuando este compañerismo en la presencia de Dios fue más tarde tronchado por el pecado, Dios permitió aún algunas comidas (tales como el diezmo de los frutos arriba mencionado) que las personas debían ingerir en su presencia. Estas comidas constituían una restauración parcial del compañerismo con Dios del que Adán y Eva disfrutaban antes de la Caída, aunque ello estaba dañado por el pecado. Pero el compañerismo de comer en la presencia del Señor que encontramos en la Cena del Señor es mucho mejor. Las comidas sacrificiales del Antiguo Testamento constantemente apuntaban al hecho de que aún no se había pagado por los pecados, porque en ellas los sacrificios se repetían año tras año, y porque apuntaban al Mesías que habría de venir y quitaría el pecado (véase Hebreos 10:1-4). La Cena del Señor, sin embargo, nos recuerda que ya se ha consumado el pago de Jesús por nuestros pecados, de manera que ahora comemos en presencia del Señor con gran regocijo.

Pero incluso la Cena del Señor apunta a una comida de más maravillosa comunión en la presencia de Dios en el futuro, cuando se restaure el compañerismo del Edén y allí habrá un gozo aún mayor, porque aquellos que comen en la presencia de Dios serán pecadores perdonados, confirmados ahora en su justicia, incapaces de pecar otra vez. Jesús alude a ese tiempo futuro de gran regocijo y de comer en la presencia de Dios cuando dice: «Les digo que no beberé de este fruto de la vid desde ahora en adelante, *hasta el día en que beba con ustedes* el vino nuevo en el reino de mi Padre» (Mateo 26:29). Se nos habla más explícitamente sobre la cena de las bodas del Cordero en Apocalipsis: «El ángel me dijo: «Escribe: "¡Dichosos los que han sido convidados a la cena de las bodas del Cordero!"» (Apocalipsis 19:9). Este será un tiempo de gran regocijo en la presencia del Señor, así como un tiempo de temor reverente ante él.

Entonces, de Génesis a Apocalipsis, el propósito de Dios ha sido traer a su pueblo a un compañerismo consigo mismo, y uno de los grandes gozos de experimentar tal compañerismo es el hecho de que podemos comer y beber en la presencia del Señor. Sería saludable para la iglesia hoy en día recuperar un sentido más vívido de la presencia de Dios en la Cena del Señor.

B. Significado de la Cena del Señor

El significado de la Cena del Señor es complejo, rico e íntegro. En la Cena del Señor hay varios símbolos y cosas que se declaran.

1. La muerte de Cristo. Cuando participamos en la Cena del Señor simbolizamos la muerte de Cristo porque nuestras acciones dan una imagen de su muerte por nosotros. Cuando se parte el pan, esto simboliza el quebrantamiento del cuerpo de Cristo, y cuando la copa se vierte, esto simboliza la sangre de Cristo que se derramó por nosotros. Por esta razón participar en la Cena del Señor es una suerte de proclamación: «Porque cada vez que comen este pan y beben de esta copa, *proclaman la muerte del Señor hasta que él venga* (1 Corintios 11:26).

2. Nuestra participación en los beneficios de la muerte de Cristo. Jesús mandó a sus discípulos: «Tomen y coman; esto es mi cuerpo» (Mateo 26.26). Cuando individualmente nos adelantamos y tomamos la copa, cada uno de nosotros proclama con esta acción: «Me apropio de los beneficios de la muerte de Cristo». Cuando hacemos esto simbolizamos el hecho de que participamos o nos apropiamos de los beneficios ganados para nosotros por la muerte de Jesús.

3. Alimento espiritual. Justo como la comida ordinaria alimenta nuestros cuerpos físicos, así el pan y el vino de la Cena del Señor nos dan alimento. Pero también describen el hecho de que Cristo da a nuestras almas alimento y refrigerio espiritual—De hecho, la ceremonia que Cristo instituyó está destinada por su propia naturaleza a enseñarnos esto. Jesús dijo:

> —Ciertamente les aseguro —afirmó Jesús— que si no comen de la carne del Hijo del hombre ni beben su sangre, no tienen realmente vida. El que come mi carne y bebe mi sangre tiene vida eterna, y yo lo resucitaré en el día final. Porque mi carne es verdadera comida y mi sangre verdadera bebida. El que come mi carne y bebe mi sangre, permanece en mí y yo en él. Así como me envió el Padre viviente, y yo vivo por el Padre, también el que come de mí, vivirá por mí (Juan 6:53-57).

Ciertamente Jesús no habla de ingerir literalmente su cuerpo y su sangre. Pero si no habla de un comer y beber literales, entonces debe tener en mente una participación espiritual en los beneficios de la redención que él conquista. Este alimento espiritual, tan necesario para nuestras almas, se experimenta y a la vez simboliza en nuestra participación en la Cena del Señor.

4. La unidad de los creyentes. Cuando los creyentes participan juntos en la Cena del Señor también dan una clara señal de unidad de unos con otros. De hecho, Pablo dice: «Hay un solo pan del cual todos participamos; por eso, aunque somos muchos, formamos un solo cuerpo» (1 Corintios 10:17).

Cuando unimos estas cuatro cosas, comenzamos a darnos cuenta del rico significado de la Cena del Señor: cuando participo vengo a la presencia de Cristo; recuerdo que él murió por mí; participo en los beneficios de su muerte; recibo alimento espiritual; y estoy unido a todos los demás creyentes que participan en la Cena. ¡Qué gran motivo de acción de gracias y gozo se debe encontrar en esta Cena del Señor!

Pero además de estas verdades visiblemente expuestas por la Cena del Señor, el hecho de que Cristo haya instituido esta ceremonia para nosotros así mismo quiere decir que por medio de ella él nos promete o nos asegura ciertas cosas también. Cuando participamos en la Cena del Señor, se nos debe recordar una y otra vez las siguientes aseveraciones que Cristo nos hace:

5. Cristo confirma su amor por mí. El hecho de que puedo participar en la Cena del Señor—de hecho Jesús *me invita* a venir—es un vívido recordatorio y confirmación visual de que Jesús *me* ama, individual y personalmente. Por consiguiente, cuando me acerco a tomar la Cena del Señor se restablece una y otra vez la confianza del amor personal de Cristo por mí.

6. Cristo afirma que todas las bendiciones de la salvación están reservadas para mí. Cuando me acerco a la invitación de Cristo a la Cena del Señor, el hecho de que él me haya invitado a su presencia me asegura que tiene abundantes bendiciones para mí. En esta Cena de hecho saboreo de antemano la comida y la bebida del gran banquete en la mesa del Rey. Vengo a esta mesa como miembro de su familia *eterna*. Cuando el Señor me da la bienvenida a su mesa, me asegura así mismo que me dará la bienvenida a todas las otras bendiciones de la tierra y el cielo, y especialmente a la gran cena de las bodas del Cordero, en la que se ha reservado un puesto para mí.

7. Yo afirmo mi fe en Cristo. Por último, cuando tomo el pan y la copa, por mis acciones proclamo: «Te necesito y confío en ti, Señor Jesús, para que perdones mis pecados y concedas vida y salud a mi alma, porque solo por tu quebrantado cuerpo y tu sangre derramada puedo ser salvado». De hecho, al participar en la partición del pan cuando lo como y en el verter la copa cuando bebo de ella, proclamo una y otra vez que *mis pecados* fueron en parte la causa del sufrimiento y la muerte de Cristo. De esta manera, la pena, el gozo, la acción de gracias y un profundo amor por Cristo se entremezclan ricamente en la belleza de la Cena del Señor.

C. ¿Cómo está Cristo presente en la Cena del Señor?

1. El punto de vista católico romano: Transubstanciación. De acuerdo con la enseñanza de la Iglesia Católica Romana, el pan y el vino *se convierten realmente* en el cuerpo y la sangre de Cristo. Esto ocurre cuando el sacerdote dice: «Esto es mi cuerpo» durante la celebración de la misa. Al mismo tiempo que el sacerdote dice esto, el pan se eleva y se adora. Esta acción de elevar el pan y pronunciar que es el cuerpo de Cristo solo puede ser realizada por un sacerdote.

Cuando esto sucede, de acuerdo con la enseñanza católico romana, se imparte la gracia a los que están presentes *ex opera operato*, esto es, «por la obra realizada»[1], pero el monto de la gracia dispensada está en proporción con la disposición

---

[1]Véase la discusión del término *ex opere operato* en relación con el capítulo en el anterior capítulo 49, p. 1024.

subjetiva del receptor de la gracia.[2] Por otra parte, cada vez que se celebra la misa, se repite el sacrificio de Cristo (en cierto sentido), y la iglesia católica es cuidadosa al afirmar que este es un sacrificio real, aunque no es lo mismo que el sacrificio que Cristo pagó sobre la cruz.

Así que *Los Fundamentos del Dogma Católico* de Ludwig Ott enseñan lo siguiente:

> Cristo se hace presente en el Sacramento del Altar por la transformación de toda la sustancia del pan en su Santo Cuerpo y de toda la sustancia del vino en su Sangre... Esta transformación se llama Transubstanciación. (p. 379)

> El poder de la consagración reside solo en su sacerdote válidamente consagrado. (p. 397)

> El Culto de la Adoración (Latría) debe ser dado al Cristo presente en la Eucaristía... Este obedece a la integridad y la permanencia de la Real Presencia que el absoluto tributo de adoración (Cultus Latriae) le debe al Cristo presente en la Eucaristía. (p. 387)[3]

En la enseñanza católica, debido a que los elementos del pan y el vino se convierten literalmente en el cuerpo y la sangre de Cristo, la iglesia no permite por muchos siglos que los laicos beban de la copa de la Cena del Señor (por temor que se derrame la sangre de Cristo) sino solo coman del pan.[4] El manual de Ott nos dice:

> La comunión bajo las dos formas no es necesaria para ningún miembro individual de los Fieles, ya sea por motivo de un precepto Divino o como medio de salvación... La razón es que Cristo está completo e íntegro bajo cada una de las especies... La abolición de la recepción del cáliz en la Edad Media (siglos 12 y 13) ordenada por razones prácticas, principalmente por el peligro de profanación del Sacramento. (p. 397)

Con respecto al real sacrificio de Cristo en la misa, el manual de Ott dice:

> La Santa Misa es un Sacrificio apropiado y verdadero. (p.402)

> En el Sacrificio de la Misa y en el Sacrificio de la Cruz el Don Sacrificial y el Sacerdote Primordial que Sacrifica son idénticos; solo la naturaleza y el modo de la ofrenda son diferentes... El Don Sacrificial es el Cuerpo y la Sangre de Cristo... El Sacerdote

---

[2]Ludwig Ott, *Fundamentals of Catholic Dogma*, dice: «Como la medida de la gracia concedida *ex opere operato* está en proporción con la disposición subjetiva del recipiente, la recepción de la Santa Comunión debe estar precedida de una buena preparación, y una apropiada acción de gracias debe seguirla... Una Comunión indigna es un sacrilegio» (p.399).

[3]La palabra *eucaristía* significa simplemente la Cena del Señor. (Se deriva del vocablo griego *eucharistia*, «acción de gracias». El verbo de la misma familia *euchariste?*, «dar gracias», se encuentra en los registros bíblicos de la Última Cena en Mateo 26:27; Marcos 14:23; Lucas 22:19; y 1 Corintios 11:24: «después de *dar gracias*«. El término *eucaristía* se usa a menudo por los católico romanos y también frecuentemente por los episcopales. Entre muchas iglesias protestantes el término *Comunión* se refiere comúnmente a la Cena del Señor.

[4]Sin embargo, desde el concilio Vaticano II (1962-65), se ha autorizado la administración tanto del pan como del vino a laicos, pero esto no siempre se practica.

Primordial que Sacrifica es Jesucristo, quien utiliza al sacerdote humano como su siervo y representante y realiza la consagración a través de él. De acuerdo con el punto de vista Tomista, *en cada misa Cristo también lleva a cabo una actividad sacrificial inmediata real* la que, sin embargo, no debe ser concebida como la totalidad de muchas acciones sucesivas sino como un único acto sacrificial ininterrumpido del Cristo Transfigurado.

El propósito del sacrificio es el mismo en el Sacrificio de la Misa que en el Sacrificio de la Cruz; en primer lugar la glorificación de Dios, en segundo lugar expiación, acción de gracias y súplica. (p. 408)

Como sacrificio propiciatorio… el Sacrificio de la Misa lleva a cabo la remisión de pecados y el castigo por los pecados; como sacrificio de súplica… propicia la dispensación de dones sobrenaturales y naturales. El Sacrificio de propiciación de la Eucaristía puede ser ofrecido, como lo afirmó expresamente el Concilio de Trento, no sólo por los vivos, sino también por las pobres almas del Purgatorio. (pp. 412-13)

En respuesta a la enseñanza católico romana sobre la Cena del Señor, debe decirse que ella primero falla en reconocer el carácter simbólico de las afirmaciones de Jesús cuando declaró: «Este es mi cuerpo», o «Esta es mi sangre». Jesús habló muchas veces de manera simbólica cuando se refería a sí mismo. Dijo, por ejemplo, *«Yo soy la vid verdadera»* (Juan 15:1). o *«Yo soy la puerta; el que entre por esta puerta, que soy yo, será salvo»* (Juan 10:9); o, *«Yo soy el pan que bajó del cielo»* (Juan: 6:41). De manera similar, cuando Jesús dice: «Este es mi cuerpo», habla en forma simbólica, no de una manera real, física y literal. De hecho, cuando él estaba sentado con sus discípulos sosteniendo el pan, el pan estaba en su mano pero era distinto de su cuerpo, y eso era evidente, por supuesto, para los discípulos. Ninguno de los discípulos presentes habría pensado que el pedazo de pan que Jesús sostenía en su mano era realmente su cuerpo físico, porque podían ver el cuerpo ante sus ojos. Como es natural, ellos habrían entendido la declaración de Jesús de una manera simbólica. De igual forma, cuando Jesús dijo: *Esta copa es el nuevo pacto* en mi sangre, que es derramada por ustedes» (Lucas 22:20), ciertamente no quería decir que la copa era realmente el nuevo pacto, sino que la copa *representaba* el nuevo pacto.

Por otra parte, el punto de vista católico romano falla en reconocer la clara enseñanza del Nuevo Testamento sobre *lo final* y *completo* del sacrificio de Cristo por nuestros pecados de una vez y para siempre. El libro de Hebreos enfatiza esto muchas veces, como cuando dice: *Ni entró en el cielo para ofrecerse vez tras vez*, como entra el sumo sacerdote en el Lugar Santísimo cada año con sangre ajena. Si así fuera, Cristo habría tenido que sufrir muchas veces desde la creación del mundo. Al contrario ahora, al final de los tiempos se ha presentado una sola vez y para siempre a fin de acabar con el pecado mediante el sacrificio de sí mismo… Cristo fue ofrecido en sacrificio una sola vez para quitar los pecados de muchos» (Hebreos 9:25-28). Decir que el sacrificio de Cristo continúa o que se repite en la misa ha sido, desde la Reforma, una de las doctrinas católico romanas más objetables desde el punto de vista de los protestantes. Cuando nos damos cuenta que el sacrificio de Cristo por nuestros pecados está completo y consumado («*Consumado es*, Juan 19:30; cf. Hebreos 1:3), ello nos da una gran certidumbre de que se ha pagado por todos nuestros pecados, y que ya no queda sacrificio alguno por pagar. Pero la idea de una continuación del sacrificio de Cristo destruye nuestra certidumbre de que Cristo realizó el pago y que Dios el Padre lo aceptó, y de que «no hay ninguna condenación» (Romanos 8:1) pendiente ahora contra nosotros.

Para los protestantes, la idea de que la misa es en algún sentido una repetición de la muerte de Cristo parece señalar un regreso a los repetidos sacrificios del Antiguo Testamento, los cuales eran «un recordatorio anual de los pecados» (Hebreos 10:3). En lugar de la certidumbre de un completo perdón de pecados a través de «un solo sacrificio para siempre» (Hebreos 10:12), la idea de que la misa es un sacrificio repetido constituye un constante recordatorio de los pecados y de la culpa pendiente que debe ser expiada semana tras semana.[5]

En relación con la enseñanza de que solo sacerdotes pueden oficiar la Cena del Señor, el Nuevo Testamento no ofrece ningunas instrucciones que planteen restricciones sobre las personas que pueden presidir en la Comunión. Y como la Escritura no nos plantea tales restricciones, no parece justificado decir que solo los sacerdotes pueden dispensar los elementos de la Cena del Señor. Por otro lado, como el Nuevo Testamento enseña que todos los creyentes son sacerdotes y miembros de un «real sacerdocio» (1 Pedro 2:9; cf. Hebreos 4:16; 10:19-22), no debemos especificar una cierta clase de personas que tienen los derechos de los sacerdotes, como en el antiguo pacto, pero debemos enfatizar que todos los creyentes comparten el gran privilegio espiritual de acercarse a Dios.

Por último, cualquier mantenimiento de la restricción que no haría posible a los laicos beber de la copa de la Cena del Señor utilizaría el argumento de la tradición y la precaución para justificar la desobediencia de los mandamientos directos de Jesús, no solo del mandamiento a sus discípulos cuando dijo: «Beban de ella todos ustedes» (Mateo 26.27), sino la instrucción que Pablo registró, en la que Jesús dijo: «hagan esto, cada vez que beban de ella, en memoria de mí» (1 Corintios 11.25).

2. El Punto de Vista Luterano: «En, Con, y Bajo». Martín Lutero rechazó el punto de vista católico romano, pero insistió en que la frase «Este es mi cuerpo» había que tomarla en cierto sentido como una afirmación literal. Su conclusión no fue que el pan se *convierte* realmente en el cuerpo físico de Cristo, pero que el cuerpo físico de Cristo *está presente* «en, con y bajo» el pan de la Cena del Señor. El ejemplo que a veces se ofrece es decir que el cuerpo de Cristo está presente en el pan como el agua está presente en una esponja—el agua no es la esponja, pero está presente, «en, con, y bajo» una esponja, y está presente dondequiera que esté presente la esponja. Otros ejemplos que se ofrecen con los del magnetismo en un imán o un alma en el cuerpo.

---

[5]Es por esta razón que muchos protestantes han sentido que pueden participar voluntariamente en la Cena del Señor en cualquier otra iglesia protestante, aun en los servicios de la iglesia anglicana alta que en su forma parecen muy similares a los servicios de la iglesia católica, pero no pueden participar en buena conciencia en una misa católico romana, debido a la doctrina católico romana sobre la propia naturaleza de la misa.

La interpretación luterana de la Cena del Señor se encuentra en el manual de Francis Pieper, *Christian Dogmatics*.[6] Este cita el Pequeño Catecismo de Lutero: «¿Cuál es el Sacramento del Altar? Es el verdadero cuerpo y sangre de nuestro Señor Jesucristo, bajo el pan y el vino, para que nosotros los cristianos comamos y bebamos, instituido por el propio Cristo».[7] De modo semejante, la Confesión de Ausburgo, Artículo X, dice: «De la Cena del Señor ellos enseñan que el Cuerpo y la Sangre de Cristo están realmente presentes, y son distribuidos a aquellos que comen en la Cena del Señor».[8]

Un pasaje que se puede pensar que apoya esta posición es 1 Corintios 10:16: «Este pan que partimos, ¿no significa que entramos en comunión con el cuerpo de Cristo?

No obstante, a fin de declarar esta doctrina, Lutero tuvo que responder una importante pregunta: «¿Cómo puede el cuerpo de Cristo, o más generalmente la naturaleza humana de Cristo, estar presente en todas partes? ¿No es cierto que Jesús ascendió en su naturaleza humana al cielo y permanece allí hasta su regreso? No dijo que abandonaba la tierra y que ya no estaría en el mundo sino que iba al Padre (Juan 16:28; 17:11)? En respuesta a este problema Lutero enseñó la *ubicuidad* de la naturaleza humana de Cristo tras su ascensión—esto es, que la naturaleza humana de Cristo estaba presente en todas partes («ubicuo»). Pero los teólogos desde el tiempo de Lutero sospecharon que él enseñó la ubicuidad de la naturaleza humana de Cristo, no porque esta se halla en algún lugar de la Escritura, sino porque necesitaba explicar cómo su punto de vista de la consubstanciación podía ser verdadero.

En respuesta al punto de vista luterano, se puede decir que este tampoco entiende que Jesús está tratando de enseñarnos una realidad *espiritual* pero utilizando objetos *físicos*, cuando dice: «Este es mi cuerpo». No debemos entender esto más literalmente de lo que entendemos la afirmación correspondiente: «*Esta copa es el nuevo pacto en mi sangre, que es derramada por ustedes*» (Lucas 22:20). De hecho, Lutero no hace justicia del todo a las palabras de Jesús de una manera literal. Berkhof objeta correctamente que Lutero hace que las palabras de Jesús signifiquen: «Esto acompaña a mi cuerpo».[9] En esta cuestión ayudaría leer de nuevo Juan 6:27-59, donde el contexto muestra que Jesús habla en términos literales, físicos, sobre el pan, pero continuamente lo explica en términos de una realidad espiritual.

3. El Resto del Protestantismo: Una Presencia de Cristo Simbólica y Espiritual. A diferencia de Martín Lutero, Juan Calvino y otros Reformadores argumentaron que el pan y el vino en la Cena del Señor no se transformaban en el cuerpo y la sangre de Cristo, ni contenían de alguna manera el cuerpo y la sangre de Cristo. Antes bien, el pan y el vino *simbolizaban* el cuerpo y la sangre de Cristo, y ofrecían

---

[6]4 vols. (St. Louis: Concordia, 1950-57); también Mueller, pp. 524-28.

[7]Pieper, p. 296.

[8]Ibid. Mueller, p. 528, dice que los luteranos rechazan el término «consubstanciación» al describir sus puntos de vista.

[9]Berkhof, *Systematic Theology*, p. 653.

una señal visible del hecho que el propio Cristo estaba verdaderamente presente.[10] Calvino dijo:

> Al mostrar el símbolo se muestra la cosa misma. Porque a menos que un hombre quiera llamar a Dios mentiroso, nunca se atrevería a afirmar que él divulga un símbolo vacío... Y la divinidad debe por todos los medios mantener su precepto: cuando quiera que vean símbolos decretados por el Señor, para pensar y estar persuadidos que la verdad de la cosa denotada está ciertamente presente allí. ¿Pues porqué el Señor pondría en sus manos el símbolo de su cuerpo, excepto para asegurarle a usted una verdadera participación en este? (*Institutes*, 4.17.10; p. 1371)

Pero Calvino fue cuidadoso al diferir tanto de la enseñanza católico romana (que dice que el pan se convierte en el cuerpo de Cristo) como de la enseñanza luterana (que dice que el pan contiene el cuerpo de Cristo).

> Pero debemos establecer que esa presencia de Cristo en la Cena no puede ceñirlo al elemento del pan, ni encerrarlo en el pan, ni lo circunscribe de ninguna manera (está claro que todas estas cosas lo apartan de su gloria celestial). (*Institutes*, 4.17.19; p.1381)

Hoy en día la mayoría de los protestantes diría, en adición al hecho de que el pan y el vino simbolizan el cuerpo y la sangre de Cristo, que Cristo está también *espiritualmente presente* en una manera especial cuando participamos del pan y el vino. Ciertamente, Jesús prometió estar presente cuando quiera que los creyentes adoraran: «Porque dos o tres se reúnen en mi nombre, allí estoy yo en medio de ellos» (Mateo 18:20).[11] Y si él está especialmente presente cuando los cristianos se reúnen para adorar, entonces esperaríamos que él estaría presente de una manera especial en la Cena del Señor:[12] Nos encontramos con él en *su* mesa, a la cual viene para entregarse a nosotros. Como recibimos los elementos del pan y el vino en la presencia de Cristo, de esta manera participamos de él y de todos sus beneficios. «Nos alimentamos de él en nuestros corazones» con acción de gracias. Por cierto, hasta un niño que conoce a Cristo entenderá esto sin que se le enseñe y esperará recibir una bendición especial del Señor durante esta ceremonia, porque su significado es del todo inherente a las varias acciones del comer y beber. Pero no debemos

---

[10]Había alguna diferencia entre Calvino y otro reformador suizo, Ulrico Zuinglio (1484-1531) sobre la naturaleza de la presencia de Cristo en la Cena del Señor; ambos concordaban en que Cristo estaba presente de una manera simbólica, pero Zuinglio vacilaba mucho más a la hora de afirmar una real presencia espiritual de Cristo. No obstante, la real enseñanza de Zuinglio es una cuestión que suscita ciertas diferencias entre los historiadores.

[11]Es verdad que esta sentencia se pronuncia en un contexto que se aplica específicamente a la disciplina eclesiástica (vv. 15-19), pero es la proclamación de una verdad general utilizada aquí para apoyar una aplicación específica, y no hay motivo para restringir su aplicación a coyunturas de la disciplina eclesiástica. Nos dice que Jesús siempre está presente cuando los creyentes se reúnen en su nombre.

[12]A veces los protestantes se han preocupado tanto en negar el punto de vista católico romano sobre la «real presencia» de Cristo en los elementos que han negado equivocadamente cualquier presencia espiritual. Millard Erickson nota las chistosas situaciones que tienen lugar: «Por el celo de evitar la concepción de que Jesús está presente de alguna suerte de forma mágica, ciertos bautistas entre otros han ido a veces a tales extremos que dan la impresión de que el único lugar donde Jesús no puede ciertamente encontrarse es en la Cena del Señor. Esto es lo que un líder bautista llamó 'la doctrina de la real ausencia' de Jesucristo» (*Christian Theology*, p. 1123).

decir que Cristo está presente aparte de nuestra fe personal, sino que solo nos encuentra y bendice allí de acuerdo con nuestra fe en él.

¿De qué forma está Cristo presente entonces? Ciertamente hay una presencia simbólica de Cristo, pero ella es también una presencia espiritual y hay una genuina bendición espiritual en esta ceremonia.

D. ¿Quién debe participar en la Cena del Señor?

Pese a diferencias sobre algunos aspectos de la Cena del Señor, la mayoría de los protestantes estarían de acuerdo, primero, que *solo aquellos que creen en Cristo* deben participar en ella, pues es una señal de ser un cristiano y permanecer en la vida cristiana.[13] Pablo advierte que quienes comen y beben de manera indigna enfrentan serias consecuencias: «Porque el que come y bebe sin discernir el cuerpo, come y bebe su propia condena. Por eso hay entre ustedes muchos débiles y enfermos, e incluso varios han muerto» (1 Corintios 11:29-30).

Segundo, muchos protestantes argumentarían a partir del significado del bautismo y el significado de la Cena del Señor que, normalmente, *solo aquellos que han sido bautizados* deben participar la Cena del Señor. Esto se debe a que el bautismo es claramente un símbolo de *iniciar* la vida cristiana, mientras la Cena del Señor es claramente un símbolo de *mantenerse* en la vida cristiana. Por esto si alguien toma la Cena del Señor y con ello proclama públicamente que ella o él se mantienen en la vida cristiana, entonces se le debe preguntar a esa persona: «Sería bueno ser bautizado ahora y en consecuencia ofrecer un símbolo de que usted comienza la vida cristiana?»

Pero otros, incluyendo este autor, objetarían a tales restricciones como sigue: Surge un problema diferente si alguien que es un creyente genuino, pero no bautizado todavía, *no* se le permite participar de la Cena del Señor cuando se reúnen los cristianos. En ese caso la no participación de la persona simboliza que ella o él *no* es un miembro del cuerpo de Cristo que se congrega para observar la Cena del Señor en una fraternidad unida (véase 1 Corintios 10:17: «Hay un solo pan del cual todos participamos; por eso, aunque somos muchos, formamos un solo cuerpo»). Por tanto las iglesias pueden pensar que es mejor no permitir a los creyentes no bautizados participar en la Cena del Señor sino instarlos a bautizarse lo más pronto posible. Pues si están dispuestos a participar en un símbolo externo de ser cristiano, no parece haber razón de que no estén dispuestos a participar en el otro, un símbolo que propiamente viene primero.

Por supuesto, los problemas que surgen en ambas situaciones (cuando creyentes no bautizados toman la Comunión y cuando no lo hacen) pueden ser todos obviados si los nuevos cristianos son regularmente bautizados poco después de haber venido a la fe. Y, cualquier posición que asuma la iglesia sobre esta cuestión sobre si los creyentes no bautizados deben tomar la Comunión, parecería aconsejable enseñar, en el ministerio docente de la iglesia, que la situación ideal es que los nuevos creyentes se bauticen primero y entonces participen de la Cena del Señor.

---

[13]Sin embargo, algunos en la Iglesia de Inglaterra y en algún otro sitio han comenzado recientemente a permitir que los niños pequeños participen en la Cena del Señor, razonando que si se les ha dado la señal del bautismo no es correcto negarles la señal se la Cena.

El tercer requisito para la participación es el del *auto-examen*:

> Por lo tanto, cualquiera que coma el pan o beba de la copa del Señor de manera indigna, será culpable de pecar contra el cuerpo y la sangre del Señor. Así que cada uno debe examinarse a sí mismo antes de comer el pan y beber de la copa. Porque el que come y bebe sin discernir el cuerpo, como y bebe su propia condena. (1 Corintios 11:27-29)

En el contexto de 1 Corintios 11 Pablo reprende a los corintios por su conducta egoísta e inconsistente cuando se reúnen como iglesia: «De hecho, cuando se reúnen, ya no es para comer la Cena del Señor, porque cada uno se adelanta a comer su propia cena, de manera que unos se quedan con hambre mientras otros se emborrachan» (1 Corintios 11:29). Esto nos ayuda a comprender lo que Pablo quiere decir cuando habla de aquellos que comen y beben «sin discernir el cuerpo» (1 Corintios 11:29). El problema en Corinto *no* fue una falla en comprender que el pan y la copa representaban el cuerpo y la sangre del Señor—ellos ciertamente sabían esto. En su lugar, el problema era su conducta egoísta y desconsiderada de unos hacia otros mientras estaban ante la Cena del Señor. Ellos no comprendían o «discernían» la verdadera naturaleza de la iglesia *como un cuerpo*. Esta interpretación de «sin discernir el cuerpo» se apoya en la mención de Pablo de la iglesia como el cuerpo de Cristo solo un poco antes, en 1 Corintios 10:17: «Hay un solo pan del cual todos participamos; por eso, aunque somos muchos, formamos un solo cuerpo»[14] Así que la frase «sin discernir el *cuerpo*« significa «no comprender la unidad e interdependencia de la gente en la iglesia, la cual es el cuerpo de Cristo». Esto significa no preocuparnos de nuestros hermanos y hermanas cuando venimos a la Cena del Señor, en la cual debemos reflejar su carácter.[15]

¿Qué significa entonces comer o beber «de manera indigna» (1 Corintios 11:27)? Primero debemos pensar que las palabras se aplican más bien de forma estricta y tienen que ver solo con la forma en que nos conducimos cuando de hecho comemos y bebemos el pan y el vino. Pero cuando Pablo explica que una participación indigna supone «no discernir el cuerpo», indica que debemos preocuparnos de todas nuestras relaciones dentro del cuerpo de Cristo: ¿Actuamos de maneras que retratan vívidamente no la unidad de un pan y un cuerpo, sino desunión? ¿Actuamos de maneras que proclaman no el sacrificio desinteresado de nuestro Señor, sino la enemistad y el egoísmo? En sentido amplio, entonces: «Que cada uno se examine a sí mismo» significa que debemos preguntar si nuestras relaciones en el cuerpo de Cristo reflejan de hecho el carácter del Señor que encontramos allí y a quién representamos.

---

[14]Por otra parte, de esta muy breve mención de la idea de un cuerpo podemos correctamente suponer que no era una idea nueva, sino que Pablo les había inculcado esta idea mientras estuvo en Corinto durante dos años cuando fundó la iglesia allí.

[15]Otras dos razones para esta interpretación son: (1) Pablo solo dice «sin discernir el cuerpo», y no dice «sin discernir el cuerpo y la sangre del Señor', lo que con mayor probabilidad habría hecho si hubiera dado a entender «sin comprender que el pan y la copa representan el cuerpo y la sangre del Señor». (2) Además, Pablo dice: «Que cada uno se examine *a sí mismo*» (y esto incluiría sin duda alguna examinar sus relaciones con otros en la iglesia), pero Pablo no dice: «Que cada uno vea si comprende lo que simbolizan el pan y el vino».

En relación con esto, la enseñanza de Jesús sobre venir a adorar en general también debe mencionarse:

> Por lo tanto, si estás presentando tu ofrenda en al altar y allí recuerdas que tu hermano tiene algo contra ti, deja tu ofrenda allí delante del altar. Ve primero y reconcíliate con tu hermano; luego vuelve y presenta tu ofrenda. (Mateo 5:23-24)

Aquí Jesús nos dice que cuando vayamos a adorar debemos estar seguros que nuestras relaciones con otros son correctas, y si no lo son, debemos actuar rápidamente para corregirlas y entonces venir a adorar a Dios. Esta admonición debe ser especialmente verdadera cuando acudimos a la Cena del Señor.

Por supuesto, ningún pastor o líder de la iglesia sabrá si las personas se examinan o no a sí mismas (excepto en casos cuando una conducta ofensiva o pecaminosa se hace evidente a los demás). En gran parte, la iglesia tiene que depender de los pastores y maestros para explicar claramente el significado de la Cena del Señor y advertir de los peligros de participar indignamente. Entonces las personas tendrán la responsabilidad de examinar sus propias vidas, de acuerdo con lo que Pablo dice. De hecho, Pablo no dice que los pastores deben examinar la vida de todo el mundo, sino en su lugar insta al auto-examen individual: «Así que cada uno debe examinarse a sí mismo» (1 Corintios 11:28).[16]

E. Otras Cuestiones

¿Quién debe administrar la Cena del Señor? La Escritura no ofrece ninguna enseñanza específica sobre esta cuestión, de manera que solo nos queda decidir qué es lo sabio y apropiado para el beneficio de los creyentes en la iglesia. A fin de preservar la Cena del Señor de abusos, un líder responsable debe estar a cargo de administrarla, pero no parece que la Escritura requiere que solo el clero ordenado u oficiales escogidos de la iglesia puedan hacerlo. En situaciones ordinarias, por supuesto, el pastor u otro líder que oficia ordinariamente en los servicios de adoración de la iglesia también oficiaría apropiadamente en la Comunión. Pero más allá de esto, no parece haber motivo porqué solo oficiales o solo líderes, o solo hombres, deban distribuir los elementos. ¿No hablaría mucho más claramente de nuestra unidad e igualdad espiritual en Cristo si tanto hombres como mujeres, por ejemplo, asistieran en la distribución de los elementos de la Cena del Señor?[17]

---

[16]En casos de la disciplina eclesiástica o en casos en que la conducta exterior ofrece una clara evidencia que una persona se aparta de Cristo, los líderes de la iglesia pueden desear hacer una clara y fuerte advertencia verbal contra la participación en la Cena del Señor, de manera que el hermano o la hermana que comete una falta no coma y beba juicio sobre él mismo o ella misma. Pero estos casos deben ser raros, y también debemos evitar el error de algunas iglesias que han sido tan estrictas en la administración de la Cena del Señor que muchos verdaderos creyentes han sido apartados y de esa manera la unidad del verdadero cuerpo de Cristo no ha estado representada, ni los creyentes tenido acceso a las bendiciones espirituales que debidamente recibirían en Cristo al participar en esta ordenanza y obedecer por consiguiente a su Señor.

[17]Por supuesto, donde se piensa que la distribución de la Cena del Señor es una función sacerdotal (como en las iglesias anglicanas), las iglesias pueden decidir que otra aproximación a esta cuestión concuerda más con sus propias enseñanzas. Por otra parte, en una iglesia en la que solo los principales oficiales de la iglesia han ayudado en el servicio de la Comunión durante muchos años, la iglesia puede decidir que permitir la participación de alguien más en la distribución de los elementos simbolizaría la participación de esas personas en el liderazgo y el

¿Con qué frecuencia debe celebrarse la Cena del Señor? La Escritura no nos lo dice. Jesús dijo simplemente: «Porque cada vez que comen este pan y beben de esta copa...» (1 Corintios 11:26). Sería apropiado considerar aquí también la directriz de Pablo sobre los servicios de adoración: «Hágase todo para edificación» (2 Corintios 14:26). Realmente, ha sido la práctica de la mayoría de las iglesias a través de su historia celebrar la Cena del Señor cada semana cuando los creyentes se reúnen. Sin embargo, en muchos grupos protestantes desde la Reforma, ha habido una celebración menos frecuente de la Cena del Señor—a veces una vez o dos veces al mes, o, en muchas iglesias reformadas, solo cuatro veces al año. Si se planifica y explica y se lleva a cabo la Cena del Señor de tal manera que es un tiempo de auto-examen, confesión, y acción de gracias y alabanza, entonces celebrarla una vez a la semana sería demasiado frecuente, no obstante, y ciertamente puede ser observada con esa frecuencia «para edificación».

PREGUNTAS PARA APLICACIÓN PERSONAL

1. ¿Qué cosas simbolizadas por la Cena del Señor han recibido un nuevo énfasis en su pensamiento como resultado de la lectura de este capítulo? Se siente más deseoso de participar en la Cena del Señor ahora que antes de 1a 1lectura del capítulo? ¿Por qué?

2. ¿De qué manera diferente (si alguna) se acercará usted a la Cena del Señor de forma ahora? ¿Cuál de las cosas simbolizadas en la Cena del Señor lo alienta más en su vida cristiana en este momento?

3. ¿Qué criterio de la naturaleza de la presencia de Cristo en la Cena del Señor le han enseñado con anterioridad en la iglesia? ¿Cuál es su propio criterio ahora?

4. ¿Hay algunas relaciones personales arruinadas que usted deba enmendar antes de venir otra vez a la Cena del Señor?

5. ¿Hay aspectos en los cuales su iglesia necesite enseñar más sobre la naturaleza de la Cena del Señor? ¿Cuáles son?

TÉRMINOS ESPECIALES

Comunión

consubstanciación

eucaristía

no discernir el cuerpo

presencia espiritual

presencia simbólica

transubstanciación

ubicuidad de la naturaleza humana de Cristo

---

gobierno de la iglesia, y puede que deseen postergar los cambios por lo menos hasta que sea posible impartir alguna enseñanza clara. Otras iglesias pueden considerar que la función de liderazgo está tan claramente ligada con la distribución de los elementos que desearían continuar con esa práctica restrictiva.

BIBLIOGRAFÍA

(Para una explicación de esta bibliografía vea la nota sobre la bibliografía en el capítulo 1, p. 40. Datos bibliográficos completos se pueden encontrar en las páginas 1297-1306.)

Secciones en Teologías Sistemáticas Evangélicas

1. Anglicana (Episcopal)
   - 1882-92   Litton, 472-542
2. Arminiana (Wesleyana o Metodista)
   - 1875-76   Pope, 3:325-34
   - 1892-94   Miley, 2:411-14
   - 1940   Wiley, 3:189-208
   - 1960   Purkiser, 411-15
   - 1983   Carter, 2.616-19
3. Bautista
   - 1767   Gill, 2:647-60
   - 1907   Strong, 959-80
   - 1983-85   Erickson, 1107-28
4. Dispensacional
   - 1947   Chafer, 7:229
   - 1949   Thiessen, 322-25
   - 1986   Ryrie, 425-26
5. Luterana
   - 1917-24   Pieper, 3:290-96
   - 1934   Mueller, 506-40
6. Reformada (o Presbiteriana)
   - 1559   Calvino, 2:1359-1448 (4.27-28)
   - 1724-58   Edwards, 1:431-532
   - 1861   Heppe, 627-56
   - 1871-73   Hodge, 3:611-92
   - 1878   Dabney, 800-817
   - 1887-1921   Warfield, SSW, 1:332-38
   - 1889   Shedd, 2b:564-74
   - 1937-66   Murray, CW, 2:376-84; CW, 3:275-88
   - 1938   Berkhof, 644-58
   - 1961   Buswell, 2:266-79
7. Renovación (o Carismática / Pentecostal)
   - 1988-92   Williams

Secciones en Teologías Católicas Romanas Representativas

1. Católica Romana: Tradicional
   - 1955   Ott, 370-416
2. Católica Romana: Post-Vaticano II
   - 1980   McBrien, 2:757-68; 1:552-56

Otras Obras

Beckwith, Roger T. «Eucharist». En *EDT*, pp. 236-38

Berkouwer, G. C. *The Sacraments*. Traducida por Hugo Bekker. Eerdmans, Grand Rapids, 1969.

Bridge, D. y D. Phypers. *Communion: The Meal That Unites*. Hodder and Stoughton, London, 1981.

Marshall, I. Howard. *Last Supper and Lord's Supper*. Eerdmans, Grand Rapids, 1980.

Osterhaven, M. E. «Lord's» Supper, Views of.». En *EDT*, pp. 653-56.

Wallace, R. S. «Lord's Supper». En *EDT*, pp. 651-53.

PASAJE BÍBLICO PARA MEMORIZAR

1 Corintios 11:23-26: *Yo recibí del Señor lo mismo que les trasmití a ustedes: Que el Señor Jesús, la noche en que fue traicionado, tomó pan, y después de dar gracias, lo partió y dijo: «Este es mi cuerpo, que por ustedes entrego; hagan esto en memoria de mí». De la misma manera, después de cenar, tomó la copa y dijo: «Esta copa es el nuevo pacto en mi sangre; hagan esto, cada vez que beban de ella, en memoria de mí». Porque cada vez que comen este pan y beben de esta copa, proclaman la muerte del Señor hasta que él venga.*

HIMNO

«Cara a cara yo te miro aquí»

Este hermoso himno no se lo canta con mucha frecuencia, pero habla tan directamente a Jesús mismo y habla tan claramente de la realidad espiritual que necesitamos recordar en la Cena del Señor, que es uno de los himnos más grandiosos jamás compuestos respecto a esta doctrina. Conlleva una actitud de reverencia en la presencia del Señor, gozo en la salvación, y también genuino arrepentimiento por el pecado. Muy pocos himnos en la historia del cristianismo igualan la dulce hermosura del espíritu que Horacio Bonar ejemplificó en este himno.

1. Cara a cara yo te miro aquí
   Como ser inefable de amor;
   Quiero asir con mi mano tu gran don,
   Y todo mi cansancio en ti dejar.

2. Comer quisiera de ese pan de Dios;
   Beber contigo el vino real de Dios.
   Y despreciando el terrenal dolor,
   Buscar la dulce calma del perdón.

3. No tengo ayuda sino sólo a ti;
   Sólo tu brazo es fuerte para mí;
   Este es propicio, bástame en verdad;
   Mi fuerza está sólo en tu poder.

4. Mío el pecado, tuya la equidad;
   Mía la culpa, tuyo el perdón.
He aquí el refugio, he aquí mi paz,
   Tu sangre, mi justicia, mi Señor.

AUTOR: HORACIO BONAR, TRAD. DANTE L. PINTO C.
(TOMADO DE HIMNARIO BAUTISTA, #253)

Capítulo 51

Adoración

¿Cómo puede la adoración cumplir su gran propósito en la era del Nuevo Testamento? ¿Qué significa adorar «en espíritu y en verdad»?

EXPLICACIÓN Y BASE ESCRITURAL

El término adoración se aplica a veces a todo en la vida cristiana, y se dice correctamente que todo en nuestra vida debe ser un acto de adoración, y que todo lo que hace la iglesia debe considerarse adoración, porque todo lo que hacemos debe glorificar a Dios. Sin embargo, en este capítulo no utilizo esa palabra en ese amplio sentido. Más bien uso *adoración* con un significado más específico para aludir a la música y las palabras que los cristianos dirigen a Dios en alabanza, junto con las actitudes entrañables que acompañan esa alabanza, especialmente cuando los cristianos se reúnen. Como los capítulos de esta parte del libro tratan de la doctrina de la iglesia, es algo apropiado concentrarse en este capítulo en las actividades de adoración de la iglesia reunida.

A. Definición y propósito de la adoración

La adoración es la actividad de glorificar a Dios con nuestras voces y corazones en su presencia.

En esta definición notamos que adoración es un acto de glorificar a Dios. Pese a que se supone que todos los aspectos de nuestras vidas glorifiquen a Dios, esta definición especifica que la adoración es algo que hacemos especialmente cuando venimos ante la presencia de Dios, cuando estamos conscientes de que lo adoramos en nuestros corazones, y cuando lo alabamos con nuestras voces y hablamos de él de manera que otros puedan oír. Pablo alienta a los cristianos en Colosas: «Que habite en ustedes la palabra de Cristo con toda su riqueza: *instrúyanse y aconséjense unos a otros con toda sabiduría; canten salmos, himnos y canciones espirituales a Dios, con gratitud de corazón*» (Col 3:16).

De hecho, la razón primaria de que Dios nos haya llamado dentro de la asamblea de la iglesia es que debemos adorarlo como asamblea. Edmund Clowney dice atinadamente:

Dios ha demandado de Faraón: «¡Deja ir a mi pueblo *para que me rinda culto* en el desierto» (Éx 7:16b)... Dios los saca para poder hacerlos entrar en su asamblea, la gran compañía de aquellos que están en su presencia... *La asamblea de Dios en el Sinaí es por lo tanto el objetivo inmediato del éxodo. Dios trae a su pueblo ante su presencia para que puedan oír su voz y adorarlo.*

Pero Clowney explica que la asamblea que adoraba en el Monte Sinaí no podía permanecer en sesión delante de Dios para siempre. Por lo tanto, Dios estableció otras festividades en las que el conjunto de la nación se reuniría delante de él tres veces al año. Dice él que: «Los israelitas son una nación formada para adorar, llamada a reunirse en los predios del Señor, y a alabar unida el nombre del Altísimo».[1]

Pese a ello Clowney apunta que, en lugar que alabar a Dios en una asamblea santa y unida, el pueblo se desvió para servir a los ídolos y, en lugar de reunir al pueblo para que adorarse delante de él, «Dios dispersó al pueblo en el exilio como castigo».[2]

Pero Dios prometió que sus propósitos para su pueblo aún se cumplirían, que algún día habría una gran asamblea no solo de Israel sino de todas las naciones delante de su trono (Is 2:2-4; 25:6-8; 49:22; 66:18-21; cf. Jer 48:47; 49:6, 39). Clowney apunta que el cumplimiento de esa promesa solo comenzó cuando Jesús inició la construcción de su iglesia:

> Pentecostés fue el tiempo de las primicias, el comienzo de la gran cosecha de la redención. Pedro predicó el cumplimiento de la profecía de Joel. El Espíritu se había derramado, *la adoración de la nueva era había llegado. La iglesia, la asamblea para adorar, adoraba a Dios*... Ahora había comenzado la recolección.

> El llamado del evangelio es un llamado a adorar, a apartarse del pecado e invocar el nombre del Señor... La imagen de la iglesia como una asamblea que adora no se presenta en ningún lugar de una forma más poderosa que en la Epístola a los Hebreos (12:18-29)... En nuestra adoración en la iglesia de Cristo nos acercamos al trono de Dios, el juez de todas las cosas. *Entramos en la asamblea festiva de los santos y los ángeles.* Nos reunimos en espíritu con los espíritus de los justos hechos perfectos. Entramos en la asamblea de la gloria a través de Cristo nuestro mediador, y la sangre de su muerte expiatoria...

> *Adoración colectiva reverente*, entonces, no es opcional para la iglesia de Dios... Más bien, ella *constituye la expresión del verdadero ser de la iglesia*. Ella pone de manifiesto sobre la tierra la realidad de la asamblea celestial.[3]

Adorar es por lo tanto una expresión *directa* del máximo propósito de vivir, «glorificar a Dios y gozar de él a plenitud para siempre».[4] Dios habla de sus «hijos» e «hijas», como de «todo el que sea llamado por mi nombre, al que yo he creado *para mi*

---

[1]Edmund Clowney, «The Biblical Theology of the Church», en *The Church in the Bible and the World*, ed. D. A. Carson, pp. 17-19 (itálicas añadidas).

[2]Ibid.

[3]Ibid., pp. 20-22.

[4]Esta frase familiar ha sido ampliamente utilizada en las enseñanzas cristianas. Se halla en el *Westminster Larger Catechism*. Primera pregunta: «*¿Cuál es el fin supremo y más elevado del hombre? Respuesta*: El fin supremo y más elevado del hombre es glorificar a Dios, y gozar plenamente de él para siempre».

gloria, al que yo hice y formé» (Is 43:6-7). Y Pablo también utiliza un lenguaje similar cuando dice que «a fin de que nosotros, que ya hemos puesto nuestra esperanza en Cristo, *seamos para alabanza de su gloria*» (Ef 1:12). La Escritura dice aquí y en muchos otros pasajes que Dios nos creó para glorificarlo.[5]

Cuando reflexionamos sobre el propósito de la adoración ello nos recuerda también que *Dios es digno de adoración y nosotros no*. Aun hubo que decirle al apóstol Juan que no debía adorar a ninguna criatura, ni siquiera a un poderoso ángel del cielo. Cuando él se «postró» a los pies del ángel que le mostró maravillosas visiones del cielo, el ángel le dijo: «¡No, cuidado!»… ¡Adora solo a Dios! (Ap 22:8-9).

Esto es porque Dios es celoso de su propio honor y debidamente busca su propio honor. Él dice: «Yo, el SEÑOR tu Dios, soy un Dios celoso» (Ex 2:5) y ¡No cederé mi gloria a ningún otro! (Is 48:11). Algo dentro de nosotros debe temblar y regocijarse por este hecho. Debemos temblar de miedo a fin de que no le robemos a Dios su gloria. Y debemos regocijarnos de que sea *justo* que Dios busque su propio honor y sea celoso de su propio honor. Los veinticuatro ancianos en el cielo sienten esta reverencia y gozo, pues se postran ante el trono de Dios y rinden sus coronas delante de él cantando: «Digno eres, Señor y Dios nuestro, de recibir la gloria, la honra y el poder, porque tú creaste todas las cosas; por tu voluntad existen y fueron creadas: (Ap 4:11). Cuando sentimos la absoluta *justicia* de estar embebido de esto dentro de nosotros mismos entonces tenemos la apropiada actitud del corazón para una adoración genuina.

Porque Dios es digno de adoración y busca ser adorado, todas las cosas en nuestros servicios de adoración deben estar diseñadas y realizadas no para llamar la atención hacia nosotros mismos o darnos gloria, sino para llamar la atención hacia Dios y hacer que las personas piensen sobre él. Sería apropiado que evaluemos de nuevo frecuentemente los distintos elementos de nuestros servicios dominicales—la predicación, la oración pública, la dirección de la adoración, la música especial, la celebración de la Cena del Señor, y aun los anuncios y la ofrenda. ¿Le brindan realmente gloria a Dios de la manera que se realizan?[6] Pedro dice que los dones espirituales deben ser usados de forma tal que Dios sea «en todo alabado por medio de Jesucristo» (1 P 4:11).

B. Los resultados de la genuina adoración

Cuando adoramos a Dios en el sentido descrito arriba, dándole verdaderamente gloria en nuestros corazones y con nuestras voces, varias cosas ocurren:

---

[5]Vea una discusión adicional en el capítulo 21, pp. 481-89, sobre el hecho de que Dios nos creó para su propia gloria.

[6]Pocas cosas destruyen una atmósfera de adoración más rápidamente que un solista o un coro que disfrutan llamando la atención sobre sí mismos, o un predicador que exhibe su propia inteligencia o habilidad al hablar. «Dios se opone a los orgullosos, pero da gracia a los humildes» (1 P 5:5).

1. Nos deleitamos en Dios. Dios nos creó no solo para glorificarlo sino también para gozarnos en él y deleitarnos en su excelencia.[7] Probablemente experimentamos el deleite en Dios más plenamente en la adoración que en ninguna otra actividad de esta vida. David confiesa que lo «único» que él buscará sobre todo lo demás es «habitar en la casa del SEÑOR todos los días de mi vida, para contemplar la hermosura del SEÑOR y recrearme en su templo» (Sal 27:4). También dice: «*Me llenarás de alegría en tu* presencia, *y de dicha eterna a tu derecha*» (Sal 16:11). De manera similar, Asaf conoce que solo Dios llena todas sus esperanzas y todos sus deseos: «*¿A quién tengo en el cielo sino a ti? Si estoy contigo, ya nada quiero en la tierra.* (Sal 73:25). Y los hijos de Coré dicen:

> ¡Cuán hermosas son tus moradas,
>> SEÑOR todopoderoso!
>
> Anhelo con el alma los atrios del SEÑOR;
>> Casi agonizo por estar en ellos.
>
> Con el corazón, con todo el cuerpo,
>> Canto alegre al Dios de la vida.
>
> Dichoso el que habita en tu templo,
>> pues siempre te está alabando.
>
> Vale más pasar un día en tus atrios
>> que mil fuera de ellos. (Sal 84:1-2, 4, 10)

La iglesia primitiva conoció ese gozo en la adoración, pues «no dejaban de reunirse en el templo ni un solo día. De casa en casa partían el pan y compartían la comida con alegría y generosidad, *alabando a Dios* y disfrutando la estimación general del pueblo: (Hch 2:46). De hecho, inmediatamente después de la ascensión de Jesús al cielo, los discípulos «regresaron a Jerusalén con gran alegría. *Y estaban continuamente en el templo, alabando a Dios.* (Lc 24:52-53)

Por supuesto, esa actividad de continua adoración no puede durar para siempre en esta era, porque vivir en un mundo caído requiere que dediquemos tiempo a muchas otras responsabilidades también. Pero una alabanza continuada nos permite saborear de antemano la atmósfera del cielo, donde las cuatro criaturas vivientes «repetían sin cesar: «Santo, santo, santo, es el Señor Dios Todopoderoso, el que era y que es y que ha de venir» (Ap 4.8), y las otras criaturas celestiales y los redimidos que habían muerto se unían a esa adoración celestial y alababan al «Cordero, que ha sido sacrificado» (Ap 5.12).

2. Dios se deleita en nosotros. ¿Qué hace Dios cuando lo adoramos? La asombrosa verdad de la Escritura es que mientras la creación glorifica a Dios, él también se deleita en ella. Cuando Dios hizo al principio el universo, miró a todo ello con

---

[7] Vea la excelente discusión sobre vivir toda la vida deleitándose en Dios en John Piper, *Desiring God* (Portland, Ore.: Multnomah, 1986); también su análisis de Dios deleitándose en sí mismo y en lo que refleja su grandeza, en John Piper, *The Pleasures of God*, Multnomah, Portland, Ore., 1991)

deleite, y «consideró que era muy bueno» (Gn 1:31). Dios se deleita especialmente en el ser humano que ha creado y redimido. Isaías le recordó al pueblo del SEÑOR:

> Serás en la mano del SEÑOR como corona esplendorosa…
> Serás llamada «Mi Deleite»…
> porque el SEÑOR se deleitará en ti…
> como un novio que se regocija con su novia;
>   así tu Dios se regocijará por ti. (Is 62:3-5)

Sofonías se hace eco del mismo tema cuando dice:

> Porque el SEÑOR tu Dios está en medio de ti
>   como guerrero victorioso.
> Se deleitará en ti con gozo,
>   te renovará con su amor,
> se alegrará por ti con cantos. (Sof 3:17)

Esta verdad debe traernos un gran aliento, pues mientras amamos a Dios y lo adoramos nos damos cuenta que llevamos gozo y deleite a su corazón. Y el gozo más profundo es el gozo de llevarle deleite al corazón de aquel que usted ama.

3. Nos acercamos a Dios: la asombrosa realidad del culto del Nuevo Pacto. En el viejo pacto los creyentes solo podían acercarse a Dios de una manera limitada a través de las ceremonias del templo; de hecho, la mayor parte del pueblo de Israel no podía entrar al mismo templo, sino tenía que quedarse en el patio. Aun los sacerdotes sólo podían entrar a la parte exterior del templo, el «Lugar Santo», cuando ello le era asignado. Pero a la parte interior del templo, el «Lugar Santísimo» nadie podía entrar excepto el sumo sacerdote, y solo una vez al año (Heb 9:1-7).

Ahora, bajo el nuevo pacto, los creyentes tienen el asombroso privilegio de ser capaces de entrar directamente al Lugar Santísimo en el cielo cuando adoran. «Mediante la sangre de Jesucristo, tenemos plena libertad para entrar en el Lugar Santísimo» (Heb 10.19).[8] Como tenemos libertad para entrar a la misma presencia de Dios, el autor de Hebreos nos alienta: «*Acerquémonos, pues, a Dios con corazón sincero y con la plena seguridad que da la fe*» (Heb 10.22). La adoración en la iglesia del Nuevo Testamento no es una simple práctica para alguna posterior experiencia celestial de adoración, ni fingimiento, ni prácticas superficiales. Es una *adoración genuina* en la presencia del mismo Dios, y cuando adoramos llegamos delante de su trono.

---

[8]El texto griego dice literalmente que «tenemos confianza para entrar en los *lugares santos*«, porque el plural t?n hagi?n se usa en otro sitio de Hebreos para referirse al lugar santo y al lugar santísimo en su conjunto como «los santos lugares» (Heb 8:2; 9:8; 25; 13:11). Un versión en inglés (RSV) suele traducir esta expresión como «el santuario», pero la traducción oculta el hecho de que se está refiriendo tanto al lugar santo como al lugar santísimo (la NASB traduce estos plurales como singulares, un desvío poco común de su tendencia ordinaria de traducir más literalmente).

Esta realidad se expresa más plenamente por el autor de Hebreos en el capítulo 12, cuando le dice a los cristianos que no han llegado a un lugar como el Monte Sinaí terrenal donde el pueblo de Israel recibió los Diez Mandamientos de Dios, sino que han llegado a un sitio mucho mejor, la Jerusalén celestial:

> Ustedes *no se han acercado* a una montaña que se pueda tocar o que esté ardiendo en fuego; ni a oscuridad, tinieblas y tormenta; ni a sonido de trompeta, ni a tal clamor de palabras que quienes lo oyeron suplicaron que no se les hablara más... *Por el contrario, ustedes, se han acercado al monte Sión, a la Jerusalén celestial, la ciudad del Dios viviente.* Se han acercado a millares y millares de ángeles, a una asamblea gozosa, a la iglesia de los primogénitos inscritos en el cielo. Se han acercado a Dios, el juez de todos; a los espíritus de los justos que han llegado a la perfección; a Jesús, el mediador de un nuevo pacto; y a la sangre rociada, que habla con más fuerza que la de Abel. (Heb 12: 18-24).

Esta es la realidad de la adoración del Nuevo Testamento; es de hecho adoración en la presencia de Dios, aunque ahora no lo vemos con nuestros ojos físicos, ni vemos a los ángeles reunirse en torno a su trono o los espíritus de los creyentes que ya han partido y ahora adoran a Dios en su presencia. Pero todo está ahí, y todo es real, más real y más permanente que la creación física que vemos a nuestro alrededor, que algún día será destruida en el juicio final. Y si creemos que La Escritura es verdadera, entonces también debemos creer que de hecho es verdad que *nosotros mismos* llegamos a ese lugar y unimos nuestras voces a las de aquellos que ya adoran en el cielo cuando quiera que vengamos ante Dios a adorarlo. Nuestra sola respuesta adecuada es esta: «Adoremos a Dios como a él le agrada, con temor reverente, porque nuestro Dios es fuego consumidor» (Heb 12:28-29).

4. Dios se acerca a nosotros. Santiago nos dice: «Acercaos a Dios, y él se acercará a vosotros» (Stg 4:8). Esta ha sido la norma de los tratos de Dios con su pueblo a lo largo de la Biblia, y debemos estar confiados que ello será verdadero hoy también.

En el Antiguo Testamento, cuando el pueblo de Dios comenzó a alabarlo en la dedicación del templo, él descendió y se manifestó en medio de ellos:

> *Los trompetistas y cantores alababan* y daban gracias al SEÑOR al son de trompetas, címbalos y otros instrumentos musicales. Y cuando tocaron y cantaron al unísono: «El SEÑOR es bueno; su gran amor perdura para siempre», una nube cubrió el templo del SEÑOR. Por causa de la nube, los sacerdotes no pudieron celebrar el culto, *pues la gloria del SEÑOR había llenado el templo* (2 Cr 5:13-14).

Si bien esto solo habla de un incidente específico, no parece equivocado suponer que Dios dará a conocer su presencia entre su pueblo en otros momentos, cuando quiera que le agrade la alabanza que ellos ofrecen (aunque no venga en forma de una nube visible). David dice: «Pero tú eres santo, tú eres rey, ¡tú eres la alabanza de Israel!» (Sal 22:3).

5. Dios nos ministra. Aunque el propósito primario de la adoración es glorificar a Dios, las Escrituras enseñan que en la adoración también nos ocurre algo: nosotros mismos somos construidos o edificados. Por supuesto, hasta cierto punto eso sucede cuando escuchamos las enseñanzas que la Biblia ofrece o las palabras de aliento que otros nos dirigen—Pablo dice: «Todo esto debe hacerse para la edificación» (1 Co 14:26), y dice que debemos animarnos «unos a otros con salmos, himnos y canciones espirituales» (Ef 5:19; cf. Heb 10:24-25).

Pero además de la edificación que viene del crecimiento de la comprensión de la Biblia y de escuchar las palabras de aliento de otros, hay otro tipo de edificación que tiene lugar en la adoración: Cuando adoramos a Dios, él se encuentra con nosotros y nos ministra directamente, fortaleciendo nuestra fe, intensificando nuestra conciencia de su presencia, y concediendo refrigerio a nuestros espíritus. Pedro dice que mientras los cristianos vienen continuamente a Cristo (en adoración, oración y fe), son «*edificados* como casa espiritual y sacerdocio santo, para ofrecer sacrificios espirituales aceptables a Dios por medio de Jesucristo: (1 P 2.5). Cuando venimos a adorar llegamos a la presencia de Dios de una manera especial, y debemos esperar que él nos encontrará allí y nos ministrará: «Así que acerquémonos al trono de la gracia para recibir misericordia y hallar la gracia que nos ayude en el momento que más la necesitemos» (Heb 4:16).[9] Durante la adoración genuina a menudo experimentaremos una intensificación de la obra santificadora del Espíritu Santo, que obra continuamente transformándonos a semejanza de Cristo «con más y más gloria» (2 Co 3:18).[10]

6. Los enemigos del Señor huyen. Cuando el pueblo de Israel comenzó a adorar, a veces Dios lucharía por ellos contra sus enemigos. Por ejemplo, cuando vinieron contra Judá los moabitas, los edomitas y los sirios, el rey Josafat mandó al coro que alababa a Dios delante del ejército.

> Josafat designó a los que irían al frente del ejército para cantar al SEÑOR y alabar el esplendor de su santidad... Tan pronto como empezaron a entonar este cántico de alabanza, el SEÑOR puso emboscadas contra los amonitas, los moabitas y los del monte del Seir que habían venido contra Judá, y los derrotó. (2 Cr 20:21-22).

De manera similar, cuando el pueblo de Dios lo adora hoy en día, debemos esperar que el Señor combatirá las fuerzas demoníacas que se oponen al evangelio y las haga huir.

---

[9]Véase también Salmo 34:4-5. 8; 37:4.

[10]De alguna manera, mientras más vemos a Dios, más nos asemejamos a él. Esto se evidencia especialmente cuando entramos en la era por venir, pues Juan dice: «Cuando Cristo venga *seremos semejantes a él*» (1 Jn 3:2). Pero ello es verdad también en cierto grado en esta vida, mientras corremos la carrera que tenemos delante, «fijemos la mirada en Jesús, el iniciador y perfeccionador de nuestra fe» (Heb 12:2). Por momentos la presencia del Señor y la obra del Espíritu Santo que la acompaña en nuestros corazones será tan evidente que reconoceremos que Dios hace algo en nuestro interior—como le sucedió a los discípulos cuando Jesús caminó junto a ellos por el camino de Emaús, pues más tarde dijeron: «¿No ardía nuestro corazón mientras conversaba con nosotros en el camino y nos explicaba las Escrituras?» (Lc 24:32).

7. Los no creyentes saben que están en la presencia de Dios. Aunque la Escritura no hace énfasis en la evangelización como el objetivo primario cuando la iglesia se reúne a adorar, Pablo dice a los corintios que piensen en los no creyentes y los de afuera que vienen a sus servicios, para estar seguros que los cristianos hablan de manera comprensible (1 Co 14:23). También les dice que si el don de profecía funciona adecuadamente, de vez en cuando los secretos del corazón del incrédulo se manifestarán, y este caerá sobre su rostro y *«adorará a Dios, declarando que verdaderamente Dios está entre vosotros* (1 Co 4:25; cf. Hch 2:11). Pero no se ve la evangelización como el propósito primario cuando la iglesia se reúne para adorar, y por lo tanto no sería correcto tener diseñada la única reunión semanal de creyentes con un propósito fundamentalmente evangelístico. La preocupación de Pablo es más bien que los visitantes comprendan lo que sucede (y no piensen que los cristianos están «locos», 1 Co 14:23), y que reconozcan que «verdaderamente Dios está entre vosotros» (1 Co 14:25).

C. El valor eterno de la adoración

Como la adoración glorifica a Dios y cumple el propósito para el cual Dios nos creó, es una actividad de gran valor y eterno significado. Cuando Pablo advierte a los efesios a no desperdiciar su tiempo sino a emplearlo bien, lo pone en el contexto del vivir como los que son sabios: «Así que tengan cuidado de su manera de vivir. No vivan como necios sino como sabios, *aprovechando al máximo cada momento oportuno*, porque los días son malos» (Ef 5:15-16).

Entonces Pablo explica qué es ser sabio y aprovechar el tiempo:

> Por lo tanto, no sean insensatos, sino entiendan cuál es la voluntad del Señor. No se emborrachen con vino, que lleva al desenfreno. Al contrario, sean llenos del Espíritu. Anímense unos a otros con salmos, himnos y canciones espirituales. *Canten y alaben al Señor con el corazón*, dando siempre gracias a Dios el Padre por todo, en el nombre de nuestro Señor Jesucristo. (Ef 5:17-20).

En consecuencia, en el contexto de utilizar y aprovechar sabiamente el tiempo, Pablo incluye tanto cantarse unos a otros salmos espirituales como cantar al Señor con nuestros corazones.

Esto significa que *¡adorar es hacer la voluntad de Dios!* La adoración es el resultado de comprender «lo que es la voluntad del Señor». Es «aprovechar al máximo el tiempo». Por otra parte, como Dios es eterno y omnisciente, la alabanza que le damos nunca se desvanecerá de su conciencia sino continuará trayendo deleite a su corazón por toda la eternidad (cf. Judas 25): «¡Al único Dios, nuestro Salvador... sea la gloria, la majestad, el dominio y la autoridad, por medio de Jesucristo nuestro Señor, antes de todos los siglos, ahora y para siempre!»).

El hecho de que adorar es una actividad de gran significación y valor eterno también se hace evidente en el hecho que es la actividad primaria llevada a cabo por aquellos que ya están en el cielo (cf. Ap 4:8-11; 5:11-14).

D. ¿Cómo podemos acceder a una adoración genuina?

En última instancia, la adoración es una actividad espiritual y debe ser facultada por el Espíritu Santo que obra en nosotros. Esto significa que debemos orar que el Espíritu Santo nos capacite para adorar correctamente.

> Pero se acerca la hora, y ha llegado ya, en que los verdaderos adoradores rendirán culto al Padre en espíritu y en verdad, porque así quiere el Padre que sean los que lo adoren. Dios es espíritu, y quienes lo adoran deben hacerlo en espíritu y en verdad. (Jn 4:23-24).

Adorar «en espíritu y en verdad» se entiende que significa no «en el Espíritu Santo», sino más bien «*en el ámbito del espíritu, en el ámbito de la actividad espiritual*»[11] Esto significa que la verdadera adoración involucra no solo nuestros cuerpos físicos sino también nuestros espíritus, el aspecto inmaterial de nuestra existencia que actúa primariamente en el ámbito de lo invisible. María sabía que adoraba de esta manera, por lo que exclamó: «Mi alma glorifica al Señor, y mi espíritu se regocija en Dios mi Salvador» (Lc 1:46-47).

Debemos darnos cuenta que Dios también busca continuamente (Jn 4:23) a aquellos que lo adorarán en lo espiritual y por lo tanto a aquellos cuyo espíritu así como cuerpo y mente adoran a Dios. Tal adoración no es opcional pues aquellos que adoran a Dios «*deben* hacerlo en espíritu y en verdad» (v. 24). A menos que nuestros espíritus adoren a Dios no estamos adorándolo verdaderamente.

Una actitud de adoración se logra cuando comenzamos a ver a Dios como él es y entonces respondemos a su presencia. Aun en el cielo los serafines que contemplan la gloria de Dios claman: «Santo, santo, santo es el SEÑOR Todopoderoso; toda la tierra está llena de su gloria» (Is 6:3). Cuando los discípulos vieron a Jesús caminando sobre el agua, y entonces vieron cesar el viento cuando entró a la embarcación, «los que estaban en la barca vinieron y le adoraron, diciendo: "Verdaderamente eres Hijo de Dios"» (Mt 14:33). El autor de Hebreos sabe que cuando venimos a la presencia de Dios (Heb 12:18-24), la respuesta adecuada es adorar «a Dios como a él le agrada, con temor reverente, porque nuestro "Dios es fuego consumidor"» (Heb 12:28-29). Por consiguiente la genuina adoración no es algo auto-generado o que puede desarrollarse dentro de nosotros mismos. Debe ser más bien una efusión de nuestros corazones *en respuesta* a una toma de conciencia sobre quién es Dios.

Resulta apropiado preguntar si hay mucha adoración sentida, profunda y genuina en nuestras iglesias. En muchas iglesias evangélicas las personas no adoran a Dios de corazón hasta el último himno, después de que el sermón haya enfocado

---

[11]Esto es porque (1) la discusión que sostiene Jesús con la mujer junto al pozo en este contexto es una discusión sobre el *sitio* de la adoración (vea vv. 20-21)—¿debía ser en Samaria o en Jerusalén? La respuesta de Jesús se ajustaría mucho mejor a esta búsqueda si habláramos del ámbito espiritual en el que adoramos, en oposición a la locación física de Jerusalén o Samaria. (2) En el texto griego la palabra en («en») de la frase «en espíritu y en verdad» corresponde a la misma palabra (en) utilizada en el v. 21 para hablar de (literalmente) «en esta montaña» y «en Jerusalén». Una vez más el contraste es en términos de locación «en» cuál se debe adorar. (3) La palabra *verdad* se refiere a la calidad de la adoración, no a la persona. El paralelo se entendería mejor si «en espíritu» se refiriera de la misma manera no a una persona sino a alguna cualidad de la adoración, tal como el ámbito se debe llevar a cabo.

su atención en quién es Dios y comienzan a regocijarse en Dios con un corazón lleno de alabanza. Pero entonces, en el momento en el que una adoración profunda y sincera, de repente termina el culto. ¡Debe ser solo el comienzo! Si falta una adoración genuina en nuestras iglesias, debemos preguntarnos cómo podemos llevarnos a experimentar mucho más de la profundidad y la riqueza de la adoración, la cual es la respuesta natural del corazón creyente a una percepción clara de la presencia y el carácter de Dios.[12]

¿Habrá algo que pudiéramos hacer para que la adoración sea más eficaz? Debemos recordar que la adoración es una cuestión espiritual (Jn 4:21-24), y las soluciones fundamentales serán por lo tanto espirituales. Se necesitará mucha oración en preparación para la adoración, especialmente de parte del liderazgo, pidiendo que Dios bendiga los momentos de adoración y se nos manifieste. También las congregaciones necesitarán instrucción sobre la naturaleza espiritual de la adoración y la interpretación del Nuevo Testamento sobre adorar en la presencia de Dios (véase Heb 12:22-24). Además, los cristianos necesitan ser alentados a corregir cualesquiera relaciones interpersonales rotas. Pablo dice que los hombres deben levantar las manos «con pureza de corazón, sin enojos ni contiendas» (1 Ti 2:8), y Jesús nos recuerda que primero debemos reconciliarnos con nuestro hermano, y entonces venir ante el altar de Dios y presentar nuestra ofrenda (Mt 5:24). De hecho, Juan dice que cualquiera que diga: «Yo amo a Dios» pero odia a su hermano «es un mentiroso» (1 Jn 4:20). Particularmente los esposos necesitan estar seguros que tratan con respeto a sus esposas, honrándolas, a fin de que nada estorbe sus oraciones (1 P 3:7). Y la iglesia entera es responsable de vigilar que no brote ninguna «raíz de amargura» que cause problemas, y que «por ella muchos sean contaminados» (Heb 12:15), lo que es una indicación de que el pecado y las relaciones rotas entre unos cuantos pueden extenderse a muchos e impedir que las bendiciones de Dios lleguen a toda la congregación.

Por otra parte, si de verdad vamos a acercarnos a Dios en la adoración, debe haber un afán personal de santidad en la vida. El autor de Hebreos le recuerda a los creyentes que sigan «la santidad, sin la cual nadie verá al Señor» (Heb 12:14), y Jesús dice que son «los de corazón limpio» quienes «verán a Dios» (Mt 5:8), una promesa que se cumple parcialmente en esta vida y completamente en la era por venir. Juan dice específicamente en relación con la oración: «Si el corazón no nos condena, tenemos confianza delante de Dios» (1 Jn 3:21), pero este principio ciertamente se aplica también a la adoración, al atrevernos a venir ante la presencia de Dios a ofrecerle alabanza. Santiago indica similar preocupación cuando, inmediatamente después de decir: «Acérquense a Dios, y él se acercará a ustedes», añade: «¡Pecadores, límpiense las manos! ¡Ustedes los inconstantes, purifiquen su corazón! (Stg 4:8).[13]

---

[12]Por supuesto, el carácter de Dios se puede revelar no solo a través de la predicación de la Palabra, sino también a través de las palabras de los himnos que se cantan, a través de la oración, y a través de la lectura de pasajes de la Biblia aun sin comentarios.

[13]Otros pasajes de la Escritura indican una conexión entre la santidad personal y la adoración de Dios: vea Proverbios 15:8. «El Señor aborrece las ofrendas de los malvados; pero se complace en la oración de los justos». Véase también Proverbios 15:29; 28:9; así mismo Salmo 34.15-18; 66:18.

No obstante el escenario físico y la estructura de los servicios de adoración sí cuentan, pues hay indicios de que Jesús pensó que la atmósfera de la adoración era muy importante. Él «entró en el templo y echó de allí a todos los que compraban y vendían. Volcó las mesas de los que cambiaban dinero y los puestos de los que vendían palomas». Al explicar estas acciones, Jesús insistió en que el templo debía ser una casa de oración, pues dijo: «Escrito está: «Mi casa será llamada casa de oración»; pero ustedes la están convirtiendo en «cueva de ladrones» (Mt 21:12-13). También le dijo a los creyentes : «Cuando te pongas a orar, *entra en tu cuarto, cierra la puerta* y ora a tu Padre, que está en secreto» (Mat 6:6), no solo porque en nuestros cuartos no nos verán los hombres, y no oraremos para recibir gloria de los hombres, sino también porque saber que otros nos observan en nuestras oraciones distrae con facilidad nuestra atención, de manera que entonces en parte oramos para que nos escuchen los demás o por lo menos para no ofenderlos. Esto no significa que la adoración y la oración en grupo están prohibidas (pues ambas son muy notorias tanto en el Antiguo Testamento como en el Nuevo Testamento), pero dice que debemos escoger un sitio para la oración y la adoración que evite lo más posible las distracciones. Esto concuerda con el hecho de que la adoración debe hacerse de forma ordenada, «pues Dios no es Dios de confusión, sino de paz' (1 Co 14:33; cf. v. 40). La atmósfera y el estado de ánimo de la adoración son importantes, porque debemos servir a Dios «agradándole con temor y reverencia» (Heb 11:28). Esto significa que es apropiado reunirse como iglesia en un sitio que contribuye a la adoración, una adoración que de ordinario es privada y libre de distracción, que da la oportunidad de centrar la atención en el Señor.[14]

El canto es especialmente importante en la adoración tanto en el Antiguo como en el Nuevo Testamento. En nuestros días ha ocurrido un cambio notable tanto en el castellano estándar que la gente habla como en las formas musicales con las que la gente está familiarizada, y las iglesias necesitan hablar y planificar abierta y honestamente a fin de encontrar una mezcla de canciones que puedan cantarse bien por toda la congregación, y con las que las personas puedan identificarse genuinamente como un vehículo para expresar su alabanza a Dios. Canciones que se dirijan a Dios directamente en segunda persona (esto es, hablarle a Dios como «tú» en lugar de hablarle como «él») serán a menudo especialmente efectivas como cánticos de adoración, aunque los Salmos demuestran que ambos tipos de canciones agradan a Dios.

Además, es importante apartar suficiente tiempo para los varios aspectos de la adoración colectiva. La oración genuina puede ciertamente tomar tiempo (véase Lc 6:12; 22:39-46; Hch 12:12; 13:2). Así mismo, una sólida enseñanza bíblica puede

---

[14]Las consideraciones prácticas discutidas en esta sección se pueden aplicar a muchas formas diferentes de adoración, pero no he discutido las formas reales que asumirá esa adoración. Estas variarán ampliamente, desde las liturgias muy elaboradas de los servicios episcopales a la espontaneidad no estructurada de los servicios carismáticos. Como la Escritura no prescribe forma alguna, el mejor principio a utilizar es la orientación de Pablo: «Todo esto debe hacerse para la edificación» (1 Co 14:26). Los evangélicos necesitan ser cautelosos, sin embargo, y no rechazar demasiado a la ligera formas de adoración que les son nuevas: las personas en las iglesias litúrgicas deben darse cuenta que la espontaneidad puede manejarse de manera ordenada, y las personas en los grupos carismáticos deben darse cuenta que la edificación y una genuina adoración pueden tener lugar dentro de una estructura elaborada. (En cuanto a la lectura al unísono de una liturgia, si los cristianos pueden adorar y orar cantando palabras al unísono, ¡no hay nada que les impida adorar y orar genuinamente *leyendo* las palabras en voz alta al unísono!) Pero cualquier forma que se utilice en exceso puede convertirse en una rutina sin sentido para la mayoría de los participantes.

a menudo requerir un tiempo prolongado (Mt 15:32; Hch 20:7-11). Por otra parte, una adoración y alabanza genuinas y sentidas también requerirán bastante tiempo para ser efectivas.

Esto es cierto en parte porque los diferentes aspectos de un culto de adoración requieren diferentes actitudes y estados mentales. Escuchar una enseñanza bíblica requiere atención hacia el texto y el maestro. La alabanza requiere gozo y concentrarse en el Señor y su grandeza. Las oraciones en las que se hacen súplicas requieren centrarse en el sacrificio de nosotros mismos al Señor así como en ofrendarle de nuestras posesiones y encomendarle que provea para nuestras necesidades. La Cena del Señor requiere un tiempo de reflexión, autoexamen, y quizá arrepentimiento, junto con acción de gracias. Pero podemos tener todas estas actitudes de una vez, porque somos finitos. Se requiere tiempo para lograr y sostener diferentes actitudes mentales. Por esa razón es imposible cumplir todas las tareas necesarias para una congregación reunida simplemente en una hora el domingo por la mañana, y es dañino hasta intentarlo. Aquellos que tratan de hacerlo todo en un tiempo breve lo abarrotan demasiado y no hacen nada bien.[15] Si las congregaciones han de lograr los varios propósitos para los cuales Dios quiere que se reúnan, y especialmente para tener momentos prolongados de adoración reverente, probablemente necesitarán encontrar soluciones creativas que les permitan reunirse durante períodos más largos de tiempo, y omitir o programar de nuevo algunas actividades que se han convertido en habituales o tradicionales los domingos por la mañana pero que en realidad no son necesarias.

PREGUNTAS PARA APLICACIÓN PERSONAL

1. ¿Experimenta usted una genuina y satisfactoria adoración en su iglesia cada domingo? ¿Cuánto tiempo se dedica específicamente a la adoración (definida estrechamente)—esto es, a momentos de alabanza y acción de gracias a Dios? ¿Le gustaría que fuera un tiempo más prolongado? ¿Qué aspectos de los momentos de adoración encuentra usted más significativos? ¿Qué aspectos son menos significativos? ¿Cómo podría su iglesia dar pasos para fortalecer y profundizar su experiencia de adoración (si ello es necesario)?

2. ¿Ha sentido alguna vez un fuerte sentido de la presencia de Dios en la adoración colectiva? ¿Cuándo fue esto? ¿Puede describirlo? ¿Sabe qué factores contribuyeron a esa sensación?

---

[15]Infortunadamente, los pastores que tratan de oficiar en un servicio donde se agolpan muchas actividades comienzan a parecerse al maestro de ceremonias en un circo de tres pistas que grita: «!Miren aquí! ¡Miren allá!» en una actuación tras otra. De manera similar el pastor exhorta: «!Alaben a Dios! ¡Sean generosos! ¡Piensen en la Biblia! ¡Oren! ¡Denle la mano a su vecino! ¡Saluden a sus amigos! ¡Examínense a sí mismos! ¡Arrepiéntanse de sus pecados! ¡Canten al Señor! ¡Amén! ¡Amén! En una situación como esta las emociones de la gente son sacudidas tan rápidamente que no son capaces de responder como personas íntegras, y el resultado es que se retraen emocionalmente y no responden de corazón. Dejarán el servicio sintiéndose frustradas y desilusionadas pues la necesidad de sus corazones de experimentar adoración y oración genuinas, y aprender de la Escritura no ha sido satisfecha.

Para la mayoría de los seres humanos, se logra despacio y se pierde rápido la concentración en la atención. A causa de esto, yo personalmente pienso que un líder de adoración que le habla a la congregación entre los cánticos usualmente distrae mi atención del Señor hacia mí mismo, y mi actitud de adoración decae en gran medida.

3. Durante los momentos de adoración, ¿puede usted describir las emociones que son más prominentes en su conciencia? ¿Es esta experiencia similar a otras experiencias de la vida diaria, o son estas sensaciones únicas de los momentos de adoración? ¿Ha sentido alguna vez que Dios lo ministra a usted mientras lo adora? ¿Qué lo hizo consciente de ello?

4. ¿Piensa que hay suficiente adoración genuina en una semana típica de su vida? Si no, ¿cuáles son los obstáculos para tal adoración?

5. ¿Qué le parece el hecho de que Dios es celoso de su propio honor y lo busca? ¿Puede pensar de cualquier otra cosa más justa en el universo que Dios busque su propio honor? ¿Puede pensar en cualquier otra cosa que no sea adorar a Dios que lo haría sentir más profundamente que hace aquello para lo que usted fue creado?

TÉRMINOS ESPECIALES

adoración

BIBLIOGRAFÍA

(Para una explicación de esta bibliografía vea la nota sobre la bibliografía en el capítulo 1, p. 40. Datos bibliográficos completos se pueden encontrar en las páginas 1297-1306.)

Secciones en Teologías Sistemáticas Evangélicas

1. Anglicana (Episcopal)
     1882-92   Litton (tratamiento no explícito)
2. Arminiana (Wesleyana o Metodista)
     1875-76   Pope, 3:287-94
     1940   Wiley, 3:138-50
     1960   Purkiser, 415-20
     1983   Carter, 2:614-15
3. Bautista
     1767   Gill, 2:341-52, 558, 682-729
     1987-94   Lewis/Demarest
4. Dispensacional
     1986   Ryrie, 428-30
5. Luterana
            (tratamiento no explícito)
6. Reformada (o Presbiteriana)
     1724-58   Edwards, 2:913-18
     1937-66   Murray, CW, 1:165-68
7. Renovada (o carismática/Pentecostal)
     1988-92   Williams

Secciones en Teologías Sistemáticas Católicas Romanas Representativas

(tratamiento no explícito)

Otras obras

Allen, Ronald, and Borror, Gordon, *Worship: Rediscovering the Missing Jewel*, Multonomah, Portland, OR, 1982.

Carson, Herbert M. *¡Hallelujah! Christian Worship*. Evangelical Press, Welwyn, Hertfordshire, England, 1980.

Engle, Paul, E. *Discovering the Fullness of Worship*. Great Commission, Philadelphia, 1978.

Harrison, E. F. «Worship». En EDT. pp. 1192-1193.

Kraueter, Tom. *Keys to Becoming an Effective Worship Leader*. Disponible en Psalmist Resources, 9820 E. Watson Rd., St. Louis, MO, 63126. 1991.

Manson, P. D. «Worship». En EDT, pp. 730-32.

Martin, Ralph P. *Worhip in the Early Church*. Revell, Westwood, NJ, 1964.

——————. *The Worship of God*. Eerdmans, Grand Rapids, 1982.

Moule, C. F. D. *Worship in the New Testament*. John Knox, Richmond, VA, 1961.

Peterson, David. *Engaging With God: A Biblical Theology of Worship*. InterVarsity Press, Leicester, and Eerdmans, Grand Rapids, 1992.

Rayburn, Robert G. *O Come, Let Us Worship*. Baker, Grand Rapids, 1980.

Taylor, Jack R. *The Hallelujah Factor*. Bradman, Nashville, TN, 1983.

Wainwright, Geoffrey. *Doxology: The Praise of God in Worship, Doctrine, and Life*. Oxford University Press, New York, 1980.

Webber, Robert E. *Worship Old and New*. Zondervan, Grand Rapids, 1982.

PASAJE BÍBLICO PARA MEMORIZAR

Apocalipsis 4:11: *Señor, digno eres de recibir la gloria y la honra y el poder; porque tú creaste todas las cosas, y por tu voluntad existen y fueron creadas*

HIMNO

«Digno eres»

1-2. Digno eres, digno eres, digno eres, Señor,

1. Digno de gloria, gloria y honra, gloria y honra y poder.
Pues todas las cosas por ti fueron hechas,
existen por tu voluntad;
Todo lo creaste para tu gloria, ¡Digno eres, Señor!

2. De la riqueza, la fortaleza, de la alabanza y honor.
Pues fuiste inmolado por nuestro pecado,
moriste en nuestro lugar;
Y con tu sangre nos redimiste, ¡Digno eres, Señor!

AUTORA: PAULINE M. MILLS, TRAD. COMITÉ DE CELEBREMOS
(TOMADO DE CELEBREMOS SU GLORIA #233)

Capítulo 52

Dones del Espíritu Santo (1): Cuestiones generales

¿Qué son dones espirituales? ¿Cuántos hay? ¿Han cesado algunos dones? Buscar y utilizar los dones espirituales.

EXPLICACIÓN Y BASES BÍBLICAS

A. Cuestiones relacionadas con los dones espirituales en general

En las generaciones previas, las teologías sistemáticas no tenían capítulos sobre los dones espirituales, porque había pocas dudas sobre la naturaleza y el uso de los dones espirituales en la iglesia. Pero en el siglo XX se vio un notable incremento del interés en los dones espirituales, principalmente debido a la influencia de los movimientos Pentecostal y carismático dentro de la iglesia. En este capítulo, primero examinaremos algunas cuestiones generales relacionadas con los dones espirituales, entonces examinaremos la cuestión específica de si algunos dones (milagrosos) han cesado. En el siguiente capítulo analizaremos lo que enseña el Nuevo Testamento sobre dones particulares.

Sin embargo, antes de comenzar la discusión debemos definir los dones espirituales como sigue: *Un don espiritual es una habilidad potenciada por el Espíritu Santo y utilizada en cualquier ministerio de la iglesia.* Esta amplia definición incluye tanto los dones relacionados con las habilidades naturales (tales como la enseñanza, el mostrar misericordia, o la administración) como los dones que parecen ser más «milagrosos» y menos relacionados con las habilidades naturales (tales como la profecía, la sanidad, o el discernimiento de espíritus). El motivo de esto es que cuando Pablo relaciona los dones espirituales (en Ro 12:6-8; 1 Co 7:7; 12:8-10, 28; y Ef 4:11) incluye ambas clases de dones. Pero no todas las habilidades naturales que tienen las personas están incluidas aquí, pues Pablo sabe bien que todos los dones espirituales se deben a «un mismo y único Espíritu» (1 Co 12:11), que se dan «para el bien de los demás» (1 Co 12:7), y que todos deben ser usados para «edificación» (1 Co 14:26), o para la edificación de la iglesia.[1]

---

[1]Cuando el Espíritu Santo potencia los dones aparentemente naturales (tales como la enseñanza, el prestar ayuda, la administración o los dones musicales), generalmente su uso muestra una mayor efectividad y poder. Pablo dice que los corintios se llenaron «de toda riqueza, tanto en palabra como en conocimiento», cuando recibieron los dones espirituales. (1 Co 1:5-7). Todo pastor que ha predicado durante un tiempo conoce la diferencia entre predicar de acuerdo con su propia habilidad "natural" y predicar el mismo sermón ungido o bajo el poder del Espíritu Santo.

1. Los dones espirituales en la historia de la redención. Ciertamente el Espíritu Santo obraba en el Antiguo Testamento, trayendo las personas a la fe y trabajando de manera notable en unos cuantos individuos tales como Moisés y Samuel, David o Elías. Pero en general había una actividad *menos poderosa* del Espíritu Santo en las vidas de la mayoría de los creyentes. Una evangelización *efectiva* de las naciones era muy poco común, el exorcismo de demonios[2] era desconocido, las curaciones milagrosas eran poco comunes (aunque sí ocurrieron, especialmente en los ministerios de Elías y Eliseo), la profecía estaba limitada a unos pocos profetas o pequeños grupos de profetas, y «el poder de resucitar» del pecado en el sentido de Romanos 6:1-4 y Filipenses 3:10 se experimentaba rara vez.

Pero en varios aspectos el Antiguo Testamento está a la espera de un tiempo cuando habría una capacitación mayor del Espíritu Santo que alcanzaría a todo el pueblo de Dios. Moisés dijo; «¡Cómo quisiera que todo el pueblo de Dios profetizara, y que el SEÑOR pusiera su Espíritu en todos ellos!» (Num. 11:29). Y el Señor profetizó a través de Joel:

> Después de esto,
>> Derramaré mi Espíritu sobre todo el género humano.
> Los hijos y las hijas de ustedes profetizarán,
>> tendrán sueños los ancianos
>> y visiones los jóvenes.
> En esos días derramaré mi Espíritu
>> aun sobre los siervos y las siervas. (Jl 2:28-29)

Juan el Bautista destaca las expectativas del pueblo sobre el cumplimiento de la profecía de Joel cuando anuncia que después de él viene alguien que «los bautizará con el Espíritu Santo y con fuego» (Mt 3:11; cf. Mr 1:8; Lc 3:16; Jn 1:33; Hch 1:5).

Cuando Jesús comienza su ministerio llega trayendo la plenitud y el poder del Espíritu Santo en su persona. Lucas escribe: «Jesús regresó a Galilea *en el poder del Espíritu* (Lc 4:14). Como resultado enseña con gran poder (Lc 4:15-22) y sana y echa fuera demonios de todos los que están oprimidos (Lc 4:31-41). Claramente, Jesús ha venido en el *mayor poder del Espíritu Santo del nuevo pacto*, y ha venido para *conquistar* el reino de Satanás.

De hecho, dice que el poder del Espíritu Santo que obra en él permitiéndole echar fuera demonios es una señal de que el reino de Dios ha venido con poder: «Si expulso a los demonios por medio del Espíritu de Dios, eso significa que el reino de Dios ha llegado a ustedes» (Mt 12:28). Al recordar la vida y el ministerio de Jesús, Juan nos dice: «El Hijo de Dios fue enviado precisamente para destruir las obras del diablo» (1 Jn 3:8).

Pero este poder del Espíritu Santo del nuevo pacto no está limitado solamente al ministerio de Jesús. Éste envía a sus discípulos diciendo: «El reino de Dios está cerca» y les dijo: «Sanen a los enfermos, resuciten a los muertos, limpien de su

---

[2]Lo único que se acerca a la expulsión de demonios en el Antiguo Testamento es el hecho de que cuando David tocaba la lira para el rey Saúl, la música calmaba a Saúl y lo hacía sentirse mejor, y «el espíritu maligno se apartaba de él» (1 S 16:23), pero David hacía esto «cada vez que el espíritu de parte de Dios atormentaba a David (Ibid), lo que indica que Saúl no experimentaba un alivio permanente de la opresión demoníaca.

enfermedad a los que tienen lepra, expulsen a los demonios» (Mt 10:7-8). No obstante, este poder del Espíritu Santo del nuevo pacto no se ha dispensado todavía a todos los que creyeron en Jesús o lo siguieron, sino solo a sus doce discípulos o a los setenta discípulos (Lc 10:1-12).

El derramamiento del Espíritu Santo en la plenitud y el poder del nuevo pacto en la iglesia ocurrieron en el Pentecostés. Antes que Jesús ascendiera al cielo mandó a sus apóstoles «que no se fueran de Jerusalén, sino que esperasen la promesa del Padre» y en contenido de esa promesa era: «Seréis bautizados con el Espíritu Santo dentro de no muchos días» (Hch 1:8). Les prometió: «Recibiréis poder, cuando haya venido sobre vosotros el Espíritu Santo» (Hch 1:8). Cuando se derramó el Espíritu Santo sobre la iglesia en Pentecostés Pedro reconoció que se había cumplido la profecía de Joel, pues afirmó: «Mas esto es lo dicho por el profeta Joel» (Hch 2:16), y entonces citó la profecía de Joel (vv. 17-21). Pedro reconoció que el poder del Espíritu Santo había venido sobre el pueblo de Dios y que la era del nuevo pacto había comenzado como un resultado directo de la actividad de Jesús en el cielo, pues dijo:

> A este Jesús, Dios lo resucitó, y de ello todos nosotros somos testigos. Exaltado por el poder de Dios, y *habiendo recibido del Padre el Espíritu prometido, ha derramado ahora esto que ustedes ahora ven y oyen.* (Hch 2:32-33)

Con el ministerio de Jesús y el ministerio de los discípulos con Jesús como trasfondo, los discípulos presentes en el Pentecostés habrían esperado correctamente que una poderosa predicación evangelística, la liberación de la opresión demoníaca, las sanidades, y quizá también la profecía, los sueños y visiones comenzarían y continuarían entre aquellos que creen en Cristo, y que estas cosas serían una *característica* de la era del nuevo pacto que comenzó con el Pentecostés. Otra característica de esta dispensación del Espíritu Santo fue una amplia distribución de dones espirituales a todo el pueblo, en que hijos e hijas, jóvenes y viejos, siervos y siervas, en palabras de Joel, *todos* recibieron el poder del Espíritu Santo del nuevo pacto, y también se esperaba que entonces todos recibirían los dones del Espíritu Santo también.[3] De hecho, eso fue lo que ocurrió en la iglesia primitiva (vea 1 Co 12—14; Gá 3:5; Stg 5:14-15). Como dijo B. B. Warfield:

> Estamos justificados al considerar característico de las iglesias apostólicas que tales milagros debían manifestarse en ellas. La excepción sería, no una iglesia con, sino una iglesia sin esos dones… *La Iglesia apostólica tenía como característica ser una iglesia productora de milagros.*[4]

(Esto es verdad independientemente de qué punto de vista se asuma sobre la continuación de los dones milagrosos después del tiempo de los apóstoles.)

---

[3]Vea el capítulo 39, pp. 801-27, sobre la cuestión del bautismo en el Espíritu Santo.

[4]Warfield, *Counterfeit Miracles*, p. 5.

2. El propósito de los dones espirituales en la era del Nuevo Testamento. Los dones espirituales se conceden *para capacitar a la iglesia para llevar a cabo su ministerio hasta que Cristo regrese*. Pablo les dice a los corintios: «De modo que no les falta ningún don espiritual mientras esperan con ansia que se manifieste nuestro Señor Jesucristo» (1 Co 1:7). Aquí él vincula la posesión de los dones espirituales y su situación en la historia de la redención (a la espera del regreso de Cristo), sugiriendo que los dones se dan a la iglesia para el período entre la ascensión de Cristo y su retorno. De igual manera, Pablo espera el tiempo del regreso de Cristo y dice: «pero cuando llegue lo perfecto, lo imperfecto desaparecerá» (1 Co 13:10), e indica que estos dones «imperfectos» (mencionados en vv. 8-9) estarán vigentes hasta que Cristo regrese, cuando serán superados por algo muy superior.[5] De hecho, la dispensación del Espíritu Santo en «poder» en el Pentecostés (Hch 1:8) era para capacitar a la iglesia a fin de que predicara el evangelio (Hch 1:8)—algo que continuaría hasta que Cristo regresara. Y Pablo les recuerda a los creyentes que en su utilización de los dones espirituales deben procurar «que abunden para *la edificación* de la iglesia» (1 Co 14:12). Por último, al escribirle a los efesios, Pablo especifica que cuando Cristo ascendió al cielo concedió dones «a fin de capacitar al pueblo de Dios para la obra de servicio, para edificar el cuerpo de Cristo» (Ef 4:12).

Pero los dones espirituales no solo capacitan a la iglesia para el tiempo hasta que Cristo regrese, también *dan un anticipo de la era por venir*. Pablo recuerda a los corintios que Cristo los había «llenado de toda riqueza», tanto en sus palabras como en su conocimiento, y que el resultado de este enriquecimiento era que no les faltaba «ningún don espiritual» (1 Co 1:5, 7). Por supuesto este *enriquecimiento* en sus palabras y conocimiento no les daba las palabras perfectas o el perfecto conocimiento que tendrían en el cielo, sino solo un anticipo o pago inicial de esta perfección celestial. De modo semejante, Pablo les recuerda a los corintios que los dones espirituales son «imperfectos», pero cuando el modo «perfecto» de conocer venga al regresar el Señor, entonces estos dones pasarán (1 Co 13:10). Justo como el Espíritu Santo es en esta era un «pago anticipado» (2 Co 1:22; cf. 2 Co 5:4; Ef 1:14) de toda la obra del Espíritu Santo dentro de nosotros en la era por venir, así los dones que el Espíritu Santo nos da son *anticipos parciales* de la obra plena del Espíritu Santo que nos pertenecerá en la era por venir.

En este camino, los dones de discernimiento y entendimiento prefiguran el discernimiento mucho mayor que tendremos cuando Cristo regrese. Los dones del conocimiento y la sabiduría prefiguran la sabiduría mucho mayor que será nuestra cuando «conozcamos como somos conocidos» (cf. 1 Co 13:12). Los dones de sanidad dan un anticipo de la perfecta salud que será nuestra cuando Cristo nos conceda cuerpos resucitados. Paralelos similares se podrían encontrar con todos los otros dones del Nuevo Testamento. Aun la diversidad de dones debe conducir a una mayor unidad e interdependencia en la iglesia (vea 1 Co 12:12-13, 24-25; Ef 4:13), y la diversidad en la unidad será en sí misma un anticipo de la unidad que los creyentes tendrán en el cielo.

---

[5]Esta interpretación de 1 Corintios 13:10 se defiende más extensamente bajo la sección B.

3. ¿Cuántos dones existen? Las epístolas del Nuevo Testamento relacionan dones espirituales específicos en seis diferentes pasajes. Examine la tabla en la página siguiente.

Lo obvio es que estas listas son todas muy diferentes. Ninguna lista tiene todos estos dones, y ningún don excepto la profecía se menciona en todas las listas (la profecía no se menciona en 1 Co 7:7, donde solo se discute el tema del matrimonio y el celibato, pero se incluye ciertamente en «el que habla» de 1 P 4:11). De hecho, 1 Corintios 7:7 menciona dos dones que no están en ninguna otra lista: En el contexto de la discusión sobre el matrimonio y el celibato, Pablo dice: «Cada uno tiene de Dios su propio don[6]; éste posee uno; aquél, otro».

Estos hechos indican que Pablo no intentaba construir listas exhaustivas de dones cuando especificó los que mencionó. Aunque a veces hay una indicación de algún orden (él pone a los apóstoles primero, a los profetas en segundo lugar, a los maestros en tercero, pero al don de lenguas en último lugar en 1 Co 12:28), parece que en general Pablo relacionaba casi al azar una serie de diferentes ejemplos de dones según le venían a la mente.

1 Corintios 12:28	Efesios 4:11[7]	1 Pedro 4:11
1. apóstol[8]	(1) apóstol	el que habla (que cubre varios
2. profeta	(2) profeta	dones)
3. maestro	14. evangelista	el que presta algún servicio
4. milagros	15. Pastor-maestro	(que cubre varios dones)
5. tipos de sanidad		
6. ayudas	**Romanos 12:6-8**	
7. administración	(2) profecía	
8. lenguas	16. Servicio	
	(3) enseñanza	
1 Corintios 12:8-10	17. Alentar	
9. palabra de sabiduría	18. Contribuir	
10. palabra de conocimiento	19. Liderazgo	
11. fe	20. Misericordia	
(5) dones de sanidad		
(4) milagros	**1 Corintios 7:7**	
(2) profecía	21. matrimonio	
12. distinguir entre espíritus	22. celibato	
(8) lenguas		
13. interpretación de lenguas		

Por otra parte, hay cierto grado de superposición entre los dones relacionados en varios lugares. Sin duda el don de administración (*kybernesis*, 1 Co 12:28) es similar

---

[6]Aquí el término griego para «don» es *charisma*, el mismo que Pablo usa en 1 Co 12—14 cuando habla de los dones espirituales.

[7]Esta lista ofrece cuatro tipos de personas en términos de oficios o funciones, no, hablando estrictamente, cuatro dones. Para tres de las funciones de la lista, los dones correspondientes serían la profecía, la evangelización y la enseñanza.

[8]Estrictamente hablando, ser un apóstol es un oficio, no un don (vea capítulo 47, pp. 952-58, sobre el oficio de apóstol).

al don de liderazgo (*ho proistamenos*, Ro 12:8), y ambos términos pueden aplicarse probablemente a muchos que tienen el oficio de pastor-maestro (Ef 4:11). Por otro lado, en algunos casos Pablo relaciona una actividad y en otros casos relaciona el sustantivo relacionado que describe a la persona (tal como «profecía» en Ro 12:6 y 1 Co 12:10, pero utiliza «profeta» en 1 Co 12:28 y Ef 4:11).[9]

Otra razón para pensar que Pablo podría haber hecho listas muchos más largas si hubiera querido es el hecho que algunos de los dones relacionados tendrían muchas expresiones diferentes cuando se encuentran en distintas personas. Ciertamente el don de servir o ayudar dando un consejo sabio, otros al cocinar las comidas, otros al cuidar los niños o entablando amistad con una persona mayor, otros al dar consejos legales o médicos o financieros cuando se necesitan dentro de la iglesia. Estos dones difieren bastante. Entre aquellos que poseen el don de la evangelización, algunos serán buenos en la evangelización personal dentro de un vecindario, otros al evangelizar escribiendo tratados y literatura cristiana, y otros en la evangelización de las grandes campañas y las reuniones públicas. Aún otros serán buenos en la evangelización a través de la radio y la televisión. No todos estos dones evangelísticos son iguales, aun cuando caen dentro de la amplia categoría de «evangelización». Lo mismo podría decirse de los dones de la enseñanza o la adinistración.[10] Todo esto significa que los dones de dos personas no son exactamente iguales.

¿Cuántos diferentes dones existen entonces? Ello depende simplemente en lo específicos que queramos ser. Podemos confeccionar una lista muy breve de solo dos dones como hace Pedro en 1 Pedro 4:11: «el que *habla*» y «el que *presta algún servicio*». En esta lista de solo dos asuntos Pedro incluye todos los dones mencionados en cualquier otra lista porque todos ellos caen en una de estas dos categorías. De un lado, podemos tomar los oficios de profeta, sacerdote, y rey del Antiguo

---

[9]Se debe decir algo en este punto sobre la relación entre los dones y los oficios en la iglesia. Cuando observamos estas listas, se hace evidente que en algunos casos Pablo nombra los dones específicos (tales como los dones de sanidad o administración o lenguas), y en otros casos nombre las personas que tienen esos dones (tales como los apóstoles, profetas, o evangelistas). Algunas listas mencionan solo las personas que poseen esos dones (como en Ef 4:11 o 1 P 4:11). Y algunas listas están mezcladas, mencionando algunos dones y algunas personas que tienen los dones (como en Romanos 12:6-8 y 1 Co 12:28).

Además de eso, se debe hacer otra distinción: En los casos que Pablo nombra personas, a veces da el nombre que hace referencia a un oficio reconocido oficialmente en la iglesia (tales como «apóstoles» o «pastores-maestros»). Esperaríamos que esas personas comenzarían a funcionar en esos oficios tras haber recibido un reconocimiento formal de la iglesia como un todo (esto se llamaría «ordenación» o «instalación en el oficio» para el oficio de pastor [o anciano] por ejemplo. Pero en otros casos, aunque se nombra la persona, no hay necesariamente que pensar que hubo algún reconocimiento oficial o establecimiento en el oficio frente a toda la iglesia. Este sería el caso, por ejemplo, de aquel que anima a otros y el que da y el que muestra «compasión» en Romanos 12:6-8. De manera similar, el Nuevo Testamento no indica claramente que se establecieron los profetas y evangelistas en algún oficio formalmente reconocido en la iglesia primitiva, y la palabra «profeta» probablemente se refiere únicamente a alguien que profetizaba regularmente y bajo la evidente bendición de la iglesia. «Evangelista» puede referirse igualmente a aquellos que funcionaban efectivamente de manera regular en el trabajo de la evangelización, y «maestros» podría incluir tanto a aquellos que tenían reconocidas funciones docentes en la iglesia, quizá en relación con el oficio de anciano, y aquellos que tenían funciones docentes en capacidades menos formales en la iglesia pero que enseñaban regularmente con efectividad en escenarios informales o grupos pequeños.

Por conveniencia, seguiremos refiriéndonos a estas listas como listas de «dones espirituales», aunque, para ser más precisos, debemos darnos cuenta que ellas incluyen tanto los dones espirituales como las personas que ejercitan esos dones. Como Jesucristo provee a la iglesia tanto los dones como las personas, es apropiado que ambos se mencionen en distintas partes de estas listas.

[10]Vea la excelente discusión de John R. W. Stott, *Baptism und Fullness: The Work of the Holy Spirit Today*. Inter-Varsity Press, Downers Grove, IL. 1964, pp. 88-89.

Testamento, y tener una lista de tres tipos de dones: los dones *proféticos* (en este amplio sentido) incluirían los que implican enseñar, alentar, exhortar o reprender a otros. Los dones *sacerdotales* incluyen todo lo que implica mostrar misericordia y cuidar de aquellos en necesidad o implica interceder ante Dios (tal como orar en lenguas). Los dones *reales* implicarían todo lo que tenga que ver con la administración o el gobierno o el orden en la iglesia.

Otras clasificaciones de dones son los dones de conocimiento (tal como distinguir entre espíritus, palabra de sabiduría, y palabra de conocimiento), los dones de *poder* (tales como la sanidad, los milagros, y la fe) y los dones de la *palabra* (lenguas, interpretación y profecía).[11] Entonces podríamos confeccionar otra vez una lista mucho mayor, como la lista de los veintidós dones enumerados arriba. Pero aun esa lista no incluye todos los dones posibles (ninguna lista incluye un don de oración intercesora, por ejemplo, que puede estar relacionado a un don de fe pero que no es el mismo que el don de la fe; los dones musicales no están incluidos en ninguna lista, y tampoco ningún don de echar fuera demonios, aunque Pablo debe haber sabido que algunos cristianos eran más efectivos en esa área que otros). Y si deseáramos dividir *diferentes tipos* de servicio o administración o evangelización o enseñanza, entonces podríamos fácilmente tener una lista que incluyera cincuenta o hasta cien distintos rubros.[12]

El propósito de todo esto es simplemente decir que Dios le da a la iglesia una asombrosa variedad de dones espirituales, y todos ellos son muestra de su multiforme gracia. De hecho, Pedro dice tanto como: «Cada uno según el don que ha recibido, minístrelo a los otros, como buenos administradores de la multiforme gracia de Dios» (1 P 4:10; aquí la palabra «multiforme» es *poikilos*, que significa «tener muchas facetas; tener una rica diversidad»).

La consecuencia práctica de esta discusión es que debemos estar dispuestos a reconocer y apreciar a las personas que tienen dones que difieren de los nuestros y que pueden diferir de nuestras expectativas de lo que debe ser la apariencia de ciertos dones. Por otra parte, una iglesia saludable tendrá una gran diversidad de dones, y esta diversidad no debe llevar a una fragmentación sino a una mayor unidad entre los creyentes de la iglesia. Todo el propósito de Pablo en la analogía del cuerpo con muchos miembros (1 Co 12:12-26) es decir que Dios nos ha puesto en el cuerpo con estas diferencias *de manera que podamos depender unos de otros*. «Ni el ojo no puede decirle a la mano: No te necesito, ni tampoco la cabeza a los pies: No tengo necesidad de vosotros». Antes bien los miembros del cuerpo que parecen más débiles, son los más necesarios» (1 Co 12:21-22; cf. vv. 4-6). Va contra la manera de pensar del mundo decir que disfrutamos de mayor unidad cuando nos unimos más a aquellos que son diferentes a nosotros, pero ese es precisamente el argumento que formula Pablo en 1 Corintios 12, demostrando la gloria de la sabiduría de Dios al no permitir a nadie poseer todos los dones necesarios para la iglesia, sino

---

[11]Esta clasificación es de Dennis y Rita Bennet, *The Holy Spirit and You* (Logos Internacional, Plainfield, NJ, 1971), p. 83. La real categorización de los Bennett habla de los dones de revelación, los dones de poder, e inspiracionales o dones de compañerismo, y los relacionan en orden inverso al que yo he ofrecido aquí.

[12]Esta variedad de maneras de clasificar los dones nos permite decir que con propósitos docentes son posibles muchos tipos de clasificación, pero debemos cuidarnos de cualquier reclamo de que cierta forma de clasificar o relacionar los dones es la única válida, pues la Escritura no nos limita a algún esquema de clasificación.

requiriendo que dependamos uno del otro para un adecuado funcionamiento de la iglesia.

4. Los dones pueden variar en intensidad. Pablo dice que si tenemos el don de profecía, debemos utilizarlo «*en proporción* a nuestra fe» (Ro 12:6), indicando que el don puede estar más o menos desarrollado en diferentes individuos durante un período de tiempo. Por esto Pablo puede recordarle a Timoteo: «Ejercita el don que recibiste mediante profecía» (1 Ti 4:14), y puede decir: «Por lo cual te aconsejo que *avives* el fuego del don de Dios que está en ti» (2 Ti 1:6). Era posible que Timoteo dejara que su don se debilitara, aparentemente por su uso infrecuente, y Pablo le recuerda que lo estimule utilizándolo y consecuentemente fortaleciéndolo. Esto no debe sorprender, porque nos damos cuenta que muchos dones incrementan su fuerza y efectividad cuando se utilizan, ya sea la evangelización, la enseñanza, el consuelo, la administración o la fe. Apolos tenía un poderoso don de predicación y enseñanza, pues leemos que era «ilustrado y convincente en el uso de las Escrituras» (Hch 18:24). Y aparentemente Pablo tenía y utilizaba con frecuencia un muy efectivo don de hablar en lenguas pues dice; «Doy gracias a Dios porque hablo en lenguas más que todos ustedes» (1 Co 14:18).[13]

Todos estos textos indican que los *dones espirituales pueden variar en intensidad.* Si pensamos en cualquier don, ya sea la enseñanza o la evangelización de un lado, o la profecía y la sanidad del otro, debemos darnos cuenta que dentro de cualquier congregación probablemente haya personas que son muy efectivas en el uso de ese don (quizá a través de un uso prolongado y la experiencia), otros que son moderadamente fuertes en ese don, y otros que tienen el don pero que comienzan justo a utilizarlo. Esta variación en intensidad de los dones espirituales depende de una combinación de influencia humana y divina. La influencia divina es la obra soberana del Espíritu Santo, «quien reparte a cada uno según él lo determina» (1 Co 12:11). La influencia humana viene de la experiencia, el entrenamiento, la sabiduría, y las habilidades naturales en el uso de ese don. Normalmente no es posible conocer en qué proporción las influencias humana y divina se combinan en cualquier momento, ni tampoco es realmente necesario conocerlo, porque aun las habilidades que pensamos son «naturales» vienen de Dios (1 Co 4:7) y están bajo su control soberano (vea el capítulo 16 sobre la providencia de Dios y la responsabilidad humana).

Pero esto lleva a una pregunta interesante: ¿Qué fuerte tiene que ser una habilidad antes de que se la llame un don espiritual? ¿Cuántas habilidades docentes necesita alguien antes que se pueda decir que él o ella tienen el don de la enseñanza, por ejemplo? ¿O qué efectivo en la evangelización necesitaría ser alguien antes que podríamos reconocer un don de evangelización? ¿O con qué frecuencia alguien tendría que ver respondidas las oraciones por una sanidad antes que se pueda decir que él o ella tienen el don de sanidad?

La Escritura no responde esta cuestión directamente, pero el hecho de que Pablo hable de estos dones como útiles para la edificación de la iglesia (1 Co 14:12), y

---

[13]Vea también 1 Corintios 13:1-3, donde Pablo ofrece ejemplos de algunos dones desarrollados al grado más elevado imaginable, ejemplos que él usa para mostrar que aun tales dones sin amor no traerían ningún beneficio.

el hecho de que Pedro diga de la misma manera que cada persona que ha recibido un don debe recordar emplearlo «al servicio de los demás» (1 P 4:10), sugiere que tanto Pablo como Pedro pensaban en dones y habilidades que eran *lo suficientemente fuertes como para funcionar en beneficio de la iglesia*, ya sea para la congregación reunida (como la profecía o la enseñanza), o para individuos de la congregación en distintos momentos (como la ayuda y el aliento).

Probablemente no se puede trazar una línea definitiva en esta materia, pero Pablo nos recuerda que *no todos tienen cada uno de los dones o ningún don*. Él habla con mucha claridad sobre esto en una serie de preguntas que no esperan respuesta: «¿Son todos apóstoles? ¿Son todos profetas? ¿todos maestros? ¿Hacen todos milagros? ¿Tienen todos dones de sanidad? ¿Hablan todos lenguas? ¿Interpretan todos?» (1 Co 12:29-30). El texto griego (con la partícula *me* antes de cada pregunta) claramente no espera una respuesta a cada pregunta. Por lo tanto, no todos son maestros, por ejemplo, ni todos poseen los dones de sanidad, ni todos hablan en lenguas.

Pero aunque no todos tienen el don de la enseñanza, es cierto que todas las personas «enseñan» *en algún sentido* de la palabra *enseñar*. Aun personas que nunca soñarían con enseñar una clase de la Escuela Dominical, ciertamente leerán historias bíblicas a sus propios hijos y les explicarán su significado; Moisés mandó que los israelitas hicieran esto mismo con sus hijos (Deuteronomio 6:7), que les explicaran las palabras de Dios mientras estaban sentados en su casa o andaban por el camino. Así que de un lado podemos decir que no todos tienen el *don* de la enseñanza. Pero por otro lado, debemos decir que hay *alguna habilidad general* relacionada con el don de la enseñanza que poseen todos los cristianos. Otra forma de decir esto sería afirmar que no hay un don espiritual que tengan todos los creyentes, pero hay cierta habilidad general similar a cada don que todos los cristianos tienen.

Podemos ver esto en cierto número de dones. No todos los cristianos poseen el don de evangelización, pero todos los cristianos tienen la capacidad de compartir el evangelio (de hecho, como veremos abajo, algunas personas dicen que nadie tiene hoy en día genuinos dones de sanidad), pero a pesar de todo cada cristiano puede y de cierto ora a Dios por la sanidad de amigos o parientes que están enfermos. No todo cristiano tiene el don de la fe, pero cada cristiano tiene cierto grado de fe, y esperaríamos que esta crezca en la vida de un cristiano ordinario.

Hasta podemos decir que otros dones, tales como la profecía y el hablar en lenguas, no solo tienen una intensidad cambiante entre aquellos que poseen el don, sino que también encuentran su contraparte en algunas habilidades generales que se hallan en la vida de cada cristiano. Por ejemplo, si entendemos que la profecía es (de acuerdo con la definición que se ofrece en el capítulo 53)[14] «informar algo que Dios nos trae de manera espontánea a la mente», entonces es verdad que no todos experimentan esto como un don, porque no todos experimentan a Dios trayendo espontáneamente cosas a la mente con tal claridad y fuerza que él o ella se sientan libres de hablar sobre ellas en medio de un grupo de cristianos reunidos. Pero probablemente todo cristiano ha tenido en un momento u otro la sensación de que Dios le traía a la mente la necesidad de orar por un amigo distante o escribirle o

---

[14]Vea el capítulo 53, pp.1107-20, para una definición del don de profecía en la iglesia.

llamarlo por teléfono para llevar una palabra de aliento a alguien que está lejos, y más tarde ha descubierto que eso era precisamente lo que se necesitaba en ese momento. Pocos negarían que Dios puso esa necesidad de una manera espontánea en su mente, y, aunque esto no sería llamado un don de profecía, es una habilidad general recibir una orientación o guía especial de Dios que es similar a lo que ocurre con el don de profecía, pese a que funciona a un nivel inferior.

Incluso podemos considerar el don de hablar en lenguas desde esta perspectiva. Si pensamos del hablar en lenguas como una oración en sílabas no comprensibles para el que habla (vea 1 Co 14:2, 14),[15] entonces es verdad que no todo cristiano tiene el don de hablar en lenguas (y una vez más debe decirse que algunos cristianos argumentarían que nadie tiene hoy en día ese don, pues la era de los apóstoles ha terminado). Pero por otro lado, debemos reconocer que todo cristiano tiene momentos de oración en los cuales su oración se expresa no solo en palabras y sílabas inteligibles, sino también en forma de suspiros, gemidos y llanto que sabemos el Señor escucha y comprende, y ello expresa necesidades y preocupaciones de nuestros corazones que no podemos articular plenamente en palabras (cf. Ro 8:26-27). Una vez más no debemos llamar a esto un don de hablar en lenguas, pero parece ser una habilidad general en nuestras vidas cristianas que está de alguna manera relacionada con el don de hablar en lenguas, en la medida que se expresa en una oración en sílabas que no entendemos completamente, pero que sin embargo el Espíritu Santo convierte en una oración efectiva que Dios escucha.

El propósito de toda esta discusión es simplemente decir que los dones espirituales no son tan misteriosos ni «cosas de otro mundo» como la gente considera que son. Muchos de ellos son solo una intensificación o una instancia altamente desarrollada de fenómenos que la mayoría de los cristianos experimentan en sus propias vidas. El otro importante propósito que puede deducirse de esta discusión es que aun cuando se nos han dado dones por Dios, todavía somos responsables de usarlos con efectividad, y buscar crecer en su uso para que la iglesia reciba más beneficios de los dones que Dios nos ha permitido ser administradores.

Por último, el hecho de que la potencia de los dones puede variar nos permite reconocer que el don de cierta persona (tal como el de enseñanza o administración, por ejemplo) puede que no sea lo suficientemente fuerte como para funcionar en beneficio de toda la iglesia en una iglesia grande donde muchas personas ya tienen ese don en alto grado desarrollado. Pero esa misma persona, al moverse a una iglesia más joven y pequeña donde pocos tienen el don de la enseñanza o la administración, puede encontrar que sus dones tienen una mayor demanda y son capaces de funcionar para el beneficio de toda la congregación. (En este sentido, algo que solo se considera una habilidad general en un escenario puede considerarse correctamente un don espiritual en otro escenario.)

5. ¿Poseen los cristianos los dones temporal o permanentemente? En la mayoría de los casos, parece que el Nuevo Testamento describe una posesión *permanente* de los dones espirituales. La analogía de las partes del cuerpo en 1 Corintios 12:12-26 se adecuan a esto, en el sentido que el ojo no se convierte en mano, ni el

---

[15]Vea también la discusión sobre el don de hablar en lenguas en el capítulo 53, pp. 1128-40.

oído en pie, pero las distintas partes del cuerpo existen permanentemente.[16] Por otro lado, Pablo dice que algunas personas ostentan títulos que describen una función continua. Algunos pueden ser llamados «profetas» o «maestros» (1 Co 12:29) o «evangelistas» (Ef 4:11). Esperaríamos que esas personas estuvieran en posesión permanente de los dones de profecía, enseñanza y evangelización, a menos que alguna circunstancia inusual sobreviniera que los privara del don. De manera similar, Pablo habla en términos de la posesión de dones espirituales cuando dice: «Si tengo el don de profecía...» (1 Co 13:2) Y cuando Pablo pide que un intérprete esté presente cuando alguien hable en lenguas (1 Co 14:28), asume que la iglesia conocerá si alguien que tiene el don de interpretación está presente, lo que implica que alguien estaría en posesión del don durante un tiempo. Cuando dice; «Si alguno se cree profeta» (1 Co 14:37), se da cuenta que algunos en Corinto habrían funcionado con el don de profecía con la suficiente frecuencia para concebirse a sí mismo como «profetas». Todos estos versículos apuntan en la dirección de una permanente, o por lo menos duradera y continua posesión de dones espirituales.

Por cierto, en Romanos 12, Pablo comienza su afirmación: «*Y hay diversidad de de operaciones*» (Ro 12:6). Y le dice a Timoteo: «Ejercita el don que recibiste mediante profecía» (1 Ti 4:14), indicando de nuevo que Timoteo había tenido ese don durante un período de tiempo. Por lo tanto, parece que en general el Nuevo Testamento indica que a las personas se les conceden dones espirituales, y una vez que los poseen, son normalmente capaces de continuar utilizándolos durante el transcurso de su vida cristiana.

Con todo, se deben cumplir importantes requisitos, porque hay algunas instancias en las que los dones *no son permanentes*. Hay algunos dones que no son permanentes por su propia naturaleza, tales como los dones del matrimonio y el celibato (1 Co 7:7). Aunque Pablo los llama dones, en la vida de la mayoría de los creyentes habrá momentos en que están solteros, y momentos en que están casados. Por otra parte, algunos dones, aunque se ejerciten con bastante frecuencia, aun no se pueden ejercitar a voluntad. La efectividad en el don de sanidad, por ejemplo, depende de la voluntad soberana de Dios al responder las oraciones que imploran sanidad. De manera similar, la profecía depende de la concesión de una «revelación» espontánea (1 Co 14:30) de Dios, y simplemente no puede ejercitarse a voluntad. Lo mismo podría decirse inclusive del don de la evangelización: En última instancia es la obra del Espíritu Santo traer regeneración y capacitar a alguien para creer, de forma que el evangelista debe orar y predicar, pero solo Dios puede aportar la cosecha de almas.

En otros casos, se puede conceder algún don particular para una necesidad o evento único. Aunque no es, hablando estrictamente, un don espiritual en el sentido del Nuevo Testamento, la devolución de la fortaleza de Sansón por última vez al final de su vida (Jueces 16:28) se le otorgó temporalmente durante el último momento de su vida. Y, en el Nuevo Testamento, la notable revelación que tuvo Esteban cuando, «lleno del Espíritu Santo, fijó la mirada en el cielo y vio la gloria de

---

[16]Por supuesto, no debemos llevar muy lejos la metáfora del cuerpo, pues las personas de hecho reciben otros dones, y Pablo aun anima a las personas a buscar dones espirituales adicionales (1 Co 14:1). Pero la metáfora sí sugiere *algún* grado de estabilidad o permanencia en la posesión de los dones.

Dios, y a Jesús de pie a la derecha de Dios» (Hch 7:55) fue una manifestación del Espíritu que se le dio solo durante ese específico momento.

Otra instancia en que un don puede no ser permanente es cuando una persona descuida su don, y quizá aflige al Espíritu Santo o cae en un serio error doctrinal o moral (como por ejemplo hizo Sansón en el Antiguo Testamento). En tal caso el don puede ser retirado. De cierto, Pablo advirtió a Timoteo: «Ejercita el don que recibiste» (1 Ti 4:14), y quizá también podemos aprender de la parábola de los talentos, en la que Jesús dice que «a todo el que tiene se le dará más, y tendrá en abundancia. Al que no tiene se le quitará hasta lo que tiene» (Mt 25:29).[17]

Por demás, debemos recordar que el *Espíritu Santo todavía es soberano en la distribución de dones*: el que «reparte a cada uno *según él lo determina*» (1 Co 12:11). La palabra que se traduce aquí como «reparte» es un participio presente, lo cual indica una continua actividad en el tiempo, y podríamos parafrasear: «El Espíritu Santo *continúa siempre distribuyendo o repartiendo dones* a cada persona individual justo según él lo determina». Esto significa que, aun cuando *normalmente* la costumbre del Espíritu Santo es continuar facultando el mismo don o dones en las personas en el transcurso del tiempo, aún así, hay una continua voluntad y decisión del Espíritu Santo de hacer o no hacer esto, y puede que por sus propios motivos retire el don durante un tiempo, o hace que sea mucho más potente o más débil de lo que era.

Por último, 1 Corintios 13:8-13 (que se discutirá abajo) indica que los actuales dones espirituales que poseemos son solo para esta era, y serán superados por algo mucho mayor. Por lo tanto, en ese sentido ningún don es «permanente» pues cada don se considerará inútil en el momento que el Señor regrese.

Dentro de la discusión de la cuestión de si los dones espirituales son o no permanentes, a veces se menciona a Romanos 11:29: «Porque las dádivas de Dios son irrevocables». Sin embargo, Esto no significa que sea apropiado utilizar el versículo en el contexto de esta discusión, pues en este caso Pablo habla sobre el estatus del pueblo judío, incluyendo su designación como pueblo de Dios y los dones o bendiciones dispensados a ellos como resultado de ese estatus. Aquí Pablo arguye que Dios tiene aun un propósito para su pueblo de Israel, pero la cuestión de los dones del Espíritu Santo en el sentido de 1 Corintios 12—14 no se contempla en absoluto en Romanos 11:29. Y ciertamente en cualquier caso esta afirmación no sería cierta en términos de una declaración del todo irrestricta sobre los dones espirituales, porque es evidente que por el mal uso, la negligencia o el agravio del Espíritu Santo, puede que las personas vean sus dones disminuidos o removidos por la soberana decisión de Dios.

6. ¿Son los dones milagrosos o no milagrosos? La respuesta a esta pregunta depende en realidad de la definición de la palabra *milagro*. Si definimos *milagro* como «una actividad directa de Dios en el mundo», entonces todos los dones espirituales son milagrosos porque el Espíritu Santo los faculta (1 Co 12:11; cf. vv.4-6). Pero en ese sentido *todo* lo que sucede en el mundo puede decirse que es milagroso,

---

[17]Aunque el propósito primario de esta parábola tiene que ver con las recompensas en el juicio final, no obstante alienta a la fidelidad en la mayordomía de lo que se nos ha dado, y no es ilógico esperar que Dios pudiera actuar respecto a nosotros de esa manera, por lo menos en principio, también en esta vida.

porque todo ello procede de la obra providencial de Dios en la creación (vea Ef 1:11; Dn. 4:35; Mt 5:45).[18] Por lo tanto la palabra *milagro* pierde su utilidad, pues nos es difícil encontrar algo que suceda en el mundo que *no* sea milagroso en este sentido.

Es mejor definir *milagro* en un sentido más estrecho, como hicimos arriba, en el capítulo 17: Un milagro es «una actividad menos común de Dios en la que él suscita el asombro y la admiración de las personas y da testimonio de sí mismo».[19] En términos de esta definición, solo algunos dones son «milagrosos»: a saber, aquellos dones que la gente piensa que son milagrosos porque están asombrados de la actividad de Dios que obra en ellos. Ciertamente incluiríamos la profecía en esta categoría (note el asombro del incrédulo en 1 Co 14:24-25), la sanidad (de manera similar, note la respuesta del pueblo en Hch 3:10 y otros lugares), echar fuera demonios (vea Hch 19:11-13, 17), o el hablar en lenguas cuando es realmente una lengua extranjera y los demás la comprenden (vea la descripción de Pentecostés en Hch 2:7). Probablemente otros fenómenos notables también se incluirían en el don de hacer milagros (1 Co 12:10).

Por otro lado, en esta definición, algunos dones se considerarían como no milagrosos. Los dones de servir, enseñar, alentar, contribuir y llevar a cabo actos de misericordia (en Ro 12: 7-8) caerían en esta categoría, así como los dones de aquellos que actúan como ayudantes y administradores (1 Co 12:28). Pero todavía se trata del mismo Espíritu Santo quien los da y obra a través de ellos.

El propósito de este análisis es alertarnos contra la elaboración de una distinción sobrenatural / natural en nuestras mentes por medio de la cual pensemos que algunos dones son «sobrenaturales» y otros simplemente «naturales». La Biblia no hace tal distinción, y el peligro de hacer esto es que nos inclinemos a pensar que algunos dones (que pensamos son «sobrenaturales») son más importantes o proceden más claramente del Señor, y que nos inclinemos a devaluar o hacer menos énfasis en los dones que consideramos «naturales». Si hacemos esto fracasaremos a la hora de ver la mano de Dios en la actuación de todos los dones y a la hora de darle gracias por todos ellos.

Por otro lado, la engañosa distinción sobrenatural / natural también puede hacernos desconfiados sobre aquellos que consideramos sobrenaturales», o puede llevarnos a pensar que sería muy improbable ocurrieran en nuestra propia experiencia. En ese caso, nos inclinaríamos a enfatizar los dones que pensamos son «naturales» y tendríamos muy pocas expectativas o fe en relación con cualquier cosa que pensáramos es «sobrenatural'.

En contraste con esta perspectiva, la Escritura dice que recibimos «todos» los dones de un mismo Espíritu, un mismo Señor, y un mismo Dios (1 Co 12:4-6). La visión del mundo de la Escritura es de continuidad, de una continua interacción entre el *mundo visible* que podemos ver y tocar y el *mundo invisible* que la Escritura nos dice está ahí y es real. Dios obra en ambos, y nos hacemos a nosotros mismos y a la iglesia un gran perjuicio al separar estos aspectos de la creación en «sobrenatural» y «natural'.

---

[18]Vea la discusión de varias definiciones sobre la palabra *milagro* en el capítulo 17, p. 389.
[19]Vea el capítulo 17, p. 389.

Por último, ¿deberíamos buscar los dones más inusuales o milagrosos, o deberíamos buscar los dones más comunes? De nuevo, la Escritura no hace este tipo de distinción cuando nos dice qué tipo de dones buscar. Pablo dice a los corintios: «Por eso ustedes, ya que tanto ambicionan los dones espirituales, *procuren que éstos abunden para la edificación de la iglesia* (1 Co 14.12). Esto significa que debemos conocer cuáles dones son más necesarios en la iglesia a la que asistimos, y entonces orar a Dios para que nos conceda estos dones a nosotros y a otros. Que esos dones se consideren milagrosos o no milagrosos no es lo que realmente importa.[20]

7. Descubrir y buscar dones espirituales. Pablo parece asumir que los creyentes conocerán cuáles son sus dones espirituales. Simplemente les dice a los de la iglesia en Roma que usen sus dones de varias maneras: «Si el de profecía, úsese conforme a la medida de la fe... el que reparte, con liberalidad; el que preside, con solicitud; el que hace misericordia, con alegría» (Ro 12:6-8). De manera similar, Pedro les dice a sus lectores cómo utilizar sus dones, pero no dice nada sobre cómo descubrir cuáles son: «*Cada uno según el don que ha recibido*, minístrelo a los otros, como buenos administradores de la multiforme gracia de Dios» (1 P 4:10).

¿Pero qué si muchos miembros de una iglesia no conocen qué don o dones espirituales Dios les ha dado? En tal caso, los líderes de la iglesia necesitan preguntarse si les están proporcionando suficientes oportunidades para el uso de una variedad de dones. Aunque las listas de dones dadas en el Nuevo Testamento no son exhaustivas, ciertamente proveen un buen punto de partida para que las iglesias se pregunten si por lo menos existe la oportunidad de que estos dones se utilicen. Si Dios ha puesto personas con ciertos dones en una iglesia cuando estos dones no se estimulan o quizá no se permite utilizarlos, éstas se sentirán frustradas e insatisfechas en sus ministerios cristianos, y quizá se mudarán a otra iglesia donde sus dones puedan funcionar para el beneficio de la iglesia.

En el caso de individuos que no conocen cuáles son sus dones, pueden comenzar preguntando qué necesidades y oportunidades para el ministerio hay en su iglesia. Específicamente, pueden preguntar qué dones son más necesarios para la edificación de la iglesia en ese sitio. Además, cada creyente individual que no sabe cuáles son sus dones debe realizar cierto auto examen. ¿Qué intereses y deseos y habilidades éste posee? ¿Pueden otros ofrecer consejo o aliento que apunten hacia dones específicos? Por otra parte, ¿ha habido bendiciones en el pasado al ministrar en algún tipo particular de servicio? En todo esto, la persona que busca descubrir sus dones debe orar y pedir a Dios sabiduría, confianza en que ésta será concedida de acuerdo a su promesa: «Y si alguno de vosotros tiene falta de sabiduría, pídala a Dios, el cual da a todos abundantemente y sin reproche, y le será dada. Pero pida con fe, no dudando nada»' (Stg 1:5-6). A veces Dios concederá esta sabiduría en términos de una visión más exacta de las habilidades propias. En otros momentos puede que venga a través del consejo de otros o al ver crecientes bendiciones en un área del ministerio. Y Pablo indica que en algunos casos puede ser la profecía la

---

[20]Vea el capítulo 17, pp. 406-07, para una discusión de la objeción que es un error buscar dones milagrosos hoy.

que ofrezca la señal de un don específico, pues dice a Timoteo: «*Ejercita el don que recibiste mediante profecía*, cuando los ancianos te impusieron las manos» (1 Ti 4:14).

Por último, la persona que se pregunta cuáles son sus dones espirituales debe simplemente comenzar a ministrar en varias áreas y ver dónde Dios trae bendiciones. Enseñar una clase de la Escuela Dominical o un estudio bíblico en una casa es una manera excelente para empezar a utilizar el don de la enseñanza. Cada comunidad tiene oportunidades para una mayor utilización del don de la evangelización. Personas que piensan tienen un don de sanidad pueden pedirle una oportunidad a sus ancianos a fin de acompañarlos cuando vayan a orar por los enfermos. Las personas que piensan tienen el don de la fe o un don de oración intercesora podrían comenzar a preguntarles a algunos amigos cristianos por necesidades específicas sobre las cuales orar. En todo esto, las iglesias pueden dar aliento y oportunidades para que las personas prueben utilizar varios dones, y tan pueden ofrecer enseñanzas y entrenamientos prácticos en los métodos apropiados para el uso de varios dones. Además, las iglesias deben orar continuamente para que Dios permita a las personas encontrar cuáles son sus dones y entonces ser capaces de utilizarlos. En todo esto la meta es que el cuerpo de Cristo en cada localidad alcance la madurez, hasta que «por su acción todo el cuerpo crece y se edifica en amor, sostenido y ajustado por todos los ligamentos, *según la actividad propia de cada miembro*» (Ef 4:16).

Más allá del asunto de descubrir qué dones tiene uno está el asunto de buscar dones espirituales adicionales. Pablo manda a los cristianos: «*Procurad, pues, los dones mejores*» (1 Co 12:31) y después dice: «Empéñense en seguir el amor y *ambicionen los dones espirituales*, sobre todo el de profecía» (1 Co 14:1). En este contexto, Pablo define lo que quiere decir por «dones mejores» o «dones mayores» porque en 1 Corintios 14:5 repite la palabra utilizada en 12:31 para «mayor» (gr. *meizon* cuando dice: «porque *mayor* es el que profetiza que el que habla en lenguas, a no ser que las interprete *para que la iglesia reciba edificación* (RVR) (1 Co 14:5). Aquí los dones *mayores* son aquellos que más edifican a la iglesia. Esto es consistente con la declaración de Pablo unos cuantos versículos más adelante, cuando dice: «Ya que tanto ambicionan dones espirituales, procuren que éstos abunden para la edificación de la iglesia» (1 Co 14:12). *Los mayores dones son aquellos que más edifican la iglesia y traen mayores beneficios a los demás.*

¿Pero cómo buscamos más dones espirituales? Primero, debemos *pedírseles a Dios*. Pablo dice directamente que «*el que habla en lenguas pida en oración el don de interpretar lo que diga* (1 Co 14:13; cf. Stg 1:5, donde éste dice a las personas que deben pedirle a Dios sabiduría). A continuación, las personas que buscan dones espirituales adicionales deben tener *motivos correctos*. Si los dones espirituales se buscan solo para que la persona pueda sobresalir más o tenga más influencia o poder, esto es ciertamente malo a los ojos de Dios. Esta fue la motivación de Simón el hechicero en Hechos 8:19, cuando dijo: «Denme también a mí ese poder, para que todos a quienes yo les imponga las manos reciban el Espíritu Santo» (véase la reprimenda de Pedro en vv. 21-22). De manera similar, Ananías y Safira buscaron gloria para sí mismos cuando pretendieron dar todo el producto de la venta de su tierra a la iglesia, pero no fue verdad, y ambos perdieron sus vidas (Hch 5:1-11). Es una cosa temible querer dones espirituales o prominencia en la iglesia para nuestra propia gloria, no para gloria de Dios y para la ayuda de otros. Por lo tanto, aquellos que buscan dones espirituales primero deben preguntarse si lo hacen por amor a los demás y por estar más capacitados a la hora de ministrar a sus necesidades, pues aquellos que tienen grandes dones espirituales pero le «falta el amor» son «nada» a los ojos de Dios (cf. 1 Co 13:1-3). Por esto Pablo dice: «Empéñense seguir el amor» y solo después añade: «y ambicionen los dones espirituales» (1 Co 14:1). Otra vez repite el mismo tema cuando dice: «Ya que tanto ambicionan dones espirituales, *procuren que éstos abunden para la edificación de la iglesia*» (1 Co 14:12). Toda persona que pide a Dios un don espiritual adicional debe hurgar en su corazón con frecuencia, preguntándose porqué se desea este don particular. ¿Es realmente debido al amor por los demás y un deseo de edificar la iglesia y ver glorificado a Dios?

Después de eso, es apropiado *buscar oportunidades para probar el don*, justo en el caso de una persona que trata de descubrir su don, como se explica arriba. Pequeños grupos de estudio de la Biblia o reuniones de oración en casas a menudo ofrecen un buen escenario en el que las personas pueden probar los dones de la enseñanza o la oración intercesora o de estimular a otros o el de profecía o la sanidad, por ejemplo.

Por último, aquellos que buscan dones espirituales adicionales deben *continuar utilizando los dones que ahora tienen* y deben *estar conformes* si Dios decide no darles más. El señor aprobó al siervo cuyo dinero produjo *diez veces más* (1 Co 12:11), pero condenó al que puso su dinero en un pañuelo y no hizo nada con él (Lc 19:16-17, 20-23)—para mostrarnos ciertamente que tenemos la responsabilidad de *usar* y *tratar de incrementar* cualesquiera talentos o habilidades que Dios nos haya dado como sus administradores.

Para balancear ese énfasis de buscar y crecer en dones espirituales debemos también recordar que Pablo dice claramente que los dones espirituales son proporcionados a cada persona individualmente por el Espíritu Santo «según él lo determina» (1 Co 12:11), y que «Dios ha colocado los miembros cada uno de ellos en el cuerpo, *como el quiso*» (1 Co 12:18). Dice que Dios ha puesto diversos dones en la iglesia y que no todos son apóstoles o profetas o maestros (1 Co 12:28-30). De esta manera les recuerda a los corintios que en última instancia la distribución de los dones es cuestión de la voluntad soberana de Dios, y que es para el bien de la iglesia y para nuestro bien que ninguno de nosotros tenga todos los dones, y que necesitaremos depender continuamente de otros que tienen dones diferentes a los nuestros. Estas consideraciones deben hacer que nos sintamos complacidos si Dios decide no darnos los demás dones que buscamos.

8. Los Dones son Herramientas para el Ministerio, y no Están Necesariamente Relacionados con la Madurez Cristiana. Tenemos que reconocer que a *todo* creyente se le dan dones espirituales (1 Co 12:7, 11; 1 P 4:10). Hasta los cristianos inmaduros reciben dones espirituales del Señor—esto se hizo evidente por cierto en la iglesia de Corinto, que tenía abundancia de dones espirituales (1 Co 1:7), pero aún así era muy inmadura en muchas áreas de doctrina y conducta. Pablo dice:

«Yo, hermanos, no pude dirigirme a ustedes como a espirituales sino como a inmaduros, apenas niños en Cristo (1 Co 3:1). O sea, los dones espirituales no son necesariamente una señal de madurez espiritual. Es posible poseer notables dones espirituales en una u otra área pero ser aún muy inmaduro en la comprensión doctrinal o la conducta cristiana, como fue el caso de Corinto. De hecho, en ocasiones hasta los *inconversos* son capaces de profetizar y expulsar demonios y hacer milagros, pues Jesús dice que en los últimos días muchos le dirán: «Señor, Señor, ¿no profetizamos en tu nombre, y en tu nombre expulsamos demonios e hicimos muchos milagros?» Pero Jesús les diría: «Jamás los conocí. ¡Aléjense de mí, hacedores de maldad!» (Mt 7:22-23). No es que Jesús los conociera antes y luego no los conociera; él dice: «Nunca los conocí». Nunca fueron cristianos, aunque habían realizado obras notables. Por eso *no debemos evaluar la madurez espiritual sobre la base de los dones espirituales*. La madurez llega a través de caminar junto a Jesús, y conduce a la obediencia a sus mandamientos en la vida diaria: «El que afirma que permanece en él, debe vivir como él vivió» (1 Jn 2:6).

¿Cuándo entonces el Espíritu Santo nos concede dones espirituales? Se conceden para la obra del ministerio y son *simples herramientas* para ser utilizadas con ese fin. Nunca deben ser una fuente de orgullo personal para aquellos que los posee, ni se deben considerar como una señal de madurez. Simplemente debemos esforzarnos por sobresalir en el amor por los demás, en atender sus necesidades, edificar la iglesia, y vivir una vida en conformidad con las normas de la vida de Cristo. Si hacemos eso, y si Dios decide darnos dones espirituales que nos dote para esas tareas, debemos darle gracias por eso, y orar para que nos mantenga libres de orgullo por los dones que gratuita y bondadosamente han dado, y que no ganamos nosotros.

B. ¿Han cesado algunos dones? El debate sobre el cese de los dones

Dentro del mundo evangélico actual hay diferentes posiciones sobre el asunto: «¿Es válido que la iglesia de hoy utilice todos los dones que se mencionan en el Nuevo Testamento? Algunos dirían que sí.[21] Otros dirían que no, y argumentarían que algunos de los dones más milagrosos (tales como la profecía, las lenguas más interpretación, y quizá el de sanar enfermmos y expulsar demonios) se otorgaron solo durante el tiempo de los apóstoles, como «señales» para autentificar a los apóstoles durante la temprana predicación del evangelio. Afirman que estos dones ya no se necesitan como señales hoy, y que cesaron a fines de la era apostólica, probablemente a fines del siglo primero o comienzos del siglo segundo d.C.

También debemos darnos cuenta que hay un amplio grupo «medio» en relación con esta cuestión, un grupo de «evangélicos de la tendencia principal» que no son carismáticos ni pentecostales de un lado, ni partidarios del «cese de los dones»[22]

---

[21]Muchos que dicen sí, tales como el presente autor, añadirían la salvedad de que «apóstol» es un oficio, no un don, y que el oficio de apóstol no se mantiene hoy (vea el capítulo 47, pp. 951-58, para este argumento).

[22]*Cesacionistas* se refiere a alguien que piensa que ciertos dones espirituales milagrosos *cesaron* hace mucho tiempo, cuando murieron los apóstoles y se completó la Escritura.

del otro, pero que están simplemente indecisos, y dudosos que esta cuestión pueda decidirse sobre la base de la Escritura.[23]

Aunque algunos aspectos de esta cuestión se discutieron en el capítulo 17 dedicado a los milagros, hay algunas consideraciones adicionales, especialmente relacionadas con el tópico de los dones espirituales, que se pueden hacer aquí.

1. ¿Nos dice 1 Corintios 13:8-13 cuándo cesarán los dones milagrosos? Pablo dice:

> El amor jamás se extingue, mientras que el don de profecía cesará, el de lenguas será silenciado y el de conocimiento desaparecerá. Porque ahora conocemos y profetizamos de manera imperfecta; *pero cuando llegue lo perfecto, lo imperfecto desaparecerá.* Cuando yo era niño, hablaba como niño, pensaba como niño, razonaba como niño; cuando llegué a adulto, dejé atrás las cosas de niño. Ahora vemos de manera indirecta y velada, como en un espejo; pero entonces veremos cara a cara. Ahora conozco de manera imperfecta, pero entonces conoceré tal y como soy conocido. Ahora, pues, permanecen estas tres virtudes: la fe, la esperanza y el amor. Pero la más excelente de ellas es el amor. (1 Co 13:8-13)

Este pasaje es importante para la discusión porque en él Pablo menciona el don de profecía como algo «imperfecto», y entonces dice que lo «imperfecto» «desaparecerá» (1 Co 13:10). Hasta dice cuándo ello ocurrirá: «cuando llegue lo perfecto». ¿Pero cuándo es eso? Y aun si podemos determinar cuándo, ¿quiere eso decir que Pablo tenía en mente algo que le daría una respuesta a la iglesia de hoy sobre este asunto de la «cesación»? ¿Puede ser representativo en este pasaje el don de profecía de los dones milagrosos en general en la era de la iglesia?

a. El propósito de 1 Corintios 13:8-13: Pablo interrumpe su discusión de los dones espirituales con el capítulo 13 de 1 Corintios, en el que intenta poner toda la discusión sobre los dones en una perspectiva correcta. No es suficiente ambicionar simplemente «los mejores dones». Uno debe también empeñarse «en seguir el amor» (14:1). Sin amor, los dones no valen nada (13:1-3). De hecho, argumenta Pablo, el amor es superior a todos los dones y por lo tanto es más importante actuar con amor que poseer cualquiera de los dones.

A fin de mostrar la superioridad del amor, Pablo argumenta que este jamás se extingue, mientras todos los dones son temporales (13:8). Nuestro profetizar y conocimiento actuales son parciales e imperfectos (v. 9), pero un día algo perfecto llegará a reemplazarlos (v. 10). Esto se explica mediante la analogía de un niño que renuncia a las ideas y el hablar infantiles por las ideas y el hablar de un adulto (v. 11). Entonces Pablo continúa razonando en los versículos 9-10 al explicar que nuestro conocimiento y percepción presentes son indirectos e imperfectos, pero que algún día éstos serán directos y perfectos (v. 12).

---

[23]La discusión en lo que resta de este capítulo sobre el debate cesacionista es una adaptación de Wayne Grundem, *The Gift of Prophecy in the New Testament and Today* (Eastbourne Kingway, and Crossway, Westchester, IL, 1988), pp. 227-52, y se utiliza con permiso.

En este argumento Pablo vincula la función de profecía con el tiempo de su cesación. Esta satisface una cierta necesidad ahora, pero lo hace solo de manera imperfecta. Cuando «lo perfecto» llegue, esa función será satisfecha por algo mejor, y la profecía cesará porque quedará obsoleta o inútil (este es el probable matiz del término griego utilizado aquí, *katargeo*, «desaparecer» en los vv. 8, 10). De manera que la función principal de 1 Corintios 13:8-13 es mostrar que el amor es superior a dones como el de profecía porque esos dones desaparecerán pero el amor no desaparecerá.

b. 1 Corintios 13:10: La cesación de la profecía cuando Cristo regrese: Pablo escribe en el versículo 10; «*Pero cuando llegue lo perfecto*, lo imperfecto desaparecerá». La frase «lo imperfecto» (gr. *ek merous*, «parcial, imperfecto») se refiere más claramente al conocimiento y la profecía, las dos actividades que se dice son hechas de manera «parcial e imperfecta» en el versículo 9 (utilizando en ambos casos también la misma frase griega, *ek merous*. Para hacer resaltar este vínculo podríamos traducir:

> El amor nunca deja de ser. Si hay profecías, estas *desaparecerán*; si hay lenguas, estas cesarán, si hay conocimiento, este *desaparecerá*. Esto es porque conocemos *de manera imperfecta* y profetizamos *de manera imperfecta*—pero cuando llegue lo perfecto, lo imperfecto *desaparecerá*.

Como vemos, los fuertes vínculos entre las afirmaciones se esclarecen por la repetición de dos términos clave: «desaparecer» e «imperfecto».

Sin duda, Pablo también intentó que se incluyera a las lenguas en el significado del versículo 9, como incluida entre aquellas actividades «imperfectas», pero omitió una repetición demasiado pedante por razones de estilo. Sin embargo las lenguas deben entenderse como incluidas dentro del sentido del versículo 9, pues el versículo 9 es la razón del versículo 8, como muestra la palabra «porque» (gr. *gar*). De esa manera el versículo 9 debe ofrecer la razón por la cual las lenguas, así como el conocimiento y la profecía, cesarán. De hecho, la repetición de «y»… «y» en el versículo 8 sugiere que Pablo pudo haber relacionado más dones aquí (¿sabiduría, sanidad, interpretación?) si hubiera querido.

Así se pudiera parafrasear 1 Corintios 13:10: «Cuando venga lo perfecto, *la profecía y las lenguas y otros dones imperfectos desaparecerán*. El único problema pendiente es determinar a qué momento se alude con la palabra «cuando». Varios factores del contexto indican que el momento del retorno del Señor es lo que Pablo tiene en mente.

(1) Primero, el sentido del versículo 12 parece requerir que el versículo 10 se refiera al momento del regreso del Señor. La palabra «entonces» (gr. *tote*) en el versículo 12 ser al momento «cuando llegue lo perfecto» del versículo 10. Esto se hace evidente al observar el versículo 12: «Ahora vemos de manera indirecta y velada, como en un espejo; pero *entonces* veremos cara a cara. Ahora conozco de manera imperfecta, pero *entonces* conoceré tal y como soy conocido».

¿Cuándo veremos «cara a cara»? ¿Cuándo conoceremos «tal y como soy conocido»? Estos eventos solo pueden tener lugar cuando regrese el Señor.

La frase «ver cara a cara» se utiliza varias veces en el Antiguo Testamento para referirse a ver a Dios personalmente,[24] no de forma completa o exhaustiva, pues ninguna criatura finita nunca puede hacer eso, pero aún así personal y verdaderamente. De manera que cuando Pablo dice «pero entonces veremos cara a cara» claramente quiere decir: «pero entonces *veremos a Dios* cara a cara: De hecho esa será la mayor bendición del cielo y nuestro gran gozo por toda la eternidad (Ap 22:4: «Lo verán cara a cara»).

La segunda mitad del versículo 12 dice: «Ahora conozco de manera imperfecta; pero entonces conoceré tal y como soy conocido». La segunda y tercera palabra para «conocer»—la que se utiliza en: «Entonces *conoceré* como fui *conocido*«—es una palabra algo más fuerte para conocer (gr. *epiginosko*, pero ciertamente no implica conocimiento infinito o omnisciencia. Pablo no espera conocer todas las cosas, y no dice: «Entonces conoceré todas las cosas», lo que habría sido fácil de decir en griego.[25] Más bien, quiere decir que cuando el Señor regrese Pablo espera liberarse de equivocaciones y la incapacidad para comprender (especialmente para comprender a Dios y su obra) que forman parte de la vida presente. Su conocimiento se asemejará al actual conocimiento que tiene Dios de él porque este no contendrá falsas impresiones y no estará limitado a lo que es capaz de percibir en esta era. Pero tal conocimiento solo puede tener lugar cuando regrese el Señor.

Pero, ¿cuál es la palabra «entonces» a la que se refiere Pablo en el versículo 12? Pablo dice: «Ahora vemos de manera indirecta y velada, como en un espejo; pero *entonces* veremos cara a cara. Ahora conozco de manera imperfecta, pero *entonces* conoceré tal y como soy conocido». La palabra «entonces» tiene que aludir a algo que él ha estado explicando en los versículos anteriores. Primero nos fijamos en el versículo 11, pero vemos que nada en el versículo 11 puede ser un tiempo futuro al que Pablo se refiera como «entonces» : «Cuando yo era niño, hablaba como niño, pensaba como niño, razonaba como niño; cuando llegué a ser adulto, dejé atrás las cosas de niño». Todo esto se refiere al pasado, no al futuro. Habla de acontecimientos pasados en la vida de Pablo por la vía de ofrecer una ilustración natural y humana de lo que ha dicho en el versículo 10. Pero nada en el versículo habla de un tiempo futuro cuando algo ocurrirá.

De manera que volvemos al versículo 10: «pero cuando llegue lo perfecto, lo imperfecto desaparecerá». Aquí hay una declaración sobre el futuro. En algún momento del futuro, Pablo dice que «lo perfecto» *llegará*, y «lo imperfecto» *desaparecerá*, será innecesario. ¿Cuándo ocurrirá esto? Esto es lo que se explica por medio del versículo 12. *Entonces*, cuando llegue el momento de lo perfecto, veremos «cara a cara» y «conoceré tal y como soy conocido».

---

[24]Vea, por ejemplo, Gn 32:30 y Jueces 6:22 (exactamente el mismo vocabulario griego que en 1 Co 13:12); Deuteronomio 5:4; 34:10; Ez. 20:35 (vocabulario muy similar); Éx 33:11 (el mismo concepto, y el mismo vocabulario que en algunos de los pasajes precedentes de Hebreos, pero esta vez con diferente vocabulario en la traducción griega de la Septuaginta).

[25]Griego *epignosomai ta panta* significaría, «Conoceré todas las cosas».

Esto significa que el momento cuando llegue «lo perfecto» debe ser el momento del regreso de Cristo.[26] Por consiguiente, podemos parafrasear el versículo 10: «Pero *cuando Cristo regrese*, lo imperfecto desaparecerá.[27] O, para usar nuestra conclusión anterior de que «lo imperfecto» incluye la profecía y las lenguas, podemos parafrasear: «Pero *cuando Cristo regrese, la profecía y las lenguas (y otros dones imperfectos) desaparecerán.* Así tenemos en 1 Corintios 13:10 una declaración definitiva sobre el tiempo en que cesen dones imperfectos como el de profecía: se harán innecesarios o «desaparecerán» *cuando Cristo regrese.* Y esto implicaría que ellos continuarán existiendo y siendo útiles para la iglesia, durante toda la era de la iglesia, incluyendo hoy, y hasta el día cuando Cristo regrese.

(2) Otra razón del porqué el momento cuando llegue «lo perfecto» es el momento cuando Cristo regrese se hace también evidente debido al propósito del pasaje: Pablo intenta enfatizar la grandeza del amor, y al hacerlo quiere establecer que «el amor jamás se extingue» (1 Co 13:8). Para probar este punto argumenta que permanecerá más allá del momento cuando regrese el Señor, a diferencia de los presentes dones espirituales. Esto ofrece un argumento convincente: el amor es tan fundamental en el plan de Dios para el universo que perdurará más allá de la transición de esta era a la era por venir al regreso de Cristo —este continuará eternamente.

(3) Una tercera razón del porqué este pasaje se refiere al momento del regreso del Señor puede hallarse en una declaración más general de Pablo sobre el propósito de los dones espirituales en la era del Nuevo Testamento. En 1 Corintios 1:7 Pablo vincula la posesión de dones espirituales (gr. *charismata* a la actividad de aguardar por el regreso del Señor: «de modo que no les falta ningún don espiritual mientras esperan con ansias que se manifieste nuestro Señor Jesucristo».

Esto sugiere que Pablo veía los dones como una provisión temporal dada para facultar a los creyentes para el ministerio *hasta el regreso del Señor.* Así este versículo provee un cercano paralelo al pensamiento de 1 Corintios 13:8-13, donde la profecía y el conocimiento (y sin duda las lenguas) se consideran, de manera similar, como útiles hasta que Cristo regrese pero innecesarios después de ese momento.

Primera a los Corintios 13:10, por lo tanto, se refiere al momento del regreso de Cristo y dice que estos dones espirituales perdurarán entre los creyentes hasta ese momento. Ello significa que tenemos una clara declaración bíblica de que Pablo

---

[26]Lo he dicho de esta manera porque, más precisamente, «lo perfecto» de 1 Co 13:10 no es el mismo Cristo, sino un método de adquirir un conocimiento que es muy superior al conocimiento actual y una profecía que hace obsoletos estos dos. Cuando llegue lo «perfecto» lo imperfecto se hace inútil. Pero solo el tipo de conocimiento que Pablo espera en la consumación final de todas las cosas puede ser tan cualitativamente diferente del conocimiento actual que podría proveer este tipo de contraste y ser llamado «lo perfecto» como opuesto a «lo imperfecto».

[27]A. Carson, *Showing the Spirit: A Theological Exposition of 1 Corinthians 12—14* (Grand Rapids: Baker, 1987), pp. 70-72, ofrece varias razones similares del porqué «cuando llegue lo perfecto» debe ser el momento del regreso de Cristo (con referencia a otros puntos de vista, y a la literatura aplicable).

Entre los «cesacionistas» (aquellos que sostienen que dones como la profecía han «cesado» y no son válidos hoy), algunos, aunque no todos, están de acuerdo que el tiempo «cuando llegue lo perfecto» debe ser el momento del regreso de Cristo: vea John MacArthur, Jr., *The Charismatics: A Doctrinal Perspectiva* (Grand Rapids: Zondervan, 1978), pp. 165-66, y Richard B. Gaffin, *Perspectives on Pentecost* (Presbyterian and Reformed, Phillipsburg, NJ, 1979), p. 109.

esperaba que estos dones continuaran durante toda la era de la iglesia y que funcionaran para el beneficio de la iglesia hasta el regreso del Señor.

c. Objeciones: Se han levantado varias objeciones a esta conclusión, usualmente por aquellos que mantienen que estos dones han cesado en la iglesia y no deben ser utilizados más.

(1) Este pasaje no especifica cuando los dones cesarán

La primera objeción a nuestra conclusión anterior viene del acucioso estudio de Richard Gaffin, *Perspectivas sobre el Pentecostés.* Aunque el Dr. Gaffin está de acuerdo de que «cuando llegue lo perfecto» se refiere al momento del regreso de Cristo, no piensa que este versículo especifica el momento en que cesen ciertos dones. Más bien piensa que Pablo solamente observa «todo el período hasta el regreso de Cristo, sin considerar si se interpondrían o no discontinuidades durante el transcurso de este período».[28]

De hecho, argumenta Gaffin, el principal propósito de Pablo es enfatizar las cualidades permanentes de la fe, la esperanza y el amor, especialmente del amor, y no especificar el momento en el cual algunos dones cesarán. Dice:

> Pablo no intenta especificar el momento cuando cesará cualquier modalidad particular. Lo que sí declara es el fin del actual conocimiento fragmentario del creyente… cuando «lo perfecto» llegue. El momento en que cesen la profecía y las lenguas es una cuestión abierta en lo que a este pasaje concierne y tendrá que decidirse sobre la base de otros pasajes y consideraciones.[29]

También dice que, además de la profecía, las lenguas y el conocimiento, Pablo podría haber añadido también «inscripturación»—y si hubiera hecho esto, la lista habría incluido un elemento que cesó mucho antes del regreso de Cristo. (Inscripturación es el proceso de redactar Escritura). De esta manera, concluye Gaffin, esto sería válido también para otros en la lista.

En respuesta a esta objeción debe decirse que no hace justicia a las palabras reales del texto. Los evangélicos han insistido (y sé que el Dr. Gaffin está de acuerdo con esto) que los pasajes de la Escritura no solo son ciertos en la proposición principal de cada pasaje, sino también en los detalles menores que se exponen. El propósito principal del pasaje puede muy bien ser que el amor permanece para siempre, pero otro aspecto, y ciertamente uno importante también, es que el versículo 10 afirma no solo que estos dones imperfectos desaparecerán alguna vez, sino que desaparecerán «cuando llegue lo perfecto». Pablo especifica un determinado momento: *«Cuando llegue lo perfecto, lo imperfecto desaparecerá».* Pero el Dr. Gaffin parece alegar que Pablo no dice esto en realidad. Pero la fuerza de las palabras no puede obviarse afirmando que el tema principal del contexto más amplio es algún otro.

---

[28]Richard B. Gaffin, *Perspectives on Pentecost*, pp. 109-10.
[29]Ibid., p. 111.

Por lo demás, la sugerencia del Dr. Gaffin no parece encajar con la lógica del pasaje. De acuerdo con el argumento de Pablo es específicamente la llegada de «lo perfecto», lo que deja atrás la profecía, las lenguas y el conocimiento, porque entonces hay una vía nueva y muy superior de aprender y conocer las cosas «tal y como soy conocido». Pero *hasta* ese momento, la nueva y superior vía de conocimiento no ha llegado, y por lo tanto, estos dones imperfectos son todavía válidos y útiles. Por último, es algo precario poner mucho énfasis en algo que pensamos que Pablo puede haber dicho pero que de hecho no dijo. Decir que Pablo pudo haber incluido «inscripturación' en esta lista significa que Pablo podría haber escrito: «Cuando Cristo regrese, la inscripturación cesará». Pero no puedo creer en absoluto que Pablo podría haber escrito esa declaración, pues habría sido falsa—de hecho, una falsa profecía en las palabras de la Escritura. Porque la «inscripturación» cesó hace mucho tiempo, cuando se escribió el libro de Apocalipsis por el apóstol Juan.

De esa manera, las objeciones del Dr. Gaffin no parecen refutar nuestras conclusiones sobre 1 Corintios 13:10. Si «lo perfecto» se refiere al momento del regreso de Cristo, entonces Pablo dice que dones tales como la profecía y las lenguas cesarán en ese momento, y por consiguiente implica que continúan durante la era de la iglesia.

(2) «Cuando llegue lo perfecto» de 1 Corintios 13:10 se refiere a un momento anterior al momento del regreso del Señor

Aquellos que hacen esta segunda objeción argumentan que «cuando llegue lo perfecto» significa una de las siguientes cosas, como «cuando la iglesia madure» o «cuando se complete la Escritura» o «cuando se incluya a los gentiles en la iglesia». Probablemente la más cuidadosa expresión de este punto de vista se encuentra en el libro de Robert L. Reymond, *What About Continuing Revelations and Miracles in the Presbyterian Church Today?*[30] [«Qué sobre continuar con los milagros y las revelaciones en la iglesia presbiteriana de hoy»], pero otra clara manifestación de una posición similar se encuentra en el libro de Walter Chantry, *Signs of the Apostles*[31] [«Señales de los apóstoles»].

El argumento de Chantry se apoya en el hecho de que dondequiera en 1 Corintios la palabra que aquí se traduce como «perfecto» (gr. *teleios* se usa para referirse a la madurez humana (1 Co 14:20, en «maduros en el modo de pensar») o a la madurez en la vida cristiana (como en 1 Co 2:6). Pero aquí debemos notar de nuevo que la palabra no tiene que ser utilizada para referirse a la misma cosa cada vez que se emplea en la Escritura—en algunos casos *teleios* puede referirse a hombría «madura» o «perfecta», en otros casos algún otro tipo de «integridad» o «perfección». La palabra *teleios* se utiliza en Hebreos 9:11, por ejemplo, para referirse a la «tienda más perfecta»—pero por eso no podemos concluir que «perfecto» en 1 Corintios

---

[30]Robert L. Reymond, *What About Continuing Revelations and Miracles in the Presbyterian Church Today?* (Phillipsburg, N.J.: Presbyterian and Reformed, 1977), pp. 32-34, Kenneth L. Gentry, Jr., *The Charismátic Gift of Prophecy: A Reformed Análisis* (Memphis, Tenn.: Whitefield Seminary Press, 1986), pp. 31-33, relaciona estos dos puntos de vista y el del Dr. Gaffin (vea la objeción 1, arriba) como opciones aceptables. Vea también las entradas bajo Robert Thomas, Victor Budgen y Thomas Edgar en la bibliografía del capítulo 53, pp. 1145-47.

[31]Walter J. Chantry, *Signs of the Apostles*, pp. 50-52.

13:10 debe referirse a una tienda perfecta. El referente preciso de la palabra debe determinarse por el contexto individual, y allí, como hemos visto, el contexto indica que «cuando llegue lo perfecto» se refiere al momento del regreso de Cristo.

El argumento del Dr. Raymond es algo diferente. Él razona como sigue (p. 34):

(a) Las cosas «imperfectas» mencionadas en los versículos 9-10 —la profecía, las lenguas, y el conocimiento— son medios incompletos de revelación, «todos relativos a la manifestación de la voluntad de Dios a su iglesia».

(b) «Lo perfecto» en este contexto debe referirse a algo de igual categoría que las cosas «imperfectas».

(c) Por consiguiente «lo perfecto» en este contexto debe referirse a un medio de revelación, pero uno completo. Y este medio de revelación completo significa la manifestación de la voluntad de Dios a su iglesia en la Biblia.

(d) Conclusión: «Cuando llegue lo perfecto» se refiere exactamente al momento cuando se complete el canon de la Biblia.

Raymond anota que no dice que «lo perfecto» se refiere exactamente al canon de las Escrituras, sino más bien «a la conclusión del proceso de la revelación» que dio lugar a las Escrituras (p. 32). Y en respuesta a la objeción de que el «entonces veremos cara a cara» del versículo 12 se refiere a ver a Dios cara a cara, responde que puede que este no signifique esto, sino que puede simplemente significar ver «claramente» lo opuesto a «oscuramente» (p. 32).

En respuesta, debe decirse que este argumento, aunque cuidadoso y consistente en sí mismo, todavía depende de una suposición previa que es realmente el punto en cuestión en toda esta discusión: la autoridad de la profecía del Nuevo Testamento y los dones relacionados. Una vez que Reymond asume que la profecía (y las lenguas y el tipo de «conocimiento» mencionado aquí) son una revelación que tienen la calidad de Escritura, se compone todo el argumento. Este se puede remodelar como sigue:

(a) La profecía y las lenguas son una revelación que tienen la calidad de Escritura.

(b) Por consiguiente todo este pasaje trata de una revelación que tiene la calidad de Escritura.

(c) Por consiguiente «lo perfecto» se refiere a la perfección o conclusión de una revelación que tiene calidad de Escritura, o la conclusión de la Escritura.

En un argumento como ese la suposición inicial determina la conclusión. Sin embargo, antes que pueda formularse la suposición, hace falta demostrarla a través de un análisis inductivo de los textos del Nuevo Testamento sobre la profecía.[32] Pero, hasta donde sé, no se ha hecho esa demostración inductiva de la autoridad con calidad de Escritura de la profecía congregacional del Nuevo Testamento.

Por otra parte, hay algunos otros factores en el texto de 1 Corintios 13:8-13 que es difícil reconciliar con la posición de Reymond. El uso regular de «ver cara a cara» en el Antiguo Testamento como una expresión que indica no solo ver con claridad sino ver a Dios *personalmente* (vea arriba) sigue sin explicar. Y el hecho de que Pablo se incluya a sí mismo en la expresión: «Entonces *veremos* cara a cara» y «entonces

---

[32]Vea el capítulo 53, pp. 1107-1120, para una completa dicscusión del don de profecía; también Wayne Grudem, *The Gift of Prophecy in the New Testament and Today*.

conoceré tal y como soy conocido» hace difícil ver estas frases como referencias al momento de conclusión de la Escritura. ¿Piensa realmente Pablo que cuando los otros apóstoles terminen por fin sus contribuciones al Nuevo Testamento él experimentará de pronto tal cambio en su conocimiento que conocerá tal y como es conocido, y pasará de ver, de forma velada, como en un espejo, a ver cara a cara?

Además de los puntos de vista de Reymond y Chantry, ha habido otros intentos de ver «cuando llegue lo perfecto» como algún momento antes del regreso de Cristo, pero no los trataremos aquí. Todos esos puntos de vista se detienen en el versículo 12, donde Pablo implica que los creyentes verán a Dios «cara a cara» «cuando llegue lo perfecto». No se puede decir esto sobre el momento sugerido en ninguna de estas propuestas.

La propuesta sobre la conclusión del canon de la Escritura del Nuevo Testamento (el grupo de escritos que llegaron a ser incluidos en el Nuevo Testamento) tampoco se ajusta al propósito de Pablo en el contexto. Si tomamos el año 90 d.C. como fecha aproximada de la redacción del Apocalipsis, el último libro del Nuevo Testamento escrito, entonces la final redacción de Escritura llegó cerca de treinta y cinco años después que Pablo escribió 1 Corintios (alrededor de 55 d.C.). ¿Pero sería convincente argumentar como sigue: «Podemos estar seguros que el amor nunca se extinguirá, porque sabemos que durará más de treinta y cinco años?» Muy a duras penas sería esto un argumento convincente. Más bien, el contexto requiere que Pablo esté comparando esta era con la era por venir, y diciendo que el amor perdurará hasta la eternidad.[33] De hecho, vemos un procedimiento similar en otros lugares de 1 Corintios. Cuando Pablo quiere demostrar el valor eterno de algo, lo hace argumentando que ello durará hasta el día del regreso del Señor (cf. 1 Co 3:13-15; 15:51-58). Comparativamente, la profecía y otros dones no se mantendrán más allá de ese día.

Por último, estas propuestas no encuentran ningún apoyo en el contexto inmediato. En tanto que el regreso de Cristo se menciona claramente en el versículo 12, ningún versículo de esta sección dice nada sobre la conclusión de la Escritura o de una colección de los libros del Nuevo Testamento o de la inclusión de los gentiles en la iglesia o la «madurez» de la iglesia (cualquier cosa que esto signifique—¿está la iglesia realmente madura aún hoy? Todas estas sugerencias introducen nuevos elementos que no se encuentran en el contexto o reemplazan el único elemento—el regreso de Cristo—que en realidad ya está justo allí en el contexto. De hecho, Richard Gaffin, el mismo que sostiene que el don de la profecía no es válido hoy en día, dice sin embargo que «lo perfecto» en el versículo 10 y el «entonces» del versículo 12 «se refieren sin duda al momento del regreso de Cristo. El punto de

---

[33]Algunos argumentan que la fe y la esperanza no se mantendrán en el cielo, así que 1 Co 13:13 solo significa que la fe y la esperanza permanecerán hasta, no más allá, del regreso de Cristo. Sin embargo, si la fe es dependencia de Dios y confianza en él, y si esperanza es una espera confiada en bendiciones futuras que se recibirán de Dios, entonces no hay motivo para pensar que dejaremos de tener fe y esperanza en el cielo. (Vea la excelente discusión de Carson sobre la fe, la esperanza y el amor como «virtudes eternamente permanentes» en *Showing the Spirit*, pp. 74-75.)

vista de que ellos describen el momento en el que se termina el canon del Nuevo Testamento no se puede convalidar exegéticamente».[34]

El Dr. D. Martín Lloyd-Jones observa que el punto de vista que equipara «cuando lo perfecto llegue» al momento de la conclusión del Nuevo Testamento encuentra otra dificultad:

> Esto significa que usted y yo, que tenemos las Escrituras abiertas ante nosotros, sabemos mucho más de la verdad de Dios que el apóstol Pablo... Significa que todos nosotros somos superiores... ¡aun que los propios apóstoles, incluyendo el apóstol Pablo! Significa que ahora estamos en una posición en la cual... «conocemos, tal y como somos conocidos» por Dios... Ciertamente, solo hay una palabra para describir tal punto de vista: es un absurdo.[35]

Juan Calvino, al referirse a 1 Corintios 13:8-13, dice: «Es algo estúpido que la gente haga que todo en esta discusión se aplique al tiempo intermedio».[36]

2. ¿La continuación hoy de la profecía pondría a prueba la suficiencia de la Escritura?

a. La autoridad del don de profecía: Aquellos que adoptan un punto de vista «cesacionista» argumentan que una vez que se escribió el último libro del Nuevo Testamento (probablemente el libro de Apocalipsis alrededor de 90 d.C.), no hubo más «palabras de Dios» pronunciadas o escritas en la iglesia. Esto es esencialmente relevante para el don de profecía, de acuerdo con la posición cesacionista, porque desde ese momento la Escritura era la fuente completa y suficiente de las palabras de Dios para su pueblo. Añadir algunas palabras más a partir de continuadas expresiones proféticas sería, en efecto, añadir Escritura o competir con la Escritura. En ambos casos, se pondría a prueba la suficiencia de la Escritura en sí misma y, en la práctica, se comprometería su autoridad única en nuestras vidas.

Ahora *si* la profecía congregacional del Nuevo Testamento tenía la autoridad de la profecía del Antiguo Testamento y las palabras apostólicas del Nuevo, entonces esta objeción cesacionista sería ciertamente verdadera. Si los profetas de hoy en día, por ejemplo, pronunciaron palabras que supiéramos eran las propias palabras de Dios, estas palabras tendrían la misma autoridad que la Escritura, y estaríamos obligados a tomar nota de ellas y añadirlas a nuestras Biblias cada vez que las oyéramos. Pero si estamos convencidos que Dios cesó de dictar Escritura cuando el libro de Apocalipsis concluyó, entonces tenemos que decir que *este* tipo de discurso, que profiere las propias palabras de Dios, no puede darse hoy. Y cualquier pretensión de poseer «nueva» Escritura, «nuevas» palabras de Dios, debe ser rechazado como falso.

---

[34]Gaffin, *Perspectives*, p. 109; cf. Max Turner, «Spiritual Gifts Then and Now», *Vox Evangelica* 15 (1985), p. 38.

[35]D. Martyn LLoyd-Jones, *Prove All Things*, ed. By Christopher Catherwood (Kingsway, Eastbourne, England, 1985), pp. 32-33.

[36]John Calvin, *The First Epistle of Paul the Apostle to the Corinthians*, trad. por J. W.. Fraser y ed. por D. W. Torrance y T. F. Torrance (Eerdmans, Grand Rapids, 1960), p. 281 (sobre 1 Co 13:10).

Esta cuestión es muy importante, porque la pretensión de que la profecía congregacional del Nuevo Testamento tiene igual autoridad que la Escritura es la base de muchos argumentos cesacionistas. Pero se debe notar que los propios cesacionistas no parecen ver la profecía de esa manera. George Mallote escribe: «Que yo sepa, ningún cesacionista de la tendencia principal del cristianismo pretende que la actual revelación se equipara a la Escritura».[37] Quizás sería bueno que aquellos que arguyen contra la continuación de la profecía hoy presten atención con más simpatía a los más responsables autores carismáticos, simplemente con el propósito de ser capaces de responder a algo que los carismáticos *realmente creen* (aun que no se exprese siempre de una forma teológica precisa), en lugar de responder a algo que los cesacionistas dicen que los carismáticos creen o dicen que los carismáticos deben creer.

Aún más, aparte de la cuestión de las creencias o prácticas actuales, he argüido extensamente en algún otro sitio que la profecía congregacional ordinaria en las iglesias del Nuevo Testamento *no* tiene la autoridad de Escritura.[38] Esta no se expresaba en palabras que eran las propias palabras de Dios, sino más bien como palabras meramente humanas. Y debido a que tienen esta menor autoridad, no hay razón para pensar que no se mantendrían en la iglesia hasta el regreso de Cristo. Ellas no amenazan o compiten con la Escritura en autoridad sino están sujetas a la Escritura, así como al discernimiento maduro de la congregación.

b. La cuestión de la orientación: Otra objeción se plantea a veces en este punto. Algunos argumentarán que aun si aquellos que utilizan el don de profecía hoy *dicen* que este no tiene la misma autoridad que la Escritura, *de hecho* compite en sus vidas con la Escritura y hasta la reemplaza al ofrecer orientación sobre la voluntad de Dios. De ese modo, la profecía hoy, se dice, desafía la doctrina de la suficiencia de la Escritura como una guía en nuestras vidas.

Aquí se debe admitir que en la historia de la iglesia se han cometido muchos errores. John MacArthur señala la forma en la cual la idea de ulteriores revelaciones han dado lugar a muchos movimientos heréticos en la iglesia.[39]

Pero aquí el asunto debe ser: ¿Son *necesarios* los abusos para el funcionamiento del don de profecía? Si vamos a argüir que los errores y excesos de un don invalidan el don en sí mismo, entonces tendríamos que rechazar también las enseñanzas bíblicas (porque muchos maestros de Biblia han enseñado errores e iniciado sectas), e igual con la administración de la iglesia (pues muchos líderes de la iglesia han descarriado gente), y cosas por el estilo. El *abuso* de un don no significa que debamos

---

[37]George Mallote, ed, *Those Controversial Gifts* (InterVarsity Press, Downers Grove, IL, 1983), p. 21.

[38]Para una ulterior discusión sobre la autoridad del don de profecía, vea el capítulo 53, pp. 1107-20. Vea también Wayne Grudem, *The Gift of Prophecy in 1 Corinthians*; Wayne Grudem, *The Gift of Prophecy in the New Testament and Today*; D. A. Carson, *Showing the Spiritu: A Theological Exposition of 1 Corinthians 12—14*, pp. 91-100; Graham Houston, *Prophecy: A Gift For Today?* (InterVarsity Press, Downers Grove, IL, 1989). (Se ofrecen puntos de vista alternativos en la discusión del capítulo 53; vea especialmente el libro de Richard Gaffin, *Perspectives on Pentecost*.

[39]John F. MacArthur, Jr., *The Charismatics: A Dontrinal Perspectiva*, capítulos 2—6; vea especialmente pp. 27ss. MacArthur ha ampliado su crítica en una versión actualizada, *Charismatic Chaos* (Grand Rapids Zondervan, 1992), pp. 47-84. En Rich Nathan se encuentra una meditada y extensa crítica de MacArthur. *A Response to Charismatic Chaos* (Anaheim, Calif.: Association of Vineyard Churches, 1993).

prohibir su uso *apropiado*, a menos que pueda demostrarse que no puede haber un uso apropiado—que todo uso es abuso.[40]

Por otra parte, específicamente con respecto a la orientación, resulta bueno notar lo cuidadosos que son muchos movimientos carismáticos sobre el uso de la profecía a la hora de ofrecer una orientación específica. Varias citas ilustrarán este punto.

Michael Harper (Iglesia de Inglaterra):

> Las profecías que les dicen a otras personas lo que deben hacer—deben tomarse con mucho recelo.[41]

Dennis y Rita Bennett (Episcopales Americanos):

> También debemos tener cuidado con la profecía personal que ofrece directrices, en especial fuera del ministerio de un hombre maduro y sometido a Dios. La «profecía personal» irrestricta hizo mucho para socavar el movimiento del Espíritu Santo que comenzó a la vuelta del siglo… Los cristianos se dan mensajes unos a otros «en el Señor»… y estos mensajes pueden ser en extremo refrescantes y útiles, pero tiene que haber un testigo del Espíritu por parte de la persona que recibe el mensaje, y se debe emplear extrema cautela al recibir cualquier supuesta orientación o predicción profética. Nunca acometa ningún proyecto simplemente porque se le comunicó a través de un presunto pronunciamiento profético o interpretación de lenguas, o por medio de una presunta palabra de sabiduría o conocimiento. Nunca haga nada solo porque un amigo se le acerca y le dice: «El Señor me comunicó que le dijera que hiciera esto o aquello». Si el Señor tiene instrucciones para usted, Él le dará testimonio en su propio corazón, en cuyo caso las palabras que provienen de un amigo… serían una confirmación de lo que Dios *ya le ha estado revelando*. Su orientación debe también concordar con la Escritura…[42]

Donald Gee (Asambleas de Dios):

---

[40]Puede que algunos objeten que en la profecía hay más potencial para el abuso que en otros dones porque la idea de que Dios puede revelar cosas a las personas hoy (en las profecías) inevitablemente conduce a una rivalidad con la autoridad de la Escritura. Como respuesta, se pueden aducir tres cosas: (1) Las enseñanzas sobre la naturaleza falible de todas las profecías contemporáneas no han sido tan extensas como hubiera sido necesario para prevenir abusos, especialmente a nivel popular, entre grupos que permiten hoy la profecía. Por lo tanto ha habido un mayor mal uso de la profecía de lo que se debía haber habido. Aun cuando se han hecho fuertes advertencias, pocas veces se ha ofrecido una explicación de cómo la profecía puede venir de Dios pero que no tiene aun igual autoridad que las palabras de Dios—esto es, muy pocos autores pentecostales o carismáticos han explicado la profecía como una comunicación *humana* de algo que Dios le ha traído espontáneamente a la mente a una persona (el punto de vista que defiendo en el capítulo 53, pp.1107-20). (Sin embargo, vea las útiles advertencias de varios autores carismáticos en los párrafos que siguen al texto anterior). (2) Simplemente no es verdad que enseñarle a una congregación que la profecía debe estar siempre *sujeta* a la Escritura inevitablemente conduce a las personas a exaltar las profecías *por encima* de la Escritura. Esto ocurrirá donde se descuidan esas enseñanzas, no donde se propagan. (3) Si la Biblia de hecho enseña que se puede esperar hoy la continuación de la profecía de una forma que no impugna la autoridad de la Escritura, entonces no tenemos la libertad de rechazarla porque reconozcamos un potencial abuso de ella. (Otros dones poseen un potencial para el abuso en otras áreas.) Antes bien, debemos alentar el don y hacer lo mejor que podamos para prevenir los abusos.

[41]Michael Harper, *Prophecy: A Gift for the Body of Christ* (Logos, Plainhill, N.J., 1964), p.26.

[42]Dennis y Rita Bennet, *The Holy Spirit and You*, p.107.

[Hay] problemas graves planteados por el hábito de dar y recibir «mensajes» personales de orientación a través de los dones del Espíritu… La Biblia da cabida a tal dirección del Espíritu Santo… Pero esta debe mantenerse dentro de ciertas proporciones. Un examen de las Escrituras nos mostrará que en realidad los primeros cristianos *no* recibían continuamente tales voces del cielo. En la mayoría de los casos tomaban sus decisiones utilizando lo que a menudo llamamos «el consagrado sentido común» y vivían vidas bastante normales. Muchos de nuestros errores concernientes a los dones espirituales se originan cuando queremos que lo extraordinario y excepcional se convierta en lo frecuente y habitual. Estemos avisados todos los que desarrollamos un ansia excesiva «mensajes» a través de los dones del naufragio de las generaciones pasadas así como de las contemporáneas… Las Santas Escrituras son una lámpara a nuestros pies y una luz en nuestro sendero.[43]

Por otro lado, aun entre los cesacionistas muy reformados, existe cierta disposición a admitir algún tipo de «iluminación» continuada del Espíritu Santo en la vida de los creyentes. Por ejemplo, el profesor del Seminario de Westminster, Richard Gaffin, dice:

A menudo también, lo que se ve como profecía es en realidad una espontánea aplicación de la Escritura elaborada por el Espíritu, una más o menos súbita aprehensión de la relevancia que tiene la enseñanza bíblica sobre una situación o problema particular. Todos los cristianos necesitan ser receptivos a estas más espontáneas obras del Espíritu.[44]

Y Robert Reymond define *iluminación* como «la capacitación de los cristianos en general por el Espíritu Santo para comprender, recordar y aplicar las Escrituras que han estudiado»[45]

Pero si estos autores aceptan la presente actividad de capacitación de los cristianos por el Espíritu Santo para «comprender» o «recordar» o «aplicar» o «asimilar» las enseñanzas de la Escritura, entonces no parece que hay una gran diferencia en principio entre lo que ellos *dicen* y lo que muchos movimientos carismáticos *hacen* (aun cuando probablemente queden algunas diferencias sobre las funciones precisas de la profecía como orientación; pero esto no es tanto una diferencia sobre la profecía como sobre la orientación en general, y en particular sobre la forma en que la orientación de la Escritura se relaciona con la orientación de la advertencia, el consejo, la conciencia, las circunstancias, los sermones, etc.). El punto más importante es que lo que Gaffin y Reymond llaman aquí «iluminación», el Nuevo Testamento parece denominarlo una «revelación», y lo que llamarían una comunicación verbal de tal iluminación, el Nuevo Testamento parece llamarlo una «profecía».

Así que me pregunto si habría espacio para más reflexiones comunes en esta área. Los carismáticos deben darse cuenta que los cesacionistas están dudosos

---

[43]Donald Gee, *Spiritual Gifts in the Work of Ministry Today* (Springfield, Mo.: Gospel Publishing House, 1963), pp. 51-52.

[44]Gaffin, *Perspectives*, p. 120.

[45]Reymond, *What about…* ¿ pp. 28-29.

sobre el alcance y frecuencia de tal «iluminación», tanto si es correcto llamarla profecía del Nuevo Testamento, como si en realidad tiene valor para la iglesia, y si se la debe buscar. Y los cesacionistas deben darse cuenta que su propia doctrina altamente desarrollada y cuidadosamente formulada sobre la suficiencia de la Escritura como guía no la comparten o aun comprenden a menudo muchos evangélicos, incluyendo aquellos que forman parte del movimiento carismático. Sin embargo, quizá la idea reformada de «iluminación» permita lo que ocurre hoy con la profecía, y provea una vía para entenderla como algo que no se ve como un desafío a la suficiencia de la Escritura.

¿Qué debemos entonces concluir sobre la relación entre el don de profecía y la suficiencia de la Escritura? Debemos decir que apreciamos el deseo de los cesacionistas de proteger la singularidad de la Escritura y no permitir que nada compita con su autoridad en nuestras vidas. También debemos estar agradecidos del deseo de los cesacionistas de que los cristianos comprendan y sigan sólidos principios en la orientación de sus vidas cotidianas, y no se desvíen hacia un área de excesivo subjetivismo que no tenga incorporados los controles de la Escritura. Por otro lado, existe ciertamente un peligro que acompaña al punto de vista cesacionista si este está equivocado aquí. Se trata del peligro muy real de oponerse a algo que Dios hace en la iglesia hoy en día y dejar de glorificarlo por esa obra. Dios es celoso de sus obras y busca la gloria de ellas para sí mismo, y nosotros debemos orar constantemente no solo para que siga impidiendo que respaldemos el error, sino también para que impida que nos opongamos a algo que proviene genuinamente de él.

3. ¿Estaban limitados los dones milagrosos a los apóstoles y sus compañeros?
Otro argumento cesacionista es que los dones milagrosos estaban limitados a los apóstoles y sus compañeros cercanos. Como he discutido este argumento extensamente en el capítulo 17, no repetiré la discusión aquí.[46]

4. ¿Acompañaron los dones milagrosos solo a la dispensación de nueva escritura?
Otra objeción es decir que los dones milagrosos acompañaron la dispensación de Escritura, y como no hay nueva Escritura que se dispense hoy, no debemos esperar hoy nuevos milagros.

Pero como respuesta a eso debe decirse que este no es el único propósito de los dones milagrosos. Como señalamos en el capítulo 17, los milagros tienen otros propósitos en la Escritura: (1) Validan el mensaje del evangelio a lo largo de la era de la iglesia; (2) ayudan a aquellos que están en necesidad, y así muestran la misericordia y el amor de Dios; capacitan a las personas para el ministerio; y (4) glorifican a Dios.[47]

También debemos notar que no todos los milagros acompañan la dispensación de Escritura adicional. Por ejemplo, los ministerios de Elías y Eliseo estuvieron marcados por varios milagros en el Antiguo Testamento, pero ellos no escribieron

---

[46]Vea el capítulo 17, pp. 377-85, para una discusión del asunto de si los dones milagrosos estaban limitados a los apóstoles y sus acompañantes cercanos.

[47]Vea el capítulo 17, pp.375-77, para una discusión sobre estos propósitos de los milagros.

libros o secciones de libros en la Biblia. En el Nuevo Testamento, ocurrieron muchos milagros que no estuvieron acompañados por la dispensación de Escritura. Tanto Esteban como Felipe en el libro de Hechos hicieron milagros pero no escribieron Escritura. Hubo profetas en Cesarea (Hch 21:4) y Tiro (Hch 21:9-11) y Roma (Ro 12:6) y Tesalónica (1 Ts 5:20-21) y Éfeso (Ef 4:11) y las comunidades a las que estuvo dirigida 1 Juan (1 Jn 4:1-6) que no produjeron Escritura. Aparentemente hubo muchos milagros en las iglesias de Galacia (Gá 3:5). Hubo muchas cosas milagrosas que ocurrieron en Corinto (1 Co 12:8-10), pero en 1 Corintios 14:36 Pablo niega que alguna Escritura haya salido de la iglesia de Corinto.[48] Y Santiago espera que de las manos de los ancianos salgan milagros en todas las iglesias a las que escribe (vea Stg 5:14-16).

5. ¿Es un hecho histórico que los dones milagrosos cesaron temprano en la historia de la iglesia? Algunos cesacionistas han argumentado que los dones milagrosos cesaron de hecho cuando murieron los apóstoles. Por esta razón, se arguye, no debe haber hoy dones milagrosos. B. B. Warfield argumentaron esto extensamente en su libro, *Conterfeit Miracles.*[49]

En respuesta, debe decirse primero que la premisa que acaba de postularse es muy dudosa sobre bases históricas. Hay crecientes pruebas históricas[50] de que los dones milagrosos tuvieron lugar a lo largo de la historia de la iglesia en mayor o menor grado, aun cuando se descuenten las afirmaciones exageradas o evidentemente

[48]Vea el capítulo 53, p. 1112, para una discusión sobre 1 Co 14:36.

[49]Banner of Truth, London, 1972 (reimpresión de la edición de 1918). Debe notarse que el argumento de Warfield, aunque frecuentemente citado, es realmente una encuesta histórica, no un análisis de los textos bíblicos. Por otra parte, el propósito de Warfield no era refutar ningún uso de los dones espirituales entre cristianos como muchos de esos que integran los movimientos carismáticos hoy, cuyas doctrinas (en todas las cuestiones que se apartan de los dones espirituales) y cuya afiliación eclesiástica los coloca en la corriente principal del protestantismo evangélico. Antes bien, Warfield refutaba las espurias proclamaciones de milagros procedentes de algunas ramas del catolicismo romano en varios períodos de la historia de la iglesia, y de varias sectas heréticas (Warfield incluye una discusión sobre los seguidores de Edgard Irving [1792-1834], que se desviaron hacia enseñanzas excéntricas y fueron excomulgados por la Iglesia de Escocia en 1833). Está abierto a discusión si los modernos cesacionistas tienen derecho a declarar que tienen el apoyo de Warfield cuando se oponen a algo que es muy diferente en la vida y la doctrina a aquello que Warrfield combatió.

[50]La posición de Warfield ha estado bajo crítica en estudios evangélicos recientes: vea Max Turner, «Spiritual Gifts Then and Now», *Vox Evangelica* 15 (1985), pp. 41-43, con acotaciones a otra literatura; Donald Bridge, *Signs and Wonders Today* (InterVarsity Press, Leicester, 1985), pp. 166-77; y Ronald A Kydd, *Charismatic Gifts in the Early Church* (Hendriksen, Peabody, Mass., 1984). Se encuentran significativas pruebas de dones milagrosos en la historia de la iglesia primitiva en Eusebius A. Stephanou, «The Charismata in the Early Church Fathers», *The Greek Orthodox Theological Review* 21:2 (Summer, 1976), pp. 125-46.

Un estudio de amplio alcance, aunque escrito en un lenguaje popular, de la historia de los dones milagrosos en la iglesia se halla en Paul Thigpen, «Did the Power of the Spirit Ever Leave the Church?» *Charisma* 18:2 (Sept. 1992), pp. 20-28. Más recientemente, vea Jon Ruthven, *On the Cessation of the Charismata: The Protestant Polemic on Post-Biblical Miracles* (Sheffield University Academic Press, 1993); esta es una revisión y expansión de la disertación doctoral del autor como respuesta a los argumentos de los cesacionistas desde Warfield al presente.

El argumento sobre la historia de la iglesia puede ser invertido mediante un análisis de los acontecimientos de 1970 al presente. Analistas del crecimiento de la iglesia nos dicen que las iglesias pentecostales y carismáticas, que alientan los dones milagrosos, están experimentando un crecimiento sin precedente en la historia de la iglesia. C. Peter Wagner, profesor del Seminario Fuller, dice: «Mientras que antes, en 1945, los pentecostales / carismáticos solo sumaban dieciséis millones de miembros en todo el mundo, para 1975 habían crecido a noventa y seis millones y entonces, diez años después, en 1985, su número ascendía a 247 millones. No conozco ninguna asociación voluntaria, no política ni militar, que haya crecido a ese ritmo en la historia humana» («Exploring the Supernatural Dimensions of Church Growth», *Global Church Growth* [Oct.-Dec., 1988], p. 3). (A guisa de comparación, si la población del mundo era de 5 billones, la cifra de 1985 de 247 millones constituía el 5 por ciento de la población mundial.)

espurios. A menudo se registran las curaciones y otros tipos de respuestas milagrosas a las oraciones. Hubo también gente que decían ser profetas durante toda la historia de la iglesia primitiva. El problema era que demasiado frecuentemente malentendían su don, u otros lo malentendían, de manera que sus pronunciamientos se tomaban (erróneamente) como palabras literales de Dios. Algunas veces se les toleraría, y algunas veces se convertirían en una amenaza demasiado grande para el liderazgo establecido de las iglesias y comenzarían a crear grupos disidentes, ya no bajo la autoridad restrictiva y valorativa de las iglesias establecidas. Entonces también, otros pueden haber tenido «revelaciones» que les dispensaron, las cuales no manifestaron, o que simplemente incluyeron sin comentario en una oración, o en un sermón o palabra de exhortación, o en la letra de un himno o alguna literatura devocional.[51]

Debería estar claro que cuando Pablo dice: «Cuando llegue lo perfecto, lo imperfecto desaparecerá» (1 Co 13:10), no estaba diciendo nada sobre la relativa *frecuencia* de los dones milagrosos en la historia de la iglesia. Eso estaría sujeto a muchas variaciones de acuerdo con la madurez espiritual y vitalidad de la iglesia en distintos períodos, el grado en que estos dones se buscaron como una bendición o se rechazaron como una herejía, la frecuencia en la que las reuniones de la iglesia normalmente hicieron provisión para el ejercicio de estos dones, el grado en que la naturaleza de estos dones se comprendió correctamente, y, sobre todo esto, la obra soberana del Espíritu Santo al distribuir dones a la iglesia.

No obstante, de lo que Pablo habla es de la abolición total y final de estos dones que se producirá por iniciativa divina al regreso de Cristo. Y dice que piensa que hasta el momento del regreso de Cristo estos dones estarán disponibles para ser utilizados al menos en alguna medida, y que el Espíritu Santo continuará distribuyendo estos dones entre la gente. Calvino nota la abundancia de dones espirituales en los días de Pablo y entonces comenta (sobre 1 Co 14:32):

> Hoy vemos nuestros escuálidos recursos, nuestra real pobreza; pero esto es sin duda el castigo que merecemos, como recompensa por nuestra ingratitud. Porque las riquezas de Dios no están agotadas, ni su liberalidad ha disminuido; pero nosotros no somos merecedores de su dadivosidad, o capaces de recibir todo lo que él generosamente da.[52]

---

[51]Debemos darnos cuenta de que a menos que la gente entienda la profecía como el reporte falible de algo que Dios pone espontáneamente en nuestra mente, será muy difícil para la iglesia alentar o aun tolerarla. Si la profecía se basa en algo que Dios nos trae de pronto a la mente, sería eventualmente muy fácil que profetas cristianos, por buenos o malos motivos, comiencen a reaclamar no solo que han recibido una «revelación» de Dios o Cristo, sino también que hablaban con una autoridad similar a la de la Escritura. Esto aparentemente sucedió, por lo menos en el montanismo (segundo siglo d. C.) y probablemente en muchos otros casos también. Por supuesto, si estos profetas comenzaban a promover ideas heréticas, la reacción del resto de la iglesia sería eventualmente la de expulsarlos a todos: alguien que dice tener absoluta autoridad divina sería eventualmente aceptado o rechazado; no podría ser meramente tolerado.

Pero junto a este rechazo de los profetas que malinterpretaron su estatus hubo quizá también un rechazo al don de profecía, de manera que el fallo de parte de la propia iglesia de comprender la naturaleza del don de profecía puede haber sido la causa de una casi completa supresión de por lo menos la expresión pública del don de profecía en la iglesia.

[52]John Calvin, *The First Epistle of Paul the Apostle to the Corinthians*, p. 305.

6. ¿Son hoy los dones milagrosos lo mismo que los dones milagrosos en la Escritura? Otra objeción adicional a la continuación de los milagros hoy en día es decir que los alegados milagros de hoy no son como los milagros en la Escritura porque son mucho más débiles y a menudo solo parcialmente efectivos. En respuesta a esta objeción debemos preguntar si realmente importa si los milagros de hoy son exactamente más poderosos que aquellos que ocurrieron en tiempos del Nuevo Testamento. Debido a una cosa, tenemos muy poca información sobre el tipo de milagros realizados por cristianos ordinarios en varias congregaciones, tales como los cristianos de Corinto o en las iglesias de Galacia. Por otra parte, aunque en los evangelios se registran los notables milagros realizados por Jesús, cuando éste sanó «toda enfermedad y toda dolencia» (Mt 9:35) ellos deben haber incluido a muchos con enfermedades menos serias. Debemos también preguntar cuál es el beneficio que se espera al objetar que los milagros de hoy no son tan poderosos como aquellos de la Escritura. Si hoy solo se convierten trescientos en una reunión evangelística en lugar de los tres mil convertidos el día de Pentecostés (Hech. 2:41), ¿deberíamos decir que el orador no tenía realmente el don de la evangelización, ya que el don no operó tan poderosamente como lo hizo con los apóstoles? O si solo el 30 por ciento de las personas por las que oramos en relación con enfermedades físicas se curan por completo en lugar del 100 por ciento en la vida de Jesús o de los apóstoles, ¿deberíamos decir que este no es el don de sanidad del Nuevo Testamento?[53] Debemos recordar que los dones pueden variar en fuerza y que ningún don es perfecto en esta era. ¿Pero ello significa que deberíamos dejar de utilizar todos estos dones, u oponernos a ellos donde vemos que funcionan con algún grado de efectividad? ¿No debíamos alabar a Dios si se convierten 300 en lugar de los tres mil, o si el 30 por ciento son sanados en lugar del 100 por ciento de aquellos por los cuales oramos? ¿No se ha hecho la obra del Señor? Si la cantidad no es tan grande como en los tiempos del Nuevo Testamento, entonces deberíamos pedir al Señor más gracia y misericordia, pero no parece apropiado renunciar a utilizar estos dones u oponernos aquellos que los utilizan.

---

[53]La cifra de un 30 por ciento es simplemente un ejemplo con propósitos ilustrativos, pero se acerca a dos recientes tabulaciones concernientes a personas que recibieron oraciones por sanidad. Una tabulación se encuentra en David C. Lewis. *Healing: Fiction, Fantasy, or Fact?* (Hodder and Stroughton, London, 1989), una investigación académica de 1,890 personas que asistieron a una de las conferencias de John Wimber en Harrogate, Inglaterra, en 1986. Al autor es un antropólogo social que preparó un detallado cuestionario llenado por las personas durante la conferencia, y entonces siguió varios meses más tarde algunos casos seleccionados al azar. De 862 casos de oración por curaciones físicas, 32 por ciento (o 279) reportaron una «excelente» sanidad o una «sanidad total». Otro 26 por ciento (o 222) reportó una sanidad «satisfactoria». El 42 por ciento restante (o 366) reportó una «pequeña» o «ninguna cura» (pp. 21-22). Muchos estudios de caso se reportan en detalle, en varias instancias con informes médicos que se citan en extenso. Todos los problemas físicos por los que se oró se relacionan en una apéndice detallado (pp. 276-83). (Estos problemas físicos se distinguen de la oración por problemas espirituales tales como sanidad interior o liberación de algo, que Lewis tabula separadamente). La otra tabulación se halla en John Wimber, *Power Healing*, p. 188, quien dice que, de las personas que recibieron extensamente oraciones por sanidad en su iglesia: «Durante 1986 el treinta y dos por ciento de todas las personas por las que se oró fueron sanadas completamente, mientras que en su conjunto el ochenta y seis por ciento dieron pruebas de alguna sanidad significativa». (D. A. Carson, *How Long, O Lord?* [Baker, Grand Rapids, 1990], p. 124, dice: «Wimber es muy ingenuo: Estima que su "tasa de éxito" es el alrededor del 2 por ciento», pero Carson no ofrece ninguna documentación que respalde su declaración, y esta es aparentemente incorrecta a la luz de lo que Wimber ha escrito.)

7. ¿Es peligroso para una iglesia dar cabida hoy a la posibilidad de dones milagrosos? Una objeción final desde la posición cesacionista es decir que la iglesia que hace énfasis en el uso de dones milagrosos está en peligro de perder el equilibrio, y que probablemente descuidará otras cosas importantes tales como la evangelización, la sana doctrina y la pureza moral de la vida.

Decir que el uso de dones milagrosos es «peligroso» no es en sí misma una crítica adecuada, porque algunas cosas que son *buenas* son peligrosas, al menos en algún sentido. El trabajo misionero es peligroso. Manejar un automóvil es peligroso. Si definimos *peligroso* como «algo que puede salir mal», entonces podemos criticar *cualquier cosa* que alguien haga como «peligrosa», y esto sencillamente se convierte en una crítica generalizada cuando no hay un abuso específico que señalar. Una mejor aproximación con respecto a los dones espirituales es preguntar: «¿Se utilizan de acuerdo con la Escritura? y «¿Se dan los pasos adecuados para protegerse de los peligros del abuso?»

Como es natural, es cierto que las iglesias pueden perder el equilibrio, y de hecho a algunas les ha ocurrido. Pero no todas lo perderán, ni tendrán que perderlo. Aún más, como este argumento se basa en resultados actuales en la vida de la iglesia, también resulta apropiado preguntar: «¿Qué iglesias en el mundo de hoy tienen la evangelización más efectivo? ¿Cuáles tienen entre sus miembros loa que ofrendan con más sacrificio? ¿Quiénes hacen de hecho más énfasis en la pureza de la vida? ¿Quiénes tienen el amor más profundo por el Señor y por su Palabra? Me parece que contestar claramente estas preguntas es difícil, pero no pienso que podemos honestamente decir que las iglesias de los movimientos pentecostal y carismático *son con mucho más débiles* en estas áreas que otras iglesias evangélicas. De hecho, en algunos casos puede que sean más fuertes en estas áreas. La cuestión es simplemente que cualquier argumento que diga que las iglesias que enfatizan los dones milagrosos perderán el equilibrio no está simplemente probado en la práctica actual.

8. Una nota final: Los cesacionistas y los carismáticos se necesitan mutuamente. Por último, se puede argumentar que aquellos que están en los campos pentecostal y carismático, y aquellos que se hallan en el campo cesacionista (principalmente cristianos reformados y dispensacionalistas) realmente se necesitan mutuamente, y harían bien en apreciarse más entre sí. Los primeros tienden a adquirir más experiencias prácticas en la utilización de los dones espirituales y en la vitalidad de la adoración que podrían ser beneficiosas para los cesacionistas, si estos estuvieran dispuestos a aprender. Por otro lado, los grupos reformados y dispensacionalistas han sido tradicionalmente muy fuertes en la comprensión de la doctrina cristiana y en la comprensión profunda y cabal de las enseñanzas de la Escritura. Los grupos carismáticos y pentecostales podrían aprender mucho de ellos si estuvieran dispuestos a hacerlo. Pero ciertamente no es útil para la iglesia como un todo que ambas partes piensen que nada pueden aprender de la otra, o que no pueden obtener beneficio alguno del compañerismo mutuo.

PREGUNTAS DE APLICACIÓN PERSONAL

1. Antes de leer este capitulo, ¿qué dones espirituales o dones pensaba que tenía? ¿Ha cambiado su comprensión de sus propios dones espirituales tras estudiar este capítulo? ¿De qué forma?

2. Explique cómo cada uno de los dones espirituales que usted cree tener supera a los que conocieron la mayoría de los creyentes del antiguo pacto. Explique cómo cada don es una anticipación de algún conocimiento o habilidad que tendrá tras el regreso de Cristo.

3. ¿Qué puede hacer para alentar o fortalecer esos dones espirituales que necesitan fortalecerse dentro de usted? ¿Hay dones que usted ha recibido pero que ha descuidado? ¿Por qué piensa que los ha descuidado? ¿Qué se podría hacer para alentarlos o reavivarlos en su interior?

4. Mientras piensa sobre su propia iglesia, ¿qué dones espirituales funcionan con más efectividad en este momento? ¿Cuáles son los más necesarios en su iglesia? ¿Hay algo que usted pueda hacer para satisfacer esas necesidades?

5. ¿Qué se podría hacer para ayudar a las iglesias a evitar controversias, o aun divisiones, sobre la cuestión de los dones espirituales? ¿Hay tensiones en su propia iglesia con respecto a estas cuestiones hoy? Si es así, ¿qué puede hacer usted para aliviar esas tensiones?

6. ¿Piensa que algunos dones espirituales mencionados en el Nuevo Testamento cesaron temprano en la historia de la iglesia, y ya no son válidos hoy en día? ¿Ha cambiado su opinión sobre esta cuestión como resultado de la lectura de este capítulo?

7. Desde su punto de vista, estaría una iglesia más saludable y más unificada si se concentrara en unos pocos dones y los utilizara bien y cuidadosamente, o si estimulara una multiplicidad de dones diferentes, para ser utilizados en numerosas ocasiones por muchas personas diferentes? Si usted optó por la última opción, ¿qué cosas podría hacer su iglesia para lograr una mayor diversidad y una más amplia distribución en el empleo de los dones espirituales? ¿Cuáles son algunos de los peligros que pueden acompañar un uso tan amplio, y cómo pueden evitarse?

TÉRMINOS ESPECIALES

Vea la lista al final del siguiente capítulo.

BIBLIOGRAFÍA

Vea la lista al final del siguiente capítulo.

PASAJE BÍBLICO PARA MEMORIZAR

1 Pedro 4:10-11: *Cada uno ponga al servicio de los demás el don que haya recibido, administrando fielmente la gracia de Dios en sus diversas formas. El que habla, hágalo como* quien expresa las palabras mismas de Dios; el que presta algún servicio, hágalo como el que tiene el poder de Dios. Así Dios será en todo alabado por medio de Jesucristo, a quien sea la gloria y el poder por los siglos de los siglos. Amén.

HIMNO

«¡Rey Soberano y Dios»

Este es un himno trinitario en el cual la primera estrofa se dirige a Dios Padre, la segunda a Dios Hijo, y la tercera a Dios Espíritu Santo. La tercera estrofa es una petición de que el Espíritu Santo venga y gobierne en nuestros corazones, esté siempre presente entre nosotros, y more entre nosotros como el «Espíritu de poder». La estrofa final es un himno de alabanza al «santo y Trino Dios». En medio de una larga explicación de los dones espirituales, es bueno reenfocar nuestra atención en Dios mismo, que es el Dador de todos los dones buenos, y cuya gloria es el objetivo del uso de todo don.

1. ¡Rey Soberano y Dios!
Te ensalza nuestra voz
en fiel loor;
Rey nuestro siempre sé,
Y haz que tu santa ley
La guarde fiel tu grey,
Oh Dios de amor.

2. ¡Oh Verbo celestial!
Tu espada sin igual
Da protección;
A tu obra cuidarás,
Y la protegerás,
Sobre ella mandarás
Tu santa moción.

3. ¡Santo Consolador!
Del alma Inspirador,
Oye la voz
De nuestra petición,
Que eleva el corazón,
Pidiendo bendición
Del santo Dios.

4. ¡Oh santo y trino Dios!
Atiende nuestra voz,
Prez y loor;
Haz que en la eternidad
Cantemos tu bondad,
Tu gloria y majestad
En santo amor.

AUTOR: ANÓNIMO, TRAD. G. PAUL S.
(TOMADO DE EL NUEVO HIMNARIO POPULAR, #312)

Capítulo 53

Dones del Espíritu Santo (2): Dones Específicos

¿Cómo debemos entender y utilizar dones espirituales específicos?

EXPLICACIÓN Y BASES BÍBLICAS

En este capítulo continuaremos desarrollando la discusión general sobre los dones espirituales de los capítulos precedentes y examinaremos dones específicos con más detalles. No consideraremos cada don mencionado en el Nuevo Testamento, sino nos concentraremos en varios dones que no se comprenden bien o cuyo uso ha suscitado alguna controversia hoy en día. Por lo tanto no examinaremos los dones cuyo significado y uso son evidentes de acuerdo con el término empleado (tales como servir, animar, contribuir, mostrar liderazgo, o mostrar misericordia), sino en su lugar nos concentraremos en aquellos que forman parte de la lista siguiente, tomada en primer lugar de 1 Corintios 12:28 y 12:8-10:

1. profecía
2. enseñanza
3. milagros
4. sanidad
5. lenguas e interpretación
6. palabra de sabiduría / palabra de conocimiento
7. discernir entre espíritus

A. Profecía

Aunque se han ofrecido varias definiciones del don de profecía, un examen reciente de las enseñanzas del Nuevo Testamento sobre este don mostrará que no debe definirse como «predecir el futuro», no como «proclamar un mensaje del Señor» —sino más bien como *decir algo que Dios ha traído espontáneamente a la mente*. Los primeros cuatro puntos del siguiente material apoya esta conclusión; los puntos restantes tratan de otras consideraciones relativas a este don.[1]

---

[1]Para un más extenso desarrollo de los siguientes puntos sobre el don de profecía, vea Wayne Grudem, *The Gift of Prophecy in 1 Corinthians* en Wayne Grudem , *The Gift of Prophecy in the New Testament Today*. (El primer libro es más técnico con una mucho mayor interacción con la literatura especializada.)

Mucho del material sobre la profecía que sigue es una adaptación de mi artículo, «Why Christians Can Still Prophesy», en *CT* (Sept. 16, 1988), pp. 29-35, y se usa con permiso; vea también mis artículos, «What Should Be the Relationship Between Prophet and Pastor?» en *Equipping the Saints* (Fall 1990), pp. 7-9, 21-22; y «Does God Still Give Revelation Today?» En *Carisma* (Sept. 1992), pp. 38-42.

1. **Las contrapartes del Nuevo Testamento de los profetas del Antiguo Testamento son los apóstoles del Nuevo Testamento.** Los profetas del Antiguo Testamento tenían una sorprendente responsabilidad—fueron capaces de hablar y escribir palabras que tenían autoridad divina absoluta.

Podían decir; «Así dice el Señor», y las palabras que seguían eran las propias palabras de Dios. Los profetas del Antiguo Testamento escribieron sus palabras en la Escritura para todos los tiempos como palabras de Dios (vea Nm 22:38; Dt 18:18-20; Jer 1:9; Ez 2:7; y otros.). Por lo tanto, no creer o desobedecer las palabras de un profeta era dudar de Dios o desobedecerlo (vea Dt 18:19; 1 S 8:7; y R 20:36; y muchos otros pasajes).

En el Nuevo Testamento hubo también personas que pronunciaron y escribieron las propias palabras de Dios y las registraron en la Escritura, pero puede que nos sorprenda encontrar que Jesús ya no los llamaba «profetas» sino que utilizaba un nuevo término, «apóstoles». Los apóstoles son la contrapartida en el Nuevo Testamento de los profetas del Antiguo Testamento (vea 1 Co 2:13; 2 Co 13:3; Gá 1:8-9; 11-12; 1 Ts 2:13, 4:8, 15; 2 P 3:2). Son los apóstoles, no los profetas, los que tienen autoridad para dictar las palabras de las Escrituras del Nuevo Testamento.

Cuando los apóstoles quieren establecer su autoridad única nunca apelan al título de «profeta» sino más bien se llaman a sí mismos «apóstoles» (Ro 1:1; 1 Co 1:1; 9:1-2; 2 Co 1:1; 11:12-13; 12:11-12; Gá 1:1; Ef 1:1; 1 P 1:1; 2 P 1:1; 3:2; y otros.).

2. **El significado de la palabra *profeta* en tiempos del Nuevo Testamento.** ¿Por qué escogió Jesús el nuevo término *apóstol* para designar a aquellos que tenían autoridad de dictar Escritura? Era probablemente porque la palabra griega *prophetes* («profeta») en tiempos del Nuevo Testamento tenía una amplia gama de significados. Ella no tenía por lo general el sentido de «aquel que habla las propias palabras de Dios» sino más bien «aquel que habla sobre la base de alguna influencia exterior» (a menudo algún tipo de influencia espiritual). Tito 1:12 utiliza la palabra con este sentido, mientras Pablo cita al poeta griego Epiménides: «Fue precisamente uno de sus profetas el que dijo: 'Los cretenses son siempre mentirosos, malas bestias, glotones perezosos'». Los soldados que se burlaron de Jesús parece que también utilizaron la palabra *profetiza* de esta manera, cuando vendaron los ojos de Jesús y cruelmente demandaron, «¡Profetiza! ¿Quién es el que te golpeó?» (Lc 22:64). Ellos no trataban de decir: «Habla palabras de absoluta autoridad divina», sino: «Dinos algo que te haya sido revelado» (cf. Jn 4:19).

Muchos escritos fuera de la Biblia utilizan la palabra *profeta* (Gr. *prophetes*) de esa manera, sin atribuirle ninguna autoridad divina a las palabras del llamado «profeta». De hecho, en tiempos del Nuevo Testamento el término *profeta* en su uso cotidiano simplemente significaba «aquel que tiene un conocimiento sobrenatural» o

---

Varios autores han diferido de mi interpretación del don de profecía. Para otros puntos de vista de la posición ofrecida en este capítulo, vea Richard Gaffin, *Perspectives on Pentecost*: Gaffin responde en lo fundamental a una versión no publicada de mi libro de 1992), y a las citas bibliográficas al final del capítulo bajo Victor Budgen, F. David Farnell, Kenneth L. Gentry, Jr., Robert Saucy, Robert Thomas, y R. Fowler White. Por otro lado, los estudios relacionados en la bibliografía de D. A. Carson, Roy Clements, Graham Houston, Charles Hummel, y M. M. B. Turner, junto a varias reseñas de libros, han manifestado una coincidencia sustancial con la posición que defendí en mi libros de 1982 y 1988.

«aquel que predice el futuro»—o aun solo el «vocero» (sin ninguna connotación de autoridad divina). Helmut Krämer ofrece varios ejemplos de tiempos cercanos al Nuevo Testamento en un artículo del *Theological Dictionary of the New Testament*:[2]

Un filósofo es llamado «un *profeta* de naturaleza inmortal» (Dio Chrysostom, d.C. 40-120)

Un maestro (Diógenes) quiere ser «un *profeta* de la verdad y el candor» (Luciano de Samosata, d.C. 120-180)

Aquellos que abogan por la filosofía epicúrea son llamados «*profetas* de Epicuro» (Plutarco, d.C. 50-120)

La historia escrita es llamada «la *profetiza* de la verdad» (Diodoro Siculus, escribió cerca de 60-30 a.C.)

Un especialista en botánica es llamado un *profeta* (Dioscurides de Cilicia, primer siglo d.C.)

Un «curandero» en el campo de la medicina es llamado un *profeta* (Galeno de Pérgamo, d.C. 129-199)

Krämer concluye que la palabra griega para «profeta» (*profetes*) «simplemente expresa la función formal de declarar, proclamar, dar a conocer». Pero, debido a que «todo profeta declara algo que no es suyo», la palabra griega para «heraldo» (*keryx*) «es el sinónimo más cercano».[3]

Por supuesto, las palabras *profeta* y *profecía* fueron *a veces utilizadas en relación con los apóstoles* en contextos que enfatizaban la influencia externa (del Espíritu Santo) bajo el cual ellos hablaban (así en Ap 1:3; 22:7; y Ef 2:20; 3:5),[4] pero esta no era la terminología ordinaria utilizada para referirse a los apóstoles, ni los términos *profeta* y *profecía* implican en sí mismos autoridad divina para sus palabras o escritos. Mucho más comúnmente, las palabras *profeta* y *profecía* se utilizaban para referirse a cristianos ordinarios que no hablaban con autoridad divina absoluta, sino simplemente

---

[2]Los ejemplos siguientes están tomados de *TDNT* 6, p. 794.

[3]Ibid., p. 795.

[4]Sostengo una larga discusión sobre Ef 2:20 en *The Gift of Profecy in the New Testament and Today*, pp. 45-63, en la que alego que Pablo dice que la iglesia «está asentada sobre el fundamento de los apóstoles-profetas» (o de «apóstoles que también son profetas»). Esta es una traducción gramaticalmente aceptable de *ton apostolon kai propheton*. Como tal, el pasaje se refiere a los apóstoles, a quienes se reveló el misterio de la inclusión de los gentiles en la iglesia (vea Ef 3:5, que especifica que este misterio «ahora es revelado a sus santos apóstoles y profetas [o «apóstoles-profetas» o, «apóstoles que también son profetas»] por el Espíritu»).

No pienso que Efesios 2:20 tenga mucha relevancia en relación con toda la discusión sobre la naturaleza del don de profecía. Ya sea que veamos aquí, como yo veo, un grupo (de apóstoles-profetas) o dos grupos, como Richard Gaffin y varios otros ven (de apóstoles y profetas), todos estamos de acuerdo que *estos* profetas son aquellos que proveyeron el fundamento de la iglesia, y por lo tanto, estos son profetas que pronunciaron las palabras infalibles de Dios. En lo que discordamos es en el asunto de si este versículo describe el carácter de *todos los que tenían el don de profecía* en las iglesias del Nuevo Testamento. No veo una prueba convincente de que este describe a todos los que profetizaban en la iglesia primitiva. Antes bien, el contexto claramente señala a un grupo muy limitado de profetas que eran (a) parte del verdadero fundamento de la iglesia, (b) íntimamente conectado con los apóstoles, y (c) receptores de la revelación de Dios que los gentiles eran miembros de la iglesia iguales que los judíos (Ef 3:5). Tanto si decimos que este grupo eran solo los apóstoles, como si era un pequeño grupo de profetas íntimamente asociados con los apóstoles que decían cosas con calidad de Escritura, todavía nos quedamos con la imagen de un único grupo muy pequeño de personas que proveen el fundamento de esta iglesia universal.

reportaban algo que Dios había puesto en sus corazones o traído a sus mentes. Hay muchas indicaciones en el Nuevo Testamento que este don de profecía ordinario tenía menos autoridad que la Biblia, y aun menos que las enseñanzas bíblicas reconocidas en la iglesia primitiva, como se hace evidente en la sección siguiente.

3. Indicaciones que los «profetas» no hablaban con igual autoridad que las palabras de la Escritura.

a. Hechos 21:4: En Hechos 21:4, leemos de los discípulos de Tiro: «Ellos, por medio del Espíritu, exhortaron a Pablo a que no subiera a Jerusalén». Esto parece ser una profecía dirigida a Pablo, ¡pero Pablo la desobedeció! Él nunca hubiera hecho esto si esta profecía contuviera las propias palabras de Dios y tuviera igual autoridad que las Escrituras.

b. Hechos 21:10-11: Entonces en Hechos 21:10-11, Agabo profetizó que los judíos de Jerusalén atarían a Pablo y lo entregarían «a manos de los gentiles», una predicción que estuvo cercana a ser correcta pero no del todo: los romanos, no los judíos, encadenaron a Pablo (v. 33; también 22: 29),[5] y los judíos, en lugar de entregarlo voluntariamente, trataron de matarlo y hubo que rescatarlo a la fuerza (v. 32).[6] La predicción no estuvo muy equivocada, pero tenía inexactitudes de detalle que habrían cuestionado la validez de cualquier profeta del Antiguo Testamento. Por otro lado, este texto podría explicarse perfectamente suponiendo que Agabo había tenido una visión de Pablo como prisionero de los romanos en Jerusalén, rodeado de una colérica turba de judíos. Su propia interpretación de esa «visión» o «revelación» del Espíritu Santo habría sido que los judíos habían atado y entregado a Pablo a los romanos, y eso es lo que Agabo habría (algo erróneamente) profetizado. Esto es exactamente el tipo de profecía fallida que se adecuaría a la definición de profecía de las congregaciones del Nuevo Testamento propuesta arriba—comunica en nuestras propias palabras algo que Dios nos ha traído espontáneamente a la mente.

Una objeción a este punto de vista es decir que la profecía de Agabo de hecho se cumplió y que aun Pablo lo reporta en Hechos 28:17: «Me arrestaron en Jerusalén y me entregaron a los romanos».[7]

Pero el propio versículo no apoyaría esa interpretación. El texto griego de Hechos 28:17 se refiere explícitamente a que Pablo fue sacado de Jerusalén como *prisionero*[8] Por lo tanto la declaración de Pablo describe su transferencia fuera del sistema judicial judío (los judíos buscaban traerlo de nuevo para que compareciera

---

[5]En ambos versículos Lucas utiliza el mismo verbo griego (*deo*) que Agabo había utilizado para predecir que los judíos atarían a Pablo.

[6]El verbo que Agabo utilizó ([*paradidomi*, «entregar, traspasar») tiene el sentido de entregar voluntariamente, consciente, deliberadamente, o traspasar algo a otro. Este es el sentido que tiene en las otras 119 instancias de la palabra en el Nuevo Testamento. Pero este sentido no es cierto con respecto al tratamiento de Pablo por los judíos: ¡ellos no entregaron voluntariamente a Pablo a los romanos!

[7]Este es el punto de vista de Gaffin , *Perspectives*, pp. 65-66, y de F. David Farnell, «The Gift of Prophecy in the Old and New Testaments», *BibSac* 149:596 (Oct.-Dec. 1992), p. 395, los cuales se apoyan en Hechos 28.17.

[8]La traducción de la NVI: «Me arrestaron en Jerusalén y me entregaron a los Romanos», escamotea por completo la idea (requerida por el texto griego) de que lo entregaron *fuera de (ex)* Jerusalén, y elimina la idea de que lo

ante el Sanedrín en Hch 23:15, 20) y dentro del sistema judicial romano en Cesarea (Hch 23;23-35). Por consiguiente Pablo dice correctamente en Hechos 28:18 que los mismos romanos en cuyas manos lo habían entregado como prisionero (v. 17) fueron aquellos que (Gr. *hoitines*, v. 18) «me interrogaron y quisieron soltarme por no ser yo culpable de ningún delito que mereciera la muerte» (Hch 28:18; cf. 23:29; también 25:11, 18-19; 26:31-32). Entonces Pablo añade que cuando los judíos se opusieron él se vio obligado «a apelar al emperador» (Hch 28:19; cf. 25:11). Toda esta narración de Hechos 28:17-19 se refiere a la transferencia de Pablo de Jerusalén a Cesarea de Hechos 23:12-35, y explica a los judíos de Roma porqué Pablo está bajo custodia romana. La narración no se refiere en absoluto a Hechos 21:27-36 y la escena de la turba cerca del templo de Jerusalén. Así que esta objeción no es convincente. El versículo no apunta a ninguna de las dos caras de la profecía de Agabo; no menciona que los judíos ataron a Pablo, ni tampoco que lo entregaron a los romanos. De hecho, este se refiere a la escena de (Hch 23:12-35); una vez más habían acabado de arrebatar a Pablo por la fuerza de manos de los judíos (Hch 23:10) y, muy ajenos de buscar entregarlo a los romanos, éstos esperaban matarlo en una emboscada (Hch 23:13-15).

Otra objeción a mi interpretación de Hechos 21:10-11 es decir que los judíos no tenían realmente que atar a Pablo y entregarlo en manos de los gentiles para que la profecía de Agabo fuera cierta, porque los judíos eran *responsables* de estas actividades aun si no las hubieran llevado a cabo. Robert Thomas dice: «Es algo común hablar de la parte o partes responsables de ejecutar un acto aunque él o ellos puede que no hayan sido los agentes inmediatos».[9] Thomas cita ejemplos similares de Hechos 2:23 (cuando Pedro dice que los judíos crucificaron a Cristo, aunque en realidad lo hicieron los romanos) y Juan 19:1 (Donde leemos que Pilato azotó a Jesús (RVR), cuando sin duda sus soldados llevaron a cabo la acción). Thomas concluye que en consecuencia: «Los judíos fueron los que encadenaron a Pablo exactamente como Agabo predijo».[10]

En respuesta, estoy de acuerdo en que la Biblia puede decir que alguien hace algo aunque el que ejecuta el acto es el agente de esa persona. Pero en *cada caso* la persona que se dice comete el acto *desea* que el acto se cometa y *da las órdenes* para que otros lo hagan. Pilato ordenó a sus soldados azotar a Jesús. Los judíos demandaron enérgicamente que los romanos crucificaran a Cristo. Por contraste, en la situación de la captura de Pablo en Jerusalén, no hay tal paralelo. Los judíos no ordenaron que Jesús fuera encadenado pero los romanos lo hicieron: «El comandante se abrió paso, lo arrestó y ordenó que lo sujetaran con dos cadenas (Hch 21:33). Y de hecho la forma paralela del discurso se halla aquí, porque, aunque el comandante *ordenó* encadenar a Pablo, más adelante leemos que «al darse cuenta que Pablo era ciudadano romano, el comandante mismo *se asustó de haberlo*

---

entregaron como prisionero (gr. *desmios*), añadiendo en su lugar la idea de que lo arrestaron en Jerusalén, un acontecimiento que no se menciona en el texto griego de este versículo.

[9]Robert L. Thomas, «Prophecy Rediscovered? A Review of The Gift of Prophecy in the New Testament and Today», en *BibSac* 149:593 (Jan. Mar. 1992), p. 91. Kenneth L. Gentry, Jr. formula el mismo argumento *The Charismatic Gift of Prophecy: A Reformed Response to Wayne Grudem*, 2d ed. (Footstool Publications, Memphis, Tenn., 1989), p. 43.

[10]Thomas, «Prophecy Rediscovered?», p. 91.

encadenado» (Hch 22:29). Así que este relato sí habla de la atadura como realizada por ambos, ya sea por el agente responsable o por la gente que la llevó a cabo, pero en los dos casos se trata de romanos, no de judíos. En resumen, esta objeción dice que los judíos encadenaron a Pablo. Pero Hechos dice dos veces que los romanos lo encadenaron. Esta objeción dice que los judíos entregaron a Pablo a los gentiles. Pero Hechos dice que rehusaron violentamente entregarlo, de manera que tuvo que ser tomado por la fuerza. La objeción no se ajusta a las palabras del texto.[11]

c. 1 Tesalonicenses 5:9-21: Pablo dice a los tesalonicenses: «No desprecien las profecías, sométanlo todo a prueba, aférrense a lo bueno» (1 Ts 5:20-21). Si los tesalonicenses hubieran pensado que la profecía se equiparaba a la Palabra de Dios en autoridad, nunca habría tenido que decir a los tesalonicenses que no la despreciaran. Ellos «recibieron» y «aceptaron» la Palabra de Dios «con la alegría que infunde el Espíritu Santo» (1 Ts 1:6; 2:13; 4:15). Pero cuando Pablo les dice que lo sometan «todo a prueba» ello debe incluir por lo menos las profecías que menciona en la frase previa. Pablo implica que las profecías contienen algunas cosas buenas y algunas cosas que no son buenas cuando los anima a aferrarse «a lo bueno». Esto es algo que nunca pudo haberse dicho de las palabras de un profeta del Antiguo Testamento, o de las autorizadas enseñanzas de un apóstol del Nuevo Testamento.

d. 1 Corintios 14:29-38: Más amplias pruebas de las profecías del Nuevo Testamento se hallan en 1 Corintios 14. Cuando Pablo dice: «Asimismo, los profetas hablen dos o tres, *y los demás juzguen* (1 Co 14:29), sugiere que deben escuchar atentamente y entresacar lo bueno de lo malo, aceptando un poco y rechazando el resto (porque esto es lo que implica la palabra griega *diakrino*, que aquí se traduce «y los demás juzguen»). No podemos imaginar que un profeta del Antiguo Testamento como Isaías hubiera dicho: «Entresaquen lo bueno de lo malo, lo que han aceptado de lo que no deben aceptar!» Si la profecía tiene autoridad divina absoluta, sería pecado hacer esto. Pero aquí Pablo ordena que se haga, lo que sugiere que la profecía del Nuevo Testamento no tiene la autoridad de las verdaderas palabras de Dios.[12]

En 1 Corintios 14:30, Pablo permite que un profeta interrumpa a otro: «Si alguien que está sentado recibe una revelación, el que esté hablando ceda la palabra. Así todos pueden profetizar por turno». Otra vez, si los profetas hubieran estado proclamando las verdaderas palabras de Dios, de valor igual que la Escritura, se hace difícil imaginar que Pablo haya dicho que deben ser interrumpidos sin permitírseles terminar su mensaje. Pero eso es lo que ordena.

---

[11]Vea abajo, p. 1114, sobre la cuestión de la frase introductoria de Agabo: «Así dice el Espíritu Santo».

[12]Las instrucciones de Pablo son diferentes a las del documento cristiano temprano conocido como la *Didache*, que le dice a las personas, «no prueben ni examinen a ningún profeta que habla en un espíritu (o: en el Espíritu)» (capítulo 11). Pero la *Didache* dice varias cosas que son contrarias a la doctrina del Nuevo Testamento (vea W. Grudem, *The Gift of Prophecy in the New Testament and Today*, pp. 106-8; también p. 67, arriba).

Pablo sugiere que nadie en Corinto, una iglesia que tenía mucha profecía, podía expresar verdaderas palabras de Dios. En 1 Corintios 14:36, dice: «*¿Acaso la palabra de Dios procedió de ustedes? ¿O son ustedes los únicos que la han recibido?*»[13]

Entonces, en los versículos 37 y 38, proclama que tiene una autoridad mucho mayor que cualquier profeta de Corinto: «Si alguno se cree profeta o espiritual, reconozca que esto que les escribo es mandato del Señor. Si no lo reconoce, tampoco él será reconocido».

Todos estos pasajes indican que la popular idea que los profetas hablaban «las palabras del Señor» cuando los apóstoles no estaban presentes en las iglesias de los primeros tiempos es simplemente incorrecta.

e. Preparativos apostólicos para la ausencia de éstos: Además de los versículos que hemos considerado hasta ahora, otro tipo de evidencia sugiere que los profetas de las congregaciones del Nuevo Testamento hablaban con menos autoridad que los apóstoles del Nuevo Testamento o las Escrituras: el problema de los herederos de los apóstoles se resuelve no instando a los cristianos a escuchar a los *profetas* (aun cuando había profetas a su alrededor) sino apuntando a las Escrituras.[14]

Así que Pablo, al final de su vida, hace énfasis en usar «bien la palabra de verdad» (2 Ti 2:15), y «toda Escritura» inspirada por Dios, «útil para enseñar, para redargüir, para corregir, para instruir en justicia» (2 Ti 3:16). Judas urge a sus lectores a seguir «luchando vigorosamente por la fe encomendada una vez por todas a los santos» (Judas 3). Pedro, al final de su vida, anima a sus lectores a «prestar atención» a la Escritura, que es «como una lámpara que brilla en un lugar oscuro» (2 P 1:19-20), y les recuerda las enseñanzas del apóstol Pablo «en todas sus epístolas» (2 P 3:16). En ningún lugar leemos exhortaciones a «escuchar a los profetas en sus iglesias» o a «obedecer las palabras del Señor dadas por sus profetas», etc. Pero ciertamente hubo profetas que profetizaban en muchas congregaciones locales tras la muerte de los apóstoles. Parece que no tenían la misma autoridad que los apóstoles, y los autores de la Escritura lo sabían. La conclusión es que las profecías de hoy tampoco son «palabra de Dios».

4. ¿Cómo deberíamos hablar sobre la autoridad de la profecía hoy? De manera que las profecías en la iglesia de hoy deben considerarse meras palabras humanas, no palabra de Dios, y no palabras de igual autoridad a la palabra de Dios. ¿Pero esta conclusión está en pugna con las prácticas y enseñanzas carismáticas actuales? Pienso que está en conflicto con muchas prácticas carismáticas, pero no con la mayoría de las enseñanzas carismáticas.

La mayoría de los maestros carismáticos de hoy estarían de acuerdo en que la profecía contemporánea no tiene la misma autoridad que la Escritura. Aunque algunos hablarían de la profecía como que es «la palabra de Dios» para hoy, hay un consenso casi uniforme entre todas las secciones del movimiento carismático de

---

[13]La NIV traduce: «¿Acaso la palabra de Dios procedió de ustedes?» El apóstol se da cuenta que ellos deben admitir que la Palabra de Dios no procedió de ellos—por lo tanto, sus profetas no pueden haber estado pronunciando palabras de Dios de autoridad igual que la de las Escrituras.

[14]He tomado esta idea del muy útil folleto de Roy Clements, *Word of God and Spirit: The Bible and the Gift of Prophecy Today* (UCCF Booklets, Leicester, 1986), p.24; cf. D. A. Carson, *Showing the Spirit*, p. 96.

que la profecía es imperfecta e impura, y que contendría elementos en los que no se debe confiar u obedecer. Por ejemplo, Bruce Yocum, autor de un libro carismático sobre la profecía ampliamente utilizado, escribe: «La profecía puede ser impura—nuestros propios pensamientos o ideas pueden mezclarse con el mensaje que recibimos—ya sea que recibamos las palabras directamente o que solo recibamos el sentido del mensaje».[15]

Pero debe decirse que en la práctica actual se deriva mucha confusión del hábito de prologar las profecías con la usual frase del Antiguo Testamento: «Así dice el Señor» (una frase que nunca se pronuncia en el Nuevo Testamento por ninguno de los profetas de las iglesias del Nuevo Testamento). Esto es desafortunado, porque da la impresión que las frases que siguen son las verdaderas palabras de Dios, en tanto que el Nuevo Testamento no justifica esa posición y, cuando se hace énfasis en ellas, la mayoría de los voceros carismáticos responsables en todo caso no desearían invocarlas para cada parte de sus profecías. De manera que no se ganaría ni se perdería mucho si se desechara esa frase introductoria.

Ahora, es verdad que Agabo usa una frase similar («Así dice el Espíritu Santo») en Hechos 21:11, pero las mismas palabras (Gr. *tade legei*) se utilizan por los autores cristianos para introducir justo en tiempos del Nuevo Testamento paráfrasis muy generales o interpretaciones muy ampliadas de lo que se reporta (así Ignacio, *Epístola a los de Filadelfia* 7:1-2 [alrededor de 208 d.C.]). La frase puede que signifique aparentemente: «Esto es en general (o aproximadamente) lo que nos dice el Espíritu Santo».

Si alguien realmente piensa que Dios le pone algo en la mente que debe comunicarse a la congregación, no hay nada equivocado en decir: «Pienso que el Señor pone en mi mente esto…» o»*Me parece que* el Señor nos muestra…» o alguna expresión similar. Por supuesto, eso no suena tan «contundente» como: «Así dice el Señor», pero si el mensaje viene realmente de Dios, el Espíritu Santo hará que ello suene con gran poder para los corazones de aquellos que necesitan escuchar.

5. Una «revelación» espontánea hizo de la profecía diferente de otros dones. Si la profecía no contiene las verdaderas palabras de Dios, ¿qué es entonces? ¿En qué sentido ella viene de Dios?

Pablo indica que Dios puede traer algo espontáneamente a la mente de manera que la persona que profetiza lo comunicaría en sus propias palabras. Pablo llama esto una «revelación»: «Si alguien que está sentado recibe una revelación, el que esté hablando ceda la palabra. Así todos pueden profetizar por turno» (1 Co 14:30-31). Aquí él utiliza la palabra *revelación* en un sentido más amplio que la forma técnica utilizada por los teólogos para referirse a las palabras de la Escritura—pero el Nuevo Testamento usa en todas partes el término *revelar* o *revelación* en este sentido más amplio de comunicación con Dios que no da lugar a la redacción de Escritura o a palabras de igual autoridad a la Escritura (vea Fil 3:15; Ro 1:18; Ef 1:17; Mt 11:27).

Pablo se refería simplemente a algo que Dios ponía de pronto en la mente, o algo que Dios podía imprimir en la conciencia de alguien de tal manera que la

---

[15]Vea *Prophecy* (Word of Life, Ann Arbor, 1976), p. 79.

persona tuviera la sensación que ello venía de Dios. Puede que el pensamiento que se suscita en la mente sea sorprendentemente diferente al curso de los pensamientos de la propia persona, o que esté acompañado por un vivo sentido de urgencia o persistencia, o que de alguna otra manera le dé a la persona una percepción asaz clara de que viene del Señor.[16]

La figura 53.1 ilustra la idea de una revelación de Dios que se comunica en las propias palabras (meramente humanas) del profeta.

De esa manera, si entra uno que no cree cuando todos profetizan, «los secretos de su corazón quedarán al descubierto. Así que se postrará ante Dios, y lo adorará, exclamando: «¡Realmente Dios está entre ustedes!» (1 Co 14:25). He escuchado un informe de este acontecimiento en una iglesia bautista de Estados Unidos que claramente no es carismática. Un orador misionero hizo una pausa en medio de su mensaje y dijo algo como esto: «No planifiqué decir esto pero parece que el Señor indica que alguien en esta iglesia acaba de separarse de su mujer y su familia. Si ello es así, déjeme decirle que Dios quiere que usted vuelva a ellos y aprenda a seguir las normas de Dios para la vida familiar». El misionero no lo sabía, pero en el balcón no iluminado se sentó un hombre que había entrado a la iglesia momentos antes por primera vez en su vida. La descripción se adecuaba a él exactamente, y él se dio a conocer, reconoció su pecado, y comenzó a buscar a Dios.

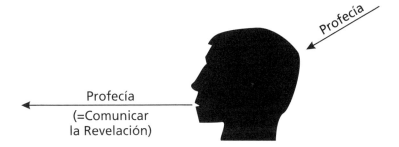

LA PROFECÍA TIENE LUGAR CUANDO SE COMUNICA UNA REVELACIÓN DE DIOS EN LAS PALABRAS (MERAMENTE HUMANAS) DEL PROFETA
Figura 53.1

De esta forma, la profecía sirve como una «señal» para los creyentes (1 Co 14:22)—es una clara demostración de que Dios obra en su medio, una «señal» de las bendiciones que Dios dispensa a la congregación. Y como también obrará para la conversión de los incrédulos, Pablo anima a utilizar este don cuando «entran algunos que no entienden o no creen» (1 Co 14:33).

Muchos cristianos en todos los períodos de la iglesia han experimentado o escuchado de eventos similares—por ejemplo, una petición no planeada pero urgente puede haberse hecho para orar por ciertos misioneros en Nigeria. Entonces,

---

[16]Aunque argumentamos arriba que la *autoridad* de la profecía en la iglesia del Nuevo Testamento es muy diferente a la autoridad de la profecía canónica del Antiguo Testamento, esto no significa que todo lo relacionado con la profecía del Nuevo Testamento tiene que ser diferente. En relación *con la forma en la que llega la revelación* al profeta, puede que no se trate de palabras o ideas que le vienen a la mente, sino también de imágenes mentales (o «visiones», Hch 2:17) y sueños (Hch 2:17).

mucho después, aquellos que oraban descubrieron que justo en ese momento los misioneros habían sufrido un accidente automovilístico o estaban en un instante de intenso conflicto espiritual, y habían necesitado esas oraciones. Pablo llamaría la sensación o intuición de esas cosas una «revelación», y la comunicación a la congregación de ese aviso de Dios sería llamado «profecía». Puede que en ella haya elementos de la propia cosecha o interpretación del que habla y que ciertamente esta necesite evaluación y prueba, pero aún así cumple una valiosa función en la iglesia.[17]

6. La diferencia entre profecía y enseñanza. Hasta donde podamos asegurar, toda «profecía» en el Nuevo Testamento estaba basada sobre este tipo de inspiración espontánea del Espíritu Santo (cf. Hch 11:28; 21:4, 10-11; y note las ideas de profecía bosquejadas en Lc 7:39; 22:63-64; Jn 4:19; 11:51). A menos que una persona reciba una espontánea «revelación» de Dios, ahí no hay profecía.

Por contraste, ningún discurso humano que se llame «enseñanza» o que un «maestro» pronuncie, o que se describa por el verbo «enseñar», nunca se dice en el Nuevo Testamento que esté basado en una revelación. Antes bien, «enseñanza» es a menudo simplemente una explicación o aplicación de la Escritura (Hch 15:35; 18:11, 24-28; Ro 2:21; 15:4; Col 3:16; Heb 5:12) o una repetición o explicación de instrucciones apostólicas (Ro 16:17; 2 Ti 2:2; 3:10, y otros). Es lo que hoy llamaríamos «enseñanza bíblica» o «predicación».

Así que, la profecía tiene menos autoridad que la «enseñanza», y las profecías deben estar siempre sujetas en la iglesia a la autorizada enseñanza de la Escritura. A Timoteo no se le dijo que *profetizara* las instrucciones de Pablo a la iglesia; se le dijo que las *enseñara* (1 Ti 4:11; 6:2). Pablo no *profetizó* su manera de vivir en cada iglesia; él lo *enseñó* (1 Co 4:17). A los tesalonicenses no se les dijo que se mantuvieran fieles las tradiciones que les fueron «profetizadas» sino a las tradiciones que les fueron «enseñadas» por Pablo (2 Ts 2:15). Al contrario de algunos puntos de vista, fueron maestros, no profetas, los que ofrecieron liderazgo y dirección a las iglesias primitivas.

Por consiguiente, entre los ancianos estaban los que dedicaban «sus esfuerzos a la predicación y a la enseñanza» (1 Ti 5:17), y un obispo debía ser «capaz de enseñar» (1 Ti 3:2; cf. Tit 1:9)—pero nada se dice de ancianos cuyo trabajo fuera profetizar, ni tampoco se dice nunca que un anciano debe ser un «profeta apto» o que los ancianos deben «ser fieles a las sanas profecías». En su función de liderazgo Timoteo cuidar de su conducta y de su «enseñanza» (1 Ti 4:16), pero nunca se le dice que

---

[17]No obstante, debemos advertir a las personas que el mero hecho de que una «revelación» parezca sobrenatural (y que incluso pueda contener una información sorprendentemente exacta) no garantiza que un mensaje sea una verdadera profecía de Dios, pues los falsos profetas pueden «profetizar» bajo influencia demoníaca. (Vea el cap. 20, pp. 433-34, sobre el hecho que los demonios pueden conocer acerca de actividades ocultas o conversaciones privadas en nuestras vidas, aun cuando no pueden conocer el futuro ni leer nuestros pensamientos.)

Juan advierte que «han salido por el mundo muchos falsos profetas» (1 Jn 4:1), y ofrece pruebas de la verdadera doctrina para distinguirlos (vv. 1-6), y dice que «el mundo los escucha» (v. 5). Otras marcas de los falsos profetas pueden hallarse en 2 Juan 7-9 (que niegan la encarnación y no se someten a la doctrina de Cristo); Mateo 7:15-20 («Por sus frutos lo conocerán» (v. 16); Mateo 24:11 (que engañarán a muchos); y Mateo 24:24 (harán grandes señales y milagros para engañar, de ser posible; aun a los elegidos). Por otro lado, 1 Corintios 12:3 parece decirnos que no debemos pensar que los cristianos genuinos serán falsos profetas, que hablan por el poder de los demonios (vea la discusión de 1 Co 12:3 en la página 1137), y Juan 4:4 le asegura a los cristianos que «el que está en ustedes es más poderoso que el que está en el mundo».

cuide sus profecías. Santiago advirtió que aquellos que enseñan, no que profetizan, serían juzgados con más severidad (Stg 3:1).

En el Nuevo Testamento, la tarea de interpretar y aplicar las Escrituras se llama, entonces, «enseñanza». Aunque unos cuantos han aducido que los profetas en las iglesias del Nuevo Testamento ofrecieron interpretaciones de las Escrituras del Antiguo Testamento «carismáticamente inspiradas», esa alegación no ha sido muy persuasiva, fundamentalmente porque es difícil encontrar en el Nuevo Testamento algún ejemplo convincente en el que la categoría de «profeta» se use para referirse a alguien envuelto en este tipo de actividad.

Así que la distinción es bastante clara: si un mensaje es producto de una reflexión consciente sobre el texto de la Escritura, que contiene una interpretación del texto y una aplicación a la vida, entonces esto es (en términos del Nuevo Testamento) una enseñanza. Pero si un mensaje es la comunicación de algo que Dios nos pone de pronto en la mente, entonces esto es una profecía. Y por supuesto, aun las enseñanzas preparadas pueden ser interrumpidas por material adicional no preparado que el maestro de la Biblia siente que Dios pone de pronto en su mente—en ese caso, esto será una «enseñanza» mezclada con un elemento de profecía.

7. Objeción: Esto hace la profecía «demasiado subjetiva». En este punto algunos han objetado que esperar por tales «recordatorios» de Dios es un proceso «demasiado subjetivo». Pero en respuesta puede decirse que, para la salud de la iglesia, ¡la gente que a menudo hace esta objeción es la que más necesita este proceso subjetivo en sus propias vidas cristianas! Este don requiere esperar en el Señor, escucharlo, oír sus recordatorios en nuestros corazones. Lo que más necesitan los cristianos que son del todo evangélicos, sanos doctrinalmente, intelectuales y «objetivos», es probablemente la fuerte influencia estabilizadora de una relación «subjetiva» más vital con el Señor en la vida cotidiana. Y estas personas son también aquellas que tienen menos probabilidades de ser conducidas a error, porque ya hacen gran énfasis en apoyarse firmemente en la Palabra de Dios.

Aunque existe el peligro contrario de una excesiva confianza en las impresiones subjetivas para orientarse, y es claro que contra eso hay que cuidarse. Las personas que buscan continuamente «mensajes» subjetivos de Dios para que guíen sus vidas deben ser advertidas que la orientación personal subjetiva no es una función primaria de la profecía del Nuevo Testamento. Ellos necesitan hacer mucho más énfasis en la Escritura y en buscar la probada sabiduría de Dios escrita ahí.

Muchos autores carismáticos estarían de acuerdo con esta advertencia, como indican las siguientes citas:

Michael Harper (un pastor carismático anglicano):

Las profecías que les dicen a otros lo que deben hacer—deben ser contempladas con gran sospecha.[18]

Donald Gee (Asambleas de Dios):

---

[18]*Prophecy: A Gift for the Body of Christ* (Logos, Plainfield, N.J., 1964), p.26.

Muchos de nuestros errores en lo que concierne a los dones espirituales se originan cuando queremos que lo extraordinario y excepcional se convierta en frecuente y habitual. Que todos los que desarrollan un excesivo deseo de «mensajes» a través de los dones estén advertidos del naufragio de pasadas generaciones así como de las contemporáneas… Las Santas Escrituras son una lámpara a nuestros pies y una luz en nuestro sendero.[19]

Donald Bridge (pastor carismático británico):

El iluminado encuentra constantemente «Dios le dice» que haga cosas… Los iluminados son frecuentemente muy sinceros, muy dedicados, y están poseídos de una dedicación para obedecer a Dios que avergüenza a cristianos más circunspectos. No obstante, están pisando terreno peligroso. Sus antecesores lo han hollado antes, y siempre con resultados desastrosos a largo plazo. Sensaciones interiores y recordatorios especiales son por su propia naturaleza subjetivos. La Biblia provee nuestra guía objetiva.[20]

8. Las profecías pueden incluir cualquier contenido edificador. Los ejemplos de profecías del Nuevo Testamento mencionados arriba muestran que la idea de profecía solo como «predicciones del futuro» es ciertamente errónea. Hubo algunas predicciones (Hch 11:28; 21:11), pero también hubo pecados que quedaron al descubierto (1 Co 14:25). De hecho, pudo incluirse cualquier cosa que edifica, pues Pablo dice: «el que profetiza habla a los demás *para edificarlos, animarlos y consolarlos*» (1 Co 14:3). Otra indicación del valor de la profecía era que ella podía hablar a las necesidades de los corazones de las personas de una manera directa y espontánea.

9. Muchas personas pueden profetizar en la congregación. Otro gran beneficio de la profecía es que ella provee oportunidad de participación a todos en la congregación, no solo a aquellos que son oradores hábiles o que tienen dones para la enseñanza. Pablo dice que él quiere que «todos» los corintios «profetizaran» (1 Co 14:5) y añade: «Todos pueden profetizar por turno, para que todos reciban instrucción y aliento» (1 Co 14:31).[21] Esto no significa que en realidad todo creyente será capaz de profetizar, pues Pablo dice: «¿Son todos profetas?» (1 Co 12:29). Pero sí significa que cualquiera que reciba una «revelación» de Dios tiene permiso de profetizar (dentro de las normas de Pablo), y esto sugiere que muchos lo harán.[22] A causa de esto, una mayor apertura al don de profecía podría ayudar a superar la situación en la que muchos que asisten a nuestras iglesias son meros espectadores y

---

[19]*Spiritual Gifts in the Work of Ministry Today* (Publishing House, Springfield, Mo., 1963), pp. 51-51.

[20]*Signs and Wonders Today* (Inter-Varsity Press, Leicester, 1985), p. 183.

[21]Aquí Pablo indica que todo el que recibe una revelación en el sentido que acaba de mencionarse en el v. 29 será capaz de profetizar por turnos. Él no quiere decir que cada cristiano individual en Corinto tiene el don de profecía.

[22]En una iglesia grande, solo unos pocos serán capaces de hablar cuando toda la iglesia está reunida, pues Pablo dice: «En cuanto a los profetas, que hablen dos o tres» (1 Co 14.29). Pero muchos más tendrán oportunidades de profetizar en reuniones más pequeñas en las casas.

no participantes. Quizás contribuimos al problema de un «cristianismo de espectadores» sofocando la obra del espíritu en esta área.

10. Debemos «desear seriamente» profetizar. Pablo valoraba tanto este don que le dijo a los corintios: «Empéñense en seguir el amor y ambicionen los dones espirituales, sobre todo el de profecía» (1 Co 14:1). Entonces, al final de su discusión de los dones espirituales, repitió: «Así, que hermanos míos, ambicionen el don de profetizar» (1 Co 14:39). Y dijo: «El que profetiza edifica la iglesia» (1 Co 14:4).

Si Pablo estaba ansioso porque el don de profecía funcionara en Corinto, preocupado por la inmadurez, el egoísmo, las divisiones y otros problemas que aquejaban a la iglesia, ¿no debemos entonces buscar enérgicamente este valioso don en nuestras congregaciones hoy? Nosotros evangélicos que profesamos creer y obedecer todo lo que la Escritura dice, ¿no debemos también creer y obedecer esto? ¿Y que una mayor apertura al don de profecía quizá pueda ayudar a corregir este peligroso desequilibrio en la vida de la iglesia, un desequilibrio que se debe a que somos demasiado intelectuales, objetivos y doctrinales?

11. Alentar y regular la profecía en la iglesia local. Por último, si una iglesia comienza a alentar el uso de la profecía donde no se ha utilizado antes, ¿qué debe hacer? ¿Cómo puede alentar este don sin caer en abusos?

Para todos los cristianos, y especialmente para pastores y otros que tienen responsabilidades docentes, sería apropiado y sabio desde el punto de vista pastoral dar varios pasos: (1) Ore seriamente implorando la sabiduría del Señor sobre cómo y cuándo abordar este tema en la iglesia. (2) Se impartirán enseñanzas sobre este tema en los estudios bíblicos regulares que la iglesia ya provee. (3) La iglesia debe ser paciente y proceder despacio—los líderes de la iglesia no deben ser «dominantes» (o «tiranos») (1 P 5:3), y un abordaje paciente evitará ahuyentar a gente temerosa o alienarlas innecesariamente. (4) La iglesia debe reconocer y alentar el don de profecía de la forma que ya ha venido funcionando en la iglesia —en las reuniones de oración de la iglesia, por ejemplo—, cuando alguien se ha sentido inusualmente «guiado» por el Espíritu Santo a orar por algo, o cuando le ha parecido que el Espíritu Santo le ha traído a la mente un himno o pasaje de la Escritura, o cuando sienta un tono de sentido común o el enfoque específico en un momento de adoración u oración en grupo. Aun los cristianos de iglesias no receptivas del don de profecía pueden por lo menos ser sensibles a los impulsos del Espíritu Santo relacionados con aquello por lo que se debe orar en las reuniones de oración de la iglesia, y que entonces puede expresar esos impulsos en forma de una oración al Señor (lo que podría llamarse una «oración profética»).

(5) Si se han seguido los primeros cuatro pasos, y si la congregación y su liderazgo lo acepta, se podrían conceder algunas oportunidades a la práctica del don de profecía en los cultos de adoración menos formales de la iglesia, o en los grupos más pequeños de los hogares. Si esto se permite, aquellos que profeticen deben mantenerse dentro de las directivas de la Escritura (1 Co 14:29-36), deben buscar genuinamente la edificación de la iglesia y no su propio prestigio (1 Co 14:12, 26), y no debe dominar la reunión o ser demasiado dramático o emocional en sus palabras (y así atraer la atención hacia sí mismos en lugar de hacia el Señor). Las

profecías se deben ciertamente evaluar de acuerdo con las enseñanzas de la Escritura (1 Co 14:29-36; 1 Ts 5:19-21).

(6) Si el don de profecía comienza a ser utilizado en la iglesia, esta debe poner aun más énfasis sobre valor inmensamente superior de la Escritura como la fuente a la que pueden acudir los cristianos a escuchar la voz del Dios vivo. La profecía es un don valioso, como lo son otros muchos dones, pero está en la Escritura que es Dios y solo Dios quien nos habla con sus propias palabras, aun hoy, y a lo largo de nuestras vidas. En lugar de esperar que en cada culto de adoración lo notable sea alguna palabra de profecía, es necesario recordarle a los que utilizan el don de profecía que debemos centrar nuestro gozo, nuestras expectativas, y nuestro deleite en el propio Dios mientras él nos habla a través de la Biblia. Allí tenemos un tesoro de infinito valor: las verdaderas palabras de nuestro Creador que nos habla en un lenguaje que podemos entender. Y en lugar de buscar frecuente orientación a través de la profecía, debemos hacer énfasis que es en la Escritura donde podemos encontrar orientación para nuestras vidas. En la Escritura está nuestra fuente de directivas, nuestro foco cuando buscamos la voluntad de Dios, nuestras normas completamente confiables y suficientes. Es de las palabras de Dios en la Escritura que podemos decir confiados: «Tu palabra es una lámpara a mis pies; es una luz en mi sendero» (Sal 119:105).

B. Enseñanza

El don de la enseñanza en el Nuevo Testamento es *la habilidad de explicar la Escritura y aplicarla a la vida de las personas.* Esto se hace evidente en varios pasajes. En Hechos 15:35, Pablo y Bernabé y «muchos otros» están en Antioquia *enseñando* y anunciando la palabra del Señor». En Corinto, Pablo permaneció un año y medio «*enseñando* entre el pueblo la palabra de Dios» (Hch 18:11). Y los lectores de la Epístola a los Hebreos, aunque deben haber sido maestros, necesitaban más bien que alguien volviera a enseñarles «las verdades más elementales de la palabra de Dios». (Heb 5:12). Pablo les dice a los romanos que las palabras de las Escrituras del Antiguo Testamento se escribieron «para enseñarnos» (gr. *didaskalia*) (Ro 15:4), y le escribe a Timoteo que «toda Escritura» es «útil para enseñar *didaskalia*» (2 Ti 3:16).

Por supuesto, si la «enseñanza» en la iglesia primitiva estaba basada muy a menudo en las Escrituras del Antiguo Testamento, debe extrañar que también estuviera basada en algo de igual autoridad que las Escrituras, o sea, en un cuerpo de instrucciones apostólicas recibidas. Timoteo debía tomar la enseñanza que había recibido de Pablo y encomendarla a hombres fieles que estuvieran capacitados «para enseñar a otros» (2 Ti 2:2). Y los tesalonicenses debían mantenerse «fieles a las enseñanzas» que Pablo les trasmitió (2 Ts 2:15). Lejos de estar basadas en una revelación espontánea que vino durante el culto de adoración de la iglesia (como era la profecía), este tipo de «enseñanza» era la repetición y explicación de una auténtica lección apostólica. Enseñar lo contrario a las instrucciones de Pablo era enseñar una doctrina diferente o herética (*heterodidaskalo*) «apartándose de la sana enseñanza de nuestro Señor Jesucristo y de la doctrina que se ciñe a la verdadera religión» (1 Ti 6:3), De hecho, Pablo dijo que Timoteo debía recordarle a los corintios «cómo enseño por todas partes, y en todas las iglesias» (1 Co 4:17). Asimismo le dice: «Encarga y enseña estas cosas» (1 Ti 4:11), y «esto es lo que debes enseñar y recomendar» (1 Ti 6:2), cuando habla de sus instrucciones a la iglesia de Éfeso. Aunque esto no era profecía sino enseñanza que proveyó en sentido primario (provenía de los apóstoles) las primeras normas doctrinales y éticas que regulaban la iglesia. Y como aquellos que aprendieron de los apóstoles también enseñaron, su enseñanza guió y dirigió las iglesias locales.[23]

De manera que enseñar en términos de las epístolas del Nuevo Testamento consistía en repetir y explicar las palabras de la Escritura (o las igualmente autorizadas enseñanzas de Jesús y los apóstoles) y aplicarlas a los que escuchaban. En las epístolas del Nuevo Testamento, «enseñar» es algo muy parecido a lo que describe hoy nuestra frase «enseñanza bíblica».

C. Milagros

Justo después de los apóstoles, los profetas y maestros, «luego los milagros» dice Pablo (1 Co 12:28). Aunque muchos de los milagros que se ven en el Nuevo Testamento fueron específicamente milagros de sanidad, Pablo menciona aquí la sanidad como un don separado. Por lo tanto, en este contexto debía haber tenido en mente algo diferente a la sanidad.

Debemos recordar que la palabra castellana «milagros» puede que no nos acerque mucho a lo que Pablo quería decir, pues el vocablo griego es simplemente la forma plural de la palabra *dynamis*, «poder».[24] Esto significa que el término puede referirse a cualquier actividad en la que el gran poder de Dios es evidente. Ello puede incluir respuestas a la oración para liberarse de un peligro físico (como la liberación de los apóstoles de la cárcel en Hch 5:19-20 o 12:6-11), o poderosas acciones de juicio sobre los enemigos del evangelio o aquellos que requieren ser disciplinados dentro de la iglesia (vea Hch 5:1-11; 13:9-12), o liberaciones milagrosas de una lesión (como con Pablo y la víbora en Hch 28:3-6). Pero esas acciones del poder espiritual pueden incluir también poder para triunfar sobre la oposición de un demonio (como en Hch 16:18; cf. Lc 10:17).

Como Pablo no define «obras milagrosas» de una forma más específica que esta, podemos decir que el don de milagros debe incluir el accionar de un poder divino que libera de un peligro, una intervención para atender necesidades especiales en el mundo físico (como en el caso de Elías en 1 Reyes 17:1-16), un juicio sobre aquellos que de manera irracional y violenta se oponen al mensaje del evangelio, el triunfo sobre las fuerzas demoníacas que libran una guerra contra la iglesia, y cualquier otra forma en la que el poder de Dios se manifiesta de una manera evidente para hacer avanzar los propósitos divinos en una situación determinada. Todas estas serían obras «poderosas» en las que se ayuda a la iglesia y se pone de manifiesto la gloria de Dios. (Vea también la discusión sobre los milagros en el capítulo 17.)

---

[23]Vea también la discusión arriba en la sección A.6, p. 1116, sobre las diferencias entre profecía y enseñanza.
[24]La NVI traduce «hacer milagros» en 1 Co 12:10.

D. Sanidad

1. Introducción: La enfermedad y la salud en la historia de la redención. Debemos primero recordar que la enfermedad física fue un resultado de la caída de Adán, y los males y la enfermedad son simplemente parte de las consecuencias de la maldición tras la caída, y conducirá eventualmente a la muerte física. Sin embargo, Cristo nos redimió de esa maldición cuando murió en la cruz: «Ciertamente él cargó con nuestras enfermedades y soportó nuestros dolores... *y gracias a sus heridas fuimos sanados* (Is 53:4-5). Este pasaje alude tanto a la sanidad física como espiritual que Cristo compró para nosotros, pues Pedro lo cita al referirse a nuestra salvación: «El mismo, en su cuerpo, llevó al madero nuestros pecados, para que muramos al pecado y vivamos para la justicia. *Por sus heridas ustedes han sido sanados* (1 P 2:24).

Pero Mateo cita el mismo pasaje de Isaías en referencia a las curaciones físicas que Jesús realizó: «y con una sola palabra expulsó a los espíritus, *y sanó a todos los enfermos.* Esto sucedió para que se cumpliera lo dicho por el profeta Isaías: 'Él cargó con nuestras enfermedades y soportó nuestros dolores'» (Mt 8:16-17).

Probablemente todos los cristianos estarían de acuerdo con que en la expiación Cristo ha comprado para nosotros no solo completa libertad del pecado sino completa libertad de nuestras debilidades y dolores en su obra de redención (vea el capítulo 42 sobre la glorificación). Y todos los cristianos tampoco dejarían de estar de acuerdo en que nuestra plena y completa posesión de todos los beneficios que Cristo ganó para nosotros no vendrán hasta su regreso: solo «cuando el venga» (1 Co 15:23) es que recibiremos nuestros cuerpos resucitados perfectos. Así es con la sanidad física y la redención de las enfermedades físicas que resultaron de la maldición de Génesis 3: nuestra completa posesión de la redención de las enfermedades físicas no será nuestra hasta que Cristo regrese y recibamos cuerpos resucitados.[25]

Para la cuestión que enfrentamos con respecto al don de sanidad es si Dios nos concederá de vez en cuando un adelanto o un anticipo de la sanidad física que en el futuro nos otorgará a plenitud.[26] Los milagros de sanidad de Jesús ciertamente demuestran que en ocasiones Dios está dispuesto a conceder un anticipo parcial de la salud perfecta que será nuestra por la eternidad. Y el ministerio de sanidad que se observa en la vida de los apóstoles y otros en la iglesia primitiva también indica que esto fue parte del ministerio de la era del nuevo pacto. Como tal, se ajusta al mayor patrón de bendiciones del nuevo pacto, muchas de las cuales ofrecen anticipos parciales de las bendiciones que nos pertenecerán cuando Cristo regrese. «Ya» poseemos algunas de las bendiciones del reino, pero esas bendiciones «todavía» no son nuestras del todo.

---

[25]Cuando las personas dicen que en «la expiación» hay sanidad perfecta, la afirmación es verdadera en sentido amplio, pero en realidad no nos dice nada sobre cuando recibiremos "completa sanidad" (o cualquier parte de ella).

[26]Para dos tratamientos muy útiles de este asunto, y del don de sanar enfermos en general, vea John Wimber, con Kevin Springer, *Power Healing*, y Ken Blue, *Authority to Heal* (InterVarsity Press, Downers Grove, Ill., 1987). Vea también la excelente discusión de Jack Deere, *Surprised by the Power of the Holy Spirit* (Zondervan, Grand Rapids, 1993). Varias defensas académicas de un ministerio de sanidad hoy se encuentran en Gary Greig y Kevin Springer, eds., *The Kingdom and the Power* (Gospel Light, Ventura, Calif., 1993).

2. El propósito de la sanidad. Como con otros dones espirituales, la sanidad tiene varios propósitos. Ciertamente funciona como «señal» para confirmar el mensaje del evangelio, y mostrar que ha llegado el reino de Dios. Entonces también la sanidad trae consuelo y salud a aquellos que están enfermos, y con ello demuestra la misericordia como atributo de Dios hacia aquellos que están en aflicción. Tercero, la sanidad prepara a las personas para el servicio, al tiempo que remueve los impedimentos para el ministerio. Cuarto, la sanidad provee la oportunidad para que Dios sea glorificado cuando las personas ven pruebas físicas de su benevolencia, amor, poder, sabiduría y prescncia.

3. ¿Qué acerca del uso de la medicina? ¿Cuál es la relación entre orar por sanidad y el uso de la medicina y las habilidades de un médico? Ciertamente debemos utilizar la medicina si está disponible porque Dios también creó sustancias en la tierra que se pueden convertir en medicina con propiedades curativas. De esa manera, las medicinas deben ser consideradas parte del conjunto de la creación, el cual estimó Dios que era «muy bueno» (Gn 1:31). Debemos usar de buen grado la medicina con gratitud hacia el Señor, pues: «Del Señor es la tierra y todo cuanto en ella hay» (Sal 24:1). De hecho, cuando hay medicina disponible y rehusamos utilizarla (en casos que nos pondrían a nosotros o a otros en peligro), entonces parece como si estuviéramos poniendo a prueba al Señor nuestro Dios (cf. Lc 4:12): esto es similar al caso de Satanás tentando a Jesús a que se tirara del templo en lugar de bajar por las escaleras. Cuando hay medios ordinarios para bajar del templo (las escaleras), es «poner a prueba» a Dios tirarse y así demandar que realice un milagro en ese preciso momento. Rehusar el uso de una medicina efectiva, insistiendo en que Dios lleve a cabo un milagro de sanidad en lugar de una cura a través de la medicina, es muy similar a esto.

Por supuesto, es equivocado confiarse en doctores o en medicina *en lugar de* confiar en el Señor, un error que trágicamente cometió el rey Asa:

> En el año treinta y nueve de su reinado, Asa enfermó gravemente de los pies, y en su enfermedad no buscó a Jehová, sino a los médicos. Y durmió Asa con sus padres, y murió en el año cuarenta y uno de su reinado (2 Cr 16:12-13).

Pero si se utiliza la medicina en conexión con la oración, entonces debemos esperar que Dios bendiga y a menudo multiplique la efectividad de la medicina.[27] Aun cuando Isaías había recibido una promesa de sanidad del Señor para Ezequias, le dijo a los criados de este que trajeran una gran pasta de higos y la aplicaran (como un remedio) a una llaga de la que Ezequias padecía: «E Isaías dijo 'Preparen una pasta de higos'. Así lo hicieron; luego se la aplicaron al rey en la llaga, y se recuperó» (2 R 20:7).

No obstante, a veces no hay una medicina apropiada disponible, o la medicina no trabaja. Ciertamente debemos recordar que Dios puede curar cuando los doctores y las medicinas no pueden (y debe asombrarnos con qué frecuencia los

---

[27]Note la recomendación de Pablo para el uso del vino con propósitos medicinales en 1 Ti 5:23: «No sigas bebiendo sólo agua; toma también un poco de vino a causa de tu mal de estómago y tus frecuentes enfermedades».

doctores no pueden curar, aun en los países más avanzados en el terreno de la medicina). Por otra parte, puede que haya momentos cuando una enfermedad no nos coloca a nosotros o a otros en un peligro inmediato, y decidimos pedir a Dios que cure nuestra enfermedad sin el uso de la medicina, simplemente porque anhelamos otra oportunidad de ejercitar nuestra fe y darle a él gloria, y quizá porque deseamos obviar el gasto de tiempo y dinero utilizando medios médicos, o queremos evitar los efectos secundarios que tienen algunas medicinas. En todos estos casos, es simplemente una cuestión de gusto personal y no parece ser un «poner a prueba» a Dios. (Sin embargo, la decisión de no utilizar medicinas en estos casos debe ser una decisión personal y no una impuesta por otros.)

Vemos a Jesús sanando abiertamente donde los medios médicos han fallado, cuando «una mujer que hacía doce años padecía de hemorragias, *sin que nadie pudiera curarla*. Ella se le acercó por detrás y le tocó el borde del manto, y al instante cesó su hemorragia» (Lc 8:43-44). Sin duda había mucha gente privada de la ayuda de médicos que venían dondequiera que Jesús enseñaba y sanaba, pero leemos que «todos los que tenían enfermos de diversas enfermedades los traían a él; y él, poniendo las manos sobre cada uno de ellos, los sanaba» (Lc 4:40). No había enfermedad que Jesús no fuera capaz de sanar.

4. ¿Muestra el Nuevo Testamento métodos comunes utilizados en las curaciones? Los métodos utilizados por Jesús y los discípulos para traer sanidad varían de caso en caso, pero la mayoría de las veces incluían la imposición de manos.[28] En el versículo acabado de citar, sin duda Jesús pudo haber pronunciado una poderoso mandato y curado a todos en una gran multitud al instante, pero en su lugar, «*él puso las manos sobre cada uno de ellos y los sanó*» (Lc 4:40). La imposición de manos parece haber sido el método principal utilizado por Jesús para sanar, porque cuando se acercaban las personas y le solicitaban sanidad no pedían simplemente oraciones sino decían, por ejemplo: «Ven y pon tu mano sobre ella, y vivirá». (Mt 9:18).[29]

Otro símbolo físico del poder del Espíritu Santo que viene a sanar era el ungimiento con aceite. Los discípulos de Jesús «sanaban a muchos enfermos, *ungiéndolos con aceite*» Y Santiago instruye a los ancianos de la iglesia para que ungieran al enfermo con aceite cuando oraran: «¿Está enfermo alguno de ustedes? Haga llamar a los ancianos de la iglesia para que oren por él *y lo unjan con aceite* en nombre del Señor. La oración de fe sanará al enfermo y el Señor lo levantará. Y si ha pecado, su pecado se le perdonará» (Stg 5:14-15).[30]

El Nuevo Testamento a menudo enfatiza el papel de la fe en el proceso de sanidad—algunas veces la fe de una persona enferma (Lc 8:48; 17:19), pero en otros

---

[28]Vea la discusión sobre la imposición de manos en el capítulo 48, pp. 1009-12.

[29]Vea también Lc 5:13; 13:13: Hch 28:8; también Marcos 6:2, y varios otros versículos en los evangelios que mencionan la imposición de manos. Sin embargo, Jesús no sanó siempre de esta manera.

[30]El ungimiento con aceite en Santiago 5:14 debe ser entendido como un símbolo del poder del Espíritu Santo, no simplemente como algo medicinal, pues no sería apropiado utilizar el aceite como una medicina para todas las enfermedades. Por otra parte, si su uso fuera solo medicinal, es difícil vislumbrar por qué los ancianos debían aplicarlo. El aceite frecuentemente es un símbolo del Espíritu Santo en el Antiguo Testamento (vea Éx 29:7; 1 S 16:13; cf. Sal 45: 7), y aquí parece ser también el caso (Vea la extensa discusión de Douglas J. Moo, *The Setter of James*, pp. 177-81.)

momentos es la fe de otros la que trae sanidad al enfermo. En Santiago 5:15 son los ancianos los que oran, y Santiago dice que es «la oración de fe» la que salva al enfermo—ella debe ser la fe de los ancianos que oran,[31] no la fe del que está enfermo. Cuando los cuatro hombres hicieron descender un paralítico a través de una abertura en el techo donde Jesús predicaba, leemos: «Al ver Jesús la fe de ellos...» (Mr 2:5). En otros momentos Jesús menciona la fe de la mujer cananea respecto a la curación de su hija (Mt 15:28), o del centurión por la curación de su criado (Mt 8:10, 13).[32]

5. ¿Cómo entonces debemos orar por sanidad? ¿Cómo entonces debemos orar en relación con las enfermedades físicas? Ciertamente es correcto pedir sanidad a Dios, pues Jesús nos enseña que oremos: «Líbranos del maligno» (Mt 6;13), y el apóstol Juan escribe a Gayo: «Oro para que te vaya bien en todos tus asuntos, *y goces de buena salud*» (3 Jn 2). Por otro lado, Jesús sanó frecuentemente a *todos* los que le traían, y nunca despidió a las personas, ¡diciéndoles que sería recomendable que permanecieran enfermos durante más tiempo! Además de esto, cuando quiera que tomemos algún tipo de medicina o busquemos cualquier ayuda médica para una enfermedad, *por medio de estas acciones admitimos que pensamos que es la voluntad de Dios que busquemos estar saludables*. Si pensamos que Dios quería que continuáramos enfermos, ¡nunca buscaríamos medios médicos para curarnos! Así, cuando oramos, parece correcto que nuestra primera presunción, a menos que tengamos razones para pensar de otra manera, debe ser que a Dios le agradaría sanar a la persona por la que oramos—en la medida que podemos enunciar de la Escritura, esto es la voluntad revelada de Dios.[33]

Ken Blue tiene aquí una observación útil. Argumenta que si queremos comprender la actitud de Dios hacia la sanidad física debemos observar la vida y el ministerio de Jesús, Blue dice: «Si Jesús nos revela verdaderamente el carácter de Dios, entonces debemos dejar de especular y discutir sobre la voluntad de Dios en relación con la enfermedad y la sanidad. Jesús sanaba a las personas porque las amaba. Muy simple, tenía compasión por ellas; estaba de su parte; quería resolver sus problemas».[34] Este es un argumento poderoso, especialmente cuando se conjuga con la toma de conciencia de que Jesús vino a inaugurar la presencia del reino de Dios entre nosotros y así mostrarnos a qué se parecería el reino de Dios.

---

[31]Podemos preguntarnos por qué son los ancianos los llamados a venir y orar para sanar enfermos en Santiago 5:14-15. Aunque Santiago no lo explica, debe ser porque tenían responsabilidades de cuidado pastoral, la madurez y sabiduría para el manejo del posible pecado implicado (vea vv. 15-16), y cierta medida de autoridad espiritual que formaba parte de su oficio. De desearlo, ellos ciertamente serían capaces de traer a otros con dones de sanidad. Además, Santiago amplía sus recomendaciones para incluir a todos los cristianos en el v. 16: «Confiésense unos a otros sus pecados, *y oren unos por otros, para que sean sanados*».

[32]Por contraste, podemos notar que los discípulos no podían expulsar demonios; Jesús dice que ello se debía a que tenían muy «poca fe» (Mt 17:20).

[33]Vea la discusión del capítulo 13, pp. 220-23, sobre la voluntad secreta y revelada de Dios. Por supuesto comprendemos que la voluntad *secreta* de Dios, desconocida para nosotros en los detalles específicos, es que todos no seremos sanados, justo como su secreta voluntad es que no todos seremos salvados. Pero en ambas situaciones debemos orar por lo que vemos en la Escritura que es la voluntad revelada de Dios: salvar los pecadores y sanar aquellos que están enfermos.

[34]*Authority to Heal*, pp. 72, 78.

¿Cómo debemos entonces orar? Ciertamente está bien pedirle a Dios sanidad, y debemos ir ante él con el simple pedido que dé sanidad física en momentos de necesidad. Santiago nos advierte que una simple incredulidad puede conducir a abandonar la oración y a dejar de recibir respuestas de Dios: «No tienen porque no piden» (Stg 4:2). Pero cuando oramos por sanidad debemos recordar que debemos orar para que Dios sea glorificado en la situación, decida él sanar o no. Y también debemos orar impulsados por la misma compasión del corazón que Jesús sintió por aquellos a quienes sanó. Cuando oramos de esta manera, la voluntad de Dios concede a veces—y quizá a menudo—respuestas a nuestras oraciones.

Alguien puede objetar en este punto que, desde una perspectiva pastoral, se hace mucho daño cuando se anima a las personas a creer que ocurrirá un milagro de sanidad y entonces no sucede nada—desilusión con la iglesia y cólera hacia Dios puede ser el resultado. Aquellos que oran a favor de la sanidad de las personas hoy necesitan escuchar esta objeción y utilizar sabiduría en lo que le dicen a las personas enfermas.

(1) *Desistir de orar implorando sanidad* no es la solución correcta, pues ello supone desobediencia según Santiago 5. (2) Decirle a la gente que *Dios raramente sana hoy en día* y que no deben esperar que algo suceda tampoco es una solución correcta, porque ello no provee una atmósfera que conduzca a la fe y es consistente con la norma que vemos en el ministerio de Jesús y en la iglesia primitiva del Nuevo Testamento.

(3) Decirle a la gente que *Dios siempre sana hoy en día* si tenemos suficiente fe es una enseñanza cruel que no encuentra sustento en la Escritura (vea la sección 6 debajo).

La solución pastoralmente sabia, parece que descansa entre las anteriores (2) y (3). Podemos decirle a las personas que Dios sana frecuentemente hoy (si creemos que ello es cierto), y que es muy posible que sean sanadas,[35] pero que vivimos en una era en que el reino de Dios *ya* está aquí pero *aún no* está aquí completamente. Por lo tanto, los cristianos en esta vida experimentarán sanidad (y muchas otras respuestas a la oración), pero que también seguirán sufriendo enfermedades y eventualmente la muerte. En cada caso individual es la soberana voluntad de Dios la que decide el desenlace, y nuestro papel es simplemente pedirle y esperar que él conteste (ya sea «sí» o «no» o «sigue orando y espera»).

Aquellos con los «dones de sanidad» (una traducción literal del plural en 1 Co 12:9, 28) serán aquellas personas que descubren que les contestan sus oraciones por sanidad con más frecuencia y más completamente que a otros. Cuando eso se hace evidente, una iglesia actuaría con sabiduría al alentarlos en este ministerio y darles más oportunidades de orar por otros que están enfermos. También deberíamos darnos cuenta que los dones de sanidad pueden incluir un ministerio no solo en términos de sanidad física, sino también en términos de sanidad emocional. Y

---

[35] A veces Dios puede conceder una certeza de fe subjetiva, algo como lo que Santiago llama «la oración de fe» (Stg 5:15), y Hebreos 11:1 llama «la garantía de lo que se espera», y Marcos 11:24 llama creer que «ya han recibido todo lo que estén pidiendo en oración». En esos casos la persona que ora puede decir confiada que es probable o aun posible que alguien será sanado. Pero no creo que Dios le dé garantías a nadie para que prometa o «garantice» sanidad en esta era, pues su Palabra escrita no da tales garantías, y nuestro sentido subjetivo de su voluntad está siempre sujeto a cierto grado de incertidumbre y alguna medida de error en esta vida.

en ocasiones puede incluir la habilidad de liberar a las personas de ataques demoníacos, porque a esto también se le llama a veces «sanidad» en las Escrituras (vea Lc 6:18; Hch 10:38). Quizás los dones de ser capaces de orar efectivamente en diferentes tipos de situaciones y por distintos tipos de necesidades eran aquellos a los que Pablo se refería cuando utilizó la expresión plural. *«dones de sanidad«*.

6. ¿Pero qué si Dios no sana? Aún así, debemos darnos cuenta que no todas las oraciones por sanidad serán contestadas en esta era. A veces Dios no concederá la «fe» especial (Stg 5:15) de que tendrá lugar una sanidad, y a veces Dios decidirá no curar, debido a sus propios propósitos soberanos. En estos casos debemos recordar que Romanos 8:28 todavía es válido: aunque experimentamos «sufrimientos en el tiempo presente» y aunque «gemimos interiormente mientras aguardamos… la redención de nuestro cuerpo» (Ro 8:18, 23), no obstante, «sabemos que Dios dispone todas las cosas para bien de quienes lo aman, los que han sido llamados de acuerdo con su propósito» (Ro 8:28). Esto incluye el obrar en nuestras circunstancias de sufrimiento y enfermedad también.

Cualquier cosa que fuera la «espina en el cuerpo» de Pablo (y siglos de trabajo de intérpretes que creen en la Biblia no han ofrecido una respuesta definitiva), este se dio cuenta que Dios permitió que lo acompañara «para evitar que me volviera presumido» (2 Co 12:7), esto es, para mantener a Pablo humilde ante el Señor.[36] Así que el Señor le dijo: «Te basta con mi gracia, pues mi poder se perfecciona en la debilidad» (2 Co 12:9). Hay indicios de que en la iglesia primitiva aun en presencia de los apóstoles no todas las personas se sanaban. Pablo reconoce que «por fuera nos vamos desgastando» (2 Co 4:16), y a veces los males y enfermedades no se curarán. Cuando Epafrodito llegó a visitar a Pablo tenía una enfermedad que lo puso «al borde de la muerte» (Fil 2:27). Pablo indica en el relato de Filipenses 2 que parecía que Epafrodito iba a morir, que Dios no lo sanó inmediatamente cuando enfermó. Pero eventualmente Dios sí lo sanó (Fil 2:27) en respuesta a la oración. Pablo le dijo a Timoteo que bebiera un poco de vino «a causa de tu mal de estómago y tus frecuentes enfermedades: (1 Ti 5:23). Dijo: «A Trófimo lo dejé enfermo en Mileto» (2 Ti 4:20). Y tanto Pedro (1 P 1:6-7; 4:19) como Santiago (Stg 1:2-4) tienen palabras de aliento y consejo para aquellos que sufren pruebas de varias clases:[37]

---

[36]Tras algún estudio de 2 Corintios 12:7, mi propia conclusión en este punto es que no existe suficiente información en el texto para decidir lo que era la espina en la carne de Pablo. Se pueden dar razones en apoyo de las tres principales posibilidades: (1) algún tipo de enfermedad física; (2) un demonio que lo atormentaba; o (3) las persecuciones judías. Sin embargo, el hecho de que somos incapaces de llegar a alguna conclusión definitiva tiene algunos beneficios: Significa que podemos aplicar este texto a los tres tipos de situaciones en nuestras propias vidas, cuando el Señor en su sabiduría soberana decide no librarnos de ellas.

[37]Algunos han intentado establecer una diferencia entre la enfermedad y otros tipos de sufrimiento, y decir que los pasajes de la Escritura que indican a los cristianos que deben esperar sufrimiento tienen que ver con *otros* tipos de sufrimiento, tales como la persecución, pero que no incluyen la enfermedad física.

Este argumento no me parece convincente por dos razones: primero, la Escritura habla sobre «diversas pruebas» (1 P 1:6; Stg 1:2), y la intención de los autores en ambos casos parece ser hablar de todos los tipos de pruebas que experimentamos en esta vida, incluyendo las enfermedades físicas y la aflicción. ¿No querían Santiago y Pedro que los cristianos que estaban enfermos aplicaran estos pasajes a sus propias situaciones? Esto es altamente improbable. (Estas dos son epístolas generales escritas para miles de cristianos.)

Hermanos míos, considérense muy dichosos cuando tengan que enfrentarse con diversas pruebas, pues ya saben que la prueba de su fe produce constancia. Y la constancia debe llevar a feliz término la obra, para que sean perfectos e íntegros, sin que les falte nada. (Stg 1:2-4)

Cuando Dios decide no sanar, aun cuando se lo pidamos, entonces está bien que demos «gracias en toda situación» (1 Ts 5:18) y que tomemos conciencia que Dios puede usar la enfermedad para acercarnos a él y aumentar en nosotros la obediencia a su voluntad. De manera que el salmista puede decir: «*Me hizo bien haber sido afligido*, porque así llegué a conocer tus decretos» (Sal 119:71), y: «Antes de sufrir estuve descarriado, pero ahora obedezco tu palabra» (Sal 119:67).

Dios puede traernos una creciente santificación a través de la enfermedad y el sufrimiento—exactamente como puede traer santificación y crecimiento en la fe a través de las curaciones milagrosas. Pero el énfasis del Nuevo Testamento, tanto en el ministerio de Jesús como en el ministerio de los discípulos en Hechos, parece ser uno que nos aliente en la mayoría de los casos a pedirle sanidad a Dios ávida y seriamente, y entonces continuar confiando en él para sacar beneficio de la situación, ya sea que conceda sanidad física o no. El punto es que en todo caso Dios debe recibir gloria y nuestro gozo y confianza en él deben crecer.

E. Lenguas e interpretación

Para comenzar debe decirse que la palabra griega *glossa*, traducida «lengua», se usa no solo para indicar la lengua física en la boca de una persona, sino también para indicar «lenguaje». En los pasajes del Nuevo Testamento donde se discute el hablar en lenguas, se alude ciertamente al «lenguaje». Por lo tanto, es algo infortunado que los traductores de la Biblia hayan continuado utilizando la frase «hablar en lenguas», que es una expresión que se usa en el idioma ordinario y que da la impresión de que se trata de una experiencia extraña, algo completamente ajeno a la vida humana común. Pero si los traductores utilizaran la expresión «hablar en lenguajes», ello no parecería tan extraño, y le daría al lector un sentido mucho más cercano a lo que los lectores griegos del primer siglo hubieran oído al leer la frase en Hechos o 1 Corintios.[38] Sin embargo, como el actual uso de la frase «hablar en lenguas' está tan ampliamente establecido, continuaremos utilizándola en esta discusión.

1. Las lenguas en la historia de la redención.
El fenómeno de hablar en lenguas es único en la era del nuevo pacto. Antes que Adán y Eva cayeran en pecado, no

---

Segundo, a menos que el Señor regrese, todos experimentaremos el progresivo envejecimiento y deterioro de nuestros cuerpos físicos, y eventualmente moriremos. Pablo dice: «por fuera nos vamos desgastando» (2 Co 4:16). Casi inevitablemente este proceso de envejecimiento incluye varias enfermedades físicas.

Parece mejor concluir que los sufrimientos que Dios espera que experimentemos de tiempo en tiempo en esta vida pueden a veces incluir enfermedades físicas, que Dios en su soberana sabiduría decide no sanar. De hecho puede haber muchos casos en los que, por varios motivos, no nos sentimos libres de pedirle sanidad a Dios en fe. Pero aun en estos casos el corazón de fe tomará la Palabra de Dios como verdadera y creerá que esto también ha llegado a nuestras vidas «para bien» (Ro 8:28), y que Dios nos hará un bien con eso.

[38]La NVI traduce «diferentes lenguas» o «en lenguas» (Hch 2:4; 10:46) y a través de 1 Co12—14. Esta es una traducción preferible, por razones mencionadas arriba.

había necesidad de hablar en otros lenguajes, porque ellos hablaban *la misma lengua* y estaban *unidos en el servicio de Dios* y el compañerismo con él. Tras la caída las personas hablaban el *mismo idioma* pero eventualmente se *unieron en la oposición a Dios*, y «la maldad del ser humano en la tierra era muy grande» y «todos sus pensamientos tendían siempre hacia el mal» (Gn 6:5). Este lenguaje unificado utilizado en la rebelión contra Dios culminó en la construcción de la torre de Babel en un tiempo cuando «se hablaba un solo idioma en toda la tierra» (Gn 11:1). A fin de detener esta rebelión unificada contra él, en Babel Dios «confundió el idioma de toda la gente de la tierra» y «los dispersó por todo el mundo» (Gn 11:9).

Cuando Dios llamó a Abraham (Gn 12:1), le prometió hacer de él una «gran nación» (Gn 12:2), y la nación de Israel que surgió de ese llamado tenía un idioma que Dios quería que utilizaran en su servicio. Pero el resto de las naciones del mundo no hablaban este idioma, y se mantuvieron fuera del alcance del plan redentor de Dios. Así que la situación mejoró algo, pues *un idioma entre todos los idiomas del mundo se usaba para el servicio de Dios*, en tanto que en Génesis 11 no se alababa a Dios en ningún idioma.

Ahora, si pasamos a la era de la iglesia del Nuevo Testamento y miramos al futuro eterno, vemos que una vez más será restaurada la unidad del idioma, pero esta vez todo el mundo hablará de nuevo *el mismo idioma en el servicio de Dios*, y en la alabanza a él (Ap 7:9-12; cf. Sof 3:9; 1 Co 13:8; quizá Is 19:18).

En la iglesia del Nuevo Testamento hay un cierto anticipo de la unidad del idioma que existirá en el cielo, pero solo se concede en algunas ocasiones, y solo de manera parcial. En el Pentecostés, que sería el momento cuando el evangelio comenzó a incursionar en otras naciones, fue apropiado que los discípulos reunidos en Jerusalén «comenzaron a hablar en diferentes lenguas, según el Espíritu les concedía expresarse» (Hch 2:4).[39] El resultado fue que los visitantes judíos de varias naciones que estaban en Jerusalén oyeron todos en sus propias lenguas una proclamación de «las maravillas de Dios»(Hch 2:11). Este fue un símbolo notable del hecho que el mensaje del evangelio iba a ir adelante hacia todas las naciones del mundo.[40] Una acción simbólica como esa hubiera sido inapropiada en el Antiguo Testamento, porque allí el mensaje evangelístico invitaba a las personas de otras naciones a venir y unirse al pueblo hebreo y volverse judíos, y de ese modo adorar a Dios. Pero aquí el mensaje consiste en ir a cada nación en su propio idioma, invitando a las personas de cada lugar a volverse a Cristo y ser salvos.[41]

Por otra parte, dentro del contexto del culto de adoración de la iglesia, hablar en lenguas más interpretación ofrece una indicación adicional de la promesa que un día las diferencias de lenguajes que se originaron en Babel serán superadas. Si este don está obrando en la iglesia, no importa qué idioma o palabra de oración o

---

[39]Este versículo muestra que el milagro se refería a hablar, no a escuchar. Los discípulos «comenzaron a hablar en diferentes lenguas (o idiomas)".

[40]El hablar en lenguas en el Pentecostés fue poco común porque estuvo acompañado de «lenguas como de fuego que se repartieron y se posaron sobre cada uno de ellos» (Hch 2:3). Como el fuego en la Escritura a menudo es símbolo de juicio purificador, la presencia de fuego aquí puede ser un símbolo del hecho que Dios purificaba el idioma que se usaba en su servicio.

[41]Es verdad que los primeros que escucharon este mensaje aun eran los judíos de Jerusalén (Hch 2:5), no los gentiles, pero el simbolismo del evangelio proclamado en muchos idiomas sí da un indicio del esfuerzo evangelístico mundial que pronto se produciría.

alabanza ofrezca, una vez que haya una interpretación, todos pueden entenderlo. Esto es, por supuesto, un proceso en dos pasos que es «imperfecto», como son todos los dones en esta era (1 Co 13:9), pero aun constituye una situación mejor desde Babel al Pentecostés cuando no había una provisión que facultara a las personas a comprender el mensaje en un idioma que no conocían.

Por último, orar en lenguas en un escenario reservado es otra forma de orar a Dios. Pablo dice; 'Porque si yo oro en lenguas, mi espíritu ora, pero mi entendimiento no se beneficia en nada» (1 Co 14:14). En el amplio contexto de la historia de la redención, esto también debe verse como otra solución parcial a los resultados de la caída, por la cual fuimos apartados del compañerismo de Dios. Por supuesto, esto no significa que los espíritus de las personas *solo* pueden tener compañerismo con Dios cuando hablan en lenguas —Pablo afirma que él ora y canta tanto en lenguas como en su propio idioma (1 Co 14:15). Sin embargo, Pabló sí ve el hablar en lenguas como otra vía de compañerismo directo con Dios en la oración y la adoración. Una vez más, este aspecto del don de lenguas no funcionaba, hasta donde sepamos, antes de la era del nuevo pacto.

2. ¿Qué es hablar en lenguas? Debemos definir este don como sigue: *Hablar en lenguas es orar o adorar en sílabas no comprensibles por el que habla.*

a. Palabras de oración o alabanza dirigidas a Dios: Esta definición indica que hablar en lenguas es fundamentalmente una conversación dirigida a Dios (esto es, una oración o una alabanza). Por lo tanto es distinto al don de profecía, que consiste frecuentemente en mensajes de Dios dirigidos a las personas de la iglesia. Pablo dice: «Porque el que habla en lenguas no habla a los demás sino a Dios» (1 Co 14:2), y si no hay un intérprete presente en el culto de la iglesia, dice Pablo que alguien que tiene un don de hablar en lenguas debe guardar «silencio en la iglesia y cada uno hable para sí mismo y *para Dios*» (1 Co 14:28).

¿Qué tipo de conversación es esta que se dirige a Dios? Pablo dice: «Si yo oro en lenguas, *mi espíritu ora*, pero mi entendimiento no se beneficia en nada» (1 Co 14:14; cf. vv. 14-17 y v. 28), donde Pablo cataloga el hablar en lenguas como oración y acción de gracias. Por lo tanto, hablar en lenguas es aparentemente una oración o alabanza dirigida a Dios, y esta viene del «espíritu» de la persona que habla. Esto no es incongruente con la narración de Hechos 2, pues la multitud dijo: «¡Todos por igual los oímos por igual proclamar en nuestra propia lengua las maravillas del reino de Dios!» (Hch 2:11), una descripción que ciertamente puede indicar que todos los discípulos glorificaban a Dios y proclamaban sus maravillosas obras al adorar, y la multitud comenzó a escuchar esto como si ello tuviera lugar en varios idiomas. De hecho, no hay indicios de que los propios discípulos hablaran a la multitud hasta Hechos 2:14, cuando Pedro se pone en pie y entonces se dirige directamente a la multitud, probablemente en griego.[42]

---

[42]En Hechos 10:46 las personas en casa de Cornelio comenzaron «a hablar en lenguas y alabar a Dios». Otra vez, eso significa tanto que el discurso consistía en alabanzas a Dios o que estaba íntimamente relacionado con esto—gramaticalmente no se puede decir sobre la base del texto en sí.

b. No comprendidas por el que habla: Pablo dice que «el que habla en lenguas no habla a los demás sino a Dios. En realidad, *nadie le entiende* lo que dice, pues habla misterios por el Espíritu» (1 Co 14:2). De igual manera, dice que si se habla en lenguas sin interpretación no se comunica ningún significado: «seré como un extranjero para el que me habla, y él lo será para mí» (1 Co 14:11). Por otro lado, todo el párrafo de 1 Corintios 14:13-19 da por hecho que hablar en lenguas en la congregación, cuando ello no va acompañado de interpretación, no es comprensible para aquellos que escuchan:

Por esta razón, el que habla en lenguas pida en oración el don de interpretar lo que diga. Porque si yo oro en lenguas, mi espíritu ora, pero mi entendimiento no se beneficia en nada. ¿Qué debo hacer entonces» Pues orar con el espíritu, pero también con el entendimiento; cantar con el espíritu, pero también con el entendimiento. De otra manera, si alabas a Dios con el espíritu, ¿cómo puede quien no es instruido decir «amén» a tu acción de gracias, puesto que no entiende lo que dices? En ese caso tu acción de gracias es admirable, pero no edifica al otro. Doy gracias a Dios porque hablo en lenguas más que todos ustedes. Sin embargo, en la iglesia prefiero emplear cinco palabras comprensibles *y que sirvan para instruir a los demás*, que diez mil palabras en lenguas.

Ahora en Pentecostés hablar en lenguas era en idiomas conocidos que los que escuchaban entendían: «cada uno los escuchaba hablar en su propio idioma» (Hch 2:6). Pero de nuevo los oradores no entendieron lo que hablaban, mas lo que causó asombro fue que los galileos hablaban todos estos diferentes idiomas (v.7). Por lo tanto, parece que *a veces* hablar en lenguas puede implicar hablar en idiomas humanos actuales, en ocasiones aun en idiomas que los que escuchan entienden. Pero otras veces —y Pablo asume que por lo regular esto será el caso— lo que se habla será en un idioma que «nadie» entiende (1 Co 14;2).

Algunos han objetado que hablar en lenguas debe siempre consistir en hablar en idiomas humanos *conocidos*, pues ello fue lo que sucedió en Pentecostés. Pero el hecho de que hablar en lenguas en idiomas humanos conocidos ocurrió *una vez* en la Escritura no requiere que esto ocurra *siempre* en idiomas conocidos, especialmente cuando otra descripción de hablar en lenguas (1 Co 14) indica exactamente lo opuesto. Pablo no dice que los visitantes extranjeros en Corinto entenderían al que habla, sino dice que si alguien habla en lenguas «nadie» entendería, y el no instruido no sabrá lo que la persona dice (1 Co 14;2, 16).[43] De hecho, Pablo dice explícitamente de que en la conducción ordinaria de la vida de la iglesia ocurrirá algo muy distinto al fenómeno de Pentecostés. «si todos hablan en lenguas y entran algunos que no entienden o no creen, lejos de entender el mensaje, estos dirán que

---

No quiero excluir la posibilidad que el hablar en lenguas pudo a veces incluir un discurso dirigido a la gente, no a Dios, pues es muy posible que la declaración de Pablo en 1 Corintios 14:2 sea una generalización no dirigida a aplicarse en todos los casos, y, en ningún caso, la cuestión principal del versículo es que solo Dios puede *comprender* las lenguas no interpretadas, ni que solo a Dios puede dirigirse un discurso en lenguas. De hecho, puede que lo que tenga lugar en Hechos 2 sea un discurso dirigido a los hombres. Pese a todo, la evidencia que sí tenemos en 1 Co 14 indica un discurso dirigido a Dios, y parece seguro decir que ello es general lo que será el hablar en lenguas.

[43]Robertson y Plummer notan que 1 Co 14:18: «Doy gracias a Dios porque hablo en lenguas más que todos ustedes», es «una sólida prueba de que las Lenguas no son idiomas foráneos» (A. Robertson y A. Plumier, *A Critical and Exegetical Commentary on the First Epistle of St. Paul to the Corinthians*, ICC [Edinburgh: T. & T. Clark, 1914], p. 314). Si hubiera idiomas foráneos que los extranjeros pudieran comprender, como en el Pentecostés, ¿por qué

«ustedes están locos» (1 Co 14:23). Por otra parte, debemos darnos cuenta que 1 Corintios 14 es una instrucción general de Pablo basada en una amplia experiencia del hablar en lenguas en muchas iglesias diferentes, en tanto que Hechos 2 simplemente describe un acontecimiento único en un momento decisivo en la historia de la redención (Hch 2 es una narración histórica mientras 1 Co 14 es una instrucción doctrinal). Por consiguiente parecería apropiado tomar 1 Corintios 14 como el pasaje que describe más de cerca la experiencia ordinaria de las iglesias del Nuevo Testamento, y tomar las instrucciones de Pablo ahí como la norma por medio de la cual Dios intenta que las iglesias regulen el uso de este don.[44]

¿Son entonces las lenguas idiomas humanos conocidos? A veces este don puede dar lugar a hablar en un idioma humano que el que habla no ha aprendido, pero comúnmente parece que implicará el habla en un idioma que nadie entiende, ya sea este un idioma humano o no.[45]

c. Orar con el espíritu, no con la mente: Pablo dice; «Porque si yo oro en lenguas, mi espíritu ora, pero mi entendimiento no se beneficia en nada. ¿Qué debo hacer entonces? Pues orar con el espíritu, pero también con el entendimiento, cantar con el espíritu, pero también con el entendimiento» (1 Co 14:14-15).

Pablo no está diciendo aquí que el Espíritu Santo ora a través nuestro. El contraste entre «mi espíritu» y «mi entendimiento» en el versículo 14 indica que es de su propio espíritu del que habla, del lado no material del ser. Al utilizar este don, su espíritu habla directamente a Dios, aunque su mente no tenga que formular palabras u oraciones y decidir sobre qué orar.[46] Pablo ve este tipo de oración como una actividad que tiene lugar en el ámbito espiritual, por medio de la cual nuestros

---

Pablo hablaría más que todos los corintios en privado, donde nadie entendería, en lugar de en la iglesia donde los visitantes extranjeros podrían entender?

[44]Note que en Pentecostés este hablar en lenguas tenía otra característica que no formó parte de ningún hablar en lenguas posterior: hubo lenguas de fuego que aparecieron sobre las cabezas de aquellos que hablaban (Hch 2:3). Pero esto no es un paradigma para todas las experiencias posteriores del hablar en lenguas, ni aun para las que se encuentran después en Hechos.

[45]Pablo sí dice que: «Si hablo en lenguas humanas y *angélicas*» (1 Co 13:1), sugiriendo que ve la posibilidad que hablar en lenguas puede incluir más que un discurso meramente humano. Es difícil decir si piensa que esto es una posibilidad hipotética o una real, pero ciertamente no podemos excluir la idea de que idiomas angélicos estuvieran incluidos también en estas palabras.

Algunos han objetado que como *glossa* donde quiera en griego (fuera del Nuevo Testamento) se refiere a idiomas humanos conocidos, ello debe referirse también a idiomas conocidos en el Nuevo Testamento. Pero esta objeción no es convincente, pues no había ninguna otra palabra en griego que viniera mejor para aludir a este fenómeno, aun si supone hablar a Dios en idiomas que no eran idiomas humanos o idiomas de algún tipo no completamente desarrollados, siempre que el discurso trasmitiera algún contenido o información.

No argumento aquí que el hablar en lenguas de Hechos 2 fuera un fenómeno diferente al hablar en lenguas que Pablo discute en 1 Corintios 14. Simplemente digo que las frase «hablar en lenguas» en Hechos 2 y 1 Corintios 14 se refieren a un hablar en sílabas no comprendido por quien habla pero comprendido por Dios, a quien se dirige este discurso. En Hechos 2 esto tuvo lugar como un discurso en idiomas humanos conocidos que no habían sido aprendidos por quienes hablaban, mientras que en 1 Corintios 14 el discurso puede haber consistido en idiomas humanos desconocidos, o en lenguas angélicas, o en un tipo de lenguaje más especializado dado por el Espíritu Santo a los distintos oradores individualmente. La expresión es lo suficientemente amplia como para incluir una amplia variedad de fenómenos.

[46]La frase «orando en el Espíritu Santo» de Judas 20 no es la misma expresión, ya que se designa específicamente al Espíritu Santo Judas dice simplemente que los cristianos deben orar en conformidad con el carácter y la dirección del Espíritu Santo, y esto puede ciertamente incluir orar en lenguas, pero puede incluir también cualquier otro tipo de oración en un idioma comprensible. Asimismo: «Oren en el Espíritu en todo momento, con peticiones y ruegos» (Ef 6:18) es específicamente una declaración que pretende abarcar toda oración hecha en todo momento. Se refiere a orar en conformidad con el carácter del Espíritu Santo y de forma sensible a la dirección del

espíritus hablan directamente a Dios pero nuestras mentes de alguna manera se dejan de lado, y no comprende lo que oramos.

Podríamos preguntarnos porqué Dios le daría a la iglesia un don que obra en el ámbito espiritual e invisible y que nuestras mentes no comprenden. Un motivo puede ser para mantenernos humildes, y ayudar a prevenir el orgullo intelectual. Otro motivo puede ser recordarnos que Dios está por encima de nuestra comprensión y de que él obra en formas que sobrepasan nuestro entendimiento. Por último, es una característica de que mucho de lo que Dios hace en la era del nuevo pacto se hace en el ámbito espiritual e invisible: la regeneración, la oración genuina, adorar «en espíritu y en verdad», las bendiciones espirituales que vienen a través de la Cena del Señor, la guerra espiritual, poner nuestros tesoros en el cielo, poner nuestras mentes en las cosas de arriba, donde está Cristo son—todos estos elementos de la vida cristiana y muchos más implican actividades que ocurren en el ámbito espiritual e invisible, actividades que no vemos o comprendemos completamente. A la luz de esto, hablar en lenguas es simplemente otra actividad que ocurre en el ámbito espiritual e invisible, una actividad que creemos efectiva porque la Escritura nos dice que lo es, no porque la podemos comprender con nuestras mentes (cf. 1 Co 14:5).

d. No en éxtasis sino con dominio propio: La Nueva Biblia Inglesa traduce la frase «hablar en lenguas» como «hablar en éxtasis», dando con esto un respaldo adicional a la idea de que aquellos que hablan en lenguas pierden la conciencia de lo que los rodea o pierden el dominio propio o se ven forzados a hablar contra su voluntad. Por otra parte, algunos elementos extremistas del movimiento pentecostal han permitido una conducta frenética y desordenada en los cultos de adoración, y esto ha perpetuado, en la mente de algunos, la noción de que hablar en lenguas es un tipo de hablar en éxtasis.

Pero esta no es la imagen que se ofrece en el Nuevo Testamento. Aun cuando el Espíritu Santo vino como un poder abrumador en Pentecostés, los discípulos fueron capaces de dejar de hablar en lenguas de manera que Pedro pudiera pronunciar su sermón ante la multitud reunida. Más explícitamente, Pablo dice:

> Si se habla en lenguas, que hablen dos—o cuando más tres—, cada uno por turno; y que alguien interprete. Si no hay intérprete, que guarden silencio en la iglesia y cada uno hable para sí mismo y para Dios. (1 Co 14:27-28)

Aquí Pablo pide que aquellos que hablan en lenguas lo hagan por turno, y limita el número a tres, indicando claramente que aquellos que hablan en lenguas estaban conscientes de lo que ocurría a su alrededor, y eran capaces de controlarse a sí mismos, de manera que hablaran solo cuando les tocara su turno, y cuando no estuviera hablando algún otro. Si no había alguien que interpretara, fácilmente podían mantener silencio y no hablar. Todos estos factores indican un alto grado de

---

Espíritu Santo, pero no se debe reducir al hablar en lenguas. De nuevo, esto puede incluir hablar en lenguas, pero debe incluir también otros tipos de oraciones (Vea la discusión de actividades llevadas a cabo "en el Espíritu Santo" en el capítulo 30, pp. 634-652.)

auto control y no respaldan la idea de que Pablo consideró las lenguas como algún tipo de hablar en estado de éxtasis.

e. Lenguas sin interpretación: Si no estuviera presente en la asamblea alguien que se supiera posee el don de interpretación, el pasaje que acaba de citarse indica que se debe hablar en lenguas en privado. No debe darse en el culto de la iglesia ningún hablar en lenguas sin interpretación.[47]

Pablo habla de orar en lenguas y cantar en lenguas cuando dice: «Debo... orar con el espíritu, pero también con el entendimiento; cantar con el espíritu, pero también con el entendimiento» (1 Co: 14:15). Esto ofrece una confirmación adicional a la definición dada arriba en la que vimos las lenguas como algo dirigido fundamentalmente a Dios en la oración y la alabanza. Esto también da legitimidad a la práctica de cantar en lenguas, ya sea en público o en privado. Pero las mismas normas se aplican al cantar como al hablar: si no hay intérprete, solo debe hacerse en privado.[48]

En 1 Corintios 14:20-25 Pablo dice que si los creyentes hablan en lenguas en la iglesia sin interpretación, actuarían y pensarían «como niños» (1 Co 14:20). Primero cita una profecía de juicio tomada de Isaías 28:11-12: «En la ley está escrito: «Por medio de gente de lengua extraña y por boca de extranjeros hablaré a este pueblo, pero ni aun así me escucharán», dice el Señor». (1 Co 14:21).

En el contexto de Isaías 28, Dios advierte al pueblo rebelde de Israel que las próximas palabras que escuchen de él serían palabras de extranjeros que no podrían entender—el ejército asirio vendría sobre ellos como agente del juicio de Dios. Ahora Pablo está a punto de postular esto como un principio general—cuando Dios habla al pueblo en un lenguaje que no pueden entender, ello es una señal harto evidente del juicio de Dios.

Pablo aplica correctamente eso a la situación del hablar en lenguas sin interpretación en el culto de la iglesia. Lo llama una señal (esto es, una señal de juicio) sobre los creyentes:

> De modo que el hablar en lenguas es una señal, no para los creyentes sino para los incrédulos, en cambio, la profecía no es señal para los incrédulos sino para los

---

[47]Es preocupante que, en algunas iglesias de hoy donde se permite hablar en lenguas, aquellos que *no* dan un mensaje público (quizá porque en el servicio no es el momento apropiado o quizá porque no saben si alguien interpretará) a pesar de eso hablarán en lenguas no de forma «silente» sino que cuatro o cinco personas cercanas pueden oír su hablar en lenguas. Esto es simplemente desobediencia a las instrucciones de Pablo, y es no actuar en amor hacia otros en la iglesia. Pablo dice que «mantengan silencio en la iglesia» si alguno no da un mensaje público en lenguas. (Muchos que han hablado hoy en lenguas dicen que esto puede hacerse fácilmente en un susurro inaudible, de manera que ningún otro escuche, y las instrucciones de Pablo se obedecerán.)

[48]Sin embargo, muchas iglesias practican hoy lo que a veces se llama «cantar en el espíritu», muchos de los cuales en la congregación cantan simultáneamente en lenguas, improvisando individualmente sus melodías alrededor de un acorde musical dominante. Mientras muchos asegurarían que hay un bello poder espiritual en tales circunstancias, una vez más debemos objetar que esto es directamente contrario a las instrucciones de Pablo en 1 Co 14:27-28, donde aquellos que hablan en lenguas deben hacerlo por turno, y que debe haber un máximo de tres en un culto de adoración, y la interpretación debe seguir. Aunque esta práctica puede sonar hermosa para quienes están familiarizados con ella, y aunque Dios en su gracia puede a veces utilizarla como un medio de ganar a un incrédulo, Pablo dice explícitamente que el resultado probable será que los incrédulos dirán "que ustedes están locos" (1 Co 14:23). Una alternativa a esta práctica, una consistente con la Escritura y que seguirá la senda del amor hacia los extraños, sería que todos cantaran de esta manera, no en lenguas, sino en un lenguaje comprensible (ya sea inglés o cualquier idioma que comprendan por lo común en el área donde se reúne la iglesia.)

creyentes. Así que, si toda la iglesia se reúne y todos hablan en lenguas, y entran algunos que no entienden o no creen, ¿no dirán que ustedes están locos? (1 Co 14:22-23)

Aquí Pablo utiliza la palabra «señal» en el sentido de *señal de la actitud de Dios* (ya sea positiva o negativa). Las lenguas que no entienden los extraños son ciertamente una señal *negativa*—una señal de juicio. Por lo tanto, Pablo advierte a los corintios que no den esa señal a los extraños que entran. Les dice que si un extraño viene y escucha solo un hablar ininteligible, ciertamente no será salvado sino concluirá que los corintios están locos, y las lenguas no interpretadas funcionarán en este caso como una señal del juicio de Dios.

Por contraste, Pablo dice que la profecía es también una señal de la actitud de Dios, pero aquí es una señal *positiva* de la bendición de Dios. Por esto puede decir que la profecía es una señal «para los creyentes» (v. 22). Y es por ello que concluye su sección diciendo: «Pero si uno que no cree o uno que no entiende entra cuando todos están profetizando, se sentirá reprendido y juzgado por todos, y los secretos de su corazón quedarán al descubierto. Así que se postrará ante Dios y lo adorará, exclamando: «¡Realmente Dios está entre ustedes!» (vv. 24-25). Cuando esto sucede, los creyentes ciertamente se darán cuenta que Dios está activo entre ellos para traer bendición, y la profecía normalmente funcionará como una señal *para los creyentes* de la actitud positiva de Dios hacia ellos.[49]

No obstante, con todo lo que Pablo advierte contra el uso de las lenguas sin interpretación *en la iglesia*, ciertamente las ve positivamente y alienta su uso *en privado*. Dice: «El que habla en lenguas *se edifica a sí mismo*; en cambio, el que profetiza edifica a la iglesia» (1 Co 14:4). ¿Cuál es la conclusión? Esta no es (como argumentarían algunos) que los cristianos deben decidir no utilizar el don o decidir que este no tiene valor para ellos cuando se usa en privado. En su lugar dice: «¿Qué debo hacer entonces? Pues orar con el espíritu, pero también con el entendimiento» (v. 15). Y dice: «Doy gracias a Dios porque hablo en lenguas más que todos ustedes» (v. 18), y «Yo *quisiera que todos ustedes hablaran en lenguas*, pero mucho más que profetizaran» (v. 5), y «ambicionen el don de profetizar, y no prohíban que se hable en lenguas» (v.39). Si es correcta nuestra anterior concepción las lenguas como oración o alabanza a Dios, entonces ciertamente esperaríamos que la edificación fuera el resultado, aunque la mente de quien habla no comprenda lo que se dice, pero su espíritu humano se está comunicando directamente con Dios. Justo como la oración y la adoración en general nos edifican al ponerlas en práctica, así este tipo de oración y adoración nos edifican también, de acuerdo con Pablo.

f. Lenguas con interpretación: edificación para la iglesia: Pablo dice: «El que profetiza aventaja al que habla en lenguas, *a menos que éste también interprete*, para que la iglesia reciba edificación» (1 Co 14:5). Una vez interpretado, todos pueden entender un mensaje en lenguas. En este caso, Pablo dice que el mensaje en lenguas es tan valioso para la iglesia como la profecía. Debemos notar que no dice que

---

[49]Para una discusión ulterior de este pasaje, vea Wayne Grudem, «1 Corinthians 14:20-24: Prophecy and Tongues as Signs of God's Arritude», *WTJ* 31:2 (Spring 1979), pp. 381-96.

ambos cumplen las mismas funciones (pues otros pasajes indican que la profecía es una comunicación de Dios hacia los seres humanos, mientras las lenguas es por lo general una comunicación de los seres humanos hacia Dios). Pero Pablo afirma claramente que tienen igual valor en la edificación de la iglesia. Podríamos definir el don de interpretación como *informar a la iglesia el significado general de algo que se habla en lenguas.*

g. No todos hablan en lenguas: Así como no todos los cristianos son apóstoles, y no todos los profetas son maestros, y no todos poseen dones de sanidad, tampoco todos hablan en lenguas. Pablo alude claramente a esto cuando hace una serie de preguntas, todas las cuales esperan un «no» como respuesta, e incluye la pregunta: «¿Hablan todos en lenguas?» (1 Co 12:30). La respuesta implícita es no.[50] Algunos han argumentado que aquí Pablo solamente indica que no todos hablan en lenguas *públicamente,* pero que quizá habría admitido que todos pueden hablar en lenguas en privado. Pero esta distinción parece no convincente y ajena al contexto. Pablo no especifica que no todos hablan en lenguas *públicamente o en la iglesia,* sino simplemente dice que no todos hablan en lenguas. Su pregunta siguiente es: «¿Acaso interpretan todos?» (v. 30). Sus dos preguntas anteriores fueron: «¿Hacen todos milagros? ¿Tienen todos dones para sanar enfermos?» (vv. 29-30). ¿Estaríamos dispuestos a formular los mismos argumentos sobre estos dones—que no todos interpretan lenguas *públicamente,* pero que todos los cristianos son capaces de hacerlo *en privado*? ¿O que no todos hacen milagros públicamente, pero que todos son capaces de hacerlos en privado? Esa distinción parece injustificada según el contexto en cada caso.

En la actualidad, el deseo de decir que todo cristiano puede hablar en lenguas (aun cuando Pablo dice que no todos hablan en lenguas) está probablemente motivado en la mayoría de los casos por una previa interpretación doctrinal que ve el bautismo en el Espíritu Santo como una experiencia que sigue a la conversión,[51] y considera el hablar en lenguas como una señal inicial de haber recibido el bautismo en el Espíritu Santo.[52] Pero hay serios cuestionamientos que se mantienen sobre esta posición doctrinal (como se explicó en el capitulo 39). Parece mejor considerar que 1 Corintios 12:30 quiere decir lo que dice: no todos hablan en lenguas. El don de lenguas—exactamente como cualquier otro don—no lo da el Espíritu Santo a todo cristiano que lo busca. Los reparte «a cada uno según él lo determina» (1 Co 12:11).

Sin embargo, no hay nada en la Escritura que diga que solo unos pocos recibirán el don de hablar en lenguas, y como se trata de un don que Pablo considera que es útil y edifica en la oración y la adoración (a nivel personal si bien no en la iglesia),

---

[50]La partícula griega *me* que precede esta pregunta, espera del lector la respuesta «no».

[51]Vea el capítulo 39 para una discusión sobre el bautismo en el Espíritu Santo.

[52]Por ejemplo, esta es la posición oficial de las Asambleas de Dios.

no sería sorprendente si el Espíritu Santo llevó a cabo una amplia distribución de este don y muchos cristianos de hecho lo recibieron.[53]

h. ¿Qué acerca del peligro de una falsificación demoníaca? A veces los cristianos han tenido temor de hablar en lenguas, preguntándose si hablar algo que no comprenden puede llevarlos a hablar blasfemias contra Dios o a decir algo inspirado por un demonio en vez del Espíritu Santo.

Primero, debe decirse que esto no preocupa a Pablo, aun en la ciudad de Corinto donde muchos antes adoraban en un templo pagano, y donde Pablo había dicho claramente que «cuando ellos hacen sacrificios, lo hacen para los demonios, no para Dios» (1 Co 10:20). Pese a ello, Pablo dice: «Yo quisiera que todos ustedes hablaran en lenguas» (1 Co 14:5). Él no hace advertencia alguna de que deben cuidarse de una falsificación demoníaca o aun pensar que esto sería una posibilidad cuando utilizaran este don.

La razón teológica que subyace a la recomendación de Pablo en este punto es el hecho que el Espíritu Santo está obrando poderosamente en la vida de los creyentes. Pablo dice: «Por eso les advierto que nadie que esté hablando por el Espíritu de Dios puede maldecir a Jesús; ni nadie puede decir: «Jesús es el Señor» sino el Espíritu Santo (1 Co 12:3). Aquí Pablo le asegura a los corintios que si hablan por el poder del Espíritu Santo que obra dentro de ellos, no dirán: «¡Maldito sea Jesús!»[54] Al presentarse como lo hace el principio de la discusión de los dones espirituales, 1 Corintios 12:3 intentaba funcionar como una confirmación a los corintios que podrían haber sospechado de algunos cristianos que procedían de un trasfondo de adoración a los demonios en los templos de Corinto. ¿Podría esta influencia demoníaca todavía afectar su uso de un don espiritual? Pablo sienta la norma básica de que aquellos que profesan genuinamente la fe de que «Jesús es el Señor» lo hacen por el Espíritu Santo que obra en ellos, y que ninguno que habla por el poder del Espíritu Santo proferirá nunca una blasfemia o una maldición contra Jesús.[55] Este temor, entonces, no es uno que parecía preocupar a Pablo. Él simplemente anima

---

[53]Marcos 16:17 se usa a veces para reclamar que todos los cristianos pueden hablar en lenguas: «Estas señales acompañarán a los que crean: en mi nombre expulsarán demonios; hablarán en nuevas lenguas», Pero en respuesta a este versículo debe notarse (1) que el versículo probablemente no formaba parte originalmente del evangelio de Marcos, ya que muchos manuscritos tempranos y muy confiables no incluyen Marcos 16:9-20, y su estatus dudoso significa que es una base precaria sobre la cual fundar una doctrina (vea el capítulo 17), p. 371); (2) que aun cuando no sea parte de la Escritura, por supuesto da testimonio de una muy temprana tradición en la historia de la iglesia, pero aun en este caso, no afirma que todos los creyentes hablarán en lenguas: la frase que sigue inmediatamente dice: «tomarán en sus manos serpientes» (v. 18), algo que ningún intérprete responsable diría que debe ser cierto en el caso de todo cristiano; y (3) que en este pasaje no establece ninguna conexión entre hablar en lenguas y el bautismo en el Espíritu Santo.

[54]En este punto se puede objetar que hablar en lenguas no es un discurso facultado por el Espíritu Santo, sino un discurso que viene del propio espíritu humano del que habla. Pero Pablo claramente considera todos estos dones espirituales como *facultados* en general por el Espíritu Santo, aun aquellos en los que se manifiesta plenamente la personalidad humana. Esto sería así en el caso de maestros y administradores, así como de aquellos que hablan en lenguas. En cada uno de estos casos el agente activo en la realización de la actividad es el cristiano que tiene el don particular y lo utiliza, pero aún así todos estos son facultados por el Espíritu en su funcionamiento, y ello sería cierto también para el don de lenguas.

[55]También relevante en este punto es la seguridad que Juan da a sus lectores, en el contexto de los espíritus demoníacos esparcidos por el mundo: «El que está en ustedes es más poderoso que el que está en el mundo» (1 Jn 4:4).

a los creyentes a orar en lenguas y dice que si lo hicieran estarían edificándose a sí mismos.[56]

i. ¿Está Romanos 8:26-27 relacionado con el hablar en lenguas? Pablo escribe en Romanos 8:26-27:

> Así mismo, en nuestra debilidad el Espíritu acude a ayudarnos. No sabemos qué pedir, pero el Espíritu mismo intercede por nosotros con gemidos que no pueden expresarse con palabras. Y Dios, que examina los corazones, sabe cuál es la intención del Espíritu, porque el Espíritu intercede por los creyentes conforme a la voluntad de Dios.

Pablo no menciona aquí explícitamente el hablar en lenguas, y la declaración concierne en general a la vida de todos los cristianos, así que no parece correcto decir que Pablo se refiere aquí al hablar en lenguas. Se refiere a una experiencia más general que ocurre en la vida de oración de cada cristiano.

¿Pero de qué habla exactamente? Algunos han pensado que se refiere a una actividad intercesora completamente imperceptible para nosotros, en la que el Espíritu Santo intercede por nosotros con suspiros y gemidos dirigidos al Padre. De acuerdo con este punto de vista, ese trabajo intercesor del Espíritu sigue adelante

---

[56]Algunos populares libros han ofrecido anécdotas de cristianos que dicen hablaron en lenguas durante un tiempo y entonces encontraron que había un demonio dentro de ellos que facultaba este discurso, y el demonio fue expulsado. (Vea, por ejemplo, C. Fred Dickason, *Demon Posession and the Christian* [Westchester, Ill.: Crossway, 1987], pp. 126-27; 188-91; 193-97.) Pero esto es justo otro ejemplo de un caso en que la experiencia debe ser estar sujeta a la Escritura y probada por la Escritura, y la enseñanza de la Escritura no debe estar sujeta a la experiencia. Debemos tener cuidado de no dejar que tales reportes de experiencias nos hagan adoptar una posición diferente sobre este punto al de la propia Escritura. Específicamente, si 1 Corintios 12—14 ve las lenguas como un buen don del Espíritu Santo valioso para edificación y el bien de la iglesia, y si Pablo dice: «Yo quisiera que todos ustedes hablaran en lenguas» (1 Co 14:5) entonces las interpretaciones de experiencias contemporáneas que, en efecto, dicen: «Quiero que todos ustedes tengan temor de las lenguas», contradicen el énfasis del Nuevo Testamento. (Note la cita de Dickason de Kurt Koch: «Buscar este don para nosotros mismos puede ser una experiencia muy peligrosa» [p. 127].). Esta no es exactamente la perspectiva de Pablo en el Nuevo Testamento.

Estoy consciente que Dickason sustenta un punto de vista cesacionista con respecto a hablar en lenguas hoy (vea p. 189: «Le dije que dudaba hubiera hoy algunas genuinas lenguas de Dios en el sentido del Nuevo Testamento»). Por lo tanto, desde esta perspectiva, no sujeta la Escritura a la experiencia, pero ve estas experiencias como que confirman su comprensión de la Escritura. (He discutido la posición cesacionista en el capítulo 52, pp. 1087-1104.)

Existe la posibilidad de una falsificación demoníaca de todo don *en la vida de los incrédulos* (vea Mt 7:22; también el capítulo 17, pp. 385-86, sobre los falsos milagros). Por lo tanto, el hecho de que haya algún tipo de «hablar en lenguas» en las religiones paganas no debe sorprendernos o llevarnos a pensar que todo hablar en lenguas es falso. Pero *en la vida de los creyentes*, especialmente cuando hay un fruto positivo en sus vidas y frutos positivos de sus dones, 1 Co 12:3, 1 Jn 4:4; y Mt 7:16-20 nos dicen que no hay dones falsos sino dones verdaderos de Dios. Debemos recordar que Satanás y los demonios no hacen el bien; ellos hacen el mal; y no traen bendiciones, traen destrucción. (Vea también la promesa de Jesús en Lc 11:11-13.)

(Neil T. Anderson, en *The Bondage Breaker* [Eugene, Oreg.: Harvest House, 1990], pp. 159-60, relata la historia de un hombre que era aparentemente un cristiano y que tenía un falso don de lenguas. Pero Anderson anota que el don fue conferido al hombre «por falsos maestros» [p. 159] y que este «don» trajo obvias consecuencias destructivas en la vida del hombre. Estos factores, y no exactamente las palabras de un demonio como la única prueba, dieron un claro indicio de la falsa naturaleza de ese supuesto «don». A diferencia de Dickason, Anderson afirma que él no se opone al hablar en lenguas; vea p. 160.)

Una explicación alternativa a estas historias ofrecidas por Dickason es decir que los demonios que *dijeron* ellos eran «espíritus de lenguas», y que vinieron cuando algunos carismáticos impusieron las manos sobre los cristianos en cuestión, mentían. Satanás «es un mentiroso... el padre de la mentira» (Jn 8:44), y le gustaría que los cristianos sintieran temor de tantos dones del Espíritu Santo como fuera posible.

continuamente, pero no tenemos idea de que ello sucede (excepto por el hecho de que la Escritura nos lo dice). De esa manera, esto sería similar a la obra intercesora de Cristo mencionada en Romanos 8:34 y Hebreos 7:25.

Pero esto no parece una explicación satisfactoria del pasaje, por varias razones: (1) No parece probable que Pablo diría que la obra intercesora del Espíritu Santo, que es el Dios infinito, omnipotente y omnisciente sería realizada con «gemidos indecibles» (traducción literal de *stenagmois alaletois* en Romanos 8:26), especialmente cuando nos damos cuenta de que «gemidos» se refiere a intensos suspiros de fatiga propios de criaturas desalentadas y abrumadas en un mundo caído.[57] (2) Dentro del contexto más amplio los gemidos en cuestión parecen ser aquellos debido a la carga de vivir en la malvada era presente (vea vv. 17, 18, 23). (3) El verbo «ayudar» en Romanos 8:26 («en nuestra debilidad el Espíritu acude a ayudarnos») no se refiere a algo que el Espíritu Santo hace *independientemente de nosotros y a nuestro favor*, sino más bien algo que el Espíritu Santo hace *en cooperación con nosotros*. El verbo que Pablo utiliza aquí (*sunantilambanomai*) también se usa en Lucas 10:40, donde Marta quiere que Jesús le diga a María que la «ayude»—ciertamente ella no quiere que prepare la comida *en su lugar*, sino más bien que venga y participe con ella en su confección.[58] Por lo tanto Pablo no habla de algo que el Espíritu Santo hace con completa independencia de nuestra participación, sino que el Espíritu Santo hace conjuntamente con nosotros.

Estas razones se combinan para indicar que Pablo no habla sobre una obra que el Espíritu Santo realiza aparte de nosotros y sin nuestro conocimiento, sino sobre los suspiros y gemidos inarticulados que nosotros mismos proferimos en la oración, los que entonces el Espíritu Santo convierte en intercesión efectiva ante el trono de Dios. Podríamos parafrasear: «El Espíritu Santo acude en ayuda de nuestras oraciones cuando intercede (por nosotros) al tomar nuestros gemidos mudos y convertirlos en una oración efectiva».[59]

¿Cuál es la relación de esto y el hablar en lenguas? Ahí hay cierta similitud porque una oración efectiva es la que *oramos* aun cuando no comprendamos completamente lo que estamos orando. Pero hay algunas diferencias en el sentido de que los suspiros y gemidos que emitimos en la oración se relacionan a menudo con situaciones o dificultades de las que estamos muy conscientes en nuestras mentes mientras oramos, así que sabemos sobre qué oramos. Pero Pablo dice que no sabemos cómo orar por estas situaciones tal cual debemos orar. En consecuencia, el

---

[57]La palabra «gemidos» (*stenagmos* se usa en el Nuevo Testamento solamente en Hechos 7:34, acerca de los gemidos de Israel bajo la opresión de Egipto. Pero el verbo asociado *stenazo* se utiliza varias veces, siempre en relación con criaturas finitas que gimen bajo el peso de esta creación caída. En el contexto inmediatamente anterior *stenazo* se refiere a nuestro gemir debido a que nuestra redención está incompleta (Ro 8:23); una palabra compuesta relacionada se usa en el v. 22 acerca de la propia creación). El verbo también se utiliza en relación con criaturas finitas que gimen bajo el peso de esta creación en Marcos 7:34 (Jesús como hombre); 2 Co 5:2, 4 (creyentes que tienen un cuerpo terrenal corruptible); Heb 13:17 (líderes eclesiásticos que pueden estar tentados a gemir bajo el peso del liderazgo de la iglesia); y Santiago 5:9 (una advertencia a los cristianos de no quejarse unos de otros). Aunque el verbo se utilizó una vez acerca de Jesús, quien se quejó mientras estaba bajo las limitaciones de su existencia humana, no parece un término apropiado para usarlo en relación con la actividad del Espíritu Santo, que no experimenta una debilidad semejante pues nunca asumió una naturaleza humana.

[58]Aunque la palabra no se usa en otros lugares del Nuevo Testamento, su sentido también se transparenta por el prefijo *sun* («con») que Pablo añade a una palabra de uso común para «ayuda».

[59]Un punto de vista alternativo se halla en la útil discusión de Douglas Moo, *Romans* 1—8, pp. 559-63, quien (de forma indecisa) entiende que los gemidos no son nuestros sino del Espíritu Santo.

Espíritu Santo nos ayuda e intercede en estas situaciones «conforme a la voluntad de Dios» (Ro 8:27). No hay una mención explícita a nuestro espíritu orando (aun cuando de hecho eso puede ser cierto también), ni hay una mención a nuestra mente como no fecunda o carente de entendimiento (aunque eso puede ser en ocasiones cierto, por lo menos en parte). Tampoco estos suspiros o gemidos se presentan como algo que podemos llamar «otras lenguas» u «otros idiomas». Así que hay varias diferencias, aun cuando Romanos 8:26-27 habla sobre una intercesión que hacemos con sonidos que no comprendemos completamente, y por lo tanto es un fenómeno que tiene algunas similitudes con el hablar en lenguas.

F. Palabra de sabiduría y palabra de conocimiento

Pablo escribe: «A unos Dios les da por el Espíritu palabra de sabiduría; a otros, por el mismo Espíritu, palabra de conocimiento» (1 Co 12:8). Al comenzar esta discusión se debe entender que estos dos dones no se mencionan en ningún otro lugar de la Escritura,[60] y tampoco se ha encontrado en ninguna otra literatura cristiana temprana fuera de la Biblia el uso de estas frases sobre algún don espiritual. Esto significa que la *única* información que tenemos sobre estos dones está contenida en este versículo: tenemos las palabras utilizadas para describir estos dos dones, y el contexto en que estas frases aparecen. Ningún intérprete en ninguna otra parte tiene información adicional alguna que esta con la cual trabajar. Esto nos advierte que nuestras conclusiones probablemente serán hasta cierto punto tentativas en cualquier caso.

Las más importantes alternativas para comprender estos dos dones son: (1) Comúnmente se piensa que estos dos dones deben referirse a la capacidad para recibir una revelación especial del Espíritu Santo y, sobre esa base, proferir palabras que dan sabiduría en una situación determinada u ofrecen un conocimiento específico sobre una situación en la vida de alguien presente en la congregación. Según esta interpretación estos dones serían más «milagrosos», en el sentido que provocarían la admiración y el asombro entre las personas presentes ya que no estarían basados en información ordinariamente disponible a la persona que utiliza el don.

(2) La otra interpretación de estos dones los vería más como «menos milagrosos» u ordinarios: la «palabra de sabiduría» simplemente significa la capacidad de ofrecer una palabra sabia en distintas situaciones, y la «palabra de conocimiento» es la capacidad de hablar con conocimiento acerca de una situación. En ambos casos el conocimiento y la sabiduría no estarían basados en una revelación especial dada espontáneamente por el Espíritu Santo sino basada en sabiduría adquirida en el curso ordinario de la vida, el conocimiento y la sabiduría que caracterizaría, por ejemplo, a los maestros de la Biblia o a los ancianos y otros cristianos maduros en la iglesia. Estas serían potenciadas por el Espíritu Santo y consecuentemente hechas efectivas cuando se las pronunció. En este sentido, ejemplos de «palabras de sabiduría» podrían hallarse en Hechos 6:1-6 (el nombramiento de los primeros «diáconos» o asistentes de los apóstoles); Hechos 6:10 (la sabiduría de Esteban al proclamar el evangelio); Hechos 15:19-29 (la decisión del concilio de Jerusalén); y

---

[60]Por lo menos ningún otro lugar de la Escritura llama algo una «palabra de sabiduría» o «palabra de conocimiento» o usa esas frases de alguna otra manera.

aun en la declaración de Salomón: «Partan en dos al niño que está vivo, y denle una mitad a ésta y la otra mitad a aquélla» (1 Reyes 3:25; vea también 1 Co 6:5-6).

Se puede argüir a favor de la primera interpretación que todos los otros siete dones relacionados en 1 Corintios 12:8-10 están en la categoría de «milagrosos», y por lo tanto esos dos dones deben comprenderse de esa forma también.

No obstante, hay algunas consideraciones de peso contra este punto de vista: (1) Los términos que Pablo utiliza «palabra» (*logos*, «sabiduría» (*sophia*), y «conocimiento» (*gnosis*) no son vocablos especiales o técnicos, sino palabras de uso común en el Nuevo Testamento griego. Son simplemente los vocablos que ordinariamente se usan para «palabra» y «sabiduría» y «conocimiento». Por otra parte, no se utilizan por lo común para denotar acontecimientos milagrosos (como en el caso, por ejemplo, de las palabras *revelación* y *profecía*, sino simplemente son vocablos utilizados para designar la sabiduría y el conocimiento humanos. Así que del significado de las propias palabras no parece desprenderse ninguna alusión a un don milagroso.

(2) En el contexto de 1 Corintios 12:8, el propósito de Pablo en el argumento parece inclinarse en contra de considerarlas como milagrosas. El principal objetivo de Pablo en los versículos 8-10 es demostrar que *no importa qué tipo de don tenga una persona* él o ella pueden tener la seguridad que ese don ha sido concedido por el Espíritu Santo. Pablo comienza la sección diciendo: «A cada uno se le da una manifestación del Espíritu para el bien de los demás», e inmediatamente continúa esta sección diciendo: «Todo esto lo hace un mismo y único Espíritu, quien reparte a cada uno según él lo determina» (vv. 7, 11). Pero si el propósito de Pablo en esta sección es mostrar que *todo don del cristiano* lo da el Espíritu Santo, entonces ese propósito no sería bien servido solo dando ejemplos de dones milagrosos. Si hizo eso, aquellos con dones que no son milagrosos se sentirían excluidos del argumento y no se les persuadiría de que sus dones estaban incluidos en el argumento de Pablo. Lo que aun es más importante, aquellos con dones milagrosos podrían mirar esta lista y concluir que *solo* aquellos con dones milagros tenían realmente al Espíritu Santo obrando en su interior a fin de potenciar esos dones. Esto podría conducir a cierto tipo de elitismo en la congregación. Por consiguiente, parece necesario que Pablo incluyera algunos dones *que no son milagrosos* en su lista de 1 Corintios 12:8-10.

¿Pero cuáles son los dones que no son milagrosos en esta lista?

Palabra de sabiduría
Palabra de conocimiento
Fe
Dones para sanar enfermos
Milagros
Profecía
Discernir entre espíritus
Lenguas
Interpretación de lenguas

Todos los demás dones parecen caer en la categoría de más «milagrosos» (con las posibles excepciones de hablar en lenguas y quizá la fe). Pero ello haría casi imprescindible que palabra de sabiduría y palabra de conocimiento no fueran milagrosos a fin de garantizar que haya *algunos* dones que no son milagrosos en la lista. Esto demostraría la sabiduría pastoral de Pablo al seleccionar ejemplos de diferentes tipos de dones que se ejercitan en la congregación existente. Así que debe haber algunos dones que no son milagrosos en la lista; y si hay algunos, entonces estos son muy buenos candidatos.[61]

(3) Probablemente la consideración más decisiva es el hecho de que el Nuevo Testamento ya tiene un término para describir la acción de recibir una revelación especial del Espíritu Santo y comunicarla a la congregación. Pablo llama a esto «profecía». Como discute la profecía con bastante extensión, la describe y la regula, ahora podemos saber con claridad lo que era la profecía. Pero decir que estos otros dones funcionaban exactamente de la misma manera (difiriendo quizá solo en el contenido) no parece justificado por nada en el texto que no sea la noción preconcebida de lo que deben ser estos dones.[62]

Por lo tanto parecería preferible considerar estos como una modalidad «no-milagrosa», simplemente como la capacidad de hablar con sabiduría o con conocimiento en distintas situaciones. Lo que mucha gente hoy llama «palabra de sabiduría» y «palabra de conocimiento» en los círculos carismáticos, sería mejor referirse a ello como «profecía».[63]

G. Distinguir Entre Espíritus y la Guerra Espiritual

El don de distinguir entre espíritus es un don que se menciona una sola vez en el Nuevo Testamento (en la lista de 1 Co 12:10), pero la naturaleza de este don lo vincula con cierto número de otros pasajes que describen la guerra espiritual que tiene lugar entre los cristianos y los espíritus demoníacos. Podemos definir el don de distinguir entre espíritus como sigue: *Distinguir entre espíritus es la capacidad especial de reconocer la influencia del Espíritu Santo o de espíritus demoníacos en una persona.*

En la perspectiva de la historia de la redención, este don también ofrece un anticipo de la era por venir en la medida que es un anticipo de la capacidad para reconocer a Satanás y su influencia, capacidad que se nos perfeccionará en el cielo, cuando todo lo que está encubierto o escondido será revelado y puesto a la luz

---

[61]Aun si la fe y las lenguas se consideran no milagrosas, entonces tenemos una lista que es una mezcla de dones milagrosos y no milagrosos, y entonces no hay motivo porqué palabra de sabiduría y palabra de conocimiento no puedan ser consideradas también no milagrosas, especialmente sobre la base del hecho que las palabras utilizadas para describirlas no denotan ordinariamente eventos milagrosos.

[62]De hecho, todo lo que los modernos pentecostales y carismáticos llaman «palabras de conocimiento» y «palabras de sabiduría» se ajustaría exactamente a la definición de profecía dada por Pablo, y debe ser de hecho puesto bajo la sombrilla general de profecía. Esto tendría la notable ventaja de hacer que el uso de este don esté sujeto a las normas de Pablo para comprender y regular la profecía en la iglesia.

¿Sobrevendría algún daño de mantener la medianamente común práctica de considerar las palabras de sabiduría y las palabras de conocimiento como dones milagrosos que dependen de una revelación especial de Dios? Un peligro inmediato podría ser que, en tanto lo que actualmente ocurre fuera llamado «profecía» por Pablo, en algunos casos se le llama ahora como algo diferente, y esto tiende a distanciarlo de las regulaciones de Pablo para la profecía en el Nuevo Testamento. Si eso podría llevar a un uso equivocado del don en algún momento futuro es imposible de predecir. Pero más bien sí parece ser algo anómalo tener un don milagroso que se utiliza muy ampliamente y que solo se menciona pero nunca se discute ni se regula en todo el Nuevo Testamento.

[63]Para una ulterior discusión de estos dones, vea Wayne Grudem, «What is the Real Meaning of a "Word of Wisdom" and a "Word of Knowledge"?» en *Ministries Today* (Jan.-Feb. 1993), pp. 60-65.

(Mt 10:26; cf. Ap 20:11-15). Esta capacidad posiblemente es más fuerte que la poseída por la mayoría de los creyentes en el viejo pacto, donde las menciones de la actividad demoníaca son poco frecuentes, y donde los ataques demoníacos contra el pueblo de Dios incluían más frecuentemente ataques militares de naciones incrédulas contra el pueblo de Israel, o abiertas tentaciones para ir y servir a deidades paganas. Por consiguiente la actividad demoníaca se percibía fundamentalmente a través de la observación de acontecimientos físicos exteriores y circunstancias en las que Satanás llevaba a cabo sus propósitos, y que podían distinguirse con claridad.

Este don del Nuevo Testamento de distinguir entre espíritus incluye la capacidad de diferenciar la presencia de espíritus malignos de la presencia de la obra del Espíritu Santo en la vida de una persona. Pablo sabe que antes los corintios «se dejaban arrastrar hacia ídolos mudos» (1 Co 12:2), y Juan se da cuenta asimismo que los cristianos necesitan someter los espíritus «a prueba pera ver si es de Dios, porque han salido por el mundo muchos falsos profetas» (1 Jn 4:1).

Más allá de esto, también es posible que el don incluya distinguir entre varios tipos de espíritus malignos, tales como un espíritu de enfermedad (Lc 13:11), un espíritu de adivinación (Hch 16:16), un espíritu sordo y mudo (Mr 9:15, 29), y un espíritu de engaño (1 Jn 4:6). Desde un punto de vista léxico y gramatical no hay nada que nos impida entender que el don de «distinguir entre espíritus» incluye también este tipo de capacidad.[64]

Por supuesto, en cierto grado la presencia de actividad demoníaca es externamente evidente, a veces a partir de la manifestación abierta de falsas declaraciones doctrinales (vea 1 Co 12:2-3; 1 Jn 4:1-6), y a veces mediante violentas y extrañas acciones físicas, especialmente en presencia de la predicación cristiana (vea Mr 1:24; 9:20; Mt 8:29; etc.). La influencia de Satanás tiene características destructivas, y la persona influenciada por un demonio tendrá una influencia destructiva sobre la iglesia y otros a su alrededor, y también una influencia auto destructiva que daña la vida del propio individuo perturbado.

Pero además de estos indicios externos de la influencia demoníaca, probablemente hay también una percepción más subjetiva que tiene lugar a nivel espiritual y emocional, por medio de la cual se hace evidente la presencia de la actividad demoníaca. Cuando esta está más desarrollada y es capaz de funcionar para beneficio de la iglesia como un todo, entonces Pablo no duda en llamarla un don de distinguir entre espíritus.[65]

En relación con el don de distinguir entre espíritus, la discusión de la guerra espiritual sostenida arriba en el capítulo 20 (sobre Satanás y los demonios) también es relevante.

---

[64]Para un muy extenso análisis gramatical y lingüístico de esta frase, vea Wayne Grudem, «A Response to Gerhard Dautzenberg sobre 1 Co 12:10», en *Biblische Zeitschrift*, N.F., 22:2 (1978), pp. 253-70.

[65]Por supuesto, ningún don es perfecto en ningún cristiano en esta era (1 Co 13:9-10), y no debemos esperar que este don sea perfecto, o que aquellos que lo poseen nunca cometan errores. Vea el capítulo 52, pp. 1078-80, sobre el hecho de que los dones espirituales pueden variar en fuerza.

PREGUNTAS PARA APLICACIÓN PERSONAL

1. ¿Ha experimentado usted alguna vez un don de profecía tal como se define en este capítulo? ¿Cómo lo ha llamado? Ha funcionado este don (o algo parecido) en su iglesia? Si así fuera, ¿cuáles han sido los beneficios—y los peligros? Si no, piensa que este don podría ser útil para su iglesia? (¿Por qué sí o por qué no?)

2. ¿Funciona con efectividad el don de la enseñanza en su iglesia? ¿Quién utiliza este don además del pastor o los ancianos? ¿Piensa usted que su iglesia aprecia adecuadamente una sólida enseñanza de la Biblia? En qué áreas (si alguna) piensa usted que su iglesia necesita crecer en su conocimiento y amor por las enseñanzas de la Escritura?

3. ¿De los otros dones que se discuten en este capítulo, ¿ha utilizado usted mismo alguno de ellos? ¿Hay alguno que piensa su iglesia necesita pero que en este momento no posee? ¿Qué piensa sería lo mejor que puede hacer en respuesta a esta necesidad?

TÉRMINOS ESPECIALES

apóstol
cesacionista
curar enfermos
distinguir entre espíritus
dones del Espíritu Santo
dones milagrosos
dones no milagrosos
enseñanza

hablar en lenguas
interpretación de lenguas
milagros
oficio
palabra de conocimiento
palabra de sabiduría
profecía

BIBLIOGRAFÍA

(Para una explicación de esta bibliografía vea la nota sobre la bibliografía en el capítulo 1, p. 40. Datos bibliográficos completos se pueden encontrar en las páginas 1297-1306.)

Nota: Muy pocas teologías sistemáticas tienen secciones sobre dones espirituales, pero unas pocas que sí las tienen están relacionadas abajo. Esta bibliografía se aplica a los capítulos 52 y 53.)

Secciones en Teologías Sistemáticas Evangélicas

1. Anglicanas (Episcopales)
                    (no hay un tratamiento explícito)
2. Arminianas (Wesleyanas o Metodistas)
         1983   Carter, 1:449-57
3. Bautistas
         1983-85   Erickson, 877-83
4. Dispensacionalistas

1947   Chafer, 7:215-20

1986   Ryrie, 367-74

5. Luteranas

(no hay tratamiento explícito)

6. Reformadas (o Presbiterianas)

(no hay tratamiento explícito)

7. Renovadas (o carismáticas / pentecostales)

1988-92   Williams, 2:209-36, 243-63, 323-409, 3:159-77

Secciones en Teologías Católico Romanas Representativas

1. Católico Romana: Tradicioanl

(no hay tratamiento explícito)

2. Católico Romana: Post-Vaticano II

1980   McBrien, 2:1086-88

Otras Obras

Baker, J. O. «Gifts of the Spirit». En NDT, pp. 269-71.

Bennett, Dennis y Rita. *The Holy Spirit and You*. Logos, Plainfield, NJ, 1971.

Blue, Ken. *Authority to Heal*. InterVarsity Press, Downers Grove, IL, 1987.

Bridge, Donald. *Signs and Wonders Today*. InterVarsity Press, Leicester, 1985. (Carismática)

——————————, y David Phypers, *Spiritual Gifts and the Church*. InterVarsity Press, Downers Grove, Ill., 1973. (Cesacionista)

Carson, D. A. *Showing the Spirit: A Theological Exposition of 1 Corinthians 12—14*. Baker, Grand Rapids, 1987.

Chantry, Walter J. *Signs of the Apostles* 2da. Ed. Banner of Truth, Edinburgh and Carlisle, PA, 1976. (Cesacionista)

Clements, Roy. *Word and Spirit: The Bible and the Gift of Prophecy Today*. UCCF Booklets, Leicester, 1986.

Deere, Jack. *Surprised by the Power of the Holy Spirit: A Former Dallas Seminary Professor Discovers That God Still Speaks and Heals Today*. Zondervan, Grand Rapids, 1993. (Este es el argumento más balanceado y persuasivo que jamás he leído contra la posición cesacionista.)

Edgar, Thomas. «The Cessation of the Sign Gifts». En *BibSac* 145:180 (Oct.-Dec. 1988), pp. 371-86. (Cesacionista)

Ellis, E. E. «Prophecy, Theology of», En NDT, pp. 537-38.

Farnell F. David. «The Current Debate About New Testament Prophecy». En *BibSac* 149:595 (July-Sept. 1992), pp. 277-303.

——————————. «Does the New Testament Teach Two Prophetic Gifts?» En *BibSac* 150 (Jan.-March, 1993), pp. 62-88.

——————————. «Falible New Testament Prophecy / Prophets? A Critique of Wayne Grudem's Hypothesis». En *The Master's Seminary Journal* 2:2 (Fall 1991), pp. 157-80.

————————. «The Gift of Prophecy in the Old and New Testaments». En
BibSac 149:596 (Oct.-Dec., 1992), pp. 387-410.

————————. «When Will the Gift of Prophecy Cease?» En *BibSac* 150
April-June, 1993), pp. 171-202.

Gaffin, Richard B. *Perspectives on Pentecost: Studies in New Testament Teaching on
the Gifts of the Holy Spirit*. Presbyterian and Reformed, Phillipsburg, NJ, 1979.
(Cesacionista)

Gee, Donald, *Concerning Spiritual Gifts*. Gospel Publishing House, Springfield,
MO, 1972 (revised edition). (Pentecostal tradicional)

————————. *Spiritual Gifts in the Work of Ministry Today*. Gospel
Publishing House, Springfield, MO, 1963. (Pentecostal tradicional)

Gentry, Kenneth L., [The Charismatic Gift of Prophecy: A Reformed Response
to Wayne Grudem. 2da. Ed. Footstool Publications, Memphis, TN, 1989. (cesacionista)

Green, Michael. *I Believe in the Holy Spirit*. Hodder and Stoughton, London, and
Eerdmans, Grand Rapids, 1975.

Graig, Gary and Kevin Springer, eds. *The Kingdom and the Prayer: Are Healing and
the Spiritual Gifts Used by Jesus and the Early Church Meant for the Church Today?*
Regal Books, Ventura, CA, 1993.

Gromacki, Robert G. *The Modern Tongues Movement*. Rev. ed. Presbyterian and
Reformed, Phillipsburg, NJ, 1972. (cesacionista)

Grudem, Wayne. «Does god Still Give Revelation Today?» En *Charisma*, Sept.,
1992, pp. 38-42.

————————. *The Gift of Prophecy in 1 Corinthians*. University Press of America,
Lanham, MD, 1982.

————————. *The Gift of Prophecy in the New Testament and Today*. Crossway,
Westchester, IL, 1988.

————————. *Power and Truth : A Response to the Critiques of Vineyard Teaching
and Practice by D. A. Carson, James Montgomery Boice, and John H. Armstrong in
in Power Religon*. Association of Vineyard Churches, Anaheim, CA, 1993.

————————. «What Is the Real Meaning of a 'Word of Wisdom' and a 'Word
of Knowledge'?» En *Ministries Today* (Jan.-Feb. 1993), pp. 60-65.

————————. «What Should Be the Relationship Between Prophet and Pastor?»
En *Equipping the Saints* (Fall 1990), pp. 7-9, 21-22.

Hayford, Jack W. *The Beauty of Spiritual Language*. Waco, Irvine, TX, 1993.

Horton, Michael Scott, ed. *Power Religion: The Selling Out of the Evangelical
Church?* Moody Press, Chicago, 1992.

Houston, Graham. *Prophecy: A Gift For Today?* Leicester and InterVarsity Press,
Downers Grove, IL, 1989.

Hummel, Charles E. *Fire in the Fireplace: Charismatic Renewal in the Nineties*. Inter-
Varsity Press, Downers Grove, Ill., 1993.

MacArthur, John F., Jr. *Charismatic Chaos*. Zondervan, Grand Rapids, 1992. (cesacionista)

————————. *The Charismatics: A Doctrinal Perspective*. Zondervan, Grand Rapids, 1978. (cesacionista)

Mallone, George. *Those Controversial Gifts*. InterVarsity Press, Downers Grove, IL, 1983.

Moo, Douglas, «Divine Healingin the Health and Wealth Gospel». En *TrinJ*, Vol 9 N.S., No. 2 (Fall 1988), pp.191-209).

Nathan, Richard. *A Response to Charismatic Chaos*. Association of Vineyard Churches, Anaheim, CA, 1993. (Una extensa respuesta al libro de John MacArthur de 1992)

Osborne, Grant. «Tongues, Speaking in». En EDT, pp. 1100-1103.

Poythress, Vern. «Linguistic and Sociological Analyses of Modern Tongues Speaking: Their Contributions and Limitations». En *WTJ* 42 (1979): 367-98.

Pytches, David. *Spiritual Gifts in the Local Church*. Publicado originalmente como *Come, Holy Spirit*. Bethany, Minneapolis, 1985. (carismático)

Reymond, Robert L. *What About Continuing Revelations and Miracles in the Presbyterian Church Today?* Presbyterian and Reformed, Phillipsburg, NJ, 1977. (cesacionista)

Ruthven, Jon. *On the Cessation of the Charismata: The Protestant Polemic on Post-Biblical Mirables*. Sheffield University Academic Press, Sheffield, 1993. (Charismatic; una revisión y expansión de la tesis de doctorado del autor, en la que éste responde a los argumentos de los cesacionistas desde Warfield hasta el presente)

Saucy, Robert. «Prophecy Today? An Initial Response». En *Sundoulos* (Talbot Seminary; Spring 1990), pp. 1-5. (cesacionista)

Schatzmann, Siegfried. *A Pauline Theology of Charismata*. Hendrickson, Peabody, MA, 1987.

Stephanou, Eusebius A. «The Charismata in the Early Church Fathers», *The Greek Orthodox Theological Review* 21:2 (Summer 1976), pp. 125-46.

Storms, C. Samuel, *Healing and Holiness: A Biblical Response to the Faith-Healing Phenomenon*. Presbyterian and Reformed, Phillipsburg, NJ, 1990.

Thomas, Robert L. «Prophecy Rediscovered? A Review of The Gift of Prophecy in the New Testament and Today». En *BibSac* 149:593 (Jan.-Mar. 1992), pp. 83-96. (cesacionista)

Thompson, J. G. S. S. y Walter A/ Elwell. «Spiritual Gifts». En EDT, pp. 1042-46.

Turner, M. M. B. «Spiritual Gifts Then and Now». En *Vox Evangelica* 15 (1985), pp. 7-64.

Warfield, Benjamin B. *Counterfeit Miracles*, Banner of Truth, London, 1972 (primera publicación en 1918).

White, John. *When the Spirit Comes with Power*. InterVarsity Press, Downers Grove, IL, 1988.

White, R. Fowler. «Gaffin and Grudem on Ephesian 2:20: In Defense of Gaffin's Cessacionist Exegesis». En *WTJ* 54 (Fall 1993), pp. 303-20. (cesacionista)

——————————. «Richard Gaffin and Wayne Grudem on 1 Corinthians 13:10: A Comparison of Cessacionist and Noncessacionist Argumentation». En *JETS* 35:2 (June 1992), pp. 173-82 (cesacionista

Wilkinson, J. «Healing». En *NDT*, pp. 287-88.

Wimber, John. Con Kevin Springer. *Power Evangelism.* Harper and Row, San Francisco, 1986.

—————————. *Power Healing.* Harper and Row, San Francisco, 1987.

PASAJE BÍBLICO PARA MEMORIZAR

1 Corintios 12:7-11: *A cada uno se le da una manifestación especial del Espíritu para el bien de los demás. A unos Dios les da por el Espíritu palabra de sabiduría; a otros, por el mismo Espíritu, palabra de conocimiento; a otros, fe por medio del mismo Espíritu; a otros, y por ese mismo Espíritu, dones para sanar enfermos; a otros, poderes milagrosos; a otros profecía; a otros, el discernir espíritus; a otros, el hablar en lenguas; y a otros, el interpretar lenguas. Todo esto lo hace un mismo y único Espíritu, quien reparte a cada uno según él lo determina.*

HIMNO

«Himno al Espíritu Santo»

1. Santo Espíritu, excelsa paloma, inmutable ser de trino Dios,
Mensajero de paz que procedes del Padre, consuélanos con suave voz.
Tu fragancia y llenura anhelamos; embalsama tu templo, tu altar;
Y la sombra feliz de tus alas de gracia nos cobije, ¡oh Amigo sin par!

2. Santo Espíritu, fuego celeste, en el día de Pentecostés
Cual la nube de gloria, bajaste a la iglesia como al templo de Sion otra vez.
Para el nuevo cristiano eres sello; cada uno de ti tiene un don;
Todo hijo de Dios elegido es y goza ya las arras de tu salvación.

3. Santo Espíritu, aceite bendito, cual producto del verde olivar;
luminaria y calor en la tienda sagrada donde Aarón se acercaba a adorar;
Agua viva y regeneradora santifícanos contra el mal;
Somos uno en Jesús los creyentes del mundo por tu santa labor bautismal.

4. Santo Espíritu, viento potente, fuente y fuerza de paz y amor;
Paracleto veraz que consuelo nos brindas y abogas a nuestro favor;
Sénos luz que ilumine la Biblia, nuestros pies dirigiendo al andar;
Hoy rendimos a ti nuestras almas ansiosas; sólo ungidos podremos triunfar.

AUTOR: BASADA EN LOS SÍMBOLOS BÍBLICOS DEL ESPÍRITU SANTO, FELIPE BLYCKER (TOMADO DE CELEBREMOS SU GLORIA #249)

Séptima parte

La doctrina del futuro

Capítulo 54

El regreso de Cristo: ¿Cuándo y cómo?
¿Cuándo y cómo regresará Cristo?
¿Podría venir en cualquier momento?

EXPLICACIÓN Y BASES BÍBLICAS

Al comenzar la última unidad de este libro, nos volvemos a considerar eventos que ocurrirán en el futuro. El estudio de eventos futuros se llama a menudo «*escatología*«, del griego *eschatos*, que significa «último». Entonces, el estudio de la escatología es el estudio de las «últimas cosas».

Los incrédulos pueden hacer predicciones razonables sobre eventos futuros basadas en patrones de los acontecimientos pasados, pero está claro que de acuerdo con la naturaleza de la experiencia humana los seres humanos por sí mismos no pueden *conocer* el futuro. Por lo tanto, los incrédulos no pueden poseer un conocimiento seguro de ningún evento futuro. Pero los cristianos que creen en la Biblia están en una situación diferente. Aunque no podemos conocer todo sobre el futuro, Dios conoce todas las cosas sobre el futuro y en la Escritura nos ha comunicado los acontecimientos principales por venir en la historia del universo. Podemos tener absoluta confianza que estos eventos ocurran pues Dios nunca se equivoca y nunca miente.

En lo que toca a nuestro futuro personal como individuos, ya hemos discutido la enseñanza de la Escritura en el capítulo 41 (sobre la muerte y el estado intermedio) y el capítulo 42 (sobre la glorificación). El estudio de estos eventos futuros que ocurrirán a los individuos se llaman a veces «*escatología personal*». Pero la Biblia también habla acerca de ciertos eventos mayores que afectarán al universo entero. Específicamente, ella nos habla de la segunda venida de Cristo, el milenio, el juicio final, el castigo eterno para los incrédulos y la recompensa eterna para los creyentes, y la vida con Dios en el nuevo cielo y la nueva tierra. El estudio de estos eventos se llama a veces «*escatología general*». En este capítulo estudiaremos el tema del regreso de Cristo, o su «segunda venida». Los capítulos subsecuentes tratarán el resto de los tópicos en un estudio de las últimas cosas.

Ha habido muchos debates —a veces acalorados— en la historia de la iglesia sobre cuestiones relacionadas con el futuro. En este capítulo comenzaremos con aspectos de la segunda venida de Cristo con los cuales todos los evangélicos están de acuerdo, y entonces al final se vuelve a una cuestión controversial: si Cristo puede retornar en cualquier momento. Entonces, en el siguiente capítulo discutiremos la cuestión del milenio, un tópico que ha sido una fuente de controversia entre cristianos.

A. Habrá un súbito, personal, visible y corporal regreso de Cristo

Jesús habló a menudo de su regreso. «Por eso también deben estar preparados, porque el Hijo del hombre vendrá cuando menos lo esperen» (Mt 14:44). Dijo: «*Vendré para llevármelos conmigo*. Así ustedes estarán, donde yo esté. Ustedes ya conocen el camino para ir adonde yo voy» (Jn 14:3). Inmediatamente después que Jesús ascendió al cielo, dos ángeles le dijeron a los discípulos: «Este mismo Jesús, que ha sido llevado de entre ustedes al cielo, *vendrá otra vez* de la misma manera que lo han visto irse» (Hch 1:11). Pablo enseñó: «*El Señor mismo descenderá del cielo* con voz de mando, con voz de arcángel y con trompeta de Dios» (1 Ts 4:16). El autor de Hebreos escribió que Cristo «*aparecerá por segunda vez*, ya no para cargar con pecado alguno, sino para traer salvación a quienes lo esperan» (Heb 9:28). Santiago escribió: «la venida[1] del Señor, que ya se acerca» (Stg 5:8). Pedro dijo: «Pero el día del Señor vendrá como un ladrón» (2 P 3:10). Juan escribió: «cuando Cristo venga seremos semejantes a él» (1 Jn 3:2). Y el libro de Apocalipsis hace frecuentes referencias al regreso de Cristo, y termina con la promesa» «Sí, *vengo pronto*», y Juan responde: «Amén. ¡Ven, Señor Jesús!» (Ap 22:20).

Este tema, entonces, se menciona frecuentemente a lo largo del Nuevo Testamento. Esta es la esperanza de la iglesia del Nuevo Testamento. Estos versículos predicen un súbito regreso de Cristo que será dramático y visible («¡Miren que viene en las nubes! Y todos lo verán con sus propios ojos», Ap 1:7). Los pasajes son demasiados explícitos como para permitir la idea (una vez popular en los círculos protestantes liberales) de que el propio Jesús no vendrá, sino que simplemente vendrá el espíritu de Cristo, en el sentido de que la aceptación de sus enseñanzas y la imitación de su estilo amoroso de vida regresarían de forma creciente a la tierra. No son sus enseñanzas o su manera de vivir, sino «*el propio Señor*» quien descenderá del cielo (1 Ts 4:16). Es el mismo Jesús «que ha sido llevado de entre ustedes al cielo» el que «vendrá otra vez *de la misma manera* que lo han visto irse» (Hch 1:11). Su aparición no será una venida meramente espiritual para morar en los corazones de las personas, sino un regreso *personal* y *corporal* «de la misma manera que lo han visto irse».

B. Debemos esperar ansiosos el regreso de Cristo

La respuesta de Juan al final de Apocalipsis deben caracterizar los corazones de los cristianos de todas las épocas: «Amén, ¡Ven, Señor Jesús!» (Ap 22:20). El verdadero cristianismo nos prepara para «vivir en este mundo con justicia, piedad y dominio propio, *mientras aguardamos la bendita esperanza, es decir, la gloriosa venida de nuestro Dios y Salvador Jesucristo*» (Tit 2:12-13).[2] Pablo dice: «nosotros somos ciudadanos del cielo, *de donde anhelamos recibir al Salvador, el*

---

[1]El término *parousia* se utiliza en teología con el significado de «segunda venida» (de Cristo). Este vocablo viene de la palabra griega «venir» (*parousia*) que se usa para referirse a la segunda venida de Cristo en Santiago 5:8 y varios otros pasajes del Nuevo Testamento. Como *parousia* no es un término de uso común en inglés ordinario, no lo he empleado en este libro.

[2]La palabra traducida aquí como «aguardar» (*prosdechomai*) tiene un matiz de ansiosa expectativa: se le atribuye a José de Arimatea quien «también esperaba el reino de Dios» (Mr 15:43; Lc 23:51) y al justo Simeón «que aguardaba con esperanza la redención de Israel (Lc: 2:25).

Señor Jesucristo» (Fil 3:20).[3] El término «Marana ta», en 1 Corintios 16:22 significa también «¡Nuestro Señor, viene!» (2 Co 16:22 RVR).

¿Esperan ansiosos los cristianos el regreso del Señor? Mientras más los cristianos queden atrapados en el disfrute de las cosas de esta vida, y mientras más descuiden el genuino compañerismo cristiano y su relación personal con Cristo, menos anhelarán su regreso. Por otro lado, muchos cristianos que experimentan sufrimientos y persecución, o que están enfermos y tienen más años, y aquellos cuyo andar diario con Cristo es profundo y vital, sentirán un mayor anhelo por su regreso. Entonces, en cierta medida, el grado en que realmente anhelemos el regreso de Cristo es una medida de la condición espiritual de nuestras vidas en ese momento. También da alguna medida del grado en que vemos el mundo tal cual es realmente, como Dios lo ve, siervo del pecado y en rebelión contra Dios, y bajo el poder del maligno (1 Jn 5:19).

¿Significa esto que no debemos emprender proyectos a largo plazo? Si un científico que es cristiano ansiosamente espera el regreso de Cristo, ¿debe iniciar un proyecto de diez años? ¿O debe un cristiano comenzar un curso de tres años en un seminario de teología o una universidad bíblica? ¿Qué si Cristo fuera a regresar el día antes de la graduación de esa institución, antes que hubiera la más mínima oportunidad de dedicar un monto significativo de tiempo al ministerio real?

Ciertamente debemos emprender actividades a largo plazo. Es precisamente por esta razón que Jesús no nos permite conocer el verdadero momento de su regreso (ver más adelante): quiere que nos ocupemos de obedecerle, no importa cuál sea nuestro camino en la vida, hasta el mismo momento de su regreso. Estar «listos» para el regreso de Cristo (Mt 24:44) es estar obedeciéndolo fielmente en el presente, activamente involucrados en cualquier actividad a la que nos haya llamado. De acuerdo con la naturaleza de la situación, como no sabemos cuándo regresará, sin duda ese día habrá algunos misioneros que en ese momento parten para su campo de misión, que nunca llegarán a su destino. Habrá algunos en el último año de su educación teológica que nunca utilizarán su entrenamiento para pastorear una iglesia. Habrá algunos investigadores ofreciendo su disertación doctoral ese día, los frutos de años de investigación que nunca se publicarán y nunca ejercerán influencia en el mundo. Pero a todas esas personas que son cristianas, Jesús siempre les dirá: «¡Hiciste bien, siervo bueno y fiel! Has sido fiel en lo poco; te pondré a cargo de mucho más. ¡Ven a compartir la felicidad de tu Señor!» (Mt 25:21).

C. No sabemos cuándo Cristo volverá

Varios pasajes indican que no sabemos, ni podemos saber, el momento del regreso de Cristo. «Por eso también ustedes deben estar preparados, porque el Hijo del hombre vendrá *cuando menos lo esperen*» (Mt 24:44). «Manténgase despiertos *porque no saben ni el día ni la hora*» (Mt 25:13). Por otra parte, Jesús dijo: «Pero en cuanto al día y la hora, nadie lo sabe, ni siquiera los ángeles del cielo, ni el Hijo, sino solo el Padre. ¡Estén alerta! ¡Vigilen! *Porque ustedes no saben* cuándo llegará ese momento» (Mr 13:32-33).

---

[3]La palabra traducida aquí como «aguardamos» es *apekdechomai*, «aguardar ansiosamente» (note su uso con este sentido en Ro 8:19, 23; 1 Co 1:7; Gá 5:5).

Es evadir la fuerza de esos pasajes decir que no podemos saber el día o la hora, pero que podemos conocer el mes o el año. Permanece el hecho que Jesús viene «cuando menos lo esperen» (Mt 24:44), y «a la hora que no penséis» (Lc 12:40 RVR). En estos versículos la palabra «hora» *hora* se entiende mejor en un sentido más general, como referencia a un momento cuando algo tendrá lugar, no necesariamente a un período de tiempo de sesenta minutos.)[4] El objetivo de estos pasajes es que Jesús nos dice que *no podemos* saber cuándo él regresará. Como vendrá en un momento inesperado, debemos estar listos en todo momento para su regreso.

El resultado práctico de esto es que todo el que alega conocer específicamente cuándo regresa Jesús debe ser considerado equivocado. Los Testigos de Jehová han hecho muchas predicciones de fechas específicas para el regreso de Cristo, y todas ellas han resultado estar equivocadas.[5] Pero otros en la historia de la iglesia han hecho también esas predicciones, a veces afirmando tener un nuevo entendimiento de las profecías bíblicas, y en ocasiones haber recibido revelaciones personales del propio Jesús que indican el momento de su regreso. Y es desafortunado que muchos hayan sido engañados por estas afirmaciones, debido a que si las personas están convencidas que Cristo regresará (por ejemplo) en un mes, comenzarán a retirarse de todos los compromisos de largo plazo. Sacarán a sus hijos de la escuela, venderán sus casas, renunciarán a sus empleos y dejarán de trabajar en cualquier proyecto de largo plazo sea en la iglesia o en algún otro lugar. Puede que inicialmente sientan un creciente celo por la evangelización y la oración, pero la naturaleza irracional de su conducta contrarrestará cualquier impacto evangelístico que puedan ejercer. Por otro lado, simplemente están *desobedeciendo* la enseñanza de la Escritura de que la fecha del regreso de Cristo no puede conocerse, lo que significa que hasta sus oraciones y compañerismo con Dios se dañarán también. Todo el que afirme conocer la fecha en que Cristo regresará —no importa la fuente— se debe rechazar como alguien equivocado.[6]

---

[4]BAGD, p. 896, 3.

[5]Su intento de salvar la cara aduciendo que Jesús regresó realmente el 1 de octubre de 1914, de una forma invisible, es incorrecto pues niega la naturaleza visible y corporal del regreso de Cristo que se especifica con tanta claridad en varios pasajes citados arriba.

[6]Aun en el «ilustrado» siglo XX, tales alarmas podían convencer a mucha gente. En el verano de 1988 un antiguo especialista en cohetes con credenciales académicas impresionantes circuló un folleto alegando que Jesús retornaría en 12 de septiembre de 1988, y decenas de miles de copias del libro le dieron la vuelta a Estados Unidos y varias partes del mundo. Me sorprendió descubrir que algunos amigos cristianos por lo demás sobrios lo habían leído y estaban alarmados, y escuchar que algunos cristianos de nuestra comunidad habían sacado a sus hijos de la escuela a fin de estar juntos como una familia cuando volviera Cristo. Cuando la predicción falló, el autor, Edgar Whisenant, revisó su predicción diciendo que sus cálculos estaban equivocados por un año y que en su lugar Cristo retornaría el 1 de septiembre de 1989 (un día más tarde o más temprano), o, si no entonces, en Rosh Hashanah de 1990 o 1991 o 1992, o, a más tardar, en septiembre 15-17 de 1993. Por supuesto que estas predicciones también fallaron. Pero se interrumpieron muchas vidas y muchas personas alentaron falsas expectativas suscitadas y luego quebradas por la publicación de este folleto y sus secuelas. Vea Edgar Whisenant, *88 Reasons Why the Rapture Hill Be in 1988* (World Bible Society, Nashville, Tenn., 1988), y Edgar Whisenant and Greg Brewer, *The Final Shout: Rapture Report 1989* (World Bible Society, Nashville, Tenn., 1989).

D. Todos los evangélicos concuerdan sobre los resultados últimos del regreso de Cristo

No importa cuales sean sus diferencias sobre los detalles, todos los cristianos que aceptan la Biblia como su autoridad máxima concuerdan que el resultado final y último del regreso de Cristo será el juicio de los incrédulos y la recompensa final de los creyentes, y que éstos vivirán con Cristo en un nuevo cielo y una nueva tierra por toda la eternidad.

Dios Padre, Hijo y Espíritu Santo reinará y será adorado en un reino eterno donde no habrá más pecado, pena ni sufrimiento. Discutiremos estos detalles más ampliamente en los siguientes capítulos.

E. Hay desacuerdo sobre los detalles de los eventos futuros

A pesar de todo, los cristianos difieren sobre los detalles específicos que conducen y siguen inmediatamente al regreso de Cristo. Ellos difieren específicamente sobre la naturaleza del milenio y la relación del regreso de Cristo con el milenio, la secuencia del regreso de Cristo y el período de la gran tribulación que vendrá sobre la tierra, y la cuestión de la salvación del pueblo judío (y de la relación entre los judíos salvos y la iglesia).

Antes que examinemos algunas de estas cuestiones con más detalle, es importante subrayar la posición genuinamente evangélica de aquellos que sostienen diferentes posiciones sobre estas cuestiones. Todos los evangélicos que sostienen estas distintas posiciones concuerdan que la Escritura está libre de errores, y tienen el compromiso de creer *todo* lo que la Escritura enseña. Sus diferencias tienen que ver con la interpretación de varios pasajes relacionados con estos acontecimientos, pero sus diferencias sobre estos temas deben ser vistas como cuestiones de importancia secundaria, no como diferencias sobre cuestiones doctrinarias fundamentales.

A pesar de todo, vale la pena que dediquemos tiempo al estudio de estas cuestiones con más detalle, porque podemos obtener una mejor comprensión de la naturaleza de estos eventos que Dios ha planeado y nos ha prometido, y porque todavía hay esperanza de que se produzca una mayor unidad en la iglesia cuando acordemos examinar estos temas de nuevo con más detalle y nos empeñemos en discutirlos como se debe.

F. ¿Podría Cristo volver en cualquier momento?

Una de las áreas de desacuerdo importante trata de la cuestión de si Cristo podría regresar en cualquier momento. Por un lado, hay muchos pasajes que nos instan a estar listos porque Cristo regresará cuando menos lo esperemos. Por otro lado, hay varios pasajes que hablan de ciertos eventos que ocurrirán antes del regreso de Cristo. Ha habido diferentes maneras de resolver la aparente tensión entre estos dos conjuntos de pasajes, con algunos cristianos que concluyen que Cristo aun podría regresar en cualquier momento, y otros que concluyen que no podría regresar por lo menos en una generación, porque tomaría ese tiempo el cumplimiento de algunos de los acontecimientos vaticinados que deben ocurrir antes de su regreso.

1. Versículos que predicen un regreso de Cristo súbito e inesperado. A fin de sentir la fuerza acumulada de los pasajes que predicen que Cristo vendrá muy pronto, ayuda relacionarlos aquí en orden:

Manténganse despiertos, porque no saben qué día vendrá su Señor. Pero entiendan esto: Si un dueño de casa supiera a qué hora de la noche va a llegar el ladrón, se mantendría despierto para no dejarlo forzar la entrada. Por eso ustedes *deben también estar preparados*, porque el Hijo del hombre *vendrá cuando menos lo esperen*. (Mt 24:42-44; cf. 36-39)

El día en que el siervo *menos lo espere y a la hora menos pensada* el señor volverá. (Mt 24:50)

Manténganse despiertos porque no saben ni el día ni la hora. (Mt 25:13)

Pero en cuanto al día y la hora, nadie lo sabe, ni siquiera los ángeles del cielo, ni el Hijo, sino sólo el Padre. *¡Estén alerta! ¡Vigilen!* Porque ustedes no saben cuándo llegará ese momento (Mr 13:32-33).

Es como cuando un hombre sale de viaje y deja su casa al cuidado de sus siervos, cada uno con su tarea, y le manda al portero que vigile. *Por lo tanto, manténganse despiertos*, porque *no saben cuándo volverá el dueño de la casa*, si al atardecer, o a la medianoche, o al canto del gallo, o al amanecer; no sea que venga de repente y los encuentre dormidos. Lo que les digo a ustedes, se lo digo a todos: *¡Manténganse despiertos!* (Mr 13:34-37)

Vosotros, pues, también, *estad preparados*, porque *a la hora que no penséis, el Hijo del hombre vendrá*. (Lc 12:40)

¡Marana ta! (1 Co 16:22)

En cambio, nosotros somos ciudadanos del cielo, *de donde anhelamos recibir al Salvador*, el Señor Jesucristo. (Fil 3:20)

Porque ya saben que *el día del Señor llegará como ladrón en la noche*. (1 Ts 5:2)

Y nos enseña a rechazar la impiedad... Así podremos vivir en este mundo con justicia, piedad y domino propio, *mientras aguardamos la bendita esperanza*, es decir, la gloriosa venida de nuestro gran Dios y Salvador Jesucristo. (Tit 2:12-13)

Sino animémonos unos a otros, y con mayor razón ahora *que vemos que aquel día se acerca*. (Heb 10:25)

Por tanto, hermanos, tengan paciencia hasta la venida del Señor... Manténganse firmes y aguarden con paciencia *la venida del Señor, que ya se acerca*... *¡El juez ya está a la puerta!* (Stg 5:7-9)

Ya se acerca el fin de todas las cosas. (1 P 4:7)

Pero el día del Señor vendrá como un ladrón. En aquel día los cielos desaparecerán con un estruendo espantoso, los elementos serán destruidos por el fuego, y la tierra, con todo lo que hay en ella, será quemada. (2 P 3:10)

El tiempo está cerca (Ap 1:3)

¡Miren *que vengo pronto* (Ap 22:7)

¡Miren que *vengo pronto!* Tengo conmigo mi recompensa, y le pagaré a cada uno según lo que haya hecho. (Ap 22:12)

El que da testimonio de estas cosas, dice: «*Sí, vengo pronto*». Amén. *¡Ven, Señor Jesús!* (Ap 22:20)

¿Qué diremos de estos pasajes? Si no hubiera pasajes en el Nuevo Testamento sobre señales que precederían el regreso de Cristo, probablemente concluiríamos de los pasajes acabados de citar que Jesús podría venir en cualquier momento. En este sentido, ¿podríamos decir que el regreso de Cristo *es inminente?*[7] Parecería embotar la fuerza de los mandatos a *estar listos* y *vigilar* si hubiera una razón para pensar que Cristo no volvería pronto.

En este punto, antes de examinar los pasajes sobre las señales que preceden el regreso de Cristo, debe considerarse otro problema. ¿Estaban Jesús y el Nuevo Testamento equivocados en su expectativa de que él regresaría pronto? ¿No piensan ellos y aun enseñan que la segunda venida de Cristo ocurriría en solo unos pocos años? De hecho, un punto de vista de mucho relieve entre especialistas liberales del Nuevo Testamento ha sido que Jesús enseñó erróneamente que él regresaría pronto.

Pero ninguno de los textos citados requiere esta interpretación. Los textos que dicen estad listos no dicen cuánto tiempo tendremos que esperar, ni tampoco dicen los textos que Jesús viene en un momento que no esperamos. En cuanto a los textos que dicen que Jesús viene «pronto», tenemos que darnos cuenta que los profetas bíblicos a menudo hablan en términos de una «abreviación profética», que ven los acontecimientos futuros pero no ven el tiempo que media antes que esos eventos ocurran.

Georg Ladd dice:

Los profetas estaban poco interesados en la cronología, y el futuro se veía siempre como inminente... los profetas del Antiguo Testamento mezclaban las perspectivas de lo cercano y lo lejano para formar un solo lienzo. La profecía bíblica no es tridimensional en lo fundamental, sino bidimensional; tiene altura y ancho pero se preocupa poco de la profundidad, i.e., la cronología de los eventos futuros... lo

---

[7]En este capítulo, debe estar claro que *no* uso *inminente* como un término técnico para designar un rapto anterior a la tribulación (explicado abajo), sino simplemente para decir que Cristo podría regresar cualquier día, o aun a cualquier hora.

Todavía más, no uso el término *inminente* para decir que Cristo *ciertamente* vendrá pronto (pues entonces los versículos que hablan de inminencia habrían estado equivocados cuando fueron escritos). Utilizo la palabra *inminente* para decir que Cristo *podría* venir y *vendría* en cualquier momento. (Otros definen *inminente* con más amplitud, dándole el significado que Cristo podría venir en cualquier generación. No utilizo el término de esa manera en este capítulo.)

distante se percibe a través de la transparencia de lo inmediato. Es verdad que la iglesia primitiva vivió a la expectativa del regreso del Señor, y está en la naturaleza de la profecía bíblica hacer posible que cada generación viva a la expectativa del fin.[8]

Pedro también nos recuerda que el Señor tiene una perspectiva del tiempo diferente a la nuestra, de manera que el «pronto» puede que no sea lo que esperamos: «Pero no olviden, queridos hermanos, que para el Señor un día es como mil años, y mil años como un día. El Señor no tarda en cumplir su promesa, según entienden algunos la tardanza» (2 P 3:8-9).

2. Señales que preceden el regreso de Cristo. El otro conjunto de textos a ser considerados hablan de varias señales que la Escritura dice precederán el momento del regreso de Cristo. De hecho, Berkhof dice: «De acuerdo con la Escritura tienen que ocurrir varios eventos importantes antes del regreso del Señor, y por lo tanto esta no puede llamarse inminente».[9]

Aquí sería útil relacionar aquellos pasajes que se refieren más directamente a las señales que deben ocurrir antes del regreso de Cristo.

a. La predicación del evangelio a todas las naciones:

Pero *primero tendrá que predicarse el evangelio a todas las naciones* (Mr 13:10; cf. Mateo 24:14)

b. La Gran Tribulación:

Cuando sepan de guerras y de rumores de guerras, no se alarmen. Es necesario que eso suceda, pero no será todavía el fin. Se levantará nación contra nación, y reino contra reino. Habrá terremotos por todas partes; también habrá hambre. *Esto será apenas el comienzo de los dolores.* (Mr 13:7-8; cf. Mt 24:15-22; Lc 21:20-24)

Porque serán días de tribulación como no ha habido desde el principio, cuando Dios creó al mundo, ni la habrá jamás. Si el Señor no hubiera acortado esos días, nadie sobreviviría.]* Pero por causa de los que ha elegido, los ha acortado. (Mr 13:19-20)

c. Falsos profetas que harán señales y milagros:

Porque surgirán falsos profetas que harán señales y milagros, para engañar, de ser posible, aun a los elegidos. (Mr 13:22; cf. Mt 24:23-24)

---

[8]George Eldon Ladd, *A Commentary on the Revelation of John* (Grand Rapids: Eerdmans, 1972), p. 22.

[9]Berkhof, *Systematic Theology*, p. 696. Éste relaciona varios eventos, como la predicación del evangelio a todas las naciones, la plena restauración de Israel, la gran tribulación, la revelación del anticristo, y la notable conjunción de muchas señales y milagros ominosos (guerras, hambrunas, terremotos, falsos profetas que hacen milagros, y temibles señales en el sol, la luna y las estrellas), todo lo cual discute en la pp. 697-703.

d. Señales en los cielos:

> Pero en aquellos días, *después de esa tribulación, «se oscurecerá el sol y no brillará más la luna; las estrellas caerán del cielo y los cuerpos celestes serán sacudidos».* Verán entonces al Hijo del hombre venir en las nubes con gran poder y gloria. (Mr 13:24-25; cf. Mt 24:29-30; Lc 21:25-27)

e. La venida del hombre de pecado y la rebelión: Pablo escribe a los tesalonicenses que Cristo no vendrá hasta que el hombre de pecado sea primero revelado, y entonces el Señor Jesús lo destruirá en su venida. A este «hombre de pecado» se le identifica a veces con la bestia de Apocalipsis 13, y a veces se le llama el anticristo, el peor y último en la serie de «anticristos» mencionados en 1 Juan 2:18. Pablo escribe:

> Ahora bien, hermanos, en cuanto a la venida de nuestro Señor Jesucristo... *primero tiene que llegar la rebelión contra Dios y manifestarse el hombre de maldad*, el destructor por naturaleza. Este se opone y se levanta contra todo lo que lleva el nombre de Dios o es objeto de adoración, *hasta el punto de adueñarse del templo de Dios y pretender ser Dios*... Bien saben que hay algo que detiene a este hombre, a fin de que él se manifieste a su debido tiempo. Es cierto que el misterio de la maldad ya está ejerciendo su poder; pero falta que sea quitado de en medio el que ahora lo detiene. *Entonces se manifestará aquel malvado, a quien el Señor Jesús derrocará con el soplo de su boca y destruirá con el esplendor de su venida. El malvado vendrá, por obra de Satanás, con toda clase de milagros, señales y prodigios falsos. Con toda perversidad engañará a los que se pierden* por haberse negado a amar la verdad y así ser salvos .(2 Ts 2:1-10)

f. La salvación de Israel: Pablo habla del hecho de que muchos judíos han confiado en Jesús, pero dice que algún día en el futuro un gran número será salvo:

> Pero si su transgresión ha enriquecido, es decir si su fracaso ha enriquecido a los gentiles, *¡cuánto mayor será la riqueza que su plena restauración producirá!* (Ro 11:12)[10]

> Hermanos, quiero que entiendan este misterio para que no se vuelvan presuntuosos. Parte de Israel se ha endurecido, y así permanecerá hasta que haya entrado la totalidad de los gentiles. *De esta misma manera todo Israel será salvo.* (Ro 11:25-26)

g. Conclusiones de estas señales que preceden el regreso de Cristo: El impacto de estos pasajes parece tan claro que, como se mencionó arriba, muchos cristianos sienten simplemente que Cristo no puede retornar en cualquier momento.[11] Cuando examinamos la lista de señales ofrecidas arriba, no parece que requiere argumentar mucho para demostrar que la mayoría de estos eventos, o quizá todos

---

[10]La palabra griega traducida aquí «plena restauración» es *pleroma*, «plenitud». A esta futura plena restauración de Israel entre el pueblo de Dios también la llaman a veces la «plenitud» de Israel.

[11]Louis Berkhof también menciona a Mt 25:19, según el cual el maestro regresa «después de mucho tiempo», y Mt 25:5, que habla de la tardanza del novio en regresar (*Systematic Theology*, p. 697). Pero ambos pasajes son vagos en lo que toca al exacto monto de tiempo, y ambos serían consistentes aun con un atraso de diez o veinte años tras el regreso de Jesús al cielo.

ellos, no han ocurrido aún. O por lo menos ese parece ser el caso tras una primera lectura de estos pasajes.[12]

3. Posibles soluciones. ¿Cómo podemos reconciliar los pasajes que parecen advertirnos que estemos listos porque Cristo podría venir en cualquier momento, con los pasajes que indican que varios acontecimientos importantes y visibles deben tener lugar antes que Cristo pueda volver? Se han propuesto varias soluciones.

Una solución podría ser afirmar que *Cristo no podría volver en ningún momento*. Louis Berkhof asume esta posición, en la frase arriba citada. Cuánto tiempo pasaría antes que Cristo regresara depende del estimado de cada persona sobre cuánto tiempo demorarían en cumplirse algunas señales, tales como la predicación del evangelio a todas las naciones, la llegada de la gran tribulación, y la congregación de todos los judíos que serán salvos.

Este punto de vista tiene dos dificultades. Primero, realmente parece anular la fuerza de la advertencia de Jesús de que debemos vigilar, estar listos, y de que él regresaría en un momento que no esperamos. ¿Qué fuerza tiene una advertencia de estar listos para el regreso de Cristo en un momento inesperado cuando sabemos que esta venida *no puede* ocurrir en muchos años? La sensación de espera urgente del regreso de Cristo disminuye mucho o se niega por completo en esta posición, y el resultado parece ser absolutamente contrario a la intención de Jesús al hacer tales advertencias.

Segundo, esta posición parece utilizar estas señales de una forma completamente opuesta a la forma que Jesús quería que se usara. Se ofrecen las señales de manera que, cuando las veamos, *intensificarán nuestra expectación* del regreso de Cristo. Jesús dijo: «*Cuando comiencen a suceder estas cosas, cobren ánimo y levanten la cabeza, porque se acerca su redención*» (Lc 21:28). Y las advertencias también se ofrecen para impedir que los creyentes se extravíen y sigan falsos mesías: «Tengan cuidado de que nadie los engañe—comenzó Jesús a advertirles. Vendrán muchos que, usando mi nombre, dirán: «Yo soy», y engañarán a muchos… Entonces si alguno os dijere: Mirad, aquí está el Cristo; o, mirad, allí está, no le creáis» (Mr 13:5-6, 21). De manera que se ofrecen las señales para impedir que los cristianos se sorprendan con estos notables eventos, para asegurarles que Dios los conoce por anticipado, y para impedir que sigan tras supuestos mesías que no vienen de un modo dramático, visible y como conquistador del mundo, como vendrá Jesús. *Pero las señales nunca se ofrecen para hacer que pensemos: «Jesús no podría venir en unos pocos años»* No hay indicios de que Jesús dio estas señales a fin de proveer a los cristianos con una razón *para que no estuvieran listos* para su venida ¡o a fin de alentarlos a *no esperar* que él podría venir en cualquier momento! Utilizar las señales que precederán el regreso de Cristo de esta manera (como hace Berkhof, por ejemplo), es utilizarlas de una manera que Jesús nunca se propuso. Por lo tanto, no parece convincente decir que Cristo no podría venir en cualquier momento.

---

[12]No he relacionado «las guerras y rumores de guerras» y «hambres y terremotos por todas partes» (Mt 24:6-7) como señales que deben preceder el regreso de Cristo, porque han estado presentes a todo lo largo de la historia, y porque no se mencionan por Jesús como señales que precederían inmediatamente su regreso, sino como eventos que vienen antes de esas señales, como «el comienzo de los dolores» (Mt 24:8). Sin embargo, una intensificación de estas cosas puede que indique el comienzo de los últimos días, con otras señales que pronto seguirían.

Otra solución importante a este problema es decir que Cristo [de hecho podría venir en cualquier momento, y reconciliar los dos conjuntos de pasajes de varias maneras. (1) Una forma de conciliarlas es decir que *el Nuevo Testamento habla de dos regresos distintos de Cristo*, o dos segundas venidas de Cristo,[13] esto es, una venida *secreta* en la que Cristo se lleva a los cristianos del mundo (una venida «para sus santos»), y entonces, siete años después que haya ocurrido la tribulación sobre la tierra, una venida visible, *pública*, triunfante (una venida «con sus santos») en la que Cristo viene a reinar sobre la tierra. Durante el intervalo de siete años todas las señales que todavía no se hayan cumplido (la gran tribulación, los falsos profetas con señales y milagros, el anticristo, la salvación de Israel, y las señales en los cielos) se cumplirán, de manera que no hay ninguna tirantez entre esperar por una venida que podría ocurrir «en cualquier momento» y comprender que una posterior venida estará precedida por muchas señales.[14]

El problema con esta solución es que resulta difícil derivar dos venidas separadas de Cristo de los pasajes que predicen su regreso. Sin embargo, no discutiremos esta cuestión aquí, pero la trataremos en el siguiente capítulo, cuando se considere el punto de vista del milenio pre-tribulación del regreso de Cristo.[15] También debemos anotar que esta solución es históricamente bastante reciente, pero se la desconocía en la historia de la iglesia antes que John Nelson Darby la propusiera en el siglo diecinueve (1800-1882). Esto debe alertarnos sobre el hecho de que esta solución no es la única posible para la tirantez que se presenta en los pasajes citados arriba.

(2) Otra solución es decir que *todas las señales se han cumplido, y por lo tanto Cristo podría regresar en cualquier momento*. Según este punto de vista, se podría esperar un posible cumplimiento de estas señales en los eventos de la iglesia primitiva, aun en el primer siglo. En cierto sentido, podría decirse, que el evangelio se predicó de hecho a todas las naciones, falsos profetas se levantaron y se opusieron al evangelio, hubo una gran tribulación con la persecución que sufrió la iglesia a manos de algunos emperadores romanos, el hombre de maldad era de hecho el emperador Nerón, y el número del pueblo judío que será salvo ha aumentado gradualmente a lo largo de la historia de la iglesia, pues el propio Pablo se pone a sí mismo como ejemplo del comienzo de la congregación del pueblo judío (Ro 11:1). Discutiremos con más detalle en la siguiente sección el punto de vista de que las señales que preceden al regreso de Cristo *puede* que ya se hayan cumplido,[16] pero aquí podemos simplemente anotar que muchas personas no han hallado convincente ningún punto de vista que dice que ellas han ocurrido porque estas señales les parece

---

[13]Aquellos que sostienen este punto de vista objetan la caracterización de esto como dos segundas venidas y prefieren hablar de dos aspectos de la misma segunda venida, pero como estas dos venidas están separadas por un intervalo de siete años, no parece equivocado caracterizar el punto de vista como que cree en dos segundas venidas.

[14]Ese punto de vista es el de la pre-tribulación, que se le llama a menudo el del rapto de la pre-tribulación, pues aquellos que lo sostienen refieren frecuentemente al primer regreso secreto de Cristo para sacar a los cristianos del mundo como un 'rapto' (del lat. *rapio*, «capturar, arrebatar, arrastrar»). Este punto de vista se discute en el capítulo 55, pp. 1173-75 y 1194-98.

[15]Vea el capítulo 55, pp. 1194-95, para un análisis del punto de vista de la tribulación pre-milenio de regreso de Cristo.

[16]Vea pp. 1162-66 para una discusión del punto de vista de que es poco probable pero posible que todas las señales que preceden el regreso de Cristo ya se hayan cumplido.

que apuntan a eventos mucho mayores que los que tuvieron lugar en el primer siglo.

(3) Hay otra manera posible de conciliar estos dos conjuntos de pasajes.

Es decir que es *poco probable pero posible que las señales ya se hayan cumplido*, y que por lo tanto no podemos simplemente saber con certeza en ningún momento de la historia si todas las señales se han cumplido o no. Esta posición es atractiva pues toma en serio el propósito primario de las advertencias, y el hecho de que no conoceremos cuándo Cristo regresará. Con respecto a las señales, su propósito primario es intensificar nuestras expectativas sobre el regreso de Cristo. Por lo tanto, cuando quiera que veamos indicios de cosas que se asemejan a estas señales, se elevarán e intensificarán nuestras expectativas sobre el regreso de Cristo. Con respecto a las advertencias de estar listos, los que abogan por esta posición dirían que Cristo *podría* regresar en cualquier momento (pues no podemos estar seguros de que las señales no se han cumplido), de manera que debemos estar listos, aunque es *poco probable* que Cristo regresará de inmediato (porque parece que aun deben cumplirse varias señales). Por último, esta posición está de acuerdo con que no podemos saber cuándo regresará Cristo, y que regresará en el momento cuando no lo esperemos.

¿Pero es posible que estas señales se hayan cumplido? Las podemos examinar una a una. En cada caso nuestra conclusión será que es *poco probable, pero posible, que la señal ya se haya cumplido.*

a. La predicación del evangelio a todas las naciones. ¿Se ha predicado el evangelio a todas las naciones? Probablemente no, pues hay muchos grupos lingüísticos y tribus que aun no han escuchado el evangelio. Por consiguiente, es poco probable que esta señal se haya cumplido. No obstante, Pablo sí habla en Colosenses sobre la divulgación mundial del evangelio. Habla de que «el evangelio que ha llegado hasta ustedes. Este evangelio está dando fruto y creciendo en todo el mundo» (Col 1:5-6). También habla de que «este es el evangelio que ustedes oyeron y que ha sido proclamado en toda la creación debajo del cielo, y del que yo, Pablo, he llegado a ser servidor» (Col 1:23). Con estos versículos él ciertamente no indica que toda criatura viva ha escuchado la proclamación del evangelio, sino que su proclamación ha avanzado en todo el mundo, y que en un sentido por lo menos alegórico el evangelio ha sido predicado a todo el mundo o a todas las naciones.[17] Por lo tanto, es poco probable pero posible que esta señal se cumplió inicialmente en el primer siglo y se ha cumplido en mayor medida muchas veces desde entonces.

---

[17]R. T. France, *The Gospel According to Matthew*, TNTC (Leicester: Inter-Varsity Press, Grand Rapids: Eerdmans, 1985), p. 339, dice de la afirmación de Jesús de» que «este evangelio del reino se predicará en todo el mundo como testimonio a todas las naciones» (Mt 24:14), lo siguiente: «El mundo es *oikoumene*, lit. 'el área habitada', un término que se aplicaba de ordinario al mundo griego (como opuesto a los bárbaros), entonces al Imperio Romano, y en lo sucesivo a todo el mundo conocido; por lo que no es tanto un término geográfico que debe incluir toda comunidad o área que ahora se sabe se encuentra sobre la tierra, sino más bien como indicación de la oferta universal del evangelio *a todas las naciones*, i.e., más allá de los confines de la comunidad judía... En cierto sentido Pablo pudo afirmar mucho antes de 70 d.C.: «He completado la proclamación del evangelio de Cristo por todas partes, hasta la región de Iliria» (Ro 15:19) y en muchas ocasiones desde entonces afirmaciones similares podrían haberse hecho para referirse a un área mucho más amplia que el *oikoumene* conocido en tiempo de Jesús».

b. La Gran Tribulación: De nuevo, parece que el lenguaje de la Escritura indica un período en el que llega a la tierra un sufrimiento mucho mayor de todo lo que hasta ahora se ha experimentado. Pero se tiene que comprender que muchas personas han entendido las advertencias de Jesús sobre la gran tribulación como referidas al sitio romano de Jerusalén durante la Guerra Judía de 66-70 d.C.[18] El sufrimiento durante esa guerra fue efectivamente terrible, y pudo ser lo que Jesús describía al predecir esta tribulación. De hecho, desde el primer siglo, ha habido muchos períodos de violenta e intensa persecución de los cristianos, y aun en nuestro siglo mucho de esto ha ocurrido en amplias porciones del globo terráqueo, con cristianos horriblemente perseguidos en la antigua Unión Soviética, en la China comunista, y en los países musulmanes. Sería difícil convencer a algunos cristianos en este siglo quienes han pasado por décadas de persecución por su fe, y han conocido persecuciones que afectan a otros cristianos a lo largo de grandes segmentos del mundo, que esa gran tribulación ciertamente no ha ocurrido todavía. Han deseado y orado durante años porque Cristo venga y los rescate de la tribulación que padecen.

Una vez más, aunque podemos pensar que las palabras de Jesús indican la probabilidad de una persecución todavía mayor que viene en el futuro, es difícil estar seguros de esto. Parece apropiado concluir que es poco probable pero posible que la predicción de una gran tribulación ya se haya cumplido.

c. Falsos cristos y falsos profetas: En lo que toca a los falsos cristos y falsos profetas que harán señales y milagros, cualquier misionero que haya trabajado entre gente donde la brujería y la actividad demoníaca están rampantes estarían dispuestos a testificar que «señales y maravillas» aparentemente milagrosas se han producido por el poder demoníaco para oponerse a la difusión del evangelio. Sin duda por siglos se han realizado milagros demoníacos y falsas señales, por lo menos desde el tiempo en que los magos de la corte del Faraón produjeron falsas señales en oposición a los milagros de Moisés (Éx 7:11; 8:7; cf. la actividad de Simón el hechicero en Hch 8:9-11). Cualquiera que sea la forma específica que ello asuma, esa producción de milagros engañosos está casi siempre acompañada por religiones falsas, que extravían a mucha gente (los líderes de esos grupos pueden denominarse falsos mesías y falsos profetas). Parece posible que las palabras de Jesús predigan una manifestación mucho mayor de este tipo de actividades justo en el momento anterior a su regreso, pero otra vez, es difícil estar seguros de que esto será así. Es mejor concluir que es poco probable pero aun posible que esta señal se haya cumplido ya.

d. Poderosas señales en los cielos: La ocurrencia de poderosas señales en los cielos es una señal que casi ciertamente no ha ocurrido todavía. Por supuesto, ha habido eclipses de sol y de luna, y han aparecido cometas, desde el comienzo del mundo. Pero Jesús habla de algo mucho mayor: «*Se oscurecerá el sol y no brillará más la luna; las estrellas caerán del cielo y los cuerpos celestes serán sacudidos*» (Mt 24:29).

---

[18]Vea la descripción de estos eventos en France, *Mattthew*, pp. 340-41, con referencia a la *Guerra de los Judíos* de Josefo 5.512-18.

Aunque R. T. France intenta explicar esto como lenguaje simbólico que se refiere a la destrucción de Jerusalén y el juicio de Dios sobre ella,[19] debe basar este alegato sobre la afirmación de Isaías 13:10 (de donde parecen tomarse las palabras de Jesús en Mt 24:29) es también lenguaje meramente simbólico que se refiere a la caída de Babilonia, por cuanto es más probable que tanto Isaías 13:10 y Mateo 24:29 habla de una aún futura caída literal de las estrellas y de un oscurecimiento del sol y la luna, algo que sería un preludio adecuado a la sacudida de la tierra y los cielos y la destrucción cósmica que vendrá tras el regreso de Cristo (vea Heb 1:10-12; 12:27; 2 P 3:10-11). Por otra parte, es significativo que esta descripción de eventos cósmicos en Mateo 24:29 esté seguida en el resto del pasaje por la oración: «Verán al Hijo del hombre venir sobre las nubes del cielo con poder y gran gloria» (v. 30).[20] Dados estos hechos, parece poco probable que las descripciones de la caída de las estrellas del cielo y el oscurecimiento del sol y la luna son un lenguaje meramente simbólico. Es mejor considerarlas como señales reales que ocurrirán justo antes del regreso de Cristo, y como tales, caen en una categoría diferente a la de las otras señales, pues parece seguro que aún no han ocurrido. Con todo, pueden ocurrir muy rápidamente —en el lapso de unos pocos minutos o con mucho de una hora o dos— para que los siga inmediatamente el regreso de Cristo. Estas señales particulares no son del tipo que nos llevarían a negar que Cristo podría regresar en cualquier momento.

e. La aparición del hombre de maldad: Muchos intentos se han hecho a lo largo de la historia para identificar al hombre de maldad (el «anticristo») con figuras históricas que tenían gran autoridad y trajeron desolación y devastación entre la gente sobre la tierra. Muchos pensaron que los antiguos emperadores romanos Nerón y Domiciano, quienes persiguieron severamente a los cristianos, serían el anticristo. (Muchos emperadores romanos, incluyendo estos dos, decían ser deidades y exigieron que se les adorara.) En épocas más recientes comúnmente se consideró que Adolfo Hitler era el anticristo, como lo fue José Stalin. Por otro lado, muchos protestantes desde la reforma, especialmente aquellos perseguidos por la iglesia católica, han pensado que uno u otro de los papas era el anticristo.

Pero todas estas identificaciones han probado ser falsas,[21] y es probable que un «hombre de maldad» aún peor se levantará sobre la escena mundial y traerá sufrimientos sin paralelo y persecución, solo para que Jesús lo destruya cuando regrese. Pero el mal perpetrado por muchos de estos gobernantes ha sido tan grande que, al menos mientras estuvieron en el poder, sería difícil estar seguros que el «hombre de

---

[19]France, *Matthew*, pp. 343-44.

[20]La dificultad en la posición de France se ve en el hecho de que debe tomar esta evidentemente muy clara predicción del regreso de Cristo a la tierra como una predicción de la destrucción del templo judío en 70 d.C. Él dice que Mt 24:30 habla de la «venida de Dios para recibir autoridad y vindicación:, y por lo tanto no indica un regreso de Cristo en la carne, sino la vindicación de su autoridad «sobre el establecimiento judío que lo había rechazado» mientras la traducción del templo ocurre en 70 d.C. (ibid., p. 344).

[21]Sin embargo, Juan dice: «Así como ustedes oyeron que el anticristo vendría, muchos son los anticristos que han surgido ya» (1 Jn 2:18), y habla del «anticristo» que «ya está en el mundo» (1 Jn 4:3). Por lo tanto, aun si estos previos perseguidores de la iglesia no fueran *el anticristo*, muchos de ellos pueden haber sido perseguidores del último anticristo.

maldad» mencionado en 2 Tesalonicenses 2 aun no ha aparecido. [22] De nuevo otra vez, es poco probable pero posible que esta señal se haya cumplido.

f. La salvación de Israel: Con respecto a la salvación de Israel como un todo, se debe decir de nuevo que Romanos 9—11 parece indicar que habrá una aún futura reagrupación del pueblo judío en que este se volverá y aceptará a Jesús como su Mesías. Pero no es seguro que Romanos 9—11 prediga esto, y muchos han alegado que no tendrá lugar ningún tipo de congregación ulterior del pueblo judío más allá de la que ya hemos visto a lo largo de la historia de la iglesia, pues el propio Pablo se presenta como ejemplo primario de esta congregación (Ro 11:1-2). Una vez más, es poco probable pero posible que esta señal ya se haya cumplido.

g. Conclusión: A excepción de las espectaculares señales en los cielos, es poco probable pero posible que estas señales ya se hayan cumplido. Por otra parte, la única señal que parece ciertamente que no ha ocurrido, el oscurecimiento del sol y la luna y la caída de las estrellas, podría ocurrir en el transcurso de unos pocos minutos, por eso parece apropiado decir que Cristo podría volver a cualquier hora del día o la noche. Es por lo tanto poco probable pero ciertamente posible que Cristo podría regresar en cualquier momento.

¿Pero le hace justicia esta posición a las advertencias que debemos estar preparados y que Cristo viene en el momento que no esperamos? ¿Se puede estar *listos* para algo que pensamos es *poco probable* que ocurra en el futuro cercano? Ciertamente sí. Todo el que lleva un cinturón de seguridad cuando maneja, o compra un seguro de automóvil, se prepara para un evento que él o ella piensa que es poco probable. [23] De forma similar parece posible tomar con seriedad las advertencias de que Jesús podría venir cuando no lo esperamos, y no obstante decir que las señales que preceden su venida probablemente tendrán lugar en el futuro.

---

[22]Se podría argumentar que Pablo no quería que la iglesia de Tesalónica esperara que Cristo regresara en cualquier momento, pues les escribe que «no pierdan la cabeza ni se alarmen por ciertas profecías, ni por mensajes orales o escritos supuestamente nuestros, que digan: «¡Ya llegó el día del Señor!» (2 Ts 2:3). Entonces sigue diciendo: «No se dejen engañar de ninguna manera, porque primero tiene que llegar la rebelión contra Dios y manifestarse el hombre de maldad» (2 Ts 2:3). Alguien podría preguntar sin Pablo no está razonando de esta manera: Saben que el hombre de maldad no ha aparecido todavía, por lo tanto, saben que Cristo no ha regresado aún. Y Cristo no vendrá hasta que este hombre de maldad aparezca en escena.

Pero se debe notar que Pablo no les dice a los tesalonicenses que Cristo no podría venir en cualquier momento. Él no les dice que no estarán listos o que fracasarán a la hora de esperar el regreso de Cristo. Les dice simplemente que el regreso de Cristo *no ha ocurrido todavía*, lo cual es algo completamente diferente. Y la razón que ofrece no solo es el hecho que el hombre de maldad debe aparecer primero, sino también que cuando Cristo vuelva derrotará a este hombre de maldad y lo destruirá: «Entonces se manifestará aquel malvado, *a quien el Señor Jesús derrocará con el soplo de su boca y destruirá con el esplendor de su venida.* La conclusión es que Cristo no ha venido, porque no ha llegado destruyendo al hombre de maldad. Pero ciertamente podría haber venido en cualquier momento, aun en el contexto de 2 Tesalonicenses, y destruido inmediatamente al emperador romano que reinaba en ese momento (pues los emperadores romanos alegaban regularmente ser dioses dignos de adoración, y el propio Juan dijo que «muchos son los anticristos que han surgido ya», 1 Jn 2:18).

[23]Le doy gracias a Dios que he manejado durante treinta años sin ningún accidente mayor de automóvil, y oro y espero que no experimentaré ninguno, pero todavía me ajusto el cinturón de seguridad cada vez que entro al carro. Me preparo para un acontecimiento que pienso es poco probable, pero que sin embargo es posible. De manera similar, *pienso* que muchas señales tendrán que cumplirse de manera aun más notable, y que es poco probable que Cristo regrese en los próximos días o semanas. De hecho, escribo este libro, que no se publicará en muchos meses, bajo la suposición de que Cristo no habrá regresado para entonces. No obstante, frecuentemente examino mi corazón y mi vida para ver si hay algo de lo que me avergonzaría cuando Jesús regrese, porque quiero estar preparado para su regreso en cualquier momento, aun en el momento que no espero.

Esta posición ofrece beneficios espirituales positivos mientras buscamos vivir una vida cristiana en medio de un mundo que cambia velozmente. En el flujo y re-flujo de la historia mundial, vemos de tiempo en tiempo acontecimientos que *po-drían ser* la materialización final de algunas de estas señales. Ocurren, y entonces se esfuman. Durante los días más negros de la Segunda Guerra Mundial, parecía muy posible que Hitler fuera el anticristo. En tiempos de persecución contra la iglesia, puede parecer más probable que los cristianos estén en medio de la gran tribula-ción. Cuando escuchamos de terremotos y hambrunas y guerras, nos preguntam-mos si el regreso de Cristo no estará cerca. Entonces esos eventos se desvanecen y los líderes mundiales desaparecen de la escena, y la ola de eventos que llevan al fin de la era parece retroceder por un tiempo. Entonces una nueva ola de eventos irrumpe en la escena mundial, y de nuevo crecen nuestras expectativas del regreso de Cristo. Tras cada «ola» sucesiva de eventos, *no sabemos* cuál será la última. Y esto es bueno, pues Dios no intenta que lo sepamos. Quiere que continuemos anhelan-do el regreso de Cristo y esperando que ocurra en cualquier momento. Es espiri-tualmente insano que digamos que sabemos que estas señales *no han ocurrido*, y parece estirar los límites de una interpretación creíble decir que sabemos que estas señales han ocurrido. Pero parece encajar exactamente con el enfoque del Nuevo Testamento sobre el regreso de Cristo decir que *no sabemos* con certeza si estos eventos han ocurrido. Una exégesis responsable, estar a la espera de un regreso sú-bito de Cristo, y cierta medida de humildad en nuestro entendimiento, las tres co-sas se preservan en esta posición.

Entonces, si Cristo regresa de pronto, no estaremos tentados a objetar que una u otra señal no ha ocurrido aún. Simplemente estaremos listos para darle la bien-venida cuando él aparezca. Y si todavía debe venir un gran sufrimiento, y si empe-zamos a ver una gran oposición al evangelio, un gran avivamiento entre el pueblo judío, un notable progreso en la predicación del evangelio a través del mundo, y aun señales espectaculares en los cielos, entonces no nos desalentaremos ni desco-razonaremos, pues recordaremos las palabras de Jesús: «Cuando comiencen a su-ceder estas cosas, cobren ánimo y levanten la cabeza, porque se acerca su redención» (Lc 21:28).

PREGUNTAS PARA APLICACIÓN PERSONAL

1. Antes de leer el capítulo, ¿cree usted que Cristo podría regresar en cualquier momento? ¿Cómo afecta eso su vida cristiana? ¿Ahora qué piensa usted? Si su punto de vista ha cambiado, ¿qué efecto tendrá esto en su propia vida?

2. ¿Por qué piensa que Jesús decidió dejar el mundo por un tiempo y entonces regresar, en lugar de quedarse en la tierra tras su resurrección y predicar el evangelio a través del mundo él mismo?

3. ¿Anhela ahora intensamente el regreso de Cristo? ¿Ha sentido en el pasado un anhelo mayor? Si no tiene un muy fuerte anhelo por el regreso de Cristo, ¿qué factores en su vida piensa que contribuyen a esa falta de añoranza?

4. ¿Alguna vez decidió no emprender un proyecto a largo plazo porque pensó que el regreso de Cristo estaba cerca? ¿Tiene alguna vacilación ahora sobre

proyectos a largo plazo a causa de esta razón? Si es así, ¿piensa que la vacilación tiene alguna consecuencia negativa en su vida?

5. ¿Está listo para el regreso de Cristo hoy? Si supiera que él va a volver en 24 horas, ¿qué relaciones o situaciones querría usted fortalecer antes de su regreso? ¿Piensa que el mandato de «estar listos» significa que usted debía intentar fortalecer esas cosas ahora, aun si piensa que es poco probable que él regrese hoy?

TÉRMINOS ESPECIALES

escatología

escatología general

escatología personal

inminente

parusía

segunda venida de Cristo

BIBLIOGRAFÍA

(Para una explicación de esta bibliografía vea la nota sobre la bibliografía en el capítulo 1, p. 40. Datos bibliográficos completos se pueden encontrar en las páginas 1297-1306.)

Secciones en teologías sistemáticas evangélicas

1. Anglicanas (Episcopales)
   - 1882-92   Litton, 579-81
   - 1930   Thomas, 87-88, 525
2. Arminianas (wesleyanas o metodistas)
   - 1875-76   Pope, 3:387-401
   - 1892-94.1   Miley, 2:440-47
   - 1940   Wiley, 3:243-81
   - 1960   Purkiser, 537-50
   - 1983   Carter, 2:113-16
3. Bautistas
   - 1767   Gill, 2:230-43
   - 1887   Boyce, 451-61
   - 1907   Strong, 1003-15
   - 1917   Mullins, 1185-94, 1203-4
4. Dispensacionales
   - 1947   Chafer, 4:255-63; 5:280-314
   - 1949   Thiesen, 337-50
   - 1986   Ryre, 273-74, 463
5. Luteranas
   - 1917-24   Pieper, 3:515-34
   - 1934   Mueller, 619-25
6. Reformadas (o presbiterianas)
   - 1871-73   Hodge, 3:790-836
   - 1887-1921   Warfield, *SSW*, 1:348-64
   - 1889   Shedd, 2b:641-46; 3:471-528

1937-66   Murray, *CW*, 1:86-95; *CW*, 2:387-410
1938   Berkhof, 695-707
1962   Buswell, 2:341-423
7. Renovadas (o carismático/pentecostales)
1988-92   Williams, 3:297-396

Secciones de teologías católico romanas representativas

1. Católico-Romanas: Tradicional
1955   Ott, 485-88
2. Católico-Romanas: Post Vaticano II
1980   Mc Brien, 2:1101-6

OTRAS OBRAS

Archer, Gleason, Paul Feinberg, Douglas Moo, y Richard Reiter. *The Rapture: Pre-, Mid-, or Post-tribulational?* Zondervan, Grand Rapids,1984.

Bauckham, Richard J. «Apocalyptic». En *NDT*, pp. 33-35.

Beechick, Allen. *The Pre-Tribulation Rapture.* Accent, Denver, 1980.

Berkouwer, G. C. *The Return of Christ.* Trad. Por James Van Oosterom. Ed. Por Marlin J. Van Elderen. Eerdmans, Grand Rapids, 1972.

Clouse, F. G. «Rapture of the Church». En *EDT*, pp. 908-10.

Dumbrell, William J. *The Search for Order: Biblical Eschatology in Focus.* Baker, Grand Rapids, 1992.

Erickson, Millard. *Contemporary Options in Exchatology.* Baker, Grand Rapids, 1977.

Gundry, R. H. *The Church and the Tribulation.* Baker, Grand Rapids, 1973.

Hoekema, Anthony A. *The Bible and the Future* Eerdmans, Grand Rapids, 1979, pp. 109-238.

Ladd, George Eldon. *The Blessed Hope.* Eerdmans, Grand Rapids, 1956.

Lightner, Robert P. *The Last Days Handbook: A Comprehensive Guide to Understanding the Different Views of Prophecy. Who Believes What About Prophecy and Why.* Thomas Nelson, Nashville, TN, 1990.

Rosenthal, Marvin. *The Pre-Wrath Rapture of the Church.* Thomas Nelson, Nashville, TN, 1990.

Travis, S. H. «Eschatology». En *NDT*, pp. 228-31.

VanGemeren, Willem. *The Progress of Redemption.* Zondervan, Grand Rapids, 1988.

Van Kampen, Robert. *The Sign.* Crossway, Wheaton, IL, 1992.

Vos, Geerhardus. *The Pauline Eschatology.* Eerdmans, Grand Rapids, 1961.

Walvoord, John F. *The Blessed Hope and the Tribulation.* Zondervan, Grand Rapids, 1976.

PASAJE BÍBLICO PARA MEMORIZAR

1 Tesalonicenses 4:15-18: *Conforme a lo dicho por el Señor, afirmamos que nosotros, los que estemos vivos y hayamos quedado hasta la venida del Señor, de ninguna manera nos* *adelantaremos a los que hayan muerto. El Señor mismo descenderá del cielo con voz de mando, con voz de arcángel y con trompeta de Dios, y los muertos en Cristo resucitarán primero. Luego los que estemos vivos, los que hayamos quedado, seremos arrebatados junto con ellos en las nubes para encontrarnos con el Señor en el aire. Y así estaremos con el Señor para siempre. Por lo tanto, anímense unos a otros con estas palabras.*

HIMNO

«Con las nubes viene Cristo»

Este canto vívidamente describe el acontecimiento del retorno de Cristo, con millones de creyentes viniendo con él y muchos más en la tierra dándole la bienvenida en su venida. Las «nubes» con las que Cristo viene, mencionadas en el primer verso de este himno, son las nubes de la gloria de Dios. El himno no titubea (en la tercera estrofa) de pintar brillantemente el estremecimiento de los cielos y la tierra y el hecho de que los no creyentes serán llamados a juicio. Termina con una estrofa dramática directamente dirigida a Jesús mismo, pidiéndole que vuelva pronto y reine.

1. Con las nubes viene Cristo
Que una vez por nos murió,
Santos miles cantan himnos
Al quien en la cruz triunfó.
¡Aleluya! ¡Aleluya! Cristo viene y reinará.

2. Todos al gran Soberano
Le verán en majestad;
Los que le crucificaron
Llorarán su indignidad,
Y con llanto, y con llanto al Mesías mirarán.

3. Las señales de su muerte
En su cuerpo llevará;
Y la Iglesia, ya triunfante,
Al Rey invicto aclamará,
Y con gozo, y con gozo sus insignias mirará.

4. Que te adoren todos, todos,
digno Tú eres, oh Señor.
En tu gloria y en justicia
Reinarás, oh Salvador.
¡Aleluya! ¡Aleluya! Para siempre reinarás.

AUTOR: CARLOS WESLEY, ES TRAD.
(TOMADO DE HIMNOS DE LA VIDA CRISTIANA, #81)

Capítulo 55

El Milenio

¿Qué es el milenio? ¿Cuándo debe ocurrir?
¿Pasarán los Cristianos por la Gran Tribulación?

EXPLICACIÓN Y BASES BÍBLICAS

La palabra *milenio* significa «mil años» (del lat. *millenium*, «mil años»). El término viene de Apocalipsis 20:4-5, donde dice que ciertos individuos «volvieron a vivir y reinaron con Cristo *mil años*... Los demás muertos no volvieron a vivir hasta que se cumplieron los *mil años*«. Justo antes de esta afirmación, leemos que un ángel descendió del cielo y sujetó al diablo «y lo encadenó por *mil años*. Lo arrojó al abismo, lo encerró y tapó la salida para que no engañara más a las naciones, hasta que se cumplieran *los mil años* (Ap 20:2-3).

A lo largo de la historia de la iglesia ha habido tres puntos de vista principales sobre el momento y la naturaleza de este «milenio».

A. Explicación de los Tres Puntos de Vista Principales

1. Amilenarismo. El primer punto de vista que se explica aquí, amilenarismo, es realmente simple. Se puede representar como en la figura 55.1:

AMILENARISMO
NO HAY FUTURO MILENIO ·

ERA DE LA IGLESIA · · · · · · ESTADO ETERNO

Apocalipsis 20:1-6 es ahora

Resurrección de los creyentes
Resurrección de los no creyentes
Juicio
Nuevo cielo, nueva tierra

AMILENARISMO
Figura 55.1

De acuerdo con esta posición el pasaje de Apocalipsis 20:1-10 describe la presente era de la iglesia. Esta es una era en la que la influencia de Satanás sobre las naciones ha sido reducida bastante de manera que se pudiera predicar en todo el mundo el evangelio. Aquello que se dice que reinaban con Cristo durante los mil años son cristianos que han muerto y ya reinan con Cristo en el cielo. Cristo reina en el milenio, de acuerdo con este punto de vista, no es un reino corporal aquí sobre la tierra sino el reino celestial del cual habló cuando dijo: «Se me ha dado autoridad en el cielo y en la tierra» (Mt 28:18).

Este punto de vista se llama «amilenario» porque mantiene que no hay futuro milenio por venir. Como los amilenarios creen que Apocalipsis 20 se cumple ahora en la era de la iglesia, sostienen que el «milenio» que se describe ahí tiene lugar actualmente. La duración exacta de la era de la iglesia no puede conocerse, y la expresión «mil años» es simplemente una expresión por un largo período de tiempo en el que se cumplirán los propósitos perfectos de Dios.

De acuerdo con esta posición, la presente era de la iglesia continuará hasta el momento del regreso de Cristo (vea figura 55.1). Cuando Cristo vuelva, habrá una resurrección tanto de creyentes como de incrédulos. Se levantarán los cuerpos de los creyentes para que se reúnan con sus espíritus y entren al pleno gozo del cielo para siempre. Se levantará a los incrédulos para enfrentar el juicio final y la eterna condenación. Los creyentes también se levantarán ante el trono del juicio de Cristo (2 Co 5:10), pero este juicio solo determinará grados de recompensa en el cielo, porque solo los incrédulos serán condenados eternamente. En este momento también comenzarán los nuevos cielos y la nueva tierra. Inmediatamente después del juicio final, comenzará el estado de eternidad y continuará para siempre.

Este esquema es bastante simple todo lo del final de los tiempos ocurre de una vez, inmediatamente después del regreso de Cristo. Algunos amilienalistas dicen que Cristo podría regresar en cualquier momento, mientras otros (tales como Berkhof) argumentan que todavía deben cumplirse ciertas señales.

2. Posmilenarismo. El prefijo pos- significa «después». De acuerdo con este punto de vista, Cristo regresará *después* del milenio. El punto de vista posmilenario se puede representar como en la figura 55.2.

POSMILENARISMO
Figura 55.2

De acuerdo con este punto de vista, el progreso del evangelio y el crecimiento de la iglesia se incrementarán gradualmente, de manera que una proporción cada vez mayor de la población mundial será cristiana. Como resultado, habrá una influencia cristiana significativa sobre la sociedad, la sociedad funcionará cada vez más de acuerdo con las normas de Dios, y sobrevendrá gradualmente una «era milenaria» de paz y justicia sobre la tierra. Este «milenio» durará un largo período de tiempo (no necesariamente unos mil años literales), y por último, *al final de este período, Cristo regresará a la tierra*, se levantará a los creyentes y a los incrédulos, tendrá lugar el juicio final, y habrá un nuevo cielo y una nueva tierra. Entonces entraremos en el estado de eternidad.

La principal característica del posmilenarismo es su optimismo sobre el poder del evangelio para cambiar vidas y causar mucho bien en el mundo. La creencia en el posmilenarismo tiende a incrementarse en tiempos cuando la iglesia experimenta un gran avivamiento, cuando no hay guerra ni conflictos internacionales, y cuando parece que se hacen grandes progresos en vencer el mal y el sufrimiento en el mundo. Pero el posmilenarismo en su forma más responsable no se basa simplemente en la observación de los eventos en el mundo que nos rodea, sino en argumentos tomados de varios pasajes de la Escritura, los que se examinarán abajo.

3. Premilenarismo.

4. Premilenarismo Clásico o Histórico: El prefijo «pre-» significa «antes», y la posición «premilenaria» dice que Cristo regresará *antes* del milenio.[1] Este punto de vista tiene una larga historia desde los primeros siglos en adelante. Se puede ilustrar con la figura 55.3.

PREMILENARISMO CLÁSICO O HISTÓRICO
Figura 55.3

---

[1]Otra denominación que a veces se usa para referirse al premilenarismo es *quilianismo*, de la palabra griega *quilioi*, «mil». Este término se halla más a menudo en la literatura más antigua y rara vez se utiliza hoy.

De acuerdo con este punto de vista, la era de la iglesia actual continuará hasta que, al acercarse el fin, un tiempo de gran tribulación y sufrimiento sobrevenga sobre la tierra (La T en la figura de arriba simboliza tribulación).[2] Tras ese tiempo de tribulación *al final de la era de la iglesia, Cristo regresará a la tierra para establecer un reino milenario.* Cuando él vuelva, los creyentes que hayan muerto se levantarán de los muertos, sus cuerpos se reunirán con sus espíritus, y *reinarán con Cristo sobre la tierra durante mil años.* (Algunos premilenarios interpretan esto como mil años literales, y otros lo consideran una expresión simbólica para un largo período de tiempo.) Durante este tiempo, Cristo estará físicamente presente sobre la tierra en su cuerpo resucitado, y gobernará como Rey sobre la tierra entera. Los creyentes que se hayan levantado de los muertos, y aquellos que estén en la tierra al regreso de Cristo, recibirán cuerpos de resurreción glorificados que nunca morirán, y en estos cuerpos resucitados vivirán sobre la tierra y reinarán con Cristo. De los incrédulos que permanecen sobre la tierra, muchos (pero no todos) se volverán a Cristo y se salvarán. Jesús reinará en perfecta justicia y habrá paz en toda la tierra. Muchos premilenarios sostienen que la tierra será restaurada y que de hecho veremos nuevos cielos y una nueva tierra en este momento (pero no es esencial para el premilenarismo atenerse a esto, porque se puede ser premilenario y sostener que los nuevos cielos y la nueva tierra no ocurrirán hasta después del juicio final). Al comienzo de este tiempo Satanás será encadenado y lanzado al abismo de manera que no tendrá influencia sobre la tierra durante el milenio (Ap 20:1-3).

De acuerdo con el punto de vista premilenario, al final de los mil años Satanás será liberado del abismo y aunará fuerzas con muchos incrédulos que se han sometido formalmente al reinado de Cristo pero que internamente han estado enfurecidos en rebelión contra él. Satanás reunirá esta gente rebelde para luchar contra Cristo, pero ellos serán decisivamente derrotados. Entonces Cristo levantará de los muertos a todos los creyentes que han muerto a través de la historia, y estos se presentarán ante él para el juicio final. Después que haya ocurrido el juicio final, los creyentes entrarán en el estado de eternidad.

Parece que el premilenarismo ha tendido a incrementar su popularidad cuando la iglesia ha experimentado persecución, y cuando el mal y el sufrimiento han crecido en la tierra. Pero, como en el caso del posmilenarismo, los argumentos de la posición premilenaria no se basan en la observación de los acontecimientos presentes, sino en pasajes específicos de la Escritura, especialmente (pero no exclusivamente) en Apocalipsis 20:1-10.

b. Premilenarismo Pretribulacionista (o Premilenarismo Dispensacional): Otra variedad de premilenarismo ha ganado amplia popularidad en los siglos diecinueve y veinte, particularmente en el Reino Unido y en los Estados Unidos. De acuerdo con esta posición, Cristo volverá no solo antes del milenio (el regreso de Cristo es *pre*milenario), sino también ocurrirá *antes* de la gran tribulación (el regreso de Cristo es *pre*tribulacionalista). Esta posición es similar a la posición milenaria clásica mencionada arriba, pero con una diferencia importante: añadirá otro regreso de Cristo antes de su regreso para reinar sobre la tierra en el milenio. Este

---

[2]Un tipo alternativo de premilenarismo sostiene que Cristo regresará *antes* que el período de la gran tribulación comience sobre la tierra. Examinaremos la forma alternativa del premilenarismo más adelante.

regreso de Cristo se piensa que será en secreto para sacar a los creyentes del mundo.[3] El punto de vista del premilenarismo pretribulacionalista se puede representar como en la figura 55.4.

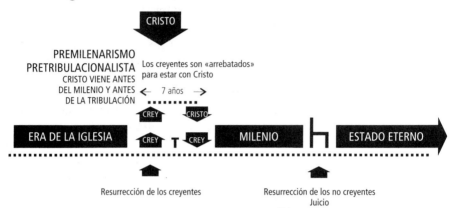

PREMILENARISMO PRETRIBULACIONALISTA
Figura 55.4

De acuerdo con este punto de vista, la era de la iglesia continuará hasta que, *súbita, inesperada y secretamente, Cristo regresará a medio camino de la tierra, y entonces llamará a los creyentes hacia sí mismo*: «Los muertos en Cristo resucitarán primero. Luego los que estemos vivos, los que hayamos quedado, seremos arrebatados junto con ellos en las nubes para encontrarnos con el Señor en el aire» (1 Ts 4:16-17). *Entonces Cristo regresará al cielo con los creyentes que han sido arrebatados de la tierra. Cuando esto ocurra, habrá una gran tribulación sobre la tierra durante un período de siete años.*[4]

Durante este período de siete años de tribulación, muchas de las señales que se predijo que precederían el regreso de Cristo se cumplirán.[5] La gran congregación de todo el pueblo judío tendrá lugar, al confiar en Cristo como su Mesías. En medio del gran sufrimiento también habrá mucha evangelización efectiva, llevado a cabo especialmente por los nuevos judíos cristianos. Y *al final de la tribulación, Cristo volverá con sus santos para reinar sobre la tierra durante mil años.* Tras este período milenario habrá una rebelión, que llevará a la derrota final de Satanás y de sus fuerzas, y entonces vendrá la resurrección de los incrédulos, el juicio final, y el comienzo del estado de eternidad.

Una característica adicional del premilenarismo pretribulacionalista debe mencionarse: Este punto de vista se encuentra casi exclusivamente entre los dispensa-

---

[3]A veces a esta venida secreta de Cristo para los creyentes se le llama «rapto», de la palabra latina *rapio*, que significa «tomar, arrebatar, llevarse».

[4]Algunos intérpretes sostienen una variante de este punto de vista, tal como que Cristo regresa a mediados de la tribulación y rescata a los creyentes. Después de eso, habrá tres y medio años adicionales de tribulación sobre la tierra. A esto se le llama el punto de vista del «rapto midtribulacional». Para una discusión ulterior de este punto de vista, vez Gleason Archer, «The Case for the Mid-Seventh-Week Rapture Position», en Gleason Archer, Paul Feinberg, Douglas Moo, and Richard Reiter, *The Rapture: Pre-, Mid-, or Post-Tribulational?* (Grand Rapids: Zondervan, 1984), pp.113-45.

[5]Vea el capítulo 54, pp. 1158-60, para una discusión de las señales que precederán el regreso de Cristo.

cionalistas que desean mantener una clara distinción entre la Iglesia e Israel. Este punto de vista pretribulacionalista permite que la distinción se mantenga, pues la iglesia se saca del mundo antes de la conversión generalizada del pueblo judío. Por consiguiente, este pueblo judío se mantiene como un grupo distinto de la iglesia. Otra característica del premilenarismo pretribulacionalista es su insistencia en interpretar las profecías «literalmente donde sea posible». Esto se aplica especialmente a las profecías del Antiguo Testamento concernientes a Israel. Aquellos que sostienen este punto de vista argumentan que esas profecías de la futura bendición a Israel todavía se cumplirá entre el propio pueblo judío; no deben ser «espirituali zadas» buscando su cumplimiento en la iglesia. Por último, un rasgo atractivo del premilenarismo pretribulacionalista es que este insiste que el regreso de Cristo podría ocurrir «en cualquier momento» y por consiguiente hace justicia a toda la fuerza del pasaje que nos alienta a estar listos para el regreso de Cristo, mientras que permite un cumplimiento muy literal de las señales que precederán el regreso de Cristo, pues dice que ellas tendrán lugar en la tribulación.

Antes de examinar los argumentos a favor de estas tres (o cuatro) posiciones, es importante darse cuenta que la interpretación de los detalles de los pasajes proféticos relativos a eventos futuros a menudo es una tarea compleja y difícil que encierra muchas variables. Por lo tanto el grado de certidumbre que se atribuye a nuestras conclusiones en esta área será menor que el de muchas otras doctrinas. Aunque defienda una posición (el premilenarismo clásico), pienso que también es importante que los evangélicos reconozcan que esta área de estudio es compleja y sean condescendientes con otros que sostienen diferentes puntos de vista sobre el milenio y el período de la tribulación.

B. Una consideración de los argumentos a favor del amilenarismo

En favor del punto de vista amilenario se proponen estos argumentos:

1. Los amilenarios dirán que cuando revisamos toda la Biblia *solo un pasaje* (Ap 20:1-6) parece enseñar un futuro gobierno milenario de Cristo sobre la tierra, y ese pasaje es oscuro en sí mismo. Es poco juicioso basar una doctrina principal como esa sobre un pasaje de interpretación ambigua y ampliamente disputada.

¿Pero cómo entienden los amilenarios Apocalipsis 20:1-6? La interpretación amilenaria ve este pasaje como que se refiere a la presente era de la iglesia. El pasaje se lee como sigue:

> Vi además a un ángel que bajaba del cielo con la llave del abismo y una gran cadena en la mano. Sujetó al dragón, y a aquella serpiente antigua que es el diablo y Satanás, *y lo encadenó por mil años.* Lo arrojó al abismo, lo encerró y tapó la salida para que no engañara más a las naciones, hasta que se cumplieran los mil años. Después habrá de ser soltado por algún tiempo.
>
> Entonces vi tronos donde se sentaron los que recibieron autoridad para juzgar. Vi también las almas de los que habían sido decapitados por causa del testimonio de Jesús y por la palabra de Dios. No habían adorado a la bestia ni a su imagen, ni se habían dejado poner su marca en la frente ni en la mano. *Volvieron a vivir y reinaron con Cristo mil años. Ésta es la primera resurrección; los demás muertos no*

volvieron a vivir hasta que se cumplieron los mil años. Dichosos y santos los que tienen parte en la primera resurrección. La segunda muerte no tiene poder sobre ellos, sino que serán sacerdotes de Dios y de Cristo, *y reinarán con él mil años.*

De acuerdo con la interpretación amilenaria[6] el encadenamiento de Satanás en los versículos 1-2 es la que el que ocurre durante el ministerio terrenal de Jesús. Éste habló de atar al hombre fuerte para poder robar su casa (Mt 12:29) y dijo que el Espíritu de Dios estaba en ese momento presente para triunfar sobre las fuerzas demoníacas: «Si expulso a los demonios por medio del Espíritu de Dios, eso significa que el reino de Dios ha llegado a ustedes» (Mt 12:28). De manera similar, con respecto a la quiebra del poder de Satanás, Jesús dijo durante su ministerio: «Yo veía a Satanás caer del cielo como un rayo» (Lc 10:18).

Los amilenarios argumentan que este encadenamiento de Satanás en Apocalipsis 20:1-3 tiene un propósito específico: *«para que no engañara más a las naciones»* (v. 3). Esto es exactamente lo que sucedió cuando vino Jesús y el evangelio comenzó a ser proclamado no solamente a los judíos sino, después del Pentecostés, a todas las naciones del mundo. De hecho, la actividad misionera mundial de la iglesia, y la presencia de la iglesia en la mayoría o todas las naciones del mundo, muestra que el poder que tenía Satanás en el Antiguo Testamento, para «engañar a las naciones» y mantenerlas en la oscuridad, ha sido quebrado.

Según el punto de vista amilenario la escena descrita en el versículo 4 ocurre en el cielo: Juan dijo: «Vi también las almas de los que habían sido decapitados por causa del testimonio de Jesús ... Volvieron a vivir y reinaron con Cristo mil años» (v. 4). Se argumenta que como Juan ve almas y no cuerpos físicos, esta escena debe ocurrir en el cielo. Cuando el texto dice que «Volvieron a vivir» ello no significa que recibieron una resurrección corporal. Posiblemente signifique simplemente que «vivieron», pues el aoristo del verbo *ezesan* puede fácilmente interpretarse como un evento que ocurrió durante un largo período de tiempo. (El verbo que se traduce «reinaron» también es un indicativo de aoristo y se refiere a algo que ocurrió durante más de mil años, de manera que el verbo «vivieron» debe tener un significado similar.) Por otro lado, algunos intérpretes amilenares dirán que el verbo *ezesan* significa «volvieron a vivir» en el sentido de llegar a una existencia celestial en la presencia de Cristo y comenzar a reinar con él desde el cielo.

De acuerdo con este punto de vista, la frase «primera resurrección» (v. 5) se refiere a ir al cielo a estar con el Señor. Esta no es una resurrección corporal sino un arribar a la presencia de Dios en el cielo. De manera similar, cuando el versículo 5 dice: «los demás muertos *no volvieron a vivir* hasta que se cumplieron los mil años», se entiende que esto significa que no vinieron ante la presencia de Dios para juicio hasta el final de los mil años. De manera que en ambos versículos, 4 y 5, la frase «volver a vivir» significa «venir a la presencia de Dios». (Otro punto de vista amilenario de la «primera resurrección» es que esta se refiere a la resurrección de Cristo, y a la participación de los creyentes en la resurrección de Cristo a través de una unión con Cristo.)

---

[6]Aquí sigo mayormente la excelente discusión de Anthony a Hoekema, «Amilenarismo», en *The Meaning of the Millennium: Four Views*, edit. Robert G. Clouse (InterVarsity Press, Downers Grove, Ill., 1977), pp. 155-87.

2. Un segundo argumento que se propone a menudo a favor del amilenarismo es el hecho que la Escritura enseña solo *una resurrección*, cuando se levantará tanto a los creyentes como a los incrédulos, no dos resurrecciones (una resurrección de los creyentes antes que comience el milenio, y una resurrección de los incrédulos para el juicio después del fin del milenio). Este es un argumento importante, pues el punto de vista premilenario requiere dos resurrecciones separadas, separadas por mil años.

Una prueba a favor de una sola resurrección se encuentra en por lo menos tres pasajes. Jesús dice: «No se asombren de esto, *porque viene la hora en que todos los que están en los sepulcros oirán su voz, y saldrán de allí*. Los que han hecho el bien resucitarán para tener vida, pero los que han practicado el mal resucitarán para ser juzgados» (Jn 5:28-29). Aquí Jesús habla de una sola «hora» cuando tanto los creyentes como los incrédulos muertos saldrán de las tumbas. De manera similar, cuando Pablo compareció ante Félix en juicio explica que él tiene una esperanza en Dios que sus acusadores judíos también aceptan: «que *habrá una resurrección de los justos y los impíos*» (Hch 24:15). Una vez más, él habla de una sola resurrección tanto de creyentes como de incrédulos. Por último, leemos en Daniel: «Y del polvo de la tierra se levantarán las multitudes de los que duermen, algunos de ellos para vivir por siempre, pero otros para quedar en la vergüenza y en la confusión perpetuas» (Dn 12:2).

3. *La idea de creyentes glorificados y pecadores viviendo juntos sobre la tierra es demasiado difícil de aceptar.* Berkhof dice: «Es imposible comprender cómo una parte de la vieja tierra y de una humanidad pecadora van a poder existir junto a una parte de la nueva tierra y de una humanidad glorificada. ¿Cómo van a poder los santos perfectos en cuerpos glorificados tener comunión con pecadores en la carne? ¿Cómo van a poder pecadores glorificados vivir en esta atmósfera recargada de pecado y en medio de escenas de muerte y decadencia?»[7]

4. *¿Si Cristo viene en gloria a reinar sobre la tierra, cómo van a poder las personas persistir en el pecado?* Una vez que Jesús esté de hecho presente en su cuerpo resucitado y gobernando como Rey sobre la tierra, no parece muy poco probable que la gente todavía lo rechace, y que el mal y la rebelión crezcan sobre la tierra hasta que eventualmente Satanás pueda reunir a las naciones para luchar contra Cristo?[8]

5. No parece existir un *propósito* convincente para un milenio como ese. Una vez que la era de la iglesia haya terminado y Cristo haya regresado, entonces ¿cuál es la razón para demorar el comienzo del estado de eternidad.

6. En conclusión, los amilenarios dicen que la Escritura parece indicar que *todos los grandes eventos aún por venir* antes del estado de eternidad ocurrirán de una vez. Cristo regresará, habrá una resurrección de creyentes e incrédulos, el juicio final

---

[7]Berkhof, *Systematic Theology*, p. 715.
[8]En Arthur H. Lewis *The Dark Side of the Millennium* (Grand Rapids: Baker, 1980) se desarrolla especialmente este argumento,.

tendrá lugar, y se establecerá un nuevo cielo y una nueva tierra. Entonces entraremos inmediatamente en el estado de eternidad, sin ningún futuro milenio.[9]

En este punto podemos responder brevemente a estos argumentos amilenarios, aunque en algunos puntos se desarrollará una respuesta más completa en los argumentos del premilenarismo.

1. En respuesta a la objeción de que solo un pasaje habla de un futuro milenio terrenal, se pueden hacer varios comentarios:

a. La Biblia solo necesita decir algo una vez a fin de que esto sea verdadero y algo en que debemos creer. La historia de la confusión de las lenguas en la torre de Babel, por ejemplo, solo se enseña en Génesis 11:1-9, pero creemos que ella es verdad porque la Escritura la enseña. De manera similar, si solo un pasaje habla de un futuro reino milenario de Cristo, debemos creerlo.

Por otra parte, no sorprende que esta doctrina deba enseñarse con claridad en el libro de Apocalipsis. Hubo en parte una situación similar a fines de la era del Antiguo Testamento. En todo el Antiguo Testamento no hay una enseñanza explícita que asuma que el Mesías vendría dos veces, una como Mesías sufriente que moriría y se levantaría de nuevo, ganando nuestra salvación, y entonces más tarde como un Rey conquistador para gobernar sobre la tierra. La primera y segunda venida de Cristo puede que se sugiera en los profetas del Antiguo Testamento, pero no se enseña explícitamente en ningún lugar, porque Dios no estimó necesario revelar esa cantidad de detalles sobre su plan de redención antes de que ello ocurriera. De manera similar, en varios de los libros del Antiguo y el Nuevo Testamentos que conducen al tiempo en que se escribió el Apocalipsis, hay *alusiones* a un futuro milenio terrenal anterior al estado de eternidad, pero la enseñanza explícita sobre él se dejó hasta que Juan escribió el Apocalipsis. Como el Apocalipsis es el libro del Nuevo Testamento que enseña de manera más explícita sobre las cosas por venir, es apropiado que esta revelación más explícita del futuro milenio se coloque en este lugar de la Biblia.

b. En respuesta a la alegación de que el pasaje que habla del milenio es oscuro, los premilenaristas responden que ellos no lo encuentran en absoluto oscuro. Aducen que una ventaja de la posición premilenaria es que interpreta Apocalipsis 20:1-6 en sentido estricto: El texto dice que Satanás será encadenado y lanzado al abismo por mil años, y los premilenarios dicen que viene un tiempo cuando Satanás será encadenado y lanzado al abismo por mil años. El texto habla de un reinado de Cristo de mil años, y los premilenarios esperan un futuro reinado de Cristo sobre la tierra de mil años. Este habla de aquellos que se levantan en la «primera resurrección», y los premilenarios dicen que habrá una primera resurrección de creyentes que son «dichosos y santos» (Ap 20:6) y de una segunda resurrección al final de los mil años para «los demás muertos» (v. 5). De acuerdo con los

---

[9]Como creen que Apocalipsis 20:1-6 se aplica a la era presente, los amilenarios dicen a veces que los «Premilenislistas *esperan* el milenio, los posmilenarios *trabajan* por él, pero nosotros lo *disfrutamos*».

Se debe notar que a algunos amilenarios les desagrada el término *amilenario* porque implica que ellos no creen en ningún milenio, cuando es más exacto decir que no creen en un milenio *futuro*. Ellos prefieren un término más positivo como «milenarismo realizado», que les permite más fácilmente señalar que sí creen en el reinado milenario de Cristo que se enseña en Apocalipsis 20:1-6; sin embargo, ellos creen que el pasaje habla de la era presente de la iglesia. (Vea Jay Adams, *The Time Isa t Hand* (Presbyterian and Reformed, Phillipsburg, N.J.:1970], pp. 7-11.)

premilenarios, la «oscuridad» solo se cierne sobre el pasaje cuando un intérprete trata de encontrar en él algo distinto a esa interpretación estricta.

c. Por último, muchos premilenarios arguyen que varios otros pasajes, especialmente en el Antiguo Testamento, requieren que creamos en período futuro mucho más prolongado que al era presente pero eso no llega al estado de eternidad (vea Sal 72:8-14; Is 11:2-9; 65:20; Zac 14;6-21: 1 Co 15:24' Ap 2:27; 12:5; 19:15).[10] Estos pasajes, dicen ellos, describen un período que se parece mucho al milenio según lo entiendo.

d. Con respecto a la interpretación de Apocalipsis 20:1-6, tal como la ofrecen los amilenarios, se presentan varias dificultades. Aunque Mateo 12:28-29 y Lucas 10:18 sí hablan de un «encadenamiento» de Satanás durante el ministerio terrenal de Jesús, el encadenamiento de Satanás descrito en Apocalipsis 20 parece ser mucho más prolongado que eso. El pasaje no dice simplemente que se encadena a Satanás en este momento, sino habla del «abismo» y dice que el ángel que bajó del cielo «lo arrojó al abismo, lo encerró y tapó la salida, para que no engañara más a las naciones hasta que se cumplieran los mil años» (Ap 20:2-3). Aquí se observa más que un mero encadenamiento o una restricción de actividad. Lo que se dice de lanzar a Satanás a un abismo, encerrarlo y tapar la salida ofrece una imagen de total remoción de su influencia sobre la tierra. Decir que Satanás está ahora en un abismo cerrado y sellado simplemente no se ajusta a la actual situación del mundo durante la era de la iglesia, en la que la actividad de Satanás es muy fuerte, en la que él «ronda como león rugiente, buscando a quién devorar» (1 P 5:8), en la que puede llenar el corazón de alguien para mentirle «al Espíritu Santo» (Hch 5:3), y en la que los paganos ofrecen sacrificios a «los demonios, no a Dios» (1 Co 10:20).

Por otra parte, aún tras el encadenamiento de Satanás durante el ministerio de Jesús, sigue siendo verdad que «el dios de este siglo cegó el entendimiento de los incrédulos, para que no les resplandezca la luz del evangelio de la gloria de Cristo» (2 Co 4:4). Por esto los cristianos todavía deben luchar no «contra seres humanos, sino contra poderes, contra autoridades, contra potestades que dominan este mundo de tinieblas, contra fuerzas espirituales malignas en las regiones celestiales» (Ef 6:12). Esto es porque durante la era de la iglesia, aunque el evangelio es capaz de salir triunfante y quebrar las fuerzas de la oposición demoníaca a la expansión del reino de Dios, no obstante la influencia de Satanás no ha sido por completo removida del mundo: «El espíritu del anticristo... ahora ya está en el mundo»(1 Jn 4:3), y, de hecho: «Sabemos que somos hijos de Dios, y que el mundo entero está bajo el control del maligno» (1 Jn 5:19). Este tema que se repite en el Nuevo Testamento, el tema de la continua actividad de Satanás sobre la tierra a lo largo de la era de la iglesia, hace extremadamente difícil pensar que Satanás ha sido arrojado al abismo, y que ha sido encerrado y se le tapó la salida durante mil años. Esas imágenes solo pueden referirse a una total remoción de la activa influencia de Satanás sobre la tierra.

Pero qué puede decirse respecto al hecho de que los amilenarios dicen que el encadenamiento de Satanás en Apocalipsis 20 se dice que es «para que *no engañara más a las naciones*» (v. 3). ¿No significa eso simplemente que el evangelio puede

---

[10]Vea debajo, pp. 1189-94, para una discusión de estos pasajes.

ahora predicarse efectivamente entre las naciones? Mientras la frase puede significar eso, parece más consistente, con el uso de la palabra *engañar* (gr. planao), especialmente en Apocalipsis, decir que es un *engaño que tiene lugar ahora durante toda la
era de la iglesia* y que termina solo cuando comience el milenio. A Satanás se le llama el que «engaña al mundo entero» (Ap 12:9), y se dice que las hechicerías de Babilonia han engañado «a todas las naciones» (Ap 18:23)[11] Por lo tanto es más
apropiado decir que Satanás todavía *ahora* engaña a las naciones, pero que al principio del milenio esta influencia engañosa será eliminada. Hubo un engaño aún
mayor antes que Cristo viniera, pero todavía se mantiene un engaño significativo.

El hecho de que Juan viera «almas» en su visión no requiere situar la escena en
el cielo. Como estas almas son personas que «han vuelto a vivir» en «la primera resurrección» debemos verlas como '*gente* que ha recibido cuerpos resucitados y que
comenzaron a reinar sobre la tierra. Por otra parte, Apocalipsis 20:1 indica que la
escena se centra en acontecimientos sobre la tierra, pues dice: «Vi además un ángel
que bajaba del cielo. Pero si el ángel bajaba del cielo, entonces llevaba a cabo su actividad sobre la tierra, y la escena entera se sitúa sobre la tierra.

Algunos amilenarios argumentan que la frase «volvieron a vivir» se refiere a
una venidera existencia celestial o a venir ante la presencia de Dios. Pero se debe
preguntar: «¿Dónde el término griego *zao* («vivir») tiene alguna vez ese significado? No hay ejemplos de esa palabra en el Nuevo Testamento que tengan el sentido
de «venir ante la presencia de Dios».

Además, la interpretación amilenaria de la frase «primera resurrección» no es
convincente. La palabra *resurrección* (gr. *Anastasio*) nunca significa en parte alguna
«ir al cielo» o «ir a la presencia de Dios», sino que más bien significa una resurrección corporal. Este es el sentido en el que los lectores del primer siglo habrían entendido la palabra. El otro punto de vista amilenario, que entiende «primera
resurrección» como la resurrección de Cristo (y nuestra unión con él) no parece
probable porque aquellos que «volvieron a vivir» son los que fueron «decapitados
por causa del testimonio de Jesús» (v. 4), lo que sugiere una resurrección corporal
después de la muerte.[12]

2. ¿Enseña la Escritura solo *una* resurrección, de manera que se levanten al mismo tiempo los creyentes y los incrédulos? Es difícil aceptar esto cuando nos damos
cuenta que Apocalipsis 20 habla explícitamente sobre «la *primera* resurrección», lo
que implica que también habrá una segunda resurrección. Hablando de aquellos
que volvieron a vivir y reinaron con Cristo mil años, leemos: «Esta es la primera resurrección. Bienaventurado y santo el que tiene parte en la primera resurrección;
las segunda muerte no tiene potestad sobre éstos» (vv. 5-6). El pasaje distingue a
aquellos que tienen parte en esta primera resurrección y son bienaventurados de
los otros que no tienen parte en ella. Estos son «los demás muertos» y la

---

[11]Estos dos pasajes utilizan el mismo término *planao*. El mismo verbo se usa en Mateo 24:4, 5, 11, 24 al hablar
de las advertencias de Jesús que muchos serán engañados o descarriados por falsos Cristos y falsos profetas.

[12]Otras razones para rechazar esta interpretación son (1) «Los demás muertos» se dice que «vuelven a vivir»
después que terminen los mil años (v. 5)—una referencia a la resurrección corporal de los incrédulos—pero esto
implica que la frase «volvieron a vivir» se refiere a una resurrección corporal en ambos casos, no solo a la unión espiritual con Cristo en su resurrección; y (2) cuando el texto dice: «Esta es la primera resurrección» (v. 5), el más
evidente antecedente en el contexto es la vuelta a la vida de los creyentes en el v. 4, pero no tiene lugar una mención de la resurrección de Cristo en el contexto.

implicación es que «la segunda muerte» (esto es, enfrentar el juicio final y ser condenados al eterno castigo lejos de la presencia de Dios) tiene potestad sobre ellos, y la experimentarán. Pero si este pasaje habla claramente de una primera resurrección, más el hecho de que los demás muertos volverán a vivir al final de los mil años, entonces hay una clara enseñanza aquí, en Apocalipsis 20, sobre dos resurrecciones separadas.

En cuanto a los otros pasajes que los amilenarios alegan apoyan el punto de vista de que hay solo una resurrección, debe decirse que esos pasajes no excluyen la idea de dos resurrecciones, sino que simplemente no especifican si las resurrecciones de los creyentes y los incrédulos estarán separadas en el tiempo. De hecho, la declaración de Jesús en Juan 5 apunta a la posibilidad de dos resurrecciones. Él dice que todos los que están en los sepulcros saldrán, «los que han hecho bien *resucitarán para tener vida*, pero los que han practicado el mal *resucitarán para ser juzgados*» (Jn 5:28-29). De esta manera Jesús habla de hecho de dos resurrecciones diferentes.[13]

En cuanto a Daniel 12:2, ello simplemente dice que aquellos que duermen en el polvo de la tierra despertarán, «algunos de ellos para vivir por siempre, pero otros para quedar en la vergüenza y en la confusión perpetua», pero no especifica si esto ocurrirá simultáneamente o en momentos diferentes. Simplemente dice que los dos tipos de individuos se levantarán. Lo mismo es cierto para Hechos 24:15, donde Pablo dice que habrá «una resurrección de los justos y de los injustos». Esto afirma que ambos tipos de personas se levantarán de los muertos, pero no excluye la posibilidad que ello ocurra en diferentes momentos. Todos estos versículos, en la ausencia de Apocalipsis 20:5-6, pueden que hablen o no de un solo tiempo futuro de resurrección. Pero con la explícita enseñanza de Apocalipsis 20:5-6 sobre dos resurrecciones, estos versículos deben entenderse como que se refieren a la certidumbre futura de una resurrección para cada tipo de persona, sin especificar que esas resurrecciones estarán separadas en tiempo.

3. La idea de creyentes glorificados y pecadores viviendo juntos sobre la tierra durante el milenio nos suena extraña ahora, pero ciertamente no es imposible para Dios llevar esto a cabo. Debemos comprender que Jesús vivió sobre la tierra con un cuerpo glorificado cuarenta días después de su resurrección, y aparentemente hubo muchos otros santos del Antiguo Testamento que también vivieron con

---

[13]El hecho de que Jesús dice en este contexto, «viene la hora en que todos los que están en los sepulcros oirán su voz», no requiere que ambas resurrecciones ocurran al mismo tiempo, pues la palabra *hora* en otros lugares del evangelio de Juan se puede referir a un largo período de tiempo; en solo tres versículos previos, Jesús dice: «Ciertamente les aseguro que ya viene la hora, y ha llegado ya, en que los muertos oirán la voz del Hijo de Dios, y los que la oigan vivirán» (Jn 5:25). Aquí la *hora* se refiere a toda la era de la iglesia cuando aquellos que están espiritualmente muertos escuchan la voz de Jesús y vuelven a vivir. Juan puede usar también la palabra *hora* (gr, *hora* para hablar del tiempo cuando los verdaderos adoradores rinden culto al Padre en espíritu y en verdad (Jn 4:21, 23), o cuando una intensa persecución vendrá sobre los discípulos (Jn 16:2). Estos ejemplos también hablan de largos períodos de tiempo, aun de eras enteras.

Una manera similar de hablar es posible también en idiomas como el español: Le puedo decir a una clase de sesenta estudiantes: «No se desalienten—*el día de la graduación se acerca* para cada uno de ustedes». Pero sé que algunos se graduarán este año, algunos el año próximo, y algunos se graduarán dos o tres años más tarde. Aun puedo hablar del «día de la graduación» en lugar de «los días de graduación» porque está claro que hablo del tipo de día, no sobre el momento en que éste tendrá lugar o de si habrá un día o varios días del mismo tipo.

cuerpos glorificados sobre la tierra durante ese tiempo (Mt 27:53).[14] Será por cierto un tipo de situación mundial muy diferente y mucho más glorificadora para Dios que el mundo que existe ahora, pero no parece que estemos justificados para afirmar que Dios no podría o no daría lugar a ese estado de cosas. Ciertamente *podría* hacerlo, y varios pasajes parecen indicar que él también tiene la buena intención y el propósito de hacerlo.

4. No es ciertamente imposible que una secreta y malvada rebelión pueda persistir sobre la tierra pese a la presencia corporal de Cristo gobernando como Rey. Debemos recordar que Judas vivió con Jesús en una estrecha relación durante tres años, y aun lo traicionó. Por otro lado, muchos fariseos *vieron* los milagros de Jesús, y hasta lo vieron levantar a gente de los muertos, y todavía no creían. De hecho, aun cuando los discípulos estuvieron en la presencia del Señor Jesús glorificado, leemos que «algunos dudaban» (Mt 28:17). Esa persistente incredulidad en la mera presencia de Cristo es difícil de comprender, pero tenemos que recordar que el propio Satanás cayó desde una posición exaltada en la presencia de Dios en el cielo.

Cuando los amilenarios objetan que las personas no podrían persistir en el pecado en la presencia del reinado corporal de Cristo sobre la tierra, su posición no tiene en cuenta las profundas raíces y la naturaleza altamente irracional del pecado. También falla completamente al no considerar el hecho de que aun una «prueba sólida» y una «evidencia innegable» no pueden forzar una conversión genuina. El genuino arrepentimiento y la fe nacen de la obra del Espíritu Santo en el corazón de las personas que faculta y persuade. Tal es la naturaleza irracional del pecado que aquellos que «están muertos en transgresiones y pecados» persistirán a menudo en rebelión e incredulidad aun ante una abrumadora evidencia en contra.[15]

Esto no es decir que nadie se convertirá a Cristo durante el milenio. Sin duda millones de personas se volverán cristianas durante ese tiempo, y la influencia del reino de Cristo se impregnará en cada aspecto de toda sociedad en el mundo. Pero al mismo tiempo no es difícil comprender cómo el mal y la rebelión crecerán simultáneamente.

5. Puede que Dios tenga varios propósitos en mente para un futuro milenio, todos los cuales pueden no estar claros ahora para nosotros. Pero un milenio como ese mostraría ciertamente *la realización de los buenos propósitos de Dios en las estructuras de la sociedad*, especialmente las estructuras de la familia y el gobierno civil. Durante la era de la iglesia, los buenos propósitos de Dios se ven principalmente en las vidas individuales y las bendiciones que reciben todos los que creen en Cristo. En cierta medida ahora (y en mayor medida en tiempos de avivamiento) esto afecta al gobierno civil y las instituciones educacionales y corporativas, y en mayor medida afecta a la familia. Pero en ninguna de estas estructuras se manifiestan los buenos propósitos de Dios en la extensión que podrían manifestarse, lo que muestra la gran sabiduría y benevolencia de Dios no solo en sus planes para los individuos

---

[14]Vea el capítulo 42, pp. 877-78, sobre Mateo 27:52-53.

[15]Un ejemplo hasta cierto punto similar es el hecho de que mucha gente rehúsa creer que hay un Dios que creó el universo, pese a la increíble complejidad de todo ser vivo, y pese a lo que es, para todo propósito práctico, la imposibilidad matemática que el universo entero pueda haber surgido por casualidad.

sino también para las estructuras sociales. En el milenio todas estas estructuras societales comunicarán la belleza de la sabiduría de Dios para su gloria.

Por otra parte, el milenio vindicará aún más la justicia de Dios. El hecho de que algunos se mantengan en el pecado y la incredulidad mostrará que «el pecado—la rebelión contra Dios—no se debe a una sociedad impía o a un mal ambiente. Se debe a la pecaminosidad de los corazones humanos. De esa manera la justicia de Dios será completamente vindicada en el día del juicio final».[16] Con Satanás encadenado por mil años, el hecho de que el pecado pueda persistir también mostrará que la culpa final del pecado no la tiene la influencia demoníaca en la vida de las personas sino la enraizada pecaminosidad en los corazones de las personas.

Tercero, en toda su amplitud la Biblia nos revela que es del agrado de Dios desplegar sus propósitos y revelar gradualmente más y más de su gloria con el tiempo. Desde el llamado de Abraham al nacimiento de Isaac, la jornada en Egipto y el éxodo, el establecimiento del pueblo en la tierra prometida, el reino davídico, y la monarquía dividida, el exilio y el regreso con la reconstrucción del templo, la preservación de un remanente fiel, y por último la venida de Jesús en la carne, los propósitos de Dios se ven como cada vez más gloriosos y maravillosos. Aun en la vida de Jesús la revelación progresiva de su gloria tomó treinta y tres años, y culminó en los últimos tres años de su vida. Entonces, en la muerte, resurrección y ascensión de Jesús al cielo, se completó el logro de nuestra redención. Pero ahora la diseminación de la iglesia a través de todas las naciones ha tomado más de 1,900 años, y no sabemos cuánto más va a continuar. Todo esto es para decir que Dios no lleva a cabo todos sus buenos propósitos de una vez, sino los despliega gradualmente con el tiempo. Esto es así aun en la vida individual de los cristianos, quienes crecen diariamente en la gracia y en el compañerismo de Dios y en la semejanza de Cristo. Por lo tanto no sería sorprendente si, antes del estado de eternidad, Dios instituyera un paso final en el despliegue progresivo de la historia de la redención. Esto serviría para aumentar su gloria mientras los hombres y los ángeles observan con asombro las maravillas del plan y la sabiduría de Dios.

6. Por último, una objeción principal al amilenarismo continúa siendo el hecho de que no puede proponer una verdadera explicación de Apocalipsis 20.[17]

C. Una consideración de los argumentos a favor del posmilenarismo

Los argumentos a favor del posmilenarismo son como sigue»

1. La Gran Comisión nos conduce a esperar que el evangelio irá adelante poderosamente y eventualmente dará lugar a un mundo cristiano más amplio: Jesús dijo explícitamente: «Se me ha dado *toda autoridad en el cielo y en la tierra*. Por tanto, vayan y hagan discípulos de todas las naciones, bautizándolos en el nombre del Padre, del Hijo y del Espíritu Santo, enseñándoles a obedecer todo lo que les he mandado a ustedes. Y les aseguro que estaré con ustedes siempre, hasta el fin del

---

[16]George Ladd, «Premilenarismo Histórico», en *The Meaning of the Millennium: Four Views*, p. 40.

[17]Los amilenarios han propuesto algunas otras interpretaciones de Apocalipsis 20, pero todas tienen la desventaja de soportar el peso de la prueba al tratar de desechar lo que parece la interpretación directa del texto porque están convencidos que el resto de la Escritura no habla de un futuro milenio terrenal. Pero el resto de la Escritura no lo niega (y en algunos lugares hace alusión a él), y si este texto lo enseña, entonces parecería mucho más apropiado aceptarlo.

mundo (Mt 28:18-20). Como Cristo tiene toda autoridad en el cielo y sobre la tierra, y como promete estar con nosotros en el cumplimiento de esta comisión, esperaríamos que esta acontecería sin obstáculos y eventualmente triunfaría en todo el mundo.

2. Las parábolas del gradual crecimiento del reino indican que este llenará eventualmente la tierra con su influencia. Aquí los posmilenarios apuntan a lo siguiente:

> Les contó otra parábola: «El reino de los cielos es como un grano de mostaza que un hombre sembró en su campo. Aunque es la más pequeña de todas las semillas, cuando crece es la más grande de todas las hortalizas y se convierte en árbol, de modo que vienen las aves y anidan en sus ramas». (Mt 13:31-32)

También podemos notar el siguiente versículo: «Les contó otra parábola más: «El reino de los cielos es como la levadura que una mujer tomó y mezcló en una gran cantidad de harina, hasta que fermentó toda la masa» (Mt 13:33). De acuerdo con los posmilenarios estas dos parábolas indican que el reino crecerá en influencia hasta que impregne y en alguna medida transforme el mundo entero.

3. Los posmilenarios también argumentan que el mundo se vuelve más cristiano. La iglesia crece y se expande a través del mundo, y aun cuando se le persigue y oprime crece notablemente gracias al poder de Dios.[18]

Sin embargo, en este punto debemos hacer una distinción significativa. El «milenio» en el que los posmilenarios creen es muy *diferente* al «milenio» del que hablan los premilenarios. En cierto sentido, ni siquiera discuten el mismo tópico. Mientras los premilenarios hablan acerca de una tierra renovada con Jesucristo físicamente presente y gobernando como Rey, junto con creyentes glorificados en cuerpos resucitados, los posmilenarios hablan simplemente sobre una tierra con muchos cristianos que influencian la sociedad. Estos no visualizan un milenio que consista en una tierra renovada o santos glorificados o Cristo presente en forma corporal para reinar (pues piensan que estas cosas solo ocurrirán tras el regreso de Cristo para inaugurar el estado de eternidad).[19] Por lo tanto la discusión entera del milenio es más que una simple discusión de la secuencia de eventos que lo rodean. Ésta también implica una diferencia significativa sobre la naturaleza de este período de tiempo en sí mismo.

De hecho, aunque no estoy consciente si alguno ha hecho esto, no sería imposible para alguien ser un posmilenario y un premilenario al mismo tiempo, con dos percepciones diferentes del término *milenio*. Alguien podría ser concebiblemente un posmilenario y pensar que el evangelio crecerá en influencia hasta que el

---

[18]El posmilenario A. H. Strong argumenta que Apocalipsis 20:4-10 «no describe los eventos comúnmente llamados la segunda venida y la resurrección, sino más bien describe los grandes cambios espirituales en la posterior historia de la iglesia, que son típicos de, y previos a, la segunda venida y la resurrección». Él ve Ap 20, por lo tanto, simplemente como una predicción de «los últimos días de la iglesia militante» y de un tiempo cuando «bajo la especial influencia del Espíritu Santo» la iglesia triunfará, «en una medida desconocida antes, sobre los poderes del mal, tanto adentro como por fuera» (A. H. Strong, *Systematic Theology*, p. 1013).

[19]De manera similar, cuando los amilenarios hablan sobre «disfrutar» en el presente el milenio, el cual entienden que se refiere a la era de la iglesia sobre la base de Ap 20, también hablan sobre un tipo de «milenio» muy diferente del que visualizan tanto los posmilenarios como los premilenarios.

mundo sea en gran parte cristiano, y entonces regresaría Cristo y establecería literalmente un reino terrenal, levantando a los creyentes de los muertos para reinar con él en cuerpos glorificados. O, del otro lado, un premilenario muy optimista podría concebiblemente adoptar muchas de las enseñanzas de los posmilenarios sobre la naturaleza crecientemente cristiana de la era presente.[20]

En respuesta a los argumentos de los posmilenarios, deben plantearse los puntos siguientes:

1. La Gran Comisión sí habla en efecto de la autoridad que se coloca en manos de Cristo, pero esto no implica necesariamente que Cristo utilizará esa autoridad para propiciar la conversión de la mayoría de la población del mundo. Decir que la autoridad de Cristo es grande es simplemente otra manera de decir que el poder de Dios es infinito, lo que nadie negaría. Pero el asunto es la medida en que Cristo *usará* su poder para propiciar el crecimiento numérico de la iglesia. Podemos *asumir* que la usará en gran medida y propiciará una cristianización a nivel mundial, pero esa suposición es meramente eso—una suposición. Esta no está basada en ningún indicio específico de la Gran Comisión o en otros textos sobre la autoridad y el poder de Cristo en la era presente.[21]

2. Las parábolas de la semilla de mostaza y de la levadura sí nos hablan de que el reino de Dios crecerá gradualmente de algo muy pequeño a algo muy grande, pero no nos dicen *la medida* en que crecerá el reino. Por ejemplo, la parábola de la mostaza no nos dice que el árbol creció de tal manera que se extendió por toda la tierra. Y la parábola de la levadura simplemente habla sobre un crecimiento gradual que impregna la sociedad (como la iglesia ha hecho ya), pero no dice nada sobre el grado o el efecto que esa influencia tiene (no nos dice, por ejemplo, si al final un 5 por ciento de la barra de pan se fermentó y un 95 por ciento de la masa se convirtió en pan, o un 20 por ciento se fermentó y un 80 por ciento se convirtió en pan, o un 60 por ciento se fermentó y un 40 por ciento se convirtió en pan, y así por el estilo). Se presiona la parábola más allá del propósito deseado cuando se trata de hacer que diga algo más que el reino crecerá poco a poco y llegará a ejercer una influencia sobre cada sociedad en que se establezca.

3. En respuesta al argumento de que el mundo se vuelve más cristiano, debe decirse que también el mundo se vuelve más malvado. Ningún estudiante de historia o de la sociedad moderna discutiría que la humanidad ha hecho muchos progresos a lo largo de los siglos en superar la profunda perversidad y la extendida inmoralidad que aún permanece en los corazones de la gente. Ciertamente, la modernización de las sociedades occidentales en el siglo veinte ha estado a menudo acompañada no por un avance moral sino por un nivel sin precedentes del abuso de drogas, infidelidad marital, pornografía, homosexualidad, rebelión contra la autoridad, superstición (en la astrología y el movimiento de la Nueva Era), materialismo, avaricia, robo y falsas alocuciones. Aun entre cristianos confesos existen

---

[20]Esto no es para decir que tal posición estaría libre de tensiones y dificultades internas (especialmente la dificultad de explicar cómo disminuiría el mal cuando Cristo estaba ausente de la tierra pero en medio de una creciente rebelión cuando él está físicamente presente reinando), sino para decir que no habría una absoluta inconsistencia dentro de esta posición.

[21]1 Corintios 15:25 dice; «Porque es necesario que Cristo reine hasta poner a todos sus enemigos debajo de sus pies», pero el contexto inmediato (vv. 24, 25) habla de destruir a sus enemigos (incluyendo la muerte en el v. 26), no sobre convertir a las personas y traerlas a la iglesia.

pruebas repetidas de una desalentadora imperfección en la vida cristiana, especialmente en los ámbitos de la moralidad personal y lo profundo de la intimidad con Dios. En lugares donde los cristianos que creen en la Biblia comprenden grandes segmentos de la población, todavía no tiene lugar nada parecido a un reino del milenio terrenal.[22] Es cierto que el crecimiento de la iglesia como un porcentaje de la población mundial ha sido notable en décadas recientes,[23] y que debemos estar muy animados por esto. Es posible que algún día veamos una influencia mucho mayor del cristianismo genuino sobre muchas sociedades, y si eso ocurre, ello hará que la posición posmilenaria parezca más plausible. Pero tales eventos podrían también concebirse dentro de un marco premilenario o amilenario, de manera que la decisión final respecto a estas posiciones rivales todavía debe hacerse a través de la interpretación de textos bíblicos relevantes.

4. Por último, debemos notar que hay varios pasajes del Nuevo Testamento que parecen contradecir explícitamente la posición posmilenaria. Jesús dijo: «Entren por la puerta estrecha. Porque es ancha la puerta y espacioso el camino que conduce a la destrucción, y muchos entran por ella. Pero estrecha es la puerta y angosto el camino que conduce a la vida, *y son pocos los que la encuentran*» (Mt 7:13-14). En lugar de enseñar que la mayoría del mundo se volverá cristiana, Jesús parece decir aquí que aquellos que se salvan serán «pocos» en comparación con los «muchos» que viajan hacia la eterna destrucción. De manera similar, Jesús pregunta; «Cuando venga el Hijo del hombre, ¿encontrará fe en la tierra? (Lc 18:8), una pregunta que sugiere que la tierra no estará llena con aquellos que creen, sino que más bien estará dominada por aquellos que no tienen fe.

En contradicción con el punto de vista de que el mundo mejorará al crecer la influencia de la iglesia, Pablo predice que antes que Cristo regrese vendrá «*la rebelión*» y «*el hombre de maldad*» se manifestará, «el destructor por naturaleza» quien se adueñará «del templo de Dios» y pretende «ser Dios».(2 Ts 2:3-4).[24]

Al escribirle a Timoteo sobre los últimos días, Pablo dice:

---

[22]Un ejemplo interesante en los Estados Unidos es el estado de Texas. Las estadísticas indican que más del 50 por ciento de la población de Texas pertenece a la Iglesia Bautista del Sur, una denominación que predica un evangelio genuino de salvación solo por la fe, y la necesidad de que cada individuo nazca de nuevo. Esto en sí mismo es un hecho maravilloso por el que debemos dar gracias a Dios, pero no todo el que vive hoy en Texas proclamaría seriamente estar viviendo ya en el milenio (por lo menos en la manera que los posmilenarios lo entienden). Si añadimos a los bautistas del sur todos los demás cristianos creyentes en la Biblia en el mismo estado, mucho más de la mitad de la población estaría constituida por Cristianos renacidos. Pero si una población 50 por ciento cristiana no puede llevarnos a nada cercano a un milenio terrenal, ¿entonces qué por ciento del mundo tiene que volverse cristiano antes que la esperanza posmilenaria se realice? ¿Y dónde está la prueba a lo largo de la historia de que estamos haciendo un progreso significativo hacia la realización de tal milenio?

[23]»Entre 1950 y 1992 los cristianos creyentes en la Biblia ascendieron de solo el 3% de la población mundial al 10% de ella. Este es un salto de 80 millones a 540 millones» (Rick Word, «Christianity: Waning or Growing?» en *Misión Frontiers Bulletin* [Pasadera, Calif.; Jan.-Feb., 1993], p. 25). Este periódico publica estadísticas similares desde diferentes países en casi todos los números, y nos hace concluir que el crecimiento de la iglesia desde 1950 es tan notable que no tiene precedentes en la historia del mundo.

[24]Algunos posmilenarios creen que habrá una rebelión final antes que Cristo vuelva. Estos versículos no constituirían una objeción a su posición, pero los versículos siguientes indican que el patrón dominante no-cristiano en los asuntos mundiales justo antes del regreso de Cristo todavía pesa contra ese punto de vista posmilenario, porque describen un mundo concluyentemente diferente al de un milenio de paz y justicia creado por la difusión del evangelio en un sistema posmilenario.

Ten en cuenta, que *en los últimos días* vendrán tiempos difíciles. La gente estará llena de egoísmo y avaricia; serán jactanciosos, arrogantes, blasfemos, desobedientes a los padres, ingratos, impíos, insensibles, implacables, calumniadores, libertinos, despiadados, enemigos de todo lo bueno, traicioneros, impetuosos, vanidosos y más amigos del placer que de Dios. Aparentarán ser piadosos, pero su conducta desmentirá el poder de la piedad. ¡Con esa gente ni te metas! (2 Ti 3:1-5).

Dice además:

Así mismo serán perseguidos todos los que quieran llevar una vida piadosa en Cristo Jesús, mientras esos malvados embaucadores irán de mal en peor, engañando y siendo engañados... Porque llegará el tiempo en que no van a tolerar la sana doctrina, sino que, llevados de sus propios deseos, se rodearán de maestros que les digan las novelerías que quieren oír. Dejarán de escuchar la verdad y se volverán a los mitos. (2 Ti 3:12-13; 4:3-4)

Por último, y quizá más concluyentemente, Mateo 24:15-31 habla de una gran tribulación que precederá el momento del regreso de Cristo:

Porque habrá una gran tribulación, como no la ha habido desde el principio del mundo hasta ahora, ni la habrá jamás. Si no se acortan esos días, nadie sobreviviría, pero por causa de los elegidos se acortarán... *Inmediatamente después de la gran tribulación de aquellos días, «se oscurecerá el sol y no brillará más la luna; las estrellas caerán del cielo y los cuerpos celestes serán sacudidos». La señal del Hijo del hombre aparecerá en el cielo, y se angustiarán todas las razas de la tierra. Verán al Hijo del hombre venir sobre las nubes del cielo con poder y gran gloria.* (Mt 24:21-30)

Este pasaje describe, no un mundo cristianizado, sino un mundo de gran sufrimiento y maldad, una gran tribulación que excede todos los previos períodos de sufrimiento sobre la tierra. No dice que la gran mayoría del mundo dará la bienvenida a Cristo cuando venga, sino más bien que cuando la señal del Hijo del hombre aparezca en el cielo, entonces «se angustiarán todas las razas de la tierra» (Mt 24:30).

Como Mateo 24 es un pasaje tan difícil desde la perspectiva posmilenaria, ha habido varios intentos de explicarlo no como una predicción de eventos que ocurrirán justo antes de la segunda venida de Cristo, sino más bien algo que se cumplió en lo fundamental con la destrucción de Jerusalén en el 70 d.C.

Para sostener esta interpretación, los posmilenarios convierten en simbólicos la mayoría de los elementos de Mateo 24:29-31:[25] el oscurecimiento del sol y la luna, la caída de las estrellas del cielo y el sacudimiento de los cuerpos celestes no deben entenderse como eventos literales, sino como símbolos de la venida de Dios en juicio. Similares imágenes del juicio se dice que pueden hallarse en Ezequiel 32:7; Joel 2:10; y Amós 8:9, pero estos pasajes simplemente hablan de los juicios de las tinieblas y no mencionan la caída de las estrellas del cielo o el sacudimiento de

---

[25]Aquí sigo la interpretación de R. T. France, *The Gospel According to Matthew*, pp. 343-46.

los cuerpos celestes. R. T. France también menciona Isaías 13: 10 y 34:4, los que sí hablan sobre el oscurecimiento del sol y la luna y la desintegración de los astros del cielo, pero está lejos de ser cierto que France tenga razón al afirmar que esos pasajes son solo simbólicos —están colocados en contextos en los que fácilmente se podrían comprender como predicciones literales de cambios cósmicos que preceden el juicio final. Así que está lejos de ser obvio que estos pasajes son solo imágenes apocalípticas del juicio sobre Jerusalén.[26]

Por otra parte, la interpretación que las ve como declaraciones meramente simbólicas se hace más difícil al continuar las afirmaciones de Jesús, pues él no habla solamente sobre señales en el sol, la luna, y las estrellas, sino que dice inmediatamente después que entonces «la señal del Hijo del hombre aparecerá en el cielo... *Verán al Hijo del hombre venir sobre las nubes del cielo con poder y gran gloria*» (Mt 24:30). Consecuente con su previa interpretación simbólica de este pasaje, France dice que «todas las razas de la tierra» se refiere meramente a los judíos, o sea, «a todas las tribus (familias) de la tierra»,[27] esto es, la tierra de Israel. Y dice que la referencia al Hijo del hombre que viene sobre las nubes del cielo con poder y gran gloria no se refiere al regreso de Cristo sino a su llegada ante *el Padre en el cielo*, para ser vindicado y recibir autoridad».[28] France cita con aprobación la declaración de G. B. Cairo, quien dice que «la venida del Hijo del hombre en las nubes del cielo nunca se concibió como una forma primitiva de viaje espacial, sino como el símbolo de un poderoso vuelco en las fortunas dentro de la historia y a nivel nacional».[29] Entonces el envío de los ángeles de Cristo con un poderoso llamado de trompeta para reunir a sus elegidos de un extremo al otro del cielo se interpreta como referido a los mensajeros que predican el evangelio a través de la tierra. La reunión de los elegidos entonces es reunirlos dentro de la iglesia por la predicación del evangelio.

Sin embargo, acerca de esta interpretación France no puede dar cuenta satisfactoriamente del hecho que Jesús dice que todas las razas sobre la tierra «*verán* al Hijo del hombre venir sobre las nubes del cielo con poder y gran gloria» (Mt 24:30). Esta no es una transacción celestial invisible en la que Cristo recibe autoridad de Dios el Padre, sino lo que aquí se predice es su regreso con poder y gran gloria. A aquellos que predican el evangelio no se les llama nunca en ningún otro lugar ángeles que hacen un poderoso llamado de trompeta, y a la predicación del evangelio no se le llama en ningún otro lugar la reunión «de los cuatro vientos a los elegidos, de un extremo al otro del cielo» (Mt 24:31). Por otro lado, cuando Jesús habla en alguna

---

[26]Otro argumento a favor del punto de vista posmilenarista puede extraerse de la declaración «no pasará esta generación hasta que todas estas cosas sucedan» en Mt 24:34. Un posmilenarista puede tomar «esta generación» en un sentido perfectamente natural como referida a la gente que lo escuchaba a Jesús mientras hablaba, y así apoyar el punto de vista que todos los eventos de vv. 29-31 (o aun los de vv. 5-31) ocurrieron cerca del 70 d.C. Pero esa interpretación no es necesaria en Mt 24:34, porque «esta generación» puede entenderse como referida a la generación que vea ocurrir «todas estas cosas» (v. 33), cualesquiera que estas sean. (La «higuera» del v. 32 no debe comprenderse como un símbolo profético para un tiempo particular de la historia—tal como el renacimiento de Israel como nación—porque Jesús lo usa simplemente como una ilustración tomada de la naturaleza: Cuando de la higuera broten hojas, usted sabrá que el verano vendrá pronto; de manera similar, cuando estas señales (vv. 5-31) ocurran, sabrá que el Hijo del hombre regresará pronto.)

[27]France, *Matthew*, p. 345.

[28]Ibid., p. 344.

[29]Ibid., p. 344, citando a G. B. Cairo, *Jesus and the Jewish Nation* (London: Athlone Press, 1965).

otra parte de su venida en las nubes, habla de una venida no *a Dios el Padre* en el cielo, sino de una venida a *a la gente sobre la tierra*: «¡Miren que viene en las nubes! Y todos lo verán con sus propios ojos, incluso quienes lo traspasaron; y por él harán lamentación todos los pueblos de la tierra» (Ap 1:7). Y cuando Cristo regrese, Pablo dice que aquellos que estemos vivos «seremos arrebatados junto con ellos *en las nubes* para encontrarnos con el Señor en el aire» (1 Ts 4:17). Cuando Cristo venga sobre las nubes de gloria con gran poder y autoridad, viene a reinar sobre la tierra, y este es el sentido de Mateo 24:30-31. (France no comenta el hecho que Jesús dice que las razas de la tierra que se angustian *«verán* al Hijo del hombre venir sobre las nubes del cielo» (v.30). El hecho de que estas razas verán a Jesús llegando hace difícil comprender cualquier interpretación simbólica o invisible aquí.) Por otro lado, la acumulación de factores que por otros textos conocemos están relacionados con el regreso de Cristo (señales cósmicas, la venida de Cristo con poder, el poderoso llamado de trompeta, los ángeles reuniendo a los elegidos) provee una acumulación de evidencias para creer que aquí se alude a la *segunda* venida de Cristo, no solo a una representación simbólica de la recepción de su autoridad. Y si Mateo 24 habla sobre la segunda venida de Cristo, entonces habla de su venida justo *después* de un período de gran tribulación, no después que un milenio de paz y justicia se haya establecido sobre la tierra.[30]

Por último, todos los pasajes que indican que Cristo podría regresar pronto y que debemos estar listos para su regreso en cualquier momento[31] deben considerarse también como un argumento significativo contra el posmilenarismo. Pues si Cristo podría regresar en cualquier momento, y nosotros debemos estar listos para su regreso, entonces el prolongado período que se requiere para el establecimiento del milenio sobre la tierra antes del regreso de Cristo simplemente no se puede considerar una teoría persuasiva.

D. Una Consideración de los Argumentos a Favor del Premilenarismo

La posición propugnada en este libro es el premilenarismo histórico. Los argumentos en contra de la posición premilenaria han sido presentados en lo esencial en los argumentos a favor del amilenarismo y posmilenarismo, y por lo tanto no se los repetirá aquí en una sección aparte, pero objeciones incidentales a estos argumentos serán consideradas en su transcurso.

1. Varios pasajes del Antiguo Testamento no parecen ajustarse ni a la era presente ni al estado de eternidad. Estos pasajes indican alguna etapa futura en la historia de la redención que es muy superior a la presente era de la iglesia pero que aun no ve la remoción de todo pecado, rebelión y muerte de la faz de la tierra.

Hablando de Jerusalén en algún futuro momento, Isaías dice:

---

[30]Es verdad que algunos posmilenarios sostienen que habrá un tiempo de rebellion al final del milenio, justo antes del regreso de Cristo. Pero un período de rebelión contra un reino de justicia y paz milenario dominante no es lo mismo que un período de tribulación en cual el mal domina y los cristianos experimentan una gran persecución.

[31]Vea el capítulo 54, pp. 1155-58, sobre los pasajes que hablan de un inminente regreso de Cristo.

> Nunca más habrá en ella
>> niños que vivan pocos días,
>> ni ancianos que no completen sus años.
>
> El que muera a los cien años será considerado joven;
>> pero el que no llegue a esa edad
>> será considerado maldito. (Is 65:20)

Aquí leemos que no habrá más infantes que mueran en la niñez, ni hombres viejos que mueran prematuramente, algo muy diferente a esta era presente. Pero la muerte y el pecado estarán todavía presentes, porque el niño que tiene cien años debe morir, y el pecador que tiene cien años «será considerado maldito». En el amplio contexto de este pasaje puede que se entremezclen del milenio y del estado de eternidad (cf. vv. 17, 25), pero está en la naturaleza de la profecía del Antiguo Testamento no distinguir entre eventos futuros, exactamente como estas profecías no distinguen entre la primera y la segunda venida de Cristo. Por lo tanto, en un contexto más amplio puede haber elementos mezclados, pero se mantiene el asunto de que este único elemento (los infantes y ancianos que viven mucho, el niño que muere a los cien años, y el pecador que será maldito) indica un tiempo específico en el futuro diferente a la edad presente.

Isaías parece predecir un reino milenario en otro lugar cuando dice:

> El lobo vivirá con el cordero,
>> el leopardo se echará con el cabrito,
> y juntos andarán el ternero y el cachorro de león,
>> y un niño pequeño los guiará.
>
> La vaca pastará con la osa,
>> sus crías se echarán juntas,
>> y el león comerá paja como el buey.
>
> Jugará el niño de pecho junto a la cueva de la cobra,
>> y el recién destetado meterá la mano en el nido de la víbora.
>
> No harán ningún daño ni estrago
>> en todo mi monte santo,
> porque rebosará la tierra con el conocimiento del SEÑOR
>> como rebosa el mar con las aguas (Is 11:6-9)

Este pasaje habla claramente de una momentánea renovación de la naturaleza que nos lleva mucho más allá de la era presente, un tiempo cuando «rebosará la tierra con el conocimiento del SEÑOR como rebosa el mar con las aguas» (v. 9). Pero en el verso inmediatamente siguiente Isaías dice:

> *En aquel día* se alzará la raíz de Isaí como estandarte de los pueblos; *hacia él correrán las naciones*, y glorioso será el lugar donde repose. *En aquel día* el SEÑOR volverá a extender su mano para recuperar el remanente de su pueblo, a los que hayan quedado en Asiria, en Egipto, Patros y Cus. (Is 11:10-11)

Aquí algunos todavía buscan al Mesías y se acercan aparentemente a la salvación, y también aquí el Señor todavía congrega el remanente de su pueblo desde varias naciones de la tierra. Por lo tanto, no parece que el estado de eternidad ha comenzado, pero los percances de la naturaleza exceden con mucho todo lo que ocurrirá en esta era presente. ¿No indica esto un futuro reino milenario?

El Salmo 72 parece ir más allá de una descripción del reinado de Salomón para predecir las glorias del reino del Mesías:

> Que domine el rey de mar a mar,
>> desde el río Éufrates hasta los confines de la tierra.
> Que se postren ante él las tribus del desierto;
>> ¡que muerdan el polvo sus enemigos!
> Que le paguen tributo los reyes de Tarsis
>> y de las costas remotas;
> que los reyes de Sabá y de Seba
>> le traigan presentes;
> que ante él se inclinen todos los reyes;
>> ¡que le sirvan todas las naciones!
> Él librará al indigente que pide auxilio,
>> y al pobre que no tiene quien lo ayude.
> Se compadecerá del desvalido y del necesitado,
>> y a los menesterosos les salvará la vida.
> Los librará de la opresión y la violencia,
>> porque considera valiosa su vida. (Sal 72:8-14)[32]

Este pasaje ciertamente habla de un gobierno mesiánico mucho más amplio que el experimentado por David y Salomón, porque este reino mesiánico «hasta los confines de la tierra» y lo servirán «todas las naciones» (vv. 8, 11; note que el salmo también dice en el v. 5: «Que viva el rey por mil generaciones, lo mismo que el sol y la luna»). Este será un reino justiciero, de justicia—pero ciertamente no será el estado de eternidad. Todavía existirá «el indigente que pide auxilio» y «el pobre que no tiene quien lo ayude» (vv. 12-14). Todavía habrá enemigos «que muerdan el polvo» bajo el gobierno de este Rey justiciero (v. 9). Todo esto habla de una era muy diferente de la era presente pero menos que el estado de eternidad en el que no hay más pecado ni sufrimiento.

Zacarías también profetiza que viene una era en la que hay una gran transformación en la tierra, en la que el Señor es Rey sobre toda la tierra, y en la que todavía hay rebelión y pecado, y muerte:

Entonces vendrá el Señor mi Dios, acompañado de todos sus fieles. En aquel día excepcional, que sólo el SEÑOR conoce: no tendrá día ni noche, pues cuando llegue la noche, seguirá alumbrando la luz. En aquel día fluirá agua viva desde Jerusalén,

---

[32]Algunas versiones bíblicas, como la NASB y la RSV toman estas afirmaciones no como predicciones sino como oraciones. Pero en ambos casos este salmo muestra el ansia de un gobernante mesiánico que algún día dominaría «hasta los confines de la tierra».

tanto en el verano como en invierno. Y una mitad correrá hacia el Mar Muerto, y la otra hacia el mar Mediterráneo. El SEÑOR reinará sobe toda la tierra. En aquel día el SEÑOR será el único Dios, y su nombre será el único nombre.

Esta será la plaga con la que el SEÑOR herirá a todos los pueblos que pelearon contra Jerusalén. Se les pudrirá la carne en vida, se les pudrirán los ojos en las cuencas, y se les pudrirá la lengua en la boca... y se recogerán las riquezas de todas las naciones vecinas, y grandes cantidades de oro y plata y de ropa...

Entonces los sobrevivientes de todas las naciones que atacaron a Jerusalén subirán año tras año para adorar al Rey, al SEÑOR Todopoderoso, y para celebrar la fiesta de las Enramadas. Si alguno de los pueblos de la tierra no sube a Jerusalén para adorar al Rey, al SEÑOR Todopoderoso, tampoco recibirá lluvia. (Zac 14:5-17)

Otra vez aquí la descripción no se ajusta a la era presente, pues el Señor es Rey sobre toda la tierra en esta situación. Pero esto tampoco se ajusta al estado de eternidad, porque la desobediencia y la rebelión contra el Señor están claramente presentes. Se podría objetar que esta es una típica profecía del Antiguo Testamento en la que se unen distintos eventos futuros que la visión del profeta no distingue, pese a que pueden estar separados por largos períodos cuando realmente ocurran. No obstante, es difícil hacer esa distinción en este pasaje porque se trata de una rebelión específica contra el Señor que es Rey sobre toda la tierra que se castiga con estas plagas y la falta de lluvia.[33]

2. También hay otros pasajes del Nuevo Testamento, aparte de Apocalipsis 20, que sugieren un futuro milenio. Cuando el Señor Jesús resucitado habla a la iglesia de Tiatira, dice: «*Al que venciere y guardare mis obras hasta el fin, yo le daré autoridad sobre las naciones, y las regirá con vara de hierro,* y serán quebradas como vaso de alfarero, como yo también la he recibido de mi Padre» (Ap 2;26-27). La simbología que se usa (reinar con una vara de hierro; quebrar vasos de alfarero) implica un gobierno fuerte sobre los rebeldes. ¿Pero cuándo los creyentes que triunfen sobre el mal participarán en este gobierno? La idea se ajusta bien a un futuro reino milenario cuando los santos glorificados reinen con Cristo sobre la tierra, pero no se ajusta bien a ningún momento de la era presente o del estado de eternidad. (La idea de gobernar las naciones «con vara de hierro» también se encuentra en Apocalipsis 12:5-6 y 19:15.)

Cuando Pablo habla de la resurrección, dice que cada persona recibirá un cuerpo resucitado, cada uno en su debido orden: «Cristo, las primicias; *después (eita)* cuando él venga, los que les pertenecen. *Entonces (epeita)* vendrá el fin, cuando el entregue el reino a Dios el Padre, luego de destruir todo dominio, autoridad y poder. Porque es necesario que Cristo reine hasta poner a todos sus enemigos debajo de sus pies» (1 Co 15:23-25). Las dos palabras traducidas «entonces» en este pasaje (*epeita* y *eita*) tienen el sentido de «después de», no el sentido de «al mismo tiempo». Por consiguiente el pasaje le ofrece algún apoyo a la idea que, justo como hay un intervalo de tiempo entre la resurrección de Cristo y su segunda venida cuando

---

[33]El pasaje aun describe las bendiciones en términos de los sacrificios del antiguo pacto y menciona la fiesta de las Enramadas, un festival del viejo pacto. Esta era la terminología y la descripción de que disponía el pueblo de ese día, pero el Nuevo Testamento puede permitir una realización mayor (espiritual) de cierto número de estos detalles.

nosotros recibamos un cuerpo resucitado (v. 23), de manera que hay un intervalo de tiempo entre la segunda venida de Cristo y «el fin» (v. 24), cuando Cristo entregue el reino al Padre tras haber reinado durante un tiempo y puesto a todos sus enemigos debajo de sus pies.[34]

3. Con cierto número de otros pasajes de trasfondo que apuntan o claramente sugieren un tiempo futuro mucho más grandioso que la era presente pero menos que el estado de eternidad, resulta entonces apropiado examinar Apocalipsis 20 una vez más. Aquí hay varias afirmaciones que se entienden mejor como referidas a un futuro reinado terrenal de Cristo anterior al juicio futuro.

a. La atadura y encierro de Satanás en el abismo (v. 2-3) implican una restricción mucho mayor de su actividad que lo que conocemos en esta era presente (vea la discusión arriba, bajo amilenarismo).

b. La declaración de que aquellos que fueron fieles «vivieron» (v. 4) se interpreta mejor como referida a una resurrección corporal, pues el siguiente versículo dice: «Ésta es la primera resurrección». El verbo *ezesan*, «volver a vivir», es el mismo verbo y la misma forma verbal que se utiliza en Apocalipsis 2:8, donde Jesús se identifica a sí mismo como «el que murió y volvió a vivir», una obvia referencia a su resurrección.[35]

c. En una interpretación premilenario, el reinado de Cristo (en Ap 20:4) es algo todavía futuro, no algo que ocurre ahora (como aducen los amilenarios). Esto es consistente con el resto del Nuevo Testamento, donde se nos dice a menudo que los creyentes reinarán con Cristo y se les dará autoridad por él para reinar sobre la tierra (vea Lc 19:17, 19; 1 Co 6:3; Ap 2:26-27; 3:21). Pero en ningún otro lugar la Escritura dice que los creyentes en el estado intermedio (entre su muerte y el regreso de Cristo) están reinando con Cristo o compartiendo su gobierno con él. De hecho, Apocalipsis describe primero a los santos en el cielo antes que Cristo regrese *esperando* bajo el altar y clamando a gran voz al Señor que comience a juzgar a los impíos sobre la tierra (Ap 6:9-10). En ningún lugar se dice que los cristianos ya reinan con Cristo.

Aquellos que vuelven a vivir y reinan con Cristo en Apocalipsis 20 incluyen a gente «*que no habían adorado a la bestia ni a su imagen y que no recibieron la marca en sus frentes*» (Ap 20:4). Esta es una referencia a aquellos que no se rindieron ante las persecuciones de la bestia de que se habla en Apocalipsis 13:1-18). Pero si la severidad de la persecución descrita en Apocalipsis 13 nos llevan a concluir que la bestia *no ha aparecido aun* sobre el escenario mundial, sino que esto es algo futuro, entonces la persecución de esta bestia es también futura. Y *si esta persecución es aun futura, entonces la escena de Apocalipsis 20* donde aquellos «que no habían adorado la bestia… y no recibieron la marca en sus frentes» (Ap 20:4) *también es futura*. Esto significa

---

[34]La palabra griega *eita* significa «enseguida» o «después» o «luego» (vea Mr 4:17, 28; 1 Co 15:5, 7; 1 Ti 2:13). No siempre indica una secuencia temporal, porque también puede introducir el siguiente asunto o argumento en una progresión lógica, pero al narrar sucesos históricos indica algo que ocurre después de otra cosa (vea BAGD, pp. 233-34; también LSJ, p. 498: «utilizada para denotar la secuencia de un acto o estado encima de otro… *entonces, a continuación*».

[35]En ambos casos entiendo el aoristo de indicativo *ezesan* como un aoristo incipiente, que marca el comienzo de una acción.

que Apocalipsis 20:1-6 no describe la presente era de la iglesia sino se entiende mejor como referida a un futuro reino milenario de Cristo.

Estas consideraciones se combinan para plantear un caso a favor del premilenarismo. Si estamos convencidos de esta posición, es realmente una cuestión incidental si el período de mil años se concibe como mil años literales o simplemente como un período prolongado de tiempo de duración indeterminada. Y aunque puede que no tengamos muy claros todos los detalles de la naturaleza del milenio, podemos estar razonablemente seguros que habrá un futuro reinado terrenal de Cristo que será notablemente diferente de esta era presente.

E. El Tiempo de la Gran Tribulación

Aquellos que están persuadidos de los argumentos a favor del premilenarismo, deben decidir sobre una cuestión adicional: ¿Regresará Cristo antes o después de la «gran tribulación»?

La expresión «gran tribulación» en sí misma viene de Mateo 24:21 (y paralelos), donde Jesús dice: «Porque habrá entonces *gran tribulación*, cual no la ha habido desde el principio del mundo hasta ahora, ni la habrá». El premilenarismo histórico cree que Cristo regresará después de esa tribulación, pues el pasaje continúa: «E inmediatamente después de la tribulación de aquello días, el sol se oscurecerá… entonces aparecerá la señal del Hijo del hombre en el cielo; y entonces lamentarán todas las tribus de la tierra, y verán al Hijo del hombre viniendo sobre las nubes del cielo, con poder y gran gloria» (Mt 24:29-30). Pero, como se explicó arriba, en los siglos diecinueve y veinte se hicieron populares una variedad de premilenarismos que sostiene una venida de Cristo pretribulacionalista». Esto se llama a menudo el punto de vista del «rapto pretribulacionalista», porque sostiene que cuando Cristo regrese por primera vez la iglesia será «raptada» o arrebatada a los cielos para estar con él.

Los argumentos para tal rapto pretribulacionalista son los siguientes:[36]

1. Todo el período de la tribulación será un tiempo en que se derramará la ira de Dios sobre la tierra. Por lo tanto, no sería apropiado que los cristianos estén sobre la tierra en ese tiempo.

2. Jesús promete en Apocalipsis 3:10: «*Yo te guardaré de la hora de la tentación que vendrá sobre el mundo entero* para poner a prueba a los que viven en la tierra». Este pasaje indica que se sacará a la iglesia del mundo antes que llegue esa hora de prueba.

3. Si Cristo regresa *después* de la tribulación y derrota a todos sus enemigos, ¿entonces de dónde vendrán los incrédulos que necesariamente deben poblar el reino milenario? :La posición pretribulacionalista,, sin embargo, vislumbra miles de judíos creyentes que se han vuelto cristianos durante la tribulación y que entrarán al reino milenario en cuerpos no glorificados.

4. Este punto de vista hace posible creer que Cristo podría venir en cualquier momento (su venida antes de la tribulación) y que aun deben cumplirse muchas

---

[36]Mucho de la argumentación a favor de la posición del rapto pretribulacional se toma del muy acucioso ensayo de Paul D. Feinberg, «The Case for Pretribulation Rapture Position» en *The Rapture: Pre-, Mid., or Post-Tribulational? pp. 45-86.*

señales antes que él venga (su venida después de la tribulación, cuando se hayan cumplido las señales).

Aunque este no es un argumento específico a favor de una posición pretribulacionalista, también debe notarse que los pretribulacionistas ven entonces la enseñanza sobre la tribulación en Mateo 24 y las advertencias y aliento dados a los creyentes en esa situación como aplicables a los judíos creyentes durante la tribulación, y no a la iglesia en general.[37]

En respuesta a estos argumentos, se deben hacer las observaciones siguientes:

1. No es consistente con las descripciones de la tribulación en el Nuevo Testamento decir que *todo* el sufrimiento que ocurra durante ese tiempo es específicamente el resultado de la ira de Dios. Mucho del sufrimiento se debe al hecho que la maldad se multiplicará (Mt 24:12) y al hecho que crecerá mucho la persecución de la iglesia y la oposición de Satanás durante este período. Por supuesto, todos los cristianos (ya sean gentiles o creyentes judíos) evadirán la ira de Dios en todo momento, pero esto no significa que evadirán todo sufrimiento, aun en tiempos extremadamente difíciles.

2. El hecho de que Jesús diga a los fieles creyentes de la iglesia de Filadelfia (Ap 3:10) que él los guardará de la hora de prueba que viene sobre todo el mundo no es una evidencia lo suficientemente fuerte como para decir que se sacará a la iglesia entera del mundo antes de la tribulación. Primero, esta declaración se hace a una iglesia específica (Filadelfia) y no debe aplicarse a toda la iglesia en algún punto futuro de la historia. Por otra parte, «la hora de tentación que vendrá sobre el mundo entero» no tiene que referirse al tiempo de la gran tribulación, sino que más probablemente se refiere al tiempo de gran persecución y sufrimiento que vendría sobre todo el Imperio Romano o todo el mundo habitado. Por último, la promesa que la iglesia en Filadelfia sería *guardada* no implica que los sacarían del mundo, sino simplemente que se les mantendría fieles y se les guardaría de sufrir daños derivados de ese período de sufrimiento y prueba.

3. No favorece al punto de vista pretribulacionalista decir que debe haber algunos en cuerpos no glorificados que entrarán en el milenio, porque (desde un punto de vista postribulacionalista) cuando Cristo venga al fin de la tribulación *derrotará* todas las fuerzas que dispuestas contra él, pero eso no significa que las matará o aniquilará a todas. Muchos simplemente se rendirán sin confiar en Cristo, y así entrarán al milenio como incrédulos. Y durante todo el período del milenio muchos se convertirán sin duda a Cristo y también se volverán creyentes.

4. El punto de vista pretribulacionalista no es el único consistente con las ideas de que Cristo podría volver en cualquier momento que haya señales que precedan su regreso. La posición presentada en el capítulo anterior —que es poco probable

---

[37]Feinberg ofrece un argumento adicional sobre las diferencias entre los pasajes que el entiende describen el rapto (antes de la tribulación) y los pasajes que ve como describiendo la segunda venida (después de la tribulación). No obstante, la mayoría de estas diferencias no son contradicciones insuperables, sino solo casos en los que se menciona un evento en un pasaje y no en otro (un punto bien señalado por Douglas Moo en su «Response», pp. 99-101).

pero posible que las señales se hayan cumplido— es también consistente con estas ideas.[38]

Pero debe decirse que detrás de este argumento de los pretribulacionistas hay una preocupación de más peso: El deseo de preservar una distinción entre *la iglesia* (que ellos piensan será alzada al cielo para estar con Cristo) e *Israel* (que piensan constituirá el pueblo de Dios sobre la tierra durante la tribulación y entonces durante el reino milenario). Pero, como hemos anotado en un capítulo anterior,[39] el Nuevo Testamento no respalda una distinción de este tipo entre Israel y la iglesia. Por consiguiente, esto no implica la necesidad de contemplar una distinción entre estos grupos en el tiempo de la tribulación y el milenio.

Hay una variante de la posición del rapto pretribulacionalista que se conoce como el punto de vista del *rapto midtribulacionalista*. Este se define por Gleason Archer en su ensayo: «The Case for the Mid-Seventieth-Week Rapture Position».[40] Él ve la tribulación como separada en dos mitades. Los primeros tres y medio años se caracterizan por la ira del hombre, y la iglesia está presente en ese tiempo. Los segundos tres y medio años se caracterizan por la ira de Dios, y durante ese tiempo la iglesia está ausente de la tierra. El argumento primario de la Escritura para respaldar un rapto midtribulaciolista es el hecho de que en Daniel 7:25, 9:27, y 12:7 y 11, así como en Apocalipsis 12:14, los siete días o tiempos a que se alude están cortados en mitades, al mencionar el intervalo de tres y medio tiempos o tres y medio días en una semana simbólica, apuntando de esa manera a un período de tres y medio años, tras el cual el se rescataría al pueblo de Dios de la tribulación. Otro argumento a favor de esta posición es que destaca el sentido de expectación ante el regreso de Cristo, pues tres y medio años es un período más corto de tiempo que siete años.

No obstante, aunque los pasajes de Daniel sí hablan de una *interrupción* de la séptima semana que Daniel predice para el futuro, no dan ninguna indicación clara de que los creyentes serán removidos de la tierra a mediados de la semana.[41] También es difícil ver que la expectativa de una tribulación de tres años y medio provee una sensación de inminencia mucho mayor que la que provee la expectativa de una tribulación de siete años.

Por último, algunas objeciones a la posición del rapto pretribulacionista se pueden plantear en forma de argumentos a favor del punto de vista del rapto postribulacionista (el punto de vista premilenario histórico que Cristo regresará tras un período de tribulación sobre la tierra):

1. El Nuevo Testamento no dice claramente en ningún lugar que la iglesia será sacada del mundo antes de la tribulación. Si fuera a ocurrir este significativo evento, podríamos por lo menos esperar que se hallara una enseñanza específica a ese efecto en el Nuevo Testamento. Ciertamente Jesús nos dice que el regresará y nos tomará para estar con él (Jn 14:3), y Pablo nos dice que seremos arrebatados a las nubes para encontrarnos con el Señor en el aire (1 Ts 14:17), y que seremos transformados en un abrir y cerrar de ojos y recibiremos un cuerpo incorruptible

---

[38]Vea el capitulo 54, pp. 1162-66.

[39]Vea el capitulo 44, pp. 904-08, sobre el asunto de la distinción entre Israel y la iglesia.

[40]En *The Rapture*, pp. 113-45.

[41]Vea Paul D. Feinberg, «Response», en *The Rapture*, pp. 147-50.

(1 Co 15:51-52), pero los creyentes han entendido cada uno de estos pasajes a lo largo de la historia, no como que hablan de un rapto *secreto* de la iglesia antes de la tribulación, sino de un rapto *público* (o «arrebato») muy visible de la iglesia para estar con Cristo precisamente unos momentos antes de su venida a la tierra *junto con ellos* para reinar durante el reino milenario (o de acuerdo con el punto de vista amilenario, durante el estado de eternidad).[42]

Por otro lado, es muy difícil comprender 1 Tesalonicenses 4:17, el único pasaje que habla explícitamente del hecho que la iglesia será «arrebatada» (o raptada), para hablar de la idea de una venida secreta. Este dice: «El Señor mismo descenderá del cielo *con voz de mando, con voz de arcángel y con trompeta de Dios*» (1 Ts 4:16). De estas palabras Leon Morris correctamente dice: «Puede ser que con esto él intenta hacernos comprender que el rapto ocurrirá en secreto, y que nadie excepto los propios santos sabrán lo que sucede. Pero a duras penas se podría deducir esto de sus palabras. Es difícil ver cómo podría él describir más explícitamente algo que es manifiesto y público»[43]

La doctrina del rapto pretribulacionista resulta de una inferencia de varios pasajes. Primero, la poderosa trompeta convoca a la reunión de los elegidos en Mateo 24:31, el sonido de la trompeta de Dios en 1 Tesalonicenses 4:16, y el toque final de la trompeta cuando nuestros cuerpos serán transformados en 1 Corintios 15:51-52, todo parece ser el mismo toque de trompeta—la trompeta que suena justo antes del milenio. Si de veras es «el último toque de trompeta» (1 Co 15:52), entonces es difícil ver cómo otro poderoso toque de trompeta (Mt 24:31) podría seguirlo siete años después.

Además, es muy difícil pensar que Mateo 24 no se refiera a la iglesia, sino al pueblo judío que se salvaría durante la tribulación. Jesús se dirige a *sus discípulos* (Mt 24:1-4) y los alerta de la persecución y el sufrimiento que vendrán. Les habla de la gran tribulación por venir, y entonces dice que «inmediatamente después de la tribulación de aquellos días» aparecerán señales cósmicas y «se angustiarán todas las razas de la tierra. Verán al Hijo del hombre venir sobre las nubes del cielo con poder y gran gloria» (Mt 24:30). ¿Pero sería verosímil que Jesús, al decir estas cosas a *sus discípulos*, intentara que sus palabras se aplicaran, no a la iglesia, sino solo a un futuro reino terrenal del pueblo judío que se convertiría durante la tribulación? Tampoco parece verosímil que los discípulos estén aquí como representantes de un futuro reino judío y no como representantes de la iglesia, a cuyo establecimiento estaban tan estrechamente ligados como su fundamento (Ef 2:20).

3. Por último, el Nuevo Testamento no parece justificar la idea de dos regresos de Cristo separados (uno *para* su iglesia antes de la tribulación y entonces, siete años después, *con* su iglesia para juzgar a los incrédulos). Una vez más, en ningún

---

[42]Cuando Pablo dice que «los que estemos vivos, los que hayamos quedado, seremos arrebatados junto con ellos en las nubes para encontrarnos con el Señor en el aire» (1 Ts 4:17), utiliza la palabra griega *apantesis*, para «encontrarnos», que se usa en la literatura griega fuera de la Biblia para hablar de ciudadanos que salen de una ciudad para encontrarse con un magistrado, y retornar entonces a la ciudad con él. «La palabra *apantesis* debe entenderse como un tecnicismo para una conducta cívica de la antigüedad por medio de la cual una ciudad le concedía una bienvenida pública a visitantes importantes» (Eric Peterson, «*apantesis*» *TDNT*, 1:380). Moulton y Milligan dicen: «La palabra parece haber sido un tecnicismo para la bienvenida oficial de un dignatario recién llegado—un uso que concuerda de manera excelente con su empleo en el Nuevo Testamento» (MM, p. 53).

[43]Leon Morris, *The First and Second Epistles to the Tessalonians*, p. 145.

pasaje se enseña explícitamente ese punto de vista, sino que este es simplemente una inferencia extraída de las diferencias entre distintos pasajes que describen el regreso de Cristo desde distintas perspectivas. Pero no es nada difícil ver estos pasajes como refiriéndose a un solo evento que ocurrió en un momento.[44]

Parece mejor concluir, con la gran mayoría de la iglesia a través de la historia, que la iglesia atravesará el tiempo de tribulación predicho por Jesús. Probablemente no habríamos escogido este sendero por nosotros mismos, pero la decisión no estaba en nuestras manos. Y si Dios quiere que alguno de nosotros que ahora vivimos permanezcamos sobre la tierra hasta el tiempo de esta gran tribulación, entonces debemos prestar oídos a las palabras de Pedro: «Dichosos ustedes si los insultan por causa del nombre de Cristo, porque el glorioso Espíritu de Dios reposa sobre ustedes (1 P 4:14), y «Cristo sufrió por ustedes, dándoles ejemplo para que sigan sus pasos» (1 P 2:21). Esta idea de que los cristianos deben estar preparados para soportar sufrimientos también se observa en las palabras de Pablo de que somos coherederos con Cristo: «pues si ahora sufrimos con él, también tendremos parte con él en su gloria» (Ro 8:17). Y podemos recordar que desde el tiempo de Noé al tiempo del martirio de los primeros apóstoles, ha sido frecuentemente el camino de Dios traer a su pueblo a la gloria a través del sufrimiento, pues hizo lo mismo con su propio Hijo. «En efecto, a fin de llevar a muchos hijos a la gloria, convenía que Dios, para quien y por medio de quien todo existe, perfeccionara mediante el sufrimiento al autor de la salvación de ellos» (Heb 2:10). Es del Salvador, el mismo que ha sufrido más de lo que ninguno de sus hijos nunca sufrirán, que recibimos la admonición: «No tengas miedo de lo que estás por sufrir... Sé fiel hasta la muerte, y yo te daré la corona de la vida» (Ap 2:10).

PREGUNTAS PARA APLICACIÓN PERSONAL

1. Antes de leer este capítulo, ¿tenía usted alguna certidumbre sobre si el regreso de Cristo sería amilenario, posmilenario, o premilenario? Y si sería postribulacional o pretribulacional? Si es así, ¿cómo ha cambiado su punto de vista ahora, si es el caso?

2. Explique cómo su actual punto de vista del milenio afecta su vida cristiana hoy. De manera similar, explique cómo su punto de vista de la tribulación afecta su vida cristiana actual.

3. ¿Cómo piensa que sería la sensación de vivir sobre la tierra con un cuerpo glorificado, y con Jesucristo como Rey sobre todo el mundo? ¿Puede describir con cierto detalle algunas de las actitudes y reacciones emocionales que usted tendría hacia distintas situaciones en un reino como ese? ¿Espera usted realmente un reino como ese? (Sus respuestas diferirán algo en dependencia de si usted espera o no un cuerpo glorificado durante el milenio hasta el estado de eternidad.)

4. ¿Cuáles serían los resultados, tanto positivos como negativos, de una posición como la del rapto pretribulacionista en las actitudes y la vida diaria de

---

[44]Vea la nota 37 arriba; los pasajes primarios se dan en la p. 1152.

los cristianos? De manera similar, ¿cuáles serían los resultados positivos y negativos de una posición como la del rapto postribulacionalista?

TÉRMINOS ESPECIALES

amilenarismo
premilenarismo dispensacionalista
gran tribulación
premilenarismo histórico
rapto midtribulacionista
milenio
posmilenarismo

premilenarismo postribulacionista
rapto postribulaicionista
premilenarismo
premilenarismo pretribulacionista
rapto pretribulacionista
rapto

BIBLIOGRAFÍA

(Para una explicación de esta bibliografía vea la nota sobre la bibliografía en el capítulo 1, p. 40. Datos bibliográficos completos se pueden encontrar en las páginas 1297-1306.)

Secciones en Teologías Sistemáticas Evangélicas

1. Anglicanas (Episcopales)
     1882-92   Litton, 581-85
2. Arminianas (Wesleyanas o Metodistas)
     1940   Wiley, 3:280-319
     1983   Carter, 2:1118-27
3. Bautistas
     1767   Gill, 2:268-302
     1907   Strong, 1010-15
     1917   Mullins, 466-72
     1983-85   Erickson, 1205-24
4. Dispensacionalistas
     1947   Chafer, 4:264-78; 5:315-58
     1949   Thiessen, 351-75, 391-95
     1986   Ryrie, 439-52, 461-511
5. Luteranas
     1934   Mueller, 621-25
6. Reformadas (o Presbiterianas)
     1724-58   Edwards, 2:278-313
     1871-73   Hodge, 3:861-68
     1887-1921   Warfield, BD, 643-64
     1938   Berkhof, 695-707
     1962   Buswell, 2:346-538
7. Renovadas (o Carismático/Pentecostales)
     1988-92   Williams, 3:421-44

Secciones de Teologías Sistemáticas Católico Romanas Representativas

(no hay tratamiento explícito)

Otras Obras

Adams, Jay. *The Time Is at Hand*. Phillipsburg, N. J.: Presbyterian and Reformed, 1970. (Amilenario.)

Allis, O. T. *Prophecy and the Church*. Philadelphia: Presbyterian and Reformed, 1945. (Amilenario.)

Archer, Gleason, Paul Feinberg, Douglas Moo, and Richard Reiter. *The Rapture: Pre-, Mid-, or Post-tribulational?* Grand Rapids: Zondervan, 1984. (Contiene ensayos con buenos argumentos que representan las tres diferentes posiciones.)

Bauckham, R. J. «Millenium». En *NDT*, pp. 428-30.

Beechick, Allen. *The Pre-Tribulation Rapture*. Denver: Accent, 1980.

Berkouwer. G. C. *The Return of Christ*. Trad. por James Van Oosterom. Edit. por Marlin J. Van Elderen. Grand Rapids: Eerdmans, 1972.

Boettner, Lorraine. *The Millennium*. Filadelfia: Prebyterian and Reformed, 1957. (Posmilenario.)

Clouse, F. G. «Rapture and the Church». En *EDT*, pp. 908-10.

Clouse, Robert G., edit. *The Meaning of the Millennium: Four Views*. InterVarsity Press, Downers Grove, Ill., 1977. (Los capítulos de Ladd y Hoekema son excelentes exposiciones de las posiciones Premilenarias y amilenarias clásicas.)

Davis, John Jefferson. *Christ's Victorious Kingdom*. Grand Rapids: Baker, 1986. (Este es un argumento excelente a favor de la posición posmilenaria.)

Ericsson, Millard. *Contemporary Options in Eschaology*. Grand Rapids: Baker, 1977.

Feinberg, Charles L. *Millennialism: The Two Major Views*. Chicago: Moody Press, 1980. (Premilenarismo pretribulacionalista.)

Grier, W. J. *The Momentous Event*. London: Banner of Truth, 1970.

Gundry, R. H. *The Church and the Tribulation*. Grand Rapids: Zondervan, 1973. (Premilenarismo postribulacionalista.)

Hendriksen, William. *More Than Conquerors: An Interpretation of the Book of Revelation. London: Tyndale Press, 1962. (Amilenario.)*

Hoekema, Anthony A. *The Bible and the Future*. Grand Rapids: Eerdmans, 1979, pp. 109-238. (Amilenario.)

Kik, J. Marcellus. *An Eschatology of Victory*. Nutley, N. J.: Presbyterian and Reformed, 1974. (Posmilenario.)

Ladd, George Eldon. *The Blessed Hope*. Grand Rapids: Eerdmans, 1956. (Premilenarismo postribulacionista o clásico.)

Lighter, Robert P. *The Last Days Handbook: A Comprehensive Guide to Understanding the Different Views of Prophecy. Who Believes What About Prophecy and Why.* Nashville, Tenn.: Thomas Nelson, 1990.

McClain, Alva J. *The Greatness of the Kingdom*. Grand Rapids: Zondervan, 1959. (Premilenarismo pretribulacionalista.)

Murray, Iain. *The Puritan Hope*. London; Banner of Truth, 1971. (Posmilenario.)

Pentecost, J. Dwight. *Things to Come*. Findlay, Ohio: Dunham, 1958. (Premilenarismo pretribulacionista.)

Poythress, Vern. *Understanding Dispensationalists*. Grand Rapids: Zondervan, 1987. (Amilenario.)

Travis, S. H. «Eschatology». En *NDT*, pp. 228-31.

Vos, Geerhardus. *The Pauline Eschatology*. Grand Rapids: Eerdmans, 1961. (Amilenario.)

Walvoord, John F. *The Blessed Hope and the Tribulation*. Grand Rapids: Zondervan, 1976. (Premilenarismo pretribulacionista.)

_____. *The Millennial Kingdom* Findlay, Ohio: Dunham, 1959. (Premilenarismo pretribulacionista.)

PASAJE BÍBLICO PARA MEMORIZAR

Apocalipsis 20:4-6: *«Entonces vi tronos donde se sentaron los que recibieron autoridad para juzgar. Vi también las almas de los que habían sido decapitados por causa del testimonio de Jesús y por la palabra de Dios. No habían adorado a la bestia ni a su imagen, ni se habían dejado poner su marca en la frente ni en la mano. Volvieron a vivir y reinaron con Cristo mil años. Esta es la primera resurrección: los demás muertos no volvieron a vivir hasta que se cumplieron los mil años. Dichosos y santos los que tienen parte en la primera resurrección. La segunda muerte no tiene poder sobre ellos, sino que serán sacerdotes de Dios y de Cristo, y reinarán con él mil años».*

HIMNO

«Dominará Jesús, el Rey»

Este himno por Isaac Watts hermosamente describe el reinado de Cristo sobre toda la tierra. Sea que nuestras convicciones personales en cuanto al milenio nos lleven a entender este himno como refiriéndose al milenio o al estado eterno, en cualquier caso dan un cuadro excelente del reino por el cual nuestro corazón anhela y las bendiciones que vendrán cuando Cristo sea Rey sobre toda la tierra.

1. Dominará Jesús, el Rey,
En todo país que alumbra el sol;
Los regirá su santa ley
Y probaránse en su crisol.

2. Le ensalzarán en la canción
Que eternamente elevarán;
En nombre de él cada oración
Cual un perfume suave harán.

3. Idólatras traerán su don;
Delante de él se postrarán,
Y los que contumaces son
La tierra tristes lamerán.

4. Benéfico descenderá
Rocío fertilizador;
Del poderoso librará:
Al que no tiene ayudador.

AUTOR: ISAAC WATTS, 1719, TRAD. T. M. WESTRUP
(TOMADO DE EL NUEVO HIMNARIO POPULAR #189)

Capítulo 56

El juicio final y el castigo eterno
¿Quién será juzgado?
¿Qué es el infierno?

EXPLICACIÓN Y BASES BÍBLICAS

A. El hecho del juicio final

1. Prueba bíblica de un juicio final. La Escritura frecuentemente afirma el hecho de que habrá un gran juicio final de creyentes e incrédulos. Comparecerán ante el trono del juicio de Cristo en cuerpos resucitados y escucharán la proclamación de su destino eterno.

El juicio final se describe vívidamente en la visión de Juan en el Apocalipsis:

> *Y vi un gran trono blanco y al que estaba sentado en él*, de delante del cual huyeron la tierra y el cielo, y ningún lugar se encontró para ellos. *Y vi a los muertos, grandes y pequeños, de pie ante Dios; y los libros fueron abiertos*, y otro libro fue abierto, el cual es el libro de la vida; *y fueron juzgados los muertos por las cosas que estaban escritas en los libros, según sus obras.* Y el mar entregó a los muertos que había en él; y la muerte y el Hades entregaron los muertos que había en ellos; y fueron juzgados cada uno según sus obras. Y la muerte y el Hades fueron lanzados en el lago de fuego. Esta es la muerte segunda. Y el que no se halló inscrito en el libro de la vida fue lanzado al lago de fuego. (Ap 20:11-15)

Muchos otros pasajes instruyen sobre este juicio final. Pablo les dice a los filósofos griegos de Atenas que Dios «… manda a todos, en todas partes, que se arrepientan. Él ha fijado un día en que juzgará al mundo con justicia, por medio del hombre que ha designado. De ello ha dado prueba a todos al levantarlo de entre los muertos» (Hch 17:30-31).[1] De manera similar, Pablo habla sobre «el día de la ira, cuando Dios revelará su justo juicio» (Ro 2:5). Otros pasajes hablan claramente de que viene un día de juicio (vea Mt 1):15; 11:22, 24; 12:36; 25:31-46; 1 Co 4:5; Heb 6:2; 2 P 2:4; Judas 6; y otros.).

---

[1]Es interesante que Pablo proclamara el juicio eterno a los incrédulos gentiles que tenían poco conocimiento, si alguno, de las enseñanzas del Antiguo Testamento. Pablo también disertó del «juicio venidero» (Hch 24:25) ante otro incrédulo, el gobernador romano Félix. En ambos casos Pablo aparentemente comprendía que el simple hecho de que se acercaba para todos los hombres el día de comparecer delante de Dios les daría a quienes lo escuchaban una sobria comprensión de que su destino eterno estaba en juego mientras escuchaban predicar sobre Jesús.

Este juicio final es la culminación de muchos que lo precedieron en los cuales Dios recompensó la justicia o castigó la injusticia a través de la historia. Mientras trajo bendiciones y liberación del peligro a aquellos que le fueron fieles, incluyendo Abel, Noé, Abraham, Isaac, Jacob, Moisés y David, y los fieles entre el pueblo de Israel, de tiempo en tiempo trajo también juicio sobre aquellos que persistieron en la desobediencia y la incredulidad: sus juicios incluyeron el diluvio, la dispersión del pueblo desde la torre de Babel, los juicios de Sodoma y Gomorra, y los juicios que siguieron a lo largo de la historia, tanto sobre los individuos (Ro 1:18-32) como sobre las naciones (Is 13—23; y otros.) que persistieron en el pecado. Por otra parte, en el ámbito espiritual invisible él trajo juicio sobre los ángeles que pecaron (2 P 2:4). Pedro nos recuerda que los juicios de Dios se han llevado a cabo segura y periódicamente, y esto nos recuerda que un juicio final aún viene, pues «el Señor sabe librar de la prueba a los que viven como Dios quiere, y reservar a los impíos para castigarlos en el día del juicio. Esto les espera sobre todo a los que siguen los corrompidos deseos de la naturaleza humana y desprecian la autoridad del Señor» (2 P 2:9-10).

2. ¿Habrá más de un juicio? De acuerdo con el punto de vista dispensacionalista, viene más de un juicio. Por ejemplo, los dispensacionalistas no verían el juicio final en Mateo 25:31-46:

> Cuando el Hijo del hombre venga en su gloria con todos sus ángeles, se sentará en su trono glorioso. *Todas las naciones se reunirán delante de él,* y él separará a unos de otros, como separa el pastor las ovejas de las cabras. Pondrá las ovejas a su derecha y las cabras a su izquierda. Entonces dirá el Rey a los que están a su derecha: «Vengan ustedes, a quienes el Padre ha bendecido; reciban su herencia, el reino preparado para ustedes desde la creación del mundo. Porque tuve hambre... «Les aseguro que todo lo que hicieron por uno de mis hermanos, aun por el más pequeño, lo hicieron por mí». Luego dirá a los que estén a su izquierda: «Apártense de mí, malditos, al fuego eterno preparado para el diablo y sus ángeles. Porque tuve hambre, y ustedes no me dieron nada que comer... «En cuanto no lo hicisteis a uno de estos más pequeños, tampoco a mí lo hicisteis». E irán éstos al castigo eterno, y los justos a la vida eterna.

Desde una perspectiva dispensacionalista, este pasaje no se refiere al juicio final (el «gran trono blanco» del juicio de que se habla en Ap 20:11-15), sino más bien de un juicio que viene tras la tribulación y antes del comienzo del milenio. Dicen que este será un *«juicio de las naciones»* en el que se juzga a las naciones de acuerdo a cómo han tratado al pueblo judío durante la tribulación. Aquellos que han tratado bien a los judíos y quieren someterse a Cristo entrarán en el milenio, y a aquellos que no lo han hecho se les negará la entrada.

Así, desde el punto de vista dispensacionalista hay diferentes juicios: (a) un «juicio de las naciones» (Mt 25:31-46) para determinar quién entra en el milenio; (b) un «juicio de las obras de los creyentes» (llamado a veces juicio *bema* según la palabra griega para «tribunal» del juicio en 2 Co 5:10) en el cual los cristianos recibirán grados de recompensa; y (c) un «gran trono blanco del juicio» al final del milenio (Ap 20:11-15) para declarar castigos eternos para los incrédulos.[2]

El punto de vista asumido en este libro es que estos tres pasajes hablan del mismo juicio final, no de tres juicios separados. Con respecto a Mateo 25.31-46 en particular, es aparente que el punto de dispensacionalista está equivocado: No se hace mención en este pasaje de entrar al milenio. Por otro lado, los juicios pronunciados no hablan de una entrada al reino milenial sobre la tierra o una exclusión de ese reino sino de los destinos eternos de las personas: «Reciban su herencia, el reino preparado para ustedes desde la creación del mundo... Apártense de mí, malditos, al fuego eterno preparado para el diablo y sus ángeles... Aquéllos irán al castigo eterno, y los justos a la vida eterna» (vv. 34, 41, 46). Por último, no sería consistente con los caminos de Dios a lo largo de la Escritura manejar el destino de las personas sobre la base de la nación a la que pertenecen, pues naciones que no creen tienen creyentes en su seno, y naciones que se muestran más conformes con la voluntad revelada de Dios tienen todavía muchos impíos en su seno. Y «con Dios no hay favoritismos» (Ro 2:11). Aunque efectivamente «todas las naciones» están reunidas ante el trono de Cristo en esta escena (Mt 25:32), el cuadro es el de un juicio de individuos (las ovejas están separadas de las cabras, y se les da la bienvenida al reino a aquellos individuos que trataron bondadosamente a los hermanos de Cristo, mientras se rechaza a aquellos que los rechazaron, vv. 35-40, 42-45).

B. El momento del Juicio Final

El juicio final ocurrirá después del milenio y la rebelión que tiene lugar al final de este. Juan describe el reino milenial y la remoción de la influencia de Satanás sobre la tierra en Apocalipsis 20:1-6 (vea la discusión en los dos capítulos anteriores) y entonces dice que «Cuando se cumplan los mil años, Satanás será liberado de su prisión, y saldrá para engañar a las naciones ... a fin de reunirlas para la batalla» (Ap 20:7-8). Tras derrotar Dios esta rebelión final (Ap 20:9-10), Juan nos dice que seguirá un juicio: «Luego vi un gran trono blanco y a alguien que estaba sentado en él» (v. 11).

C. La naturaleza del Juicio Final

1. Jesucristo será el juez. Pablo habla de que Cristo Jesús «juzgará a los vivos y a los muertos» (2 Tim 4:1). Pedro dice Jesucristo «ha sido nombrado por Dios como juez de vivos y muertos» (Hech 10:42; compare 17:31; Mt 25:31-33). Este derecho de actuar como juez sobre todo el universo es algo que el Padre le ha dado el Hijo: «El Padre... le ha dado autoridad para juzgar, puesto que es el Hijo del hombre» (Jn 5:26-27).

2. Se juzgará a los incrédulos. Está claro que todos los incrédulos comparecerán ante Cristo para ser juzgados, pues este juicio incluye a «los muertos, grandes y pequeños» (Ap 20:12), y Pablo dice que «el día de la ira, cuando Dios revelará su justo

---

[2]Lewis Sperry Chafer, *Systematic Theology*, 7:213-17, quien incluye otros juicios.

juicio... «Dios pagará a cada uno según merezcan sus obras»... los que por egoísmo rechazan la verdad para aferrarse a la maldad, recibirán el gran castigo de Dios» (Ro 2:5-7).

Este juicio de los incrédulos incluirá *grados de castigo*, porque leemos que se juzgará a los muertos «según lo que habían hecho» (Ap 20:12, 13), y este juicio de acuerdo con lo que las personas hubieran hecho debe en consecuencia incluir una evaluación de las obras que éstas hayan hecho.[3] De igual manera, Jesús dice:

> El siervo que conoce la voluntad de su señor, y no se prepara para cumplirla, recibirá muchos golpes. En cambio, el que no la conoce y hace algo que merezca castigo, recibirá pocos golpes» (Lc 12:47-48).

Cuando Jesús dice a las ciudades de Corazín y Betsaida: «Pero les digo que en el día del juicio será más tolerable el castigo para Tiro y Sidón que para ustedes» (Mt 11:22); compare v. 24), o cuando dice que los maestros de la ley «recibirán *peor castigo*» (Lc 20:47), implica que habrá grados de castigo en el día final.

De hecho, toda mala acción será recordada y tomada en cuenta en el castigo que se asigne ese día, pues «en el día del juicio todos tendrán que dar cuenta de toda palabra ociosa que hayan pronunciado» (Mt 12:36). Toda palabra pronunciada, toda acción realizada se expondrá a la luz y será juzgada: «Porque Dios traerá toda obra a juicio, juntamente con toda cosa encubierta, sea buena o sea mala» (Ec 12:14).

Como indican estos versículos, el día del juicio se revelarán y se harán públicos los secretos de los corazones de las personas. Pablo habla del día cuando «por medio de Jesucristo, Dios juzgará los secretos de toda persona» (Ro 2:16; compare Lc 8:17). Por consiguiente, «todo lo que ustedes han dicho en la oscuridad se dará a conocer a plena luz, y lo que han susurrado a puerta cerrada se proclamará desde las azoteas» (Lc 12:2-3).

3. Se Juzgará a los Creyentes. Escribiéndole a los cristianos Pablo dice: «*¡Todos tendremos que comparecer ante el tribunal de Dios!*... Así que cada uno de nosotros tendrá que dar cuentas de sí a Dios» (Ro 14:10, 12). También le dice a los corintios: «*Porque es necesario que todos comparezcamos ante el tribunal de Cristo, para que cada uno reciba lo que le corresponda, según lo bueno o malo que haya hecho mientras vivió en el cuerpo* (2 Co 5:10; cf. Ro 2:6-11; Ap 20:12, 15). Por añadidura, la reseña del juicio final en Mateo 25:31-46 incluye a Cristo separando las ovejas de las cabras, y premiando a aquellos que reciben su bendición.

Es importante tener en cuenta que este juicio de los creyentes será un juicio para evaluar y conceder varios grados de recompensa (vea abajo), pero el hecho de que enfrentarán tal juicio nunca debe hacer temer a los creyentes que ellos serán

---

[3]El hecho de que habrá grados de castigo para los incrédulos de acuerdo con sus obras no significa que los creyentes pueden alguna vez hacer méritos para obtener la aprobación de Dios o ganar su salvación, pues la salvación solo llega como una dádiva gratuita para aquellos que confían en Cristo. «El que cree en él no es condenado, pero el que no cree ya está condenado por no haber creído en el nombre del Hijo unigénito de Dios» (Jn 3:18).

Para una discusión del hecho que no habrá una «segunda oportunidad» para que las personas acepten a Cristo después que mueran, vea el capítulo 41, pp. 864-66.

eternamente condenados. Jesús dijo: «El que oye mi palabra y cree al que me envió, tiene vida eterna *y no será juzgado*, sino que ha pasado de la muerte a la vida» (Jn 5:24). Aquí «juicio» debe ser entendido en el sentido de eterna condenación y muerte, pues contrasta con el paso de la muerte a la vida. El día del juicio final, más que en ningún otro momento, es de suprema importancia que no haya «*ninguna condenación para los que están unidos a Cristo Jesús*» (Ro 8:1). Por lo que el día del juicio puede ser descrito como uno en el que los creyentes son recompensados y los incrédulos castigados:

> Las naciones se han enfurecido; pero ha llegado tu castigo, el momento de juzgar a los muertos, *y de recompensar a tus siervos* los profetas, a tus santos y a los que temen tu nombre, sean grandes o pequeños, y de destruir a los que destruyen la tierra. (Ap 11;18)

¿Serán también reveladas ese día todas las palabras secretas y las obras de los creyentes, y todos sus pecados? Puede que pensemos eso al principio, porque Pablo dice que cuando el Señor venga «*sacará a la luz lo que está oculto en la oscuridad* y pondrá al descubierto las intenciones de cada corazón. Entonces cada uno recibirá de Dios la alabanza que le corresponda» (1 Co 4:5; compare Col 3:25). No obstante, este es un contexto que habla de «encomios», o alabanzas (*epainos*), que vienen de Dios, de manera que no debe referirse a los pecados. Y otros versículos sugieren que Dios nunca más recordará nuestros pecados: «Arroja al fondo del mar todos nuestros pecados» (Mi 7:19); «tan lejos de nosotros echó nuestras transgresiones» (Sal 103:12); «*Yo soy el que por amor a mí mismo borra tus transgresiones*» (Is 43:25); «*Nunca más me acordaré de sus pecados*» (Heb 8:12; compare 10:17).

La Escritura enseña también que habrá *grados de recompensa para los creyentes*. Pablo anima a los corintios a cuidar cómo construyen la iglesia sobre el fundamento que ya está puesto, Jesucristo mismo.

> Si alguien construye sobre este fundamento, ya sea con oro, plata y piedras preciosas, o con madera, heno y paja, su obra se mostrará tal cual es, pues el día del juicio la dejará al descubierto. El fuego la dará a conocer, y pondrá a prueba la calidad del trabajo de cada uno. Si lo que alguien ha construido permanece, recibirá su recompensa, pero si tu obra es consumida por las llamas, él sufrirá pérdida. Será salvo, pero como quien pasa por el fuego». (1 Co 3:12-15

Pablo dice de similar manera de los cristianos que «es necesario que todos comparezcamos ante el tribunal de Cristo, para que cada uno reciba lo que le corresponda, *según lo bueno o malo que haya hecho mientras vivió en el cuerpo*» (2 Co 5:10), aplicando de nuevo grados de recompensa por lo que hayamos hecho en esta vida. Asimismo, en la parábola del dinero, a quien hizo diez veces más se le dijo: «Te doy el gobierno de diez ciudades», y al que hizo cinco veces más se le dijo: «A ti te pongo sobre cinco ciudades» (Lucas 19:17, 19). Muchos otros pasajes implican o enseñan lo mismo sobre la recompensa de los creyentes en el juicio final.[4]

Pero debemos guardarnos de cualquier mal entendido aquí: Aunque habrá grados de recompensa en el cielo, el gozo de una persona será completo y pleno para la eternidad. Si preguntamos cómo puede ser esto si hay diferentes grados de recompensa, ello simplemente muestra que nuestra percepción de la felicidad está basada en la suposición de que ella depende de lo que poseamos o del estatus o el poder que tengamos. Sin embargo, en realidad nuestra verdadera felicidad consiste en deleitarnos en Dios y regocijarnos en el estatus y el reconocimiento que se nos han dado. Lo tonto de la idea que solo aquellos que han sido muy recompensados y se les ha dado un gran estatus serán completamente felices en el cielo se descubre cuando nos damos cuenta que no importa lo grande que sea la recompensa que se nos dé, habrá siempre aquellos con mayores recompensas, o quienes tienen una autoridad y estatus más alto, incluyendo los apóstoles, las criaturas celestiales, y Jesucristo y el mismo Dios. Por lo tanto si el estatus más elevado fuera esencial para que las personas fueran completamente felices, nadie sino Dios sería plenamente feliz en el cielo, lo que ciertamente es una idea incorrecta. Por otro lado, aquellos con mayores recompensas y honores en el cielo, aquellos que están más cerca del trono de Dios, se deleitan no en su estatus sino solo en el privilegio de caer delante del trono de Dios y adorarlo (vea Ap 4:10-11).

Nos sería moral y espiritualmente beneficioso tener una mayor consciencia de esta clara enseñanza del Nuevo Testamento sobre los grados de recompensa celestial. En lugar de establecer una competencia unos con otros, esto haría que nos ayudáramos y nos alentáramos mutuamente a fin de que todos aumentáramos nuestra recompensa celestial, pues Dios tiene una capacidad infinita para concedernos bendiciones a todos, y todos somos miembros del cuerpo de Cristo. (cf. 1 Co 12:26-27). Deberíamos atender con mayor cuidado la admonición del autor de Hebreos: «*Preocupémonos los unos por los otros, a fin de estimularnos al amor y a las buenas obras. No dejemos de congregarnos, como acostumbran hacerlo algunos, sino animémonos unos a otros*, con mayor razón ahora que vemos que aquel día se acerca» (Heb 10:24-25). Por otra parte, una búsqueda sincera en nuestras propias vidas de una futura recompensa celestial nos motivará a trabajar de todo corazón para el Señor en cualquier tarea que él nos llame a realizar, ya sea grande o pequeña, pagada o no. Esto también nos hará desear su aprobación más que la riqueza o el éxito. Esto nos motivará a trabajar en la construcción de la iglesia sobre un fundamento, Jesucristo (1 Co 3:10-15).

4. Se juzgará a los ángeles. Pedro dice que se ha arrojado a los ángeles rebeldes a tenebrosas cavernas «reservándolos para el juicio» (2 P 2:4), y Judas dice que Dios tiene a los ángeles rebeldes perpetuamente encarcelados «para el juicio del gran Día» (Judas 6). Esto significa que por menos los ángeles *rebeldes* o demonios también estarán sujetos a juicio en ese día final.

---

[4]Vea también Dn 12:2, Mt 6:10, 20-21; 19:21; Lc 6:22-23; 12:18-21, 32, 42-48; 14:13-14; 1 Co 3:8, 9:18; 13:3, 15:19, 29-32, 58; Gá 6:9-10; Ef 6:7-8; Fil 4:17; Col 3:12-24; 1 Tim 6:18; Heb 10:34, 35; 11:10, 14-16, 26, 35; 1 P 1:4; 2 Jn 8; Ap 11:18; 22:12; cf. también Mt 5:46; 6:2-6, 16-18, 24; Lc 6:35.

La Escritura no indica claramente si los ángeles justicieros también pasarán por algún tipo de evaluación de sus servicios, pero es posible que estén incluidos en la declaración de Pablo: «¿No saben que aun a los ángeles los juzgaremos?» (1 Co 6:3). Es probable que esto incluya a los ángeles justicieros porque en el contexto no hay ninguna indicación que Pablo hable de demonios o ángeles caídos, y la palabra «ángel» sin otro adjetivo se entendía normalmente en el Nuevo Testamento como referida a los ángeles justicieros. Pero el texto no es lo suficientemente explícito como para darnos alguna certeza.

5. Ayudaremos en la obra del juicio. Es un aspecto asaz asombroso de la enseñanza del Nuevo Testamento que nosotros (los creyentes) tomaremos parte en el proceso del juicio. Pablo dice:

> ¿Acaso no saben que *los creyentes juzgarán al mundo*? Y si ustedes han de juzgar al mundo, ¿cómo no van a ser capaces de juzgar casos insignificantes? ¿No saben que *aun a los ángeles los juzgaremos*? ¡Cuánto más los asuntos de esta vida! (1 Co 6:2-3)

Se podría argumentar que esto simplemente significa que estaremos observando las declaraciones de Cristo en el juicio y aprobándolas, pero no parece que esto se ajusta bien al contexto, pues aquí Pablo alienta a los corintios a zanjar las disputas legales entre ellos mismos en lugar de llevarlas al tribunal delante de los incrédulos. En este mismo contexto dice: «¿Acaso no hay entre ustedes alguien lo bastante sabio como para juzgar un pleito entre creyentes? Al contrario, un hermano demanda a otro, ¡y esto ante los incrédulos!» (1 Co 6:5-6). Este tipo de juicio supone ciertamente una cuidadosa evaluación y un sabio discernimiento. Y esto implica que esa cuidadosa evaluación y discernimiento serán ejercitados por nosotros al juzgar los ángeles y al juzgar el mundo el día del juicio final.

Esto es similar a la enseñanza de Apocalipsis 20, donde Juan dice que vio tronos, «donde se sentaron *los que recibieron autoridad para juzgar*» (Ap 20:4). Aunque el texto no explica la identidad de aquellos que estaban sentados sobre los tronos, el hecho de que se les mencione en plural indica que Cristo no se reserva solo para sí mismo todos los aspectos del proceso del juicio. Por cierto, le dice a sus doce discípulos que ellos «se sentarán en doce tronos para gobernar a las doce tribus de Israel» (Mt 19:28; compare Lc 22:30). Esto concuerda con el hecho de que a través de la historia de la redención Dios ha puesto de tiempo en tiempo en manos de las autoridades humanas el derecho de juzgar, tanto de Moisés y los ancianos que lo asistían, como de los jueces de Israel que Dios levantó durante el período de los jueces, reyes sabios como David y Salomón, el gobierno civil de muchas naciones (vea Ro 13:1-7; 1 P 2:13-14), o aquellos que tienen autoridad para gobernar dentro de la iglesia y supervisar el ejercicio de la disciplina eclesiástica.

D. Necesidad de un Juicio Final

Como cuando los creyentes mueren pasan inmediatamente a la presencia de Dios, y cuando los incrédulos mueren pasan a un estado de separación de Dios y de sufrimiento y castigo,[5] podemos preguntarnos por qué Dios ha establecido de todas maneras un tiempo de juicio final. Berkhof señala atinadamente que el juicio final no tiene como propósito permitir a Dios averiguar la condición de nuestros corazones o la norma de conducta de nuestras vidas, pues ya él conoce eso en todo detalle. Berkhof dice más bien del juicio final:

> Antes bien, este servirá al propósito de exhibir ante todas las criaturas racionales la gloria manifiesta de Dios en una acción forense formal, la que magnifica su santidad y justicia, y por otro lado, su gracia y misericordia. Por otra parte, debe tenerse presente que el juicio del día final diferirá del juicio de la muerte de cada individuo en más de un respecto. No será secreto, sino público; no se aplicará solo al alma, sino también al cuerpo; no tendrá relación con un solo individuo, sino con todos los hombres.[6]

E. La justicia de Dios en el Juicio Final

La Escritura claramente afirma que Dios será enteramente justo en su juicio y nadie será capaz de quejarse contra él ese día. Dios es alguien que «juzga con imparcialidad las obras de cada uno» (1 P 1:17), «porque con Dios no hay favoritismos» (Ro 2:11; compare Col 3:25). Por esta razón, el último día «que todo el mundo se calle la boca y quede convicto delante de Dios» (Ro 3:19), sin que nadie sea capaz de quejarse que Dios lo ha tratado injustamente. De hecho, una de las grandes bendiciones del juicio final será que los santos y los ángeles verán demostrada en millones de vidas la absolutamente pura justicia de Dios, y esto será motivo de alabanza hacia él por toda la eternidad. En el momento del juicio a la impía Babilonia, habrá gran alabanza en el cielo, pues Juan dice: «Después de esto oí en el cielo un tremendo bullicio, como el de una inmensa multitud que exclamaba: «¡Aleluya! La salvación, la gloria y el poder son de nuestro Dios, pues sus juicios son verdaderos y justos»» (Ap 19:1-2).

F. Utilidad moral del Juicio Final

La doctrina del juicio final tiene varias influencias morales positivas en nuestras vidas.

1. La doctrina del Juicio Final satisface nuestra íntima necesidad de justicia en el mundo. El hecho de que habrá un juicio final nos asegura que el universo de Dios es a la postre *justo*, pues Dios está al mando, mantiene un registro preciso y provee un juicio justo. Cuando Pablo le dice a los esclavos que se sometan a sus amos, les asegura: «El que hace el mal pagará por su propia maldad, y en esto no hay favoritismos» (Col 3:25). Cuando la descripción del juicio final menciona el hecho de que «se abrieron unos libros» (Ap 20:12); compare Mal 3:16), esto nos recuerda (ya sean los libros literales o simbólicos) que Dios ha mantenido un registro

---

[5]Vea el capítulo 41, pp. 864-66, para pruebas que apoyan la idea que los creyentes van inmediatamente a la presencia de Dios cuando mueren, y los incrédulos inmediatamente a un lugar de castigo separados de Dios. (Vea también Lc 16:24-26; Heb 9:27.)

[6]Berkhof, *Systematic Theology*, p. 731.

permanente y preciso de todas nuestras obras, y que en última instancia se saldarán todas las cuentas y todo se corregirá.

2. La doctrina del Juicio Final nos permite perdonar sin inhibiciones a los demás. Nos damos cuenta de que no nos pertenece vengarnos de otros que nos han hecho daño, o aun querer hacerlo, pues Dios ha reservado ese derecho para sí mismo. «No tomen venganza, hermanos míos, sino dejen el castigo en manos de Dios, porque está escrito: *"Mía es la venganza; yo pagaré"*» (Ro 12:19). De esta manera cuando quiera que se nos haya hecho daño, podemos dejar en manos de Dios cualquier deseo de perjudicar o pagarle a la persona que nos haya dañado, sabiendo que todo mal en el universo tendrá su paga—ya sea que se demuestre que ha sido pagado por Cristo cuando murió en la cruz (si el que hizo mal se convierte en cristiano), o será pagado en el juicio final (por aquellos que no confían en Dios para salvarse). Pero en cualquier caso debemos poner la situación en manos de Dios, y entonces orar que el pecador confíe en Cristo para su salvación y así recibir el perdón de sus pecados. Este pensamiento debe impedirnos albergar amarguras o resentimientos en nuestros corazones por injusticias que hayamos sufrido y no se hayan corregido. Dios es justo, y podemos dejar estas situaciones en sus manos, sabiendo que él corregirá todos los males y dispensará recompensas y castigos absolutamente justos. De esta manera seguimos el ejemplo de Cristo, quien «cuando proferían insultos contra él, no replicaba con insultos; cuando padecía, no amenazaba, *sino que se entregaba a aquel que juzga con justicia*» (1 P 2:22-23). Él también oró: «Padre, perdónalos, porque no saben lo que hacen» (Lc 23:34; compare Hch 7:60, donde Esteban siguió el ejemplo de Jesús al orar por aquellos que le ocasionaban la muerte).

3. La doctrina del Juicio Final provee un motivo para una vida honesta. Para los creyentes, el juicio final es un incentivo para la fidelidad y las buenas obras, no como medio de ganar el perdón de sus pecados, sino como un medio de obtener una mayor recompensa eterna.[7] Este es un motivo bueno y saludable para nosotros—Jesús nos dice: «Acumulen para sí tesoros en el cielo» (Mt 6:20)—aunque se oponga a los populares puntos de vista de nuestra cultura secular, una cultura que realmente no cree en lo absoluto en el cielo o en recompensas eternas.

Para los incrédulos, la doctrina del juicio final provee algún freno moral en sus vidas. Si en una sociedad existe un amplio reconocimiento general de que todos algún día rendirán cuentas al Creador del universo por sus vidas, algún «temor de Dios» caracterizará la vida de muchas personas. Por contraste, los que no tienen una conciencia profunda del juicio final se entregarán a males cada vez mayores, demostrando que *«No hay temor de Dios delante de sus ojos»* (Ro 3:18). Aquellos que niegan el juicio final, dice Pedro, serán «gente burlona que, *siguiendo sus malos deseos*, se mofarán: «¿Qué hubo de esa promesa de su venida?»» (2 P 3:3-4). Pedro también declara que los pecadores a quienes «les parece extraño que ustedes ya no corran con ellos en ese mismo desbordamiento de inmoralidad, y por eso los

---

[7]La idea de trabajar por una recompensa celestial mayor es un tema frecuente en el Nuevo Testamento: vea los versículos relacionados arriba en la nota 4.

insultan» aún así «tendrán que rendirle cuentas a aquel que está preparado para juzgar a los vivos y a los muertos» (1 P 4:4-5). La conciencia de un juicio final es consolación para los creyentes y una advertencia para los incrédulos de que no se mantengan en el mal camino.

4. La doctrina del Juicio Final ofrece un gran motivo para la evangelización. Las decisiones que toman las personas en esta vida afectarán su destino para toda la eternidad, y es correcto que nuestros corazones sientan y nuestras bocas se hagan eco del sentimiento que encierra el llamamiento de Dios a través de Ezequiel: «¡*Conviértete, pueblo de Israel; conviértete de tu conducta perversa!*» (Ez 33:11). En realidad, Pedro indica que la demora del regreso del Señor se debe al hecho de que Dios «no quiere que nadie perezca sino que todos se arrepientan» (2 P 3:9).

G. El infierno

Resulta apropiado discutir la doctrina del infierno en conexión con la doctrina del juicio final. Definiríamos el infierno como sigue: *El infierno es un lugar de un castigo eterno consciente para los impíos.* La Escritura enseña en varios pasajes que hay un lugar como ese. Al final de la parábola del dinero, el señor dice: «A ese siervo inútil échenlo afuera, a la oscuridad, donde habrá llanto y rechinar de dientes» (Mt 25:30). Esta es una entre varias indicaciones de que habrá consciencia del castigo tras el juicio final. De manera similar, en el juicio el rey dirá a algunos: «Apártense de mí, malditos, al fuego eterno preparado para el diablo y sus ángeles» (Mt 25:41), y Jesús dice que aquellos así condenados «irán al castigo eterno, y los justos a la vida eterna» (Mt 25:46).[8] En este texto, el paralelo entre «vida eterna» y «eterno castigo» indica que ambos estados no tendrán fin.[9]

Jesús se refiere al infierno como un lugar «donde el fuego nunca se apaga» (Mr 9:43), y dice que el infierno es un sitio donde «su gusano no muere, y el fuego nunca se apaga» (Mr 9:48).[10] La historia de Lázaro y el hombre rico también indica una horrible consciencia del castigo:

> Resulta que murió el mendigo, y los ángeles se lo llevaron para que estuviera al lado de Abraham. También murió el rico, y lo sepultaron. En el infierno, en medio de los tormentos, el rico levantó los ojos y vio de lejos a Abraham, y a Lázaro junto a él. Así que alzó la voz y lo llamó: «Padre Abraham, ten compasión de mí y manda a Lázaro que moje la punta del dedo en agua y me refresque la lengua, porque estoy sufriendo mucho en este fuego». (Lc 16:22-24)

---

[8]La palabra traducida «castigo» aquí es *kolasis*, la cual se utiliza en otro sitio como sufrimiento físico o tortura sufrida por los cristianos perseguidos (*Martyrdom of Policarp 2.4; compare Ignacio: A los Romanos 5.3*). En otros momentos simplemente se refiere al castigo divino en general, sin especificar la naturaleza de ese castigo (cf. BAGD, pp. 440-41).

[9]Estos textos y otros que se citarán en los siguientes párrafos indican claramente que la Biblia no enseña el *universalismo* (la doctrina de que todos al final serán salvados).

[10]Compare Is 66:24, que habla de aquellos que se han rebelado contra Dios: «Porque no morirá el gusano que los devora, ni se apagará el fuego que los consume».

Entonces ruega a Abraham que mande a Lázaro a casa de su padre, «para que advierta a mis cinco hermanos y no vengan ellos también *a este lugar de tormento*» (Lc 16:28).

Cuando nos volvemos a Apocalipsis, las descripciones del castigo eterno son también muy explícitas:

> Si alguien adora a la bestia y a su imagen, y se deja poner en la frente o en la mano la marca de la bestia, beberá también el vino del furor de Dios, que en la copa de su ira está puro, no diluido. Será atormentado con fuego y azufre, en presencia de los santos ángeles y del Cordero. *El humo de ese tormento sube por los siglos de los siglos. No habrá descanso ni de día ni de noche para el que adore a la bestia y su imagen*, ni para quien se deje poner la marca de su nombre. (Ap 14:9-11)

Este pasaje confirma claramente la idea de un castigo eterno consciente de los incrédulos.

Con respecto al juicio de la malvada ciudad de Babilonia, una gran multitud en el cielo exclama: «¡Aleluya! *El humo de ella sube por los siglos de los siglos*. Tras la derrota de la rebelión final de Satanás, leemos: «El diablo, que los había engañado, será arrojado al lago de fuego y azufre, donde también habrán sido arrojados la bestia y el falso profeta. *Allí serán atormentados día y noche por los siglos de los siglos*» (Ap 20:10). Este pasaje también es significativo en conexión con Mt 24:41, según el cual se envía a los incrédulos «al fuego eterno preparado para el diablo y sus ángeles». Estos versículos deben hacernos tomar consciencia de la magnitud de la santidad y la justicia de Dios que invoca este tipo de castigo.

Aun algunos teólogos evangélicos han negado recientemente la idea de que habrá un castigo eterno consciente de los incrédulos.[11] Antes la Iglesia Adventista del Séptimo Día lo había negado, así como varios individuos a lo largo de la historia de la iglesia. Aquellos que niegan un castigo eterno consciente invocan a menudo el «aniquilacionismo», una enseñanza de que los impíos han sufrido el castigo de la ira de Dios por un tiempo, Dios los «aniquilará» de manera que dejan de existir.[12] Muchos que creen en el aniquilacionismo también sostienen que el juicio final y el castigo del pecado son reales, pero arguyen que después que los pecadores hayan sufrido durante cierto período de tiempo, soportando la ira de Dios por sus pecados, al final dejarán de existir. El castigo será por lo tanto «consciente» pero no «eterno».

Los argumentos que se proponen a favor del aniquilacionismo son: (1) las referencias bíblicas a la destrucción de los impíos, las que, dicen algunos implican que

---

[11] Vea Philip E. Hughes, *The True Image: The Origen and Destiny of Man in Christ* (Grand Rapids: Eerdmans, 1989), pp. 405-407; David L. Edwards and John R. W. Stott, *Essentials: A Liberal-Evangelical Dialogue* (London: Hodder and Stoughton, 1988), pp. 275-76; Clark Pinnock, «The Destruction of the Finally Impenitent», *CThRev* 4 (Spring 1990), pp. 243-59.

[12] Una variante del punto de vista de que Dios eventualmente aniquilará a los incrédulos (aniquilacionismo en sentido estricto) es el punto de vista llamado «*inmortalidad condicional*«, la idea de que Dios ha creado a las personas de manera que solo pueden ser inmortales (la potestad de vivir para siempre) si aceptan a Cristo como Salvador. Entonces, aquellos que no se vuelven cristianos, no tienen el don de la inmortalidad y a la muerte o en el momento del juicio final simplemente dejan de existir. Este punto de vista está muy cerca al del aniquilacionismo, y no lo he discutido de manera separada en este capítulo. (Algunas versiones de la inmortalidad condicional niegan el castigo consciente del todo, aun por un breve período de tiempo.)

dejarán de existir después que se les destruya (Fil 13:19; 1 Ts 1:9; 2 P 3:7; y otras); (2) la aparente inconsistencia entre el castigo eterno consciente y el *amor de Dios*; (3) la aparente injusticia que encierra la desproporción entre pecados cometidos durante un tiempo y un pecado que es eterno; y (4) el hecho de que la *continua presencia de criaturas malvadas en el universo de Dios* arruinarán eternamente la perfección de un universo que Dios creó para reflejar su gloria.

En respuesta, se debe decir que los pasajes que hablan de *destrucción* (tales como Fil 3:19; 1 Ts 5:3, 2; 2 Ts 1:9 y 2 P 3:7) no implican necesariamente el cese de la existencia, pues el término que en estos pasajes se usa para «destrucción» no suponen necesariamente el cese de la existencia o la aniquilación, sino que simplemente son maneras de referirse a los dañinos y destructores efectos del juicio final sobre los incrédulos.[13]

Con respecto al argumento del amor de Dios, la misma dificultad de reconciliar el amor de Dios con un castigo eterno parece estar presente al reconciliar el amor de Dios con la idea del castigo divino en general, y, a la inversa, (como la Escritura abundantemente testifica) es consistente que Dios castigue al impío durante un cierto período de tiempo después del juicio, entonces parece que no hay motivo necesario por el que sería inconsistente que Dios inflingiera el mismo castigo durante un período de tiempo ilimitado.

Este tipo de razonamiento puede llevar a algunas personas a adoptar otro tipo de aniquilacionismo, uno en el que no hay sufrimiento consciente alguno, ni aun durante un breve período de tiempo, y el único castigo es que los incrédulos dejan de existir después que mueren. Pero, en respuesta, se podría preguntar si este tipo de aniquilación inmediata se puede llamar un castigo, pues no habría consciencia del dolor. De hecho, la garantía de que habría un cese de la existencia le parecería a mucha gente, especialmente a aquellos que sufren y están en dificultades en esta vida, una alternativa de cierta manera deseable. Y si no hubiera castigo de los incrédulos del todo, aun gente como Hitler y Stalin no tendrían que enfrentar nada, y no habría justicia final en el universo. Entonces la gente tendría grandes incentivos para ser tan malvada como fuera posible en esta vida.

El argumento que el castigo *eterno* es injusto (porque hay una desproporción entre un pecado temporal y un eterno castigo) asume equivocadamente que conocemos la extensión del mal causado cuando los pecadores se rebelan contra Dios. David Kingdon observa que «el pecado contra el Creador es atroz en un grado absolutamente fuera de nuestra capacidad imaginativa [habilidad] corrompida por el pecado para concebirlo... ¿Quién tendría la temeridad de sugerir a Dios cuál debe

---

[13]En Fil 3:19 y 2 P 3:7, el término que se traduce «destrucción» es *apoleia*, que es la misma palabra utilizada por los discípulos en Mt 26:8 para hablar de «desperdicio» (desde su punto de vista) del aceite que acababan de derramar sobre la cabeza de Jesús. Ahora, el aceite no dejó de existir; estaba evidentemente sobre la cabeza de Jesús. Pero había sido «destruido» en el sentido que ya no se le podía utilizar para nada más, o vendido. En 1 Ts 5:3 y 2 Ts 1:9 otra palabra, *olethros* se utiliza para la destrucción de los malvados, pero de nuevo esta palabra no implica que algo dejaría de existir, pues se usa en 1 Co 5:5 para indicar que se entrega a un hombre a Satanás (sacándolo de la iglesia) para *destrucción* de la carne —pero ciertamente la carne no dejó de existir cuando se le expulsó de la iglesia, aun cuando éste puede haber sufrido en su cuerpo (esto sería cierto ya sea que interpretemos «carne» como el cuerpo físico o como su naturaleza pecadora).

ser el castigo?»[14] Él responde también a esta objeción al sugerir que los incrédulos en el infierno puede que sigan pecando y recibiendo castigo por sus pecados, pero sin arrepentirse nunca, y nota que Apocalipsis 22:11 apunta en esta dirección: «Deja que el malo siga haciendo el mal y que el vil siga envileciéndose».[15]

Por otra parte, en este punto, un argumento basado en la justicia de Dios puede formularse contra el aniquilacionismo. ¿Acaso el breve castigo que imaginan los aniquilacionistas de hecho *paga* por todos los pecados del incrédulo y satisface la justicia de Dios? Si no lo paga, entonces no se ha satisfecho la justicia de Dios y el incrédulo no debe ser aniquilado. Pero si lo paga, se le debe permitir al incrédulo ir al cielo, y no debe ser aniquilado. En ambos casos, el aniquilacionismo no es necesario ni correcto.

En lo que respecta al cuarto argumento, mientras el mal *que permanece sin castigo* sí empaña la justicia de Dios en el universo, también debemos reconocer que cuando Dios *castiga* el mal y triunfa sobre él, se verá triunfar gloria de su justicia, rectitud y poder sobre toda oposición (Ro 9:17, 22-24). La profundidad y riqueza de la misericordia de Dios también se revelará, pues todos los pecadores redimidos reconocerán que ellos también merecen ese castigo divino y solo lo han evitado por la gracia de Dios a través de Jesucristo (cf. Ro 9:23-24).

Pero después que todo esto se ha dicho, tenemos que admitir que la solución final de lo hondo de esta cuestión yace mucho más allá de nuestra capacidad de comprensión, y permanece escondida en los consejos de Dios. Si no fuera por los pasajes de la Biblia citados arriba, que con tanta claridad confirman un castigo eterno consciente, el aniquilacionismo podría parecernos una opción atractiva. Aunque se puede ir en contra del aniquilacionismo con argumentos teológicos, es la claridad y fuerza de estos pasajes la que en última instancia nos convence que el aniquilacionismo es incorrecto y que la Escritura de veras enseña el castigo eterno consciente de los impíos.[16]

¿Qué debemos pensar de esta doctrina? Es difícil —y debe ser difícil— para nosotros pensar en esta doctrina hoy. Si nuestros corazones nunca se conmueven con una pena profunda cuando contemplamos esta doctrina, entonces nuestra sensibilidad espiritual y emocional tiene serias deficiencias. Cuando Pablo piensa en el extravío de sus congéneres judíos, dice: «Me invade una *gran tristeza* y me embarga un *continuo dolor*» (Ro 9:2). Esto es consistente con lo que Dios nos dice de su propia tristeza por la muerte del malvado: «Tan cierto que como yo vivo —afirma el SEÑOR omnipotente—, que no me alegro con la muerte del malvado, sino con que se convierta de su mala conducta y viva. ¡Conviértete, pueblo de Israel; conviértete de tu conducta perversa! ¿Por qué habrás de morir?» (Ez 33:11). Y la agonía de

---

[14]David Kingdon, «Aniquilacionismo: ¿Ganancia o Pérdida?» (March, 1992, artículo no publicado obtenido por el autor), p. 9.

[15]Ibid., pp. 9-10.

[16]Debido a que la doctrina del castigo eterno consciente es tan ajena a nuestros patrones culturales, y , a un nivel más profundo, a la inclinación intuitiva que Dios nos ha dado de amar y desear la redención para todo ser humano creado a la imagen divina, esta doctrina es una de las más difíciles emocionalmente de declarar por los cristianos hoy. También tiende a ser una de las doctrinas que primero abandonan las personas que se apartan del compromiso de aceptar la Biblia como absolutamente veraz en todo lo que afirma. Entre los teólogos liberales que no aceptan la absoluta veracidad de la Biblia, no hay probablemente uno que crea hoy en la doctrina del eterno castigo consciente.

Jesús es evidente cuando clama: «¡Jerusalén, Jerusalén, que matas a los profetas y apedreas a los que se te envían! ¡Cuántas veces quise reunir a tus hijos, como reúne la gallina a sus pollitos debajo de sus alas, pero no quisiste! Pues bien, la casa de ustedes va a quedar abandonada». (Mt 23:37-38; cf. Lc 19:41-42).

La razón de que sea difícil para nosotros pensar en la doctrina del infierno es porque Dios ha puesto en nuestros corazones una porción de su amor por los individuos creados a su imagen, aun de su amor por los pecadores que se han rebelado contra él. Todo el tiempo que estemos en esta vida, y todo el tiempo que veamos y pensemos en otros que necesitan oír el evangelio y confiar en Cristo para su salvación, nos causará gran angustia y agonía de espíritu pensar sobre un castigo eterno. Pero también debemos darnos cuenta de que todo lo que Dios en su sabiduría ha ordenado y enseñado en la Escritura es *justo*. Por lo tanto debemos ser cuidadosos de no odiar esta doctrina o rebelarnos contra ella, sino más bien debemos buscar llegar al punto, hasta donde seamos capaces, en que reconozcamos que el eterno castigo es bueno y justo, porque en Dios no hay en absoluto injusticia.

Esto puede ayudarnos a comprender que si Dios no fuera a ejecutar un castigo eterno, entonces, aparentemente, no sería satisfecha su justicia y su gloria no se promovería de la manera que él considera sabia. Y también quizá pueda ayudarnos a comprender que desde la perspectiva del mundo por venir hay un reconocimiento mucho mayor de la necesidad y justicia de un castigo eterno. Juan escucha clamar a los creyentes martirizados en el cielo: «¿Hasta cuándo, Soberano Señor, santo y veraz, seguirás sin juzgar a los habitantes de la tierra y sin vengar nuestra muerte?» (Ap 6;10). Por otro lado, a la destrucción final de Babilonia, el tremendo bullicio de una gran multitud en el cielo exclama con alabanzas a Dios por la justicia de su juicio cuando al final ven la aborrecible naturaleza del mal tal cual realmente es:

> ¡Aleluya! La salvación, la gloria y el poder son de nuestro Dios, pues sus juicios son verdaderos y justos: ha condenado a la famosa prostituta que con sus adulterios corrompía la tierra; ha vindicado la sangre de los siervos de Dios derramada por ella… ¡Aleluya! El humo de ella sube por los siglos de los siglos». (Ap 19:1-3)

Tan pronto como esto sucedió, «los veinticuatro ancianos y los cuatro seres vivientes se postraron y adoraron a Dios, que está sentado en el trono, y dijeron: "¡Amén, Aleluya!"» (Ap 19:4). No podemos decir que esta gran multitud de los redimidos y las criaturas vivientes en el cielo pronuncian un juicio moral equivocado cuando alaban a Dios por ejecutar su justicia sobre el mal, pues todos ellos están libres de pecado y sus enjuiciamientos morales complacen a Dios.

Sin embargo, en la era presente, solo debemos acercarnos a una celebración como esa de la justicia de Dios en el castigo del mal cuando meditamos sobre el eterno castigo dado a Satanás y sus demonios. Pero ahora están completamente dedicados al mal y más allá de una potencial redención. Así que no podemos anhelar su salvación como anhelamos la salvación de toda la humanidad. Tenemos que creer que el castigo eterno es verdadero y justo, pero debemos también anhelar que aun aquellos que persiguen con más severidad a la iglesia deben venir a la fe de Cristo y así escapar de la condenación eterna.

PREGUNTAS PARA APLICACIÓN PERSONAL

1. ¿Había usted pensado antes que habrá un juicio final para los creyentes? ¿Cómo afecta su vida hoy la conciencia del hecho que todos compareceremos ante el trono del juicio de Cristo? ¿Cómo piensa se sentirá que todas sus palabras y obras se hagan públicas el último día? ¿Hay un elemento de temor cuando usted contempla ese día? Si es así, medite en 1 Juan 4:16-18:

Y nosotros hemos llegado a saber y creer que Dios nos ama. Dios es amor. El que permanece en amor, permanece en Dios, y Dios en él. Ese amor se manifiesta plenamente entre nosotros para que en el día del juicio comparezcamos con toda confianza, porque en este mundo hemos vivido como vivió Jesús. En el amor no hay temor. El que teme espera el castigo, así que no ha sido perfeccionado en el amor.

2. ¿Ha pensado usted antes mucho en hacer tesoros en el cielo, o sobre obtener una recompensa celestial mayor? Si usted cree realmente en esta doctrina, ¿qué tipo de efecto cree que esto debe tener en su vida?

3. ¿Cómo piensa que se sentirá participar con Cristo en el juicio de los ángeles, y de hecho en el juicio de todo el mundo (1 Co 6:2-3)? ¿Qué dice el hecho de que Dios nos permita participar en este juicio final sobre nuestra creación a imagen de Dios y sus propósitos para nosotros en el universo? ¿Qué le hace eso sentir sobre sí mismo y su relación eterna con Dios?

4. Piense sobre algunos de sus amigos cristianos en su iglesia. ¿Cómo piensa que se sentirá cuando los observe comparecer ante Cristo en al juicio final? ¿Qué pensarán ellos de usted en ese momento? ¿Afecta la contemplación de este juicio futuro la manera en que usted piensa de su mutuo compañerismo como hermanos y hermanas de Cristo hoy?

5. ¿Le complace que habrá un juicio final tanto para creyentes como para incrédulos? ¿Esto le hace tener un sentido de la justicia de Dios, o siente que en todo esto hay cierta injusticia o falta de equidad

6. ¿Está convencido que la Escritura enseña que habrá un castigo eterno consciente para los malvados? ¿Cuando piensa en esa idea en relación con Satanás y los demonios, siente que ello está bien?

7. ¿Hay alguien que le haya hecho daño en el pasado, y quien le haya sido difícil perdonar? ¿Le ayuda la doctrina del juicio final a ser más capaz de perdonar a esa persona?

TÉRMINOS ESPECIALES

aniquilacionismo	juicio ante el gran trono blanco
castigo eterno consciente	juicio de las naciones
infierno	juicio final
inmortalidad condicional	universalismo

BIBLIOGRAFÍA

(Para una explicación de esta bibliografía vea la nota sobre la bibliografía en el capítulo 1, p. 40. Datos bibliográficos completos se pueden encontrar en las páginas 1297-1306.)

Secciones en Teologías Sistemáticas Evangélicas

1. Anglicanas (Episcopales)
   - 1882-92   Litton, 591-600
   - 1930   Thomas, 525-26
2. Arminianas (Wesleyanas o Metodistas)
   - 1875-76   Pope, 3:401-47
   - 1892-94   Miley, 2:458-71
   - 1940   Wiley, 3:338-75
   - 1960   Purkiser, 567-74
   - 1983   Carter, 2:1105-9, 1127-30, 1133-36
3. Bautistas
   - 1767   Gill, 2:302-29
   - 1887   Boyce, 461-71, 477-93
   - 1907   Strong, 1023-83, 1033-56
   - 1917   Mullins, 478-83, 488-503
   - 1976-83   Henry, 4:593-614, 492-513
   - 1983-85   Erickson, 1005-22, 1234-41, 1200-1204
4. Dispensacionalistas
   - 1947   Chafer, 4:402-12, 427-33
   - 1949   Thiesen, 383-90, 396-97
   - 1986   Ryrie, 512-16, 520-22
5. Luteranas
   - 1917-24   Pieper, 3:539-50
   - 1934   Mueller, 630-39
6. Reformadas (o Presbiterianas)
   - 1724-58   Edwards, 2:122-30, 190-213, 515-25
   - 1861   Heppe, 703-6
   - 1871-73   Hodge, 3:837-54, 868-80
   - 1878   Dabney, 842-62
   - 1889   Shedd, 2b:659-63, 667-754
   - 1937-66   Murray, CW, 2:413-17
   - 1938   Berkhof, 728-38
   - 1962   Buswell, 2:306-8, 508-11
7. Renovadas (o carismático/Pentecostales)
   - 1988-92   Williams, 3:413-20, 445-77

Secciones en Teologías Católico Romanas Representativas

1. Católico Romana: Tradicional
   - 1955   Ott, 479-82, 492-96
2. Católico Romana: Pos Vaticano II
   - 1980   McBrien, 2:1150-55

Otras Obras

Beckwith, R. T. «Purgatory». En *NDT*, pp. 549-50.

Blamires, Harry. *Knowing the Truth About Heaven and Hell*. Knowing the Truth Series, eds. J. I. Parker and Peter Kreeft. Servant, Ann Arbor, 1988.

Buis, Harry. *The Doctrine of Eternal Punishment*. Presbyterian and Reformed, Philadelphia, 1957.

Cameron, Nigel M. de S., ed. *Universalism and the Doctrine of Hell*. Paternoster, Carlisle, U. K, y Baker, Grand Rapids, 1992.

Crockett, William, V., Z. J. Hayes, Clark H. Pinnock, and John F. Walvoord. *Four Views on Hell*. Zondervan, Grand Rapids, 1992.

Gerstner, John H. *Repent or Perish*. Lingonier, Pa.: Soli Deo Gloria, 1990.

Helm, Paul. «Universalism and the Threat of Hell». *TrinJ* vol. 4 N. S., No. 1 (Spring 1983): 35-43.

Hoekema, Anthony A. *The Bible and the Future*. Eerdmans, Grand Rapids, 1979, pp. 253-73.

Hubbard, D. A. «Last Judgment, The». En *EDT*, pp. 620-21.

Martin, James P. *The Last Judgment*. Eerdmans, Grand Rapids, 1983.

Morris, L. «Eternal Punishment». En *EDT*, pp. 369-70.

O'Donovan, O. M. T., and R. J. Song. «Punishment». En *NDT*, pp. 547-49.

Packer, J. I. «Evangelicals and the Way of Salvation: New Challenges to the Gospel—Universalism and Justification by Faith». En *Evangelical Affirmations*. Ed. Kenneth S. Kantzer and Carl H. Henry. Zondervan, Grand Rapids, 1990, pp. 107-36.

Travis, S. H. «Judgment of God». En *NDT*, p. 358.

PASAJE BÍBLICO PARA MEMORIZAR

Apocalipsis 20:11-13: *Y vi un gran trono blanco y al que estaba sentado en él, de delante del cual huyeron la tierra y el cielo, y ningún lugar se encontró para ellos. Y vi a los muertos, grandes y pequeños, de pie ante Dios; y los libros fueron abiertos, y otro libro fue abierto, el cual es el libro de la vida; y fueron juzgados los muertos por las cosas que estaban escritas en los libros, según sus obras. Y el mar entregó los muertos que había en él; y la muerte y el Hades entregaron los muertos que había en ellos; y fueron juzgados cada uno según sus obras.*

HIMNO

«El gran día del juicio»

Un matiz de lobreguez y juicio permea en este himno, sin embargo nos llama a enfocar fuertemente en la preparación del alma para encontrarse con Cristo y también un sentido de gozosa espera.

> 1. Soñé que el gran día del juicio llegó, y sonó el clarín;
> Soñé ver los pueblos reunidos para oír de su suerte sin fin.
> Del cielo bajo un gran ángel, y parado en tierra y mar,
> Juró con la diestra alzada, que el tiempo ya no más será.

Coro
Con llanto y duelo entonces, los perdidos su cuenta darán;
Clamarán a las rocas: «Cubrirnos»; orarán, pero tarde será.

2. El rico llegó, mas su oro se fue, y se desvaneció,
Cual pobre paróse ante el trono, de sus deudas a Dios se acordó.
El grande también, más la muerte le había quitado su honor:
Y el ángel abriendo los libros, no halló nada en su favor.

3. Vino el moralista al juicio, más vana fue su pretensión;
También los que a Cristo mataron hicieron moral profesión.
Y el alma quedaba la excusa: «hoy, no, otro día mejor»,
Halló que por siglos eternos sufría por su gran error.

AUTOR: BASADO EN AP 20:11-15 (TOMADO DE PRELUDIOS CELESTIALES #27)

Capítulo 57

Los nuevos cielos y la nueva tierra

*¿Qué es el cielo? ¿Es un lugar? ¿Cómo será
renovada la tierra? ¿Qué será vivir en
los nuevos cielos y la nueva tierra?*

EXPLICACIÓN Y BASES BÍBLICAS

A. Viviremos eternamente con Dios en unos nuevos cielos y una nueva tierra

Tras el juicio final, los creyentes entrarán al pleno gozo de la vida en la presencia de Dios para siempre. Jesús nos dirá: «Vengan ustedes, a quienes mi Padre ha bendecido; reciban su herencia, el reino preparado para ustedes desde la creación del mundo» (Mt 25:34). Entraremos a un reino donde «ya no habrá maldición. El trono de Dios y del Cordero estará en la ciudad. Sus siervos lo adorarán» (Ap 22:3).

Al referirse a este lugar, los cristianos frecuentemente hablan de vivir con Dios «en el cielo» para siempre. Pero de hecho la enseñanza bíblica es mucho más rica que esto: nos dice que habrá nuevos cielos y *una nueva tierra*—una creación enteramente renovada—y viviremos con Dios allí.

El Señor promete a través de Isaías: «Presten atención, que estoy por crear *un cielo nuevo y una tierra nueva*. No volverán a mencionarse las cosas pasadas» (Is 65:17), y habla de «el cielo nuevo y la nueva tierra que yo haré» (Is 66:22). Pedro dice: «Según su promesa, esperamos *un cielo nuevo y una tierra nueva*, en los que habite la justicia» (2 P 3:13). En la visión de Juan de los eventos que siguen el juicio final, él dice: «Después vi *un cielo nuevo y una tierra nueva*, porque el primer cielo y la primera tierra habían dejado de existir» (Ap 21:1). Continúa para decirnos que también habrá un nuevo tipo de unificación del cielo y la tierra, pues ve la ciudad santa, la «nueva Jerusalén, que bajaba del cielo, procedente de Dios» (Ap 21:2), y escucha una voz que proclama: «¡Aquí, entre los seres humanos, está la morada de Dios! El acampará en medio de ellos, y ellos serán su pueblo; Dios mismo estará con ellos, y será su Dios!» (v. 3). De manera que habrá una unión del cielo y la tierra en esta nueva creación, y allí viviremos con Dios.

1. ¿Qué es el cielo? Durante esta era presente, al lugar donde habita Dios se le llama frecuentemente «cielo» en la Escritura. El Señor dice: «El cielo es mi trono» (Is 66:1), y Jesús nos enseña a orar: «Padre nuestro *que estás en el cielo* (Mt 6:9). Jesús ahora «*subió el cielo*, y tomó su lugar a la diestra de Dios» (1 P 3:22). De hecho, el cielo debe definirse como sigue: *El cielo es el lugar donde Dios da a conocer más plenamente su presencia para bendecir.*

Discutimos antes cómo Dios está presente en todas partes[1] pero cómo manifiesta especialmente su presencia para bendecir en ciertos lugares. La manifestación más esplendorosa de la presencia de Dios se percibe en el cielo, donde da a conocer su gloria, y donde los ángeles, otras criaturas celestiales y los santos redimidos lo adoran.

2. El cielo es un lugar, no un estado mental. Pero puede que alguien se pregunte cómo se une a la tierra. Está claro que la tierra es un *sitio* que existe en el espacio-tiempo de nuestro universo, ¿pero puede pensarse el cielo como un *sitio* que se une a la tierra?

Fuera del mundo evangélico la idea del cielo como un sitio se niega a menudo, principalmente porque su existencia solo se puede conocer por el testimonio de la Escritura. Recientemente incluso algunos eruditos evangélicos han vacilado a la hora de confirmar el hecho que el cielo es un sitio.[2] ¿Puede ser un motivo para no creer que el cielo es un sitio real el hecho de que *solo* conocemos sobre el cielo por la Biblia, y no podemos dar ninguna prueba empírica de él?

El Nuevo Testamento enseña que el cielo es un lugar de varias diferentes maneras y con mucha claridad. Cuando Jesús fue llevado al cielo, el hecho de que iba a un *sitio* parece ser todo el objetivo de la narración, y el propósito que Jesús intentó que sus discípulos comprendieran mientras ascendía gradualmente en tanto les hablaba: «Mientras ellos lo miraban, fue llevado a las alturas hasta que una nube lo ocultó de su vista» (Hch 1:9; cf. Lc 24:51: «Mientras los bendecía, se alejó de ellos»). Los ángeles exclamaron: «Este mismo Jesús, que ha sido llevado de entre ustedes al cielo, vendrá otra vez de la misma manera que lo han visto irse» (Hch 1:11). Es difícil imaginar cómo se podría enseñar con más claridad el hecho de la ascensión a un *sitio*.

Una conclusión similar puede deducirse de la historia de la muerte de Esteban. Justo antes que lo apedrearan, él, «lleno del Espíritu Santo, fijó la mirada en el cielo y vio la gloria de Dios, y a Jesús de pie a la derecha de Dios.—¡Veo el cielo abierto—exclamó—, y al Hijo del hombre de pie a la derecha de Dios!» (Hch 7:55-56). Él no vio meros símbolos de un estado de existencia. Parece más bien que sus ojos se abrieron para divisar una dimensión de la realidad que Dios nos ha ocultado en la era presente, una dimensión que sin embargo sí existe en el espacio/tiempo de nuestro universo, y dentro de la cual Jesús vive ahora en su cuerpo resucitado, esperando incluso ahora el momento cuando regresará a la tierra.[3] Por otro lado, el hecho de que tendremos cuerpos resucitados como el cuerpo resucitado de Cristo indica que el cielo será un sitio, pues esos cuerpos resucitados (hechos perfectos,

---

[1] Vea el capítulo 11, pp. 178-82, sobre la omnipresencia de Dios.

[2] Millard Erikson, *Christian Theology*, dice: «A pesar de que el cielo es tanto un lugar como un estado, es en primer lugar un estado» (p. 1232), una afirmación que es difícil de comprender. Algo es un lugar o no lo es; no es algo como un lugar sino «principalmente un estado». Aun más enérgico es Donald Guthrie, quien dice del Nuevo Testamento: «No debemos esperar, sin embargo, hallar la descripción de un lugar, tanto como la presencia de una persona», (*New Testament Theology*, p. 875) y «Pablo no piensa en el cielo como un lugar, sino piensa en él en términos de la presencia de Dios» ([New Testament Theology, p. 880). ¿Pero tiene sentido esa distinción? Si una persona está *presente*, entonces por definición existe *un lugar*, porque estar «presente» significa estar «situado en este lugar».

[3] Vea la discusión sobre el cuerpo resucitado de Cristo y su ascensión en el capítulo 28, pp. 639-52.

para nunca volverse débiles o morir otra vez),[4] habitarán en un lugar específico en un momento específico, justo como lo hace Jesús ahora en su cuerpo resucitado.

El concepto del cielo como un sitio es también el sentido más simple en que se puede entender la promesa de Jesús: «Voy a prepararles un *lugar*» (Jn 14:2). Él habla con mucha claridad de regresar al Padre desde su existencia en este mundo, y entonces volver de nuevo: «Y si me voy y se lo preparo, vendré para llevármelos conmigo. Así ustedes estarán *donde yo esté* (Jn 14:3).

Estos textos nos llevan a concluir que incluso ahora el cielo es un sitio, aunque su ubicación nos es ahora desconocida y su existencia nuestros sentidos naturales no pueden percibir ahora. Es este sitio donde habita Dios el que de alguna forma será renovado en el momento del juicio final y se unirá a una tierra renovada.

3. La creación física será renovada y seguiremos existiendo y actuando en ella.

Además de un cielo renovado, Dios hará una «nueva tierra» (2 P 3:13; Ap 21:1). Varios pasajes indican que la creación física será renovada de una forma significativa. «La creación aguarda con ansiedad la revelación de los hijos de Dios, porque fue sometida a la frustración. Esto no sucedió por su propia voluntad, sino por la del que así los dispuso. Pero queda la firme esperanza de que *la creación misma ha de ser liberada de la corrupción que la esclaviza, para así alcanzar la gloriosa libertad de los hijos de Dios*» (Ro 8:19-21).

Pero ¿será la tierra solo renovada, o será completamente destruida y reemplazada por otra tierra nueva creada por Dios? Algunos pasajes parecen hablar de una creación enteramente nueva: El autor de Hebreos (citando el Salmo 102) nos dice de los cielos y la tierra: «Ellos perecerán, pero tú permaneces para siempre. Todos ellos se desgastarán como un vestido. Los doblarás como un manto, y los cambiarán como ropa que se muda» (Heb 1:11-12). Después nos dice que Dios ha prometido: «Aún una vez, y conmoveré no solamente la tierra, sino también el cielo», una sacudida tan severa como para implicar «la remoción de las cosas visibles… para que no puedan ser removidas» (Heb 12:26-27). Pedro dice: «Pero el día del Señor vendrá como un ladrón. En aquel día *los cielos desaparecerán con un estruendo espantoso*, los elementos serán destruidos por el fuego, *y la tierra, con todo lo que hay en ella, será quemada*» (2 P 3:10). Una descripción similar se encuentra en Apocalipsis, donde Juan dice: «Y vi un gran trono blanco… de delante del cual huyeron la tierra y el cielo, y ningún lugar se encontró para ellos» (Ap 20:11). Por otro lado, Juan dice: «Después vi un cielo nuevo y una tierra nueva, porque el primer cielo y la primera tierra habían dejado de existir, lo mismo que el mar» (Ap 21:1).

Dentro del mundo protestante, ha habido desacuerdo sobre si la tierra será destruida completamente y reemplazada, o solo cambiada y renovada. Berkhof dice que eruditos luteranos han hecho énfasis sobre el hecho que será una creación enteramente nueva, mientras eruditos reformados han tendido a enfatizar aquellos versículos que dicen simplemente que la presente creación será renovada.[5] La posición reformada parece preferible aquí, pues es difícil pensar que Dios aniquilaría completamente su creación original, dándole así aparentemente al diablo la última palabra y

---

[4]Vea el capítulo 42, pp. 873-78, sobre la naturaleza de nuestros cuerpos resucitados.

[5]Berkhof, *Systematic Theology*, p. 737.

convirtiendo en chatarra la creación que originalmente era «muy buena» (Gn 1:31). Los pasajes anteriores que hablan de sacudir y remover la tierra y de la primera tierra que deja de existir puede que se refieran a su existencia en la forma presente, no propiamente a su existencia en sí misma, y aun 2 Pedro 3:10, que habla de los elementos que se disuelven y de la tierra y lo que hay en ella que se quema, puede que no se refiera a la tierra como un planeta sino más bien a las cosas de la superficie de la tierra (esto es, a gran parte del terreno y las cosas sobre el terreno).

4. Nuestros cuerpos resucitados serán parte de la creación renovada. En los nuevos cielos y la nueva tierra habrá actividades y un lugar para nuestros cuerpos resucitados, que nunca envejecerán o se debilitarán o se enfermarán. Una sólida consideración a favor de este punto de vista es el hecho que Dios hizo «muy buena» (Gn 1:31) la creación física original. Por consiguiente no hay nada intrínsicamente pecador o malo o «no espiritual» en el mundo físico que hizo Dios o en las criaturas que puso en él, o en los cuerpos físicos que nos dio en la creación. Aunque el pecado ha desfigurado y distorsionado todas estas cosas, Dios no destruirá completamente el mundo físico (lo que sería un reconocimiento de que el pecado ha frustrado y derrotado los propósitos de Dios), sino más perfeccionará el mundo entero y lo pondrá en armonía con los propósitos para los cuales originalmente lo creó. Por lo tanto podemos esperar que allí, en los nuevos cielos y la nueva tierra, exista un mundo completamente perfecto que sea otra vez «muy bueno». Y podemos esperar que tengamos cuerpos físicos que de nuevo serán «muy buenos» a la vista de Dios, y que funcionarán para que se cumplan los propósitos para los cuales él colocó al hombre sobre la tierra.

Cuando el autor de Hebreos dice que «todavía» no vemos que todo esté sujeto al hombre (Heb 2:8), implica que todas las cosas estarán un día sujetas a nosotros, bajo el reinado del hombre Cristo Jesús (note v. 9: «Sin embargo, vemos a Jesús… coronado de gloria y honra»). Esto cumplirá el plan original de Dios de que todo en el mundo esté sujeto a los seres humanos que él ha hecho.[6] En este sentido, entonces, nosotros «heredaremos la tierra» (Mt 5:5) y reinaremos sobre ella como Dios originalmente quiso.

Por esa razón, no debe asaltarnos la sorpresa al encontrar que algunas de las descripciones de la vida en el cielo incluyan aspectos que son parte en gran medida de la creación física o material que Dios ha hecho. *Comeremos y beberemos* en la «cena de las bodas del Cordero» (Ap 19:9). Jesús «volverá a beber del fruto de la vid» (Lc 22:18). El «*río* de agua de vida» fluirá «del trono de Dios y del Cordero… por el centro de *la calle principal de la ciudad*» (Ap 22:1). El *árbol de la vida* producirá «doce cosechas al año» (Ap 22:2). No hay un motivo sólido para decir que estas expresiones son meramente simbólicas, sin ninguna referencia literal. ¿Son los banquetes simbólicos y los vinos simbólicos y los ríos simbólicos y los árboles simbólicos de algún modo superiores a los banquetes reales y al vino real y a los ríos reales y a los árboles reales del plan eterno de Dios? Estas cosas son solo

---

[6]Vea pp. 282-83 y 467-68 sobre el propósito original de Dios de hacer que el hombre gobernara sobre toda la creación.

algunos de los aspectos excelentes de la perfección y última bondad de la creación física que Dios ha hecho.

Por supuesto, hay descripciones simbólicas en el libro de Apocalipsis, y es inevitable que en algunos puntos no seamos capaces de decidir si algo debe ser tomado simbólicamente o literalmente. Pero no parece difícil pensar que la descripción de la ciudad celestial con puertas y muros y cimientos es una descripción de algo que es literal y real, «la ciudad santa, Jerusalén, que bajaba del cielo, procedente de Dios. Resplandecía con la gloria de Dios, y su brillo era como el de una piedra preciosa» (Ap 21:10-11). «La calle principal de la ciudad era de oro puro, como cristal transparente... los reyes de la tierra le entregarán sus espléndidas riquezas. Sus puertas estarán abiertas todo el día, pues allí no habrá noche. Y llevarán a ella todas las riquezas y el honor de las naciones» (Ap 21:21-26).

Mientras que posiblemente alberguemos cierta incertidumbre sobre la comprensión de ciertos detalles, no parece inconsistente con esta descripción decir que comeremos y beberemos en los nuevos cielos y la nueva tierra, y que llevaremos a cabo también otras actividades. La música es ciertamente algo que resalta en las descripciones del cielo en Apocalipsis, y podemos imaginar que se realizarán actividades tanto musicales como artísticas para la gloria de Dios. Quizás la gente trabajará en toda una variedad de investigaciones y desarrollo de la creación por medios tecnológicos, de invención y creativos, mostrando así toda la dimensión de su excelente creación a la imagen de Dios.

Por otro lado, como Dios es infinito y su «grandeza es insondable (Sal 145:3), y como somos criaturas finitas que nunca igualaremos el conocimiento de Dios o seremos omniscientes,[7] podemos esperar que por toda la eternidad podremos seguir aprendiendo más sobre Dios y sobre su relación con la creación. De esta manera continuaremos el proceso de aprendizaje que se inició en esta vida, en la que vivir «de manera digna del Señor» conlleva «crecer en el conocimiento de Dios» continuamente (Col 1:10).

5. La nueva creación no será «atemporal» sino incluirá una sucesión infinita de momentos. Aunque un popular himno habla del momento «cuando suene la trompeta del Señor y se termine el tiempo», la Escritura no sostiene esa idea. Ciertamente, en la ciudad celestial que recibe su luz de la gloria de Dios (Ap 21:23) nunca habrá oscuridad ni noche: «Pues allí no habrá noche» (Ap 21:25). Pero esto no significa que el cielo será un lugar donde se desconozca el tiempo, o donde no se pueda hacer una cosa después de otra. De hecho, todas las descripciones del culto celestial en el libro de Apocalipsis incluyen palabras que se pronuncian una tras otra en oraciones coherentes, y acciones (tales como caer delante del trono de Dios y lanzar coronas ante su trono) que implican una secuencia de eventos. Cuando leemos que «los reyes de la tierra... llevarán a ella todas las riquezas y el honor de las naciones» (Ap 21:24-26), vemos otra actividad que implica una secuencia de eventos, uno que ocurre tras el otro. Y ciertamente tiene claras implicaciones el

---

[7] 1 Corintios 13:12 no dice que seríamos omniscientes o conoceríamos todas las cosas (Pablo podría haber dicho que conoceríamos todas las cosas, *ta panta*, si lo hubiera querido decir), pero, correctamente traducido, simplemente dice que conoceríamos de una manera más profunda o completa, «tal y como soy conocido», esto es, sin error alguno o equivocaciones en nuestro conocimiento.

hecho que el árbol de la vida produzca doce cosechas al año, «*una por mes*» (Ap 22:2). (Sobre Ap 10:6 vea el capítulo 11, p. 176, n. 18.)

Como somos criaturas finitas, también podemos esperar que siempre vivamos en una sucesión de momentos. Justo como nunca alcanzamos la omnisciencia u omnipresencia de Dios, nunca alcanzaremos la eternidad de Dios en el sentido de ver todo el tiempo con la misma lucidez y no vivir en una sucesión de momentos o estar limitados por el tiempo. Como criaturas finitas, más bien viviremos en una sucesión de momentos que nunca tendrá fin.

B. La doctrina de la nueva creación provee una gran motivación para acumular tesoros en el cielo en lugar de en la tierra

Cuando consideramos el hecho de que esta creación presente es temporal y que nuestra vida en la nueva creación durará una eternidad, tenemos una fuerte motivación para una vida piadosa y para vivir de tal manera que acumulemos tesoros en el cielo. Al reflexionar sobre el hecho de que el cielo y la tierra serán destruidos, Pedro dice lo siguiente:

> Ya que todo será destruido de esa manera, ¿no deberían vivir ustedes como Dios manda, siguiendo una conducta intachable y esperando ansiosamente la venida del día de Dios? Ese día los cielos serán destruidos por el fuego, y los elementos se derretirán con el calor de las llamas. Pero, según su promesa, esperamos un cielo nuevo y una tierra nueva, en la que habite la justicia. (2 P 3:11-13)

Y Jesús nos dice de manera bien explícita:

> No acumulen para sí tesoros en la tierra, donde la polilla y el óxido destruyen, y donde los ladrones se meten a robar. Más bien, acumulen para sí tesoros en el cielo, donde ni la polilla ni el óxido carcomen, ni los ladrones se meten a robar. Porque donde esté tu tesoro, allí estará también tu corazón. (Mt 6:19-21)[8]

C. La nueva creación será un sitio de gran belleza y abundancia y gozo en la presencia de Dios

En medio de todas las preguntas que naturalmente tenemos en relación con los nuevos cielos y la nueva tierra, no podemos perder de vista el hecho que la Escritura consistentemente describe esta nueva creación como un sitio de gran belleza y gozo. En la descripción del cielo de Apocalipsis 21 y 22, este tema se confirma una y otra vez. Se trata de una «ciudad santa» (21:2), un lugar preparado «como una novia hermosamente vestida para su prometido» (21:2). En ese lugar «no habrá muerte, ni llanto, ni lamento ni dolor» (21:4). Allí podemos «beber gratuitamente de la fuente del agua de la vida» (21:6). Es una ciudad que «resplandecía con la gloria de Dios, y su brillo era como el de una piedra preciosa, semejante a una piedra de jaspe transparente» (21:11). Es una ciudad de dimensiones enormes, ya sea que las medidas se entiendan como literales o simbólicas. «Tenía dos mil doscientos kilómetros» y su

---

[8]Vea la discusión de los grados de recompensa celestial en el capítulo 56, pp. 1206-08.

«anchura y su *altura* eran iguales» (21:16). Partes de la ciudad están construidas de inmensas piedras preciosas de varios colores (21:18-21). Estará libre de todo mal, pues «nunca entrará en ella nada impuro, ni los idólatras ni los farsantes, sino sólo aquellos que tienen su nombre escrito en el libro de la vida» (21:27). En esa ciudad también detentaremos posiciones para gobernar sobre la entera creación de Dios, pues [los siervos de Dios] «reinarán por los siglos de los siglos.

Paro mucho más importante que la belleza física de la ciudad celestial, más importante que el compañerismo que gozaremos eternamente junto a todo el pueblo de Dios de todas las naciones y todos los períodos de la historia, más importantes que estar libres del dolor y la pena y el sufrimiento físico, y más importante que gobernar el reino de Dios—mucho más importante que todas estas cosas será el hecho de que estaremos en la presencia de Dios y gozaremos de un compañerismo ilimitado con él. «¡Aquí, *entre los seres humanos, está la morada de Dios*. Él acampará en medio de ellos, y ellos serán su pueblo; *Dios mismo estará con ellos* y será su Dios. Él les enjugará toda lágrima de los ojos» (21:3-4).

En el Antiguo Testamento, cuando la gloria de Dios llenaba el templo, los sacerdotes no podían «estar allí para ministrar» (2 Cr 5:14). En el Nuevo Testamento, cuando la gloria de Dios rodeó a los pastores en el campo fuera de Belén «la gloria del Señor los envolvió en su luz, y se llenaron de temor» (Lc 2: 9). Pero en la ciudad celestial seremos capaces de sobrellevar el poder y la santidad de la presencia de la gloria de Dios. «La ciudad no necesita ni sol ni luna que la alumbren, *porque la gloria de Dios la ilumina, y el Cordero es su lumbrera*» (21:23). Esto será la realización del propósito de Dios «que nos llamó por su propia gloria y potencia» (2 P 1:30: entonces habitaremos constantemente «con gran alegría ante su gloriosa presencia» (Judas 1:24; cf. Ro 3:23; 8:18; 9:23; 1 Co 15:43; 2 Co 3:18; 4:17; Col 3:4: 1 Ts 2:12; Heb 2:10; 1 P 5;1, 4, 10).

En esa ciudad viviremos en la presencia de Dios, pues «el trono de Dios y del Cordero estará en la ciudad. Sus siervos lo adorarán» (22:3). De vez en cuando experimentamos aquí en la tierra el gozo de la genuina adoración de Dios, y comprendemos que nuestro máximo gozo es darle gloria a él. Pero en esa ciudad este gozo se multiplicará muchas veces y conoceremos la consumación de aquello para lo que nos crearon. Nuestro mayor gozo será ver al propio Señor y estar con él para siempre. Cuando Juan habla de las bendiciones de la ciudad celestial, la culminación de esas bendiciones llega en la breve declaración: «*Lo verán cara a cara*» (22:4). Cuando miremos el rostro de nuestro Señor y él nos devuelva la mirada con infinito amor, veremos en él la consumación de todo lo que sabemos bueno y justo y deseable en el universo. En el rostro de Dios veremos la consumación de todos los anhelos que alguna vez hemos sentido de conocer el amor, la paz, y el gozo perfectos, y de conocer la verdad y la justicia, la santidad y sabiduría, la bondad y el poder, la gloria y la belleza. Cuando contemplemos el rostro de nuestro Señor, conoceremos más plenamente que nunca antes que «*me llenarás de alegría en tu presencia, y de dicha eterna a tu derecha*» (Sal 16:11). Entonces se cumplirá el anhelo de nuestros corazones, con los cuales hemos clamado en el pasado: «Una sola cosa le pido al SEÑOR, y es lo único que persigo: habitar en la casa del SEÑOR todos los días de mi vida, *para contemplar la hermosura del* SEÑOR *y recrearme en su templo»* (Sal 27:4).

Cuando al final veamos al Señor cara a cara, nuestros corazones no querrán nada más. *«¿A quién tengo en el cielo sino a ti? Si estoy contigo, ya nada quiero en la tierra…* Dios fortalece mi corazón; él es mi herencia eterna» (Sal 73:25-26). Entonces, con gozo nuestros corazones y voces se unirán con los redimidos de todas las edades y con los poderosos ejércitos del cántico celestial entonando: «Santo, santo, santo es el Señor Dios Todopoderoso, el que era, el que es, y el que ha de venir» (Ap 4:8).

PREGUNTAS DE APLICACIÓN PERSONAL

1. En su vida cristiana hasta este punto, ¿ha pasado mucho tiempo pensando sobre la vida en los nuevos cielos y la nueva tierra? ¿Piensa usted que hay un fuerte anhelo de esto en su corazón? Si no ha sentido un fuerte anhelo, ¿por qué piensa usted que ha sido así?

2. ¿De qué maneras este capítulo lo ha hecho apasionarse más sobre la entrada en la ciudad celestial? ¿Qué posibles efectos sobre su vida cristiana piensa usted que suscitaría un mayor anhelo de la vida por venir?

3. ¿Está usted convencido que la nueva creación es un lugar donde existiremos con cuerpos físicos hechos perfectos? Si es así, ¿lo alienta o desalienta esta idea? ¿Por qué? ¿Por qué piensa que es necesario insistir en que el cielo es un sitio real aun hoy?

4. ¿Cuáles son algunas maneras a través de las que ha acumulado un tesoro en el cielo en lugar de la tierra? ¿Hay otras maneras en que podría hacer eso ahora en su propia vida? ¿Piensa que lo hará?

5. A veces las personas han pensado que se aburrirán en la vida por venir. ¿Siente usted lo mismo? ¿Cuál es una buena respuesta a la objeción que el estado de eternidad será aburrido?

6. ¿Puede usted describir en modo alguno qué piensa que sentirá cuando comparezca ante la presencia de Dios y lo vea cara a cara?

TÉRMINOS ESPECIALES

cielo
nuevos cielos y nueva tierra

BIBLIOGRAFÍA

(Para una explicación de esta bibliografía vea la nota sobre la bibliografía en el capítulo 1, p. 40. Datos bibliográficos completos se pueden encontrar en las páginas 1297-1306.)

Secciones en teologías sistemáticas evangélicas

1. Anglicanas (Episcopales)
      1882-92   Litton, 600-605
2. Arminianas (Wesleyanas o Metodistas)

1875-76	Pope, 3:447-54
1892-94	Miley, 2:472-75
1940	Wiley, 3:375-93
1960	Purkiser, 574-77
1983	Carter, 2;1130-33, 1136-40

3. Bautistas

1767	Gill, 2:258-68, 329-40
1887	Boyce, 471-77
1907	Stong, 1029-33
1917	Mullins, 483-88
1976-83	Henry, 4:593-614
1983-85	Erickson, 1225-34

4. Dispensacionalistas

1947	Chafer, 4:433-39; 5:365-76
1949	Thiessen, 397-99

5. Luteranas

1917-24	Pieper, 3:550-55
1934	Mueller, 639-44

6. Reformadas (o Presbiterianas)

1724-58	Edwards, 2:617-41
1861	Heppe, 706-12
1871-73	Hodge, 3:855-61
1878	Dabney, 849-51
1889	Shedd, 2b:664-66
1938	Berkhof, 736-38
1962	Buswell, 2:511-38

7. Renovadas (o Carismático / Pentecostales)

1988-92	Williams, 3:479-508

Secciones en Teologías Católico Romanas Representativas

1. Católico Romana: Tradicional

1955	Ott, 476-79

2. Católico Romana: Pos-Vaticano II

1980	McBrien, 2:1141-42, 1155-56

Otras Obras

Blamires, Harry. *Knowing the Truth About Heaven and Hell*. Knowing the Truth series, eds. J. I. Packer and Peter Kreeft. Ann Arbor: Servant, 1988.

Gilmore, John. *Probing Heaven: Key Questions on the Hereafter*. Grand Rapids: Baker, 1989.

Grider, J.K. «Heaven». En *EDT*, pp. 499-500.

Hoekema, Anthony A. «The New Earth». En *The Bible and the Future*. Grand Rapids: Eerdmans, 1979, pp. 274-87.

Lincoln, Andrew T. *Paradise Now and Not Yet: Studies in the Role of the Heavenly Dimension in Paul's Though With Special References to His Eschatology.* Society for New Testament Studies Monograph Series. London; New York: Cambridge, 1981.

Murray, John. «Glorification». En *Redemption Accomplished and Applied.* Grand Rapids: Eerdmans, 1955, pp. 174-81

Smith, Wilbur M. *The Biblical Doctrine of Heaven.* Chicago: Moody, 1968.

PASAJE BÍBLICO PARA MEMORIZAR

Apocalipsis 21:3-4: *Oí una potente voz que provenía del trono y decía: «¡Aquí, entre los seres humanos, está la morada de Dios! Él acampará en medio de ellos, y ellos serán su pueblo; Dios mismo estará con ellos y será su Dios. Él les enjugará toda lágrima de los ojos. Ya no habrá muerte, ni llanto, ni lamento ni dolor, porque las primeras cosas han dejado de existir».*

HIMNO

«Yo espero la mañana»

1. Yo espero la mañana,
De aquel día sin igual,
De donde la dicha emana
Y do el gozo es eternal.

Coro
Esperando, esperando,
Otra vida sin dolor,
Do me den la bienvenida,
de Jesús mi Salvador.

2. Yo espero la victoria,
De la muerte al fin triunfar.
Recibir la eterna gloria,
Y mis sienes coronar.

3. Yo espero ir al cielo
Donde reina eterno amor;
Peregrino soy y anhelo
Las moradas del Señor.

4. Pronto espero unir mi canto,
Al triunfante y celestial,
Y poder cambiar mi llanto
Por un canto angelical.

AUTOR: W. G. IRWIN, TRAD. PEDRO GRADO
(TOMADO DE EL NUEVO HIMNARIO POPULAR #37).

Apéndice 1: Confesiones de fe históricas

Este apéndice reimprime varias de las más importantes confesiones de fe de varios períodos de la historia de la iglesia. De la iglesia antigua he incluido las cuatro confesiones ecuménicas: el Credo de los Apóstoles (siglos tercero-cuarto d.C.), el Credo Niceno (325/381 d.C.), el Credo Atanasiano (fines del siglo cuarto-principios del siglo quinto d.C.) y el Credo Calcedonio (451 d.C.). De las iglesias protestantes desde La Reforma he incluido otras cuatro confesiones: Los Treinta y Nueve Artículos (1571) [Iglesia de Inglaterra; también Metodista]; la Confesión de Fe de Westminster (1643-1646) [Reformada Británica y Presbiteriana]; la Confesión Bautista de Nueva Hampshire (1833); y la Fe y Mensaje Bautista (1925/1963) [Bautista del Sur]. Por último, también he incluido la Declaración de Chicago sobre la Infalibilidad Bíblica (1978), porque fue el producto de una conferencia que representaba una amplia variedad de tradiciones evangélicas, y porque se ha ganado amplia aceptación como una valiosa norma doctrinal relativa a un tema de reciente y actual controversia en la iglesia.

Debido a limitaciones de espacio, fui capaz de incluir solo una de las muy extensas confesiones de fe que surgieron de la Reforma, y escogí la Confesión de Fe de Westminster, que representa una posición doctrinal muy próxima a la posición de este libro. Esto significa que no tuve espacio para incluir cualquiera de las dos grandes confesiones luteranas, la Confesión de Augsburgo (1530) o la Fórmula de Concord (1576).[1]

Los estudiantes que se tomen el tiempo para leer estos credos acuciosamente encontrarán que éstos proveen excelentes sumarios de las enseñanzas doctrinales de la Escritura.

Estos credos comienzan en las siguientes páginas de este apéndice:

---

[1]Estas confesiones luteranas se pueden cómodamente encontrar en Phillip SCAF, *The Creeds of Christendom*, 3 vols. Grand Rapids: Baker, reimpresión de la edición de 1931), 3:3-73, 93-180.

El CREDO DE LOS APÓSTOLES
(siglos tercero-cuarto d.C.)

Creo en Dios Padre todopoderoso, Creador del cielo y de la tierra. Creo en Jesucristo, su único Hijo, nuestro Señor; que fue concebido por obra y gracia del Espíritu Santo,[2] nació de la María Virgen; padeció bajo el poder de Poncio Pilato, fue crucificado, muerto y sepultado;[3] al tercer día resucitó de entre los muertos; subió a los cielos y está sentado a la Diestra de Dios Padre; desde allí ha de venir a juzgar a los vivos y a los muertos. Creo en el Espíritu Santo; la Santa Iglesia católica, la comunión de los santos; el perdón de los pecados; la resurrección del cuerpo; y la vida eterna. Amén.

★ ★ ★

EL CREDO NICENO
(325 d.C.; revisado en Constantinopla 381 d.C.)

Creo en un solo Dios Padre Todopoderoso; Creador del cielo y de la tierra, y de todas las cosas visibles e invisibles; Y en un solo Señor Jesucristo, Hijo Unigénito de Dios, engendrado del Padre antes de todos los siglos, Dios de Dios, Luz de Luz, verdadero Dios de Dios verdadero, engendrado, no hecho, consubstancial con el Padre; por el cual todas las cosas fueron hechas; El cual, por amor a nosotros y por nuestra salud descendió del cielo, y tomando nuestra carne de la virgen María, por el Espíritu Santo, fue hecho hombre, y fue crucificado por nosotros bajo el poder de Poncio Pilatos, padeció, y fue sepultado; y al tercer día resucitó según las Escrituras, subió a los cielos y está sentado a la diestra de Dios Padre. Y vendrá otra vez con gloria a juzgar a los vivos y a los muertos; y su reino no tendrá fin.

Y creo en el Espíritu Santo, Señor y Dador de vida, procedente del Padre y del Hijo,[4] el cual con el Padre y el Hijo juntamente es adorado y glorificado; que habló por los profetas. Y creo en una santa Iglesia Católica y Apostólica. Confieso un Bautismo para remisión de pecados, y espero la resurrección de los muertos, y la vida del Siglo venidero. Amén.

★ ★ ★

EL CREDO DE CALCEDONIA
(451 d.C.)

Nosotros, entonces, siguiendo a los santos Padres, todos de común consentimiento, enseñamos a los hombres a confesar a Uno y el mismo Hijo, nuestro Señor Jesucristo, el mismo perfecto en Deidad y también perfecto en humanidad; verdadero Dios y verdadero hombre, de cuerpo y alma racional; consustancial

---

[2]En la versión inglesa de los credos antiguos he utilizado la traducción moderna «Espíritu Santo» *Holy Spirit* en lugar del nombre arcaico «Aparición Divina» *Holy Ghost*. (Pero no he hecho ese cambio en la Confesión de Westminster, cuya terminología todavía se usa hoy y que a veces emplea «*Holy Ghost*»).

[3]No he incluido la frase, «descendió a los infiernos», porque no aparece en las versiones más antiguas del Credo de los Apóstoles, y por dificultades doctrinales asociadas con ella. (Vea una discusión ulterior en el capítulo 27, pp. 615-24).

[4]La frase "y del Hijo" se añadió después del Concilio de Constantinopla en 381 pero se incluye por lo común en el texto del Credo Niceno como lo usan las iglesias Católica y Protestante hoy en día. La frase no se incluye en el texto utilizado por las iglesias Ortodoxas. (Vea una discusión en el capítulo 14, pp. 255-56) La frase "Dios de Dios" no estaba en la versión de 381 pero sí está en la versión de 325 y se incluye por lo común hoy en día.

(coesencial) con el Padre de acuerdo a la Deidad, y consustancial con nosotros de acuerdo a la Humanidad; en todas las cosas como nosotros, sin pecado; engendrado del Padre antes de todas las edades, de acuerdo a la Deidad; y en estos postreros días, para nosotros, y por nuestra salvación, nacido de la virgen María, de acuerdo a la Humanidad; uno y el mismo, Cristo, Hijo, Señor, Unigénito, para ser reconocido en dos naturalezas, inconfundibles, incambiables, indivisibles, inseparables; por ningún medio la distinción de naturalezas desaparece por la unión, más bien es preservada la propiedad de cada naturaleza y concurrentes en una Persona y una Sustancia, no partida ni dividida en dos personas, sino uno y el mismo Hijo, y Unigénito, Dios, la Palabra, el Señor Jesucristo; como los profetas desde el principio lo han declarado con respecto a Él, y como el Señor Jesucristo mismo nos lo ha enseñado, y el Credo de los Santos Padres que nos ha sido dado.

⋆   ⋆   ⋆

EL CREDO ATANASIANO
(siglos cuarto-quinto d.C.)

1. Todo aquel que ha de ser salvo, antes de todas las cosas es necesario que practique la fe católica.
2. Tal fe la cuál excepto todos la observen completa y sin mácula, sin duda ha de perecer eternamente.
3. Y la fe católica es esta: Que adoramos a un Dios Trino, Una Trinidad en Unidad,
4. No confundiendo las personas, ni dividiendo la sustancia [esencia].
5. Porque Una es la Persona del Padre, Otra la del Hijo, y Otra la del Espíritu Santo.
6. Pero la Divinidad del Padre, la del Hijo, y la del Espíritu Santo, es todo una, la Gloria igual, la Majestad co-eterna.
7. Tal como el Padre es, así es el Hijo, y así es el Espíritu Santo.
8. El Padre no es creado, el Hijo no es creado, y el Espíritu Santo no es Creado.
9. El Padre incomprensible [ilimitado], el Hijo incomprensible [ilimitado], y el Espíritu Santo incomprensible [ilimitado].
10. El Padre es eterno, el Hijo es eterno, y el Espíritu Santo es Eterno.
11. Y ellos no son tres eternos, pero Un Eterno.
12. Como tampoco existen tres incomprensibles [ilimitados], ni tres no creados, pero si uno no creado, y uno incomprensible.
13. Por lo que de la misma manera el Padre es Todopoderoso, el Hijo es Todopoderoso, y el Espíritu Santo es Todopoderoso.
14. Y tampoco son tres Todopoderosos, pero un Todopoderoso.
15. Por lo tanto, el Padre es Dios, El Hijo es Dios, y el Espíritu Santo es Dios.
16. Y tampoco existen tres dioses, pero un solo Dios.
17. Por lo tanto, de igual manera el Padre es Señor, el Hijo es Señor, y el Espíritu Santo es Señor.
18. Y tampoco existen tres Señores, pero un solo Señor.
19. Y así como estamos obligados por la verdad cristiana a reconocer a cada persona por sí misma como Dios y Señor, la religión católica nos prohíbe decir que hay tres Dioses, o tres Señores.
21. El Padre no es ni creado ni engendrado.
22. El Hijo es el único del Padre, no hecho, ni creado, pero engendrado.
23. El Espíritu Santo es del Padre y del Hijo, no es hecho, ni creado, ni engendrado, pero procedente.

24. Por lo tanto, existe un Padre, no tres Padres, un Hijo, no tres Hijos, un Espíritu Santo, no tres Espíritus Santos.

25. Y en esta Trinidad ninguno es antes del otro, o después del otro; ninguno es más grande, o menor que otro.

26. Pero las tres Personas completas son co-eternas juntas y co-iguales.

27. Por lo tanto en todas estas cosas, como ya ha sido mencionado, La Unidad en Trinidad y la Trinidad en Unidad debe ser Adorada.

28. Por lo que aquel que será salvo, debe pensar en la Trinidad.

29. Tanto más, es necesario para la salvación eterna que también se crea correctamente en la encarnación de nuestro Señor Jesucristo.

30. Porque la verdadera fe es, lo que creemos y confesamos, que nuestro Señor Jesucristo, el Hijo de Dios, es Dios y Hombre;

31. Dios, en la sustancia [esencia] del Padre, engendrado antes de los (mundo(s); y hombre, en la sustancia [esencia] de su Madre, nacido en el mundo;

32. Perfecto Dios y perfecto Hombre, de un alma razonable y subsistiendo en carne humana;

33. Igual al Padre, en lo concerniente a su Divinidad; e inferior al Padre, en lo concerniente a su Humanidad.

34. Quién aunque siendo Dios y Hombre, aún así el no es dos, pero un Cristo;

35. Uno, no por la conversión de la Divinidad en carne, pero por tomar la asunción de humanidad sobre Dios;

36. Uno en todo, no por la confusión de sustancia [esencia], pero por la unidad de Persona.

37. Por lo que el alma razonable y la carne son un hombre, así Dios y Hombre es un Cristo.

38. Quién sufrió por nuestra salvación, descendió al infierno [Hades, mundo de los Espíritus], se levantó otra vez al tercer día de entre los muertos.

39. Ascendió al cielo, se sentó a la diestra del Padre, Dios [Dios el Padre] Todopoderoso,

40. De donde vendrá a juzgar a los vivos y los muertos.

41. Y a su venida todos los hombres se levantarán con sus cuerpos,

42. Y darán cuenta por sus obras.

43. Y los que hicieron lo bueno irán a la vida eterna, y los que hicieron lo malo a fuego eterno.

44. Esta es la fe católica, la que excepto un hombre crea fielmente [verdadera y firmemente], no puede ser salvo.

★ ★ ★

ARTÍCULOS DE LA RELIGIÓN (Treinta y Nueve Artículos)
(1571: Iglesia de Inglaterra)

I. DE LA FE EN LA SANTÍSIMA TRINIDAD

Hay un solo Dios vivo y verdadero, eterno, sin cuerpo, partes o pasiones; de infinito poder, sabiduría y bondad; el Creador y Conservador de todas las cosas, así visibles como invisibles. Y en la unidad de esta Naturaleza Divina hay Tres Personas de una misma sustancia, poder y eternidad; el Padre, el Hijo y el Espíritu Santo.

II. DEL VERBO, O DEL HIJO DE DIOS, QUE FUE HECHO VERDADERO HOMBRE.

El Hijo que es el Verbo del Padre, engendrado del Padre desde la eternidad, el verdadero y eterno Dios, consustancial al Padre, tomó la naturaleza Humana en el seno de la Bienaventurada Virgen, de su sustancia; de modo que las dos naturalezas enteras y perfectas, esto es, Divina y Humana, se unieron juntamente en una Persona, para no ser jamás separadas, de lo que resultó un solo Cristo, verdadero Dios y verdadero Hombre; que verdaderamente padeció, fue crucificado, muerto y sepultado, para reconciliarnos con su Padre, y para ser sacrificio, no solamente por la culpa original, sino también por todos los pecados actuales de los hombres.

III. DEL DESCENSO DE CRISTO A LOS INFIERNOS.

Como Cristo murió por nosotros, y fue sepultado, también debemos creer que descendió a los Infiernos.

IV. DE LA RESURRECCIÓN DE CRISTO.

Cristo resucitó verdaderamente de entre los muertos, y tomó de nuevo su cuerpo, con carne, huesos y todas las cosas que pertenecen a la integridad de la naturaleza humana; la que subió al Cielo, y allí está sentado, hasta que vuelva a juzgar a todos lo Hombres en el último día.

V. DEL ESPÍRITU SANTO.

El Espíritu Santo, procede del Padre y del Hijo, es de una misma sustancia, Majestad, y Gloria, con el Padre, y con el Hijo, Verdadero y Eterno Dios.

VI. DE LA SUFICIENCIA DE LAS SAGRADAS ESCRITURAS PARA LA SALVACIÓN.

La Escritura Santa contiene todas las cosas necesarias para la Salvación: de modo que cualquiera cosa que no se lee en ellas, ni con ellas se prueba, no debe exigirse de hombre alguno que la crea como artículo de Fe, ni debe ser tenida por requisito necesario para la Salvación. Bajo el nombre de Escritura Santa entendemos aquellos Libros Canónicos del Antiguo y Nuevo Testamento. De cuya autoridad nunca hubo duda alguna en la Iglesia.

DE LOS NOMBRES Y NÚMEROS DE LOS LIBROS CANÓNICOS.

Génesis,	El primer libro de Crónicas
Éxodo,	El segundo libro de Crónicas,
Levítico,	El primer libro de Esdras
Números,	El segundo libro de Esdras,
Deuteronomio,	El libro de Ester,
Josué,	El libro de Job,
Jueces,	Los Salmos,
El primer libro de Samuel,	Eclesiastés, o el Predicador
El segundo libro de Samuel,	Cantares, o Canción de Salomón
El primer libro de Reyes,	Cuatro profetas mayores
El segundo libro de Reyes,	Doce profetas menores

Los otros Libros los lee la Iglesia para ejemplo de vida e instrucción de las costumbres; mas ella, no obstante no los aplica para establecer doctrina alguna; y tales son los siguientes:

El tercer libro de Esdras,	Baruc el Profeta,
El cuarto libro de Esdras,	Mancebos,
El libro de Tobías,	La historia de Susana,
El libro de Judit,	Bel y el Dragón.
El resto de libro de Ester,	La oración de Manasés,
El libro de Sabiduría,	El primer libro de Macabéos,
Jesús el Hijo de Sirac,	El segundo libro de Macabéos.

Recibimos y contamos por Canónicos todos los Libros del Nuevo Testamento, según son recibidos comúnmente.

VII. DEL ANTIGUO TESTAMENTO.

El Antiguo Testamento no es contrario al Nuevo; puesto que en ambos, Antiguo y Nuevo, se ofrece vida eterna al género humano por Cristo, que es el solo Mediador entre Dios y el hombre, siendo Él, Dios y Hombre. Por lo cual no deben escucharse los que se imaginan que los antiguos Patriarcas solamente tenían su esperanza puesta en promesas temporales. Aunque la Ley de Dios dada por medio de Moisés, en lo tocante a Ceremonias y Ritos no obliga a los Cristianos, ni deben necesariamente recibirse sus preceptos Civiles en ningún Estado, no obstante, no hay Cristiano alguno que esté exento de la obediencia a los Mandamientos que se llaman Morales.

VIII. DE LOS CREDOS.

El Credo Niceno y el comúnmente llamado de los Apóstoles, deben recibirse y creerse enteramente, porque pueden probarse con los testimonios de las Santas Escrituras.

IX. DEL PECADO ORIGINAL O DE NACIMIENTO.

El Pecado Original no consiste como vanamente propalan los Pelagianos, en la imitación de Adán, sino que es el vicio y corrupción de la Naturaleza de todo hombre que es engendrado naturalmente de la estirpe de Adán; por esto el hombre dista muchísimo de la justicia original, y es por su misma naturaleza inclinado al mal, de suerte que la carne codicia siempre contra el espíritu; y por lo tanto el pecado original en toda persona que nace en este mundo, merece la ira y la condenación de Dios. Esta infección de la naturaleza permanece también en los que son regenerados; por lo cual la concupiscencia de la carne (llamada en griego *phronema sarkos*), que unos interpretan la sabiduría, otros la sensualidad, algunos afección, y otros el deseo de la carne) no se sujeta a la Ley de Dios. Y aunque no hay condenación alguna para los que creen y son bautizados, todavía el Apóstol confiesa que la concupiscencia y mala inclinación tienen de sí misma naturaleza de pecado.

X. DEL LIBRE ALBEDRÍO.

La condición del Hombre después de la caída de Adán es tal, que ni puede convertirse, ni prepararse con su fuerza natural y buenas obras, a la Fe e Invocación de

Dios. Por lo tanto no tenemos poder para hacer buenas obras gratas y aceptables a Dios, sin que la Gracia de Dios por Cristo nos prevenga, para que tengamos buena voluntad, y obre con nosotros, cuando tenemos esa buena voluntad.

XI. DE LA JUSTIFICACIÓN DEL HOMBRE.

Somos reputados justos delante de Dios solamente por el mérito de nuestro Señor y Salvador Jesucristo, por la Fe, y no por nuestras obras o merecimientos. Por lo cual, que nosotros somos justificados por la Fe solamente, es Doctrina muy saludable y muy llena de consuelo, como mas ampliamente se expresa en la Homilía de la Justificación.

XII. DE LAS BUENAS OBRAS.

Aunque las Buenas Obras, que son fruto de la Fe y siguen a la Justificación, no puedan expiar nuestros pecados, ni soportar la severidad del Juicio Divino; son, no obstante, agradables y aceptas a Dios en Cristo y nacen necesariamente de una verdadera viva Fe; de manera que por ellas puede conocerse la Fe viva tan evidentemente, como se juzga del árbol por su fruto.

XIII. DE LAS OBRAS ANTES DE LA JUSTIFICACIÓN.

Las obras hechas antes de la gracia de Cristo, y de la Inspiración de su Espíritu, no son agradables a Dios, porque no nacen de la Fe en Jesucristo, ni hacen a los hombres dignos de recibir la Gracia, ni (en lenguaje escolástico) merecen de congruo la Gracia; antes bien porque no son hechas como Dios ha querido y mandado que se hagan, no dudamos que tengan naturaleza de pecado.

XIV. DE LAS OBRAS DE SUPEREROGACIÓN

Obras voluntarias no comprendidas en los Mandamientos Divinos, llamadas Obras de Supererogación, no pueden enseñarse sin arrogancia e impiedad; porque por ellas declaran los hombres que no solamente rinden a Dios todo cuanto están obligados a hacer, sino que por su causa hacen más de lo que por deber riguroso les es requerido; siendo así que Cristo claramente dice; cuando hubiereis hecho todas las cosas que os están mandadas, decid: Siervos inútiles somos.

XV. DE CRISTO, EL ÚNICO SIN PECADO.

Cristo en la realidad de nuestra naturaleza fue hecho semejante a nosotros en todas las cosas, excepto en el pecado, del cual fue enteramente exento tanto en su carne, como en su Espíritu. Vino para ser el Cordero sin mancha, que por el sacrificio de sí mismo una vez hecho, quitase los pecados del mundo. Y no hubo pecado en Él, como dice San Juan. Pero nosotros los demás hombres, aunque bautizados, y nacidos de nuevo en Cristo, con todo eso ofendemos en muchas cosas y; si decimos que no tenemos pecado nos engañamos a nosotros mismos, y la verdad no está en nosotros.

XVI. DEL PECADO DESPUÉS DEL BAUTISMO.

No todo pecado mortal, voluntariamente cometido después del Bautismo, es pecado contra el Espíritu Santo, e irremisible. Por lo cual a los caídos en pecado después del Bautismo no debe negarse la gracia del arrepentimiento. Después de haber recibido el Espíritu Santo, nos podemos apartar de la gracia recibida, y caer en pecado, y por la Gracia de Dios de nuevo levantarnos y enmendar nuestras vidas. Y por lo tanto debe condenarse a los que dicen, que ya no pueden volver a pecar mientras vivan, o niegan el poder ser perdonados a los que verdaderamente se arrepientan.

XVII. DE LA PREDESTINACIÓN Y ELECCIÓN.

La Predestinación a la Vida es el eterno Propósito de Dios, (antes que fuesen echados los cimientos de Mundo), quien por su invariable consejo, a nosotros oculto, decretó librar de maldición y condenación a los que eligió en Cristo de entre todos los hombres, y conducirles por Cristo a la Salvación eterna, como a vasos hechos para honor. Por lo cual, los que son agraciados con un beneficio tan excelente de Dios, son llamados según el propósito por su Espíritu que obra en debido tiempo: por la Gracia obedecen a la vocación; son justificados gratuitamente; son hechos hijos de Dios por Adopción, son Hechos conforme a la imagen de su Unigénito Hijo Jesucristo; viven religiosamente en buenas obras, y finalmente llegan por la misericordia de Dios a la eterna felicidad.

Como la consideración piadosa de la Predestinación y de nuestra Elección en Cristo, está llena de un dulce, suave e inefable consuelo para las personas piadosas, y que sienten en sí mismas la operación del Espíritu de Cristo, que va mortificando las obras de la carne y sus miembros mortales, y levantando su ánimo a las cosas elevadas y celestiales, no solo porque establece y confirma grandemente su fe en la Salvación eterna que han de gozar por medio de Cristo, sino por que enciende fervientemente su amor hacia Dios; y así, para las personas curiosas y carnales, destituidas del Espíritu de Cristo, el tener continuamente delante de sus ojos la sentencia de la predestinación Divina, es un precipicio muy peligroso, por el cual el diablo les impele a la desesperación, o al abandono a la vida más impura, no menos peligrosa que la desesperación. Además debemos recibir las promesas de Dios del modo que nos son generalmente propuestas en la Escritura Santa; y en nuestros hechos seguir aquella Divina Voluntad, que tenemos expresamente declarada en la Palabra de Dios.

XVIII. DE OBTENER LA SALVACIÓN ETERNA SOLAMENTE POR EL NOMBRE DE CRISTO.

Deben asimismo ser anatematizados los que se atreven decir, que todo hombre será salvo por la Ley o la Secta que profesa, con tal que sea diligente en conformar su vida con aquella Ley, y con la Luz de la Naturaleza. Porque la Escritura Santa nos propone sola- mente el Nombre de Jesucristo, por medio del cual únicamente han de salvarse los hombres.

XIX. DE LA IGLESIA.

La Iglesia visible de Cristo es una Congregación de hombres fieles, en la cual se predica la pura Palabra de Dios, y se administran debidamente los Sacramentos conforme a la institución de Cristo, en todas las cosas que por necesidad se requieren para los mismos.

Como la Iglesia de Jerusalén de Alejandría y de Antioquía erraron, así también ha errado la Iglesia de Roma, no solo en cuanto a la vida y las Ceremonias, sino también en materias de Fe.

XX. DE LA AUTORIDAD DE LA IGLESIA.

La Iglesia tiene poder para decretar Ritos o Ceremonias y autoridad en las controversias de Fe; Sin embargo, no es lícito a la Iglesia ordenar cosa alguna contraria a la Palabra Divina escrita, ni puede exponer un lugar de la Escritura de modo que contradiga a otro. Por lo cual, aunque la Iglesia sea Testigo y Custodio de los Libros Santos, sin embargo, así como no es lícito decretar nada contra ellos, igualmente no debe presentar cosa alguna que no se halle en ellos, para que sea creída como de necesidad para la salvación.

XXI. DE LA AUTORIDAD DE LOS CONCILIOS GENERALES.

[El Artículo Vigésimo primero de los Artículos antiguos se omite por tener una naturaleza local y civil, y se sustituye en las demás partes, de los otros Artículos.]

XXII. DEL PURGATORIO.

La doctrina Romana concerniente al Purgatorio, Indulgencias, Veneración y Adoración, así de Imágenes como de Reliquias, y la Invocación de los Santos, es una cosa tan fútil como vanamente inventada, que no se funda sobre ningún testimonio de las Escrituras, antes bien repugna a la Palabra de Dios.

XXIII. DEL MINISTERIO EN LA CONGREGACIÓN.

No es lícito a hombre alguno tomar sobre sí el oficio de la Predicación pública, o de la Administración de los Sacramentos en la Congregación, sin ser antes legítimamente llamado, y enviado a ejecutarlo. Y a estos debemos juzgarlos legalmente escogidos y llamados a esa obra por los hombres que tienen autoridad pública, concedida en la Congregación, para llamar y enviar Ministros a la Viña del Señor.

XXIV. DEL LENGUAJE EN LA CONGREGACIÓN EN UN IDIOMA QUE ENTIENDA EL PUEBLO.

El Decir Oraciones públicas en la Iglesia, o administrar los Sacramentos en lengua que el pueblo no entiende, es una cosa claramente repugnante a la Palabra de Dios y a la costumbre de la Iglesia primitiva.

XXV. DE LOS SACRAMENTOS.

Los Sacramentos instituidos por Cristo, no solamente son señales de la Profesión de los Cristianos, sino más bien unos testimonios ciertos, y signos eficaces de la gracia y buena voluntad de Dios hacia nosotros por los cuales obra Él invisiblemente en nosotros y no solo aviva, mas también fortalece y confirma nuestra fe en Él.

Dos son los Sacramentos ordenados por nuestro Señor Jesucristo en el Evangelio, a saber, el Bautismo y la Cena del Señor.

Los otros cinco que comúnmente se llaman Sacramentos; la Confirmación, la Penitencia, las Órdenes, el Matrimonio, y la Extremaunción, no deben reputarse como Sacramentos del Evangelio, habiendo emanado, en parte, de una imitación pervertida de los Apóstoles, y en parte son estados de la vida aprobados en las Escrituras; pero que no tienen la esencia de Sacramentos, semejante al Bautismo y a la Cena del Señor, por que carecen de signo alguno visible, o ceremonia ordenada de Dios.

Los Sacramentos no fueron instituidos por Cristo para ser contemplados, o llevados en procesión, sino para que hagamos debidamente uso de ellos. Y sólo en aquellos que los reciben dignamente producen ellos el efecto saludable, pero los que indignamente los reciben, se adquieren para sí mismos, como dice San Pablo, condenación.

XXVI. QUE LA INDIGNIDAD DE LOS MINISTROS NO IMPIDE EL EFECTO DE LOS SACRAMENTOS.

Aunque en la Iglesia visible los malos están siempre mezclados con los buenos, y algunas veces los malos obtienen autoridad superior en el Ministerio de la Palabra y de los Sacramentos, no obstante, como no lo hacen en su propio nombre, sino en el de Cristo, ni ministran por medio de su comisión y autoridad; aprovechamos su ministerio, oyendo la Palabra de Dios y recibiendo los Sacramentos. Ni el efecto de la Institución de Cristo se frustra por su iniquidad, ni la gracia de los dones divinos se disminuye con respecto a los que rectamente y con Fe reciben los Sacramentos que se les ministran; los que son eficaces, aunque sean ministrados por los malos, a causa de la institución y promesa de Cristo.

Pertenece, empero, a la disciplina de la Iglesia el que se inquiera sobre los malos Ministros, que sean acusados por los que tengan conocimiento de sus crímenes; y que hallados finalmente culpables, sean depuestos por sentencia justa.

XXVII. DEL BAUTISMO.

El Bautismo no es solamente un signo de la profesión y una nota de distinción, por la que se identifican los Cristianos de los no bautizados; sino también es un signo de la Regeneración o Renacimiento, por el cual, como por instrumento, los que reciben rectamente el Bautismo son injertos en la Iglesia; las promesas de la remisión de los pecados, y la de nuestra Adopción como Hijos de Dios por medio del Espíritu Santo, son visiblemente señaladas y selladas; la Fe es confirmada, y la Gracia, por virtud de la oración a Dios, aumentada. El Bautismo de los niños, como más conforme con la institución de Cristo, debe conservarse enteramente en la Iglesia.

XXVIII. DE LA CENA DEL SEÑOR.

La Cena del Señor no es solamente signo del amor mutuo de los Cristianos entre sí; sino más bien un Sacramento de nuestra Redención por la muerte de Cristo; de modo que para los que recta, dignamente y con Fe la reciben, el Pan que partimos es participación del Cuerpo de Cristo; y del mismo modo la Copa de Bendición es participación de la Sangre de Cristo.

La Transustanciación (o el cambio de la sustancia del Pan y del Vino), en la Cena del Señor, no puede probarse por las Santas Escrituras; antes bien repugna a las palabras terminantes de los Libros Sagrados, trastorna la naturaleza del Sacramento, y ha dado ocasión a muchas supersticiones.

El Cuerpo de Cristo se da, se toma, y se come en la Cena de un modo celestial y espiritual únicamente; y el medio por el cual el Cuerpo de Cristo se recibe y se come en la Cena, es la Fe. El Sacramento de la Cena del Señor ni se reservaba, ni se llevaba en procesión, ni se elevaba, ni se adoraba, en virtud de mandamiento de Cristo.

XXIX. DE LOS IMPÍOS; QUE NO COMEN EL CUERPO DE CRISTO AL PARTICIPAR DE LA CENA DEL SEÑOR.

Los Impíos, y los que no tienen Fe viva, aunque compriman carnal y visiblemente con sus dientes, como dice San Agustín, el Sacramento del Cuerpo y de la Sangre de Cristo, no por eso son en manera alguna participantes de Cristo; antes bien, comen y beben para su condenación el Signo o Sacramento de una cosa tan importante.

XXX. DE LAS DOS ESPECIES.

El Cáliz del Señor no debe negarse a los laicos; puesto que ambas partes del Sacramento del Señor, debe ministrarse igualmente a todos los Cristianos por ordenanza y mandato de Cristo.

XXXI. DE LA ÚNICA OBLACIÓN DE CRISTO CONSUMADA EN LA CRUZ.

La Oblación de Cristo una vez hecha, es la perfecta Redención, Propiciación y Satisfacción por todos lo pecados de todo el mundo, así originales como actuales; y ninguna otra Satisfacción hay por los pecados, sino ésta únicamente. Y así los Sacrificios de las misas, en los que se dice comúnmente que el Presbítero ofrece a Cristo en remisión de la pena o culpa por los vivos y por los muertos, son fábulas blasfemas, y engaños peligrosos.

XXXII. DEL MATRIMONIO DE LOS PRESBÍTEROS.

Ningún precepto de la Ley Divina manda a los Obispos, Presbíteros y Diáconos vivir en el estado del Celibato, o abstenerse del Matrimonio; es lícito, lo mismo que a los demás Cristianos, contraer a su discreción el estado del Matrimonio, si creyeren que así les conviene mejor para la piedad.

XXXIII. COMO DEBEN EVITARSE LAS PERSONAS EXCOMULGADAS.

La persona que, por una denuncia pública de la Iglesia, se ha separado de la Unidad de la misma y ha sido debidamente excomulgada, se debe considerar por todos lo fieles como si fuese un Pagano y un Publicano, mientras que por medio del arrepentimiento no se reconcilie públicamente con la Iglesia y sea recibida por un Juez debidamente autorizado.

XXXIV. DE LAS TRADICIONES DE LA IGLESIA.

No es necesario que las Tradiciones y Ceremonias sean en todo lugar las mismas o totalmente parecidas; porque en todos los tiempos fueron diversas, y pueden mudarse según la diversidad de países, tiempos y costumbres, con tal que en ellas nada se establezca contrario a la Palabra de Dios.

Cualquiera que por su juicio privado voluntariamente y de intento quebranta manifiesta-mente las Tradiciones y Ceremonias de la Iglesia, que no son contrarias a la Palabra de Dios, y que están ordenadas y aprobadas por la Autoridad pública, debe para que teman otros hacer lo mismo, ser públicamente reprendido como perturbador del orden común de la Iglesia, como ofensor de la autoridad del Magistrado, y como quien vulnera las conciencias de los hermanos débiles.

Toda Iglesia particular o nacional tiene facultad para instituir, mudar abrogar las ceremonias o ritos eclesiásticos instituidos únicamente por la autoridad humana, con tal que todo se haga para edificación.

XXXV. DE LAS HOMILÍAS.

El segundo Tomo de las Homilías, cuyos títulos hemos reunido al pie de este Artículo, contiene una Doctrina piadosa, saludable y necesaria para estos tiempos, e igualmente, el primer Tomo de las Homilías publicadas en tiempo de Eduardo Sexto; y por lo tanto juzgamos que deben ser leídas por los Ministros clara y diligentemente en las Iglesias, para que el Pueblo las entienda.

NOMBRES DE LAS HOMILÍAS

1. Del recto uso de la Iglesia.
2. Contra el peligro de la Idolatría.
3. De la reparación, y aseo de las Iglesias.
4. De las buenas obras; y del Ayuno en primer lugar.
5. Contra la Glotonería, y Embriaguez.
6. Contra el Lujo excesivo de Vestido.
7. De la Oración. 8. Del Lugar y Tiempo de la Oración.
9. Que las oraciones Comunes y los Sacramentos deben celebrarse, y administrase en lengua conocida.
10. De la respetuosa veneración de la Palabra de Dios.
11. Del hacer limosnas.
12. De la Natividad de Cristo.
13. De la Pasión de Cristo.
14. De la Resurrección de Cristo.
15. De la digna Recepción del Sacramento del Cuerpo y de la Sangre de Cristo.
16. De los Dones del Espíritu Santo.
17. Para los días de Rogativa.
18. Del Estado de Matrimonio.
19. Del Arrepentimiento.
20. Contra la Ociosidad.
21. Contra la Rebelión.

XXXVI. DE LA CONSAGRACIÓN DE LOS OBISPOS Y MINISTROS.

El Libro de la consagración de los Obispos, y de la ordenación de los Presbíteros y Diáconos, según está declarado por la Convención General de esta Iglesia en 1792, contiene todas las cosas necesarias a tal Consagración y Ordenación, no contiene cosa alguna que sea en sí supersticiosa o impía. Y, por tanto, cualquiera que sea consagrado u ordenado según dicha Forma, decretamos que está justa, regular y legalmente consagrado y ordenado.

XXXVII. DEL PODER DE LOS MAGISTRADOS CIVILES.

El Poder del Magistrado Civil se extiende a todos los hombres, clérigos y laicos, en todas las cosas temporales; mas no tiene autoridad alguna en las cosas puramente espirituales. Y mantenemos que es el deber de todos los hombres que profesan el Evangelio, obedecer respetuosamente a la autoridad civil regular y legalmente constituida.

XXXVIII. QUE LOS BIENES DE LOS CRISTIANOS NO SON COMUNES.

Las riquezas y los bienes de los Cristianos no son comunes en cuanto al derecho, título y posesión, como falsamente se jactan ciertos Anabaptistas.

Pero todos deben dar liberalmente limosnas a los pobres de lo que poseen y según sus posibilidades.

XXXIX. DEL JURAMENTO DEL CRISTIANO.

Así como confesamos estar prohibido a los Cristianos por nuestro Señor Jesucristo, y por su Apóstol Santiago, el juramento vano y temerario; también juzgamos que la Religión Cristiana de ningún modo prohíbe que uno jure cuando lo exige el Magistrado en causa de Fe y Caridad, con tal que esto se haga según la doctrina del Profeta, en Justicia, en Juicio, y en Verdad.

★   ★   ★

LA CONFESIÓN DE FE DE WESTMINSTER
(1643-46)

CAPÍTULO 1: LAS SANTAS ESCRITURAS

1. Aunque la luz de la naturaleza y las obras de creación y de providencia manifiestan la bondad, sabiduría y poder de Dios, de tal manera que los hombres quedan sin excusa, sin embargo, no son suficientes para dar aquel conocimiento de Dios y de su voluntad que es necesario para la salvación; por lo que le plugo a Dios en varios tiempos y de diversas maneras revelarse a sí mismo y declarar su voluntad a su Iglesia; y además para conservar y propagar mejor la verdad y para mayor consuelo y establecimiento de la Iglesia contra la corrupción de la carne, malicia de Satanás y del mundo, le plugo dejar esa revelación por escrito, por todo lo cual las Santas Escrituras son muy necesarias y tanto más cuanto que han cesado ya los modos anteriores por los cuales Dios reveló su voluntad a su pueblo.

2. Bajo el titulo de «Santas Escrituras» o la Palabra de Dios escrita, se contienen todos los libros del Antiguo y Nuevo Testamento, y los cuales son como sigue:

ANTIGUO TESTAMENTO

Génesis	2 Crónicas	Daniel
Éxodo	Esdras	Oseas
Levítico	Nehemías	Joel
Números	Ester	Amós
Deuteronomio	Job 31	Abdías
Josué	Salmos	Jonás
Jueces	Proverbios	Miqueas
Rut	Eclesiastés	Nahum
1 Samuel	Cantar de los cantares	Habacuc
2 Samuel	Isaías	Sofonías
1 Reyes	Jeremías	Hageo
2 Reyes	Lamentaciones	Zacarías
1 Crónicas	Ezequiel	Malaquías

NUEVO TESTAMENTO

Mateo	Efesios	Hebreos
Marcos	Filipenses	Santiago
Lucas	Colosenses	1 Pedro
Juan	1 Tesalonicenses	2 Pedro
Hechos	2 Tesalonicenses 23).	1 Juan
Romanos	1 Timoteo 24)	2 Juan
1 Corintios	2 Timoteo 25)	3Juan
2 Corintios	Tito	Judas
Gálatas	Filemón	Apocalipsis

Todos estos fueron dados por inspiración de Dios para que sean la regla de fe y de conducta.

3. Los libros comúnmente titulados Apócrifos, por no ser de inspiración divina, no deben formar parte del canon de las Santas Escrituras, y por lo tanto no son de

autoridad para la Iglesia de Dios, ni deben aceptarse ni usarse sino de la misma manera que otros escritos humanos.

4. La autoridad de la Santa Escritura, por la que ella deben ser creídas y obedecidas, no dependen del testimonio de ningún hombre o Iglesia, sino enteramente del de Dios (quien en sí mismo es la verdad), el autor de ellas; y deben ser creídas, porque son la Palabra de Dios.

5. El testimonio de la Iglesia puede movernos e inducirnos a tener para las Santas Escrituras una estimación alta y reverencial; a la vez que el carácter celestial del contenido de la Biblia, la eficacia de su doctrina, la majestad de su estilo, el consenso de todas sus partes, el fin que se propone alcanzar en todo el libro (que es el de dar toda gloria a Dios), el claro descubrimiento que hace el único modo por el cual puede alcanzar la salvación el hombre, la multitud incomparable de otras de sus excelencias y su entera perfección, son todos argumentos por los cuales la Biblia demuestra abundantemente que es la Palabra de Dios. Sin embargo, nuestra persuasión y completa seguridad de que su verdad es infalible y su autoridad divina, proviene de la obra del Espíritu Santo, quien da testimonio a nuestro corazón con la palabra divina y por medio de ella.

6. Todo el consejo de Dios tocante a todas las cosas necesarias para su propia gloria y para la salvación, fe y vida del hombre, esta expresamente expuesto en las Escrituras, o se puede deducir de ellas por buena y necesaria consecuencia, y, a esta revelación de su voluntad, nada será añadido, ni por nuevas revelaciones del Espíritu, ni por las tradiciones de los hombres. Sin embargo, confesamos que la iluminación interna del Espíritu de Dios es necesaria para que se entiendan de una manera salvadora las cosas reveladas en la Palabra, y que hay algunas circunstancias tocante al culto de Dios y al gobierno de la iglesia, comunes a las acciones y sociedades humanas, que deben arreglarse conforme a la luz de la naturaleza y de la prudencia cristiana, pero guardándose siempre las reglas generales de la Palabra.

7. Las cosas contenidas en las Escrituras, no todas son igualmente claras ni se entienden con la misma facilidad por todos; sin embargo, las cosas que necesariamente deben saberse, creerse y guardarse para conseguir la salvación, se proponen y declaran en uno u otro lugar de las Escrituras, de tal manera que no solo los eruditos, sino aun los que no lo son, pueden adquirir un conocimiento suficiente de tales cosas por el debido uso de los medios ordinarios.

8. El Antiguo Testamento es auténtico en el Hebreo, (que era el idioma común del pueblo de Dios antiguamente), y el Nuevo Testamento lo es en el Griego, (que en el tiempo en que fue escrito era el idioma más conocido entre las naciones), porque en aquellas lenguas fueron inspirados directamente por Dios, y guardados puros en todos los siglos por su cuidado y providencia especiales. Por esta razón debe apelarse finalmente a los originales en esos idiomas en toda controversia.

Como estos idiomas originales no se conocen por todo el pueblo de Dios, el cual tiene el derecho de poseer las Escrituras y gran interés en ellas, a las que según el mandamiento debe leer y escudriñar en el temor de Dios, se sigue que la Biblia debe traducirse a la lengua vulgar de toda nación a donde sea llevada para que morando abundantemente la Palabra de Dios en todos, puedan adorarlo de una manera aceptable, y para que por la paciencia y consolación de las Escrituras tengan esperanza.

9. La regla infalible para interpretar la Biblia, es la Biblia misma, y por tanto, cuando hay dificultad respecto al sentido verdadero y pleno de un pasaje cualquiera (cuyo significado no es múltiple, sino uno solo), este se puede buscar y establecer por otros pasajes que hablan con la misma claridad del asunto.

9. El juez Supremo por el cual deben decidirse todas las controversias religiosas, todos los decretos de los concilios, las opiniones de los hombres antiguos, las doctrinas de hombres y de espíritus privados, y en cuya sentencia debemos descansar, no es ningún otro más que el Espíritu Santo que habla en las Escrituras.

CAPÍTULO 2: DIOS Y LA SANTISIMA TRINIDAD

1. No hay sino un solo Dios, el único viviente y verdadero, quien es infinito en su ser y perfecciones, espíritu purísimo, invisible, sin cuerpo, miembros o pasiones, inmutable, inmenso, eterno, incomprensible, todopoderoso, sabio, santo, absoluto que hace todas las cosas según el consejo de su propia voluntad, que es inmutable y justísimo y para su propia gloria. También Dios es amoroso, benigno y misericordioso, longánimo, abundante en bondad y verdad, perdonando toda iniquidad, trasgresión y pecado, galardonador de todos los que le buscan con diligencia, y sobre todo muy justo y terrible en sus juicios, que odia todo pecado y que de ninguna manera dará por inocente al culpable.

2. Dios posee en sí mismo y por él mismo toda vida, gloria, bondad y bienaventuranza, es suficiente en todo, en sí mismo y respecto a sí mismo, no teniendo necesidad de ninguna de las criaturas que él ha hecho, ni derivando ninguna gloria de ellas sino que solamente manifiesta su propia gloria en ellas, por ellas, hacia ellas y sobre ellas. El es la única fuente de todo ser, de quien, por quien y para quien son todas las cosas, teniendo sobre ellas el más soberano dominio, y haciendo por ellas, para ellas, y sobre ellas toda voluntad. Todas las cosas están abiertas y manifiestas delante de su vista, su conocimiento es infinito, infalible e independiente de toda criatura, de modo que para él no hay ninguna cosa contingente o dudosa. Es santísimo en todos sus consejos, en todas sus obras y en todos sus mandatos. A él son debidos todo culto, adoración, servicio y obediencia que tenga a bien exigir de los ángeles, de los hombres y de toda criatura.

3. En la unidad de la Divinidad hay tres personas en una sustancia,
poder y eternidad: Dios Padre, Dios Hijo y Dios Espíritu Santo. El Padre no es de nadie, ni es engendrado, ni precedente de nadie; el Hijo es engendrado al eterno del Padre, y el Espíritu Santo procede eternamente del Padre y del Hijo.

CAPÍTULO 3: EL DECRETO ETERNO DE DIOS

1. Dios desde la eternidad, por el sabio y santo consejo de su voluntad, ordenó libre e inalterablemente todo lo que sucede. Sin embargo, lo hizo de tal manera, que Dios ni es autor del pecado, ni hace violencia al libre albedrío de sus criaturas, ni quita la libertad ni contingencia de las causas secundarias, sino más bien las establece.

2. Aunque Dios sabe todo lo que puede suceder en cada clase de condición o contingencia que se puede suponer, sin embargo, nada decretó porque lo preveía como porvenir o como cosa que sucedería en circunstancias dadas.

3. Por el decreto de Dios y para la manifestación de su propia gloria, algunos hombres y ángeles, son predestinados a vida eterna, y otros preordenados a muerte eterna.

4. Estos hombres y ángeles así predestinados y preordenados, están designados particular e inalterablemente, y su numero es tan cierto y definido que ni se puede aumentar ni disminuir.

5. A aquellos que Dios ha predestinados para vida desde antes que fuesen puestos los fundamentos del mundo, conforme a su eterno e inmutable propósito y al consejo y beneplácito secreto de su propia voluntad, los ha escogidos en Cristo para la gloria eterna, mas esto por su libre gracia y puro amor, sin la previsión de la fe o buenas obras, de la perseverancia en ellas o de cualquiera otra cosa en la criatura como condición o causa que le mueva a ello, y lo ha hecho todo para alabanza de su gracia gloriosa.

6. Así como Dios ha designado a los elegidos para gloria, de la misma manera, por el propósito libre y eterno de su voluntad, ha preordenado también los medios para ello. Por tanto, los que son elegidos, habiendo caído en Adán, son redimidos por Cristo, y en debido tiempo eficazmente llamados, santificados, y guardados por su poder, por medio de la fe, para salvación. Nadie más será redimido por Cristo, eficazmente llamado, justificado, adoptado, santificado y salvado, sino solamente los elegidos.

7. Respecto a los demás hombres del genero humano, le ha placido a Dios, según el consejo inescrutable de su propia voluntad, por el cual otorga su misericordia o deja de hacerlo según quiere, para la gloria de su poder soberano sobre todas las criaturas, quiso pasarles por alto y ordenarles a deshonra y a ira a causa de sus pecados, para alabanza de la justicia gloriosa de Dios.

8. La doctrina de este alto misterio de la predestinación debe tratarse con especial prudencia y cuidado, para que los hombres, persuadidos de su vocación eficaz, se aseguren de su elección eterna, y atendiendo a la voluntad revelada en la palabra de Dios cedan la obediencia a ella. De esta manera la doctrina dicha proporcionará motivos de alabanza, reverencia y admiración a Dios. Y también de humildad, diligencia y abundante consuelo a todos los que sinceramente obedecen al evangelio.

CAPÍTULO 4: LA CREACIÓN

1. Plugo a Dios Padre, Hijo y Espíritu Santo para la manifestación de la gloria de su poder, sabiduría y bondad eterna, crear o hacer de la nada, en el principio, el mundo y todas las cosas que en el están, ya sean visibles o invisibles, en el espacio de seis días y todas muy buenas.

2. Después que Dios hubo creado todas las demás criaturas, creo al hombre, varón y hembra, con alma racional e inmortal, dotados de conocimiento, justicia y santidad verdadera, a la imagen de Dios, teniendo la ley de éste escrita en su corazón, y dotados del poder de cumplirla, sin embargo, había la posibilidad de que la quebrantaran dejados a su libre albedrío que era mutable. Además de esta ley escrita en su corazón, recibieron el mandato de no comer del árbol de la ciencia del bien y del mal y mientras guardaron este mandamiento, fueron fieles, gozando de comunión con Dios, y teniendo dominio sobre las criaturas.

CAPÍTULO 5: LA PROVIDENCIA

1. Dios, el gran creador de todo, sostiene, dirige, dispone y gobierna a todas las criaturas, acciones y cosas, desde la más grande hasta la más pequeña, por su sabia y santa providencia, conforme a su presciencia infalible, para la alabanza de la gloria de su sabiduría, poder, justicia, bondad y misericordia.

2. Aunque con respecto a la presciencia y decreto de Dios, causa primera, todas las cosas sucederán inmutable e infaliblemente, sin embargo, por la misma providencia las ha ordenado de tal manera, que sucederán conforme a la naturaleza de las causas secundarias, sean necesarias, libres o contingentes.

3. Dios en su providencia ordinaria hace uso de medios; a pesar de esto, es libre para obrar sin ellos, sobre ellos, y contra ellos, según le plazca.

4. El poder todopoderoso, la sabiduría inescrutable y la bondad infinita de Dios se manifiestan en su providencia de tal manera, que se extiende aun hasta la primera caída y a todos los otros pecados de los ángeles y de los hombres , y esto no solo por un mero permiso, sino limitándolos, de un modo sabio y poderoso, y ordenándolos de otras maneras en sus dispensación múltiple para sus propios fines santos, pero de tal modo que lo pecaminoso procede solo de la criatura, y no de Dios, quien es justísimo y santísimo, por lo mismo, no es, ni puede ser el autor o aprobador del pecado.

5. El todo sabio, justo y benigno Dios, a menudo deja por algún tiempo a sus hijos en las tentaciones multiformes y en la corrupción de sus propios corazones, a fin de corregirles de sus pecados anteriores o para descubrirles la fuerza oculta de la corrupción, para humillarlos, y para infundir en ellos el sentimiento de una dependencia más íntima y constante de Él como su apoyo, y para hacerles más vigilantes contra todas las ocasiones futuras del pecado, y para otros muchos fines santos y justos.

6. En cuanto a aquellos hombres malvados e impíos a quienes Dios como juez justo ha cegado y endurecido a causa de sus pecados anteriores, no sólo les retira su gracia por la cual podrán haber alumbrado sus entendimientos y recibido en su corazón su influjo salvador, sino también algunas veces les retira los dones que ya tenían, y los deja expuestos a objetos que son causa de pecado debido a la corrupción humana, y a la vez les entrega a sus propias concupiscencias, a las tentaciones del mundo y al poder de Satanás, de donde sucede que se endurecen bajo los mismos medios que Dios emplea para enternecer a los demás.

7. Así como la providencia de Dios alcanza, en general a todas las criaturas, así también de un modo especial cuida a su Iglesia y dispone todas las cosas para el bien de ella.

CAPÍTULO 6: LA CAÍDA DEL HOMBRE, EL PECADO Y SU CASTIGO

1. Nuestros primeros padres, seducidos por la sutileza y tentación de Satanás, pecaron comiendo del fruto prohibido. Plugo a Dios, conforme a su sabio y santo propósito, permitir este pecado proponiéndose ordenarlo para su propia gloria.

2. Por este pecado cayeron de su justicia original y perdieron la comunión con Dios, y así quedaron muertos en el pecado, y totalmente corrompidos en todas las facultades y partes del alma y del cuerpo.

3. Siendo ellos la raíz de la raza humana, la culpa de este pecado fue imputada a su posteridad, y la misma muerte en el pecado y la naturaleza corrompida se transmitieron a aquella que desciende de ellos según la generación ordinaria.

4. De esta corrupción original, por la cual carecemos de disposición y aptitud para todo bien; y estamos opuestos a este, así como enteramente inclinados a todo mal, dimanan todas nuestras transgresiones actuales.

5. Esta corrupción de naturaleza dura toda la vida aun en aquellos que son regenerados, y aun cuando sea perdonada y amortiguada por medio de la fe en Cristo, sin embargo, ella, y todos los efectos de ella son verdadera y propiamente pecado.

6. Todo pecado, ya sea original o actual, siendo una trasgresión de la justa ley de Dios y contrario a ella por su propia naturaleza trae culpabilidad sobre el pecador, por lo que este queda bajo la ira de Dios, de la maldición de la ley, y por lo tanto sujeto a la muerte, con todas las miserias espirituales, temporales y eternas.

CAPÍTULO 7: EL PACTO DE DIOS CON EL HOMBRE

1. La distancia que media entre Dios y la criatura es tan grande, que aun cuando las criaturas racionales le deben obediencia como a su Creador, sin embargo, ellas no podrán nunca tener fruición con Él como su bienaventuranza o galardón, si no es por alguna condescendencia voluntaria de parte de Dios, habiéndole placido a Este expresarla por medio de un pacto.

2. El primer pacto hecho con el hombre fue un pacto de obras, en el que se prometía vida a Adán, y en este a su posteridad, bajo la condición de una obediencia personal perfecta.

3. El hombre, por su caída, se hizo indigno de la vida por aquel pacto, por lo que plugo a Dios hacer un nuevo pacto, llamado de gracia, según el cual Dios ofrece libremente a los pecadores vida y salvación por Cristo, exigiéndoles la fe en este para que puedan ser salvos, y prometiendo dar su Espíritu Santo a todos aquellos que ha ordenado para vida, dándoles así voluntad y capacidad para creer.

4. Este pacto de gracia se enuncia con frecuencia en las Escrituras con el nombre de testamento, con referencia a la muerte de Jesucristo el testador, y a la herencia sempiterna con todas las cosas que a esta pertenecen y están legadas por Él.

5. Este pacto ha sido administrado de un modo diferente bajo la ley y en el tiempo del Evangelio. Bajo la ley se administraba por promesas, profecías, sacrificios, la circuncisión, el cordero pascual y otros tipos y ordenanzas entregados al pueblo judío y que señalaban a Cristo que había de venir, siendo suficientes y eficaces para los de aquel tiempo por la operación del Espíritu Santo, instruyendo y edificando a los elegidos en la fe en el Mesías prometido, por quien tenemos plena remisión de pecados y salvación eterna. A esa dispensación se le llama Antiguo Testamento.

6. Bajo el Evangelio, donde Cristo, la sustancia, presenta las ordenanzas por las cuales dispensa este pacto, son: la predicación de la Palabra, la administración de los sacramentos del Bautismo y de la Cena del Señor; y aun cuando son pocas en número y administradas con mayor sencillez y menos gloria exterior, sin embargo, en ellas se presenta con más plenitud, evidencia y eficacia espiritual a todas las naciones, así a los Judíos como a los Gentiles, y se le llama Nuevo Testamento. Con todo, no son dos pactos de gracia diferentes en sustancia, sino uno y el mismo bajo diversas dispensaciones.

CAPÍTULO 8: CRISTO EL MEDIADOR

1. Plugo a Dios en su propósito eterno escoger y ordenar al Señor Jesucristo, su Unigénito Hijo, para que fuese el Mediador entre Dios y el hombre, y como tal, Él es Profeta, Sacerdote y Rey, el Salvador y cabeza de su Iglesia, desde la eternidad le dio Dios un pueblo para que fuese su simiente, y que a debido tiempo lo redimiera, llamara, justificara, santificara y glorificara.

2. El Hijo de Dios, la segunda persona de la Trinidad, siendo verdadero y eterno Dios, igual y de una sustancia con el Padre, habiendo llegado la plenitud del tiempo, tomo sobre si la naturaleza del hombre, con todas sus propiedades esenciales y con sus debilidades comunes, mas sin pecado. Fue concebido por el poder del Espíritu Santo en el vientre de la virgen María, de la sustancia de esta. Así que, dos naturalezas perfectas y distintas, la divina y humana, se unieron inseparablemente en una persona, pero sin conversión, composición o confusión alguna. Esta persona es verdadero Dios y verdadero hombre, un Cristo, el único mediador entre Dios y el hombre.

3. El Señor Jesús, en su naturaleza humana unida así a la divina, fue ungido y santificado con el Espíritu Santo sobre toda medida, y posee todos los tesoros de la sabiduría y del conocimiento, pues plugo al Padre que en El habitase toda plenitud a fin de que siendo santo inocente, inmaculado, lleno de gracia y de verdad fuese del todo apto para desempeñar los oficios de mediador y fiador. Cristo no tomó por sí mismo estos oficios, sino que fue llamado para ello por su Padre, quien puso en Él todo juicio y poder, y le autorizó para que desempeñara tales oficios.

4. El Señor Jesús, con la mejor voluntad tomó para sí estos oficios, y para desempeñarlos, se puso bajo la ley, la que cumplió perfectamente, padeció los más crueles tormentos y penas en su alma, y en su cuerpo, fue crucificado y murió, fue sepultado y permaneció bajo el poder de la muerte, aun cuando no vio corrupción. Al tercer día se levantó de entre los muertos, con el mismo cuerpo que tenía cuando sufrió, con el cual también ascendió al cielo donde se sentó a la diestra del Padre. Allí intercede por su pueblo, y cuando sea el fin del mundo volverá para juzgar a los hombres y a los ángeles.

5. El Señor Jesucristo, por su perfecta obediencia y por el sacrificio de sí mismo que ofreció una sola vez por el Espíritu eterno de Dios, ha satisfecho plenamente a la justicia de su Padre, y compro para aquellos que éste le había dado, no solo la reconciliación, sino también una herencia eterna en el reino de los cielos.

6. Aun cuando la obra de la redención no se efectuó sino hasta la encarnación, sin embargo, la virtud, la eficacia y los beneficios de ella, se comunicaban a los escogidos en todas las épocas transcurridas desde el principio, en las promesas, tipos y sacrificios, y por medio de estas cosas, por las cuales Cristo fue revelado y designado como la simiente de la mujer que quebrantaría la cabeza de la serpiente, y como el Cordero inmolado desde el principio del mundo, siendo Él, el mismo ayer, hoy y por siempre.

7. Cristo en su oficio de mediador, obra conforme a sus dos naturalezas, haciendo por cada una de éstas lo que es propio de cada una de ellas, más por razón de la unidad de la persona, lo que es propio de una naturaleza, se le atribuye algunas veces en la Escritura a la persona denominada por la otra naturaleza.

8. A todos aquellos para quienes Cristo alcanzó redención, cierta y eficazmente les aplica y comunica la misma, haciendo intercesión por ellos, revelándoles en la Palabra y por medio de ella los misterios de la salvación , persuadiéndoles eficazmente por su Espíritu a creer y a obedecer, gobernando el corazón de ellos por su Palabra y Espíritu y venciendo a todos sus enemigos por su gran poder y sabiduría, y de la manera y por los caminos que están más en conformidad con su maravillosa e inescrutable dispensación.

CAPÍTULO 9: EL LIBRE ALBEDRIO

1. Dios ha dotado la voluntad del hombre de una libertad natural, que no es forzada ni determinada hacia el bien o hacia el mal, por ninguna necesidad absoluta de la naturaleza.

2. El hombre en su estado de inocencia, tenía libertad y poder para querer y hacer lo que es bueno y agradable a Dios, pero era mutable y podía caer de dicho estado.

3. El hombre, por su caída a un estado de pecado, perdió completamente toda capacidad para querer algún bien espiritual que acompañe a la salvación, así es que como hombre natural que está enteramente opuesto a ese bien, y muerto en el pecado, no puede por su propia fuerza convertirse así mismo o prepararse para ello.

4. Cuando Dios convierte a un pecador y le pone en el estado de gracia, le libra de su estado de servidumbre natural bajo el pecado, y por su gracia solamente lo capacita para querer y obrar libremente lo que es bueno en lo espiritual, sin embargo, por razón de la corrupción que aun queda, el converso no quiere ni perfecta ni únicamente lo que es bueno, sino también lo que es malo.

5. El libre albedrío del hombre será perfecto e inmutablemente libre para querer tan solo lo que es bueno, únicamente en el estado de la gloria.

CAPÍTULO 10: LLAMAMIENTO EFICAZ

1. A todos aquellos a quienes Dios ha predestinado para vida, y a esos solamente es a quienes le place en el tiempo señalado y aceptado, llamar eficazmente, por su Palabra y Espíritu, sacándolos del estado de pecado y muerte en que se hallaban por naturaleza para darles vida y salvación por Jesucristo. Esto lo hace iluminando espiritualmente su entendimiento, a fin de que comprendan las cosas de Dios, quitándoles el corazón de piedra y dándoles uno de carne, renovando sus voluntades y por su poder soberano determinándoles a hacer aquello que es bueno, y llevándoles eficazmente a Jesucristo. Sin embargo, ellos van con absoluta libertad, habiendo recibido la voluntad de hacerlo por la gracia de Dios.

2. Este llamamiento eficaz depende de la libre y especial gracia de Dios y de ninguna manera de alguna cosa prevista en el hombre, el cual es en esto enteramente pasivo, hasta que siendo vivificado y renovado por el Espíritu Santo, adquiere la capacidad de responder a este llamamiento y de recibir la gracia ofrecida y trasmitida en él.

3. Los niños elegidos que mueren en la infancia, son regenerados y salvados en Cristo por medio del Espíritu, quien obra cuándo, dónde y cómo quiere. Lo mismo sucederá con todas las personas elegidas que sean incapaces de ser llamadas externamente por el ministerio de la Palabra.

4. Otras personas no elegidas, aun cuando sean llamada por el ministerio de la palabra y tengan alguna de las operaciones comunes del Espíritu, nunca vienen verdaderamente a Cristo, y por lo mismo no pueden ser salvas; mucho menos pueden, los que no profesan la religión cristiana, salvarse de alguna otra manera, aun cuando sean diligentes en ajustar sus vidas a la luz de la naturaleza y a la ley de la religión que profesa, y el decir y sostener que lo puede lograr así, es muy pernicioso y detestable.

CAPÍTULO 11: LA JUSTIFICACIÓN

1. A los que Dios llama de una manera eficaz, también justifica gratuitamente, no por infundir justicia en ellos sino por perdonarles sus pecados, reputando y aceptando sus personas como justas, no por algo hecho en ellos o por ellos, sino solamente por amor de Cristo; no por imputarles como justicia propia la fe, ni el acto de creer, ni ninguna otra obediencia evangélica, sino por imputarles la obediencia y satisfacción de Cristo, y ellos, por su parte, por la fe reciben y descansan en Él y en su justicia. Esta fe no la tienen de sí mismos porque es un don de Dios.

2. La fe que recibe a Cristo y descansa en él y en su justicia, es el único medio para alcanzar la justificación. Sin embargo, no se halla sola en la persona justificada, sino que siempre va acompañada de todas las demás gracias salvadoras y no es una fe muerta, sino que obra por el amor.

3. Cristo por su obediencia y muerte, pagó completamente la deuda de todos aquellos que son así justificados, haciendo en favor de ellos una propia, verdadera y plena satisfacción a la justicia de su Padre. Sin embargo, como Cristo fue dado por el Padre para ellos, y su obediencia y satisfacción fueron aceptadas en lugar de las de ellos, y esto gratuitamente y no por alguna cosa de los mismos, resulta que su justificación es solo por la libre gracia, para que tanto la exacta justicia como la libre gracia de Dios puedan ser glorificadas en la justificación de los pecadores.

4. Dios desde la eternidad decretó la justificación de todos los elegidos, y Cristo en la plenitud del tiempo murió por los pecados de ellos y resucitó para su justificación; sin embargo, no son justificados sino hasta que el Espíritu Santo, en debido tiempo les hace participar de Cristo.

5. Dios continúa perdonando los pecados de los que son justificados, y aun cuando ellos nunca pueden caer del estado de justificación, con todo, por sus pecados pueden caer bajo el desagrado paternal de Dios y no gozarse de la luz de su rostro sino hasta que se humillen, confiesen sus pecados, pidan perdón y renueven su fe y arrepentimiento.

6. La justificación de los creyentes bajo el Antiguo Testamento, fue en todos sentidos una y la misma que la de los creyentes bajo el Nuevo Testamento.

CAPÍTULO 12: LA ADOPCIÓN

1. Con aquellos que son justificados, Dios se compromete, en su Unigénito Hijo Jesucristo y por éste a hacerlos participantes de la gracia de la adopción, por la cual son recibidos en el número y gozan de las libertades y privilegios de los hijos de Dios, tienen su nombre escrito en ellos, reciben el Espíritu de adopción, tienen entrada con confianza al trono de la gracia, pueden clamar Abba, Padre, son compadecidos, protegidos, cuidados, y castigados por él como por un padre, más

nunca serán desechados, sino que serán sellados para el día de la redención, y heredarán las promesas, como herederos de la salvación eterna.

CAPÍTULO 13: LA SANTIFICACIÓN

1. Los que son llamados eficazmente y regenerados, teniendo creado en ellos un nuevo corazón y un nuevo espíritu, son santificados más y más, verdaderamente y personalmente, a causa de la virtud de la muerte y de la resurrección de Cristo, por la morada de su Palabra y Espíritu en ellos: el dominio de todo el cuerpo del pecado es destruido, y las varias concupiscencias de él son mortificadas y debilitadas más y más; son vivificados y fortalecidos progresivamente en todas las gracias salvadoras, para que puedan practicar la santidad verdadera sin la cual nadie verá al Señor.

2. Esta santificación se extiende a todo el hombre, mas es imperfecta en esta vida, pues quedan todavía algunos restos de corrupción en toda parte del mismo hombre, de donde nace una lucha continua e irreconciliable, la carne codiciando contra el espíritu y éste contra la carne.

3. En esta guerra, aun cuando los restos de corrupción prevalezcan por un tiempo, por el auxilio constante de la fuerza del Espíritu santificador de Cristo, la naturaleza regenerada vence al fin, y así los santos crecen en la gracia, perfeccionando la santidad en el temor de Dios.

CAPÍTULO 14: LA FE SALVADORA

1. La gracia de la fe, por la que los creyentes son puestos en capacidad de creer para la salvación de sus almas, es la obra del Espíritu de Cristo en sus corazones, y se efectúa ordinariamente por el ministerio de la Palabra, por el cual también y por la administración de los sacramentos y por la oración, se acrecienta y fortalece.

2. Por esta fe, el cristianismo cree que es verdad todo lo que se revela en las Santas Escrituras, porque la autoridad de Dios mismo habla en ellas; obra de diversas maneras según lo que cada pasaje particular contiene, produciendo obediencia a los mandamientos, infundiendo temor ante las amenazas, y dando confianza en las promesas de Dios para esta vida y para la venidera, pero los principales actos de la fe salvadora, son los de aceptar, recibir y descansar solamente en Cristo para la justificación, la santificación y la vida eterna en virtud del pacto de gracia.

3. Esta fe tiene diferentes grados. Es débil o fuerte; con frecuencia y de muchas maneras es atacada y debilitada, pero al fin vence, creciendo en muchos hasta llegar a ser una seguridad plena por Cristo, quien es el autor y consumador de nuestra fe.

CAPÍTULO 15: EL ARREPENTIMIENTO PARA VIDA

1. El arrepentimiento para vida es una gracia evangélica, y toda la doctrina referente a ella debe predicarse por todos los ministros del Evangelio con tanto empeño como el de la fe en Cristo.

2. Por el arrepentimiento, un pecador, movido por la vista y el sentimiento no solo de su peligro, sino también de lo vil y odioso de sus pecados a los que ve contrarios a la naturaleza santa y a la justa ley de Dios, y bajo una aprehensión de la misericordia de Dios en Cristo para los que se arrepienten, tiene pesar por sus

pecados, los odia y se vuelve de ellos a Dios, proponiéndose y esforzándose por caminar con él en todos los caminos de sus mandamientos.

3. Aun cuando no debe confiarse en el arrepentimiento como si fuese una santificación por el pecado o una causa de perdón para este, pues que el perdón es un acto de la libre gracia de Dios en Cristo, sin embargo, es de tan grande necesidad para todos los pecadores que ninguno puede esperar perdón sin él.

4. Así como no hay pecado tan pequeño que no merezca la condenación, así también ningún pecado es tan grande que pueda condenar a los que se arrepienten verdaderamente.

5. Los hombres no deben conformarse con un arrepentimiento general de sus pecados sino que es el deber de cada hombre procurar arrepentirse de cada uno de ellos en particular.

6. Así como todos los hombres están obligados a confesar privadamente sus pecados a Dios orando por el perdón de ellos; pues que haciendo esto y apartándose de ellos hallaran misericordia, así también el que escandaliza a su hermano o a la iglesia de Cristo, debe estar dispuesto a declarar su arrepentimiento con tristeza por su pecado, por medio de una confesión publica o privada a aquellos a quienes haya ofendido, quienes deberán entonces reconciliarse con él y recibirle en amor.

CAPÍTULO 16: LAS BUENAS OBRAS

1. Son buenas obras solamente aquellas que Dios ha mandado en su santa Palabra, y no las que, sin ninguna garantía para ello, han inventado los hombres por un celo ciego so pretexto de buena intención.

2. Estas buenas obras hechas en obediencia a los mandamientos de Dios, son los frutos y las obediencias de una fe viva y verdadera; y por ellas manifiestan, fortalecen su seguridad, edifican a sus hermanos, adornan la profesión del evangelio, tapan la boca de los adversarios, pues son la obra de él, creados en Cristo Jesús para buena obras, para que teniendo por fruto la santidad tengan por fin la vida eterna.

3. La aptitud que tienen los creyentes para hacer buenas obras, no es de ellos en ninguna manera, sino enteramente del Espíritu de Cristo, y para que ellos puedan tener esta aptitud, además de las gracias que hayan recibido, necesitan el influjo eficaz del mismo Espíritu Santo que obrara en ellos así el querer como el hacer, por su buena voluntad; sin embargo, ellos no deben mostrarse negligentes, como si no estuviesen obligados a obrar fuera de una moción especial del Espíritu, sino que deben ser diligentes en despertar la gracia de Dios que esta en ellos.

4. Aquellos que en su obediencia alcanzan el grado más alto de perfección que es posible en esta vida, quedan todavía tan lejos de llegar a un grado supererogatorio, de hacer más de lo que Dios requiere, que les falta mucho que hacer en el cumplimiento de los deberes obligatorios.

5. Nosotros no podemos por nuestras mejores obras hacernos merecedores de que Dios nos otorgue el perdón del pecado o la vida eterna, a causa de la gran desproporción que existe entre ellas y la gloria que ha de venir, y por la distancia infinita que hay entre nosotros y Dios, a quien ni podemos ser provechosos por dichas obras, ni pagarle la deuda de nuestros pecados anteriores, pues cuando hayamos hecho todo lo que podamos, no habremos hecho más que nuestros deber como siervos inútiles, y además porque en cuanto son buenas proceden de su Espíritu, y

en cuanto son hechas por nosotros, están tan impuras y contaminadas con debilidades e impurezas, que no pueden resistir la severidad del juicio de Dios.

6. Siendo las personas de los creyentes aceptadas en Cristo, sus buenas obras también son aceptadas en él, no como si fueran en esta vida enteramente sin mancha e irreprensible a la vista de Dios, sino que éste, mirándolas en su Hijo, tiene placer en aceptar y recompensar lo que es sincero en ellas, aun cuando vaya acompañado de muchas debilidades e imperfecciones.

7. Las obras hechas por los hombres no regenerados, aun cuando por su naturaleza puedan ser cosas mandadas por Dios y de utilidad para ellos y para otros, como no proceden de un corazón purificado por la fe, ni son hechas de un modo recto conforme a la palabra, ni con el objeto justo de glorificar a Dios, ellas son entonces pecaminosas y no pueden agradar a Dios ni hacer al hombre digno de recibir la gracia de Aquél. Con todo, los hombres se hacen más pecaminosos y desagradan más a Dios si descuidan las buenas obras.

CAPÍTULO 17: LA PERSEVERANCIA DE LOS SANTOS

1. Aquellos a quienes Dios ha aceptado en su Amado, y por su Espíritu llamado eficazmente y los ha santificado, no pueden caer ni total ni finalmente del estado de gracia, sino que con toda certeza perseverarán en él hasta el fin, y serán salvados por toda la eternidad.

2. Esta perseverancia de los santos no depende de su propio libre albedrío, sino de la inmutabilidad del decreto de elección que nace del amor libre e inmutable de Dios el Padre, de la eficacia de los méritos y de la intercesión de Cristo, de la morada del Espíritu de Dios y de la simiente del mismo que está en ellos, y de la naturaleza del pacto de gracia, de todo lo cual se desprende también la certeza y lo infalible de ella.

3. No obstante esto, los creyentes por las tentaciones de Satanás y del mundo, la influencia de los restos de la corrupción que queda en ellos, y por el descuido de los medios necesarios para preservarse, pueden caer en pecados graves, y continuar en ellos por algún tiempo: por lo cual incurrirán en el desagrado de Dios, entristecerán a su Espíritu Santo, se verán privados en algún grado de sus consuelos y de sus influencias, endurecerán sus corazones, debilitaran sus conciencias; ofenderán y escandalizaran a otros, y atraerán sobre sí juicios temporales.

CAPÍTULO 18: SEGURIDAD DE LA GRACIA Y SALVACIÓN

1. Aun cuando los hipócritas y otros hombres no regenerados pueden engañarse a sí mismos con esperanzas falsas y presunciones carnales de que están en el favor de Dios y en el estado de salvación (cuya esperanza perecerá), sin embargo, los verdaderos creyentes en el Señor Jesús, que le aman sinceramente y se esfuerzan en andar con toda buena conciencia delante de él, pueden, en esta vida, estar seguros de que están en el estado de gracia, y pueden regocijarse en la esperanza de la gloria de Dios sin que su esperanza les avergüence jamás.

2. Esta seguridad no es una mera persuasión dudosa o probable, fundada en una esperanza falible, sino que es una certidumbre infalible fundada en la verdad divina de la promesa de salvación, en la evidencia interna de aquellas gracias a las cuales se refieren las promesas, en el testimonio del Espíritu de adopción que da

testimonio a nuestro espíritu de que somos hijos de Dios. Este Espíritu es la prenda de nuestra herencia, y con él estamos sellados para el día de la redención.

3. Esta seguridad infalible no pertenece a la esencia de la fe, pues un creyente verdadero puede esperarla mucho tiempo y luchar con muchas dificultades antes de participar de ella; sin embargo, puesto el creyente por el Espíritu Santo en capacidad de conocer las cosas que le han sido dadas libremente por Dios, puede alcanzarla sin una revelación extraordinaria por el uso de los medios ordinarios. Por esto es el deber de cada uno procurar diligentemente el asegurar su llamamiento y elección, para que su corazón se ensanche con la paz y el gozo del Espíritu Santo, con el amor y gratitud a Dios, y con la fuerza y alegría en los deberes de la obediencia, frutos propios de esta seguridad. Esta doctrina no puede conducir a los hombres a la negligencia en el cumplimiento de sus deberes.

4. Los verdaderos creyentes pueden tener la seguridad de su salvación debilitada, disminuida o interrumpida por causas diversas, tales como la negligencia en conservarla, por caer en algún pecado especial que hiera la conciencia y entristezca al Espíritu, por alguna tentación fuerte y repentina, por retirarles Dios la luz de su rostro, dejando así a los que le temen andar en tinieblas y sin luz; con todo, nunca quedan enteramente destituidos de la simiente de Dios, de la vida de fe, del amor a Cristo y a sus hermanos, de la sinceridad de corazón y de la conciencia del deber. De todas estas cosas puede revivir la seguridad en debido tiempo, por la operación del Espíritu, estando preservados entre tanto por estas mismas cosas de la desesperación completa.

CAPÍTULO 19: LA LEY DE DIOS

1. Dios dio a Adán una ley como un pacto de obras, por la que obligo a él y a toda su posteridad a una obediencia personal, completa, exacta y perpetua, prometiéndole la vida por el cumplimiento de ella, y amenazándole con la muerte si la infringía, dotándole también de poder y de capacidad para guardarla.

2. Esta ley, después de la caída, continua siendo una regla perfecta de justicia, y como tal fue dada por Dios en el Monte Sinaí en diez mandamientos y escrita en dos tablas. Los cuatro primeros mandamientos contienen nuestros deberes para con Dios, y los otros seis nuestros deberes para con los hombres.

3. Además de esta ley llamada ley moral, plugo a Dios dar al pueblo de Israel, que era la iglesia en su menor edad, leyes ceremoniales que contenían varias ordenanzas típicas, ora de culto simbolizando a Cristo, sus gracias, acciones, sufrimientos y beneficios, ora proclamando diversas instrucciones sobre los deberes morales. Todas aquellas leyes ceremoniales están abrogadas bajo el Nuevo Testamento.

4. A los Israelitas como a un cuerpo político, también le dio algunas leyes judiciales que expiaron juntamente con el estado político de aquel pueblo, por lo que ahora no obligan a los otros pueblos sino en lo que la equidad general de ellas lo requiera.

5. La Ley Moral obliga a la obediencia de ella a todos los hombres, tanto a los justificados como a los que no lo están; y esto, no solo en consideración a la naturaleza de ella sino también con respecto a la autoridad de Dios el Creador que la dio.

Esta obligación no la ha destruido Cristo en el Evangelio sino antes más bien la ha corroborado.

6. Aun cuando los verdaderos creyentes no están bajo la ley como un pacto de obras para ser justificados o condenado, sin embargo, es de gran utilidad tanto para ellos como para otros, pues como una regla de vida les informa de la voluntad de Dios y de sus deberes, dirigiéndoles y obligándoles a andar de conformidad con ella, descubriéndoles también la corrupción pecaminosa de su naturaleza, corazón y vida, de tal manera, que cuando ellos se examinan delante de ella, pueden llegar a una convicción más intima de su pecado, se humillaran por él y le odiaran, alcanzando también un conocimiento más claro de la necesidad que tienen de Cristo y de la perfección de la obediencia de éste. También para los regenerados es útil la ley moral para restringir su corrupción, tanto porque prohíbe el pecado, como porque las amenazas de ella sirven para mostrar lo que sus pecados aun merecen, y cuales son las aflicciones que en esta vida deben esperar por ellos, aun cuando estén libres de la maldición denunciada por la ley. Las promesas de ella, de un modo semejante, manifiestan que Dios aprueba la obediencia y cuales son las bendiciones que deben esperarse por el cumplimiento de la misma, aunque no sea debido a ellos por la ley como un pacto de obras; así que, si un hombre hace lo bueno y deja de hacer lo malo, porque la ley le manda aquello y le prohíbe esto, no es evidencia de que esté bajo la ley, sino bajo la gracia.

7. Los usos de la ley ya mencionados, no se oponen a la gracia del Evangelio, sino que concuerdan armoniosamente con él, pues el Espíritu de Cristo subyuga y capacita a la voluntad del hombre para que alegre y voluntariamente haga lo que de él requiere la voluntad de Dios revelada en la ley.

CAPÍTULO 20: DE LA LIBERTAD CRISTIANA Y DE LA LIBERTAD DE CONCIENCIA

1. La libertad que Cristo ha comprado para los creyentes que están bajo el Evangelio, consiste en la libertad de la culpa del pecado, de la ira condenatoria de Dios y de la maldición de la ley moral, en ser librados del presente siglo malo, de la servidumbre de Satanás y del dominio del pecado, en estar libres del mal de las aflicciones, del aguijón de la muerte, de la victoria del sepulcro y de la condenación eterna; consiste además en tener libre acceso a Dios, en prestar obediencia a Él, no por un temor servil, sino con un amor filial y con animo voluntario. De todo esto gozaron los creyentes bajo la ley. Pero bajo el Nuevo Testamento la libertad de los cristianos es más amplia porque están libres de la ley ceremonial a que estaba sujeta la iglesia judaica, y tienen ahora mayor confianza para presentarse al trono de la gracia, y gozan de comunicaciones del Espíritu de Dios más abundantemente que aquellas de las cuales participaron los creyentes bajo la ley.

2. Solo Dios es el Señor de la conciencia, y la exime de las doctrinas y mandamientos de hombres que en algo son contrarios a su Palabra o pretenden sustituir a esta en asunto de fe o de culto. Así es que, creer tales doctrinas u obedecer tales mandamientos con la conciencia, es destruir la verdadera libertad de esta última, y el requerir una fe implícita y una obediencia ciega y absoluta, es destruir la razón y la libertad de conciencia.

3. Todos aquellos que bajo el pretexto de la libertad cristiana cometen o practican algún pecado o abrigan alguna concupiscencia, destruyen el fin de dicha

libertad, puesto que esta es para que siendo librados de las manos de nuestros enemigos, podamos servir al Señor sin temor, en santidad y justicia delante de él todos los días de nuestra vida.

4. Por cuanto los poderes que Dios ha ordenado y la libertad cristiana que Cristo ha comprado, no quiere Dios que se destruyan el uno al otro sino que mutuamente se ayuden y preserven, todos aquellos que, so pretexto de la libertad cristiana, se oponen al poder legal o a su lícito ejercicio, ya sea civil o eclesiástico, resisten a la ordenanzas de Dios. Los que publican opiniones o sostienen tales practicas contrarias a la luz de la naturaleza o a los principios reconocidos del cristianismo, ya sean concernientes a la fe, culto, a la conducta o al poder de la santidad, o tales opiniones o practicas erróneas que en su propia naturaleza o en el modo de publicarse o sostenerse, son destructoras de la paz y orden exteriores que Cristo ha establecido en su Iglesia, todos los que la sostengan pueden ser llamados a dar cuenta de sí mismos, y deberán ser corregidos por la censuras de la Iglesia.

CAPÍTULO 21: EL CULTO RELIGIOSO Y EL DIA DE DESCANSO

1. La luz de la naturaleza nos enseña que hay un Dios que tiene señorío y soberanía sobre todo, que es bueno y hace bien a todos, y que por lo mismo debe ser temido, amado, alabado, invocado, creído de todo corazón, y servido con toda el alma y con toda las fuerzas, pero el modo aceptable de adorar al verdadero Dios ha sido instituido por él mismo, y esta tan determinado por su voluntad revelada, que no se debe adorar a Dios conforme a las imaginaciones e invenciones de los hombres o a las sugestiones de Satanás, bajo alguna representación visible o de otro modo que no sea el prescrito en la Santa Escritura.

2. El culto religioso debe rendirse a Dios Padre, Hijo y Espíritu Santo, y a él solamente; no a los ángeles, santos o a alguna otra criatura: y, desde la caída, debe ofrecerse por un mediador, que no puede ser ningún otro sino Cristo.

3. La oración con acciones de gracias, siendo una parte especial del culto religioso, la exige Dios de todos los hombres, y para que le sea acepta debe hacerse en el nombre del Hijo, con el auxilio del Espíritu, conforme a su voluntad, con conocimiento, reverencia, humildad, fervor, fe, amor y perseverancia, y si se hace oralmente, en la lengua vulgar.

4. La oración debe hacerse por todas las cosas legítimas, y por toda clase de hombres, tanto de los que viven como de los que vivirán, pero no por los muertos, ni por aquellos que sabemos han cometido pecado de muerte.

5. La lectura de las Escrituras con temor reverencial, la sana predicación, y el escuchar conscientemente la palabra en obediencia a Dios, con entendimiento, fe y reverencias, el cantar salmos con gracia en el corazón, y también la debida administración y la recepción digna de los sacramentos instituidos por Cristo, todas estas cosas son parte del culto religioso ordinario de Dios, y además, los juramentos religiosos, ayunos solemnes, y acciones de gracia en ocasiones especiales, que en sus tiempos respectivos deben usarse de una manera santa y religiosa.

6. Ahora bajo el Evangelio, ni la oración ni ninguna parte del culto religioso están limitados a un lugar, ni son más o menos aceptables por razón de las personas que las dirigen , sino que Dios debe ser adorado en todas partes en Espíritu y en verdad, tanto en lo privado, entre la familia, diariamente, y en lo secreto cada uno

por sí mismo, como de una manera más solemne en las reuniones públicas que no deben descuidarse ni dejarse u olvidarse voluntariamente cuando Dios por su Palabra y providencia nos llama a ellas.

7. Conforme a la ley de la naturaleza es razonable que en lo general una debida parte del tiempo sea dedicada a la adoración de Dios, y este en su Palabra, por un mandamiento positivo, moral y perpetuo que obliga a todos los hombres y en todos los tiempos, ha señalado particularmente un día cada siete, para que sea guardado como un reposo santo para él. Desde el principio del mundo hasta la resurrección de Cristo, fue escogido el último día de la semana, pero desde entonces fue cambiado al primer día de la semana, al que se le llama en las Escrituras día del Señor, y continuará hasta el fin del mundo como el sábado cristiano.

8. Este sábado se guarda santo para el Señor, cuando el hombre después de la debida preparación de su alma y arreglados con anticipación todos sus negocios ordinarios, no solamente guarda un santo descanso en todo el día de sus propias obras, palabras y pensamientos, acerca de sus empleos y recreaciones mundanales, sino que también emplea todo el tiempo en los ejercicios de culto publico o privados, y en los deberes de piedad y misericordia.

CAPÍTULO 22: LOS JURAMENTOS LEGITIMOS

1. Un juramento legítimo es un acto de culto religioso, por el cual una persona, habida ocasión justa, jura invocando solemnemente a Dios como testigo de lo que asegura o promete, y que le juzgue conforme a la verdad o falsedad de lo que jura.

2. En el nombre de Dios es el único por el cual los hombres deben jurar, y lo usaran con temor santo y con reverencia, por tanto, jurar vana o temerariamente por ese nombre glorioso y temible, o jurar por cualquier otra cosa, es pecaminoso y abominable. Puesto que en negocios de peso y de importancia, un juramento esta permitido por la Palabra de Dios, así en el Nuevo Testamento como en el Antiguo, un juramento legal, siendo tomado por una autoridad legitima, debe hacerse en casos semejantes.

3. Todo aquel que hace un juramento, debe considerar la gravedad de un acto tan solemne, y entonces no afirmará sino aquello de lo cual esté plenamente persuadido de que es verdad. Ni puede algún hombre obligarse por un juramento a alguna cosa que no es buena y justa y que él no crea que lo es, así como que es capaz de cumplirla y que esta resuelto a ello. Sin embargo, es un pecado rehusar un juramento tocante a una cosa que es buena y justa y si una autoridad legítima lo exige.

4. Un juramento debe hacerse en el sentido claro y común de las palabras, sin equivocación o reserva mentales. No puede obligar a pecar, mas en todo aquello que no sea pecaminoso, siendo hecho, es obligatorio aun cuando sea en daño del que lo hizo. Ni podrá violarse porque haya sido hecho a los herejes o incrédulos.

5. Un voto es de naturaleza semejante a la de un juramento promisorio, y debe hacerse con el mismo cuidado y cumplirse con la misma fidelidad.

6. El voto no debe ofrecerse a ninguna criatura sino a Dios solamente, y para que sea acepto, se hará voluntariamente, con fe y conciencia del deber, con gratitud por la misericordia recibida, o bien para obtener lo que necesitamos, obligándonos a cumplir más estrictamente nuestros deberes necesarios o algunas otras cosas que pueden ayudarnos al cumplimiento de ellos.

7. Ningún hombre puede hacer voto tocante a cosas prohibidas en la Palabra de Dios, o que impida el cumplimiento de algún deber recomendado, que no esté en su poder o para lo cual no tenga ninguna promesa o ayuda de Dios. En estos respectos, los votos de los papistas tocante al celibato perpetuo, de profesar pobreza y obediencia regular, se hallan tan lejos de ser grados de perfección superior, que no son sino redes supersticiosas y pecaminosas en las que ningún cristiano se dejará tomar.

CAPÍTULO 23: EL MAGISTRADO CIVIL

1. Dios, el Rey y Señor Supremo de todo el mundo, ha instituido a los magistrados civiles para que estando bajo de Él, estén sobre el pueblo para la gloria de Dios y el bien público, y con este objeto les ha armado con el poder de la espada para que defiendan y alienten a los que hacen bien, y castiguen a los malhechores.

2. Es lícito a los cristianos aceptar y desempeñar el cargo de magistrado cuando sean llamados para ello, y en el desempeño de su cargo deben especialmente mantener la piedad, la justicia y la paz, según las leyes sanas de cada cuerpo político; asimismo, con igual fin les es lícito ahora bajo el Nuevo Testamento, hacer la guerra en ocasiones justas y necesarias.

3. Los magistrados civiles no deben tomar para sí la administración de la Palabra, los sacramentos, o el poder de las llaves del reino de los cielos, ni se entrometerán lo más mínimo en las cosas de la fe. Sin embargo; como padres pacificadores es el deber de los magistrados civiles proteger la Iglesia de nuestro común Señor sin dar la preferencia sobre las demás a alguna denominación de cristianos, sino obrando de tal modo que todas las personas eclesiásticas, cualesquiera que sean, gocen de libertad incuestionable, plena y perfecta en el desempeño de cada parte de sus funciones sagradas, sin violencia ni peligro. Y, además, como Jesucristo ha señalado un gobierno regular y una disciplina en su Iglesia, ninguna ley de cuerpo político alguno deberá entrometerse con ella, estorbando o limitando los ejercicios debidos que verifiquen los miembros voluntarios de alguna denominación de cristianos conforme a su propia confesión y creencia. Es el deber de los magistrados civiles proteger las personas y el buen nombre de todo su pueblo de tal manera que no se permita a ninguna persona que so pretexto de religión o incredulidad haga alguna indignidad, violencia, abuso o injuria a otra persona cualquiera, debiendo procurar además que toda reunión eclesiástica y religiosa se verifique sin molestia o disturbio.

4. Es el deber del pueblo orar por los magistrados, honrar sus personas, pagarles tributo y otros derechos, obedecer sus mandatos legales y estar sujetos a su autoridad por causa de la conciencia. La incredulidad o diferencia de religión no hace vana la autoridad legal y justa del magistrado, ni libra al pueblo del deber de la obediencia, de la cual las personas eclesiásticas no están exentas, mucho menos tiene el Papa algún poder o jurisdicción sobre los pobres civiles en los dominios de estos ni sobre alguno de los de su pueblo, y mucho menos tiene poder para quitarles la vida o sus dominios por juzgarlos herejes o bajo cualquier otro pretexto.

CAPÍTULO 24: MATRIMONIO Y DIVORCIO

1. El matrimonio debe verificarse entre un hombre y una mujer, no es lícito que un hombre tenga al mismo tiempo más de una esposa, ni que una mujer tenga más de un marido.

2. El matrimonio fue instituido para la ayuda mutua de esposo y esposa, para aumentar la raza humana por generación legítima y la Iglesia con una simiente santa, y para evitar la impureza.

3. El matrimonio es lícito para toda clase de personas que sean capaces de dar consentimiento con juicio, pero es el deber de los cristianos casarse solamente en el Señor. Así es que los que profesan la religión reformada verdadera no deben casarse con los incrédulos, papistas y otros idolatras, ni deben los que son piadosos unirse en yugo desigualmente, casándose con los que notoriamente son malos en sus vidas o que sostienen herejías que llevan a la condenación.

4. El matrimonio no debe contraerse dentro de los grados de consanguinidad o afinidad prohibidos en la palabra de Dios, ni pueden tales casamientos incestuosos hacerse legales por ninguna ley de hombre, ni por el consentimiento de las partes, de tal manera que esas personas pidieran vivir juntas como marido y mujer.

5. El adulterio o la fornicación cometidos después de un contrato, de ser descubiertos antes del casamiento, dan ocasión justa a la parte inocente para disolver aquel contrato. En caso de adulterio después del matrimonio, es lícito para la parte inocente promover su divorcio, y después de este puede casarse con otro como si la parte ofensora hubiera muerto.

6. Aunque la corrupción del hombre sea tal que le haga buscar argumentos para separar indebidamente a los que Dios ha unido en matrimonio, sin embargo, nada sino el adulterio o la deserción obstinada que no puede ser remediada ni por la Iglesia ni por el magistrado civil, es causa suficiente para disolver las cadenas del matrimonio. En este caso el modo de proceder que debe observarse, será público y en orden, y las personas interesadas en ello no deben ser dejadas en su propia causa a su voluntad y juicio propio.

CAPÍTULO 25: LA IGLESIA

1. La Iglesia católica o universal, que es invisible, se compone de todo el número de los elegidos que han sido, son y serán reunidos en uno bajo Cristo, la cabeza de ella; y es la esposa, el cuerpo, la plenitud de Aquél que llena todo en todo.

2. La Iglesia visible que también es católica o universal bajo el evangelio, (porque no está limitada a una nación como en el tiempo de la ley), se compone de todos aquellos que por todo el mundo profesan la religión verdadera, juntamente con sus hijos, y es el reino del Señor Jesucristo, la casa y familia de Dios, fuera de la cual no hay posibilidad ordinaria de salvación.

3. A esta iglesia católica visible ha dado Cristo el ministerio, los oráculos y las ordenanzas de Dios, para reunir y perfeccionar a los santos en esta vida presente y hasta el fin del mundo, haciendo a aquellos suficientes para este objeto según su promesa, por su presencia y Espíritu.

4. Esta iglesia católica ha sido más visible en unos tiempos que en otros, y las iglesias particulares que son partes de ella, son más o menos puras según que

enseñan y reciben en ellas las doctrinas del Evangelio, se administran las ordenanzas y se celebra con mayor o menor pureza el culto público.

5. Las más puras Iglesias bajo del cielo están expuestas a errar y a corromperse, y algunas han degenerado tanto que han venido a ser no Iglesia de Cristo, sino sinagoga de Satanás. Sin embargo, siempre habrá una Iglesia en la tierra que adore a Dios conforme a su voluntad.

6. No hay otra cabeza de la Iglesia sino el Señor Jesucristo, ni puede el Papa de Roma ser cabeza de ella en ningún sentido, porque es aquel anticristo, aquel hombre de pecado, que se ensalza en la Iglesia contra Cristo y contra todo lo que se llama Dios.

CAPÍTULO 26: COMUNIÓN DE LOS SANTOS

1. Todos los santos están unidos a Jesucristo, su cabeza, por su Espíritu y por la fe que tienen, participan con él en sus gracias, sufrimientos, muerte y resurrección y gloria; y, estando unidos los unos con los otros en amor, tienen comunión los unos en los dones y gracias de los otros, y están obligados a cumplir los deberes públicos y privados para bien mutuo, tanto en el hombre interior cono en el exterior.

2. Los santos, por su profesión, están obligados a mantener entre sí un compañerismo y comunión santos en el culto de Dios, y en el cumplimiento de los otros servicios espirituales que tienden a su edificación mutua, así como a socorrerse los unos a los otros en las cosas temporales según su posibilidad y necesidades. Esta comunión debe extenderse, según Dios presente la oportunidad, a todos los que en todas partes invocan el nombre del Señor Jesús.

3. Esta comunión que los santos tienen con Cristo, no les hace de ninguna manera participantes de la sustancia de su divinidad, ni los hace iguales a Cristo en ningún respecto, y el afirmar tal cosa sería impiedad y blasfemia. Tampoco la comunicación que tienen los santos unos con otros, quita ni destruye el título o la propiedad que cada hombre tiene sobre sus bienes o posesiones.

CAPÍTULO 27: LOS SACRAMENTOS

1. Los Sacramentos son signos y sellos santos del pacto de gracia, instituidos directamente por Dios, para simbolizar a Cristo y a sus beneficios y para confirmar nuestro interés en él, y también para hacer una distinción visible de aquellos que pertenecen a la Iglesia y los que son del mundo, y para obligar solemnemente a aquellos al servicio de Dios en Cristo conforme a su Palabra.

2. En todo sacramento hay una relación espiritual o unión sacramental entre el signo y la cosa significada, de donde resulta que los nombres y efectos del uno se atribuyen al otro.

3. La gracia que se exhibe en los sacramentos por el uso de ellos, no se confiere por ninguna virtud que resida en ellos, ni depende su eficacia de la piedad o intención del que los administra, sino de la obra del Espíritu, y de las palabras de la institución que contiene con el precepto que autoriza el uno de ellos, una promesa de bendición para los que los reciben dignamente.

4. En el Evangelio no hay sino dos sacramentos instituidos por Cristo nuestro Señor, y son el Bautismo y la Cena del Señor; ninguno de los cuales debe administrarse sino por un ministro de la palabra legalmente ordenado.

5. Los sacramentos del Antiguo Testamento, en cuanto a las cosas espirituales significadas y manifestadas por ellos, fueron en sustancia los mismos del Nuevo.

CAPÍTULO EL BAUTISMO

1. El Bautismo es un sacramento del Nuevo Testamento, instituido por Jesucristo, no solo para admitir en la iglesia visible a la persona bautizada, sino también para que sea para ella un signo y sello del pacto de gracia, del hecho de que esta ingerida en Cristo, de su regeneración, de la remisión de sus pecados, y de su sumisión a Dios por Jesucristo para andar en novedad de vida. Este sacramento, por el mandato mismo de Cristo debe continuarse en la iglesia hasta el fin del mundo.

2. El elemento exterior que debe usarse en este sacramento es el agua, con la cual es bautizada la persona que lo recibe en el nombre del Padre, del Hijo y del Espíritu Santo, por un ministro del Evangelio legalmente llamado para ello.

3. No es necesaria la inmersión de la persona en el agua, sino que se administra rectamente el bautismo por la aspersión, o efusión del agua sobre la persona.

4. No solo deben ser bautizados los que profesan personalmente fe en Cristo y sumisión a él, sino también los niños cuyos padres son creyentes o a lo menos uno de ellos lo es.

5. Aun cuando el menosprecio o descuido de esta ordenanza es un pecado grave, sin embargo, la gracia y la salvación no están tan inseparablemente unidas a la misma, que no pueda alguna persona ser regenerada o salvada sin ella, ni tampoco sucede que todos los que son bautizados sean regenerados efectivamente.

6. La eficacia del bautismo no se limita al momento en que se administra, sin embargo, por el uso propio de esta ordenanza, la gracia prometida no solamente se ofrece, sino que en debido tiempo realmente se exhibe y confiere por el Espíritu Santo a aquellos (sean adultos o infantes), a quienes pertenece la gracia, según el consejo de la propia voluntad de Dios.

7. El sacramento del bautismo no debe administrarse a la misma persona más de una vez.

CAPÍTULO 29: LA CENA DEL SEÑOR

1. Nuestro Señor Jesús, la noche que fue entregado, instituyó el sacramento de su cuerpo y de su sangre llamado la Cena del Señor, para que fuese observado en su Iglesia hasta el fin del mundo, para recuerdo perpetuo del sacrificio de sí mismo en su muerte, para sellar en los verdaderos creyentes los beneficios de ella, para el nutrimento espiritual y crecimiento de ellos en Él, para que se empeñen en el cumplimiento de todos los deberes que tienen con Cristo, y para que sea un lazo y una prenda de su cuerpo místico.

2. En este sacramento no es ofrecido Cristo a su Padre, ni se hace ningún sacrificio verdadero por la remisión de los pecados de los vivos, ni de los muertos, sino que solamente es una conmemoración de cuando Cristo se ofreció a sí mismo y por sí mismo en la cruz una sola vez para siempre, una oblación espiritual de todos loor posible a Dios por lo mismo. Así que el sacrificio papal de la misa, como ellos le llaman, menoscaba de una manera abominable al único sacrificio de Cristo, única propiciación por todos los pecados de los elegidos.

3. El Señor Jesús ha determinado en esta ordenanza que sus ministros declaren al pueblo las palabras de la institución, que oren y bendigan los elementos del pan y del vino, apartándolos así del uso común para el servicio sagrado, que tomando y rompiendo el pan, y bebiendo de la copa (comulgando ellos mismos), dieran de los dos elementos a los comulgantes, menos a los que no están presente en la congregación.

4. Las misas privadas o la recepción de este sacramento de la mano de un sacerdote o por algún otro cuando se este solo, el negar la copa al pueblo, adorar los elementos, el elevarlos o llevarlos de un lugar a otro para adorarlos y guardarlos para pretendidos usos religiosos, es contrario a la naturaleza de este sacramento y a la institución de Cristo.

5. Los elementos exteriores de este sacramento, debidamente apartados para los usos ordenados por Cristo, sostienen tales relaciones con el crucificado, que verdadera pero solo sacramentalmente se llaman algunas veces por el nombre de las cosas que representan, a saber, el cuerpo y la sangre de Cristo; más con todo, en sustancia y en naturaleza, ellos permanecen verdaderamente y solamente pan y vino como eran antes.

6. La doctrina que sostiene que la sustancia del pan y del vino se cambian en la sustancia del cuerpo y de la sangre de Cristo, (llamada comúnmente transustanciación), por la consagración del sacerdote o de algún otro modo, es contraria no solo a la Escritura, sino también a la razón y al sentido común, destruye la naturaleza del sacramento, ha sido y es la causa de muchísimas supersticiones, y además de una idolatría grosera.

7. Los que reciben dignamente este sacramento y participan de un modo exterior de los elementos visibles, participan también interiormente por la fe, de una manera real y verdadera, pero no carnal ni corporalmente, sino de un modo espiritual, reciben y se alimentan de Cristo crucificado y de todos los beneficios de su muerte. El cuerpo y la sangre de Cristo no están carnal ni corporalmente en, con o bajo el pan y el vino; sin embargo, están real pero espiritualmente presentes a la fe del creyente en aquella ordenanza, tanto como los elementos a los sentidos corporales.

8. Aun cuando los ignorantes y malvados reciban los elementos exteriores de este sacramento, sin embargo, no reciben la cosa significada por ellos, sino que por su indignidad vienen a ser culpables del cuerpo y de la sangre del Señor para su propia condenación. Entonces todas las personas ignorantes e impías que no son capaces de gozar de comunión con él, son indignas de acercarse a la mesa del Señor, y mientras permanezcan en ese estado, no pueden, sin cometer un gran pecado contra Cristo, participar de estos sagrados misterios, ni deben ser admitidos a ellos.

CAPÍTULO 30: CENSURAS DE LA IGLESIA

1. El Señor Jesús como Rey y cabeza de su Iglesia, ha construido en ella un gobierno dirigido por funcionarios eclesiásticos distintos de los magistrados civiles.

2. A estos funcionarios han sido entregadas las llaves del reino de los cielos en virtud de lo cual tienen poder respectivamente para retener y remitir pecados, para cerrar aquel reino a los impenitentes, por la Palabra y censuras; y para abrirlo

a los pecadores, por el ministerio del Evangelio, y por la remoción de las censuras según lo exijan las circunstancias.

3. Las censuras de la Iglesia son necesarias para corregir y hacer volver sobre sus pasos a los hermanos que ofenden, para impedir que otros cometan ofensas semejantes, para quitar la mala levadura que puede infectar toda la masa, para reivindicar el honor de Cristo y la santa profesión del Evangelio, para evitar la ira de Dios que justamente podría venir sobre la Iglesia si ella consintiera que su pacto y sus sellos fuesen profanados por ofensores notorios y obstinados.

4. Para lograr mejor estos fines, los funcionarios de la Iglesia deben proceder primeramente por amonestar, y después por suspender el sacramento de la Santa Cena por un tiempo, y por la excomunión de la Iglesia, según la naturaleza del crimen, y la ofensa de la persona.

CAPÍTULO 31: DE LOS SÍNODOS Y LOS CONCILIOS

1. Para el mejor gobierno y edificación de la Iglesia debe haber asambleas tales como las llamadas comúnmente sínodos y concilios, y es el deber de los pastores y otros oficiales de las Iglesias particulares, en virtud de su oficio y del poder que Cristo les ha dado para edificación y no para destrucción, convocar tales asambleas, y reunirse en ellas con tanta frecuencias como juzguen convenientes para el bien de la Iglesia.

2. Corresponde a los sínodos, y a los concilios, decidir ministerialmente las controversias sobre la fe y casos de conciencia, establecer reglas e instrucciones para el mejor orden en el culto público de Dios y en el gobierno de la iglesia; recibir quejas en casos de mala administración y determinar autoritativamente las mismas; y sus decretos y determinaciones, cuando concuerdan con la Palabra de Dios, deben ser recibidas con reverencias y sumisión, no solo porque están de acuerdo con la Palabra, sino también por el poder del tribunal que lo hizo, puesto que es una ordenanza de Dios instituida en su Palabra.

3. Todos los sínodos o concilios desde los tiempos de los apóstoles, ya sean generales o particulares, pueden errar, y muchos han errado, por eso es que no deben ser una regla de fe y de conducta, sino una ayuda para ambas.

4. Los sínodos y los concilios no deben tratar ni decidir más que lo que es eclesiástico, y no deben entretenerse en los negocios civiles que conciernan al gobierno civil, sino únicamente por peticiones humildes en casos extraordinarios, o con consejos para satisfacer la conciencia, si para ello son requeridos por los magistrados civiles.

CAPÍTULO 32: DEL ESTADO DEL HOMBRE DESPUES DE LA MUERTE Y DE LA RESURRECCIÓN DE LOS MUERTOS

1. El cuerpo del hombre después de la muerte vuelve al polvo y ve la corrupción, pero su alma (que no muere ni duerme), por tener una subsistencia inmortal, vuelve inmediatamente a Dios que la dio. El alma de los justos, siendo hecha entonces perfecta en santidad, es recibida en el más alto cielo en donde contempla la faz de Dios en luz y gloria, esperando la completa redención de su cuerpo. El alma de los malvados es arrojada al infierno en donde permanece atormentada y envuelta en densas tinieblas, reservada para el juicio del gran día. Fuera de estos dos

lugares para las almas separadas de sus cuerpos, la Escritura no reconoce ningún otro lugar.

2. Los que sean encontrados vivos en el último día, no morirán sino serán transformados, y todos los muertos resucitarán con sus mismos cuerpos y no con otros, aunque teniendo cualidades diferentes, los cuales se unirán otra vez con sus almas para siempre.

CAPÍTULO 33: DEL JUICIO FINAL

1. Dios ha señalado un día en el cual juzgara al mundo con justicia por Jesucristo, a quien todo poder y juicio ha sido dado por el Padre. En aquel día no solo los ángeles apostatas serán juzgados, sino también todas las personas que han vivido sobre la tierra, comparecerán delante del tribunal de Cristo para dar cuenta de sus pensamientos, palabras y acciones, y para recibir conforme a lo que hayan hecho en su cuerpo, sea bueno o malo.

2. Dios ha señalado este día con el fin de manifestar la gloria de su misericordia en la salvación eterna de los elegidos, y de su justicia en la condenación de los réprobos que son malvados y desobedientes, pero los malvados que no conocieron a Dios, ni obedecieron el Evangelio de Jesucristo, serán arrojados al tormento eterno y castigados con destrucción perpetua, lejos de la presencia del Señor y de la gloria de su poder.

3. Como Cristo quiso que estuviéramos persuadidos de que habrá un día de juicio, tanto para contener a todos los hombres del pecado, como para el mayor consuelo de los buenos en la adversidad, así también quiso que ese día fuera desconocido de los hombres para que renuncien de toda seguridad carnal y estén siempre dispuestos para decir: Ven Señor Jesús, ven prontamente, Amén.

* * *

LA CONFESIÓN DE FE BAUTISTA DE NUEVA HAMPSHIRE
(1833)

DECLARACIÓN DE FE

I. LAS ESCRITURAS.

Creemos que la Santa Biblia fue escrita por hombres divinamente inspirados, y que es tesoro perfecto de instrucción celestial; que tiene a Dios por autor, por objeto la salvación, y por contenido la verdad sin mezcla alguna de error, que revela los principios según los cuales Dios nos juzgará; siendo por lo mismo, y habiendo de serlo hasta la consumación de los siglos, centro verdadero de la unión cristiana, y norma suprema a la cual debe sujetarse todo juicio que se forme de la conducta, las creencias y las opiniones humanas.

II. EL DIOS VERDADERO.

Creemos que hay un solo Dios viviente y verdadero, infinito, Espíritu inteligente, cuyo nombre es Jehová, Hacedor y Arbitro Supremo del cielo y de la tierra, indeciblemente glorioso en santidad; merecedor de toda la honra confianza y amor posibles; que en la unidad de la divinidad existen tres personas, el Padre, el

Hijo, y el Espíritu Santo iguales estos en perfección divina desempeñan oficios distintos, que armonizan en la grande obra de la redención.

II. LA CAÍDA DEL HOMBRE.

Creemos que el hombre fue creado en santidad, sujeto a la ley de su Hacedor; pero que por la trasgresión voluntaria, cayó de aquel estado santo y feliz; por cuya causa todo el género humano es ahora pecador, no por fuerza sino por su voluntad; hallándose por naturaleza enteramente desprovisto de la santidad que requiere la ley de Dios, positivamente inclinado a lo malo, y por lo mismo bajo justa condenación a ruina eterna, sin defensa ni disculpa que lo valga.

IV. EL CAMINO DE SALVACIÓN.

Creemos que la salvación de los pecadores es puramente por gracia; en virtud de la obra intercesora del Hijo de Dios; quien cumpliendo la voluntad del Padre, se hizo hombre, exento empero de pecado; honró la ley divina con su obediencia personal; y con su muerte, dio plena satisfacción por nuestro pecados; resucitando después de entre los muertos, y desde entonces se entronizó en los cielos; que reúne en su persona admirabilísima las simpatías más tiernas y las perfecciones divinas, teniendo así por todos motivos las cualidades que requiere un Salvador idóneo, compasivo, y omnipotente.

V. LA JUSTIFICACIÓN.

Creemos que la justificación es el gran bien evangélico que asegura Cristo a los que en él tengan fe; que esta justificación incluye el perdón del pecado, y el don de la vida eterna de acuerdo con los principios de la justicia; que la imparte exclusivamente mediante la fe en su sangre, y no por consideración de ningunas obras de justicia que hagamos; imputándonos Dios gratuitamente su justicia perfecta por virtud de esa fe; que nos introduce a un estado altamente bienaventurado de paz y favor con Dios, y hace nuestros ahora y para siempre todos los demás bienes que hubiéramos menester.

VI. CARÁCTER GRATUITO DE LA SALVACIÓN.

Creemos que el evangelio a todos franquea los beneficios de la salvación; que es deber de todos aceptarlos inmediatamente con fe cordial, arrepentida y obediente; y que el único obstáculo para la salvación del peor pecador de la tierra es la depravación innata y voluntaria de este, y su rechazo del evangelio; repulsa que agrava su condenación.

VII. LA GRACIA EN LA REGENERACIÓN.

Creemos que para ser salvo el pecador debe regenerarse o nacer de nuevo; que la regeneración consiste en dar a la mente una disposición de santidad; que se efectúa por el poder del Espíritu Santo en conexión con la verdad divina en forma que excede a la comprensión humana, a fin de asegurar nuestra obediencia voluntaria al evangelio; y que la evidencia adecuada se manifiesta en los frutos santos de arrepentimiento, fe, y novedad de vida.

VIII. EL ARREPENTIMIENTO Y LA FE.

Creemos que el arrepentimiento y la fe son deberes sagrados y gracias inseparables labradas en el alma por el Espíritu regenerador de Dios; por cuanto convencidos profundamente de nuestra culpa, de nuestro peligro e impotencia, y a la vez del camino de salvación en Cristo, nos volvemos hacia Dios sinceramente contritos, confesándonos con él e impetrando misericordia; cordialmente reconociendo, a la vez, al Señor Jesucristo por profeta, sacerdote y rey nuestro en quien exclusivamente confiamos como Salvador único y omnipotente.

IX EL PROPÓSITO DE LA GRACIA DIVINA.

Creemos que la elección es el propósito eterno de Dios según el cual graciosamente regenera, santifica y salva a los pecadores; que siendo consecuente este propósito con el albedrío humano abarca todos los medios junto con el fin; que sirve de manifestación gloriosísima de la soberana bondad divina, infinitamente gratuito, sabio, santo e inmutable; que absolutamente excluye la jactancia, y promueve humildad, amor, oración, alabanza, confianza en Dios y una imitación activa de su misericordia; que estimula al uso de los medios en el nivel más elevado; que puede conocerse viendo los efectos en todos los que efectivamente reciben a Cristo; que es el fundamento de la seguridad cristiana; y que cerciorarnos de esto en cuanto personalmente nos concierne exige y merece suma diligencia de nuestra parte.

X. NUESTRA SANTIFICACIÓN.

Creemos que la santificación es un proceso mediante el cual de acuerdo con la voluntad de Dios se nos hace partícipes de su santidad; que es obra progresiva; que principia con la regeneración; que la desarrolla en el corazón del creyente por la presencia y poder del Espíritu Santo, Sellador y Consolador en el uso continuo de los medios señalados, sobre todo la Palabra de Dios, y también el examen personal, la abnegación, la vigilancia y la oración.

XI. LA PERSEVERANCIA DE LOS SANTOS.

Creemos que sólo los que creen verdaderamente permanecerán hasta el fin; que su lealtad perseverante a Cristo es la mejor señal que los distingue de los que hacen profesión superficial; que una providencia especial vigila por su bien; y que son custodiados por el poder de Dios para la salvación mediante la fe.

XII. ARMONÍA ENTRE LA LEY Y EL EVANGELIO.

Creemos que la ley de Dios es la norma eterna e invariable de su gobierno; que es santa, justa, y buena; que la única causa de incapacidad que las Escrituras atribuyen al hombre caído para no cumplirlas es su amor de pecado; que libertarnos de él y restituirnos mediante un Intercesor a la obediencia de la santa ley, es uno de los grandes fines del evangelio y también uno de los medios de gracia para el establecimiento de la iglesia visible.

XIII. UNA IGLESIA EVANGÉLICA.

Creemos que una iglesia visible de Cristo es una congregación de fieles bautizados; asociados mediante pacto en la fe y la comunión del evangelio; la cual practica las ordenanzas de Cristo; es gobernada por Sus leyes; y ejerce los dones, derechos y privilegios que a ella otorga la palabra del mismo; y cuyos oficiales bíblicos son el pastor, u obispo, y los diáconos; estando definidos los requisitos, derechos y obligaciones de estos oficiales en las epístolas de Pablo a Timoteo y a Tito.

XIV. EL BAUTISMO Y LA SANTA CENA.

Creemos que el bautismo cristiano es la inmersión en agua, del que tenga fe en Cristo; hecha en el nombre del Padre, y del Hijo, y del Espíritu Santo; a fin de proclamar, mediante bello emblema solemne, esta fe en el Salvador crucificado, sepultado y resucitado, y también el efecto de la misma fe, a saber, nuestra muerte al pecado y resurrección a una vida nueva; y que el bautismo es requisito previo a los privilegios de la relación con la iglesia y a la participación en la Santa Cena, en la cual los miembros de la iglesia por el uso sagrado del pan y el vino conmemoran juntos el amor por el que muere Jesucristo; precedido siempre de un examen personal serio del participante.

XV. EL DÍA DEL SEÑOR.

Creemos que el primer día de la semana es el Día del Señor. o sea el Sabath cristiano; que debe ser consagrado a fines religiosos, absteniéndose el cristiano de todo trabajo secular y recreación pecaminosa, valiéndose con devoción de todos los medios de gracia privados, y públicos; y preparándose para el descanso que le queda al pueblo de Dios.

XVI. EL GOBIERNO CIVIL.

Creemos que el gobierno civil existe por disposición divina para los intereses y buen orden de la sociedad humana; y que debemos orar por los magistrados honrándolos en conciencia, y obedeciéndoles; salvo en cosas que sean opuestas a la voluntad de nuestro Señor Jesucristo, único dueño de la conciencia, y príncipe de los reyes de la tierra.

XVII. EL JUSTO Y EL MALO.

Creemos que hay una diferencia radical y de esencia entre el justo y el malo; y que sólo por medio de la fe son justificados en el nombre de nuestro Señor Jesucristo, y santificados por el Espíritu de nuestro Dios y los justos son de Su estimación; todo aquel que sigue impenitente e incrédulo es mal y continúa dentro de la maldición; que tal distinción es tan real entre la vida actual del hombre como después de la muerte.

XVIII. EL MUNDO VENIDERO.

Creemos que se acerca el fin del mundo; que en el día postrero Cristo descenderá del cielo, y levantará los muertos del sepulcro para que reciban su retribución final; que entonces se verificará una separación solemne; que los impíos serán sentenciados al castigo eterno, y los justos al gozo sin fin; y que este juicio determinará para siempre, sobre los principios de justicia, el estado final de los hombres en el cielo, o en el infierno.

★   ★   ★

FE Y MENSAJE BAUTISTA
Convención Bautista del Sur
(1925, revisada en 1963)

I. LAS ESCRITURAS

La Santa Biblia fue escrita por hombres divinamente inspirados y es la revelación que Dios hace de sí mismo al hombre. Es un tesoro perfecto de instrucción divina. Tiene a Dios como su autor, su propósito es la salvación, y su tema es la verdad, sin mezcla alguna de error. Por tanto, toda la Escritura es totalmente verdadera y confiable. Ella revela los principios por los cuales Dios nos juzga, y por tanto es y permanecerá siendo hasta el fin del mundo, el centro verdadero de la unión Cristiana, y la norma suprema por la cual toda conducta, credos, y opiniones religiosas humanas deben ser juzgadas. Toda la Escritura es un testimonio de Jesús, quien es Él mismo el centro de la revelación divina.

II. DIOS

Hay un Dios, y solo uno, viviente y verdadero. Él es un Ser inteligente, espiritual y personal, el Creador, Redentor, Preservador y Gobernador del universo. Dios es infinito en santidad y en todas las otras perfecciones. Dios es todopoderoso y omnisciente; y su perfecto conocimiento se extiende a todas las cosas, pasadas, presentes y futuras, incluyendo las decisiones futuras de sus criaturas libres. A Él le debemos el amor más elevado, reverencia y obediencia. El Dios eterno y trino se revela a sí mismo como Padre, Hijo y Espíritu Santo, con distintos atributos personales, pero sin división de naturaleza, esencia o ser.

1. DIOS EL PADRE

Dios como Padre reina con cuidado providencial sobre todo su universo, sus criaturas, y el fluir de la corriente de la historia humana de acuerdo a los propósitos de su gracia. Él es todopoderoso, omnisciente, todo amor, y todo sabio. Dios es Padre en verdad de todos aquellos que llegan a ser sus hijos por medio de la fe en Cristo Jesús. Él es paternal en su actitud hacia todos los hombres.

2. DIOS EL HIJO

Cristo es el Hijo eterno de Dios. En su encarnación como Jesucristo fue concebido del Espíritu Santo y nacido de la virgen María. Jesús reveló y cumplió perfectamente la voluntad de Dios, tomando sobre sí mismo la naturaleza humana con sus demandas y necesidades e identificándose completamente con la humanidad, pero sin pecado. Él honró la ley divina por su obediencia personal, y en su muerte sustituta en la cruz, Él hizo provisión para la redención de los hombres del pecado. Él fue levantado de entre los muertos con un cuerpo glorificado y apareció a sus discípulos como la persona que estaba con ellos antes de su crucifixión. Él ascendió a los cielos y está ahora exaltado a la diestra de Dios donde Él es el Único Mediador, completamente Dios, completamente hombre, en cuya Persona se ha efectuado la reconciliación entre Dios y el hombre. Él volverá con poder y gloria para juzgar al mundo y consumar su misión redentora. Él mora ahora en todos los creyentes como el Señor vivo y omnisciente.

3. DIOS EL ESPÍRITU SANTO

El Espíritu Santo es el Espíritu de Dios, completamente divino. Él inspiró a santos hombres de la antigüedad para que escribieran las Escrituras. Mediante la iluminación Él capacita a los hombres para entender la verdad. Él exalta a Cristo. Él convence a los hombres de pecado, de justicia, y de juicio. Él llama a los hombres al Salvador, y efectúa la regeneración. En el momento de la regeneración Él bautiza a cada creyente en el Cuerpo de Cristo. Él cultiva el carácter cristiano, conforta a los creyentes, y les da los dones espirituales por medio de los cuales ellos sirven a Dios mediante su iglesia. Él sella al creyente para el día de la redención final. Su presencia en el cristiano es la garantía de que Dios llevará al creyente hasta alcanzar la plenitud de la estatura de Cristo. Él ilumina y da poder al creyente y a la iglesia en adoración, evangelización y servicio.

III. EL HOMBRE

El hombre es la creación especial de Dios, hecho a su propia imagen. Él los creó hombre y mujer como la corona de su creación. La dádiva del género es por tanto parte de la bondad de la creación de Dios. En el principio el hombre era inocente y fue dotado por Dios con la libertad para elegir. Por su propia decisión el hombre pecó contra Dios y trajo el pecado a la raza humana. Por medio de la tentación de Satanás el hombre transgredió el mandamiento de Dios, y cayó de su estado original de inocencia, por lo cual su posteridad heredó una naturaleza y un ambiente inclinado al pecado. Por tanto, tan pronto como son capaces de realizar una acción moral, se convierten en transgresores y están bajo condenación. Solamente la gracia de Dios puede traer al hombre a su compañerismo santo y capacitar al hombre para que cumpla el propósito creativo de Dios. La santidad de la personalidad humana es evidente en que Dios creó al hombre a su propia imagen, y en que Cristo murió por el hombre; por lo tanto, cada persona de cada raza posee absoluta dignidad y es digna del respeto y del amor Cristiano.

IV. SALVACION

La salvación implica la redención total del hombre, y se ofrece gratuitamente a todos los que aceptan a Jesucristo como Señor y Salvador, quien por su propia sangre obtuvo redención eterna para el creyente. En su sentido más amplio la salvación incluye la regeneración, la justificación, la santificación, y la glorificación. No hay salvación aparte de la fe personal en Jesucristo como Señor.

A. Regeneración, o el nuevo nacimiento, es una obra de la gracia de Dios por la cual los creyentes llegan a ser nuevas criaturas en Cristo Jesús. Es un cambio de corazón, obrado por el Espíritu Santo por medio de la convicción de pecado, al cual el pecador responde en arrepentimiento hacia Dios y fe en el Señor Jesucristo. El arrepentimiento y la fe son experiencias de gracia inseparables.

El arrepentimiento es una genuina vuelta del pecado hacia Dios. La fe es la aceptación de Jesucristo y la dedicación de la personalidad total a Él como Señor y Salvador.

B. Justificación, es la obra de gracia de Dios y la completa absolución basada en los principios de su gracia hacia todos los pecadores que se arrepienten y creen en Cristo. La justificación coloca al creyente en una relación de paz y favor con Dios.

C. Santificación es la experiencia que comienza en la regeneración, mediante la cual el creyente es separado para los propósitos de Dios, y es capacitado para progresar hacia la madurez moral y espiritual por medio de la presencia del Espíritu Santo que mora en él. El crecimiento en gracia debe continuar durante toda la vida de la persona regenerada.

D. Glorificación es la culminación de la salvación y es el estado bendito y permanente del redimido.

V. EL PROPÓSITO DE LA GRACIA DE DIOS

La elección es el propósito de la gracia de Dios, según el cual Él regenera, justifica, santifica y glorifica a los pecadores. Es consistente con el libre albedrío del hombre, e incluye todos los medios relacionados con el fin. Es la gloriosa expresión de la bondad soberana de Dios, y es infinitamente sabia, santa e inmutable. Excluye la jactancia y promueve la humildad.

Todos los verdaderos creyentes perseveran hasta el fin. Aquellos a quienes Dios ha aceptado en Cristo y santificado por su Espíritu, jamás caerán del estado de gracia, sino que perseverarán hasta el fin. Los creyentes pueden caer en pecado por negligencia y tentación, por lo cual contristan al Espíritu, menoscaban sus virtudes y su bienestar, y traen reproche a la causa de Cristo y juicios temporales sobre sí mismos; sin embargo, ellos serán guardados por el poder de Dios mediante la fe para salvación.

VI. LA IGLESIA

Una iglesia del Nuevo Testamento del Señor Jesucristo es una congregación local y autónoma de creyentes bautizados, asociados en un pacto en la fe y el compañerismo del evangelio; cumpliendo las dos ordenanzas de Cristo, gobernada por sus leyes, ejercitando los dones, derechos, y privilegios con los cuales han sido investidos por su Palabra, y que tratan de predicar el evangelio hasta los fines de la tierra. Cada congregación actúa bajo el señorío de Jesucristo por medio de procesos democráticos. En tal congregación cada miembro es responsable de dar cuentas a Jesucristo como Señor. Sus oficiales escriturales son pastores y diáconos. Aunque tanto los hombres como las mujeres son dotados para servir en la iglesia, el oficio de pastor está limitado a los hombres, como lo limita la Escritura.

El Nuevo Testamento habla también de la iglesia como el Cuerpo de Cristo el cual incluye a todos los redimidos de todas las edades, creyentes de cada tribu, y lengua, y pueblo, y nación.

VII. EL BAUTISMO Y LA CENA DEL SEÑOR

El bautismo cristiano es la inmersión de un creyente en agua en el nombre del Padre, del Hijo, y del Espíritu Santo. Es un acto de obediencia que simboliza la fe del creyente en un Salvador crucificado, sepultado y resucitado, la muerte del creyente al pecado, la sepultura de la antigua vida, y la resurrección para andar en novedad de vida en Cristo Jesús. Es un testimonio de su fe en la resurrección final de los muertos. Como es una ordenanza de la iglesia, es un requisito que precede al privilegio de ser miembro de la iglesia y a participar en la Cena del Señor.

La Cena del Señor es un acto simbólico de obediencia por el cual los miembros de la iglesia, al participar del pan y del fruto de la vid, conmemoran la muerte del Redentor y anuncian su segunda venida.

VIII. EL DIA DEL SEÑOR

El primer día de la semana es el Día del Señor. Es una institución cristiana que se debe observar regularmente. Conmemora la resurrección de Cristo de entre los muertos y debe incluir ejercicios de adoración y devoción espiritual, tanto públicos como privados. Las actividades en el Día del Señor deben estar de acuerdo con la conciencia Cristiana bajo el Señorío de Jesucristo.

IX. EL REINO

El Reino de Dios incluye tanto su soberanía general sobre el universo como su señorío particular sobre los hombres que voluntariamente lo reconocen como Rey. Particularmente el Reino es el reino de la salvación en el cual los hombres entran mediante su entrega a Jesucristo por medio de una fe y confianza semejante a la de un niño. Los Cristianos deben orar y trabajar para que venga el Reino y que la voluntad de Dios se haga en la tierra. La consumación final del Reino espera el regreso de Jesucristo y el fin de esta era.

X. LAS ÚLTIMAS COSAS

Dios, en su propio tiempo y en su propia manera, traerá el mundo a su fin apropiado. De acuerdo a su promesa, Jesucristo regresará a la tierra en gloria de manera personal y visible; los muertos resucitarán; y Cristo juzgará a todos los hombres en justicia. Los injustos serán consignados al Infierno, el lugar del castigo eterno. Los justos en sus cuerpos resucitados y glorificados recibirán su recompensa y morarán para siempre en el Cielo con el Señor.

XI. EVANGELIZACIÓN Y MISIONES

Es deber y privilegio de cada seguidor de Cristo y de cada iglesia del Señor Jesucristo esforzarse por hacer discípulos de todas las naciones. El nuevo nacimiento del espíritu del hombre por el Espíritu Santo de Dios significa el nacimiento del amor a los demás. El esfuerzo misionero de parte de todos, por lo tanto, depende de una necesidad espiritual de la vida regenerada, y se expresa y ordena repetidamente en las enseñanzas de Cristo. El Señor Jesucristo ha ordenado que se predique el evangelio a todas las naciones. Es deber de cada hijo de Dios procurar constantemente ganar a los perdidos para Cristo mediante el testimonio personal apoyado por un estilo de vida Cristiano, y por otros métodos que estén en armonía con el evangelio de Cristo.

XII. EDUCACION

El Cristianismo es la fe de la iluminación y la inteligencia. En Jesucristo habitan todos los tesoros de sabiduría y conocimiento. Todo conocimiento básico es, por lo tanto, una parte de nuestra herencia cristiana. El nuevo nacimiento abre todas las facultades humanas y crea sed de conocimiento. Por otra parte, la causa de la educación en el Reino de Cristo está coordinada con las causas de las misiones y de la beneficencia, y debe recibir juntamente con éstas el apoyo liberal de las iglesias. Un sistema adecuado de educación Cristiana es necesario para completar el programa espiritual del cuerpo de Cristo.

En la educación Cristiana debe haber un balance apropiado entre la libertad académica y la responsabilidad académica. La libertad en cualquier relación humana ordenada es siempre limitada y nunca absoluta. La libertad de un maestro en una institución educacional Cristiana, escuela, colegio, universidad o seminario, está siempre limitada por la preeminencia de Jesucristo, la naturaleza autoritativa de las Escrituras, y por el propósito distintivo para el cual la escuela existe.

XIII. MAYORDOMIA

Dios es la fuente de todas las bendiciones, temporales y espirituales; todo lo que tenemos y somos se lo debemos a Él. Los Cristianos están endeudados espiritualmente con todo el mundo, un encargo santo en el evangelio, y una mayordomía obligatoria en sus posesiones. Por tanto, están bajo la obligación de servir a Dios con su tiempo, talentos y posesiones materiales; y deben reconocer que todo esto les ha sido confiado para que lo usen para la gloria de Dios y para ayudar a otros. De acuerdo con las Escrituras, los Cristianos deben contribuir de lo que tienen, alegre, regular, sistemática, proporcional y liberalmente para el progreso de la causa del Redentor en la tierra.

XIV. COOPERACION

El pueblo de Cristo debe, según la ocasión lo requiera, organizar tales asociaciones y convenciones que puedan asegurar de la mejor manera posible la cooperación necesaria para lograr los grandes objetivos del Reino de Dios. Tales organizaciones no tienen autoridad una sobre otra ni sobre las iglesias. Ellas son organizaciones voluntarias para aconsejar, para descubrir, combinar y dirigir las energías de nuestro pueblo de la manera más eficaz. Los miembros de las iglesias del Nuevo Testamento deben cooperar unos con otros en llevar adelante los ministerios misioneros, educacionales y benevolentes para la extensión del Reino de Cristo. La unidad Cristiana en el sentido del Nuevo Testamento, es armonía espiritual y cooperación voluntaria para fines comunes por varios grupos del pueblo de Cristo. La cooperación entre las denominaciones Cristianas es deseable, cuando el propósito que se quiere alcanzar se justifica en sí mismo, y cuando tal cooperación no incluye violación alguna a la conciencia ni compromete la lealtad a Cristo y su Palabra como se revela en el Nuevo Testamento.

XV. EL CRISTIANO Y EL ORDEN SOCIAL

Todos los Cristianos están bajo la obligación de procurar hacer que la voluntad de Cristo sea soberana en nuestras propias vidas y en la sociedad humana. Los medios y los métodos usados para mejorar la sociedad y para el establecimiento de la justicia entre los hombres pueden ser verdadera y permanentemente útiles solamente cuando están enraizados en la regeneración del individuo por medio de la gracia salvadora de Dios en Jesucristo. En el espíritu de Cristo, los cristianos deben oponerse al racismo, a toda forma de codicia, egoísmo, vicio, a todas las formas de inmoralidad sexual, incluyendo el adulterio, la homosexualidad y la pornografía. Nosotros debemos trabajar para proveer para los huérfanos, los necesitados, los abusados, los ancianos, los indefensos y los enfermos. Debemos hablar a favor de los que no han nacido y luchar por la santidad de toda la vida humana desde la concepción hasta la muerte natural. Cada cristiano debe procurar hacer que la industria, el gobierno y la sociedad como un todo estén regidos por los principios de la justicia, la verdad y el amor fraternal. Para promover estos fines los Cristianos deben estar dispuestos a trabajar con todos los hombres de buena voluntad en cualquier causa, siendo siempre cuidadosos de actuar en el espíritu de amor sin comprometer su lealtad a Cristo y a su verdad.

XVI. PAZ Y GUERRA

Es el deber de todo cristiano buscar la paz con todos los hombres basándose en los principios de justicia. De acuerdo con el espíritu y las enseñanzas de Cristo, ellos deben hacer todo lo que esté de su parte para poner fin a la guerra.

El verdadero remedio al espíritu guerrero es el evangelio de nuestro Señor. La necesidad suprema del mundo es la aceptación de sus enseñanzas en todas las relaciones de hombres y naciones, y la aplicación práctica de su ley de amor. Las personas Cristianas en todo el mundo deben orar por el reino del Príncipe de Paz.

XVII. LIBERTAD DE RELIGION

Solamente Dios es Señor de la conciencia, y Él la ha dejado libre de las doctrinas y de los mandamientos de hombres que son contrarios a su Palabra o no contenidos en ella. La iglesia y el estado deben estar separados. El estado debe protección y completa libertad a toda iglesia en el ejercicio de sus fines espirituales. Al proveer tal libertad ningún grupo eclesiástico o denominación debe ser favorecida por el estado sobre otros grupos. Como el gobierno civil es ordenado por Dios, es deber de los Cristianos rendirle obediencia leal en todas las cosas que no son contrarias a la voluntad revelada de Dios. La iglesia no debe recurrir al poder civil para realizar su obra. El evangelio de Cristo considera solamente los medios espirituales para alcanzar sus fines. El estado no tiene derecho a imponer penalidades por opiniones religiosas de cualquier clase. El estado no tiene derecho a imponer impuestos para el sostenimiento de ninguna forma de religión. El ideal cristiano es el de una iglesia libre en un estado libre, y esto implica el derecho para todos los hombres del acceso libre y sin obstáculos a Dios, y el derecho a formar y propagar opiniones en la esfera de la religión, sin interferencia por parte del poder civil.

★   ★   ★

DECLARACIÓN DE CHICAGO SOBRE LA INFALIBILIDAD BÍBLICA
(1978)

PREFACIO

La autoridad de las Escrituras es un elemento central para la Iglesia Cristiana tanto en esta época como en toda otra. Los que profesan su fe en Jesucristo como Señor y Salvador son llamados a demostrar la realidad del discipulado obedeciendo la Palabra escrita de Dios en una forma humilde y fiel. El apartarse de las Escrituras en lo que se refiere a fe y conducta es demostrar deslealtad a nuestro Señor. El reconocimiento de la verdad total y de la veracidad de las Santas Escrituras es esencial para captar y confesar su autoridad en una forma completa y adecuada.

La Declaración siguiente afirma esta inerrabilidad de las Escrituras dándole un nuevo enfoque, haciendo más clara su comprensión y sirviéndonos de advertencia en caso de denegación. Estamos convencidos de que el acto de negarla es como poner a un lado el testimonio de Jesucristo y del Espíritu Santo, como también el no someterse a las demandas de la Palabra de Dios que es el signo de la verdadera fe cristiana. Reconocemos que es nuestra responsabilidad hacer esta Declaración al encontrarnos con la presente negación de la inerrabilidad que existe entre cristianos, y los malentendidos que hay acerca de esta doctrina en el mundo en general.

Esta Declaración consta de tres partes: un Resumen, los Artículos de Afirmación y de Negación, y una Exposición que acompaña a éstos, la cual no estará incluida en este escrito. Todo esto ha sido preparado durante tres días de estudio consultivo en Chicago. Los que firmaron el Resumen y los Artículos desean declarar sus propias convicciones acerca de la inerrabilidad de las Escrituras; también desean alentar y desafiar a todos los cristianos a crecer en la apreciación y entendimiento de esta doctrina. Reconocemos las limitaciones de un documento preparado en una breve e intensa conferencia, y de ninguna manera proponemos que se lo considere como parte del credo cristiano. Aun así nos regocijamos en la profundización de nuestras creencias durante las deliberaciones, y oramos para que esta Declaración que hemos firmado sea usada para la gloria de nuestro Dios y nos lleve a una nueva reforma de la Iglesia en su fe, vida y misión.

Ofrecemos este Documento en un espíritu de amor y humildad, no de disputa. Por la gracia de Dios, deseamos mantener este espíritu a través de cualquier diálogo futuro que surja a causa de lo que hemos dicho. Reconocemos sinceramente que muchos de los que niegan la inerrabilidad de las Escrituras, no muestran las consecuencias de este rechazo en el resto de sus creencias y conducta, y estamos plenamente concientes de que nosotros, los que aceptamos esta doctrina, muy seguido la rechazamos en la vida diaria, por no someter nuestros pensamientos, acciones, tradiciones y hábitos a la Palabra de Dios.

Nos gustaría saber las reacciones que tengan los que hayan leído esta Declaración y vean alguna razón para enmendar las afirmaciones acerca de las Escrituras, siempre basándose en las mismas, sobre cuya autoridad infalible nos basamos. Estaremos muy agradecidos por cualquier ayuda que nos permita reforzar este testimonio acerca de la Palabra de Dios, y no pretendemos tener infalibilidad personal sobre la atestación que presentamos, estaremos agradecidos por cualquier ayuda que nos permita fortalecer este testimonio de la Palabra de Dios.

UNA DECLARACION BREVE

1. Dios, que es la Verdad misma y dice solamente la verdad, ha inspirado las Sagradas Escrituras para de este modo revelarse al mundo perdido a través de Jesucristo como Creador y Señor, Redentor y Juez. Las Sagradas Escrituras son testimonio de Dios acerca de sí mismo.

2. Las Sagradas Escrituras, siendo la Palabra del propio Dios, escrita por hombres preparados y dirigidos por su Espíritu, tienen autoridad divina infalible en todos los temas que tocan; deben ser obedecidas como mandamientos de Dios en todo lo que ellas requieren; deben de ser acogidas como garantía de Dios en todo lo que prometen.

3. El Espíritu Santo, autor divino de las Escrituras, las autentifica en nuestro propio espíritu por medio de su testimonio y abre nuestro entendimiento para comprender su significado.

4. Siendo completa y verbalmente dadas por Dios, las Escrituras son sin error o falta en todas sus enseñanzas, tanto en lo que declaran acerca de los actos de creación de Dios, acerca de los eventos de la historia del mundo, acerca de su propio origen literario bajo la dirección de Dios, como en su testimonio de la gracia redentora de Dios en la vida de cada persona.

5. La autoridad de la Escrituras es inevitablemente afectada si esta inerrabilidad divina es de algún modo limitada o ignorada, o es sometida a cierta opinión de la verdad que es contraria a la de la Biblia; tales posiciones ideológicas causan grandes pérdidas al individuo y a la Iglesia.

ARTÍCULOS DE AFIRMACIÓN Y DE NEGACIÓN

ARTÍCULO I

Afirmamos que las Santas Escrituras deben de ser recibidas como la absoluta Palabra de Dios.

Negamos que las Escrituras reciban su autoridad de la Iglesia, de la tradición o de cualquier otra fuente humana.

ARTÍCULO II

Afirmamos que las Escrituras son la suprema norma escrita por la cual Dios enlaza la conciencia, y que la autoridad de la Iglesia está bajo la autoridad de las Escrituras. Negamos que los credos de la Iglesia, los concilios o las declaraciones tengan mayor o igual autoridad que la autoridad de la Biblia.

ARTÍCULO III

Afirmamos que la Palabra escrita es en su totalidad la revelación dada por Dios. Negamos que la Biblia sea simplemente un testimonio de la revelación, o sólo se convierta en revelación cuando haya contacto con ella, o dependa de la reacción del hombre para confirmar su validez.

ARTÍCULO IV

Afirmamos que Dios, el cual hizo al hombre en su imagen, usó el lenguaje como medio para comunicar su revelación.

Negamos que el lenguaje humano esté tan limitado por nuestra humanidad que sea inadecuado como un medio de revelación divina. Negamos además que la corrupción de la cultura humana y del lenguaje por el pecado haya coartado la obra de inspiración de Dios.

ARTÍCULO V

Afirmamos que la revelación de Dios en las Sagradas Escrituras fue hecha en una forma progresiva.

Negamos que una revelación posterior, la cual puede completar una revelación inicial, pueda en alguna forma corregirla o contradecirla. Negamos además que alguna revelación normativa haya sido dada desde que el Nuevo Testamento fue completado.

ARTÍCULO VI

Afirmamos que las Sagradas Escrituras en su totalidad y en cada una de sus partes, aún las palabras escritas originalmente, fueron divinamente inspiradas.

Negamos que la inspiración de las Escrituras pueda ser considerada como correcta solamente en su totalidad al margen de sus partes, o correcta en alguna de sus partes pero no en su totalidad.

ARTÍCULO VII

Afirmamos que la inspiración fue una obra por la cual Dios, por medio de su Espíritu y de escritores humanos, nos dio su Palabra. El origen de la Escrituras es divino. El modo usado para transmitir esta inspiración divina continúa siendo, en gran parte, un misterio para nosotros.

Negamos que esta inspiración sea el resultado de la percepción humana, o de altos niveles de concientización de cualquier clase.

ARTÍCULO VIII

Afirmamos que Dios, en su obra de inspiración, usó la personalidad característica y el estilo literario de cada uno de los escritores que El había elegido y preparado. Negamos que Dios haya anulado las personalidades de los escritores cuando causó que ellos usaran las palabras exactas que El había elegido.

ARTÍCULO IX

Afirmamos que la inspiración de Dios, la cual de ninguna manera les concedía omnisciencia a los autores bíblicos, les garantizaba sin embargo, que sus declaraciones eran verdaderas y fidedignas en todo a lo que éstos fueron impulsados a hablar y a escribir.

Negamos que la finitud o el estado de perdición de estos escritores, por necesidad o por cualquier otro motivo, introdujeran alguna distorsión de la verdad o alguna falsedad en la Palabra de Dios.

ARTÍCULO X

Afirmamos que la inspiración de Dios, en sentido estricto, se aplica solamente al texto autográfico de las Escrituras, el cual gracias a la providencia de Dios, puede ser comprobado con gran exactitud por los manuscritos que están a la disposición de todos los interesados. Afirmamos además que las copias y traducciones de la Escrituras son la Palabra de Dios hasta el punto en que representen fielmente los manuscritos originales.

Negamos que algún elemento esencial de la fe cristiana esté afectado por la ausencia de los textos autográficos. Negamos además de que la ausencia de dichos textos resulte en que la reafirmación de la inerrabilidad bíblica sea considerada como inválida o irrelevante.

ARTÍCULO XI

Afirmamos que las Escrituras, habiendo sido divinamente inspiradas, son infalibles de modo que nunca nos podrían engañar, y son verdaderas y fiables en todo lo referente a los asuntos que trata.

Negamos que sea posible que la Biblia en sus declaraciones, sea infalible y errada al mismo tiempo. La infalibilidad y la inerrabilidad pueden ser diferenciadas pero no separadas.

ARTÍCULO XII

Afirmamos que la Biblia es inerrable en su totalidad y está libre de falsedades, fraudes o engaños.

Negamos que la infalibilidad y la inerrabilidad de la Biblia sean sólo en lo que se refiera a temas espirituales, religiosos o redentores, y no a las especialidades de historia y ciencia. Negamos además que las hipótesis científicas de la historia terrestre puedan ser usadas para invalidar lo que enseñan las Escrituras acerca de la creación y del diluvio universal.

ARTÍCULO XIII

Afirmamos que el uso de la palabra inerrabilidad es correcto como término teológico para referirnos a la completa veracidad de las Escrituras.

Negamos que sea correcto evaluar las Escrituras de acuerdo con las normas de verdad y error que sean ajenas a su uso o propósito. Negamos además que la inerrabilidad sea invalidada por fenómenos bíblicos como la falta de precisión técnica moderna, las irregularidades gramaticales u ortográficas, las descripciones observables de la naturaleza, el reportaje de falsedades, el uso de hipérboles y de números completos, el arreglo temático del material, la selección de material diferente en versiones paralelas, o el uso de citas libres.

ARTÍCULO XIV

Afirmamos la unidad y consistencia intrínsecas de las Escrituras.

Negamos que presuntos errores y discrepancias que todavía no hayan sido resueltos menoscaben las verdades declaradas en la Biblia.

ARTÍCULO XV

Afirmamos que la doctrina de la inerrabilidad está basada en la enseñanza bíblica acerca de la inspiración.

Negamos que las enseñanzas de Jesús acerca de las Escrituras puedan ser descartadas por apelaciones a complacer o a acomodarse a sucesos de actualidad, o por cualquier limitación natural de su humanidad.

ARTÍCULO XVI

Afirmamos que la doctrina de la inerrabilidad ha sido esencial durante la historia de la Iglesia en lo que a su fe se refiere.

Negamos que la inerrabilidad sea una doctrina inventada por el protestantismo académico, o de que sea una posición reaccionaria postulada en respuesta a una crítica negativa de alto nivel intelectual.

ARTÍCULO XVII

Afirmamos que el Espíritu Santo da testimonio de las Escrituras y asegura a los creyentes de la veracidad de la Palabra escrita de Dios.

Negamos que este testimonio del Espíritu Santo obre separadamente de las Escrituras o contra ellas.

ARTÍCULO XVIII

Afirmamos que el texto de las Escrituras debe interpretarse por la exégesis gramática histórica, teniendo en cuenta sus formas y recursos literarios, y de que las Escrituras deben ser usadas para interpretar cualquier parte de sí mismas.

Rechazamos la legitimidad de cualquier manera de cambio del texto de las Escrituras, o de la búsqueda de fuentes que puedan llevar a que sus enseñanzas se consideren relativas y no históricas, descartándolas o rechazando su declaración de autoría.

ARTÍCULO XIX

Afirmamos que una confesión de la completa autoridad, infalibilidad e inerrabilidad de las Escrituras es fundamental para tener una comprensión sólida de la totalidad de la fe cristiana. Afirmamos además que dicha confesión tendría que llevarnos a una mayor conformidad a la imagen de Jesucristo.

Negamos que dicha confesión sea necesaria para ser salvo. Negamos además, sin embargo, de que esta inerrabilidad pueda ser rechazada sin que tenga graves consecuencias para el individuo y para la Iglesia.

Apéndice 2:
Pasajes bíblicos para memorizar de la RVR60 y DHH

Los pasajes bíblicos para memorizar que aparecen al final de cada capítulo son de la *Nueva Versión Internacional*. Este apéndice incluye todos los pasajes tomados de otras dos versiones comunes, la *Reina-Valera 1960* y la versión *Dios Habla Hoy*.

PASAJES EN RVR 1960

CAPÍTULO 1: MATEO 28:18-20:

Y Jesús se acercó y les habló diciendo: Toda potestad me es dada en el cielo y en la tierra. Por tanto, id, y haced discípulos a todas las naciones,(A) bautizándolos en el nombre del Padre, y del Hijo, y del Espíritu Santo; enseñándoles que guarden todas las cosas que os he mandado; y he aquí yo estoy con vosotros todos los días, hasta el fin del mundo. Amén.

CAPÍTULO 2: SALMOS 1:1-2:

Bienaventurado el varón que no anduvo en consejo de malos, Ni estuvo en camino de pecadores, Ni en silla de escarnecedores se ha sentado; Sino que en la ley de Jehová está su delicia, Y en su ley medita de día y de noche.

CAPÍTULO 3: HEBREOS 1:1-2:

Dios, habiendo hablado muchas veces y de muchas maneras en otro tiempo a los padres por los profetas, en estos postreros días nos ha hablado por el Hijo, a quien constituyó heredero de todo, y por quien asimismo hizo el universo;

CAPÍTULO 4: 2 TIMOTEO 3:16:

Toda la Escritura es inspirada por Dios, y útil para enseñar, para redarg:uir, para corregir, para instruir en justicia.

CAPÍTULO 5: SALMOS 12:6:

Las palabras de Jehová son palabras limpias, Como plata refinada en horno de tierra, Purificada siete veces.

CAPÍTULO 6: DEUTERONOMIO 6:6-7

Y estas palabras que yo te mando hoy, estarán sobre tu corazón; y las repetirás a tus hijos, y hablarás de ellas estando en tu casa, y andando por el camino, y al acostarte, y cuando te levantes.

CAPÍTULO 7: MATEO 4:4

El respondió y dijo: Escrito está: No sólo de pan vivirá el hombre, sino de toda palabra que sale de la boca de Dios.

CAPÍTULO 8: SALMO 119:1

Bienaventurados los perfectos de camino, Los que andan en la ley de Jehová.

CAPÍTULO 9: ROMANOS 1:18-20

Porque la ira de Dios se revela desde el cielo contra toda impiedad e injusticia de los hombres que detienen con injusticia la verdad; porque lo que de Dios se conoce les es manifiesto, pues Dios se lo manifestó. Porque las cosas invisibles de él, su eterno poder y deidad, se hacen claramente visibles desde la creación del mundo, siendo entendidas por medio de las cosas hechas, de modo que no tienen excusa.

CAPÍTULO 10: SALMO 145:1-3:

Te exaltaré, mi Dios, mi Rey, Y bendeciré tu nombre eternamente y para siempre. Cada día te bendeciré, Y alabaré tu nombre eternamente y para siempre. Grande es Jehová, y digno de suprema alabanza; Y su grandeza es inescrutable.

CAPÍTULO 11: SALMO 102:25-27:

Desde el principio tú fundaste la tierra, Y los cielos son obra de tus manos. Ellos perecerán, mas tú permanecerás; Y todos ellos como una vestidura se envejecerán; Como un vestido los mudarás, y serán mudados; Pero tú eres el mismo, Y tus años no se acabarán.

CAPÍTULO 12: ÉXODO 34:6-7:

Y pasando Jehová por delante de él, proclamó: ¡Jehová! ¡Jehová! fuerte, misericordioso y piadoso; tardo para la ira, y grande en misericordia y verdad; que guarda misericordia a millares, que perdona la iniquidad, la rebelión y el pecado, y que de ningún modo tendrá por inocente al malvado; que visita la iniquidad de los padres sobre los hijos y sobre los hijos de los hijos, hasta la tercera y cuarta generación.

CAPÍTULO 13: SALMO 73:25-26:

¿A quién tengo yo en los cielos sino a ti? Y fuera de ti nada deseo en la tierra. Mi carne y mi corazón desfallecen; Mas la roca de mi corazón y mi porción es Dios para siempre.

CAPÍTULO 14: MATEO 3:16-17:

Y Jesús, después que fue bautizado, subió luego del agua; y he aquí los cielos le fueron abiertos, y vio al Espíritu de Dios que descendía como paloma, y venía sobre él. Y hubo una voz de los cielos, que decía: Este es mi Hijo amado, en quien tengo complacencia.

CAPÍTULO 15: NEHEMÍAS 9:6

Tú solo eres Jehová; tú hiciste los cielos, y los cielos de los cielos, con todo su ejército, la tierra y todo lo que está en ella, los mares y todo lo que hay en ellos; y tú vivificas todas estas cosas, y los ejércitos de los cielos te adoran.

CAPITULO 16: ROMANOS 8:28

Y sabemos que a los que aman a Dios, todas las cosas les ayudan a bien, esto es, a los que conforme a su propósito son llamados.

CAPÍTULO 17: HEBREOS 2:3-4

¿Cómo escaparemos nosotros, si descuidamos una salvación tan grande? La cual, habiendo sido anunciada primeramente por el Señor, nos fue confirmada por los que oyeron, testificando Dios juntamente con ellos, con señales y prodigios y diversos milagros y repartimientos del Espíritu Santo según su voluntad.

CAPÍTULO 18: HEBREOS 4:14-16:

Por tanto, teniendo un gran sumo sacerdote que traspasó los cielos, Jesús el Hijo de Dios, retengamos nuestra profesión. Porque no tenemos un sumo sacerdote que no pueda compadecerse de nuestras debilidades, sino uno que fue tentado en todo según nuestra semejanza, pero sin pecado. Acerquémonos, pues, confiadamente al trono de la gracia, para alcanzar misericordia y hallar gracia para el oportuno socorro.

CAPÍTULO 19: APOCALIPSIS 5:11-12

Y miré, y oí la voz de muchos ángeles alrededor del trono, y de los seres vivientes, y de los ancianos; y su número era millones de millones, que decían a gran voz: El Cordero que fue inmolado es digno de tomar el poder, las riquezas, la sabiduría, la fortaleza, la honra, la gloria y la alabanza.

CAPÍTULO 20: SANTIAGO 4:7-8:

Someteos, pues, a Dios; resistid al diablo, y huirá de vosotros. Acercaos a Dios, y él se acercará a vosotros. Pecadores, limpiad las manos; y vosotros los de doble ánimo, purificad vuestros corazones.

CAPÍTULO 21: GÉNESIS 1:26-27:

Entonces dijo Dios: Hagamos al hombre a nuestra imagen, conforme a nuestra semejanza; y señoree en los peces del mar, en las aves de los cielos, en las bestias, en toda la tierra, y en todo animal que se arrastra sobre la tierra. Y creó Dios al hombre a su imagen, a imagen de Dios lo creó; varón y hembra los creó.

CAPÍTULO 22: COLOSENSES 3:18-19:

Casadas, estad sujetas a vuestros maridos, como conviene en el Señor. Maridos, amad a vuestras mujeres, y no seáis ásperos con ellas.

CAPÍTULO 23: 2 CORINTIOS 7:1:

Así que, amados, puesto que tenemos tales promesas, limpiémonos de toda contaminación de carne y de espíritu, perfeccionando la santidad en el temor de Dios.

CAPÍTULO 24: SALMOS 51:1-4:

Ten piedad de mí, oh Dios, conforme a tu misericordia; Conforme a la multitud de tus piedades borra mis rebeliones. Lávame más y más de mi maldad, Y límpiame de mi pecado. Porque yo reconozco mis rebeliones, Y mi pecado está siempre delante de mí. Contra ti, contra ti solo he pecado, Y he hecho lo malo delante de tus ojos; Para que seas reconocido justo en tu palabra, Y tenido por puro en tu juicio.

CAPÍTULO 25: HEBREOS 8:10:

Por lo cual, este es el pacto que haré con la casa de Israel después de aquellos días, dice el Señor: Pondré mis leyes en la mente de ellos, y sobre su corazón las escribiré; y seré a ellos por Dios, y ellos me serán a mí por pueblo;

CAPÍTULO 26: JUAN 1:14:

Y aquel Verbo fue hecho carne, y habitó entre nosotros (y vimos su gloria, gloria como del unigénito del Padre), lleno de gracia y de verdad.

CAPÍTULO 27: ROMANOS 3:23-26:

Por cuanto todos pecaron, y están destituidos de la gloria de Dios, siendo justificados gratuitamente por su gracia, mediante la redención que es en Cristo Jesús, a quien Dios puso como propiciación por medio de la fe en su sangre, para manifestar su justicia, a causa de haber pasado por alto, en su paciencia, los pecados pasados, con la mira de manifestar en este tiempo su justicia, a fin de que él sea el justo, y el que justifica al que es de la fe de Jesús.

CAPÍTULO 28: 1 CORINTIOS 15:20-23:

Mas ahora Cristo ha resucitado de los muertos; primicias de los que durmieron es hecho. Porque por cuanto la muerte entró por un hombre, también por un hombre la resurrección de los muertos. Porque así como en Adán todos mueren, también en Cristo todos serán vivificados. Pero cada uno en su debido orden: Cristo, las primicias; luego los que son de Cristo, en su venida.

CAPÍTULO 29: 1 PEDRO 2:9-10:

Mas vosotros sois linaje escogido, real sacerdocio, nación santa, pueblo adquirido por Dios, para que anunciéis las virtudes de aquel que os llamó de las tinieblas a su luz admirable; vosotros que en otro tiempo no erais pueblo, pero que ahora sois pueblo de Dios; que en otro tiempo no habíais alcanzado misericordia, pero ahora habéis alcanzado misericordia.

CAPÍTULO 30: ROMANOS 8:12-14:

Así que, hermanos, deudores somos, no a la carne, para que vivamos conforme a la carne; porque si vivís conforme a la carne, moriréis; mas si por el Espíritu hacéis morir las obras de la carne, viviréis. Porque todos los que son guiados por el Espíritu de Dios, éstos son hijos de Dios.

CAPÍTULO 31: LUCAS 6:35-36:

Amad, pues, a vuestros enemigos, y haced bien, y prestad, no esperando de ello nada; y será vuestro galardón grande, y seréis hijos del Altísimo; porque él es benigno para con los ingratos y malos. Sed, pues, misericordiosos, como también vuestro Padre es misericordioso.

CAPÍTULO 32: EFESIOS 1:3-6:

Bendito sea el Dios y Padre de nuestro Señor Jesucristo, que nos bendijo con toda bendición espiritual en los lugares celestiales en Cristo, según nos escogió en él antes de la fundación del mundo, para que fuésemos santos y sin mancha delante de él, en amor habiéndonos predestinado para ser adoptados hijos suyos por medio de Jesucristo, según el puro afecto de su voluntad, para alabanza de la gloria de su gracia, con la cual nos hizo aceptos en el Amado,

CAPÍTULO 33: MATEO 11:28-30:

Venid a mí todos los que estáis trabajados y cargados, y yo os haré descansar. Llevad mi yugo sobre vosotros, y aprended de mí, que soy manso y humilde de corazón; y hallaréis descanso para vuestras almas; porque mi yugo es fácil, y ligera mi carga.

CAPÍTULO 34: JUAN 3:5-8:

Respondió Jesús: De cierto, de cierto te digo, que el que no naciere de agua y del Espíritu, no puede entrar en el reino de Dios. Lo que es nacido de la carne, carne es; y lo que es nacido del Espíritu, espíritu es. No te maravilles de que te dije: Os es necesario nacer de nuevo. El viento sopla de donde quiere, y oyes su sonido; mas ni sabes de dónde viene, ni a dónde va; así es todo aquel que es nacido del Espíritu.

CAPÍTULO 35: JUAN 3:16:

Porque de tal manera amó Dios al mundo, que ha dado a su Hijo unigénito, para que todo aquel que en él cree, no se pierda, mas tenga vida eterna.

CAPÍTULO 36: ROMANOS 3:27-28:

¿Dónde, pues, está la jactancia? Queda excluida. ¿Por cuál ley? ¿Por la de las obras? No, sino por la ley de la fe. Concluimos, pues, que el hombre es justificado por fe sin las obras de la ley.

CAPÍTULO 37: ROMANOS 8:14-17:

Porque todos los que son guiados por el Espíritu de Dios, éstos son hijos de Dios. Pues no habéis recibido el espíritu de esclavitud para estar otra vez en temor, sino que habéis recibido el espíritu de adopción, por el cual clamamos: ¡Abba, Padre! El Espíritu mismo da testimonio a nuestro espíritu, de que somos hijos de Dios. Y si hijos, también herederos; herederos de Dios y coherederos con Cristo, si es que padecemos juntamente con él, para que juntamente con él seamos glorificados.

CAPÍTULO 38: ROMANOS 6:11-14:

Así también vosotros consideraos muertos al pecado, pero vivos para Dios en Cristo Jesús, Señor nuestro. No reine, pues, el pecado en vuestro cuerpo mortal, de modo que lo obedezcáis en sus concupiscencias; ni tampoco presentéis vuestros miembros al pecado como instrumentos de iniquidad, sino presentaos vosotros mismos a Dios como vivos de entre los muertos, y vuestros miembros a Dios como instrumentos de justicia. Porque el pecado no se enseñoreará de vosotros; pues no estáis bajo la ley, sino bajo la gracia.

CAPÍTULO 39: 1 CORINTHIANS 12:12-13:

El cuerpo humano, aunque está formado por muchos miembros, es un solo cuerpo. Así también Cristo. Y de la misma manera, todos nosotros, judíos o no judíos, esclavos o libres, fuimos bautizados para formar un solo cuerpo por medio de un solo Espíritu; y a todos se nos dio a beber de ese mismo Espíritu.

CAPÍTULO 40: JUAN 10:27-28:

Mis ovejas oyen mi voz, y yo las conozco, y me siguen, y yo les doy vida eterna; y no perecerán jamás, ni nadie las arrebatará de mi mano.

CAPÍTULO 41: FILIPENSES 1:20-24:

Conforme a mi anhelo y esperanza de que en nada seré avergonzado; antes bien con toda confianza, como siempre, ahora también será magnificado Cristo en mi cuerpo, o por vida o por muerte. Porque para mí el vivir es Cristo, y el morir es ganancia. Mas si el vivir en la carne resulta para mí en beneficio de la obra, no sé entonces qué escoger. Porque de ambas cosas estoy puesto en estrecho, teniendo deseo de partir y estar con Cristo, lo cual es muchísimo mejor; pero quedar en la carne es más necesario por causa de vosotros.

CAPÍTULO 42: 1 CORINTIOS 15:42-44:

Así también es la resurrección de los muertos. Se siembra en corrupción, resucitará en incorrupción. Se siembra en deshonra, resucitará en gloria; se siembra en debilidad, resucitará en poder. Se siembra cuerpo animal, resucitará cuerpo espiritual. Hay cuerpo animal, y hay cuerpo espiritual.

CAPÍTULO 43: GÁLATAS 2:20:

Con Cristo estoy juntamente crucificado, y ya no vivo yo, mas vive Cristo en mí; y lo que ahora vivo en la carne, lo vivo en la fe del Hijo de Dios, el cual me amó y se entregó a sí mismo por mí.

CAPÍTULO 44: EFESIOS 4:11-13

Y él mismo constituyó a unos, apóstoles; a otros, profetas; a otros, evangelistas; a otros, pastores y maestros, a fin de perfeccionar a los santos para la obra del ministerio, para la edificación del cuerpo de Cristo, hasta que todos lleguemos a la unidad de la fe y del conocimiento del Hijo de Dios, a un varón perfecto, a la medida de la estatura de la plenitud de Cristo;

CAPÍTULO 45: EFESIOS 4:14-16:

Para que ya no seamos niños fluctuantes, llevados por doquiera de todo viento de doctrina, por estratagema de hombres que para engañar emplean con astucia las artimañas del error, sino que siguiendo la verdad en amor, crezcamos en todo en aquel que es la cabeza, esto es, Cristo, de quien todo el cuerpo, bien concertado y unido entre sí por todas las coyunturas que se ayudan mutuamente, según la actividad propia de cada miembro, recibe su crecimiento para ir edificándose en amor.

CAPÍTULO 46: 2 CORINTIOS 10:3-4:

Pues aunque andamos en la carne, no militamos según la carne; porque las armas de nuestra milicia no son carnales, sino poderosas en Dios para la destrucción de fortalezas,

CAPÍTULO 47: 1 PEDRO 5:1-4:

Ruego a los ancianos que están entre vosotros, yo anciano también con ellos, y testigo de los padecimientos de Cristo, que soy también participante de la gloria que será revelada: Apacentad la grey de Dios que está entre vosotros, cuidando de ella, no por fuerza, sino voluntariamente; no por ganancia deshonesta, sino con ánimo pronto; no como teniendo señorío sobre los que están a vuestro cuidado, sino siendo ejemplos de la grey. Y cuando aparezca el Príncipe de los pastores, vosotros recibiréis la corona incorruptible de gloria.

CAPÍTULO 48: HECHOS 2:41-42:

Así que, los que recibieron su palabra fueron bautizados; y se añadieron aquel día como tres mil personas. Y perseveraban en la doctrina de los apóstoles, en la comunión unos con otros, en el partimiento del pan y en las oraciones.

CAPÍTULO 49: ROMANOS 6:3-4:

¿O no sabéis que todos los que hemos sido bautizados en Cristo Jesús, hemos sido bautizados en su muerte? 4 Porque somos sepultados juntamente con él para muerte por el bautismo, a fin de que como Cristo resucitó de los muertos por la gloria del Padre, así también nosotros andemos en vida nueva.

CAPÍTULO 50: 1 CORINTIOS 11:23-26:

Porque yo recibí del Señor lo que también os he enseñado: Que el Señor Jesús, la n che que fue entregado, tomó pan; y habiendo dado gracias, lo partió, y dijo: Tomad, c med; esto es mi cuerpo que por vosotros es partido; haced esto en memoria de n Asimismo tomó también la copa, después de haber cenado, diciendo: Esta copa es el nu vo pacto en mi sangre; haced esto todas las veces que la bebiereis, en memoria de mí. A pues, todas las veces que comiereis este pan, y bebiereis esta copa, la muerte del Señ anunciáis hasta que él venga.

CAPÍTULO 51: APOCALIPSIS 4:11:

Señor, digno eres de recibir la gloria y la honra y el poder; porque tú creaste todas cosas, y por tu voluntad existen y fueron creadas.

CAPÍTULO 52: 1 PEDRO 4:10-11

Cada uno según el don que ha recibido, minístrelo a los otros, como buenos admin tradores de la multiforme gracia de Dios. Si alguno habla, hable conforme a las palab de Dios; si alguno ministra, ministre conforme al poder que Dios da, para que en todo s Dios glorificado por Jesucristo, a quien pertenecen la gloria y el imperio por los siglos los siglos. Amén.

CAPÍTULO 53: 1 CORINTIOS 12:7-11:

Pero a cada uno le es dada la manifestación del Espíritu para provecho. Porque a é es dada por el Espíritu palabra de sabiduría; a otro, palabra de ciencia según el mis Espíritu; a otro, fe por el mismo Espíritu; y a otro, dones de sanidades por el mismo Es ritu. A otro, el hacer milagros; a otro, profecía; a otro, discernimiento de espíritus; a ot diversos géneros de lenguas; y a otro, interpretación de lenguas. Pero todas estas cosas hace uno y el mismo Espíritu, repartiendo a cada uno en particular como él quiere.

PASAJES EN DHH

CAPÍTULO 1: MATEO 28:18-20:

Jesús se acercó a ellos y les dijo:
—Dios me ha dado toda autoridad en el cielo y en la tierra. Vayan, pues, a las gentes todas las naciones, y háganlas mis discípulos; bautícenlas en el nombre del Padre, del F y del Espíritu Santo, y enséñenles a obedecer todo lo que les he mandado a ustedes. I mi parte, yo estaré con ustedes todos los días, hasta el fin del mundo.

CAPÍTULO 2: SALMOS 1:1-2:

Feliz el hombre que no sigue el consejo de los malvados, ni va por el camino de los cadores, ni hace causa común con los que se burlan de Dios, sino que pone su amor e ley del Señor y en ella medita noche y día.

CAPÍTULO 3: HEBREOS 1:1-2:

En tiempos antiguos Dios habló a nuestros antepasados muchas veces y de muc maneras por medio de los profetas. Ahora, en estos tiempos últimos, nos ha hablado su Hijo, mediante el cual creó los mundos y al cual ha hecho heredero de todas las cosas.

CAPÍTULO 4: 2 TIMOTEO 3:16:

Toda Escritura está inspirada por Dios y es útil para enseñar y reprender, para corregir y educar en una vida de rectitud

CAPÍTULO 5: SALMOS 12:6:

Las promesas del Señor son puras; ¡son como la plata más pura, refinada en el horno siete veces!

CAPÍTULO 6:DEUTERONOMIO 6:6-7

Grábate en la mente todas las cosas que hoy te he dicho, y enséñaselas continuamente a tus hijos; háblales de ellas, tanto en tu casa como en el camino, y cuando te acuestes y cuando te levantes.

CAPÍTULO 7: MATEO 4:4

Pero Jesús le contestó:
—La Escritura dice: 'No solo de pan vivirá el hombre, sino también de toda palabra que salga de los labios de Dios.

CAPÍTULO 8: SALMO 119:1

Felices los que se conducen sin tacha y siguen la enseñanza del Señor.

CAPÍTULO 9: ROMANOS 1:18-20

Pues Dios muestra su ira castigando desde el cielo a toda la gente mala e injusta, que con su injusticia mantiene prisionera la verdad. Lo que de Dios se puede conocer, ellos lo conocen muy bien, porque él mismo se lo ha mostrado; pues lo invisible de Dios se puede llegar a conocer, si se reflexiona en lo que él ha hecho. En efecto, desde que el mundo fue creado, claramente se ha podido ver que él es Dios y que su poder nunca tendrá fin. Por eso los malvados no tienen disculpa.

CAPÍTULO 10: SALMO 145:1-3:

Hablaré de tu grandeza, mi Dios y Rey; bendeciré tu nombre por siempre. Diariamente te bendeciré; alabaré tu nombre por siempre. El Señor es grande y muy digno de alabanza; su grandeza excede nuestro entendimiento.

CAPÍTULO 11: SALMO 102:25-27:

Afirmaste la tierra desde el principio; tú mismo hiciste el cielo. Todo ello dejará de existir, pero tú permaneces firme. Todo ello se gastará, como la ropa; ¡tú lo cambiarás y quedará cambiado, como quien se cambia de ropa! Pero tú eres el mismo; tus años nunca terminarán.

CAPÍTULO 12: ÉXODO 34:6-7:

Pasó delante de Moisés, diciendo en voz alta:
—¡El Señor! ¡El Señor! ¡Dios tierno y compasivo, paciente y grande en amor y

verdad! 7 Por mil generaciones se mantiene fiel en su amor y perdona la maldad, la rebeldía y el pecado; pero no deja sin castigo al culpable, sino que castiga la maldad de los padres en los hijos y en los nietos, en los bisnietos y en los tataranietos.

CAPÍTULO 13: SALMO 73:25-26:

¿A quién tengo en el cielo? ¡Solo a ti! Estando contigo nada quiero en la tierra. Todo mi ser se consume, pero Dios es mi herencia eterna y el que sostiene mi corazón.

CAPÍTULO 14: MATEO 3:16-17:

En cuanto Jesús fue bautizado y salió del agua, el cielo se le abrió y vio que el Espíritu de Dios bajaba sobre él como una paloma. 17 Se oyó entonces una voz del cielo, que decía: «Este es mi Hijo amado, a quien he elegido.»

CAPÍTULO 15: NEHEMÍAS 9:6

Y Esdras dijo: «Tú eres el Señor, y nadie más. Tú hiciste el cielo y lo más alto del cielo, y todas sus estrellas; tú hiciste la tierra y todo lo que hay en ella, los mares y todo lo que contienen. Tú das vida a todas las cosas. Por eso te adoran las estrellas del cielo».

CAPITULO 16: ROMANOS 8:28

Sabemos que Dios dispone todas las cosas para el bien de quienes lo aman, a los cuales él ha llamado de acuerdo con su propósito.

CAPÍTULO 17: HEBREOS 2:3-4

¿Cómo, pues, escaparemos nosotros, si descuidamos una salvación tan grande? Pues el mismo Señor fue quien anunció primero esta salvación, la cual después confirmaron entre nosotros los que oyeron ese mensaje. Además, Dios la ha confirmado con señales, maravillas y muchos milagros, y por medio del Espíritu Santo, que nos ha dado de diferentes maneras, conforme a su voluntad.

CAPÍTULO 18: HEBREOS 4:14-16:

Jesús, el Hijo de Dios, es nuestro gran Sumo Sacerdote que ha entrado en el cielo. Por eso debemos seguir firmes en la fe que profesamos. Pues nuestro Sumo Sacerdote puede compadecerse de nuestra debilidad, porque él también estuvo sometido a las mismas pruebas que nosotros; solo que él jamás pecó. Acerquémonos, pues, con confianza al trono de nuestro Dios amoroso, para que él tenga misericordia de nosotros y en su bondad nos ayude en la hora de necesidad.

CAPÍTULO 19: APOCALIPSIS 5:11-12

Luego miré, y oí la voz de muchos ángeles que estaban alrededor del trono, de los seres vivientes y de los ancianos. Había millones y millones de ellos, y decían con fuerte voz: «¡El Cordero que fue sacrificado es digno de recibir el poder y la riqueza, la sabiduría y la fuerza, el honor, la gloria y la alabanza!»

CAPÍTULO 20: SANTIAGO 4:7-8:

Sométanse, pues, a Dios. Resistan al diablo, y este huirá de ustedes. Acérquense a Dios, y él se acercará a ustedes. ¡Límpiense las manos, pecadores! ¡Purifiquen sus corazones, ustedes que quieren amar a Dios y al mundo a la vez!

CAPÍTULO 21: GÉNESIS 1:26-27:

Entonces dijo: «Ahora hagamos al hombre a nuestra imagen. Él tendrá poder sobre los peces, las aves, los animales domésticos y los salvajes, y sobre los que se arrastran por el suelo.» Cuando Dios creó al hombre, lo creó a su imagen; varón y mujer los creó,

CAPÍTULO 22: COLOSENSES 3:18-19:

Esposas, sométanse a sus esposos, pues este es su deber como creyentes en el Señor. Esposos, amen a sus esposas y no las traten con aspereza.

CAPÍTULO 23: 2 CORINTIOS 7:1:

Así pues, queridos hermanos, estas son las promesas que tenemos. Por eso debemos mantenernos limpios de todo lo que pueda mancharnos, tanto en el cuerpo como en el espíritu; y en el temor de Dios procuremos alcanzar una completa santidad.

CAPÍTULO 24: SALMOS 51:1-4:

Por tu amor, oh Dios, ten compasión de mí; por tu gran ternura, borra mis culpas. ¡Lávame de mi maldad! ¡Límpiame de mi pecado! Reconozco que he sido rebelde; mi pecado no se borra de mi mente. Contra ti he pecado, y solo contra ti, haciendo lo malo, lo que tú condenas. Por eso tu sentencia es justa; irreprochable tu juicio.

CAPÍTULO 25: HEBREOS 8:10:

La alianza que haré con Israel después de aquellos días, será esta, dice el Señor: Pondré mis leyes en su mente y las escribiré en su corazón. Yo seré su Dios y ellos serán mi pueblo.

CAPÍTULO 26: JUAN 1:14:

Aquel que es la Palabra se hizo hombre y vivió entre nosotros. Y hemos visto su gloria, la gloria que recibió del Padre, por ser su Hijo único, abundante en amor y verdad.

CAPÍTULO 27: ROMANOS 3:23-26:

Todos han pecado y están lejos de la presencia gloriosa de Dios. Pero Dios, en su bondad y gratuitamente, los hace justos, mediante la liberación que realizó Cristo Jesús. Dios hizo que Cristo, al derramar su sangre, fuera el instrumento del perdón. Este perdón se alcanza por la fe. Así quería Dios mostrar cómo nos hace justos: perdonando los pecados que habíamos cometido antes, porque él es paciente. Él quería mostrar en el tiempo presente cómo nos hace justos; pues así como él es justo, hace justos a los que creen en Jesús.

CAPÍTULO 28: 1 CORINTIOS 15:20-23:

Pero lo cierto es que Cristo ha resucitado. Él es el primer fruto de la cosecha: ha sido el primero en resucitar. Así como por causa de un hombre vino la muerte, también por causa de un hombre viene la resurrección de los muertos. Y así como en Adán todos mueren, así también en Cristo todos tendrán vida. Pero cada uno en el orden que le corresponda: Cristo en primer lugar; después, cuando Cristo vuelva, los que son suyos.

CAPÍTULO 29: 1 PEDRO 2:9-10:

Pero ustedes son una familia escogida, un sacerdocio al servicio del rey, una nación santa, un pueblo adquirido por Dios. Y esto es así para que anuncien las obras maravillosas de Dios, el cual los llamó a salir de la oscuridad para entrar en su luz maravillosa. Ustedes antes ni siquiera eran pueblo, pero ahora son pueblo de Dios; antes Dios no les tenía compasión, pero ahora les tiene compasión.

CAPÍTULO 30: ROMANOS 8:12-14:

Así pues, hermanos, tenemos una obligación, pero no es la de vivir según las inclinaciones de la naturaleza débil. Porque si viven ustedes conforme a tales inclinaciones, morirán; pero si por medio del Espíritu hacen ustedes morir esas inclinaciones, vivirán. Todos los que son guiados por el Espíritu de Dios, son hijos de Dios.

CAPÍTULO 31: LUCAS 6:35-36:

Ustedes deben amar a sus enemigos, y hacer bien, y dar prestado sin esperar nada a cambio. Así será grande su recompensa, y ustedes serán hijos del Dios altísimo, que es también bondadoso con los desagradecidos y los malos. Sean ustedes compasivos, como también su Padre es compasivo.

CAPÍTULO 32: EFESIOS 1:3-6:

Alabado sea el Dios y Padre de nuestro Señor Jesucristo, pues en Cristo nos ha bendecido en los cielos con toda clase de bendiciones espirituales. Dios nos escogió en Cristo desde antes de la creación del mundo, para que fuéramos santos y sin defecto en su presencia. Por su amor, nos había destinado a ser adoptados como hijos suyos por medio de Jesucristo, hacia el cual nos ordenó, según la determinación bondadosa de su voluntad. Esto lo hizo para que alabemos siempre a Dios por su gloriosa bondad, con la cual nos bendijo mediante su amado Hijo.

CAPÍTULO 33: MATEO 11:28-30:

Vengan a mí todos ustedes que están cansados de sus trabajos y cargas, y yo los haré descansar. Acepten el yugo que les pongo, y aprendan de mí, que soy paciente y de corazón humilde; así encontrarán descanso. Porque el yugo que les pongo y la carga que les doy a llevar son ligeros.

CAPÍTULO 34: JUAN 3:5-8:

Jesús le contestó:

—Te aseguro que el que no nace de agua y del Espíritu, no puede entrar en el reino de Dios. Lo que nace de padres humanos, es humano; lo que nace del Espíritu, es espíritu. No te extrañes de que te diga: «Todos tienen que nacer de nuevo.» El viento sopla por donde quiere, y aunque oyes su ruido, no sabes de dónde viene ni a dónde va. Así son también todos los que nacen del Espíritu.

CAPÍTULO 35: JUAN 3:16:

Pues Dios amó tanto al mundo, que dio a su Hijo único, para que todo aquel que cree en él no muera, sino que tenga vida eterna.

CAPÍTULO 36: ROMANOS 3:27-28:

¿Dónde, pues, queda el orgullo del hombre ante Dios? ¡Queda eliminado! ¿Por qué razón? No por haber cumplido la ley, sino por haber creído. Así llegamos a esta conclusión: que Dios hace justo al hombre por la fe, independientemente del cumplimiento de la ley.

CAPÍTULO 37: ROMANOS 8:14-17:

Todos los que son guiados por el Espíritu de Dios, son hijos de Dios. Pues ustedes no han recibido un espíritu de esclavitud que los lleve otra vez a tener miedo, sino el Espíritu que los hace hijos de Dios. Por este Espíritu nos dirigimos a Dios, diciendo: «¡Abbá! ¡Padre!» Y este mismo Espíritu se une a nuestro espíritu para dar testimonio de que ya somos hijos de Dios. Y puesto que somos sus hijos, también tendremos parte en la herencia que Dios nos ha prometido, la cual compartiremos con Cristo, puesto que sufrimos con él para estar también con él en su gloria.

CAPÍTULO 38: ROMANOS 6:11-14:

Así también, ustedes considérense muertos respecto al pecado, pero vivos para Dios en unión con Cristo Jesús. Por lo tanto, no dejen ustedes que el pecado siga dominando en su cuerpo mortal y que los siga obligando a obedecer los deseos del cuerpo. No entreguen su cuerpo al pecado, como instrumento para hacer lo malo. Al contrario, entréguense a Dios, como personas que han muerto y han vuelto a vivir, y entréguenle su cuerpo como instrumento para hacer lo que es justo ante él. Así el pecado ya no tendrá poder sobre ustedes, pues no están sujetos a la ley sino a la bondad de Dios.

CAPÍTULO 39: 1 CORINTHIANS 12:12-13:

El cuerpo humano, aunque está formado por muchos miembros, es un solo cuerpo. Así también Cristo. Y de la misma manera, todos nosotros, judíos o no judíos, esclavos o libres, fuimos bautizados para formar un solo cuerpo por medio de un solo Espíritu; y a todos se nos dio a beber de ese mismo Espíritu.

CAPÍTULO 40: JUAN 10:27-28:

Mis ovejas reconocen mi voz, y yo las conozco y ellas me siguen. Yo les doy vida eterna, y jamás perecerán ni nadie me las quitará.

CAPÍTULO 41: FILIPENSES 1:20-24:

Pues espero firmemente que Dios no me dejará quedar mal, sino que, ahora como siempre, se mostrará públicamente en mí la grandeza de Cristo, tanto si sigo vivo como si muero. Porque para mí, seguir viviendo es Cristo, y morir, una ganancia. Y si al seguir viviendo en este cuerpo, mi trabajo puede producir tanto fruto, entonces no sé qué escoger. Me es difícil decidirme por una de las dos cosas: por un lado, quisiera morir para ir a estar con Cristo, pues eso sería mucho mejor para mí; pero, por otro lado, a causa de ustedes es más necesario que siga viviendo.

CAPÍTULO 42: 1 CORINTIOS 15:42-44:

Lo mismo pasa con la resurrección de los muertos. Lo que se entierra es corruptible; lo que resucita es incorruptible. Lo que se entierra es despreciable; lo que resucita es glorioso. Lo que se entierra es débil; lo que resucita es fuerte. Lo que se entierra es un cuerpo material; lo que resucita es un cuerpo espiritual. Si hay cuerpo material, también hay cuerpo espiritual.

CAPÍTULO 43: GÁLATAS 2:20:

Y ya no soy yo quien vive, sino que es Cristo quien vive en mí. Y la vida que ahora vivo en el cuerpo, la vivo por mi fe en el Hijo de Dios, que me amó y se entregó a la muerte por mí.

CAPÍTULO 44: EFESIOS 4:11-13

Y él mismo concedió a unos ser apóstoles y a otros profetas, a otros anunciar el evangelio y a otros ser pastores y maestros. Así preparó a los del pueblo santo para un trabajo de servicio, para la edificación del cuerpo de Cristo hasta que todos lleguemos a estar unidos por la fe y el conocimiento del Hijo de Dios, y alcancemos la edad adulta, que corresponde a la plena madurez de Cristo.

CAPÍTULO 45: EFESIOS 4:14-16:

Ya no seremos como niños, que cambian fácilmente de parecer y que son arrastrados por el viento de cualquier nueva enseñanza hasta dejarse engañar por gente astuta que anda por caminos equivocados. Más bien, profesando la verdad en el amor, debemos crecer en todo hacia Cristo, que es la cabeza del cuerpo. Y por Cristo el cuerpo entero se ajusta y se liga bien mediante la unión entre sí de todas sus partes; y cuando cada parte funciona bien, todo va creciendo y edificándose en amor.

CAPÍTULO 46: 2 CORINTIOS 10:3-4:

Es cierto que somos humanos, pero no luchamos como los hombres de este mundo. Las armas que usamos no son las del mundo, sino que son poder de Dios capaz de destruir fortalezas. Y así destruimos las acusaciones...

CAPÍTULO 47: 1 PEDRO 5:1-4:

Quiero aconsejar ahora a los ancianos de las congregaciones de ustedes, yo que soy anciano como ellos y testigo de los sufrimientos de Cristo, y que también voy a tener parte en la gloria que ha de manifestarse. Cuiden de las ovejas de Dios que han sido puestas a su cargo; háganlo de buena voluntad, como Dios quiere, y no forzadamente ni por ambición de dinero, sino de buena gana. Compórtense no como si ustedes fueran los dueños de los que están a su cuidado, sino procurando ser un ejemplo para ellos. Así, cuando aparezca el Pastor principal, ustedes recibirán la corona de la gloria, una corona que jamás se marchitará.

CAPÍTULO 48: HECHOS 2:41-42:

Así pues, los que hicieron caso de su mensaje fueron bautizados; y aquel día se agregaron a los creyentes unas tres mil personas. Y eran fieles en conservar la enseñanza de los apóstoles, en compartir lo que tenían, en reunirse para partir el pan y en la oración.

CAPÍTULO 49: ROMANOS 6:3-4:

¿No saben ustedes que, al quedar unidos a Cristo Jesús en el bautismo, quedamos unidos a su muerte? 4 Pues por el bautismo fuimos sepultados con Cristo, y morimos para ser resucitados y vivir una vida nueva, así como Cristo fue resucitado por el glorioso poder del Padre.

CAPÍTULO 50: 1 CORINTIOS 11:23-26:

Porque yo recibí esta tradición dejada por el Señor, y que yo a mi vez les transmití: Que la misma noche que el Señor Jesús fue traicionado, tomó en sus manos pan y, después de dar gracias a Dios, lo partió y dijo: «Esto es mi cuerpo, que muere en favor de ustedes. Hagan esto en memoria de mí.» Así también, después de la cena, tomó en sus manos la copa y dijo: «Esta copa es la nueva alianza confirmada con mi sangre. Cada vez que beban, háganlo en memoria de mí.» De manera que, hasta que venga el Señor, ustedes proclaman su muerte cada vez que comen de este pan y beben de esta copa.

CAPÍTULO 51: APOCALIPSIS 4:11:

Tú eres digno, Señor y Dios nuestro, de recibir la gloria, el honor y el poder, porque tú has creado todas las cosas; por tu voluntad existen y han sido creadas.

CAPÍTULO 52: 1 PEDRO 4:10-11

Como buenos administradores de los diferentes dones de Dios, cada uno de ustedes sirva a los demás según lo que haya recibido. Cuando alguien hable, sean sus palabras como palabras de Dios. Cuando alguien preste algún servicio, préstelo con las fuerzas que Dios le da. Todo lo que hagan, háganlo para que Dios sea alabado por medio de Jesucristo, a quien pertenece la gloria y el poder para siempre. Amén.

CAPÍTULO 53: 1 CORINTIOS 12:7-11:

Dios da a cada uno alguna prueba de la presencia del Espíritu, para provecho de todos. Por medio del Espíritu, a unos les concede que hablen con sabiduría; y a otros, por el mismo Espíritu, les concede que hablen con profundo conocimiento. Unos reciben fe por medio del mismo Espíritu, y otros reciben el don de curar enfermos. Unos reciben poder para hacer milagros, y otros tienen el don de profecía. A unos, Dios les da la capacidad de distinguir entre los espíritus falsos y el Espíritu verdadero, y a otros la capacidad de hablar en lenguas; y todavía a otros les da la capacidad de interpretar lo que se ha dicho en esas lenguas. Pero todas estas cosas las hace con su poder el único y mismo Espíritu, dando a cada persona lo que a él mejor le parece.

CAPÍTULO 54: 1 TESALONICENSES 4:15-18:

Conforme a lo dicho por el Señor, afirmamos que nosotros, los que estemos vivos y hayamos quedado hasta la venida del Señor, de ninguna manera nos adelantaremos a los que hayan muerto. El Señor mismo descenderá del cielo con voz de mando, con voz de arcángel y con trompeta de Dios, y los muertos en Cristo resucitarán primero. Luego los que estemos vivos, los que hayamos quedado, seremos arrebatados junto con ellos en las nubes para encontrarnos con el Señor en el aire. Y así estaremos con el Señor para siempre. Por lo tanto, anímense unos a otros con estas palabras.

CAPÍTULO 55: APOCALIPSIS 20:4-6:

Entonces vi tronos donde se sentaron los que recibieron autoridad para juzgar. Vi también las almas de los que habían sido decapitados por causa del testimonio de Jesús y por la palabra de Dios. No habían adorado a la bestia ni a su imagen, ni se habían dejado poner su marca en la frente ni en la mano. Volvieron a vivir y reinaron con Cristo mil años. Esta es la primera resurrección: los demás muertos no volvieron a vivir hasta que se cumplieron los mil años. Dichosos y santos los que tienen parte en la primera resurrección. La segunda muerte no tiene poder sobre ellos, sino que serán sacerdotes de Dios y de Cristo, y reinarán con él mil años.

CAPÍTULO 56: APOCALIPSIS 20:11-13:

Y vi un gran trono blanco y al que estaba sentado en él, de delante del cual huyeron la tierra y el cielo, y ningún lugar se encontró para ellos. Y vi a los muertos, grandes y pequeños, de pie ante Dios; y los libros fueron abiertos, y otro libro fue abierto, el cual es el libro de la vida; y fueron juzgados los muertos por las cosas que estaban escritas en los libros, según sus obras. Y el mar entregó los muertos que había en él; y la muerte y el Hades entregaron los muertos que había en ellos; y fueron juzgados cada uno según sus obras.

CAPÍTULO 57: APOCALIPSIS 21:3-4:

Oí una potente voz que provenía del trono y decía: «¡Aquí, entre los seres humanos, está la morada de Dios! Él acampará en medio de ellos, y ellos serán su pueblo; Dios mismo estará con ellos y será su Dios. Él les enjugará toda lágrima de los ojos. Ya no habrá muerte, ni llanto, ni lamento ni dolor, porque las primeras cosas han dejado de existir».

Apéndice 3: Bibliografía anotada de Teologías Sistemáticas Evangélicas

Esta bibliografía relaciona la mayoría de las teologías sistemáticas evangélicas más importantes que están disponibles en inglés en unas pocas guías de doctrina cristiana. Con la excepción de las dos teologías Católico Romanas (de McBrien y Ott) que se incluye porque he hecho referencia a ellas al final de cada capítulo, todos los autores de esta lista se ubican por lo general dentro de una posición «evangélica conservadora».

En el apéndice que sigue a esta bibliografía he añadido una lista maestra de de las treinta y cuatro teologías protestantes y católicas a las que he hecho referencia al final de cada capítulo.

Arminius, James. *The Writings of James Arminius*. 3 vols. 1 y 2 trad. por James Nichols. El vol. 3 traducido por W. R. Bagnell. Grand Rapids: Baker, 1956.

Arminius (1560-1609) fue pastor reformado en Ámsterdam y después profesor de teología en la Universidad de Leyden. Su desacuerdo con algunos de los dogmas centrales del Calvinismo llevaron a una gran controversia en Los Países Bajos que continuó mucho después de su muerte. Sus ideas se convirtieron en el fundamento de un sistema de pensamiento que se conoce hoy como Arminianismo, el cual se mantiene en las iglesias Wesleyanas y Metodistas conservadoras, y en muchos otros grupos protestantes. Esta colección de escritos, reunidos después de su muerte, no está estrictamente organizado como una teología sistemática, pero sí contiene discusiones sobre los más importantes tópicos teológicos.

Bavink, Herman. *The Doctrine of God*. Trad. por William Hendriksen. Grand Rapids: Eerdmans, 1951. Reimpresión: Carlisle, Pa.:Banner of Trhth, 1977.

_____. *Our Reasonable Faith*. Trad. por Henry Zylstra. Grand Rapids: Eerdmans, 1956. Reimpresión: Grand Rapids: Baker, 1977.

_____ . *The Philosophy of Revelation*. Trad. por Geerhardus Vos, Nikolas Steffens, y Henry Dosker. Reimpresión de Grand Rapids: Baker, 1979. Publicada primero en 1909 por Longmans, Green, and Co.

Bavink (1854-1921) fue un teólogo holandés y uno de los más brillantes defensores de este siglo a favor de una posición teológica reformada. Su gran teología sistemática en cuatro volúmenes, *Gereformeerde Dogmatiek*, todavía espera que la traduzcan al inglés (solo el volumen 2, *The Doctrine of God*, se ha traducido).

Berkhof, Louis. *Introduction to Systematic Theology*. Reimpresión: Grand Rapids: Baker, 1979. Publicada primero por Eerdmans, 1932.

_____. *Systematic Theology*. Cuarta edición, Grand Rapids: Eerdmans, 1939.
Texto estándar de teología sistemática reformada de un antiguo presidente del Seminario Calvino en Grand Rapids, Michigan. Este libro es un gran tesoro sobre de información y análisis, y probablemente es el más útil volumen de teología sistemática disponible desde cualquier perspectiva teológica. Berkhof vivió de 1873 a 1957.

Berkouwer, G. C. *Studies in Dogmatics*. 14 vols.. (1952-1976).

_____. *The Church*. Trad. por James E. Davidson. Grand Rapids: Eerdmans , 1976.

_____. *Divine Election*. Trad. por Hugo Bekker. Grand Rapids: Eerdmans, 1960.

_____. *Faith and Justification*. Trad. por Lewis B. Smedes. Grand Rapids: Eerdmans, 1954.

_____. *Faith and Perseverance*. Trad. por Robert D. Knudsen. Grand Rapids: Eerdmans, 1958.

_____. *Faith and Sanctification*. Trad. por John Vriend. Grand Rapids: Eerdmans, 1952.

_____. *General Revelation*. [No se menciona al traductor]. Grand Rapids: Eerdmans, 1955.

_____. *Man: The Image of God*. Trad. por Dirk W. Jellma. Grand Rapids: Eerdmands, 1962.

_____. *Holy Scripture:* Trad. edit. por Dirk W. Jelima. Grand Rapids: Eerdmans, 1975.

_____. *The Person of Christ*. Trad. por John Vriend. Grand Rapids: Eerdamans, 1954.

_____. *The Providence of God*. Trad. por Louis B. Smedes. Grand Rapids: Eerdmans, 1952.

_____. *The Return of Christ*. Trad por James Van Oosterom. Edit. porMarlin J.Van Elderen. Grand Rapids: Eerdmans, 1972.

_____. *The Sacraments*. Trad. por Hugo Bekker. Grand Rapids: Eeerdmans, 1969.

_____. *Sin*. Trad. por Philip C. Holtrop. Grand Rapids: Eerdamas, 1971.

_____. *The Work of Christ*. Trad. por Cornelius Lambregtse. Grand Rapids: Eerdmans, 1965.
Importantes estudios por un teólogo reformado que fue profesor de teología sistemática en la Universidad Libre de Amsterdam.

Bloesch, Donald G. *Essentials of Evangelical Theology*. 2 vols., New York: Harper & Row, 1978-79.

La obra de un teólogo contemporáneo que se extiende en la tradición reformada, pero que es mucho menos claro, por ejemplo, sobre las doctrinas de la elección y la autoridad de la Escritura que otros autores clasificados como «reformados' en esta bibliografía. (Más recientemente, Bloesch ha comenzado a publicar una teología sistemática en varios volúmenes.)

Boice, James Montgomery. *Foundations of the Christian Faith*. Edición revisada de un volumen. Downers Grove, Ill.: InterVarsity Press, 1986.

Una guía reformada reciente de teología sistemática escrita por el teólogo-Pastor de la Tenth Presbyterian Church, Philadelphia. Esta obra está escrita un estilo legible, popular, con útiles aplicaciones doctrinales para la vida. Fue publicada con anterioridad en cuatro volúmenes separados: *The Sovereign God* (1978), *God the Redeemer* (1978), [Awakening to God (1979), y *God and History* (1981).

Boyce, James Pettigru. *Abastract of Systematic Theology*. Reimpresión: Christian Gospel Foundation, s. f. Publicada primero en 1887.

Una teología sistemática bautista que es también una orientación doctrinal refomada por el presidente y profesor de teología sistemática del Southern Baptist Seminary, Louisville, Kentucky. Boyce vivió entre 1827 y 1888.

Buswell, James Oliver, Jr. *A Systematic Theology of the Christian Religion*. 2 vols. Grand Rapids: Zondervan, 1962-63.

Una teología sistemática reformada por el decano de la facultad de graduados del Seminario y College Covenant de San Luis, Missouri.

Calvin, John. *Institutes of the Christian Religión*. 2 Vols. Edit. por John T. McNeill. Traducción e índice de Ford Lewis Battles. The Library of Christain Classics, Vols. 20-21. Philadelphia: Westminster, 1960. Traducido del texto de 1559 y cotejado con versiones más tempranas.

Esta es la mejor traducción inglesa disponible de la exposición sistemática de Calvino de la fe cristiana. Calvino (1509-64) fue un reformador francés que se convirtió en el más importante teólogo de la Reforma y, de acuerdo con la opinión de muchos, en el más grande teólogo en la historia de la iglesia. Reformado en su perspectiva teológica.

Carter, Charles W., ed. *A Contemporary Wesleyan Theology: Biblical, Systematic, and Practical*. 2 vols. Grand Rapids: Francis Ausbury Press (Zondervan), 1983.

Esta es una colección de 24 ensayos sobre importantes temas doctrinales por varios especialistas que representan una amplia gama de denominaciones e instituciones wesleyanas conservadoras. El conjunto también incluye algunos ensayos sobre teología práctica y ética. Charles Carter, que contribuyó con cuatro capítulos, es profesor de Religión y Misiones en el Marion Collage, Marion, Indiana. El comité consultor para los volúmenes incluye representantes de las iglesias Metodista Unida, Metodista Libre,

Iglesia de los Nazarenos, Iglesia Misionera, Ejército de Salvación, Iglesia Wesleyana, y otros grupos.

Chafer, Lewis Sperry. *Systematic Theology.* 7 vols. más un vol. Índice. Dallas Seminary Press, 1947-48.

_____. *Systematic Theology: Abridged edition.* 2 vols. Ed. Por John Walvoord, Donald K. Campbell, y Roy B. Zuck. Wheaton: Victor, 1988.
    Chafer (1871-1952) fue el primer presidente del Dallas Theological Seminary. La edición en siete volúmenes es la más extensa teología sistemática dispensacionalista nunca escrita. La edición en dos volúmenes es una sinopsis de la obra anterior.

Cottrell, Jack. *What the Bible Says About God the Creador.* Joplin, Mo.: College Press, 1983.

_____. *What the Bible Says About God the Ruler.* Joplin, Mo.: College Press, 1984.

_____. *What the Bible Says About God the Redeemer.* Joplin, Mo.: College Press, 1987.
    Cottrell es un teólogo arminiano articulado y cuidadoso que enseña en el Seminario Bíblico de Cincinnati (Iglesia Cristiana/Iglesias de Cristo). He indexado esos volúmenes como 1 (*God the Creator*), 2 (*God the Ruler*) y 3 (*God the Redeemer*).

Dabney, Robert L. *Discussions: Evangelical and Theological.* London: Banner of Truth, 1967. Reimpresión de la edición de 1890.

_____. *Systematic Theology.* Edinburgh: Banner of Truth, 1985. Reimpresión de la edición de 1878.
    Un presbiteriano del sur que representa una sólida posición Reformada. Dabney (1820-98) fue profesor de teología en el Union Seminary de Virginia. También fue capellán y posteriormente jefe de despacho del General Stonewall Jackson durante la Guerra Civil Americana.

Edwards, Jonathan. *The Works of Jonathan Edwards.* 2 vols. Revisados y corregidos por Edward Hickman. Banner of Truth, Edinburgh, 1974. Reimpresión de la edición de 1834.
    Edwards (1703-1758) fue pastor en Northhampton, Massachussets, y, durante un mes antes de su muerte a causa de una vacuna contra la viruela, presidente de Princeton. Algunos lo consideran el más grande filósofo-teólogo americano. No escribió una teología sistemática completa, pero sus obras contienen trabajos sobre la mayoría de los tópicos teológicos. Tiene una sólida visión reformada, y combina un pensamiento profundo con una sentida devoción por Cristo. (Una nueva edición de las obras de Edwards está en proceso de publicación por Yale University Press.)

Ericsson, Millard. *Cristian Theology.* Grand Rapids: Baker, 1985.
    Un claro y muy acucioso libro de texto reciente sobre teología sistemática desde una perspectiva bautista. Ericsson, que fue decano académico del

Seminario Teológico Bethel en St. Paul, MN, enseña ahora en Southwestern Baptist Seminary en Ft. Worth, Texas. Este libro interactúa con todas las tendencias más importantes de la teología no evangélica contemporánea, así como incluye un útil material de aplicación personal.

Finney, Charles G. *Finney's Lectures on Systematic Theology*. Ed. por J. H. Fairchild. Eerdmans, Grand Rapids, 1953. Reimpresión de la edición de 1878.

Finney (1792-1875) fue evangelista y presidente de Oberlin College: 1851-66. No representó ninguna posición teológica, pero articuló algunos sólidos argumentos arminianos. Hizo énfasis en la santidad y el perfeccionismo. No tiene en realidad una teología sistemática completa, pues no cubre muchos tópicos.

Garret, James Leo. *Systematic Theology*: ver p. 1230.

Gil, John, *Complete Body of Doctrinal and Practical Divinity*. 2 vols.

Grand Rapids: Baker, 1978. Publicada primero como *A Body of Doctrinal Divinity* (1767) y *A Body of Practical Divinity* (1770).

Gill (1697-1771) fue un pastor bautista muy influyente, un prolífico Escritor, y un respetado teólogo de la Inglaterra del siglo 18. Fue también reformado (o calvinista) en su visión de la soberanía de Dios. Su libro, *The Cause of God and Truth* (reimpreso en 1735-38 por Baker, Grand Rapids, 1981) es una de las más acuciosas defensas nunca escritas de la teología calvinista.

Henry, Carl F. H. *God, Revelation, and Authority*. 6 vols. Word, Waco, TX, 1976-83.

Una obra importante que contiene una interacción detallada con cientos de posiciones de otros especialistas. Henry es un destacado teólogo evangélico muy sólido especialmente en el área de la apologética y la teología filosófica.

Heppe, Heinrich. *Reformed Dogmatics: Set Out and Illustrated From the Sources*. Rev. y ed. por Ernst Bizer. Trad. por G. T. Thompson. Reimpresión. Baker, Grand Rapids, 1978. Publicada primero en 1861. La traducción inglesa se publicó primero en 1950.

Heppe (1820-79) fue un erudito alemán que coleccionó y citó extensamente a muchos teólogos reformados tempranos. Como las citas están arregladas de acuerdo con los tópicos de la teología sistemática, este libro constituye un valioso texto de fuentes.

Hodge, Charles. *Systematic Theology*. 3 vols. Reimpresión, Eerdmans, Grand Rapids, 1970. Publicado primero en 1871-73.

Una teología sistemática importante que aun se usa ampliamente hoy en día. Hodge (1797-1878) fue profesor de teología sistemática en el Seminario Teológico de Princeton.

Lewis, Gordon R., y Bruce Demarest. *Integrative Theology.* 3 vols. Zondervan, Grand Rapids, 1987-94.

Ambos, Lewis y Demarest, son profesores de teología sistemática en el Seminario de Denver, Colorado (un seminario bautista conservador). Esta es una excelente obra contemporánea que integramaterial histórico, bíblico, apologético, y práctico con la teologíasistemática.

Litton, Edgard Arthur. *Introduction to Dogmatic Theology.* Nueva edición, ed. por Philip E. Hughes. London: James Clarke, 1960.

Publicada primero en 1882-92. Una teología sistemática anglicana (o Episcopal) estándar por un teólogo evangélico británico del siglo 19. Litton vivió de 1813 a 1897.

McBrien, Richard P. *Catholicism.* 2 vols. Minneapolis: Winston Press, 1980.

Una extensa y responsable explicación de las enseñanzas católicas tal y como se han afectado desde el período del Vaticano II. Contiene bibliografías en cada capítulo.

Miles, John. *Systematic Theology.* 2 vols. Library of Biblical and Theological Literature, vols. 5-6. Eaton and Mains, New York, 1892-94. Reimpresión: Hendrickson, Peabody, MS, 1989.

Esta es probablemente la más erudita y extensa teología sistemática Arminiana nunca escrita. Miles fue profesor en Drew Theological Seminary, Madison, New Jersey.

Milne, Bruce. *Know the Truth.* Leicester: InterVarsity Press, 1982.

Una concienzuda y bien escrita guía evangélica a la doctrina cristiana que ha encontrado un amplio uso entre los estudiantes. Milne dio lecciones de teología bíblica e histórica en Spurgeon's Collage, London.

Mueller, John Theodore. *Christian Dogmatics.* Concordia, St. Louis, 1934.

Una sinopsis y traducción de *Christliche Dogmatik* de Francis Pieper por un profesor de teología sistemática del Seminario Concordia en St. Louis, un seminario luterano del Sínodo de Missouri. Una excelente exposición de teología luterana conservadora.

Mullins, Edgar Young. *The Christian Religion in Its Doctrinal Expression.* Philadelphia: Judson, Press, 1917.

Una teología sistemática evangélica por el anterior presidente del Southern Baptist Seminary en Louisville, Kentucky. Mullins vivió de 1860 a 1928.

Murray, John. *Collected Writings of John Murray* 4 vols. Banner of Truth, Carlisle, PA, 1976-82.

_____. *The Imputation of Adam's Sin.* Reimpresión: Presbyterian and Reformed, Nutley, NJ, 1977. Publicado primero por Eerdmans, Grand Rapids, 1959.

_____. *Principles of Conduct.* Grand Rapids: Eerdmans, 1957.

_____. *Redemption Accomplished and Applied.* Eerdmans, Grand Rapids, 1955.

Murray (1898-1975) fue profesor de teología sistemática en el Westminster Seminary de Filadelfia y uno de los defensores modernos más articulados de la teología reformada.

Oden, Thomas. *The Living God*. Teología Sistemática, Vol. 1. San Francisco: Harper & Row, 1987.

Oden es un teólogo metodista que se ha movido de sus previas convicciones liberales a una posición evangélica conservadora. Interactúa extensamente con teólogos de la historia temprana de la Iglesia.

Olson, Arnold T. *This We Believe: The Background and Exposition of the Doctrinal Statement of the Evangelical Free Church of America*. Free Church Publications, Minneapolis, MN, 1961.

Una guía a la doctrina cristiana basada en una ampliamente utilizada declaración de fe de la Iglesia Evangélica Libre de América. Olson fue el primer presidente de la Iglesia Evangélica Libre.

Ott, Ludwig. *Fundamentals of Catholic Dogma*. Ed. por James Canon Bastible. Trad. por Patrick Lynch. Herder, St. Louis, 1955. Publicado primero en alemán en 1952.

Un texto estándar de teología Católico Romana tradicional.

Packer, J. I. *Concise Theology: A Guide to Historic Christian Beliefs*. Tyndale House, Wheaton, IL, 1993.

Este libro de fácil lectura es fiel a su título, porque Packer, un anglicano de sólidas convicciones reformadas, es un maestro del decir mucho en pocas palabras. Es profesor de teología en el Regent College de Vancouver, British Columbia, y uno de los más ampliamente respetados teólogos de hoy en día.

Pieper, Francis. *Christian Dogmatics* 4 vols. Trad. por Theodore Engelder y otros. St. Louis: Concordia, 1950-57. Publicado primero en alemán, 1917-24.

Esta es una teología sistemática estándar del luteranismo conservador. Pieper (1852-1931) fue teólogo del Sínodo de Missouri y profesor y presidente del Seminario Concordia en St. Louis.

Pope, William Burt. *A Compendium of Christian Theology*. 2da. Ed. 3 vols. New York: Phillips and Hunt, s. f.

Este libro, publicado primero en 1875-76, es una de las más extraordinarias teologías sistemáticas escritas desde una perspectiva wesleyana o arminiana.

Purkiser, W. T., ed. *Exploring our Christian Faith*. Beacon Hill Press, Kansas City, MO, 1960.

Una teología sistemática muy popular con contribuciones de varios autores.

Ryrie, Charles. *Basic Theology*. Wheaton, Ill.: Victor, 1986.

Una introducción a la teología sistemática escrita con mucha claridad desde una perspectiva dispensacionalista, por un antiguo profesor de teología sistemática en el Seminario Teológico de Dallas.

Sed, William G. T. *Dogmatic Theology*. 3 vols. en cuatro reimpresiones. Klock and Klock, Minneapolis, 1979. Publicada originalmente por Charles Scribner's Sons, 1889.

Una útil teología sistemática escrita por un antiguo profesor del Union Theological Seminary en New York. (Note que la teología sistemática en toda su extensión se trata en los Vols. I y II, y que el volumen III contiene material suplementario para cada parte de los Vols. I y II. El Vol. III no tiene índice.) Shedd vivió de 1820 a 1894.

Strong, Augustus H. *Systematic Theology*. Valley Forge, Pa.: Judson Press, 1907.

Strong (1836-1921) fue presidente y professor de teología en el Seminario Teológico de Rochester, y, de 1905 a 1910, fue el primer presidente de la Convención Bautista del Norte. Este texto fue ampliamente utilizado en los círculos bautistas la mayor parte del siglo veinte, hasta que fue en gran medida reemplazada por la *Christian Theology* de Millard Ericsson (1983 85).

Thiessen, Henry Clarence. *Introductory Lectures in Systematic Theology*. Rev. por Vernon D. Doerksen. Eerdmans, Grand Rapids, 1977. Publicado primero en 1949.

Un texto de teología sistemática evangélica por un antiguo presidente de la escuela de graduados en Wheaton Collage. Thiessen tiene una perspectiva teológica bautista y dispensacionalista.

Thomas, W. H. Griffith. *The Principles of Theology: An Introduction to the Thirty-Nine Articles*. Quinta edición revisada. Church Book Room Press, London, 1956. (Publicado primero en 1930.)

Aunque este libro está estructurado en torno a the Anglican Thirty-Nine Articles, funciona bien como un acucioso texto introductorio a la doctrina cristiana aun para aquellos que están fuera de la tradición anglicana. Ha sido ampliamente usado en los círculos evangélicos ingleses durante muchos años. Thomas (1861-1924) fue director del Wycliffe Collage, Toronto. También desempeñó un papel en la fundación del Seminario de Dallas antes de sus muerte.

Thornwell, James Henley. *The Collected Writings of James Henley Thornwell*. 4 vols. Ed. por John B. Adger. Robert and Brothers, New York, 1871-73. Reimpresión, Banner and Truth, Edinburgh y Carlisle, PA, 1974.

Thornwell (1812-62) fue un teólogo reformado que se desempeñó como profesor de teología en el Seminario Presbiteriano de Columbia, Carolina del Sur.

Turretin, Francis. *Institutes of Elentic Theology*. 3 vols. Trad. por George Musgrave Giger. Edit. por James T. Dennison, Jr., Presbyterian and Reformed, Phillipsburg, NJ, 1992-. (Dos volúmenes publicados sin fecha.)

Turretin (1623-87) enseño teología por más treinta años en la Academia de Ginebra. Su obra, escrita en latín, se dice que es una de las más cumplidas expresiones de la teología calvinista nunca publicada. Fue reimpresa (en latín) en 1847 y se la utilizó ampliamente como libro de texto por los presbiterianos americanos, más notablemente por Charles Hodge en Princeton. George Giger tradujo las *Institutes* de Turretin a mediados del siglo diecinueve, pero la traducción permaneció inédita por más de un siglo. James Dennison del Seminario Westminster ha hecho una extenso trabajo editorial para al fin poner a disposición de los lectores ingleses este gran texto teológico.

Van Til, Cornelius. *In Defense of Faith*, Vol. 5: *An Introduction to Systematic Theology*. N.p.: Presbyterian and Reformed, 1976.

Este volúmen contiene las discusiones de Van Til sobre la naturaleza de la teología sistemática, de la revelación, y de la doctrina de Dios. Van Til fue un teólogo y filósofo reformado que enseñó en el Seminario Teológico Westminster de Filadelfia y se le conoce mejor por su sistema «presuposicional» de apologética.

Warfield, Benjamín B. *Biblical and Theological Studies*. Philadelphia: Presbyterian and Reformed, 1976.

_____. *Christology and Criticism*. London and New York: Oxford University Press, 1929.

_____. *The Inspiration and Authority of the Bible*. Edit. por Samuel G. Craig. Introducción de Cornelius Van Til. Presbyterian and Reformed, Philadelphia: 1967.

_____. *The Lord of Glory*. American Tract Society, New York, 1907.

_____. *Perfectionism*. Philadelphia: Presbyterian and Reformed, 1958.

Una sinopsis de los 2 vols. anteriores de Warfield sobre el perfeccionismo publicados por OUP, omitiendo la extensa interacción con teólogos alemanes particulares.

_____. *The Person and Work of Christ*. Presbyterian and Reformed, Philadelphia, 1950.

Contiene reimpresiones de 2 artículos de *ST*, 5 de *BD*, 6 de *CC*, y otro artículo.

_____. *The Plan of Salvation*. Rev. edit. Eerdmans, Grand Rapids, 1942.

_____. *Selected Shorter Writings of Benjamin B. Warfield*. 2 vols. Nutley, N.J.: Presbyterian and Reformed, 1970-73.

_____. *Studies in Theology*. Oxford University Press, New York, 1932.

Warfield (1851-1921) fue un teólogo reformado que enseñó Nuevo Testamento y entonces Teología Sistemática en el Seminario Teológico de Princeton de 1887 a 1921. Según el criterio de mucha gente, fue uno de los mayores teólogos americanos.

Watson, Richard. *Theological Institutes.* 2 vols. G. Lane and P. Sandford, New York, 1843. Publicado primero en 1823.

Esta es la teología sistemática más temprana publicada por un Metodista. Watson (1781-1833) era un teólogo de perspectiva Arminiana.

Wiley, H. Orson. *Christian Theology.* Tres volúmenes. Nazarene Publishing House, Kansas City, MO, 1940-43.

Una teología sistemática reciente escrita por un respetado teólogo de la Iglesia del Nazareno. Probablemente la mejor teología sistemática arminiana publicada en el siglo veinte, pero no se compara a Miley en erudición.

Williams, J. Rodman. *Renewal Theology: Systematic Theology From a Charismatic Perspective.* 3 vols. Zondervan, Grand Rapids, 1988-92.

Williams es un erudito carismático que enseña en la Regent University (antigua Universidad CBN). Esta teología escrita con claridad interactúa extensamente con el texto bíblico y con otra literatura. Es la primera que se publica desde una perspectiva explícitamente carismática.

Garret, James Leo. *Systematic Theology: Biblical, Historical, Evangelical.* 2 vols. Eerdmans, Grand Rapids, 1990, 1995.

Garret es bautista del sur y un destacado profesor de Teología en el Southwestern Baptist Theological Seminary de Fort Worth, Texas.Interactúa extensamente y con escrupuloso cuidado tanto con autoresevangélicos como no evangélicos, aunque él se mantiene firmemente dentro del campo evangélico. Sus convicciones son bautistas, pero da mucho más espacio a representar diferentes posiciones con claridad que a argumentar en favor de su propia posición. Con 1530 páginas en total, estos volúmenes son un recurso inmensamente rico en datos históricos, bibliográficos, y bíblicos sobre cada doctrina tratada.

Apéndice 4: Lista de teologías sistemáticas consignadas al final de cada capítulo

La información bibliográfica completa de estos libros la pueda encontrar en la bibliografía del Apéndice 3. Si uno de estos libros no aparece al final de un capítulo, es que no pude hallar una referencia al tópico de ese capítulo en esa obra específica.

SECCIONES EN TEOLOGÍAS SISTEMÁTICAS EVANGÉLICAS

1. Anglicana (episcopal)
1882–92	Litton
1930	Thomas

2. Arminiana (wesleyana o metodista)
1847	Finney
1875–76	Pope
1892–94	Miley
1940	Wiley
1960	Purkiser
1983	Carter
1983–	Cottrell
1987–90	Oden

3. Bautista
1767	Gill
1887	Boyce
1907	Strong
1917	Mullins
1976–83	Henry
1983–85	Erickson
1987–94	Lewis/Demarest

4. Dispensacional
1947	Chafer
1949	Thiessen
1986	Ryrie

5. Luterana
1917–24	Pieper
1934	Mueller

6. Reformada (o presbiteriana)
1559	Calvin,
1724–58	Edwards
1861	Heppe

1871–73	Hodge
1878	Dabney
1887–1921	Warfield
1889	Shedd
1909	Bavinck
1937–66	Murray
1938	Berkhof
1962	Buswell

7. Renovada (o carismática o pentecostal)

1988–92	Williams

SECCIONES EN TEOLOGÍAS SISTEMÁTICAS CATÓLICO ROMANAS REPRESENTATIVAS

1. Católico Romana: Tradicional

1955	Ott

2. Católico Romana: Pos Vaticano II

1980	McBrien

Apéndice 5:
La Controversia Monogenés:
¿«Único» o «Unigénito»?

(Vea el capítulo 14, «Dios en tres personas: La Trinidad», especialmente C.2.a, «La controversia arriana», en las páginas 252-54. Vea también el Credo Niceno en la página 1232.)

La controversia sobre el término «unigénito» era innecesaria porque se basaba en una mala interpretación de la palabra griega *monogenés* aplicada a Jesús en Juan 1:14, 18; 3:16, 18; y Juan 4:9). Durante muchos años se pensó que era un derivado de dos términos griegos: *mono*, que significa «solo», y *gennáo*, que significa «engendrar» o «dar a luz». Aun la versión que nos ha llegado del Credo Niceno lo entiende de esa manera, pues las dos frases explicativas «*engendrado* del Padre antes de todos los siglos» y «*engendrado* no hecho» utilizan el verbo *gennáo* (engendrar, dar a luz) para explicar *monogenés*. Pero los estudios lingüísticos del siglo XX han mostrado que la segunda parte de la palabra no está estrechamente relacionada con el verbo *gennáo* (engendrar, dar a luz), sino más bien con el verbo *genos* (clase, tipo). Por tanto, la palabra significa más bien Hijo «único en su tipo» o Hijo «único». (Vea BAGD, 527; D. Moody, «The Translation of John 3:16 in the Revised Standard Version», JBL 72 [1953], 213-19.). La idea del «unigénito» habría sido en griego, no *monogenés*, sino *monogennetos*. No obstante, no es imposible que los padres nicenos en 325 y 381 a.C. hayan entendido que *monogenés* denotaba también «engendrar», pues la palabra se usa en otros lugares varias veces para referirse a alguien que es un hijo «único», y la idea de engendrar se podía suponer que estaba presente.

El hecho de que la palabra no significa «el único hijo que alguien ha engendrado» se puede confirmar al notar su uso en Hebreos 11:17, donde se le llama a Isaac *monogenés* de Abraham, aunque ciertamente Isaac no era el único hijo que Abraham había engendrado, pues también había engendrado a Ismael. Ahí el término significa más bien que Isaac era el «único» hijo de Abraham, que no había ninguno como él. (En algún otro sitio la palabra significa «único» sin que se presuma en absoluto la idea de engendrar, en la LXX en Salmos 21[22]:20; 34[35]:17; Sabiduría 7:22; 1 Clemente 25:2.). Por eso la NVI traduce Juan 3:16 como «que dio [Dios] a su Hijo *unigénito*», y la versión inglesa NASB dice al margen «o, *único*, el único en su tipo». La Versión Popular (VP) traduce: «dio a su Hijo único». Todas estas versiones han omitido correctamente cualquier concepto de «engendrar» en la traducción.

Sin embargo, es reconfortante ver que aun cuando la iglesia primitiva había malinterpretado un palabra bíblica, el resto de la Escritura salió en defensa de la pureza doctrinal y previno que la iglesia cayera en el error del arrianismo (aunque la lucha consumió la mayor parte del siglo cuarto d.C.).

Si la frase «engendrado del Padre antes de todos los siglos y «engendrado, no hecho» no estuvieran en el Credo Niceno, ahora la frase solo tendría un interés histórico para nosotros, y no habría necesidad de hablar de ninguna doctrina del «eterno engendrar del Hijo». Pero como la frase permanece en el credo que aun se usa comúnmente, perpetuamos la infortunada necesidad de tener que explicar a cada nueva generación de cristianos que «engendrado del Padre» no tiene nada que ver con cualquier otro significado de la palabra *engendrar*. Parecería más útil si las palabras del «eterno engendrar del Hijo» (también llamada la «eterna generación del Hijo») no se retuvieran en ninguna de las formulaciones teológicas modernas. De similar manera, referirse a Jesús como el Hijo «unigénito» de Dios —palabras que se derivan de la Reina Valera— parece más confuso que útil. Lo que se necesita es simplemente insistir en las *eternas diferencias personales* en la relación entre el Padre, el Hijo y el Espíritu Santo, y en que el Hijo se relaciona eternamente con el Padre como un hijo se relaciona con su padre.

(El hecho que se diga que Jesús «nació de Dios» en 1 Juan 5:18 no es probablemente una referencia a una relación eterna, sino se refiere más bien a la encarnación. cuando Cristo nació como hombre; compare Hechos 13:13; Hebreos 1:5.)

Por último, en discusiones previas sobre lo que podría significar este «engendrar eterno», se ha sugerido que el Padre ha sido en cierto sentido eternamente la fuente de las distinciones entre el Padre, el Hijo y el Espíritu Santo (p.ej., Louis Berkhof, *Systematic Theology*, 93-94). En tanto no asumamos que estas distinciones personales tuvieron un principio en algún momento del tiempo, nada en la Escritura parece contradecir esta idea, pero nada indicaría en la Escritura que debemos afirmarlo. Quizás no tiene sentido que hablemos de ninguna de las personas como si fueran la «fuente» de estas distinciones personales, porque ellas siempre han existido y son esenciales a la naturaleza de Dios.

Glosario

por Jeff Purswell

(Los números y letras en paréntesis al fin de cada entrada se refieren a los capítulos y secciones de este libro).

autoridad absoluta: La autoridad más alta en la vida de alguien; una autoridad que no se puede refutar apelando a alguna autoridad superior. (4A.4)

acomodo: Teoría de que los escritores bíblicos a veces afirmaron incidentalmente falsedades que las personas de su tiempo creían, como para no oscurecer los puntos mayores que estaban tratando de elaborar. (5B.4)

adopción: Acto de Dios por el que nos hace miembros de su familia. (37A)

adopcionismo: Enseñanza falsa de que Jesús vivió como un hombre ordinario hasta su bautismo, y en ese momento Dios «lo adoptó» como su «Hijo» y le confirió poderes sobrenaturales; por tanto, esta enseñanza niega la existencia y divina naturaleza de Jesús. (14C.2.c)

adoración: Actividad de glorificar a Dios en su presencia con nuestras voces y corazones. (51A)

alma: Parte inmaterial del hombre; cuyo uso se intercambia con «espíritu». (23B.1)

amilenarismo: Noción de que no habrá un reinado corporal literal de mil años de Cristo en la tierra antes del juicio final y el estado eterno; según esta noción, las referencias bíblicas al milenio en Apocalipsis 20 describen en realidad la edad presente de la iglesia. (55A.1)

amor: Cuando se lo usa en cuanto a Dios, doctrina que Dios eternamente se da a sí mismo a otros. (12C.7)

anciano: Principal grupo gobernante en una iglesia del Nuevo Testamento (griego *presbyteros*). (47A.2.a)

ángel: Ser espiritual creado con juicio moral y alta inteligencia, pero sin cuerpo físico. (19A)

Ángel del Señor, Ángel de Jehová: Una forma que Dios tomó en varias ocasiones en la Biblia a fin de aparecerse a seres humanos. (19A.11)

aniquilacionismo: Enseñanza de que después de la muerte los no creyentes sufren la pena de la ira de Dios por un tiempo, y después son «aniquilados», o destruidos, así que dejan de existir. Algunas formas de esta enseñanza sostienen que la aniquilación ocurre inmediatamente a la muerte. (41C.2)

anticristo: «Hombre de pecado» que aparecerá antes de la segunda venida de Cristo y causará gran sufrimiento y persecución, pero que Jesús destruirá. El término también se usó para describir a otras figuras que incorporan tal oposición a Cristo y son precursores del anticristo final. (54F.3.e)

antiguo pacto: Expresión que se refiere específicamente al pacto mosaico establecido en el Monte Sinaí, que fue una administración de leyes detalladas escritas dadas por un tiempo para refrenar los pecados del pueblo y para que fuera un custodio que dirigiera las personas hacia Cristo. (25C.2)

Apócrifa: Colección de libros incluidos en el canon de la Biblia por la iglesia católico romana pero no incluida en el canon por los protestantes (de la palabra griega *apocrypha*, «cosas ocultas»). (3A)

apolinarianismo: Herejía del siglo cuarto que sostenía que Cristo tenía un cuerpo humano pero no mente ni espíritu humano, y que la mente y el espíritu de Cristo procedían de la divina naturaleza del Hijo de Dios. (26C.1.a)

apologética: Disciplina que procura proveer una defensa de la veracidad de la fe cristiana con el propósito de convencer a los que no son creyentes (1A.1)

apóstol: Oficio reconocido de la iglesia primitiva. Los apóstoles son de varias maneras la contraparte del Nuevo Testamento al profeta del Antiguo Testamento y como tal tenían la autoridad de escribir las palabras de las Escrituras. (47A.1)

arcángel: Un ángel con autoridad sobre otros ángeles. (19A.4)

argumento circular: Argumento que trata de demostrar su conclusión apelando a una afirmación que depende de la verdad de la conclusión. (4A.5)

argumento cosmológico: Argumento para la existencia de Dios basado en la observación de que, puesto que todo lo conocido en el universo tiene una causa, el universo en sí mismo también debe haber tenido una causa, que sólo puede ser Dios. (9C)

argumento moral: Argumento para la existencia de Dios que razona que debe haber un Dios que es la fuente del sentido humano del bien y del mal. (9C)

argumento ontológico: Argumento para la existencia de Dios que empieza con la idea de Dios como el más grande de los seres que la imaginación puede concebir. Como tal, la característica de existencia debe pertenecer a tal ser, puesto que es más grande existir que no existir. (9C)

argumento teleológico: Argumento para la existencia de Dios que razona que, puesto que el universo exhibe evidencia de orden y diseño, debe haber un Dios inteligente que a propósito lo creó para que funcione de esta manera. (9C)

arminianismo: Tradición teológica que procura preservar las decisiones libres de los seres humanos y niega el control providencial de Dios sobre los detalles de todos los eventos. (16G)

arrepentimiento: Tristeza de corazón por el pecado, renuncia al mismo, y un sincero propósito de olvidarlo y a andar en obediencia a Cristo. (35B)

arrianismo: Doctrina errónea que niega la plena deidad de Jesucristo y del Espíritu Santo. (14C.2.a)

asamblea general: En la forma presbiteriana de gobierno eclesiástico, término para referirse al cuerpo gobernante nacional (o regional). (47C.2)

ascensión: Ascenso de Jesús de la tierra al cielo cuarenta días después de su resurrección. (28B.1)

ascetismo: Método de vida que renuncia a las comodidades del mundo material. (15D)

aseidad: Otro nombre para el atributo de independencia y existencia propia de Dios. (11B.1)

«atar y desatar»: Palabras de Jesús que se refieren a las acciones de imponer o levantar disciplina eclesiástica (Mateo 18:17-18; 16:9). (46B)

atributos comunicables: Aspectos del carácter de Dios que él nos «comunica». (11A.1)

atributos de ser: Aspectos del carácter de Dios que describen su modo esencial de existencia. (12A)

atributos de propósito: Aspectos del carácter de Dios relativos a tomar decisiones y realizarlas. (13D)

atributos incomunicables: Aspectos del carácter de Dios que Dios no nos da. (11A.1)

atributos mentales: Aspectos del carácter de Dios que describen la naturaleza de su conocimiento y razonamiento. (12B)

atributos morales: Aspectos del carácter de Dios que describen su naturaleza moral o ética. (12C)

atributos sumarios: Atributos de Dios de perfección, bendición, belleza y gloria, que se les llama atributos «sumarios» en este libro debido a que tienen que ver con mirar y evaluar todos los otros atributos de Dios considerados juntos como un todo.

autoatestiguar: Naturaleza autoautentificadora de la Biblia por la cual nos convence de que sus palabras son palabras de Dios. (4A.4)

autoexistencia: Otro término para la independencia de Dios. (11B.1)

autoridad de la Biblia, autoridad de las Escrituras: Idea de que todas las palabras de la Biblia son de Dios de tal manera que no creerlas o desobedecer cualquier palabra de las Escrituras es no creer o desobedecer a Dios. (4)

autógrafos: ejemplar original de un documento bíblico (de *auto-*, «mismo», y *grafé*, «escritura»). (5B.3)

ayuno: Disciplina de abstenerse por un tiempo de todos o ciertos alimentos. En la Biblia el ayuno a menudo acompaña a la oración con el propósito de intercesión intensa, arrepentimiento, adoración, o búsqueda de dirección. (18C.12)

bautismo de creyentes: Noción de que el bautismo se administra apropiadamente sólo a los que dan una profesión creíble de fe en Jesucristo. (49B)

bautismo en el Espíritu Santo: Una versión de la frase también traduce «bautismo en/con el Espíritu Santo». La traducción de la preposición griega *en* con la palabra *por* puede indicar que el Espíritu Santo es el agente que realiza el bautismo, pero la frase se refiere más exactamente al Espíritu como el elemento *en* el cual (o «con» del cual) se «bautizan» los creyentes en la conversión. (39B)

bautismo infantil: Véase «paidobautismo».

bautismo por el Espíritu Santo: Variación de la frase también traducida «bautismo en el Espíritu Santo», o «bautismo con el Espíritu Santo». La traducción de la preposición griega *en* con la palabra «por» puede parecer indicar que el Espíritu Santo es el agente que bautiza, pero la frase más precisamente se refiere al Espíritu como el elemento «en» el cual (o «con» el cual) los creyentes son «bautizados» en la conversión. (39B)

bautismo en/con el Espíritu Santo: Frase que los autores del Nuevo Testamento utilizan para hablar de entrar al poder del nuevo pacto del Espíritu Santo. Esto incluiría la transmisión de una nueva vida espiritual (en la regeneración), la limpieza del pecado, una ruptura con el poder y el amor del pecado, y la capacitación para el ministerio. (39B)

belleza: Atributo de Dios por el que él es la suma de todas las cualidades deseables. (13E.19)

bendiciones temporales: Influencia del Espíritu Santo y la iglesia que hace a los que no son creyentes verse o parecer creyentes genuinos cuando en realidad no lo son. (40C)

bienaventuranza, bendición: Doctrina de que Dios se deleita plenamente en sí mismo y en todo lo que refleja su carácter. (13E.18)

blasfemia contra el Espíritu Santo: Rechazo y calumnia desusadamente maliciosos y voluntarios contra la obra del Espíritu Santo que da testimonio de Cristo, atribuyéndole a Satanás esa obra (véase también «pecado imperdonable»). (24D.6)

bondad: Doctrina de que Dios es la norma final del bien, y que todo lo que Dios es y hace es digno de aprobación. (12C.6)

calvinismo: Tradición teológica que lleva el nombre del reformador francés del siglo dieciséis Juan Calvino (1509-64) quien recalca la soberanía de Dios en todas las cosas, la incapacidad del hombre para hacer el bien espiritual delante de Dios, y la gloria de Dios como el fin más alto de todo lo que ocurre. (16)

canon: Lista de todos los libros que pertenecen a la Biblia (del griego *kanon*, «caña, vara de medir, norma de medida»). (3)

canónico: Término que describe los escritos preservados que se considera que tienen autoría divina y por consiguiente deben ser incluidos en el canon de las Escrituras como palabras autoritativas de Dios en forma escrita. (3)

capacitación para el servicio: Aspecto primario de la obra del Espíritu Santo para dar evidencia de la presencia de Dios y para bendecir. (30A.2)

carismático: Término que se refiere a cualquier grupo o persona que traza su origen histórico al movimiento de renovación carismática de las décadas del 1960 y el 1970. Tales grupos procuran practicar todos los dones espirituales mencionados en el Nuevo Testamento pero, a diferencia de muchas denominaciones pentecostales, permiten diferentes puntos de vista sobre si el bautismo en el Espíritu Santo es subsiguiente a la conversión o si las lenguas son una señal del bautismo en el Espíritu Santo. (39)

castigo eterno consciente: Descripción de la naturaleza del castigo en el infierno, que será interminable y del que el inconverso estará plenamente consciente. (56G)

causa primaria: Causa divina, invisible y directora de todo lo que sucede. (16B.4)

causa secundaria: Propiedades y acciones de las cosas creadas que producen los sucesos en el mundo. (16B.4)

celos: Doctrina de que Dios continuamente procura proteger su honor (12C.12)

Cena del Señor: Una de las dos ordenanzas que Jesús ordenó que su iglesia observe. Esta es una ordenanza que se debe observar repetidamente en nuestra vida cristiana como señal de continua comunión con Cristo. (50)

cesacionista: Alguien que piensa que ciertos dones espirituales milagrosos cesaron cuando los apóstoles murieron y la Biblia quedó completa. (17D.2; 52B)

cielo: Lugar en donde Dios da a conocer más plenamente su presencia para bendecir. Es en el cielo en donde Dios revela más plenamente su gloria, y en donde los ángeles, otras criaturas celestiales y todos los santos redimidos le adoran. (57A.1)

claridad de la Biblia: Idea de que la Biblia está escrita de tal manera que sus enseñanzas puede entenderlas todo el que la lee buscando la ayuda de Dios y está dispuesto a seguirla. (6C).

cognoscible: Término que se refiere al hecho de que podemos saber cosas ciertas en cuanto a Dios, y que podemos conocer a Dios mismo, y no simplemente hechos en cuanto a él. (9A)

comunicación de atributos: Expresión que se refiere al otorgamiento de ciertos atributos de la naturaleza divina de Jesús a su naturaleza humana (y viceversa) que resultó de la unión de dos naturalezas en una persona, unión en que cada naturaleza retuvo sus propiedades singulares respectivas. (26C.3.e)

comunidad del pacto: Comunidad del pueblo de Dios. Los protestantes que proponen el bautismo infantil ven el bautismo como una señal de entrada en la «comunidad del pacto» del pueblo de Dios. (49B.4)

comunión: Término que se usa comúnmente para referirse a la Cena del Señor. (50C.1)

comunión de los santos: Expresión en el credo apostólico que se refiere a la comunión que los creyentes de la tierra tienen con creyentes en el cielo en virtud de una adoración común. (41C.1.b)

compatibilismo: Otro término para la noción reformada de la providencia. El término indica que la soberanía divina absoluta es compatible con la significación humana y las decisiones humanas reales. (16A)

complementario: Noción de que los hombres y las mujeres son iguales en valor ante Dios pero que algunas funciones de gobierno y enseñanza en la iglesia están reservadas para hombres. (Prefacio, 2; 47D)

concurrencia: Aspecto de la providencia de Dios por medio del cual él coopera con las cosas creadas en toda acción, dirigiendo sus propiedades distintivas para hacerles que actúen como actúan. (16B)

confianza: Aspecto de la fe o creencia bíblica en la que no sólo sabemos y concordamos con los hechos en cuanto a Jesús, sino que también ponemos nuestra confianza personal en él como persona viva. (35A.3)

conocimiento: Doctrina de que Dios se conoce plenamente a sí mismo y a todas las cosas reales y posibles en un acto singular y eterno. (12B.3)

conocimiento cierto: Conocimiento que se establece más allá de duda o pregunta. Debido a que Dios conoce todos los hechos del universo y nunca miente, el único conocimiento absolutamente cierto que podemos tener se halla en las palabras de Dios en la Biblia. (3C)

conocimiento medio: Noción arminiana del conocimiento previo de Dios que enseña que, debido a que Dios sabe lo que toda criatura haría en un conjunto dado de circunstancias, sabe por adelantado todo lo que sucede en el mundo al hacer que tengan lugar las circunstancias en las cuales todas las criaturas actúan. (16H.5.a)

conocimiento previo: Relativo a la doctrina de la elección, el conocimiento personal y relacional por el que Dios pensó antes de la creación en ciertas personas dentro de una relación salvadora consigo mismo. Esto se debe distinguir del simple conocimiento de hechos en cuanto a una persona. (32C.2.a)

contaminación original: Otra expresión que se refiere a nuestra naturaleza de pecado heredada (véase «corrupción heredada»). (24C.2)

consistorio: Junta local de ancianos en la iglesia presbiteriana y en la iglesia cristiana reformada (a veces se llama «sesión» en el sistema presbiteriano). (47C.2)

contradicción: Conjunto de dos afirmaciones, una de la cual niega a la otra. (1E.3)

conversión: Respuesta voluntaria al llamado del evangelio, en la cual sinceramente nos arrepentimos de los pecados y ponemos nuestra confianza en Cristo en cuanto a la salvación. (35)

corrupción heredada: Naturaleza de pecado, o tendencia a pecar, que toda persona hereda debido al pecado de Adán (a menudo mencionada como «contaminación original»). Esta idea implica que (1) en nuestras naturalezas carecemos totalmente de algo bueno ante Dios; y (2) en nuestras acciones somos totalmente incapaces de hacer el bien espiritual delante de Dios. (24C.2)

creación: Doctrina de que Dios creó de la nada el universo entero. El universo originalmente fue muy bueno; y Dios lo creó para gloria propia. (15)

creacionismo: Noción de que Dios crea una nueva alma para cada persona y la envía al cuerpo de esa persona en algún momento entre la concepción y el nacimiento. (23F)

creacionismo maduro: Teoría de la creación de una «tierra joven» que sostiene que la creación original tuvo una «apariencia de vejez» desde el mismo principio. También se le llama la teoría del «tiempo ideal», en que la apariencia de vejez en realidad no indica ningún tiempo real. (15E.4.b.(1)

creacionismo progresivo: Una teoría de la «tierra vieja» que sostiene que Dios creó nuevos tipos de plantas y criaturas animales en varios puntos diferentes del tiempo en la historia de la tierra, y que entre esos puntos la vida de las plantas y animales desarrolló más diversidad por cuenta propia.

creencia: En la cultura contemporánea este término por lo general se refiere a la aceptación de la verdad de algo, tal como los hechos en cuanto a Cristo, sin que incluya ningún elemento necesario de consagración personal o dependencia. En el Nuevo Testamento este término a menudo incluye este sentido de consagración (cf. Juan 3:16; véase también «fe»). (35A.1-3)

cristianismo de dos clases: Noción de la iglesia que hace una división de creyentes en dos categorías, tales como creyentes comunes a diferencia de creyentes «santificados», o creyentes comunes a diferencia de creyentes bautizados por el Espíritu. (39D.1)

cuerpo de Cristo: Metáfora bíblica que se refiere a la iglesia. Esta metáfora se usó de dos maneras diferentes, una que recalca la interdependencia de los miembros del cuerpo, y otra que recalca que Cristo es la cabeza de la iglesia. (44A.4)

cuerpo espiritual: El tipo de cuerpo que recibiremos en nuestra resurrección futura, que no será «inmaterial» sino más bien apropiado para recibir y responder a la dirección del Espíritu Santo. (28A.2; 42C)

culpa heredada: Idea de que Dios considera a toda persona culpable debido al pecado de Adán (a menudo mencionada como «culpa original»). (24C.1)

culpa original: Otra expresión para «culpa heredada». (24C.1)

decisiones libres: Decisiones tomadas de acuerdo a nuestro libre albedrío (véase «libre albedrío»). (16B.9)

decisiones voluntarias: Decisiones que se toman de acuerdo a nuestros deseos, sin darnos cuenta de restricciones a nuestra voluntad o imposición contra esa voluntad. (16H.3)

decretos de Dios: Planes eternos de Dios por los que, antes de la creación del mundo, determinó hacer que suceda todo lo que sucede. (2B.1; 16D)

definición de Calcedonia: Declaración producida por el Concilio de Calcedonia en 451 d.C. que la mayoría de las ramas del cristianismo ha considerado como la definición ortodoxa de la enseñanza bíblica sobre la persona de Cristo. (26C.2)

deísmo: Noción de que Dios creó el universo pero ahora no interviene directamente en la creación. (15B)

demonios: Ángeles malos que pecaron contra Dios y que ahora continuamente obran el mal en el mundo. (20)

demonizado: Estar bajo influencia demoníaca (griego *daimonizomai*). El término a menudo sugiere casos extremos de influencia demoníaca. (20D.3)

depravación: Otro término para referirse a «corrupción heredada». (24C.2.a)

depravación total: Expresión tradicional que denota la doctrina a la que se alude en este texto como «incapacidad total». (24C.2.a)

determinismo: Idea de que los actos, sucesos y decisiones son resultados inevitables de alguna condición o decisión anterior a ellos que es independiente de la voluntad humana. (32C.2.d)

diácono: Traducción del vocablo griego *diakonos* («servidor»). En ciertos contextos el término se refiere a un oficial de la iglesia cuyas responsabilidades incluyen varias formas del culto, incluyendo supervisión financiera, responsabilidades administrativas y atención a las necesidades físicas de la congregación. (47A.3)

dicotomía: Noción de que el hombre está hecho de dos partes: cuerpo y alma o espíritu. (23A.)

dictado: Idea de que Dios expresamente dictó toda palabra de la Biblia a los autores humanos. (4A.6)

diferencia en función: Idea de que Dios les dio a hombres y mujeres funciones primarias diferentes en la familia y en la iglesia. (22C)

diócesis: En un sistema episcopal de gobierno de la iglesia, iglesias bajo la jurisdicción de un obispo. (47C.1)

Dios: En el Nuevo Testamento, traducción de la palabra griega *theos*, que por lo general, pero no siempre, se usa para referirse a Dios Padre. (26B.1.a)

discurso personal: Una forma de la palabra de Dios en la que él habla directamente a las personas sobre la tierra. (2B.2)

dispensacionalismo: Sistema teológico que empezó en el siglo diecinueve con los escritos de J. N. Darby. Entre las doctrinas generales de este sistema están la distinción entre Israel y la iglesia como dos grupos en el plan global de Dios, el rapto pretribulacionista de la iglesia, un cumplimiento literal futuro de las profecías del Antiguo Testamento respecto a Israel, y la división de la historia bíblica en siete períodos, o «dispensaciones», de las maneras de Dios de relacionarse con su pueblo. (55A.3.b)

discernimiento de espíritus: Capacidad especial para reconocer la influencia del Espíritu Santo o de espíritus demoníacos en una persona. (20D.4; 53G)

diseño inteligente: Noción de que Dios creó directamente el mundo y sus muchas formas de vida, que se levanta contra la noción de que nuevas especies surgieron mediante un proceso evolutivo de mutación al azar. (15E.2.b)

distorsión de funciones: Idea de que en los castigos que Dios le aplicó a Adán y Eva después de su pecado no introdujo nuevos papeles o funciones, sino que introdujo dolor y distorsión de las funciones que tenían antes. (22C.2.h)

docetismo: Enseñanza herética de que Jesús no fue de veras hombre sino que sólo parecía serlo (del verbo griego *dokeo*, «parecer, parece ser»). (26A.5)

doctrina: Lo que la Biblia como un todo nos enseña hoy respecto a algún tema en particular. (1A.4)

doctrina menor: Doctrina que tiene poco impacto sobre cómo pensamos en cuanto a otras doctrinas, y que tiene muy poco impacto en cómo vivimos la vida cristiana. (1C.2.c)

doctrina principal: Doctrina que tiene impacto significativo en nuestro pensamiento y otras doctrinas, o que tiene un impacto significativo sobre cómo vivimos la vida cristiana. (1C.2)

dogma: Sinónimo de «doctrina». El término a menudo se usa para referirse más específicamente a doctrinas que tienen el endoso oficial de la iglesia. (1A.4)

dones del Espíritu Santo: Capacidades que concede el Espíritu Santo para su uso en cualquier ministerio de la iglesia. (52A)

dones milagrosos: Dones menos comunes que da el Espíritu Santo y que despiertan el asombro y la admiración de las personas y dan testimonio de Dios. (52A.6).

dones no milagrosos: Dones que da el Espíritu Santo que son más comunes y parecen ser más ordinarios, tales como servicio, enseñanza, aliento y actos de misericordia. (52A.6)

dualismo: Idea de que Dios y el universo material han existido eternamente lado a lado como las dos fuerzas máximas en el universo. Implica que hay un conflicto eterno entre Dios y los aspectos malos del universo material. (15B; 24B)

edad de responsabilidad: Expresión que usan algunos teólogos para indicar el punto en la vida de la persona antes del cual (de acuerdo a su punto de vista) no se le considera responsable por su pecado y por consiguiente no se le considera culpable ante Dios. (24D.3)

ekklesia: Término griego traducido «iglesia» en el Nuevo Testamento. La palabra literalmente significa «asamblea» y en la Biblia indica la asamblea o congregación del pueblo de Dios. (44A.1)

elección: Acto de Dios antes de la creación en el cual escoge a algunas personas para que sean salvas, no a cuenta de algún mérito previsto en ellas, sino sólo debido a su soberana buena voluntad. (32)

encarnación: Acto de Dios Hijo por el que tomó naturaleza humana. (26B)

«en Cristo»: Expresión que se refiere a una variedad de relaciones entre los creyentes y Cristo mediante las cuales los creyentes reciben los beneficios de la salvación. (43A)

«en, con y bajo»: Frase descriptiva de la noción luterana de la Cena del Señor que sostiene, contrario a la idea de que el pan en realidad se convierte en el cuerpo físico de Cristo, que el cuerpo físico de Cristo está presente «en, con y bajo» el pan de la Cena del Señor. (50C.2)

«en el Espíritu Santo»: Estado de morar conscientemente en una atmósfera de manifiesta presencia de Dios. (30E)

«en el nombre de Cristo»: Expresión que se refiere a la oración que se por autorización de Jesús y conforme a su carácter. (18B.3)

enseñanza: En el Nuevo Testamento, capacidad de explicar las Escrituras Sagradas y aplicarlas a la vida de las personas. (53B)

escatología: Estudio de «las últimas cosas», o sucesos futuros (del griego *escatos*, «último»). (54)

escatología general: Estudio de sucesos futuros que afectarán al universo entero, tales como la segunda venida de Cristo, el milenio y el juicio final. (54)

escatología personal: Estudios de sucesos futuros que les sucederán a los individuos, tales como la muerte, el estado intermedio y la glorificación. (24)

Escrituras: Escritos (griego *grafé*, que en latín se traduce *escriptura* del Antiguo y Nuevo Testamentos, que históricamente se han reconocido como palabras de Dios en forma escrita. Es otro nombre que se le a la Biblia. (4A)

esperar en el Señor: Postura del corazón durante la oración en la que esperamos calladamente ante Dios por algún sentido de dirección en nuestra oración, y también por una seguridad de la presencia de Dios y de su respuesta a nuestra oración. (18C.9)

espíritu: Parte inmaterial del hombre, término usado intercambiablemente con «alma». (23.1)

espiritualidad: Doctrina de que Dios existe como un ser que no está hecho de nada material, no tiene ni partes ni dimensiones, nuestros sentidos corporales son incapaces de percibirlo, y es más excelente que cualquier otra clase de existencia. (12A.1)

Espíritu Santo: Una de las tres personas de la Trinidad cuya obra es manifestar la presencia activa de Dios en el mundo, y especialmente en la iglesia. (30)

estado intermedio: Condición o estado de una persona entre el tiempo de la muerte de alguien y el tiempo en que Cristo regrese para darles a los creyentes cuerpos nuevos de resurrección. (41C.)

estados de Jesucristo: Las diferentes relaciones que Jesús tiene con la ley de Dios, con la posesión de autoridad, y con la recepción de honor para sí mismo, durante las varias etapas de su obra. Los dos estados de Jesucristo son su humillación y su exaltación. (28C)

eternidad: Cuando se usa en cuanto a Dios, doctrina de que Dios no tiene ni principio, fin, ni sucesión de momentos en su propio ser, y que ve uniformemente vívido todo lo que tiempo, sin embargo Dios ve los sucesos en el tiempo y actúa en el tiempo. (11B.3)

ética cristiana: Cualquier estudio que responde a la pregunta: «¿Qué requiere Dios de nosotros y qué actitudes requiere que tengamos hoy respecto a una situación dada?». (1A.4)

eucaristía: Sinónimo de Cena del Señor (del griego *eucaristia*, «dar gracias»). (50C.1)

eutiquianismo: Otro manera de referirse al monofisismo, por el monje del siglo quinto Eutico. (26C.1.c)

evangelización: Proclamación del evangelio a los inconversos (del griego *euangelizo*, «anunciar buenas nuevas»). (44C.3; también 48B.10)

evolución darwiniana: Teoría general de la evolución (véase también «macro evolución») que expuso Carlos Darwin, naturalista británico en 1859 en su libro *El origen de las especies por medio de la selección natural*. (15E.2.c.1)

evolución teísta: Teoría de que Dios usó el proceso de la evolución para producir todas las formas de vida de la tierra. (15E.2.b)

exaltación de Cristo: Uno de los dos «estados» de Cristo. El otro es la humillación. El estado de exaltación incluye cuatro aspectos de su obra: su resurrección, ascensión al cielo, sesión a la diestra de Dios y regreso en gloria y poder. (28C)

excomunión: Paso final de la disciplina eclesiástica en el cual se excluye a una persona del compañerismo, o «comunión», de la iglesia. (46D.1.a)

exégesis: Proceso de interpretar un pasaje de la Biblia. (6D)

ex nihilo: Frase latina que quiere decir «de la nada»; se refiere a la creación divina del universo sin el uso de material previamente existente alguno. (15A.1)

ex opere operato: Frase latina que significa «por la obra realizada». En la enseñanza católico romana la frase se usa para indicar que los sacramentos, tales como el bautismo, obran en virtud de la actividad real hecha independientemente de la actitud subjetiva de fe del participante. (50B.3)

exorcismo: Acción de expulsar un espíritu malo mediante una orden verbal. (20D.6)

experiencia del Espíritu Santo en el antiguo pacto: Obra menos poderosa y menos extensa del Espíritu Santo que caracterizaba el pacto antiguo antes del día de Pentecostés. (39B)

experiencia del Espíritu Santo en el nuevo pacto: La obra más poderosa del Espíritu Santo en la vida de las personas que empezó en Pentecostés para los discípulos y ahora sucede en el momento de la conversión de los creyentes. (39B)

expiación: Obra que Cristo hizo en su vida y muerte para ganar nuestra salvación. (27)

expiación ilimitada: Noción de que la muerte de Cristo pagó por los pecados de todas las personas que han existido. (27D)

expiación limitada: Noción reformada de que la muerte de Cristo solo pagó por los pecados de los que él sabía que a la larga serían salvos. Una expresión que sería preferible es «redención particular» en la que el poder de la expiación no es limitado, sino más bien plenamente eficaz para ciertas personas en particular. (27D.1)

expiación vicaria: Obra que Cristo hizo para ganar nuestra salvación al ocupar nuestro lugar en su vida y muerte. (27C.2.b)

extremaunción: Uno de los siete sacramentos de la enseñanza católica romana, que consiste en el ungimiento con aceite que se administra a un moribundo. (48A.)

fatalismo: Sistema en el que las alternativas y decisiones humanas en realidad no importan, porque las cosas resultarán como ya han sido ordenadas. Esto está en contraste con la doctrina de la elección, en la cual las personas pueden tomar decisiones reales que tienen consecuencias reales por las cuales se les exigirá cuentas. (32C.1)

fe: Confianza o dependencia en Dios basada en el hecho de que creemos en su Palabra y lo que él ha dicho. (Véase también «fe que salva»). (18C.2; también 35A.3)

fe y práctica: Expresión que usan algunos que, al negar la infalibilidad de la Biblia, aducen que el propósito de la Biblia es solamente hablarnos de estos dos asunto. (5B.1)

fe que salva: Confianza en Jesucristo como persona viva en cuanto al perdón de los pecados y una vida eterna con Dios. (35A.3)

fidelidad: Doctrina de que Dios siempre hará lo que ha dicho y cumplirá lo que ha prometido. (12B.5)

filioque: Expresión del latín que quiere decir «y del hijo», término que se refiere a una cláusula insertada en el credo niceno para indicar que el Espíritu Santo procede no sólo del Padre sino también del Hijo. La controversia que surgió sobre este punto doctrinal contribuyó a la división entre la iglesia oriental y occidental en el 1054 d.C. (14C.2.d)

forense: Término que quiere decir «relativo a procedimientos legales». Este término se usa para describir la justificación como una declaración legal de parte de Dios que en sí misma no cambia nuestra naturaleza interna o carácter. (36A)

gracia irresistible: Expresión que se refiere al hecho de que Dios efectivamente llama a las personas y también les da la regeneración, ambas de las cuales garantizan que responderemos con fe que salva. Esta expresión está sujeta a malos entendidos puesto que *parece* implicar que las personas no toman una decisión propia y expresa al responder al evangelio. (34A)

geología del diluvio: Noción que atribuye el status geológico presente de la tierra a las fuerzas naturales tremendas causadas por el diluvio de Génesis 6—9. (15E.4.b.(2))

gloria: Resplandor creado que rodea toda manifestación de Dios. En otro sentido del término, se refiere al honor de Dios. (13E.20)

glorificación: Paso final en la aplicación de la redención. Sucederá cuando Cristo vuelva y resucite el cuerpo de todos los creyentes de todos los tiempos que han muerto y los reúna con sus almas, y cambie el cuerpo de todos los creyentes que estén vivos, con lo que dará a todos los creyentes al mismo tiempo cuerpos perfectos de resurrección como el suyo propio. (42)

gobierno: Aspecto de la providencia de Dios que indica que Dios tiene un propósito en todo lo que hace en el mundo y providencialmente gobierna o dirige todas las cosas a fin de que cumplan sus propósitos. (16C)

gobierno congregacional: Forma de gobierno de la iglesia en la cual la autoridad gobernante final descansa sobre la congregación local. (47C)

gobierno episcopal: Forma jerárquica de gobierno de la iglesia en la cual los obispos tienen autoridad gobernante sobre grupos de iglesias (del griego *episkopos*, «supervisor», «obispo»). (47C.1)

gobierno jerárquico: Forma episcopal de gobierno eclesiástico en la cual la autoridad final para la toma de decisiones reside fuera de la iglesia local. (47C)

gobierno presbiteriano: Forma de gobierno de la iglesia en la cual los ancianos gobiernan sus respectivas iglesias locales, y algunos ancianos, mediante un presbiterio y Asamblea General, gobiernan las iglesias de una región y la denominación como un todo. (47C.2)

gracia: Bondad de Dios hacia los que solo merecen castigo. (12C.8)

gracia común: La gracia de Dios por la que él da a las personas innumerables bendiciones que no son parte de la salvación. (31A)

gracia especial: Gracia de Dios que trae a las personas a la salvación; también conocida como «gracia que salva». (31A)

Gran comisión: Mandamientos finales de Jesús a los discípulos, registrados en Mateo 28:18-20. (1C.1)

gran tribulación: Expresión de Mateo 24:21 que se refiere a un período de gran adversidad y sufrimiento antes del retorno de Cristo. (54F.3.b; 55E)

hablar en lenguas: Oración o alabanza dicha en sílabas que no entiende el que habla. (53E2)

hermenéutica: Estudio de los métodos correctos para interpretar textos. (6D)

Hijo de Dios: Título que a menudo se da a Jesús a fin de designarlo como el Hijo celestial, eterno, que es igual en naturaleza a Dios mismo. (26B.1.c)

Hijo del Hombre: Término con el que más a menudo Jesús se refirió a sí mismo. Tiene un trasfondo del Antiguo Testamento, especialmente en la figura celestial a la que se le dio gobierno eterno sobre el mundo en la visión de Daniel 7:13. (26B.1.c)

Hijo unigénito eterno: Descripción de la relación eterna que ha existido dentro de la Trinidad entre el Padre y el Hijo, en la cual el Hijo ha estado eternamente relacionado al Padre como Hijo. (14C.1.2.a)

hijos de Dios: Otro nombre para los ángeles (Job 1:6; 2:1). (19A.2)

historia de la redención: Serie de sucesos a través de la historia por los que Dios actuó para producir la salvación de su pueblo. (3B)

hombre de Cro-Magnon: Ejemplo antiguo del hombre, que se cree vivió entre 9000 a.C. y 35.000 a.C. (15E.3.b)

homoiousios: Palabra griega que quiere decir «de naturaleza similar», usada por Arrio en el siglo cuarto para afirmar que Cristo era un ser celestial sobrenatural, y para negar que fuera de la *misma* naturaleza de Dios Padre. (14C.2.a)

homoousios: Palabra griega que quiere decir «de la misma naturaleza», que fue incluida en el Credo Niceno para enseñar que Cristo era de la misma naturaleza exacta de Dios Padre y por consiguiente era plenamente divino y también plenamente humano. (14C.2.a)

homo sapiens: Designación científica de una forma temprana del hombre (lit., «hombre sabio»), que muchos creen que vivió en algún momento entre 300.000 a.C. y 400.000 a.C. (15E.3.b)

humillación de Cristo: Uno de los dos «estados» de Cristo; el otro es la exaltación. El estado de humillación incluye cuatro aspectos de su obra: su encarnación, sufrimiento, muerte y sepultura. (28C)

ICBI: Concilio Internacional sobre la Inerrancia Bíblica, por sus siglas en inglés. Esta organización redactó el borrador de la «Declaración de Chicago sobre la inerrabilidad bíblica» en 1978 que afirmó la infalibilidad de la Biblia y definió lo que la mayoría de los evangélicos entiende por el término *inerrancia*. (5B.2; Apéndice I)

iglesia: Comunidad de todos los creyentes verdaderos de todos los tiempos. (34A.1)

iglesia invisible: La iglesia como Dios la ve. (44A.2)

Iglesia Occidental: Expresión que se refiere a la Iglesia Católico Romana, de la cual la Iglesia Oriental (Ortodoxa) se separó en el 1054 d.C. Más tarde la Iglesia Occidental se dividió en las ramas protestante y católico romana. (45E)

Iglesia Oriental: Segmento principal de la iglesia, conocido ahora como iglesia ortodoxa, que se separó de la iglesia occidental (católico romana) en el 1054 d.C. (45E)

iglesia visible: La iglesia según los creyentes en la tierra la ven. Debido a que sólo Dios ve nuestros corazones, la iglesia visible siempre incluirá algunos que no son creyentes. (44A.2)

igualdad en su persona: Idea de que hombres y mujeres son creados por igual a imagen de Dios y por consiguiente son igualmente importantes ante Dios e igualmente valiosos para él. (22B.)

igualdad ontológica: Frase que describe a los miembros de la Trinidad como eternamente iguales en ser o existencia. (14D.2)

igualitario: Partidario de la noción de que todas las funciones y papeles de la iglesia están abiertos a hombres y mujeres por igual. (Prefacio, 2; 47D)

imagen de Dios: Naturaleza del hombre que le hace ser como Dios y representar a Dios. (21C.1)

imago dei: Frase del latín que significa «imagen de Dios». (21C.1)

impasibilidad: Doctrina, a menudo basada en un malentendido de Hechos 14:15, de que Dios no tiene pasiones ni emociones. La Biblia más bien enseña que Dios en efecto tiene emociones, pero no tiene pasiones ni emociones pecaminosas. (11B.2.c)

impecabilidad: Doctrina de que Cristo no podía pecar. (26A.4)

imposición de manos: Práctica que a menudo acompañaba a la oración en el Nuevo Testamento como medio del ministerio personal a los individuos. (48B.11)

imputar: Atribuir algo a alguien, y por consiguiente hacer que sea de esa persona. Para Dios el pecado de Adán es nuestro, nos pertenece a nosotros. En la justificación, Dios nos atribuye la justicia de Cristo; para él es como si fuera nuestra y en base a esto se relaciona con nosotros. (24C.2; 36C)

incapacidad total: Carencia total del hombre de bien espiritual e incapacidad para hacer el bien ante Dios (a menudo mencionada como «depravación total»). (24C.2.a)

incomprensible: Que no se puede entender por completo. Al aplicarse esto a Dios quiere decir que a Dios no se le puede entender plena o exhaustivamente, aunque podemos saber cosas que son ciertas en cuanto a Dios. (10B)

incorruptible: Naturaleza de nuestros cuerpos futuros de resurrección, que serán como el cuerpo de resurrección de Cristo y por consiguiente no se gastarán, ni envejecerán, ni estarán sujetos a ninguna clase de enfermedad o dolencia. (28A.4.c)

independencia: Doctrina de que Dios no nos necesita para nada ni a nosotros ni al resto de la creación, y sin embargo nosotros y el resto de la creación podemos glorificarle y darle gozo. (11B.1)

inerrancia: Idea de que la Biblia en los manuscritos originales no afirma nada que sea contrario a los hechos. (5A)

infalibilidad: Idea de que la Biblia no puede hacernos descarriar en asuntos de fe y práctica. (5B.1)

infierno: Lugar de castigo eterno y consciente para los malos. (56G)

infinito: Cuando se usa acerca de Dios, se refiere al hecho de que no está sujeto a ninguna de las limitaciones de la humanidad ni de la creación en general. (11B.2.e)

infinito respecto al espacio: Otra manera de referirse a la omnipresencia de Dios. (11B.4)

infinito respecto al tiempo: Otra manera de referirse a la eternidad de Dios. (11B.3)

inmanente: Existir o permanecer. El término se usa en teología para hablar de la participación de Dios en la creación. (15B)

inmersión: Modo del bautismo en el Nuevo Testamento en el que se sumerge completamente en agua a la persona y luego se le vuelve a sacar. (49A).

inminente: Término que se refiere al hecho de que Cristo puede volver en cualquier momento, y que debemos estar preparados para que él venga cualquier día. (54F.1)

inmortalidad condicional: Enseñanza de que Dios ha creado a las personas para que tengan inmortalidad (el poder de vivir para siempre) sólo si reciben a Cristo como Salvador. Según esta noción, los que no llegan a ser creyentes dejarán de existir a la muerte o en el momento del juicio final. (56G)

inmutabilidad: Doctrina de que Dios es incambiable en su ser, perfecciones, propósitos y promesas, y sin embargo en efecto actúa y siente emociones, y actúa y siente en forma diferente en respuesta a situaciones diferentes. (11B.2). Es otra forma de decir que Dios no cambia. (11B.2)

inspiración: Término que se refiere al hecho de que las palabras de la Biblia las dijo Dios. Debido al sentido débil de esta palabra en el uso ordinario, este texto prefiere el término «exhalada por Dios» para indicar que las palabras de la Biblia son dichas por Dios. (4A.1)

inspiración plenaria: Idea de que todas las palabras de la Biblia son palabras de Dios. *Plenaria* significa «que no le falta nada». (4A.1)

inspirada por Dios: Traducción del griego *teopneustos*, que la Biblia (2 Timoteo 3:16) usa metafóricamente para describir las palabras de la Biblia como pronunciadas por Dios. (4A).

ira: Como atributo de Dios, doctrina de que Dios intensamente aborrece todo pecado. (12C.13)

intachable, perfecto: Perfecto moralmente a ojo de Dios, característica de los que siguen completamente la palabra de Dios (Salmos 119:1). (8A.)

intercesión: Acto continuo de Jesús al estar en la presencia de Dios y hacer peticiones ante él a nuestro favor como nuestro gran sumo sacerdote. (29B.3). El término también se usa para referirse a las oraciones de petición por nosotros mismos u otros. (18)

interpretación de lenguas: Don del Espíritu Santo por el que se informa a la iglesia el sentido general de algo dicho en otros idiomas. (53E.2.c)

invisibilidad: Doctrina de que la esencia total de Dios, todo su ser espiritual, nunca podrá ser visto por nosotros; sin embargo, Dios se nos muestra mediante las cosas visibles y creadas. (12A.2)

juicio: Véase «juicio final».

juicio ante el gran trono blanco: Otra manera de referirse al juicio final que se menciona en Apocalipsis 20:11-15. (56A.2)

juicio de las naciones: En la noción del premilenarismo dispensacional, juicio que vendrá entre la tribulación y el principio del milenio, a cuyo tiempo las naciones serán juzgadas conforme a cómo han tratado a los judíos durante la tribulación. (56A.2)

juicio final: Proclamación última y final que hace Jesucristo del destino eterno de todos. Tendrá lugar después del milenio y la rebelión que ocurre al final de todo. (56A.1)

justicia: Doctrina de que Dios siempre actúa de acuerdo a lo que es bueno y que él es en sí mismo la norma final de lo que es bueno. (12C.11)

justicia infundida: Justicia que Dios en realidad pone dentro de nosotros y que nos cambia internamente. La iglesia católica romana entiende que la justificación incluye tal infusión, lo que difiere de la noción del protestantismo de que la justificación es una declaración legal de parte de Dios. (36C)

justificación: Acto legal instantáneo de Dios en el cual él (1) considera perdonados nuestros pecados y que la justicia de Cristo es nuestra, y (2) nos declara justos ante sus ojos. (36)

kenosis: Teoría de que Cristo dejó a un lado algunos de sus atributos divinos mientras estaba en la tierra como hombre (del verbo griego *kenoo*, que significa «vaciar»). (26B.3)

lenguaje antropomórfico: Lenguaje que habla de Dios en términos humanos.

ley natural: Relativo a la explicación de los milagros, cualesquiera de las «leyes de la naturaleza» o cualidades inherentes del orden natural que algunos consideran que obran independientemente de Dios. (17A)

libertad: Atributo de Dios por el que hace lo que le place. (13D.15)

libre albedrío: (a) respecto a Dios: Todas las cosas que Dios decidió querer pero no necesitaba querer de acuerdo a su naturaleza. (13D.14.b)

(b) con respecto al hombre: capacidad de tomar por su cuenta decisiones que tienen efectos reales (sin embargo, otros definen esto de otras maneras, incluyendo la capacidad de tomar decisiones que no determina Dios). (16B.9)

limbo: De acuerdo a una noción común de la teología católico romana, lugar donde las almas de los creyentes que mueren antes de la resurrección de Cristo van para esperar hasta que su obra de redención quede completa (del latín *limbus*, «frontera»). (41C.1.c)

llamado del evangelio: Invitación general del evangelio a toda persona que le llega mediante la proclamación humana del evangelio. También se le llama «llamamiento externo». (33A.)

llamamiento eficaz: Acto de Dios Padre, que habla mediante la proclamación humana del evangelio, en el cual él llama a las personas a sí mismo de tal manera que ellos responden con fe que salva. (33A)

llamamiento externo: Invitación general del evangelio que se ofrece a toda persona mediante la proclamación humana del evangelio. Se le llama también «llamamiento general» o «llamado del evangelio»; las personas pueden rechazar este llamado. (33A)

llamado interno: Término que es sinónimo de «llamamiento efectivo». (33A)

«llaves del reino»: Frase que Jesús usa en Mateo 16:19 para referirse a la autoridad para predicar el evangelio y ejercer disciplina dentro de la iglesia. (46B).

llenura del Espíritu Santo: Suceso subsiguiente a la conversión en la cual el creyente experimenta que lo llena la frescura del Espíritu Santo que puede resultar en una variedad de consecuencias, que incluyen mayor amor a Dios, mayor victoria sobre el pecado, mayor poder para ministrar, y a veces la recepción de nuevos dones espirituales. (39D.2.c)

logos: Término griego que se traduce «verbo» o «palabra», con el cual el apóstol Juan se refiere a Jesús en Juan 1:1. Al aplicarse a Jesús el término implica tanto el concepto del Antiguo Testamento de la palabra poderosa y creadora de Dios, como el concepto griego del principio organizador y unificador del universo. (26B.1.c)

macroevolución: «Teoría general de la evolución», o noción de que todos los organismos surgieron de una sustancia inerte. (15E.2.c)

manifestación de la presencia activa de Dios: Descripción de la obra del Espíritu Santo, el miembro de la Trinidad que en la Biblia más a menudo parece estar presente para hacer la obra de Dios en el mundo. (30)

marana ta: Término arameo que se usa en 1 Corintios 16:22, que significa «ven, Señor nuestro», y expresa un anhelo intenso por el retorno de Cristo. (54B)

maravilla: Palabra bíblica que denota milagro (traduce la palabra hebrea *mopet* y la palabra griega *teras*), y especialmente se refiere a un suceso que hace que las personas queden asombradas o admiradas. (17A)

marcas de la iglesia: Características distintivas de la verdadera iglesia. En la tradición protestante, por lo general éstas se han reconocido como la predicación correcta de la Palabra de Dios y la administración correcta de los sacramentos (bautismo y Cena del Señor). (44B.1)

«marcas distintivas de un apóstol»: Frase que usa el apóstol Pablo en 2 Corintios 12:12 y que se refiere a las varias cosas que le distinguían como verdadero apóstol de otros que eran apóstoles falsos. Algunos que niegan la continuación de los milagros hoy usan esta frase para aducir que los milagros fueron singularmente las señales que distinguieron a los apóstoles de los creyentes ordinarios. (17D.2)

materialismo: Noción de que el universo material es todo lo que existe. (15B)

mediador: Función que Jesús desempeña al ponerse entre Dios y nosotros para capacitarnos para presentarnos ante la presencia de Dios. (18B.2)

medios de gracia: Cualquier actividad dentro de la comunión de la iglesia que Dios usa para dar más gracia los creyentes. (48A)

mensajero: Otro nombre que se da a los ángeles (Daniel 4:13, 17, 23). (19A.2)

microevolución: Noción de que dentro de una especie ocurren pequeños desarrollos sin que surjan nuevas especies. (15E.2.c.(1))

Miguel: Arcángel que aparece como líder del ejército angélico. (19A.4)

milagro: Actividad de Dios de tipo menos común en la que él despierta el asombro y admiración de las personas y da testimonio de sí mismo. (17A)

milenio: Término que se refiere al período de mil años que se menciona en Apocalipsis 20:4-5 como el tiempo del reinado de Cristo y de los creyentes sobre la tierra (del latín *milenium*, «mil años»). (55)

misericordia: Bondad de Dios hacia los que están en situación deplorable y aflicción. (12C.8)

modalismo: Enseñanza herética que sostiene que Dios en realidad no es tres personas distintas, sino sólo una persona que aparece ante las personas en diferentes «modos» en ocasiones diferentes. (14C.1)

monarquianismo modalista: Otra forma de referirse al modalismo. (14C.1)

monismo: Noción de que el hombre es sólo un elemento, y que su cuerpo es la persona. (23A)

monofisismo: Herejía del siglo quinto que sostiene que Cristo tenía sólo una naturaleza, y que esta era una mezcla de la naturaleza divina y la humana (del griego *monos*, «uno», y *fisis*, «naturaleza»). (26C.1.c)

morir con Cristo: Frase que describe el rompimiento de una persona con su vieja manera de vivir en virtud de haber sido unido a Cristo por la fe. (43A.3.a)

muerte: Terminación de la vida como resultado de la entrada del pecado en el mundo. (Para el creyente la muerte nos lleva la presencia de Dios debido a que Cristo pagó la pena de nuestros pecados.) (41A)

mutación al azar: Noción de que varias formas de vida resultaron de un proceso evolucionista en el cual ocurrían cambios al azar cuando las células se reproducían. (15E.2.b)

nacer de agua: Frase que usó Jesús en Juan 3:5 que se refiere a la limpieza espiritual del pecado que viene con la obra divina de la regeneración (cf. Ezequiel 36:25-26). (34C)

nacer de nuevo: Expresión bíblica (Juan 3:3-8) que se refiere a la obra de regeneración de Dios por medio de la cual él nos imparte nueva vida. (34A.)

nacer del Espíritu: Otra forma de decir «regeneración» que indica el papel especial que desempeña el Espíritu Santo al impartirnos nueva vida espiritual. (34A)

nacimiento virginal: Enseñanza bíblica de que Jesús fue concebido en el vientre de su madre María por obra milagrosa del Espíritu Santo y sin padre humano. (26A.1)

necesidad absoluta consecuente: Noción de que la expiación no fue absolutamente necesaria, sino, «consecuencia» de la decisión de Dios de salvar a algunos seres humanos; la expiación fue absolutamente necesaria. (27B)

necesidad de la Biblia: Idea de que la Biblia es necesaria para conocer el evangelio, para mantener la vida espiritual, y para saber la voluntad de Dios, pero no es necesaria para saber que Dios existe ni para saber algunas cosas en cuanto al carácter de Dios y sus leyes morales. (7)

neocatastrofismo: Otra forma de referirse a la noción de geología del diluvio en cuanto estatus geológico de la tierra. (15E.4.b.(2))

neortodoxia: Movimiento teológico del siglo veinte representado por las enseñanzas de Karl Barth. En lugar de la posición ortodoxa de que todas las palabras de la Biblia fueron dichas por Dios, Barth enseñaba que las palabras de la Biblia llegan a ser palabras de Dios para nosotros conforme las encontramos. (4A.2)

nestorianismo: Herejía del siglo quinto que enseñaba que había dos personas en Cristo, una persona humana y una persona divina. (26C.1.b)

noción monotelita: Posición de que Jesús tenía sólo una voluntad, noción que fue rechazada como herética en el siglo sexto. (26C.3.a)

nombres de Dios: Varias descripciones del carácter de Dios que se hallan en la Biblia. (11A.2)

nuevo cielo y nueva tierra: Descripción de la creación enteramente renovada en la cual los creyentes morarán después del juicio final. (57A)

nuevo pacto: Administración del pacto de gracia establecido después de la muerte y resurrección de Cristo, pacto en el cual la muerte expiatoria de Cristo cubre todos los pecados del creyente y el Espíritu Santo faculta al creyente para cumplir las demandas justas de la ley. (25C.2)

obediencia activa: Término que se refiere a la perfecta obediencia de Cristo a Dios durante su vida terrenal que ganó la justicia que Dios acredita a los que ponen su fe en Cristo. (27C.1)

obediencia pasiva: Expresión que se refiere a los sufrimientos de Cristo por nosotros en los cuales él tomó la pena debida a nuestros pecados y como resultado murió por nuestros pecados. (27C.1)

obispo: Traducción de la palabra griega *epíscopos*, término que se usa intercambiablemente con «pastor», «supervisor» y «anciano» para referirse al principal oficio gobernante en una iglesia local en el Nuevo Testamento. El término también se refiere a un prelado que tiene autoridad sobre un grupo de iglesias en una forma episcopal de gobierno eclesiástico. (47A.2.b; 47C.1)

oficial: Alguien a quien se ha reconocido como que tiene el derecho y la responsabilidad de desempeñar ciertas funciones para beneficio de la iglesia entera. (47A)

oficio: Cargo públicamente reconocido de alguien que tiene el derecho y responsabilidad de desempeñar ciertas funciones para beneficio de la iglesia entera. (47A)

omnipotencia: Doctrina de que Dios puede hacer todo lo que su voluntad santa determina (de la latín *omni*, «todo» , y *potens*, «poderoso»). (13D.16)

omnipresencia: Doctrina de que Dios no tiene tamaño ni dimensiones espaciales, y está presente en todo punto del espacio con todo su ser; sin embargo, Dios actúa de manera diferente en diferentes lugares. (11B.4)

omnisciencia: Doctrina de que Dios se conoce plenamente a sí mismo y todas las cosas reales y posibles en un acto sencillo y eterno. (12B.3)

oración: Comunicación personal con Dios. (18)

orden: Otro término que se emplea para referirse a la paz de Dios. (12C.10)

ordenanza: Término que suelen usar los bautistas para referirse al bautismo y a la Cena del Señor; otros protestantes tales como los de las iglesias luterana, reformada y anglicana han preferido la palabra «sacramentos» para estas ceremonias. (Véase también «sacramentos».) (49)

orden de la salvación: Expresión teológica que se refiere a una lista de eventos en los cuales Dios nos aplica la salvación en el orden específico en que se cree que ocurren en nuestra vida (a veces mencionadas por la frase latina *ordo salutis*).(32)

órdenes santas: Uno de los siete sacramentos de la enseñanza católica romana, ordenación al sacerdocio o al diaconado. (48A)

paciencia: Bondad de Dios al contener por un período de tiempo el castigo aplicable a los que pecan. (12C.8)

pacto: Acuerdo inmutable, legal, impuesto divinamente, entre Dios y el hombre que estipula las condiciones de sus relaciones. (25)

pacto de gracia: Acuerdo legal entre Dios y el hombre, establecido por Dios después de la caída de Adán, por el que el hombre podía ser salvo. Aunque las provisiones específicas de este pacto variaron en tiempos diferentes durante la historia de la redención, la condición esencial de fe requerida en Cristo el Redentor siguió siendo la misma. (25C)

pacto de obras: Acuerdo legal entre Dios y Adán y Eva en el huerto del Edén por cual la participación en las bendiciones del pacto dependían de la obediencia, u «obras», de Adán y Eva. (25A)

pacto de redención: Acuerdo entre los miembros de la Trinidad en el que cada uno acuerda cumplir su respectivo papel para lograr la salvación de los seres humanos. (25B)

paidobautismo: Práctica de bautizar infantes (el prefijo «paido» se deriva del griego *pais*, «niño»). (49B.4)

palabra de conocimiento: Capacidad de hablar con conocimiento de cierta circunstancia. (53F)

palabra de Dios: Frase que se refiere a varias diferentes cosas en la Biblia, incluyendo el Hijo de Dios, los decretos de Dios, las palabras de Dios en conversaciones personales, las palabras de Dios expresadas por labios humanos, y las palabras de Dios en forma escrita, la Biblia. En esta última forma de la palabra de Dios se enfoca la teología sistemática, puesto que es la forma que está disponible para el estudio, para inspección pública, para examen repetido y como base para el diálogo mutuo. (2)

palabra de sabiduría: Capacidad de decir una palabra sabia en diferentes circunstancias. (53F)

panteísmo: Idea de que todo el universo es Dios o parte de Dios. (15B)

paradoja: Afirmación al parecer contradictoria que con todo puede ser verdad; contradicción aparente pero no real. (1D.3)

parusía: Segunda Venida de Cristo (del griego *parusía*, «venida»). (54A)

pastor: Término que se usa intercambiablemente con «anciano», «obispo», y «supervisor» para referirse al principal oficio de gobierno de un iglesia local en el Nuevo Testamento. Al traducir el griego *poimen*, el término identifica la tarea de pastor con el oficio de anciano. (47A.2.b)

paz: Doctrina de que Dios está separado de toda confusión y desorden en su ser y en sus acciones, y sin embargo está continuamente activo en acciones innumerables bien ordenadas, plenamente controladas y simultáneas. (12C.10)

pecado: Todo lo que no se ajusta a la ley moral de Dios en acto, actitud o naturaleza. (24A)

pecado heredado: Culpa y tendencia a pecar que toda persona hereda debido al pecado de Adán (a menudo mencionado como «pecado original»). (24C)

pecado imperdonable: Voluntario y desusadamente malicioso rechazo y difamación de la obra del Espíritu Santo que atestigua de Cristo, y atribuir esa obra a Satanás. (24D.6)

pecado mortal: En la enseñanza católica romana, pecado que causa la muerte espiritual y no puede ser perdonado. (24D.2.b)

pecado original: Expresión tradicional para la doctrina que en este texto se menciona como «pecado heredado». (24C)

pecado venial: En la enseñanza católico romana, un pecado que puede ser perdonado, aunque tal vez después de castigos en esta vida o en el purgatorio. (24D.4.b)

Pelagio: Monje del siglo quinto que enseñó (pelagianismo) que el hombre tiene la capacidad de obedecer los mandamientos de Dios y puede dar por iniciativa propia los primeros y más importantes pasos hacia la salvación. (24D.2)

pentecostal: Cualquier denominación o grupo que traza su origen histórico al avivamiento pentecostal que empezó en los Estados Unidos en 1901 y que sostiene las posiciones doctrinales (a) de que el bautismo en el Espíritu Santo es ordinariamente un suceso subsiguiente a la conversión, (b) que el bautismo en el Espíritu Santo se hace evidente por la señal de hablar en lenguas, y

(c) que todos los dones espirituales mencionados en el Nuevo Testamento deben buscarse y usarse hoy. (39)

Pentecostés: Festival judío durante el cual, después de la ascensión de Jesús, el Espíritu Santo se derramó en la plenitud y poder del nuevo pacto sobre los discípulos. Este día marcó el punto de transición entre la obra y ministerio del Espíritu Santo bajo el antiguo pacto y la obra y ministerio del Espíritu Santo bajo el nuevo pacto. (39B)

perfección intachable: Estado de encontrarse totalmente libre de pecado; algunos afirman que tal estado es posible en esta vida. (Véase también «perfeccionismo».) (38B.4)

percepción interna de Dios: Consciencia instintiva de la existencia de Dios que tiene todo ser humano. (9A)

perfección: Doctrina de que Dios posee completamente todas las cualidades excelentes y no le falta parte alguna de ninguna cualidad que sea deseable para él. (13E.17)

perfeccionismo: Noción de que la perfección sin pecado, o libertad del pecado consciente, es posible en esta vida para el creyente. (38B.4)

perfecto, intachable: perfecto moralmente a ojo de Dios, característica de los que siguen completamente la Palabra de Dios (Salmos 119:1). (8A.)

perseverancia de los santos: Doctrina de que todos los que verdaderamente han «nacido de nuevo» son guardados por el poder de Dios y perseverarán como creyentes hasta el fin de sus vidas, y que sólo los que perseveren hasta el fin han «nacido de nuevo» verdaderamente. (40)

perspicuidad: Antiguo término que se refiere a la claridad de las Escrituras. (6C)

poder de la iglesia: Autoridad que Dios dio a la iglesia para librar la guerra espiritual, proclamar el evangelio y ejercer la disciplina eclesiástica. (46)

posesión demoníaca: Frase equívoca que se halla en algunas traducciones de la Biblia que parece sugerir que la voluntad de una persona está completamente dominada por un demonio. El término griego *daimonizomai* se traduce mejor como «bajo influencia demoníaca», que puede ir desde que algo leve a una influencia fuerte o ataque. (20D.3)

posmilenarismo: Noción de que Cristo volverá a la tierra después del milenio. Según esta noción, el milenio es una edad de paz y justicia sobre la tierra, resultado del progreso del evangelio y el crecimiento de la iglesia. (55A.2)

predestinación: Otro término que se refiere a la «elección»; en la teología reformada generalmente este es un término más amplio que incluye no solamente la elección (de los creyentes), sino también la reprobación (de los que no son creyentes). (32)

premilenarismo: Término que incluye varios conceptos que tienen en común la creencia de que Cristo volverá a la tierra antes del milenio. (55A.3)

premilenarismo dispensacional: Otra expresión que se refiere al «premilenarismo pretribulacionista». El término «dispensacional» se usa debido a que la mayoría de los que proponen esta noción desean mantener una clara distinción entre la iglesia e Israel, al sostener que Dios trata con ellos bajo diferentes arreglos, o «dispensaciones». (55A.3.b)

premilenarismo histórico: Noción de que Cristo regresará a la tierra después de un período de gran tribulación y establecerá un reino milenario. En ese tiempo los creyentes que han muerto serán resucitados de los muertos y los creyentes que estén vivos recibirán cuerpos de resurrección glorificados, y juntos reinarán con Cristo en la tierra por mil años. (55A.3.a)

premilenarismo pretribulacionista: Noción de que Cristo volverá secretamente antes de la gran tribulación para llevar consigo a los creyentes, y después de nuevo tras la tribulación para reinar en la tierra por mil años. (55A.3.b)

premilenarismo postribulacionista: Otra manera de referirse al premilenarismo histórico (o «premilenarismo clásico»). Se distingue de otras nociones premilenaristas por la idea de que Cristo volverá después de la gran tribulación. (55A.3.a)

presbiterio: Grupo de ancianos procedentes de varias iglesias de una región que tienen autoridad para gobernar esas iglesias. (Véase también «clase».) (47C.2)

presencia espiritual: Frase descriptiva de la noción reformada de la Cena del Señor que considera que Cristo está espiritualmente presente de una manera especial cuando participamos del pan y del vino. (50C.3)

presencia simbólica: Noción protestante común de que el pan y él vino en la Cena del Señor simbolizan el cuerpo y la sangre de Cristo, en lugar de cambiarse o de alguna manera contener el cuerpo y la sangre de Cristo. (50C.3)

preservación: Aspecto de la providencia de Dios por el cual él mantiene en existencia todas las cosas creadas y conserva las propiedades con que las creó. (16A)

presuposición: Algo que se da por sentado y que forma el punto de partida de cualquier estudio. (1B)

primicias: Primera porción de la cosecha madura (griego *aparqué*). Al describir a Cristo en su resurrección como las «primicias» (1 Corintios 15:20), la Biblia indica que nuestros cuerpos de resurrección serán como el suyo cuando Dios nos resucite de los muertos. (28A.4.c)

primogenitura: Práctica del Antiguo Testamento en la cual el primer hijo varón en cualquier generación de una familia humana tiene el liderazgo en la familia por esa generación. (22C.2.a)

principados y potestades: Términos que algunos versículos de la Biblia usan para referirse a los poderes demoníacos.

prodigios: Término bíblico que denota milagros (traduce el hebreo *geburah* y el griego *dunamis*), y se refiere a un acto que manifiesta un poder grande o divino. (17A)

profecía: (como don espiritual en el Nuevo Testamento): Don del Espíritu Santo en el Nuevo Testamento que incluye decir algo que Dios ha traído espontáneamente a la mente. (53A)

profesión creíble de fe: Componente central de la noción «bautista» del bautismo, que sostiene que sólo los que dan evidencia razonable de creer en Cristo deben ser bautizados. (49B)

profeta: Uno de los oficios de Cristo, oficio por medio del cual nos revela más plenamente a Dios y nos dice las palabras de Dios. (29A)

propiciación: Sacrificio que pone punto final a la ira de Dios, y al hacerlo cambia en favor la ira de Dios hacia nosotros. (27C.2.b.(4))

providencia: Doctrina de que Dios interviene continuamente en todas las cosas creadas de tal manera que (1) las mantiene existiendo y mantiene las propiedades con que las creó; (2) coopera con las cosas creadas en toda acción, y dirige sus propiedades distintivas para hacerles que actúen como actúan; y (3) las dirige para que cumplan los propósitos divinos. (16)

pruebas válidas: Argumentos a favor de la existencia de Dios que se basan en hechos y que llevan a una conclusión correcta. Ninguna de tales pruebas, no obstante, puede obligar a que estén de acuerdo con ellas todos los que las consideren. (9C)

pureza de la iglesia: Grado en que la iglesia está libre de doctrina y conducta erradas, y su grado de conformidad con la voluntad de Dios revelada a la iglesia. (45B)

purgatorio: En la doctrina católica romana, lugar donde el alma de los creyentes van para su ulterior purificación del pecado hasta que estén listos para ser admitidos al cielo. (41C.a.1)

querubín: Seres espirituales creados que, entre otras cosas, guardaban la entrada al huerto del Edén. (19A.3.a)

rapto: «Arrebatamiento» (del latín *rapio*, «atrapar, arrebatar, y llevar») de los creyentes para que estén con Cristo cuando él vuelva a la tierra. (55A.3.b; también 55E)

rapto midtribulacionista: Variación de la noción premilenarista pretribulacionista en la cual Cristo regresará a mediados de la tribulación de siete años para rescatar a los creyentes, y luego otra vez después de la tribulación para reinar en la tierra por mil años. (25A.1.3.b)

rapto pretribulacionista: El «arrebatamiento» de creyentes al cielo en secreto durante el primer retorno de Cristo antes de la gran tribulación. (55E)

rapto postribulacionista: El «arrebatamiento» de creyentes después de la gran tribulación para que estén con Cristo pocos momentos antes de su venida a la tierra para reinar con ellos durante el reinado milenario (o, según la noción amilenarista, durante el estado eterno). (55E)

reconciliación: Remoción de la enemistad y restauración del compañerismo entre dos partes. (27C.2.d.(3))

rectitud: Otro término que se refiere a la justicia de Dios. (12C.11)

rector: Oficial a cargo de una parroquia local en el sistema episcopal de gobierno de la iglesia. (47C.1)

redención: Obra salvadora de Cristo vista como un acto de «comprar de nuevo» a los pecadores para librarlos de su esclavitud al pecado y a Satanás mediante el pago de un rescate (aunque la analogía no se debe presionar para especificar a quién se le pagó el rescate). (27C.2.d.(4))

redención general: Otra manera de referirse a una «expiación ilimitada». (27D)

redención particular: Mejor manera de referirse a la doctrina reformada de la «expiación ilimitada». (27D.1)

reformada: Otro término que se usa para referirse a la tradición teológica conocida como calvinismo. (16)

regeneración: Acto secreto de Dios por el cual nos imparte nueva vida espiritual; a veces se le llama «nuevo nacimiento». (34)

reprobación: Decisión soberana de Dios de antes de la Creación de pasar por alto a algunas personas, y con tristeza decidir no salvarlas y castigarlas por sus pecados y así manifestar su justicia. (32E)

resucitado en gloria: Frase que describe nuestros cuerpos futuros de resurrección, que exhibirán una belleza y brillantez apropiadas para la posición de exaltación y gobierno sobre la creación que Dios nos dará en una manera semejante a la de Cristo. (28A.4.c; también 42C)

resucitado en poder: Frase que describe cómo serán nuestros cuerpos de resurrección, que exhibirán la plenitud de fuerza y poder que Dios quiso que los seres humanos tuvieran en sus cuerpos cuando los creó. (28A.2; también 42C)

resucitado con Cristo: Frase que describe el aspecto de unión con Cristo por el cual una persona recibe la vida espiritual y un cambio en su carácter y personalidad después de venir a la fe. (43A.3.a)

revelación especial: Palabras de Dios dirigidas a personas específicas, que incluyen las palabras de la Biblia. Hay que distinguir esto de la revelación general, que se da a toda persona en general. (7E)

revelación general: Conocimiento de la existencia de Dios, su carácter y ley moral que viene mediante la creación a toda la humanidad. (7E)

rey: Uno de los tres oficios de Cristo en el cual él gobierna sobre la iglesia y el universo. (29)

sabelianismo: Nombre que también se le da al modalismo, término derivado de Sabelio. maestro del tercer siglo que propagó esta doctrina. (14C.1)

sabiduría: Doctrina de que Dios siempre escoge las mejores metas y los mejores medios hacia esas metas. (12B.4)

sacerdote: Persona que Dios nombraba en el Antiguo Testamento para ofrecer sacrificios, oraciones y alabanzas a Dios a nombre del pueblo. Cristo cumplió este oficio, y se ha convertido en el gran Sumo Sacerdote de todos los creyentes. El término también puede referirse a una categoría de oficiales de la iglesia en las iglesias católica romana y anglicana, aunque cada una le asigna significados diferentes a la palabra «sacerdote». (29; 47C)

sacramento: En la enseñanza protestante, ceremonia o rito que la iglesia observa como señal de la gracia de Dios y como un medio por el que los que ya han sido justificados reciben la gracia continua de Dios en sus vidas. Los dos sacramentos protestantes son el bautismo y la Cena del Señor. En la enseñanza católica romana hay siete sacramentos, y los entienden como medios necesarios para trasmitir gracia salvadora. (Véase también «ordenanza»). (48A; 49)

sacrificio: La muerte de Cristo en la cruz vista desde el punto de vista de que él pagó la pena que nosotros merecíamos. (27C.2.d.(1))

sangre de Cristo: Frase que se refiere a la muerte de Cristo en sus aspectos salvadores, puesto que la sangre que él vertió en la cruz fue la clara evidencia externa de que su sangre vital se derramó cuando él pasó por una muerte sacrificial para pagar por nuestra redención. (27C.2.c(3))

sanidad: Don del Espíritu Santo que funciona para restaurar la salud como un anticipo de la libertad completa de la debilidad física y la enfermedad que Cristo compró para nosotros por medio de su muerte y resurrección. (53D)

santidad: Doctrina de que Dios está separado del pecado y dedicado a buscar su propio honor. (12C.9)

santificación: Obra progresiva de Dios y del hombre que nos hace más y más libres del pecado y más semejantes a Cristo en nuestra vida diaria. (38)

Satanás: Nombre del jefe de los demonios. (20B)

segunda venida de Cristo: Retorno repentino, personal, visible y corporal de Cristo a la tierra. (54A)

seguridad de la salvación: Percepción interna que podemos tener basados en ciertas evidencias en nuestras vidas de que hemos «nacido de nuevo» verdaderamente y que perseveraremos como creyentes hasta el fin de nuestra vida. (40D)

seguridad eterna: Otra expresión que se usa para referirse a la «perseverancia de los santos». Sin embargo, esta expresión se puede mal entender como que indica que todos los que una vez hicieron una profesión de fe tienen «seguridad eterna» en su salvación cuando tal vez nunca se han convertido de veras. (40D.3)

selección natural: Idea, que la teoría evolucionista asume, de que los organismos vivos que son más aptos a su medio ambiente sobreviven y se multiplican mientras que otros perecen (también llamada la «supervivencia del más apto»). (15E.2.c.(1))

semejanza: Término que se refiere algo que es similar pero no idéntico a lo que representa, como el hecho de que el hombre fue hecho a «semejanza» de Dios (Génesis 1:26, que traduce la palabra hebrea *demut*. (21C.1)

señal: Término bíblico que se refiere a los milagros (traduce el hebreo *ot* y el griego *semeion*), que específicamente quiere decir algo que señala o indica otra cosa, especialmente la actividad y el poder de Dios. (17A)

Señor: En el Nuevo Testamento, traducción de la palabra griega *kurios* que por lo general, pero no siempre, se usó para referirse a Cristo. En la traducción griega del Antiguo Testamento esta palabra se usó para traducir el hebreo *ywhy*, el nombre personal del Dios omnipotente. (26B.1.b)

separación: Con referencia a la iglesia, acto de división formal entre un grupo y otro en base a diferencias doctrinales, cuestiones de conciencia, o consideraciones prácticas. La separación puede tomar formas severas, tal como el rehusar cooperar o el evadir la comunión personal. (45E-F)

serafín: Seres espirituales creados de los que se dice que adoran continuamente a Dios. (19A.3.b)

seres vivientes: Seres espirituales creados con apariencia de león, buey, hombre o águila que se dice que adoran alrededor del trono de Dios. (19A.3.c)

sesión: El acto de «sentarse» de Cristo a la diestra de Dios después de su ascensión, lo cual indicaba que su obra de redención estaba completa y que Cristo recibió autoridad sobre el universo. El término también puede referirse al grupo de ancianos con autoridad de gobierno sobre una iglesia local en una forma presbiteriana de gobierno de la iglesia. (28B.3; 47C.2)

sínodo: Asamblea nacional gobernante de una denominación (a veces llamada una asamblea general). (47C.2)

«sin discernir el cuerpo»: Frase que se usa en 1 Corintios 11:29 para describir el abuso corintio en cuanto a la Cena del Señor. En su conducta egoísta e inconsiderada del uno hacia el otro durante la Cena del Señor, no entendían la unidad e interdependencia de las personas en la iglesia, que es el cuerpo de Cristo. (50D)

soberanía: Ejercicio del poder de Dios sobre su creación. (13D.16)

subordinación económica: Enseñanza de que ciertos miembros de la Trinidad tienen papeles o funciones que están sujetos al control o autoridad de los otros miembros. (14D.2)

subordinacionismo: Enseñanza herética de que el Hijo era inferior o «subordinado» en ser al Dios Padre. (14C.2.b)

sueño del alma: Doctrina de que los creyentes van a un estado de existencia inconsciente cuando mueren, y que volverán a recobrar el conocimiento cuando Cristo regrese y los resucite a la vida eterna. (41C.1.b)

suficiencia de la Biblia: Concepto de que la Biblia contiene todas las palabras de Dios que él quería su pueblo tuviera en cada etapa de la historia de la redención, y que ahora contiene todas las palabras de Dios que necesitamos para la salvación, para confiar perfectamente en él, y para obedecerle perfectamente. (8A)

sumisión mutua: Frase que los proponentes del igualitarianismo usan para describir el tipo de relación que piensan debe existir entre esposo y esposa, en la cual cada uno está sujeto al otro de la misma manera. En este entendimiento de «sumisión mutua», se socava la autoridad única que la Biblia le concede al esposo en la relación matrimonial. (22C.3)

sustitución penal: Noción de que Cristo en su muerte llevó como sustituto nuestro la pena justa que dicta Dios por nuestros pecados. (27C.2.c.(4))

teofanía: «Aparición de Dios» en la cual él toma forma visible para mostrarse a las personas. (12A.2)

teología bíblica: Estudio de la enseñanza de los autores y secciones individuales de la Biblia, y del lugar de cada enseñanza en el desarrollo histórico de la Biblia. (1A.1)

teología del Antiguo Testamento: Estudio de la enseñanza de autores y secciones individuales del Antiguo Testamento, y del lugar de cada enseñanza en el desarrollo histórico del Antiguo Testamento. (1A.1)

teología del Nuevo Testamento: Estudio de la enseñanza de los autores y secciones individuales del Nuevo Testamento, y del lugar de cada enseñanza en el desarrollo histórico del Nuevo Testamento. (1A.1)

teología dogmática: Teología sistemática. (1A.4)

teología filosófica: Estudio de temas teológicos que primariamente emplean las herramientas y métodos del razonamiento filosófico y de lo que se puede conocer sobre Dios al observar el universo. (1A.1)

teología histórica: Estudio histórico de cómo los cristianos en diferentes períodos han entendido varios temas teológicos. (1A.1)

teología sistemática: Cualquier estudio que responde a la pregunta «¿qué nos enseña la Biblia entera hoy?» respecto a algún tema dado. (1A)

teoría de la brecha: Idea de que entre Génesis 1:1 y 1:2 hay una brecha de millones de años durante los cuales Dios castigó a una creación anterior. Esta quedó en «un caos total», lo que hizo necesaria la segunda creación que se relata en Génesis 1:3—2:3. (15E.2.d)

teoría de la concordia: Otra manera de referirse a la teoría de la edad-días de la creación, llamada así porque procura acuerdo o «concordia» entre la Biblia y las conclusiones científicas en cuanto a la edad de la tierra. (15E.4.a.(1))

teoría de la influencia moral: Teoría de que la muerte de Cristo no fue en pago por los pecados, sino simplemente una demostración de cuánto Dios amó a los seres humanos identificándose con sus sufrimientos, incluso hasta la muerte. Esto llega a ser, entonces, un ejemplo diseñado para derivar de nosotros una respuesta de gratitud. (27C.2.e.(2))

teoría de la «tierra joven»: Teoría de la creación que considera a la tierra como relativamente joven, que tal vez tiene apenas entre diez mil y veinte mil años. (15E.3)

teoría de la «tierra vieja»: Teoría de la creación que considera la tierra muy vieja, como que tal vez tiene cuatro mil quinientos millones de años. (15E.3)

teoría del día de veinticuatro horas: Noción de que los seis «días» de la creación de Génesis 1 se deben entender como días literales de veinticuatro horas. (15E.3.e)

teoría del día pictórico: Otra expresión para referirse a la noción del marco de trabajo literario de Génesis 1. (15E.4.a.(2))

teoría del rescate pagado a Satanás: Noción de que en la expiación Cristo le pagó a Satanás un rescate para redimirnos de su reino. (27C.2.e.(1))

teoría días-edad: Teoría de la creación de la «tierra vieja» que ve los días de Génesis 1 como «edades» extremadamente largas en el tiempo. (15E.4.a.(1))

teoría del ejemplo: Noción de que en la expiación Cristo no llevó la pena justa de Dios por nuestros pecados sino que simplemente nos proveyó de un ejemplo de cómo debemos confiar y obedecer perfectamente a Dios, incluso si esto nos lleva a la muerte. (27C.2.d.(3))

teoría del marco de trabajo literario: Teoría de la creación de la «tierra vieja» que ve los seis días de Génesis 1, no como una secuencia cronológica de sucesos, sino como una «marco de trabajo» literario que el autor usa para mostrar la actividad creadora de Dios. (15E.4.a.(2))

teoría del tiempo ideal: Otro nombre del «creacionismo maduro».

teoría gubernamental: Teoría de que la muerte de Cristo no fue en pago por nuestros pecados sino demostración de Dios del hecho de que, puesto que él es el Gobernante moral del universo, algún tipo de pena se debe pagar siempre que se violan sus leyes. (27C.2.e.(4))

tipos transicionales: Fósiles que muestran algunas características de un animal y algunas del siguiente tipo en desarrollo, y que, si se hallara, proveería evidencia para la teoría evolucionista al llenar las brechas entre las distintas especies de animales. (15E.2.c)

traducianismo: Noción de que el niño hereda de su padre y madre el alma en el momento de la concepción. (23F)

trascendente: Término que se usa para describir a Dios como que es más grande que la creación e independiente de ella. (15B)

transubstanciación: Enseñanza católica romana de que el pan y el vino de la Cena del Señor (a menudo mencionada como «eucaristía») en realidad se transforman en el cuerpo y la sangre de Cristo. (50C.1)

tricotomía: Noción de que el hombre está hecho de tres partes: cuerpo, alma y espíritu. (23C)

Trinidad: Doctrina de que Dios existe eternamente como tres personas: Padre, Hijo y Espíritu Santo, y cada una es plenamente Dios, y hay sólo un Dios. (14)

triteísmo: Creencia de que hay tres dioses. (14C.3)

ubicuidad de la naturaleza humana de Cristo: Enseñanza expuesta por Martín Lutero en respaldo de su noción de la Cena del Señor, de que la naturaleza humana de Cristo estaba presente en todas partes («ubicua») después de su ascensión. (50C.2)

un acto sencillo y eterno: Expresión que se refiere a un aspecto del conocimiento de Dios por el que él siempre está plenamente consciente de todo y su conocimiento nunca cambia ni crece. (12B.3)

unidad: Doctrina de que Dios no está dividido en partes, aunque vemos diferentes atributos de Dios resaltan en diferentes ocasiones. (11B.5)

unidad de la iglesia: Grado de libertad que tiene la iglesia de divisiones entre los verdaderos cristianos. (45B)

unigénito: Traducción imprecisa del griego *monogenés* (Juan 3:16, et. al.), que en realidad significa «único», o «único en su clase». Los arrianos usaron esta palabra para negar la deidad de Cristo, pero el resto de la iglesia entendió que quería decir que el Hijo eterno se relaciona al Padre como hijo. (14C.2.a)

unión con Cristo: Frase que resume varias relaciones diferentes entre los creyentes y Cristo, mediante las cuales los creyentes reciben todos los beneficios de la salvación. Estas relaciones incluyen el hecho de que estamos en Cristo, Cristo está en nosotros, somos como Cristo, y nosotros estamos con Cristo. (43)

unión hipostática: Unión de las naturalezas humana y divina de Cristo en una persona (del griego *hipostasis*, «sea»). (26C.2)

unión mística: Expresión que se refiere a la unión entre el creyente y Cristo, cuyos resultados no se entienden plenamente y se conocen sólo mediante la revelación de Dios en la Biblia. (43)

universalismo: Doctrina de que todas las personas a la larga serán salvas. (56G)

variantes textuales: Casos en que aparecen palabras diferentes en copias diferentes antiguas del mismo versículo de la Biblia. (5B.3)

veracidad: Doctrina de que Dios es el Dios verdadero y todo su conocimiento y palabras son a la vez verdad y norma final de la verdad. (12B.5)

verdad: Otro término que denota la veracidad de Dios. (12B.5)

vicario: En el sistema episcopal de gobierno de la iglesia, oficial de la iglesia a cargo de una parroquia local y que actúa en lugar de un rector. (47C.1)

visión beatífica: Vista verdadera y real, aunque no exhaustiva, de Dios que tendrá lugar en el cielo (lit., «visión que hace bienaventurado o felices»). (12A.2)

voluntad: Atributo de Dios por el que él aprueba o determina producir toda acción necesaria para la existencia y actividad de sí mismo y toda la creación. (13D.14)

voluntad necesaria: Las cosas que Dios debe querer de acuerdo a su propia naturaleza. (13D.14.b)

voluntad revelada: Voluntad declarada de Dios respecto a lo que debemos hacer o lo que Dios nos ordena hacer (13D.14.b.2)

voluntad secreta: Decretos ocultos de Dios por los cuales él gobierna el universo y determina todo lo que sucede. (13D.14.b.2)

Índice de autores

Índice de himnos

Índice Bíblico (Parcial)

Nota: Este índice no contiene todos los pasajes ni todas las referencias bíblicas de este libro, sino solo aquellas donde el pasaje se discute de alguna manera. O sea, donde se arguye algunas interpretaciones de un pasaje o donde se hace algún comentario.

Índice de Temas

La letra **negrita** indica un tratamiento más extenso de un tema o la ubicación de un capítulo o sección que trata de ese tema.

DISFRUTE DE OTRAS PUBLICACIONES DE EDITORIAL VIDA

Desde 1946, Editorial Vida es fiel amiga del pueblo hispano a través de la mejor literatura evangélica. Editorial Vida publica libros prácticos y de sólidas doctrinas que enriquecen el caudal de conocimiento de sus lectores.

Nuestras Biblias de Estudio poseen características que ayudan al lector a crecer en el conocimiento de las Sagradas Escrituras y a comprenderlas mejor. Vida Nueva es el más completo y actualizado plan de estudio de Escuela Dominical y el mejor recurso educativo en español. Además, nuestra serie de grabaciones de alabanzas y adoración, Vida Music renueva su espíritu y llena su alma de gratitud a Dios.

En las siguientes páginas se describen otras excelentes publicaciones producidas especialmente para usted. Adquiera productos de Editorial Vida en su librería cristiana más cercana.

NVI Margen Amplio

0-8297-4306-5

La Biblia NVI de Margen Amplio tiene espacio suficiente para escribir las cosas que Dios te muestra en las Escrituras. Estas son sus característi-cas: Márgenes extra anchos para tomar notas; letra grande para facilitar la lectura; formato de una columna para una lectura cómoda; Nueva Versión Interna-cional; palabras de Jesús en rojo; páginas en blan-co al final de la Biblia para tomar notas.

NVI Audio Completa

0-8297-4638-2

La Biblia NVI en audio le ayudará a adentrarse en la Palabra de Dios. Será una nueva experiencia que le ayudará a entender mucho más las Escrituras de una forma práctica y cautivadora.

DOCTRINA CRISTIANA

0-8297-4558-0

Existen ciertos asuntos de doctrina que los cristianos tienen que conocer. La teología es importante porque lo que creemos afecta cómo vivimos. Si usted es un nuevo creyente de Jesús o un cristiano más maduro que busca un repaso rápido de los aspectos de la fe, Creencias Cristianas es para usted. Esta guía fácil de leer, con veinte creencias básicas cristianas, es una condensación del premiado libro de Wayne Grudem sobre teología sistemática, reconocido por pastores y maestros alrededor del mundo.

Negocios para la gloria de Dios

0-8297-4437-1

¿Se puede glorificar a Dios con los negocios? El autor piensa que al involucrarnos en el trabajo y en los negocios glorificamos a Dios porque estamos emulando su propia obra creativa. Este libro es una guía detallada para imitar a Dios en nuestras interacciones con los clientes, colaboradores, empleados y en otros negocios. Observe cómo su negocio, y su vida en los negocios, puede dedicarse a la gloria de Dios.

Nos agradaría recibir noticias suyas.
Por favor, envíe sus comentarios sobre este libro
a la dirección que aparece a continuación.
Muchas gracias.

Vida@zondervan.com
www.editorialvida.com